D1726501

Türkei

Verity Campbell,
Jean-Bernard Carillet, Dan Elridge, Frances Linzee Gordon,
Virginia Maxwell, Tom Parkinson

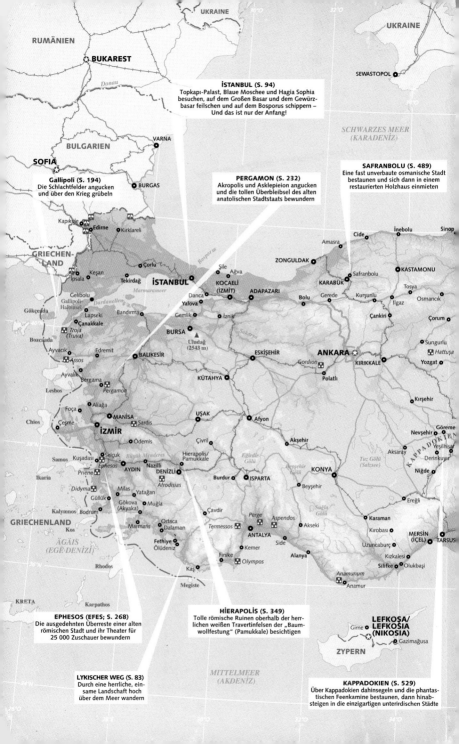

İSTANBUL (S. 94)
Topkapı-Palast, Blaue Moschee und Hagia Sophia besuchen, auf dem Großen Basar und dem Gewürz-basar feilschen und auf dem Bosporus schippern – Und das ist nur der Anfang!

SAFRANBOLU (S. 489)
Eine fast unverbaute osmanische Stadt bestaunen und sich dann in einem restaurierten Holzhaus einmieten

PERGAMON (S. 232)
Akropolis und Asklepeion angucken und die tollen Überbleibsel des alten anatolischen Stadtstaats bewundern

Gallipoli (S. 194)
Die Schlachtfelder angucken und über den Krieg grübeln

EPHESOS (EFES; S. 268)
Die ausgedehnten Überreste einer alten römischen Stadt und ihr Theater für 25 000 Zuschauer bewundern

HİERAPOLİS (S. 349)
Tolle römische Ruinen oberhalb der herr-lichen weißen Travertinfelsen der „Baum-wollfestung" (Pamukkale) besichtigen

LYKISCHER WEG (S. 83)
Durch eine herrliche, ein-same Landschaft hoch über dem Meer wandern

KAPPADOKIEN (S. 529)
Über Kappadokien dahinsegeln und die phantas-tischen Feenkamine bestaunen, dann hinab-steigen in die einzigartigen unterirdischen Städte

Höhenschichten

3000 m
2000 m
1500 m
1000 m
500 m
0

RUSSLAND

Asowsches Meer

0 — 200 km

ANİ (S. 625)
In den schönen Ruinen der
früheren armenischen
Hauptstadt umherstreifen

AMASYA (S. 503)
Tolle, über dem Fluss hängende os-
manische Häuser und die pontischen
Felsengräber darüber fotografieren

SUMELA (S. 596)
Ein Kloster, das an einer Felswand klebt, besichtigen, dann
im Kaçkar-Gebirge wandern

DOĞUBAYAZIT (S. 630)
Die Ruinen des spektakulären İshak-
Paşa-Palasts entdecken, dann den Son-
nenuntergang über dem Ararat genießen

Wladikawkas

Suchumi

GEORGIEN

Kutaisi

TIFLIS

Batumi
Sarp
Hopa

Bafra
SAMSUN
Ünye
Ordu Giresun
TRABZON Rize
Artvin
Yusufeli
Göle
Kars
Ani
VANADZOR
GJUMRI
JEREWAN
ARMENIEN

Sumela
Gümüşhane
Bayburt
Tortum
Pasinler Horasan
Kağızman
Tuzluca
Iğdır
Ararat
(Ağrı Dağı)
(5137 m)

Amasya
Niksar
Reşadiye
Koyulhisar
Suşehri
Refahiye
Erzincan
Tercan
ERZURUM
Ağrı
Doğubayazıt

Turhal
Tokat
Zara
Divriği
Tunceli
Bingöl
Muş
Patnos
Muradiye
Gürbulak/
Bazärgän

SİVAS
Şarkışla
Kayseri
Gürün
MALATYA
Elazığ
Nemrut Dağı
(Nemrut)
(2935 m)
Bitlis
Tatvan
Van
Gölü
VAN
Özalp
IRAN

Yahyalı
Göksun
Elbistan
Doğanşehir
Nemrut Dağı
(Nemrut)
DİYARBAKIR
Kurtalan
Baykan
Siirt
Gevaş
Gürpınar
Çatak
Başkale
Serô
Esendere
Yüksekova
Hakkari
Cilo Dağı
(Cilo)
(4168 m)

Kozan
Karatepe
Kahramanmaraş
Araban
GAZİANTEP
(ANTEP)
Adıyaman
Kahta
Siverek
Hilvan
Viranşehir
Mardin
Batman
Şırnak
Qamishle

Ceyhan
OSMANİYE
ADANA
İSKENDERUN
Kırıkhan
Reyhanlı/
Bab al-
Hawa
Antakya
(Hatay)
Birecik
Barak
Akçakale
ŞANLIURFA
(URFA)
Harran
Aleppo
(Halab)

Mosul
Erbil

DER SÜDOSTEN (S. 681)
Im wilden äußersten Südosten
Abenteuerurlaub machen – endlich
können hier Traveller hin!

Lattakia

IRAK

Kirkuk

NEMRUT DAĞI (S. 656)
Den Sonnenuntergang über den
gewaltigen Steinköpfen auf
dem Gipfel bewundern

Deir ez-Zur

ŞANLIURFA (S. 646)
Durchs mythische Gölbaşı-
Viertel wandern, dann im
Basar von Urfa shoppen

SYRIEN

TRIPOLI
Homs

LIBANON

Murkhafad
al-Tharthar

Reiseziel Türkei

Die Türkei dürfte das umkämpfteste Land der Welt sein. Die Landschaft ist übersät mit Schlachtfeldern, Burgen und Palästen einst bedeutender Reiche. Hier zerschlug Alexander der Große den Gordischen Knoten, hier kämpfte Achilles in Homers *Ilias* gegen Troja, und hier trug das Osmanische Reich Kämpfe aus, die die Welt veränderten. Geschichtsfans finden hier Schätze und Erinnerungen, die bis zu den Anfängen der Menschheitsgeschichte reichen.

Wer nur relaxen will, verbringt den Nachmittag mit Wellness im *hamam* oder lässt das warme Wasser des Mittelmeers die Zehen umspielen. Abenteuerlustige können im Osten die wilde exotische Türkei entdecken. Leute, die das Leben lieben, müssen gar nicht weiter als bis İstanbul gucken, um die atmosphärischsten Basars und trendigsten Bars zu finden; und die moderne türkische Küche gilt als eine der leckersten der Welt.

Die bewegte Geschichte des Landes hat bei seinen Einwohnern ihre Spuren hinterlassen. Wer noch nie kämpfen musste – ob für eine Idee oder einen Flecken Land –, ist über die Leidenschaft ganz normaler Türken für ihr Land etwas überrascht. Aber Türken leben ihren Patriotismus normalerweise nicht in Aggressionen aus, sondern in einfachen Dingen: Familie, Essen, Musik, Fußball und Freundschaft. Diese Menschen haben die inspirierende Fähigkeit, die Dinge nüchtern zu sehen, jeden Tag bewusst zu leben, und das mit sehr viel Spaß. Ihre Freude an einfachen Dingen zu teilen ist auch für jeden Besucher ein Highlight.

Am besten, man betrachtet die Türkei wie eines ihrer Lieblingsessens, die *meze,* nämlich als Tisch voller Köstlichkeiten. Kein Menü bestellen, sondern eine Platte mit allem und genießen, bis man nicht mehr kann. *Afiyet olsun!*

Antike Stätten & Ruinen

Der von den Römern gebaute Zugang
zum Großen Theater ist eine perfekte
Einladung für Besucher, dieses gründlich
anzuschauen, Milet (S. 285)

JOHN ELK III

IZZET KERIBAR

Gigantische Steinköpfe vor dem Grabhügel von
Antiochos I., Nationalpark Nemrut Dağı (S. 656)

Die Ruinen des Tetrapylon sind ein toller Picknickplatz, Afrodisias (S. 354)

SUSAN STORM

ADINA TOVY AMSEL

Die antike Celsus-Bibliothek steht in der besterhaltenen antiken Stadt der östlichen Mittelmeerregion, Ephesos (S. 268)

JOHN ELK III

Lykische Felsgräber überziehen die Hügel rund um das antike Myra (S. 414), bei Kale

Der Trajantempel auf der Akropolis von Pergamon sieht dramatisch aus (S. 236), Bergama

DIANA MAYFIELD

Landschaften

Der Frühling macht die Aussicht auf die Feenkamine etwas bunter, Freilichtmuseum Göreme
(S. 538)

IZZET KERIBAR

Kahle Berge und grüne Täler sind typisch für die Region des Kaçkar-Gebirges (S. 600) in Nordostanatolien

ANDERS BLOMQVI

JOHN ELK III

Die Strandlagune Belcekız liegt versteckt zwischen Bergen und Stränden, Ölüdeniz (S. 385)

DALLAS STRIBLEY

Ein Schneefeld trennt den mächtigen Erciyes Dağı (Berg Erciyes) von einer surrealen Felsen-
landschaft, Kappadokien (S. 546)

Moscheen & Paläste

Das weiche Abendlicht beleuchtet die Blaue Moschee (S. 112) in Sultanahmet, İstanbul

IZZET KERIBA

Den Harem (S. 116) im Topkapı-Palast muss man gesehen haben, İstanbul

PHIL WEYMOUTH

Der Gebetssaal einer Moschee erwartet das Kommen der Gläubigen, Konya (S. 518)

JOHN ELK III

Der Palast von İshak Paşa aus dem 17. Jh.
(S. 631) ruft Assoziationen zu den *Mär-
chen aus Tausendundeiner Nacht* hervor,
Doğubeyazıt

CHRISTINA DAMEYER

IZZET KERIBAR

Die Rüstem Paşa Camii (S. 124) bietet ein perfektes
Plätzchen für ein bisschen Kontemplation, İstanbul

Diese alten Moscheen sind in einem unterschiedlichen Verfallsstadium, Van (S. 685)

IZZET KERIBAR

Basare

Die Kunst der Kalligrafie wird im Großen
Basar lebendig erhalten (Kapalı Çarşı;
S. 122), İstanbul

PHIL WEYMOUTH

Baharat (Gewürze) und çay (Tee) machen
den Bummel durch den Gewürzbasar
(S. 125) zum Fest für die Sinne , İstanbul

DIANA MAYFIELD

JOHN ELK III

Läden und Waren warten in einer Gasse des
Großen Basars auf Käufer (S. 122), İstanbul

Inhalt

Kartenverzeichnis

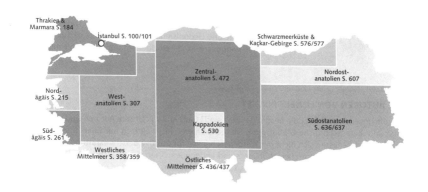

Thrakien &
Marmara S. 184

İstanbul S. 100/101

Schwarzmeerküste &
Kaçkar-Gebirge S. 576/577

Zentral-
anatolien S. 472

Nordost-
anatolien S. 607

Nord-
ägäis S. 215

West-
anatolien S. 307

Süd-
ägäis S. 261

Kappadokien
S. 530

Südostanatolien
S. 636/637

Westliches
Mittelmeer S. 358/359

Östliches
Mittelmeer S. 436/437

Die Autoren

VERITY CAMPBELL
Einleitende Kapitel, İstanbul, Allgemeine Informationen, Verkehrsmittel & -wege

Direkt nach ihrem Schulabschluss fuhr Verity in die Türkei, blieb 18 Monate dort, lernte die Sprache, unterrichtete Englisch und trampte durchs ganze Land. In den folgenden 15 Jahren reiste sie kreuz und quer durch Australien und die Türkei. Dann schaffte sie es, Ehemann und Kleinkind davon zu überzeugen, dass ein Jahr İstanbul genau das Richtige für alle sei. Seit sechs Jahren schreibt Verity als Autorin für Lonely Planet über verschiedene Länder. Woran ihr Herz besonders hängt, ist nicht schwer zu erraten: Bei diesem Buch ist sie die Hauptautorin, außerdem schrieb sie den Führer *İstanbul Encounter*, mehrere Kapitel für die 8. Auflage des Türkeibandes und das Türkeikapitel im Band *Mediterranean Europe* und *Europe on a shoestring*.

Die Lieblingsroute der Hauptautorin

Der Südosten ist meine absolute Lieblingsregion. Diyarbakır (S. 668), das kurdische Kernland, ist eine magische Stadt mit alter Vergangenheit, aber auch die jüngeren politischen Wirren sind von jedem Gesicht abzulesen. Ein Besuch hier verändert jeden. Von dort geht's Richtung Südosten nach Mardin (S. 674) mit seinen staubigen Gassen, wuseligen Basaren und

großartigen Architektur. Als Nächstes stehen der altehrwürdige Tigris und das vom Pech verfolgte Hasankeyf (S. 680) auf dem Programm. Danach düse ich durch die scheinbaren Männerhochburgen Batman und Bitlis hindurch nach Van (S. 685), einem Barometer für die Modernisierung der Türkei. Anfang der 1990er-Jahre war ich bei meinem ersten Trip so gut wie die einzige Frau auf der Straße. Heute bestimmt das optimistische Geplauder beider Geschlechter Straßen, Cafés und Bars der liberalen Metropole.

FRANCES LINZEE GORDON
Nordägäis, Südägäis, Westliches Mittelmeer

Frances packte das Reisefieber, als sie mit 17 ein Schulstipendium bekam. Weniger weit zurück liegt ihr Magisterabschluss in Afrikanistik und Asien(Naher Osten)-Studien in London, mit Schwerpunkt auf osmanischer Geschichte. Mit kaum zu bremsender Neugier reiste sie dann durch die Türkei und verfiel dem Mix aus Historie und Hedonismus, Raffinesse und Einfachheit, Charme, Humor und Gastfreundlichkeit. Ihr einziger Traum: Wieder hinzufahren.

DIE AUTOREN VON LONELY PLANET

Warum unsere Reiseführer die besten der Welt sind? Ganz einfach: Unsere Autoren sind unabhängige und leidenschaftliche Globetrotter. Sie recherchieren nicht einfach nur übers Internet oder Telefon, und sie lassen sich nicht mit Werbegeschenken für positive Berichterstattung schmieren. Sie reisen weit, zu touristischen Highlights und entlegenen Orten. Sie besuchen persönlich Tausende von Hotels, Restaurants, Cafés, Bars, Galerien, Schlösser, Museen und mehr – und schildern ihre Eindrücke gnadenlos ehrlich, ohne Schönfärberei. Weitere Infos gibt's auf www.lonelyplanet.com im Autorenbereich.

JEAN-BERNARD CARILLET Nordostanatolien, Südostanatolien

Bei Jean-Bernard funkte es auf einer Zugfahrt, die er als Teenager von Paris nach İstanbul machte. Seitdem ist er der Türkei verfallen. Für diese Ausgabe reiste er überglücklich durch die entlegensten Winkel von Ostanatolien und erlebte jede Menge (guter) Überraschungen. Und als unverbesserlicher Franzose und Feinschmecker verspeiste er so viele *fıstıklı baklava* (*baklava* mit Pistazien) und Kebaps, dass er sie gar nicht alle zählen konnte. Jean-Bernard lebt als Autor und Fotograf in Paris. Schon bei vielen Lonely Planet Titeln war er mit dabei, u. a. auch bei der letzten Ausgabe von *Türkei*.

TOM PARKINSON Thrakien & Marmara, Westanatolien, Zentralanatolien, Schwarzmeerküste & Kaçkar-Gebirge

Toms erste Begegnung mit türkischer Kultur fand in Berlin statt. Denn er wohnte dort in einer Straße voller Kebap-Buden. Es war also nur eine Frage der Zeit, bis er sich die Sache aus erster Hand angucken wollte. Nach dem Standardtrip durch die europäischen Mittelmeerregionen kehrte er in die Türkei zurück, um nach den Specials Ausschau zu halten: von Ringkämpfern in Thrakien, bewohnten Höhlen in Zentralanatolien über *rakı* (Anisschnaps) im Kaçkar-Gebirge bis zu Abstechern nach Georgien und Bulgarien. Seinen sorgfältigen Recherchen verdankt Tom den Ruf als unangefochtene Autorität in Sachen Döner-Qualität weltweit.

DAN ELDRIDGE Region Antalya, Östliches Mittelmeer

Auf der Suche nach irgendeinem Job fuhr Dan Eldridge 2001 von Griechenland mit einer Fähre über die Ägäis und betrat zum ersten Mal türkischen Boden. Kurzzeitig schipperte er als Touristenführer auf einer traditionellen *gület* (Holzyacht) zwischen Marmaris und Fethiye hin und her. Dann zog er nach İstanbul, unterrichtete Englisch und arbeitete als Redakteur für ein Backpacker-Monatsmagazin. Für dieses Buch nahm er Antalya und die ganze östliche Mittelmeerküste unter die Lupe – eine Gegend voller phantastischer Ruinenstädte und langer Strände. Eigentlich kommt er aus Kalifornien, jetzt lebt er in Philadelphia als freier Journalist.

VIRGINIA MAXWELL Kappadokien

Nach vielen Jahren als Programmleiterin im Melbourner Verlagshaus von Lonely Planet dämmerte es Virginia Maxwell, dass sie viel lieber Reiseführer selbst schreiben würde, als sie in Auftrag zu geben. Seitdem hat sie für Lonely Planet den City-Guide *İstanbul* geschrieben und für andere Titel Ägypten, Spanien, Libanon, Syrien und die Vereinigten Arabischen Emirate bereist. Unzählige Male war sie mit ihrem Lebensgefährten Peter und Söhnchen Max schon in der Türkei; ihre persönlichen Highlights sind İstanbul und Kappadokien.

BEITRÄGE VON ...

Kate Clow Kate lebt seit 1989 in der Türkei. Zuerst arbeitete sie in İstanbul und Ankara. Nachdem sie nach Antalya übergesiedelt war, erforschte sie den ersten türkischen Fernwanderweg, den Lykischen Weg, und konnte ihn mit Unterstützung der Garanti Bank 1999 eröffnen. Dann nahm sie sich die nächste Route vor: den Paulusweg. Kate arbeitet auch als Guide: Sie führt Wanderer, Blumen- und Vogelkundler oder Kulturfans durch das türkische Seengebiet, das Pontische Gebirge und die Van-Region. Mit ihrem Lebensgefährten Terry Richardson hat sie als Fotografin und Autorin für viele Zeitschriften und Bücher über die Türkei Material beigesteuert, ebenso für internationale Trekkingführer. Für diesen Band schrieb sie das Trekking-Kapitel.

Will Gourlay Will ist Wiederholungstäter. Seitdem er vor über 15 Jahren nach İstanbul kam, um an einem türkischen Strand zu sitzen, ist er dem Charme von Anatolien erlegen, bestieg den Nemrut Dağı und klapperte alles zwischen Schwarzem Meer und der Grenze zu Syrien ab. Dann war er ein Jahr Lehrer in İzmir, lernte die Freuden des İskender-Kebaps und die Schrecken des *rakı* kennen. Wenn er nicht gerade irgendeiner türkisch-osmanischen Obsession frönt, ist er verantwortlicher Redakteur im Londoner Büro von Lonely Planet. Er schrieb das Kapitel Geschichte und steuerte einige Randtexte im Kapitel Kultur bei.

Dr. Caroline Evans Das Kapitel Gesundheit basiert auf einem Text von Dr. Caroline Evans.

Bevor es losgeht

Die Türkei zu bereisen, ist ein Kinderspiel. Das liegt am entspannten Charme der Einheimischen, am super ausgebauten Busverkehrsnetz und an der riesigen Menge an Quartieren. Es gibt einfach alles: von der freundlichen Billigabsteige für Backpacker bis zum supergepflegten Boutique-Hotel. Nur in der Hochsaison oder an öffentlichen Feiertagen sollte im Voraus gebucht werden. Zu anderen Zeiten kann jeder spontan auftauchen und kriegt bestimmt noch ein Plätzchen in der gewünschten Unterkunft.

REISEZEIT

Die beste Zeit für einen Türkei-Trip ist der Frühling zwischen April und Mai und der Herbst zwischen September und Oktober. Dann ist das Klima perfekt fürs Sightseeing in İstanbul und an den Küsten von Ägäis und Mittelmeer. Und in Zentralanatolien ist es angenehm kühl. Wer vor Mitte Juni und nach Ende August reist, entkommt auch den Mücken. Alle, die auf Strand abfahren, sind zwischen Mitte Mai und September an der Ägäis und am Mittelmeer gut aufgehoben. Allerdings kann's außerhalb des Wassers ganz schön heiß werden. Die Schwarzmeerküste lässt sich zwischen April und September am besten abklappern. Dann regnet's zwar noch ab und zu, aber nicht mehr so heftig. Von Ende Juni bis September ist die Top-Reisezeit für den Osten. Wer sich nicht auf Schnee, gesperrte Straßen und eisige Temperaturen einstellen will, sollte sich zwischen Mitte Oktober und Mai lieber anderswo rumtreiben.

In den Klimatabellen (S. 708) gibt's zusätzliche Infos.

Außer in İstanbul ist in der Türkei im Winter eigentlich nirgendwo Saison (mehr dazu auf S. 20). Die meisten Unterkünfte an den Küsten von Ägäis, Mittelmeer und Schwarzem Meer wie auch in Teilen Kappadokiens sind von Mitte Oktober bis Ende April dicht. Aber so genau wird das nicht genommen: Die Daten hängen auch vom Verlauf der Saison ab. Hochsaison ist von Juli bis Mitte September. Dann klettern auch die Preise am höchsten.

Zwischen Mitte Mai und Anfang September müssen sich Traveller an allen Küsten auf Menschenmassen einstellen. Wer während des vier- bis fünftägigen Kurban Bayramı reisen will, muss ein bisschen vorausplanen,

---

AN ALLES GEDACHT?

- Kopf- und Schulterbedeckung für den Moscheebesuch. Für Frauen bietet sich ein Schal oder ein großes Tuch an. Wer keins eingepackt hat, hat immerhin eine gute Ausrede, um shoppen zu gehen.
- Slipper oder Sandalen. Höchst empfehlenswert, denn sie sind schön kühl und können beim Betreten von Moscheen oder Privathäusern schnell abgestreift werden.
- Bücher auf Deutsch. Die gibt's selten, und wenn doch, dann sind sie teuer. Es gibt zwar Tauschbörsen für gebrauchte Bücher, aber natürlich braucht man dafür auch ein Buch als Tauschobjekt.
- Tampons. Sind oft schwer zu finden, denn die meisten Türkinnen nehmen Binden.
- Standardstöpsel für Waschbecken.
- Lust auf Kebap.
- Reiseapotheke inklusive Sonnenschutzmittel; das ist in der Türkei manchmal ziemlich teuer.
- Unbedingt die Reisewarnungen von Regierungsseite checken (s. S. 704).

denn dann sind die Banken zu und irgendwann vielleicht auch die Geldautomaten leer (mehr Infos auf S. 705). Ein Trip zur Halbinsel Gallipoli rund um
den Anzac-Gedenktag am 25. April sollte vermieden werden. Es sei denn, man
will diesen Feiertag zum Gedenken an die hohen Verluste des australisch-neuseeländischen Armeekorps im Ersten Weltkrieg ganz bewusst mitkriegen.

PREISE

Die Türkei ist inzwischen nicht mehr die Billigecke Europas, aber ein gutes
Preis-Leistungs-Verhältnis wird immer noch geboten. Am billigsten ist es in
Ostanatolien. Auch Kappadokien, Selçuk, Pamukkale und Olympos gibt's
noch zum Schnäppchenpreis. Am teuersten ist es in İstanbul, İzmir, Ankara
und in den Touristenorten entlang der Küsten. Hier kommen Traveller mit
30 bis 40 € täglich pro Person aus, vorausgesetzt, sie fahren mit öffentlichen
Verkehrsmitteln, übernachten in Pensionen mit Gemeinschaftsbädern und
gehen nur einmal am Tag einfach essen. Eintrittsgelder sind nicht mit drin.
Abseits von İstanbul und den Küsten von Ägäis und Mittelmeer kommen
preisbewusste Traveller schon mit 25 bis 35 € pro Tag aus. Überall im Land ist
man mit 35 bis 55 € schon in der nächsthöheren Kategorie dabei, kann sich
ein Zimmer im Mittelklassehotel mit eigenem Bad leisten und meistens im
Restaurant essen. Ab 55 € pro Tag sind Zimmer in Boutique-Hotels zu haben.
Und es ist auch mal ein Inlandflug mit drin und tägliches Essengehen.

In diesem Führer werden Preise in Euros angegeben. Die horrende Inflationsrate der 1990er-Jahre ist zwar auf 9 % zurückgegangen; dennoch dürften
Preise in Neuer Türkischer Lira schon bei Druck dieses Buches veralten sein.

REISELEKTÜRE

Seit ewigen Zeiten schreiben Traveller über ihre Streifzüge durch die Türkei.
Herodot (5. Jh. v. Chr.), Xenophon (5. Jh. v. Chr.) und Strabo (1. Jh. v. Chr.)
haben das antike Anatolien beschrieben. Der berühmte Zug der griechischen
Armee nach Persien wurde in Xenophons *Anabasis* verewigt und inspirierte

**WAS KOSTET
WIE VIEL?**

Ein Brot 0,20 €

Ein Glas çay 0,20 €

100 km mit dem Bus
3–3,50 €

Kurztrip im Dolmuş 0,65 €

Turkish Daily News 1 €

TÜRKEI-TOUR IM WINTER

Im Gegensatz zu anderen beliebten Mittelmeerzielen ist in der Türkei im Winter keine Saison.
Aber manche Traveller sind der Meinung, dass der Winter die ideale Zeit ist, um nach İstanbul
zu fahren: Schnee und Minusgrade sind keine Seltenheit, aber dafür versperren keine Touristen-
massen die Sicht auf die Sights, und die Kundenfänger lassen einen in Ruhe, weil sie sich in der
Nebensaison dem süßen Nichtstun ergeben.

Im İstanbul sind Hotels und Restaurants das ganze Jahr offen. Auch in Ankara, İzmir und anderen Großstädten, die nicht nur vom Tourismus leben, gibt's Zimmer, weil sich viele Hotels auf
reisende Geschäftsleute spezialisiert haben.

Aber entlang den Küsten von Ägäis und Mittelmeer bleiben die meisten Hotels und Restaurants
auch in milden Wintern zwischen Mitte Oktober und Ende April dicht, genauso in Kappadokien.
Auswahl gibt's dann nicht – man muss mit dem einzigen Hotel am Platz vorliebnehmen, das
geöffnet hat.

Im Osten der Türkei liegt im Winter richtig viel Schnee. Die Bergpässe sind dann regelmäßig gesperrt und Busse haben Verspätung. Weil sie kein Radar haben, schließen sogar manche
Flughäfen. Der Winter in Zentralanatolien und in Westanatolien ist noch unberechenbarer. In
einem Jahr kann man im Januar in der Ihlara-Schlucht picknicken, und im Jahr drauf können
die Temperaturen unter null fallen und Schnee und Eis es unmöglich machen, weiter zu fahren
als bis zum nächsten Laden.

Wer Glück hat und ein Hotel entdeckt, das geöffnet hat, sollte sich vor dem Einchecken unbedingt
vergewissern, dass die Heizung läuft. Achtung: Wenn das heiße Wasser aus Sonnenkollektoren
kommt, kann's Probleme geben, denn die frieren genauso ein wie die Leitungen.

TOP FIVE:

Festivals

Die Türken wissen, wie man feiert. Deshalb überrascht es nicht, dass hier fast jeden Tag ein Festival oder Event steigt. Das sind unsere Top Five; auf S. 702 gibt's noch mehr.

- Kamelkämpfe (S. 263): Stierkampf ohne Blut.
- Nevruz (S. 702): Kurden, Aleviten und alle anderen feiern das uralte Frühlingsfest des Nahen Ostens am 21. März mit jeder Menge Tanz.
- Aspendos Opern- & Ballettfestival (S. 433): Unvergleichliche Location aus römischer Zeit.
- Kafkasör Kültür ve Sanat Festivalı (S. 619): Noch mehr Stierkampf ohne Blut.
- Kırkpınar Ölringkämpfe (S. 190): Schon wieder kämpft jemand, diesmal glitschige Männer in Lederhosen.

Unbedingt lesen

Die Türkei hat eine lange Geschichte und eine lebendige Kultur. Kein Wunder, dass alte und junge, einheimische und ausländische Schriftsteller hier massig Material finden. Mehr Infos zu türkischen Autoren und der literarischen Tradition in der Türkei gibt's auf S. 58.

- *Traum aus Stein und Federn* von Louis de Bernières. Wer nur ein Buch über die Türkei liest, sollte dieses wählen: hervorragend geschrieben und sehr gut recherchierte Mischung aus Geschichte und Fiktion.
- *Memed mein Falke* von Yaşar Kemal. Als Film würde es das tränenreiche „Vom Winde verweht" in den Schatten stellen.
- *Schnee* von Orhan Pamuk. Pamuks Einsichten aus dem äußersten Osten Anatoliens legen offen, welchen Herausforderungen sich die moderne Türkei stellen muss.
- *Kemal Atatürk. Mit Selbstzeugnissen und Bilddokumenten* von Bernd Rill. Er war einer der interessantesten Politiker des 20. Jhs. Aber außerhalb der Türkei weiß kaum jemand was über ihn.
- *Der Eroberer* von Nedim Gürsel. Ein spannender Roman über die Eroberung Konstantinopels durch den Osmansultan Mehmet II.

Wellness

Oh, là là! Wer nichts vorhat, ist hier richtig: in den *Hamams*. Dies sind unsere Favoriten; außerdem noch ein paar andere Oasen für Wellness und Erholung pur.

- Çemberlitaş Hamamı, İstanbul (S. 141): Super touristisch, aber ein Besuch in dieser uralten Institution ist einfach ein Muss. Die Architektur ist hinreißend schön und man kann sich von Kopf bis Fuß verwöhnen lassen.
- Cağaloğlu Hamamı, İstanbul (S. 141): Kämpft mit Çemberlitaş Hamamı um den Titel des schönsten *Hamam*. Einfach beide ausprobieren!
- Kurşunlu Banyo, Termal (S. 308): Die Zehen zuerst ins dampfend heiße Mineralwasser eintauchen und dann im Open-Air-Pool abkühlen – göttlich!
- Kabak (S. 389): Diese Beach-Community liegt abgelegen, ist aber seit Neuestem ziemlich angesagt. Also nichts wie hin!
- Heiße Quellen und Moorbäder von Sultaniye (S. 377): In Manhattan würde so eine Ganzkörper-Schlammpackung ein Vermögen kosten.

ca. 2400 Jahre später Shane Brennan zu seiner bekannten Geschichte *In the Tracks of the Ten Thousand: A Journey on Foot Through Turkey, Syria and Iraq*. Mary Wortley Montagu erinnert sich in *Briefe aus dem Orient* an die Reisen nach İstanbul mit ihrem Mann, der 1716 britischer Botschafter in der Türkei war. Es überrascht, wie wertungsfrei sie über das Leben im Zentrum des Osmanischen Reiches berichtet.

1877 wurde Edmondo De Amicis' *Constantinople* zum ersten Mal veröffentlicht. Erst jetzt erschien es auf Englisch. Das Buch konzentriert sich auf İstanbul und schildert in wunderschönen Details die Exotik der Stadt und die kosmopolitische Prägung der Türkei im 19. Jh. *Auf den Spuren Alexanders* stammt von der unbezähmbaren Freya Stark und wird allen gefallen, die die antiken Stätten an der Küste im frühen 20. Jh. gerne selbst besucht hätten.

In *From the Holy Mountain* beschreibt William Dalrymple die Reise des griechischen Mönchs John Moschos. Dieser wanderte im 6. Jh. durch die östlichen Ausläufer des Byzantinischen Reichs: vom griechischen Berg Athos über İstanbul, Anatolien und den Nahen Osten bis nach Ägypten. Das Buch ist eine packende und nachdenkliche Beschreibung des Niedergangs der christlichen Gemeinden und dazu eine amüsante Reiseerzählung. Der Dichter John Ash lebt in İstanbul. Sein Buch *A Byzantine Journey* ist ein Muss für alle, die sich für die byzantinischen Monumente interessieren, die rund um İstanbul, in Kappadokien und im Rest des Landes verstreut liegen. In *Die Reisen des Herrn Baldassare* erzählt Amin Maalouf die mitreißende Geschichte eines levantinischen Händlers, der im 17. Jh. durch Konstantinopel reist – auf der Suche nach dem „hundertsten Namen" Gottes.

Das Leben der Yörük finden Schriftsteller schon lange spannend. Früher gehörten sie zu den größten Nomadenstämmen Anatoliens, heute sind sie fast verschwunden. Irfan Orga schuf mit *Die Karawane zieht weiter…* einen superatmosphärischen Reisebericht, der erstmals 1958 veröffentlicht wurde. Er liefert jede Menge Details über das Leben und die Geschichten der Nomaden in den 1950ern. Eine tolle Fortsetzung schrieb Dux Schneider mit *Bolkar. Eine eigenwillige Reise durch das Taurusgebirge*, einer wehmütigen Schilderung der Lebensumstände der Yörük und Tataren von heute.

The 8.55 to Baghdad: From London to Iraq on the Trail of Agatha Christie von Andrew Eames begibt sich auf die Spuren der Krimikönigin und ihrer Reise im Orient-Express. Ein Kapitel ist ihren türkischen Abenteuern gewidmet.

INFOS IM INTERNET

ExpatinTurkey.com (www.expatinturkey.com) Ausländer, die in der Türkei leben, geben Tipps zu Jobs, Arbeitsgenehmigungen, Essen, Trinken und Schlafquartieren. Streckenweise ist das Ganze unterhaltsam bissig.

Lonely Planet (www.lonelyplanet.com) Auf dem Schwarzen Brett, dem Thorn Tree Forum, gibt's die aktuellsten Tipps von Travellern zum Reisen in der Türkei, besonders im Osten.

Türkeiteam.de (www.tuerkeiteam.de) richtet sich an Traveller, Auswanderer und andere Interessierte. Hier gibt's alle möglichen Infos – vom Umgang mit den Behörden über Reiseinfos bis zu Tipps zu Rechtsfragen. Sogar Lyrik ist dabei.

Magazin Skylife (www.thy.com/en-US/skylife) Im Spitzen-Flugmagazin *Skylife* gibt's auf Englisch jede Menge Archivartikel, die sich mit allen Facetten türkischen Lebens beschäftigen.

My Merhaba (www.mymerhaba.com) richtet sich an Auswanderer und bietet viele allgemeine Infos, die auch für Besucher nützlich sind (z. B. Ausgehtipps für İstanbul und Gastrokritiken).

Türkische Botschaft (www.tuerkischebotschaft.de) Dies ist die zweisprachige offizielle Site der Botschaft mit Links und vielen Hinweisen zum Reiseland Türkei.

Turkey Travel Planner (www.turkeytravelplanner.com) Ständig expandierende Site mit superaktuellen Infos rund ums Reisen in der Türkei.

Turkish Daily News (www.turkishdailynews.com.tr) Auf Englisch mit aktuellen Inland-News.

Reiserouten

KLASSISCHE ROUTEN

VOM GOLDENEN HORN ZUM HEILIGEN PFAD

Eine Woche/
Von İstanbul nach Ephesos

Gut festhalten – auf dieser Route durchlebt man die Triumphe und Tragödien des Byzantinischen und Osmanischen Reichs im Schnelldurchlauf. Die Tour beginnt in İstanbul – dem ehemaligen Zentrum beider Reiche. Erste Station ist der **Topkapı-Palast** (S. 116), wo die osmanischen Sultane zu Hause waren. Dann geht's weiter bis zum antiken **Hippodrom** (S. 114). Im Dampf des **Çemberlitaş Hamamı** (S. 141) werden alle Zipperlein wegmassiert. Spätabends ziehen Traveller und Einheimische zur İstiklal Caddesi, dem Zentrum der modernen Türkei. Ein Muss sind die *meyhanes* (Tavernen) hinter den **Çiçek Pasajı** (S. 127). Nach Gründen, um einen *rakı* zu trinken, braucht niemand lange zu suchen – ständig wird man hier dazu ermuntert. Tag 2 startet mit dem Besuch der **Blauen Moschee** (S. 112), dann steht die prächtige **Hagia Sophia** (S. 111) auf dem Plan. Hinterher sollte man die besondere Atmosphäre der **Basilikazisterne** (S. 115) erleben. Gewappnet mit einer Kreditkarte, können sich Traveller dann in das Labyrinth des **Großen Basars** (S. 122) wagen. Wenn es das Wetter zulässt, eignet sich Tag 3, um über den **Bosporus** (S. 136) zu schippern. Nachdem das köstliche Mittagessen im Restaurant **Anadolu Kavağı** (S. 139) bei einer Wanderung wieder abtrainiert wurde, wartet der Blick aufs Schwarze Meer.

Am Tag 4 heißt es früh aufstehen, damit nach dem Trip nach Çanakkale die Zeit noch reicht, um die **Schlachtfelder von Gallipoli** (S. 196) zu besuchen. Am nächsten Morgen geht's nach **Troja** (S. 218), das auch ohne Brad Pitt seinen Reiz hat, und am Tag darauf nach Selçuk, der Ausgangsbasis für die Ruinen von **Ephesos** (S. 268), die besterhaltene antike Stadt im östlichen Mittelmeerraum.

İstanbuls Top-Sehenswürdig-keiten, die Schlachtfelder von Gallipoli, die Ruinen von Troja und Ephesos – ein Trip über 1450 km und eine Woche voller Action.

KÜSTE & KAPPADOKIEN Drei Wochen/Von İstanbul nach Kappadokien

In der ersten Woche wird die erste Reiseroute (s. S. 23) absolviert. Von Selçuk bieten sich noch Ausflüge zu den Travertinterrassen und den Ruinen von Hierapolis bei **Pamukkale** (S. 348) an. In der Mittagssonne können die leuchtenden Terrassen Schwindelgefühle verursachen, aber ein Sprung in das Thermalbecken von Hierapolis sorgt für Abkühlung.

Bei der Rückfahrt zur Küste lässt man die Urlaubsorte Bodrum und Marmaris tunlichst links liegen. Stattdessen geht's nach **Fethiye** (S. 378) und ins hübsche **Ölüdeniz** (S. 385). Hier können Traveller paragliden oder sich einfach aufs Badehandtuch ablegen. Jetzt ist es nicht mehr weit zum berühmten **Lykischen Weg** (S. 83): ein Tag wandern durch herrliche Landschaft. In **Faralya** (S. 388) wird übernachtet. Zurück an der Küste ist ein Stopp im relaxten **Kaş** (S. 398) angesagt. Sehr hübsch ist der Hafen, wo's in der Nacht richtig lebendig wird. Hier trifft sich alles, um die kühle Brise und die Aussicht zu genießen, zu shoppen und ein Bierchen trinken. Wer will, gönnt sich ein paar Tage Entspannung pur in den berühmten Strandbaumhäusern im nahen **Olympos** (S. 415).

Die Altstadt von Antalya heißt **Kaleiçi** (S. 421). Durch ihre Gassen zu bummeln, ist einfach klasse. Und das Panorama der Bergkette im Hintergrund verschlägt einem den Atem. Nun heißt es aber den Bikini wegpacken und ins Landesinnere vorstoßen. Mit dem Nachtbus geht's Richtung Norden. In **Göreme** (S. 536) sollte man Station machen, denn dieser Traveller-Treff ist der beste Ausgangspunkt für Reisen in ganz **Kappadokien** (S. 529), einer surrealen Mondlandschaft. Hir gibt's freskenverzierte Höhlenkirchen im **Freiluftmuseum von Göreme** (S. 536) und die gespenstischen unterirdischen Städte **Derinkuyu** (S. 568) und **Kaymaklı** (S. 568) zu bestaunen.

Dies ist eine Tour, die keiner so schnell vergisst. Badehandtuch, Pumps und Schrittzähler einpacken und dann geht's von Alt-İstanbul über die Highlights der Küsten von Ägäis und Mittelmeer ins irre Kappadokien – beeindruckende 3100 km.

UNBEKANNTE ROUTEN

FREUDEN DES OSTENS   Drei bis vier Wochen/Von Trabzon nach Nemrut Dağı

In **Trabzon** (S. 589) gibt's eine Handvoll Sehenswürdigkeiten, die sich schnell abhaken lassen. Die meisten Traveller zieht es direkt ins nahe **Kloster Sumela** (S. 596). Hier hat man von der gefährlich aussehenden Felswand einen tollen Blick auf ein Tal. Die Route nach Kars ist spektakulär. Zuerst geht's von **Trabzon nach Erzurum** (S. 598), dann weiter über **Yusufeli** (S. 615) – am besten mit dem Auto oder Taxi. Busreisende kriegen die Aussicht und die Kirchenruinen des mittelalterlichen Georgien kaum mit. Die Straße zwischen Yusufeli, Artvin und Kars ist eine der landschaftlich reizvollsten (S. 618). Es geht vorbei an dramatischen Bergzügen, Schluchten mit schäumendem Wasser und verfallenen Burgen. **Kars** (S. 620) selbst ist toll, aber das Highlight ist das nahe **Ani** (S. 625). Die frühere armenische Hauptstadt ist jetzt ein beeindruckendes Ruinenfeld und wird von armenischen Grenzposten bewacht.

In Richtung Süden liegen die verkommene Grenzstadt **Doğubayazıt** (S. 630) und der umwerfend schöne **Palast von İshak Paşa** (S. 631).

Noch weiter südlich kommt **Van** (S. 685). Eine Attraktion sind die nahe gelegene **Burg Hoşap** (S. 692) und die aus dem 10. Jh. stammende **Akdamar-Kirche** (S. 684), das einzige Gebäude auf einer Miniinsel im Van-See. Die hervorragend erhaltenen Schnitzarbeiten toppen sogar noch die tolle Lage der Kirche.

Wer Richtung Westen weiterfährt, sollte **Hasankeyf** (S. 680) nicht verpassen, eine aus dem Fels gehauene Festung am Tigris. Und unbedingt die Stadt **Mardin** (S. 674) besuchen, die über den heißen Ebenen Mesopotamiens thront. Nördlich von Mardin liegt **Diyarbakır** (S. 668), das exotische Zentrum der kurdischen Kultur. Die antiken Stätten sind von noch älteren Stadtmauern umzogen. Zum Schluss darf man selbst beurteilen, ob das ganze Theater mit Recht um **Nemrut Dağı** (S. 656) und seine riesigen Steinköpfe gemacht wird, die es als einziges Motiv aus der Osttürkei in die Tourismusbroschüren geschafft haben.

Wer den Menschenmassen entkommen will, kann sich in den Teil der Türkei verziehen, der selten in den Tourismusbroschüren zu sehen ist: den wilden, herrlichen Osten. Alle, die seinem Zauber erlegen sind, finden die Westtürkei viel zu zahm – ca. 2740 km und nicht die Spur von Langeweile.

KARAWANENTOUR   Zwei Wochen/Von Kuşadası nach Dıyarbakır

Die Karawansereien (s. S. 60) der alten Handelsstraßen waren antike Rast-stätten. Sie wurden entweder zu Hotels umgebaut oder verfallen leider. Man kann sich gut vorstellen, wie es damals war, als die Tiere im Hof schnarchten und die Reisenden und Kaufleute in den Räumen darüber.

Allein wegen des **Clubs Caravanserai** (S. 279) lohnt es sich, eine Nacht im über-füllten Kuşadası zu verbringen. Die Zimmer sind fast unwichtig im Vergleich zur Show „Türkische Nächte", die im Innenhof stattfindet. Das Ganze nicht so ernst nehmen, sondern einfach Spaß haben! Richtung Osten geht's dann nach Pamukkale. Aber statt der Travertinterrassen stehen das geschnitzte Tor der Karawanserei **Ak Han** (S. 353) und die Höhle von Kaklık auf dem Programm. Dieses Pamukkale kriegen Reisende nur selten zu Gesicht. Nach Norden geht's zum **Otel Dülgeroğlu** (S. 333) in Uşak, heute ein superschickes Hotel. Noch weiter nördlich liegt der Seidenbasar **Koza Han** in Bursa (S. 317). Die beste Zeit für einen Besuch sind Juni und September. Dann können Traveller die uralte Tradition des Seidenhandels wiederaufleben lassen.

Von Bursa geht's zur Karawanserei **Cinci Han** (S. 490) in der Osmanenstadt Safranbolu, die zum Weltkulturerbe gehört. In südlicher Richtung liegt Kap-padokien, eine Gegend, mit unglaublich vielen Karawansereien. Die Highlights hier sind der **Ağzıkara Hanı** (S. 574), der **Sultanhanı** (S.528), die größte Karawanse-rei der Türkei, und der **Sultan Han** (S. 536). **Sarıhan** (S. 554) und **Saruhan** (S. 567) haben noch mehr im Angebot. Ersterer ist u. a. Veranstaltungsort für eine *sema* der tanzenden Derwische. Letzerer hat ein Spitzenrestaurant. Von Kappado-kien geht's Richtung Osten; einen Stopp sollte man in **Battalgazi** (S. 666) bei Malatya einlegen. Die Karawanentour endet im **Otel Büyük Kervansaray** (S. 672). Er liegt in Diyarbakır, dem Zentrum der kurdischen Kultur.

Kamele werden nicht gebraucht und gruselig wird's auch nicht auf die-ser 1800 km langen Abenteuertour in das unbekanntere, aber herrliche Hin-terland der Türkei, vom überlaufenen Kuşadası ins unver-gleichlich exotische Diyarbakır: Los geht's und rein in die Hans!

MASSGESCHNEIDERTE TOUREN

DIE NEUN WUNDER DER TÜRKEI — Drei Wochen zum Abhaken der Top-Sehenswürdigkeiten

Die Unesco hat neun Sehenswürdigkeiten des Landes auf die Liste des Weltkulturerbes gesetzt.

Los geht's mit den Schätzen von **Alt-İstanbul** (S. 111), dann weiter nach **Troja** (S. 218), wo in den letzten 5000 Jahren eine Stadt über die andere gebaut wurde. **Pamukkale** (S. 348) ist stolz auf seine leuchtend weißen Travertinterrassen und die Ruinen der Stadt Hierapolis, die früher für die Heilwirkung des warmen, kalziumreichen Wassers bekannt war.

Xanthos (S. 392) an der Südküste war die Hauptstadt Lykiens. In der Nähe liegt **Letoön** (S. 392), das Heiligtum der Stadt. Im Inland versteckt sich das **Freiluftmuseum Göreme** (S. 538) mit einer Reihe byzantinischer Felsenkirchen. Holperiger wird's auf der Fahrt zum **Nemrut Dağı** (S. 656) und dem „Thron der Götter". Götterstatuen halten dort seit über 2000 Jahren Wache. Von hier geht's nach Norden zur Moschee und Medrese von **Divriği** (S. 517). Von allen türkischen Kulturerbestätten wird diese am seltensten besucht. Dabei lohnt es sich: wegen des abgelegen Standorts und wegen der Ornamentik, die jeden ensprachlos macht.

Die Hauptstadt der antiken Hethiter, **Hattuşa** (S. 498), muss prachtvoll gewesen sein. Die Lage ist genauso beeindruckend wie die Ruinen der Anlage. Danach geht's zurück nach İstanbul und auf dem Weg dorthin an der alten osmanischen Stadt **Safranbolu** (S. 489) vorbei. Wer in einem der perfekt erhaltenen Herrenhäuser übernachtet, kriegt am meisten von der Atmosphäre mit.

TÜRKEI FÜR GOURMETS — Genug Zeit, um den Gürtel weiter zu schnallen

Auf ihre Küche sind die Türken zu Recht stolz. Und viele Landesteile sind berühmt und höchst beliebt wegen ihrer Spezialitäten.

Die Leute gehen einem zwar für einige Tage aus dem Weg, aber **Tokat-Kebap** (s. S. 512) mit Lamm, Aubergine und einer ganzen Handvoll Knoblauch ist es wert. Fettig, aber lecker ist *İskender*-Kebap. Den besten gibt's in den Lokalen von **Bursa** (S. 313). Vor der nordägäischen Küste wird der beste Tintenfisch der Türkei gefangen. Wer ihn in **Sığacık** (S. 258) genießt, wird sich noch Jahre später daran erinnern. Wer doch mal zu sehr zugelangt hat, kann darauf vertrauen, dass ihn *mesir macunu* (Power-Paste, S. 252) aus dem nahegelegenen Manisa wieder heilt. Zur Tagundnachtgleiche im Frühjahr kann man den Bewohnern bei der Herstellung dieses Zauberelixiers über die Schulter gucken.

Keiner hat mehr Erfahrung in der Zubereitung von **Lokum (Türkischem Honig)** als die Leute im Ali Muhaddin Hacı Bekir (S. 159) in İstanbul; immerhin haben die Vorfahren des Herrn, nach dem der Laden benannt ist, das Zeug erfunden. **Afyon** (S. 334) ist berühmt für seine Mohnernte und für die dicke Sahne namens *kaymak*. Sie soll deshalb so köstlich sein, weil die Kühe den Mohn futtern. Gaziantep hat gleich drei Köstlichkeiten zu bieten: **fıstık (Pistazien), baklava** und **künefe**. Die ersten beiden vereint gibt's als süchtigmachende Süßigkeit im İmam Çağdaş (S. 641). **Kahramanmaraş** (S. 636) ist die Hauptstadt des *dondurma* (Eis). Serviert wird's in faustgroßen Blöcken, gegessen am besten mit Messer und Gabel.

DIE HERAUSFORDERUNG   So viel Zeit, wie man hat

Eine Türkeireise kann 100-prozentiges Abenteuer bedeuten oder so süß und soft sein wie türkischer Honig. Wer diese Erfahrung machen will, überlässt die Badenden an der Küste einfach sich selbst und macht stattdessen Bekanntschaft mit Gegenden und Outdoor-Aktivitäten, die selbst die meisten Türken nicht kennen. Alternative: Man fährt über eine Grenze und verbringt ein, zwei Tage in den exotischen Nachbarländern. Wir warnen aber davor, zu leichtsinnig zu sein. Jeder sollte sich gut informieren und die aktuelle Situation (s. S. 704) kennen, bevor er sich ins Abenteuer stürzt.

Wer gerne Plätze abseits der ausgetretenen Touristenpfade erkundet, wird im westanatolischen Phrygischen Tal (S. 327) mit seiner spektakulären Landschaft und den tollen Ruinen fündig. Nachdem sich die politische Lage im Südosten allem Anschein nach verbessert hat, werden jetzt auch Regionen im Osten wieder für Besucher (s. S. 693) zugänglich gemacht, die vorher Sperrgebiet waren. Der **Oberlauf des Euphrat** ist zwischen Elazığ und Erzincan (S. 667) noch unerschlossen. Ebenso unbekannt sind die Städte **Bahçesaray** (S. 691), **Hakkari** (S. 692) und **Şırnak** (S. 681) in der atemberaubenden Landschaft des entlegenen Südostens. Also nichts wie hin, bevor die Touristen kommen!

Die unterirdischen Städte (S. 568) von Kappadokien können klaustrophobische Gefühle verursachen, sind aber ungeheuer spannend. In diese Unterwelt zogen sich früher die Leute zum Schutz vor Invasoren zurück. Heute, in glücklicheren Zeiten, können Traveller Höhlenbewohner spielen. Einfach einen Führer mieten, eine gute Taschenlampe mitnehmen und ins Innere von **Özlüce** (S. 658), **Güzelyurt** (S. 571) und **Özkonak** (S. 554) vorstoßen, zwei unterirdischen Städten abseits der Touristenroute.

Die meisten Traveller tauchen ihre Zehen nur ins eisige Wasser der **Schlucht von Saklıkent** (S. 391), dabei gibt's ganze 18 km zu erforschen – zur Auswahl stehen Wildwasserfahrten, Canyoning und Wandern. Wer Berge liebt, kann sich den Ararat (S. 633) vornehmen, der schon seit Jahrhunderten die Phantasie der Reisenden beflügelt. Und vielleicht die Lage am **Cilo Dağı** (Cilo-Gebirge, S.692) checken. Hier sollen irgendwann Trekking-Trips starten. Auf S. 82 gibt's mehr zum Thema Trekking und auf S. 694 zum Thema Outdoor-Aktivitäten.

Einer der Autoren dieses Buches ist ein fanatischer „Grenzgänger". Für Gleichgesinnte hat die Türkei einige echt heftige Grenzübergänge zu bieten: Georgien–Türkei, Aserbaidschan–Türkei, Iran–Türkei und Irak–Türkei. Wie wär's mit einer Nacht in **Georgien** (S. 629) und einem Schluck vom schweren Roten? Oder mal das Hinterland von **Aserbaidschan** (S. 630) erkunden und im interessanten Nachitschewan mit seinen riesigen Erdöl- und Erdgasvorkommen einen Tag verbringen. Wer will, kann auch den Hippiespuren in Richtung Iran folgen. Am besten bei Doğubayazıt (S. 632) oder am etwas unproblematischeren Grenzübergang Esendere–Seró (S. 693) einreisen und ein, zwei Tage lang das magische Täbris durchkämmen. Oder auf Tony Wheelers Spuren den **Nordirak** (S. 679) bereisen und mit eigenen Augen sehen, was im Zentrum von Kurdistan so abgeht.

Überblick

In der türkischen Politik gibt's traditionell immer mal Kehrtwenden. Und so ist auch die türkische Begeisterung für Europa in den letzten paar Jahren etwas abgekühlt. Die Türken sind nicht gerade beeindruckt vom derzeitigen politischen Agieren des Westens im Nahen Osten. Und die strengen Kriterien für eine Aufnahme in die EU gefährden ihrer Meinung nach die türkische Autonomie. Die relativ junge Bevölkerung der Türkei (im Vergleich zur durchschnittlich alten Bevölkerung der EU) und die geostrategisch günstige Lage sind Gründe, warum die Einheimischen davon überzeugt sind, dass Europa die Türkei mehr braucht als die Türkei Europa: „Lasst sie doch zu uns kommen." Die Regierung bleibt aber dran und überarbeitet weiter Gesetze. Offizielle Beitrittsverhandlungen laufen seit Oktober 2005, sind aber Anfang 2007 wegen des Zypernkonflikts ins Stocken geraten.

Zypern bleibt ein Stolperstein. Die Türkei weigert sich, die türkischen Zyprioten „aufzugeben", und treibt mit diesem Verhalten einen Keil zwischen sich und die EU-Mitglieder Griechenland und Zypern. Will die Türkei in die EU aufgenommen werden, braucht sie aber deren Stimmen. Schlechte Presse gab's auch, als der bekannteste türkische Schriftsteller und Nobelpreisträger Orhan Pamuk 2005 wegen „Verunglimpfung des Türkentums" angeklagt wurde (S. 53). Das von der Regierung proklamierte Recht auf freie Meinungsäußerung erscheint nun in einem anderen Licht. Die Aufnahme in die EU ist also keineswegs sicher. Und die Türkei wird wahrscheinlich noch länger am Rand Europas einen Schlingerkurs fahren.

EU hin oder her: Es gibt viele spannende Entwicklungen. Die Regierung lässt das Schienennetz modernisieren, was die Infrastruktur ungeheuer verbessern wird. Und das gewaltige Tunnelprojekt durch den Bosporus wird zur Auflösung der Staus führen, die İstanbul lahmzulegen drohen (S. 169).

Auch an anderen Gebieten hat die Regierung von Premierminister Erdoğan einiges vorzuweisen. Bemerkenswert geschickt hat sie sich durch das Minenfeld der verschiedenen Interessen manövriert. Die galoppierende Inflation, das größte wirtschaftliche Problem des Landes, ist unter Kontrolle (S. 48). Und die Jobsituation besser sich auch stetig, abgesehen von einigen Rückschlägen wie dem Währungsverfall Anfang 2006. Die Beziehungen zum Erzrivalen Griechenland haben sich etwas eingerenkt. Ein Zusammenstoß einer türkischen mit einer griechischen Militärmaschine im Mai 2006 führte nur zu einer ganz kleinen Verstimmung auf diplomatischer Ebene. Endlich verbessern sich auch die Lebensbedingungen der Kurden im Südosten Anatoliens. Auf Druck der EU hat die Regierung Zugeständnisse gemacht und Optimismus macht sich breit. Die Sicherheitskräfte haben den Griff gelockert, mit dem sie die kurdischen Provinzen umklammert hielten. Zwar erinnern gelegentliche Bombenattentate einer Splittergruppe kurdischer Rebellen daran, dass die Kurdenfrage noch längst nicht gelöst ist. Aber die meisten Türken glauben daran, dass ihr Land nicht wieder in den Abgrund stürzen wird wie unter der Terrorherrschaft (S. 50) von Abdullah Öcalan. Es gibt sogar Anzeichen dafür, dass die Beziehungen zu Armenien besser werden.

Den größten Test hat Erdoğan wohl zu bestehen, wenn er die säkularen Institutionen des Landes einer Prüfung unterzieht, u. a. auch die übermächtige Militärclique. Alle schauen gespannt auf die anstehenden Präsidentschaftswahlen, denn es gilt als Aufgabe des Präsidenten, den Säkularismus in der Türkei zu verteidigen. Wenn der offen religiöse Erdoğan Präsident werden sollte, wäre das ein Novum in dieser Republik. Und jeder hat eine Meinung zu einem Präsidenten, dessen Frau ein Kopftuch trägt (s. S. 55).

KURZINFOS

Bevölkerung: 70,4 Mio.

Fläche: 779 452 km²

Höchster Berg: Ararat
5137 m

Längster Fluss: Kızılırmak
1355 km

Türkischer Rekord: „Die
größte Flagge, gehisst in
größter Höhe"

İstanbuls Rang in der
Liste der teuersten Städte
der Welt: 18

Durchschnittliches Jahreseinkommen: 3500 €

Lebenserwartung:
Männer 68 Jahre, Frauen
73 Jahre

Prozentsatz der Bevölkerung, die den EU-Beitritt
begrüßen würde: 2004
73 %, 2006 43 %

Geschichte

Das Schicksal hat die Türkei genau an die Schnittstelle zweier Kontinente gelegt. So hat dieses Land seit den Anfängen der Geschichtsschreibung – als Landbrücke, Ort der Begegnung und Schlachtfeld – erlebt, wie Völkerscharen zwischen Asien und Europa hin- und herzogen. Dieser rege Verkehr hat Monumente und Trümmer zurückgelassen, Dynastien und ein dauerhaftes kulturelles Erbe, was alles zum Charakter der modernen Türkei beiträgt. Die türkische Geschichte ist ein so reiches Patchwork aus Reichen und Epochen, dass manche Zahlen und Ereignisse selbst dem Laien bekannt sind.

Anatolien kommt von dem griechischen Wort anatolē, was soviel heißt wie „Sonnenaufgang". Das türkische Wort „anadolu" hingegen lässt sich grob als „Hauptader, Mutterflöz" (im Bergbau) übersetzen.

FRÜHE KULTUREN, GROSSE STÄDTE & KONFLIKTE

Archäologische Funde geben Hinweise, dass die ersten anatolischen Jäger und Sammler in der Altsteinzeit in Höhlen lebten. Etwa im 7. Jahrtausend v. Chr. hörten ein paar Menschen auf, als Nomaden durch die Gegend zu ziehen und gründeten Siedlungen. Çatalhöyük (S. 526), um 6500 v. Chr. entstanden, war vielleicht die erste Stadt, mit Sicherheit war es aber ein Zentrum der Innovationen. Hier entwickelten Einheimische Bewässerungsmethoden für ihre Felder, domestizierten Schweine und Schafe und stellten Töpferwaren her – außerdem vermutlich die erste Landschaftsmalerei der Welt. Überreste aus Çatalhöyük sind in Ankara im Museum of Anatolian Civilizations (S. 475) zu sehen.

Catalhoyuk: The Leopard's Tale des Archäologen Ian Hodder ist ein Bericht über die Ausgrabungen und gleichzeitig ein anschauliches Porträt der Stadt zu ihrer Blütezeit.

In der Kupferzeit wurde Hacılar (nahe dem heutigen Burdur in Zentralanatolien) groß – genauso wie Städte im Südosten, die sich einiges aus dem Zweistromland abguckten, z. B. Metallwerkzeuge. In ganz Anatolien wuchsen Siedlungen aus dem Boden, die auch miteinander in Kontakt standen – nicht immer in freundschaftlichem: Meistens waren die Städte gut befestigt.

Um 3000 v. Chr. trugen Fortschritte in der Metallherstellung dazu bei, dass sich die Macht konzentrierte. So entstanden verschiedene anatolische Königreiche. Eins davon lag in Alacahöyük (S. 501) im Herzen Anatoliens. Trotzdem zeigte selbst dieser Ort kaukasischen Einfluss: Der Handel ging also weit über das anatolische Hochland hinaus.

Auch an den Küsten im Süden und Westen wurde Handel getrieben. Troja tauschte z. B. mit den ägäischen Inseln und dem griechischen Festland Waren aus. Um 2000 v. Chr. gründeten die Hattier in Kanesch (Kültepe, nahe Kayseri) eine Stadt, die ein ganzes Netz von Handelsvorposten kontrollierte. Hier taucht die anatolische Geschichte erstmals aus dem Reich der Vermutungen auf. Archäologische Funde sorgen dafür, dass sie „real" wird: Tontafeln aus Kanesch enthalten schriftliche Aufzeichnungen von Daten, Ereignissen und Namen.

Eine einheitliche, typisch anatolische Kultur war noch nicht entstanden, aber der Weg war vorgezeichnet: Kultureller Austausch, Handel und Krieg sollten die wiederkehrenden Themen der anatolischen Geschichte werden.

Bis zur Wiederentdeckung der Ruinen von Boğazkale im 19. Jh. waren die Hethiter nur durch einen ominösen Hinweis im Alten Testament bekannt.

BRONZEZEIT: DIE HETHITER

Die Hattier blieben nicht lange. Nachdem es mit ihnen bergab gegangen war, übernahm ein neues Volk ihr Land: die Hethiter. So um 1800 v. Chr. verlegten sie ihre Hauptstadt von Alacahöyük nach Hattuşa (nahe dem heutigen Boğazkale, S. 498).

ZEITACHSE | **ca. 7500 v. Chr.** | **ca. 1180 v. Chr.**
Gründung einer Siedlung in Çatalhöyük | Untergang von Homers Troja

Die Hethiter hinterließen u. a. ihre phantastische Hauptstadt, ihre Staatsarchive (in Form von keilförmigen Tontafeln) und ihre Kunst. 1450 v. Chr. wurde nach einigem Gerangel im Inneren aus dem Königreich ein Imperium: das erste anatolische Großreich. Natürlich waren die Hethiter Krieger und regierten über zahllose Vasallenstaaten, aber auch sonst brachten sie einige typische Eigenschaften von großen Herrschern mit: So waren sie etwa für ihre Ethik und gelegentliche Neigung zur Diplomatie berühmt. Das hielt sie zwar nicht davon ab, das Ägypten Ramses' II. 1298 v. Chr. zu überrennen. Aber es erlaubte ihnen, sich mit dem geschlagenen Ramses wieder auszusöhnen, indem sie Syrien mit ihm teilten und ihn mit einer hethitischen Prinzessin verheirateten.

Später bekam das Hethiterreich mehr und mehr Ärger mit seinen Vasallen, u. a. Troja (S. 218) an der ägäischen Küste. Der letzte Schlag war die Invasion der damals zu den „Seevölkern" zählenden Griechen, die schon Eisen verarbeiteten. Die Hethiter waren jetzt plötzlich vom Meer abgeschnitten (und damit in einer Zeit des aufblühenden Seehandels klar benachteiligt), und ihnen fehlte der neueste technologische Clou: Eisen.

Inzwischen hatte sich in Troja eine neue Dynastie als Regionalmacht breitgemacht. Sie wurde aber von den Griechen so geärgert, dass der Trojanische Krieg unausweichlich war (1250 v. Chr.). Das verschaffte den Hethitern eine Atempause. Aber spätere Neuankömmlinge aus dem Osten und dem Westen beschleunigten ihren Abgang. Im Taurusgebirge konnten sich Überreste hethitischer Kultur halten, aber das große Reich war passé. Spätere Stadtstaaten erweckten eine neohethitische Kultur zum Leben. Sie zog die griechischen Kaufleute der Eisenzeit an und brachte sie in Kontakt mit mesopotamischer Religion und Kunst.

KLASSISCHE REICHE: GRIECHENLAND & PERSIEN

Anatolien nach den Hethitern war ein Völkergemisch aus echten Anatoliern und Eindringlingen aus jüngerer Zeit. Im Osten schmiedeten die Urartäer, Nachfahren der früheren anatolischen Hurriter, ein Königreich in der Nähe des Vansees (Van Gölü). Im 8. Jh. v. Chr. kamen dann die Phrygier aus Thrakien im westlichen Anatolien an. Unter König Gordius (ja, der mit dem gordischen Knoten) errichteten sie ihre Hauptstadt Gordion (Yassıhöyük, S. 487). König Midas brachte sie dann später auf den Höhepunkt ihrer Macht. 725 v. Chr. fiel das Reitervolk der Kimmerer über Gordion her, was selbst das goldene Händchen des König Midas nicht verhindern konnte. Das war das Ende der Phrygier.

An der Südwestküste brachten die Lykier einen Zusammenschluss unabhängiger Stadtstaaten vom heutigen Fethiye (S. 378) bis Antalya (S. 419) zustande. Im Inland herrschten die Lyder von ihrer Hauptstadt Sardes (S. 252) aus über Westanatolien. Sie sollen übrigens die ersten Münzen der Welt geprägt haben.

Inzwischen gründeten die Griechen an der Mittelmeerküste immer mehr Kolonien, und ihre Kultur breitete sich in ganz Anatolien aus. Kaum ein Volk Anatoliens entging dem griechischen Einfluss: Der phrygische König Midas hatte eine griechische Frau, die Lykier borgten sich die Sage der Schimäre und den Leto-Kult (um Letoon, S. 392) aus, und die lydische Kunst fungierte als Bindeglied zwischen griechischen und persischen Kunstformen. Wie es scheint, war die Bewunderung zeitweise sogar gegenseitig: Die Lykier

Der griechische Dichter Homer erzählt in der Ilias die Geschichte des Trojanischen Krieges. Er soll vor 700 v. Chr. in Smyrna (dem heutigen İzmir) geboren worden sein.

Eine Erinnerung an die Phrygier ist die phrygische Mütze, eine spitz zulaufende Stoffmütze mit flott nach vorn geschlagenem Zipfel. Sie ist auf griechischen Vasen und Grabmalereien abgebildet. In der Französischen Revolution, später in verschiedenen Revolutionen in Lateinamerika wurde sie als Freiheitssymbol genutzt.

Nähere Informationen über das Auf und Ab des alten Lykien und über Sehenswertes an der lykischen Küste der Türkei gibt es unter www.lycianturkey.com (englisch) und www.lykien.com (deutsch).

---

ca. 1100 v. Chr.	547 v. Chr.
Fall des Hethiterreiches. Griechische Kolonisten landen an der Küste von Kleinasien	Kyros, Großkönig von Persien, nimmt Anatolien und die griechischen Kolonien ein

waren das einzige anatolische Volk, das die Griechen nicht als „Barbaren" bezeichneten, und die Griechen zeigten sich vom Reichtum des lydischen Königs Krösus so beeindruckt, dass er sprichwörtlich wurde.

Aber auch anderswo blieb der immer stärker werdende hellenistische Einfluss nicht unbemerkt. Kyros, seines Zeichens König von Persien, war von diesem Treiben in seinem Hinterhof nicht erbaut. 547 v. Chr. marschierte er schließlich los, gab zuerst den Lydern eins auf den Deckel und tobte dann weiter, um sich die Ägäis unter den Nagel zu reißen. Unter den Königen Dareios I. und Xerxes schafften es die Perser, die weitere Ausbreitung der griechischen Handelskolonien an den Küsten einzudämmen. Auch das Inland unterwarfen sie und setzten so der Ära selbständiger anatolischer Königreiche ein Ende.

Die Perser regierten Anatolien durch willfährige einheimische Satrapen. Das bedeutet, sie konnten sich nie völlig durchsetzen. Von Zeit zu Zeit mussten sie sich mit dem Widerstand schlechtgelaunter Anatolier auseinandersetzen, z. B. mit dem Ionischen Aufstand in der Stadt Milet (S. 285) 494 v. Chr., den angeblich die Athener angezettelt hatten. Er wurde umgehend niedergeschlagen und die Mileter massakriert. Das Verhalten der Athener benutzten die Perser als Vorwand, um aufs griechische Festland vorzudringen, wurden aber bei Marathon geschlagen (aus dieser Zeit stammt auch das gleichnamige Event).

ALEXANDER & DANACH

Anatolien blieb bis 334 v. Chr. unter der Fuchtel der Perser. Dann brauste eine neue Macht durchs Land. Alexander und seine makedonischen Abenteurer überquerten die Dardanellen bei Çanakkale, ursprünglich in der Absicht, Anatolien von der persischen Plage zu befreien. Sie fegten die Küste abwärts und überrollten die Perser bei Granicus, nahe Troja. Nächstes Ziel war Sardes, das sich ohne Umstände ergab. Nachdem Alexander Halikarnassus (das moderne Bodrum; S. 291) mit Erfolg belagert hatte, zog es ihn immer weiter nach Osten. Schließlich kam es zur berühmten Keilerei mit den Persern bei Issos.

Kurz vorher hatte sich Alexander in der ehemaligen phrygischen Hauptstadt Gordion mit dem gordischen Knoten beschäftigt. Der Sage nach war es demjenigen, der ihn löste, bestimmt, über ganz Asien herrschen. Als er es nicht schaffte, den Knoten zu entwirren, griff Alexander kurzerhand zum Schwert und hieb ihn durch. Asien lag vor ihm. Er und seine Männer donnerten durch Persien bis an den Indus – und unterwarfen sich die gesamte damals bekannte Welt.

Alexander war allerdings mehr Eroberer als Staatsmann. Als er 323 v. Chr. in Babylon starb, gab es keinen Nachfolger. So war dem gewaltigen Reich, das er geschaffen hatte, kein langes Leben bestimmt. (Vielleicht hätte er sich doch etwas mehr Mühe mit dem Knoten geben sollen…) Seine Feldherren teilten es in zahllosen Bürgerkriegen untereinander auf.

Doch wenn es tatsächlich Alexanders Ziel gewesen war, Anatolien vom persischen Einfluss zu befreien und es an die hellenistische Welt anzuschließen, war er enorm erfolgreich. Im Gefolge seiner Armeen wurde das Land durch und durch hellenisiert. Dies war der Höhepunkt jenes Prozesses, der schon vor Jahrhunderten begonnen und den Perserkönig Kyros so erbost hatte. Ein Netz von Städten überspannte Anatolien – deren Lebensgrundlage,

Der Legende nach sahen beide Eltern Alexanders seine Geburt voraus. Seine Mutter träumte, ein Blitzschlag habe sie getroffen, während sein Vater träumte, seine Frau würde von einem Löwen geschwängert. Entsetzt konsultierten sie einen Seher, der ihnen sagte, ihr Kind würde den Charakter eines Löwen haben.

334–323 v. Chr.

Alexander der Große erobert den Großteil Anatoliens. Bei seinem Tod zersplittert sein Reich in kleine, unabhängige Staaten

261–133 v. Chr.

Blütezeit des Königreichs Pergamon. Als Attalus III. stirbt, vermacht er sein Reich den Römern wie überall in der hellenistischen Welt, der Handel war. Ein echtes Highlight war Pergamon (heute Bergama, S. 232). Die Könige von Pergamon waren Spitzenkrieger und -statthalter sowie begeisterte Förderer der Künste. Der bedeutendste unter ihnen war Eumenes. Er regierte von 197 bis 159 v. Chr. über ein Reich, das sich von den Dardanellen bis zum Taurusgebirge erstreckte, und war verantwortlich für vieles von dem, was heute noch von Pergamons Akropolis zu sehen ist. Genauso bemerkenswert wie die vielen entstehenden hellenischen Tempel und Aquädukte war die allmähliche Verbreitung der griechischen Sprache. Im Lauf mehrerer Jahrhunderte löschte sie die anatolischen Sprachen komplett aus.

Die ganze Zeit hindurch kochte es im Kessel der anatolischen Kulturen weiter, wobei verschiedene, meist kurzlebige Königreiche das Licht der Welt erblickten. 279 v. Chr. traten die Kelten aus dem Südosten Europas auf den Plan und gründeten rund um Ancyra (Ankara) das Königreich Galatien. Im Nordosten hatte schon früher ein gewisser Mithridates das Königreich Pontus geschaffen, mit Amasya als Zentrum. Die Armenier hatten sich seit langem in der Region um den Vansee breitgemacht (manche glauben, dass es die Nachfahren der früheren Urartier waren). Unter Alexander erhielten sie Autonomie und etablierten sich entsprechend.

Jenseits der Ägäis fingen inzwischen die Römer an, gierige Blicke auf das reiche Anatolien mit seinen Handelsverbindungen zu werfen.

RÖMISCHE HERRSCHAFT & DER AUFSTIEG DES CHRISTENTUMS

Ironischerweise war es Pergamon, die größte der hellenischen Städte, durch die sich die Römer die Herrschaft über Anatolien sicherten. Die römischen Legionen hatten die Armeen eines Seleukidenherrschers schon 190 v. Chr. bei Magnesia (Manisa) geschlagen. Aber erst Pergamon wurde die Basis, von der aus sie Anatolien ernsthaft eroberten – als nämlich König Attalos III. 133 v. Chr. starb und die Stadt Rom vermachte. 129 v. Chr. wurde Ephesos (S. 268) zur Hauptstadt der römischen Provinz Asia, und nach nur 60 Jahren hatten die Römer den mutigen Widerstand von Mithridates aus Pontus überwunden und ihren Einflussbereich bis nach Armenien an der persischen Grenze ausgedehnt.

Während der Regierungszeit des römischen Kaisers Augustus herrschten Frieden und Wohlstand in Anatolien. In dieser Atmosphäre konnte sich die junge Religion des Christentums ausbreiten – wenn auch noch ganz versteckt und immer wieder heimgesucht von rigorosen Verfolgungen. Der Überlieferung nach zog sich der Apostel Johannes mitsamt Maria nach Ephesos zurück, um dort sein Evangelium zu schreiben. Johannes soll auf einem Hügel beim heutigen Selçuk begraben sein; eine gigantische Basilika (S. 263) markiert die Stelle. Und Maria soll in Meryemana (S. 273) ganz in der Nähe liegen. Der unermüdliche Apostel Paulus machte sich das römische Straßennetz zunutze. Munteren Schrittes reiste er von 45 bis 58 v. Chr. durch Anatolien und verkündete seinen Glauben.

Das Christentum breitete sich immer weiter aus, und das römische Reich wurde immer schwerfälliger. Ende des 3. Jhs. versuchte Diokletian das Reich zu stabilisieren, indem er es in eine östliche und eine westliche Verwaltungseinheit aufteilte. Gleichzeitig wollte er das Christentum ein für allemal auslöschen. Beides misslang. Schließlich zog er sich von seinem Amt zurück und überließ seinen Nachfolgern das Feld, die allerdings nichts

---

333 v. Chr. wurde der persische Kaiser Dareios III. von Alexander dem Großen geschlagen. Bei seiner Flucht ließ er seine Frau, seine Kinder und seine Mutter auf dem Schlachtfeld zurück. Seine Mutter war so empört, dass sie ihn enterbte und Alexander, der sie mit allen Ehren behandelte, als ihren Sohn einsetzte.

In Donald Carrolls Buch *Mary's House* sind die Hintergründe der Suche nach Marias letzter Ruhestätte, deren Entdeckung und die daran anschließende Kontroverse dargestellt.

Julius Cäsar hielt seine Rede mit dem berühmten *Veni, vidi, vici* („Ich kam, sah und siegte") in Zile, in der Nähe von Tokat.

---

330 n. Chr.
Konstantin macht das „neue Rom" (später Konstantinopel) zur Hauptstadt des Oströmischen Reiches (Byzanz)

527–65
Regierungszeit Justinians. Die Byzantiner dehnen ihren Einfluss im Mittelmeerraum aus

Besseres zu tun hatten, als sich gegenseitig zu bekriegen. Sieger war am Ende Konstantin, der sich zum Christentum bekannte. Er soll sogar von Engeln geleitet worden sein, als er beschloss, aus der alten griechischen Stadt Byzanz ein „neues Rom" zu machen. Die Stadt wurde berühmt als Konstantinopel (heute İstanbul, S. 94). Sieben Jahre später (337) ließ sich Konstantin auf dem Totenbett taufen, und Ende des Jahrhunderts war das Christentum offizielle Religion des Reiches.

DER UNTERGANG ROMS UND DER AUFSTIEG VON BYZANZ

Byzanz von John Julius Norwich fasst in drei Bänden ganz phantastisch 1123 ereignisreiche Jahre zusammen.

Selbst mit seiner neuen Hauptstadt Konstantinopel war das Römische Reich reichlich schwerfällig. Echte Einigkeit gab's zum letzten Mal unter Kaiser Theodosius (Regierungszeit 379–95), aber danach zerbrach es endgültig in zwei Hälften. Die westliche (römische) Reichshälfte ergab sich der Dekadenz, dem Schlendrian und allen möglichen „Barbaren". In der Osthälfte (Byzanz) lief es dagegen gut. Nach und nach übernahm man die griechische Sprache – und das Christentum.

Unter Justinian (527–65) machte Byzanz ganz auf imperialistisch – so wie früher Rom. Quellen zufolge war Justinian verantwortlich für den Bau der Hagia Sophia (S. 111) und die Kodifizierung des römischen Rechts. Aber er erweiterte auch die Grenzen des Reiches, bis es das südliche Spanien, Nordafrika und Italien umfasste. In dieser Phase wurde Byzanz zur eigenständigen Großmacht, unabhängig von Rom, auch wenn eine sentimentale

DIE BYZANTINER & ARABER ... & DIE RENAISSANCE

Ganze 680 Jahre, bevor Konstantinopel an die Osmanen fiel, hatte schon eine muslimische Armee die byzantinische Hauptstadt belagert. Frisch zum Islam übergetretene Soldaten machten sich in Arabien auf, zogen durch Südostanatolien und standen 669 vor den Stadtmauern Konstantinopels. Diese arabische Invasion in byzantinisches Territorium schockierte Kaiser Konstantin III. so sehr, dass er sich 660 nach Sizilien verkrümelte. Als er aber verlangte, dass seine Frau und sein Sohn hinterherkämen, legten die Bürger von Konstantinopel ihr Veto ein. Sie fürchteten, die Stadt würde dadurch ihren kaiserlichen Status verlieren. Konstantin IV. folgte seinem Vater 668 auf den Thron und musste fünf arabische Angriffe auf Konstantinopel in zehn Jahren mitmachen.

Die Begegnungen von Byzantinern und Arabern waren nicht immer so unfreundlich. Es kam auch zu einer gegenseitigen kulturellen Befruchtung. So übernahm etwa Kaiser Leo III. im Jahr 726 das islamische Verbot, Menschen bildlich darzustellen. Das war der Startschuss zum byzantinischen Bilderstreit, der fast ein Jahrhundert lang die orthodoxe Kirche aufmischte. Ein glücklicheres Beispiel: Die Araber kannten keine Kuppeln, legten die byzantinischen Kirchen sahen. Danach gehörte die Kuppel zum festen Repertoire so gut wie aller muslimischen Architekten, und mit der Zeit wuchsen die fabelhaften, prächtigen Silhouetten islamischer Städte, nicht zuletzt İstanbuls. Durch die Byzantiner lernten die Araber auch die wissenschaftlichen und philosophischen Werke der griechischen Antike kennen. Sie übersetzten und bewahrten sie, bis sich die Europäer am Ende des Mittelalters wieder für die alten Griechen interessierten. Damit fing die Renaissance an.

Für die osmanischen Gläubigen wurde ein Überbleibsel der arabischen Belagerungen von Konstantinopel zur vierten heiligen Stätte des Islam: der Ort, wo der Freund und Fahnenträger des Propheten Mohammed, Ayub Ansari, begraben lag. Das Grab selbst ging unter der Herrschaft der Byzantiner verloren, aber sobald die Soldaten Mehmets II. die Stadt 1453 eingenommen hatten, tauchte es wundersamerweise wieder auf (s. S. 132). Danach wurde es zum Pilgerziel für osmanische Sultane, die den Thron besteigen wollten.

663	1071
Arabische Armeen dringen nach Anatolien ein und bringen den Islam mit	Die Seldschuken schlagen die Byzantiner in Manzikert. Beginn der seldschukischen Oberherrschaft in Zentralanatolien

Bindung an die römische Idee nicht totzukriegen war: Die Griechisch sprechenden Byzantiner bezeichneten sich immer noch als Römer, was die Türken in den folgenden Jahrhunderten aufnahmen. Sie nannten die Byzantiner „Rum". Doch Justinians Elan und Ehrgeiz waren zu viel des Guten. Die Pest und das höchst unpassende Eindringen von Awaren und slawischen Stämmen nördlich der Donau machten jegliche weiteren Expansionspläne zunichte.

Später schwächte eine langwierige Auseinandersetzung mit ihren Erzrivalen, den Persern, die Byzantiner. Die östlichen Provinzen Anatoliens wurden so zur leichten Beute für die losbrechenden arabischen Heere. 654 nahmen die Araber Ankara ein, und 669 belagerten sie Konstantinopel. Dieses Volk brachte eine neue Sprache mit, eine neue Kultur und v. a. eine neue Religion, den Islam.

Im Westen stießen Goten und Lombarden vor und sorgten dafür, dass Byzanz im 8. Jh. auf den Balkan und nach Anatolien zurückgedrängt wurde. Bis zum Aufstieg der makedonischen Dynastie verharrte das Reich geduckt. 867 bestieg Basileios I. den Thron und riss das Ruder nochmals herum. Er siegte über das muslimische Ägypten, die slawischen Bulgaren und Russland. Basileios II. (976–1025) erwarb sich den Spitznamen „Bulgarentöter", indem er 14 000 bulgarischen Kriegsgefangenen die Augen ausstechen ließ. Als er starb, fehlte dem Reich ein Führer mit ähnlichen Fähigkeiten – oder vielleicht mit ähnlicher Grausamkeit –, und das Zeitalter der byzantinischen Expansion war endgültig vorüber.

DAS ERSTE TÜRKISCHE REICH: DIE SELDSCHUKEN

Während es im Byzantinischen Reich jahrhundertelang auf und ab ging, war ein Nomadenvolk aus Zentralasien immer weiter westwärts gezogen: die Türken. Unterwegs begegneten sie den Arabern und traten zum Islam über. Tatkräftig und kriegerisch von Natur aus, übernahmen die Türken die Herrschaft über das untergehenden Abbasidenreiches und errichteten ein eigenes Reich mit Zentrum in Persien. Tuğrul Beg aus dem türkischen Seldschuken-Clan ernannte sich zum Sultan von Bagdad, und von dort aus machten sich die Seldschuken dran, den Byzantinern das Leben schwer zu machen. 1071 traute es sich Tuğruls Sohn Alp Arslan bei Manzikert (heute Malazgırt, nördlich vom Vansee), sich der gewaltigen byzantinischen Armee zu stellen. Trotz zahlenmäßiger Unterlegenheit siegte die flinke türkische Kavallerie. Damit stand Anatolien den diversen umherziehende Turkmenen offen, und es begann das langwierige, endgültige Hinscheiden des Byzantinischen Reiches.

Aber die Seldschuken hatten den Sieg nicht abonniert. Im 12. und 13. Jh. fielen Kreuzfahrer in in ihr Land ein und errichteten in Antiochia (Antakya; S. 465) und Edessa (heute Şanlıurfa, S. 646) kurzlebige Ministaaten. Eine besonders draufgängerische Armee von Kreuzfahrern griff 1204 Konstantinopel an, die Hauptstadt der christlichen Byzantiner. Man hätte denken sollen, diese wären Verbündete der Kreuzritter gewesen. Inzwischen hatten die Seldschuken mit internen Machtkämpfen zu tun, und ihr gewaltiges Reich zerbrach.

Das Erbe der Seldschuken lebte im Sultanat von Rum mit der Hauptstadt Konya (S. 518) in Anatolien weiter. Obwohl sie eigentlich türkischer Abstammung waren, verbreiteten diese „Rum-Seldschuken" persische Kultur,

In seinem Buch *Sailing from Byzantium: How a Lost Empire Shaped the World* schildert Colin Wells, wie stark die Byzantiner alle Kulturen beeinflussten, mit denen sie in Berührung kamen: Türken, Slawen, Westeuropäer und Araber.

Seit 1054 markierte die Linie, an der das Römische Reich 395 auseinandergebrochen war, die Trennung zwischen Katholiken und orthodoxen Christen – eine Bruchlinie, die bis heute Gültigkeit hat.

The Turks in World History von Carter Vaughn Findley gibt einen Überblick über die verschiedenen türkischen Städte und Gemeinschaften – von der Südosttürkei bis zu den Wüsten der chinesischen Region Xinjiang, von 600 v. Chr. bis heute. Ein kluges und erhellendes Buch.

Europäische Beobachter bezeichneten Anatolien schon im 12. Jh. als „Turchia". Die Türken fingen damit erst in den 1920er-Jahren an.

1204	**1243**
Das Heer des vierten Kreuzzugs greift Konstantinopel an und plündert die Stadt	Mongolen schlagen die Seldschuken am Köse Dağ. Damit endet das Seldschukenreich

Kunst und Literatur. Sie führten geknüpfte Wollteppiche in Anatolien ein und verschönerten die Landschaft mit bemerkenswerter Architektur – noch heute zu bewundern in Erzurum (S. 607), Divriği (S. 517), Amasya (S. 503) und Sivas (S. 512). Diese seldschukischen Bauwerke waren die ersten echten islamischen Kunstwerke in Anatolien. Sie sollten zu Prototypen für die spätere osmanische Kunst und Architektur werden. Celaleddin Rumi (S. 519), der sufische Mystiker und Begründer des Mevlevi-Ordens der tanzenden Derwische, steht beispielhaft für die kulturelle und künstlerische Blüte, die in Konya erreicht wurde.

In der Zwischenzeit zogen die Nachfahren des Mongolen Dschingis Khan durch Anatolien. 1242 nahmen sie Erzurum ein, 1243 schlugen sie die Seldschukenarmee am Köse Dağ. Durch diese Übergriffe zerbröselte Anatolien in ein buntes Mosaik türkischer *beyliks* (Fürstentümer) und mongolischer Lehen. Die schockierten Byzantiner eroberten Konstantinopel 1261 zurück. Aber 1300 begründete ein gewisser türkischer *bey* namens Osman die osmanische Dynastie. Dies brachte Byzanz später das endgültige Aus.

DAS JUNGE OSMANISCHE REICH

Die osmanischen Türken waren noch nicht lange Muslime. Sie zogen ganz ungezwungen im Grenzland zwischen Byzanz und ehemaligen Seldschukengebieten umher. Aber sobald sie mit der neuen Religion in Berührung kamen, erfasste sie die Begeisterung aller frisch Bekehrten. In einer Zeit der Zerstörung und der Auflösung hatten sie ein Ideal zu bieten, das ihnen Anhänger in Scharen zutrug. Und sehr bald schufen die Osmanen ein administratives und militärisches System, das ihnen eine schnelle Expansion erlaubte. Von Anfang an integrierten sie alle anatolischen Kulturen – wie es viele anatolische Herrscher vor ihnen getan hatten. So wurde ihre Kultur ein bunter Mix aus griechischen, türkischen, muslimischen und christlichen Elementen. Besonders deutlich war das in der Elitetruppe der Janitscharen, die sich aus der christlichen Bevölkerung der jeweiligen Landesteile rekrutierte.

Voller Energie und Ehrgeiz und, wie es aussah, unbesiegbar drangen die Osmanen nach Westen vor, gründeten eine erste Hauptstadt in Bursa (S. 313), setzten dann nach Europa über und nahmen 1362 Adrianopel (Edirne, S. 184) ein. 1371 erreichten sie die Adria und schlugen 1389 die Serben in der Schlacht auf dem Amselfeld. Damit hatten sie die Herrschaft auf dem Balkan übernommen.

Dort trafen die Osmanen auf eine gefestigte Christenheit – die trotzdem ohne Probleme in den neuen Staat integriert wurde, und zwar durch Schaffung des *millet*-Systems: Minderheiten wurden offiziell anerkannt und erhielten das Recht zu eigener Verwaltung und Justiz. Voraussetzung war allerdings, dass es keinerlei christliche Anmaßungen oder militärische Großtuerei auf osmanischem Gebiet gab. 1396 vertrimmte Sultan Beyazıt die Armeen des „letzten Kreuzzugs" bei Nikopolis in Bulgarien gründlich. Von da an hielt es Beyazıt wahrscheinlich für selbstverständlich, dass er siegte. Mehrere Jahre später trat er aber wohl doch zu selbstsicher auf, als er den tatarischen Kriegshelden Timur Lenk in Ankara verspottete. Beyazıt wurde gefangen genommen, seine Armee geschlagen und das aufblühende Osmanische Reich abrupt zum Innehalten gezwungen, als Timur Anatolien durchquerte.

Murat II. (reg. 1421–51) war der nachdenklichste der frühen osmanischen Sultane. Zweimal dankte er ab, um sich in seinen Palast zurückzuziehen, aber beide Male musste er wieder auf den Thron zurückkehren, um Aufstände auf dem Balkan niederzuschlagen.

Einen großartigen Überblick über Leben, Kunst und Kultur der Osmanen vermittelt Suraiya Faroqhis Buch *Kultur und Alltag im Osmanischen Reich*.

1300	**1402**
Unter Osman beginnen die Osmanen mit der Expansion von Westanatolien aus	Timur Lenk schlägt Beyazıt I. in der Schlacht von Ankara und zieht weiter, um andere Gegenden zu verwüsten

---

DAS SULTANAT DER FRAUEN

Das Osmanische Reich war vielleicht das mächtigste islamische Reich überhaupt, aber eine Zeit lang mischten die Frauen gewaltig in den Machenschaften des Reiches mit. V. a. von der Regierungszeit Süleymans des Prächtigen bis zur Mitte des 17. Jhs. übten einige Frauen am osmanischen Hof erhebliche politische Macht aus.

Diese Phase, die auch „Sultanat der Frauen" genannt wird, fing mit Hürrem Sultan an, die im Westen als Roxelane bekannt ist. Sie war eine Sklavin im Harem Süleymans – wahrscheinlich russischer oder ukrainischer Herkunft. Nicht lange und sie wurde Süleymans Lieblingskonkubine und nach dem Tod seiner Mutter die mächtigste Frau im Harem. Aber sie bastelte noch weiter an ihrer Karriere, indem sie Süleyman überredete, sie zu heiraten. Das hatte sich noch keine Konkubine getraut.

Als Meisterin der Palastintrige brachte sie den Sultan dazu, seinen Sohn Mustafa aus einer früheren Verbindung sowie seinen Großwesir umbringen zu lassen. So wurde der Weg zum Thron frei für Roxelanes Sohn Selim.

Dies alles brachte dem Reich kein Glück: Selim erwies sich als unfähiger Herrscher und war zudem ständig betrunken. Manche Historiker behaupten, Roxelanes Vorbild mit ihren Intrigen hinter den Kulissen hätte zur zunehmenden Unfähigkeit und schließlich zum Untergang des osmanischen Herrscherhauses beigetragen.

AUFSTIEG DER OSMANEN: KONSTANTINOPEL & DANACH

Es dauerte ein Jahrzehnt, bis sich der Staub wieder gesetzt hatte, den Timur aufgewühlt hatte; Beyazıt hatte er mitgenommen. Beyazıts Sohn strampelte sich heftig ab, um die Kontrolle über das Reich zu bekommen – bis ein neuer Sultan von Format auf den Plan trat. Mit Mehmet I. an der Spitze formierten sich die Osmanen neu und widmeten sich wieder ihrer Lieblingsbeschäftigung: der Expansion. Erfrischt durch die Atempause, rafften sie die Überreste von Anatolien zusammen, überrollten Griechenland, probierten, an Konstantinopel ranzukommen, und schlugen die Serben 1448 erneut, dieses Mal mit den Albanern an ihrer Seite.

Als Mehmet II. 1451 Sultan wurde, hatten die Osmanen ihren alten Elan wiedergefunden. Konstantinopel, der letzte Rückzugsort der belagerten Byzantiner, stach in der Weite des osmanischen Territoriums geradezu schmerzend hervor. Mehmet, der sich als Sultan noch nicht bewiesen hatte, konnte gar nicht anders, als die Stadt für sich zu beanspruchen. Er baute eine Festung ein Stück den Bosporus hinunter, verhängte eine Seeblockade über Konstantinopel und zog seine gewaltige Armee zusammen. Die verschreckten Byzantiner wandten sich an Europa um Hilfe – erfolglos. Nach siebenwöchiger Belagerung fiel die Stadt am 29. Mai 1453. Die Christenheit erschauderte angesichts der unaufhaltsam vorrückenden Osmanen, und manch heuchlerischer Diplomat verglich Mehmet mit Alexander dem Großen und erklärte, dieser habe sich den Mantel der großen römischen und byzantinischen Kaiser umgehängt.

Und die osmanische Kriegsmaschinerie rollte weiter. Jeden Sommer wurden Feldzüge unternommen, abwechselnd an der Ost- und an der Westgrenze des Reiches. Die osmanische Gesellschaft war inzwischen komplett auf Krieg eingestellt. Mit den Janitscharen – christlichen Jugendlichen, die zum Islam bekehrt und fürs Militär ausgebildet wurden – hatten die Osmanen das einzige stehende Heer Europas – hervorragend organisiert und supermotiviert.

Mehmets Belagerung von Konstantinopel fiel mit einer Mondfinsternis zusammen (22. Mai 1453). Die Byzantiner, die ihre Stadt verteidigten, sahen darin ein extrem schlechtes Vorzeichen – für die Stadt und die gesamte Christenheit. Die Christenheit ging zwar nicht unter, aber die Stadt fiel eine Woche später.

1453

Mehmet, der Eroberer, besiegt den letzten byzantinischen Kaiser und erobert Konstantinopel. Osmanische Vorherrschaft in der Türkei

1520–66

Die Regierungszeit von Süleyman dem Prächtigen ist der Höhepunkt des Osmanischen Reichs

Mehrere Sultane hintereinander erweiterten das Reich. Selim, der Strenge, eroberte 1517 den arabischen Hedschas und damit Mekka und Medina. Nun durften die Osmanen sich Hüter der heiligsten Stätten des Islam nennen, und die Sultane wurden als Kalifen religiöse Führer aller Muslime. Doch die Osmanen standen nicht nur für militärische Stärke und wahllose Expansion: Sultan Beyazit II. stellte den multikulturellen Charakter seines Reiches unter Beweis, als er 1492 die Juden, die durch die spanische Inquisition von der Iberischen Halbinsel vertrieben worden waren, nach Istanbul einlud.

Das goldene Zeitalter der Osmanen brach mit der Herrschaft von Sultan Süleyman dem Prächtigen (1520–66) an. Dieser Herrscher verdankte seinen Ruhm der Kodifizierung des osmanischen Rechts (auf Türkisch ist er als „Kanunı", Gesetzgeber, bekannt), aber auch seiner militärischen Tapferkeit. Unter Süleyman siegten die Osmanen über die Ungarn und vereinnahmten die Mittelmeerküste Algeriens und Tunesiens. Süleymans Gesetzgebung war eine visionäre Mischung aus weltlichem und islamischem Recht, und sein Mäzenatentum führte die osmanische Kunst zur Blüte.

Süleyman war übrigens der erste osmanische Sultan nach vielen Jahren, der heiratete. Während die Sultane vor ihm die mannigfaltigen Vorteile zahlloser Konkubinen genossen hatten, verliebte sich Süleyman und heiratete Roxelane (s. Kasten S. 37). Was noch bemerkenswerter war: Er war ihr treu (und ließ seine früheren Frauen umbringen). Doch die Monogamie brachte ihm kein häusliches Glück: Durch Palastintrigen kamen seine ersten beiden Söhne ums Leben. Erschöpft starb Süleyman 1566 auf einem Feldzug an der Donau; sein Leichnam wurde nach İstanbul zurückgebracht.

DER OSMANISCHE MOLOCH GERÄT INS WANKEN

Festlegen zu wollen, wann und warum der Verfall des Osmanischen Reiches begann, ist eine heikle Angelegenheit. Aber manche Historiker nennen den Tod Süleymans den kritischen Wendepunkt. 1565 schaffte Süleyman es nicht, Malta einzunehmen – ein Ereignis, das schon Schlimmes ahnen ließ. Und auch die vorangegangenen erfolglosen seefahrerischen Bemühungen im Indischen Ozean (um den portugiesischen Einfluss in Ostafrika zu umgehen) waren ein Beleg für die wachsende militärische Macht Europas.

Im Rückblick lässt sich leicht sagen, dass die Linie großer osmanischer Herrscher – von Osman bis Süleyman waren sie alle charismatische Führer und mächtige Feldherren – nicht ewig weitergehen konnte. Schließlich mussten im osmanischen Stammbaum auch mal Nieten auftauchen. Und dem war auch so.

Ganz offensichtlich waren die Sultane nach Süleyman ihrer Aufgabe nicht gewachsen. Süleymans Sohn von Roxelane, Selim, der als „der Säufer" bekannt wurde, regierte nur kurz. In seine Zeit fiel die katastrophale Seeschlacht von Lepanto, die das definitive Ende der osmanischen Oberherrschaft im Mittelmeerraum bedeutete. Die Intrigen und Machtkämpfe während des „Sultanats der Frauen" (S. 37) trugen zur allgemeinen Orientierungslosigkeit der späteren Sultane bei. Es spielten allerdings auch männliche Besitzstandswahrung und persönlicher Ehrgeiz eine Rolle, die dem Staatsinteresse vorangestellt wurden. Attentate, Meuterei und Geschwistermord waren an der Tagesordnung und führten zu nichts Gutem.

Zudem war Süleyman der letzte Sultan gewesen, der seine Armee selbst ins Feld führte. Die Sultane, die nach ihm kamen, lebten in der Regel streng

---

Miguel Cervantes wurde in der Schlacht von Lepanto im Kampf gegen die Osmanen verwundet. Es heißt, seine Erfahrungen hätten sich in Szenen des *Don Quixote* niedergeschlagen.

Wild Europe: The Balkans in the Gaze of Western Travellers von Bozidar Jezernik ist ein faszinierender Reisebericht über den Balkan unter osmanischer Herrschaft. Eine hervorragende deutsche Darstellung der Geschichte des Balkan ist die *Balkan-Chronik* von Michael W. Weithmann.

1699

Im Frieden von Karlowitz verlieren die Osmanen den Peloponnes, Transsylvanien und Ungarn

1876

Abdülhamid II. besteigt den Thron. Die Nationalversammlung tritt das erste Mal zusammen bewacht und abgesondert im Luxus ihres Palastes, sie hatten kaum Kontakt zum Leben draußen und wenig Neigung, das Reich zu verwalten oder zu erweitern.

Diese ganzen Faktoren – zusammen mit einer gewissen Ermüdung, die nach 250 Jahren praktisch ungehinderter Expansion unvermeidlich war – bedeuteten, dass die militärische Macht der Osmanen im Schwinden begriffen war. Es gab noch gelegentlich militärische Siege, im Wesentlichen unter der Leitung fähiger Wesire, aber es waren nicht viele, und sie erfolgten in großen Abständen.

DER KRANKE MANN AM BOSPORUS

Die Belagerung von Wien 1683 war praktisch der letzte Versuch der Osmanen, noch weiter nach Europa vorzudringen. Er misslang, genau wie ein früherer Versuch 1529. Danach ging es endgültig bergab. In den Verhandlungen von Karlowitz 1699 baten die Osmanen das erste Mal um Frieden. Sie wurden gezwungen, den Peloponnes, Transsylvanien und Ungarn aufzugeben. Das Reich war immer noch riesig und mächtig, aber es hatte seinen Schwung verloren und konnte in sozialer, militärischer und wissenschaftlicher Hinsicht nicht mehr mit dem Westen mithalten. Napoleons abenteuerlicher Feldzug nach Ägypten 1799 war ein Zeichen dafür, dass Europa jetzt bereit war, den Krieg bis vor die Tür der Osmanen zu tragen. Erstmals mischte sich ein industrialisiertes Europa in die Angelegenheiten des Nahen Ostens ein.

Aber es war nicht nur Napoleon, der dem Reich im Nacken saß. Die Habsburger in Mitteleuropa und auch die Russen wurden immer selbstbewusster. Nach mehreren Jahrhunderten der Kolonisierung und Ausbeutung der „Neuen Welt" war Westeuropa reich geworden war – etwas, das die Osmanen versäumt hatten. In gewisser Hinsicht wurden sie sogar selbst von den westlichen Großmächten kolonisiert. Diese überschütteten das Reich mit billig produzierten Industriegütern, bauten aber auch eine funktionierende Infrastruktur auf: Elektrizität, Postwesen und Bahnverkehr gehen auf europäische Rechnung. Währenddessen verharrten die Osmanen starr und unbeweglich, den Blick nur auf sich gerichtet, und nahmen Fortschritte nicht wahr, die sich in Europa vollzogen. Ein früher, deutlicher Hinweis darauf ist der Umstand, dass die osmanischen Geistlichen den Gebrauch der Druckerpresse bis ins 18. Jh. hinein nicht gestatteten – anderthalb Jahrhunderte nach der Einführung der Buchdruckerkunst in Europa.

Trotz alledem war es eine andere Idee aus dem Westen, die die Auflösung des Reiches enorm beschleunigte: der Nationalismus. Jahrhundertelang hatten die unterschiedlichsten Völkergruppen im Osmanischen Reich harmonisch nebeneinander existiert. Aber jetzt weckte die Entstehung von Nationalstaaten in Westeuropa in den abhängigen Völkern des Reiches den Wunsch, das osmanische „Joch" abzuschütteln und selbst ihr Schicksal zu bestimmen. So lösten sich dann aus dem großen osmanischen Puzzle: Griechenland wurde 1830 frei. 1878 gingen Rumänien, Montenegro, Serbien und Bosnien eigene Wege, während zur gleichen Zeit Russland Kars (S. 620) bedrängte und sich zum Beschützer aller orthodoxen Christen im Reich aufschwang.

Das Reich schrumpfte. Es gab verschiedene Reformbestrebungen, aber sie reichten nicht aus und kamen zu spät. 1829 hatte Mahmut II. die immer

A Peace to End All Peace: Creating the Modern Middle East von David Fromkin ist eine faszinierende Darstellung, wie die Karte des modernen Nahen Ostens nach dem Ende des Osmanischen Reiches von den europäischen Regierungen willkürlich neu gezeichnet wurde.

1908	1914–15
Revolution der Jungtürken	Die Türkei tritt an der Seite Deutschlands in den Ersten Weltkrieg ein; der Gallipoli-Feldzug beginnt

aufmüpfigeren Janitscharen abgeschafft. Doch es gelang ihm, die Armee zu modernisieren. 1876 ließ Abdülhamid die Schaffung einer osmanischen Verfassung und des ersten osmanischen Parlaments zu. Aber er nahm die Ereignisse von 1878 zum Vorwand, die Verfassung gleich wieder abzuschaffen. Danach wurde sein Regierungsstil immer autoritärer.

Doch es waren nicht nur die abhängigen Völker, die Kurs auf die Moderne nahmen. Auch gebildete Türken suchten nach neuen Wegen. In Makedonien wurde das Komitee für Einheit und Fortschritt begründet, dessen Mitglieder als „Jungtürken" bekannt wurden. Sie waren westlich eingestellt und strebten nach Reformen. 1908 zwangen sie Abdülhamid, abzudanken und die Verfassung wieder einzusetzen. Aber sie konnten sich nur kurz darüber freuen. Im ersten Balkankrieg verschwanden Bulgarien und Makedonien von der osmanischen Landkarte, während bulgarische, griechische und serbische Truppen rasant auf İstanbul vorrückten.

DIE TRAGÖDIE DER ANATOLISCHEN ARMENIER

In den letzten Jahren des Osmanischen Reiches gab es viel menschliches Leid und Elend, aber kein Schicksal ist so tragisch und wird so kontrovers diskutiert wie das der anatolischen Armenier. Die Geschichte fängt an mit Augenzeugenberichten, dass im Herbst 1915 Einheiten der osmanischen Armee die armenische Bevölkerung zusammentrieben und sie in Richtung Syrische Wüste marschieren ließen. Sie endet mit einem anatolischen Hinterland, in dem praktisch keine Armenier mehr leben. Was dazwischen geschah, bleibt ein undurchsichtiger Mix aus Vermutungen, Schuldzuweisungen, Verschleierung und direkter Propaganda.

Die Armenier behaupten, sie seien die Opfer des ersten organisierten „Völkermords" des 20. Jhs. gewesen. Sie sagen, mehr als 1 Mio. Armenier seien hingerichtet worden oder auf Todesmärschen gestorben. Die osmanischen Behörden hätten einen Befehl zur Deportation gegeben in der Absicht, die Armenier Anatoliens auszulöschen. Sie behaupten, osmanische Archive zu diesem Ereignis seien mit Absicht zerstört worden. Bis heute warten die Armenier auf eine Anerkennung des „Völkermords".

Die Türkei streitet jedoch ab, dass es einen „Völkermord" gegeben habe. Sie gibt zu, dass Tausende Armenier gestorben seien, aber sie erklärt, der osmanische Befehl hätte nur darauf abgezielt, die Armenier „umzusiedeln", nicht sie zu vernichten. Die Todesfälle, so die offiziellen türkischen Stellen, seien Folge von Hunger und Krankheiten gewesen, unmittelbare Auswirkungen der unübersichtlichen Kriegssituation. Einige gehen sogar so weit, zu sagen, die Türken seien einem „Völkermord" durch die Armenier ausgesetzt gewesen.

Fast ein Jahrhundert danach sind die Ereignisse immer noch umstritten. 2005 regte Präsident Erdoğan die Einrichtung einer gemeinsamen türkisch-armenischen Kommission an, um die Vorgänge zu untersuchen. Orhan Pamuk, der berühmteste Schriftsteller der Türkei und Träger des Nobelpreises für Literatur 2006, behauptete von Deutschland aus, 1 Mio. Armenier seien getötet worden und die Türkei solle endlich offen darüber diskutieren. In İstanbul trafen sich Wissenschaftler, um die Frage zu klären. Alle drei Initiativen blieben erfolglos: Armenien lehnte Erdoğans Angebot rundheraus ab, Pamuk wurde wegen „Beleidigung des Türkentums" angeklagt (s. S. 53), und die Konferenz der Wissenschaftler sah sich vehementen Protesten durch türkische Nationalisten ausgesetzt.

Es scheint, dass nicht einmal ein Dialog zwischen Türken und Armeniern möglich ist. Die Tragödie lebt also weiter und erreicht immer neue Höhepunkte. Im Januar 2007 wurde der armenische Journalist Hrant Dink, der die Verbrechen an den Armeniern immer wieder anprangerte, in İstanbul erschossen.

1920	1938
Türkischer Unabhängigkeitskrieg. An seinem Ende stehen der Vertrag von Lausanne (1923) und die Gründung der türkischen Republik	Tod Atatürks

Das osmanische Regime, einst gefürchtet und respektiert, wurde nun herablassend „Kranker Mann am Bosporus" genannt. Europäische Diplomaten und Politiker dachten laut über die „Orientalische Frage" nach – mit anderen Worten darüber, wie man das Reich am günstigsten zerlegen und sich die besten Stücke herauspicken könnte.

DER ERSTE WELTKRIEG & SEINE FOLGEN

Infolge der militärische Krise putschte sich ein Triumvirat von ehrgeizigen, nationalistischen und rücksichtslosen jungtürkischen Paşas – Enver, Talat und Cemal – an die Macht über das immer kleiner werdende Reich. Sie schafften es, die Allianz der Balkanarmeen zurückzuschlagen und İstanbul und Edirne zu retten. Aber das war auch schon alles, was sie Gutes bewirkten. Ihr nächster Schritt bestand darin, im hereinbrechenden Weltkrieg die falsche Seite zu wählen. Enver Paşa war in Deutschland erzogen worden. Und so mussten die Osmanen im Ersten Weltkrieg gleich an mehreren Fronten die Westmächte abwehren: Griechenland in Thrakien, Russland im Nordosten Anatoliens, Großbritannien in Arabien (wo T. E. Lawrence die Araber zum Sieg führte) und eine multinationale Truppe bei Gallipoli. In diese Zeit der Wirren und des Kampfgetümmels fiel auch die armenische Tragödie (s. Kasten S. 40).

Nur bei Gallipoli (S. 194) konnten die Osmanen ihre Stellungen halten. Das ging z. T. auf das Konto des unfähigen britischen Oberkommandos, z. T. auf das des brillanten türkischen Anführers Mustafa Kemal. Er hatte das Talent, seine Männer zu begeistern und mit eisernem Willen in ihren Linien zu halten. Gleichzeitig wurden die angreifenden britischen und australisch-neuseeländischen Streitkräfte schwer verwundet. Was damals niemand ahnte: Auf dem blutbespritzten Sand von Gallipoli entstanden zwei nationale Legenden: Die Australier sehen in dem neun Monate dauernden brutalen Feldzug die Geburtsstunde ihrer nationalen Identität, und auch die Türken feiern die Verteidigung ihres Heimatlands als Geburtsstunde ihres Nationalbewusstseins.

Am Ende des Ersten Weltkrieges befand sich das Osmanische Reich weitgehend in Auflösung. Die Franzosen hatten Südostanatolien besetzt, die Italiener kontrollierten das westliche Mittelmeer, die Griechen hielten İzmir, und die Armenier kontrollierten mit russischer Unterstützung Teile von Nordostanatolien. 1920 verlor das Reich mit dem Vertrag von Sèvres den Großteil seiner Gebiete: Nur ein Streifen öder Steppe sollte den Türken bleiben. Doch die Europäer hatten in ihrer Arroganz nicht mit türkischer Gegenwehr gerechnet. Nach und nach entwickelte sich eine türkische nationalistische Bewegung, motiviert durch die Erniedrigung im Vertrag von Sèvres. An der Spitze dieser Bewegung stand Mustafa Kemal, der siegreiche Anführer von Gallipoli. Er sicherte sich die Unterstützung der Bektaşi-Derwische und fing an, einen türkischen Widerstand zu organisieren. In Ankara, im Herzen Anatoliens, weit entfernt von gegnerischen Armeen und besserwisserischen Diplomaten, richtete er eine Nationalversammlung ein.

In der Zwischenzeit hatte sich eine griechische Armee in İzmir aufgemacht. Die Griechen träumten seit ihrer Unabhängigkeit 1830 davon, das Byzantinische Reich wieder erstehen zu lassen und beide Seiten der Ägäis zu kontrollieren. Nun ergriffen sie die Chance, die ihnen das türkische Durcheinander bot, um ihre *megali idea* (große Idee) zu realisieren. Sie

Vor dem Ersten Weltkrieg wurde Mustafa Kemal als Militärattaché ins bulgarische Sofia geschickt. Grund waren Meinungsverschiedenheiten mit den Jungtürken, denen er 1908 an die Macht geholfen hatte.

Bruce Clarks Buch *Twice a Stranger* ist eine Untersuchung des Bevölkerungsaustauschs zwischen Griechenland und der Türkei in den 1920er-Jahren. Anhand einer Analyse der Hintergrundereignisse und Interviews mit umgesiedelten Griechen und Türken spürt Clark dem Trauma jener Jahre nach und wirft neues Licht auf die heikle Beziehung zwischen beiden Ländern. Ein eindringlicher Roman über diese Episode ist Louis de Bernières *Traum aus Stein und Federn.*

1960-80	1974
Durch drei Putsche versucht das Militär, in der Türkei Ordnung zu schaffen	Die Türkei marschiert in Nordzypern ein und gründet die türkische Republik Nordzypern

nahmen Bursa und Edirne ein und hielten auf Ankara zu. Dies war genau die Provokation, die Mustafa Kemal brauchte, um die Unterstützung der Türken zu gewinnen. Nach einem ersten Scharmützel bei İnönü marschierten die Griechen in Richtung Ankara, um die Türken zu vernichten. Doch beharrlicher türkischer Widerstand hielt sie in der Schlacht von Sakarya auf. Noch einmal standen die beiden Armeen sich bei Dumlupınar gegenüber. Hier fielen die Türken über die Griechen her, die panisch nach İzmir flohen. Von dort wurden sie aus Anatolien vertrieben, in einem Chaos aus Flüchtlingen und Plünderungen.

Mustafa Kemal war der Held des türkischen Volkes. Als gebürtiger Makedonier hatte er den Traum der Jungtürken Wirklichkeit werden lassen und einen modernen türkischen Nationalstaat geschaffen. Der Vertrag von Lausanne nahm 1923 die erniedrigenden Bedingungen von Sèvres zurück, und die ausländischen Mächte mussten sich aus der Türkei verziehen. Die Grenzen des modernen türkischen Staates wurden festgelegt. Das Osmanische Reich bestand nicht mehr. Doch sein Erbe lebt in allen möglichen Nationalstaaten weiter – von Albanien bis Jemen.

ATATÜRK: REFORMEN & DIE REPUBLIK

Nun konnten die Türken ihre Angelegenheiten selbst regeln: Sie machten Ankara zu ihrer Hauptstadt und schafften Sultanat und Kalifat ab. Mustafa Kemal übernahm das neugeschaffene Präsidentenamt der säkularen Republik an der Spitze der Republikanischen Volkspartei (CHP). Später nahm er den Namen Atatürk (wörtlich „Vater der Türken") an. Dann machten sich die Türken an die Arbeit – angesichts all der Probleme gab es davon genug. Aber die Energie von Mustafa Kemal war anscheinend grenzenlos. Er wollte es durchaus erreichen, dass die Türkei ihren Platz unter den modernen, entwickelten Ländern Europas einnahm.

Damals war das Land nach Jahren des Kriegs verarmt und zerstört; es brauchte eine feste Hand. Die Ära Atatürk war eine Zeit des aufgeklärten Despotismus. Atatürk führte die Institutionen der Demokratie ein, ließ ihnen aber nie so viel Raum, dass sie ihm in die Quere kommen konnten. Er duldete so gut wie keine abweichenden Meinungen und zeigte mitunter autoritäre Züge. Aber seine Motivation war immer die Verbesserung der Lage seines Volkes. Ein Aspekt seiner Vision hatte jedoch schlimme Konsequenzen für das Land: Atatürk beharrte darauf, dass der Staat ausschließlich türkisch sein durfte. Natürlich machte es angesichts der nationalistischen und separatistischen Bewegungen, die das Osmanenreich zu Fall gebracht hatten, Sinn, die nationale Einheit zu favorisieren. Aber mit dieser Einstellung sprach Atatürk den Kurden ihre kulturelle Existenz ab. Dabei hatten viele von ihnen mutig für die türkische Unabhängigkeit gekämpft. Kein Wunder, dass nach nur wenigen Jahren in Südostanatolien eine kurdische Revolte losbrach – die erste von mehreren im 20. Jh. (s. S. 50).

Der Wunsch nach eigenen Nationalstaaten auf beiden Seiten der Ägäis führte nach dem Waffenstillstand zwischen Griechenland und der Türkei u. a. zum Austausch von Bevölkerungsgruppen. Ganze Gemeinden wurden entwurzelt. Griechischsprachige Menschen mussten Anatolien verlassen und nach Griechenland gehen, während Muslime aus Griechenland in die Türkei verfrachtet wurden. Dieser Austausch brachte große Unruhe mit sich, und es entstanden „Geisterdörfer" wie z. B. Kayaköy (s. S. 387), die geräumt, aber

---

1983
Turgut Özal gewinnt die Wahlen. Er öffnet die Türkei zur Welt

1985–99
Kurdischer Aufstand im Südosten. Er endet mit der Gefangennahme des Anführers der kurdischen Arbeiterpartei PKK Abdullah Öcalan

VATER DER TÜRKEN

Im Westen ist die Verehrung großer Persönlichkeiten aus der Mode gekommen. Viele werden deshalb die Begeisterung der Türken für Atatürk befremdlich finden. Die Türken werden ihnen entgegnen, dass der moderne türkische Staat nur dem Einsatz und der Vision Atatürks zu verdanken sei. Ohne Atatürk gäbe es quasi keine Türkei. In einer Zeit, die von Stalin, Hitler und Mussolini geprägt war, erwies sich Atatürk als ein herausragender Staatsmann. Er bewies, dass radikale Reformen, wenn sie geschickt durchgeführt werden, extrem erfolgreich sein können.

Die Dankbarkeit der Türken gegenüber Atatürk ist nirgends zu übersehen. Er erscheint auf Briefmarken, Banknoten oder als Statue auf Marktplätzen im ganzen Land – oft in kriegerischer Pose auf dem Rücken eines Pferdes. Zahllose Bauwerke, Brücken, Flughäfen und vierspurige Schnellstraßen tragen seinen Namen. Und praktisch jedes Haus, in dem er einmal eine Nacht verbracht hat – von der Südägäis bis zum Schwarzen Meer – ist heute ein Museum.

Türkische Schulkinder sind Profis, was Leben und Taten Atatürks angeht – sie lernen brav alles auswendig und können es noch im Schlaf aufsagen. Aber vielleicht vereinfacht das Bild, das die Geschichtsbücher von Atatürk vermitteln, die Wirklichkeit etwas? Nach außen war er ein Verehrer der türkischen Kultur, aber eigentlich mochte er die Oper lieber als türkische Musik. Er nannte sich „Vater der Türken", hatte aber selbst keine Kinder und führte nur eine kurze, schwierige Ehe. Eine jüngst veröffentlichte Biografie (in türkischer Sprache) seiner Frau, Latife Uşşaki, erwähnt Aspekte seines Lebens, die vorher immer geschönt wurden. Das hat manche Türken ziemlich wütend gemacht.

Atatürk starb 1938 ziemlich jung (mit 57 Jahren). Zweifelsohne forderten die Jahre als Soldat, Reformer und Vertreter des öffentlichen Lebens ihren Tribut. Sein Freund und Nachfolger als Präsident, İsmet İnönü, sorgte dafür, dass er von seinen Landsleuten verehrt wurde. Und diese Verehrung hält bis heute an. Ja, jede Kritik an Atatürk gilt nicht nur als hochgradig beleidigend, sondern sie ist auch illegal. Zynismus im Hinblick auf Politiker ist zu Hause vielleicht gut und richtig – in der Türkei ist er, was Atatürk angeht, streng verboten.

Es gibt zwei gute Biografien des großen Mannes. *Ataturk: Rebirth of a Nation* von Patrick Kinross ist sympathisch geschrieben und hält sich eng an die offizielle türkische Sicht der Dinge, während Andrew Mangos Buch *Atatürk* und die Rororo-Monografie *Kemal Atatürk* einen distanzierten, objektiven und sehr genauen Blick auf ein bemerkenswertes Leben gewähren.

nie wieder besiedelt wurden. Auch dies war eine pragmatische Entscheidung, um das Ausbrechen ethnischer Gewalt zu verhindern. Doch sie war schuld an einer tragischen Episode der jungen Republik, und sie behinderte ernsthaft die Entwicklung des neuen Staates. Denn die Türkei stand jetzt plötzlich ohne einen Großteil ihrer Elite da – viele Gebildete hatten kein Türkisch gesprochen. An ihrer Stelle waren viele arme muslimische Bauern vom Balkan ins Land gekommen.

Mustafa Kemals Ehrgeiz, das Land zu modernisieren, war unermüdlich. Der türkische Staat wurde auf allen Ebenen komplett überholt. Alles wurde unter die Lupe genommen, von der Kopfbedeckung bis zur Sprache, und wenn notwendig reformiert. In den 1920er- und 30er-Jahren übernahm die Türkei den gregorianischen Kalender (und orientierte sich damit am Westen), nicht mehr am Nahen Osten), ersetzte die arabische Schrift durch die lateinische und standardisierte die türkische Sprache. Der Fez wurde verbannt (er galt als Erinnerung an die osmanische Ära und damit als überholt), das allgemeine Wahlrecht eingeführt und angeordnet, dass jeder Türke einen Nachnamen tragen sollte (bisher waren sie ohne ausgekommen). Als er

1999	2001
Zwei Erdbeben verwüsten den Nordwesten der Türkei	Wirtschaftlicher Zusammenbruch; die türkische Lira verliert die Hälfte ihres Wertes

im November 1938 starb, war Atatürk seinem Namen mehr oder weniger gerecht geworden. Er hatte bei der Schaffung des türkischen Nationalstaats die entscheidende Rolle gespielt und ihn in die moderne Zeit hinübergbugsiert – durch eine Mischung aus Inspiration, Rücksichtslosigkeit und nicht zuletzt dem Einfluss seiner Persönlichkeit.

DEMOKRATISIERUNG & MILITÄRPUTSCHE

Auch wenn die Reformen in der Türkei gut vorangekommen waren, blieb das Land wirtschaftlich und militärisch schwach. Und Atatürks Nachfolger, İsmet İnönü, agierte sehr vorsichtig, um nicht in den Zweiten Weltkrieg hineingezogen zu werden. Nach dem Krieg fand sich die Türkei als Verbündeter der USA wieder. Als Bollwerk gegen die Sowjetunion war das Land strategisch sehr interessant geworden. Folglich kam es in den Genuss US-amerikanischer Hilfe. Die neue Freundschaft wurde untermauert, als türkische Truppen in Korea kämpften, und bald darauf wurde die Türkei NATO-Mitglied.

Inzwischen hatte die Demokratisierung, die vorher unterdrückt worden war, wieder an Schwung gewonnen. 1950 kam die Demokratische Partei an die Macht. Sie regierte ein Jahrzehnt und legte sich von Anfang an mit den Kemalisten an, indem sie den Gebetsruf in arabischer Sprache wieder einführten (was Atatürk verboten hatte). Aber je länger sie am Ruder war, desto weniger wurden sie ihrem Namen gerecht: Die Demokraten wurden immer autokratischer. 1960 griff die Armee ein und stürzte sie. Die Herrschaft der Militärs dauerte nur kurz und führte zu einer Liberalisierung der Verfassung. Aber damit war das Muster für die kommenden Jahre festgelegt. Das Militär betrachtete sich als Wächter über Atatürks Zukunftsvision – prowestlich und säkular. Es sah sich genötigt und ermächtigt einzugreifen, wann immer es erforderlich war, um die Republik auf Kurs zu halten.

In den 1960er- und 70er-Jahren wurden Parteien jeglicher Couleur gegründet, von links über faschistisch-nationalistisch bis proislamisch. Aber eine Masse neuer Parteien macht noch keine lebendige Demokratie aus. Die späten 60er waren geprägt von linkem Aktivismus und politischer Gewalt. Die Folge waren ungewöhnliche Koalitionen und ein Rechtsruck der Mitte-Parteien. 1971 griff die Armee erneut ein, um die Ordnung wiederherzustellen, gab aber Ende 1973 eilig die Macht wieder ab. Mehrere Monate später war das Militär wieder gefragt, als Präsident Bülent Ecevit Soldaten nach Zypern schickte, um dort die türkische Minderheit zu schützen. Es war nämlich eine griechisch-zypriotische Extremistenorganisation an die Macht gekommen, die sich für die Vereinigung mit Griechenland einsetzte. Durch die Invasion wurde die Insel effektiv in zwei politische Bereiche geteilt – von denen die Türkei bis heute nur einen anerkennt.

In den restlichen 1970er-Jahren herrschte politisches und wirtschaftliches Chaos. 1980 übernahm das Militär daher wieder einmal die Macht und stellte die Ordnung her. Damals wurde der gefürchtete Nationale Sicherheitsrat geschaffen, aber 1983 kam es zu freien Wahlen. Und zum ersten Mal seit Jahrzehnten führten diese zu einem glücklichen Ausgang für die Türkei. Turgut Özal, der Führer der Mutterlandspartei ANAP, bekam die Mehrheit und konnte ungehindert von widerspenstigen Koalitionspartnern das Land wieder auf Kurs bringen. Als kluger Ökonom und proislamisch eingestellt nahm Özal wesentliche wirtschaftliche und rechtliche Reformen vor, die die

Türkei auf Augenhöhe mit der internationalen Gemeinschaft brachten und die Samen für ihre heutige Vitalität säten.

In den später 1980er-Jahren waren aber zwei Probleme nicht mehr zu übersehen: die Korruption und die kurdische Unabhängigkeitsbewegung (s. S. 50). Ihre Auswirkungen reichten weit über Özals Amtszeit hinaus.

DIE 1990ER: MODERNISIERUNG & SEPARATISMUS

Mit einem Paukenschlag fingen die 1990er-Jahre an: dem ersten Golfkrieg. Die Türkei spielte eine wichtige Rolle bei der alliierten Invasion im Irak. Özal unterstützte die Sanktionen und erlaubte Luftangriffe von Basen in Südanatolien aus. Damit bestätigte die Türkei, dass sie ihren Platz in der internationalen Gemeinschaft hatte. Gleichzeitig wurde sie für die USA als Verbündeter noch interessanter. Am Ende des Golfkriegs flohen Millionen irakischer Kurden aus Angst vor Unterdrückung durch Saddam Hussein nach Norden ins südöstliche Anatolien. Dieser Exodus erregte die Aufmerksamkeit der internationalen Medien und rückte die Kurdenfrage in den Brennpunkt des Interesses. Am Ende kam es zur Einrichtung einer Sicherheitszone für die Kurden im Nordirak. Das ermutigte wiederum die Kurdische Arbeiterpartei PKK. Sie verschärfte ihre Kampagnen und provozierte damit harte und rigorose Maßnahmen von Seiten des türkischen Militärs. Es war ein Bürgerkrieg. Die Auseinandersetzung mit den Kurden eskalierte immer weiter, und im Südosten der Türkei galt größtenteils der Ausnahmezustand, bis 1999 Abdullah Öcalan, Führer der PKK, festgenommen wurde.

In der Zwischenzeit war Turgut Özal 1993 überraschend gestorben. Er hinterließ ein Machtvakuum. Mehrere schwache Koalitionsregierungen folgten in den 1990er-Jahren, wobei ganz unterschiedliche Akteure auf die politische Bühne traten. Tansu Çiller war für kurze Zeit die erste Premierministerin der Türkei, aber ihr vielgerühmter weiblicher Touch und ihr ökonomischer Sachverstand trugen nicht dazu bei, eine Lösung für die Kurdenfrage zu finden oder die kranke Wirtschaft zu sanieren. Der Name ihres Mannes kam sogar in mehreren Betrugsverfahren auf den Tisch – in einer Zeit, in der dunkle Verbindungen zwischen dem organisierten Verbrechen, Wirtschaft und Politik immer offensichtlicher wurden.

Im Dezember 1995 schaffte es die religiöse Refah-(Wohlfahrts-)Partei zur allgemeinen Überraschung, eine Regierung unter der Führung des erfahrenen Politikers Necmettin Erbakan zu bilden. Übermütig äußerten die Refah-Politiker allzu laut ihre islamistischen Überzeugungen, was den Militärs aufstieß. 1997 erklärte der Nationale Sicherheitsrat, die Refah-Partei habe die verfassungsmäßige Trennung von Religion und Politik verletzt. Die Situation ähnelte einem Putsch: Die Regierung trat zurück und die Refah-Partei wurde aufgelöst.

AUFBRUCH IN RICHTUNG EUROPA

Die Gefangennahme von PKK-Chef Abdullah Öcalan Anfang 1999 wirkte auf viele nach den schwierigen 90er-Jahren wie ein gutes Omen. Seine Inhaftierung bot eine Chance – die bis jetzt noch nicht genutzt wurde –, die Kurdenfrage zu regeln. Doch im gleichen Jahr machten die katastrophalen Erdbeben von İzmit jegliche Hoffnungen zum Beginn des neuen Jahrtausends zunichte. Der Umgang der Regierung mit der Krise war katastrophal. Aber

Voices from the Front: Turkish Soldiers on the War with the Kurds von Nadire Mater bietet mitunter grauenvolle Berichte aus erster Hand vom kurdischen Aufstand in den 1990er-Jahren. Einen guten Überblick über das Leiden der Kurden gibt auch Günther Deschners *Die Kurden – Volk ohne Staat.*

2005	2006
Am 3. Oktober werden offiziell die Beitrittsverhandlungen mit der Europäischen Union eröffnet	Der türkische Schriftsteller Orhan Pamuk wird mit dem Nobelpreis für Literatur ausgezeichnet

die Hilfe aus aller Welt und das allgemeine Mitgefühl – nicht zuletzt von ihren traditionellen Feinden, den Griechen – zeigte den Türken, dass sie geschätzte Mitglieder der Weltgemeinschaft sind.

Der ehemalige Türkeikorrespondent der BBC, Chris Morris, denkt in *The New Turkey: The Quiet Revolution on the Edge of Europe* über Rhythmus und Kadenzen im modernen türkischen Leben nach. Der Bildband *Die andere Türkei. Wie die Moderne den Bosporus erobert* bildet es prächtig ab.

Ein wirtschaftlicher Zusammenbruch Anfang 2001 schien die Probleme des Landes auf die Spitze zu treiben (s. S. 48). Obwohl der Internationale Währungsfonds der Regierung Kredite gewährte, hatten die geplagten Türken verständlicherweise die Nase voll.

Ende 2002 änderte sich die Lage dramatisch, als die Partei für Gerechtigkeit und Entwicklung AKP mit überzeugender Mehrheit an die Macht kam. Die meisten alten politischen Parteien wurden praktisch sofort vergessen – und mit ihnen allerlei politisches „Urgestein", das längst das Verfallsdatum überschritten hatte. Die Wählerschaft hielt den Atem an, um zu sehen, ob das Militär eingreifen würde, um die offensichtlich proislamische AKP von der Regierungsübernahme abzuhalten. Aber die Generäle einigten sich darauf, den Wählerwillen zu respektieren. Der Anführer der AKP, Recep Tayyıp Erdoğan, durfte anfangs nicht als Ministerpräsident kandidieren, weil er 1998 wegen Volksverhetzung zu lebenslangem Politikverbot verurteilt worden war. (Er hatte ein Gedicht gelesen, in dem Moscheen mit Kasernen und Minarette mit Bajonetten des Islam verglichen wurden.) Aber man ließ sich etwas einfallen, und er durfte ins Parlament einziehen und Ministerpräsident werden.

Kluge Köpfe machten sich Sorgen, in welche Richtung Erdoğan das Land wohl führen würde. Aber die anfänglichen Bedenken schwanden schnell. Erdoğan erwies sich als geschickter und charismatischer Führer, der es ganz offensichtlich darauf abgesehen hat, die Türkei in die EU zu führen. Er änderte die Verfassung, um die Todesstrafe abzuschaffen, gewährte den Kurden größere kulturelle Rechte und verfolgte Menschenrechtsverletzungen. Ende 2002 fing denn auch die EU an, beifällig zu nicken, und mit der Wirtschaft ging es bergauf. Die Türkei war so selbstbewusst und zuversichtlich wie seit langem nicht mehr. 2003 lehnte sie es kategorisch ab, von den Amerikanern als Basis für Angriffe auf den Nordirak genutzt zu werden. Später im gleichen Jahr bewies sie nach dem Horror der terroristischen Anschläge von İstanbul, dass sie belastbar und solidarisch ist. Im Januar 2005 war die Wirtschaft solide genug, um die neue türkische Lira (Yeni Türk Lirası) einzuführen und damit auf sechs Nullen auf jeder Banknote zu verzichten.

Das i-Tüpfelchen war, dass sich die EU im Oktober 2005 endlich zu Aufnahmegespräche mit der Türkei aufraffte, nachdem sie das Land viele Jahre hingehalten hatte. Doch es sind noch einige Hindernisse zu überwinden, ehe die Türkei EU-Mitglied wird. Näheres dazu auf S. 29.

Kultur

MENTALITÄT

Wer einen Bekannten auf der Straße trifft und ihn beiläufig fragt: „Wie geht's?", erwartet normalerweise keine ausführliche Schilderung von Gesundheits- und Beziehungsproblemen, sondern ein knappes: „Gut". Ganz ähnlich erwarten Türken auf die Frage „Wie geht's der Türkei?" keine detaillierte Lagekritik, sondern die Antwort „*Çok güzel!*" (Wunderbar!). Sie mögen zwar über manche Aspekte ihres Landes murren und meckern, möchten aber auf keinen Fall, dass Außenstehende das Gleiche tun.

Die hässliche Kehrseite dieser Landesmentalität ist der türkische Chauvinismus. Als Atatürk aus dem untergehenden Osmanischen Reich eine Nation rettete, war der Preis für die nationale Einheit eine Ideologie, die Minderheiten und Außenseitern mit Misstrauen und sogar Feindseligkeit begegnete. Die kosmopolitische Vergangenheit der Türkei verschwand hinter einer offiziellen Verschleierungspolitik. Es galt die Devise: „Nur ein Türke ist ein Freund eines Türken." Ausländer stellen häufig irritiert fest, dass ihre neu gewonnenen türkischen Freunde zwar offenkundig intelligent sind und fließend Englisch, Französisch oder Deutsch sprechen, aber allen möglichen Verschwörungstheorien anhängen, wie die Welt der Türkei zu schaden versucht.

Zum Glück gibt's Anzeichen, dass diese Einstellung allmählich einer neuen Offenheit Platz macht. Auf den Straßen verleihen Hip-hop-Künstler diesem internationalen Musikstil einen speziellen türkischen Touch. In den Universitäten treiben sich immer mehr Studenten herum, die osmanisches Türkisch und byzantinische Geschichte studieren. Überall im Land sind baufällige Kirchen zu finden, die restauriert werden. Und von Ankara bis Van nimmt die Zahl der Leute zu, für die es sich nicht mehr ausschließt, Türke und Kurde zu sein.

Die 800-jährige Geschichte des Osmanischen Reiches und ein 100-jähriger Kampf ums Überleben brachten ein Volk hervor, das Autorität und Härte akzeptiert, aber auch in der Lage ist, über widrige Umstände zu lachen, das Hier und Jetzt zu genießen und sich gegenüber Fremden und schlechter Gestellten großzügig zu zeigen. Diese Mischung macht die Türken trotz ihres Inseldaseins zu einem der warmherzigsten und gastfreundlichsten Völker der Welt.

Türken behaupten, sie könnten die politische Einstellung eines Mannes an der Form seines Schnurrbarts erkennen. Beamten ist genau vorgeschrieben, wie viel Haar ihre Oberlippe zieren darf. Studenten dürfen gar keine Bärte tragen.

LEBENSART

Zwei komplett unterschiedliche Lebensweisen existieren in der Türkei nebeneinander. In İstanbul, İzmir, Bursa, Ankara und an der Westküste leben die Menschen so wie in den westlichen Industrieländern. Männer wie Frauen arbeiten in Büros und Geschäften in der Stadt, gehen gemeinsam aus und haben zu Hause Esstische und „moderne" (Sitz-)Toiletten. Außerhalb der Städte (v. a. im Osten des Landes) hat sich bis jetzt eine völlig andere, viel traditionellere Lebensweise erhalten. Hier sitzen Männer und Frauen selten zusammen (geschweige denn, dass sie gemeinsam ausgehen), die Frauen bleiben zu Hause und kümmern sich um die Kinder, zum Essen setzt man sich auf den Boden, und Stehtoiletten sind Usus.

Die massenhafte Abwanderung von den Dörfern im Osten in die Großstädte im Westen hat das Bild inzwischen etwas verkompliziert. Neben westlich geprägten Vierteln gibt's in den Städten jetzt auch traditionalistische Ecken. Auf İstanbuls Einkaufsmeile İstiklal Caddesi mögen Frauen mit Kopftuch eine Seltenheit sein, aber in den Gassen des Sultanahmet-Viertels sind sie die Norm.

Bei einer Studie ist rausgekommen, dass im Osten und Südosten der Türkei jede zehnte Frau mit einem Mann verheiratet ist, der mehrere Frauen hat, obwohl es seit 1926 gesetzlich verboten ist.

EINE GROSSE, GLÜCKLICHE FAMILIE *Verity Campbell*

Eine Angewohnheit teilen die Türken mit ihren arabischen Nachbarn: Sie benutzen gern familiäre Anreden, wenn sie mit Fremden sprechen. Es lohnt sich, ein Ohr für diese reizende Sitte zu entwickeln. Eins meiner schönsten Erlebnisse der letzten Zeit hatte ich, als eine Freundin ein Picknick in einem Park am Haliç (Goldenen Horn) in İstanbul veranstaltete und ich eine alte Frau (auf Türkisch) nach dem Weg fragte. „Gleich hinter der Fener *iskelesi* (Anlegestelle), meine Tochter", antwortete sie. Ich war so entzückt, dass ich ihr am liebsten auf der Stelle das runzelige Gesicht geküsst hätte. Wahrscheinlich mischte sich in meine Freude aber auch Erleichterung, dass sie mich „Tochter" *(kızım)*, nicht „Schwester" genannt hatte.

Oft ist zu hören, dass jemand einen älteren Mann *abi* (großer Bruder) und eine etwas ältere Frau *abla* (große Schwester) nennt. Sehr viel ältere Männer nennt man *amca* (Onkel) oder *baba* (Vater); sehr viel ältere Frauen *teyze* (Tantchen) oder *anne* (Mutter). Wenn Streit in der Luft liegt, werden diese Anreden oft benutzt, um die Lage zu entspannen.

Für Kinder besteht in der Türkei eine neunjährige Schulpflicht. Wer auf die Uni will, muss in einer umstrittenen dreistündigen Aufnahmeprüfung (ÖSS) gut abschneiden. Allerdings bekommt nur ein Viertel aller Absolventen der höheren Schulen einen Studienplatz. Nach einem Bericht der Weltbank ist das türkische Bildungswesen dringend reformbedürftig. V. a. muss die Zahl der Oberschulabsolventen von knapp 35 % im Osten des Landes auf (die EU-Rate von) 80 % erhöht und ein Vorschulprogramm in Angriff genommen werden. Trotz dieses Reformbedarfs ist der Alphabetisierungsgrad gut: Nach amtlichen Statistiken der Türkei können 80 % der Frauen und 95 % der Männer lesen und schreiben.

Der allgemeine Wohlstand wächst, und der Bevölkerungsanteil, der unterhalb der Armutsgrenze lebt (zurzeit ein Viertel) sinkt. Aber die Kluft zwischen den oberen und unteren Einkommensschichten ist groß und wird größer. Ein durchschnittlicher Angestellter im öffentlichen Dienst verdient ca. 450 € im Monat. Diese Summe haben Inhaber erfolgreicher Privatunternehmen pro Tag zur Verfügung.

Der Tourismus hat das Leben in der Türkei drastisch verändert. Er hat nicht nur dringend benötigte Devisen ins Land gebracht, sondern in allen Bereichen auch zu einem rasanten gesellschaftlichen Wandel geführt. Bis in die 1970er-Jahre konnten sich nicht mal Ehepaare in der Öffentlichkeit küssen oder Händchen halten. Heute laufen eine Menge Touristen äußerst spärlich bekleidet herum. Da bröckeln solche Tabus allmählich. In den Städten benehmen sich junge Türken inzwischen in vielen Dingen so wie junge Leute anderswo auch. Darum sind Besucher manchmal irritiert und schockiert, wenn sie miterleben, wie Streit über den „Besitz" einer Frau ausbricht oder jemand Anstoß an einem Pärchen nimmt, das sich in der Öffentlichkeit küsst. Im Zweifelsfall ist es immer ein guter Tipp, etwas vorsichtig zu sein, v. a. in ländlichen Gegenden.

WIRTSCHAFT

Die Türkei ist berüchtigt für ihre Inflation, die in den 1990er-Jahren 77,5 % erreichte. Regelmäßig wurden an die bestehende Währung mehr Nullen angehängt. Ein Glas Tee konnte ohne Witz 1 Mio. Türkische Lira kosten.

Anfang 2001 verschlimmerte ein wirtschaftlicher Zusammenbruch die Lage des Landes. Die Inflation erreichte schwindelerregende Höhen, und der Wert der Lira sank dramatisch. Dem neu ernannten Wirtschaftsminister Kemal Derviş gelang es, vom Internationalen Währungsfonds Kredite zu bekommen und mit dringend nötigen Wirtschaftsreformen die katastrophale Abwärtsspirale aufzuhalten.

Im Januar 2005 galt die Wirtschaft des Landes unter der Regierung der Gerechtigkeits- und Entwicklungspartei (AKP) als stabil genug für eine Währungsreform. Mit Einführung der Neuen Türkischen Lira (Yeni Türk Lirası) wurden auf jeder Banknote sechs Nullen gestrichen. Ein Jahr lang entwickelte sich die Neue Lira recht stabil. Aber Anfang 2006 führte ein globaler Konjunkturabschwung zu einer Abwanderung internationalen Kapitals. Die Währung erlitt einen Wertverlust von 18 %. Die verunsicherten Investoren wurden schmerzhaft daran erinnert, wie anfällig die Türkei durch ihre hohe Verschuldung und das Zahlungsbilanzdefizit ist. Die AKP hatte sich damit gebrüstet, die Rückzahlungen an den Internationalen Währungsfonds zu erhöhen, musste sich von diesem Ziel aber beschämt verabschieden. Mit Hilfe der Zentralbank gelang es – zumindest vorerst –, die Währung zu stützen.

BEVÖLKERUNG

Die Türkei hat 70 Mio. Einwohner. Die überwiegende Mehrheit sind Türken. Die größte Minderheit stellen die Kurden dar. Daneben gibt's noch kleine ethnische Gruppen wie Lasen und Hemşin an der Schwarzmeerküste und Yörük und Tahtacı an der östlichen Mittelmeerküste.

Seit den 1950er-Jahren wandern permanent Menschen vom Land in die Städte ab. Inzwischen leben 66 % der Bevölkerung in Städten. Die jahrelangen Kämpfe im Südosten des Landes trieben diesen Prozess noch an: Die Dorfbewohner wurden zwangsweise umgesiedelt oder suchten auf eigene Faust bessere Lebensbedingungen anderswo (v. a. in den türkischen Großstädten İstanbul, Ankara, Bursa und Adana, aber auch in Gaziantep und Malatya im Osten). Als Folge davon wuchsen Städte wie İstanbul zu monströser Größe heran. Rund um den historischen Kern schoss ein ungeplantes Neubauviertel nach dem anderen aus dem Boden. Dort sammelten sich die Armen aus dem ganzen Land.

Verschiedene (nicht streng wissenschaftliche) Theorien vertreten die These, dass die Türken Nachfahren von Noahs Sohn Jafet sind. Die Osmanen behaupteten, ihr Gründervater Osman habe seine Abstammung über 52 Generationen bis zu Noah zurückverfolgen können.

Türken

Dass Türken Türkisch sprechen, versteht sich von selbst. Weniger bekannt ist, dass Turksprachen von einer wesentlich größeren Völkergruppe ähnlicher Abstammung gesprochen werden. Sie sind von der Türkei über Aserbaidschan und den Iran bis nach Turkmenistan, Kasachstan, Kirgisien und sogar in der chinesischen Provinz Sinkiang (Uiguren) zu finden. Denn die Türken stammen von verschiedenen zentralasiatischen Stämmen ab wie den Seldschuken, den Hunnen und den nomadischen Ogusen. Wissenschaftler vermuten, dass schon 600 v. Chr. Turksprachen gesprochen wurden. Schriftlich erwähnt werden Turkvölker erstmals in mittelalterlichen chinesischen Quellen aus dem 6. Jh., und zwar als „Tujue" aus der Mongolei und Sibirien. Als sie westwärts zogen, trafen sie auf die Araber und übernahmen von ihnen den Islam.

Die Seldschuken gründeten das erste türkische Reich in Anatolien (s. S. 35). Man nimmt an, dass die Eroberungen und Expansionsbewegungen der Seldschuken sich herumsprachen und weitere türkische Nomadenstämme nach Anatolien lockten.

Nach UN-Angaben ist Türkisch eine der am weitesten verbreiteten Sprachen der Welt: In der einen oder anderen Form sprechen 150 Mio. Menschen vom ehemaligen Jugoslawien bis nach Nordwestchina eine Turksprache.

Kurden

In der Türkei gibt es eine große ethnische Minderheit von schätzungsweise 14 Mio. Kurden. Im spärlich besiedelten Osten und Südosten leben ca. 7 Mio. Kurden, weitere 7 Mio. sind in anderen Landesteilen mehr oder weniger in die türkische Gesellschaft integriert. Die türkischen Kurden sind fast ausnahmslos Muslime. Auch wenn Kurden sich äußerlich kaum von Türken unterscheiden – sie haben eine andere Sprache, Kultur und Tradition.

Die Probleme zwischen Kurden und Türken sind gut dokumentiert. Da beide Volksgruppen zum Osmanischen Reich gehörten, kämpften sie Seite an Seite für die Unabhängigkeit. Nach der Gründung der Republik verschlechterten sich die Beziehungen. Atatürks Reformen schürten einen Nationalismus, der außerhalb des Türkentums wenig Platz ließ. So war es nur eine Frage der Zeit, dass die Kurden ihren eigenen Unabhängigkeitskampf begannen.

Der Friedensvertrag von Lausanne, der die heutige Türkei schuf, sicherte den Kurden, anders als den Christen, Juden und Armeniern, keine Minderheitenrechte zu. Bis vor relativ kurzer Zeit weigerte sich die türkische Regierung sogar, die Existenz der Kurden anzuerkennen, und bestand darauf, sie als „Bergtürken" zu bezeichnen. Noch heute können sie sich weder bei Volkszählungen noch in Personalausweisen als Kurden eintragen lassen. Dabei sprechen im Osten des Landes viele Einwohner, v. a. Frauen, als Muttersprache den kurdischen Dialekt Kurmancı (s. Kasten S. 668) und verstehen kaum Türkisch.

Abdullah Öcalan gründete 1984 die Arbeiterpartei Kurdistans (PKK). Sie erwies sich als langlebigste – und blutrünstigste – kurdische Organisation, die die Türkei je erlebt hat. Viele Kurden unterstützten zwar nicht unbedingt die Forderungen der PKK nach einem separaten Staat, wollten aber Zeitungen in ihrer Sprache lesen, ihre Kinder in ihrer Sprache unterrichten lassen und kurdisches Fernsehen gucken.

Ab Mitte der 80er-Jahre eskalierten die Unabhängigkeitsbestrebungen so sehr, dass im Südosten des Landes schließlich ein permanenter Ausnahmezustand herrschte. Nach 15-jährigen Kämpfen in den 1980er- und 90er-Jahren, die 30 000 Todesopfer forderten, wurde Abdullah Öcalan 1999 in Kenia gefangen genommen. Das 21. Jh. fing etwas hoffnungsvoller für die Beziehungen zwischen Türken und Kurden an: Öcalan rief seine Anhänger auf, die Waffen niederzulegen, und so kam ein Waffenstillstand zustande.

Die größte Hoffnung auf schnelle Veränderungen beruht auf dem Streben der Türkei, der EU beizutreten. Denn die besteht darauf, dass kulturelle und ethnische Minderheiten ihre Rechte bekommen. Seit 2002 sind in der Türkei Radio- und Fernsehsendungen in kurdischer Sprache und Kurdischunterricht an Sprachschulen zugelassen. Im Südosten des Landes wurde das Kriegsrecht aufgehoben, der Staat fing an, Entschädigungen an vertriebene Dorfbewohner zu zahlen, und in Istanbul fand 2006 eine Tagung zum Thema „Die Kurdenfrage in der Türkei: Wege zu einer demokratischen Regelung" statt. Das Leben der Kurden im Südosten ist inzwischen erheblich einfacher geworden: Die harte Militärverwaltung und die Zensur sind weitgehend aufgehoben, und die Aussicht auf den EU-Beitritt macht die Leute optimistisch. Viele Kurden freuen sich über die Entstehung des quasi autonomen kurdischen Staates im angrenzenden Nordirak, sehen ihre Zukunft aber lieber in einem Land, das in die EU eingebunden ist.

Trotz der positiven Errungenschaften wird der Weg nicht leicht. Manche kurdische Aktivisten halten die Reformen für unzureichend und fordern eine Amnestie für PKK-Kämpfer. Im Juni 2004 kam es zu Verletzungen der Waffenruhe. Seitdem flammten im Südosten immer wieder Kämpfe auf. Die TAK (Falken für die Freiheit Kurdistans), hinter der man die PKK vermutet, übernahm die Verantwortung für die Unruhen und die sporadischen Bombenanschläge im Land. Aber nur wenige sehen in diesen Ereignissen eine Rückkehr zum Terror der 1980er- und 90er-Jahre.

Die Türkei hat die jüngste Bevölkerung Europas: etwa 22 Mio. Einwohner (32 %) sind unter 15 Jahre alt.

Lasen

Ca. 250 000 Lasen leben vorwiegend in den Tälern zwischen Trabzon und Rize. Östlich von Trabzon sind die Frauen in ihren leuchtend rot-braun gestreiften Kopftüchern kaum zu übersehen. Die Männer fallen weniger ins Auge. Aber sie gehörten früher zu den meistgefürchteten Kriegern der Türkei: Jahrelang bildeten schwarz gekleidete Las-Soldaten Atatürks persönliche Leibwache.

Die Lasen waren früher Christen, sind aber heute Muslime. Das kaukasische Volk spricht eine Sprache, die mit dem Georgischen verwandt ist. Lasisch war genau wie Kurdisch bis 1991 verboten, und bis vor kurzem existierte es nicht mal in schriftlicher Form. Der Deutsche Wolfgang Feuerstein entwickelte zusammen mit dem Kulturkreis Katschkar e.V. ein lasisches Alphabet (aus lateinischen und georgischen Buchstaben) und ein Wörterbuch. Inzwischen gibt's kleine Anzeichen für ein zunehmendes Nationalbewusstsein der Lasen.

Die Lasen sind berühmt für ihren Geschäftssinn. Viele arbeiten in der Schifffahrt und im Bauwesen.

Hemşin

Die Hemşin stammen überwiegend von der östlichen Schwarzmeerküste. Es leben dort aber nur noch etwa 15 000 von ihnen. Die meisten sind schon vor langer Zeit in die Städte abgewandert, wo viele ihren Lebensunterhalt als Bäcker und Konditoren verdienen.

Manche vermuten, dass die Hemşin aus dem heutigen Armenien in die Türkei kamen. Wie die Lasen waren auch sie ursprünglich Christen. Dass sie erst vor relativ kurzer Zeit zum Islam konvertiert sind, erklärt vielleicht, warum sie es mit der Religion nicht so hypergenau nehmen. In Ayder sind jedenfalls keine Frauen in Schleier oder Tschador zu entdecken. Die einheimischen Frauen tragen vielmehr Tücher mit Leopardenmuster (noch auffallender als die der Lasinnen), die sie zu kunstvollen Kopfbedeckungen schlingen.

Andere ethnische Gruppen

In der Türkei leben noch 70 000 Armenier, v. a. in İstanbul, am Van-See und in der Umgebung von Antakya. Die Kontroversen über die Verfolgung der Armenier in den letzten Jahren des Osmanischen Reiches sorgen bis heute dafür, dass die Beziehungen zwischen Türken und Armeniern in der Türkei wie auch im Ausland ziemlich gespannt sind (s. S. 40).

Früher gab's in der Türkei eine starke griechische Minderheit. Nach dem Bevölkerungsaustausch in der Anfangszeit der Republik (s. S. 42) zogen die meisten Griechen, die in der Türkei geblieben waren, nach İstanbul. Einige Griechen leben noch in den abgelegenen Tälern des Pontischen Gebirges am östlichen Schwarzen Meer.

Außerdem gibt's noch kleine Gruppen von Tscherkessen, Assyrern, Tataren, Yörük, Arabern, Roma und Juden sowie eine große – und wachsende – Zahl westlicher Ausländer.

SPORT
Fußball

Türken sind völlig verrückt nach Fußball. Jede Stadt hat ihr Fußballstadion, das an Spieltagen von Fans überquillt. Vor und nach den Spielen sind die Straßen wahre Fahnenmeere, und in Bars und Teegärten gibt's kein anderes Gesprächsthema.

Die Liebe der Türken zum Fußball fing Mitte des 19. Jhs. an, als englische Tabakhändler das Spiel ins Land brachten. Bei den ersten Begegnungen standen sich englische und griechische Mannschaften gegenüber. Aber schon bald entstand am Gymnasium von Galata die türkische Schülermannschaft Galatasaray. Heute sind Fenerbahçe, Beşiktaş und Galatasaray die drei Top-Fußballvereine des Landes. Alle sind aus İstanbul, haben aber fanatische Anhänger im ganzen Land. Wer sich für eine dieser Mannschaften entscheidet, tut das auf eigene Gefahr.

Seit den 1990er-Jahren konnten türkische Mannschaften und Spieler auch international größere Erfolge und höheres Ansehen erringen. Die türkische Nationalmannschaft schaffte es bei der Fußballweltmeisterschaft 2002 bis ins Halbfinale, und die Türken feierten wie verrückt. (Weniger ruhmreich war das Ausscheiden in der Qualifikationsrunde für die WM 2006.)

Wer sich ein Spiel ansehen möchte, hat in İstanbul (S. 161) die besten Möglichkeiten.

Ölringen

Schon seit 1361 finden die berühmten türkischen Wettkämpfe im *yağlı güreş* (Ölringen) in der Nähe von Edirne statt (s. Kasten S. 190). Jedes Jahr im Juni treffen sich dort Hunderte Amateurringer aus der ganzen Türkei, um ihre Stärke zu demonstrieren.

Die Ringer sind in verschiedene Klassen eingeteilt, von *teşvik* (Ermunterung) bis *baş güreşler* (Spitzenringer). Der Sieger in jeder Klasse erhält den Titel *başpehlivan*, Meisterringer. Die Teilnehmer treten in kurzer Lederhose und am ganzen Körper glänzend vor Olivenöl an. Der Kampf geht los mit einem traditionellen Spruch und einer Aufwärmübung aus bestimmten Schritten und Gesten. Erst dann geht's richtig zur Sache. Der Gegner muss im Zweikampf niedergerungen werden. Dabei kommen ein paar interessante Grifftechniken zum Einsatz.

Am letzten Wettkampftag ringen die *başpehlivan* um die höchste Auszeichnung: den begehrten goldenen Gürtel.

Der relativ kleine Gewichtheber Naim Süleymanoğlu gewann dreimal in Folge die Goldmedaille bei den Olympischen Spielen: 1988, 1992 und 1996.

Kamelkampf

Ein weiteres typisch türkisches Spektakel sind die Kamelkämpfe, die Ende Januar in der Stadt Selçuk an der südlichen Ägäis steigen. Riesige männliche Kamele kämpfen dabei gegeneinander. Das klingt nach wüsten Verletzungen sämtlicher Tierschutzbestimmungen. In Wirklichkeit sind diese Events aber relativ harmlos: Es stehen immer Männer mit Seilen bereit, um die Tiere bei den ersten Anzeichen von Verletzungsgefahr zu trennen. Dieser wunderbar farbenfrohe Sport ist bei Zuschauern extrem beliebt, die rundherum Picknicks veranstalten. Näheres s. Kasten S. 266.

MULTIKULTI

Zur Zeit des Osmanischen Reiches war die Türkei berühmt für ihre multikulturelle Gesellschaft. In vielen Städten des Landes lebten ebenso viele Griechen, Juden und Armenier wie Muslime. Die osmanische Politik fuhr die Linie, die Leute in Frieden leben zu lassen, solange sie ihre Steuern zahlten.

LOVE US OR LEAVE US *Verity Campbell*

Als ich mit zwei modernen jungen Türkinnen über ihre Zukunftsvorstellungen sprach, kam das Gespräch unweigerlich aufs Reisen. Sie wollten im Ausland Englisch lernen und unterhielten sich darüber, in welchem Land sie das am besten tun würden. Ein junger Mann in der Gruppe antwortete auf die Frage, ob er gern reise: „Nein, Ich mag die Türkei. Warum sollte ich wegwollen?" Offenbar kommt in der türkischen Gesellschaft die seltsame Vorstellung auf: Wer die Türkei verlässt, liebt sie nicht und ist ein Verräter. Dieser Trend, der eng mit dem wachsenden Nationalismus verbunden ist, wird von den türkischen Gesetzen noch zusätzlich gefördert. Erst seit 1961 ist es Türken erlaubt, ins Ausland zu reisen. Aber sie müssen für ihren Reisepass die weltweit höchsten Gebühren bezahlen (400 € für 5 Jahre) – ganz offensichtlich eine Strafe für alle, die fortwollen.

MEINUNGSFREIHEIT

Im Vorfeld der EU-Beitrittsverhandlungen hat die Türkei zahlreiche Reformen in Gang gesetzt. Aber das neue Strafgesetzbuch des Landes enthält nach wie vor den berüchtigten Artikel 301, der die „Verunglimpfung des Türkentums" unter Strafe stellt. Auf diesen Artikel stützte sich in jüngster Zeit auch die Strafverfolgung einiger profilierter Journalisten, Schriftsteller und Künstler. Diese Prozesse führten der Welt vor Augen, wie es in der Türkei um das Recht auf freie Meinungs-äußerung (bzw. den Mangel daran) bestellt ist.

Am meisten mediales Aufsehen erregte der Fall des international anerkannten türkischen Schriftstellers Orhan Pamuk. Gegen ihn lief ein Strafverfahren, weil er sich öffentlich über die Ermordung von Armeniern durch osmanische Türken Anfang des 20. Jhs. geäußert hatte (s. Kasten S. 40). Anfang 2006 wurde das Verfahren eingestellt, aber bis dahin war Pamuk schon gegen seinen Willen zum politischen Symbol und zur Zielscheibe von Nationalisten geworden. Und der Ruf der Türkei war schon beschädigt.

Weniger Aufsehen erregende, aber nicht minder schwerwiegende Fälle folgten. Gegen die Journalistin und Autorin Perihan Mağden gab's ein Verfahren wegen „Aufwiegelung gegen den Militärdienst", weil sie in *Yeni Aktüel* einen Artikel unter der Überschrift „Verweigerung aus Gewissensgründen ist ein Menschenrecht" veröffentlicht hatte. Der Prozess fand Mitte 2006 vor einem Gericht in Sultanahmet statt – ein Debakel: Während der gesamten Verhandlung demonstrierten Ultranationalisten lautstark vor dem Gerichtssaal. Dass die Sicherheitskräfte kaum etwas unternahmen, um die Demonstranten zur Ruhe zu bringen, machte sie nach Ansicht von Kritikern zu Komplizen. Auch die gefeierte türkische Literaturkönigin Elif Şafak musste sich 2006 für Äußerungen der armenischen Protagonisten ihres Romans *Der Bastard von İstanbul* vor Gericht verantworten. Der Prozess endete allerdings mit einem Freispruch.

Selbst Premierminister Erdoğan verklagte – erfolgreich – einige Künstler, weil sie ihn in Karikaturen als Tier dargestellt hatten. Angesichts solcher Heuchelei bleibt abzuwarten, ob der anhaltende Druck und das internationale Aufsehen, das immer mehr dieser Fälle erregen, die Regierung letztlich zwingen werden, das Recht auf freie Meinungsäußerung nicht nur in Lippenbekenntnissen, sondern auch in der Praxis anzuerkennen.

Der Erste Weltkrieg und der türkischen Unabhängigkeitskampf brachten es mit sich, dass die meisten Türken Nichttürken im eigenen Land als Bedrohung ansahen (s. S. 47), ein Erbe, das sie bisher nur zögernd ablegen.

Moderne Türken versichern, ihr Land sei durchaus kosmopolitisch. In den wichtigsten Fremdenverkehrsregionen lässt sich dieser Eindruck gerade noch bestätigen. Ansonsten sieht das Bild völlig anders aus. Wer über İstanbuls Haupteinkaufsstraße İstiklal Caddesi schlendert, sieht fast ausnahmslos Kaukasier und Muslime. Und der Mangel an Restaurants, die etwas anders anbieten als die heimische Küche, spricht Bände.

Auch sonst steckt die Türkei noch in den Kinderschuhen, was den Umgang mit multikulturellen Realitäten angeht. Ausländer, die in die Türkei übersiedeln wollen, können die zuständigen Ämter oft nur mit Mühe überreden, dass sie auf ihren Ausweisen ihren Namen behalten dürfen, ganz zu schweigen davon, als Christen oder Juden registrieren zu lassen. Trotz aller gegenteiligen Beteuerungen der Regierung scheint das Misstrauen gegenüber „fremden" Religionen eher zu wachsen. Umfragen bestätigen, dass die Unterstützung nationalistischer Parteien wächst. Selbst die Wanderroute des Pauluswegs geriet unter Beschuss. Man hatte Angst, die Pilger könnten verkappte Missionare sein. Der Mord an einem katholischen Priester während des Karikaturenstreits 2006 war ein weiterer Beleg für die wachsenden Spannungen. Es wird noch lange dauern, bis die Türkei bereit ist, ihre Kinder in den Schulen Feste anderer Religionen feiern zu lassen.

Selbst in seiner Blütezeit reichte das Osmanische Reich nie über Europa, den Nahen und Mittleren Osten und Nordafrika hinaus. Folglich geriet die

Türkei nie unter Druck, Aussiedler aus ehemaligen Kolonien und Flüchtlinge aus fernen Ländern aufzunehmen, die das Erscheinungsbild der meisten westlichen Länder stark verändert haben. Doch das wird langsam anders. In den letzten Jahren ist die Zahl der Asylsuchenden in der Türkei gestiegen, und die Lage des Landes an der Schwelle zu Europa hat es zu einem der Hauptzentren für Menschenhandel gemacht (s. S. 113).

Die Türkei besitzt eine große Auslandsgemeinde. Die meisten Auslandstürken leben in Deutschland (2,6 Mio. Türken der 1. und 2. Generation). Sie wurden in den 1960er-Jahren als „Gastarbeiter" angeworben. Dass die Beziehungen nie ganz unproblematisch waren, zeigt schon das *Gesetz zur Förderung der Rückkehrbereitschaft von Ausländern*, das 1983 unter der Kohl-Regierung verabschiedet wurde und Türken finanzielle Anreize bot, in ihre Heimat zurückzukehren. In den letzten Jahren wurde der Begriff der „Parallelgesellschaft" populär, der sich auf die vielfach misslungene Integration in die deutsche Gesellschaft bezieht. Viele Türken leben auch in Bulgarien, Frankreich, den Niederlanden, Großbritannien, USA, Österreich und Australien.

MEDIEN

Die Art, wie türkische Printmedien über die Regierung herziehen, mag den Anschein erwecken, es gäbe so gut wie keine Zensur. Bei gewissen Themen (z. B. dem Völkermord an den Armeniern, der „Kurdenfrage", einer negativen Darstellung Atatürks, der Armee etc.) gibt's aber nach wie vor erhebliche Probleme. Da Redakteure und Journalisten wissen, mit welchen Strafen sie zu rechnen haben, wenn sie aus der Reihe tanzen, ist Selbstzensur an der Tagesordnung. Dennoch sind in den letzten 20 Jahren etwa 200 Journalisten, Künstler und Schriftsteller vor Gericht gestellt und verurteilt worden. Als Reaktion darauf ist in den letzten Jahren Bewegung entstanden, die für Redefreiheit eintritt (s. Kasten S. 55).

Die staatliche Kontrolle über das Fernsehen hat sich zwar gelockert, aber noch immer unterliegt der staatliche Rundfunk- und Fernsehsender TRT einer gewissen Zensur durch die Regierung.

RELIGION

Die türkische Bevölkerung ist zu 98 % muslimisch. Die meisten dieser Menschen sind Sunniten, ca. 20 % sind Aleviten, und eine kleine Gruppe machen die Schiiten aus (um Kars und Iğdır). In İstanbul, İzmir und den Küstenorten gibt's kleine christliche Gemeinden. In und um Diyarbakır, Mardin und das Tür-Abdin-Plateau existieren noch eine rasch dezimierende Gemeinde assyrisch-orthodoxer Christen. Jüdische Gemeinden gab es in der Türkei mindestens seit 1492, als Sultan Beyazit II. Juden ins Land holte, die von der spanischen Inquisition verjagt wurden. Heute leben noch ca. 24 000 Juden in İstanbul, und in Städten wie Ankara, Bursa und İzmir gibt's ebenfalls kleinere Gemeinden.

Biblische Stätten in der Türkei von Everett C. Blake & Anna G. Edmonds schildert eingehend die vielen hl. Stätten des Christentums, Judentums und Islam im Land.

Die Türkei ist ein überwiegend muslimisches Land mit säkularer Verfassung. Obwohl 75 % der Türken für die Trennung von Staat und Religion sind, herrschen starke Spannungen zwischen beiden Bereichen. Die säkulare städtische Elite sieht sich als Hüter der republikanischen Grundlagen der Türkei und hat Angst, dass sich das Land zu einem islamischen Staat entwickelt (wie das Nachbarland Iran), wenn die vehement gehüteten Verfassungsprinzipien untergraben werden. Andere finden, die streng säkularen Gesetze widersprächen grundlegenden Menschenrechten wie dem Recht auf Religionsausübung. Das Kopftuch der Frauen ist zum Symbol der anhaltenden Spannungen zwischen Staat und Religion geworden (s. Kasten S. 55).

Islam

Viele Türken haben eine relativ lockere Einstellung zur Religion und der Einhaltung ihrer Gebote. Fasten im Ramazan (in vielen islamischen Ländern Ramadan genannt) ist üblich, und die Feiertage und Feste werden mit dem gebotenen Respekt behandelt. Aber viele gehen nur freitags und an islamischen Feiertagen in die Moschee anstatt fünfmal am Tag. Die zahlreichen Bars und *meyhane* im ganzen Land zeigen zudem, dass viele Türken gern mal Alkohol trinken, was Muslime anderer Länder strikt ablehnen. Insgesamt kann man feststellen, dass der Islam hier etwas anders praktiziert wird als in anderen islamisch geprägten Ländern.

Muslime glauben ebenso wie Christen, dass Allah (Gott) die Welt und alles, was sich auf ihr befindet, geschaffen hat. Adam (Adem), Noah (Nuh), Abraham (İbrahim), Moses (Musa) und Jesus (İsa) sind für sie Propheten. Aber Jesus ist für sie weder göttlich noch ein Erlöser. Juden und Christen gelten als „Völker der Schrift", da sie eine (in Tora und Bibel) offenbarte Religion besitzen, die dem Islam vorausgegangen ist.

Von Christentum und Judentum unterscheidet sich der Islam insofern, als er sich als „Perfektion" dieser früheren Überlieferungen sieht. Moses und Jesus waren zwar große Propheten, aber der größte und letzte Prophet war Mohammed (Peygamber). Ihm ließ Allah seine letzte Offenbarung zuteil werden und betraute ihn mit der Aufgabe, sie in der Welt zu verbreiten.

Entsprechend verehren Muslime nicht Mohammed, sondern nur Allah. Das arabische Wort Muslim bezeichnet einen Menschen, „der sich Allahs Willen

ISLAMISTEN KONTRA STAAT: DER KOPFTUCHSTREIT

Wer hätte gedacht, dass ein Stück Stoff solche Kontroversen auslösen könnte? Aber für säkular eingestellte Türken symbolisiert das Kopftuch (*türban* oder *eşarp*) der religiösen Frauen alles, was ihnen verhasst ist: eine rückwärtsgewandte Einstellung, die sich gegen sämtliche Errungenschaften wendet, für die Atatürk stand.

Eine Folge dieser Verachtung ist, dass ansonsten einwandfreie Linke sich gegenüber Frauen mit Kopftuch verhalten, wie es im Westen undenkbar wäre. Aber sie haben das Gesetz auf ihrer Seite. Im öffentlichen Dienst (also in Schulen wie auch in öffentlichen Verwaltungen) ist es Frauen verboten, während der Arbeit Kopftücher zu tragen. Und alljährlich kommt es zu Beginn des Studienjahres an Universitäten zu großen Demonstrationen, weil für Studentinnen zumindest theoretisch an der Uni Kopftuchverbot herrscht.

Der Streit erreichte 1998 einen vorläufigen Höhepunkt, als die gewählte Abgeordnete Merve Kavakçı zu ihrer Vereidigung im Kopftuch erschien. Andere Abgeordnete machten ihrem Missfallen durch Buhrufe und langsames Händeklatschen Luft. Bis heute ist es nichts Ungewöhnliches, dass Minister, deren Frauen Kopftuch tragen, nicht zu Empfängen des Präsidenten eingeladen werden.

Trotzdem entschied der Europäische Gerichtshof 2004 in einem fast unerklärlichen Urteil, dass Universitäten das Recht haben, erwachsenen Frauen, die Kopftücher tragen, die Zulassung zum Studium zu verweigern. Die aktuelle Regierung tritt leidenschaftlich für eine Aufhebung des Kopftuchverbots ein, aber bislang ohne Erfolg.

Sind denn nun Kopftücher unweigerlich Zeichen eines eifernden fundamentalistischen Glaubens? Sicher nicht. Möglich ist es natürlich, dass dahinter eine traditionelle und konservative Lebenseinstellung steckt, die viel auf Moral und Sittsamkeit bei Frauen gibt. Trotzdem scheint es einfach lächerlich, einer Frau das Studieren zu verbieten, nur weil sie ein Kopftuch trägt. Dass die Ehefrau des gegenwärtigen Premierministers ein Kopftuch trägt, war während des Wahlkampfs ein großes Thema. Aber er hat die Wahlen gewonnen. Bei den bevorstehenden Präsidentschaftswahlen gucken alle besonders genau auf die Kandidaten und ihre Ehefrauen. Denn der Präsident in der Türkei gilt als Hüter des säkularen Staates. Wenn die Frau des gewählten Kandidaten ein Kopftuch trägt, dürfte sich die Einstellung im Land zwangsläufig ändern.

DIE ALEVITEN

Geschätzte 20 % der türkischen Bevölkerung sind Aleviten. Diese muslimische Glaubensrichtung unterscheidet sich in ihren Traditionen deutlich von der sunnitischen Mehrheit und hat mehr mit den Schiiten gemeinsam. Diese Differenzen gehen auf uralte Streitigkeiten zurück, die 656 nach dem Tod des Propheten Mohammed zwischen seinen Nachfolgern und Verwandten ausbrachen.

Die religiösen Praktiken der Sunniten und Aleviten unterscheiden sich ziemlich. Viele Aleviten richten sich in dem, was sie glauben, nach den Lehren Hacı Bektaş Velis, des muslimischen Mystikers aus dem 13. Jh., dessen Grab sich in Hacıbektaş (s. Kasten S. 555) in Kappadokien befindet. Bei den Sunniten beten Männer und Frauen getrennt voneinander in einer *cami* (Moschee). Die Aleviten dagegen versammeln sich in einem *cemevi* (Versammlungshaus) – Männer und Frauen zusammen. Beim alevitischen *cem* (Kultfeier) hält ein *dede* (Großvater; eine moralische Autorität der Gemeinde) eine Predigt. Anschließend führen Männer und Frauen eine *sema* aus, einen rituellen Tanz.

Antipathien zwischen Sunniten und Alviten gibt es bis in die heutige Zeit. Sie gehen so weit, dass manche Türken Aleviten nicht als echte Muslime gelten lassen. Aleviten fordern, dass man ihre Religion in die Schulbücher aufnimmt (die momentan nur den sunnitischen Glauben behandeln), ihnen das Recht auf freie Religionsausübung zubilligt und ihre *cemevi* als sakrale Orte anerkennt. Mit ihren Anliegen haben sie sich 2006 an den Europäischen Gerichtshof für Menschenrechte gewandt – ein Schritt, der wohl in erster Linie darauf abzielte, sich die Aufmerksamkeit der türkischen Regierung zu sichern.

Die Differenzen kamen in der so genannten Madımak-Tragödie aufs hässlichste zum Ausbruch. An einem Freitag im Juli 1993 stürmte der Mob nach dem Mittagsgebet das Hotel Madımak in Sivas und tötete 37 Menschen. Die meisten der Getöteten waren Aleviten, die zu einem lokalen Kulturfestival in Sivas waren. Unter ihnen war auch der türkische Verleger von Salman Rushdies *Satanischen Verse* (was angeblich der Auslöser der Übergriffe war). Einige der Täter wurden festgenommen und zu lächerlich geringen Haftstrafen verurteilt. Die Behörden behaupteten, die Getöteten hätten zu ihrem Schicksal selbst beigetragen, weil sie die Menge „provoziert" hätten.

unterwirft". Der Gebetsruf, der fünfmal täglich vom Minarett erschallt und der am Anfang jede muslimischen Gebets gesprochen wird, lautet: „Allah ist groß! Es gibt keinen Gott außer Allah, und Mohammed ist sein Prophet." Allahs Offenbarungen an Mohammed sind im Koran niedergeschrieben.

Die fünf „Säulen" des Islam schreiben Muslimen vor:

- zu bekennen, zu verstehen und zu glauben: „Es gibt keinen Gott außer Allah, und Mohammed ist sein Prophet."
- fünfmal täglich zu beten: bei Morgengrauen, mittags, nachmittags, in der Abenddämmerung und nach Einbruch der Dunkelheit;
- den Armen Almosen zu geben;
- im Ramazan zu fasten (wenn gesundheitlich möglich);
- eine Wallfahrt nach Mekka zu unternehmen.

Das Osmanische Reich war zwar muslimisch, aber seine Herrscher waren nicht besonders fromm. Keiner von ihnen machte die Hadsch, außer einem: Sultan Selim I. – als er Mekka eroberte.

Für die Gebete gelten feste Regeln. Vorher müssen sich die Gläubigen Hände, Arme, Füße, Knöchel, Kopf und Nacken in fließendem Wasser waschen. Anschließend müssen sie den Kopf bedecken, sich in Richtung Mekka wenden und eine genau vorgeschriebene Abfolge von Gesten und Kniefällen vollziehen. Wem dabei ein Fehler unterläuft, muss noch einmal von vorn anfangen.

Ein Muslim darf kein Schweinefleisch anrühren oder essen und keinen Wein (ausgeweitet auf alle alkoholischen Getränke) trinken. Betrug, Wucher, Verleumdung und Glücksspiel sind verboten. Außerdem darf kein Bild eines Lebewesens mit unsterblicher Seele (also von Mensch und Tier) angebetet oder verehrt werden.

Der Islam hat sich seit Mohammeds Zeiten in viele Bekenntnisse und Sekten gespalten. Die islamische Theologie ist inzwischen hoch entwickelt und komplex. Die oben skizzierten Grundlagen sind jedoch der ganzen muslimischen Gemeinde (*umma*) gemeinsam.

FRAUEN IN DER TÜRKEI

Die Lebensumstände türkischer Frauen sind extrem unterschiedlich. Viele Frauen in İstanbul und anderen großen Küstenstädten leben kaum anders als ihre Schwestern im Westen: Sie können weitgehend kommen und gehen, wie und wann sie wollen, außerhalb des Hauses einem Job nachgehen und sich anziehen, wie es ihnen gefällt. Aber die Mehrheit der türkischen Frauen, v. a in den Dörfern im Osten, hat diese Freiheiten nicht. Ihr Leben ist weiterhin davon bestimmt, Anstand und Ehre der Familie bewahren zu müssen – unter Androhung von Strafen.

Ehrenmorde sind nach wie vor ein großes Problem. Angeblich wurden in der Türkei innerhalb der sechs Jahren seit der Jahrtausendwende über 2000 Frauen aus Gründen der „Ehre" ermordet. Die Polizei nimmt an, dass diese Zahl nur die sichtbare Spitze des Eisbergs ist. In den meisten Fällen beauftragt die „entehrte" Familie ein männliches Familienmitglied, die Frau zu töten, der ehrenrühriges Verhalten vorgeworfen wird. Meist geht es dabei um ein außereheliches Kind oder eine außereheliche Affäre. Früher erhielten die Mörder milde Strafen, weil sie sich darauf beriefen, vom Opfer provoziert worden zu sein. Inzwischen hat der Staat durch Gesetzesänderungen die Strafen verschärft. Doch bevor diese unselige Tradition erfolgreich bekämpft werden kann, müssen sich die Wertvorstellungen in der Gesellschaft ändern, v. a. im Osten des Landes. Eine parlamentarische Untersuchungskommission zu Ehrenmorden stellte kürzlich fest, dass ca. 37 % der Befragten der Ansicht waren, dass Frauen, die Ehebruch begingen, getötet werden sollten. Ein verwandtes Problem sind „Selbstmordepidemien" unter jungen Frauen im Osten, wie Orhan Pamuk sie in seinem Roman *Schnee* beschreibt. Aktivisten vermuten, dass die höheren Strafen für Ehrenmorde mitverantwortlich dafür sind, dass Familien „entehrte" weibliche Mitglieder in den Selbstmord treiben.

Kein Zweifel also, dass die Türkei von einer Gleichberechtigung der Frauen noch meilenweit entfernt ist. Obwohl Frauen Grundrechte wie das aktive und passive Wahlrecht schon in den 1930er-Jahren erhielten, lange bevor einige westliche Länder es ihnen zugestanden, erfahren sie immer noch grobe Ungleichbehandlung. Studien zeigen, dass Frauen im Durchschnitt 40 % weniger verdienen als Männer in vergleichbaren Positionen, dass sie nur 4,4 % der Abgeordneten im Parlament stellen und dass 45 % der Männer es für ihr Recht halten, ihre Ehefrau zu schlagen.

Eine gute Nachricht ist, dass etwa ein Drittel aller Anwälte und Akademiker im Land Frauen sind und eine wachsende Zahl begabter Frauen leitende Funktionen im Marketing-, Bank- und Einzelhandelsbereich innehaben. Eine weitere gute Nachricht ist, dass die Regierung kürzlich Gesetzesreformen in Hinblick auf den angestrebten EU-Beitritt durchgeführt hat. Seit Januar 2003 sind türkische Frauen Männern rechtlich gleichgestellt. Im neuen Bürgerlichen Gesetzbuch der Türkei wurde der Passus gestrichen, nach dem der Mann alleiniger Haushaltsvorstand ist. Nach den neuen Bestimmungen haben Frauen im Fall einer Scheidung Anspruch auf die Hälfte des Haushaltsvermögens. Vergewaltigung in der Ehe und sexuelle Nötigung gelten als Straftat. Diese härteren Gesetze sind zwar ein guter Anfang, aber es ist noch ein langer Weg, bis sich die patriarchalische Kultur in der Türkei verändert, die Frauen schlichtweg als Eigentum der Männer betrachtet.

Sultan İbrahim (regierte 1640–48) war das türkische Pendant zum englischen König Heinrich VIII.: Er ließ seine 280 Frauen – den kompletten Harem – in Säcke stecken und in den Bosporus werfen, als er ihrer überdrüssig war.

David Shankland beschreibt in seinem Buch *The Alevis in Turkey: The Emergence of a Secular Islamic Tradition* die relativ wenig bekannten Traditionen der Aleviten anhand anthropologischer Studien in Zentralanatolien.

Mehr zu Frauenfragen in der Türkei steht auf den Websites von Kamer (www.kamer.org.tr) und Flying Broom (http://en.ucansupurge.org).

KUNST

Die Türkei hat eine vielfältige und reiche künstlerische Tradition. Hier ist jedoch leider nur Platz für einen kurzen Überblick.

Literatur

ROMANE

In der Türkei fingen Schriftsteller Anfang des 20. Jhs. an, sich als Kommentatoren der Gesellschaft zu sehen. Der Erste Weltkrieg, die russische Revolution, der Niedergang des Osmanischen Reiches und die Blütezeit der türkischen Republik sorgten für reichlich Stoff. Der international bekannteste Autor dieser Zeit ist Yaşar Kemal. In seinem Roman *Mehmed, mein Falke* schildert er eindringlich das verzweifelte Leben von Dorfbewohnern und ihren Kampf gegen die Großgrundbesitzer. Das Buch ist so spannend geschrieben, dass man es nicht mehr aus der Hand legen kann. Der Kurde Yaşar Kemal wurde mehrfach für den Literaturnobelpreis vorgeschlagen und saß mehrmals wegen angeblicher Sympathien für Separatisten im Gefängnis.

In die Fußstapfen dieses Sozialkritikers ist ein weiterer international anerkannter türkischer Schriftsteller getreten: der Nobelpreisträger von 2006, Orhan Pamuk. Den Hintergrund für Yaşar Kemals Werk bildeten die ersten Jahrzehnte der türkischen Republik, Pamuk dagegen bezieht seinen Stoff aus der heutigen Situation der Türkei. International machte er 2005 Schlagzeilen, weil er sich öffentlich zu der furchtbaren Tragödie der Armenier äußerte (s. Kasten S. 53). Auch wenn seine Bücher inzwischen mehr gelesen werden, finden viele sie schwer zugänglich. Am leichtesten zu lesen ist sicherlich der Krimi *Rot ist mein Name*. Auch das preisgekrönte Werk *Schnee* ist sehr fesselnd. Es spielt in der abgelegenen östlichen Stadt Kars, deren Bewohner stellvertretend für die türkische Gesellschaft versuchen, mit einer „Selbstmordepidemie" unter jungen Frauen umzugehen. *İstanbul – Erinnerung an eine Stadt* ist lesenswert für alle, die sich für die Person des Autors und sein komplexes Verhältnis zu dieser faszinierenden Stadt interessieren.

Elif Şafak wird bereits als Nachfolgerin Orhan Pamuks gehandelt. Ihre Werke stehen in ihrer anspruchsvollen Prosa sicher Pamuk sehr nah und sind deshalb als Strandlektüre kaum geeignet. In dieser Geschichte eines ehemals vornehmen Hauses, das inzwischen zum Mietshaus verkommen ist, zeichnet sie ein lebendiges Bild der modernen türkischen Gesellschaft und İstanbuls. Auf Deutsch sind von ihr bisher erschienen *Die Heilige des nahenden Irrsinns*, *Spiegel der Stadt* und *Der Bastard von Istanbul*. Lohnend zu lesen sind auch die Romane der türkischen Bestsellerautorin Buket Uzuner. *Mediterranean Waltz* erzählt die Geschichte einer unerwiderten Liebe vor dem Hintergrund des Bürgerkriegs. Noch besser ist *Long White Cloud, Gallipoli*. Der Roman schildert die Spurensuche einer Neuseeländerin nach ihrem Urgroßvater, der in der Schlacht von Gallipoli kämpfte und in der Türkei als Kriegsheld verehrt wird. In typischer Buket-Uzuner-Manier gerät die Protagonistin in eine verwickelte Liebesgeschichte.

Irfan Orgas autobiografisches *Portrait of a Turkish Family* spielt gegen Ende des Osmanischen Reichs und zu Anfang der türkischen Republik und schildert den Zusammenbruch und mühsamen Neuanfang einer wohlhabenden Familie aus İstanbul. Das wunderbare Sittengemälde bietet Einblicke in die Kultur des Hamam, das Leben in den *yalı* (Sommerhäusern) am Bosporus und vieles mehr. Ein Buch, das man nur so verschlingt.

Einige neuere Bücher türkophiler westlicher Ausländer, die in der Türkei leben, sind ebenfalls durchaus lesenswert. Die Anthologie *Tales of an Expat Harem* schildert das Leben ausländischer Frauen in der Türkei und ist eine ideale Urlaubslektüre, auch wenn sie das Gastland etwas zu einseitig positiv darstellt. Barbara Nadels packende Krimis spielen meist in İstanbul.

Hintergrundinformationen über türkische Kunst bietet die Internetseite der Turkish Culture Foundation mit Sitz in den USA: www.turkishculture.org

Louis de Bernières, berühmt durch *Corellis Mandoline*, landete mit *Traum aus Stein und Federn* noch einen Bestseller. Er wurde dazu von Kayaköy (S. 387) bei Fethiye inspiriert. Der Roman schildert ein Stück Geschichte aus sehr persönlicher Perspektive: das Osmanische Reich mit seinem bunten Mix aus Religionen und Kulturen, den Krieg und den Bevölkerungstausch. Ein Buch, das man gelesen haben muss.

Im Mittelpunkt steht der kettenrauchende, stoppelbärtige Held, Inspektor Çetin İkmen. Ihr erster Roman, *Belsazars Tochter*, ist nach wie vor ihr bester, aber auch der preisgekrönte Band *Dance with Death* ist eine leichte, unterhaltsame Urlaubslektüre.

Weitere Buchempfehlungen s. S. 20.

LYRIK

Die beiden berühmtesten türkischen Dichter trennen ca. 700 Jahre voneinander: Der mystische Lyriker Yunus Emre lebte im 13. Jh., Nazım Hikmet im 20. Jh.

Nazım Hikmet ist nicht nur der größte Dichter der Türkei, sondern auch einer der besten der Welt. Sein Werk ist zutiefst verbunden mit der Türkei und stark patriotisch. Aber als Kommunist musste er dennoch ins Exil gehen. Die Gedichte, die er im Gefängnis schrieb, gehören sicher zu seinen besten. Er starb in Russland, wo er auch begraben liegt. Leider sind seine Werke noch immer an türkischen Schulen verboten. In Deutschland sind verschiedene Gedichtbände von ihm erschienen, u. a. *Eine Reise ohne Rückkehr*.

Teppiche

Der älteste bekannte Teppich, der mit türkischen Doppelknoten oder Gördesknoten geknüpft ist, stammt aus dem 4. bis 1. Jh. v. Chr. Man nimmt jedoch an, dass die Seldschuken die Techniken des Teppichwebens im 12. Jh. nach Anatolien brachten. Es ist also keineswegs verwunderlich, dass Marco Polo die Seldschukenhauptstadt Konya im 13. Jh. als Zentrum der Teppichherstellung erwähnte.

Traditionell webten Frauen in den Dörfern Teppiche für den Eigenbedarf ihrer Familie oder für ihre Aussteuer. Muster und Farbgebung waren von lokalen Traditionen und den verfügbaren Wollsorten und Farbstoffen beeinflusst. Die Frauen kannten die Muster auswendig; während der Arbeit hatten sie meist nicht mehr als 45 cm des Teppichs vor Augen. Jede Künstlerin verlieh ihrem Werk ihre persönliche Note und wählte Motive und Farben nach ihrem Geschmack, nach Ereignissen oder Gefühlen aus ihrem Alltag aus. Da die Frauen wussten, dass sie nach ihren Leistungen beurteilt wurden, gaben sie sich große Mühe mit ihrer Handarbeit und spannen und färbten die Wolle selbst.

Im 19. Jh. kamen türkische Teppiche in Europa groß in Mode. Die starke Nachfrage förderte die Entstehung von Teppichhandlungen, die von Männern geführt wurden. Sie verhandelten mit Kunden, nahmen Bestellungen entgegen, kauften und färbten die Wolle nach Kundenwünschen und beauftragten einheimische Frauen, das Endprodukt herzustellen. Das Dessin überließ die Teppichhandlung manchmal den Frauen, meist machte sie ihnen aber Vorgaben entsprechend den Kundenwünschen. Diese Teppiche waren zwar handwerklich gut gemacht, verloren aber an Ausstrahlung und Originalität.

Auch heute unterwirft sich die Teppichherstellung oft dem Diktat des Marktes. Weber in der Osttürkei produzieren Teppiche in populären Stilrichtungen, die aus der Westtürkei stammen, oder längst sesshafte Dorfbewohner kopieren die ursprünglicheren, langflorigen und naiveren *yörük*-Teppiche der Nomaden. Viele Teppiche enthalten auch heute noch traditionelle Muster und Motive wie die verbreiteten „Augen-" und „Baum"-Muster. Auf den ersten Blick mag ein Teppich wie der andere aussehen, aber bei genauerem Hinschauen zeigen sich feine Unterschiede, die den Reiz und die individuelle Note eines guten türkischen Teppichs ausmachen.

Noch immer weben Frauen in den Dörfern Teppiche, aber meistens stehen sie bei bestimmten Läden unter Vertrag. In der Regel arbeiten sie nach festen Vorlagen und werden nicht nach Stunden, sondern nach Stückzahlen

Jon Thompsons wunderbar illustrierter und interessant zu lesender Band *Orientteppiche: Aus den Zelten, Häusern und Werkstätten Asiens* ist eine exzellente Einführung in dieses Thema und mag manch einen verlocken, sich von seinem Geld zu trennen.

bezahlt. Ein Teppich aus einer solchen Serienfertigung kann für den Käufer durchaus von großem Wert sein. Allerdings sollte der Preis deutlich unter dem eines Unikats liegen.

Andere Teppiche entstehen in Arbeitsteilung. Färben und Weben liegen dann nicht in einer Hand. Was solche Stücke an Originalität und Seltenheitswert einbüßen, machen sie oft durch Qualität mehr als wett. Die meisten Hereke-Seidenteppiche sind zwar Massenprodukte, aber von so hoher Qualität, dass sie zu den begehrtesten türkischen Teppichen gehören.

Aus Angst, dass die alten Verfahren der Teppichherstellung verloren gehen könnten, fördert das Kulturministerium in der Westtürkei mehrere Projekte, die traditionelle Web- und Färbetechniken wiederbeleben. Eines davon ist das Dobag Forschungs- und Entwicklungsprojekt für Naturfarben (Doğal Boya Arıştırma ve Geliştirme Projesi; Dobag); nähere Einzelheiten s. S. 226. Manche Läden haben diese meistens hochwertigen „Projektteppiche" vorrätig.

Tipps zum Teppichkauf s. S. 713.

Architektur

Die Geschichte der Architektur reicht in der Türkei von Steinmetzarbeiten der Hethiter und grandiosen griechisch-römischen Tempeln bis zu den supermodernen Wolkenkratzern in İstanbul. Aber die Baustile, die für die Türkei wohl am typischsten sind, entwickelten Seldschuken und Osmanen.

SELDSCHUKISCHE ARCHITEKTUR

Die Seldschuken hinterließen in der Türkei prachtvolle Moscheen und Medresen (theologische Hochschulen) mit prächtigen Eingangshallen. Die besten sind in Konya (S. 518) und Sivas (S. 512) zu sehen. Sie bauten auch eine Reihe von Karawansereien entlang der Seidenstraße, die im 13. Jh. durch Anatolien führte (s. S. 59).

OSMANISCHE ARCHITEKTUR

Auch die Osmanen errichteten jede Menge prächtige Moscheen und Medresen sowie zahlreiche schöne Wohnhäuser aus Holz und Stein.

Vor der osmanischen Zeit bestanden die meisten Moscheen aus einem großen quadratischen oder rechteckigen Raum mit Säulen, der von vielen

DAS ERSTE RASTHAUS

Die Seldschuken bauten im 13. Jh. eine Kette von Karawansereien (Karawanenburgen) entlang der Seidenstraße durch Anatolien. Diese Rasthäuser lagen etwa eine Tagesetappe (15–30 km) voneinander entfernt und boten Kamelkarawanen Verpflegung, Unterkunft und Handelsmöglichkeiten. Bau und Unterhalt der Karawansereien finanzierte der Sultan aus den Steuern, die der umfangreiche Warenhandel einbrachte.

Die Osmanen waren nicht so eifrige Karawansereienbauer wie die Seldschuken. Sie errichteten stattdessen Tausende von hanen in den Städten. In diesen Herbergen konnten Kaufleute ihre Waren in unmittelbarer Nähe der Märkte verladen und lagern. Osmanische hane waren in ihrer Anlage schlichter als die Karawansereien: Zweigeschossige Bauten mit meist quadratischem Grundriss umschlossen einen Innenhof mit einem Brunnen oder einer erhöht stehenden mescit der Mitte. Im Obergeschoss befanden sich hinter einer Säulengalerie Büros, Speise- und Schlafräume.

Die schönsten hane aus frühosmanischer Zeit stehen in Bursa: Koza Han und Emir Han. Aber in jeder Stadt Anatoliens gibt's noch einige hane im Marktviertel. İstanbuls weitläufiger Großer Basar ist von hanen umgeben, die bis heute von Kaufleuten und Künstlern genutzt werden.

Der Einfachheit halber unterscheidet dieses Buch nicht zwischen Karawansereien und hanen. Ein kleiner Reiseführer für eine Tour von einem han bzw. einer Karawanserei zum/zur anderen findet sich auf S. 26.

ÜBERALL BAURUINEN

Schon in den ersten fünf Minuten nach der Ankunft in der Türkei fällt den meisten Reisenden auf, dass ungewöhnlich viele halb fertige Wohnblocks, Häuser und Parkhäuser die Landschaft verschandeln. Hinter dieser hässlichen Erscheinung stehen meistens Wohnungsbaugenossenschaften: Zusammenschlüsse von Leuten, die jeweils eine Wohnung in einem Neubau finanzieren. Da sie das nötige Geld nicht im Voraus aufbringen können (Kredite sind ungeheuer teuer), kann es Jahre dauern, bis das neue Haus steht. Aber wenigstens werden einige dieser Bauten eines Tages fertig.

Zwischen der Grundsteinlegung und der Fertigstellung eines Gebäudes kann jedoch viel passieren. Den Mitgliedern einer Genossenschaft kann das Geld ausgehen, ein Bauunternehmer kann bankrottgehen. Noch schlimmer ist, wenn ein Bauunternehmer mit dem Geld durchbrennt, was durchaus schon vorgekommen ist. Übrig bleibt eine ewige Bauruine.

Aber das alles erklärt noch nicht ganz, warum es so unendlich viele Bauruinen gibt. Einige waren sicher von Anfang an reine Spekulationsobjekte: begonnen in der Hoffnung auf Steuererleichterungen oder Ähnliches und aufgegeben, sobald es dem Bauunternehmen günstiger erschien, sich aus dem Projekt zurückzuziehen.

kleinen Kuppeln überdeckt war wie z. B. die Eski Cami in Edirne (S. 187). Als die Osmanen Anfang des 14. Jhs. Bursa und İznik eroberten, kamen sie mit der byzantinischen Architektur in Berührung. Osmanische Architekten ließen sich v. a. von den Kirchen inspirieren und mixten diese Einflüsse mit Stilelementen der sassanidisch-persischen Baukunst. Daraus entstand ein völlig neuer Stil: der T-förmige Grundriss. Die Üçşerefeli Cami in Edirne (S. 347) wurde zum Vorbild für andere Moscheebauten. Sie war nicht nur einer der ersten Vorstöße in Richtung des T-förmigen Grundrisses, sondern besaß als eine der ersten osmanischen Moscheen eine große Zentralkuppel und einen Vorhof mit einem Brunnen für rituelle Waschungen.

Zu jeder Sultansmoschee gehörte eine *külliye*, ein angegliederter Komplex von Einrichtungen zu wohltätigen Zwecken. Dazu konnte z. B. ein Hospital, eine Irrenanstalt, ein Waisenhaus, eine *imaret* (Suppenküche) oder ein Hospiz für Reisende gehören, Medresen, Bibliotheken, Bäder und ein Mausoleum für den Stifter der Moschee, seine Familie und andere hochgestellte Persönlichkeiten. Im Laufe der Zeit wurden viele dieser Moscheekomplexe abgerissen oder umgebaut. Die *külliye* der Süleymaniye-Moschee in İstanbul (S. 123) ist noch weitgehend erhalten.

Unter Süleyman dem Prächtigen führte Sinan (s. Kasten S. 124), der berühmteste osmanische Baumeister, die Moscheearchitektur zu einer solchen Vollkommenheit, dass sie mit Abwandlungen bis heute für moderne Moscheen in der ganzen Türkei vorbildlich ist.

Zu osmanischen Wohnhäusern s. Kasten (S. 491).

TÜRKISCHES BAROCK

Ab Mitte des 18. Jhs. gelangten Einflüsse des Rokoko und Barock in die Türkei. Das Gemisch übertriebener Kurven, Schnörkel, Voluten, Wandgemälde und Pflanzenmotive wird gelegentlich als „Türkisches Barock" bezeichnet. Das beste – manche sagen auch schlimmste – Beispiel ist der extravagante Dolmabahçe-Palast (S. 128) in İstanbul. Die Zeit der großen Moscheebauten war zu dieser Zeit vorbei. Aber die Osmanen liebten Pavillons, wo sie sich im Freien aufhalten konnten: ein schönes Beispiel ist der Küçüksu Kasrı (S. 138) in İstanbul.

NEOKLASSIZISMUS

Vom 19. bis Anfang des 20. Jhs. entwickelten ausländische oder im Ausland ausgebildete Architekten einen neoklassizistischen Stil: Das war europäische

Aus diesem Blickwinkel sind prachtvolle Moscheen und Minarette selten zu sehen: Yann Arthus-Bertrands herrlicher Bildband *Die Türkei von oben* zeigt die faszinierende Landschaft des Landes aus der Vogelperspektive.

Die Tradition der türkischen Bäder geht ursprünglich auf die Römer zurück. Als die Türken nach Anatolien kamen, fanden sie dort byzantinische (sprich: oströmische) Badehäuser vor. Die Dampfbäder gefielen den Türken so gut, dass sie sie zum festen Bestandteil ihres Lebensstils machten.

Architektur, vermischt mit türkischem Barock und klassischen osmanischen Stilelementen. In Pera (Beyoğlu) entstanden zahlreiche aufwendige Botschaften der Kolonialmächte, die die Hohe Pforte (die Regierung des Osmanischen Reichs) zu Handelsverträgen und territorialen Zugeständnissen bewegen wollten. Damals bauten u. a. die Schweizer Gebrüder Fossati die niederländische und die russische Gesandtschaft an der İstiklal Caddesi in İstanbul.

Der türkische Architekt Vedat Tek, der in Paris studiert hatte, schuf die Hauptpost (S. 109) in İstanbul: Sie verband osmanische Elemente wie Bögen und Fliesen mit europäischer Symmetrie. Der Sirkeci-Bahnhof (S. 167) des deutschen Architekten August Jachmund ist ein weiteres Beispiel dieses eklektischen Neoklassizismus.

Jugendstilliebhaber finden in Eminönü und an der İstiklal Caddesi mehrere herrliche Häuser in diesem Baustil. Der italienische Architekt Raimondo d'Aronco brachte ihn nach İstanbul.

MODERNE ARCHITEKTUR

An moderner Architektur gibt's in der Türkei nicht viel, was sich zu erwähnen lohnt. Die interessanteste Bewegung der letzten Jahrzehnte ist, dass die Türken angefangen haben, sich um ihr architektonisches Erbe zu kümmern. Das gilt besonders für solche Bauwerke, die sich touristisch zu Geld machen lassen. Wenn heute in Sultanahmet und anderen Vierteln İstanbuls – und sogar in Göreme in Kappadokien – Gebäude restauriert oder neu gebaut werden, geschieht das meist im klassisch osmanischen Stil.

GESTOHLENE KUNSTSCHÄTZE

„Jede Blume ist in ihrem eigenen Garten schön. Jeder antike Kunstschatz ist in seinem eigenen Land schön." Dieser Satz steht auf einem Schild in der Eingangshalle des Museums in Ephesos und enthält sicher viel Wahres. Überall in der Türkei stößt man auf archäologische Stätten, die ihrer besten Kunstwerke und sogar wichtiger Bauwerke beraubt sind: Westliche Länder präsentieren sie stolz in ihren eigenen Museen.

Das Harpyenmonument aus Xanthos, der Altar von Pergamon, die Statue der Celsusbibliothek in Ephesos, Schliemanns Schatz aus Troja: Das sind nur einige der berühmteren Kunstschätze, die in Museen Großbritanniens, Deutschlands, Italiens und Russlands zu finden sind statt in der Türkei.

Die meisten westlichen Länder weigern sich, solche Kulturschätze zurückzugeben. Als Rechtfertigung führen sie an, sie hätten sie „rechtmäßig" erworben. Oder sie führen ins Feld, dass wir alle davon profitieren würden, dass eine so große Bandbreite von Kunstwerken weltweit in Museen zu bewundern sei. Schließlich behaupten sie, sie seien besser ausgerüstet als die Türken, um diese Kunstschätze zu erhalten. Als aber alle diese Argumente schließlich an Schlagkraft verloren hatten, kehrten mehrere bedeutende Sammlungen endlich in die Türkei zurück. In jüngster Zeit sorgten aber skandalöse Diebstähle aus den archäologischen Museen des Landes dafür, dass westliche Regierungen auf absehbare Zeit weiter auf ihren türkischen Kunstschätzen sitzen werden.

Der 2500 Jahre alte Schatz des Karun kam 1993 zurück ins Museum von Uşak (S. 333), nachdem das New Yorker Metropolitan Museum of Art einen kostspieligen Rechtsstreit gegen die Türkei verloren hatte. Gut 13 Jahre später wurde mitten in einem Skandal um Diebstähle aus türkischen Museen bekannt, dass eines der wertvollsten Stücke der Sammlung gestohlen und durch ein Replikat ersetzt worden war: die berühmte Goldbrosche in Form eines geflügelten Seepferdchens. Ermittlungen überführten den Museumsdirektor und neun weitere Personen der Unterschlagung und des Kunstschmuggels. Umgehend ordnete der Staat Untersuchungen in 32 weiteren Museen an. Der zuständige Minister räumte ein, dass es ihn nicht überraschen würde, wenn man in jedem einzelnen Diebstähle feststellen würde. Da die Museen unter chronischem Personalmangel, Geldmangel und Missmanagement leiden – und der Karunskandal international Schlagzeilen machte –, wird es lange dauern, bevor die archäologischen Museen der Türkei wieder eine Chance bekommen, weitere Kunstschätze zurückzuholen.

TÜRKISCHE MUSIK FÜR EINSTEIGER

Als Grundsteine einer Sammlung empfehlen wir:

- *Turkish Groove* (Sampler) Die Doppel-CD ist eine unverzichtbare Einführung in die türkische Musik: Sie enthält alles von Sezen Aksu bis Burhan Öçal, von Pop über Sufimusik bis zu Drum'n'Bass

- *Su* von Mercan Dede (Sufielectronictechno Fusion) In Hip-Kreisen in İstanbul und im Ausland gilt Mercan Dede als kommender Star. Sein neustes Album, *Su*, ist auch sein bislang bestes.

- *Keçe Kurdan* von Aynur (Kurdische Folkmusik) Mit dem leidenschaftlichen Album *Kurdisches Mädchen* gibt Aynur ihr internationales Debüt. Alle Songs sind auf Kurdisch. Eine Sängerin, die man im Auge behalten sollte.

- *Rapstar Ceza* von Ceza (Rap) Wer kein Türkisch kann, wird kein Wort verstehen. Aber das ist auch nicht nötig: Energie und Leidenschaft kommen auch gut rüber.

- *Duble Oryantal* von Baba Zula (Fusion) Baba Zulas neuestes Album, „Bauchdouble" wurde von dem britischen Dubmaster Mad Professor abgemischt.

- *Divan* von Oriental Expressions (Fusion) ist etwas folkiger als Baba Zula, aber ansonsten eine ähnliche Richtung.

- *Gipsy Rum* von Burhan Öçal und İstanbul Oriental Ensemble (Gypsy) Diese Produktion von 1998 ist eine tolle, absolut mitreißende Einführung in die Musik türkischer Roma, gespielt von Meistern ihres Fachs.

- *Buluşma* von Başar Dikici und Bülent Altınbaş (osmanische Klassik) Dieser Bestseller dürfte allen gefallen, die sich der osmanischen klassischen Musik noch nicht ganz gewachsen fühlen: überwiegend traditionell, aber mit modernem Touch.

- *Yitik Sesen Peşinde* von Bezmârâ (osmanische Klassik) Diesen Oldie bekommt man wahrscheinlich nur in der Türkei.

Musik
POP, ROCK, ELECTRONIC, HIP HOP & RAP

Die heimische Popindustrie der Türkei ist eine der großen Erfolgsgeschichten des Landes. Weltweite Anerkennung fand der türkische Pop, als Sertab Erener mit ihrem Song „Every Way that I Can" den Eurovision Song Contest 2003 gewann.

Sezen Aksu gilt allgemein als Queen der türkischen Popmusik. International aber ist aber der gut aussehende Popstar Tarkan am populärsten. Sein Album *A-acayıpsin* von 1994 verkaufte sich in der Türkei 2 Mio. Mal und in Europa fast 1 Mio. Mal. Es machte ihn schlagartig zur meist verkauften Popsensation der Türkei. Nach diversen weiteren Alben und einer Europatournee brachte er kürzlich den lang erwarteten Titel *Come Closer* ganz in Englisch heraus. Er floppte, was die Fans fast verzweifeln ließ. Aber Tarkan dürfte wohl mit seinen bisexuellen Hüftschwüngen noch ein paar Hits landen, bevor ihm der Elan ausgeht.

Burhan Öçal (www.burhanocal.com) gehört zu den besten Perkussionisten des Landes. Seine neueste CD, *New Dream*, präsentiert klassische türkische Musik in aktuellem Sound. Allerdings sollte man ihn nach dieser Produktion nicht in eine bestimmte Schublade packen: Durch die breite Palette seiner Experimente mit allen möglichen Genres türkischer und ausländischer Musik hat er sich weithin Respekt verschafft. Gut sieht auch sein neuestes Projekt mit den „Trakya All-Stars" aus.

Die türkische Rockmusikszene hat lange nur den Westen imitiert. Inzwischen hat sie aber auch spezifisch türkische Varianten hervorgebracht.

Wer nach ausgefallener türkischer Musik sucht, kommt an dem türkischen Versandhaus Tulumba.com (www. tulumba.com) aus den USA nicht vorbei. Hier kann man sich auch Kostproben anhören.

Erwähnenswert sind Duman, Replikas, 110 (electronica) und v. a. Yakup mit seinem East-meets-West-Oriental-Rock. Wer nach İstanbul fährt, sollte auf jeden Fall versuchen, eine dieser Bands live zu erleben.

Mehr in Richtung Elektronik-Jazz geht Orient Expressions. Die Band mischt Alevi und Folk mit jazzigen türkischen Sounds. Ein offenes Ohr verdient auch Baba Zula mit einem Mix aus traditioneller türkischer Instrumentalmusik, Reggae, Electronic, Pop und Bauchtanzmusik – das funktioniert erstaunlich gut! Inzwischen ist die Gruppe auch international auf Tour.

In den Straßen İstanbul gibt's eine blühende türkische Rap-, Slash-, Hip-hop-Szene. Ceza (www.cezafan.com) ist der King und wird von Fans buchstäblich belagert. Wer beim İstanbul-Besuch Karten für eines seiner Live-Konzerte erwischt, darf sich auf ein unvergessliches Erlebnis freuen. Übrigens: Sämtliche Musikproduktionen in der Türkei müssen vor der Veröffentlichung staatlich genehmigt werden. Fluchen ist also für türkische Rapper tabu – es sei denn, sie gehen in den Untergrund oder fluchen auf Englisch. Für Ausländer ist das prima, denn die meisten Künstler singen deshalb auf Englisch.

Das Virtuelle Musikmuseum (www.kultur.gov.tr) ist ein neues Projekt, das der türkische Staat dabei ist aufzubauen. Bislang existiert es nur auf Türkisch. Wie es aussieht, lohnt es sich trotzdem, mal reinzuklicken.

ARABESK

Genauso populär ist die Musikrichtung *arabesk*. Wie der Name schon andeutet, ist das türkischer Sound mit arabischem Touch. Einen echten Boom erlebte sie in den 80er-Jahren. Für das traditionelle *Arabesk*-Publikum musiziert sich der super erfolgreiche kurdische Sänger İbrahim Tatlıses. Der stämmige frühere Bauarbeiter mit Schnurrbart stammt aus Şanlıurfa und tritt im Fernsehen ebenso oft auf wie im Radio. König der Arabeskmusik ist jedoch der Sänger und Schauspieler Orhan Gencebay. Zum Einstieg ist sein Album *Akma Gözlerimden* ideal.

KLASSISCHE & RELIGIÖSE MUSIK

Die traditionelle osmanisch-klassische und religiöse Musik (v. a. Mevlevi) hört sich vielleicht erst mal ziemlich schwer und traurig an. Diese Musikformen basieren auf sogenannten *makamlar*: Diese exotischen Tonfolgen oder Motive sind den Dur- und Moll-Tonleitern der westlichen Musik vergleichbar. Zusätzlich zu den Ganz- und Halbtonschritten der westlichen Tonleitern verwendet die türkische Musik oft Vierteltöne, die für unsere Ohren ungewohnt und irgendwie „moll-lastig" klingen.

Da die Mevlevi-Orden zu Beginn der türkischen Republik verboten wurden, entstand erst Anfang der 90er-Jahre eine Gruppe zur Förderung der traditionellen Sufi-Musik: Mevlana Kültür ve Sanat Vakfı Sanatçıları. Mercan Dede (www.mercandede.com) hat diese Musik mit Electronic-, Techno- und Klassik-Elementen modern aufgepeppt.

VOLKSMUSIK, TÜRKÜ, FASIL & GYPSY

Türkische Volksmusik ist für westliche Ohren auf Anhieb eingängiger. Instrumente und Texte spiegeln das Leben der Musiker und Dörfer wider, variieren also von Dorf zu Dorf. Zu den großen kurdischen Namen gehören Ferhat Tunç, der seit 1987 alljährlich ein Album herausbringt, und Aynur Doğan (www.aynurdogan.net). Aynur performt auch auf internationalen Bühnen und ist auf dem besten Weg zu Starruhm.

Türkü ist irgendwas zwischen Volksmusik und Pop. Es reflektiert Erfahrungen, die allen Türken gemeinsam sind, und wurde in den 1990er Jahren sehr populär.

Fasıl gilt als Nachtclubvariante der osmanisch-klassischen Musik. Sie ist in *meyhane* (Tavernen) zu hören und wird meist von Roma gespielt. Typische Instrumente sind Klarinette, *kanun* (Zither), *darbuka* (eine kelchförmige

Trommel), *ud* (sechssaitige arabische Laute), *keman* (Violine) und *cümbüş* (eine Art Banjo).

Bis in die 1960er- und 70er-Jahre konnte man in der Türkei noch türkische *aşıklar* (Troubadoure) hören. Radio, Fernsehen, Video und CDs haben ihrer Kunst zwar effektiv ein Ende bereitet, aber die Lieder der großen Troubadoure – Yunus Emre (13. Jh.), Pir Sultan Abdal (16. Jh.) und Aşık Veysel (1894–1973) – sind nach wie vor populär.

Wer etwas Glück hat, kann noch fahrende Musikanten treffen, die *zurna* (Oboe) und *davul* (Trommel) spielen. Sie treten bei Festivitäten wie Hochzeiten und Beschneidungen auf oder musizieren auf Busbahnhöfen, um junge Männer, die zum Militärdienst einrücken, stilvoll zu verabschieden.

Kino

Der erste ausländische Film, der in der Türkei gedreht wurde, entstand 1896 im Yıldız-Palast in İstanbul. Bereits 1914 präsentierte die Türkei ihren ersten eigenen Dokumentarfilm. Bis Ende des Zweiten Weltkriegs kamen auch mehrere türkische Spielfilme raus. Der Unabhängigkeitskrieg inspirierte den Schauspieler Muhsin Ertuğrul, eine Filmgesellschaft für patriotische Filme zu gründen. Es folgten Komödien und Dokumentarfilme. Innerhalb eines Jahrzehnts gewannen türkische Filme sogar internationale Wettbewerbe. In den 1960er- und 70er-Jahren wurden neben unzähligen leichten Streifen à la Bollywood, die man als *Yeşilcam*-Filme bezeichnet, auch Filme mit politischem Anspruch produziert. Auf İstanbuls İstiklal Caddesi eröffneten viele Kinos, die in den 1980ern wieder dicht machen mussten (oder zu Pornokinos verkamen), als das Fernsehen ihnen das Publikum entzog. Die 90er waren für das türkische Kino höchst spannend. Die Filme dieses Jahrzehnts ernteten viel Lob von Kritikern in der Türkei und im Ausland.

Mehrere türkische Regisseure fanden weltweite Anerkennung. Der berühmteste von ihnen ist wohl der 1984 verstorbene Yılmaz Güney. Bei den Filmfestspielen von Cannes 1982 erhielt er für *Yol – Der Weg* die Goldene Palme. Der Film erzählt die packende und tragische Geschichte einer Gruppe von Männern, die auf Wochenendurlaub aus dem Gefängnis kommen. Er durfte bis zum Jahr 2000 in der Türkei nicht gezeigt werden. Der letzte Film, *Duvar (Die Mauer),* den er kurz vor seinem zu frühen Tod im Alter von 46 Jahren drehte, war ein brutales Gefängnisdrama.

Viele türkische Regisseure treten in Güneys Fußstapfen und machen politische Filme. In *Güneşe Yolculuk (Reise zur Sonne)* von Yeşim Ustaoğlu geht's um einen Türken, der nach İstanbul zieht. Wegen seiner dunkleren Haut wird er für einen Kurden gehalten und staatlicher Verfolgung ausgesetzt. Nuri Bilge Ceylans exzellenter Film *Uzak (Weit)* ist ebenfalls eine triste Auseinandersetzung mit dem Leben von Migranten in der Türkei und gewann den Jurypreis in Cannes. In seinem Werk *İklimler (Climates)* wirkt er als Hauptdarsteller mit. Es handelt von Beziehungen zwischen Männern und Frauen in der Türkei (ein weites Feld!). Nach Ansicht mancher Kritiker geht er allerdings etwas zu nachsichtig mit sich um.

Aber es gibt nicht nur politische Filme. Ferzan Özpetek erntete internationalen Beifall für *Hamam (Das türkische Bad).* Gekonnt lotet er in dem Film kulturelle Unterschiede aus: Die Geschichte handelt von einem Türken, der in Italien lebt und widerstrebend nach İstanbul fährt, als er dort ein Hamam erbt. Bemerkenswert ist, dass der Film das Tabuthema der Homosexualität in der türkischen Gesellschaft anspricht. Sein Film *Harem Suare (Nacht im Harem)* spielt in einem osmanischen Harem. In seinem neuesten Werk, *Karşı Pencere (Das Fenster gegenüber)* geht's um Homosexualität und Ehe.

Ein relativ neuer Name in der Filmszene, den man sich merken sollte, ist Fatih Akin. Sein Film *Duvara Karsi (Gegen die Wand)* erzählt fesselnd und

Fatih Akin begleitet in seinem Dokumentarfilm *Crossing The Bridge: The Story of Music in İstanbul* verschiedene Musiker und vermittelt tolle Einblicke in die lebendige und ungewöhnlich vielseitige Musikszene İstanbuls.

teilweise brutal vom Leben türkischer Einwanderer in Deutschland (Fatih ist selbst Sohn türkischer Einwanderer in Deutschland). Lohnend ist auch sein Dokumentarfilm *Crossing the Bridge: The Story of Music in İstanbul*.

Bildende Kunst

Osmanische Keramik aus İznik von Walter Denny ist ein Coffeetable Book (zum entsprechenden Preis), das man garantiert immer wieder zur Hand nimmt. Mit seinen super Fotos vermittelt es einen guten Überblick über diese berühmte islamische Kunstform.

Bis zur Gründung der türkischen Republik 1923 hielt sich die Mainstream-Kunst an die Gesetze des Islam, der jede Darstellung von Lebewesen mit unsterblicher Seele (also Mensch und Tier) verbietet. Bildhauerei und Malerei im westlichen Sinne gab es also nicht. Eine bemerkenswerte Ausnahme bildete die türkische Miniaturenmalerei, die aber ausschließlich der Oberschicht vorbehalten war.

Ende des 19. Jhs. ließen sich gebildete Osmanen von der Malerei europäischen Stils beeinflussen. Und Atatürk unterstützte diese künstlerische Ausdrucksform. Der Staat eröffnete Akademien für Malerei und Bildhauerei, die anstelle der religiösen Kunst früherer Zeiten die „moderne" säkulare Kunst förderten.

Die Gemälde von Osman Hamdi (1842–1910) sind groß in Mode. Einen Namen machte Hamdi sich aber auch als Gründer des Archäologischen Museums İstanbul (S. 121).

Schon in den 1930er-Jahren studierten viele türkische Künstler im Ausland und manche blieben dort. Einer der berühmtesten zeitgenössischen türkischen Künstler ist Fikret Mualla, der den größten Teil seines Lebens in Paris verbrachte. Der ideale Ort, sich von den aktuellen Kunstströmungen ein Bild zu machen, ist natürlich İstanbul. Das beste Museum für moderne Kunst ist İstanbul Modern (S. 127), aber die kleinen privaten Kunstgalerien an der İstiklal Caddesi lohnen ebenfalls einen Besuch.

Tanz

In den Städten stirbt der Volkstanz aus. Aber in den türkischen Dörfern ist die Tradition nach wie vor lebendig. Das können alle erleben, die an einer traditionellen Hochzeit teilnehmen.

Der Volkstanz lässt sich in mehrere Kategorien einteilen: *bar* stammt aus der Region Erzurum/Bayburt, *horon* vom Schwarzen Meer und *zeybek* aus der Westtürkei. Im ganzen Land ist der *halay* zu finden, der ursprünglich in Zentral-, Süd- und Südostanatolien beheimatet war. Dieser Tanz wird von einem Tänzer angeführt, der ein Taschentuch (oder Papiertuch) schwenkt, und wird bei Hochzeiten und in *meyhane* (Tavernen) in İstanbul getanzt, wenn die Gäste schon einen Rakı (Anisschnaps) zu viel intus haben. Am beeindruckendsten ist aber wohl der *horon*, bei dem die Männer dramatische Schritte im Kosakenstil vollführen. Einen kleinen Vorgeschmack auf diese und weitere Tänze bieten die Volkstanzvorführungen in İstanbul (s. S. 161). Sie sind zwar ziemlich touristisch, aber trotzdem lustig.

Die *sema* (Tanzzeremonie) der tanzenden Derwische gibt es nicht nur in der Türkei, aber hier hat man die besten Chancen, sie mitzuerleben; s. Kasten S. 127 und S. 127.

Der Bauchtanz stammt vielleicht ursprünglich nicht aus der Türkei, aber die Türken haben ihn zur meisterhaften Kunst perfektioniert. Oft treten Bauchtänzerinnen bei Hochzeiten und bei Betriebsfeiern zum Jahreswechsel auf. Die besten Möglichkeiten für Reisende, sich eine gute Bauchtänzerin anzusehen, bieten die Volkstanzvorführungen in İstanbul (S. 161). Wer selbst gern Bauchtanz lernen möchte: s. S. 708.

Natur & Umwelt

GEOGRAFIE

Die Türkei hat ein Bein in Europa und das andere in Asien. Die beiden Landesteile sind durch die berühmten Dardanellen, das ruhige Marmarameer und den hektischen Bosporus getrennt. Ostthrakien, der europäische Teil, macht nur 3 % der Landmasse von 779 452 km^2 aus. Die restlichen 97 % liegen in Anatolien, dem asiatischen Teil.

Mit 8300 km Küstenlinie, schneebedeckten Bergen, hügeligen Steppenregionen, riesigen Seen und Flüssen hat die Türkei eine atemberaubende geografische Vielfalt zu bieten. An der ägäische Küste gibt's jede Menge Buchten und Strände: Am Horizont sind die größtenteils griechischen Inseln der Ägäis zu sehen; sie liegen selten mehr als ein paar Kilometer vor der Küste. Im Inland Westanatoliens gibt's zwei weitläufige Seengebiete und den in die Höhe ragenden Uludağ (Großer Berg). Mit 2543 m zählt er zu den höchsten Bergen des Landes; Skifahrer haben inzwischen ein Auge auf ihn geworfen.

Direkt an der Mittelmeerküste erhebt sich die zerklüftete Taurus-Gebirgskette. Östlich von Antalya öffnet sie sich zu einer fruchtbaren Ebene, die sich bis nach Alanya erstreckt. Dort schließt sich die Bergkette wieder. Zentralanatolien besteht aus einem weitläufige Hochplateau mit hügeliger, von Bergketten durchbrochener Steppenlandschaft und Kappadokien – einer geradezu surrealen Landschaft. Wind und Wasser bearbeiten dort das Tuffgestein, das prähistorische Vulkaneruptionen kilometerweit durch die Gegend geschleudert haben.

Wie die Mittelmeerküste ist auch das Schwarze Meer an vielen Stellen von Bergen umgeben. Im Osten fallen die Berge direkt zum Meer ab. Mit 3937 m Höhe ist der Kaçkar (Dağı) der höchste Gipfel des Trekking- und Bergwandergebiets Kaçkar am östlichsten Schwarzmeerzipfel. Dort liegen *yayla* (hoch gelegene Plateauwiesen), umgeben von Gipfeln und Gletschern.

Das gebirgige Nordostanatolien wirkt weniger einladend, hat aber eine wilde Schönheit – v. a. rund um Yusufeli und Doğubayazıt, wo der schneebedeckte Ararat (Ağrı Dağı; 5137 m) die Landschaft beherrscht. Südostanatolien hat hügelige Steppen, durch die der Wind fegt, zerklüftete Felsen und den außergewöhnlichen Salzsee Van Gölü zu bieten.

Die schlechte Nachricht? Die Türkei liegt über mindestens drei aktiven Erdbebenzonen – der nordanatolischen, der ostanatolischen und der ägäischen. Der größte Landesteil liegt südlich der nordanatolischen Verwerfungslinie, die etwa parallel zur Schwarzmeerküste verläuft. Die arabische und die afrikanische Platte drücken von Süden nach Norden, die anatolische wird in die eurasische Platte gedrängt und in Richtung Westen und Griechenland bewegt. 13 große Erdbeben gab's seit 1939. Das letzte traf im August 1999 die Städte İzmit (Kocaeli) und Adapazarı (Sakarya) in Nordwestanatolien und forderte über 18 000 Menschenleben. Einige Wissenschaftler erwarten ein Erdbeben über der Stärke sieben, das den Großteil İstanbuls zerstören wird, weil dort viel ohne Baugenehmigung und schlampig gebaut wurde. Die Einheimischen hören sich diese Prognosen mit einer Mischung aus Panik und Fatalismus an. Dass so ein Erdbeben kommen wird, bezweifelt aber niemand.

TIERE & PFLANZEN
Tiere

Theoretisch kann man in der Türkei Bären, Hirsche, Schakale, Wüstenluchse, Wildschweine und Wölfe bewundern. Praktisch kriegen wildlebende Tiere nur Trekker zu Gesicht.

Die Türkei gehört zu den insgesamt sieben Ländern der Welt, die landwirtschaftlich autark sind.

Die Universität Bogazici und das Beobachtungs- und Erdbebenforschungszentrum Kandilli zeigen auf ihrer Website die seismischen Aktivitäten landesweit (www.koeri.boun.edu.tr/sismo/map/en/index). Aber nicht davon verrückt machen lassen!

Mehr Infos zu Tieren und Pflanzen der Türkei gibt's beim Doğal Hayatı Koruma Derneği (Naturschutzverband; ☎ 0212-513 2173; www.dhkd.org, auf Türkisch) oder beim WWF Türkei (☎ 0212-528 2030; www.wwf.org.tr).

VERANTWORTLICH REISEN

Der Tourismus ist nicht das einzige Umweltproblem der Türkei, aber er spielt eine wichtige Rolle. Was können Traveller tun?

■ Niemals Abfall wegschmeißen – obwohl fairerweise gesagt werden muss, dass die Urlauber nicht die schlimmsten Übeltäter sind.

■ Nie Korallen oder Muscheln kaufen, auch wenn die Kette noch so hübsch aussieht.

■ Auf Plastiktüten verzichten, auch wenn es in der Türkei manchmal Plastiktüten aus recyceltem Material gibt.

■ Wenn das Ausflugsboot Abwasser ins Meer leitet oder in einem empfindlichen Naturparadies vor Anker geht, beim Kapitän beschweren. Noch besser: gleich bei der Mittelmeerabteilung von Greenpeace anrufen: **Greenpeace Mediterranean** (☎ 0212-248 2661; www.greenpeace. org/mediterranean).

■ Pensionen und Hotels auch unter dem Gesichtspunkt auswählen, ob sie ein wenig umweltbewusst geführt werden.

■ Wenn's irgendwie geht, kein Trinkwasser in Plastikflaschen kaufen. In vielen Restaurants gibt's Wasser in Glasflaschen. Außerdem kann man sich zu Hause mit Wasserfiltern versorgen. Und wenn es doch sein muss: 5-l-Flaschen kaufen. Die können im Hotelzimmer bleiben, und je nach Bedarf wird Wasser in eine kleinere Flasche umgefüllt.

Walking and Birdwatching in Southwest Turkey von Paul Hope führt zu einigen der schönsten Plätze für Vogelbeobachter.

Angeblich können Van-Katzen auf dem Wasser des Van-Sees schwimmen … Allerdings werden Herrchen und Frauchen das ihren kostbaren Schätzchen wohl kaum erlauben.

Aber es kommt schon manchmal vor, dass einem Kangal-Hunde über den Weg laufen, die nach einer trostlosen Kleinstadt bei Sivas benannt sind. Ursprünglich wurden sie zum Schutz der auf den Bergwiesen grasenden Schafherden vor Wölfen und Bären gezüchtet. Wer sich jenseits der ausgetretenen Pfade bewegt, v. a. im Osten des Landes, wird sich ganz schön erschrecken, wenn er solch einem riesigen Vierbeiner mit gelbem Fell und schwarzem Kopf begegnet. Zum Schutz gegen Wölfe tragen sie noch dazu oft Halsbänder mit scharfen Dornen. Eine von ihnen abstammende Promenadenmischung lebt auf den Straßen der großen und kleinen Städte und Dörfer.

Ca. 400 Vogelarten gibt's in der Türkei, rund 250 davon kommen als Zugvögel auf dem Flug von Afrika nach Europa vorbei. Besonders leicht lassen sich Adler, Störche, (beigefarbene) Wiedehopfe, Blau-Racken und (grüne) Bienenfresser entdecken. Echte Vogelfreaks sollten sich in erster Linie Richtung Osten nach Birecik (S. 645) aufmachen. Denn hier befindet sich einer der letzten weltweit bekannten Brutplätze vom Waldrapp (*Geronticus eremita*). Auch ziemlich ab vom Schuss liegt der See Çıldır Gölü (S. 629), nördlich von Kars in Nordostanatolien. Für viele Vögel ist er ein wichtiges Brutgebiet. Einfacher zugänglich ist das Göksu-Delta (S. 451) bei Silifke, wo 332 Arten beobachtet wurden, u. a. das seltene Purpurhuhn. In Pamucak (s. S. 274) gibt's zwischen Februar und März Flamingos zu sehen.

BEDROHTE ARTEN

Die seltenen Unechten Karettschildkröten nisten auch heute noch an türkischen Stränden, z. B. in İztuzu bei Dalyan, im Göksu-Delta und am Patara-Strand (s. Kasten S. 377). Manchmal tauchen rund um Foça (S. 240) Mittelmeer-Mönchsrobben auf, aber sie sind nur mit enorm viel Glück zu Gesicht zu kriegen.

Die wunderschöne, schneeweiße Van-Katze hat ein blaues und ein grünes Auge. Sie zählt zu den einheimischen Tierarten und ist ebenfalls vom Aussterben bedroht.

Pflanzen

Dank der Lage zwischen Asien und Europa und der abwechslungsreichen Landschaft gehört die Türkei innerhalb der gemäßigten Klimazonen zu den Ländern mit der größten Artenvielfalt weltweit. Über 9000 Pflanzenarten wachsen hier, ein Drittel davon ist einheimisch. Angeblich wird alle fünf Tage eine neue Pflanzenart entdeckt.

In der Türkei gibt's die letzten Amberbäume *(Liquidambar orientalis)*, die an der Südwestküste des Mittelmeers, v. a. rund um Köyceğiz (S. 371), gedeihen. Das Harz der Bäume nutzten die alten Ägypter für die Einbalsamierung. Heute wird es zur Parfüm- und Weihrauchproduktion exportiert. Am gleichen Küstenabschnitt ist auch die Kretische Dattelpalme *(Phoenix theophrastii)* zu Hause: auf der namensgebenden Halbinsel Datça und in der Nähe von Kumluca. Es sind die letzten Vertreter dieser Baumart weltweit.

NATIONALPARKS & SCHUTZGEBIETE

Aufgrund ihrer Liebäugelei mit der EU hat die Türkei in den letzten Jahren mit Energie Umweltschutzprogramme angeschoben. Inzwischen hat das Land zahlreiche internationale Schutzabkommen unterzeichnet, u. a. die Ramsar-Konvention und das CITES-Abkommen (internationale Abkommen zum Artenschutz). Und auch die Schutzgebiete nehmen zu – im Moment gibt's 33 *milli parkı* (Nationalparks), 16 Naturparks, 35 Naturschutzgebiete und 58 sogenannte Naturdenkmäler. Zu der letzten Kategorie zählen v. a. geschützte Bäume, von denen einige um die 1500 Jahre alt sind (mehr Infos dazu unter www.turizm.gov.tr.). In Parks und Schutzgebieten soll die Umwelt geschützt und die Jagd kontrolliert werden. Manchmal wird das sehr ernst genommen, aber manchmal kneifen die Verantwortlichen auch alle Augen zu, wenn es um Probleme wie Picknickmüll geht.

Ein Nationalparktourismus hat sich in der Türkei noch nicht wirklich entwickelt, und es gibt nur wenige Unterkunftsmöglichkeiten. Selbst die Fußwege sind nicht unbedingt deutlich ausgezeichnet, und Zeltplätze gibt's kaum. Die beliebtesten Nationalparks sind wegen ihrer historischen Denkmäler mindestens genauso populär wie für die Natur ringsum.

Bei ausländischen Türkeitravellern stehen folgende Nationalparks hoch im Kurs:

Historischer Nationalpark Gallipoli (S. 196) Das Schlachtfeld aus dem Ersten Weltkrieg befindet sich auf einer hinreißend unberührten Halbinsel, die von Buchten umgeben ist.

Nationalpark Göreme (S. 539) Eine kaum zu toppende Landschaft aus Schluchten und Kegeln („Feenkamine"), die sich über ein riesiges Areal erstreckt.

The Byerley Turk: The True Story of the First Thoroughbred von Jeremy James heißt die fiktive Biografie des osmanischen Pferds. Seine Nachfahren sind die besten Rennpferde von heute.

The Most Beautiful Wild Flowers of Turkey, von Erdoğan Tekin, ist der beste Führer zum Thema. 700 Fotos und Charts zu jeder Blume. Nicht gerade billig. Auf Deutsch gibt's für botanisch Interessierte das Buch *Pflanzen der Türkei,* von Harald Kürschner, Thomas Raus und Joachim Venter.

AUF EU-KURS

Die Türkei will in die EU. Das bringt es mit sich, dass der Umweltschutz eine höhere Priorität bekommt. Umweltschutzpraktiken und -gesetze stehen landesweit auf dem Prüfstand. Es gibt sogar Anzeichen dafür, dass internationale Vereinbarungen wie das Kyoto-Abkommen unterzeichnet werden, wobei man hiervon nicht zu viel erwarten sollte …

Die Regierung will ihre Umweltschutzgesetze bis 2010 der EU angleichen. Eine erste Hochrechnung schätzt die Kosten für dieses ehrgeizige Vorhaben auf 70,5 Mrd. €. 150 Mio. € hat die Weltbank 2004 schon zugeschossen, um „grüne" Energieprojekte zum Laufen zu bringen.

Der aktuelle Minister für Umwelt und Landwirtschaft, Osman Pepe, und hat sicher schlaflose Nächte, weil er sich nicht entscheiden kann, mit welchem Projekt er am besten starten soll? Die meisten Berater empfehlen als Erstes die Verbesserung der Lebensmittelhygiene. Denn im Moment darf die Türkei nicht mal Tierprodukte sowie die meisten Nussarten in die EU exportieren. Weitere Prioritäten: Abwasserentsorgung und Trinkwasseraufbereitung.

Nationalpark Kaçkar Dağları (Nationalpark Kaçkar-Gebirge; S. 600) Atemberaubende Bergketten – ein Trekking-Paradies.

Die Region Isparta gehört weltweit zu den führenden Erzeugern von Rosenattar, einem wertvollen Duftöl aus Rosenblättern. Es wird in der Parfüm- und Kosmetikindustrie eingesetzt. Auf S. 338 gibt's Infos zur Ernte, die Ende des Frühlings stattfindet.

Nationalpark Köprülü Kanyon (S. 433) Dramatischer Canyon mit spektakulärer Landschaft. Extraplus: Wildwasser-Rafting.

Nationalpark Nemrut Dağı (Nationalpark Berg Nemrut; S. 656) Riesige, steinalte Kultfiguren auf einem künstlichen Grabhügel. Toller Ausblick.

Nationalpark Saklıkent (S. 391) Berühmt für seine 18 km lange Schlucht.

UMWELTPROBLEME

Die Türkei steht vor einer Herausforderung, um die sie nicht zu beneiden ist: Sie muss das rasante Wirtschaftswachstum und die zunehmende Verstädterung irgendwie mit Umweltschutz in Einklang bringen. Bis jetzt hat die Regierung sich nicht gerade mit Ruhm bekleckert. Entsprechende Gesetze werden nicht beachtet, es gibt kein Geld und eigentlich auch kein Bewusstsein für die Umwelt. Alles in allem steht der Umweltschutz am untersten Ende der Prioritätenskala. Wenn man könnte, würde man ihn wohl am liebsten ganz beiseite packen. Aber da gibt es einen Silberstreif am Horizont. Ursache ist v. a. das Interesse des Landes, der EU beizutreten; mehr dazu im Kasten auf S. 69.

Besonders ernst ist die Bedrohung, die vom Schiffsverkehr im Bosporus ausgeht. 1936 legte die Konvention von Montreux zwar die Souveränität der Türkei über den Bosporus fest, gleichzeitig aber auch den freien Zugang für den Schiffsverkehr. Damals waren hier jährlich vielleicht ein paar Hundert Schiffe unterwegs. Inzwischen sind es aber 45 000 Schiffe pro Jahr, 10 % davon Öltanker. Und der Schiffsverkehr könnte, laut Expertenmeinung, in absehbarer Zeit noch um 40 % anwachsen.

Bei Sıfır Yok Oluş (www.sifiryokolus.org) findet man Infos über die 305 Key Biodiversity Areas – Gebiete mit großer Artenvielfalt – der Türkei, zusammengestellt vom türkischen Ableger der internationalen Alliance for Zero Extinction.

Neben den vielen Öltankern tuckern hier viele andere Schiffe mit gefährlicher Fracht herum. Schwere Unfälle gab es auch schon, z. B. 1979 den Zusammenstoß der *Independenta* mit einem anderen Schiff, bei dem 43 Menschen starben und 95 000 Tonnen Öl brannten (zweieinhalbmal so viel wie bei der berüchtigten *Exxon Valdez*). Eine neue Ölpipeline zwischen Aserbeidschan und dem türkischen Hafen Ceyhan in östlichen Mittelmeer soll Abhilfe schaffen. Andere Pipelines sind geplant, doch bis dort Öl durchfließt, werden Giftstoffe und ein Großteils des Öls weiter den Bosporus passieren.

NUKLEARE TÜRKEI

Eine der größten Herausforderungen türkischer Umweltschützer ist das Vorhaben der derzeitigen Regierung, bis 2015 drei Atomkraftwerke zu bauen. Die sollen zwischen 5 und 10 % des Energiebedarfs liefern, und das zwei Jahrzehnte lang. Der erste Reaktor ist bei Sinop an der Schwarzmeerküste geplant. Dagegen protestiert z. B. **Sinop is Ours** (www.sinopbizim.org), eine wichtige einheimische Initiative.

Als Hauptgrund für die Einführung von Atomkraft nennt die Regierung die Abhängigkeit von den Energielieferungen anderer Länder. Im Moment importiert die Türkei ca. 75 % des Erdöl- und Erdgases. Als sie, ähnlich wie die Ukraine 2005, mit Erdgaskürzungen von russischer Seite zu kämpfen hatte, kam das Thema Energieversorgung umgehend auf die Tagesordnung. Das Atomprogramm des Iran und sein mögliches Streben nach dem Besitz atomarer Waffen erfordern laut so mancher Expertenmeinung zwangsweise eine Nuklearmacht Türkei. Denn eine solche Gefahr vor der Haustür sei nicht akzeptabel. Umweltschützern zufolge ist die jetzige Energieversorgung im Land wegen der veralteten und schlecht gewarteten Infrastruktur lückenhaft und muss verbessert werden. Aber Ziel sollte eine bessere Auswertung der Nachfragesituation sein, bevor mit der Atomenergie losgelegt wird. Außerdem ist ihrer Meinung nach die Erdbebengefahr so hoch, dass jeder Atomreaktor ein unzumutbares Risiko darstellt.

Auch die Bauentwicklung fordert Tribut von der Umwelt, v. a. an der Ägäis- und Mittelmeerküste. In den früher so hübschen Fischerdörfern Kuşadası und Marmaris gibt's jetzt jede Menge architektonische Geschmacklosigkeiten zu bestaunen. Und wenn das so weitergeht, ist der Charme dieser Orte bald ganz futsch. Umweltschützer bekämpfen u. a. eine Erschließung der Gegend um Bodrum. Sie argumentieren, dass die berühmten Blue-Voyage-Kreuzfahrtschiffe (S. 382) statt früher 45 nur noch 11 abgelegene Täler ansteuern. Noch dazu wird ein Großteil der baulichen Erschließung nur einige Monate im Jahr genutzt, was die Infrastruktur unnötigen Belastungen aussetzt.

Wasser und Strom sind in der Türkei Mangelware. Darum gehört das Land zu den fleißigsten Staudammbauern der Welt. Überall weisen Schilder auf den Bau eines neuen *baraj* (Damm) hin, und überall wird von den Problemen gesprochen, die sie verursachen. Außerdem verkürzt neuesten Studien zufolge die Bodenerosien ihre Lebensdauer. Das gigantische Southeast Anatolia Project (kurz GAP), das die Quellflüsse von Tigris und Euphrat nutzbar machen soll, ist eins der größten aktuellen Bauvorhaben der Türkei. Es könnte sich als politische Zeitbombe erweisen, denn die Länder weiter unten am Flusslauf brauchen das Wasser ja auch. Mehr Infos dazu im Kasten auf S. 654.

Entsorgung und Aufbereitung von Industriemüll bereiten der Regierung großes Kopfzerbrechen. Angeblich werden bis zu 75 % des Industrieabfalls ohne Aufbereitung entsorgt, magere 12 % der Bevölkerung sind an die Abwasserentsorgung angeschlossen. Die Türkei hat sich der EU-Auflage „Wer Dreck macht, muss zahlen" angeschlossen; Strafauflagen wurden erhöht, Gesetze und deren Überwachung verbessert. Anfang 2006 stiegen die Strafen für Abladen von Industriemüll von vorher maximal 4500 € auf 1,5 Mio. €. Die Einheimischen finden, das komme etwas spät. Denn bevor diese gesetzlichen Änderungen überhaupt angegangen wurden, mussten erst mal jede Menge Fässer mit Giftmüll gefunden werden, auf leerstehendem Bauland in ganz İstanbul verteilt. Dilovası erwischte es am schlimmsten. Dort ist die Krebsrate mit tödlichen Ausgang fast dreimal so hoch wie der Weltdurchschnitt. Eine Studie empfahl, den Vorort zu evakuieren und als medizinisches Katastrophengebiet zu deklarieren (nichts davon ist passiert).

Zum Schluss aber noch etwas Positives: Was die Strandsauberkeit angeht, liegt die Türkei gut im Rennen. 192 Strände bekamen 2006 das Gütesiegel der Blauen Flagge. Die komplette Liste steht auf www.blueflag.org.

Überraschende 26,7 % der Landesfläche sind bewaldet, 28 % bestehen aus Weideland, 2 % sind Feuchtgebiete.

Essen & Trinken

Beim Stichwort türkisches Essen denken viele automatisch an Döner Kebap. Das ist dieser an einem senkrechten Drehspieß vor sich hin brutzelnde Fleischklops, von dem zackzack ein paar Scheiben abgesäbelt und in ein Stück *pide* (Fladenbrot) gestopft werden. Darüber wird dann eine Joghurt-Knoblauch-Soße gekippt und als Krönung gibt's Salat und etwas *sumak* (gemahlene lilarote Steinfrüchte) obendrauf. Na, läuft schon jemandem das Wasser im Mund zusammen? Dabei ist das noch weit entfernt vom Original. In der Türkei ist das Essen nämlich bei weitem besser und vielseitiger als dieser Exportschlager.

Dort heißt Kochkunst knackig-frische Zutaten, regionale Spezialitäten und liebevoll-sorgfältige Zubereitung. Aber was am allerwichtigsten ist: Essen ist nicht einfach nur Nahrungsaufnahme, sondern ein Fest der Gemeinschaft. Das Essen wird dort richtig zelebriert und es geht laut, ausgelassen und gesellig zu. Türken essen, um eine Beschneidung zu feiern, knabbern zum Frühlingsauftakt eine Hand voll unreifer Pflaumen oder starten mit einem relaxten und genussvollen Familienfrühstück in den Tag. Auch trinken dient der Geselligkeit: mit unzähligen Gläsern Tee werden alte und neue Freundschaften begossen; ganze Nächte werden mit *rakı* (Traubenschnaps mit Anisaroma) durchzecht, während über die Vorzüge von *fıstık* (Pistazien) aus Gaziantep gegenüber Haselnüssen aus Giresun diskutiert wird.

Die türkische Küche hat ihre Wurzeln in der zentralasiatischen Steppe. Aber als das Osmanische Reich sich ausbreitete, kamen zahlreiche Elemente aus Griechenland, Persien, Arabien und vom Balkan dazu. Daraus entstand eine phantastisch abwechslungsreiche Küche, die immer wieder ein echter Genuss ist. *Afiyet olsun!* (Guten Appetit!)

TYPISCHES & SPEZIALITÄTEN

Die Türkei gehört zu den wenigen Ländern, die genug Nahrung für sich selbst produzieren und sogar noch was übrig haben. Das ist nicht überraschend: Wo man hinschaut, wird Essbares angebaut, verkauft und vertilgt. Die kulinarischen Renner sind der allgegenwärtige Döner Kebap und jede Menge regionaler Spezialitäten; mehr dazu s. Türkei für Gourmets, S. 27.

Das türkische *kahvaltı* (Frühstück) besteht aus ofenwarmem weißem *ekmek* (Brot), Marmelade oder Honig, schwarzen Oliven, aufgeschnittener Salatgurke und saftigen Tomaten, einem hart gekochten Ei, einem Stück weißem Käse und literweise leckerem, süßem *çay* (Schwarztee). Die Einheimischen essen das jeden Morgen, und wer früh aufstehen musste, gönnt sich am späten Vormittag nochmal das Gleiche. Dieses Frühstücksfest gibt's auch in jedem Hotel.

Beim Mittag- und Abendessen ist die Auswahl nicht ganz so groß. Los geht's immer mit einer *çorba* (Suppe); oft gibt's *ezo gelin* (rote Linsen mit Reis) oder *domates* (Tomaten), manchmals sind *balık çorbası* (Fischsuppe), *sebze çorbası* (Gemüsesuppe) und *yayla çorbası* (Joghurtsuppe mit Minze) im Angebot. Wer arbeitet und keine Zeit für ein ausgedehntes Frühstück zu Hause hat, schaut oft auf dem Weg zur Arbeit in einem einfachen Restaurant vorbei und isst dort *mercimek çorbası* (Linsensuppe).

Ein Abend in einer *meyhane* (Kneipe) mit *rakı* und türkischen *meze* ist für viele Traveller das ultimative Türkei-Erlebnis. Türken schaffen es meistens, sich an so einem Abend durch die komplette *meze*-Palette zu futtern. Die Kellner tragen Tabletts mit kalten *meze* herum und die Gäste zeigen auf das, was sie haben wollen; warme *meze* werden auf der Speisekarte ausgesucht.

Türkei. Kochen und verwöhnen mit Original-rezepten von Erika Casparek-Türkkan bietet viele traditionelle türkische Rezepte und ist auch zum Einstieg in die türkische Kochkunst geeignet.

Die türkische Ernährungsweise ist der Grund dafür, dass die Türken im weltweiten Vergleich mit zu den dicksten Nationen gehören.

Der Sesamring namens *simit* wirkt eher unspektakulär, schmeckt aber total köstlich, wenn er gut gemacht ist. Bei den Türken ist er die Nummer eins unter den Snacks. Die magische Zutat dieses simplen Gebäcks aus Mehl, Wasser und Salz ist *pekmez*, ein Traubensirup.

DAS KÖSTLICHSTE AUS DER TÜRKISCHEN KÜCHE

Die Geschmäcker sind verschieden. Aber wir finden, dass Traveller diese Köstlichkeiten aus dem Megaangebot der türkischen Küche unbedingt testen müssen:

- *Yaprak sarma* (gefüllte Weinblätter): Frische Weinblätter vom Markt werden mit aromatisiertem Reis gefüllt und gerollt.

- *Kalamar* (Calamares): Der fleischige Tintenfisch aus der Nordägäis ist so zart, dass man noch nach Jahren davon schwärmt.

- *İmam bayıldı* (der Imam fiel in Ohnmacht): Und so ging es uns auch, als wir die Auberginen mit Knoblauch-Zwiebel-Füllung zum ersten Mal probierten.

- *Tokat Kebap:* Der fettige Tokat senkt die Lebenserwartung schätzungsweise um zehn Jahre, schmeckt aber so gut, dass das keinen stört (s. S. 511).

- *Fırın sütlaç* (gebackener Reispudding): Omas Lieblingsrezept haben die Türken zum wahren Kunstwerk verfeinert.

- *Tavuk göğsü kazandibi* (verbrannte Hühnerbrust): Dieser Nachtisch ist kauintensiv und ungewöhnlich, aber überraschend köstlich.

- *Baklava:* Das ist jede Zahnarztrechnung wert (s. S. 643).

Meistens folgt auf den *meze*-Gang ein Fleischgang. An erster Stelle steht Rindfleisch, dicht gefolgt von Lamm und Hammel. Fleisch gibt's in drei Zubereitungsarten: *köfte* (Fleischbällchen), *yahni* (gedünstet oder geschmort) und Kebap (am häufigsten). *Şiş*-Kebap (marinierte Fleischstückchen am Spieß) gibt's eigentlich überall. Die Gerichte unterscheiden sich durch Gewürze, Gemüsebeilagen und manchmal durch die Soße (meistens Tomaten-, manchmal auch Joghurtsoße). Fleischgerichte werden oft nach ihrer Herkunft benannt. Preisfrage: Wo kommt wohl der Tokat-Kebap her?

Türken lieben Gemüse, im Sommer frisch, im Winter eingelegt. *Patlıcan* (Aubergine) führt die Hitliste an und wird auf jede erdenkliche Weise zubereitet; an die 200 Auberginenrezepte lassen sich in türkischen Kochbüchern entdecken! Außerdem stehen die Türken auf *dolma* (gefülltes Gemüse). Sie stopfen z. B. Reis, Rosinen, Piment, Zimt und Pinienkerne in Paprikaschoten, Tomaten, Kohl und Weinblätter (am leckersten). Wenn noch Lammhack dazukommt, werden die *dolma* heiß serviert. Gerichte, die auf Kohl und Käse basieren, sind typisch für die phantastische Schwarzmeer-Küche (s. S. 598).

Für wen der Hauptgang eher eine Pflicht vor dem eigentlich wichtigen Dessert ist, darf sich freuen: Süßspeisen sind ein unverzichtbarer Bestandteil des türkischen Essens und der türkischen Kultur. Es gibt supersüßes Gebäck, sirupgetränkte Kuchen, *helva* (eine Paste aus gemahlenen Sesamkörnern) oder Puddings auf Milchbasis mit Trocken- und Hülsenfrüchten. Da sage noch einer, er sei nicht gewarnt worden!

GETRÄNKE

In den touristischen Küstenorten schenken praktisch alle Restaurants Alkohol aus. In den Großstädten gibt's Hochprozentiges nur in den teureren Restaurants. In Kleinstädten findet sich normalerweise mindestens ein Restaurant mit Alkoholausschank. Allerdings muss man in streng religiösen Orten wie Konya oft eine ganze Weile suchen. Türken haben zwar ein ziemlich relaxtes Verhältnis zum Alkohol, sich in der Öffentlichkeit zu betrinken kommt aber definitiv nicht gut an.

Das Nationalgetränk ist *rakı*, ein Traubenschnaps mit Anisaroma, ähnlich dem griechischen *ouzo*. Wer den nächsten Tag überleben will, sollte es

Gegen Bauchweh hilft *ihlamur çay* (Lindenblütentee). Die Türken schwören drauf.

HEISSGELIEBTE KAFFEEBOHNE. *Will Gourlay*

Die Osmanen schenkten Europa den Kaffee, wenn auch unabsichtlich. Als Mehmet IV. 1683 Wien belagerte, war er so siegessicher, dass er die Kaffeebohnen für die Siegesfeier schon im Gepäck hatte. Als sich die türkischen Armeen dann zurückziehen mussten, ließen sie den Kaffee da. Die Wiener entdeckten ihn und machten das Kaffeehaus in ganz Europa bekannt.

wie die Türken halten und den Schnaps mindestens zur Hälfte mit Wasser verdünnen. Bier macht dem *rakı* inzwischen mächtig Konkurrenz; seit 2000 hat sich der Verbrauch in der Türkei verdoppelt. Der bekannteste einheimische Gerstensaft heißt Efes und ist besonders an Sommernachmittagen sehr angesagt.

In kleinem Maßstab blüht in der Türkei auch der Weinanbau und knüpft an die osmanisch-griechische Tradition an. Wer was verkosten will, fährt am besten nach Ürgüp (S. 558) in Kappadokien oder zur idyllischen ägäischen Insel Bozcaada (S. 219). Im Rest des Landes ist *şarap* (Wein) vom Preis-Leistungs-Verhältnis nicht super. Aber wer sich an die Hauptproduzenten Doluca und Kavaklıdere hält, kann nichts falsch machen. Gute Weißweine sind Kavak oder Çankaya von Kavaklıdere und Nevsah von Doluca; ein prima Roter ist Kavaklıdere Ancyra. Angora ist ein ganz passabler Billigwein, der im Laufe des Abends immer trinkbarer wird.

Es klingt überraschend, aber *türk kahvesi* (türkischer Kaffee) ist längst nicht so beliebt wie Tee. Kaffee wird nach dem Zuckergehalt bestellt, denn der Zucker wird schon beim Aufbrühen beigemischt. Das nationale Heißgetränk ist *çay* (Tee), der in zierlichen Tulpengläsern serviert wird. Wer durchs

KÄSE, KÖSTLICHER KÄSE

Eine Verkostung von türkischen Käsesorten lässt Mäuse neidisch werden. Traveller sollten's wie die Einheimischen machen und den Käse probieren, bevor sie ihn kaufen. Serviert wird er bei Zimmertemperatur. Käse am besten nur an vertrauenerweckend wirkenden Marktständen kaufen. Da das sogenannte Maltafieber (Brucellose) durch Rohmilchkäse ausgelöst werden kann, ist Vorsicht geboten. Der beste Ort, um Käse zu kaufen, ist der Gewürzbasar in İstanbul (S. 125).

Es gibt drei Hauptlagerungsmethoden für Käse: *Teneke* sind Käsestücke in Metalldosen. *Tulum* ist gepresster Käse in Tüten oder – heute seltener – in Ziegenleder. Und dann gibt's noch Käse vom Rad. *Keçi* (Ziegenkäse) ist in der Westtürkei beliebt, *koyun* (Schafskäse) im Osten – die Tiere wurden entsprechend den klimatischen Bedingungen der Regionen angesiedelt. *İnek* (Kuhmilchkäse) wird auch immer beliebter. Je nach Jahreszeit gibt's Kombinationen dieser Käsesorten. Die Käse vom Frühjahr haben einen besonders großen Milchanteil.

Typische Käsesorten aus der Türkei sind *beyaz peynir*, ein salziger weißer Fetakäse, den es immer zum Frühstück gibt, und *kaşar peynir*, ein gelblicher Käse, vergleichbar mit Cheddar. *The Treasury of Turkish Cheeses* von Suzanne Swan, einer echten Käseholikerin, ist eine tolle Inspirationsquelle für gleichgesinnte Käseliebhaber.

Es gibt eine Riesenauswahl an Käsesorten, die Traveller probieren sollten. Unsere Favoriten sind:

- *Van otlu peynir:* fester Schafskäse, aromatisiert mit frisch gepflückten Bergkräutern.

- *Erzincan peynir:* trockener, krümeliger Schafskäse, der in einer *tulum* (Ziegenledersack) reift – etwas ganz Besonderes. Manche behaupten allerdings, er schmeckt wie Ziegenpopo!

- *Niğde peynir:* Nicht leicht zu finden, aber die Mühe wert: Dieser Käse gehört zu den besten des Landes. Gibt's auch als Blauschimmelvariante.

- *Muhlama:* eine riesige Pfanne mit massenweise geschmolzenem Käse. Am besten in den kleinen Dörfern im Kaçkar-Gebirge testen, s. S. 600.

Land reist, wird mit den Einheimischen jede Menge davon trinken. Milch nimmt keiner, Zucker jeder. Der komplett synthetische *elma çay* (Apfeltee) ist koffeinfrei und nur was für Touristen. Einheimische würden sich in Grund und Boden schämen, wenn sie damit erwischt würden.

Sahlep ist ein heißes Milchgetränk, das im Winter gegen die Kälte getrunken wird. Es wird aus Knabenkrautwurzel gewonnen, einer wild wachsenden Orchideenart. Übrigens soll es auch ein Aphrodisiakum sein. Das ganze Jahr über beliebt ist *ayran* aus Joghurt, Wasser und Salz; es gehört zu jedem Essen dazu. Dann gibt's noch *şalgam* (s. S. 457). Der erste Schluck schmeckt grässlich salzig; aber wer das überstanden hat, wird den Mix aus Rüben und Roter Bete bei *rakı*-Exzessen nicht missen wollen.

FESTE

In der Türkei gibt's zu jedem besonderen Anlass das passende Essen. Meistens ist es süß. Manche sagen, die Türken seien solche Schleckermäuler, weil im Koran steht: „Wer Süßes liebt, beweist seinen Glauben." Ein türkisches Sprichwort lautet auch: „Süßigkeiten bedeuten ein gutes Herz und Gold auf der Zunge." Aber Süßes steht nicht nur bei Festen im Mittelpunkt. Das ganze Jahr über gibt's Süßkram beim *muhallebici* (Milchpuddinggeschäft) und in allen Restaurants.

Baklava ist ein klebriges, supersüßes, sirupgetränktes Gebäck, das auf Blechen gebacken und dann in mundgerechte Rechtecke geschnitten wird. Früher gab's diese Süßigkeit bei Festen wie Şeker Bayramı (Zuckerfest; S. 701), einem dreitägigen Fest am Ende des Ramazan (S. 701). Auch bei Verlobungen und Hochzeiten ist Baklava sehr beliebt: Während der stundenlangen ausgelassenen Feier lässt der Heißhunger auf Süßes nicht nach – und das Brautpaar stärkt sich damit für die Hochzeitsnacht. Die beiden besten *baklavacıs* im Land sind Karaköy Güllüoğlu in İstanbul (S. 153) und İmam Çağdaş in Gaziantep (S. 641).

Leckereien wie *helva* und *lokum* (Türkischer Honig) werden bei Festen mit ernsterem Charakter aufgetischt: z. B. bei Beerdigungen und während der *kandil* (der fünf heiligen Tage im muslimischen Kalender). Hinterbliebene machen für Freunde und Familie *irmik helvası* (*helva* aus Grieß); bei Beschneidungszeremonien gibt's normales *helva*.

Aşure (Arche-Noah-Pudding) ist ein Pudding, der traditionell aus 40 verschiedenen Sorten Trockenobst, Nüssen und Hülsenfrüchten gemacht wird. Der Überlieferung nach wurde er auf Noahs Arche aus Resten gekocht, als die Essensvorräte dem Ende zugingen. Heute wird *aşure* am zehnten Tag des Muharram (erster Monat im muslimischen Kalender) gekocht und an Nachbarn und Freunde verschenkt.

Natülich gibt's bei türkischen Festen auch Salziges, allerdings nicht in solchen Mengen. *Kavurma* ist ein einfaches Fleischgericht, das zum Kurban Bayramı (Opferfest s. S. 701) aus dem Opferlamm oder -hammel zubereitet wird. Das Fleisch wird in Würfel geschnitten, mit Zwiebeln angebraten und langsam im eigenen Saft geschmort. Im Ramazan gibt's ein besonderes rundes, flaches *pide*. Das nachmittags gebackene Brot wird rechtzeitig zum Fastenbrechen, dem *iftar*, beim Bäcker geholt.

WOHIN ZUM ESSEN?

Die Esslokale öffnen gegen acht Uhr am Morgen und haben bis spät in die Nacht geöffnet. Abgesehen vom Service und der Ausstattung gibt's oft keinen großen Unterschied zwischen einer lockeren *lokanta* mit Essen für 6 € und einem gehobeneren *restoran* mit Gerichten für 15 €. Nur in den besonders angesagten Restaurants in Städten wie İstanbul muss im Voraus reserviert werden.

Es heißt, dass die Köche in den feinen Häusern der osmanischen Zeit 100 Teigschichten zu einer Baklava übereinanderlegten. Der Herr des Hauses überprüfte die Dichte mit einer Goldmünze: Fiel sie auf den Boden der Backform, durfte der Koch sie behalten.

Im 17. Jh. schufteten 1300 Menschen in den Küchen des Topkapı-Palasts, die für ca. 15 000 Leute aufkochen konnten.

KREDITKARTE NICHT VERGESSEN

Ein paar unserer Lieblingslokale:

360 (S. 154): spitzenmäßige moderne türkische Küche, sehr stylisch und die beste Aussicht in ganz İstanbul.

Beyaz Yunus Lokantası (S.387): An der supernetten Bar kann man bei Sonnenuntergang schon mal den Magen „präparieren". Hier gibt's die besten *mezes* aus Fisch und Meeresfrüchten in der ganzen Türkei.

Cercis Murat Konağı (S. 676): In diesem traditionellen syrisch-christlichen Privathaus in Mardin gibt's Hausmannskost, zubereitet von einem Team von Frauen.

Kocadon Restaurant (S. 298): Der Charme der Alten Welt und eine traditionelle osmanische Küche.

Ottoman House Restaurant (S.433): Am besten so kommen, dass man mitbekommt, wie ein Thunfisch zerlegt wird. Dann versteht man erst, warum deshalb so viel Aufhebens gemacht wird.

In *hazıryemek*-(Fertiggericht-)Lokalen gibt's vorgekochte und warmgehaltene Eintöpfe, Aufläufe und Gemüsegerichte. Am besten schmecken sie mittags, denn dann sind sie frisch.

Wer Lust auf Fleisch hat, sollte nach speziellen *kebapçı* Ausschau halten. Die Version am *ocakbaşı* (Grill) macht am meisten Spaß: Die Hungrigen sitzen rund um einen Grill und gucken zu, wie die *kebapçı* das Essen zubereiten. Oft ist es reiner Zufall, was einem vorgesetzt wird, und eine Speisekarte gibt's nicht.

Ein *meyhane* ist eine türkische Kneipe, in der die Kellner mit einer Auswahl *meze* durchs Lokal laufen. Als zweiten Gang gibt's Fleisch oder Fisch und immer reichlich *rakı*. Eine durchzechte Nacht in den Kneipen im

VEG-A-WAS? SORGEN & NÖTE EINES VEGETARISCHEN TRAVELLERS IN DER TÜRKEI
Miriam Raphael

Ich gehöre zu den Menschen, für die der Gedanke an das, was sie heute essen werden, zu den schönsten des Tages gehört. Beim Gedanken an mehrere Monate Türkei lief mir das Wasser im Mund zusammen. Dieses tolle Brot! Dieser köstliche Käse! Aber als ich dann in İstanbul ankam, dachte ich: „Dieses viele Fleisch …" Ich erinnerte mich an die Warnung von Freunden, dass ich als Vegetarier in der Türkei verhungern würde. Nach einer Woche gab ich ihnen recht: Wenn sich nicht schnell was ändern würde, müsste ich sterben. Natürlich nicht vor Hunger, sondern an einer Überdosis Käsetoast.

Wer sich gern mal einer Herausforderung stellt, sollte es mal als Vegetarier in der Türkei probieren.

Ganz wichtig sind zwei Sätze: *„Etli mi?"* (Ist da Fleisch drin?) und *„Sebze yemekleri var mı?"* (Gibt es Gerichte aus Gemüse?). Und man sollte sich angewöhnen, in die Küche zu gehen und die Lage selbst zu checken (türkische „Vegetarier" essen nämlich manchmal Huhn). Dann heißt es, das gesamte Angebot an vegetarischen Salaten und *meze* kennenzulernen. Eine kleine Auswahl davon mit etwas ofenwarmem Brot ist mehr als genug fürs Mittagessen.

Billige *lokantas* (Restaurants) sind der Himmel für Vegetarier. Erstens sieht man, was es gibt. Zweitens sind jede Menge herzhafte Gerichte wie gefüllte Auberginen und Platten mit angemachten grünen Bohnen, Okra- und Paprikaschoten im Angebot, dazu der obligatorische Reisberg. Bessere Restaurants haben oft ein Gemüse-*güveç* (Eintopf im Tontopf) auf der Karte. Das wird im Ofen mit Käse überbacken und ist superlecker. *Menemen*, ein Omelett mit Tomaten und Chilis, ist auch sehr beliebt. Suppen sind ein Problem, denn selbst Varianten wie *ezo gelin* (Linsen und Reis) werden mit Fleischbrühe zubereitet.

In jeder Stadt gibt's einen *börekci*, der Blätterteigpasteten mit einer Füllung aus weißem Käse und Petersilie serviert. Und unbedingt *gözleme* probieren! Dieser türkische Crêpe ist mit Spinat, Käse oder Kartoffeln gefüllt.

Und wenn alles nix hilft, gibt's ja immer noch den Nachtisch!

İstanbuler Stadtteil Beyoğlu (S. 154) sollte unbedingt auf dem Programm stehen; dort reiht sich ein *meyhane* an den nächsten.

In einer türkischen *pastane* (Konditorei) gibt's *börek* und süße oder salzige Kekse (*kuru pasta* ist trockenes Gebäck). Für Puddings, Baklava und andere süße Leckereien ist ein *muhallebici* (Geschäft für Milchpudding) die bessere Adresse. Achtung: *Pasta* (Teig) nicht mit *makarna* (Pasta) verwechseln.

Für Vegetarier gibt's wenig spezielle Restaurants, aber das heißt nicht, dass sie in der Türkei nicht gut essen können. Wo immer möglich, sind in diesem Reiseführer vegetarische Varianten angegeben. Mehr Infos s. Kasten unten.

Preise

Die meisten Lokale haben eine gedruckte Speisekarte mit festen Preisen. Für Fisch gilt das allerdings nicht: Man fragt den Kellner, was es an Fisch gerade gibt, und bezahlt nach Gewicht. Mehr Tipps zum Thema Fischküche s. Kasten unten.

In den Restaurantpreisen ist die Steuer mit drin, Trinkgeld meistens nicht. Nur in Touristenregionen wird Trinkgeld z. T. automatisch auf die Rechnung draufgeschlagen. Also besser die Rechnung checken und bei allem, was unklar erscheint, nachfragen: z. B. bei einem nachträglich draufgeschlagenen *kuver* (Eindecken), das eine zusätzliche *servis*-Gebühr beinhaltet. Trinkgeldtipps s. S. 705.

Auf die Schnelle

Der beste Billigsnack ist *pide*, die türkische Pizzaversion. Sie sieht aus wie ein Kanu und wird belegt mit Käse *(peynirli)*, Ei *(yumurtalı)* oder – der leckersten Variante – Hackfleisch *(kıymalı)*. Ein *karaşık pide* ist mit mehreren Sachen belegt. Das türkische Nationalgericht Döner Kebap wird an jeder Straßenecke und in schicken Restaurants vom Spieß geschnitten. Auch lecker ist *su böreği*, eine Art Lasagne, die einem auf der Zunge zergeht. Die Füllung zwischen den Teigschichten besteht aus weißem Käse und Petersilie. Prima schmecken auch *gözleme*, das sind hauchdünne salzige Crêpes mit Käse, Spinat und Kartoffeln – superlecker!

Vegetarian Turkish Cookery: Over 100 of Turkey's Classic Recipes for the Vegetarian Cook von Carol & David Robertson ist was für Fans der türkischen Küche, die es gerne weniger fleischlastig hätten.

FISCH VON DER KÜSTE

Die Türkei ist von vier Meeren umgeben: Ägäis, Mittelmeer, Marmarameer und Schwarzem Meer. Es gibt also jede Menge frischen Fisch. Wer an der Küste ist, sollte zugreifen: Frischer Fisch, zubereitet *à la Turquie* – manchmal nach alten osmanischen Rezepten –, gehört zu den Highlights in diesen Gegenden.

Der Winter ist die beste Jahreszeit für Fisch. Und jeder Monat ist berühmt für eine bestimmte Fischsorte. In dieser Zeit ziehen viele Fische vom Schwarzen Meer in wärmere Gewässer; sie sind nun ausgewachsen.

In der türkischen Küche werden Kräuter und Gemüse mit bestimmten Fischen kombiniert. Makrelen werden oft mit Zwiebeln gefüllt, kleine Thunfische mit Sellerie gekocht, Wolfsbarsch und Meerbrasse mit Tomaten und grünen Paprika gegart. Lorbeerblätter wandern in so ziemlich jedes Fischgericht.

In den Fischrestaurants ist ein spezieller Ablauf zu beachten: Man lässt sich einen Platz geben und begutachtet dann den Tagesfang – bei größeren Restaurants an der Theke, bei kleineren in der Küche. Nachdem der Fisch ausgewählt wurde, wird die Zubereitungsart besprochen. Dann wird der Fisch gewogen und der Preis genannt.

Danach geht's zum *mezs*-Büffett, um die Vorspeisen auszusuchen. Während man die *mezes* futtert, den Meerblick genießt und *rakı* schlürft, wird der Fisch frisch zubereitet.

Frances Linzee Gordon, mit Dank an Mustafa Yılmaz, Chefkoch im Foça

ABENTEUER FÜR DEN GAUMEN

Wie in vielen Ländern gibt's auch in der Türkei Gerichte, die nur Einheimische zu schätzen wissen. Ganz oben auf der Gruselskala steht bei den meisten Ausländern *kokoreç*. Das sind gewürzte Lamminnereien, die am Spieß gegrillt werden.

İşkembe-Suppe (Kuttelsuppe) ist gut gegen Kater. Wer also nächtens zu viel gebechert hat, geht wie die Locals am Morgen in ein *işkembeci* (Restaurant für Kuttelsuppe). Oder lieber doch nicht? Wie wär's mit *koç yumurtası* (Hammel-„Eier")? Pikant gewürzt mit Oregano, sollen sie die sexuelle Ausdauer verbessern.

Den Begriff *kelle paça* für eine Suppe aus Schafsfüßen sollten sich Traveller merken, damit sie das Gericht nicht aus Versehen im Restaurant bestellen.

FÜR KLEINE ESSER

Türkische Kinder essen nur selten außer Haus, deshalb sind Kids gern gesehene Gäste in Restaurants. V. a. um Babys wird viel Wirbel gemacht. Die Bedienung hilft beim Warmmachen von Essen oder Getränken und ist auch sonst hilfsbereit; Kindersitze sind allerdings Mangelware. Kindermenüs auch, aber das macht nichts, denn türkisches Essen schmeckt Kids meistens. Gerichte, die Kindergaumen nicht überstrapazieren, gibt's überall: z. B. *kuru fasulye* (Bohnen, ähnlich wie Baked Beans) und *domates çorbası* (Tomatensuppe). Wer will, bittet beim Bestellen um *acısız* (keine scharfen Gewürze) im Essen.

Ein prima Kindersnack ist der leckere *simit* (Sesamring), den Straßenhändler verkaufen. Außerdem gibt's überall an Snackständen *peynirli tost* (Käsetoast). Und *pide* kommt auch immer gut an.

Darauf achten, dass Eier und Fleisch immer voll durchgegart sind!

ESSKULTUR

Lonely Planet World Food Turkey liefert sämtliche Hintergrundinfos zum Thema türkische Küche, Essensgewohnheiten und regionale Spezialitäten.

Auf dem Land gib es zweimal am Tag eine Mahlzeit: die erste um 11 Uhr morgens, die zweite kommt am frühen Abend auf den Tisch. In den Städten sind eher drei Mahlzeiten üblich. Dort setzen sich die Leute zum Essen genauso hin wie im Westen. Aber in den Dörfern ist es noch immer Usus, dass alle auf dem Boden rund um einen *tepsi* (flacher, runder Tisch) sitzen. Damit nicht alles vollgekrümelt wird, legt sich jeder ein Tuch über die Knie.

DO'S UND DON'TS FÜR GÄSTE IN EINEM TRADITIONELLEN TÜRKISCHEN HAUS

Do:

▪ Ein kleines Geschenk mitbringen, z. B. ein Kistchen Baklava oder *lokum*.

▪ Bei einer Gemeinschaftsplatte nur das essen, was einem darauf am nächsten liegt.

▪ Teller leer essen, aber nicht allzu sehr den Bauch vollschlagen! Ein türkisches Sprichwort sagt: „Iss wenig und sei ein Engel, iss viel und geh zugrunde!"

▪ Vor dem Essen heißt es: „Afiyet olsun" (Möge es Ihrer Gesundheit dienen), danach „Elinize sağlık" (Gesundheit Ihren Händen). Damit wird die Gastgeberin für ihre Kochkünste gelobt (Gastgeber kochen übrigens nicht!).

Don't:

▪ Niemals mit der linken Hand direkt aus der Schüssel essen.

▪ Nicht neben jemandem vom anderen Geschlecht Platz nehmen, es sei denn, der Gastgeber fordert dazu auf.

Heutzutage isst jeder von seinem Teller, aber manchmal gibt's auch noch Gemeinschaftstöpfe. Ein Messer ist selten auf dem Tisch; die meisten Türken essen mit Löffel und Gabel.

KOCHKURSE

In der Türkei gibt's nur ein ganz paar Kochkurse für Ausländer. Aber dieser Markt wächst und wir haben vielleicht nicht alle Neugründungen aufgelistet. Die meisten Kurse finden in İstanbul statt, z. B. gibt's den İstanbul Food Workshop und Kurse im Sarnıç Hotel. Auf S. 708 stehen Detailinfos zu diesen und anderen Kursen.

SPRACHFÜHRER ESSEN

Was war nochmal der Unterschied zwischen *köfte* und Kebap? Hinter die Küchengeheimnisse kommt man am besten mit ein paar Sprachkenntnissen. Ausspracheregeln s. S. 742.

Was heißt …?

RESTAURANT

Ich hätte gerne (ein/das) …, bitte.
… istiyorum lütfen.   *… is·ti·*jo·rum *lüt*-fän

Speisekarte
Menüyü   mä·nü·*jü*

Speisekarte auf Deutsch/Englisch
Almanca/İngilizce menü   al·*man*-dscha/in·gi·*lis*·tschä mä·*nü*

Ich hätte gerne die lokale Spezialität
Bu yöreye özgü bir yemek istiyorum.   bu jör·rä·*jä* öz·*gü* bir jä·*mäk* is·*ti*·jo·rum

Guten Appetit!
Afiyet olsun!   *ä*·fi·yät ol·sun

Das ist …
Bu …   bu …
(zu) kalt
(çok) soğuk   (tschok) soh·*uk*
(zu) scharf
(çok) acı   (tschok) a·*dsche*
superlecker
enfes   än·*fäs*

Die Rechnung, bitte.
Hesap lütfen.   hä·*sap* lüt·fän

VEGETARISCHE & BESONDERE GERICHTE

Haben Sie auch Gerichte ohne Fleisch?
Etsiz yemek var mı?   ät·*sis* yä·mäk·var me

Ich bin allergisch gegen …
… alerjim var.   … a·ler·*schim* var
Milchprodukte
Süt ürünlerine   süt ü·rün·le·ri·*nä*
Eier
Yumurtaya   ju·mur·ta·*ja*
Nüsse
Çerezlere   tschä·räs·lä·*rä*

Banu Yalkuts und Hanjo Breddermanns *Türkisch kochen. Gerichte und ihre Geschichte* bietet neben Rezepten auch Interessantes zur Geschichte und Kultur der türkischen Küche.

GETRÄNKE
(Becher/Glas) Tee ...

... (bir fincan/bardak) çay	*... (bir fin·dschan/bar·dak) tschai*

(Becher) Kaffee ...

... (bir fincan) kahve	*... (bir fin·dschan) kah·we*

mit Milch

Sütlü	*süt·lü*

mit etwas Zucker

Az şekerli	*as schä·ker·li*

ohne Zucker

Şekersiz	*schä·kär·sis*

Prost!

Şerefe!	*schä·rä·fä*

Essglossar
TYPISCHES

bal	bal	Honig
çiğer	tschih·är	Leber
çorba	tschor·ba	Suppe
ekmek	äk·mäk	Brot
hamsi	ham·si	Anchovies
kalamares	ka·la·ma·räs	Calamares
midye	mid·jä	Muschel
peynir	päi·nir	Käse
piliç/tavuk	pi·litsch/ta·vuk	Huhn
pirinç/pilav	pi·rintsch/pi·laf	Reis
yoğurt	joh·urt	Joghurt
yumurta	ju·mur·ta	Ei

GEWÜRZE

kara biber	ka·ra bi·bär	schwarzer Pfeffer
şeker	schä·kär	Zucker
tuz	tus	Salz

KOCHBEGRIFFE

ızgara	es·ga·ra	gegrillt
tava	ta·va	gebraten

MEZES

cacık	dscha·dschek	Joghurt mit geriebener Salatgurke und Minze
fava salatası	fa·va sa·la·ta·se	dicke Bohnen
patlıcan salatası	pat·le·dschan sa·la·ta·se	Auberginen
yaprak dolması	jap·rak dol·ma·se	gefüllte Weinblätter
çoban salatası	tscho·ban sa·la·ta·se	Salat aus Zwiebel, Salatgurke und grüner Paprika

HAUPTGERICHTE

börek	bö·räk	Blätterteigpasteten
kebap Bursa (İskender)	kä·bab bur·sa is·ken·der	Döner Kebap auf *pide* mit Joghurt, zerlassener Butter und Tomatensauce
döner kebap	dö·när kä·bab	gebratenes Fleisch vom Spieß, in dünnen Scheiben
gözleme	göz·lä·mä	salziger Crêpe mit Spinat, Käse oder Kartoffeln
güveç	gü·wätsch	Fleisch und Gemüse, im Tontopf gekocht
imam bayıldı	i·mam·ba·yel·de	wörtlich: „Der Imam fiel in Ohnmacht" – Aubergine, gefüllt mit Lammhack, Tomaten, Zwiebeln und Knoblauch

karışık ızgara	ka·re·*schek* es·*ga*·ra	Lammfleisch vom Grill
köfte	köf·*tä*	Fleischbällchen
mantı	man·*te*	(türkische) Ravioli
şiş kebap	schisch kä·*bab*	Fleischwürfel, am Spieß gegrillt

OBST (MEYVE) & GEMÜSE (SEBZE)

biber	bi·*bär*	Paprikaschote
domates	do·ma·*täs*	Tomate
elma	äl·*ma*	Apfel
havuç	ha·*wutsch*	Möhre
ıspanak	es·pa·*nak*	Spinat
karpuz	kar·*pus*	Wassermelone
kavun	ka·*wun*	Zuckermelone
kayısı	ka·je·*se*	Aprikose
kuru fasulye	ku·*ru* fa·*sul*·je	weiße Bohnen
muz	mus	Banane
patates	pa·ta·*tes*	Kartoffel
portakal	por·ta·*kal*	Orange
salatalık	sa·la·ta·*lek*	Salatgurke
şeftali	schäf·ta·*li*	Pfirsich
soğan	soh·*an*	Zwiebel
taze fasulye	ta·se fa·*sel*·je	grüne Bohnen
üzüm	ü·*süm*	Traube
zeytin	zäi·*tin*	Olive

DESSERTS (TATLI)

aşure	a·schu·*re*	„Noahs Arche" – Pudding mit 40 verschiedenen Früchten, Nüssen und Hülsenfrüchten
baklava	bak·la·*wa*	geschichteter Filoteig mit Honig-Nuss-Füllung
dondurma	don·dur·*ma*	Eiscreme
lokum	lo·*kum*	Türkischer Honig

GETRÄNKE

çay	*tschai*	Tee
bira	bi·*ra*	Bier
buz	bus	Eis
maden suyu	ma·*dän* su·*ju*	Mineralwasser
meyve suyu	mäi·*wi* su·*ju*	Fruchtsaft
rakı	ra·*ke*	Traubenschnaps mit Anisaroma
şarap	scha·*rap*	Wein
su	su	Wasser
süt	süt	Milch

Trekking in der Türkei

Das riesige Zentralhochland der Türkei ist karg; nur hier und da schimmert ein flacher See oder ragt ein einsamer Vulkankegel in die Höhe. Rundherum wird es von Gebirgsketten eingerahmt. Der Taurus im mittleren Süden besteht aus Kalkstein. Seine weißen, wettergegerbten Bergkämme überragen uralte Zedern- und Wacholderwälder. Sie laufen zur Küste aus in pinienbedeckte Hügel, an deren Fuß sich steil abfallende Buchten, quirlige Häfen und Touristenorte finden. Im Norden liegt das Pontische Gebirge mit dem Kaçkar-Gebiet (östlich) – einer schroffen, fast unbewaldeten Granitbergkette. Sie trennt die nebligen Hänge auf der Schwarzmeerseite, wo Tee angebaut wird, von den scharfkantigen Schluchten des Çoruh-Flusses und dem Hochland. Im Osten steigt das Hochland Richtung Asien an, wird von den großen Strömen Euphrat und Tigris durchschnitten und von einem Wirrwarr von Gebirgsketten begrenzt, die zu den Vulkanen Süphan und Ararat (Ağrı Dağı) hin immer höher werden. Im Westen dagegen fallen die Hänge in sanften, trockenen Tälern zum Mittelmeer ab.

Die besten Trekkingregionen liegen ganz klar im Süden und Norden des Hochlands. Der Osten ist auch nicht reizlos, aber Karten dafür gibt's selten, und außer am Ararat sind Trekkingführer und geführte Touren echte Mangelware.

Wie Narben schneiden sich die alten Straßen – manche noch aus hethitischer Zeit – in die schroffe Landschaft Anatoliens. Sie schlängeln sich über Pässe durch die Gebirgsketten und verbinden die Städte, Minen und Märkte im Landesinneren mit den Küstenhäfen. Ein paar wurden natürlich inzwischen zu supermodernen Schnellstraßen ausgebaut. Die Nebenrouten zwischen den Sommer- und Winterweidegründen werden zweimal im Jahr von den wandernden Ziegen- und Schafherden platt getreten. Zusammen bilden die Straßen ein schwer fassbares, aber zeitloses Netz, das das ganze Land abdeckt.

Die Wanderungen

Die fünf Routen, die in diesem Kapitel beschrieben werden, kombinieren die uralten Straßen mit den modernen. So durchquert der

---

TREKKING MIT VERANTWORTUNG

Wer eine Trekkingtour vorhat, sollte ein paar Dinge beachten, damit es auch eine sichere und vergnügliche Erfahrung wird:

- Genehmigungen zum Wandern oder Campen braucht man keine, aber die Schilder „Kein Feuer machen" und „Durchfahrt verboten" stehen nicht umsonst in den Wäldern.
- Erst mal an die Temperatur gewöhnen und lernen, die Symptome von Hitzschlag und Dehydrierung (s. S. 740) zu erkennen.
- Immer gucken, wo die nächste Wasserstelle ist, und mehr als ausreichend Wasser mitnehmen, um diese auch zu erreichen.
- Nicht vergessen, dass Wetter und Gelände je nach Höhe und Gegend extrem unterschiedlich sein können. Im Winter nur mit komplett wasserdichter Ausrüstung und GPS losgehen (wenn vorhanden), damit der Weg auch bei Schnee zu finden ist.
- Schäfer oder Dorfbewohner laden gern mal zum Essen und/oder Übernachten ein. Hier ist respektvoller Umgang gefragt und Bezahlung für alles, was man benutzt. Wenn man verletzt ist oder sich verirrt, sind sie vielleicht die letzte Rettung.
- Exkremente weit weg von Gewässern vergraben und Müll nicht einfach liegen lassen.
- Versicherungsdaten und Telefonnummern der Konsulate/Botschaften und des türkischen Rettungsdienstes – **AKUT** (☎ 0212-217 0410) mitnehmen. Eine landesübliche SIM-Karte fürs Handy ist auch nicht schlecht (wobei ein Empfang im Kaçkar-Gebirge so gut wie ausgeschlossen ist).

Wanderer auf ihnen Altes und Neues, Land und Stadt, Berg- und Flachland. Unterwegs begegnet er Schluchten, blumenübersäten Bergwiesen, winzigen Steindörfern und Ruinen antiker Siedlungen. Und sie bieten noch mehr: Wer will, kann auf den Spuren eines Heiligen wandern, Wildwasserrafting machen, in Canyons, Seen oder an menschenleeren Buchten schwimmen und in den schwarzen Wollzelten der Schäfer übernachten.

Trekking in der Türkei kann außerdem als super Gelegenheit angesehen werden, den isolierten, unbeachteten Bergdörfern ein Einkommen zu verschaffen.

Die ausgewählten Touren dauern im Schnitt drei Tage und sind für jeden machbar, der halbwegs fit ist. Drei Tage sind lang genug, um sich wie ein echter Hiker zu fühlen, und trotzdem so kurz, dass sie in jedes straffe Urlaubsprogramm passen. Die Wanderungen sind fast alle mit wenig Erfahrung und der allernötigsten Ausrüstung zu schaffen: Tagesproviant, Wasserflaschen und bequeme Schuhe. Für zwei Routen wird Zeltausrüstung gebraucht. Vier Touren folgen in Teilen dem gerade frisch markierten Fernwanderwegen der Türkei. Sie erstrecken sich vom Süden bis in den Nordosten. Und für jede Jahreszeit ist die passende Tour dabei.

Auf S. 93 gibt's Infos zu Wanderkarten und -büchern, Zeltausrüstung, Trekkingführern und -veranstaltern. Querverweise zu weiteren Touren s. S. 93.

VON ALINCA NACH OVACIK – DER LYKISCHE WEG

Das kleine Dörfchen Alınca sitzt spektakulär oberhalb von sieben Landspitzen im Westen der lykischen (Tekke)Halbinsel, die zwischen Fethiye und Antalya liegt. Von Alınca geht's auf Maultierpfaden an der wilden lykischen Küste nach Ovacık, einem Ort zwischen Fethiye und Ölüdeniz. Meistens schlängelt sich der Weg am Klippenrand entlang durch Pinienhaine, hoch über dem tiefblauen Meer. Zwischendurch geht's aber immer wieder runter zu traumhaften Stränden. Übernachten kann man in Pensionen oder Privathäusern. Wer fit und schnell ist, braucht nur zwei Tage und kann sich die Nacht in Kabak sparen.

Die *Sunday Times* hat den Lykischen Weg in die Top Ten der weltbesten Wanderungen aufgenommen. Im britischen Magazin *Country Walking* konnte er Platz 15 unter den 50 schönsten Wanderwegen der Erde ergattern.

Anreise zum Startpunkt

Der Bus zwischen Fethiye und Kaş hält auch in Eşen. Von da geht's mit dem Taxi nach Alınca: ca. 20 km auf einer Nebenstraße, vorbei an Boğaziçi. Die Minibusse aus Fethiye fahren nur bis nach Kabak.

Im oberen Teil von Alınca gibt's einen Wegweiser, der den Lykischen Weg bis nach Kabak zeigt. Man folgt dem markierten Weg bis zu einer kleinen Fläche mit Picknicktischen. Sie liegt vor dem Haus des Führers Bayram.

Bayrams Haus (☎ 0252-679 1169; HP pro Pers. 13,50 €) ist zum Übernachten sehr zu empfehlen. Eine Alternative ist die Pension Selcuk, ein Stück weiter den Berg hoch.

Tag 1

Der Wanderweg führt von Bayrams Haus weiter an Pinien auf der rechten Seite vorbei zu einem Pass. Von dort hat man einen Blick auf das Puzzle kleiner, dunkler Inseln, die vor der blassgoldenen Bucht von Ölüdeniz (10 Min.) liegen. Auf dem alten Maultierpfad geht's abwärts bis zu einem zweiten, nicht so hohen Pass (insgesamt 50 Min.) und weiter in eine Gegend mit Terrassen voller Olivenbäume (1¾ Std.). Vom Felsen gesehen links öffnet sich eine umwerfende Aussicht auf den schmalen goldenen Sandstreifen, der erst in ein Türkis und dann in das samtige Indigoblau des Meeres übergeht. 30 m rechts neben dem Weg verstecken sich ein Brunnen und eine winzige Schäferhütte in den Felsen.

Der Weg fällt direkt in ein enges, bewaldetes Tal ab: erst gerade, dann auf frisch ausgebesserten Serpentinen runter bis zur Kreuzung Delikkaya (Fels mit einem Loch), unterhalb einer Klippenwand (2 Std.). Jetzt geht's nach links auf dem noch schmaleren Pfad weitere Haarnadelkurven bergab, dann noch mal links bis zu einer Lichtung (2¼–2½ Std.). Hier wird der Weg breiter und führt zum Strand (2¾–3 Std.). Es geht rechts ab zu einem kurzen steilen Abstieg bis runter zur Talsohle, dann nach links an einem Flussbett entlang zum Strand von Kabak (s. S. 389; 3¼–3½ Std.).

Hinter dem Strand gibt es drei Unterkünfte, u. a. Turan's Camping und Olive Garden.

Tag 2

Vom Nordzipfel des Strandes kraxelt ein schmaler Weg bergauf, der schnell breiter wird, dann nach links abbiegt und wieder über Haarnadelkurven hoch in landwirtschaftliches Gebiet führt. Jetzt rechts den Pfad nehmen, der zur Dorfstraße und zu Mama's Restaurant (s. S. 390; 1 Std.) führt. Gegenüber von Mama's befindet sich eine Quelle. Daneben geht's hoch auf einen Pfad, der erst

ROUTENINFOS

Dauer zwei bis drei Tage
Schwierigkeitsgrad leicht
Wegmarkierung ja
Beste Zeit Februar bis Mai,
Oktober bis November
Nicht vergessen: Badesachen;
Picknickproviant

flach bis zu einer Kreuzung läuft. Hier nach links halten und immer weiter aufwärts durch ein Waldgebiet bis zu einer unbefestigten Straße (1¾ Std.) wandern. Jetzt nach rechts, an der nächsten Kreuzung links und in einem Bogen um die Terrassen rum – hier gibt's eine phänomenale Aussicht. Dann führt der Weg wieder runter zu einer Quelle (2½–2¾ Std.). Rund 200 m weiter geht's rechts auf einen Pfad, der dem Waldrand bis zu einem Pass (2¾–3 Std.) folgt. Auf engen Kurven schlängelt sich der Weg dann abwärts durch den Wald bis zur Schotterstraße, auf der rechts nach dreieinhalb bis dreidreiviertel Stunden Faralya (s. S. 388) auftaucht.

Hier gibt's drei Pensionen; George House fanden wir (S. 389) am besten.

VON ALINCA NACH OVACIK

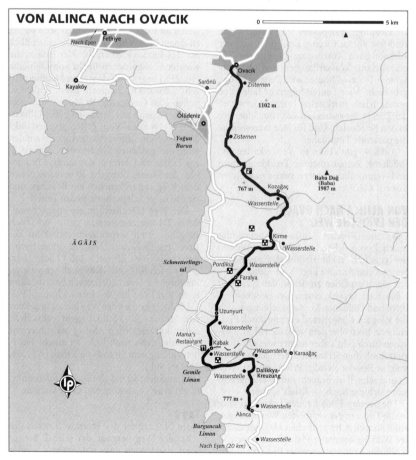

Tag 3

Bei der Quelle an der Dorfstraße führt der Weg rechts hoch zur alten Mühle, die zur Luxusherberge aufgepeppt wurde. Der alte gepflasterte Maultierpfad kommt direkt daran vorbei – wer Glück hat, kann die restaurierte Mühle sogar in Aktion bestaunen. Auf dem Weg, der flussaufwärts das Tal hinauf führt, lohnt es sich, hier und da einen Blick zurück ins Schmetterlingstal zu werfen (s. S. 388).

Am oberen Talende führt die Route links ins Dorf Kirme und rechts zur Dorfquelle mit Sitzgelegenheit (2 Std.). Auf der Straße geht's links zu einer Kreuzung an der alten Schule und von da geradewegs den Berg hoch (2¼ Std). Am Pass nimmt man den Weg, der links in ein Waldgebiet abfällt, und folgt der alten Straße um das ganze Ende eines tiefen Tals herum. Hinter einer Quelle geht's wieder auf die andere Straße und zwischen wackelnden Felsen und Steinen weiter hindurch. Hier hat ein Erdbeben in den 1950er-Jahren den Berg verwüstet und mehrere Dorfhäuser dem Erdboden gleichgemacht. Fußwege führen links um das Dorf herum, aber dann ganz schnell wieder auf die Straße (3–3¼ Std.). Hier links abbiegen und weiter hoch in Richtung Felsspitze aufsteigen – und zwar auf einem Umweg zum Klippenrand linker Hand. Bei dem neuen Haus geht's wieder auf die Straße; gleich dahinter wartet eine klasse Aussicht auf die blasse Sichel von Ölüdeniz (3¼–3½ Std.). Der gepflasterte Maultierpfad verläuft in Serpentinen abwärts, umrundet eine enge Schlucht und kommt an zwei Zisternen (4½–4¾ Std.) vorbei. Wenn das Pflaster aufhört, führt der Weg noch zu einem Aussichtspunkt, dann landeinwärts und ganz allmählich bergab unter schattigen Pinien zu den Häusern am oberen Talende. Nach links schwenkt er zu einer Zisterne und einer Schotterstraße (5¾–6 Std.). Nach ein paar Minuten beginnt der Asphalt, dann geht's links runter zur Hauptstraße Ovacık–Ölüdeniz (6–6½ Std.).

Rechts kommt irgendwann Ovacık, links fährt der Bus den Berg runter nach Ölüdeniz (S. 385).

VON MYRA NACH FINIKE – DER LYKISCHE WEG

Die massive runde Landzunge zwischen Myra und Finike umrundeten die alten Römer mit Fährbooten, die Traveller von heute nehmen die gewundene Küstenstraße.

Dieser Abschnitt des Lykischen Weges klettert auf einer alten Pilgerstraße ins Landesinnere zur Kirche des Erzengels Gabriel und weiter zum allerletzten Zedernwald der Mittelmeerregion. Der Weg hat immer wieder weite Ausblicke über Meer und Inseln zu bieten und folgt der kurvigen Kammlinie bis zu einer antiken Stadt, bevor er nach Finike abfällt. Die Route hat es in sich und sichere Unterkünfte gibt es nicht, außer vielleicht im Sommer die schwarzen Zelte der Schafhirten.

Anreise zum Startpunkt

Die Küsten-Minibusse von Antalya nach Fethiye halten am Busbahnhof von Demre, fünf Minuten zu Fuße von den Ruinen von Myra entfernt (mehr dazu s. S. 414). Zum Ausgangspunkt der Wanderung an einem Kinderpark nördlich der Ruinen sind es zehn Minuten.

Tag 1

Von dem Kinderpark führt die Straße nach Norden, auf einer Brücke über den Fluss und dann nach links. 3 km geht's auf Straße durch die Demre-Schlucht und von da hinter einer Moschee nach rechts.

Auf Steinwällen, die sich an der Schluchtwand nach oben winden, geht es aufwärts. Diese alte Straße heißt Gavur yolu (Straße der Ungläubigen) und brachte früher christliche Pilger hoch zu den Kirchen. Der Stufenweg überquert eine Straße (1½ Std.) und steigt weiter auf über noch abgewetztere Haarnadelkurven an der niedrigeren Talwand. Jetzt heißt es, bis zur Straße hochkraxeln, und dann noch rechts zum baufälligen Dorf Belören wandern (insgesamt 4–4¼ Std.). Hier warten die Überreste zweier gewaltiger Kirchen, die früher mit prächtigen Schnitzereien verziert waren.

An der Gabelung bei einer Zisterne geht's nach rechts Richtung Tal, dann noch mal nach rechts auf einem kaum erkennbaren Pfad, der sich zu einer Ebene hochschlängelt. Die Straße dahinter verläuft durch eine enge Schlucht zum nächsten Tal (Zeytin), das durch eine winzige Kalksteinschlucht in zwei Teile geteilt wird. Auf einer unbefestigten Straße geht's nach links, dann bergab auf einem Pfad und durch die Schlucht, bis man wieder auf der Straße ist (4¾–5 Std.). Weiter über einen Pass, dann nach rechts einen Weg runter zu den Ruinen der Kirche des Erzengels Gabriel. Dass ihre Mauern früher mit Fresken bemalt waren, verrät heute nur noch der Name: Alakilise – bunte Kirche. Eine Mauer steht noch, aber drum herum herrscht ein heilloses Durcheinander kunstvoll gemeißelter Kapitelle und Friese (5½–5¾ Std.).

Von Ende Mai bis Oktober zelten Schafhirten in der Nähe der Kirche und bieten manchmal ihre Gastfreundschaft an.

Tag 2

Ein Fußweg führt das Tal hinauf. An der Zisterne (20 Min.) geht's über die Schotterstraße und im Zickzackkurs weiter hoch zu der riesigen Felswand am Horizont. Sie

ROUTENINFOS

Dauer drei Tage
Schwierigkeitsgrad mittel
Wegmarkierung ja
Beste Zeit April bis Juni,
September bis November
Nicht vergessen Zeltausrüstung; Seil und
Eimer für die Brunnen, Verpflegung

heißt, Papaz Kaya – Priesterfelsen. Wenn die Klippe näher kommt, führt der Weg nach rechts auf zwei riesige Felsbrocken zu. Über dem oberen von beiden wendet sich der Weg nach rechts in einen Zedernwald hinein (2¾–3 Std.). Jetzt geht's den fast ebenen Pfad entlang, im Slalom um die Wurzeln der vom Wind umgepusteten Zedern herum zu einer Lichtung mit Ziegenpferch und Brunnen (3½–3¾ Std.).

Auf dem Weg bergauf kommen immer wieder Lichtungen, die jeden Oktober in ein Violett von Herbstzeitlosen getaucht werden. Dann führt der Pfad abwärts zu einem Brunnen mit Zedernstämmen obendrauf. Weiter geht's über einen Zaun hoch zur Kammgegend, die vor langer Zeit von einem Waldbrand zerstört wurde. Wer sich hier umdreht, sieht die welligen blauen Gebirgsketten, dahinter das Meer und die Inseln (5¼–5½ Std.).

Die Route folgt der welligen Kammlinie wieder in den Wald und schwenkt dann nach Süden. Links unten sind in weiter Ferne die Orangenhaine von Turunçova zu sehen (6½–7 Std.).

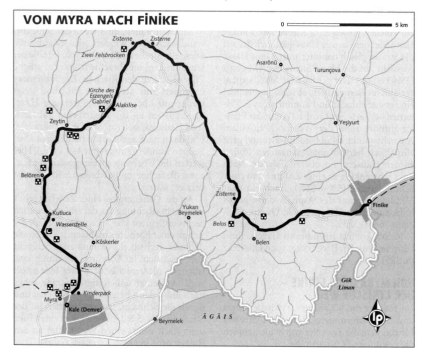

VON MYRA NACH FİNİKE

Die Lichtung mit Brunnen eignet sich ganz gut zum Campen. Aber ein Stück weiter unten rechts liegen auch ein paar Schäferhütten an einer Schotterstraße. Um dorthin zu kommen, geht's kurz vor einer Kreuzung abwärts (8–8½ Std.) und dann nach links, wo in Hüttennähe genug Platz zum Zelten ist (mit Brunnenwasser).

Tag 3

Von der Kreuzung führt die Route nach rechts und dann noch mal rechts auf einen Pfad, der an einem steilen Berghang entlangläuft (mit Blick auf die Lagune von Beymelek). Am Ende des Kamms geht's nach links und dann um zwei Täler herum. Jetzt noch einen Bergkamm hochkraxeln und wieder runter zu einem Brunnen bis zu einer frisch planierten Waldstraße marschieren (1½ Std.). Der Weg führt weiter nach Süden und kurz vor dem eingezäunten Feld nach rechts, wo von einem niedrigen Pass kurz das Meer zu erspähen ist. Weiter geht's Richtung Süden ein Tal runter und wieder hoch zu einem Bergkamm, auf dem die Ruinen von Belos (2½–2¾ Std.) thronen.

Hier liegen überall Reste riesiger Sarkophage herum; manche haben sogar noch einen Deckel. In den Felsen finden sich Wohnhöhlen, römische Überreste sitzen auf noch älteren Mauern und am Ende des Kamms liegen mächtige Zisternen.

Wer alles erforscht hat, folgt dem Weg auf dem Kamm landeinwärts, wendet sich dann nach rechts und umrundet ein Tal, vorbei an einem eingezäunten Friedhof und ein paar Schäferhütten bis zu einer neuen Schotterstraße. Jetzt erst nach links, dann nach rechts, und weiter auf der Straße bergab zu einem Pass, der am Rest einer römischen Säule zu erkennen ist (4–4¼ Std.).

Geradeaus geht's an der Säule vorbei und, 200 m weiter, nach rechts auf einen Pfad, der zu einem Flussbett abfällt. Es sind vom Wasser ausgespülte Stufen unter verwachsenen krummen Bäumen. Nach links führt jetzt ein Maultierpfad (5–5¼ Std.) um den Kamm herum, weiter vorne ist der Strand von Gök Liman zu sehen. An der Schotterstraße führt die Route nach links, an der Kreuzung nach rechts und abwärts an ein paar Häusern auf dem Kamm vorbei – erst auf Schotterstraßen und dann auf einem schmalen Weg bis zur Stadt Finike, die sich direkt über dem Hafen ausbreitet (6½–7 Std.).

VON AKBAŞ NACH ÇALTEPE – DER PAULUSWEG

Hoch über dem Fluss Köprü führt eine Wanderroute (v. a. für Ziegen) entlang. Sie folgt der Köprülü-Schlucht, überquert eine römische Brücke und erklimmt schließlich weit im Norden den Berg Dedegöl. Aber die wird ignoriert. Stattdessen geht's an der extrem steilen Wand der Schlucht hoch zu den Ruinen von Selge, dann auf alten Römerstraßen wieder zum Fluss bei Çaltepe. Hier gibt's Badestellen ohne Ende und an Tag 2 könnte eine Raftingtour drin sein. Übernachtet wird in Privatunterkünften.

Anreise zum Startpunkt

Jeden Morgen fährt ein Dolmuş von Altınkaya oder ein Taxis von Antalya oder vom Busbahnhof in Serik zum Dorf Akbaş. Es gibt auch Dolmuşe von Serik nach Çaltepe, die an Akbaş vorbeikommen. Im Dorfladen kann man übernachten und etwas essen.

Tag 1

Vom Dorfladen in Akbaş geht's auf einer Asphaltstraße durchs nächste Dörfchen Saraycık, bis sie zu Ende ist (30 Min.). Es folgt ein steiniger Pfad, auf dem die Tierherden zu ihren Sommerweiden trotten. Er verläuft über einen Bach durch Macchie und Erdbeerbäume und steil aufwärts zu einem Bergkamm mit Pinienwald (insgesamt 1½ Std.). Von dort geht's weiter nach oben an einem Nebenkamm entlang, vorbei an zwei Quellen und einer Schäferhütte. Dann schwenkt der Pfad nach links, parallel zu einem tief eingeschnittenen Wasserlauf. Weiter geht's – z. T. durch Haarnadelkurven – zum Gipfel des Hauptkamms (3½–3¾ Std.). Der Abstieg in die Schlucht verläuft im Schatten von Pinien. Allerdings ist der Pfad nicht leicht zu finden. Er kreuzt sieben flache Flussbetten und führt an hoch aufragenden Felsen vorbei. Nach und nach lichtet sich der Wald. Weiter unten kommt die andere Seite der breiten Schlucht in Sicht (5½–6 Std.). Der Weg ist jetzt breit und mündet in die Schotterstraße (6½–7 Std.). Wer will, kann direkt bis zur asphaltierten Straße laufen. Ansonsten biegt man hier links ab und läuft auf Feldwegen zu einer winzigen Moschee, deren Säulen Sockel aus römischer Zeit haben (8–8½ Std.). Von hier geht's bergab bis zur asphaltierten Straße, dann nach links zu den Unterkünften am Flussufer von Karabuk (9¼–9¾ Std.). Und da wartet endlich das wohlverdiente Abendessen.

Tag 2

Tag 1 war ganz schön hart – was spricht also gegen ein bisschen Abwechslung beim Wildwasserrafting auf dem Fluss (s. S. 434)?

Um die Wanderung fortzusetzen, geht's weiter auf der Straße über die faszinierende römische Oluk-Brücke, die die Hauptschlucht

ROUTENINFOS

Dauer drei Tage

Schwierigkeitsgrad mittel

Wegmarkierung ja

Beste Zeit: April bis Juni, September bis November

Nicht vergessen: Badesachen

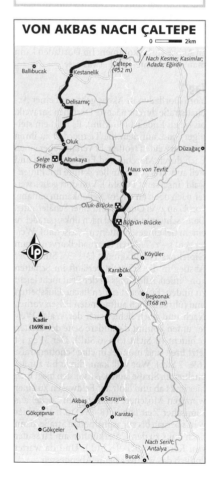

VON AKBAS NACH ÇALTEPE

überspannt (50 Min.). Auf der anderen Seite nimmt man den markierten Weg zu einem Aussichtspunkt und dann einen Pfad zu einer Brücke über ein Nebenflüsschen (1¼ Std.) – die perfekte Badestelle. Ein weiterer Pfad führt an den Rand der Schlucht. Jetzt geht's nach rechts runter zum Wasser und weiter am Ufer lang zum einsamen alten Haus von Tevfik (2 Std.) – gar nicht schlecht zum Essen (oder sogar Übernachten).

Der Pfad führt an dem Haus vorbei auf ein offenes Feld zu und dann links auf einen Traktorweg. Hier befand sich früher der Innenhof einer Klosteranlage; auf einem Hügel sind noch Reste der Kirche zu sehen. Der Weg klettert rechts an einer Schäferhütte vorbei, kreuzt noch einen Bach und biegt nach links ab, um die natürliche Brücke Yer Köprüsü zu überqueren (2¾–3 Std.). Hier ist der Fluss breit und flach, unterhalb der Brücke stürzt das Wasser sprudelnd und schäumend in ein Becken.

Weiter geht's auf einem Pfad, der nach rechts ansteigt und sich immer mehr der Schluchtwand nähert. Dann geht's in diagonaler Richtung steil bergauf: über Stufen und Felsbänke und – nicht weit vom Gipfel – durch eine Absperrung für Ziegen (4–4¼ Std.). Der Blick zurück auf den Fluss, der sich strahlend blau durch den bunten Flickenteppich aus Wäldern und Feldern schlängelt, ist einfach toll.

Der Pfad führt zu einem Waldgebiet am Schluchtrand; schließlich schlängelt er sich in ein schmales Tal hinein. Hinter einer Felslücke tauchen die „Feenkamine" auf – bizarr geformte Felssäulen. Eine Felsformation bildet einen Bogen; an dem geht's vorbei und weiter durch ein Tal bis zu einem Traktorweg (5–5¼ Std.).

Jetzt nach links, dann noch mal links auf einen Pfad, der um die auftauchenden Häuser herumführt. An der Straße angekommen, geht's nach links zum Dorf Selge (Zerk; 6–6½ Std.). Man erreicht das Dorf gegenüber den alten Römerruinen, die sich über den Hügel verteilen. Die Schotterstraße zur Dorfmitte führt direkt zum Dorfladen mit Café.

Ein Stück weiter, neben dem Theater, gibt's Privatunterkünfte. Die Dorfbewohner sind ziemlich arm und versuchen oft, Kopftücher oder Schmuck an den Mann zu bringen.

Tag 3

Aus Selge raus geht's links vom Theater und dann weiter auf der Straße bis zu einem Pfad rechter Hand (25 Min.), der zu einer herrlich alten Straße abfällt. Oben auf dem Hügel kommt man wieder auf die Straße, dann rechts an einem Friedhof vorbei und weiter nach rechts auf einen Weg das Tal hoch (1 Std.).

Am Kreuzweg die alte Straße nach rechts nehmen, dann noch mal nach rechts hoch zu einem Pass laufen. Jetzt kommt ein ziemlicher Wegewirrwarr, der aber irgendwie durch die wunderschönen grünen Täler und über zwei Pässe zu einer Traktorstraße führt (2¾–3 Std.). Die verläuft nach rechts zum Dorf Delisarnıç, dessen Häuser sich zwischen riesigen Felsblöcken verstecken.

Am besten gleich das andere Dorfende anpeilen und in dem *çay bahçesi* (Teegarten) eine Pause einlegen. Wo die Straße links abbiegt, geht's für Wanderer rechts auf einem Pfad weiter, der abwärts einem Flussbett zwischen Felsen folgt. Die bald aufragenden Telegrafenmasten (3¾–4 Std.) weisen den Weg zur Straße durch das Dorf Kestanelik. Jetzt führt die Route nach links auf die Straße, dann rechts unter einer gewaltigen Kastanie (4–4¼ Std.) hindurch und weiter auf einem ansteigenden Weg über einen Bergkamm. Abwärts geht's durchs Waldgebiet und über einen Zaun (5½–6 Std.), dann ein paar hundert Meter in einem Flussbett bergab. Jetzt links aus dem Flussbett klettern und nach rechts dem Pfad folgen, der quer an einem mächtigen wacholderbewachsenen Kalksteinberg runterführt. Der Weg macht einen Schlenker zu einem Brunnen (6¾–7¼ Std.) und führt weiter auf schönem Kopfsteinpflaster an der Bergseite runter bis zum Dorf Çaltepe. Das liegt am Rande flacher Felder an einem Fluss (7¾–8¼ Std.).

Hier erwartet Erdinçs hübsche Familienpension ihre Gäste. Es gibt inzwischen aber auch noch eine andere Pension. Frühmorgens fährt der tägliche Minibus das Tal runter nach Serik, östlich von Antalya.

VON ADADA NACH YUKARI GÖKDERE – DER PAULUSWEG

Die historische Stätte Adada mit einem tollen römischen Straßenabschnitt liegt nicht weit vom Ausgangspunkt einer Route, die durch eine kleine Schlucht und wunderschönen Wacholder- und Eichenwald nach Yukarı Gökdere führt. Das ist ein größeres Dorf mit Busverbindungen nach Eğirdir (S. 340).

Anreise zum Startpunkt

Mit dem Bus Sütçüler–Eğirdir geht's zu einer Quelle westlich der Straße, 2 km südlich des Dorfes Sağrak.

Tag 1

Als Erstes geht es über die Straße und dann auf einen Traktorweg in ein Tal runter. Auf der anderen Bachseite wandert man wieder bergauf, dann nach links und genau zum Anfang der Römerstraße, die sich am linken Hang des Tals voraus hochschlängelt (40 Min.). Sie wurde aus riesigen Kalksteinplatten gebaut, die am Rand von einer Steinmauer begrenzt werden. Ca. 2 km sind es bis zum Zentrum von Adada (1¾ Std.). Auf diesem Teil der bestens erhaltenen römischen Straße nach Adada wandelt man buchstäblich auf den Spuren des Apostels Paulus.

Nachdem man die Agora und die Marktanlagen auf der linken Seite bestaunt hat, überquert man die Straße, passiert das Theater links und kraxelt weiter hoch zu einem Pass nördlich der antiken Stätte. Gleich hinter dem Pass führt die Route nach rechts und schräg runter zur Hauptstraße (2¼ Std.).

(Wenn die Erkundung länger gedauert hat, fährt von hier ein Bus oder eine andere Mitfahrgelegenheit nach Sütçüler – s. S. 345. Wer da übernachten will, kann am nächsten Tag zurückkommen und weiterstaunen.)

Jetzt geht's über die Straße und weiter runter zum Flussufer. Dort nach rechts und am Fluss entlang, bis er durch eine kleine Schlucht plätschert (3½–3¾ Std.). Hier ist Klettern angesagt. Es ist durchaus möglich (aber nicht einfach), die komplette Schlucht zu durchqueren, ohne nass zu werden. Aber viel lustiger ist es im Sommer, wenn die Becken zum Rumpaddeln und Baden locken. Die Schlucht endet an einer Brücke (7–7¼ Std.). Hier geht's das linke Ufer hoch bis zu einer Quelle, dann nach rechts, an einem Friedhof vorbei und weit oberhalb des Flusses ins Dorf Sipahiler (8¼–8¾ Std.).

Am besten gleich zur Hauptstraße durchstapfen, wo ein Laden und ein *çay bahçesi* warten. Wanderer können in einem zur Moschee gehörenden Raum übernachten.

Tag 2

Erst geht's wieder zurück, die steile Straße in der Dorfmitte hoch und dann links auf einen Weg in Richtung Pass, der am westlichen Horizont (35 Min.) über die Bäume rausragt. Dann durchs nächste Tal zur Quelle auf der anderen Seite und weiter auf dem Pfad, der nach rechts abdreht und den nächsten Berg hochklettert (1½ Std.). Jetzt führt die Route runter in ein flaches Tal, dann nach links zu einem Feldweg.

Anschließend geht's nach rechts, vorbei an einem Brunnen, zu einer Kiefernschonung (2¼ Std.). Durch die Kiefern läuft man auf ein Tal zu, durch einen Drahtzaun hindurch und zwischen noch mehr Kiefern zu einer riesigen offenen Ebene (2¾ Std.). Auf der linken Seite der Ebene geht's weiter, über einen niedrigen Pass und dann nach rechts, durch ein Waldstück runter zu einer weiteren Ebene. Die überquert man diagonal nach rechts, bevor nach dem nächsten Pass eine Traktorstraße auftaucht. Dann wieder rechts zur dritten Ebene (3¾–4 Std.). Nun folgt man dem Weg zu einer Reihe von Telegrafenmasten. Dort geht's nach links und dann über einen letzten Pass (4½–4¾ Std.). Zum Dorf Serpil unterhalb führt ein gepflasterter Weg. An seinem Ende

geht's nach links und dann auf Wegen um den Hang herum und runter zu den Apfelgärten. Quer durch die Plantagen gelangt man zur Brücke über den Kanal und zur Hauptstraße dahinter (5¼–5¾ Std.). Gegenüber liegt die Tankstelle von Yukarı Gökdere. Hier fahren Busse nach Eğirdir (S. 340).

ROUTENINFOS

Dauer zwei bis drei Tage
Schwierigkeitsgrad leicht
Wegmarkierung ja
Beste Zeit April bis Juni,
September bis November
Nicht vergessen alte Schuhe; Badesachen

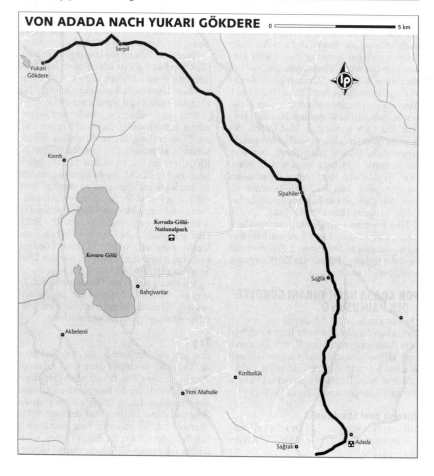

VON ADADA NACH YUKARI GÖKDERE

VON YUKARI KAVRON NACH YAYLALAR – DIE TRANS-KAÇKAR-ROUTE

Die meisten Trekkingrouten im Kaçkar-Gebirge verlaufen oberhalb der Baumgrenze. Die Wege sind gut ausgetreten und nicht zu übersehen. Die Berge sind berühmt-berüchtigt für Stürme und Nachmittagsnebel, v. a. an den Nordhängen. Wenn also mal keine Sicht ist, lieber das Zelt aufschlagen und warten, bis es wieder aufklart. Wasser gibt's überall, und solange weiter oben kein paar Kühe rumspazieren, ist es direkt aus den Bächen trinkbar.

Yukarı Kavron ist ein Sommerdorf an den Nordhängen des Kaçkar-Gebirges (Kaçkar Dağları). Von hier führen steile Wege über den Naletleme-Pass über die Gebirgskette. Nicht selten werden die Pässe erst in der dritten Juliwoche freigegeben. Also am besten schon in Yukarı Kavron checken, ob der Naletleme-Pass begehbar und der Schnee festgetreten ist. Hinter dem Pass geht's direkt flussabwärts nach Yaylalar, dem Ausgangspunkt auf der Südseite. Aber ein kleiner Umweg führt zum spektakulären Basislageplatz des Berges Kaçkar. Seine Besteigung ist hier nicht beschrieben. Zu Saisonbeginn ist hier ohne Steigeisen und Eisaxt nämlich kein sicherer Aufstieg möglich.

Anreise zum Startpunkt

Erst mit einem Dolmuş von Pazar oder Çamlıhemşin nach Ayder fahren und weiter mit einem anderen nach Yukarı Kavron (während der Saison starten mehrere täglich, einer um 9 Uhr früh). Da gibt's ein Café, etwas dürftige Versorgungs- und auch Übernachtungsmöglichkeiten. Die Unterkünfte in Ayder sind besser (s. S. 604).

Tag 1

Aus dem Dorf geht's in östlicher Richtung einen Pfad entlang – erst im Zickzack und dann am rechten Ufer des Nebenflüsschens entlang, das ins steile Çaymakcur-Tal hinunterstürzt. Achtung: Bei dem ständigen Nebel kann der Weg matschig und rutschig sein. Der Pfad führt über den Fluss und überwindet links eine Bergkante (2½ Std.). Auf dem Weg zum kleinen See Büyük Deniz (*deniz* heißt wörtlich übersetzt „Meer") wird's wieder eben. Jetzt geht's vom Pfad runter nach rechts zu dem flachen Zeltplatz am See (3 Std.). Von hier nicht zu sehen, aber nur zehn Minuten bergauf in südlicher Richtung, liegt der winzige Metenek Gölü (Metenek-See). Prima

zum Baden und Zelten, falls der andere Campingplatz voll ist. Für diese Gegend mit ihren saftigen Weiden und Mini-Rhododendren unterhalb der schneebedeckten Berge lohnt es sich, ein bisschen mehr Zeit mitzubringen.

Tag 2

Weiter geht's Richtung Norden, vorbei am Büyük Deniz linker Hand und dann weiter auf dem Pfad zum Pass östlich des Sees (20 Min.). Dann führt die Route durch Serpentinen bergab bis zu dem Flüsschen, das in den See Kara Deniz fließt. Seine Überquerung ist nicht gerade ein Spaziergang – man muss von Felsbrocken zu Felsbrocken hüpfen. Dahinter geht's bergauf (nach Süden) zum Kamm (1¾ Std.). Der Pass ist nun direkt geradeaus, oberhalb einer Felsnase. Jetzt links auf einem gut ausgetretenen Pfad hochklettern – im Zickzackkurs und durch jede Menge Geröll. Wer das hinter sich hat, kommt auf einen weniger steilen, aber nicht minder steinigen Pfad. Dieser führt zum Steinhaufen auf dem schattigen Naletleme-Pass (3203 m), der fast das ganze Jahr über mit Schnee bedeckt ist (4–4¼ Std.). Der Blick von hier oben fällt auf weite, grüne Täler mit abgerundeten Hügelketten im Hintergrund. Rechts erhebt sich der Kaçkar, der sich oft in Wolken hüllt. Der Abstieg verläuft erst im steilen Zickzackkurs, dann über eine Schneefläche und Geröll und weiter – am linken Ufer eines Bachs entlang – ein breites Tal steil runter. Sobald der Weg links nach Yaylalar abbiegt, geht's abwärts, über das Flüsschen Düpedüzü zu einem großen ebenen Zeltplatz mit einer Quelle auf 2750 m Höhe. Das schöne Tal hat denselben Namen (6–6½ Std.).

Tag 3

Jetzt geht's das Tal hinauf, erst auf einen niedrigen Absatz und dann südwestlich in ein breites Tal, das sich bis in den Gebirgskamm des Pişovit schneidet. Der Weg ist ein Ziegenpfad, der unterwegs immer steiler wird und in Haarnadelkurven schräg über den Kamm auf ca. 3100 m Höhe (2¼ Std.) ansteigt. Gleich hinterm Gipfel gibt's eine klasse Aussicht über das Hevek-Tal und die kleinen Steinhäuschen von Nastel (oder Hastal) Yaylası weit darunter. Der schmale Pfad führt nach rechts und oben an einem Ausläufer des Kamms entlang. Manchmal ist er schwer zu erkennen. Am besten so weit oben wie möglich halten, bis der Basislageplatz Dilberdüzü auftaucht – südsüdwestlich und weit unterhalb (3¾–4 Std.).

Direkt voraus liegt der höchste Punkt des Kammabschnitts. Von hier fällt der Weg nach links ab, mit dem Nebenkamm erst auf der rechten, dann auf der linken Seite. Es geht über Geröllfelder und durch eine so üppige Vegetation, dass manchmal gerade noch der Kopf rausguckt.

ROUTENINFOS

Dauer vier Tage
Schwierigkeitsgrad mittel
Wegmarkierung nein
Beste Zeit Mitte Juli bis September
Nicht vergessen wetterfeste Kleidung und Zeltausrüstung, Proviant, Kompass

Dann überquert man das Flüsschen Büyük Çay (5–5¼ Std.) und kraxelt zum Zeltplatz am Fuße der Felsen von Şeytan Kayalar (Satansfelsen; 5½–6 Std.) hoch. Der Zeltplatz reicht für 100 Zelte und ist der beliebteste im Kaçkar-Gebirge, denn von hier starten die Klettertouren auf den 3937 m hohen Kaçkar.

Tag 4

Wie Gold strahlen die Felsen von Şeytan Kayalar in der Morgensonne und Alpendohlen kreischen auf den Klippen. Für den letzten Tag ist nur ein kurzer Marsch angesetzt: das Tal hinunter zum Dorf Yaylalar. Wer will, kann zuerst die Route in westlicher Richtung zum See Deniz Gölü erkunden (1 Std.). Selbst im Juli treiben hier nicht selten Eisberge. Zurück geht's

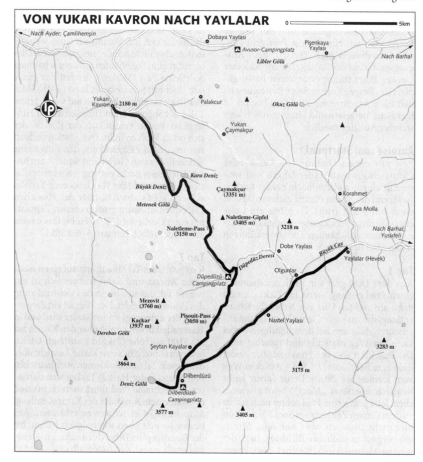

VON YUKARI KAVRON NACH YAYLALAR   0 ⸺ 5km

Nach Ayder; Çamlihemşin
Dobaya Yaylası
Avusor-Campingplatz
Pişenkaya Yaylası
Nach Barhal
Libler Gölü
Yukari Kavron ⊹ 2180 m
Palakcur
Okuz Gölü
Yukan Çaymakçur
Kara Deniz
Büyük Deniz
Çaymakçur (3351 m)
Korahmet
Metenek Gölü
Kara Molla
Naletleme-Gipfel (3405 m)
3218 m
Nach Barhal; Yusufeli
Naletleme-Pass (3150 m)
Dobe Yaylası
Büyük Çay
Yaylalar (Hevek)
Düpedüz Deresi
Olgunlar
Düpedüzü-Campingplatz
Mezovit ▲ (3760 m)
Kaçkar ▲ (3937 m)
Pişouit-Pass (3050 m)
Nastel Yaylası
Derebas Gölü
3283 m
Şeytan Kayalar
3864 m
Dilberdüzü
Deniz Gölü
Dilberdüzü-Campingplatz
3175 m
3577 m
3405 m

NÜTZLICHES ZUM THEMA TREKKING

Bücher & Karten

Aladağlar, von Ömer B Tüzel, Homer Kitabevi (Verleger, auf Türkisch)
Kaçkar Dağları, von Tunç Fındık, Homer Kitabevi (auf Türkisch)
St Paul Trail, von Kate Clow & Terry Richardson, Upcountry
Türkei: Lykischer Weg, von Michael Hennemann, Conrad Stein Verlag
Türkei, Zeitschrift Berge, Ausgabe 1/2007, zu bestellen unter www.berge.de
Walking and Birdwatching in Southwest Turkey, von Paul Hope, Land of Lights

Trekkingveranstalter

Dragoman Turkey (www.dragoman-turkey.com) Trekkingferien v. a. in Lykien, aber auch Paulusweg und Kaçkar-Gebirge.
Middle Earth Travel (www.mountainsofturkey.com, www.middleearthtravel.com) Trekkingferien in Lykien, Paulusweg, Ararat, Ala Dağlar und Kaçkar-Gebirge. Spezielle Reiserouten für Kleingruppen.
TML travel (www.tmltravel.com) Spezialist für Abenteuerurlaub am Paulusweg.
Tempo Tur (www.tempotour.com.tr) Touren/Abenteuerurlaub, v. a. im Kaçkar-Gebirge und in Lykien.
Terra-Anatolia (www.terra-anatolia.com) Selbstgeführte Trekkingtouren mit Anleitung (ohne Führer) in Lykien, auch Kaçkar-Gebirge und Kappadokien.
Türkü Turizm (www.turkutour.com) Unterkünfte und Ferien auf der Nordseite des Kaçkar-Gebirges.
Auch deutschsprachige Trekkingveranstalter sind zahlreich über das Internet zu finden, u. a. auf www.fernwege.de.
Manche Anbieter achten verstärkt auf Umwelt- und Klimaschutz, so z. B. Horizont Tours (www.horizonttours.de).

Ausrüstung

Diese beiden Firmen nehmen Telefon- und Onlinebestellungen an und liefern schnell.
Adrenalin (www.adrenalin.com.tr, auf Türkisch) Laden für Campingausrüstung, mit Versand.
Offshop/Adventure Republic (www.offshop.net, auf Türkisch) Zwei Shops für Ausrüstung, auch Versand.

Trekkingführer & Maultiere

Middle Earth Travel, Terra-Anatolia und Dragoman machen individuelle Reisepläne für Kleingruppen und stellen Trekkingführer. Im Kaçkar-Gebirge werden Maultiere samt Treibern (die auch als Guides arbeiten) von der Çamyuva-Pension in Yaylayar oder in Olgunlar (s. S. 618) vermittelt. Maultiertrekkingrouten starten in Barhal, Yaylalar und Yukarı Kavron.

auf demselben Weg und weiter auf dem Pfad am Südufer des Flüsschens: erst zur *yayla* (ein paar Häuser auf einer Hochlandweide) von Nastel, dann nach Olgunlar (4½–4¾ Std.). In diesem Dorf leben nur zwei oder drei Einwohner das ganze Jahr über. Im Sommer öffnen Pensionen und ein Café, und ab und zu verirrt sich der Minibus nach Yaylalar hierher.

Noch eine weitere halbe Stunde zu Fuß und man ist in Yaylalar (5–5½ Std.) mit einer guten Pension (Çamyuva; s. S. 618) und einem Dolmuş nach Yusufeli (S. 615), von wo es noch mehr Anbindungen gibt.

NOCH MEHR ROUTEN

Die Routen in diesem Kapitel sind nur ein Bruchteil der Wanderungen, die rund um den Lykischen Weg, den Paulusweg und im Kaçkar-Gebirge möglich sind. Oben sind Bücher angegeben, in denen mehr steht. Und auch die-

ser Reiseführer hat noch mehr Infos zu Routen im Kaçkar-Gebirge, s. S. 601 (von Ayder) und S. 616 (von Yusufeli). Aber nicht vergessen: Die schneefreie Saison ist dort kurz.

Der zerklüftete Ala-Dağlar-Nationalpark (S. 565) bei Niğde, berühmt für die großartigen Yedigöller (Sieben Seen), ist ebenfalls ein Spitzenwandergebiet.

Und auch die spektakulären Täler von Kappadokien sind ein Paradies für Wanderer und bieten enorm viele Möglichkeiten, von kurzen Ausflügen bis hin zu acht- oder mehrtägigen Touren. Im Kasten S. 539 steht mehr über Kurztrips und Tourveranstalter wie z. B. Mephisto Voyage (S. 549). Bei längeren Trekkingrouten lohnt sich ein Blick in die oben genannten Bücher.

Upcountry (Turkey) Ltd. (www.trekkinginturkey.com) hat Trekkinginformationen und einen Onlineservice zum Bücherkauf.

İSTANBUL

İstanbul

Es reicht ein Nachmittagsbummel durch İstanbul, um die imposantesten Werke byzantinischer Kunst und Architektur zu bewundern, in die mystische Welt der Serails einzutauchen und sich im Labyrinth des Großen Basars zu verlaufen. An fast jeder Ecke ist ein Vermächtnis des Osmanischen Reiches zu entdecken: Moscheen, Hamams (Bäder), Paläste und Brunnen. In den *meyhanes* (Kneipen) herrscht *rakı*-seliges Gedränge mit Gesang und Tanz, in Nobelrestaurants genießen Einheimische in Prada-Klamotten Fusion-Küche, im *çay bahçesi* (Teegarten) entspannen anatolische Männer bei einer Wasserpfeife, und an den Brunnen vor den Moscheen waschen sich Gläubige, die dem melodischen Ruf des Muezzins zum Gebet folgen.

Unter der Oberfläche erweist sich İstanbul jedoch als Stadt krasser Gegensätze: Die ausufernde Metropole ringt mit der wachsenden Kluft und den Spannungen zwischen Arm und Reich sowie zwischen den westlich und östlich orientierten Einwohnern. Der permanente Strom von Zuwanderern aus Anatolien und noch weiter entlegenen Landesteilen lässt die Stadt aus allen Nähten platzen. Nur die Gutbetuchten leben am Bosporus und genießen dessen romatisches Getümmel als Kulisse ihres Alltagslebens. Die meisten İstanbuler wohnen in stickigen Betonkästen in Vororten fernab der Küste. Sie kriegen unter der Woche von İstanbuls Schokoladenseite nicht viel mit. Gerade mal sonntags treffen sie sich mit ihren Familien zum Picknick unter den Bäumen am Hippodrom. Aber all diese Spannungen und Kräfte machen İstanbul nur umso lebendiger und reizvoller.

İstanbul spiegelt in gewissem Sinne die Spannungen der gesamten Welt wider. Aber diese sozialen Herausforderungen sind Teil einer der geschichtsträchtigsten, schönsten und lebendigsten Städte der Welt: einer Stadt, wie es sie einfach kein zweites Mal gibt.

HIGHLIGHTS

- Eines der großartigsten Bauwerke der Welt bestaunen: die **Hagia Sophia** (S. 110)
- In İstanbuls Ess- und Partymeile **Nevizade Sokak** (S. 154) feiern
- Die byzantinischen Mosaiken und Fresken im **Kariye Müzesi** (S. 133) bewundern
- Den majestätischen **Bosporus** (S. 136) bei einer Schiffsrundfahrt erleben
- Sich in den **Großen Basar** (S. 122) stürzen und sich in diesem Shopping-Mekka verirren
- Die Geheimnisse des Harems im opulenten **Topkapı-Palast** (S. 116) erkunden
- Fürstlich speisen und shoppen in der quirligen **İstiklal Caddesi** (S. 127), dem Herzen des modernen İstanbul

Wenn man nur einen einzigen Blick auf die Welt werfen könnte, sollte man sich İstanbul ansehen.
Alphonse de Lamartine

GESCHICHTE
Byzanz

Die erste historisch bedeutsame Siedlung gründete an dieser Stelle ein Kolonist aus Megara namens Byzas. Bevor er sich in Grie-

---

İSTANBUL IN …

… zwei Tagen

Der Tag fängt in der **Blauen Moschee** (S. 112) und ihrer ehrwürdigen Nachbarin, der **Hagia Sophia** (S. 110) an. Anschließend locken die feuchten Tiefen der **Basilikazisterne** (S. 115). Auf dem Divan Yolu geht's weiter zum **Großen Basar** (S. 122). Hier gibt's erst mal eine wohlverdiente Mittagsrast im **Havuzlu Restaurant** (S. 152). Als Nächstes steht Shoppen auf dem Programm: Wer hier kein tolles Souvenir findet, hat sich nicht richtig angestrengt! Gemächlich führt der Bummel Richtung Norden durch das quirlige Händlerviertel Tahtakale. Am Ufer des Goldenen Horns in Eminönü wartet der historische **Gewürzbasar** (S. 125) mit Kostproben aller erdenklichen Leckereien. Sie machen hungrig auf das Nationalgericht bei **Hamdi Et Lokantası** (S. 150): Die Kebaps sind hier ebenso beeindruckend wie der Panoramablick. Nach dem Abendessen geht's zurück zur Blauen Moschee. Hier klingt der Tag entspannt im **Café Meşale** (S. 156) mit einer *nargileh* (Wasserpfeife), Volksmusik und tanzenden Derwischen aus.

Der zweite Tag gehört dem **Topkapı Sarayı** (S. 116) und dem **Archäologischen Museum von İstanbul** (S. 121). Für den Palast sollte man mindestens vier Stunden einplanen. Zum Mittagessen bietet sich die Terrasse im **Konyalı Restaurant** (S. 150) mit herrlicher Aussicht an. Vom Ersten Hof des Palasts geht's anschließend den Hang runter ins Museum. Zum Abendessen überquert man die Galatabrücke ins kosmopolitische Beyoğlu. Nach einem Bummel über die **İstiklal Caddesi** (S. 127) hat man sich eine *meze*-Parade mit den Einheimischen auf der Partymeile **Nevizade Sokak** (S. 154) verdient.

… vier Tagen

Am dritten Tag steht eine Rundfahrt mit dem Ausflugsschiff von Eminönü durch den **Bosporus** (S. 136) auf dem Programm. Abends lässt man sich in einem **Hamam** (S. 141) verwöhnen: Osmanisches Ambiente pur bieten Cağaloğlu und Çemberlitaş. Der vierte Tag fängt mit einem Abstecher in die westlichen Viertel Stambuls an: Hier ist das Highlight das **Kariye Müzesi** (S. 133) mit ungewöhnlich schönen byzantinischen Mosaiken und Fresken. Nachmittags geht's zurück nach Sultanahmet: Nach dem beeindruckenden **Museum für türkische und islamische Kunst** (S. 114) führt ein Bummel durch den **Arasta-Basar** (S. 114) zum **Mosaikenmuseum** (S. 113). Abends geht's zum Fischessen mit den Powerbrokern der Stadt zu **Balıkçı Sabahattin** (S. 150) oder zu appetitlichen *köfte* zu **Tarihi Sultanahmet Köftecisi Selim Usta** (S. 151). Anschließend lässt man den Tag mit einem Drink beim Panoramablick über die funkelnden Lichter der Stadt im **Hotel Arcadia** (S. 147) ausklingen.

… einer Woche

Am fünften Tag geht's vormittags nach Beyoğlu in das Kunstmuseum **İstanbul Modern** (S. 127) und/oder zum **Dolmabahçe-Palast** (S. 128). Zum Mittagessen bieten sich das **Leb-i Derya** (S. 154) oder das **360** (S. 154) auf der İstiklal Caddesi an: beides ultramoderne Lokale mit umwerfender Aussicht. Anschließend kann man shoppen bis zum Umfallen. Wenn die Kraftreserven nachlassen, gibt's in der wunderbaren **Patisserie Markiz** (S. 155) Nachschub an Kaffee und süßen Köstlichkeiten. Zum Abendessen hat Beyoğlu eine riesige Auswahl an Restaurants zu bieten. Am sechsten Tag lockt wieder das Wasser: Dieses Mal nimmt man die Fähre zu den Prinzeninseln (S. 172). Bei einer langen, erholsamen Wanderung durch die idyllischen Ferienorte lässt sich ein köstliches Fischessen gut abarbeiten. Der letzte Tag fängt an einem der meistverehrten Bauwerke der Stadt los, der prachtvollen **Süleymaniye Camii** (S. 123), und endet im asiatischen Teil der Stadt mit einem Bummel durch Kadıköy, wo İstanbuls westlich orientierte Jugend zu Hause ist.

chenland aufmachte, befragte er das Orakel von Delphi, wo er seine neue Kolonie gründen sollte. Er bekam die rätselhafte Antwort: „gegenüber von den Blinden". Als Byzas und seine Leute 657 v. Chr. durch den Bosporus segelten, sahen sie am asiatischen Ufer die kleine Kolonie Chalcedon (heute Kadıköy). Und gegenüber am europäischen Ufer entdeckten sie das Goldene Horn, das einen genialen natürlichen Hafen hergab. Für sie stand fest: die Leute in Chalcedon mussten blind sein. Also ließen sie sich am gegenüberliegenden Ufer in dem Dorf Lygos nieder und nannten ihre neue Stadt Byzantion (Byzanz).

Später unterstellte Byzanz sich dem Schutz Roms und kämpfte jahrhundertelang an der Seite des Römischen Reichs. In einem Bürgerkrieg stellte die Stadt sich schließlich auf die falsche Seite. Der Sieger, Septimius Severus, ließ die Stadtmauern schleifen und erkannte ihr 196 n. Chr. das Stadtrecht ab. Der anschließend neu erbauten Stadt verpasste er den Namen Augusta Antonina.

Konstantinopel

Ein weiterer Machtkampf innerhalb des Römischen Reiches entschied über das Schicksal der Stadt für die nächsten 1000 Jahre. Kaiser Konstantin trieb seinen Rivalen Licinius nach Augusta Antonina und über den Bosporus nach Chrysopolis (Üsküdar). Dort besiegte er ihn 324. Als Konstantin seine Macht gefestigt hatte, ernannte er die Stadt zum „Neuen Rom", baute sie erheblich aus und machte sie zur Hauptstadt seines Reiches. Die Einweihung fand 330 mit großem Pomp statt.

Nur sieben Jahre später starb Konstantin im Jahr 337. Unter den nachfolgenden Kaisern wuchs die Stadt weiter. Theodosius I. („der Große") ließ am heutigen Beyazıt-Platz ein prachtvolles Forum errichten. Und sein Sohn, Theodosius II., zog 413 zum Schutz gegen Attilas marodierende Hunnentruppen die Landmauern hoch. Ein Erdbeben zerstörte sie 447. In aller Eile wurden sie in nur zwei Monaten wieder aufgebaut und umgeben bis heute die Altstadt.

Theodosius starb 450. Eine Reihe von sechs Kaisern folgten ihm auf den Thron. Der letzte von ihnen war Justin, der Onkel des Mannes, der als einer der berühmtesten byzantinischen Kaiser in die Geschichte eingehen sollte: Kaiser Justinian (regierte 527–65). Drei Jahre vor seiner Thronbesteigung hatte Justinian Theodora geheiratet, eine taffe ehemalige

Kurtisane. Gemeinsam schmückten sie Konstantinopel mit weiteren Prachtbauten aus wie z. B. die berühmten Hagia Sophia (Aya Sofya) im Jahr 537. Justinians ehrgeizige Bauprojekte und ständige Rückeroberungskriege leerten seine Schatzkammern komplett und machten sein Reich fertig. Nach seiner Regentschaft erholte sich Byzanz nie wieder richtig.

Es sind heute noch viele Überbleibsel des alten Konstantinopel zu sehen: Kirchen, Paläste, Zisternen und das Hippodrom. Es ist erheblich mehr erhalten geblieben, als vielen klar ist. Wo auch immer gebuddelt wird, kommen alte Straßen, Mosaiken, Tunnel, Wasser- und Abwasserleitungen, Häuser und öffentliche Bauten zutage, die unter dem modernen Stadtzentrum begraben liegen.

DIE TÜRKISCHE EROBERUNG

Der osmanische Sultan Mehmet II., genannt Fatih (der Eroberer), kam 1451 an die Macht und machte sofort Edirne zu seiner Hauptstadt. Von dort wollte er sich die einst so bedeutende Stadt unter den Nagel reißen.

In vier Monaten ließ Mehmet Rumeli Hisarı bauen, die große Festungsanlage am europäischen Ufer des Bosporus. Außerdem setzte er Anadolu Hisarı instand, jene Festung, die sein Urgroßvater Beyazıt I. ein halbes Jahrhundert zuvor erbaut hatte. Mit diesen beiden Festungen konnte er die schmalste Stelle der Meerenge kontrollieren.

Die Byzantiner hatten die Mündung des Goldenen Horns mit einer schweren Kette abgesperrt, um zu verhindern, dass osmanische Schiffe dort eindrangen und die Stadtmauern von Norden angriffen. Aber Mehmet ließ sich davon nicht abschrecken. Er sammelte seine Flotte in einer Bucht (wo heute der Dolmabahçe-Palast steht) und transportierte sie nachts auf Rollwagen über Land: das Tal hinauf (am heutigen Hilton Hotel) und auf der anderen Seite bei Kasımpaşa zum Goldenen Horn wieder runter. Die byzantinischen Verteidigungskräfte waren völlig überrascht, und so brachte er das Goldene Horn bald unter seine Kontrolle.

Das letzte große Hindernis waren die mächtigen Mauern an der Westseite. Mehmet befeuerte sie heftig mit seinen Kanonen, was ihnen arg zusetzte. Aber über Nacht bauten die Byzantiner die Mauern immer wieder auf. Bei Tagesanbruch konnte der stürmische junge Sultan dann wieder von vorn anfangen. Schließlich bekam er ein Angebot von dem ungarischen Kanonengießer Urban. Dieser war ursprünglich gekommen, um dem byzantinischen Kaiser zu helfen, das Christentum gegen die „Ungläubigen" zu verteidigen. Als er aber feststellen musste, dass der byzantinische Kaiser blank war, bot Urban Mehmet an, ihm die größte Kanone zu machen, die er je gesehen habe. Mehmet nahm an. Die mächtige Kanone schlug eine tiefe Bresche in die Landmauer und die Osmanen drangen in die Stadt ein. Am 28. Mai 1453 fiel der Startschuss zur Entscheidungsschlacht. Und am Abend des 29. Mai hatten die Türken die Stadt unter ihre Kontrolle gebracht. Der letzte byzantinische Kaiser, Konstantin XI. Dragases, fiel im Kampf um die Landmauern.

İstanbul

DAS OSMANISCHE REICH

Mehmet der Eroberer sah sich als Nachfolger Konstantins, Justinians und der anderen großen Kaiser. Gleich nach der Einnahme Konstantinopels ging er daran, die Stadt wiederaufzubauen und neu zu besiedeln. Die Landspitze Saray Burnu (Serailspitze) suchte er sich als Standort für seinen prächtigen Palast, Topkapı Sarayı, aus. Die Theodosianischen Landmauern ließ er instandsetzen und verstärken. Schon bald wurde İstanbul zum Verwaltungs-, Handels- und Kulturzentrum seines wachsenden Reiches.

Mehmets Nachfolger machten fleißig mit dem Bauen weiter. Süleyman der Prächtige schuf mit seinem Architekten Sinan, dem größten der islamischen Welt, mehr Bauwerke als jeder andere Sultan. In der ganzen Stadt schossen Bauten im Auftrag des Sultans und seiner Familie, des Hofes und der Großwesire aus dem Boden. Aus dieser Zeit stammt die Süleymaniye Camii (1550), die größte Moschee der Stadt. Spätere Sultane ließen ebenfalls Moscheen errichten. Im 19. Jh. entstanden schließlich lauter schicke Paläste am Ufer des Bosporus, u. a. Dolmabahçe Sarayı.

Als das Osmanische Reich sich über den Nahen Osten, Nordafrika und halb Osteuropa ausbreitete, entwickelte İstanbul sich zu einem sagenhaften Schmelztiegel unterschiedlichster Völker. Auf den Straßen war Türkisch, Griechisch, Armenisch, Ladinisch, Russisch, Arabisch, Bulgarisch, Rumänisch, Albanisch, Italienisch, Französisch, Deutsch, Englisch und Maltesisch zu hören.

Mit dem Niedergang des Osmanischen Reichs ging es jedoch auch mit dieser Weltstadt bergab. Ihre Blütezeit hatte sie zu Süleymans Zeit erlebt. Bis ins 19. Jh. verlor İstanbul viel von seinem früheren Glanz. Aber auch weiterhin galt es als „Paris des Ostens". Dies bekräftigte nicht zuletzt die erste internationale Luxusbahnlinie, der berühmte *Orient Express,* der İstanbul mit der französischen Hauptstadt verband.

TÜRKISCHE REPUBLIK & GEGENWART

Nach dem Ersten Weltkrieg führte Mustafa Kemal (Atatürk) seinen nationalen Befreiungskrieg von Ankara aus. Als er dann die Türkische Republik gründete, beschloss Atatürk, das imperiale Erbe İstanbuls hinter sich zu lassen. Er verlegte den Sitz seiner neuen Regierung nach Ankara, das durch seine Lage im Binnenland nicht von Kriegsschiffen bedroht werden konnte. İstanbul war jetzt nicht mehr Hauptstadt eines riesigen Reichs und verlor viel von seinem Reichtum und Glanz.

Seit den 1990er-Jahren erlebt İstanbul jedoch eine Renaissance. Der öffentliche Nahverkehr wurde verbessert, ein Tunnel unter dem Bosporus ist gerade im Bau, und neue Parkanlagen säumen die Ufer. Als İstanbul zur Europäischen Kulturhauptstadt des Jahres 2010 ausgewählt wurde, ging man begeistert ans Planen weiterer ehrgeiziger Projekte. So sollen die Uferbereiche von Sirkeci und Saray Burnu saniert werden, auf der Landspitze soll wieder ein Park entstehen und die Uferstraße soll unter die Erde verlegt werden.

Auch in Sachen Kultur macht sich İstanbul. In Beyoğlu haben die alten schäbigen Spelunken schicken Cafés, Bars und Ateliers Platz gemacht, die den Stadtteil zum neuen Künstlerviertel machen. Das neu eröffnete Museum İstanbul Modern am Bosporus präsentiert der Welt zeitgenössische türkische Kunst, und an der quirligen İstiklal Caddesi in Beyoğlu eröffnet wie es scheint jede Woche eine neue Galerie. Die Livemusikszene der Stadt boomt und macht İstanbul zum Inbegriff kreativer, lebendiger Musik mit ultimativem Ost-West-Touch.

Die Türkei untermauert ihren Wunsch, der EU beizutreten, dadurch, dass sich ihr geliebtes İstanbul heute wieder als eine kosmopolitische, weltoffene Stadt präsentiert. Sie zeigt, dass sie einen Platz unter den wirklich großen Metropolen der Welt beanspruchen kann.

ORIENTIERUNG

Der Bosporus, die Meerenge zwischen Schwarzem Meer und Marmarameer, trennt Europa von Asien. An der Westküste erstreckt sich das europäische İstanbul. Es wird durch das Goldene Horn (Haliç) geteilt in das alte Stambul im Süden und Beyoğlu im Norden.

Sultanahmet ist das Herz des alten Stambul. Hier sind die meisten berühmten Sehenswürdigkeiten der Stadt zu finden wie die Blaue Moschee, die Hagia Sophia oder der Topkapı Sarayı. Das angrenzende Viertel mit Hotels aller Preisklassen heißt eigentlich Cankurtaran. Aber die meisten verstehen einen, wenn man nach „Sultanahmet" fragt.

Durch Sultanahmet verläuft der berühmte Boulevard Divan Yolu. An ihm liegt der Große Basar. Nördlich davon erhebt sich die Süleymaniye Camii auf einem der sieben Hügel der Altstadt. Unterhalb des Basars erstreckt sich das Goldene Horn, an dem der belebte Verkehrsknotenpunkt Eminönü liegt.

Von Eminönü führt die Galatabrücke hinüber nach Beyoğlu am Nordufer des Goldenen Horns. Hier gibt's die besten Restaurants, Geschäfte und Nachtclubs der Stadt. Zentrum des „modernen" İstanbul ist der Taksimplatz.

Nördlich vom Taksimplatz liegen İstanbuls Nobelviertel Nişantaşı und Teşvikiye. Die begehrtesten Immobilien stehen am europäischen Bosporusufer. Viele Einheimische wohnen allerdings lieber auf der asiatischen Seite: Sie bietet billigere Wohnungen und einen höheren Lebensstandard. Üsküdar und Kadıköy sind die beiden quirligsten Viertel auf asiatischer Seite. Zu erreichen sind sie mit der Fähre von Eminönü oder über die Bosporusbrücke.

İstanbuls *otogar* (Fernbusbahnhof) befindet sich in Esenler, ca. 10 km westlich vom Stadtzentrum. Hauptflughafen der Stadt ist der Atatürk International Airport in Yeşilköy, 23 km westlich von Sultanahmet. Der kleinere Flughafen Sabiha Gökçen International Airport liegt 50 km südöstlich. Die beiden Hauptbahnhöfe sind Haydarpaşa nahe Kadıköy auf asiatischer Seite und Sirkeci in Eminönü. Das wird sich allerdings ändern, sobald das Marmaray-Projekt in Betrieb genommen wird (s. S. 169). Wie diese Verkehrsknotenpunkte zu erreichen sind s. S. 165 und S. 169.

Stadtpläne

Einen Stadtplan von İstanbul gibt's kostenlos in verschiedenen Sprachen bei den Touristeninformationen. Er ist genauso gut wie die vor Ort verkauften Stadtpläne. Detaillierte Angaben und sämtliche kleinen Seitenstraßen sind zu finden in *Sokak Sokak İstanbul* (*İstanbul Street by Street*; 15 €), erhältlich bei **Azim Dağıtım** (Karte S. 102/103; ☎ 0212-638 1313; Klodfarer Caddesi 6, Sultanahmet; ☾ Mo–Sa 9–19 Uhr) oder bei **İstanbul Kitapçısı** (s. unten).

PRAKTISCHE INFORMATIONEN
Buchläden

Bücherfreunde lockt es sicher auf den **Bücherbasar** (Karte S. 104/105; Sahaflar Çarşısı, Beyazıt) in einem schattigen Hof westlich vom Großen Basar. Er stammt noch aus byzantinischer Zeit. In Beyoğlu ist das Angebot antiquarischer Bücher (teils in Englisch) **Aslıhan Pasaji** (Karte S. 106/107; Balık Pazar, Galatasaray) derart gigantisch, dass man ewig auf den zwei Etagen zubringen könnte.

Die bestsortierten Buchhandlungen İstanbuls sind in oder nahe der İstiklal Caddesi in Beyoğlu zu finden. Einen Besuch lohnen:

Galeri Kayseri (Karte S. 102/103; ☎ 0212-512 0456; Divan Yolu 11 & 58, Sultanahmet; ☾ 9–21 Uhr) führt fremdsprachige Belletristik und Bildbände über İstanbul; die Filiale gleich gegenüber hat fast das gleiche Sortiment.

Homer Kitabevi (Karte S. 106/107; ☎ 0212-249 5902; Yeni Çarşı Caddesi 28, Galatasaray, Beyoğlu; ☾ Mo–Sa 10–19.30, So 12.30–19.30 Uhr) Konkurrenzlos große Auswahl an türkischer Belletristik und Sachbüchern: alles von Sufismus und Islam bis hin zu Kurden- und Armenierfragen. Außerdem gibt's hier Kinderbücher.

İstanbul Kitapçısı (Karte S.106/107; ☎ 0212-292 7692; İstiklal Caddesi 379, Beyoğlu; ☾ Mo–Sa 10–18.45, So 12–18.45 Uhr) Dieser staatliche Buchladen führt fremdsprachige Bücher über İstanbul, eine große Auswahl an Straßenkarten und Musik und die billigsten Bücher der Stadt (0,55 bis 3,50 €).

Linda's Book Exchange (Karte S. 106/107; Şehbender Sokak 18, Tünel, Beyoğlu; ☾ Mo–Fr 17–19 Uhr) Nur kurze Öffnungszeiten hat die gemütliche Bücherstube ohne Ladenschild. Sie ist hinter der ersten Tür links im Gebäude und gehört Linda, die schon lange in der Türkei lebt.

Natural Book Exchange (Karte S. 102/103; ☎ 0212-517 0384; Akbıyık Caddesi 31, Sultanahmet; ☾ 8.30–20 Uhr) In der passablen Auswahl antiquarischer Bücher sind hier und da Kostbarkeiten zu finden. Man kann tauschen oder kaufen.

Robinson Crusoe (Karte S. 106/107; ☎ 0212-293 6968; İstiklal Caddesi 389, Beyoğlu; ☾ Mo–Sa 9–21.30, So 10–21.30 Uhr) Die große Auswahl fremdsprachiger Romane und Bücher über İstanbul steht der von Homer Kitabevi kaum nach.

(Fortsetzung auf Seite 109)

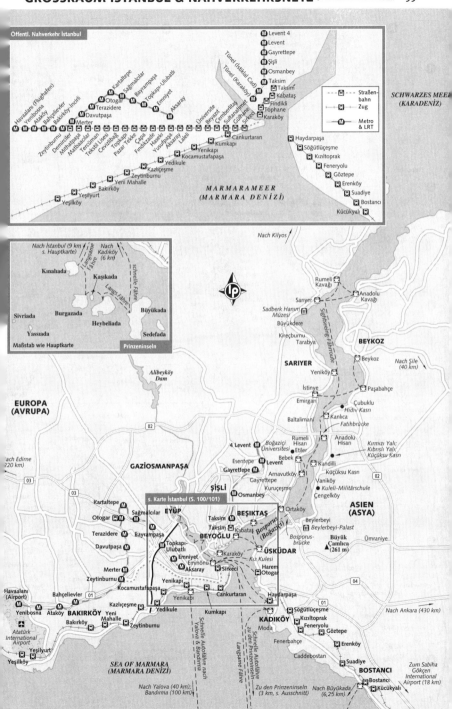

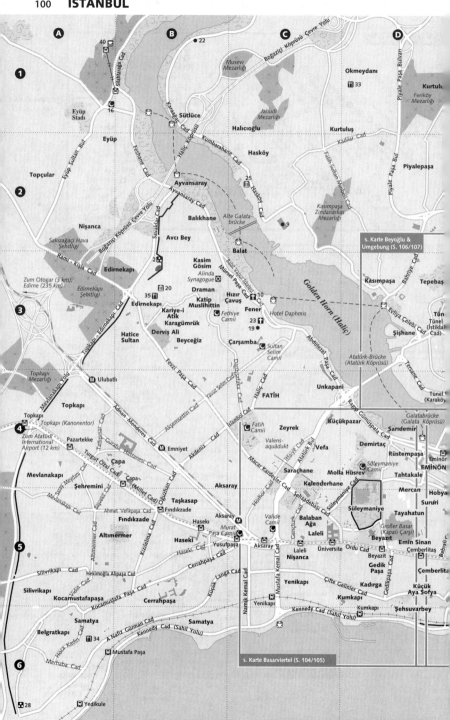

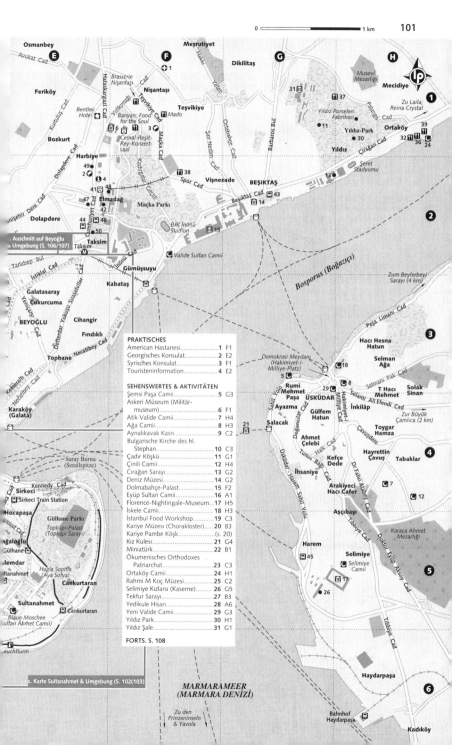

PRAKTISCHES

SEHENSWERTES & AKTIVITÄTEN

FORTS. S. 108

MARMARAMEER (MARMARA DENİZİ)

s. Karte Sultanahmet & Umgebung (S. 102(103)

Auschnitt auf Beyoğlu & Umgebung (S. 106/107)

Bosporus (Boğaziçi)

Zu den Prinzeninseln & Yavola

Zum Beylerbeyi Sarayı (4 km)

Zu Laila; Reina Crystal

Zur Büyük Çamlıca (2 km)

0 ——— 200 m

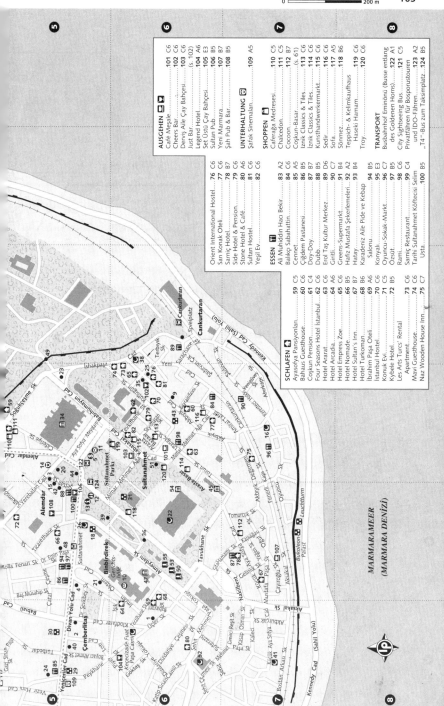

MARMARAMEER
(MARMARA DENİZİ)

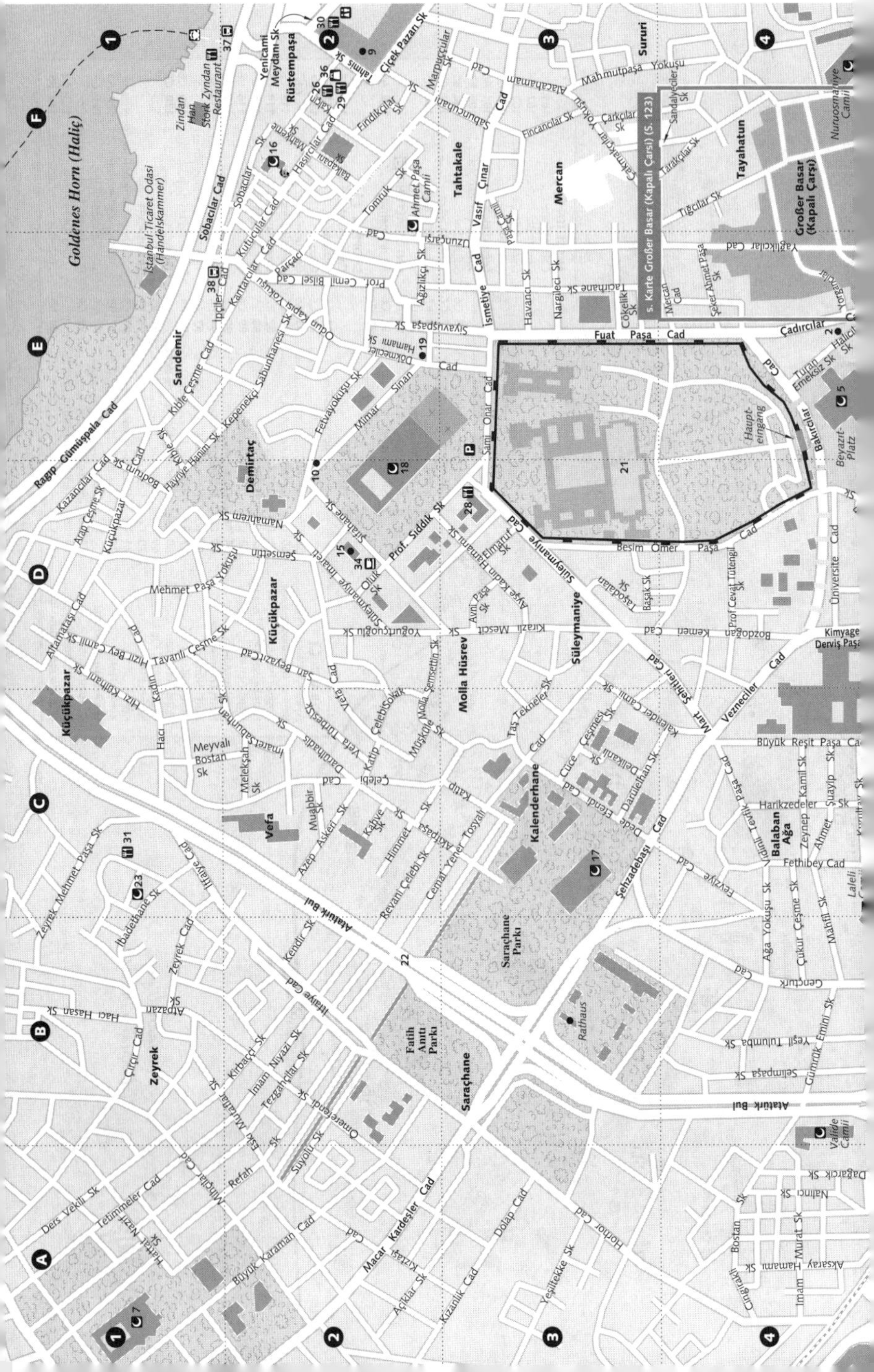

Goldenes Horn (Haliç)

Yenicami
Meydam Sk
Zindan
Hanı
Restaurant
Stok Zindanı
İstanbul Ticaret Odası
(Handelskammer)
Sobacılar Cad
Sandemir
Rağıp Gümüşpala Cad
Küçükpazar
Zeyrek
Vefa
Saraçhane
Fatih Anıtı Parkı
Atatürk Bul
İtfaiye Cad
Macar Kardeşler Cad
Küçükpazar
Demirtaş
Mercan
Tahtakale
Rüstempaşa
Süleymaniye
Molla Hüsrev
Kalenderhane
Saraçhane Parkı
Rathaus
Fuat Paşa Cad
Besim Ömer Paşa
Sururi
Tayahatun
Großer Basar (Kapalı Çarşı)
Çadırcılar
Beyazıt Platz
Haupteingang
Büyük Reşit Paşa Cad
Kimyage Derviş Paşa
Nuruosmaniye Camii
Çiçek Pazarı Sk
Ahmet Paşa Camii
Çarşıkapı
s. Karte Großer Basar (Kapalı Çarşı) (S. 123)
Valide Camii

Atatürk Bul

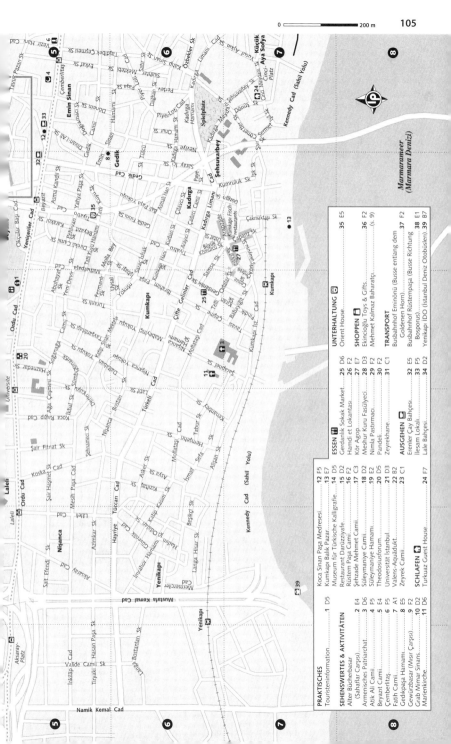

0 ⸻ 200 m

PRAKTISCHES
Touristeninformation....1 D5

SEHENSWERTES & AKTIVITÄTEN
Alter Bücherbasar
(Sahhaflar Çarşısı)....2 E4
Armenisches Patriarchat....3 D6
Atik Ali Camii....4 F5
Beyazıt Camii....5 E4
Çemberlitaş....6 F5
Fatih Camii....7 A1
Gedikpaşa Hamamı....8 E5
Gewürzbasar (Mısır Çarşısı)....9 F2
Grab Mimar Sinans....10 D2
Marienkirche....11 D6
Koca Sinan Paşa Medresesi....12 F5
Kumkapı Balık Pazarı....13 E7
Museum für Türkische Kalligrafie....14 D5
Restaurant Darüzziyafe....15 D2
Rüstem Paşa Camii....16 F2
Şehzade Mehmet Camii....17 C3
Süleymaniye Camii....18 D2
Süleymaniye Hamamı....19 E2
Theodosiusforum....20 D5
Universität Istanbul....21 D3
Valens-Aquädukt....22 B2
Zeyrek Camii....23 C1

SCHLAFEN
Turkuaz Guest House....24 F7

ESSEN
Gerdanlık Sokak Market....25 D6
Hamdi et Lokantası....26 F2
Kör Agop....27 E7
Meshur Kuru Fasulyeci....28 D3
Nimia Pastırmacı....29 F2
Pandeli....30 F2
Zeyrekhane....31 C1

AUSGEHEN
Erenler Çay Bahçesi....32 E5
İlesam Lokali....33 F5
Lale Bahçesi....34 D2

UNTERHALTUNG
Orient House....35 E5

SHOPPEN
Ekincioğlu Toys & Gifts....36 F2
Mehmet Kalmaz Baharatçı....(s. 9)

TRANSPORT
Busbahnhof Eminönü (Busse entlang dem
Goldenen Horn)....37 F2
Busbahnhof Rüstempaşa (Busse Richtung
Bosporus)....38 E1
Yenikapı IDO (Istanbul Deniz Otobüsleri)....39 B7

A **B** **C** **D**

1

Paşa Yokuşu Sk
Avuk Cad
Tahtakadı Sk
Hatun Sk
Bayramyeri Sk
Sürücü Çeşme
Emin Sk
Humbaşı Cad
Balık Sk
Durak Sk
Kapıcı Sk

Arbası Sk
Kızılay Meydanı
Değirmen Cad
Cad
Aynalı Çeşme Cad
Işık Sk
Çık
Ardan Sk
Galatasa Platz

Kasap Zekeriya Sk
Derebopu Cad
Turşucu Bayram Sk
K. Bostanı Sk
Şişhane Firını Sk
Meydanı Sk
Meşrutiyet Cad
Haçapulo Sk
76

Hoca Ahmet Sk
Başhane Sk
Potikler Sk
Neva Sk
Aşıklar Sk
Kasımpaşa Stadı
69
Kallavi Sk
36

2

Tabakhane Sk
Başhane Aralığı
Çivici Sk
Refik Saydam Cad
Tepebaşı
Kirche des Antonio v Padua

Çay Damlık Sk
Demir Cad
Bülent Sk
Arkan Sk
Tatlı Sk
Tepebaşı Cad
Tepebaşı Parkı
43
10
101
16
8
12

Kasımpaşa

Bahriye Cad
Hayriti Sk
Akarca Sk
Batyoz Sk
Piremeci Sk
37
90
104
91

Havuz Kapısı Cad
Tatlı Sk
Tepebaşı Sk
20
Asmalımescit Cad
Gönül Sk
71
Postacı Sk

3 Nach Fener Kasımpaşa
Hasan Paşa Parkı
Havuzbaşı Değirmen Sk
Anbar Arkası Sk
Avni Sk
Lobut Sk
Koydu Sk
Asmalımescit
11
66
87
45
64
44
17

Nach Eminönü
Şimal Sk
Ali Baba Sk
Minare Sk
Jurnal Sk
108
Sofalı Çeşme Sk
Tünel
Sombol Sk
68
57
73
100
77
105
29
Tünel (İstiklal Cad)
61
Kumbaracı

Goldenes Horn (Haliç)

Evliya Çelebi Cad
Paşa Çıplağı Sk
Şişhane
Bedrettin Sk
Mücellit Sk
Negris Sk
Şahkulu Bostanı Sk

4
Yolcuzade İskender Cad
Şişhane Sk
Şişhane-Platz
Büyük Hendek Sk
Küçük Hendek Sk
İlk Belediye Cad
Galipdede Cad
Serdarı Ekrem Sk
Hoca Dilek Sk
48

Tunçuk Sk
Dik Sk
Olcu Musa Cad
Neve Shalom Synagoge
53
Çamekan Sk
Tatlı Beyi Sk
Ali Hoca Aralığı Sk
Lüleci Hendek Sk

5 Atatürk-Brücke
Azapkapı Sokollu Mehmet Paşa Camii & Brunnen
Yolcuzade Sk
Harput Sk
Mürver Sk
Yanıkkapı Sk
Şair Ziya Paşa Sk
Lüleci Çeşme Sk
Galata Kulesi Sk
27
34
96
41
40
Ateşeyik Synagoge
Kemankeş Cad
Müeyyide Cad

 Atatürk Köprüsü
Büğülü Sk
Tersane Cad
Hoca Hanım Sk
Mahmut Sk
Arap Camii
Voyvoda Cad
Kart Çınar Sk
Midilli Sk
Banker Sk
Yüksek Kaldırım Cad
Hoca Tahsin Sk
38
59

6
Yağ İskelesi Cad
Yemeniciler Cad
Sırmalı Nafe Sk
Samur Sk
Pergende Sk
Bakır Sk
Zindan Han Sk
Perçemli Sk
Beşiktaşlık Sk
Tünel (Karaköy)
Evren Cad
Yüzbaşı Sabahattin Evren Cad
Karaköy Cad
Necatibey Cad
Gümrük Sk
Karaköy (Galata)

Nach Eminönü
Fermeneciler Sk
14
Karaköy-Platz
Fischmarkt Karaköy
Fähren nach Üsküdar
Fähren nach Kadıköy
Rıhtım Cad

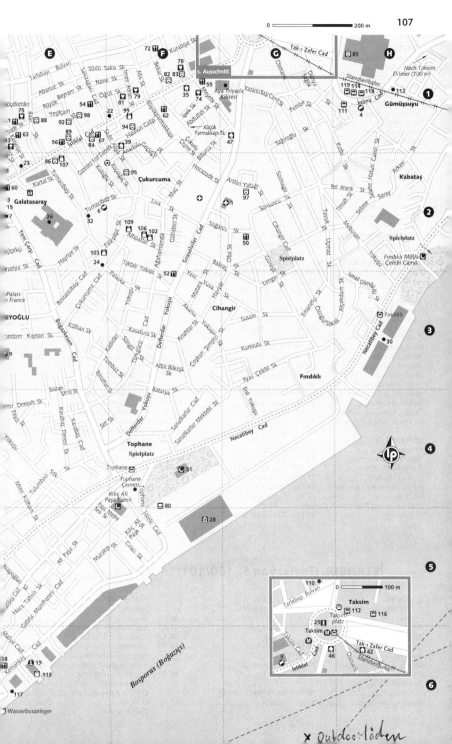

İSTANBUL (Forts. von S. 100/101)

(Fortsetzung von S. 98)

Geld

Überall in İstanbul gibt's Geldautomaten, besonders praktisch liegen die an der Aya Sofya Meydanı in Sultanahmet (Karte S. 102/103) und an der İstiklal Caddesi in Beyoğlu.

Die Wechselstube *(döviz bürosu)* in der Ankunftshalle des Atatürk International Airport hat 24 Stunden geöffnet und bietet ähnliche Kurse wie die Wechselstuben in der Stadt. Noch mehr Wechselstuben sind am Divan Yolu in Sultanahmet, nahe am Großen Basar und um den Sirkeci-Bahnhof in Eminönü zu finden.

Internetzugang

Internetcafés gibt's in İstanbul überall. Die Folgenden haben ADSL-Zugänge, Englisch sprechendes Personal und nehmen 2 € pro Stunde:

Internetcafé Anatolia (Karte S. 102/103; İncili Çavuş Sokak 37/2, Sultanahmet; 9–21 Uhr) Freundliches Nichtrauchercafé, leider nicht mit den schnellsten Internetzugängen.

Internetcafé Otantik (Karte S. 102/103; Alayköşkü Caddesi 2/B, Sultanahmet; 9–24 Uhr) Nichtrauchercafé mit Internetzugängen und Druckern.

Internetcafé Robin Hood (Karte S. 106/107; Yeni Çarşı Caddesi 24/4, Galatasaray; 9–23.30 Uhr) Gegenüber vom Galatasaray-Gymnasium im 3. OG; rauf geht's über eine steile Treppe.

Wi-fi-Zugang gibt's im internationalen Terminal am Atatürk International Airport und im **Sultan Pub** (Karte S. 102/103; Divan Yolu Caddesi 2, Sultanahmet; 3,50 € pro Std.; 9.30–1 Uhr). Im Café des **World House Hostel** (Karte S. 106/107; Galipdede Caddesi 117, Galata, Beyoğlu) ist der Zugang für alle frei, die dort etwas essen oder trinken. Weitere Anschlüsse in der Stadt sind auf der Internetseite der türkischen Telecom (www.winet. turktelekom.com.tr) aufgeführt.

Medien

Die englischsprachige Zeitschrift *Time Out İstanbul* (2,80 €) hat einen umfangreichen Veranstaltungskalender, der die beste Übersicht über das Veranstaltungsprogramm bietet. Erhältlich ist sie an Zeitungskiosken in Sultanahmet.

Das Hochglanzmagazin *Cornucopia* bringt viele Artikel über İstanbul, u. a. tolle Restaurant- und Ausstellungskritiken. Es erscheint dreimal im Jahr (11 €). In Sultanahmet ist es

nicht zu kriegen, dafür aber in den Buchhandlungen an der İstiklal Caddesi in Beyoğlu.

Medizinische Versorgung

Reisende, die in İstanbul medizinische Versorgung brauchen, wenden sich am besten an eine der unten genannten Privatkliniken. Sie sind zwar teuer, haben aber einen hohen Standard. Außerdem findet man hier problemlos Personal, das Englisch oder Deutsch spricht. Alle akzeptieren Kreditkarten und verlangen für eine Behandlung ca. 50 €.

Alman Hastanesi (Karte S. 106/107; ☎ 0212-293 2150; Sıraselviler Caddesi 119, Taksim; 24 Std. Notaufnahme) Das Krankenhaus unter deutscher Leitung liegt ein paar hundert m südlich vom Taksimplatz auf der linken Seite, hat eine Augen- und Zahnklinik.

American Hastanesi (Karte S. 100/101; ☎ 0212-311 2000; Güzelbahçe Sokak 20, Nişantaşı; 24 Std. Notaufnahme) Das von US-Amerikanern geleitete Krankenhaus 2 km nordöstlich vom Taksimplatz hat auch eine Zahnklinik.

Metropolitan Florence Nightingale Hastanesi (Karte S. 99; ☎ 0212-288 3400; Cemil Aslan Guder Sokak 8, Gayrettepe; 24 Std. Notaufnahme) Moderne Klinik mit einer renommierten pädiatrischen Abteilung.

Notfall

Feuerwehr ☎ 110
Krankenwagen ☎ 112
Polizei ☎ 155
Touristenpolizei (Karte S. 102/103; ☎ 527 4503; Yerebatan Caddesi 6, Sultanahmet) Gegenüber von der Basilikazisterne.

Post

İstanbuls Hauptpost (Karte S. 102/103) ist zwei Häuserblocks südwestlich vom Sirkeci-Bahnhof. Hier kann man rund um die Uhr telefonieren, Briefmarken kaufen und Faxe schicken oder empfangen. Postlagernde Sendungen sollte man sich hierher schicken lassen (s. S. 123).

Mehr Postfilialen gibt's in günstiger Lage (Karte S. 102/103) vor der Hagia Sophia an der Aya Sofya Meydanı in Sultanahmet, im Untergeschoss des Gerichtsgebäudes (Karte S. 102/103) an der İmran Öktem Caddesi in Sultanahmet, an der İstiklal Caddesi am Galatasaray-Platz (Karte S. 106/107), in der Nähe der Galatabrücke in Karaköy (Karte S. 106/107) und an der Südwestecke des Großen Basars (Karte S. 123).

Pakete kann man bei der Hauptpost aufgeben, Päckchen bis 2 kg Gewicht auch an den übrigen Filialen (allerdings nicht am Postschalter in Sultanahmet). PTTs bieten auch einen Express-Dienst an. Ansonsten sollte man es bei Paketdiensten versuchen, z. B. bei **DHL** (Karte S. 102/103; ☎ 0212-512 5452; Yerebatan Caddesi 15, Sultanahmet; ☺ Mo–Sa 10–18 Uhr).

Telefon

Wer vom europäischen Teil İstanbuls in den asiatischen Teil telefonieren will, muss die Vorwahl ☎ 0216 wählen. Vom asiatischen Teil İstanbuls in den europäischen wählt man die Vorwahl ☎ 0212. Ortsgespräche innerhalb des europäischen bzw. asiatischen Teils der Stadt gehen ohne Vorwahl.

Für internationale Telefongespräche besorgt man sich am besten eine IPC-Telefonkarte an den Postschaltern am Divan Yolu in Sultanahmet oder an der İstiklal Caddesi in Beyoğlu.

Touristeninformation

Das **Ministerium für Kultur & Tourismus** (www. tourismturkey.org, www.turizm.gov.tr) betreibt folgende Touristeninformationen:
Atatürk International Airport (☺ 24 Std.) Schalter in der internationalen Ankunftshalle.
Beyazıt-Platz (Hürriyet Meydanı; Karte S. 104/105; ☎ 0212-522 4902; ☺ 9–17 Uhr)
Elmadağ (Karte S. 100/101; ☎ 0212-233 0592; ☺ Mo–Sa 10–17 Uhr) In den Arkaden vor dem İstanbul Hilton Hotel, gleich an der Cumhuriyet Caddesi ca. zehn Gehminuten nördlich vom Taksimplatz.
Karaköy International Maritime Passenger Terminal (Karte S. 106/107; ☎ 0212-249 5776; ☺ Mo–Sa 9–17 Uhr)
Sirkeci-Bahnhof (Karte S. 102/103; ☎ 0212-511 5888; ☺ 9–17 Uhr)
Sultanahmet (Karte S. 102/103; ☎ 0212-518 8754; ☺ 9–17 Uhr) Am Nordostende des Hippodroms.

Waschsalon

Saubere Wäsche kostet pro Kilo um 2,50 €; Trocknen 0,55 € pro Kilo. Gute Waschsalons sind allerdings dünn gesät.
Amphora-Wäscherei (Karte S. 102/103; ☎ 0212-638 1555; Pevkhane Sokak 53, Binbirdirek; ☺ Mo– Sa 8–20 Uhr) Hat superfreundliches Personal und wäscht blitzsauber.

SICHERHEIT & ÄRGERNISSE

İstanbul ist nicht sicherer oder unsicherer als jede andere Metropole. Auf einige spezielle Gefahren soll hier aber hingewiesen werden: Manche İstanbuler fahren Auto, als wären sie auf der Rennbahn. Und auch wenn das Am-

pelmännchen noch so grün leuchtet, gibt's keinerlei Rücksicht auf Fußgänger. Darum sollten Fußgänger auf jeden Fall Autos und Lastwagen Vorfahrt einräumen und ihnen notfalls aus dem Weg springen. Ein weiteres Problem ist die Abzocke in Bars. Wer wissen will, was da alles schiefgehen kann, s. S. 704.

SEHENSWERTES
Sultanahmet & Umgebung

Viele Besucher kommen in İstanbul nie über Sultanahmet hinaus. Das ist zwar schade, aber durchaus verständlich. Das alte „Stambul" gehört zum Unesco-Weltkulturerbe und hat so viele tolle Sehenswürdigkeiten zu bieten, dass man wochenlang hier herumstreifen kann und trotzdem nur an der Oberfläche kratzt.

HAGIA SOPHIA

İstanbuls berühmtestes Bauwerk ist die Kirche der göttlichen Weisheit: die **Hagia Sophia** (Aya Sofya; Karte S. 102/103; ☎ 0212-522 0989; Aya Sofya Meydanı, Sultanahmet; Erw./Kind unter 7 Jahren 5,50 €/frei, Führung (45 Min.) 20 €; ☺ Nov.–Mai Di–So 9–17, Juni–Okt. bis 19.30 Uhr; Galerie schließt um 16.30 bzw. 18.45 Uhr von Juni–Okt.). In der Hochsaison ist es gut, zeitig dort sein. Dann entgeht man vielleicht dem Gedränge.

Kaiser Justinian (regierte 527–65) hatte sich vorgenommen, das Römische Reich wieder auf Vordermann zu bringen. Eine seiner Aktionen war der Bau der Hagia Sophia. 537 war sie fertig und blieb, bis die Osmanen 1453 kamen, die größte Kirche der Christenheit. Mehmet der Eroberer ließ sie in eine Moschee umfunktionieren. Als solche diente sie, bis Atatürk sie 1935 zum Museum erklärte. Permanente Restaurierungsarbeiten (z. T. von der Unesco gefördert) sorgen dafür, dass ständig Teile eingerüstet sind. Aber selbst das kann einem das Erlebnis nicht vermiesen, das der Besuch eines der großartigsten Bauwerke der Welt darstellt.

Als Justinian seine Schöpfung vor fast 1500 Jahren zum ersten Mal betrat, rief er aus: „Gelobt sei Gott, dass ich eines solchen Werkes für würdig befunden wurde. O Salomon! Ich habe dich übertroffen!" Heutige Besucher der Hagia Sophia werden Justinian sein Eigenlob sicher nachsehen. Der Innenraum mit seinen prachtvollen, gigantischen Kuppeln ist von so unglaublicher Schönheit, dass es vielen, die ihn zum ersten Mal betreten, buchstäblich die Sprache verschlägt.

HAGIA SOPHIA (AYA SOFYA)

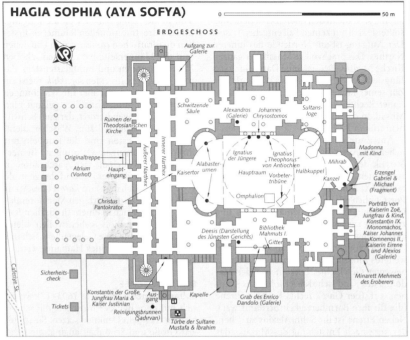

ERDGESCHOSS

0 _____ 50 m

Im **inneren Narthex** (Vorhalle) prangt über der dritten und größten Tür (Kaisertür) ein phantastisches Mosaik des Christus Pantokrator (Allherrschers). Und sobald man durch die Tür tritt, wölbt sich die prächtige Hauptkuppel hoch über einem. Diese gewaltige Kuppel hat 40 massive Rippen aus speziellen Hohlziegeln, die extra in Rhodos aus einem besonders leichten, porösen Ton hergestellt wurden. Sie ruhen auf riesigen Pfeilern, die in den Innenwänden verborgen sind. (Ein Vergleich mit den vier wuchtigen „Elefantenfußpfeilern" der Blauen Moschee beweist eindeutig die Genialität der Hagia Sophia.)

Der merkwürdige erhöhte Pavillon mit Sichtschutzblenden ist die **Sultansloge.** Ahmet III. (regierte 1703–30) ließ sie bauen, um die Moschee ungesehen zum Gebet betreten und verlassen zu können. So hüllte sich der Herrscher immer in eine gewisse Mystik. Die kunstvoll verzierte **Bibliothek** an der Westseite ließ Sultan Mahmut I. 1739 bauen.

Im Seitenschiff nordöstlich des Kaisertors steht die **schwitzende Säule,** durch die der hl. Georg Wunder zu tun pflegt – so die Le-

gende. Sie hat ein Loch in der abgenutzten Kupferummantelung. Und wer da seinen Finger reinsteckt, ist womöglich von allen seinen Wehwehchen geheilt, wenn der Finger beim Rausziehen feucht ist.

Die großen **Medaillons** überall stammen von dem Meisterkalligrafen des 19. Jhs., Mustafa İzzet Efendi. Die vergoldeten arabischen Lettern bedeuten die Namen Gottes (Allah), Mohammeds und der Kalifen Ali und Abu Bakr.

Mosaiken

Im Kirchenschiff der Hagia Sophia sind hoch oben an der Basis des nördlichen Bogenfeldes einige Mosaiken aus dem 9. Jh. Sie zeigen Ignatius den Jüngeren (um 800), Johannes Chrysostomos (um 400) und Ignatius „Theophorus" von Antiochien. Neben diesen dreien befindet sich ein Porträt Kaiser Alexandros', das nur von der östlichen Galerie zu sehen ist. In der Apsis gibt's noch ein tolles Mosaik der Madonna mit Kind. Und nicht weit davon sind die Erzengel Gabriel und Michael abgebildet, Letzterer allerdings nur noch fragmentarisch.

Die beeindruckendsten Mosaiken der Hagia Sophia sind die in den oberen Galerien. Man sollte sie sich auf keinen Fall entgehen lassen. Der Aufgang ist am Nordende des inneren Narthex. Das prachvollste Mosaik der ganzen Kirche ist eine „Deesis", eine Darstellung des Jüngsten Gerichts mit Jesus als Weltenrichter. Zur seiner Linken ist die Jungfrau Maria, zu seiner Rechten Johannes der Täufer. Dieses Mosaik in der südlichen Galerie stammt aus dem frühen 14. Jh.

Am Ende der südlichen Galerie, gleich neben der Apsis, befindet sich das berühmte Mosaik der Kaiserin Zoë (1028–50). Sie ist zusammen mit ihrem dritten Gatten, Konstantin IX. Monomachos, zu sehen. Dessen Porträt blieb nur erhalten, weil er die Kaiserin überlebte. Denn die Ehemänner eins und zwei hatte sie jeweils nach ihrer neuen Heirat austauschen lassen.

Rechts von Zoë und Konstantin zeigt ein weiteres Mosaik ein Kaiserpaar mit weniger bewegter Geschichte: Links neben der Madonna mit Kind steht Kaiser Johannes Komnenos II. (der Gute), rechts Kaiserin Eirene (die für ihre Barmherzigkeit berühmt war). Neben Eirene ist ihr Sohn Alexios zu sehen, der kurz nach Entstehung des Mosaiks das Zeitliche segnete.

Eins der schönsten Mosaike der Kirche stammt vom Ende des 10. Jhs. Es befindet sich außen über dem Ausgang des Narthex und zeigt in der Mitte Maria mit dem Kind, rechts von ihr Konstantin den Großen, der ihr Konstantinopel überreicht, und links von ihr Kaiser Justinian, der ihr die Hagia Sophia reicht.

BAD DER ROXELANE

Traditionell war an jeden Moscheekomplex ein Hamam angegliedert. Die Hagia Sophia macht da keine Ausnahme: Gegenüber der großen Moschee steht das elegante, symmetrische Haseki Hürrem Hamamı oder **Bad der Roxelane** (Karte S. 102/103; ☎ 0212-638 0035; Aya Sofya Meydanı 4, Sultanahmet; Eintritt frei; ☺ Di–So 9–17.30 Uhr, Juni–Okt. bis 18.30 Uhr). Süleyman ließ es 1556–57 im Namen seiner Frau Hürrem Sultan, besser bekannt als Roxelane, von Sinan errichten. Es gilt allgemein als das schönste der 32 Hamams, die Sinan schuf. Bis 1910 war es in Betrieb. Heute beherbergt es eine staatliche Teppichhandlung.

Das „Doppelhamam" bestand aus zwei identischen Bädern für Männer und Frauen.

Heute gibt es in der Trennwand eine kleine Tür. Beide Seiten haben separate Eingänge und die drei traditionellen Räume: als Erstes den quadratischen *camekan* zum Umziehen (auf der Männerseite hat er einen schönen Marmorbrunnen und Buntglasfenster), danach den langgestreckten *soğukluk*, meist ein Gang, der manchmal aber für Waschungen genutzt wird; und schließlich gelangt man in den achteckigen *hararet*, der zum Schwitzen, zur Massage und zum Waschen dient. Am imposantesten sind die Kuppeln mit ihren sternförmigen Öffnungen. Bemerkenswert sind auch die vier Waschräume in Seitennischen des *hararet* und der zentrale *göbektaşı* (Bauchstein) in *hararet* des Männerbades mit seinen farbigen Marmoreinlagen. Allen, die sich in einem türkischen Bad der Stadt keine Blöße geben wollen, bietet das Gebäude eine gute Gelegenheit, sich mit den Einrichtungen eines Hamams vertraut zu machen.

BLAUE MOSCHEE

Sultan Ahmet I. (regierte 1603–17) wollte sich mit dem Bau der Moschee, die seinen Namen trägt, ein Denkmal setzen. Sie sollte, was Größe und Schönheit anging, die nahe Hagia Sophia toppen. Heute ist das Werk des Architekten Mehmet Ağa berühmt als **Blaue Moschee** (Sultan Ahmet Camii; Karte S. 102/103; Hippodrome, Sultanahmet; während der Gebetszeiten geschl.).

Tatsächlich hat das Äußere der Moschee einen genauso überwältigenden Effekt wie das Innere der Hagia Sophia. Sie hat sanft geschwungene Rundungen, sechs Minarette und den größten Vorhof aller osmanischen Moscheen. Auch der Innenraum ist grandios: ein riesiger zentraler Gebetssaal mit 260 Fenstern und Zehntausenden blauer Fliesen, die dem Bauwerk seinen inoffiziellen Namen gaben.

Wenn man sich ihr vom Hippodrom nähert und nicht durch das Gedränge des Sultanahmet-Parks schiebt, ist die Gesamtanlage der Moschee am besten zu erkennen. Die perfekten Proportionen zeigen sich schon am Hof. Er hat die gleiche Grundfläche wie der Innenraum der Moschee.

Die blaue Moschee ist eins der Highlights der Stadt. Um die andächtige Atmosphäre des Gebetshauses zu bewahren, werden die Ströme der Schaulustigen gelenkt: Der Zutritt durch den Haupteingang ist Gläubigen vorbehalten, Besucher müssen den Südeingang nehmen.

Das Innere beeindruckt v. a. durch seine Buntglasfenster und die İznikfliesen an den Wänden. Die Fenster wurden inzwischen erneuert, haben aber immer noch die gleiche Lichtwirkung wie die venezianischen Originale. Die Blaue Moschee entstand zwischen 1606 und 1616, also über 1000 Jahre später als die Hagia Sophia. Aber sie ist nicht annähernd so mutig: Das lassen die vier mächtigen „Elefantenfußpfeiler" auf Anhieb erkennen. Sie bieten eine solide, aber weniger elegante Lösung für das Problem, die Last der Kuppel aufzufangen.

Von Mai bis Oktober findet an der Nordseite der Moschee eine kostenlose Ton-Licht-Show statt: Anfangszeiten und Sprachen stehen auf der Anschlagtafel.

An der Nordseite, in Richtung Sultanahmet-Park, befindet sich die **Türbe Sultan Ahmets I.** (Karte S. 102/103; Spende erwartet; 🕑 9.30–16.30 Uhr). Das Grab des Stifters der Blauen Moschee ist mit repräsentativen Fliesen geschmückt. Ahmet bestieg den Thron mit 14 Jahren und starb ein Jahr nachdem die Moschee fertig wurde, im Alter von 28 Jahren.

Neben ihm ruhen fast ein Dutzend seiner Kinder. Reichtum und Macht schützen eben nicht vor Tragödien.

Eine Steinrampe an der Nordostseite der Blauen Moschee führt in das unspektakuläre **Teppich- & Kelimmuseum** (Halı ve Kilim Müzesi; Karte S. 102/103; ☎ 0212-518 1330; Blaue Moschee, Sultanahmet; Eintritt 2 €; 🕑 Di–Sa 9–12 & 13–16 Uhr). Es ist im Sultanspavillon der Moschee untergebracht.

MOSAIKENMUSEUM

Mitte der 1950er-Jahre stießen Archäologen der Universität Ankara und der schottischen St. Andrews University bei Grabungen hinter der Blauen Moschee auf einen Mosaikfußboden aus frühbyzantinischer Zeit (um 500 n. Chr.). Er zeigte wunderbare Jagdszenen, mythologische Szenen und Kaiserporträts und gehörte zu einer Triumphstraße, die vom byzantinischen Kaiserpalast (am Standort der Blauen Moschee) südlich an den Hafen von Bucoleon führte. Das **Mosaikenmuseum** (Büyüksaray Mozaik Müzesi; Karte S. 102/103; ☎ 0212-518 1205; Torun Sokak, Sultanahmet; Eintritt 3 €; 🕑 Nov.–Mai Di–So 9–16.30 Uhr, Juni–Okt. bis 18.30 Uhr) präsentiert die Palastmosa-

---

İSTANBULS BEVÖLKERUNGSBOOM

İstanbul ist das Lieblingsziel der Inlandsmigranten. Entsprechend ist die Einwohnerzahl der Stadt in den letzten Jahrzehnten explosionsartig gewachsen. Kriegsflüchtlinge aus dem Südosten des Landes und der verarmten Landbevölkerung bieten İstanbul und andere türkische Großstädte wie Ankara, Adana und İzmir Arbeitsmöglichkeiten und die Hoffnung auf ein besseres Leben.

Durch seine Lage an der Grenze zur EU hat sich die Türkei zum weltweit größten Zentrum des Menschenhandels entwickelt. Nach offiziellen Schätzungen strömen alljährlich um 100 000 Menschen illegal über die türkischen Grenzen ins Land. Noch vor zehn Jahren waren es nur 11 000. Manche veranschlagen die Zahl der illegalen Einwanderer sogar auf 250 000. Sie riskieren ihr Leben, indem sie sich auf Schiffen verstecken oder aus den östlichen Nachbarländern der Türkei heimlich über die zerklüfteten Berge kommen. Sie hoffen, sich irgendwann mit dem Schiff weiter nach Griechenland oder Italien oder auf dem Landweg nach Griechenland durchschlagen zu können. Aber viele bleiben in İstanbul hängen, bis ihr Asyl- oder Visumsantrag genehmigt ist oder sie genug Geld verdient haben, um die nächste Etappe ihrer gefährlichen Reise zu finanzieren. Die meisten müssen in schmuddeligen Hotels in Aksaray oder in überfüllten Elendsquartieren in Kumkapı oder Tarlabaşı (westlich vom Taksimplatz) hausen, illegal arbeiten (Frauen werden oft zur Prostitution gezwungen) und Hilfe bei religiösen Einrichtungen und herablassenden Sozialämtern suchen.

Die große Zahl der Inlandsmigranten ist für Infrastruktur und Sozialsysteme der Stadt eine große Herausforderung. Der wachsende Zustrom von Flüchtlingen, Asylsuchenden und illegalen Einwanderern stößt daher auf wenig Begeisterung. Der Kampf um die wenigen Arbeitsplätze und verfügbaren Sozialleistungen führt mehr und mehr zu Spannungen.

Auf der anderen Seite sieht die Türkei sich von der EU unter Druck gesetzt, die Flut illegaler Immigranten einzudämmen. So entdeckte die Polizei kürzlich bei einer Razzia in einem İstanbuler Vorort 110 Ausländer in einem Lagerhaus. Angesichts der ohnehin unsicheren Menschenrechtslage in der Türkei sind viele besorgt, dass diese und andere illegale Einwanderer ohne ordentliches Verfahren abgeschoben oder auf Dauer inhaftiert werden könnten.

İSTANBUL

iken an Ort und Stelle und dokumentiert die Erhaltung und Restaurierung der Böden.

Weitere Mosaiken aus dem 5. Jh. blieben erhalten, weil Sultan Ahmet I. über ihnen eine Arasta (Ladenreihe) bauen ließ. Im **Arasta-Basar** (Karte S. 102/103) findet man heute Teppich- und Keramikläden, deren Mieten zur Erhaltung der Blauen Moschee beitragen.

Der Eingang zum Mosaikenmuseum liegt an der Torun Sokak hinter der Moschee und der Arasta.

HIPPODROM

Das Hippodrom (Atmeydanı; Karte S. 102/103) war 1200 Jahre lang der Mittelpunkt des byzantinischen Lebens und weitere gut 400 Jahre lang des osmanischen Lebens. Hier spielten sich in der langen Geschichte der Stadt unzählige politische Dramen ab. In byzantinischer Zeit waren die konkurrierenden Mannschaften bei den Wagenrennen, die „Grünen" und die „Blauen", auch politisch klar zugeordnet. Wer sich als Fan eines der Teams zu erkennen gab, outete sich quasi als Anhänger einer bestimmten politischen Partei. So konnte der Sieg einer Mannschaft echte politische Auswirkungen haben. Und ein Aufruhr nach einem Rennen konnte einen byzantinischen Kaiser den Thron kosten.

Auch osmanische Sultane behielten die Vorgänge im Hippodrom genau im Auge. Wenn es im Reich schlecht lief, versammelte sich hier gern die unzufriedene Menge und gab das Signal zu Unruhen, die zu einem Aufstand ausufern und in einer Revolution münden konnten. Der Reformsultan Mahmut II. ließ 1826 hier das korrupte Janitscharenkorps (die Leibwache des Sultans) niedermetzeln. Und 1909 gab's hier einen Riesenkrach, der zum Sturz Abdül Hamits II. und zur Änderung der osmanischen Verfassung führte.

Obwohl das Hippodrom die Bühne ihres möglichen Sturzes bildete, übertrafen byzantinische Kaiser und osmanische Sultane sich gegenseitig bei seiner Verschönerung und schmückten es mit Statuen aus den fernsten Teilen ihres Reiches. Leider sind davon nur wenige übrig geblieben. Am meisten von allen klauten die Kreuzritter des vierten Kreuzzuges: Sie plünderten 1204 Konstantinopel, obwohl hier ja eigentlich ihre christlichen Brüder lebten.

Am Nordende des Hippodroms steht ein kleiner Pavillon mit herrlichen Steinmetzarbeiten: der **Kaiser-Wilhelm-Brunnen**. Der deut-

sche Kaiser schenkte ihn dem Sultan und seinem Volk als Freundschaftsbeweis, als er Abdül Hamit II. 1901 einen Staatsbesuch abstattete.

Der super erhaltene **Theodosius-Obelisk** aus rotem Granit ist das älteste Denkmal İstanbuls. Er entstand in Ägypten in der Zeit Pharao Thutmosis' III. (regierte 1549–1503 v. Chr.) und stammt aus dem Amun-Re-Tempel in Karnak. Der byzantinische Kaiser Theodosius ließ ihn 390 n. Chr. aus Ägypten nach Konstantinopel bringen. Für den Transport musste der ursprüngliche Obelisk zerschnitten werden. Und der obere Teil wurde schließlich auf einen prunkvollen Marmorsockel gepflanzt, den Theodosius anfertigen ließ. An der Nordseite dieses Sockels schildert ein Relief die technische Meisterleistung des Transports.

Südlich des Obelisken ragt eine besonders seltsame Säule aus dem Boden. Die **Schlangensäule** aus drei verschlungenen Schlangen trug früher ein goldenes Becken. Es war eine Siegessäule zum Andenken an den Sieg des Hellenischen Bundes über die Perser bei Plataea. Seit 479 v. Chr. stand sie vor dem Apollotempel in Delphi, bis Konstantin der Große sie um 330 n. Chr. in seine neue Hauptstadt bringen ließ. Historiker glauben, dass die bronzenen Schlangenköpfe während des vierten Kreuzzugs abhanden kamen.

Über den **kahlen Steinobelisken** aus dem 4. Jh. ist nur wenig bekannt. Bei einem Erdbeben fiel 869 die zapfenförmige Bronzespitze herunter. Konstantin VII. Porphyrogennetos (regierte 913–59) ließ die Säule mit vergoldeten Bronzeplatten verkleiden, wie eine Inschrift im Sockel dokumentiert. Die Kreuzfahrer rissen sie sich später unter den Nagel. Aber bis heute sind die Löcher zu erkennen, wo sie wahrscheinlich befestigt waren.

An den Obelisken und der Schlangensäule ist das ursprüngliche Bodenniveau des Hippodroms zu sehen, das etwa 2,50 m unter dem heutigen lag.

MUSEUM FÜR TÜRKISCHE & ISLAMISCHE KUNST

Dieses imposante **Museum** (Türk ve İslam Eserleri Müzesi; Karte S. 102/103; ☎ 0212-518 1805; Hippodrome 46, Sultanahmet; Eintritt 3 €; ☾ Di–So 9–16.30 Uhr) ist im Palast des İbrahim Paşa untergebracht. Er wurde 1520 an der Westseite des Hippodroms erbaut.

İbrahim Paşa war Schwager und ein enger Freund Süleymans des Prächtigen. Die Türken verschleppten ihn als Kind aus Griechenland und verkauften ihn als Sklaven an den Sultanshof in İstanbul. Er war Page im Topkapı Sarayı und freundete sich mit dem gleichaltrigen Süleyman an. Als dieser Sultan wurde, stieg İbrahim zum obersten Falkner, Kammerdiener und Großwesir auf. Den Palast schenkte ihm Süleyman ein Jahr bevor er ihm seine Schwester Hadice zur Frau gab. Leider nahm das Märchen kein gutes Ende. İbrahim wurde so reich, mächtig und einflussreich, dass andere neidisch wurden, die auch Einfluss auf den Herrscher ausüben wollten. Das galt v. a. für Süleymans Frau Roxelane. Als ein Rivale İbrahim der Untreue bezichtigte, überzeugte sie ihren Mann, dass İbrahim tatsächlich eine Bedrohung wäre. Süleyman ließ ihn 1536 erdrosseln.

Die spannendsten Exponate des Museums sind die raumhohen Uşak-Teppiche, die beleuchteten Koranhandschriften und die Reliefkarte des Osmanischen Reiches (im Saal vor den Teppichen). Im Untergeschoss gibt's eine faszinierende ethnografische Sammlung.

Die Exponate sind in Türkisch und Englisch beschriftet. Im üppig begrünten Innenhof des Museums bietet ein Café willkommene Erholung vom Trubel und den zahllosen Kundenfängern rundherum.

BASILIKAZISTERNE

Wenn die byzantinischen Kaiser etwas bauten, machten sie es ordentlich! Diese ungewöhnliche **Zisterne** (Yerebatan Sarnıçı; Karte S. 102/103; ☎ 0212-522 1259; Yerebatan Caddesi 13, Sultanahmet; Eintritt 5,50 €; ☿ April–Sept. 9–18.30 Uhr, Okt.–Mai bis 17.30 Uhr) wurde 532 auf Geheiß Justinians erbaut. Hier lässt sich eine angenehme halbe Stunde verbringen, zumal die tiefen Kellergewölbe im Sommer herrlich kühl bleiben.

Wie die meisten historischen Stätten İstanbuls hat auch die Zisterne eine wechselvolle Geschichte hinter sich. In byzantinischer Zeit hieß sie Basilikazisterne, weil sie sich unter der Stoa Basilica befand, einem der großen Plätze auf dem ersten Stadthügel. Sie diente als Wasserspeicher für den Großen Palast und die umliegenden Gebäude. Irgendwann vor der türkischen Eroberung wurde sie geschlossen und geriet in Vergessenheit. Als der Gelehrte Petrus Gyllius 1545 byzantinische Altertümer erforschte, erfuhr er von Einheimischen, dass sie auf wundersame Weise unter ihren Kellern Wasser mit Eimern schöpfen konnten. Manche fingen

---

ABSEITS DER TOURISTENROUTEN

Jenseits des touristenfreundlichen Sultanahmet und der glamourösen Viertel am Bosporus gibt's ein ganz anderes İstanbul zu entdecken. Wer seinen Reiseführer im Hotel lässt und abseits der üblichen Touristenrouten durch die Stadt streift, kann einige Abenteuer erleben.

Lohnend ist ein Streifzug durch **Kadırga/Kumkapı** (Karte S. 104/105). Dieses historische Altstadtviertel Stambuls hat die Aufnahme in die Weltkulturerbeliste beantragt, damit es vor dem völligen Verfall gerettet wird. Es liegt nur fünf Gehminuten von Sultanahmet entfernt südlich der Kadırga Limanı Caddesi. Hier lässt sich das Alltagsleben zwischen schiefen osmanischen Häusern beobachten: Wäsche flattert über den engen Kopfsteinpflastergassen, Kinder spielen Ball, Obsthändler schieben ihre Karren vor sich her und preisen ihre Waren an, Verkäufer balancieren Tabletts voller frisch gebackener *simit* (Brotkringel) auf dem Kopf. Dichtes Gedränge herrscht am Ufer auf dem Kumkapı Balık Pazar, einem der besten Fischmärkte İstanbuls. Die Fische wandern größtenteils in das nahe *meyhane*-Viertel. Freitags- und Samstagabends geht's hier hoch her, ansonsten herrscht Totenstille. Wer zum Essen in das alteingesessene **Kör Agop** (Karte S. 104/105; Ördekli Bakkal Sokak 32) geht, kann nichts falsch machen. Nach Einbruch der Dunkelheit sollte man die Seitenstraßen lieber meiden: Kumkapıs *meyhane*-Viertel kann ein bisschen zwielichtig sein. Am besten nimmt man ein Taxi zurück zum Hotel.

Wer es einrichten kann, sollte diesen Ausflug an einem Donnerstag machen: Dann lockt der Straßenmarkt die Einheimischen in Scharen aus ihren Häusern. Da in diesem Viertel v. a. Migranten leben, ist auf dem Markt einiges zu sehen: afrikanische Flüchtlinge (s. S. 113), die gefälschte Markenuhren verhökern; Händler, die Blutegel feilbieten; graumelierte anatolische Männer in Pluderhosen und Russen, die Wodka verkaufen. In dieser Gegend wohnen auch viele Armenier. Das **Armenische Patriarchat** (Karte S. 104/105; Şarapnel Sokak 2) und die Marienkirche gegenüber sind einen Abstecher wert.

dort sogar Fische. Fasziniert erkundete Gyllius die Umgebung und entdeckte im Keller eines Hauses einen Zugang zu der Zisterne. Aber selbst nach dieser Entdeckung behandelten die Osmanen diesen versunkenen Palast (Yerebatan Sarayı), wie sie ihn nannten, nicht mit dem gebührenden Respekt. Sie benutzten die Zisterne als Lagerstätte für alle möglichen Abfälle und sogar Leichen. Mindestens dreimal wurden die Gewölbe restauriert.

Die Zisterne ist 65 m breit und 143 m lang. Zwölf Reihen mit insgesamt 336 Säulen tragen die Deckengewölbe. Früher fasste sie 80 000 m³ Wasser, das durch 20 km lange Aquädukte geleitet wurde.

Die Zisterne fasziniert durch ihre Symmetrie und schiere Größe. Für den Bau benutzte man Säulen, Kapitelle und Plinthen verfallener Bauwerke. So finden sich an der Nordwestecke zwei Säulen auf umgedrehten Medusenhäuptern und in der Mitte eine sogenannte Tränenstele.

Wer auf den erhöhten Holzstegen durch die stimmungsvoll beleuchtete Anlage spaziert, spürt Wasser von der Gewölbedecke tropfen und sieht vielleicht im Wasser einen Karpfen gespenstisch vorüberhuschen. Das kleine Café in der Nähe des Ausgangs ist sicher ein ungewöhnlicher Ort für ein Glas çay (Tee).

BİNBİRDİREK-ZISTERNE

Im Jahr 330 ließ Konstantin die **Binbirdirek-Zisterne** (Binbirdirek Sarnıçı, Zisterne der 1001 Säulen; Karte S. 102/103; ☎ 0212-518 1001; İmran Öktem Caddesi 4, Binbirdirek; Eintritt inkl. Getränk 5,50 €; ⊙ 9–18 Uhr) bauen. Bemerkenswert sind v. a. die eigens dafür hergestellten Säulen mit Steinringen, die Erschütterungen durch Erdbeben abfangen sollen. Das ist auch erstaunlich gut gelungen: Von 224 Originalsäulen mussten bisher nur 12 ersetzt werden. In osmanischer Zeit nutzten Seidenhändler die Zisterne als *han* (Herberge), weil sie sich fest verschließen ließ. Damals zog man allerdings einen Zwischenboden ein, der die Raumwirkung nicht gerade verbesserte. Zur Zeit der Recherchen für dieses Buch war hier ein Byzantinisches Museum in Vorbereitung. Es soll computeranimierte Rekonstruktionen byzantinischer Bauwerke zeigen, u. a. das Hippodrom.

KÜÇÜK AYA SOFYA CAMİİ

Justinian und Theodora bauten die **Kleine Hagia Sophia** (Kirche der hl. Sergius & Bacchus; Karte S. 102/103; Küçük Aya Sofya Caddesi; Spende erbeten) zwischen 527 und 536 (noch vor der Hagia Sophia) und weihten die Kirche den beiden Schutzpatronen der Christen in der römischen Armee. Sie hat einen ungewöhnlichen Grundriss – ein unregelmäßiges Achteck – und eine architektonisch bemerkenswerte Kuppel. Wie in der Hagia Sophia war auch hier der Innenraum ursprünglich mit Goldmosaiken und Säulen aus feinstem grünem und rotem Marmor ausgeschmückt. Die Mosaiken sind längst verschwunden, aber die imposanten Säulen sind geblieben. Um 1500 wandelte der Oberste der weißen Eunuchen, Hüseyin Ağa, die Kirche in eine Moschee um. Sein Grab befindet sich nördlich des Gebäudes.

Zur Zeit unserer Recherchen war die umfangreiche Renovierung der Moschee fast geschafft. Inzwischen müssten Besucher wieder reinkönnen.

Von der Küçük Aya Sofya führt die Şehit Mehmet Paşa Sokak nach Norden den Hügel rauf zur **Sokollu Mehmet Paşa Camii**. Diese faszinierende kleine Moschee entwarf Sinan 1571.

TOPKAPI SARAYI

Über den berühmten **Topkapı Sarayı** (Kanonentor-Palast; Karte S. 118, soweit nicht anders angegeben; ☎ 0212-512 0480; Soğukçeşme Sokak, Sultanahmet; Erw./Kind bis 7 J. 5,50 €/frei; ⊙ April–Okt. Mi–Mo 9–19 Uhr, Nov.–Mai bis 17 Uhr) gibt es wahrscheinlich mehr schillernde Storys als über sämtliche Museen der Welt zusammen. Hier ertrank Selim der Säufer im Bad, nachdem er zu viel Champagner getrunken hatte. İbrahim der Wahnsinnige verlor den Verstand, als er vier Jahre lang im berüchtigten *kafes* (Käfig) des Palastes eingesperrt war. Und hier lebte und intrigierte Roxelane, die schöne und boshafte Gemahlin Süleymans des Prächtigen. Kein Wunder, dass er einen preisgekrönten Spielfilm (Jules Dassins *Topkapı*), eine Oper (Mozarts *Entführung aus dem Serail*) und eine erfolgreiche Sozialgeschichte (John Freelys wunderbares Buch *Inside the Seraglio*) inspirierte.

Mehmet der Eroberer fing mit dem Bau des Palastes kurz nach der Eroberung der Stadt 1453 an und wohnte dort bis zu seinem Tod 1481. Auch seine Nachfolger ließen es sich in dieser exklusiven Umgebung gut gehen. Erst im 19. Jh. bauten sie sich am Bosporusufer prunkvolle Paläste europäischen Stils wie Dolmabahçe, Çırağan und Yıldız. Mahmut II. (regierte 1808–39) war der letzte Sultan, der im Topkapı Sarayı wohnte.

Für die Besichtigung des Topkapı-Palastes sollte man mindestens einen halben Tag, besser aber einen ganzen einplanen. Wenn die Zeit knapp ist, sind Harem, Schatzkammer und die Räume um die İftariye-Baldachin ein Muss. Eintrittskarten für den Palast und die Schatzkammer gibt's am Schalter vor dem Tor zum zweiten Hof. Karten für den Harem bekommt man am Schalter vor dem Harem. Der Sammelplatz für Palastführungen ist neben dem Hauptticketschalter. Eine einstündige Führung kostet 10 € pro Person (mindestens 3 Pers. oder 30 €). Alternativ gibt's Audioguides (5 €) und Übersichtspläne vom Palast an einem Schalter gleich hinter dem Eingang in den zweiten Hof.

Auf dem gepflasterten Hof vor dem Reichstor (Bab-ı Hümayun), das in den Topkapı Sarayı führt, steht der reich verzierte **Brunnen Sultan Ahmets III.** (Karte S. 102/103) von 1728. Dieser Sultan liebte Tulpen so sehr, dass seine Regierungszeit den Namen Tulpenzeitalter erhielt.

Der erste Hof

Im Laufe der Jahrhunderte wurde der Topkapı Sarayı ständig vergrößert und verändert, aber die Grundanlage mit vier Höfen blieb bestehen. Die Osmanen machten es genauso wie die Byzantiner und schotteten den Monarchen vom Volk ab: In den ersten Hof konnte jedermann rein, in den zweiten nur Beamte und Besucher in Staatsgeschäften, in den dritten nur die Sultansfamilie, hochrangige Persönlichkeiten und Palastbedienstete. Und im vierten Hof waren die „Privatgemächer" der Sultansfamilie untergebracht.

Hinter der Hagia Sophia führt das große Reichstor (Bab-ı Hümayun) in den ersten Hof oder Hof der Janitscharen. Links steht die byzantinische **Hagia Eirene** (Aya İrini Kilisesi, Kirche des göttlichen Friedens; Karte S. 102/103) aus dem 4. Jh. Nach einem Brand ließ Justinian sie im folgenden Jh. wiederaufbauen. Der heutige Bau ist also genauso alt wie die Hagia Sophia. Sie wird meistens nur für Konzerte beim İstanbul International Music Festival geöffnet. Ebenfalls auf der linken Seite befindet sich der Eingang der Münze (Darphane-I Amire), wo oft Ausstellungen stattfinden.

Der zweite Hof

Das **Mitteltor** (Ortakapı oder Bab-üs Selâm) führte in den zweiten Palasthof, in dem die Staatsgeschäfte abgehalten wurden. Nur der

Sultan und die *valide sultan* (Mutter des regierenden Sultans) durften dieses Tor zu Pferd passieren. Alle anderen, auch der Großwesir, mussten absteigen. Süleyman der Prächtige ließ das Tor 1524 bauen.

Gleich hinter dem Tor rechts geben Modelle und Pläne einen Überblick über die Palastanlage. In einem Gebäude dahinter ist eine Sammlung von Staatskarossen untergebracht.

Der zweite Hof ist wunderschön wie ein Park angelegt. Während bei der typischen europäischen Palastanlage ein großes Gebäude von Gärten umgeben ist, gruppieren sich hier im Topkapı Sarayı Pavillons, Küchentrakte, Kasernen, Audienzsäle, Köşks und Schlafquartiere um einen zentralen Innenhof.

In den großen **Palastküchen** rechts im Hof ist blassgrünes chinesisches Porzellan ausgestellt. Es ist allerdings nur ein winziger Teil der gigantischen Sammlung des Topkapı Sarayı. In einem Nachbartrakt sind Silber und Glaswaren zu sehen. Der letzte Küchentrakt, der Helvahane, war früher die Konditorei des Palastes. Heute werden dort gelegentlich Sonderausstellungen gezeigt.

An der linken (West-) Seite des zweiten Hofs befindet sich der prunkvolle **Divan Salonu,** der Diwansaal. Hier trat der Staatsrat (Diwan) zusammen, um über Angelegenheiten des Reichs zu beraten. Hoch oben an der Wand gibt's ein vergittertes Fenster. Dahinter versteckte sich der Sultan, wenn er von einer Loge im **Turm der Gerechtigkeit** (Adalet Kulesi) im Harem die Beratungen verfolgte. Nördlich an den Diwansaal schließt die **Innere Schatzkammer** an. Heute sind hier Waffen und Rüstungen ausgestellt, u. a. ein mächtiges Schwert, das Mehmet dem Eroberer gehörte.

Unter dem Turm der Gerechtigkeit befindet sich der Zugang zur berühmtesten Sehenswürdigkeit des Palastes: zum **Harem**.

Der Harem

Wer den Harem besichtigen will – was sehr zu empfehlen ist –, muss eine Führung buchen. Der Ticketschalter ist am Eingang zum Harem. Meistens warten hier lange Schlangen, weil die Gruppen auf 60 Personen begrenzt sind. Also am besten sofort, wenn man kommt, anstellen oder rechtzeitig für die erste Führung um 9.30 Uhr da sein. Die halbstündigen Führungen gehen von 9.30 bis 17 Uhr (im Winter 16 Uhr) alle 30 Minuten los. Sie sind auf Englisch und Türkisch.

TOPKAPI SARAYI

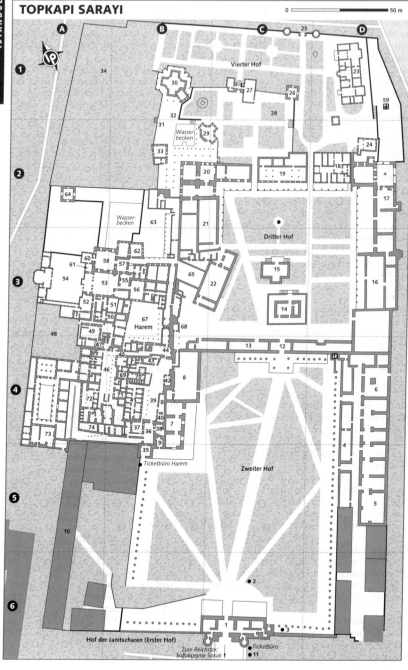

0 ————————————— 50 m

Vierter Hof

Dritter Hof

Harem

Wasser-becken

Wasserbecken

Zweiter Hof

Ticketbüro Harem

Ticketbüro

Zum Reichstor; Soğukçeşme Sokak

Hof der Janitscharen (Erster Hof)

İSTANBUL

Mehrsprachige Audioführer (4 €) für den Harem gibt's am Ticketschalter. Sie bringen allerdings nicht viel: Die Gruppen werden so schnell durch die Räume geschoben, dass kaum Zeit bleibt, dem Führer, geschweige denn dem Audiofüher zu lauchen. Da ist der kombinierte Audioführer für Harem und Schatzkammer (5 €) vielleicht die bessere Wahl.

Viele glauben, dass der Harem ein Ort war, wo sich der Sultan ungezügelt Ausschweifungen hingeben konnte (und Murat III. hatte tatsächlich 112 Kinder!). In Wahrheit aber waren es einfach die Privatgemächer der Sultansfamilie – „harem" heißt wörtlich „privat". Das Leben dort war bis ins kleinste Detail durch Traditionen, Pflichten und Etikette bestimmt.

Die Bewohnerinnen des Harems kamen oft schon als Mädchen in den Topkapı Sarayı. Sie wurden als Sklavinnen (oft von ihren Eltern zu einem hohen Preis) verkauft oder von Adeligen und Potentaten verschenkt.

Im Harem kriegten Ausländerinnen Unterricht in Islam, türkischer Sprache und Kultur, alle erlernten die Kunst, sich angemessen zu schminken, zu kleiden und zu benehmen, lernten Musizieren, Lesen, Schreiben, Sticken und Tanzen. Anschließend konnten die Mädchen in der Haremshierarchie aufsteigen. Zunächst dienten sie den Konkubinen und Kindern des Sultans als Hofdamen, dann der Sultansmutter und die Besten schließlich dem Sultan persönlich.

An der Spitze des Harems stand die *valide sultan* (Sultansmutter). Oft gehörten ihr riesige Landgüter, die sie durch schwarze Eunuchen verwalten ließ. Sie konnte dem Großwesir unmittelbar Befehle erteilen und hatte oft großen Einfluss auf den Sultan, z. B. bei der Wahl seiner Ehefrauen und Konkubinen, aber auch in Staatsangelegenheiten.

Nach islamischem Recht durfte der Sultan vier Ehefrauen haben. Sie trugen den Titel *kadın* (Frau). Konkubinen durfte er so viele haben, wie er sich leisten konnte. Manche leisteten sich bis zu 300, die allerdings nicht alle gleichzeitig im Harem lebten. Gebar eine Ehefrau dem Sultan einen Sohn, so erhielt sie den Titel *haseki sultan; haseki kadın*, wenn sie eine Tochter gebar. Da in der osmanischen Dynastie nicht automatisch der Erstgeborene auf den Thron kam, konnte prinzipiell jeder Sohn des Sultans den Anspruch erheben. Jede Haremsdame war also eifrig bemüht, ihren Sohn zum Thronerben bestimmen zu lassen. Das sicherte ihr die Position der neuen *valide sultan*.

Der Harem des Topkapı Sarayı ist an einen Hang gebaut und erstreckt sich über sechs Etagen. Die Führung geht aber nur durch gut ein Dutzend der prachtvollsten Räume eines Stockwerks. Im ganzen Gebäude gibt's Informationstafeln in Türkisch und Englisch. Da man im Eiltempo durch die Säle jagt, bleibt kaum Zeit, sie zu lesen.

Highlights der Führung sind der schmale **Hof der schwarzen Eunuchen** (39), der mit Gold und Marmor ausgestattete **Sultanshamam** (50), der **Hof der Sultansfrauen** (46), die **Gemächer der Valide Sultan** (49), das prachtvolle **Privatgemach Murats III.** (58), die **Bibliothek Ahmets I.** (60), der **Speisesaal Ahmets III.** (61) und der **Doppelraum** (62).

Der dritte Hof

Die Führung durch den Harem endet im dritten Hof. Am besten geht man aber zum Haupttor zurück, um den grandiosen Eingang in das Herzstück des Palastes zu bewundern. Dieses **Tor der Glückseligkeit** (Bab-üs Saade) oder Tor der weißen Eunuchen war der Eingang in den Privatbereich des Sultans.

Gleich hinter dem Tor der Glückseligkeit ist der **Audienzsaal**. Er wurde im 16. Jh. erbaut und im 18. Jh. umgestaltet. Hochrangige Staatsbeamte und ausländische Gesandte durften hier wichtige Angelegenheiten vorbringen. Der Sultan thronte auf einem Diwan, dessen Kissen mit über 15 000 Perlen bestickt war. Die Geschenke der ausländischen Gäste wurden durch eine kleine Tür an der linken Seite des Saales gereicht.

Direkt hinter dem Audienzsaal ist die prächtige **Bibliothek Ahmets III.** von 1719.

Rechts vom Audienzsaal (gegenüber vom Ausgang des Harems) befinden sich die **Pagenquartiere**. Heute ist hier die umfangreiche Sammlung mit gold- und silberdurchwirkten Sultansgewändern, Kaftanen und Uniformen ausgestellt. Neben dem Pagenquartier befindet sich die **Schatzkammer** (Details s. rechts).

Gegenüber der Schatzkammer, auf der linken Seite des dritten Hofes, werden im **Pavillon des Heiligen Mantels** Reliquien aufbewahrt. Die Räume sind aufwendig mit İznikfliesen ausgeschmückt und bilden das Allerheiligste des Palastes. Schon zum dritten Hof hatten nur wenige Auserwählte Zugang. Aber nur einige wenige von ihnen durften den Pavillon des Heiligen Mantels betreten, und das auch nur zu feierlichen Anlässen.

Gleich am Eingang fällt die geschnitzte Tür aus der Kaaba in Mekka ins Auge. Von dort stammen auch die vergoldeten Regenrinnen, die an der Decke hängen. In einem Raum rechts sind ein Barthaar des Propheten Mohammed, sein Fußabdruck in Ton, sein Schwert, ein Zahn und andere Reliquien aufbewahrt. Oft sitzt hier ein Imam und rezitiert aus dem Koran. Der „Heilige Mantel" wird in einer goldenen Schatulle in einem kleinen Nebenraum aufbewahrt.

Im dritten Hof stand auch die **Quartiere der Pagen, die den Pavillon des Heiligen Mantels bewachten**. Hier befand sich früher u. a. die Pagen- und Janitscharenschule. Heute sind in den Räumen türkische Miniaturen, Kalligrafien und Sultansporträts ausgestellt.

Die Schatzkammer

Die Schatzkammer ist ein Highlight der Palastbesichtigung: Sie enthält eine Sammlung unglaublicher Kostbarkeiten, und eine atemberaubende Aussicht gibt's dazu. Das Gebäude ließ Mehmet der Eroberer 1460 erbauen. Seitdem lagerten die Sultane hier Kunstwerke und Schätze. Im ersten Raum fallen v. a. das juwelenbesetzte **Schwert Süleymans des Prächtigen** und der **Thron Ahmets I.** mit Perlmutteinlagen auf. Entworfen wurde er von Mehmet Ağa, dem Architekten der Blauen Moschee. Im zweiten Saal sind winzige **Indische Figurinen**, v. a. aus Zuchtperlen, zu sehen und unheimliche Reliquien in juwelenbesetzten Behältern: Teile von **Arm und Schädel Johannes' des Täufers**.

Im dritten Saal stehen riesige **Kerzenständer** aus Gold und Diamanten. Im vierten Saal kommt schließlich das berühmteste Exponat der Schatzkammer: der **Topkapı-Dolch**, um den es in dem Kriminalfilm *Topkapı* von 1964 geht. Sein Heft ist mit drei riesigen Smaragden besetzt. Außerdem ist hier der **Löffeldiamant** (Kaşıkçı'nın Elması) zu bestaunen, ein tropfenförmiger Stein mit 86 Karat, umgeben von einigen Dutzend kleineren Diamanten. Mehmet IV. trug ihn erstmals bei seiner Thronbesteigung 1648. Er gilt als fünftgrößter Diamant der Welt. Löffeldiamant heißt er, weil jemand ihn in einer Mülkippe in Eğrıkapı fand und im Tausch gegen drei Löffel an einen fahrenden Händler verkaufte.

Der vierte Hof

Pavillons prägen das Bild im nordöstlichen Teil des Palastes, der auch Tulpengarten oder vierter Hof genannt wird. Der **Mecidiye Köşkü** ist eine relativ junge Erweiterung des Palastes, erbaut von Abdül Mecit (regierte 1839–61). Unterhalb befindet sich das Konyalı Restaurant (S. 150). Wer hier essen will, sollte vor 12 oder nach 14 Uhr kommen, um einen Tisch auf der Terrasse zu ergattern.

Am Ende des Tulpengartens führt eine Treppe zu zwei der bezauberndsten Gebäude des Palastes. Sie verbindet eine Marmorterrasse mit hübschem Wasserbassin. Den **Revan-Kiosk** ließ Murat IV. (regierte 1623–40) 1636 bauen, nachdem er den Persern Yerevan (Erewan, heute in Armenien) abgenommen hatte. Den **Bagdad-Kiosk** errichtete er 1639 anlässlich seines Sieges über Bagdad. Der Pavillon ist eins der letzten Beispiele klassischer Palastarchitektur mit İznikfliesen, Perlmutt- und Schildpattintarsien sowie Holzarbeiten vom Allerfeinsten.

Über der Terrasse ragt das goldene Dach des **İftariye-Baldachins** auf. Das ist der beliebteste Ort für Schnappschüsse auf dem Palastgelände. İbrahim der Wahnsinnige ließ den kleinen Pavillon 1640 für das Fastenbrechen im Ramazan bauen.

Am Westende der Terrasse liegt das **Beschneidungszimmer** (Sünnet Odası) für das Beschneidungsritual muslimischer Jungen. İbrahim ließ es 1641 errichten. Die Außenwände zieren besonders prunkvolle Fliesen.

GÜLHANE-PARK

Früher gehörte der Gülhane-Park (Karte S. 102/103) zum Topkapı Sarayı. Heute kommen die Einheimischen an Wochenenden scharenweise hierher, um den Schatten zu genießen. Am Nordende des Parks hat man vom **Set Üstü Çay Bahçesi** (s. S. 156) einen herrlichen Blick auf den Bosporus.

Neben dem Südeingang ist ein Pavillon in die Parkmauer gebaut. Von diesem **Alay Köşkü** (Paradepavillon) nahm der Sultan an hohen Feiertagen und Gedenktagen militärischer Siege Militärparaden ab und schaute sich die Umzüge der Gilden an.

Gleich gegenüber vom Alay Köşkü prangt auf der anderen Straßenseite (vom Eingang in den Gülhane-Park nicht zu sehen) ein unglaublich verschnörkeltes Rokokotor. Es führt in den ehemaligen Amtssitz des Großwesirs, des osmanischen Regierungschefs. Im Westen

hieß dieses Tor die **Hohe Pforte**. Der Name wurde zum Synonym für die Regierung des Osmanischen Reichs. Bis heute beherbergen die Gebäude verschiedene Behörden.

ARCHÄOLOGISCHES MUSEUM

Dieses **Museum** (Arkeoloji Müzeleri; Karte S. 102/103; ☎ 0212-520 7740; Osman Hamdi Bey Yokuşu, Gülhane; Eintritt 3 €; ☼ Di–So 8.30–17 Uhr) ist kein solcher Publikumsmagnet wie der nahe Topkapı-Palast. Aber man sollte es sich auf keinen Fall entgehen lassen. Der Weg dorthin führt entweder vom ersten Hof des Topkapı-Palasts bergab oder vom Haupteingang des Gülhane-Parks bergauf. Für den Besuch mindestens zwei Stunden einzuplanen.

Der Museumskomplex besteht aus drei Gebäuden: dem Archäologischen Museum (Arkeoloji Müzesi), dem Museum für altorientalische Kunst (Eski Şark Eserler Müzesi) und dem Fliesenpavillon (Çinili Köşk). Sie beherbergen die Palastsammlung, die der Archäologe Osman Hamdi (1842–1910) im 19. Jh. zusammentrug. Aber seit Gründung der Republik wurde sie noch um einiges erweitert. Hervorragende Texttafeln erläutern die Exponate in Türkisch und Englisch.

Im ersten Gebäude am Park, links hinter dem Eingang, ist das **Museum für altorientalische Kunst**. Die ehemalige Kunstakademie entstand 1883 nach Entwürfen von Alexander Vallaury. Hier sind Stücke aus dem Hethiterreich in Anatolien und vorislamische Exponate aus dem gesamten Gebiet des Osmanischen Reichs zu sehen.

Eine römische Statue des Gottes **Bes** bewacht den Eingang des **Archäologischen Museums** auf der gegenüberliegenden Hofseite. In den Räumen links vom Eingang stehen die Prunkstücke des Museums in gedämpftem Licht: Sarkophage aus der **Königsnekropole in Sidon**. Osman Hamdi buddelte sie 1887 in Sidon (Side im heutigen Libanon) aus und überredete den Sultan 1891, ein Museum dafür zu bauen.

In Saal 2 findet sich ein Sarkophag, der ursprünglich aus Ägypten stammt, später aber für **König Tabnit von Sidon** wiederverwendet wurde. Seine Mumie ist gleich nebenan zu sehen. Ein gut erhaltener **lykischer Sarkophag** aus Parosmarmor stammt vom Ende des 5. Jhs. Daneben steht der sogenannte **Satrapen-Sarkophag**.

In Saal 3 ist der berühmte **Alexander-Sarkophag** ausgestellt, eins der vollkommensten klassischen Kunstwerke. Benannt ist er nach seinen Reliefs, die Alexander den Großen mit seiner Armee im Kampf gegen die Perser zeigen. (Er wurde jedoch nicht für ihn gemacht, sondern für König Abdalonymos von Sidon.) Die wunderbare Steinmetzarbeit aus pentelischem Marmor entstand im letzten Viertel des 4. Jhs. v. Chr. Eine Seite zeigt die Perser (in langen Hosen und mit schweren Kopfbedeckungen) in der Schlacht gegen die Griechen; Alexander kämpft zu Pferde und trägt auf dem Kopf den Nemeischen Löwen, das Symbol des Herkules. Die andere Seite zeigt eine Löwenjagd. Bemerkenswert sind die Reste der Originalbemalung in Rot und Gelb.

Farbreste finden sich auch auf dem **Sarkophag der trauernden Frauen** im selben Saal. Die Darstellung der Frauen ist sehr bewegend.

Auf der anderen Seite des Eingangs fängt in Saal 4 eine **Statuensammlung** an, die sich über sechs Räume erstreckt. Alle lohnen sich! Kopien einiger Statuen sind so grellbunt bemalt, wie sie es ursprünglich wohl einmal waren.

In einem Anbau hinter dem Hauptgebäude befindet sich das **Kindermuseum**. Die miserablen Dioramen zum Leben in der Frühzeit Anatoliens dürften die Kids allerdings zu Tode langweilen. Aber die riesige Rekonstruktion des Trojanischen Pferdes, in das sie hineinklettern können, macht das sicher wett. Neben dem Kindermuseum gibt's eine Ausstellung zu **Nachbarkulturen İstanbuls** mit einer byzantinischen Sammlung. Hier finden sich zwei faszinierende Mosaiken, eines zeigt Orpheus und ein kleineres die hl. Eudocia. Wer sich auch nur flüchtig für İstanbuls vielfältige Archäologie interessiert, sollte sich das Mezzaningeschoss mit den Schaukästen zu „İstanbul im Laufe der Jahrhunderte" nicht entgehen lassen. Sie vermitteln einen Eindruck davon, wie viele Teile der antiken Stadt noch unter der Bebauung verborgen sind.

Das letzte Gebäude des Museumskomplexes ist der prächtige **Fliesenpavillon** von Mehmet dem Eroberer. Er gilt als der älteste osmanische Profanbau, der in İstanbul noch erhalten ist. Erbaut wurde er 1472 als Pavillon des Topkapı-Palastes und diente als Tribüne für sportliche Wettkämpfe.

Basarviertel

Das absolute Highlight dieses Viertels ist die älteste und traditionsreichste Shoppingmall der Stadt: der berühmte Große Basar (Kapalı

Çarşı). Dazu hat es zwei der großartigsten osmanischen Bauwerke zu bieten: Süleymaniye und Beyazıt Camii. Wer weniger bekannte Ecken dieses Viertels erkunden möchte, findet Tipps im Kasten S. 115.

DER GROSSE BASAR

Der labyrinthartige, chaotische, kitschig **Große Basar** (Kapalı Çarşı, Markthalle; Lage: Karte S. 104/105, Ausschnitt: Karte S. 123; ☺ Mo–Sa 8.30–19 Uhr) ist seit Jahrunderten das Herz der Stadt. Ein Trip nach İstanbul ohne Bummel durch den Basar wäre nicht komplett.

Der riesige gedeckte Markt ist eine Welt für sich: mit über 4000 Läden, kilometerlangen Gassen, Moscheen, Banken, Polizeistationen, Restaurants und Werkstätten. Und natürlich ist er eine Touristenfalle *par excellence*. Aber auch die Einheimischen wickeln hier ihre Geschäfte ab, der Import-/Exporthandel blüht.

Den Anfang machte zur Zeit Mehmets des Eroberers ein kleiner, bescheidener ummauerter *bedesten* (Markt). Doch schon bald wurde die Fläche immer größer. Denn die Händler überdachten ihre Stände, um gegen jede Witterung gefeit zu sein. Schließlich kamen verschließbare Tore und Türen dazu, damit die gesamte Ministadt nach Geschäftsschluss sicher abgesperrt werden konnte.

Wer sich in das Gewühl stürzen will, sollte gut vorbereitet sein: Man braucht gute Laune und jede Menge Energie, um den unzähligen Händlern gewachsen zu sein, die versuchen, einen in ihre Läden zu locken.

Im Basar empfiehlt es sich, die Hauptwege den Touristenströmen zu überlassen. Am besten packt man seinen Reiseführer in den Rucksack und erkundet die Gassen an der Westseite. Hinter Durchgängen stößt man auf versteckte *hane* (Karawanserei), in Nebengassen auf winzige Boutiquen und Werkstätten. Überall kann man *çay* (Tee) trinken, Preise vergleichen und sich im Feilschen üben, bis einem der Kopf schwirrt. Für den Bummel sind mindestens drei Stunden einzuplanen. Manche verbringen auch drei Tage hier!

Vielleicht führt einen der Weg ja vorbei an dem schiefen **Orientalischen Pavillon** und nördlich davon an der Acı Çeşme Sokak zum prächtigen rosa **Zincirli Han**.

BEYAZIT-PLATZ & UNIVERSITÄT İSTANBUL

Der Sahaflar Çarşısı (Basar für antiquarische Bücher) befindet gleich neben der **Beyazıt Camii** (Moschee Sultan Beyazıt II.; Karte

S. 104/105). Sultan Beyazıt ließ sie 1501 bis 1506 bauen – mit ungewöhnlich viel Marmor, Porphyr, Grünstein und seltenem Granit.

Der große gepflasterte Platz vor der Moschee heißt offiziell Hürriyet Meydanı (Freiheitsplatz), wird aber eigentlich nur Beyazıt genannt. In byzantinischer Zeit war hier das Theodosiusforum, das größte Forum der

Stadt, das der Kaiser 393 bauen ließ. Am anderen Ende des Platzes prangt das imposante Portal der Universität İstanbul.

SÜLEYMANİYE CAMİİ

Die **Süleymaniye Camii** (Moschee Süleymans des Prächtigen; Karte S. 104/105; Prof Sıddık Sami Onar Caddesi; Spenden erbeten) sitzt auf einem der sieben Hügel, die

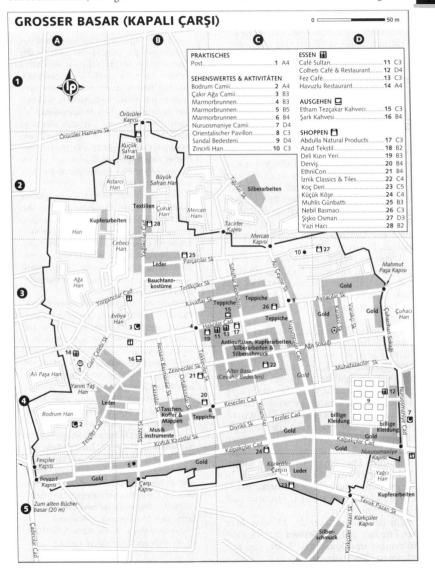

GROSSER BASAR (KAPALI ÇARŞI)

0   50 m

PRAKTISCHES
Post...1 A4

SEHENSWERTES & AKTIVITÄTEN
Bodrum Camii.....................................2 A4
Çakır Ağa Camii..................................3 B3
Marmorbrunnen..................................4 B3
Marmorbrunnen..................................5 B5
Marmorbrunnen..................................6 B4
Nuruosmaniye Camii...........................7 D4
Orientalischer Pavillon.........................8 C3
Sandal Bedesteni.................................9 D4
Zincirli Han......................................10 C3

ESSEN
Café Sultan......................................11 C3
Colhetı Café & Restaurant...............12 D4
Fez Café...13 C3
Havuzlu Restaurant.........................14 A4

AUSGEHEN
Etham Tezçakar Kahveci....................15 C3
Şark Kahvesi...................................16 B4

SHOPPEN
Abdulla Natural Products.................17 C3
Azad Tekstil....................................18 B2
Deli Kızın Yeri................................19 B3
Derviş..20 B4
EthniCon...21 B4
İznik Classics & Tiles......................22 C4
Koç Deri..23 C5
Küçük Köşe....................................24 C4
Muhlis Günbattı..............................25 B3
Nebil Basmacı................................26 C3
Şişko Osman..................................27 D3
Yazı Hacı...28 B2

Örücüler Kapısı
Örücüler Hamamı Sk.
Küçük Safran Han
18
Büyük Safran Han
Astarcı Han
Textilien
Çukur Han
Kupferarbeiten
28
Yağlıkçılar Cad
Silberarbeiten
Takkı Sk.
Mercan Hanı
Tacirler Kapısı
Han
Cebeci Han
Mercan Kapısı
10
27
Ağa Han
Leder
25
Parçacılar Sk
Mahmut Paşa Kapısı
Evliya Han
3
Bauchtanz-kostüme
Terlikçiler Sk
Teppiche
15
Teppiche
26
8
Gold
Aynacılar Sk
Gold
Gold
Çuhacı Han
Yorgancılar Cad
Kavaflar Sk
Sahaflar Bedesteni
Acı Çeşme Sk
Katalar Sk
Kuyumcular Cad
Teppiche
Reşam Basmacılar Sk
Hacılar Cad
14
16
3
4
19 11 13 17
Antiquitäten, Kupferarbeiten, Silberarbeiten & Silberschmuck
Ağa Sokağı
Ali Paşa Han
1
Yarım Taş Han
Kazazlar Sk
Otakcılar Sk
Takkecılar Sk
Zennecıler Sk
21
Alter Basar (Cevahir Bedesten)
22
Gold
Muhafazacılar Sk
Nuruosmaniye Cad
Bodrum Han
2
Leder
20
6
Teppiche
Keseciler Cad
Kılıçcılar
Terziler Cad
billige Kleidung
9
12
7
Feşçiler Cad
Sıpahı Sk
Taschen, Koffer & Mappen
Musik instrumente
Koltuk Kazazlar Sk
Divrikli Sk
Gold
billige Kleidung
Gold
Kalpakçılar Cad
Gold
Kalpakçılar Cad
Kürkçüler Çarşısı
Nuruosmaniye Kapısı
Feşçiler Kapısı
5
Gold
Çarşı Kapısı
Gold
27
23
Leder
Yağcı Han
Beyazıt Kapısı
Kürkçüler Pazarı Sk
Tavuk Pazarı Sk
Kupferarbeiten
Zum alten Bücher-basar (20 m)
Çadırcılar Cad
Kürkçüler Kapısı
Silber-schmuck

Kupferarbeiten
Han
Yarım Taş Han

İSTANBUL

über das Goldene Horn wachen. Sie ist eins der tollsten Gebäude der Stadt. Immerhin ließ sie auch der größte, reichste und mächtigste osmanische Sultan, Süleyman der Prächtige (regierte 1520–66), bauen: als vierte Sultansmoschee İstanbuls.

Die Süleymaniye ist zwar nicht die größte osmanische Moschee, aber sicher die großartigste. Ihr Architekt war Mimar Sinan, der berühmteste und talentierteste osmanische Baumeister. Sinan fand zwar, dass die kleinere Selimiye Camii in Edirne sein Meisterwerk war. Begraben ließ er sich aber hier im Süleymaniye-Komplex. Wahrscheinlich hatte er es im Gefühl, dass er der Nachwelt v. a. durch dieses Bauwerk in Erinnerung bleiben würde. Sein Grab liegt direkt außerhalb des ummauerten Moscheegartens, in dessen Nordecke.

Das Innere der Moschee ist einfach atemberaubend durch die schiere Größe und dabei sympathisch schlicht. Mit Deko wurde sparsam umgegangen. Dafür ist sie sehr erlesen: feine İznikfliesen im *mihrab* (Gebetsnische Richtung Mekka), wunderbare Buntglasfenster von einem gewissen İbrahim dem Säufer und vier mächtige Pfeiler, einer aus Baalbek, einer aus Alexandria und zwei aus byzantinischen Palästen in İstanbul.

Wenn die Treppe zur Galerie an der Nordostseite (zum Goldenen Horn) geöffnet ist, sollte man sich den spektakulären Blick vom Balkon nicht entgehen lassen. Eine ähnlich schöne Aussicht bietet die Terrasse vor der Moschee.

Die *külliye* (Stiftungskomplex) der Süleymaniye, die außerhalb des ummauerten Gartens liegt, ist besonders ausgedehnt. Sie umfasste alle möglichen sozialen Einrichtungen: Armenküche, Herberge, Krankenhaus, Koranschule usw. In der ehemaligen Armenküche mit ihrem reizenden Garten hat sich heute das Restaurant Darüzziyafe einquartiert; sehr reizend für eine Tasse Tee (0,50 €), aber das Essen war bei unseren letzten Besuchen fast ungenießbar. Gleich neben dem Darüzziyafe ist das **Lale Bahçesi** (S. 157) in einem tiefer liegenden Hof. In diesem stimmungsvollen Studentencafé lässt sich wunderbar *çay* trinken, plaudern und eine *nargileh* rauchen.

Vor der Südostmauer der Moschee liegt der Friedhof mit den **Gräbern** (9.30–16.30 Uhr) Süleymans und Roxelanes. Beide sind mit erlesenen Fliesen ausgeschmückt.

RÜSTEM PAŞA CAMİİ

Mitten im quirligen Viertel Tahtakale westlich vom Gewürzbasar versteckt sich ein echtes Kleinod: die selten besuchte **Rüstem Paşa Camii** (Moschee Rüstem Paşas; Karte S. 104/105; Hasırcılar Caddesi; Spende erbeten). Sinan baute sie 1560 für den Schwiegersohn und Großwesir Süleymans des

---

DER GROSSE SİNAN

Die Regierungszeit Sultan Süleymans des Prächtigen gilt als goldenes Zeitalter des Osmanischen Reichs. Ansehen verschaffte er sich durch die Kodifizierung des osmanischen Rechts, durch militärische Stärke und durch seine Leidenschaft, İstanbul mit architektonischen Meisterwerken zu verschönen. Das wäre Süleyman allerdings ohne Mimar Sinan (um 1497–1588), den bekanntesten und größten Architekten der Türkei, nicht gelungen. Gemeinsam perfektionierten sie den Baustil der klassischen osmanischen Moschee.

Eine Sinan-Moschee hat einen großen Vorhof mit einem *şadırvan* (Brunnen) in der Mitte und überkuppelten Arkaden an drei Seiten. An der vierten Seite steht die Moschee mit einer zweigeschossigen Vorhalle. Über dem Gebetssaal wölbt sich eine große Zentralkuppel hoch über die zweigeschossige Fassade hinaus, umgeben von kleineren Kuppeln und Halbkuppeln.

İstanbuls phantastische **Süleymaniye Camii** (S. 123) ist Sinans großartigstes und meistbesuchtes Bauwerk. Wer nur für ein Meisterwerk Sinans Zeit hat, sollte sich dieses aussuchen. Sehr lohnend sind auch die kleinere **Rüstem Paşa Camii** (S. 124) mit ihrem Fliesenschmuck und die **Sokollu Mehmet Paşa Camii** (Karte S. 116).

Sinan entwarf und baute aber nicht nur Moscheen. Sein **Çemberlitaş Hamamı** (S. 141) bietet eine Spitzengelegenheit, Architekturstudien mit Wellness zu verbinden. Auch das **Bad der Roxelane** (S. 112) und die **Caferağa Medresesi** (S. 163) stammen von ihm.

Auch in anderen Städten des osmanischen Kernlands stehen heute noch Werke Sinans, v. a. in Edirne, der einstigen Hauptstadt des Reiches. Die dortige **Selimiye Camii** (S. 185) betrachtete Sinan als sein Meisterwerk.

Das Grab Mimar Sinans (Karte S. 104/105) ist nördlich der Süleymaniye Camii.

Prächtigen und schuf ein kleines Meisterwerk osmanischer Bau- und Keramikkunst.

Eine Freitreppe führt zu einer Terrasse und der Säulenhalle, die als Vorhalle dient. Schon an der Fassade fallen Paneele mit Izniklfliesen ins Auge. Der Innenraum ist mit genauso prachtvollen Fliesen dekoriert und hat eine wunderschöne Kuppel, die auf vier gefliesten Pfeilern ruht.

Mit dem aufwendigen Fliesenschmuck wollte Rüstem Paşa der Welt demonstrieren, wie reich und mächtig er war. Denn İznikfliesen waren besonders teuer und begehrt. Ob es ihm im Jenseits geholfen hat, sei dahingestellt. Auf Erden galt er jedenfalls als unangenehmer Mensch. Seine Zeitgenossen verpassten ihm den Spitznamen Kehle-I-Ikbal (Glückslaus), weil bei ihm vor seiner Heirat mit Mihrimah, Süleymans Lieblingstochter, Läuse gefunden wurden. Der Nachwelt ist er v. a. in Erinnerung geblieben, weil er zusammen mit Roxelane bei Süleyman dessen Lieblingssohn, Mustafa, schlechtmachte. Ihre Intrige hatte Erfolg: Mustafa wurde 1553 auf Befehl seines Vaters erdrosselt.

Da die Moschee nicht auf Straßenhöhe steht, kann man sie leicht verfehlen. Links neben dem Brunnenhaus an der Straße ist ein steinerner Torbogen mit einer silbernen Plakette. Gleich daneben führt eine Treppe zur Moschee rauf.

GEWÜRZBASAR

Wer einen Liebestrank aus Kräutern oder natürliches türkisches Viagra sucht, ist auf İstanbuls **Gewürzbasar** (Mısır Çarşısı, Ägyptischer Basar; Karte S. 104/105; ☾ Mo–Sa 8.30–18.30 Uhr) goldrichtig. Für die Wirkung gibt's allerdings keine Garantie! Der Markt entstand in den 1660er-Jahren als Teil des Stiftungskomplexes der Yeni Cami. Die Ladenmieten trugen zum Unterhalt der Moschee und ihrer wohltätigen Einrichtungen bei. Den Namen Ägyptischer Basar bekam er, weil er für seine Waren aus Kairo berühmt war.

Außer *baharat* (Gewürzen), Nüssen, Honigwaben und Olivenölseife gibt's auf dem quirligen Gewürzbasar auch jede Menge *incir* (Feigen), *lokum* (türkischen Honig) und *pestil* (Trockenfrüchte). Die Souvenirläden werden von Jahr zu Jahr mehr. Trotzdem ist es ein idealer Ort, um sich mit essbaren Andenken einzudecken, mit den Verkäufern zu plauschen und die gut erhaltene Markthalle zu bewundern. Eine super Atmosphäre erwartet Besucher in Laden Nr. 41: **Mehmet Kalmaz Baharatçı** ist spezialisiert auf Henna, Gummisauger, Kräuterarzneien, Tinkturen und das persönliche Aphrodisiakum des Sultans. In den meisten Läden gibt's die Einkäufe vakuumverpackt, damit man sie unbeschadet mit nach Hause nehmen kann.

Der Basar bietet auch gute Gelegenheit, den berühmten *tulum*-Käse (Ziegenkäse) aus Erzincan zu probieren: Die Stände sind an den Ziegenfellen zu erkennen (s. S. 74). Hier befindet sich auch eines der ältesten Restaurants der Stadt, das Pandeli (S. 152).

YENİ CAMİ

Nur in İstanbul heißt ein Bauwerk nach 400 Jahren immer noch „Neue Moschee". Mit dem Bau der **Yeni Cami** (Neue Moschee; Karte S. 102/103; Yenicami Meydanı Sokak, Eminönü; Spende erbeten) wurde 1597 angefangen – im Auftrag der Valide Sultan Safiye, der Mutter Sultan Mehmets III. (regierte 1595–1603). Als der Sultan starb, verlor Safiye ihre gute Position. Und erst sechs Sultane später brachte Turhan Hadice, die Mutter Sultan Mehmets IV. (regierte 1648–87), 1663 das Projekt zu Ende.

Im Grundriss ist die Yeni Cami der Blauen Moschee und der Süleymaniye Camii ziemlich ähnlich. Sie hat einen großen Vorhof, einen quadratischen Gebetssaal und eine große Kuppel, umgeben von mehreren Halbkuppeln. Der Innenraum ist prunkvoll mit Gold, gemusterten İznikfliesen und behauenem Marmor ausgeschmückt und hat einen imposanten *mihrab*.

Im Hof, nicht weit vom Gewürzbasar, ist das **Grab der Valide Sultan Turhan Hadice.** Außer ihr sind hier nicht weniger als sechs Sultane begraben, u. a. ihr Sohn Mehmet IV.

GALATABRÜCKE

Über die Galatabrücke (Galata Köprüsü; Karte S. 102/103) zu spazieren, ist immer ein Erlebnis. Bei Sonnenuntergang, wenn die Möwen kreischend um den Galataturm fliegen, ist der Blick einfach traumhaft: die Silhouetten der Moscheen auf den sieben Hügeln der Stadt vor rosarotem Himmel. Tagsüber fließt auf der Brücke der Verkehr zwischen Beyoğlu und Eminönü hin und her, Angler stehen dicht an dicht und halten hoffnungsvoll ihre Angeln ins Wasser, eine stetig wechselnde Prozession von Straßenhändlern bietet alles Mögliche an, von frisch gebackenen *simit* bis zu Rolex-Fälschungen.

İSTANBUL

Unter der Brücke sind die Fischrestaurants und Cafés den ganzen Tag geöffnet. Hier kann man sich den Duft von Apfeltabak aus den *nargileh*-Cafés um die Nase wehen lassen und den Fähren zugucken, die sich in einer endlosen Parade durch das Wasser pflügen. Die Esslokale unter der Brücke sind eins wie das andere und – offen gestanden – die reinsten Touristenfallen. Aber hier zu essen oder nachmittags ein Bier zu trinken und dabei die Aussicht zu genießen, ist ein bisschen Nepp durchaus wert.

Die aktuelle Brücke stammt von 1994. Sie ersetzte eine Eisenbrücke von 1910, die ihrerseits drei Vorgänger hatte. Die Brücke von 1910 war berühmt-berüchtigt für die zwielichtigen Fischrestaurants, Teehäuser und *nargileh*-Cafés im finsteren Untergeschoss unter der Fahrbahn. Ihr großer Nachteil war: Sie schwamm auf Pontons, die die natürliche Strömung behinderten und Schmutzwasser aus dem Goldenen Horn nicht abfließen ließen. Als ein Brand 1992 die Eisenbrücke arg ramponierte, schleppte man sie auf dem Goldenen Horn stromaufwärts. Von der Fähre nach Eyüp aus kann man sie heute noch liegen sehen.

Beyoğlu & Umgebung

Der Stadtteil Beyoğlu erstreckt sich nördlich der Galatabrücke. Dort befinden sich u. a. der Taksimplatz und der große Boulevard İstiklal Caddesi. Bis Mitte des 19. Jhs. hieß das Viertel Pera. Hier lebten die Europäer, Diplomaten und Kaufleute. Hier gab's die neueste europäische Mode, Patisserien, Restaurants, Geschäfte und Gesandtschaften. Und die Gebäude wurden in dem Stil gebaut, der gerade in Europa „in" war. Beyoğlu hatte Telefone, elektrisches Licht und eine der ersten elektrischen Straßenbahnen, die Tünel.

Das änderte sich in den Jahrzehnten nach der Gründung der Republik. Die Botschaften zogen in die neue Hauptstadt Ankara, die glamourösen Läden und Restaurants machten dicht, die großartigen Bauten bröckelten vor sich hin und Beyoğlu verkam zu einer ziemlich zwielichtigen Gegend. In den 90er-Jahren erlebte es zum Glück eine Renaissance. Und heute ist Beyoğlu wieder das Herz des modernen İstanbul, in dem schicke neue Galerien, Cafés und Boutiquen aus dem Boden schießen. Fast täglich eröffnen neue hippe Restaurants und jede Menge Bars – mehr, als ein Nachtschwärmer in seinem ganzen

Leben ausprobieren könnte. Beyoğlu zeigt die kosmopolitische Türkei von ihrer besten Seite. Wer nicht in Beyoğlu war, hat İstanbul nicht gesehen.

Am besten lässt sich Beyoğlu zu Fuß erkunden. Von Eminönü geht's über die Galatabrücke und durch Galata hindurch, das historische Viertel der Genueser. Ein Bummel auf der belebten İstiklal Caddesi führt bis zum Taksimplatz (wer will, kann von hier zurück nach Sultanahmet Bus Nr. 4 nehmen). Alles in allem ist es ein Fußweg von zwei bis drei Stunden, Pausen inklusive.

GALATATURM

Der **Galataturm** (Galata Kulesi; Karte S. 106/107; Galata Meydanı, Karaköy; Eintritt 5,50 €; 9–20 Uhr) war bei seinem Bau 1348 der höchste Punkt der Befestigungsanlagen der Genueser Siedlung Galata. Seither wurde er mehrfach wiederaufgebaut. Er hat diverse Erdbeben und den Abriss der übrigen Genueser Stadtmauern Mitte des 19. Jhs. überstanden. Heute beherbergt er ein Restaurant/Nachtclub, das nicht der Rede wert ist. Im achten Stock ist aber ein nettes Café (Tee 0,80 €, Bier 3 €). Und die schwindelerregende Aussichtsplattform bietet einen spektakulären Panoramablick über die Stadt.

MEVLEVİ-KLOSTER

Das **Museum für Diwanliteratur** (Divan Edebiyatı Müzesi; Karte S. 106/107; ☎ 0212-245 4141; Galipdede Caddesi 15, Tünel; Eintritt 2 €; Mi–Mo 9.30–16.30 Uhr) ist im Mevlevi Tekkesi, einem der letzten Derwischklöster, die es in İstanbul noch gibt. Die etwas heruntergekommene Anlage lohnt den Besuch nur, wenn man sich hier einen *sema* (Tanz der Derwische; Näheres s. S. 127) ansehen und/oder sich in den herrlich schattigen Gärten vom Trubel in Beyoğlu erholen möchte.

Auf dem Friedhof links neben dem Klostereingang finden sich Grabsteine mit tollen osmanischen Inschriften. Die seltsamen Gebilde auf den Grabsteinen sind stilisierte Kopfbedeckungen, die den Rang des Toten zeigen. Hier befindet sich auch das Grab von Galip Dede: Nach diesem Sufidichter des 17. Jhs. ist die Straße benannt.

In der *semahane* (Zeremonienhalle) ist der zentrale Raum für die wirbelnde Tanzzeremonie, die *sema*, bestimmt. Die Galerien waren früher Besuchern zugänglich. Separate Bereiche waren dem Orchester und Besu-

TANZENDE DERWISCHE

Die Mevlevi haben schon immer Besucher willkommen geheißen, die sich ihre *sema* (Tanzzeremonie) ansehen wollen. Das gilt auch für nichtmuslimische Ausländer. In den 1920er-Jahren verbot Atatürk dieses Ritual für einige Zeit, aber die Tradition hat sich bis heute gehalten.

In İstanbul gibt es immer mehr Möglichkeiten, tanzende Derwische zu sehen. Offen gestanden handelt es sich dabei aber oft um kaum mehr als Touristenshows. Die beste Gelegenheit, eine authentische *sema* zu sehen, bietet eines der wenigen praktizierenden *tekke* (Mevleviklöster) in İstanbul. Es befindet sich in Fatih, 4 km westlich von Sultanahmet. Hier leisten normalerweise nur wenige Reisende den einheimischen Anhängern dieses spirituellen Rituals Gesellschaft. Es findet nur montagabends statt und ideal ist es, sich von Ortskundigen begleiten zu lassen. Man kann sich im Hotel danach erkundigen oder an Les Arts Turcs (s. S. 143) wenden. In deren Atelier bekommen Besucher vorher eine einstündige Einführung in den Sufismus und die Tanzzeremonie (22 €).

Die zweitbeste Möglichkeit bietet das Museum für Diwanliteratur (s. S. 126). Die **Semas** (Eintritt 14 €; ☾ Mai–Sept. Sa & So 17 Uhr, Okt.–April am ersten und letzten Sa im Monat 15 Uhr) dauern 90 Minuten und fangen mit einer Liveaufführung von Sufimusik an. Da die Vorstellungen oft ausgebucht sind, ist es ratsam, die Karten schon einige Tage vorher im Kloster zu kaufen. Nur wer zeitig bei Einlassbeginn am *tekke* ist, hat Chancen auf einen Sitzplatz. Die besten Plätze sind gegenüber vom Eingang an den rückwärtigen Fenstern.

Eine andere **Vorführung** (☎ 0212-458 8834; Tickets Erw./Stud. 17/14 €; ☾ Mi, Fr & So 19.30 Uhr) gibt's in der stimmungsvollen Ausstellungshalle an Gleis 1 im Bahnhof Sirkeci, Sultanahmet.

Die *sema* ist eine religiöse Zeremonie. Durch den Tanz wollen die Derwische eine größere Nähe zu Gott erreichen. Zuschauer werden daher gebeten, nicht zu reden, zwischendrin nicht aufzustehen und nicht mit Blitz zu fotografieren. Mehr Infos über tanzende Derwische s. S. 525.

---

cherinnen (hinter Paravents) vorbehalten. Heute sitzen dort nur noch die Musiker, die während der Zeremonie spielen. Im Wandelgang stehen Schaukästen mit Kalligrafie, Handschriften und Musikinstrumenten des Mevlevi-Klosters.

İSTANBUL MODERN

Das Museum für moderne Kunst, kurz **İstanbul Modern** (İstanbul Modern Sanat Müzesi; Karte S. 106/107; ☎ 0212-334 7300; www.istanbulmodern.org; Meclis-i Mebusan Caddesi, Fındıklı; Eintritt 4 €, Do Eintritt frei; ☾ Di & Mi 10–18, Do 10–20, Fr–So 10–18 Uhr), hat 2004 seine Tore geöffnet. Hier kriegt man einen hervorragenden Überblick über die zeitgenössische türkische Kunst.

Die kleine, aber feine Sammlung reicht von Fotografien Ara Gülers bis zu Arbeiten von Eren Eyüboğlu und Fikret Mualla. Die permanente Ausstellung befindet sich im Obergeschoss. Im Erdgeschoss sind v. a. internationale Wanderausstellungen, Retrospektiven und Fotoaustellungen zu sehen. Im Haus gibt's einen gut sortierten Museumsshop, ein **Kino** für Arthouse-Filme und ein Café-Restaurant, das einen sehr guten Eindruck macht und eine tolle Aussicht über den Bosporus bietet. Für das Museum mindestens eine Stunde einplanen!

İSTİKLAL CADDESİ

Ende des 19. Jhs. hieß die **İstiklal Caddesi** (Unabhängigkeitsstraße; Karte S. 106/107) Grande Rue de Pera. Auf dem lebhaften Boulevard zwischen Tünelplatz und Taksimplatz spielte sich das Leben der modernen Stadt ab. Und auch heute ist ein Bummel über die quirlige Einkaufsstraße ein absolutes Muss. Täglich zwischen 16 und 20 Uhr – v. a. freitags und sonntags – ist auf der İstiklal am meisten los.

Auf der Hälfte der İstiklal Caddesi steht das **Galatasaray-Gymnasium** (Galatasaray Lisesi; Karte S. 106/107). Sultan Abdülaziz gründete 1868 diese Schule, an der die Schüler in Französisch und Türkisch unterrichtet wurden. Noch heute ist es eine renommierte staatliche Oberschule.

Ganz in der Nähe ist die berühmte **Çiçek Pasajı** (Blumenpassage; Karte S. 106/107). Als der *Orient Express* noch in das alte Stambul rollte und eine Promenade auf der İstiklal Caddesi der Hit war, war dieses Gebäude in der Cité de Pera die glamouröseste Adresse der Stadt. Es wurde 1876 im Stil des Second Empire erbaut und beherbergte neben einer Passage sowie Wohnungen. Mit dem Niedergang des Stadtteils ging es auch mit diesem Gebäude bergab. Die schicken Läden machten zuerst Blumenläden Platz und später *meyha-*

İSTANBUL

nes, wo Nachtschwärmer die Nächte durchzechten. Ende der 1970er-Jahre stürzten Teile des Gebäudes ein. Nach dem Wiederaufbau wurde die Passage „verschönert". Damit war aber auch ihr leicht verkommener Charme dahin. Heutzutage machen Einheimische einen großen Bogen um die Kundenfänger und die mittelmäßigen Lokale der Passage. Sie steuern lieber İstanbuls buntestes und populärstes Restaurantviertel auf der **Nevizade Sokak** (s. Kasten S. 154) an.

An die Çiçek Pasajı grenzen die Şahne Sokak und Beyoğlus **Balık Pazar** (Fischmarkt) an. Hier gibt's Obst, Gemüse, Eingelegtes und andere frische Sachen. Neben dem Fischmarkt fängt die neoklassizistische **Avrupa Pasajı** (Europäische Passage) mit Marmorboden, Andenkenshops und ein paar Antiquitätenläden an. Die zweigeschossige **Aslıhan Pasajı** in der Nähe quillt über von antiquarischen Büchern.

TAKSİMPLATZ

Dieser belebte Platz (Karte S. 106/107) ist das symbolische Herz des modernen İstanbul. Benannt ist er nach dem gemauerten Wasserspeicher, *taksim* (Verteiler) an seiner Westseite, der zum alten Wasserleitungssystem der Stadt gehörte. Sultan Mahmut I. (regierte 1730–54) ließ 1732 die Hauptwasserleitung vom Belgrader Wald nördlich der Stadt bis hierher legen. Vom Verteiler führten dann Leitungen in die übrigen Stadtteile.

Der Platz ist mit seinem Chaos nicht gerade ein stadtplanerischer Triumph. An der Westseite macht die İstiklal-Caddesi-Straßenbahn eine Wendeschleife um das **Cumhuriyet Anıtı** (Denkmal der Republik), das ein italienischer Architekt und Bildhauer 1928 schuf. Es zeigt Atatürk, seinen Assistenten und Nachfolgerİsmet İnönü und weitere Revolutionsführer.

Im Norden befindet sich der hektische Busbahnhof (ab hier fährt die Linie T4 nach Sultanahmet), an der Ostseite das **Atatürk-Kulturzentrum** und an der Westseite das Marmara Hotel (S. 149). In der Mitte hält die Metro nach Levent 4 und die Standseilbahn nach Kabataş.

ASKERİ MÜZESİ (MILITÄRMUSEUM)

Martialisches bietet das **Militärmuseum** (Karte S. 100/101; ☎ 0212-233 2720; Vali Konağı Caddesi, Harbiye; Erw./Student 3/1,50 €; Mi–So 9–17 Uhr), 1 km nördlich vom Taksimplatz.

Die Ausstellung zieht sich über zwei weitläufige Geschosse. Im Erdgeschoss sind mittelalterliche Waffen, Rüstungen, Uniformen und Vitrinen mit türkischen und erbeuteten Standarten zu sehen. Zu den interessantesten Exponaten gehören die *sayebanlar* (Sultanspavillons). Diese luxuriösen Pavillons sind aus schweren silber- und golddurchwirkten Stoffen, Edelsteinen, kostbarer Seide und feinem Flechtwerk gearbeitet und dienten Sultanen bei ihren Feldzügen im Sommer als Quartier.

Unser Lieblingsstück ist ein Teil der Kette, mit der das Goldene Horn in byzantinischer Zeit abgesperrt wurde, z. B. bei der schicksalhaften Belagerung der Stadt 1453. Was Militärsouvenirs angeht, könnte nur eine Holzplanke vom Trojanischen Pferd die Kette toppen!

Im Obergeschoss ist eine Ausstellung zum Ersten und Zweiten Weltkrieg und zu Atatürk.

Am einfachsten erreicht man das Militärmuseum zu Fuß vom Taksimplatz über die Cumhuriyet Caddesi (15 Min.). Alternativ kommen alle Busse infrage, die vom Taksimplatz über die Cumhuriyet Caddesi fahren. Täglich zwischen 15 und 16 Uhr finden im Museum Konzerte der Mehter statt, einer Militärkapelle, die bereits seit osmanischer Zeit existiert.

Beşiktaş & Ortaköy

DOLMABAHÇE SARAYI

Anhänger der „form-follows-function"-Ästhetik rümpfen heutzutage gern die Nase über Gebäude wie den **Dolmabahçe-Palast** (Dolmabahçe Sarayı; Karte S. 100/101; ☎ 0212-236 9000; Dolmabahçe Caddesi, Beşiktaş; Eintritt selamlık 8,50 €, harem-cariyeler 7 €, selamlık & harem-cariyeler 12 €, Kristallpalast & Uhrenmuseum 3 €; Di–Mi & Fr–So 9–16 Uhr). Auch echte Fans des osmanischen Erbes lehnen ihn als manierierten Prunk ab: Der Palast hätte mehr mit der Pariser Oper am Hut als mit dem Topkapı Sarayı. Aber egal, wie sehr die Kritiker mosern: Die Sultansresidenz aus dem 19. Jh. ist eindeutig ein Publikumsmagnet – jedenfalls nach den Schlangen davor zu urteilen.

„Weniger ist mehr" war sicher nicht das Motto von Sultan Abdül Mecit, als er beschloss, dem Gerede vom militärischen und finanziellen Niedergang des Osmanischen Reiches ein Ende zu machen und vom Topkapı Sarayı in einen schicken neuen Palast am Bosporusufer umzuziehen. Als Standort wählte er *dolma bahçe* (Gefüllter Garten), wo einer seiner Vorgänger, Sultan Ahmet I. (regierte 1607–17), einen Park mit Lustpavillon angelegt hatte. Abdül Mecit beauftragte 1843 die Architekten Nikoğos und Garabed Balyan, hier einen osmanisch-europäischen Palast zu bauen, der jeden Besucher schwer beeindrucken sollte. 1856 war er fertig. Von traditioneller osmanischer Palastarchitektur ist nur wenig zu erkennen, dafür umso mehr Elemente des europäischen Barock und Klassizismus. Es gibt auch nicht die üblichen Pavillons. Stattdessen ist die Anlage ganz nach innen ausgerichtet. Schade – bei der herrlichen Aussicht auf den Bosporus! Aber offenbar sollte nichts von der extravaganten Innenausstattung des Palastes ablenken.

Ein prunkvolles Tor führt in die gepflegte Gartenanlage, die den Palast umgibt. Dieser gliedert sich in zwei Teile: den pompösen **selamlık** (Empfangstrakt) und den etwas zurückhaltenderen **harem-cariyeler** (Haremsund Konkubinentrakt). Beide sind nur mit Führung zu besichtigen (*selamlık* ½-stündige Führung, *harem-cariyeler* 1-stündige Führung). Wer nur Zeit für eine der beiden Führungen hat, sollte sich den *selamlık* ansehen. Die Führungen sind in Türkisch und Englisch.

Nach der Führung empfiehlt sich ein Blick in den **Kristallpalast** mit seinem märchenhaften Wintergarten. Er hat fein geschliffene Fensterscheiben, einen Kristallbrunnen, unzählige Lüster und sogar ein Klavier und einen Sessel aus Kristall. Er steht gleich neben dem Vogelhaus an der Straßenseite des Palastes.

Nach dem Harem im Palast sollte man sich besser nicht richten: Sie zeigen alle 9.05 Uhr an. Um diese Zeit starb Atatürk am 10. November 1938 im Dolmabahçe-Palast. Bei der Führung durch den Harem werden auch die Räume gezeigt, die er bewohnte, wenn er im Palast war. Verglichen mit anderen Teilen des Palastes wirken sie geradezu spartanisch.

Der Besuchereingang des Palastes ist in der Nähe des reich verzierten **Uhrenturms,** den Sultan Abdül Hamit II. 1890–94 bauen ließ. In der Nähe gibt's ein Terrassencafé mit herrlicher Aussicht auf den Bosporus.

Wer sich nach dem Dolmabahçe-Palast noch den Beylerbeyi Serayı (s. S. 137) am asiatischen Ufer angucken will, kann dies im Rahmen einer **geführten Tour** (☎ 0212-296 5240; Tour 30 €; im Sommer 9 Uhr ab Dolmabahçe, vorherige Buchung erforderlich) tun. Über den Bosporus geht's hin und zurück in einer nachgebildeten Sultanskajik.

DENİZ MÜZESİ
Das **Schifffahrtsmuseum** (Deniz Müzesi; Karte S. 100/101; ☎ 0212-261 0040; Ecke Cezayir & Beşiktaş Caddesis, Beşiktaş; Erw./Stud. 2/1 €; ☺ Mi–So 9–12.30 & 13.30–17 Uhr) liegt malerisch am Ufer des Bosporus. Die meisten Landratten (wir eingeschlossen) dürften es allerdings ein bisschen langweilig finden: Kompasse, Kanonen, Flaggen, Schiffsmodelle usw. Seebären gehen hier sicher gern für ein Stündchen vor Anker.

Ein Tipp für alle, die sich für Militaria interessieren: Wer vom Museum zur Uferstraße runtergeht, findet dort eine ganze Reihe wartender Minibusse, die geradewegs zum Militärmuseum in Harbiye fahren.

Wer von Sultanahmet kommt, fährt mit Buslinie T4 bis Dolmabahçe und geht die letzten zehn Minuten zu Fuß. Vom Taksimplatz fährt Linie 40T bis Beşiktaş.

YILDIZ-PARK
Der **Yıldız-Park** (Yıldız Parkı; Karte S. 100/101; Çırağan Caddesi; Eintritt frei) ist eine schattige Oase voller Vögel und Städter, die Picknick machen: ein idealer Ort, um dem Großstadttrubel zu entfliehen. Früher gehörte die Parkanlage zum nahen Çırağan-Palast. Davon zeugen noch zwei grandiose *köşkü* (Pavillons), wo der Sultan seine Umgebung stilvoll genießen konnte, und noch ein osmanisch-europäischer Palast: Yıldız Şale.

Vom Haupteingang an der Çırağan Caddesi führt der Hauptweg steil bergan bis zu einer T-Kreuzung am Hügel (10 Min.). Links geht's zum **Çadır Köşkü.** In dem prächtigen Pavillon, der 1865 bis 1870 neben einem See erbaut wurde, hat sich heute ein mittelprächtiges Café einquartiert.

An der T-Kreuzung rechts geht's zum **Yıldız Şale** (Yıldız-Chalet-Museum; Karte S. 100/101; ☎ 0212-259 4570; Eintritt 3 €; ☺ April–Okt. Di–Mi & Fr–So 9.30–17 Uhr, Nov.–Mai bis 16 Uhr). Sultan Abdul Hamit II. (regierte 1876–1909) wollte nicht hinter seinen Vorgängern zurückstehen. Und so stellte er sich hier 1882 sein eigenes Luxus-Chalet hin. 1898 ließ er es für den Staatsbesuch des deutschen Kaisers, Wilhelm II., noch erweitern. Zu besichtigen ist der Palast im Rahmen einer halbstündigen Führung. Er ist zwar nicht so prunkvoll wie der Dolmabahçe-Palast, aber auch längst nicht so überlaufen.

Ca. 500 m hinter der Abzweigung zum Yıldız Şale steht der **Malta Köşkü** (Karte S. 100/101; ☎ 0212-258 9453; Hauptgerichte 8,50–10 €; ☻ 9–22.30 Uhr) von 1870. Hier hielt Abdül Hamit den abgesetzten Sultan Murat V. und seine Familie gefangen. Das Terrassencafé mit herrlichem Blick auf den Bosporus bietet sich für ein leichtes Mittagessen an.

Wer mit dem Taxi zum Park fährt, kann sich auch gleich den steilen Weg bis zum Yıldız Şale raufkutschieren lassen und die anderen Pavillons auf dem Weg nach unten angucken. Ein Taxi von Sultanahmet bis auf den Hügel sollte ca. 5 € kosten.

ORTAKÖY CAMII
Ortaköy (Mittelstadt; Karte S. 100/101) ist ein Uferviertel mit Kirche, Synagoge und Moschee – und viel Charme. In dem Gewirr renovierter osmanischer Häuser sind heute schicke Boutiquen, Bars und Restaurants zu finden. An lauen Abenden quillen die Restaurants und Cafés rund um den winzigen gepflasterten Platz am Wasser über von Einheimischen, die Tee trinken oder Fisch essen. In der ganzen Stadt gibt's kaum ein besseres Plätzchen zum Leuteangucken.

Direkt am Wasser steht die dekorative **Ortaköy Camii** (Büyük Mecidiye Camii). Nikoğos Balyan, einer der Architekten des Dolmabahçe-Palasts, baute sie 1853 bis 1855 im Auftrag von Sultan Abdül Mecit III. Die neobarocke Moschee vor der Kulisse der hypermodernen Bosporusbrücke ist ein klassisches Fotomotiv für alle, die İstanbuls „old-meets-new"-Charakter festhalten wollen. Neben der Moschee (Richtung Bosporusbrücke) gibt's einen für İstanbuler Verhältnisse spitzenmäßigen Kinderspielplatz und ein paar Bücherstände (mit englischen, deutschen und französischen Büchern).

Sonntags findet in den gepflasterten Gassen ein lebendiger Markt statt. Frühaufsteher kommen schon zum Frühstück hierher, stöbern in Perlenschmuck, Hüten und anderem Kunsthandwerk und machen sich um die Mittagszeit wieder aus dem Staub, um dem dicksten Betrieb am Nachmittag zu entgehen. Unsere Favoriten unter den Lokalen sind auf S. 155 zu finden.

Vom Taksimplatz fahren die Buslinien DT1, 40, 40T, von Eminönü Linie 25E nach Ortaköy (Haltestelle Kabataş Lisesi). Von Sultanahmet kann man mit der Straßenbahn bis Kabataş fahren und dort in die Buslinie 25E

umsteigen oder ein Taxi (3 €) bis Ortaköy nehmen.

Das Goldene Horn

In byzantinischer Zeit bot das Goldene Horn einen perfekten Naturhafen für den Handel. Auf den Märkten am Ufer wurden frisches Gemüse, Obst und Getreide verkauft. In der Hochblüte des Osmanischen Reiches war das Nordufer gleichzeitig Erholungsgebiet und Wirtschaftszentrum. Hier entstand **Aynalıkavak Kasrı** (Karte S. 100/101) als Landsitz der Sultane, während sich um Kasımpaşa und Hasköy Werften, Arsenale, Gießereien und die Admiralität des Reiches ansiedelten. Im nördlichen Ufergebiet des Goldenen Horns lagen Gärten und verstreute Ortschaften mit blühenden jüdischen und griechischen Gemeinden.

Bis Mitte des 20. Jhs. wuchsen diese Dörfer zusammen, die Wälder verschwanden, und das Goldene Horn verkam zu einem Abwasserkanal. Erst als die alte Galatabrücke 1994 durch eine neue ersetzt wurde, bekam man die Wasserverschmutzung etwas in den Griff. Am Ufer entstanden wieder Parks, und allmählich ging's auch mit den angrenzenden Stadtvierteln wieder bergauf.

Am besten lässt sich das Goldene Horn mit den kleinen Fähren erkunden, die regelmäßig verkehren (s. S. 132). Diese wenig besuchten Winkel der Stadt sind für manche Besucher das Highlight ihrer İstanbulreise.

FENER & BALAT

Früher waren Fener und Balat reiche griechische und jüdische Viertel. Seit Gründung der Republik ging es mit ihnen bergab. Kürzlich bewilligte die Unesco Fördermittel für eine Restaurierung dieser Stadtteile, die ein paar der letzten traditionellen Wohnstraßen im Zentrum İstanbuls besitzen. Diese spannenden alten Viertel lohnen auf jeden Fall einen Bummel.

Das **Ökumenische Orthodoxe Patriarchat** (Karte S. 100/101; ☎ 0212-531 9670/6; Sadrazam Ali Paşa Caddesi, Fener; ☻ 9–17 Uhr) ist Sitz des Ökumenischen Patriarchen. Er ist das Oberhaupt der gesamten orthodoxen Christenheit. Die orthodoxen Kirchen Griechenlands, Zyperns, Russlands, Rumäniens und anderer Länder haben zwar fast alle eigene Patriarchen oder Erzbischöfe, die von İstanbul unabhängig sind. Aber die symbolische Bedeutung des Patriarchats der Stadt, die die große Ära byzantinischer und orthodoxer Macht erlebte, ist noch immer beträchtlich. Nach der Eroberung Konstantinopels durch die Türken musste das Patriarchat die Gebäude an der Hagia Sophia räumen und verlegte seinen Sitz schließlich um 1600 hierher. Zur Anlage gehört die Kirche des hl. Georg. Sie stammt von 1730 und ist sehr sehenswert. Jedes Wochenende werden busseweise Menschen zum Sonntagsgottesdienst hierhergekarrt.

Nicht weit vom Patriarchat stößt man direkt am Wasser auf eine architektonische Kuriosität der Stadt: die neugotische **Bulgarische Kirche des hl. Stephan** (Karte S. 100/101). Sie besteht komplett aus Gusseisen. Die einzelnen Teile wurden in Wien gegossen, mit dem Schiff über die Donau nach Istanbul gebracht und hier 1898 zusammengebaut. Normalerweise ist sie nicht für Besucher geöffnet. Wer schon vor der Tür steht, wird aber oft vom Hausmeister reingelassen (einen Versuch ist es immerhin wert). Spenden sind willkommen.

Informative Rundgänge durch diese Viertel veranstalten Les Arts Turcs (S. 143) und İstamboul Insolite (S. 143).

HASKÖY & SÜTLÜCE

Die Stadtteile Hasköy und Sütlüce am Nordufer des Goldenen Horns haben zwei Attraktionen zu bieten: das Rahmi M Koç Müzesi und den Miniatürk. Wer mit der Fähre über das Goldene Horn kommt, steigt am Anleger Sütlüce aus.

Miniatürk

Offen gestanden: Es ist uns völlig unbegreiflich, wieso der **Themenpark Miniatürk** (Karte S. 100/101; ☎ 0212-222 2882; İmrahor Caddesi, Sütlüce; Eintritt Erw./Kind-Student 4/2 €; ☺ 9–18 Uhr) bei Einheimischen so ein Riesenerfolg ist. Die Werbung behauptet, der Park zeige „alle Zeitalter und Orte Anatoliens zur gleichen Zeit am gleichen Ort". Die billige Miniaturstadt präsentiert Modelle bedeutender türkischer Bauwerke von der Celsus-Bibliothek bis zum Atatürk International Airport auf einem gepflegten Rasengelände mit falschen Felsen, aus denen die türkische Nationalhymne quäkt. Für Kinder sind die Modelle enttäuschend, weil man sie sich nur aus einiger Entfernung ansehen darf. Dafür entschädigt eine Miniatureisenbahn, die über die Wege zockelt, ein paar (nicht sonderlich sichere) Spielgeräte. Parkbesucher sollten unbedingt eine gute Portion Humor mitbringen.

Der Park liegt 20 Gehminuten nördlich vom Fähranleger Sütlüce entfernt.

Rahmi M Koç Müzesi

Dieses absolut geniale **Technikmuseum** (Rahmi M Koç; Karte S. 100/101; ☎ 0212-369 6602; www.rmkmuseum.org.tr; Hasköy Caddesi 27; Erw./Kind & Stud. 4/2 €; ☺ Di–Fr 10–17, Sa & So 10–19 Uhr) gründete der Chef des Koç-Konzerns, um Exponate aus İstanbuls Industriegeschichte auszustellen. Der bunte Mix, der hier zu sehen ist, wirkt wie ein großer Sack voller spannender Dinge, die über Jahrzehnte hinweg zusammengesammelt wurden oder von Privatpersonen, Organisationen und Firmen an das Museum gegeben wurden, weil sie einfach nicht wussten, was sie sonst damit anfangen sollten. Das mindert den Wert der Sammlung aber keineswegs. Ganz im Gegenteil: Das Museum ist ein totaler Hit, und besonders Kinder werden es lieben.

Es ist in zwei toll restaurierten Industrieanlagen untergebracht: in einer historischen Werft und einer osmanischen Gießerei gleich nebenan. Die Ausstellung dreht sich v. a. um Transportmittel. Es gibt eine Pferdebahn; ein Amphibienfahrzeug (halb Auto, halb Schiff), das 1962 den Ärmelkanal durchquerte; Sultan Abdül Aziz' prunkvoller Eisenbahnwaggon; Autos (alles von hässlichen türkischen Anadolmodellen bis hin zu märchenhaften rosafarbenen Cadillacs) und eine Messerschmitt von 1960. Andere Exponate demonstrieren die Funktion technischer Geräte und mechanische Prinzipien. Kleinere Kinder stehen besonders auf die Hebel, Knöpfe und Schalter an diesen interaktiven Exponaten.

An Wochenenden kann man mit dem historischen Schlepper *Liman II* eine 40-minütige Rundfahrt auf dem Goldenen Horn machen (Ticket 5,50 €). Abfahrt ist um 13, 14.30, 16 und 17.30 Uhr.

Im Gegensatz zu den meisten anderen Museen der Stadt ist hier der gesamte Komplex rollstuhlgerecht. Durchgängig gibt's hervorragende Texttafeln in Türkisch und Englisch. Eine Privatführung kostet 25 €. Auf dem Gelände gibt's zwei Top-Restaurants (das Halat am Golden Horn ist ideal für ein Mittagessen), ein Café und eine Bar. Die Besichtigung des U-Boots ist erst für Kinder ab acht Jahren zugelassen und erfordert ein Extra-Ticket (2,50/1,50 €).

Das Museum liegt zehn Gehminuten südöstlich vom Fähranleger Sütlüce.

EYÜP

Der konservative Stadtteil Eyüp heißt nach Ayub Ansari, einem Standartenträger des Propheten Mohammed und verehrten früh-islamischen Führer. Sein Grab bei der **Eyüp Sultan Camii** (Moschee des Großen Eyüp; Karte S. 100/101; Camii Kebir Sokak, Eyüp; Eintritt auf Spendenbasis; ⓥ Grab 9.30–16.30 Uhr) macht diesen Komplex zu einer heiligen Stätte. Sie rangiert für Muslime an vierter Stelle hinter Mekka, Medina und Jerusalem. Das reich verzierte Mausoleum ist durchaus sehenswert. Freitags und an hohen islamischen Feiertagen sollte man allerdings nicht herkommen. Und auf jeden Fall ist die Würde dieser islamischen Weihestätte zu respektieren (Pilger verlassen sie rückwärts, um Ayub Ansari nicht den Rücken zuzuwenden).

Die ursprüngliche Moschee baute Mehmet der Eroberer fünf Jahre nach der Eroberung Konstantinopels. Osmanische Prinzen kamen vor ihrer Thronbesteigung hierher, um sich mit dem Schwert des Osman zu gürten. Die heutige Moschee baute Sultan Selim III. erst 1800. Es ist eine verbreitete Sitte, dass Jungen am Tag ihrer Beschneidung diese Stätte aufsuchen.

Hinter der Moschee zieht sich ein Friedhof den Hang hinauf. Der Weg durch den Friedhof (oder die Seilbahn nördlich der Moschee) führt zum berühmten **Pierre Loti Café**, wo der französische Schriftsteller sich inspirieren ließ. Und wer könnte es ihm verdenken? Die Aussicht auf das Goldene Horn ist schlichtweg atemberaubend.

AN- & WEITERREISE

Von Üsküdar verkehren Fähren über Karaköy und Eminönü durch das Goldene Horn bis nach Eyüp. Sie legen an in Kasımpaşa, Fener, Balat, Ayvansaray, Sütlüce und Eyüp. In Eminönü geht es ab um 7.50, 8.50 Uhr und dann stündlich bis 18.50 und 20.05 Uhr. Den winzigen Fähranleger in Eminönü erreicht man auf einem Fußweg, der zwischen der Bushaltestelle Eminönü und dem riesigen Restaurant Stork Zyndan durchführt.

In umgekehrter Richtung starten Fähren in Eyüp von 7.30 Uhr an stündlich bis 16.40 Uhr, danach um 17.35, 18.30 und 19.45 Uhr. An Wochenenden können die Abfahrtszeiten am späten Nachmittag etwas abweichen. Also besser die Fahrpläne checken. Wer will, kann unterwegs aussteigen, um sich andere Sehenswürdigkeiten anzugucken.

An beiden Ufern des Goldenen Horns verkehren auch Busse. Ab Eminönü fahren die Linien 399B/C/D, ab Taksimplatz die Linien 55T und 55ET durch Fener und Balat nach Eyüp. Linie 47 ab Eminönü und 54HT ab Taksimplatz fahren an den Sehenswürdigkeiten in Hasköy und Sütlüce (Nordufer) vorbei.

Westliche Stadtbezirke

In diesem Teil der Altstadt zwischen den Landmauern und Sultanahmet gab es früher unzählige byzantinische Kirchen. Die meisten wurden in Moscheen umgewandelt. Viele der Wohnhäuser sind verfallen oder mussten hässlichen Mietshäusern Platz machen. Ein Spaziergang durch diese Teile der Stadt vermittelt Einblicke in den İstanbuler Alltag. Wer Zeit hat, findet hier noch manches Sehenswerte. Das Kariye Müzesi ist allerdings ein Muss für einen Besuch in İstanbul.

VALENS-AQUÄDUKT

Ob das Aquädukt (Karte S. 104/105) tatsächlich von Kaiser Valens (regierte 364–78) erbaut wurde, ist nicht mit Sicherheit geklärt. Bekannt ist aber, dass es mehrfach instandgesetzt wurde: im Jahr 1019, später unter verschiedenen Sultanen und zuletzt Ende der 1980er-Jahre. Man vermutet, dass es Wasser über dieses Tal bis in eine Zisterne am Beyazıt-Platz leitete und an der Basilikazisterne und dem Großen byzantinischen Palast endete. Nach der Eroberung durch die Türken versorgte es den Eski (Alten) und den Topkapı Sarayı mit Wasser.

ZEYREK CAMİİ (PANTOKRATORKIRCHE)

Die **Zeyrek Camii** (Pantokratorkirche; Karte S. 104/105; İbadethane Sokak) gehörte ursprünglich zu einer bedeutenden byzantinischen Klosteranlage mit zwei Kirchen und einer Kapelle. Das Kloster ist längst verschwunden und die Nordkirche ist baufällig. Aber die Südkirche, die Kaiserin Eirene kurz vor ihrem Tod 1124 bauen ließ (ein Mosaik in der Hagia Sophia zeigt sie mit Kaiser Johannes II. Komnenos) ist z. T. noch erhalten, u. a. ein prachtvolles Bodenmosaik. Die Südkirche und die angrenzende Kapelle, die Johannes II. errichten ließ, dienen heute als Moschee. Außerhalb der Gebetszeiten ist meistens ein Hausmeister dort, der Besucher gegen eine kleine Spende bereitwillig herumführt. Auf Anfrage zeigt er ihnen auch einen Teil des Bodenmosaiks unter einer Falltür. Die Moschee und die verfallenden, aber charmanten Häuser der Umgebung stehen auf der Liste des Unesco-Weltkulturerbes – eine lohnende Gegend für einen kleinen Bummel.

Das osmanische Haus östlich der Moschee beherbergt das Restaurant **Zeyrekhane** (S. 156).

Von der Zeyrek-Moschee führt ein sehr schöner 15-minütiger Spaziergang am Valens-Aquädukt entlang nach Nordwesten zur Fatih Camii.

FATIH CAMII
Die **Eroberermoschee** (Fatih Camii; Karte S. 104/105; Fevzi Paşa Caddesi, Fatih) entstand 1470 als erste große Sultansmoschee İstanbuls. Sie steht 750 m nordwestlich des weitläufigen Valens-Aquädukts auf einem weitläufigen Gelände. Der gewaltige Stiftungskomplex der Moschee umfasste 15 wohltätige Einrichtungen wie Medresen, ein Hospiz und eine Karawanserei. Nach einem Erdbeben wurde sie wiederaufgebaut, brannte aber 1782 nieder. Der heutige Bau stammt aus der Regierungszeit Abdül Hamits I. (regierte 1774–89).

Auf dem Friedhof hinter der Moschee befindet sich die sehenswerte **Türbe des Eroberers** (Di–So 9.30–16.30 Uhr). Das tatsächliche Grab von Mehmet liegt allerdings unter dem *mimber* in der Moschee.

Mittwochs findet im Hof und in den umliegenden Straßen ein riesiger Wochenmarkt für frische Lebensmittel und Kleider statt. Das ist ein idealer Tag für einen Besuch. Denn die Moschee selbst ist relativ unspektakulär.

KARIYE MÜZESI (CHORAKLOSTER)
Viele sind überrascht, dass eins der Highlights ihres İstanbultrips versteckt in den westlichen Stadtteilen liegt, wo sich nur wenige Besucher hinverirren: das **Kariye Müzesi** (Museum Chorakloster; Karte S. 100/101; 0212-631 9241; Kariye Camii Sokak, Edirnekapı; Eintritt 5,50 €; Do–Di 9–16.30, Juni–Okt. bis 18.30 Uhr).

Noch vor der Chorakirche stand an derselben Stelle die Erlöserkirche. Der heutige Bau entstand Ende des 11. Jhs. In den folgenden Jahrhunderten wurde er diverse Male renoviert, umgebaut und schließlich in eine Moschee umgewandelt. Die Innendeko stammt fast komplett von 1312. Sie wurde gestiftet von Theodoros Metochites, einem Dichter, Schriftgelehrten und Schatzkanzler unter Kaiser Andronikos II. (regierte 1282–1328). Eins der schönsten Mosaike im inneren Narthex

zeigt den Stifter, der Christus die Kirche überreicht.

Die Mosaiken, die Szenen aus dem Leben Christi und Marias zeigen, sind einfach phantastisch. Unterhalb der rechten Kuppel im inneren Narthex zeigt eine sogenannte Deesis Christus und Maria mit zwei Stiftern: Prinz Isaak Komnenos und Melane, Tochter von Michael Palaiologos VIII. In der Kuppel ist eine wunderbare Darstellung der Vorfahren Christi *(die Genealogie Christi)* zu sehen. Ein Mosaik von heiterer Schönheit schmückt die linke Narthexkuppel: Maria mit dem Jesuskind, umgeben von ihren Vorfahren.

Im Kirchenraum sind drei Mosaiken erhalten: Christus, Maria mit Jesuskind und der Tod (Himmelfahrt) der heiligen Jungfrau über der Eingangstür. Das „Kind", das Jesus im Arm hält, soll Marias Seele darstellen.

Rechts vom Kirchenraum befindet sich eine Seitenkapelle, das Parekklesion mit den Gräbern des Kirchenstifters, seiner Verwandten und engen Freunde. Sie ist mit Fresken alttestamentarischer Szenen ausgeschmückt, die von genauso hoher Qualität sind wie die Mosaiken.

Das Kariye ist eins der tollsten Museen der Stadt und verdient einen ausgiebigen Besuch. Anschließend ist das osmanische Menü im Restaurant Asitane (S. 156) ein heißer Tipp. Das Lokal ist im Untergeschoss des Kariye Oteli gleich neben der Chorakirche. Am Kariye Pembe Köşk auf dem Museumsvorplatz ist aber auch ein *peynirli tost* (überbackenen Käsetoast 3 €) oder türkischer Kaffee (2 €) zu haben.

Noch eine ernstzunehmende Bitte: Viele Besucher ignorieren die Hinweisschilder, dass im Museum fotografieren mit Blitzlicht verboten ist. Wer auch nur das geringste Interesse daran hat, dass diese großartigen und empfindlichen Mosaiken und Fresken auch in Zukunft erhalten bleiben, sollte sich unbedingt daran halten.

Die Chorakirche erreicht man von Eminönü mit Buslinie 28 oder 36KE, vom Taksimplatz mit Linie 87 bis Edirnekapı. Ein Taxi dürfte von Sultanahmet 4 €, vom Taksimplatz 5 € kosten.

YEDIKULE & DIE LANDMAUERN
Yedikule Hisarı (Festung der sieben Türme; Karte S. 100/101; 0212-585 8933; Kule Meydanı 4, Yedikule; Eintritt 2 €) ragt am Südrand der Altstadt auf. Die Geschichte der Festung ist mindestens so imposant wie ihre mächtigen Mauern.

Ende des 4. Jhs. stellte Theodosius I. hier einen Triumphbogen hin. Theodosius II. (regierte 408–50) integrierte ihn später in seine Landmauern. Vier der sieben Festungstürme entstanden während des Baus der Theodosianischen Landmauern; die übrigen drei stehen innerhalb der Mauer und kamen unter Mehmet dem Eroberer hinzu. In byzantinischer Zeit erhielt der Triumphbogen den Namen **Goldenes Tor;** eine Zeitlang war er tatsächlich mit Blattgold geschmückt. Triumphzüge in und aus der Stadt zogen durch dieses Tor.

In osmanischer Zeit diente die Festung zur Verteidigung, als Aufbewahrungsort für den Staatsschatz, als Gefängnis und Hinrichtungsstätte. Nach Gründung der Republik wuchs buchstäblich Gras über die verfallende Festung, auf der nun friedliche Ziegen grasten. Leider wurde diese grüne Oase bei den jüngsten Renovierungen vernichtet. Stattdessen gibt's jetzt riesige Schotterflächen. Aber die Aussicht von den Wehrgängen ist nach wie vor ein Highlight.

Wer will, kann von der Festung Yedikule auf oder an den Landmauern bis zum Ayvansaray am Goldenen Horn (6,5 km) spazieren; das dauert ca. einen Tag. An der Strecke liegt u. a. der **Tekfur Sarayı** (Königsschloss, Palast des Konstantin Porphyrogemetos; Karte S. 100/101; Hoçaçakır Caddesi) aus dem ausgehenden 13. Jh. Übrigens ist es eine gute Idee, sich auf diesen Spaziergang Begleitung mitzunehmen: An vielen Stellen sind die Mauern in schlechtem Zustand und führen durch Viertel, die alles andere als vertrauenerweckend sind.

Yedikule liegt ziemlich weit ab von den meisten anderen Sehenswürdigkeiten İstanbuls – am Anfang der Landmauern am Marmarameer. Sie ist leicht mit dem Zug von den Bahnhöfen Sirkeci oder Cankurtaran (der nächstgelegene Bahnhof von Sultanahmet) zu erreichen. Die Fahrt zum Bahnhof Yedikule dauert 15 Minuten. Der Eingang zur Festung ist 500 m links vom Bahnhof.

Von Eminönü fährt Bus Nr. 80 (ca. alle 40 Min.), vom Taksimplatz Linie 80T (etwa alle 25 Min.) nach Yedikule. Die Bushaltestelle ist an einem kleinen Park vor der Festung.

Der asiatische Teil İstanbuls
ÜSKÜDAR

Üsküdar ist der türkische Name für Skutari. Die ersten Siedler ließen sich südlich in Chalcedon (heute Kadıköy) nieder. Chrysopolis (heute Üsküdar) war der erste größere Ableger dieser Siedlung. Beide Orte gab es schon gut 20 Jahre, als Byzanz gegründet wurde. Schon bald zeigte sich, dass der Hafen von Chrysopolis günstiger lag als der von Chalcedon. Als Byzanz aufblühte, wuchs Chrysopolis über Chalcedon hinaus zum größten Vorort auf asiatischer Seite. Aber es hatte keine Befestigungsmauern. Und so machten sich die Osmanen dort schon mindestens 100 Jahre vor der Eroberung Konstantinopels breit.

Heute ist Üsküdar ein quirliger Stadtteil. Seine Handvoll zweitrangiger Sehenswürdigkeiten lohnen sich durchaus, wenn man einen halben Tag übrig hat. Hinter der Ağa Camii ist das berühmte Restaurant **Kanaat Lokantası** (Karte S. 100/101; ☎ 0216-553 3791; Selmanı Pak Caddesi 25; Hauptgerichte 6–9 €) zu finden. Hier gibt's mit die beste traditionelle türkische Küche in ganz İstanbul.

Kız Kulesı

İstanbul ist eine maritime Stadt. Daher ist es nur angemessen, dass eins der herausragendsten Wahrzeichen mitten im Wasser steht: der **Kız Kulesı** (Mädchenturm; Karte S. 100/101; ☎ 0216-342 4747; www.kizkulesi.com.tr; ☺ Di–So 12–19 Uhr). Wer mit der Fähre nach Üsküdar übersetzt, kann südlich vor dem asiatischen Festland den quadratischen Turm aus dem 18. Jh. auf einer winzigen Insel stehen sehen. In der Antike diente ein Vorläufer dieses Turms als Zollstation und Verteidigungsanlage. Um den Bosporus zu sperren, konnte man eine Kette von hier bis zur Serailspitze spannen. Manche glauben, die Geschichte des Turms reiche noch weiter zurück: Der Leanderturm, wie er auch genannt wird, sei Schauplatz des griechischen Mythos von Leander gewesen, der durchs Meer zu seiner verbannten Geliebten Hero schwimmen wollte und dabei ertrank (meist wird diese Legende mit der Halbinsel Gallipoli in Verbindung gebracht). Vor nicht allzu langer Zeit machte der Turm als Schauplatz in dem Bond-Film *Die Welt ist nicht genug* (1999) erneut Karriere.

Der Turm beherbergt ein Lokal. Tagsüber ist es ein Café, abends ein gehobenes **Restaurant** (☎ 0216-342 4747; ☺ Di–So 20.30–1). Zum Tagesmenü (ca 50 € pro Person ohne Getränke) gibt's Volksmusik oder DJs, je nach Programm. Von Salacak fahren Dienstags bis Sonntags von 12 Uhr mittags bis 1 Uhr nachts alle 15 Min. kleine Boote auf die Insel (hin & zurück 3 €). Von Ortaköy legen Boote um 13, 15 und 17 Uhr ab (3,50 €). Gäste, die ein Abendessen gebucht haben, können um 20.30 Uhr ab Kabataş fahren und um 23.15 oder 0.15 Uhr zurück.

Moscheen

Skutari galt als der Stadtteil İstanbuls, der Mekka am nächsten war. Daher bauten viele Mächtige des Osmanischen Reiches hier Moscheen, die ihnen den Weg ins Paradies ebnen sollten. Alljährlich macht sich von hier aus eine große Karawane zur Hadsch auf den Weg nach Mekka und Medina, was den frommen Ruf dieses Stadtteils noch verstärkt.

Vom Fähranleger in Üsküdar kommt man direkt auf den Hauptplatz Demokrasi Meydanı. An der Nordostecke erhebt sich die **İskele Camii** (Karte S. 100/101), auch Mihrimah Sultan Camii genannt. Sinan baute diese Moschee 1547/48 für die Tochter Süleymans des Prächtigen.

Südlich vom Platz steht die **Yeni Valide Camii** (Neue Moschee der Sultansmutter; Karte S. 100/101). Das schmiedeeiserne Mausoleum in dem verwilderten Garten hat etwas von einem Vogelbauer. Sultan Ahmet III. ließ es 1708–10 für seine Mutter Gülnuş Emetullah bauen. Östlich vom Platz ist die **Ağa Camii** (Karte S. 100/101).

Die nette kleine **Şemsi Paşa Camii** (Karte S. 100/101) liegt westlich vom Platz am Hafen. Sinan baute sie 1580 für den Großwesir Şemsi Paşa. Die bescheidene Größe und Ausstattung der Moschee lässt schon erkennen, dass ihr Stifter das Amt des Großwesirs unter Süleyman dem Prächtigen nur wenige Monate innehatte. Die Medrese (theologische Hochschule) dient heute als Bibliothek.

Auch die **Atik Valide Camii** (Karte S. 100/101; Çinili Camii Sokak) ist ein Werk Sinans. Er baute sie 1583 für die Valide Sultan Nurbanu, die Frau Selims II. (des Säufers) und Mutter Murats III. Nurbanu wurde mit zwölf Jahren auf der ägäischen Insel Paros von Türken gefangen genommen und machte später am osmanischen Hof Karriere. Nach dem Tod seiner geliebten Mutter ließ Murat ihr von Sinan dieses Denkmal auf der höchsten Erhebung von Üsküdar errichten. Die Moschee hat einen herrlichen Hof und innen imposante Galerien.

Die **Çinili Camii** (Fliesenmoschee; Çinili Camii Sokak; Karte S. 100/101) ist ein verstecktes Kleinod unter den Moscheen Üsküdars. Von außen wirkt sie ganz unauffällig, aber innen schmücken sie prachtvolle İznikfliesen. Stifterin war Mahpeyker Kösem (1640), die Frau Sultan Ahmets I. (regierte 1603–17) und Mutter der Sultane Murat IV. (regierte 1623–40) und İbrahim (regierte 1640–48).

Der Weg zur Atik Valide Camii und Çinili Camii führt über die Hakimiyet-i Milliye Caddesi bis zum Kreisverkehr. Von dort geht's etwa 1 km die Dr Fahri Atabey Caddesi entlang, bis links die kleine Sarı Mehmet Sokak abbiegt. Hier sind die Minarette der Atik Valide Camii bereits zu sehen. Von der Atik Valide Camii geht's ostwärts auf der Çinili Camii Sokak, die nach 300 m nach Norden den Hang hinaufführt. Die Çinili Camii steht 200 m hangaufwärts. Vom Hauptplatz bis zur Çinili Camii sind es insgesamt 20 Minuten zu Fuß.

Florence-Nightingale-Museum

Die Besichtigung der Selimiye Kızlarsı (Kaserne), zu der dieses bescheidene **Museum** (Karte S. 100/101; ☎ 0216-553 1009, Fax 0216-310 7929; Nci Ordu Komutanliği 1; Eintritt frei; ☽ Mo–Sa 9–17 Uhr) gehört, ist weit aufregender als das Museum selbst. Mahmut II. baute die Anlage 1828 anstelle einer Kaserne, die Selim III. hier 1799 errichtet hatte. Und Abdül Mecit I. ließ sie 1842 und 1853 erweitern. Heute ist sie das Hauptquartier der Ersten Armee, der größten Division der Türkei. Das wunderschöne Gebäude hat 2,5 km Korridore, 300 Räume und 300 Fenster. Im Krimkrieg (1853–56) diente die Kaserne als Militärhospital. Hier arbeitete die berühmte Florence Nightingale zusammen mit 38 Krankenpflegeschülerinnen. Ihre innovativen Pflegemethoden, die sie hier praktizierte, ließen sie in die Geschichte eingehen. Aus heutiger Sicht mögen diese Methoden selbstverständlich erscheinen. Aber damals waren sie geradezu revolutionär: Bevor Florence Nightingale hierherkam, lag die Sterblichkeitsrate bei 70 % der Patienten. Als sie ging, war die Rate auf 5 % gesunken (wofür sie nicht allein dafür verantwortlich war).

Das Museum nimmt drei Geschosse im Nordwestturm der Kaserne ein. Im Erdgeschoss werden die Geschichte der Ersten Armee und der Krimkrieg skizziert. In den beiden Obergeschossen sind Nightingales persönliche Räume zu besichtigen, u. a. ihr Operationsraum mit Originaleinrichtung und ihr Wohnzimmer mit herrlicher Aussicht auf Stambul.

Dummerweise muss man eine Besichtigung 48 Stunden vorher per Fax beantragen. Erforderlich sind eine genaue Zeitangabe für den Besuch, eine Kopie des Reisepasses (Bildseite) und eine Telefonnummer in Istanbul, unter der man erreichbar ist.

Das Museum liegt auf halber Strecke zwischen Üsküdar und Kadıköy, nicht weit von dem märchenhaften Uhrenturm der Universität TC Marmara entfernt. Vom Fähranleger Üsküdar fährt man am besten mit einem Dolmuş nach Harem und fragt dort nach dem kurzen Fußweg zum Selimiye Kızlarsı Harem Kapısı (Harem-Tor der Kaserne). Ein Taxi vom Fähranleger sollte nicht mehr als 4 € kosten.

An- & Weiterreise

Von Sultanahmet nach Üsküdar verkehren Fähren zwischen 6.35 und 23 Uhr alle 15 bis 30 Minuten (je nach Tageszeit) ab Eminönü.

Auch von Beşiktaş (neben dem Deniz Müzesi) fahren Fähren nach Üsküdar: ab 6.30 Uhr alle 15 bis 30 Min. bis 22.30 Uhr. Im nahen Kabataş ist der Fähranleger südlich vom Dolmabahçe-Palast. Die Fähren nach Üsküdar fahren von 7.15 bis 9.15 Uhr und von 16.15 bis 20.15 Uhr im Halbstundentakt.

Vom Taksimplatz fahren auch langsamere Busse und Dolmuş nach Üsküdar.

KADIKÖY

Nichts in Kadıköy weist auf die Geschichte der Siedlung hin, und auch an bemerkenswerten Sehenswürdigkeiten hat der Stadtteil nur wenig zu bieten. Trotzdem lohnt er einen Ausflug, wenn man einen Nachmittag übrig hat. Das junge, moderne Flair von Kadıköy wirkt nach dem historischen Feeling im alten Stambul total erfrischend. Nur ein paar Schritte südlich vom Fähranleger gibt's Unmengen von Geschäften rund um die altmodische Konditorei **Baylan Pastanesi** (Muvakkithane Caddesi 19), die hier jedem ein Begriff ist. Und an allen Ecken sind englische Sprachschulen. Den besten Espresso gibt's im **Café Antre** (Miralay Nazım Sokak 10). Lokale und Bars sind auf der Kadife Sokak zu finden. Jeden Dienstag herrscht in Kadıköy Hochbetrieb: Dann findet hier der größte Straßenmarkt İstanbuls, der **Salı Pazarı** (Dienstagsmarkt), statt.

Nördlich von Kadıköy befindet sich der **Kopfbahnhof Haydarpaşa** (Karte S. 100/101), der an ein deutsches Schloss erinnert. Zwei deutsche Architekten bauten ihn Anfang des 20. Jhs. Damals strengte sich der deutsche Kaiser Wilhelm sehr an, um den Sultan wirtschaft-

lich und militärisch anzubandeln. Als kleines Zeichen seiner Verbundenheit schenkte er ihm diesen Bahnhof. Heute gibt's umstrittene Pläne, das Bahnhofsgelände und seine Umgebung in ein Freizeit- und Geschäftszentrum mit sieben Hochhäusern umzuwandeln. Wer die Einheimischen dieses Viertels nach ihrer Meinung zu dem Projekt fragt, muss sich auf einen langen Nachmittag mit viel çay einstellen. Die meisten Fähren, die zwischen Kadıköy und Eminönü oder Karaköy verkehren, legen am Bahnhof einen kurzen Stopp ein.

An- & Weiterreise

Von Sultanahmet legen zwischen 7.30 und 22.35 Uhr alle 15 bis 20 Minuten (je nach Tageszeit) Fähren in Eminönü ab.

Vom Fähranleger Karaköy (Beyoğlu-Seite der Galatabrücke) verkehren sie von 6.10 bis 23 Uhr alle 10 bis 30 Minuten (je nach Tageszeit).

Von Beşiktaş (neben dem Deniz Müzesi) geht von 7.15 bis 22.45 Uhr alle halbe Stunde eine Fähre.

Vom Taksimplatz gibt's auch Busse und Minibusse nach Kadıköy, aber die brauchen eine Ewigkeit.

Bosporus

Auf Divan Yolu und İstiklal Caddesi ist immer jede Menge los. Aber keine von beiden ist die wahre Hauptstraße İstanbuls. Diese Ehre gebührt allein dem gewaltigen Bosporus, der 32 km langen Meeresstraße zwischen Marmarameer (Marmara Denizi) und Schwarzem Meer (Karadeniz).

Ihr Namen stammt aus der griechischen Mythologie. *Bous* heißt im Altgriechischen Kuh, und *poros* ist der Weg oder die Brücke. „Bosporus" ist also die Rinderfurt oder die Stelle, an der die Kuh die Meerenge überquerte. Diese Kuh war Io, ein junges Mädchen, mit dem der Götterkönig Zeus eine Affäre hatte. Als seine Frau Hera dahinterkam, versuchte Zeus seinen Fehltritt wiedergutzumachen, indem er Io in eine Kuh verwandelte. Um sich noch mal extra zu rächen, schickte Hera eine Pferdebremse, die Io stach und über die Meerenge trieb. Zeus kam ungestraft davon, was wieder mal beweist, dass es auf dem Olymp keine wahre Gerechtigkeit gab. Ios Tochter Ceroessa aber war die Mutter des Byzas, der die Stadt Byzanz gründete.

Die erste Landverbindung von Europa nach Asien kam 1973 zustande, als die Bosporusbrücke über die Meerenge eröffnet wurde: die viertgrößte Hängebrücke der Welt. Sie wurde so gut angenommen, dass die Baukosten in weniger als zehn Jahren wieder drin waren. Inzwischen gibt es eine zweite Brücke nördlich von Rumeli Hisarı: die Fatihbrücke (benannt nach Mehmet dem Eroberer, Mehmet Fatih). Und eine dritte Brücke ist in Planung.

Die meisten İstanbulbesucher erkunden die Stadtteile am Bosporus mit staatlichen Ausflugsschiffen von Eminönü nach Anadolu Kavağı.

VON EMINÖNÜ ZUR BOSPORUSBRÜCKE

Gleich zu Anfang der Fahrt durch den Bosporus sieht man vor Üsküdar auf der asiatischen Seite die kleine Insel mit dem Mädchenturm **Kız Kulesı** (S. 134). Direkt vor der ersten Anlegestelle in Beşiktaş kommt man am grandiosen **Dolmabahçe-Palast** (S. 128) vorbei. Hinter Beşiktaş ragt linker Hand der **Çırağan Sarayı** (Karte S. 100/101) auf. Die ehemalige Residenz von Sultan Abdül Aziz beherbergt heute das luxuriöse Çırağan Palace Hotel Kempinski. Gegenüber auf der asiatischen Seite reihen sich so genannte *yalı* aneinander. Das griechische Wort für „Küste" bezeichnet die hölzernen Sommerhäuser, die osmanische Adelige und ausländische Gesandte sich im 17., 18. und 19. Jh. am Bosporus bauten. Inzwischen stehen sie alle unter Denkmalschutz.

Auf der europäischen Seite steht kurz vor der majestätischen **Bosporusbrücke** (Karte S. 100/101) die neobarocke **Ortaköy Camii** (S. 130).

VON DER BOSPORUSBRÜCKE ZUR FATIHBRÜCKE

Der großartige **Beylerbeyi Sarayı** (Beylerbeyi-Palast; Karte S. 99; ☎ 0216-321 9320; Abdullah Ağa Caddesi, Beylerbeyi; Eintritt 4,50 €; ☼ April–Okt. Di–Mi & Fr–So 9.30–17 Uhr, Nov.–März Di–Mi & Fr–So 9.30–16 Uhr) kommt kurz hinter der Bosporusbrücke auf asiatischer Seite in Sicht. Am Ufer stehen zwei verschnörkelte Badepavillons aus Marmor, einer für Männer, der andere für die Haremsdamen. Jeder Sultan brauchte so ein kleines Wochenendhäuschen. Und dieser Palast mit 30 Zimmern war Abdül Aziz' (regierte 1861–76) Rückzugsort. Heute ist er zwar leicht angestaubt, aber immer noch imposant, v. a. an sonnigen Nachmittagen, wenn die Räume lichtdurchflutet sind. Besichtigen kann man den Palast nur mit einem Führer. Der hetzt die Besucher von einem Raum zum anderen, vorbei an böhmischen Kristallüstern, französischem Sèvres-Porzellan, Ming-Vasen und prächtigen Teppichen.

Hinter dem Vorort Çengelköy auf asiatischer Seite taucht ein imposantes Bauwerk mit zwei Türmen und Hexenhutdächern auf: die **Militärakademie Kuleli** (Karte S. 99) von 1860. Irfan Orgas wunderbare Memoiren *Portrait of a Turkish Family* machten diese Schule unsterblich.

Gegenüber der Kuleli-Akademie liegt auf europäischer Seite der Stadtteil **Arnavutköy** mit einigen gut erhaltenen Holzhäusern aus osmanischer Zeit. Darunter sind auch viele reich verzierte *yalı*. Auf dem Hügel darüber liegen die Gebäude des ehemaligen American College for Girls. Seine berühmteste Schülerin war Halide Edib Adıvar. Sie schrieb darüber 1926 in ihrer Autobiografie *Memoir of Halide Edib*.

Arnavutköy geht nahtlos in den Nobelvorort **Bebek** über. Er ist berühmt für seine vornehmen Restaurants und Ufercafés. Um einen kleinen Park und eine Moschee gruppieren sich Geschäfte. Östlich davon liegt der Fähranleger, südlich das **Ägyptische Konsulat** (Karte S. 99). Dieses phantastische Art-Nouveau-Palais gab der letzte *khedive* (Vizekönig im Osmanischen Reich) von Ägypten, Abbas Hilmi II., in Auftrag. Später ließ er oberhalb von Kanlıca auf der asiatischen Seite des Bosporus Hıdiv Kasrı errichten. Über Bebek ist die **Boğaziçi Üniversitesi** (Bosporus-Universität; Karte S. 99) im Baustil New Englands aus dem 19. Jh. zu erkennen.

Zwischen Bebek und der Landspitze von Kandilli verengt sich der Bosporus. Kandilli heißt „Ort der Leuchten", da hier Leuchtfeuer die Schiffer vor den besonders tückischen Strömungen warnten. Unter den zahlreichen *yalı* am Ufer ist das kleine **Kırmızı Yalı** (Rotes Holzhaus; Karte S. 99) von 1790. Es ist eins der ältesten Sommerhäuser, die noch erhalten sind. Ein Stück weiter kommt das lang gestreckte weiße **Kıbrıslı Mustafa Emin Paşa Yalı** (Karte S. 99). Gleich dahinter fließen Büyük Göksu Deresi (Großer Himmelsbach) und Küçük Göksu Deresi (Kleiner Himmelsbach) aus den Hügeln in den Bosporus. Die fruchtbare, grüne Mündungsniederung war ein beliebter Picknickplatz der osmanischen Elite. Auch ausländische Gäste gesellten sich oft dazu. Sie nannten den Ort „die süßen Wasser Asiens".

Bei schönem Wetter schloss sich auch der Sultan diesen Landpartien an. Aber mit Stil: Sultan Abdül Mecits Picknickdecke war das

İSTANBUL

Zuckerbäckerschlösschen **Küçüksu Kasrı** (Karte S. 99; ☎ 0216-332 3303; Küçüksu Caddesi; Eintritt 2,50 €; ☺ April–Okt. Di–Mi & Fr–So 9.30–17 Uhr, Nov.–März Di–Mi & Fr–So 9.30–16 Uhr) von 1856–57. Frühere Sultane hatten sich hier Holzpavillons hingestellt, aber der Architekt Nikoğos Balyan entwarf ein Rokokokleinod aus Marmor.

Direkt vor der **Fatihbrücke** (Karte S. 99) ragt auf europäischer Seite die majestätische Festung Rumeli Hisarı auf. Auf asiatischer Seite lugen die niedrigen Festungstürme von Anadolu Hisarı aus den Bäumen.

Mehmet der Eroberer ließ **Rumeli Hisarı** (Karte S. 99; ☎ 0212-263 5305; Yahya Kemal Caddesi 42; Eintritt 2,50 €; ☺ Do–Di 9–16 Uhr) 1452 in nur vier Monaten bauen. Der Zweck war die Belagerung Konstantinopels. Als Standort wählte er die schmalste Stelle des Bosporus aus: gegenüber der Festung Anadolu Hisarı, die Sultan Beyazıt I. 1391 errichtet hatte. So konnte er den gesamten Schiffsverkehr auf der Meerenge kontrollieren und die Stadt von Nachschub auf dem Seeweg abschneiden – eine brillante Strategie.

Die mächtige Festung wurde aber nur ein knappes Jahr lang militärisch genutzt. Nach der Eroberung Konstantinopels diente sie eine Weile als Zollstation für den Bosporus, anschließend als Kaserne, Gefängnis und schließlich als Freilichttheater für Sommerkonzerte.

Innerhalb der Festungsmauern von Rumeli Hisarı verbergen sich ein parkähnliches Gelände mit Freilichttheater und das Minarett einer Moscheeruine. Steile Treppen (ohne Geländer, also Vorsicht!) führen auf die Wehrgänge und Türme. Von hier bietet sich ein herrlicher Blick auf den Bosporus. Gleich neben der Festung gibt's einige Cafés und Restaurants. Besonders viel Atmosphäre hat das **Sade Kahve** (☎ 0212-358 2324; Yahya Kemal Caddesi 36).

Anadolu Hisarı ist kein Museum. Aber wer will, kann ungehindert in den Festungsruinen herumlaufen.

Hinter Anadolu Hisarı (fast direkt unter der Fatihbrücke) steht das älteste _yalı_ am Bosporus: **Köprülü Amcazade Hüseyin Paşa Yalı** (Karte S. 99) Es wurde 1698 über dem Wasser gebaut und erst kürzlich renoviert.

VON DER FATIHBRÜCKE NACH ANADOLU KAVAĞI

Jenseits der Brücke liegt auf asiatischer Seite der charmante Vorort **Kanlıca**. Er ist berühmt für seinen köstlichen Jogurt. Auf dem schat-

tigen Platz am Ufer kann man ihn bei **Asırlık Kanlıca Yoğurdu** (İskele Meydanı, Kanlıca; Joghurt mit Honig 1,75 €, çay 1 €) probieren. Die unscheinbare Gâzi İskender Paşa Camii auf dem Platz baute Sinan 1560.

Am Rand von Kanlıca, fast schon unter der Brücke, befindet sich eins der renommiertesten Seafood-Restaurants İstanbuls: **Körfez** (☎ 0216-413 4314; Körfez Caddesi 78, Kanlıca; Hauptgerichte 16–44 €; ☺ Di–So 11–16, tgl. 18–24 Uhr). Ganz in der Nähe ist das **Ethem Pertev Yalı** vom Ende des 19. Jhs. Es hat ein eigenes Bootshaus und aufwendige Holzverzierungen.

Auf einem Felsvorsprung hoch über Kanlıca thront **Hıdiv Kasrı** (Khedive-Villa; Karte S. 99; ☎ 0216-258 9453; Hıdiv Yolu 32, Kanlıca; Eintritt frei, Parken 1,50 €; ☺ 8–23 Uhr). Der letzte _khedive_ von Ägypten ließ sich diese großartige Art-Nouveau-Villa als Sommerresidenz bauen. Er wohnte darin, wenn er einmal im Jahr mit seiner Familie nach İstanbul kam. Der Turm ragt hoch über die Bäume hinaus.

Jahrzehntelang verkam die Villa. Inzwischen ist sie restauriert und beherbergt ein Restaurant mit Gartencafé: ein echtes Kleinod mit weitläufigem, herrlichem Garten. Von Kanlıca ist sie mit dem Taxi (2,50 €) oder in 20 Minuten _per pedes_ zu erreichen. Man geht vom Hauptplatz in Kanlıca Richtung Norden und biegt an der ersten Straße (Kafadar Sokak) rechts ab, die sich zum Parkplatz der Villa hinaufschlängelt. An der Dere Sokak geht es links bis zu einer Weggabelung. Die linke Straße führt vorbei an Kanlıca Hekımler Sitesi bergauf. Dann sind schon bald der Parkplatz der Villa und die Bäume ihres großen Gartens zu sehen.

Am gegenüberliegenden Bosporusufer befindet sich der wohlhabende Vorort **Emirgan**. Ende April, Anfang Mai verwandelt sich der Emirgan-Park oberhalb des Ortes in ein Tulpenmeer. Nördlich von Emirgan ankern Yachten in der kleinen Bucht **İstinye**.

Nördlich von İstinye liegt **Yeniköy**. Dieser Küstenvorsprung war schon in der Antike besiedelt und entwickelte sich später zur beliebten Sommerfrische. Das beweist das aufwendige osmanische _yalı_ des Großwesirs **Sait Halim Paşa** aus dem 19. Jh. Zu erkennen ist es an den beiden steinernen Löwen am Kai. Am anderen Ufer liegt der Vorort **Paşabahçe**. Hier gab's früher die berühmte Glasbläserei. Ein Stück weiter folgt der Fischerort **Beykoz** mit einem schönen Brunnen von 1746 und ein paar Fischrestaurants am Hauptplatz.

Die kleine Bucht **Tarabya** am europäischen Ufer hieß wegen ihres gesunden Klimas ursprünglich Therapeia. Jahrhundertelang war sie ein beliebtes Seebad für İstanbuler mit Geld. Leider haben Neubauten einiges von ihrem Charme zunichte gemacht.

Nördlich des Dorfes stehen einige ehemalige Sommerresidenzen ausländischer Gesandtschaften. Mit der Hitze wuchs im Sommer auch die Angst vor Krankheiten. Dann zogen sich die ausländischen Botschafter mit ihrem Personal in hochherrschaftliche Villen hier an der Küste zurück. Diese Residenzen erstreckten sich Richtung Norden bis nach **Büyükdere.** Der Ort ist bekannt für seine Kirchen, Sommergesandtschaften und das **Sadberk Hanım Müzesi** (Karte S. 99; ☎ 0212-242 3813; www.sadberkhanimmuzesi.org.tr; Büyükdere Caddesi 27–29, Sarıyer; Eintritt 3 €; ☽ Do–Di 10–17 Uhr). Das Museum ist benannt nach der Frau des verstorbenen Unternehmers Vehbi Koç, der 1926 das größte türkische Firmenimperium begründete. In zwei restaurierten *yalı* ist ihre Privatsammlung anatolischer Antiquitäten und osmanischer Sammlerstücke ausgestellt.

Der nächste Ort auf der europäischen Seite, **Sarıyer,** hat tolle Fischrestaurants. Wer vom Fähranleger rechts am Ufer entlanggeht, vorbei an der Bushaltestelle und einigen Fischrestaurants, kommt zum historischen Fischmarkt, Tarihi Balıkçılar Çarşısı.

Die vorletzte Anlegestelle der Ausflugsschiffe ist **Rumeli Kavağı.** Ankunft und Abfahrt dieser Schiffe sind das Aufregendste, was in diesem verschlafenen Nest passiert. In der Nähe gibt's einen öffentlichen Badestrand: Altınkum. In einem kleinen Restaurant bekommt man Meze und Bier, aber nicht viel mehr. Südlich davon steht das Heiligtum des Telli Baba. Der muslimische Heilige soll angeblich jungen Frauen helfen, einen passenden Mann zu finden.

In **Anadolu Kavağı** ist die Bosporustour der staatlichen Ausflugsschiffe zu Ende. Der Ort liegt inmitten einer schönen Landschaft und bietet sich für einen netten Spaziergang und ein Mittagessen an. Leider sind die Werber der Restaurants oft ziemlich aufdringlich. Besser, man checkt erst, wie frisch der Fisch ist, bevor man in ein Lokal reingeht. Die besten Restaurants sind neben dem Fähranleger am Wasser, billigere findet man in den Seitenstraßen. Oberhalb des Dorfes liegen die Ruinen von **Anadolu Kavağı Kalesi,** einer mittelalterlichen Burg mit ursprünglich acht massiven Wehrtürmen. Sie entstand in byzantinischer Zeit und wurde 1350 von den Genuesern und später von den Osmanen instandgesetzt und verstärkt. Sie ist vom Dorf aus in 30 bis 50 Gehminuten zu erreichen. Taxis stehen in der Nähe des Brunnens auf dem Dorfplatz östlich vom Fähranleger. Für die Hin- und Rückfahrt

---

BOSPORUS BEI NACHT

Eine Nachtfahrt über den Bosporus gehört zu den schönsten und wohl romantischsten Abendunterhaltungen in İstanbul. Dazu bietet sich fast jede Fährverbindung an, so lange sie nicht an die Südküste des Marmarameeres oder auf die Prinzeninseln fährt: Hier könnte es schwierig werden, noch eine Rückfahrt zu bekommen. Von der Fähre hat man einen herrlichen Blick auf die funkelnden Lichter der Altstadt, auf die Fischerboote, die auf den Wellen tanzen, und auf die Scheinwerfer der Fähren, die ihre Route ausleuchten.

Ideal für diesen Zweck ist aber wohl die Fähre von Karaköy (gegenüber von Eminönü an der Galatabrücke) nach **Kadıköy.** Vorausplanung ist nicht nötig: Man besorgt sich einfach in Karaköy zwei Jetons (für Hin- & Rückfahrt) und geht an Bord. In Kadıköy gibt Gelegenheit, durch die Seitenstraßen zu bummeln und etwas zu essen. Diese Fähren zurück fahren jeweils zur vollen und halben Stunde, die letzte um Mitternacht ab Kadıköy (oder ab dem nahen Anleger Haydarpaşa). Beim Kauf der Jetons sollte man sich allerdings am Fahrkartenschalter noch einmal nach den Abfahrtszeiten erkundigen. Auch von Eminönü geht eine Fähre nach Karaköy. Die letzte Rückfahrt ist aber schon um 20.40 Uhr ab Kadıköy.

Eine kürzere Fahrt führt von Eminönü nach **Üsküdar.** Hier bietet sich ein köstliches Abendessen bei Kanaat Lokantası (S. 150) an oder ein kurzer Bummel vom Anleger rechts am Ufer entlang zu den *çay bahçesi* (Teegärten) an der Şemsi Paşa Camii. Nach einem oder zwei Glas Tee geht's auf der beliebten Uferpromenade weiter, vorbei am berühmten Kız Kulesi (s. S. 134) – an Sommerabenden ein herrlicher Spaziergang. Die Fähren zurück fahren alle halbe Stunde ab Üsküdar, die letzte um 23 Uhr. Wie immer gilt: Abfahrtszeiten gleich bei der Ankunft noch mal checken.

İSTANBUL

zur Burgruine nehmen sie 5,75 € inklusive 30 Minuten Wartezeit. Für die spektakuläre Aussicht auf das Schwarze Meer lohnt sich der Abstecher auf jeden Fall. Leider haben Besucher überall Abfälle von ihren Picknicks hinterlassen.

AN- & WEITERREISE

Es gibt jede Menge Möglichkeiten, den Bosporus kennenzulernen. Die meisten Besucher nehmen die staatlichen Ausflugsschiffe (s. unten). Mit ihnen erlebt man einen netten, relaxten Tagestrip inklusive Mittagspause in einem Fischrestaurant in einem hübschen Ort am Schwarzen Meer (wo man zu einer Burg raufklettern und den Blick über Bosporus und Schwarzes Meer genießen kann). Eine andere Möglichkeit ist, mit dem Ausflugsschiff auf dem Bosporus ein Stück nach Norden zu fahren und mit Bus und/oder örtlichen Fähren zurückzuschippern. So kann man unterwegs Stopps einlegen, um sich Sehenswürdigkeiten anzuschauen (s. Busse und Fähren). Die ständigen Staus auf der Küstenstraße können einem diese Tour allerdings etwas verleiden, v. a. nach 15 Uhr. Man sollte sich davon aber nicht abhalten lassen. Für die Rückfahrt kommen sowohl die Route an der europäischen als auch an der asiatischen Bosporusküste infrage. Wer will, kann sogar hin- und herwechseln. Beide Strecken sind phantastisch, aber auf der europäischen Seite gibt's mehr öffentliche Nahverkehrsmittel und Sehenswürdigkeiten. Die asiatische Seite ist ruhiger, hat urig-ländliche Ortschaften, aber auch eine schlechtere Verkehrsanbindung.

Die dritte Möglichkeit sind private Ausflugsschiffe (S. 141).

Staatliche Ausflugsschiffe

Die staatlichen Ausflugsschiffe sind die beliebteste Variante eines Bosporustrips. Die meisten Tagesausflügler fahren mit den staatlichen **Boğaziçi Özel Gezi Seferleri** (Bosporus-Sonderausflugsschiffen; einfache Fahrt 2 €; Hin- und Rückfahrt 4 €; ganzjährig 10.35; Juni–Okt. 12 & 13.35 Uhr) durch den ganzen Bosporus. Sie legen am Boğaz-İskelesi-Kai in Eminönü (Karte S. 102/103) ab und halten in Beşiktaş, Kanlıca, Yeniköy, Sarıyer, Rumeli Kavağı und Anadolu Kavağı (Wendestelle). Die Fahrt dauert in beide Richtungen je 90 Minuten. In Anadolu Kavağı hat man drei Stunden Aufenthalt, also Zeit genug für ein Mittagessen und einen Spaziergang. Die Rückfahrt geht los in Anadolu Kavağı

um 15, 16.15 und 17 Uhr (Juni–Okt.) und ist in Eminönü um 16.30, 17.30 bzw. 18.30 Uhr zu Ende. An Sommerwochenenden legt das letzte Schiff um 19 Uhr in Anadolu Kavağı ab. Achtung: Wer unterwegs aussteigt, kann nicht mit derselben Fahrkarte mit dem nächsten Schiff weiterfahren.

Im Sommer und v. a. an Wochenenden sind die Ausflugsschiffe schnell voll. Wer einen Sitzplatz im Freien oder am Fenster ergattern möchte, sollte daher mindestens 45 Minuten vor Abfahrt einsteigen. Während der Fahrt gibt's an Bord frischen Orangensaft (1,75 €), Tee und andere Getränke.

Busse & Fähren

Wer will, kann auch mit dem staatlichen Ausflugsschiff, Boğaziçi Özel Gezi Seferleri, von Eminönü den Bosporus entlangfahren und mit dem Bus auf europäischer oder asiatischer Seite zurückfahren (wer kreativ und entschlossen genug ist, wechselt zwischendurch die Seiten).

Zwischen Sarıyer und Anadolu Kavağı verkehren täglich von 7.15 bis 23.15 Uhr Personenfähren. Sieben davon halten unterwegs in Rumeli Kavağı.

Wer auf der europäischen Seite mit dem Bus zurückfahren möchte, nimmt ein staatliches Ausflugsschiff bis Sarıyer und steigt dort in einen Bus Richtung Süden. Zum Sightseeing und Mittagessen bieten sich Zwischenstopps in Rumeli Hisarı, Ortaköy, am Çırağan Sarayı oder am Dolmabahçe-Palast an. Das Schiff legt in Sarıyer um 11.45 Uhr, von Juni bis Oktober auch um 14.45 Uhr an. Von Sarıyer fährt die Buslinie 25E nach Eminönü, Linie 40 zum Taksimplatz und Linie 40B nach Beşiktaş. Auf diesen Routen verkehren auch Minibusse.

Wer die Rückfahrt auf der asiatischen Seite machen will, braucht mehr Durchhaltevermögen. Aber es ist zu schaffen. Mit dem staatlichen Ausflugsschiff geht's bis nach Anadolu Kavağı. Auf der Rückfahrt nach Üsküdar bietet sich eine Mittagsrast in Hıdiv Kasrı oder im Restaurant Körfez bei Kanlıca an, oder auch erst am Küçüksu Kasrı oder Beylerbeyi Sarayı. Vom Platz am Fähranleger in Anadolu Kavağı fährt Busline 15A auf der Küstenstraße bis Hıdiv Kasrı oder Restaurant Körfez. Ab Hıdiv Kasrı oder Körfez geht's mit Linie 15 weiter bis Üsküdar. Alternativ kann man in Kanlıca die Fähre nach Eminönü oder Beşiktaş oder ein Taxi über die Fatihbrücke nach Rumeli Hisarı nehmen und auf der europäischen Seite weiterfahren.

Von Kanlıca verkehren auch Personenfähren zurück in die Stadt. Sie halten in Anadolu Hisarı, Kandilli, Bebek und Arnavutköy. Ab Kanlıca fahren sie meist um 8.40, 10.25, 13.10, 14.40, 16.10, 17.40 und 19.20 Uhr. Die Fahrt nach Arnavutköy dauert eine halbe Stunde.

Private Ausflugsschiffe

Die Touren mit den privaten Ausflugsbooten sind weniger spannend als mit den staatlichen Schiffen. Sie schippern zwar näher am Ufer entlang, aber nur bis Rumeli Hisarı (ohne Zwischenstopp). Die ganze Tour dauert ca. drei Stunden: Hin- und Rückfahrt je eine Stunde plus eine Stunde Aufenthalt in Rumeli Hisarı. Das reicht gerade mal für ein Mittagessen oder eine Besichtigung der Festung, aber sicher nicht für beides.

An den Anlegestellen in Eminönü treiben sich immer Werber rum, die Rundfahrttickets für 14 € anbieten. Mit etwas Geschick lassen sich Rabatte aushandeln. Die kleinen Boote (60–100 Pers.) haben ein kleines Sonnendeck. Sie starten ab 11 Uhr alle anderthalb bis zwei Stunden am Kai İstanbul Deniz Otobüsleri (Karte S. 102/103). Von Juni bis September startet die letzte Rundfahrt um 20 Uhr (sonst um 16 Uhr). Die Abfahrtszeiten können sich ändern, da die Boote erst ablegen, wenn sie voll sind.

HAMAMS

Ein Besuch in einem Hamam ist das Türkeierlebnis schlechthin, und İstanbuls Hamams sind Spitzenklasse. Wer sich in der Stadt nur ein oder zwei Mal ein türkisches Bad gönnen will, dem empfehlen wir die „beiden großen": Cağaloğlu und Çemberlitaş. Diese touristischen Hamams sind zwar teuer, bieten aber ein prachtvolles historisches Ambiente, blitzsaubere Einrichtungen und die meisten Besucher dort sind zum ersten Mal in einem Hamam: So kommt sich niemand fehl am Platz vor. Eine Stunde Zeit sollte man mindestens mitbringen. Näheres zu den Badeetiketten s. Kasten S. 697.

Eins der schönsten türkischen Bäder der Stadt ist das **Cağaloğlu Hamamı** (Karte S. 102/103; ☎ 0212-522 2424; Yerebatan Caddesi 34; Bad & Massage 17 €, Bad 10 €; ☺ Männer 7–22, Frauen 8–20 Uhr). Es ist über 300 Jahre alt und so imposant, dass es schon als Kulisse für alles Mögliche herhalten musste – von Seifenwerbung bis zu Indiana-Jones-

Filmen. Die separaten Bäder haben jeweils einen großen Empfangsbereich *(camekan)* mit abschließbaren Einzelkabinen. Nach dem Bad kann man hier ein Nickerchen machen oder Tee trinken. Außerdem gibt's ein einladendes Café. Der „Oriental Luxury Service" kostet 30 € und umfasst Bad, Massage und Peeling. Der „Komplettservice" ist aber nicht minder gut (20 €). Ein Trinkgeld ist üblich.

Das **Çemberlitaş Hamamı** (Karte S. 102/103; ☎ 0212-522 7974; Vezir Hanı Caddesi 8, Çemberlitaş; Bad & Massage 20 €, Bad 13,50 €; ☺ 6–24 Uhr) baute Sinan 1584. Wie das Cağaloğlu ist es ein Doppelhamam (mit separatem Männer- und Frauenbad) und extrem populär bei Besuchern. Den herrliche n *camekan* legen leider die Männer in Beschlag. Frauen müssen sich mit Spinden und Bänken in einem Korridor begnügen. Für sie ist das Ambiente in Cağaloğlu schöner, falls sie nicht das volle Programm haben wollen: halbstündige Ölmassage (27 €), Lehmmaske (5 €). Trinkgelder sind angeblich im Preis enthalten. Mit internationalem Studentenausweis (ISIC) gibt's 20 % Rabatt.

Das **Gedikpaşa Hamamı** (Karte S. 104/105; ☎ 0212-517 8956; Hamam Caddesi 65–67, Gedikpaşa; Bad & Massage 15 €, Bad 5,50 €; ☺ 9–24 Uhr) mag alt (um 1475), ein bisschen heruntergekommen und schmuddelig sein. Aber die Masseurinnen verstehen ihr Handwerk. Es ist einen kurzen Fußweg von Sultanahmet entfernt.

Das **Tarihi Galatasaray Hamamı** (Historisches türkisches Bad Galatasaray; Karte S. 106/107; ☎ 0212-244 1412; Turnacıbaşı Sokak 24, Çukurcuma; Bad & Massage 31 €, Bad 25 €; ☺ Männer 6–22, Frauen 8–20 Uhr) ist nicht wirklich ein guter Tipp: Es ist gnadenlos überteuert. Aber in diesem Teil İstanbuls ist es eins der besten Hamams und berühmt für die (buchstäblich) heißesten *hararets* der Stadt. Allerdings steht das Personal im Ruf, aufdringlich nach Trinkgeldern zu verlangen. Da die Frauenabteilung großenteils in einem Anbau aus den 1960er-Jahren untergebracht ist, sind Frauen in einem anderen Hamam besser aufgehoben.

STADTSPAZIERGANG

Divan Yolu, die Hauptstraße durch das alte Stambul, legten die Römer als Verbindung zu den Römerstraßen Richtung Westen an. Dieser Spaziergang folgt ihren Spuren.

Los geht's am **Milion (1)** an der Südseite des Parks bei der Basilikazisterne. Diese Marmorsäule war der Meilenstein, auf den sich alle Entfernungsangaben in Byzanz bezogen.

İSTANBUL

Der benachbarte Turm gehörte früher zum Valens-Aquädukt (S. 132), das die Basilikazisterne mit Wasser versorgte. Auf dem Divan Yolu geht's zu der kleinen **Firuz Ağa Camii (2)**. Sie entstand 1491 unter Sultan Beyazıt II. (regierte 1481–1512). Gleich dahinter befinden sich die Ruinen des **Antiochuspalasts (3)** aus dem 5. Jh. Ein Abstecher führt vom Divan Yolu links in die İmran Öktem Caddesi zur **Binbirdirek-Zisterne (4**; S. 116) aus dem 4. Jh. Zurück zum Divan Yolu: An der Ecke der Babıali Caddesi versteckt sich hinter einer imposanten Mauer ein Friedhof. Hier sind **Gräber (5)** hochrangiger und mächtiger Osmanenfürsten.

Gegenüber vom Friedhof auf der anderen Straßenseite ist die kleine **Köprülü-Bibliothek (6)**, eine Stiftung der Familie Köprülü von 1661. Ein Stück weiter führt der Divan Yolu in das Viertel Çemberlitaş und geht dort in die Yeniçeriler Caddesi über. Links stehen weitere Gebäude, die zum Stiftungskomplex Köprülü Külliyesi gehören: das **Grab (7)** Mehmet Paşas (1575–1661) aus der Köprülü-Familie und die achteckige Moschee an der Ecke, die früher als Studier- und Vorlesungssaal fungierte. Das tolle Bauwerk gleich gegenüber mit den Ladenlokalen an der Straßenfront ist ein altes türkisches Bad, der **Çemberlitaş Hamamı (8**; links).

Auf dem von zahllosen Tauben bevölkerten Platz ragt eine Säule auf: **Çemberlitaş (9)**, die „Verbrannte Säule", gehört zu den ältesten und ehrwürdigsten Denkmälern İstanbuls. Konstantin ließ sie 330 zur Einweihung Konstantinopels als Hauptstadt des Römischen Reiches aufstellen. Bei unserem letzten Besuch wurde sie gerade restauriert. Ein Stück weiter steht die **Atik Ali Camii (10)**. Der Eunuch und Großwesir Beyazıts II. ließ die Moschee 1496 erbauen. Dahinter an der Nordseite (rechts) folgt die **Koca Sinan Paşa Medresesi (11)** mit dem Grab des Großwesirs Koca Sinan Paşa. Am Friedhof vorbei liegt rechter Hand das ruhige Gartenlokal **İlesam Lokalı (12**; S. 157): ideal für eine Teepause und eine Wasserpfeife.

ROUTENINFOS

Start Milion, nahe Basilikazisterne
Ende Süleymaniye Camii
Entfernung 1,5 km
Dauer 2 Stunden

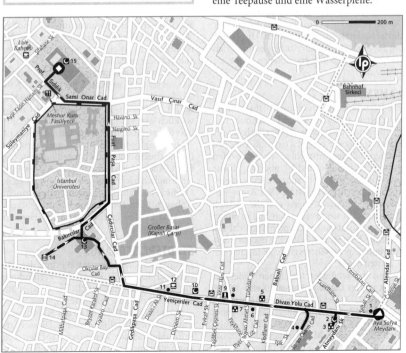

Weiter geht's auf der Yeniçeriler Caddesi bis zur **Beyazıt Camii** (**13**; S. 122). Ihre Medrese beherbergt das **Museum für türkische Kalligrafie** (**14**; Türk Vakıf Hat Sanatları Müzesi; ☎ 0212-527 5851; Hürriyet Meydanı, Beyazıt; Eintritt 2 €; ⊙ Di–Sa 9–16 Uhr). Die Sammlung wirkt leider ziemlich vernachlässigt. Hinter der Moschee geht's rechts vom grandiosen Haupteingang der Universität İstanbul auf der Fuat Paşa Caddesi an den Mauern der Uni entlang. An deren Ende biegt der Weg links in die Prof Sıddık Sami Onar Caddesi. Hier wartet die letzte erwähnenswerte Attraktion dieses Rundgangs: eine der majestätischsten osmanischen Moscheen, die **Süleymaniye Camii** (**15**; S. 123). Den krönenden Abschluss des Marschs bildet ein Tee im Lale Bahçesi (S. 157) oder ein leckerer kleiner Imbiss bei Meshur Kuru Fasülyeci (S. 153).

İSTANBUL MIT KINDERN

Kinder aller Altersstufen haben Spaß an dem sensationellen Technikmuseum **Rahmi M Koç Müzesi** (S. 131). Den nahen Themenpark **Miniatürk** (S. 131) finden sie allenfalls für eine oder zwei Stunden spannend. Die gespenstische **Basilikazisterne** (S. 115) mit ihren dicken Fischen ist ein echter Hit. Ein Schiffsausflug auf dem Bosporus kommt auch immer gut an, v. a. wenn er mit einem Besuch der Festung **Rumeli Hisarı** (S. 138) kombiniert ist. Aber Vorsicht: Hier gibt's steile Treppen ohne Geländer. Auf der Prinzeninsel **Heybeliada** (S. 172) kann man Fahrräder mieten oder mit einem *fayton* (Pferdekutsche) über die Insel zockeln. Kinder mögen auch die Mehterkapelle, die im Militärmuseum **Askeri Müzesi** (S. 128) spielt.

In Sultanahmet gibt's zwei winzige Spielplätze in der Nähe des Bahnhofs Cankurtaran und einen größeren, lebhafteren im nahen Kadırga-Park. Die wenigen Spielplätze in Beyoğlu sind von besserer Qualität: einer in Tophane, ein besserer im Cihangir-Park (von Anwohnern bezahlt) und einer an der Straßenbahnhaltestelle Fındıklı, direkt am Wasser: sehr malerisch!

Wer gutes Benehmen nur durch Bestechung erreichen kann, findet in Eminönü Spielwarenläden. Die größte und beste Auswahl bietet hier **Ekincioğlu Toys & Gifts** (Karte S. 102/103; ☎ 0212-522 6220; Kalçın Sokak 5; Eminönü; ⊙ 9–19 Uhr). Auch in Beyoğlu ist ein kleiner Spielzeugladen: **İyigün Oyuncak** (Karte S. 106/107; ☎ 0212-243 8910; İstiklal Caddesi 415; ⊙ 9–21 Uhr).

GEFÜHRTE TOUREN

Adventure Tours (Karte S. 102/103; ☎ 0212-520 8720; www.adventuretours.com.tr; Şeftali Sokak 12, Sultanahmet) Einer der wenigen Veranstalter in der Stadt, die ganztägige Badeausflüge ans Schwarze Meer anbieten (65 €): genau das Richtige, wenn in İstanbul die Luft vor Hitze steht.

City Sightseeing Bus (☎ 0212-458 1800; Tagesticket Erw./Stud./Kind ab 5 Jahren/Kind bis 5 Jahren 18/12/10 €/ frei) Bei dieser typischen Stadtrundfahrt kann man beliebig ein- und aussteigen. Tickets gibt's an den Schaltern gegenüber der Hagia Sophia, am Taksimplatz und im Bus. Die gesamte Tour dauert 90 Minuten. Unterwegs gibt's 63 Haltestellen in der Stadt. Es fahren allerdings nur einige Busse am Tag. Da sich die Abfahrtszeiten ständig ändern, sollte man sich vorher danach erkundigen. In Beyoğlu ist mit Verkehrsstaus zu rechnen.

Fez Travel (Karte S. 102/103; ☎ 0212-516 9024; www. feztravel.com; Akbıyık Caddesi 15, Sultanahmet, İstanbul) Veranstaltet Backpacker-Touren durch die ganze Türkei, u. a. nach Gallipoli. Betreibt auch den Fez-Bus; s. Kasten S. 731.

Hassle Free Tours (Karte S. 102/103; ☎ 0212-458-9500; www.hasslefreetour.com; Akbıyık Caddesi 10, Sultanahmet; Tour 60 €) Bietet Touren nach Gallipoli mit Übernachtung im Anzac House in Çanakkale (S. 205) an. Anschließend stehen die Ruinen Trojas auf dem Programm, bevor es nach Selçuk weitergeht oder zurück nach İstanbul.

İstamboul Insolite (Karte S. 100/101; ☎ 0212-531 4811; www.istanbulguide.net/insolite; Sadrazam Ali Paşa Caddesi 26, Fener; Tour 40–75 €) Diese kleine, private Agentur in Fener organisiert ganz- und halbtägige Führungen abseits der gängigen Routen. Das vielseitige Angebot reicht vom „abergläubischen İstanbul" über eine „Karawanserei-Tour" bis zum Rundgang durch Fener und Balat. Die Führer sprechen Englisch, Deutsch und Französisch.

İstanbul Food Workshop (Karte S. 100/101; ☎ 0212-534 4788; www.istanbulfoodworkshop.com; Yıldırım Caddesi 111, Fener) Hat außer Kochkursen auch Stadtspaziergänge für Gourmets im Programm. Sie führen zu den besten Lokalen, Gewürzhändlern und *pastanes* (Patisserien).

Kirkit Voyage (Karte S. 102/103; ☎ 0212-518 2282; www.kirkit.com; Amiral Tafdil Sokak 12, Sultanahmet; Tour 30–75 €) Spezialist für Stadtspaziergänge in kleinen Gruppen. Neben den Hauptsehenswürdigkeiten ist auch eine Tour auf ungewöhnlichen Wegen im Angebot. Als einer von wenigen Anbietern macht Kirkit auch eine Führung durch das asiatische İstanbul und seine Märkte. Die Führer sprechen Englisch und Französisch. Kirkit organisiert auch Ausflüge mit Übernachtung nach Gallipoli und Troja.

Les Arts Turcs (Karte S. 102/103; ☎ 0212-511 2296; www.lesartsturcs.org; İncili Çavuş Sokak 37/3, Sultanahmet; Touren & Kurse 25–50 €; ⊙ 9–23 Uhr) Wer immer schon lernen wollte, *ebru* (marmoriertes Papier) herzustellen, Bauchtanz wie eine Roma zu beherrschen oder kalligrafische Schriftzüge zu malen, ist bei Les Arts Turcs richtig. Dieses Kollektiv von Künstlern, Schriftstellern und Historikern ist in einem einladenden Atelier in Sultanahmet zu Hause. Es bietet Kurse und Führungen an wie z. B. einen Besuch bei den tanzenden Derwischen im Fatih Tekke, privaten Türkischunterricht (22 € pro Std.) und eine „İstanbul Modern Art Tour".

Plan Tours (Karte S. 102/103; ☎ 0212-234 7777; www. plantours.com; Informationsschalter gegenüber der Hagia Sophia, Sultanahmet; Tour 40–120 €) Hat das Standardangebot an professionell geführten Halb- und Ganztagstouren durch die Stadt, auf den Bosporus, die Prinzeninseln und Tagesausflüge nach Troja und Gallipoli. Kinder von zwei bis sieben Jahren bekommen 30 % Rabatt.

Senkron Tours (Karte S. 102/103; ☎ 0212-638 8340; www.senkrontours.com; Arasta Caddesi 51, Sultanahmet; Tour 20–45 €) Das Richtige für Reisende mit kleinem Budget; bietet zu vernünftigen Preisen İstanbul-Führungen und eine kombinierte Rundfahrt auf dem Goldenen Horn und dem Bosporus.

FESTIVALS & EVENTS

In den wärmeren Monaten steigen in İstanbul jede Menge Kunst- und Musikfestivals. Dann können sich Besucher vor Unterhaltungsangeboten gar nicht retten. Festivals mit großen Namen organisiert meistens die **İstanbul Foundation for Culture & Arts** (Kultur- und Kunststiftung İstanbul ☎ 0212-334 0700; www.iksv. org). Karten für die meisten Events gibt's bei Biletix (s. S. 159). Zu den Topveranstaltungen gehören:

APRIL & MAI
Internationales Filmfestival İstanbul (www.iksv.org)
Internationales Theaterfestival İstanbul (www.iksv.org) alle zwei Jahre

JUNI & JULI
Efes Pilsen One Love (www.pozitif-ist.com) Open-Air-Rockfestival
Internationales Jazzfestival İstanbul (www.iksv.org)
Internationales Musikfestival İstanbul (www.iksv.org)

SEPTEMBER BIS NOVEMBER
Akbank Jazzfestival (www.akbankcaz.com)
Efes Pilsen Blues Festival (www.pozitif-ist.com)
Filmekimi Herbst-Filmfestival (www.iksv.org)
Internationale Biennale İstanbul (www.iksv.org) alle zwei Jahre
Minifest, das Kinderfestival (www.iksv.org)
Rockn' Coke (www.rockncoke.com)

SCHLAFEN

In İstanbul gibt's Unterkünfte für jeden Geschmack und Geldbeutel. Man kann in einem Weltklasse-Luxushotel residieren wie ein Sultan, im Schlafsaal einer netten Jugendherberge übernachten oder in einem schicken Boutiquehotel relaxen.

Soweit nicht anders angegeben, haben die aufgelisteten Hotels Zimmer mit Bad. Im Preis ist Frühstück, meistens nach türkischer Art, inklusive. Sämtliche Preise gelten für die Hochsaison und enthalten 18 % Mehrwertsteuer (*katma değer vergisi*, KDV). In der Nebensaison (Okt.–April, außer Weihnachten und Ostern) lässt sich meist ein Rabatt von mindestens 20 % auf den angegebenen Preis aushandeln. Vor der Buchung sollte man nachfragen, ob das Hotel bei Barzahlung Rabatt einräumt (üblich sind 10 %, kann aber auch mehr sein), ob es seine Gäste kostenlos vom Flughafen abholt (oft bei mehr als drei Nächten Aufenthalt üblich) und ob es bei längeren Aufenthalten Preisnachlässe gibt. Von Mai bis September ist unbedingt vorher zu buchen.

Mehr Infos von Lonely-Planet-Autoren über Unterkünfte in İstanbul gibt's beim Online-Buchungsservice unter www.lonelyplanet.com.

Sultanahmet & Umgebung

Dieses Stadtviertel ist benannt nach der Sultan Ahmet Camii, der Blauen Moschee. Es ist das Herz der Stambuler Altstadt und hat die berühmtesten Sehenswürdigkeiten der Stadt zu bieten. Die Hotels hier und in den benachbarten Vierteln Cankurtaran (im Osten), Küçük Aya Sofya (im Westen), Binbirdirek und Çemberlitaş (im Norden) liegen also sehr günstig. Die Gegend hat allerdings auch Nachteile: Es gibt jede Menge Werber von Teppichhändlern, kaum ordentliche Lokale, und nachts ist es hier wie ausgestorben.

BUDGETUNTERKÜNFTE
Mavi Guesthouse (Karte S. 102/103; ☎ 0212-517 7287; www.maviguesthouse.com; Kutlugün Sokak 3, Sultanahmet; B 7–11 €, EZ 20 €, DZ 24–28 €; 🖳) Das winzige Mavi ist bei allen beliebt. Partys gibt's hier nicht, wohl aber nächtelange Backgammonschlachten in der gemütlichen kleinen Lounge mit Kelims an den Wänden. Die zweckmäßigen Zimmer (empfehlenswert sind die zur Straße) sind einigermaßen sauber und die Gemeinschaftstoiletten so lala. Eine Gemeinschaftsküche ist

TIPP VOM AUTOR

Turkuaz Guest House (Karte S. 104/105; ☎ 0212-518 1897; www.hotelturkuaz.com; Cinci Meydanı Sokak 36, Kadırga, Kumkapı; EZ/DZ 35/45 €) Nichts für Zaghafte und Minimalisten: An dem extravaganten osmanischen Herrenhaus wurde seit seinem Bau in den 1850er-Jahren kaum was verändert. Die öffentlichen Bereiche sind schlichtweg überwältigend: ein wahre Orgie aus Marmor, Buntglas und İznik-Fliesen unter verzierten Holzdecken mit extravaganten Lüstern. Es ist leicht nachzuvollziehen, wieso das Turkuaz schon oft als Filmkulisse gedient hat. Auch die Zimmer sind überladen, dazu gepflegt und haben gute, geräumige Bäder. Im Sultanszimmer (80 €) kommt man sich wahrhaftig wie ein Sultan vor. Das Turkuaz steht 15 Gehminuten von Sultanahmet entfernt am Marmarameer in einer ganz untouristischen, ursprünglichen Umgebung zwischen lauter altersschwachen Häusern. Eine herrlich exzentrische Bleibe.

auch vorhanden. Wer sich für ein Bett auf dem Dach entscheidet, kann jede Menge Bekanntschaften knüpfen: Wenn man so dicht an dicht liegt, kommt man zwangsläufig ins Gespräch! Ein Extra-Plus ist die Aussicht auf die Hagia Sophia und die Ausgrabungen des Großen Byzantinischen Palasts. Für diese Vogelperspektive zahlt man anderswo ein Vermögen! **İstanbul Hostel** (Karte S. 102/103; ☎ 0212-516 9380; www.istanbulhostel.net; Kutlugün Sokak 35, Sultanahmet; B/DZ 10/30 €; ✗ 🖳) Eine der preisgünstigsten und saubersten Unterkünfte der Stadt mit guter Ausstattung. Die Sechs- bis Neunbettzimmer sind ein bisschen eng, aber Spaß ist garantiert. Die einzigen Doppelzimmer sind Nr. 6 und 7 (Zimmer 7 riecht aber irgendwie modrig). Die Etagenbäder sind sehr gepflegt. Das Haus hat eine Kellerbar, einen schattigen Hof und eine Terrasse. Hier kann man sich in ein Sofa lümmeln und die tolle Aussicht genießen. Ein Nachteil ist das Management – die Erfahrungen sind eher gemischt.

Bahaus Guesthouse (Karte S. 102/103; ☎ 0212-638 6534; www.travelinistanbul.com; Bayramfırın Sokak 11–13, Cankurtaran; B 10–12 €, EZ 25 €, DZ 32–40 €; ✗ 🖳) Hier geht's locker, lustig und sehr familiär zu. Highlights sind die wunderbare Dachterrasse, die einladende Lounge (tolle Wandfarbe, Leute!) und die Grillabende auf dem Dach für 6 € in-

klusive ein Glas Bier (die Bar setzt im Bahaus keinen Staub an). Die Zimmer sind ganz nett und gepflegt, aber nicht lupenrein sauber. Von den Zimmern im bunkerartigen Keller ist Abstand zu nehmen.

Coşkun Pension (Karte S. 102/103; ☎ 0212-526 9854; www.coskunpension.com; Soğukçeşme Sokak 40, Sultanahmet; EZ/DZ 25/35 €; ✗ 🖳) An die Mauern des Topkapı-Palasts schmiegt sich diese gemütliche Familienpension. Die Zimmer sind winzig, aber anheimelnd. Früher wohnte hier die Familie Coşkun (die anderen Brüder haben unten ihre Läden; aber wir warnen davor, mit diesen Burschen auf Tour zu gehen). Vorsicht ist auf der tückischen Treppe zur Dachterrasse angebracht. Im Sommer sorgen hier Weinranken für Schatten. Die Pension ist v. a. bei Japanern beliebt.

Stone Hotel & Café (Karte S. 102/103; ☎ 0212-517 6331; www.stonehotel.net; Şehit Mehmet Paşa Yokuşu 34, Binbirdirek; B/EZ/DZ 10/30/40 €; ✗) Eine Top-Wahl: Das Stone Hotel hat ein Achtbettzimmer mit ordentlichen Matratzen und hervorragende, freundliche Doppelzimmer (401 & 402 mit toller Aussicht). Die kleine Dachterrasse bietet einen schönen Blick auf das Marmarameer und die Sokullu-Mehmet-Paşa-Moschee (ach ja: am frühen Morgen ruft der Muezzin zum Gebet …). Im schattigen Innenhof kann man Einheimische zu einer Partie *tavla* (Backgammon) herausfordern und eine Wasserpfeife schmauchen.

Side Hotel & Pension (Karte S. 102/103; ☎ 0212-517 2282; www.sidehotel.com; Utangaç Sokak 20, Sultanahmet; Pension EZ/DZ 35/45 €, Hotel EZ/DZ 45/60 €, Apt. 60–80 €; ✗ 🖳) Gute Zimmer (z. T. mit Bad), blitzsaubere Bäder und eine fachkundige Geschäftsleitung sind die klaren Pluspunkte des Side. Die Hotelzimmer sind spitze und haben teilweise Balkons. Wir finden Zimmer 15 und 16 am schönsten. Die Pensionszimmer nebenan sind auch ganz hübsch, allerdings sollte man die nicht Zimmer nach hinten einmieten. Die fabelhafte Terrasse mit genauso fabelhafter Aussicht ist ein einladender Treff mit gemütlichen Sofas. Die komplett eingerichteten Apartments für bis zu sechs Personen sind recht dunkel.

Orient International Hostel (Karte S. 102/103; ☎ 0212-518 0789; www.orienthostel.com; Akbıyık Caddesi 13, Cankurtaran; B 10–11 €, Zi. 45–65 €; ✗ 🖳) Der zweckmäßige Backpacker-Treff ist immer brechend voll. In der Kellerbar feiern die Massen bis in die frühen Morgenstunden und gucken der Bauchtänzerin zu. Die Restaurant-Bar auf dem Dach hat phantastische Aussicht und sehr freundliches Personal. Die Happy Hour (tgl. 17–20 Uhr) ist ein Muss. Auch das Frühstück ist nicht zu verachten (für die übrigen Mahlzeiten sucht man sich besser ein anderes Lokal). Die schlicht möblierten Zimmer sind in der Regel in Ordnung. Aber in Sachen Sauberkeit bleibt so mancher Wunsch offen, und die Teppiche in den Vier- und Achtbettzimmern sind schlicht abstoßend. Die Badezimmer bestehen den Schnuppertest knapp. Günstige Herberge für alle, die mitten im Getümmel wohnen wollen und mit einem Service leben können, der alles andere als perfekt ist.

MITTELKLASSEHOTELS

Hotel Sultan's Inn (Karte S. 102/103; ☎ 0212-638 2562; www.sultansinn.com; Mustafa Paşa Sokak 50, Küçük Aya Sofya; EZ/DZ 45/60 €; ✗ ✗ 🖳) Liegt in einem hübschen Viertel abseits vom Trubel Sultanahmets, aber in fußläufiger Entfernung zu allen Sehenswürdigkeiten. Sein größter Trumpf ist der atemberaubende Panoramablick von der Dachterrasse. Die Zimmer sind ziemlich eng, aber ansprechend eingerichtet mit Holzmöbeln, Baldachinbett und ockerfarbenen Wänden.

Hotel Ararat (Karte S. 102/103; ☎ 0212-516 0411; www.ararathotel.com; Torun Sokak 3, Sultanahmet; Zi. 65–75 €; ✗ 🖳) Winziges, aber sehr beliebtes Hotel im Schatten der Blauen Moschee: Das hat es seinem charmanten Besitzer und der gemütlichen Bar auf der Dachterrasse zu verdanken. Dunkle Holzböden, Kunstwerke mit byzantinischem Touch und geschickt eingesetzte Spiegel prägen die Innenausstattung. Hier hängt viel von der richtigen Zimmerwahl ab: Zimmer 6, 12 und 14 bieten Platz und umwerfende Aussicht.

Naz Wooden House Inn (Karte S. 102/103; ☎ 0212-516 7130; www.nazwoodenhouseinn.com; Akbıyık Değirmeni Sokak 7, Cankurtaran; EZ 70–90 €, DZ 70–110 €; ✗ 🖳) Ein echtes Juwel: In malerischer Umgebung mit baufälligen Holzhäusern bietet es traditionelle Gastlichkeit und stilvolles Ambiente inklusive Zierdeckchen! Wir bevorzugen Zimmer 7 mit Blick auf das Marmarameer. Die gleiche Aussicht bietet aber auch die Dachterrasse. Der einzige Nachteil ist die Bahnlinie hinter dem Haus: Von 7 bis 23 Uhr fahren hier Züge vorbei.

Kybele Hotel (Karte S. 102/103; ☎ 0212-511 7766; www.kybelehotel.com; Yerebatan Caddesi 35, Sultanahmet; EZ 60–70 €, DZ 80–100 €; ✗ 🖳) Nein, dies ist kein Lampengeschäft, sondern die Lobby des entzückenden Kybele Hotels. Fast jede Zimmerdecke dieses verschachtelten Kleinods hängt voller Lämpchen, und die Empfangsräume sind vollgestopft mit Kuriosa und Antiquitäten. Die großen, schlichten Zimmer sind gemütlich und mit Kelims ausgestattet. Ein schöner Innenhof entschädigt für die fehlende Dachterrasse.

Hotel Nomade (Karte S. 102/103; ☎ 0212-513 8172; www.hotelnomade.com; Ticarethane Sokak 15, Sultanahmet; EZ/DZ 70/85 €; ✗ 🖳) Günstiges Boutiquehotel stylisch, modern und bequem. Von der Dachterrasse mit Schachbrettboden guckt man in Baumwipfel. Und die rustikale Holzbar ist das ideale Plätzchen für einen Martini am Nachmittag. Nach dem coolen Schick der Lobby sind die beengten Zimmer etwas enttäuschend.

Sarı Konak Oteli (Karte S. 102/103; ☎ 0212-638 6258; www.sarikonak.com; Mimar Mehmet Ağa Caddesi 42–46, Cankurtaran; Zi. 89 €; ✗ 🖳) Das tiptop gepflegte Haus im osmanischen Stil hat einen entzückenden Hof und eine Terrasse mit weißen Polsterbänken und herrlicher Aussicht: ideal, um den Sonnenuntergang zu beobachten. Das meiste fürs Geld wird in den Luxuszimmern geboten. Unser Favorit ist Nr. 203 mit einem Sofa im Erkerfenster. Der Service ist freundlich und nicht aus der Ruhe zu bringen.

Hotel Empress Zoe (Karte S. 102/103; ☎ 0212-518 2504; www.emzoe.com; Adliye Sokak 10, Cankurtaran; EZ/DZ Budget 50/60 €; EZ/DZ Standard 70/95 €; ✗) Eine hervorragende Wahl: Zwei benachbarte Häuser teilen sich einen paradiesischen Garten mit Kieswegen und eine Dachterrasse mit rankenden Glyzinien und phantastischer Aussicht. Die Zimmer sind makellos und super geschmackvoll, die Suiten wunderbar, v. a. die „Luxusgartensuite". Den besten Gegenwert bietet aber das „Spezialdoppelzimmer mit Terrasse". Falls es überhaupt einen Nachteil gibt, dann sind die es etwas beengten Zimmer im Haupthaus. Weit im Voraus zu buchen!

Hotel Turkoman (Karte S. 102/103; ☎ 0212-516 2956; www.turkomanhotel.com; Asmalı Çeşme Sokak 2, Sultanahmet; EZ/DZ 79/99 €; ✗ ✗) Renovierte Villa aus dem 19. Jh. in herrlicher Hanglage etwas oberhalb vom Hippodrom. Das Ambiente hat etwas von einem englischen Club. Die geräumigen Zimmer sind schlicht, aber geschmackvoll eingerichtet: Kelims, Stilmöbel und Messingbetten. Zimmer 4A lockt mit Balkon und Blick auf die Blaue Moschee. Die Dachterrasse bietet eine umwerfende Aussicht auf die Prinzeninseln: eine wunderbare Kulisse für das Frühstückbüfett. Wer die besten Plätze am Terrassenrand ergattern will, sollte zeitig aufstehen.

Hotel Arcadia (Karte S. 102/103; ☎ 0212-516 9696; www.hotelarcadiaistanbul.com; Imran Öktem Caddesi 1, Sultanahmet; EZ/DZ 80/100 €; ✂ 🖳) Im Foyer nervte dudelnde Michael-Bolton-Musik, aber das war schon verziehen, als wir die Dachterrasse mit Café-Restaurant sahen: Der Blick auf Blaue Moschee, Hagia Sophia, Topkapı-Palast und Marmarameer ist die beste Aussicht, die ein Hotel in Sultanahmet zu bieten hat. Die Zimmer sind plüschig, aber mit Vier-Sterne-Standard ausgestattet. Die beste Aussicht bieten Zimmer 702 bis 706.

SPITZENKLASSEHOTELS
Ayasofya Pansiyonları & Konuk Evi (Karte S. 102/103; ☎ 0212-513 3660; www.ayasofyapensions.com; Soğukçeşme Sokak, Sultanahmet; EZ/DZ 80/110 €; ✂ 🖳) Ein osmanischer Traum: Neun liebevoll restaurierte Holzhäuser an der Außenmauer des Topkapı-Palasts und Konuk Evi, eine imposante Villa in einem spektakulären Garten hinter der Hagia Sophia, sind heute Gästehäuser unter einer Leitung. Die Zimmer sind mit osmanischen Originalmöbeln eingerichtet: Messingbetten, Lüster und Raffvorhänge. Frühstück gibt's in glamourösem Ambiente: in einem Gewächshaus mit Kristalllüstern.

İbrahim Paşa Oteli (Karte S. 102/103; ☎ 0212-518 0394; www.ibrahimpasha.com; Terzihane Sokak 5, Sultanahmet; Zi. Standard/Luxus 125/175 €; ✂ ✂ 🖳) Ibrahim Paşa hätte sicher nichts dagegen gehabt, diesem modernen Hotel in einem renovierten osmanischen Stadthaus seinen Namen zu geben. Der gelungene Mix aus osmanischem Stil und modernem Dekor ist „très chic". Die besten Standardzimmer sind 301, 302, 401 und 402. Das schönste Luxuszimmer ist die 404 mit einem märchenhaften Plüschsofa, von dem man nie wieder aufstehen möchte. Angesichts der vielen Pluspunkte ist es geradezu eine Schande, dass die Treppe die schönsten Ausblicke verstellt und die Zimmer überteuert sind. Ttt-tt.

Yeşil Ev (Karte S. 102/103; ☎ 0212-517 6785; www.istanbulyesilev.com; Kabasakal Caddesi 5, Sultanahmet; EZ/DZ 125/165 €; ✂ 🖳) Dieses osmanische Herrenhaus aus dem ausgehenden 19. Jh. wurde in den 1970er-Jahren abgerissen und originalgetreu in alter Pracht wiederaufgebaut. Heute ist es ein Spitzenhotel mit einem herrlichen Garten, aus dem man gar nicht wieder weg-

will. Messingbetten und plüschige Stilmöbel machen viel her, aber die Badezimmer sind ein bisschen beengt.

Four Seasons Hotel İstanbul (Karte S. 102/103; ☎ 0212-638 8200; www.fourseasons.com; Tevkifhane Sokak 1, Sultanahmet; Zi. 280–500 €; ✂ ✂ 🖳) Das berüchtigte ehemalige Gefängnis von Sultanahmet (wie in dem Film *12 Uhr nachts – Midnight Express*) ist heute İstanbuls schickstes Nobelhotel. Das Four Seasons ist bekannt für seinen Service (außerordentlich), seine Geschichte (herrlich verrufen), seine Lage (mitten in Stambul) und seine Zimmer (wow!). Wer dazu verurteilt ist, in diesen Knast einzufahren, sollte das Personal überreden, die Schlüssel wegzuwerfen.

Wer lieber eine Ferienwohnung nimmt, kann mit dem **Les Arts Turcs Apartment** (Karte S. 102/103; ☎ 0212-511 2198; www.istanbulrentals. com; İshakpaşa Caddesi 6, Sultanahmet; Apt. Nacht/Woche 200/900 €; 🖳) nichts falsch machen: drei Schlafzimmer auf drei Etagen, komplett eingerichtete Küche, Bad mit İznikfliesen und freier ADSL-Anschluss. Aber das Beste ist die Dachterrasse mit spektakulärem Blick auf Prinzeninseln, Marmarameer und die Mauern des Topkapı-Palasts. Am liebsten würden wir selbst einziehen. Über den Preis sollte man verhandeln.

Beyoğlu & Umgebung
Die meisten İstanbulreisenden suchen sich eine Bleibe in Sultanahmet. Allmählich entwickelt sich Beyoğlu aber zu einer beliebten Alternative, weil es hier nicht so lästige Werber gibt wie in Sultanahmet. Außerdem hat das quirlige Künstlerviertel Beyoğlu die besten Bars, Restaurants und Geschäfte der Stadt. Leider gibt's hier keine so große und gute Auswahl an Unterkünften wie in Sultanahmet, aber das Angebot wird besser. Die folgende Liste enthält einige Ferienwohnungen. Weitere sind unter www.istanbulrentals.com zu finden.

Die historischen Sehenswürdigkeiten Istanbuls sind von hier aus leicht zu erreichen: zu Fuß in einer halben Stunde oder mit der Standseilbahn vom Taksimplatz nach Kabataş und ab dort weiter mit der Straßenbahn; noch bequemer geht's mit der Buslinie T4 (s. S. 170).

BUDGETUNTERKÜNFTE
Saydam Hotel (Karte S. 106/107; ☎ 0212-251 8116; saydam @istanbulguide.net; Sofyalı Sokak 1, Ecke Asmalımescit Sokak, Asmalımescit; EZ/DZ 15/25 €) Über die Lage kann sich niemand beschweren: nur ein paar Schritte

von der İstiklal Caddesi und ein paar Hüft-schwünge von Beyoğlus groovigen Cafés und Galerien entfernt. Das nüchterne Bürodekor lässt dagegen Wünsche offen. Aber was soll's: bei dem Preis darf man nicht meckern! Die Zimmer sind schlicht, klein und einigerma-ßen sauber – wenn man nicht allzu genau hinschaut.

Chillout Hostel (Karte S. 106/107; ☎ 0212-249 4784; www.chillouthc.com; Balyoz Sokak 17, Asmalımescit; B/EZ/DZ 10/15/27 €; 🖳) Wer zum Partymachen nach İstanbul kommt, hat sicher schon vom Chillout gehört. Beyoğlus erstes Hostel bietet billige Zimmer, billigen Alkohol und ideale Möglichkeiten, gleichgesinnte Besucher und Einheimische kennenzulernen, die das be-rühmt-berüchtigte Nachtleben des Viertels genießen wollen. Die engen Mehrbettzimmer gehen zur Not, wenn man ohnehin nicht vor-hat, viel Zeit da zu verbringen. Das Gleiche gilt für die Etagenbäder: Sie sind so winzig, dass man sich gleichzeitig duschen, aufs Klo gehen und schminken kann!

World House Hostel (Karte S. 106/107; ☎ 0212-293 5520; www.worldhouseistanbul.com; Galipdede Caddesi 117, Galata; B 10–14 €, EZ/DZ 35/40 €; 🖳) Die beste Neueröffnung der Gegend in nicht zu top-pender Lage: genau zwischen den stillen Se-henswürdigkeiten von Sultanahmet und dem quirligen Leben in Beyoğlu. Die Mitarbeiter in diesem farbenfrohen Haus sind freund-lich, die Zimmer großzügig geschnitten, die Bäder tiptop und im gemütlichen Café im Erdgeschoss gibt's preiswertes, leckeres Essen und kostenlosen Wi-fi-Anschluss. Die besten Mehrbettzimmer, Nr. 10 und 11, haben einen gemeinsamen Balkon mit Blick auf den Ga-lataturm. Von der geplanten Dachterrasse können demnächst alle Gäste eine herrliche Aussicht auf den Bosporus genießen. Der ein-zige Nachteil ist das Minarett gleich nebenan: Ohrstöpsel nicht vergessen.

Bahar Apartment Hotel (Karte S. 106/107; ☎ 0212-245 0772; Fax 244 1708; İstiklal Caddesi 61; 2/3B-Apt. 45/60 €) Wer gern mit einer Flasche Wein im eige-nen Apartment sitzen und das abendliche Treiben auf der İstiklal Caddesi beobachten möchte, ist im Bahar richtig. Die zweckmä-ßigen Apartments sind annehmbar sauber. Der Platz reicht für bis zu vier Personen und sämtliche Einkäufe. Leider gibt's keine Kochgelegenheit. Die Lage ist super für alle, die in den benachbarten Bars feiern wollen. Wer gern früh schlafen geht, ist hier an der falschen Adresse.

Hotel Residence (Karte S. 106/107; ☎ 0212-252 7685; www.hotelresidence.com.tr; Sadri Alışık Sokak 19; EZ/DZ 40/50 €; 🖳) Für Partygänger, die eine preis-günstige, saubere Bleibe suchen, ist dieses nüchterne Hotel perfekt. Die Sadri Alışık Sokak ist allerdings eine der belebtesten Stra-ßen der Gegend mit kleinen Bars und leicht zwielichtiger Atmosphäre: Also nicht gerade ideal für allein reisende Frauen. Preise sind verhandelbar.

MITTELKLASSEHOTELS

Büyük Londra Oteli (Karte S. 106/107; ☎ 0212-245 0670; www.londrahotel.net; Meşrutiyet Caddesi 117, Tepebaşı; EZ/DZ 55/70 €) Das Highlight des Büyük Londra von 1892 ist der wunderbar erhaltene Speisesaal. Er hat sich seit seiner Glanzzeit kaum ver-ändert, als hier gut betuchte Passagiere des *Orient Express* speisten. Wir lieben die geraff-ten Vorhänge mit Troddeln, die vergoldeten Zierleisten, den kastanienbraunen Teppich – und die Bar. Eine Treppe mit vergoldetem Geländer und riesigem böhmischem Kristall-lüster führt rauf zu den Zimmern … Und da wartet eine Enttäuschung: Sie sind ziemlich angestaubt und verwohnt (sehr in Richtung *Addams Family*). Also: unbedingt eines der renovierten Zimmer verlangen.

Vardar Palace Hotel (Karte S. 106/107; ☎ 0212-252 2888; www.vardarhotel.com; Sıraselviler Caddesi 54, Taksim; EZ/DZ 60/75 €; 🖳) Trockenblumen und ver-blichene Teppiche haben etwas von Omas Häuschen daheim. Aber das blitzsaubere, kleine Hotel gleich am Taksimplatz bietet für den Preis einen guten Gegenwert. Die Zimmer nach hinten sind ein bisschen dunkel, aber ruhig. Vorn sind sie heller, liegen aber an einer lauten Nachtclubmeile. Der Service ist mal so, mal so – je nachdem, an wen man gerät.

Galata Residence Apart Hotel (Karte S. 106/107; ☎ 0212-292 4841; www.galataresidence.com; Bankalar Caddesi, Felek Sokak 2, Galata; 1/2B-Apt. pro Tag 65/110 €, pro Woche 400/650 €; 🖳) Ein paar Stufen unter-halb vom Galataturm steht dieses renovierte historische Haus. Das Apart-Hotel hat im obersten Stock ein griechisches Restaurant und Einraumapartments in einem langwei-ligen modernen Anbau. Die Apartments sind geräumig und komplett ausgestattet. Küchen-utensilien muss man aber manchmal erst vom Personal einfordern. Bestnoten gibt's für die tägliche Reinigung und das extrem hilfsbereite Personal. Am einfachsten ist das Haus zu fin-den, wenn man sich von einem Taxi vor der Oyak Bank an der Ecke Voyvoda Caddesi und Haraçci Ali Sokak absetzen lässt und die steile Treppe hinaufgeht.

İstanbul Holiday Apartments (Karte S. 106/107; ☎ 0212-251 8530; www.istanbulholidayapartments.com; Apt. pro Nacht 70–180 €, mindestens 3 Nächte, pro Woche 500–1200 €; 🖳 ⊠) Bereket Building (Camekar Sokak, Tünel) Glorya Building (Galata Kulesi Sokak, Tünel) Ferienwohnungen sind in İstanbul etwa so leicht zu finden wie zölibatäre Sultane in der osmanischen Geschichte. Deshalb sind diese Apartments in zwei separaten Häuserblocks am Galataturm eine echte Entdeckung. Alle sind aufwendig renoviert und bestens ausgestattet: Waschmaschine, Trockner, komplett eingerichtete Küche mit Spülmaschine, CD-Spieler und alle modernen Annehmlichkeiten, die man sich wünschen kann. Die besten Apartments (Glorya Garden Suite mit eigenem Hof; Penthouse Terrace und Duplex View) sollte man weit im Voraus buchen. Ein tolle Alternative für Familien, allerdings mit vielen Treppen. Derselbe Anbieter hat kürzlich neue Apartments in Cihangir eröffnet.

Taksim Square Hotel (Karte S. 106/107; ☎ 0212-292 6440; www.taksimsquarehotel.com.tr; Sıraselviler Caddesi 15, Taksim; EZ/DZ 80/100 €; ✗ ⊠) Hässliches Entlein in fabelhafter Lage, direkt am Taksimplatz. Von der grässlichen Fassade sollte man sich nicht abschrecken lassen: Die modernen, komfortablen Zimmer bieten eine tolle Aussicht auf den Bosporus. Wer beim Frühstück im Restaurant unterm Dach einen Fensterplatz ergattern will, sollte zeitig aus den Federn kommen. Das Haus ist bei Einheimischen sehr beliebt.

SPITZENKLASSEHOTELS
Anemon Galata (Karte S. 106/107; ☎ 0212-293 2343; www.anemonhotels.com; Ecke Galata Meydanı & Büyükhendek Caddesi 11, Galata; EZ/DZ 100/120 €; ⊠ 🖳) Im Schatten des Galataturms steht ein prächtiges historisches Stadthaus, das heute ein reizendes, intimes Hotel beherbergt. Die Zimmer sind individuell und geschmackvoll im osmanischen Stil eingerichtet. Einige haben kleine schmiedeeiserne Balkons zum Galata-Platz, andere Blick auf das Goldene Horn. Allein schon das Restaurant ist einen Besuch wert: Es bietet einen der schönsten Ausblicke auf die Stadt. Ein Zimmer sollte man weit im Voraus buchen.

Pera Palas Oteli (Karte S. 106/107; ☎ 0212-251 4560; www.perapalace.com; Meşrutiyet Caddesi 98–100, Tepebaşı; EZ/DZ 150/170 €; ⊠) Das alte Grandhotel entstand 1894 für die Passagiere des Orient Ex-

press. Hier logierten Politiker, Stars, Künstler – einfach alles, was Rang und Namen hatte. Die Einrichtung ist europäisch-luxuriös: Riesenlüster, Marmorsäulen, Samtvorhänge und Stuckdecken. Eine Fahrt in dem schmiedeeisernen „Vogelkäfigaufzug" ist an sich schon ein Erlebnis. Die Schlafzimmer verströmen ebenfalls alteuropäischen Prunk. Die im zweiten und dritten Stock bieten Aussicht auf das Goldene Horn. Das alles hat das nostalgische Flair eines bewohnten Museums und vergangener Pracht. Zurzeit wird das Hotel allerdings umfassend renoviert. Ob es seinen Charme noch hat, wenn es 2008 wiedereröffnet, bleibt abzuwarten.

Richmond Hotel (Karte S. 106/107; ☎ 0212-252 5460; www.richmondhotels.com.tr; İstiklal Caddesi 445, Tünel; EZ/DZ 135/165 €; 🖳 ⊠) Wir waren uns unschlüssig, ob wir dieses Hotel in die Liste aufnehmen sollten. Letztlich gab die Lage direkt an der quirligen İstiklal Caddesi den Ausschlag. Einen günstigeren Standort für eine Vergnügungs- oder Geschäftsreise nach Beyoğlu gibt's einfach nicht. Die Standardzimmer sind komfortabel, wenn auch einfallslos. Die Suiten (230 €) sind umwerfend: modernistische Einrichtung, tolle Workstations, Whirlpool und Plasma-TV. Die Zimmer nach hinten bieten Aussicht auf den Bosporus und auf ungestörte Nachtruhe.

Marmara (Karte S. 106/107; ☎ 0212-251 4696; www.themarmarahotels.com; Taksimplatz; EZ 240–260 €, DZ 275–300 €; ✗ ⊠ 🖳 🖳) Eine echte İstanbuler Institution: Dieses beliebte Nobelhotel am Taksimplatz bietet Edelplüschambiente, jeden erdenklichen Fünf-Sterne-Komfort und sehr freundlichen, gelassenen und professionellen Service. Die herrliche Aussicht (ab dem 10. OG) und die äußerst komfortablen Zimmer machen es für Touristen genauso interessant wie für Geschäftsreisende. Das Restaurant und die Bar auf dem Dach genießen den besten Ruf. Außerdem gibt's im Haus einen Pool, einen Fitnessraum und ein Hamam. Frühstück kostest 21 € extra.

ESSEN
İstanbul ist ein Schlemmerparadies. Das große Angebot an erschwinglichen Schnellimbissen, Cafés und Restaurants macht Besuchern die Wahl eines Lokals nicht leicht.

Die meisten Besucher logieren in Sultanahmet. Leider sind Esslokale hier extrem dünn gesät. Neben dem Nobelrestaurant Balıkçı Sabahattin, dem Tarihi Sultanahmet Köftecisi Selim Usta und einer Handvoll *pidecis* (Pidebäckern) sind nur wenige Restaurants erwähnenswert. Lohnender sind ein paar andere Winkel Stambuls: In Eminönü gibt's das wunderbare Hamdi et Lokantası und in Sirkeci das spitzenmäßige Hatay. Insgesamt bietet Beyoğlu auf der anderen Seite der Galatabrücke das größere Angebot. Hier essen auch die Einheimischen. Nichts geht über einen Abend in einem *meyhane* auf der Nevizade Sokak oder ein Abendessen in einem der supercoolen Restaurants am Bosporus.

Wer einen Ausflug nach Üsküdar oder in die Vororte am Bosporus plant, findet einige Restaurantvorschläge auf S. 134 bzw. S. 136.

In der Umgebung von Sultanahmet gibt's einige kleinere Supermärkte. Der beste ist **Greens** (Karte S. 102/103; Nuriosmaniye Sokak 1, Cağaloğlu; ☾ 7–20.30 Uhr). Viele kleine Supermärkte in Beyoğlu (einschließlich Gima) haben täglich geöffnet. Die meisten sind in der Sıraselviler Caddesi zu finden, die am Taksimplatz anfängt.

Sultanahmet & Umgebung
RESTAURANTS

Konuk Evi (Karte S. 102/103; ☎ 0212-517 6785; Soğukçeşme Sokak, Sultanahmet; Hauptgerichte 4–8 €; ☾ im Winter geschl.) Restaurant im gleichnamigen Hotel (S. 147) mit einem blühenden Garten und einem märchenhaften Gewächshaus nicht weit von der Hagia Sophia. Zu finden ist es hinter einem Tor in der Caferiye Sokak, gleich gegenüber der Ayasofya Pansiyonları. Ein erholsameres Ambiente kann man sich in der Innenstadt kaum wünschen. Angesichts der Umgebung halten sich die Preise für die frisch zubereiteten Salate, Burger, Sandwichs und Grillgerichte durchaus im Rahmen.

Hatay (Karte S. 102/103; ☎ 0212-522 8513; İbni Kemal Caddesi 9–11, Hocapaşa; Hauptgerichte 5–11 €) Von den Hotels in Sultanahmet ist das Hatay einen Spaziergang Richtung Norden entfernt. Aber schon nach dem ersten Bissen ist diese Mühe verziehen: Das Lokal ist berühmt für seine tollen, frischen *meze*. Die *meze*Platte (8,50 €) bietet von allem etwas. Es ist eins der wenigen Restaurants dieser Gegend, in der Einheimische und Besucher anzutreffen sind. Der Service ist fabelhaft: Dafür sorgt der freundliche Besitzer im Hintergrund. Bei schönem Wetter stehen Tische auf dem Bürgersteig.

Konyalı (Karte S. 102/103; ☎ 0212-513 9696; Topkapı-Palast, Sultanahmet; Hauptgerichte 5–17 €; ☾ Mittag) Die märchenhafte Lage auf dem Gelände des Topkapı-Palasts und der Riviera-Charme machen das Konyalı super beliebt. Was kann es auch Schöneres geben, als hier im Glaspavillon oder auf der Terrasse zu sitzen und beim Blick auf Bosporus und Marmarameer ein Essen à la carte oder vom Büfett zu genießen (Hauptgerichte 5 bis 6 €).

Balıkçı Sabahattin (Karte S. 102/103; ☎ 0212-458 1824; Seyit Hasan Koyu Sokak 1, Cankurtaran; Hauptgerichte 8–20 €) Vor dem osmanischen Holzhaus halten permanent Limousinen mit Chauffeur. Das beweist, dass die İstanbuler HighSociety das Balıkçı Sabahattın liebt. Die meisten Gäste sitzen am liebsten draußen unter grünem Blätterdach. Die Speisekarte bietet eine begrenzte Auswahl köstlicher *meze* und hervorragenden frischen Fisch. Das Lokal versteckt sich zwischen baufälligen Häusern in einer Straße an der Bahnlinie.

Giritli (Karte S. 102/103; ☎ 0212-458 2270; Keresteci Hakkı Sokak, Cankurtaran; Hauptgerichte 8–20 €) Relativ neue, aber äußerst willkommene Bereicherung der Restaurantszene. Das Giritli serviert kretische Küche in einem hübschen ummauerten Garten oder im renovierten osmanischen Haus. Neben Gerichten à la carte gibt's die Spezialität des Hauses: ein Schlemmermenü (31 €) mit mehr als zehn verschiedenen heißen und kalten *meze*, Oktopus, Fisch und mehr — das vergisst man so schnell nicht.

Dubb (Karte S. 102/103; ☎ 0212-513 7308; İncili Çavaş Sokak 10, Sultanahmet; Hauptgerichte 10–18 €) Eins der wenigen indischen Restaurants in İstanbul.

TIPP VOM AUTOR

Hamdi Et Lokantası (Hamdi Meat Restaurant; Karte S. 104/105; ☎ 0212-528 0390; Kalçın Sokak 17, Eminönü; Kebaps 4,50–8 €) Seit 1970 ist das Hamdi ein Lieblingslokal der İstanbuler. Außer der phantastischen Aussicht auf das Goldene Horn und Galata mit seinem bunten Treiben bietet es mit die besten Kebaps der Stadt. Die *meze* sucht man am besten nicht nach Speisekarte aus, sondern von der Platte, die der Kellner schwungvoll präsentiert: *şuksuka* (gebratene Auberginen & Tomaten) und *haydari* (Jogurt mit Aubergine und Knoblauch) sind schlichtweg himmlisch. Die Kebaps sind alle so gut, dass die Entscheidung schwerfällt. Zum Glück gibt's den genialen gemischten Kebapteller (6 €). Es empfiehlt sich, vorher zu reservieren und um einen Tisch auf der Terrasse zu bitten.

IMMER DER NASE NACH

Viele Besucher stellen angenehm überrascht fest, dass es überall in İstanbul hervorragenden Käse, Oliven, eingelegtes Gemüse, frisches und getrocknetes Obst, Süßigkeiten, Nüsse und *pastırma* (getrocknetes Rindfleisch) gibt. Die Köstlichkeiten der Märkte und *şarküteri* (Delikatessgeschäfte) der Stadt zu erkundigen ist ein Muss.

In Eminönü duftet es in den Straßen rund um den **Gewürzbasar** (Mısır Çarşısı, Karte S. 104/105) nach frisch gemahlenem Kaffee, frischem Fisch, Kreuzkümmel, Chilli, *pestil* (sonnengetrockneten Obstsaftscheiben) und vielem mehr. Allein schon von den herrlichen Gerüchen könnte man einige Pfunde zunehmen. Sich in die Schlange bei **Nimla Pastırmacı** (s. S. 153) einzureihen, lohnt in jedem Fall: Seit den 1920er-Jahren sind die Kunden hier höchst zufrieden.

In Beyoğlu sind die Gassen um den **Balık Pazar** (Fischmarkt; Karte S. 106/107) der richtige Ort, um der Nase zu folgen. Er ist neben der Çiçek Pasajı an der İstiklal Caddesi. Jedem macht es Spaß, seine Lieblingsstände selbst zu entdecken. Trotzdem unser dringender Tipp: nicht achtlos am **Petek** (Karte S. 106/107; Dudu Odaları Sokak 7) vorbeigehen: Der winzige Laden ist ein Schlaraffenland für eingelegte Köstlichkeiten. Sich dort auch die berühmte Rosenkonfitüre (*gül reçel*; 2,50 €) bei **Üç Yıldız** (Karte S. 106/107; Dudu Odaları Sokak 15).

Den besten türkischen Honig gibt's bei **Ali Muhiddin Hacı Bekir** (S. 159). Besonders köstlich ist das Konfekt mit knusprigen Kaffeebohnen. Das beste Baklava der Stadt hat **Karaköy Güllüoğlu** (S. 153).

Frisches Obst, Gemüse und heimische Produkte wie Eingelegtes, Käse und Oliven kann man unter Einsatz der Ellbogen auf den Straßenmärkten erstehen. Auf der **Oyuncu Sokak** (Karte S. 102/103), in der Nähe vom Leuchtturm in Cankurtaran (unweit Sultanahmet) ist mittwochs Markt. Noch besser ist der Donnerstagsmarkt auf der **Gerdanlık Sokak** (Karte S. 104/105) in Kumkapı. Er liegt westlich der Fischrestaurants in der Nähe der Çapariz Sokak. Auf diesen Märkten ist am frühen Abend am meisten los.

Das Tandoori ist zwar lasch, aber die tolle Terrasse hat einen umwerfenden Blick auf die Hagia Sophia: Bei der Reservierung sollte man sich hier einen Tisch sichern. Tandooris sind die Spezialität des Hauses. Aber es gibt auch Currys und eine große Auswahl vegetarischer Gerichte, u. a. das vegetarische Menü (17 €). Wer sein Curry gern scharf mag, sollte das vorher ansagen.

Rami (Karte S. 102/103; ☎ 0212-517 6593; Utangaç Sokak 6, Cankurtaran; Hauptgerichte 13–15 €) In den urigen Speisezimmern dieses restaurierten osmanischen Hauses hängen impressionistisch angehauchte Werke des türkischen Malers Rami Uluer (1913–88). Der beliebteste Platz für ein Abendessen ist aber die Dachterrasse mit Blick auf die Blaue Moschee; bei der Reservierung einen Tisch dort verlangen. Auf der Karte stehen Spezialitäten wie *kağıt kebap* (in Pergamentpapier gegartes Lamm mit Gemüse). Der Service ist allerdings ein bisschen Glückssache.

Sarnıç Restaurant (Karte S. 102/103; ☎ 0212-512 4291; Soğukçeşme Sokak, Sultanahmet; Hauptgerichte 16–18 €; ☽ Abend) Das Sarnıç hat dieselbe Leitung wie das Konuk Evi gleich gegenüber. Die byzantinische Zisterne mit Kerzenlicht garantiert

stimmungsvolles Ambiente. Aber ohne Reservierung ist hier kein Tisch zu bekommen.

CAFÉS

Çiğdem Pastanesi (Karte S. 102/103; ☎ 0212-526 8859; Divan Yolu Caddesi 62A, Sultanahmet; Börek 1 €) Schon seit 1961 locken die Leckereien Gäste an, und der Laden läuft immer noch gut. Der Cappuccino (2 €) könnte auf der Via Veneto in Rom durchaus bestehen. Die *börek* mit Käse sind knusprig frisch, aber die Desserts sehen manchmal besser aus, als sie schmecken. Sicherer ist es, beim Herzhaften zu bleiben.

Özsüt (Karte S. 102/103; ☎ 0212-512 7780; Hacı Tahsinbey Sokak 48, Sultanahmet; fırın sütlaç 2,50 €) Wer Reispudding mag, ist hier goldrichtig: Özsüt macht den besten *fırın sütlaç* der Stadt. Auch die anderen Süßspeisen sind den Zahnarztbesuch wert. Die Dachterrasse bietet herrliche Aussicht. Wer die Treppe oder den zweifelhaften Lift scheut, trinkt seinen Tee oder Kaffee unten im Straßenlokal.

AUF DIE SCHNELLE

Tarihi Sultanahmet Köftecisi Selim Usta (Karte S. 102/103; ☎ 0212-520 0566; Divan Yolu 12; Hauptgerichte 2,50–5 €) In dieser Gegend geben viele sich als

İSTANBUL

TOP FIVE DER BARS/RESTAURANTS MIT AUSSICHT

5 Kat, Cihangir (S. 153) Lieblingsnobeltreff der Einheimischen.

360, Galatasaray (S. 154) Glamourrestaurant und Terrassenbar mit 360°-Panoramablick, wie der Name schon ahnen lässt.

Hotel Arcadia, Sultanahmet (s. S. 147) Durchschnittliches Hotel mit umwerfender Aussicht, die alle anderen Lokale in den Schatten stellt.

Legend Hotel, Binbirdirek (S. 158) Blick aufs Marmarameer.

Leb-i Derya, Tünel (S. 154) Kann nicht ganz mit dem Panoramablick des 360 mithalten, aber zumindest bleibt die Frisur unbeschadet.

das *meşhur* (berühmte) *köfte*-Restaurant aus: Aber das einzig Wahre ist in Hausnummer 12. In Scharen strömen Kenner hierher, um ihren Gaumen mit den besten *köfte* (Fleischbällchen) zu verwöhnen. Hinterher gibt's den ebenso berühmten Grießpudding. Am besten den Gürtel etwas weiter schnallen.

Karadeniz Aile Pide ve Kebap Salonu (Karte S. 102/103; ☎ 0212-528 6290; Hacı Tahsınbey Sokak 1, Sultanahmet; Hauptgerichte 2,50–5 €) In diesem alteingesessenen Imbiss am Divan Yolu gibt's köstliche *mercimek* (Linsensuppe) und gute Pide (2,50–4 €). Um die Ecke versucht eine ganze Gasse voller Pidebäcker vom Erfolg des Originals Karadeniz zu profitieren.

Erol Taş Kultur Merkez (Karte S. 102/103; ☎ 0212-518 1257; Cankurtaran Meydanı 18, Cankurtaran; Hauptgerichte 2,50–5 €) Erol Taş, einer der berühmtesten Stars des türkischen Films, spielte in über 800 Streifen den Bösewicht. Dieses Café führte er bis zu seinem Tod 1998. Noch heute ist es der beliebteste Treff des Viertels. Hier trinken Einheimische *çay*, spielen Backgammon und paffen eine *nargileh*. *Patlıcanlı kebap* (Auberginenkebap) kostet 3 €, Pide gibt's zwischen 2,50 und 3 €.

Cennet (Karte S. 102/103; ☎ 0212-513 5098; Yeniçeriler Caddesi 90, Çemberlitaş; Kebaps 4 €) Nur geschmacklose Nachtclubs mit „türkischer Live-Show" kommen dem Kitsch in diesem „anatolischen" Restaurant im historischen Çemberlitaş Hamam nahe. Zur Warnung: Gäste tragen osmanische Gewänder, sitzen im „osmanischen Stil", hören „osmanische" Livemusik (12–21.30 Uhr) und essen dabei *gözleme*: die herzhaft gefüllten Pfannkuchen sind die Spezialität dieses Lokals.

Doy-Doy (Satt! Satt!; Karte S. 102/103; ☎ 0212-517 1588; Şifa Hamamı Sokak 13; Hauptgerichte 3–8 €) Das Essen lässt sich nur als schwer verdaulich bezeichnen. Aber das kümmert die Fans dieses einfachen, touristenfreundlichen Lokals wenig. Backpacker kommen wegen der tollen Aussicht von der Dachterrasse und der reichhaltigen Speisekarte her. Sie bietet etwas für jeden Geschmack, auch für Vegetarier. Nur Alkohol gibt's nicht.

Basarviertel
RESTAURANTS

Havuzlu Restaurant (Karte S. 123; ☎ 0212-527 3346; Gani Çelebi Sokak 3, Großer Basar; Hauptgerichte 6–13 €; ☺ Mo–Sa 11.30–17 Uhr) Einfach großartig – eine Einkaufstaschen abzustellen und sich ein Essen im besten Lokal des Großen Basars zu gönnen. Hungrige Horden von Besuchern und Ladenbesitzern genießen das hervorragende Essen in dem hübschen Raum mit Gewölbedecke, hellgelben Wänden und reich verzierten Deckenlampen. Wer sich vom Kellner bei der Auswahl beraten lässt, bekommt garantiert das Beste, was die Küche zu bieten hat.

Pandeli (Karte S. 104/105; ☎ 0212-522 5534; Mısır Çarşısı 1, Eminönü; meze 3–5 €, Hauptgerichte 7,50–15 €; ☺ Mo–Sa Mittag) Schade, dass weder das Essen noch die lustlose Bedienung der herrlichen Umgebung das Wasser reichen können. Diese İstanbuler Institution ist über dem Haupteingang zum Gewürzmarkt, direkt am Wasser. Eine Steintreppe führt in drei Salons mit faszinierenden türkisfarbenen İznikfliesen, Lüstern und üppigen Polsterbänken. Tipp: sich mit *patlıcan böreği* (Auberginentaschen) und einem Pandeli *tatlı* zum Nachtisch begnügen.

CAFÉS

Colhetı Café & Restaurant (Karte S. 123; ☎ 0212-512 5094; Sandal Bedesteni 36, Großer Basar; ☺ Mo–Sa Frühstück & Mittag) Café in der ehemaligen Auktionshalle des Basars. Ideal zum Mittagessen, das durch das historische Ambiente noch gewinnt. In bequemen Korbstühlen hat man die Wahl zwischen Döner Kebap (4,50 €), Sandwichs (3 €) und Salaten (4 bis 5 €). Das Beste ist: Das Lokal hat eine Schanklizenz. Ein Bier kostet 2,50 €.

Fez Café (Karte S. 123; ☎ 0212-527 3684; Halıcılar Caddesi 62; ☺ Mo–Sa Frühstück & Mittag) Beliebtes Café westlichen Stils in einer besonders stimmungsvollen Basargasse. Zwischen unverputzten Steinmauern an Tischchen mit Blumenschmuck zu sitzen, hat allerdings seinen Preis (Sandwichs kosten 4 €, Salate 4,50 bis 6 €).

Café Sultan (Karte S. 123; ☎ 0212-527 3684; Halıcılar Caddesi; ⊙ Mo–Sa Frühstück & Mittag) Gleich neben dem Fez gibt's das gleiche Angebot etwas günstiger.

AUF DIE SCHNELLE

Hafız Mustafa Şekerlemeleri (Karte S. 102/103; ☎ 0212-526 5627; Hamidiye Caddesi 84–86, Eminönü; Süßes 2–3 €) Seit 1864 hat das Hafız zufriedene Kunden – verständlicherweise: In diesem Zuckertempel gibt's so köstliche Baklava, dass wir froh sind, nicht in der Nähe zu wohnen: Wir würden sonst Stammkunden. Das Hafız ist auch berühmt für sein *meshur tekirdağ peynir helvası*, ein klebriges, gelbes *helva* mit Käse, das nur in wenigen Orten des Landes hergestellt wird. Das Hafız verkauft es massenweise.

Meshur Kuru Fasülyeci (Karte S. 104/105; ☎ 0212-513 6219; Prof Sıddık Sami Onar Caddesi 11, Süleymaniye; Hauptgerichte 2–3 €) In der ehemaligen Kütüphanesi Medrese der Süleymaniye-Moschee lockt diese Institution seit 80 Jahren Scharen hungriger Einheimischer an. Spezialität des Hauses ist *fasulye*, ein Bohnengericht, das am besten mit *ayran* (Jogurtgetränk) schmeckt.

Nimla Pastırmacı (Karte S. 104/105; ☎ 0212-511 6393; Hasırcılar Caddesi 14, Eminönü; Hauptgerichte 3–4 €; ⊙ Mo–Sa 7–19 Uhr) Bessere Delikatessen gibt's sonst nirgendwo. Nimlas appetitliche Auswahl an Käse, *pastırma* und *meze* ist stadtbekannt. Wer sich zur Theke durchgekämpft hat, kann ein köstliches *pastırma*-Röllchen mit selbstgewählten Zutaten (3 €) oder eine *meze*-Auswahl bestellen und mitnehmen. Kenner essen ihre Einkäufe oben in der blu-

migen Cafeteria oder bestellen sich gleich oben einen leckeren Imbiss.

Beyoğlu & Umgebung
RESTAURANTS

Karaköyüm (Karte S. 106/107; ☎ 0212-244 6808; Kemeraltı Caddesi 4, Karaköy; Hauptgerichte 4–8,50 €) Hierher kommen Einheimische, wenn sie Sehnsucht nach *annes* (Mamas) Hausmannskost haben. Das Karaköyüm taucht regelmäßig in den „Bestenlisten" İstanbuls auf. In angenehmem, elegantem Ambiente werden hier beliebte Spezialitäten wie *limonlu tavuk* (Limonenhühnchen) und osmanische Klassiker serviert. Das Restaurant im sechsten Stock hat einen herrlichen Blick auf das Goldene Horn. Wäre die Aussicht bei Mama genauso toll, käme man sicher öfter zum Essen!

Zencefil (Karte S. 106/107; ☎ 0212-243 8234; Kurabiye Sokak 8, Beyoğlu; Hauptgerichte 5–9 €; ⊙ Di–So Mittag & Abend) Beliebtes Vegetariercafé mit angenehm schattigem Garten – gemütlich und mit unaufdringlichem Schick. Die wechselnde Tageskarte garantiert knackig frische Bioprodukte und Desserts ohne schlechtes Gewissen danach. Neben der tollen Auswahl an Kräutertees ist das hausgemachte Brot ein echtes Highlight.

5 Kat (Beşinci Kat; Karte S. 106/107; ☎ 0212-293 3774; 5. OG, Soğancı Sokak 7/5, Cihangir; Hauptgerichte 6–10 €; ⊙ Mo–Fr 10–2 Uhr, Sa & So 10.30–3 Uhr) Schon ewig treffen sich hier Einheimische und Expats an Wochenendvormittagen und blättern die kostenlos ausliegende liberale Tageszeitung *Radikal* durch. Aber niemand lässt dabei sein englisches Frühstück (8 €) mit gebratenen Schweinswürstchen auskehren. Die internationale Küche ist spitzenklasse, die Bedienung freundlich und der Blick über den Bosporus atemberaubend. Abends wird das Lokal zu einer tollen Bar (S. 159).

Hacı Abdullah (Karte S. 106/107; ☎ 0212-293 8561; Sakızağacı Caddesi 17, Beyoğlu; meze 3,30 €, Hauptgerichte 6–12 €) Schon der Gedanke an Hacı Abdullahs sensationelle *imam bayıldı* (Auberginen, gefüllt mit Lammhackfleisch, Tomaten, Zwiebeln und Knoblauch) lässt uns das Wasser im Mund zusammenlaufen. Diese alteingesessene Institution (gegründet 1888) ist die wohl beste *lokanta* (Restaurant) der Stadt und ein gastronomisches Muss jeder İstanbulreise. Kein Alkoholausschank.

Hacı Baba (Karte S. 106/107; ☎ 0212-244 1886; İstiklal Caddesi 49, Beyoğlu; Meze 3 €, Hauptgerichte 6–12 €; ✗) Das Hacı Baba ist zwar nicht so alt wie das

---

EIN BAKLAVA-PARADIES

Karaköy Güllüoğlu (Karte S. 106/107; ☎ 0212-293 0910; Rıhtım Caddesi, Katlı Otopark Altı, Karaköy; ⊙ Mo–Sa) Wir lehnen uns mal ganz weit aus dem Fenster und behaupten: Hier gibt's das beste Baklava İstanbuls und vielleicht sogar der Türkei. Die Familie Güllü eröffnete ihren ersten Laden passenderweise in Gaziantep, der türkischen Hauptstadt des Baklava, bevor sie ihre himmlischen zahnzerstörenden Köstlichkeiten den dankbaren İstanbulern bescheren. Mit einer Schachtel der Klassiker – *fıstıklı* (Pistazie) und sahnige *sütlü nuriye* – gewinnt man das Herz jeder zukünftigen Schwiegermutter.

İSTANBUL

nahe Hacı Abdullah, aber Essen und Umgebung sind genauso beeindruckend. Es ist allerdings fest in der Hand von Pauschaltouristen. Außer einem großen Nichtraucherbereich an der Hauptstraße gibt's noch eine weinüberrankte Terrasse. Das Beste: Zum Essen kann man Bier, Rakı oder Wein bestellen.

Leb-i Derya (Karte S. 106/107; ☎ 0212-293 4989; Kumbaracı Yokuşu 115/7, Tünel; Hauptgerichte 7–15 €; ☾ Mo–Fr 11–2 Uhr, Sa–So 8.30–3 Uhr) Ob Einheimische das schicke Leb-i Derya kennen, ist ein guter Maßstab für ihr gastronomisches Kaliber: Die Uneingeweihten sind offensichtlich noch nie dem Genuss von *mahmudiye*

(11 €) erlegen: saftige Hühnchenstücke mit einer einfallsreichen Gewürzmischung. Ein so grandioses Frühstück wie hier ist in der Stadt selten zu finden: „Greenpeace" (7 €) ist ein Jogurtmüsli mit frischem Orangensaft und *lor*, einem türkischen Ricotta, der auf der Zunge zergeht. Allerdings sollte man die *meze* (v. a. die osmanischen Vorspeisen) hier ausnahmsweise meiden und sich seinen Appetit für Hauptgericht und Dessert aufsparen. Ach, haben wir die umwerfende Aussicht schon erwähnt? Die muss man genossen haben.

360 (Karte S. 106/107; ☎ 0212-251 1042; İstiklal Caddesi 32/309, Galatasaray; Hauptgerichte 8–15 €; ☾ Di–So

MEYHANE: DIE GRÖSSTE PARTY DER STADT

Wer nur einen einzigen Abend in İstanbul hat, sollte ihn unbedingt in einem *meyhane* (Kneipe) in Beyoğlu verbringen. Im engen Gassengewirr hinter der berühmten Çiçek Pasajı (Blumenpassage) an der İstiklal Caddesi versteckt sich die **Nevizade Sokak**: eine der berühmtesten Essmeilen der Stadt und sicherlich die mit der meisten Atmosphäre. Jeden Abend sind die Lokale hier voll mit gemütlich plaudernden Einheimischen. Sie probieren sich durch die schwindelerregende Auswahl an *meze* und frischem Fisch und trinken dazu jede Menge Rakı (Anisschnaps). Verkäufer gehen von Tisch zu Tisch und bieten frische Mandeln an. In manchen Lokalen unterhalten kleine Bands die Gäste mit *fasıl*-Musik (klassische osmanische Musik) und Späßen. Dafür erwarten sie ein Trinkgeld (alles unter 3 € gilt als Beleidigung). Das Ganze macht einen Riesenspaß. Im Sommer quillt die Straße an Freitag- und Samstagabenden über vor Menschen, die einen Tisch suchen, an einer der Bars etwas trinken oder nur vorbeischlendern.

Weitere *meyhanes* gibt's an der Sofyalı Sokak gegenüber vom Tünel oder in Kumkapı, nahe Sultanahmet (s. S. 116). Hier einige der besten *meyhanes* der Stadt:

Boncuk Restaurant (Karte S. 106/107; ☎ 0212-243 1219; Nevizade Sokak 19, Beyoğlu; *meze* 3–6 €, Fisch 4–11 €) Armenische Spezialitäten sind die Besonderheit des Boncuk. Zu empfehlen sind die exzellenten, superfrischen *topik* (*meze* aus Kichererbsen, Pistazien, Zwiebeln, Mehl, Korinthen, Kreuzkümmel und Salz).

Despina (Karte S. 100/101; ☎ 0212-247 3357; Açikyol Sokak 9, Kurtuluş; *meze* 4,50–7 €; ☾ 12–24 Uhr) Die glamouröse Madame Despina gründete dieses Lokal 1946. Ihr Foto begrüßt die Gäste am Eingang. Das Despina ist eins der besten *meyhanes* der Stadt. Die gute armenisch-griechische Küche spielt allerdings die zweite Geige nach der *fasıl*-Musik: Hier treten einige der besten Musiker des Landes auf. An langen Tischen sitzen Einheimische, die in den Gesang einstimmen und sich großartig amüsieren. Am besten kommt man mit dem Taxi her (8 € von Sultanahmet, 5 € von Beyoğlu).

Ney'le Mey'le (Karte S. 106/107; ☎ 0212-249 8103; Nevizade Sokak 12, Beyoğlu; *meze* 2–6 €, Fisch 5–9 €) Im Restaurant gegenüber vom Boncuk ist immer viel los.

Refik (Karte S. 106/107; ☎ 0212-243 2834; Sofyalı Sokak 10, Tünel; *meze* 3–6 €, Fisch 7–10 €; ☾ Mo–Sa Mittag, tgl. Abend) Das Refik ist das Original-*meyhane* im Asmalımescit-Viertel. Das winzige, gemütliche Lokal ist berühmt für seinen freundlichen Wirt, bei dem sich jeder Gast sofort willkommen fühlt, und für seine Spezialität: Fisch aus dem Schwarzen Meer.

Sofyalı 9 (Karte S. 106/107; ☎ 0212-245 0362; Sofyalı Sokak 9, Tünel; *meze* 4–8 €, Grillgerichte 5–10 €; ☾ Mo–Sa) Freitags- und Samstagabends sind die Tische hier heiß umkämpft. Kein Wunder: In freundlichem, attraktivem Ambiente gibt's hier mit die beste *meyhane*-Küche der Stadt. Stammgäste schwören auf *arnavut ciğeri* (albanische gebratene Leber, 5 €).

Yakup 2 (Karte S. 106/107; ☎ 0212-249 2925; Asmalımescit Caddesi 35/37, Tünel; *meze* 4,50–7 €; ☾ Di–Sa Abend) Diese schummrig beleuchtete Höhle ist seit langem bei Einheimischen beliebt, die nicht nur im Sommer in ihrem *meyhane* zechen wollen: Draußen ist es nicht besonders stimmungsvoll; also kommt man lieber an kühlen Abenden. Dann sitzt man drinnen dicht an dicht, besonders freitags und samstags. Die üppige *meze*-Auswahl ist den Grillgerichten in jedem Fall vorzuziehen.

13–15 Uhr & 19.30–3 Uhr) Das Nonplusultra der Gourmetrestaurants: Der Panoramablick lässt die Konkurrenz vor Neid erblassen. Das unerschütterliche Personal liest den Gästen jeden Wunsch von den Augen ab. Und die hervorragende Küche hat für jeden etwas zu bieten: von gegrillter Birne mit Ziegenkäsebällchen, die auf der Zunge zergehen, über Steaks und schlichter Pasta bis hin zur Miss Piggy Pizza. Den etwas einschüchternden Portier sollte man einfach ignorieren und sich einen Tisch aussuchen. Wer nur etwas trinken will, geht durch auf die Terrasse. Das 360 ist im obersten Stock des Mısır-Apartments. Auf der Treppe bekommt man den besten Eindruck von diesem tollen Gebäude. An Wochenenden sollte man vorher einen Tisch reservieren.

CAFÉS

İnci (Karte S. 106/107; ☎ 0212-243 2412; İstiklal Caddesi 124, Beyoğlu) In diesem Stehcafé gibt's die besten Windbeutel (2 €) der Stadt. Achtung: Suchtgefahr. İstanbuler schleichen sich heimlich herein, holen sich ihren süßen Kick und spazieren heraus, als ob nichts passiert wäre.

Kaffeehaus (Karte S. 106/107; ☎ 0212-245 4028; Tünel Meydanı 4, Tünel) Die heimische Künstlerszene geht seit langem in diesem schicken Kaffeehaus ein und aus. Sie belagert die Tische zum ausgedehnten Frühstück oder zum Kaffee (2,50 €). Bei schönem Wetter ist die Straßenfront zum Tünel-Platz geöffnet. Dann ist hier der ideale Ort zum Leuteangucken.

Saray Muhallebicisi (Karte S. 106/107; ☎ 0212-292 3434; İstiklal Caddesi 173, Beyoğlu; Süßspeisen 2–4 €) In diesem *muhallebici* gibt's schon seit 1935 Milchpudding – und das kann ihm niemand vorwerfen: Ständig ist das Lokal voller Einheimischer, die sich stirnrunzelnd zwischen den gut 35 verschiedenen Sorten zu entscheiden versuchen. Wer mal ein *aşure* oder *kazandibi* probieren möchte, ist hier goldrichtig.

Patisserie Markiz (Karte S. 106/107; ☎ 0212-245 8394; İstiklal Caddesi 360–2, Beyoğlu) Das Markiz ist ein Gesamtkunstwerk: ein wunderbar restauriertes Art-Nouveau-Interieur, köstliche Kuchen und Gebäck und entsprechend glamouröse Bedienungen mit gestärkten Schürzchen. Eine ungeheuer kultivierte Umgebung für einen türkischen Kaffee (3 €) und ein Stück Schokoladenkuchen (4 €).

AUF DIE SCHNELLE

Güney Restaurant (Karte S. 106/107; ☎ 0212-249 0393; Kuledibi Şah Kapısı 6, Tünel; Hauptgerichte 3–7 €;

Mo–Sa) Über das Essen gerät niemand aus dem Häuschen. Aber die unprätentiöse Küche des Güney ist bei Reisenden und Einheimischen gleichermaßen beliebt. Auch Frauen ohne männliche Begleitung fühlen sich hier wohl. Wer im rustikalen Erdgeschoss keinen Fensterplatz erwischt, kann es sich oben in dem feineren Salon auf roten Polsterbänken bequem machen.

Konak (Karte S. 106/107; ☎ 0212-252 0684; İstiklal Caddesi 259, Beyoğlu; Hauptgerichte 3,50–7 €) Von außen sieht das alteingesessene Esslokal etwas schäbig aus. Aber drinnen gibt's erstaunlich gute Kebaps und ofenheiße Pide in wunderbar altmodischem Ambiente. Hier bietet sich auch eine der wenigen Chancen, die berühmte türkische Maraş-Eiscreme zu probieren, die ansonsten schwer zu finden ist. Die Filiale in der Nähe vom Tünel-Platz ist nicht annähernd so gut.

Musa Usta Ocakbaşı Adana Kebap Salonu (Karte S. 106/107; ☎ 0212-245 2932; Küçük Parmakkapı Sokak 14, Beyoğlu; Hauptgerichte 5–7 €) Altmodisches Flair und exzellentes Essen auf drei Etagen lassen dieses Lokal seit Jahren florieren. Gäste können gleich neben dem *ocakbaşı* (Grill) sitzen und zusehen, wie ihr Fleisch brutzelt. Bier und Rakı gibt's hier auch.

Beşiktaş & Ortaköy

Vogue (Karte S. 100/101; ☎ 0212-227 4404; BJK Plaza, A Blok Kat 13, Spor Caddesi, Akaretler, Beşiktaş; Hauptgerichte 15–30 €) Aus den Boxen säuselt Grace Jones, japanische Sushiköche vollbringen wahre Wunder mit einer Scheibe Thunfisch und gut geschulte Kellner kennen die reichhaltige, durchdachte Weinkarte rauf und runter. Das Essen ist ebenso sensationell wie der Blick über den Bosporus. Auf jeden Fall einen Tisch auf der Terrasse geben lassen.

Die Spezialität der Restaurants in Ortaköy sind köstliche Wochenend-Frühstücke. Den Standard setzt das **Zeliş Cafe'de** (Karte S. 100/101) mit seinem tollen Büfett (5 €). Eine weitere Spezialität von Ortaköy sind *kumpir* (Ofenkartoffeln), gefüllt mit saurer Sahne, Olivenpaste, Käse, Chilli, Bulgur und allem, was sonst hineinpasst (3,50 €). Man bekommt sie neben der Kirche. Das **Çınar** (Platane; Karte S. 100/101; ☎ 0212-261 5818; İskele Meydanı 42, Ortaköy; Meze 3,50–6 €, Hauptgerichte 5,50–8 €) ist unser Favorit unter den Restaurants am Wasser, wenn's um Seafood-*meze* geht (köstlich). Hinterher gibt's nebenan bei **Mado** (Karte S. 100/101; İskele Meydanı, Ortaköy, Hörnchen 2,50–3,50 €) ein Hörnchen mit dem berühmten türkischen Maraş-*dondurma* (Eis).

Westliche Stadtbezirke

Develi (Karte S. 100/101; ☎ 0212-529 0833; Gümüşyüzük Sokak 7, Samatya; Hauptgerichte 7–12 €) Seit 1912 futtern hungrige Einheimische hier das Nationalgericht Kebap: Das nennt man langjährige Erfahrung. Das Lokal nicht weit von den Landmauern in Samatya hat fünf Etagen (mit Dachterrasse) und ist immer voller zufriedener Gäste, die in den kulinarischen Genüssen Südostanatoliens schwelgen. Echte Renner sind *çiğ köfte* (Lammhackfleisch mit Bulgur, Zwiebeln und Gewürzen) und *fıstıklı kebap* (Pistazienkebap). Um von Sultanahmet herzukommen, angelt man sich ein Taxi auf der Uferstraße (Kennedy Caddesi) oder fährt mit dem Zug ab Bahnhof Sirkeci (bis zur Station Kocamustafapaşa). Vom Bahnhof aus liegt es landeinwärts an einem zugeparkten Platz.

Asitane (Karte S. 100/101; ☎ 0212-635 7997; Kariye Oteli, Kariye Camii Sokak 18, Edirnekapı; Hauptgerichte 8–12 €) Hier gibt's Spezialitäten, die sonst kaum zu finden sind: Köstlichkeiten, die im 16. Jh. für das königliche Beschneidungsfest entwickelt wurden. Das Lokal hat ein modernes, elegantes Ambiente und im Sommer einen herrlichen Garten. Vegetarier finden ebenfalls eine gute Auswahl.

Zeyrekhane (Karte S. 104/105; ☎ 0212-532 2778; İbadethane Arkası Sokak 10; Hauptgerichte 11–15 €; ☺ Di–So) Gleich neben der Zeyrek Camii kann man in diesem Gartenlokal auf Polsterbänken die herrliche Aussicht auf die Süleymaniye Camii und das Goldene Horn genießen. Dazu gibt's leckere Hauptgerichte (Lust auf Wachtelkebap mit Aubergine?) und Snacks.

AUSGEHEN

İstanbul mag die größte Stadt eines überwiegend muslimischen Landes sein. Trotzdem sind die Einheimischen dem Alkohol durchaus nicht abgeneigt. Wem die *rakı*selige Atmosphäre der *meyhanes* (s. S. 157) als Beweis dafür nicht reicht, kann sich bei einem Streifzug durch die lebendige Barszene in Beyoğlu selbst ein Bild machen. Auch wer einen ganzen Monat lang von einer Bar zur nächsten zieht, kriegt nur einen oberflächlichen Eindruck.

Tolle Stimmung ganz ohne Alkohol bieten die *çay bahçesi* (Teegärten) und *kahvehanes* (Kaffeehäuser) der Altstadt. Sie sind ideale Plätzchen zum Relaxen und um eine türkische Institution kennenzulernen: eine *nargileh* zu einer Tasse *Türk kahvesi* (türkischem Mokka)

oder *çay*. Die Altstadt ist voll von netten Spots, um eine Wasserpfeife zu rauchen, aber der beliebteste in İstanbul ist unterhalb von Beyoğlu neben der Nusretiye Camii (Karte S. 106/107), an der Necatibey Caddesi in Tophane.

Teegärten & Kaffeehäuser

SULTANAHMET & UMGEBUNG

Set Üstü Çay Bahçesı (Karte S. 102/103; Gülhane Parkı, Sultanahmet; ☺ 10–23 Uhr) Einheimische wissen, dass dieser Teegarten etwas Besonderes ist. Deshalb pilgern sie an Wochenenden durch den ganzen Gülhane-Park hierher. Bei einer Kanne *çay* (4,50 €) und einem *tost* (Toast) kann man von hier den Bosporus bewundern.

Yeni Marmara (Karte S. 102/103; ☎ 0212-516 9013; Çayıroğlu Sokak, Küçük Ayasofya; ☺ 8–24 Uhr) Dieses riesige Teehaus ist immer gestopft voll mit Einheimischen, die Backgammon spielen, *çay* (1 €) trinken und *nargilehs* (3 €) schmauchen. Teppiche, Wandbehänge und niedrige Messingtischchen sorgen für jede Menge Flair. Im Winter schafft ein Holzofen behagliche Wärme; im Sommer sitzen die Gäste auf der hinteren Terrasse und schauen aufs Marmarameer.

Café Meşale (Karte S. 102/103; ☎ 0212-518 9562; Arasta Bazaar, Utangaç Sokak, Sultanahmet; ☺ 8–1 Uhr) Seit Generationen sitzen hier Backpacker neben Einheimischen auf den Polsterbänken unter bunten Lichterketten, trinken *çay* (1 €) und rauchen eine *nargileh* (5 €). In den Sommermonaten gibt's jeden Abend ab 20 Uhr Livemusik und Vorführung tanzender Derwische. Das Lokal ist in einem tiefer liegenden Hof hinter der Blauen Moschee.

Derviş Aile Çay Bahçesi (Derwisch-Familiengarten; Karte S. 102/103; Mimar Mehmet Ağa Caddesi, Sultanahmet; ☺ 9–23 Uhr, im Winter geschl.) Eine perfekte Location: ein gepflasterter Hof direkt gegenüber der Blauen Moschee mit bequemen Korbstühlen im Schatten der Bäume. Effiziente Bedienung, vernünftige Preise und eine tolle

---

TOP THREE DER TEEGÄRTEN

Set Üstü Çay Bahçesi, Sultanahmet (S. 156) Lokal zum Draußensitzen im Park mit Bosporusblick.

Haco Pulo, Beyoğlu (S. 158) Jede Menge Atmosphäre, nur ein paar Schritte von der İstiklal Caddesi entfernt.

Erenler Çay Bahçesi, Basarviertel (S. 157) Historisches Ambiente und freundliches Personal.

İSTANBUL FÜR SCHWULE & LESBEN

Die Schwulenszene in İstanbul gilt eher als ziemlich zahm: „Lauter Jungs in Hosen, die ihre Mütter frisch gebügelt haben, ohne zu ahnen, dass ihre Söhne schwul sind." Es gibt da allerdings eine Truppe, die aus dem Klischee rauswill: die **„Bären"** (www.ayilar.net). Die Lesbenszene ist wie üblich schwerer festzumachen: Sie ist hier und da und ein bisschen überall zu finden. Für Lesben empfiehlt es sich, Lambda (S. 712) zu kontakten, wo regelmäßig Veranstaltungen stattfinden.

Die Zahl der unverhohlenen Schwulenbars und Nachtclubs nimmt zu, v. a. an der İstiklal Caddesi in der Nähe des Taksimplatzes. Aktuelles steht in der Monatszeitschrift *Time Out İstanbul* unter der Schwulen- & Lesbenrubrik. Schwulenfreundliche Unterkünfte sind auf der Internetseite www. istanbulgay.com unter **Gay Friendly Hotels of Istanbul** zu finden.

Hamams sind bei Schwulen sehr beliebt. Da sie aber nur inoffiziell schwulenfreundlich sind, sollte man nicht zu viel erwarten. Der beliebteste Schwulentreff unter den Hamams der Stadt ist das etwas heruntergekommene **Çukurcuma Hamamı** (Karte S. 106/107; ☎ 0212-243 2401; Çukurcuma Caddesi 57, Çukurcuma; Bad & Massage 23 €, Bad 12 €; ☷ 10–21 Uhr). Im **Park Hamam** (Karte S. 102/103; ☎ 0212-513 7204; Dr Emin Paşa Sokak 10, Sultanahmet; Bad & Massage 20 €, Bad 11,50 €; ☷ 7–24 Uhr), nahe Divan Yolu, verkehren einheimische und ausländische Schwule, aber auch Heteros.

Eine Regenbogenflagge flattert vor dem lockeren **Sugarclub** (Karte S. 106/107; ☎ 0212-245 0096; Sakasalim Çıkmazı 7, Beyoğlu; Hauptgerichte 5–8 €; ☷ 11–24 Uhr). Die Gäste räkeln sich in Knautschsesseln und halten Ausschau – nach gutem Essen, versteht sich. Am späten Abend geht's in die **Bar Bahçe** (Karte S. 106/107; ☎ 0212-245 1718; www.barbahce.com; Soğancı Sokak 7/1, Cihangir; ☷ So & Di–Do 22–2, Fr & Sa 22–4 Uhr), wo sich die superschönen 20-Jährigen treffen, oder in den **Cahide on5** (Karte S. 106/107; ☎ 0212-292 2425; Meşrutiyet Caddesi 193, Beyoğlu; ☷ Mi, Fr & Sa 12–4 Uhr; Eintritt 12 €). Hier sind Dragshows und Hinternkeifen angesagt. In den heißen Sommermonaten lockt das Cahide unter freien Himmel (Maçka Demokrasi Parkı 13).

Gelegenheit, Leute zu beobachten – einfach der ideale Ort für einen *çay*, eine *nargileh* und eine Partie Backgammon. Von Mitte Mai bis Oktober gibt's jeden Abend ab 20 Uhr Derwischvorführungen.

BASARVIERTEL

Erenler Çay Bahçesi (Karte S. 104/105; ☎ 0212-528 3785; Yeniçeriler Caddesi 36/28; ☷ 9–24 Uhr, im Sommer länger) Der schattige Hof der Çorlulu Ali Paşa Medrese ist gerammelt voll mit Studenten von der nahen Universität İstanbul. In diesem *nargileh*-Lokal tun sie ihr Bestes, um ihrem genetischen Erbe gerecht zu werden (d. h. ihre Tabaksucht zu fördern). Nebenan sind ein paar Teppichläden. Darum ist die Umgebung ein bisschen touristisch, aber trotzdem herrlich.

Etham Tezçakar Kahveci (Karte S. 123; Halıcılar Caddesi, Großer Basar; ☷ Mo–Sa 8.30–19 Uhr) Winziges Tee- und Kaffeehaus in der Halıcılar Caddesi. Mit seinen traditionellen Tischchen mit Messingtabletts und Holzschemeln ist es der totale Gegensatz zum irren Fez Café gegenüber.

İlesam Lokalı (Karte S. 104/105; ☎ 0212-511 2618; Yeniçeriler Caddesi 84; ☷ 7–24 Uhr, im Sommer länger) Dieses Lokal im Hof der Koca Sinan Paşa Medrese wurde von einem Club mit dem rätselhaften Namen „Professionelle Union der Besitzer wissenschaftlicher & literarischer Werke" gegründet. Zum Glück haben die Mitglieder dagegen, dass Fremde in ihre Reihen eindringen: ein toller Ort für einen preiswerten *çay* (0,80 €) und eine *nargileh* (3 €). Wer zum Grab Koca Sinan Paşas will, geht hinter dem Tor am Friedhof vorbei zum zweiten Teehaus auf der rechten Seite.

Lale Bahçesi (Karte S. 104/105; Sifahane Sokak, Süleymaniye; ☷ 8–24 Uhr) Früher gehörte der tiefer liegende Hof zur *külliye* (Stiftungskomplex) der Süleymaniye-Moschee. Heute treffen sich in dem charmanten Teegarten Studenten der nahen Theologischen Hochschule und der Universität İstanbul. Im Sommer sitzen sie unter Bäumen auf Polsterbänken und relaxen mit Blick auf den hübschen Brunnen, im Winter drängeln sie sich in der gemütlich beleuchteten, mit Kelims behängten *külliye*: ein authentisches und stimmungsvolles Plätzchen für einen Tee und eine *nargileh*.

Şark Kahvesi (Karte S. 123; ☎ 0212-512 1144; Yağlıkçılar Caddesi 134, Großer Basar; ☷ Mo–Sa 8.30–19 Uhr) Das Şark hat eine lange Tradition als Ort, an dem die Händler des Basars ihre Teepause verbringen. Inzwischen müssen sie mit Touristen um einen Platz kämpfen. Auch die mögen die eigenwilligen Wandgemälde mit „tanzenden

Derwischen", die alten Fotos an den Wänden und den billigen *çay* (0,80 €).

BEYOĞLU

Haco Pulo (Karte S. 106/107; ☎ 0212-244 4210; Passage ZD Hazzopulo; İstiklal Caddesi; ☽ 9–24 Uhr) In Beyoğlu gibt's nicht annähernd so viele traditionelle Teehäuser wie im stimmungsvollen Stambul. Aber dieses Lokal in einem malerischen, schattigen Hof mit Kopfsteinpflaster hält jedem Vergleich stand. An lauen Sommerabenden sitzen hier 20- bis 30-Jährige dicht an dicht. Allein schon der Weg von der İstiklal Caddesi durch die Arkade mit den ausgefallenen Läden ist ein Erlebnis, das man sich nicht entgehen lassen sollte.

Bars

SULTANAHMET

Viel los ist in Sultanahmet nicht. Und Einheimische sind in den wenigen Bars sicher nicht zu finden. Außerhalb der Saison herrscht hier gähnende Leere. Die Barszene trifft sich eben in Beyoğlu.

Cheers Bar (Karte S. 102/103; ☎ 0532-409 6369; Akbıyık Caddesi 20, Cankurtaran; ☽ 10–2 Uhr) Hässliche holzverkleidete Bar inmitten von Backpacker-Herbergen. Draußen an der Straße gibt's Eisgekühltes in entspannter Atmosphäre, spätabends wird das Tanzbein geschwungen, wenn viele Traveller in der Stadt sind. Ganz ähnlich geht's gleich nebenan in der Just Bar zu.

Şah Pub & Bar (Karte S. 102/103; ☎ 0212-519 5807; İncili Çavaş Sokak 11, Sultanahmet; ☽ 10–3 Uhr) Für alle, die Lust auf Sex on the Beach oder einen Long Slow Screw Against the Wall (die Cocktails, natürlich) haben. Es gibt Tische drinnen und draußen auf der Straße und entweder geht's hier hoch her oder es herrscht Totenstille. Schon im Vorbeigehen sieht man, ob was los ist. Meistens treffen sich hier Backpacker zu Bier (2 €) und *nargileh* (4,50 €).

Legend Hotel (Karte S. 102/103; ☎ 0212-518 3348; Peykhane Caddesi 16, Binbirdirek; ☽ 15–23 Uhr) Als Hotel macht das Legend nicht viel her, aber die Bar auf der Dachterrasse lohnt sich: atemberaubender Blick auf das Marmarameer und vernünftige Preise (Bier 2 €). Wer Party machen will, ist hier falsch, aber man kann in aller Ruhe auf den neuen Tag anstoßen.

Sultan Pub (Karte S. 102/103; ☎ 0212-511 5638; Divan Yolu Caddesi 2, Sultanahmet; ☽ 9.30–1 Uhr) Sultanahmets English-Pub-Variante zieht schon seit Jahren v. a. 30- bis 40-Jährige an. Die Dach-

terrasse bietet einen spitzen Blick, die Straßentische sind perfekt zum Leutebeobachten. Das Essen ist genauso, wie in einem Pub zu erwarten (d. h. schwer verdaulich).

Yeşil Ev (Karte S. 102/103; ☎ 0212-517 6785; Kabasakal Caddesi 5, Sultanahmet; ☽ 12–22.30 Uhr) Der Innenhof dieses historischen Hotels (S. 147) ist die reinste Oase für alle, die in eleganter osmanischer Umgebung in Ruhe etwas trinken möchten. Ein Bier kostet 4 €, ein Glas Wein 5 € und *çay* 2,50 €.

BEYOĞLU

In Beyoğlu gibt's Hunderte von Bars, und täglich kommen neue hinzu. Die folgende Liste enthält die bewährten Top-Läden und einen Mix an Neueröffnungen. Aber am besten erkundet jeder die Szene selbst. Aber nicht zu abenteuerlustig werden – unbedingt die Bars gut anschauen, bevor man hineingeht. Die meisten sind nett und freundlich, aber es gibt auch zwielichtige Schuppen, in die man nicht hineinstolpern sollte (s. S. 703). Fensterlose Kellerbars, deren Eingänge mit Plakaten und Schaukästen gepflastert sind, bergen oft Überraschungen, auf die man gern verzichtet.

Die meisten Bars in Beyoğlu drängen sich in den Seitenstraßen am Nordende der İstiklal Caddesi, in der Nähe vom Taksimplatz. An der İmam Adnan Caddesi sind Kneipen wie Café/Bar Türkü, Life Rooftop und das alteingesessene Kaktüs. Die hippsten Bars von Beyoğlu sind am Tünel-Ende um die Sofyalı Sokak.

Badehane (Karte S. 106/107; ☎ 0212-249 0550; General Yazgan Sokak 5, Tünel; ☽ 9–2 Uhr) Kein Wunder, dass diese Kneipe (ohne Schild) bei Einheimischen so beliebt ist: An lauen Abenden trifft sich hier auf der Gasse die kettenrauchende Künstlerszene zum Bier und zum Plaudern. Das

---

TOP FIVE DER NARGILEH-LOKALE

Jede Menge Nargileh-Lokale gibt's in Tophane (S. 157), dem lebhaftesten einschlägigen Viertel İstanbuls.

Lale Bahçesi, Süleymaniye (S. 157) Friedlich und hübsch.

Yeni Marmara, Küçük Ayasofya (S. 156) Ideal für einen kühlen Abend.

Erenler Çay Bahçesi, Basarviertel (S. 157) Amateure willkommen.

Café Meşale, Sultanahmet (S. 156) Gruppen willkommen.

TÜRKISCHER HONIG

In İstanbul *lokum* (türkischen Honig) zu probieren, ist ein absolutes Muss: Diese himmlisch klebrige Köstlichkeit gibt's hier sogar im Originalladen des Erfinders, **Ali Muhiddin Hacı Bekir** (Karte S. 102/103; ☎ 0212-522 0666; Hamidiye Caddesi 83; ☾ Mo–Sa 8–20 Uhr). Weitere Filialen sind an der İstiklal Caddesi in Beyoğlu (Karte S. 106/107) und in Kadıköy.

Der Legende nach kam Ali Muhiddin Ende des 18. Jhs. aus dem Bergstädtchen Kastamonu am Schwarzen Meer nach İstanbul und ließ sich als Konditor in der osmanischen Hauptstadt nieder. Unzufrieden mit den harten Bonbons und traditionellen Süßigkeiten, erfand er ein neues Konfekt, das leichter zu essen war. Er nannte seine Kreation *rahat lokum*, das „angenehme Häppchen". Bald hieß das Konfekt aus Fruchtgelee nur noch *lokum*. Am Sultanshof war es sofort ein Hit und auch im ganzen Land fand es Freunde.

Ali Muhiddin und seine Nachkommen entwickelten die Originalsüßigkeit ständig weiter (der Laden von 1777 gehört immer noch seinen Nachfahren). Heute gibt's *lokum sade* (einfach) oder mit verschiedenen Füllungen wie *cevizli* (Walnuss) und klassisch mit *şam fıstıklı* (Pistazien), aromatisiert mit *portakkallı* (Orange), *bademli* (Mandel), *roze* (Rosenwasser) und sogar mit knusprigen Kaffeebohnen. Am besten nimmt man gleich eine *çeşitli* (Mischung).

Richtige, um in ungezwungener Kleidung und Atmosphäre den Abend zu genießen.

5 Kat (Beşinci Kat; Karte S. 106/107; ☎ 0212-293 3774; 5. OG Soğancı Sokak 7/5, Cihangir; ☾ 11–2 Uhr) Jeder kennt das 5 Kat: ein Beweis für seine Langlebigkeit, Gastlichkeit und durchgängige Qualität. Dies ist nicht nur eine der besten Bars der Stadt, sondern auch ein Spitzenrestaurant (s. S. 153). Das Dekor hat was von Boudoir: dunkelrote Wände, Satindecke, Plüschsessel und jede Menge Kerzen. Der Bosporusblick durch die Panoramafenster ist schlichtweg atemberaubend. Bei schönem Wetter genießt man ihn auf der luftigen Dachterrasse.

KeVe (Karte S. 106/107; ☎ 0212-251 4338; Tünel Geçidi 10, Tünel; ☾ 8.30–2.30 Uhr) Atmosphäre pur bietet die Belle-Epoque-Arkade voller Grünpflanzen gleich gegenüber der Tünelstation. Das KeVe ist ein Treff für 30er und 40er, die seine günstige Ecklage zum Peoplewatching nutzen: ideal für ein Bier (3 €) vor oder nach dem Essen.

Gizle Bahçe (Karte S. 106/107; ☎ 0212-249 2192; Nevizade Sokak 27, Beyoğlu; ☾ Di–So 15–2 Uhr) Dieses lockere, gemütliche Lokal ist genau das Richtige für alle, die nichts essen, aber gucken wollen, was auf der belebten Nevizade Sokak los ist. Die Einheimischen tanken an Tischen auf dem Bürgersteig gute Laune bei einem preiswerten Bier (2 €), bevor sie um die Häuser ziehen.

Dulcinea (Karte S. 106/107; ☎ 0212-245 1071; Meşelik Sokak 20, Taksim; ☾ 15–2 Uhr) Die Bars in Beyoğlu kommen und gehen. Aber das Dulcinea bleibt. Denn gerade erst hat es sich durch eine Renovierung von einer schicken Bar in einen angesagten Late-Night-Treff verwandelt.

Auf einem der Barhocker lässt sich leicht mit Stammgästen ins Gespräch kommen: Fun ist garantiert!

Klub Karaoke (Karte S. 106/107; ☎ 0212-293 7639; Zambak Sokak 15, Beyoğlu; Eintritt 12 €; ☾ Mo–Sa 17–2 Uhr) Es musste einfach passieren: Ein cleverer Mensch ahnte, dass Karaoke bei Türken ankommen würde wie Wasser bei den Enten und eröffnete vor kurzem İstanbuls erstes Karaokelokal. Einheimische strömen in Scharen her und buchen Riesensäle für Privatveranstaltungen. Aber der Saal „İstanbul Central" steht jedem offen. Wer seinen Stolz draußen lässt, hat sicher jede Menge Spaß und findet garantiert neue Freunde.

UNTERHALTUNG

İstanbul bietet Unterhaltung für jeden Geschmack. Es gibt unzählige Kinos, eine fast religiöse Liebe zu allen Formen von Musik und Tanz und kaum eine Woche ohne ein besonderes Event, Festival oder Konzert. Nur eins ist in dieser Stadt unmöglich: sich zu langweilen.

Einen Überblick über aktuelle Veranstaltungen bietet das Magazin *Time Out İstanbul* (s. S. 109) und **Biletix** (☎ 0216-556 9800; www.biletix. com). Tickets für die meisten Veranstaltungen gibt's entweder an den Vorverkaufsstellen der jeweiligen Veranstaltungsorte oder bei Biletix. Biletix-Schalter sind an vielen Stellen der Stadt zu finden. Für Traveller ist der bequemste im **Ada Bookshop** (Karte S. 106/107; İstiklal Caddesi 330, Beyoğlu). Wer will, kann Karten auch online mit Kreditkarte kaufen und in einer Biletix-Filiale oder an der Abendkasse abholen.

İSTANBUL

Ein Abend bei *fasıl-M*usik ist ein Muss in İstanbul. Am besten eignet sich dazu ein *meyhane* – s. S. 154.

Nachtclubs

İstanbuls Nachtleben ist einfach megageil. Manche DJs legen zwar immer noch den schlechten Techno aus den 90ern auf, und Spray-on-Jeans sind nach wie vor angesagt. Aber die Einheimischen wissen, wie man feiert, und die Open-Air-Clubs sind einfach super. Auch die Livemusikszene ist spitze – Näheres zu Festivals s. S. 144, zu Veranstaltungsorten s. unten.

Zum Clubbing brezeln sich İstanbuler richtig auf. Wer da nicht mitmacht, kommt in den Megaclubs am Bosporus höchstwahrscheinlich nicht an den Türstehern (meist kräftige junge Burschen) vorbei.

Wie die Bars und Restaurants konzentrieren sich auch die Clubs v. a. auf Beyoğlu oder am Bosporus. Hochbetrieb herrscht besonders Freitag- und Samstagnacht. Richtig los geht's erst ab 1 Uhr.

Crystal (☎ 0212-229 7152; www.clubcrystal.org; Muallim Naci Caddesi 65, Ortaköy; Fr & Sa 17 €; ❧ Sa–Sa 23–5.30 Uhr) Die zweite Heimat der İstanbuler House-Fans: Hier gastieren die besten Mixmaster aus der Türkei und dem restlichen Europa. Kenner schauen zuerst bei Reina (s. unten) rein und kommen zur Afterparty hierher. Wer vor 2 Uhr nachts auftaucht, tut das auf eigene Gefahr. Drinnen und draußen (super Aussicht) gibt's jede Menge lauschige Eckchen für frisch Verliebte.

Indigo (Karte S. 106/107; ☎ 0212-245 1307; www.livingindigo.com auf Türkisch; Arkasu Sokak 1–5, Galatasaray; Eintritt variiert; ❧ Do–Sa 24–5 Uhr) Relativ neue, aber willkommene Ergänzung im Live-electronic-Angebot: Der unaffektierte Charme macht das Indigo zur festen Größe in Beyoğlus Clubszene. Musikalisch bietet es einen bunten Mix aus Rock, Acid Jazz und Electro-House, den lokale und internationale DJs auflegen. Have Fun!

Reina (☎ 0212-259 5919; www.reina.com.tr; Muallim Naci Caddesi 44, Ortaköy; Mo–Do & So Eintritt frei, Fr & Sa 14 €; ❧ 19–3 Uhr) Im Sommer feiern an die 4000 schicke, schöne Menschen in dem Open-Air-Megaclub mit „Entertainmentkomplex", Restaurant und Kennenlerntreff. Bei spektakulärem Bosporusblick geht die Party bis in die frühen Morgenstunden. Das Reina ist ein guter Einstieg für Neulinge in der İstanbuler Szene. Aber wer nicht entsprechend gestylt ist, kommt gar nicht erst rein.

Livemusik

KLASSISCHE MUSIK & OPER WESTLICHEN STILS

İstanbul hat eine lebendige Klassik-Szene. Das Symphonieorchester İstanbul und das Philharmonieorchester Borusan İstanbul spielen oft. Und regelmäßig gastieren auch internationale Ensembles in der Stadt: Veranstaltungstipps gibt's in *Time Out İstanbul* und auf der Internetseite von **Biletix** (www.biletix.com).

Für Klassikfreunde ist das unumstrittene Highlight des Jahres das Internationale Musikfestival İstanbul (S. 144) im Juni. Wer zu dieser Zeit in İstanbul ist, sollte sich auf keinen Fall die Konzerte in der Hagia Eirene (S. 117) entgehen lassen. Mozarts *Entführung aus dem Serail* im Topkapı-Palast ist ein besonderes Erlebnis.

ROCK, ELECTRONIC, RAP & REGGAE

Die meisten Europäer haben schon von İstanbuls aufkeimender Livemusikszene gehört. In den letzten Jahren hat die Stadt was Kunst angeht eine kreative Renaissance erlebt: Fast wöchentlich machen neue Veranstaltungsorte auf, und überall in Beyoğlu sind probende Bands zu hören. Zum Einstieg empfiehlt sich Fatih Akins Dokumentarfilm *Crossing The Bridge – The Story of Music in İstanbul* und die Monatszeitschrift *Time Out İstanbul.*

Man muss es vielleicht gar nicht sagen: Allzu schick braucht das Outfit nicht zu sein.

Babylon (Karte S. 106/107; ☎ 0212-292 7368; www.babylon.com.tr; Şehbender Sokak 3, Tünel; Eintritt variiert; ❧ Di–Do 21.30–2 Uhr, Fr & Sa 22–3 Uhr) Das Babylon ist İstanbuls erste Adresse für Livemusik: Alle internationalen und nationalen Musiker, die es anzuhören lohnt, haben schon in seinen dunklen Sälen gespielt. Mal legt ein DJ „Oldies but Goldies" auf – also die Glitzersandalen mitnehmen. Mal spielt Burhan Öçal seinen orientalischen Acid Jazz. Jeden Abend trifft sich hier eine gut gelaunte Künstlerszene. Karten gibt's gegenüber an der **Kasse** (❧ 11–19 Uhr, 19.30–Veranstaltungsbeginn).

Roxy (Karte S. 106/107; ☎ 0212-249 1283; www.roxy.com.tr; Arslan Yatağı Sokak 7, Taksim; Eintritt variiert; ❧ Mi & Do 21–3 Uhr, Fr & Sa 22–4 Uhr) Das Roxy ist der traditionelle Favorit einer berauschten Grungeszene. Es ringt mit dem Babylon um den Rang des besten Livemusikclubs der Stadt und schneidet am Ende meist knapp als zweiter ab. Glamour-Outfits kann man getrost vergessen: Beim schweißtreibenden Bad in der Menge geht's ziemlich hoch her. Musikalisch reicht die Palette von Rap und Hip-hop über Jazz Fusion und Electronic – bis zu den 80ern am Wochenende.

Kapak Rock Bar (Karte S. 106/107; ☎ 0212-245 4229; Sadri Alışık Sokak 32, Beyoğlu; 🕓 16–4 Uhr) Ein Newcomer in der Szene: An den belebtesten Abenden (Fr & Sa) ziehen alternative Rockbands, die gerade im Kommen sind, auf der Bühne ihr Ding ab. Die übrigen Abende haben was von intimen Jam Sessions zwischen den Rockern auf der Bühne und ihren Freunden im Publikum: eine sehr angenehme Szene. Essen kann man hier auch.

Balans Music Hall (Karte S. 106/107; ☎ 0212-251 7020; www.balansmusichall.com auf Türkisch; Balo Sokak 22; Beyoğlu; Eintritt 5,50–14 €; 🕓 Mo–Sa 21–4 Uhr) Regelmäßig performen hier bekannte und weniger bekannte lokale Rockbands. Auf drei Etagen mit toller Soundanlage trifft sich ein freundliches, gemischtes Publikum. Wer sich ins Gewühl stürzt, findet schnell Freunde.

JAZZ

Jazz Café (Karte S. 106/107; ☎ 0212-245 0516; www.jazz caféistanbul.com auf Türkisch; Hasnun Galip Sokak 20, Beyoğlu; Eintritt frei; 🕓 Di–Sa 20–4 Uhr) Besonders Einheimische und hier lebende Ausländer ab 30 kommen gern in diese Institution. Bei den ruhigen Jazz-Sessions sind v. a. lokale Musiker zu hören. Gelegentlich gibt's auch 80er-Jahre-Diskomusik. Jazzpuristen sollten sich nach was anderem umsehen. Livemusik gibt's ab 22 Uhr.

Nardis Jazz Club (Karte S. 106/107; ☎ 0212-244 6327; www.nardisjazz.com; Kuledibi Sokak 14, Galata; Eintritt 9–13 €; 🕓 Livemusik Mo–Do 22–1, Fr & Sa 23–2 Uhr) Hier treffen sich die echten Jazzfans: im kleinen Club des Jazzgitarristen Önder Focan, vom Galataturm ein Stück hangabwärts. Wer einen guten Tisch haben will, muss reservieren. Das Soundsystem ist spitze, wie nicht anders zu erwarten, die Restaurantküche weniger. Im Club treten internationale Acts auf.

Kino

Die İstiklal Caddesi zwischen Taksimplatz und Galatasaray ist İstanbuls *sinema*- (Kino)Viertel. Hier kann man von einem Kino zum anderen schlendern, bis man einen Film findet, der einem gefällt. Das einzige Kino in der Nähe von Sultanahmet ist das Şafak Sinemaları in Çemberlitaş. Ausländische Filme laufen meistens in Englisch mit türkischen Untertiteln.

Blockbuster und Kinderfilme sind manchmal synchronisiert. An der Kasse auf den Hinweis *Türkçe* (Türkisch) achten.

Nach Möglichkeit sollte man die Eintrittskarten ein paar Stunden vor Beginn der Vorführung kaufen. Je nach Kino kosten Tickets 5 bis 7 € für Erwachsene, 3 bis 4 € für Studenten. Oft gibt's mittwochs Ermäßigung.

Einige Kinos zur Auswahl:

AFM Fitaş (Karte S. 106/107; ☎ 0212-251 2020; İstiklal Caddesi 24–26, Beyoğlu)

Alkazar Sinema Merkezi (Karte S. 106/107; ☎ 0212-293 2466; İstiklal Caddesi 179, Beyoğlu)

Atlas (Karte S. 106/107; ☎ 0212-252 8576; İstiklal Caddesi 209, Atlas Pasajı, Beyoğlu)

Beyoğlu (Karte S. 106/107; ☎ 0212-251 3240; İstiklal Caddesi 140, Beyoğlu)

Emek (Karte S. 106/107; ☎ 0212-293 8439; İstiklal Caddesi, Yeşilçam Sokak 5, Beyoğlu)

İstanbul Modern Cinema (Karte S. 106/107; ☎ 0212-334 7300; www.istanbulmodern.org; Meclis-i Mebusan Caddesi, an der Necatibey Caddesi, Beyoğlu) Zeigt eine hervorragende Auswahl an Arthouse-Filmen.

Rexx (☎ 216-336 0112; Sakızgülü Sokak 20–22, Kadıköy)

Şafak Sinemaları (Karte S. 102/103; ☎ 0212-516 2660; Divan Yolu 134, Çemberlitaş)

Sinepop (Karte S. 106/107; ☎ 0212-251 1176; İstiklal Caddesi, Yeşilçam Sokak 22, Beyoğlu)

Volkstanz

Einige touristische „Türkische Shows" bieten einen Querschnitt durch die türkischen Volkstänze (inkl. Bauchtanz), meistens kombiniert mit einem Abendessen. Besonders Veranstalter von Pauschalreisen stehen auf diese Angebote. Sie sind teuer, und das Essen ist bestenfalls mittelmäßig. Aber sie bieten die einzige Gelegenheit, in der Stadt Volkstanz zu sehen. Die beiden beliebtesten Locations sind **Orient House** (Karte S. 104/105; ☎ 0212-517 6163; www. orienthouseistanbul.com; Tiyatro Caddesi 27, Beyazıt; Erw./Kind 70/35 €; 🕓 21–24 Uhr) und **Sultana's** (Karte S. 100/101; ☎ 0212-219 3904; www.sultanas-nights.com; Cumhuriyet Caddesi 16, Elmadağ; 75 €; 🕓 Abendessen 19.30 Uhr, Show 21–24 Uhr).

Sport

Für Türken gibt's nur einen Sport, der zählt: Fußball. Von August bis Mai spielen 18 Mannschaften aus der ganzen Türkei um die Meisterschaft. In jeder Saison steigen drei Mannschaften aus der zweiten Liga in die erste auf und drei ab. Die beste Mannschaft der ersten Liga spielt um den Europapokal.

Die Fußballspiele werden in der Regel am Wochenende ausgetragen, normalerweise am Samstagabend. Nahezu jeder männliche Türke kann einem sagen, welches Spiel man sehen muss. Tickets gibt's in den Clubhäusern am *stadyum* (Stadion) oder bei **Biletix** (☎ 0216-556 9800; www.biletix.com). Der Verkauf fängt zwischen Dienstags und Donnerstags vor einem Wochenendspiel an. Tickets für nicht überdachte Plätze kosten ca. 12 €; überdachte Plätze – mit optimaler Sicht – 17 bis 70 €. Auch wenn Spiele ausverkauft sind, gibt's meistens noch Karten vor dem Stadion, wenn auch zu astronomischen Preisen.

Ein gewisses Maß an Gewalt ist bei Fußballspielen an der Tagesordnung. In der Regel kommt es aber nicht zu Schlägereien oder Schlimmerem. Wahrscheinlicher ist, dass Zuschauer Sitze kaputtmachen und durch die Gegend werfen oder den Schiedsrichter wüst beschimpfen (der nach dem Spiel Geleitschutz der Polizei braucht). Leider gehört sowas offenbar dazu, und niemand stört sich groß daran. Kein Wunder, dass man die weiblichen Zuschauer an einer Hand abzählen kann. Wer auf derartige Exzesse keine Lust hat, sollte die Spiele der Erzrivalen Galatasaray und Fenerbahçe meiden. Auch Beşiktaş hat viele Fans.

SHOPPEN

Wer Shoppen liebt, ist in İstanbul genau richtig. Für viele sind nicht die berühmten historischen Sehenswürdigkeiten das Highlight ihrer Reise, sondern das Stöbern und Feilschen im prächtigen **Großen Basar** (S. 122). Hier gibt's Schmuck, Lederwaren, Textilien, Keramik und allen möglichen Kleinkram. Wer nach einem ausgiebigen Bummel durch den Großen Basar noch stehen kann, findet auch in anderen Teilen İstanbuls reichlich Gelegenheit, sein Kreditlimit auszureizen. Im **Arasta-Basar** (S. 114) hinter der Blauen Moschee in Sultanahmet gibt's tolle Teppich- und Keramikläden. Hier kann man ohne lästige Werber in Ruhe einen Schaufensterbummel machen.

Tahtakale, das Viertel zwischen Großem Basar und Eminönü, ist die beste Fundgrube für hochwertige Oberbekleidung, Baumwolltextilien und Küchengeräte. Der Gewürzbasar bietet v. a. Trockenobst, Gewürze und alle möglichen Tinkturen. Die Einheimischen behaupten, es gibt nichts, was es hier nicht gibt. Die Shoppingmeile von Beyoğlu ist die **İstiklal**

Caddesi (S. 127). Hier gibt's Kleidung, Schuhe, Bücher und Musikalien. Am Tünel-Ende sind antiquarische Bücher und Drucke zu finden. Ein paar Schritte weiter kommt man nach **Çukurcuma,** der besten Ecke für Antiquitäten, Raritäten und Kuriositäten. Sonntagnachmittags findet hier ein Flohmarkt statt.

Wer in İstanbul auf Shoppingtour geht, sollte viel Energie, einen ausreichenden Dispokredit und einen leeren Koffer mitbringen.

Kunst & Antiquitäten

Sofa (Karte S. 102/103; ☎ 0212-520 2850; Nuruosmaniye Caddesi 85, Cağaloğlu; ☻ Mo–Sa 9.30–19 Uhr) Neben einer bunten Mischung von Drucken, Keramiken, Kalligrafien sowie osmanischen und byzantinischen Raritäten und Kuriosa verkauft Sofa auch moderne türkische Kunst und Bücher. Ungewöhnlich schön ist der Schmuck aus alten osmanischen Münzen und 24-karätigem Gold. Alte Stücke kosten ab 400 € aufwärts. Aber es lohnt sich, zum Stöbern mal hereinzuschauen.

Artrium (Karte S. 106/107; ☎ 0212-251 4302; Tünel Geçidi 7, Tünel; ☻ Mo–Sa 9–19 Uhr) Dieser Laden erinnert an Aladins Räuberhöhle: Er quillt über von antiken Keramiken, osmanischen Miniaturen, Landkarten, Drucken und Schmuck.

Galeri Alfa (Karte S. 106/107; ☎ 0212-251 1672; Faikpaşa Sokak 47, Çukurcuma; ☻ 11–18 Uhr) Die Spezialität dieses Ladens sind wunderbare osmanische Spielzeugsoldaten und Höflinge. Unbedingt reinschauen!

Nebil Basmacı (Karte S. 123; ☎ 0212-520 9504; Halıcılar Caddesi 97, Großer Basar; ☻ Mo–Sa 9–19 Uhr) Einer von den zahllosen Teppich- und Raritätenshops im Großen Basar. Nebil Basmacı hat schöne russische Ikonen, alte İznikfliesen (ab 40 €) und hochwertige anatolische Teppiche.

Şamdan (Karte S. 106/107; ☎ 0212-245 4445; Altıpatlar Sokak 20, Çukurcuma; ☻ 11–17.30 Uhr) Im besten Antiquitäten- und Raritätenviertel der Stadt verkauft Şamdan hochwertige antike Möbel, Porzellan und Glaswaren.

Teppiche & Textilien

Cocoon (Karte S. 102/103; ☎ 0212-638 6271; www.cocoontr. com; Küçük Aya Sofya Caddesi 13, Sultanahmet; ☻ 8.30–19.30 Uhr) In İstanbul gibt's so dermaßen viele Teppich- und Textilgeschäfte, dass es schwierig ist, einzelne herauszugreifen. Bei diesem Laden ist uns das jedoch nicht schwergefallen: Auf vier Etagen präsentiert er kunstvoll Filzhüte, alte Kostüme, Textilien aus Zentralasien und Teppiche aus Persien, Zentralasien, dem Kaukasus und Anatolien. Eine kleine Filiale ist in der Nähe vom Arasta-Basar.

EthniCon (Karte S. 123; ☎ 0212-527 6841; Takkeciler Sokak 58–60, Großer Basar; www.ethnicon.com; ✆ Mo–Sa 9–21 Uhr) Als einer der Trendsetter des modernen Kelimhypes ist EthniCon führend in seiner Auswahl von Patchworkkelims, die gut zu einer modernen Einrichtung passen. Pro Meter kosten sie um 180 €.

Muhlis Günbattı (Karte S. 123; ☎ 0212-511 6562; Perdahçılar Sokak 48, Großer Basar; ✆ Mo–Sa 9–19 Uhr) Muhlis Günbattı gehört zu den berühmtesten Läden im Großen Basar. Spezialität des Hauses sind *suzani* (Stickereien) aus Usbekistan. Die umwerfend schönen Bettdecken und Wandbehänge sind aus feiner Baumwolle mit Seidenstickerei. Inzwischen sind sie überall in İstanbul zu bekommen, aber Auswahl und Qualität sind hier nicht zu toppen. Hochwertige Bettdecken gibt's ab 300 €.

Sedir (Karte S. 102/103; ☎ 0212-458 4702; Mimar Mehmet Ağa Caddesi 39, Sultanahmet; ✆ 9–22 Uhr) Allzu viele Teppichgeschäfte mit byzantinischen Mosaiken im Keller dürfte es in der Stadt nicht geben. Genau das gibt's hier. Wer sich Sedirs hervorragende und erschwingliche Kelimauswahl angeschaut hat, sollte das freundliche Personal bitten, einen Blick auf die Mosaiken und die heilige Quelle werfen zu dürfen.

Şişko Osman (Fatty Osman; Karte S. 123; ☎ 0212-528 3548; www.siskoosman.com; Zincirli Han 15, Großer Basar; ✆ Mo–Sa 9–18 Uhr) Seit vier Generationen ist die Familie Osman im Teppichhandel tätig und hat die Größe ihres Laden seitdem verdreifacht. Auswahl und Kundenfreundlichkeit sind einfach unschlagbar.

Teppich- & Kelimkaufhaus Haseki Hamam (Karte S. 102/103; ☎ 0212-638 0035; Haseki Hürrem Hamamı, Aya Sofya Meydanı 4; ✆ im Winter Di–So 9–17 Uhr, im Sommer Di–So 9–18.30 Uhr) Im historischen Bad der Roxelane betreibt das Kulturministerium einen Laden, der nach Vorlagen alter Museumsstücke angefertigte Teppiche verkauft. Die Preise sind festgesetzt und klar gekennzeichnet, aber es gibt anderswo Ähnliches für weniger Geld. Trotzdem ist der Laden praktisch, um sich vor seiner Runde durch die Teppichläden eine Preisvorstellung zu verschaffen.

Troy (Karte S. 102/103; ☎ 0212-458 0892; Arasta-Basar 39, Sultanahmet; ✆ 9–21 Uhr) Einer von unzähligen Teppichläden im Arasta-Basar. Er ist erwähnenswert wegen des hochwertigen Sortiments und des wunderbaren Besitzers. Deshalb drängen sich hier wohl auch immer die Kunden, während andere Läden leer sind. Wer eine unaufdringliche Einführung sucht, worauf beim Teppichkauf zu achten ist, ist hier richtig.

Yazi Hacı (Karte S. 123; ☎ 0212-526 7748; Yağlıkçılar Caddesi 16, Großer Basar; ✆ Mo–Sa 10–19.30 Uhr) Einheimische Kenner kommen hierher, wenn sie etwas Besonderes suchen. Der Laden ist das reinste Stoffparadies. Hier gibt's alles von handgemachten Tüchern über Seide, Satin und *suzani* bis zu handbemalten Überdecken.

Kunsthandwerk & Keramik

İstanbul hat unendlich viele Läden, die Kunsthandwerk und Keramik anbieten. Zwei fanden wir besonders erwähnenswert: Die Verkäufer sind nicht aufdringlich, und die Waren haben eindeutige Preisschilder.

Sönmez (Karte S. 102/103; Atmeydanı Sokak 19, Sultanahmet) Ist eine wahre Fundgrube voller Schätze.

Coşkun-Basar (Karte S. 102/103; Soğukçeşme Sokak 20, Sultanahmet) Zwei charismatische Brüder betreiben diesen Laden in einem alten Haus an den Mauern des Topkapı-Palastes.

Stärker spezialisiert sind folgende Geschäfte:

Chalcedon (Karte S. 102/103; ☎ 0212-527 6376; Caferiye Sokak 2, Sultanahmet; ✆ 9–18 Uhr) Der azurblaue Quarz wird in Eskişehir in Westanatolien gefunden und soll seinem Träger Ruhe bringen. Schon in der Antike trug man ihn in Anatolien. Benannt ist er nach dem Ort Chalcedon, dem heutigen Kadıköy. In dieser kleinen Boutique gibt's die Steine zu ansprechendem Schmuck verarbeitet, der sich vom Gros des sonstigen Angebots abhebt.

Deli Kızın Yeri (Karte S. 123; ☎ 0212-511 1914; Halıcılar Caddesi 42, Großer Basar; ✆ Mo–Sa 9–19 Uhr) Von dem Namen „Platz der verrückten Frauen" sollte sich niemand abschrecken lassen. Es ist genau der richtige Laden, um ein Mitbringsel für die Kinder der Freunde zu finden: von schönen handgemachten Teddys und Puppen bis zu Hagia-Sophia-Bastelbögen. Einige Stücke fertigen Frauen in den Dörfern an und geben sie hier in Kommission. Eine Filiale in der Nähe ist nicht ganz so gut sortiert.

Caferağa Medresesi (Karte S. 102/103; ☎ 0212-513 3601; Caferiye Sokak, Sultanahmet; ✆ 9–18.30 Uhr) Nicht weit von der Hagia Sophia: Diese Einrichtung hat ein ähnliches Angebot wie der Kunsthandwerkermarkt (s. S. 164), bietet aber auch Handwerkskurse und Musikunterricht (nur auf Türkisch).

İznik Classics & Tiles (Karte S. 102/103; ☎ 0212-517 1705; Arasta-Basar 67 & 73, Sultanahmet; ☻ 9–20 Uhr) Die wohl beste Keramikauswahl der Stadt gibt's İznik Classics: alles von erlesenen handbemalten Sammlerstücken bis zu durchaus erschwinglichen, aber sehr schönen Massenprodukten wie Fliesen, Tellern und Vasen. Zwei Filialen sind im Arasta-Basar, eine im Großen Basar (Karte S. 123) und ein Laden auf vier Etagen in Sultanahmet: Wer den nicht findet, hat nicht danach gesucht.

Kunsthandwerkermarkt İstanbul (Karte S. 102/103; İstanbul Sanatlar Çarşısı; ☎ 0212-517 6782; Kabasakal Caddesi, Sultanahmet; ☻ 9–18.30 Uhr) Die kleinen Räume dieses Kunstgewerbezentrums liegen rund um den ruhigen, schattigen Innenhof der Cedid Mehmed Efendi Medresesi aus dem 18. Jh. Hier arbeiten ortsansässige Kunsthandwerker und lassen sich von Besuchern über die Schulter schauen. In dieser entzückenden Oase kann man in aller Ruhe Kalligrafien, Stickereien, Glaswaren, Miniaturen, Keramiken und Puppen anschauen und kaufen.

Heimtextilien & Kleidung

Azad Tekstil (Karte S. 123; ☎ 0212-512 4202; Yağlıkçılar Caddesi 16, Großer Basar; ☻ Mo–Sa 9–19 Uhr) Die günstigste und größte Auswahl an einfachen, aber schicken Tagesdecken aus 100 % Baumwolle, Tischdecken oder *peştemals* (Hamamtücher ab 3 €). Tagesdecken für Doppelbetten gibt's ab 25 €.

Derviş (Karte S. 123; ☎ 0212-514 4525; www.dervis. com; Keseciler Caddesi 33–35, Großer Basar; ☻ Mo–Sa 9–19 Uhr) Köstlicher Nelkenduft zieht die Kunden in den schicken Laden voller Kleider, Tücher und Schals. Hier gibt's *peştemals* aus Rohbaumwolle oder Seide sowie traditionelle türkische Hochzeits- und Verlobungsgewänder. Alles ist von guter Qualität, aber auf Touristen abgestimmt und daher teurer als anderswo. Kräuterseifen kosten 3,50 €, ein *peştemal* 15 € und Decken ab 200 €. Eine weitere Filiale ist in der Halıcılar Cad.

Abdulla Natural Products (Karte S. 123; ☎ 0212-522 9078; Halıcılar Caddesi 53, Großer Basar; ☻ Mo–Sa 9–19 Uhr) Der winzige Laden hat ein ähnliches Sortiment wie Derviş und ist spezialisiert auf hochwertige Baumwollbettwäsche, seidenweiche Decken aus Ziegen- und Schaffell und Handtücher.

eviHAN (Karte S. 106/107; ☎ 0212-244 0034; Altıpatlar Sokak 8, Çukurcuma; ☻ Mo–Sa 10–19 Uhr) Wer etwas Besonderes sucht, was zu Hause garantiert niemand hat, wird hier fündig: Die Besitzerin verkauft osmanisch angehauchte, verrückte Kleidung, die mit ihren handgemachten Perlenarmkettchen einfach phantastisch aussieht.

Leyla Seyhanlı (Karte S. 106/107; ☎ 0212-293 7410; Altıpatlar Sokak 10, Çukurcuma; ☻ 10–19 Uhr) Liebhaberinnen alter Kleider können in Leyla Seyhanlıs Boutique nach Herzenslust in Bergen osmanischer Stickereien und Klamotten wühlen. Der Laden hat kein Schild und ist gleich neben eviHAN.

Leder

Koç Deri (Karte S. 123; ☎ 0212-527 5553; Kürkçüler Çarşısı 22–46, Großer Basar; ☻ Mo–Sa 9–19 Uhr) Bei Koç gibt's Lederjacken und -mäntel für jeden Geschmack und jede Größe. Es ist einer der ältesten und gutgehendsten Läden des Basars.

Küçük Köşe (Kleine Ecke; Karte S. 123; ☎ 0212-513 0335; Kalpakçılar Caddesi 89–91, Großer Basar; ☻ Mo–Sa 9–19 Uhr) Die richtige Adresse für alle, die schon immer eine Kelly oder Birkin Bag wollten, sich aber Hermès nicht leisten können: Hier gibt's super Kopien namhafter Designermodelle zu erschwinglichen Preisen um 200 €.

Musik

Lale Plak (Karte S. 106/107; ☎ 0212-293 7739; Galipdede Caddesi 1, Tünel; ☻ Mo–Sa 9–19 Uhr) Der altbewährte CD-Laden ist Anziehungspunkt für Musikfans. Er führt Jazz, westliche und türkische Klassik, türkische Folkmusik und elektronische Musik.

Mephisto (Karte S. 106/107; ☎ 0212-249 0687; İstiklal Caddesi 197, Beyoğlu; ☻ 9–Mitternacht) Hier gibt's türkischen Pop, Rap und Hip-hop.

Antiquariate

Denizler Kitabevi (Karte S. 106/107; ☎ 0212-249 8893; İstiklal Caddesi 395; ☻ 9.30–19.30 Uhr) Charmant exzentrisches Antiquariat für alte Karten, Bücher und Drucke.

Ottomania (Karte S. 106/107; ☎ 0212-243 2157; Sofyalı Sokak 30–32, Tünel; ☻ Mo–Sa 9–18 Uhr) In dem guten Sortiment finden sich mühelos ausgefallene Karten oder Drucke, die sich als tolles Souvenir eignen. Alle Artikel sind mit Preisen ausgezeichnet.

AN- & WEITERREISE

Alle Wege führen nach İstanbul, denn die Stadt ist der Hauptverkehrsknotenpunkt des Landes. Das Problem ist eher, wie man sich in der ausufernden Metropole selbst bewegt.

Auto & Motorrad

Die transeuropäische Autobahn E80 (Trans-European Motorway, TEM) von Europa verläuft 10 km nördlich vom Atatürk International Airport und führt als 02 auf der Fatihbrücke über den Bosporus nach Asien. Dort kommt sie 1,5 km nördlich am Sabiha Gökçen International Airport vorbei. Sie bildet die Hauptzufahrtsstraße von und nach İstanbul, ist aber in der Rushhour (Mo–Sa 7–10 & 15–19 Uhr) unbedingt zu meiden. Der Verkehr ist dann der reinste Horror und kommt auf den Bosporusbrücken komplett zum Erliegen.

Am besten ist es, in İstanbul den Wagen einfach stehen zu lassen (S. 170). Wer sich für die Weiterfahrt ein Auto mieten will, sollte es erst bei der Abreise an einem der beiden Flughäfen abholen. Dann muss man sein Gepäck zwar mit Taxi oder öffentlichen Verkehrsmitteln zum Flughafen schaffen, braucht aber nicht in einem fremden Wagen durch den hektischen Stadtverkehr zu kurven. Eine andere Möglichkeit ist, mit öffentlichen Verkehrsmitteln zur nächste Reiseetappe zu fahren und erst dort ein Auto zu mieten.

Empfehlenswerte Autovermietungen sind:
Avis Taksim (☎ 0212-297 9610; www.avis.com.tr; **Abdülhak Hamit Caddesi 84**) Atatürk International Airport (☎ 0212-465 3455; ◷ 24 Std.) Sabiha Gökçen International Airport (☎ 0216-585 5154; ◷ 9–19 Uhr)
Hertz Taksim (☎ 0212-225 6404; www.hertz.com. tr; **Yedikuyular Caddesi 4**) Atatürk International Airport (☎ 0212-465 5999; ◷ 24 Std.) Sabiha Gökçen International Airport (☎ 0216-349 3040; ◷ 9–19 Uhr)
National Taksim (☎ 0212-254 7719; www.nationalcar. com; **Şehit Muhtar Mahallesi, Aydede Sokak 1/2**) Atatürk International Airport (☎ 0212-465 3546; ◷ 12–24 Uhr)

Bus

BUSBAHNHÖFE

Der **Internationale Busbahnhof İstanbul** (Uluslararası İstanbul Otogarı; Karte S. 99; ☎ 0212-658 0505), im Volksmund schlicht „Otogar" genannt, ist der Hauptbusbahnhof für Fern- und Auslandsbusse. Er liegt im westlichen Stadtteil Esenler, 10 km nordwestlich von Sultanahmet.

Von Sultanahmet zum Otogar steigt man am besten in die Straßenbahn bis Aksaray und steigt dort um in die Hafif Metro (Leichtmetro) Richtung Flughafen. Sie hält auch am Busbahnhof. Insgesamt dauert die Fahrt etwa eine halbe Stunde. Vom Taksimplatz oder Beyoğlu fährt zwischen 6.30 und 20.40 Uhr alle 20 Minuten der Bus Nr. 83O. Er braucht eine Stunde bis zum Otogar. Viele Fernbusgesellschaften bieten einen kostenlosen *servis* (Shuttlebus) zwischen Otogar und Taksimplatz oder Sultanahmet an – unbedingt beim Kauf der Fahrkarte oder der Ankunft am Busbahnhof danach erkundigen. Ein Taxi von Sultanahmet zum Otogar kostet etwa 12 € (20 Min.), vom Taksimplatz 15 € (30 Min.).

Der Busbahnhof ist mit über 150 Fahrkartenschaltern ziemlich monströs. Von hier starten Fernbusse in praktisch jeden Ort der Türkei sowie nach Aserbaidschan, Armenien, Bulgarien, Georgien, Griechenland, Iran, Rumänien und Syrien. Näheres zu internationalen Buslinien s. S. 722 bis S. 726.

Außerhalb der Urlaubszeit können Reisende am Busbahnhof eine halbe Stunde lang Fahrpreise und Abfahrtszeiten vergleichen und innerhalb einer Stunde schon im Bus sitzen. Um den günstigsten Fahrpreis zu finden, muss man von einem Schalter zum nächsten gehen, nach den Preisen fragen und die Busse inspizieren, die im hinteren Bereich parken. Wer lieber früher als später starten will, sollte sich gleich auch nach den Abfahrtszeiten erkundigen. Werber verkaufen gern ein preiswertes Ticket für einen Bus, der erst in vier Stunden fährt. Dabei starten inzwischen mehrere Busse anderer Gesellschaften, die auch nicht teurer sind.

Einen wesentlich kleineren Busbahnhof gibt's auf der asiatischen Seite des Bosporus in **Harem** (Karte S. 100/101; ☎ 0216-333 3763). Er liegt südlich von Üsküdar, nördlich vom Bahnhof Haydarpaşa. Wer aus Anatolien mit dem Bus nach İstanbul kommt, steigt am besten in Harem aus und nimmt die Autofähre nach Sirkeci (tgl. 7–21.30 Uhr halbstündl.). Bis zum Otogar ist der Bus mindestens eine Stunde länger unterwegs, und man muss von dort wieder zurück in die Stadt fahren.

FERNBUSSE VOM İSTANBUL OTOGAR

Fahrtziel	Fahrpreis	Dauer	Entfernung
Alanya	40 €	16 Std.	860 km
Ankara	18–26 €	5–5½ Std.	450 km
Antakya	22 € (tags)	18 Std.	1115 km
	25 € (nachts)		
Antalya	36 €	12½ Std.	740 km
Bodrum	35–40 €	12½ Std.	860 km
Bursa	9 €	4 Std.	230 km
Çanakkale	9–14 €	6 Std.	340 km
Denizli (Richtung Pamukkale)	20–23 €	12 Std.	665 km

Edirne	9 €	2½ Std.	235 km
Fethiye	40 €	12 Std.	820 km
Göreme	18–22 €	11 Std.	725 km
İzmir	22–30 €	8 Std.	575 km
Kaş	28 €	12 Std.	1090 km
Konya	20 €	10 Std.	660 km
Kuşadası	37 €	9 Std.	555 km
Marmaris	35–40 €	12½ Std.	805 km
Trabzon	35 €	24 Std.	970 km

BUSGESELLSCHAFTEN

Erstklassigen Service zu etwas höheren Preisen bieten folgende nationale Busgesellschaften:
Kamil Koç Otogar (☎ 444 0567 landesweit; www.kamil koc.com.tr, auf Türkisch; Ticketschalter 144-6) Ticketschalter Beyoğlu (Karte S. 106/107; ☎ 0212-252 7223; İnönü Caddesi 31)
Ulusoy Otogar (☎ 444 1888 landesweit; www.ulusoy. com.tr; Ticketschalter 128) Ticketschalter Beyoğlu (Karte S. 106/107; ☎ 0212-244 6375; İnönü Caddesi 59)
Varan Turizm Otogar (☎ 444 8999 landesweit; www. varan.com.tr; Ticketschalter 16) Ticketschalter Beyoğlu (Karte S. 106/107; ☎ 0212-251 7474; İnönü Caddesi 29/B)

Flugzeug

İstanbuls wichtigster internationaler Flughafen ist der **Atatürk International Airport** (Atatürk Hava Limanı; ☎ 0212-465 3000; www.dhmiata.gov.tr), 23 km westlich von Sultanahmet. Die Terminals für Auslands-*(dış hatlar)* und Inlandsflüge *(iç hatlar)* liegen nebeneinander. Ankunfts- und Abflugzeiten sind auf der Internetseite nachzulesen.

In der internationalen Ankunftshalle befinden sich Autovermietungen, Wechselstuben, eine Apotheke, Geldautomaten und eine Post. Die **Touristeninformation** (☒ 24 Std.) hat nur sehr begrenzt Straßenkarten, Tipps und Broschüren zu bieten. Die **Gepäckbewahrung** (pro Gepäckstück/24 Std. 5 €; ☒ 24 Std.) ist gleich links, wenn man von der Zollabfertigung kommt.

Bei Inlandsflügen empfiehlt es sich, mindestens eine Stunde vor Abflug am Flughafen zu sein. V. a. an Wochenenden und Feiertagen können sich an Schaltern und Sicherheitskontrollen lange Schlangen bilden.

Eins der wenigen Ärgernisse am Flughafen ist, dass man für einen Gepäcktrolley 0,55 € in türkischen Lira, Euro oder US-Dollar zahlen muss. Zum Glück wechseln die Aufpasser Münzen.

İstanbul hat noch den kleineren Flughafen **Sabiha Gökçen International Airport** (SAW; ☎ 0216-585 5000; www.sgairport.com), 50 km östlich

von Sultanahmet auf der asiatischen Seite der Stadt. Er wird von immer mehr Billigfliegern aus Europa, v. a. aus Deutschland angeflogen.

Die meisten Fluggesellschaften haben Büros an der Cumhuriyet Caddesi zwischen Taksimplatz und Harbiye. Turkish Airlines hat Zweigstellen in der ganzen Stadt. Auch Reisebüros verkaufen Tickets und machen Buchungen für die meisten Fluggesellschaften.

Einzelheiten zu internationalen Flügen von und nach İstanbul, s. S. 720. Näheres zu Flügen von und in andere türkische Städte s. S. 733.

INTERNATIONALE FLUGGESELLSCHAFTEN

Aeroflot (Karte S. 100/101; ☎ 0212-296 6725; Cumhuriyet Caddesi 26, Taksim)
Air France Taksim (Karte S. 106/107; ☎ 0212-310 1919; Emirhan Caddesi 145\4, Dikilitaş); Atatürk International Airport (☎ 0212-465 5491)
Azerbaijan Airlines (Karte S. 100/101; ☎ 0212-296 3530; Cumhuriyet Caddesi 30, Harbiye)
British Airways 4 Levent (☎ 0212-317 6600; Büyükdere Caddesi 209\17, Tekfen Tower); Atatürk International Airport (☎ 0212-465 5682)
Corendon Airlines (☎ 0216-658 7250)
Cyprus Turkish Airlines Mecidiyeköy (☎ 0212-274 6932; Büyükdere Caddesi 56) Atatürk International Airport (☎ 0212-465 3597)
Emirates Airlines Gümüşsuyu (☎ 0212-334 8888; İnönü Caddesi 96); Atatürk International Airport (☎ 0212-465 5814)
Fly Air (☎ 0212-444 4359)
German Wings (☎ 0212-354 6666 nur Callcenter)
Iran Air (Karte S. 100/101; ☎ 0212-225 0256; Vali Konağı Caddesi 17, Harbiye)
Japan Airlines Elmadağ (Karte S. 100/101; ☎ 0212-233 0840; Cumhuriyet Caddesi 107/2)
Lufthansa (☎ 0212-315 3434 nur Callcenter)
Olympic Airways Elmadağ (Karte S. 100/101; ☎ 0212-296 7575; Cumhuriyet Caddesi 171/A); Atatürk International Airport (☎ 0212-465 3388)
Onur Air Elmadağ (Karte S. 100/101; ☎ 0212-233 3800; Cumhuriyet Caddesi 141/147); Atatürk International Airport (☎ 0212-663 0685)
Pegasus Airlines (☎ 0212-697 7777 nur Callcenter)
Singapore Airlines Harbiye (Karte S. 100/101; ☎ 0212-232 3706; Halaskargazi Caddesi 113); Atatürk International Airport (☎ 0212-465 3473)

Schiff

KARAKÖY

Kreuzfahrtschiffe legen am **Karaköy International Maritime Passenger Terminal** (Karte S. 106/107; ☎ 0212-249 5776) in der Nähe der Galatabrücke an.

YENİKAPI

Yenikapı (Karte S. 104/105) ist die Anlegestelle für die schnellen Fährlinien der **İDO** (İstanbul Deniz Otobüsleri; www.ido.com.tr) über das Marmarameer nach Yalova (Richtung Bursa) und Bandırma (Richtung İzmir). Eine neue schnelle Fährverbindung ist zwischen Yenikapı und Mudanya (Richtung Bursa) geplant. Einzelheiten zu den Linien nach Yalova s. S. 308, nach Bandırma s. S. 215.

İDO betreibt auch einen Fährlinie zwischen İstanbul (Bostancı) und Mudanya (nahe Bursa).

KABATAŞ

Von Kabataş verkehren İDO-Fähren nach Yalova (Richtung Bursa).

Zug

Zur Zeit unserer Recherchen endeten alle Züge aus Europa am **Bahnhof Sirkeci** (Karte S. 102/103; ☎ 0212-527 0051). Vor dem Haupteingang des Bahnhofs ist eine Straßenbahnhaltestelle. Die Linie fährt bergauf nach Sultanahmet oder in Gegenrichtung über das Goldene Horn nach Kabataş. Ab dort kommt man mit der Standseilbahn zum Taksimplatz. Sobald das Marmaray-Projekt fertig ist (s. S. 169), wird der Bahnhof Sirkeci zum Museum. Die Züge enden dann in Yenikapı.

Züge aus dem asiatischen Teil der Türkei und aus Ländern im Osten und Süden enden am **Bahnhof Haydarpaşa** (Karte S. 100/101; ☎ 0216-336 4470) auf der asiatischen Seite des Bosporus nahe Kadıköy. Falls irgendjemand vorschlägt, man solle mit dem Taxi von oder nach Haydarpaşa fahren – einfach ignorieren! Die Fähren zwischen Eminönü und Haydarpaşa/Kadıköy sind preisgünstig und schnell. Taxis über den Bosporus bleiben unweigerlich im täglichen Stau stecken. Haydarpaşa hat eine *emanet* (Gepäckaufbewahrung), ein Restaurant mit Alkoholausschank, zahlreiche Imbissstände, Geldautomaten und eine kleine Postfiliale. Fahrkarten für Züge ab Bahnhof Haydarpaşa kann man auch am Bahnhof Sirkeci kaufen. Im Zuge des Marmaray-Projekts (s. S. 169) wird der Bahnhof Haydarpaşa demnächst geschlossen. Die Züge fahren dann von einem neuen Bahnhof, der in Üsküdar geplant ist.

Das nationale Eisenbahnnetz der Türkei hat kürzlich eine dringend benötigte Finanzspritze erhalten. Schnellzugprojekte, die bislang nur auf dem Reißbrett existieren, werden vielleicht schon bald umgesetzt. Näheres s. S. 734.

FERNZÜGE VON/NACH İSTANBUL

Ab Bahnhof Sirkeci

Alle angeführten Verbindungen sind Expresszüge. Der Fahrpreis bezieht sich auf ein Bett im Schlafwagen.

Fahrtziel	Zug	Fahrpreis	Häufigkeit	Abfahrt	Ankunft	Dauer
Von İstanbul nach						
Belgrad	Bosporus/Balkan	ab 58 €	tgl.	22 Uhr	20.18 Uhr	22 Std.
Bukarest	Bosporus/Balkan	ab 48 €	tgl.	22 Uhr	17.30 Uhr	19½ Std.
Budapest	Bosporus/Balkan	ab 81 €	tgl.	22 Uhr	10.12 Uhr	36 Std.
Thessaloniki	Dostluk/Filias	ab 48 €	tgl.	20 Uhr	7.54 Uhr	12 Std.
Sofia	Bosporus/Balkan	ab 26 €	tgl.	22 Uhr	11.39 Uhr	13½ Std.
Nach İstanbul von						
Belgrad	Bosporus/Balkan	ab 58 €	tgl.	8.40 Uhr	8.25 Uhr	22 Std.
Bukarest	Bosporus/Balkan	ab 48 €	tgl.	14.10 Uhr	8.25 Uhr	19½ Std.
Budapest	Bosporus/Balkan	ab 81 €	tgl.	19.15 Uhr	8.25 Uhr	36 Std.
Thessaloniki	Dostluk/Filias	ab 48 €	tgl.	20 Uhr	7.45 Uhr	12 Std.
Sofia	Bosporus/Balkan	ab 26 €	tgl.	18.30 Uhr	8.25 Uhr	13½ Std.

İSTANBUL

FERNZÜGE VON/NACH İSTANBUL Fortsetzung

Ab Bahnhof Haydarpaşa

Weitere, hier nicht angeführte Fernzüge von İstanbul sind: *Doğu Ekspresi* (Kars via Ankara, Sivas, Erzurum); *Güney Ekspresi* (Diyarbakır via Ankara, Kayseri, Sivas, Malatya), *Iç Andalou Mavi* (Adana via Konya), *Pamukkale Ekspresi* (Denizli via Eğirdir).

Zwischen İstanbul und Ankara verkehren zahlreiche Züge; hier sind nur zwei angeführt.

Fahrtziel	Zug	Fahrpreis	Häufigkeit	Abfahrt	Ankunft	Dauer
Von İstanbul nach						
Aleppo	Toros	25 € (Schlafwagen)	Do	8.55 Uhr	14.34 Uhr	29 Std. (über Gaziantep, Adana, Konya, Eskişehir)
Ankara (Tag)	Baskent	12 € (Pullmansitz)	tgl.	10 Uhr	16.30 Uhr	6½ Std.
Ankara (Nacht)		36/25 € (1./2. Kl. Schlafwagen)	tgl.	22.30 Uhr	8.04 Uhr	9½ Std. (über Eskişehir)
Kayseri	Vangölü	19/40/34 € (Pullman/1./2.Kl. Schlafwagen)	Mo & Fr	20.05 Uhr	14.48 Uhr	19 Std. (über Ankara)
Konya	Meram	20/56/45 € (Pullman/1./2. Kl. Schlafwagen)	tgl.	19.20 Uhr	8.21 Uhr	13 Std. (über Afyon)
Tatvan	Vangölü	35/71/60 € (Pullman/1./2. Kl. Schlafwagen)	Mo & Fr	20.05 Uhr	13.09 Uhr	41 Std. (über Ankara, Kayseri, Malatya)
Teheran	Trans-Asya	38 € (Liegewagen)	Mi	22.55 Uhr	18.45 Uhr	66 Std. (über Ankara, Kayseri, Van)
Nach İstanbul von						
Näheres zum Streckenverlauf s. oben						
Aleppo	Toros	25 € (Schlafwagen)	Di	11.05 Uhr	17.55 Uhr	29 Std.
Ankara (Tag)	Baskent	12 € (Pullman)	tgl.	10.20 Uhr	16.50 Uhr	6½ Std.
Ankara (Nacht)		36/25 € (1./2. Kl. Schlafwagen)	tgl.	22.30 Uhr	8 Uhr	9½ Std.
Kayseri	Vangölü	19/40/34 € (Pullman/1./2. Kl. Schlafwagen)	Mi & Fr	4.40 Uhr	23 Uhr	19 Std.
Konya	Meram	20/56/45 € (Pullman/1./2. Kl. Schlafwagen)	tgl.	17.50 Uhr	6.30 Uhr	13 Std.
Tatvan	Vangölü	35/71/60 € (Pullman/1./2. Kl. Schlafwagen)	Di & Do	7.20 Uhr	23 Uhr	41 Std.
Teheran	Trans-Asya	38 € (Liegewagen)	Do	20.15 Uhr	15.45 Uhr	69 Std.

UNTERWEGS VOR ORT

Genug Verkehrswege für 16 Mio. Menschen in İstanbul zu schaffen ist eine echte Herausforderung. Aber der Staat hat ehrgeizige Projekte in Angriff genommen, um die enormen Verkehrsprobleme der Stadt etwas zu mildern. Das Marmaray-Projekt (s. Kasten S. 169) soll İstanbuls öffentlichen Nahverkehr schon bald auf Weltklasseniveau bringen.

Von/zu den Flughäfen

ATATÜRK INTERNATIONAL AIRPORT

Mit öffentlichen Verkehrsmitteln kommt man leicht und billig vom Flughafen nach Sultanahmet. Es gibt mehrere Verbindungen. Am bequemsten und schnellsten ist die Hafif Metro (Leichtmetro) vom Flughafen nach Zeytinburnu (6 Stationen, 0,60 €), wo Anschluss an die Straßenbahn nach Sultanahmet besteht. Die gesamte Fahrt dauert 50 Minuten. Im Flughafen führen Rolltreppen mit der Beschilderung „Hafif Metro – Light Rail System" zur Metrostation unter der internationalen Ankunftshalle. Die Züge fahren von 6 bis 0.40 Uhr im Zehnminutentakt.

Die meisten Hotels und Hostels in Sultanahmet buchen ihren Gästen die Fahrt zum Flughafen im Minibus für 4 € pro Person. Leider gilt das nur für die Abreise, nicht für die Ankunft. Die Minibusse starten um 3.30, 5.30, 7.30, 11, 13, 15, 16.30 und 21 Uhr. Es ist günstig, vorher einen Platz zu reservieren und viel Zeit einzuplanen: Die Busse brauchen bis zu einer Stunde, um alle Passagiere einzusammeln, bevor sie zum Flughafen fahren (30 bis 45 Min.).

Zum Taksimplatz und Umgebung ist die einfachste Verbindung der **Havaş-Flughafenbus** (Karte S. 100/101; ☎ 444 0487; 5 €). Die Haltestelle ist vor der Ankunftshalle. Von hier fährt er nach Yenikapı (30 Min.) und weiter zum Havaş-Schalter auf der Cumhuriyet Caddesi am Taksimplatz (45– 60 Min.). Vom Flughafen zum Taksimplatz fahren die Busse täglich um 5 Uhr und von 6 bis 23 Uhr alle halbe Stunde. In umgekehrter Richtung fahren sie ab Taksimplatz täglich um 5 Uhr und von 6 bis 1 Uhr morgens alle halbe Stunde. Alternativ kann man mit der Hafif Metro bis zur Endstation Aksaray (0,60 €) fahren und dort in Buslinie 83MT (0,60 €) zum Taksimplatz umsteigen.

Ein Taxi vom Atatürk International Airport nach Sultanahmet oder zum Taksimplatz kostet 12 bis 15 €, von Mitternacht bis 6 Uhr und bei starkem Verkehr ist es teurer.

SABIHA GÖKÇEN INTERNATIONAL AIRPORT

Der **Sabiha Gökçen International Airport** (www.sgairport.com) liegt ca. 50 km östlich von Sultanahmet und Taksimplatz und ist um einiges schlechter zu erreichen als der Atatürk International Airport. Die Fahrt dauert mindestens eine Stunde, egal, welchen Weg man nimmt.

> ### EIN HOCH AUF DAS MARMARAY-PROJEKT
>
> **Marmaray** (www.marmaray.com) ist ein ehrgeiziges öffentliches Nahverkehrsprojekt, das İstanbuls leidige Verkehrsstaus mildern soll. Derzeit verläuft die Bahnlinie von Yeşilköy in Flughafennähe an der Küste entlang in die Stadt. Geplant ist, diese Strecke ab Yedikule unterirdisch bis zu den Untergrundbahnhöfen in Yenikapı und Sirkeci auszubauen. Von Sirkeci soll sie durch einen 5 km langen Tunnel unter dem Bosporus zu einem weiteren unterirdischen Bahnhof auf asiatischer Seite in Üsküdar führen und erst 2 km östlich von Kadıköy wieder oberirdisch verlaufen.
>
> Bis 2010 soll das Projekt fertig sein. Allerdings wird dieser Termin immer fragwürdiger. İstanbul ist auf vielen Schichten historischer Überreste erbaut. Kurz nachdem die Bauarbeiter mit den Erdarbeiten angefangen hatten, stießen sie in Üsküdar auf ein altes Tor und einen Basar und in Yenikapı auf die Überreste eines byzantinischen Hafens aus dem 4. Jh. Und anstelle der Bagger machten sich Archäologen mit Bürsten und Pinseln an die Arbeit.
>
> Vielen macht etwas ganz andere Sorgen: nämlich, wie sicher ein Tunnel so nah an der nordanatolischen Verwerfungslinie ist. Aber die Behörden versichern, dass modernste Technologie die Sicherheit der Pendler gewährleistet.

Der Flughafen hat nur eine begrenzte Anbindung an öffentliche Verkehrsmittel. Man kann mit der Fähre nach Bostancı fahren und dort in eine private Buslinie zum Flughafen umsteigen (Infos unter ☎ 0212-465 7975). Von Eminönü und Karaköy nach Bostancı verkehren täglich mindestens sechs Wasserbusse (Fahrplanauskunft auf www.ido.com.tr). Von Bostancı zum Flughafen fahren zwischen 4.30 und 18.30 Uhr mindestens elf Busse (Fr–Mo auch um 21 & 22.45 Uhr). Eine Fahrt kostet 3 €.

Praktischer ist es, sich bei seiner Fluggesellschaft nach Transfermöglichkeiten zu erkundigen. Viele Fluggesellschaften haben Transferbusse von Sultanahmet oder Taksimplatz zum Flughafen. Sie sind auf die Abflugzeiten abgestimmt und kosten 5 bis 11 € pro Person. Alternativ verkehrt der **Havaş-**

Flughafenbus (☎ 444 0487; 5 €). Sein Fahrplan ist auf die Flugzeiten von Turkish Airlines abgestimmt. Die Busse fahren vom Flughafen über Busbahnhof Harem (Karte S. 100/101) zum Kozyatağı-Havaş-**Büro** (Atatürk Caddesi 22, Kozyatağı) beim Fähranleger Kadıköy. Zum Flughafen starten sie am Kozyatağı-Havaş-Büro stündlich von 4 bis 10 Uhr und von 13 bis 21 Uhr. Der letzte Bus geht um 23 Uhr.

Die meisten Hotels und Hostels in Sultanahmet buchen Gästen für 15 € pro Person die Fahrt zum Flughafen Sabiha Gökçen im Minibus. Er fährt allerdings nur ein Mal täglich um 0.30 Uhr.

Ein Taxi von Sabiha Gökçen International Airport nach Sultanahmet oder Taksimplatz kostet um die 45 €. Zwischen Mitternacht und 6 Uhr und bei starkem Verkehr ist es teurer.

Auto & Motorrad

Autofahren ist in İstanbul der reinste Albtraum: ständig Staus, rücksichtslose Autofahrer, Fahrspuren, die von allen ignoriert werden, zugeparkte Straßen – und man muss auf einem briefmarkengroßen Fleckchen wenden können. Kurz gesagt: Am besten lässt man sein Auto stehen und nutzt İstanbuls preiswerte, effiziente öffentliche Verkehrsmittel.

Spitzenklassehotels und einige Mittelklassehotels haben Garagenstellplätze für ihre Gäste. Die meisten Mittelklasse- und Budgethotels besitzen einen oder zwei ausgewiesene Parkplätze an der Straße. Aber auch andere Parkmöglichkeiten in der Nähe der Unterkunft sind meistens leicht zu finden.

Parkhäuser für Dauerparker gibt's kaum in der Stadt. In der ganzen Stadt verstreut sind Parkplätze mit Parkwächtern oder Parkbuchten am Straßenrand. Sie sind entweder kostenlos, oder man zahlt pro Stunde eine Gebühr bei einem Parkwächter. Ein System ist nicht erkennbar. In einer Straße ist Parken kostenlos, in der nächsten kassiert jemand. Hinweisschilder auf Parkplätze gibt's nicht. Am besten erkundigt man sich telefonisch bei seiner Unterkunft, wo die nächste und günstigste Parkmöglichkeit ist. Für die Dauer des Aufenthalts lässt sich ein Preis aushandeln. Zu rechnen ist mit 6 € für 24 Stunden.

Wer keine Lust hat, überhaupt mit dem Wagen in die Stadt zu fahren, kann gleich am Atatürk International Airport parken und mit öffentlichen Verkehrsmitteln oder mit dem Taxi zum Hotel fahren. Parken kostet hier 30 € für vier Tage, 45 € pro Woche (Näheres s.

Internetseite www.ataturkairport.com). Parkmöglichkeiten gibt's auch am Sabiha Gökçen International Airport.

Bus

İstanbuls Linienbusse funktionieren prima. Die Hauptbusbahnhöfe sind am Taksimplatz, in Beşiktaş, Aksaray, Rüstempaşa-Eminönü, Kadıköy und Üsküdar. Die meisten Linien verkehren zwischen 6.30 und 23.30 Uhr. Fahrtziele und die wichtigsten Haltestellen der Stadtbusse sind seitlich und auf dem elektronischen Schild vorn am *otobus* (Bus) angezeigt.

Für die städtischen Busse der **İETT** (www.iett. gov.tr) kauft man den Fahrschein (0,65 €) vor dem Einsteigen. An den größeren Haltestellen gibt's Tickets an den weißen Fahrkartenschaltern, an kleineren Haltestellen in nahen Geschäften (mit Schild „İETT *otobüs bileti satılır*"). Am besten besorgt man sich gleich einen Vorrat für den gesamten Aufenthalt oder ein Akbil (s. Kasten S. 171). Auf den gleichen Linien fahren auch blaue Privatbusse im Auftrag der Stadt, die *Özel Halk Otobüsü*. Hier bezahlt man bar beim Schaffner oder mit Akbil.

Für Besucher ist die praktischste Busverbindung die Linie T4 zwischen Sultanahmet und Taksimplatz. Sie fährt von Sultanahmet Meydanı, nahe der Touristeninformation Sultanahmet, und hält auf der Fahrt zum Taksimplatz in Karaköy und nahe Dolmabahçe. Die gesamte Fahrt dauert etwa eine halbe Stunde. Am Sultanahmet Meydanı gibt's Fahrscheine am Zeitungskiosk.

Dolmuş

Die Dolmuş-Minibusse in İstanbul fahren auf festen Routen mit festgesetzten Preisen. Bei Kurzaufenthalten in der Stadt haben Besucher kaum Anlass, sie zu benutzen.

Fähre

Das angenehmste und effizienteste Verkehrsmittel der Stadt ist die Fähre. Fahrpläne der **İstanbul Deniz Otobüsleri** (☎ 0212-444 4436; www.ido. com.tr) stehen im Internet und liegen an allen Anlegestellen aus. *Jetons* kosten 0,60 €. Auf allen Strecken gilt auch Akbil (S. 171).

Die Hauptanlegestellen der Fähren sind an der Mündung des Goldenen Horns (Eminönü, Sirkeci & Karaköy) und in Kabataş, 2 km nordöstlich der Galatabrücke, direkt südlich des Dolmabahçe-Palasts. Im Stadtgebiet gibt's

İSTANBUL

AKBİL

Wer länger als einen Tag in der Stadt bleibt, sollte überlegen, sich ein Akbil zu holen: Diese elektronische Guthabenkarte für Fahrscheine spart Zeit und Geld in städtischen Straßenbahnen, Zügen, Fähren und Bussen. Akbil-Karten gibt's gegen eine Kaution von 3 € bei den Schaltern von Akbil Gişesi an den Busbahnhöfen in Sirkeci, Eminönü, Aksaray und Taksimplatz. Auf diese Karte lässt sich an jedem Akbil-Schalter und an Automaten in den Tünelbahn- und Metrostationen ein Guthaben ab 3 € laden. Bei jeder Fahrt mit Bus, Fähre, Leichtmetro, Zug, Straßenbahn oder Standseilbahn schiebt man den Metallknopf der Karte in den Entwerter. Ein Piepsen zeigt, dass der Fahrpreis automatisch vom Guthaben abgezogen wurde. Eine Gruppe, die gemeinsam einsteigt, braucht nur eine Akbil-Karte, die für jede Person einmal in den Entwerter geschoben wird. Der Akbil-Fahrpreis ist 10 % billiger als bei Barzahlung oder Ticketkauf am Schalter. Die Kaution wird bei Rückgabe der Karte erstattet.

zahlreiche Fährlinien. Für Touristen sind v. a. folgende Verbindungen interessant:

Beşiktaş–Kadıköy (7.15–22.45 Uhr halbstündl.)
Eminönü–Anadolu Kavağı (Boğaziçi Özel Gezi; Bosporus-Ausflugsschiff; 1- oder 2-mal tgl.)
Eminönü–Haydarpaşa und Kadıköy (7–20 Uhr alle 20 Min.)
Eminönü–Üsküdar (6.35–23 Uhr alle 20 Min.)
Kabataş–Üsküdar (7–9.30 & 16.30–20 Uhr halbstündl.)
Karaköy–Kadıköy und Haydarpaşa (6.15–23 Uhr alle 20 Min.)
Sirkeci–Harem (Autofähre tgl. 7–21.30 Uhr halbstündl.)
Sirkeci–Kadıköy–Kınalıada–Burgazada–Heybeliada–Büyükada (Fähre zu den Prinzeninseln; mindestens 8 Fahrten tgl.)
Üsküdar–Karaköy–Eminönü–Kasımpaşa–Fener–Balat–Ayvansaray–Sütlüce–Eyüp (7.30–19.45 Uhr stündl.)

Außerdem gibt's Wasserbusse. Sie sind teurer, aber auch schneller als Fähren. Eine nützliche Linie ist Bostancı–Karaköy–Eminönü (7.15–17 Uhr, mindestens 6-mal tgl.). Weitere Infos gibt's bei İstanbul Deniz Otobüsleri.

Leicht-Metro

Die Hafif Metro verbindet Aksaray mit dem Flughafen. Sie hält an 16 Stationen, u. a. auch am Fernbusbahnhof Otogar. Die Züge fahren von 6 bis 0.40 Uhr alle 10 Minuten. Eine Fahrt kostet 0,65 €, egal, wie viele Stationen man fährt. Im Rahmen des Marmaray-Projekts (s. S. 169) ist geplant, die Strecke bis Yenikapı auszubauen.

Standseilbahn

Die Tünelbahn wurde Ende des 19. Jhs. gebaut, um Passagieren den steilen Fußweg von Karaköy zur İstiklal Caddesi in Beyoğlu zu ersparen. Die unterirdische Standseilbahn ist heute noch in Betrieb. Sie fährt montags bis freitags von 7 bis 21 Uhr (an Wochenenden ab 7.30 Uhr) alle 5 bis 10 Minuten. Eine Fahrt kostet 0,50 €.

Eine weitere unterirdische Standseilbahn (Füniküler) fährt alle drei Minuten (0,65 €) von Kabataş am Bosporus hinauf zum Taksimplatz. In Kabataş hat man Anschluss an die Straßenbahn, am Taksimplatz an die Metro.

Straßenbahn

Eine moderne Straßenbahn (Çağdaş Tramvay) verkehrt von Kabataş (Talstation der Standseilbahn vom Taksimplatz) über das Goldene Horn nach Eminönü und Sirkeci, weiter nach Sultanahmet und auf dem Divan Yolu nach Çemberlitaş, Beyazıt (Großer Basar), Aksaray (Anschluss zum Otogar) und jenseits der Landmauern bis nach Zeytinburnu (Anschluss zum Flughafen). Die Bahnen fahren von 6 bis 24 Uhr alle fünf Minuten (0,65 €). Zurzeit wird die Linie in beide Richtungen weiter ausgebaut. Für Reisende besonders interessant ist die Erweiterung von Kabataş nach Beşiktaş, die am Dolmabahçe-Palast vorbeiführt.

Über die İstiklal Caddesi in Beyoğlu zockelt täglich eine historische Straßenbahn von der Bergstation der Tünelbahn zum Taksimplatz. Fahrkarten (0,65 €) gibt's an der Tünelstation. Akbil gilt ebenfalls.

Taxi

In İstanbul wimmelt es von gelben Taxis. Es gilt ein Tagestarif (*gündüz*) und ein 50 % höherer Nachttarif (*gece*) von Mitternacht bis 6 Uhr. Auf dem Taxameter leuchtet beim Einschalten „*gündüz*" oder „*gece*" auf. Achtung: Manchmal versuchen Taxifahrer tagsüber den Nachttarif zu nehmen.

Die Preise für Taxifahrten sind durchaus annehmbar. Eine Fahrt von Sultanahmet zum Taksimplatz sollte um 5 € kosten. Festpreisangebote sollte man in jedem Fall ablehnen:

Sie sind unweigerlich teurer als der Preis, den das Taxameter anzeigen würde. Und dringend aufpassen, wie viel Geld man dem Taxifahrer gibt. Es kommt vor, dass Fahrer behaupten, man hätte ihnen einen Fünf-Lira-Schein gegeben, obwohl es in Wahrheit 20 Lira waren.

Nur wenige Taxis haben Sicherheitsgurte. Bei einer Taxifahrt über eine der Bosporusbrücken wird die Mautgebühr auf den Fahrpreis aufgeschlagen.

Als Trinkgeld runden Einheimische den Fahrpreis auf den nächsthöheren halben Lirabetrag auf.

U-Bahn

İstanbuls U-Bahn fährt vom Taksimplatz nach Norden über Osmanbey, Şişli-Mecidiyeköy, Gayrettepe und Levent nach Levent 4. Ein Ausbau bis Ayazağa ist geplant. Züge verkehren von 6.15 bis 0.30 Uhr alle fünf Minuten (0,65 €).

Zug

İstanbul hat zwei Bahnlinien für *banliyö treni* (Vorortzüge). Eine rattert vom Bahnhof Sirkeci am Marmarameer entlang: um die Serailspitze nach Cankurtaran (Sultanahmet), Kumkapı, Yenikapı und einige weitere Stationen bis Halkalı unter dem Atatürk International Airport. Die zweite führt vom Bahnhof Haydarpaşa über Bostancı nach Gebze. Die Züge sind ein bisschen altersschwach, aber zuverlässig (im Halbstundentakt) und billig (0,65 €).

Sobald das Marmaray-Projekt (S. 169) fertig ist, werden beide Linien etwas verkürzt.

RUND UM İSTANBUL

Bei einem längeren Aufenthalt in İstanbul lohnt ein Tagesausflug auf die Prinzeninseln. Sie bieten Ruhe und Erholung vom Großstadttrubel.

PRINZENINSELN

☎ 0216

Die meisten İstanbuler nennen die Prinzeninseln schlicht „die Inseln" (Adalar). Sie liegen 20 km südöstlich der Stadt im Marmarameer und sind ein perfektes Ziel für einen Tagesausflug.

In byzantinischer Zeit sperrte man hier störrische Prinzen, abgesetzte Monarchen und andere unliebsame Persönlichkeiten ein

(so ähnlich wie heute den Ex-PKK Führer Abdullah Öcalan, der auf der Insel Imralı im Marmarameer sitzt). Seit Mitte des 19. Jhs. gibt's Fährverbindungen zu den Inseln. Griechische, jüdische und armenische Kaufleute aus Pera fuhren dort gern zur Sommerfrische hin. Noch heute stehen viele der viktorianischen Nobelvillen, die sich diese wohlhabenden Herrschaften hinstellten.

Kurz nach dem Anlegen wartet auf die Besucher eine Riesenüberraschung: Es gibt keine Autos! Nur Polizei-, Feuerwehr- und Krankenwagen dürfen hier fahren. Ansonsten stehen zur Fortbewegung nur Fahrräder, Pferdewagen und Schusters Rappen zur Verfügung wie vor 100 Jahren: eine nette Abwechslung zur Hektik und dem Verkehrsgewühl İstanbuls.

Im Sommer herrscht auf den Inseln Hochbetrieb, v. a. an Wochenenden. Also lieber nicht sonntags kommen. Wer im Sommer hier übernachten will, muss unbedingt vorher ein Zimmer reservieren. Im Winter sind viele Hotels dicht.

Von den neun Prinzeninseln sind nur fünf bewohnt. Und von denen läuft die Fähre vier an. Auf der fünften, Sedef, haben sich erst ganz kürzlich Leute eingenistet. Ganzjährig leben auf den fünf Inseln 20 000 Einwohner. Im Sommer steigt die Zahl auf 120 000, wenn Scharen von İstanbulern vor der Großstadthitze hierher flüchten. Viele haben hier Ferienwohnungen.

Die erste Anlegestelle der Fähre ist **Kınalıada** (ein beliebter Urlaubsort der armenischen Bevölkerung İstanbuls). Am Ufer stehen verstreut niedrige Häuser mit roten Ziegeldächern. Die Insel hat einige Kiesstrände, eine moderne Moschee und eine armenische Kirche links vom Fähranleger. Der zweite Halt ist **Burgazada**, schon immer die bevorzugte Sommerfrische von İstanbulern griechischer Abstammung. An Sehenswertem bietet sie eine Kapelle auf einem Hügel, Moscheen, eine Synagoge, einige Restaurants und ein kleines **Museum** im Haus des verstorbenen Schriftstellers Sait Faik. Kınalıada lohnt kaum die Mühe, von Bord zu gehen. Dagegen ist Burgazada ideal für alle, die den Menschenmengen entgehen wollen.

Die reizende Insel **Heybeliada** (kurz Heybeli) ist Sitz der Türkischen Marineakademie (links vom Fähranleger zu sehen) und hat Besuchern

Fortsetzung auf Seite 181

174

Vorige Seite:
Ein Verkäufer von Papierwindmühlen wartet auf
Kundschaft, İstanbul (S. 94)

IZZET KERIBAR

Kirschsaftverkäufer vor der Hagia Sophia
(Aya Sofya; S. 111), İstanbul

DIANA MAYFIELD

PHIL WEYMOUTH

Das Archäologische Museum in İstanbul (S. 121)
stellt Fundstücke aus dem ganzen Land aus,
İstanbul

Das verzierte Tor der Glückseligkeit (S. 120) führt in den Dritten Hof des Topkapı-Palasts, İstanbul

PHIL WEYM

IZZET KERIBAR

Beyoğlus trendige İstiklal Caddesi (S. 127), İstanbul

CORINNE HUMPHREY

Eine Teppichknüpferin arbeitet mit Geduld und
Geschick, Großer Basar (S. 115), İstanbul

Auf einem Straßenmarkt am Bosporus in
İstanbul wird *Çay* (Tee; S. 74) verkauft.

GREG ELMS

Das Ritual der Zubereitung eines Döner Kebap kennt man auf der ganzen Welt , hier in Karaköy, İstanbul (S. 94)

Ein Eisverkäufer zieht sein *dondurma* (türkisches Eis), Taksim, İstanbul (S. 94)

Eingelegtes Obst wartet auf Käufer, İstanbul (S. 94)

Die Jungs genießen ihre warmen Maiskolben
direkt am Wasser in Eminönü, İstanbul (S. 88)

GREG ELMS

GREG ELMS

Süßschnäbel werden die köstlichen
Baklava lieben (S. 75), İstanbul

Nachdem sie den Teller mit *mantı* (türkischen Ravioli) fertig hat, rollt diese Frau jetzt *gözleme* (pikante
Pfannkuchen), Taksim, İstanbul (S. 94)

GREG ELMS

Türkische Männer beim Backgammon vor
einem Café, İstanbul (S. 94)

GREG ELMS

CHRIS MELLOR

Ein Schuhputzer mit seinem schön verzierten
Arbeitskasten bei einer Verschnaufpause an der
Straße, İstanbul (S. 94)

Tänzer aus Westanatolien performen am antiken Hippodrom (S. 106), İstanbul

SUSAN S

IZZET KERIBAR

Die Frauen im Dorf holen Wasser vom Brunnen, Region Vansee (S. 682)

WES WALKER

In Kappadokien sind diese *soğlanı*-Puppen bei Einheimischen und Besuchern beliebt, Nevşehir (S. 554)

Nächste Seite:
Innenansicht der Kuppel der İnce Minare Medresesi (S. 521), heute ein Museum, Konya

JOHN ELK III

Männer halten ein Schwätzchen auf dem Bürgersteig, İzmir (S. 242)

HANAN ISACHAR

Fortsetzung von Seite 172

einiges zu bieten. In der lebendigen Einkaufsstraße gibt's mehrere Restaurants, Bäckereien und Delikatessenläden. Hier können Tagesausflügler sich mit Proviant eindecken, bevor sie in den Pinienhainen spazierengehen oder zum Schwimmen an die kleinen (vollen) Strände gehen. Hauptsehenswürdigkeit der Insel ist das **Hagia-Triada-Kloster.** Es thront auf einem Hügel über einer malerischen Pappelreihe. Früher diente es als griechisch-orthodoxes Priesterseminar, bis es 1974 auf staatliche Anweisung schließen musste. Das Ökumenische Orthodoxe Patriarchat in Fener hat eine Genehmigung beantragt, das Seminar wiederzueröffnen.

Auf Heybeliada gibt's einige Hotels, u. a. das Merit Halkı Palace (s. S. 182) am oberen Ende der Rafah Şehitleri Caddesi mit phantastischem Blick aufs Meer. Der herrliche Spaziergang zu diesem Hotel führt vorbei an einigen Antiquitätenläden und vielen großen Holzvillen in gepflegten Gärten. Im oberen Bereich der Straße gehen viele Gassen und Wege zu Picknickplätzen und Aussichtspunkten ab. Vom Fähranleger geht man rechts an den Restaurants und Cafés am Ufer entlang bis zum Platz mit dem Zeitungskiosk in der Mitte. Von dort führt die İşgüzar Sokak im rechten Bogen leicht bergauf bis zur Rafah Şehitleri Caddesi.

Wer nicht zu Fuß gehen will, kann sich an der Hauptstraße ein Fahrrad mieten (3 € pro Std.) oder mit einem *fayton* (Kutsche) eine Inselrundfahrt machen. Eine 25-minütige Rundfahrt *(küçük tur)* kostet 10 €, eine einstündige Tour *(büyük tur)* 15 €. Manche Besucher verbringen den Tag am **Swimmingpool** (Wochentags/Wochenende 17/25 €) des Merit Halki Palace. Die meisten Einheimischen schwimmen an den Stränden der Insel. Es empfiehlt sich allerdings, vorher zu prüfen, wie sauber das Wasser ist.

Die größte der Prinzeninseln, **Büyükada** (die „Große Insel"), sieht schon von der Fähre sehr imposant aus: mit an den Hängen klebenden pfefferkuchenfarbenen Villen und den charakteristischen zwiebelförmigen Kuppeln des Splendid Otel (s. S. 182).

Der **Fähranleger** ist ein hübscher Pavillon im osmanischen Stil. Er beherbergt ein nettes, gefliestes Café mit Terrasse und eine **Touristeninformation** (10–16 Uhr) mit ehrenamtlichem Personal. Links von der Anlegestelle gibt's Fischrestaurants und einen Geldautomaten.

Die Hauptattraktion ist das griechische **Georgskloster** auf dem Sattel zwischen den beiden höchsten Erhebungen der Insel. Vom Fähranleger geht's geradeaus bis zum Uhrenturm auf dem İskele Meydanı (Hafenplatz). Hier fängt links die Einkaufsstraße Recep Koç Sokak (mit preiswerten Esslokalen) an und rechts die 23 Nisan Caddesi. Von ihr biegt man in die Kadıyoran Caddesi ab, die zum Kloster hinaufführt. Der nette Spaziergang dauert mindestens 50 Minuten und führt vorbei an zahlreichen imposanten Holzhäusern mit Gärten. Nach einer halben Stunde erreicht man eine schöne Grünanlage, die bei den Einheimischen „Lunapark" heißt. Zum Kloster sind's von hier noch 20 Minuten zünftig bergan. Manche mieten sich einen Esel, der sie auf den Berg und wieder hinunter trägt (6,50 €). Unterwegs fallen unzählige Stoffbänder in den Zweigen der Bäume auf: Jedes steht für ein Gebet. Meistens stammen sie von Frauen, die zum Kloster gepilgert sind und dort um ein Kind gebetet haben.

Im Kloster gibt's nicht viel zu sehen; das einzig Bemerkenswerte ist eine kleine, auffallend bunte Kirche. Aber die Terrasse bietet einen fabelhaften Panoramablick und ein kleines Restaurant (s. S. 182). Von hier kann man bis nach İstanbul und zu den benachbarten Inseln Yassıada und Sivriada schauen.

Mehrere Läden im Ort vermieten Fahrräder, und in der Marktstraße ist alles für ein Picknick zu bekommen. Allerdings sind Lebensmittel hier teurer als auf dem Festland.

Gleich neben dem Platz mit dem Uhrenturm ist ein *fayton*-Stand. Er bietet eine einstündige Tour durch den Ort, die Hügel und an der Küste entlang (15 €) an oder eine kürzere Rundfahrt durch den Ort (10 €). Bis zum Lunapark kostet die Fahrt 6 €. Neben dem *fayton*-Stand gibt's Fahrräder für 3 € pro Stunde zu mieten.

Schlafen & Essen
HEYBELIADA
Halki Prenset Pansiyon (☎ 351 0039; www.halkiprenset. com auf Türkisch; Ayyıldız Caddesi 40-42; Zi. S–Do 40 €, Fr & Sa 50 €) Die freundliche, herzliche Atmosphäre ist eine gewisse Entschädigung: Denn die phantasielosen Zimmer sind für das, was sie bieten, völlig überteuert. Nur zu empfehlen, wenn keine andere Unterkunft zu finden ist.

Merit Halki Palace (☎ 351 0025; www.merithotels. com; Refah Şehitleri Caddesi 94; EZ/DZ So–Do 65/85 €, EZ/DZ Fr & Sa 80/100 €; 🖳 🖭) Dieses komfortable Hotel ist bei İstanbulern an Wochenenden sehr beliebt. Besonders eindrucksvoll ist die Poollandschaft. Im Restaurant gibt's Essen und Getränke (Hauptgerichte 13–17 €, Bier 3 €).

Başak Et Balık Restaurant (☎ 351 1289; Ayyıldız Caddesi 26; Meze 3–4,50 €, Fisch 4,50–8,50 €) Eins von vielen fast identischen Lokalen an der Uferpromenade. Dieses hier ist sehr beliebt.

BÜYÜKADA

Splendid Otel (☎ 382 6950; www.splendidhotel.net; Nisan Caddesi 23; EZ/DZ 50/85 €; 🖭) Das prachtvolle Gebäude fungiert auch als Wahrzeichen der Insel und hat viel Atmosphäre. Die Zimmer sind nicht ganz so beeindruckend wie die Fassade und die Lobby, aber relativ komfortabel. Die Zimmer nach vorn haben kleine Balkons und Meerblick (keine EZ) und lohnen den Aufpreis von 15 €. An Wochenenden gelten die gleichen Preise wie unter der Woche.

Hotel Princess Büyükada (☎ 382 1628; www.buy ukadaprincess.com; İskele Meydanı 2; Zi. So–Do 70 €, Fr & Sa 85 €; 🖭 🖭) Mitten im Ort am Platz mit dem Uhrenturm steht dieses kürzlich renovierte Hotel mit nett eingerichteten Zimmern. Der Aufpreis von 10 € für Meerblick lohnt sich.

Restaurant im Georgskloster (Meze 2–4 €, Gegrilltes 3–6 €, Bier 2 €) Lokal zum Draußensitzen, das schlichtes, aber leckeres Essen serviert.

Alibaba Restaurant (☎ 382 3733; Gülistan Caddesi 20; Meze 3–5 €, Fisch 6–12 €) Ein beliebtes, freundliches Lokal: eins von vielen mit Alkoholausschank an der Uferpromenade am Fähranleger.

An- & Weiterreise

Zu den Prinzeninseln fahren täglich zwischen 6.50 und 21 Uhr mindestens acht Fähren von der Anlegestelle „Adalar İskelesi" in Sirkeci (Karte S. 102/103), 150 m östlich vom Anleger der Autofähre nach Harem. Für Tagesausflügler sind die idealen Abfahrtszeiten 8.30, 10 und 11.30 Uhr. Da die Fahrpläne wechseln, sollte man sie vorher besser noch mal checken. Eine Fahrt zu den Inseln, von einer Insel zur anderen sowie zurück nach İstanbul kostet jeweils 1,50 €. Die einfachste und billigste Zahlungsart ist Akbil (s. S. 171). An Sommerwochenenden sind die Fähren hoffnungslos überfüllt. Also fährt man am besten unter der Woche oder geht mindestens eine halbe Stunde vor der Abfahrtszeit an Bord und sichert sich einen Sitzplatz. Sonst ist Stehen angesagt.

Die Fahrt führt von Sirkeci aus dem Goldenen Horn und um die Serailspitze (Saray Burnu) herum. Zur Rechten bietet sich ein schöner Blick auf Topkapı Sarayı, Hagia Sophia und Blaue Moschee, links auf Üsküdar und Haydarpaşa. Nach 20 Minuten legt die Fähre kurz in Kadıköy auf der asiatischen Seite an, bevor sie die erste Prinzeninsel, Kınalıada, anläuft. Auf diesem Teil der Strecke (25 Min.) sind oft Delphine zu sehen. Die Weiterfahrt nach Burgazada dauert 10 Minuten, nach Heybeliada 15 Minuten und nach Büyükada weitere 10 Minuten.

Viele Tagesausflügler gehen auf Heybeliada an Bord und fahren nach einer guten Stunde weiter nach Büyükada. Hier essen sie Mittag und bleiben den Nachmittag bis zur Rückfahrt.

Alternativ kann man mit einem schnellen Katamaran von Eminönü oder Kabataş nach Bostancı auf der asiatischen Seite fahren und dort in den Katamaran nach Heybeliada und Büyükada umsteigen. Das spart aber kaum Zeit und ist erheblich teurer.

Thrakien & Marmara

Obwohl es von İstanbul nur ein Katzensprung ist, zählt die Ecke im türkischen Nordwesten unter Travellern nicht gerade zu den Topzielen. Was auch nicht so erstaunlich ist: Thrakien, der türkische Fuß in Europas Tür, und Marmara, das Festland am gleichnamigen Meer, machen nur einen winzigen Teil der Landesfläche aus. Außerdem gibt's hier keine größeren Städte, die man als Ausländer kennen würde. Warum also von İstanbul aus nach Westen fahren, wenn im Osten das ganze Land auf einen wartet?

Weil es sich lohnt! Es gibt hier jede Menge zu erleben. Und man muss nicht mal durch İstanbul, um sich die Sehenswürdigkeiten anzugucken. Von Thrakien aus geht's nicht nur schnell und einfach nach Griechenland, Osteuropa und zum Mittelmeer. Der Landstrich bietet auch haufenweise klassische osmanische Architektur, starken Schnaps und das älteste Sportereignis der Welt (wenn man von den Olympischen Spielen absieht). Marmara liegt zu beiden Seiten der Dardanellen, ist mit Stränden und Fischerdörfern übersät und bewahrt auf der ironischerweise superidyllischen Halbinsel Gallipoli das Andenken an eine der blutigsten Schlachten des Ersten Weltkriegs.

Wer das wahre, moderne türkische Leben in all seiner bunt gemixten Herrlichkeit sehen will, muss nach Marmara kommen. Hier kann man in den Seldschuken-Moscheen griechische Rezepte gegen bulgarische tauschen und auf einer der wenigen nicht überlaufenen Ägäis-inseln durchs Geröll stiefeln. Das Land ist seit der Antike mit Geschichte nur so getränkt – also das perfekte Plätzchen, um über Leben, Tod, Gesundheit, Reichtum, Krieg und Frieden nachzudenken. Hier trifft die Türkei auf Europa. Und erst wer diesen Mix schätzen gelernt hat, versteht auch den Rest dieses großen, verrückten Landes.

HIGHLIGHTS

- Den besten Schnappschuss vom Minarett der berühmten **Selimiye Camii** in Edirne machen (S. 185).

- Die glitschig-glatten Ölringer bei den Juni-Wettkämpfen in **Kırkpınar** (S.190) in der Nähe von Edirne bestaunen.

- Die blutige und tränenreiche Geschichte der **Schlachtfelder von Gallipoli** (S. 196) auf sich wirken lassen.

- Fisch essen im reizenden Hafen von **Gelibolu** (S. 193).

- Perfekte Abgeschiedenheit im Bergdorf **Tepeköy** (S. 211) auf der Insel Gökçeada erleben.

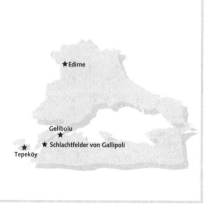

THRAKIEN & MARMARA

EDİRNE

☎ 0284/ 120 000 Ew.

In dem Hauptballungsraum der europäischen Türkei stoppen Traveller meist nur auf der Durchreise nach İstanbul. Glücklicherweise macht der Stadt diese „Vernachlässigung" überhaupt nichts aus: Edirne ist eine wuselige Metropole, in der das moderne türkische Leben in allen Varianten tobt. Und der permanente Durchgangsverkehr aus Griechenland und Bulgarien verleiht dem Ganzen noch Würze. Wer sich hier etwas Zeit nimmt, wird jede Menge beeindruckender Architektur entdecken – Edirne war für kurze Zeit Hauptstadt des Osmanischen Reiches, und viele der zentralen Gebäude aus dieser Ära sind noch komplett erhalten.

Geschichte

Im 2. Jh. n. Chr. gründete der römische Kaiser Hadrian die Stadt Hadrianopolis (später zu Adrianopel verkürzt). In römischer und byzantinischer Zeit war sie eine wichtige Station an der Via Egnatia, die von Rom nach İstanbul ging. Aber Mitte des 14. Jhs. hatten die Osmanen Lust, neue Eroberungen zu machen:

Und so setzten sie 1363 über die Dardanellen, rissen sich Adrianopel unter den Nagel und erklärten es zu ihrer Hauptstadt.

Fast 100 Jahre lang startete der osmanische Sultan von hier aus seine Feldzüge in Europa und Asien. Als dann die Zeit reif war für die letzte große Eroberung des Byzantinischen Reiches, zog Mehmet der Eroberer (Mehmet Fatih) von Edirne aus über die Via Egnatia nach Konstantinopel.

Nach dem Ersten Weltkrieg zerfiel das Osmanische Reich, und die Alliierten sprachen Thrakien den Griechen zu. Konstantinopel (das heutige İstanbul) wurde zur internationalen Stadt erklärt. Im Sommer 1920 besetzten griechische Truppen Edirne, wurden aber von Mustafa Kemals Truppen verjagt. Seit dem Vertrag von Lausanne sind Edirne und Ostthrakien türkisch.

Orientierung

Das Zentrum der Stadt ist der Hürriyet Meydanı (Freiheitsplatz) an der Kreuzung der beiden Hauptstraßen Saraçlar/Hükümet Caddesi und Talat Paşa Caddesi. Geht man Richtung Osten die Talat Paşa Caddesi und

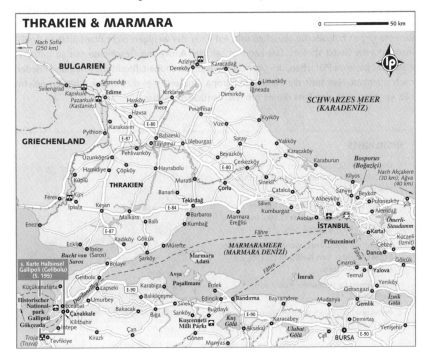

Richtung Nordosten die Mimar Sinan Caddesi entlang, kommt man zur Selimiye Camii. Den Berg hinunter, auf der anderen Seite der Talat Paşa Caddesi, liegt die Eski Cami. Und südlich des Hürriyet Meydanı ist der Ali Paşa Basar – der größte überdachte Basar von Edirne.

Der *otogar* (Busbahnhof) liegt 9 km östlich vom Stadtzentrum entfernt an der Zufahrtsstraße zum Trans-European Motorway (TEM, E 80). Busse zum *otogar* und Minibusse zur bulgarischen Grenze bei Kapıkule starten auf beiden Straßenseiten vor der Touristeninformation an der Talat Paşa Caddesi.

Südlich vom Stadtzentrum führen zwei zierliche osmanische Brücken über die Flüsse Tunca und Meriç zu einer Ansammlung netter Restaurants. Das Kırkpınar-Stadion, wo jährlich die Ölringer-Meisterschaften ausgetragen werden (s. S. 190), liegt nordwestlich vom Zentrum.

Praktische Informationen

Araz Döviz (Ali Paşa Basar, Talat Paşa Caddesi) Wechselt Geld und Reiseschecks.

Aşkın Net (Kaleiçi; ab 0,55 € pro Std.; ☾ ab 10 Uhr) Internetzugang.

Post (PTT; Saraçlar Caddesi)

Touristeninformation (☎ 213 9208; Talat Paşa Caddesi; ☾ Mo–Fr 9–18 Uhr) Einigermaßen hilfreich; hat ein paar englische Broschüren.

Sehenswertes

SELİMİYE CAMİİ

Die **Selimiye-Moschee** (1569–75) ist die prächtigste Moschee in Edirne und nicht zu übersehen. Sie wurde von dem berühmten osmanischen Architekten Mimar Sinan (s. S. 124) entworfen, und zwar für Sultan Selim II. (regierte 1566–74) – fertig wurde sie allerdings erst kurz nach dessen Tod. Die Moschee ist zwar kleiner, aber auch eleganter als Sinans gewaltige Süleymaniye Camii (1550) in İstanbul, und es heißt, dass Sinan selbst sie als sein Meisterwerk betrachtet hat.

Wer die Moschee richtig auf sich wirken lassen will, betritt sie am besten durch den Westeingang – wie es der Architekt vorgesehen hat – und nicht über den terrassenförmigen Park und die *arasta* (Geschäftszeile) im Süden.

Die gigantische Kuppel (noch etwas größer als die der Hagia Sophia in İstanbul) wird von acht unauffälligen Säulen, Rundbögen und äußeren Strebepfeilern gestützt. So entsteht ein überraschend geräumiger Innenraum. Die Wände tragen nur einen Teil des Gewichts der Kuppel und sind deshalb stabil genug für Dutzende von Fenstern. Dadurch ist die Moschee voller Licht, und die farbenprächtigen Kalligrafien im Innenraum kommen super zur Geltung.

Unter der Zentralkuppel befindet sich ungewöhnlicherweise auf zwölf kleinen Säulen eine Tribüne für den Muezzin und darunter ein kleiner Brunnen. Die ganze Ausstattung ist sehr beeindruckend: sei es der kunstvoll behauene Marmor der *mimbar* (Kanzel) oder die wunderschönen İznik-Fliesen rund um die *mihrab* (nach Mekka weisende Gebetsnische).

Einen großen Teil der Wirkung machen auch die vier superlangen Minarette (71 m) der Selimiye-Moschee aus. Sie sind senkrecht kanneliert, was die Höhe noch betont. Jeder der Türme hat drei *üçşerefeli* (Balkone) – vielleicht Sinans respektvolle Verneigung vor seinem Vorgänger, dem Architekten der Üçşerefeli Cami (S. 187).

In einer der Medresen (theologischen Hochschulen) ist das **Museum für Türkische und Islamische Kunst** untergebracht (Türk-İslam Eserleri Müzesi; Eintritt 1,10 €; ☾ Di–So 8–12 & 13–17.30 Uhr). Hier gibt's jede Menge Steininschriften und frühe osmanische Artefakte zu sehen sowie eine Ausstellung über das Ölringen.

Die Ruine des **Sultan Selim Saray Hamam**, direkt nördlich der Moschee, wartet immer noch auf ihre Restaurierung (eigentlich für 2004 geplant!). Immerhin wurden die Häuser daneben „modern osmanisch" renoviert, und es sieht so aus, als würden dort bald Geschäfte und Cafés aufmachen.

EDİRNE-MUSEUM

Dieses **Museum** (☎ 225 1120; Eintritt 1,10 €; ☾ Di–So 8–12 & 13–17.30 Uhr) liegt im Norden gegenüber der Seliyime Camii. Im Garten davor stehen Grabsteine. Und überall auf dem Außengelände finden sich alle möglichen Krüge, Skulpturen, Dolmen und Menhire (Steinstelen). Ein Highlight sind die nachgebauten Hütten aus Lehm und Flechtwerk. In solchen Behausungen könnten die Thraker der Steinzeit gewohnt haben.

Die etwas überfüllte Ausstellung im Innern bietet Stücke zur Stadtgeschichte, Stickereien, Textilien und Einrichtungsgegenstände. Mehrere Zimmer aus alten Häusern wurden hier rekonstruiert, u. a. ein Beschneidungszimmer

EDİRNE

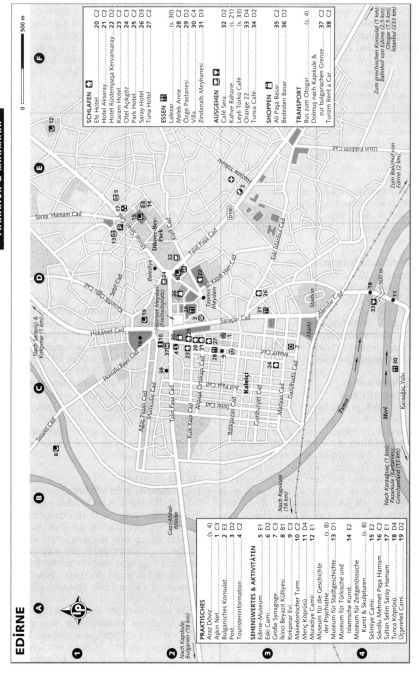

0 — 500 m

PRAKTISCHES　(s. 4)
Araz Döviz..................................1　C3
Aşkın Net..................................2　E3
Bulgarisches Konsulat....................3　D2
Post.......................................4　C2
Touristeninformation....................

SEHENSWERTES & AKTIVITÄTEN
Edirne-Museum..........................5　E1
Eski Cami.................................6　D2
Große Synagoge.........................7　C3
İkinci Beyazıt Külliyesi..................8　B1
Kırkpınar Evi.............................9　C3
Makedonischer Turm...................10　D4
Meriç Köprüsü.........................11　D4
Muradiye Cami.........................12　E1
Museum für die Geschichte
　der Psychiatrie.........................(s. 8)
Museum für Stadtgeschichte........13　D1
Museum für Türkische und
　Islamische Kunst........................14　E2
Museum für Zeitgenössische
　Kunst & Skulpturen....................(s. 8)
Selimiye Cami............................15　E2
Sokollu Mehmet Paşa Hamam.......16　C2
Sultan Selim Saray Hamam..........17　E1
Tunca Köprüsü.........................18　D4
Üçşerefeli Cami.........................19　D2

SCHLAFEN
Efe Hotel.................................20　C2
Hotel Aksaray............................21　C2
Hotel Rüstempaşa Kervansaray.......22　D2
Karam Hotel.............................23　C3
Otel Açıkgöz............................24　C3
Park Hotel................................25　D3
Saray Hotel..............................26　D3
Tuna Hotel...............................27　C2

ESSEN
Lalezar..................................(s. 30)
Melek Anne.............................28　C2
Özge Pastanesi.........................29　D2
Villa.......................................30　C4
Zindanaltı Meyhanesi..................31　D3

AUSGEHEN
Café Sera................................32　D2
Kahve Bahane..........................(s. 21)
Leyli Türkü Café.........................(s. 33)
Orange 22...............................33　D4
Tunca Café..............................34　D2

SHOPPEN
Ali Paşa Basar...........................35　C2
Bedesten Basar..........................36　D2

TRANSPORT
Bus zum Otogar........................(s. 4)
Dolmuş nach Kapıkule &
　zur bulgarischen Grenze..............37　D3
Turizm Rent a Car......................38　C2

und ein Brautzimmer. Die archäologische Abteilung zeigt Artefakte von der Urgeschichte bis zur klassischen Periode von Hadrianopolis und hat auch die Funde jüngster Grabungen rund um den Makedonischen Turm erworben (s. rechts).

MUSEUM FÜR STADTGESCHICHTE

Dieses kleine neue **Museum** (Eintritt 1,10 €; 8.30–12 & 13–19 Uhr) ist im restaurierten Hafızağa-Palast untergebracht, einer phantastischen osmanischen Holzvilla aus dem 19. Jh. Hier gibt's Bilder von historischen Gebäuden und früheren Statthaltern von Edirne plus ein paar alte Postkarten. Das Museum ist allerdings kein Muss für Traveller, es gibt nämlich derzeit keine deutschen oder englischen Bildunterschriften. Aber das Gebäude an sich ist wunderschön und man hat einen tollen Blick auf die Westseite der Moschee (über einen Parkplatz hinweg).

ÜÇŞEREFELİ CAMİ

Diese Moschee mit vier ganz unterschiedlichen Minaretten aus verschiedenen Epochen beherrscht den Hürriyet Meydanı. Der Name bedeutet „Moschee mit drei Galerien", ein Hinweis auf die drei Balkone des höchsten Minaretts.

Sie wurde zwischen 1440 und 1447 erbaut und liegt stilistisch irgendwo zwischen den türkischen Seldschuken-Moscheen von Konya und Bursa und der klassisch-osmanischen Architektur, die in İstanbul perfektioniert wurde. Für den seldschukischen Stil wären kleinere Kuppeln über rechteckigen Räumen typisch. Aber die Kuppel dieser Moschee (mit einem Durchmesser von 24 m) thront auf einem sechsseitigen Raum und wird von zwei Wänden und zwei Säulen gestützt. Der Innenhof mit seinem zentralen şadırvan (Reinigungsbrunnen) war eine weitere Innovation, die dann in den großen osmanischen Moscheen zum Standard wurde.

Die Moschee wird seit Jahren renoviert und für eine absehbare Zeit leider voller Gerüste sein.

Gegenüber der Moschee liegt der unrestaurierte **Sokollu Mehmet Paşa Hamam** (Waschung & Massage 3,50 €; 6–22 Uhr für Männer, 10–17 Uhr für Frauen), den Sinan im 16. Jh. für den Großwesir Sokollu Mehmet Paşa entwarf. Der runtergekommene Frauenbereich ist für die eine oder andere vielleicht etwas zu „authentisch", um sich dort wohl zu fühlen!

MAKEDONISCHER TURM

In der Nähe der Moschee und der Bäder steht der restaurierte **Makedonische Turm**. Im 19. Jh. diente er als Edirnes Uhrturm. Bei Ausgrabungen rund um seine Fundamente wurden Teile der alten Stadtmauer, eine Nekropole und die Überreste einer byzantinischen Kirche entdeckt. Artefakte und kleinere Fundstücke kann man im Edirne-Museum (S. 185) besichtigen. Es gibt englischsprachige Schautafeln und Leitern runter zu den Ausgrabungen, aber leider ist die Grabungsstätte meistens abgesperrt.

ESKİ CAMİ

Vom Hürriyet Meydanı geht's Richtung Osten über die Talat Paşa Caddesi zur **Eski Cami** (Alte Moschee) von 1414. Dahinter liegt der Rüstem Paşa Hanı: eine Karawanserei, die 100 Jahre später gebaut wurde. Heute ist hier das Hotel Rüstempaşa Kervansaray untergebracht.

Die Eski Cami ist ein Beispiel für einen der beiden klassischen Moscheestile, die die Osmanen in ihrer früheren Hauptstadt Bursa verwendeten. Wie das prächtige Ulu Cami in Bursa gliedert sich auch die Eski Cami in Reihen von Bögen und Säulen, die mehrere kleine Kuppeln stützen. Das Innere schmücken ein wunderschöner *mihrab* und gigantische Kalligrafien an den Wänden. Die Säulen an der Vorderseite der Moschee wurden von einem römischen Gebäude „ausgeliehen".

KALEİÇİ

Das Kaleiçi-Viertel wird von der Saraçlar Caddesi, der Talat Paşa Caddesi und der Bahnlinie begrenzt: Dies war die mittelalterliche Altstadt mit ihren engen und ordentlich gerasterten Gassen.

Das Viertel lässt sich leicht auf eigene Faust erkunden. Am besten im Süden auf der Maarif Caddesi losgehen, die an ein paar hübschen verzierten Holzhäusern vorbeiführt und bei den Ruinen der **Großen Synagoge** von Edirne endet. Weitere schöne Gebäude gibt's entlang der Cumhuriyet Caddesi, die die Maarif Caddesi nördlich der Synagoge kreuzt.

MURADİYE CAMİİ

Von der Selimiye-Moschee in nordöstlicher Richtung auf der Mimar Sinan Caddesi sind es ca. 15 Minuten zur **Muradiye Camii**. Sie wurde für Sultan Murat II. errichtet und ist mit einer außergewöhnlichen Kuppel gekrönt. 1436 wurde sie fertig. Früher war sie ein Stammhaus der tanzenden Derwische des Mevlevi-Ordens. Der T-förmige Grundriss, die beiden *eyvan* (große Gewölbehallen) und die schönen İznik-Fliesen erinnern an osmanische Bauwerke in Bursa.

Auf dem kleinen Friedhof findet sich der Grabstein von Şeyhülislâm Musa Kâzım Efendi, dem letzten islamischen obersten Richter unter einem osmanischen Herrscher. Er floh nach dem Ersten Weltkrieg vor der britischen Besatzung in İstanbul und starb hier 1920.

İKİNCİ BEYAZIT KÜLLİYESİ

Edirnes letzte große herrschaftliche Moschee, die **Beyazıt II. Külliyesi**, wurde zwischen 1484 und 1488 von dem osmanischen Architekten Hayrettin für Sultan Beyazıt II. (regierte 1481–1512) gebaut. Heute steht sie herrlich einsam am nördlichen Stadtrand – man kann sie darum ohne Hindernisse in ihrer ganzen Pracht bewundern.

Stilistisch ist sie ein Mix aus der Üçşerefeli-und der Selimiye-Moschee: ähnlich wie bei der Selimiye wird der große Gebetssaal von einer einzigen großen Kuppel überspannt. Der Innenhof mit Brunnen erinnert dagegen an die ältere Üçşerefeli.

Der Komplex ist riesig und umfasst *tabhane* (Gästehaus), Medrese, Bäckerei, *imaret* (Armenküche), *tımarhane* (Pflegeanstalt) und *darüşşifa* (Krankenhaus). Das darüşşifa beherbergt heute das preisgekrönte **Museum für die Geschichte der Psychiatrie** (Eintritt 2 €; ☽ 9–18 Uhr). Die meisten Ausstellungsstücke sind zwar nur türkisch beschriftet. Aber ein paar der nachgebauten alten Räume sind absolut faszinierend, v. a. die Krankenzimmer, in denen Therapieformen dargestellt sind – erstaunlich aufgeklärte Behandlungsmethoden wie Musik- und Aromatherapie und sogar Korbflechten. Als hätte es New Age damals schon gegeben!

In einem anderen Teil der Anlage befindet sich das **Museum für Zeitgenössische Kunst & Skulpturen** (Cağdaş Resim ve Heykel Müzesi; Eintritt 2 €; ☽ 9–18 Uhr). Das ist zwar nicht so unglaublich spannend, aber ein kurzer Blick auf die Werke der lokalen Kunstszene kann nicht schaden.

Um zu dem Moscheenkomplex zu kommen, nimmt man vom Hürriyet Meydanı die Hükümet Caddesi, geht an der Üçşerefeli Cami (rechterhand) vorbei und dann direkt hinter den Bädern links. Am nächsten Brun-

nen geht's nach rechts in die Horozlu Bayır Caddesi, die zur İmaret Caddesi wird und über eine osmanische Brücke (1488) über die Tunca zum Komplex führt. Allein der Weg lohnt sich schon.

SARAYİÇİ

Sarayiçi bedeutet „Innerer Palast", ist aber nichts weiter als eine Insel voller Gestrüpp. Früher war sie das private Jagdrevier der osmanischen Sultane. Heute finden hier die berühmten Wettkämpfe der Ölringer statt (s. S. 190).

Nicht weit vom hässlichen neuen Stadion steht die **Adalet Kasrı** (Gerichtshalle; 1561), ein Steinturm mit konischem Dach aus der Zeit von Süleyman dem Prächtigen. Davor finden sich zwei Steinblöcke: auf den Seng-i Hürmet (Stein der Achtung) legten die Leute ihre Gesuche an den Sultan. Und auf dem Seng-i İbret (Stein der Warnung) lagen die Köpfe von allen Beamten des obersten Gerichts, die den Sultan beleidigt hatten.

Hinter der Gerichtshalle führt eine kleine Brücke zu einem Denkmal und Museum auf der rechten Seite, das an die Balkankriege erinnert. Links schlängelt sich der Pfad an den verstreuten und traurigen Ruinen des **Edirne Sarayı** (Palast von Edirne) vorbei. Der Palast, mit dessen Bau 1450 unter Sultan Beyazıt II. begonnen wurde, war noch luxuriöser und größer als der Topkapı-Palast in İstanbul – auch wenn es heute schon ziemlich viel Phantasie braucht, um sich die damalige Pracht vorzustellen.

Vom Hürriyet Meydanı aus geht's hierher auf die Hükümet Caddesi, die die Tunca auf der Kanumi Brücke überquert. Wer will, kann aber auch von der Beyazıt II. Külliyesi (s. links) einen netten Spaziergang am Ufer entlang machen, 1 km lang durch die Hochwasserschutzzone.

SÜDLICH DES ZENTRUMS

Wer vom trubeligen Stadtzentrum weg will, folgt einfach der Saraçlar Caddesi nach Süden, unter der Bahnlinie hindurch, und spaziert über die **Tunca Köprüsü**: eine gewölbte osmanische Brücke über die Tunca. Weiter südlich führt die längere **Meriç Köprüsü** über den Meriç. Mitten auf der Brücke steht ein schöner osmanischer Kiosk mit phantastischem Ausblick.

In der Gegend rund um diese Brücken wimmelt es von Restaurants, Teegärten und

Bars – bei gutem Wetter alles nette Locations für einen Drink oder Snack. Am coolsten sind Läden auf der Südseite der Meriç Köprüsü: von hier aus lassen sich perfekt der Sonnenuntergang über dem Fluss und die beleuchtete Selimiye Camii bestaunen. Und auf dem Weg zurück in die Stadt sorgen quakende Frösche für Atmosphäre.

Von der Meriç Köprüsü führt die Karaağaç Yolu (auch als Lozan Caddesi ausgeschildert) weiter in den Vorort **Karaağaç.** Hier gibt's noch mehr alte Häuser, das ursprüngliche Bahnhofsgebäude und eine Gedenkstätte an den Vertrag von Lausanne zu sehen.

Schlafen

Die meisten Hotels liegen an der Maarif Caddesi; einige Optionen am nördlichen Ende haben gut besuchte (d. h. laute) Musikbars, wo bis spät in die Nacht gefeiert wird.

BUDGETUNTERKÜNFTE

Hotel Aksaray (☎ 212 6035; Alipaşa Ortakapı Caddesi; EZ/DZ/3BZ mit Gemeinschaftsbad 12,50/19,50/25,50 €; EZ/DZ/3BZ/4BZ 18/25/31/38 €) Die billigste Option der Stadt mit schlichten Zimmern plus Nasszellen, die irgendwie in kleine Räume gequetscht wurden. Das Original-Deckenfresko in Zimmer 103 ist ein unerwartetes Plus. Frühstück ist nicht inklusive.

Saray Hotel (☎ 212-1457; Eski İstanbul Caddesi 28; EZ/DZ/3BZ 14/22,50/28 €) Von außen mag es nach Business-Class aussehen, aber innen ist das Saray einfach ein gutes, modernes Hotel mit Zimmern zu fairen Preisen; Frühstück kostet 2,80 € extra.

Tuna Hotel (☎ 214-3340; Maarif Caddesi 17; EZ/DZ/3BZ/4BZ 19,50/28/36/42 €; ⊠) Der Grundriss ist etwas seltsam, v. a. die schlauchartigen Dreibettzimmer im Erdgeschoss. Aber ansonsten gibt's am Tuna nichts auszusetzen. Das Hotel tut sein Bestes, um ausländische Gäste am ruhigeren südlichen Ende der Maarif Caddesi willkommen zu heißen. Der hübsche kleine Innenhof ist der ideale Spot zum Frühstücken.

MITTELKLASSEHOTELS

Park Hotel (☎ 225 4610; www.parkotel.com, auf Türkisch; Maarif Caddesi 7; EZ/DZ/3BZ 25/44,50/59 €; ⊠) Die Zimmer sind nichts Besonderes, aber der sonstige Service macht das Park Hotel zu einer attraktiven Option: Restaurant, Café-Bar, Frisör im Haus und eine große Lounge rund um einen Kamin. Das Personal spricht Deutsch und es gibt WLAN.

Otel Açıkgöz (☎ 213 1944; www.acikgoz.com, auf Türkisch; Tufekciler Çarşısı 76; EZ/DZ/3BZ 28/44,50/61 €; ⊠) Das bessere von zwei Hotels, die von der Açıkgöz-Sanitärfirma geführt werden. Zentral und ruhig gelegen. Das nett gemachte Familienzimmer ist ein besonders guter Deal.

Efe Hotel (☎ 213 6080; www.efehotel.com; Maarif Caddesi 13; EZ/DZ/3BZ 33,50/44,50/56 €; ⊠) Das Efe ist einen Tick eleganter als die meisten Hotels dieser Kategorie, v. a. in der Lobby, und es gibt einen kostenlosen Internet-Hotspot. Die Doppelzimmer im zweiten Stock sind mit Abstand die schönsten und haben Kühlschrank, TV und Telefon. Der „Englische Pub" des Hotels hat nur im Sommer auf.

Karam Hotel (☎ 225 1555; Maarif Caddesi, Garanti Bankası Sokağı 6; EZ/DZ/3BZ 36/47/59 €; ⊠) Alles in allem eine gute Option in einem hübsch restaurierten Haus. Die Zimmer verlieren allerdings etwas durch ihren fragwürdigen grünen Anstrich. Preise sind verhandelbar. Es gibt ein nettes Restaurant im Innenhof und eine Musikbar, die mittwochs und an Wochenenden bis spät in die Nacht ziemlich laut ist.

Hotel Rüstempaşa Kervansaray (☎ 225 7195; www.kervansarayhotel.net; İki Kapılı Han Caddesi 57; EZ/DZ/3BZ 26/47,50/61 €, Suite 86 €; ☐) Die Karawanserei gegenüber vom Park neben der Eski Cami wurde um 1550 für den Großwesir von Süleyman dem Prächtigen namens Rüstempaşa gebaut. Der Innenhof ist ein romantischer Ort fürs Frühstück; außerdem gibt's ein Internetcafé und einen Billardraum. Aber ansonsten macht der Laden nichts aus der tollen Location: Die Zimmer sind alles andere als überwältigend, v. a. die lieblosen Einzelzimmer. Und die Preise sind noch nicht mal inklusive Frühstück.

Essen

RESTAURANTS

Edirnes lokale Spezialität ist *ciğer* (frittierte Hühnerleber). Sie wird überall in kleinen Läden verkauft, genauso wie *köfte* (Hackfleischbällchen). An der Saraçlar Caddesi gibt's jede Menge Restaurants. Die südlich des Stadtzentrums am Fluss gelegenen Lokale haben mehr Flair, sind aber meistens nur von Juni bis September geöffnet und an Wochenenden oft komplett für Hochzeits- und Beschneidungsfeiern reserviert.

Özge Pastanesi (☎ 212 2333; PTT Arkası; Gerichte ab 0,55 €; ⏲ 8–22 Uhr) Die Tische im oberen Stock und eine gute Auswahl an Kuchen und Fastfood sorgen für treue Kundschaft.

Die das Nachbarlokal Saray anscheinend nicht mehr hat.

Melek Anne (☎ 213 3263; Maarif Caddesi; Gerichte ab 1 €; ☺ 8–21 Uhr) In diesem weiß getünchten alten Haus kocht Mama Melek gute türkische Hausmannskost, u. a. *mantı* (Ravioli) und Gegrilltes. Viele einheimische Frauen und Paare kommen auch zum Frühstücken hierher.

Zindanaltı Meyhanesi (☎ 212 2149; Zindanaltı Caddesi 127; Gerichte ab 1,70 €; ☺ 11–Mitternacht) Hinter der Pseudo-Steinfassade kann man auf drei Etagen eine typische türkische Kneipe erleben. Das nette *meyhane* serviert viele leckere *meze* (Vorspeisen) und Fleisch zum gut gekühlten Efes; und obendrauf gibt's türkischen Pop.

Villa (☎ 225 4077; Karaağaç Yolu; Hauptgerichte 3,50–8,50 €; ☺ 11–23 Uhr) Eine der besten Locations am Flussufer am südlichen Ende des Meriç Köprüsü, v. a. wegen der luftigen offenen Terrasse. Die türkisch/englische Speisekarte bietet Eintöpfe, Gegrilltes, *meze* und Fisch (zu wechselnden Preisen) sowie ein erstaunliches „Hühnchen-Allerlei". Wer kein türkisches Bargeld mehr hat, kann hier auch mit Euro bezahlen.

Lalezar (☎ 213 0600; Karaağaç Yolu; Hauptgerichte 3,50–8,50 €; ☺ 11–23 Uhr) Das Lalezar liegt direkt neben dem Villa und fährt so ziemlich denselben Kurs, ist aber etwas geräumiger und hat einen größeren Spielbereich für Kinder.

Ausgehen

Café Sera (Talat Paşa Caddesi) Auf dieser Café-Terrasse vor der Selimiye sitzt man am Brunnen und verfolgt das Treiben auf der Straße.

Tunca Café (☎ 212 4816; Hürriyet Meydanı) Der einladende, hölzerne Teegarten rund um einen Ententeich liegt gegenüber dem Kadın Kakları Parkı (Park der Frauenrechte).

Kahve Bahane (Alipaşa Otakapı Caddesi) Modern gestyltes Kaffeehaus in einem restaurierten Holzhaus mit Innenhof und vielen Kaffeespezialitäten.

Orange 22 (☎ 213 0066; Karaağaç Yolu) Mitten in der Kneipen- und Restaurantmeile im Süden der Stadt sticht das Orange 22 heraus. Der Mix aus Bar und Club kommt im stylischen Chrom-Look daher, mit Oldtimerpostern an den Wänden und jeder Menge Sprit auf der vorderen Terrasse.

RINGER-MANIE IN EDİRNE

Wer auf muskulöse Männer in Lederhosen steht, die sich mit Olivenöl einreiben und ein paar Tage lang gegenseitig zu Boden werfen, der sollte Ende Juni nach Sarayiçi kommen. Dann findet das **Tarihi Kırkpınar Yağlı Güreş Festival** (Historisches Ölringerfest von Kırkpınar) statt.

Die Tradition des öligen Wettkampfs geht bis zu den Anfängen des Osmanischen Reiches vor fast 650 Jahren zurück. Er ist also nach den Olympischen Spielen die älteste Sportveranstaltung der Welt. Vor der Eroberung von Edirne im Jahr 1361 schickte Sultan Orhan Gazi seinen Bruder Süleyman Paşa mit 40 ausgewählten Männern los, um die byzantinische Festung Domuzlu bei Rumeli einzunehmen – was sie über Nacht hinkriegten. Die 40 Männer waren aber nicht nur heldenhafte Soldaten, sondern auch eifrige Ringer, die sich ständig zu Kämpfen herausforderten. Der Legende nach waren zwei von ihnen genau gleich gut: Sie kämpften tagelang, ohne dass einer von beiden siegte. Am Ende fielen beide tot um. Als ihre Leichen unter einem nahe gelegenen Feigenbaum beerdigt wurden, entsprangen wie durch ein Wunder mehrere Quellen. Deshalb wurde der Ort Kırkpınar (40 Quellen) getauft – zu Ehren der 40 Krieger, die dort als erste gerungen hatten.

Heute gehört die ursprüngliche Stadt Kırkpınar zu Bulgarien, aber das stört die Türken nicht weiter. Sie sind mit dem modernen Ersatz zufrieden, und die jährlichen Wettkämpfe sind das Highlight des Festkalenders von Edirne. Das Event dauert sieben Tage, in dem großen Sarayiçi-Stadion werden Dutzende von Kämpfen gleichzeitig ausgetragen. Die Ringer treten in elf Kategorien an. Ein Fight dauert bis zu 30 Minuten; danach kommt eine Verlängerung: Jetzt verliert der, der zuerst auf dem Boden landet. Wenn alle Kämpfe vorbei sind, gibt's Preise für die fairsten Ringer und die beste Anfangstechnik. Aber am begehrtesten ist natürlich bei allen der Titel des Meisterringers.

Während des Festes sind die Straßen total überfüllt, die Hotels komplett ausgebucht und selbst um einen Parkplatz muss man kämpfen. Aber dieses Spektakel ist ohne Frage jeden Stress wert, denn die Stimmung kann gigantisch sein. Weitere Infos gibt's im **Kırkpınar Evi** (www.kirkpinar.com) an der Maarif Caddesi oder unter www.turkishwrestling.com.

Leyli Türkü Café (☎ 214 0039; Karaağaç Yolu) Direkt nebenan gelegene, bei Studenten angesagte Location mit deutlich traditionellem Ambiente. Hier fühlen sich tagsüber die Kaffeeschlürfer wohl und nachts alle Fans von Livemusik.

Shoppen

Die Top-Adressen zum Shoppen in Edirne sind die restaurierten, überdachten osmanischen Basare: Der **Ali Paşa Basar** hinter der Saraçlar Caddesi wurde 1569 von Mimar Sinan entworfen, und der **Bedesten Basar** gegenüber der Eski Cami stammt aus dem Jahr 1414. Typische lokale Souvenirs sind Seifen in Fruchtform und Minibesen, die mit Spiegeln und Perlen verziert wurden.

Anreise & Unterwegs vor Ort

AUTO

Die Haupt-Schnellstraße, die Europa und Edirne miteinander verbindet, führt durch die Flusstäler vorbei an Niš und Sofia, zwischen den Gebirgsketten von Stara und Rhodopen hindurch nach Plowdiw und dann am Fluss Meriç entlang nach Edirne. Das ist exakt die Route der antiken Via Egnatia von Rom nach Konstantinopel.

Von Edirne aus führt die alte Schnellstraße (D100) weiter nach Osten durch die hügelige, steppenartige Landschaft Ostthrakiens, immer noch auf den Spuren der Via Egnatia. Aber auf der E 80 Avrupa Otoyol/TEM geht's deutlich schneller und sicherer nach İstanbul. Auch die meisten Busunternehmen benutzen diese Strecke. Wer selbst fährt, zahlt eine erschwingliche Maut von 5 €.

Bei **Turizm Rent A Car** (☎ 214 8478; www.turizm rentacar.com; Talat Paşa Caddesi) kann man ein Auto mieten. Die Preise starten bei ca. 35 € pro Tag für einen Kleinwagen.

BUS & DOLMUŞ

Der *otogar* befindet sich 9 km östlich vom Stadtzentrum an der Zufahrtsstraße zum TEM. Hierher geht's von der Touristeninformation in Edirne aus mit dem Citybus 5 (0,28 €) oder einem Minibus (0,55 €). Vom *otogar* fahren zahlreiche Busse nach İstanbul (6,70 bis 8,35 €, 2½ Std.) und mindestens fünf täglich nach Çanakkale (11,10 €, 3½ Std.).

Wer zur bulgarischen Grenze bei Kapıkule will, nimmt ein Dolmuş (1,40 €, 25 Min.), das gegenüber der Touristeninformation abfährt.

Pazarkule, der nächstgelegene griechische Grenzposten, liegt 13 km südlich von Edirne. Es gibt aber keine Minibusse mehr, die einen direkt dorthin bringen. Man kann ein Dolmuş nach Karaağac und von dort ein Taxi nehmen, aber es ist einfacher, vom Zentrum aus direkt mit dem Taxi zu fahren (5,50 bis 8,50 €, 15 Min.).

Weitere Informationen zur Grenzüberquerung nach Bulgarien und Griechenland gibt's auf S. 722.

ZUG

Der Bahnhof von Edirne liegt 4 km südöstlich der Eski Cami. Die Buslinie 2 kommt direkt hierher, aber jede Dolmuş oder der Citybus, der die Talat Paşa Caddesi langfährt, lässt einen 200 m weiter an der Straße raus. Ein Taxi kostet ca. 5,55 €.

Der *Edirne Ekspresi* verbindet Edirne und İstanbul (5,85 €); er fährt um 7.30 Uhr in Edirne ab und kommt um 15.50 wieder zurück (vom Bahnhof Sirkeci in İstanbul). Unterwegs hält er 31-mal und braucht für die Strecke fünfeinhalb Stunden. Der *Bosfor Ekspresi* nach Sofia und Bukarest hält um 2.35 Uhr in Edirne.

UZUNKÖPRÜ

☎ 0284 / 36 000 Ew.
Ca. 36 km südlich von Havsa (über die E87/ D550) liegt am Ufer des Flusses Ergene die ländliche Stadt Uzunköprü (Lange Brücke). Erstaunlicherweise steht die 1270 m lange osmanische Brücke (erbaut 1427–43), nach der die Stadt benannt ist, noch immer – komplett mit allen 173 Bögen. Nach wie vor führt die nördliche Hauptzufahrtsstraße über die Brücke. Was ziemlich beeindruckend ist nach fast 600 Jahren ununterbrochener Benutzung!

Außer der Brücke gibt's hier nicht viel zu sehen. Es sei denn, man kommt an einem Donnerstag in die Stadt, wenn **Markt** ist.

AN- & WEITERREISE

Uzunköprü ist die Grenzstation an der Bahnlinie, die İstanbul mit Griechenland verbindet. Der *Dostluk-Filia Ekspresi* hält hier um Mitternacht Richtung Griechenland und um 3.50 Uhr Richtung Sirkeci (İstanbul). Mit dem *Uzunköprü Ekspresi* um 14.40 Uhr kommt man aber bequemer nach İstanbul (6 €, 5½ Std.). Der Bahnhof liegt 4 km nördlich der Stadt – man kann mit dem Bus Richtung

Edirne fahren und hier aussteigen oder ein Taxi für 2,50 € nehmen.

An den meisten Tagen ist es kein Problem, in der Nähe der Brücke einen Bus nach Edirne zu erwischen (2 €, 1 Std.).

TEKİRDAĞ

☎ 0282 / 118 000 Ew.

Man sollte meinen, eine für Raki und *köfte* berühmte Stadt hätte jede Menge treuer Fans. Aber weil die meisten Traveller nur auf dem Weg von oder nach Griechenland hier durchkommen, ist Tekirdağ oft nicht mehr als ein schneller Boxenstopp. Die Stadt hat historisch und architektonisch nicht so viel zu bieten wie Edirne. Aber wer länger als für ein Mittagessen bleibt, wird viel Charmantes in diesem bescheidenen Küstenort entdecken.

Sehenswertes

Im **Hafenviertel** *(sahil)* verbringen die Leute in Tekirdağ ihre Freizeit. Die lange Promenade, die sich um die ganze Bucht zieht, lockt mit Cafés, Restaurants, Parks und Spielplätzen. Es gibt eine kleine Touristeninformation, die vielleicht offen ist, vielleicht aber auch nicht.

Das **Rákóczi-Museum** (☎ 263 8577; Barbaros Caddesi 32; Eintritt 1,10 €; Di–So 9–17 Uhr) ist das ungewöhnliche Vermächtnis des ungarischen Volkshelden Prinz Franz Rákóczi II. (1676–1735). Er führte während des Ungarischen Unabhängigkeitskrieges (1703–11) seine Landsleute an, die gegen die habsburgische Unterdrückung rebellierten. 1711 musste er flüchten, tauchte schließlich in der Türkei auf und erhielt von Sultan Ahmet III. Asyl. 1906 wurden die sterblichen Überreste von Rákóczi zusammen mit der Innenausstattung seines Hauses an Ungarn zurückgegeben. Aber dann kopierte man 1981/82 die Einrichtung akribisch und stellte sie in dem erstaunlich informativen Museum aus. Was heute zu sehen ist, war einst der Speisesaal von Rákóczis Haus. Schon wegen der hübschen Aquarelle des alten Tekirdağ von Aladar Edivi Illes (1870–1958) lohnt sich ein Besuch. Zum Museum muss man auf der Promenade nach Westen laufen, bis rechterhand oben die große hölzerne Namık Kemal Kütüphane (Bibliothek) zu sehen ist. Dort geht's rauf, auf die Rakoczy Caddesi an der Bibliothek vorbei, und dann kommt das Museum auf der linken Seite.

Weiter die Barbaros Caddesi/Rakoczy Caddesi hinunter geht's zum **Museum für Archäologie**

& Ethnologie (☎ 261 2082; Vali Konağı Caddesi 21; Eintritt 1,10 €; Di–So 9–17 Uhr), das in einem tollen spätosmanischen Gebäude untergebracht ist. Archäologiefans werden über die Funde aus verschiedenen *tumuli* (Hügelgräbern) der Region und einer Grabungsstätte bei Perinthos (Marmara Ereğli) begeistert sein. Die faszinierendsten Exponate sind Tische (gedeckt mit Bronzeschüsseln aus dem *tumulus* Naip) und Stühle aus Marmor sowie eine wunderschöne Kohlenpfanne aus Terrakotta in Form einer Muttergöttin aus dem *tumulus* Taptepe (beide 5. Jh. v. Chr.).

Weiter östlich, vorbei an der Sandsteinmoschee **Orta Camii** (1855), liegt das hölzerne **Namık Kemal Evi** (Namık Kemal Caddesi 7; Mo–Sa 8–17 Uhr): ein kleines ethnografisches Museum, das an den berühmtesten Einwohner von Tekirdağ erinnern soll. Kemal (1840–88) war Dichter, Verfechter der nationalen Freiheit und hatte großen Einfluss auf Atatürk, der ihn den „Vater meiner Ideen" nannte. Das Haus ist liebevoll restauriert, und im Garten finden ab und zu Kunsthandwerksmärkte statt.

Um zurück ins Hafenviertel zu kommen, geht man hinüber zur Mimar Sinan Caddesi und dann bergab, vorbei an dem kleinen Komplex **Rüstem Paşa Külliyesi** (1553), den der berühmte Mimar Sinan für Rüstem Paşa baute, einen Großwesir Süleymans des Prächtigen. Am Fuße des Hügels steht eine **Statue,** die ebenfalls einen berühmen Mann aus Tekirdağ ehrt – den großen Ölringer Hüseyin Pehlivan.

Schlafen & Essen

Yat Hotel (☎ 261 1054; İskele Caddesi; Zi. 7,50–23 €) Dieses total unoriginelle Hotel hat nicht die geringste Ähnlichkeit mit einer Yacht und bietet eine Ansammlung von seltsam geschnittenen Zimmern mit angestaubter Ausstattung. Die in den oberen Stockwerken sind heller und haben einen Balkon. Die Preise ergeben sich aus der gewünschten Kombination von Meer- oder Stadtblick, eigenem Bad, Gemeinschaftsbad oder Bad nur mit Dusche usw. Frühstück kostet 2 €.

Rodosto Hotel (☎ 263 3701; www.rodostohotel.com; İskele Caddesi 34; EZ/DZ/3BZ 33,50/44,50/67 €;) Wem Komfort wichtiger ist als der Preis, sollte im Rodosto absteigen, das mit einem Hauch von Klasse für sich Werbung macht. Zwei Zimmer haben sogar Whirlpool; am anderen Ende der Skala gibt's auch ein Schuhkarton-„Economy"-Einzelzimmer (22,25 €). Das Restaurant im Sonnenzimmer oberhalb der Lobby ist ein extra Plus.

Busse auf dem Weg nach Griechenland halten oft zur Mittagspause in Tekirdağ und parken bei einer Reihe *köfteci* (*köfte*-Lokalen) etwas landeinwärts vom Hafen. Hier gibt's überall ungefähr das Gleiche, aber auf **Liman Lokantası** (☎ 261-4984; Yali Caddesi 40; Hauptgerichte 2,80–5,60 €; ⊗ 8–22 Uhr) ist seit Jahren Verlass. Außerdem hat es eine noblere Filiale im Hafen.

An- & Weiterreise

Busse nach İstanbul (6,70 €, 2 Std.), Edirne (6,70 €, 2 Std.) und Çanakkale (11,10 €, 4 Std.) stoppen und starten am Hafen. Einige Busse nach Edirne halten vor Büros an der Muratlı Caddesi auf der anderen Seite des Zentrums, 1,5 km nördlich der Promenade.

GELİBOLU

☎ 0286/23 130 Ew.

In diese hübsche kleine Hafenstadt verschlägt es die meisten Traveller wohl bloß aus Versehen – Gelibolu ist nämlich nicht Gallipoli, sondern einfach die größte Stadt auf der Halbinsel gleichen Namens, ca. 60 km vom Schauplatz der berühmten Schlacht entfernt. Wer die Namen durcheinandergebracht hat, wird aber zum Glück feststellen, dass es in Gelibolu sehr nett ist, v. a. wenn man zum Abendessen bleibt.

Alles Wesentliche – Hotels, Restaurants, eine Post und Banken – gibt's rund um den Hafen. Hier legt auch die Fähre nach Lapseki ab.

Sehenswertes

Das **Piri-Reis-Museum** (Spende erbeten; ⊗ Di–So 8.30–12 & 13–17 Uhr) ist in einem Steinturm mit Blick auf die Hafenmauern untergebracht: die einzigen Überbleibsel der byzantinischen Stadt Kallipolis, die der heutigen Stadt und der Halbinsel ihren Namen gab. Der Turm ist nach dem türkischen Kartografen Piri Reis benannt; er wurde auch durch eine Statue in der Nähe des *otogar* verewigt. Da steht er nun an der Küste und schaut aufs Meer. Sein Lebenswerk vollendete er 1513: die erste Karte, auf der Nord-, Mittel- und Südamerika zusammen abgebildet waren. Im Museum gibt's einen großen, flachen Brunnen und im oberen Stock einen Raum, wo Faksimiles der berühmten Karte von Reis zu sehen sind

plus ein Sammelsurium von historischen Exponaten und Überresten der Schlachten von Gallipoli.

Die Straße nördlich am Hotel Yılmaz vorbei schlängelt sich hinter mehreren Armeegebäuden den Berg hinauf. Nach 800 m gibt's links das schöne Heiligtum von **Ahmed-i Bican Efendi** zu bewundern. Dahinter die Straße überqueren und schon kommt man zu einer Moschee und zum Grab von **Mehmed-i Bican Efendi.** Der verfasste einen Kommentar zum Koran mit dem Titel *Muhammadiye*.

Weiter geht's zurück auf der Straße Richtung Süden bis zu einer kleinen **Türbe** (Grab) auf der rechten Seite. Fener Yolu daneben führt zur Landspitze, wo linkerhand Stufen runter zum **Bayraklı Baba Türbesi** gehen, einem typisch türkischen Denkmal. Karaca Bey war ein osmanischer Standartenträger, der seinen Job sehr ernst nahm: Damit die ihm anvertraute Flagge nicht dem Feind in die Hände fiel, aß er sie Stück für Stück auf. Als ihn seine Kameraden fanden und nach der Flagge fragten, glaubten sie ihm kein Wort. Woraufhin sich Karaca zum Beweis den Bauch aufschlitzte. So werden Helden gemacht und der Fahnenesser bekam den Namen Bayraklı Baba (Vater der Flagge). Auf seinem hübschen Grab liegen Hunderte türkischer Flaggen. Wer will, kann beim Aufseher eine kaufen und sie noch obendrauf packen.

Am Ende der Landzunge (in der Nähe vom Teegarten beim Leuchtturm) steht die kleine, aber feine **Azebler Namazgah** aus dem Jahr 1407. Die außergewöhnliche Freiluft-Moschee ist komplett mit *mihrab* und *mimber* aus weißem Marmor ausgestattet und sieht ein bisschen nach indischem Mogulstil aus.

Die Hauptstraße geht jetzt bergab und irgendwann sieht man auf der linken Seite einen **Französischen Friedhof** aus der Zeit des Krimkriegs (1854–56). Hier gibt's auch ein Ossarium (Beinhaus) mit den Knochen senegalesischer Soldaten, die bei der Schlacht von Gallipoli fielen. Die Straße führt weiter hinab nach **Hamzakoy,** dem touristischen Teil der Stadt mit einem schmalen Strand.

Schlafen

Hotel Oya (☎ 566 0392; Miralay Şefik Aker Caddesi; EZ 14 €, DZ 22,50–25 €) Gutes, zentral gelegenes Hotel mit nautisch angehauchter Deko. Alle Zimmer haben Digital-TV, manche auch eine kleine Badewanne. Frühstück gibt's im lichtdurchfluteten Lobby-Restaurant.

Hotel Yılmaz (☎ 566 1256; Liman Meyki 8; Zi. pro Pers. 14 €) Das Yılmaz liegt günstig und ist sehr sympathisch. Nicht unbedingt die eleganteste oder ruhigste Adresse der Stadt, aber dafür sind die Zimmerpreise verhandelbar. Die Gallipoli-Tour mit Führung vom Band besser auslassen – das Angebot in Çanakkale ist wesentlich besser.

Otel Hamzakoy (☎ 566 8080; www.hamzakoy.8m.com; EZ/DZ 28/39 €) Dieser pinkfarbene Kasten mit Blick auf die Bucht ist das einzige Resort-Hotel in Gelibolu. Außerhalb der Saison sehr ruhig. Die Zimmer sind hell, geräumig und stylisch eingerichtet; TV, Kühlschrank und Balkon inklusive. Es gibt ein Restaurant mit Schankerlaubnis und zwei Restaurant-Bars am Strand.

Essen

Der beste Grund, um in Gelibolu zu bleiben, ist ein Abendessen in einem der Restaurants am Hafen. Einfach frische *sardalya* (Sardinen) bestellen, über sanft schaukelnde Fischerboote hinweg aufs Meer schauen und sich von Musikanten ein Ständchen bringen lassen. Unser Tipp: erst mal an allen Lokalen vorbeischlendern und checken, welches am jeweiligen Abend gerade angesagt ist. Die meisten Gerichte kosten 2 bis 5,50 €; wer sich für Fisch entscheidet, zahlt allerdings inklusive Alkohol ca. 10 €.

İlhan Restaurant (☎ 566 1124; Balikhane Sokak 2; Hauptgerichte 2,80–6,70 €; ☯ 11–22 Uhr) Das eleganteste unter den Hafen-Restaurants und außerdem das größte weit und breit. Die Toplage sorgt für einen tollen Blick auf Meer und Hafen (falls nicht gerade die Fähre nach Lapseki im Weg ist). Die Speisekarte verspricht etwas mehr Abenteuer als in den anderen Restaurants – für den Fall, dass man schon immer mal kalten Skorpionfisch probieren wollte.

Kumsal Restaurant (☎ 566 3626; Hamzakoy; Hauptgerichte ab 2,80 €; ☯ 11–22 Uhr) Eine gute Alternative zu den Restaurants vom Otel Hamzakoy, mit Tischen drinnen und draußen direkt am Strand plus einer guten Auswahl an Fleisch- und Fischgerichten. Auf der Speisekarte stehen keine Preise, also erst nachfragen, bevor man Fisch bestellt.

An- & Weiterreise

Der *otogar* liegt 500 m südwestlich vom Hafen an der Kore Kahramanları Caddesi, der Hauptstraße nach Eceabat. Hier starten Busse nach İstanbul (10 €, 4½ Std.) und Edirne (8,35 €, 2¾ Std.). Minibusse nach Eceabat (1,70 €, 50 Min.) und nach Çanakkale (1,70 €, 1 Std., über Lapseki) fahren ebenfalls von hier, aber auch direkt vom Hafen.

Die Autofähre Gelibolu–Lapseki (0,85 €, Fahrräder und Motorroller 2 €, Autos 4,75 €, 30 Min.) startet zwischen 9 Uhr und Mitternacht zu jeder vollen Stunde in beiden Richtungen und zwischen 1 und 8.15 Uhr fünf Mal in beiden Häfen.

Wer zu den Schlachtfeldern von Gallipoli will, fährt nach Eceabat und nimmt von dort aus ein Dolmuş nach Kabatepe. Nach Çanakkale nimmt man erst die Fähre Gelibolu–Lapseki und dann einen Bus oder Dolmuş. Oder mit einem Minibus nach Eceabat fahren und dann mit der Fähre Richtung Çanakkale.

HALBINSEL GALLIPOLI (GELİBOLU)

Die schmale Halbinsel gegenüber von Çanakkale bildet die Nordwestseite der Dardanellen und heißt Gallipoli (Gelibolu auf Türkisch). Ein Jahrtausend lang war sie das Tor nach İstanbul: Jede Kriegsflotte, die es durch die Meerenge schaffte, hatte gute Chancen, die Hauptstadt der osteuropäischen Welt zu erobern. Probiert haben es viele Flotten, aber die meisten sind gescheitert – u. a. auch die der Alliierten im Ersten Weltkrieg.

Heute sind die Schlachtfelder von Gallipoli friedliche Orte, wo struppige Büsche und Pinienwälder wachsen. Aber an die Kämpfe, die hier vor fast 100 Jahren tobten, erinnern sich viele noch lebhaft – Türken wie Ausländer. Der türkische Offizier, der für die Verteidigung von Gallipoli verantwortlich war, war kein Geringerer als Mustafa Kemal, der spätere Atatürk. Seiner Heldentaten gedenken die Türken jedes Jahr am 18. März. Für Tausende von Besuchern aus Australien und Neuseeland ist der Anzac Day am 25. April am wichtigsten: An diesem Tag wird bei einer Messe in der Morgendämmerung der Landung der Alliierten gedacht (s. S. 201).

Der größte Teil der Halbinsel ist Nationalparkgebiet. Auch für Geschichtsmuffel lohnt sich deshalb ein Abstecher hierher, weil die Landschaft so wild und einfach wunderschön ist.

An einem Berghang bei Kilitbahir steht in riesigen Lettern der Anfang eines Gedichts geschrieben, das von Çanakkale aus gut zu lesen ist. Es stammt von Necmettin Halil Onan und erinnert an die Kämpfe um Gallipoli im Jahre 1915:

> Dur yolcu! Bilmeden gelip bastığın
> bu toprak bir devrin battığı yerdir.
> Eğil de kulak ver, bu sessiz yığın
> bir vatan kalbinin attığı yerdir.

> Reisender, halte ein! Der Boden,
> den du so achtlos betrittst
> War einst Zeuge des Endes einer Ära.
> Lausche! In diesem stillen Hügel
> Schlug einst das Herz einer Nation.

Die nächstgelegene Basis für einen Besuch der Schlachtfelder ist Eceabat an der Westküste der Dardanellen. Aber Çanakkale an der Ostküste hat deutlich mehr Unterkünfte zu bieten. Gelibolu, 45 km nordöstlich von Eceabat, ist als Übernachtungsort weniger populär.

Ein detaillierter Führer über alle Schauplätze auf Gallipoli ist der zweisprachige *Gallipoli Battlefield Guide* (*Çanakkale Muharebe Alanları Gezi Rehberi;* Gürsel Göncü & Şahin Doğan, 2006) mit satellitengestützten Karten. Gibt's in Buchläden in Çanakkale.

Viele Traveller besichtigen Gallipoli im Rahmen einer geführten Tour (s. S. 202).

Geschichte

Die an ihrer schmalsten Stelle nur 1,4 km breite Meerenge von Çanakkale (auch als Çanakkale Boğazı, Hellespont oder Dardanellen bekannt) war für Reisende – und Armeen – schon immer der beste Weg, um von Europa nach Kleinasien zu kommen.

König Xerxes I. von Persien überquerte die Dardanellen 481 v. Chr. über eine Brücke aus Schiffen – was ihm Alexander der Große 150 Jahre später nachmachte. In byzantinischer Zeit war die Meerenge die erste Verteidigungslinie für Konstantinopel. Aber 1402 ging die Kontrolle an den osmanischen Sultan Beyazıt I. Dadurch konnten dessen Armeen sich auf dem Balkan unter den Nagel reißen. Mehmet der Eroberer, immer das Ziel vor Augen, Konstantinopel zu erobern (1453), baute dann acht Festungen entlang der Dardanellen. Als das Osmanische Reich im 19. Jh. zerfiel, wetteiferten England und Frankreich mit Russland um die strategische Kontrolle der Seepassage.

Im Ersten Weltkrieg hatte Winston Churchill den genialen Plan, die osmanische Hauptstadt einzunehmen und von da nach Osteuropa vorzudringen. Er war zu dem Zeitpunkt Oberbefehlshaber der britischen Flotte und versuchte im März 1915, die Dardanellen zu erobern. Aber der Seeangriff der starken französisch-britischen Flotte scheiterte. Am 25. April landeten dann britische, australische, neuseeländische und indische Truppen auf

HALBINSEL GALLIPOLI (GELIBOLU) Maßstab ungenau 0 ⊢——————⊣ 10 km

Ⓐ   Ⓑ

PRAKTISCHES
Informationszentrum & Museum Kabatepe....................1 A4
Informationszentrum Kilia-Bucht................................2 B4

SEHENSWERTES & AKTIVITÄTEN
7th Field Ambulance Cemetery.................................3 A3
Çanakkale Şehitleri Anıtı (Denkmal
    der Märtyrer von Çanakkale).................................4 A5
Cape Helles British Memorial..................................5 A5
Französisches Kriegsdenkmal & Friedhof....................6 A5
Friedhof Şahindere (Falcon Stream)..........................7 A5
Friedhof Sargı Yeri..8 A5
Galerie des Gallipoli-Feldzugs............................(s. 14)
Hill 60 New Zealand Memorial................................9 A3
Lalababa Hill...10 A3
Lancashire Landing Cemetery.................................11 A5
Nuri-Yamut-Denkmal..12 A5
Picknickplatz...13 A5
Pink Farm Cemetery...14 A5
Redoubt Cemetery..15 A5
Salim-Mutlu-Kriegsmuseum....+...............................16 A5
Skew Bridge Cemetery...17 A5
Twelve Tree Copse Cemetery.................................18 A5
„V" Beach..19 A5
Yahya Çavuş Şehitliği..20 A5

THRAKIEN & MARMARA

Gallipoli und französische Truppen bei Çanakkale. Bei den verzweifelten Schlachten zwischen türkischen und alliierten Truppen gab's auf beiden Seiten schrecklich viele Tote. Erst nach neun Monaten erbitterter Kämpfe machten die Alliierten schließlich einen Rückzieher.

Für den Erfolg der Türken bei Gallipoli gab's mehrere Gründe: Z. T. hatten die Alliierten einfach Pech, aber auch schlechte Generäle. Außerdem wurden auf Befehl des deutschen Generals Liman von Sanders, der die osmanische Armee neu organisierte, die türkischen Truppen ordentlich verstärkt. Aber der Hauptgrund für die Niederlage der alliierten Truppen war vermutlich, dass sie ausgerechnet in einem Gebiet landeten, wo sie es mit dem damaligen Oberstleutnant Mustafa Kemal (dem späteren Atatürk) zu tun bekamen.

Der relativ unbedeutende Offizier genoss das Vertrauen von General von Sanders. Und im Gegensatz zu seinen Vorgesetzten sah er den Schlachtplan der Alliierten richtig voraus. So konnte Kemal die Invasion aufhalten, auch wenn er dabei sein eigenes Regiment komplett aufrieb (s. S. 199). Selbst eine Malariaerkrankung hielt ihn nicht davon ab, seine Truppen selbst auf dem Schlachtfeld zu kommandieren. Wie durch ein Wunder sprang er dem Tod mehrmals von der Schippe: Einmal traf ihn z. B. ein Schrapnellsplitter an der Brust, der an seiner Taschenuhr abprallte. Sein unermüdlicher Einsatz machte ihn zum Volkshelden und brachte ihm außerdem die Beförderung zum *paşa* (General) ein.

Der Gallipoli-Feldzug dauerte bis zum Januar 1916 und forderte über eine halbe Million Tote und Verletzte. Das British Empire hatte 200 000 Verletzte und ca. 36 000 Tote zu beklagen. Die Franzosen verloren mehr als die Hälfte ihrer Soldaten (47 000). Auch von den Osmanen wurde die Hälfte verwundet und über 55 000 fielen. Trotz des Blutbads gelten die Schlachten bei Gallipoli für viele als letzter echter „Gentleman-Krieg", weil beide Seiten ihrem Feind Respekt zollten. Viele der kleineren Gedenkstätten erinnern an besonders mutige Taten oder so etwas wie „fair play".

Orientierung & Praktische Informationen

Die Halbinsel Gallipoli ist für Erkundungen auf eigene Faust fast zu groß, v. a. ohne eigenes

Transportmittel: vom nördlichsten Schlachtfeld bis zur Südspitze der Halbinsel sind es über 35 km Luftlinie.

Derzeit gibt's 34 Soldatenfriedhöfe auf Gallipoli. Die größten Schlachten fanden an der Westküste statt, nahe der Anzac-Bucht und Arıburnu sowie in den Bergen östlich davon. Die Anzac-Bucht ist ca. 12 km von Eceabat und 19 km von Kilitbahir entfernt. Wer wenig Zeit hat oder mit öffentlichen Verkehrsmitteln anreist, sollte als erstes zur Anzac-Bucht und nach Arıburnu kommen. So machen es auch die geführten Touren.

In jeder Stadt auf der Halbinsel verkaufen Läden und Kioske Karten und Führer über die Schlachtfelder. Auch im Internet gibt's jede Menge praktischer Tipps und Hintergrundinformationen (allerdings nur auf Englisch) unter www.gallipoli-association.org und http://user.online.be/~snelders.

Schlachtfelder

Der Historische Nationalpark Gallipoli (Gelibolu Tarihi Milli Parkı) nimmt einen großen Teil der Halbinsel ein und umfasst alle wichtigen Schlachtfelder. Die Parkverwaltung befindet sich 2 km südlich von Eceabat im Informationszentrum & Museum Kabatepe (Kabatepe Tanıtma Merkezi Müzesi). Hier gibt's auch Picknickplätze.

Der Nationalpark hat verschiedene Beschilderungssysteme: die normalen türkischen Landstraßenschilder, die Schilder der Parkverwaltung sowie Holzschilder, die von der Commonwealth War Graves Commission aufgestellt wurden. Das kann ziemliche Verwirrung stiften: Erstens benutzten die Alliierten und die Türken verschiedene Namen für die Schlachtfelder. Und zweitens stimmen die Schilder der Parkverwaltung nicht unbedingt mit den normalen Verkehrsschildern überein. Wir verwenden deshalb im Text und auch auf der Karte der Anzac-Schlachtfelder immer sowohl die englischen als auch die türkischen Namen.

Von April bis Mitte Juni und noch mal im September wimmelt es auf den Schauplätzen der Kämpfe an den Wochenenden nur so von Schulklassen.

NÖRDLICHE HALBINSEL

Von Westen aus geht's ca. 3 km nördlich von Eceabat in den Park – immer auf der Straße, die nach Kabatepe und Kemalyeri ausgeschildert ist. Im Folgenden sind die

Stätten in der Reihenfolge beschrieben, in der die meisten Besucher sie wahrscheinlich besichtigen werden. Die geführten Touren weichen allerdings oft von dieser hier beschrieben Route ab, weil sie unter einem bestimmten Thema stehen.

INFORMATIONSZENTRUM KILIA-BUCHT

Dieses **Zentrum** (Kilya Koyu Ana Tanıtım Merkezi; Karte S. 195; Eintritt frei; ☼ 9–12 & 13–17 Uhr) wurde 2005 eröffnet und ist Hauptanlaufstelle für alle Besucher der Schlachtfelder. Zum Komplex gehören das eigentliche Informationszentrum, mehrere Ausstellungsräume, ein Kino, eine Bibliothek und ein Café. Er liegt ca. 2 km außerhalb von Eceabat, 100 m von der Schnellstraße nach İstanbul.

INFORMATIONSZENTRUM & MUSEUM KABATEPE

Dieses ältere **Zentrum** (Kabatepe Tanıtma Merkezi Müzesi; Karte S. 195; Eintritt 0,75 €; ☼ 8–12 & 13–17 Uhr) liegt 1 km östlich von Kabatepe. Hier gibt's ein kleines Museum mit alten Uniformen, rostigen Waffen und anderen Funden von den Schlachtfeldern: u. a. dem Schädel eines armen türkischen Soldaten, dem eine Kugel in der Stirn steckt. Das vielleicht bewegendste Ausstellungsstück ist der Brief eines jungen Offiziers, der sein Jurastudium in Konstantinopel aufgab, um freiwillig in Gallipoli zu kämpfen. Er schrieb seiner Mutter höchst poetische Zeilen über die Schönheit der Landschaft und seine Liebe zum Leben. Zwei Tage später starb er in der Schlacht.

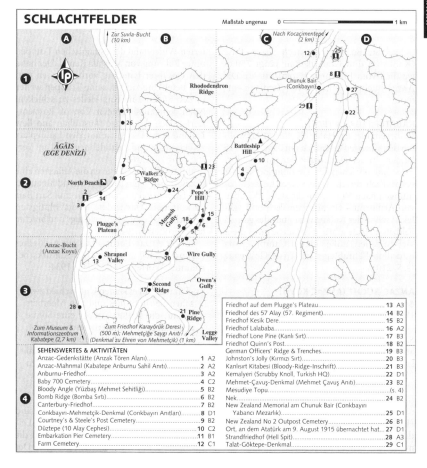

SCHLACHTFELDER

Maßstab ungenau   0 ——————— 1 km

SEHENSWERTES & AKTIVITÄTEN

Anzac-Gedenkstätte (Anzak Tören Alanı)	1 A2
Anzac-Mahnmal (Kabatepe Arıburnu Sahil Anıtı)	2 A2
Arıburnu-Friedhof	3 A2
Baby 700 Cemetery	4 C2
Bloody Angle (Yüzbaş Mehmet Sehitliği)	5 B2
Bomb Ridge (Bomba Sırtı)	6 B2
Canterbury-Friedhof	7 B2
Conkbayırı-Mehmetçik-Denkmal (Conkbayırı Anıtları)	8 D1
Courtney's & Steele's Post Cemetery	9 B2
Düztepe (10 Alay Cephesi)	10 C2
Embarkation Pier Cemetery	11 B1
Farm Cemetery	12 C1
Friedhof auf dem Plugge's Plateau	13 A3
Friedhof des 57 Alay (57. Regiment)	14 B2
Friedhof Kesik Dere	15 B2
Friedhof Lalababa	16 A2
Friedhof Lone Pine (Kanlı Sırt)	17 B3
Friedhof Quinn's Post	18 B2
German Officers' Ridge & Trenches	19 B3
Johnston's Jolly (Kırmızı Sırt)	20 B3
Kanlısırt Kitabesi (Bloody-Ridge-Inschrift)	21 B3
Kemalyeri (Scrubby Knoll, Turkish HQ)	22 D1
Mehmet-Çavuş-Denkmal (Mehmet Çavuş Anıtı)	23 B2
Mesudiye Topu	(s. 4)
Nek	24 B2
New Zealand Memorial am Chunuk Bair (Conkbayırı Yabancı Mezarlık)	25 D1
New Zealand No 2 Outpost Cemetery	26 B1
Ort, an dem Atatürk am 9. August 1915 übernachtet hat	27 D1
Strandfriedhof (Hell Spit)	28 A3
Talat-Göktepe-Denkmal	29 C1

THRAKIEN & MARMARA

GALLIPOLI BEWAHREN

Der größte Teil der Halbinsel Gallipoli ist geschützter Nationalpark. Aber durch die massenhaften Besucher ist effektiver Naturschutz ziemlich schwierig – zudem drängt sich der Eindruck auf, dass Gemeinde- und Parkverwaltung die Situation nicht immer richtig im Griff haben. In den letzten Jahren ist das Verkehrsaufkommen krass gestiegen – v. a. rund um die am meisten besuchten Gedenkstätten. Und angebliche „Verbesserungen" wie Parkplätze und Straßenausbau haben in manchen Gebieten schlimme Schäden angerichtet. Am deutlichsten ist das in der Anzac-Bucht zu sehen.

Natürlich werden nicht alle Besucher die komplette Halbinsel zu Fuß oder mit dem Fahrrad abklappern wollen. Aber wer es irgendwie einrichten kann, sollte wenigstens versuchen (oder aber seinen Fahrer dazu ermutigen), den Wagen in Alçıtepe, Seddülbahir oder Kabatepe abzustellen. Und dann die Stätten rund um diese Orte zu Fuß erkunden, anstatt überall direkt vorzufahren.

Ein anderes Riesenproblem ist der Müll, den Besucher und Einheimische überall auf der Halbinsel verteilen. Neben den typischen Essensverpackungen und Plastikflaschen fliegt selbst an einigen der bedeutendsten Gedenkstätten jede Art von Hausmüll rum, u. a. sogar große Möbelstücke. Was tun? Ganz einfach: den eigenen Müll mitnehmen und am besten auch den von anderen Leuten einsammeln!

Die Straße bergauf nach Lone Pine (Kanlısırt) und Chunuk Bair fängt 750 m westlich vom Informationszentrum an. Die Anzac-Bucht liegt 3,5 km von Zentrum entfernt.

KABATEPE (GABA TEPE)
In diesem kleinen Hafen (Karte S. 195) wollten die Alliierten eigentlich am 25. April 1915 landen. In der Dunkelheit der frühen Morgenstunden trieben ihre Landungsboote aber vermutlich durch nicht verzeichnete Strömungen nach Norden an die steilen Klippen von Arıburnu – ein bisschen Pech und vielleicht schon der Anfang vom Ende des ganzen Feldzugs. Heute gibt's in Kabatepe nicht mehr viel zu sehen, außer einem Campingplatz und dem Fährableger zur Insel Gökçeada (s. S. 210).

ANZAC-BUCHT (ANZAC KÖYÜ) & -STRÄNDE
Der **Strandfriedhof (Hell Spit)** liegt 3 km nordwestlich vom Informationszentrum (Karte S. 197). Nach weiteren 90 m fängt eine Straße an, die ins Landesinnere zum Shrapnel Valley und zu den Friedhöfen auf dem Plugge's Plateau führt.

Wer die Küstenstraße noch 400 m weiter fährt, kommt zur Anzac-Bucht, die unterhalb und südlich der Klippen von Arıburnu liegt. Hier landeten am 25. April 1915 die Alliierten, die später kläglich scheiterten. Beim Vormarsch ins Landesinnere stießen sie auf erbit-

terten Widerstand der osmanischen Truppen unter Führung von Mustafa Kemal. Der hatte den Ort ihrer Landung vorhergesehen und den Befehl missachtet, seine Truppen weiter in den Süden zum Kap Helles zu schicken. Nach dem misslungenen Vorstoß konzentrierten sich das Anzac (**A**ustralian and **N**ew **Z**ealand **A**rmy **C**orps) darauf, den Landeplatz zu befestigen und auszudehnen. Und auf Verstärkung zu warten.

Im August 1915 starteten die Alliierten eine Großoffensive, um über den Strand hinaus zu den Höhenzügen Chunuk Bair und Sarı Bair zu kommen. Das endete in der blutigsten Schlacht des kompletten Feldzugs und brachte keine großen Fortschritte.

In der Anzac-Bucht gibt's ein türkisches Mahnmal (300 m weiter) mit Atatürks berühmten Worten aus dem Jahr 1934:

„Für uns gibt es keinen Unterschied zwischen den Johnnies und den Mehmets … Ihr, die Mütter, die ihr eure Söhne aus entlegenen Ländern geschickt habt, wischt eure Tränen fort; eure Söhne liegen jetzt an unserem Busen … nachdem sie ihr Leben in diesem Land verloren haben, sind sie auch unsere Söhne geworden."

Der Strand ist Gedenkstätte. Deshalb sind Schwimmen und Picknicken verboten. Leider haben Erosion und Straßenarbeiten die Bucht stark in Mitleidenschaft gezogen: Der

Strand ist heute kaum mehr als ein schmaler Sandstreifen. Augenzeugen berichteten 2005, sie hätten offen herumliegende Skelettteile und abgeladenen Bauschutt am Strand gesehen. Das brachte die Leute, die für die Erhaltung der Stätten und die Kriegsgräber zuständig sind, ganz schön auf die Palme.

Ein paar hundert Meter hinter der Anzac-Bucht liegt der **Arıburnu-Friedhof** (Karte S. 197) und 750 m weiter der **Canterbury-Friedhof**. Dazwischen befindet sich die **Anzac-Gedenkstätte,** wo am Anzac Day Gedenkfeiern abgehalten werden. Knapp 1 km weiter kommen die Friedhöfe beim **No 2 Outpost,** etwas abseits der Straße im Landesinneren, und beim **New Zealand No 2 Outpost,** direkt an der Straße. Der **Embarkation Pier Cemetery** liegt 200 m hinter dem New Zealand No 2 Outpost.

LONE PINE
Der vielleicht ergreifendste aller Anzac-Friedhöfe ist Lone Pine (Kanlısırt; Karte S. 197). Wer ihn sehen will, geht zurück zum Informationszentrum & Museum Kabatepe und dann den Schildern nach knapp 3 km bergauf. Von hier sind's noch mal 3 km bergan bis zum New Zealand Memorial am Höhenzug Chunuk Bair.

In diesem Gebiet fanden die heftigsten Kämpfe des gesamten Dardanellenkriegs statt. Ironischerweise vernichtete ein verheerender Waldbrand 1994 die Pinien, die dort nach dem Krieg gepflanzt worden waren. Darum sieht die Gegend jetzt wohl wieder so trostlos wie 1915 aus. Aber es wird schon wieder aufgeforstet.

Mehmetçiğe Saygı Anıtı ist das erste Denkmal auf der rechten Straßenseite (1 km hinter der Kreuzung) und ist „Mehmetçik" (Klein Mehmet) gewidmet, der türkischen Entsprechung des „Johnnie" oder „GI Joe". Nach weiteren 1,2 km kommt man zum **Friedhof Karayörük Deresi** und zum **Kanlısırt Yazıtı,** wo die Schlacht von Lone Pine aus türkischer Sicht beschrieben wird.

Bei Lone Pine (400 m bergauf) nahmen australische Truppen am Abend des 6. August die türkischen Stellungen ein. In den wenigen Tagen des August-Angriffs starben hier 4000 Männer.

JOHNSTON'S JOLLY BIS QUINN'S POST
Wer von Lone Pine aus weiter bergauf geht, versteht schnell, wie grausam die Kämpfe gewesen sein müssen. An einigen Stellen lagen die feindlichen Schützengräben nur ein paar Meter weit auseinander. Der Befehl zum Angriff war ein Todesurteil für alle Soldaten, die ihm Folge leisteten – und das taten auf beiden Seiten alle. Bei Johnston's Jolly (Karte S. 197), 200 m hinter Lone Pine, bei Courtney's & Steele's Post und v. a. bei Quinn's Post (Bomba Sırt, Yüzbaşı Mehmet Şehitliği) weitere 400 m bergauf war der Abstand besonders gering.

Auf der Ostseite von Johnston's Jolly steht das Denkmal zu Ehren der türkischen Soldaten des 125. Regiments, die hier bei Red Ridge (Kırmızı Sırt/125 Alay Cephesi) fielen. Bei Quinn's Post gibt's ein Denkmal für den Unteroffizier Mehmet, der mit Steinen und bloßen Fäusten weiterkämpfte, als ihm die Munition ausgegangen war, sowie den Captain Mehmet Friedhof.

FRIEDHOF DES 57 ALAY (57. REGIMENT)
1 km oberhalb von Lone Pine steht auf der Westseite der Straße ein weiteres Denkmal zu Ehren von Mehmetçik. Auf der Ostseite liegt der Friedhof sowie eine Gedenkstätte für die Offiziere und Soldaten des 57. Osmanischen Regiments, das von Mustafa Kemal angeführt wurde. Er opferte es komplett, um die Angriffe des Anzac aufzuhalten. Auf dem Friedhof (Karte S. 197) finden sich erstaunlich viele religiöse Symbole (u. a. auch eine ähnliche Freiluft-Moschee wie die Namazgah in Gelibolu) – immerhin war die republikanische Armee traditionell absolut säkular. Die Statue eines alten Mannes, der seiner Enkelin die Schlachtfelder zeigt, stellt Hüseyin Kaçmaz dar. Er starb 1994 im Alter von 110 als letzter türkischer Überlebender von Gallipoli.

Wenige Schritte bergab von hier liegt der neue **Friedhof Kesik Dere,** wo weitere 1115 türkische Soldaten des 57. und anderer Regimenter beerdigt sind.

MEHMET-ÇAVUŞ-DENKMAL & NEK
100 m bergauf hinter dem Friedhof des 57. Regiments gibt's eine Straße Richtung Westen zum Denkmal für Mehmet Çavuş (ein weiterer Unteroffizier namens Mehmet; Karte S. 197) und zum Nek. Am 7. August 1915 stürmten Soldaten der dritten Light Horse Brigade (leichte Kavallerie) am Nek aus ihren Gräben in das vernichtende feindliche Feuer und den sicheren Tod – eine Episode, die Peter Weir in seinem Film *Gallipoli* verewigte.

THRAKIEN & MARMARA

BABY 700 CEMETERY & MESUDİYE TOPU

Ca. 300 m vom Nek bergauf kommt man zum Baby 700 Cemetery (Karte S. 197) und zu der osmanischen Kanone „Mesudiye Topu". Auf dem Hügel Baby 700 endete der erste Angriff der Alliierten; die hier begrabenen Soldaten fielen fast alle am 25. April.

DÜZTEPE (10 ALAY CEPHESI)

Weitere 1,5 km den Berg hinauf markiert eine Gedenkstätte (Karte S. 197) die Stelle, an der das 10. türkische Regiment die Stellung hielt. Der Ausblick auf die Meerenge und die umliegende Landschaft ist atemberaubend.

TALAT-GÖKTEPE-DENKMAL

Ca. 1 km hinter Düztepe erinnert ein Denkmal (Karte S. 197) an ein Gallipoli-Opfer aus jüngerer Zeit: Talat Göktepe, leitender Direktor des Forstbezirks Çanakkale, starb 1994 bei der Bekämpfung der Waldbrände.

CHUNUK BAIR (CONKBAYIRI)

Oben auf dem Berg, 600 m vom Talat-Göktepe-Denkmal entfernt, befindet sich eine T-Kreuzung. Nach rechts geht's zu der Stelle, wo Mustafa Kemal nach vier schlaflosen Tagen und Nächten in der Nacht vom 9. auf den 10. August gemeinsam mit anderen Offizieren den Gegenangriff zur Augustoffensive startete. Auch sein Kommandoposten **Kemalyeri** (Scrubby Knoll) ist hier zu besichtigen.

Wer links abbiegt, kommt nach 100 m zum **Chunuk Bair** (Karte S. 197), dem ersten Ziel der alliierten Landung im April 1915. Heute steht hier das New Zealand Memorial.

Als die Anzac-Truppen am 25. April die Hänge hochkamen, gab Mustafa Kemal den Soldaten seines 57. Infanterieregiments folgenden berühmten Befehl: „Ich befehle euch nicht anzugreifen, ich befehle euch zu sterben. In der Zeit, die wir zum Sterben brauchen, werden andere Truppen und Befehlshaber kommen, um unseren Platz einzunehmen." Das Regiment wurde vernichtend geschlagen. Aber es hielt die Stellung und brachte dem Anzac genauso schwere Verluste zu.

Am Chunuk Bair tobten auch die heftigen Kämpfe vom 6. bis 9. August 1915, bei denen 28 000 Männer starben. Wer heute das friedliche Pinienwäldchen sieht, kann sich kaum die verdorrte Einöde von vor fast einem Jahrhundert vorstellen. Hier mähten Kugeln, Bomben und Granaten Soldaten nie-

der, und die Kämpfe gingen trotz zahlloser Verwundeter Tag und Nacht weiter.

Auf der Westseite der Straße befinden sich das **New Zealand Memorial** und einige rekonstruierte **türkische Schützengräben.** Außerdem eine gigantische Statue von Mustafa Kemal. Und zig Schilder weisen auf bedeutende Stellen hin: wo er am 8. August 1915 um 4.30 Uhr den entscheidenden Befehl zum Angriff gab; von wo er den Verlauf der Schlacht verfolgte und wo er fast von einem Schrapnellsplitter ins Herz getroffen worden wäre, hätte ihn nicht seine Taschenuhr gerettet. Diese Orte sind wahrscheinlich nicht historisch verbürgt. Aber darauf kommt es auch nicht wirklich an!

Eine Nebenstraße nach Osten führt zum türkischen **Conkbayırı-Mehmetçik-Denkmal** (Karte S. 197): fünf riesige Tafeln mit türkischen Inschriften, auf denen die Schlacht beschrieben wird.

Nach dem Chunuk Bair geht's auf der Straße zur weniger als 2 km entfernten Anhöhe Kocaçimentepe weiter.

SÜDLICHE HALBINSEL

In den Süden von Gallipoli (Karte S. 195) verschlägt es deutlich weniger Besucher – also ein guter Spot, um Verkehr und Reisegruppen zu entfliehen. Die Schauplätze hier lassen sich am besten mit dem eigenen Transportmittel erkunden. Ein Taxifahrer aus Eceabat wird um die 40 € (Verhandlungssache) dafür verlangen, einen zwei Stunden lang herumzufahren.

Nicht weit vom Informationszentrum & Museum Kabatepe führt eine Straße nach Süden, vorbei an der Abzweigung nach **Kum Limanı,** wo's einen sehr netten Badestrand gibt.

Von Kabatepe sind's ca. 12 km zum Dorf **Alçıtepe,** früher unter dem Namen Krythia oder Kirte bekannt. Nicht weit entfernt von der Hauptkreuzung des Dorfes befindet sich das privat geführte **Salim-Mutlu-Kriegsmuseum** (Eintritt frei; ☺ 8–12 & 13–17 Uhr). Hier gibt's Überbleibsel von den Schlachtfeldern im Norden und Süden zu sehen. Die nahe gelegene **Galerie des Gallipoli-Feldzugs** (Eintritt frei; ☺ 8–12 & 13–17 Uhr) erinnert mit vielen Abbildungen an die Ereignisse. Im Dorf weisen Schilder den Weg nach Südwesten zu den Friedhöfen **Twelve Tree Copse** und **Pink Farm** sowie nach Norden zum türkischen **Friedhof Sargı Yeri** und zum **Nuri-Yamut-Denkmal.** Der 2005 neu eingerich-

WARNUNG: MASSEN AM ANZAC DAY

In den letzten Jahren sind die Gedenkfeiern am Anzac Day für ausländische Besucher zu einem der angesagtesten Events in der Türkei geworden. 2005, am 90. Jahrestag der alliierten Landung auf Gallipoli, kamen über 20 000 Schaulustige – was die bescheidene Infrastruktur auf der Halbinsel zusammenbrechen ließ. Hotels in Çanakkale sind meist schon Monate im Voraus ausgebucht.

Ein echtes Problem ist der Verkehr, der sich manchmal den ganzen Tag staut. Außerdem gibt's jede Menge Storys von Besuchern, die bei Pauschalangeboten abgezockt wurden. Es gibt Tourveranstalter, die behaupten, sie würden es aus İstanbul rechtzeitig zur Messe in der Morgendämmerung schaffen – obwohl das selbst Traveller aus Çanakkale nicht immer hinkriegen. Darum unbedingt so früh wie möglich bei einem zuverlässigen Reisebüro buchen und sich vor Last-Minute-Angeboten in acht nehmen, v. a. in İstanbul!

Zu den australischen und neuseeländischen Feierlichkeiten bei Lone Pine und Chunuk Bair kommen nicht solche Massen wie zum frühmorgendlichen Gottesdienst in der Anzac-Bucht. Und es gibt Pläne für eine Videoübertragung, damit Besucher alle drei Messen von einem Platz aus verfolgen können. Aber in jedem Fall tummeln sich an diesem Tag so viele Leute auf der Insel, dass jedes Vorwärtskommen ein Alptraum ist.

Eigentlich ist fast jeder andere Zeitpunkt besser geeignet, die bittere Schönheit von Gallipoli auf sich wirken lassen. Und für viele Leute ist es eine ganz andere emotionale Erfahrung, wenn sie mit viel Zeit die Gedenkstätten ohne die Massen erkunden.

tete **Friedhof Şahindere (Falcon Stream)** liegt 3 km nördlich von hier.

Richtung Süden führt die Straße am **Redoubt Cemetery** vorbei. Ca. 5,5 km südlich von Alçıtepe gabelt sie sich südlich des **Skew Bridge Cemetery**. Rechts geht's zum Dorf Seddülbahir und zu einigen Gedenkstätten der Alliierten. **Seddülbahir** (Sedd el Bahr), 2 km nach der Gabelung, ist ein verschlafenes, bäuerliches Dorf mit ein paar Pensionen, einer Post, der Ruine einer osmanisch/byzantinischen Festung und einem kleinen Hafen. Die alte Burg, früher eine Militärbasis, wird gerade restauriert.

Folgt man den Schildern nach Yahya Çavuş Şehitliği, kommt man nach 1 km hinter dem Dorfplatz von Seddülbahir zum **Cape Helles British Memorial**. Heute bietet das Kap eine phantastische Aussicht auf die Meerenge, wo friedlich Boote herumschippern. Aber 1915 brachte der Streit, welche Schiffe hier passieren durften, einer halben Million Männer den Tod oder schwere Verletzungen ein.

Der erste Angriff der Alliierten zielte in zwei Richtungen; die Landung auf der Südspitze der Halbinsel fand am sogenannten V-Beach statt. Yahya Çavuş (Feldwebel Yahya) war der türkische Offizier, der am 25. April 1915 den ersten Widerstand gegen die Alliierten anführte. Der nach ihm benannte Friedhof **Yahya Çavuş Şehitliği** liegt zwischen dem Helles Memorial und dem V-Beach.

Der **Lancashire Landing Cemetery** liegt nördlich von hier; ein weiteres Schild weist den Weg zum 550 m bergab gelegenen „**V**" **Beach**.

Vom Helles Memorial geht's zurück zur Straßengabelung und dann den Schildern nach zum Abide-Denkmal oder Çanakkale Şehitleri Anıtı (Denkmal für die Märtyrer von Çanakkale) in der Morto-Bucht. Unterwegs kommt man am **Französischen Kriegsdenkmal & Friedhof** vorbei. Französische Truppen, zu denen auch ein afrikanisches Regiment gehörte, griffen im März 1915 erfolgreich Kumkale an der asiatischen Küste an. Danach eilten sie ihren britischen Verbündeten an Kap Helles zur Hilfe. Und wurden dort komplett ausgelöscht. Der französische Friedhof wird selten besucht, ist aber ziemlich bewegend: reihenweise Metallkreuze und fünf Ossarien aus Beton, wo jeweils die Knochen von 3000 Soldaten drin sind.

Am Fuß der Anhöhe gibt's einen Picknickplatz im Schatten von Pinien. Das **Çanakkale Şehitleri Anıtı** (Denkmal der Märtyrer von Çanakkale) oder Abide-Denkmal ist eine riesige, auf vier Säulen ruhende Steintafel von fast 42 m Höhe. Hier sind die Namen aller türkischer Soldaten eingemeißelt, die auf Gallipoli kämpften und starben. Das Mahnmal liegt mitten in einem Park, zu dem seit 1995 auch ein Rosengarten gehört. Er wurde anlässlich des 80. Jahrestages des Krieges angelegt. In der Nähe der Tafel gibt's ein weiteres

Kriegsmuseum, das allerdings zur Zeit unserer Recherchen zu war. Das Gedicht auf dem altarartigen Stein unterhalb des Denkmals lässt sich so übersetzen:

Soldaten, die auf diesem Land im Kampf für dieses Land gefallen sind! Mögen eure Vorfahren vom Himmel herabsteigen, um eure reinen Brauen zu küssen. Wer könnte das Grab schaufeln, das nicht zu klein für euch wäre? In der ganzen Geschichte gibt es keinen Platz, der groß genug für euch ist.

Geführte Touren

Geführte Touren sind auf Gallipoli keine schlechte Idee. So erfährt man unterwegs vom Guide Interessantes über die Schlachten. Zur typischen vier- bis sechsstündigen Tour gehören Transport mit einem Auto oder Minibus, Fahrer und Führer, mittags Picknick und eine Runde Schwimmen an einem Beach an der Westküste. Unsere Leser waren mit den meisten Tourguides in Gallipoli super zufrieden. Um sicherzugehen, einfach vorher ein bisschen vor Ort umhören.

In Çanakkale und Eceabat gibt's mehrere Anbieter von Touren, die sich teilweise heftig Konkurrenz machen.

Hassle Free Tours (☎ 0286-213 5969; www.hassle freetour.com; 27 €) Hat eine Niederlassung im Anzac House in Çanakkale (S. 205) und eine weitere in Eceabat (☎ 0286-814 2431). Hassle Free bietet auch Touren von İstanbul nach Gallipoli für 60 €, inklusive einer Übernachtung im Anzac House vor einem Besuch der Trojaruinen. Danach geht's entweder weiter nach Selçuk oder zurück nach İstanbul. Es macht aber wenig Laune, nach einer fünfstündigen Busfahrt von İstanbul direkt die Schlachtfelder zu besuchen – lieber eine Tour ab Çanakkale buchen!

TJs Tours (☎ 0286-814 3121; www.anzacgallipolitours. com; 23 €) Den Veranstalter mit einem Büro im Eceabat Hotel (S. 203) finden alle klasse. İlhami Gezici, auch TJ genannt, mixt historisches Wissen mit echter Begeisterung. Eine private Tour für zwei Personen (um 100 €) führt auf Wunsch auch zu weniger besuchten Spots am Kap Helles und rund um die Suvla-Bucht. TJ hat auch eine Kopie der Liste der Commonwealth War Graves Commission: So lässt sich ein ganz bestimmtes Grab finden.

Trooper Tours (☎ 217 3343; www.troopertours.com; 23 €) Dieser Neuzugang unter den Tourveranstaltern wird von Fez Travel betrieben (die auch den Fez Bus organisieren). Das Büro ist in der Yellow Rose Pension in Çanakkale (S. 207). Trooper Tours profitiert v. a. von Travellern, die

auch andere Touren bei Fez buchen. Die Leute haben den erfahrenen und angesagten Guide Ali Efe von Hassle Free abgeworben – die Qualität der Führungen ist also spitze.

Troy-Anzac Tours (☎ 0286-217 5849; www.troyanzac. com; Saat Kulesi Meydanı 6, Çanakkale; 23 €) Dieser Anbieter gegenüber dem Uhrenturm ist am längsten im Geschäft, aber irgendwie nicht so populär wie die anderen. Vielleicht, weil er nicht mit einem Hostel kooperiert.

Tauchtouren zu den Wracks vor Gallipolis Westküste werden immer populärer. TJs Tours nimmt 60 € für zwei Tauchgänge bzw. 15 € fürs Schnorcheln in der Anzac-Bucht, Ausrüstung inklusive.

Schlafen

Im Park selbst gibt's ein paar nette Übernachtungsoptionen, u. a. mehrere gut ausgestattete Campingplätze. Die meisten liegen rund um Seddülbahir, sind aber ohne eigenes Transportmittel schwer zu erreichen. Deshalb campen hier v. a. Radfahrer und Leute mit Wohnwagen. Wer keine Tour mit Übernachtung gebucht hat, steigt meistens in Çanakkale oder in Eceabat ab.

Mocamp Seddülbahir (☎ 862 0056; Camping 5,60 €, 3BZ 17 €) Eine der bequemer gelegenen Optionen in Seddülbahir direkt am Strand. Außer dem Campingplatz gibt's hier auch ein paar Zimmer über dem Café.

Pansiyon Helles Panorama (☎ 862 0035; EZ/DZ mit Gemeinschaftsbad 14/28 €) Diese nette Pension in Seddülbahir hat definitiv den Flair eines englischen B&B. Das im Namen versprochene Panorama bezieht sich auf das Abide-Denkmal – vielleicht nicht die kunstvollste Skulptur der Welt, aber, wie es da oben auf dem Felsen thront, ohne Frage ein spektakulärer Anblick.

Hotel Kum (☎ 814 1455; www.hotelkum.com; EZ/DZ 35/52 €; ☒) Das Hotel Kum bei Kum Limanı, südlich von Kabatepe, ist praktisch ein Resort-Komplex. Liegt direkt am Sandstrand und bietet Restaurant, Bar, Disko und Tauchschule. Die schlichte weiße Aufmachung ist nicht spektakulär; und allein schon die Idee, mitten zwischen Kriegsdenkmäler ein Hotel mit 72 Zimmern hinzustellen, ist vielleicht etwas daneben. Aber die Lage ist phantastisch und der Standard hoch. Zelten kostet 4 € und der Stellplatz für einen Caravan 10 € pro Tag.

Abide Motel (☎ 862 0010; EZ/DZ mit VP 28/56 €) Auch eine günstige Bleibe in toller Lage nahe der Morto-Bucht, nordwestlich von Seddülbahir und nicht weit vom Abide-Denkmal und dem französischen Friedhof entfernt. Das Essen hier ist Spitzenklasse.

Anreise & Unterwegs vor Ort

Mit dem eigenen Auto lassen sich die Schlachtfelder problemlos an einem Tag besichtigen. Öffentliche Verkehrsmittel sind auch okay, aber die Minibusse fahren nur ein paar Gedenkstätten und Dörfer an. Im Sommer kann man per Anhalter über die Halbinsel touren, aber zu anderen Jahreszeiten gibt's dafür meistens nicht genug Verkehr. Die bedeutendste Ansammlung von Denkmälern und Friedhöfen, von Lone Pine rauf nach Chunuk Bair, lässt sich auch zu Fuß abklappern. Bei schönem Wetter eine super Idee.

Von Çanakkale auf der Ostseite der Dardanellen fahren Fähren nach Eceabat und Kilitbahir auf der Halbinsel, für mehr Infos s. S. 209. Auf S. 213 gibt's Informationen zu den Fähren nach Kabatepe.

Taxifahrer in Eceabat fahren einen gerne für ca. 40 € zu den wichtigsten Gedenkstätten. Allerdings veranschlagen sie dafür bloß zwei bis zweieinhalb Stunden, und für ausführliche Erläuterungen sprechen die meisten weder Deutsch noch Englisch gut genug.

ECEABAT (MAYDOS)

☎ 0286/4500 Ew.

Eceabat liegt auf der anderen Seite der Dardanellen, gegenüber von Çanakkale. Das kleine entspannte Hafenstädtchen hat gute Anbindung an die wichtigsten Stätten auf Gallipoli. Wer keine Lust auf den Rummel in Çanakkale hat, kann von hier bequem zu Schlachtfelderkundungen aufbrechen. Die Fähren legen in der Nähe des Hauptplatzes Cumhuriyet Meydanı an, wo's Restaurants, Hotels, Geldautomaten, Büros von Busunternehmen sowie Dolmuş- und Taxistände gibt.

Wie fast alle Orte auf der Halbinsel ist auch Eceabat von April bis Mitte Juni und Ende September an den Wochenenden von Schulklassen überlaufen.

Schlafen

TJs Hostel (☎ 814 3121; www.anzacgallipolitours.com; Cumhuriyet Caddesi 5; Bett 8,50–11 €; ✗ ☐) Früher *das* Backpacker-Hostel von Ecebat, in einem mehrstöckigen Gebäude, 100 m vom Hauptplatz entfernt. Seit TJs Tours ganz in der Nähe das Eceabat Hotel eröffnet hat, ist das marode Hostel nur noch Ausweichquartier, wenn's voll wird.

Otel Boss (☎ 814 1464; Cumhuriyet Meydanı 14; EZ/DZ/3BZ 8,50/17/23 €; ☒) Kleines, enges Budget-Hotel direkt am Hauptplatz, mit Café im unteren Stock. Nach einem Eckzimmer fragen, die sind ein bisschen größer.

Hotel Boss II (☎ 814 2311; Bett 6 €, EZ/DZ/3BZ 8,50/17/23 €) Endlich mal eine Fortsetzung, die besser als der erste Teil ist. Das größere Boss hat verschiedene Unterkünfte, u. a. ein paar hübsche Holzbungalows. Allerdings ist die Lage suboptimal, vom Ortskern aus sind's 10 Min. nach Westen zu laufen. Aber da es ein Restaurant und eine Bar gibt, braucht man zum Essen nicht zurück in den Ort.

Eceabat Hotel (☎ 814 2458; www.anzacgallipolitours. com; Cumhuriyet Meydanı 20; Bett 8,35, Hostel EZ/DZ/3BZ 18/24/35 €, Hotel EZ/DZ/3BZ 28/39/50 €; ✗ ☒ ☐) Das Eceabat macht das Beste aus seiner zentralen Lage und hat Zimmer für jeden Geldbeutel: von schlichten Hostelzimmern und Schlafsälen bis zu schicken klimatisierten Hotelzimmern mit Balkon, Parkett, TV und Telefon. Die Bar auf dem Dach, die Lobby im osmanischen Stil, ein Tourbüro und regelmäßige Barbecues runden das Angebot ab.

Aqua Hotel (☎ 814 2864; www.heyboss.com; İstiklal Caddesi; EZ/DZ/3BZ/4BZ 22,50/39/56/67 €; ☒) Der dritte Teil der Boss-Trilogie residiert in einem niedrigen, burgartigen Gebäude (früher eine Tomatenkonservenfabrik) am Hafen. Die schicken Zimmer und das Terrassenrestaurant sind durchaus stilvoll, auch wenn die Teppiche schon bessere Tage gesehen haben. Der rustikale Vegemite Bar-Club passt allerdings nicht so richtig zu den Gästen – Backpacker gibt's hier nämlich so gut wie keine.

Auf dem schmutzigen Sandstreifen bei der Boomerang Bar (S. 204) kann man umsonst campen, aber die Sanitäranlagen sind grenzwertig.

Essen & Ausgehen

Hanımeli (☎ 814 2345; İskele Caddesi; Hauptgerichte 1,10–4,50 €; ☒ 8–22 Uhr) Mittags tummeln sich kleinere Tourgruppen in diesem kleinen braunen Café. Hier gibt's Frühstück, *mantı* und traditionelle Gerichte, und man kann auch lokale Erzeugnisse wie z. B. Olivenöl kaufen. Gegenüber dem Hafen, westlich vom Zentrum.

Gül Aile Kebab Salonu (☎ 814 3040; Hanım Meydanı; Hauptgerichte 2–5,50 €; ☒ 8–22 Uhr) Typischer, familienfreundlicher Kebap- und Pideladen in der Mitte der Zeile aus Geschäften und Cafés westlich vom Hauptplatz.

THRAKIEN & MARMARA

Maydos Restaurant & Bar (☎ 814 1454; İstiklal Caddesi; Hauptgerichte 2,50–5,50 €; ⏰ 11–22 Uhr) Das Maydos ist bei Reisegruppen angesagt und liegt am Hafen hinter dem Aqua Hotel. Über der netten Terrasse rankt Wein und auf der Karte stehen v. a. Grillgerichte.

Boomerang Bar (☎ 814 2144; ⏰ ab 17 Uhr) Abgesehen von den Hotelbars ist dieser Laden am Nordende der Stadt die einzige Option für alle, die noch Party machen, aber nicht mehr die Fähre nach Çanakkale nehmen wollen. Hier feiern v. a. durstige Australier und Neuseeländer; und zwar so lange, wie noch ein Gast senkrecht steht.

An- & Weiterreise

Überlandbusse fahren auf dem Weg von Çanakkale nach İstanbul durch Eceabat (12,50 €, 5 Std.).

Die Fähre Çanakkale–Eceabat (0,85 €, Fahrräder 2 €, Autos 5,50 €, 25 Min.) fährt zwischen 7 Uhr und Mitternacht zu jeder vollen Stunde (im Sommer alle 30 Min.), und zwischen 1 und 6 Uhr viermal in beide Richtungen.

Stündlich fahren Busse oder Minibusse nach Gelibolu (1,70 €, 1 Std.). Im Sommer steuern mehrere Minibusse täglich den Fährkai in Kabatepe (1,10 €, 15 Min.) an der Westküste der Halbinsel an. Man kann sich am Kabatepe Informationszentrum & Museum oder unten an der Straße rauf nach Lone Pine und Chunuk Bair absetzen lassen.

Es fahren auch Minibusse die Küste hinunter nach Kilitbahir (0,55 €, 10 Min.).

KİLİTBAHİR

Von Çanakkale setzt eine kleine Fähre nach Kilitbahir über. Der „Schlüssel zum Meer" ist ein winziger Fischerhafen, der von einer massiven **Burg** (Eintritt 1,10 €; ⏰ Mi–So 8.30–12 & 13.30– 18.30 Uhr) beherrscht wird. 1452 ließ sie Mehmet der Eroberer bauen, und ein Jahrhundert später erweiterte Süleyman der Prächtige sie um einen gewaltigen, siebenstöckigen Innenturm. Es lohnt sich absolut, hier kurz reinzuschauen – und für die Nervenstarken ist das Rumklettern auf den Mauern ein extra Plus. Anschließend die dahinterliegende Ansammlung von **Bunkern** auschecken.

In Kilitbahir gibt's ein paar kleine Pensionen, Teehäuser, Restaurants und eine Reihe Souvenirbuden für die Tourgruppen. Aber die meisten Leute bleiben nicht lange. Vom Fährkai fahren Minibusse und Taxis nach Eceabat und Gelibolu sowie zum türkischen Kriegsdenkmal bei Abide. Allerdings dauert es vermutlich eine Weile, bis sie voll sind und abfahren.

ÇANAKKALE

☎ 0286 / 75 900 Ew.

Diese ausufernde Hafenstadt ist die betriebsamste in der Region Gallipoli. Hier stoppen mit Abstand die meisten Gruppen und Individualreisenden, die die Schlachtfelder und Gedenkstätten besuchen wollen (für Informationen zu Veranstaltern von geführten Touren s. S. 202). Aber auch wer einfach ein paar nette Tage verbringen will, ist hier richtig. Im Zentrum tobt ein außergewöhnlich lebhaftes Nachtleben, und in den Sommermonaten ist rund um den Hafen viel los.

Çanakkale ist die Basis für alle, die entweder die Ruinen von Troja (s. S. 218) oder die Halbinsel Gallipoli sehen wollen. Und am Wochenende kommen zunehmend auch Türken gerne hierher. Für die freie Auswahl bei den Hotels darum besser unter der Woche kommen.

Orientierung

In Çanakkale spielt sich fast alles im Hafen ab. Direkt am Hafenbecken gibt's eine kleine Post, Geldautomaten und öffentliche Telefone sowie Hotels, Restaurants, Banken und Busunternehmen. Der *otogar* liegt 1 km landeinwärts, direkt neben einem Gima-Supermarkt. Der Weg vom hier zum Zentrum und Hafen ist easy: Am *otogar* links bis zur ersten Ampel und von da den Schildern mit der Aufschrift „Feribot" folgen.

Der Dolmuş-Bahnhof, von wo's nach Troja und Güzelyalı geht, liegt ebenfalls 1 km landeinwärts, unter der Brücke über den Fluss Sarı (Gelber Fluss).

Praktische Informationen

Maxi Internet (Fetvane Sokak 51; 0,55 € pro Std.; ⏰ 10–1Uhr) Das beste der vielen Internetcafés im Zentrum.

Touristeninformation (☎ 217 1187; ⏰ Mo–Fr 8–12 & 13–19 Uhr) Im Hafen; wenig Infos, aber immerhin gibt's meistens einen fotokopierten Stadtplan.

Sehenswertes

MILITÄRMUSEUM

Am südlichen Ende des Kais gibt's einen netten Park im Militärgebiet, wo jetzt das **Militärmuseum** (Askeri Müze; Eintritt 1,70 €; ⏰ Di–Mi

& Fr–So 9–12 & 13.30–17Uhr) untergebracht ist plus aller möglicher Militärkram.

Ein spätosmanisches Gebäude direkt am Meer beherbergt eine interessante Ausstellung über die Schlachten von Gallipoli und ein paar liebevoll drapierte Kriegsrelikte: z. B. verschmolzene Kugeln, die im Flug aufeinanderknallten. Die Chancen, dass so was passiert, stehen eins zu 160 Mio. – eine krasse Vorstellung, wie viel Munition also durch die Luft geflogen sein muss.

In der Nähe liegt ein Nachbau des **Minenlegers** *Nusrat*, der eine heldenhafte Rolle in der Seeschlacht von Çanakkale spielte. Einen Tag bevor die Flotte der Alliierten in die Dardanellen eindringen wollte, meldeten ihre Minenräumboote freie Fahrt. In der Nacht lief die *Nusrat* aus, um lose Minen einzusammeln und wieder zu versenken. Die explodierten dann unter drei alliierten Schiffe, die entweder sanken oder schweren Schaden erlitten.

Mehmet der Eroberer ließ 1452 die gigantische Festung **Çimenlik Kalesi** bauen. Die Kanonen rund um die Steinmauern sind Überbleibsel aus verschiedenen Schlachten; viele wurden in französischen, englischen und deutschen Gießereien produziert. Im Inneren gibt's Erinnerungsstücke an Atatürk und ein paar gute Gemälde der Schlachten von Gallipoli.

ARCHÄOLOGISCHES MUSEUM

Gut 2 km südlich vom Fährableger, an der Straße nach Troja, befindet sich das **Archäologische Museum** (Arkeoloji Müzesi; Eintritt 1,10 €; Di–So 9–17 Uhr).

Die besten Exponate sind die aus Troja und Assos. Aber auch die Fundstücke aus Gräbern in Dardanos, einer antiken Stadt in der Nähe von Çanakkale, sind faszinierend. Leider wirken die Ausstellungsstücke in dem höhlenartigen, fast leeren Gebäude ziemlich verloren. Das Ganze könnte etwas mehr gestylt sein.

Minibusse, die von der Atatürk Caddesi nach İntepe oder Güzelyalı fahren, kommen am Museum vorbei (0,30 €).

NOCH MEHR ATTRAKTIONEN

Der auffällige fünfstöckige osmanische **Uhrenturm** *(saat kulesi)* in der Nähe des Hafens wurde 1897 gebaut: mit Hilfe von 100 000 Francs in Gold, die Vitalis, ein italienischer Konsul und Kaufmann aus Çanakkale, lockermachte, als er in Frankreich starb.

Im **Yalı Hamam** (Çarşı Caddesi; 6–23.30 Uhr für Männer, 8–17 Uhr für Frauen) kostet das ganze Programm ca. 8,50 €.

Auf dem Cumhuriyet Bulvarı, der breiten Hauptstraße, steht ein **Denkmal** mit alten Kanonen aus dem Ersten Weltkrieg. Die Inschrift verrät: „Türkische Soldaten benutzten diese Kanonen am 18. März 1915, um die Unpassierbarkeit der Straße von Çanakkale sicherzustellen". Nicht weit davon prangt ein überdimensionierter Çanakkale-Tontopf – ziemlicher Kitsch aus dem 19. Jh., der aber zunehmend angesagt ist. In Läden in der Stadt gibt's Exemplare von bescheidenerer Größe zu kaufen.

Östlich des Hafens wird die Uferpromenade breiter. Hier begrüßt einen ein abgefahrenes **Trojanisches Pferd** in Originalgröße – so eins wie in dem Film *Troja* (2004). Daneben gibt's ein Modell der antiken Stadt mit ein paar informativen Schautafeln.

Feste & Events

Jedes Jahr im März und April wird in Çanakkale der großen Schlachten von Gallipoli im Ersten Weltkrieg gedacht. Der **Türkische Tag des Sieges** (Çanakkale Deniz Zaferi), an dem osmanische Kanonen und Minen die alliierte Flotte daran hinderten, die Dardanellen zu passieren, wird am 18. März gefeiert.

Die meisten Australier und Neuseeländer kommen am **Anzac Day** am 25. April: Das ist der Jahrestag der alliierten Landung auf der Halbinsel im Jahr 1915. Mit einer Messe in der Morgendämmerung nahe der Anzac-Bucht starten sie in einen Tag voller Gedenkveranstaltungen. Um diese Zeit ist Çanakkale total überlaufen – siehe Kasten S. 201. Wer diesem Datum keine persönliche Bedeutung beimisst, sollte besser zu einem anderen Tag kommen.

Schlafen

Çanakkale hat Hotels für jeden Geldbeutel, außer am Anzac Day. Dann ist Wucher an der Tagesordnung. Wer um den 25. April in die Stadt kommen will, sollte unbedingt vorher die Zimmerpreise auschecken.

BUDGETUNTERKÜNFTE

Anzac House (213 5969; www.anzachouse.com; Cumhuriyet Bulvarı; Bett 5 €, EZ/DZ/3BZ mit Gemeinschaftsbad 8,50/14/17 €;) Nicht zu verwechseln mit dem schickeren Anzac Hotel. Das Anzac House ist für die meisten Backpacker die erste Adresse

THRAKIEN & MARMARA

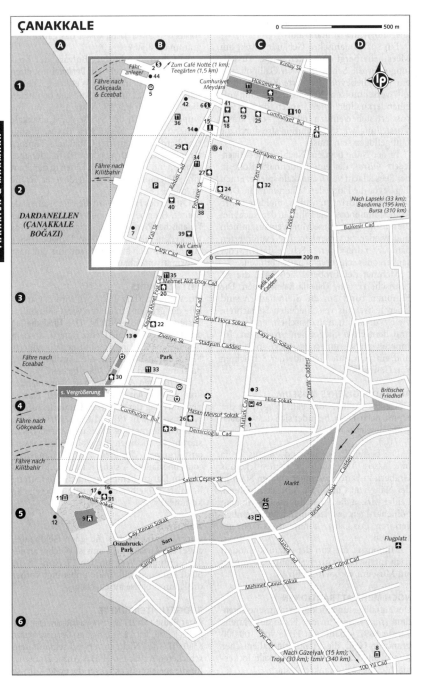

– es ist groß, billig und beherbergt die Büros von Hassle Free Tours. Leider sind viele der Zimmer nicht größer als Besenschränke.

Pansiyon Sera Palas (☎ 217 4240; Cimenlik Kalesi Karşısı; EZ/DZ 13/26 €) Die östlich vom Schifffahrtsmuseum gelegene Familienpension bietet vier erstaunlich große Zimmer. Der Inhaber ist ein professioneller Fremdenführer und spricht super Englisch. Die Duschen sind nicht der Hit, aber die Zimmer sind ihr Geld wert.

Hotel Efes (☎ 217 3256; Aralık Sokak 5; EZ/DZ 14/20 €) Super Hotel hinter dem Uhrturm mit fröhlicher und recht femininer Deko. Die größeren Zimmer für Paare oder Familien (mit TV und rückenfreundlichen Matratzen) sind netter als die Standard-Einzelzimmer, wo die Sanitäranlagen gerne mal lecken. Das Frühstück ist spitze, und hinterm Haus gibt's einen kleinen Garten mit Brunnen.

Yellow Rose Pension (☎ 217 3343; www.yellowrose.4mg.com; Yeni Sokak 5; Bett 5,50 €, EZ/DZ/3BZ 14/22,50/25 €; 🖵) Die helle und nette Pension wird bei Travellern immer beliebter. Sie liegt ruhig und bietet viele Extras: z. B. Waschmaschinen, Gästeküche, Bücherbörse und Videothek. Außerdem haben Fez Travel und Trooper Tours hier Büros.

Hotel İlion (☎ 212 4411; www.hotelilion.com; İnönü Caddesi 151; EZ/DZ/3BZ 23/34/48 €; 🗷) Schmales, zur Halbinsel gelegenes Hochhaus mit ordentlichem Zwei-Sterne-Standard. Die schlichten Zimmer liegen über einer Marmorlobby.

MITTELKLASSEHOTELS
Maydos Hotel (☎ 213 5970; Yali Caddesi 12; www.maydos.com.tr; EZ 22,50–34 €, DZ 45–68 €; 🗷 🖵) Dieses funkelnagelneue Hotel ist das jüngste Projekt der Leute von Hassle Free Tours. Es unterscheidet sich total von den engen Quartieren im Anzac House, v. a. in der super stylischen Lobby mit coolen Sesseln und Plasma-TV. Für den Preis sind die Zimmer ein echtes Schnäppchen.

Anzac Hotel (☎ 217 7777; www.anzachotel.com; Saat Kulesi Meydanı 8; EZ/DZ 25/35 €; 🅿 🗷) Die letzte gründliche Renovierung ist schon eine Weile her, aber das Upgrade zum Zwei-Sterne-Hotel ist noch spürbar. Außerdem liegt es super zentral. In der Lobby gibt's eine Rampe für Rollstühle.

Hotel Temizay (☎ 212 8760; Cumhuriyet Meydanı 15; EZ/DZ/3BZ 25/39/50 €; 🗷) Von außen sieht es nobel aus, aber von innen ist dieses Einsternehotel nicht mehr und nicht weniger als eine anständige, preisgünstige Unterkunft mit winzigen, aber blitzblanken Bädern und ein paar Balkonen zur Straße raus.

Otel Anafartalar (☎ 217 4454; www.hotelanafartalar.com; İskele Meydanı; EZ/DZ 25/40 €; 🗷) Großer rosa Kasten in Spitzenlage: in der Nähe der Fährableger und mit phantastischer Aussicht auf die Meerenge – falls man ein Zimmer nach vorne raus ergattert. Außerdem hat das Anafartalar ein angesagtes Restaurant am Ufer.

Hotel Artur (☎ 213 2000; www.hotelartur.com; Cumhuriyet Meydanı 28; EZ/DZ/3BZ 25/40/50 €; 🗷 🖵) Dieses gehobene Hotel hat eine nett gestylte Lobby mit Internet-Hotspot und Bar. Die großen, modernen Zimmer kommen mit Sofas und den üblichen Annehmlichkeiten; im Untergeschoss gibt's ein Restaurant.

Hotel Helen (☎ 212 1818; www.helenhotel.com; Cumhuriyet Meydanı 57; EZ/DZ/3BZ 25/50/65 €; 🗷 🖵) Das Hotel Helen liegt direkt neben dem Anzac House und versprüht mit seiner Marmorlobby mondän-klassischen Charme. Die Zim-

THRAKIEN & MARMARA

DER TIPP VOM AUTOR

Hotel Kervansaray (☎ 217 8192; www.
hotelkervansaray.org; Fetvane Sokak 13; EZ/DZ/3BZ
25/45/62 €; 🍴 📺) Endlich hat Çanakkales
erstes echtes Boutiquehotel aufgemacht
– und es ist so wunderbar geworden, wie
man es sich nur wünschen konnte. Untergebracht in dem restaurierten Haus eines
Paschas hat es viel vom originalen osmanischen Ambiente bewahrt, sogar in der
TV-Lounge. Die Zimmer haben Stil, ohne
übertrieben zu wirken. Weitere Highlights
sind der einladende Innenhof und Garten.

mer locken vielleicht keine 1000 Schiffe an,
haben aber alles, was der Odysseus von heute
zur Erholung braucht.

Çanak Hotel (☎ 214 1582; www.canakhotel.com; Dibek
Sokak 1; EZ/DZ 28/45 €; 🍴) Eine weitere gute Option der Touristenklasse, direkt hinter dem
Cumhuriyet Meydanı gelegen. Hier gibt's
eine Bar auf dem Dach, ein Spielzimmer und
ein Atrium mit Glaskuppel, das die Stockwerke miteinander verbindet. Die hübschen,
aber unaufdringlichen Zimmer lassen keine
Wüsche übrig.

SPITZENKLASSEHOTELS

Büyük Truva Oteli (☎ 217 1024; www.truvahotel.com;
Mehmet Akif Ersoy Caddesi 2; EZ/DZ/3BZ 44/54/65 €, Suite 81 €;
🍴) In diesen eleganten Drei-Sterne-Schuppen
geht's durch einen diskreten Seiteneingang an
der Uferstraße. Die Zimmer rangieren von
bequem und modern bis zu irgendwie antik
und bieten z. T. einen coolen Meerblick. Auf
der großen vorderen Restaurantterrasse finden
ab und zu besondere Events statt.

Hotel Akol (☎ 217 9456; www.hotelakol.com.tr; Kor-
donboyu; EZ/DZ/3BZ 45/67/89 €, Suite 111 €; 🍴 📺 🍷)
Dieser graue Betonturm voller Balkone liegt
ebenfalls an der Uferstraße und ist von innen
deutlich netter fürs Auge: Hier kann man
den Blick über die Meerenge oder die leicht
schwülstige Lobby im Klassiklook schweifen
lassen. Im Akol kommen v. a. Tourgruppen
unter, und darum herrscht hier bei Verpflegung und Entertainment ein bisschen Mas-
senabfertigung.

Essen

Für einen schnellen Snack oder günstigen
Imbiss gibt's überall in der Stadt kleine Buden
und Läden. Abends versammeln sich Straßen-

verkäufer am Hafen und bieten Maiskolben,
Muscheln und andere einfache Kleinigkeiten
an. Ein paar Geschäfte an der Yalı Caddesi
verkaufen *peynirli helva*: eine lokale Halva-
Variante mit leichtem Käsegeschmack. Die
komplette Uferzone ist voller Restaurants
mit Schankerlaubnis: Auf den Terrassen ist
jeden Abend so lange was los, wie das Wetter
es zulässt.

Köy Evi (Yalı Caddesi 13; Gerichte 0,85–1,70 €; ⏰ 8–
21 Uhr) In diesem winzigen Laden wird gute
türkische Hausmannskost aufgetischt. Vor
den Augen der Gäste bereiten einheimische
Frauen mit Kopftuch *mantı*, *börek* (gefüllter
Blätterteig) und andere Speisen zu.

Özsüt (☎ 213 3773; Kayserili Ahmet Paşa Caddesi
2/A; Kuchen ab 1,10 €; ⏰ 11–23.30 Uhr) Die strenge
schwarz-weiße Aufmachung der Kondito-
reikette steht im totalen Kontrast zu den
phantastischen Süßwaren, die hier verkauft
werden. Wer direkt im Laden essen will, zahlt
mehr. Was sich aber lohnt, weil die Speisen so
hübsch angerichtet werden.

Yemek (☎ 217 0154; Cumhuriyet Meydanı 32; Hauptge-
richte 2–8,50 €; ⏰ 24 Std.) Gegenüber dem Anzac
House gelegener Laden, der rund um die
Uhr offen ist. Hier gibt's schlicht und einfach
Kebap, Pide plus Cafeteria-Gerichte, und ge-
gessen werden kann drinnen und draußen.

Rıhtım Restaurant (☎ 217 1770; Eski Balıkhane
Sokak; Hauptgerichte 2,80–7 €; ⏰ 11–23.30 Uhr) Ein
Klassiker unter den Restaurants am Wasser,
südlich vom Hafen. Das Rıhtım, das nach
seinem Besitzer auch Çekiç genannt wird,
bietet verschiedene türkische und westliche
Speisen sowie die üblichen Fisch- und Fleischgerichte.

Café Notte (☎ 214 9111; Kayserili Ahmet Paşa Caddesi 40/1; Hauptgerichte 4–8 €; ⏰ 11–23.30 Uhr) Mitten
im cooleren Nordteil des Uferstreifens bietet
das „Nachtcafé" ein relaxtes, aber elegantes
Bar-Bistro-Ambiente, eine kosmopolitische
Speisekarte und ein paar anständige Cocktails
(3 bis 5 €).

Hünnaphan (☎ 214 2535; Mehmetçik Bulvarı 21; Hauptgerichte 4,50–8,50 €; ⏰ 11–23.30 Uhr) Für ein gutes
Essen muss man nicht immer den Massen
folgen. In einem purpurroten Haus abseits des
belebten Hafengebiets wartet dieses reizende
Restaurant – mit toll gestalteten Decken,
einem schönen Garten im Innenhof und zwei
halbprivaten Balkonen für Paare. Hier lassen
sich Parkblick, türkische und westliche Gerichte und eine super Weinauswahl genießen
(Flasche 10 bis 140 €). Dasselbe Unternehmen

betreibt ein kleines Hotel in Adatepe, südlich von Çanakkale.

Ausgehen

Neben den Restaurants am Hafen gibt's in Çanakkale auch ein paar ganz tolle Teegärten, v. a. an den strategischen Spots zum Sonnenuntergangbewundern am südlichen und nördlichen Ende des Kais.

Die Stadt hat auch eine ungewöhnlich wilde Clubszene, wo einheimische Jugendliche und Studenten Party machen. Während der Saison werden sie dabei von überkandidelten Travellern von Down Under unterstützt. In vielen Schuppen wird regelmäßig Livemusik gespielt, und am meisten geht rund um Fetvane Sokak ab. Als Mann allein kommt man oft nicht an den Türstehern vorbei, wobei diese Regel bei Touristen gerne mal gelockert wird. Geöffnet sind die Läden in der Regel von 21 bis 1 bzw. 2 Uhr; im Eintritt ist ein Getränk enthalten.

Han Bar (Fetvane Sokak 26; Eintritt 2,80 €) Oben im alten Yalı Han. In diesem total angesagten Musikclub spielen Bands von türkischem Rock bis zur Titelmelodie von *Ghostbusters* so ziemlich alles. Von der Galerie draußen blickt man auf den genauso populären Teegarten im Innenhof.

Hedon (Yalı Caddesi) Der Eingangsbereich dieser weitläumigen Bar kommt im schicken Lounge-Ambiente daher. Das ist aber dahin, sobald man die Tanzfläche sieht, die eher Erinnerungen an Scheunenbälle weckt. Der Eintritt variiert: meistens um die 4 €, wenn eine Band spielt. Auch das Publikum ist mal so, mal so – an einem denkwürdigen Abend musste die Bar früh schließen, weil sämtliche Gäste minderjährig waren!

TNT Bar/Hayal Kahvesi (☎ 217 0470; Saat Kulesi Meydanı 6) Gegenüber dem Uhrturm gelegener Laden mit Bar und Kaffeehaus. Abends tobt hier nicht immer der Bär, aber es gibt Livemusik und kaltes Bier.

Depo (☎ 212 6813; Fetvane Sokak 19; Eintritt 2,80 €) Der größte und wildeste Schuppen an der Fetvane Sokak, mit Lagerhaus-Flair und einem phantastischen offenen Hof voller schriller Sitzsäcke. Im Depo wird v. a. 08/15-Dancefloor aufgelegt.

An- & Weiterreise

BUS & DOLMUŞ

Der *otogar* von Çanakkale liegt 1 km östlich der Fähranleger. Aber da braucht man eigentlich nicht hin, weil die meisten Busse vor den Büros der Busunternehmen in der Nähe des Hafens halten und abfahren. Für alle Fälle hier aber trotzdem eine Wegbeschreibung: Vom Hafen geradeaus ins Inland zur Atatürk Caddesi, da links abbiegen, und nach 100 m kommt rechterhand der *otogar*.

Busfahrkarten gibt's am *otogar* oder in den Büros der Busunternehmen. Es bestehen regelmäßige Verbindungen nach Ankara (19,50 €, 10 Std.), Ayvalık (8,50 €, 3½ Std.), Bandırma (6,10 €, 2½ Std.), Bursa (11,10 €, 4½ Std.), Edirne (11,10 €, 4½ Std.), İstanbul (14 €, 5½ Std.) und İzmir (14 €, 5½ Std.).

Minibusse nach Troja (1,40 €, 35 Min.) und Güzelyalı (0,85 €, 20 Min.) fahren vom separaten Dolmuş-Bahnhof unter der Brücke über den Fluss Sarı ab.

Wer nach Gelibolu will (2,50 €, 1 bis 2 Std.), steigt am *otogar* in einen Bus oder Minibus nach Lapseki und überquert dann mit der Fähre die Dardanellen. Alternativ kann man auch erst die Fähre nach Eceabat oder Kilitbahir nehmen und dann einen Minibus. Durch Lapseki (1,70 €, 30 Min.) fährt jeder Bus mit den Zielen Gönen, Bandırma oder Bursa. Aber besser vorher nachfragen, ob man in Lapseki aussteigen kann.

Traveller von İstanbul nach Çanakkale setzen am besten von Yenikapı mit der Fähre über und nehmen dann in Bandırma den Bus. Das ist einfacher, als sich für einen Direktbus zum abgelegenen *otogar* von İstanbul durchzuschlagen.

Viele Leute kommen mit einer Reisegruppe aus İstanbul nach Çanakkale. Zum Pauschalangebot gehören meistens An- und Abreise, Führungen auf Gallipoli und in Troja und eine Übernachtung (ca. 60 €). Danach kann man entweder nach İstanbul zurückfahren oder sich in İzmir oder Selçuk absetzen lassen.

SCHIFF

Zwei Autofähren überqueren die Dardanellen von Çanakkale zur Halbinsel Gallipoli. Eine fährt nach Kilitbahir, die andere nach Eceabat. Fahrpläne hängen vor dem Fahrkartenschalter im Hafen aus.

Auf S. 204 gibt's Tipps zu den Fähren von Çanakkale nach Eceabat.

Die kleinere Fähre von Çanakkale nach Kilitbahir (0,55 €, Autos 2,80 €, 15 bis 20 Min.) kann nur ein paar Autos mitnehmen.

Von Montag bis Freitag fährt täglich eine Fähre von Çanakkale nach Gökçeada (1,70 €, Autos 10 €, 2½ Std.); Abfahrt um 17 Uhr,

Rückfahrt um 8 Uhr. Aber vorsichtshalber die Abfahrtszeiten vorher noch mal checken!

RUND UM ÇANAKKALE
Güzelyalı

Die kleine Ferienanlage Güzelyalı liegt an einem schmalen Sandstrand südwestlich von Çanakkale. Von der Straße nach Troja gibt's eine Abzweigung hierher. In der Hochsaison, wenn sich in Çanakkale die Massen tummeln, ist das Örtchen eine nette Alternative. Der Blick über die Dardanellen ist phantastisch, weil im Gallipoli-Nationalpark nicht gebaut werden darf.

Tagesausflügler zieht es v. a. zur Strandlocation **Günü Birlik Alan** am anderen Ende der Straße. Hier gibt's Umkleidekabinen, Toiletten, Picknicktische, Sonnenschirme und ein kleines Café. Das Dorf Güzelyalı selbst hat auch ein paar Einrichtungen für Traveller und einen hübschen **Hafen**.

SCHLAFEN & ESSEN

Sohbet Camping (☎ 0544 466 5897; Zelte 5 €) Nach Sohbet sind es 1,5 km auf dem Weg, der von Güzelyalı nach Süden führt. Aber die Location ist eine Enttäuschung: Die kleine Bucht ist total verbaut, und überall plärrt laute türkische Popmusik.

Tusan Otel (☎ 232 8746; www.tusanhotel.com; EZ/DZ 50/75 €; ☒ ☎) Das Vier-Sterne-Hotel Tusan ist eine Ansammlung von flachen grünen Hütten und traumhaft gelegen: am Hang unter Pinien und mitten in einem Landschaftsgarten direkt hinter Günü Birlik Alan. Die Zimmer sind ziemlich modern eingerichtet und haben TV, Minibar plus Balkon. Auf dem Hotelgelände gibt's einen „English Pub", und zum Meer sind's nur ein paar Stufen hinunter.

Ida Kale Resort Hotel (☎ 232 8332; www.kaleresort. com; EZ/DZ 70/100 €; ☒ ☎) Die Pseudo-Burg wirkt ein bisschen lächerlich, aber die superschön gefliesten Zimmer machen den Eindruck schnell wett – v. a. die individuell gestylten Bäder und der Blick auf Pool und Meer. Ein paar Zimmer sind behindertengerecht; in der Nebensaison nach Rabatt fragen.

Koşebaşı (☎ 232 8314; Gerichte ab 2,80 €) Netter rustikaler Teegarten mit Café gegenüber der kleinen Moschee von Güzelyalı.

AN- & WEITERREISE

Mindestens einmal pro Stunde fährt ein Dolmuş von Çanakkale nach Güzelyalı (0,85 €, 20 Min.).

GÖKÇEADA
☎ 0286/8900 Ew.

Die felsige, dünn besiedelte Insel Gökçeada (auch „Windige Insel" genannt) liegt am Eingang der Dardanellen. Sie ist die größte türkische Insel und eine von nur zwei bewohnten Ägäisinseln der Türkei. Mit 13 km Länge und 30 km Breite ist sie nicht super groß, aber voller atemberaubender Landschaften.

Ursprünglich hieß die Insel İmvros und wurde früher v. a. von Griechen bewohnt. Im Ersten Weltkrieg war Gökçeada eine wichtige Basis für den Gallipoli-Feldzug. Der Befehlshaber der Alliierten, General Ian Hamilton,

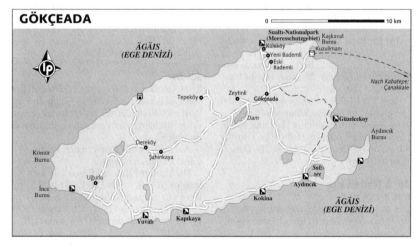

GÖKÇEADA

KÄSEGESCHICHTEN

Wer auf dem Seeweg nach Kuzulimanı kommt, sollte nach der Felsformation südlich vom Hafen Ausschau halten, die aussieht wie ein gigantischer Stapel von Käselaiben: das ist Kaşkaval Burnu, das die Einheimischen auch Peynir Kayalıklari (Käseklippen) nennen.

Klar gibt's auch eine Story zu dieser Laune der Geografie, die selbst für türkische Verhältnisse ziemlich crazy ist. Der Legende nach lebte hier an der Küste eine geizige alte Frau mit ihren großen Schaf- und Ziegenherden. Aus deren Milch machte sie riesige Mengen Käse. Statt nun aber ihren ärmeren Nachbarn was davon abzugeben, stapelte sie alle Käselaibe aufeinander – in der Hoffnung, so bis zum Himmel zu kommen. Als Gott diese Selbstsucht sah, wurde er furchtbar böse und schickte einen gigantischen Schneesturm, der sowohl die alte Frau als auch ihren Käseberg gefrieren ließ. Es erübrigt sich fast zu erwähnen, dass aus dem gefrorenen Käse die Felsen wurden, die man heute sieht.

Und die Moral von der Geschicht'? Lerne zu teilen und leg dich nicht mit dem Oberkäse an, denn sonst ereilt dich Goudas Zorn. Und wer will schon als Roquefort-mation enden?!

---

quartierte sich nämlich in dem Dorf Aydıncık (früher Kefalos) an der Südostküste der Insel ein. Zusammen mit ihrer kleineren Nachbarin Bozcaada (S. 219) ging Gökçeada 1923 an die Türkei, aber die griechische Bevölkerung durfte bleiben. Erst in den 1950er-Jahren wurde sie wegen des Zypern-Konflikts von der türkischen Regierung vertrieben. Darum leben heute bloß noch ein paar Griechen auf Gökçeada.

Die Leute auf der Insel verdienen ihren Lebensunterhalt v. a. mit Fischerei, Landwirtschaft auf dem schmalen Streifen fruchtbarer Erde rund um die Stadt Gökçeada und Tourismus. Abgesehen von den halb verlassenen griechischen Dörfern, Olivenhainen und Pinienwäldern hat die Insel auch super Strände und spektakuläre zerklüftete Berge zu bieten. Noch gehört sie zu den wenigen Ägäisinseln, die vom Massentourismus verschont geblieben sind.

Die vielen neugebauten Unterkünfte sind ein eindeutiges Zeichen dafür, dass die ausländischen Urlauber mehr werden. Aber bisher sind die meisten Besucher noch gutbetuchte İstanbuler oder ehemalige griechische Inselbewohner und deren Nachfahren. An öffentlichen Transportmitteln gibt's nur Taxis und ein paar Buslinien. Wer also etwas mehr ausgeben kann, findet auf Gökçeada die perfekte Zuflucht.

Praktische Informationen

Die meisten Dinge, die das Leben einfacher machen – z. B. Geldautomat, Taxis, Internetcafés und ein kleines Kino – gibt's in Gökçeada-Stadt, wo 85 % der Inselbevölkerung leben. Die einzige Tankstelle der Insel liegt 2 km vom Ortszentrum entfernt an der Straße nach Kuzulimanı.

Die **Touristeninformation** (☎ 887 4642; www. gokceada.com; Barbaros Caddesi 56) ist in der Nähe des Hafens von Kaleköy. Aber als wir dort waren, hatte sie geschlossen.

Sehenswertes

Gökçeada-Stadt ist zwar praktisch, aber nicht besonders schön. Auch wenn sich am Hang hinter dem Hauptplatz die bröckelnden Überreste des alten Dorfes verstecken.

Die meisten Besucher steuern direkt **Kaleköy** an. Hier gibt's einen kleinen Beach, der ganz okay ist, ein altes Stadtviertel am Berg und die Überreste einer osmanischen Festung. Das Hafenviertel wurde allerdings durch ein riesiges neues Resort-Hotel verunstaltet. Und ein Yachthafen ist auch schon in Planung. Die Küstenlinie zwischen Kuzulimanı und Kaleköy ist **Meeresschutzgebiet** (Sualtı Milli Parkı).

An der Südküste liegen die kleineren Badeorte **Kapıkaya**, **Kokina** und **Yuvalı,** wo man aber nur mit eigenem Transportmittel hinkommt.

Weiter Richtung Westen kommen die griechischen Dörfer **Zeytinli** (3 km westlich von Gökçeada), **Tepeköy** (10 km westlich) und **Dereköy** (15 km westlich). Um gegen Piratenüberfälle gewappnet zu sein, wurden sie alle an die Hänge des Haupttals der Insel gebaut. Heute sind viele der Häuser verlassen und zerfallen langsam. Auch die Kirchen sind in der Regel dicht. Trotzdem profitieren Tepeköy und Zeytinli mit ein paar ausgefallenen Unterkünften zunehmend von den Segnungen des Tourismus, im kleinen

Maßstab. Ein Abstecher zu den zwei Dörfern lohnt sich – v. a. Tepeköy ist absolut hinreißend: es liegt mitten im Grün und Grau der Geröllberge und bietet einen phantastischen Blick über Dörfer, Täler und Seen bis zum Meer. Außerdem weht auf dem Dorfplatz und im Schatten der weinberankten Tavernen ein Hauch von Griechenland.

Die Straße nach Westen führt in das winzige Dorf **Uğurlu**. Hier gibt's aber außer einem weiteren kleinen Strand nix Tolles zu sehen.

Feste & Events

Während des **Yumurta Panayırı** (Eier-Festes) in der ersten Juliwoche kehren viele ehemalige griechische Bewohner, darunter auch der derzeitige orthodoxe Patriarch von İstanbul, auf die Insel zurück.

Schlafen & Essen

Die gute alte *ev pansiyonu* (private Pension) – andersWo so gut wie ausgestorben – erfreut sich auf Gökçeada noch großer Beliebtheit. Einheimische bieten Reisenden oft und gern ein Zimmer mit Frühstück in ihrem Haus an (für ca. 8,50 € pro Pers.). In Yeni Bademli ist das offenbar besonders beliebt: Hier klebt an fast jedem Haus ein Schild mit der Aufschrift *pansiyon*!

Einzelzimmer sind allerdings Mangelware, v. a. in der Hochsaison im Juli und August.

GÖKÇEADA

Otel Taşkın (☎ 887 2880; Zeytinli Caddesi 9; EZ/DZ/3BZ 14/23/31 €) Das bessere der beiden zentral gelegenen Hotels von Gökçeada. Es ist neu, hat eine Fassade aus blauem Mosaik und gute, preisgünstige Zimmer mit TV, Balkon und viel Licht. In den Dreibettzimmern können problemlos auch vier Leute schlafen. In der Hochsaison (15. Juli bis 31. August) werden pro Person 2,80 € draufgeschlagen.

Essen kann man u. a. im **Meydan Restaurant** (☎ 887 2393; Hauptgerichte 1,70–8,50 €) hinter dem Hauptplatz: das Lokal hat eine Terrasse und ist mit lauter internationalen Flaggen geschmückt. Oder im **Taylan Aile Lokantası** (☎ 887 2451; Atatürk Caddesi; Hauptgerichte 1,70–6 €) neben dem Pegasus Otel. In beiden Lokalen stehen die üblichen türkischen Gerichte auf der Karte. Snacks, Eis oder Dessert gibt's im nahe gelegenen **Meydanı Café** (Atatürk Caddesi). In dem großen und luftigen Raum nudelt eine Musikbox für die jungen Gäste.

KALEKÖY

Yakamoz Pansiyon (☎ 887 2057; EZ/DZ/3BZ 17/28/34 €) Terrassenförmig angelegte Pension am Hang mit Blick auf den Hafen von Yukarı Kaleköy (Ober-Kaleköy) und netter Restaurantterrasse.

Gökçe Motel (☎ 887 2726; EZ/DZ 14/28 €) Diese skurrile Option am Fuß des Berges kurz vor dem Hafen ist eher eine Ansammlung von kleinen Gartenhütten als ein Motel. Solarenergie, superweiße Bettwäsche und Gästeküche inklusive.

Kale Motel (☎ 887 4404; www.kalemotel.com; Barbaros Caddesi 34; Zi. 11–70 €; ⚇) Das wohl beste der sechs Hotel-Restaurants im Hafen von Kaleköy, aber die anderen sind auch nicht schlecht. Es punktet mit kühlen Marmorkorridoren, viel Auswahl bei den Zimmern und breiten Gemeinschaftsbalkonen. Außerhalb der Saison gibt's ordentlich Rabatt auf die Zimmerpreise.

Gökçeada Resort Hotel (☎ 887 4040; www.gokceadaresorthotel.com; Barbaros Caddesi 16; EZ/DZ/3BZ HP 50/67/89 €; ⚇ 🖥 🛁) Das Resort ist nicht gerade ein Kandidat für einen Architekturpreis. Aber wer Wert auf viel Service legt, ist hier richtig: Auf dieser Seite der Insel gibt's sonst kein Hotel mit Fitness-Center, Sauna, Frisör, Basketballplatz und Bar auf dem Dach.

ZEYTİNLİ

Zeydali Hotel (☎ 887 3233; www.zeydalihotel.com; EZ/DZ 42/70 €, Juli & Aug. 49/84 €; ⚇) Über Kopfsteinpflaster geht's in Schlangenlinien durch Zeytinli rauf zu diesem angenehm stilvollen Hotel. In dem restaurierten Steinhaus gibt's im Erdgeschoss auch ein Restaurant. Die Zimmer sind kreativ mit einem Mix aus alt und neu eingerichtet. Im Winter macht das Hotel zu – dann wohnen im ganzen Dorf nur ca. 80 Leute.

TEPEKÖY

Barba Yorgo Pension (☎ 887 4247; www.barbayorgo.com; EZ/DZ 17/34 €; ☽ Mitte April–Mitte Sept.) Keine echte Pension, sondern eine Gruppe nett restaurierter Häuser am Hang. Mit Holzböden, Spatzen in den Dachsparren und einem finsteren Berg direkt nebenan, der nur auf einen morgendlichen Aufstieg wartet. Im Voraus zu reservieren ist ein guter Tipp, v. a. im August – denn der Weg zurück ist lang, wenn die Hütte ausgebucht ist!

Die Inhaber betreiben auch die Taverne im Dorf, ein sehr sympathisches Monopol. Ein Essen kostet hier zwischen 1,70 und 14 €

und auf der Karte stehen u. a. viele Meze und frischer Fisch. Ein Muss ist der leichte Inselwein!

An- & Weiterreise

Es gibt zwei Schiffsverbindungen nach Gökçeada: eine von Kabatepe auf der Nordseite, die andere von Çanakkale auf der Südseite der Dardanellen. Der Sommerfahrplan ist ziemlich zuverlässig, aber im Winter können die Schiffe manchmal bis zu zehn Tage lang nicht auslaufen, weil der Wind so stark pustet.

Von Montag bis Freitag setzt täglich eine Fähre von Çanakkale nach Gökçeada über (1,70 €, Autos 10 €, 2½ Std.); sie legt um 17 Uhr ab und kommt um 8 Uhr zurück.

Von Kabatepe geht täglich um 11 und um 18 Uhr eine Fähre nach Gökçeada (1,40 €, Autos 8,50 €, 1¾ Std.); sie kehrt um 7 und um 16 Uhr wieder nach Kabatepe zurück. Fahrkarten gelten auch für die Fähre Eceabat–Çanakkale, die Überquerung der Meerenge kostet also nicht noch mal extra.

Unterwegs vor Ort

Die Fähren legen in Kuzulimanı an, wo normalerweise Minibusse warten. Die bringen einen entweder ins 6 km entfernte Gökçeada (0,85 €, 15 Min.) oder auch gleich ins 5 km weiter nördlich gelegene Kaleköy (1,70 €, 30 Min.). Zwischen Kaleköy, Gökçeada und Kuzulimanı fährt ca. alle zwei Stunden ein Bus, der sich allerdings nicht immer an den Fahrplan hält.

Ansonsten ist es ziemlich kompliziert, ohne eigenes Fahrzeug auf der Insel rumzukommen. Ein Taxi von Gökçeada nach Kaleköy oder Zeytınlı kostet ca. 2,80 €, nach Tepeköy 5,50 € und nach Uğurlu 12 €.

Nordägäis

Die Nordägäis hat ein paar der blutigsten Schlachten in der Geschichte der Menschheit gesehen – Ruinen und Trümmer beweisen das. Aber heute ist sie ein sehr friedliches Fleckchen Erde.

Wer auf kurvigen Bergstraßen durch die herrlich duftenden Pinienwälder fährt, muss immer mal ganz plötzlich stoppen. Um eine türkische Schildkröte vorbeizulassen oder einen Schafhirten mit seiner wolligen Truppe. Bauern mit dicken Schnauzbärten sitzen am Straßenrand und verkaufen Honig. Und auf den Wiesen sammeln Frauen in schweren Röcken und bunten Kopftüchern Kräuter für den abendlichen Eintopf.

Hinter der nächsten Kurve lockt vielleicht zwischen den Klippen eine geschützte Bucht oder ein Strand. Die Ägäis, über der sich der Himmel im Laufe des Tages immer mehr verdunkelt, bildet eine tolle Kulisse für die alten Steinhäuser der Bergdörfer. Und draußen auf dem Meer ziehen im Dunst der Nachmittagshitze ein paar *gület* (Holzyachten) langsam nach Osten.

Die Region hat so ziemlich alles zu bieten: berühmte antike Stätten wie Pergamon, charmante, relaxte Badeorte wie Foça, Yeni Foça oder Sığacık, Bilderbuchdörfer wie Alaçatı und atemberaubende Landschaften wie die der Biga-Halbinsel.

Dann gibt's da noch die entspannte Insel Bozcaada, die ultimative Inselidylle mit super Stränden, leckeren Weinen und hübschen Pflasterstraßen. Und das quirlige İzmir mit seinem trubeligen Basar, jeder Menge Cafés, Bars und einer faszinierenden Altstadt, wo die Uhren still zu stehen scheinen. Viele Traveller finden die Leute im Norden auch freundlicher als deren öfter besuchte Nachbarn im Süden – und die Chancen stehen gut, in den Genuss der legendären türkischen Gastfreundschaft zu kommen. Die Nordägäis lässt einfach keine Wünsche offen.

NORDÄGÄIS

HIGHLIGHTS

- Durch die Ruinen **Pergamons** (S. 232) streifen – es sind mit die magischsten in der Ägäis
- Durch die gepflasterten Gässchen von **Alaçatı** (S. 257) bummeln und in den Boutiquehotels im Luxus schwelgen
- Im wunderschönen **Bozcaada** (S. 219) Zeit vertrödeln oder den Dorfwein genießen
- Die Seele von **İzmir** (S. 242) auf dem wuseligen Basar und in der verführerischen Altstadt ergründen
- Durch das hübsche Fischerdorf **Foça** (S. 240) schlendern und am Meeresufer Fisch essen
- Den tollen **Athenatempel** (S. 223) bei Behramkale und seine Lage am Meer bewundern

BANDIRMA
☎ 0266/109 670 Ew.

Die Hafenstadt Bandırma ist eine der vielen türkischen *betonvilles* (Betonstädte), die im 20. Jh. urplötzlich aus dem Boden gestampft wurden. Aber sie ist gleichzeitig ein wichtiger Verkehrsknotenpunkt der Region. Und darum kommt wahrscheinlich kein Fernreisender an ihr vorbei: Hier haben die Züge aus İzmir Anschluss an die Fähre Bandırma—İstanbul.

Der *otogar* (Busbahnhof) befindet sich 1,8 km südöstlich vom Zentrum an der Hauptschnellstraße und wird von *servis* (Mini-Shuttlebussen) aus dem Zentrum angefahren.

NORDÄGÄIS

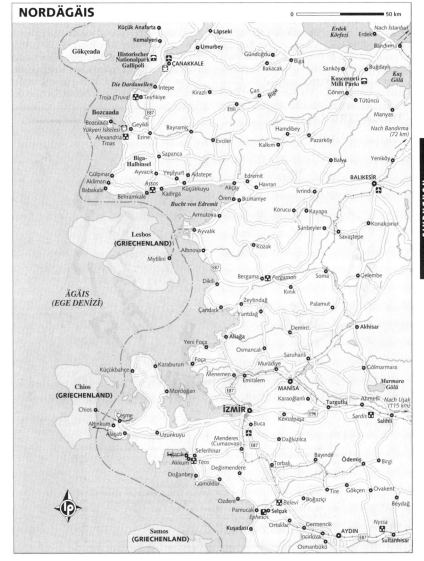

NORDÄGÄIS

An- & Weiterreise

Täglich verbinden mindestens zwei **Schnell-fähren von İstanbul Deniz Otobüsleri** (İDO; ☎ 444 4436; www.ido.com.tr; pro Auto 52,50 €, pro Fußgänger oder Passagier 12 €) Bandırma mit den Yenikapı-Anlegern in İstanbul (2 Std.). Der Service ist super: nummerierte Sitzplätze, Snackwagen, die frischen Orangensaft und Käsekuchen verkaufen, eine Business-Class-Lounge und ein Lift für Passagiere mit Handicap.

Theoretisch wartet die Fähre auf den Morgenzug aus İzmir, aber praktisch tut sie das nur von Mitte Juli bis August. Den Rest des Jahres muss man in Bandırma ein paar Stunden totschlagen.

Der *Marmara Ekspresi* zum Bahnhof Basmane in İzmir (8,35 €, 6½ Std., 342 km) fährt täglich vom Bandırma *gar* (Hauptbahnhof) um 16.02 Uhr ab und kommt um 22.39 Uhr in İzmir an.

Bandırma liegt auf halbem Weg auf der Busstrecke zwischen Bursa (5,55 €, 2 Std., 115 km) und Çanakkale (6,65 €, 2¾ Std., 195 km).

TROJA (TRUVA) & TEVFİKİYE
☎ 0286

Die Ruinen des antiken Troja sind vielleicht nicht so atemberaubend wie die von Ephesos (Efes; S. 268) oder Afrodisias (S. 353). Aber für alle, die die *Ilias* von Homer gelesen oder vom legendären Trojanischen Krieg gehört haben, sind sie so getränkt von faszinierender Geschichte wie kaum ein anderer Spot auf der

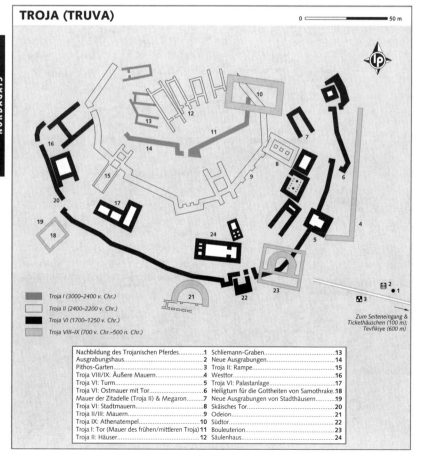

TROJA (TRUVA)

0 — 50 m

Troja I (3000–2400 v. Chr.)
Troja II (2400–2200 v. Chr.)
Troja VI (1700–1250 v. Chr.)
Troja VIII–IX (700 v. Chr.–500 n. Chr.)

Zum Seiteneingang &
Tickethäuschen (100 m);
Tevfikiye (600 m)

Nachbildung des Trojanischen Pferdes	1	Schliemann-Graben	13
Ausgrabungshaus	2	Neue Ausgrabungen	14
Pithos-Garten	3	Troja II: Rampe	15
Troja VIII/IX: Äußere Mauern	4	Westtor	16
Troja VI: Turm	5	Troja VI: Palastanlage	17
Troja VI: Ostmauer mit Tor	6	Heiligtum für die Gottheiten von Samothrake	18
Mauer der Zitadelle (Troja II) & Megaron	7	Neue Ausgrabungen von Stadthäusern	19
Troja VI: Stadtmauern	8	Skäisches Tor	20
Troja II/III: Mauern	9	Odeion	21
Troja IX: Athenatempel	10	Südtor	22
Troja I: Tor (Mauer des frühen/mittleren Troja)	11	Bouleuterion	23
Troja II: Häuser	12	Säulenhaus	24

DER TROJANISCHE KRIEG

Jeder kennt die Story vom Trojanischen Krieg – zumindest von der Leinwand, mit Brad Pitt in der Hauptrolle. Hier eine kurze Nacherzählung: Der trojanische Prinz Paris entführt die attraktive Helena – und behauptet, Aphrodite habe sie ihm versprochen. Helena ist aber schon mit Menelaos, dem König von Sparta, verheiratet, der das alles gar nicht komisch findet. Er bittet die Griechen um Hilfe. Und das ist der Anfang der jahrzehntelangen Schlacht.

Hektor tötet Patroklos. Achilles tötet Hektor. Paris tötet Achilles. Von dem permanenten Blutvergießen genervt und sauer wegen der erfolglosen Belagerung, schmieden die Griechen schließlich einen Plan. Sie bauen ein riesiges hölzernes Pferd, stecken ihre Soldaten hinein und rollen es vor die Tore Trojas. Nachdem die gutgläubigen Trojaner das Pferd in die Stadt geholt haben, klettern die griechischen Soldaten nächtens raus und stecken Troja in Brand. Damit geht die Stadt endlich an die Griechen.

Dass Homers berühmte Epen mehr Sage als Geschichtsschreibung sind, weiß jedes Kind. Einige Historiker behaupten sogar, das Erdbeben im Jahr 1250 v. Chr. ließ die mächtigen Mauern von Troja einstürzen. Und weil sie Poseidon ihre Dankbarkeit beweisen wollten, konstruierten die Griechen offenbar tatsächlich etwas ziemlich abgefahrenes: die monumentale hölzerne Statue eines Pferdes …

Welt. Eigentlich klar, dass Troja einer jener Orte in der Türkei ist, die zum Unesco-Weltkulturerbe gehören.

Wer heute Troja besichtigen will, kommt vorher durch eine Gegend, die früher Troas hieß und aus wogenden Kornfeldern und vereinzelten Dörfern besteht. Aber bis der deutschstämmige kalifornische Hobbyarchäologe Heinrich Schliemann (1822–90) auftauchte, hatte niemand geglaubt, dass die phantastischen Storys von Homer mehr sind als tolle Legenden. Die osmanische Regierung erlaubte Schliemann, an einer Stelle zu buddeln, die Homers Beschreibungen von Troja ähnelte und wo bereits Teile von Ruinen entdeckt worden waren. Schliemann legte bei seinen Ausgrabungen, die er aus eigener Tasche bezahlte, vier antike Städte frei, zerstörte dabei aber auch mehr oder weniger drei weitere.

Vor Ort wird Schliemann abfällig als Schatzjäger bezeichnet, der eigentlich keine Ahnung von ärchäologischer Arbeit hatte. Und in der Tat war er v. a. auf den Schatz des Priamos scharf. Am letzten Tag der Ausgrabungen stieß er tatsächlich auf Gold – das allerdings nicht aus der Zeit von Homers Troja stammte, wie Schliemann gerne glauben wollte. Das Gold gehörte einer Königin oder Prinzessin, die viel früher in Troja II gelebt hatte. Schliemanns Schatz verschwand während des Zweiten Weltkriegs und tauchte erst vor kurzem in Russland wieder auf. Jetzt liegt er im Puschkin-Museum in Moskau, und es wird heftig darum gestritten, wem er gehört.

Seit einiger Zeit ist Troja am Wochenende auch eine angesagte Partylocation für Schüler. Wer sich selbst einen Gefallen tun will, besichtigt die Ruinen darum besser unter der Woche.

Geschichte

Die Ausgrabungsstätte von Troja ist ziemlich schwer zu durchschauen. Denn insgesamt kamen bei der Buddelei neun übereinander gebaute antike Städte zu Tage; die älteste stammt aus der Zeit um 3000 v. Chr. Die ersten Menschen lebten hier in der frühen Bronzezeit. Die Städte Troja I bis Troja V (3000–1700 v. Chr.) hatten alle eine ähnliche Kultur. Aber mit Troja VI (1700–1250 v. Chr.) gab's einen Bruch. Die Bevölkerung dieser Siedlung hatte indoeuropäische Wurzeln und war mit den Mykenern verwandt. Die Stadt hatte jetzt doppelte Größe und betrieb einen schwunghaften Handel mit Mykene. Als Verteidigungsposten an den Dardanellen kontrollierte sie auch den lukrativen Handel mit den griechischen Kolonien im Schwarzen Meer.

Die Archäologen sind sich nicht einig, ob König Priamos, der beim Trojanischen Krieg kräftig mitmischte, über Troja VI oder Troja VII regierte. Die meisten glauben aber, dass es Troja VI war. Ihrer Meinung nach beschleunigte das Erdbeben, das die Mauern der Stadt im Jahre 1250 v. Chr. zum Einstürzen brachte, den Sieg der Griechen.

Troja VII existierte von 1250 bis 1000 v. Chr. Möglicherweise hatten die Griechen die Stadt

1240 v. Chr. niedergebrannt. Um 1190 v. Chr. wurde sie von einem Balkanvolk erobert und fiel jahrhundertelang in Tiefschlaf. Dann erwachte Troja als griechische Stadt (Troja VIII, 700–85 v. Chr.) und später als römische Stadt (Novum Ilion; Troja IX, 85 v. Chr.–500 n. Chr.) zu neuem Leben. Konstantin der Große spielte mit der Idee, Troja zur Hauptstadt des Oströmischen Reichs zu machen, entschied sich dann aber doch für Byzanz, das er Konstantinopel taufte. Als oströmische Stadt machte Troja nicht mehr viel von sich reden.

Die fehlgeleiteten Ritter des Vierten Kreuzzuges, die über ihre Glaubensbrüder in Konstantinopel herfielen, versuchten zuweilen, ihr Verhalten als Rache für Troja zu rechtfertigen. Und als Mehmet der Eroberer die Stätte 1462 besuchte, behauptete der wiederum, diese Geister zur letzten Ruhe zu betten. Danach verschwand die Stadt einfach aus der Geschichtsschreibung.

Ruinen von Troja

Eintrittskarten für die Ruinen von **Troja** (☎ 283 0536; Eintritt pro Pers./Auto 5,55/2,25 €; ☷ Mai–15. Sept. 8.30–19 Uhr, 16. Sept.–Ende April bis 17 Uhr) gibt's in einem Häuschen 500 m vor dem Ausgrabungsgelände.

Für Führungen (40 bis 50 € pro Gruppe, je nach Größe, 1½ Std.) stehen zwei Führer zur Verfügung; einfach an der Museumskasse oder in den Restaurants nachfragen. Oder schon im Voraus eine E-Mail an Mustafa Askin schicken, der einen Trojaführer geschrieben hat (troyguide@hotmail.com). Illustrierte Führer (5 bis 34 €) und Karten (2,75 €) werden in den Souvenirshops 500 m vor der Stätte verkauft.

Wer sich den Ruinen nähert, stößt als erstes auf eine Mega-Nachbildung des Trojanischen Pferdes. Es wurde vom türkischen Ministerium für Tourismus und Kultur aufgestellt und ist für Kinder inzwischen eine tolle Attraktion an und für sich.

Das **Ausgrabungshaus,** das auf der rechten Wegseite liegt, wurde früher von archäologischen Teams benutzt. Heute gibt's hier Modelle und dazu eingeblendete Bilder, die einen Eindruck davon vermitteln, wie Troja zu verschiedenen Zeitpunkten ausgesehen hat. Außerdem wird über die Bedeutung des Troja-Mythos in der abendländischen Geschichte informiert. Gegenüber befindet sich der kleine **Pithos-Garten** mit einer Sammlung

von riesigen Vorratsgefäßen und Abwasserrohren.

Die ganze Ausgrabungsstätte ist immer noch ziemlich unübersichtlich. Aber an dem Rundweg durch die Ruinen gibt's immerhin Informationstafeln, die erklären, wovor man gerade steht.

Am besten steigt man gleich am Anfang die Steinstufen rechts hinauf. Dann kommt man auf die ehemaligen **äußeren Mauern von Troja VIII/IX,** von wo die Befestigungen der **Ostmauer mit Tor** sowie der **Turm von Troja VI** zu sehen sind.

Anschließend geht's die Stufen wieder runter und nach rechts auf dem Pfad entlang der Mauer, bis weitere Stufen kommen. Sie führen auf einen kleinen Hügel rauf. Von dort lassen sich ein paar originale und ein paar rekonstruierte **Mauern von Troja II/III** aus rotem Ziegelstein bewundern. Direkt oberhalb davon befand sich früher der griechisch-römische **Athenatempel.** Heute sind nur noch vom Altar ein paar Spuren übrig.

Der Pfad führt weiter an Überresten der **Mauer des frühen/mittleren Troja (Tor Troja 1)** vorbei. Gegenüber liegen Ruinen der **Häuser von Troja II,** in denen wortwörtlich die „Oberklasse" wohnte – die Armen mussten sich in der Ebene drängeln.

Jetzt geht's am **Schliemann-Graben** vorbei, der sich durch alle Schichten der Stadt zieht. Über eine Holztreppe steigt man an aktuellen Grabungen vorbei runter zu einer großen steinernen **Rampe,** vermutlich dem Eingang zu Troja II.

Gleich um die Ecke stößt man dann auf Mauerteile, die wahrscheinlich zur zweistöckigen **Palastanlage** von Troja VI gehört haben. Danach kommen rechterhand die Überreste eines antiken **Heiligtums** – keiner weiß so recht, welchen Göttern es geweiht war. Später wurde an gleicher Stelle ein neues Heiligtum gebaut, nun offenbar für die Gottheiten von Samothrake. Nicht weit davon stehen die Reste des **Skäischen Tors,** vor dem Achilles und Hektor ihr Duell austrugen – die Schlüsselszene im Film Troja. Schließlich führt der Pfad vorbei am römischen **Bouleuterion** (Rathaus) und dem **Odeion,** wo Musikaufführungen stattfanden. Zu guter Letzt gibt's noch die Steinplatten der Straße, die nach Troja VI führte, zu sehen, bevor man wieder am Ausgangspunkt ist.

Schlafen & Essen

Die meisten Traveller wohnen in Çanakkale (S. 205) und machen bloß einen Abstecher nach Troja. Das Gepäck kann man bei der Kasse oder in einem der Restaurants gegenüber vom Tor abstellen. Aber das nahe gelegene Bauerndorf Tevfikiye, 500 m nördlich vom Tor, ist eine nette Alternative zum eher hektischen Çanakkale; v. a. für Leute, die länger in Troja bleiben wollen.

Varol Pansiyon (☎ 283 0828; EZ/DZ 14/28 €) Mitten im Dorf gelegene, saubere, liebevoll geführte und gemütliche Pension. Die Zimmer sind anständig groß, und Gäste dürfen die Küche mitbenutzen.

Hotel Hisarlık (☎ 283 0026; thetroyguide@hotmail. com; EZ/DZ 21/31 €) Liegt gegenüber vom Tor zu den Ruinen und hat gemütliche Zimmer – alle nach Figuren aus der griechischen Mythologie benannt. Das Restaurant (geöffnet von 8 bis 23 Uhr) serviert gute türkische Hausmannskost. Unbedingt den herzhaften *güveç* (Lamm-Eintopf) oder die köstlichen *imam bayıldı* (gefüllte Auberginen) probieren!

An- & Weiterreise

In Çanakkale starten alle Minibusse vom Dolmuş-Bahnhof unter der Brücke über den Fluss Sarı. Von 9.30 bis 17.30 Uhr fährt halbstündlich ein Dolmuş nach Troja (1,65 €, 35 Min., 30 km).

Von Troja nach Çanakkale fährt in der Hauptsaison zwischen 7 und 17 Uhr und in der Nebensaison zwischen 7 und 15 Uhr zu jeder vollen Stunde ein Dolmuş. Wer den letzten Buss verpasst, kann versuchen, den Minibus vom Hotel Hisarlık (1,65 €) zu bekommen, der die Ladenbesitzer zurück nach Hause bringt. Er fährt in der Hochsaison zwischen 19 und 20 Uhr und in der Nebensaison um 17 Uhr nach Çanakkale.

Die Reisebüros, die Touren zu den Schlachtfeldern von Gallipoli anbieten, haben auch Trips nach Troja im Programm, wenn genug Leute zusammenkommen (ca. 25 € pro Pers.). Das lohnt sich preislich für alle, die gerne eine Führung sowohl auf Gallipoli wie auch in Troja haben wollen. Nähere Infos zu den verschiedenen Veranstaltern gibt's auf S. 202.

BOZCAADA

☎ 0286/2700 Ew.

Die schöne kleine Insel Bozcaada ist die zweite der beiden bewohnten türkischen Ägäisinseln. Und einer jener Orte, an denen man bloß eine Nacht bleiben wollte und dann am liebsten für immer bliebe. Ein Trip auf das Eiland ist eine super Abwechslung zur üblichen Touristenroute.

Anatolische Weinliebhaber haben das windgepeitschte Bozcaada (früher Tenedos) schon immer geliebt. Hier kommen die Weine Ataol, Talay und Yunatçilar her. Und auch heute noch sind die sonnigen Hänge mit Weinstöcken bedeckt. Wie in Bodrum (S. 291) thront auch hier eine gewaltige mittelalterliche Festung über dem Hafen. In ihrem Schatten liegt eine der unverdorbensten Kleinstädte der Türkei: ein enges Labyrinth aus gepflasterten Straßen und malerischen, weinbewachsenen alten Häusern.

Die Insel ist klein (5 bis 6 km breit) und leicht zu erkunden. Entlang der Küstenstraße nach Süden gibt's tolle einsame Strände.

Wichtig zu wissen ist, dass außerhalb der Schulferien (Mitte Juni bis Mitte September) Cafés und Restaurants nur an den Wochenenden und mittwochs aufhaben, wenn auf dem Hauptplatz Markt ist.

Praktische Informationen

In naher Zukunft soll die Insel eine Touristeninformation (und ein paar Informationstafeln) kriegen. Bis dahin kann man in einigen Hotels, Pensionen und Cafés eine schlichte Straßenkarte (0,85 €) kaufen.

In Bozcaada-Stadt gibt's einen Geldautomaten der Ziraat Bankası, direkt neben der Post. Das **Captain Internet Café** (☎ 697 8567; Trüya Sokak; pro Std. 1,10€; 9–Mitternacht) ist brandneu.

Sehenswertes

Bozcaada ist der perfekte Ort zum relaxen. Spezielle Sehenswürdigkeiten gibt's hier nämlich nicht. Die einzige offizielle Touristenattraktion ist die mächtige **Festung** (☎ 0543-551 8211; Eintritt 0,55 €; Mai–Nov. 10–13 & 14–19 Uhr) aus byzantinischer Zeit in Bozcaada-Stadt. Was heute zu sehen ist, sind größtenteils Überbleibsel von Rekonstruktionen der venezianischen und genuesischen Burg, die verschiedene Sultane anordneten. Hinter den doppelten Mauern gibt's Reste einer Moschee, verschiedene Munitionsdepots, eine Kaserne und ein Spital zu besichtigen.

Die **Kirche** im alten griechischen Viertel direkt hinter der Burg ist leider nur selten geöffnet.

Offiziell bieten die **Weingüter** zwar keine Führungen an, aber auf manchen sind Besucher trotzdem willkommen. Das 1948 gegründete **Talay** (☎ 697 8080; www.talay.com.tr;

BOZCAADA

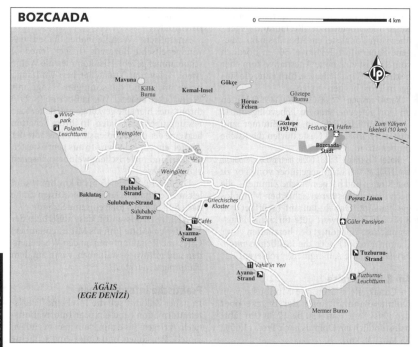

0 _____ 4 km

Lale Sokak 5; 8.30–18 Uhr) gehört dazu. Es liegt eine Straße westlich vom *belediye* an der Lale Sokak. Weinfans können die Abfüllanlage und die Gärbottiche besichtigen und im kleinen Laden gegenüber Wein probieren und kaufen (3,40 bis 11 €).

Die besten **Strände** – Ayana, Ayazma und Habbele – liegen an der Südküste, aber Tuzburnu und Sulubahçe im Osten sind auch ganz okay. Ayazma hat ein paar Cafés und ein kleines, verlassenes **griechisches Kloster** auf dem Berg zu bieten.

Schlafen
BUDGETUNTERKÜNFTE
Im Sommer – v. a. an den Wochenenden – ist es klug, vorher ein Zimmer zu reservieren.

Kale Pansiyon (☎ 697 8617; www.kalepansiyon.net; pro Pers. HS/NS 22/17 €) Die Pension liegt am Hang hinterm Ege Otel und bietet schlichte, aber super saubere Zimmer. Außerdem gibt's ein Frühstücksbüfett (auf einer Terrasse mit phantastischer Aussicht), das alle Traveller einfach grandios finden. Pakize, der Inhaber, ist total nett und macht leckere Marmelade.

Güler Pansiyon (☎ 697 8454; Tuzburnu Yolu Üzeri; pro Pers. 23 €) Das 120 Jahre alte Bauernhaus ist zwar einfach, hat aber das authentische Inselambiente. Außerdem ist die Lage mitten in den Weinbergen spitze. Nur 100 m weiter gibt's einen ruhigen Beach mit Tischen, Sonnenliegen und einer Dusche. Die Pension liegt ca. 2,5 km außerhalb der Stadt an der Straße nach Tuzburnu.

Apart Akarsu Otel (☎ 697 0435; www.akarsuapart pansiyon.com.tr; Gürsel Sokak 36; pro Pers. inkl. Frühstück 25 €;) Hotel mit vier makellosen, ruhigen und geräumigen Einzimmer-Apartments plus einer super Dachterrasse mit Blick auf die Festung und das Meer. Mindestens zwei Wochen im Voraus reservieren!

Gümüs Otel (☎ 697 8252; gumusotel@ttnet.tr; Yalı Caddesi 28; EZ/DZ HS 25/50 €, NS 20/40 €;) Wer woanders kein Zimmer mehr bekommt, kann's hier versuchen. Die Zimmer sind sauber und recht groß.

Rengigül (☎ 697 8171; rengigul2@superonline.com; Atatürk Caddesi 31; EZ/DZ mit Gemeinschaftsbad 28/56 €) Dieses 130 Jahre alte griechische Haus, vollgestopft mit Krimskrams und Antiquitäten, ist supercharmant. Hier gibt's fünf traditionell gestylte Zimmer, und gefrühstückt wird im netten, friedlichen ummauerten Garten.

MITTELKLASSEHOTELS

Otel Ege Bozcaada (☎ 697 8189; www.egehotel.com; Bozjaada Kale Arkası; EZ/DZ 39/78 €; ✶ 10. April–15. Nov; ✹) In einer alten Grundschule aus dem 19. Jh. untergebrachtes Hotel mit 35 cool eingerichteten Zimmern; alle mit dem Namen eines Dichters an der Tür. Sechs Zimmer haben einen Balkon mit tollem Blick auf die Burg.

Otel Kaikias (☎ 697 0250; www.kaikias.com auf Türkisch; pro Pers. €42; ✹) Die Location ist zwar neu, aber so mit antiken griechischen Möbeln, Gemälden und Fotos ausstaffiert, dass sie alt und elegant rüberkommt. In den Zimmern warten Himmelbetten (mit bronzefarbenen Vorhängen!) und Marmorbäder auf einen. Vier haben Aussicht auf die Festung.

Essen

Vahit'in Yeri (☎ 697 0130; Plaj Sokak; Snacks 1,90–5,50 €; ✶ Mitte Mai–Okt. 8 Uhr–Mitternacht) Das Lokal mit Blick auf den Strand bei Ayazma (7 km stadtauswärts) ist gut für einen schnellen Snack oder auch einfach einen Drink in der Dämmerung, bei dem man die Aussicht genießt.

Café at Lisa's (☎ 697 0182; Liman; ✶ 8–21 Uhr) In der südlichen Ecke des Hafens, 200 m vom Fähranleger liegt dieses charmante Café, das von der Australierin Lisa geführt wird. Sie gibt auch das lokale Käseblatt heraus – ist also über alles, was auf der Insel abgeht, bestens informiert! Ein toller Laden für Frühstück (1,95 bis 4,75 €) – Lisas Omelettes sind legendär –, Kuchen (1,95 bis 3 €), Suppe (2,50 €) oder Salat (4 bis 5 €).

Koreli (☎ 697 8098; Yali Caddesi 12; ✶ 9 Uhr–Mitternacht) Nicht weit vom Yakamoz ist dieser nette kleine Imbiss auch eine gute Option. Stammkunden kommen wegen der *köfte* (2,80 €), den frischen Meeresfrüchten wie *kalamar tava* (frittierter Tintenfisch; 5,55 €) und dem gedämpften Fisch (8 € für 0,5 kg).

Yakamoz Restaurant (☎ 697 0398; Yalı Caddesi 10; Fischgerichte 4,45–6,65 €; ✶ 9–1 Uhr) Dieses neue, stimmungsvolle Lokal am südlichen Ende des Hafens ist gerammelt voll mit Einheimischen, die sich hier die super leckeren und günstigen Fischgerichte schmecken lassen.

Sandal Restaurant (☎ 668-1025, Alsancak Sokak 31; ✶ 6.30–22 Uhr) Restaurant mit mediterranem Look, inklusive karierter Tischdecken und einem kompletten Boot an der Wand. Hier gibt's gute Fischgerichte, v. a. die *kalamar tava* (4,50 €) sind ein Traum.

Güverte (☎ 668-9582; İstiklal Caddesi Sokak 7; ✶ 8–22 Uhr) Das Restaurant im Bistro-Stil liegt schräg gegenüber vom Sandal und hat eine ähnliche Speisekarte mit ähnlichen Preisen.

Ada Café (☎ 697 8795; Çınar Çeşme Sokak 4; Gerichte 5–8 €; Köfte 3,45 €, Bier 1,95 €; ✶ Mai–Sept. 8–12 Uhr) Bei den Einheimischen angesagtes Café, wo's auch Frühstück und gute Snacks gibt. Spezialität des Hauses ist ein Likör aus rotem Mohn (8 € pro Flasche).

Lodos Restaurant Café (☎ 697 0545; Postahane Arkası; Hauptgerichte 8–10 €; ✶ Mitte April–Sept. 8.30 Uhr–Mitternacht) Landeinwärts hinter der Post gelegenes, 110 Jahre altes griechisches Haus mit nautischem Flair. Die Qualität des Essens ist legendär – zu den Spezialitäten gehört z. B. *füme ahtapot* (geräucherter Oktopus).

Selbstversorger bekommen auf dem **Bozcaada Tüketim Markt** (☎ 697 8046 Alsancak Sokak 20; ✶ HS 8–1 Uhr, NS 9–21 Uhr) 50 m vom Sandal entfernt frisches Brot, Obst, Käse und Fleisch.

Ausgehen

Polente (☎ 697 8605; Yali Sokak 41; ✶ 21–2 Uhr) Zur Zeit der Recherche war der Laden hinterm Dorfplatz der heißeste Nachtclub von Bozcaada. Hier wird so ziemlich alles aufgelegt, und auf der Tanzfläche tummelt sich ein bunter Mix aus Einheimischen und Travellern (v. a. 20- bis 30-Jährige).

Salhane Bar (Liman Sokak 4; ✶ HS 21–3 Uhr) Das umgebaute Lagerhaus am Hafen ist wohl die hippste Location auf Bozcaada – nett für einen Drink, aber auch zum Tanzen. Richtig ab geht's erst nach Mitternacht.

Café Ali (☎ 697 8001; Çınar Çarşı Caddesi 12; ✶ HS 20–2 Uhr) Dieses Café in der Burg mit Blick aufs Meer ist im Sommer gerammelt voll mit Jugendlichen.

An- & Weiterreise

Die Fähren nach Bozcaada legen vom Yükyeri İskelesi (Yükyeri Hafen), 4 km westlich von Geyikli, südlich von Troja ab. Vom *otogar* in Çanakkale fahren tagsüber alle 45 Minuten Dolmuş nach Geyikli (2,50 €, 1 Std., 55 km); einfach den Fahrer bitten, einen am Hafen abzusetzen. Auf dem Rückweg warten am Hafen Minibusse nach Çanakkale, Geyikli und Ezine.

In der Nebensaison legen im Yükyeri İskelesi um 10, 14 und 19 Uhr Schiffe ab. In der Hochsaison gibt's eine extra Fähre um 21 Uhr sowie von Freitag bis Sonntag eine um Mitternacht. Von Bozcaada zum Yükyeri İskelesi legen die Schiffe in der Nebensaison um 7.30, 12 und 18 Uhr ab. In der Hauptsaison geht zusätzlich um 20 Uhr sowie freitags und sonntags um 23 Uhr ein Fähre. Achtung: das 18-Uhr-Schiff legt im August schon um 16.30 Uhr ab. Rückfahrkarten kosten pro Person/Auto 1,65/12,20 €, die Fahrt dauert 35 Minuten.

Um die Abfahrtszeiten der Fähren noch mal zu checken, einfach den **Fahrkartenschalter Geyikli** (☎ 0286-632 0263) oder **Bozcaada** (☎ 0286-697 8185) anrufen.

Wer aus dem Süden mit öffentlichen Verkehrsmitteln zum Yükyeri İskelesi will, sollte zuerst nach Ezine fahren: Von hier starten dann normalerweise die Minibusse so, dass sie passend zur Fährabfahrt ankommen. In der Hochsaison bieten viele Überlandbusse Anschluss an die erste Fähre, dann also direkt zum Hafen fahren.

Mit öffentlichen Verkehrsmitteln nach Behramkale/Assos zu kommen ist etwas umständlich. Man muss einen Bus vom Yükyeri İskelesi zum *otogar* in Ezine nehmen (1 €, 30 Min.), dann bis zur Schnellstraße Çanakkale–Ayvacık laufen und dort einen Minibus nach Ayvacık anhalten (1,40 €, 30 Min.). In Ayvacık steigt man dann in einen dritten Minibus nach Behramkale (1,40 €, 30 Min.).

Unterwegs vor Ort

In der Hauptsaison pendeln zahlreiche Minibusse zwischen Bozcaada-Stadt und den Stränden in Ayazma, Sulubahçe, Habbele und Mermer Burno (0,85 €, 15 Min.). Eine nette Alternative ist es, per Anhalter mit einem Traktor mitzufahren. Wer von Bozcaada Stadt nach Ayazma laufen will, braucht dafür ca. anderthalb Stunden.

BIGA-HALBINSEL
☎ 0286

Wer mit dem eigenen Transportmittel unterwegs ist, sollte auf jeden Fall einen Abstecher zur abgeschiedenen Biga-Halbinsel machen, sie hat jede Menge berühmte Ruinen zu bieten. Öffentliche Verkehrsmittel gibt's auch, aber man wartet ständig an irgendwelchen Straßenrändern auf Anschlüsse.

Alexandria Troas

10 km südlich von Geyikli kann man einen Blick auf die um das Dorf Dalyan verteilten Ruinen von **Alexandria Troas** (Eintritt 2,50 €) werfen.

Nachdem das Reich von Alexander dem Großen zusammengebrochen war, übernahm Antigonos, einer seiner Feldherren, die Kontrolle über diese Gegend und gründete 310 v. Chr. die Stadt Antigoneia. Später wurde er in der Schlacht von Lysimachus von einem anderen Feldherrn Alexanders geschlagen. Der riss sich die Stadt unter den Nagel und benannte sie zu Ehren seines verstorbenen Königs in Alexandria Troas um. Eine Zeitlang war der Ort römisch besetzt, bis ein Erdbeben fast alles in Schutt und Asche legte.

Archäologen haben hier allerhand Ruinen ausgebuddelt: u. a. vom Theater, Palast, Tempel, Hafen, Nekropole (Friedhof), von der Agora (Marktplatz) und Stadtmauer sowie von mehreren Bädern. Aber für die meisten Leute sind die Details nicht so wichtig – die Stimmung ist einfach phantastisch. Man spürt geradezu, wie die Antike langsam verblasst.

Sporadisch fahren Minibusse zwischen Ezine und Dalyan, und gelegentlich gibt's auch einen Bus vom *otogar* in Çanakkale hierher.

Gülpınar

Gülpınar ist ein verschlafenes Bauerndorf südlich von Geyikli, das außer einer Tankstelle nicht viel zu bieten hat. Aber hier stand früher die antike Stadt **Khrysa**. Die war berühmt für ihren ionischen Tempel aus dem 2. Jh. v. Chr., der Apollo und seinen Mäusen gewidmet war. Ein Orakel hatte Siedlern von Kreta aufgetragen, sich da niederzulassen, wo „die Söhne der Erde" sie angreifen würden. Als sie beim Aufwachen merkten, dass Mäuse an ihren Sachen nagten, nahmen sie das als ein Zeichen und wurden sesshaft. Sie bauten einen Tempel zu Ehren von Smintheion (Gott der Mäuse). Zu Füßen der Kultstatue des Gottes (heute verloren) befanden sich aus Marmor gehauene Mäuse.

Die Überreste des **Apollo Smintheion** (Eintritt 2,80 € inkl. Museum; ☾ 8–17 Uhr) liegen nach 300 m in einer Seitenstraße, die von der Hauptstraße abgeht (aus Richtung Babakale gibt's 100 m hinter der Post ein Schild). In den Ruinen wurden tolle Reliefs mit illustrierten Szenen aus der *Ilias* gefunden. Sie sind im **Museum** (☾ Juli–Ende Aug.) der archäologischen Stätte zu besichtigen.

Nach Gülpınar fahren Busse von Çanakkale und Ezine. Von Gülpınar gibt's Verbindungen nach Babakale (0,60 €, 15 Min.) und weiter nach Behramkale (1,50 €, 1 Std.).

Babakale (Lekton)

Von Gülpınar geht's nach Westen ins 9 km entfernte Babakale. Unterwegs führt die Straße an Neubaugebieten entlang der Küste vorbei. Babakale selbst ist ein kleines Dorf im Schatten einer gigantischen osmanischen **Festung** (gerade restauriert) mit einem hübschen kleinen Hafen.

Die Festung war zum Schutz vor Piraten gedacht und ist was Besonderes, weil sie die letzte osmanische Burg ist, die in der modernen Türkei gebaut wurde. Sonst gibt's in Babakale nicht viel zu sehen. Aber wer einfach ein, zwei Tage relaxen will, ist hier goldrichtig.

Das **Uran Hotel** (☎ 747 0218; EZ/DZ 14/28 €; ⊠) am Meer bietet schlichte, geräumige Zimmer mit einer frischen Brise Seeluft. Drei haben direkten Blick auf den Hafen. Es gibt auch eine große Terrasse mit Aussicht auf die Festungsmauern und ein gutes und super günstiges **Fischrestaurant** (☎ 747 0218; ⊙ 7.30 Uhr–Mitternacht). Die *kalamar* (4 €) sind ein Gedicht!

Busse von Gülpınar (0,60 €, 15 Min.) nach Behramkale (1,50 €, 1 Std.) halten in Babakale.

BEHRAMKALE & ASSOS

☎ 0286

Behramkale ist ein hübsches kleines Dorf, das sich den Berg bis zu den Ruinen des berühmten Athenatempels raufzieht. Ein halbes Dutzend alter Steinhäuser, die zu Hotels umgebaut wurden, hat man Assos getauft. Sie stehen an einem malerischen Hafen, zu dem eine Zickzack-Straße am Ortsrand von Behramkale hinunterführt (s. Kasten S. 224).

Wer kann, sollte von Anfang April bis Ende August die Wochenenden und Feiertage meiden. Dann fallen nämlich Busladungen voller Leuten aus İstanbul und İzmir ein, die alle den Tempel und die Hüdavendigar Camii (Moschee) besichtigen wollen.

Die Dorfbewohner stellen entlang des ganzen Wegs bis zum Tempel idyllische Buden auf und verkaufen Kräuter, Wollsocken und einheimische Kelims (Webteppiche). Die Frauen mit ihren leuchtend bunten Kleidern und Kopftüchern sind Nachfahren von Nomaden – sie wurden von früheren Regierungen gezwungen, in den nahe gelegenen Dörfern sesshaft zu werden.

Geschichte

Die Stadt Assos wurde im 8. Jh. v. Chr. von Siedlern aus Lesbos gegründet. 530 v. Chr. bauten sie dort den prächtigen Athenatempel. Ihre Blütezeit erlebte die Stadt unter Hermias, einem ehemaligen Schüler von Platon, der auch über die Troas und über Lesbos herrschte. Hermias holte viele Philosophen nach Assos, u. a. auch Aristoteles. Dieser lebte von 348 bis 345 v. Chr. hier und heiratete schließlich Hermias' Nichte Pythia. Die ruhmreichen Tage von Assos endeten, als die Perser auftauchten und Hermias kreuzigten.

Alexander der Große vertrieb die Perser zwar, aber Assos bekam Konkurrenz durch den Aufstieg von Alexandria Troas im Norden. Jetzt spielte es nur noch die zweite Geige. Von 241 bis 133 v. Chr. wurde die Stadt von den Königen von Pergamon regiert.

Der Apostel Paulus machte auf seiner dritten Missionsreise kurz Halt in Assos. Er kam zu Fuß aus Alexandria Troas, um hier den Apostel Lukas zu treffen, bevor er mit einem Schiff nach Lesbos übersetzte.

In spätbyzantinischer Zeit schrumpfte die Stadt zu einem Dorf. Türkische Siedler ließen sich nieder und nannten das Dorf Behramkale. Aber erst seit dem Einzug des Tourismus geht's wieder richtig bergauf.

Orientierung & Praktische Informationen

Wer aus Richtung Ayvacık ins Dorf kommt, kann links von der Straße die Hüdavendigar-Brücke aus dem 14. Jh. bewundern. An der Kreuzung führt die linke Straße zum schmuddeligen Beach bei Kadırga (4 km), die rechte nach Babakale und Gülpınar. Weiter geradeaus kommt eine Straßengabelung: Links (bergauf) geht's über eine holprige Straße zum alten Dorf und geradeaus (bergab) zum Hafen.

Die Dorfstraße schlängelt sich an einem kleinen Platz mit Teehaus und einer Büste von Atatürk vorbei, rauf bis zum Gipfel des Berges. Von hier kann man toll rüber zur griechischen Insel Lesbos (Mytilini oder Midilli auf Türkisch) gucken.

Achtung: In Behramkale und Assos gibt's keine Bank, keinen Geldautomaten, keine Post, keine Tankstelle, keine Touristeninformation und keine Apotheke.

Sehenswertes & Aktivitäten

Direkt oben auf dem Berg in Behramkale steht der ionische **Athenatempel** (Eintritt 2,75 €; ⊙ 8 Uhr–Dämmerung) aus dem 6. Jh. v. Chr., der ein paar dorische Elemente hat. Die kurzen, kegelförmigen Säulen mit den einfachen Kapitellen sind nicht besonders elegant – und die Reparaturen aus Beton haben die Sache nicht besser gemacht. Aber die Location und der Blick nach Lesbos sind phantastisch und den Eintritt wert.

Neben dem Eingang zu den Ruinen steht die **Hüdavendigar Camii** aus dem 14. Jh.: eine schlichte osmanische Moschee mit einer Kuppel auf Pfeilern über einem viereckigen Raum. Sie wurde gebaut, bevor die Türken Konstantinopel eroberten und sich bei der Hagia Sophia ein paar architektonische Tricks abguckten. Auf dem Stützbalken über dem Eingang stehen griechische Inschriften. Man hatte wohl ein paar Steine aus einer Kirche aus dem 6. Jh. geklaut. Hüdavendigar ist eine von nur zwei noch existierenden osmanischen Moscheen in der Türkei (die andere steht in Bursa).

Rund um den Berg verlaufen noch Teile der **Stadtmauer** des mittelalterlichen Assos. Sie gehört zu den beeindruckendsten türkischen Befestigungsanlagen aus dem Mittelalter. Wer von hier den Berg runterwandert, kommt zur **Nekropole**. Die Sarkophage („Fleischesser") von Assos waren berühmt: Wenn man Plinius dem Älteren glaubt, war der Stein der Särge ätzend und „fraß" das Fleisch der Toten in bloß 40 Tagen. Außerdem gibt's hier Überreste eines **Theaters** und einer **Basilika** aus dem späten 2. Jh. v. Chr. zu sehen. Durch ein Ausgangstor geht's auf die Straße, die sich hinunter zum Hafen schlängelt.

DAS DORF DER VIELEN NAMEN

Wer Einheimische nach dem Weg fragt oder mit ihnen plaudert, sollte sich der vielen Namen des Dorfes bewusst sein. Assos ist der alte griechische und Behramkale der türkische Name, aber offiziell heißt der Ort Behram Köyü. Die Dorfbewohner sprechen manchmal von *Köyü* („Dorf"), wenn sie die obere Stadt meinen, und von *İskele* („Hafen"), wenn es um die Hafengegend der Unterstadt geht, die auch zu Assos gehört. Sie verwenden aber auch *Yukarıya* („oben"), *Aşağıda* („unten"), *Eski* („alt" – auf dem Berg) und *Yeni* („neu" – wo die modernen Häuser stehen). Kapiert?

Wir danken Diana Elmacioğlu aus Behramkale oder Assos oder woher auch immer, dass sie diese Frage geklärt hat!

Schlafen

Wo man übernachtet, hängt davon ab, ob man den malerischen und lebhaften Hafen von Assos oder das friedlichere und stimmungsvolle Dorf Behramkale bevorzugt.

In der Hauptsaison bestehen fast alle Hotels rund um den Hafen auf *yarım pansiyon* (Halbpension). Aber es ist einen Versuch wert, darüber zu verhandeln – das Essen ist nämlich nicht der Hit.

ASSOS

Çakır Pansiyon (☎ 721 7048; EZ/DZ inkl. Frühstück 14/28 €; HP 20/39 €; Stellplatz pro Pers. 4 €; 🐾) 100 m vom Hotel Assos Deluxe am Wasser entlang liegt diese Pension mit total schlichten, aber sauberen Zimmern in Pressspan-Bungalows. Auf dem kleinen Campingplatz (mit einer Dusche) gibt's drei Zweipersonenzelte zu mieten (10 €). Da die Location direkt am Strand liegt, hört man permanent das Meer rauschen. Zur Pension gehört auch ein charmantes Lokal gleichen Namens, das von Lampions beleuchtet wird.

Hotel Nazlıhan (☎ 721 7385; www.assosedengroup. com; EZ/DZ mit HP ab 31/44 €) Hier treffen Tradition und Moderne aufeinander. Das komfortable Hotel verteilt sich auf zwei Steinhäuser, in denen die Zimmer rund um Innenhöfe liegen. Es gehört zu einer Hotelgruppe und ist gut geführt. Leider sorgen oft Reisegruppen für ziemlichen Trubel.

Yıldız Saray Hotel (☎ 721 7025; www.yildizsaray-hotel. com; EZ/DZ inkl. Frühstück 20/39 €; mit HP 28/56 €; 🐾) Die Zimmer sind zwar eher klein, aber nett und traditionell eingerichtet – und günstig! Alle acht haben Aussicht auf Meer und Hafen; drei teilen sich eine kleine Terrasse. Das Restaurant im Brasserie-Stil hat einen guten Ruf und jedes Jahr im Frühling ein nistendes Schwalbenpärchen zu Gast.

Hotel Assos Kervansaray (☎ 721 7093; www.as soskervansaray.com; EZ/DZ mit HP, HS 61/84 €, NS 39/67 €; 🐾 🖥 🛁) Hier gibt's einen überdachten Innenhof im neoklassischen Stil, um den 22 gemütliche, wenn auch ein bisschen in die Jahre gekommene Zimmer liegen. Alle haben Meerblick. Die Highlights sind ein cooler Pool zwischen den Steinhäusern und ein Stück Privatstrand.

Hotel Assos Deluxe (☎ 721 7017, www.assosgroup. com; EZ/DZ/Suite mit HP ab 47/94/156 €; 🐾) Das ruhigere, ein Stück landeinwärts gelegene Assos Deluxe ist eine Art Boutiquehotel. Die Zimmer sind total geschmackvoll mit orientalischem Touch eingerichtet und haben alle ein Himmelbett. In vieren gibt's auch einen Whirlpool und sechs bieten Meerblick.

Biber Evi (☎ 721 7410, www.biberevi.com; EZ mit HP 110–139 €, DZ 139–167 €; 🖭) Frisch renoviertes altes Steinhaus mit idyllischem Innenhof, Gourmet-Restaurant und kleiner Terrasse mit toller Aussicht. Die Zimmer sind osmanisch-rustikal und haben sogar eine *gusulhane* – in einem Schrank versteckte Waschgelegenheit – und Fußbodenheizung. Übernachtung mit Frühstück kostet pro Person 28 € weniger als der angegebene Preis für Halbpension. In der Zeit von Mitte Juni bis Mitte August muss man mindestens zwei Nächte bleiben.

BEHRAMKALE

Dolunay Pansiyon (☎ 721 7172; EZ/DZ 14/28 €) Diese gemütliche Pension mitten im Dorf hat sechs absolut saubere, einfache Zimmer rund um einen schönen Innenhof. Frühstück mit Aussicht wird auf der netten Terrasse serviert; von hier kann man das Meer sehen.

Timur Pansiyon (☎/Fax 721 7449; timurpansiyon@ yahoo.com; EZ/DZ 17/33 €; 🕒 April–Mitte Sept.) Abgelegen, ländlich und baufällig, wie sie ist, hat die 200 Jahre alte Pension Timur durchaus Ähnlichkeit mit einem Schafstall. Ihr größtes Plus ist die phantastische Lage über dem Dorf, direkt neben dem Tempel, und der tolle Blick übers Meer nach Lesbos (türkisch Lesvos). Die Zimmer haben Charakter, sind aber in ihrer Schlichtheit eher was für Asketen. Ein Drink (Bier 2,75 €) auf der ruhigen, mit Wein bewachsenen Terrasse ist aber in jedem Fall eine feine Sache.

Old Bridge House (☎ 721 7426; www.assos.de/obh; Bett 10 €, DZ HS 50–70 €, NS 30–50 €, Bungalow pro Pers. 15 €; Stellplatz 5 €; 🕒 März–Nov.; 🖭 🖳) Das Old Bridge House in der Nähe der osmanischen Brücke am Ortseingang ist schon lange ein Favorit unter Travellern. Die hilfsbereite und gastfreundliche Inhaberin Diana weiß alles über die Region und gibt gerne Ausflugstipps. Es gibt einen gemütlichen Salon, einen Garten (wo gegrillt und Feuer gemacht wird), eine Bibliothek, Internetzugang, zwei Mountainbikes für alle Gäste, Exkursionen und sogar ein Teleskop, um in den Sternenhimmel zu schauen! Und das alles umsonst. Barbecue oder Abendessen kostet 12,50 € pro Person. In der Nebensaison vorher anrufen.

Eris Pansiyon (☎ 721 7080; www.assos.de/eris; Behramkale Köyü 6; EZ 45 €, DZ 56–67 €; 🕒 April–Nov.) Untergebracht in einem Steinhaus mit schönem Garten am Dorfrand, bietet die Pension Eris (für den Preis) ziemlich simple, aber nette und ruhige Zimmer. Den Nachmittagstee gibt's auf einer Terrasse mit atemberaubendem Blick über die Berge. Außerdem wird hier laut eigenen Angaben das beste Frühstück im Ort serviert. Es gibt auch eine Bibliothek und eine Tauschbörse für Bücher. Und Clinton, der pensionierte amerikanische Inhaber, wartet nur auf ein Stichwort, um einem alles über die Geschichte der Region zu erzählen. Man muss mindestens zwei Nächte bleiben und meist auch eine Kaution hinterlegen.

Assos Konuk Evi (☎ 721 7081; EZ/DZ/3BZ 60/100/150 €) Dieses Hotel in einem charmanten Steinhaus, das nach Adel aussieht, versteckt sich hinter schweren Holztüren. Es überzeugt durch traditionell und stilvoll eingerichtete Zimmer – entweder im Haupthaus oder in den gemütlichen Hütten für Selbstversorger. Vom Garten und von einigen der Zimmer hat man einen coolen Blick auf die Moschee und den Tempel. Die super netten Inhaber sind voller türkischer Gastfreundschaft.

Essen & Ausgehen
ASSOS

Uzunev (☎ 721 7007; meze 2 €; Hauptgerichte 5–6 €; 🕒 10 Uhr–Mitternacht) Das Uzunev gilt als das beste Fischrestaurant im Ort und hat schöne Tische auf der Terrasse und am Wasser. Highlights auf der Karte sind die saftige Spezialität „Wolfsbarsch à l'Aristoteles" (in einer speziellen Brühe gedünsteter Wolfsbarsch) und die super leckeren Meeresfrüchte-Vorspeisen (5,55 bis 6,65 €). In der Hauptsaison wird die Location nach 22 Uhr zur Disko-Bar.

Çakır Pansiyon (☎ 721 7048; meze 1,65 €, Fisch 6–9 €; 🕒 7 Uhr–Mitternacht) Die Pension serviert auch frischen Fisch in ihrem entzückenden Lokal direkt am Wasser: Es sieht aus wie eine Strandhütte und wird von Lampions beleuchtet.

BEHRAMKALE

Assos Kale Restaurant (☎ 721 7430; 🕒 April–Okt. 8–1 Uhr) Das Kale liegt zentral in Behramkale, hat eine nette, schattige Terrasse und ist die perfekte Adresse für eine schnelle Mahlzeit. Hier gibt's gute Hausmannskost zu unschlagbaren Preisen. Unbedingt die köstlichen *mantı* (türkische Ravioli, 1,95 €) und den selbst gemachten cremigen *ayran* (Joghurt) probieren!

Assos Restaurant (☎ 721 7050; Köfte & Kebaps 3,90–4,45 €; Hauptplatz; 🕒 7 Uhr–Mitternacht) Allseits empfohlenes, geliebtes, winziges und super charmantes Lokal mit erstklassiger türkischer Hausmannskost zu fairen Preisen. Auf der Karte stehen nicht weniger als 25 Gerichte, u. a. auch vegetarische. Am coolsten sind die Tische auf der kleinen Terrasse mit Blick auf den Hauptplatz.

Öğretmenin Yeri (Assos Köyüm Restaurant; ☎ 721 7145; Hauptplatz; ☻ Juli–Sept. 7.30 Uhr–Mitternacht) Das Yeri lockt ebenfalls mit leckerer Hausmannskost zu erfreulichen Preisen und macht dem Assos nebenan Konkurrenz.

Biber Evi Restaurant (☎ 721 7410; Biber Evi Hotel; meze 4–7 €, Hauptgerichte im Schnitt 11 €; ☻ 7.30–22 Uhr) Dieses neue Restaurant wurde vor kurzem mit dem dritten Preis für „Beste Meze in der Türkei" ausgezeichnet. Hier wird grandiose türkische Cuisine serviert. Die frischen Zutaten kommen aus dem eigenen Küchengarten und sogar der Fisch ist selbst geräuchert. Der sympathische Inhaber Lütei (ein ehemaliger Schauspieler und Theaterdirektor) präsentiert außerdem auch gerne seine Spitzensammlung von Malt Whiskies.

Wer bloß einen Kaffee oder eine Cola trinken will, ist bei **Assos Aile Çay Bahçesi** (☎ 721 7221; alkoholfreie Getränke 0,85 €; ☻ 7 Uhr–Mitternacht) am Hauptplatz richtig. Auf der netten schattigen Terrasse mit schöner Aussicht werden Drinks und *gözleme* (herzhafte Crêpes 1,40 €) serviert, die ganz okay schmecken.

Shoppen

Behramkale ist eine Toppadresse für traditionelles Kunsthandwerk. Die Sachen werden zwar für den Touristenmarkt gemacht, aber die Qualität ist trotzdem gut und die Preise sind okay. Einen guten Ruf für Teppiche hat **Öz Antik Hanlıcılık** (☎ 618 7480; Kelims 20–350 €; ☻ 9 Uhr bis zur Dunkelheit) an der Hauptstraße, direkt hinterm Hauptplatz. Nach Yusuf fragen.

Guten Silberschmuck, der mit regionalen Mineralien hergestellt wird, gibt's bei **Pyramit** (☎ 721 7207; Schmuckstücke 11–33 €; ☻ 9–17 Uhr). Levent, talentiert und von Beruf Geologe, fertigt 80 % der Stücke selbst an.

Unterwegs vor Ort

Im Sommer gibt's tagsüber einen regelmäßigen Shuttle-Service zwischen Behramkale und Assos (0,55 €), der auch Anschluss an die Busse von Assos nach Ayvacık hat. Bei Bedarf wird ein zusätzliches Dolmuş eingesetzt, das abfährt, wenn es voll ist. Dieses kann auch als eine Art Auftragstaxi fungieren (2,75 € vom

Hafen nach Behramkale). Im Winter fahren Arbeiter hin und her, und man kann normalerweise in einem ihrer Busse mitfahren.

An- & Weiterreise

Es fahren regelmäßig Busse von Çanakkale (3,50 €, 1½ Std.) nach Ayvacık, wo man ein Dolmuş (das abfährt, wenn es voll ist) nach Assos (1,50 €, 20 Min.) nehmen kann.

Eine andere Option ist, von Gülpinar (1,50 €, 1 Std.) oder Küçükkuyu (2 €, 1 Std.) aus anzureisen.

Außerhalb der Saison fahren die Minibusse nicht so häufig, und es kann kompliziert werden, nach Behramkale zu kommen. Dann hilft nur, so früh wie's geht in Ayvacık zu sein und dort zu probieren, ein Dolmuş zu erwischen. Falls man das letzte verpasst, gibt's in Ayvacık ein paar Hotels – oder man nimmt für 25 bis 30 € ein Taxi.

Zur Zeit der Recherche war der Schiffsverkehr nach Lesbos auf Befehl der türkischen Armee unterbrochen. Er wird vielleicht in Zukunft wieder aufgenommen, aber bis dahin kann man von Ayvalık aus nach Lesbos übersetzen.

AYVACIK

☎ 0286/6950 Ew.

Traveller auf dem Weg nach oder von Behramkale kommen ziemlich sicher durch Ayvacık, wo's einen großen **Freitagsmarkt** gibt. Hier verkaufen Bäuerinnen aus den umliegenden Dörfern Obst, Gemüse und Körbe. Die Frauen in den langen seidigen Mänteln und leuchtend bunten Kopftüchern sind Nachfahren türkischer Nomaden, die in dieser Gegend sesshaft wurden.

Im Zentrum von Ayvacık gibt's in der Nähe des Busbahnhofs eine großartige, von der Stadt geführte **Teppich-Kooperative** (☻ 9–17.30 Uhr). Hier wird Qualität zu super Preisen geboten. Alle Einnahmen (abzüglich 10 % für die Kooperative) gehen an die Weberinnen.

2 km außerhalb von Ayvacık liegt an der Straße nach Çanakkale das **Doğal Boya Arıştırma ve Geliştirme Projesi** (Dobag Forschungs- und Entwicklungsprojekt für Naturfarben; ☎ 712 1274, Fax 712 1705; ☻ 9–18 Uhr), das besichtigt werden kann. Es wurde 1981 gegründet, um die Frauen in den Dörfern zu ermutigen, wieder Teppiche aus naturgefärbter Wolle zu weben. Die Teppiche in der oberen Ausstellungshalle sind mit ca. 245 € pro m² nicht gerade billig (ca. 5-mal so teuer wie die der Teppich-Kooperative von

Ayvacık), und die meisten werden exportiert. Ein Besuch ist aber auch ohne Kauf total interessant. Leider werden die Weberinnen schlecht bezahlt, ihre Arbeitsbedingungen sind nicht super und sie sind an das Projekt gebunden. Trotzdem hat das Projekt Positives für die Frauen und die Gemeinde bewirkt. Nähere Infos zum traditionellen Teppichweben gibt's unter www.returnto tradition.com.

An- & Weiterreise

Es fahren regelmäßig Busse nach /von Çanakkale (3,50 €; 1½ Std.) sowie von Ezine, Behramkale und Küçükkuyu nach Ayvacık.

BUCHT VON EDREMIT

☎ 0286

Von Behramkale führt eine neue, vierspurige Schnellstraße nach Osten, am Ufer der Bucht von Edremit entlang. Hier draußen gibt's mehrere Campingplätze und ein paar Hotels direkt am langen Beach bei **Kadırga**, 4 km östlich von Behramkale (fest in der Hand von Pauschalurlaubern).

Die Straße geht weiter nach Osten und trifft schließlich bei **Küçükkuyu** auf die Küstenschnellstraße. Olivenölfans können hier stoppen und das **Adatepe Zeytinyağı Museum** (Eintritt frei; ⏰ 9–17 Uhr) in einer alten Olivenölfabrik besuchen. Hier wird genau erklärt, wie das Öl gemacht wird.

Von Küçükkuyu aus sind es 4 km Richtung Nordosten hinauf in die Berge bis zu dem netten Dorf **Adatepe**: eine Ansammlung alter Steinhäuser, von denen viele restauriert wurden und jetzt Ferienhäuser von reichen İstanbulern sind. Das super ruhige **Hünnap Han** (☎ 752 6581; hunnaphan@mynet.com; HP pro Pers. 39,50 €) ist ein wunderschön restauriertes Haus mit grandiosem Garten und steinernem Hof.

Wer will, kann aber auch 4 km nordwestlich in die Berge nach **Yeşilyurt** fahren. Das Örtchen wurde zwar nicht so liebevoll restauriert, aber dort bietet das **Öngen Country Hotel** (☎ 752 2434; www.ongencountry.com; EZ/DZ mit HP 64/104 €) nett und modern eingerichtete Zimmer mit phantastischer Aussicht auf die bewaldeten Berge an.

In der Hauptsaison fahren täglich vier bis fünf Busse zwischen Behramkale und Küçükkuyu, die auch in Kadırga halten. Um von Küçükkuyu nach Adatepe und Yeşilyurt zu kommen, ist das Taxi die einzige Option (hin & zurück für beide Orte ca. 6 €).

Die Straße führt weiter ostwärts entlang der Bucht von Edremit, vorbei an deprimierenden Feriendörfern, Hotels und Blocks mit Ferienwohnungen, wo v. a. einheimische Touristen Urlaub machen. 2 km landeinwärts gibt's in dem Dorf Tahtakuşlar die **Etnografya Galerisi** (☎ 266-387 3340; Eintritt 0,55 €; ⏰ 9–17 Uhr) mit einer kleinen Sammlung von Kleidungsstücken und Artefakten aus der Gegend, viele davon turkmenisch.

Bei Edremit biegt die Straße nach Süden in Richtung Ayvalık ab. **Edremit** selbst ist ein wichtiger Verkehrsknotenpunkt in der Region, aber kaum mehr als das. Wer von Ayvacık nach Ayvalık will oder von Bandırma via Balıkesir kommt, muss ziemlich sicher in Edremit umsteigen. Südlich vom Ort gibt's einen schönen, 5 km langen Beach mit Schwefelquellen bei **Akçay.** Der Strand bei **Ören** ist sogar 9 km lang. Beide sind ideal für einen Zwischenstopp.

AYVALIK

☎ 0266/35 830 Ew.

Ayvalık („Quittengarten") ist Seebad, Fischereihafen, Zentrum der Olivenöl- und Seifenherstellung sowie der Hafen für die Fähren nach Lesbos. An der Küste wachsen Pinien und Olivenhaine, und vor der Küste liegen lauter kleine Inseln. Aber leider gibt's auch ein paar hässliche Bettenburgen, v. a. rund um Sarımsaklı.

Ayvalık ist stolz darauf, dass hier der erste Schuss des türkischen Unabhängigkeitskriegs abgefeuert wurde. Bis nach dem Ersten Weltkrieg lebten in der Stadt Griechen, aber im Zuge des Bevölkerungsaustauschs zwischen Griechenland und der Türkei 1923 (s. S. 42 und Kasten S. 230) gingen die Türkisch sprechenden Griechen aus Ayvalık nach Griechenland, und Griechisch sprechende Türken kamen aus Lesbos, Kreta und vom Balkan. Ein paar Einheimische sprechen auch heute noch Griechisch. Und die meisten Moscheen der Gegend sind umgebaute orthodoxe Kirchen: Die Saatlı Camii war früher die Kirche Agios Yannis (Hl. Johannes), die Çınarlı Camii die Kirche Agios Yorgos (Hl. Georg).

Nach wie vor ist die Olivenölproduktion ein fettes Geschäft für die Region und viele Läden verkaufen das Endprodukt. Die Skyline ist geprägt von den hohen Ziegelschornsteinen verlassener Olivenöl-Fabriken. In einer dieser Fabriken befindet sich heute der Tansaş-Supermarkt.

Orientierung & Praktische Informationen

Ayvalık ist klein und außerordentlich überschaubar. Allerdings befindet sich der *otogar* 1,5 km nördlich vom Stadzentrum und die **Touristeninformation** (☎ 312 2122; Yat Limanı Karşısı) 1,5 km südlich vom Hauptplatz (direkt hinterm Yachthafen). In der Hauptsaison kriegt man Infos aber auch an einem **Kiosk** (Yat Limanı; ☻ Juni–Sept.) im Hafen, südlich vom Hauptplatz Cumhuriyet Meydanı. Neue, ordentliche Stadtpläne sind problemlos zu bekommen. Die Post liegt im Norden der Stadt, gleich westlich von der Hauptstraße Atatürk Caddesi.

Das **C@fein Café Net** (☎ 312 3597; Cumhuriyet Meydanı; pro Std. 0,85 €; ☻ 8 Uhr–Mitternacht) ist ein paar Häuser nördlich der Polizeiwache.

Die Insel Alibey (Alibey Adası), von den Einheimischen Cunda genannt, liegt gegenüber vom Hafen. Es gibt zwar vom Festland einen schmalen Damm, aber es ist netter, mit dem Boot hinüberzuschippern.

Eine von schicken Herrenhäusern gesäumte Straße führt ein paar Kilometer südlich von Ayvalık nach Çamlık und Orta Çamlık. Diese Orte haben zig Pensionen und Campingplätze, die bei türkischen Urlaubern sehr angesagt sind. Der Sarımsaklı Plaj (Knoblauch-Strand), auch Küçükköy genannt, befindet sich 6 km südlich vom Stadtzentrum. Sarımsaklı ist absolutes Pauschalurlauber-Territorium und vollgestopft mit Hotels und Pensionen. Aber wenn man mit dem Bus bis zur Endstation fährt, wird der Beach wilder und einsamer.

Es ist extrem stressig, mit dem Auto durch die schmalen Einbahnstraßen von Ayvalık zu kurven. Außerdem gibt's nur wenige Parkplätze, die aber immerhin auf dem Stadtplan eingezeichnet sind (3/7,50 € pro Tag/Nacht).

Sehenswertes & Aktivitäten

Im Sommer drängeln sich die Schiffe am Kai, auf denen man tagsüber oder auch abends **Bootsfahrten** (inkl. Mahlzeit pro Pers./mit Studentenausweis ca. 8/5,50 €; ☻ Mai–Okt.) rund um die Inseln in der Bucht machen kann. An ein paar Inseln darf auch angelegt werden und es gibt oft Badestopps. Auf den größeren Schiffen herrscht Partystimmung; ein ruhigerer Trip auf einem kleineren Boot kostet mehr. Wer Lust hat, kann auch Sonntagsausflüge nach Assos zu ähnlichen Schnäppchenpreisen machen.

Die nach einem Helden des türkischen Unabhängigkeitskrieges benannte Insel **Alibey (Cunda)** ist voll von verlassenen griechischen Kirchen, Restaurants in alten Steinhäusern am Meer und zahllosen Wohnanlagen. Im Nordteil der Insel liegt das **Naturschutzgebiet Patriça**. Auf dem Weg dorthin kann man auf einer Insel vor der Küste die Ruinen des griechischen **Ayışığı Manastırı** (Mondschein-Klosters) erspähen.

Der perfekte Spot, um den Sonnenuntergang zu genießen, ist **Şeytan Sofrası** („Der Tisch des Teufels"). Von dieser Bergkuppe 9 km südlich der Stadt hat man eine einmalige Aussicht auf die umliegenden Inseln. Allerdings fahren nur von Juli bis Mitte September Minibusse hierher. In der übrigen Zeit muss man laufen, trampen (unwahrscheinlich) oder ein Taxi nehmen. Ein paar Cafés erwarten Gäste zum Sonnenuntergang mit Drinks und leichten Gerichten.

Schlafen

AYVALIK

Bonjour Pansiyon (☎ 312 8085; Fevzi Çakmak Caddesi, Çeşme Sokak 5; www.bonjourpansiyon.com EZ/DZ mit Gemeinschaftsbad 13/26 €; ⛶) Zentral gelegene Pension in einem charmanten Haus. Es gehörte früher einem französischen Priester, der Botschafter beim Sultan war. Es hat einen netten Innenhof,

---

TAUCHEN VOR AYVALIK

Ayvalık ist unter Tauchern berühmt für seine roten Korallen. Sie liegen allerdings in einer Tiefe von 30 bis 42 m und sind darum nichts für Anfänger. Die besten Tauchspots sind bei Deli Mehmetler, Ezer Bey und Kerbela. Andere Meeresbewohner, die einem begegnen können, sind Muränen, Zackenbarsche, Tintenfische, Seeanemonen und ab und zu Seepferdchen. In Ayvalık gibt's mehrere Tauchschulen, die Tauchgänge in den Korallen im Programm haben, u. a. **Korfez Diving Center** (☎ 312 4996; www.korfezdiving.com; ☻ März–Nov.). Für einen Tag (2 Tauchgänge, Mittagessen, komplette Ausrüstung und Versicherung) zahlt man 50 € pro Person. Wer Tauchen lernen oder sein Können verbessern will, kann hier verschiedene PADI-Kurse machen; u. a. auch einen viertägigen Open-Water-Kurs (450 €).

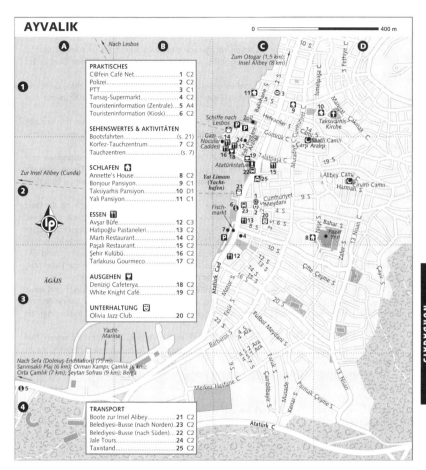

AYVALIK

PRAKTISCHES
C@fein Café Net.......................1 C2
Polizei....................................2 C2
PTT.......................................3 C1
Tansaş-Supermarkt..................4 C2
Touristeninformation (Zentrale)...5 A4
Touristeninformation (Kiosk)......6 C2

SEHENSWERTES & AKTIVITÄTEN
Bootsfahrten.........................(s. 21)
Korfez-Tauchzentrum................7 C2
Tauchzentren........................(s. 7)

SCHLAFEN
Annette's House......................8 C2
Bonjour Pansiyon.....................9 C1
Taksiyarhis Pansiyon...............10 D1
Yalı Pansiyon........................11 C1

ESSEN
Avşar Büfe............................12 C3
Hatipoğlu Pastaneleri..............13 C2
Martı Restaurant.....................14 C2
Paşalı Restaurant...................15 C2
Şehir Kulübü.........................16 C2
Tarlakusu Gourmeco.................17 C2

AUSGEHEN
Deniziçi Cafeterya..................18 C2
White Knight Café...................19 C2

UNTERHALTUNG
Olivia Jazz Club.....................20 C2

TRANSPORT
Boote zur Insel Alibey..............21 C2
Belediyesi-Busse (nach Norden)..23 C2
Belediyesi-Busse (nach Süden)...22 C2
Jale Tours............................24 C2
Taxistand..............................25 C2

NORDÄGÄIS

um den die schlichten, aber einwandfreien Zimmer liegen. Das Allerbeste sind aber die super gastfreundlichen und sympathischen Inhaber Hatice und Yalçin. Zwei Zimmer haben ein eigenes Bad. Frühstück gibt's für 4,50 €. Wer hier schlafen will, biegt direkt gegenüber der Post von der Hauptstraße ab und folgt dann den Schildern.

Yalı Pansiyon (☎ 312 2423; Fax 318 3819; PTT Arkası 25; EZ/DZ mit Gemeinschaftsbad 14/28 €; ⏰ Mitte Mai–Okt.) Kann sein, dass der Typ, der einem die imposanten Türen dieses alten Prachtbaus öffnet, aussieht wie Ebenezer Scrooge aus Dickens' *Weihnachtsgeschichte*. Aber das sollte einen nicht abschrecken. Die tolle Treppe, die Trompe-l'œil-Gemälde und die Kronleuchter bilden einen ziemlichen Kon-

trast zu den eher schlichten Zimmern. Ein echtes Schmuckstück ist der Ufergarten mit eigener Anlegestelle. Vier Zimmer haben direkten Meerblick und Frühstück kostet nur 3 €. Die Pension liegt hinter der Post, direkt am Meer.

Annette's House (☎ 312 5971; annsti@hotmail.com; Neşe Sokak 12; pro Pers. inkl. Frühstück 22 €) Das von der tüchtigen Annette, einer pensionierten Lehrerin aus Deutschland, geführte Hotel liegt wie eine Oase inmitten eines Straßengewirrs, ca. 250 m östlich vom Atatürk Bulvarı. Die Zimmer sind einfach, aber der Garten ist eine echte Offenbarung: kühl, grün und friedlich ist er gefühlte tausend Kilometer vom Stadtzentrum entfernt. Wer Annettes Haus nicht findet, kann einfach nach dem *köyü Pazarında*

NORDÄGÄIS

BEWEGENDE ERINNERUNGEN

Meine Großmutter war ein junges Mädchen von gerade einmal 13 Jahren, als sie zum ersten Mal davon hörte, dass sie ihre Heimat verlassen sollte. Sie lebte damals in einem kleinen Dorf in der Nähe der Stadt Drama, Thessaloniki.

„Nachdem der Vertrag von den Offiziellen unterzeichnet worden war, begann man, Griechen in das Dorf meiner Großmutter zu schicken. Eine Zeit lang mussten sie sogar ihr Haus mit den griechischen Immigranten teilen."

„Jede Woche mussten wir ein weiteres unserer Zimmer hergeben. Am Ende wohnten wir alle in einem Zimmer. Die Familie war groß: ich, meine vier Brüder und Schwestern, meine Eltern, Großeltern, Tanten und Onkel …

„Über ihren letzten Tag im Dorf sagte meine Großmutter: ‚wir packten alles zusammen und luden es auf Karren. Ich dachte, wir würden alle zusammen gehen, mit unseren Tieren, aber sie sagten mir, dass ich meinen Hund nicht mitnehmen könne. Ich konnte ihm nur einen Laib Brot dalassen. Ich habe den ganzen Weg über geweint.'"

„Sie erzählte mir auch von ihrer Cousine. Wie meine Großmutter musste auch sie ihr Dorf zusammen mit ihrer Familie auf Karren verlassen, um an Bord des Schiffes nach Izmir zu gehen. Im Hafen herrschte Chaos, und als sie an Bord gingen, merkte die Cousine meiner Großmutter plötzlich, dass einer ihrer Zwillinge fehlte. Die Mutter konnte nichts tun, und schließlich fuhr das Schiff ohne ihre Tochter ab. Monate nachdem sie in İzmir angekommen waren, fand ein Verwandter das Kind und brachte es in seine neue Heimat. Meine Großmutter weinte jedes Mal, wenn sie uns davon erzählte, wie groß die Freude der Familie an diesem Tag war."

„Meine Mutter hat noch immer die Kupferpfanne, die meine Großmutter ihr aus ihrem Haus in Griechenland mitbrachte. Es ist eine schwarze, abgenutzte alte Pfanne, aber meine Mutter benutzt sie noch immer. Sie sagt, keine andere Pfanne sei so gut wie diese, um Auberginen zu braten …"

Insgesamt mussten 1924 2 Mio. Menschen ihre Heimat verlassen. Die Mehrheit waren Türken, die v. a. im Norden Griechenlands und auf den Ägäisinseln lebten, sowie Griechen, die in Anatolien wohnten.

Wir danken Zeynep Ozis, die uns die Geschichte ihrer Großmutter Ayse Yalaz erzählte

---

(Dorfmarkt) oder *pazar Yeri* (Basar) fragen, der nebenan liegt.

INSEL ALİBEY

Auf Alibey gibt's ein paar gute Unterkünfte, obwohl die meisten über einem Restaurant liegen und eher laut sind. Die Pension **Zehra Teyze'nin Evi** (☎ 327 2285; www.cundaevi.com; Namik Kemal Mahellasi 7; Zi. HS 61 €, EZ/DZ NS 28/39 €; ⚡) ist toll gelegen (direkt neben der Taksiyarhis Kirche) und bietet in einem 136 Jahre alten Haus schöne, traditionell eingerichtete Zimmer.

Camper schlagen ihr Zelt am besten auch auf Alibey auf. Die Plätze liegen zwar fast alle etwas unpraktisch außerhalb des Dorfes, sind dafür aber super ruhig. Das überall ausgeschilderte **Ada Camp** (☎ 327 1211, www.adacamping. com; Alibey Adası; pro Pers./Auto 4/1,50 €, pro Zelt 1,50–4,50 €, Zi. im Caravan/Bungalow 23/34 €; ⚡ Apri–Nov.) ist 3 km westlich vom Dorf. Die klimatisierten Bungalows sind schlicht, aber total okay. Der Platz ist sauber, gut geführt, hat einen eige-

nen Strand (mit Tret- und Ruderbooten), ein Restaurant und ist einfach spitze. Die Küche darf von allen benutzt werden. Yufuk, der Manager, ist nett und hilfsbereit.

Essen

AYVALIK

Restaurants

Paşalı Restaurant (☎ 312 5018; in einer Nebenstraße der Fotografçilar Aralığı 18; Gerichte 4 €; ⚡ HS 5.30 Uhr–Mitternacht, NS bis 20 Uhr) Versteckt in einer Seitenstraße, aber unter Eingeweihten eine total angesagte Location. Das neue Paşalı serviert tolle türkische Hausmannskost zu unschlagbaren Preisen. Die Gerichte (u. a. auch gute vegetarische für 1,10 bis 2,75 €) wechseln jeden Tag, und es gibt eine Theke zum Selberaussuchen.

Şehir Kulübü (☎ 312 1088; Yat Limani; Fischgerichte 4–10 €; ⚡ 10–2 Uhr) Dieses Restaurant in phantastischer Lage auf einer kleinen Landzunge ist die beste Adresse für frischen Fisch zu erschwinglichen Preisen.

Martı Restaurant (☎ 312 6899; Gazinolar Caddesi 9; Hauptgerichte 5–8 €; ⏰ 7.30 Uhr–Mitternacht). Schicker neuer Laden mit sensationellem Ruf. Hier stehen Spezialitäten aus Ayvalık und der Gegend sowie frischer Fisch auf der Karte.

Cafés & Auf die Schnelle

Hatipoğlu Pastaneleri (☎ 312 2913; Atatürk Caddesi 12; Tee/Kaffee 0,55/1,10 €; ⏰ 6.30 Uhr–Mitternacht; 🖥) Diese beliebte Konditorei hat eine Riesenauswahl an traditionellen türkischen Desserts, Gebäck und Kuchen – eine super Option zum Frühstücken oder für eine Teepause. Man kann drinnen klimatisiert sitzen oder draußen am Wasser. Ein Muss sind *lok* (mit Honig getränkter Biskuit; 1,40 €), eine Spezialität aus Ayvalık, und Baklava (1 kg 10 €).

Avşar Büfe (☎ 312 9821; Atatürk Caddesi 67; Toast 0,85–1,10 €; ⏰ HS 24 Std., NS 8–2 Uhr) *Ayvalık tost* (Ayvalık-„Toast") ist in der ganzen Türkei berühmt – und dieser Laden ist perfekt, um ihn zu probieren. Er wird traditionell mit *sucuk* (türkischer Wurst), Käse, Tomaten, Ketchup und Mayonnaise belegt. Aber wer will, kann sich auch auf eine oder zwei Zutaten beschränken. Nicht unbedingt Haute Cuisine, aber super lecker, wenn man richtig Hunger hat.

Tarlakusu Gourmeco (☎ 312 2141; Gazinolar Caddesi 4/C; ⏰ Mo–Sa 8–22, So 8–18 Uhr) Sagenhaftes, charmantes, traditionelles türkisches Kaffeehaus, das ein stadtmüdes Ehepaar aus Istanbul neu eröffnet hat. Im Angebot sind aromatisierte türkische Kaffees und Kräutertees (1,40 €) sowie Speisen aus regionalen Zutaten: von himmlischen *brovna* (Brownies; 2,50 €) bis zu *otlu piliç* (Hähnchen mit Gemüse). Der Laden liegt unterhalb des Ayvalık Palas Otel.

White Knight Café (☎ 312 3682; Cumhuriyet Meydanı 3; Eiskaffe 1,65 €; ⏰ Mittag–Mitternacht) Hier gibt's europäische Zeitungen vom Vortag sowie die *Turkish Daily News*.

INSEL ALİBEY

Einheimische schippern gerne mit dem Boot zum Mittag- oder Abendessen hinüber nach Alibey.

Bay Nihat (Lale Restaurant; ☎ 327 1063; Meeresfrüchte-Meze 6,50 €; ⏰ Mittag–Mitternacht) Dieses Restaurant in einem wunderschönen 150 Jahre alten griechischen Haus gilt als die Top-Adresse für Fisch auf Alibey. Es gibt nette Tische direkt am Wasser und eine Riesenauswahl an erstklassigen Meze (für die Fisch-Meze gab's mehrere nationale Preise!).

> **DER TIPP VOM AUTOR**
>
> **Taksiyarhis Pansiyon** (☎ 312 1494; www. taksiyarhis.com; Zi. mit Gemeinschaftsbad pro Pers. 11 €) Die Pension ist in zwei 120 Jahre alten griechischen Häusern hinter der Maraşal Çakmak Caddesi untergebracht. Das Innere ist ein Labyrinth aus schlichten, stilvollen Zimmern, langen Gängen und viel Kunsthandwerk an den Wänden. Es gibt zwei phantastische Terrassen, wo Weinlaub Schatten spendet und von wo man einen grandiosen Blick auf die Stadt und das Meer hat. Die Pension liegt fünf Minuten zu Fuß östlich der PTT, hinter der ehemaligen Taksiyarhis-Kirche. Im Sommer sind schnell alle Zimmer voll. Die Küche ist für alle da, und eine Tauschbörse für Bücher gibt's auch.

Papalina Restaurant (☎ 327 1041; Sahil Boyu 7; Meze 3 €, Fischgerichte 11–28 €) Im gut gelaunten und angesagten Papalina auf Alibey kostet ein Platz am Meer nichts extra, und die karierten Tischdecken und Fischerboote sorgen für Flair. Heißer Tipp ist die Fisch-Spezialität *papalina balık* (pro Portion 3,50 €).

Ausgehen
AYVALIK

Denizi̇çi Cafeterya (☎ 312 1537; Gazinocular Caddesi 1; Bier 1,95 €; ⏰ 7.30–0.30 Uhr) Hinter den Fischrestaurants, am Ende des Kais gelegener Laden. Perfekter Spot für einen Drink zum Sonnenuntergang.

Olivia Jazz Club (☎ 327 1750; ⏰ Juni–Sept. 8–3 Uhr) Gilt derzeit als Ayvalıks hellster Stern am Partyhimmel und bietet täglich Livemusik. Der Club liegt eine Straße hinter dem Atatürk Bulvarı. Direkt gegenüber dem Fischmarkt in die Seitenstraße abbiegen und dann die erste links (2 Sokak).

INSEL ALİBEY

Dinazor Bar (☎ 327 2194; Sahil Boyu 49; Bier 3 €; ⏰ HS 20–4 Uhr, NS bis 2 Uhr) Diese umwerfende und supercoole Bar in einem Olivenöl-Lagerhaus aus dem 19. Jh. ist Ayvalıks beste. Im Sommer wird von 23 bis 2 Uhr Livemusik gespielt.

Nargileli Kahwe (☎ 327 1186; Ayvalık Caddesi 16; Kaffee 1,10 €, Nargileh 7 €; ⏰ 12–23 Uhr) Wer eher abchillen will, für den ist dieses alte Steinhaus perfekt. Hier kann man auf Bänken relaxen, die mit weichen Kissen und Kelims gepolstert sind.

NORDÄGÄIS

Taş Kahve (☎ 327 1166; Sahil Boyu 20; Kaffee 0,40 €); ⏲ 7 Uhr–Mitternacht) Eine Institution im Ort, untergebracht in einem 180 Jahre alten Gebäude. Verqualmt, düster, aber mit viel Flair – wer auf Lokalkolorit und Getratsche steht, ist hier goldrichtig. Außerdem gibt's günstiges türkisches Frühstück (3,30 €).

An- & Weiterreise

AUTO
Bei **Avis** (☎ 312 2456; Talatpaşa Caddesi) kann man einen Wagen mieten.

BUS
Manche Busse aus Çanakkale (6 €, 3¼ Std., 200 km) lassen einen an der Hauptschnellstraße raus, von wo aus man ins Zentrum trampen kann. Die in Çanakkale ansässigen Busunternehmen Truva und Metro haben aber auch einen *servis*, der Fahrgäste direkt in die Stadt bringt. Wer aus Edremit (3 €, 1 Std., 56 km) kommt, steigt an einem kleineren, nur 200 m vom Hafen entfernten Busbahnhof aus.

Von Ayvalık weg geht's entweder mit einem Bus nach Edremit, wo man nach Çanakkale umsteigen kann. Oder man kauft sein Ticket schon vorher im Büro eines der Busunternehmen rund um den Hauptplatz und nutzt dann den *servis*, um wieder zur Schnellstraße zu kommen. Die Busse fahren meistens jede Stunde (bis ca. 19 Uhr).

Es gibt viele Busverbindungen von İzmir nach Ayvalık (5 €, 3 Std., 240 km).

Wer Bergama sehen will, kann von Ayvalık einen Tagestrip dorthin machen (3 €, 1¾ Std., 45 km). Die Busse nach Bergama starten stündlich am Busbahnhof und tuckern dann langsam gen Süden durch die Stadt – darum kann man auch problemlos am Hauptplatz einsteigen.

SCHIFF
Im Sommer, von Juni bis September, setzt mindestens ein Schiff täglich nach Lesbos über (pro Passagier einfach/hin u. zurück 40/50 €, Auto 60/70 €, 1½ Std.). Von Oktober bis Mai fahren die Schiffe zweimal wöchentlich (Mi & Do) nach Lesbos und kehren donnerstags und freitags nach Ayvalık zurück. Man *muss* (persönlich oder telefonisch) 24 Std. im Voraus reservieren. Bei Abholung des Tickets den Pass nicht vergessen (weil irgendwelche Details eingetragen werden müssen).

Infos und Tickets gibt's bei **Jale Tours** (☎ 312 2740; www.jaletour.com; Gümrük Caddesi 24).

Unterwegs vor Ort
Ayvalıks *belediyesi* Citybusse fahren für 0,40 € vom *otogar* direkt durch die Stadt zum Hauptplatz, dann Richtung Süden zur Touristeninformation und weiter nach Çamlık, Orta Çamlık und Sarımsaklı. Eine Linie fährt über den Damm nach Cunda (0,40 €). Im Sommer gibt's an den Wochenenden auch Busverbindungen nach Patriça.

Seit 2006 verkehren die neuen Dolmuş-Taxis (weiß mit roten Streifen), die wie kleine Busse an verschiedenen Stellen anhalten, um Fahrgäste ein- und aussteigen zu lassen. Sie pendeln zwischen einem Spot namens „Sefa" 100 m südlich der Marina und Armutçuk, 1 km nördlich der Stadt. Die Insel Alibey wird aber nicht angefahren. Jede Fahrt kostet 0,55 €.

Minibusse (0,70 bis 0,85 €) zu den Stränden starten neben dem Schild des Tansaş-Supermarkts südlich vom Hauptplatz. Küçükköy-Belediyesi-Busse fahren ebenfalls zu den Stränden.

Schiffe nach Alibey (0,85 €, 15 Min.; Juni–Aug.) legen hinter dem Touristenkiosk direkt neben dem Hauptplatz ab.

Ein Taxi vom *otogar* ins Stadtzentrum kostet 4 €; vom Stadtzentrum zur Insel Alibey zahlt man 6 €.

BERGAMA (PERGAMON)
☎ 0232/58 170 Ew.

Die wuselige Marktstadt Bergama ist v. a. berühmt wegen des Asklepieions. Und obwohl sie sicher genauso viel zu bieten hat wie Ephesos, ist sie deutlich weniger überlaufen. Schon aus diesem Grund und auch wegen der relaxten, freundlichen Stimmung und den tollen Sehenswürdigkeiten ist Bergama ein Muss für jeden Individualreisenden. So mancher Traveller hat sich unsterblich in den Ort verliebt!

Schon seit Trojas Zeiten gab es hier eine Stadt, aber seine Blüte erlebte Pergamon erst in der Zeit zwischen Alexander dem Großen und der römischen Herrschaft über Kleinasien. Damals war es eins der reichsten und mächtigsten Stadtstaaten Kleinasiens.

Geschichte
Pergamon verdankte seinen Wohlstand einem Mann: Lysimachos, einem der Feldherren Alexanders des Großen. Als Alexanders Rie-

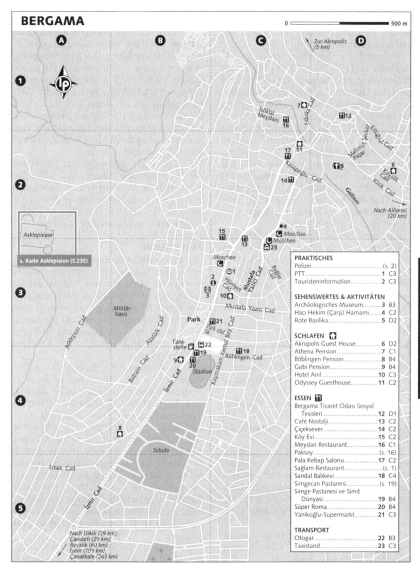

BERGAMA

0 _____ 500 m

Zur Akropolis (5 km)

Nach Allianoi (20 km)

Asklepieion

s. Karte Asklepieion (S.235)

Militär-basis

Park

Tank-stelle

Stadion

Schule

Emek Cad

Nach Dikili (29 km);
Çandarlı (29 km);
Ayvalık (60 km);
İzmir (105 km);
Çanakkale (263 km)

Istiklal Meydanı

Moschee
Moschee
Moschee

Moschee

NORDÄGÄIS

senreich nach dessen Tod im Jahre 323 v. Chr. zerfiel, übernahm Lysimachos die Kontrolle über große Teile der Ägäisregion. Auf seinen Eroberungszügen hatte er einen großen Schatz zusammengerafft. Den brachte er in Pergamon in Sicherheit, bevor er in die Schlacht gegen Seleukos zog, um auch Kleinasien unter seine Herrschaft zu bringen. Aber Lysimachos

verlor und wurde 281 v. Chr. getötet. Daraufhin ernannte sich Philetairos, den Lysimachos zur Bewachung des Schatzes in Pergamon abgestellt hatte, selbst zum Gouverneur.

Philetairos war Eunuch, aber er fand einen Nachfolger in seinem Neffen Eumenes I. (263–241 v. Chr.), der wiederum seinen Adoptivsohn Attalos I (241–197 v. Chr.) zum

Nachfolger ernannte. Attalos erklärte sich selbst zum König, weitete seine Macht aus und schloss ein Bündnis mit Rom. Während der Herrschaft seines Sohnes Eumenes II. (197–159 v. Chr.) ging es mit Pergamon richtig bergauf. Der reiche und mächtige Eumenes ließ noch eine Bibliothek und den Zeusaltar neben die Gebäude stellen, die bereits die Akropolis krönten. Und er baute die in mehreren Terrassen ansteigende „Mittelstadt". Außerdem erweiterte und verschönerte er das Asklepieion. Vieles von dem, was die Könige Pergamons bauen ließen, hat dem Zahn der Zeit (oder der Sammelleidenschaft westlicher Museen) nicht standgehalten. Aber das, was noch übrig ist, ist sehr beeindruckend, spektakulär gelegen und darum absolut einen Besuch wert.

Eumenes' Bruder Attalos II. setzte dessen Werk fort, aber unter seinem Sohn Attalos III. fing das Königreich an, vor die Hunde zu gehen. Weil Attalos III. keinen Erben hatte, vermachte er Rom sein Königreich – 129 v. Chr. wurde es zur römischen Provinz Asia.

Orientierung & Praktische Informationen

Am schönsten ist der Nordteil der Stadt zu beiden Seiten des Flusses Selinos. Das muslimische Viertel liegt am Westufer, das osmanisch-griechische Viertel am Ostufer.

Von den vier Hauptattraktionen Bergamas liegt nur das Museum im Zentrum. Die beiden wichtigsten archäologischen Stätten befinden sich einige Kilometer außerhalb.

Das moderne Bergama besteht v. a. aus der langen Hauptstraße İzmir Caddesi, wo's alles gibt, was Traveller so brauchen: u. a. Hotels, Restaurants, Banken, Post, Museum und *otogar* (der allerdings umziehen wird; s. S. 238). In den meisten Hotels und Pensionen gibt's auch Internetzugang.

Die **Touristeninformation** (☎ 631 2851; İzmir Caddesi 54), nördlich vom Museum, hat außer einer skizzierten Karte wenig zu bieten.

Sehenswertes & Aktivitäten

Die Sehenswürdigkeiten von Bergama haben in der Hauptsaison täglich von 8.30 bis 18.30 Uhr und in der Nebensaison von 8.30 bis 17 Uhr geöffnet (nur das Museum ist montags geschlossen). Ein Parkplatz an der Akropolis oder am Asklepieion kostet 1,65 €.

ARCHÄOLOGISCHES MUSEUM

Das mitten in der Stadt gelegene **Archäologische Museum** (☎ 632 9860; Arkeoloji Müzesi; İzmir Caddesi; Eintritt 2,75 €) hat eine kleine, aber feine Sammlung von Artefakten – ungewöhnlich für so ein kleines Städtchen. V. a. die Skulpturen aus Pergamon sind toll: Ihr Stil ist von der Bildhauerschule aus Afrodisias beeinflusst. Und die war berühmt für ihre ausdrucksstarken Gesichtszüge und aufwendigen Details. Faszinierend ist auch das Modell des Zeusaltars (das Original steht in Berlin).

Das Museum zeigt außerdem Funde aus der Grabungsstätte Allianoi (s. S. 239). Die ethnografische Abteilung ist nach einer Renovierung seit Ende 2006 wieder geöffnet. Hier gibt's Stoffe, Trachten, Teppiche und Manuskripte aus osmanischer Zeit zu sehen.

ASKLEPIEION

Das **Asklepieion** (Asklepiostempel; Eintritt 5,55 €) ist ein antikes Sanatorium. Gegründet wurde es von dem Einheimischen Archias, der im Asklepieion von Epidauros (Griechenland) von einem Beinbruch geheilt worden war. Zu den Behandlungen gehörten Massagen, Schlammbäder, Trinkkuren mit heiligem Wasser und die Anwendung von Kräutern und Heilsalben.

Seine Blütezeit hatte der Kurort zur Zeit von Galen (ca. 131–210 n. Chr.). Er wurde in Pergamon geboren, studierte in Alexandria, Griechenland und Kleinasien und betrieb dann eine Praxis als Wund- und Heilarzt für die Gladiatoren von Pergamon. Er gilt (neben Hippokrates) als der berühmteste Arzt der Antike: Er erweiterte nicht nur wesentlich das Wissen über das Herz-Kreislauf- und das Nervensystem, sondern systematisierte auch die medizinische Theorie. Durch ihn wurde die medizinische Schule in Pergamon weithin bekannt. Sein Werk und seine Schriften waren bis weit ins 16. Jh. Grundlage der westlichen Medizin.

Zum Asklepieion führen zwei Straßen hinauf, die eine vom Stadtzentrum, die andere vom westlichen Stadtrand, gegenüber der Böblingen Pension. Nimmt man die letztere, sind die Ruinen ca. 2 km vom *otogar* entfernt. Diese Straße führt durch eine große türkische Militärbasis – nach Einbruch der Dämmerung hat man hier nichts mehr zu suchen. Und bloß keine Fotos machen!

Eine römische **Basarstraße,** die früher von Geschäften gesäumt war, führt vom Park-

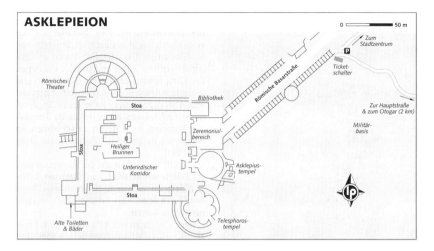

ASKLEPIEION

Römisches Theater
Bibliothek
Stoa
Zeremonialbereich
Heiliger Brunnen
Stoa
Unterirdischer Korridor
Asklepiustempel
Stoa
Alte Toiletten & Bäder
Telesphorostempel
Römische Basarstraße
Zum Stadtzentrum
Ticketschalter
Zur Hauptstraße & zum Otogar (2 km)
Militärbasis
0   50 m

platz zum Asklepieion. Hier ist noch der Rumpf einer Säule zu sehen, in die Schlangen eingemeißelt sind: das Symbol des Asklepios (Äskulap), Gott der Heilkunst. So wie die Schlange sich häutet und dadurch ein „neues Leben" bekommt, sollten auch die Patienten im Asklepieion ihre Krankheiten „abstreifen" (aber keine neuen bekommen!). Schilder weisen den Weg zu einem runden **Asklepiustempel,** einer **Bibliothek** und einem **römischen Theater.**

Auch modernen Travellern kann ein Schluck aus dem **heiligen Brunnen** nicht schaden. Gestärkt geht's dann durch den unterirdischen Tunnel runter zum **Telesphorostempel.** Der ist natürlich Telesphoros gewidmet, einem weiteren Gott der Heilkunst. Früher schliefen die Patienten im Tempel – hoffend, dass Telesphoros ihnen im Traum Heilung oder zumindest eine Diagnose zukommen lassen würde. Die Namen der beiden Töchter von Telesphoros, Hygieia und Panakeia, wurden in der medizinischen Fachsprache verewigt – Hygiene braucht man nicht zu erklären und Panazee steht für Allheilmittel.

Beim Asklepieion gibt's Erfrischungsgetränke, allerdings zu gepfefferten Preisen.

ROTE BASILIKA

Die **Rote Basilika** (Kinik Caddesi; Eintritt 2,75 €) aus dem 2. Jh. v. Chr. ist so riesig wie eine Kathedrale. Ursprünglich wurde sie als Tempel für die ägyptischen Götter Serapis, Isis und Harpokrates gebaut. Der Apostel Johannes nennt sie in seiner Offenbarung gar „Thron des Satans"

(Pergamon zählte zu den sieben Gemeinden, an die in der Apokalypse ein Sendschreiben gerichtet wird).

In der Mitte der Halle steht ein Sockel mit einem Loch. Darin konnte sich jemand verstecken und die 10 m hohe Kultstatue zum Sprechen bringen, die hier mal stand. Das Gebäude ist so gigantisch, dass die Christen keine Kirche daraus machten, sondern eine komplette Basilika hineinbauten. In einem der Türme befindet sich heute die clever umgebaute, kleine Kurtuluş Camii.

Der große Bau ohne Dach ist mit seinen auffälligen roten Ziegelwänden schon von Weitem zu sehen. Man kann problemlos zur Roten Basilika laufen. Alternative: Man lässt das Taxi auf dem Weg zur oder von der Akropolis dort halten.

AKROPOLIS

Die Straße zur **Akropolis** (Eintritt 5,55 €; ⏱ 8.30–17.30 Uhr) windet sich von der Roten Basilika

---

DER BERÜHMTE ARZT VON PERGAMON

Unter der Leitung von Galen (ca. 131–210 n. Chr.), dem Sport- und Wundarzt der Gladiatoren, wurde das Asklepieion (das medizinische Zentrum des antiken Pergamon) weltberühmt. Galen selbst übrigens auch: Sein Wissen über das Nerven- und Kreislaufsystem war bis ins 16. Jh. Grundlage der westlichen Medizin.

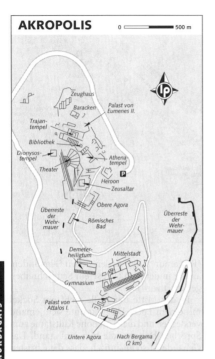

AKROPOLIS 0 ▭ 500 m

Zeughaus
Baracken
Palast von Eumenes II.
Trajan-tempel
Bibliothek
Dionysos-tempel
Theater
Athena-tempel
P
Heroon
Zeusaltar
Obere Agora
Überreste der Wehr-mauer
Römisches Bad
Überreste der Wehr-mauer
Demeter-heiligtum
Mittelstadt
Gymnasium
Palast von Attalos I.
Untere Agora
Nach Bergama (2 km)

NORDÄGÄIS

aus über 5 km an der Nord- und Ostflanke des Berges rauf und endet auf einem Parkplatz (1,50 €). Hier gibt's ein paar Buden mit Erfrischungen und Andenken. Wer zur Akropolis wandern will, sollte viel Wasser mitnehmen: unterwegs gibt's nämlich keins.

Blaue Punkte markieren eine vorgeschlagene Route entlang der wichtigsten Bauwerke. Dazu gehören die **Bibliothek** und der **Trajantempel.** Er wurde während der Regierungszeiten der römischen Kaiser Trajan und Hadrian gebaut – und diente der Verehrung des Zeus wie auch der beiden Herrscher. Der Tempel ist das einzige römische Bauwerk, das auf der Akropolis noch teilweise erhalten ist; seine Fundamente wurden im Mittelalter als Zisternen genutzt.

Das schwindelerregend steile **Theater**, wo früher 10 000 Leute Platz hatten, ist außergewöhnlich und atemberaubend. Seine Erbauer wollten die spektakuläre Aussicht nutzen und kostbaren Baugrund auf der Bergkuppe sparen. Deshalb bauten sie das Theater in den Hang. Normalerweise waren griechische Theater weiter und runder, aber in Pergamon machte die Hanglage das unmöglich. So baute man stattdessen in die Höhe.

Unterhalb der Bühne stehen die Ruinen des **Dionysostempels.** Der **Zeusaltar** südlich vom Theater liegt idyllisch im Schatten von Nadelbäumen. Ursprünglich waren an dem Altar herrliche Friese angebracht, auf denen der Kampf zwischen Göttern des Olymp und ihren Feinden aus der Unterwelt abgebildet war. Aber der Sultan erlaubte im 19. Jh. deutschen Archäologen, dieses berühmte Bauwerk fast komplett nach Berlin zu schleppen. In Pergamon sind bloß die Fundamente übrig geblieben.

Geröllhaufen oben auf der Akropolis sind als **Paläste von Attalos I.** und **Eumenes II.** beschildert; außerdem findet man hier Reste der **Oberen Agora** und Bruchstücke der einst mächtigen **Mauern.**

Wer alles sehen will, geht hinter dem Zeusaltar den Berg hinunter, vorbei am **Römischen Bad,** der **Mittelstadt** und dem **Demeterheiligtum,** dem **Gymnasium** (mit Bad, Auditorium und Kulthalle) sowie der **Unteren Agora.** Aber Vorsicht: der Pfad ist steil und nicht immer deutlich markiert.

Oben auf der Akropolis hat man einen phantastischen Blick über das Tal zum Asklepieion im Westen. Unten im Tal sind außerdem die Ruinen von zwei **Theatern** (ein kleines und ein großes), einem **Aquädukt** und einem **Stadion** zu sehen.

HAMAM

Der **Hacı Hekim (Çarşı) Hamamı** (8–23 Uhr; nur für Männer) in der Nähe der Kulaksız Camii verlangt 10 € für das volle Programm.

BIBLIOTHEKSKRIEGE

Unter Eumenes II. wurde die Bibliothek von Pergamon weltberühmt. Sie enthielt angeblich über 200 000 Bände und machte schon bald der größten Bibliothek der Welt im ägyptischen Alexandria Konkurrenz. Die Ägypter hatten Sorge, dass die Bibliothek des Eumenes namhafte Gelehrte von Alexandria nach Pergamon locken könnte. Darum beschlossen sie, die Papyruslieferungen vom Nil nach Pergamon zu stoppen. Kein Problem für Eumenes: Er ließ einfach seine Gelehrten ein neues Schreibmaterial entwickeln, das *pergamen* (Lateinisch für Pergament). Schon bald machten die Tierhäute die gepressten Papyrusblätter überflüssig.

Schlafen

Wer in Bergama übernachten will, hat zwei Optionen: entweder die türkische Gastfreundschaft in einer der spitzenmäßigen Familienpensionen genießen oder eines der charmanten, charaktervollen Hotels in alten Steinhäusern nehmen.

Odyssey Guesthouse (☎ 653 9189; www.odyssey guesthouse.com; Abacihan Sokak 13; Bett HS/NS 5,50/4,50 €, EZ/DZ ohne Bad HS 8/16,50 €, NS 5,50/11 €) Ruhiges Gästehaus in einem umgebauten, 180 Jahre alten griechischen Haus mitten in der Altstadt. Es hat sieben eher spartanische, aber saubere Zimmer mit Flair. Da der Bücherwurm Ersin hier Chef ist, gibt's auch jede Menge Lektüre sowie einen netten Teesalon und eine kleine Terrasse mit Aussicht.

Gobi Pension (☎ 633 2518; www.gobipension.com; İzmir Caddesi 18; EZ mit/ohne Bad 14/11 €, DZ 20/22 €; 💻) Die familiengeführte Pension liegt an der Hauptstraße, 150 m südlich vom *otogar*, in einem Neubaublock. Aber sie ist blitzblank, gut in Schuss und sehr sympathisch. Der hilfsbereite Sohn Mustafa spricht Englisch und spielt oft den Fremdenführer. Die Zimmer sind traditionell eingerichtet, alle haben WLAN; fünf eine Klimaanlage und vier einen Balkon nach hinten zum kleinen Garten raus.

Böblingen Pension (☎ 633 2153; dincer-altin@ hotmail.com; Asklepion Caddesi 2; EZ/DZ 14/28 €; 💢 P 💻) Die super nette Familie Altın führt diese ebenfalls makellose und gepflegte Pension. Sie liegt auf dem Berg (gleich bei der Asklepion Caddesi) über der Hauptstraße, ist ruhiger als die meisten anderen und hat einen gemütlichen Aufenthaltsraum. Nach dem Schild zum Asklepieion an der Hauptstraße Ausschau halten.

Athena Pension (☎ 633 3420; www.athenapension.8m. com; İman Çıkmazı; DZ mit Gemeinschaftsbad/Bad 17/28 €, Bett 8 €, Luftmatratze auf der Dachterrasse 5 €) Direkt hinter der Fabrika Caddesi, nicht weit vom Fuß der Akropolis gelegene Pension mit acht charaktervollen Zimmern rund um einen schönen Innenhof. Auch Aydın, der nette Manager, hat jede Menge Charakter. Von Zimmer Nr. 3 und der Dachterrasse sieht man die Akropolis in der Ferne. Einfach die Fabrika Caddesi hinuntergehen; dann kommt die Pension auf der linken Seite.

Hotel Anıl (☎ 631 1830; www.anilhotelbergama.com; Hatuniye Caddesi 4; EZ/DZ 34/45 €; 💢) Das Tollste am Anıl ist seine zentrale Lage (in der Nähe der BP-Tankstelle). Wer Ruhe oder Anonymität

sucht, ist hier goldrichtig. Die Zimmer sind bequem, wenn auch ohne viel Charme. Von der überdachten Dachterrasse hat man einen tollen Panoramablick.

Akropolis Guest House (☎ 631 2621; www.akropolis guesthouse.com; Kayalık Caddesi 5; EZ/DZ 20/49 €, FZ 44 €; 💢 💻) Dieses Hotel in einem 150 Jahre alten Steinhaus kommt von allen in Bergama am nächsten an ein Boutiquehotel heran. Die acht schick eingerichteten Zimmer liegen rund um einen friedlichen Pool und Garten. In einer hübschen alten Scheune gibt's auch ein Restaurant und oben auf einem kleinen Turm eine Terrasse, von der die Akropolis zu sehen ist. Das Hotel ist wirklich ein Schmuckstück – und das zu super Preisen.

Essen

RESTAURANTS

Sandal Balıkevi (☎ 631 6116; Böblingen Caddesi 51; festes Menü 2,25 €; 🕒 8 Uhr–Mitternacht) Dieses neue Fischrestaurant mit Tischen drinnen und draußen wird gut geführt, ist sauber und bei den Einheimischen angesagt. Der Fisch ist frisch und die Preise sind okay. Unser Tipp sind die Sardinen (400 g 3,90 bis 5 €). Ab und zu gibt's abends auch Livemusik.

Meydan Restaurant (☎ 633 1793; İstiklal Meydanı 4; Hauptgerichte 2,25–2,75 €; 🕒 6 Uhr–Mitternacht) Das Meydan ist eines der ältesten Restaurants in Bergama und eine lokale Institution. Es ist einfach, aber tipptopp gepflegt und serviert regionale Küche zu fairen Preisen. Wer will, kann auch draußen essen und dort *lahmaçun* („türkische Pizza") probieren, eine Spezialität aus Bergama.

Bergama Ticaret Odası Sosyal Tesisleri (☎ 632 4522; Ulucamii Mahallesi; Meze 1,65 €, Hauptgerichte 3,35 €; 🕒 10.30–23 Uhr) Neues Restaurant, von der Gemeinde gegründet und betrieben. Das wunderschön restaurierte, 200 Jahre alte griechische Haus liegt 100 m nördlich der Ulu Camii (Moschee). Hier gibt's tolles Essen in toller Umgebung zu tollen Preisen – die werden von der Gemeinde niedrig gehalten. Wer hier essen will, überquert die Brücke 100 m östlich der Athena Pension, folgt der Straße den Berg hinauf und hält sich dann links (für ca. 200 m).

Sağlam Restaurant (☎ 632 8897; Cumhuriyet Meydanı 47; Gerichte 5 €; 🕒 8–23 Uhr) Ein paar Häuser unterhalb der Post gelegenes, großes, aber schlichtes Lokal, das in der Stadt für seine großartige türkische Hausmannskost berühmt ist. Hier kommen jeden Tag andere, immer leckere

Meze auf den Tisch sowie köstliche Kebaps, z. B. *beyti sarma* (Lamm mit Petersilie, Pistazien und scharfen Gewürzen). Außerdem gibt's ein Büfett für 4,45 €; und im ersten Stock zwei traditionell gestylte Salons.

AUF DIE SCHNELLE
Süper Roma (İzmir Caddesi, Sitat Dükkarleri 19; 2 Kugeln 0,85 €; ☯ April–Aug. 8–1 Uhr) An heißen Sommertagen der perfekte Eisladen.

Paksoy (☎ 633 1722; İstiklal Meydanı 39; Pide 1,10–1,95 €; ☯ 7–23 Uhr) Diese angesagte Location hat ein paar Tische im Freien. Die Pide wird vor den Augen der Kundschaft frisch zubereitet und die Spezialität *kıymalı yumurtalı pide* (Pide mit Fleisch und Ei) ist einen Versuch wert.

Pala Kebap Salonu (☎ 633 1559; Kasapoğlu Caddesi 4; Kebap 2,20 €; ☯ Mo–Sa 8–23 Uhr) Klein, schlicht und in Bergama unglaublich beliebt. Das Essen ist phantastisch, v. a. die würzige Bergama *köfte* (1,95 €).

Çiçeksever (☎ 633 3822; Banklar Caddesi 71; ☯ 7.30–22.30 Uhr) Kebap-Bude, die in jeder Hinsicht nah am Pala liegt.

CAFÉS
Köy Evi (Village House; ☎ 632 4816; Galinos Caddesi 12; ☯ 7.30–21 Uhr) Dieses fabelhafte familiengeführte Café ist neu und trotzdem ganz traditionell. Es gibt gemütliche Sitzplätze drinnen oder draußen bei der Familie im Hof. Die Speisekarte wechselt täglich, aber zum Dauerangebot gehören *gözleme* (Crêpes; 0,85 €) und *mantı* (türkische Ravioli).

Café Nostalji (☎ 632 7910; Ahmet Kuduğ Çikmazi 3; Erfrischungsgetränke 1,10 €; Kaffee 0,85–1,10 €; ☯ HS 9–2 Uhr, NS bis Mitternacht) 20 m nördlich der Post, in einer Seitenstraße der Bankalar Caddesi versteckter Geheimtipp. An den Wänden hängen Musikinstrumente und alte Platten und v. a. abends ist die Stimmung hier genial. Donnerstags und sonntags gibt's von 21 Uhr bis Mitternacht türkische Livemusik (in der Hauptsaison bis 2 Uhr). Alkohol ist allerdings Fehlanzeige.

Für Kaffee und Kuchen zwischen zwei Sehenswürdigkeiten sind die beiden Konditoreien **Simge Pastanesi ve Simit Dünyasi** (☎ 631 1034; İzmir Caddesi 19; zwei Gebäckteile 1 €; Eiscreme 0,55 €; ☯ 7 Uhr–Mitternacht) und das nebenan gelegene **Simgecan Pastanesi** (☎ 631 1034; Böblingen Caddesi 4; ☯ 7.30–1Uhr) die besten Adressen. Sie werden von zwei Brüdern geführt und bieten super Auswahl an Gebäck, Kuchen und türkischen Desserts. Die Baklava ist umwerfend.

SELBSTVERSORGER
In Bergama findet jeden Montag ein trubeliger **Markt** (☯ 8–18 Uhr) statt, der sich über 3 km vom *otogar* bis zur Roten Basilika erstreckt. Hier gibt's frisches Obst und Gemüse in Hülle und Fülle. In der Böblingen Caddesi und im Gebiet rund um den alten Busbahnhof bekommt man alles, was das Herz begehrt: Käse, Oliven, frisches Brot und Trockenfrüchte. In der Nähe liegt auch der **Yanikoğlu Supermarket** (☎ 632 7942; Merkez Çamipark Karş 21, İzmir Caddesi; ☯ 8 Uhr–Mitternacht).

An- & Weiterreise
Alle 45 Minuten fährt ein Bus nach İzmir (4,45 €, 2 Std., 110 km), mindestens stündlich einer nach Ayvalık (3,35 €, 1¼ Std., 60 km) und es gibt Busse nach Ankara (21 €, 8 bis 9 Std., 916 km). Nach İstanbul fahren Nachtbusse (in der Hauptsaison gibt's auch tagsüber Verbindungen), aber es ist erstaunlicherweise billiger und schneller, zuerst nach İzmir zu fahren und von dort einen Express-Bus zu nehmen. Wer nach Bursa will, nimmt den Bus nach Ayvalık.

An einer Kreuzung 7 km außerhalb der Stadt wird derzeit ein neuer *otogar* gebaut, der Ende 2007 fertig sein soll (obwohl Streitereien zwischen der Stadtverwaltung und den Busunternehmen das Vorhaben nicht gerade beschleunigen). Minibusse sollten eigentlich regelmäßig zwischen dem neuen *otogar* und der Stadt (1–1,50 €) pendeln. Ein Taxi kostet tagsüber um die 8 €, nachts 12 €. Alle halbe Stunde fahren von hier auch Minibusse nach Dikili, Ayvalık und Çandarli ab.

Unterwegs vor Ort
Die Sehenswürdigkeiten von Bergama liegen so weit auseinander, dass sie zu Fuß schlecht an einem Tag zu schaffen sind. Die Rote Basilika und das Asklepieion sind über 2 km, die Akropolis über 6 km vom *otogar* entfernt. Wer gerne laufen will, aber wenig Zeit hat, sollte ein Taxi rauf zur Akropolis nehmen (8–9 € von der Stadt) und dann den Berg hinunter zur Roten Basilika wandern. Es gibt alternativ eine Asphaltstraße und eine Abkürzung den Hang unterhalb des Theaters hinunter. Anschließend durchs Einkaufsviertel in die Stadt bummeln, mittagessen und zum Asklepieion aufmachen – entweder mit dem Taxi, per

Anhalter oder zu Fuß. Die Taxis in Bergama haben zwar Taxameter – aber besser einen Deal für eine „Stadtrundfahrt" aushandeln. Eine Fahrt vom Zentrum zu den Highlights Akropolis, Rote Basilika, Asklepieion und Museum gibt's in der Hauptsaison für 25 bis 28 € (NS 20 bis 23 €). Taxis warten bei einigen der Moscheen und rund um den *otogar*.

RUND UM BERGAMA
Allianoi

1999 machten Bauern im Kaikostal bei Allianoi, ca. 20 km östlich von Bergama, eine Entdeckung. Daraufhin fingen Archäologen an zu buddeln und stießen bald auf die Überreste eines römischen Kurortes. Die Ruinen sind zwar nicht so imposant wie die in Bergama, aber trotzdem faszinierend und beeindruckend. Die wunderschöne Aphroditestatue, die im Museum von Bergama (S. 234) steht, stammt z. B. aus Allianoi.

Als dieser Reiseführer entstand, gab's aber leider gerade heftige Streitereien um die Grabungsstätte, weil im Kaikostal der neue Yortanlı-Staudamm gebaut werden soll. Der würde zwar ordentlich Wasser in die Region bringen, aber auch dafür sorgen, dass die Grabungsstätte 17 m tief im Wasser versinkt. Es gibt eine Kampagne zur Rettung von Allianoi, aber letztlich wird alles von den Politikern abhängen – und es sieht nicht allzu rosig aus. Vorher müssen noch 90 % der Stätte ausgegraben werden. Darum kommen nach wie vor jeden Sommer türkische Archäologen und Studenten hierher. Näheres über Allianoi erfährt man unter www.europanostra.org/save_allianoi.html.

Es gibt keine Busverbindung, aber man kann einen der seltenen Busse von Bergama nach Paşakoy (2 €, 45 Min.) nehmen und sich an der Abzweigung nach Paşaka absetzen lassen. Von hier ist es zu Fuß noch 1 km bis Allianoi. Wer allerdings dann nach Bergama zurückwill, hat ein Problem. Da hilft nur, an der Straße irgendeine vorbeifahrenden Bus anzuhalten. Ein Taxi von Bergama nach Allianoi kostet zwischen 34 und 39 €.

ÇANDARLI
☎ 0232

Der kleine, entspannte Urlaubsort Çandarlı (das antike Pitane) liegt 33 km südlich von Bergama auf einer Halbinsel, die in die Ägäis ragt. Er wird von einer kleinen, aber feinen genuesischen **Burg** (Eintritt frei; ☼ Juli–Aug. 24 Std.)

aus dem 14. Jh. beherrscht. Sie wurde restauriert, ist aber außerhalb der Hochsaison nur sporadisch geöffnet. Der Beach von Çandarlı ist sandiger als mancher seiner Nachbarn und bietet sich für ein paar relaxte Ferientage an.

Im Hochsommer sorgt der einheimische Tourismus dafür, dass die meisten Pensionen voll sind, aber von Ende Oktober bis April/ Mai gleicht Çandarlı eher einer Geisterstadt.

Die meisten Läden, Internetcafés und die Post sind bloß einen Steinwurf von der Bushaltestelle entfernt. Die Burg, Restaurants und Pensionen findet man allesamt am Ufer. Freitag ist Markttag.

Schlafen

Die meisten Hotels und Pensionen liegen westlich der Burg, an einem schmalen Strandstreifen mit grobkörnigem Sand.

Bağış Pansiyon (☎ 673 2459; Barbaros Sokak 19; EZ/DZ 10/20 €) Wenn die anderen voll sind, kann man es in dieser Pension eine Straße landeinwärts und zwei Straßen westlich vom Hotel Samyeli probieren. Hier gibt's zwar keinen Meerblick wie in den schickeren Optionen, aber dafür einen grünen Innenhof. Und günstigere Preise!

Hotel Samyeli (☎ 673 3428; www.otelsamyeli.com; Sahil Caddesi 18; EZ/DZ HS 17/33 €, NS 14/28 €; ⓧ) In der Mitte der Bucht gelegenes Hotel mit schlichten, einwandfreien und fröhlichen Zimmern in Kanariengelb; 20 haben einen kleinen Balkon, 14 außerdem direkten Meerblick. Besser vorher reservieren (eine Woche im Sommer).

Hotel Emigran (☎ 673 2500; www.otelsamyeli.com; Talat Emmi Caddesi 1; EZ/DZ mit HP 22/44 €; ⓧ) Neues Hotel 150 m westlich vom Samyeli, direkt am Strand. Die Lage ist sehr lauschig und ruhig und von allen Zimmer ist das Meer zu sehen. In manchen hört man's zusätzlich sogar noch rauschen. In Zukunft soll's auch einen Pool und eine Sonnenterrasse geben.

Essen

Der tägliche *çarşı* (Markt) im Schatten der Stadtmoschee ist eine gute Adresse für Proviant.

Ünal Usta'nın (☎ 673 2772; PTT Sokak 1; ☼ 7–2 Uhr) Dieser Imbiss liegt drei Häuser von der Post entfernt, fast am Marktplatz. Spezialisiert auf super leckere Pide (1,95 bis 2,75 €).

Köşem (☎ 673 2132; Çarıçı 14; ☼ 5.30 Uhr–Mitternacht, HS 24 Std.) Hat ein paar Bänke und

Sonnenschirme direkt am Marktplatz und serviert Suppen (1,35 €) und Kebaps (2,25 bis 3,35 €), die bei den Einheimischen heiß begehrt sind.

Samyeli Restaurant (☎ 673 3428; Sahil Caddesi 18; kleine Portion Fisch & Meeresfrüchte 4,45–5,55 €; ☼ 8 Uhr–Mitternacht) Gehört zum Hotel gleichen Namens und ist für seinen Fisch bekannt. Die Tische stehen direkt am Wasser und die Preise sind erschwinglich. Zumal der super nette Inhaber das Gericht auch dem Geldbeutel anpassen kann! Die Spezialität des Hauses, *karides* (Garnelen; 8,35 €), ist ein Gedicht.

Ausgehen
Pitaneou Café-Bar (☎ 673 3916; Sahil Plaj Caddesi 27; Bier 2,75 €; ☼ 11 Uhr–Mitternacht, HS bis 3 Uhr) Cooler Laden mit netten Tischen unter Weinlaub am Wasser. Nach eigenen Angaben wird hier die „beste Musik der Türkei" gespielt. Für Hungrige gibt's Snacks.

Musti Bar (☎ 673 3991; Sahil Plaj Caddesi 38/A; Bier 2,75 € ☼ 11–3 Uhr) Wer in Çandarlı tanzen will, hat nicht viel Auswahl: die Bar am Meer (eine Straße westlich der Burg) ist zurzeit die einzige Disko.

An- & Weiterreise
Es fahren zahlreiche Busse zwischen Çandarlı und İzmir (4,15 €, 1½ Std.) über Dikili (0,85 €; 15 Min.). Mindestens sechs Minibusse fahren täglich nach und von Bergama (1,95 €, 30 Min.).

YENİ FOÇA
☎ 0232/3470 Ew.

Yeni Foça ist ein charmanter kleiner Ferienort am Hafen. Hier gibt's einen grobkörnigen Sandstrand und jede Menge halbzerfallene osmanische Herrenhäuser und alte griechische Steinhäuser. Schon vor Ewigkeiten wurde Yeni Foça als ideales Feriendomizil entdeckt. Darum hat das Städtchen heute viele restaurierte Schmuckstücke – aber auch so viele Bausünden, dass sich der große osmanische Architekt Sinan im Grabe umdrehen würde. Trotzdem ist es ideal, um ein, zwei Tage zu verbummeln.

Das klassische **Otel Naz** (☎ 814 6619; Sahil Caddesi 113; EZ/DZ 17/33 €) liegt am westlichen Ende der Bucht, ca. 500 m vom Hafen entfernt. Von den großen und nett gestalteten Zimmern haben sieben Meerblick und drei einen Balkon. Sie sind ihr Geld wert; außerdem gibt's eine zur Straße gelegene Café-Bar.

Am östlichen Ende der Bucht liegt das reizende kleine **Tansay Restaurant** (☎ 814 8080; Kordon Caddesi 11; Gerichte 8–12 €; ☼ 9–22 Uhr), das wie ein türkisches Bistro aussieht. Hier gibt's ein paar Tische am Wasser und tolles Essen zu tollen Preisen. *Karides güvec* (Garnelenauflauf; 8 €) und *kalamar dolma* (gefüllter Tintenfisch, 9 €) sind der Hit! Eine feinere (und etwas teurere) Alternative ist das **Veli Usta Orfoz Balık Ve Et Restaurant** (☎ 814 9192; Kordon Caddesi 16; Gerichte 8–12 €; ☼ 8 Uhr–Mitternacht) mit einem netten Salon und vielen Tischen direkt am Hafen.

Alle halbe Stunde fährt ein Bus nach İzmir (3,35 €, 1¾ Std.) und alle zwei Stunden einer nach Eski Foça (1,95 €). Ein Taxi nach Eski Foça kostet ca. 16 €.

FOÇA
☎ 0232/14 600 Ew.

Wem Çandarlı ein bisschen *zu* ruhig ist und Kuşadası etwas zu laut, dem könnte Foça zusagen. Der Ort, der manchmal auch Eski Foça (Alt-Foça) genannt wird – um ihn von seinem neueren, kleinen Nachbarn Yeni Foça auf der anderen Seite des Berges zu unterscheiden – liegt an zwei Buchten und einem kleinen, natürlichen Hafen. Die Ufer sind von charmanten osmanisch-griechischen Häusern, Restaurants und Pensionen gesäumt. Auf dem Wasser schaukeln hübsche Fischerboote.

Eski Foça, das antike Phokaia, wurde vor 600 v. Chr. gegründet und hatte seine Sternstunden im 5. Jh. v. Chr. Die Phokaier waren super Seeleute und befuhren mit ihren schnellen, von 50 Ruderern angetriebenen Schiffen die Ägäis, das Mittelmeer und das Schwarze Meer. Auch gute Kolonialisten waren sie. So gründeten sie z. B. Samsun am Schwarzen Meer und Städte in Italien, auf Korsika, in Frankreich und Spanien.

In jüngerer Zeit war Foça eine osmanisch-griechische Fischerei- und Handelsstadt. Und heute ist es ein florierender Urlaubsort für einheimische Touristen der Mittelklasse, mit zig Ferienvillen am Stadtrand.

Foça ist auch berühmt für die Mittelmeer-Mönchsrobben, die rund um die Inseln vor der Küste leben (momentan v. a. auf den Sireneninseln Kayalıkları und Hayırsız). Insgesamt gibt's davon bloß noch 400 – also sollte man nicht darauf hoffen, dass man sie zu sehen bekommt. Zumal die Viecher auch noch extrem scheu sind.

Orientierung
& Praktische Informationen

Der östliche Teil der Bucht von Foça wird von einer aus Südosten vorragenden Halbinsel geteilt – in das Küçük Deniz (Kleines Meer) im Norden und das Büyük Deniz (Großes Meer) im Süden. Am idyllischen Küçük Deniz drängeln sich die Restaurants, während die größeren Fischerboote in das Büyük Deniz einlaufen.

Der *otogar* am Rand der Büyük Deniz liegt gleich südlich vom Hauptplatz. Wer von hier über den Platz geht, kommt an der **Touristeninformation** (☎/Fax 812 1222; Cumhuriyet Meydanı), der Post und an einigen Banken vorbei. Nach 350 m errreicht man die Bucht mit den Restaurants. Direkt hinter ihnen befindet sich **Kaptan Net** (☎ 812 3411; Fevzi Paşa Mahallesi 210 Sokak 26/A; pro Std. 0,85 €; ☼ 9–1 Uhr). Und zu den Pensionen geht's weiter entlang der rechten (östlichen) Buchtseite.

Wer sich für die Mönchsrobben interessiert, kann ins **Robbenschutzzentrum** (Akdeniz Foku Foça Yerel Komitesi Bürosu; ☎ 812 3062; Atatürk Mahallesi 123) gehen. Im gleichen Gebäude ist auch die Bibliothek von Foça untergebracht.

Sehenswertes & Aktivitäten

Vom **antiken Phokaia** ist nicht mehr viel übrig: eine Theaterruine, Überreste eines Aquädukts in der Nähe vom *otogar* und ein *anıt mezarı* (Monumentalgrab), 7 km außerhalb der Stadt auf dem Weg zur Schnellstraße nach İzmir. Außerdem gibt's noch Spuren von zwei Heiligtümern der Göttin Kybele: das eine liegt am Hang an der Straße nach İzmir, das andere nicht weit vom Café Anfityatro entfernt.

Vor kurzem haben Leute aus dem Ort eine spannende Entdeckung in der Nähe des Gymnasiums gemacht: Bei der Grabungsstätte, die Athenatempel genannt wird, fanden sie u. a. einen wunderschönen Greif und einen Pferdekopf, beide vermutlich aus dem 5. Jh. v. Chr. Jedes Jahr im Sommer wird hier weitergegraben.

Vorbei am Kybele-Heiligtum geht's zur teilweise wieder aufgebauten Festung **Beşkapılar** (Fünf Tore). Sie wurde von den Byzantinern erbaut und dann von Genuesen und Osmanen 1538/39 repariert. Eine weitere Festung, die **Dışkale** (Äußere Festung), hat ein Auge auf alle, die sich der Stadt von dem Ende der Halbinsel nähern, das den südwestlichen Bogen der Bucht bildet. Am besten ist sie vom

Wasser aus zu begucken (bei einer Bootstour), weil sie mitten im militärischen Sperrgebiet liegt.

Foças **Hamam** (Badehaus; ☎ 812 1959; Atatürk Mahallesi 115 Sokak 22; Massage 15 €; ☼ 8–23 Uhr) hat getrennte Abteilungen für Männer und Frauen.

BOOTSTOUREN

Im Sommer (Anfang Mai bis Ende Sept.) starten täglich zwischen 10.30 und 11.30 Uhr Boote sowohl von dem Küçük Deniz als auch von dem Büyük Deniz, auf denen man Tagestouren rund um die vorgelagerten Inseln machen kann. Kostenpunkt 8 bis 11 € inklusive Mittagessen und Wasser; aber ruhig probieren zu handeln.

Schlafen

In Foça gibt's jede Menge Budgetoptionen, aber nur wenige Mittel- und Spitzenklassehotels. Vor kurzem hat auch der Vier-Sterne-**Club Phokaia** (☎ 812 8080; 3 Merkinsak) unter britischer Leitung eröffnet.

İyon Pansiyon (☎ 812 1415; www.eskifoca.com; 198 Sokak 8; DZ HS/NS 22/17 €) Landeinwärts vom Hafen gelegene Pension, die der geschäftstüchtige Tourismusmanager Umut führt. Die kleinen, schlichten, aber sehr netten Zimmer liegen rund um einen grünen Innenhof, und es gibt eine Sonnenterrasse. Er wird, wann sie eins von sechs Windsurfboards ausleihen (30 € pro Tag); die Küche ist auch für alle da. In Zukunft soll's auch noch einen Bier- und Grillgarten geben.

Siren Pansiyon (☎ 812 2660; www.sirenpansiyon. com; 161 Sokak 13; EZ/DZ 14/25 €) Das Siren liegt super ruhig etwas entfernt vom Meer und ist eine billige und gemütliche Option. Traveller dürfen die Küche mitbenutzen. Sieben der Zimmer haben einen Balkon, und eine Dachterrasse gibt's auch.

Hotel Villa Dedem (☎ 812 2838; Sahil Caddesi 66; dedemomer@yahoo.com; EZ/DZ ab 17/28 €; 20 % mehr in der HS; 🕮) Zwar nicht das billigste unter der billigen, aber die zentrale Lage und der schöne Blick auf den Hafen rechtfertigen den Preis. Nur acht Zimmer haben einen Balkon mit Meerblick – und von denen sollte man eins ergattern!

Hotel Grand Amphora (☎ 812 3930; İsmetpaşa Mahallesi 206 Sokak; EZ/DZ HS 33/44 €, NS 23/34 €; 🕮 💻) Das einzige Hotel in town mit (wenn auch kleinem) Pool; ideal für Sonnenanbeter. Die Zimmer sind klein, aber gemütlich. Das Amphora liegt hinterm Krankenhaus direkt am Wasser.

Foçantique Boutique Hotel (☎ 812 4313; www. focantiquehotel.com; Sahil Caddesi 154; DZ HS 98–118 €, NS 85–98 €) Am Ende des Küçük Deniz gelegenes, schönes altes griechisches Steinhaus, zu dem sich der Fußweg wirklich lohnt. Die Zimmer sind individuell mit echten türkischen Antiquitäten aus dem 19. Jh. eingerichtet und wetteifern um den Preis für das schönste Badezimmer in der Türkei.

Essen

Selbstversorger können sich dienstags auf dem Wochenmarkt von Foça mit frischen Sachen eindecken. Außerdem gibt's in der Stadt mehrere Lebensmittelläden.

Ridvan Ustanın Yeri (☎ 812 6867; İş Bankası; Eintöpfe 1,40–2,25 €; ⓥ 24 Std.) Der Laden gehört zu einer angesagten Kette und liegt direkt neben der Post beim Hauptplatz. Hier kommt leckeres, einfaches und günstiges Essen auf die Tische im Freien.

Fokai Restaurant (☎ 812 2186; Sahil Caddesi 11; ⓥ 10 Uhr–Mitternacht) Eine gute Adresse für Fisch und ein bisschen billiger als das Celep. Zu den Spezialitäten gehört der langsam in Joghurt und Knoblauch gedünstete Fisch (5,50 €).

Celep (☎ 812 1495; Sahil Caddesi 48; Gerichte 25–35 € ⓥ 9 Uhr–Mitternacht) Wer Lust auf romantische Stimmung und leckeren Fisch hat, ist hier genau richtig: das Celep gilt als das beste Restaurant der Stadt. Die Tische stehen am Wasser, und die Kellner fischen den Hummer direkt aus dem Kochtopf!

Ausgehen

Anfitiyatro Café (☎ 812 3334; Sahil Caddesi 33; Köfte/Kebap 2,25 €, Cappuccino 1,10 €; ⓥ 8–22 Uhr) Nette Location, um bei einem Spaziergang am Wasser einzukehren. Das idyllische Café liegt 60 m hinter der Atatürk-Statue am Büyük Deniz.

Kokoloz Café (☎ 812 5255; Atatürk Mahallesi 194 Sokak 14; Köfte 1,65 €, Bier ab 1,95 €; ⓥ 9.30 Uhr–Mitternacht) Das Café in einem alten griechischen Lagerhaus gehört zwei Archäologen und ist ein netter, gut gelaunter Laden mit Flair.

Neco Café & Bar (☎ 812 5020; Sahil Cad 10; Snacks 1,10 €, Bier 2,25 €; ⓥ 24 Std.) Hier kostet ein Plätzchen direkt am Wasser nichts extra. Das Neco ist relaxt, solide, billig und bei den Einheimischen total angesagt.

Keyif Café & Bar (☎ 812 2313; Sahil Caddesi 42/A; Bier 2,25 €; ⓥ 9–4 Uhr) Etwas schicker und trubeliger als das Neco; hier läuft oft westliche Musik.

An- & Weiterreise

Es gibt zahlreiche Busverbindungen zwischen Foça und İzmir (3,33 €, 1½ Std., 86 km) über Menemen (für Anschlüsse nach Manisa). Wer nach Bergama will, fährt nach Menemen, wartet dort an der Schnellstraße und hält einen Bus Richtung Norden an.

Täglich fahren drei bis fünf City-Busse von Foça nach Yeni Foça (1,95 €, 30 Min., 25 km); der Fahrplan hängt am *otogar* aus. Diese Busse halten auch an den schönen kleinen Buchten, Stränden und Campingplätzen nördlich von Foça.

Wer ein paar Tage bleiben will, kann bei **1Bir Tour** (☎ 812 5050; www.birtour.com; Favzi Paşa Mahallesi 193/1) in der Nähe des Hafens ein Auto mieten.

İZMİR

☎ 0232/2,6 Mio. Ew.

İzmir liegt zwar malerisch in einer Bucht vor dramatischer Bergkulisse. Aber es ist eine moderne Großstadt, in die man sich nur schwer auf den ersten Blick verliebt. Aber ein zweiter Blick lohnt sich – die drittgrößte Stadt der Türkei ist ausgesprochen sympathisch!

İzmir hat seinem verstorbenen, viel betrauerten Bürgermeister Ahmet Piriştina einiges zu verdanken: Er cancelte die katastrophalen Pläne, eine Autobahn entlang der Küste zu bauen. Und er gab den Einheimischen weite Teile des Zentrums zurück, indem er es zur Fußgängerzone machte. Heute kann man auf dem Kordon (Atatürk Caddesi) entlang der Küste joggen, Rad fahren, Hunde ausführen oder einfach nur relaxen. Im nördlichen Stadtteil Alsancak wird fleißig renoviert, und die netten alten Häuser, die an die griechische Insel Chios erinnern, verwandeln sich in einladende Restaurants und Bars.

Wer einen Tag übrig hat, kann die paar Altertümer und Museen besichtigen, in Cafés am Wasser abhängen und die phantastische Aussicht von der Burg Kadifekale genießen. Auch auf dem chaotischen und kunterbunten Basar lässt sich leicht die Zeit vergessen.

Geschichte

İzmir, das frühere Smyrna, ist die am stärksten vom Westen beeinflusste und kosmopolitischste unter den osmanisch-türkischen Städten. Hier tummelten sich Tausende von ausländischen Diplomaten, Händlern und Seefahrern und es lebten mehr Christen und Juden als Muslime in der Stadt.

İZMİR

0 ———— 500 m

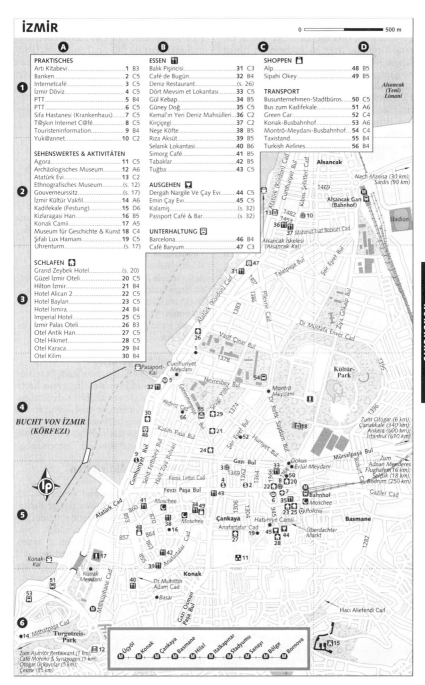

PRAKTISCHES
Artı Kitabevi.................................1 B3
Banken...2 C5
Internetcafé.................................3 C5
İzmir Döviz..................................4 C5
PTT..5 B4
PTT..6 C5
Sifa Hastanesi (Krankenhaus)....7 C5
T@şkin Internet C@fé..................8 C5
Touristeninformation..................9 B4
Yuk@annet.................................10 C2

SEHENSWERTES & AKTIVITÄTEN
Agora...11 C5
Archäologisches Museum..........12 A6
Atatürk Evi................................13 C2
Ethnografisches Museum........(s. 12)
Gouverneurssitz.......................(s. 17)
İzmir Kültür Vakfil.....................14 A6
Kadifekale (Festung)................15 D6
Kızlaragasi Hani.........................16 B5
Konak Camii..............................17 A5
Museum für Geschichte & Kunst 18 C4
Şifali Lux Hamam......................19 C5
Uhrenturm...............................(s. 17)

SCHLAFEN
Grand Zeybek Hotel................(s. 20)
Güzel İzmir Oteli......................20 C5
Hilton İzmir..............................21 B4
Hotel Alican 2..........................22 B4
Hotel Baylan............................23 C5
Hotel İsmira.............................24 B4
Imperial Hotel..........................25 C5
İzmir Palas Oteli.......................26 B3
Otel Antik Han.........................27 C5
Otel Hikmet.............................28 C5
Otel Karaca..............................29 B4
Otel Kilim.................................30 B4

ESSEN
Balık Pişiricisi...........................31 C3
Café de Bugün.........................32 B4
Deniz Restaurant...................(s. 26)
Dört Mevsim et Lokantası.......33 C5
Gül Kebap................................34 B5
Güney Doğ...............................35 C5
Kemal'ın Yeri Deniz Mahsülleri..36 C2
Kirçiçegi...................................37 C2
Neşe Köfte...............................38 B5
Riza Aksüt................................39 B5
Selanik Lokantasi.....................40 B5
Simorg Café.............................41 B5
Tabaklar...................................42 B5
Tuğba......................................43 C5

AUSGEHEN
Dergah Nargile Ve Çay Evı.......44 C5
Emin Çay Evı............................45 C5
Kalamiş..................................(s. 32)
Passport Café & Bar...............(s. 32)

UNTERHALTUNG
Barcelona.................................46 B4
Café Baryum............................47 C3

SHOPPEN
Alp..48 B5
Sipahi Okey..............................49 B5

TRANSPORT
Busunternehmen-Stadtbüros....50 C5
Bus zum Kadifekale..................51 A6
Green Car.................................52 C4
Konak-Busbahnhof...................53 A6
Montrö-Meydanı-Busbahnhof....54 C4
Taxistand.................................55 B4
Turkish Airlines........................56 B4

BUCHT VON İZMIR (KÖRFEZI)

Zum Asansör Restaurant (1 km);
Café Moreno & Synagogen (1 km);
Otogar Üçkuyular (5 km);
Çeşme (85 km)

Üçyol Konak Çankaya Basmane Hilal İtalkapınar Stadyumu Sanayi Bölge Bornova

Am östlichen Ende der Bucht, wo heute Bayraklı liegt, entstand im 10. Jh. v. Chr. die erste Siedlung. Aber wahrscheinlich lebten schon 3000 v. Chr. Menschen hier. Richtig bergauf ging's mit Smyrna, nachdem die Osmanen die Stadt 1415 erobert hatten. Im Jahr 1535 unterzeichnete Süleyman der Prächtige ein Handelsabkommen mit König Franz I. von Frankreich: Es erlaubte ausländischen Kaufleuten, in den Herrschaftsgebieten des Sultans zu wohnen. So wurde Smyrna schnell zur fortschrittlichsten Handelsstadt der Türkei – und ihre Straßen und Gebäude sahen fast europäisch aus.

Nach dem Zusammenbruch des Osmanischen Reichs am Ende des Ersten Weltkriegs marschierten die Griechen in Smyrna ein. Sie wurden nach erbitterten Kämpfen schließlich verjagt. Leider wurde der größte Teil der Altstadt bei Aufräumarbeiten durch ein katastrophales Feuer zerstört. Aber als Atatürk Smyrna am 9. September 1922 zurückeroberte, war das gleichzeitig der Sieg im türkischen Unabhängigkeitskrieg. Darum ist dieser Tag heute der wichtigste Feiertag in İzmir. Und am Wasser erinnert ein Reiterstandbild von Atatürk an die Ereignisse von 1922.

Orientierung

Die beiden großen Hauptverkehrsstraßen in İzmir verlaufen parallel zur Küste. Die Uferstraße heißt offiziell Atatürk Caddesi (Birinci Kordon oder Erster Kordon), aber die Einheimischen nennen sie einfach den Kordon. Etwas landeinwärts liegt der Cumhuriyet Bulvarı, der İkinci Kordon (Zweiter Kordon).

Die zwei Hauptplätze der Stadt – Konak Meydanı im Süden und der Cumhuriyet Meydanı (Platz der Republik) – liegen an diesen beiden Straßen.

Der Konak öffnet sich zum Basar hin; und die Hauptstraße des Basars (Anafartalar Caddesi) geht hinunter bis zum Bahnhof Basmane Garı. Von hier fährt auch eine U-Bahn zum Konak. In der Gegend Basmane/Çankaya gibt's zig kleine, mittelteure Hotels, Restaurants und die Fahrkartenschalter der Busse.

Alsancak, das Einkaufs-, Restaurant- und Nachtclub-Viertel von İzmir, liegt im Norden der Stadt. Der otogar im UFO-Look befindet sich total isoliert 6,5 km nordöstlich vom Zentrum.

Praktische Informationen

PTT-Filialen gibt's am Cumhuriyet Meydanı und am Fevzipaşa Bulvarı. Banken mit Geldautomaten findet man am Fevzi Paşa Bulvarı in Basmane und rund um den Cumhuriyet Meydanı.

Artı Kitabevi (☎ 421 2632; Cumhuriyet Bulvarı 142/B) Freundlicher Buchladen mit Angestellten, die Englisch sprechen, und einer guten Auswahl an englischen Büchern.

Internet Café (1369 Sokak 9; pro Std. 0,83 €; ⏱ 8–1 Uhr) Neu, sympathisch und nützlich.

İzmir Döviz (☎ 441 8882; Fevzi Paşa Bulvarı 75, Çankaya; ⏱ Mo–Sa 7–19 Uhr) Wechselstube, die keine Gebühr verlangt.

T@şkın Internet C@fé (Fevzi Paşa Bulvarı 118; pro Std. 0,85 €; ⏱ 8–1 Uhr) Gegenüber vom Krankenhaus (Şifa Hastanesi). Ein Internetcafé im ersten Stock geht's über eine Wendeltreppe. Es ist verraucht und laut, hat aber schnelle Verbindungen.

Touristeninformation (☎ 483 5117; Fax 483 4270; Akdeniz Mahallesi 1344 Sokak 2) Im reich mit Stuck verzierten Gebäude von İl Kültür ve Turizm Müdürlüğü hinter der Atatürk Caddesi. Die Angestellten sprechen Englisch, Deutsch und Französisch und sind super hilfsbereit.

Yuk@rınet (☎ 463 9308; Kıbrıs Şehitleri Caddesi 68, Alsancak; pro Std. 0,83 €; ⏱ 9–1 Uhr) Internetzugang im zweiten Stock.

Sicherheit & Ärgernisse

İzmir ist eine ziemlich sichere Stadt. Nur rund um den Bahnhof kann's nachts etwas heikel werden: In den Gassen treiben sich Straßendiebe rum. Außerdem ist die Gegend so was wie ein Rotlichtviertel, v. a. für alleinreisende Frauen also nicht das richtige Pflaster. Auf dem Basar gibt's die üblichen Taschendiebe.

Sehenswertes & Aktivitäten

DER KORDON

Bei den Alsancak-Kais und weiter südlich beim Konak Meydanı stehen riesige Betonpfeiler – Überbleibsel der Idiotie eines Bürgermeisters, der es für eine tolle Idee hielt, direkt am Ufer von İzmir eine Autobahn zu bauen. Zum Glück wurde er rechtzeitig gestoppt, und der Kordon ist heute eine der Hauptattraktionen der Stadt – ideal, um den Sonnenuntergang über der Bucht bewundern.

Als es İzmir im 19. Jh. richtig gut ging, standen am Kordon stattliche Handelsgebäude und schicke Häuser der Reichen. Die meisten sind längst verschwunden, aber in Alsancak, am Ende der Uferzone, steht noch das hölzerne **Atatürk Evi** (Eintritt frei; ⏱ 8.30–12 & 13–17 Uhr). Es vermittelt einen guten Eindruck davon, wie damals die Hütten der Upperclass aussahen.

KONAK MEYDANI

Der nur für Fußgänger zugängliche Platz wurde nach dem **Gouverneurssitz** *(hükümet konağı)* **Konak** benannt. In der Mitte hat er einen eher überraschenden Kaktusgarten. Außerdem gibt's hier einen spätosmanischen **Uhrenturm** *(saat kulesi)* zu sehen, den Sultan Abdül Hamit II. der Stadt 1901 schenkte. Der Turm sieht ganz „orientalisch“ aus und ist toll verziert – vielleicht sollte er einen Gegenpol zum europäischen Flair des „untreuen Smyrna“ bilden. Daneben steht die schöne, mit Kütahya-Fliesen verzierte **Konak Camii**, die 1748 gebaut wurde.

AGORA

Die antike, für Alexander den Großen erbaute **Agora** (Marktplatz; Agora Caddesi; Eintritt 1 €; ☾ 8–17 Uhr) legte ein Erdbeben im Jahr 178 n. Chr. in Schutt und Asche. Aber der römische Kaiser Marcus Aurelius baute sie wieder auf. Korinthische Säulengänge, Säle mit Gewölbedecken und ein rekonstruierter Bogen vermitteln eine Idee davon, wie ein römischer Basar ausgesehen haben muss. Später wurde auf dem Gelände ein muslimischer Friedhof angelegt. Darum stehen rund um die Einfassung der Agora viele alte Grabsteine. Es gibt eine kostenlose Broschüre mit einer guten Einführung.

Zur Agora geht's die Anafartalar Caddesi, die belebte Hauptstraße des Basars, hinunter und dann entlang der Begrenzung des Geländes bis zum Eingangstor.

BASAR

İzmirs **Basar** (☾ HS Mo–Sa 9.30–21 Uhr, NS bis 17 Uhr) ist noch ein kleines Stück jener Türkei, die heute leider am Verschwinden ist. Wer Herz und Seele von İzmir kennen lernen will, muss hierherkommen. Zwischen den Ständen, dem Gesang der Vögel in ihren kleinen Käfigen, den Läden für Hochzeitskleider und den Gewürzbergen kann man wunderbar ein paar Stunden die Welt vergessen. Es lohnt sich, den Blumen- und Perlenmarkt zu suchen – und danach in einem der phantastischen Cafés in der Mitte des Basars einen türkischen Mokka zu genießen.

Auf der zum Konak gelegenen Seite ist das restaurierte **Kızlarağası Han** (☾ HS Mo–Sa 9.30–21 Uhr, NS bis 17 Uhr) zu entdecken: Die 1744

erbaute Markthalle ist eine kleinere und ruhigere Variante des berühmten Großen Basars in İstanbul. Wer bereit ist, sich wieder raus in die Welt zu begeben, fragt einfach nach dem Weg zurück nach Basmane oder zum Konak.

SYNAGOGEN

Im gleichen Viertel wie das Asansör Restaurant befinden sich auch einige der tollen alten **Synagogen** (Führung 23–31 €) von İzmir. Sie wurden restauriert und für die Öffentlichkeit zugänglich gemacht. Die Touristeninformation organisiert Führungen und individuelle Besichtigungen (S. 244).

ARCHÄOLOGISCHES, ETHNOGRAFISCHES & KUNSTHISTORISCHES MUSEUM

Der Weg zum Archäologischen und Ethnografisches Museum ist nicht ausgeschildert, aber leicht zu finden: vom Konak-Platz den Berg hinauf, entlang der Straßen Anafartalar Caddesi und Millikütüphane Caddesi.

Das **Archäologische Museum** (Arkeoloji Müzesi; ☎ 489 0796; Arkeoloji Müzesi Caddesi; Eintritt 2,75 €; ☾ Di–So 8–17 Uhr) hat eine ausgezeichnete Sammlung von griechischen und römischen Artefakten. Die Präsentation ist z. T. etwas unspannend, aber die wunderschön verzierten Sarkophage sind auf jeden Fall sehenswert. Genauso wie der Kopf einer gigantischen Statue von Domitian, die mal in Ephesos stand, und der beeindruckende Fries aus dem Mausoleum von Belevi, auf dem die Begräbniszeremonie dargestellt ist (250 v. Chr.). Wer mit der U-Bahn kommt, geht von der Station an der Kreuzung links den Berg rauf zu dem rot gefliesten Gebäude.

Interessanter ist aber das **Ethnografische Museum** (Etnografya Müzesi; ☎ 489 0796; Eintritt 1,65 €; ☾ Di–So 8–17 Uhr) direkt daneben. Das hübsche vierstöckige Steinhaus (1831 gebaut) war ursprünglich das Krankenhaus St. Roche. Heute gibt's hier eine abwechslungsreiche Ausstellung mit Dioramen, Fotos und Informationstafeln) über Kunst, Kunsthandwerk und Bräuche der Gegend zu sehen. Sie informiert über so ziemlich alles: von Kamelringen, Töpfern und Verzinnung über Filzherstellung und Stickerei bis zur Herstellung der merkwürdigen kleinen, blau-weißen Perlen, die gegen den „bösen Blick“ schützen sollen (s. auch Kasten S. 246). Außerdem kann man Waffen, Schmuck und wunderschön illustrierte Handschriften bewundern.

DER BÖSE BLICK

Wie kurz der Trip in die Türkei auch sein mag, das Auge, das vor dem „bösen Blick" schützen soll, wird einem überall begegnen. Der uralte Aberglaube hat seine Wurzeln angeblich im vorislamischen Anatolien. Aber so alt er auch sein mag, er ist in der heutigen Türkei noch immer erstaunlich stark verbreitet. Und die Perlen, Anhänger und anderen Stücke, die mit dem Auge verziert sind, werden genauso für den einheimischen Markt wie für Touristen hergestellt. Egal ob Hochzeit, Beerdigung, Taufe oder jede andere Party – the eye is watching you.

Kurz zusammengefasst geht alles auf den Glauben zurück, dass manche Leute eine böse Kraft besitzen, die sich durch die Augen auf andere überträgt. Diese destruktive – manchmal schicksalhafte – Kraft ist nicht nur für Menschen (v. a. Kinder) und Tiere schädlich, sondern auch für Häuser und sogar für einzelne Dinge. Die Schmuckaugen sollen das Desaster abwehren, indem sie den bösen Blick auf den zurückwerfen, von dem er kommt.

Die handgemachten Augen gibt's aus vielen Materialien, z. B. Glas, Muscheln, Holz, Gold, Silber und Leder, und sie beschützen alles Mögliche: von Autos und Hotellobbys bis zu Restaurantküchen und Hamams.

Wir wollten uns den örtlichen Sitten anpassen und kauften ein Auge, das dann vom Rückspiegel unseres Mietwagens baumelte. Angesichts der hohen Unfallrate in der Türkei und unserer heilen Rückkehr scheint es (bis auf einen kleinen Zwischenfall) gewirkt zu haben!

Die meisten Augen zur Abwehr des bösen Blicks werden in der Ägäisregion hergestellt, und İzmir ist ein guter Ort, um sie zu kaufen (s. S. 245).

Vor kurzem wurde im Kültür Park das **Museum für Geschichte & Kunst** eröffnet (Tarih ve Sanat Müzesi; ☎ 489 7586; Eintritt 2,75 €; ☯ Di–So 8–17 Uhr). Die Abteilungen Skulptur, Keramik und Kostbare Artefakte geben einen guten Überblick über das künstlerische Erbe der Region. Das Hochrelief von Poseidon und Demeter (2. Jh. n. Chr.) und das große Jagdmosaik aus Kadifekale sollte man auf jeden Fall gesehen haben. Im Museum gibt's auch einen kleinen, aber gut sortierten Buchladen mit Publikationen über türkische Kunst, Küche und Kultur.

KADIFEKALE
Alexander der Große ließ Smyrna auf dem Berg Kadifekale (Pagos) im Zentrum der heutigen Stadt neu errichten. Die Festungsanlagen („Samtburg"), die noch heute auf dem Berg stehen, sind auch von ihm. Es lohnt sich, mit dem Bus raufzufahren und die Aussicht kurz vor Sonnenuntergang zu genießen. Tagsüber weben hier Migrantinnen aus Mardin im Südosten der Türkei an aufrecht stehenden Webstühlen Teppiche – eine harte Arbeit und ein zunehmend seltener Anblick.

Am besten den Bus 33 vom Konak den Berg rauf nehmen und dann gemütlich ein Stückchen wieder runterlaufen. Die Gegend ist allerdings ziemlich rau –nach Einbruch der Dunkelheit sollte man hier nicht mehr alleine unterwegs sein.

HAMAM
Wer in seinem Hotel kein gutes Bad hat, kann zum **Şifalı Lux Hamam** (Bad/Massage 5,50/11 €; ☯ 7–23 Uhr für Männer, 8–18 Uhr für Frauen) bei der Anafartalar Caddesi gehen. Die Location ist sauber und das Gebäude mit viel Marmor wunderschön.

Festivals & Events
Jedes Jahr wird von Mitte Juni bis Mitte Juli das **Internationale İzmir-Festival** gefeiert: mit Musik- und Tanzaufführungen in Çeşme, Ephesos und im Kültür-Park in İzmir. Für nähere Infos einfach die **İzmir Kültür Vakfı** (Kulturstiftung İzmir; ☎ 463 0300; Mithatpaşa Caddesi 50/4), die im Süden der Stadt liegt, anrufen.

Schlafen
Oft sind die Hotels von İzmir komplett von Geschäftsleuten in Beschlag gelegt, die zu den Handelsmessen in die Stadt kommen. Darum ein paar Tage im Voraus reservieren, im Hochsommer noch eher.

Rund um den Bahnhof gibt's jede Menge kleine Budgetoptionen und ein paar Mittelklassehotels. Vor kurzem hat die Stadtverwaltung Geld für die Restaurierung von ein paar alten osmanischen Häusern lockergemacht – in denen jetzt Hotels untergebracht sind. Sie liegen direkt südwestlich vom Bahnhof (1296 Sokak) und sehen von außen sehr hübsch aus. Innendrin sind sie aber leider alle ziemlich schäbig und nicht sehr einladend.

BUDGETUNTERKÜNFTE

Otel Hikmet (☎ 484 2672; 945 Sokak 26; EZ mit/ohne Dusche 11/8 €, DZ 22/16 €) Wer Atmosphäre und Authentizität sucht, ist im Hikmet genau richtig. Das schlichte, dreistöckige Haus versteckt sich in den gepflasterten Straßen von Alt-İzmir in der Nähe der Agora. Es wird von einer Familie geführt und strotzt nur so vor Charakter. Auch wenn die Zimmer gut einen neuen Anstrich gebrauchen könnten – eigentlich sind sie einwandfrei.

Imperial Hotel (☎ 425 6883; Fax 489 4688; 1294 Sokak 54; EZ/DZ 14/22 €; ⚡) Die schicken Säulen am Eingang, der Marmorfußboden und die dunkelroten Teppiche machen dem Namen des Hotels alle Ehre. Die Zimmer sind dagegen deutlich bescheidener, aber angenehm groß, absolut sauber und ziemlich billig.

Güzel İzmir Oteli (☎ 483 5069; 1368 Sokak 8; EZ/DZ 14/28 €; ⚡) Ruhiger als viele andere Hotels und mit viel Charakter: hier hängen die Wände voller Teppiche, und es gibt rosarote Statuetten. Die Zimmer sind klein, sauber und günstig. Weil alle anders aussehen, vor der Buchung ein paar angucken!

MITTELKLASSE- & SPITZENKLASSEHOTELS

Die besten Hotels in İzmir bieten zwar alle den üblichen Schnickschnack, aber kein gutes Preis-Leistungs-Verhältnis. Man sollte sich schlaumachen, ob es über ein Reisebüro nicht vielleicht einen besseren Deal gibt.

Im Sommer 2007 soll das frisch renovierte Fünf-Sterne-Hotel Grand Ephesus wieder eröffnen – unter dem Namen Swissôtel Grand Efes. Das Haus unter schweizerisch-türkischer Leitung will das beste Hotel in İzmir werden.

Hotel Alican 2 (☎ 425 2912; alicanotel@hotmail.com; 1367 Sokak; EZ/DZ 19/31 €; ⚡) Das neu eröffnete Hotel liegt günstig in unmittelbarer Nähe der Hauptstraße. Hier gibt's 13 große Zimmer mit schicken Bädern (inkl. Waschbecken und Toilette in Muschelform!). Im guten Preis ist sogar das Frühstück enthalten.

Hotel Baylan (☎ 483 1426; hotelbaylan@ttnet.net.tr; 1294 Sokak 8, Basmane; EZ/DZ 28/45 €; ⚡) Das Baylan wurde von zwei Brüdern erbaut, die damit den Traum ihres Vaters erfüllten. Es ist stolz auf seinen Ruf als „gut geführtes Hotel mit freundlicher, familiärer Atmosphäre". Abseits der Hauptstraße gelegen ist es ruhiger als die meisten Optionen und hat außerdem eine kleine, aber feine Terrasse nach hinten raus. Die Zimmer mit Fenster an der Außenseite

sind die besten. Wer ein extra Bett im Zimmer haben will, zahlt dafür 11 € Aufpreis. Zum Baylan geht's die 1294 Sokak hinauf (gegenüber der Basmane-Moschee) und dann über den Parkplatz auf der linken Seite zum Hotel.

Grand Zeybek Hotel (☎ 441 9590; www.grand zeybekhotels.com; Fevzi Paşa Bulvarı 1368 Sokak 5–7, Basmane; EZ/DZ 28/50 €; ⚡) Das zentrale, aber relativ ruhig gelegene Zeybek ist nicht wirklich ein Grandhotel. Aber wenn alles andere ausgebucht ist, eine gute Option.

Otel Kilim (☎ 484 5340; www.kilimotel.com.tr in Turkish; Atatürk Caddesi, Çankaya; EZ/DZ 47/56 €; ⚡) Die zentrale Lage am Ufer, die kürzliche Renovierung und die günstigen Preise sind super. Aber das größte Highlight dieses Hotels ist der phantastische Blick aus den Zimmern und Restaurants. Allerdings haben nur zwölf Zimmer Meerblick, darum rechtzeitig im Voraus reservieren.

Otel Antik Han (☎ 489 2750; www.nisanyan.com. tr; Anafartalar Caddesi 600; EZ/DZ 40/65 €) Dieses Haus ist eins der wenigen historischen Hotels in İzmir und hat mal Atatürks Vater gehört. Es ist rund um einen idyllischen Innenhof angelegt und sehr elegant eingerichtet. Das hektische Treiben des Basars scheint hier Lichtjahre entfernt. Für den gleichen Preis wie die normalen Zimmer gibt's auch sechs charmante kleine „Wohnungen" (eigentlich Zimmer über zwei Etagen).

İzmir Palas Oteli (☎ 465 0030; www.izmirpalas.com.tr; Atatürk Caddesi 2, Çankaya; EZ 53–64 €, DZ 72–83 €; ✕ ⚡) Das 1927 gegründete Palas ist das älteste Hotel in İzmir. Es ist elegant, gut geführt und orientalisch-modern eingerichtet. Der größte Pluspunkt ist die Lage: Die meisten Zimmer haben einen Balkon mit Blick auf die Bucht.

Hotel İsmira (☎ 445 6060; www.hotelismira.com; Gaziosmanpaşa Bulvarı 28; EZ/DZ 75/100 €; P ⚡) Für alle, die den Komfort und die Anonymität eines internationalen Drei-Sterne-Hotels suchen, ist das İsmira ideal. Hier gibt's u. a. Sauna, Massage, Jazzbar und ein Restaurant mit toller Aussicht.

Otel Karaca (☎ 489 1940; www.otelkaraca.com.tr; 1379 Sokak 55, Sevgi Yolu; EZ/DZ 110/138 €; P ⚡) Drei-Sterne-Komfort mit Lokalkolorit gibt's im gemütlichen Karaca. Das Haus sieht aus, als hätte es mal einem osmanischen Beamten gehört. Liegt direkt an einem Park und ist darum besonders ruhig.

Hilton İzmir (☎ 497 6060; www.hilton.com; Gazios manpaşa Bulvarı 7; EZ/DZ 267/295 €; ⚡ 💻 🛋) Das

Hilton schwelgt in grauem Marmor und hebt sich von anderen Hotels v. a. durch die grandiose Aussicht aus den Zimmern, Restaurants und Bars ab – und durch tollen Service: u. a. Fitnessclub, Pool, Tennisplatz und Squash-Halle.

Essen
Frisches Obst und Gemüse, frisches Brot und super leckeres Gebäck (0,13 €) gibt's in dem überdachten Markt an der Anafartalar Caddesi.

RESTAURANTS
An Sommerabenden ist der Kordon am Meer *der* Hotspot der Stadt. Hier herrscht immer gute Stimmung, und wer will, kann's auch idyllisch und romantisch haben. In den Restaurants zahlt man zwar v. a. für die Lage – die meisten haben Tische an der Uferpromenade mit Blick auf die Bucht –, aber ein paar servieren tatsächlich auch großartiges Essen.

In Alsancak gibt's zwar keinen Sonnenuntergang zum Essen, aber dafür viel Flair, v. a. in der 1453 Sokak (Gazi Kadinlar Sokağı).

Kemal'ın Yeri Deniz Mahsülleri (☎ 422 3190; 1453 Sokak 20/A; Gerichte 15–17 €; ☺ 6 Uhr–Mitternacht) Sympathisches, lockeres Restaurant in Alsancak, das stolz auf „zufriedene Gäste" ist und gute Fischgerichte zu tollen Preisen serviert. Besonders lecker ist der gegrillte *kalamar* mit der üppigen „Mayonnaise". Das Rezept wird nicht verraten.

Balık Pişiricisi (☎ 464 2705; Atatürk Caddesi 212/A; Gerichte 17–23 €; ☺ 12–23.30 Uhr) Die Schlangen wartender Gäste auf der Straße und die von Tisch zu Tisch rennenden Kellner sagen alles über dieses Fischrestaurant: Es ist schlicht und modern gestylt und hat einen Spitzenruf für guten Fisch und Meeresfrüchte zu fairen Preisen. Unbedingt die Spezialität *dil şiş* (gegrillte Seezunge) probieren!

Asansör (☎ 261 2626; Dario Moreno Sokağı; Gerichte 20–30 €; ☺ 8 Uhr–Mitternacht) Dieses Lokal hat die beste Lage in ganz İzmir: Es liegt am oberen Ende eines 40 m hohen hydraulischen Aufzugs, der 1907 von einem einheimischen Menschenfreund gebaut wurde: Er sollte den Leuten den Weg zwischen den Stadtteilen Karataş und Halil Rifat Paşa erleichtern. Hier gibt's nicht nur einen gigantischen Panorama-Blick, sondern im Sommer auch kühlen Schatten. Jeden Abend von 20 Uhr bis Mitternacht wird Livemusik gespielt. Wem das Hauptrestaurant das Budget sprengt, kann ins kleinere

Café Moreno gegenüber gehen (Gerichte 6 bis 10 €, gleiche Öffnungszeiten) oder nur auf ein Bier kommen (ab 3 €). Das Asansör liegt 2 km vom Stadtzentrum entfernt.

Deniz Restaurant (☎ 464 4499; Atatürk Caddesi 188/B; Gerichte ab 30 €; ☺ 11–23 Uhr) Vom Vater gegründet und von seinen drei Söhnen weitergeführt, tut das Deniz alles für seinen Ruf als bestes Fischrestaurant İzmirs. Wir empfehlen die Hausspezialität *tuzda balık* (Fisch in einer Salzkruste, die effektvoll am Tisch aufgebrochen wird) oder eines der üppigen Meeresfruchtgerichte.

AUF DIE SCHNELLE
Güney Doğ (☎ 446 7662; 1294; Sokak 39; Gerichte 2 €; ☺ 10 Uhr–Mitternacht) Das Güney liegt abseits des Trubels rund um den Bahnhof in einer netten Straße unter Bäumen. Der reizende ältere Inhaber serviert total leckere *köfte* und Fleisch- und Gemüsekebaps zu herzerweichend bescheidenen Preisen.

Gül Kebap (☎ 425 0126; Anafartalar Caddesi 415, Kemaltı; Gerichte 2–3 €; ☺ Mo–Sa 6.30–17 Uhr) Perfekter Laden für einen Boxenstopp auf dem Basar. Gül Kebap gibt's schon seit 1949 und die Leute lieben es.

Neşe Köfte (☎ 445 3868; 906 Sokak 28; Gericht 3 €; Mo–Sa 11–18 Uhr) Dieses Lokal am anderen Ende des Basars beansprucht den Titel „beste Köfte in town". Aber auch die ägäische Spezialität *piyas* (weiße Bohnen und Zwiebeln in Olivenöl und Zitronensaft) ist ein Traum. Für den Kaffee danach gibt's in der Nähe jede Menge netter Cafés.

Kırçiçeği (☎ 464 3090; Kıbrıs Şehitleri Caddesi 83; Kebap 4–5 €; ☺ 24 Std.) Schlicht, groß, hell, blitzblank und mit perfektem Service – die Adresse in Alsancak für gutes türkisches Essen zu super Preisen. Die Karte mit Speisen, die man sich selbst zusammenstellen kann, ist hilfreich für Neuankömmlinge und Leute, die gerne mal was anderes probieren wollen.

Selanik Lokantasi (☎ 446 5378; 851 Sokak 9; Gerichte 5–6 €; ☺ 7.30–17.30 Uhr) Ein weiterer Favorit bei den Einheimischen, der herzhafte Hausmannskost auftischt.

Tabaklar (☎ 482 2708; 872 Sokak 132, Kemaltı; Gerichte 5–8 €; ☺ Mo–Sa 11–19 Uhr) In den Tiefen des Basars serviert dieses einfache, aber wahnsinnig beliebte Lokal Fisch zu erschwinglichen Preisen – eines der bestgehüteten kulinarischen Geheimisse von İzmir! Die *dil şiş* (gegrillte Seezunge) ist göttlich.

Dört Mevsim Et Lokantası (☎ 489 8991; 1369 Sokak 51/A; Gerichte 6–10 €; ☺ 9.30 Uhr–Mitternacht) Diese preisgekrönte *lokanta* hat selbst in Ankara und İstanbul einen guten Ruf; auf der Karte stehen tolle, bezahlbare Gerichte. Vom offenen *ocakbaşı* (Holzkohlegrill) gibt's leckeren geschmolzenen Käse, Kebap mit gefüllten Auberginen und Chili-*köfte* (alles Spezialitäten des Hauses).

CAFÉS & KONDITOREIEN

Tuğba (☎ 441-9622; Gazi Osman Paşa Bulgarı 56, Çankaya; ☻ 8.30–23 Uhr). Der richtige Laden für Trockenfrüchte, türkischen Honig und andere Leckereien.

Rıza Aksüt (☎ 484-9864; 863 Sokak 66, Kemeraltı; hausgemachtes Eis 4 €; Gebäck u. Kuchen 1,40–2 €; ☻ Mo–Sa 8–20 Uhr) Die angesagte Konditorei gibt's schon seit 1957; mit einem tollen Angebot an türkischen Nachspeisen und Kuchen. Die *bal kaymak* (Buttermilch mit Honig) oder der *supangle* (Schokolade-Milch-Pudding) sind zum Dahinschmelzen.

Café de Bugün (☎ 425 8118; Atatürk Caddesi 162 1-2; ☻ 8–23 Uhr) Dieses schicke Café am Ufer ist das krasse Gegenteil zu den kleinen Cafés und Konditoreien im Basar. Das Ambiente erinnert an einen französischen Regency-Salon.

Simorg Café (☎ 445 7449; 895 Sokak 2/A; Gerichte 5 €; Mo–Sa 8–21.30 Uhr) Mit seinem orientalischen Flair (Teppiche, alte Landkarten und Porträts von Sultanen plus ihren Harems) ist dieses Café der perfekte Spot, um sich nach einer Tour über den Basar zu erholen. Der „Setzkaffee" (Kaffeepulver direkt in der Tasse) ist typisch für die Gegend, genau wie die *mantı* (türkische Ravioli). Mittwochs, freitags, samstags und sonntags gibt's von 19 bis 21.30 Uhr Livemusik.

Ausgehen

Emin Çay Evı (☎ 484 0820; Anafartalar Caddesi; Kaffee 0,25 €; ☻ 24 Std.) Tolles, altmodisches Teehaus an einem idyllischen Platz mitten im Basar. Hier kann man sich unter die Einheimischen mischen, eine *nargileh* (Wasserpfeife; 2 €) rauchen und Leute gucken.

Dergah Nargile Ve Çay Evı (☎ 441-0937; Anafartalar Caddesi; ☻ 5–21 Uhr) Das Dergah ist um die Ecke und ziemlich ähnlich. Hier gibt's Tische an der Straße.

Kalamiş (☎ 425 3901; Atatürk Caddesi 144, Konak; Nargileh 3 €; ☻ 24 Std.) Wer Lust auf eine *nargile* oder eine Partie Backgammon und *okey* (eine Art türkisches Domino) hat, sollte diesen Laden auschecken. Alte Männer bevölkern das Erd-

geschoss, aber im ersten Stock tummeln sich Studenten (beider Geschlechter).

Passport Café & Bar (☎ 489 9299; Atatürk Caddesi 140; Bier 1,65; ☻ 8–2 Uhr) Moderner und zentaler ist diese neue, abgefahrene Location mit Tischen am Wasser.

Unterhaltung

Die Einheimischen starten gern mit einem Abendbummel über den Kordon in die Nacht. Den kann man auch gut für einen Dämmerschoppen am Wasser unterbrechen. Die coolen Café-Bars liegen am Kordon und in Alsancak. Momentan besonders angesagt sind die Bars rund um das Balık Pişiricisi Restaurant und an der Sokak 1482 in Alsancak. Wer tanzen will, muss nach Alsancak, hier feiert die Clubszene.

Barcelona (☎ 464 1936; Atatürk Caddesi 220/C; Eintritt frei, Bier 5,55 €; ☻ Okt.–April Mi, Fr, Sa 23–4.30 Uhr) Dieser neue Laden in Chrom und Blau lockt mit einer großen – und meist wogenden – Tanzfläche und einem guten Mix aus türkischer und europäischer Musik.

Café Baryum (☎ 463 4902; Atatürk Caddesi 230/A; Bier drinnen/draußen 2,25/2,75 €; ☻ 8–2 Uhr) Im angesagten Baryum ist immer was los, und es gibt jeden Abend von 21 bis 2 Uhr Livemusik.

Shoppen

Auf dem Basar von İzmir kann man tolle Sachen zu fairen Preisen shoppen.

Sipahi Okey (☎ 446 0830; Anafartalar Caddesi 447) hat die traditionellen türkischen Souvenirs: schöne *tavla* (Backgammon-Sets; ab 8 €), aufgefädelte türkische Peperoni, um die heimische Küche etwas aufzupeppen, und tollen Perlenschmuck.

Alp (☎ 487 0317; 856 Sokak 51, Kemeraltı; ☻ Mo–Sa 8–18 Uhr) Dieser coole Laden ist auf die berühmten Perlen spezialisiert, die den bösen Blick abwehren sollen (1 bis 5,50 €; s. Kasten S. 246).

An- & Weiterreise

BUS

Der riesige *otogar* von İzmir liegt 6,5 km nordöstlich vom Zentrum. Im Inneren des Terminals drängt sich ein Busunternehmen ans andere, und es herrscht ein aggressiver Wettbewerb. Unbedingt ein angesehenes Unternehmen aussuchen – statt von einem ausgesucht zu werden (s. S. 730)! Wer freitags oder samstags in Küstenorte fahren will, sollte das Ticket schon einen bzw. in der

Hochsaison zwei Tage vorher kaufen. Auch in den Stadtbüros der Busunternehmen gibt's Fahrkarten.

Ticketschalter und Abfahrtsstellen der Überlandbusse findet man auf der unteren Ebene; die für die Regionalbusse (Selçuk, Bergama, Manisa, Sardes etc.) auf der oberen Ebene. Stadtbusse und Minibusse fahren draußen vor der unteren Ebene des *otogar* ab.

Von İzmir fahren viele Regionalbusse nach Bergama (4,45 €, 2 Std., 110 km), Çeşme (4,45 €, 1½ Std., 116 km), Foça (3,35 €, 1½ Std., 86 km), Kuşadası (4,70 €, 1¼ Std., 95 km), Manisa (2,20 €, 50 Min., 45 km), Salihli (nach Sardes; € 3,35, 1½ Std., 80 km) und Selçuk (2,75 €, 1 Std., 80 km).

Kurzstrecken-Busse (z. B. zur Çeşme-Halbinsel) starten von einem kleineren Busbahnhof in Üçkuyular, 6,5 km südwestlich vom Konak. Seit kurzem halten und starten einige aber auch am *otogar*.

Infos zu den Überlandbussen in die wichtigsten Städte stehen unten in der Tabelle. Im *otogar* gibt's im Erdgeschoss eine **Gepäckaufbewahrung** (emanetçi; je nach Größe des Gepäckstücks pro 24 Std. 0,85–1,65 €; 🕑 24 Std.).

VERBINDUNGEN VOM OTOGAR IN İZMİR

Fahrtziel	Fahrpreis	Dauer	Entfernung	Häufigkeit (pro Tag)
Ankara	14 €	8 Std.	550 km	stündl.
Antalya	14 €	7 Std.	450 km	mind. 1-mal stündl.
Bodrum	8 €	3¼ Std.	286 km	in der HS alle 30 Min.
Bursa	9 €	5 Std.	300 km	stündl.
Çanakkale	14 €	6 Std.	340 km	mind. 1-mal stündl.
Denizli	8 €	3¼ Std.	250 km	alle 30 Min.
İstanbul	20–30 €	9 Std.	575 km	mind. 1-mal stündl.
Konya	17 €	8 Std.	575 km	alle 1 bis 2 Std.
Marmaris	11 €	4 Std.	320 km	stündl.

FLUGZEUG

İzmirs Flughafen expandiert rasant. Seit kurzem haben British Airways und KLM Direktflüge hierher.

Turkish Airlines (☎ 484 1220; www.thy.com; Halit Ziya Bulvarı 65, Çankaya) bietet Nonstop-Flüge nach İstanbul (85 €, 50 Min.) und Ankara vom **Adnan Menderes Airport** (☎ 274 2424) mit Anschlüssen zu anderen Zielflughäfen.

Onur Air (www.onurair.com.tr), **Atlasjet** (www.atlastjet. com), **Fly Air** (www.flyair.com.tr), die neue inländische Fluggesellschaft **Sun Express Airlines** (www.sunex press.com.tr) und İzmir Airlines fliegen ebenfalls nach İzmir. Näheres auf S. 733.

Tickets für alle Airlines lassen sich easy bei **Green Car** kaufen (☎ 446 9131; www.greenautorent.com; Şair Eşref Bulvarı 18/A, Çankaya).

Verschiedene europäische Airlines bieten ebenfalls Flüge zwischen İzmir und Europa (s. S. 722). Mit der neuen Fluggesellschaft İzmir Airlines gibt's jetzt deutlich mehr Flüge nach Europa, und İzmir wird bald einer der größten Flughäfen der Türkei sein.

ZUG

İzmir hat zwar zwei Bahnhöfe, **Alsancak Garı** (☎ 464 7795) und **Basmane Garı** (☎ 484 8638 Information, 484 5353 Reservierungen), aber die meisten Intercitys und der Flughafenzug kommen am letzteren an.

Der *marmara ekspresi* nach Bandırma (8,35 €, 6½ Std.) fährt in İzmir Basmane um 8.35 Uhr ab und kommt um 14.50 Uhr am Bandırma Garı (Hauptbahnhof) an.

Die Expresszüge nach Ankara (Schlafwagen 35,60 €, 13 bis 15 Std.) fahren täglich um 17.45, 18.25 und 19.30 Uhr über Eskişehir (Schlafwagen 7,20 bis 8,90 €, 11½ bis 13½ Std.). Wer nach İstanbul will, muss in Eskişehir umsteigen.

Es gibt auch Expresszüge nach Denizli (Richtung Pamukkale, 5 €, 5 Std.), und zwar täglich um 9, 15.15 und 18.30 Uhr; nach Selçuk (1,70 €; 1½ Std.) um 9, 12, 15.15, 18.30 und 21.30 Uhr; nach Nazilli (Richtung Afrodisias, 2,80 €, 4 Std.) um 9, 12, 15.15, 18.30 und 21.30 Uhr; nach Isparta (7,20 €, 10 Std.) um 21.30 Uhr; nach Burdur (6,10 €, 9 Std.) um 21.30 Uhr; und nach Kütahya (6,70–7,80 €, 8 Std.) um 13 und 19.30 Uhr.

Zugreisende in Richtung Nord- oder Osttürkei müssen in Ankara umsteigen.

Unterwegs vor Ort
ZU/VON DEN BUSBAHNHÖFEN

Wer mit einem Überlandbus von einem der größeren Busunternehmen am Haupt-*otogar* ankommt, kann kostenlos einen Shuttle-*servis* zum Dokuz Eylül Meydanı im Stadtviertel Basmane benutzen. Kommt man mit einem Regionalbus an, nimmt man ein Dolmuş (0,80 €, 25 Min.), das alle 15 Minuten zwischen *otogar* und Konak plus Basmane Garı pendelt. Oder man fährt mit Bus 54 und 191 (alle 20 Min.), Bus 64 (stündl.) nach Basmane (0,85 €) oder mit Bus 505 nach Bornova (0,85 €). Fahrkarten gibt's entweder im Bus oder an dem weißen Häuschen neben der Bushaltestelle.

Zurück zum *otogar* geht's am einfachsten, wenn man am Dokuz Eylül Meydanı ein Ticket für einen Überlandbus kauft und dann den *servis* des Busunternehmens benutzt. Wer einen Regionalbus vom *otogar* (z. B. nach Salihli) nehmen will, muss mit einem Dolmuş oder Bus von Basmane oder Bornova fahren.

Zum Busbahnhof in Üçkuyular fährt Bus 11 (0,85 €) vom Busbahnhof in Konak. Bald soll's auch eine Verbindung mit der U-Bahn geben (s. rechts).

ZUM/VOM FLUGHAFEN

Der Flughafen liegt 18 km südlich von İzmir, in der Nähe von Cumaovası an der Straße nach Ephesos und Kuşadası. Die häufig fahrenden Havaş-Flughafenbusse (7 €, 30 Min.) pendeln in Abstimmung mit den Flügen zwischen dem Gaziosmanpaşa Bulvarı (nördlich vom Hilton Hotel) und Flughafen.

Mehr oder weniger stündlich verbinden Vorortzüge (1,10 €, 30 Min.) den Flughafen mit dem Basmane Garı (1,10 €), aber ein Taxi (20 bis 30 €, 30 Min.) ist vermutlich schneller und zuverlässiger.

AUTO

Die großen internationalen Autovermietungen und zig kleinere Unternehmen haben Schalter (24 Std. geöffnet) am Flughafen, viele auch ein Büro in der Stadt.

Avis (☎ 274 2174; www.avis.com.tr)
Europcar (☎ /Fax 274 2163)
Green Car (☎ 446 9131; www.greenautorent.com; Şair Eşref Bulvarı 18/A, Çankaya) Gutes einheimisches Unternehmen und das größte in der Ägäis-Region.
Hertz (☎ 274 2193; Fax 274 2099)

BUS

City-Busse rumpeln über alle Hauptstraßen, aber für Nicht-Eingeweihte sind sie tricky – dank der vielen Einbahnstraßen und der nicht vorhandenen Nummerierung an den Bushaltestellen! Zwei Hauptstopps und Umsteigepunkte sind der Montrö Meydanı, nicht weit vom Kültür-Park, und Konak, neben dem Atatürk Evi. Fahrkarten (0,85 €) kann man vorher an einem weißen Kiosk oder im Bus beim Fahrer kaufen.

SCHIFF

Das schönste Verkehrsmittel in İzmir ist die **Fähre** (☾ 7–23 Uhr). Zahlreiche Schiffe verbinden die Anlegestellen in Konak, Pasaport und Alsancak. Ein *jeton* (Transportmünze) kostet 1,10 €.

TAXI

Wer ein Taxi braucht, kann entweder an der Straße eins anhalten oder an einem Taxistand bzw. vor einem der großen Hotels in eins einsteigen. Der Fahrpreis startet bei 0,70 € und hängt von der Entfernung ab; nachts gibt's 50 % Aufschlag. Aufpassen, dass das Taxameter läuft!

U-BAHN

İzmirs **U-Bahn** (☾ 6.30–23.30 Uhr; Jeton 0,83 €) ist sauber und schnell, aber es gibt keinen Streckenplan. Sie fährt von Üçyol nach Bornova via Konak (obwohl Traveller sie wahrscheinlich eher benutzen, um vom Bahnhof Basmane nach Konak oder Bornova zu kommen). Wenn die neuen Strecken fertig sind, verkehrt sie auch zwischen Üçyol und Üçkuyular (dem Busbahnhof für die Kurzstreckenbusse).

RUND UM İZMİR

Wer ein paar Tage in İzmir bleibt, kann nette Tages- oder Halbtagestrips ins Umland machen. Die Regionalbusse fahren von der oberen Ebene des *otogar* ab.

Manisa

☎ 0236/250 080 Ew.

Vor zerklüfteten Bergen liegt die eher gesichtslose Stadt Manisa, die in der Antike Magnesia am Sipylus hieß. Die frühen osmanischen Sultane hinterließen Manisa zwar viele tolle Moscheen, aber während des Unabhängigkeitskrieges zerstörten die griechischen Soldaten auf dem Rückzug fast die komplette Stadt. Heute gibt's hier tatsächlich nicht viel mehr als die Moscheen zu sehen. Und die Funde aus Sardes im Museum. Ein Highlight ist das Fest Mesir Şenlikleri.

SEHENSWERTES & AKTIVITÄTEN

Von den vielen alten Moscheen in Manisa hat die **Muradiye Camii** (1585), das letzte Werk des berühmten Architekten Sinan, die beeindruckendste Fliesenfassade. Im Gebäude daneben, das früher als Armenküche diente, ist heute das **Museum von Manisa** (Eintritt 1,10 €;

⊗ Di–So 9–12 & 13–17 Uhr) untergebracht. Hier gibt's ein paar phantastische Mosaike aus Sardes zu sehen.

Mehr oder weniger gegenüber der Muradiye steht die **Sultan Camii** (1522), die farbenprächtige Malereien zu bieten hat. Der **Hamam** (Eintritt 5 €; ⊗ 10–21 Uhr) nebenan hat separate Eingänge für Männer und Frauen. Am Hang oberhalb des Zentrums steht die **Ulu Camii** (1366), an der leider der Zahn der Zeit ziemlich heftig genagt hat. Der Ausblick vom Teehaus nebenan ist umso schöner.

FESTE & EVENTS

Wer im Frühjahr in den vier Tagen rund um die Tagundnachtgleiche hier ist, sollte sich **Mesir Şenlikleri** nicht entgehen lassen. Das Event ist dem Zaubermittel *mesir macunu* gewidmet.

Natürlich gibt's zu dem Fest auch eine Story: Vor über 450 Jahren braute ein Apotheker aus Manisa angeblich einen süßen Zaubertrank, um Hafza Sultan, die Mutter von Sultan Süleyman dem Prächtigen, von einer mysteriösen Krankheit zu heilen. Die Königinmutter war happy über ihre Genesung und gab Geld, damit die Untertanen auch was von dem Elixier bekamen. Tatsächlich gab's bei den Osmanen schon lange den Brauch, zu Newroz, dem persischen Neujahrsfest, aus Kräutern hergestellte Süßigkeiten zu essen.

Heute spielen Leute aus dem Ort in alten Trachten nach, wie das Zaubermittel aus Zucker, 40 Kräutern und anderen Zutaten gemacht wurde. Danach wird der Süßkram von der Kuppel der Sultan Camii runtergeworfen. Glaubt man den Einheimischen, dann beruhigt *mesir* die Nerven, bringt die Hormone in Wallung und macht gegen giftige Insektenstiche immun.

ANREISE & UNTERWEGS VOR ORT

Von İzmir nach Manisa fährt ganz praktisch stündlich ein Bus (2,25 €, 45 Min., 30 km). Von Manisa aus geht's direkt weiter nach Salihli (1,60 €, 1½ Std.), wo die Ruinen von Sart warten.

Zu den historischen Moscheen von Manisa kommt man mit Dolmuş Nr. 5, das vor dem *otogar* abfährt (0,25 €); beim Ulu Parkı aussteigen.

Sardes (Sart)

Sardes war die Hauptstadt des antiken Lydien. Bevor die Perser kamen, beherrschte

das wohlhabende Königreich große Teile der Ägäis. Die Ruinen der Stadt, 90 km östlich von İzmir, sind auf jeden Fall einen Ausflug wert.

Sardes lag am Fluss Pactolus, aus dem die Lydier mit Sieben Gold fischten. Einer der Könige von Lydien war Krösus (560–546 v. Chr.). Die Griechen hielten ihn wohl deshalb für so irrsinnig reich, weil er seinen gigantischen Besitz einfach in seine bodenlosen Taschen packte, anstatt sein in Ländereien und Vieh zu stecken. Anscheinend erfand man hier die Münzprägung, darum auch der Ausdruck „reich wie Krösus". Sardes wurde ein wichtiges Handelszentrum – nicht zuletzt, weil die hier geprägten Münzen die Geschäfte erleichterten.

Die inzwischen persische Stadt wurde bei einem Aufstand im Jahr 499 v. Chr. geplündert. Nach den Persern übernahm Alexander der Große das Ruder (334 v. Chr.) und baute Sardes noch weiter aus. Leider legte ein Erdbeben die prächtigen Bauwerke im Jahr 17 n. Chr. in Schutt und Asche. Aber Kaiser Tiberius baute Sardes wieder auf, das sich zu einer blühenden römischen Stadt entwickelte. Als der mongolische Eroberer Tamerlan (Timur Lenk) 1401 in seiner typischen Kriegslaune zu Besuch kam, war das der Anfang von Sardes' Ende.

Die Ruinen von Sardes sind über das Dorf Sart (Sartmustafa) verteilt. Es liegt in einem Tal, das von einer zerklüfteten Gebirgskette überschattet wird.

SEHENSWERTES

Die meisten **Ruinen** (Eintritt 1,10 €; ⊗ 8–17 Uhr, HS bis 19 Uhr) liegen am östlichen Dorfrand, direkt nördlich der Straße. Über die Ausgrabungsstätte verteilt stehen zig Informationstafeln.

Auf das Gelände geht's über eine **römische Straße,** vorbei an einer gut erhaltenen **byzantinischen Latrine** und **byzantinischen Ladenreihen.** Viele von ihnen gehörten jüdischen Kaufleuten und Handwerkern; sie grenzten an die Mauer der großen Synagoge. Faszinierend ist das raffinierte Abwassersystem: die Rohre wurden richtig in den Steinwänden verlegt. Ein paar der Gebäude konnten anhand von Inschriften identifiziert werden: u. a. ein Restaurant, Jakobs Malerwerkstatt, eine Eisenwarenhandlung und Geschäfte, die Sabbatios und Jakob, einem Synagogenältesten, gehörten. Am Ende der römischen Straße findet sich im Marmorpflaster eine Inschrift, die entweder im Jahr 17 oder

43 n. Chr. zu Ehren des römischen Feldherrn Germanicus angefertigt wurde.

Wer in die **Havra** (Synagoge) will, muss von der römischen Straße nach links abbiegen. Sie ist wegen ihrer Größe und des wunderschönen Dekors ausgesprochen beeindruckend. Es gibt Bodenmosaiken mit komplizierten geometrischen Mustern und Wandmalereien.

Neben der Synagoge, wo heute nur noch Gras wächst, standen früher der Hamam und das Gymnasium. Dieser Komplex wurde vermutlich im 2. Jh. n. Chr. erbaut und nach einer Invasion der persischen Sassaniden im Jahr 616 aufgegeben.

Am Ende der Stätte sieht man ein imposantes zweigeschossiges Gebäude, den so genannten **Marmorhof (oder Kaisersaal).** Nach der aufwendigen Restaurierung – z. T. leider nicht sehr gekonnt – bekommt man zumindest eine Vorstellung von der einstigen Pracht des Baus. Besonders faszinierend sind die fein gemeißelten griechischen Inschriften und die Kannelierung der Säulen. Hinterm Marmorhof ein antikes **Schwimmbecken** und ein Ruhebereich. Außerdem steht hier ein römischer Altar, auf den zwei steinerne Adler und Löwen aufpassen.

Auf der anderen Straßenseite haben jüngere Ausgrabungen ein Stück der **lydischen Stadtmauer** und ein **römisches Haus** mit bemalten Wänden freigelegt, das direkt über ein früheres lydisches Wohnhaus gebaut wurde.

ARTEMISTEMPEL

Neben den Teehäusern weist ein Schild nach Süden die Straße runter zum 1 km entfernten **Artemistempel** (Eintritt 1,25 €; ☻ 8–17 Uhr). Heute stehen hier nur ein paar Säulen von dem prunkvollen Bauwerk, das nie fertig wurde. Der beeindruckende Grundriss des Tempels ist aber trotzdem klar zu erkennen. Daneben befindet sich ein **Altar,** der schon seit Urzeiten benutzt wurde. Alexander der Große und später die Römer restaurierten ihn jeweils. Im Südosten des Tempels steht eine kleine **byzantinische Kirche.**

Auf dem Weg zurück nach İzmir lohnt sich auf der Schnellstraße ein Blick nach Norden: hier gibt's eine Reihe von sanft gerundeten **Tumuli,** Grabhügel der lydischen Könige, zu sehen.

AN- & WEITERREISE

Mindestens alle 30 Minuten fährt ein Bus vom *otogar* in İzmir nach Salihli (3 €, 1½ Std.,

90 km). Von hier aus transportiert einen ein Dolmuş weiter nach Sart (0,35 €, 15 Min., 9 km), das auf der Rückseite des *otogars* abfährt.

Es gibt auch Busse zwischen Salihli und Manisa (1,60 €, 1½ Std.), man kann also beide Orte an einem Tag abklappern.

HALBINSEL ÇEŞME

Die Halbinsel Çeşme ist im Sommer die Spielwiese von İzmir: An den Wochenenden und in den Schulferien drängeln sich hier türkische Urlaubermassen. Hauptattraktion ist die Stadt Çeşme selbst; von hier geht's u. a. auf die griechische Insel Chios. Auch das nette Dorf Alaçatı mit seinem griechischen Flair ist durchaus einen Abstecher wert; außerdem wird es immer populärer als Surfspot. Überall auf der Halbinsel gibt's tolle Strände.

ÇEŞME
☎ 0232/21 300 Ew.

Çeşme, 85 km westlich von İzmir, hat sich in den letzten Jahren total gemacht und ist heute eine gute Basis für ein paar Urlaubstage – v. a. für Traveller, die zur griechischen Insel Chios, 8 km übers Wasser, wollen oder von dort zurückkommen. Natürlich unternehmen auch die Leute aus İzmir gerne Wochenendtrips auf die Halbinsel. Besonders in den Schulferien kann's voll werden, und dann ziehen auch die Preise entsprechend an.

Orientierung & Praktische Informationen

Die **Touristeninformation** (☎ /Fax 712 6653; İskele Meydanı 6), Fahrkartenschalter für Fähren und Busse, Banken mit Geldautomat sowie Restaurants und Hotels sind alle höchstens zwei Straßen vom Cumhuriyet Meydanı, dem Hauptplatz in der Nähe des Hafens, entfernt. Hier steht auch die unvermeidliche Atatürk-Statue.

Direkt hinterm Hauptplatz hat das Internetcafé **Triatek** (3048 Sokak; pro Std. 1,65 €; ☻ 10–1 Uhr) neu aufgemacht; mit schnellen Verbindungen und neuen Rechnern.

Der *otogar* liegt 1 km südlich vom Cumhuriyet Meydanı. Aber nach İzmir, Ilıca oder Alaçatı kann man genauso gut am westlichen Ende der İnkilap Caddesi in den Bus steigen.

(Es gibt direkte Minibuse von Izmir - Alacati - (1km)
kein

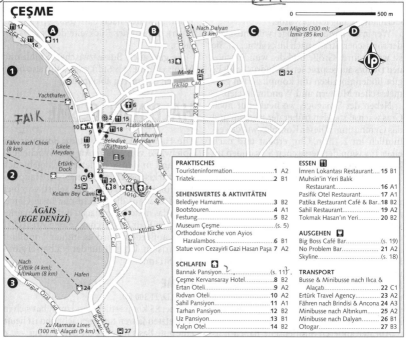

ÇEŞME

0 ———————— 500 m

PRAKTISCHES
Touristeninformation....................1 A2
Triatek..2 B1

SEHENSWERTES & AKTIVITÄTEN
Belediye Hamamı...........................3 B2
Bootstouren...................................4 A1
Festung..5 B2
Museum Çeşme...........................(s. 5)
Orthodoxe Kirche von Ayios
  Haralambos..................................6 B1
Statue von Cezayirli Gazi Hasan Paşa 7 A2

SCHLAFEN
Barınak Pansiyon......................(s. 11)
Çeşme Kervansaray Hotel.............8 B2
Ertan Oteli....................................9 A2
Rıdvan Oteli................................10 A2
Sahil Pansiyon.............................11 A1
Tarhan Pansiyon.........................12 B2
Uz Pansiyon................................13 B1
Yalçın Otel..................................14 B2

ESSEN
İmren Lokantası Restaurant.......15 B1
Muhsin'in Yeri Balık
  Restaurant.................................16 A1
Pasifik Otel Restaurant..............17 A1
Patika Restaurant Café & Bar....18 B2
Sahil Restaurant.........................19 A2
Tokmak Hasan'ın Yeri.................20 B2

AUSGEHEN
Big Boss Café Bar......................(s. 19)
No Problem Bar...........................21 A2
Skyline.......................................(s. 18)

TRANSPORT
Busse & Minibusse nach Ilıca &
  Alaçatı.......................................22 C1
Ertürk Travel Agency..................23 A2
Fähren nach Brindisi & Ancona 24 A3
Minibusse nach Altınkum...........25 A2
Minibusse nach Dalyan...............26 B1
Otogar..27 B3

NORDÄGÄIS

Sehenswertes

Die genuesische **Festung** beherrscht mit ihren imposanten Mauern das Stadtzentrum. Sie wurde im 16. Jh. erbaut und von Sultan Beyazıt, dem Sohn von Sultan Mehmet dem Eroberer (Mehmet Fatih), restauriert, um die Küste vor Piratenangriffen zu schützen. Später machten es sich auch die auf Rhodos stationierten Kreuzritter darin gemütlich. Von den Festungsmauern hat man einen phantastischen Blick auf Çeşme. Aber ansonsten herrscht im Inneren enttäuschende Leere. Nur im Nordturm gibt's das **Museum Çeşme** (Çeşme Müzesi; Eintritt 1,65 €; 8–17 Uhr), wo ein paar archäologische Funde aus dem nahe gelegenen Erythrae ausgestellt sind.

Gegenüber vom İskele Meydanı und mit dem Rücken zur Festung steht eine **Statue von Cezayirli Gazi Hasan Paşa** (1714–90). Der Typ war ein ehemaliger Sklave, der es bis zum Großwesir brachte. Sein steinernes Ebenbild streichelt einen Löwen.

Die imposante **orthodoxe Kirche von Ayios Haralambos** (İnkilap Caddesi, 19. Jh.) im Norden beherbergt im Sommer wechselnde Kunst- und Kunsthandwerksausstellungen.

Vorbei am Çeşme Kervansaray Hotel an der Bağlar Çarşı Caddesi liegt der restaurierte, im 18. Jh. errichtete **Belediye Hamamı** (712 5386; Bağlar Çarşı Caddesi; Juni–Sept. 10–22 Uhr; Waschung & Massage 18 €). Das schicke Gebäude mit Kuppel und viel Marmor ist für Frauen und Männer gleichzeitig zugänglich. Allerdings müssen sich alle in peştemals (Badetücher) hüllen. Außerhalb der Saison hat der Hamam nur sporadisch geöffnet.

Bootsausflüge

Von Juni bis September kann man auf einer *gület* eintägige **Bootstouren** (12 bis 14 € inkl. Mittagessen) unternehmen; z. B. zur Windbucht, zur Schwarzen Insel oder zur Eselsinsel und dort schwimmen und schnorcheln. Man sollte am Hafen die Preise vergleichen und verhandeln. Die Boote legen meistens gegen 10 Uhr ab und kommen gegen 17 Uhr zurück.

Schlafen

BUDGETHOTELS

Yalçın Otel (712 6981; www.yalcinhotel.freeservers. com; 1002 Sokak 10; EZ/DZ 17/22 €; Mai–Okt.;) Am

nach handeln 40/70 ℔
mit Frühstück

In Cesme übernachten viel günstiger als Alcati

Hang über dem Hafen gelegenes Hotel mit 18 blitzblanken, schönen Zimmern. Das Yalçın punktet mit zwei großen Terrassen mit Sonnenliegen, einer phantastischen Aussicht und Mittelklassequalität zu Budgetpreisen. Wer außerhalb der Saison hier schlafen will, muss vorher anrufen.

Uz Pansiyon (☎ 712 6579; 3010 Sokak 11; EZ/DZ HS 14/28 €, NS 11/19 €; ❄) In der Nähe des Busbahnhofs und 450 m vom Zentrum entfernt liegt diese superbillige Option von Çeşme, an der es absolut nix auszusetzen gibt.

Sahil Pansiyon (☎ 712 6934; www.sahilpansiyon. com; 3265 Sokak 3; DZ HS/NS ab 28/22 €; ❄) Ruhige Pension, die Treppen neben dem Barınak hinauf, in einem weitläufigen Haus mit Garten. Die einwandfreien Zimmer haben kleine Balkone, ein paar mit Meerblick (nach Zimmer Nr. 9 fragen). Die Familie ist super nett und hilfsbereit.

Tarhan Pansiyon (☎ 712 6599; Kervansaray Yanı; EZ/DZ 14/28 €) Diese winzige, aber total niedliche Pension 30 m hinter der Beyazıt Caddesi klammert sich an den Hang und ist einfach, billig, sauber und zentral. Außerdem gibt's eine nette kleine Dachterrasse.

Barınak Pansiyon (☎ 712 6670; 3052 Sokak 58; EZ/DZ HS 17/33 €, NS 14/28 €; ❄) Oberhalb des Yachthafens, 600 m nördlich vom Cumhuriyet Meydanı liegt diese familiengeführte Pension. Sechs der schlichten Zimmer teilen sich zwei Terrassen, von denen die komplette Bucht zu sehen ist.

MITTELKLASSEHOTELS
Ertan Oteli (☎ 712 6795; Hurriyet Caddesi 12; DZ HS/NS 50/33 €; ❄) Das Haus hat schon bessere Tage gesehen, aber die Zimmer haben ziemlich große Balkone, von denen das Meer zu sehen und zu hören ist.

Rıdvan Oteli (☎ 712 6336; ridvanotel@ttnet.net.tr; Cumhuriyet Meydanı 11; EZ/DZ HS 39/56 €, NS 22/33 €; ❄) Direkt im Zentrum gelegenes Hotel mit einem Hauch von Eleganz. Das größte Plus sind aber die Balkone mit einem seitlichen Blick aufs Meer.

Das alte **Çeşme Kervansaray Hotel** (Bağlar Çarşı Caddesi), früher die beste Adresse der Stadt, ist im Moment zu. Vielleicht öffnet es in ferner Zukunft unter privater Leitung seine Pforten wieder.

Essen
Entlang der İkilap Caddesi gibt's eine Reihe günstiger Lokale. Selbstversorger finden einen

Migros-Supermarkt (☎ 712 6668; Atatürk Bulvarı 68; ⏱ 8–20 Uhr) ca. 1 km vom Stadtzentrum entfernt, in nordöstlicher Richtung an der Straße nach İzmir.

Tokmak Hasan'ın Yeri (☎ 712 0519; Çarşı Caddesi 11; Hauptgerichte 1,65–3,35 €; ⏱ Mo–Sa 7–20 Uhr) Dieses schlichte Lokal serviert tolle Hausmannskost zu unschlagbaren Preisen, ist aber schwer zu finden. Am nettesten sitzt man in dem kleinen Garten hinterm Haus: Hier ist es so frisch und ruhig wie in einer Oase.

İmren Lokantası Restaurant (☎ 712 7620; İnkilap Caddesi 6; Gerichte 6 €; ⏱ 12–21 Uhr) Das erste Restaurant von Çeşme liegt idyllisch in einem Atrium mit einem Bambusdach, einem Brunnen und vielen Pflanzen und ist in der Stadt berühmt für seine traditionellen, super guten türkischen Gerichte. Die Karte wechselt täglich.

Patika Restaurant Café & Bar (☎ 712 6357; Cumhuriyet Meydanı; Gerichte 5–10 €; ⏱ 15 Uhr–Mitternacht) Ein gut gehütetes lokales Geheimnis und *der* Laden für Fisch zu erschwinglichen Preisen. Alkohol bekommt man allerdings keinen. Zwischen 21 und 1 Uhr gibt's täglich türkische Livemusik und manchmal auch Bauchtanz.

Pasifik Otel Restaurant (☎ 712 7465; 3264 Sokak; Fisch & Salat 6 €; ⏱ 12–21 Uhr) Wer Lust auf einen Spaziergang und Fisch hat, ist hier richtig. Das Hotelrestaurant liegt ca. 1 km vom Zentrum entfernt und hat Tische quasi direkt am Strand. Es gibt jeweils ein tolles 3-Gänge-Menü (mit Fisch) für 7,25 €. Die Einheimischen lieben es!

Sahil Restaurant (☎ 712 8294; Cumhuriyet Meydanı 12; Gerichte 10–12 €; ⏱ 8 Uhr–Mitternacht) Direkt am Wasser gelegenes Lokal mit mediterranem Flair. Berühmt für seine Fischgerichte, aber das Fleisch ist auch gut. Um die Reisekasse zu schonen, unbedingt vorher nach den Fischpreisen fragen – sonst kann die Rechnung eine böse Überraschung bringen. *Barbun* (Meerbarbe, 20 €) ist die Spezialität des Hauses.

Muhsin'in Yeri Balık Restaurant (☎ 712 9405; 3264 Sokak 3; Gerichte 14 €; ⏱ 10 Uhr–Mitternacht) Neues Lokal im Norden der Stadt, das ebenfalls für gute Fischgerichte bekannt ist.

Ausgehen
Big Boss Café Bar (☎ 712 1886; Hafen; Bier 1,65 €, Kaffee 1,40 €; ⏱ 8 Uhr–Mitternacht) Mit Tischen am Wasser und englischen Zeitungen ist dieses neue Café ein relaxter und (wegen der coolen

Preise) billiger Spot, um das Treiben im Hafen zu beobachten.

Skyline (☎ 712 7567; Cumhuriyet Meydanı; Bier 2,75 €; ⊙ 10–3 Uhr, HS auch später) Dieser winzige Schuppen (im gleichen Haus wie Patika Restaurant Café & Bar) mit einer genialen Terrasse bezeichnet sich selbst als „Tanz-Bar" – und war, als wir in der Stadt Party gemacht haben, die coolste Location.

No Problem Bar (☎ 712 9411; Çarsı Caddesi 14; Bier 1,65 €; ⊙ 7.30–3 Uhr nur in der Hochsaison) Zwar eindeutig eine Touristenfalle, aber das Bier ist billig, und außerdem gibt's auch noch Schinkenbrote!

An- & Weiterreise

BUS

Wer nach Çeşme will, muss leider über İzmir (das Gleiche gilt, wenn man von Çeşme weg will): Es gibt nämlich keine direkte Verbindung mehr von Urla nach Çeşme.

Vom *otogar* in Çeşme fahren mindestens alle 45 Minuten Busse zum Haupt-*otogar* in İzmir (4,45 €, 2 Std.) und zum kleineren *otogar* Üçkuyular im Westen von İzmir (4,15 €, 1¼ Std., 85 km).

Täglich gibt's eine Direktverbindung nach İstanbul (25 €, 9 Std.) und nach Ankara (45 €, 7 Std.).

Minibusse nach Ilıca und Alaçatı starten von einer Haltestelle 200 m nordöstlich vom Stadtzentrum, Minibusse nach Dalyan in der Nähe des Hükümet Konağı (Regierungsgebäude) an der Dalyan Caddesi. Minibusse nach Altınkum fahren unweit der Touristeninformation ab.

FÄHRE

Viele Traveller besuchen Çeşme auf der Durchreise zur nahe gelegenen griechischen Insel Chios. Fähren zwischen Çesme und Chios (einfach 25 €, Tagesrückfahrkarte 40 €, Rückfahrt offen 50 €, Auto 70 bis 90 €, 50 bis 60 Min.) fahren in der Hauptsaison mindestens fünfmal wöchentlich und in der Nebensaison zweimal wöchentlich (meistens dienstags und samstags). Sie legen normalerweise um 9.30 Uhr in Çesme ab und kommen um 17 Uhr von Chios zurück. Wer kein Auto mitnehmen will, braucht die Fahrkarte nicht im Voraus zu kaufen.

Im Sommer (sporadisch auch während der übrigen Zeit des Jahres) fahren auch mindestens einmal pro Woche Fähren in einen oder mehrere der folgenden italienischen Häfen:

Ancona (NS 77 bis 102 €, HS 255 bis 306 €, Auto HS/NS 158/122 €, 36–40 Std.), Brindisi und Bari. Preise und Fahrtdauer nach Brindisi und Bari sind ähnlich wie die nach Ancona. Die Abfahrtszeiten (und Zielhäfen) ändern sich jedes Jahr, darum unbedingt den aktuellen Fahrplan checken. Die Fähren nach Italien legen zurzeit nicht in Griechenland an.

Fahrkarten kauft man am besten direkt bei den Fährunternehmen entlang des Turgut Özal Bulvarı, z. B. bei **Marmara Lines** (☎ 712 2223; www.marmaralines.com; Turgut Özal Bulvarı); Reisebüros verlangen meistens eine Gebühr. Tickets nach Chios gibt's bei der **Ertürk Travel Agency** (☎ 712 6768, www.erturk.com.tr; Beyazıt Caddesi 6/7).

RUND UM ÇEŞME
Altınkum

Im Südwesten von Çeşme liegt Altınkum, wo's jede Menge Traumbuchten mit Sandstrand gibt. Man kommt bequem mit den regulären Minibussen hin, die hinter der Touristeninformation von Çeşme starten (1,10 €, 15 Min., 9 km).

Zum Glück ist die Gegend nicht zu touristisch. Ein paar einfache Restaurants und Campingplätze (geöffnet von Juni bis Ende Sept.) sind schon alles. An ein paar Orten kann man Ausrüstung für Wassersport ausleihen, v. a. zum Surfen (Boards ab 40/140 € pro Tag/Woche). **Tursite** (☎ 722 1221; pro Zelt/Caravan 10/15 €), 8,5 km hinter Çeşme und 500 m vor Altınkum, ist ein netter und sauberer Flecken Erde mit super Beach und Campingplatz.

Alaçatı
☎ 0232

Südöstlich von Çeşme liegt Alaçatı, ein hübsches Dorf mit alten Steinhäusern, in dem vor einem Jahrhundert noch osmanische Griechen lebten. Der nächste Strand ist 4 km weit weg (s. Kasten S. 257).

Alaçatı ist heute einer der angesagtesten Urlaubsorte, v. a. für die Schönen und Reichen aus İstanbul und İzmir. Viele der Hotels und Restaurants sind so geschmackvoll restauriert worden, dass es fast wehtut. Trotzdem ist Alaçatı noch immer ein idyllischer Ort für einen Bummel: durch die gepflasterten Straßen mit ihren Antiquitätenläden, Boutiquen, Cafés und alten Steinhäusern, die mit bunten Blumentöpfen und Körben vor den Fenstern dekoriert sind.

SURFEN IN ALAÇATI

Der Beach von Alaçatı ist ein Sandstreifen rund um eine kleine Bucht (4 km von der Stadt Alaçatı und 70 km von İzmir entfernt) und gilt unter Surfern zunehmend als einer der angesagtesten Spots innerhalb und außerhalb Europas.

Die Bedingungen zum Surfen sind in der Bucht ideal. An manchen Stellen ist das Wasser nur 1 m tief, der Wind pustet meist aus Norden (sodass ein Surfwinkel von 19° möglich ist) und hat eine konstante Stärke: mindestens 16 bis 17 Knoten (kann aber auch bis zu 27 Knoten erreichen). Außerdem ist das Wasser relativ seicht.

Die Hauptsaison geht von Mitte März bis Anfang November. Inzwischen gibt's ein paar Hotels und ca. ein Dutzend Surf-Clubs. Ausrüstung und Kurse in der Hochsaison mindestens eine Woche im Voraus buchen.

[handschriftlich: 716 6383]

Der größte Surf-Club in der Türkei ist der nett angelegte und professionell von Deutschen geführte **ASPC** (Alaçatı Surf Paradise Club; ☎ 716 6611; www.alacati.de; Liman Yolu; Boards pro Tag 40–60 €, pro Woche 140–220 €, Harness pro Tag/Woche 12/40 €; Aufbewahrung 12/50 €; ☷ 15 März–Okt.). Er bietet gute Kurse und hochwertige Ausrüstung zum Ausleihen, über 160 Boards und Segel (einschließlich Kites). Ein zehnstündiger Anfängerkurs kostet 180 €, ein vierstündiger Kurs für Fortgeschrittene 100 €. Und für sechs Stunden Kite-Unterricht zahlt man 180 €. Außerdem gibt's hier einen Surf-Shop, ein gutes Café für Drinks und Snacks und einen Platz für Caravans (10 bis 15 €). 2008 soll ein Campingplatz aufmachen. Für Gruppen von fünf oder mehr Personen macht der Club auch außerhalb der Saison auf. *[handschriftlich: er ist in Antalya seit 2 Jahren :)]*

Orsa Club (☎ ~~0532 336 3355~~) Friedlich auf der anderen Seite der Bucht gelegene Option; eine schöne Anlage, die ständig erweitert wird. Hier gibt's ebenfalls eine Surfschule (ähnliche Preise für Kurse und Ausrüstung wie beim ASPC) sowie einen Campingplatz (10 € pro Pers. und Tag). Er liegt 4 km hinter Alaçatı und dann 2½ km über eine Schotterstraße von der Hauptstraße bis zur Bucht (ausgeschildert).

Die Hotels an der Hauptstraße sind zwischen 250 und 700 m vom ASPC entfernt. Die meisten haben von Mitte März bis Mitte Dezember geöffnet, ein paar (mit vorheriger Reservierung) aber auch außerhalb der Saison. Wer will, kann sich vom Flughafen in İzmir abholen lassen (20 €).

Çark Pansiyon (☎ 716 7309; Fax 716 9738; Liman Yolu 3; EZ/DZ mit Gemeinschaftsbad 25/50 €, 3-Pers.-Apt. 100 €) Von einer sympathischen türkischen Familie geführte Pension: einfach, aber schön ruhig und mit tollem Blick über die Bucht. Und ein kleines Restaurant gibt's auch.

Shaka Pension & Bar (☎ 716 0506; Liman Yolu 5; www.shaka-alacati.com; EZ/DZ HS 60/70 €, NS 50/60 €; ☷) Weiß getünchtes Haus im griechischen Stil mit toller Gartenanlage. Hier gibt's regelmäßig Barbecues, Partys, Livemusik und Kinoabende.

Herman Hotel (☎ 716 6295; www.hermanpension.com; Liman Yolu 4; Zi. Juni–Sept. 85 €, EZ/DZ Mai & Okt., 60/75 €; ☷) Sommerliches, helles und freundliches Hotel, ganz in Blau und Orange gestylt und mit gestreiften Vorhängen. Die 11 Zimmer sind zwar simpel, aber einwandfrei und haben einen hübschen Balkon mit Blick auf die Bucht.

Im Moment gibt's nur ein Restaurant in der Bucht: das familiengeführte **Fahri'nin Yeri Liman Restaurant** (☎ 716 7691; Liman Yolu; Gericht 20 €, Bier 2 €; ☷ 10–23 Uhr ganzjährig) in nautischem Design. Auf der Karte steht ausschließlich Fisch! Es liegt hinter der Hauptstraße am Wasser, 100 m von der Çark Pansiyon entfernt. Ein nettes, relaxtes Lokal, wo die Tische unter einer großen Weide und unter Markisen stehen.

Alle 30 Minuten pendelt ein Dolmuş (0,85 €, 10 Min.) zwischen dem Busbahnhof von Alaçatı und der Bucht von Alaçatı, normalerweise ab Anfang März bis Ende September.

Die meisten Hotels (und Restaurants) haben nur von Mitte Mai bis Mitte Oktober sowie über Weihnachten und Neujahr geöffnet. In der Nebensaison machen einige Restaurants an den Wochenenden auf. Es ist immer eine gute Idee, Hotelzimmer im Voraus zu reservieren; in der Hauptsaison ist es ein Muss.

SCHLAFEN

➤ **Hünnap Pansiyon** (☎ 716 7686; bistrohannover@hotmail. com; Kemalpaşa Caddesi 67/A; DZ ohne/mit Bad HS 83/67 €, NS 56/42 €; ☷) Diese Unterkunft ist fast die einzige „Billig"-Option im Dorf: blitzblank, traditionell gestylt, sympathisch und gemütlich.

NORDÄGÄIS

Değirmen Otel (☎ 716 6714; info@alacatidegirmen; Değirmen Sokak 3; DZ HS/NS 111/89 €) Von der Kemalpaşa (am westlichen Ende, 50 m von der Post) ausgeschildertes, neues Boutiquehotel in drei umgebauten Windmühlen. Es hat einen rustikalen Touch, ist aber total schön eingerichtet – von den alten Telefonen bis zu den originalen steinernen Feuerstellen – und die Lage ist top.

Alaçatı Taş Otel (☎ 716 7772; www.tasotel.com; Kemalpaşa Caddesi 132; EZ/DZ HS 95/117 €, NS ab 67/89 €; ✕ P) Am östlichen Ende der Kemalpaşa liegt dieses charmante alte griechische Herrenhaus mit einem Stilmix aus rustikalen und eleganten Elementen. Es ist wie ein Privathaus eingerichtet – und ist auch wirklich noch eines. Zeynep, der dynamische Eigentümer, kümmert sich um jedes Detail und weiß alles über die Stadt. Das ganzjährig geöffnete Hotel hat auch einen idyllischen ummauerten Garten mit Pool und eine friedliche, schattige Terrasse.

O Ev Hotel (☎ 716 6150; www.o-ev.com, auf Türkisch; Kemalpaşa Caddesi; DZ mit HP HS/NS ab 158/128 €; ✕) Nach der Restaurierung sieht dieses Olivenöl-Lagerhaus, in dem das Boutiquehotel untergebracht ist, jetzt wie ein kleiner maurischer Palast aus. In dem hübschen Garten gibt's einen kleinen Pool, und das Gourmet-Restaurant hat einen Spitzenruf.

ESSEN

Rasim (☎ 716 8420; Kemalpaşa Caddesi 44; Gerichte mit Salat 3,35–5 €; ✕ 8–23 Uhr) 1962 gegründetes, einfaches, aber gut gelauntes Restaurant (das erste der Stadt). Hier gibt's herzhaftes türkisches Essen zu tollen Preisen und eine Essenstheke zum Aussuchen.

Şişarka (☎ 716 8902; Kemalpaşa Caddesi 97; Hauptgerichte ab 2,50 €; ✕ 9–1 Uhr) Die Tische stehen im Schatten von Feigenbäumen rund um einen Brunnen in einem netten, offenen Hof. Serviert wird gute regionale Hausmannskost zu fairen Preisen. *Güveç alaçatı* (Auflauf im Tontopf) sollte man sich nicht entgehen lassen, aber es gibt auch türkische/europäische Pizza für 3/5 €. Ganzjährig geöffnet.

Delice (☎ 716 6260; Kemalpaşa Caddesi; Gerichte 5–12 €) Schickes kleines Café mit einem kleinen, aber feinen Garten, wo's leckeren selbst gebackenen Kuchen gibt.

Lavanta (☎ 716 6891; Kemalpaşa Caddesi 99; Gerichte 23 €; ✕ 9 Uhr–Mitternacht) Wer Türkisches satt hat, bekommt in diesem mediterranen Lokal mit Bistroflair gute italienisch und französisch

inspirierte Gerichte. Es gibt auch Tische im Freien.

Cafe Agrilia (☎ 716 8594; Kemalpaşa Caddesi 75; Gerichte 20–25 €; ✕ 9 Uhr–Mitternacht) Gilt als das beste Restaurant von Alaçatı und befindet sich in einem düsteren alten Tabaklagerhaus. Die Küche ist italienisch angehaucht und die Spezialität sind selbst gemachte Ravioli (8 €).

Tuval Butik Restaurant (☎ 716 9808; Kemalpaşa Caddesi 83; Gerichte 25–30 €) In den schönen Räumen mit Holzbalken und weiß getünchten Wänden serviert das Tuval gute mediterrane Küche.

AN- & WEITERREISE

Es fahren häufig Minibusse von Çeşme nach Alaçatı (0,95 €, 10 Min., 9 km) und von İzmir nach Çeşme via Alaçatı (4,45 €, 1 Std., 75 km). *wo fahren nicef?*

SIĞACIK
☎ 0232

Das hübsche Hafenstädtchen Sığacik liegt ziemlich ab vom Schuss und ist weniger verbaut als viele andere Küstenorte. Rund um den Ort verläuft eine bröckelnde mittelalterliche Mauer. Einen Strand gibt's nicht (was die Massen fernhält). Darum kann man nicht viel mehr tun als am malerischen Hafen entlangbummeln, eine Bootstour machen und den Fischern zusehen, die mit ihrem Fang vom Meer zurückkehren. Aber das ruhige und friedliche Sığacik ist der ideale Ort, um richtig zu relaxen.

Außerdem ist die Stadt berühmt für ihren Fisch, v. a. *barbun* und *kalamar*. Wer bis jetzt noch keinen frischen türkischen Fisch probiert hat, sollte das hier unbedingt nachholen.

Schlafen & Essen

Die Hotels von Sığacik liegen alle am Meer: einfach Richtung Hafen gehen und dann neben der Stadtmauer rechts die Uferpromenade runter.

Die **Teos Pansiyon** (☎ 745 7463; 126 Sokak 14; DZ 28 €; ✕) ist mit ihrer familiären Atmosphäre und den gepflegten, ansprechenden und günstigen Zimmern eine gute Option. Vier Zimmer haben Meerblick, sechs sind kleine Suiten. Wer will, kann sogar auf dem Markt frischen Fisch kaufen und die nette Familie bitten, ihn zuzubereiten.

60 m hinter der Pension Teos liegt am Ende der Bucht die **Sahil Pansiyon** (☎ 745 7199, Fax 745 7741; 127 Sokak 48; DZ klein/groß 22/28 €) Die zehn Zim-

mer sind schlicht, aber freundlich; fünf davon haben phantastische Aussicht aufs Meer.

Zwei Restaurants beherrschen den Hafen: das **Yeni Buŗ Restaurant** (☎ 745 7305; Liman Meydanı 17; ◷ 8–1 Uhr) und das **Liman** (☎ 745 7011; Liman Meydanı 19; ◷ 9–23 Uhr). Beide sind ziemlich einfallslos, touristisch und nicht billig (5,50 bis 14 € für 500 g Fisch). Aber der Fisch ist frisch und die Aussicht traumhaft.

Keine schöne Aussicht, aber tolles türkisches Essen mit französischem Touch bietet **L'Escale** (☎ 745 7650; Liman Meydanı 15; ◷ 8 Uhr–Mitternacht). Das Restaurant ist auf Fisch spezialisiert und die Menüs (10/15/20/35 €) mit Wein, Salat und Obst sind ihr Geld wert.

Wer günstiger essen will, kann ins **Çerkezağa** (☎ 745 7421; Sığacük Çarşı içi 7; Kebaps 3,35–3,80 €; ◷ 8.30 Uhr–Mitternacht) gehen. Es liegt landeinwärts hinter der Buŗ Pansiyon neben dem Teehaus. Hier sitzt man in einem wunderschönen Innenhof um einen Trinkbrunnen.

An- & Weiterreise

Um von İzmir nach Sığacık zu kommen, muss man zuerst mit dem Bus vom *otogar* in Üçkuyular nach Seferihisar fahren (S. 250; 1,95 €, 50 Min.), der alle 20 Minuten fährt. Von Seferihisar gibt's regelmäßige Dolmuş- und Busverbindungen nach Sığacık (0,55 €, 10 Min., 5 km).

Wer von Çeşme kommt, muss auch über İzmir: Entlang der Küstenstraße von Çeşme nach Urla fahren keine Minibusse.

AKKUM & TEOS
☎ 0232

Von Sığacık sind es 2 km über die Berge bis zum Abzweig nach Akkum im Westen. Die geschützte Bucht war früher im Sommer ein Hotspot für Surfer – aber die gehen seit kurzem lieber nach Alaçatı (s. S. 257). Darum ist es hier ruhiger und billiger als in Alaçatı. Und für Wave Jumpers gibt's hier die höheren Wellen.

Von den beiden flachen Sandstränden bietet Büyük Akkum mehr Serviceeinrichtungen, aber Küçük Akkum ist meistens ruhiger.

Ein paar Kilometer hinter Akkum stößt man auf die verstreuten **Ruinen** von Teos: v. a. ein paar hübsche kannelierte Säulen, die von einem Dionysos-Tempel übrig geblieben sind. Man hat sie zwischen Gras und Olivenhainen wieder aufgestellt. Teos war früher eine große ionische Stadt, und wer Lust hat, kann auf den Feldern nach weiteren Überbleibseln suchen (u. a. ein Theater und ein Odeon). Die Gegend ist auch perfekt für ein Picknick.

Die Ruinenstätte ist an der Straße von Sığacık ausgeschildert: links abbiegen und immer links halten, bis man am Fuß des Berges ankommt (ca. 5 km von Sığacık).

Schlafen & Essen

Die Bucht wird von ein paar großen Resorts beherrscht.

Mit zwei Pools, einem PADI-Tauchzentrum, einer Surfschule, Mountainbikes, Wassersporteinrichtungen, Fitnesscenter, Beach-Volleyball-, Basketball- und Tennisplätzen ist der **Club Resort Atlantis** (☎ 745 7456; www.club-resort-atlantis.de; EZ/DZ HS ab 68/90 €, NS ab 45/60 €;) eine tolle Adresse für Aktivurlauber. Die Surfausrüstung (alles inkl.) kostet 20/50 € pro Stunde/Tag. Einen sechsstündigen Anfängerkurs gibt's für 110 €.

Ein netter Picknickplatz im Schatten von Pinien ist **Teos Orman İçi Dinlenme Yeri.** Von Akkum muss man zurück zur Hauptstraße fahren und dann ca. 1 km östlich der Abzweigung rechts abbiegen. Wer keinen Proviant dabeihat, kann hier Snacks und kalte Getränke kaufen und es sich dann unter den Pinien mit Blick aufs Meer gut gehen lassen.

An- & Weiterreise

Im Sommer fahren jede Menge Minibusse und Citybusse von Seferihisar nach Akkum (1 €, 20 Min.).

NORDÄGÄIS

Südägäis

Die türkische Südägäis kann sich damit brüsten, mehr antike Ruinen pro Quadratkilometer zu haben als jede andere Ecke auf der Welt. Seit Ewigkeiten haben Reisende die Pfade zu den gewaltigen Monumenten ausgetreten. Und kaum einer ist enttäuscht wieder abgezogen.

So groß und laut die Besuchermassen auch sein mögen (v. a. wenn Schulklassen aus der Gegend einfallen) – die Ruinen juckt das nicht. Groß, majestätisch und erhaben thronen sie über allem. Im Frühjahr werden sie allenfalls von wildem Mohn, Schmetterlingen oder einem Storch, der auf einer der riesigen Säulen sein Nest baut, belagert.

Wenn die Sonne untergeht und die Reisebusse den Rückweg antreten, wird es plötzlich wieder still in den Ruinen. Von den letzten dunkelroten Strahlen der Abendsonne beschienen wirken sie so gewaltig, zeitlos und unerschütterlich wie wahrscheinlich schon vor Jahrtausenden. Für viele Traveller sind diese Ruinen das unvergesslichste Erlebnis ihrer Türkeireise.

Die antiken Stätten der türkischen Südägäis sind nicht nur ungeheuer alt. Sie sind auch besonders gut in Schuss. Hier ist Geschichte nicht nur allgegenwärtig, sondern richtig zum Anfassen. So wie Ephesos sind auch die ionischen Ruinenstädte Milet und Didyma absolut einen Besuch wert. Sie liegen nicht weit von der Küstenstraße entfernt, sind also gut zu erreichen.

Zwischen den Ruinen gibt's ein paar saubere Sandstrände wie bei Pamucak, eine Reihe süßer Dörfer wie Şirince oder das kleine Herakleia und ein paar attraktive, relaxte Städte: z. B. Selçuk mit prima Hotels zu klasse Preisen. Den perfekten Kontrast zum Kulturprogramm bieten die vollen, ausgelassenen, lauten Ferienorte an der Küste. Bodrum und Kuşadası sind ideal zum Partymachen oder um die coole Kaffeekultur zu genießen.

HIGHLIGHTS

- **Ephesos** (S. 268) entdecken, die besterhaltene klassische Stadt des östlichen Mittelmeerraums.
- Nach **Şirince** hochkraxeln (S. 274), in dieses Bergdorf zwischen Pfirsich- und Apfelbäumen.
- Das Museum für Unterwasserarchäologie bewundern und dann in **Bodrum** die Nacht durchtanzen (S. 291).
- Durch den **Dilek-Nationalpark** (S. 282) wandern und in einsamen Buchten schwimmen.
- Durch **Herakleia** (S. 286) bummeln und die Ruhe der ländlichen Türkei genießen.
- Durch die tollen und nicht so überlaufenen Ruinen von **Priene** (S. 284), **Milet** (S. 285) und **Didyma** (S. 286) streifen.

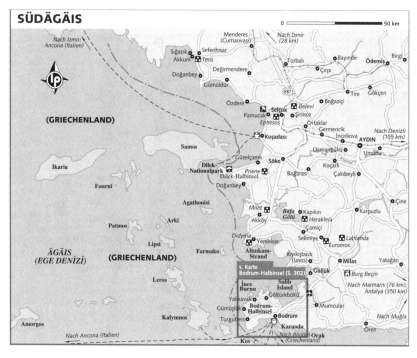

Geschichte

Die Mykener und Hethiter sind die Ersten, über die in der Südägäis etwas berichtet wird. Ab 1200 v. Chr. ließen sich aus Griechenland geflüchtete Ionier in der Küstenregion nieder. Diese gründeten so bedeutsame Städte wie Ephesos, Priene und Milet. Südlich von Ionien lag das bergige Karien mit dem Grab von König Mausolos, das als Mausoleum von Halikarnassos zu den sieben Weltwundern der Antike gehörte. Ein berühmter Karer war Herodot, der „Vater der Geschichtsschreibung". In der römischen Zeit entwickelte sich die Stadt Ephesos zu einem wichtigen Handelszentrum und wurde die Hauptstadt der Provinz Kleinasien. Zudem zog die Stadt auch eine große Menge Christen an. Der Legende nach wohnten sowohl die Gottesmutter Maria wie auch der Apostel Johannes nach der Himmelfahrt Jesu in der Stadt Ephesos. Der Apostel Johannes soll hier sein Evangelium geschrieben haben. 1402 eroberten die Kreuzritter das heutige Bodrum. Sie erbauten das Kastell, das heute in einem Atemzug mit diesem Küstenabschnitt genannt wird.

SELÇUK

☎ 0232/25 410 Ew.

Ein klasse Museum, eine tolle alte Basilika, eine Moschee, ein mit Storchennestern übersätes Aquädukt, Dutzende süßer, kleiner Pensionen und die Ruinen von Ephesos direkt vor der Haustür – Selçuk hat wirklich jede Menge zu bieten. Heute lebt die Stadt mehr oder weniger vom Tourismus. Aber zum Glück auf bescheidenem Niveau und mit v. a. individualreisenden Gästen.

Orientierung

Der *otogar* (Busbahnhof) von Selçuk liegt östlich von der Straße İzmir–Aydın (Atatürk Caddesi). Das Stadtzentrum und ein paar Pensionen sind gleich nördlich davon. Es gibt drei Fußgängerzonen mit Läden: Namık Kemal, Cengiz Topel und Sigburg Caddesi. Sie fangen bei einem runden Brunnen an der Hauptstraße, nördlich vom *otogar,* an und verlaufen Richtung Osten bis zum Bahnhof.

Auf der Westseite der Hauptstraße ist vor einem der Flügel des berühmten Ephesos-Museums ein Park. In den ruhigen Straßen zwischen dem Museum und dem Berg Aya-

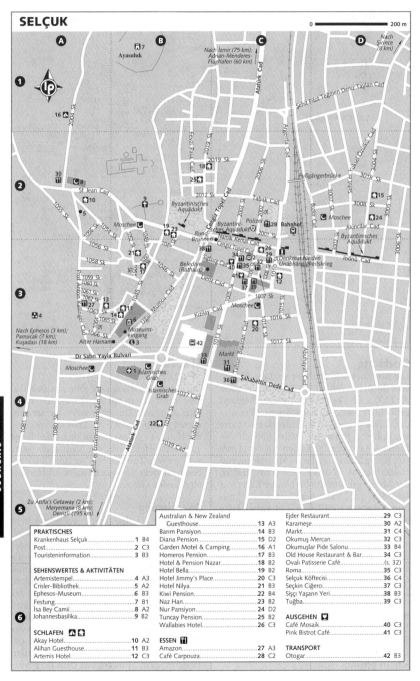

SELÇUK

suluk, nordwestlich vom Zentrum, gibt's noch eine Reihe kleiner Pensionen.

Praktische Informationen

An der Cengiz Topel und Namık Kemal Caddesi sind Banken mit Geldautomaten und Wechselstuben zu finden. Die Internetcafés an der Cengiz Topel Caddesi kassieren meistens mehr als die Unterkünfte, obwohl sie langsamere Verbindungen haben.

Ephesos Assistance (☎ 892 2500) 24-Stunden-Hotline und Leistungen, die von den meisten großen Reiseversicherern anerkannt werden.

Krankenhaus Selçuk (☎ 892 9814; Dr Sabri Yayla Bulvarı) Um die Ecke von der Touristeninformation.

Post (☎ 892 2841; Cengiz Topel Caddesi) Wechselt auch Geld, Reise- und Euroschecks.

Touristeninformation (☎ 892 6945; www.selcuk. gov.tr; Agora Caddesi 35; ☼ Winter Mo–Fr 8–12 & 13–17 Uhr, Sommer tgl.) Gegenüber vom Museum.

Sehenswertes & Aktivitäten

Die Sehenswürdigkeiten von Selçuk haben von Mai bis September von 8 bis 19 und sonst von 8 bis 17 Uhr (oder 17.30 Uhr) geöffnet.

JOHANNESBASILIKA

Angeblich kam der Apostel Johannes zweimal nach Ephesos: einmal zwischen 37 und 48 n. Chr. zusammen mit der Gottesmutter Maria und nochmal gegen Ende seines Lebens, als er auf dem Berg Ayasuluk seinen Evangelium schrieb. Man hielt früher ein Grab aus dem 4. Jh. für seine letzte Ruhestätte. Deshalb ließ Kaiser Justinian (527–65) im 6. Jh. eine prachtvolle Kirche über diesem Grab bauen: die **Johannesbasilika** (St. Jean Caddesi; Eintritt 2,80 €).

Erdbeben und Materialräuber ließen von ihr nur noch einen Haufen Geröll übrig. Vor einem Jahrhundert wurde sie dann restauriert. Praktisch alles, was heute zu sehen ist, ist rekonstruiert. Trotzdem ist die Basilika noch immer ein absolut beeindruckendes Bauwerk (das seinerzeit fast als Wunder galt und Tausende von Pilgern anzog). Auf einer Infotafel gibt's einen Plan und eine Zeichnung. Sie geben einen guten Eindruck davon, wie riesenhaft das Gebäude früher war – genauso wie die alten Marmortreppen und das monumentale Tor. Ein absolutes Must-see!

Vom Berg Ayasuluk bietet sich ein toller Blick über die umliegenden Stätten. Die **Festung** im Norden stammt aus dem 6. Jh. Sie wurde von den Byzantinern gebaut, von den Seldschuken wiederaufgebaut und vor nicht allzu langer Zeit restauriert. Drinnen gibt's eine seldschukische Moschee und die Ruinen einer Kirche. Aber man darf nicht rein, weil ein Teil der Mauern eingestürzt ist. Die Restaurierungsarbeiten laufen und die Anlage wird wohl irgendwann wieder geöffnet. Momentan fehlt allerdings das Geld dafür.

So wie in Ephesos bekommen Besucher wahrscheinlich auch hier „antike Münzen" angeboten – sie sind aber nur dreckig, nicht alt.

İSA BEY CAMİİ

Unterhalb vom Berg Ayasuluk steht die beeindruckende, schöne **İsa Bey Camii** (St. Jean Caddesi). 1375 ließ sie der Emir von Aydın in einem

---

DIE PHANTASTISCHEN FESTE VON SELÇUK

Für eine so winzige Stadt hat Selçuk jede Menge tolle Events zu bieten. Hier sind die besten aufgeführt. Traveller sollten unbedingt versuchen, eins davon zu besuchen.

Kamelringen (dritter Sonntag im Januar) Zu diesem Spektakel treiben Kamelbesitzer aus der ganzen Türkei ihre Tiere nach Selçuk. Der Vorabend des Festivals wird mit viel Essen, Trinken und Tanz gefeiert. Es ist eine tolle Gelegenheit, traditionelle türkische Volksmusik zu hören. Näheres über das Ringen selbst gibt's im Kasten auf S. 266.

Ölringen (erster Sonntag im Mai) Berühmte Ölringer aus der ganzen Region sammeln ihre Kräfte, um nach Selçuk zu kommen. Sie (auf Türkisch *pehlivan*) reiben sich von Kopf bis Fuß mit Olivenöl ein und kämpfen dann gegeneinander.

Selçuk/Efes-Festival (erste Woche im September) Hier werden nicht nur traditionelle türkische Tänze aufgeführt, sondern auch welche aus anderen Ländern. Jeder Teilnehmer zeigt eine spektakuläre Show mit den Highlights aus seinem Heimatland. Während des Festivals gibt's überall in der ganzen Stadt türkische Volksmusik- und Popkonzerte. Und im Basar öffnen die besten Kunsthandwerker von Selçuk ihre Werkstätten: Töpfer, Glasbläser, Holzschnitzer, Möbelbauer und Teppichknüpfer zeigen ihr sensationelles Können. Eine phantastische Gelegenheit, um ein paar Souvenirs einzukaufen!

Wir danken Osman Bölük für seine Hilfe bei der Zusammenstellung dieser Informationen.

DER TIPP VOM AUTOR

Naz Han (☎ 892 8731; nazhanhotel@gmail.com; 1044 Sokak 2; Zi. 50 €, Juni 61 €, Juli & Aug. 67 €; ⊠ 🖳) Naz bedeutet „schüchtern" und dieser Name passt gut. Das 100 Jahre alte griechische Haus liegt versteckt hinter hohen Mauern wie ein kostbares Juwel. Es hat fünf einfache, aber bequeme Zimmer rund um einen kleinen, reizenden Innenhof voller Artefakte und Antiquitäten. Von der kleinen Dachterrasse können die Gäste einen herrlichen Blick auf die schöne Umgebung von Selçuk genießen. Cemil, ein ehemaliger Textilingenieur aus İstanbul und begeisterter Feinschmecker, setzt große Hoffnungen in seine neue Küche.

---

postseldschukischen/präosmanischen Übergangsstil bauen. Schräg gegenüber ist eine Büste von İsa Bey. Außer zu Gebetszeiten können Besucher die Moschee fast immer anschauen. Dran denken: Schuhe ausziehen und angemessen angezogen sein.

ARTEMISTEMPEL

Ephesos verdiente ganz gut an den Pilgern, die hierher kamen, um die antike anatolische Fruchtbarkeitsgöttin Kybele/Artemis zu ehren. Der sagenhafte **Artemistempel** (Artemis Tapınağı; Eintritt frei; ⏱ 8.30–17.30 Uhr) zwischen Ephesos und Selçuk war eins der sieben Weltwunder der Antike. Er übertraf an Größe sogar den Parthenon in Athen. Er hatte ursprünglich 127 Säulen, in deren Sockel Figuren eingemeißelt waren. Leider ist heute nur noch eine Säule übrig. Aber es lohnt sich trotzdem, zu diesem herrlich ruhigen Plätzchen zu kommen. Die riesige Säule lässt die beeindruckende Größe des Tempels erahnen. Der Tempel eignet sich als Abstecher auf dem Weg von/nach Ephesos.

EPHESOS-MUSEUM

Dieses tolle **Museum** (☎ 892 6010; Uğur Mumcu Sevgi Yolu Caddesi; Eintritt 2,50 €) hat eine verblüffende Sammlung von Artefakten zu bieten. Ein paar gute Infotafeln, Fotos und Dioramen hauchen den Dingen Leben ein. Highlights sind ein bildschöner Amor, der auf einem Delphin reitet, und die fein gearbeiteten Marmorstatuen von Kybele/Artemis. Außerdem gibt's beunruhigend realistische Büsten von römischen Herrschern zu sehen, u. a. eine ganz

große vom unangenehmen Kaiser Domitian. Und dann gibt's noch die Darstellungen des phallischen Gottes Priapos, die von İstanbul bis Antakya auf jeder zweiten Postkarte abgebildet sind.

Sehr interessant ist auch die Ausstellung über die Ausgrabungen auf dem 1993 entdeckten Gladiatorenfriedhof. Demnächst soll eine Abteilung „Religionen und Inschriften" eröffnet werden. Wer Schülern und Reisegruppen aus dem Weg gehen will, sollte früh morgens ins Museum gehen – und am besten nach einem Besuch in Ephesos.

CRISLER-BIBLIOTHEK

Was Neues in Selçuk: Die **Crisler-Bibliothek** (☎ 892 8317; www.crislerinstitute.com; Prof. Anton Kallinger Caddesi 40; Eintritt frei; ⏱ 10–19 Uhr) ist eine Hinterlassenschaft des amerikanischen Bibelexperten und Archäologen B. Cobbey Crisler. Sie ist nicht nur eine phantastische Informationsquelle zur antiken, klassischen und islamischen Geschichte der Gegend. Sie bietet auch ein volles Vortragsprogramm, einen gut sortierten Buchladen und ein Café. Ihr Ziel ist es, „kulturübergreifende Brücken durch Lehre und wissenschaftlichen Austausch zu bauen". Ein Besuch lohnt sich auf jeden Fall – für Hardcore-Ephesos-Fans wie für Einsteiger.

BYZANTINISCHES AQUÄDUKT

Entlang der Namık Kemal Caddesi und der İnönü Caddesi erstrecken sich in ost-westlicher Richtung die beeindruckenden Reste eines byzantinischen Aquädukts. Heute nisten hier Störche, die jedes Jahr wiederkommen. Ende April, Anfang Mai legen sie ihre Eier und bleiben bis zum September.

Schlafen

BUDGETUNTERKÜNFTE

Unter den vielen Pensionen von Selçuk tobt ein harter Konkurrenzkampf. Deshalb sind die Leistungen und der Service hier vermutlich besser als sonst irgendwo.

Pensions- und Hotelpreise werden von der Gemeinde festgelegt. Deshalb konzentriert sich der Wettbewerb auf die Extras. Was fast immer im Angebot ist: kostenloses Frühstück, selbst gekochtes Essen zu vernünftigen Preisen, Gratis-Transfer nach Ephesos und Meryemana (manchmal auch nach Şirince), kostenloser Fahrradverleih, billige Ausflüge und Internetzugang umsonst. Wem irgendwas davon besonders wichtig ist, sollte sich vorher schlaumachen. Viele Hotels kassieren für Klimaanlagen und Ventilatoren im Sommer und Heizung im Winter einen Aufschlag (ca. 1,65 € pro Pers. und Tag).

Garden Motel & Camping (☎ 892 6165; info@ galleriaselciukidi.com; Kale Altı 5; pro Erw./Kind 4/2 €, pro Zelt/Auto/Wohnmobil 4/2/5 €, Leihzelt für 1/2 Pers. 5/6 €; 💻) Grüner, grasbewachsener, großer Campingplatz 200 m nördlich von der Moschee. Die schöne Anlage bietet u. a. Küche, Pool, Waschmaschinen, ein nettes Restaurant und Unterhaltungsprogramm für Kids.

Atilla's Getaway (☎ 892 3847; www.atillasgetaway. com; B 10 €, Bungalow mit Gemeinschaftsbad 12,50 €, Zi. mit Bad 16,50 €; 💻 🐾) Ca. 2,5 km südlich von Selçuk. Hier geht's so trublig und lebhaft zu, dass man sich wie in einer Art coolem Feriencamp für Twens bis Mittdreißiger fühlt. Der Namensgeber Atilla, ein tatkräftiger Türkisch-Australier, ist supernett und hilfsbereit. Es gibt Poolbillard, Tischtennisplatten, einen Volleyballplatz, ein Reisebüro und eine fröhliche Bar am Pool. Demnächst soll auch Reiten auf dem Programm stehen. Die Zimmer sind einfach und sauber. Die Preise gelten pro Person inklusive Halbpension. Klimaanlage in den Zimmern kostet 4,50 € extra pro Tag.

West-Selçuk

Australia & New Zealand Guesthouse (☎ 892 6050; www.anzguesthouse.com; 1064 Sokak 12; B 8 €, DZ mit Gemeinschaftsbad 11 €, DZ mit Bad 19–22 €; 🎱 💻) Die Zimmer liegen rund um einen etwas chaotischen, mit internationalen Flaggen geschmückten Hof (ein paar auf der schmalen Seite). Alle sind einfach, aber sauber und hell. Pluspunkte sind die Partystimmung im Sommer und die prima Angebote, u. a. Film- und Grillabende. Die Dachterrasse sieht aus wie ein großes Nomadenzelt, ist relaxt und nett.

Barım Pansiyon (☎ 892 6923; barim_pansiyon@ hotmail.com; 1045 Sokak 34; Zi. pro Pers. 11 €; 💻) Vom scheußlichen Äußeren sollte sich keiner abschrecken lassen. Dahinter versteckt sich nämlich ein charaktervolles, 140 Jahre altes Steinhaus. Die einfachen Zimmer sind bequem und voll mit Kunstschmiedearbeiten vom Besitzer Adnan. Außerdem gibt's einen hübschen Innenhof. Die Pension ist nicht übertrieben türkisch-traditionell und auch nicht zu aufdringlich bemüht. Alles in allem ein relaxter, bescheidener und ruhiger Ort.

Homeros Pension (☎ 892 3995; www.homeros pension.com; 1050 Sokak 3; Zi. pro Pers. 11 €; 🎱) Diese Pension ist nicht nur familiär, sondern auch

ganz schön quirlig. Sie bietet zwei Terrassen mit klasse Aussicht. Der Besitzer Derviş ist nett und superhilfsbereit. Er ist Schreiner und hat viele der schönen Möbel in den bequemen Zimmern aus Flohmarktfundstücken selbst zusammengezimmert.

Hotel & Pension Nazar (☎ 892 2222; www.nazarhotel. com; 2019 Sokak 14; EZ/DZ 17/22 €, EZ/DZ mit Klimaanlage 22/31 €, FZ mit/ohne Klimaanlage 53/39 €; 🎱 💻) Das Motto von Besitzer Osman ist: „sauber und freundlich". Aber die Pension hat noch viel mehr zu bieten: einen Pool in einem Hof mit Garten und eine große Terrasse mit tollem Blick auf die Festung. Ayse, seine Mutter, sorgt für die leckere Hausmannskost. Der reizenden Familie ist nichts zu stressig. Und wenn man abreist, fühlt man sich fast wie ein Familienmitglied. Die Zimmer sind prima ausgestattet, gepflegt und bequem.

Akay Hotel (☎ 892 7249; www.hotelakay.com; 1054 Sokak 7; EZ 14–25 €, DZ 28–33 €; 🎱 💻) Das Akay verteilt sich auf zwei Gebäude. Sein größter Pluspunkt ist der kleine Pool im lauschigen Garten voller Vogelgezwitscher. Nicht zu vergessen die große Dachterrasse mit schöner Aussicht und der kleine Hof.

Wenn diese Quartiere voll sind, kann man's auch hier versuchen:

Tuncay Pension (☎ 892 6260; www.tuncaypension. com; 2019 Sokak 1; Zi. pro Pers. ab 10 €; 🎱) Nette Pension mit Zimmern rund um einen kühlen Innenhof mit Brunnen.

Alihan Guesthouse (☎ 892 9496; alihanguesthouse@ yahoo.com; 1045 Sokak 34; Zi. mit Dusche pro Pers. 11 €; 🎱) Frisch renoviert vom herzlichen Isa, seiner Frau Melissa und Sheila, dem Hund. Bunter Stil-Mischmasch, aber freundlich, zwanglos und billig.

Ost-Selçuk

Kiwi Pension (Alison's Place; ☎ 892 4892; www.kiwi pension.com; 1038 Sokak 26; B 4–7 €, EZ/DZ ohne Bad 8/16 €, mit Bad 11/22 €, Klimaanlage plus 5 €; 💻) Die energische Engländerin Alison und ihr türkischer Mann managen diese freundliche, lustige Pension. Die Zimmer sind schlicht, aber einwandfrei und hell (auf dem Nachttisch stehen frische Gänseblümchen). Ein paar Zimmer haben Balkons. Gäste können den Billardtisch, die Küche und die Waschmaschine benutzen. Außerdem dürfen sie in den großen, tollen Privatpool springen – dieser liegt 1 km entfernt in einem Mandarinengarten. Die Unterkunft liegt in einer ruhigen Gegend mit modernen Wohnhäusern, südlich vom Zentrum.

SÜDÄGÄIS

Diana Pension (☎ 892 1265; brothers_place@mynet. com; 3004 Sokak 30; EZ/DZ mit Gemeinschaftsbad 7/14 €, mit Bad 8/17 €; 🕾 💻) Wer seine türkischen Lire beisammenhalten muss, wird sich über diese billige, freundliche Pension mit hübschem Innenhof freuen. Der Bahnhof ist gleich um die Ecke.

Nur Pansiyon (☎ 892 6595; 3004 Sokak 16; www. nurpension.com; 🕾 💻) Nicht weit von der Diana Pension, mit ähnlichen Zimmern und Preisen.

Hotel Jimmy's Place (☎ 892 1982; www.artemisguest house.com; 1016 Sokak 19; De-luxe-Zi. für 1–3 Pers. 39 €, EZ 14–19 €, DZ 17–25 €; 🕾 💻 🞨) Das freundliche, geschäftstüchtige und hilfsbereite türkisch-australische Ehepaar, das das Hotel managt, ist selbst weit rumgekommen. Deshalb behauptet es zu wissen, „was Reisende wollen". Mit Recht: Es gibt einen Pool, eine umwerfende „Reisebibliothek" mit Schwerpunkt Türkei, ein Reisebüro, eine Dachterrasse

mit Blick und einen Aufzug, in den auch Rollstühle reinpassen. Bron, die australische Mitinhaberin und gelernte Krankenschwester, hilft „gerne Menschen mit besonderen Bedürfnissen". Die Zimmer sind hell, freundlich und komfortabel (mit orthopädischen Matratzen). Zum Busbahnhof sind's ein paar Minuten.

Wenn diese Unterkünfte voll sind, gibt's noch das **Wallabies Hotel** (☎ 892 3204; www.wallabies hotel.com; Cengız Topel Caddesi 2; EZ/DZ 11/22 €; 🕾 💻). Die Zimmer bieten einen schönen Blick aufs Aquädukt; außerdem das **Artemis Hotel** (☎ 892 6191; www.artemisguesthouse.net; 1012 Sokak 2; EZ/DZ 8/17 €; 🕾). Das ist billig, hat einen Innenhof und serviert leckeres Frühstück.

MITTELKLASSEHOTELS

Hotel Bella (☎ 892 3944; www.hotelbella.com; St. Jean Caddesi 7; EZ/DZ 20/28 €; 🕾 💻) Von diesem bequemen und zentralen Hotel sind's knapp

---

KAMELRINGEN

Kamelringen ist zwar überall in der Türkei verbreitet, aber besonders an der westlichen Mittelmeerküste und v. a. an der ägäischen Küste. Selçuk veranstaltet jedes Jahr ein solches Event (s. Kasten S. 263) – eine tolle Gelegenheit, um diesen alten Sport richtig kennenzulernen.

Ringende Kamele heißen *tülüs* und sind eine Kreuzung zweier verschiedener Rassen. Im Winter sind die Kamele paarungsbereit und in Stimmung, jeden männlichen Rivalen zu bekämpfen. Die Türken nutzen diese Aggressivität und Energie aus und bringen die Tiere zusammen, damit sie miteinander „ringen".

Die Kamele kämpfen richtig hart. Aber es geht auch darum, jede Menge alte Regeln einzuhalten und allgemein anerkannte „Ringtechniken" anzuwenden. Kampfrichter und Schiedsrichter verfolgen den Kampf. Und 14 *urganci* (Männer mit Seilen) stehen bereit, um einzugreifen und die Tiere notfalls zu trennen. Das Maul der Kamele ist fest mit einem Seil zugebunden, damit sie sich nicht gegenseitig beißen können. Stattdessen müssen sie ihren Kopf, Hals und Körper einsetzen, um ihre Gegner zu besiegen.

Eine der Aufgaben der Kampfrichter besteht darin, gleichwertige Paarungen aufzustellen. Sie machen das nicht nur zur Sicherheit der Tiere, sondern auch, weil der Ringkampf dann viel unterhaltsamer wird. Die Kamele werden nach ihrer Erfahrung, den Preisen, die sie gewonnen haben, ihrem Gewicht, ihren Ringkünsten und ihrem Ringstil ausgesucht.

Ein Kamel ist dann Sieger, wenn es seinen Gegner entweder dazu gebracht hat, aus dem Ring zu flüchten oder auf die Seite zu fallen. Die Kämpfe sind manchmal brutal. Aber das Vertrauen des Besitzers in sein Tier ist so groß, dass er es weiterkämpfen lässt, selbst wenn alles aussichtslos scheint. Oft gewinnt am Ende dann doch das „unterlegene" Kamel. Es heißt auch, dass die erstklassigen Champions niemals aus dem Ring flüchten.

Wer Gelegenheit hat, sich einen solchen Ringkampf anzusehen, sollte es tun: Es ist ein fröhliches, farbenfrohes Event. Stadtschreier kündigen es an. Und dann werden die prächtig geschmückten *tülüs* von ihren Besitzern stolz durch die Straßen geführt, begleitet von Trommlern und Musikanten. Unter den Einheimischen hat das Kamelringen eine große und treue Anhängerschaft. Fans kennen die Namen ihrer Kamele genauso gut wie die ihrer Lieblingsfußballer oder -popstars. Oft werden die Kamele nach ihrem Geburtsort benannt, nach türkischen Volkshelden oder auch nach Film- und Fernsehstars. Als wir dort waren, trafen wir Kamele, die „David Beckham" oder „Colonel Gaddafi" hießen …

100 m zum Eingang der Basilika. Die Zimmer sind mit nettem osmanischem Schnickschnack dekoriert, u. a. Keramik, Kelims und Schnitzereien. Das Highlight ist die große Dachterrasse (gleichzeitig ein Restaurant): im Winter geschützt und kuschelig, im Sommer offen, hell und luftig. Von hier können die Gäste auf die Storchennester auf dem Aquädukt und die Basilika runtergucken. Die festen Menüs sind mit 7 € ziemlich billig und kriegen von Travellern immer wieder gute Noten.

Hotel Nilya (☎ 892 9081; www.nilya.com; 1051 Sokak 7; EZ/DZ 31/47 €; 🐾) Nicht weit von der Johannesbasilika und ein Stück abseits vom Stadttrubel – schön ruhig. Die Zimmer sind anständig groß und im traditionellen Stil dekoriert. Die im Erdgeschoss teilen sich eine hübsche Veranda mit Blick auf den netten, grünen, von Laternen beleuchteten Garten. Wer Ruhe und Entspannung sucht, ist hier genau richtig.

Essen
RESTAURANTS

Selçuk Köftecisi (☎ 892 6696; Şahabettin Dede Caddesi; *köfte* 2,20 €; 🕑 Winter 8–21 Uhr, Sommer 8 Uhr–Mitternacht) Seit kurzem ein Favorit von Reisegruppen. Aber die türkische Hausmannskost in diesem Familienbetrieb schmeckt immer noch super. Wer einen Tisch draußen haben will, muss sehr früh oder spät kommen. Die Preise sind einfach unschlagbar.

Old House Restaurant & Bar (Eski Ev; ☎ 892 9357; 1005 Sokak 1/A; Hauptgerichte 2,75–5,55 €; 🕑 8 Uhr–Mitternacht) In einem kleinen Innenhof sitzen die Gäste auf Korbstühlen zwischen Grapefruit- und Granatapfelbäumen, Laternen und Vogelkäfigen. Das schöne, kühle und intime Restaurant tischt leckeres türkisches Essen auf. Großartig ist die Spezialität „Old House Kebap" (4,45 €), die brutzelnd auf einer Platte serviert wird.

Ejder Restaurant (☎ 892 3296; Cengiz Topel Caddesi 9/E; *köfte* 3–4,45 €; 🕑 8.30–23 Uhr) Dieses einfache kleine Lokal kriegt Bestnoten von Travellern. Es liegt malerisch neben einem Brunnen mit Blick aufs Aquädukt und wird von einem freundlichen Ehepaar geführt: Mehmet ist fürs Fleisch und seine Frau fürs Gemüse zuständig. Das Essen schmeckt durch die Bank weg gut.

Amazon (☎ 892 3879; Prof. Anton Kallinger Caddesi 22; Hauptgerichte 6–8 €; 🕑 10 Uhr–Mitternacht) Mit klassischer Musik im Hintergrund und Bar wirkt das brandneue Amazon eher wie eine Weinbar als wie ein Restaurant. Aber der

Küchenchef aus İzmir hat einen Spitzenruf und zaubert leckere internationale Gerichte. Alles wird aus frischen regionalen Produkten zubereitet. Zu einem prima Preis (5–6 €) gibt's mittags ein leckeres Tagesmenü. Die Bilder an den Wänden stammen von jungen Künstlern aus der Gegend und können gekauft werden. Draußen sind noch ein paar Tische mit Fernblick auf den Artemistempel.

Okumuş Mercan Restaurant (☎ 892 6196; 1006 Sokak 44; *meze* 1,65, Hauptgerichte 2,75–4,45 €; 🕑 7–23 Uhr) In einem kleinen Hof neben einem Brunnen wird dieses Lokal von einem 100 Jahre alten Maulbeerbaum beschattet. Die Einheimischen lieben es wegen der traditionellen Küche zu guten Preisen.

Wer Lust auf einen türkischen Nachtisch hat, bekommt ihn nebenan in der **Karma Patisserie Café** (☎ 892 4882; 1006 Sokak 43; 🕑 8 Uhr–Mitternacht). Noch kleiner und einfacher, aber genauso bekannt für sein leckeres Essen ist das **Seçkin Ciğerci** (☎ 892 3546; Tahsin Başaran Caddesi 4; *köfte* oder Kebap 2,75 €; 🕑 6–22 Uhr). Das Lokal ist seit 1956 und vier Generationen in der Hand einer Familie. Die Küche dieses tollen Ladens ist die gemütlichste der Welt!

CAFÉS & AUF DIE SCHNELLE

Sisçi Yaşarın Yeri (☎ 892 3487; Atatürk Caddesi; 🕑 Winter 9–22 Uhr, Sommer 10 Uhr–Mitternacht) Außer der Bude an der Straße gibt's noch ein paar Tische in einem schönen schattigen Bereich hinter dem Haus. Das Lokal ist bei Eingeweihten für seine leckeren *köfte* und Kebaps (alle 1,95 €) bekannt.

Okumuşlar Pide Salonu (☎ 892 6906; Şahabettin Dede Caddesi 2; *pide* 1,40–2.25 €; 🕑 10–23 Uhr) Neben dem Busbahnhof macht dieser Laden (der zu einer Kette gehört) phantastische *pide* (auch vegetarische).

Lust auf eine Tasse Tee, *gözleme* (salzige Pfannkuchen, 1,40–1,95 €) oder sogar ein Nickerchen nach dem Sightseeing? Da ist das **Karameşe** (☎ 892 0466; St. Jean Caddesi 18; Gerichte ca. 5 €; 🕑 9 Uhr–Mitternacht) mit seinem kühlen, üppig grünen Garten genau das Richtige. Es liegt auf der anderen Straßenseite von der Moschee.

Roma (☎ 892 6436; Siegburg Caddesi 21; 0,40 € pro Kugel; 🕑 April–Dez. 8 Uhr–Mitternacht) Ferdiun, der Besitzer, hat die Kunst des Eismachens von seinem Vater gelernt und kreiert ein paar göttliche Geschmacksrichtungen. Er selbst empfiehlt Walnuss, schwarze Maulbeere und Schokomix.

Café Carpouza (☎ 892 9264; Argenta Caddesi 8; Snacks 0,90–3 €; ◷ 9 Uhr–Mitternacht) Das Carpouza ist in einem 133 Jahre alten früheren Bahnarbeiter-Wohnhaus mitten auf einem großen, grünen Platz untergebracht. Ein kühles, ruhiges und relaxtes Plätzchen für ein Frühstück (2,75 €), ein Bier (1,10 €) oder einen Kaffee (0,55 €) – entweder auf der Veranda oder im atmosphärischen Innenraum. Es wird von der Gemeinde gemanagt, deshalb ist es supergünstig. Alles in allem das beste Preis-Leistungs-Verhältnis in der Stadt.

SELBSTVERSORGER

Tuğba (☎ 892 1773; 1006 Sokak; ◷ 9 Uhr–Mitternacht) Die populäre Kette hat vor kurzem den zweiten Preis für den „Besten Türkischen Honig des Landes" eingeheimst. Er wird in allen Farben, Geschmacksrichtungen und Formen angeboten. Sonst gibt's noch Nüsse, Samen und Trockenfrüchte (toll für lange Busfahrten). Die Köstlichkeiten werden auch als Geschenk verpackt, falls man sich mit einem Jahresvorrat versorgen will (3,85 € pro 450 g). Unbedingt die phantastische *duble anterplı* (die Variante mit Pistazien) probieren!

Samstags gibt's in Selçuk einen tollen **Markt** (Şahabettin Dede Caddesi; ◷ Winter 9–17, Sommer 8–19 Uhr) hinter dem Busbahnhof. Hier können sich Traveller mit frischem Obst und Gemüse, Käse und Oliven für ein Picknick eindecken.

Ausgehen

Pink Bistro Café (☎ 892 9801; Siegburg Caddesi 24; Bier/Spirituosen 1,65/2,75 €; ◷ Winter 10–2 Uhr, Sommer 10–4 Uhr) Selçuks älteste Institution, in der es was zu trinken gibt, nennt sich Café und sieht wie eine Kneipe. Eigentlich ist es aber eine Bar mit Nachtclub. Der Barkeeper Mesut hat ein paar Zaubertricks auf Lager, die er auf Wunsch gerne vorführt.

Café Mosaik (☎ 892 6508; 1005 Sokak 6/B; Bier/nargileh 1,65/2,75 €; ◷ Winter 10–1 Uhr, Sommer 9.30–3 Uhr). Dieser lustige Laden ist neu in der Szene. Er sieht aus wie eine riesige Höhle, voller Teppiche und Kissen und ganz auf Türkisch gemacht. Prima für ein Bier oder eine *nargileh* zu einem tollen Mix aus europäischer, türkischer und arabischer Musik.

Anreise & Unterwegs vor Ort

BUS & DOLMUŞ

Der *otogar* von Selçuk liegt auf der anderen Straßenseite von der Touristeninformation.

Es ist kein Problem, von İzmir direkt nach Selçuk zu fahren (2,10 €, 1 Std., 80 km). Aber wer aus dem Süden oder Osten kommt, muss meistens in Aydın umsteigen. Von da fahren fast stündlich Busse zu anderen Zielen (z. B. nach Bodrum, Marmaris, Fethiye, Denizli und Antalya). Minibusse nach Aydın (2,25 €, 1 Std.) starten in Selçuk alle 40 Minuten.

Von Selçuk gibt's einen direkten Nachtbus über Bursa nach İstanbul (20 €, 11 Std.). Im Sommer fährt täglich mindestens ein Bus nach Pamukkale (8,35 €).

Alle 20 Minuten startet ein Dolmuş nach Kuşadası (1,65 €, 30 Min.) und Pamucak (1,10 €, 10 Min.). Nach Söke gibt's keine Busse oder Minibusse; also entweder in Kuşadası umsteigen oder den Zug nehmen (s. unten).

Wer nach Priene, Mila oder Didyma will, fährt am besten nach Söke und steigt da in einen der vielen Busse.

TAXI

Ein Taxi nach Ephesos kostet 5,60 €. Für einen Tagestrip von Selçuk nach Meryemana und dann nach Ephesos und zurück ist mit 33 € zu rechnen.

Eine prima Sache ist es, für einen kurzen Abstecher mit dem Taxi nach Meryemana zu fahren und am südlichen Eingang von Ephesos auszusteigen (28 €). Wer das macht, kann in Ephesos bleiben, solange er will, und dann die 3 km zurück nach Selçuk laufen oder einen der vorbeifahrenden Minibusse anhalten.

Eine Fahrt in der Stadt kostet normalerweise 2,80 € und zum Flughafen von İzmir 100 € (aber viele Unterkünfte können die Fahrt billiger organisieren). Taxis warten rund um den *otogar*.

ZUG

Das ganze Jahr über fahren täglich sechs Züge vom **Bahnhof Selçuk** (☎ 892 6006) nach İzmir (1,65/1,10 € pro Erw./Kind, 2 Std.): der erste um 6.25 Uhr und der letzte um 19 Uhr. Es gibt auch täglich Züge nach Söke (1 Std.) – der erste um 7 Uhr und der letzte um 18 Uhr – und fünf Verbindungen am Tag nach Denizli (4 Std.): die erste um 9.39 Uhr und die letzte um 23.05 Uhr.

EPHESOS (EFES)

Ephesos (☎ 892 6010; Eintritt/Parken 5,50/1,65 €; ◷ Okt.–April 8–17 Uhr, Mai–Sept. 8–19 Uhr) ist die besterhaltene antike Stadt im östlichen Mittelmeerraum. Wer einen Eindruck kriegen will, wie sich das Leben in römischer Zeit abspielte, muss hierherkommen. Infos über die zwei verschiedenen Eingangstore s. An- & Weiterreise (S. 273).

Das antike Ephesos war eine wichtige Handelsstadt und ein Zentrum des Kybelekults. Unter ionischem Einfluss verwandelte sich die anatolische Fruchtbarkeitsgöttin Kybele in Artemis, die jungfräuliche Göttin der Jagd und des Mondes. Ihr zu Ehren wurde ein sagenhafter Tempel errichtet. Als die Römer an die Macht kamen und die Region zur Provinz Asia machten, wurde Artemis zu Diana und Ephesos zur römischen Provinzhauptstadt.

Am besten ist es, frühmorgens oder am späten Nachmittag zu kommen: Dann ist es nicht ganz so heiß. Und es ist nicht von Reisegruppen überlaufen. An offiziellen Feiertagen hier aufzuschlagen ist keine gute Idee. Ein Besuch der Hanghäuser kostet 9,50 € extra (Dauer 1 Std.). Zur Zeit der Recherche waren sie zwar wegen Restaurierungsarbeiten zu, sollten aber demnächst wieder offen sein.

Wer sich nicht so rasend für Ruinen interessiert, dem reicht vielleicht ein halber Tag. Aber echte Hobbyarchäologen werden wohl einen ganzen Tag hier verbringen wollen. Besser Wasser mitnehmen, denn beim Getränkeverkauf auf dem Gelände wird ziemlich abgezockt.

Wer im Hotel einen illustrierten Führer auftreiben und ausleihen kann, hat mehr von der Besichtigung. Man kann aber auch einen der 15 Guides für Ephesos engagieren (39 € pro 2 Pers. und 2 Std.). Die stehen an den Ticketschranken rum und sprechen insgesamt sechs europäische Sprachen.

Es gibt auch neue (und ziemlich gute) einstündige **Audioführungen** (Erw./Stud. 4,45/2,25 €). Für den Eintritt werden nur türkische Lire akzeptiert. Gegenüber vom Ticketschalter ist eine Wechselstube.

Geschichte

FRÜHZEIT

Der Legende nach fragte Androklos, Sohn des athenischen Königs Krodos, ein Orakel, wo er in Ionien eine Siedlung gründen sollte. Das Orakel antwortete typisch kryptisch: „Wähle die Stelle, wo Fisch und Eber dir ein Zeichen geben."

In der Nähe von der Kaystros-Mündung und vom Berg Pion (Panayır Dağı), auf den später das Große Theater von Ephesos gebaut

wurde, saß Androklos mit ein paar Fischern zusammen. Als das Mittagessen gekocht wurde, sprang ein Fisch aus der Kohlenpfanne. Dabei fiel eine glühende Kohle raus, die ein paar Späne entzündete. Und die setzten das Unterholz in Brand. Ein wilder Eber, der sich dort versteckt hatte, stürzte in Panik heraus. Und an der Stelle, wo einer der Fischer ihn erlegte, wurde schließlich der Artemistempel (Artemiseion) gebaut (s. S. 264).

In der Antike reichte das Meer viel weiter als heute – fast bis zum heutigen Selçuk. Die erste Siedlung, von der so gut wie nichts mehr übrig ist, wurde am Nordhang des Berges gebaut. Bis ca. 600 v. Chr. hatte sie sich zu einer reichen Stadt entwickelt. Das nahe Kybele/Artemis-Heiligtum war seit spätestens 800 v. Chr. ein Wallfahrtsort.

KRÖSUS & DIE PERSER

Ephesos war dermaßen reich, dass der lydische König Krösus neidisch wurde. Gegen 600 v. Chr. griff er die Stadt an. Die Epheser hatten es verschlafen, einen Verteidigungswall zu bauen. Deshalb spannten sie ein 1200 m langes Seil vom Artemistempel bis zur Stadt und hofften auf die Hilfe der Göttin. Als Antwort auf diese seltsame Verteidigungsmaßnahme spendete Krösus einen Teil seines legendären Reichtums, um den Tempel fertig zu bauen. Aber die Stadt zerstörte er und verfrachtete die Bewohner ins Landesinnere, südlich vom Tempel. Dort bauten sie dann eine neue Stadt.

Aber sie dachten wieder nicht dran, Verteidigungsmauern zu bauen (vielleicht war es ihnen auch verboten). Deshalb mussten die Epheser Krösus und später den Persern Tribut zahlen. Dann traten sie dem Attischen Bund bei, gerieten aber später wieder unter persische Herrschaft.

356 v. Chr. fackelte ein gewisser Herostratos den Kybele-/Artemistempel ab. Mit dieser Tat wollte er sich wohl seinen Eintrag in den Geschichtsbüchern sichern – ein Beweis, dass moderne Gesellschaft kein Monopol auf idiotische Vorstellungen von Berühmtheit hat.

Die Epheser planten schnell einen neuen großen Tempel. Der Bau war schon in vollem Gange, als 334 v. Chr. Alexander der Große auf den Plan trat. Das Projekt beeindruckte ihn enorm, deshalb bot er an, die Baukosten zu übernehmen. Bedingung war, dass der Tempel ihm geweiht werden sollte. Aber die Epheser lehnten sein Angebot ab. Ihre

EPHESOS (EFES)

0 _____ 500 m

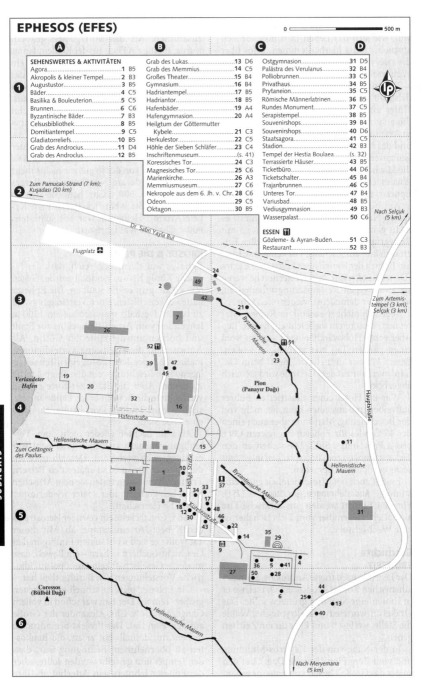

SEHENSWERTES & AKTIVITÄTEN
Agora...................................1 B5
Akropolis & kleiner Tempel.........2 B3
Augustustor........................3 B5
Bäder.................................4 C5
Basilika & Bouleuterion..............5 C5
Brunnen..............................6 C6
Byzantinische Bäder.................7 B3
Celsusbibliothek....................8 B5
Domitiantempel......................9 C5
Gladiatorreliefs....................10 B5
Grab des Androclus.................11 D4
Grab des Androclus.................12 B5
Grab des Lukas.....................13 D6
Grab des Memmius..................14 C5
Großes Theater.....................15 B4
Gymnasium..........................16 B4
Hadriantempel......................17 B5
Hadriantor.........................18 B5
Hafenbäder.........................19 A4
Hafengymnasion.....................20 A4
Heiligtum der Göttermutter
   Kybele...........................21 C3
Herkulestor........................22 C5
Höhle der Sieben Schläfer..........23 C4
Inschriftenmuseum................(s. 41)
Koressisches Tor...................24 C3
Magnesisches Tor...................25 C6
Marienkirche.......................26 A3
Memmiusmuseum......................27 C6
Nekropole aus dem 6. Jh. v. Chr. 28 C6
Odeon..............................29 C5
Oktagon............................30 B5
Ostgymnasion.......................31 D5
Palästra des Verulanus.............32 B4
Polliobrunnen......................33 C5
Privathaus.........................34 B5
Prytaneion.........................35 C5
Römische Männerlatrinen...........36 B5
Rundes Monument....................37 C5
Serapistempel......................38 B5
Souvenirshops......................39 B4
Souvenirshops......................40 D6
Staatsagora........................41 C5
Stadion............................42 B3
Tempel der Hestia Boulaea......(s. 32)
Terrassierte Häuser................43 B5
Ticketbüro.........................44 D6
Ticketschalter.....................45 B4
Trajanbrunnen......................46 C5
Unteres Tor........................47 B4
Variusbad..........................48 B5
Vediusgymnasion....................49 B3
Wasserpalast.......................50 C6

ESSEN
Gözleme- & Ayran-Buden...........51 C3
Restaurant.........................52 B3

Zum Pamucak-Strand (7 km);
Kuşadası (20 km)

Nach Selçuk
(5 km)

Dr. Sabri Yayla Bul

Flugplatz

Zum Artemis-
tempel (3 km);
Selçuk (3 km)

Hauptstraße

Verlandeter
Hafen

Byzantinische Mauern

Pion
(Panayır Dağı)

Hafenstraße

Hellenistische Mauern

Zum Gefängnis
des Paulus

Heilige Straße

Kuretenstraße

Byzantinische Mauern

Hellenistische
Mauern

Coressos
(Bülbül Dağı)

Hellenistische Mauern

Nach Meryemana
(5 km)

SÜDÄGÄIS

taktvolle Begründung war, dass es sich nicht gehöre, einen Gott gegen einen andern auszutauschen. Als er fertig war, galt der Tempel als eins der sieben Weltwunder.

LYSIMACHOS & DIE RÖMER

Nachdem Alexander der Große gestorben war, hatte in Ionien Lysimachos, einer seiner Feldherrn, das Sagen. Als der Hafen verlandete, musste die Stadt weiter nach Westen verlagert werden. Lysimachos konnte die Epheser aber nicht dazu bewegen, umzuziehen. Deshalb ließ er bei einem Wolkenbruch die Abwasserkanäle der Stadt verstopfen, was eine gewaltige Überschwemmung verursachte. Wohl oder übel mussten die Epheser daraufhin auf die Westseite des Berges Pion umsiedeln. Und da befindet sich die heute bekannte römische Stadt.

Von Lysimachos' Stadt ist nur noch wenig übrig. Dabei hatte sie endlich eine fast 10 km lange Verteidigungsmauer. Die erwies sich als extrem nützlich, als sich die Stadt nacheinander mit den seleukidischen Königen von Syrien, mit den ägyptischen Ptolemäern, mit König Antiochos und Eumenes von Pergamon und schließlich mit den Römern verbündete. Auf dem Berg Koressos (Bülbül Dağı), der hohen Gebirgskette auf der Südseite von Ephesos, sind noch große Teile der Mauer erhalten. Außerdem steht auf einem niedrigen Hügel im Westen noch ein großer viereckiger Turm: genannt „das Gefängnis des Paulus".

Der rege Schiffsverkehr und lebhafte Handel sowie das Recht auf Asyl im Artemistempel sorgten dafür, dass das römische Ephesos zur Hauptstadt Kleinasiens aufstieg. Bald wohnten an die 250 000 Leute hier. Sämtliche Herrscher legten sich ins Zeug, um die Stadt zu verschönern. Sie lockte Einwanderer aus dem gesamten Reich an. Obwohl es für den Dianakult berühmt war, bildete sich bald auch eine beachtliche christliche Gemeinde in Ephesos. Der Apostel Johannes und die Mutter Jesu sollen hier gelebt haben. Und der Apostel Paulus wohnte über drei Jahre in der Stadt (vermutlich Mitte des 1. Jhs.).

DAS ENDE

Obwohl Attalos II. von Pergamon den Hafen wieder aufbaute und Neros Statthalter ihn ausbaggern ließ, verlandete er weiter. Kaiser Hadrian versuchte, den Fluss Kaystros umzuleiten. Aber am Ende zog sich das Meer wieder bis Pamucak zurück und mit Ephesos

ging's bergab. Die Stadt war zwar noch immer so wichtig, dass hier 431 n. Chr. das Dritte Ökumenische Konzil stattfand. Aber als Kaiser Justinian im 6. Jh. einen Bauplatz für die Johannesbasilika suchte, wählte er den Berg Ayasuluk in Selçuk.

Sehenswertes

VEDIUSGYMNASION & STADION

Wer vom Dr Sabri Yayla Bulvarı die Seitenstraße runtergeht, kommt am früheren Vediusgymnasion (2. Jh.) vorbei. Dazu gehörten Übungsplätze, Bäder, Latrinen, überdachte Trainingsräume, ein Schwimmbecken und eine Festhalle. Ein kurzes Stück danach kommt das Stadion, das aus der gleichen Zeit stammt. Die Byzantiner klauten fast alle seine Steine, um die Burg auf dem Berg Ayasuluk zu bauen. Leider war es in der Geschichte von Ephesos gang und gäbe, ältere, häufig durch Erdbeben zerstörte Gebäude als Steinbruch zu missbrauchen.

MARIENKIRCHE

An dem von *çay bahçesi* (Teehäusern), Restaurants und Souvenirläden gesäumten Parkplatz stehen auf der rechten Straßenseite die Ruinen der Marienkirche, die auch als Doppelkirche bekannt ist. Das ursprüngliche Gebäude war ein Museion, eine Musenhalle, in der Vorträge, Unterricht und Debatten stattfanden. Es brannte ab und wurde im 4. Jh. als Kirche wieder aufgebaut. Später war es Veranstaltungsort des Dritten Ökumenischen Konzils (431 n. Chr.). Dabei wurde die nestorianische Lehre als Ketzerei verurteilt. Im Lauf der Jahrhunderte wurden hier verschiedene andere Kirchen gebaut, sodass der ursprüngliche Grundriss ein bisschen verzerrt ist.

HAFENSTRASSE

Wer über den von Bäumen gesäumten Pfad zum Hauptgelände runtergeht, sieht rechts ein paar kolossale Überbleibsel vom **Hafengymnasion**. Am Ende stößt der Pfad auf die marmorgepflasterte Hafenstraße. Ephesos verdankte seine prächtige Straße dem byzantinischen Kaiser Flavius Arkadius (der 395–408 regierte). In ihren besten Tagen verliefen unter den Marmorplatten Wasser- und Abwasserkanäle, und 50 Fackeln beleuchteten die Säulengänge. An den Seiten gab es Geschäfte. Unten im Hafen waren die **Hafenthermen** und Triumphsäulen. Die Straße war und ist noch immer ein phantastischer

SÜDÄGÄIS

Anblick. Aber als wir dort waren, war sie für Besucher gesperrt.

GROSSES THEATER

Am Ostende der Hafenstraße steht das Große Theater. Zwischen 41 und 117 n. Chr. wurde es von den Römern wieder aufgebaut. Das erste Theater an dieser Stelle stammte aus der Regierungszeit des Lysimachos. Viele Dinge, die den früheren Bau auszeichneten, wurden beim neuen übernommen, u. a. die geniale Anordnung der *cavea* (Sitzreihen), in denen 25 000 Leute Platz hatten: Sie werden nach oben hin immer steiler, damit auch die Zuschauer auf den oberen Plätzen gut sehen und hören konnten. Die Römer vergrößerten die Bühne, richteten sie zum Publikum aus und bauten eine dreistöckige, dekorative Bühnenwand dahinter. Dadurch wurde die Akustik noch besser.

Im Großen Theater finden heute immer noch Aufführungen statt (was manche nicht so gut finden).

Dahinter thront der Berg Panayır mit ein paar Überbleibseln von Lysimachos' zerfallenen **Stadtmauern.**

HEILIGE STRASSE

Wer vom Theater Richtung Süden über die mit Marmor gepflasterte Heilige (oder Marmor-) Straße geht, kann unter den Straßenplatten die Überreste des genialen Wasser- und Abwassersystems erkennen. Auf den Platten sind auch Spurrillen von Wagen zu sehen (die durften nicht über die Hafenstraße fahren). Die riesige, offene Fläche rechts der Straße war die 110 m² große, im 3. Jh. v. Chr. angelegte **Agora** (Marktplatz). Sie war das Herz des Geschäftslebens von Ephesos. Damals gab es vermutlich Arkaden und Läden mit Lebensmitteln und Werkzeugen um den Markt herum. Toll sind die noch erhaltenen, kunstvollen Reliefs von Gladiatoren an der Marmorstraße.

Gegen Ende der Straße steht links ein gut erhaltenes Gebäude, das lange für ein Bordell gehalten wurde. Heute wird aber vermutet, dass es ein **Privathaus** war. Wie dem auch sei, in der Haupthalle gibt's ein schönes Mosaik mit den *Vier Jahreszeiten.*

Die Heilige Straße hört am Embolos bzw. der Kuretenstraße auf. Dort steht die Celsusbibliothek und rechts das monumentale Augustustor. Richtung Osten führt die Kuretenstraße von hier auf einen Hügel.

CELSUSBIBLIOTHEK

Celsus Ptolemaeanus war Anfang des 2. Jhs. n. Chr. Statthalter der römischen Provinz Kleinasien. Auf der vorderen Treppe befindet sich eine Inschrift auf Latein und Griechisch. Sie besagt, dass Celsus' Sohn, Konsul Tiberius Julius Aquila, die Bibliothek zu Ehren seines Vaters nach seinem Tod im Jahr 114 bauen ließ. Celsus wurde hinter einer Wand der Bibliothek beerdigt.

In der Bibliothek gab's damals 12 000 Schriftrollen. Sie waren in Wandnischen untergebracht. Ein 1 m breiter Schacht zwischen der inneren und der äußeren Wand schützte die wertvollen Schriften vor extremen Temperaturen und Feuchtigkeit. Die Bibliothek gehörte ursprünglich zu einem ganzen Komplex. Durch einen architektonischen Trick sah sie größer aus, als sie wirklich war: Der Sockel der Fassade ist konvex, dadurch wirken die zentralen Elemente höher; außerdem sind die mittleren Säulen samt Kapitellen größer als die an den Seiten.

In den Nischen der Fassade stehen Statuen der vier Tugenden Arete (der Charakter), Ennoia (die Klugheit), Episteme (das Wissen) und Sophia (die Weisheit). Die Bibliothek wurde mit Hilfe des Österreichischen Archäologischen Instituts restauriert. Die Originalstatuen stehen heute im Ephesos-Museum in Wien.

Wer aus der Bibliothek rausgeht, kommt rechts durchs **Augustustor** zur Agora. Dieses monumentale Tor war offenbar bei römischen Wildpinklern beliebt – ein teilweise erhaltenes antikes Graffiti schimpft über „die, die hier pinkeln".

KURETENSTRASSE

Auf der Kuretenstraße weiter oben geht links ein Gang zu den berühmten öffentlichen **römischen Männerlatrinen.** Die oft kopierte Priapos-Statue – mit einem Penis, von dem viele Männer träumen – wurde in einem **Brunnen** in der Nähe gefunden. Sie steht heute im Ephesos-Museum in Selçuk.

Links steht unübersehbar der beeindruckende, im korinthischen Stil gebaute **Hadrian-tempel.** Die Vorhalle ist mit tollen Friesen und einem Medusenhaupt geschmückt, das die bösen Geister abschrecken sollte. Der Tempel wurde 118 n. Chr. Hadrian, Artemis und den Bewohnern von Ephesos geweiht und im 5. Jh. massiv umgebaut. Auf der anderen Straßenseite ist eine Geschäftszeile aus der gleichen

Zeit. Davor ist ein kunstvolles Mosaik aus dem 5. Jh. zu sehen.

Gegenüber vom Hadriantempel stehen die tollen **Hanghäuser** (Yamaç Evleri; Eintritt 9,50 €). Es ist wirklich eine Schande, dass der hohe Eintrittspreis wahrscheinlich viele vom Besuch der Häuser abhält. Dabei gibt's hier nach Pompeji die beste Gelegenheit, den Luxus der römischen HighSociety zu bestaunen. Teilweise sind die Hanghäuser noch zwei Stockwerke hoch; die Wände sind voller Fresken und die Böden mit prächtigen Mosaiken bedeckt. Zu allem Ärger war bei unserem Besuch nur der erste Stock der Häuser offen. Ein paar kleine Funde aus den Häusern sind im Ephesos-Museum in Selçuk ausgestellt (S. 264).

Ein Stück weiter auf der Kuretenstraße kommt der **Trajanbrunnen**. Von der großen Statue des Kaisers (98–117 n. Chr.), die sich über dem Wasserbecken erhob, ist allerdings nur noch ein Fuß übrig.

OBERE AGORA

Die Kuretenstraße hört beim zweistöckigen, im 4. Jh. n. Chr. gebauten **Herkulestor** auf. Auf den beiden Hauptsäulen sind Reliefs von Herkules zu sehen. Rechts führt eine Seitenstraße zu einem kolossalen Tempel, der Kaiser Domitian (Regierungszeit 81–96 n. Chr.) geweiht war. Heute ist darin das **Inschriftenmuseum** untergebracht, das aber nur selten offen ist.

Wer den Berg weiter raufgeht, sieht links die stark bröckelnden Reste des **Prytaneions** (Rathaus). Außerdem steht hier der **Tempel der Hestia Boulaea,** in dem sich eine ewig brennende Flamme befand. Schließlich kommt das **Odeon,** ein kleines Theater von 150 n. Chr. Hier fanden musikalische Events und Stadtratsversammlungen statt. Den Marmorsitzen am unteren Ende nach zu schließen, war es ein ausgesprochen prächtiger Bau.

Östlich vom Odeon sind weitere **Thermen** und noch weiter im Osten ist das **Ostgymnasion** zu finden. Gegenüber von den spärlichen Überresten des **Magnesischen Tors** ist ein zweiter **Ticketschalter.**

Festivals & Events

Während des **Internationalen İzmir Festivals** (s. S. ###) Mitte Juni bis Anfang Juli steigen in Ephesos eine Menge Events. Die Opern-, Ballett- und Musikaufführungen haben Weltklasseniveau – es lohnt sich, Tickets dafür zu besorgen. Die werden im Ephesos-Museum (S. 264) in Selçuk verkauft.

An- & Weiterreise

Viele Unterkünfte in Selçuk transportieren ihre Gäste kostenlos nach Ephesos. Die beiden Eingänge zur Stadt liegen ca. 3 km auseinander. Besucher lassen sich am besten am oberen Eingang absetzen (Südtor oder *güney kapısı*). Zurück müssen sie dann nur den Berg runter durch die Ruinen laufen und kommen am unteren Haupteingang wieder raus. Von der Touristeninformation in Selçuk zum Haupteingang ist es ein netter, 30- bis 40-minütiger Spaziergang.

Viele Minibusse aus Pamucak und Kuşadası kommen an der Abzweigung nach Ephesos vorbei (0,50 €, 5 Min., 3 km). Da können die Fahrgäste aussteigen und dann das kleine Stück zum Ticketschalter zu Fuß gehen.

Ein Taxi von Selçuk zum Haupteingang kostet rund 5,55 €.

RUND UM SELÇUK
Meryemana (Haus der Maria)

Die Mutter Jesu soll am Ende ihres Lebens zusammen mit dem Apostel Johannes in Ephesos gelebt haben (37–45 n. Chr.). Im 19. Jh. hatte die deutsche Nonne Katharina Emmerich in Ephesos Marienerscheinungen. Ihren Beschreibungen folgend, entdeckten Geistliche aus İzmir die Grundmauern eines alten Hauses auf dem bewaldeten Hang vom Berg Koressos (Bülbül Dağı), nicht weit von Ephesos. Als 1967 Papst Paul VI. hierherkam, erklärte er die Stätte für echt. Und so wurde sie schnell ein Wallfahrtsort. Jedes Jahr findet zu Mariä Himmelfahrt am 15. August eine Messe in der Kapelle statt. Von Montag bis Samstag gibt's um 7.15 Uhr (Abendmesse und 18.30 Uhr) und am Sonntag um 10.30 Uhr eine Messe. Wer sich dafür interessiert, muss „angemessen angezogen" sein.

In der winzigen **Kapelle** (☎ 894 1012; Eintritt 6/1,65 € pro Pers./Auto; 🕒 8–19 Uhr) trampeln sich meistens Busladungen von Besuchern auf den Füßen rum. Es gibt Infotafeln in verschiedenen Sprachen. Aber wer genauer wissen will, warum jedes Jahr über 1 Mio. Menschen hierherkommen, kann das Buch *Mary's House* von Donald Carroll lesen. Er verfolgt die außergewöhnliche Geschichte des Ortes über 2000 Jahre zurück. Ein kleiner Laden verkauft auch Broschüren (1,65–2,75 €).

Die türkischen Muslime nennen Maria „Meryemana", Mutter Maria. Sie brachte İsa Peygamber, den Propheten Jesus, zur Welt. Unterhalb der Kapelle steht eine Mauer voller Stofffetzen: Die Türken binden Streifen von Kleidern (oder Papier, Plastik – was halt gerade zur Hand ist) in einen Rahmen und wünschen sich was.

Wer eine Stärkung braucht, geht ins **Café Turca** (☎ 894 1010; Meryemana Evi; Kaffee/Frühstück 1,10/3,85 €; ☒ 7.30–19 Uhr). Aber das Gelände ist auch ideal für ein Picknick – kühl, grün und überall zwitschern Vögel.

Die Kirche ist 7 km vom unteren (nördlichen) Tor und 5,5 km vom oberen (südlichen) Tor von Ephesos entfernt. Einen Dolmuş-Service gibt's hier nicht. Besucher müssen also entweder ein Taxi nehmen (ca. 28 € vom *otogar* & zurück) oder eine geführte Tour mitmachen.

Höhle der sieben Schläfer

Auf dem Weg von Meryemana nach Ephesos kommt man an der Abzweigung vorbei, die zur Höhle der sieben Schläfer (oder sieben Märtyrer) führt. Der Legende nach flohen im 3. Jh. n. Chr. sieben verfolgte Christen aus Ephesos. Sie versteckten sich vor den Soldaten des Kaisers Decius in einer Höhle an der Nordostseite vom Berg Pion. Die Soldaten fanden die Höhle und mauerten sie zu. Zwei Jahrhunderte später stürzte die Mauer bei einem Erdbeben ein. Das weckte die schlafenden Christen. Sie wanderten in die Stadt, um etwas Essbares aufzutreiben. Als sie merkten, dass alle ihre alten Freunde schon lange tot waren, dämmerte es ihnen, dass sie so was wie eine Wiederauferstehung erlebt hatten. Als sie schließlich wirklich starben, wurden sie in der Höhle begraben und als Märtyrer verehrt.

Die Höhle ist eigentlich eine **Nekropole** (Eintritt frei; ☒ rund um die Uhr) aus byzantinischer Zeit mit vielen in den Fels gehauenen Gräbern. Sie ist ca. 200 m vom Parkplatz (1,5 km von Ephesos) entfernt; einfach auf dem Trampelpfad den Berg hoch laufen.

Extra zur Höhle rauszufahren lohnt sich wahrscheinlich nicht richtig. Allerdings kann man sich hier gut ein bisschen von Ephesos erholen: An der Kreuzung gibt's ein paar schattige, mit Kelims gedeckte Buden, die *ayran* (Joghurtgetränk) und *gözleme* verkaufen. Die *gözleme* sind der Hit!

Dampflokmuseum Çamlık

Trainspotter werden auf dieses **Freilichtmuseum** (☎ 894 8116; Köyü Selçuk; Eintritt 1,65 €; ☒ Okt.–April 8– 17 Uhr, Mai–Sept. 8–18 Uhr) abfahren. Es liegt 10 km von Selçuk an der Straße nach Aydin. Auf dem toll gestalteten Gelände können die Besucher in mehr als 30 Dampfloks reinklettern, u. a. in eine englische C-N2 von 1887. Atatürk hatte hier sein Hauptquartier. Während des Ägäis-Manöver stand an diesem Bahnhof sein weißer Sonderzug. Das neue Restaurant ist nur für Reisegruppen.

Pamucak
☎ 0232

Der halbmondförmige Strand von Pamucak, 7 km westlich von Selçuk, hat feinen, ziemlich sauberen Sand. An Sommerwochenenden drängeln sich hier Camper und türkische Familien. Aber sonst ist er fast ausgestorben. Von Februar bis März tummeln sich in den Feuchtgebieten an der Mündung (zu Fuß 15 Min. vom Strand) Flamingos.

Das **Dereli Motel Restoran** (☎ 893 1205; www. dereli-ephesus.net; 10 € pro Zelt & pro Pers., EZ/DZ Hütte 28/70 €; ☒ Mai–Okt.) vermietet ein paar nette Hütten mit Bad, z. T. auch mit Kühlschrank und kleiner Veranda – alles direkt am Strand (nur 50 m zum Meer) mit Blick auf einen Rosengarten. Die Anlage wird von Deutschen prima gemanagt. Ein Restaurant, ein Laden und ein schattiger Campingplatz gehören auch dazu. Der Strand wird ständig sauber gemacht und das Restaurant ist supergünstig. Aber Mückenschutz mitbringen!

Im Sommer fährt von Selçuk aus jede halbe und im Winter jede Stunde ein Minibus (1,10 €, 10 Min., 7 km). Nach/Von Kuşadası geht's über Selçuk.

ŞIRINCE
☎ 0232/960 Ew.

Oben in den Bergen, 9 km östlich von Selçuk, liegt mitten zwischen Weinstöcken, Pfirsich- und Äpfelbäumen Şirince. Der Ort ist eine süße Ansammlung von Häusern aus Stein und Stuck mit roten Ziegeldächern. Vermutlich wurde hier eine Siedlung gegründet, als Ephesos aufgegeben wurde. Aber was heute zu sehen ist, stammt fast alles aus dem 19. Jh. Im 15. Jh. soll sich hier eine Gruppe griechischer Sklaven niedergelassen haben. Sie tauften das Dorf Çirkince (Hässlichkeit), um andere von hier fernzuhalten. 1926 gab ein Gouverneur aus İzmir dem Dorf den netteren Namen Şirince (Freundlichkeit).

Vor rund 100 Jahren wohnten v. a. osmanische Griechen im damals viel größeren und reicheren Şirince. Es war eine Handelsdrehscheibe für sieben Klöster in den umliegenden

Bergen. Die Dorfbewohner kamen 1924 im Zuge des Völkeraustauschs aus Thessaloniki hierher. Sie sind leidenschaftliche Obstbauern, die auch interessante Obstweine herstellen (3,90–5,55 €). Die Geschmackspalette reicht von Melone bis schwarze Maulbeere – gekühlt ein köstlicher Aperitif!

Der Ort ist idyllisch, aber in den letzten Jahren haben die Kreuzfahrtschiffe mit ihren Tagestrips zu einem „authentischen türkischen Dorf" ihn fast zu einer Karikatur verkommen lassen. Die Preise sind gesalzen und an der Hauptstraße reiht sich ein Souvenirshop an den nächsten. Wer trotzdem über Nacht bleibt (natürlich zu einem horrenden Preis), wird aber belohnt: Wenn die Reisebusse weg sind, gibt's die Gelegenheit, das wahre Dorf zu sehen.

Der Minibus von Selçuk lässt einen in der Dorfmitte bei den Restaurants raus.

Sehenswertes & Aktivitäten

Natürlich lohnt es sich, die Ruinen der **Kirche Johannes des Täufers** mit ihren schnell verblassenden Fresken anzuschauen. Aber das Tollste in Şirince ist, durch die hübschen Gassen zu streunen und die schönen alten Häuser anzugucken.

In Şirince gibt's auch großartige Spitze und andere Stoffe zu kaufen, allerdings nicht gerade für wenig Geld. Wenn eine alte Frau einen einlädt, ihr „antikes Haus" zu besichtigen, will sie meistens Spitze verkaufen.

Schlafen

Unterkünfte sind in Şirince knapp. Deshalb sind die Preise im Verhältnis zu dem, was geboten wird, bis auf wenige Ausnahmen maßlos übertrieben. Die Zimmer haben alle eigene Bäder und Frühstück ist im Preis mit drin.

Doğa Pansiyon (☎ 898 3004; Zi. 16,50–33,50 €) Ca. 200 m südwestlich von der Hauptstraße liegt am Ortsrand diese winzige Pension an einem Berg. Auch die Zimmer sind winzig, aber gemütlich und tiptop. Eine der „billigen" Unterkünfte und eine ziemlich schöne Terrasse gibt's auch.

Dionysos Pension (☎ 898 3130; www.sirincerehber. com; Zi. 44,50 €) Pension in einem kleinen, aber süßen alten Dorfhaus. Sie bietet vier supergepflegte Zimmer, in denen ein paar Dinge noch im Originalzustand sind. Kein Schnäppchen, aber das Haus hat jede Menge Charakter und eine nette, kleine Gartenterrasse. Ab der

Dorfmitte den Schildern folgen und nach den beiden Kirchen Ausschau halten – die Pension ist dazwischen.

Kırkınca Pansiyon (☎ 898 3133; www.kirkinca.com; Zi. 50–72 €, Apt. 83–111 €) Pansiyon Kırkınca besteht aus mehreren alten Häusern (mit insgesamt 15 Zimmern) und sechs Apartments. Alles sehr nett eingerichtet (drei Apartments haben Himmelbetten) und voll Charakter. Größter Pluspunkt ist die schattige Dachterrasse vom Hauptgebäude. Von hier gibt's einen phantastischen Blick über die Berge und die Stadt. Im Wohnzimmer steht eine antike griechische Amphore mit kristallisiertem Wein.

Nişanyan Evleri (☎ 898 3208; www.nisanyan.com; EZ/DZ ab 58/89 €; 💻) Wer die ganz schön steilen 250 m zu diesem toll renovierten Steinhaus oberhalb vom Dorf hochkraxelt, wird belohnt: Das Haus aus dem 19. Jh. ist die schickste Absteige von Şirince. Die fünf Zimmer sind alle unterschiedlich à l'ottoman eingerichtet. Außerdem gibt's eine Bibliothek, mehrere Sitzecken, ein „Gourmetrestaurant" (Hauptgerichte 7–13 €) und eine hübsche Terrasse mit super Aussicht. In der Nähe sind noch drei restaurierte Dorfhäuser, die auch gemietet werden können (92/139 € pro 1/2 Pers. und Nacht). Wer nicht vom Dorf hierher laufen will, kann anrufen und sich abholen lassen.

Essen

Artemis Şirince Şarapevi Restaurant (☎ 898 3240; pide 1,10–3,35 €, Salat 1,50–2,25 €, Grillgerichte 3,85–7 €; ⏱ 8 Uhr–Mitternacht) Das Restaurant in der alten griechischen Schule über dem Tal kocht prima Essen. Drinnen gibt's alte Öfen und dunkle Holzdielen, draußen eine schöne, große Terrasse mit klasse Aussicht. Sieht teuer aus, ist es aber nicht. Wer will, kann auch einfach auf einen Drink kommen.

Arşıpel Café (☎ 898 3133; meze 1,65–2,75 €, Hauptgerichte 5,50–7,25 €; ⏱ 9–23 Uhr) Das neue Arşıpel Café gehört zur Kırkınca Pansiyon. Es serviert superleckeres, originelles Essen zu vernünftigen Preisen. Unbedingt die köstliche Spezialität kırkınca-Kebap probieren (Rindfleischstreifen mit grünem Pfeffer, Zwiebeln und Pilzen, dazu Joghurt, Knoblauch und gebratene Auberginen)! Draußen sind auch noch Tische.

Das **Sultan Han Restaurant** (☎ 898 3179; Snacks 1,40–2,25 €, Hauptgerichte 2,75–5,50 €; ⏱ 8–23 Uhr) hat eine nette, schattige Terrasse mit Blick auf den Hauptplatz (wo die Busse halten). Hier sind

---

FISCH ZUM SATTWERDEN

Eines Tages trafen sich alle Fische aus dem Meer, um Gott zu bitten, nicht gefressen zu werden. Aber Gott sagte: „Alle Kreaturen müssen fressen und gefressen werden. Was sollen die Menschen essen, wenn sie keinen Fisch essen können?" „Nun gut", antworteten die Fische, „sie können uns essen, sollen aber nicht satt werden!" Und so kam es, dass die Menschen sich nie richtig satt fühlen, wenn sie Fisch gegessen haben … (Darum essen viele Türken heute auch lieber Fleisch!)

Traditionelles türkisches Märchen,
übertragen von Frances Linzee Gordon,
mit Dank an Mustafa Kemal Gobi

---

nicht allzu teure Hauptgerichte und Snacks im Angebot.

An- & Weiterreise

Im Sommer fährt alle 15 Minuten und im Winter jede halbe Stunde ein Minibus (1,10 €) von Selçuk nach Şirince.

TİRE, KAPLAN, ÖDEMİŞ & BİRGİ

So schön Selçuk auch ist – ein Geheimtipp ist es nicht gerade. Aber wer einen Tagesausflug ins ägäische Hinterland unternimmt, kann einen faszinierenden Einblick in die weniger touristische Türkei bekommen. Das geht per Dolmuş, aber besser noch mit einem Mietwagen.

Tire ist eine moderne Stadt mit einem tollen alten Basarviertel. Weiter bergauf liegt Tahtakale mit einer Reihe von *hans* (Karawansereien) aus dem 15. Jh., in denen heute noch eingekauft werden kann. Wer durch die Gassen des Viertels bummelt, kann Filzmacher bei der Arbeit beobachten. Ihr Handwerk ist sonst in der Türkei praktisch ausgestorben. Außerdem stehen hier ein paar interessante Moscheen aus dem 15. Jh. Dienstags gibt's einen großen Markt, zu dem Busladungen von Reisegruppen gekarrt werden. Eine prima Gelegenheit, um sich für ein Picknick einzudecken!

Ca. 1 km von der Straße Selçuk–Tire entfernt (26 km von Selçuk und 15 km von Tire) ist ein relativ billiges Restaurant, das in der Gegend sehr beliebt ist – ideal zum Mittag- oder Abendessen: Das **Değirmen** (☎ 529 0066; Gerichte 5 €; ☼ 8.30–21 Uhr) liegt in einem riesigen

Garten voller Kletterrosen, Teichen, Wasserfällen und alten Bäumen. Kalte *meze* (1,65 €) und Gegrilltes (3,35 €) sind der Renner.

Alternativ kann man nach **Kaplan** fahren. Das ist ein winziges Dorf hoch oben in den Bergen. Hier gibt's im **Kaplan Restaurant** (☎ 512 6652; Gerichte 6 €; ☼ 8–22 Uhr) was zu essen und eine atemberaubende Aussicht.

Ödemiş ist nicht so spannend. Außer samstags, dann findet hier ein quirliger Markt statt. Es eignet sich aber gut als Ausgangspunkt für einen Trip ins verschlafene Nest **Birgi** – per Dolmuş oder mit einem Mietwagen. Dort steht das prächtige **Çakıroğlu Konağı** (Eintritt 0,75 €; ☼ Di–So 8.30–12 & 13–17.30 Uhr), eins der schönsten historischen Häuser der Türkei, das besichtigt werden kann. Das dreistöckige, mit Fresken geschmückte Holzhaus wurde vermutlich 1761 für Şerif Aliağa gebaut. Das war ein Kaufmann, dem die Gerberei im Ort gehörte. Er hatte zwei Ehefrauen – eine aus İstanbul und eine aus İzmir. Um sie bei Laune zu halten, ließ er Ansichten von ihren Heimatstädten auf die Wände im oberen Stock malen. Daneben ist das **Konak** (☎ 531 6069; Çakırağa Sokak 6), ein Café in einem restaurierten Haus.

Birgi hat auch eine schöne **Ulu Camii** (1311) mit verzierten Türen und Fenstern und einem alten Steinlöwen im Mauerwerk. Am Ortsrand befindet sich der **Birgivi,** ein Schrein, zu dem fromme Muslime gern pilgern.

An- & Weiterreise

Stündlich fährt ein Minibus von Selçuk nach Tire (1,50 €). Von da gibt's jede Stunde einen Anschlussbus nach Ödemiş (1 €, 34 km). Minibusse nach Birgi starten am *otogar* in Ödemiş (1,50 €, 20 Min., 8 km).

KUŞADASI

☎ 0256/47 660 Ew.

22 km südwestlich von Selçuk liegt Kuşadası. Die Stadt ist gleich doppelt geschlagen: als Hafen für Kreuzfahrtschiffe und Pauschalurlauberparadies. Es gibt massenhaft englische Pubs und Karaokebars, Tattoostudios und Einkaufszentren. Wie zu erwarten, ist hier alles um einiges teurer als in anderen Städten (v. a. Alkohol, wegen der hohen Gemeindesteuer). Abzocke ist an der Tagesordnung. Und wer an den Teppichhändlern beim Hafen vorbeiläuft, hört ständig den Satz „Hi, where are you from?". Zum ersten Mal wirkt die traditionelle türkische Gastfreundschaft hier etwas abgeschmackt.

Aber außerhalb der Hochsaison ist es eine entspannte, ziemlich ruhige Stadt mit ein paar schönen Stränden und phantastischen Blicken. Ein Zimmer in einer netten Pension mit Dachterrasse ist eine prima Basis für Trips in die antiken Städte Ephesos, Priene, Milet und Didyma. Das Nachtleben ist zwar eher Geschmackssache, aber auf jeden Fall geht mächtig die Post ab. Und wer genauer hinschaut, kann nicht allzu tief unter der Oberfläche sogar das alte Kuşadası entdecken: In der Altstadt gibt's nämlich eine Reihe wirklich reizender Bars.

Es gibt Anzeichen dafür, dass die hiesigen Stadtväter endlich eingesehen haben, dass sich nun was tun muss: Sie planen, eine attraktive neue Uferpromenade bauen zu lassen.

Orientierung

Das zentrale Wahrzeichen von Kuşadası ist die Öküz Mehmet Paşa Kervansarayı. In dieser osmanischen Karawanserei ist heute das Hotel Club Caravanserai untergebracht. Sie ist 100 m landeinwärts von den Anlegern für die Kreuzfahrtschiffe zu finden – da wo sich die Uferstraße Atatürk Bulvarı und die Hauptstraße Barbaros Hayrettin Bulvarı kreuzen; die Hauptstraße ist eine verkehrsberuhigte Fußgängerzone und sie verläuft landeinwärts.

Direkt hinter der Post, an der nördlichen Seite vom Barbaros Hayrettin Bulvarı, führt eine Passage zum alten Viertel Kaleiçi (einem Teil von Alt-Kuşadası). In seinen engen Gassen drängeln sich zahlreiche Restaurants und Bars.

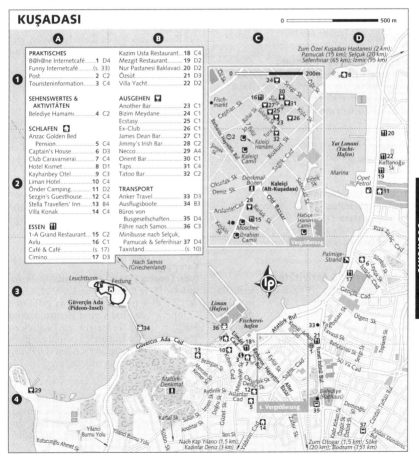

Wer hinter dem Barbaros Hayrettin Bulvarı rechts abbiegt, kommt in die lärmige Barlar Sokak (Bar-Straße) und zu den Unterkünften am Berg über dem Hafen.

Die praktischste Dolmuş-Haltestelle ist 1,5 km landeinwärts am Adnan Menderes Bulvarı. Der *otogar* liegt direkt an der Umgehungsstraße.

Praktische Informationen

GELD

An der Barbaros Hayrettin Caddesi sind mehrere Banken mit Geldautomaten.

INTERNETZUGANG

B@h@ane Internetcafé (Öge Sokak 4/A; 1,40 € pro Std.; ⊗ 8.30 Uhr–Mitternacht) Besucher können sich Drinks vom Café unten mit raufnehmen.

Funny Internetcafé (İsmet İnönü Bulvarı 16/A; 1,10 € pro Std.; ⊗ rund um die Uhr) Ein paar Häuser weiter von Anker Travel.

MEDIZINISCHE VERSORGUNG

Özel Kuşadası Hastanesi (☎ 613 1616; Anıt Sokak, Turkmen Mahallesi) Kuşadasıs ausgezeichnetes Privatkrankenhaus liegt 3 km nördlich vom Zentrum an der Straße nach Selçuk. Die Ärzte sprechen Englisch.

POST

Hauptpost (☎ 612 3311; Barbaros Hayrettin Paşa Bulvarı 23–25; ⊗ Winter Mo–Sa 8.30–12.30 & 13.30–17.30 Uhr, Sommer tgl. 8 Uhr–Mitternacht)

TOURISTENINFORMATION

Touristeninformation (☎ 614 1103; Fax 614 6295; İskele Meydanı, Liman Caddesi; ⊗ Mo–Fr 8–12 & 13–17 Uhr) In der Nähe von der Werft, wo die Kreuzfahrtschiffe anlegen, und ca. 60 m westlich von der Karawanserei.

Sehenswertes & Aktivitäten

Die Stadt Kuşadası (Vogelinsel) verdankt ihren Namen der kleinen Güvercin Adası (Taubeninsel). Mit ihr ist sie durch einen Damm verbunden. Die größte Attraktion hier ist eine kleine **Festung,** die leider meistens zu ist. Das hält türkische Familien aber nicht davon ab, hierherzuströmen. Kids sind ganz begeistert von den Ställen mit Tauben, Enten und Kaninchen.

Das bekannteste Wahrzeichen der Stadt ist die **Karawanserei** beim Hafen. Anfang des 18. Jhs. ließ Öküz Mehmet Paşa, Großwesir der Sultane Ahmet I. und Osman II., die Karawanserei bauen. Auch die Kaleiçi Camii,

der Hamam (Badehaus) und die Stadtmauern gehen auf sein Konto. Heute ist in der Karawanserei ein Hotel (S. 279), in dem regelmäßig „Türkische Nächte" auf dem Programm stehen.

Vor der felsigen Küste der Güvercin Adası kann man schwimmen. Aber netter ist es am **Kap Yılancı** (Yılancı Burnu), der Halbinsel knapp 1,5 km weiter südlich. Alternativ kann man auch mit dem *şehiriçi*-Dolmuş (innerstädtisch) zum nördlichen Strand nicht weit vom Yachthafen fahren oder noch weiter nördlich zum Strand gegenüber vom TurYat Mocamp in Kuştur.

Der berühmteste Strand von Kuşadası ist der **Kadınlar Denizi** (Frauenstrand), 2,5 km südlich von der Stadt. Dorthin kommt man per Dolmuş über die Küstenstraße. An dem kleinen Strand drängeln sich riesige Hotels und im Hochsommer ist hier die Hölle los. An der Küste südlich vom Kadınlar Denizi sind noch ein paar kleine Strände – alle zugebaut mit Hotelkästen.

Die *Hamams* von Kuşadası sind nicht typisch türkisch, denn hier schwitzen Männer und Frauen zusammen (allerdings mit Handtüchern). Zum **Belediye Hamamı** (☎ 614 1219; Yildirim Caddesi 2; Eintritt 14 €; ⊗ April–Okt. 9–19 Uhr) geht's hinter der Barlar Sokak den Berg rauf. Das restaurierte Bad (der ursprüngliche Bau ist 600 Jahre alt) ist atmosphärisch und picobello.

Schlafen

Kuşadası ist gerammelt voll mit Hotels und ständig machen neue auf. Aber nur wenige haben von November bis März geöffnet.

BUDGETUNTERKÜNFTE

Camping

Önder Camping (☎ 618 1590; www.onderotel.com; Atatürk Bulvarı 84; Pers./Zelt/Caravan/Auto 2,20/1,10/2,20/1,10 €; ⚫) Zu diesem ruhigen, prima geführten Campingplatz sind's vom Zentrum zehn Minuten zu Fuß. Er bietet einen Pool, einen Tennisplatz, Waschmaschinen und ein gutes Restaurant. Die Zeltplätze werden von Pinien und Olivenbäumen beschattet.

Pensionen & Hotels

Aufgepasst bei den Pensionsschleppern am *otogar* und im Hafen (sie kriegen Provisionen)! Traveller suchen sich besser ein Quartier, bevor sie hierherkommen, und sollten sich nicht breitschlagen lassen.

Anzac Golden Bed Pension (☎ 614 8708; www. kusadasihotels.com/goldenbed; bei der Aslanlar Caddesi, Uğurlu 1 Çıkmazı 4; B 8–11 €, EZ mit Gemeinschaftsbad 11 €, EZ/DZ mit Bad 17–20/22–25 €; 🏊 💻) Helle, freundliche und makellose Pension. Ihr größtes Plus ist die nette Terrasse voller Geranientöpfe. Hier können die Gäste frühstücken und den Blick auf die Stadt genießen. Die ruhige, friedliche Pension versteckt sich in einer Sackgasse (immer den Schildern von der Aslanlar Caddesi nach). Yusuf und Sandra, die türkisch-australischen Besitzer, und ihr Shi-Tzu-Hund Zia empfangen die Gäste superherzlich. Das Haus liegt zwar auf einem Berg, aber die Besitzer übernehmen gerne die Taxikosten (bis zu 5 YTL).

Liman Hotel (Mr. Happy's; ☎ 614 7770; www.liman-hotel.com; Kıbrıs Caddesi, Buyral Sokak 4; EZ 11–17 €, DZ 14–25 €, FZ 31 €; 🏊 💻) Toplage – Fähren, Strände, Stadtzentrum und Basar, alles um die Ecke! Gemütlich und sauber ist es auch. Die Teppiche sind so flauschig, dass Fußabdrücke zurückbleiben. Und die Bäder (auch die Balkons) sind von oben bis unten in rotbraunem Marmor. Die Matratzen sind neu, es gibt WLAN und eine Büchertauschbörse. Aber das Beste ist der geniale Blick aus manchen Zimmern – wer keinen hat, genießt ihn von der Dachterrasse. Das Credo des Managers (alias Mr. Happy) lautet: „Komm als Gast und geh als Freund." Recht hat er!

Captain's House (☎ 614 4754; www.captainshouse-pansiyon.com; İstiklal Caddesi 66; EZ/DZ 11/22 €; 🏊 💻) Die nautische Deko erstreckt sich sogar auf die Bäder. Das praktisch gelegene Captain bietet 18 saubere, funktionale Zimmer (auch wenn die Flecken auf den einfachen Teppichen die eine oder andere Geschichte erzählen könnten). Vier Zimmer haben einen großen Balkon mit Meerblick. Das Restaurant (nebenan) hat einen guten Ruf und ist vor Ort auch ein angesagtes Nachtlokal (außer sonntags gibt's jeden Abend von 22.30 Uhr bis 1.30 Uhr Livemusik). Es liegt auf der anderen Straßenseite vom öffentlichen Palmiye-Strand.

Sezgin's Guesthouse (☎ 614 4225; www.sezginhotel.com; Aslanlar Caddesi 68; EZ/DZ 12/20 €, FZ mit 3 oder 4 Betten & Küche 40 €; 🏊 💻 💧) Das Sezgin wurde vor kurzem generalüberholt und ausgebaut. Es wirbt mit seiner „lockeren und entspannten Atmosphäre". Geboten werden ein schöner Garten mit Pool und „special Events": z. B. türkische Grillpartys, Bauchtanz und organisierte Ausflüge.

Stella Travelers' Inn (☎ 614 1632; www.stellahostel.com; Bezirgan Sokak 44; B/EZ/DZ 8/22/28 €; ☼ April–Nov.; 💻 💧) Vom Äußeren nicht abschrecken lassen: Dieser hässliche moderne Kasten hat einen klasse Pool hoch oben auf einer Dachterrasse und eine umwerfende Aussicht. Er ist preiswert und hat das Feeling einer Uni-Cafeteria aus den 1970ern. Aber die 20 Zimmer sind sauber und geräumig, haben Meerblick und Balkons. Am besten geht's per Taxi hierher (der Fahrpreis wird bei der Ankunft erstattet).

MITTELKLASSE- & SPITZENKLASSEHOTELS
Villa Konak (☎ 612 2170; www.villakonakhotel.com; Yıldırım Caddesi 55; EZ/DZ mit HP 47/62 €; 🏊 💧) Dieses 140 Jahre alte Steinhaus liegt etwas abseits vom hektischen Trubel in der Altstadt. Hier gibt's einfache, aber nette Zimmer mit orientalischem Touch. Alle liegen rund um einen großen begrünten Hof mit Pool, antikem Brunnen, Zitronen- und Magnolienbäumen. Insgesamt ein ruhiges Plätzchen. Bar, Restaurant und Bibliothek werden auch geboten.

Club Caravanserai (☎ 614 4115; www.kusadasi-hotels.com/caravanserail; Atatürk Bulvarı; EZ/DZ 47/70 €; ☼ 1. März–15. Nov; 🏊) Hübsches Quartier in einer Karawanserei, die ein Großwesir 1618 bauen ließ. Pluspunkte sind die superzentrale Lage und die relativ günstigen Preise. Leider wirde der Innenhof durch die Teppichläden und die „Türkischen Nächte" an den Sommerwochenenden ziemlich ruiniert – aber manche Leute stehen ja auf so was (mit/ohne Abendessen 40/30 €).

Hotel Kısmet (☎ 618 1290; www.kismet.com.tr; Atatürk Bulvarı 1; EZ/DZ 87/124 €; ☼ 15. März–15. Nov; 🏊 💧) Wer hätte das in Kuşadası erwartet? Das Haus stammt von einem Nachfahren des letzten Sultans. Die elektrischen Tore und die Auffahrt lassen etwas Großartiges vermuten: Und tatsächlich verstecken sich dahinter ein supergepflegter Park, ein hinreißender Pool und stylische Deko in neutralen Farben. Unbedingt versuchen, ein Zimmer mit Balkon oder Veranda und Meerblick zu ergattern! Der einzige Haken ist die Dauerberieselung mit Schnulzengedudel.

Wenn diese Unterkünfte voll sind, ist das neue **Kayhanbey Otel** (☎ 614 1190; www.ksyhanbey.com; Güvercin Ada Caddesi; EZ/DZ 75/100 €; 🏊 💻 💧) eine Alternative. Es hat 72 bequeme (aber nichtssagende) Zimmer mit Balkon und klasse Meerblick. Nicht zu vergessen den Hamam und der Pool auf der Dachterrasse.

SÜDÄGÄIS

Essen

Wer was Billiges will, muss landeinwärts suchen: in Kaleiçi, der Altstadt von Kuşadası hinter der Post. Da gibt's ein paar atmosphärische Restaurants, außerdem eine Hand voll günstiger, fröhlicher Lokale.

Die meisten Restaurants sind unten am malerischen Hafen zu finden. Der harte Konkurrenzkampf hält die Preise niedrig. Besser immer vorher fragen, was Fisch, Meeresfrüchte und Wein kosten (und drauf achten, dass auch die richtige Flasche mit der bestellten Größe und Sorte serviert wird). Und nach dem Essen die Rechnung checken.

RESTAURANTS

Avlu (☎ 614 7995; Cephane Sokak 15; Eintöpfe mit Gratis-Kaffee oder -Tee 1,40–1,95 €; ☺ 8 Uhr–Mitternacht) Diese *lokanta* (Restaurant) versteckt sich in einem Straßenlabyrinth in der Altstadt – das Suchen lohnt sich. Hier wird erstklassige Hausmannskost in sauberer, fröhlicher Umgebung und zu unschlagbaren Preisen aufgetischt. Bei den Einheimischen ist es schon lange ein Favorit; vor kurzem haben es auch die Mutigeren unter den Kreuzfahrt-Urlaubern entdeckt. Wer mittags nicht Schlange stehen will, muss früher oder später kommen. Es gibt eine tolle Essensvitrine – wer nicht weiß, was er bestellen soll, kann sich hier was aussuchen. Auch eine prima Adresse für Vegetarier und um leckere türkische Nachtiche zu probieren.

1-A Grand Restaurant (☎ 614 8409; Yıldız Sokak 1/A; Hauptgerichte 5–6 €; ☺ April–1. Nov. 9–2 Uhr) Dieses süße Restaurant etwas abseits der Barlar Sokak ist eine komplett andere Welt. Die Tische stehen in einem grünen Innenhof unter alten Feigen- und Orangenbäumen. Alles ist so friedlich und relaxt, dass sogar die Hunde zusammengerollt auf den Bänken dösen. Jeden Tag ist von 22 Uhr bis 23 Uhr Happy Hour (alle Cocktails 3 €). Die Küche (europäisch & türkisch) hat einen guten Ruf und behauptet, die besten Steaks der Stadt zu braten. Gäste können umsonst ins Internet surfen.

Mezgit Restaurant (☎ 618 2808; Atatürk Bulgarı 86; *meze* 1,65 €; Fisch 8–10 € pro 500 g; ☺ 9 Uhr–Mitternacht) Dieser neue Familienbetrieb hat sich in der Stadt schon einen Namen als Top-Adresse für frischen Fisch zu fairen Preisen gemacht. Er ist hier nur halb so teuer wie im Hafen. Tagespreise stehen auf der Tafel.

Kazim Usta Restaurant (☎ 614 1226; Liman Caddesi 4; Fisch 11–20 € pro 500 g; ☺ 6 Uhr–Mitternacht) Das Kazim gegenüber von der Touristeninforma-

tion gilt inzwischen als das beste Fischrestaurant der Stadt. Allerdings kein ganz billiges Vergnügen. Spezialität ist die üppige Fischsuppe (4 €). Wer am Wasser sitzen will, muss mindestens einen Tag vorher reservieren.

CAFÉS & AUF DIE SCHNELLE

Nur Pastanesi Baklavaci (☎ 612 3926; Atatürk Bulvarı, Liman Apt. 106; Puddings 1,40 €; ☺ 7 Uhr–Mitternacht) Diese Konditorei ist ein brandneuer Familienbetrieb. Im Angebot sind phantastisches Gebäck und Puddings – für ein Viertel von dem, was sie in der Stadt kosten. Leckeres, billiges Eis (0,30 € pro Kugel) und köstliche Baklava (4 Stücke 1,55 €) gibt's auch.

Özsüt (☎ 612 0650; İsmet İnönü Bulvarı 30; ☺ 9.30 Uhr–Mitternacht; 🛇) Noch ein neuer Laden; er gehört zu der bekannten Kette aus İzmir. In schickem Ambiente wird die übliche Palette an leckeren traditionellen türkischen Puddings serviert. Prima Kaffee und Eis (0,85 € pro Kugel) gibt's auch. Unbedingt den himmlischen *aşure* (Arche-Noah-Pudding) oder *tavuk göğsü kazandibi* (Pudding aus verbrannter Hähnchenbrust!) für 1,95 € probieren!

Cimino (☎ 614 6409; Atatürk Bulvarı 56/B; ☺ 10 Uhr–Mitternacht) Nettes Bistro-Café gegenüber von der Uferstraße und ein beliebter Einheimischentreff. Es gibt tollen Cappuccino (2,75 €) und v. a. italienisches Essen (2,75–14 €). Dazu läuft gute Jazzmusik.

Nicht weit von hier ist das etwas lebhaftere **Café & Café** (☎ 612 5191; Atatürk Bulvarı 52; Bier 2,75 €; ☺ 9 Uhr–Mitternacht) – ideal für einen Sundowner! Und die neue **Villa Yacht** (☎ 618 1577; Marina Karşisi, Atatürk Bulvarı 94; Bier/nargileh 1,65/2,25 €; ☺ 8.30–3 Uhr) ist die perfekte Location, um eine *nargileh* zu probieren.

Ausgehen

Ob die berühmte Barlar Sokak (Bar-Straße) das Richtige für einen ist, hängt davon ab, ob man auf irische Pubs, Karaokebars und billige Anmachsprüche steht. Auf jeden Fall ist es eine gute Gegend, um andere Traveller zu treffen. Wer Bars in jedem Stil und Atmosphäre sucht, findet sie im alten Teil von Kuşadası. Fast überall geht erst nach Mitternacht so richtig die Post ab. Von Oktober bis März ist allerdings ziemlich tote Hose.

Orient Bar (☎ 612 8838; Kışla Sokak 14; Bier 2,20 €; ☺ April–Oktober 1–4 Uhr) Weiß getünchte, mit Schnickschnack bedeckte Wände und Holztische unter Weinlaub – der Laden ist rustikal, laut und bei Einheimischen total beliebt.

Es läuft europäische Musik und das Bier ist bezahlbar.

Jimmy's Irish Bar (☎ 612 1318; Barlar Sokak 8; Bier 3,35 €; 🕑 5. April–Nov. 20–4 Uhr) Entweder man findet's super oder grauenhaft (die muskulösen Türsteher mit ihren Funk-Kopfhörern sagen alles über das Publikum). Auf jeden Fall ein beliebter Treff für Traveller. Auf riesigen Leinwänden laufen die obligatorischen Fußballspiele.

In der Altstadt gibt's eine Reihe genialer Bars mit Nachtclubs – gut designt, schick und und eher türkisch als touristisch. Fürs Bier werden hier 4,50 € verlangt. Von Mai bis September haben alle von 22 Uhr bis 4 Uhr geöffnet, ein paar im Winter auch hin und wieder am Wochenende. Die angesagtesten sind zurzeit:

Another Bar (☎ 614 7552; Tuna Sokak 10) In einem ehemaligen Zitrusgarten stehen zwischen ein paar übrig gebliebenen Bäumen Tische und Hocker rund um eine große Palme. Eine große Leinwand und eine Tanzfläche gibt's auch.

Ex-Club (☎ 614 7550; Tuna Sokak 13) Eher ein Club als eine Bar, wie die Musikanlage, Diskokugeln und Laser beweisen. Die Location ist z. T. Open Air und ständig gerammelt voll mit Leuten, die auf der Tanzfläche und rund um das Geländer darüber abtanzen.

James Dean Bar (☎ 614 3827; Sakarya Sokak 14) Dieser Club ist draußen im Garten eines 200 Jahre alten Hauses. Zwischen Orangenbäumen tummeln sich schöne Menschen an schönen Bars.

Das **Ecstasy** (☎ 612 2208; Sakarya Sokak 10) ist ähnlich. Schwulenfreundlich sind die **Tattoo Bar** (☎ 612 7693; Tuna Sokak 7) und der englische Pub **Taps** (☎ 612 1371; Tuna Sokak 4).

MEYHANES

In Kaleiçi (dem alten Teil von Kuşadası) gibt's eine Reihe *meyhanes* (Wirtshäuser), die *meze* und *rakı* (Anisschnaps) zu Livemusik servieren.

Bizim Meyhane (☎ 614 4152; Kışla Sokak; Bier/rakı 2,75/2,20 €; 🕑 20.30–4 Uhr) Mit den niedrigen Balken und den Musikinstrumenten an den alten Steinwänden sieht das Ganze eher nach Scheune als nach Bar aus. Der Laden wird von einem Geschwisterpaar geführt, das selbst singt und mehrere Instrumente spielt. Atmosphärisch, ansteckend und lustig. Hier können Traveller zusammen mit den Einheimischen *rakı* kippen, tanzen und Sprüche an die Wände kritzeln!

STRANDCLUBS

Seit kurzem gibt's in Kuşadası ein neues Phänomen – Beach-Clubs: tagsüber Strandclub, abends Restaurant und nachts ein ausgelassener Nachtclub am Meer.

Zwei dieser Läden liegen auf dem Weg zur Taubeninsel. Als der hippste der Szene gilt **Necco** (☎ 613 3055; Yılancı Burnu; Eintritt wochentags 5,50 €, Wochenende 11 € inkl. 1 Getränk, Bier ab 4 €; 🕑 Ende Mai–Ende Sept. 10–19 & 20 Uhr–Mitternacht). Es ist v. a. bei den Gutbetuchten und Schickimickis angesagt.

Dorthin geht's mit dem Dolmuş Richtung Kadınlar Denizi (Frauenstrand; 0,55 €); am Kreisverkehr absetzen lassen – von da ist es nur noch ein kurzes Stück zu Fuß. Wer den ganzen Weg zu Fuß gehen will, fragt am besten die Einheimischen nach der bequemen Abkürzung (von der Stadt ca. 1 km).

An- & Weiterreise

BUS

Der *otogar* von Kuşadası ist am Südende von der Kahramanlar Caddesi, an der Umgehungsstraße. Mehrere Busunternehmen haben Ticketschalter am İsmet İnönü Bulvarı und *servis* (Mini-Shuttlebusse), die dorthin fahren. Minibusse starten am zentralen Adnan Menderes Bulvarı.

Im Sommer fahren täglich drei Busse nach Bodrum (7–8 €, 2–2½ Std., 151 km); im Winter müssen Reisende einen Dolmuş nach Söke nehmen (1,65 €, ganzjährig mindestens alle 30 Min.). Wer nach Priene, Milet oder Didyma will, muss auch in Söke umsteigen. Mehr Infos dazu, wie's zu den „PMD"-Ruinen geht, s. S. 283.

Nach Selçuk (1,65 €, 25 Min.) fährt alle 15 Minuten ein Dolmuş. Wer nach Pamucak oder Ephesos will, nimmt einen Dolmuş nach Selçuk (und lässt sich dort absetzen). Nach Seherihisar (2,80 €; 70 Min.) startet das ganze Jahr über alle 45 Minuten ein Dolmuş.

SCHIFF

Alle Reisebüros in Kuşadası verkaufen Tickets zur griechischen Insel Samos.

Vom 1. April bis 31. Oktober legen die Schiffe nach Samos täglich um 8.30 Uhr in Kuşadası ab. Ab dem 1. Mai gibt's noch eine zusätzliche Verbindung um 17 Uhr. Im Winter müssen Reisende Fähren nehmen. Eine einfache Fahrt kostet 32 €, Hin- und Rückfahrt am selben Tag 38 € und ein Ticket mit offener Rückfahrt 59 €.

Wer auf Samos übernachtet, muss bei der Rückfahrt 9 € Steuer für die Ausreise aus Griechenland blechen und nochmal 9 € für die Wiedereinreise in die Türkei. Ein paar Unterkünfte erstatten diese Gebühr – einfach nachfragen und mit dem Studentenausweis wedeln. Reisende müssen wegen der Einreiseformalitäten 45 Minuten vor Abfahrt des Schiffes am Hafen sein.

Ein prima Reisebüro ist **Anker Travel** (☎ 612 4598; www.ankertravel.net; İnönü Bulvarı 14; ☒ Winter 9– 19 Uhr, Sommer bis 21 Uhr). Es ist auch eine offizielle Turkish-Airlines-Agentur und verkauft Tickets für nationale und internationale Flüge.

Unterwegs vor Ort

Wer zum Adnan-Menderes-Flughafen will, muss wissen, dass Busse einen dort nicht mehr absetzen können (seit vor rund 10 Jahren die Autobahn gebaut wurde). Reisende müssen mit dem Bus zum *otogar* in İzmir fahren (4,70 €, 1¼ Std., 80 km), sich vom kostenlosen Shuttlebus ins Zentrum bringen lassen und dann noch einen Bus (s. S. ###) oder ein Taxi nehmen (67 €).

Vom *otogar* in Kuşadası fahren im Sommer alle paar Minuten (im Winter alle 15–20 Min.) Şehiriçi-Minibusse (0,85 €) ins Stadtzentrum und die Küste rauf und runter. Minibusse nach Kadınlar Denizi düsen über die Küstenstraße Richtung Süden zum Strand. An der Kreuzung İstiklal Sokak/Atatürk Bulvarı können Minibusse, die an der Küste entlang nach Kuştur im Norden fahren (1,85 €), gestoppt werden.

SÖKE

☎ 0256/69 370 Ew.

Söke ist eine moderne Stadt, die nur mittwochs und sonntags zum Leben erwacht, wenn Markt ist. Aber sie ist der Hauptverkehrsknotenpunkt in diesem Teil der Region. Traveller, die an der Küste unterwegs sind, werden hier in einen anderen Bus umsteigen müssen.

Wer hier aus irgendeinem Grund festsitzt, kann im **Hotel Haymanali** (☎ 518 1726; www.hotel-haymanali.com; Sekiler Caddesi 55; EZ/DZ 17/28 €, Sommer plus 5,50 €; ☒) absteigen. Es liegt 70 m vom Busbahnhof entfernt an der Hauptstraße und ist die beste der wenigen Unterkünfte von Söke: komfortabel und gut geführt.

Söke ist gut als Basis für Trips zur Dilek-Halbinsel, nach Priene, Milet oder Didyma – die Anfahrt ist nicht so weit wie von Selçuk oder Kuşadası.

Es gibt Busse nach İzmir (4,45–5,55 €, meistens alle 15 Min.), nach Denizli (um nach Pamukkale zu kommen; 5,55 €, 3-mal tgl.), Bodrum (6,65 €, stündl.) und nach Ayden (2,50 €, alle 20 Min.). Dolmuş-Verbindungen stehen im Fahrplan unten. Wer nach Selçuk will, muss nach Kuşadası und dort umsteigen.

DOLMUŞ-VERBINDUNGEN VOM OTOGAR IN SÖKE

Fahrtziel	Fahrpreis	Entfernung	Häufigkeit
Bafa	2,75 €	30 km	alle 20 Min.
Balat (Milet)	2,20 €	35 km	alle 30 Min.
Didyma	2,50 €	56 km	alle 20 Min.
Güllübahçe (Priene)	1,40 €	17 km	alle 20 Min.
Güzelçamlı	1,95 €	22 km	alle 20 Min.
Kuşadası	1,65 €	20 km	alle 20 Min.
Milas	3,35 €	82 km	alle 20 Min.

DİLEK-HALBINSEL

Ca. 26 km südlich von Kuşadası ragt die Dilek-Halbinsel Richtung Westen in die Ägäis. Sie reicht fast bis zur griechischen Insel Samos. Westlich vom Dorf Güzelçamlı liegt der **Dilek-Nationalpark** (Dilek Milli Parkı; Eintritt 1,65/4,75 € pro Pers./ Auto; ☒ 8–20 Uhr). In diesem friedlichen, gebirgigen Naturschutzgebiet gibt's tolle Wander- und Reitwege, außerdem unberührte kleine Buchten zum Schwimmen.

Kurz vor dem Eingang zum Park steht ein braunes Schild mit der Aufschrift „Zeus Mağarası". Es führt zu einer Höhle, in der im Sommer wie im Winter in eiskaltem Wasser geschwommen werden kann.

Minibusse zum Nationalpark halten an der **İçmeler Koyu**. Das ist eine geschützte kleine Bucht mit einem kleinen Strand voller Liegen, Sonnenschirmen und leider auch Zigarettenkippen. 3 km hinter der İçmeler Koyu führt rechts eine ungepflasterte Straße 1 km runter zum **Aydınlık-Strand**. Der ca. 800 m lange, ruhige Kieselsandstrand ist auf einer Seite von Pinien gesäumt, auf der anderen Seite krachen die Wellen.

Knapp 1 km weiter ist eine *jandarma* (Polizeistation). Kurz dahinter steht an einer Abzweigung nach links ein Schild mit der Aufschrift **Kanyon**. Wer dem Pfad bis zum Ende folgt, kommt nach einem sechsstündigen strammen Marsch durch schöne, ruhige Pinienwälder schließlich wieder nach Güzelçamlı. Eine andere Möglichkeit ist, auf den Berg rauf- und wieder runterzuklettern und dann zur Hauptstraße zurückzugehen.

Nochmal 500 m weiter kommt die Abzweigung nach **Kavaklı Burun** (auch als Kalamaki-Strand bekannt und die letzte Dolmuş-Haltestelle) – ein Kieselsandstrand mit super Brandung. Wie beim Aydınlık-Strand gibt's auch hier am anderen Ende (ca. 1 km weiter) einen zweiten Eingang zum Strand. Zurück zum Parkeingang sind es 8,5 km.

Schlafen & Essen

Ecer Pension (☎ 646 2737; necipecer@mynet.com; EZ/DZ mit oder ohne Bad & Frühstück 11/22 €) Sieht nach einem runtergekommenen Bauernhaus aus, ist aber eine Pension mit einfachen, sauberen und ordentlichen Zimmern. Sie gehört dem supernetten türkisch-deutschen Ehepaar Anneliese und Necdet. In dem riesigen Garten können die Gäste ihren selbst gemachten Wein probieren. Das Ganze liegt 200 m östlich vom Busbahnhof an der Hauptstraße. Auf Vorbestellung gibt's ein Wildschweinessen für 6,50 €.

Der Sohn der Besitzer kann Pferde und Guides organisieren (20–22 € pro Pers. und 3 Std.). Außerdem bietet er Wanderungen durch den Park an (1–8 Std.). Die Landschaft ist umwerfend und vielleicht kriegt man Ruinen von byzantinischen Klöstern und (mit etwas Glück) wilde Pferde und Wildschweine zu Gesicht.

Im Park direkt ist Zelten zwar verboten. Aber es gibt ein paar Plätze in der Nähe vom Tor bei Güzelçamlı.

Außerhalb des Park gibt's ein paar Fischrestaurants direkt am Wasser. Sie unterscheiden sich nicht groß – am besten dorthin gehen, wo am meisten los ist. An den Stränden im Park sind Picknicktische und kleine Cafés zu finden, die kalte Getränke und einfache Gerichte anbieten.

An- & Weiterreise

Von Söke fahren Minibusse bis İçmeler Koyu (1,65 €, 35–40 Min.). Minibusse von Kuşadası fahren direkt bis zur Halbinsel nach Kavaklı Burun (1,95 €). Der Eintritt für den Park wird im Bus gezahlt. Im Sommer fahren die Minibusse normalerweise von 7 Uhr bis Mitternacht und im Winter von 7 Uhr bis 18.45 Uhr. Die späteren Minibusse werden allerdings schnell voll, v. a. am Wochenende.

Die 2 km von Güzelçamlı nach İçmeler Koyu lassen sich zu Fuß in 30 Minuten bewältigen.

PRIENE, MILET & DIDYMA
☎ 0256
Ephesos ist sicherlich die Crème de la Crème der archäologischen Stätten an der Ägäis. Aber die Ruinen von drei anderen antiken Siedlungen südlich von Kuşadası sind lange nicht so überlaufen (und trotzdem bedeutend). Priene thront dramatisch über der Ebene des Flusses Büyük Menderes (Mäander); Milet hat ein spektakuläres Theater. Und der Apollontempel in Didyma erinnert ein bisschen an die großen Tempel im ägyptischen Karnak.

Hinter Didyma liegt der **Strand von Altınkum** – einer der schönsten und überlaufensten der Türkei. Der lange Streifen aus goldenem Sand zieht v. a. englische Pauschalurlauber an. Haufenweise auf britisch gestylte Cafés sorgen dafür, dass sie sich wie daheim fühlen. Wer die Ruinen von Didyma angeguckt hat, kann hier kurz ins Meer springen, bevor es zum Basislager zurückgeht.

Anreise & Unterwegs vor Ort

Wer sich in Kuşadası oder Selçuk früh auf die Socken macht, kann Priene, Milet, Didyma und Altınkum mit öffentlichen Verkehrsmitteln an einem Tag schaffen. Es kann allerdings nervig sein und eine Menge Zeit kosten, denn die Dolmuş-Verbindungen sind unregelmäßig und eventuell muss man über Söke fahren. Wer sich damit nicht rumärgern will, kann sich einer organisierten Tour von Selçuk oder Kuşadası aus anschließen.

Traveller, die es auf eigene Faust versuchen wollen, steigen zuerst in ein Dolmuş von Kuşadası nach Söke (1,65 €, 20 km); dann in ein anderes nach Güllübahçe (um nach Priene zu kommen; 1,40 €, 17 km). Nach der Besichtigung von Priene hält man einen der Minibusse nach Milet an und fährt die 22 km durch die Flussebene; oder man fährt nach Söke zurück und startet von da nochmal.

Von Milet nach Didyma zu kommen ist nicht ganz einfach. Es fahren zwar Minibusse von Milet nach Didyma (1,65 €). Aber wenn sich kein Dolmuş von Milet nach Akköy auftreiben lässt, ist entweder trampen angesagt oder nach Söke zurück und wieder von vorne anfangen. Von Akköy fährt alle 20 Minuten ein Dolmuş nach Didyma (1,40 €) und Altınkum.

Lust verloren? Falls ja, ist es die beste Idee, sich am *otogar* von Selçuk einer organisierten Tour anzuschließen (ca. 20 € pro Pers.), zumindest im Hochsommer. Die Minibusse starten meistens gegen 9 Uhr, halten eine Stunde in Priene, anderthalb Stunden in Milet, zweieinhalb Stunden in Didyma und anderthalb Stunden in Altınkum. Gegen 18 Uhr fahren sie zurück nach Selçuk.

Im Hochsommer werden täglich Touren angeboten, die oft vorher gebucht werden müssen. Sonst finden sie meistens nur statt, wenn genug Leute mitmachen. Im Winter sind weniger direkte Minibusse unterwegs und man muss häufiger umsteigen.

Am einfachsten geht's natürlich mit einem gemieteten Auto zu diesen Orten. Im Stadtzentrum reißen sich jede Menge Autovermietungen um die Kunden. Oder einfach im Hotel fragen. Die internationalen Firmen verlangen fast alle rund 50 € pro Tag. Aber viele kleinere Reisebüros können auch eins für die Hälfte organisieren. Einfach ein bisschen umhören.

Priene (Güllübahçe)

Priene (☎ 547 1165; Eintritt 1,10 €; ☼ Mai–Sept. 8.30–18.30 Uhr, Okt.–April 8.30–17.30 Uhr) war um 300 v. Chr. eine wichtige Stadt, weil hier Treffen und Feste des Ionischen Städtebundes stattfanden. Aber es war kleiner und unbedeutender als das nahe Milet. Deshalb wurden die hellenistischen Bauten auch nicht durch neuere römische verdrängt.

Priene war nach einem rechtwinkligen Raster angelegt – ein Prinzip, das ursprünglich in Milet erfunden worden war. Prienes bekanntestes Wahrzeichen sind die fünf noch übrig gebliebenen Säulen des **Athenatempels**. Er wurde von Pytheos von Halikarnassos entworfen und gilt als Musterbeispiel eines ionischen Tempels. Das **Theater** ist eins der besterhaltenen aus hellenistischer Zeit. Hier passten 6500 Zuschauer rein; die kunstvoll behauenen Sitze vorne waren für VIPs reserviert. Auch bemerkenswert sind die Überreste des **Bouleuterions** (Sitzungssaal für die Ratsversammlung), einer **byzantinischen Kirche,** des **Gymnasions** und des **Stadions.**

Die Ruinen von Priene sind zwar wirklich interessant. Aber am beeindruckendsten ist ihre irre Lage unterhalb des steilen Berges Mykale.

Eine Reihe von Werkstätten verkaufen ziemlich billigen Onyx.

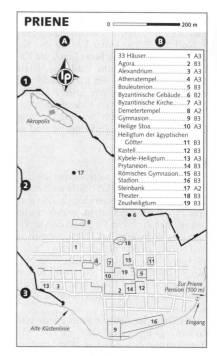

PRIENE

33 Häuser..................1 A3	
Agora......................2 B3	
Alexandrium................3 A3	
Athenatempel..............4 A3	
Bouleuterion...............5 B3	
Byzantinische Gebäude.....6 B2	
Byzantinische Kirche........7 A3	
Demetertempel............8 A2	
Gymnasion.................9 B3	
Heilige Stoa...............10 A3	
Heiligtum der ägyptischen Götter.....................11 B3	
Kastell....................12 B3	
Kybele-Heiligtum..........13 A3	
Prytaneion................14 B3	
Römisches Gymnasion...15 B3	
Stadion...................16 B3	
Steinbank.................17 A2	
Theater...................18 B3	
Zeusheiligtum.............19 B3	

Akropolis

Zur Priene Pension (100 m)

Alte Küstenlinie

Eingang

SCHLAFEN & ESSEN

Alle hier aufgelisteten Orte befinden sich an oder in der Nähe der Hauptstraße Atatürk Caddesi.

Priene Pension (☎ 542 8787; Fax 547 1565; Stellplatz 5,50 € pro Pers., EZ/DZ Winter 14/28 €, Sommer 22/28 €) Momentan das einzige Hotel der Stadt. Es hat einen wunderschönen Garten und schlichte, aber ziemlich geräumige und saubere Zimmer.

Ca. 30 m hinter der Priene Pension ist an der Dolmuş-Haltestelle das **Şelale Restaurant** (☎ 547 1009; ☼ 8–23 Uhr) zu finden. Es liegt herrlich im Schatten der Ruinen eines Aquädukts. Zu essen gibt's leckere Forelle (5,60 €) – wer sich traut, kann sie mit dem Kescher selbst aus dem Becken des Restaurants fischen. Daneben ist in einer umgebauten Kelim-Fabrik das brandneue **Vila Sultan Café Bar Restaurant** (☎ 547 1204; *köfte* 2,75 €, Kebap 3–4 €; ☼ 8–23 Uhr). Die Tische stehen in einem netten Hof mit Brunnen und Orangenbäumen. Es wird leckere traditionelle Kost serviert. Demnächst sollen auch Zimmer (wahrscheinlich 20 € pro Pers.) und einige Familienbungalows (33–50 €) vermietet werden.

AN- & WEITERREISE

Alle 15 Minuten sind Minibusse zwischen Priene (Güllübahçe; 1,40 €, 17 km) und Söke unterwegs; der letzte fährt um 19 Uhr von Priene zurück nach Söke.

Milet

Die antike Stadt **Milet** (☎ 875 5562; Eintritt 1,10 €; ☽ Mai–Juni 8.30–18.30 Uhr, Juli–Aug. 8.30–19.30 Uhr) liegt 22 km südlich von Priene. Wer von Süden kommt, sieht schon von Weitem das **Große Theater.** Es ist das bedeutendste – und absolut beeindruckende – Überbleibsel der früher mal prächtigen Stadt. Von ca. 700 v. Chr. bis 700 n. Chr. war sie ein Handels- und Regierungszentrum. Später verlandete der Hafen und der Handel flaute ab. Das Theater hatte 15 000 Sitze und war ursprünglich hellenistisch. Aber die Römer bauten es im 1. Jh. um. Es ist noch immer gut in Schuss und ein absolut spannender Ort zum Rumstreunen.

Wer will, kann bis ganz nach oben klettern, wo die Festungsmauern einer späteren byzantinischen Burg eine Aussichtsplattform bilden. Von dort aus sind diverse andere Ruinen zu sehen: links z. B. die Reste des **Hafens.** Wegen der Löwen aus Stein, die ihn früher bewachten, wird der Hafen auch Löwenbucht genannt. Rechts ist das **Stadion** zu sehen, außerdem die nördliche, westliche und südliche **Agora,** die riesigen, für die Frau des Kaisers Marc Aurel gebauten **Faustina-Thermen** und ein **Bouleuterion** zwischen nördlicher und südlicher Agora.

Ein Teil des Geländes steht fast das ganze Jahr unter Wasser. Deshalb ist es nicht ganz einfach, hier herumzulaufen, dafür aber umso malerischer.

Südlich der Hauptruinen steht die faszinierende **İlyas Bey Camii** (1404). Sie stammt aus einer Zeit nach den Seldschuken, aber noch vor den Osmanen. Damals hatten die türkischen Emire aus Menteşe in der Region das Sagen und die Macht. Der Eingang und der *mihrab* (Gebetsnische Richtung Mekka) sind wunderschön und oft ist man ganz allein hier.

Beim Großen Theater über die Straße rüber gibt's ein paar Cafés (geöffnet 7–18 Uhr). Sie servieren günstige Snacks, u. a. leckere *gözleme* (1,10 €) und erfrischenden, frisch gepressten Orangensaft (0,85 €). Ein tolles Plätzchen für eine Pause mit einer phantastischen Aussicht.

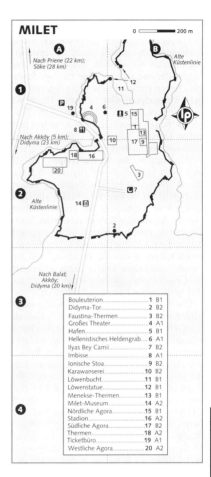

AN- & WEITERREISE

Und so kommt man dorthin: In Söke in ein Dolmuş nach Balat (1 €) steigen und den Fahrer gleich bitten, einen an der Abzweigung nach Milet abzusetzen; von da ist es dann nur noch 1 km zu Fuß bis nach Milet. Von Milet fahren keine Minibusse. Der Verkehr ist in der Gegend ziemlich mager. Deshalb geht es vielleicht schneller, erst nach Söke zurückzufahren (2,50 €) und sich von da aus auf den Weg nach Didyma zu machen. Infos über die aktuellen Fahrpläne (sie ändern sich immer wieder) gibt's am Ticketschalter in Milet. Falls man dort festsitzt, kann das Personal eventuell beim Dolmuş-Bahnhof in Balat anrufen und einen Rücktransport von Milet organisieren.

Didyma (Didim)

In Didyma stand früher ein gewaltiger Apollontempel mit einem Orakel, das genauso wichtig war wie das von Delphi. Aber das antike Didyma war nie eine richtige Stadt. Hier lebten nur die Priester, die den Orakelbetrieb managten. Das moderne Didim ist ein beliebter Stopp für Reisegruppen. Teppichläden schicken Schlepper zu jedem neu ankommenden Bus. Führer gibt's auf dem Gelände aber nicht.

Die Ruinen des **Apollontempels** (☎ 811 0035; Eintritt 1,10 €; ⏱ 15. April–Sept. 8.30–19.30 Uhr, Okt.–14. April 9–17.30 Uhr), die heute zu sehen sind, gehören zu einem Gebäude aus dem späten 4. Jh. v. Chr., das den ursprünglichen (494 v. Chr. von den Persern zerstörten) Tempel ersetzte, sowie zu einem späteren Bau, den Alexander der Große finanzierte. Der Tempel wurde nie fertig, obwohl das Orakel und die Priester unermüdlich ihren Job machten, bis das Christentum Staatsreligion wurde und mit den heidnischen Praktiken Schluss war.

Die Tempelvorhalle besaß zwölf riesige Säulen mit reich verzierten Sockeln, ähnlich wie die im ägyptischen Karnak. Daran schloss sich ein großes Portal an. Hier wurden Orakelsprüche aufgeschrieben und den Ratsuchenden überreicht. Gewölbegänge seitlich der Vorhalle führten zur etwas erhöhten Cella (innerer Hauptraum). Hier saß das Orakel und prophezeite, nachdem es aus der heiligen Quelle getrunken hatte. Auf dem Gelände liegen überall Bruchstücke des prächtigen Baudekors herum, u. a. ein sehr fotogenes Medusenhaupt (die mit der Schlangenfrisur). Früher gab es hier auch eine Straße mit Statuen, die zu einem kleinen Hafen führte. Nachdem die Figuren 23 Jahrhunderte an ein und derselben Stelle gestanden hatten, wurden sie 1858 ins British Museum verfrachtet.

Der schöne Strand von Altınkum (S. 283) ist ganz in der Nähe.

SCHLAFEN & ESSEN

Medusa House (☎ 811 0063; www.medusahouse.com; EZ/DZ 28/56 €) Direkt um die Ecke vom Tempel an der Straße nach Altınkum steht dieses restaurierte Steinhaus. Es hat fünf nett eingerichtete Zimmer, umgeben von einem herrlichen Garten (mit original griechischen Urnen und schattigen Terrassen).

Oracle Pension (☎ 811 0270; EZ/DZ 17/28 €) Gleich neben dem Medusa House. Diese Pension vermietet einfache, ziemlich verwohnte Zimmer, aber das gleicht die schattige Terrasse mit phantastischem Blick auf den Tempel allemal wieder aus.

Apollon Café & Bar (☎ 811 3555; Snacks 1,40–4 €, Hauptgerichte 5,50–11 €; 8 Uhr–Mitternacht) Das Café gegenüber vom Tempeleingang ist in einem traditionellen Steinhaus untergebracht. Die Gäste können im kühlen Inneren oder auf der schönen Terrasse mit Blick auf den Tempel sitzen. Die Auswahl ist relativ groß und die Preise sind vernünftig.

An- & Weiterreise

Es gibt regelmäßig Minibusse zwischen Söke und Didim (3,35 €, 1 Std.) bzw. Altınkum (3,35 €, 1½ Std.). Außerdem fahren jede Menge Minibusse von Didim nach Akköy (1,40 €, 30 Min.); von da können Traveller nach Milet trampen.

HERAKLEIA (AM LATMOS)
☎ 0252

Ca. 30 km südlich von Söke führt die Fernstraße am Südufer am großen Bafa Gölü (Bafa-See) entlang. Früher war es ein Meerbusen der Ägäis. Aber als sich das Meer zurückzog, wurde ein See daraus. Am südöstlichen Ende des Sees liegt das Dorf Çamiçi (Bafa). Von da ist eine befestigte Straße ins 10 km nördlich gelegene Kapıkırı (nach Herakleia) ausgeschildert. Achtung, das Schild ist leicht zu übersehen!

Am Ende einer kurvigen Straße, die sich zwischen Felsen hindurchschlängelt, kommen die Ruinen des antiken Heraclea ad Latmum in Sicht. Sie liegen im und rund ums Dorf Kapıkırı. An diesem herrlichen Plätzchen verschmelzen Felsen und Ruinen so, dass sich fast nicht sagen lässt, wo die einen aufhören und die anderen anfangen.

Oberhalb vom Dorf ragt das spektakuläre Beşparmak Dağı (Fünf-Finger-Gebirge; 1500 m), auch Latmos-Gebirge genannt, auf. Der griechischen Mythologie nach schlief hier der hübsche Hirtenjunge Endymion ein. Während er sein Nickerchen machte, schaute die Mondgöttin Selene auf ihn herab und verliebte sich in ihn. Endymion aber hatte Zeus gebeten, ihm ewige Jugend und Schönheit zu schenken, und es dafür in Kauf genommen, für immer zu schlafen. Die arme Selene konnte ihn also immer nur anschauen, Nacht für Nacht. Schließlich ist es das ewige Schicksal des Mondes, auf uns Sterbliche runterzugucken.

In die Gegend von **Bafa Gölü** flüchteten im 8. Jh. christliche Einsiedler vor den arabischen Eindringlingen (deshalb gibt es auch so viele Kirchen- und Klosterruinen in der Nähe). Die Mönche hielten Endymion wegen seiner angeblichen Selbstverleugnung für einen Heiligen.

Ein Trip nach Herakleia macht auch deshalb so viel Spaß, weil sich dabei traditionelles türkisches Leben in Aktion beobachten lässt. Tagsüber sitzen die Frauen an der Straße und klöppeln Spitze. Und abends treiben die Dorfbewohner das Vieh über die Hauptstraße. Auf den Feldern stehen Bienenstöcke und am Straßenrand wuchert im Frühling und im Sommer wilde Kamille. Morgens wird man von gackernden Hühnern und brüllenden Eseln geweckt.

Im Dorf gibt's einen kleinen Laden, aber weder Bank noch Geldautomaten. Also vorher genug Geld einstecken.

Sehenswertes & Aktivitäten

Wer im Sommer ins Dorf kommt, muss 2,80 € Eintritt zahlen (falls jemand zum Kassieren da ist). Am Tickethäuschen geht's rechts zur Agora Pension.

Hinter dem Agora-Parkplatz führt ein Pfad nach Westen zum großen **Athenatempel,** der auf einem Felsvorsprung über dem See thront. Von ihm sind zwar nur noch drei Mauern übrig, aber die riesigen, schön behauenen (ohne Zement zusammengesetzten) Steine sind trotzdem beeindruckend. Andere ausgeschilderte Pfade führen nach Osten zur **Agora** und zum **Bouleuterion.** Über Wiesen mit Resten von Steinmauern und durch ein Tal geht's ein paar hundert Meter zu einem nicht restaurierten **Theater** mit in den Felsen gehauenen Sitzreihen und Treppenfluchten. Im Dorf stehen auch noch Reste der **Stadtmauer** von ca. 300 v. Chr.

Wer Lust hat, kann danach die Straße zum See runter schlendern. Sie kommt am **Endymiontempel** vorbei, der teilweise in den Fels gebaut ist. Auf dem Weg liegen auch die Ruinen einer **byzantinischen Burg** und die **Nekropole** der Stadt.

Am Seeufer ist nicht weit von den Ruinen einer **byzantinischen Kirche** ein kleiner Strand mit weißem, grobem Sand. Ein kleines Stück vor dem Ufer liegt eine Insel. Wenn der See wenig Wasser führt, kann man rüberlaufen. Hier stehen Grundmauern von mehreren antiken Bauten.

Die Agora Pension bietet Bootsfahrten auf dem See an. Dabei gibt's Vögel und Ruinen zu sehen und es kann geschwommen werden. Eine Halbtagestour kostet 30 €, ein ganzer Tag 50 €. Auch die Restaurants am Seeufer organisieren Touren.

Schlafen & Essen

Die Pensionen bieten alle Halbpension an. Aber man kann normalerweise auch einfach Übernachtung mit Frühstück buchen.

Haus Yasemin Pension (☎ 543 5598; www.bafa-see. de; EZ/DZ 22/45 €) Hier werden die Gäste mit herumliegendem Spielzeug und vollen Wäscheleinen begrüßt – die Pension ist freundlich und sehr familiär. Die traditionell eingerichteten Zimmer sind einfach, aber einwandfrei. Eine nette Terrasse mit Blick übers Dorf gibt's auch. Mit die billigste Option im Ort.

Agora Pension (☎ 543 5445; www.herakleia.com; EZ/DZ mit Dusche & HP 45/60 €, Bungalows mit HP 39/67 €; ✖ 🖵) Die Zimmer sind zwar nett eingerichtet mit traditionellem Touch. Aber die Preise sind eigentlich überhöht. Das Hotel kann v. a. mit seiner Lage mitten in einem blumenübersäten Garten und der idyllischen Aussicht punkten (Schafe und Kühe garantiert). Ein *Hamam* und eine schattige Terrasse mit Hängematten werden auch geboten. Mithat, der Sohn des Besitzers, betätigt sich gern als Guide und bietet Wanderungen an (10 €, 4 Std.).

Herakleia Selene Restaurant (☎ 543 5579; Fischgerichte 5,55 €, Köfte 2,75 €; ✖ 7 Uhr–Mitternacht) Tolles Restaurant (mit unschlagbaren Preisen) in Toplage direkt am Wasser. Es ist ein schönes Plätzchen, um was zu essen oder ein Feierabendbier zu kippen, wie es die Einheimischen tun. Wer will, kann hier auch schwimmen oder zu Mittag essen. Der freundliche Besitzer Güray verleiht Boote für wenig Geld (11 € für das ganze Boot, max. 6 Pers., für 2 Std.). Zelten ist auch möglich (1,40 € pro Zelt inkl. Badebenutzung).

Auch das **Kaya Restaurant & Pansiyon** (☎ 543 5380; Gerichte 5,55 €; ✖ 8 Uhr–Mitternacht) ist eine gute Adresse. Einfach die Straße runtergehen, die am Ortseingang, kurz vor dem Tickethäuschen, links Richtung Wasser abzweigt.

An- & Weiterreise

Minibusse nach Bodrum (3 €), Milas (1,50 €, 45 Min.) oder Söke (2,30 €, 1 Std.) lassen einen in Bafa aussteigen. Leider fahren keine Minibusse mehr von Bafa nach Herakleia. Aber man kann mit dem Taxi dorthin kommen

(5,55 €). Wer schon weiß, wo er übernachten wird, kann auch in der Unterkunft anrufen und sich abholen lassen. Von Bafa aus gibt's nur Minibusse nach Milas und Söke.

MİLAS
☎ 0252/44 260 Ew.

Milas hieß früher Mylasa und war die Hauptstadt des Königreichs Karien – bis auf eine kurze Zeit, als Mausolos von Halikarnassos (dem heutigen Bodrum) aus regierte. Heute ist es eine recht verschlafene, aber immer noch große, landwirtschaftlich geprägte Stadt. In vielen Häusern werden noch Teppiche von Hand gewebt. Das, was vom *otogar* aus zu sehen ist, sollte einen nicht abschrecken. Die Stadt ist durchaus attraktiv und eine nette Abwechslung zu den glitzernden Ferienorten an der Küste. Dienstags gibt's einen klasse Markt.

Milas liegt näher am internationalen Flughafen von Bodrum als Bodrum selbst. Wer in der Hauptsaison spät ankommt, übernachtet besser in Milas. In Bodrum sind die Unterkünfte dann nämlich meistens voll.

Orientierung
Von Söke aus kommend, liegt der *otogar* 1 km vor der links abzweigenden Straße nach Labranda. Rechts an der İnönü Caddesi zeigt ein Schild in Richtung „Şehir Merkezi" (Stadtzentrum). Nach 1 km kommt das Zentrum beim Milas Belediye Parkı.

Sehenswertes & Aktivitäten
Wer über die İnönü Caddesi in die Stadt kommt, muss nach Schildern zum *belediye* Ausschau halten. Gegenüber vom *belediye* geht's links zum **Baltalı Kapı** (Tor mit Axt). Nach einer kleinen Brücke ist links das gut erhaltene römische Tor mit Marmorsäulen, einem Bogen und korinthischen Kapitellen zu sehen. Die Doppelaxt, der es seinen Namen verdankt, ist in den Schlussstein des Gewölbes auf der Nordseite gemeißelt.

Dann geht's zur Straße zurück und in südlicher Richtung weiter. Am Kreisverkehr beim schattigen Milas Belediye Parkı rechts abbiegen. In der Mitte des Parks steht ein Modell des Gümüşkesen-Monumentalgrabs.

Jetzt geradeaus drei Straßen weitergehen und an der Gümüşkesen Caddesi rechts zum Grab abbiegen. Vom Kreisverkehr sind's noch 1,4 km; das Grab liegt auf einem Hügel westlich vom Zentrum.

Das **Gümüşkesen** („Das, was Silber schneidet" oder „Silberkästchen"; Eintritt 2,50 €) ist ein römisches Grabmal aus dem 2. Jh. n. Chr. Angeblich diente ihm das Mausoleum von Halikarnassos als Vorbild. Wie dort stützen auch hier korinthische Säulen ein Pyramidendach. Darunter befindet sich die Grabkammer mit tollen Deckenverzierungen. Durch ein Loch im Boden des Sockels konnten Gläubige Trankopfer in das Grab gießen. Sie sollten den Durst verstorbener Seelen stillen. Das Geld für den Eintritt zu dem ummauerten Gelände kann man sich sparen – über die Mauer rüber ist alles sehr gut zu sehen.

In Milas stehen auch ein paar tolle Moscheen. Besonders schön sind die **Ulu Camii** (1370 oder 1378) und die **Orhan Bey Camii** (1330). Beide wurden gebaut, als Milas die Hauptstadt des türkischen Fürstentums Menteşe war. Die größere und beeindruckendere **Firuz Bey Camii** (1394) entstand in der Zeit kurz nachdem Menteşe dem neuen, wachsenden Osmanischen Reich einverleibt worden war.

In Milas gibt's noch eine Reihe älterer Häuser sowie beeindruckende Bauten aus osmanischer Zeit und aus dem frühen 20. Jh. Die meisten stehen am Atatürk Bulvarı und hinter dem *belediye*.

Schlafen & Essen
Yazar Otel (☎ 512 4203; Kadıağa Caddesi 70; EZ/DZ 17/25 €; ❄) Kleines, aber nettes, bequemes und sauberes Hotel. Es liegt direkt neben der Halk Bank – günstig für den Dienstagsbasar (der an seiner Treppe anfängt). Die Zimmer haben TV und Minibar.

Akdeniz Otel (☎ 512 2217; Kadıağa Caddesi 32; 5,55 €, EZ/DZ mit Bad 14/22 €; ❄) Ca. 120 m hinter dem Yazar in derselben Straße. Das Akdeniz ist sauber und billig – eine gute Alternative, wenn das Yazar voll ist.

Bacanaklar Sofrasi (☎ 512 1134; Menteşe Caddesi 15; *köfte* 2,75 €; ☾ 6.30–23 Uhr) Vom Yazar Otel hierher sind's gerade mal 100 m (nach dem Ausgang die erste rechts). Hier kommt leckere türkische Hausmannskost (auch Vegetarisches) zu akzeptablen Preisen auf den Tisch.

Dilek Pastaneleri (☎ 512 4140; Kadıağa Caddesi 32; Kaffee ab 1,10 €, Eis 0,85 €; ☾ 7.30 Uhr–Mitternacht) In derselben Straße wie das Yazar Otel. Prima Café zum Frühstücken, außerdem gibt's Snacks, Kaffee und Kuchen. Ein Stück Pizza kostet 1,65 €.

An- & Weiterreise

Der *otogar* liegt an der Hauptstraße von Bodrum nach Söke, 1 km weit weg vom Zentrum. Aber die Minibusse aus Bodrum (2,80 €, 1 Std.) halten auch in der Stadt. Es gibt außerdem regelmäßig Minibusse von Söke aus (3,35 €, 82 km).

Vom kleinen **Dolmuş-Bahnhof** (☎ 512 4014; Köy Tabakhane Garaji) in der Stadtmitte starten nach festem Fahrplan Minibusse nach Ören (1,65 €) und Iasos (2 €).

RUND UM MİLAS
Burg Beçin

Nach gut einem Kilometer auf der Straße von Milas nach Ören (nach dem braunen Schild direkt hinter einer Kurve Ausschau halten) führt eine Straße rechts zur **Beçin Kalesi** (Burg Beçin; Eintritt 2,75 €; ☼ 8 Uhr–Abend). Die ursprünglich byzantinische Festung steht auf einem Felsvorsprung. Die türkischen Emire von Menteşe bauten sie um, als sie Beçin im 14. Jh. zu ihrer Hauptstadt machten.

Die Festungsmauern sind phantastisch, aber drinnen gibt's nicht viel zu sehen. Nochmal 500 m weiter kommen noch mehr Überreste der Menteşe-Siedlung, u. a. der **Kızılhan** (Rote Karawanserei), die **Orhan Bey Camii,** das **Ahmet-Gazi-Mausoleum** und die **Medrese** (islamische Hochschule).

Labranda

Die Gegend rund um Labranda versorgte früher die antike Stadt Mylasa mit Wasser. An einem steilen Berghang sind die Überreste von Labranda zu finden – inmitten von duftenden Pinienwäldern, die von Bienenzüchter bevölkert sind. Im Oktober schlagen sie in den Wäldern ihre Zelte auf, sammeln die Waben ein und schleudern den Honig. Diese herrliche Ecke ist allein schon deshalb einen Abstecher wert, weil sich kaum einer hierher verirrt.

Labranda (Eintritt 2,50 €; ☼ 8–17 Uhr) war früher ein heiliger Ort. Bis zum 6. Jh. v. Chr. und wahrscheinlich schon lange vorher gab es hier einen Kult um eine lokale Gottheit. Später wurde sie zum Zeusheiligtum, das lange unter der Kontrolle von Milas stand. Im großen **Zeustempel** wurde hauptsächlich die kriegerische Seite von Zeus (Stratios oder Labraundos, was so viel wie „Axtträger" heißt) geehrt. Eventuell gab es hier ein Orakel; mit Sicherheit wurden hier Feste und Olympische Spiele veranstaltet.

Die **Andronsbauten** sind drei erstaunlich gut erhaltene Versammlungs- und Kulthäuser für Männer. Ein **Grabmal** aus dem 4. Jh. und andere Bauten sind auch noch prima in Schuss. Die Ruinen wurden Anfang des 20. Jhs. von schwedischen Archäologen freigelegt. Sie sind zwar interessant, aber das Tollste hier ist der Ort und der atemberaubende Blick übers Tal.

Labranda wurde wohl um das Jahr 1000 aufgegeben. Heute führt hier ein Aufpasser Besucher herum; er spricht nur Türkisch, aber es gibt auch viele Infotafeln.

AN- & WEITERREISE

Die Straße nach Labranda geht gleich nordwestlich von Milas an der Straße nach Söke ab. Bis zur Stätte sind es 14 km. Die Straße führt durch das Dorf Kargıcak, 8 km von Milas. Aber auch wenn sich ein Dolmuş auftreiben lässt, der so weit fährt, ist es immer noch ein ordentlicher Fußmarsch. Wer will, kann trampen; aber das ist nicht immer erfolgreich, v. a. später am Tag.

Ein Taxi von Milas sollte nicht mehr als 16 € kosten. Die Fahrer beim Otel Arı lassen eher mit sich handeln als die beim Dolmuş-Bahnhof in Ören. Drauf achten, dass im Preis mindestens eine Stunde Wartezeit inklusive ist.

Euromos

Die Überreste der antiken Stadt Euromos liegen 12 km nordwestlich von Milas und 1 km entfernt vom Dorf Selimiye. Zu sehen sind eigentlich nur noch die malerischen Ruinen des **Zeus-Lepsynos-Tempels** (Eintritt 2,75 €; ☼ Okt.–Mai 8.30–17.30 Uhr, Mai–Sept. bis 19 Uhr). Seine Säulen sind nicht komplett verziert – ein Hinweis, dass der Tempel nie fertig wurde.

Euromos wurde zum ersten Mal im 6. Jh. v. Chr. besiedelt. Ursprünglich war hier ein Heiligtum zu Ehren einer lokalen Gottheit. Als die Griechen kamen (und dann die Römer), wurde diese Gottheit von Zeus aus dem Rennen geschlagen. Zwischen 200 v. Chr. und 200 n. Chr. erlebte Euromos eine Blüte. Kaiser Hadrian, auf dessen Konto viele Bauten in Anatolien gehen, soll auch diesen Tempel gebaut haben.

Wer auf Ruinen steht, kann auch die Hänge raufklettern. Da gibt's noch mehr Überreste der Stadt zu sehen. Hinter dem Kassenhäuschen steht an einem Berg die große steinerne Befestigungsmauer. Man kann durch die

Olivenhaine raufgehen, über die Mauer klettern und auf gleicher Höhe weiterwandern (der Pfad ist ein bisschen abschüssig, was nicht schlimm ist; aber besser nicht zu hoch klettern). Nach 100 m geht's noch mal über eine Steinmauer. Dahinter erstreckt sich eine Fläche, die früher die Bühne eines antiken **Theaters** war. Es ist leider ziemlich kaputt und aus ein paar der letzten Sitzreihen wachsen Olivenbäume. Unten an der Schnellstraße liegt die alte **Agora** der Stadt. Sie ist heute nur noch an ein paar umgestürzten Säulenresten zu erkennen.

Im Sommer gibt's auf dem Gelände Getränke zu kaufen.

AN- & WEITERREISE

Wer nach Euromos will, fährt mit dem Bus oder Dolmuş von Milas nach Söke und lässt sich bei den Ruinen absetzen. Eine Alternative ist, ein Dolmuş von Milas nach Kıyıkışlacık zu nehmen und an der Kreuzung nach Iasos auszusteigen. Dann muss noch ein kurzes Stück nördlich von der Schnellstraße zu Fuß zurückgelegt werden, bis rechts die Ruinen von Euromos auftauchen.

Kıyıkışlacık (Iasos)

☎ 0252

Rund 4 km südwestlich von Euromos (8 km nordwestlich von Milas) geht rechts (Richtung Westen) eine ausgeschilderte Straße nach Kıyıkışlacık („Kleine Kasernen an der Küste") ab. Dorthin sind es 20 km. Ursprünglich war hier die Stadt Iasos. Sie lag auf einem Berg auf der Spitze einer Halbinsel, eingerahmt von zwei idyllischen Buchten. Heute ist hier ein verschlafenes ägäisches Fischerdorf, mitten zwischen den verstreuten Ruinen der antiken Stadt.

Der kleine Hafen quillt über vor Fischerbooten. Für Reisende, die mal ein paar Tage dem Trubel entkommen wollen, gibt es eine gute Hand voll Unterkünfte und Restaurants.

SEHENSWERTES

100 m vor dem Ortseingang gabelt sich die Straße. Hier geht's auf die Schotterstraße nach rechts, dem großen gelben Schild mit der Aufschrift „Balık Pazari Açık Hava Müsei" nach zum **Balıkpazarı Iasos Müzesi** (Museum von Iasos; Eintritt 2,75 €; ☯ Di–So 8.30–17.30 Uhr). Gegenüber ist der kleine Ticketschalter. Das Museum ist in einem alten Fischmarkt untergebracht

und beherbergt die interessanteste Ruine des Dorfes: ein römisches Monumentalgrab (außerdem dazu noch ein paar andere antike Bruchstücke).

Der Abzweig links führt zum Hafen, dann über den Berg und weiter die Küste runter. Auf dem Berg oberhalb vom Hafen stehen noch mehr Ruinen, u. a. die ummauerte **Akropolis** (Eintritt 2,75 €; ☯ Di–So 8.30–17.30 Uhr). Bei Ausgrabungen wurden auch das Bouleuterion und die Agora der Stadt freigelegt; außerdem ein Gymnasion, eine Basilika, ein römischer Artemis-Astias-Tempel (190 n. Chr.) und jede Menge andere Bauten.

SCHLAFEN & ESSEN

Auf dem Berg hinter den Restaurants sind ein paar klasse Unterkünfte: **Cengiz** (☎ 537 7181; cengiz1955@gmail.com; EZ/DZ 11/22 €), **Zeytin** (☎ 537 7008; EZ/DZ 11/22 €; ☯ April–20. Okt.) und die **Kaya Pension** (☎ 537 7439; www.iasos.de; EZ/DZ 14/28 €; ⊠). Alle haben einfache, aber einwandfreie Zimmer und herrliche Terrassen mit tollem Blick. Die Zimmer vom Cengiz und Zeytin haben Balkons (ein paar mit Meerblick – im Cengiz nach Nr. 1, 2 oder 6 fragen). Dafür gibt's in der Kaya Pension einen schönen Pool. Im Zeytin können die Gäste lernen, wie Mosaiken gemacht werden. Alle Unterkünfte sind an der Kıyıkışlacık Köyü, der Hauptstraße am Berg, oberhalb vom Hafen.

Wer bis jetzt noch keinen türkischen Fisch gegessen hat, sollte hier zuschlagen. Die Restaurants servieren superfrischen Fisch, günstig und sehr lecker. Im **Dilek Restaurant** (☎ 537 7307; Gerichte ca. 7 €; ☯ Mai–Sept. 9 Uhr–Mitternacht) gibt's ein tolles, offenes meze-Buffet (an die 20 verschiedene meze) für 8 € und Fisch (z. B. Seebrasse) für ca. 5 €. Die **Iasos Café Bar** (☎ 537 7073; Gerichte 7–8 €; ☯ 10 Uhr–Mitternacht) bietet ebenfalls frischen Fisch und Snacks an (ab 1,10 €).

AN- & WEITERREISE

Theoretisch fahren im Sommer und das restliche Jahr über donnerstags (zum Markt in Güllük) öffentliche Boote von Güllük nach Iasos (2,75 €, 15 Min.) und wieder zurück. Aber die Praxis sieht anders aus – also besser vorher abchecken. Man kann auch unabhängig davon Fischerboote mieten (11 € pro Strecke, 20 Min.).

Zwischen Iasos und Milas (1,65 €) fährt im Sommer stündlich ein Dolmuş (im Winter fährt er nur alle 1½ Std.).

ÖREN

☎ 0252

Ören hat zwar lange versucht, das friedliche Flair eines türkischen Küstendorfs zu bewahren. Nach und nach scheint es aber doch zum Feind überzulaufen. Überall sind Baustellen und Neubauten. Aber außerhalb der Hauptsaison ist es hier meistens immer noch absolut ruhig und friedlich.

Zum eigentlichen Dorf – mit Post, Geschäften, alten osmanischen Häusern und Gärten voller Geranien – sind's vom Strand ca. 1,5 km landeinwärts. Rundherum sind die Ruinen der antiken Stadt **Keramos**. Sie war vom 6. Jh. v. Chr. bis mindestens zum 3. Jh. n. Chr. bewohnt. Wer nach Ören kommt, sollte genug Bargeld in der Tasche haben – der nächste Geldautomat ist nämlich vor dem Eingang zum Kraftwerk von Kemerköy und dorthin sind's 4 km zurück über die Straße nach Milas.

Über dem Dorf thront der **Hamile Dağı** (Berg der schwangeren Frau). Wer ein bisschen Phantasie hat, kann in dem Berg erkennen: Die zerklüftete Westseite ist das Gesicht, der vorstehende mittlere Teil der Bauch und der lange Bergrücken in Dorfnähe sind die Beine. Paraglider starten an den „Knien", wo jetzt Funkmasten sprießen.

Auf den 1 km langen **Strand** von Ören stehen v. a. türkische Dauerurlauber.

Schlafen & Essen

In Ören haben sich eine Hand voll Pensionen und Hotels am Wasser angesiedelt.

Hotel Alnata (☎ 532 2813; www.alnatahotel.com; HP/VP pro Pers. Winter 19/22 €, Sommer 25/35 €; 🕙 🛎) Das Drei-Sterne-Hotel Alnata ist die Nummer eins im Ort: überall weißer Marmor und viel Azurblau, bequem und gut geführt. Alle Zimmer haben einen Balkon, z. T. mit direktem Meerblick. Einen schönen Pool und einen Kiesstrand mit Sonnenliegen gibt's auch. Außerdem sind verschiedene Wassersportarten und Bootstouren im Angebot; es können auch Fahrräder und Surfbretter gemietet werden.

Hotel Keramos (☎ 532 2250; otelkeramos@ttnet.net.tr; Atatürk Bulvarı; EZ/DZ NS 11/22 €, HS 14/28 €; 🕙 Mai–Okt.; 🕙) Das Keramos ist in einem modern-neoklassischen Mix eingerichtet. Die Zimmer sind klein, aber nett; alle haben schöne Balkons mit Blick auf den Garten.

Hotel Kardelen (☎ 532 2678; www.orenkardelen.com; Yalı Mevkii Milas; EZ/DZ Winter 8/16 €, Sommer 16/31 €; 🕙) Gegenüber von der Minibus-Haltestelle gibt's

hier einfache, etwas kahle, aber geräumige Zimmer. Der größte Pluspunkt ist die riesige Dachterrasse. Und v. a. ist es supergünstig – billiger geht's in Ören wohl kaum.

Im Sommer gibt's am Wasser jede Menge Stände, die *pide,* Kebap und Fisch verkaufen. Einfach ein bisschen rumschlendern und den beliebtesten aussuchen – hier machen ständig neue Läden auf und andere zu.

Kerme Restaurant (☎ 532 2065; Atatürk Bulgarı 22; *meze* 1,65–1,95 €; 🕙 Winter 10.30 Uhr–Mitternacht, Sommer 8.30 Uhr–Mitternacht) Dieses alteingesessene, zuverlässige Restaurant hat das ganze Jahr über auf. Es tischt leckere *meze* und frischen Fisch zu fairen Preisen auf (11–13 € pro 500 g). Spezialität ist die aromatische *barbun* (Meerbarbe) – super!

An- & Weiterreise

Stündlich fahren Minibusse von Milas nach Ören (ins Dorf und zum Strand) und zurück (1,95 €, 1 Std.). Nach Bodrum (3,35 €) und Muğla (3 €) gibt's täglich drei Minibusse.

BODRUM

☎ 0252/40 870 Ew.

Bodrum kann als Touristenhochburg mit Kuşadası und Marmaris mithalten. Aber mit den Bougainvilleen-überrankten Würfelzucker-Häusern und Palmenalleen hat es mehr von seinem früheren Charme bewahrt.

Im Hochsommer fallen hier zwar die Chartersegler und Partymacher ein. Aber wer einen kurzen Spaziergang am Ufer macht, wird merken, dass sich Bodrum langsam zum Monte Carlo der Ägäis rausmacht: Es gibt einen schicken neuen Yachthafen, noble Restaurants und millionenschwere Segelboote, die hier für ein, zwei Nächte anlegen. Allein schon das tolle Museum für Unterwasserarchäologie ist einen Besuch wert.

Aber wer Traumurlaub mit Ruhe und Frieden verbindet, ist in Bodrum nicht unbedingt richtig. Jahrelang konnte sich die Freiluftdisko Halikarnas damit brüsten, der lauteste Schuppen am ganzen Mittelmeer zu sein. Seit einiger Zeit hat sie sogar noch Konkurrenz bekommen. Am schönsten ist es hier im Frühling oder im Herbst: Dann verwandelt sich Bodrum in einen angenehmen, relativ zurückhaltenden Ferienort.

Es überrascht nicht, dass der Tourismus die Lebensader von Bodrums Wirtschaft ist. Im Winter wird aber auch eine beachtliche Mandarinenernte eingefahren.

BODRUM

0 ———————— 400 m

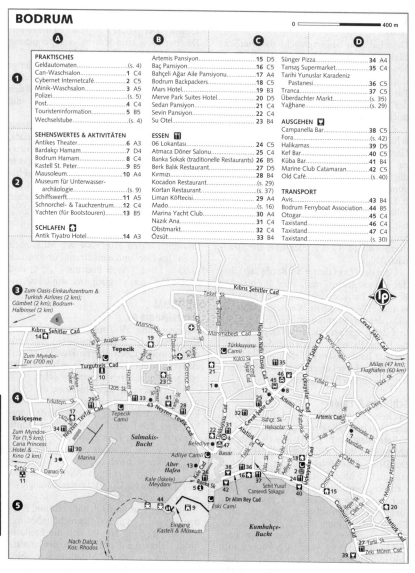

Geschichte

Schon vor Ewigkeiten kam Bodrum zu Ruhm, weil hier das spektakuläre Grabmal des karischen Königs Mausolos stand. Der römische Geschichtsschreiber Plinius der Ältere rechnete es zu den sieben Weltwundern. Leider ist heute nicht mehr viel davon übrig. Die meisten Besucher werden das Kastell St. Peter beeindruckender finden, das über die beiden Buchten wacht.

Herodot (ca. 485–425 v. Chr.), der „Vater der Geschichtsschreibung", ist Bodrums berühmtester Sohn. Zwischen den beiden Weltkriegen lebte in der Stadt außerhalb der Dichter Cevat Şakir Kabaağaç im politischen Exil. Er schrieb hier über seine idyllischen

Reisen an der karischen und der lykischen Küste, die damals noch komplett unberührt vom Tourismus waren. Der „Fischer von Halikarnassos" nannte sein berühmtestes Buch *Mavi Yolculuk* (Blaue Reise). Heute heißen sämtliche Kreuzfahrten an dieser Küste so. Vor nicht allzu langer Zeit zog der Sänger Zeki Muran nach Bodrum – seitdem steht die Stadt auf dem Programm homosexueller Traveller.

Orientierung

Die Straße nach Bodrum schlängelt sich durch Pinienwälder bis auf einen Berggipfel. Von da kann man auf die Stadt mit ihrer beeindruckenden Kreuzritterburg runtergucken.

Der *otogar* liegt von der Küste aus ca. 400 m landeinwärts an der Cevat Şakir Caddesi, der Hauptstraße ins Stadtzentrum. Wer am Obstmarkt zum Meer runtergeht, kommt zu einer kleinen weißen Moschee: der Adliye Camii (Gerichtsmoschee). Nach rechts (Richtung Westen) geht's über die Neyzen Tevfik Caddesi an mehreren Unterkünften vorbei zur Marina. Wer an der Adliye Camii links geht und die Abkürzung über den Basar nimmt, kommt auf die Dr Alim Bey Caddesi (Richtung Osten heißt sie später Cumhuriyet Caddesi). Die Straße führt zu den Hotels und Pensionen an der westlichen Bucht.

An der Adliye Camii geradeaus Richtung Burg geht's auf die Kale Caddesi. Hier steht eine Boutique neben der anderen. Am Ende der Kale Caddesi, unterhalb der Burgmauern, ist der Hauptplatz Kale (İskele) Meydanı. Hier sind die Touristeninformation, Teehäuser, Boote für Tagesausflüge und Ticketbüros von einigen Fährunternehmen. Die Mole weiter runter gibt's hinter der Burg mehr davon.

Praktische Informationen

In der Dr Alim Bey Caddesi und der Cevat Şakir Caddesi gibt es mehrere Geldautomaten und Wechselstuben.

Can-Waschsalon (☎ 316 4089; Türkkuyusu Caddesi 99; 2,50/3,85 € pro 5/10 kg Wäsche; ☼ Mo–Sa 8.30–21, So 10–21 Uhr)

Cybernet Internetcafé (☎ 316 3167; Üçkuyular Caddesi 7; 1,10 € pro Std.; ☼ rund um die Uhr)

Minik-Waschsalon (☎ 316 7904; Neyzen Tevfik Caddesi 236; waschen & trocknen 4,15 € pro 4 kg Wäsche)

Post(☎ 316 2760; Cevat Şakir Caddesi; ☼ Post 8.30–17 Uhr, Telefonzentrale 8 Uhr–Mitternacht)

Touristeninformation (☎ 316 1091; Kale Meydanı; ☼ Mo–Fr 8–17 Uhr, Sommer tgl.)

Sehenswertes & Aktivitäten

KASTELL ST. PETER

1402 fegte Timur Lenk durch Anatolien und brachte das aufstrebende Osmanische Reich kurzzeitig ins Wanken. Die Johanniter-Kreuzritter von Rhodos nutzten die Gelegenheit und rissen sich Bodrum unter den Nagel. Sie bauten das Kastell St. Peter, das Bodrum (nicht immer erfolgreich) bis zum Ende des Ersten Weltkriegs verteidigte. Später diente es als Depot für die Funde, die bei den archäologischen Unterwasserexpeditionen zutage kamen. Und heute ist dort das **Museum für Unterwasserarchäologie** (☎ 316 2516; Eintritt 5,55 €; ☼ Sommer Di–So 9–12 & 13–19 Uhr, Winter 8–12 & 13–17 Uhr) untergebracht.

Dieses tolle Museum ist wohl das bedeutendste Museum für Unterwasserarchäologie weltweit. Es ist ein geniales Beispiel dafür, wie antike Stücke zum Leben erweckt werden können. Sie sind einfallsreich präsentiert und schön beleuchtet. Gute Infotafeln, Karten, Modelle, Rekonstruktionen, Zeichnungen, Wandbilder, Dioramen und Videos machen das Ganze sehr lebendig. Es ist auf jeden Fall eins der besten Museen der Türkei und des ganzen Mittelmeerraums (davon könnten sich manche verstaubten Glasvitrinen-Museen bei uns ruhig eine Scheibe abschneiden!).

Der Blick von den Festungsmauern ist atemberaubend und an sich schon einen Besuch wert. Das Museum erstreckt sich über die ganze Burg, deshalb müssen mindestens zwei Stunden einkalkuliert werden. Rundgänge sind mit Pfeilen ausgeschildert (rot für lang, grün für kurz), aber Guides gibt es keine. Irgendwann soll noch ein mykenischer Raum dazukommen und ein Aufzug eingebaut werden.

Zur Burg rauf führt eine Steinrampe mit in Marmor gemeißelten **Kreuzritterwappen,** die an den Mauern hängen. Hier und da sind Marmorteile zu erkennen, die aus dem antiken Mausoleum geklaut wurden. Die Rampe kommt im Haupthof der Burg mit einem uralten Maulbeerbaum in der Mitte an. Links befindet sich eine der größten **Amphoren**-Sammlungen der Welt. Sie stammt aus dem 14. Jh. v. Chr. und wurde in der Südwesttürkei aus dem Meer gefischt. Hier gibt's auch ein Hofcafé inmitten griechischer und römischer Statuen – ein schattiges Erholungsplätzchen.

In der Kapelle steht ein originalgroßes Modell vom Heckbereich eines **oströmischen Schiffs** aus dem 7. Jh. Es wurde vor Yassıada gefunden. Wer will, kann an Deck rumlaufen, sich ans Ruder stellen, die Weinfässer unter Deck angucken und in die Kombüse linsen.

Ein Weg links von der Kapelle führt rauf zu den Türmen. Über eine Rampe geht's hoch zur **Glas-Schiffswrack-Ausstellung** (Eintritt 2,75 €; ☾ Di–Fr 10–11 & 14–16 Uhr). Am Eingang steht an der Mauer ein Taubenschlag, der wie eine Burg aussieht. Das Wrack wurde 1973 von einem Schwammtaucher gefunden und von Professor George Bass mit seinem Unterwasserarchäologen-Team geborgen. Das Schiff war 16 m lang und 5 m breit und sank im Jahr 1025 v. Chr. mit seiner Ladung von 6 t aus dem fatimidischen Syrien und vom Schwarzen Meer.

Weiter oben steht der **Schlangenturm** mit einer Ausstellung zum Gesundheitswesen der Antike; außerdem der **Deutsche Turm** mit Verzierungen im mittelalterlichen europäischen Stil.

Vorbei an den osmanischen Klos geht's runter zum **Gatineau-Turm** und den Verliesen darunter. Über dem inneren Tor steht „Inde Deus abest" (Wo es keinen Gott gibt). Die Ritter nutzten die Verliese von 1513 bis 1523 als Kerker und Folterkammer. Auf einem Schild wird angemerkt, dass die ausgestellten Folterinstrumente nichts für Kids sind. Aber die meisten sind durch Computerspiele so abgehärtet, dass sie die ausgestellten Modelle und das Stöhnen vom Band eher lustig finden.

Der **Englische Turm** wurde zur Zeit König Heinrichs IV. von England gebaut (sein Wappen prangt über dem Eingang zur obersten Halle). Heute ist er als mittelalterlicher Bankettsaal gestaltet. An den Wänden hängen die

EINE WOCHE IM LEBEN DES BAHADIR BERKAYA

Eines frühen Morgens fuhr ein Mann bei Karataş vor der westlichen Mittelmeerküste zum Fischen aufs Meer raus. Plötzlich entdeckte er etwas auf dem Meeresboden, das wie eine Leiche aussah. Erschrocken floh er, so schnell er konnte, nach Hause zu seiner Frau. Aber später nahm er seinen ganzen Mut zusammen und kehrte zu der Stelle zurück, um sich die Sache genauer anzugucken. Nur 5 m unter dem Wasser lag eine schimmernde Statue.

Als sich die Nachricht von dem Fund verbreitete, schickte das Museum für Unterwasserarchäologie drei seiner Top-Archäologen. Sie sollten der Sache nachgehen. Überrascht stellten sie fest, dass die Statue weder aus Stein noch aus Marmor, sondern aus Bronze war. Sie beschlossen, die Entdeckung streng geheim zu halten, schlugen ein Lager auf und hoben die Statue in drei Tagen und Nächten vorsichtig vom Meeresgrund. Die über 2 m hohe und ca. 2000 Jahre alte Statue war ein sensationeller Fund und machte schon bald Schlagzeilen in der internationalen Presse.

Als die Archäologen erschöpft, aber aufgekratzt auf dem Weg zurück nach Bodrum waren, machten sie in Kaş eine Kaffeepause. Dort im Hafen plauderten sie mit einem alten Schwammtaucher. Der erzählte ihnen von merkwürdigen, wie „Kekse" aussehenden Objekten, die er unter Wasser entdeckt hatte. Die Archäologen versprachen ihm, sich darum zu kümmern. Ein paar Tage später kamen sie nach Kaş zurück und fuhren dann zusammen mit dem Schwammtaucher zu einer Stelle ca. 10 km vor der Küste.

Nachdem sie zuerst auf 50 m und dann auf 52 m Tiefe runtergetaucht waren, entdeckten die Archäologen zu ihrer Überraschung die Überreste eines unglaublichen Wracks. Sie nahmen einen keksförmigen Kupferbarren mit nach oben. Den schickten sie in ein Labor, um ihn datieren zu lassen.

Die Untersuchungen ergaben, dass der Kupferbarren aus einer Zeit noch vor dem 14. Jh. v. Chr. stammte! In dieser Nacht bekam die Frau eines der Archäologen ein Kind. Sie nannten das Mädchen nach dem Fund aus der Bronzezeit „Tunc" (Bronze).

Im Laufe der folgenden Ausgrabungen wurde ein echter Schatz gehoben: ein goldener Kelch, ein goldenes Medaillon, der goldene Skarabäus der ägyptischen Königin Nofretete und ganze 10 t Kupfer und 1,5 t Zinn – genug, um eine ganze Armee mit Bronzewaffen auszurüsten. *Uluburun,* wie der Schatz heute genannt wird, war eine der größten archäologischen Entdeckungen der Welt in den vergangenen zwei Jahrhunderten.

Er kann heute im Museum für Unterwasserarchäologie in Bodrum bewundert werden (S. 293).

Mit Dank an Bahadir Berkaya (Museum für Unterwasserarchäologie Bodrum), einem der drei Archäologen, die an den spektakulären Entdeckungen im Oktober 1982 beteiligt waren

Standarten der Großmeister des Johanniterordens und ihrer türkischen Feinde. Außerdem gibt's türkische Kettenhemden und Graffiti zu sehen, die von den Kreuzrittern in die Fenstersimse geritzt wurden.

Etwas ganz Besonderes sind die **Schiffswracks aus der Bronzezeit.** In ihnen wurden kanaanitischer Goldschmuck, Bronzeschwerter, Elfenbein und der goldene Skarabäus der ägyptischen Königin Nofretete gefunden. Ein Highlight ist das Wrack von *Uluburun* aus dem 14. Jh. v. Chr.: Es ist das älteste geborgene Schiffswrack der Welt. Das Wrack von *Tektaş Burnu* ist weltweit das einzige erhaltene griechische Schiffswrack (vermutlich aus der Zeit um 480 bis 400 v. Chr.) aus der klassischen Periode. Die Schatzkammer mit den Artefakten wird hin und wieder geschlossen, wenn die Luftfeuchtigkeit zu hoch ist.

Im **Französischen Turm** (Eintritt 2,75 €; ☺ Di–Fr 10–12 & 14–16 Uhr) lagern die sterblichen Überreste einer großen und offensichtlich mächtigen Frau. Manche glauben, dass es Königin Ada ist (eine karische Prinzessin, die zwischen 360 und 325 v. Chr. mit ca. 44 Jahren starb). Aber dafür gibt's keine konkreten Beweise. Egal, wer es ist – die Grabbeigaben sind wahre Schätze: eine Goldkrone, eine goldene Halskette, Armbänder und ein edles Gebinde aus goldenen Myrtenblättern. Gerichtsmediziner von der Universität Manchester haben mit ultramodernen Rekonstruktionstechniken versucht zu zeigen, wie sie ausgesehen haben könnte. Es läuft ein Video auf Türkisch über ihre Arbeit.

MAUSOLEUM

Nach der Invasion der Perser wurde Karien von einem Satrapen (oder „König") namens Mausolos (ca. 377–353 v. Chr.) regiert. Er verlegte die Hauptstadt von Mylasa hierher und gab ihr den Namen Halikarnassos. Als er gestorben war, ließ seine Frau ein Monumentalgrab nach Mausolos' eigenen Entwürfen bauen. Es war ein riesenhafter Bau aus weißem Marmor mit Säulen und einer Stufenpyramide obendrauf. Es galt in der Antike als eins der sieben Weltwunder. 19 Jahrhunderte überstand es ohne größere Schäden. 1522 zerlegten es dann die Kreuzritter in Einzelteile, die sie für andere Bauten benutzten.

Obwohl vom **Mausoleum** (Turgutreis Caddesi; Eintritt 2,75 €; ☺ Di–So 8–17 Uhr) kaum was übrig ist, lohnt es sich, das Gelände zu erkunden. Es liegt von der Neyzen Tevfik Caddesi ein paar

Straßen weiter Richtung Landesinneres. Von der Burg kommend, biegt man bei der Tepecik Camii am Ufer der westlichen Bucht rechts in die Hamam Sokak ab und geht dann links immer den Schildern nach.

Auf dem Gelände gibt's tolle Gärten mit den Ausgrabungen rechter Hand und einem Säulengang linker Hand. In den Arkaden befindet sich eine Kopie des berühmten Frieses, der teilweise von den Burgmauern abmontiert wurde. Das Original ist heute im British Museum in London. Die vier ausgestellten Originalfragmente wurden erst kürzlich gefunden. Modelle, Zeichnungen und Dokumente lassen erahnen, warum dieses Grabmal es auf Plinius' Weltwunder-Liste schaffte. Darüber hinaus gibt's noch ein Modell von Halikarnassos zur Zeit von König Mausolos, ein Modell vom Mausoleum und seiner Umgebung u. a. zu sehen.

Es gibt einen 1581 verfassten Bericht über die Entdeckung des verschütteten Mausoleums, der wahrscheinlich auf einer Augenzeugenerzählung von 1522 basiert. Darin wird geschildert, wie die Kreuzritter das Mausoleum fanden, ausbuddelten und bestaunten. Zum Schlafen kehrten sie wieder ins Kastell zurück. Aber in der Nacht brachen Piraten ein und klauten die Grabschätze, die unter der Erde sicherer gewesen waren. Am nächsten Tag kamen die Ritter zurück und rissen das Grabmal ab, um die Steine für andere Bauten zu plündern. Aber in Wirklichkeit war es wohl anders: Modernen Forschungen zufolge waren die Grabräuber vor den Rittern da und hatten den Schatz schon vorher eingesackt. Und das Grabmal wurde durch Erdbeben in Trümmer gelegt, lange bevor die Ritter in der Türkei auftauchten.

Von der Stätte sollte sich keiner zu viel versprechen. Es sind nur noch ein paar Treppen und Grabkammern aus der Zeit vor Mausolos, das Kanalisationssystem, der Eingang zur Grabkammer, ein paar Teile der Umfassungsmauer und mehrere große Stücke von kannelierten Marmorsäulen zu sehen.

NOCH MEHR RUINEN

Am Berg hinter der Stadt, an der viel befahrenen Hauptstraße nach Gümbet, liegt ein antikes, heute restauriertes **Theater** (Kıbrıs Şehitler Caddesi; Eintritt 2,75 €; ☺ Sa–Do 8–17 Uhr). Früher passten hier 13 000 Leute rein. Vor kurzem wurden auch Gräber entdeckt, die noch älter sind als das Theater.

Direkt hinter der Marina befinden sich die vor kurzem restaurierten Überreste der **Schiffswerft** (Şafak Sokak; ☺ 9–18 Uhr). 1770 wurde bei Çeşme die gesamte osmanische Flotte von den Russen zerstört. In Werften wie dieser wurde sie dann komplett neu gebaut. Die Werft war befestigt, damit sie vor Piratenangriffen geschützt war. Der restaurierte Turm stammt von 1829. Das Gelände ist v. a. ein Spielplatz für Kids. Von oben gibt's einen klasse Ausblick. Hier liegen auch ein paar alte Grabsteine rum. Sie stammen aus der Zeit, als das lateinische Alphabet das arabische ablöste.

Auch die Ruinen des **Myndos-Tors** (Myndos Kapısı) am äußersten Westende der Turgutreis Caddesi sind frisch restauriert. Es ist das einzige noch erhaltene Tor der Stadtmauer, die früher 7 km lang war. Vermutlich wurde sie im 4. Jh. v. Chr. von König Mausolos hochgezogen. Vor dem Tor mit den zwei Türmen sind noch die Überreste eines Wassergrabens zu sehen. 334 v. Chr. ertranken darin eine Reihe Soldaten von Alexander dem Großen.

HAMAMS

Gegenüber vom *otogar* ist der saubere **Bodrum Hamam** (☎ 313 4129; Cevat Şakir Caddesi, Fabrika Sokak 42; komplette Massage 25 €; ☺ 6 Uhr–Mitternacht) für Männer und Frauen. Der **Bardakçı Hamam** (☎ 313 8114; Omurça Dere Sokak 22; Bad/Massage 8/17 €; ☺ 7 Uhr–Mitternacht) von 1749 macht von außen

zwar nicht viel her, aber innen gibt's edlen Marmor und eine tolle Atmosphäre. Für Männer und Frauen.

BOOTSTOUREN

Entlang der Neyzen Tevfik Caddesi an der westlichen Bucht und rund um den alten Hafen liegen massenhaft Schiffe. Sie bieten Tagestouren rund um die Bucht an. Die meisten starten um 10 Uhr und kommen zwischen 17 und 17.30 Uhr zurück. Der Spaß kostet um die 14 €, inklusive Mittagessen plus Tee und Kuchen am Nachmittag.

Normalerweise segelt man erst nach **Aquarium.** Dort ist eine kleine Bucht mit herrlich klarem Wasser – prima zum Schwimmen! Dann geht's nach **Karaada** (Schwarze Insel). Hier gibt's heiße Quellen in einer Höhle, aus denen orangefarbener Schlamm sprudelt, den sich die Schwimmer auf die Haut schmieren. Nächste Station ist **Tavşan Burnu** – auch eine nette Bucht, in der es sich gut schwimmen lässt. Danach stoppt das Boot auf der anderen Seite von Karaada, bevor es den **Meteor** mit seinem 15 m tiefen natürlichen Pool anläuft – gut zum Tauchen! Dann geht's wieder nach Hause. Manchmal fahren die Boote auch in die **Ortakent-Bucht;** hier gibt's Restaurants und Hotels direkt am Strand.

Klasse ist auch eine Fahrt mit dem Wassertaxi (1,40 €, 5 Min.) nach **Bardakçı.** Dort gibt's einen schönen, meistens ziemlich leeren

---

BODRUMS BIG BLUE

Wegen der klaren Sicht (20–25 m an einem guten Tag), dem sauberen Wasser und den angenehmen und konstanten Temperaturen ist Bodrum ein toller Spot zum Tauchen und Schnorcheln. Und es gibt kaum einen besseren Platz, um beides zu lernen.

Wer Glück hat, sieht Tintenfische, Wasserschildkröten, Barrakudas, Makrelen (meist Ende Juni) und Papageienfische. Korallen wachsen hier leider erst in 40 m Tiefe (sodass nur erfahrene Taucher sie zu sehen bekommen). Aber die Tauchschulen bemühen sich heftig um die Erlaubnis, zu ein paar der unglaublichen Wracks zu tauchen. Die liegen zu Hunderten direkt vor der Küste von Bodrum (12–25 m tief). Wenn die Erlaubnis jemals erteilt wird, ist Bodrum garantiert *der* internationale Hotspot des Wracktauchens. Sehr wahrscheinlich wird es irgendwann erlaubt sein, ein oder zwei der Wracks zu besuchen. Also Ohren spitzen!

Das **Snorkel & Dive Center** (☎ 313 6017; www.snorkeldiveshop.com; Cevat Şakir Caddesi 5; ☺ Winter 10–18 Uhr, Sommer 9–24 Uhr) in Bodrum ist eine klasse Infoquelle. Hier gibt's gute Schnorchel- und Tauchausrüstungen (Maske/Schnorchel 19/6 €). Außerdem werden Tauchgänge organisiert (ganzer Tag mit zwei Tauchgängen, Boot, kompletter Ausrüstung, Versicherung, Hoteltransfer und Mittagessen 45 € pro Pers.). Ein ganztägiger Schnorcheltrip kostet 17 € pro Person. Das Unternehmen bietet auch PADI-, NAUI- und CMAS-Kurse an. Ein PADI-Open-Water-Kurs kostet 350 € pro Person (inkl. kompletter Ausrüstung, Unterricht und Bücher). Er geht normalerweise über vier Tage, kann aber notfalls auch in drei Tagen absolviert werden.

Strand, an dem es sich wunderbar relaxen lässt.

Festivals & Events

Jedes Jahr im August steigt im Kastell St. Peter das **Internationale Ballettfestival** (☎ 313 7649). Hier führen nationale und internationale Stars klassisches, modernes und experimentelles Ballett auf. Infos zu Tickets gibt's unter www. biletix.com. In der dritten Oktoberwoche findet außerdem die **internationale** *gulet*-**Regatta Bodrum Cup** statt.

Schlafen

V. a. an den Wochenenden im Hochsommer ist Bodrum gerammelt voll – also am besten frühmorgens kommen! Wer eine Woche oder länger bleiben will und eher an ein Hotel als an eine Pension denkt, sollte die Pauschalurlaub-Kataloge durchblättern. Die haben eventuell bessere Deals im Angebot.

Wer nachts seine Ruhe haben will, sollte beim Aussuchen der Unterkunft checken, wie weit sie von den Clubs entfernt ist. Die Action geht selten vor Mitternacht los und dauert meistens bis 4 Uhr morgens. Theoretisch halten doppelt verglaste Fenster den Krach ab. Aber wenn das Zimmer keine Klimaanlage hat, will man im Sommer vielleicht lieber bei offenem Fenster schlafen. Inzwischen ist die westliche Bucht genauso laut wie die östliche.

Leider sind nur wenige Unterkünfte auch im Winter offen.

BUDGETUNTERKÜNFTE

An der Nordküste der Bodrum-Halbinsel gibt's eine Reihe Campingplätze. Traveller können sich bei der Touristeninformation informieren und reservieren.

Sevin Pansiyon (☎ 316 7682; sevinpansiyon@hotmail. com; Türkkuyusu Caddesi 5; Winter EZ 8–14 €, DZ 14–17 €, Sommer EZ 19–22 €, DZ 25–36 €; 🔀 💻) Der größte Pluspunkt dieser Pension hinter der Post ist die zentrale Lage. Aber sie ist auch freundlich und hat prima Einrichtungen (inkl. Waschmaschinen und kostenlosem Internetzugang). Die 37 Zimmer sind alle ziemlich unterschiedlich, also besser mehrere angucken (auch wenn die kleineren billiger sind).

Bodrum Backpackers (☎ 313 2762; Atatürk Caddesi 31B; B/EZ/DZ 8/11/22 €, Matratze & Bettzeug auf Terrasse mit/ohne Frühstück 5,60/3,40 €; 💻) Dieses Hostel hat ein ehemaliger Backpacker gegründet und für genau solche ist es auch gedacht. Es ist sauber

und gut geführt. Auf der schönen, kühlen Dachterrasse schnarchten lauter Backpacker, als wir da waren! Das Ganze wird vom hilfsbereiten, netten Tariq gemanagt. Er organisiert auch Bootstouren, Flughafentransfer und Autovermietung. Nebenan ist ein britischer Pub – nachts ist also nicht unbedingt Ruhe angesagt.

Sedan Pansiyon (☎ 316 0355; bei der Türkkuyusu Caddesi 121; EZ/DZ mit Bad 11/22 €, mit Gemeinschaftsbad 8/16 €) Die Zimmer liegen rund um einen runtergekommenen, aber friedlichen Innenhof abseits der Straße. Manche sind besser, manche schlechter. Aber die Pension ist freundlich und billig. Und die Gäste können die Küche benutzen.

Bahçeli Ağar Aile Pansiyonu (☎ 316 1648; 1402 Sokak 4; EZ/DZ 17/33 €) Diese süße, kleine familiäre Pension liegt in einem Durchgang hinter der Neyzen Tevik Caddesi, gegenüber von der Marina. Sie gehört İbrahim und seiner Familie. Im kleinen Hof zwitschern die Vögel. Gäste dürfen die Küche mitbenutzen. Die Zimmer sind klein und schlicht, aber picobello und ruhig; alle mit Balkon.

Mars Hotel (☎ 316 6559; Araplar Sokak 29; B 5,50 €, EZ/DZ NS 14/22 €, HS 22/36 €, ohne Klimaanlage 8 € billiger; 🔀 💻) Das ruhige, friedliche und billige Mars ist ein Stück weit weg von der Straße. Die Zimmer sind zwar einfach und eher klein, aber sauber und hell. Acht gehen zum netten, mittelgroßen Pool raus. Murat, der Besitzer, ist superhilfsbereit. Die Gäste werden umsonst vom Busbahnhof abgeholt und wieder dorthin gebracht.

MITTELKLASSEHOTELS

Artemis Pansiyon (☎ 316 1572; www.artemispansiyon. com; Cumhuriyet Caddesi 121; EZ/DZ 22/33 €, Sommer plus 5,50 € pro Pers.; 🔀) Die Zimmer sind zwar einfach, aber alle haben nagelneue Bäder und vier direkten Meerblick. Das größte Plus ist die Terrasse mit Panoramablick über die Bucht.

Baç Pansiyon (☎ 316 2497; bacpansiyon@turk.net; Cumhuriyet Caddesi 14; EZ 28–33 €, DZ 44–50 €, Sommer plus 10 € pro Pers.) Klein, aber sehr schick: alles aus Marmor, Holz und Schmiedeeisen. Die Pension liegt zentral und kann mit der besten Aussicht von Bodrum punkten. Mitten im Markttrubel steht sie direkt oberhalb vom Wasser. Vier der zehn bequemen Zimmer haben einen tollen Balkon.

Su Otel (☎ 316 6906; www.suhotel.net; Turgutreis Caddesi, 1201 Sokak; EZ/DZ 45/72 €; 🔀 💻) Dieses farbenfrohe, moderne Haus in einer Sackgasse sieht ein bisschen aus wie eine aufgeblasene Legoland-Konstruktion. Aber es ist nett eingerichtet, bequem und ruhig. Im Garten gibt's einen feinen Pool. Die Zimmer sind auch in den Grundfarben gehalten und haben Balkons, z. T. mit Poolblick. Wer länger als eine Woche in Bodrum bleibt, kann auch eins der schönen alten Häuschen mieten (ab 105 € für bis zu 3 Pers.). In eins von ihnen passen bis zu acht Leute.

Merve Park Suites Hotel (☎ 313 7013; www.merve suiteshotel.com; Atatürk Caddesi 73; EZ/DZ Winter 23/39 €, Sommer 46/78 €; 🖳) Der Name ist zwar etwas angeberisch. Aber es werden geschmackvolle Zimmer rund um einen schönen Innenhof geboten. Es ist voll mit Antiquitäten, die der Besitzer und Antiquitätenhändler aus İnstanbul gesammelt hat. Zwei super Terrassen gibt's auch (eine mit Pool).

SPITZENKLASSEHOTELS

Antik Tiyatro Hotel (☎ 316 6053; www.antiquetheatre hotel.com; Kıbrıs Şehitler Caddesi 243; EZ/DZ Sommer ab 92/120 €, Winter 72/90 €; ⌧ 🖳) An einem terrassierten Hügel gelegen. Die Zimmer rund um einen süßen Pool sind zwar recht einfach, aber stilvoll eingerichtet: mit Originalkunstwerken und Antiquitäten. Der Blick auf die Burg und das Meer ist phantastisch. Und dank der Doppelverglasung ist von der nahen, stark befahrenen Straße nicht allzu viel zu hören.

Essen

Im Juli und August sind die Preise hier doppelt so hoch wie in İstanbul. Wer Fisch bestellt, sollte wie immer die Preise vorher checken (s. auch Kasten S. 77).

In Bodrum machen ständig Restaurants auf und zu. Die hier aufgelisteten haben einen längeren Atem bewiesen und sind verlässlicher.

WESTLICHE BUCHT

Liman Köftecisi (☎ 316 5060; Neyzen Tevfik Caddesi 172; *meze* 2,20 €; 🕒 8 Uhr–Mitternacht) Das trendige Liman ist in der ganzen Türkei berühmt. Es liegt superschön am Meer und serviert leckeres Essen zu sehr anständigen Preisen. Spezialität sind *köfte* (gegrillte Fleischbällchen). Davon gibt's sechs verschiedene Sorten (3–6,65 €); der Renner sind die *liman köfte* – mit Joghurt, Tomatensauce und Butter. Auch der Service ist top.

Kırmızı (☎ 316 4918; Neyzen Tevik Caddesi 44; *meze* 2,50–5,55 €, Hauptgerichte 5–12 €; 🕒 11.30 Uhr–Mitternacht) Das kleine, aber charaktervolle Lokal verteilt sich über drei Etagen. Hier wird mediterranes Essen aus knackig frischen regionalen Produkten aufgetischt. An den Wänden hängen Werke lokaler Künstler. Und der charmante Besitzer Duygu empfängt jeden seiner Gäste superherzlich. Das feste dreigängige Mittagessen ist unglaublich günstig.

Sünger Pizza (☎ 316 0854; Neyzen Tevfik Caddesi 218; Pizza für 1 Pers. 3,35–6 €, Salate 2,25–4 €; 🕒 8 Uhr–Mitternacht) Diese Pizzeria ist nach dem Großvater des Besitzers benannt: Der war ein *sünger-* (Schwamm-)Taucher. Der Laden ist bis unters Dach voll mit Einheimischen, die auf die „beste Pizza von Bodrum" scharf sind. Am besten einen Tisch auf dem Dach besetzen.

Marina Yacht Club (☎ 316 1228; Neyzen Tevfik Caddesi 5; Bier 2,75 €, Hauptgerichte 7–14 €; 🕒 8–2 Uhr) Der Eingang ist zwar ziemlich protzig und das Ganze liegt in der Schickimicki-Gegend beim Yachthafen, aber Essen und Preise sind sehr anständig. Jeden Abend gibt's von 21 bis 1 Uhr Livemusik. Die Gäste haben die Wahl zwischen traditionellem türkischem Essen und italienischer Kost im Café Vela.

Yağhane (☎ 313 4747; Neyzen Tevfik Caddesi 170; Hauptgerichte 9,50–17 €; 🕒 10.30 Uhr–Mitternacht) Nette, atmosphärische Location in einer alten Olivenmühle von 1894. An den Wänden hängen Bilder von lokalen Künstlern. Die Küche ist auf alte osmanische und mediterrane Gerichte spezialisiert – alles vom Feinsten und originell. Einer der Hits ist eine leckere regionale Spezialität: *et çökertme* – Rindfleischstreifen mit Knoblauch-Joghurt, geriebenen Kartoffeln und Butter (11 €). Die Weinkarte ist auch beeindruckend.

Kocadon Restaurant (☎ 316 3705; Saray Sokak 1; Gerichte 15–25 €; 🕒 abends Mai–Okt.) Restaurant im gepflasterten Hof eines phantastischen 200 Jahre alten Steinhauses, ein Stück weit hinter der Neyzen Tevfik Caddesi. In dem kultivierten, stimmungsvollen Lokal dreht sich alles um altosmanische Küche. Zu einem phantastischen Drei-Gänge-Menü (mittags & abends, 19 €) gehört ein offenes Buffet mit zwölf *meze* und ein Fischgericht – einfach unschlagbar. Auch das Essen à la carte ist fein und verführerisch. Das Restaurant hält sich für das beste von Bodrum – und das ist es wohl auch.

Özsüt (☎ 313 6033; Neyzen Teyfik Caddesi 122; 🕒 Sommer 8–14 Uhr, Winter 9.30–23 Uhr) Brandneue

Filiale einer beliebten, preisgekrönten Kette aus İzmir. Hier gibt's die üblichen leckeren türkischen Puddings, Kuchen und Eis (0,69 € pro Kugel). Besonders lecker ist der göttliche *Özsüt'un aynası* (Spiegel von Özsüt).

ZENTRUM

Ganz im Süden vom Basar ist die Banka Sokak (in Bodrum bekannt als Meyhaneler Sokak – Kneipenstraße). Das ist eine süße, kleine Gasse mit Schatten spendenden Bäumen und attraktiven, traditionell eingerichteten Restaurants – inzwischen zwar einigermaßen touristisch, aber trotzdem eine nette Ecke; allerdings ein, zwei Lire teurer als anderswo.

Nazik Ana (☎ 313 1891; Eski Hukumet Sokak 7; Hauptgerichte mit Fleisch/vegetarisch 2,25/1,40 €; ♥ 9–22 Uhr, Winter geschl.) Das einfache, aber atmosphärische Nazik Ana hat sich in einem schönen, 100 Jahre alten Steinhaus bei der Cevat Şakir Caddesi einquartiert. Die Wände sind mit Fotos von Alt-Bodrum geschmückt. Superbeliebt bei den Einheimischen, v. a. bei den Polizisten von nebenan. Die Schauvitrine ist perfekt, um so viele türkische Gerichte wie möglich durchzuprobieren. Alles ist unglaublich billig – nicht so schlimm also, wenn einem was nicht schmeckt.

Atmaca Döner Salonu (☎ 313 4150; Cevat Şakir Caddesi 39; Bier 1,10 €; ♥ 11–22 Uhr) Die Einheimischen fahren wegen der supergünstigen, leckeren *Döner Kebaps* (im Fladen 1,65 €, Teller 3–3,65 €) auf diesen Laden ab. Hinter dem Stand versteckt sich ein geheimer, schattiger Garten. Alles ist sauber und kühl und das Essen köstlich.

ÖSTLICHE BUCHT

Die Gegend um die Dr Alim Bey Caddesi und Cumhuriyet Caddesi hat Pauschalurlauber im Visier. Es gibt Bars, Kneipen und Restaurants ohne Ende. Die Restaurants haben zwar schöne Tische am Wasser, v. a. im Sommer sind die Preise aber oft gesalzen.

06 Lokantası (☎ 316 6863; Cumhuriyet Caddesi 115; *meze* 1,65 €, Hauptgerichte 2,50–4,45 €; ♥ Winter 9–3 Uhr, Sommer rund um die Uhr) Einfach, aber sauber, prima geführt und superbeliebt. Die Preise sind unschlagbar. Es wird frischer Fisch und leckeres vegetarisches Essen serviert.

Tranca (☎ 316 6610; Cumhuriyet Caddesi 36; Hauptgerichte 11 €; ♥ 11 Uhr–Mitternacht) Das familienbetriebene Tranca ragt in die Bucht und bietet vermutlich die beste Aussicht der Stadt. Spezialitäten sind *tuzda balik* (Fisch in Salzkruste) und *testi kebabı* (Auflauf in einem Tongefäß, das am Tisch aufgebrochen wird; jeweils 25–30 € ab 2 Pers.). Am besten einen Tisch am Wasser reservieren.

Kortan Restaurant (☎ 316 1300; Cumhuriyet Caddesi 32; ♥ April–Sept. 9–1 Uhr) Diese reizende, 350 Jahre alte frühere Taverne ist allein schon wegen der Innenräume einen Besuch wert. Aber es gibt auch fünf Tische auf einer netten Terrasse (telefonisch reservieren). Spezialität ist gegrillter Fisch (11–22 € pro 500 g). V. a. die leckere *barbun* (Meerbarbe) ist ein Hit.

Berk Balık Restaurant (☎ 313 6878; Cumhuriyet Caddesi 167; *meze* 2,25 €, jeder Fisch 20 € pro Kilo; ♥ 12–1 Uhr) Das Restaurant gehört ein paar Freunden und ist auf Fisch und Meeresfrüchte spezialisiert. Sie werden auf einer phantastischen, höher gelegenen Terrasse serviert, wo es so quirlig zugeht wie in einem Dorfgasthaus. Es ist gerammelt voll mit Einheimischen, die Tintenfisch in Knoblauchbutter und leckeren frischen Fisch schlemmen. Prima Preise.

Mado (☎ 313 5655; Cumhuriyet Caddesi 24; Gebäck & Nachtische 3,35 €; ♥ 9–1 Uhr) Diese tolle Kette serviert das übliche Repertoire an verführerischen türkischen Puddings, Gebäck und Eis (0,85 € pro Kugel). Auf einer herrlichen Terrasse direkt am Wasser.

SELBSTVERSORGER

Auf dem großen überdachten Markt, ca. 250 m nördlich vom Busbahnhof können sich Traveller prima für ein Picknick eindecken. Hier gibt's frisches Obst und Gemüse, türkische Süßigkeiten, Trockenfrüchte und Nüsse zu super Preisen (wer Spaß dran hat, kann auch ein bisschen feilschen). Hinter dem Markt ist ein großer **Tansaş-Supermarkt** (☎ 313 4932; Garaj Üstü; ♥ 8.30–22 Uhr).

Tarihi Yunuslar Karadeniz Pastanesi (Cumhuriyet Caddesi 13; ♥ 7.30 Uhr–Mitternacht) verkauft tolles frisches Brot (klasse für ein Picknick oder ein Draußenfrühstück).

Ausgehen

Im Sommer schießen die Bars und Clubs wie Pilze aus dem Boden. In den Straßen östlich von der Adliye Camii gibt's massenhaft Kneipen und Café-Bars; weiter östlich nimmt die Dichte noch zu. Die Cafés am Strand haben alle Großbildfernseher und eine Happy Hour. Gegen 22 Uhr machen dann die Clubs auf. In allen Locations sind einheimisches Bier, *rakı* und Spirituosen bei Weitem billiger als Import-Alkohol.

Halıkarnas (The Club; ☎ 316 8000; www.halikarnas. com.tr; Cumhuriyet Caddesi; Eintritt Wochentag/Wochenende 17/20 €; Bier & Spirituosen ab 5,55 €; ☯ 18 Mai–31. Okt. 22–5 Uhr) Das Halıkarnas ist seit den 1970ern eine Institution in der Clubszene. Die spitzenmäßige Sound- und Lichtanlage (u. a. 2 Laser Klasse IV, wie es sie in Griechenland gibt) sorgt dafür, dass hier die Post abgeht – v. a. wenn der Laden voll ist (5000 Leute). Hier legen international bekannte DJs auf und es gibt hochkarätige Shows. Von Montag bis Mittwoch fließt zwischen 22 und 1 Uhr Alkohol umsonst. Vor 1 Uhr ist allerdings nicht viel los.

Marine Club Catamaran (☎ 313 3600; www.club catamaran; Hilmi Uran Meydanı 14; Eintritt Wochentag/Wochenende 17/22 €, Bier 5,55 €; ☯ 19. Mai–Sept.) Dieser schwimmende Nachtclub legt um 1.30 Uhr ab und startet zu dreieinhalb Stunden Fun. Auf der durchsichtigen Tanzfläche haben nicht weniger als 1500 Clubber und dazugehörige DJs Platz. Zwischen 3 Uhr und 5 Uhr schippert ein kostenloses Shuttle-Boot alle halbe Stunde zurück zur östlichen Bucht. Es werden auch Tagestrips angeboten (30 €, 10.30–17.30 Uhr). Das Ganze ist am Hilmi Uran Meydanı (Platz), hinter der Dr Alim Bey Caddesi.

Kef Bar (☎ 313 3937; Cumhuriyet Caddesi 134; ☯ 9–3 Uhr oder später) Neue Mehrzwecklocation mit Tischen direkt am Strand. Wer Lust hat, kann hier den ganzen Tag lang abhängen. Von 9 Uhr bis 20 Uhr ist der Laden ein Café und Beach Club (mit eigener Dusche und Umkleidekabinen), von 20 Uhr bis 23 Uhr eine Bar (mit Happy Hour) und ab 23 Uhr Club plus Bar.

Fora (☎ 316 2244; www.forabar.com; Hilmi Uran Meydanı 10; ☯ Mai–Okt. 10–4 Uhr; ☒) Moderner, minimalistischer Laden direkt über dem Wasser. Der Blick über die Marina ist klasse. Am Tag ist es kühl und friedlich, aber nachts geht die Post ab. Jeden Tag ist von 21 Uhr bis 23 Uhr Happy Hour.

Küba Bar (☎ 313 4450; Neyzen Tevfik Caddesi 62; Bier 8,35 €; Gerichte 25 €; ☯ Sommer 9–4 Uhr, Winter Mi–So 9–2 Uhr, Dez. & Feb. nur Mi–Sa) Die Bar mit den schicken schwarzen Marmortheken lockt İstanbuler Promis und Schickis aus ihren Sommerhäusern auf der Halbinsel. Ganz lustig, aber ein bisschen teuer.

Campanella Bar (☎ 316 5302; Cumhuriyet Caddesi; ☯ 12–4 Uhr) Kleine, orientalisch gestylte Bar voller Atmosphäre und meistens mit Livemusik.

Wer sich eine *nargileh* gönnen will, ist richtig aufgehoben im **Old Café** (☎ 316 1928; Cumhuriyet Caddesi 110; nargileh 5,55 €, Bier 2,75 €; ☯ Winter 10 Uhr–Mitternacht, Sommer rund um die Uhr). Es bietet unglaublich gemütliche Sitzmöglichkeiten im osmanischen Salon oder draußen direkt am Strand.

Im Kastell und im antiken Theater finden oft kulturelle Events statt, z. B. Oper oder Ballett. Auf www.biletix.com können Traveller checken, ob was Interessantes läuft, wenn sie in der Stadt sind.

An- & Weiterreise

AUTO

Die großen Autovermietungen sind an der Neyzen Tevfik Caddesi zu finden. **Avis** (☎ 316 2333; www.avis.com; Neyzen Tevfik Caddesi 92/A) vermietet Kleinwagen ohne Klimaanlage ab 30 € pro Tag. Ein anderes großes Unternehmen heißt **Thrifty Car Rental** (☎ 313 1802; www.thrifty.com; Neyzen Tevfik Caddesi 58/A). Offiziell kostet ein Auto mindestens 40 € pro Tag. Aber wer sich ein bisschen umschaut, kann vielleicht eins für 30 bis 35 € oder auch weniger bekommen. Das hängt von der Saison und der Dauer der Miete ab.

BUS

Von Bodrum aus fahren Busse praktisch in jede türkische Stadt. In der Tabelle unten stehen ein paar nützliche Verbindungen, die es im Sommer täglich gibt. Wer nach Gökova will, muss allerdings in Muğla umsteigen. Auf der Fahrt nach Pamukkale muss in Denizli umgestiegen werden (2,75 €, 10 Min., 14 km).

VERBINDUNGEN VOM OTOGAR IN BODRUM

Fahrtziel	Fahrpreis	Dauer	Entfernung	Häufigkeit
Ankara	19 €	12 Std.	689 km	1-mal nachts
Antalya	14 €	8 Std.	496 km	2-mal tgl.
Denizli	11 €	˙5 Std.	250 km	1-mal tgl.
Fethiye	10 €	6 Std.	265 km	2-mal tgl.
İstanbul	22 €	12 Std.	851 km	2-mal nachts
İzmir	8 €	4 Std.	286 km	3-mal tgl.
Konya	17 €	12 Std.	626 km	6-mal tgl.
Kuşadası	7 €	2½ Std.	151 km	2-mal tgl.
Marmaris	8 €	3 Std.	165 km	stündl.
Milas	3 €	1 Std.	45 km	stündl.
Muğla	6 €	2 Std.	149 km	stündl.
Söke	6 €	2 Std.	130 km	2-mal nachts

FLUGZEUG

Der **internationale Flughafen Bodrum** (☎ 523 0101) ist 60 km weit weg und näher an Milas als an Bodrum. In den Prospekten der Charterflieger sind Schnäppchen zu finden, v. a. am Anfang und Ende der Saison. Aber es sind weniger Flüge, als viele vielleicht erwarten. **Turkish Airlines** (THY; ☎ 317 1203; Fax 317 1211; Kıbrıs Şehitler Caddesi) sitzt im Oasis-Einkaufszentrum, ca. 2 km außerhalb der Stadt; dorthin geht's von der Straße nach Gümbet ab. Wer mit einem Dolmuş (0,55 €) vom *otogar* hierherfahren will, muss „Oasis" als Fahrtziel nennen.

Zum Flughafen fährt der Havaş-(Flughafen-)**Bus** (☎ 523 0040; 7,25 €). Er startet zwei Stunden vor den Abflügen von Turkish Airlines beim Büro der Fluggesellschaft. Er passt auch die ankommenden Flüge ab und lässt Fahrgäste am *otogar* raus. Wer nicht mit Turkish Airlines fliegt, muss ein teures Taxi nehmen (vom Zentrum 39–45 €).

SCHIFF

Fähren nach Datça und zu den griechischen Inseln Kos und Rhodos legen in der westlichen Bucht ab. Infos und Tickets gibt's bei der **Bodrum Ferryboat Association** (☎ 316 0882; www.bodrumferryboat.com; Kale Caddesi Cümrük Alanı 22) am Dock hinter dem Westeingang zur Burg. Die Abfahrtszeiten ändern sich, deshalb besser nochmal checken.

Nach Kos fahren von Mai bis Oktober täglich um 9.30 Uhr (Rückfahrt um 16.40 Uhr) Tragflächenboote (einfache Fahrt/zurück am selben Tag/offene Rückfahrt 30/35/60 €, 20 Min.) und Fähren (einfache Fahrt oder zurück am selben Tag 25 €, offene Rückfahrt 50 €, Auto einfache Fahrt/Rückfahrt 100/200 €, 1 Std.). Von November bis April fahren nur die Fähren, und zwar montags, mittwochs und freitags (wenn das Wetter mitspielt).

Von Juni bis September starten montags und samstags um 8.30 Uhr Tragflächenboote von Bodrum nach Rhodos (einfache Fahrt/zurück am selben Tag/offene Rückfahrt 50/60/100 €, 2¼ Std.). Sie kommen am selben Tag um 16 Uhr zurück.

Die Tragflächenboote nach Datça (einfache Fahrt/Rückfahrt 10/13 €, 26/52 € für Autos, 2 Std.) fahren von April bis Mai täglich entweder um 9 Uhr oder um 17 Uhr und von Juni bis Oktober täglich zweimal um 9 Uhr und um 17 Uhr. Sie kommen aber nicht am selben Tag zurück. Die Fähre legt bei Körmen an der Nordküste der Halbinsel an. Die Weiterfahrt im Bus nach Datça (15 Min.) ist im Preis mit drin.

Nur Autofahrer müssen vorher buchen (ausschließlich auf den Fähren).

Unterwegs vor Ort

Kurze Stadtfahrten mit dem Dolmuş kosten 0,55 €.

BODRUM-HALBINSEL
☎ 0252

Hohe Berge, spektakuläre Felsformationen und unerwartete Meerblicke – das ist die Bodrum-Halbinsel. Aber als Hinterhof von Bodrum ist sie fest in Urlauberhand. Streckenweise verschandelt eine scheußliche Bebauung die Landschaft: An den Berghängen wuchern legolandartige Bauten. Bei Gümbet sind die Bausünden am schlimmsten, im schönen, kleinen Gümüşlük halten sie sich noch in Grenzen. Für Individualreisende gibt's nicht viele Gründe, hierherzukommen. Außer sie wollen bei Sonnenuntergang im Meer baden, Fisch essen oder in einem der Boutique-Hotels absteigen. Die toppen, was Stil und Luxus angeht, an der Küste alles.

Unterwegs vor Ort

Ein paar Stranddörfer eignen sich prima für einen Tagesausflug von Bodrum aus. Zwischen dem *otogar* in Bodrum und den meisten Orten auf der Halbinsel pendeln Minibusse, die meistens nicht mehr als 1 € kosten. In der Nebensaison aufpassen, wann der letzte nach Bodrum zurückfährt. Man kann auch einen Motorroller mieten und damit über die Halbinsel düsen. Die Hauptstraße von Bodrum nach Turgutreis ist allerdings im Prinzip eine Schnellstraße.

Von Gümüşlük nach Yalıkavak fährt kein Dolmuş und auch nicht von Yalıkavak nach Gölköy. Man muss also immer wieder nach Bodrum zurück, um die Nordküste abzuklappern.

Gümüşlük

Gümüşlük ist rund 18 km von Bodrum entfernt. Das Dörfchen liegt am Ufer eines tollen Naturhafens, geschützt von bergigen Landzungen. Hier dürfen keine neuen Häuser gebaut werden, deshalb ist der ruhige Charme des eigentlichen Dorfes noch nicht dahin. Aber die Aussicht ist leider trotzdem ruiniert: Am Berghang gegenüber stehen haufenweise

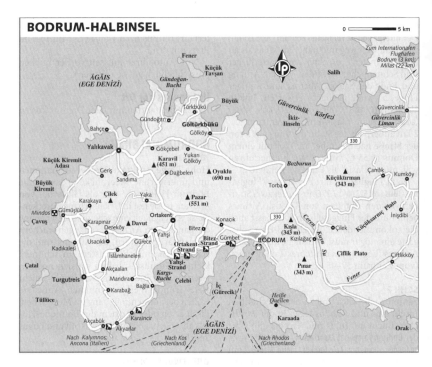

BODRUM-HALBINSEL

0 ⸺ 5 km

SÜDÄGÄIS

halb fertige Villen. Das zeigt, wie schwer sich die Küste vor dem Verbautwerden schützen lässt.

SEHENSWERTES & AKTIVITÄTEN

Wer einen Tagestrip von Bodrum aus unternehmen will, fährt am besten nach Gümüşlük. Man kann toll schwimmen, die Landzunge raufklettern und am Wasser zu Mittag essen. Alternativ kommt man nachmittags zum Schwimmen und bleibt für ein Abendessen bei Sonnenuntergang.

Vom antiken **Mindos** ist außer den spärlichen Ruinen auf der Insel Tavşan nicht mehr viel übrig. Das felsige Inselchen im Norden ist zu Fuß erreichbar oder – vom Fenerci Restaurant aus – schwimmend.

Der **Strand** im Süden ist lang und meistens wenig bevölkert. An manchen Stellen ist er zwar etwas schmal, aber das Wasser ist toll zum Schwimmen.

SCHLAFEN

In der Nebensaison (Mitte Okt.–Mitte Mai) machen fast alle Unterkünfte in Gümüşlük dicht. Wer früh oder spät in der Saison

kommt, sollte zur Sicherheit besser vorher anrufen.

Özak Pansiyon (☎ 394 3388; Fax 394 3037; Yalı Mevkii 95; Zeltplatz 5,55 €, Zi. 36 €; ⊙ Mai–20. Sept.) Diese nette, lebhafte Pension liegt am ruhigen Südende der Bucht. Kegelförmige Hütten mit Palmdach sorgen für ein echtes Strandcamp-Feeling. Bar und Volleyballplatz gibt's auch. Die Zimmer liegen rund um einen großen Hof, sind einfach, aber hell und picobello sauber.

Hera Pansiyon (☎ 394 3065; Fax 394 4021; Yalı Mevkii 89; Apt. für 2/4 Pers. 44/55 €) Diese Pension ungefähr in der Mitte der Bucht wird von einer reizenden Familie toll gemanagt. Sie hat acht schlichte, aber einwandfreie und schöne Apartments in einem Garten am Wasser. Außerdem gibt's ein billiges Restaurant und einen schattigen Loungebereich.

Sysyphos Pansiyon & Restaurant (☎ 394 3016; www.gümüşlük.net; Yalı Mevkii 97; EZ/DZ 28/39 €, EZ/DZ Bungalows 28/39 €, 2-Zi.-Apt. 56 €; ⊙ Mai–Okt.) Neben der Özak Pansiyon und fast direkt am Wasser: ein 80 Jahre altes, Bougainvilleen-überranktes Haus in einem riesigen, weitläufigen Garten, wo die Vögel zwitschern – ein herrlicher Ort zum Entspannen. Die 15 Zimmer haben alle tolle Balkons, manchen gucken direkt aufs Meer raus.

Taka.com (☎ 394 3045; Yalı Mevkii 19; Zi. Winter/Sommer 17/28 €) Die beste Option für Traveller, die knapp bei Kasse sind. Die Zimmer sind zwar klein und ziemlich verwohnt, haben aber immerhin Meerblick.

ESSEN & AUSGEHEN

Batı Restaurant (☎ 394 3079; Gerichte 6 €; ✇ Mai–Okt. 8–3 Uhr) Schon lange ein Favorit bei Travellern. Ein 120 Jahre alter Feigenbaun sorgt für Schatten und eine lustige, mit Kissen ausgepolsterte Ecke lädt zum Chillen ein. Der freundliche Besitzer weiß alles über die Stadt. Und seine *güveç* (Aufläufe; 6,65–8,85 €) sind eine Wucht. Vegetarische Varianten gibt's auch (4,45 €).

Die neue **Gusta Restaurant Café Bar** (☎ 394 4228; Yalı Mevkii 95; Bier 1,65 €; ✇ nur Sommer 8.30–2 Uhr) ist das Richtige für einen Sundowner unter gigantischen Bastsonnenschirmen. Jüngere Einheimische stehen auf den **Club Gümüşlük** (☎ 394 3401; Bier 1,65 €; ✇ 6.30–2 Uhr) am Nordende der Bucht (ganzjährig geöffnet).

AN- & WEITERREISE

Minibusse von Gümüşlük nach Bodrum (1,40 €, 30–40 Min.) fahren mindestens alle halbe Stunde und nach Turgutreis (0,85 €, 15 Min.) alle 20 Minuten. Autos dürfen nicht ins Dorf, aber 300 m vom Wasser entfernt ist ein öffentlicher Parkplatz (2,75 € pro 12 Std.). Das letzte Dolmuş nach Bodrum fährt um Mitternacht (NS 22 Uhr).

Yalıkavak

Yalıkavak liegt in der Nordwestecke der Halbinsel, 18 km entfernt von Bodrum. Was Datça für Marmaris ist, ist Yalıkavak für Bodrum: eine kleinere, ruhigere Ausgabe, aber ständig

in Gefahr, genauso verbaut zu werden. Bis jetzt ist es aber erstaunlich nett hier. Noch verschandeln keine Hochhäuser den Hafen und es gibt nur ein paar attraktive Hotels und Restaurants.

Die *köfte* aus Yalıkavak sind zu Recht in der ganzen Türkei berühmt. Hier ist der ultimative Ort, um sie zu probieren.

SCHLAFEN

Adahan (☎ 385 4759; www.adahanotel.com; Seyhulislan Ömer Lütfü Caddesi 55; EZ/DZ 78/100 €; ✇ Mai–Okt.; ⊠ ⊠) Hinter beeindruckenden Holztoren versteckt sich ein Juwel: ein neues, auf Karawanserei gestyltes Hotel. Die geräumigen, komfortablen Zimmer sind rund um einen Arkadenhof mit wunderschönem Pool angeordnet. In einigen Ecken stehen anatolische Antiquitäten. Und aus der Küche kommen verführerische Düfte – die charmanten Besitzer haben auch ein Gourmet-Restaurant. Das Adahan liegt ca. 80 m vom Yachthafen entfernt an der Straße nach Gümüşlük.

4 Reasons Hotel (☎ 385 3212; www.4reasonshotel.com; Bakan Caddesi 2; DZ NS/HS 110/165 €, Apt. für 3–4 Pers. 165–200 €; ⊠ ⊠) Auf einem Berg 2 km von Yalıkavak thront dieses wunderbare Hotel. Sein Motto und die „vier Gründe", hier abzusteigen, sind Heiterkeit, Design, innere Ruhe und Qualität. Hier herrscht eine fast Zen-artige Atmosphäre: angefangen mit der ruhigen Lage und den geräumigen, neutralen Zimmern (mit einem Ast über dem Bett!) bis zu den Yogakursen am Samstag. Im Garten gibt's einen klasse Pool.

Otel Windmill (☎ 385 4805; www.windmillotel.com; EZ/DZ Winter 17/28 €, Sommer 28/44 €, Apt. für 4 Pers. 83 €; ⊠ ⊠) Das Hotel verdankt seinen Namen einer umgebauten Windmühle (mit einem attraktiven Apartment), in der es untergebracht ist. Die größte Attraktion ist der Pool, der um das

---

SONDERBARKEITEN DER HALBINSEL

Wer auf der Halbinsel herumstreunt, sollte immer die Augen nach interessanten architektonischen Merkwürdigkeiten offen halten. Die seltsamen Dinger, die aussehen wie Iglus, sind *gümbets* (Steinzisternen). In ihnen wurde ursprünglich Trinkwasser für Notfälle gelagert. Auf vielen Hügeln drehen sich noch alte Windmühlen, obwohl die meisten inzwischen überflüssig sind. Noch ungewöhnlicher sind die *kule evleri* (Turmhäuser aus Stein), die denen auf der Halbinsel Mani in Griechenland ähneln. In Ortakent finden sich zwei schöne Exemplare aus dem 17. Jh. An dem älteren Steinhaus sind die Ecken des Dachs nach oben gebogen. Dieses architektonische Detail kann bis ins minoische Griechenland zurückverfolgt werden. Die „Hörner" gehen vermutlich auf den Minotaurus zurück und sollten die Häuser vor dem bösen Blick schützen.

Haus „fließt". Die Zimmer sind einfach, aber mit netten orientalischen Details.

Miray Hotel (☎ 385 4920; www.e-mirayhotel.com; Begonvil Sokak 17; EZ/DZ 28/39 €; ⚇ ⚟) Eine Alternative, wenn das Windmühle voll ist. Bequeme Zimmer und ein Pool.

ESSEN & AUSGEHEN

Alle hier aufgelisteten Lokale liegen am nördlichen Ende der Bucht.

Cumbalı (☎ 385 4995; İskele Meydanı 126; Fisch 8 € pro 400 g; ⚟ 8.30 Uhr–Mitternacht) Eine Topadresse für Fisch. Das Cumbalı serviert leckeres Essen zu vernünftigen Preisen. Damit will es „Einheimische und Urlauber anlocken", wie der Chef sagt. Die üppigen Meeresfrüchte-*meze* (2,75 €–9 €) können direkt am Wasser verputzt werden.

Kavaklı Köfteci (☎ 385 9349; Çarşı İçi Yalıkavak; Fleischbällchen 3,35 €; ⚟ 7.30 Uhr–Mitternacht) Ca. 50 m landeinwärts vom Café Yalıkavak. Das Lokal ist für seine Yalıkavak-Fleischbällchen berühmt. Sie werden an einfachen Holztischen mit Knoblauchbrot serviert, schmecken leicht rauchig, sehr würzig und saftig – einfach himmlisch! Es lohnt sich, um einen Tisch zu kämpfen.

Café Yalıkavak (☎ 385 4095; İskele Meydanı 13; Kaffee 2 €; ⚟ 7–1 Uhr) Neben dem Cumbalı gibt's hier traditionelles türkisches Gebäck und Puddings. Toll für Kaffee und Kuchen oder ein Eis am Meeresufer.

Değirmeci (☎ 385 2419; Yeldeğirmeni Yani; ⚟ 8–1 Uhr) Dieser neue Laden ist direkt neben der alten Windmühle am Wasser. Jeden Tag gibt's von 21 Uhr bis Mitternacht Livemusik.

AN- & WEITERREISE

Im Sommer fährt alle halbe Stunde ein Dolmuş nach Bodrum (1,40 €, 25 Min.) (im Winter erst, wenn er voll ist). Überraschenderweise gibt's keinen Dolmuş nach Göltürkbükü, obwohl die Straße gut ist. Wer dorthin will, muss ein Taxi für 14 bis 17 € am Tag bzw. 22 bis 25 € am Abend nehmen; oder nach Bodrum zurückfahren und da in einen Dolmuş steigen (1,40 €, alle 45 Min.).

Göltürkbükü

Die beiden Dörfer Gölköy und Türkbükü liegen 18 km nördlich von Bodrum. Sie haben gemeinschaftlich beschlossen, ihre Namen zu verschmelzen – wahrscheinlich ein raffinierter Plan, um die Besucher zu verwirren (www.golturkbuku.com).

GÖLKÖY

Das Dorf Gölköy zieht sich rund um einen schmalen, mit Ferienunterkünften zugebauten Strand. Im Juli und August haben Familienpensionen geöffnet, in denen die meisten Urlauber unterkommen. Aber leider haben diese einfach möblierten Häuser im Sommer das Monopol. Und wenn man nicht 50 € für ein Doppelzimmer hinlegen will, dann tut es ein anderer. Zu vielen Unterkünften gehört auch ein Restaurant.

Der frisch renovierte **Salba Beach Club** (☎ 357 7170; www.salbabeachclub.com; Sahil Sokak 13; EZ/DZ 25/50 €; ⚇) liegt direkt am Wasser. Er hat eine Sonnenterrasse und einen hübschen Garten. Die Zimmer sind klein, aber nett eingerichtet. Sie bieten einen klasse Blick auf die Bucht. Die oberen Zimmer teilen sich einen Balkon.

Das **Sultan Hotel** (☎ 357 7260; Fax 357 7261; Sahil Sokak 3; EZ/DZ 39/67 €; ⚟ April–Nov.; ⚇) besteht aus einer Reihe moderner, traditionell eingerichteter Gebäude in einem lauschigen Garten. Die schlichten, aber einwandfreien Zimmer haben kleine Balkons, von denen die Brandung zu hören ist. Eine Sonnenterrasse gibt's auch.

Gegenüber vom Salba Beach Club ist das **Yör & Mutfak** (☎ 357 7033; Sahil Sokak 14; ⚟ 8 Uhr–Mitternacht Mai–Okt.) – ein angenehmer Kontrast zu den teuren Hotelrestaurants. Hier werden leckere hausgemachte Snacks aufgetischt, z. B. *mantı* (Ravioli; 3,35 €) und *köfte* (3,85 €).

TÜRKBÜKÜ

Knapp 1,5 km nach Gölköy kommt Türkbükü. In diesem bewachten Paradies stehen die Sommerhäuser der türkischen Reichen und Berühmten. Im Juli und August werden sie mit Wasserflugzeugen zu ihren Luxushütten geflogen. Und der kleine Hafen platzt fast aus den Nähten vor Yachten. Außer Leute anzugucken gibt's hier nicht viel zu tun.

SCHLAFEN & ESSEN

Die Schönen und Reichen stehen auf das **Maki Hotel** (☎ 377 6105; www.makihotel.com.tr; Kelesharimi Mevkii; DZ ab 100 € ⚇ ⚟). Es bietet Komfort *und* Stil. Direkt über dem Meer ist ein phantastischer Pool. Im Restaurant zaubert ein genialer italienischer Küchenchef. Und die Zimmer sind ultrahipp (mit Chrom und orange gestrichenen Balkons). Außerhalb der Saison gehen die Preise runter.

Das **Ada Hotel** (☎ 377 5915; www.adahotel.com; Tepecik Caddesi 128; DZ 238–277 €; ⚟ April–Okt.; ⚇ ⚟

wurde in den 1990ern hochgezogen (ist aber auf älter gestylt) und hat inzwischen einen beneidenswerten Ruf. Es hat vom Hamam über Bibliothek, Pool bis zu Kino einfach alles. In den Zimmern gibt's echte Antiquitäten, Kerzen, CD-Player etc.

Das Restaurant vom **Divan Hotel** (☎ 377 5601; Keleşharım Caddesi 6; *meze* 4,45–14 €, Fischgerichte 11–27 €; 🕙 11.30–1 Uhr) ist in der ganzen Türkei berühmt. Für viele ist es die Nummer eins vor Ort. Der Küchenchef aus İstanbul kocht kreativ und wirklich genial. Einer der Hits ist die Seezunge mit Garnelen, sautierten mediterranen Kräutern und Safran. Das Divan hat sogar eine eigene Konditorei mit eigenen Kreationen.

Das **Ship Ahoy** (☎ 377 5070; *meze* 4–12 €, Fischgerichte 10–14 €; 🕙 Mai–August 8–6 Uhr) ist ein beliebter Dauerbrenner. Das nette Lokal am Wasser serviert superleckere Fischgerichte und *meze*. Als wir dort waren, tafelte an einem der Tische ein berühmter türkischer Sänger. Zwischen 23 Uhr und 6 Uhr verwandelt es sich wie durch Zauberhand in einen Nachtclub.

Einen super Ruf hat auch das **Mey** (☎ 377 5118; Atatürk Caddesi 61; Fischgerichte 20–22 €; 🕙 Mai–Sept. 11.30–2 Uhr). Der größte Renner hier ist das üppige Menü (mit drei Sorten Fisch).

SÜDÄGÄIS

Westanatolien

Sieht man sich eine Karte an, sieht es so aus, als ob Westanatolien mindestens zwischen zwei Stühlen sitzen würde: Es reicht weder ganz bis ans Mittelmeer noch ans Schwarze Meer, hört kurz vor Ankara auf und kann gerade mal übers Marmarameer nach İstanbul rüberschauen. Die vielen Unterschiede der Region fügen sich zusammen und bilden einen ganz eigenen Charakter – vergleichbar mit Zentralanatolien, aber doch anders. Und wer Westanatolien durchquert und seine vielen Attraktionen gesehen hat, wird auch verstehen, wie es durch seine natürliche Entwicklung mit dem Rest des Landes verbunden ist.

Das Tollste hier ist die Landschaft: von den merkwürdigen Kalksteinterrassen bei Pamukkale bis zum üppig grünen Seengebiet im Süden. Natürlich steht nicht jeder drauf, der phantastischen Natur allzu nah zu kommen. Aber auch wer mit dem Auto durch Westanatolien unterwegs ist, wird von Sinneseindrücken überflutet: von den Farben eines Mohnfelds, vom Rauschen der Wasserfälle oder vom tollen Feeling eines Mineralbads.

Viele Ecken der Region sind sogar während der Saison fast ausgestorben. Aber wer sich darum wie ein Pionier vorkommt, liegt falsch. Die Gegend ist seit Ewigkeiten bewohnt, und überall hat irgendjemand seine Spuren hinterlassen: die Steinzeitmenschen bei İznik, die Phrygier mit ihren Felswohnungen bei Afyon oder die römischen Pilger in Afrodisias. Wer sich mit der ganzen Welt verbunden fühlen und die Türkei in Bestform erleben will, muss nur tief durchatmen und es einfach riskieren: Eintauchen in das Herz des vertrauten und doch so fremden Westens.

HIGHLIGHTS

- Der Mix aus klassischer Architektur und modernem Alltag im geschäftigen **Bursa** (S. 313).
- In **İznik** (S. 309) über die Stadtmauern schlendern und den Sonnenuntergang bewundern.
- In der Festung von **Kütahya** (S. 329) in einer Hängematte faulenzen, dabei einen Tee schlürfen und die Aussicht genießen.
- Im felsigen **Phrygischen Tal** (S. 327) versteckte Sehenswürdigkeiten und andere tolle Sachen entdecken.
- Die Ruinen von **Hierapolis** (S. 349) besichtigen und in den Travertin-Pools planschen.
- Die verlassenen Ruinen von **Afrodisias** (S. 353) und **Sagalassos** (S. 339) erkunden.
- Tagsüber die Gegend rund um den **Eğirdir Gölü** (Eğirdirsee; S. 340) erforschen und sich abends mit einem leckeren Fischgericht belohnen.

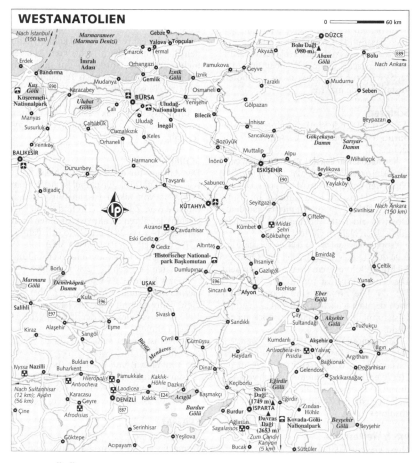

WESTANATOLIEN

ABANT GÖLÜ (ABANTSEE) & UMGEBUNG

☎ 0374/6000 Ew.

Für viele Reisende ist Westanatolien nicht viel mehr als die Gegend, durch die sie auf der Autobahn zwischen İstanbul und Ankara brettern. Dabei bietet sich das üppige grüne Seengebiet rund um Bolu prima für einen Stopp auf halbem Weg zwischen den Großstädten an.

Bolu selbst ist nicht besonders prickelnd. Aber rund 30 km westlich gibt's eine Abzweigung in Richtung Süden zum Abant Gölü. Der See ist ein herrliches Plätzchen für ein gemütliches Picknick. Die Strecke um den See herum ist 5 km lang. Unterwegs gibt's eine ganze Reihe von Lokalen und Unterkünften – das reicht vom Campingplatz bis zum Fünf-Sterne-Hotel.

Aber auch wer nicht zum See fährt, sollte sich einen Abstecher zu den Hängen des **Bolu Dağı** (Berg Bolu) nicht entgehen lassen. Dort gibt's jede Menge klasse Restaurants mit leckerem Essen und Panoramablick. Für Skifahrer ist die Gegend um den Urlaubsort **Kartalkaya** beonders attraktiv. Von Dezember bis März gibt's dort tollen Pulverschnee.

MUDURNU

Noch mal 25 km südwestlich vom Abant Gölü kommt die süße, kleine Stadt Mudurnu. Früher war sie berühmt für ihre Hühnchengerichte, heute mehr für ihre osmanische Altstadt. Langsam, aber sicher werden die alten

WESTANATOLIEN

Häuser restauriert und umfunktioniert, um Besucher anzulocken. Es gibt einen quirligen alten Basar und auch das **Haman Yıldırım Beyazıt** (Büyükcami Caddesi; ☺ Mo–Mi 8–19 Uhr; Sa für Frauen) ist eine tolle Sache. Ohne Schrubben und Massage (wird für Frauen eh nicht angeboten) kostet's gerade mal 1 €.

Schlafen

Am Wochenende sind die Hotels in Mudurnu teurer, und es ist besser, im Voraus zu buchen.

Hacı Abdullahlar Konağı (☎ 421 2284; www.mudurnukonaklari.com auf Türkisch; Belediye Yanı 3; EZ/DZ 28/39 €) Nicht weit entfernt vom Marktplatz. Das restaurierte Haus hat tolle Zimmer im osmanischen Stil (z. T. mit Gemeinschaftsbad). Oben ist ein netter Sitzbereich, außerdem gibt's einen kleinen Garten.

Yarışkaşı Konağı (☎ 421 3604; www.yariskasi.com; Zi. 20–30 €) Dieses lange Hotel am Ortsrand Richtung Bolu ist neu, aber auf alt gemacht. Die Ausstattung ist topmodern, inklusive WLAN. Die Zimmer sind bequem, wenn auch ziemlich schlicht. Dafür gibt's ein großes Restaurant und einen tollen Ausblick auf den Wald.

Değirmenyeri Konaklari (☎ 421 2677; www.degirmenyeri.com; Kilözü Köyü, Dağ Mevkii; Zi. 39–50 €) Diese Ansammlung von Berghütten liegt an der Straße nach Bolu, 8 km nordöstlich von Mudurnu. Wer eine rustikale Unterkunft sucht, weit weg von der Zivilisation, findet hier ein absolutes Juwel.

An- & Weiterreise

Diese Gegend lässt sich am besten mit dem Auto oder dem Motorrad erkunden. Aber von İstanbul und Ankara fahren auch regelmäßig Busse nach Bolu, und von da gibt's Anschluss nach Mudurnu (2 €, 1 Std.). Im Sommer gibt's außerdem ein paar Direktbusse von Bolu zum Abant Gölü.

YALOVA

☎ 0226/71 000 Ew.

Yalova hat für Traveller wenig Interessantes zu bieten. Die Stadt ist v. a. eine Abfertigungshalle für die Schnellfähren übers Marmarameer, die schnellste und einfachste Route zwischen Bursa und İstanbul. Bei dem Erdbeben von 1999 wurde die Stadt ziemlich demoliert, und bis heute haben immer noch nicht alle Einwohner wieder ein eigenes Dach über dem Kopf.

An- & Weiterreise

BUS

Wer mit der Fähre aus İstanbul kommt, kann den Busbahnhof gleich rechts vom Anleger nicht verfehlen. Dort schnappt man sich ein Dolmuş (Minibus) nach Termal (0,55 €, 30 Min.). Busse nach Bursa (3,35 €, 1¼ Std.) starten alle 30 Minuten.

Minibusse nach İznik (2,80 €, 1 Std.) fahren praktisch stündlich auf der anderen Straßenseite ab.

SCHIFF

Der Anleger für die **İDO-Schnellfähren** (☎ 444 4436; www.ido.com.tr) nach İstanbul ist gleich beim Marktplatz von Yalova. Fast alle Busse halten direkt davor. Zwischen 7.30 und 23.30 Uhr starten die Fähren ca. alle zwei Stunden nach Yenikapı (4,50 €, 28 € pro Auto mit Fahrer, 6,70 € pro weiterem Passagier, 1 Std.). Alle 75 Minuten gibt's außerdem eine Verbindung zum Hafen von Pendik (2,80 €, 22,50 € pro Auto mit Fahrer, 2,25 € pro weiterem Passagier, 45 Min.) südlich von Bostancı. Aber wer diese Fähre nimmt, muss bis İstanbul noch 100 km fahren oder eine der drei Fußgängerfähren nehmen.

Billiger ist die alte **Autofähre** (12 € pro Auto mit Fahrer, 25 Min.) zwischen Topçular (östlich von Yalova) und Eskihisar (bei Gebze). Sie startet rund um die Uhr alle 20 Minuten. Allerdings sind im Anschluss noch mehr Kilometer bis İstanbul zurückzulegen.

TERMAL

☎ 0226/2600 Ew.

Termal liegt rund 12 km südwestlich von Yalova, nicht weit von der Straße nach Çınarcık. Es besteht aus einem tollen Spa-Bereich und einem nicht ganz so prickelnden Dorf mit billigen Pensionen und Restaurants.

Als Erste genossen die Römer das heiße, mineralienhaltige Wasser, das hier aus der Erde sprudelt. Die Osmanen und Atatürk bauten die Badeanlagen dann weiter aus. Sie liegen mitten in einem wunderschönen Tal, aus dem Atatürk ein Arboretum machte. Tolle Wanderwege gibt's auch.

Sehenswertes & Aktivitäten

Termal hat Bademöglichkeiten in Hülle und Fülle. Der Hauptbadekomplex **Kurşunlu Banyo** (☎ 675 7400; ☺ Mo–Mi & Fr–Sa 7–22.30, So 7–20, Do 7–12 Uhr) hat draußen ein Becken für 5 €, drinnen ein Becken und eine Sauna für 4 €, außerdem kleine Einzelkabinen für 5 bis 7,50 €. Im **Valide Banyo** (Eintritt 1,50 €) baden Männer und Frauen in getrennten Schwimmhallen. Im **Sultan Banyo** (6/9 € pro 1/2 Pers.) können private Badekabinen stundenweise gemietet werden.

Schlafen & Essen

Die **Hotels** Çınar und Çamlık (☎ 675 7400; EZ/DZ ab 20/35 €) mitten im Spabereich gehören beide zum Unternehmen Yalova Termal Kaplıca Tesisleri. Die Zimmer im Çamlık sind teurer, aber beide Hotels sind ruhig und einladend. Allerdings ist die Deko etwas altmodisch und mehr nach Männergeschmack. Wer sich dort einmietet, kann die Bäder gratis benutzen. Das Çınar hat ein Hofcafé im Schatten einer Platane. Das Çamlık hat ein eigenes Restaurant.

Die kleineren Hotels im Dorf Termal haben v. a. Gäste aus den Golfstaaten im Visier.

An- & Weiterreise

Von Yalova aus fahren oft Busse und Minibusse (0,75 €, 30 Min.). Mit der İDO-Schnellfähre (S. 308) ist Termal auch als Tagestrip von İstanbul aus machbar.

İZNİK

☎ 0224/20 000 Ew.

Wer den Namen İznik nur mit den edlen Fliesen verbindet, stellt sich die Stadt wahrscheinlich anders vor. Sie ist eigentlich alles andere als ein Wirtschaftszentrum. İznik hat sich seit seiner Blütezeit unter den Osmanen kaum verändert und schlummert hinter historischen Stadtmauern friedlich vor sich hin. Die hügelige, ländliche Umgebung wird unterbrochen durch hohe, spitze Zypressen, Pfirsichgärten, Felder und Weinberge. Die Stadt hat sich ziemlich kontrolliert entwickelt. So strahlt der ganze Ort eine relaxte, traditionelle Atmosphäre aus, sogar in den modernen Ecken.

Im Unabhängigkeitskrieg wurde İznik heftig in Mitleidenschaft gezogen, aber seitdem ging's mit der Stadt bergauf. An den Sommerwochenenden kommen die İstanbuler gern hierher. Inzwischen verkaufen immer mehr Läden die berühmte İzniker Keramik, aber viele Leute verdienen ihren Lebensunterhalt auch mit Land- oder Forstwirtschaft.

Geschichte

İznik wurde wahrscheinlich schon um 1000 v. Chr. gegründet. Aber richtig wichtig und bedeutend wurde die Stadt erst 316 v. Chr. unter einem Feldherrn von Alexander dem Großen. 301 v. Chr. riss sich ein rivalisierender Feldherr namens Lysimachus İznik unter den Nagel. Romantisch, wie er war, gab er der Stadt den Namen seiner Frau: Nikaia. Der Name blieb hängen und Nikaia wurde die Hauptstadt der Provinz Bithynien, die sich früher noch am Südufer des Marmarameers erstreckte.

Als 264 v. Chr. Nicomedia (heute Kocaeli/ İzmit) gegründet wurde, sank der Stern von Nikaia etwas. Ab 74 v. Chr. gehörte die ganze Gegend zum Römischen Reich und blühte auf. Damit war Schluss, als um 300 n. Chr. die Goten und Perser einfielen.

Mit dem Aufstieg von Konstantinopel wurde Nikaia wieder wichtiger. Im Jahr 325 n. Chr. fand hier das Erste Ökumenische Konzil statt, auf dem das sogenannte Nizäinische Glaubensbekenntnis beschlossen wurde. Mehr als vier Jahrhunderte später fand das Siebte Ökumenische Konzil in der Hagia Sophia von Nikaia statt.

Während der Regierungszeit Kaiser Justinians I. (527–65) wurde Nikaia mit prächtigen neuen Gebäuden und verbesserten Verteidigungsanlagen ausgestattet. Diese erwiesen sich als enorm nützlich, als die Araber kamen. Wie Konstantinopel fiel Nikaia nie den arabischen Belagerern in die Hände. Aber im Kampf mit den Kreuzrittern zog es schließlich doch den Kürzeren. Von 1204 bis 1261 saß ein lateinischer Kaiser auf dem Thron des Oströmischen Reichs. Der „echte" Kaiser Theodor I. (Lascaris) regierte zu der Zeit das Reich von Nikaia. Als die Kreuzritter abzogen, wurde wieder Konstantinopel zur Hauptstadt.

Am 2. März 1331 eroberte Sultan Orhan die Stadt İznik. Und bald darauf besaß die Stadt die erste osmanische theologische Schule. 1514 nahm der Sultan Selim I. die persische Stadt Täbris ein. Daraufhin verschleppte er zahlreiche Künstler von dort nach İznik. Sie hatten die meisterhafte Fayencekunst Persiens in ihrem Gepäck. Und bald schon produzierten die Brennöfen von İznik bunte, glasierte Fliesen, die bis heute in ihrer Kunst unübertroffen sind. Die große Zeit der Fliesenproduktion in İznik dauerte fast bis 1700. Dann ging es erst mal bergab, bis die Mode (und der Geschäftssinn) des 20. Jhs. der historischen Technik zu einem neuen Comeback verhalf.

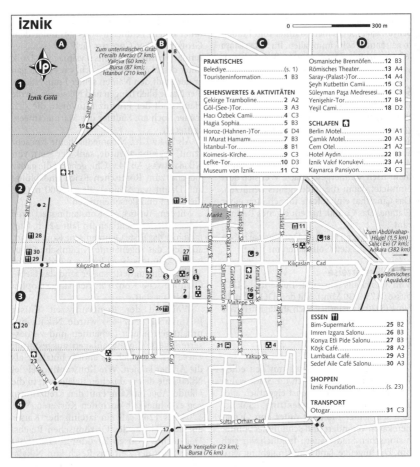

İznik

0 ⌐————————⌐ 300 m

PRAKTISCHES		
Belediye	(s. 1)	
Touristeninformation	1	B3
SEHENSWERTES & AKTIVITÄTEN		
Çekirge Tramboline	2	A2
Göl-(See-)Tor	3	A3
Hacı Özbek Camii	4	C3
Hagia Sophia	5	B3
Horoz-(Hahnen-)Tor	6	D4
II Murat Hamamı	7	B3
İstanbul-Tor	8	B1
Koimesis-Kirche	9	C3
Lefke-Tor	10	D3
Museum von İznik	11	C2

Osmanische Brennöfen	12	B3
Römisches Theater	13	A4
Saray-(Palast-)Tor	14	A4
Şeyh Kutbettin Camii	15	C3
Süleyman Paşa Medresesi	16	C3
Yenişehir-Tor	17	B4
Yeşil Cami	18	D2
SCHLAFEN		
Berlin Motel	19	A1
Çamlık Motel	20	A3
Cem Otel	21	A2
Hotel Aydın	22	B3
İznik Vakıf Konukevi	23	A4
Kaynarca Pansiyon	24	C3

ESSEN		
Bim-Supermarkt	25	B2
Imren Izgara Salonu	26	B3
Konya Etli Pide Salonu	27	B3
Köşk Café	28	A2
Lambada Café	29	A3
Sedef Aile Café Salonu	30	A3
SHOPPEN		
İznik Foundation	(s. 23)	
TRANSPORT		
Otogar	31	C3

Zum unterirdischen Grab
(Yeraltı Mezar) (7 km);
Yalova (60 km);
Bursa (87 km);
İstanbul (210 km)

İznik Gölü

Zum Abdülvahap-Hügel (1,5 km);
Salici Evi (7 km);
Ankara (382 km)

Römisches Aquädukt

Nach Yenişehir (23 km);
Bursa (76 km)

Orientierung & Praktische Informationen

Rund um die Altstadt von İznik sind noch bröckelnde Stadtmauern zu sehen. Außer ein paar Hotels und Restaurants beim See gibt's alles, was Traveller brauchen, innerhalb der Mauern. Mitten in der Stadt – da, wo sich die beiden Hauptstraßen Atatürk Caddesi und Kılıçaslan Caddesi treffen – stehen die Ruinen der Hagia Sophia. Die Straßen führen zu den vier Haupttoren *(kapılar)* der Stadtmauern.

Der *otogar* (Busbahnhof) ist ein paar Querstraßen südöstlich von der Hagia Sophia.

Die **Touristinformation** (☎ 757 1454; www.iznik.bel.tr; 130 Kılıçaslan Caddesi; ☼ Mo–Fr 9–12 & 13–17 Uhr) befindet sich im *belediye*-Gebäude (Rathaus).

Sehenswertes & Aktivitäten

HAGIA SOPHIA

Was früher die prachtvolle **Hagia Sophia** (Kirche der hl. Weisheit; Eintritt 3,50 €; ☼ Di–So 9–12 & 13–18 Uhr) war, ist heute eine zerfallende Ruine im Dornröschenschlaf, mitten in einem hübschen Rosengarten. Auf den ersten Blick scheinen die Ruinen zu einem einzigen Gebäude zu gehören. Aber in Wirklichkeit stammen sie von drei verschiedenen Bauten. Von der Originalkirche sind noch ein Mosaikfußboden und eine Wandmalerei mit Jesus, Maria und Johannes dem Täufer übrig. Sie wurde unter Justinian errichtet und 1065 von einem Erdbeben in Schutt und Asche gelegt. Später baute man sie wieder auf und versah ihre Wände mit Mosaiken. Nach der osmanischen

WESTANATOLIEN

Eroberung wurde aus der Kirche eine Moschee. Im 16. Jh. zerstörte ein Feuer dann wieder alles. Die dritte Restaurierung leitete der berühmte Architekt Sinan, der die alte Deko durch Fliesen aus İznik ergänzte.

Leider ist die Kirche während der offiziellen Öffnungszeiten nicht immer offen.

YEŞİL CAMİ

Die Yeşil Cami (Grüne Moschee) wurde zwischen 1378 und 1387 unter Sultan Murat I. gebaut. Ihr Stil ist stärker vom Iran (der Heimat der Seldschuken) beeinflusst als von İstanbul. Das Minarett ist mit grün und blau glasierten Fliesen im Zickzackmuster verziert. Sie waren Vorboten der Erzeugnisse der berühmten Werkstätten, die hier ein paar Jahrzehnte später entstehen sollten.

MUSEUM VON İZNİK

Gegenüber der Yeşil Cami steht das **Museum von İznik** (İznik Müzesi; ☎ 757 1027; Müze Sokak; Eintritt 1,10 €; ☉ Di–So 8–12 & 13–17 Uhr). Es ist in der alten Armenküche untergebracht, die Sultan Murat I. 1388 für seine Mutter Nilüfer Hatun bauen ließ. Nilüfer war eine byzantinische Prinzessin, die aus diplomatischen Gründen mit Sultan Orhan verheiratet wurde.

Auf dem Museumsgelände befinden sich Marmorstatuen und anderes archäologisches Strandgut. Innen sind in hohen, weißen Räumen Fliesen aus İznik ausgestellt. Ihr Erkennungsmerkmal sind das milchige Blauweiß und das prächtige „İznik-Rot". In den anderen Vitrinen liegen u. a. 8000 Jahre alte Funde aus einem nahe gelegenen Grabhügel bei Ilıpınar. Wahrscheinlich standen sie in Verbindung mit der steinzeitlichen Kultur auf dem Balkan.

Auf der anderen Straßenseite, südlich vom Museum, steht die restaurierte **Şeyh Kutbettin Camii** (1492).

Zum Museum gehört auch ein wunderschönes, mit Fresken verziertes **unterirdisches byzantinisches Grab** (Yeraltı Mezar) außerhalb der Stadt. Es wurde in den 1960ern zufällig entdeckt. Leider ist es wegen Personal- und Geldmangel seit Jahren für die Öffentlichkeit geschlossen.

STADTMAUERN & TORE

Auf den Stadtmauern kann man bis heute ca. 5 km weit um İznik rumlaufen. Sie wurden zuerst von den Römern gebaut, dann von den Byzantinern erneuert und verstärkt. Die Mauern sind von vier Haupttoren durchbrochen: İstanbul Kapısı, Yenişehir Kapısı, Lefke Kapısı und Göl Kapısı. Außerdem sind die Reste von zwölf anderen kleinen Toren und 114 teils runden, teils eckigen Türmen zu erkennen. Stellenweise sind die Mauern immer noch 10 bis 13 m hoch.

Das **Lefke-Tor** im Osten besteht eigentlich aus vier byzantinischen Toren und wurde im Jahr 70 n. Chr. gebaut. Wer will, kann auf die Mauern hochklettern – ein klasse Aussichtspunkt, um sich einen Überblick zu verschaffen.

Das **İstanbul-Tor** ist mit seinen Mega-Steinköpfen genauso beeindruckend. Vom **Göl-(See-)Tor** ist nur noch wenig übrig. Und im Südwesten stehen die Überreste des kleineren **Saray-(Palast-)Tors** – Sultan Orhan (1326–61) hatte im 14. Jh. nicht weit von hier einen Palast. Wer wieder ins Innere der Stadtmauern zurückgeht, kommt zu den verlassenen Ruinen eines **römischen Theaters** mit 15 000 Sitzplätzen.

Die Mauern zwischen dem **Yenişehir-Tor** und dem Lefke-Tor sind immer noch ordentlich hoch. Ein Fußweg verläuft ein Stück weit an diesem Mauerabschnitt entlang. Die Gegend ist ziemlich ausgestorben – also besser nicht allein dort rumlaufen.

Wer von den Ruinen des kleinen **Horoz-(Hahnen-)Tors** wieder in die Stadt reingeht, stößt auf die spärlichen Resten der **Koimesis-Kirche** (ca. 800 n. Chr.) auf der Westseite der Kaymakam S Taşkın Sokak. Heute sind nur noch ein paar Fundamente übrig, aber früher war die Kirche sehr berühmt, weil hier der byzantinische Kaiser Theodor I. Laskaris begraben lag. Als die Kreuzritter 1204 Konstantinopel eroberten, floh Laskaris nach Nikaia und machte es zu seiner Residenz. Er ließ die Stadtmauern hochziehen und verstärkte sie durch mehr als 100 Türme und einen breiten Schutzgraben. Kein Wunder, dass er den Kreuzrittern nicht traute, nachdem er schon mal eine Stadt an sie verloren hatte. Die Kirche fand ein bitteres Ende: Nach dem Unabhängigkeitskrieg wurde sie gesprengt.

NOCH MEHR SEHENSWERTES

Südöstlich der Hagia Sophia ist das **Il Murat Hamamı** (☎ 757 1459; ☉ 6–24 Uhr, Mo, Do & Sa 13–17 Uhr für Frauen; Waschen & Massage ab 5 €). Der Backsteinbau wurde in der ersten Hälfte des 15. Jhs. errichtet, als Sultan Murat II. an der Macht war.

Über die Straße rüber, gegenüber der Frauenabteilung, befinden sich die zugewucherten Überreste der **osmanischen Brennöfen** aus dem 15. bis 17. Jh. Die archäologischen Funde von hier sind im Museum von İznik zu sehen.

Im Stadtzentrum steht an der Kılıçaslan Caddesi die **Hacı Özbek Camii.** Sie wurde 1332 als eine der ältesten Moscheen İzniks erbaut.

Wer zu viel Energie hat, kann sich im **Çekirge Tramboline** (Sahil Yolu; Eintritt 0,85 €; ☺ 11–24 Uhr) austoben. Dort gibt's eine Reihe Trampoline – fast schon ein surrealer Kontrast zu İzniks allgemeiner Schwerfälligkeit. Gegen Eintritt darf zehn Minuten gehüpft werden.

Rund um den **Abdülvahap-Hügel** vor dem Lefke-Tor versammeln sich mehrere kleine Sehenswürdigkeiten: u. a. die Reste eines römischen Aquädukts, eine arabische Open-Air-*namazgah*-Moschee, ein paar Gräber und ein schattiger Friedhof. Ca. eine Stunde vor Sonnenuntergang ist die perfekte Zeit für einen Abendspaziergang, bei dem man die Sehenswürdigkeiten abklappern und auf den Hügel kraxeln kann. Oben gibt's außer einem tollen Blick den sogenannten Barbierfelsen, einen zertrümmerten, monumentalen Sarkophag, der aus einem einzigen Steinblock gehauen wurde, und das Grab von Abdülvahap Sancaktari. Der türkisch-arabische Fahnenträger, der während einer Belagerung im 8. Jh. hier ums Leben kam, gab dem Hügel seinen Namen.

Schlafen

İznik hat eine Reihe klasse Unterkünfte, die sich optimal für einen Kurzaufenthalt eignen. Aber an den Sommerwochenenden sind sie oft voll; dann ist unbedingt im Voraus Buchen angesagt. In Bursa gibt's mehr Hotels und Restaurants. Man kann also gut auch dort übernachten und einen Tagestrip nach İznik machen.

BUDGETUNTERKÜNFTE

Kaynarca Pansiyon (☎ 757 1753; www.kaynarca.net; Kılıçaslan Caddesi, Gündem Sokak 1; B 8,50 €, EZ/DZ/3BZ 14/23/34 €; 💻) Diese fröhliche, etwas überdrehte Pension gehört dem Original Ali Bulmuş. Traveller mit kleinem Budget sind hier richtig: Sie ist sauber und zentral gelegen, im TV läuft BBC World und auf dem Dach gibt's eine süße, kleine Terrasse. Frühstück kostet 2,30 €. Reservieren ist nicht möglich, aber wenn nichts mehr frei ist, helfen einem die Mitarbeiter, was anderes zu finden.

Berlin Motel (☎ 757 3355; www.berlin-motel.com; Göl Sahil Yolu 36; EZ/DZ/3BZ 17/34/50 €; 🛇) Keine Sorge, man ist noch in der Türkei! Die Besitzer dieses freundlichen, viergeschossigen Blocks haben lange in Berlin gewohnt – daher der Name. Es gibt große Familienzimmer (pro Pers. 14 €), das Preis-Leistungs-Verhältnis ist super und natürlich spricht man hier Deutsch.

Cem Otel (☎ 757 1687; www.cemotel.com; Göl Sahil Caddesi 34; EZ/DZ/34 €; 🛇) Nicht weit vom See und den Stadtmauern. Seit der letzten Renovierung ist das Cem sein Geld wert: Es gibt TV, Telefon, Minibar und jede Menge Platz. Wer kein Zimmer zum See raus ergattert, kann sich immer noch auf die Restaurantterrasse setzen.

Hotel Aydın (☎ 757 7650; www.iznikhotelaydin.com; Kılıçaslan Caddesi 64; EZ/DZ/3BZ 23/34/45 €) Das Aydın ist bei den Einheimischen v. a. für seine superleckere *pastane* (Patisserie/Gebäck) bekannt. Die wird auch beim Hotelfrühstück auf der Terrasse vor dem Haus aufgetischt. Die kleinen Zimmer haben TV, Telefon, Balkons und kitschige Bettdecken.

MITTELKLASSEHOTELS

Çamlık Motel (☎ 757 1631; Göl Sahil Yolu; EZ/DZ 25/45 €; 🛇) Dieses ordentliche, westlich-modern eingerichtete Motel liegt ruhig am See, am südlichen Ende der Straße. Es hat ein Restaurant mit Alkoholausschank und Seeblick – alles in allem eine gute Wahl! Beliebt bei Reisegruppen.

İznik Vakıf Konukevi (☎ 757 6025; info@iznik.com; Vakıf Sokak 13; 34 € pro Pers.) Von diesem charmanten Gästehaus in einem netten Rosengarten ist es auch nicht weit zum See. Die Zimmer werden von der İznik Foundation verwaltet. Die wurde 1993 gegründet und macht sie für das Fliesenkunsthandwerk in İznik stark. Das Ganze ist so cool und stilvoll, wie es sich erwarten lässt. Komischerweise kennen nicht alle Mitarbeiter der Foundation diese Unterkunft.

Salıcı Evi (☎ 315 4536; www.salicievi.com; Çamoluk Hütten 56–195 €) Für Traveller mit fahrbarem Untersatz sind diese drei rustikalen Holzhütten ein absolut genialer Rückzugsort. Sie liegen versteckt in den Hügeln, 7 km südöstlich von İznik. In den Hütten können vier bis sechs Leute schlafen.

Essen

In İznik gibt's eine brauchbare Auswahl an Lokalen, aber nichts wirklich Prickelndes.

İmren Izgara Salonu (☎ 757 3597; Atatürk Caddesi 75; Hauptgerichte ab 1,70 €; ☽ 8–21 Uhr) Hier fallen mittags die Einheimischen ein. Dann reißt der Strom am saftigen *köfte* und anderen Sachen vom Grill mit schwerem, dickem Brot und süß-scharfen grünen Paprikas nicht ab.

Konya Etli Pide Salonu (☎ 757 3156; Kılıçaslan Caddesi; Mahlzeiten 2–3 €; ☽ 8–21 Uhr) Eins der kleinen Esslokale gegenüber von der Hagia Sophia. U. a. werden leckere, frisch gebackene *pide* (türkische Pizza) aufgetischt.

Im Sommer ist es am besten, draußen zu essen – wenn die Mücken nicht zu lästig sind –, und zwar in den Cafés und Restaurants am Sahil Yolu mit Blick auf den See. Im Köşk Café, im Sedef Aile Café Salonu und im Lambada Café gibt's was zu trinken und einfaches Essen für ca. 4 €. Im Hochsommer haben noch mehr Cafés auf. Am besten einfach dahin gehen, wo viel los ist.

Selbstversorger können sich im **Bim-Supermarkt** (☎ 411 2216; Atatürk Caddesi; ☽ Mo–Sa 8.30–21.30, So 9–21 Uhr) eindecken.

Shoppen

Zurzeit erlebt das Fliesenhandwerk in İznik ein Comeback. Die Stadt ist ziemlich stolz darauf, wie die Werbeposter an den Wänden vieler Hotels und Restaurants zeigen. Originalfliesen aus İznik sind Antiquitäten und dürfen nicht exportiert werden. Aber die neuen Fliesen sind ein tolles, wenn auch nicht gerade billiges Souvenir. Ein prima Ausgangspunkt für eine Shoppingtour sind die kleinen Werkstätten an der Salim Demircan Sokak und die Werkstatt der **İznik Foundation** (☎ 757 6025; www.iznik.com; Vakıf Sokak 13).

Die **Süleyman Paşa Medresi** war die erste osmanische theologische Hochschule. Sultan Orhan gründete sie, kurz nachdem er Nikaia erobert hatte. Heute gibt's dort ein halbes Dutzend Keramik- und Kunsthandwerksläden.

An- & Weiterreise

Bis 19 oder 20 Uhr starten am *otogar* stündlich Busse nach Bursa (2,25 €, 1½ Std.), noch häufiger geht's nach Yalova (2,80 €, 1 Std.).

BURSA

☎ 0224/1,2 Mio. Ew.

Bursa erstreckt sich über die Hänge des Uludağ (Großer Berg) und könnte auf den ersten Blick wie eine moderne Großstadt wirken. Dabei war es die erste Hauptstadt des Osmanischen Reichs (im 14. Jh.) – also so etwas wie die Wiege der türkischen Kultur. Massenhaft alte Gebäude – u. a. im Vorort Çekirge, der seit Jahrhunderten Kurgäste anzieht – sind die Zeugnisse einer großen Vergangenheit.

Heute sind Auto- und Textilfabriken die wichtigsten Arbeitgeber vor Ort. Und insgesamt leben die Leute hier sehr gut. Die kommunale Regierung legt sich in Sachen Umweltschutz und bei anderen fortschrittlichen Initiativen enorm ins Zeug.

Aber Bursa ist nicht nur wegen seiner Geschichte, sondern auch für den Bursa- oder İskender Kebap in der Türkei bekannt: Döner Kebap auf frischem Pide-Brot, darüber Tomatensoße, Joghurt und geschmolzene Butter. Superlecker! Es gibt ihn überall im Land – aber hier hat er seine Wurzeln.

Geschichte

Die Geschichte von Bursa geht mindestens zurück ins Jahr 200 v. Chr. Der Legende nach gründete Prusias, König von Bithynien, die Stadt. Kurz darauf übernahm Eumenes II. von Pergamon das Ruder, und später kamen die Römer.

Wichtig wurde Bursa zuerst in den frühen christlichen Jahrhunderten, als die Thermalbäder in Çekirge (S. 319) ausgebaut wurden. Justinian I., der von 527 bis 565 n. Chr. regierte, machte die Stadt dann richtig bekannt.

Als das Byzantinische Reich den Bach runterging, zog die Stadt begehrliche Blicke auf sich, u. a. der Araber und Seldschuken. Sie war interessant wegen ihrer Nähe zu Konstantinopel. Nachdem sich die Seldschuken bis 1075 große Teile von Anatolien unter den Nagel gerissen hatten, war die Eroberung von Bursa (damals Prusa) ein leichtes Spiel für sie. 22 Jahre später kamen dann die ersten Kreuzfahrer. Und in den folgenden 100 Jahren gaben sich diverse Eroberer die Klinke in die Hand.

Im 11. und 12. Jh. drangen die Türken nach Anatolien vor, und es entstanden kleine Fürstentümer einzelner Stammesführer. Einer von ihnen war Ertuğrul Gazi, der nicht weit von Bursa einen Kleinstaat gründete. 1317 wurde Bursa von den osmanischen Kriegern seines Sohnes belagert und ausgehungert. Am 6. April 1326 musste die Stadt klein beigeben. Unter Osman Gazi wurde Bursa dann die Hauptstadt des neu entstehenden Reiches, das nach Osman benannt wurde.

Auf Osman folgte Orhan Gazi, der von 1326 bis 59 an der Macht war. Er vergrößerte das Reich, bis es vom heutigen Ankara bis Adrianopel (Edirne) reichte. Die byzantinische Hauptstadt Konstantinopel war damit quasi umzingelt. Orhan legte sich den Titel Sultan zu und prägte die ersten osmanischen Münzen. Gegen Ende seiner Regierungszeit war er so weit, dass er den byzantinischen Kaisern Vorschriften machen konnte. Einer von ihnen, Johannes VI. Kantakuzenos, wurde sein enger Verbündeter und Schwiegervater.

Die osmanische Hauptstadt wurde zwar 1402 nach Edirne verlegt, aber Bursa blieb wichtig. Osman und Orhan wurden hier begraben; ihre Gräber sind heute noch bedeutende Monumente (S. 318).

Als die türkische Republik gegründet wurde, entwickelte sich Bursa zu einem industriellen Zentrum. In den 1960ern und 70ern machten Fiat (Tofaş) und Renault hier Werke auf und lösten einen Wirtschaftsboom aus. Heute ist Bursa immer noch ein großes Wirtschaftszentrum und eine der reichsten Städte der Türkei.

Orientierung

Der Hauptplatz von Bursa ist der Cumhuriyet Alanı (Platz der Republik). Er heißt auch Heykel (Statue), weil hier ein großes Atatürk-Standbild steht. Die Atatürk Caddesi führt vom Heykel nach Westen durch die Innenstadt zur Ulu Cami (Große Moschee). Weiter westlich steht eine gewaltige Pyramide

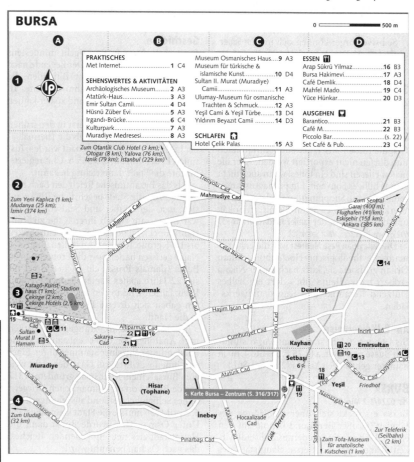

BURSA

0   500 m

PRAKTISCHES
Met Internet....................1 C4

SEHENSWERTES & AKTIVITÄTEN
Archäologisches Museum........2 A3
Atatürk-Haus........................3 A3
Emir Sultan Camii..................4 D4
Hüsnü Züber Evi....................5 A3
Irgandı-Brücke......................6 C4
Kulturpark...........................7 A3
Muradiye Medresesi...............8 A3

Museum Osmanisches Haus....9 A3
Museum für türkische &
islamische Kunst................10 D4
Sultan II. Murat (Muradiye)
Camii..............................11 A3
Ulumay-Museum für osmanische
Trachten & Schmuck.........12 A3
Yeşil Cami & Yeşil Türbe........13 D4
Yıldırım Beyazıt Camii 14 D3

SCHLAFEN
Hotel Çelik Palas..................15 A3

ESSEN
Arap Sükrü Yilmaz................16 B3
Bursa Hakimevi....................17 A3
Café Demlik.......................18 D4
Mahfel Mado.......................19 C4
Yüce Hünkar.......................20 D3

AUSGEHEN
Barantico...........................21 B3
Café M...............................22 B3
Piccolo Bar........................(s. 22)
Set Café & Pub....................23 C4

Zum Otantik Club Hotel (3 km);
Otogar (8 km); Yalova (76 km);
İznik (79 km); İstanbul (229 km)

Zum Yeni Kaplıca (1 km);
Mudanya (25 km);
İzmir (374 km)

Zum Sentral
Garaj (400 m);
Flughafen (41 km);
Eskişehir (151 km);
Ankara (385 km)

Trenyolu Cad

Kanlıceviz Sk

Mahmudiye Cad

Mahmudiye Cad

İnkibahar Cad

Stadyum Cad

Celal Bayar Cad

Ferol Çakmak Cad

Karagö-Kunst-
haus (1 km);
Çekirge (2 km);
Çekirge Hotels (2,5 km)

Stadion

Altıparmak

Demirtaş

Haşim İşcan Cad

Beşikçiler

Çekirge Cad

Altıparmak Cad

Sakarya
Cad

Sultan
Murat II
Hamam

Cumhuriyet Cad

Kayhan

Emirsultan

İnciri Cad

Setbaşı

Muradiye

Hüllıboy Cad

Kaplıca Cad

Hisar
(Tophane)

s. Karte Bursa – Zentrum (S. 316/317)

Atatürk Cad

Yeşil

Friedhof

Emir Sultan Cad

Doyuran Cad

Zum Uludağ
(32 km)

Orhaneli Cad

İnebey

Hocaalizade
Cad

Maksem Cad

Namazgah Cad

Zur Teleferik
(Seilbahn)
(2 km)

Pınarbaşı Cad

Çelik Dereci

Sakaldöken Cad

Zum Tofa-Museum
für anatolische
Kutschen (1 km)

aus blauem Glas: das Zafer-Plaza-Einkaufs-
zentrum – ein prima Orientierungspunkt, um
das Stadtzentrum zu finden.

In nordwestlicher Richtung wird aus der
Atatürk Caddesi die Cemal Nadir Caddesi,
dann die Altıparmak Caddesi und schließlich
die Çekirge Caddesi. Die führt in den Bade-
vorort Çekirge, zu dem es per Bus rund zehn
Minuten sind. In Çekirge haben sich eine
Menge Kurhotels angesiedelt.

Östlich vom Heykel, in Setbaşı, überquert
die Namazgah Caddesi den Fluss Gök (Gök
Deresi), der durch eine spektakuläre Schlucht
stürzt. Gleich hinter dem Fluss geht links die
Yeşil Caddesi in Richtung Yeşil Camii und
Yeşil Türbe ab. Danach heißt sie Emir Sultan
Caddesi.

Vom Heykel, von Setbaşı und der Atatürk
Caddesi fahren Minibusse und Busse zu allen
Ecken der Stadt.

Praktische Informationen

An der Atatürk Caddesi gibt's eine Post und
jede Menge Banken mit Geldautomaten
(Karte S. 316/317). Wechselstuben sind in
dem überdachten Markt Kapalı Çarşı (Karte
S. 316/317).

Discover Internet Centre (Karte S. 316/317; Taşkapı
Caddesi; 0,70 € pro Std.; ☺ 9–24 Uhr)

FiMa Bookshop (Karte S. 316/317; Atatürk Caddesi)
Verkauft englischsprachige Zeitungen.

Met Internet (Karte S. 314; Yılmazsoy İşhanı 6, Hocaalizade Caddesi; 1,10 € pro Std.; ☺ 9–24 Uhr)

Touristeninformation (Karte S. 316/317; ☎ 220-1848;
☺ Mo–Fr 8–12 & 13–17 Uhr) Unterhalb der Atatürk
Caddesi, in der Ladenzeile am Nordeingang zum Fußgän-
gertunnel Orhan Gazi Alt Geçidi.

Sicherheit & Ärgernisse

Auf der Atatürk Caddesi rollt so viel Verkehr,
dass Fußgänger praktisch nicht rüberkommen.
Besser geht's durch die *alt geçidi* (Fußgänger-
tunnel) auf die andere Straßenseite. Der Atatürk Alt Geçidi (nicht weit vom Heykel) hat
einen Fahrstuhl für Behinderte; den Schlüssel
gibt's im Blumengeschäft um die Ecke.

Sehenswertes & Aktivitäten

EMİR SULTAN CAMİİ

1805 ließ Selim III. die **Emir Sultan Camii** (Karte
S. 314) wieder aufbauen. In den frühen
1990ern wurde sie noch mal restauriert. Die
Moschee strahlt die romantische Dekadenz
des osmanischen Rokoko aus: außen jede
Menge Holz, massenhaft Schnörkel und bemalte Bögen. Der Innenraum ist überraschend
schlicht, aber die Lage ist genauso umwerfend
wie die Moschee selbst: neben einem großen
Friedhof am Hang, umgeben von riesigen
Bäumen und mit Blick auf Stadt und Tal.

Zur Moschee geht's mit einem Dolmuş in
Richtung Emirsultan oder mit allen Bussen,
auf denen „Emirsultan" steht. Wer von hier zu
Fuß zur Yeşil Camii und zur Yeşil Türbe geht,
kommt an einem Friedhof vorbei. Dort ist das
Grab von Kebapçı İskender, dem Kebap-Maestro
höchstpersönlich.

YEŞİL CAMİİ & YEŞİL TÜRBE

Zur **Yeşil Camii** (Grüne Moschee; Karte S. 314)
sind es von Setbaşı aus nur ein paar Minuten
zu Fuß. Mehmet I. ließ die Moschee zwischen 1419 und 1424 bauen. Das phantastische Gebäude markiert einen Wendepunkt
in die türkische Architektur. Davor ahmten
die türkischen Moscheen den persischen Stil
der Seldschuken nach. Die Yeşil Camii wurde
als Erste in einem rein türkischen Stil gebaut.
Er beeinflusste die osmanische Architektur
im ganzen Land. Highlights sind die harmo-
nische Fassade und die herrlichen Marmorarbeiten um das Hauptportal.

Vom Eingang der Moschee geht's unter
dem Privatgemach des Sultans hindurch in
eine zentrale Kuppelhalle mit einem 15 m
hohen *mihrab* (einer Nische Richtung Mekka).
Den grünblauen Fliesen an den Innenwänden
verdankt die Moschee ihren Namen.

Hinter der Haupttür führt eine schmale
Treppe zum üppig gefliesten und verzierten
hünkar mahfili (Privatloge des Sultans) über
dem Eingang. Hier wohnte der Sultan, wenn
er sich in der Stadt aufhielt. Sein Harem und
sein Personal waren in weniger luxuriösen
Räumen untergebracht, die an beiden Seiten
angrenzen.

In dem kleinen Park rund um die Moschee
befindet sich die **Yeşil Türbe** (Grüne Grabstätte; Karte
S. 314; Eintritt frei; ☺ 8–12 & 13–17 Uhr). Im Gegensatz
zur Moschee ist sie in Wirklichkeit gar nicht
grün. Die blauen Fliesen außen wurden bei
einer Restaurierung im 19. Jh. ergänzt. Aber
die Fliesen drinnen sind original. Beim Drum-
herumgehen entdeckt man außerdem über
mehreren Fenstern Kalligrafien aus Fliesen.
Das berühmteste Grab ist das von Mehmet
I. Çelebi, dem Erbauer der Yeşil Cami. Es ist
von den Gräbern seiner Kinder umgeben. Ein
anderes Highlight ist die geflieste Gebetsnische *(mihrab).*

Ein Stück die Straße weiter runter steht die zur Moschee gehörende Medrese (Religionsschule). Hier ist heute das **Museum für türkische & islamische Kunst** (Karte S. 314; Eintritt 1,10 €; ☽ 8–12 & 13–17 Uhr) untergebracht. Zur Sammlung gehören neben vorosmanischen Keramiken aus İznik auch die Originaltür und die *mihrab*-Vorhänge aus der Yeşil Camii, Schmuck, Stickereien, Kalligrafien und tolle Sufi-Kunstwerke. Die Erklärungen auf Englisch sind durch die Bank gut zu lesen und leicht verständlich.

YILDIRIM BEYAZIT CAMİİ

Von der Emir Sultan Camii sind übers Tal rüber die beiden Kuppeln der **Yıldırım Beyazıt Camii** (Moschee von Beyazıt dem Blitz; 1391; Karte S. 314) zu sehen. Sie wurde noch vor der Yeşil Camii gebaut, aber im gleichen Architekturstil.

Neben der Moschee ist die Medrese. Sie war früher eine theologische Schule; heute beherbergt sie ein Gesundheitszentrum. Außerdem die Gräber vom blitzschnellen Sultan Beyazıt I. (dem Gründer der Moschee) und seinem Sohn İsa.

IRGANDI SANAT KÖPRÜSÜ

Ein Stück nördlich der Setbaşı-Brücke führt die **Irgandı-Brücke** (Karte S. 314) über den Fluss. Sie ist im osmanischen Stil restauriert worden und besteht aus zwei Reihen winziger gelber Läden. Unter gefliesten Dächern gibt's hier Kunsthandwerk und andere Sachen zu kaufen. Ein paar kleine Cafés laden zu einem Erholungpäuschen und einem Kaffee ein.

TOFAŞ-MUSEUM FÜR ANATOLISCHE KUTSCHEN

Von Setbaşı geht's auf der Sakaldöken Caddesi ein kurzes Stück bergauf Richtung Süden zur früheren Seidenfabrik. Heute ist hier ein kleines **Museum** (Karte S. 314; ☎ 329 3941; Kapıcı Caddesi, Yıldırım; ☽ Di–So 10–17 Uhr) untergebracht. Zu sehen gibt's alte Kutschen und Autos. Für Kids genau das Richtige, wenn sie von den Moscheen die Nase voll haben. Das Museumsgelände ist ganz auf osmanischer Garten gestylt – super zum Picknicken!

STADTMUSEUM VON BURSA

Das **Stadtmuseum** (Bursa Kent Müzesi; Karte S. 316/317; ☎ 220 2486; www.bursakentmuzesi.gov.tr; Eintritt 0,85 €;

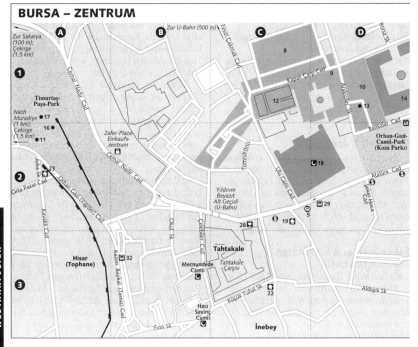

BURSA – ZENTRUM

Mo–Fr 9.30–18, Sa & So 10–18.30 Uhr) von Bursa ist absolut up-to-date. Es hat sich im alten Gerichtsgebäude am Heykel einquartiert. Im Erdgeschoss geht's um die Geschichte der Stadt und um die Sultane, die hier ihre Spuren hinterlassen haben. Leider sind die Texte bis auf die Abteilungsüberschriften nur auf Türkisch. Aber zum Glück braucht die kulturelle und ethnografische Sammlung im Obergeschoss kaum Erklärungen. Im Keller sind alte Läden und Werkstätten nachgebaut – tolle Sache! Filme zeigen Kunsthandwerker bei der Arbeit, und Zeitungsausschnitte berichten über lokale Promis: z. B. über die Banjospielerin Deli Ayten und „Tarzan Ali", einen 59-jährigen ehemaligen Actionhelden.

MÄRKTE

Hinter der Ulu Cami liegt Bursas riesiger **Kapalı Çarşı** (überdachter Markt; Karte S. 316/317). Hier lassen sich problemlos ein paar Stunden verbummeln. V. a. wem der Große Basar von İstanbul zu touristisch ist, der ist hier richtig. Der *bedesten* (feuersicherer, überdachter Bereich für wertvolle Waren) im Herzen des Kapalı Çarşı wurde im späten 14. Jh.

von Sultan Beyazıt errichtet und nach einem Erdbeben 1855 wiederaufgebaut. Der Markt ist bekannt für Handtücher und Bademäntel – vielleicht ist im Koffer ja noch Platz.

Beim Bummeln lohnt es sich, nach dem **Eski Aynalı Çarşı** (alter Spiegelmarkt) Ausschau halten. Er war ursprünglich das Orhangazi Hamam (1335), das Badehaus der Orhan Camii Külliyesi. Das ist an der Deckenkuppel mit den Deckenfenstern noch gut zu erkennen. Hier gibt's Schattenpuppen fürs Karagöz und andere traditionelle Sachen.

Der Kapalı Çarşı breitet sich auch in die angrenzenden Straßen aus. An einer Stelle befindet sich aber der Eingang zum „Seidenkokonbasar" **Koza Han.** Er wurde 1490 gebaut. Wie nicht anders zu erwarten, gibt's hier jede Menge teure *ipek-*(Seiden-)Läden. Im Hof steht eine kleine Moschee, die 1491 im Auftrag Sultan Beyazıts gebaut wurde.

Neben der Ulu Cami befindet sich die Karawanserei **Emir Han.** Hier kamen durchreisende Seidenhändlern unter. Im Erdgeschoss wurden die Kamele der Seidenkarawanen und die Waren untergebracht. In den Räumen darüber nächtigten Treiber und Kaufleute

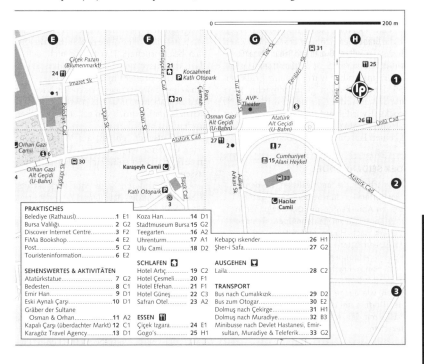

und machten ihre Geschäfte. Im Teegarten im Hof ist ein netter Brunnen.

ULU CAMİ

An der Atatürk Caddesi steht die riesige **Ulu Cami** (Karte S. 316/317) – ein echter Blickfang, vom Stil her durch und durch seldschukisch und mit Sicherheit die beeindruckendste Moschee in Bursa. 1396 finanzierte Sultan Beyazıt den monumentalen Bau. Außen machen 20 kleine Kuppeln und ein beeindruckend dickes Minarett ganz schön was her. Innen geht's ähnlich bombastisch weiter – mit gewaltigen Türen und einem Wald aus Säulen mit quadratischer Basis. Phantastisch sind die filigranen Schnitzereien an der Kanzel (*minbar*) und die Kalligrafien an den Wänden.

GRÄBER DER SULTANE OSMAN & ORHAN

Ein steiler Felsen, durchlöchert von archäologischen Ausgrabungen, überragt die Cemal Nadir Caddesi. Dies ist der älteste Stadtteil von Bursa. Früher war er von steinernen Festungsanlagen und Mauern umgeben, die z. T. noch erhalten sind. Von der Ulu Cami geht's westlich die Orhan Gazi (Yiğitler) Caddesi rauf. Sie führt zu einem Bereich, der Hisar (Festung) oder Tophane heißt.

In einem kleinen Park ganz oben befinden sich die **Gräber** der Gründer des Osmanischen Reiches, der **Sultane Osman und Orhan** (Osman Gazi ve Orhan Gazi Türbeleri; Karte S. 316/317; Eintritt gegen Spende). Die Originalgräber wurden beim Erdbeben 1855 dem Erdboden gleichgemacht. 1868 baute Sultan Abdül Aziz sie im osmanischen Barockstil wieder auf, wobei Osman Gazis Grab die prächtigere Deko bekam. Die Gräber auf keinen Fall mit Schuhen betreten.

DER SEIDENHANDEL

Praktisch seit die Stadt existiert, werden in den Dörfern rundum Seidenraupen gezüchtet. Im April kaufen die Dorfbewohner in den Kooperativen Seidenraupen, nehmen sie mit nach Hause und füttern sie mit Maulbeerblättern. Wenn die Raupen ihre Kokons gesponnen haben, werden sie zum Koza Han gebracht und verkauft. Wer im Juni oder September kommt, kann miterleben, wie einige der 14 000 Händler aus den Dörfern um den Preis für ihre riesigen Säcke mit den wertvollen weißen Kokons feilschen.

Neben den Gräbern steht so ein Wegweiser mit Entfernungen überallhin. Er stört die Wirkung der Monumente etwas, aber es ist ja nicht uninteressant, dass man hier näher an Aserbeidschan als an Deutschland ist. Und Traveller aus Tiffin, Ohio, werden bestimmt begeistert sein, festzustellen, dass sie 9600 km von zu Hause weg sind. Auf dem Gelände steht außerdem ein sechsstöckiger **Uhrturm**. Er ist der letzte von vier Türmen, die früher auch Feuer meldeten. Neben dem Uhrturm ist ein netter **Teegarten** mit einer tollen Aussicht übers Tal.

MURADİYE-KOMPLEX

Die **Sultan II Murat (Muradiye) Camii** (Karte S. 314) ist eine friedliche Oase in dieser hektischen Stadt: mit einem schattige Park davor und einem ruhigen Friedhof dahinter. Die Moschee selbst stammt von 1426 und kopiert den Stil der Yeşil Cami. Sie hat gemalte Dekorationen und einen prächtig verzierten *mihrab*.

Neben der Moschee befinden sich zwölf **Gräber** (Eintritt 2 €; 8.30–12 & 13–17 Uhr) aus dem 15. und 16. Jh., u. a. das von Sultan Murat II. höchstpersönlich (Regierungszeit 1421–51). Wie auch bei anderen islamischen Dynastien wurde bei den Osmanen nicht unbedingt der Erstgeborenen Erbe des Papas. Wenn dieser starb, konnten alle Söhne den Sultanstitel für sich beanspruchen. Das führte nicht selten dazu, dass der vorgesehene Erbe (oder stärkste Sohn) seine Brüder um die Ecke bringen ließ, um keinen Bürgerkrieg zu riskieren. Viele der hier Begrabenen, u. a. alle *şehzades* (kaiserlichen Söhne), wurden von nahen Verwandten ins Jenseits befördert.

Der Aufseher schließt auf Wunsch einzelne Gebäude auf; die tollen Verzierungen in einigen Gräber sollte sich keiner entgehen lassen.

Auf der anderen Seite vom Park ist das **Museum Osmanisches Haus** (Osmanlı Evi Müzesi; Eintritt 1,30 €; Di–So 10–12 & 13–17 Uhr). Es sollte jetzt eigentlich geöffnet sein. Aber tatsächlich ist es immer Glückssache, hier jemanden anzutreffen, auch während der normalen Öffnungszeiten. Westlich von den Gräbern steht die **Muradiye Medresesi** aus dem 15. Jh. Die Schule wurde 1951 restauriert und zur Tuberkuloseklinik umfunktioniert.

Nicht weit von hier ist auch das **Ulumay-Museum für osmanische Trachten & Schmuck** (Osmanlı Halk Kıyafetleri ve Takıları Müzesi; İkincimurat Caddesi; Eintritt 2,80 €; 9–19 Uhr). Diese beeindruckende Pri-

KARAGÖZ & HACİVAT

Bursa gilt als Wiege des türkischen Schattentheaters Karagöz. Diese Puppenspieltradition kam ursprünglich aus Zentralasien. Von Bursa aus verbreitete sie sich im ganzen Osmanischen Reich. Die Puppen wurden aus Kamelhaut geschnitten, mit Öl eingerieben, um sie durchscheinend zu machen, und schließlich bunt angemalt. Bei den Aufführungen werden sie hinter einem weißen Tuch bewegt. Ein Licht im Hintergrund wirft dann die Umrisse auf den Stoff.

Der Legende nach war der bucklige Karagöz ein Vorarbeiter beim Bau der Ulu Camii in Bursa. Er und sein Partner Hacivat trieben so lustige Späße, dass die anderen Arbeiter ihre Arbeit unterbrachen und zuguckten. Darüber ärgerte sich der Sultan, und er ließ die beiden hinrichten. Aber ihre komischen Vorführungen lebten weiter – in den Puppentheateraufführungen des Karagöz. 2006 wurden die beiden noch berühmter: durch den Film *Hacıvat Karagöz neden öldürüldü?* (auf Deutsch *Hinrichtung der Schatten*) von Ezel Akay mit Haluk Bilginer und Beyazit Öztürk in den Hauptrollen.

In Bursa hat sich v. a. Şinasi Çelikkol für die Tradition des Karagöz stark gemacht. Er setzte sich für die Gründung des **Karagöz Sanat Evi** (Karagöz-Kunsthaus; Çekirge Caddesi; ☎ 233 8429; Eintritt 5 €; Aufführungen Mi & Sa 11, Fr 19.30 Uhr) ein. Das Kunsthaus ist gegenüber vom Karagöz-Denkmal. Dort gibt's ein kleines Museum mit tollen Puppen aus Usbekistan. Außerdem ist die ethnografische Sammlung von Şinasi Çelikkol zu sehen. Wer sich die Sammlung gern in Ruhe allein anschauen will, kann im Laden einen Termin ausmachen. Er heißt natürlich Karagöz und ist im Eski Aynalı Çarşı.

vatsammlung wurde 2004 in der restaurierten Medrese Sair Ahmet Paşa von 1475 eröffnet. Der freundliche Besitzer und Kurator Esat Ulumay führt Besucher gern persönlich herum. Er war früher Wirtschaftsexperte und Schwerttänzer, heute gilt er als Spezialist für osmanische Trachten.

Wer ein kurzes Stück hinter dem Sultan Murat II Hamam bergauf geht (den Schildern nach), kommt zum restaurierten osmanischen **Hüsnü Züber Evi** (Uzunyol Sokak 3; Eintritt 1,30 €; Di–So 10–12 & 13–17 Uhr). Wie beim Osmanischen Haus ist nicht immer jemand da, aber einen Versuch ist es wert.

Zu dieser Anlage geht's vom Heykel aus per Bus oder Dolmuş Richtung Muradiye. Auch einige Busse von Çekirge zum Heykel fahren hier vorbei.

KULTURPARK

Der **Kulturpark** (Kültür Parkı; Karte S. 314) liegt nördlich vom Muradiye-Komplex, aber ein ganzes Stück den Berg runter. Der Park wurde 2006 neu gestaltet; es wird wohl etwas dauern, bis er sich davon erholt hat. Außer Teegärten und Spielplätzen ist hier das **Archäologische Museum** (Arkeoloji Müzesi; Eintritt 1,10 €; Di–So 8–12 & 13–17 Uhr) zu finden. Hier gibt's eine Sammlung von hauptsächlich antiken Fundstücken aus der Gegend zu sehen. Zum Kontext wird kaum was erklärt, und an deutscher bzw. englischer Beschriftung mangelt's auch.

Auf der anderen Seite der Straße ist das **Atatürk-Haus** (Atatürk Evi; Eintritt frei; Di–So 8.30–12 & 13.30–17 Uhr), ein schickes Chalet von 1895 mit einem hübschen Garten drumherum. Die restaurierten Zimmer (inklusive einem skurrilen ausgestopften Hund) sehen so aus wie damals, als der Vater der Türkei hin und wieder hier vorbeischaute.

Zum Kulturpark geht's vom Heykel aus mit dem Bus oder Dolmuş Richtung Altıparmak, Sigorta oder Çekirge.

ÇEKIRGE

Çekirge, ein alter Vorort westlich der trubligen Innenstadt, ist Bursas Kur- und Erholungsgebiet. Das heiße, mineralhaltige Wasser, das aus den Hängen des Uludağ sprudelt, ist seit Urzeiten berühmt für seine Heilkraft. Auch heute verbringen noch Leidende und Kranke Wochen hier, um darin zu planschen. Die meisten Leute wohnen in Hotels, die eigene Mineralbäder haben. Aber es gibt auch eine Reihe unabhängiger *kaplıcalar* (Thermalbäder).

Das **Yeni Kaplıca** (☎ 236 6955; Mudanya Caddesi 10; 6–23 Uhr) liegt an der Nordwestseite vom Kulturpark. Es wurde 1522 von Rüstem Paşa, dem Großwesir von Sultan Süleyman dem Prächtigen, neu gebaut. Davor stand an derselben Stelle ein sehr viel älteres Bad, das Justinian errichtet hatte. Außer dem Yeni **Kaplıca** (Neues Bad) gibt es noch die Kaynarca

(Kochenden) Bäder nur für Frauen und dann noch die Karamustafa-Bäder für Familien. Nach 22 Uhr wird keiner mehr reingelassen; eine halbstündige Ganzkörpermassage kostet 11,10 €.

Am schönsten ist vielleicht das toll restaurierte **Eski Kaplıca** (Karte S. 314; ☎ 233 9300; Eintritt 11,10 €; ✆ 7–22.30 Uhr) am Ostrand von Çekirge. Es gehört zum Kervansaray Termal Hotel nebenan. Das Bad ist ganz in cremefarbenem Marmor, und im Saunabereich gibt's Tauchbecken. Die Badegäste müssen allerdings für alles extra zahlen – sogar für die Seife. Für ein komplettes Bad mit Abschrubben und Massage ist mit 30 € zu rechnen.

Einen Hamam-Knigge gibt's auf S. 697.

Ein anderes Wahrzeichen von Çekirge ist die ungewöhnliche **Murat I (Hüdavendiğar) Camii** hinter dem Ada Palas Oteli. Ihre Grundform ist das frühosmanische, auf dem Kopf stehende T. Zum ersten Mal tauchte es bei Nilüfer Hatuns *imaret* (Armenküche) in İznik (S. 311) auf. Hier überspannen die Seitenflügel des T allerdings Tonnengewölbe, keine Kuppeln. Im Erdgeschoss befinden sich nach vorn raus die Zimmer einer *zaviye* (Derwischunterkunft). Die Galerie im zweiten Stock, die eine Medrese beherbergt, ist von innen nicht zu sehen, bis auf die Sultansloge hinten in der Mitte der Moschee.

Im Grab auf der anderen Straßenseite ist der riesige **Sarkophag von Sultan Murat I.** zu bewundern, der von 1359 bis 1389 herrschte. Er starb im Kosovo, als er einen Aufstand seiner albanischen, bosnischen, bulgarischen, ungarischen und serbischen Untertanen niederschlagen wollte.

Die Hauptstraße von Çekirge ist die Murat I Caddesi (Birinci Murat Caddesi). Dorthin geht's mit dem Bus oder Dolmuş vom Heykel oder der Atatürk Caddesi Richtung Çekirge oder SSK Hastanesi. Bus 96 fährt vom *otogar* direkt nach Çekirge.

Festivals & Events

Das berühmte **Uluslararası Bursa Festivali** (www.bursafestivali.org auf Türkisch) gibt es schon ewig. Im Juni und Juli steigen in ganz Bursa drei Wochen lang zahlreiche Musik- und Tanzevents.

Immer im November lockt das **Karagöz-Festival** Karagöz-Spieler (s. S. 319) aber auch Puppen- und Marionettenspieler aus westlichen Ländern nach Bursa. Fünf Tage lang wird gefeiert und gespielt.

Geführte Touren

Das **Reisebüro Karagöz** (Karte S. 316/317; ☎ 221-8727; www.karagoztravel.com; Kapalıçarşı, Eski Aynalı Çarşı 4) bietet jede Menge interessante Ausflüge an, u. a. Stadtrundfahrten und Trips nach Cumalıkızık (S. 324).

Schlafen

Çekirge (3 km östlich von Bursas Zentrum) ist zwar einen Tick teurer, aber es bietet die attraktivsten Unterkünfte in der Stadt. Hier haben fast alle Hotels eigene Thermalbäder. Z. T. sprudelt in den Badezimmern Mineralwasser aus der Leitung. Oder es gibt im Keller private oder öffentliche Bäder. Das Baden ist normalerweise im Zimmerpreis mit drin – das sollte ausgenutzt werden!

ÇEKIRGE & SOĞANLI

Yeşil Yayla Termal Otel (☎ 239 6496; Selvi Sokak 6) Dieses original 50er-Jahre-Hotel wurde zur Zeit der Recherche gerade auf Vordermann gebracht. Hoffentlich bleibt es das billigste Quartier in Çekirge.

Çekirge Termal Hotel (☎ 233 9335; Hamam Sokak 25; EZ/DZ/3BZ 23/39/50 €) Einen Blumentopf fürs Design wird dieses Gebäude zwar nicht gewinnen, aber für einen großen, orangen Kasten ist es gar nicht so übel. Die Zimmer sind funktional und nicht besonders prickelnd – also besser der Gratisbäder voll auskosten.

Termal Hotel Gold 2 (☎ 235 6030; www.otelgold.com; I Murat Camii Aralığı; EZ/DZ/3BZ 28/50/67 €; ✖) Dieses restaurierte Haus von 1878 neben der I Murat Camii ist eine Spitzenwahl in ruhiger Lage. Innen ist es mit Holz verkleidet und mit Antiquitätenmöbeln und schweren, roten Vorhängen ausgestattet. Baden und Parken sind inklusive und die Dachterrasse ist ein echtes Plus.

Boyugüzel Termal Otel (☎ 239 9999; www.boyuguzel.com; Uludağ Caddesi; EZ/DZ/3BZ 39/62/75 €; ✖ ▯) Ziemlich modern, aber die Bar in der Lobby hat Charakter. Die Zimmer sind smart und gut in Schuss. Ein Mineralbad am Tag ist im Preis mit drin.

Atlas Termal Hotel (☎ 234 4100; www.atlasotel.com.tr; Hamamlar Caddesi 29; EZ/DZ/3BZ 45/67/84 €; ✖) Noch ein renoviertes Haus, in dem moderner und traditioneller Stil aufeinandertreffen. Viel Kiefernholz und ein sonniger Innenhof. Das Thermalbad ist inklusive.

Hotel Çelik Palas (Karte S. 314; ☎ 233 3800; Çekirge Caddesi 79; EZ/DZ 134/150 €; ✖ ▯ ▣) Dieses Hotel mit Blick auf den Kulturpark liegt auf halbem

---

DER TIPP VOM AUTOR

Hotel Gönlüferah (☎ 233 9210; www.gon-
luferahhotel.com; l Murat Caddesi 24, Çekirge; EZ/
DZ 100/150 €; 😊) Meistens ist es ja etwas
dick aufgetragen, wenn jemand das Wort
„atemberaubend" benutzt. Aber hier trifft
es wirklich zu: Das Gönlüferah wurde innen
komplett renoviert und in einen klassisch-
modernen Designtempel verwandelt. Die
gefliesten Flure lassen Serail-Feeling auf-
kommen, und in den Zimmern gibt's flauschige Teppiche, Flachbildschirm-TV und
Kissen mit Troddeln und Fransen. Nicht zu
vergessen der umwerfende Blick übers Tal.
Die Preise sind hin und wieder bis zu 50 %
reduziert – ein absolutes Schnäppchen.
Außerdem ist ein volles Spa-Programm im
Angebot.

Weg zwischen Çekirge und Heykel. Der riesige Bau ist z. T. im Art-déco-Stil. Außer
einem prächtigen überdachten Pool gehören
ein Hamam, zwei Restaurants und Zimmer
mit allen Schikanen dazu. Atatürk ließ das
Hotel direkt neben sein Haus setzen, um seine
Gäste hier einzuquartieren. Das Mineralwasser wird direkt aus Çekirge hierhergepumpt.
Hotelgäste werden leider meistens im modernen Anbau untergebracht.

Otantik Club Hotel (☎ 211 3280; www.otantikclub
hotel.com; Soğanlı; DZ 78 €, Suite 130 €; 😊 🚲) Eine der
nobelsten Absteigen in Bursa. Sie versteckt
sich in einem botanischen Garten im Vorort
Soğanlı. Alle Zimmer sind super, aber die
Suiten sind exquisit, v. a. wenn die Sonne
durch die Buntglasfenster auf die prächtigen
osmanischen Stoffe fällt. Extra-Pluspunkte
sind ein Spielbereich für Kids, ein Fahrradverleih und ein kleines Kino.

ZENTRUM VON BURSA

Hotel Güneş (Karte S. 316/317; ☎ 222 1404; otelgunes@
yahoo.com; İnebey Caddesi 75; EZ/DZ/3BZ/4BZ mit Gemeinschaftsbad 13/23/25/34 €) Dieses freundliche Familienhotel in einem restaurierten osmanischen
Haus ist die Nummer eins unter den Billigun-
terkünften. Die kleinen, ordentlichen Zimmer
haben neue Laminatfußböden. In den Bädern
gibt's Stehklos, und an den Wänden hängen
Türkei-Fotos. Im Erdgeschoss ist eine Lounge
mit vielen Infos für Traveller.

Hotel Çeşmeli (Karte S. 316/317; ☎ 224 1511;
Gümüşçeken Caddesi 6; EZ/DZ 25/38 €) Freundliche,

saubere und praktisch gelegene Unterkunft.
(Sie verdankt ihren Namen dem Brunnen
für rituelle Waschungen vor der Tür.) Hier
arbeiten nur Frauen – also eine prima Wahl
für allein reisende Travellerinnen. Das Frühstücksbüfett ist klasse. Sogar eine Minibar und
ein Fön werden geboten.

Hotel Artıç (Karte S. 316/317; ☎ 224 5505; www.artic
hotel.com; Ulu Camii Karşısı 95; EZ/DZ/3BZ 28/45/62 €; 😊)
Einwandfreies neues Hotel am Westende der
Atatürk Caddesi. Die Zimmer sind hell und
ziemlich groß. Allerdings wirkt die Deko
etwas trist, und der Standard in den Ein-
zelzimmern lässt zu wünschen übrig. Am
besten sind die Gemeinschaftsbereiche. Vom
Frühstücksraum ist die Ulu Cami zu sehen.
Die Buchungspreise sind um einiges höher
und überteuert.

Hotel Efehan (Karte S. 316/317; ☎ 225 2260; www.
efehan.com.tr; Gümüşçeken Caddesi 34; EZ/DZ 31/48/56 €)
Das modern gestylte Efehan schwelgt in reichlich Marmor und ist rundum attraktiv. Für
die zentrale Lage ist es nicht zu teuer. Die
jüngeren Mitarbeiter übersehen die Gäste
manchmal, die älteren sind professioneller.

Safran Otel (Karte S. 316/317; ☎ 224 7216; saf-
ran_otel@yahoo.com; Arka Sokak 4, Tophane; EZ/DZ 31/56 €;
😊) Das charaktervoll restaurierte Haus hat
geschichtsträchtige Nachbarn: Gegenüber sind
die Gräber von Osman und Orhan. Die osmanische Deko greift zwar nicht auf die Zimmer
über. Aber das Hotel ist einladend, und nebenan gibt's ein anständiges Restaurant.

Essen

Außer dem legendären *İskender*-Kebap ist
Bursa bekannt für İnegöl-Köftesi. Die köstli-
chen gegrillten Hackröllchen sind nach dem
nahen Ort İnegöl benannt. Andere leckere
Sachen sind frisches Obst (besonders *şeftali*
– Pfirsiche) und *kestane şekeri* (kandierte
Kastanien).

RESTAURANTS

Erstaunlicherweise ist es gar nicht so einfach,
in Bursa einen guten İskender aufzutreiben.
Die Preise gehen bei 3,50 € für *bir porsyon*
(eine Portion) bzw. 4,50 € für *bir buçuk porsyon* (1½ Portionen) für besonders Hungrige
los.

Çiçek Izgara (Karte S. 316/317; ☎ 221 6526; Belediye
Caddesi 15; Hauptgerichte 1,70–6 €; ⏱ 11–21.30 Uhr) Das
Çiçek-Grillhaus ist hinter dem *belediye*, eine
Querstraße vom Koza Parkı entfernt. Es ist
hell und modern (prima für allein reisende

Frauen). Im ersten Stock gibt's einen Salon mit Blick auf den Blumenmarkt.

Şehr-i Safa (Karte S. 316/317; ☎ 222 8080; Atatürk Caddesi 29; Mahlzeiten ab 2,80 €; ☺ 9–22 Uhr) Hier ist Fastfood satt angesagt: Die beliebte Kantine ist auf einer Terrasse, hoch über den Bäumen und Häusern der Atatürk Caddesi, mit Blick auf den Heykel. Eine Mahlzeit besteht normalerweise aus einem Hauptgericht, einem Salat und einem Getränk.

Bursa Hakimevi (Karte S. 314; ☎ 233 4900; Çekirge Caddesi 10; Hauptgerichte 2,50–5 €; ☺ 12–22 Uhr) Es hat etwas gedauert, aber jetzt ist es so weit: In einem restaurierten osmanischen Haus am Rand des Kulturparks gibt's ein geschmackvolles, einfaches Restaurant. Die Speisekarte haut einen nicht um, aber die Terrasse ist einfach perfekt.

Gogo's (Karte S. 316/317; ☎ 223 1113; Kirişçi Kız Sokak; Hauptgerichte 2,80–5,50 €; ☺ 10.30–22.30 Uhr) Hört sich irgendwie nach einem Stripclub an, ist aber in Wirklichkeit ein charaktervolles Restaurant mit einer hübschen Terrasse und voll mit buntem, barockem osmanischem Firlefanz. Hin und wieder gibt's Kunstausstellungen und andere Events.

Kebapçı İskender (Karte S. 316/317; ☎ 221 4615; Ünlü Caddesi 7; Hauptgerichte 4–16,50 €; ☺ 10–22 Uhr) Dieser legendäre Kebap-Laden stammt von 1867. Die Besitzer behaupten, Nachfahren von İskender Usta zu sein. Aber mit 7,50 € pro Portion kassieren sie für das bisschen Geschichte ganz ordentlich. Es gibt mehrere Filialen in der Stadt, u. a. eine an der Atatürk Caddesi, eine im Zafer Plaza und ein „Museumsrestaurant" draußen in Soğanlı.

Yüce Hünkar (Karte S. 314; ☎ 327 8910; Yeşil Cami Yanı 17–19; Mahlzeiten 9–17 €; ☺ 11–22 Uhr) Das Hünkar hat eine Spitzenlage mit Blick über ein Tal der zur Yeşil Cami. Schon klar, warum es preismäßig auf Touristenfallenniveau liegt.

Die **Sakarya Caddesi** (Karte S. 314) gehörte früher zum jüdischen Viertel von Bursa. Berühmt wurde sie durch Arap Şükrü, der hier vor Jahrzehnten ein Restaurant eröffnete. Es war so ein Renner, dass seine Nachkommen in seine Fußstapfen traten. In der Straße gibt's heute nicht weniger als fünf Familienrestaurants, die alle gleich heißen, und natürlich Konkurrenzlokale, die fast genauso aussehen. Das ganze obere Ende der schmalen Gasse ist vollgepfropft mit Tischen. Also einfach rumschlendern und die Lage checken, bevor man sich irgendwo niederlässt. Fisch ist hier die Spezialität (ab 6 € pro Portion), aber Fleisch

und *meze* gibt's auch. **Arap Şükrü Yılmaz** (Karte S. 314; Sakarya Caddesi 4; ☺ 11–23 Uhr) ist zuverlässig und beliebt.

Die Straße ist im Norden vom Hisar-Viertel, ein Stück südlich von der Altıparmak Caddesi. Von der Ulu Cami sind's zu Fuß rund zehn Minuten. Alternativ geht's vom Heykel aus mit dem Bus oder Dolmuş Richtung Çekirge bis zur Haltestelle Çatal Fırın, gegenüber von der Sabahettin Paşa Camii.

CAFÉS & IMBISSE

Café Demlik (Karte S. 314; ☎ 326 4483; Yeşil Caddesi 25; Essen ab 1 €; ☺ 11–21 Uhr) Dieses charmante alte Haus ist in ein osmanisch gestyltes Lokal verwandelt worden. Die Gäste sitzen auf dem Fußboden auf Kissen und schlemmen leckere *gözleme* (salzige Pfannkuchen).

Mahfel Mado (Karte S. 314; ☎ 326 8888; Namazgah Caddesi 2; Hauptgerichte 2,50–4,50 €; ☺ 8–23 Uhr) Bursas ältestes Café gehört inzwischen zur landesweiten Mado-Kette. Hier ist vom Frühstück bis zum späten Dessert Betrieb. Auf der Terrasse am Fluss gibt's Livemusik und im Keller eine Kunstgalerie.

SELBSTVERSORGER

Selbstversorger machen sich am besten auf zum **Tahtakale Çarşısı** (Tahtakale-Markt; Karte S. 316/317) beim Hotel Güneş. Dort gibt's eine große Auswahl an frischem Obst, Gemüse und Käse.

Ausgehen & Unterhaltung

Wer in der Sakarya Caddesi was gegessen hat, kann die Straße runterwandern und in eine der eleganten Bars oder ein Studentencafé reingucken. In den Bars hocken v. a. Männer, und oft sind Schilder mit der Aufschrift „*Damsız Girilmez*" (keine Männer ohne Damenbegleitung) zu sehen. Das bezieht sich aber v. a. auf Gruppen junger Türken.

Barantico (Karte S. 314; ☎ 222 4049; Sakarya Caddesi 55; Getränke ab 1 €; ☺ 11–22 Uhr) Wer auf Okkultismus steht, ist hier richtig: In einem Hof versteckt, bietet das Barantico Tarotlegen, Séancen und Kaffeesatzlesen an.

Café M (Karte S. 314; ☎ 220 9428; Altıparmak Caddesi 9/D) Modern, orange und ziemlich cool: Das M zieht ein gemischtes, modisch-hippes, junges Völkchen an.

Piccolo Bar (Karte S. 314; ☎ 223 5658; Sakarya Caddesi 16) Gemütliche Kneipe mit Livemusik an fast allen Abenden. Scheint bei Zigarrenrauchern sehr beliebt zu sein.

Set Café & Pub (Karte S. 314; ☎ 225-1162; Köprü Üstü)
Diese Kneipe liegt auf der Höhe vom Mahfel Mado über den Fluss rüber. Auf mehreren etwas verwirrend angelegten Terrassen gibt's Livemusik und Bier.

Laila (Karte S. 316/317; Atatürk Caddesi 91) Hier kann man sich problemlos die Nacht um die Ohren schlagen! Auf vier Stockwerken bietet das Laila Unterhaltung pur: mit einem rund um die Uhr geöffneten Restaurant, einem Café, Internetzugang, Livemusik und Disco kann man sich endlos amüsieren.

An- & Weiterreise

Der *otogar* von Bursa ist 10 km nördlich vom Zentrum an der Straße nach Yalova. Rechts steht, wie's vom *otogar* ins Stadtzentrum und nach Çekirge geht. Die Tabelle unten bietet Infos über die wichtigsten Busstrecken und Fahrpreise.

Nach İstanbul geht's am schnellsten (5 €, 2½–3 Std.) mit dem Bus bis Yalova und dann weiter mit der **İDO-Schnellfähre** (☎ 444 4436; www. ido.com.tr) zum Hafen Yenikapı (İstanbul). Wer zur Fähre will, sollte mindestens 90 Minuten, bevor sie abfährt, in Bursa in den Bus steigen.

Busse nach İstanbul mit der Aufschrift „Karayolu ile" (über die Straße) fahren rund um die Bucht von İzmit und brauchen dafür vier bis fünf Stunden. Die mit der Aufschrift „Feribot ile" (per Fähre) bringen einen nach Topçular, östlich von Yalova, und dann mit der Fähre nach Eskihisar. Das ist viel schneller und bequemer.

In der Tabelle unten sind tägliche Verbindungen auf ausgewählten Routen ab Bursa aufgelistet.

Unterwegs vor Ort
DOLMUŞ
In Bursa sind Autos und Minibusse als Dolmuş (Sammeltaxis) unterwegs. Ein beleuchtetes Schild auf dem Dach zeigt das Fahrtziel an. 0,70 € ist Mindestfahrpreis.

Minibusse starten an einer größeren Dolmuş-Haltestelle direkt südlich vom Heykel. Sie fahren nach Çekirge, über den Kulturpark, Eski Kaplıca und I Murat Camii. Vor dem Koza Parkı stehen auch Minibusse.

VOM & ZUM OTOGAR
Der Stadtbus 38 fährt die 10 km vom *otogar* ins Stadtzentrum im Schneckentempo (0,85 €, 45 Min.). Zum *otogar* zurück geht's ab der Haltestelle 4 an der Atatürk Caddesi. Bus 96 fährt vom *otogar* direkt nach Çekirge (0,85 €, 40 Min.).

Ein Taxi vom *otogar* ins Stadtzentrum kostet ca. 8 €, nach Çekirge ca. 9 €.

STADTBUSSE
An den Stadtbussen von Bursa (BOİ; 0,85 €) stehen vorne und an der Seite das Ziel und die Haltestellen. Gegenüber vom Koza Parkı an der Atatürk Caddesi sind mehrere gelbe Bushaltestellen. Von Haltestelle 1 fährt der Bus nach Emirsultan und zur *teleferik* (Seilbahn auf den Uludağ), von Haltestelle 2 der Bus nach Muradiye und von Haltestelle 4 der Bus nach Altıparmak und zum Kulturpark. Hier starten auch Busse zum Botanik Parkı (15) und nach Cumalıkızık (22).

Die Fahrkarten für die Stadtbusse müssen vor Fahrtantritt gekauft werden – in Kiosken oder Läden bei den Haltestellen (auf das BursaKart-Zeichen achten). Wer länger bleibt,

VERBINDUNGEN VOM OTOGAR IN BURSA

Fahrtziel	Fahrpreis	Dauer	Entfernung	Häufigkeit (pro Tag)
Afyon	10 €	5 Std.	290 km	8-mal
Ankara	11,50 €	6 Std.	400 km	stündl.
Bandırma	5 €	2 Std.	115 km	12-mal
Çanakkale	11,50 €	5 Std.	310 km	12-mal
Denizli	11,50 €	9 Std.	532 km	mehrmals
Eskişehir	5,50 €	2½ Std.	155 km	stündl.
İstanbul	8,50 €	3 Std.	230 km	oft
İzmir	8,50 €	5½ Std.	375 km	stündl.
İznik	2,80 €	1½ Std.	82 km	stündl.
Kütahya	7 €	3 Std.	190 km	mehrmals
Yalova	3,50 €	1¼ Std	76 km	alle 30 Min.

WESTANATOLIEN

nimmt am besten eine Mehrfartenkarte; davon gibt's verschiedene.

TAXI
Eine Fahrt vom Heykel nach Muradiye kostet rund 2 €, nach Çekirge ca. 4 €.

U-BAHN
Bursa hat ein effizientes, modernes U-Bahn-System. Allerdings bedient es v. a. die Vororte, weniger das Zentrum, und ist für Traveller deshalb nicht so interessant.

RUND UM BURSA
Uludağ
☎ 0224

Es klingt erstaunlich, aber die junge Skiindustrie der Türkei floriert sogar hier im Westen. Mittelpunkt ist der Uludağ (Großer Berg; 2543 m), etwas außerhalb von Bursa. Eine Seilbahn *(teleferik)* führt rauf nach Sarıalan, 7 km von der Stadt Uludağ und der Haupthotelgegend entfernt. Leben ist hier nur während der Skisaison von Dezember bis Anfang April, im Sommer ist tote Hose. Wer nicht Ski fahren oder die Drei-Stunden-Tour zum Gipfel unternehmen will, hat vielleicht Lust, die Aussicht und die klare, saubere Luft im Uludağ-Nationalpark zu genießen. Mit den Kiefernwäldern und schneebedeckten Gipfeln in der Ferne sieht es hier fast aus wie in Schottland; 30 °C im Sommer passen natürlich nicht dazu (dann wüssten die Schotten wirklich nicht, was sie unter ihrem Kilt tragen sollen …).

An der Seilbahnstation in Sarıalan gibt's ein paar Imbiss- und Erfrischungsbuden, außerdem einen Campingplatz der Nationalparkverwaltung (meistens voll).

AN- & WEITERREISE
Dolmuş
Im Sommer fahren mehrmals am Tag Minibusse vom Zentrum in Bursa nach Uludağ (2,80 €) und Sarıalan (4 €); im Winter starten sie häufiger.

An der 11-km-Markierung muss der Fahrer anhalten und Eintritt für den **Nationalpark** (0,30 €, 1 € pro Auto mit Fahrer) zahlen. Der Hotelbereich ist 11 km vom Eingang entfernt.

Im Sommer ist es oft nicht einfach, zurückzukommen, weil es an öffentlichen Verkehrsmitteln mangelt. Im Winter reißen sich die Dolmuş- und Taxifahrer darum, überhaupt was zu verdienen – den Rückweg müssen sie

ja eh machen. Dann lässt sich der Preis oft runterhandeln.

Seilbahn
Zur unteren Seilbahnstation geht's mit dem Stadtbus ab Bursa von der Haltestelle 1 oder mit einem Dolmuş, auf dem „*Teleferik*" steht (0,60 €). Der fährt hinter dem Stadtmuseum ab. Vom Heykel dauert die Fahrt 15 Minuten. Die Seilbahn fährt alle 40 Minuten (3,50 € hin und zurück, 30 Min.), im Sommer zwischen 8 und 22 Uhr und im Winter zwischen 10 und 17 Uhr, wenn Wind und Wetter mitspielen. Wenn viel los ist, startet die Bahn, sobald 30 Leute an Bord sind.

Die Seilbahn hält zuerst in Kadıyayla, dann geht's weiter hoch bis zur Endstation in Sarıalan (1635 m). Die beste Aussicht auf Bursa gibt's bei der Bergfahrt hinten in der Kabine.

Cumalıkızık
☎ 0224/700 Ew.

In dieser phantastischen Ecke an den Hängen des Uludağ, rund 16 km östlich von Bursa, ließen sich vor 700 Jahren die turkmenischen Kızık nieder. Und es gibt jede Menge super erhaltene ländliche Architektur aus der frühen Osmanenzeit zu sehen. Hier umherzuwandern, die Idylle zu genießen und sich die Gegend anzugucken ist ein absoluter Genuss: Neben leuchtend bunt gestrichenen traditionellen Häuser stehen nicht restaurierte, leise vor sich hin bröckelnde Exemplare; dazwischen wuseln Kinder herum, die Enten vertreiben, wenn das Wasser die schmalen Kopfsteinpflastergassen runterfließt.

Leider hat das Fernsehen die Ruhe z. T. zerstört. Cumalıkızık diente nämlich als Drehort für die Kultserie *Kınalı Kar (Henna im Schnee)*. Jetzt kommen scharenweise Fans hierher, um zu sehen, wo sich alles abgespielt hat. Und natürlich schießen Souvenirstände wie Pilze aus dem Boden und wollen vom Rummel profitieren.

SCHLAFEN & ESSEN
Es gibt nur zwei Unterkünfte im Dorf, die beide auch Essen anbieten. Außerdem gibt's in mehreren kleinen Cafés und zwanglosen *gözleme*-Lokalen was zu essen.

Konak Pansiyon (☎ 372 4869; DZ 28 €) Wer den rechten Abzweig ins Dorf nimmt, kommt zu diesem schön restaurierten Gästehaus mit nur acht Zimmern. Z. T. liegen nach osmanischer

Sitte Matratzen auf dem Boden, andere Zimmer haben riesige Doppelbetten. Das Restaurant gegenüber kocht zum Mittagessen die üblichen Kebaps, Salate, *meze* und *gözleme*. **Mavi Boncuk** (☎ 373 0955; www.cumalikizikmaviboncuk.com; Saldede Sokak; DZ/3BZ 34/50 €) Wer sich stattdessen links hält, kann den Schildern zu einem anderen alten Haus folgen. Es ist nicht ganz so sorgfältig restauriert, aber von herrlichen Gärten umgeben. Die sechs Zimmer sind einfach, aber einladend. Das Essen verdient die Note eins, und es gibt drinnen und draußen reichlich Sitzmöglichkeiten.

AN- & WEITERREISE

Von Bursa hierher geht's mit dem Bus 22 ab der Haltestelle 3 an der Atatürk Caddesi (0,85 €, 50 Min.). Busse fahren zwischen 7.30 und 21 Uhr ca. alle zwei Stunden. Der letzte Bus zurück nach Bursa startet normalerweise um 20.30 Uhr. Minibusse (0,70 €) fahren häufiger. Noch öfter fahren sie vom und zur Santral Garaj. Zwischen ihr und der Atatürk Caddesi pendeln wieder andere Minibusse und Busse.

ESKİŞEHİR

☎ 0222/83 000 Ew.

Ironischerweise ist Eskişehir (Alte Stadt) eine durch und durch moderne Stadt, die über die spärlichen Überreste der griechisch-römischen Stadt Dorylaeum gebaut wurde. Ein kleiner osmanischer Stadtteil steht noch, aber größtenteils ist die Stadt neu. Es geht lebhaft zu, schließlich leben auch viele Studenten hier.

Wie in der Gegend um Bursa gibt's auch hier rundherum Mineralquellen in Hülle und Fülle. Ein paar Hotels im Stadtzentrum haben Badezimmer mit Mineralwasser. Außerdem gibt's massenhaft Hamams, die dieselben Quellen anzapfen. 2003 wurde die Hamamyolu Caddesi in eine Fußgängerzone umgewandelt und entsprechend aufgehübscht. Seitdem ist der Thermalbereich mit Abstand die netteste Gegend der Stadt.

Orientierung & Praktische Informationen

Die meisten Traveller wollen in der Nähe von der Fußgängerzone Hamamyolu Caddesi absteigen. Sie verläuft von Norden nach Süden zwischen den Straßen Yunus Emre und İki Eylül. Odunpazarı, die osmanische Altstadt, liegt gleich am Südende der Straße.

Der Bahnhof ist nordwestlich vom Zentrum, der *otogar* 3 km östlich. Vom *otogar* fahren Straßenbahnen und Busse nach Köprübaşı, das ist das Zentrum gleich nördlich der Hamamyolu Caddesi.

Banken gibt es überall in der Stadt, außerdem eine paar Internetcafés am Südende der Hamamyolu Caddesi.

Sehenswertes & Aktivitäten

Eskişehir ist berühmt für sein „weißes Gold": **Meerschaum** *(lületaşı)*. Das ist ein leichter, poröser, weißer Stein, der in den Dörfern der Umgebung abgebaut wird. Aus ihm werden Pfeifen und andere Kunstobjekte hergestellt. Solche Dinge gibt's im Yunus Emre Kültür Sarayı neben der Post zu sehen. Dort ist das **Lületaşı-Museum** (İki Eylül Caddesi) untergebracht. Zur Sammlung gehören tolle alte und neue Meerschaumpfeifen, außerdem Fotos von der Arbeit in den Steinbrüchen. Manchmal dauert es eine Weile, bis jemand zum Aufschließen kommt. Und dann hat der Aufpasser die Besucher so scharf im Blick, dass sie schnell wieder die Weite suchen.

Richtung Süden geht's erst zum beeindruckenden gelben **Anadolu Üniversitesi Cumhuriyet Müzesi** (Eintritt frei; ☯ Mo–Fr 8.30–18, Sa 9–17 Uhr) mit einer Sammlung sepiafarbener Atatürk-Andenken. Dann kommt man ins *eski* Eskişehir, das alte osmanische Viertel. Im Zentrum steht die große **Kurşunlu Camii** (1525). Ihre *külliye* (Moscheekomplex) steht größtenteils noch. Zu ihr gehören eine *aşevi* (Küche) mit einer ganzen Reihe Schornsteinen und ein *okuma odası* (Lesezimmer). Die Kapitelle der Säulen stammen aus der antiken Stadt Doryläum. Das Ganze ist von einem netten Garten voller Blumen und alter Gräber umgeben.

Rechts und links der angrenzenden Straßen stehen bunte alte osmanische Häuser. Viele sind im Zuge einer Modernisierungsaktion, die immer noch im Gange ist, restauriert worden. Das **Beylerbeyi Konağı** (Kurşunlu Camii Sokak 28; ☯ 10–12 Uhr) ist normalerweise geöffnet, aber meistens ist die Tür geschlossen.

Weiter westlich ist das **Archäologische Museum** (Arkeoloji Müzesi; Eintritt 1,10 €; Hasan Polatkan Bulvarı 86; ☯ Mo–Fr 8.30–12 & 13.30–17 Uhr). Hier gibt's Funde aus Doryläum zu sehen, u. a. mehrere schlichte Mosaikfußböden und römische Statuen von Kybele, Hekate und Mithras.

Wer Eskişehir besucht, sollte auf jeden Fall die Gelegenheit nutzen und in eins der Thermalbäder am Nordende der Hamamyolu

Caddesi gehen. Die meisten sind für Männer reserviert, aber ins **Kadinlar Kaplıca** (Eintritt 3 €; ☺ 5.30–22 Uhr) beim Has Termal Hotel dürfen auch Frauen rein. Und hier treffen sich alle: von stillenden Müttern bis zu gichtgeplagten Omis.

Schlafen

In Eskişehir übernachten nur wenige. Wer bleiben will, sollte auf alle Fälle in einem der Hotels mit Thermalbad absteigen – in oder in der Nähe der Hamamyolu Caddesi.

Termal Otel Sultan (☎ 231 8371; Hamamyolu Caddesi 1; EZ/DZ/3BZ 18/25/31 €) Das Sultan wirkt insgesamt etwas abgenutzt. Aber die Badezimmer sind sauber und es ist ziemlich bequem.

Has Hotel Termal (☎ 221 4030; www.hasotel.com; Hamamyolu Caddesi 7; EZ/DZ/3BZ 25/34/39 €; ☒ ☒) Wer weder allergisch gegen Rot ist noch wie ein Stier auf diese Farbe reagiert, wird sich im Has wohlfühlen. Nett sind die Marmorbadewannen *(kuvvet)*, in denen man sich in Thermalwasser einweichen kann. Ein Besuch im hauseigenen Hamam kostet 11 €.

Uysal Otel (☎ 221 4353; Asarcıklı Caddesi 7; EZ/DZ 28/39 €) Nicht weit von der Hamamyolu Caddesi. Die Zimmer können mit der schrillen Lobby nicht ganz mithalten und die „Minibars" sind ein Witz. Aber die Unterkunft ist immerhin besser als das Sultan. Gäste können das Hamam direkt nebenan benutzen.

Essen

Außer den üblichen Kebapständen und Grills hat Eskişehir in punkto Restaurants nichts Interessantes zu bieten. Vielleicht haben die Studenten einfach nicht genug Kohle dafür.

Şomine Et Lokantası (☎ 220 8585; Köprübaşı Caddesi 18; Hauptgerichte 1,70–7 €; ☺ 9–22 Uhr) Schick und picobello sauber. Im ersten Stock lässt sich eine Wand öffnen, wenn es abends heiß ist. Die Cafeteria ist die beste von Eskişehir und hat eine riesige Speisekarte mit türkischem Essen.

Osmanlı Evi (☎ 221 5460; Yeşil Efendi Sokak 22; Hauptgerichte 2–10 €; ☺ 11.30–21 Uhr) Das osmanische Haus wurde als eins der ersten in Odunpazarı restauriert und ist jetzt ein nobles Café-Restaurant. Es liegt in einer Seitenstraße hinter der Kurşunlu Camii.

Selbstversorger sind in Eskişehir besser dran als Gourmets: Es gibt jede Menge *pastirmaci* (Feinkostläden), die bergeweise Käse aus der Region anbieten, außerdem *sucuk* (Knoblauchwurst) und *salam* (Salami) – nicht

zu vergessen die *pastane* (Patisserie) für den Nachtisch.

Shoppen

Typische Souvenirs aus Eskişehir sind Pfeifen, Zigarettenhalter, Rosenkränze und andere Sachen aus *lületaşı*. Ein paar Hotels verkaufen Meerschaum, aber zum Shoppen sind die Läden vor Ort besser.

Außerdem gibt's in Eskişehir Süßigkeiten ohne Ende. Eine lokale Spezialität sind *med helvası*-Röllchen und *nuga helvası*-Stücke (zwei Nougatsorten).

An- & Weiterreise

Wie in Bursa müssen die Tickets für alle Verkehrsmittel vor der Fahrt gekauft werden – für 0,70 € an einem Stand oder Kiosk. Straßenbahnen, Stadtbusse und Dolmuş-Minibusse fahren zum riesigen Busbahnhof (auf den Hinweisschildern steht „Terminal" oder „Yeni Otogar"). Ein Taxi von Köprübaşı kostet ca. 3 €.

Vom *otogar* fahren regelmäßig Busse nach Afyon (6,70 €, 3 Std.), Ankara (6,70 €, 3¼ Std.), Bursa (6,70 €, 2½ Std.), İstanbul (11 €, 6 Std.), İznik (7 €, 3 Std.) und Kütahya (3,50 €, 1½ Std.).

Der **Bahnhof** von Eskişehir (☎ 255 5555) ist ein wichtiger Knotenpunkt. Es gibt mehrere Züge ab İstanbul (4–6 Std.) und Ankara (2½– 4 Std.), tagsüber und auch nachts.

RUND UM ESKİŞEHİR
Seyitgazi
☎ 0222/3300 Ew.

Über die kleine Stadt, 43 km südöstlich von Eskişehir, wacht ein Hügel, auf dem der gewaltige **Battalgazi-Moscheenkomplex** (Eintritt 1,10 €) aus dem 13. Jh. thront. In ihm verschmelzen seldschukische und osmanische Architektur, und es wurden Marmorblöcke verbaut, die wahrscheinlich von den Ruinen der phrygischen Stadt Nakoleia stammen. Die Moschee ist dem Krieger Seyit Battal Gazi gewidmet, der für die Araber gegen die Byzantiner ins Feld zog und 740 getötet wurde. Sein Grab befindet sich in einem Seitenraum; es ist überdimensional lang, obwohl Battal Gazi normal groß war.

Zum Moscheenkomplex gehören eine *aşevi* mit acht hohen Schornsteinen und eine *semahane* (Tanzraum), wo die Derwische ihre Meetings abhielten. Außerdem eine Medrese mit mehreren düsteren *çilehane* („Ort des

Leidens"): In den Zellen lebten (und starben) fromme Leute wie Einsiedler – mit dem Koran als ihrem einzigen Zeitvertreib. An den Wänden sind jede Menge kalligrafische Inschriften zu sehen, v. a. Lobgesänge auf Battal Gazi (für Besucher wurden sie freundlicherweise übersetzt).

AN- & WEITERREISE

Es fahren regelmäßig Seyitgazi-Belediyesi-Busse von Eskişehir nach Seyitgazi (2 €, 45 Min.). Auch einige der Busse von Eskişehir nach Afyon kommen durch den Ort.

PHRYGISCHES TAL

Die in Fels gehauenen Monumente im Phrygischen Tal (Frig Vadisi) zwischen Eskişehir und Afyon gehören zu den beeindruckendsten Überbleibseln aus phrygischer Zeit. Ohne Auto ist allerdings nicht leicht hinkommen. Aber notfalls geht es per Bus und/oder Taxi (s. S. 329). Trampen macht nicht viel Sinn, weil kaum Autos unterwegs sind.

Ein Abstecher ins Tal lohnt sich auch für Leute, die sich nicht besonders für die Phrygier interessieren, denn es ist superschön hier. Und die Gegend ist vom Tourismus praktisch unberührt. Die Landschaft ist so spektakulär, dass sie sogar mit Kappadokien mithalten kann, z. T. ist sie sogar noch abwechslungsreicher. Überall gibt's lauschige Picknickplätze. Wer die unberührte Natur in Bestform erleben will, sollte Anfang Juni kommen. Dann blüht der Opiummohn weiß und lila – ein phantastischer Kontrast zur grüngrauen Umgebung.

Midas Şehri

Was die Archäologen Midas Şehri (Midasstadt) nennen, ist für alle anderen das Dorf **Yazılıkaya** (Beschriebener Fels), 32 km südlich von Seyitgazi. Dieses Yazılıkaya ist nicht zu verwechseln mit dem Ort bei der hethitischen Hauptstadt Hattuşa (S. 498), östlich von Ankara.

Die Sehenswürdigkeiten in Yazılıkaya gruppieren sich um einen riesigen Felsen. Tickets (Eintritt 1,10 €) gibt's in der Bibliothek, vor den Stufen, die zu den Ausgrabungen führen. Wer will, kann einen Führer mit Karte auf Deutsch leihen oder für 2,80 € kaufen. Darin werden 91 interessante Details erklärt.

Das so genannte **Midasgrab** ist ein 17 m hohes Relief mit lauter geometrischen Mustern. Es wurde in den weichen Kalktuff gehauen und sieht aus wie die Fassade eines Tempels. Unten ist eine Nische, in der bei Festen ein Bild der Kybele aufgestellt wurde. Rund um das Grab sind Inschriften in phrygischer Schrift erkennbar – u. a. taucht auch der Name „Midas" auf.

Gegenüber von diesem beschrifteten Felsen befindet sich ein anderer gigantischer Felsen mit Höhlen. Das soll mal ein **Kloster** gewesen sein.

Hinter dem Midasgrab schlängelt sich ein Pfad an Stufen vorbei, die runter zu einem Tunnel führen. Dieser führt zu einem zweiten,

---

DIE PHRYGIER

Um 2000 v. Chr. wanderten die Phrygier von Thrakien nach Zentralanatolien aus. Sie sprachen eine indoeuropäische Sprache und verwendeten ein Alphabet, das dem griechischen ziemlich ähnlich war. 106 km westlich von Ankara gründeten sie ein Königreich mit der Hauptstadt Gordion (S. 487). Unter dem berühmten König Midas (ca. 725–675 v. Chr.), einem der vielen phrygischen Königen dieses Namens, erlebte das Reich eine Blütezeit. Schließlich wurde es von den Kimmerern (676–585 v. Chr.) verdrängt.

Die Phrygier waren ein hoch entwickeltes, kultiviertes Volk, das großartige Kunst hervorbrachte. Das würde man bei Leuten, die in Felsbehausungen lebten, nicht unbedingt erwarten. Die phrygische Kultur hatte ihre Wurzeln in der griechischen, war aber stark neohethitisch und urartäisch beeinflusst. Eine ganze Reihe von Erfindungen gehen aufs Konto der Phrygier: der Fries, die Stickerei sowie verschiedene Musikinstrumente, u. a. die Zymbel, die Doppelklarinette, Flöte, Leier, Syrinx-(Pan-)Flöte und der Triangel.

Zwischen 585 und 550 v. Chr. war die phrygische Zivilisation auf ihrem Höhepunkt. Damals entstanden die Felsmonumente in Midas Şehri. Es sind die eindrucksvollsten erhaltenen Steinarbeiten der Phrygier. Überreste aus dieser Zeit sind in Museen in ganz Anatolien zu sehen. Sie geben faszinierende Einblicke in eine Kultur, die den entscheidenden Schritt von „primitiv" zu „fortgeschritten" schaffte – mitten zwischen Felsen und Gestrüpp in der Zentraltürkei.

WESTANATOLIEN

kleineren Grab, oben im Fels. Wahrscheinlich wurde es nie fertig gebaut. Dann geht's weiter nach oben, bis auf den Felsen rauf, der mal als Akropolis diente. Hier findet sich ein gestufter Stein, der ein Altar gewesen sein soll. Vielleicht wurde er auch für Opferungen benutzt. Außerdem sind Reste von Mauern und Straßen zu sehen. Selbst mit Karte ist es schwierig, die Pfade zu finden, aber die Hauptattraktionen sind gut zu erkennen.

Auf dem Rückweg die Stufen runter kommt man an einem Stück einer antiken Straße vorbei, erkennbar an den Wagenradspuren im Stein.

Kümbet

15 km westlich von Midas Şehri liegt das Dorf Kümbet. Sein Prunkstück ist ein seldschukisches *kümbet* (Grab) mit alten byzantinischen Marmorverzierungen, die sich rund um den Eingang ziehen. Auf dem Dach thront ein Storchennest. Nicht weit vom *kümbet* ragt ein Fels hervor, in den mehrere Feuerstätten gehauen wurden. Ein paar Schritte weiter kommt das Arslanlı Mezarı (Löwengrab), ein anderes phrygisches Felsengrab mit Löwen auf der Pedimentfläche.

Weitere Stätten

Das Phrygische Tal zerfällt in zwei Teile: den nördlichen Abschnitt bei Kütahya und den südlichen Abschnitt um Afyon. Wer mit dem eigenen Auto unterwegs ist, kann die gesamte Strecke an einem Tag bewältigen.

Die meisten historischen Stätten liegen an Sandwegen, und manche sind schwer zu entdecken – sogar wenn man direkt daneben steht. Allmählich müsste es aber einfacher werden, im südlichen Bereich um Afyon vorwärtszukommen. Die Behörden haben diesen Teil nämlich zu einer „Turizm Kuşağı Yolu" (Touristenroute) erklärt, und die Straße soll über 170 km ausgebaut werden.

Die Sehenswürdigkeiten werden hier von Norden nach Süden aufgelistet – so sind sie leichter zu finden und können ohne große Umwege abgeklappert werden. Aber natürlich kann sich jeder seine Route selbst zusammenbasteln. Eins noch: Hier wird nur eine Auswahl all der Schätze präsentiert, die sich in den Hügeln verstecken. Wer die Gegend gründlich erkundet, wird noch viel mehr entdecken!

Auf der Straße von Seyitgazi Richtung Süden stehen braune Wegweiser, die nach rechts und links zeigen. Ein Wegweiser nach rechts führt über einen 2 km langen Feldweg zur „Falkenburg" Doğankale und zur Deveboyukale (Burg auf der Kamelhöhe). Beides sind Felsen mit Höhlen, die früher wohl mal bewohnt waren.

Ein kleines Stück weiter südlich geht rechts ein anderer Feldweg ab. Nach 1 km kommt man darauf zum Mezar Anıtı (Monumentalgrab) – noch ein restauriertes Grab, das in einen Felsblock gehauen ist. Es sieht aus wie ein kleiner Tempel.

Noch weiter im Süden, nahe bei Arezastis, gibt's ein anderes tempelähnliches Grab zu sehen: Küçük Yazılıkaya (kleiner beschriebener Stein).

Beim kleinen Dorf Doğer treffen die beiden Wege aufeinander. Im Dorf befindet sich ein *han* (Karawanserei) von 1434 (meistens zu). Vom Ort führen Sandwege zum schönen, von Seerosen überwucherten Emre Gölü (Emresee) – ideal für ein Picknick. Nicht weit von hier steht ein kleines Steingebäude, das früher von Derwischen benutzt wurde. In der Nähe ragt eine Felsformation mit einer grob gehauenen Treppe in die Höhe: Kirkmerdiven Kayalıkları (Felsiger Ort mit 40 Stufen). Die Sandstraße führt dann weiter nach Bayramaliler und Üçlerkayası, wo es massenhaft groteske Felsformationen zu sehen gibt. Sie werden *peribacalar* (Feenschornsteine) genannt, so wie die in Kappadokien.

Hinter Bayramaliler geht's ins Göynüş Vadisi (Göynüş-Tal), wo es schöne phrygische Felsengräber mit Löwen (Aslantaş) und Schlangen (Yılantaş) gibt. Aber das Tal ist besser von der Hauptstraße zwischen Eskişehir und Afyon (2 km) aus zu erreichen.

Wer weiter in Richtung Südosten fährt, sollte auf alle Fälle einen Stopp im Dorf Ayazini einlegen. An dieser Stelle gab es früher mal eine Felssiedlung, die Metropolis hieß. Und für Unersättliche gibt's noch mehr durchlöcherte Felsformationen zu sehen. Ein anderes Highlight ist eine riesige Kirche, deren Apsis und Kuppel direkt in den Fels gehauen sind. Außerdem gibt's eine Reihe Felsgräber mit Löwen, Sonnen und Monden.

Rund ums Dorf Alanyurt finden sich noch mehr Interessantes, u. a. ein paar Höhlen in Selimiye und Feenschornsteine in Kurtyurdu. Dann versammeln sich noch ein paar Sehenswürdigkeiten um Karakaya, Seydiler und İscehisar; ein Muss ist der bunkerartige Felsen Seydiler-Burg (Seydiler Kalesi).

An- & Weiterreise

Diese Ecke lässt sich auch ohne Auto hervorragend erkunden. Die typischen Ausgangspunkte sind Afyon und Eskişehir. Aber wer will, kann auch von Kütahya nach Osten fahren. Braune Schilder zeigen die Wege zu den vielen Sehenswürdigkeiten. Allerdings sind sie nicht immer ganz eindeutig. Es ist also öfter mal Suchen angesagt. Wer die Stätten im Süden sehen will, sollte sich die tolle bebilderte Broschüre plus Karte von der Touristeninfo in Afyon (S. 334) zulegen.

Reisende, die kein Auto mieten wollen, können in jeder halbwegs großen Stadt der Region ein Taxi nehmen. Seyitgazi und İhsaniye sind prima Ausgangspunkte. Preismäßig geht es so mit ca. 25 € für eine Kurztour. Alles Weitere ist Verhandlungssache, abhängig davon, wohin es gehen soll und wie lange der Trip dauert.

Wer nach Göynüş und Ayazini will, muss zwischen Eskişehir und Afyon aus dem Bus springen. Die letzten Kilometer geht's zu Fuß oder per Autostopp weiter (hier ist natürlich Vorsicht angesagt). Die Gegend um İhsaniye und Doğer ist mit einem Dolmuş oder Minibus von Afyon in Richtung Norden zu erreichen. Zu den meisten anderen Stätten gab's keine öffentlichen Verkehrsmitteln, als wir da waren.

KÜTAHYA

☎ 0274/167 000 Ew.

Neben İznik ist Kütahya ein weiteres Zentrum für bunte Fliesen (çini) und Keramik. Aber während man in İznik einen künstlerischen Anspruch hat, geht es bei der Fliesenherstellung in Kütahya prosaischer zu. Hier wird mit Industriekeramik Geld gemacht, die Herstellung von Liebhaberstücken ist zweitrangig. Auch was die Verwendung angeht, gibt es in Kütahya keinen Snobismus. Die Fliesen sind überall zu sehen: an Fassaden und Brunnen, auf Fußböden und Parkplätzen – wo sie halt so hinpassen.

Insgesamt hat Kütahya viel mehr mit dem modernen, urbanen Bursa gemein als mit dem traditionellen, ländlich-ruhigen İznik. Hier gibt's hippe Cafés und Bars – die Stadt ist voll auf der Höhe der Zeit. Aber auch Geschichtsfans kommen hier auf ihre Kosten. Auf dem Berg thront eine beeindruckende Festung. Und dann ist da noch die charmante Altstadt voller bröckelnder, schöner osmanischer Villen.

Ein anderes Highlight ist die sehr edle Dumlupınar Fuarı, die größte Handarbeitsmesse der ganzen Türkei. Sie findet jedes Jahr im Juli auf dem Messegelände beim *otogar* statt.

Geschichte

Die ersten Einwohner von Kütahya waren, soweit bekannt, die Phrygier. 546 v. Chr. rissen sich die Perser die Stadt unter den Nagel. Danach gaben sich verschiedene Herrscher die Klinke in die Hand: von Alexander dem Großen bis zu den Königen von Bithynien und den Kaisern von Rom und Byzanz, die die Stadt Cotiaeum nannten.

Die ersten Türken, die sich hier breitmachten, waren die Seldschuken. Sie kamen 1182, wurden aber bald wieder von den Kreuzrittern verjagt. Später tauchten sie wieder hier auf, um das Emirat von Germiyan (1302–1428) zu errichten, mit Kütahya als Hauptstadt. Die Emire verbündeten sich mit den Osmanen im nahen Bursa, und als der letzte Emir starb, wurden seine Ländereien dem wachsenden Osmanischen Reich einverleibt. Als Anfang des 15. Jhs. Timur Lenk angepoltert kam, brachte er alles durcheinander: Er machte Kütahya eine Zeit lang zu seinem Hauptquartier und ging dann dorthin zurück, woher er gekommen war.

1514 nahm Sultan Selim I. das persische Täbris ein und verschleppte alle Keramikkünstler von dort nach Kütahya und İznik, damit sie dort für ihn arbeiteten. Seitdem liefern sich die beiden Städte einen ehrgeizigen Wettkampf, wer die tolleren Fliesen produziert.

Orientierung

Kütahyas wichtigster Platz, Zafer (Belediye) Meydanı, ist an dem riesigen vasenförmigen Brunnen inmitten eines Kreisverkehrs zu erkennen. Dort sind das *vilayet* (der Sitz der Provinzregierung) und das *belediye* (das Rathaus). Der *otogar* Kütahya Çinigar (der Fliesenbahnhof – wer ihn sieht, weiß sofort, warum) ist am Atatürk Bulvarı, knapp 1 km nordöstlich vom Zafer Meydanı. Um den Hauptplatz ballen sich Hotels, Restaurants, Banken mit Geldautomaten und Fliesenläden.

Die Haupteinkaufsmeile der Stadt ist die Cumhuriyet Caddesi. Sie verläuft vom *vilayet* nach Südwesten, an der Hauptpost vorbei und weiter zur Ulu Cami.

Praktische Informationen

Anatolia Internet Café (Belediye Caddesi 9; 0,50 €
pro Std.; 9–24 Uhr)
Oxygen Internet (Atatürk Bulvarı; 0,50 € pro Std.;
9–24 Uhr)
Schalter der Touristeninformation (223 6213;
Zafer Meydanı; 9–13 & 14–18 Uhr) Sich auf Englisch
zu verständigen ist schwierig, aber es gibt eine prima Karte
und jede Menge Broschüren.

Sehenswertes & Aktivitäten

Am äußersten Ende der Cumhuriyet Caddesi
steht die **Ulu Cami** mit ihren Minaretten. Seit
ihrem Bau 1410 hat sie mehrere Restaurierungen hinter sich gebracht. Kleine Stilbrüche
sind die modernen Türen, Fenster und eine
Digitaluhr. Aber die feinen Marmorarbeiten
am Brunnen und die schönen Holzschnitzereien über der Seitentür sind super.

Neben der Ulu Cami ist das **Archäologische
Museum** (Arkeoloji Müzesi; 224 0785; Eintritt 1,10 €;
Di–Sa 9–12.30 & 13.30–17 Uhr) in der Vacidiye
Medresesi. Diese wurde 1314 von Umur bin
Savcı aus der Germiyan-Familie gebaut. Das
Prunkstück der Sammlung ist ein römischer
Sarkophag aus dem Zeustempel in Aizanoi

(S. 332) mit eingemeißelten kämpfenden
Amazonen. Außerdem gibt's Funde aus dem
Phrygischen Tal und interessante römische
Votivstelen zu sehen.

Das **Fliesenmuseum** (Çini Müzesi; 223 6990; Eintritt
1,10 €; Di–So 9–12.30 & 13.30–17 Uhr) ist gegenüber
der Ulu Cami in der İmaret Camii untergebracht. Es wird von einer phänomenalen
Kuppel überwölbt. Die Sammlung besteht
v. a. aus Kütahya-Keramik, darunter auch
ein paar Stücken vom Meister Hacı Hafiz
Mehmet Emin Efendi, der auch am Bahnhof
Haydarpaşa in İstanbul mitarbeitete. Aus Respekt vor Kütahyas Hauptrivalin sind auch ein
paar wunderschöne Fliesen aus İznik ausgestellt. Dazu gibt es massenhaft Stickereien,
die allerdings nicht beschriftet sind. Auf einer
Seite befindet sich das blau geflieste Grab
eines gewissen Yakup Bey aus dem 14. Jh.

Ganz in der Nähe ist die **Dönener Camii.** Sie
wurde im 14. Jh. gebaut und war später das
mevlevihane (Stammhaus) einer Gruppe von
Mevlevi-Derwischen. Innen befindet sich ein
phantastisches *semahane* mit einer Galerie.
Auf den bemalten Säulen sind hohe Mevlevi-
Hüte dargestellt.

KÜTAHYA

PRAKTISCHES	
Anatolia Internetcafé	1 D3
Oxygen Internet	2 D2
Post	3 B3
Touristinformationschalter	4 D3

SEHENSWERTES & AKTIVITÄTEN	
Archäologisches Museum	5 B3
Basar	6 B3
Dönener Cami	7 B3
Festung von Kütahya	8 A3
Fliesenmuseum	9 A3
Kossuth-Haus	10 A3
Osmanische Häuser	11 B2
Porzellanbrunnen	12 C3
Rathaus (Belediye)	13 C3
Ulu Cami	14 B3

SCHLAFEN	
Gül Palas	15 C3
Hotaş Hotel	16 D2
Hotel Yüksel	17 D3
Otel Kösk	(s. 15)
Qtahya Otel	18 D1

ESSEN	
Café Corner	19 D2
Döner Restaurant	20 A3
ikiyüzetmişdört	21 D3
Karavan Gözleme	22 D2
Kokuş Manti Evi	23 D2
Tansaş-Supermarkt	24 C2
Yakamoz	25 D2

AUSGEHEN	
Pubuç	26 D2
Teegärten	(s. 20)
Voodoo	27 D2

UNTERHALTUNG	
Sinema Hotaş	28 C2

TRANSPORT	
Minibusse nach Çavdarhisar	29 D1
Otogar	30 D1

Nordöstlich der Ulu Cami erstreckt sich ein riesiger **Basarbereich.** Und ganz in der Nähe liegt etwas versteckt die Germiyan Sokak. Hier drängeln sich restaurierte **osmanische Häuser** mit ihren runtergekommenen Nachbarn. Zum Basar geht's in Richtung Norden die Hürriyet Caddesi rauf.

Die Schilder hinter der Ulu Cami weisen den Weg zum **Kossuth-Haus** (Kossuth Evi; ☎ 223 6214; Eintritt 1,10 €; ☾ Di–So 8–12 & 13.30–17.30 Uhr), das auch Macar Evi (Ungarisches Haus) heißt. Dorthin geht's ca. 250 m geradeaus den Hügel rauf; da steht dann links das Haus aus Stein und Holz, erkennbar an den Schildern auf Türkisch und Ungarisch.

Lajos Kossuth (1802–94) war einer der führenden Köpfe im ungarischen Parlament. 1848 kam es zu Reibereien mit den herrschenden Habsburgern: Kossuth und andere wagten den Aufstand, und 1849 wurde Ungarn unabhängige Republik. Als russische Truppen den Österreichern zu Hilfe kamen, musste Kossuth fliehen. Die Osmanen boten ihm Asyl, und 1850 bis 1851 lebte er in Kütahya.

Das Haus ist etwas verstaubt, aber es macht trotzdem Spaß, sich die Zimmer anzugucken. Sie geben einen Eindruck davon, wie die HighSociety Mitte des 19. Jhs. in Kütahya lebte. Die Veranda oberhalb des Rosengartens mit einer Kossuth-Statue bietet einen super Blick auf die Hügel der Umgebung.

Hoch über der Stadt thront die **Festung von Kütahya.** Sie wurde in zwei Etappen von den Byzantinern gebaut. Seldschuken, Germiyan-Emire und Osmanen bauten sie später um und wohnten hier. Die letzten Umbauten fanden wohl im 15. Jh. statt. Und in den 1990ern wurde sie generalüberholt. Die Überreste von Dutzenden runder Türme lassen ahnen, was für eine Hürde diese Festung für feindliche Armeen gewesen sein muss. Zur Festung ist es ein ganz ordentlicher Fußmarsch – schneller geht's mit dem Taxi (ca. 3 €). Zurück können Besucher auf einem steilen Schotterpfad wieder nach unten wandern, bis sie bei der Ulu Cami rauskommen.

Schlafen

Unterkünfte sind in Kütahya nicht gerade dicht gesät. Aber meistens findet sich ein Bett, das nicht in einer der schlimmsten Schnäppchenunterkünfte steht.

Hotel Yüksel (☎ 212 0111; Afyon Caddesi 2; EZ/DZ/3BZ mit Gemeinschaftsbad 12/15/21 €, EZ/DZ/3BZ 18/24/34 €) Ordentliche Zimmer und supersaubere Bettwä-

sche sind die Pluspunkte dieses freundlichen Hotels gegenüber vom Uhrturm. Frühstück kostet extra, aber der Preis ist verhandelbar und nebenan gibt's eine Bäckerei.

Otel Köşk (☎ 216 2024; Lise Caddesi 1; EZ/DZ/3BZ 14/19,50/28 €) Das Köşk hat zwar eine gefliste Rezeption und große Zimmer, kann aber mit dem Yüksel nicht ganz mithalten. Schuld sind die unzuverlässigen Duschen, die Sperrholzbetten und die rosa Wände. Frühstück ist inklusive, aber der Speisesaal ist so düster, dass viele Gäste lieber woanders essen.

Hotaş Hotel (☎ 224 8990; Menderes Caddesi 5; EZ/DZ 23/34/45 €) Mit Abstand besser als die billigeren Hotels: Das **Hotaş kann mit** einer klasse Lobby, Kabel-TV, geblümten Tagesdecken, einer Sauna, einem Souvenirladen und einem gigantischen Fahrstuhl punkten.

Gül Palas (☎ 216 2325; Zafer Meydanı; EZ/DZ/3BZ 23/36/45 €) Die gefliste Fassade kann es zwar nicht mit dem *belediye* gegenüber aufnehmen. Aber das Gül Palas toppt in Sachen Design definitiv alle anderen Hotels der Stadt. In der Lobby mit Kronleuchtern und einem Steingarten muss man sich einfach wohlfühlen! Zimmer und Ausstattung sind auch super.

Qtahya Otel (☎ 226 2010; www.q-tahya.com; Atatürk Bulvarı 56; EZ/DZ/3BZ 28/45/62 €) Wem Fliesen zu retro sind, der wird auf dieses ultramoderne Hotel gegenüber vom *otogar* abfahren. Hier ist westlicher Hotelstandard angesagt, und nich dazu gibt's ein tolles Dachrestaurant.

Essen

In Kütahya gibt's Döner zu Schnäppchenpreisen: Denn hier liefern sich Dutzende Läden und Restaurants eine Konkurrenzschlacht. Ein simpler Kebap ist schon für 0,40 € zu haben. Für eine komplette Mahlzeit mit Getränk, Salat, Beilage und Dessert ist mit 1,40 € zu rechnen. Aber es gibt noch jede Menge andere Möglichkeiten, v. a. am Atatürk Bulvarı.

RESTAURANTS

Konak Mantı Evi (☎ 223 9209; Hafız Müezzin Sokak 3/A; Essen 0,50–2 €; ☾ 8–20 Uhr) Omelettes, Frühstück, *börek* und natürlich *mantı* (Ravioli) sind die Renner in diesem kleinen Café. Es ist eingerichtet wie eine osmanische Straße – also „Outdoor-Feeling" bei jedem Wetter.

Karavan Gözleme (☎ 226 4045; Atatürk Bulvarı 12/A; Mahlzeiten 1,10–4,50 €; ☾ 9–22 Uhr) Hier gibt's 15 Sorten *gözleme*, von *haşhaşlı* (Mohn) bis Schokolade. Außer Pfannkuchen stehen aber auch jede Menge Snacks und Hauptgerichte auf der Karte. Oben ist eine kleine Terrasse mit Plastikpflanzen und eine einladende *nargileh*-(Wasserpfeifen-)Lounge mit WLAN.

Café Corner (☎ 224 0078; Atatürk Bulvarı 53/B; Essen 1,70–5 €; ☽ 9.30–21.30 Uhr) Eins der abgefahrensten Kaffeehäuser außerhalb von İstanbul – in Bonbonfarben und mit einem Logo, das fast wie das von Chanel aussieht. Angeboten werden kleine Mahlzeiten, aromatisierter Kaffee, Musik, TV und WLAN.

Döner Restaurant (☎ 226 2176; Hauptgerichte 2,50–6 €; ☽ 11–21 Uhr) Dieses Döner-Restaurant in den Festungsruinen war früher ein Nachtclub, in dem die Post abging (ja wirklich!). Jetzt ist es einfach das atmosphärischste Restaurant in Kütahya. Es gehört zur Karavan-Kette, das Essen ist prima und der Garten himmlisch: mit Hängematten und wärmenden Aztekenöfen (mit einem Schornstein und einem dicken Bauch voller Holzkohle); außerdem gibt's einen super Sitzplatz auf einem Turm. Und manchmal geht auch noch die Post ab.

Yakamoz (☎ 223 0926; Atatürk Bulvarı; Hauptgerichte ab 3 €; ☽ 11–23 Uhr) Dieses große Café-Restaurant mit Tischen drinnen und draußen ist bei Kütahyas Jugend absolut angesagt. Die riesige Speisekarte hat von Pizza bis zu türkischem Pudding alles zu bieten.

ikiyüzyetmişdört (☎ 224 0200; Belediye Sokak 3; Hauptgerichte 2,80–6 €; ☽ 6–23 Uhr) Nobler kann's in einem Kebap-Restaurant kaum zugehen. V. a. Herren in Anzügen stehen auf das „274“. Schließlich gibt's einen Holzkohlegrill, außerdem üppige *meze*, eine beeindruckende Weinkarte und draußen eine umzäunte Terrasse. Unbedingt den Spezialkebap mit Würstchen probieren!

SELBSTVERSORGER

Frisches Obst, Gemüse und alles fürs Picknick gibt's auf dem **Markt** an der Lise Caddesi; samstags ist hier die Hölle los. Eine Alternative ist der **Tansaş-Supermarkt** (Adnan Menderes Bulvarı; ☽ 9–22 Uhr).

Ausgehen & Unterhaltung

Der Atatürk Bulvarı ist Kütahyas Ausgehmeile. Rund ums Yakamoz ballen sich diverse Locations. Wenn viel los ist, haben sie bis 1 oder 2 Uhr auf.

Voodoo (☎ 226 4146; Atatürk Bulvarı 26) Die kneipenähnlichste Bar, sogar mit Holzbalken, 0,7-Liter-Bieren und einem Hang zum Blues.

Pubuç (Atatürk Bulvarı) Eine Art Bar-Club mit einer riesigen Tanzfläche. Hält sich selber für

auf der Karte. Oben ist eine kleine Terrasse
Kütahyas Nummer eins in Sachen „Öffentliches Trinken und Tanzen".

Um den Zafer Meydanı und Azerbaycan Parkı gibt's eine Reihe prima **Teegärten.** Den besten Blick bieten die Cafés in der Festung Kütahya. Gegenüber vom Hotaş Hotel ist das **Sinema Hotaş** (☎ 216 6767; Eintritt 3,50 €) mit drei Kinosälen.

Shoppen

Praktisch jeder türkische Souvenirshop verkauft Keramik aus Kütahya. Aber es macht trotzdem Spaß, in den kleinen Läden rund um den Zafer Meydanı zu stöbern. Außer dem üblichen Touristenkram haben sie schöne Sachen mit ganz unterschiedlichen Mustern in mittlerer Preislage und oft ein paar Meisterwerke für Kenner. Außerhalb der Stadt in Richtung Eskişehir bzw. Afyon gibt's riesige Porzellan-Kaufhäuser, die es auf Reisegruppen abgesehen haben.

An- & Weiterreise

Kütahya ist eine Provinzhauptstadt mit einem quirligen *otogar*. Es gibt regelmäßig Busse nach Afyon (3,50 €, 1½ Std.), Ankara (10 €, 5 Std.), Bursa (7,50 €, 3 Std.), Eskişehir (3,50 €, 1½ Std.), İstanbul (13,50 €, 6 Std.) und İzmir (11 €, 6 Std.).

Minibusse nach Çavdarhisar bzw. nach Aizanoi (2,50 €, 1 Std.) fahren an der Haltestelle für die Stadtbusse direkt neben dem *otogar* ab.

AİZANOİ (ÇAVDARHİSAR)

☎ 0274/4100 Ew.

Rund 60 km südwestlich von Kütahya liegt das hübsche, aber etwas verfallende Bauerndorf Çavdarhisar. Es hat einen der besterhaltenen römischen Tempel Anatoliens zu bieten. Lange nach den Römern benutzte eine Gruppe von Çavdar-Tataren den Ort als Zitadelle, daher der heutige Name: „Burg der Çavdar".

Einrichtungen für Besucher sucht man hier vergeblich. Aber es dauert auch nicht länger als ein bis zwei Stunden, alle Ruinen anzugucken.

Zeustempel

Der große **Zeustempel** (Eintritt 1,10 €; ☽ 8–17.30 Uhr) stammt aus der Regierungszeit Kaiser Hadrians (117–138 n. Chr.). Außer Zeus wurde hier die Fruchtbarkeitsgöttin Kybele verehrt.

Der Tempel steht einsam und stolz auf einem Hügel in einer kargen Landschaft. Seine

Fundamente ruhen auf einem großen Podest, den Tempelbereich absteckte. Die Doppelreihen aus ionischen und korinthischen Säulen an der Nord- und Westfassade sind so gut in Schuss, dass man das Ganze für eine Hollywood-Kulisse halten könnte. Aber die Reihen im Süden und Osten sind auf höchst malerische Weise verfallen. Die drei Säulen an der Nordostecke purzelten bei dem grauenhaften Erdbeben von Gediz 1970 um. Später wurden sie dann wieder aufgestellt. Die Wände der *cella* (Innenraum) sind noch so gut erhalten, dass man sich den früheren Gesamtbau vorstellen kann. In einem Bereich neben dem Kartenschalter sind ein paar der besten Skulpturen ausgestellt. Und in einer kleinen Hütte gibt's Skizzen und Fotos der ersten Ausgrabungen von 1926 zu sehen. Weil hier damals deutsche Archäologen buddelten, sind die Beschriftungen und das kleine Begleitbuch auf Deutsch und Türkisch.

Wenn der Kartenschalter nicht besetzt ist, fängt der Aufseher die Besucher ab, um ihnen Tickets zu verkaufen. Er begleitet einen auch in das Kybele-Heiligtum unter dem Tempel. Und wenn keine anderen Besucher da sind, hat er vielleicht sogar Zeit, eine Führung durch die Ruinen in der Nähe zu machen.

Noch mehr Ruinen

Wer den Tempel angeschaut hat, verlässt das Gelände, geht nach links, dann weiter rechts und nimmt einem Weg in die Felder gegenüber. Schon bald tauchen die Ruinen eines **römischen Bades** aus dem 2. Jh. n. Chr. auf, etwas später die noch größeren Überreste eines prächtigen **Theaters** und eines **Stadions.** An den Steinen hat der Zahn der Zeit schon ziemlich genagt. Hier tummeln sich jetzt Steinschmätzer und hin und wieder auch Spechte. Rechts ist ein Mauerstück mit Medaillons, in die die Namen antiker Olympiasieger eingraviert sind.

Das Dorf Çavdarhisar ist übersät mit Überresten zerfallener römischer Behausungen. Gelb-schwarze Schilder weisen auf besondere Highlights hin, z. B. auf eine **römische Brücke**, die über einen kleinen Fluss führt (wer seitlich runterkraxelt, sieht, dass das Bauwerk größtenteils aus der Epoche Kaiser Hadrians stammt). Schilder im Dorf zeigen auch den Weg zu den Überbleibseln einer **Badeanlage** aus dem 2. Jh. n. Chr. Im Haus gibt's einen tollen Mosaikfußboden, v. a. mit geometrischen Mustern, aber auch ein Bild eines Satyrs

und einer Mänade. Es ist zu, aber der Tempelwächter schließt ihn für Besucher auf. Er bespritzt das Mosaik dann mit Wasser, damit die Farben besser zu sehen sind. Vielleicht keine besonders gute Idee …

Ein anderes Schild beim Tempel führt zu einer „Säulenstraße". Dabei handelt es sich wahrscheinlich um die Überreste eines römischen **Forums** oder Marktplatzes mit Säulen und Marmorboden. In der Nähe steht ein merkwürdiges **rundes Marktgebäude** mit einem kleinen rekonstruierten Turm. Es wurde 301 n. Chr. zur Zeit Diokletians gebaut. Wer sich die Wände genauer anschaut, erkennt römische Ziffern: Das waren Fixpreise für Waren, die auf dem Markt verkauft wurden. Damit sollte die Inflation bekämpft werden. Z. B. steht hier: „Zwei Pferde für eines starken Sklaven, drei Sklaven für ein Pferd – beides entspricht 30 000 Dinar." Das Marktgebäude ist eins der ältesten bekannten.

Die deutschen Beschriftungen sind besser als die englischen, die grottenschlecht aus dem Türkischen übersetzt wurden.

An- & Weiterreise

Çavdarhisar liegt an der Straße von Kütahya nach Gediz. Vom *otogar* in Kütahya fahren Minibusse nach Çavdarhisar (2,50 €, 1 Std.). Alternativ geht's mit den Bussen nach Gediz oder Emet hierher – sie fahren durch Çavdarhisar. Einfach dem Fahrer Bescheid sagen, damit er einen absetzt.

UŞAK
☎ 0276/137 000 Ew.

Viele Traveller lassen die kleine Provinzstadt Uşak links liegen. Aber wer hier einen Stopp einlegt, kann einiges Unerwartetes entdecken. Es lohnt sich, über Nacht zu bleiben.

Zuerst ist da die sehenswerte Sammlung mit lydischer Kunst, Gold- und Silberschätzen im **Archäologischen Museum** (Doğan Sokak; Eintritt 1,10 €; ☉ Di–So 8.30–12 & 13.30–17 Uhr) am Marktplatz. Die wunderschönen Silberschalen, Weihrauchgefäße, Krüge und Vasen wurden in den Hügelgräbern am Fluss bei Gediz gefunden. Sie stammen aus der zweiten Hälfte des 6. Jhs. v. Chr. Noch beeindruckender sind die ägyptisch anmutenden Wandgemälde aus den Gräbern.

Am anderen Ende des Stadtzentrums, hinter der Ulu Cami von 1406, befindet sich das zweite Highlight von Uşak: das **Otel Dülgeroğlu** (☎ 227 3773; Cumhuriyet Meydanı 1; EZ/DZ 39/56 €, Suite

73 €; ⌘) für die etwas Anspruchsvolleren. Die toll konzipierte und realisierte Anlage in einem *han* wurde von einem französischen Architekt im 19. Jh. entworfen. Die superkomfortablen Zimmer liegen auf einer Galerie rund um einen Hof, der mit absolut echt aussehenden Kunstpalmen bepflanzt ist. Unter der Woche steigen hier viele Geschäftsreisende ab, aber an den Wochenende gibt's freie Zimmer.

An- & Weiterreise

Zwischen Uşak und Afyon fahren häufig Minibusse (4,50 €, 1½ Std.), außerdem gibt's regelmäßig Busse ab İzmir (7,50 €, 2½ Std.). Wer an der Autostraße (Dörtyöl) aussteigt, folgt einfach den Schildern mit der Aufschrift *şehir merkezi* (Stadtzentrum); zum Otel Dülgeroğlu sind es ca. 1,5 km. Ein Taxi vom *otogar* kostet rund 3 €.

AFYON

☎ 0272/129 000 Ew.

Das moderne Afyon (mit komplettem Namen Afyonkarahisar) ist eine Provinzhauptstadt im Schatten einer alten Burg. Die thront auf einem riesigen Felsen hinter der Stadt. Wer es schafft, seine Augen von dieser gewaltigen Zitadelle loszureißen, findet in Afyon auch noch ein schönes Museum, eine tolle Moschee und ein paar original osmanische Häuser.

Die Stadt steht zwar im Ruf, konservativ zu sein. Tatsächlich hat Afyon aber eine junge Bevölkerung und wird von Leuten regiert, die gern aktuelle Trends mitmachen. Als eine der ersten Städte in der Türkei gab's in Afyon Recycling-Mülleimer an jeder Straßenecke, Fahrradständer und eine Nichtraucherkampagne (was die meisten allerdings kalt ließ). Der aktuelle Präsident der Türkei, Ahmet Necdet Sezer, wurde in Afyon geboren. Eine ortsansässige Forschungsklinik und ein Campus der Kocatepe-Universität von Afyon sind nach ihm benannt.

Geschichte

Afyons Geschichte begann vor rund 3000 Jahren. Nachdem sich Hethiter, Phrygier, Lyder und Perser nacheinander in der Stadt breitgemacht hatten, ließen sich die Römer und später die Byzantiner hier nieder. Nach der Schlacht bei Manzikert 1071 kamen in Afyon die seldschukischen Türken an die Macht. Die Stadt wurde direkt vom wichtigen seldschukischen Wesir Ata kontrolliert. In osmanischer Zeit hieß sie übrigens Karahisari Sahip (1428–1923).

Im Unabhängigkeitskrieg besetzten griechische Soldaten die Stadt auf ihrem Weg Richtung Ankara. Als sie schon in Hörweite von Ankara waren, wurden sie Ende August 1921 in der Schlacht von Sakarya von der republikanischen Armee unter Mustafa Kemal (Atatürk) gestoppt. Es war eine der längsten Schlachten der Geschichte. Die griechischen Soldaten gaben schließlich klein bei und überwinterten in der Nähe von Eskişehir und Afyon.

Am 26. August 1922 starteten die Türken ihre Gegenoffensive. Auf einer 80 km langen Front rückten sie den Griechen zu Leibe. Es dauerte nur Tage, bis Atatürk sein Hauptquartier im *belediye*-Gebäude von Afyon aufschlagen konnte. Bei Dumlupınar, 40 km weiter westlich, wurde die halbe griechische Armee umzingelt. Diese entscheidende Schlacht gab den Griechen den Rest. Die Überlebenden flohen nach İzmir. Wie bei Gallipoli sind die Schlachtfelder heute ein geschütztes Gebiet; hier ist der historische Nationalpark Başkomutan.

Orientierung

Der zentrale Platz Hükümet Meydanı mit der obligatorischen Atatürk-Statue liegt nordöstlich der Zitadelle, an der Kreuzung des Ordu Bulvarı mit der Milli Egemenlik (Bankalar) Caddesi. Ca. 250 m weiter südöstlich markiert ein anderer Kreisverkehr den Anfang der Kadınana Caddesi. Sie verläuft 2 km Richtung Nordosten zum *otogar*.

Zwischen den beiden Kreisverkehren liegt praktisch alles, was wichtig ist: die Hauptpost, Banken mit Geldautomaten und eine Hand voll Hotels und Restaurants.

Der Bahnhof ist 2 km vom Zentrum am Nordostende vom Ordu Bulvarı.

Praktische Informationen

AVM Kadinana Internet (Bankalar Caddesi 19; 0,55 € pro Std.; ⏲ 9.30–23 Uhr) Im zentralen Kaufhaus von Afyon.

Ferah Internetcafé (Bankalar Caddesi; 0,55 € pro Std.; ⏲ 10–23 Uhr)

Touristeninformation (☎ 213 5447; Hükümet Meydanı; ⏲ Mo–Fr 8–12 & 13.30–17.30 Uhr) Überraschend nützliches Büro mit prima Stadtplänen und einer detaillierten Broschüre über das Phrygische Tal. Arrangiert auch Tagestrips nach Midas Şehri und zu anderen phrygischen Stätten.

OPIUM FÜRS VOLK

Afyons kompletter Name Afyonkarahisar bedeutet übersetzt „schwarze Opiumfestung". Er spielt nicht nur auf das Aussehen der Burg an, sondern auch auf die Pflanze, mit der die Region viel Geld macht. So unwahrscheinlich es klingt: Die friedliche Landschaft rund um Afyon bringt über ein Drittel des weltweit legal angebauten Opiums hervor – für medizinische Zwecke. Mitte Juni sind die Felder zwei Wochen lang mit weißen und malvenfarbigen *haşhaşlı çiçekleri* (Hasch- oder Opiummohnblumen) übersät.

Der Handel wird natürlich streng kontrolliert. Afyon ist eine von zwölf Provinzen, in denen die Pflanzen angebaut werden dürfen. V. a. Kleinbauern lassen die Blumen im Frühjahr sprießen, um die Zeit zwischen den Getreideernten im Herbst zu überbrücken. Die Arbeit ist kein Zuckerschlecken: Im Durchschnitt braucht ein Arbeiter 72 Stunden, um genug Mohn für 1 kg Opium zu pflücken und zu verarbeiten. Die Regierung kauft ihnen das Endprodukt ab und lässt daraus Morphium machen.

Aber auch die Besucher der Region haben etwas vom Opiumhandel: Afyon ist berühmt für seine *kaymak* (dicke Sahne). Sie soll ganz besonders gut sein, weil die Kühe „Zaubermohn" gefressen haben. Wer hier also nach Milchprodukten süchtig wird, weiß jetzt warum …

Sehenswertes & Aktivitäten

ZITADELLE

Aus dem flachen Umland bei Afyon beherrscht der zerklüftete Felsen mit dem *kale* oder *hisar* (Zitadelle) oben drauf wie ein Riese mit Peitsche die Stadt. Wer sich das genauer anschauen will, muss die kleine Gasse gegenüber der Ulu Cami suchen. Hier zeigen braune Schilder und grüne Markierungen den Weg. Am Ende der Gasse stößt man auf die erste von 700 Stufen, die auf den Berg raufführen. Unterwegs geht's durch mehrere Wachtürme. Einen leichteren Weg nach oben gibt's nicht. Es ist schon unglaublich, dass Menschen an einem so unzugänglichen Ort freiwillig eine Festung gebaut haben!

Um 3150 v. Chr. soll der Hethiterkönig Mursilis II. die erste Burg gebaut haben. Alle späteren Eroberer haben dann weitergebaut. Aber trotz der ereignisreichen Vergangenheit gibt's im Innern wenig zu sehen. Leider wurde der Originallook des *kara hisar* (schwarze Zitadelle) bei einer Restaurierung vor kurzem verpfuscht: man hat weiße Steine benutzt.

Die Aussicht vom Gipfel (226 m) ist spektakulär. Es lohnt sich sehr, zur Gebetsstunde hier raufzukommen und dem rundum ertönenden Muezzinrufen zu lauschen. Achtung: Die Burg ist nachts nicht beleuchtet – wer zu spät aufbricht, hat einen ziemlich schwierigen Abstieg vor sich.

Von unten lässt sich die Burg am besten vom **Kültür ve Semt Evi** (Zaviye Türbe Caddesi) fotografieren. Von der erhöhten Terrasse des restaurierten Hamams hat man freie Sicht auf die Festung.

ARCHÄOLOGISCHES MUSEUM

Wer mit dem Dolmuş die Kurtuluş Caddesi langfährt (die Fortsetzung der Bankalar Caddesi), kommt schließlich zum **Archäologischen Museum** (Arkeoloji Müzesi; Eintritt 1,10 €; ☾ Di–So 8–12 & 13.30–17 Uhr) von Afyon. Es liegt an der Kreuzung mit der İsmet İnönü Caddesi. Von außen sieht es kaum anders aus als andere 08/15-Sammlungen in der Gegend. Aber hier kriegt man wirklich was für sein Geld geboten: Die Ausstellung hat eine riesige Bandbreite. Besonders interessant sind die hethitischen, phrygischen, lydischen und römischen Funde. Es stehen massenhaft Marmorstatuen rum – kein Wunder, denn die Marmorsteinbrüche im früheren Dokimeon (dem heutigen İscehisar) waren früher die wichtigsten in ganz Anatolien (und sind es im Prinzip immer noch). Draußen liegen jede Menge unbezahlbare Marmorbrocken wie wertloser Schotter herum.

NOCH MEHR SEHENSWERTES

Afyons Hauptmoschee, die **İmaret Camii,** liegt ein Stück südlich vom Kreisverkehr, am Südende der Bankalar Caddesi. Gedik Ahmet Paşa ließ sie 1472 bauen. Architektonisch steht sie am Übergang vom seldschukischen zum osmanischen Stil. Das spiralförmig kannelierte Minarett ist im seldschukischen Stil mit blauen Fliesen dekoriert. Den Eingang auf der Ostseite bildet ein *eyvan* (Gewölbehalle). Er führt zum Hauptheiligtum, das vorne und hinten von zwei Kuppeln gekrönt wird. Diese Architektur ist auch in den frühen osmanischen Hauptstädten Bursa und Edirne zu

---

WITZ ODER WEISHEIT?

Nasreddin Hodscha (oder Hoca) ist eine fast schon legendäre Figur, die den türkischen Humor enorm beeinflusst hat. Seine Geschichten lassen sich am besten mit Äsops Fabeln oder den Streichen Till Eulenspiegels vergleichen. Oft wird er verkehrt herum auf einem Esel reitend dargestellt. Das soll seine „verdrehte", oft bittere Sicht auf die Dinge versinnbildlichen. Oder wie er es selbst ausgedrückt hätte: Nicht ich reite verkehrt rum, der Esel guckt in die falsche Richtung.

Es soll mehr als 350 Geschichten von Nasreddin Hodscha geben. Über ihn selbst ist aber nur wenig bekannt. Der historische Imam, um den sich die Geschichten spinnen, soll 1208 in der Nähe von Sivrihisar geboren worden sein. 1237 zog er nach Akşehir, wo er bis zu seinem Tod lebte. Aber es gibt kaum Belege für diese Daten, und die Legende hat die Wirklichkeit längst eingeholt – das hätte den echten Hodscha sicher gefreut!

Aber egal, ob es den Mann wirklich gab oder nicht – seine Geschichten sind fest in der türkischen Kultur verwurzelt. Typisch für die Hodscha-Geschichten ist eine ganz spezielle, oft weit hergeholte Logik, mit deren Hilfe der Mann mit dem Turban u. a. gierige Nachbarn täuscht, seine Schäfchen ins Trockene bringt oder sich aus einer heiklen Situation rettet. Bettler, Kadis, Hodschas Frau (bzw. Frauen) und sogar der örtliche Sultan sind eine Lieblingszielscheibe seines Spotts, aber auch er selbst. Z. B. wird Hodscha in einer seiner Geschichten von einem Nachbarn gefragt, was denn das in der letzten Nacht für ein Lärm war. Er antwortet, er habe Streit mit seiner Frau gehabt und die habe seinen Bademantel die Treppe runtergeworfen.

„Wirklich? Ein Bademantel hat so einen Lärm gemacht?"

„Klar", antwortet Nasreddin Hodscha, „ich habe ja dringesteckt."

---

finden. Der schattige Park nebenan ist ein lauschiger Rückzugsort vom Trubel auf der Bankalar Caddesi.

Direkt daneben ist in einer ehemaligen Kirche das beliebte **İmaret hamamı** (⊙ 5–24 Uhr für Männer, 8–20 Uhr für Frauen) untergebracht. Hier sind noch ein paar wertvolle alte Steinbecken erhalten. Aus dem Dach steht ein seltsames Gebilde hervor, das wie ein rostiger Schraubenzieher aussieht.

Die **Mevlevihane Camii** war früher ein Treffpunkt für Derwische. Sie stammt aus seldschukischer Zeit (13. Jh.). Sultan Veled, Sohn des Gründers der Mevlevi-Bruderschaft Celaleddin Rumi, hatte damals Afyon zum zweitwichtigsten Mevlevi-Zentrum nach Konya im Reich gemacht. Die heutige Moschee mit ihren beiden Kuppeln und den pyramidenförmigen Dächern über dem Hof wurde 1908 für Sultan Abdül Hamit II. gebaut.

Afyons **Ulu Cami** (1273) ist eine der bedeutendsten seldschukischen Moscheen, die noch erhalten sind. Deshalb ist es ein Jammer, dass sie außerhalb der Gebetszeiten fast immer zu ist. Wer es schafft, einen Blick ins Innere zu werfen, sieht 40 hoch aufragende Holzsäulen mit Stalaktitkapitellen und ein flaches Balkendach. Bemerkenswert sind auch die grünen Fliesen am Minarett.

Rund um die Ulu Cami stehen viele alte **osmanische Holzhäuser.** Safranbolu (S. 489) ist vielleicht besser in Schuss, aber in Afyon gibt es ganz unterschiedliche Stile zu sehen und alles ist voller Leben. Ein paar der alten Häuser sind sogar zu verkaufen …

Nicht weit von der Touristeninformation steht das **Zafer Müzesi** (Siegesmuseum; Hükümet Meydanı; Eintritt 0,30 €; ⊙ 8–12 & 13.30–17.30 Uhr). Es war das erste Haus, in dem Atatürk nach der Befreiung von Afyon 1922 schlief. Heute ist hier eine unspektakuläre Sammlung mit Fotos, Schlachtplänen und militärischen Relikten von den Schlachtfeldern untergebracht.

Schlafen

Sinada Oteli (☎ 212 1250; Ambaryolu 25; EZ/DZ 11/20 €) Nicht weit von der Kadınana Caddesi über einem Arçelik-Elektroladen. Die Unterkunft ist ein bisschen runtergekommen, aber die Leute sind nett und die Zimmer schön groß (besonders die an der Ecke).

Otel Hocaoğlu (☎ 213 8182; Kadınana Caddesi, Ambaryolu 12; EZ/DZ/3BZ 12,50/23/25 €) Fünf Stockwerke mit überraschend hellen Zimmern, nicht weit von der İmaret Camii. Der Fahrstuhl wirkt ein bisschen sargähnlich, aber das Ganze ist einen kleinen Tick besser als das Sinada.

Hotel Soydan (☎ 215 2323; Turan Emeksiz Caddesi 2; EZ/DZ/3BZ 20/28/34 €) Das Hotel hinter der Fassade im beruhigenden Grün kann sich mit zwei Sternen brüsten. Aber es gibt wenig Gründe für den höheren Preis – abgesehen von einem

WESTANATOLIEN

düsteren, aber kuscheligen Salon mit Bar und dem guten Lebensmittelgeschäft nebenan.

Çakmak Marble Otel (☎ 214 3300; www.cakmak marblehotel.com; Süleyman Gonçer Caddesi 2; EZ/DZ 33/59 €; Suite 84–92 €; ✖ 🖳 🌊) Eine Querstraße östlich vom Hükümet Meydanı liegt das Çakmak, das früher Grand Özer hieß. Es ist das einzige anständige Hotel und bietet westlichen Vier-Sterne-Standard: riesige Zimmer mit Marmorbädern und eine schicke Lobby. Die Familienzimmer haben nette Kinderbetten, im Untergeschoss gibt's einen Swimmingpool und einen Whirlpool, und das Hamam ist super – mit Fliesen aus Kütahya und Marmor aus Afyon.

Essen & Trinken

İkbal Lokantası (☎ 215 1205; Uzunçarşı Caddesi 21; Hauptgerichte 1–3 €; 🕑 9–22 Uhr) Das İkbal südwestlich vom Hükümet Meydanı gibt's schon seit 1922. Der Konkurrenz in der Nachbarschaft ist es immer noch um eine Nasenlänge voraus. Es gibt eine prima Auswahl an Kebaps, Eintöpfen und Desserts und gegenüber einen Feinkostladen.

Emreyunus Art Centre Café (☎ 212 1011; Hauptgerichte 1,10–4 €; 🕑 10–24 Uhr) Dieses Café ist in der früheren İmaret-Medrese. Der grüne Innenhof ist wohl der romantischste Ort der Stadt, komischerweise ist trotzdem nicht viel los. Die Speisekarte haut einen nicht um: Es gibt Snacks und ein paar Grillgerichte.

AVM Kadinana (☎ 214 7900; Bankalar Caddesi 19; Hauptgerichte 2–4 €; 🕑 9.30–23 Uhr) Die beiden Obergeschosse in diesem Kaufhaus erfüllen eine große Bandbreite an Wünschen: Es gibt ein Restaurant, eine *pastane*, eine Lounge mit Big-Screen-TV und eine Café-Terrasse auf dem Dach mit Livemusik. Das Ganze ist ziemlich angesagt und das nicht nur wegen der schönen Aussicht.

Selbstversorger können sich auf dem täglichen **Markt** neben dem *otogar mit* frischem Obst und Gemüse eindecken. Ansonsten ist jeder zweite Laden in der Stadt mit Ketten von *sucuk* (Würstchen) aus der Region dekoriert und bis obenhin voll mit Käse.

Außerdem sollte jeder in einem der *şekerleme* (Süßigkeitenläden) vorbeischauen und von Afyons berühmtem *lokum* (Türkischer Honig) naschen. Wer was probieren will, muss einfach drauf zeigen und *Deneyelim!* (Das möchte ich probieren!) sagen.

Im Anıt Parkı gibt's nette **çay bahçesi** (Teegärten) mit Blick auf den Hükümet Meydanı.

An- & Weiterreise

Afyon liegt an der Inlandroute, die İstanbul mit Antalya und Konya verbindet und İzmir mit Ankara und dem Osten. Am *otogar* starten regelmäßig Busse nach Ankara (8 €, 4 Std.), Antalya (9,50 €, 5 Std.), Denizli/Pamukkale (7,50 €, 4 Std.), Eskişehir (7 €, 3 Std.), Isparta (5,50 €, 3 Std.), İstanbul (16 €, 8 Std.), İzmir (9,50 €, 5½ Std.), Konya (9,50 €, 3¾ Std.) und Kütahya (4,50 €, 1½ Std.).

Der **Bahnhof** (☎ 213 7919) liegt 2 km nördlich vom Stadtzentrum. Drei oder vier Expresszüge fahren täglich nach İstanbul-Haydarpaşa (5,50 €, 9 Std.), meistens nachts; ein Schlafwagenabteil kostet etwa 27 €. Es gibt auch tägliche Verbindungen nach Eskişehir (3 Std.), über Kütahya (2 Std.) und Konya (5 Std.).

Wer vom *otogar* ins Zentrum will, muss nach einem Dolmuş mit der Aufschrift „Çarşı" Ausschau halten (0,60 €); ein Taxi kostet ca. 3 €. Zum *otogar* fahren Minibusse mit der Aufschrift „Garaj" in der Gazlıgöl Caddesi los (nicht weit von der Touristeninformation).

AKŞEHİR
☎ 0332/62 000 Ew.

Wer von Afyon nach Südosten fährt, kommt auf der Hauptstraße durch **Sultandağı.** Dort stehen mitten im Stadtzentrum die Überreste einer beeindruckenden Karawanserei. Danach kommt Akşehir, eine hübsche kleine Stadt, umgeben von Hügeln.

Nicht viele Städte der Welt haben einen überdimensionierten Kochtopf als Sehenswürdigkeit. Aber schließlich war Akşehir lange Zeit die Heimat von Nasreddin Hodscha, dem Eulenspiegel der Türkei (s. S. 336). Der Topf erinnert an eine seiner bekanntesten Storys – jeder Einheimische kann sie erzählen. Außerdem gibt's eine Reihe Hodscha-Statuen, mit und ohne Esel. Fans können das **Grab** des berühmten Geschichtenerzählers auf dem Friedhof besichtigen (Eintritt 0,25 €; 🕑 6.30–20 Uhr). Als Todesjahr ist 386 angegeben. Es muss von hinten nach vorne gelesen werden, also 683 (1284) – offenbar ein allerletzter Hodscha-Witz.

Schlafen & Essen

Grand Bal Otel (☎ 811 0270; Anıt Meydanı; EZ/DZ 23/34 €; 🖳) Wer im Ort übernachten will, fährt gut mit dem Grand Bal: Es ist ein bequemes, modernes Hotel mit farblich abgestimmten Stoffen, klasse Badezimmern, Sauna und Whirlpool.

Mit Restaurants sieht's etwas mau aus. Aber wer den Schildern nach runter in die Seitenstraßen geht, kommt zum **Akşehir Evi.** Das Haus aus dem späten 19. Jh. ist für Besucher geöffnet. In einem hübschen Hofgarten wird Hausmannskost serviert.

An- & Weiterreise

Vom *otogar* in Afyon fahren regelmäßig Minibusse nach Akşehir (4,50 €, 2 Std.).

DAS SEENGEBIET

Als wären 7000 km Meeresküste nicht genug, gibt es in der Türkei zusätzlich jede Menge Wasser im Inland. Das anatolische Seengebiet besteht aus drei großen Seen *(göller)* – Burdur, Eğirdir und Beyşehir – und mehreren kleinen. Die Stadt Eğirdir am gleichnamigen See ist ein beliebter Urlaubsort mitten in den Bergen. In Beyşehir gibt's am Seeufer eine tolle Moschee aus dem 13. Jh., und auch die Altstadt ist einen Abstecher wert.

Wer sich für Geschichte interessiert, wird von den Ruinenstädten Antiochia in Pisidien und Sagalassos begeistert sein. Outdoor-Fans können in den nahe gelegenen Bergen wandern oder Ski fahren. Außerdem lohnen der Çandır Kanyon im Yazılı-Naturpark oder der Kovada-Nationalpark einen Besuch. Und auf dem Paulusweg kann man in die Fußstapfen des Apostels treten.

Verglichen mit den staubigen Ebenen weiter östlich ist diese wasserreiche Region eine üppige Oase für alle möglichen Pflanzen. In jeder Jahreszeit gibt's besondere Höhepunkte. Das Frühjahr ist optimal, um zu den Seen zu fahren: Im April blühen die Apfelbäume, und Mitte Mai fängt die Rosenblütenernte an. Mitte Juli ist die Gegend allerdings größtenteils von türkischen Urlauberfamilien überlaufen. Wer also mehr auf Blumen als auf Menschenmassen aus ist, der sollte bei seinen Planungen vorher daran denken.

ISPARTA

☎ **0246/149 000 Ew.**

Isparta ist eine zweckmäßige Stadt und berühmt für sein Rosenöl (s. Kasten unten). Es ist ein zudem ein wichtiger Knotenpunkt an der Straße Richtung Osten nach Eğirdir, aber ein Stopp lohnt sich kaum. Der neunte Präsident der Türkei, Süleyman Demirel, kam aus Isparta. Im Stadtzentrum steht eine Statue von ihm.

Wer dennoch etwas Zeit in der Stadt verbringt, kann sich die **Ulu Cami** (1417) und die **Firdevs Bey Camii** (1561) mit dem **bedesten** (überdachter Markt) daneben ansehen. Letztere zwei Gebäude sollen vom großen Architekten Sinan (s. Kasten S. 142) stammen. Auch der riesige Teppichpalast **Halı Saray** (Mimar Sinan Caddesi) ist einen Besuch wert. An vier Tagen in der Woche werden hier von 8 bis 22 Uhr edle Teppiche aus Isparta an Händler versteigert.

An- & Weiterreise

Der *otogar* von Isparta ist die wichtigste Durchgangsstation auf dem Weg zu den Seen. Aber die häufigsten Verbindungen nach Eğirdir gibt's von der Haltestelle Çarşı (auch Köy Garaj) im Stadtzentrum; von dort fahren auch Minibusse nach Ağlasun (Sagalassos). Wer von Antalya Richtung Norden fährt, wird eventuell am Stadtrand von Isparta abgesetzt

---

ROSENFÜHRUNGEN

Jedes Jahr im Mai und Juni blühen auf den Feldern rund um Isparta die Rosen. Dann müssen sich die Bauern ranhalten, um bei Tagesanbruch die Blätter zu pflücken. Daraus wird Rosenöl gewonnen, ein wertvoller Rohstoff für die Parfümherstellung. Die Blütenblätter kommen in Kupferbottiche, wo Dampf über sie geblasen wird. Der wird aufgefangen und kondensiert. Auf der Wasseroberfläche schwimmt dann ein dünner Ölfilm, der abgeschöpft und in Flaschen gefüllt wird. Aus 100 kg Blütenblättern werden gerade mal 25 g Rosenöl gewonnen. Als Nebenprodukt gibt's jede Menge Rosenwasser, das vor Ort verkauft wird.

Wer zuschauen will, wie das Ganze abläuft: Die Pension Lale (S. 343) in Eğirdir organisiert Fabrikführungen für ca. 20 € pro Person. Interessierte können sich auch direkt an einen Hersteller wenden. **Gülbirlik** (☎ 218 1288; www.gulbirlik.com) ist der größte Rosenölproduzent in Isparta und weltweit. In vier Fabriken werden – nach eigenen Angaben – täglich 320 Tonnen (!) Blütenblätter verarbeitet! Führungen gibt's jedes Jahr im Mai, wenn die Rosenernte auf ihrem Höhepunkt ist.

und mit einem *servis* (Minivan) zum *otogar* verfrachtet.

Nach Eğirdir geht's vom *otogar* (1,70 €, 30 Min.) mit dem Bus Richtung Konya. An der Haltestelle Çarşı starten alle 30 Minuten Minibusse (1,40 €).

Täglich fahren Busse vom *otogar* in Isparta nach Afyon (5,60 €, 3 Std.), Antalya (4,50 €, 2 Std.), Burdur (2,25 €, 45 Min.), Denizli (5,60 €, 3 Std.), İzmir (11 €, 6 Std.) und Konya (8,50 €, 4 Std.).

Zur Haltestelle Çarşı geht's mit dem Çarşı-Stadtbus (0,30 €). Er fährt vor dem *otogar* ab. Der stündliche Minibus nach Burdur startet im *otogar*.

SAGALASSOS

Die Lage der antiken Stadt **Sagalassos** (Eintritt 2,80 €; 7.30–18 Uhr) ist absolut spektakulär: Vor dem Hintergrund schroffer Felsen schmiegen sich die Ruinen an die Terrassenhänge des „Weißen Berges" Ak Dağ. Seit 1990 ist ein belgisches Archäologenteam damit beschäftigt, hier Teile der Stadt freizulegen – es ist eins der größten archäologischen Projekte in der gesamten Mittelmeerregion. Die Forscher hoffen, dass Sagalassos irgendwann Ephesos und Pergamon Konkurrenz machen wird. Ein paar Gebäude werden auch wieder rekonstruiert. Dabei ist es von Vorteil, dass in dem Ort nie jemand Baumaterial geplündert hat. Sagalassos ist auf drei Seiten von Bergen umgeben – eine umwerfende Kulisse. Der Blick hinunter ins fruchtbare Tal ist unvergesslich. Aber die wilde Landschaft bringt auch einige Probleme mit sich. Eine ganze Reihe von Ruinen sind für Besucher nicht zugänglich.

Sagalassos' Geschichte geht mindestens zurück bis 1200 v. Chr. Damals wurde es von den kriegerischen „Seevölkern" gegründet. Später wurde es eine wichtige pisidische Stadt, die nur von Antiochia in Pisidien bei Yalvaç in den Schatten gestellt wurde. Die Pisidier setzten ihre Städte gern auf Berge, die sich leicht verteidigen ließen; ein anderes Beispiel für dieses Prinzip ist Termessos (S. 430). Die ältesten Ruinen vor Ort stammen aus hellenistischer Zeit, aber die meisten erhaltenen Bauwerke sind von den Römern. In der Römerzeit ging es der Stadt prima. Später machten dann Pest und Erdbeben den Leuten das Leben schwer. Nach einem schweren Erdbeben im 7. Jh. machten sich die meisten Bewohner auf und davon.

Der Ticketschalter am Parkplatz verkauft einen informativen Führer mit Karte (2,50 €). Vom Eingang führt ein Pfad zur **unteren Agora**. Links sind große, rekonstruierte römische **Bäder** von 180 n. Chr. Auf einer Treppe geht's von der unteren Agora runter zu einer gepflasterten Straße und zum **Tempel des Antoninus Pius.** Der diente dem römischen Kaiserkult. Wieder zurück an der unteren Agora kann man den Hang zur **oberen Agora** raufklettern. Gegenüber der Agora ist ein riesenhafter **Brunnenkomplex**. Und rechts am Hang liegt das **Bouleuterion** (Versammlungsraum des Stadtrats). Ein paar Sitzbänke sind noch intakt. Das **Heroon** (Heldengrabmal) war mal mit Reliefs verziert, die tanzende Mädchen zeigten. Jetzt werden nach und nach Kopien eingefügt – die Originale warten in einem Anbau des Museums von Burdur darauf, ausgestellt zu werden (S. 340). Möglicherweise stand hier früher eine Statue von Alexander dem Großen, der 333 n. Chr. in der Stadt einfiel.

Der größte Bau von Sagalassos ist das **römische Theater** mit 9000 Sitzplätzen. So gut erhalten sind sonst nur wenige Theater in der Türkei. Es liegt am Hang, unterhalb vom „Töpferviertel". Erdbeben haben viele Sitzreihen ramponiert, aber ansonsten ist es größtenteils intakt. In der Nähe befinden sich noch das späthellenistische **Brunnenhaus** und die römische **Neon-Bibliothek** mit einem edlen Mosaikfußboden. Beide wurden neu aufgebaut, und das Brunnenhaus funktioniert sogar wieder. Aber das Haus mit der Bibliothek ist meistens zu.

Die kahlen Felsen über Sagalassos sind voller Gräber. Außer in den Sommermonaten, wenn die Archäologen kräftig am Buddeln sind, treibt sich hier kaum ein Lebewesen rum – abgesehen von Schmätzern und Ammern. Es gibt weit und breit keine Schatten spendenden Bäume. Wer die Stadt besichtigen will, sollte sich also sehr früh auf die Socken machen. Getränke gibt's am Kartenschalter. Die ganze Anlage abzulaufen dauert ca. dreieinhalb Stunden. Wem das zu viel ist, der kann sich auch nur die wichtigsten Gebäude in der Nähe vom Kartenschalter anschauen (1 Std.).

An- & Weiterreise

Nach Sagalassos geht's mit dem Dolmuş von der Çarşı-Haltestelle in Isparta in südlicher Richtung nach Ağlasun (1,10 €, 1 Std., stündl. von 6–17 Uhr). Im Sommer fährt das letzte Dolmuş von Ağlasun nach Isparta um 20 Uhr.

In Ağlasun geht's an einer ausgeschilderten Abzweigung 7 km lang den Berg rauf. Wer fit ist, kann die Strecke wandern. Bequemer ist es natürlich, dem Dolmuş-Fahrer seine 8,50 € extra für die Fahrt zu zahlen. Er bringt einen rauf, wartet oben eine Stunde und nimmt seine Fahrgäste wieder mit runter. Wenn der Fahrer länger warten soll, wird's vermutlich teurer.

BURDUR

☎ 0248/63 400 Ew.

Weit ist es nicht zum salzigen Burdur Gölü (Burdursee). Aber Burdur ist eine wenig prickelnde, durch und durch moderne Kleinstadt. Hier verschlägt es v. a. Traveller hin, die sich für die Funde aus Sagalassos im Museum interessieren. Die Busse aus Isparta halten am Ostrand der Stadt. Vom *otogar* kommend geht's nach rechts, und dann sind's zu Fuß 15 Minuten die Gazi Caddesi runter ins Stadtzentrum. Eine Alternative sind die Stadtbusse, die direkt vor dem *otogar* halten.

Zum **Museum von Burdur** (Burdur Müzesi; Eintritt 1,10 €; ☉ Di–So 8–12 & 13.30–17 Uhr) geht's gegenüber von der Hacı Mahmut Bey Camii rechts in die Gazi Caddesi. Wer es schafft, die nervende Automatikschaltung der Beleuchtung zu ignorieren, kann die Highlights der Sammlung genießen: die Keramiken und hellenistische und römische Statuen aus Kremna bzw. Sagalassos (S. 339). Außerdem gibt's neolithische Fundstücke aus den nahe gelegenen Grabhügeln von Hacılar und Kuruçay, den Bronzetorso eines Sportlers aus dem 2. Jh., ein paar tolle Bronzekrüge und mehrere vereinte Doppelsarkophage (für Ehepaare) zu sehen. Die Terrasse **çay bahçesi** nach vorn raus ist ideal für einen entspannten Drink nach dem Museumsbesuch.

Von Burdur nach Isparta (2,25 €, 45 Min.) fahren stündlich Minibusse.

DAVRAZ DAĞI (BERG DAVRAZ)

Die Skisaison an den Hängen vom Berg Davraz (2635 m) dauert normalerweise von Mitte Dezember bis März, abhängig vom Schnee. Es sind Langlauf und Abfahrtslauf möglich, und es gibt einen 1,2 km langen Sessellift. Ein Tag Skifahren inklusive Leihausrüstung und Skipass kostet ca. 30 €. Wer will, kann auch zum Gipfel wandern oder – für den stärkeren Adrenalinkick – paragliden.

Unterkünfte gibt's im Hauptskizentrum und im Fünf-Sterne-Hotel Sirene Davraz Mountain Resort. Aber wer nicht unbedingt vom Morgengrauen bis zur Abenddämmerung die Pisten unsicher machen muss, ist in Isparta oder Eğirdir genauso gut untergebracht.

An den Wochenenden in der Saison gibt's regelmäßig Minibusse ab Isparta; von Eğirdir (1 €, 30 Min.) fahren sie nicht ganz so oft. Außerhalb der Saison ist für ein Taxi ins Skigebiet mit ca. 23 € zu rechnen.

EĞİRDİR

☎ 0246/17 000 Ew.

Viele Orte am See sind eher enttäuschend, aber Eğirdir ist einfach perfekt. Die Stadt liegt idyllisch am Südende vom See Eğirdir Gölü, bewacht vom Davraz Dağı (Berg Davraz; 2635 m). In lydischer Zeit führte die Königsstraße durch den Ort, die Hauptverbindung zwischen Ephesos und Babylon. Und weil Eğirdir ein schöner und praktisch gelegener Stopp war, blühte die Stadt schnell auf.

Heute liegt Eğirdir immer noch günstig an der Straße von Konya zur Ägäis. Der Tourismus ist deshalb eine der Haupteinnahmequellen. Die Hauptattraktionen sind die tolle Aussicht, frischer Fisch zum Abendessen und ein Bootstrip auf dem silberblauen Wasser des viertgrößten türkischen Sees (517 km²). Aber Eğirdir wird auch immer wichtiger als Ausgangspunkt für Besteigungen des Sivri Dağı (Berg Sivri) und Wanderungen durch den Yazılı Kanyon oder auf dem Paulusweg (s. S. 87).

Aus Richtung Isparta kommt man an der Trainingsbasis einer türkischen Bergkommandoeinheit vorbei. Ihr Slogan ist in riesigen Buchstaben an den Berghang geschrieben: *„Komandoyuz – Güçlüyüz, Cesuruz, Hazırız"* (Wir sind eine Kommandoeinheit – wir sind stark, wir sind mutig, wir sind bereit). In ihrer Freizeit tummeln sich die Soldaten überall in der Stadt. Und an den Sommerwochenenden kommen ihre Eltern zu Besuch und beschlagnahmen die Zimmer der Pensionen.

Geschichte

Eğirdir wurde von den Hethitern gegründet, dann von den Phrygiern (ca. 1200 v. Chr.) und später von den Lydern erobert. Danach kamen die Perser und nicht viel später Alexander der Große. Auf Alexander folgten

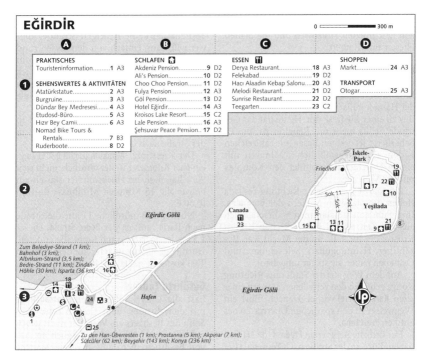

EĞIRDIR

0 ⊑⊐ 300 m

PRAKTISCHES
Touristeninformation.........1 A3

SEHENSWERTES & AKTIVITÄTEN
Atatürkstatue....................2 A3
Burgruine.........................3 A3
Dündar Bey Medresesi......4 A3
Etudosd-Büro....................5 A3
Hızır Bey Camii.................6 A3
Nomad Bike Tours &
Rentals.........................7 B3
Ruderboote.....................8 D2

SCHLAFEN 🏠
Akdeniz Pension................9 D2
Ali's Pension...................10 D2
Choo Choo Pension.......11 D2
Fulya Pension..................12 A3
Göl Pension....................13 D2
Hotel Eğirdir....................14 A3
Kroisos Lake Resort.......15 C2
Lale Pension...................16 A3
Şehsuvar Peace Pension..17 D2

ESSEN 🍴
Derya Restaurant.............18 A3
Felekabad.......................19 D2
Hacı Alaadin Kebap Salonu...20 A3
Melodi Restaurant...........21 D2
Sunrise Restaurant.........22 D2
Teegarten......................23 C2

SHOPPEN
Markt..............................24 A3

TRANSPORT
Otogar............................25 A3

Eğirdir Gölü

İskele-Park

Friedhof

Sok. 11

Canada

Yeşilada

Eğirdir Gölü

Hafen

Zum Belediye-Strand (1 km);
Bahnhof (3 km);
Altınkum-Strand (3,5 km);
Bedre-Strand (11 km); Zindan-
Höhle (30 km); Isparta (36 km)

Zu den Han-Überresten (1 km); Prostanna (5 km); Akpınar (7 km);
Sütcüler (62 km); Beyşehir (143 km); Konya (236 km)

---

die Römer, die die Stadt Prostanna nannten. Laut zeitgenössischen Dokumenten muss Prostanna groß und reich gewesen sein. Aber bisher wurde hier noch nichts ausgegraben – die historische Stätte liegt auf militärischem Gebiet.

In byzantinischer Zeit hieß die Stadt Akrotiri (Steiler Berg) und war Bischofssitz. Später wurde der Ort seldschukisch (ca. 1080–1280) und dann die Hauptstadt eines kleinen Fürstentums des Hamidoğulları-Stamms (1280–1381). 1417 kamen die Osmanen an die Macht. Allerdings blieben die Bewohner von Yeşilada bis in die 1920er-Jahre fast alle griechisch-orthodox.

Die Türken machten aus Akrotiri die Stadt Eğirdir, was so viel wie „sie ist krumm" oder „schief" heißt. In den 1980ern wurde daraus dann Eğirdir („sie spinnt" – Wolle natürlich). Der neue Name sollte den negativen Touch des alten Namens beseitigen (damit die ewigen Witze endlich mal aufhörten). Angeblich spielt er auf ein altes Märchen über eine alte Königin an, die zu Hause sitzt, spinnt und dabei nicht ahnt, dass ihr Sohn gerade gestorben ist.

Orientierung & Praktische Informationen

Eğirdir zieht sich mehrere Kilometer am Ufer des Eğirdir Gölü entlang. Das Zentrum liegt am Beginn einer Halbinsel, die in den See reinragt. Es ist an einer Atatürk-Statue und einem kleinen *otogar* zu erkennen.

Ein paar 100 m nordöstlich vom Zentrum ragen die steilen Wände einer Burg in die Höhe. Hier fängt auch ein Damm zu den Inseln Canada („Seeleninsel" – hat nichts mit Nordamerika zu tun) und Yeşilada („grüne Insel") an. Die besten Unterkünfte der Stadt sind auf Yeşilada und bei den Mauern.

Die **Touristeninformation** (☎ 311 4388; 2 Sahilyolu 13; ☷ Mo–Fr 8–18 Uhr) liegt an der Hauptstraße, gleich am Anfang der Stadt.

Sehenswertes & Aktivitäten

Eğirdirs Sehenswürdigkeiten lassen sich in rund einer Stunde abklappern. Los geht's mit der **Hızır Bey Camii**, die 1237 als seldschukisches Lagerhaus gebaut wurde. 1308 machte der Hamidoğulları-Emir Hızır Bey eine Moschee daraus. Sie ist relativ schlicht, mit einem Lichtgaden (Fensterreihe) über der Haupthalle und

WESTANATOLIEN

neuen Fliesen um den *mihrab*. Toll sind die fein geschnitzten Holztüren und die blauen Fliesen am Minarett.

Gegenüber der Moschee steht die **Dündar Bey Medresesi.** Sie wurde 1218 vom Seldschuken-Sultan Alaeddin Keykubat als eine Karawanserei gebaut. 1285 funktionierte sie der Hamidoğulları-Emir Felekeddin Dündar Bey zu einer Medrese um. Heute hat das Gebäude nichts mehr mit Religion zu tun: Es beherbergt jetzt einen Basar mit zahlreichen Läden. Ein ungewöhnliches Minarett mit einem Durchgang verbindet den Komplex mit der Moschee.

Ein paar 100 m weiter in Richtung Yeşilada stehen die massiven Mauern der **Burgruine.** Ihre Fundamente stammen wahrscheinlich aus der Zeit des reichen lydischen Königs Krösus, der im 5. Jh. an der Macht war. Byzantiner, Hamidoğulları, Seldschuken und Osmanen haben sie später umgebaut.

Auf dem Weg aus der Stadt raus Richtung Konya geht's an den verfallenen Mauern einer alten **Karawanserei** vorbei. Danach führt ein Wegweiser zu den spärlichen Überresten des antiken **Prostanna.**

Der örtliche Bergverein **Etudosd** (☎ 311 6356) hat ein Büro an der Straße nach Yeşilada. Hier gibt's gute Infos über Wanderungen auf den Berg Davraz, ins Barla-Massiv und zu anderen klasse Zielen. Auch die Pension Lale (S. 343) kann weiterhelfen.

MÄRKTE

Jede Woche donnerstags ist in Eğirdir Markt. An den zehn Sonntagen von August bis Oktober kommen außerdem die Yörük aus den Bergdörfern nach Eğirdir, um ihre Äpfel, Ziegen und ihren Joghurt zu verkaufen und sich für den Winter zu versorgen. Das ist eine gute Gelegenheit für sie, Leute aus anderen Dörfern zu treffen. Seit eh und je wurden hier dörferübergreifende Ehen angebahnt.

Früher gab es am Samstag vor dem letzten Sonntagsmarkt, wenn sich das Handeln dem Ende näherte, einen Markt nur für Frauen. An diesem Tag sprachen Mütter von heiratsfähigen Söhnen die Mütter akzeptabler Schwiegertöchter an und überreichten ihnen ein Taschentuch. Wenn das Taschentuch angenommen wurde, ging's mit gegenseitigen Vorstellungsgesprächen zwischen den Brautleuten und ihren Familien los. Und wenn alles klappte, wurde im nächsten Frühling Hochzeit gefeiert.

STRÄNDE

Yeşilada hat keine richtigen Strände, aber wer will, kann einfach von den Felsen rund um die Insel ins Wasser springen. Zum Sonnen begibt man sich aber besser ein Stück außerhalb des Ortes. Die hier aufgelisteten Strände haben Umkleidekabinen, Imbisse oder Restaurants.

Der kostenlose Sandstrand **Belediye** ist in Yazla, knapp 1 km vom Zentrum entfernt an der Straße nach Isparta.

Der Kiesstrand **Altınkum** (Eintritt 0,40 €) liegt ein paar Kilometer weiter nördlich, nicht weit vom Bahnhof. Im Hochsommer starten am *otogar* alle 15 Minuten Minibusse dorthin (0,30 €).

Noch weiter nördlich, 11 km die Straße nach Barla rauf, ist der **Bedre-Strand.** Dieser 1,5 km lange Sandstrand toppt alle anderen. Dorthin geht's zu Fuß oder mit dem Rad; ein Taxi kostet ca. 4,50 € pro Richtung.

Geführte Touren

Fast alle Unterkünfte bieten **Bootsausflüge** mit dem Bruder, dem Cousin oder dem Sohn des Besitzers an. Wer hier nicht gleich anbeißt, wird höchstwahrscheinlich am See von Bootsbetreibern angequatscht. Manche der Touren sind Angelfahrten, die nachts oder frühmorgens stattfinden. Wie viel Spaß so ein Ausflug macht, hängt oft mehr vom Wetter und der Windstärke ab als vom Boot oder Besitzer – aber den meisten gefällt's. Manchmal gibt's Trips gratis im Paket mit der Übernachtung, aber normalerweise kostet es pro Kopf um die 17 €.

Fahrräder werden von vielen Unterkünften vermietet und von **Nomad Bike Tours & Rentals** (☎ 311 6688; www.nomadbiketours.com; Ata Yolu Üzeri). Da gibt's auch Tipps zu Ausflugsrouten und maßgeschneiderte Touren. Ein Mountainbike kostet pro Tag 11 €.

Infos über Rosenausflüge s. S. 338.

Schlafen

Einige Übernachtungsmöglichkeiten gibt's auf Yeşilada, am Ende der Halbinsel, oder auch auf dem Festland. Fast alle Unterkünfte sind mit gelben Wegweisern ausgeschildert und gut zu finden.

Am Anfang oder Ende der Saison wird es nachts oft kalt, dann ist eine Unterkunft mit Zentralheizung von Vorteil. Die meisten haben heißes Wasser, aber manchmal wird es nur auf Nachfrage angestellt.

In der Hochsaison (Mitte Juni–Mitte Sept.) vermieten die Pensionsbesitzer in Eğirdir und v. a. auf Yeşilada nicht gern an Alleinreisende. Sogar wenn man bereit ist, den doppelten Preis zu blechen, lassen sie sich nicht erweichen – schließlich werden sie so keine zwei Mahlzeiten los.

YEŞİLADA

Yeşilada hat rund ein Dutzend familienbetriebene Pensionen und Restaurants. Dazwischen stehen Ferienhäuser der Besserverdienenden aus İstanbul, die hier jedes Jahr zwei Wochen Urlaub machen. Es ist verlockend, auf Yeşilada zu übernachten, weil es eine Insel ist. Allerdings ist es eine ordentliche Strecke zu Fuß, wenn man mal woanders hinwill. Die Pensionen sind eigentlich alle ähnlich, und keine ist in einem besonders tollen Haus. Die Insel ist so klein, dass sie sich in 15 Minuten umrunden lässt. Also am besten erst mal die Runde machen und dann ein Quartier wählen.

Şehsuvar Peace Pension (☎ 311 2433; www.peace pension.com; Zi. 8–20 €) Diese Pension ist auf Backpacker ausgerichtet. Der Name deutet schon an, dass es hier hippiemäßig familiär zugeht. Ganz spartanische Traveller können für 4 € auf der Dachterrasse schlafen. Der ruhige Hof ist ein Schmankerl, und wer es gern lauter mag, geht in die Bar. Frühstück kostet ca. 3 €.

Akdeniz Pension (☎ 311 2432; EZ/DZ 14/20 €) Diese Pension gehört einem älteren Ehepaar, das kaum Englisch spricht. Es gibt vier einfache, aber makellose und kuschelig wirkende Zimmer mit Balkon. Nicht zu vergessen die mit Weinlaub bewachsene Terrasse.

Choo Choo Pension (☎ 319 4926; EZ/DZ/3BZ 14/23/28 €) Choo Choo ist die neueste Pension in Eğirdir. Sie ist in einem Gebäude untergebracht, das ein bisschen wie eine Burg aussieht. Die Zimmer sind schlicht und gut geschnitten, aber das Beste ist das große Restaurant im Wintergarten.

Ali's Pension (☎ 311 2547; www.alispension.com; EZ 14–17 €, DZ 25 €) Ali's Pension ist eine gemütliche kleine Unterkunft auf der anderen Seite der Insel. Hier werden neun attraktive Zimmer mit Holzfußboden und eine nette Terrasse geboten. Das Ganze gehört einer echten Fischerfamilie, und es geht besonders freundlich zu.

Kroisos Lake Resort (☎ 311 5006; www.kroisoshotel. com; EZ/DZ 28/36 €) Dieses konventionelle Hotel kommt in etwas zu vielen merkwürdigen

Grüntönen daher. Auch die Atmosphäre ist nicht so persönlich und familiär wie in den besseren Pensionen. Aber eine Reihe Special-Angebote gleicht das wieder aus: Es werden Skier und Fahrräder vermietet, außerdem gibt's eine Lounge mit Klavier und regelmäßig Livemusik im Restaurant.

Göl Pension (☎ 311 2370; ahmetdavras@hotmail.com; Zi. 28–39 €; 💻) Hier gibt's nur sechs Zimmer – wer eins der besseren will, muss also früh kommen. Die beiden Zimmer im Obergeschoss mit separater Terrasse sind netter, aber teurer als die Zimmer im Erdgeschoss mit Gemeinschaftsbad. Es geht familiär zu, und der Besitzer Ahmet ist seit eh und je bei seinen Gästen beliebt.

FESTLAND

Lale Pension (☎ 311 2406; www.lalehostel.com; Kale Mahallesi 5 Sokak 2; B 5,60 €, Zi. 11–23 €; 💻) Eine von mehreren Pensionen hinter der Burg. Das Lale ist *die* Pension für Backpacker: Hier gibt's ordentliche, kleine Zimmer, es geht familiär zu und der hilfsbereite und erfahrene İbrahim managt den Laden super. Die schmale Lounge auf dem Dach bietet einen tollen Blick auf den See. Hier treffen sich die Gäste wie alte Freunde bei einer *nargileh*. Es werden auch reichlich Infos über Ausflüge in die Umgebung, Touren und Wanderungen geliefert. Ein Fahrrad mieten kostet 7 € am Tag, Bootsausflüge gibt's ab 14 € pro Person. Frühstück kostet 2,80 €, Mahlzeiten sind für 7 € zu haben.

Fulya Pension (☎ 311 2175; B 8 €, EZ/DZ 13/17 €; 💻) Das Fulya ist ähnlich wie das Lale. Sein Plus ist eine Dachterrasse mit Rundumblick – perfekt zum Sterneangucken und um den See Knipsen. Die Zimmer sind geräumig, und der Besitzer ist ein Fischer, der seine Gäste im Boot mit rausnimmt. Frühstück kostet 2,80 €.

Hotel Eğirdir (☎ 311 3961; www.hotelegirdir.com; 2 Sahil Yolu 2; EZ/DZ/3BZ 25/34/46 €) In dem großen Drei-Sterne-Kasten mit einer beeindruckenden Lobby steigen v. a. Reisegruppen ab. Die Zimmer sind bescheiden, aber okay: mit hübscher Bettwäsche und kleinen Balkons mit Seeblick. Im großen Restaurant wachsen drei alte Bäume tatsächlich durchs Dach.

Essen

Praktisch jede Pension und jedes Hotel hat ein eigenes Restaurant; dort gibt's oft das beste Essen fürs Geld. Wer mal Abwechslung will, findet aber auch leicht was anderes. In der Saison sollte sich niemand die frisch aus dem See geholten *istakoz* (Krebse) entgehen lassen.

Hacı Aladdin Kebap Salonu (☎ 311 4154; Belediye Caddesi 17; Hauptgerichte 1–4 €; ⌚ 9–22 Uhr) Dieser verlässliche Kebap-Imbiss versteckt sich zwischen den Läden im Stadtzentrum. Er serviert eine typische, aber etwas seltsame Spezialität: *şekerli pide* (Käse, mit Zucker bestreut).

Derya Restaurant (☎ 311 4047; Hauptgerichte 2–5 €; ⌚ 9–22 Uhr) Das Derya ist gegenüber vom Hotel Eğirdir auf der anderen Straßenseite. Es hat Tische draußen am Wasser und einen ziemlich violetten Speisesaal, wo die üblichen Grillgerichte und Salate aufgetischt werden.

Felekabad (☎ 311 5881; Yeşilada; Hauptgerichte 2–6 €; ⌚ 11–22 Uhr) Einfaches Familienrestaurant mit Wintergarten; in einer Art Biergarten (ohne Bier) gibt's außerdem Sitzplätze am See.

Sunrise Restaurant (☎ 311 5852; Yeşilada; Hauptgerichte 4–8 €; ⌚ 11–22 Uhr) Direkt neben dem Felekabad ist das etwas schickere Sunrise. Es ist v. a. bei türkischen Gästen aus der Stadt angesagt. Anders als im Nachbarrestaurant gibt's hier Alkohol.

Melodi Restaurant (☎ 311 4816; Yeşilada; Hauptgerichte 4–8 €; ⌚ 11–22 Uhr) Das Melodi ist neben der Pension Akdeniz an der Spitze der Insel. Viele halten es für das beste Restaurant der Stadt. Es sind frische *meze* und leckerer gegrillter Fisch im Angebot. Und es gibt eine klasse Aussicht auf den See.

Der beliebte *çay bahçesi* auf Canada ist ein netter Ort, um eine Kleinigkeit zu essen oder was zu trinken. Einen Kinderspielplatz gibt's auch.

An- & Weiterreise

BUS

Busse fahren täglich nach Ankara (11 €, 7 Std.), Antalya (5,60 €, 2½ Std.), Denizli (6 €, 3 Std.), İstanbul (17 €, 11 Std.), İzmir (11 €, 7 Std.), Konya (9,50 €, 4 Std.), Nevşehir (14 €, 8 Std.), Sütçüler (4 €, 1½ Std.) und Yalvaç (2,80 €, 1 Std.).

Wenn gerade kein Bus zum gewünschten Reiseziel fährt, einfach in einen Minibus nach Isparta (1,40 €, 15 Min.) springen und dort nach einer Verbindung Ausschau halten (s. S. 339).

ZUG

Der **Bahnhof** (☎ 311 4694) liegt an der Straße nach Isparta, 3 km vom Zentrum. Es gibt täglich Züge über Isparta nach Istanbul (12 €, 13 Std.) und İzmir (8,50 €, 10 Std.).

RUND UM EĞİRDİR
Sivri Dağı (Berg Sivri) & Akpınar

Der Sivri Dağı („Scharfer Berg"; 1749 m) beherrscht den Blick von Eğirdir Richtung Südwesten. Hoch oben an seinen steilen Hängen liegt das winzige Dorf Akpınar mit seinen Apfelplantagen. Der Blick von hier auf den See ist postkartenmäßig. Von Eğirdir dorthin geht's 3 km Richtung Süden am Seeufer entlang nach Yeni Mahalle. Von dort windet sich eine Straße 4 km bis zum Dorf am Berg rauf. Es ist ein steiler Anstieg, der zu Fuß an die zwei Stunden dauert – gute Kondition vorausgesetzt. Im Dorf gibt's zwei kleine Teehäuser, beide mit Seeblick. Zum einen gehört ein etwas mitgenommenes Zelt – den Seeblick kann man von da aus allerdings vergessen! Beide Lokale servieren *ayran* (Trinkjoghurt) und frische *gözleme*.

Wer hier vom Wandern noch nicht genug hat, kann weiter bis zum Berggipfel hochsteigen. Aber stellenweise ist das Gestein bröckelig und lose. Es hat schon tödliche Unfälle gegeben. Am besten vor dem Start Einheimische nach Tipps fragen und immer gut aufpassen! Von der Basis des Bergkommandos auf der Nordseite loszuklettern ist keine gute Idee. Den Jungs dort passt das gar nicht.

Kovada-Gölü-Nationalpark, Naturpark Yazılı & Çandır Kanyon

Der **Kovada-Gölü-Nationalpark** (Kovada Gölü Milli Parkı) ist berühmt für seine Pflanzen- und Tierwelt. Er liegt rund um den kleinen See, der durch einen Kanal mit dem Eğirdirsee verbunden ist. Toll zum Wandern und Picknicken. Nicht weit von hier führt der Paulusweg vorbei (s. S. 87). Ganz in der Nähe ist außerdem der **Kasnak-Wald**, der Botanikfans mit seinen seltenen Orchideen anlockt.

Rund 73 km südlich von Eğirdir liegt tief in den Bergen eine waldige Schlucht: der **Yazılı-Kanyon-Naturpark** (Yazılı Kanyon Tabiat Parkı; Eintritt 0,55 €, Auto 0,70 €). Sie trennt das Seengebiet (das alte Pisidien) von der Antalya-Region (Pamphylia). Eintritt wird direkt am Parkplatz gezahlt, dann geht's auf einem Pfad 1 km lang flussaufwärts durch den phänomenalen **Çandır Kanyon** zu mehreren schattigen Badeplätzen. Im späten Frühling ist das Wasser noch eiskalt. Im Juli und August liegen hier sonnenhungrige türkische Familien dicht an dicht. Zu anderen Zeiten ist es praktisch ausgestorben.

Der Park hat seinen Namen von den Inschriften, die in die Felsen der Schlucht gehauen sind (*yazılı* heißt „beschriftet, geschrieben"). Sie sind noch immer gut zu erkennen, obwohl hier Vandalen gewütet haben. U. a. steht hier ein etwas überhebliches Gedicht über den Ursprung und die Natur des Menschen. Es stammt von Epiktet, einem Dichter aus dem 1. Jh. Über seine dichterische Leistung lässt sich streiten – aber bestimmt wurde er nicht 188 Jahre alt, wie es auf der Tafel steht!

Das **Restaurant Yazılı Kanyon** und der **Campingplatz Alanı** (2-Pers.-Zelt 8,50 €) beim Parkplatz am Eingang bieten frische Forellen, Salate und ein Getränk für 3 € an. Wenn nicht viel los ist, müssen Besucher, die hier essen oder übernachten, keinen Eintritt zahlen.

AN- & WEITERREISE

Am einfachsten ist es, sich einem von der Unterkunft organisierten Ausflug zum Kovada Gölü und Çandır Kanyon anzuschließen. Außerhalb der Saison kostet eine Tour mit dem Taxi (inklusive 3 Std. Wartezeit) ca. 28 € zum See oder 40 € zum See und zur Schlucht. An einem Sonntag im Sommer klappt's manchmal auch mit Trampen. Dann fahren die Locals zum Picknick raus.

Zından Mağarası (Zından-Höhle)

Zından Mağarası ist ein anderes gutes Ausflugsziel. Die Höhle liegt 30 km südöstlich von Eğirdir und 1 km nördlich vom Dorf Aksu, hinter einer tollen römischen Brücke. Am Eingang zur 1 km langen Höhle stehen byzantinische Ruinen. Innen gibt's Stalaktiten und Stalagmiten sowie einen Raum, der Hamam genannt wird. Wer nicht auf Höhlen steht, kann schön am Fluss entlangspazieren.

Im Sommer organisieren die Unterkünfte Trips zur Höhle. Taxis kassieren ca. 28 € für die Fahrt.

Sütçüler

☎ 0246/3700 Ew.

Die Gegend um Eğirdir wird bei Wanderern immer beliebter, v. a. seit der neu ausgeschilderte Paulusweg hier durchführt (s. S. 87). Sütçüler ist eine unspektakuläre Kleinstadt an einer Bergstraße. Von Eğirdir aus ist sie leicht zu erreichen. Die Aussicht macht Lust auf ein

paar schöne Wanderungen, und die Lage ist als Ausgangsbasis ideal.

Die Busse von Eğirdir fahren knapp 1 km entfernt an den romantischen Ruinen der römischen Stadt **Adada** vorbei. Hier sind noch der Anfang einer römischen Straße, eine Agora mit 1000 Sitzplätzen und der Trajanstempel zu erkennen.

Die einzige Unterkunft in Sütçüler ist die **Pension Karacan** (☎ 351-2411; Atatürk Caddesi; gulaykaracan@mynet.com; HP Zi. 11–23 €; 🖳). Sie hat großzügige Zimmer, z. T. mit Gemeinschaftsbalkon, und eine Terrasse zum Garten raus. Nicht zu vergessen das Restaurant mit großen Fenstern und Blick auf das üppige Grün weiter unten. Das Essen wird aus Bio-Zutaten gekocht, und die Besitzer sind superhilfsbereit.

AN- & WEITERREISE

Sieben Busse sind täglich zwischen Isparta und Sütçüler (3,50 €, 1½ Std.) unterwegs. Auf dem Weg kommen sie auch durch die Stadt Eğirdir.

YALVAÇ & ANTIOCHIA IN PISIDIEN

☎ 0246/31 000 Ew.

Das Marktstädtchen Yalvaç ist prima für einen Stopp. Bei der Gelegenheit lässt sich die große Ruinenstadt Antiochia in Pisidien besichtigen. Die liegt an einem kahlen Berghang im Nordosten.

Antiochia in Pisidien

Die antike Stadt **Antiochia in Pisidien** (Eintritt 2,80 €; 🕑 9–18 Uhr) liegt rund 1 km vom Zentrum von Yalvaç entfernt. Im 8. Jh. wurde sie wahrscheinlich von Arabern attackiert und dann aufgegeben. Leider gibt's bei den Ruinen keine Schilder mit Erklärungen.

Vom Tor führt eine Römerstraße nach oben. Erst geht's an den Fundamenten eines Triumphbogens vorbei, dann macht sie einen Bogen nach rechts zum **Theater.** Noch weiter oben kommt eine flache Stelle, die von einer halbrunden Steinwand umgeben ist: das **Hauptheiligtum.** Es war ursprünglich der anatolischen Muttergöttin Kybele geweiht und später dem Mondgott Men. In römischer Zeit war es dann ein Augustustempel. Nach links ein Pfad zum **Nymphäum** ab. Früher sprudelte hier eine Quelle – heute ist sie ausgetrocknet.

Über die Felder rüber sind mehrere Bögen vom **Aquädukt** der Stadt zu sehen. Unterhalb vom Nymphäum befinden sich die Überreste der **römischen Bäder.** Hier wurden mehrere große Kammern ausgegraben, und ein Großteil der Originaldecke ist noch intakt. Auf dem Weg zurück zum Eingang geht's an den Fundamenten der **Paulus-Basilika** vorbei, wo früher eine Synagoge stand. Hier predigte der wandernde Zeltmacher und Apostel Paulus. Das rief so heftige Reaktionen hervor, dass er und sein Begleiter Barnabas aus der Stadt gejagt wurden.

Wer die Ruinen gesehen hat, kann noch im **Yalvaç-Museum** (Yalvaç Müzesi; Eintritt 1,10 €; ☺ Di–So 8.30–17.30 Uhr) im Stadtzentrum vorbeischauen. Dort gibt's einen Plan der Anlage und eine bescheidene Sammlung von Fundstücken. In der Ethnografie-Abteilung ist ein toller Nachbau eines prächtigen Wohnzimmers aus der Osmanenzeit zu sehen.

An- & Weiterreise
Einige wenige Busse fahren täglich von Yalvaç nach Eğirdir (2,80 €, 1 Std.) und Akşehir (2 €, 45 Min.).

BEYŞEHİR
☎ 0332/41 700 Ew.

Beyşehir ist die wichtigste Stadt am drittgrößten See der Region. Sie wächst schnell, aber ihr osmanisches Herz mit einer der tollsten mittelalterlichen Moscheen Anatoliens hat allen Modernisierungsvorstößen widerstanden. Beyşehir wurde ca. im 6. Jh. v. Chr. gegründet. Die Herrscher, die seitdem in der Stadt regierten, sind quasi unzählbar (allein zwischen 1374 und 1467 waren es 20!). Die beste Zeit war unter den Seldschuken im 13. Jh. Für sie war Beyşehir eine zweite Hauptstadt.

1296 ließ Şeyheddin Süleyman Bey die **Eşrefoğlu Camii** bauen. Die Moschee mit ihren 48 hohen Holzsäulen, bunten Mosaiken und dem blau gefliesten *mihrab* wurde gerade frisch restauriert. Architektonisch wird sie nur von der Ulu Cami in Afyon in den Schatten gestellt. Ursprünglich war sie oben offen und wurde nur freitags benutzt; heute ist sie komplett überdacht. Neben der Moschee ist Süleyman Bey begraben. Um die Ecke sind noch ein paar andere wichtige Altstadtgebäude: u. a. der *bedesten* (überdachter Markt) der Karawanserei **Dokumacılar Hanı** mit ihren vielen Kuppeln, das **Çifte Hamamı** und die **İsmail Ağa Medresese**.

Die Moschee steht direkt am Seeufer. Vom Zentrum kommt man dorthin über die beeindruckende Eisenbahnbrücke von 1908 und dann am Wasser entlang. Wer will, kann auch abends eine Bootstour mit **Eşrefoğlu Yat** (☎ 0542 841 8784; Tour 1,70 €) dorthin machen. Die Bootsgäste kriegen die Moschee von der Seeseite zu sehen und können dabei superbillige *köfte* futtern (0,85 €).

Wer über Nacht im Ort bleiben will, hat eine Hand voll Unterkünfte zur Auswahl. Im **Beyaz Park Motel** (☎ 512 4535; EZ 11 €, DZ 20–25 €) an der Brücke gibt's eine klasse Café-Restaurant mit Terrasse.

An- & Weiterreise
Es gibt regelmäßig Busse nach Eğirdir (5 €, 2 Std.) und Konya (3,50 €, 1 Std.). Stadtbusse (0,30 €) fahren zweimal in der Stunde zum *otogar* und kommen in der Nähe der Moschee vorbei.

REGION PAMUKKALE

Die Gegend um Pamukkale und Denizli ist das natürliche Kurgebiet der Türkei. Hier gibt's nicht weniger als 17 Thermalquellen, die zwischen 36 und 100 °C heiß sind. Pamukkale selbst ist ganz offensichtlich die meistvermarktete Attraktion in ganz Westanatolien. Hochglanzposter ohne Ende zeigen Badende im klaren, blauen Wasser, umgeben von leuchtend weißem Travertin, für den die Stadt berühmt ist.

Leider hat der Hype viel zu gut funktioniert – und zwar bevor man den Naturschutz als Businesskonzept entdeckt hat. Heute müssen sich die richtig ins Zeug legen, um den Schaden wiedergutzumachen bzw. zu verhindern, dass der einzigartige Ort weiter kaputtgemacht wird. Aber für die Ruinen des römischen Kurorts Hierapolis lohnt es sich immer noch, nach Pamukkale zu fahren – mit oder ohne Badespaß.

NYSSA (NYSA)
Östlich von der langweiligen, modernen Stadt Aydın geht's tief ins fruchtbare Land an den Ufern des Flusses Büyük Menderes. Entlang der Straßen ziehen sich Baumwollfelder. Wenn im Oktober Ernte ist, sind die Überlandstraßen verstopft mit Traktoren und ihren Anhängern voller weißer Flocken. Außerdem werden in der Gegend Granatäpfel, Birnen, Zitrusfrüchte, Äpfel, Oliven und Tabak angebaut.

Ca. 31 km östlich von Aydın liegt die Stadt Sultanhisar. Von hier geht's 3 km Richtung

Norden bergauf nach **Nyssa** (Eintritt 1,10 €; ☼ bei Tageslicht). Die antike Stadt liegt auf einem Hügelrücken zwischen Olivenhainen. Hier gibt's öffentliche Toiletten, Getränke und einen Aufseher, der Besucher durchs **Theater** führt. Unter der Straße und dem Parkplatz ist ein 115 m langer **Tunnel**. Hier war mal der Marktplatz der alten Stadt. Noch mal fünf Minuten auf der Straße und über ein Feld bergauf geht's zum **Bouleuterion**. Hier sind Überreste von Skulpturen zu sehen. Aber am beeindruckendsten ist wohl die friedliche Schönheit von Nyssa – ein absoluter Kontrast zum Rummel in Ephesos.

An- & Weiterreise

In der Stadt halten Züge von İzmir nach Denizli, außerdem sind auf der Überlandstraße viele Busse in Ost-West-Richtung unterwegs. Minibusse von Nazilli nach Sultanhisar fahren alle 15 Minuten (0,55 €).

NAZİLLİ & UMGEBUNG
☎ 0256/113 000 Ew.

Wer mit dem Auto nach Afrodisias unterwegs ist, kann über Nazilli fahren. Das liegt 14 km östlich von Nysa und Sultanhisar. Die meisten besuchen Afrodisias von Pamukkale.

An der Straße zwischen der Autobahn Nazilli–Denizli und Karacasu stehen Wegweiser nach **Antiochia**. Dorthin biegt man im Zentrum vom Dorf Başaran, 18 km nordwestlich von Karacasu, nach Norden ab. Dann ist es noch 1 km zu den Ruinen der antiken Bergstadt. Ihre Lage ist phantastisch und sie ist riesig groß, aber überhaupt nicht restauriert.

Dann geht's wieder zur Autobahn Nazilli–Denizli, 6 km weiter nördlich, vorbei an Antiochia und über die fruchtbare Überschwemmungsebene des Büyük Menderes. Unterwegs passiert man das Bauerndorf **Azizabat** mit seinen schönen Steinhäusern. Auf die Autobahn trifft man 5,6 km östlich vom Abzweig nach Karacasu und 21 km östlich von Nazilli. Rechts geht's nach Denizli.

Wer will, kann auch zum Ort **Karacasu** weiterfahren, der vo Tabakfeldern, Feigenbäumen und Obstgärten umgeben ist. Karacasu ist für seine Keramik bekannt. Wer den Töpfern bei der Arbeit zugucken will, muss nach dem *çanakçı ocakları* (Brennöfen) fragen.

DENİZLİ
☎ 0258/275 500 Ew.

Die reiche Stadt Denizli ist berühmt für ihre Textilien. Die meisten Reisenden steigen hier aber nur von einem Bus bzw. Zug in einen anderen Bus oder ein Dolmuş, um nach Pamukkale im Norden weiterzufahren.

An- & Weiterreise
BUS

Es gibt jede Menge Busverbindungen zwischen İzmir und Denizli über Aydın und Nazilli. Der *otogar* von Denizli hat eine Gepäckaufbewahrung *(emanetçi)* neben der Post.

Von Denizli fahren Busse in jede größere Stadt der Türkei. Ein paar tägliche Verbindungen sind in der Tabelle unten aufgelistet.

Der Bus nach Pamukkale startet im *otogar*. Er braucht ungefähr 30 Minuten, die

VERBINDUNGEN VOM OTOGAR IN DENİZLİ

Fahrtziel	Fahrpreis	Dauer	Entfernung	Häufigkeit (pro Tag)
Afyon	6,70 €	4 Std.	240 km	8-mal
Ankara	11 €	7 Std.	480 km	oft
Antalya	8,50 €	5 Std.	300 km	mehrmals
Bodrum	11 €	4 Std.	290 km	mehrmals
Bursa	18,50 €	9 Std.	532 km	mehrmals
Fethiye	7,50 €	5 Std.	280 km	mehrmals
Isparta	5,60 €	3 Std.	175 km	mehrmals
İstanbul	20 €	12 Std.	665 km	oft
İzmir	6,70 €	4 Std.	250 km	oft
Konya	14 €	6 Std.	440 km	mehrmals
Marmaris	8,50 €	3 Std.	185 km	mehrmals
Nevşehir	17 €	11 Std.	674 km	mind. 1-mal pro Nacht
Selçuk	8,50 €	3 Std.	195 km	mehrmals, sonst in Aydın umsteigen

WESTANATOLIEN

Wartezeit, bis er voll ist, nicht mitgerechnet. Kundenfänger von verschiedenen Hotels versuchen, Reisende in einen der Minibusse, die neben dem *otogar* warten, zu bugsieren. Im Sommer sind sie schnell komplett, aber sonst dauert es ewig. Busse und Minibusse nach Pamukkale kosten genau gleich (0,85 €).

FLUGZEUG

Turkish Airlines fliegt täglich nach Denizli. Aber die meisten Traveller kommen mit dem Bus oder dem Zug.

ZUG

Der Bahnhof ist an der Hauptstraße, gegenüber vom *otogar* und ein paar Schritte vom Üçgen-Kreisverkehr entfernt.

Wer dort ankommt und weiter nach Pamukkale will, muss durch den Vordereingang aus dem Bahnhof rausgehen. Dann geht's über die Straße und nach links; eine Querstraße weiter kommt der *otogar*.

Der *Pamukkale Ekspresi* (Sitzplatz 12 €, Couchette 16,50 €, Schlafwagen 27–55 €, 15½ Std.) fährt jede Nacht zwischen Denizli und İstanbul via Afyon (5,30 €, 6 Std.). In İstanbul (Haydarpaşa) geht's um 17.35 Uhr los und in Denizli um 17 Uhr.

Viele Traveller machen die nette, relativ kurze Fahrt von Denizli nach Selçuk (3,60 €, 2 Std.). Es geht durch herrliche Landschaft und der Zug fährt zu menschlichen Tageszeiten.

Täglich gibt's vier Züge von Denizli nach İzmir (5 €, 4½–5½ Std.), auch über Afyon.

PAMUKKALE

☎ 0258/2500 Ew.

Kalzium ist nicht nur gut für die Knochen. Die vielen Stamm-Kurgäste von Pamukkale schwören drauf, dass Kalzium auch für Muskeln und Sehnen Wunder wirkt. Von Pamukkale (deutsch „Baumwollfestung"), 19 km nördlich von Denizli, heißt es seit Jahrhunderten, dass sein kalziumreiches Wasser eine rundum stärkende Wirkung haben soll. Der Travertin (Kalziumkarbonat) bildet Terrassen, Becken und Stalaktiten und bedeckt die Felsen bei Pamukkale. Die faszinierenden Formen sind dem warmen Mineralwasser in dieser Ecke zu verdanken. Wenn das Wasser über den Rand der Felsen stürzt, kühlt es ab, und das Kalzium lagert sich ab. Diese merkwürdige Landschaft ist mit nichts in der Türkei vergleichbar.

Und inzwischen steht sie auf der Unesco-Weltnaturerbeliste.

Schon lange vor der Unesco merkten die Römer, wie großartig dieser Ort ist. Sie setzten einen großen Kurort hierhin, um von der Heilwirkung des Wassers zu profitieren: Hierapolis. Der Touristenboom in den 1980ern und 1990ern hat sich allerdings negativ auf den Travertin ausgewirkt. Eine Reihe von Hotels weiter oben zapfte damals die Quellen an. Die Travertinterrassen trockneten aus, wurden matt und schmutzig. Um den Travertin zu erhalten, griffen die Behörden hart durch: Alle Hotels wurden abgerissen. Heute darf niemand mehr in den Becken baden. Das Wasser fließt trotzdem noch sehr langsam. Vielleicht sind auch die Swimmingpools weiter unten im Dorf schuld.

Im Ort Pamukkale gibt's ein paar nette Hotels und Pensionen. Und wer sich von der Hauptstraße fernhält, kann trotz der vielen Reisebusse was vom Dorfleben mitkriegen. Von Pamukkale aus sind auch ein paar andere Attraktionen gut zu erreichen: u. a. Afrodisias (S. 353), eine phantastisch erhaltene, faszinierende Ausgrabungsstätte, und Laodikeia (S. 352), eine der in der Bibel erwähnten „sieben Gemeinden in der Provinz Asien".

Orientierung & Praktische Informationen

Pamukkale und Hierapolis bilden zusammen einen Nationalpark mit Eingängen im Norden und Süden. Zum Südeingang (*güney girişi*) geht's mit dem Auto durch das Dorf Pamukkale (1 km), zum Nordeingang (*kuzey girişi*) durch den tristen Kurort Karahayıt. Vom Südeingang ist es zu Fuß nur ein kurzes Stück zum Zentrum der archäischen Stätte, vom Nordeingang müssen 2,5 km zurückgelegt werden.

Die Touristeninformation von Pamukkale (☎ 272-2077; www.pamukkale.gov.tr; ☼ Mo–Sa 8–12 & 13–17.30 Uhr) befindet sich auf dem Plateau über den Travertinterrassen, ebenso die Post, ein Geldautomat, die Polizei und eine Erste-Hilfe-Station. Die nächsten Banken sind in Denizli.

Travertinterrassen

Die meisten Reisenden zieht es wegen der berühmten **Travertinterrassen** (Eintritt 2,80 €; ☼ rund um die Uhr) nach Pamukkale. Es ist auch wirklich super, dort herumzuwandern – auch wenn jetzt nicht mehr alles zugänglich ist. Schier unmöglich ist es aber, ein Foto hinzukriegen, das so aussieht wie die Postkarten. Die Strecke vom Nordeingang ist ca. 3 km lang und asphaltiert. Vom Kartenschalter im Süden müssen barfuß 250 m bis zum Plateau oben zurückgelegt werden. Auf einem Kalziumpfad geht es direkt über die Travertinterrassen. Für Leute mit empfindlichen Füßen ist das wegen der feinen Kalziumkanten einigermaßen unangenehm. Die Travertinterrassen sind rund um die Uhr geöffnet. Besucher können sich hier also den Sonnenauf- oder -untergang anschauen. Manche Pensionen organisieren auch Nachtausflüge zum Theater von Hierapolis und zu den Travertinterrassen.

Wer will, kann im antiken Schwimmbad von Hierapolis schwimmen (s. rechts). Außerdem gibt's an der Hauptstraße hinter dem Dorf Pamukkale mehrere **öffentliche Schwimmbäder** mit schönem Blick auf die Travertinterrassen.

Hierapolis

Wer vom Zustand der Travertinterrassen enttäuscht ist, kann sich gut mit den Ruinen von Hierapolis trösten. Sie verdeutlichen phantastisch das Leben in den frühen Jahrhunderten der neuzeitlichen Hochkulturen. Aus einem heidnischen, römischen, jüdischen und frühchristlichen Mix entstand hier ein typisch anatolisches Ganzes. Die Ruinen nehmen eine riesige Fläche ein. Es kann fast einen ganzen Tag dauern, sich hier alles gründlich anzuschauen. Die meisten Besucher geben sich mit ein, zwei Stunden zufrieden.

Hierapolis wurde ca. 190 v. Chr. von Eumenes II., König von Pergamon, gegründet. Die Stadt florierte als Kurort unter den Römern und noch mehr unter den Byzantinern. Damals entstanden eine große jüdische Gemeinde und eine christliche Gemeinde. Immer wieder wurde die Stadt aber von Erdbeben durchgerüttelt. Nach einem großen Beben 1334 gaben die Einwohner auf und zogen weg.

Das Zentrum von Hierapolis war früher wohl beim Quellteich, der heute im Hof des antiken Kurbereichs als Schwimmbecken herhält. Im **antiken Schwimmbad** (Erw./Kind 10/4 €) wird zwischen überfluteten Stücken von alten Marmorsäulen immer noch geplanscht. Das Wasser ist angenehme 36 °C warm. Es gibt

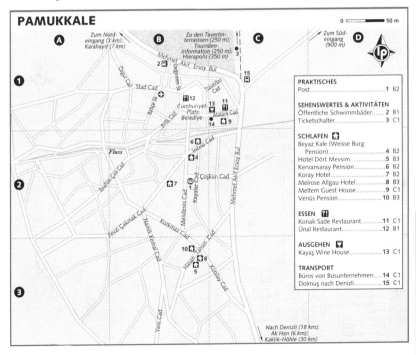

PAMUKKALE

0   50 m

Zum Nordeingang (3 km);
Karahayıt (7 km)

Zu den Tavertinterrassen (250 m);
Touristeninformation (250 m);
Hierapolis (350 m)

Zum Südeingang (900 m)

Oğuz Cad
Şehit Cad
Barış Sk
Mehmet Akif Ersoy Bul
Cumhuriyet-Platz;
Belediye
Atatürk Cad
İnönü Cad
Fluss
İbrahim Çilli Cad
Menderes Cad
Kaydalı Cad
Coşkun Cad
Mehmet Akif Ersoy Bul
Fevzi Çakmak Cad
Namık Kemal Cad
Korkmaz Cad
Hacı Tahsin Cad
Yeni Cad
Kübilay Cad
Travertin Cad
Birlik Cad

PRAKTISCHES	
Post	1 B2
SEHENSWERTES & AKTIVITÄTEN	
Öffentliche Schwimmbäder	2 B1
Ticketschalter	3 C1
SCHLAFEN	
Beyaz Kale (Weisse Burg Pension)	4 B2
Hotel Dört Mevsim	5 B3
Kervansaray Pension	6 B2
Koray Hotel	7 B2
Melrose Allgau Hotel	8 B3
Meltem Guest House	9 C1
Venüs Pension	10 B3
ESSEN	
Konak Sade Restaurant	11 C1
Ünal Restaurant	12 B1
AUSGEHEN	
Kayaş Wine House	13 C1
TRANSPORT	
Büros von Busunternehmen	14 C1
Dolmuş nach Denizli	15 C1

Nach Denizli (18 km);
Ak Han (6 km);
Kaklık-Höhle (30 km)

WESTANATOLIEN

abschließbare Kleiderschränke und rund um den Pool Cafés und Kioske.

Nicht weit vom archäologischen Museum in Hierapolis liegen eine verfallene **byzantinische Kirche** und die Fundamente eines **Apollotempels**. Wie in Didyma und Delphi gehörte zum Tempel ein Orakel, in dem Eunuchenpriester Dienst taten. Die Inspirationsquelle war eine Wasserquelle in der Nähe. Sie hieß Plutonium und war Pluto, dem Gott der Unterwelt, geweiht. Und mit der Unterwelt war sie scheinbar auch direkt verbunden: Sie stieß giftige Dämpfe aus, die tödlich wirkten – außer auf die Priester. Diese warfen, um ihre Macht zu demonstrieren, kleine Tiere und Vögel hinein und guckten zu, wie sie starben.

Zur Quelle geht's in Richtung römisches Theater, dann durch das erste Tor in der Umgrenzung rechts und schließlich den Pfad nach rechts runter. Links, vor dem großen, blockartigen Tempel, ist ein kleiner unterirdischer Eingang mit einem rostigen Gitter und dem Schild *„Tehlikelidir Zehirli Gaz"* (gefährliches Giftgas). Wer die Ohren spitzt, hört das Gas aus dem Wasser aufsteigen. Aber

Vorsicht! Es ist immer noch giftig, und bevor das Gitter aufgestellt wurde, sind mehrere Menschen gestorben.

Das spektakuläre **römische Theater** für mehr als 12 000 Zuschauer wurde in zwei Etappen von den Kaisern Hadrian und Septimius Severus gebaut. Einiges ist noch erhalten: ein Großteil der Bühne, außerdem ein paar Verzierungen und die Logenplätze in der ersten Reihe für die VIPs. In den 1970ern haben italienische Steinmetze das Theater restauriert. Die neuen Holzgeländer sollen verhindern, dass die Besucher die Reihen runterpurzeln.

Vom Theater geht's auf einem der Feldwege zur phänomenalen, achteckigen **Grabkirche des Apostels Philippus** rauf. Sie wurde an die Stelle gesetzt, wo Philippus den Märtyrertod gestorben sein soll. Auf den Bögen der acht unterschiedlichen Kapellen sind Kreuze zu sehen. Die Aussicht ist genial; Reisegruppen schaffen es meistens nicht bis hierher.

Wer quer über den Hügel Richtung Westen wandert, kommt auf unmarkierten Ziegenpfaden zu einem verfallenen **hellenistischen Theater**. Unterhalb ist die **Agora** aus dem 2. Jh.

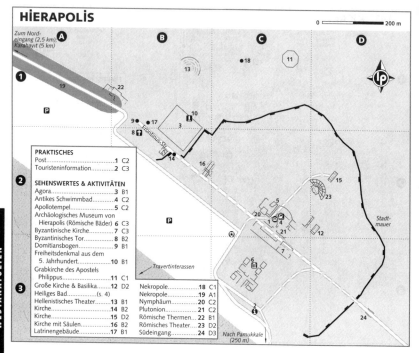

HİERAPOLİS

Zum Nordeingang (2,5 km), Karahayıt (5 km)

0 — 200 m

Travertinterassen

Stadtmauer

Nach Pamukkale (250 m)

WESTANATOLIEN

zu sehen – eine der größten, die je entdeckt wurden. Sie ist auf drei Seiten von Säulengängen mit ionischen Marmorsäulen umgeben, auf der vierten Seite steht eine Basilika.

Den Hügel runter geht's durch die Agora auf die Hauptstraße auf der Terrassenkante. Wer rechts Richtung Nordausgang geht, kommt zu den Überresten der tollen, säulenbestandenen **Frontinus-Straße.** Ein Teil des Pflasters und ein paar Säulen sind noch erhalten. Diese Straße war früher die Hauptwirtschaftsachse der Stadt in Nord-Süd-Richtung. An beiden Enden standen Monumentalbögen. Am nördlichen Ende sind die Ruinen des **Domitiansbogens** mit seinen beiden Türmen. Kurz davor ist ein erstaunlich großes **Latrinengebäude** mit zwei Rinnen im Boden: einer fürs Abwasser und einer für sauberes Frischwasser.

Hinter dem Domitiansbogen geht's zu den Ruinen der **römischen Bäder,** dann zur Via Appia von Hierapolis und zu einer außergewöhnlichen **Nekropole.** Sie zieht sich kilometerweit Richtung Norden hin, und es gibt die unglaublichsten Gräber in jeglichen Formen und Größen zu entdecken. Eine Gruppe runder Gräber soll früher von Phallussymbolen gekrönt gewesen sein. In der Antike pilgerten Kranke nach Hierapolis, weil sie hier auf Heilung hofften. So groß, wie der Friedhof ist, hielten sich die Fähigkeiten der ortsansässigen Heiler aber offensichtlich in Grenzen.

ARCHÄOLOGISCHES MUSEUM VON HIERAPOLIS

Dieses tolle **Museum** (Eintritt 1,10 €; ☙ 9–12.30 & 13.30–19.15 Uhr) in den ehemaligen römischen Bädern ist direkt bei den Travertinterrassen. Es hat drei verschiedene Abteilungen: eine mit spektakulären Sarkophagen, eine andere mit kleineren Funden aus Hierapolis und Afrodisias und eine dritte mit Friesen und Statuen aus der Römerzeit. Ein Highlight sind die Darstellungen von Attis, dem Liebhaber der Göttin Kybele, und von einer Priesterin der ägyptischen Göttin Isis.

Festivals & Events

Jedes Jahr Anfang Juni steigt das **türkisch-griechische Freundschaftsfestival** (Türk-Yunan Dostluk Festivali). Es hat schon sechsmal stattgefunden. Pamukkale ist die Partnerstadt von Samos in Griechenland. In beiden Orten gibt's mehrere Tage lang Vorträge,

Konzerte etc., in Pamukkale oft bei den Travertinterrassen.

Schlafen

Auf den ersten Blick scheint praktisch jedes Gebäude im Ort Pamukkale ein Hotel oder eine Pension zu sein. Tatsächlich übernachten hier auch viele Traveller. Nur größere Reisegruppen fahren oft nach Karahayıt. Die Preise schwanken je nach Saison. Im Juli und August sind die Zimmer am teuersten. Aber wegen der großen Konkurrenz ist das Preis-Leistungs-Verhältnis gut. Serviceangebote wie Internetzugang, Bücherverleih, mehrsprachiges TV, Essen in der Unterkunft und Swimmingpools sind Standard. Ein Zimmer zu bekommen ist kein großes Problem: Die Pensionsbesitzer passen die Ankommenden am Busbahnhof ab und überschwemmen sie mit Angeboten. Reisende, die sich eine bestimmte Unterkunft ausgeguckt haben, sollten vorher anrufen. Oft werden die Gäste umsonst am *otogar* von Denizli abgeholt.

CAMPING

Wer von Denizli nach Pamukkale kommt, findet eine Reihe **Campingplätze** (Camping pro Pers. ca.3 €) mit Swimmingpools an der Hauptstraße. Auch manche Pensionen erlauben ihren Gästen, ein Zelt aufzuschlagen.

PENSIONEN & HOTELS

Um die Kreuzung von İnönü und Menderes Caddesi ballen sich ein paar nette familienbetriebene Pensionen. Außerdem gibt's am Ortseingang Richtung Denizli eine Ansammlung ruhiger Unterkünfte.

Hotel Dört Mevsim (☎ 272 2009; www.hoteldortmev sim.com; Hasan Tahsin Caddesi 19; EZ/DZ 6/12 €; 🅿 ▣ 🖳) Das „Vier Jahreszeiten" hat mit seinen noblen Namensvettern nicht viel gemeinsam, sondern ist eine schlichte Budgetunterkunft im Familienbesitz. Es gibt was zu essen, und zwei Leute können für 5,50 € zelten. Internet ist kostenlos, und wer will, kann für 11 € am Tag einen Motorroller mieten.

Meltem Guest House (☎ 272 2413; www.meltem guesthouse.com; Kuzey Sokak 9; B 6 €, Budget-EZ/DZ/3BZ 8,50/17/23 €, Luxus-EZ/DZ/3BZ 14/28/34 €; 🅿 ▣ 🖳) Backpacker sind im Meltem richtig. Wenn nichts los ist, ist die Stimmung etwas merkwürdig. Aber es werden ziemlich komfortable Zimmer und diverse Dienstleistungen geboten: u. a. Gratis-Fahrräder und „schweinekaltes" Bier. Wer sich eine Luxusübernachtung gönnt, kriegt ein Zimmer mit Klimaanlage, Badewanne und einfacher Minibar.

Melrose Allgau Hotel (☎ 272 2767; www.allgauhotel. com; Hasan Tahsin Caddesi; EZ/DZ 8,50/17 €; ⧉ ▯ ⛾) Komischer Name, komisches Haus: eine gelb gestrichene Pension in deutscher Hand mit alpinem Touch. Die Zimmer sind schlicht, aber hübsch eingerichtet. Einen schattigen Garten gibt's auch.

Venüs Pension (☎ 272 2152; www.venushotel.net; Hasan Tahsin Caddesi; EZ/DZ/3BZ 8,50/17/25 €; ⧉ ▯ ⛾) Unser persönlicher Favorit. Dieses süße, rosa Haus gehört einem netten, jungen türkisch-australischen Ehepaar. Namenspatronin Aphrodite schmunzelt bestimmt über die romantische Atmosphäre unter dem Holzdach der Pension. Hausmannskost, eine hübsche Terrasse und eine Lounge machen das Ganze noch attraktiver.

Kervansaray Pension (☎ 272 2209; kervansaray2@superonline.com.tr; İnönü Caddesi; EZ/DZ 10/15 €; ⧉ ▯ ⛾) In Mevlüt Kaya Pension duftet's süß nach Blumen. Sie bietet fröhliche und freundliche Zimmer, und es geht familiär zu. Seit Jahren beliebt und dank Zentralheizung eine Ganzjahresunterkunft.

Beyaz Kale (Pension Weiße Burg; ☎ 272 2064; weisseburg@yahoo.com; Menderes Caddesi; EZ/DZ 10/20 €; ⛾) Egal ob man sie lieber auf Türkisch oder auf Deutsch bezeichnet – die „Weiße Burg" liegt jedenfalls günstig, aber nicht zu nah am Ort. Sie zieht seit vielen Jahren Gäste an, die sich v. a. im Dachrestaurant wohlfühlen. In allen Zimmern gibt's Ventilatoren.

Koray Hotel (☎ 272 2300; www.hotelkoray.com; Fevzi Çakmak Caddesi 27; EZ/DZ 23/34 €; ⧉ ⛾) Vom Standard her entspricht das Koray einem Hotel, aber es hat den Charme einer Pension. Seine Pluspunkte sind ein einladender Pool im Hof, ein Restaurant und eine Bar. Es hat das ganze Jahr über auf und bietet Trips zu allen Sehenswürdigkeiten in der Umgebung an.

Essen & Ausgehen

Pensionen und Pauschalhotels geben hier den Ton an. Für normale Restaurants ist es deshalb gar nicht so einfach, sich über Wasser zu halten. Es gibt ein paar ganz ordentliche, aber es ist auch keine schlechte Idee, ein Zimmer inklusive Abendessen zu nehmen. Oft gibt's in den Pensionen besseres, billigeres Essen und größere Portionen als in den Restaurants.

Ünal Restaurant (☎ 272 2451; Belediye Altı; Hauptgerichte 3,50–7,50 €; ⧖ 11–22 Uhr) Dieses elegante Restaurant mit Alkoholausschank am Markt-

platz serviert die üblichen Standardgerichte wie şiş-Kebap und Gegrilltes, außerdem Tagesspecials.

Kayaş Wine House (☎ 272 2267; Atatürk Caddesi 3; Hauptgerichte 3,50–7,50 €; ⧖ ab Mittag) Außer einer riesigen mehrsprachigen Speisekarte wird auf der Terrasse vom Kayaş allerhand geboten, um sich den Abend um die Ohren zu schlagen: Cocktails (5,50 bis 11 €), eine *nargileh*-Ecke und Satelliten-TV-Übertragungen von Fußballspielen.

Konak Sade Restaurant (☎ 272 2002; Hauptgerichte 3,50–8 €; ⧖ 9–22 Uhr) Das Restaurant gehört zum gleichnamigen Hotel. Der Blick auf die Travertinterrassen und ein Garten mit Springbrunnen werten die Standardgerichte auf der Speisekarte auf.

An- & Weiterreise
BUS

Im Sommer gibt's Direktbusse zwischen Pamukkale und anderen Städten. In der übrigen Zeit sollten sich Traveller drauf einstellen, dass sie in Denizli umsteigen müssen.

Pamukkale hat keinen richtigen *otogar*. Die Busse setzen einen da ab, wo die Minibusse aus Denizli halten. Fahrkartenschalter sind an der Hauptstraße.

Busse zwischen Denizli und Pamukkale fahren ca. alle 30 Minuten, an Wochenenden häufiger (0,85 €, 30 Min.). Meistens startet der letzte Bus um 22 Uhr, aber das sollte besser vorher noch mal gecheckt werden. Ein paar Busse fahren für ein paar Cent mehr bis auf den Bergkamm.

Im Sommer sind die Minibusse häufiger unterwegs, aber s. Hinweis auf S. 347f. in Sachen Kundenfänger und Verspätungen.

TAXI

Ein Taxi von Denizli nach Pamukkale kostet ca. 10 €. Aber das sollte die letzte Lösung sein, wenn kein Bus oder Minibus mehr unterwegs ist. Die Fahrer bringen ihre Passagiere manchmal zu Hotels, die ihnen Provision zahlen.

RUND UM PAMUKKALE
Laodikeia (Laodikya)

Laodikeia war früher ein Finanzzentrum und eine reiche Handelsstadt an der Kreuzung zweier Handelsrouten, berühmt für ihre schwarze Wolle und Heilkunst. Es gab eine große jüdische Gemeinschaft und eine bekannte christliche Gemeinde. Laodikeia ist eine der sieben Gemeinden Asiens, die in der Offenbarung des Johannes, dem letzten Buch der Bibel, vorkommen. Cicero lebte hier ein paar Jahre, bis Mark Anton ihn um die Ecke bringen ließ.

Den weitläufigen **Ruinen** (Eintritt frei; ☼ bei Tageslicht) nach zu schließen gab es hier mal eine sehr große Stadt. Aber wer nur kurz hier ist, findet wenig Interessantes. Der Umriss des **Stadions** ist noch zu erkennen. Allerdings wurden fast alle Steine abgeräumt, um die Bahnstrecke zu bauen. Von den beiden **Theatern** ist eins besser in Schuss: Die oberen Reihen mit ihren Sitzplätzen stehen noch, die unteren sind eingestürzt. Die Überreste der **Agora** machen da schon weit mehr her. Direkt daneben befinden sich die Ruinen einer **Basilika**. Überall liegen schön behauene Marmorblöcke rum. In einer Gegend, die nicht solche Massen antiker Überreste zu bieten hat, wäre jeder einzelne davon ein überaus sensationeller Fund.

Wer mit dem Bus von Pamukkale nach Denizli fährt, kommt an zwei Schildern nach Laodikeia vorbei. Das erste führt zu einer großen Hinweistafel und nach ca. 1 km zur Agora. Das zweite Schild führt erst zum Stadion. Von da ist es ein ordentlicher Fußmarsch bis zur Agora.

Es gibt auch gut geführte Touren direkt von Pamukkale aus, die noch einige andere interessante Sehenswürdigkeiten einschließen.

Kaklık Mağarasi (Höhlen von Kaklık) & Ak Han

Die Kaklık Mağarasi (Eintritt 1,10 €) ist wie ein zweites Pamukkale unter der Erde. Die Höhle versteckt sich unauffällig einem Feld. Durch kalziumhaltiges Wasser, das in einen großen Krater läuft, ist eine leuchtend weiße Pyramide entstanden. An ihrem Fuß befinden sich Travertinbecken mit warmem Wasser. Die Guides behaupten, dass die Ablagerungen erst nach dem Erdbeben Mitte der 1990er derart weiß geworden sind. Hinterher werden an einem kleinen Pool Getränke verkauft. Wer möchte, kann hier schwimmen (aber besonders einladend sieht es nicht gerade aus).

Auf dem Weg zu der Höhle geht's an der seldschukischen Karawanserei **Ak Han** (Weiße Karawanserei; Eintritt frei; ☼ bei Tageslicht) vorbei. Sie liegt nur 1 km hinter dem Abzweig nach Pamukkale an der Hauptstraße von Denizli nach Isparta. Dafür, dass sie von 1251 stammt, ist sie phantastisch in Schuss, und das Tor ist prächtig verziert.

Wer sich ohne eigenes Fahrzeug zu der Höhle aufmacht, muss eine Menge Zeit einplanen. Am besten schließt man sich einer Tour ab Pamukkale an. Wer durchaus auf eigene Faust los will, steigt westlich von Denizli in einen Bus oder Dolmuş (1,70 €). Auf der Straße nach Isparta geht's dann bis kurz vor das Dorf Kaklık. Dort zeigt ein riesiges Schild nach links (Norden) zur Höhle. Wer nicht das Glück hat, von einem Bauern mitgenommen zu werden, muss 4 km zur Höhle laufen.

Afrodisias

Afrodisias ist eine der schönsten antiken Stätten in der Türkei. Manche Leute finden diesen Ort sogar toller als Ephesos – es tummeln sich hier nämlich nicht so viele Reisegruppen. Bestimmt gibt es anderswo besser erhaltene freistehende Ruinen. Aber Afrodisias ist auf jeden Fall was Besonderes, weil die ganze Anlage so riesig ist. Und es ist so viel erhalten, dass die Besucher einen guten Eindruck kriegen, wie großartig und gigantisch die Stadt war. Im Mai und Juni sind die Ruinen überwuchert von leuchtend rotem Mohn.

GESCHICHTE

Ausgrabungen haben ergeben, dass die Akropolis von Afrodisias ein prähistorischer Hügel ist. Seit ca. 5000 v. Chr. wurden hier nacheinander mehrere Siedlungen gebaut. So ist der Hügel entstanden. Seit dem 6. Jh. v. Chr. pilgerten viele Leute hierher zu einem berühmten Tempel. Aber erst im 2. oder 1. Jh. v. Chr. wurde aus dem Dorf eine Stadt. Im 3. Jh. n. Chr. war Afrodisias die Hauptstadt der römischen Provinz Caria mit 15 000 Einwohnern. Die Byzantiner brachten dann neuen Wind in die Stadt: Der Aphroditetempel wurde in eine christliche Kirche umgewandelt; außerdem wurden antike Gebäude abgerissen, um Steine für eine Befestigungsanlage herbeizuschaffen (ca. 350 v. Chr.).

Im Mittelalter war Afrodisias eine Bischofsstadt. Im 12. Jh. wurde der Ort dann wahrscheinlich aufgegeben. Etwas später entstand an der gleichen Stelle das Dorf Geyre. Es wurde 1956 bei einem Erdbeben zerstört und weiter westlich wieder aufgebaut. Da steht es noch heute. So konnte hier problemlos gegraben werden. Der Platz vor dem Museum war der Hauptplatz von Geyre vor 1956.

Es haben zwar auch andere Archäologen hier gebuddelt, aber beim Stichwort Afrodisias fällt gleich der Name von Professor Kenan T. Erim von der New York University. Er leitete die Ausgrabungen von 1961 bis 1990. In seinem Buch *Aphrodisias: City of Venus Aphrodite* (1986) erzählt er davon. Als Professor Erim starb, wurde er an dem historischen Ort begraben, von dem er große Teile ans Tageslicht befördert hat.

RUINEN

Das meiste, was es in **Afrodisias** (Eintritt 4 €; ⓥ Mai–Sept. 9–19.30 Uhr, Okt.–April 9–17 Uhr) zu sehen gibt, geht mindestens zurück bis ans Ende des 2. Jhs. n. Chr. Die Anlage ist sehr gut aufbereitet: Es gibt verständliche Beschriftungen auf Englisch und Türkisch; außerdem ist ein Routenvorschlag mit gelbschwarzen Pfeilen markiert. Wer unserer Beschreibung folgt, schwimmt gegen den Strom der Reisegruppen. Die fallen hier an den meisten Tagen ab 11 Uhr ein.

Neben dem Museum geht's nach rechts; links stand früher ein stattliches **Haus** mit ionischen und korinthischen Säulen. Weiter links kommt das reich verzierte **Tetrapylon** (vierteiliges Bogenmonument). Früher begrüßte es die Pilger, wenn sie sich dem Aphroditetempel näherten. Es wurde fast komplett aus Originalsteinblöcken rekonstruiert. Das Grab von Professor Erim ist auf dem Rasen ganz in der Nähe.

Jetzt führt der Pfad bis zu einer Abzweigung nach rechts. Von da geht's über ein Feld zum 270 m langen **Stadion**. Es ist eins der größten und besterhaltenen der klassischen Antike. Das Stadion ist leicht oval, damit die Zuschauer besser sehen konnten. Die meisten der 30 000 Sitzplätze sind überwuchert, aber noch funktionstüchtig. Man kann sich gut vorstellen, dass es hier früher wie in einem Fußballstadion zuging. Manche Sitzplätze waren für Promis oder spezielle Berufsgruppen reserviert und tragen noch deren Namen. Irgendwann wurde das Ostende des Stadions in eine Arena für Gladiatorenkämpfe umgewandelt.

Zurück geht's zum Hauptpfad und dann weiter zum damals sehr berühmten **Aphroditetempel**. Ca. 500 n. Chr. wurde er zu einer Basilika umfunktioniert und dabei komplett erneuert. Die *Cella* wurde restlos entfernt und die Säulen wurden so umgestellt, dass sie ein Kirchenschiff bildeten. Am Ostende wurde eine Apsis gebaut. Wie der Tempel damals aussah, als hier Orgien zu Ehren von Aphrodite gefeiert wurden, ist nur noch schwer vorstellbar. In der Nähe der Kirche steht der **Bischofspalast**. In diesem riesigen Haus wohnte wahrscheinlich der römische Gouverneur, bevor die Bischöfe hier auf der Bildfläche erschienen.

Direkt hinter dem Bischofspalast führt ein Pfad Richtung Osten zum wunderschönen **Bouleuterion**. Der Marmorbau hat 1000 Jahre praktisch unbeschädigt überstanden – in einem Schlammbad.

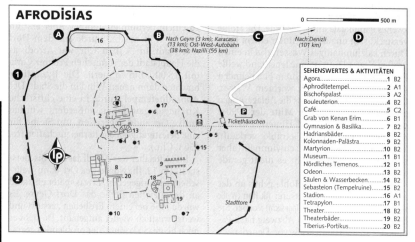

AFRODISIAS

0 ⸺ 500 m

Nach Geyre (3 km); Karacasu (13 km); Ost-West-Autobahn (38 km); Nazilli (55 km)

Nach Denizli (101 km)

Tickethäuschen

Stadttore

WESTANATOLIEN

GELIEBTE APHRODITE

Wer denkt beim Namen „Aphrodisias" nicht gleich an „Aphrodisiaka"? Das ist auch kein Wunder, denn schließlich leiten sich beide Begriffe von der griechischen Liebesgöttin Aphrodite ab. Aphrodite hatte unterschiedliche Gesichter: Als Aphrodite Urania war sie die Göttin der reinen, geistigen Liebe; als Aphrodite Pandemos stand sie für die sinnliche Liebe und Lust. Die Ehefrau des Hephaistos war nebenbei noch Geliebte von Ares, Hermes, Dionysos und Adonis. Ihre Kinder waren Harmonia, Eros, Hermaphroditos, Aeneas (der Gründer von Troja) und Priapos, der Phallusgott. Sie spiegeln die verschiedenen Aspekte ihrer widersprüchlichen Natur wider.

Die beiden Seiten vertragen sich nicht immer – was nicht wirklich verwunderlich ist. Aphrodite macht sich für die wahrhaftig Liebenden und die Menschlichkeit stark, aber kann auf die Menschen auch als schädliche, launische Kraft wirken. In den klassischen Sagen bringt ihr Auftreten fast immer Unruhe und oft genug Chaos mit sich. Z. B. kam es deshalb zum Trojanischen Krieg, weil sie Paris „überredete", sie zur Siegerin in einem himmlischen Schöheitswettbewerb zu küren. Dafür versprach sie ihm die Liebe der schönen Helena.

Die Botschaft der Aphrodite-Gestalt ist klar und altbekannt: Liebe ist eine Macht. Sie kann die Welt verändern oder uns alle zu Dummköpfen machen. Kein Wunder, dass die Römer ihre Stadt der Göttin weihten, die ihrer Meinung nach im Hintergrund alle Fäden zog.

Südlich vom Odeon war die **nördliche Agora,** die ursprünglich von ionischen Säulengängen umgeben war. Jetzt ist hier nicht viel mehr als eine Wiese; zur Zeit der Recherche fanden dort gerade Ausgrabungen statt. Dann führt der Pfad durch die **Hadriansbäder** aus dem frühen 2. Jh. zur **südlichen Agora** mit einem langen, z. T. freigelegten Becken und zum phänomenalen **Tiberius-Portiko.**

Wer auf den Hügel klettert (wo früher eine prähistorische Siedlung war), entdeckt das **Theater** aus weißem Marmor. In das Auditorium mit einer Bühne und gekennzeichneten Privatsitzplätzen gingen 7000 Leute rein. Südlich davon war der große Komplex der **Theaterbäder.**

Dann ändert der Pfad die Richtung und führt zum **Sebasteion.** Zuerst war das ein Tempel für die römischen Gottkaiser: in seiner glanzvollsten Zeit ein spektakuläres Gebäude mit einem dreistöckigen, doppelten Wandelgang davor. Dieser war verziert mit griechischen Mythen und kaiserlichen Heldentaten. 70 von den ursprünglich 190 Reliefs sind gefunden worden – ein super Schnitt für eine so große Ausgrabung.

Wer die Ruinen abgeklappert hat, kann zum **Museum** schlendern. Der Eintritt ist im Preis mit drin. In römischer Zeit hatte Afrodisias eine berühmte Bildhauerschule – schließlich gab's 2 km entfernt am Fuß vom Berg Baba (Babadağ) Marmor in Spitzenqualität. Die im Museum ausgestellten Arbeiten zeigen, was die Bildhauer damals draufhatten. Und die Vögel, die um die Balken flattern, machen es superatmosphärisch! Highlights sind eine Kultstatue der Aphrodite aus dem 2. Jh., eine Reihe von Porträts großer Philosophen (die von frühen Christen verschandelt wurden) und Darstellungen des Caius Julius Zoilos. Dieser ehemalige Sklave von Octavian scheffelte nach seiner Freilassung so viel Geld, dass er sich als Wohltäter von Afrodisias betätigen konnte.

AN- & WEITERREISE

Afrodisias liegt 55 km von Nazilli und 101 km von Denizli entfernt. Reisende können mit öffentlichen Verkehrsmitteln dorthinkommen. Allerdings geht's erst mit dem Bus von Denizli nach Nazilli, dann mit einem anderen nach Karacasu und schließlich per Dolmuş zur antiken Stätte. Es macht mehr Sinn, in Pamukkale einen Ausflug zu buchen oder sich nach einem privaten Transportmittel (15 €, 1½ Std.) umzuschauen.

WESTANATOLIEN

Westliches Mittelmeer

Die Entwicklung – manche nennen es auch Zerstörung – der türkischen Westküste ist gut dokumentiert. Dagegen braucht es nicht viel, um zu verstehen, was die ersten Unternehmer ursprünglich hierher zog. Nur ein paar Schritte landeinwärts fängt eine Türkei früherer Zeit an: Ein verschlafener Esel trottet um die Ecke, angetrieben von seiner kopftuchtragenden Herrin, die ihr halbes Dutzend Käselaibe auf dem Markt verkaufen will.

Und sogar zwischen Hochhäusern und Diskotheken scheint die Schönheit dieses Ortes immer noch durch. Marmaris ist ein Schock – nicht nur wegen seines atemberaubenden Naturhafens, sondern auch wegen des Betondschungels rund um die früher bezaubernde Altstadt.

Wer auf einer *gület* – in dieser Ecke traditionellen Holzyacht – über die Brandungswellen gleitet, versteht, warum frühe Reisende die Gegend „Türkisküste" nannten. Und die Entwicklungsmaßnahmen haben sie noch aufgewertet – zumindest sehen das manche so. Die Region ist neuerdings so was wie ein Mekka für Aktive und Abenteurer: Wandern auf dem schönen Lykischen Weg, Paragliden über der lieblichen Lagune von Ölüdeniz, Sporttauchen in Kaş oder Canyoning in Saklıkent – das alles ist hier möglich.

Aber das Tollste hier ist der Mix aus Urlaubsatmosphäre und Geschichtsträchtigkeit. Wer bei einem mitternächtlichen Spaziergang am Strand von Olympos oder Patara über ein lykisches Grab oder einen korinthischen Tempel stolpert, wird mit einem Mal Tausende von Jahren zurückkatapultiert. Zwischen diesen Extremen gibt's eine Handvoll idyllischer Küstenstädtchen. Kalkan, Kekova, Kaş oder das zauberhafte Kaleköy haben sich ihren Charme erhalten. Und nach und nach scheinen auch die regionalen Behörden zu merken, wie wichtig eine behutsame Entwicklung ist.

HIGHLIGHTS

- Mit dem Kajak über der im Meer versunkenen Stadt **Üçağız** (Kekova; S. 404) rumpaddeln.
- Mit einem gemieteten Motorroller die Gebirgssträßchen und versteckten Buchten der **Hisarönü-Halbinsel** (S. 365) erkunden.
- In einer Neumondnacht mutterseelenallein die Flammen in **Chimaira** (S. 416) bestaunen.
- Mit einem gemieteten Boot zu den Inseln bei **Fethiye** (S. 378) und **Kaş** (S. 398) schippern.
- Die lykischen Ruinen von **Xanthos** (S. 392), **Kaunos** (S. 373) und **Myra** (S. 414) auskundschaften.
- Mit einem Gleitschirm bei **Ölüdeniz** (S. 385) über das Meer segeln und ein Stück auf dem Lykischen Weg wandern.
- In den Ruinen von **Patara** (S. 393) rumklettern und dann ins Meer hüpfen.

MUĞLA

☎ **0252/49 000 Ew.**

Wenn doch nur alle türkischen Provinzhauptstädte so wären wie Muğla: eine übersichtliche Stadt voller Bäume in einem Tal mit blühender Landwirtschaft. Und Muğla ist stolz darauf, den ersten weiblichen *vali* (Statthalter) der Türkei zu haben.

Also einfach das Gepäck im *otogar* aufgeben und ein paar Stunden durch die historischen Viertel bummeln: Muğlas alte osmanische Stadtteile, die *çay bahçesi* (Teegärten) und Märkte sind wie eine frische Brise nach den vielen Urlauber-Betonburgen.

Orientierung & Praktische Informationen

Muğlas Zentrum ist der Cumhuriyet Meydanı, der Kreisverkehr mit der Atatürk-Statue. Von hier aus ist alles Wichtige zu Fuß erreichbar: Zum *otogar* geht's 1 km bergab (Richtung Süden), zum Basar und zur Altstadt 500 m die İsmet İnönü Caddesi bergauf (Richtung Norden).

Die **Touristeninformation** (☎ 214 1261; Fax 214 1244; Marmaris Bulvarı 24/1) ist 100 m hinter dem Hotel Petek in der İl Turizm Müdürlüğü (Provinzabteilung für Tourismus) zu finden: vom Cumhuriyet Meydanı aus auf der Hauptstraße Richtung Osten (also rechts, wenn man bergauf schaut). Hier gibt's einen praktischen Gratis-Plan vom Stadtzentrum.

Sehenswertes & Aktivitäten

Vom Cumhuriyet Meydanı aus kommt man auf der İsmet İnönü Caddesi Richtung Norden zur **Kurşunlu Cami.** Sie wurde 1494 gebaut und 1853 restauriert. 1900 bekam sie noch ein Minarett und einen Innenhof. Nicht weit von hier ist die **Ulu Cami** (1344). Sie stammt aus der Zeit der Menteşe-Emire. Allerdings ist der präosmanische Baustil durch die Restaurierung im 19. Jh. kaum noch erkennbar.

Weiter nördlich liegt der **Basar** mit seinen schmalen Gassen, in denen sich links und rechts Handwerkerläden und kleine Restaurants angesiedelt haben. Riesige Platanen spenden Schatten. Oberhalb des Basars stehen Muğlas **osmanische Häuser,** die zum großen Teil noch gut erhalten sind. Die gewundenen Gassen zwischen den weiß getünchten Mauern verströmen ein klassisch-mediterranes Flair. Auf dem Gipfel stand vor Jahrhunderten eine Festung, von der aber heute kein einziger Stein mehr übrig ist.

Das **Museum** (☎ 214 4933; Eski Postahane Caddesi; Eintritt 1,10 €; ⏱ 8–12 & 13–17 Uhr) von Muğla ist beim *belediye* (Rathaus). In Räumen rund um einen Innenhof ist eine kleine, aber ziemlich interessante Sammlung mit griechischen und römischen Antiquitäten zu sehen. Es gibt Beschriftungen und Infotafeln auf Englisch. In einem der Räume sind traditionelle Kunst und Kunsthandwerk ausgestellt. Gegenüber vom Museum ist das schöne **Konakaltı İskender Alper Kültür Merkezi,** ein Kulturzentrum.

Im **Vakıflar Hamam** (☎ 214 2067; Mustafa Muğlalı Caddesi 1; Bad/Massage 5/14 €; ⏱ 6–24 Uhr) von 1344 gibt's gemischte Bäder, aber auch eine Extraabteilung für Frauen.

Schlafen & Essen

Otel Tuncer (☎ 214 8251; Saatlı Kule Altı, Kütüphane Sokak 1; DZ 17 €) Ein gutes Stück nordöstlich von Kurşunlu Cami geht's immer den Schildern nach zu diesem Hotel. Es hat einfache, aber saubere und geräumige Zimmer. Vier davon sind mit Balkon.

Hotel Petek (☎ 214 1897; Fax 214 3135; Marmaris Bulvarı 27; EZ/DZ 25/45 €) Diesem Drei-Sterne-Hotel mangelt's zwar ein bisschen an Charakter, aber es ist komfortabel und professionell geführt.

Muğla Lokantası (☎ 212 3121; İsmet İnönü Cadessi 51; Hauptgerichte 0,85–1,65 €; ⏱ 6.30–22 Uhr) An der tollen Auswahltheke gibt's leckere einheimische Traditionsgerichte zu Minipreisen. Der Laden ist immer brechend voll.

Doyum 98 (☎ 214 2234; Cumhuriyet Caddesi 22; ⏱ 9–23 Uhr) Ein neues Lokal direkt neben der Touristeninformation. Hier sind leckere *pides* (1,40–1,95 €) und *köfte* (gegrillte Hackfleischbällchen, 2,50 €) der Renner. Draußen stehen ein paar Tische.

Muğla Belediyesi Kültür Evi (Kulturhaus von Muğla; ☎ 212 8668; İsmet İnönü Caddesi 106; Frühstück 1,65 €, Kaffee 0,28 €; ⏱ 8–20.30 Uhr) Vor Kurzem hat die Stadtverwaltung dieses Kulturhaus nach der Restaurierung eröffnet. Das 200 Jahre alte Haus ist ein herrliches Plätzchen zum Frühstücken oder Kaffeetrinken. Die Atmosphäre ist friedlich und ruhig; die Einheimischen kommen gern zum Lesen und Backgammonspielen hierher. Die Preise werden von der Stadtverwaltung niedrig gehalten.

Sanat Evi (☎ 213 0220; Hekimbaşı Sokak 9; Frühstück 2,75 €, Hauptgerichte 2–3,50 €, Bier 2,20 €; ⏱ 7–14 Uhr) Café in einem 150 Jahre alten osmanischen Haus – ein prima Ort für einen Drink oder einen Snack. Hinten gibt's eine tolle schat-

WESTLICHES MITTELMEER

tige Terrasse an einem kleinen Teich. Die Luft ist voller Vogelgezwitscher und dem Sound klassischer türkischer Musik. Der Chefkoch zaubert verschiedene lokale Spezialitäten.

An- & Weiterreise

Vom geschäftigen *otogar* in Muğla fahren Busse zu allen wichtigen Zielen in der Region. Wer zu Orten an der Mittelmeerküste östlich von Marmaris will, nimmt erst den Bus nach Marmaris und steigt dort um. Alle halbe Stunde (in der Nebensaison stündl.) starten Busse nach Marmaris (2,75 €, 1 Std., 55 km) und nach Bodrum (6,10 €, 2½ Std.).

GÖKOVA (AKYAKA)

☎ 0252

Ca. 30 km nördlich von Marmaris führt die Straße nach Muğla über den Sakar Geçidi (Sakar-Pass, 670 m). Er bietet eine atemberaubende Aussicht über den Golf von Gökova. Dahinter geht's in Serpentinen runter in ein fruchtbares Tal.

Am Fuß des Berges stehen Schilder nach Akyaka. Wegen der schönen Bucht wird das Dorf auch Gökova genannt. Im Schutz von kiefernbedeckten Hügeln erstreckt es sich bis zu einem kleinen, grauen Sandstrand unten an der Flussmündung. Die hübschen zweistöckigen Häuser haben ziegelgedeckte Dächer und verschnörkelte Holzbalkons.

Immer samstags gibt's im Zentrum einen geschäftigen **Markt**. Die Bootskooperative vor Ort bietet Strandtouren am Golf an – ein netter Tagestrip für rund 15 €.

Der **Yücelen Hotel Sports Club** (☎ 243 5434; www. gokovaruzgar.com) vermietet Surf- und Seekajakausrüstung, Kanus, Tretboote, Segelboote und Mountainbikes. Unterricht und Kurse gibt's auch. Auch Canyoning und Paintball sind im Angebot.

Schlafen & Essen

Susam Otel (☎ 243 5863; www.mepartours.com; Lütfiye Sakıcı Caddesi; EZ/DZ HS 25/31 €, NS 17/25 €; 🛇) Das Hotel liegt in derselben Straße wie das Şirin. Es hat saubere und nette Zimmer, außerdem einen kleinen Garten mit hübschem Pool – klasse!

Otel Yücelen (☎ 243 5108; www.yucelen.com.tr; je nach Zi. & Saison EZ 42–83 €, DZ 56–111 €; 🛇 🖭) Das Yücelen ist eine Art Exklusiv-Feriencamp: groß, durchdacht und gut geführt. Es werden zwei Pools, ein Fitnesscenter, ein Hamam und Tischtennisplatten geboten. Nicht zu vergessen den tollen, super organisierten Yücelen Hotel Sports Club. Besser nicht an Wochenenden hierherkommen, dann fallen scharenweise Studenten aus Muğla hier ein.

Şirin Lokanta (Lütfiye Sakıcı Caddesi 45; Hauptgerichte 1,65–2,20 €; 🕑 8–2 Uhr) Ca. 25 m vom Golden Roof entfernt gibt's prima Essen zu unschlagbaren Preisen. Das Angebot wechselt täglich und auch Vegetarier kommen auf ihre Kosten.

Golden Roof Restaurant (☎ 408 9898; Lütfiye Sakıcı Caddesi 43; meze 1,95 €, Hauptgerichte 4,70–11 €; 🕑 April–Mitte Nov. 8–1 Uhr) Das beste Restaurant von Gökova liegt rund 250 m westlich vom Otel Yücelen. Ein einfacher Familienbetrieb,

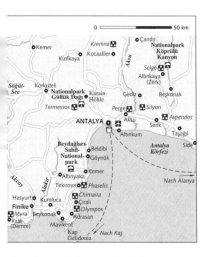

aber Mamas Küche ist toll und die Preise sind auch okay.

750 m hinter dem Dorf ist der **Gökova Orman İçi Dinlenme Yeri** (Picknick- & Campingplatz; ☎ 243 4398; Eintritt 0,40/3,80 € pro Pers./Auto, Stellplatz 4,70/5,55 € pro Zelt/Auto; Bungalow für bis zu 6 Pers. 83 €).

Nochmal 500 m weiter kommt das Hafendörfchen İskele. Am winzigen Strand am Ende der kleinen Bucht gibt's eine Handvoll einfache Restaurants. Der **Club Çobantur** (☎ 243 4550; www.asuhancobantur.com; Eski İskele Mevkii; je nach Zimmer & Saison EZ 42–56 €, DZ 56–75 €; ⚡ 🖳) ist ein altes Seemannsquartier in einem Garten am Meer. An diesem ruhigen, lauschigen Ort plätschert ein kühler Gebirgsbach und es gibt einen Pool. Die Zimmer sind klein, aber gemütlich, 13 von ihnen haben Meerblick. Super Preis-Leistungs-Verhältnis!

An- & Weiterreise

Minibusse fahren alle halbe Stunde von Gökova nach Muğla (1,10 €, 30 Min., 26 km) und in der Hauptsaison zweimal täglich nach Marmaris (1,40 €, 30 Min.). Die Minibusse aus Marmaris setzen Reisende auf Wunsch an der Kreuzung der Überlandstraßen ab. Von da ist es ein 2,5 km langer Fußmarsch zum Strand. Alternativ geht's mit einem Minibus dorthin.

MARMARİS

☎ 0252/35 160 Ew.

Früher war Marmaris ein verschlafenes Fischerdorf an einem wunderschönen natürlichen Hafen. Von hier aus startete Lord Nelson 1798 den Angriff seiner Flotte auf die Franzosen in Abukir. Die Lage ist immer noch herrlich, aber die malerische Altstadt rund um den Hafen und die Burg gehen heute im nach Westen wuchernden Beton unter.

Im Sommer trampeln sich an die 200 000 Leute in der Stadt auf die Füße – fast alles Pauschalurlauber. Der Basar platzt aus allen Nähten vor teuren Souvenirs und Budgetreisenden, die Straßen ersticken im Verkehr und die Restaurantszene konzentriert sich ganz auf Fish'n'Chips mit literweise Bier. Aber zum Glück hat die Stadtverwaltung umgedacht und an der Hafenpromenade stehen jetzt ein paar hübsche, wenn auch moderne Steingebäude. In der Stadt geht's unglaublich freizügig zu. Die Türkei hat nicht viele Orte, wo tätowierte Urlauber in Badehose und Bikini mittags eine Dose Bier kippen können, ohne dass jemand die Stirn runzelt.

Wer die Nächte durchfeiern will, Lust auf eine Kreuzfahrt oder einen Trip mit der Fähre nach Griechenland hat, ist hier genau richtig. Marmaris hat nach wie vor den größten und modernsten Yachthafen der Türkei und ist der gefragteste Yacht-Charterhafen des Landes. In der Bargegend und am Hafen gibt's jede Menge Möglichkeiten, was trinken zu gehen.

Die schroffe Küste rund um Marmaris ist ein unentdecktes Juwel. Gerade mal 10 km vom hell strahlenden Marmaris entfernt hält die tief eingeschnittene Küstenlinie Buchten mit azurblauem Wasser und pinienbewachsenen Bergen dahinter versteckt. Wer mal dem Trubel entkommen will, kann sich ein Auto oder Motorrad mieten und die zerklüftete Halbinsel von Reşadiye und Hisarönü erkunden.

Orientierung

Der otogar ist rund 3 km nördlich vom Stadtzentrum. Von hier aus fahren Minibusse den breiten Ulusal Egemenlik Bulvarı runter. Sie halten am Tansaş-Einkaufszentrum (ein prima Orientierungspunkt) und an der Dolmuş-Haltestelle Siteler.

Am Ende des Ulusal Egemenlik Bulvarı mit der obligatorischen Atatürk-Statue biegt die Yeni Kordon Caddesi nach links ab. Von hier sind es 300 m am Ufer entlang bis zum İskele Meydanı. Das ist der Platz am Hafen mit der Touristeninformation. Auf dem Gelände dahinter, oberhalb und südlich von der Information, stehen ein paar der wenigen alten Gebäude von Marmaris. Hier ist auch

WESTLICHES MITTELMEER

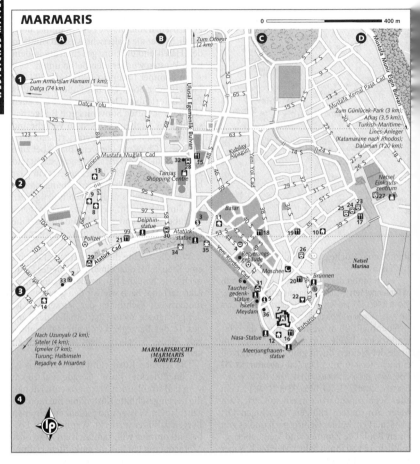

die kleine Burg, in der heute ein Museum untergebracht ist.

An den İskele Meydanı grenzt das *çarşı*-Viertel, das sich landeinwärts erstreckt. Dieser gedeckte Basar ist größtenteils Fußgängerzone.

Die 39 Soka, auch als Hacı Mustafa Sokak und – im Volksmund – Barstraße bekannt, führt vom Basar zu einem Kanal. Von dort geht eine Brücke rüber zum Yachthafen.

Uzunyalı liegt 3 km westlich vom İskele Meydanı. In dieser Gegend wimmelt es nur so vor Hotels und Restaurants für Urlauber. Siteler, auch Şirinyer genannt, liegt 5 km südwestlich vom İskele Meydanı. Und İçmeler, ein anderer Ferienort am Strand, liegt 8 km Richtung Südwesten.

Der Hafen, wo die Fähren nach Rhodos ablegen, ist ca. 1 km außerhalb der Stadt, Richtung Südosten. 3,5 km südöstlich vom Zentrum erstreckt sich das Waldschutzgebiet Günlücek Milli Parkı. Und direkt dahinter liegt das relativ unverdorbene Küstenstädtchen Aktaş mit ein paar Hotels und Campingplätzen.

Praktische Informationen

In der Straße neben dem Postamt gibt's eine Reihe Internetcafés. Am Ulusal Egemenlik Bulvarı und an der Yeni Kordon Caddesi haben sich viele Banken mit Geldautomaten und Wechselstuben niedergelassen.

CED Internet C@fé (☎ 413 0193; 28 Sokak 63B; 1,65 € pro Std.; ☼ NS 10–24, HS 10–2 Uhr) Neuer Laden; im Café darunter gibt's Getränke.

Internet C@fé (☎ 412 0799; Atatürk Caddesi, Huzur Apt 30; 1,10 € pro 30 Min.; 🕒 10–1 Uhr) Teurer als das CED.
Postamt (PTT; 51 Sokak; 🕒 8.30–24 Uhr) Hier kann rund um die Uhr telefoniert werden.
Touristeninformation (☎ 412 1035; İskele Meydanı 2; 🕒 Mitte Sept.–Mai Mo–Fr, Juni–Mitte Sept. tgl. 8–12 & 13–17 Uhr) Direkt neben der Burg.

Sehenswertes & Aktivitäten

DIE BURG VON MARMARİS

Die kleine **Burg** auf dem Hügel hinter der Touristeninformation hat die Stadt Süleyman dem Prächtigen zu verdanken. 1522 sammelte der Sultan hier 200 000 Soldaten, um Rhodos anzugreifen und zu belagern. Die Insel wurde von den Rittern des Johanniterordens verteidigt. In der Festung ist heute das nicht besonders interessante **Museum von Marmaris** (Marmaris Müzesi; ☎ 412 7420; Eintritt 1,10 €; 🕒 Di–So 8–12 & 13–17 Uhr) untergebracht. Die Ausstellungsstücke sind – wie nicht anders zu erwarten – nautisch, historisch, ethnografisch und nicht sehr spannend. Aber das Gebäude selbst ist hübsch von Bougainvilleen umrankt und bietet einen umwerfenden Blick über den Yachthafen und das Meer.

STRÄNDE

Eigentlich komisch, dass ein solcher Top-Urlaubsort keine guten Strände in Stadtnähe hat. Die Hotelpools sind die unmittelbare Antwort darauf.

Zu den Stränden von İçmeler und Turunç (S. 365) starten Minibusse vor dem Tansaş-Einkaufszentrum. Und auch Wassertaxis fahren von der Yeni Kordon Caddesi südöstlich der Atatürk-Statue dorthin. Es gibt auch ein Dolmuş vom Tansaş zum Strand beim Günlücek-Park. Ein Dolmuş nach İçmeler kostet 0,85 €, nach Turunç 2,75 €.

HAMAM

Der saubere und moderne **Armutalan Hamam** (☎ 417 5375; 136 Sokak 1; Bad & Peeling 14 €, mit Massage 19,50 €; 🕒 Mai–Okt. 8.30–22 Uhr) liegt hinter dem staatlichen Krankenhaus bei der Datça Caddesi, ca. 2 km vom Stadtzentrum entfernt. Nach 18 Uhr haben sich die Ausflugsgruppen verflüchtigt und der Hamam ist nicht mehr so voll. Ein kostenloser Shuttlebus fährt regelmäßig. Er hält beim Tansaş-Einkaufszentrum, außerdem bei einigen Hotels und der Touristeninformation.

UNTERWEGS MIT DER EIGENEN GÜLET

Wer ein Boot chartern will, erkundigt sich am besten in Marmaris oder Fethiye bei den Yachtunternehmen. Bis zu 16 Leute können auch eine *gület* (Holzyacht) komplett mit Käpt'n und Koch mieten. Im Mai kostet dieser Spaß für das gesamte Boot rund 350 € am Tag; im August gehen die Preise auf 600 € rauf.

Erfahrene Segler können auch eine Yacht ohne Personal chartern – und müssen dann natürlich selbst steuern und kochen. In diesem Fall sind im Frühling für ein Boot mit Kojen für sechs bis elf Leute rund 2000 € pro Woche fällig. Im Hochsommer kann es bis zu 2700 € kosten. Oneway-Törns, Skipper und Endreinigung können den Preis zusätzlich in die Höhe treiben.

Im Kasten auf S. 382 steht mehr über *gület*-Fahrten. Als Warnung ist der Kasten auf S. 383 gedacht.

BOOTSAUSFLÜGE

Außer den täglichen Fähren nach Rhodos (S. 365) liegen am Ufer haufenweise Segelschiffe, die Tagestouren zur Marmarisbucht, ihren Stränden und Inseln machen. Pro Boot ist mit 175 € bis 200 € zu rechnen (bis zu 4 Leute: ca. 24–28 € pro Pers.), aber man muss handeln. Die Schiffe sind zwischen Mai (ein paar schon ab April) und Oktober unterwegs.

Sie legen normalerweise zwischen 9.30 Uhr und 10.30 Uhr ab und kommen gegen 17 Uhr bis 17.30 Uhr zurück. Interessierte sollten vor dem Buchen checken, wohin der Trip gehen soll, was er kostet und ob bzw. welche Verpflegung es gibt.

Die üblichen Ziele in der Bucht sind die Paradiesinsel, Aquarium, die Phosphorhöhlen, Kumlubuku, Amos, Turunç, das Grüne Meer und İçmeler.

DIE SCHWAMMTAUCHER VON MARMARIS

„Bevor der Tourismus hierherkam, war das Schwammtauchen die Haupteinnahmequelle von Marmaris. Ich erinnere mich, dass sich jedes Jahr Anfang April oder im Mai, wenn das Meer ruhig war, fast alle Männer aus dem Dorf von ihren Familien verabschiedeten und tauchen gingen. Sechs Monate lang waren sie weg. Sie tauchten bei den Riffs von Marmaris bis Antalya und rund um Bodrum, auf einer Strecke von rund 600 km.

Jedes Tauchteam hatte drei Boote: ein Hauptschiff, in dem die Taucher schliefen und aßen; ein Arbeitsschiff, das sie während des Tauchens mit Luft versorgte; und ein Ruderboot, das die Taucher aufs Meer raus und wieder zurück brachte.

Wenn sie tauchten, liefen sie in 35 oder 40 m Tiefe auf dem Meeresboden herum. Dabei steckten sie so viele Schwämme in ihre Körbe, wie sie konnten. Wenn ihre Tauchzeit rum war oder sie zu tief getaucht waren, zog der Kapitän an einer Leine an ihrem Helm.

Die Taucher wurden pro Kilo bezahlt. Deshalb beachteten viele die Sicherheitsvorschriften nicht. Manchmal tauchten sie 50 oder sogar 60 m tief! Wenn ein Taucher bewusstlos wurde oder nicht mehr auf das Ziehen an der Leine reagierte, wurde er ein Stück weiter nach oben gebracht. Dort blieb er im Wasser, bis er wieder antwortete.

Ja, es gab leider auch schwere Unfälle: Jedes Jahr verletzten sich Taucher oder starben sogar. Es konnte z. B. passieren, dass der Luftschlauch in die Schiffsschraube geriet oder die Luftpumpe kaputtging. Aber meistens waren die Taucher selbst schuld, wenn sie in Schwierigkeiten kamen.

Ich erinnere mich an die Frauen und Kinder im Hafen, die über die Meerenge von Marmaris schauten und auf ihre Männer und Väter warteten. Wenn ein Taucher nicht zurückkam, trauerte ganz Marmaris. Wochenlang wurde auf den Straßen der Stadt über nichts anderes geredet. Wir Jungs hatten alle einen Onkel, der verletzt oder getötet worden war. Oft waren sie von der Hüfte an abwärts gelähmt. So ging es z. B. auch meinem Nachbarn.

Aber die Männer gingen dieses Risiko nicht nur wegen des Geldes ein. Es herrschte ein harter Konkurrenzkampf – zwischen den Bootsbesatzungen, aber auch unter den Tauchern. Je mehr Schwämme ein Taucher sammelte, desto größer war sein Ansehen. Die Ausbeute wurde täglich an Bord auf eine Tafel geschrieben – auch, wie tief und lange sie jemand zu tauchen getraut hatte. Nach dem Tauchen tranken viele Männer. Ich weiß noch, wie sie jede Menge Flaschen *rakı* kauften. Mein Vater hatte in Marmaris einen Lebensmittelladen, in dem sie gerne einkauften. Aber sie zahlten ihre Rechnungen nicht, sodass mein Vater schließlich pleite ging.

Wir wussten alle, dass es ein Knochenjob war. Die Taucher kamen uns aber sehr mutig und irgendwie wie Helden vor. Auf jeden Fall waren sie reicher als wir anderen (allerdings kenne ich keinen, der reich starb – das taten nur ihre Agenten). Sie zogen sich speziell an, gingen speziell und gaben Geld aus. Manchmal bauten sie ziemlich große Häuser. Es gab massenhaft Volkslieder über sie und ihre Familien, die eine Menge durchmachen mussten."

In den 1970ern ging es mit den Tauchern von Marmaris bergab. Aber ein paar von ihnen leben noch und erzählen gern von dieser Zeit. Wer will, kann sich mit ihnen treffen – allerdings spricht keiner von ihnen Englisch. Toll ist auch die Taucher-Gedenkstatue in Marmaris.

Ein herzlicher Dank an Erol Uysal, einheimischer Führer und Historiker, der sich von uns in Marmaris interviewen ließ.

Zwei-Tages-Törns (pro Boot ca. 385 €) und Drei-Tages-Törns (555 €) haben oft Dalyan und Kaunos zum Ziel. Etwas ernstzunehmender sind die längeren Törns nach Datça und Knidos, westlich von Marmaris.

TAUCHEN

Von April bis Oktober werden Tauchkurse und -ausflüge angeboten. Das **Deep Blue Dive Center** (☎ 412 4438; Yeni Kordon Caddesi) verlangt für einen zwei- bis viertägigen PADI-Open-Water-Kurs 280 €. Tagestouren kosten 35 €; im Preis sind zwei Tauchgänge, die komplette Ausrüstung, der Tauchlehrer und das Mittagessen mit drin.

Schlafen

Interyouth Hostel (☎ 412 3687; interyouth@turk.net; 42 Sokak 45; Schlafsaal oder EZ ohne Bad mit/ohne ISIC-Ausweis 5,60/7 €, DZ ohne Bad 14 €; 🖳) Das Hostel liegt im gedeckten Basar (die Treppe nach oben ist ausgeschildert). Der hilfsbereite Halit managt den Laden super. Er ist auch eine ergiebige Quelle für Reiseinfos. Die Zimmer sind ziemlich klein und spartanisch, aber sauber und gut in Schuss. Es gibt einen Wäscheservice, ein Café, einen kleinen Buchladen und eine Bücherbörse. Von Juni bis September gibt's kostenlose Pasta-Abende auf dem Dach. Das Hostel vermietet Motorroller (17 € pro Tag) und verkauft Bootstickets nach Rhodos und für *gület*-Törns (s. Kasten S. 382).

Bariş Motel (☎ 413 0652; barismotel@hotmail.com; 66 Sokak 10; EZ/DZ 17/22 €; 🌣 nur HS) Ein nettes Quartier mit absolut familiärem Feeling. Es bietet saubere, ziemlich große Zimmer mit Balkons.

Pension Özcan (☎ 412 7761; 66 Sokak 17; EZ/DZ HS ab 11/17 €, NS ab 5,50/14 €) Diese Pension wirkt zwar schon etwas in die Jahre gekommen, verwohnt und nicht besonders einladend. Aber sie ist sauber und ihr Geld wert. Ein paar Zimmer haben Balkons und es gibt eine schöne Gartenterrasse.

Ayçe Otel (☎ 412 3136; Fax 412 3705; 64 Sokak 11; je nach Saison EZ 17–20 €, DZ 22–28 €; 🌣 🖳) Ein zentraler, freundlicher Familienbetrieb mit prima Einrichtungen: ein Zwei- oder Drei-Sterne-Hotel zum Preis eines Ein-Stern-Hotels. Die kuscheligen Zimmer haben Balkons. Außerdem gibt's einen mittelgroßen Pool und eine nette Dachterrasse – tolle Sache!

Royal Maris Otel (☎ 412 8383; www.royalmarisotel. com; Atatürk Caddesi 34; je nach Saison EZ 22–50 €, DZ 39–83 €; 🌣 🖳) Das komfortable, schicke Hotel ist sein Geld wert. Es bietet zwei Pools, einen Privat-

strand, ein Hamam und einen Fitnessraum; außerdem eine auf Schiffsdeck gestylte Dachterrasse. Alle Zimmer haben Balkons, 50 davon mit Meerblick. Die Aussicht aus den Zimmern und von der Dachterrasse ist umwerfend.

Marina Hotel (☎ 412 0010; www.marmarismarinahotel.com; Barbaros Caddesi 39; EZ 28 €, DZ 40–44 €; 🌣 April–Okt.) Vom burgartigen Eingang nicht abschrecken lassen! Die Zimmer sind kuschelig und bequem – komplett in Kanarienvogelgelb und mit Rüschenvorhängen und -deckchen im Bad. Aber das Highlight ist das, was das Hotel „die beste Terrasse von Marmaris" nennt. Sie bietet einen genialen Blick über den Yachthafen und die Burg. Es gibt sogar ein fest installiertes Fernrohr zum Schiffe Beobachten.

Hotel Begonya (☎ 412 4095; Fax 412 1518; 39 Sokak 101; DZ HS/NS 34/17 €; 🌣) Mit seinen sieben Zimmern rund um einen schattigen Innenhof ist dies wirklich ein umwerfend friedliches Fleckchen. Aber es liegt direkt in der Barstraße und ist deshalb eigentlich nur was für Nachtschwärmer – das gibt sogar der Besitzer zu! Am besten macht man's wie sie und hält tagsüber ein Nickerchen.

Essen

RESTAURANTS

Wer sich auf ein Fisch-Festessen freut, sollte vorher den Preis checken – v. a. in den Restaurants am Ufer. Billige, fröhliche Lokale sind am ehesten in der Basargegend zwischen Post und Moschee zu finden. Auch in der Altstadt rund um die Burg gibt's viele kleine türkische Restaurants. An den Imbissständen in der 39 Sokak (Barstraße) können sich hungrige Nachtschwärmer den Bauch vollschlagen.

Meryem Ana (☎ 412 7855; 35 Sokak 62; Hauptgerichte 1,40–2,25 € 🌣 8–23 Uhr) Dieser Familienbetrieb wirkt zwar schlicht und unspektakulär, kocht aber phantastisches traditionelles Essen. In der Küche wirbeln Mama und Tante und füllen Weinblätter. Das Restaurant hat einen Spitzenruf und bietet auch einiges für Vegetarier (eine große gemischte Platte mit Hauptgerichten kostet 4,45 €).

Liman Restaurant (☎ 412 6336; 40 Sokak 38; 🌣 8.30–1 Uhr) Das quirlige Liman ist schon eine Institution und bekannt für seine *meze* (2,50–8 €). Was die Preise angeht, spielt es allerdings in der oberen Liga. Aber die Fischsuppe (4 €) ist ein Hit und der *buğlama* (gedämpfter Fisch, 500 g für 19 €) eine superleckere Spezialität.

Fellini (☎ 413 0826; Barboras Caddesi 61; Mahlzeiten 10 €; ⊗ 9–24 Uhr) Einheimische stehen genauso auf das Fellini wie Traveller. Es liegt extrem schön am Ufer und serviert tolle dünne, krosse Pizzen (7–9 €) und Pasta (5–9 €).

Ney Restaurant (☎ 412 0217; 26 Sokak 24; meze 2,20 €, Hauptgerichte 5–11 €) Ein herrliches, kleines Restaurant, dekoriert mit Muscheln und Windspielen, in einem 250 Jahre alten griechischen Haus etwas abseits der Straße. Birgül, der charmante Besitzer und Koch, bringt leckere Hausmannskost zu vernünftigen Preisen auf den Tisch. Die *mantı böreği* (türkische Ravioli) sollte sich keiner entgehen lassen.

CAFÉS & AUF DIE SCHNELLE

Café Yavuz Patisserie (☎ 412 6876; Atatürk Caddesi 34/A; Eis 0,85 € pro Kugel, ⊗ NS 6.30–21.30, HS 6.30–1.30 Uhr) Hier gibt's jede Menge türkische Leckereien, aber der Renner ist die täglich frische Baklava (4 Stück für 1,65 €).

Özsüt (☎ 413 4708; Atatürk Caddesi 4; Eis 0,70 € pro Kugel, Pudding 1,95–2,20 €; ⊗ 9–24 Uhr) Der perfekte Ort, um am Ufer einen türkischen Pudding zu vernaschen – oder auch zwei. Diese extrem beliebte Kette hat immer prima frische Sachen im Angebot. Man kann gar nicht genug kriegen davon! Und der *aşure* (Arche-Noah-Pudding) ist ein Traum.

Doyum (☎ 413 4977; Ulusal Egemenlik Bulvarı 17; ⊗ rund um die Uhr) Hier gibt's Frisches, selbst gemacht, zu traumhaften Preisen. Ein Doyum reicht eigentlich nicht für Marmaris: Es ist immer rappelvoll mit Einheimischen. Sauber, freundlich und rund um die Uhr offen – ein prima Plätzchen für ein frühes Frühstück (2,20 €). Auch Vegetarier finden was auf der Speisekarte (1,10–2,20 €).

İdil Mantı Evi (☎ 413 9771; 39 Sokak 140; meze 2,20–2,75 €, Hauptgerichte 5,50–10 €; ⊗ 16–4 Uhr) Direkt in der Barstraße und perfekt für nächtliche Heißhungerattacken. Mit den schlichten Holztischen rund um einen Ofen ist der Laden sehr atmosphärisch. Auf den Holzwänden verewigen sich die Gäste mit kurzen Botschaften oder ihren Namen. Es gibt vegetarisches Essen (3,35–6,65 €) und die *gözleme* (Crêpes, 2,75–4,45 €) sind superleckere Snacks.

Ausgehen

Das Nachtleben von Marmaris toppt alles an der türkischen Küste. In der sogenannten Barstraße (39 Sokak, auch bekannt als Hacı Mustafa Sokak) gibt's jede Menge Lokale. Im Sommer geht's hier hoch her.

Wenn nicht anders angegeben, haben die unten aufgelisteten Bars und Lokale von 19 Uhr bis 4 Uhr offen. Bier kostet 3,90 €, Spirituosen 4,40 €. Jede Nacht geht's rund mit Schaumpartys, Tanz und Lasershows.

Zu den trendigsten Bars gehörten, als wir da waren, der Longrunner **Back Street** (☎ 412 4048; 39 Sokak 93), dicht gefolgt vom **Areena** (☎ 412 2906; 39 Sokak 54; Bier 4,50 €) mit einer Bar über der Tanzfläche und einer Spitzenlasershow. Nummer drei auf der aktuellen Hitliste teilen sich das **Crazy Daisy** (☎ 412 4048; 39 Sokak 121; ⊗ Mai–Mitte Sept. 15–4 Uhr), wo gleich auf mehreren Terrassen abgetanzt wird, und das riesige **Greenhouse** (☎ 412 8792; 39 Sokak; Bier 3,90 €).

Die **Panorama-Bar** (☎ 413 4835; Hacı İmam Sokağı 40; Bier 2,75 €; ⊗ Mitte April–Okt. 9–12 Uhr) liegt etwas abseits an der 30 Sokak. Der Laden ist eher eine feste Größe als ein „In"-Club. Die Terrasse ist zwar klein, aber macht dem Namen der Bar trotzdem alle Ehre – von hier gibt's wohl die beste Aussicht in ganz Marmaris. Links von Museum und Burg stehen Schilder zur Bar.

Am östlichen Ende der Barstraße gibt's in der Nähe der Netsel Marina und hinter der Keyif Bar ein **Open-Air-Kino** (Eintritt 3,85 €; ⊗ Juni–Sept.). Alle Filme laufen auf Englisch; los geht's nach Sonnenuntergang. Zur Zeit der Recherche war es geschlossen, es soll aber irgendwann wieder neu eröffnen.

An- & Weiterreise

BUS

Der *otogar* von Marmaris liegt 3 km nördlich vom Stadtzentrum. In der Hauptsaison starten am Ulusal Egemenlik Bulvarı alle paar Minuten Sammeltaxis von und zum *otogar*. Die Busunternehmen haben einen Ticketschalter beim Tansaş-Einkaufszentrum.

Busse nach Bodrum (6,70 €, 3½ Std., 165 km) fahren in der Hauptsaison alle ein bis zwei Stunden, in der Nebensaison alle drei Stunden. Das ganze Jahr über gibt's täglich vier Busse nach İstanbul (25 €, 13 Std., 805 km); außerdem geht's stündlich nach İzmir (10,65 €, 4¼ Std., 320 km), alle halbe Stunde nach Fethiye (5,55 €, 3 Std., 170 km) und zweimal täglich nach Antalya (15 €, 6 Std., 590 km).

Sammeltaxis nach Datça (3,90 €, 1¾ Std.) fahren in der Hauptsaison stündlich und in der Nebensaison alle anderthalb Stunden. Wer nach Köyceğiz will (2,80 €, 40 Min.), steigt in den Bus Richtung Fethiye. Reisende nach Dalyan nehmen den Bus nach Fethiye und steigen in Ortaca (3,40 €, 1½ Std.) in ein Dolmuş um.

FLUGZEUG

Der Hauptflughafen in der Gegend ist in Dalaman, 120 km östlich von Marmaris. Die Turkish Airlines hat für ihre Passagiere einen Flughafenbus (Havaş Bus; 3 €). Er startet jeweils dreieinhalb Stunden vor allen Turkish-Airlines-Flügen ab dem Büro des Unternehmens in Marmaris. Sonst fahren ab dem *otogar* von Marmaris Marmaris-Coop-Busse nach Dalaman (3,90 €); von da ist es noch ein kurzes Stück mit dem Taxi, das aber ziemlich teuer ist (14 €).

Turkish Airlines (☎ 412 3751; Atatürk Caddesi 26 B) hat ein Büro ca. 400 m westlich von der Atatürk-Statue am Ufer.

SCHIFF

Vom 15. April bis 1. November fahren täglich um 9 Uhr Katamaranfähren nach Rhodos-Stadt in Griechenland (einfache Fahrt/zurück am selben Tag/offene Rückfahrt 42/42/73 € inkl. Hafengebühr, 50 Min.). Um 16.30 Uhr geht's von Rhodos aus zurück. Autos kosten 150/180/250 € für eine einfache Fahrt/zurück am selben Tag/offene Rückfahrt.

Griechische Katamaranfähren fahren im selben Zeitraum um 8 Uhr von Rhodos nach Marmaris (einfache Fahrt/zurück am selben Tag/offene Rückfahrt 57/57/75 €). Von Marmaris aus geht's um 16.30 Uhr zurück. Autos kosten 150/180/180 € für eine einfache Fahrt/ zurück am selben Tag/offene Rückfahrt.

In der Hauptsaison fahren einmal wöchentlich türkische Frachtschiffe (mit bis zu 78 Passagieren) nach Rhodos (zum selben Preis wie die Katamarane; 2 Std.; Abfahrt meistens 12.30 Uhr). In der Nebensaison fahren sie zwei- bis dreimal pro Woche, je nach Wetter (Abfahrt meistens 9 Uhr). Sie machen sich entweder am selben Tag auf den Rückweg oder bleiben zwei, drei Tage in Rhodos. Von November bis Mitte April fahren keine Katamarane. Und griechische Frachtschiffe gibt es nicht.

Tickets gibt's in jedem Reisebüro, z. B. bei **Yeşil Marmaris Travel & Yachting** (☎ 412 2290; www. yesilmarmaris.com; Barbados Caddesi 13; HS Mo–Sa 7–24 Uhr, NS Mo–Sa 8.30–18.30 Uhr).

Schiffspassagiere sollten spätestens am Tag vorher buchen (mit Auto noch früher), den Reisepass mitbringen und eine Stunde vor der Abfahrt am Hafen sein. Ein paar Reisebüros haben einen kostenlosen Shuttleservice von Hotels im Stadtzentrum zur Fähre. Traveller, die ein Visum für die Türkei brauchen, müssen sich vor der Rückfahrt am Zoll von Rhodos ein neues türkisches Visum beschaffen (gilt auch für Tagestrips).

Unterwegs vor Ort

Rund um die Bucht sind jede Menge Minibusse unterwegs. Sie starten beim Tansaş-Einkaufszentrum am Ulusal Egemenlik Bulvarı. Seit Kurzem haben sie je nach Fahrtziel unterschiedliche Farben: Die grünen fahren nach Uzunyalı (0,55 €, 3 km) und Turban-Siteler (0,90 €, 6 km), die orangefarbenen nach İçmeler (1,70 €, 11 km).

RUND UM MARMARİS

İçmeler liegt 8 km südwestlich in der Bucht. Früher war es ein verschlafenes Fischerdorf. Heute ist es praktisch ein Strandvorort von Marmaris, hat aber irgendwie mehr Klasse – u. a. weil es besser geplant wurde und einen ziemlich sauberen Strand hat.

Turunç ist der nächste Badeort. Er liegt aber ziemlich ab vom Schuss und ist deshalb nicht so grausam verbaut. Der Ort ist v. a. bei britischen Urlaubern beliebt, die hier eine etwas relaxtere Atmosphäre als in Marmaris suchen. Alle 40 Minuten fahren Minibusse dorthin – über die Berge und dann steil zur Bucht runter (3,40 €).

Von Mai bis Ende Oktober starten von verschiedenen Stellen am Ufer zwischen Tourismusinformation und Atatürk-Statue Wassertaxis nach İçmeler (4,15 €, 30 Min., alle 30 Min.) und Turunç (5,55 €, 50 Min., stündl.).

HALBINSELN REŞADİYE & HISARÖNÜ

Westlich von Marmaris ragt zwischen die griechischen Inseln Kos und Rhodos eine ca. 100 km lange, schmale, gebirgige Landzunge in die Ägäis. In der Antike hieß sie Peraea, heute Reşadiye- oder Datça-Halbinsel. Ihr südlicher Arm heißt Hisarönü- oder Daracya-Halbinsel; auf ihrer Spitze liegen die Ruinen der antiken Stadt Loryma.

Die Halbinseln besitzen mit die schönsten Küstenabschnitte der Türkei – mit tiefblauen Buchten, zerklüfteten Bergen und in der Ferne schimmernden Inseln. Auch ein paar tolle und nicht zu teure Unterkünfte gibt's hier – prima für ein paar faule Tage.

Von Marmaris windet sich die Straße nach Westen bis zur Spitze der Reşadiye-Halbinsel. Dort kann man hervorragend mit einem gemieteten Motorroller rumdüsen. Eine Bootstour bringt's aber noch mehr. Es ist einfach herrlich, an der pinienbewachsenen Küste entlangzusegeln und in einer der unzählbaren versteckten Buchten zu ankern. Auch eine Besichtigung von Bozburun (einem Fischerort, 56 km von Marmaris) und Datça (ein Ferienort, ca. 60 km westlich von Marmaris) lohnt sich. Und das Dörfchen Knidos, 35 km westlich von Datça, ist ebenfalls einen Abstecher wert. Hier gibt's die Ruinen der antiken Stadt mit den Bauten des großen Bildhauers Praxiteles zu sehen. Fähren legen hier nach Rhodos und zur griechischen Nachbarinsel Simi (Symi) ab.

Selimiye
☎ 0252

Ca. 9 km südlich von Orhaniye zweigen Straßen nach Bayır und Bozburun ab. Die Straße nach Bozburun führt nach Selimiye, einem traditionellen Bootsbauerdorf. Es liegt an einer eigenen, süßen Bucht mit Blick auf ein Inselchen mit antiken Ruinen. Am Strand gibt's eine Reihe Hotels.

ESSEN & SCHLAFEN
Hotel Begovina (☎ 446 4292; Fax 446 4181; EZ/DZ NS 11/17 €, HS 14/28 €) Dieses tolle Hotel gehört Zeki, einem pensionierten Schuster. Es hat große, saubere Zimmer mit Meerblick (ein paar davon mit riesigen Balkons), Kühlschrank und einer Kochecke. Ein paar Meter weiter gibt's einen Kiesstrand.

Hydas Otel (☎ 446 4297; Fax 446 4298; Selimiye Köyu; EZ/DZ 20/42 €; ☾ April–Okt.; ⌷) Das Hydas liegt ca. 100 m östlich vom Yakana. Trotz der etwas grellen mediterranen Farben sind die Zimmer sauber und gemütlich. Die oberen teilen sich einen großen Balkon mit Blick aufs Café und Ufer. Einen mittelgroßen Pool gibt's auch.

Sardunya Bungalows (☎ 446 4003; je nach Saison EZ 20–26 €, DZ 33–45 €; ⌷) Die attraktiven Steinbungalows verstecken sich hinter dem Sardunya

---

PER MOTORROLLER ÜBER DIE HISARÖNÜ-HALBINSEL

Die bergige, stark zerklüftete Hisarönü-Halbinsel ist perfekt, um dem Wahnsinn in Marmaris zu entkommen.

Sie ist ein raues Fleckchen Erde mit extrem vielfältiger Landschaft. Üppige Pinienwälder auf einer Hochebene hinter Turunç gehen Richtung Bozburun in steile, kahle, felsige Hügeln über. Nach Bozburun kommt man auf der Hauptstraße. Aber schöner ist es, einen Umweg zu fahren und durch kleine Dorfsträßchen zu kurven, bevor es wieder auf die Hauptstraße zurück geht.

Von Marmaris aus fährt man auf der Atatürk Caddesi nach İçmeler, wo sich die Hauptstraße teilt: Hier geht's rechts um die Stadt herum, dann eine ganze Weile Richtung Turunç steil bergauf. Vor dem Ort biegt man rechts in einen unbefestigten Weg ein, der durch einen Pinienwald führt. Jetzt wird die Straße schmaler und steiler und schlängelt sich zum Dorf **Bayır** im Landesinnern. Ein größerer Kontrast als zwischen den Betonbauten in Marmaris bzw. İçmeler und dem rustikalen Bayır ist wohl kaum vorstellbar. Auf dem Dorfplatz steht eine alte Platane. Ein paar nette Restaurants haben Terrassen, die aufs Tal runterschauen. Hinter Bayır wird die Landschaft deutlich trockener und fällt steil bergab zu unerreichbaren, kleinen Buchten. Hinter dem kleinen Ort Söğüt verläuft die Straße relativ flach bis nach Bozburun. Hier gibt's ein paar prima Cafés für einen Zwischenstopp.

Von Bozburun geht's auf einer guten Straße auf der Westseite der Halbinsel zurück. Sie führt an den idyllischen Buchten von Selimiye und Hisarönü vorbei. Danach trifft sie wieder auf die Hauptroute Datça–Marmaris.

Um die ganze Halbinsel rum sind es 120 km. Mit Pausen zum Fotografieren und Baden dauert die Tour an die sechs Stunden. In Marmaris gibt's an vielen Stellen Motorroller für einen Tag zu mieten; das kostet zwischen 14 und 17 €. Die Straßen sind steil und kurvig – Rasen ist also keine gute Idee. Rollerfahrer sollten auch immer im Hinterkopf haben, dass es in der Türkei weltweit mit die meisten Verkehrsunfälle gibt. Für motorisierte Zweiräder besteht Helmpflicht. Schutzkleidung ist auch eine gute Sache, falls man doch mal ausrutscht.

Die einzigen Tankstellen auf der Halbinsel sind in Bozburun und Turunç – also am besten vor der Fahrt in Marmaris volltanken.

Restaurant in einem Garten, knapp 50 m vom Strand. Eine prima Wahl für Familien.

Yakana Beach Hotel (☎ 446 4360; www.yakana.com; Selimye Köyu; EZ/DZ 22/44 €; ⚡ ⚐) Das moderne, toll designte Yakana liegt östlich vom Begovina am Strand. Rund um einen tollen Pool gibt's 35 Zimmer, ein paar davon mit Balkon und Meerblick.

Beyaz Güvercın Motel (Weiße Taube; ☎ 446 4274; www.beyazguvercin.com; Selimye Köyu; je nach Saison EZ 34–56 €, DZ 45–75 €; ℗ ⚡) Dieses Hotel thront auf einem Hügel am Ende der Bucht. Die Lage ist superidyllisch: mitten in einem riesigen, schönen Garten (6500 m²), ca. 3 km vom Stadtzentrum entfernt. Die chaletartigen Zimmer sind einfach, aber ein paar haben Meerblick. Man kann surfen oder segeln. Außerdem gibt's ein schwimmendes Restaurant auf einem *taka* (traditionelles Boot vom Schwarzen Meer).

Sardunya Restaurant (☎ 446 4003; Mahlzeiten ca. 6 €) Nicht so schön wie das Aurora, aber das Essen schmeckt besser. Gekocht wird mit lokalen Bioprodukten. Spezialitäten sind Fisch und Meeresfrüchte. Die gefüllten oder gebratenen *kalamares* (Tintenfische, 6,65 €) sind großartig. Auch der *buğulama* (Fischauflauf, 14 €) ist ein Gedicht.

Aurora Restaurant (☎ 446 4097; Bahçeıçı; Mahlzeiten 17–22 €; ☼ April–Okt.) Das beliebte Aurora in einem 200 Jahre alten Steinhaus liegt sehr hübsch am Meer. Es gibt eine schattige Terrasse und Tische direkt am Meer. Spezialität des Hauses ist Fisch. Und bei den *meze* läuft einem das Wasser im Mund zusammen.

Falcon Restaurant & Pansiyon (☎ 446 4105; Selimiye Köyu; ☼ 9–24 Uhr) Dieser neue Familienbetrieb liegt rund 100 m weit vom Stadtzentrum und 40 m vom Meer entfernt. Die Speisekarte ist ähnlich wie im Aurora.

AN- & WEITERREISE

Alle zwei Stunden fahren Minibusse von und nach Marmaris (2,75 €). Wer nach Bozburun will, wartet auf den Bozburun–Marmaris-Bus, der durch Selimiye fährt.

Bozburun

☎ 0252

Hinter Selimiye schlängelt sich die Straße 12 km weiter bis nach Bozburun. Dies ist ein ruhiges Städtchen am Meer und einer der größten Bootsbauhäfen an der Mittelmeerküste. Und ein herrlicher Kontrast zum überlaufenen Marmaris. Die meisten Leute leben hier immer noch von Fischerei und Landwirtschaft. Ein paar arbeiten in den Bars und Läden, einige sich die Segler tummeln, die in der Sömbeki Körfezi (Sömbeki-Bucht) ankern. Es gibt eine Reihe kleiner, guter Pensionen und eine Post. Ein paar Läden wechseln auch Geld.

Bozburun hat keinen besonders tollen Strand. Aber wer unbedingt ins Meer will, kann vom Felsen an der Grundschule südöstlich von der Atatürk-Statue ins knallblaue Wasser springen. Man kann auch privat Boote leihen, um die nahen Buchten zu erkunden. Außerdem gibt's in der Umgebung viele schöne Wanderwege.

SCHLAFEN

Yilmaz Pansiyon (☎ 456 2167; www.yilmazpansion.com; İskele Mahallesi 391; EZ/DZ 11/22 €) Nette, komfortable Pension ca. 100 m vom Zentrum und 200 m von der Dolmuş-Haltestelle entfernt. Die Zimmer sind ziemlich einfach, aber hübsch. Sechs Zimmer haben direkten Meerblick. Nur ein paar Meter vom Meer entfernt gibt's eine weinüberrankte Terrasse. Und morgens wird ein tolles Frühstück serviert.

Pembe Yunus (Rosa Delphin; ☎ 456 2154; www.pembeyunus.net; Kargı Mahallesi 37; EZ/DZ 14/22 €; ☼ April–Okt.; ⚡ ⚐) Diese zauberhafte Pension ist ca. 700 m vom der Dolmuş-Haltestelle entfernt (der Busfahrer lässt Passagiere hier raus). Sie gehört einem Ex-Model und ihrer Mutter. Die Zimmer triefen z. T. etwas vor Lavendelblau. Sonst sind sie mit den kleinen Teppichen und rustikalen Möbeln alle sehr sauber und kuschelig. Vier Zimmer bieten einen tollen Meerblick. Und Mutter Fatma kocht phantastisch. Ein Menü kostet 14 €.

Dolphin Pansiyon (☎ 456 2408; Plaj; www.dolphinpension.com; Kargı Mahallesi 51; EZ/DZ 22/44 €) Vier Jahre Arbeit und viel Herzblut stecken in diesem Hotel: Yılmaz, der Sohn der unermüdlichen Fatma vom Pembe Yunus, hat es Stein für Stein selbst gebaut. Es ist toll eingerichtet und bietet zehn große, schöne Zimmer mit Balkon und sensationellem Meerblick. Über dem Wasser gibt's auch eine begrünte Terrasse zum Sonnen. Von Mai bis September veranstaltet Yılmaz täglich Bootsausflüge (8 € pro Pers., mindestens 2 Pers.) in der Bucht. Wer will, kann schwimmen, schnorcheln oder fischen.

Sabrinas Haus (☎ 456 2045; Plaj; www.sabrinashaus.de; Zi. 47–61 €, Mai–Mitte Okt. plus 15 %) Sabrinas Haus ist der ultimative Ort für alle, die mal fern von allem Trubel abschalten wollen. Man kommt nur per Boot oder zu Fuß dorthin (von der Dolphin Pansiyon 20 Min.). Es versteckt sich in einem schönen Garten mit riesigen Bäumen, Hibiskus und Bougainvilleen. In drei Gebäuden sind 20 einfache, aber schöne Zimmer untergebracht. Der Besitzer, ein freundlicher Deutscher, bietet Kajakausflüge zu den vielen verlassenen Inselchen rundum und Trekkingtouren an.

ESSEN & AUSGEHEN
Kandil Restaurant (☎ 456 2227; İskele Mahallesi 3; meze 1,65 €; ☺ 7.30–24 Uhr) Das Nummer eins im Ort macht gute Hausmannskost und superleckeren frischen Fisch. Unbedingt den köstlichen *kalamar tava* (gebratener Tintenfisch, 6,40 €) probieren!

Bozburun Restaurant (☎ 456 6943; ☺ April–Sept. 8.30–24 Uhr) Wirkt zwar furchtbar touristisch (der ganze Stolz des Lokals ist ein Foto von Bill Gates, der hier mal gegessen hat). Aber es bietet ein paar tolle Zwei-Gänge-Menüs mit Fleisch/Fisch (mit 17 verschiedenen *meze*) für schlappe 8/10 €. Am besten einen Tisch am Ufer ergattern!

Fishermen House (☎ 456 2730; İskele Mahallesi 391; meze 1,40 €, Meeresfrüchte-meze 3,35 €, Fisch 10–12 € pro 500 g; ☺ April–7. Nov. 8–24 Uhr) Gehört einem einheimischen Fischer. Das Lokal serviert frischen Fisch zu unschlagbaren Preisen. Auch hier gibt's Tische am Wasser.

Sabrinas Haus (☎ 456 2045; ☺ Abend) Das Restaurant gehört zum gleichnamigen Hotel und hat einen super Ruf. In bezauberndem Ambiente wird traditionelles türkisch-mediterranes Essen serviert. Es gibt ein festes Menü (inkl. *meze*-Buffett und Fisch der Saison) für 22 €. Nichtgäste kriegen nur einen Tisch, wenn das Restaurant nicht mit Hotelgästen voll ist. Also besser vorher anrufen; vom Ort hierher geht's per Boot.

AN- & WEITERREISE
Das ganze Jahr über sind zwischen Bozburun und Marmaris täglich sechs Minibusse unterwegs (2,75 €, 50–60 Min.); sie fahren über Selimiye.

Datça
☎ 0252/10 570 Ew.
Datça hat nur eine schmale Verbindung zum Festland. Vielleicht hat das die kleine Hafenstadt davor bewahrt, in der Masse der großen Ferienorte unterzugehen. Hier gibt's ein paar

klasse Strände und der Mix aus Seglern, schicken İstanbulern, Familien, englischen und v. a. deutschen Rentnern sorgt für eine lockere Atmosphäre. Ein Tragflächenboot düst wöchentlich nach Rhodos.

Datça bleibt wahrscheinlich nicht mehr lange ein Geheimtipp. Ende 2007 soll ein großes Einkaufszentrum eröffnen. Außerdem wird die Straße von Marmaris ausgebaut, sodass die Strecke Marmaris–Datça bald nur noch 45 Minuten dauert.

Datça hat drei kleine Strände: Der Kumluk Plajı (Sandstrand) liegt versteckt hinter den Läden an der İskele Caddesi; zum Taşlık Plajı (Steinstrand) geht's vom Hafen aus Richtung Westen; der Hastane Altı (Krankenhausstrand) ist der größte Strand von Datça.

ORIENTIERUNG
Die Hauptstraße ist die İskele Caddesi. Sie führt von der Landstraße runter zu einem kleinen Kreisverkehr mit einem riesigen Baum. Kurz vor dem Kreisverkehr gibt's an der Buxerolles Sokak rechts ein paar kleinere Pensionen.

Hinter dem Kreisverkehr biegt die İskele Caddesi nach links ab und führt zum Cumhuriyet Meydanı. Das ist der zentrale Platz des Ortes mit einem Markt und dem *otogar*. Von hier aus verläuft sie bis zum Hafen; auf dem Weg dorthin sind auf der linken Seite ein paar kleine Pensionen zu finden. Am Ende einer kurzen Halbinsel, die früher eine Insel namens Esenada war, hört die Straße auf. Hier gibt's ein Open-Air-Kino (☺ Juni–Sept.).

SCHLAFEN
Ilıca Camping (☎ 712 3400; www.ilicacamping.com; Taşslık Plajı; pro Pers./Campingbus 4,45/11 €, Bungalow mit/ohne Bad 17/11 €) Dieser nette Campingplatz liegt im Osten der Bucht direkt am Wasser. Im Schatten von Eukalyptusbäumen gibt's eine schöne Grasfläche. Achtung beim Zeltaufbau: Hier tummeln sich 15 Enten, die überall ihre Eier hinlegen!

Tunç Pansiyon (☎ 712 3036; Buxerolles Caddesi; EZ/DZ 11/20 €, 5 BZ-Apt. 33 €) Dieser supernette Familienbetrieb liegt in der zweiten Straße rechts nach dem Gebäude der *hükümet* (Stadtverwaltung). Die Zimmer sind schlicht, aber sonnig und top in Schuss. Der Besitzer bietet auch Tagestrips nach Knidos und in die Umgebung an; die Teilnehmer zahlen nur fürs Benzin (11 € pro 1–3 Pers.).

Villa Tokur (☎ 712 8728; www.hoteltokur.com; Zi. 42 €, 4BZ-Apt. mit einem Schlafzimmer 61 €; ⌚ Mitte April–Mitte Nov.; ⌘ ⌂) Die beste Adresse von Datça! Ein deutsch-türkisches Paar hat die Villa Tokur gebaut und eingerichtet. Sie liegt unglaublich ruhig und friedlich. Vom Taşlık Plajı sind es zu Fuß fünf bis zehn Minuten hierher. Die Zimmer sind toll eingerichtet und haben Balkons mit Blick über den Pool, die Bucht und das Dorf.

Villa Carla (☎ 712 2029; www.villacarladatca.com; Kargı Koyu Yolu; EZ/DZ HS 36/61 €, NS 28/50 €; ⌘ ⌂) Die Villa liegt auf halber Höhe an einem Hügel. Highlight ist der grandiose Blick nach Rhodos. Alle Zimmer haben Meerblick und fast alle einen Balkon. Auch der tolle Pool bietet eine super Aussicht. Um 17 Uhr gibt's Tee und türkisches Gebäck. Hierher geht's auf der Straße, die im Ortskern unterhalb der Moschee von der Hauptstraße nach rechts abzweigt.

ESSEN

Emek Restaurant (☎ 712 3375; Yat Limanı; Hauptgerichte 5,50–8 €; ⌚ März–Sept. 9–1 Uhr) Das Emek ist das älteste Restaurant von Datça. Die Terrasse direkt über dem Wasser bietet einen phantastischen Blick über die Bucht. Der Sohn des Besitzers ist Fischer – so gibt's garantiert immer frischen Fisch zu vernünftigen Preisen.

Fevzinin Yeri (☎ 712 9746; Ambarcı Caddesi 13/A; Mahlzeiten ca. 7,50 €; ⌚ 7–1 Uhr) Hier dreht sich alles um Fisch und es sieht fast aus wie in einem Meeresmuseum. Die Gäste können Kommentare abgeben – an der Wand! Der Fisch gilt als hervorragend und die Preise sind unschlagbar.

Papatya Restaurant & Bar (☎ 712 2860; Kargı Yolu Caddesi 4; köfte 4,45 €) Von der Moschee oberhalb des Yachthafens sind's ca. 60 m zu diesem hübschen, alten Steinhaus. Es hat eine herrliche Terrasse unter einer weinüberrankten Pergola. Beim Blick in die Speisekarte läuft einem das Wasser im Mund zusammen! Ganz besonders lecker sind *karides güveç şarapli fırında* (überbackene Shrimps in Wein).

Zekeriya Sofrası (☎ 712 4303; İskele Caddesi 60; türkisches/englisches Frühstück 2,75/5,25 €, köfte 3,35 €) Der freundliche Zekeriya ist der Namensgeber und Betreiber dieses Lokals. Hier wird Hausmannskost zu vernünftigen Preisen aufgetischt. Klasse sind die *inegöl köfte* (Bällchen aus gemischtem Fleisch mit Lamm) nach einem Geheimrezept von Zekeriya. Auch ein prima Ort zum Frühstücken.

AUSGEHEN

Datças Nachtleben konzentriert sich auf den Hafen. Hier haben sich ein paar kleine Musikkneipen und Bars angesiedelt. Am angesagtesten sind zurzeit:

Bolero (☎ 712 9865; Yalı Caddesi 16; Bier 1,65 €; ⌚ 8–2 Uhr) Ein Dauerbrenner.

Nurs Gallus Garden (☎ 712 9865; Eintritt inkl. Getränk 5,55 €, Bier 2,50 €; ⌚ Juni–Sept. 11–4 Uhr) Liegt auf einem Hügel, ca. 150 m weg vom Strand. Diese neue Bar teilt sich mit dem Sound Dance Club die Bar am Pool und den Blick über die Bucht.

Sound Dance Club (Eintritt inkl. Getränk 5,55 €, Bier 2,50 €; ⌚ Juni–Sept. 11–4 Uhr) Neben dem Nurs Gallus ist der einzige Nachtclub im Ort. Hin und wieder gibt's Livemusik.

Sun Café Bar (Gallus Bar; ☎ 712 9465; Yat Limanı; Bier 2,25 €; ⌚ 10–3 Uhr) Noch eine neue Bar, 50 m hinter dem Bolero.

Sunries Café Bar (☎ 712 9518; Yat Limanı; Bier 1,65 €; ⌚ 9.30–3 Uhr) Der Besitzer ist eine schillernde Figur und eine lokale Attraktion.

AN- & WEITERREISE

Die Minibusse nach Marmaris (3,85 €, 1½ Std., 60 km) fahren in der Hauptsaison stündlich, in der Nebensaison fünfmal am Tag. Hier gibt's Anschluss zu anderen Reisezielen. Die Büros der Busunternehmen sind an der İskele Caddesi zwischen Buxerolles Caddesi und Kargı Yolu. Sie bieten einen kostenlosen Shuttleservice vom und zum *otogar*.

Von Mai bis September fahren samstags (meistens um 16 Uhr) Tragflächenboote nach Rhodos (einfache Fahrt/hin und zurück 35/70 €, 45 Min.) und Simi (einfache Fahrt/hin & zurück 30/60 €, 15 Min.). Einmal in der Woche gibt's auch eine Fähre nach Simi (1 Std.). Sie startet zur selben Zeit wie das Tragflächenboot und kostet das Gleiche.

Eine *gület* segelt zwei- bis dreimal pro Woche von Datça nach Simi (50 €, 70 Min.), immer um 9 Uhr. Sie legt erst ab, wenn mindestens acht Passagiere da sind. Aber in der Hauptsaison ist das normalerweise kein Problem.

Knidos Yachting (☎ 712 9464; www.knidosyachting.com; Yalı Caddesi 17) am Yachthafen verkauft Tickets fürs Tragflächenboot, die Fähre und die *gület*. Wer nach Rhodos oder Simi will, muss am Reisetag um 11 Uhr mit seinem Pass hierherkommen; Tickets für die *gület* müssen telefonisch reserviert werden. Das Unternehmen organisiert auch Tauchausflüge (30/50 € pro 1/2 Taucher und Tag).

Von Mitte Juni bis Mitte November gibt's täglich eine Fähre zwischen Bodrum und Körmen (dem Hafen von Karaköy, ca. 5 km von Datça entfernt am Golf von Gökova). Fähren nach Bodrum (einfache Fahrt/hin & zurück 11/14 €, 28 € pro Auto mit Fahrer, 2,75 € pro zusätzlicher Fahrgast) fahren montags, mittwochs und freitags um 9 Uhr, an den anderen Tagen um 17 Uhr. Die Fahrt dauert zwei Stunden. Von Bodrum geht's dienstags, donnerstags, samstags und sonntags um 9 Uhr zurück, an den anderen Tagen um 17 Uhr. Die **Bodrum Ferryboat Association** (☎ 712 2143; Fax 712 4239; Turgut Özal Meydanı) neben der Stadtmoschee verkauft Tickets. Von Datça nach Karaköy gibt's einen kostenlosen Bustransfer.

Es gibt jede Menge Bootsausflüge von Marmaris nach Datça. Manchmal gibt's auch Tickets für eine einfache Fahrt. Wer eine Gruppe zusammenbekommt, kann ein Boot für einen Tag oder länger mieten (139 € pro Tag, maximal 10 Pers.). In der Hauptsaison kann der Preis auch doppelt so hoch sein.

Eski Datça
☎ 0252

3 km hinter Datça liegt Eski Datça (das alte Datça). Das Dörfchen ist absolut malerisch: mit holprigen Straßen und alten Steinhäusern, die größtenteils liebevoll restauriert sind. Wer es ruhig und friedlich mag, findet hier ein paar klasse Übernachtungsmöglichkeiten.

Die **Dede Pansiyon** (☎ 712 3951; Can Yücel Sokak; www.dedepansiyon.com; EZ/DZ 28/56 €; 🏊 🍴) ist eine süße Unterkunft in einem 150 Jahre alten Steinhaus. Das ist von einem herrlichen, ummauerten Garten mit Pool umgeben. Die sechs Zimmer sehen alle anders aus und haben jeweils eigene kleine Küchen. Die **Doğa Pansiyon** (☎ 712 2178; www.dogapansiyon.com; Datça Mahallesi 9; EZ/DZ NS 17/33 €, HS 20/39 €) ist 350 m hinter dem Dorf; der Weg dorthin ist ausgeschildert. Sie hat einfache, ordentliche Zimmer mit Kühlschrank und kleiner Küchenzeile. Eine Gemeinschaftsveranda mit Blick auf den Hof gibt's auch.

Der Ort hat zwei Restaurants und zwei Cafés. Alle haben erst vor Kurzem aufgemacht. Im **Datça Sofrası** (☎ 712 4188; Hurma Sokak 16; Hauptgerichte 3,85–5,55 €; 🕤 7.30–24 Uhr) lässt es sich unter einer weinüberrankten Pergola sehr malerisch zu Mittag oder Abend essen. Auf der Speisekarte stehen v. a. Fisch und Fleisch vom Grill. Hin und wieder holt Mehmet, einer

der Besitzer, seine *ney* (türkische Klarinette) heraus. Das **Karya Restoran** (☎ 712 2253; Datça Mahallesi; Hauptgerichte 2,20–3,05 €; 🕤 10–24 Uhr) am zentralen Platz ist billiger und hat Tische drinnen und draußen.

Das **Antık Café** (☎ 712 9176; Can Yücel Sokak 1; Kaffee 1,10 €, Hauptgerichte 2,75–3,85 €; 🕤 9–1 Uhr) befindet sich 50 m vor der Dede Pansiyon. In einem Garten gibt's gepolsterte Bänke im Schatten von Mandelbäumen. Ein herrlich ruhiges Plätzchen für einen Kaffee, Tee oder Snack.

AN- & WEITERREISE
Von Mai bis Oktober fahren immer zur vollen Stunde Minibusse von Datça nach Eski Datça (0,85 €). Zurück geht's alle 30 Minuten, zur halben und zur vollen Stunde. In der Nebensaison fahren sie alle zwei Stunden. Von Juni bis August gibt's stündlich Busse von Datça ins Dorf.

Knidos
An der äußersten Spitze der Halbinsel, rund 35 km westlich von Datça, stößt man auf die Ruinen der reichen Hafenstadt Knidos. Sie wurde 400 v. Chr. von den Dorern gebaut. Das waren offensichtlich pfiffige Leute: Beim Umrunden der Halbinsel hatten Segelschiffe nämlich mit wechselnden Windrichtungen zu kämpfen. Darum mussten sie oft bei Knidos auf günstigen Wind warten. Und die Dorer konnten gutes Geld mit Schiffsreparaturen, Unterkünften und Handel machen. Das Schiff, das den Apostel Paulus nach Rom vors Gericht brachte, war eins von vielen, die vor Knidos eine Weile festsaßen.

Außer den Ruinen gibt es in Knidos eine winzige *jandarma*-(Polizei-)Station mit einem Notfalltelefon, ein paar Restaurants und ein Lager für die archäologischen Funde (da kann aber niemand rein). Es ist nicht erlaubt, hier zu übernachten; deshalb gibt's auch keine Unterkünfte. Wer will, kann von den Holzstegen aus ins Wasser hüpfen. Die nächsten Strände sind ein paar Kilometer außerhalb des Ortes.

Die **Ruinen von Knidos** sind am Ende der Halbinsel über 3 km verstreut. In dieser Gegend lassen sich sonst nur ein paar Ziegenhirten mit ihren Herden und manchmal auch ein Wildschwein blicken. Die Landschaft ist spektakulär: steile, terrassierte Hänge mit Oliven-, Mandel- und Obstbäumen. Darunter liegen zwei postkartenreife Buchten, in denen ein paar Yachten ankern.

Die Reste der antiken Bauten sind nicht alle leicht zu erkennen. Aber wer den Ort etwas genauer erkundet, merkt, dass es eine bedeutende historische Stätte ist. Besonders faszinierend sind der **Aphroditetempel,** das **Theater,** die **Sonnenuhr** aus dem 4. Jh. v. Chr. und die schönen Verzierungen in der Ruine der byzantinischen Kirche. Gegen ein Trinkgeld führt der Wächter auch Besucher herum.

AN- & WEITERREISE

Knidos Taxi ist nicht weit vom Cumhuriyet Meydanı in Datça. Die Taxis kutschieren bis zu drei Leute von Datça nach Knidos und zurück. Das kostet 35 €, inklusive zwei Stunden Wartezeit.

Vom Hafen in Datça fahren auch Schiffe nach Knidos. Meist legen sie um 9 Uhr oder 9.30 Uhr ab; zurück geht's am frühen Abend (12 € pro Pers.).

KÖYCEĞIZ

☎ 0252/7520 Ew.

Die kleine, verschlafene Stadt liegt in einem Naturschutzgebiet am Nordende des Köyceğiz Gölü. Dieser große See ist durch den Fluss Dalyan mit dem Mittelmeer verbunden. Das Tourismusgeschäft rollt in Köyceğiz langsam, aber sicher an. Ansonsten spielt die Landwirtschaft eine wichtige Rolle: Es werden Zitrusfrüchte, Oliven, Honig und Baumwolle angebaut und produziert. Die Gegend ist außerdem berühmt für ihre Amberbäume (Liquidambar), die das kostbare Amberharz liefern. Die einzige echte Attraktion hier ist der riesige See – wunderschön und ruhig.

Orientierung & Praktische Informationen

Der *otogar* ist nicht weit von der Autobahnabfahrt, ca. 2,5 km weit weg vom Ufer. Die Hauptstraße heißt Atatürk Bulvarı. Sie führt von der Autobahn an der Polizeistation vorbei zum zentralen Platz. An der Kordon Boyu – der Straße um den See – gibt's eine Reihe Unterkünfte und Restaurants. Hier stehen auch ein paar tolle alte Eukalyptusbäume. Montags ist Markt – dann strömen Leute aus der gesamten Umgebung hierher.

Die **Touristeninformation** (☎ 262 4703; ☼ Mo–Fr 8.30–19 Uhr) ist beim Köyceğiz Öğretmenevi (Lehrerhaus) an der Ostseite des zentralen Platzes. Dort kriegt man einen simplen Stadtplan.

Sehenswertes & Aktivitäten

Es ist herrlich, über die Uferpromenade zu bummeln, vorbei an schönen Stadtpark, an schattigen Teegärten und ein paar Restaurants. Manche Unterkünfte vermieten Fahrräder und wer will, kann damit durch die Obsthaine und Plantagen radeln. Am Westufer führt eine Straße zu den Moorbädern von Sultaniye (S. 377) und nach Ekincik (S. 372). Unterwegs hat man eine tolle Aussicht auf den See. Zu den Moorbädern am Südufer des Sees sind es 35 km auf der Straße oder acht Seemeilen mit einem Boot von der Uferpromenade aus.

7 km westlich der Stadt gibt's einen kleinen **Wasserfall,** bei dem die Einheimischen gerne baden. Wer hierhin will, steigt in eine der Minibusse, die Richtung Westen nach Marmaris und Muğla fahren. Einfach dem Fahrer Bescheid sagen, dass er einen beim *şelale* (Wasserfall) rauslassen soll – sie wissen eigentlich alle, wo das ist (nicht weit vom Hinweisschild „Arboretum", falls sie es doch verpassen). Von der Landstraße zum Wasserfall sind's rund 800 m.

Es gibt organisierte **Bootsausflüge** nach Dalyan und zu den Ruinen von Kaunos. Pro Kopf ist mit 9 bis 12 € zu rechnen, inklusive Mittagessen. Die Boote liegen überall am Ufer.

Schlafen

Die meisten Übernachtungsmöglichkeiten sind auf der Westseite, wenn man vom Ortseingang Richtung Moschee geht.

Fulya Pension (☎ 262 2301; fulyapension@mynet.com; Ali İhsan Kalamaz Caddesi 100; EZ/DZ 8,50/16,50 €; ☒ ▯) Die Zimmer sind klein und schlicht, aber sauber und billig. Alle haben einen Balkon, außerdem gibt's eine Dachterrasse. Der nette Besitzer verleiht kostenlos 24 Fahrräder und bietet Bootstouren zu den Attraktionen in der Umgebung an (5,55 € inkl. Mittagessen).

Flora Hotel (☎ 262 4976; www.florahotel.info; Kordon Boyu 96; EZ/DZ/Apt. 11/22/33 €; ☒ ▯) Dieses Hotel liegt sehr ruhig am See, ca. 800 m vom Zentrum entfernt. Die Zimmer und Balkons gehen allerdings nicht direkt zum See raus. In den Apartments können zwei Erwachsene und zwei Kinder schlafen. Der Hotelchef organisiert Trekkingtouren in die Gölgeli-Berge.

Alila Hotel (☎ 262 1150; Emeksiz Caddesi 13; EZ/DZ HS 20/28 €, NS 14/22 €; ☒ ▮) Hotel in Spitzenlage am Seeufer. Zwölf Zimmer haben direkten Seeblick. Ömar, der nette Besitzer, hat das Haus selbst gebaut, managt es professionell und mit Blick fürs Detail – bis hin zu den schwanförmig drapierten Handtüchern! Im Garten am See gibt's auch einen Pool. Definitiv die beste Adresse im Ort!

Tango Pansiyon (☎ 262 2501; www.tangopension. com; Ali İhsan Kalmaz Caddesi 112; B/EZ/DZ 6,50/11/15,50 € pro Pers.; ✂ 🖵) Diese Pension wird von einem Sportlehrer aus dem Ort geführt. Deshalb wird auch eine breite Palette an Aktivitäten geboten: z. B. Tages- und Nachtfahrten mit dem Boot (6,65–8 €), Trekking (11 €) und Rafting (22 €); Mittagessen und Transfer sind im Preis mit drin. Die Zimmer sind hell, freundlich und prima in Schuss. Außerdem gibt's einen netten Garten. Beliebt bei Reisegruppen, also besser vorher buchen.

Panorama Plaza (☎ 262 3773; www.panorama-plaza. net; Cengiz Topel Caddesi 69; EZ/DZ 22/39 €; ✂ 🖵) Dieses Gebäude knapp 1 km westlich von der Moschee gewinnt bestimmt keinen Schönheitspreis. Aber es gibt einen netten Pool und einen lauschigen Garten mit Seeblick. Die Zimmer sind kuschelig und ihr Geld wert. Gäste können gratis Fahrrad fahren, surfen oder segeln.

Essen

Ein Stück vom zentralen Platz entfernt findet man jede Menge billige und nette Restaurants.

Köyeğiz Belediye (☎ 262 4090; Ulucamii Mahallesi; Kaffee oder Tee 0,27 €, Cola 0,85 €; ✂ 8–22 Uhr) Das Café gehört zum staatlichen Campingplatz, 1 km außerhalb der Stadt an der Straße nach Ekincik. Direkt am Strand gibt's hier Getränke zu Tiefstpreisen. Wer will, kann schwimmen oder in den Garten braten.

Mutlu Kardeşler (☎ 262 2480; Tören Alanı 52; Suppe 1,10 €, köfte 2,20 €, Kebap 2,75 €, pide 1,10–2 €; ✂ 7–1 Uhr) Dieses einfache, aber charmante Lokal abseits vom zentralen Platz ist bei den Einheimischen enorm angesagt. Die Tische stehen auf der kleinen, grünen und schattigen Terrasse hinter dem Haus. Unschlagbar günstig.

Colıba (☎ 262 2987; Cengiz Topel Caddesi 64; köfte 3,35 €; ✂ 10–1 Uhr) **Colıba** bedeutet „süßes Häuschen" – und das ist es auch. Das weiß getünchte Holzhaus hat eine schattige Terrasse mit Seeblick. Bei den Einheimischen sind die günstigen Grillgerichte der Renner. Auch lecker ist *ordövr* (gemischte *meze*-Platte) oder die Spezialität des Hauses: *alabalık* (Forelle, 5,55 €). Das Restaurant ist 100 m vom Hotel Alila entfernt.

Thera Fish Restaurant (☎ 262 3514; Cengiz Topel Caddesi 1; Fisch 6,65–11 € pro 350 g; ✂ 9–24 Uhr) Nicht weit vom Colıba ist das Thera mit einer Terrasse am Ufer. Die Einheimischen lieben es für seinen frischen Fisch, wovon es hier reichlich gibt. Auch über die Preise lässt sich nicht meckern. Wer noch keinen türkischen Fisch probiert hat, sollte hier zuschlagen.

An- & Weiterreise

Die meisten Busse fahren zum *otogar* am Stadtrand von Köyceğiz, rund 2 km vom See entfernt. Minibusse (0,42 €) pendeln alle 15 Minuten zwischen *otogar* und Stadt.

Alle halbe Stunde starten Minibusse nach Dalaman (2 €, 30 Min., 34 km), Marmaris (2,75 €, 1 Std., 60 km) und Ortaca (1,40 €, 25 Min., 20 km). Busse nach Fethiye (3,35 €, 1¾ Std., 95 km) fahren auch halbstündlich.

EKİNCİK

☎ 0252/860 Ew.

Dieses Stranddorf liegt etwas ab vom Schuss, 36 km südlich von Köyceğiz entfernt. Es ist von hohen, pinienbewachsenen Hügeln umgeben, an deren Fuß sich ein halbmondförmiger Strand erstreckt. Die Landschaft wird nur durch ein halb fertiges Hotel am Strand verschandelt. Der Bau wurde wegen rechtlicher Streitereien gestoppt.

Sehenswertes & Aktivitäten

Bei Ekincik gibt's ein paar tolle Trekkingrouten. Ahmed im Hotel Akdeniz kann Tipps geben. Am südlichen Strand vermietet die **Ekincik-Bootskooperative** (☎ 266 0192; ✂ Mai–Okt. 9–19 Uhr) Boote. Es gibt dreistündige Touren (nach Kaunos, 100 € für bis zu 12 Pers.), sechsstündige Touren (Kaunos & Dalyan, 133 €) und Ganztagestouren (Kaunos, heiße Quellen, Schildkrötenstrand usw., 166 €). Wer lieber schwimmen oder in der Sonne liegen will, kann das am Gemeindestrand **Köyceğiz Belediyesi Restaurant ve Halk Plaji** (☎ 266 0001; Ekincik Köyü Bulvarı; Mahlzeiten 3,35–7 €; ✂ Mitte April–Mitte Sept.) tun. Dort gibt's Duschen, Sonnenliegen und Tische sowie Getränke und Essen für wenig Geld.

Schlafen & Essen

In den ersten beiden Hotels gibt's *yarım pension* (Halbpension).

Ekincik Pansiyon (☎ 266 0179; Fax 266 0003; EZ/DZ HP 17/33 €; ✂) 350 m vom Strand entfernt, gleich rechts neben der Hauptstraße: eine helle, familienbetriebene Pension. Draußen gibt's einen netten schattigen Platz mit Tischen und Hängematten unter Bäumen. Einwandfrei!

Hotel Akdeniz (☎ 266 0255; www.akdenizotel.com; EZ/DZ 11/22 €, HP 22/44 €; ✴) Direkt oberhalb der Ekincik Pansiyon. Das Akdeniz bietet schlichte, ordentliche Zimmer mit Balkon. Der nette Besitzer Ahmed leitet Wanderungen durch die Pinienwälder in den Bergen und organisiert Picknicks. Es gibt auch eine Dachterrasse mit einem umwerfenden Blick aufs Meer und die Umgebung.

Ekincik Hotel (☎ 266-0203; www.hotelekincik.com; Ekincik Köyü; je nach Saison 19–28 € pro Pers.; ✴ Mai–Okt.; ✴) Ein Hotel mit Garten direkt am Meer, nett eingerichtet und prima in Schuss. Alle Zimmer haben Balkon, neun mit Meerblick.

Ship A Hoy (☎ 266-0045; Ekincik Köyü; meze ab 2,20 €; Hauptgerichte 10–14 €; ✴ April–Okt. 8–24 Uhr) Brandneues Lokal direkt am Strand neben der Ekincik Pansiyon. Es hat nette Tische unter riesigen, weißen Sonnenschirmen und Grasdachhütten. Serviert wird leckeres osmanisch inspiriertes Essen und frischer Fisch aus dem Meer (10–14 € pro 500 g).

Wer was Billiges sucht, findet im Sommer jede Menge Cafés und Imbissbuden am Ufer; hier gibt's Snacks und *tost* (getoastetes Sandwich, 1 €).

An- & Weiterreise

In den Schulferien (Mitte Juni–Anfang September) sind täglich ein bis zwei Busse zwischen Ekincik und Köyceğiz unterwegs (2,20 €, 1 Std.). Die Busse starten um 9.30 Uhr am zentralen Platz (nicht am *otogar*) und fahren um 18 Uhr wieder von Ekincik zurück.

Zur Zeit der Recherche hatte das Militär den Neubau der Straße zwischen Ekincik und Marmaris aus Sicherheitsgründen gestoppt.

DALYAN

☎ 0252

Früher war Dalyan ein schläfriges Bauerndorf, aber seit ein paar Jahren lockt es immer mehr Pauschalreisende an. Trotzdem hat sich der Ort noch etwas von seiner friedlichen Atmosphäre erhalten. Außer den Übernachtungsgästen fällt an Sommernachmittagen noch eine ganze Armada von Bootsausflüglern in Dalyan ein. Die Boote kommen aus Marmaris und Fethiye und bahnen sich ihren Weg durch den Schilfgürtel des Dalyan-Flusses (Dalyan Çayı), wenn sie zu den Ruinen der antiken Stadt Kaunos (Caunos) und zum Strand von İztuzu schippern. Oberhalb vom Fluss stehen

die Fassaden der lykischen Steingräber und gucken auf das bunte Treiben runter. In Dalyan machen zwar ständig neue Restaurants auf und die Innenstadt verkommt allmählich zu einer langweiligen Betonsiedlung. Aber es sind nur ein paar Minuten zu Fuß in die bezaubernde Altstadt mit ihren Gärten und Weidenbäumen.

Orientierung

Von der Autobahn bei Ortaca zu Dalyans Cumhuriyet Meydanı (zentraler Platz) zwischen Moschee und Post sind es ca. 10 km. Die Minibusse halten hinter dem Platz mit einer Atatürk- und einer Schildkrötenstatue.

Die besseren Hotels und Pensionen haben sich schwerpunktmäßig an der Maraş Caddesi niedergelassen; die führt 1 km Richtung Süden, bis kurz vors Flussufer.

Praktische Informationen

Einen Geldautomaten gibt's auf der Südostseite der Post im Zentrum.

Touristeninformation (☎ 284 4235; Maraş Caddesi 2/C; ✴ Sommer Mo–Fr 8–12 & 13–17 Uhr, Winter 8–19 Uhr)

Ünsal Internetcafé (Karakol Sokak 23/A; 1,10 € pro Std.; ✴ 8.30–24 Uhr) Östlich von der Touristeninformation auf der linken Seite.

Sehenswertes & Aktivitäten

KAUNOS

Kaunos (Eintritt 2,50 €; ✴ 8.30–17.30 Uhr) wurde um das 9. Jh. v. Chr. gegründet und stieg im 400 v. Chr. zu einer wichtigen karischen Stadt auf. Sie lag direkt an der Grenze zum Königreich Lykien und bildete ein karisch-lykischer Schmelztiegel. Die **Gräber** sind z. B. im lykischen Stil (in Fethiye, Kaş und weiter östlich gibt's noch mehr davon). Wer keine Lust auf eine Flussfahrt hat, muss von der Stadt aus ca. 15 Minuten auf der Maraş Caddesi Richtung Süden laufen; da gibt's eine gute Aussicht auf die Gräber.

Als Mausolos von Halikarnassos in Karien herrschte, brachte er die hellenische Kultur nach Kaunos. Die Kaunier übernahmen sie, ohne lang zu fackeln. Die Stadt litt schwer unter einer Malaria-Epidemie; Herodot nannte als typisches Merkmal der Leute hier ihre gelbe Haut und ihre gelben Augen. Eine andere Bedrohung für den Reichtum der Kaunier war, dass ihr Hafen versandete. Früher umspülte das Mittelmeer den Hügel mit der Ausgrabungsstätte – heute hat der Schlick

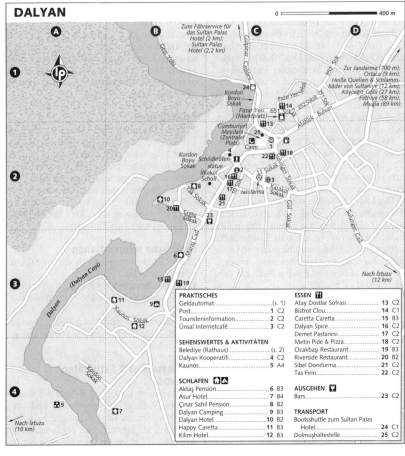

DALYAN

0 ——————— 400 m

Zum Fährservice für
das Sultan Palas
Hotel (2 km);
Sultan Palas
Hotel (2,2 km)

Zur Jandarma (700 m);
Ortaca (9 km);
Heiße Quellen & Schlamm-
bäder von Sultaniye (12 km);
Köyceğiz Gölü (27 km);
Fethiye (58 km);
Muğla (89 km)

Kordon
Boyu
Sokak

Pazar Yeni Sok.

Cumhuriyet
Meydanı
(Zentraler
Platz)

Kordon
Boyu
Sokak

Schildkröten-
statue
İlkokul
Scholl

Nach İztuzu
(12 km)

Nach İztuzu
(10 km)

PRAKTISCHES			ESSEN		
Geldautomat		(s. 1)	Atay Dostlar Sofrasi	13	C2
Post		1 C2	Bistrot Clou	14	C1
Touristeninformation		2 C2	Caretta Caretta	15	B3
Ünsal Internetcafé		3 C2	Dalyan Spice	16	C2
			Demet Pastanesi	17	C2
SEHENSWERTES & AKTIVITÄTEN			Metin Pide & Pizza	18	C2
Belediye (Rathaus)		(s. 2)	Ocakbaşı Restaurant	19	B3
Dalyan Kooperatifi		4 C2	Riverside Restaurant	20	B2
Kaunos		5 A4	Sibel Dondurma	21	C2
			Tas Firin	22	C2
SCHLAFEN					
Aktaş Pension		6 B3	AUSGEHEN		
Asur Hotel		7 B4	Bars		23 C2
Çinar Sahil Pension		8 B2			
Dalyan Camping		9 B3	TRANSPORT		
Dalyan Hotel		10 B2	Bootsshuttle zum Sultan Palas		
Happy Caretta		11 B3	Hotel		24 C1
Kilim Hotel		12 B3	Dolmuşhaltestelle		25 C2

des Dalyan-Flusses das Meer 5 km weit nach Süden verdrängt.

Außer den Gräbern gibt es auch noch ein gut erhaltenes **Theater** und nicht weit davon die Reste einer **Akropolis** sowie Ruinen von anderen Bauten, z. B. Bädern, einer Basilika und von Verteidigungswällen.

Boote fahren zum westlichen Ufer rüber; von da sind es zu Fuß fünf Minuten bis zu den Ruinen. Die merkwürdigen Holzgebilde im Fluss sind *dalyanlar* (Fischreusen). Der Fischfang war sicher schon für die antiken Kaunier sehr wichtig.

BOOTSAUSFLÜGE

Im Sommer fahren täglich um 10 Uhr Schiffe vom Hafen nach Köyceğiz Gölü, zu den hei-

ßen Quellen und Moorbädern von Sultaniye (S. 377), den Ruinen von Kaunos (S. 373) und zum Strand von İztuzu (S. 377) an der Mittelmeerküste. Besonders billig ist es mit den Booten der örtlichen Kooperative **Dalyan Kooperatifi** (☎ 284 7843); eine Fahrt kostet pro Person einschließlich Mittagessen 11 €. Manche anderen Veranstalter nehmen ihren Passagieren bei Weitem mehr ab.

Wer eine kleine Gruppe zusammenbekommt, mietet sich am besten ein ganzes Boot für acht bis zwölf Leute. Handeln lohnt sich – v. a. in der Vor- und Nachsaison, wenn die Nachfrage nicht so groß ist. Eine Zwei-Stunden-Tour nach Kaunos kostet 29 € für das ganze Boot; wenn es außerdem noch zu den heißen Quellen in Sultaniye gehen soll, dauert der Trip drei Stunden und kostet etwa 45 €.

Die Bootskooperative betreibt einen „Fluss-Dolmuş"-Service, der zwischen der Stadt und dem Strand von İztuzu (von den einheimischen Veranstaltern „Schildkrötenstrand" genannt) pendelt; hin und zurück kostet es 2,75 €. Im Hochsommer starten diese Boote zwischen 10 Uhr und 14 Uhr alle 20 Minuten; zurück geht's zwischen 13 Uhr und 18 Uhr. (Im Hochsommer fahren auch Minibusse 13 km über Land nach İztuzu zum anderen, weniger überlaufenen Strandende.) Wer auf die Kebapbuden am Strand nicht steht, bringt sich besser selbst was zu essen mit.

Die Bootskooperative hat auch eine zweistündige Schildkrötentour für Frühaufsteher im Angebot. Jeden Tag geht's um 6.30 Uhr los (8,50 €). Dolmuş-Boote fahren dreimal täglich nach Kaunos (hin & zurück 8,50 €) und am frühen Abend zu den Moorbädern (8,50 €). Wer in einem Hotel am Wasser wohnt, kann sich von der Kooperative auch dort abholen lassen.

Von Juni bis September gibt's zweimal die Woche Abendtouren bei Sonnenuntergang, meistens mittwochs und freitags (14 € pro Pers. inkl. Abendessen).

Schlafen
BUDGETUNTERKÜNFTE
Dalyan Camping (☎ /Fax 284 4157; Maraş Caddesi 144; pro Zelt/Wohnwagen 8/14 €, 2/3/4-Pers.-Bungalows 14/20/28 €; April–Okt.) Der Campingplatz liegt herrlich am Fluss, gegenüber von den Gräbern. Er ist ziemlich klein und verwahrlost. Immerhin gibt's acht einfache, saubere und nette Bungalows aus Pinienholz.

Aktaş Pansiyon (☎ 284 2042; aktaspansion@hotmail.com; Maraş Caddesi 116; EZ/DZ 17/22 €;) Die Zimmer

sind unspektakulär und klein (die Bäder noch kleiner), aber sieben von ihnen haben Flussblick. Am Ufer gibt's außerdem eine Terrasse. Für den Preis okay.

Çınar Sahil Pension (☎ 284 2402; www.cinarsahilpansiyon.com; Yalı Sokak 14; EZ/DZ 17/28 €) Vermietet einfache, saubere Zimmer. Die großen Pluspunkte sind die zentrale Lage und die Dachterrasse mit dem vielleicht besten Blick von ganz Dalyan. Vier Zimmer können mit Balkon und Flussblick punkten. In der Saison gibt's Grillpartys und für 33 € pro Tag ist ein Mietboot zu haben (für bis zu 4 Pers.).

MITTEL- & SPITZENKLASSEHOTELS
Kilim Hotel (☎ 284 2253; www.kilimhotel.com; Kaunos Sokak 7; EZ/DZ 22/33 €; April–Nov.;) Hier geht's friedlich und relaxt zu. Es gibt einen Pool und eine von alten Palmen beschattete Terrasse. In den geräumigen Zimmern stehen extrabreite Betten und die meisten haben einen Balkon. Das Hotel hat einen Gratis-Fahrradverleih und am Eingang eine Rampe für Rollifahrer.

Asur Hotel (☎ 284 3232; www.asurotel.com; je nach Saison EZ 27–35 €, DZ 40,50–49,50 €; Mai–Okt.;) Am südwestlichen Ende der Stadt, schräg gegenüber von Kaunos (über den Fluss rüber). Das Asur wurde vom Stararchitekten Nail Çakırhan entworfen. In einem großen Garten voller Vögel stehen 32 achteckige Bungalows im Orient-Look: toll möbliert und alle mit eigener, kleiner Veranda. Außerdem gibt's einen klasse Pool.

Happy Caretta (☎ 284 2109; www.happycaretta.com; Kaunos Sokak 26; EZ/DZ 39/50 €) Ein nettes, friedliches Plätzchen: Die Zimmer sind einfach und klein, aber stilvoll mit Naturmaterialien eingerichtet. Auf der Terrasse mit den Hängematten ist es dank der Zypressen angenehm kühl. Der

---

TIPP VOM AUTOR

Sultan Palas Hotel (☎ 284 2103; www.sultanpalasdalyan.co.uk; Horozlar Mevkii; EZ/DZ 44/73 €, mit HP 51/87 €; Mai–Mitte Okt;) Das Hotel ist von Dalyan aus nur per Schiff erreichbar – der Trip erinnert ein bisschen an eine Fahrt mit dem Fährmann Charon über den Totenfluss Styx. Das Ziel der Reise ist wirklich himmlisch: Die Unterkunft liegt mitten in einem Garten voller Obstbäume und mit einem netten Pool. Weder Verkehr noch Reisegruppen oder Popmusik dürfen in dieses Paradies vordringen. Nil, der Respekt einflößende Hausherr, hält alles tipptopp in Schuss. Er sucht sogar persönlich auf dem Markt das Gemüse für die Küche aus. Das Essen wird auf altem osmanischen Geschirr angerichtet und schmeckt phantastisch. Die Zimmer sind alle wie kleine Suiten designt: einfach, aber attraktiv und komfortabel. Alle haben ein eigene Veranda. Täglich fahren fünf Boote hierher. Außerdem hat das Hotel einen Abholservice mit dem Wassertaxi; das startet am Flussufer ca. 2 km nördlich von der Stadt – einfach vorher anrufen.

Besitzer heißt Munir, kocht Marmelade aus Obst aus dem eigenen Garten und serviert ein gutes Frühstück.

Dalyan Hotel (☎ 284 2239; www.hoteldalyan.com; Kordon Boyu Sokak; je nach Saison EZ 39–47 €, DZ 53–72 €; 🕙 Mai–Okt.; 🏊 🚌) Das Dalyan liegt eindrucksvoll direkt oberhalb vom Fluss, gegenüber von den lykischen Gräbern und ist sehr attraktiv in mehreren Halbkreisen angelegt. Die kleinen, stilvollen Zimmer sind im Halbrund um einen Pool angeordnet. Alle haben Bougainvilleen-überrankte Terrassen mit spanischen Bögen. Zehn Zimmer bieten einen Blick auf den Fluss, zehn auf den Pool. Die Gäste können sich gratis per Boot zum Strand von İztuzu transportieren lassen.

Essen & Ausgehen

Ein paar Leser haben sich beschwert, dass die Restaurants in Dalyan zu viel kassieren. Also besser vor dem Bestellen den Preis checken (v. a. beim Fisch) und zum Schluss die Rechnung prüfen.

Wer was trinken will, schaut sich am besten da um, wo die Maraş Caddesi etwas breiter wird. Hier reiht sich eine Bar an die andere – einfach dahin gehen, wo am meisten los ist.

RESTAURANTS

Atay Dostlar Sofrasi (☎ 284 2156; Cami Karşısı 69; Hauptgerichte 2,20 €; 🕙 6.30–24 Uhr) Dieses Lokal gegenüber der Moschee ist vor Ort der klare Favorit: wegen des hausgemachten Essens und der unschlagbaren Preise. Es gibt eine Vitrine mit täglich frischen Sachen zum Aussuchen. Für Vegetarier gibt's auch was (1,65 €).

Metin Pide & Pizza (☎ 284 2877; Sulunger Sokak 3/B; 🕙 NS 8.30–21.30 Uhr, HS 8.30–24 Uhr) Hier gibt's die besten frisch gemachten *pide* (1,40–2,20 €) und Pizzen (2,75–5 €). Das Metin ist ein Familienbetrieb, in dem alle mit anpacken. Gegenüber stehen Tische in einem schattigen Garten.

Caretta Caretta (☎ 284 3039; Maraş Caddesi 124; meze 2,20 €, Hauptgerichte inkl. Fisch 5–11 €; 🕙 März–Nov. 8–1 Uhr) Ein weiteres Meisterwerk von Nail Çakırhan. Hier werden türkische Köstlichkeiten (z. B. *bonfile ve tavuk ciğerli börek* – Rinderfilet mit Hühnerleber in Blätterteig) zu tollen Preisen angeboten. Am Ufer und auf der Holzterrasse über dem Wasser gibt's jede Menge Tische – einer ist fast immer frei. Auch super für ein Bier (1,95 €).

Bistrot Clou (☎ 284 3452; Pazar Yeri Sokak; meze 1,65–2,50 €; 🕙 April–Mitte Okt. 9–24 Uhr) Direkt am Marktplatz serviert dieses kleine Restaurant Hausgemachtes zu prima Preisen. Es gehört einer Familie, die einfach alles selbst macht – von der Spezialität des Hauses, den köstlichen *güvec* (Aufläufe, 4,75–11 €), bis zu den gehäkelten Tischdecken und Kalebassen-Lampen. An fast allen Abenden gibt's Jazz und traditionelle Musik.

Ocakbaşı Restaurant (☎ 284 5294; Maraş Caddesi 127; meze 2,20 €; 🕙 April–Sept. 9.30–24 Uhr) Hier lassen es sich die Gäste in einem süßen Garten mit einem Teich, Orangen-, Pflaumen- und Granatapfelbäumen gut gehen. V. a. die leckeren Kebaps sind weithin berühmt (6,50 €).

Riverside Restaurant (☎ 284 3166; Sağlık Sokak 7; meze 3–8 €, Fisch 9–11 € pro 450 g; 🕙 8.30–24 Uhr) Das beste Fischrestaurant von Dalyan. Man isst auf einer tollen luftigen Terrasse unter Maulbeerbäumen und kann dabei die lykischen Gräber bewundern und die Enten quaken hören. Der Besitzer war früher Küchenchef und kocht auch jetzt noch selbst. Er bringt feinste Meeresfrüchte und Fisch mit eigenen Spezialsaucen auf den Tisch. Spezialität ist der gefüllte Fisch.

CAFÉS & AUF DIE SCHNELLE

Tas Firin (☎ 284 3839; Sulunger Sokak 2; 🕙 NS 7–18 Uhr, HS 7–22 Uhr) Schräg gegenüber vom Metin; verkauft vielerlei frisches Brot.

Demet Pastanesi (☎ 284 4124; Maraş Caddesi 39; Kaffee 0,85 €; 🕙 NS 7.30–18 Uhr, HS 7.30–24 Uhr) Hier gibt's köstliches Gebäck und verführerischen türkischen Pudding (1,65 €). Toll für ein Frühstück oder zum Mitnehmen fürs Picknick. Die Hasel- und Walnusstorten (1,95 €) sind göttlich!

Dalyan Spice (☎ 284 4397; Maraş Caddesi 37; 🕙 April–Okt. 8.30–24 Uhr) Verkauft superleckeren türkischen Honig (Schachtel 2,75–5 €), außerdem heimische Gewürze und Honig. Eis gibt's bei **Sibel Dondurma** (☎ 284 4363; Maraş Caddesi 43/A; 0,55 € pro Kugel; 🕙 Mai–Okt. 7–24 Uhr) – insgesamt 20 Sorten, alle hausgemacht.

An- & Weiterreise

Minibusse direkt nach Dalaman gibt's nicht. Wer dorthin will, nimmt zuerst den Minibus nach Ortaca (0,85 €, in der Hauptsaison alle 30 Min., Nebensaison stündl.) und steigt da um. Vom *otogar* in Ortaca fahren Busse nach Köyceğiz (1,40 €, 25 Min., 20 km) und Dalaman (0,40 €, 15 Min., 5 km). Die Minibusse starten in Dalyan bei der Haltestelle westlich von der Post.

SCHILDKRÖTENALARM

Vor ein paar Jahren kam der İztuzu-Strand bei Dalyan zu traurigem Ruhm: Einer der letzten mediterranen Brutplätze der Caretta caretta, der Unechten Karettschildkröte, hatte sich als extrem bedroht herausgestellt.

Die Unechte Karettschildkröte (auf Türkisch *deniz kaplumbağa*) ist ein großes, flachköpfiges Reptil. Oben ist sie rotbraun, auf der Unterseite gelborange. Sie bringt bis zu 130 kg auf die Waage.

Die weiblichen Schildkröten kriechen zwischen Mai und September nachts an den Strand. Dort legen sie ihre Eier im Sand ab. Mit den Hinterflossen buddeln sie ein ca. 40 cm tiefes Nest, in das sie 70 bis 120 weiße, weichschalige, tischtennisballgroße Eier ablegen. Dann schaufeln sie das Loch wieder mit Sand zu. Wenn sie dabei gestört werden, unterbrechen die Tiere das Eierlegen und krabbeln ins Meer zurück.

Die Eier brüten 50 bis 65 Tage im Sand. Welches Geschlecht die Jungen haben, hängt von der Umgebungstemperatur ab: Bei unter 30 °C gibt es mehr männliche, bei über 30 °C weibliche Nachkommen. Liegt die Temperatur die meiste Zeit bei 30 °C, schlüpfen gleich viele Jungs und Mädels.

Sie schlüpfen nachts, wenn es kühl ist und weniger Raubtiere lauern. Dann laufen sie zum Wasser – die Spiegelung auf der Wasseroberfläche leitet sie dorthin. Wenn Hotels und Restaurants zu nah ans Wasser gebaut sind, irritiert ihr Licht die Jungen. Sie kriechen dann den Strand hinauf – dorthin wo es gefährlich ist – statt strandabwärts ins sichere Wasser. Deshalb gab es einen Riesenaufschrei, als bekannt wurde, dass ein neues Hotel direkt am den Strand hochgezogen werden sollte. Schließlich wurden die Pläne gecancelt.

Damals wurden auch Regeln zum Schutz der Schildkröten aufgestellt. Tagsüber ist der Strand öffentlich zugänglich. Von Mai bis September darf er aber nachts nicht betreten werden. Eine Reihe von Holzpfählen markiert den Strandbereich, an dem die Nistplätze sind. Die Besucher sollen dahinter bleiben, um die Nester nicht zu gefährden. Und auf keinen Fall Müll hinterlassen, der den Schildkröten das Leben schwer machen könnte.

Die Unechte Karettschildkröte tummelt sich auch an den Stränden bei Dalaman, Fethiye, Patara, Kale, Kumluca, Tekirova, Belek, Kızılot, Demirtaş, Gazipaşa und Anamur sowie im Göksu-Delta. Auf S. 375 stehen Details zu Schildkröten-Beobachtungstouren mit dem Boot.

RUND UM DALYAN
Heiße Quellen & Moorbäder von Sultaniye

Die **heißen Quellen von Sultaniye** (Sultaniye Kaplıcaları; Eintritt 1,95 €) sprudeln südwestlich von Köyceğiz Gölü. Das leicht radioaktive Mineralwasser ist reich an Kalzium, Schwefel, Eisen, Nitraten, Pottasche und anderen Salzen. Es soll gut gegen Hautkrankheiten und Rheuma sein. Z. T. sind die Quellen bis zu 40 °C heiß. Es gibt noch ein kleineres Moorbad, kurz bevor der Dalyan-Fluss in den See fließt. Wer will, kann sich hier in einem Schwefelbecken im-Schlamm suhlen – der ist genauso heiß wie in Sultaniye.

Hierher fährt ein Dolmuş-Boot (2,75 €, 30 Min.), das ablegt, wenn es voll ist (Sommer ca. halbstündl., Nebensaison 1-mal pro Std.). Es gibt auch Privatboote, aber da ist hartes Feilschen angesagt.

Strand von İztuzu

13 km südlich der Stadt trennt eine 4,5 km lange Sandbank das Meer von der Mündung des Dalyan-Flusses – ein super Strand zum Schwimmen. Die Geschäftsleute strecken schon seit Jahren gierig ihre Finger danach aus. Aber die Regierung hat Hotelbauten in der Art wie zwischen Kuşadası und Alanya strikt verboten. Am Strand gibt's ein paar Imbissbuden und mehrere Reihen Sonnenliegen. Wer dem Getümmel entkommen will, muss aber nicht weit laufen. İztuzu ist eins der letzten Brutgebiete der Unechten Karettschildkröte im Mittelmeerraum (s. Kasten oben). Es wird streng drauf geachtet, dass sich alle an die Regeln zum Schutz der Tiere halten. Von Dalyan aus fahren in der Hauptsaison alle halbe Stunde Minibusse hierher (2,20 €, 15 Min.).

DALAMAN
☎ 0252/19 600 Ew.

Die landwirtschaftlich geprägte Stadt war ein ruhiges Nest, bis der regionale Flughafen an die nahe Flussmündung gebaut wurde. Jetzt schreckt sie jedes Mal auf, wenn ein Flugzeug landet (wacht aber nicht auf). Die meisten

Besucher fahren gleich weiter – die Busverbindungen sind prima.

Vom Flughafen zur Stadt sind es 5,5 km und zur Ost-West-Schnellstraße noch mal so weit. In der Feriensaison werden von hier aus viele europäische Städte angeflogen. Außerdem gibt's das ganze Jahr über täglich fünf Flüge von Dalaman nach İstanbul. Ein einfacher Flug kostet 78 €. In der Hauptsaison fangen am Flughafen diverse Busgesellschaften die Passagiere ab. Zu anderen Zeiten geht's nur mit einem Taxi für 7 € bis 9 € nach Dalaman.

Am *otogar* von Dalaman (an der Kreuzung von Kenan Evren Bulvarı und Atatürk Caddesi) gibt's Fahrkarten zu vielen verschiedenen Zielen, z. B. nach Antalya (8 €, 5½ Std., 272 km), Köyceğiz (1,50 €, 45 Min., 34 km) und Marmaris (5 €, 2 Std., 120 km). Alle Busse nach Norden und Osten fahren über Muğla oder Fethiye.

GÖCEK
☎ 0252

Dieser Ferienort liegt auf halbem Weg zwischen Köyceğiz und Fethiye an einer tollen Bucht. Rundum ragen pinienbewachsene Berge in die Höhe. Der Ort wurde in den 1980ern bekannt, als Turgut Özal (erst Minister-, dann Staatspräsident der Türkei) sich Göcek als Lieblingsferiendomzil auserkor.

Die Busse halten bei einer Tankstelle an der Hauptstraße. Von da ist es noch 1 km zu Fuß ins Zentrum. Die Minibusse fahren bis zum Hauptplatz mit der Atatürk-Büste. Hier gibt's auch eine Reihe kleine Restaurants, eine Post und Geldautomaten.

Göcek ist ein Ort zum Relaxen. Es gibt zwar nur einen etwas rauen **Strand** am Westende des Quais. Dafür wird eine **„Zwölf-Inseln-Tour"** (s. S. 379) zu den Stränden der Inseln ringsum angeboten.

Schlafen
CAMPING
Der Campingplatz **Küçük Kargı Orman İçi Dinlenme Yeri** (pro Zelt 2,75 €) liegt ca. 10 km östlich von Göcek zwischen Bäumen und mit Blick auf eine Bucht. Bei Katrancı 2 km weiter östlich gibt's noch einen Picknick- und Campingplatz mit einem kleinen Restaurant. Er liegt an einer schönen, kleinen Bucht mit Strand.

PENSIONEN & HOTELS
Tufan Pansiyon (☎ 645 1334; Marina; EZ/DZ HS 14/17 €, NS 11/14 €) Das Hotel gehört einer Familie und ist

nur 25 m weit weg vom Meer. Es hat kleine, aber saubere und total süße Zimmer. Vier davon teilen sich einen Balkon mit Meerblick.

Başak Pansiyon (☎ 645 1024; Fax 645 1862; Skopea Marina; EZ/DZ 22/33 €) Am Westende des Hafens gibt's hier einfache, aber saubere Zimmer mit einer schönen Veranda.

Dım Pansiyon (☎ 645 1294; www.dimhotel.com; Sokak 14; EZ/DZ HS 28/44 €, NS 28/33 €; 🏊 🖃) Hier wird einiges geboten fürs Geld: schlichte, aber nett möblierte Zimmer, eine hübsche Terrasse, ein mittelgroßer Pool und das alles nur 30 m vom Strand entfernt.

A&B Home Hotel (☎ 645 1820; www.abhomehotel. com; Turgut Özal Caddesi; EZ/DZ HS 67/83 €, NS 56/67 €; 🏊 🖃) Die eher kleinen Zimmer sind mit hübschen Möbeln und Tapete etwas aufpoliert Aber das eigentliche Plus ist der mittelgroße Pool auf der tollen Terrasse. Prima Frühstücksbuffett.

Essen
Can Restaurant (☎ 645 1507; Skopea Marina; meze 1,65 €, Meeresfrüchte-meze 3–8 €; ⏰ 7–24 Uhr) Bei den Locals ein echter Hit. Das Can liegt ein Stück weit weg vom Ufer, hat aber eine nette Terrasse unter einer alten Yuccapalme. Es gibt eine große *meze*-Auswahl. Aber die Spezialität ist *tuzda balık* (in Salz gebackener Fisch, 42 € für 2–3 Pers.).

West Café & Bar (☎ 645 2794; Turgut Özal Caddesi; Frühstück 5 €, Hauptgerichte 4,50–12,50 €; ⏰ NS 9–24 Uhr, HS 9–0.30 Uhr) Der Name ist Programm: Die Küche ist westlich und die Atmosphäre auch. Es gibt WLAN, gebratenen Speck zum Frühstück und Torte zum Tee. Wer mal was anderes will als Kebap, ist hier richtig. Allerdings nicht ganz billig.

Anatolia (☎ 645 6941; Marina; meze 2,20–8 €; Hauptgerichte 11–17 €; ⏰ 7–24 Uhr) Draußen hat es eine herrliche Terrasse. Auf der Speisekarte stehen anatolische Spezialitäten.

An- & Weiterreise
Alle halbe Stunde fahren Minibusse nach Fethiye (1,95 €, 30 Min., 30 km). Wer nach Dalyan will, muss in Otacer umsteigen (2,75 €, 25 Min., 25 km, stündl.).

FETHİYE
☎ 0252/50 700 Ew.

Fethiye liegt am südlichen Ende einer wunderschönen, weiten Bucht. Die Stadt hat schon einige Jahre auf dem Buckel, es gibt aber nur wenige alte Gebäude. 1958 wurde sie von einem Erdbeben stark zerstört. Deshalb gibt's nur Gräber aus der Zeit, als Fethiye noch Telmessos hieß (400 v. Chr.). Obwohl die Stadt ziemlich groß ist, geht's in Fethiye unglaublich ruhig zu. Ein Besuch hier steht oft vor oder nach einem *gület*-Törn auf dem Programm.

Die innere Bucht von Fethiye ist ein toller Naturhafen, der durch die Insel Şövalye Adası vor Sturm geschützt wird. Die äußere Bucht ist um einiges größer und hat elf Inseln. Ca. 15 km südlich liegt Ölüdeniz (S. 385), einer der türkischen Top-Urlaubsorte. Rund um Fethiye gibt's jede Menge Interessantes zu entdecken – z. B. die Geisterstadt Kayaköy (Karmylassos, S. 387) auf der anderen Seite vom Hügel.

Orientierung

Der geschäftige *otogar* von Fethiye liegt 2,5 km östlich vom Zentrum. Für die Minibusse gibt's eine eigene Haltestelle 1 km östlich vom Zentrum. Mittel- und Spitzenklassehotels haben sich nicht weit vom Stadtzentrum angesiedelt; die billigeren Pensionen liegen schwerpunktmäßig weiter westlich, hinter dem Hafen. Auf der Hauptstraße Atatürk Caddesi sind Minibusse unterwegs. Das *belediye* ändert anscheinend gern Straßennamen: Kleinere Straßen haben deshalb oft mehrere Namen. Dienstags gibt's am Kanal zwischen der Atatürk Caddesi und dem Stadion (Pürşabey Caddesi) einen Markt. Rund um den Hafen gibt's diverse Yacht-Charterfirmen.

Praktische Informationen

In der Atatürk Caddesi sind Banken mit Geldautomaten und Wechselstuben zu finden.
Imagine Bookshop (☎ 614 8465; Atatürk Caddesi 18; ⏰ 9–18 Uhr) Verkauft ausländische Zeitungen und Zeitschriften, Wörterbücher, außerdem Türkeikarten, Bücher über das Land und türkische CDs.
Touristeninformation (☎ 614 1527; İskele Meydanı; ⏰ Mai–Sept. tgl., Okt.–April Mo–Fr 8.30–12 & 13– 17.30 Uhr) Am Hafen, direkt hinter dem römischen Theater.

Sehenswertes & Aktivitäten

DAS ANTIKE TELMESSOS

Wer durch die Stadt bummelt, wird überall merkwürdige lykische **Sarkophage** aus Stein entdecken. Sie stammen aus der Zeit um 450 v. Chr. Einer steht nördlich vom *belediye*, andere mitten auf der Straße oder in Privatgärten – die Stadt wurde einfach drumherum gebaut. Alle wurden schon vor Jahrhunderten von Grabräubern geplündert.

Das **Amyntas-Grab** (Eintritt 2,50 €; ⏰ 8–19 Uhr) ist außerhalb der Stadt. Diese ionische Tempelfassade wurde 350 v. Chr. aus dem Fels gehauen. Im Sommer ist bei Sonnenuntergang ganz schön was los, denn dann ist es hier am schönsten. Wer nach oben will, muss eine steile Treppe hochklettern – an heißen Tagen sollte man sich vorher gut überlegen, wie wichtig einem die lykischen Grabmonumente wirklich sind. 500 m weiter östlich sind noch andere, kleinere Gräber.

Hinter dem Hafen liegen die ausgegrabenen Überreste eines **Theaters** aus der Römerzeit.

Auf dem Hügel hinter der Stadt steht nördlich von der Straße nach Kayaköy der verfallene Turm einer **Kreuzritterfestung.** Sie wurde vom Malteserorden auf ältere Fundamente von ca. 400 v. Chr. gebaut.

MUSEUM VON FETHİYE

Im **Museum von Fethiye** (Fethiye Müzesi; 505 Sokak; Eintritt 2,75 €; ⏰ Di–So 8.30–17 Uhr) gibt's eine Reihe interessante Sachen zu sehen: z. B. kleine Statuen und Votivsteine (die Stele der Totenrund und die Stele des Versprechens) oder die dreisprachige Stele (lykisch-griechisch-aramäisch) aus dem Letoon (s. S. 392); sie war enorm hilfreich, um die lykische Sprache zu entschlüsseln. Auf ihr wird erzählt, wie König Kaunos Geld spendete, um zu Ehren der Götter etwas Gutes zu tun. Die ethnografische Abteilung hat ein paar interessante Exponate aus osmanischer Zeit, ist aber manchmal zu.

STRÄNDE & WASSERSPORT

Die **Ocean Turizm & Travel Agency** (☎ 612 4807; www.oceantravelagency.com; İskele Meydanı 1; ⏰ 9–18 Uhr) verkauft Tickets für Bootsfahrten. Außerdem organisiert sie Tauchausflüge (45 € pro Pers. inkl. 2 Tauchgänge, Ausrüstung & Mittagessen) und Parasailing (75 € pro Pers. und 30 Min. inkl. Ausrüstung).

Der **Çalış-Strand** liegt 5 km nördlich vom Zentrum. An diesem schmalen Streifen Kiesstrand reiht sich eine Hotelburg an die nächste. Er war mal extrem beliebt, wird inzwischen aber von Ölüdeniz in den Schatten gestellt. Den ganzen Tag über fahren alle fünf bis zehn Minuten Minibusse (0,85 €, 10 Min.) nach Çalış.

Geführte Touren

Besonders beliebt ist die **Zwölf-Inseln-Tour** (HS 11 € pro Pers., inkl. Mittagessen, NS 14–17 €; ⏰ Mitte April–Okt. 9–18 oder 18.30 Uhr) durch die Bucht von Fethiye

FETHİYE

PRAKTISCHES		SCHLAFEN		Meğri Restaurant	25 C2
Imagine Bookshop	1 C2	Artemis Hotel	12 A2	Nefis Pıde	26 D2
Jandarma (Polizei)	2 A2	Duygu Pension	13 A2	Özsüt	27 C1
Krankenhaus	3 E1	Ece Saray Marina & Resort	14 B1	Paşa Kebab	28 D2
Ocean Turizm & Travel		Ferah Pension	15 A2		
Agency	(s. 6)	Horizon Hotel	16 C2	AUSGEHEN	
Post	4 D1	Ideal Pension	17 B2	Car Cemetery	29 C2
Toiletten	5 E2	İrem Hotel	18 B2	Ottoman Dancing Bar	30 D2
Touristeninformation	6 C2	Tan Pansiyon	19 C2		
		V-Go's Hotel & Guesthouse	(s. 13)	UNTERHALTUNG	
SEHENSWERTES & AKTIVITÄTEN		Villa Daffodil	20 A2	Club Bananas	31 C2
Amyntas-Grab	7 E2				
Kreuzritterfestung	8 D2	ESSEN		TRANSPORT	
Lykische Steingräber	9 F2	Café Oley	22 C2	Anbieter von Bootstouren	(s. 6)
Lykische Sarkophage	10 D1	Hilmi et Balık Restaurant	23 D2	Minibusse nach Ölüdeniz	33 E2
Römische Theaterruinen	11 C2	Meğri Lokantasi	24 D2	Dolmuş-Haltestelle	32 E2

(Fethiye Körfezi). Die Boote laufen normalerweise sechs Inseln an und schippern an den anderen vorbei. Manche Fahrten sind einfach nur Sauftouren – wer darauf nicht steht, sollte sich vorher erkundigen. Tickets gibt's in Hotels und Reisebüros; man kann aber auch mit den Veranstaltern bei der Touristeninformation den Preis selbst aushandeln.

Bei der normalen Tour (Fethiye Körfezi) geht's erst zur **Yassıcalar** (Flache Insel) für einen Badestopp. Danach wird die **Insel Tersane** angesteuert; hier können die Passagiere ins türkisfarbene Wasser springen und die Ruinen anschauen. Zum Mittagessen, Schwimmen und Schnorcheln geht's dann nach **Akvaryum** (Aquarium). Den nächsten Badestopp gibt's in der **Cennet Köü** (Paradiesbucht), als Nächstes steht **Kleopatra Hamamı** (Kleopatras Bad) auf dem Programm und schließlich der Strand und die Moorbäder auf **Kızıl Ada** (Rote Insel).

Wenn eine Insel von zu vielen Booten auf einmal angelaufen wird, kann sich die Reihenfolge ändern oder es werden andere Inseln angesteuert.

Besonders beliebt sind Bootstouren zum **Schmetterlingstal** über Ölüdeniz (11 € pro Pers.; ☺ Mitte April–Okt. 9.30–18.30 Uhr). Dabei stehen Wandern, Schwimmen und ein Ruinenbesuch auf dem Programm. Eine tolle Sache ist auch die **Saklıkent-Schlucht-Tour** (22 € pro Pers.; ☺ 9.30–18.30 Uhr) mit Besichtigung der Ruinen von Tlos, Wandern, Forellen „kitzeln" und Forellen essen. Auch die **Dalyan-Tour** (22 € pro Pers.; ☺ 9–18.30 Uhr) ist ihr Geld wert; dazu gehören ein Shuttle nach Dalyan, eine Tour auf dem See, Abstecher zu den Moorbädern von Sultaniye, nach Dalyan, zu den Gräbern von Kaunos und zum Strand von İztusu.

Andere Touren gehen zu Stränden oder archäologischen Stätten. Mit dem Minibus zu fahren ist zwar billiger, dauert aber länger.

Schlafen

Fethiye bietet jede Menge Budget- und Mittelklasseunterkünfte, aber wenig Luxuriöses.

BUDGETHOTELS

Alle fünf bis zehn Minuten fahren Minibusse mit der Aufschrift „Karagözler" über die Fevzi Çakmak Caddesi zu den Unterkünften. Viele Budgethotels holen ihre Gäste auch vom Busbahnhof ab, wenn sie vorher Bescheid sagen.

Ideal Pension (☎ 614 1981; www.idealpension.net; 26 Sokak 1; B/EZ/DZ ab 7/8/14 €; 🍴 🖵) Die billigste Unterkunft, aber mit gutem Preis-LeistungsVerhältnis: saubere (allerdings kleine) Zimmer, eine große Terrasse mit Blick auf die Bucht und mehrere Frühstücke zur Auswahl. Der Besitzer ist ein pensionierter, hilfsbereiter Lehrer. Er bietet verschiedene Dienstleistungen und Specials bei längeren Aufenthalten an (z. B. einen Gratis-Bootsausflug bei mehr als drei Übernachtungen).

Tan Pansiyon (☎ 614 1584; Fax 614 1676; 30 Sokak 43; EZ/DZ 11/14 €) Wer mehr auf traditionelle türkische Gastfreundschaft und familiäres Flair als auf Backpacker-Smalltalk steht, ist hier genau richtig. Die Zimmer sind klein (die Bäder noch kleiner), aber picobello sauber und ruhig. Die Gäste dürfen die Küche mitbenutzen und es gibt eine große Terrasse mit Blick auf die Bucht.

Artemis Hotel (☎ 612 4980; www.artemishotelfe thiye.com; Ordu Caddesi 48; EZ/DZ 11/14 €; 🖵 🍴) Eine Alternative, wenn die anderen Unterkünfte voll sind. Hier gibt's einen Pool und Blick auf die Bucht – eine prima Wahl.

Ferah Pension (Monica's Place; ☎ 614 2816; www. ferahpension.com; 2 Ordu Caddesi 21; B/EZ/DZ 5,50/14/20 €; 🍴 🖵) Die Besitzerin Monika „mag es sauber" und so sehen die Zimmer auch aus. Allerdings sind sie klein und schlicht. Zimmer mit Klimaanlage kosten 4,45 € extra pro Tag. Der „Schlafsaal" ist eine verglaste Dachterrasse; von hier und aus zwei Zimmern hat man einen tollen Blick. Die „Lobby" verströmt echtes Waldfeeling – so grün überwuchert ist sie. Kein Wunder, dass hier gerne Backpacker aufschlagen! Die Pension ist eine gute Quelle für Infos über die Gegend. Von und zum *otogar* gibt's einen Gratis-Transfer.

Duygu Pension (☎ 614 3563; www.duygupension. com; Ordu Caddesi 54; EZ/DZ 14/20 €; 🍴 🍴) Das Duygu macht von außen nicht viel her, aber es ist eine kuschelige Pension in schöner Strandlage. Sie hat eine Dachterrasse mit prima Blick auf die Bucht und einen kleinen Pool. Die Zimmer sind einfach, aber sauber.

V-Go's Hotel & Guesthouse (☎ 614 5904; Ordu Caddesi 66; B/EZ/DZ 8/11/22 €; 🍴 🍴) Billig, gut gemanagt und quirlig: Als wir da waren, war das Hotel brandneu und bis obenhin voll mit Backpackern. Das V-Go's bietet 14 saubere, schöne Zimmer, einen mittelgroßen Pool und eine kleine Dachterrasse. Sechs Zimmer können mit Meerblick und einem kleinen Balkon punkten. Grillpartys gibt's auch (5,55 € pro Pers.).

MITTEL- & SPITZENKLASSEHOTELS

Horizon Hotel (☎ 612 3153; www.otelhorizon.net; Abdi İpekçi Caddesi 1; je nach Saison B 6–11 €, EZ 8–22 €, DZ 17–39 €; 🍴 🍴) Der Name ist Programm: Das Horizon kriegt den Preis für die beste Aussicht in Fethiye. Der Blick vom Pool, von der Terrasse und aus den 17 Zimmern ist grandios. Der neue Besitzer Ibrahim hat ehrgeizige Pläne. Momentan gibt's als „Extras" Internetzugang umsonst, einen stündlichen Gratis-Fahrdienst in die Stadt, kostenlose Abholung vom *otogar* und ein Budget-Menü (4 €).

İrem Hotel (☎ 614 3006; tutantur@yahoo.com; Fevzi Çakmak Caddesi 38; EZ/DZ HS 22/33 €, NS 20/28 €; 🍴 🍴) Das İrem ist sein Geld wert: Hier ist es ruhiger und privater als in vielen anderen Quartieren. Außerdem gibt's einen gepflegten, mittelgroßen Pool. Drei Zimmer haben Balkon mit Blick auf die Bucht.

Villa Daffodil (☎ 614 9595; www.villadaffodil.com; Fevzi Çakmak Caddesi 115; EZ/DZ NS 20/33 €, HS 25/42 €; 🍴 🍴) Dieses große, auf osmanisch gestylte Gästehaus hat einen prima Pool, und das

WESTLICHES MITTELMEER

„BLAUE REISE"

Zwischen den beiden Weltkriegen lebte in Bodrum der Schriftsteller und Maler Cevat Şakir Kabaağaç. Hier schrieb er einen Bericht über seine idyllischen Segeltörns in der türkischen Süd-ägäis und an der westlichen Mittelmeerküste. Die Gegend war damals vom Tourismus noch völlig unberührt. Kabaağaç nannte sein Buch *Mavi Yolculuk* (Blaue Reise). Heute laufen alle Kreuzfahrten an dieser Küste unter diesem Namen.

Für viele Reisende ist eine Fahrt auf einer *gület* (Holzyacht) zwischen Fethiye und Kale (Demre) das Highlight ihrer Türkeireise. Der Törn dauert vier Tage, inklusive drei Übernachtungen. Start und Ziel ist in Kale, auch wenn die Fahrten als Fethiye–Olympos-Tour angepriesen werden. Von/Nach Olympos geht's per Bus (1¼ Std.). Von Fethiye aus läuft das Schiff Ölüdeniz und das Schmetter-lingstal an, mit Zwischenstopps in Kaş, Kalkan und Kekova. Die letzte Nacht verbringt man in der Bucht von Gökkaya. Wer will, kann hier im kitschigen, aber lustigen Smugglers Inn (Piratendisko) Party machen. Etwas seltener segeln die Schiffe die Route zwischen Marmaris und Fethiye. Dieser Törn dauert auch vier Tage und drei Nächte. Kenner sagen, dass er bei Weitem schöner ist. Aber aus verschiedenen Gründen ist er nicht so beliebt.

Verpflegung und Wasser sind normalerweise im Preis mit drin. Wer auf dem Schiff Alkohol trinkt, muss ihn allerdings extra zahlen. Alle Boote haben Duschen, Klos und kleine, aber komfortable Doppelkabinen (normalerweise 6–8). Allein Reisende finden es vielleicht nicht so toll, die Kabine mit Fremden zu teilen. Aber oft sind die nicht klimatisierten Kabinen sowieso zu heiß und es ist viel angenehmer, auf Matratzen an Deck zu schlafen.

Preise für Backpackertouren sind normalerweise in britischen Pfund angegeben. Je nach Saison liegen sie zwischen 84 und 150 € pro Person ab Fethiye und bei 150 € ab Marmaris. Das ist nicht gerade wenig, also besser Preise vergleichen. Aber Vorsicht: Es gibt viele zwielichtige Anbieter, die einem nur das Geld aus der Tasche ziehen wollen. Hier ein paar Tipps gegen Abzocke:

- Andere Traveller nach Tipps fragen.
- Handeln ist immer gut. Aber das günstigste Angebot ist nicht immer das beste: Eventuell wird an Essen und Alkohol gespart.
- Wer in Fethiye ist, sollte sich das Schiff und die Passagierliste ansehen.
- Sprechen Skipper und Besatzung Deutsch oder Englisch?
- Nicht auf Extras wie kostenloser Wassersport reinfallen! Das sind meistens leere Verspre-chungen und die Anbieter sind oft nicht versichert, falls ein Unfall passiert.
- Tickets nicht in İstanbul kaufen, denn die Agenturen kassieren zu hohe Gebühren.
- Nicht einfach irgendein Schiff nehmen, nur weil es am selben Tag startet.
- Für Juli und August besser vorher buchen, um auch sicher mitzukommen.

Tipps und ein warnendes Beispiel stehen im Kasten gegenüber.

Wir empfehlen die Schiffe, die vom Eigentümer selbst gesegelt werden, denn die sind meistens besser in Schuss. Im Sommer vermitteln große Unternehmen schlecht informierte Traveller oft an faule Skipper mit suspekten Booten. Von Ende April bis September laufen fast täglich Boote aus. (Von Mitte Mai bis Ende September gibt's normalerweise zwei Touren pro Woche nach Marmaris.) Folgende Firmen liefern sich einen heftigen Konkurrenzkampf:

Almila Boat Cruise (☎ 0535-636 0076; www.beforelunch.com) Wird von einem türkisch-australischen Paar geführt. Die beiden gehören zwei prima Schiffe und bieten die beliebte Zwölf-Inseln-Tour an (s. S. 379). Hier können bis zu zehn Leute mitfahren. Das Essen kriegt immer wieder gute Noten.

Big Backpackers (☎ 0252-614 9312; www.bluecruisefethiye.com) Neu in der Szene. Das Unternehmen gehört zur Ideal Pension in Fethiye und bietet Fahrten zwischen Fethiye und Kale an.

Interyouth Hostel (☎ 0252-412 3687; interyouth@turk.net) Das Hostel in Marmaris hat ein eigenes Schiff und organisiert erstklassige Fahrten nach Fethiye; mit Zwischenstopp bei den Schlammbädern in Dalyan und einem Abstecher bei den zwölf Inseln. Es können bis zu zwölf Leute mitfahren.

Olympos Yachting (☎ 0242-892 1145; www.olymposyachting.com) Bietet zusammen mit Türkmen's in Olym-pos (S. 417) einen Vier-Tages-Törn mit drei Übernachtungen an. Es geht direkt vom Strand bei Olympos nach Kaş.

Yeşil Marmaris Travel & Yachting (☎ 412 2290; www.yesilmarmaris.com) In Marmaris. Nach dem hilfsbe-reiten Tolunay Bükülmez fragen.

Essen wird auf einer Terrasse mit großartigem Blick serviert. Die gemütlichen Zimmer haben alle Balkon, acht davon mit Meerblick. Der pensionierte Oberst Hussein hält alles gut in Schuss. In der Hochsaison besser im Voraus buchen, denn hier steigen viele Gruppen ab.

Ece Saray Marina & Resort (☎ 612 5005; www. ecesaray.net; Karagözler Mevkii 1; je nach Saison EZ 100–165 €, DZ 125–195 €; ✖ ▢ ⚑) Viel Flair ist zwar nicht, aber es wird einiges geboten: schön möblierte Zimmern, ein riesiger Pool, Fitness- und Wellness-Zentrum, ein großer Park, Hamam und ein eigener Supermarkt.

Essen

RESTAURANTS

Yakamoz Restaurant (☎ 612 4226; Yeni Kordon Dolgu Sahası; Mahlzeiten 8 €) Zu diesem tollen Restaurant führt ein netter Spaziergang 1 km an der Promenade entlang. Es ist der perfekte Ort für einen Sundowner oder fürs Abendessen. Die Speisekarte bietet traditionell Türkisches, der Fisch ist allerdings nicht ganz billig. Insgesamt superatmosphärisch, v. a. im tollen Außenbereich mit großen Kissen unten am Wasser.

Hilmi et Balık Restaurant (☎ 612 6242; Hal ve Pazar Yeri 53; meze 2,20 €, Fisch 8–11 € pro 400 g; ⏰ 10–24 Uhr) Das Restaurant in der Fischmarkthalle ist bei den Einheimischen enorm angesagt. Hier gibt's Fleisch und als Special Fisch. Die Gäste können sich aber auch selbst was mitbringen (s. Kasten S. 384).

Meğri Restaurant (☎ 614 4040; Lika Sokak 8-9; Mahlzeiten 10–15 €; ⏰ 9–24 Uhr) Nettes Restaurant in einem tollen alten Steinhaus, ausgeschmückt mit traditionellem Kunsthandwerk. Die Speisekarte ist absolut international: türkisch, italienisch und französisch. Perfekt für streitlustige Paare, die sich nicht auf ein Lokal einigen können.

EINE GRAUENHAFTE KREUZFAHRT   Virginia Maxwell

Es war Ende Juni, also die beste Zeit im Jahr, um mit einer *gület* auf dem türkischen Mittelmeer zu segeln. Als wir in Fethiye ankamen, gingen wir direkt zum Hafen. Wir waren gespannt auf die Schiffe wollten gleich am nächsten Tag los. Die Preise schienen alle ähnlich zu sein (gab's hier etwa ein Kartell?). Doch was wir wollten, war Entspannung und Ruhe, Zeit zum Sonnen und Schwimmen im herrlich blauen Wasser. Eins der Unternehmen machte einen besonders guten Eindruck: Es bot alles, was wir wollten, und schien professionell zu sein. Also fragten wir, ob wir das Schiff anschauen könnten, das am nächsten Tag auslaufen sollte. Leider hieß es, dass genau dieses Boot heute nicht im Hafen liege. Wir könnten uns aber ein anderes, ganz ähnliches ansehen …

Tief im Innern schrillten die Alarmglocken. Aber wir mochten den Typen, mit dem wir verhandelten, und entschieden uns für sein Angebot. Die *gület*, die er uns zeigte, war klasse: Sie hatte geräumige, komfortable Kabinen und ein riesiges Deck in gutem Zustand. Und weil wir sicher waren, dass das Wetter am nächsten Tag perfekt sein würde, sagten wir zu. (Wir zahlten also auch schon den kompletten Preis.)

Sehr dumm von uns. Am nächsten Tag blies uns ein heftiger Wind um die Ohren. Wir machten uns also auf zum Hafen, gingen ins Büro des Bootsunternehmens und fragten, ob wir den Start auf einen ruhigeren Tag verschieben könnten. Die Antwort war ein klares Nein. Die Tickets seien nicht übertragbar, was wir hätten wissen können, wenn wir das Kleingedruckte auf der Rückseite gelesen hätten. Und es kam noch schlimmer: Unsere *gület* war halb so groß und doppelt so alt wie das Boot, das uns gezeigt worden war. Wütend machten wir unserem Ärger Luft. Die Antwort? Schulterzucken.

Natürlich war unser Trip ein einziges Desaster. Das Wetter war so rau, dass alle (einschließlich Besatzung) die Stunden seekrank über der Reling hängend verbrachten. Zu essen gab's wenig (für die, die überhaupt was runterbrachten) und nichts besonders Gutes. In den Kabinen wimmelte es von Kakerlaken und die Bettwäsche war schmuddelig. Unser romantischer Traum von einer traditionellen Kreuzfahrt platzte endgültig, als wir merkten, dass kaum eine moderne *gület* jemals ihre Segel setzt. Sie sind eigentlich nur Dekoration. Die Schiffe tuckern mit unglaublich lauten Dieselmotoren dahin. So mussten wir während der gesamten Fahrt mit den ekligen Dieselabgasen leben.

Und was lernen wir daraus? Nie zahlen, bevor nicht klar ist, ob es gutes Wetter gibt! 100-prozentig abchecken, dass das Schiff okay ist. Mit dem Käpt'n klären, was es zu essen gibt und ob der Dieselmotor während der gesamten Fahrt laufen wird …

CAFÉS

Café Oley (☎ 612 9532; 38 Sokak 4; Frühstück 3,35–6 €, Mahlzeiten 4–7 €; ☺ 8–24 Uhr; 🖳) Der quirlige Atilla macht das beste Frühstück in der ganzen Stadt. Alles dabei: von gebratenem Speck und Cornflakes bis zu Brotaufstrichen und Pfannkuchen. Die Salate und Sandwichs (2,75–4,45 €) sind auch klasse. Gäste können umsonst im Internet surfen und Bücher tauschen.

Özsüt (☎ 612 9989; Atatürk Caddesi; ☺ 8–1 Uhr) In dieser Kette gibt's die üblichen verführerischen türkischen Puddings, Gebäck und Eis (0,55 € pro Kugel).

AUF DIE SCHNELLE

Meğri Lokantasi (☎ 614 4047; Çarşı Caddesi 26; Hauptgerichte 5,55–14 €; ☺ NS 8–2 Uhr, HS 8–4 Uhr) Das Meğri quillt über vor Einheimischen – bis zur Straße raus. Hier gibt's superleckere, deftige Hausmannskost zu vernünftigen Preisen. Spezialität ist *güveç* (Auflauf, 5,55–11 €).

Nefis Pide (☎ 614 5504; Eski Cami Sokak 9; Mahlzeiten 2 €; ☺ NS 9–21 Uhr, HS 9–24 Uhr) Schlicht und einfach, aber blitzsauber. Der beliebte Imbiss macht köstliche *pide* (1,40–2,75 €). Er ist direkt neben der Moschee – und verkauft keinen Alkohol!

Paşa Kebab (☎ 614 9807; Çarşı Caddesi 42; meze 1,65–2.20 €, pide 1,10–3,35 €, Pizza 4–5 €; ☺ 9–24 Uhr) Wer im Ort fragt, wo's den besten Kebap gibt, wird garantiert hierher geschickt. Der unspektakuläre Imbiss hat eine Karte mit prima Preisen und hilfreichen kleinen Fotos vom Essensangebot. Unbedingt den Paşa Spezial probieren (4,70 €) – eine überbackene Schlemmerei mit Rindfleisch, Tomaten und Käse.

Ausgehen

Die Bars und Nachtclubs in Fethiye drängeln sich fast alle in einer kleinen Straße, der Hamam Sokak, direkt beim İskele Meydanı.

Ottoman Dancing Bar (☎ 612 9491; Bier 2,20 €; ☺ 12–4 Uhr) Eine total auf osmaisch gestylte Bar, die schon lange bei Einheimischen und Travellern angesagt ist. Die Plätze draußen sind super gemütlich für einen Drink oder eine *nargileh* (Wasserpfeife, 5,55 €).

Car Cemetery (☎ 612 7872; Haman Sokak 25; Bier 2 €; ☺ NS 17–3 Uhr, HS 10–3 Uhr) Dieser Mix aus britischem Pub und Club ist v. a. bei den Einheimischen beliebt. Stimmung ist hier eigentlich immer.

Club Bananas (☎ 612 8441; Bier 2,75 €; ☺ HS tgl. 22–5 Uhr, NS nur Fr & Sa) Der einzige echte Club der Stadt (also kein Bar-Club), aufgemacht wie eine große Scheune. Gespielt wird eine Mischung aus einheimischer und westlicher Musik. Normalerweise gibt's pro Woche mindestens eine „Partynacht" (Eintritt 5,55 € inkl. ein Getränk). Der Club liegt einen Block nördlich der Hamam Sokak.

An- & Weiterreise

Die Berge hinter Fethiye zwingen den Verkehr, nach Osten oder Westen auszuweichen. Viele Orte sind nur mit Umsteigen in Antalya oder Muğla zu erreichen. Busse nach Antalya (10 €, 7½ Std., 295 km) fahren vom *otogar* Richtung Osten an der Küste lang und starten in der Hochsaison mindestens einmal pro Stunde. Sie halten in Kalkan (2,50 €, 2 Std., 81 km), Kaş (3 €, 2½ Std., 110 km) und Olympos (7,50 €, 5 Std., 219 km). Die Inlandstrecke nach Antalya geht deutlich schneller (9 €, 4 Std., 222 km).

Wer in die Orte dazwischen will, geht zur Minibusstation in der Nähe der Atatürk Caddesi, ca. 500 m vom Zentrum entfernt. Minibusse fahren u. a. folgende Orte an: Faralya, Göcek, Hisarönü, Kabak, Kayaköy (Kaya), Kemer, Kumluova, Ovacık, Ölüdeniz (Halt auch am Hauptbusbahnhof), Saklıkent und Tlos.

Unterwegs vor Ort

Minibusse fahren den ganzen Tag über die Atatürk Caddesi entlang und die Çarşı Caddesi rauf zum *otogar*. Wer zu einer Pension westlich des Zentrums will, nimmt einen Minibus mit einem „Karagözler"-Schild im Fenster. Die Fahrt kostet 0,85 € – egal, wo's hingeht. Ein Taxi vom *otogar* zu den Pensionen östlich des Zentrums kostet ca. 5,55 €.

Ein paar Agenturen in der Atatürk Caddesi vermieten Motorroller für 14 € pro Tag (oder 11 € pro Tag bei einer Mietdauer von mindestens 3 Tagen).

ÖLÜDENİZ
☎ 0252

Ölüdeniz (Totes Meer), ca. 15 km südöstlich von Fethiye, ist nicht so lebensfeindlich wie der biblische Namensvetter. Es ist eine geschützte Lagune, die vom offenen Meer abgetrennt ist. Wer von den pinienbedeckten Hügeln runterkommt, hat ein wunderschönes Bild vor Augen: im Vordergrund eine lange Landzunge mit Sandstrand und dahinter das offene Meer.

Leider ist das Paradies, das viele Traveller noch in eindrücklicher Erinnerung haben, inzwischen durch Hotels ziemlich verbaut. Dicht an dicht stehen sie hinter dem Strand. Ölüdeniz (die Lagune) und Belcekız (das angrenzende Seebad) gehörten lange zu den Highlights für Individualreisende in der Türkei. Aber die Entstehung der unvermeidlichen klimatisierten Hotels, lauten Bars und überteuerten Restaurants hat die Anziehungskraft deutlich gemindert. Viele Traveller lassen die Bucht jetzt wahrscheinlich lieber links liegen. Inzwischen wird der Name Ölüdeniz oft auch für die Stadt verwendet, sodass nicht jeder was mit dem Namen Belcekız anfangen kann.

Orientierung & Praktische Informationen
Wer nach Ölüdeniz unterwegs ist, kommt voher durch Ovacık und Hisarönü, zwei dieser furchtbar fröhlichen Kolonien für Pauschalreisende. Hinter Hisarönü geht's 3 km steil bergab zu einem schönen Strand mit Hotels im Hintergrund.

Der Strand liegt quasi im Zentrum des Geschehens. In der Nähe der Abzweigungen nach Fethiye, Belcekız und Ölüdeniz gibt's eine Gendarmerie *(jandarma)* und eine Post; dort ist auch der Eingang zur Lagune. Die Straße führt hinter dem Park zu mehreren Campingplätzen.

Wenn man ankommt linkerhand ist die autofreie Strandpromenade mit Restaurants und vielen Hotels.

Die **Kooperative für touristische Erschließung Ölüdeniz** (Ölüdeniz Turizm Geliştirme Kooperatifi; ☎ 617 0438; Ölüdeniz Caddesi) hat einen Infostand an der Zufahrtsstraße, vom Strand aus ein Stück landeinwärts.

Sehenswertes & Aktivitäten
LAGUNE
Der **Ölüdeniz Tabiat Parkı** (Ölüdeniz Caddesi; Erw./Stud. 1,40/0,55 €; ☺ 8–20 Uhr) ist ein herrlicher Ort, um ein paar Stunden am Strand zu verbringen. Hinter einem ragen die Berge eindrucksvoll empor. Im Park gibt es Spazierwege, Duschen und Toiletten sowie provisorische Cafés.

BOOTSAUSFLÜGE
Im Sommer werden Bootstouren angeboten, um die Küste zu erkunden. Eine Tagesfahrt kostet 14 € (inkl. Mittagessen). Bei einem typischen Ausflug sind der Strand Gemile, die Blaue Höhle, das Schmetterlingstal (s. S. 388) und die Insel St. Nicholas – mit Stopp zum Schwimmen – dabei. Boote zum Schmetterlingstal legen ca. um 11 Uhr am Strand ab und kommen ca. 17 Uhr zurück.

PARAGLIDING
Mit dem 1960 m hohen Baba Dağ (Berg Baba) praktisch vor der Haustür ist Ölüdeniz der perfekte Ort fürs Paragliding. Jeden Oktober finden hier die International Air Games statt.

Der Flug den Berg runter kann bis zu 45 Minuten dauern. Dabei hat man einen phantastischen Blick über die Lagune, das Schmetterlingstal und an klaren Tagen sogar bis Rhodos.

Mehrere Veranstalter bieten Tandemflüge an. Die Preise sind sehr unterschiedlich und hängen vom Ruf des Unternehmens und der Erfahrung des Piloten ab (normalerweise 78–111 €). Auf jeden Fall sollten Interessierte abchecken, ob der Veranstalter eine Versicherung und der Pilot Erfahrung und eine entsprechende Qualifikation hat. Fallschirmsegeln (Parasailing) ist auch möglich (50 €).

Schlafen
Zurzeit ist Camping die einzige Budget-Übernachtungsoption in Ölüdeniz. Auf manchen Plätzen werden auch Bungalows oder Hütten angeboten.

Sugar Beach Club (☎ 617 0048; www.thesugar beachclub.com; Ölüdeniz Caddesi 20; Stellplatz pro Pers., Auto & Wohnwagen 3,90 €; Bungalows pro Pers. mit Bad 17–22 €, ohne

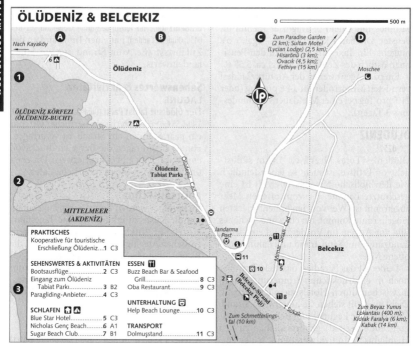

ÖLÜDENIZ & BELCEKIZ

0 ———————— 500 m

Nach Kayaköy

Ölüdeniz

Zum Paradise Garden
(2 km); Sultan Motel
(Lycian Lodge) (2,5 km);
Hisarönü (3 km);
Ovacık (4,5 km);
Fethiye (15 km)

Moschee

ÖLÜDENIZ KÖRFEZI
(ÖLÜDENIZ-BUCHT)

Ölüdeniz
Tabiat Parkı

MITTELMEER
(AKDENIZ)

Jandarma
Post

Belcekiz

Belcekiz-Strand
(Belcekiz Plajı)

Zum Schmetterlings-
tal (10 km)

Zum Beyaz Yunus
Lokantası (400 m);
Kıdrak Faralya (6 km);
Kabak (14 km)

PRAKTISCHES
Kooperative für touristische
Erschließung Ölüdeniz...1 C3

SEHENSWERTES & AKTIVITÄTEN
Bootsausflüge..................2 C3
Eingang zum Ölüdeniz
  Tabiat Parkı..................3 B2
Paragliding-Anbieter........4 C3

SCHLAFEN
Blue Star Hotel................5 C3
Nicholas Genç Beach........6 A1
Sugar Beach Club............7 B1

ESSEN
Buzz Beach Bar & Seafood
  Grill.............................8 C3
Oba Restaurant................9 C3

UNTERHALTUNG
Help Beach Lounge.........10 C3

TRANSPORT
Dolmuştand..................11 C3

Bad 8 €; April–Okt.;) Der Sugar Beach Club wurde vor Kurzem renoviert. Er ist hübsch angelegt, gut in Schuss und sehr empfehlenswert. Mit dem eigenen Palmenstrand ist er ein toller Platz zum Chillen. Es gibt viele schattige Ecken zum Relaxen, eine flippige Strandbar und ein super Café. Die Bungalows sind alle sauber. Die Auswahl reicht von einfach bis klimatisiert und komfortabel. Für die Zukunft sind außerdem Baumhäuser, ein Schlafsaal, ein Fahrradverleih, Trekking, Strandpartys, Konzerte mit DJ und Grillfeste geplant. Wer hier nicht übernachten, aber trotzdem den tollen Spot genießen will, zahlt 2,20 € für die Nutzung von Liegezonen, Duschen und Sonnenschirmen. Der Campingplatz liegt ca. 600 m von Ölüdeniz entfernt – einfach den Schildern Richtung Hotel Meri folgen. Auf der Straße, die hier vorbeiführt, fahren Minibusse.

Nicholas Genç Beach (617 0088; www.nicholas-homes.com; Ölüdeniz Caddesi; EZ/DZ NS 17/28 €, HS 20/33 €) Wer schon immer wissen wollte, wie sich leben im Caravan anfühlt, kann es hier testen. Dieser neue Anbieter vermietet zehn kleine, aber komfortable und klimatisierte Wohnwa-

gen. Sie sind mit Kühlschrank, Satelliten-TV, eigenem Bad und sogar einem Tisch samt Stühlen ausgestattet! Der gut geführte Nicholas Genç Beach hat auch einen netten Strand. Es werden Kanus (2,75 € pro Std.) und Tretboote (€ 5,55 pro Std.) vermietet, außerdem gibt's Strandpartys und Grillpartys. Die meisten Besucher werden durch Agenturen hierher vermittelt. Der Nicholas Genç Beach liegt ca. 1 km vom Stadtzentrum entfernt hinter dem Sugar Beach Club.

MITTEL- & SPITZENKLASSEHOTELS
Sultan Motel (Lycian Lodge; 616 6139; www.sultanmotel. com; EZ/DZ mit Frühstück 14/28 €;) In der Nähe der Straße nach Ölüdeniz – von Hisarönü aus links (2,5 km von Ölüdeniz entfernt) – liegt das Sultan Motel am Anfang des Lykischen Wegs. Die Zimmer sind in einfachen, aber sauberen Steinhütten untergebracht und haben z. T. eine schöne Aussicht.

Blue Star Hotel (617 0069; www.hotelbluestar oludeniz.com; Mimar Sinan Caddesi 8; EZ 22–39 €, DZ 28–47 € je nach Saison;) Das Zwei-Sterne-Hotel liegt 60 m vom Strand entfernt: ein schick designtes und gut gepflegtes Haus. Die Zimmer sind zwar nicht groß, aber hell und freundlich und haben Balkons mit Blick auf den Pool.

Paradise Garden (☎ 617 0545; www.paradisegarden hotel.com; Ölüdeniz Yolu; EZ 47–72 €, DZ 62–122 € je nach Saison; ⊠ ⊠) Vor der Ortseinfahrt rechts auf dem Hügel, ca. 2,5 km vom Zentrum gelegen. Der Name des Hotels ist voll gerechtfertigt. Es gehören ein 6 ha großer Garten, drei Pools, eine Menagerie und ein Gourmetrestaurant dazu. Nicht zu vergessen der atemberaubende Ausblick. Die Zimmer sind mit authentischem Kunsthandwerk dekoriert.

Essen & Ausgehen

Oba Restaurant (☎ 617 0158; Mimar Sınan Caddesi; Hauptgerichte 3,60–15 €; ⊠ Mai–Okt. 8–24 Uhr) Das Restaurant im Blockhüttenstil gehört zum Oba Hostel. Es hat einen Spitzenruf für hausgemachte Köstlichkeiten zu moderaten Preisen. Auch tolles türkisches und europäisches Frühstück (2,75 €/3,60 €) ist hier im Angebot – mit selbst gemachtem Müsli, Joghurt aus dem Gebirge und einheimischem Pinienhonig. Die Speisekarte bietet alles vom kleinen Snack bis zum reichhaltigen Hauptgericht inklusive zwölf vegetarischen Gerichten.

Buzz Beach Bar & Seafood Grill (☎ 617 0526; 1 Sokak; Bier 2 €, Hauptgerichte 4–14 €; ⊠ Mitte April–Okt. Restaurant 8–24 Uhr, Bar 12–2 Uhr) Top-Lage und eine üppige Speisekarte: Es gibt Pizza und Pasta, Kebap, Filetsteak und Meeresfrüchte. Mittags können die Gäste zusehen, wie die Paraglider zum Landepunkt in der Nähe schweben. Aber auch abends ist die Bar total angesagt.

Beyaz Yunus Lokantası (White Dolphin; ☎ 617 0068; Likya Yolu; Bier 2,75 €, Fisch pro 450 g 22 €; ⊠ Mai–Mitte Okt. 11–24 Uhr) Das Beyaz liegt auf einer herrlichen Terrasse mit Blick über die Bucht. Es ist für seinen frischen Fisch und die vielen tollen Meeresfrüchte bekannt. Unbedingt die genialen Meeresfrüchte-*meze* (7,75 €) probieren, z. B. mit Fetakäse gefüllten Tintenfisch oder langsam gegarten Oktopus in Rotwein. Ein paar Schritte tiefer liegt die reizvolle „Sunset Bar" – perfekt für einen leckeren Aperitif vor dem Essen! Das Lokal liegt an der Straße nach Faralya, ca. 1 km vom Stadtzentrum entfernt.

Unterhaltung

Help Beach Lounge (Sugar Shack; ☎ 617 0650; 1 Sokak; Bier 2,50 €; ⊠ Mai–Okt. 9–4 Uhr) Diese flippige Lounge ist absolut trendy. Sie hat eine große Terrasse mit einer Strandbar direkt am Ufer.

Auf den gepolsterten Bänken lässt sich's herrlich relaxen. Happy Hour (Cocktails 5,55 €) ist von 18 bis 20 Uhr.

An- & Weiterreise

In der Hochsaison starten von Fethiye aus tagsüber ca. alle 10 Minuten Minibusse nach Ölüdeniz (1,65 €, 25 Min., 15 km). Sie fahren durch Ovacık und Hisarönü. In der Nebensaison gibt's auf dieser Strecke ca. alle 30 bis 45 Minuten Minibusse.

KAYAKÖY (KARMYLASSOS)
☎ 0252

Die längste Zeit seiner Geschichte hieß diese Geisterstadt Levissi. Sie liegt ca. 5 km westlich von Hisarönü und zählt an die 2000 **Steinhäuser** (Eintritt 2,75 €; ⊠ 9–19 Uhr). Nach dem Ersten Weltkrieg und dem türkischen Unabhängigkeitskrieg wurde sie im Zuge des vom Völkerbund überwachten Bevölkerungsaustauschs (s. S. 42) von den Einwohnern verlassen. Damals kamen hauptsächlich griechische Muslime aus Griechenland in die Türkei und osmanische Christen gingen nach Griechenland. Die meisten Bewohner von Levissi waren orthodoxe Christen. Sie ließen sich in Athens Außenbezirken nieder und gründeten dort Nea Levissi.

Weil es aber deutlich mehr osmanische Griechen als griechische Muslime gab, blieben nach dem Austausch der Bevölkerung viele türkische Städte leer. In Kayaköy, wie die Stadt heute heißt, lebt nur eine Hand voll türkischer Einwohner.

Während des Tourismusbooms der 1980er-Jahre wollte ein Unternehmen die Steinhäuser in Kayaköy restaurieren und die Stadt in einen Ferienort verwandeln. Die Einheimischen witterten Geld und waren begeistert. Aber türkische Künstler und Architekten waren entsetzt und sorgten dafür, dass das Kultusministerium Kayaköy (oder Kaya, wie es die Einheimischen nennen) unter Denkmalschutz stellte. So ist der Ort vor unkontrollierter Erschließung geschützt. Vor Kurzem diente er Louis de Bernière als Vorbild für den Ort Eskibahçe in seinem erfolgreichen Roman *Traum aus Stein und Federn*.

Zwei **Kirchen** fallen nach wie vor ins Auge: die Kataponagia im unteren Teil der Stadt und die Taxiarchis weiter hangaufwärts. In beiden sind noch Teile der gemalten Verzierungen und schwarz-weiße Kieselmosaikfußböden erhalten.

Schlafen & Essen

Villa Rhapsody (☎ 618 0042; www.villarhapsody.
com; EZ/DZ 25/33,50 €; ☺ Mitte April–Okt.; ▣) Ein
freundliches, einladendes Plätzchen mit
Pool in einem großen ummauerten Garten.
Die gemütlichen Zimmer haben Balkons mit
Blick über den Garten. Atilla und Jeanne, die
holländisch-türkischen Besitzer, geben Travellern gern Tipps und haben auch einfache
Karten für Wanderungen in der Umgebung
parat. Auch Fahrräder verleihen sie. In der
Nebensaison vorher anrufen.

Selçuk Pension (☎ 618 0075; enginselcuk48@hotmail.
com; EZ/DZ 8/14 €) Inmitten eines Blumen- und
Gemüsegartens gelegen mit absolut einwandfreien, geräumigen und gemütlichen Zimmern. Vier Räume bieten einen herrlichen
Blick auf Kaya. Gäste können den Pool des
benachbarten Restaurants benutzen. In der
Hochsaison ist alles 2,80 € teurer.

Sarniç Café & Restaurant (☎ 618 0118; großer meze-
Teller 2,20 €, Hauptgerichte 6,70–11 €; ☺ 10–24 Uhr, NS Mo
geschl.) Am Fuß der Ruinen abseits der Hauptstraße, ca. 100 m hinter der Selçuk Pension
gelegen. Das Café und Restaurant in einem
urigen, 300 Jahre alten Steinhaus ist eine echte
Entdeckung. Das Essen ist exquisit, interessanter als anderswo und schmeckt himmlisch.
Die einheimischen Gerichte werden mit fri-
schesten Zutaten aus der Region zubereitet.
Und die Preise sind im Rahmen.

Kaya Wine House (☎ 618 0454; www.kayawinehouse.
com; Keçiler Mahallesi; Mahlzeiten ca. 15 €; ☺ 11–24 Uhr)
In einem schattigen Hof mit einem wunderschönen alten Steinhaus gelegen – ein
idyllisches Plätzchen zum Abendessen. Die
traditionellen türkischen Gerichte schmecken
hervorragend.

An- & Weiterreise

Von Mitte Juni bis September fahren alle
halbe Stunde Minibusse nach Fethiye (1,65 €,
20–30 Min.), in der Nebensaison alle Stunde.
Ein Taxi kostet 14 €.

Nach Ölüdeniz fahren in der Hochsaison
täglich zwei bis drei Minibusse. Alternativ
können Traveller nach Hisarönü (1,40 €,
20 Min.) fahren. Von dort gibt's alle 10 Minuten Minibusse nach Ölüdeniz. Ein Taxi
kostet 14 €.

Anderthalb bis zweieinhalb Stunden dauert
die Wanderung von hier nach Fethiye – je
nach Route. Am einfachsten ist es, der Straße
zu folgen, die sich hinter der Festung von
Fethiye bergauf windet.

Alternativ kann man auch von Hisarönü
durch den Pinienwald bergab laufen; das dauert eine Stunde. Wer gerne wandert, sollte
sich den wunderschönen Weg nach Ölüdeniz
nicht entgehen lassen (2–2½ Std., 8 km).

SCHMETTERLINGSTAL & FARALYA

Hier flattert der einzigartige Schmetterling
„Russischer Bär" herum. Aber das **Schmetterlingstal** (Schmetterlingstal ☎ 614 2619; www.butterfly
valley.com) hat noch mehr zu bieten: einen tollen,
60 m hohen Wasserfall (Eintritt 1,25 € für
Tagesausflügler), einen Strand und ein paar
schöne Wanderwege.

Das Dorf Faralya liegt auf einer Terrasse
über der Schlucht auf der rechten (linken)
Seite des Tals. Ein felsiger, z. T. steiler Pfad
windet sich den Felsen dort hinauf. Wanderer
sollten gutes Schuhwerk anziehen und unbedingt auf dem (mit roten Punkten) markierten
Weg bleiben – ein Australier kam hier ums
Leben, nachdem er eine falsche Abzweigung
genommen hatte. Der Aufstieg aus dem Tal
dauert ca. eine Stunde, der Abstieg 30 bis
40 Minuten. An den steilsten und gefährlichs-
ten Stellen sind am Wegesrand Seile angebracht. Faralya liegt am Lykischen Weg, der
auf S. 83 beschrieben wird.

Faralya ist das erste Dorf südlich von Ölüdeniz (12 km entfernt) und liegt an der Küste
Yedi Burun (Sieben Landzungen), einem der
letzten unerschlossenen Landstriche der türkischen Mittelmeerküste. Der Blick von dort
über das Meer ist einfach unvergesslich. Bis
an der steilen Seite des Baba Dağ eine Straße
gebaut wurde, war das Dorf ziemlich von der
Welt abgeschnitten und die Einwohner waren
ganz auf sich gestellt.

Schlafen

Im Schmetterlingstal selbst können Traveller
im **Butterfly Valley** (☎ 0538 511 6454; Bungalow mit HP
pro Pers. 17 €, Zelt mit HP pro Pers. 14 €, Matratze am Strand
mit HP pro Person 11 €) absteigen. Zurzeit gibt's fünf
Bungalows, weitere 16 sind in Planung.

Die folgenden Unterkünfte liegen alle in
Faralya, oberhalb des Tals.

Gül Pansiyon (☎ 642 1145; EZ/DZ 11/22 €) In dieser
familiären Pension können sich die Gäste für
ein Schwätzchen auf die hübsche Terrasse zu
den alten Damen setzen, die dort stricken
oder Erbsen pulen. Die acht Zimmer sind
einfach, aber blitzblank. Manche haben Zugang zur Veranda mit Blick über das Tal. Die
Forellen im Teich werden auf Wunsch in ein

schmackhaftes Essen verwandelt (7 €). Die Gül Pansiyon ist die erste auf der Straße von Ölüdeniz aus.

George House (☎ 642 1102; www.georgehouse. net; EZ/DZ 11/22 €; 💻) Die reizende Familie, die das George führt, bietet ihren Gästen eine Matratze im Haus der Familie, in einem Baumhaus (Podest mit Zelt drauf) oder in einfachen Bungalows (zum selben Preis). Das hausgemachte Essen ist köstlich. Die Zutaten kommen frisch aus dem Biogarten der Familie, von der eigenen Kuh oder den eigenen Bienenstöcken! Hier gibt's auch eine Quelle, einen natürlichen Pool und eine tolle Aussicht.

Melisa Pansiyon (☎ 642 1012; melisapan@hotmail. com; EZ/DZ 17/28 €) Das Melisa liegt neben dem Gül. Es hat vier gut gepflegte, schöne Zimmer und eine hübsche Terrasse mit Blick übers Tal. Mehmet spricht Englisch und lässt sich gerne Infos entlocken. Frisch zubereitete Menüs kosten zwischen 5,50 und 8 €.

Die Wassermühle (☎ 642 1245; www.natur-reisen. de; DZ mit HP pro Pers. 43 €, Suite 65 €; 🛒) Eine schöne, 150 Jahre alte ehemalige Getreidemühle am Hang mit einer herrlichen Aussicht vom Restaurant und den Pool-Terrassen. Die sieben „Suiten" sind groß und haben alle eine Küchenzeile. Die Gourmetküche bietet abends Sechs-Gänge-Menüs. Direkt vor der Gül Pansiyon links die schmale Straße bergauf nehmen.

An- & Weiterreise

Ins Schmetterlingstal kommen Besucher entweder von Fethiye (siehe S. 378) oder Ölüdeniz (S. 385) aus. Wer dort die Nacht verbringen will, kann auch ein Wasser-Dolmuş nehmen (2,75 € pro Strecke). Die fahren von Mai bis September täglich um 11 Uhr, 14 Uhr und 18 Uhr in Ölüdeniz ab. Im Schmetterlingstal starten sie um 10 Uhr, 13 Uhr und 17 Uhr nach Ölüdeniz.

Ein felsiger Pfad verbindet Faralya mit dem Schmetterlingstal. Daneben fahren im Sommer täglich sechs Minibusse (2,20 €, 25 Min., 8 km) zwischen Faralya und Fethiye, im Frühling drei, im Winter zwei. Von Fethiye aus sind sie 30 Minuten später an der Minibushaltestelle in Ölüdeniz.

Wer den Bus verpasst, kann ein Taxi aus Ölüdeniz oder Faralya nehmen (14 €). Auch mit dem Motorroller kommt man nach Faralya, aber die Straße ist steil, kurvenreich und noch nicht komplett asphaltiert.

KABAK
☎ 0252

Es gibt noch Ecken in der Türkei, die nicht in die Hände der Pauschaltouristen gefallen sind. Dazu zählt Kabak, ein abgelegenes Stranddorf, 8 km südlich von Faralya. Hier trifft sich ein bunter Mix aus Auswanderern, Trekkern und Yoga-Anhängern. Die gewundene Straße, die man in den Steilhang des Baba Dağ (Berg Baba) gegraben hat, ist wirklich denkwürdig: wegen der phantastischen Aussicht und der extrem engen Kurven. Der Strand und fast alle Unterkünfte sind 25 Minuten zu Fuß von Faralya entfernt. Faralya fängt ca. 30 m unterhalb der Haltestelle des Minibusses an. Die meisten Unterkünfte schicken ein Maultier, um das Gepäck der Traveller runterzuschaffen.

Kabak liegt an einem Abschnitt des Lykischen Wegs, der auf S. 83 beschrieben ist.

Schlafen

Alle Unterkünfte in Kabak sind mit Halbpension. Die Gäste werden in Zelten untergebracht, die auf erhöhten Plattformen stehen. Manchmal werden sie irreführend auch als „Baumhaus" bezeichnet (Übersetzung des türkischen „Holzhaus"). Die meisten haben von Mai bis Oktober offen.

Full Moon (☎ 642 1081; Plattform pro Pers. 14 €; 🛒) Auf halbem Weg den Berg rauf liegt das Full Moon. Es lockt mit einem natürlichen Schwimmbecken, das mit Gebirgsquellwasser gespeist wird. Von den Plattformen mit ihren schönen, kleinen, gepolsterten „Veranden" haben die Gäste einen tollen Blick über die Bucht. Netterweise liegen sie nicht zu dicht beieinander. Außerdem gibt's eine *köşk*-Plattform (Zone zum Relaxen).

Turan Camping (☎ 642 1227; www.turancamping. com; Plattform mit/ohne Balkon 20/17 €; 🕒 April–Okt.; 🛒) Ece und Ahmet, die diesen Campingplatz führen, sind sehr dynamische junge Leute. Das türkische Paar hat sich während eines Urlaubs in diesen Platz verliebt. Die Plattformen sind herrlich individuell (durch eine wächst sogar ein Baum!). Es gibt eine tolle Aussicht und viele schnuckelige Ecken zum Relaxen. Regelmäßig finden dreiwöchige Yogakurse statt, an denen Besucher teilnehmen können. Die größtenteils vegetarischen Gerichte sind auch gut.

Sultan Camp (☎ 642 1238; www.sultancamp.com; Plattform pro Pers. 17 €) Der Campingplatz wird

WESTLICHES MITTELMEER

TOP FIVE FÜR SONNENANBETER

Im Hochsommer wirkt es manchmal so, als gäbe es keinen Quadratzentimeter Küste ohne ein-
geölte Körper und Sonnenschirme. Aber wer clever und ein wenig abenteuerlustig ist, kann sein
Sonnenbad auch ohne Ölsardinenfeeling genießen.

- **Selimiye** (S. 366) Die Seglergemeinde hat dieses abgelegene Dorf auf der Marmaris-Halbinsel
  schon viel zu lange als Geheimtipp für sich behalten.
- **Kabak** (S. 389) Hier kann ein Maultierritt völlig neue Horizonte eröffnen.
- **Patara-Strand** (S. 393) Der weltberühmte, 20 km lange Strand mit dem herrlich weißen Sand
  bietet genug Platz für alle.
- **Kaleköy** (S. 413) Ein wunderbar abgeschiedener Zufluchtsort mitsamt Ruinen.
- **Çıralı** (S. 416) Olympos für Erwachsene – derselbe Strand, dieselben Berge, aber meilenweit
  davon entfernt.

---

von einer freundlichen einheimischen Familie
geführt. Er bietet zwölf Plattformen und einen
winzigen Pool. Zu Essen gibt's Gemüse aus
dem eigenen Garten und täglich frisch gebackenes Brot. Der Sohn Metin nimmt Traveller
mit zu Trekkingtouren.

Reflections (☎ 642 1020; www.reflectionscamp.com;
eigenes Zelt/Zelt vom Camp/Plattform pro Pers. 8/11/14 €)
Der Amerikaner Chris und seine türkische
Freundin haben dieses Lager selbst aufgebaut
und betrachten es als „Dauer-Projekt": ein
charmantes Plätzchen mit tollem Blick auf
den Wald rundherum. Die beste Aussicht
der ganzen Türkei gibt's von der Toilette
aus, die noch dazu hübsch mit Farnen und
Ingwergewächsen dekoriert ist!

Essen

Oberhalb des Tals sind in der Nähe der
Dolmuş-Haltestelle (am Ende der Hauptstraße) ein paar einfache Restaurants.

Mamma's Restaurant (☎ 642 1071; Hauptgerichte
3,40 €) Hier gibt's ein paar einfache, aber herzhafte Gerichte und *gözleme* (1,10 €). Herrlich
erfrischend ist der selbst gemachte *ayran* (Joghurtgetränk, 1,10 €).

Olive Garden (☎ 642 1083; meze 2,75–4,50 €, Hauptgerichte 6–7 €; Mitte April–Okt.) Hinter Mamma's
Restaurant ist es 100 m eine Seitenstraße runter zu finden (auch wenn Mamma behauptet,
dass es zu ist!). Die Umgebung ist himmlisch
friedlich. Und von den gemütlichen Podesten
hat man einen umwerfenden Blick. Ein herrlicher Ort zum Essen und Essen! Der freundliche Fatih,
der das Restaurant führt, war früher Koch.
Viele Zutaten stammen von den Obstbäumen,
aus dem Olivenhain oder Gemüsegarten der
Familie, die sich über ein Gelände von 15 ha

erstrecken. Wer sich nicht losreißen kann,
mietet eine der vier Holzhütten (17 € pro
Pers. inkl. HP).

An- & Weiterreise

Es gibt Minibusse von Fethiye nach Kabak.
Weitere Infos s. An- & Weiterreise unter
Schmetterlingstal & Faralya, S. 389.

TLOS
☎ 0252

Tlos war eine der ältesten und wichtigsten
Städte des antiken Lykien. Ihre Bedeutung
war ungefähr so groß wie der Felsen, auf dem
sie sitzt. Hoheitsvoll schaute das antike Tlos
von dort herab. Wer die Kurvenstraße zu
den **Ruinen** (Eintritt 2,75 €/kostenlos April–Okt./Nov.–März;
8–18 Uhr) erklimmt, sollte auf der rechten
Seite auch einen Blick auf die **Akropolis** mit
Festung werfen. Der Bau stammt aus osmanischer Zeit, aber die Lykier hatten an der
Stelle auch schon ein Kastell. Unterhalb sind
die bekannten **Felsengräber** über schmale Pfade
erreichbar. Eins davon ist das Grabmal des
Bellerophon. Es sieht aus wie die Fassade
eines Tempels, verziert mit einem Flachrelief
des Helden, der auf dem geflügelten Pferd Pegasus reitet. Der Weg dorthin führt an einem
Bachlauf entlang, dann nach links und eine
unbefestigte Treppe rauf.

Vom Kiosk, an dem die Eintrittskarten
verkauft werden, geht's 100 m die Straße rauf
zum gut erhaltenen **Theater**. Die meisten
Sitze aus Marmor sind noch intakt, aber die Bühnenwand steht aber nicht mehr. Von hier aus
ist der Blick auf die **Akropolis** besonders schön.
Vom Theater aus rechts (von den mittleren
Reihen aus) ist auf einem Feld ein antiker

lykischer Sarkophag zu sehen. In der **Nekropole** am Weg zum Kastell hoch gibt's noch diverse steinerne Sarkophage.

Einer der Ticketverkäufer bietet gegen ein Trinkgeld Führungen an – eine gute Gelegenheit für alle, die sämtliche Felsengräber sehen wollen. Die **Mountain Lodge** (☎ 638 2515; www.themoun tainlodge.co.uk; Zi. pro Pers. 20–31 €; ☼ Feb.–Dez.; ☒ ☎) liegt in einem hübschen Garten mit Bach, Teich, jeder Menge Schatten, Vogelgezwitscher und ein paar Sitzgruppen. Es ist ein friedliches, attraktives Plätzchen im Look eines alten Steinhauses. Die Zimmer sind komfortabel und nett (der Preis hängt von der Raumgröße ab) und auf einer Terrasse mit Aussicht gibt's einen Pool. Melahat (Mel) kocht selbst (Menü 11 €). Vom Theater aus liegt die Lodge 2 km zurück auf dem Weg Richtung Landstraße und dann noch mal 2 km eine Seitenstraße bergauf. Wer mit dem Minibus anreist, steigt in dem Dorf Güneşli aus und läuft oder trampt die 2 km auf der Straße nach Yaka Köyü.

An- & Weiterreise

Von Fethiye aus fahren alle 20 Minuten Minibusse über Güneşli (Tlos) nach Saklıkent (1,65 €).

Wer mit dem eigenen Auto unterwegs ist, folgt von Kayadibi aus den Schildern nach Saklıkent und hält links nach dem gelben Schild Ausschau mit dem Zeichen für ein antikes Denkmal.

SAKLIKENT-SCHLUCHT

12 km hinter dem Abzweig nach Tlos liegt die spektakuläre **Saklıkent-Schlucht** (Erw./Stud. 1,40/0,90 €; HS, NS gratis; ☼ 8–20 Uhr), die das Gebirge der Akdağları durchschneidet. Die Schlucht ist 18 km lang und so steil und schmal, dass die Sonne nie reinscheint. Deshalb ist das Wasser selbst im Sommer eiskalt.

Besucher kommen über einen Bohlenweg oberhalb des Flusses in die Schlucht. Der Pfad verbreitert sich mehrfach zu hölzernen Plattformen, die über das Wasser ragen. An diesen Stellen können Forellen gekauft und gegessen werden. Unten geht's durch den Fluss. Beim Durchwaten sollte man sich gut am Seil festhalten. Wer weiter in die Schlucht reingeht, muss manchmal durch Matsch und manchmal durchs Wasser stapfen. Plastikschuhe gibt's für 0,85 € zu leihen. Besser aber, man hat eigene Schuhe mit fester Sohle dabei.

Es können auch Führer engagiert werden. Außerdem ist das ein guter Ort für Outdoor-Aktivitäten, z. B. Canyoning.

Schlafen

Vom Parkplatz aus auf der anderen Flussseite liegt das **Saklıkent Gorge Camp** (☎ 659 0074; www.saklikentgorge.net; Baumhaus mit Gemeinschaftsbad EZ/DZ 11/22 €, Stellplatz 2,75 €, B auf Plattform am Fluss mit HP 5,55 €; ☼ Jan.–Nov.; ☐ ☎): ein rustikales Lager für Backpacker. In den einfachen, aber sauberen Baumhäusern gibt's kleine Kühlschränke. Zur Anlage gehören ein natürlicher Pool, eine Bar und ein Restaurant (frische Forelle 4,45 €, *köfte* 5,55 €).

Die Campleitung organisiert auf Wunsch verschiedene Aktivitäten (inkl. Transport und Getränke), z. B. Flussfahrten auf einem Reifen (11 € pro Pers., 45–60 Min.), Rafting (11/25 € für 45–60 Min./3 Std.), Canyoning (20/50/100 € für Trips von 6 Std./1 Tag/ 2 Tagen & 1 Nacht, mindestens 4 Teilnehmer), Angeln (8 € inkl. Führer und Ausrüstung, halber Tag) und Trekking (11 €, 5 Std.). Im Angebot sind außerdem Jeepsafaris (28 € inkl. Mittagessen und Führer) und Ausflüge nach Tlos (8 €) und Patara (8 €).

An- & Weiterreise

Zwischen Fethiye und Saklıkent (2,75 €, 45 Min.) verkehren alle 15 Minuten Minibusse.

PINARA

Rund 46 km südöstlich von Fethiye gibt's in der Nähe des Dorfes Eşen eine Abzweigung (nach rechts) zu den **Ruinen von Pınara** (Eintritt € 1,40). Von dort sind es noch mal 6 km weiter rauf in die Berge. Sporadisch fahren von Fe-

---

SAKLIKENT-BETRÜGEREIEN

Vor Kurzem haben wir gehört, dass bei der Dolmuş-Haltestelle (beim Basar) in Fethiye Kundenfänger rumlungern. Sie lauern auf Reisende, die ins Saklıkent-Camp fahren wollen. Wenn die erstmal im Dolmuş sitzen, werden sie zu einem teuren Restaurant oder zum Yuka-Park gekarrt und wieder zurück nach Fethiye. Wer darauf keine Lust hat, sollte deshalb gleich nach der Ankunft in Fethiye zur Dolmuş-Haltestelle gehen und den Fahrer vom Saklıkent-Dolmuş bitten, direkt zum Camp zu fahren.

WESTLICHES MITTELMEER

thiye aus Minibusse hierher (1,70 €, 1 Std.), die einen am Anfang der Straße nach Pınara aussteigen lassen. Von dort geht's zu Fuß weiter. Oder man handelt mit dem Fahrer aus, dass er einen die ganze Strecke fährt.

Der Weg führt gut 3 km lang durch Tabak- und Maisfelder und über Bewässerungsgräben bis zum Dorf Minare. Danach macht die Straße eine scharfe Linkskurve und geht den Hang rauf. Die letzten 2 km sind extrem steil. Wer läuft, sollte auf jeden Fall genug Wasser mit dabeihaben. Am Fuß des Hangs gibt's ein Café – danach kommt nichts mehr dergleichen.

Oben angekommen, lockt in der Nähe eines offenen Parkplatzes eine kühle, schattige und erfrischende Quelle. Meistens taucht irgendwann der Wächter auf und bietet sich als Führer an. Das ist gar keine schlechte Idee, denn der Pfad rund um die Stätte (die übrigens immer offen ist) ist nicht leicht zu finden. Trinkgeld nicht vergessen!

Pınara gehörte zu den wichtigsten Städten im antiken Lykien. Aber obwohl das Ruinengelände riesig ist, gehört es nicht zu den beeindruckendsten in der Türkei. Aber allein schon wegen seiner phantastischen, abgeschiedenen Lage ist Pınara einen Abstecher wert.

Der turmhafte Felsen hinter der Stätte und die Felswände auf der linken Seite sind geradezu mit **Felsengräbern** durchlöchert. Es würde Stunden dauern, um sie alle zu sehen. Ein paar **Gräber** sind auch in der Ruinenstadt selbst zu finden. Das „Königsgrab" hat besonders feine Reliefs. Manche davon zeigen befestigte Städte. Das **Theater** von Pınara ist gut in Schuss, aber das **Odeon** und die **Tempel** von Apollon, Aphrodite und Athene (mit Säulen in Herzform) sind ziemlich zerfallen.

Im Dorf Eşen (3 km südöstlich des Abzweigs nach Pınara) gibt's ein paar einfache Restaurants.

SİDYMA

Ca. 4 km südlich von Eşen zweigt eine Schotterstraße nach links ab. Nach 12 km kommt sie in Sidyma an. Dort gibt's ein paar kleinere lykische Ruinen. Das Dorf Dodurga liegt mitten im Zentrum der Stätte. Oberhalb davon gibt's eine **Akropolis** und ein ziemlich ramponiertes **Theater**. Viele der alten Steinhäuser im Dorf sind teilweise aus Baumaterialien der antiken Stadt entstanden. Am Dorfrand liegt die **Nekropole** mit interessanten Gräbern aus der Römerzeit.

LETOON

Ca. 17 km südlich von der Abzweigung nach Pınara führt eine Straße nach Letoon. Diese Stätte hat es zusammen mit Xanthos (s. unten) auf die Liste des Weltkulturerbes der Unesco geschafft.

Bei den **Ruinen** angekommen (Eintritt 1,40 €; ☾ 8.30–17 Uhr) wird man prompt von jemandem empfangen, der Getränke und Tickets verkauft.

Letoon verdankt seinen Namen und seine Bedeutung einem Heiligtum der Göttin Leto. Der Sage nach war sie Zeus' Geliebte und die Mutter seiner Kinder Apollon und Artemis. Hera, seine Gattin, befahl daraufhin ganz cool, dass Leto bis in alle Ewigkeit von Land zu Land irren sollte. Man sagt, dass Leto einen Großteil ihrer Zeit in Lykien verbrachte und so wurde sie zur lykischen Nationalgottheit. Der Lykische Bund errichtete ihr zu Ehren dieses beeindruckende Heiligtum. Möglicherweise war es ursprünglich aber auch der anatolischen Muttergöttin geweiht.

Die Stätte besteht aus drei **Tempeln:** dem Apollotempel (links), dem Artemistempel (in der Mitte) und dem Letotempel (rechts). Im Apollotempel gibt's ein feines Mosaik, das eine Lyra und Pfeil und Bogen zeigt. Das **Nymphäum** (Brunnenanlage) ist ständig überflutet und wird von Fröschen bewohnt. Das ist nur angemessen, weil Leto immer auch mit Wasser in Verbindung gebracht wurde. In der Nähe steht das große hellenistische **Theater,** das hervorragend erhalten ist.

An- & Weiterreise

Von Patara aus ist die Abzweigung auf der rechten Seite (südwestlich) in der Nähe des Dorfes Kumluova. Hier fährt man von der Schnellstraße ab und kommt nach 3,2 km zu einer Einmündung. Dort geht's links und nach 100 m rechts (Achtung: Der Abzweig ist leicht zu übersehen!). Nach 1 km Fahrt durch fruchtbare Felder und Obstgärten, vorbei an Gewächshäusern voller Tomatenpflanzen, ist man da. Wer die zweite Abzweigung verpasst hat, landet auf dem Dofplatz.

Von Fethiye aus fahren Minibusse über Eşen nach Kumluova. An der Abzweigung nach Letoon muss man aussteigen.

XANTHOS

63 km von Fethiye entfernt überquert die Straße in Kınık einen Fluss. Linker Hand liegt auf einem Felsvorsprung die Ruinenstadt

Xanthos (Eintritt 1,40 €; ☺ 8.30–17 Uhr). Ursprünglich war sie die Hauptstadt und größte Stadt Lykiens. Heute gibt's dort ein hübsches **römisches Theater** und **Pfeilergräber** mit lykischen Inschriften.

Ein kurzer Spaziergang führt zur antiken Stätte. Wegen seiner großen Bedeutung war Xanthos' Geschichte wechselhaft: voller Kriege und Zerstörung. Diverse Male, wenn die Stadt von klar überlegenen Feinden belagerte wurde, zerstörten ihre Bewohner sie selbst. Das Theater mit der **Agora** ist noch erhalten, aber die **Akropolis** gegenüber ist stark ramponiert. Viele der schönsten Skulpturen und Inschriften wurden 1842 ins Britische Museum gebracht. Darum sind die meisten Inschriften und Verzierungen, die heute hier zu sehen sind, Kopien der Originale. Aber Xanthos lohnt sich trotzdem, v. a. auch wegen der Ausgrabungen durch die Franzosen in den 1950er-Jahren.

Wer der Straße nach rechts folgt, kommt zu noch mehr schönen **lykischen Gräbern,** die aus dem Fels gehauen sind.

Von Fethiye und Kaş aus gibt's Minibusse nach Xanthos. Auch einige größere Fernbusse halten hier auf Anfrage.

PATARA

☎ 0242

Das etwas schmuddelige, ausufernde Dorf Patara (Gelemiş) zieht einen interessanten Mix aus türkischen und ausländischen Exzentrikern an. Zu Ruinen hier gibt's noch einen Extra-Bonus in Form eines wundervollen, weißen Sandstrands. Er ist ca. 50 m breit und 20 km lang! Trotz der vielen Pensionen und ein paar Mittelklassehotels geht das traditionelle Dorfleben weiter seinen Gang. Die Verkehrsanbindungen können unregelmäßig sein. Und das bedeutet hoffentlich, dass in Patara alles bleiben wird, wie es ist.

In Patara wurde der hl. Nikolaus geboren, jener byzantinische Bischof aus dem 4. Jh., der sich später in den vorweihnachtlichen Geschenkebringer verwandelte. In vorchristlicher Zeit war Patara wegen seines Tempels und des Apollon-Orakels berühmt, von denen aber nur wenig übrig geblieben ist. Ursprünglich war hier der wichtigste Hafen des östlichen Lykiens und des Eşen-Tals. Aber der Hafen verlandete im Mittelalter und wurde zum schilfigen Feuchtgebiet. Der Apostel Paulus und sein Begleiter Lukas stiegen hier einst in andere Schiffe um.

95 der 110 Gebäude des Dorfes blieben mit Hilfe einer richterlichen Verfügung vom Abriss verschont. Eine weitere Ausdehnung des Dorfes wurde so gestoppt. Es gibt ambitionierte Pläne, die Ruinen zu rekonstruieren, um mit Ephesos konkurrieren zu können. Aber das kann dauern.

Orientierung

Die Abzweigung nach Patara liegt östlich des Dorfes Ovaköy. Von hier aus sind's noch 2 km bis zum Dorf und weitere 1,5 km zu den Ruinen von Patara. Der Strand liegt 1 km hinter den Ruinen. Zwischen Juni und Oktober tuckern lokale Minibusse vom Dorf runter zum Strand.

Wer in den Ort reinkommt, sieht auf der linken Seite einen Hang mit mehreren Hotels und Pensionen. An der Golden Pension biegt man rechts ab, um ins Dorfzentrum zu kommen. Durch das Tal durch und auf der anderen Seite wieder rauf gibt's noch mehr Pensionen und das Drei-Sterne-Hotel Beyhan Patara. Geradeaus liegen der Strand und die Ruinen.

Sehenswertes & Aktivitäten

RUINEN

Der Eintritt zu den Ruinen und zum Strand kostet 8 €. Das Ticket ist eine Woche gültig. Wer dem Mann am Einlass immer freundlich zuwinkt, darf bestimmt auch länger rein. Zu den Ruinen von Patara gehören ein **Triumphtor** mit drei Bögen am Eingang der Stätte und eine **Nekropole** mit mehreren **lykischen Gräbern** in der Nähe. Außerdem gibt's **Bäder** und etwas weiter weg auch eine **Basilika.**

Wer will, kann zur höchsten Stelle des **Theaters** klettern. Von dem kleinen Hügel dahinter hat man einen schönen Blick über die ganze antike Stätte. Oben auf dem Hügel stehen die Grundmauern des **Athenetempels** und eine ungewöhnliche runde **Zisterne** mit einer Säule in der Mitte.

Ansonsten sind noch ein paar **Bäder,** zwei **Tempel** und ein **korinthischer Tempel** am See zu besichtigen. Da der Boden recht sumpfig ist, sind sie manchmal schwer zu erreichen. Auf der anderen Seite des Sees steht ein **Kornspeicher.**

STRAND VON PATARA

Der Strand ist ein Traum. Er ist über die Straße hinter den Ruinen zu erreichen. Alternativ geht man bei der Golden Pension rechts und folgt dann dem Pfad in die Sanddünen. Er führt an Mimosenbüschen vorbei und an der Westseite der archäologischen Stätte entlang. Zu Fuß dauert's ca. 30 Minuten. Minibusse fahren von der Dolmuş-Haltestelle im Dorf aus zum Strand (0,55 €).

Man braucht unbedingt Schuhe, um die 50 m über den heißen Sand bis zum Wasser zurückzulegen. Außerdem ist ein Sonnenschutz nicht schlecht, denn es gibt kaum Schatten. Ein Sonnenschirm kann am Strand für 2,75 € gemietet werden.

Hinter dem Strand im Patara Restaurant finden Traveller ein schattiges Plätzchen, Essen und Getränke. Am Strand gibt's ansonsten noch eine Bretterbude, wo Kebap verkauft wird. Bei Einbruch der Dämmerung wird der Strand dichtgemacht, weil hier Meeresschildkröten ihre Eier ablegen. Campen ist verboten.

STRAND VON ÇAYAĞZI

5 km weiter ist der Strand von Çayağzı. Ein Schild auf der Westseite des Flusses an der Zufahrtsstraße, die von der Schnellstraße nach Patara abzweigt, weist den Weg dorthin. Am Strand gibt's einfache Einrichtungen und Campingmöglichkeiten.

Geführte Touren

Dardanos Travel (☎ 843 5151; www.dardanostravel.com; ✆ 9–18 Uhr) bietet dreistündige Reitausflüge durch die Dünen von Patara (42 €) an sowie ganztägige Kanutouren (mit Mittagessen vom Grill 25 €) auf dem Fluss Eşen, die am Strand von Patara enden.

Schlafen

Zeybek 2 Pension (☎ 843 5141; zeybekpension2@hotmail. com; EZ/DZ 11/17 €; ⚡) Saubere, nette Zimmer mit traditionellen Teppichen an den Wänden und einer Superaussicht von den Balkons. Auf der attraktiven Dachterrasse gibt's sogar einen Panoramablick über die Hügel. An Dardanos Travel vorbei geht's die Straße bergauf.

Flower Pension (☎ 843 5164; www.pataraflower pension.com; EZ/DZ 10/17 €, Apt. für 2/3 Pers. 22/28 €; ⚡) Die Pension mit dem schönen Namen liegt an der Straße in die Stadt. Die einfachen, sehr sauberen und gut gepflegten Zimmer haben Balkons zum Garten raus. Es gibt einen kostenlosen Shuttleservice zum Strand.

Akay Pension (☎ 843 5055; www.pataraakaypension. com; EZ/DZ 9,50/17,50 €, 4-Pers.-Apt. 33 €; ⚡ ▯) Kâzım und seine Familie, die diese Pension führen, sind die Hilfsbereitschaft selbst. Die tipptopp

gepflegten, kleinen Zimmer mit bequemen Betten haben auch Balkons mit Blick auf die Orangenbäume. Ein Zimmer mit Klimaanlage kostet 2,75 € extra. Frau Akay macht tolles Frühstück.

Golden Pension (☎ 843 5162; www.goldenpension. com; EZ/DZ 14/20 €; ⚡ ▯) Eine friedliche, sehr private Pension, die von einer freundlichen Familie geführt wird. Sie ist hilfsbereit, aber nicht übereifrig. Die Zimmer sind gemütlich und haben Balkons. Außerdem gibt's eine hübsche, schattige Terrasse und ein Pool ist in Planung. Arif ist der Ortsvorsteher und Eigentümer. Er nimmt Gäste zu Kanu- (14 € pro Tag) oder Bootstouren inklusive Mittagessen (17 €) mit. Ihm gehört auch ein Reisebüro.

Mehmet Hotel (☎ 843 5032; www.kircatravel.com; EZ/DZ 14/22 €, Apt. für 4/6 Pers. 33/67 €; ⚡) Das Mehmet abseits der Hauptstraße ist bei Gruppen beliebt. Es ist preiswert und hat einen netten Pool. 100 m hinter dem Patara View Point Hotel.

Patara View Point Hotel (☎ 843 5184; www.patara viewpoint.com; EZ/DZ 20/33 €; ✆ April–Okt.; ⚡ ▯ ⚡) Das Hotel liegt nicht direkt an der Hauptstraße und ist deshalb ruhiger als die meisten anderen. Es hat einen schönen Pool und eine Terrasse, die im osmanischen Look mit Kissen gepolstert ist. Die Zimmer haben Balkons mit Blick über das Tal. Überall hängen alte Arbeitsgeräte vom Bauernhof rum – Erbstücke von der Großmutter des Besitzers. Zweimal täglich gibt's einen Traktorshuttle zum Strand und zurück.

Essen

Lazy Frog (☎ 843 5160; Hauptgerichte 6–9 €; ✆ 8–24 Uhr) Das Lazy Frog hat seinen eigenen Gemüsegarten und serviert verschiedene vegetarische Gerichte und *gözleme* auf der Terrasse.

Bread & Water (☎ 843 5080; Hauptgerichte 7–9 €; ✆ Mai–Sept. 8–24 Uhr) Das Restaurant im Blockhüttenstil hat eine attraktive Terrasse. Der renommierte Küchenchef aus İstanbul zaubert „türkische Gerichte mit modernem europäischem Touch". Für Patara ist das Bread & Water ein bisschen zu edel, aber das Essen ist wirklich erstklassig.

Tlos Restaurant (☎ 843 5135; meze 2 €, Hauptgerichte 4,45–10 €; ✆ April–Okt. 8–24 Uhr) Chefkoch und Besitzer des Tlos ist der schnurrbärtige, immer lächelnde Osman. Er ist sehr stolz auf seine Küche („frisch, *nicht* tiefgefroren"). Ein heißer Tipp ist das türkische Gulasch (5,55 €). Alkohol wird nicht ausgeschenkt.

Ca. 50 m nördlich von der Golden Pension an der Hauptstraße ins Dorf.

Ausgehen

Medusa Bar (☎ 843 5193; Bier 1,95 €; ☼ April–Sept. 9–3 Uhr) Die Bar ist gestylt wie ein alter Pub, hat gepolsterte Bänke und alte Fotos und Poster an den Wänden. Die CD-Collection ist beachtlich.

Gypsy Bar (Bier 1,95 €; ☼ 9–3 Uhr) Winzig, aber urig und bei den Einheimischen sehr beliebt. Jeden Montag, Mittwoch und Samstag gibt's von 22 bis 3 Uhr türkische Livemusik.

Tropic Bar (Bier 1,65 €; ☼ Mai–Sept. 11–3 Uhr) Pataras einziger Bar-Club hat eine nette, offene Terrasse mit Steinbänken rundherum, auf denen gemütliche Kissen liegen. Happy Hour (Cocktails 2,75 €) ist jeden Abend von 20 bis 23 Uhr.

An- & Weiterreise

Busse auf der Route Fethiye–Kaş lassen Fahrgäste an der Schnellstraße 4 km vom Dorf entfernt aussteigen. Von dort aus fährt alle 45 Minuten ein Dolmuş ins Dorf.

Drei bis vier Minibusse täglich fahren nach Fethiye (3,35 €), Kalkan (2,75 €, 20 Min., 15 km) und Kaş (4,15 €, 45 Min., 41 km).

KALKAN

☎ 0242

Kalkan hieß früher mal Kalamaki und war ein osmanisch-griechisches Fischerdorf. Inzwischen hat sich der Ort komplett auf Tourismus eingestellt. In den 1980ern wurde Kalkan von Travellern entdeckt, die was Einfaches, Preiswertes und Ruhiges suchten. Aber es dauerte nicht lange, bis dieses perfekte mediterrane Dorf mit Boheme-Flair seinen eigenen Yachthafen, ein paar moderne Hotels und schließlich ganze Feriensiedlungen am Ortsrand kriegte.

Die meisten Kalkan-Urlauber würden sich selbst als „bequem" beschreiben. Für Backpacker ist es nichts. Für Individualreisende gibt's ein paar hervorragende Pensionen und Hotels in jeder Preisklasse und eine tolle Restaurantszene. Im Winter verwandelt sich Kalkan in eine Geisterstadt.

Orientierung & Praktische Informationen

Kalkan wurde an einem steilen Hang oberhalb einer Bucht erbaut. Wer von der Schnellstraße kommt, fährt auf einer kurvigen Straße an einem Taxistand, der Post, den Gebäuden der Gemeindeverwaltung und diversen Banken vorbei bis zu einem zentralen Parkplatz. Hier geht die Haupteinkaufszone los. Dann führt die Straße als Hasan Altan Caddesi (auch 6 Sokak genannt) den Hügel runter.

Das örtliche **Internetcafé** (☎ 844 1670; Hasan Altan Caddesi; ☼ 9–17 Uhr) ist eigentlich nur ein Schreibwarenladen mit zwei Computerterminals. Es liegt oben am Hang, schräg gegenüber von der Haltestelle für die Busse und Minibusse. Kalkan hat keine Touristeninformation, aber dafür eine eigene **Website** (www. kalkan.org.tr).

Schlafen

BUDGETUNTERKÜNFTE

Çelik Pansiyon (☎ 844 2126; Süleyman Yılmaz Caddesi 9; EZ/DZ 17/20 €; ✸) Die Zimmer der zentral gelegenen Pension sind geradezu spartanisch, aber dafür groß und absolut sauber. Zwei Mansardenzimmer haben einen Balkon mit Blick über die Dächer und den Yachthafen. Außerdem gibt's eine Dachterrasse.

Holiday Pension (☎ 844 3777; Süleyman Yılmaz Caddesi; DZ mit/ohne Frühstück 22/17 €) Die Zimmer sind zwar einfach, aber sauber und charmant. In manchen gibt's alte Holzbalken und Spitzengardinen, andere haben klasse Balkons mit schöner Aussicht. Ahmet und Şefika, die Inhaber, sind beide sehr nett und machen herrliche Marmeladen fürs Frühstück.

Türk Evi (☎ 844 3129; www.kalkanturkevi.com; Hasan Altan Caddesi; EZ 14–25 €, DZ 22–33 €) Am oberen Ende der Stadt liegt dieses ruhige, schön restaurierte Steinhaus. Es hat jede Menge Atmosphäre und Charakter. Dazu tragen die knarrenden Fußböden, antiken Möbel und die Bilder an den Wänden bei, die begeisterte Gäste gemalt haben. Dazu gibt's eine stufenförmig angelegte Terrasse, die von Weinstöcken und Oleander beschattet wird. Sehr preiswert.

MITTEL- & SPITZENKLASSEHOTELS

Zinbad Hotel (☎ 844 3404; www.zinbadhotel.com; Yalıboyu Mahallesi 18; EZ/DZ 28/33 €; ☼ Mitte April–Nov.; ✸) Ganz in der Nähe vom Daphne liegt das Zinbad mit schönen, gemütlichen Zimmern in mediterranem Blau. Ein paar haben einen Balkon mit Meerblick. Das Hotel liegt zentral in der Nähe vom Strand und hat eine große Terrasse. Eine gute Wahl! In der Hochsaison steigen die Preise pro Person um 8 €. Die deutsche Chefin Renate bietet auch archäologische Touren an (gegen Benzinkosten).

WESTLICHES MITTELMEER

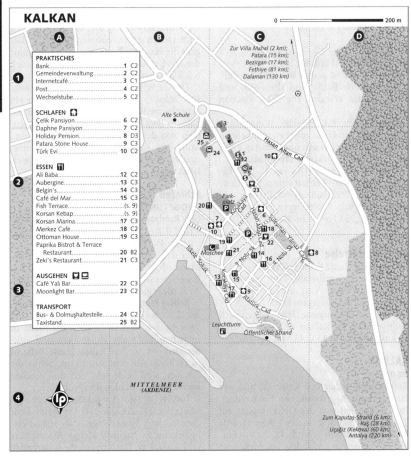

KALKAN

0 ———— 200 m

Zur Villa Mahal (2 km);
Patara (15 km);
Bezirgan (17 km);
Fethiye (81 km);
Dalaman (130 km)

Alte Schule

Hasan Altan Cad

Park-
platz

Kocakaya Cad

İskele Sokak

Moschee

Karakaya Cad

3 Nolu St.

Süleyman Yılmaz Cad

4 Nolu St.

Atatürk Cad

Leuchtturm

Öffentlicher Strand

MITTELMEER
(AKDENIZ)

Zum Kaputaş-Strand (6 km);
Kaş (28 km);
Uçağiz (Kekova) (60 km);
Antalya (220 km)

Daphne Pansiyon (☎ 844 2788; daphne_kalkan@ hotmail.com; Kocakaya Caddesi; Zi. für 2 oder 3 Pers. 45 €; ☒) Das Daphne liegt in der Nähe der Moschee an der Straße zum Hafen. Es kann mit seiner Dachterrasse mit Restaurant und einer tollen Aussicht punkten. Die Zimmer sind schön, die Deko hat einen traditionellen Touch.

Patara Stone House (☎ 844 3622; www.korsankalkan. com; Atatürk Caddesi; DZ 36–50 € je nach Saison; ☒ ●) Am Wasser gegenüber dem Hafeneingang gelegen. In dem reizvollen alten Steinhaus werden nur zwei Zimmer vermietet. Sie sind geräumig und elegant eingerichtet. Nicht zuletzt wegen der tollen Lage ist das Patara Stone House eine gute Wahl.

Villa Mahal (☎ 844 3268; www.villamahal.com; DZ 120–220 €; ☒ ☒) Eins der elegantesten Hotels

in der Türkei, an einem steilen Hang an der Westseite der Kalkan-Bucht gelegen, ca. 2 km von der Stadt entfernt. Die 13 Zimmer sind alle individuell in mediterranem, minimalistischem Stil designt – sehr geschmackvoll! Alle haben einen phantastischen Blick durch die riesigen Fensterfronten, die sich zu separaten Terrassen öffnen. Die Pool-Suite hat ihren eigenen Swimmingpool, der spektakulär am Rand des Hügels liegt. Am Meer gibt's einen Badesteg. Ein Taxi von Kalkan aus kostet 3 €.

Essen
RESTAURANTS
Belgin's (☎ 844 3614; Hasan Altan Caddesi; Hauptgerichte 6,50–8 €; ☾ April–Okt. 10–24 Uhr) Das Lokal ist in einer 150 Jahre alten ehemaligen Oliven-

mühle untergebracht. Angeboten werden traditionelle türkische Gerichte zu sehr vernünftigen Preisen. Die Spezialität ist *manti* (türkische Ravioli, 6,65 €). Trotz der unechten osmanischen Kunstgegenstände und der ausgestopften Schafe ist die Dachterrasse sehr reizvoll. Normalerweise gibt's jede Nacht von 20 bis 1 Uhr türkische Livemusik.

Zeki's Restaurant (☎ 844 3884; Kocakaya Caddesi; Vorspeisen 3–5 €, Hauptgerichte 9–11 €; ☼ Mai–Nov. 10–24 Uhr) Das Restaurant ist klein, aber hübsch aufgemacht mit frischen Oleanderblüten und Tischdecken aus Leinen. Im Zeki's gibt's eine hervorragende französisch-türkische Küche. Angeblich werden hier „die besten Steaks in Kalkan" aufgetischt und die *tarte au chocolat* ist einfach genial.

Ottoman House (☎ 844 3667; Kocakaya Caddesi 35; ☼ 9–1 Uhr) Das traditionelle Restaurant ist mit Teppichen und Kissen ganz auf Osmanisch gestylt. Hier werden exzellente türkische Klassiker serviert, z. B. *testi kebap* (kappadokischer Tontopf mit Rind- oder Hähnchenfleisch, der am Tisch zerbrochen wird, 11,50 €). Von der attraktiven Dachterrasse genießen die Gäste eine schöne Aussicht.

Coast (☎ 844 2971; Yalıboyu 3; ☼ April–Okt. 9–24 Uhr) Dieses nagelneue, moderne und minimalistische Lokal bringt hervorragende türkische Gerichte mit europäischem Touch auf den Tisch. Unbedingt die Spezialität probieren: Steak, auf einem heißen Marmorblock serviert (14 €)!

Korsan Marina (☎ 844 3622; Kocakaya Caddesi; meze 3–7 €, Hauptgerichte 9,50–14,50 €; ☼ Mai–Okt. 9.30–24 Uhr) Eins der ältesten (1979) und beständigsten Restaurants von Kalkan. *Meze* (v. a. *mücver* – frittierte Zucchini) und Korsan Paella (11,50 €) sind die Spezialitäten des Hauses. Neben dem Stadtstrand.

Aubergine (☎ 8.44 3332; İskele Sokak; ☼ 9–24 Uhr) Das Aubergine hat Tische draußen direkt am Yachthafen, aber auch einen gemütlichen Speiseraum. Das Restaurant ist bekannt für sein Wildschwein (13 €) und das Schwertfischfilet in Gemüsesahnesauce (13 €).

Paprika Bistrot & Terrace Restaurant (☎ 844 1136; Yalıboyu 12/B; Hauptgerichte 11–15 €) Gegenüber vom öffentlichen Parkplatz. Dieses Lokal ist spezialisiert auf Fleischgerichte, die die Gäste auf einer der Terrassen genießen können. Unbedingt testen: die Spezialität *incik* (15 €) – gebratene Lammkeule mit einer Wein-Zwiebel-Sauce – und den berühmten heißen Schokoladen-Fondant (5,50 €).

Fish Terrace (☎ 844 3076; Atatürk Caddesi; Mahlzeiten 15 €; ☼ 9.30–24 Uhr) Restaurant auf dem Dach des Patara Stone House. Die Einheimischen kommen wegen des leckeren, preiswerten Fischs gerne her. Montags und donnerstags von 20.30 bis 22 Uhr gibt's Livejazz. Die selbst gemachte Limonade (1,65 €) ist legendär.

CAFÉS & AUF DIE SCHNELLE

Ali Baba (☎ 844 3627; Hasan Altan Caddesi; Hauptgerichte 2,75 €; ☼ NS 24 Uhr, HS rund um die Uhr) Mit seinen langen Öffnungszeiten und Spottpreisen ist dieses Lokal absolut erste Wahl. Hier gibt's tolles Frühstück (3,35 €) und gute vegetarische Gerichte (1,65 bis 2,50 €).

Café Del Mar (☎ 844 1068; Hasan Altan Caddesi; ☼ 8–1 Uhr) Klein, aber süß. Angeblich gibt's hier 70 verschiedene Kaffeevarianten (1,70–2,80 €), außerdem Milchshakes und Joghurt-Frucht-Getränke (2,50 €).

Merkez Cafe (☎ 844 2823; Hasan Altan Caddesi 17; ☼ Mai–Okt. 8–1 Uhr) Dieses bescheiden wirkende Café hat eine eigene Bäckerei, in der himmlische Pasteten und Kuchen entstehen. Viele sind Eigenkreationen wie z. B. das umwerfende Schokoladen-Baklava (4 € für 4 Stück) und die legendären Kokos- und Mandelmakronen (1,40 €)! Die frischen Obstsäfte (1,95 €) und das *pain au chocolat* (0,55 €) sind perfekt zum Frühstück oder auch als Snack zwischendurch. Und die Pizzen (3,50 bis 6 €) schmecken sogar den italienischen Gästen.

Korsan Kebap (☎ 844 2116; Atatürk Caddesi; Mahlzeiten 9 €) Auf einer Terrasse am Hafen werden herrliche Kebaps (6 €) und *pide* (3,85 bis 5 €) serviert. Unbedingt die Spezialität, den *dürüm kebap*, mit scharfem Steakfleisch probieren!

Ausgehen

Moonlight Bar (☎ 844 3043; Süleyman Yılmaz Caddesi 17; Bier 2 €; ☼ Mitte April–Okt. 10–4 Uhr oder später) Die älteste und immer noch angesagteste Bar in Kalkan. 95 % der Leute, die draußen oder drinnen neben der kleinen Tanzfläche rumhängen, sind aber Touristen.

Café Yalı Bar (☎ 844 2417; Hasan Altan Caddesi 19; Bier 2 €; ☼ Mai–Okt. 13–24 Uhr) Das Lokal liegt an einer Kreuzung dreier Straßen. Sehr beliebt, um Leute zu beobachten.

An- & Weiterreise

In der Hochsaison verbinden Minibusse Kalkan mit Fethiye (3,35 €, 1½ Std., 81 km) und Kaş (1,65 €, 35 Min., 29 km). Ca. acht

Minibusse fahren täglich auch nach Patara (1,40 €, 25 Min., 15 km).

RUND UM KALKAN
Bezirgan
Bezirgan liegt von Hügeln umgeben in einem flachen, fruchtbaren Talkessel. Das hübsche Dorf ist ca. 17 km von Kalkan entfernt – atmosphärisch liegen allerdings Welten dazwischen. Oberhalb des Dorfes liegen die Ruinen der lykischen Stadt **Pirha.** Über Pirha ist nur wenig bekannt. Sie gehört zu den Tausenden von antiken Stätten in der Türkei, deren Geschichte im Dunkeln liegt. Besucher können zwischen den Mauern der Zitadelle rumlaufen, die die Akropolis umgeben.

In den Hügeln hinter Kalkan versteckt sich **Owlsland** (☎ 837 5214; www.owlsland.com; EZ/DZ 34/68 €, mit HP 53/106 €), ein 150 Jahre altes Bauernhaus inmitten herrlicher Gärten und der Inbegriff ländlicher Idylle. Geführt wird es von einem freundlichen türkisch-schottischen Paar. Erol, ein gelernter Koch, zaubert traditionelle türkische Gerichte aus ganz frischen Zutaten. Und Pauline kocht die Marmelade fürs Frühstück selbst. Die Zimmer sind einfach, aber gemütlich und mit alten Bauernhofgeräten dekoriert – Erbstücke von Erols Großvater. Es werden Wanderungen (30 € inkl. Mittagessen) rund ums Dorf angeboten. Owlsland bietet einen tollen Einblick in das ländliche Leben vor Ort. Der Transport von und nach Kalkan ist kostenlos.

AN- & WEITERREISE
Wer nicht im Owlsland übernachtet, kommt von Kalkan oder Kaş aus am einfachsten per Auto oder Motorroller nach Bezirgan: von Kalkan aus Richtung Fethiye, dann den Abzweig nach Elmalı. Die Straße steigt die ganze Zeit an und bietet herrliche Blicke aufs Meer. Schließlich ist die Schlucht erreicht, die in Kaputaş runter zum Meer führt. An der T-Kreuzung links abbiegen und dann weiter ins Gebirge. Wenn die Straße am Pass ankommt, ist Bezirgan schon unterhalb zu sehen. Dort wo der Weg ins Tal runterführt, gibt's eine Abzweigung nach links, die ins Dorf führt.

Kaputaş
Ca. 7 km östlich von Kalkan und etwas mehr als 20 km westlich von Kaş liegt Kaputaş. Das ist eine beeindruckende Gebirgsschlucht, über die eine schmale Brücke führt. Unter der Brücke liegt eine perfekte kleine Sandbucht mit einem **Strand,** zu dem eine Menge Treppen runterführen. Ein Dolmuş von Kalkan aus kostet in der Hochsaison 0,55 €.

KAŞ
☎ 0242/7700 Ew.
Früher wurden hierher Regimekritiker verbannt. Die Küstenstadt Kaş muss ein recht angenehmes Exil geboten haben. Fischer bringen ihren Fang in den Hafen, Einheimische terffen sich in den schattigen Teegärten, um über Politik zu diskutieren, wohlhabende, pensionierte Türken und Traveller schlendern durch Geschäfte und Boutiquen. Der Ort wird von einem 500 m hohen Berg überragt, der aussieht wie ein auf der Seite liegender Mensch (Yatan Adam, „Schlafender Mann"). Vor der Küste liegt eine geopolitische Kuriosität: die griechische Insel Meis (Kastellorizo). Bis heute hat nichts den besonderen Charakter von Kaş zerstört.

Nicht ihre Strände machen die Stadt so attraktiv, denn die Buchten sind klein und mit Kieseln übersät. Es sind v. a. die tollen Pensionen, Restaurants und Bars sowie die wunderbar entspannte Atmosphäre, die die Traveller anlocken. Ironischerweise soll das ruhige Kaş neuerdings zur „Adventure-Hauptstadt des Mittelmeers" avancieren. Schon jetzt werden Paragliding, Tauchen, Bergwandern und auch faszinierende Ausflüge an der Küste angeboten. Kurz: Die Stadt ist ein idealer Standort für ein paar Tage Aktivurlaub.

Ein gut erhaltenes antikes Theater ist fast alles, was von der lykischen Stadt Antiphellos übrig geblieben ist. Oberhalb der Stadt gibt's mehrere lykische Felsengräber, die nachts angestrahlt werden.

Orientierung
Der *otogar* liegt ein paar 100 m bergauf, nördlich des Stadtzentrums. Von dort führt der Atatürk Bulvarı in die Stadt runter. Billige Pensionen liegen v. a. auf der rechten Seite (westlich), die teureren Hotels auf der linken (östlich). Zum Hauptplatz Cumhuriyet Meydanı geht's bei der Merkez Süleyman Çavuş Camii (Moschee) links ab. Die İbrahim Serin Caddesi führt nach Norden zur Post und zu einer Bank mit Geldautomaten. Von der Moschee aus verläuft die Likya Caddesi nach Osten an einigen hübschen Geschäften in restaurierten Holzhäusern vorbei und erreicht später ein paar lykische Felsengräber.

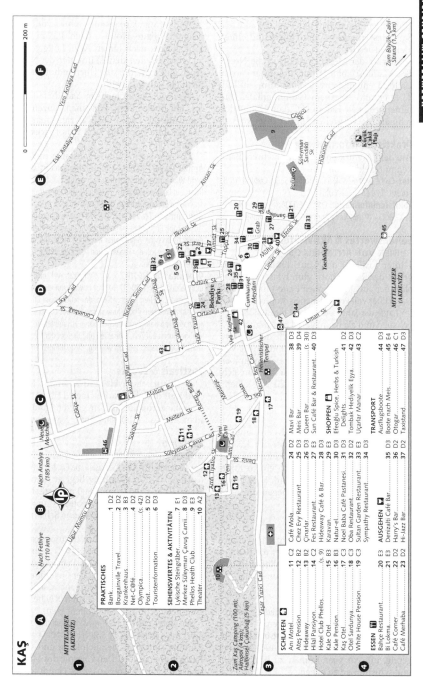

Hinter dem Hauptplatz gibt's auf der anderen Seite des Hügels weitere Hotels und einen kleinen Kiesstrand.

Wer an der Moschee rechts in die Necip Bey Caddesi abbiegt und die Yaşar Yazici Caddesi entlangfährt, kommt zum antiken Theater und zu einem Campingplatz. Dahinter liegen die Halbinsel Çukurbağ und der schmale Meeresstreifen vor der Insel Meis.

Praktische Informationen

Auf dem Atatürk Bulvarı gibt's mehrere Banken mit Geldautomaten.

Net-C@fé (☎ 836 4505; İbrahim Serin Caddesi 16/B; pro Std. 0,80 €; ☽ 9–1 Uhr)

Touristeninformation (☎ 836 1238; ☽ Mai–Okt. 8–12 & 13–19 Uhr, Nov.–April bis 17 Uhr) Am Hauptplatz.

Sehenswertes & Aktivitäten

RUINEN VON ANTIPHELLOS

Hinter (östlich) der Touristeninformation geht's den Hügel hoch zum lykischen **Sarkophag,** der auf einem hohen Podest thront. Kaş war früher voll von solchen Sarkophagen, im Laufe der Jahre wurden die meisten kaputtgehauen und als Baumaterial missbraucht.

Das **Theater,** 500 m westlich des Hauptplatzes, ist sehr gut erhalten und wurde vor einiger Zeit restauriert. Um die Felsengräber über der Stadt zu besuchen, sollte man sich unbedingt eine kühle Tageszeit aussuchen! Der Weg hat's in sich.

SCHWIMMEN

Zum Schwimmen ist der hübsche saubere Strand Büyük Çakıl ideal. Er ist nur 1,3 km vom Stadtkern entfernt. Zwar besteht er zum größten Teil aus Kies, aber an einem Ende gibt's auch ein paar Meter Sand. Dort gibt's Sonnenschirme und Sonnenliegen umsonst sowie ein schattiges Café.

HAMAM

Der Hamam ist klein und liegt in einer Ferienanlage (Hotel Club Phellos). Aber das Bad für Männer und Frauen im **Phellos Health Club** (☎ 836 1953; Doğrunyol Sokak 4; Massage 25 €) lohnt sich.

Geführte Touren

Entlang der Küste werden verschiedene Boots- und Schwimmausflüge angeboten.

Die beliebte, dreistündige **Bootstour** (12–14 €) nach Kekova und Üçağız (s. S. 404) ist lang genug, um ein paar Ruinen zu besichtigen und schwimmen zu gehen.

Andere Standardausflüge führen zur Mavi Mağara (Blaue Höhle), nach Patara und Kalkan oder nach Liman Ağzı, Longos und zu verschiedenen kleinen Inseln in der Nähe. Auch im Programm sind Überlandtouren zur Schlucht von Saklıkent.

Wer will, kann auch im Yachthafen von Kaş ein Boot mieten. Für einen ganzen Tag rund um die Inseln vor Kaş zahlt man für das gesamte Boot (bis zu 8 Pers.) zwischen 75 und 100 €.

Ein paar gute Tourenveranstalter in Kaş:

Amber Travel (☎ 0242-836 1630; www.ambertravel. com) Wird von einem britischen Paar geführt und ist spezialisiert auf landesweite Ziele. Zielgruppe sind unerschrockene Traveller. Eine gute Adresse für Aktivitäten aller Art.

Bougainville Travel (☎ 836 3737; www.bougainville-turkey.com; İbrahim Serin Caddesi 10) Der etablierte, englisch-türkische Veranstalter hat einen guten Ruf und viel Erfahrung mit der Organisation von Aktivitäten. Angebote beachten.

Olympica (☎ 836 2049; www.olympicatravel.com; Ortaokul Sokak 1; ☽ 8.30–17.30 Uhr) Es wird von einem österreichisch-türkischen Team geführt, das teutonische Effizienz mit einheimischem Know-how verbindet. Das Olympica ist spezialisiert darauf, individuelle Touren zusammenzustellen – abgestimmt auf Zeit, Interessen und Budget der Kunden. Je mehr Aktivitäten gebucht werden, desto billiger wird's.

Festivals & Events

Das alljährliche **Lykia Festival** findet Ende Juni statt und dauert drei Tage. Dabei treten Volkstanzgruppen aus dem ganzen Land und manchmal auch internationale Künstler auf.

Schlafen

BUDGETUNTERKÜNFTE

Kaş Camping (☎ 836 1050; Yaşar Yazici Caddesi; Stellplatz für 2 Pers. 11 €) Kaş Camping liegt attraktiv in einer felsigen Umgebung, 800 m westlich der Stadt. Lange war das der beliebteste Campingplatz. Pluspunkte sind der schöne Schwimmbereich und die Bar.

Ateş Pension (☎ 836 1393; www.atespension.com; Amfi Tiyatro Sokak 3; EZ/DZ 11/12,50 €; ☒ 💻) Ahmed und seine Familie halten die Pension gut in Schuss. Sie ist ein freundlicher Ort mit einer netten Dachterrasse, auf der manchmal Grillpartys stattfinden. Gäste dürfen Küche und Internetanschluss umsonst benutzen.

Anı Motel (☎ 836 1791; www.motelani.com; Süleyman Çavuş Caddesi; B/EZ/DZ 5,50/8/14 €; ☒ 💻) Die Zimmer sind zwar ziemlich klein und spartanisch, aber sauber. Den Charme des Motels machen kleine Extras aus, z. B. Handtücher,

AKTIV IN KAŞ

Kaş ist ein toller Spot für Abenteuer und Aktivitäten. Besonders klasse sind die Kajak-Tagestouren über der versunkenen Stadt Kekova (s. Kasten S. 413). Im Preis sind Transfer, Guide und Mittagessen enthalten. Über die auf S. 400 aufgelisteten Agenturen lässt sich ein Trip buchen.

Canyoning 50 € pro Person für einen ganzen Tag.

Kanu fahren 30 € pro Person für einen ganzen Tag auf dem Patara-Fluss. Findet dreimal die Woche statt.

Mountainbike-Touren 36 € pro Person für einen ganzen Tag.

Paragliding 100 € pro Person. Die Flüge dauern 20 bis 30 Minuten, je nach Wetter.

Seekajak fahren 30 € pro Person für einen ganzen Tag, alles inklusive.

Tauchen Für qualifizierte Taucher, 30 € pro Tauchgang, inklusive Ausrüstung. Für Anfänger gibt's einen dreitägigen PADI-Open-Water-Kurs für 340 €, alles inklusive.

Bougainville Travel vermietet auch Mountainbikes für 14 € pro Tag und Kanus (an erfahrene Kanuten) für 20/35 € pro Ein-Mann-/Zwei-Mann-Kanu.

die zu Bögen gefaltet sind. Alle Zimmer haben Balkons. Es gibt eine Büchertauschbörse und eine Dachterrasse mit DVD-Player, wo es sich super relaxen lässt. Die Gäste dürfen die Küche benutzen.

Hilal Pansiyon (☎ 836 1207; www.korsan-kas.com; Süleyman Çavuş Caddesi; B/EZ/DZ 5,50/8/17 €; 🔀 💻) Der freundliche Süleyman und seine Familie führen diese Pension. Die Zimmer ähneln denen im Anı. Es gibt eine Terrasse mit Topfpflanzen, auf der von Zeit zu Zeit Grillpartys stattfinden (6,65 €). Beim Reiseunternehmen darunter kriegen Gäste 10 % Nachlass auf Aktivitäten wie Kajaktouren, Tauchen und Ausflüge nach Saklıkent.

White House Pension (☎ 836 1513; fazisevenz@ hotmail.com; Yeni Cami Caddesi 16; EZ/DZ 25/33 €; 🔀 Mai– Sept.) Holz, Schmiedeeisen, Marmor und Terrakotta-Farbe machen die Pension mit ihren attraktiven Zimmern und der hübschen Terrasse zu einem Juwel. Am besten nach einem Zimmer mit Balkon unterm Dach fragen!

MITTELKLASSEHOTELS

Hideaway (☎ 836 1887; www.kasturkey.com; Amfi Tiyatro Sokak; EZ 22 €, DZ 28–33 €; 🔀 💻) Der Name passt: Das Hotel liegt am Stadtrand und ist deshalb ruhiger als viele andere. Die Zimmer sind einfach, aber gut gepflegt und haben alle Balkon. Es gibt eine Dachterrasse mit Meeresblick und einen Pool.

Otel Sardunya (☎ 836 3080; www.sardunyaotel.com; Necip Bey Caddesi 56; EZ/DZ 22/30,50 €; 🔀) Ein modernes weißes Gebäude mit relativ geräumigen Zimmern. Alle haben einen Balkon, acht davon mit Blick aufs Meer. Das Highlight ist das grüne, mit Muscheln dekorierte Restaurant auf der anderen Straßenseite. Dort wird

das Frühstück unter Maulbeer- und Orangenbäumen serviert, nur ein paar Meter vom Wasser entfernt. Direkt darunter gibt's eine Terrasse zum Sonnen und einen Badesteg.

Kaş Otel (☎ 836 1271; Fax 836 2170; Necip Bey Caddesi 15; EZ/DZ 28/34 €; 🔀) Das Kaş Otel hat eine Top-Lage direkt über dem Wasser. Das Meer ist so nah, dass die Gäste von der schönen Terrasse oder den Balkons der acht einfachen Zimmer die Brandung hören können. Auch der Blick ist phantastisch. Außerdem ist das Hotel nicht so laut wie viele andere.

Kale Otel & Pension (☎ 836 4074; hotelkale@hotmail. com; Yeni Cami Caddesi 8; info@gulletturkey.com; EZ/DZ Pension 39/56 €, EZ/DZ Hotel 56/77 €; 🔀) Ein gut geführtes Hotel nicht weit vom Amphitheater. Angeboten werden einfache, aber hübsch möblierte Zimmer mit Balkon und einer genialen Aussicht auf das Wasser. Das Frühstücksbuffett ist spitze (der Koch backt die Omelettes vor den Augen der Gäste). Wer will, kann es im Garten mit Blick aufs Meer genießen. Die Zimmer der Pension haben keine so tolle Aussicht und sind einfacher. Aber das Preis-Leistungs-Verhältnis stimmt.

Hotel Club Phellos (☎ 836 1953; Doğrunyol Sokak 4; EZ/DZ/3BZi. 50/65/85 €; 🔀 💻) Der ausufernde Komplex am Hang ist zwar nicht schön, hat aber einen tollen Pool, Blick aufs Meer und Drei-Sterne-Komfort zu bieten.

Essen

Kaş hat eine blühende Restaurantlandschaft.

RESTAURANTS

Bi Lokma (☎ 836 3942; Hukumet Caddesi 2; 🕙 9–24 Uhr) Die Tische des Bi Lokma stehen kreuz und quer in einem terrassierten Garten mit Blick auf den Hafen. Sabo (Mama) kocht tolle traditionelle Gerichte wie z. B. ihre berühmten *mantı* (3,90–4,40 €) und Pasteten (3,60 €). Die Preise für die Weine sind okay.

Sultan Garden Restaurant (☎ 836 3762; Hükümet Caddesi; meze 1,65–3,35 €, Hauptgerichte 4,45–6,65 €; ☺ 10–24 Uhr) Es hat sich noch nicht ganz durchgesetzt, wirkt aber sehr vielversprechend. Der Koch hat sich auf anatolisch-osmanische Küche spezialisiert. Alles ist lecker und überhaupt nicht teuer. Unbedingt die *içli köfte* (Schwiegermutters Fleischbällchen) für 3 € probieren.

Natur-el (☎ 836 2834; Gürsöy Sokak 6; Mahlzeiten 7–10 €) Die Rezepte für die altosmanischen Gerichte wurden von Generation zu Generation weitergegeben. Im Natur-el kommt türkische Küche vom Feinsten auf den Tisch. Wer bisher noch keine *mantı* (türkische Ravioli) gegessen hat, sollte hier eine der drei Varianten (4,75 €) testen. Das osmanische *hünkar beğendı* (gewürfeltes, würziges Lammfleisch auf geräuchertem Auberginenpüree) schmeckt einfach herrlich.

Sympathy Restaurant (☎ 836 2418; Uzun Çarşı Gürsöy Sokak 11; Mahlzeiten 5–10 €) Frau Sevims Küche ist bei Einheimischen beliebt und zieht treue Stammgäste an. Die frittierten Auberginen sind klasse.

Fes Restaurant (☎ 836 3759; Sandıkçı Sokak 3; *meze* 2,20 €; ☺ April–Okt. 10–24 Uhr) Die Tische stehen auf einer friedlichen Terrasse mit Blick über den Hafen. Die Spezialität ist Steak (mit verführerischen Saucen, 10 €). Ansonsten gibt's auch Tagesgerichte, die eigentlich alle köstlich sind.

Karavan (☎ 836 3991; Sandıkçı Sokak; ☺ 10.30–24 Uhr) Lust auf etwas Besonderes? Dieses Lokal ist kreativ – in Küche *und* Style.

Bahçe Restaurant (☎ 836 2370; Likya Caddesi 31; Mahlzeiten ca. 12 €; ☺ Abendessen) Hinter dem lykischen Sarkophag liegt das Bahçe mit hübschem Garten. Serviert werden exzellente Gerichte zu moderaten Preisen, z. B. eine beeindruckende Auswahl an *meze* (1,94 €). Der Fisch in Papier (8,35 €) hat begeisterte Kritiken bekommen.

Chez Evy Restaurant (☎ 836 1253; Terzi Sokak 2; ☺ Mitte April–Okt. 19–24 Uhr) Evy ist Namensgeber und Inhaber dieses Restaurants. Er war früher Chefkoch auf einer privaten Yacht. Entsprechend wird hier allerfeinste französische *haute cuisine* aufgetischt. Auf der Karte stehen Klassiker wie *gigot d'agneau* (17 €) oder *filet de bœuf avec sauce béarnaise* (18 €). Am

schönsten sitzt man im begrünten Hof und hört dem Papagei Şahin zu, der nach Evy ruft. Normalerweise legt er auch abends eine Show hin.

CAFÉS

Café Mola (☎ 836 7826; Halk Pazan Sokak; ☺ 8–22 Uhr) Das Mola ist ein tolles, billiges Café – ideal für ein türkisches Frühstück (3,40 €) oder einen Imbiss wie Crêpe oder Sandwich (1,70 €) mit Kaffee oder Saft.

Noel Baba Café Pastanesi (☎ 836 1225; Cumhuriyet Meydanı 1; Bier oder Cappuccino 2 €, Tee 0,60 €; ☺ NS 7–18 Uhr, HS bis 24 Uhr) Ein beliebtes Einheimischenlokal am Hauptplatz, überhaupt nicht überteuert. Die überdachte Terrasse ist super, um vor der Mittagshitze zu flüchten.

Café Merhaba (☎ 836 1883; İbrahim Serin Caddesi 19; Kaffee 1,65–2,50 €; ☺ Mitte April–Okt. Mo–Sa 9.30–24 Uhr) Die Inhaber behaupten, dass es bei ihnen die „besten Kuchen in Kaş" gebe. Tatsächlich wird im heiteren Merhaba tolles Konfekt aus Naturprodukten gemacht. Es ist nicht gerade das billigste Café (Stück Kuchen 2,25–2,50 €), aber die Atmosphäre macht das wett. Die Gäste können in europäischen und amerikanischen Zeitungen vom Vortag schmökern.

Café Corner (☎ 836 1409; İbrahim Serin Caddesi 20) Das Café Corner ist bei Einheimischen und Travellern beliebt. Es gibt eine große Auswahl zu akzeptablen Preisen – von Aufläufen (5–7 €) und Salaten (3–5 €) über Pommes (2 €) bis hin zu Omelette (3 €). Das Corner ist auch ein guter Platz zum Frühstücken (3,60 €).

Hideaway Café & Bar (☎ 836 3369; Cumhuriyet Caddesi 16/A; Mahlzeiten ca. 6–11 €; ☺ April–Okt. 8.30–3 Uhr) Das charmante Gartencafé mit dem passenden Namen ist von der Straße aus nicht einsehbar, sodass sich die Gäste wie in einer anderen Welt fühlen. Nur und Erdem, die sympathischen Besitzer, sind stolz auf ihr frisches Essen. Alles wird mit qualitativ hochwertigen Zutaten aus der Region zubereitet. Sonntags gibt's ein geniales All-you-can-eat-Buffett. Nachts wird das Lokal von Laternen beleuchtet und wirkt wie verzaubert.

AUF DIE SCHNELLE

Oba Restaurant (☎ 836 1687; İbrahim Serin Caddesi 26; meze 1,95 €, köfte 2,75–3,35 €, Moussaka 2,75 €) Das Lokal hat eine nette ummauerte Terrasse unter Orangenbäumen. Nuran (die Mutter des Besitzers) kocht täglich leckere türkische Speisen frisch. Reichlich, köstlich, preiswert – einfach beste türkische Hausmannskost.

Besonders lecker sind die *köfte* – im Ofen gebacken oder kurz in Fett gebraten – und *güveç* (Auflauf) mit Hähnchen oder Rindfleisch.

Çinarlar (☎ 836 2860; Mütfü Efendi Sokak 4; pide 2,50–3,35 €, Pizza 3,85–5,55 €; ⏰ 8–1 Uhr) Die Jugendlichen von Kaş stehen auf das Çinarlar wegen der billigen *pide* und der Popmusik. Außerdem gibt's einen schönen Innenhof, der von der Straße abgeschirmt ist.

Ausgehen

Hi-Jazz Bar (☎ 836 1165; Zümrüt Sokak 3; ⏰ Mai–Okt. 17–3 Uhr) Der ehemalige New Yorker Taxifahrer Yılmaz führt diese sympathische kleine Bar. Er hat immer irgendeine Story auf Lager. Es gibt drinnen und draußen Tische. Von Mitte Juni bis Ende September läuft täglich von 22 bis 2 Uhr Livejazz.

Mavi Bar (☎ 836 1834; Mütfü Efendi Sokak; ⏰ April–Okt. 17–3 Uhr) Das Mavi liegt günstig am hinteren Ende des Hauptplatzes und ist immer voll. Als wir da waren, war es die angesagteste Bar in Kaş. Der Sound-Mix ist gut und es gibt auch draußen Tische.

Meis Bar (Liman Sokak 20; ⏰ 19–3 Uhr) In einem hübschen alten Steinhaus wurde vor Kurzem das Meis eröffnet. Es ist Bar (19–22 Uhr), Livemusikbühne (22–2 Uhr) und gut besuchter Nachtclub in einem. Zurzeit *the* place to be.

Sun Café Bar Restaurant (☎ 836 1053; Hükümet Caddesi; ⏰ 9–3 Uhr) Eine tolle Outdoor-Location in der Nähe des lykischen Sarkophags. Deko und Beleuchtung machen das Sun zu einem kultivierten, ja geradezu mondänen Ort für einen Drink. Jede Nacht wird Livemusik gespielt (NS 21–24 Uhr, HS 23–2 Uhr).

Queen Bar (☎ 836 1403; Orta Sokak; ⏰ 16–3 Uhr) Das Queen ist bei Travellern und Einheimischen gleich beliebt. Hier gibt's eine gut gefüllte Tanzfläche im ersten Stock und eine ruhigere Bar im zweiten. Der freundliche DJ Emin erfüllt gerne Musikwünsche!

Denizalti Café Bar („Unter Wasser"; ☎ 836 1315; Deniz Sokak; Bier 1,65 €; ⏰ April–Okt. 16.30–3 Uhr) Noch eine Location, um Jazz zu hören und einen „durchschnittlichen Martini" zu trinken, wie sich ein Einheimischer ausdrückte. Die Bar hat auch draußen Tische und eine nette Terrasse, von wo die Gäste über Atatürks Schultern den ganzen Platz überblicken können.

Harry's Bar (☎ 836 1379; İbrahim Serin Caddesi 13; ⏰ 16–2 Uhr) Der Besitzer ist Engländer und entsprechend ist das Feeling hier. Die Bar erinnert schwer an einen Pub und zieht Auswanderer an. Aber es kommen auch ein paar Traveller.

Shopping

In Kaş gibt's diverse gute, kleine Läden, die traditionelles Kunsthandwerk verkaufen, z. B. Teppiche und Keramik, geschnitzte Holzmöbel und Schmuck. Jeden Freitag findet an der Straße von Kaş nach Fethiye gegenüber dem Yachthafen ein Markt statt.

Tombak Hediyelik Eşya (☎ 836 1820; Ortaokul Sokak 1; ⏰ April–Sept. 8.30–24 Uhr) Inhaber des Ladens ist der charmante İsmail, der gern über seine Waren plaudert. Er verkauft qualitativ hochwertige türkische Artefakte wie z. B. bunte Galslaternen aus İstanbul (14–194 €), raffinierte Intarsienarbeiten und gute Backgammon-Sets (11–278 €).

Efeoğlu Spice, Herbs & Turkish Delights (☎ 836 7429; İbrahim Serin Caddesi 16; ⏰ 9–20.30 Uhr) Wer auf kulinarische Souvenirs steht oder nach einem kleinen Mitbringsel für Mama sucht, wird in diesem Laden bestimmt fündig. Die Auswahl reicht von Bergtee über Ketten aus aufgereihten, getrockneten Chilis (sehr schick!) bis zu wunderbaren Gewürzen und köstlichem türkischen Honig (11 € pro kg).

Uçarlar Manav (☎ 836 3096; ⏰ 7–24 Uhr) Der Laden liegt ca. 100 m nordwestlich vom Belediye Parkı und verkauft super Honig aus der Region und gutes, frisches Obst.

An- & Weiterreise

BUS

Täglich um 6.30 Uhr fahren Busse vom *otogar* in Kaş nach İstanbul (30,50 €, 15 Std.). Um 20.30 Uhr gibt's einen Nachtbus nach Ankara (23,40 €, 11 Std.). Und zweimal täglich startet ein Bus nach İzmir (13,35 €; 8½ Std.): um 9.15 und um 21 Uhr.

Ansonsten fährt jede halbe Stunde ein Dolmuş nach Kalkan (1,40 €, 30 Min., 29 km), Olympos (5 €, 2½ Std., 109 km) und Antalya (5,55 €, 3½ Std., 185 km) und jede Stunde nach Fethiye (3,90 €, 2 Std. 50 Min., 110 km). In der Hochsaison gibt's jede halbe Stunde eine Verbindung nach Patara (2,20 €, 45 Min., 42 km), in der Nebensaison jede Stunde.

SCHIFF

Die Vorschriften für die Ein- und Ausreise aus und nach Griechenland ändern sich ständig. Deshalb am besten in einem der Reisebüros in Kaş nachfragen, bevor man genauere Pläne macht.

Als wir dort waren, gingen keine Fähren nach Rhodos. Aber es gibt eine Verbindung von Marmaris aus, s. S. 365. Tickets können in Kaş gebucht werden.

Das ganze Jahr über fahren täglich Fähren zur griechischen Insel Meis (Kastellorizo). Sie hat allerdings nicht viel mehr zu bieten als ein winziges Fischerdorf und ein paar Restaurants – darum offen gesagt kein absolutes Muss. Die Boote legen in Kaş täglich um 10 Uhr ab (35 € pro Pers. hin & zurück, 30 Min.) und kommen um 16 Uhr zurück. Fahrkarten sind in jedem Reisebüro zu kriegen. Wer dort bucht, muss seinen Pass 24 Stunden vor Abfahrt vorlegen. Bei Travellern, die selbst ein Boot chartern (ca. 27 € pro Pers.), reicht es normalerweise, wenn sie ihren Pass zwei Stunden vor der Fahrt vorzeigen. Momentan ist es nicht möglich, in Meis zu übernachten oder hier nach Griechenland einzureisen (dafür eignet sich Rhodos). Wer von der Insel Meis nach Kaş schippert, kann aber merkwürdigerweise in die Türkei einreisen. Mit einer Gruppe von vier bis fünf Personen lohnt es sich, eine vier- bis fünfstündige Tour in einem einheimischen Boot zu unternehmen. Einfach mal im Hafen bei den Kapitänen rumfragen und darauf gefasst sein, dass heftig gefeilscht wird!

Wer für die Türkei ein Visum braucht, aber keines hat, das für mehrere Einreisen gültig ist, muss sein Visum für den Tagestrip nach Meis erneuern lassen. Normalerweise ist das auf Meis am Einwanderungsschalter in der Nähe des Zolls möglich.

Achtung: Reisen von Meis nach Rhodos sind nicht mehr möglich.

ÜÇAĞIZ (KEKOVA)
☎ 0242

Ca. 14 km östlich von Kaş führt eine Straße 19 km Richtung Süden durch struppige Macchia und an Bauerndörfern vorbei zum kleinen Außenposten Üçağız (Drei Münder). Die Gegend wird regelmäßig von Tagesausflüglern heimgesucht, die mit Booten oder Yachten aus Kaş oder Kalkan kommen. Übernachten geht aber auch.

Üçağız hat sich lange Zeit gegen den Fortschritt gesträubt. Bis vor Kurzem war es ein unberührtes türkisches Fischer- und Bauerndorf in absolut idyllischer Lage an einer Bucht zwischen Inseln und Halbinseln. Heute ist es ein exklusiver „Geheimtipp" mit entsprechenden Preisen.

Hier und da finden sich Überreste antiker lykischer Gräber. Die kleine Bucht ist seicht und fast abgeschlossen. Aber Einheimische raten davon ab, hier zu schwimmen, weil das Wasser nicht besonders sauber ist.

Orientierung & Praktische Informationen

Das Dorf Üçağız ist das antike Teimiussa. Über das Wasser Richtung Osten liegt Kaleköy (Kale). Dieses Dorf wurde an der Stelle der antiken Stadt Simena erbaut und ist von hier per Boot zu erreichen.

Südlich der Dörfer ist der Hafen (Ölüdeniz genannt) und südlich davon liegt der schmale Kanaleingang. Er ist vor den Wellen des Mittelmeers durch eine lang gezogene Insel namens Kekova geschützt.

Im Dorfkern gibt's ein kleines Lebensmittelgeschäft und gegenüber einen Infostand, der im Hochsommer geöffnet ist.

Schlafen

Ekin Hotel Pension (☎ 874 2064; www.ekinhotel.tr.gs; EZ 11–22 €, DZ 19,50–28 €; ❀) Die Pension wird von zwei Brüdern geführt. Der neuere Teil ist eindeutig der besser: Hier gibt's eine hübsche Dachterrasse mit Panoramablick und schöne Zimmer mit Balkon und Aussicht aufs Meer. Die Räume im älteren Flügel sind eher spartanisch und angestaubt.

Onur Pension (☎ 874 2071; www.onurpension.com; EZ/DZ 17/22 €; ❀ 🖳) Malerisch über dem Meer gelegen und super geführt: Hier wird Charme mit aufmerksamem Service kombiniert. Zu Letzterem gehören auch ein kostenloser Internetzugang, eine Büchertauschbörse und ein kostenloser Bootsservice zu den Stränden. Onur stammt aus der Region, hat großartige Trekkinginfos parat und ist auch als Guide tätig. Von vier Zimmern aus haben Gäste einen freien Blick aufs Meer. Onurs holländische Frau Jacqueline hält alles tipptopp in Ordnung.

Kekova Pension (☎ 874 2259; kekovatour@hotmail. com; DZ 28–33 €; ❀) Ein friedliches altes Steinhaus am äußersten Ende der Küste mit einer Terrasse voller Blumentöpfe. Die Zimmer sind komfortabel und teilen sich eine hübsche Veranda mit Blick aufs Wasser und bequemen Bänken. Es gibt einen kostenfreien Bootsservice zu den Stränden. Die englische Chefin heißt Louise und ist super hilfsbereit.

Fortsetzung auf Seite 413

Urlauber am Kleopatra-Strand; über ihnen eine *kale* (Festung), Alanya (S. 440)

Vorige Seite:
Beim Trip im Heißluftballon (S. 550) lässt
sich das Panorama einer einzigartigen
Landschaft bestaunen, Kappadokien

Vertäute Yachten im Hafen, Fethiye
(S. 378)

Die imposanten Säulen der Tempel für Apollon
und Athene (S. 437), Side

Die Mädchenburg (S. 452) scheint auf dem Wasser zu schwimmen, Kızkalesi

Stadt und Bucht bei Sonnenuntergang, Fethiye (S. 378)

Eine Ruine inmitten von Wildblumen in einer lange aufgegebenen Stadt, Ani (S. 625)

JEAN-BERNARD CARILLET

IZZET KERIBAR

Die Rızvaniye Vakfı Camii & Medresesi (S. 648) mit ihrem enormen Fischteich (Balıklı Göl), Şanlıurfa

Kult- und Grabstätte von König Antiochos IV., Nationalpark Nemrut Dağı (S. 656)

JERRY

IZZET KERIBAR

Die armenische Akdamar Kilisesi (Heiligkreuzkirche, S. 684) ist nur mit dem Boot zugänglich, Vansee

Die Umrisse der Burg Hoşap Kalesı (S. 692) sind kaum vom Felsen zu unterscheiden, Hoşap

PETER PTSCHELINZEW

MARK PARKES

Blick auf den mächtigen Ararat (Ağrı Dağı; S. 633), Region Doğubayazıt

ANDERS BLO

Kayaks flitzen über die Stromschnellen des Çoruh (S. 615), Region Erzurum

JOHN ELK III

Entspannen beim Törn auf einer Yacht (S. 382),
Region Fethiye

Ein Paraglider schwebt über den Bergen,
Ölüdeniz (S. 385)

JENNY

Folgende Seite:
Die Sonne geht über dem alten Hafen unter,
Antalya (S. 419)
JOHN ELK III

Wanderer durchqueren ein Tal im Kaçkar-Gebirge
(S. 600), Region Yukarı Kavron

JEAN-BERNARD CARILLET

ANDERS BLOMQVIST

Ein Kletterer benutzt alte Fußstapfen,
um zu einer verlassenen Wohnung zu
kommen, Kappadokien (S. 529)

Fortsetzung von Seite 404

Kordon Restaurant (☎ 874 2067; Üçağız Köyü; ge-
mischter meze-Teller 3,90 €, Fisch pro 500 g 14 €; ☺ 20.
April–25. Okt. 9–24 Uhr) Attraktives, schattiges Ter-
rassenlokal mit Blick über den Yachthafen.
Täglich wird frischer Fisch serviert. Das Kordon gilt als das beste Restaurant am Platze.
Die Preise sind okay.

An- & Weiterreise

Es ist nicht ganz leicht, nach Kekova zu kommen. Täglich um 14 Uhr fährt ein Dolmuş
von Antalya Richtung Üçağız (5,55 €). Andere
Minibusse fahren alle 40 Minuten von Antalya
nach Demre (4,44 €, 3 Std.), wo man ein Taxi
nach Üçağız nehmen kann (16,50 €). Von
Demre nach Üçağız fährt kein Dolmuş und
Boote sind extrem teuer.

Von Kaş gibt's gar kein Dolmuş nach
Üçağız, sodass einem nur das Taxi bleibt
(22 €). Im Sommer fährt immerhin ein Boot
(8,35 € einfache Fahrt, 2 Std.). Das Bootsun-
ternehmen „Aquarium" bietet tägliche Touren nach Üçağız an.

Von Kale (Demre) aus geht täglich um
17 Uhr ein Dolmuş nach Üçağız (2,20 €,
30 Min.). In Üçağız fährt das Dolmuş um
8 Uhr ab.

Wer in Demre festsitzt, sollte bei einer der
Pensionen nachfragen, ob man ihn abholen
kann.

Am abenteuerlichsten, aber auch einfachsten ist es, sich einen Motorroller zu leihen und
einen Tagesausflug hierher zu machen.

KALEKÖY
☎ 0242

Die meisten organisierten Touren von Kaş
aus haben das malerische Kaleköy zum Ziel.
Dort gibt's die Ruinen des antiken **Simena** und
eine **Kreuzfahrerburg** oberhalb des Dörfchens
zu sehen. Innerhalb der Festungsanlage gibt's
ein kleines Felsentheater und in der Nähe
Ruinen von verschiedenen Tempeln und öffentlichen Bädern, ein paar Sarkophage und
lykische Gräber. Weiter außerhalb ist noch die
Stadtmauer erkennbar. Kaleköy ist ein wunderschönes Fleckchen Erde. Von Üçağız aus ist es
auch mit dem Motorboot (10 Min.) oder über
einen Schotterweg zu Fuß (45 Min.) erreichbar. Nicht zuletzt gibt's hier ein paar friedliche
Strandecken, wo man baden kann.

Kaleköy hat ein paar Pensionen, z. B. die
gut geführt **Kale Pansiyon** (☎ 874 2111; kalepansiyon@
superonline.com; EZ/DZ 33/50 €; ⚡). Sie liegt ganz in
der Nähe vom Hafen und hat acht gemütliche
kleine Zimmer mit Balkon (und direktem

ÜÇAĞIZ (KEKOVA) & KALEKÖY ENTDECKEN

Mit öffentlichen Verkehrsmitteln nach Üçağız (Kekova) und Kaleköy/Simena zu kommen, ist nicht
besonders einfach. Deshalb buchen die meisten Traveller einen Bootstrip in der Gegend von
Kaş oder Kalkan. Denn die Standardtouren fahren oft zuerst an der Insel Kekova (Kekova Adası)
vorbei.

Entlang der Inselküste gibt's byzantinische Ruinen, die z. T. bis zu 6 m tief im Meer liegen,
bekannt als Versunkene Stadt (Batık Şehir). Schuld an ihrem Untergang war eine Reihe katastro-
phaler Erdbeben, die im 2. Jh. n. Chr. die Gegend erschütterten. Was heute noch zu sehen ist,
war wohl das Wohnviertel des antiken Simena. Man kann noch Grundmauern von Gebäuden,
Treppen und den alten Hafen erkennen. In letzter Zeit sind ein paar Touranbieter nachlässig
geworden und rauschen ziemlich schnell über die interessanten Stellen hinweg. Tatsächlich ist
es verboten, hier zu tauchen, zu fotografieren oder bei der Versunkenen Stadt zu schwimmen.
(Aber rund um die Insel Kekova darf gebadet werden.)

Später gibt's Mittagessen auf dem Boot und dann geht's weiter nach Kaleköy – vorbei an
lykischen Gräbern direkt an der Küste. Normalerweise steht ca. eine Stunde zur Verfügung, um
Kaleköy zu erkunden und zur gleichnamigen Burg raufzuklettern. Auf dem Weg zurück nach Kaş
ist meistens auch Zeit zum Baden. Die Touren starten normalerweise um 10 Uhr und kosten 22
bis 25 € pro Person.

Wer möglichst nah an die Unterwassermauern und -mosaiken rankommen will, macht am
besten eine Seekajaktour. In Kaş (S. 400) bieten ein paar Reisebüros solche Touren an. Diese
tollen Tagesausflüge sind was für alle Fitnesslevels und das Richtige für alle, die keine Lust auf
Touren mit vielen Teilnehmern haben. Eine Seekajaktour kostet 30 € pro Person, inklusive Transfer
von/nach Kaş und Mittagessen in Üçağız.

Meerblick). Das Wasser ist so nah, dass die Gäste sogar das Plätschern der Wellen hören können. Und einen schönen Schwimmbereich gibt's auch. Der Familie gehört nebenan ein Restaurant (Menü mit *meze*, Hauptgericht und Bier 14 €) mit Tischen direkt am Pier.

In der Nähe der Kale Pansiyon (und im Besitz derselben Familie), aber etwas vom Hafen weg, steht ein prächtiges, 150 Jahre altes griechisches Steinhaus mit der Pension **Olive Grove** (☎ 874 2234; kalepansiyon@superonline.com; EZ/DZ 33/50 €). Sie wurde grade erst getauft und wir waren dabei! Hübsch sind die Mosaiken auf der Veranda. Die vier einfachen, aber eleganten Zimmer teilen sich eine große Veranda mit Meerblick: ein herrlich friedliches Plätzchen zwischen gurrenden Tauben und alten Olivenbäumen.

Weiter oben auf dem Hügel liegt die **Mehtap Pansiyon** (☎ 874 2146; www.mehtappansiyon.com; Stellplatz 11 €, EZ/DZ 44,50/55,50 €; 🅿) mit spektakulärer Aussicht auf den Hafen und die lykischen Gräber weiter unten. Die Atmosphäre im dem 200 Jahre alten Steinhaus ist super familiär (auf der Terrasse hält die Großmutter öfter mal ein Nickerchen), ruhig und friedlich. Gäste können in der Pension essen, es gibt aber auch ein paar Restaurants am Wasser. Alle bieten ähnliche Gerichte zu vergleichbaren Preisen an. Am besten vorher erkundigen, welches gerade besonders angesagt ist.

KALE (DEMRE)
☎ 0242/14 560 Ew.

Die Straße windet sich von Kaş durch felsiges Gelände mit Büschen und Sträuchern aus dem Gebirge heraus in ein fruchtbares Flussdelta und schließlich nach Kale. Der Großteil des Tals ist mit Gewächshäusern bedeckt. Kale war früher die römische Stadt Myra. Sie war im 4. Jh. immerhin bedeutend genug, um eigene Bischöfe zu haben. Einer von ihnen war der hl. Nikolaus. Ein paar Jahrhunderte vorher legte der Apostel Paulus auf seiner Reise nach Rom hier einen Zwischenstopp ein.

Myra war lange religiöses Zentrum sowie Handels- und Verwaltungszentrum. Im 7. Jh. führten Überfälle der Araber und die Verlandung des Hafens zu ihrem Niedergang. Heute sorgt eben diese Verlandung dafür, dass es der Stadt so gut geht. Das fruchtbare Schwemmland hat einen großen Anteil am erfolgreichen Anbau von Blumen und Gemüse in den Gewächshäusern. Auf dem Stadtwappen prangt sogar eine Tomate!

Orientierung & Praktische Informationen

Kale erstreckt sich über eine Schwemmlandebene. Das Zentrum ist der Hauptplatz mit ein paar billigen Hotels und Restaurants in der Nähe. Die Straße, die vom Hauptplatz westwärts zur Kirche des hl. Nikolaus führt, heißt Müze Caddesi. Nach Norden geht die Alakent Caddesi ab, die nach 2 km zu den lykischen Felsengräbern von Myra (s. unten) führt. Die PTT Caddesi (auch Ortaokul Caddesi) geht Richtung Osten zur Post. Auf der Straße, die vom Platz aus südlich verläuft, kommt man zum *otogar* (nach 100 m).

Auf einem Hügel oberhalb der Stadt zeichnet sich im Norden die riesige *kale* ab.

Sehenswertes
KIRCHE DES HL. NIKOLAUS

Ein Block westlich des Hauptplatzes steht die **Kirche des hl. Nikolaus** (Eintritt 2,75 €; 🕑 Mai–Okt. 8.30–19 Uhr, Nov.–April bis 17.30 Uhr). Der erste Bau stammte aus dem 3. Jh. Dort wurden später die Gebeine des Heiligen aufbewahrt, der im Jahr 343 starb. 1043 baute man das Gebäude als byzantinische Basilika wieder auf. Italienische Händler brachen 1087 den Sarkophag auf und verschleppten die Überreste des hl. Nikolaus nach Bari.

Zar Nikolaus I. von Russland unterstützte die Restaurierungsarbeiten 1862 finanziell. Die Kirche bekam damals eine gewölbte Decke und einen Glockenturm. In jüngerer Zeit kümmerten sich türkische Archäologen darum, die Kirche vor dem Zerfall zu schützen.

Die Kirche des hl. Nikolaus in Kale ist nicht so gigantisch wie die Hagia Sophia in İstanbul und nicht so prachtvoll mit Mosaiken ausgeschmückt wie das Chora-Kloster (Kariye-Museum). Auf den ersten Blick wirkt sie enttäuschend, auch wenn die Überreste byzantinischer Fresken und die Mosaikfußböden sehr interessant sind. Alter und Geschichte verleihen dem Bauwerk indes eine Würde, die das locker ausgleicht.

MYRA

Vom Hauptplatz in Kale ca. 2 km Richtung Landesinneres liegen die Ruinen von **Myra** (Eintritt 2,75 €; 🕑 Mai–Okt. 7.30–19 Uhr, Nov.–April 8–17.30 Uhr) mit beeindruckenden, aus dem Felsen gehauenen **lykischen Gräbern** und einem gut erhaltenen **griechisch-römischen Theater.** In der Nähe liegen auch ein paar steinerne Theatermasken herum. Der hl. Nikolaus war einer der ersten Bischöfe von Myra. Nach seinem Tod wurde Myra ein berühmter Pilgerort. Ein Abschnitt des Lykischen Wegs fängt in Myra an, s. S. 85 für weitere Infos.

Die Taxifahrer der Stadt bieten meistens auch Führungen an. Aber der Weg vom Hauptplatz zur antiken Stätte dauert nur ca. 20 Minuten und Myra erklärt sich größtenteils selbst.

ÇAYAĞZI (ANDRIAKE)

Ca. 5 km westlich vom Zentrum liegt Çayağzı (Flussmündung). Bei den alten Römern hieß es Andriake. Damals war der Hafen ein wichtiger Umschlagplatz für Getreide auf der Seeroute zwischen der östlichen Mittelmeerküste und Rom.

Die **Ruinen** der antiken Stadt bedecken ein großes Areal rund um die heutige Siedlung. Diese besteht aus etwa mehr als einem Dutzend Werften und einem Restaurant am Ufer mit anständigem Essen und Meerblick. Ein Teil des Geländes ist sumpfig. Darum ist es bei Regenwetter manchmal schwierig, den Getreidespeicher zu erreichen. Er wurde unter Kaiser Hadrian erbaut (vollendet 139 n. Chr.) und liegt südlich der Zufahrtsstraße zum Strand.

Nicht nur die Ruinen und der 1 km lange **Strand** machen einen Besuch hier lohnend. Es ist auch sehr spannend, den Bootsbauern bei der Arbeit zuzusehen. Normalerweise kann man hier auch Ausflugsboote oder Wassertaxis nach Üçağız auftun.

Manchmal fährt ein Dolmuş vom Zentrum in Kale nach Çayağzı. Ansonsten bleibt nur das Taxi (5 €).

Schlafen & Essen

Trotz seiner diversen Attraktionen gibt's in Kale nur wenige Restaurants und Übernachtungsmöglichkeiten.

Şahin Otel (☎ 871 5687; yusufkamilkolcu@hotmail. com; Müze Caddesi 2; EZ/DZ 14/19,50 €; ✦) Nur 20 m vom Uhrenturm entfernt liegt das Şahin. Die Zimmer sind ziemlich klein. Aber draußen gibt's eine riesige, schattige Terrasse.

Hotel Andriake (☎ 871 4640; antriakehotel@hotmail. com; Finike Caddesi 62; EZ/DZ 17/33 €; ⚓) Etwas provinzielles Drei-Sterne-Hotel in der Hauptstraße an der Kreuzung in die Stadt. Es stammt aus den 1970ern und ist ein bisschen unpersönlich, aber komfortabel. Der Pool macht keinen besonders sauberen Eindruck.

Akdeniz Restaurant (☎ 871 5466; Müze Caddesi; pide 1,40 €, köfte 2,75 €; ✦ 7–24 Uhr) Ein einfaches, aber völlig einwandfreies Restaurant auf dem Hauptplatz vor dem Uhrenturm des Ortes. Bei den Einheimischen ist es wegen der täglich frisch zubereiteten Hausmannskost sehr beliebt.

Sabancı Pastaneleri (☎ 871 2188; PTT Caddesi 12; frisch gepresster Orangensaft 0,85 €, Pasteten 1,40 €; ✦ 7–1 Uhr; ✦) Genial für ein Frühstück oder einen Snack. Eis gibt's auch (0,55 € pro Kugel).

An- & Weiterreise

Busse und Minibusse fahren stündlich nach Kaş (1,65 €, 1 Std., 45 km) und Antalya (4,45 €, 2½–3 Std.).

VON FİNİKE NACH OLYMPOS

Östlich von Finike führt die Schnellstraße an einem ca. 15 km langen Sand- und Kies-**Strand** entlang. Dahinter kommt die Straße durch **Kumluca**, das 19 km von Finike entfernt ist. Die Stadt lebt von der Landwirtschaft: Sie ist von Zitrusplantagen und Gewächshäusern mit Plastikdächern umgeben. Am Freitag lohnt sich der turbulente Markt. Kumluca ist von Olympos/Çıralı aus die nächstgelegene Stadt mit Banken.

Hinter Kumluca windet sich die Landstraße nach oben ins Gebirge. Ca. 28 km von Finike bietet sich ein phantastischer Panoramablick. Nach noch mal ca. 3 km ist der **Beydağları-Sahil-Nationalpark** (Beydağları Sahil Milli Parkı) erreicht.

OLYMPOS, ÇIRALI & CHIMAIRA
☎ 0242

Auf halber Strecke zwischen Kumluca und Tekirova geht eine Straße nach Çavuşköy, Olympos und Çıralı, zum Strand Adrasan und zu den Ruinen der antiken Städte Olympos und Chimaira ab. Alle diese Orte liegen im wunderbaren Beydağları Sahil Milli Parkı (Bey-Berge-Küsten-Nationalpark).

Olympos

Die Frühgeschichte von Olympos liegt im Dunkeln. Bekannt ist, dass Olympos im 2. Jh. v. Chr. eine bedeutende lykische Stadt war. Die Einwohner beteten Hephaistos (Vulkan), den Gott des Feuers an. Zweifellos war der Grund für diese Verehrung die Nähe der geheimnisvollen Chimaira, einer ewigen Flamme, die nicht weit von der Stadt aus der Erde schlägt. Wie mit den übrigen lykischen Küstenstädten ging es mit Olympos im 1. Jh. v. Chr. bergab. Als die Römer im 1. Jh. n. Chr. hier ankamen, verbesserte sich die Situation. Aber die Piraten setzten der Stadt so zu, dass sie im 3. Jh. verarmte. Im Mittelalter zogen Venezianer, Genuesen und die Bewohner von Rhodos Festungen an der Küste hoch. Noch heute sind ein paar Überreste davon erhalten. Aber im 15. Jh. wurde die Region endgültig verlassen.

Olympos (Eintritt pro Tag 1,10 €) ist nicht nur wegen der Ruinen so faszinierend, die über ein weitläufiges Areal zwischen Weinstöcken, blühendem Oleander, Lorbeerbäumen, wilden Feigen und Pinien verstreut liegen. Auch die Lage an sich ist großartig. Die antike Stätte liegt direkt hinter einem schönen Strand an einem kleinen Fluss, der durch eine felsige Schlucht fließt. Er trocknet im Hochsommer zu einem Rinnsal aus. Ein Spaziergang am Flüsschen ist ein ganz besonderes Vergnügen: Man kann dem Wind in den Bäumen und dem Gezwitscher von zahllosen Vögeln lauschen. Und keine Ausflugsbusse weit und breit.

Die Stätte ist das ganze Jahr über rund um die Uhr geöffnet. Tagsüber wird Eintritt kassiert.

Çıralı

So wie Ölüdeniz früher war, ist Çıralı noch heute: ein schöner Strand vor toller Bergkulisse mit ein paar guten Pensionen. Der Ort liegt direkt am Strand von Olympos und ist eine angenehme Alternative für alle, die von der Backpacker-Gesellschaft die Nase voll haben.

Chimaira

Die Chimaira, auch bekannt als Yanartaş oder Brennender Fels, ist eine Ansammlung von Flammen, die am Hang des Berges Olympos hier und da aus den Felsspalten flackern. Natürlich gibt's einige Legenden über sie. Und es ist gut nachvollziehbar, warum die Leute im Altertum das außergewöhnliche Phänomen als Atem eines Ungeheuers deuten – teils Löwe, teils Ziege und teils Drache.

In der Mythologie war Chimaira der Sohn des Typhon. Der wiederum war der wilde und grässliche Sohn der Erdgöttin Gaia. Er war so Furcht einflößend, dass Zeus ihn in Brand steckte und lebend unter dem Berg Ätna begrub, der daraufhin anfing, Feuer zu speien. Der Held Bellerophon brachte Chimaira schließlich im Auftrag des lykischen Königs Jobates um. Bellerophon bestieg das geflügelte Pferd Pegasus und tötete das Ungeheuer aus der Luft, indem er flüssiges Blei in Chimairas Mund goss.

Immer noch entweicht hier Gas aus der Erde und fängt beim Kontakt mit der Luft an zu brennen. Die genaue Zusammensetzung des Gases ist nicht bekannt, aber wahrscheinlich enthält es Methan. Es ist möglich, die Flammen zu ersticken. Aber sie entzünden sich von allein wieder, sobald die Abdeckung entfernt ist. Früher waren die Flammen so groß, dass Seeleute, die an der Küste entlangfuhren, sie nachts erkennen konnten.

Heutzutage brennen 20 bis 30 Flammen im Hauptbereich und ein paar weniger eindrucksvolle oben auf dem Berg. Nach Einbruch der Dunkelheit ist die beste Zeit, um sie sich anzucucken. Ein paar Pensionen in

---

AKTIV IN OLYMPOS

Wer genug gechillt hat, ist in Kadirs Yörük Top Treehouse (S. 417) mit seinem **Adventure Centre** (☎ 892 1316; ⏱ 8.30–19 Uhr) an der richtigen Adresse. Folgende Aktivitäten sind im Angebot (Preise jeweils pro Pers.):

Bootstouren Ganztagstrip 20 €, inklusive Schnorchelausrüstung und Mittagessen. Mindestens acht bis zehn Teilnehmer.

Canyoning Ganztagstrip 28 €, inklusive Mittagessen bei einer Forellenzucht in den Bergen.

Chimaira-Flammentouren 8 € für drei Stunden. Abfahrt nach dem Abendessen um 21 Uhr.

Felsenklettern An der Naturwand, 14 € für zweimal klettern.

Gerätetauchen Ganztagstrip 33 € für zwei Tauchgänge, inklusive komplette Ausrüstung und Mittagessen. Nur für erfahrene Taucher.

Jeepsafaris Ganztagstrip 22 €, inklusive Mittagessen und Transport.

Mountainbiketouren 20 € für vier Stunden.

Seekajak Halbtagestour (12–16 Uhr) 17 €, inklusive Mittagessen am Strand.

Trekking 17 € für fünf Stunden, inklusive Mittagessen.

Olympos bieten für wenig Geld Abendführungen an. Aber es ist schöner, den Ausflug in einer kleineren Gruppe zu unternehmen. Dann kann man die Ruhe und die besondere Stimmung richtig genießen. Von Olympos ist es ein ca. 7 km langer Spaziergang dorthin. Von Çıralı aus folgt man der nach Chimaira ausgeschilderten Straße, die an den Bergen entlangführt, bis ins Tal. Von hier geht's weiter bis zum Parkplatz. Und zum Schluss kommt noch mal ein 20- bis 30-minütiger Anstieg auf einem Pfad durch den Wald. Nicht vergessen, eine Taschenlampe mitzubringen!

Schlafen & Essen

OLYMPOS

Unter Backpackern ist es besonders beliebt, in einem der rustikalen Baumhauscamps bei Olympos zu übernachten. Manche sind so hin und weg, dass sie viel länger bleiben als geplant. Andere fühlen sich an ein Schulferienlager erinnert und machen, dass sie weiterkommen. Auf jeden Fall gibt's bei den Camps einen tollen Strand und ein paar interessante Ruinen in der Nähe. Große Pluspunkte sind die herrliche Lage in einem bewaldeten Tal und die supernette Atmosphäre, die's einem schwer macht abzureisen.

Bei allen Baumhauscamps sind Frühstück und Abendessen im Preis mit drin. Die Getränke kosten extra. Es gibt Gemeinschaftsbäder. Aber viele Bungalows haben ein eigenes Bad und manche sogar eine Klimaanlage. Die meisten Baumhäuser können nicht abgeschlossen werden. Also Wertsachen am besten an der Rezeption abgeben.

Auf die Hygiene sollte hier besonders viel Wert gelegt werden. Jedes Jahr werden ein paar Traveller krank. V. a. im Sommer sind oft so viele Gäste da, dass das Camp mit der Müllentsorgung manchmal überfordert ist. Darum unbedingt drauf achten, wann, was, wo und wie man isst.

Auf der Straße durchs Tal bis zu den Ruinen gibt's ca. ein Dutzend solcher Camps.

Türkmen Tree Houses (☎ 892 1249; www.turkmen treehouses.com; Baumhaus 10 €, Bungalow mit/ohne Bad 17/14 €; ✄ 🖳) In diesem größten Camp in der Umgebung von Olympos haben bis zu 420 Leute Platz. Was Partys angeht, ist es das einzige, das es mit dem Kadir aufnehmen kann. Die Baumhäuser und Bungalows sind gemütlich. Das Camp behauptet, dass es hier das beste Abendessen in Olympos gibt. Yachtausflüge nach Kaş können organisiert werden.

Kadir's Yörük Top Treehouse (☎ 892 1250; www. kadirstreehouses.com; B/Baumhaus 8/11 €, Bungalows 17 €; ✄ 🖳) Das Original-Baumhauscamp, mit dem alles anfing. Es wird immer größer, skurriler und lustiger. Bis zu 300 Gäste können hier unterkommen. Es gibt drei Bars (eine davon ist die beliebte Bull Bar) und eine Kletterwand. Hier wimmelt's nur so von Backpackern, aber das Camp ist gut organisiert. Das Adventure Centre (s. S. 416) bietet eine große Auswahl an Aktivitäten.

Şaban (☎ 892 1265; www.sabanpansion.com; B/Baumhaus 8/11 €, Bungalows 14–17 €; ✄ 🖳) Wer die im Schatten in den Hängematten dösenden Gäste sieht, merkt gleich, was hier die Devise ist: Chillen bis zum Gehtnichtmehr. Oder, wie Meral, der liebenswerte Leiter des Camps, sagt: „Das ist kein Ort zum Partymachen." Für ihn sind Ruhe, viel Platz, familiäre Atmosphäre und gutes, selber gemachtes Essen das A und O. Das Camp ist perfekt für allein reisende Frauen (s. aber auch den Kasten unten).

Bayram's (☎ 892 1243; www.bayrams.com; Baumhaus 11 €, Bungalow mit/ohne Klimaanlage 17/14 €; ✄ 🖳) Das große Camp liegt in der Nähe des Strands. Der nette Bayram führt es ganz nach dem Motto „Take it easy." Die Gäste sitzen auf gepolsterten Bänken unter Orangenbäumen und spielen Backgammon oder lesen. Das ganze Camp verströmt ein absolut relaxtes Feeling.

Caretta Caretta (☎ 892 1292; carettaolympos@hotmail. com; B/Baumhaus 11/14 €, Bungalow mit Bad 17 €) Hübsch und friedlich. Im Schatten von Orangenbäumen stehen Holzbänke. Besonders stolz ist die Campleitung auf das Essen, dass die Mutter der Familie selber kocht.

Varuna (☎ 892 1347; Bier 1,65 €, Hauptgerichte 3,90–7 €; ☉ 8–2.30 Uhr) Beliebtes Restaurant neben

WARNUNG

Vor Kurzem wurde berichtet, dass zwei weiblichen Reisenden in Olympos offenbar Drogen in ihre Drinks gemischt wurden. Auch wenn Hunderte anderer Frauen einen fröhlichen, relaxten Urlaub ohne Probleme verlebten, ist trotzdem Vorsicht angesagt. Bei Gruppenreisen sollten alle aufeinander aufpassen, zusammenbleiben und abends durchzählen, ob noch alle da sind. Wer allein unterwegs ist, sollte sich anderen Travellern anschließen und ihnen seine Befürchtungen mitteilen.

dem Bayram's. Hier gibt's eine große Auswahl an Snacks und Hauptgerichten, z. B. frische Forelle (3,90 €), *gözleme* (1,65 €) und *şiş*-Kebap (gebratenes Fleisch vom Spieß, 3–4 €). Serviert wird in hübschen offenen Hütten.

ÇIRALI

Wenn man nach Çıralı reinkommt, geht's als Erstes über eine kleine Brücke. Dort warten ein paar Taxifahrer drauf, Leute zur Hauptstraße raufzubringen. Auf der anderen Seite der Brücke ist eine Kreuzung mit zahllosen Schildern – immerhin gibt's im Ort an die 60 Pensionen. Geradeaus sind die Pensionen, die am nächsten zum Weg nach Chimaira sind. Rechts liegen die Pensionen, die besonders nah am Strand und den Ruinen von Olympos dran sind.

Olympia Treehouse & Camping (☎ 8257 311; Stellplatz/Baumhaus pro Pers. mit Frühstück 5/10 €) Hier herrscht Baumhausatmosphäre, aber ohne Partystimmung. Das Olympia ist ein angenehmer, friedlicher Ort am Strand unter Obstbäumen. Boots- und Schnorchelausflüge können organisiert werden.

Myland Nature (☎ 825 7044; www.mylandnature. com; EZ/DZ/3BZ 42/55,50/72 €; ☒ ☐) Ein künstlerischer Ort für ganzheitliche Entspannung „mit tollen Vibrations", wie ein paar Traveller behaupten. Der Betreiber ist ein Fotograf. Die einwandfreien Bungalows liegen in einem hübschen Garten verstreut. Das Essen wird hoch gelobt. Es stehen Fahrräder zur Verfügung und täglich werden Bootstouren angeboten.

Arcadia Hotel (☎ 825 7340; www.arcadiaholiday.com; DZ mit HP 99 €; ☒) Die hilfsbereiten, kanadisch-türkischen Besitzer dieser vier luxuriösen Bungalows sind aus dem boomenden Ölüdeniz geflohen. Und haben am nördlichen Ende des Strands – gegenüber vom Myland Nature – inmitten von grünen Gärten diese superschönen Zufluchtsorte aufgebaut. Tolle Anlage, gut organisiert und ein Restaurant mit Niveau.

Olympos Lodge (☎ 825 7171; www.olymposlodge.com. tr; EZ/DZ mit HP 140/175 €; ☒) Die Olympos Lodge liegt direkt am Strand. Zur Anlage gehören aber auch noch über 1,5 ha Zitronenplantagen und super gepflegte Grünflächen. Das Management ist professionell. Die privaten Villen sind sehr ruhig und komfortabel. Hierher geht's am Strand entlang in Richtung Ruinen.

An- & Weiterreise

Busse, die auf der Hauptstraße zwischen Antalya und Fethiye fahren, lassen Traveller ca. 1 km oberhalb der Abzweigung bei einem Restaurant ein- und aussteigen. Von dort aus fahren Minibusse nach Çıralı und Olympos.

Der erste Minibus (1,65 €, 20 Min.) startet am Restaurant um 8.30 Uhr; danach gehen sie stündlich bis 18.30 Uhr. In umgekehrter Richtung verkehren die Minibusse ab Olympos von 9 Uhr bis 19 Uhr jede Stunde. Auf der gesamten Strecke kann zugestiegen werden. Einfach die Hand rausstrecken, um sie anzuhalten!

Ab Ende Mai fährt ein Dolmuş (1,25 €) von 9 bis 19 Uhr stündlich in Olympos los. Nach Oktober warten sie, bis genügend Fahrgäste beisammen sind. Das kann manchmal eine Weile dauern. Wenn genug Leute im Dolmuş sitzen, klappert es alle Camps ab, bis es das erreicht, für das der Fahrer bezahlt wurde.

Nach Çıralı gibt's von Mai bis November täglich sechs Minibusse (1,25 €). Start ist um 9 Uhr, 11 Uhr, 13 Uhr, 15 Uhr, 17 Uhr und 18 Uhr. Sie machen eine Schleife über die Straße am Strand, fahren an der Abzweigung nach Chimaira vorbei und am Fuß der Berge zurück.

Freitags gibt's ein Dolmuş von Çıralı zum Markt nach Kumluca.

ADRASAN
☎ 0242

Wer von Olympos aus ca. 10 km Richtung Süden an der Küste entlangfährt, kommt nach Adrasan. In diesem kleinen, wenig bekannten Ferienort am Meer gibt's eine große Auswahl an Hotels und Pensionen direkt am Strand. Die Straße führt durch das Bauerndorf Çavuşköy, das 2 km von Adrasan weg ist. Der einsame Strand wird von zwei Seiten durch zerklüftete Berge begrenzt. Er ist abgeschieden, verlassen und wirkt fast apokalyptisch. Eine Reihe kleiner Restaurants und Hotels steht etwas vom Wasser zurückgesetzt.

Das **Ön Otel** (☎ 883 1099; www.onotel.com; EZ/DZ 22/33 €; ☒ ☐) ist ein attraktives, weiß getünchtes Gebäude mit einem schicken Pool und einem Tennisplatz inmitten einer herrlichen Anlage. Die Atmosphäre in dem Familienbetrieb ist besonders freundlich. Die Zimmer sind einfach, aber geräumig und nett eingerichtet. Alle haben Balkons. Außerdem gibt's eine gute Büchersammlung und Fahrräder.

Ca. 1 km vom Strand entfernt liegt an der Straße zwischen Adrasan und Çavuşköy die **Eviniz Pension** (☎ 883 1110; www.eviniz.de; Zi. pro Pers. 31 €; ☺ Mai–Nov.; ❄ ♨). Das ist ein Boutique-Hotel mit Terrasse, super Pool und komfortablen, attraktiven Zimmer mit Balkon und Blick aufs Meer.

Nördlich des Strands, am Fluss mit Bäumen auf beiden Seiten, gibt's eine Reihe von Restaurants. Die Gäste sitzen auf hölzernen Terrassen am Wasser. Das **Paradise Café Inn** (☎ 883 1267; Mahlzeiten 10–15 €; ❄) ist ein hübsches Lokal, bekannt für gutes Essen, aufmerksamen Service und eine angenehme Atmosphäre.

An- & Weiterreise

In der Hochsaison fahren täglich drei Busse nach Antalya (3,90 €, 2 Std.). Sie starten um 7.30 Uhr, 11 Uhr und 17 Uhr. In der Nebensaison gibt's nur um 7.30 Uhr einen Bus. Von Antalya aus fahren in der Hochsaison zwei Busse täglich um 9 Uhr und um 15.30 Uhr, in der Nebensaison nur einer um 15.30 Uhr.

In der Hochsaison gibt's Bootsverbindungen vom Strand von Adrasan nach Kale und Kaş.

PHASELIS

Ca. 3 km nördlich vom Abzweig nach Tekirova, 12 km vor dem Abzweig nach Kemer und ca. 56 km von Antalya entfernt ist eine Straße nach Phaselis ausgeschildert. Die Ruinen der antiken lykischen Stadt liegen an der Küste 2 km von der Hauptstraße entfernt.

Phaselis wurde vermutlich um 334 v. Chr. von griechischen Siedlern an der Grenze zwischen Lykien und Pamphylien gegründet. Im Hafen wurde Bauholz, Rosenöl und Parfüm umgeschlagen. So wurde die Stadt reich.

Die **Ruinen von Phaselis** (Eintritt 6,25 €; ☺ Mai–Okt. 8–19 Uhr, Nov.–April 9–17.30 Uhr) stehen unter Pinien an drei kleinen, schönen Buchten mit Stränden. Die Ruinen aus römischer und byzantinischer Zeit sind nicht gerade der Knaller. Aber die Location ist top-romantisch.

Von der Hauptstraße bis zum Eingang ist es 1 km. In einem kleinen Gebäude werden dort Getränke, Snacks und Souvenirs angeboten. Hier gibt's auch eine Toilette und ein Ein-Zimmer-Museum. Die Ruinen und die Küste sind noch mal 1 km dahinter.

Am anderen Ende der Bucht gibt's ein Camp mit dem passenden Namen **Sundance Nature Village** (Sundance Camp; ☎ 821 4165; www. sundancecamp.com; Campingplatz/EZ/DZ/3BZ Baumhäuser

pro Pers. 7/14/12/10 €, Bungalows 20–30 €). Die charmanten Bungalows und Baumhäuser stehen herrlich friedlich im Schatten duftender Pinien. Im Restaurant gibt's erstklassiges Essen aus Bioprodukten. Öfter werden Grillpartys und Lagerfeuer für die Gäste veranstaltet. Außerdem können Pferde für Ausritte gemietet werden (22 € pro Pers. für bis zu 3 Std.).

An- & Weiterreise

Viele Busse, die zwischen Kaş und Antalya pendeln, fahren an der Abzweigung nach Phaselis vorbei. Wer von Antalya aus zum Sundance Camp will, steigt an der Straße nach Tekirova aus, hält sich links und folgt den Schildern. Zu Fuß dauert das 20 Minuten. Aber es gibt auch Taxis.

ANTALYA

☎ 0242/603 200 Ew.

Direkt am Golf von Antalya (Antalya Körfezi) liegt dieses rasant wachsende Epizentrum von antiker Geschichte und moderner türkischer Kultur. Seit den 1960ern hat sich die Stadt zum Tor zur Türkischen Riviera rausgemacht. In den letzten Jahrzehnten kamen Sonnenanbeter in Scharen nach Antalya. Darum ist die Zahl der Pensionen und Hotels richtiggehend explodiert – um mehr als 200 % nach offiziellen Angaben der Tourismusbranche.

Gründe dafür gibt's genug: Vom gut erhaltenen römisch-osmanischen Viertel Kaleiçi aus ist die Aussicht auf die Beydağları (Bey-Berge) einfach atemberaubend. Auch der römische Hafen am Fuß des Kaleiçi-Viertels mit seinem klaren Wasser ist zauberhaft. Und obwohl die Einwohner von Antalya noch nicht so großstädtisch wirken wie die von İstanbul oder Ankara, geht's hier überraschend modern zu. Antalya hat ein paar der feinsten türkischen Restaurants zu bieten, eins der beeindruckendsten archäologischen Museen und ein paar der am besten erhaltenen osmanischen Bauwerke.

Geschichte

Schon seit frühesten Zeiten ist die Region bewohnt. Die ältesten Artefakte wurden in der Karain-Höhle (Karain Mağarası, S. 431), 2 km im Landesinneren, gefunden und stammen aus der Altsteinzeit. Antalya ist nicht so alt wie viele andere Städte, die früher die Küste bevölkerten. Aber immerhin existiert es heute noch, während die älteren verschwunden sind.

Attalos II. von Pergamon gründete Antalya im 1. Jh. v. Chr. Die Stadt wurde nach ihrem Gründer Attaleia genannt. Als das Königreich von Pergamon an Rom fiel, wurde auch Attaleia römisch. Kaiser Hadrian kam im Jahr 130 hierher. Zu seinen Ehren wurde ein Triumphbogen (bekannt als Hadrianstor) errichtet.

Später hatten die Byzantiner hier das Sagen, bis 1207 die Seldschuken aus Konya einfielen. Sie änderten den Namen in Antalya und verhalfen der Stadt auch zu einem neuen Wahrzeichen, dem Yivli Minare (Kanneliertes Minarett). Nachdem die Mongolen die Herrschaft der Seldschuken beendet hatten, wurde Antalya eine Zeitlang von den türkischen Emiren (Hamidoğullari) regiert. Die Osmanen eroberten die Stadt 1391.

Nach dem Ersten Weltkrieg teilten die Alliierten das Osmanische Reich unter sich auf. 1918 besetzten die Italiener Antalya. Aber 1921 setzte die Armee Atatürks der Fremdherrschaft ein Ende.

Orientierung

Im Zentrum der historischen Stadt liegt der römische Hafen, der heute Yachthafen ist. Ihn umgibt das friedliche, historische Stadtviertel Kaleiçi mit seinen osmanischen Häusern und römischen Ruinen. Rund um Kaleiçi, jenseits der efeubewachsenen römischen Mauern, liegt das Geschäftszentrum der Stadt.

Antalyas Wahrzeichen, das Yivli Minare, steht in der Nähe des Hauptplatzes mit dem Kale Kapısı (Festungstor). Hier gibt's auch einen alten, steinernen saat kalesi (Uhrenturm). Der riesige Platz mit der bombastischen Atatürk-Reiterstatue heißt Cumhuriyet Meydanı (Platz der Republik).

Vom Kale Kapısı verläuft die Cumhuriyet Caddesi nach Westen, vorbei an der Touristeninformation und dem Büro der Turkish Airlines. Später wird sie zum Kenan Evren Bulvarı, der zum Museum von Antalya und zum Konyaaltı Plajı führt, einem 10 km langen Kiesstrand.

Nordwestlich vom Kale Kapısı liegt die Fußgängerzone Kazım Özalp Caddesi (früher Şarampol Caddesi). Der kleine Basar von Antalya ist östlich der Kazım Özalp Caddesi zu finden.

Im Osten des Kale Kapısı führt die Ali Cetinkaya Caddesi zum Flughafen (10 km).

Über den Gazi Bulvarı çevreyolu (Ringstraße) wird der Fernverkehr um die Innenstadt herumgeleitet. 4 km nördlich vom Zentrum liegt der otogar (Yeni Garaj) an der Fernstraße D 650.

Praktische Informationen

BUCHLÄDEN

Joy Bookstore (Karte S. 423; Fevzi Çakmak Caddesi; 9–24 Uhr) Im Untergeschoss gibt's eine kleine Auswahl an fremdsprachigen Romanen, Reiseführern und Kochbüchern. In dem kleinen Café mit Balkon im obersten Stock werden Eis und Sandwiches verkauft.

Owl Bookshop (Karte S. 423; Barbaros Mahallesi, Akarçeşme Sokak 21; Mo-Sa 10–13 & 15–19 Uhr) Kleine, aber sorgfältig zusammengestellte Auswahl an neuen und gebrauchten fremdsprachigen Büchern. Der Besitzer, Kemal Özkurt, ist auch zu ungewöhnlichen Zeiten da. Energisch klopfen hilft, wenn es so aussieht, als wäre der Laden dicht.

GELD

In der Kazım Özalp Caddesi (Karte S. 421) gibt's jede Menge Banken und ein paar döviz (Wechselstuben).

INFOS IM INTERNET

About Antalya (www.aboutantalya.net) Historische Informationen über die Region und die erhaltenen antiken Stätten.

Antalya.de (www.antalya.de) Jede Menge Infos, Fotos und Videos zu Antalya und der türkischen Riviera.

Antalya Guide (www.antalyaguide.org) Eine umfassende Seite mit Infos über einfach alles – vom Klima bis zum TV-Programm.

INTERNETZUGANG

In den Gässchen und Arkaden in der Nähe der Atatürk Caddesi gibt's haufenweise Internetcafés. Die meisten sind vom Hadrianstor aus leicht zu Fuß erreichbar.

Cevher Internet (Karte S. 423; 9–24 Uhr) Kleines Café mit superschnellem Internetzugang. In einer Gasse gegenüber vom Hadrianstor.

Natural Internetcafé (Karte S. 423; 8–23 Uhr) Vielleicht das Internetcafé mit der schönsten Atmosphäre in der Stadt. Wer hinter der Atatürk-Statue die Stufen runtergeht, findet es mitten im Labyrinth der Lokale. Nebenan ist das gemütliche Natural Nargile Café. Hier gibt's was Ordentliches zu essen und auch nargilehs (Wasserpfeifen).

POST

Mehrere Postämter sind vom Kaleiçi-Viertel aus bequem zu Fuß erreichbar.

Merkez PTT (Karte S. 421; Kenan Evren Buvarı) Ein paar 100 m hinter der Touristeninformation auf der anderen Straßenseite. Die Straßenbahnhaltestelle heißt Seleker.

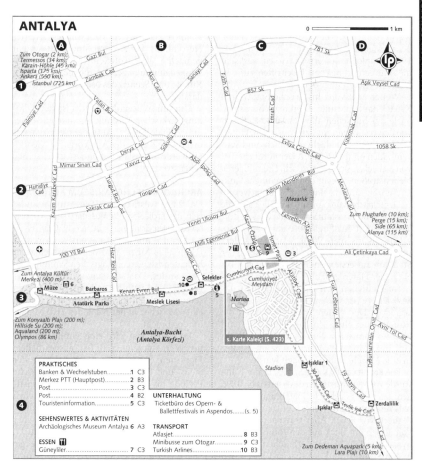

ANTALYA

PRAKTISCHES
Banken & Wechselstuben..............1 C3
Merkez PTT (Hauptpost)..............2 B3
Post.................................3 C3
Post.................................4 B2
Touristeninformation................5 C3

SEHENSWERTES & AKTIVITÄTEN
Archäologisches Museum Antalya 6 A3

ESSEN
Güneyliler...........................7 C3

UNTERHALTUNG
Ticketbüro des Opern- &
  Ballettfestivals in Aspendos.......(s. 5)

TRANSPORT
Atlasjet............................8 B3
Minibusse zum Otogar...............9 C3
Turkish Arlines....................10 B3

TELEFON
Turk Telecom (Karte S. 423; Recep Peker Caddesi 4;
8.30–22.30 Uhr) Telefonbüro beim Hadrianstors. Internationale Telefonate sind billiger als mit einer Telefonkarte.

TOURISTENINFORMATION
Touristeninformation (Karte oben; ☎ 241 1747;
Yavuz Ozcan Parkı; 8–19 Uhr) In einem Holzhäuschen hinter den Souvenirverkäufern vom Yavuz Ozcan Parkı. Falls niemand da sein sollte, am besten rumfragen. Meistens ist ein Angestellter in der Nähe. Manche Mitarbeiter sprechen fließend Englisch, Deutsch und Französisch.

Sehenswertes & Aktivitäten
YIVLI MINARE & BASAR
Das **Yivli Minare** (Karte S. 423) steht etwas unterhalb des **Uhrenturms.** Es ist ein stattliches, frei

stehendes Minarett, das der seldschukische Sultan Alaeddin Keykubad I. im frühen 13. Jh. neben einer Kirche errichten ließ, die er in eine Moschee umgewandelt hatte. Heute hat sich die **Güzel Sanatlar Galerisi** (Galerie für Bildende Künste) dort einquartiert und zeigt wechselnde Ausstellungen. Nordwestlich davon liegt das **Mevlevi tekke** (Kloster der tanzenden Derwische). Wahrscheinlich stammt es aus dem 13. Jh. In der Nähe gibt's zwei **Gräber,** das von Zincirkıran Mehmet Bey (errichtet 1377) und das von Nigar Hatun, einer Sultansgattin.

KALEİÇİ (ALTSTADT VON ANTALYA)
Um die Altstadt zu erkunden, läuft man am besten die Uzun Çarşı Sokak runter. Das ist die Straße gegenüber vom Uhrenturm. Links liegt

die **Tekeli Mehmet Paşa Camii** (Karte S. 423). Sie wurde vom Beylerbey (Provinzgouverneur) Tekeli Mehmet Paşa erbaut und 1886 sowie 1926 komplett renoviert. Bemerkenswert sind die schönen arabischen Inschriften auf den farbigen Fliesen über den Fenstern.

Weiter geht's ins historische Stadtviertel Kaleiçi, das heute unter Denkmalschutz steht. Viele der hübschen alten **osmanischen Häuser** wurden restauriert und zu Pensionen, Hotels oder den unvermeidlichen Teppich- und Souvenirläden umfunktioniert. Der nördliche Teil von Kaleiçi ist supertouristisch. Die ruhigeren Nebenstraßen, die an den Karaalioğlu Parkı angrenzen, sind da eine gute Alternative.

Der **römische Hafen** am Fuß des Hügels wurde in den 1980ern restauriert. Heute docken dort Yachten und Ausflugsboote an. Vom 2. Jh. v. Chr. bis ins späte 20. Jh. war er das Herz von Antalya. Dann wurde 12 km westlich der Stadt am äußersten Ende des Konyaaltı Plajı ein neuer Hafen gebaut.

Im südlichen Teil von Kaleiçi steht das **Kesik Minare** (abgebrochenes Minarett; Karte S. 423; Hesapçi Sokak). Der Minarettstumpf markiert die Ruinen einer alten Moschee. Im 2. Jh. stand hier ein römischer Tempel, der im 6. Jh. in eine byzantinische Marienkirche und später in eine Moschee umgewandelt wurde.

Die **Korkut Camii** (Karte S. 423) in der Nähe wurde von den Muslimen des Viertels bis 1896 genutzt, bevor sie durch einen Brand größtenteils zerstört wurde. Heute schützen Tore und Mauern vor Feuer. Aber trotzdem lässt sich von außen ein Blick auf den römischen und byzantinischen Marmor erhaschen.

Am Südwestrand des Kaleiçi-Viertels, wo auch der Karaalioğlu Parkı ist, ragt die **Hıdırlık Kalesi** (Karte S. 423) empor. Der 14 m hohe Turm stammt aus dem 1. Jh. v. Chr.

An der Atatürk Caddesi steht das monumentale, marmorne **Hadriyanüs Kapısı** (Hadrianstor, Üçkapılar oder die Drei Tore, Karte S. 423). Es wurde während der Herrschaft des römischen Kaisers Hadrian (117–38) errichtet und ist das Tor zum Altstadtviertel Kaleiçi.

Wer der Atatürk Caddesi weiter Richtung Meer folgt, kommt zum **Karaalioğlu Parkı** (Karte S. 423). Der große, hübsche Park voller Blumen lädt v. a. bei Sonnenuntergang zu einem Spaziergang ein.

SUNA & İNAN KIRAÇ KALEIÇI MUSEUM
Im Herzen von Kaleiçi, direkt am Hesapçı Sokak, gibt's ein **Museum** (Karte S. 423; Kocatepe Sokak 25; Eintritt 0,85 €; Do–Di 9–12 & 13–18 Uhr). Das Hauptgebäude ist ein liebevoll restauriertes Herrenhaus. Im zweiten Stock werden gut gemachte, aber trotzdem ein bisschen kitschige Dioramen gezeigt, die die wichtigsten Rituale und Szenen des osmanischen Lebens darstellen.

Um einiges beeindruckender ist die Sammlung türkischer Keramik im anderen Museumsgebäude. Dieses war früher die griechischorthodoxe Kirche des Aya Yorgo (hl. Georg). Sie wurde toll restauriert und ist schon an sich sehenswert.

ARCHÄOLOGISCHES MUSEUM ANTALYA
Ca. 2 km westlich des Zentrums befindet sich das **Archäologische Museum** (Karte S. 421; Cumhuriyet Caddesi; Eintritt 6 €; Di–So 9–19.30 Uhr). Es ist problemlos mit der Straßenbahn erreichbar (Haltestelle Müze) und beherbergt eine der bedeutendsten archäologischen Sammlungen des Landes. Das Museum wurde 1919 gegründet und befindet sich erst seit 1972 an seinem jetzigen Standort. Vorher war es in einer Moschee in der Nähe des Yivli Minare untergebracht.

Im ersten Saal wird eine Sammlung kleiner Werke gezeigt, z. B. fein ausgearbeitete Figurinen. Sie sind chronologisch von der Stein- und Bronzezeit über die mykenische Periode bis zur klassischen und hellenistischen Zeit geordnet. Die Sachen sind wirklich eindrucksvoll und erstaunlich gut erhalten. Trotzdem sind manche erschöpften Besucher wahrscheinlich anfangs nicht so beeindruckt, wie es angemessen wäre. Aber keine Sorge: Die phänomenalen Schätze des Museums kommen erst noch – im Saal der Götter.

Die Sammlung fasziniert sogar Leute, die für griechische Mythologie nicht so viel übrig haben. Beim Anblick der 16 Gottheiten, von denen manche beinahe perfekt erhalten sind, bleibt einfach jedem der Mund offen stehen. Der Eindruck wird noch verstärkt durch ein System von Bewegungsmeldern, das jede Statue in ein stimmungsvolles Licht taucht, sobald man sich nähert. Der Großteil der Statuen wurde bei Ausgrabungen in der nahen Stadt Perge in den 1970ern entdeckt. Manche stammen auch aus Aspendos. Wer sich die Gottheiten vor oder nach einem Ausflug nach Perge ansieht, kann sich ein besseres Bild von der antiken Stätte machen.

Im schattigen Garten ist eine Sammlung von schlechter erhaltenen Artefakten zu

KALEİÇİ

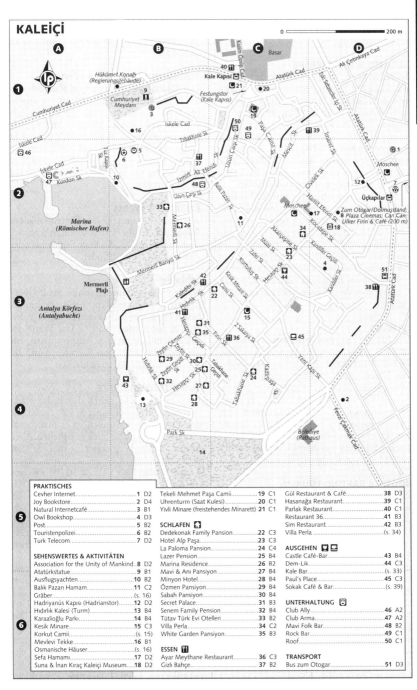

0 _____ 200 m

PRAKTISCHES

Cevher Internet	1	D2
Joy Bookstore	2	D4
Natural Internetcafé	3	B1
Owl Bookshop	4	D3
Post	5	B2
Touristenpolizei	6	B2
Turk Telecom	7	D2

SEHENSWERTES & AKTIVITÄTEN

Association for the Unity of Mankind	8	D2
Atatürkstatue	9	B1
Ausflugsyachten	10	B2
Balık Pazarı Hamam	11	C2
Gräber		(s. 16)
Hadriyanüs Kapısı (Hadrianstor)	12	D2
Hıdırlık Kalesi (Turm)	13	B4
Karaalioğlu Parkı	14	B4
Kesik Minare	15	C3
Korkut Camii		(s. 15)
Mevlevi Tekke	16	B1
Osmanische Häuser		(s. 16)
Sefa Hamamı	17	D2
Suna & İnan Kıraç Kaleiçi Museum	18	D2
Tekeli Mehmet Paşa Camii	19	C1
Uhrenturm (Saat Kulesi)	20	C1
Yivli Minare (freistehendes Minarett)	21	C1

SCHLAFEN

Dedekonak Family Pansion	22	C3
Hotel Alp Paşa	23	B2
La Paloma Pansion	24	C4
Lazer Pension	25	B4
Marina Residence	26	B2
Mavi & Anı Pansiyon	27	B4
Minyon Hotel	28	B4
Özmen Pansiyon	29	B4
Sabah Pansiyon	30	B4
Secret Palace	31	B3
Senem Family Pension	32	B4
Tütav Türk Evi Otelleri	33	B2
Villa Perla	34	C2
White Garden Pansiyon	35	B3

ESSEN

Ayar Meythane Restaurant	36	C3
Gizli Bahçe	37	B2
Gül Restaurant & Café	38	D3
Hasanağa Restaurant	39	C1
Parlak Restaurant	40	C1
Restaurant 36	41	B3
Sim Restaurant	42	B3
Villa Perla		(s. 34)

AUSGEHEN

Castle Café-Bar	43	B4
Dem-Lik	44	C3
Kale Bar		(s. 33)
Paul's Place	45	C3
Sokak Café & Bar		(s. 39)

UNTERHALTUNG

Club Ally	46	A2
Club Arma	47	A2
Mavi Folk Bar	48	B2
Rock Bar	49	C1
Roof	50	C1

TRANSPORT

Bus zum Otogar	51	D3

sehen. Die einzelnen Beine und Füße wirken schon eigenartig.

STRÄNDE & WASSERPARK
Leider ist keiner der beiden Strände in Antalya richtig toll. Es gibt weder feinen Sand noch eine paradiesische Aussicht. Zum Schwimmen eignet sich der **Lara Plajı** am besten. Er liegt ca. 12 km südöstlich vom Stadtzentrum. Wer eine satte Dosis Beach-Kultur will, ist dagegen am **Konyaaltı Plajı** richtig. Am besten mit der Straßenbahn bis zur Endhaltestelle (Müze) fahren und dann weiter Richtung Westen die kurvige Straße runterlaufen.

Noch weiter westlich kommt der Wasserpark **Aqualand** (☎ 249 0900; www.beachpark.com.tr). Hier gibt's Rutschen und sogar lebendige Delphine! 6 km südlich von Antalya liegt der **Dedeman-Aquapark** (☎ 316 4400; Dedeman Hotel; Lara Yolu; Eintritt 15 €; ☺ 10–18 Uhr). Angeblich ist das der größte Wasserpark des Nahen Ostens.

Ein Dolmuş fährt von der Fevzi Çakmak Caddesi über den Wasserpark zum Lara Plajı (0,50 €).

HAMAMS
Der 700 Jahre alte **Balık Pazarı Hamam** (Karte S. 423; ☎ 243 6175; Ecke Balık Pazarı Sokak & Paşa Camii Sokak; ☺ 8–24 Uhr für Männer, 8–21 Uhr für Frauen) wurde vor vier Jahren renoviert. Bad, Peeling und eine Massage mit Seife und Öl sind für 16 € zu haben. Wer nur ins Bad will, zahlt 5 €. Etwas mehr Atmosphäre hat der **Sefa Hamam** (Karte S. 423; Kocatepe Sokak 32; ☺ 9–23 Uhr). Auch er wurde vor Kurzem renoviert: ein tolles seldschukisches Bauwerk aus dem 13. Jh. Hier kostet ein Bad 6 €, das Komplettpaket 18 €.

BOOTS- & RAFTING-TOUREN
Im römischen Hafen in Kaleiçi ankern massenhaft **Ausflugsyachten** (Karte S. 423). Manche Touren führen bis nach Kemer, Phaselis, Olympos, Kale (Demre) und Kaş. Es werden einstündige (20 €) und zweistündige (35 €) Trips angeboten, außerdem auch sechsstündige Touren (55 € inkl. Mittagessen). Ziele sind die unteren Düden-Wasserfälle (S. 430), ein paar Inseln im Golf von Antalya und diverse Badestrände. Beim Preisvergleich unbedingt auch nach dem Mittagessen fragen. Es gibt einen kleinen Unterschied zwischen einem Sandwich und einem Drei-Gänge-Menü mit Meeresfrüchten! Außerdem wär's nicht schlecht zu wissen, ob alkoholische Getränke im Preis mit drin sind.

Viele Reiseagenturen der Stadt bieten Wildwasserrafting im Köprülü Kanyon an (s. S. 433).

YOGASCHULEN & UNTERRICHT
Die **Association for the Unity of Mankind** (Karte S. 423; ☎ 244 5807; Hesapçı Sokak 7) ist ein Studio für Yoga, Meditation und Aerobic. Täglich werden verschiedene Morgen- und Abendkurse angeboten. Außerdem gibt's Unterricht in Gruppenmeditation und Kreativem Gestalten. Am Eingang hängt ein Wochenplan. Yoga findet nur donnerstags von 10.30 bis 11.30 Uhr statt.

Festivals & Events
Antalya ist bekannt für sein **Filmfestival Golden Orange** (Altın Portakal Film Festivali; http://altinportakal. tursak.org.tr/indexen.php), das Ende September oder Anfang Oktober stattfindet.

Schlafen
Natürlich gibt's überall in der Stadt Übernachtungsmöglichkeiten, aber die besonders netten Pensionen und kleinen Hotels befinden sich in der Altstadt Kaleiçi. Das Viertel ist autofrei und die perfekte Ausgangsbasis, um die Restaurantszene, das Nachtleben und die Sehenswürdigkeiten zu entdecken.

BUDGETUNTERKÜNFTE
Ins Kaleiçi-Viertel geht's durch das Hadrianstor und die Hesapçı Sokak runter. In den verwinkelten Straßen ist es manchmal nicht leicht, den Überblick zu behalten. Aber überall stehen Wegweiser zu den meisten Pensionen.

Lazer Pension (Karte S. 423; ☎ 242 7194; www.geocities.com/lazerpension; Tabakhane Sokak 30; EZ/DZ 11/17 €; 🖧) Die Lazer Pension liegt gegenüber vom Sabah und zählt zu den billigsten in der Stadt. Im schattigen Garten ist es gemütlich. Aber ein paar Zimmer sind ein bisschen runtergekommen. Die Pension ist v. a. bei japanischen Backpackern angesagt.

Sabah Pansiyon (Karte S. 423; ☎ 247 5345; www.sabahpansiyon.8m.com; Hesapçı Sokak 60/A; B/EZ/DZ ohne Dusche 11/14/19 €, EZ/DZ mit Dusche 14/22 €; 🖧 💻) Zweifellos die beliebteste Backpacker-Unterkunft in Kaleiçi. Aus gutem Grund: Die Familie, die die Pension führt, spricht Englisch und tut alles dafür, dass sich ihre Gäste zu Hause fühlen. Der schattige Hof ist ein prima Treffpunkt, um andere Traveller kennenzulernen. Es gibt eine große Auswahl an sauberen, gemütlichen Zimmern in verschiedenen Preisklassen. Ein drahtloser Internetzugang ist kostenlos. Das selbst gemachte Essen ist besser als vieles, was in den Restaurants rundherum angeboten wird. Das Sabah bietet auch geführte Touren und Mietwagen an zu durchaus konkurrenzfähigen Preisen.

Özmen Pansiyon (Karte S. 423; ☎ 241 6505; www.ozmenpension.com; Zeytin Çıkmazı 5; B/EZ/DZ € 9/14/22; ⊠ 💻) Nicht unbedingt die sauberste oder gemütlichste Unterkunft der Stadt. Aber für Backpacker hat dieses Quartier mit Jugendherbergsflair einige Pluspunkte: niedrige Preise, eine riesige Dachterrasse und ein Schlafsaal ohne Etagenbetten. Die Bar auf der Dachterrasse füllt sich rasant, wenn's dunkel wird. Der Besitzer spricht Deutsch und hat viele Tipps zu Ausflugszielen in der Umgebung parat.

Senem Family Pension (Karte S. 423; ☎ 247 1752; Fax 247 0615; Zeytin Geçidi Sokak 9; EZ/DZ 20/25 €; ⊠) Zu Terrasse und Empfangsbereich geht's zwei Treppen rauf. Von hier aus ist der Blick auf die Bucht und die oft im Nebel verborgenen Berge einfach phantastisch. Backpacker mit Heimweh fühlen sich hier sofort wohl, weil Seval Ünsal (die alle „Mama" nennen) ihre Gäste gern bemuttert. Ein paar der sauberen, einfachen Zimmer bieten eine Aussicht auf die Bucht. Zimmer ohne Klimaanlage oder Aussicht sind billiger.

Dedekonak Family Pansion (Karte S. 423; ☎ 248 5264; Hıdırlık Sokak 13; EZ/DZ 14/25 €) Eine erschwingliche, supersaubere und etwas gehobenere Alternative zur Özmen Pansiyon in der Nähe. Die Zimmer sind mit französischen Retro-Werbeplakaten dekoriert und bieten Satelliten-TV, sind aber ansonsten nicht weiter bemerkenswert. Die tolle Terrasse mit Bar macht das wieder wett. Das Festessen, das die französisch-türkischen Besitzer allabendlich zaubern, ist ein Muss.

Mavi & Ani Pansiyon (Karte S. 423; ☎ 247 0056; www.maviani.com; Tabakhane Sokak 26; EZ/DZ 19/28 €) Ein merkwürdiger Mix aus restauriertem osmanischem Haus und japanischem *ryokan*. In ein paar Zimmern liegen die Matratzen direkt auf einem erhöhten Holzpodest. Die Gemeinschaftsbereiche sind dagegen ganz im anatolischen Look eingerichtet. Am besten nach den Einzel- oder Doppelzimmern mit Terrasse und Meeresblick fragen. Zu den Zimmern gehören auch Gemeinschaftskühlschränke. Wer länger als drei Tage bleibt, kriegt einen Preisnachlass. Gäste können im nahen Backside Hotel kostenlos schwimmen gehen.

MITTELKLASSEHOTELS

La Paloma Pansion (Karte S. 423; ☎ 244 8497; www.lapalomapansion.com; Tabakhane Sokak 3; EZ/DZ 35/40 €; ⊠ 💻 💻) Das restaurierte osmanische Haus ist ein bisschen eng, aber kreativ ausgestaltet. Seit Kurzem gibt's einen kostenlosen drahtlosen Internetzugang. Die Zimmer sind überraschend geräumig. Ein paar haben einen Whirlpool, alle Satelliten-TV und manche einen hübschen Blick auf den Pool.

Secret Palace (Karte S. 423; ☎ 244 1060; Fırın Sokak 10A; EZ/DZ 33/44 €; ⊠ 💻) Das Secret Palace liegt nicht wirklich versteckt. Der Hintereingang ist genau neben der White Garden Pansion. Zu dem restaurierten, traditionellen türkischen Haus gehören ein Garten mit Orangen- und Mandarinenbäumen und ein nierenförmiger Pool. Die Outdoor-Bar mit Marmortresen und die liebevoll dekorierte „orientalische Ecke" sind spitze – und ideal, um bei einem türkischen Tee zu relaxen.

Tütav Turk Evi Otelleri (Karte S. 423; ☎ 248 6591; www.turkeviotelleri.com; Mermerli Sokak 2; EZ/DZ 25/45 €; ⊠ 💻) Es besteht aus drei restaurierten osmanischen Gästehäusern und ist damit bei Weitem das größte Hotel seiner Art in der Gegend. Der Poolbereich, umgeben von der gewaltigen Hafenmauer, hat einen ganz besonderen Charme. Nicht vom Eingangsbereich im Rokokostil irritieren lassen! Die 20 türkisch-osmanisch designten Zimmer sind super geschmackvoll.

Minyon Hotel (Karte S. 423; ☎ 247 1147; www.minyonhotel.com; Tabakhane Sokak 31; EZ/DZ 45/55 €; ⊠ 💻) In diesem privaten Stadthaus fühlt man sich wie in der Residenz eines gut betuchten, kultivierten Einheimischen. Herrliche Antiquitäten, die Lobby und der Pool, die mit hübschen Fliesenmosaiken umrandet sind – das sind die kunstvollen Details, die dem Ganzen einen edlen Touch verleihen. Auch die Zimmer zeigen die Liebe zum Detail. Damit der Aufenthalt zum wirklich einzigartigen Erlebnis wird, nach einem Zimmer mit Meeresblick fragen.

Villa Perla (Karte S. 423; ☎ 248 9793; www.villaperla.com; Hesapçı Sokak 26; EZ/DZ 45/60 €; ⊠ 💻) Ein herrlich restauriertes osmanisches Haus mit toller Atmosphäre – viel gemütlicher und einladender als andere, teurere Hotels. Die Gemeinschaftsbereiche und zwölf Zimmer (manche mit Whirlpool) sind mit türkischen

Teppichen, Möbeln aus Holz und Wasserpfeifen ausgestattet. Neben dem Essbereich im Garten (s. S. 427) gibt's auch einen kleinen Pool und eine Bar.

SPITZENKLASSEHOTELS

Marina Residence (Karte S. 423; ☎ 247 5490; www.marinaresidence.net; Mermerli Sokak 15; EZ/DZ 75/95 €; 🔀 🖭) Das Marina hat wirklich Klasse. Es gehört zu den am schönsten und behutsamsten restaurierten osmanischen Häusern in Antalya. Das Highlight ist der Pool: Eine der Wände ist ganz aus Glas. So können die Gäste im Café beobachten, was unter Wasser vor sich geht. Alle Zimmer haben einen Whirlpool und eine Ausstattung, wie sie in einem Luxushotel zu erwarten ist. Es gibt ein Health Centre und eine Sauna.

Hotel Alp Paşa (Karte S. 423; ☎ 247 5676; www.alppasa.com; Hesapçı Sokak 30–32; EZ/DZ 90/120 €, mit Whirlpool 120/150 €; 🔀 🖭) Das Hotel wird oft von Reisegruppen belegt – also unbedingt im Voraus buchen. Das sorgfältig restaurierte Herrenhaus aus dem 18. Jh. bietet 60 individuell gestaltete Zimmer mit vielen geschmackvollen osmanischen Details. Im Hof gibt's einen Schwimm- und einen Essbereich. Überall stehen römische Säulen und andere Artefakte, die beim Bau des Hotels gefunden wurden. Die Krönung sind der Hamam und das stimmungsvolle Restaurant mit steinernen Wänden. Die Karte mit französischen und türkischen Weinen ist beeindruckend.

Hillside Su (☎ 249 0700; www.hillsidesu.com; EZ/DZ 160/225 €; 🅿 🔀 🖭) Eins von nur drei offiziellen Designhotels in der Türkei (die anderen sind in İstanbul und Bodrum). Die atemberaubende Adaption des Minimalismus der 60er-Jahre durch den Architekten Eren Talu ist teils brilliant modern, teils fast bis zur Lächerlichkeit übertrieben: Der gesamte Bau und jeder einzelne Raum strahlen in blendendem Weiß. Eine Sushi-Bar, ein Mittelmeer-Lokal, ein Health Club und ein luxuriöser Spa-Bereich stehen den anspruchsvollen europäischen Gästen (und den manchmal hier auftauchenden VIPs) zur Verfügung.

Essen

Die Auswahl an Cafés und Lokalen in der Hafengegend ist geradezu unendlich. Die Restaurants in der Bucht sind die teuersten. Aber was die Qualität von Essen und Service angeht, sind sie auch nicht besser und nicht schlechter als anderswo. Wer was Billiges

sucht, sollte jenseits der Atatürk Caddesi im Geschäftsviertel die Augen offen halten.

Ulker Fırın & Café (☎ 247 0324; Recep Perker Caddesi 21A; Baklava 1,50 €) Achtung: Hier sind die Augen leicht größer als der Appetit. Der moderne Laden quillt geradezu über vor traditionellen und weniger traditionellen türkischen Süßigkeiten. Die kleinen şöbiyet (Walnusspastetchen) und fıstıklı (Pistazien)-Baklava machen satter, als man denkt! In der Nähe der Plaza-Kinos.

Can Can Pide Yemek Salonu (☎ 243 2548; Hasim Iscan Mahallesi, Arik Caddesi 4A; Adana durum 3 €; 🕑 Mo–Sa 9–23 Uhr) Hier schwelgen die Gäste in köstlicher çorba (Suppe), pide und Adana durum – und das zu Preisen, die deutlich unter denen in Kaleiçi liegen. Drinnen ist es ziemlich eng, darum lohnt es sich, draußen auf dem Bürgersteig einen freien Stuhl zu suchen. Schräg gegenüber von den Plaza-Kinos.

Güneyliler (Karte S. 421; ☎ 241 1117; Elmali Mahallesi 4 Nr. 12; Mahlzeiten 5 €) Mit seiner spärlichen Einrichtung im Cafeteriastil macht dieses Lokal optisch zwar wenig her, aber es ist superbillig. V. a. Einheimische lieben es. Das lahmacun (Pizza auf arabische Art) aus dem Holzofen und die spitzenmäßigen Kebaps werden mit so vielen Extras serviert, dass die Leute immer wiederkommen. Wer sich verirrt hat, kann in der Kazım Özlap Caddesi im Best Western nach dem Weg fragen.

Parlak Restaurant (Karte S. 423; ☎ 241 6553; Kazım Özlap Qvenue Zincirlihan 7; Mahlzeiten 5–10 €) Das riesige Hofrestaurant ist bei den Einheimischen superbeliebt und legendär für die Grillgerichte und den Fisch am Spieß. Ein wahres Mekka für Fleischliebhaber! Der Laden ist zwar nicht einer von denen mit weißer Tischwäsche, aber der riesige Grill ist wirkliche eine Schönheit. Alles wird frisch zubereitet – und das ist schon seit Ewigkeiten so. Eine gute Wahl für eine kleine Pause! Nur ein paar Schritte vom Kale Kapısı entfernt.

Hasanağa Restaurant (Karte S. 423; ☎ 242 8105; Mescit Sokak 15; Mahlzeiten 5–10 €) Freitags und samstags abends sind die Tische draußen fast immer belegt. Dann treten hier nämlich türkische Musiker und Folkloretänzer auf. Es gibt die üblichen Hauptgerichte – köfte und verschiedene Grillteller. Aber die Köche vollbringen regelmäßig wahre Wunder. Vegetarische Gerichte kosten alle ca. 5 €.

Restaurant 36 (Karte S. 423; ☎ 244 8661; Hıdırlık Sokak 36; Mahlzeiten ca. 6 €) Das Restaurant ist ein Backpacker-Favorit – wegen seiner Lage in der Nähe der billigen Pensionen, aber auch wegen der superlockeren Atmosphäre. Auf der relativ internationalen Speisekarte finden sich u. a. Thunfischsalat, Omelett und die üblichen *meze*, Kebaps und Grillteller. Anscheinend ist der Speiseraum auch das Wohnzimmer des Besitzers, also lieber einen Tisch auf der Terrasse suchen.

Gül Restaurant & Café (Karte S. 423; ☎ 247 5126; Kocatepe Sokak 1; Mahlzeiten 5–10 €) Deutsche Traveller und Liebespaare schätzen dieses intime Lokal besonders. Im Garten hinter dem Haus ist es total gemütlich. Er liegt im Schatten von ein paar der berühmten Orangenbäume Antalyas. Die Portionen sind klein, aber erschwinglich. Tintenfisch mit Gemüse aus dem Ofen und Käse kostet 5 €, eine Hauptspeise aus Pilzen und Gemüse 4 €.

Sim Restaurant (Karte S. 423; ☎ 248 0107; Kaledibi Sokak 7; Mahlzeiten 5–10 €) Das restaurierte und sorgfältig dekorierte Haus aus Holz und Stein hat einen Speisesaal im zweiten Stock. Mit *köfte*, *çorba* oder *şiş*-Kebap kann man hier nichts falsch machen. Bei mildem Wetter am besten die türkischen Antiquitäten sich selbst überlassen und unter dem Dach im schmalen Durchgang vor dem Haus essen.

Ayar Meyhane Restaurant (Karte S. 423; ☎ 244 5203; Hesapçı Sokak 51; Mahlzeiten ca. 10 €) Hier gibt's eine riesige Auswahl an Seafood- und Grillgerichten, ganz zu schweigen von der beeindruckenden Vielfalt an Weinen und Spirituosen. Das Ayar Meyhane ist ideal für größere Gruppen. Jede Nacht wird klassische osmanische Livemusik gespielt.

7 Mehmet Restaurant (☎ 238 5200; www.7mehmet. com; Atatürk Kültür Parkı 333; Mahlzeiten 11 €; ⏰ 11–24 Uhr) Das 7 Mehmet gehört zu Antalyas beliebtesten Lokalen und hat einen Spitzenruf. Das Restaurant liegt am Hang mit Blick über den Konyaaltı Plajı, die Stadt und die Bucht. Drinnen und draußen gibt's große Essbereiche. Auf der Speisekarte stehen die üblichen Standard-Grillgerichte und *meze*, aber auch ein paar kreative Köstlichkeiten aus anderen Gegenden der Türkei.

Gizlı Bahçe (Karte S. 423; ☎ 244 8010; Dizdar Hasan Bey Sokak 1; Mahlzeiten 10–15 €) Eine luxuriöse Verbindung zweier Restaurants – türkisch und italienisch – und einer Bar. Ohne Zweifel ist das hier das Lokal mit der spektakulärsten Lage in Kaleiçi. Dabei ist das Gebäude selbst fast genauso hübsch wie die Aussicht. Und sowohl das Essen (traditionelle Grillteller, *meze* und Pasta) als auch der Service sind vom

Feinsten. Schickes Outfit ist erwünscht, aber die Preise sind trotzdem relativ moderat.

Villa Perla (Karte S. 423; ☎ 248 9793; Hesapçı Sokak 26; Mahlzeiten 10–15 €) Ein kleines Gartenlokal neben der Pension Villa Perla. Bei den Einheimischen steht das Restaurant hoch im Kurs, wahrscheinlich auch wegen der relaxten Atmosphäre. Unbedingt den genialen *meze*-Teller (8 €) und die überraschend leckeren Gerichte mit Kaninchenfleisch probieren!

Ausgehen

In Kaleiçi gibt's massenhaft Möglichkeiten, um abends oder nachts was zu unternehmen – vom Café mit Hafenblick und erschwinglichen Cocktails bis zum rustikalen Biergarten. Aber Achtung – in vielen Edel-Diskos sind die Getränke unverschämt teuer. Außerdem halten russische und türkische Prostituierte dort nach Kundschaft Ausschau.

Castle Café-Bar (Karte S. 423; ☎ 242 3188; Bier 1,50 €; ⏰ 10–24 Uhr) Das Castle liegt ganz in der Nähe der Backpacker-Unterkünfte in Kaleiçi, ist ungezwungen und billig. Kein Problem, mit Türken ins Gespräch zu kommen. Die sind hier normalerweise jünger als das Publikum in den Bars am Rand der Felsen.

Kale Bar (Karte S. 423; ☎ 248 6591; Bier 3 €; ⏰ 11–2 Uhr) Die Bar gehört zum Tütav Turk Evi Hotel und wurde kunstvoll um die alte Stadtmauer rumgebaut. Eine super Wahl für alle, die sich abends in Ruhe unterhalten wollen. Die Bar auf dem Dach ist Spitze. Von hier bietet sich die wahrscheinlich spektakulärste Aussicht von ganz Antalya auf Hafen und Meer.

Dem-Lik (Karte S. 423; ☎ 247 1930; Zafer Sokak 16; Bier 2 €, Kaffee 1,50 €; ⏰ 12–24 Uhr) In diesem Gartencafé essen und trinken Traveller zusammen mit den hippsten Leuten von Antalya. An den Wochenenden treten hier Rock- und Bluesbands auf. Der beliebte Studententreff liegt in einer der großen Funmeilen in Kaleiçi, aber ein bisschen versteckt hinter einer hohen Mauer. Mahlzeiten kosten ca. 4 €.

Paul's Place (Karte S. 423; ☎ 244 6894; www.stpaulcc-turkey.com; Yeni kapı Sokak 24; Latte 2,50 €, Joghurtgetränk 3 €; ⏰ Mo–Fr 10–18 Uhr) Das Paul's Place gehört zum Paulus-Kulturzentrum (dem Treffpunkt der christlichen Gemeinde von Antalya). Vielleicht ist deshalb nicht jeder scharf drauf, hier seinen Nachmittag zu verbringen. Aber abgesehen von allem Religiösen ist dieser Ort ein wunderbares Mittel gegen Heimweh: Es gibt Espresso, echten Filterkaffee und Selbstgebackenes. Außerdem eine gut sortierte

Leihbücherei. Traveller können auch ganz leicht mit in Antalya lebenden Auswanderern ins Gespräch kommen, weil hier wöchentlich türkische Sprach- und Konversationskurse stattfinden.

Sokak Café & Bar (Karte S. 423; ☎ 243 8041; Mescit Sokak 17; Bier 2,50 €) Wie beim Hasanaga Restaurant nebenan (nur durch eine niedrige Steinmauer davon getrennt) breitet sich auch hier über jeden Quadratzentimeter des Gartens hinter dem Haus ein herrliches Blätterdach. Das Sokak gibt's noch nicht ewig. Darum ist es meistens auch nicht so voll. (Vielleicht liegt das auch daran, dass die Musik *erheblich* zu laut ist.) Trotzdem es ein akzeptabler Ort, um einen Abend bei ein paar Tassen *çay* zu verbringen oder, was realistischer ist, bei dem einen oder anderen Glas Efes (einheimisches Bier).

Unterhaltung

NACHTCLUBS

Das Nachtleben von Antalya scheint sich größtenteils in den riesigen Outdoor-Tanzclubs abzuspielen. Die meisten spielen House und verkaufen überteuerte Cocktails. In Kaleiçi gibt's ein paar Bars, in denen DJs Rockmusik und aktuelle Hits auflegen, und natürlich Restaurants mit traditioneller türkischer und osmanischer Livemusik.

Club Ally (Karte S. 423; ☎ 244 3000; Selçuk Mahallesi, Musalla Sokak; Eintritt 11 €) Eine riesige Outdoor-Disko mit sieben Bars, Lasershow und ohrenbetäubendem Sound. Gespielt werden die Top 40 und Hip-Hop. Je später der Abend, desto cooler die Atmosphäre, wenn ein Meer aus schönen Menschen um die runde Bar auf der Tanzfläche kreist. Im dazugehörigen Restaurant gibt's Meeresfrüchte und Fleischgerichte (8–17 €) und einen herrlichen Blick aufs Meer.

Club Arma (Karte S. 423; ☎ 244 9710; www.clubarma. com; Yatlimani 42; Eintritt 6 €) Früher war das Arma als Club 29 bekannt. Die phantastisch grelle Outdoor-Disko liegt in den Klippen direkt oberhalb des Hafens. Wahrscheinlich ist das Antalyas *sexiest* Club. Man kann den vorbeifahrenden *gülets* zugucken, während man an seinem Gin Tonic nippt. Aber aufgepasst: nicht über die Brüstung fallen!

Mavi Folk Bar (Karte S. 423; ☎ 244 2825; Uzun Çarşi Sokak 58) Ein entspanntes Publikum, v. a. junge Türken, schart sich hier um die Tische mit Kerzen. Das Mavi ist eine Outdoor-Bar mit verschiedenen Terrassen, wo türkische Folkloremusiker Tanzmusik spielen. Die Atmosphäre ist super relaxt. Die Bands performen auf einer Bühne, die direkt in die alte Steinmauer eingelassen wurde.

Rock Bar (Karte S. 423; Uzun Çarşi) Hier wird eine realtiv unironische Zeitreise zurück in die Grunge-Zeit geboten. In der dunklen, leicht abgeranzten Kneipe spielen einheimische Gitarrenbands alte Rockklassiker. Die Rock Bar liegt in der Gasse direkt gegenüber von Mevlana Tours in der Uzun Çarşi Sokak. Einfach nach den Motorrädern Ausschau halten, die vor der Kneipe parken.

Roof (Karte S. 423; Uzun Çarşi Sokak 36; Eintritt 3 €) Die zuckenden Lichter in diesem engen Tanzclub in der zweiten Etage können einen völlig kirre machen. Aber die Musik – wummernder Techno und Jungle – entschädigt für manches. Meistens ist es hier nicht überfüllt. Die Musik ist zwar entsetzlich laut, aber auf dem Balkon ist es sogar möglich, einen Plausch zu halten.

KINO

Plaza-Kinos (☎ 312 6296; Sinan-Viertel, Recep Peker Caddesi 22; Eintritt 5 €) In diesem Kino mit vier Sälen laufen die aktuellen Hollywood-Blockbuster und manchmal auch türkische Filme. Es ist im Erdgeschoss eines kleinen Einkaufszentrums untergebracht. Dorthin geht's durchs Hadrianstor aus dem Kaleiçi-Viertel raus, dann geradeaus. Einfach nach dem großen Gebäude mit dem Schriftzug „Antalya 2000" an der Fassade Ausschau halten.

THEATER

Antalya Kültür Merkezi (☎ 238 5444; www.altimporta kal.org.tr; 100 Yil Bulvari Atatürk Parki İci) Das Theater liegt westlich des Stadtzentrums in der Nähe des Sheraton. Das Veranstaltungsprogramm ist spannend: Es reicht von Oper und Ballett bis zu Folkloretänzen und Auftritten des Universitätschors. Die Eintrittskarten sind billig und kosten nie über 5 €.

An- & Weiterreise

BUS

Der *otogar* von Antalya (Yeni Garaj) liegt ca. 4 km nördlich vom Stadtzentrum und besteht aus zwei großen Terminals gegenüber einem Park. Von der Hauptstraße und dem Parkplatz aus rechts ist der Şehirlerarasi Terminali (Intercity-Terminal) für Fernverbindungen. Links ist der Terminal für die Fahrten innerhalb der Region, z. B. nach Side und Alanya.

Busse nach Olympus und Kaş fahren von einer Haltestelle direkt gegenüber dem Sheraton Voyager Hotel ab.

FLUGZEUG

Der kleine, aber ziemlich wuselige Flughafen von Antalya liegt 10 km östlich des Stadtzentrums an der Autobahn Richtung Alanya. In der Empfangshalle gibt's einen Touristeninformationsschalter und Niederlassungen verschiedener Autovermietungen. **Turkish Airlines** (Karte S. 421; ☎ 243 4383; Cumhuriyet Caddesi 91) bietet in der Hochsaison täglich mindestens acht Direktflüge nach/von İstanbul an und mindestens zwei von Ankara. Ihr Büro liegt auf der anderen Straßenseite, zwei Blocks westlich von der kürzlich erst umgezogenen Touristeninformation. Gegenüber liegt das Büro der billigeren Airline **Atlas Jet** (Karte S. 421; ☎ 330 3900, Cumhuriyet Caddesi), die auch jeden Tag Direktflüge nach und von İstanbul anbietet.

Unterwegs vor Ort

Die *tramvay* (0,50 €) von Antalya hat zehn Haltestellen. Sie ist das praktischste Vehikel, um von einem Ende der Stadt zum anderen zu kommen. Man zahlt beim Einsteigen und verlässt die Bahn durch die hintere Tür. Die Tram fährt vom Museum von Antalya (Haltestelle in der Nähe vom Konyaaltı Plajı) die Cumhuriyet Caddesi, Atatürk Caddesi und Isiklar Caddesi entlang.

VOM/ZUM FLUGHAFEN

Die Havas-Busse (5 €) fahren vom Flughafen alle 30 Minuten in die Stadt. Fahrgäste können bequem am Kale Kapısı aussteigen, direkt vor den Toren des Altstadtviertels Kaleiçi. Wer zum Flughafen zurück will, muss den Shuttlebus vor dem Büro der Turkish Airlines in der Cumhuriyet Caddesi nehmen (Straßenbahn bis zur Haltestelle Selekler).

VOM/ZUM OTOGAR

Der blau-weiße Terminal Otobusu 93 (0,50 €) fährt von der Haltestelle in der Nähe des Taxistands ca. alle 20 Minuten die Atatürk Caddesi entlang ins Stadtzentrum. Wer von Kaleiçi aus *otogar* will, geht durchs Hadrianstor, biegt rechts ab und wartet an einer beliebigen Bushaltestelle in der Atatürk Caddesi. Nach „Nr. 93" auf den Haltestellenschildern Ausschau halten!

Wer's eilig hat, nimmt ein Dolmuş: Durchs Hadrianstor gehen, die Atatürk Caddesi überqueren und einen Block weiterlaufen in Richtung des großen „Antalya 2000"-Gebäudes. Dann dem unaufhörlichen Strom der Minibusse zum nahen Unterstand aus Glas folgen. Die meisten Fahrer kommen auf der Schnellstraße am *otogar* vorbei – einfach

VERBINDUNGEN VOM OTOGAR IN ANTALYA

Fahrtziel	Fahrpreis	Dauer	Entfernung	Häufigkeit (pro Tag)
Adana	17 €	11 Std.	555 km	mehrere
Alanya	5 €	2 Std.	115 km	Hochsaison alle 20 Min.
Ankara	14 €	8 Std.	550 km	häufig
Bodrum	16 €	11 Std.	600 km	1-mal
Denizli (Pamukkale)	8 €	4½ Std.	300 km	mehrere
Eğirdir	6 €	2½ Std.	186 km	stündl.
Fethiye (Küste)	8 €	7½ Std.	295 km	mehrere
Fethiye (Inland)	7 €	4 Std.	222 km	mehrere
Göreme/Ürgüp	17 €	10 Std.	485 km	häufig
İzmir	13 €	9 Std.	550 km	mehrere
Kaş	6 €	4 Std.	185 km	Hochsaison häufig
Kemer	2 €	1½ Std.	35 km	alle 10 Min.
Konya (über Isparta)	7 €	6 Std.	365 km	mehrere
Konya (über Akseki)	6 €	5 Std.	349 km	mehrere
Marmaris	15 €	7 Std.	590 km	ein paarmal
Olympos/	3 €	1½ Std.	79 km	mehrere Minibusse und Çıralı Busse
Side/Manavgat	3 €	1½ Std.	65 km	Hochsaison alle 20 Min.

WESTLICHES MITTELMEER

fragen. Auf jeden Fall dem Fahrer Bescheid sagen, dass man am *otogar* aussteigen will. Und Vorsicht beim Überqueren der breiten, stark befahrenen Schnellstraße!

Zu kompliziert? Ein Taxi vom Kaleiçi-Viertel zum *otogar* kostet tagsüber ca. 7 €, nachts 10 €.

RUND UM ANTALYA

Antalya wird oft als Ausgangspunkt für Ausflüge nach Phaselis, Termessos, Perge, Aspendos und Side genutzt. Wer an der Küste entlangreist, kann aber viel Zeit sparen, wenn er Phaselis auf dem Weg von oder nach Olympos bzw. Kaş besucht. Auch ein Besuch in Perge oder Aspendos ist am einfachsten in Kombination mit einem Trip von oder nach Side bzw. Alanya.

In Kaleiçi, der Altstadt von Antalya, gibt's eine große Auswahl an Reisebüros. Oft ist es aber leichter, Ausflüge in der Pension oder im Gästehaus zu buchen. Die meisten Unterkünfte haben angeschlossene Reiseagenturen. Fast alle bieten Fahrten zu den wichtigsten Sights an. Die folgenden Preise gelten in der Sabah Pansiyon; sie sind besonders günstig. Eine Halbtagestour zu den Düden Selalesi (Düden-Wasserfällen) und nach Termessos kostet pro Auto 30 €. Für eine Ganztagestour nach Perge oder Aspendos mit Abstechern nach Side und zum Manavgat-Wasserfall muss man mit 39 € rechnen. Viele Agenturen in Antalya vermieten Autos für 20 bis 30 € pro Tag.

Düden Selalesi (Düden-Wasserfälle)

Weniger als 10 km nördlich vom Stadtzentrum liegen die **Yukari Düden Selalesi** (obere Düden-Wasserfälle). Von Antalya aus kommt man mit dem Dolmuş hierher. In Sichtweite der Wasserfälle gibt's einen schönen Park und ein Teehaus – ein tolles Plätzchen an einem heißen Sommernachmittag. An Sommerwochenenden ist der Park aber hoffnungslos überfüllt.

Die **Asagi Düden Selalesi** (untere Düden-Wasserfälle) liegen weiter unten, wo das Flüsschen Düden am Lara Plajı ins Mittelmeer fließt, südöstlich von Antalya. Zu einem Bootsausflug (S. 424) durch den Golf von Antalya gehört meistens auch ein Abstecher zu den unteren Düden-Wasserfällen.

Termessos

Von Antalya aus 34 km im Landesinneren liegt die beeindruckende Ruinenstadt Ter-

messos (Eintritt 5 €; 8–17.30 Uhr) – hoch oben in einem felsigen Gebirgstal. Die Bewohner der antiken Stadt, ein pisidischer Stamm, scheinen ausgesprochen wild und kampfeswütig gewesen zu sein. Es ist bekannt, dass sie im Jahr 333 v. Chr. im Kampf Alexander den Großen besiegten. Die Römer waren so klug, 70 v. Chr. Termessos' Wunsch zu akzeptieren, ein unabhängiger Bündnispartner zu bleiben.

Termessos zählt zu den besterhaltenen archäologischen Stätten in der Türkei und begeistert allein durch seine super Lage: Bewaldete Berge bilden die eindrucksvolle Kulisse für die antiken Ruinen. Besonders majestätisch wirkt das Theater; es ist aber ein bisschen schwer zu erreichen. Manchmal muss man auch über lose Felsen klettern und steile Pfade hochkraxeln, um bestimmte Teile der Stadt von Nahem angucken zu können. Für die Besichtung sind mindestens zwei Stunden einzuplanen. Wer alles anschauen will, muss mit vier Stunden rechnen. An heißen Tagen ist die Hitze in Termessos fast unerträglich – unbedingt was zu trinken mitnehmen. Zu kaufen gibt's hier oben nichts.

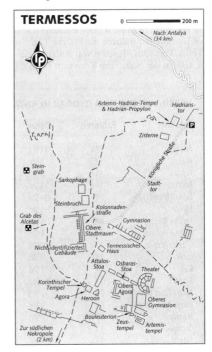

TERMESSOS 0 — 200 m

Die ersten Ruinen, die bequem zu erreichen sind, liegen rund um den Parkplatz verstreut. Das etwas erhöht stehende Tor bildete ursprünglich den Eingang zum **Artemis-Hadrian-Tempel** und zum **Hadrian-Propylon**. Von dort geht's weiter bergauf auf einem relativ steilen Pfad. Links sind die Überreste der unteren Stadtmauer und das Stadttor zu sehen. Danach kommen das untere Gymnasion (Sportstätte) und die **Kolonnadenstraße,** die zum Steinbruch und zu ein paar Sarkophagen führt. Der Spaziergang zur südlichen Nekropole dauert ungefähr eine Stunde, inklusive einem Umweg über die **obere** Agora (Marktplatz) mit ihren fünf großen Teilen. Die obere Agora ist ein toller Spot, um sich etwas länger umzuschauen. Hier gibt's sogar ein bisschen Schatten. Danach geht's weiter zum **Theater,** das vor absolut spektakulärer Kulisse oben auf einem Gipfel sitzt. Die Bergkette rundherum wirkt viel näher, als sie wirklich ist. Auf dem weiteren Weg kommt man am Bouleuterion vorbei. Beim Rumklettern in den Ruinen des **Artemistempels** und des **Zeustempels** weiter südlich ist besondere Vorsichtig geboten. Beide sind in zeimlich miserablem Zustand. Vom Zeustempel ist dafür die Aussicht recht schön.

Die **südliche Nekropole** (*mezarlik*) liegt ganz oben im Tal, ca. 3 km vom Parkplatz entfernt. Von Weitem wirkt die ganze Szenerie etwas beunruhigend. Die noch intakten Sarkophage sehen aus, als ob verärgerte Gottheiten sie willkürlich von den Bergen geschleudert hätten. In Wirklichkeit sind aber Erdbeben und Grabräuber für das Chaos verantwortlich. Beim **Grab des Alcetas** gibt's nicht viel zu sehen (auf den Hauptweg zurück, dann links und den Schildern folgen). Aber wer weitergeht, kommt zu einer wunderschönen Ansammlung von **Felsengräbern,** bevor er wieder auf den Parkplatz trifft. Auf Nachfrage gibt's beim Ticketführer kostenlose Termessos-Stadtpläne.

Der **Nationalpark Güllük Dağı** bietet sich für eine nette Autotour an. Ein paar der steilen Felshänge sind über 600 m hoch. Hier gibt's immer wieder Bergziegen, Damwild, Steinadler und andere Tiere zu sehen, die teilweise vom Aussterben bedroht sind. Am Eingang, wo auch das Flora- und Fauna-Museum ist, muss die Parkgebühr gezahlt werden. Im Museum gibt's ein paar Infos zur Ruinenstadt und über die Pflanzen- und Tierwelt der Umgebung.

AN- & WEITERREISE

Taxitouren kosten von Antalya aus ca. 35 €. Eine billigere Alternative ist der Bus Richtung Korkuteli, der bis zum Eingang des Nationalparks Güllük Dağı fährt. Dort warten im Sommer Taxis, die Besucher für 10 € nach Termessos rauf- und wieder zurückbringen.

Wer mit dem eigenen Wagen unterwegs ist, verlässt Antalya über die Autobahn Richtung Burdur und Isparta und biegt nach ca. 11 km nach links auf die E 87/D 350 ab: Richtung Korkuteli, Denizli und Muğla. Ca. 25 m hinter Antalya geht rechts eine Straße nach Karian ab.

Direkt hinter der Karian-Straße kommt links der Eingang zum Nationalpark. Wer zu den Ruinen will, folgt der Straße weitere 9 km. Sie führt durch mehrere Stadtmauertore bis zur unteren Agora und dem Parkplatz. Das ist die größte ebene Fläche in diesem steilen Tal. Von hier aus geht's nur noch zu Fuß weiter.

Karain-Höhle

Die Karain Mağarası (Karain-Höhle) ist ein für diese Gegend der türkischen Mittelmeerküste besonders ungewöhnlicher Ort. Archäologen haben die Höhle zwischen 1946 und 1973 freigelegt und vermuten, dass sie 25 000 Jahre lang ununterbrochen bewohnt war. Im Großteil der Funde, z. B. steinerne Faustkeile und Pfeilspitzen, ist heute im archäologischen Museum von Antalya und im Museum für anatolische Zivilisationen in Ankara ausgestellt. Auch Fragmente von Neandertalerknochen wurden entdeckt. Die größten gehören zum Schädel eines Kindes. Vor Ort gibt's ein **Museum** (Eintritt 1 €, ☉ 8–18 Uhr) mit einer interessanten Sammlung aus Tierknochen und -zähnen, die in der Höhle entdeckt wurden.

Vom Museum zur Höhle sind's zu Fuß ca. 15 Minuten. Die mittlere Säule des größten Innenraums ist mit einem Relief dekoriert, das eine bedrohlich wirkende menschliche Maske zeigt.

AN- & WEITERREISE

Mit öffentlichen Verkehrsmitteln ist Karain nur schwer zu erreichen. Mit dem eigenen Auto ist ein Besuch in Termessos und Karain am selben Tag gut machbar. Eine Taxitour zu den beiden Orten kostet ca. 40 €. Wer von Termessos aus hinfährt, nimmt die Straße nach Karain direkt außerhalb des Nationalparks. Nach 1,4 km gabelt sie sich, vereint sich aber nach 4 km wieder. Es ist also egal, welche man nimmt. Nach 8 km geht's links ab (dort ist ein Schild); dann sind es noch mal 3 km bis Karain.

Von Antalya aus nimmt man die Autobahn nach Burdur und Isparta. Am Abzweig nach links Richtung Korkuteli, Denizli und Muğla fährt man vorbei und nimmt die nächste Straße nach Yeşilbayır, Yenikoy und Karain.

Perge

Heute ist **Perge** (Eintritt 6 €; ⏱ 9–19.30 Uhr) kaum mehr als eine Ruinenstätte, die problemlos in einer Stunde besichtigt werden kann. Sie liegt 15 km östlich von Antalya und 2 km nördlich von Aksu. Früher war Perge eine der wichtigsten Städte des antiken Pamphylien. Seine Blütezeit erlebte der Ort im 2. und 3. Jh. v. Chr. unter den Römern. 334 v. Chr. musste Perge sich Alexander dem Großen geschlagen geben. Türkische Archäologen fingen hier 1947 mit Ausgrabungen an. Unmengen von Statuen kamen dabei zutage, die z. T. noch gut erhalten sind. Sie stehen jetzt im Museum von Antalya.

An der Zufahrtsstraße zum Gelände liegen das **Theater** (für 15 000 Zuschauer) und das **Stadion** (für 12 000 Zuschauer). Aus Sicherheitsgründen wurden beide Bauwerke vorübergehend geschlossen. Direkt hinter dem Eingang stehen die riesigen **römischen und hellenistischen Tore**. Interessanterweise liegt das römische Tor nicht genau auf der Achse. Der Weg hindurch führt zur **Kolonnadenstraße** mit ihrer beeindruckenden Ansammlung von Säulen, die noch immer aufrecht stehen.

Am Ende dieser Straße liegt das phantastische **Nymphäum** aus dem 2. Jh. n. Chr., das die Kolonnadenstraße mit Wasser versorgte. In der Mitte der Straße ist noch ein schmaler Wasserkanal zu erkennen. Vom Nymphäum führt ein Pfad durch viel Gestrüpp zum Akropolis-Hügel. Die Ruinen in diesem Teil der Stadt stammen aus byzantinischer Zeit. Damals zogen viele Einwohner hierher um, nachdem der untere Teil immer wieder angegriffen worden war.

AN- & WEITERREISE

Ein Besuch in Perge kann mit einem Trip Richtung Osten nach Aspendos und Side kombiniert werden. Wer wenig Zeit hat, kann alle drei Stätten an einem Tag schaffen, sollte dann aber früh losfahren.

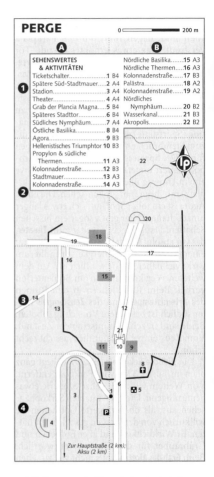

PERGE

0 _____ 200 m

SEHENSWERTES		Nördliche Basilika.......**15** A3
& AKTIVITÄTEN		Nördliche Thermen....**16** A3
Ticketschalter....................**1** B4		Kolonnadenstraße.....**17** B3
Spätere Süd-Stadtmauer....**2** A4		Palästra...................**18** A2
Stadion............................**3** A4		Kolonnadenstraße.....**19** A2
Theater............................**4** A4		Nördliches
Grab der Plancia Magna....**5** B4		Nymphäum..........**20** B2
Späteres Stadttor..............**6** B4		Wasserkanal...........**21** B3
Südliches Nymphäum.......**7** A4		Akropolis................**22** B2
Östliche Basilika...............**8** B4		
Agora...............................**9** B3		
Hellenistisches Triumphtor **10** B3		
Propylon & südliche		
Thermen........................**11** A3		
Kolonnadenstraße..........**12** B3		
Stadtmauer.....................**13** A3		
Kolonnadenstraße..........**14** A3		

Zur Hauptstraße (2 km);
Aksu (2 km)

Minibusse nach Aksu starten in Antalya am *otogar*. 13 km östlich von Antalya ist dann der Abzweig nach Perge. Nach einem 20- bis 25-minütigen Marsch sind die 2 km entfernten Ruinen erreicht. Trampen ist die Alternative. Perge lässt sich auch mit einer Taxitour nach Aspendos für 50 € verbinden.

Silyon

Ca. 7 km östlich von Perge stehen die Überreste von Silyon. Es war eine blühende Stadt, als Alexander der Große im 4. Jh. v. Chr. hier vorbeikam. Er schaffte es aber nicht, sich die Stadt unter den Nagel zu reißen, und zog unverrichteter Dinge weiter. Das Highlight ist hier eine Inschrift im pamphylischen Dialekt des Altgriechischen – ein einzigartiges

Dokument dieser Sprache, die selten dokumentiert ist.

Ohne eigenes Auto sind die Ruinen schwer zu erreichen. Zwar steht auf dem Schild an der Hauptstraße „Silyon 8 km", aber die Strecke ist länger: Es sind 7,2 km bis zu einer (unmarkierten) Abzweigung nach rechts. Nach weiteren 900 m geht's links und nach weiteren 100 m bei einem Bauernhof noch mal links. Noch 1 km weiterfahren und die Ruinen sind erreicht.

Aspendos

Von interessierten Archäologiestudenten mal abgesehen, haben Besucher von **Aspendos** (Belkis; Eintritt 6 €, Parkgebühr 2 €; ☺ 8–19 Uhr) normalerweise nur eins im Sinn: Sie wollen das atemberaubend schöne **Theater** der antiken Stadt sehen. Es ist anerkanntermaßen das herrlichste Bauwerk dieser Art in ganz Anatolien und das besterhaltene römische Theater der antiken Welt.

Das Theater wurde von den Römern unter Kaiser Marc Aurel (161–180 n. Chr.) errichtet und im 13. Jh. erneuert. Aspendos' Blütezeit dauerte nur vom 2. bis zum 3. Jh. n. Chr. Aber die Geschichte der Stadt reicht bis in die Zeit der Hethiter (800 v. Chr.) zurück. Im Jahr 486 v. Chr. fand hier eine Schlacht zwischen Griechen und Persern statt, die die Griechen gewannen.

Das Theater war jahrhundertelang in einem miserablen Zustand. Niemand anderes als Atatürk persönlich erweckte es wieder zum Leben. In den frühen 1930ern machte er eine Tour durch die Region und erklärte, dass es doch sehr schade wäre, ein so schönes historisches Bauwerk nicht zu nutzen. So wurde es restauriert. Viele Puristen waren mit der Restaurierung überhaupt nicht einverstanden (einige zweifelten an der Authentizität). Aber seitdem finden in dem Theater wieder Opernaufführungen, Konzerte und Folklorefestivals statt.

Falls es in den Zeitplan passt, sollten Traveller Aspendos besuchen, wenn dort ein Event steigt. Die einzigartige Akustik und die Beleuchtung verändern die Atmosphäre komplett, wenn es dunkel wird. Livemusik an diesem Ort muss vor 2000 Jahren schon ein ganz ähnliches Erlebnis gewesen sein wie heute.

Nach Verlassen des Theaters nimmt man den Pfad nach links Richtung Theaterhügel. Und nicht von den dornigen Büschen abschrecken lassen! Die Belohnung ist eine phänomenale Aussicht auf das Theater, die Felder in der Umgebung und das Taurusgebirge. Wer an der Weggabelung den Pfad Richtung Aquädukt einschlägt, hat einen tollen Blick auf die Reste des **Aquädukts** und das heutige Dorf links davon. Auch eine ungepflasterte Straße Richtung Norden führt nach 1 km zu einem schönen Aussichtspunkt mit Blick auf das Aquädukt.

Zu den vielen Ruinen der antiken Stadt gehören u. a. ein Stadion, eine Agora und eine Basilika. Besonders spannend sind sie nicht. Wer trotzdem hin will, folgt dem Aquädukt-Weg auf dem Grat.

FESTIVALS & EVENTS

Das international renommierte **Opern- & Ballettfestival in Aspendos** findet von Mitte Juni bis Anfang Juli im römischen Theater statt. Tickets gibt's im Büro in der Nähe der Touristeninformation in Antalya, im Büro im Theater in Side und im Museum in Side (s. S. 437).

AN- & WEITERREISE

Aspendos liegt 47 km östlich von Antalya. Wer mit dem Auto unterwegs ist, fährt bis zum Flüsschen Köprü und kann dort die alte seldschukische Buckelbrücke sehen. Am Westufer links (nach Norden) fahren und den Schildern Richtung Aspendos folgen.

Minibusse nach Manavgat lassen die Fahrgäste an der Abzweigung nach Aspendos raus. Von dort sind's zu Fuß noch 45 Minuten. Wer nicht laufen will, trampt die 4 km bis zur Stätte. Taxis warten an der Autobahnabfahrt und bringen ihre Passagiere für ungeheuerliche 6 € ans Ziel. Eine Taxitour von Antalya aus kostet 45 €, eventuell ist unterwegs auch ein Stopp in Perge drin.

Selge (Zerk) & Köprülü Kanyon

Ein einmaliges Erlebnis ist der Besuch der römischen Ruinen von Selge. Sie liegen ca. 12 km vor der eigentlichen Stadt. Dort gibt's eine römische Brücke, die sich in einem einzigen Bogen über die tiefe Schlucht des Köprü Irmağı (Brückenfluss) spannt. Beinahe 2000 Jahre lang wurde sie benutzt.

Die Ruinen von Selge verteilen sich über das Dorf Altınkaya. Ihre Lage mit dem Taurusgebirge im Hintergrund ist einfach spektakulär.

Beim Streifzug durch das Dorf und die Ruinen sollte man sich klarmachen, dass Selge früher 20 000 Einwohner hatte. Das könnte was damit zu tun haben, dass der Ort fast nie von Eindringlingen geplündert wurde und dass die Leute hier niemals anderen Völkern unterworfen waren. Wegen der erhöhten Lage, einer Befestigungsmauer und der vielen Schluchten und Brücken in der Umgebung war es nicht so einfach, sich der Siedlung unbemerkt zu nähern. Trotzdem eroberten die Römer am Ende das Gebiet und hielten es bis in die byzantinische Zeit hinein.

Ca. 350 m der Mauer existieren noch heute. Erhalten sind außerdem noch ein Turm und ein kleines Gebäude, das wahrscheinlich als Zollhaus diente.

AKTIVITÄTEN

Wer **Wanderungen** vom Köprülü Kanyon (Brückenschlucht) die alte Römerstraße rauf unternehmen will, kann einen Dorfbewohner als Guide anheuern. Bergauf dauert's ca. zwei Stunden (runter ca. 1½ Std.) und kostet 11 € pro Weg. Die Einheimischen organisieren auch für Gruppen Bergtouren zum Bozburun (2504 m) und zu anderen Stellen im Kuyucuk Dağları (Kuyucuk-Gebirgskette). Dabei sind ein *katırcı* (Maultiertreiber) als Führer und ein *yemekçi* (Koch). Die Touren und kosten ca. 60 € pro Tag. Auf S. 87 finden sich Infos über eine dreitägige Wanderung auf dem Paulusweg durch den Köprülü Kanyon.

Viele Agenturen in Antalya bieten **Raftingtouren** in der Schlucht an. Die billigsten liegen bei 20 bis 25 € pro Person für eine vier- bis fünfstündige Fahrt auf dem Fluss und bieten Zeit zum Baden.

AN- & WEITERREISE

Es gibt einige geführte Touren von Antalya, Side und Alanya aus, die den Köprülü Kanyon Milli Parkı und Selge mit einschließen. Sie kosten alle ca. 30 € pro Person. Wer den Ausflug lieber allein unternehmen will, nimmt den Minibus. Er fährt jeden Morgen am *otogar* in Antalya Richtung Altınkaya ab (2 Std., 6 €) und jeden Abend nach Antalya zurück.

Mit dem eigenen Auto ist die Tour zwar in einem halben Tag zu schaffen, aber günstiger ist es, mehr Zeit zu haben. Die Abzweigung nach Selge und zum Köprülü Kanyon liegt ca. 5 km östlich von der Straße nach Aspendos (48 km östlich von Antalya).

Die ersten 33 km der Straße sind befestigt. 4 km vor der Stadt Beşkonak teilt sich die Straße. Links geht's nach Altınkaya, rechts nach Beşkonak. Wer die Straße nach Altınkaya am Westufer des Flusses nimmt, kommt am Medraft Outdoor Camp, am Oncu Turizm Air Raft Camp, am Selge Restaurant & Pension und am Kanyon Restaurant & Pension vorbei. Ca. 11 km von der Abzweigung entfernt steht die herrliche altosmanische Oluk-Brücke.

Traveller, die stattdessen die Straße durch Beşkonak nehmen, erreichen 6,5 km hinter dem Dorf die Schlucht und die Brücke. Der unbefestigte Weg am Westufer des Flusses ist Richtung Altınkaya oder Zerk (der türkische Name von Selge) ausgeschildert. Von der Brücke aus geht's bis zum Dorf durch immer spektakulärere Landschaften 12 km bergauf.

Östliches Mittelmeer

Die östliche Mittelmeerküste der Türkei bedeutet für viele Menschen etwas ganz Unterschiedliches. Für die Europäer ist sie ein riesiges Strandparadies: mit ruhigem Meer und Hotelburgen bei Side und Alanya so weit das Auge reicht. In der Hochsaison ist dieser Küstenstreifen – auch „türkische Riviera" genannt – so überlaufen, dass es kaum zum Aushalten ist. Aber wer kurz vor oder nach dem Massenansturm kommt, trifft auf leere Strände und verbilligte Unterkünfte. Um einen Eindruck davon zu kriegen, wie die Türken Urlaub machen, muss man sich auf den Weg durch die Bergkette im Osten in die Urlaubsgebiete Anamur und Kızkalesi machen. Für türkische Besucher – und Archäologiestudenten aus dem Westen – ist dieser Landesteil ein einziges Freilichtmuseum. Denn überall sind hier tolle Ruinen verstreut.

Wo die Berge flacher werden und in die weite Çukurova-Ebene im Osten übergehen, werden die Städte größer, weltoffener und interessanter. In den großen Industriestädten Mersin, Adana und İskenderun lassen sich praktisch keine Reisenden blicken. Aber all jene, die sich in den Großstadttrubel stürzen, können ganz in der Nähe ein paar Sehenswürdigkeiten entdecken, die sonst fast keiner zu Gesicht kriegt: z. B. die befestigte römische Stadt Anazarbus nordöstlich von Adana. Nicht weit von hier liegt auch der armenische Ort Yılankale, außerdem gibt's eine Reihe bedeutender hethitischer und christlicher Ausgrabungsstätten.

Südlich von İskenderun schlägt der Puls anders – schließlich ist es nicht weit zur syrischen Grenze. Hier befindet sich ein faszinierender Schmelztiegel der Türkei aus verschiedenen Kulturen, Religionen und Sprachen. In Antakya leben z. B. Sunniten, Aleviten und orthodoxe Christen Tür an Tür. Und auf der Straße wird noch hier und da Arabisch gesprochen.

HIGHLIGHTS

- Sides romantischen **Apollotempel** (S. 437) bei Sonnenuntergang besuchen

- 452 Stufen in die gewaltige **Himmelsgrotte** (S. 451) runtersteigen. Hier versteckte angeblich der Riese Typhon den gefangenen Zeus

- Zur **Mädchenburg** (S. 452) Kızkalesi rüberschwimmen oder mit dem Boot rüberschippern

- In Adana die zweitgrößte Moschee des Landes angucken: die extravagante, **Sabancı Merkez Cami** (S. 458)

- In ein klebriges Stück *künefe* reinbeißen, dazu einen *çay* (Tee) schlürfen und mit den Locals in **Antakya** (S. 465) plauschen

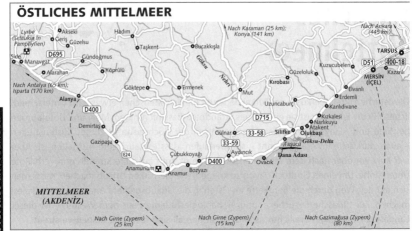

ÖSTLICHES MITTELMEER

SİDE

☎ 0242/18 000 Ew.

Wenn Städte unter Identitätskrisen leiden könnten, wäre die kleine Stadt Side bestimmt ein Kandidat dafür. Vor kurzem war Side noch ein runtergekommenes Fischerdorf, das nicht viel mehr zu bieten hatte als einen ganz ordentlichen Strand und eine bescheidene Ansammlung hellenistischer Ruinen. Aber inzwischen hat sich einiges getan, und zwar im großen Stil. Side gehört heute zu der Sorte glitzernder Urlaubsorte, die viele unerschrockene Traveller gleichzeitig lieben und hassen.

Der Fischfang spielt in Side schon lange keine Rolle mehr. Dafür hat sich die Stadt ganz aufs Tourismusgeschäft gestürzt. In der Hauptstraße von Side und in praktisch jeder Querstraße drängeln sich Souvenirläden dicht an dicht. Hier läuft der Kapitalismus rund um die Uhr auf Hochtouren.

Trotzdem ist es ein unvergessliches Erlebnis, mit dem Auto oder Bus nach Side zu fahren und die römischen Ruinen am Fenster vorbeihuschen zu sehen. Sie sind fast 2000 Jahre alt. Und ähnlich unbeschreiblich ist das Gefühl im Bauch, wenn man sich in der Dämmerung dem Apollontempel nähert und nur einen Steinwurf entfernt die Wellen donnern hört.

Geschichte

Wie Side zu seinem Namen gekommen ist, weiß niemand. Es kann sein, dass das Wort in einer alten anatolischen Sprache „Granat-apfel" bedeutete. Gegen 600 v. Chr. ließen sich Aioler hier nieder. Aber als Alexander der Große hier durchtobte, war es mit der griechischen Kultur und Sprache so gut wie aus.

Viele beeindruckende Gebäude wurden durch die Gewinne aus Piraterie und Sklaverei finanziert. Beide Geschäfte hatten unter den Griechen Hochkonjunktur und wurden erst gestoppt, als die Römer die Kontrolle übernahmen. Jetzt schafften es die Einwohner, auch vom legalen Handel gut zu leben. Unter den Byzantinern war Side immerhin noch groß genug, dass es einen Bischof hatte. Im 7. Jh. machten Überfälle von Arabern der Stadt schwer zu schaffen. Zwei Jahrhunderte später war ihr Licht aus. Im späten 19. Jh. ging es unter osmanischer Herrschaft mit Side noch einmal bergauf. Damals ließen sich Muslime aus Kreta hier nieder.

Orientierung

Side liegt auf einem Vorsprung, 3 km südlich der in Ost-West-Richtung verlaufenden Küstenstraße. Es dürfen praktisch keine Autos in die Stadt. Wer mit dem eigenen Auto kommt, wird es höchstwahrscheinlich auf dem Parkplatz vor dem Ort lassen müssen.

Die Hauptstraße Liman Caddesi führt runter zum Hafen, an dessen Eingang eine Atatürk-Büste prangt. Auf beiden Seiten des Küstenvorsprungs gibt es kleine Strände; der Hauptstrand ist nördlich vom Ort.

Der *otogar* (Busbahnhof) liegt östlich von der Ausgrabungszone. Zur Hauptstraße geht's immer den Schildern zur Straßenbahn nach.

Wer laufen will, hält sich links. Oder einfach in die Straßenbahn steigen (0,30 €).

Praktische Informationen

Die **Touristeninformation** (☎ 753 1265; ☼ Mo–Fr 8–12 & 13–17 Uhr) liegt ca. 800 m vom Zentrum entfernt an der Straße nach Manavgat. Das **Side Internet C@fé** (2 € pro 30 Min.) ist in der Nergis Caddesi. Etwas besser ist das **Internetcafé** (Zambak Caddesi) oben im Bar-Restaurant Ömür. In der Liman Caddesi gibt's Geldautomaten.

Sehenswertes

Das Highlight von Side ist sein **Theater** (Eintritt 6 €; ☼ 8–19 Uhr) aus dem 2. Jh. n. Chr. Es ist in römischem Stil gebaut (außer ein paar wenigen griechischen Details) und gehört zu den größten griechisch-römischen Ruinen Kleinasiens. Mehr als 15 000 Zuschauer passten hier rein.

Neben dem Theater und gegenüber vom Museum finden sich die Überreste einer **Agora**. Eine ganze Reihe von Säulen steht noch, aber sie sind größtenteils durch einen Maschendrahtzaun abgesperrt. Das **Museum** (Eintritt 3 €; ☼ 9–19 Uhr) ist selbst eine Ruine – zwar klein, aber ziemlich beeindruckend. In den alten römischen Bädern sind Statuen und Sarkophage ausgestellt.

Hinter dem Museumsausgang geht's nach links zum spektakulären Ruinenfeld von Side. Hier gibt's eine **Bibliothek**, eine **Agora** und eine **byzantinische Basilika** zu sehen. Es lohnt sich, sie alle zu erkunden, aber Achtung: Im Sommer wird's hier glühend heiß!

An der Südwestspitze des Hafens von Side ragen die Ruinen der **Tempel von Apollon und Athene** auf. Beide stammen aus dem 2. Jh. Mehrere Säulen des Apollontempels stehen noch aufrecht da, wo sie auch früher standen. Wenn es dunkel wird, heben sich ihre Umrisse dramatisch beleuchtet vom Nachthimmel ab. Die Ausgrabungsstätte ist zwar ziemlich klein, aber dafür eine der romantischsten und bewegendsten in der Türkei.

Festivals & Events

Karten für das **Opern- & Ballettfestival Aspendos** (☎ 753 4061) gibt's im Museum von Side oder im **Kartenbüro** (☎ 753 4061) vor dem römischen Theater. Mehr Infos auf S. 433.

Schlafen

In Side werden viele Hotels und Pensionen nicht von ihren tatsächlichen Besitzern betrieben und gemanagt, sondern in der Feriensaison sozusagen untervermietet. Das macht sich natürlich beim Service bemerkbar. Also besser ein Quartier aussuchen, wo die Angestellten schon länger dabei sind. Wer in einem Hotel ein Stück entfernt von Ort absteigt, muss ein Fahrzeug auftreiben, um zu den Ruinen zu kommen.

Pettino's Pansiyon (☎ 753 3608; pettino@superonline. com; Cami Sokak 9; EZ/DZ 17/23 €; 🐾) Außer dem gemütlichen Hof, wo die Gäste abends oft um ein kleines Feuer sitzen, hat das Pettino nicht viel zu bieten. Die öffentlichen Bereiche sind einigermaßen runtergekommen und in den hellhörigen Zimmern sieht's nicht viel anders aus. In der Hochsaison fallen scharenweise Backpacker ein, also besser vorher buchen.

Beach House Hotel (☎ 753 1607; www.beachhouse-hotel.com; Barbaros Caddesi; EZ/DZ 17/36 €; 🅿 🐾 🖥) Von einer kleinen, kuscheligen Pension kann hier zwar nicht die Rede sein, aber das Beach House ist auf alle Fälle das netteste Budgethotel in Side. Viele Leser loben es in den höchsten Tönen: Die Lage am Strand ist perfekt, es gibt Zimmer zum Meer (einige mit ordentlich großen Balkons) und Gratis-Strandliegen.

Yıldırım Pansiyon (☎ 753 3209; yildirimpansiyon@ yahoo.com; Lale Sokak; EZ & DZ 19 €) Diese legere Pension ist nur ein paar Schritte vom Theater entfernt, gegenüber von einem Parkplatz. Die Zimmer sind schlicht, aber gut in Schuss. Angenehm ruhig, wenn's dunkel wird.

Yükser Pansiyon (☎ 753 2010; www.yukser-pansiyon. com; Sumbul Sokak 8; EZ/DZ 19/25 €; 🐾) Dieses traditionelle Haus aus Holz und Stein liegt abseits

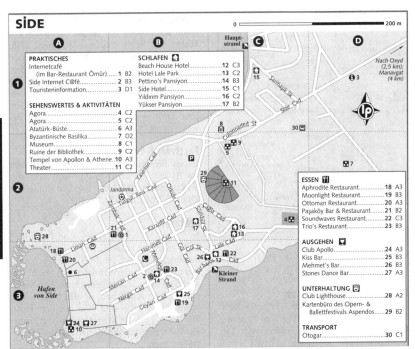

SİDE

0 — 200 m

PRAKTISCHES
Internetcafé
(im Bar-Restaurant Ömür)......1 B2
Side Internet C@fé....................2 B3
Touristeninformation................3 D1

SEHENSWERTES & AKTIVITÄTEN
Agora..4 C2
Agora..5 C2
Atatürk-Büste...........................6 A3
Byzantinische Basilika..............7 D2
Museum....................................8 C1
Ruine der Bibliothek.................9 C2
Tempel von Apollon & Athene..10 A3
Theater...................................11 C2

SCHLAFEN
Beach House Hotel..................12 C3
Hotel Lale Park.......................13 C2
Pettino's Pansiyon...................14 B3
Side Hotel..............................15 C1
Yıldırım Pansiyon....................16 C2
Yükser Pansiyon.....................17 B2

ESSEN
Aphrodite Restaurant..............18 A3
Moonlight Restaurant..............19 B3
Ottoman Restaurant................20 A3
Paşaköy Bar & Restaurant.......21 B2
Soundwaves Restaurant..........22 C3
Trio's Restaurant....................23 B3

AUSGEHEN
Club Apollo............................24 A3
Kiss Bar.................................25 B3
Mehmet's Bar.........................26 B3
Stones Dance Bar...................27 A3

UNTERHALTUNG
Club Lighthouse......................28 A2
Kartenbüro des Opern- &
Ballettfestivals Aspendos......29 B2

TRANSPORT
Otogar....................................30 C1

vom Lärm der Hauptstraße, aber trotzdem nah am Strand. Die Zimmer sind gepflegter Durchschnitt; eine große Veranda und einen Garten gibt's auch.

Hotel Lale Park (☎ 753 1131; www.hotellalepark. com; Lale Caddesi 17; EZ/DZ 30/45 €;) Einer der größten Gärten von Side wurde hier quasi zur Lobby umfunktioniert. Er ist voller römischer Säulen und gepflasterter Wege; außerdem gibt's jede Menge Sitzecken und eine Bar unter freiem Himmel.

Side Hotel (☎ 753 3824; Sarmasik Sokak 25; EZ/DZ 31/39 €;) Diesem Betonblock mit mehr als 80 Zimmern mangelt es zwar definitiv an Charme und Atmosphäre. Dafür haben viele Zimmer große Balkons mit Blick auf einen lupenreinen Strand. Ein Restaurant gehört auch dazu.

Essen

Wer sich in einem Restaurant am Hafen was zu essen bestellt, muss eins wissen: Gemüse und Pommes sind manchmal nicht im Preis mit drin, sondern kosten extra und nicht gerade wenig. Eine Portion gegrillter Fisch sollte zwischen 9 und 12 € kosten.

Trio's Restaurant (☎ 753 1309; Cami Sokak; Mahlzeiten 9 €) Direkt gegenüber von Pettino's Pension. Auf der Speisekarte stehen türkische Standardgerichte, die prima schmecken. Auch Spaghetti und amerikanische Pizza sind im Angebot. Im Sommer gibt's jeden Freitagabend türkischen Volkstanz.

Ottoman Restaurant (☎ 753 1434; Liman Caddesi; Mahlzeiten 12 €) Hier wird eine ganz ordentliche Auswahl an indischen Gerichten geboten. Sonst gibt's die üblichen Meeresfrüchte und Fleisch vom Grill. Der Hafen ist von hier aus nicht zu sehen. Aber die Einheimischen finden, dass es eins der wenigen Restaurants weit und breit ist, in dem das Preis-Leistungs-Verhältnis stimmt.

Soundwaves Restaurant (☎ 753 1059; Barbaros Caddesi; Mahlzeiten ca. 16 €) Gehört denselben Leuten wie das Beach House Hotel nebenan. Auf der Speisekarte steht das Übliche: Meeresfrüchte und Grillgerichte. Die Kellner laufen in Piratenkostümen verkleidet herum – das soll wohl eine Anspielung auf die Zeit des Plünderns und Brandschatzens in der Stadt Side sein. Das Restaurant selbst sieht aus wie ein Schiff.

Aphrodite Restaurant (☎ 753 1171; İskele Caddesi; Mahlzeiten 15–20 €) Auch hier gibt's Fleisch und Meeresfrüchte. Nur ein paar Schritte vom Wasser stehen jede Menge Tische draußen. Ein idealer Ort, um in die Hafenatmosphäre ringsum einzutauchen. Dazu gibt's leckere Grillgerichte und *köfte* (Fleischbällchen).

Paşakoy Bar & Restaurant (☎ 753 3622; Liman Caddesi 98; Mahlzeiten 15–20 €) Sides Themenrestaurant: Wer hier reinkommt, findet sich in einem Plastikregenwald wieder, der ziemlich nach Steinzeit aussieht. Pflanzen und Baumblätter hängen einem ins Gesicht, und mitten durchs Restaurant plätschert ein echter Bach. Die Speisekarte bietet eine breite Palette an türkischen Grillgerichten und Meeresfrüchten, die eigentlich alle schmecken.

Moonlight Restaurant (☎ 753 1400; Barbaros Caddesi 49; Mahlzeiten 15–20 €) Im romantischen Ambiente und bei Kuschelrock-Sound dinieren hier glückliche Pärchen *en masse*. Und nur ein paar Meter von der Terrasse entfernt rauscht passend dazu das Meer. Die Speisekarte bietet das Übliche: ganz passable Meeresfrüchte und ein paar internationale Gerichte. Außerdem gibt's eine superlange Weinkarte mit türkischen Weinen.

Ausgehen

Kiss Bar (☎ 753 3482; Barbaros Caddesi 23) Diese kleine Bar sieht aus, als wäre sie vor Kurzem von einer einsamen Karibikinsel eingeflogen worden. Die Mitarbeiter sind immer gut drauf und trinken gern einen Schluck mit.

Stones Dance Bar (☎ 512 1498; Barbaros Caddesi 67) In dieser Bar am Meer stehen britische Kultur und Karaoke gleich hoch im Kurs.

Mehmet's Bar (Barbaros Caddesi) Ideal, um in Ruhe ein Bier zu trinken, während im Hintergrund die Wellen rauschen.

Unterhaltung

Oxyd (☎ 753 4040; Denizbuku Mevkii; Gedeck 8 €) Dieser Open-Air-Club 3 km vor der Stadt ist einen Besuch wert – und sei es nur zum Gucken. Mit seiner imposanten Fassade im Moscheestil und dem futuristischen Innenraum (inkl. Swimmingpool) ist das Oxyd mindestens so extravagant wie die Clubs in den türkischen Großstädten.

Club Lighthouse (☎ 753 3588; Liman Caddesi) An der Veranda sind Fischerboote festgemacht und sorgen für ein bisschen luxuriöses Flair – ansonsten geht's in dieser Disko eher feuchtfröhlich zu. Es läuft meistens House und Techno. Hin und wieder gibt's mal Schaumpartys.

Club Apollo (☎ 753 4092) Nur ein paar Meter von den Apollon- und Athene-Tempeln entfernt ist der Eingang zu diesem Open-Air-Club. Haufenweise schöne Menschen vergnügen sich hier bei teuren Cocktails und einer mörderischen Lightshow. Sonntagabends kriegen Frauen Rabatt auf die Drinks.

An- & Weiterreise

Im Sommer fahren Direktbusse von Side nach Ankara, İzmir und İstanbul. Sonst gibt's oft Minibusse vom *otogar* in Side zum 4 km entfernten *otogar* in Manavgat (0,80 €). Von da fahren Busse nach Antalya (4 €, 1¼ Std., 65 km), Alanya (4 €, 1¼ Std., 63 km) und Konya (14 €, 5½ Std., 296 km). Wer per Bus nach Side unterwegs ist, wird meistens am *otogar* von Manavgat abgesetzt. Oder der Bus hält an der Schnellstraße; von da gibt's einen kostenlosen *servis* (Bus-Shuttle) nach Side.

RUND UM SİDE

Ca. 12 km östlich von Manavgat (50 km westlich von Alanya) führt die hervorragend ausgebaute D695 nach Nordwesten. Zuerst geht's auf die anatolische Hochebene zu und dann über Akseki nach Konya (280 km). Dabei schlängelt sich die Straße durch eine wunderschöne Berggegend. Auf der Küstenstraße sind es von Side nach Isparta (über Antalya) sieben Stunden.

Manavgat

Wer am Strand von Side plötzlich Zweifel bekommt, ob er im Urlaub denn auch die „echte" Türkei kennenlernt, sollte überlegen, ein Dolmuş nach Manavgat (0,80 €) zu nehmen. Das ist eine quirlige Stadt mit einem großen gedeckten Basar. Sie liegt ca. 4 km nordöstlich von Side.

Der *otogar* von Manavgat liegt am Stadtrand, an der Umgehungsstraße. Außer im Hochsommer muss man hierher kommen, um von Side nach Antalya, Alanya, Konya oder zu den Seen zu fahren.

AN- & WEITERREISE

Von Side fahren oft *servis* zum *otogar* in Manavgat (0,50 €). Von da haben Reisende Anschluss an Busse nach Antalya (4 €, 1¾ Std., 65 km) und Alanya (4 €, 1 Std., 63 km). Minibusse mit der Aufschrift „Şehiriçi" fahren vor dem *otogar* ab ins Stadtzentrum (0,80 €).

Ein Taxi von Side zum *otogar* in Manavgat kostet 8 €.

Wasserfall von Manavgat

Ca. 4 km nördlich von Manavgat plätschert der **Wasserfall von Manavgat** (Manavgat Şelalesi; Eintritt 1 €) am gleichnamigen Fluss. Rund um diese superpopuläre Touristenattraktion scharen sich haufenweise Souvenirhändler und Restaurants, manche nur ein paar Meter weit weg von den Fällen. Manavgat ist bekannt für seine Forellen, die in einigen Lokalen auch auf der Speisekarte stehen.

AN- & WEITERREISE

Ein Dolmuş ab Manavgat kostet 0,90 €. Im Stadtzentrum warten Boote auf Reisende, die zu den Wasserfällen wollen. Ein 80-minütiger Ausflug kostet pro Person 9 €, wenn mindestens vier mitfahren.

Lyrbe (Seleukia in Pamphylien)

Kurz nachdem man am römischen Aquädukt vorbei ist, kommt links ein Schild nach Lyrbe (Seleukia; 7 km). Unterwegs geht's durch das Dorf Şıhlar. Bemerkenswert ist: In die Hauswände hier wurden Bruchstücke von Säulen eingebaut. Gegenüber vom Minarett rechts abbiegen und noch 3 km auf der Straße bergauf bis zu den Ruinen fahren.

Die **Ruinen** sind besonders genial, weil sie oben auf einem Berg liegen. Ein paar sind ziemlich verfallen, aber andere sind noch gut in Schuss. Das Ganze liegt unter Schatten spendenden Pinien, sodass es hier sogar an heißen Sommertagen angenehm kühl sein kann. Viele Gebäude sind schwer zu erkennen, aber ein Badehaus, eine Agora und eine Nekropole lassen sich eindeutig identifizieren.

Die Archäologen glaubten viele Jahre, dass dies Seleukia in Pamphylien sei, eine Gründung Seleukos' I. Nikator. Dieser wohl etwas egomane Offizier von Alexander dem Großen gründete insgesamt neun Städte, die er nach sich benannte. Aber vor Kurzem wurde in der Stadt eine Inschrift in der Sprache des alten Side gefunden. Seitdem nehmen die Forscher an, dass es sich um die Ruinen von Lyrbe handelt.

AN- & WEITERREISE

Wer kein eigenes Auto hat, kann ein Taxi nehmen. Die Fahrer warten hinter der Brücke in Manavgat und bringen einen nach Seleukia.

Unterwegs halten sie am Wasserfall (18 € hin und zurück).

ALANYA

☎ 0242/110 100 Ew.

Westlich von Side liegt Alanya. So wie die kleinere Nachbarstadt wurde Alanya in den letzten Jahrzehnten vom europäischen Pauschaltourismus entdeckt und erobert. V. a. Deutsche und Skandinavier zieht es hierher. Natürlich gibt's dafür einen guten Grund: Richtung Osten erstreckt sich über 20 km weit der feine Sandstrand von Alanya. Hier stehen luxuriöse Fünf-Sterne-Hotelburgen dicht an dicht.

Wer sich nicht aus der Stadt wagt, hat ein ziemlich überschaubares Tagesprogramm: tagsüber in der Sonne liegen, abends essen gehen und bis in die Puppen Party machen. Besucher, die sich auch für die alte Kultur dieser modernen Stadt interessieren, können der Festung einen Besuch abstatten; sie thront hoch über dem Hafen. Dort gibt's eine Reihe von Cafés am Hang und ein wundervolles Durcheinander von Ruinen, die alle eine Erkundung lohnen.

Wer länger bleiben will, sollte einen Blick in die Kataloge der Reiseanbieter werfen. Ein Komplettangebot mit Flug und Transfer kann billiger sein als die Buchung vor Ort.

Orientierung

Alanya hat sich praktisch über Nacht von einem Dorf zu einer 20 km langen Stadt entwickelt – ein echtes Zentrum ist dabei nicht entstanden. Was noch am meisten danach aussieht, liegt landeinwärts (nördlich) von der Landzunge mit den Festungsmauern. Der Hürriyet Meydanı kommt einem zentralen Platz am nächsten. Er ist aber nur eine nichtssagende Verkehrskreuzung am Nordende der İskele Caddesi.

Praktische Informationen

Die **Touristeninformation** (☎ 513 1240; Kalearkası Caddesi; 8.30–17.30 Uhr) liegt gegenüber vom Museum. Das **C@fé Pruva Internet** (☎ 519 2306; 8–24 Uhr) ist nicht weit weg von der Müftüler Caddesi, es liegt direkt südlich der Atatürk Caddesi.

Sehenswertes

FESTUNG

Die bekannteste antike Sehenswürdigkeit von Alanya ist die seldschukische **Festung** (kale).

ÖSTLICHES MITTELMEER

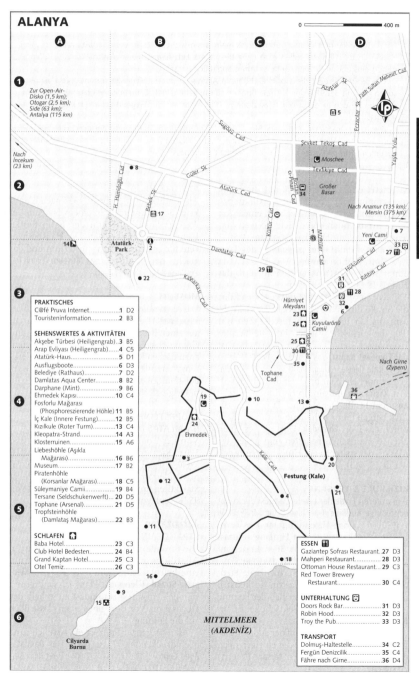

ALANYA

0 ————— 400 m

Zur Open-Air-
Disko (1,5 km);
Otogar (2,5 km);
Side (63 km);
Antalya (115 km)

Nach
Incekum
(23 km)

Nach Anamur (135 km);
Mersin (375 km)

Nach Girne
(Zypern)

PRAKTISCHES
C@fé Pruva Internet...............1 D2
Touristeninformation.............2 B3

SEHENSWERTES & AKTIVITÄTEN
Akşebe Türbesi (Heiligengrab)..3 B5
Arap Evliyası (Heiligengrab).....4 C5
Atatürk-Haus.........................5 D1
Ausflugsboote........................6 D3
Belediye (Rathaus)..................7 D2
Damlataş Aqua Center............8 B2
Darphane (Mint)....................9 B6
Ehmedek Kapısı....................10 C4
Fosforlu Mağarası
  (Phosphoreszierende Höhle) 11 B5
İç Kale (Innere Festung)........12 B5
Kızılkule (Roter Turm)...........13 C4
Kleopatra-Strand...................14 A3
Klosterruinen.........................15 A6
Liebeshöhle (Aşıkla
  Mağarası)...........................16 B6
Museum...............................17 B2
Piratenhöhle
  (Korsanlar Mağarası).........18 C5
Süleymaniye Camii...............19 B4
Tersane (Seldschukenwerft)... 20 D5
Tophane (Arsenal)................21 D5
Tropfsteinhöhle
  (Damlataş Mağarası).........22 B3

SCHLAFEN
Baba Hotel...........................23 C3
Club Hotel Bedesten.............24 B4
Grand Kaptan Hotel..............25 C3
Otel Temiz............................26 C3

ESSEN
Gaziantep Sofrası Restaurant..27 D3
Mahperi Restaurant..............28 D3
Ottoman House Restaurant...29 C3
Red Tower Brewery
  Restaurant..........................30 C4

UNTERHALTUNG
Doors Rock Bar....................31 D3
Robin Hood..........................32 D3
Troy the Pub........................33 D3

TRANSPORT
Dolmuş-Haltestelle................34 C2
Fergün Denizcilik...................35 C4
Fähre nach Girne..................36 D4

Atatürk-
Park

Hürriyet
Meydanı

Kuyularönü
Camii

Tophane
Cad

Ehmedek

Festung (Kale)

MITTELMEER
(AKDENİZ)

Cilyarda
Burnu

ÖSTLICHES MITTELMEER

DIE ASTHMAHÖHLEN IN DER TÜRKEI

Für Asthmatiker gibt's einen guten Grund mehr, am östlichen Mittelmeer Urlaub zu machen. Zwei Höhlen in der Gegend sollen eine ganz besondere Luft haben: Wenn Asthmakranke sie lange genug ein- und ausatmen, geht es ihnen angeblich besser.

Die berühmtere ist die Tropfsteinhöhle in Alanya (Damlataş Mağarası; unten). Ihre Heilkräfte sollen was mit der 95%igen Luftfeuchtigkeit zu tun haben. Viele Einheimische glauben fest daran, dass ein Besuch in den Höhlen was bringt. Und Ärzte aus der Gegend schicken ihre Patienten hierher.

Die Astım Mağarası (Asthmahöhle; S. 452) ist nördlich von Narlıkuyu, bei den „Himmel und Hölle"-Grotten. Hier geht's weniger touristisch zu – allerdings ist noch nicht entschieden, ob ein Besuch im Himmel oder in der Hölle vielleicht noch besser hilft.

Sie bietet einen tollen Blick auf die Stadt, die pamphylische Ebene und die kilikischen Berge. Zur Festung windet sich eine 3 km lange Straße hoch. Wer nicht so weit laufen will, steigt am Hürriyet Meydanı (0,50 €, 9–19 Uhr stündl.) oder gegenüber der Touristeninformation (immer um 10 nach) in einen Stadtbus. Taxis warten am Fuß des Hügels (8 €).

Bevor sie am Festungseingang endet, führt die Straße durch die alte innere Zitadelle. In osmanischer und seldschukischer Zeit war dies das türkische Viertel. Eine Reihe alter Holzhäuser steht hier noch. Ganz oben ist das **Ehmedek Kapısı,** das Tor zum Fort. Wer in die **İç Kale** (innere Festung; Eintritt 3 €; ☽ 9–19.15 Uhr) geht, findet ein paar bröckelnde Ruinen vor: u. a. Zisternen und eine byzantinische Kirche aus dem 11. Jh. Der ziemlich lange Weg zurück bergab lohnt sich, denn er führt mitten durch das Dorf **Ehmedek.** Dort gibt es einen alten osmanischen **bedesten** (ein gedeckter Markt), der später in ein Hotel umgewandelt wurde (S. 443).

KIZILKULE & TERSANE

Am unteren Ende der İskele Caddesi blickt der achteckige **Kızılkule** (Roter Turm; Eintritt 1 €; ☽ Di–So 9–19.30 Uhr) auf den Hafen hinunter. Der Turm hat fünf Stockwerke, einen Umfang von fast 30 m und eine Höhe von über 30 m. Er stammt von 1226 und war vermutlich das erste Bauprojekt, nachdem sich die armenische Stadt dem Seldschukensultan Alaettin Keykubat I. unterworfen hatte. Auch der Bau der Festung geht auf das Konto von Seldschukensultan Keykubat I.

Gegenüber vom Turm, auf der anderen Hafenseite, sind die Überreste der einzigen noch erhaltenen seldschukischen **tersane** (Werft) zu sehen.

ATATÜRK-HAUS

Als Atatürk am 18. Februar 1935 nach Alanya kam, übernachtete er in einem Haus in der Azaklar Sokak, die von der Fatih Sultan Mehmet Caddesi abzweigt. Der Hausbesitzer vererbte es dem Kulturministerium und das machte daraus ein kleines **Museum** (Eintritt frei; ☽ Di–So 8.30–12 & 13–17 Uhr).

MUSEUM

Das kleine **Museum von Alanya** (☎ 513 1228; Bebek Sokak; Eintritt 1 €; ☽ 9–12 & 13.30–19.30 Uhr) ist durchaus einen Besuch wert. Hier sind Kunst- und Gebrauchsgegenstände aus verschiedenen anatolischen Regionen ausgestellt, u. a. Werkzeug, Keramik und Schmuck. Außerdem wurden traditionelle Wohnräume aus dem 19. Jh. in Originalgröße nachgebaut.

TROPFSTEINHÖHLE (DAMLATAŞ MAĞARASI)

Von der Touristeninformation geht's rund 100 m in Richtung Meer zur dieser **Höhle** (Eintritt 2 €; ☽ 10–19 Uhr). Der Eingang ist bei den Souvenirständen am Kleopatra-Strand. Sie ist voller Stalaktiten und hat eine Luftfeuchtigkeit von 95 % – soll gut gegen Asthma sein.

Aktivitäten
STRÄNDE UND WASSERPARK

Die Strände in Alanya sind absolut super. Allerdings führt westlich vom Zentrum eine belebte Straße dran vorbei. Der **Kleopatra-Strand** (Kleopatra Plajı) ist sandig und ziemlich einsam – zumindest außerhalb der Hochsaison. Von dort gibt's einen klasse Blick auf die Festung.

Alanyas ganzer Stolz ist ein wirklich ganz beeindruckender Wasserpark. Das **Damlataş Aqua Centre** (☎ 512 5944, 512 6044; İsmet Hilmi Balci Caddesi 62; 11/7 € pro Erw./Kind; ☽ 9–18 Uhr) ist voller

Röhrenrutschen, Schwimmbecken und anderer Sachen, die Spaß machen.

GEFÜHRTE TOUREN

In der Nähe der Gazipaşa Caddesi legen täglich gegen 10.30 Uhr **Boote** (25 € pro Pers. inkl. Mittagessen) ab. Sie starten zu einer sechsstündigen Fahrt rund um die Landzunge. Dabei geht's zu mehreren Höhlen und zum Kleopatra-Strand.

Viele örtliche Veranstalter organisieren Trips zu den Ruinen an der Küste westlich von Alanya und nach Anamur. Einer der üblichen Ausflüge geht nach Aspendos, Side und Manavgat und kostet ca. 28 € pro Person. Für eine Jeepsafari zu den Dörfern in den Taurusbergen ist mit rund 20 € pro Kopf zu rechnen.

Schlafen

Alanya hat Hunderte von Hotels und Pensionen. Das meiste sind Unterkünfte für Reisegruppen und *apart-otels*, also Ferienwohnungen für Selbstversorger.

Baba Hotel (☎ 513 1032; İskele Caddesi 6; EZ/DZ 17/19 €) Ein bisschen schmuddelig und nicht allzu vertrauenerweckend, aber sicher die billigste Unterkunft in der İskele Caddesi. Der Vordereingang ist links von einer Betontreppe direkt an der Straße.

Otel Temiz (☎ 513 1016; Fax 519 1560; İskele Caddesi 12; EZ/DZ 28/44 €; ⚇) Die Zimmer sind mit TV und Minibar ausgestattet und die Bäder auf Hochglanz poliert. Aber das Tollste sind die Balkons mit Blick auf die Club- und Barszene unten.

Club Hotel Bedesten (☎ 512 1234; bedestenhotel @hotmail.com; EZ/DZ 36/61 €; ⚇ ⚇) Dieses kreativ eingerichtete Hotel liegt hoch über der Stadt im alten türkischen Dorf Ehmedek, also an der Straße zur Festung. Es steht an der Stelle, wo früher ein alter osmanischer *bedesten* (überdachter Markt) war. Die großen Zimmer sind komfortabel und elegant. Wer in die Innenstadt will, braucht ein Fahrzeug.

Grand Kaptan Hotel (☎ 513 4900; www.kaptanhotels.com; İskele Caddesi 70; EZ/DZ 39/67 €; ⚇ ⚇) Drei-Sterne-Hotel mit einer riesigen, opulenten Lobby mit Seemannsdeko und einer Bar. Die pieksauberen und ordentlichen Zimmer bieten Rundum-Komfort, leider mangelt's ihnen an Charakter.

Essen

Die preiswerten Restaurants verschwinden in Alanya zwar nach und nach von der Bildfläche. Aber in den engen Gassen im zentral gelegenen Basar gibt's noch ein paar. Einfach nach Schildern mit der Aufschrift „*İnegöl köftecisi*" Ausschau halten. Da gibt's *köfte* (Fleischbällchen) und Salat für ca. 5 €.

Gaziantep Sofrası Restaurant (☎ 513 4570; İzzet Azakoğlu Caddesi; Mahlzeiten 8 €) Wer seinem Gaumen mal was Ausgefalleneres bieten will als die üblichen Meeresfrüchte und Grillgerichte, ist hier richtig. Es gibt Traditionelles aus Gaziantep, z. B. *patlican*-Kebap (mit gebratenen Auberginen) oder *beyti sarma* (scharfe Hackbällchen mit Fladenbrot).

Mahperi Restaurant (☎ 512 5491; www.mahperi. com; Rıhtım Caddesi; Mahlzeiten 15–25 €) Dieses superbeliebte Fisch- und Steakrestaurant gibt's seit

DER TIPP VOM AUTOR

Ottoman House Restaurant (☎ 511 1421; Damlataş Caddesi 31; 15–20 €) Das Ottoman House Restaurant ist im ganzen Land als eins der besten türkischen Restaurants bekannt. Untergebracht ist es im allerersten Hotel von Alanya, das vor über 100 Jahren gebaut wurde. Auch international hat es einen sehr guten Ruf: An der „Wall of Fame" hängen Lobeshymnen aus Dutzenden von Reiseführern und Zeitschriften. Aber Traveller müssen sich ja nicht darauf verlassen, was andere sagen (auch nicht auf unsere Meinung): Wer sich überzeugen will, muss sich einfach an einen der Tische im zweiten Stock dieses traditionell mediterranen Holz- und Steinhauses setzen. Und dann eine der Spezialitäten des Hauses bestellen: fachmännisch zubereitete türkische Grillgerichte, Meeresfrüchte und osmanisches Essen.

Einer der Hits hier ist der *beğendili*-Kebap: ein traditionelles osmanisches Hauptgericht aus Lamm mit Auberginenpüree. Wenn im Sommer besonders viel los ist, gibt's im Garten Livemusik. Da sitzen dann die Gäste unterm Blätterdach der Bäume. Hin und wieder wird draußen gegrillt. Wer gerade in der Stadt ist, sollte sich auf keinen Fall den frisch gegrillten Thunfisch (14 € pro Pers.) entgehen lassen – schließlich ist das eine seltene Gelegenheit, mal beim Filetieren zuzugucken. Wer vorher anruft, wird kostenlos mit dem Bus vom Hotel abgeholt.

1947 (eine ganz schöne Leistung in Alanya!) und hat durchaus Klasse. Die Speisekarte bietet eine prima Auswahl an internationalen Gerichten. Wer keine Lust auf Touristenrummel hat, fährt mit diesem Restaurant im Stadtzentrum am besten.

Red Tower Brewery Restaurant (☎ 513 6664; info@redtowerbrewery.com; İskele Caddesi 80; Mahlzeiten 10–15 €) Ein echtes Brauhaus in Alanya? Kein Witz! Das hier ist das erste der türkischen Riviera. Aber die meisten Gäste kommen wegen des Essens hierher. Im ersten Stock gibt's internationale Gerichte und Fischspezialitäten; und da sind auch die riesigen Bierfässer postiert. Auf der anderen Straßenseite gibt's noch mehr Tische mit Blick auf den Hafen. Der perfekte Ort, um ein türkisches Märzbier, Weizen, Helles oder Pils zu probieren.

Unterhaltung

Im weitläufigen Alanya gibt's Bars und Clubs ohne Ende. Aber die angesagtesten sind direkt im Zentrum – kaum zu übersehen. Manche Diskos gehen über drei oder vier Stockwerke, andere machen mit Laserstrahlen auf dem Dach auf sich aufmerksam. Und aus fast allen dröhnt Rock- und Popmusik in einer Lautstärke, dass es noch ein paar Straßen weit weg zu hören ist.

Robin Hood (☎ 535 7923; Rıhtım Caddesi 24; 21–3 Uhr) Wohl der größte Club in Alanya. Die ersten beiden Etagen des monströsen Gebäudes sind ganz auf Sherwood Forest gestylt (was sonst?). Im dritten Stock ist der Hawaiian Beach Club untergebracht und noch eins drüber der Latino Club. Ein Bier kostet ca. 5 €.

Troy the Pub (☎ 511 4718; Ziraat Bankaşi Karşışi 67; rund um die Uhr) Tagsüber ein Restaurant, nachts eine Bar: Diese Kneipe verändert ihr Gesicht je nach Tageszeit. Beim Frühstück geht's ganz ruhig und relaxt zu; nachmittags und abends läuft Reggae, Jazz oder auch Hiphop.

Doors Rock Bar (☎ 519 2573; Karakol Karşışi 9; 19–4 Uhr) Doors-Fans können in diesem ziemlich rustikalen Club in Erinnerungen an den Lizard King schwelgen. Allerdings laufen mehr Oldies als richtig klassischer Rock.

Alanya hat auch jede Menge Open-Air-Diskos zu bieten. Sie liegen aber ziemlich weit außerhalb. Im Sommer fahren kostenlose Busse alle halbe Stunde die İskele Caddesi runter (Start ist am Hafen). Wer den Bus zurück verpasst hat, kann ein Taxi für ca. 10 € nehmen.

An- & Weiterreise

BUS

Der *otogar* ist an der Küstenstraße (Atatürk Caddesi), 3 km westlich vom Zentrum. Von hier aus starten Stadtbusse (0,20 €, alle 30 Min.). Außerhalb der Feriensaison fahren weniger Busse. Aber meistens gibt's stündlich einen Bus nach Antalya (5 €, 2 Std., 115 km) und acht Busse am Tag nach Adana (12 €, 10 Std., 440 km). Busse nach Konya (9,50 €, 6½ Std., 320 km) fahren auf der Strecke Akseki–Beyşehir.

SCHIFF

Mit **Fergün Denizcilik** (☎ 511 5565, 511 5358; www.fergun.net; İskele Caddesi 84) geht's vom Hafen in Alanya aus nach Girne (Kyrenia) in Nordzypern. Die Fähren legen montags und donnerstags um 12 Uhr ab. Mittwochs und donnerstags um 11 Uhr fahren sie nach Alanya zurück.

Wer dorthin will, muss einen Tag vor der Fahrt das Ticket kaufen und für die Einreiseformalitäten den Reisepass vorlegen. Auf den Fahrpreis von 32/64 € (einfache Fahrt/hin und zurück) kommt noch eine Hafensteuer von 6 € drauf. Bei der Rückfahrt von Girne wird eine Ausreisesteuer von 9 € kassiert.

Unterwegs vor Ort

An der Küste sind viele Minibusse unterwegs, die Gäste von den abgelegenen Hotels ins Zentrum kutschieren.

Minibusse zum *otogar* (0,60 €) warten im Basar, nördlich von der Atatürk Caddesi. Wer vom *otogar* Richtung Küste geht, findet dort den Dolmuş-Stand auf der rechten Seite.

RUND UM ALANYA

Ca. 23 km westlich von Alanya liegen die Orte **İncekum** und **Avsallar**. Im Grunde sind es Vororte von Alanya. Viel zu bieten haben sie nicht. In İncekum gibt's im Waldgebiet **İncekum Orman İci Dinlenme Yeri** (☎ 345 1448) einen Campingplatz (ohne Einrichtungen). Er liegt mitten in einem Pinienhain, nicht weit vom Strand.

13 km westlich von Alanya steht die seldschukische Karawanserei **Şarapsa Hanı**. Sie wurde Mitte des 12. Jhs. gebaut. Hin und wieder steigen dort irgendwelche Events. Weiter westlich in Richtung Side steht noch ein *han*: der **Alarahan**. Dorthin geht's über eine 9 km lange Nebenstraße.

Nach Silifke im Osten (275 km) schlängelt sich eine Straße die Küste entlang. Ab und zu führt sie durch ein fruchtbares Flussdelta mit Bananenstauden (z. B. in Demirtaş) und Gewächshäusern. Die Fahrt dauert lange, und vor Anamur gibt's kaum eine Möglichkeit für einen Stopp. Aber der Meerblick und der kühle Pinienwald sind phantastisch. An klaren Tagen sind sogar die Berge auf Zypern zu sehen.

In der Antike hieß die Ecke hier Cilicia Tracheia („raues" Kilikien). Durch die Berge war sie vom Rest der Welt quasi abgeschnitten. An diesem Küstenabschnitt lauerten Piraten in versteckten Buchten auf Schiffe. Ende der 1960er wurde die gut ausgebaute Straße von Alanya Richtung Osten fertig – seitdem boomt der Tourismus.

ANAMUR

☎ 0324/50 000 Ew.

Dieser Ort ist eine praktische (allerdings wenig prickelnde) Ausgangsbasis, um die riesige byzantinische Stadt Anamurium (rechts) anzuschauen. Sie liegt knapp westlich von Anamur. Außerdem ist es von hier nicht weit zur beeindruckenden Burg Mamure (Mamure Kalesi; S. 446) direkt an der Nationalstraße nach Osten – ein absolutes Muss.

Orientierung & Praktische Informationen

Das Zentrum von Anamur befindet sich nördlich von der Küstenstraße, 1 km entfernt vom Hauptplatz. Die Burg Mamure steht 7 km östlich vom Zentrum, die Ruinen von Anamurium liegen 8,5 km westlich. Der *otogar* ist an der Kreuzung von National- und Hauptstraße (mehr Infos s. S. 447). Die **Touristeninformation** (☎ 814 3529; ⊗ Mo–Fr 8–12 & 13–17 Uhr) ist im *otogar*-Gebäude hinter der Polizeistation; die Öffnungszeiten ändern sich manchmal.

Ca. 2,5 km nach dem *otogar* kommt İskele. Die Hotels und Restaurants konzentrieren sich hauptsächlich auf diesen Stadtteil am Wasser.

Anamurium

Kurz bevor es aus Richtung Westen oder der kilikischen Berge nach Anamur reingeht, weist rechts ein Schild nach Süden zu den **Ruinen** (Eintritt 1 €; ⊗ 8–20 Uhr). Die holprige Straße führt 3 km vorbei an Feldern – an der Weggabelung rechts halten –, durch die Ruinen bis zum Sackgassenende am Strand. Die Gegend lässt sich prima mit dem Rad erkunden. Im Hotel Dedehan (S. 446) werden Räder vermietet.

Anamurium wurde von den Phöniziern gegründet. Aber die Ruinen, die heute hier zu sehen sind, stammen vom Übergang des Römischen Reichs zur mittelalterlichen byzantinischen Zeit. Das Gelände ist riesig: Es zieht sich vom Strand bis ganz nach oben auf den Berg. Tatsächlich ist v. a. die Größe der Stadt beeindruckend, gar nicht so sehr die einzelnen Ruinen.

Historiker und Archäologen streiten immer noch darüber, wie und warum Anamurium zugrunde ging. Als die Stadt noch bewohnt war, musste sie eine Reihe von verheerenden Niederlagen einstecken: 52 n. Chr. wurde sie z. B. vom kilikischen Cetae-Stamm attackiert. Am Ende gaben ihr arabische Piraten den Rest – so glaubte man zumindest lange Zeit. Um die Mitte des 7. Jhs. plünderten und brandschatzten sie in der Gegend, bis nichts mehr zu holen war. Archäologen, die in Anamurium herumbuddeln, haben aber vor kurzem Hinweise entdeckt, dass irgendwann gegen Ende des 6. Jhs. ein heftiges Erdbeben die Stadt zerstörte.

DIE ANAMUR-BANANE

Fast jede Stadt und jeder Ort an der östlichen Mittelmeerküste der Türkei ist für ein bestimmtes Obst berühmt. Anamur macht da keine Ausnahme. Hier ist die Banane die Königin der Früchte.

Bis Mitte der 1980er gab's im ganzen Land überhaupt nur Bananen aus Anamur. Und das war nicht unbedingt schlecht. Es stimmt, dass die Bananen ziemlich klein sind. Aber sie riechen und schmecken super. Bananen aus Anamur sind viel süßer und viel aromatischer als die üblicherweise in Europa erhältlichen Bananen. Zum Unglück der einheimischen Bananenbauern fing die Türkei irgendwann an, billigere (aber weniger gut schmeckende) Bananen aus anderen Ländern zu importieren. Damit wurde vielen Bananenzüchtern das Wasser abgegraben.

In Anamur sind die einheimischen Bananen zum Glück immer noch billiger als die Importsorten. Wer durch die Berge rund um die Stadt fährt, muss einfach nach den Ständen an der Schnellstraße Ausschau halten. Hier bieten einheimische Bauern ihre Bananen gleich staudenweise an.

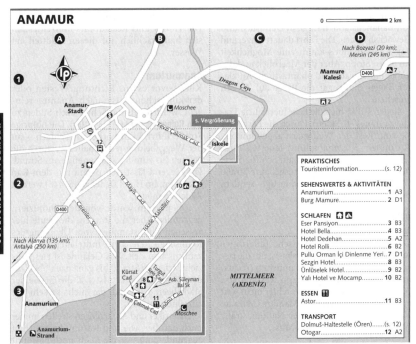

ANAMUR

Am besten im Schuss ist das **öffentliche Badehaus.** Der Fußboden ist z. T. immer noch mit bunten Fliesen verziert. Interessant sind auch das **Theater** mit 900 Sitzplätzen aus dem 2. Jh. n. Chr., das **Stadion** und eine ziemlich große **Nekropole.** Dann gibt's noch Reste von Privathäusern.

Der Strand ist größtenteils steinig. Aber an heißen Sommertagen ist die steife Brise hier schön erfrischend.

Burg Mamure (Mamure Kalesi)

Die **Burg Mamure** (Eintritt 1,50 €; 8–18 Uhr) ist mit Abstand die größte und besterhaltene am ganzen Mittelmeer. Alle 36 Türme stehen noch. Sie liegt direkt an der Küstenstraße – ist also nicht zu verfehlen. Die Rückseite der Mamure Kalesi grenzt wie bei der Mädchenburg weiter östlich direkt an den Strand. Bei Hochwasser schwappt das Meer gegen die Mauern.

Mamure Kalesi wurde im 12. Jh. von den christlichen Herrschern des armenischen Königreichs Kilikien gebaut. Aber es gibt Hinweise, dass schon im 3. Jh. v. Chr. genau an dieser Stelle so was wie eine Festung stand.

Ganz sicher aber errichteten die Römer hier im 3. Jh. n. Chr. eine Festung. Von ihr gibt's aber keine Überreste. Mitte des 14. Jhs. war Mamure kurze Zeit in osmanischer Hand.

Abenteuerlustige können zum höchsten Punkt der Burg raufkraxeln. Aber Vorsicht – ein paar Stufen sind ziemlich bröckelig. Zur Belohnung gibt's einen grandiosen Blick übers Meer.

Schlafen

ANAMUR

Pullu Orman İçi Dinlenme Yeri (827 1151; Zelt oder Caravan 5 €) Dieser riesige, hügelige und bewaldete Campingplatz liegt knapp **2 km** östlich der Burg Mamure. V. a. türkische Familien und Schulklassen kommen gern hierher, um am Meer zu picknicken (und gläubige Musliminnen gehen komplett bekleidet baden).

Hotel Dedehan (814 7522; Nationalstraße D400; EZ/DZ 11/22 €;) Nettes Hotel mit freundlichem Besitzer direkt neben dem *otogar*. Die Zimmer sind sauber und relativ groß. Wer über Nacht in der Stadt bleiben will, ist mit dieser Unterkunft gut beraten. Außerdem ist das Dedehan eine gute Ausgangsbasis für Trips nach Anamurium und zur Burg Mamure. Fahrräder gibt's für die Gäste umsonst. Motorrad kostet ca. 14 € Leihgebühr am Tag.

İSKELE
İskele ist ein schnell wachsender Hafenbezirk. An der Küstenstraße İnönü Caddesi gibt's jede Menge Pensionen und Hotels. Minibusse halten an der großen Kreuzung.

Camping
Yalı Hotel ve Mocamp (☎ 814 3474; Zelt 4 €, Caravan 8 €, Bungalow 17–22 €) Leicht verwilderter Campingplatz nicht weit vom Meer mit Plätzen für Zelte und Wohnwagen. Außerdem gibt's Bungalows zu mieten.

Pensionen & Hotels
Die Pensionen und Hotels haben v. a. türkische Familien im Visier. Sie sind nicht unbedingt schick, aber das Preis-Leistungs-Verhältnis stimmt. Ein paar Hotels gibt's auch in Yalıevleri. Das ist eine baumlose Ansammlung von Wohnblöcken, ca. 2 km die Küste Richtung Anamurium runter. Dorthin geht's mit dem Stadtbus, der alle 20 Minuten an der großen Kreuzung vorbeikommt.

Eser Pansiyon (☎ 814 2322, 814 9130; www.eser pansiyon.com; İnönü Caddesi 6; EZ/DZ/3BZ 14/22/28 €, Apt. für 5 Pers. 39 €; 🅿 🖳) Diese nette Pension ist v. a. für Backpacker und Familien gedacht. Sie hat gerade eine Renovierung hinter sich: Jetzt gibt's Satelliten-TV in allen Zimmern, eine Küche für Selbstversorger und einen Grillplatz im schattigen Garten. Der dynamische, entgegenkommende Besitzer spricht Englisch. In den Apartments gibt's sogar Badewannen.

Sezgin Hotel (☎ 814 9421; İskele Mahallesi 11; EZ/DZ/3BZ 17/28/36 €; 🅿) Das frühere Sevgi Hotel wurde komplett renoviert. Es hat jetzt eine Lobby mit tollen Kelims an den Wänden. Die Zimmer sind ziemlich kahl, aber sauber. 10 von 24 haben Meerblick und alle TV.

Hotel Bella (☎ 816 4751; bilgi@eserpansiyon.com; Kursat Caddesi 5; EZ/DZ/3BZ 17/28/36 €; 🅿) Das Bella ist vom selben Typ wie die Eser Pansiyon. Es hat aber mehr Klasse und blitzblanke Zimmer (alle mit Satelliten-TV), außerdem einen geschmackvoll dekorierten Speisesaal. Und das Essen sollte sich keiner entgehen lassen: Am besten nach einer echt türkischen Spezialität fragen!

Ünlüselek Hotel (☎ 814 1973; www.hotelnluselek. com; Fahri Görülü Caddesi; EZ/DZ 19/33 €; 🅿 🖳 🖳)

Dieses Familienhotel ist so beliebt, dass vor Kurzem angebaut werden musste. Abends gibt's Livemusik, WLAN ist umsonst und hin und wieder werden draußen Filme gezeigt. Da ist auch ein Spielplatz. Das Ganze liegt nur ein paar Schritte vom Meer entfernt. Im Sommer wird fast immer ein Beachvolleyballplatz eingerichtet. Und der Besitzer verleiht sein Boot an die Gäste.

Hotel Rolli (☎ 814 4978; www.hotel-rolli.de; Yahevleri Mahallesi; EZ & DZ 33 €; 🖳 🖳) Auch dieses Hotel hat gerade eine Generalüberholung hinter sich und ist speziell auf Rollstuhlfahrer ausgerichtet. Zimmer und Aufzug sind rolligeeignet und es gibt eine Hebevorrichtung am Hotelpool. Hier steigen v. a. Deutsche ab, und die superfreundlichen Mitarbeiter sprechen alle Deutsch. Dazu gibt's einen ganz besonderen Service: Gäste werden kostenlos sogar vom Flughafen Antalya abgeholt.

Essen
In den wärmeren Monaten gibt's in İskele massenhaft Cafés am Wasser. Dort werden Kebap, *gözleme* (salzige Pfannkuchen) und andere Snacks serviert.

Astor (☎ 816 8016; İnönü Caddesi; Mahlzeiten 11 €) Fisch- und Steakrestaurant an der großen Kreuzung von İskele – eins der atmosphärischsten Lokale in Anamur.

An- & Weiterreise
Täglich fahren mehrere Busse nach Alanya (8 €, 3 Std., 135 km) und Silifke (8 €, 3½ Std., 160 km).

Unterwegs vor Ort
Anamur ist ziemlich weitläufig, aber die öffentlichen Verkehrsanbindungen sind gut. Busse und Minibusse nach İskele (0,60 €, alle 30 Min.) starten neben der Moschee, gegenüber vom *otogar*. Ein Taxi zwischen İskele und *otogar* kostet ca. 6 €.

Auch die Minibusse nach Ören fahren neben der Moschee ab. Sie setzen einen auf Wunsch an der Nationalstraße bei der Abzweigung nach Anamurium ab. Alternativ können Traveller am *otogar* von Anamur oder in İskele ein Taxi nehmen. Für Hin- und Rückfahrt ist mit 15 € zu rechnen, inklusive eine Stunde Wartezeit – was allerdings schon knapp bemessen ist, um alle Highlights anzugucken.

Nach Bozyazı fahren oft Minibusse (0,50 €) – sie kommen an der Burg Mamure vorbei.

RUND UM ANAMUR

Die Stadt **Bozyazı** liegt rund 20 km östlich von Anamur in einer fruchtbaren Ebene. Im Hintergrund türmen sich zerklüftete Berge auf. Wer über die Ebene Richtung Osten schaut, sieht in kilometerweiter Entfernung die **Burg Softa** (Softa Kalesi) liegen. Sie thront hoch auf den Felsen über dem Dorf Çubukköy yağı. Wie die Burg Mamure (S. 446) weiter westlich wurde Softa von armenischen Königen gebaut, die in Kilikien während der Kreuzzugszeit kurzzeitig das Sagen hatten. Heute bröckelt die Burg still vor sich hin, aber Mauern und Lage sind absolut beeindruckend. Beim Ortsausgang von Bozyazı steht links ein Schild, das landeinwärts den Weg zur Burg weist; die Straße geht allerdings nicht bis ganz oben rauf.

Wer Lust hat, in die Berge zu fahren und sich noch eine mittelalterliche Burg anzugucken, muss in Sipahili, 3 km südwestlich von Aydıncık, links abbiegen und nach Gülnar (25 km) fahren. Von dort kann man die **Burg Meydancık** (Meydancık Kalesi) sehen. In ähnlicher Form steht sie hier schon seit der Zeit der Hethiter.

TAŞUCU

☎ 0324

Taşucu ist der Hafen von Silifke – ein netter Mix aus geschäftigem Hafenbetrieb und unspektakulärem Ferienort mit ruhigem Strand. Der Ort lebt v. a. von den Schiffen, die hier nach Girne (Kyrenia) in Nordzypern ablegen. Hotels bieten Travellern Quartier – Fähren und Tragflächenboote transportieren sie übers Meer wieder weg.

Orientierung & Praktische Informationen

An dem Platz beim Fähranleger, eine Querstraße südlich von der Küstenstraße, gibt's eine Post, Banken, Zoll, diverse Reedereibüros und eine Handvoll Restaurants. Die Sahil Yolu verläuft vom Hafen in Richtung Osten am Strand entlang. Dort haben sich gleich mehrere gute Unterkünfte angesiedelt. Am Platz gegenüber vom Pier ist ein Internetcafé.

Schlafen

Meltem Pansiyon (☎ 741 4391; Sahil Caddesi 75; EZ/DZ 14/19 €; P ⚡) Diese Familienpension liegt nur ein paar Schritte von einem kleinen Sandstrand entfernt. Die bescheidenen, sauberen Zimmer gehen zum Meer raus, und das Frühstück wird im Innenhof serviert. Wer was Kleines, Persönliches und Bezahlbares sucht, ist hier richtig.

Holmi Pansiyon (☎ 741 5378; holmi.pansiyon.kafe terya@hotmail.com; Sahil Caddesi 23; EZ/DZ 16/21 €; ⚡) Die überdachte Veranda dieser Pension ist der ideale Ort zum Relaxen an heißen Tagen. Die Zimmer haben kleine Schreibtische und Balkons – vom Meer ist aber leider nicht viel zu sehen.

Olba Otel (☎ 741 4222; Sahil Caddesi; EZ/DZ 25/44 €; P ⚡) Gleich neben der Meltem Pansiyon und direkt am Meer – eine ordentliche, professionell geführte Unterkunft. Auf dem Balkon im zweiten Stock gibt's Frühstück mit tollem Meerblick. Die Zimmer haben gemütlich-kitschige Holzwände.

Lades Motel (☎ 741 4008; www.ladesmotel.com; Atatürk Caddesi 89; EZ/DZ 31/44 €; P ⚡ 🍴) Ein großer Kasten, aber trotzdem eins der schönsten Hotels in Taşucu. Es hat einen riesigen Swimmingpool und einen herrlichen Meerblick von den Balkons zu bieten. Lobby und Aufenthaltsbereiche sind geschmackvoll dekoriert. Ein Favorit von Vogelfans, die zum nahen Göksu-Delta (S. 451) wollen.

Taşucu Best Resort Hotel (☎ 741 6300; www.best-re sorthotel.com; Atatürk Caddesi 97; EZ/DZ 47/72 €; P ⚡ 🍴) Dieses Hotel hat wirklich jeden einzelnen seiner fünf Sterne verdient: Im Haus gibt's ein Restaurant, einen Friseur und einen Hamam, außerdem einen netten Pool mit Brücke und Rutsche. Ein paar der (großen) Zimmer haben sogar Bullaugen!

Essen & Ausgehen

Alo Dürüm (☎ 741 2464, 741 2463; Atatürk Caddesi 17; Mahlzeiten ca. 3 €) Direkt an der Hauptstraße und nicht weit vom Fähranleger: Dieses Döner- und *pide*-Straßenlokal lockt sowohl Einheimische wie Traveller auf der Durchreise nach Zypern an. Es hat auch einen 24-Stunden-Lieferservice – falls jemand mal um 3 Uhr morgens Lust auf *lahmacun* (türkische Pizza) haben sollte.

Baba Restaurant (☎ 741 5991; Atatürk Caddesi 87; Mahlzeiten 5–10 €) Das Baba ist der absolute Favorit bei den Locals. Kein Wunder: Die Portionen sind riesig und kunstvoll angerichtet, genau wie der *meze*-Wagen – eine absolute Versuchung, die einen den ganzen Abend von der Veranda anlacht. Der kühle Wind vom Hafen ist das i-Tüpfelchen. Die aktuellen Fischgerichte stehen auf einer Tafel.

An- & Weiterreise

Akgünler Denizcilik (☎ 741 4033; Fax 741 4324; www.akgunler.com.tr; Taşucu Atatürk Caddesi) hat *feribotlar* (Autofähren) und *ekspresler* (Tragflächenboote), die zwischen Taşucu und Girne (Kyrenia) in Nordzypern pendeln. Das Tragflächenboot legt täglich um 11.30 Uhr ab (einfache Fahrt/hin & zurück 32/56 €); bei der Autofähre geht's sonntags und donnerstags um Mitternacht los (einfache Fahrt/hin und zurück 33/56 €, einfache Fahrt/hin und zurück 56/100 € pro Auto) – allerdings lichtet sie meistens erst gegen 2 Uhr den Anker. Ab Girne fährt das Tragflächenboot täglich um 9.30 Uhr, und die Autofähre startet montags und freitags um 12 Uhr.

Mit den Tragflächenbooten geht's schneller (2 Std.), aber bei Seegang kann die Überfahrt ziemlich ungemütlich werden – nichts für empfindliche Mägen. Die Autofähre ist für Fahrgäste billiger, dafür dauert die Fahrt länger (4–10 Std., je nach Wetter). Für Traveller mit Visum: Wer mehrmals in die Türkei einreisen darf, solange das Visum gültig ist, muss normalerweise bei der Rückreise von Zypern nicht noch mal zahlen.

Von Taşucu nach Silifke fahren oft Minibusse (0,50 €). Dort gibt's Anschluss an weiter entfernte Hauptreiseziele.

SİLİFKE

☎ 0324/85 100 Ew.

Silifke ist eine bodenständige Stadt mit hübschen Parks am Fluss Göksu. Sie wird von einer beeindruckenden Burg bewacht, und in der Umgebung gibt's ein paar faszinierende Ruinen.

Im 3. Jh. v. Chr. gründete Seleukos I. Nikator an dieser Stelle die Stadt Seleukia. Seleukos war einer der fähigsten Feldherrn Alexanders des Großen und Stammvater der Seleukidendynastie, die nach Alexanders Tod in Syrien das Sagen hatte.

Berühmtheit erlangte die Stadt Silifke durch den Kaiser Friedrich Barbarossa (Regierungszeit 1152–90): Während des Dritten Kreuzzugs ertrank er nicht weit von hier im Fluss.

Orientierung & Praktische Informationen

Der *otogar* ist ungefähr da, wo sich die Straßen nach Alanya, Mersin und Konya treffen, also 800 m vom Stadtzentrum die İnönü Caddesi runter. Auf halbem Weg zwischen *otogar* und Stadtzentrum stehen die Ruinen des Jupitertempels.

Mitten durch die Stadt fließt der Göksu. In der Antike hieß dieser Fluss Calycadnus. Fast alles, was man braucht, z. B. der *otogar,* ist auf der Südseite des Flusses zu finden. Ausnahmen sind die Touristeninformation und der Dolmuş-Stand nach Uzuncaburç.

Die **Touristeninformation** (☎ 714 1151; Veli Gürten Bozbey Caddesi 6; ☿ Mo–Fr 8–12 & 13–17 Uhr) ist etwas nördlich der Atatürk Caddesi. Hier gibt's den Spitzen-Reiseführer *Silifke (Seleukia am Kalykadnus) und Umgebung* für 10 €.

Das **Syber Internet C@fé** (☎ 714 6884; Sänatcilar 2 Sokak 10; 0,50 € pro Std.; ☿ 10–22.30 Uhr) liegt um die Ecke vom Salim Ustànin Yeri.

Sehenswertes & Aktivitäten

Silifkes Top-Attraktion ist die mittelalterliche **Festung,** die von einem Berg auf die Stadt hinunterschaut. Die byzantinische Anlage hat 23 Türme und unterirdische Vorratsräume, die noch besichtigt werden können. Sie leistete nicht nur den Byzantinern, sondern auch dem Malteserorden gute Dienste. Von der Festung kann man auf **Tekir Ambarı** runtergucken, eine antike, in den Felsen gehauene Zisterne. Um dorthin zu kommen, muss man erst zur Kreuzung von İnönü und Menderes Caddesi gehen und dann links vom Küçük-Hacı-Kaşaplar-Supermarkt die steile Straße raufgehen. Eine bequeme Alternative zum heftigen Fußmarsch hoch zur Festung sind die Motorradtaxis, die an dieser Ecke rumstehen. Für 5,50 € pro Kopf kutschieren sie einen hin und zurück; man sitzt in der kleinen Holzkiste vorne drauf.

Der römische **Jupitertempel** ist besonders wirkungsvoll, wenn man unerwartet darauf stößt. Er steht direkt an der stark befahrenen İnönü Caddesi. Er wurde im 2. Jh. n. Chr. gebaut und im 5. Jh. zu einer christlichen Basilika umfunktioniert.

Das **Archäologische Museum** (Arkeoloji Müzesi; İnönü Caddesi; Eintritt 1 €; ☿ Di–So 8–12 & 13–17 Uhr) liegt auf halbem Weg zwischen *otogar* und Taşucu. Hier gibt's eine Sammlung von römischen Statuen und Büsten. In einem anderen Ausstellungsraum sind außerdem Keramik, Werkzeuge und Waffen aus römischer und hellenistischer Zeit zu sehen.

Die **Ulu Cami** (Große Moschee; Fevzi Çakmak Caddesi) ist ursprünglich seldschukisch. Im Lauf der Zeit wurde sie aber immer wieder umgebaut. In der **Reşadiye Camii** (İnönü Caddesi) gibt's tolle

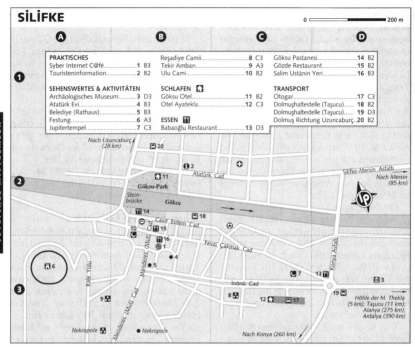

SİLİFKE

0 — 200 m

PRAKTISCHES			
Syber Internet C@fé..............1 B3			
Touristeninformation............2 B2			

SEHENSWERTES & AKTIVITÄTEN	
Archäologisches Museum.........3 D3	
Atatürk Evi..................................4 B3	
Beledíye (Rathaus)....................5 B3	
Festung......................................6 A3	
Jupitertempel............................7 C3	

Reşadiye Camii...........................8 C3	
Tekir Ambarı...............................9 A3	
Ulu Cami..................................10 B2	

SCHLAFEN 🏠	
Göksu Otel...............................11 B2	
Otel Ayatekla..........................12 C3	

ESSEN 🍴	
Babaoğlu Restaurant..............13 D3	

TRANSPORT	
Göksu Pastanesi......................14 B2	
Gözde Restaurant....................15 B2	
Salim Ustànin Yeri...................16 B3	
Otogar......................................17 C3	
Dolmuşhaltestelle (Taşucu)... 18 B2	
Dolmuşhaltestelle (Taşucu).... 19 D3	
Dolmuş Richtung Uzuncaburç..20 B2	

römische Säulen am hinteren und vorderen Eingang.

Das **Atatürk Evi** (Eintritt frei; ☉ 9–12 & 13–16.30 Uhr) ist ein altes Haus mit interessanten Fotos von Mustafa Kemal. Am Eingang wird der Ausweis verlangt.

Die **Steinbrücke** über den Göksu stammt von 78 n. Chr. und wurde schon mehrfach umgebaut.

Schlafen

Otel Ayatekal (☎ 715 1081; Fax 715 1085; *Otogar* Civari; EZ/DZ 14/25 €; 🌐) Ganz nettes Zwei-Sterne-Hotel neben dem *otogar* mit einem großen Restaurant im Erdgeschoss. Ein paar Zimmer bieten einen klasse Blick auf Stadt und Berge. TV haben alle. Eine Suite mit Balkon gibt's auch.

Göksu Otel (☎ 712 1021; Fax 712 1024; Atatürk Caddesi 20; EZ/DZ 22/33 €; 🅿 🌐) Im absolut zentral gelegenen Göksu steigen gern türkische Geschäftsreisende ab. Es hat zwar nicht sonderlich viel Charakter, aber Traveller aus dem Westen fühlen sich in den großen, modernen Zimmern sicher zu Hause. Das Restaurant im Erdgeschoss ist nicht zu verachten – es

lohnt sich auch für Nichthausgäste für ein gutes Essen.

Essen

Göksu Pastanesi (Cavit Erdem Caddesi) Eine große, schattige Terrasse weit über dem tosenden Fluss. In diesem bescheidenen Lokal nicht weit von der Steinbrücke gibt's *çay* und Snacks.

Salim Ustànin Yeri (☎ 712 1121; Adliye Karşişi Caddesi 72; Mahlzeiten 3 €) In klinisch sauberem Ambiente wird türkisches Fastfood serviert, v. a. Kebap, *çorba* (Suppe) und Fisch.

Babaoğlu Restaurant (☎ 714 2041; Mahlzeiten 5 €) Die Sitzplätze im zweiten Stock haben freien Blick auf den Kreisverkehr beim *otogar*. Außer leckeren und fachmännisch zubereiteten Kebaps und *pide* gibt's hier eine durchaus anständige Auswahl an Fisch, Lamm und Grillhähnchen. Durchaus mit einem Hauch Klasse, zumindest für die Verhältnisse in der Stadt Silifke.

Gozde Restaurant (☎ 714 2764; Menderes (Mut) Caddesi; Mahlzeiten 5 €) Hier dreht sich alles um Döner Kebap und *lahmacun*. Draußen gibt's Sitzplätze im Schatten und die Kellner spre-

chen Englisch. Für den Preis schmeckt's überraschend gut.

An- & Weiterreise

Silifke liegt an der Kreuzung, wo von der
Küstenstraße die Straße in die Berge abzweigt.
Die Busverbindungen sind dementsprechend
gut.

Morgens und nachmittags fahren Busse
nach Adana die Schnellstraße östlich von
Silifke runter (7 €, 2 Std., 155 km, stündl.).
Unterwegs stoppen sie, um an den vielen
Ausgrabungsstätten östlich der Stadt Fahr-
gäste einzusammeln.

Minibusse nach Taşucu (0,50 €) starten
ca. alle 20 Minuten gegenüber vom Babaoğlu
Restaurant oder an einem Stand am Südufer
des Göksu.

Sonst geht's von Silifke noch nach Antalya
(16,50 €, 9 Std., 390 km, tgl. 10-mal) und nach
Mersin (3 €, 2 Std., 85 km, 3-mal pro Std.).

RUND UM SİLİFKE
Höhle der hl. Thekla

Die **Höhle der hl. Thekla** (Ayatekla; Eintritt 1 €; Mo–Fr
9–12 & 13.30–19 Uhr) ist ein kleiner Felsunter-
schlupf unter den Überresten einer byzantinischen Kirche. Für viele Christen hat der
Ort eine große Bedeutung. Die hl. Thekla
(auf Türkisch Ayatekla) war der erste Mensch,
der von Paulus bekehrt wurde. Hier in der
Höhle verbrachte sie die letzten Jahre ihres
Lebens. 480 n. Chr. wurde ihr zu Ehren die
Kirche gebaut.

Wer dorthin will, muss auf dem Weg von
Taşucu nach Silifke links nach der Alpet-
Tankstelle Ausschau halten. Daneben zweigt
die Ayatekla Sokak ab. Sie führt den Hügel
rauf zur Höhle. Der Eingang ist direkt hinter
den Ruinen der Basilika.

AN- & WEITERREISE

Von Silifke steigt man am besten in ein
Dolmuş nach Taşucu (0,50 €) und lässt sich
am Abzweig nach Ayatekla absetzen; zur
Höhle ist es dann noch 1 km.

Göksu-Delta & Umgebung

Gleich südlich von Silifke ist das Göksu-Delta.
Das Feuchtgebiet ist v. a. unter Vogelfans bekannt, weil sich hier massenhaft Vögel tummeln.

An der Küste östlich von Silifke erstrecken
sich 60 km weit die dicht mit Macchia bewachsenen Hänge des Hochlands von Olba.

Dies ist eine der archäologisch ergiebigsten
Ecken der Türkei. Dahinter breitet sich die
fruchtbare kilikische Ebene aus.

Narlıkuyu

Ca. 3 km östlich von Atakent liegt das hübsche Dorf Narlıkuyu mit einem felsigen
Hafen. Dort gibt es eine Reihe netter Fischrestaurants. In die kleine Bucht mündet ein
unterirdischer Fluss, deshalb ist das Meer an
einigen Stellen erfrischend kühl.

Das winzige **Museum** des Dorfes (Eintritt 1 €)
ist eigentlich ein römisches Bad aus dem 4. Jh.
Zu sehen gibt's hier ein tolles Mosaik der drei
Grazien Aglaia, Thalia und Euphrosyne.

Über die Restaurants am Hafen lässt sich
nichts Schlechtes sagen (alle bieten praktisch
das Gleiche an). Sehr beliebt ist auch das **Kerim
Restaurant** (723 3295; Mahlzeiten ca. 10 €) direkt
gegenüber vom Museum. Hier unbedingt den
Seebarsch probieren.

Zwischen Narlıkuyu, Ertur, Kızkalesi und
Silifke (0,50 €) pendeln jede Menge Minibusse.

Korkysche Grotten
(Cennet ve Cehennum)

In den Bergen oberhalb von Narlıkuyu windet
sich die Straße 2 km lang zu diesen faszinierenden **Grotten** (Eintritt 1 €; 8–17 Uhr) hinauf. Auf
Türkisch heißen sie „Himmel und Hölle".

Eine der beiden berühmten Einsturzdoli-
nen ist die 250 m breite **Himmelsgrotte** (Cennet
Cöküğü); 452 Stufen führen dort hinunter.
Unterwegs geht's an einer Stelle vorbei, wo
Gläubige Hunderte von Stoffstreifen in die
Baumzweige geknotet haben. Das ist so ein
ähnliches Ritual wie das Kerzenanzünden in
katholischen Kirchen.

Am Grotteneingang steht die byzantinische
Marienkapelle aus dem 5. Jh. Sie wurde kurzzeitig auch als Moschee genutzt.

Wer weiter runter in die eigentliche Grotte
absteigt, kommt in die **Typhonshöhle.** Früher
glaubten die Leute, dies sei der Eingang
zur Hölle wäre. Wer tatsächlich ein infer-
nalisches Brüllen hört, braucht aber keine
Angst zu haben: Das ist bloß der unterirdische
Fluss (der nur im Winter zu sehen ist). Der
Legende nach mündet er in den Styx, der in
der griechischen Mythologie die Grenze zur
Unterwelt ist.

Wer auch die **Höllengrube** (Cehennem Çukuru; 1 €)
sehen will, braucht ein Extraticket, muss sich
aber mit einem Blick von der Aussichtsplatt-

ÖSTLICHES MITTELMEER

form begnügen. In der pechschwarzen Grube gibt's wenig zu sehen, aber angeblich soll der hundertköpfige Riese Typhon hier einen Zeus gefangen gehalten haben.

Vom Parkplatz rechts und gleich wieder links geht's zum nächsten Parkplatz an der **Astim Mağarası** (Asthmahöhle). Asthmakranken, die sich eine Weile darin aufhalten, soll es danach besser gehen.

Uzuncaburç

Das Bergdorf **Uzuncaburç** (Eintritt 1 €; ☻ Mo–Fr 8–12 & 13–17 Uhr) liegt 30 km nördlich von Silifke. In der Antike befand sich hier die römische Stadt Diocaesarea und vorher die hellenistische Stadt Olba. Die Gegend war bekannt für einen enthusiastischen Zeuskult.

Der **Tempel des Zeus Olbius** liegt gleich links hinter dem Eingang zur antiken Stätte. Aber vorher sollte man sich noch das römische **Theater** angucken (ebenfalls links, vor dem Parkplatz). Es ist leicht zu übersehen, weil es halb im Erdboden versunken ist – und außerdem überwuchert von wunderschönen Wildblumen. Ein paar der wichtigsten Gebäude hier stammen von den Römern, u. a. der **Brunnen** (2. oder 3. Jh.), der **Tychetempel** (1. Jh.) und das **Stadttor.**

Ein hellenistisches Bauwerk aus der Zeit, bevor die Römer hier aufkreuzten, ist zu sehen, wenn man die Stätte verlässt und dann nach links durch das Dorf geht. Auf der rechten Seite führt eine Straße zu einem massiven *burç* (Turm) direkt am Straßenrand. Weiter geradeaus taucht irgendwann links ein Pfad auf, der sich 500 m lang zu einer **Nekropole** hinunterwindet.

AN- & WEITERREISE

Minibusse nach Uzuncaburç (2 €) fahren in einer Seitenstraße neben der Touristeninformation ab, und zwar um 9, 11, 13 und 15 Uhr. Zurück geht's jeweils eine Stunde später.

Ein Taxi kostet hin und zurück 24 €, inklusive Wartezeit. Unterwegs gibt's ein paar Gräber anzuschauen.

Göksu-Tal

Von Uzuncaburç verläuft die Straße weiter über Kirobasi nach Mut und dann nach Karaman und Konya. Auf dem Weg in die Wälder geht's an riesigen Stapeln von Baumstämmen vorbei. Sie werden von den Tahtacılar gefällt, alevitischen Holzfällern, die tief in den Wäldern leben.

40 km vor Mut führt die Straße an einer phantastischen, mehrere Kilometer langen Kalkstein-**Schlucht** vorbei. Hoch oben in den Kalksteinfelsen gibt es auch **Höhlen,** die früher wahrscheinlich bewohnt waren. Die Täler sind fruchtbar und gut bewässert. 20 km nördlich von Mut kommt rechts ein Abzweig, der nach 5 km zu den Ruinen einer **mittelalterlichen Burg** bei Alahan führt.

KIZKALESİ

☎ 0324

Kızkalesi liegt direkt an der D400. Auf den ersten Blick wirkt der Ort grell und geschmacklos. Aber wenn man etwas länger bleibt, wird einem das kleine Dorf – eine Kombination aus Freilichtmuseum mit antiken Ruinen und kitschiger Touristenhochburg – ans Herz wachsen.

Warum dieser kleine Ort 26 km östlich von Silifke so populär wurde, ist kein Geheimnis: Der lange Strand ist einer der schönsten weit und breit. Und nicht zu vergessen: 200 m weit draußen im Meer steht die mittelalterliche Festung Kızkalesi, die der Stadt ihren Namen gab.

In Kızkalesi wimmelt es nur so vor amerikanischen Archäologiestudenten. Was beweist, dass es hier jede Menge wichtige Ruinen geben muss. Aber auch die vielen amerikanischen Soldaten von der nahen Militärbasis, die hier zu sehen sind, lassen auf etwas schließen: nämlich dass man hier jede Menge Spaß haben kann.

Sicher wegen der vielen Amerikaner können die Einheimischen gut mit Ausländern. Für die Besucher wird hier mehr geboten, und es geht viel relaxter zu, als es sich von einem türkischen Dorf in dieser Größe erwarten lässt.

Praktische Informationen

Einen Geldautomaten gibt's im Gebäude der Stadtverwaltung; da sind auch mehrere Internetcafés.

Sehenswertes & Aktivitäten

Nichts kann einen auf den atemberaubenden Anblick der **Burg Kızkalesi** (Mädchenburg) vorbereiten: Sie liegt 200 m weit draußen im Meer, und aus der Entfernung sieht es aus, als würde sie über den Wellen in der Luft schweben. Man kann zur Burg rüberschwimmen; aber die meisten Leute zahlen lieber 3 € für eine Fahrt mit dem Boot.

Am Ufer weiter links steht die **Burg Korykos** (Eintritt 1 €). Sie wurde von den Byzantinern gebaut oder wieder aufgebaut. Kurze Zeit herrschten hier mal die Könige des Reichs Kleinarmenien. Die Anlage ist ziemlich wüst, deshalb unbedingt feste Schuhe anziehen.

Gegenüber von der Burg Korykos, über die Straße rüber, ist eine **Nekropole.** Es lohnt, sich die überall verstreut herumliegenden Sarkophage und behauenen Steine genauer anzugucken.

Schlafen

Hotel Hantur (☎ 523 2367; hotelhantur@tnn.net.tr; EZ/DZ 22/33 €; ☒) Direkt am Strand und mit überraschend großen Zimmern. Alle haben Balkons, die aber nur z. T. zum Meer rausgehen. Wer Meerblick will, muss es gleich sagen. Zimmer 201 ist wahrscheinlich das beste – es bietet einen tollen Blick auf die Burg. Noch ein Plus ist der Garten zum Meer.

Hotel Rain (☎ 523 2782; www.rainhotel.com; EZ/DZ 25/39 €; ☒) Dieses familienfreundliche, relaxte Hotel gehört denselben Leuten wie das beliebte Café Rain. Zum Strand sind's nur 60 m. Die Besitzer bieten für die Gäste einen Shuttle zu den archäologischen Stätten rundherum an – der ist billiger als jedes Taxi. Die Lounge mit Satelliten-TV ist super zum Abhängen und um abends andere Traveller zu treffen. Tauchtrips werden auch organisiert (ab 33 €).

Club Hotel Barbarossa (☎ 523 2364; info@ hotelbarbarossa.com.tr; EZ/DZ 33/50 €; ☒ ☒) Wer auf Luxus steht und sich mal so richtig verwöhnen lassen will, ist hier genau richtig. Die makellosen Zimmer bieten Rundum-Komfort, u. a. Minibar und TV. Aber das Tollste ist der riesige Garten. Hier liegen sogar Stücke von römischen Säulen rum, die nachts beleuchtet

werden. Schwimmen ist draußen und drinnen möglich, Massagen gibt's auch.

Essen & Ausgehen

Viele Unterkünfte haben ein eigenes Restaurant, und an der Küstenstraße gibt's ein paar ordentliche *pide-* und *lahmacun*-Imbisse. Was richtig Prickelndes hat Kızkalesi aber nicht zu bieten. Wer stimmungsvoll essen will, muss 0,50 € für den Bus investieren und zehn Minuten nach Narlıkuyu (S. 451) fahren. Da sind mehrere Fischrestaurants.

Honey Restaurant & Bar (☎ 523 2430; Inci Plaj Yolu 1; Mahlzeiten ca. 3 €) Dieses gemütliche kleine Lokal an der Küstenstraße schafft es immerhin, etwas nette Atmosphäre zu verbreiten. Es hat was von einem schummrigen englischen Pub. Lecker ist *saç kavurma* (3 €), eine anatolische Spezialität aus Fleisch und Gemüse, oder der *patlıcan*-Kebap (3 €) mit Fleisch in Auberginen.

Café Rain (☎ 523 2234; Mahlzeiten ca. 5 €) Hier gibt's Cocktails ohne Ende und Snacks extra für Traveller, nämlich Burger, Omelettes und Vegetarisches.

Paşa Restaurant (☎ 523 1389; Inci Plaj Yolu; Mahlzeiten ca. 5 €) Großes Lokal zum Draußensitzen, das Grillgerichte, *meze* und kleine türkische Snacks anbietet. Die Preise sind okay.

An- & Weiterreise

Es gibt jede Menge Busse nach Silifke (1 €, 30 Min.) und Mersin.

RUND UM KIZKALESİ

Die Kalksteinküste des Hochlands von Olba ist übersät mit Ruinen. In Kızkalesi steht ein Schild zu den 7 km entfernten **Adamkayalar** (Steinmenschen) weiter nördlich. Das sind

---

DER TIPP VOM AUTOR

Yaka Hotel (☎ 523 2444; yakahotel@yakahotel.com; EZ/DZ 17/28 €; ☒) Warum dieses Zwei-Sterne-Hotel so ein wunderbar entspannender Ort ist? Da ist zuerst mal Yakup Kahveci, der mehrsprachige und schlagfertige Besitzer des Yaka Hotels.

Yakup arbeitet seit Ewigkeiten in der Hotelbranche und dass er seinen Beruf liebt, merkt man sofort: Er umsorgt seine Gäste, als würden sie zur Familie gehören. Wer hier übernachtet, kann im schönen Garten zu Abend essen. Da treibt sich auch oft das Maskottchen des Hauses rum – der kleine, zottelige Hund von Yakups Tochter.

Die Zimmer sind makellos sauber und ordentlich. Einen offiziellen Parkplatz gibt's nicht, aber die Gäste können ihr Auto vor dem Eingang abstellen.

Wenn sich jemand für die archäologischen Wunder der Umgebung interessiert, lässt sich das arrangieren. Das Yaka Hotel ist beliebt bei Archäologiestudenten, die hier in den Sommerferien ihren Forschungsarbeiten den letzten Schliff geben.

17 Steinreliefs aus der Römerzeit. Sie verewigen Kämpfer mit Äxten, Schwertern und Lanzen, z. T. zusammen mit ihren Frauen und Kindern. Oben auf den Felsen gibt's noch mehr Ruinen und Gräber.

Die Gräber sind in die Steilwand einer Schlucht gehauen – nicht ungefährlich. Besser also, man geht zusammen mit einem Führer hin (das kann das Reisebüro in Kızkalesi arrangieren).

Ca. 25 km weiter die Straße runter (die immer schlechter wird, sodass es nur langsam und holperig vorwärtsgeht) liegen die Ruinen von **Çambazlı**. U. a. gibt's hier eine Nekropole und eine toll erhaltene byzantinische Kirche.

3 km östlich von Kızkalesi sind die umfangreichen, aber heftig bröckelnden Reste des antiken **Elaiussa-Sebaste** zu sehen. Die Fundamente der Stadt stammen mindestens aus der frühen Römerzeit, wenn nicht sogar von den Hethitern.

Bei Kumkuyu, ca. 8,5 km östlich von Kızkalesi, stößt man auf die Straße nach **Kanlıdivane** (Eintritt 1 €; ☉ 8–19 Uhr). Der Ort hieß in der Antike Kanytelis und liegt rund 4 km nördlich von Kumkuyu. Zuerst taucht ein **hellenistischer Turm** auf. Der Sohn eines Priesterkönigs aus Olba (heute Uzuncaburç) baute ihn und weihte ihn Zeus. Der Turm wurde Zentrum eines Zeuskults (s. S. 452).

Kanlıdivane heißt übersetzt „blutiger Ort des Wahnsinns". Hier gibt's nämlich einen 90 m tiefen Abgrund, in den angeblich verurteilte Verbrecher gestoßen wurden – wer will, kann heute durchwandern. Die düstere Grube sieht auch wirklich übel aus, ähnlich wie die Höllengrube nördlich von Narlıkuyu (S. 451). Drum herum stehen verschiedene Ruinen – die meisten aus römischer und byzantinischer Zeit.

Über den Pfad hinter der Römerstraße geht's zu einem gut erhaltenen Mausoleum auf dem Hügel.

MERSİN (İÇEL)
☎ 0324/750 000 Ew.

Diese Hafenstadt heißt seit ein paar Jahren offiziell Mersin, aber alle sagen noch İçel. Die Hauptstadt der Provinz İçel ist eine große, moderne Stadt. Sie wurde Mitte des 19. Jhs. gebaut, weil Adana und das landwirtschaftlich florierende Hinterland einen Hafen brauchten. Bis zum Golfkrieg von 1991 war die Stadt eine wichtige Drehscheibe für den Handel mit

dem Irak. Sie hat eine Reihe prima Hotels und ist ein guter Stopp auf dem Weg nach Kızkalesi, Anamur oder Antakya.

Orientierung
Das Zentrum der Stadt ist der Gümrük Meydanı, der Platz mit der Ulu Cami. An der Westseite verläuft die Atatürk Caddesi, eine Fußgängerzone, und zwei Querstraßen weiter nördlich ist die İstiklal Caddesi, die Hauptdurchgangsstraße.

Vom *otogar* ins Zentrum geht's durch den Haupteingang raus, dann rechts und die Hauptstraße runter. Auf der gegenüberliegenden Seite steigt man in einen Bus Richtung Westen (0,50 €). Beim Einsteigen gleich fragen, ob der Bus zum Bahnhof fährt, sonst gibt's eventuell eine Rundfahrt durch die Vororte von Mersin.

Praktische Informationen
GELD
Rund um den Gümrük Meydanı und die Ulu Cami häufen sich die Wechselstuben und Geldautomaten. Einfach Ausschau nach Schildern von Kanarya Döviz, Kiraz Döviz etc. halten – sie wechseln Dollar und Euro. Manchen Geldautomaten in der Gegend hinter der Ulu Cami geht am Wochenende und wenn viel los ist das Geld aus. Manchmal muss man mehrere ausprobieren.

INTERNETZUGANG
Bilgi Internet (Soğuksu Caddesi 30) Großes Internetcafé mit superschneller Verbindung und abgeschirmten Computern.

POST
Hauptpost (☎ 237 3237; İsmet İnönü Bulvarı)

TOURISTENINFORMATION
Touristeninformation (☎ 238 3271; Fax 238 3272; İsmet İnönü Bulvarı; ☉ 8–12 & 13–17 Uhr)

Sehenswertes
Die Fußgängerzonen zwischen Uray Caddesi und İstiklal Caddesi sind perfekt zum Bummeln. Hier gibt's einen netten kleinen Fischmarkt und einen gedeckten Basar, wo Trockenfrüchte und Gewürze zu haben sind. Am Ostende der Atatürk Caddesi ist das **Atatürk Evi** (Eintritt frei; ☉ Mo–Sa 9–12 & 13–16.30 Uhr). In dem wunderschönen Steinhaus hat Atatürk schon übernachtet. Heute dient es als Museum.

MERSİN (İÇEL)

0 _____ 400 m

PRAKTISCHES
Bilgi Internet...........................1 C2
Konsulat der Türkischen
   Republik Zypern..................2 A3
Post.......................................3 C2
Touristeninformation.............4 C2

SEHENSWERTES & AKTIVITÄTEN
Atatürk Evi.............................5 B2
Belediye (Rathaus).................6 B2
Kültür Merkezi.......................(s. 7)
Museum.................................7 B2
Orthodoxe Kirche...................8 B2

SCHLAFEN
Hotel Gökhan.........................9 C2
Hotel Savran.........................10 C2
Mersin Hilton........................11 A3
Mersin Oteli..........................12 C2

ESSEN
Deniz Yıldızı..........................13 B2
Gündoğdu.............................14 C2
Hoş Sohbet Et Lokanta........15 C2
Kapali Semt Pazari...............16 C2

Nach Viransehir;
Tarsus (27 km);
Adana (70 km)

Nach Tarsus (27 km);
Adana (70 km)

Nach Silifke (85 km);
Konya (345 km);
Antalya (475 km)

Handelshafen

MITTELMEER
(AKDENİZ)

Stadion

Hafen

Ulu Cami
(Große Moschee)

Gümrük Meydanı

Atatürk
Park

Tatlises Lahmacun.................17 B2
Tashan Antik Gallerya............18 C2

AUSGEHEN
Sea Man's Claps......................(s. 2)

TRANSPORT
Büros von Busunternehmen.....19 C2
Bus nach Vinransehir.............(s. 3)
Busse zum Otogar.................20 C2
Busse zum Stadtzentrum.......21 D1
Caner Tourism & Travel
   Agency..............................22 C2
Otogar.................................23 D2
Turkish Maritime Lines...........24 C2

Ein Stück weiter Richtung Westen kommt das kleine **Museum** von Mersin (Eintritt 1 €; 🕓 8–12 & 13–17 Uhr) neben dem Kültür Merkezi (Kulturzentrum; für Besucher geschlossen). Es hat eine ganz ansehnliche archäologische Sammlung: viele römische Artefakte im Erdgeschoss (u. a. eine kleine Erosstatue ohne Kopf) und der übliche ethnologische Krimskrams im ersten Stock.

Neben dem Museum steht die bescheidene **orthodoxe Kirche** mit tollen Ikonen. Zum Eingang geht's links um die Kirche rum (Sokak 4302). Falls niemand da ist, einfach nach dem Hausmeister rufen (fürs Herumführen erwartet er ein Trinkgeld).

Eine tolle Sache, um morgens erst mal in die Gänge zu kommen, ist ein Spaziergang auf dem 12 km langen **Pfad**, der parallel zum Meer verläuft. Er fängt direkt hinter dem Mersin Hilton an und geht dann Richtung Westen. Wer mal ein echtes Arbeiterviertel sehen will, wo es Döner Kebap für 0,50 € gibt und Erdbeeren und Nüsse noch von Holzwagen verkauft werden, lässt den Reiseführer im Hotel und läuft einfach die **Çakmak Caddesi** runter.

Archäologiefans können sich auch **Viransehir** anschauen. Das ist das antike Soles oder Pompeiopolis. Vor der Touristeninformation fahren Busse dorthin ab.

Schlafen

In der Soğuksu Caddesi, gleich nördlich von der Ulu Cami, haben eine ganze Reihe billige und mittelteure Hotels aufgemacht. Wer spätnachts ankommt und morgens wieder weiterfährt, kann in einem der Hotels gleich gegenüber vom *otogar* absteigen; die sind z. T. ganz anständig.

Hotel Savran (☎ 232 4472; Soğuksu Caddesi 14; EZ/DZ 14/22 €; 🖳) Den Mitarbeitern dieses Hotels sind die zerschlissenen Teppiche und fleckigen Badezimmerböden nicht im geringsten peinlich. Vielleicht liegt's daran, dass sich in der Innenstadt praktisch keine billigere Unterkunft auftreiben lässt. Und das Management zeigt sich sogar in puncto Rabatt verhandlungsbereit.

Hotel Gökhan (☎ 232 4665; Fax 237 4462; Soğuksu Caddesi 22; EZ/DZ 19,50/33 €; 🅿 🖳) Zwei-Sterne-Hotel im Zentrum. Die Zimmer mit Satelliten-TV und Minibar sehen zwar etwas schäbig aus, sind aber sauber. Gäste können auf dem Parkplatz gegenüber vom Hotel kostenlos parken.

Mersin Hilton (☎ 326 5000; www.mersin.hilton.com; Adnan Menderes Bulvarı; EZ/DZ 137/152 €; P ⚇ 🖥 💻) Nicht nur die Zimmer, sondern sogar die Flure in diesem Luxushotel bieten einen tollen Blick: Meer auf der einen Seite, die Stadt auf der anderen. Zwei asiatische Restaurants sorgen fürs leibliche Wohl der Gäste. Außerdem werden Tennisplätze und ein Health Club geboten.

Mersin Oteli (☎ 238 1040; www.mersinoteli.com.tr; Gümruk Meydanı 112; EZ/DZ 39/60 €; ⚇) Dieses zentrale Vier-Sterne-Hotel ist zwar schick, wenn auch nicht mehr ganz up-to-date. Die Zimmer sind nichtssagend, aber ganz okay, z. T. sogar mit Meerblick vom Balkon. Nicht gerade billig, aber es gibt auch Rabatte.

Essen & Ausgehen

Gündoğdu (☎ 231 9677; Silifke Caddesi 22; Mahlzeiten 3 €) Hier ist immer Hochbetrieb, denn das Fastfood schmeckt superlecker. Speisekarten gibt's keine, also einfach eine der Spezialitäten des Hauses bestellen: İskender-Döner, Börek (Blätterteig mit Käse oder Fleisch) und *salata* (Salat).

Hoş Sohbet Et Lokanta (☎ 237 0077; Uray Caddesi 34/D; Mahlzeiten 5–10 €) Ein Favorit bei Geschäftsleuten und Familien. Es gibt die üblichen Meeresfrüchte und Grillgerichte, die hier aber bei weitem besser schmecken als bei irgendwelchen Imbissbuden. Die Portionen sind außerdem ziemlich üppig.

Taşhan Antik Gallerya ist eine Ansammlung von Bars und Outdoor-Cafés rund um einen Hof. Hier treibt sich v. a. die Jugend rum. Einheimische und griechische Seeleute aus dem nahen Hafen gehen auch gern ins **Sea Man's Claps** (☎ 407 3586; Antikhan Sokak). Abends gibt's dort fast immer Livemusik.

In der Soğuksu Caddesi gibt's mehrere kleine Fischrestaurants, z. B. das **Deniz Yıdızı** (Mahlzeiten 3 €). Die Lokale sind sehr beliebt. Aber wer wirklich Hunger hat, wird von den Portionen nicht unbedingt satt.

Durchreisende können in den Restaurants und Hotels direkt vor dem *otogar* gut was essen und trinken. Hier ist für jeden Geldbeutel was dabei, und es gibt auch mehrere Bierkneipen. Am westlichen Ende der İstiklal Caddesi sind ein paar *lahmacun*-Lokale. U. a. gibt's einen Ableger von Tatlises Lahmacun, wo die Leute für *ayran* (Trinkjoghurt) und

---

DER GEBURTSORT DES APOSTEL PAULUS

Der Apostel Paulus war eigentlich Jude und wurde später einer der eifrigsten Missionare des frühen Christentums. Während seines Wirkens bekehrte er zahllose Heiden und Juden in allen Ecken der antiken Welt. Irgendwann nach 60 n. Chr. starb er in Rom. Danach wurde sein Geburtsort seinen Anhängern heilig. Heute pilgern immer noch Leute zu den Ruinen seines Hauses in Tarsus und trinken aus dem Brunnen dort (für sauberes Wasser können wir nicht garantieren!).

---

lahmacun Schlange stehen. Selbstversorger können sich bei **Kapalı Semt Pazarı** (Çakmak Caddesi) eindecken; das ist ein kleiner Obst- und Gemüsemarkt.

An- & Weiterreise
AUTO
Wer die Küste mit dem Auto abklappern will, kann sich bei der **Caner Tourism & Travel Agency** (Ismet İnönü Bulvarı 88 A) eins mieten. Die ist gegenüber von der Touristeninformation.

BUS
Vom *otogar* am Stadtrand von Mersin fahren Busse überallhin, z. B. durch die Kilikische Pforte (S. 459) ins anatolische Tiefland. Entfernungen, Fahrzeiten und Preise sind ähnlich wie von Adana aus. Das liegt 70 km weiter östlich an einer vierspurigen Autobahn – s. S. 461. Von Mersin nach Alanya kostet die Fahrt 11 € (8½ Std., 375 km, 8-mal tgl.) und nach Silifke 4 € (½ Std., 85 km, 3-mal pro Std.). Mehrere Busgesellschaften fahren auch nach İstanbul, Ankara und İzmir. Ihre Büros sind am İsmet İnönü Bulvarı.

Busse von der Stadt zum *otogar* (0,50 €) starten regelmäßig vor dem Bahnhof und an der Haltestelle gegenüber vom Mersin Oteli.

SCHIFF
Der Ticketschalter von **Turkish Maritime Lines** (☎ 231 2688, 237 0726) ist im zweiten Stock eines scheinbar leeren Gebäudes direkt neben dem Eingang zum Fähranleger. Fähren von Mersin nach Gazimağusa (Famagusta) an der Ostküste von Nordzypern legen jeden Montag, Mittwoch und Freitag um 20 Uhr ab. Die Fähre von Gazimağusa nach Mersin fährt

jeden Dienstag, Donnerstag und Sonntag um 20 Uhr. Die Tickets (einfache Fahrt/hin & zurück 25,50/47 €, einfache Fahrt/hin & zurück 50/100 € pro Auto; 10 Std.) müssen einen Tag im Voraus beschafft werden.

ZUG

Nach Tarsus (0,90 €), Adana (1,50 €) und İskenderun (3 €) fahren oft Züge.

TARSUS

☎ 0324/216 000 Ew.

Die Stadt Tarsus wird üblicherweise in einem Atemzug mit einem Mann genannt: dem Apostel Paulus, der hier vor 2000 Jahren geboren wurde. Ein Leser schrieb: „Zur Zeit von Saulus/Paulus hat Tarsus vielleicht noch was getaugt, aber seitdem ist die Stadt den Bach runtergegangen." Auf den ersten Blick wird ihm wohl kaum jemand widersprechen: Tarsus besteht größtenteils aus hässlichen Betonwohnblöcken. Aber die Stadt verdient es trotzdem, nicht links liegen gelassen zu werden.

Praktische Informationen

Der neue *otogar* liegt etwas ab vom Schuss. Ein Taxi von da ins Stadtzentrum kostet 4 €. Wer mit dem Bus fahren will (0,50 €), geht durch den Haupteingang zur Haltestelle auf derselben Straßenseite. Am Schalter der Touristeninformation im Zentrum gibt's genaue Pläne von Tarsus und den Sehenswürdigkeiten.

Sehenswertes & Aktivitäten

Der Bus schmeißt einen beim **Kleopatra-Tor** raus. Das römische Stadttor hat mit der berühmten Dame allerdings gar nichts zu tun, obwohl sie in Tarsus ein Date mit Marc Anton gehabt haben soll. Antik sieht das Tor seit der Renovierung 1994 auf jeden Fall aber nicht mehr aus.

Wer weiter geradeaus geht, trifft kurz vor dem *hükümet konağı* (Haus der Regierung) auf ein Schild nach links zum **Paulusbrunnen** (Senpol Kuyusu; s. Kasten S. 456). Die Ruinen vom Haus des Apostels Paulus sind unter Glasplatten zu bewundern.

An derselben Straßenkreuzung zeigt ein zweites Schild nach links zur **Altstadt** (Antik Şehir). Wer ihm folgt, kommt zur Cumhuriyet Alanı. Da ist ein Stück einer **Römerstraße** ausgegraben worden. Sie besteht aus einer langen Abflussrinne mit schweren Basaltplatten darüber.

Zurück zum *hükümet konağı* und weiter nach Norden geht's zur **Makam Camii** auf der rechten Seite. Sie wurde im 19. Jh. gebaut. Gleich auf der anderen Straßenseite ist die **Eski Cami** (Alte Moschee). Der Bau stammt aus dem Mittelalter und war ursprünglich wohl eine Kirche, die dem Apostel Paulus geweiht war. Direkt daneben zeichnen sich die Ziegelmauern eines riesigen alten **römischen Bades** ab – sie sind aber nur sehr schlecht zu erkennen.

Wer will, kann sich bei der Eski Cami ein Dolmuş (0,50 €) schnappen und sich zur zweiten Hauptsehenswürdigkeit von Tarsus fahren lassen: Mitten in der Stadt stürzt ein **Wasserfall** (*şelale*) am Tarsus Nehri (Fluss Cydnus) auf die Felsen runter – er bietet ein perfektes Plätzchen für toll gelegene Teegärten und Restaurants.

Dann gibt's noch die **Ulu Cami** (Große Moschee) aus dem 16. Jh. mit einem merkwürdigen Uhrenturm aus dem 19. Jh. Dorthin kommt man auf der Seitenstraße rechts neben der Makam Camii. Dahinter und eine Straße weiter rechts sind die Ruinen der **Paulus-Kirche**.

Das **Museum von Tarsus** (Tarsus Müzesi; Eintritt 1 €; ⏱ Mo–Fr 8–12 & 13–17 Uhr) ist vor Kurzem umgezogen. Jetzt ist es nicht weit von der Ecke Muvaffak Uygur/Cumhuriyet Caddesi, gleich beim Stadion.

RÜBENSAFT GEFÄLLIG?

Şalgam – wer einmal von diesem leuchtend roten Saft getrunken hat, wird ihn nicht vergessen. Er wird aus Rüben und Möhren gepresst und mit einem Schuss Essig verfeinert. Den Saft gibt's an Ständen überall in der Stadt. Oft wird er zu Kebap getrunken oder zusammen mit *rakı* (Traubenschnaps mit Anisgeschmack). *Şalgam* schmeckt sehr intensiv, wie frisch gepresst. Wer zum ersten Mal ein Glas trinkt, verzieht wahrscheinlich das Gesicht und schüttelt sich – wie bei Kaffee, Zigaretten und Bier. Aber der Geschmack ist Gewöhnungssache. Wenn der erste Schock nachlässt, will man mehr. Die Einheimischen trinken *şalgam*, um den Magen zu beruhigen – vielleicht hilft's ja was, wenn die Reisekrankheit das nächste Mal zuschlägt.

Schlafen & Essen

Cihan Palas Oteli (☎ 624 1623; Fax 624 7334; Mersin Caddesi 21; EZ/DZ 11/16,50 €; 🗙) Dieses nicht sehr vertrauenerweckende Hotel bietet absolut spartanische Zimmer. Aber der Preis und die Lage sind okay. Annehmbar, wenn's nicht anders geht, aber in Adana findet sich auf alle Fälle was Besseres.

Tarsus Mersin Oteli (☎ 614 0600; Fax 614 0033; Şelale Mevkii; EZ/DZ 33/50 €; Ⓟ 🗙) Über dem Wasserfall ragt dieses Vier-Sterne-Hotel auf. Die Zimmer sind ganz nett und es gibt eigentlich alles, was man so braucht. Deko und Einrichtung hätten allerdings schon vor 30 Jahren einen Relaunch vertragen können.

An- & Weiterreise

Zwischen Tarsus und Mersin (27 km) bzw. Adana (43 km) sind jede Menge Busse und Minibusse unterwegs. Tarsus eignet sich also gut als Zwischenstopp auf dem Weg zwischen den beiden anderen Städten.

ADANA

☎ 0322/1,1 Mio. Ew.

Die viertgrößte Stadt der Türkei ist ein gigantisches, aufdringliches Wirtschaftszentrum mit einer ganz klaren sozialen und räumlichen Zweiteilung. Nördlich der D400 (die auch Turan Cemal Beriker Bulvarı heißt) flitzen neue Autos durch Alleen, die von schicken Apartmenthäusern gesäumt sind. Aber je weiter man von der Bundesstraße Richtung Süden kommt, desto ärmlicher sieht alles aus. Und schließlich ist aus der modernen City ein wild zusammengewürfelter Haufen ungeplanter Häuser geworden, mit Losverkäufern an jeder Straßenecke.

Adanas Reichtum hat drei Ursachen: die örtliche Industrie (v. a. der Konzern Sabancı, der zweitgrößte in der Türkei); der Verkehr, der beständig durch die Kilikische Pforte rollt (S. 459); und schließlich die extrem fruchtbare Çukurova, die antike Kilikische Tiefebene, die aus Ablagerungen der Flüsse Seyhan und Ceyhan entstanden ist.

Die meisten Traveller kommen nach Adana, weil es hier einen Flughafen gibt, einen Bahnhof, einen großen *otogar* und Hotels. Besonders viel Sehenswertes hat die Stadt nicht zu bieten, dafür jede Menge Bars und ein paar Spitzenrestaurants. Wer in Adana übernachtet, kann eine echt türkische Stadt kennenlernen: jung, weltoffen und durch und durch modern.

Orientierung

Im Osten grenzt das Stadtzentrum an den Fluss Seyhan. Der Flughafen von Adana (Şakirpaşa Havaalanı) liegt 4 km westlich vom Zentrum an der D400. Der *otogar* ist 2 km weiter westlich auf der Nordseite von der D400. Der Bahnhof liegt am Nordende des Ziyapaşa Bulvarı, 1,5 km nördlich der İnönü Caddesi. Das ist die Hauptshoppingmeile mit vielen Hotels.

Die Schnellstraße E90 verläuft nördlich der Stadt. Wer mit dem Auto aus Norden oder Westen kommt, nimmt die Ausfahrt Adana Küzey (Adana Nord) zum Stadtzentrum.

Am Westende der İnönü Caddesi ist der Kuruköprü Meydanı. Der ist gut am Einkaufscenter Çetinkaya in einem Hochhaus zu erkennen. In der Özler Caddesi zwischen Kuruköprü Meydanı und Küçüksaat Meydanı im Südosten gibt's eine Handvoll Hotels.

Praktische Informationen

Im Stadtzentrum gibt's eine **Touristeninformation** (☎ 359 1994; Atatürk Caddesi 13) eine Querstraße nördlich der İnönü Caddesi. Am Flughafen ist außerdem ein kleineres **Büro** (☎ 436 9214). Internetcafés haben sich in der İnönü Caddesi nördlich von den Hotels angesiedelt.

Sehenswertes

MOSCHEEN

Die tolle **Ulu Cami** (Große Moschee; Abidin Paşa Caddesi) aus dem 16. Jh. sieht ein bisschen aus wie die Mamelucken-Moscheen in Kairo: schwarz-weiß gestreifter Marmor und kunstvolle Fenstereinfassungen. Die Fliesendeko des *mihrab* (Gebetsnische in Richtung Mekka) kommt aus Kütahya und İznik.

Die **Yeni Cami** (Neue Moschee) von 1724 hat zehn Kuppeln und wie die Ulu Cami einen quadratischen Grundriss. Die **Yağ Camii** (1501) mit ihrem beeindruckenden Portal war in ihrem ersten Leben die Jakobus-Kirche. Beide sind in der Özler Caddesi.

Aber der wahre Hingucker ist die **Sabancı Merkez Cami** mit ihren sechs Minaretten. Sie steht direkt neben der Girne-Brücke am Ufer des Ceyhan. Es ist die größte Moschee zwischen İstanbul und Saudi-Arabien. Gebaut hat sie der Großindustrielle Sakıp Sabancı, ein unglaublich erfolgreicher Geschäftsmann und großzügiger Wohltäter. Als er 2004 mit 71 Jahren starb, war er der reichste Mann der Türkei. Wer sich die Moschee anguckt, weiß sofort, dass Sabancı stark religiös war. Und er war nicht im geringsten arrogant: Er stammte aus dem zentralanatolischen Dorf Akcakaya und legte sein Leben lang seinen Provinzakzent absichtlich nicht ab. Damit wollte er seinen Landsleuten (und seinen Shareholdern) beweisen, dass er trotz seines Erfolgs mit beiden Beinen auf der Erde stand. Auf jeden Fall ist die Sabancı Merkez Cami ein beeindruckendes Monument. Rund 20 000 Gläubige passen hier rein, und in einem der Minarette gibt es sogar einen kleinen Fahrstuhl. Die mit Marmor und Gold verzierte Moschee hat auch großen Einfluss auf ihre Umgebung: Von hier werden Gebete in fast 300 andere Moscheen im Umkreis von 60 km übertragen.

MUSEEN

Die beiden wichtigsten Museen von Adana sind einen Tick besser als die meisten türkischen Provinzmuseen. Das **Ethnografische Museum von Adana** (Adana Etnografya Müzesi; Eintritt 1 €; Di–So 8.30–12 & 13–16.30 Uhr) ist in einer toll restaurierten Kreuzfahrerkirche untergebracht. Die steht in einer Seitenstraße von der İnönü Caddesi. Es gibt Teppiche und Kelims zu sehen, außerdem Waffen, alte Handschriften und Grabdenkmäler.

Im **Regionalmuseum von Adana** (Adana Bölge Müze; Eintritt 1 €; Di–So 8.30–12 & 13–16.30 Uhr) stehen massenhaft römische Statuen von der **Kilikischen Pforte** nördlich von Tarsus. Diese „Pforte" ist der Hauptzugang ins Taurusgebirge; schon unter den Römern war sie ein

ÖSTLICHES MITTELMEER

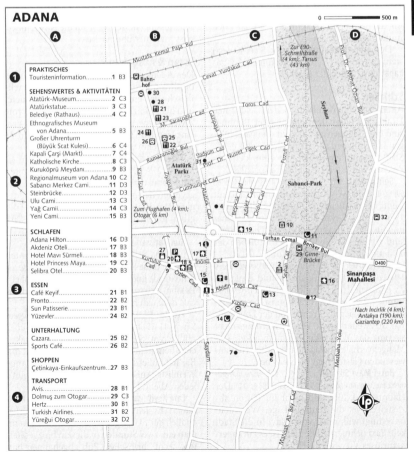

ADANA

PRAKTISCHES	
Touristeninformation.............1	B3

SEHENSWERTES & AKTIVITÄTEN	
Atatürk-Museum..................2	C3
Atatürkstatue....................3	C3
Belediye (Rathaus)...............4	C2
Ethnografisches Museum von Adana..................5	B3
Großer Uhrenturm (Büyük Scat Kulesi)..........6	C4
Kapali Çarşı (Markt)..............7	C4
Katholische Kirche...............8	C3
Kuruköprü Meydanı..............9	B3
Regionalmuseum von Adana 10	C2
Sabancı Merkez Cami...........11	D3
Steinbrücke....................12	D3
Ulu Cami.......................13	C3
Yağ Camii......................14	C3
Yeni Cami......................15	B3

SCHLAFEN	
Adana Hilton...................16	D3
Akdeniz Oteli...................17	B3
Hotel Mavi Sürmeli..............18	B3
Hotel Princess Maya............19	C2
Selibra Otel....................20	B3

ESSEN	
Café Keyif.....................21	B1
Pronto........................22	B2
Sun Patisserie..................23	B1
Yüzevler......................24	B2

UNTERHALTUNG	
Cazara........................25	B2
Sports Café....................26	B2

SHOPPEN	
Çetinkaya-Einkaufszentrum...27	B3

TRANSPORT	
Avis...........................28	B1
Dolmuş zum Otogar............29	C3
Hertz.........................30	B1
Turkish Airlines.................31	B2
Yüreğui Otogar.................32	D2

wichtiger Transitpunkt. Ein Highlight ist der Achilles-Sarkophag aus dem 2. Jh., auf dem Szenen aus der *Ilias* dargestellt sind. Sonst gibt's hethitische und urartäische Gegenstände zu sehen.

Das kleine **Atatürk-Museum** (Atatürk Müzesi; Seyhan Caddesi; Eintritt frei; ☉ 8–12 & 13.30–17 Uhr) an einer Straße am Fluss ist eines der wenigen traditionellen Häuser in der Stadt. Die Villa gehörte früher der Familie Ramazanoğulları. 1923 wohnte hier Atatürk für ein paar Tage.

NOCH MEHR SEHENSWERTES
Einen Blick lohnt auch die römische **Steinbrücke** *(taş köprü)*. Mit 16 Bögen überspannt sie den Seyhan aus Ostende der Abidin Paşa Caddesi. Sie wurde von Kaiser Hadrian (regierte 117–138) gebaut und von Justinian (regierte 527–565) repariert. Heute rollt auf ihr der moderne Verkehr, und sie ist noch immer beeindruckend.

Der **große Uhrenturm** (Büyük Saat Kulesi) stammt von 1881. Um ihn herum ist Adanas **kapalı çarşı** (gedeckter Markt).

Schlafen
Adana hat Unterkünfte für jeden Geldbeutel. Hotels am Flughafen, *otogar* oder Bahnhof sind eher Mangelware. Bis auf die ganz billigen Hotels haben alle saftige Preise, wie es die Stadtverwaltung verlangt. Aber beim kleinsten Zeichen von Interesse gibt's Preisnachlass.

Selibra Otel (☎ 363 3676; Fax 363 4283; İnönü Caddesi 50; EZ/DZ 19,50/28 €; ☒) Zwei-Sterne-Hotel mit wenig berauschenden Zimmer und kitschiger 1970er-Jahre-Deko. Aber es ist absolut sauber und für den Preis ganz einladend. Die Zimmer sind von der Größe her okay und neben der Toilette gibt's sogar ein Telefon.

Akdeniz Oteli (☎ 363 1510; Fax 363 0905; İnönü Caddesi 14/1; EZ/DZ 35/61 €; ☒) Sauberes und elegantes Zwei-Sterne-Hotel. Es gibt Duschen mit Glaswänden. Eine echte Attraktion ist die psychedelisch verspiegelte Treppe von der Lobby zur Bar im zweiten Stock. Die ist allerdings nicht so ganz das Wahre für einen Absacker: Das Mengenverhältnis zwischen Prostituierten/anwesenden Gästen liegt meistens bei 2:1.

Hotel Mavi Sürmeli (☎ 363 3437; www.mavisurmeli.com.tr; Inonu Caddesi 109; EZ/DZ 55,50/83 €; ☒) Der Hauptgrund, hier und nicht im Hilton abzusteigen, ist die zentrale Lage. Wer nicht unbedingt will, muss vom Mavı in die Stadt kein Taxi nehmen. Außerdem ist es ein superluxuriöses Vier-Sterne-Hotel.

Hotel Princess Maya (☎ 459 0966; Fax 459 7710; Turhan Cemal Beriker Bulvarı; EZ/DZ 58/75 €; ℗ ☒) Die Zimmer sind nicht gerade prickelnd (was auch für die Atmosphäre insgesamt gilt). Aber zur Sabancı-Moschee und zum Hilton sind es nur ein paar Schritte zu Fuß. Außerdem sind die Badezimmer tiptop und die Besitzer gehen mit dem Preis gern um 25 % runter.

Adana Hilton (☎ 355 5000; www.adana.hilton.com; 1 Sokak; Sinanpaşa Mahallesi; EZ/DZ 110/185 €; ☒ ☐ ☒) Diese supernoble Absteige bietet alles, was das Herz begehrt – vielleicht sogar ein bisschen mehr. Das Hilton liegt am Fluss und bietet einen fast unwirklichen Blick auf die Sabancı-Moschee. Außerdem gibt's himmlische Möglichkeiten zum Abendessen und ein Fitnesscenter. Die Zimmer sind so groß, dass auch ein Rockstar nicht meckern könnte. Kleiner Tipp: Neugierigen Locals vom anderen Flussufer besser nicht auf die Nase binden, dass man hier übernachtet.

Essen & Ausgehen
Der Adana-Kebap ist in der ganzen Türkei berühmt: Scharf gepfeffertes Lammhackfleisch wird um einen flachen Spieß geknetet und über Holzkohle gegrillt. Dazu gibt's rote Zwiebelringe, bestäubt mit feurigem Paprika, eine Handvoll Petersilie, eine Scheibe Zitrone und Fladenbrot.

Yüzevler (☎ 454 7513; Ziyapaşa Bulvarı, Yüzevler Apt Zemin Kat 25/A; Mahlzeiten 5 €) Wen die gerahmten Fotos von türkischen Promis, die hier mal gegessen haben, noch nicht überzeugen, der glaubt es spätestens nach dem Essen: Hier gibt's einen der besten Adana-Kebaps im ganzen Land.

Sun Patisserie (☎ 458 2134; Ziyapaşa Bulvarı 15/A; ☉ 9–24 Uhr) Schon seit über drei Jahrzehnten verführt diese Patisserie mit Kuchen, Desserts, Schokolade und Eis. Für Süßes nicht zu haben? Es lohnt sich trotzdem, im trendigsten Straßencafé der Stadt mal vorbeizuschauen.

Pronto (☎ 458 4748; Ziyapaşa Bulvarı 27/A; Mahlzeiten 5 €; ☉ 11–15 Uhr) Die Gelegenheit, um über Hühnchen, Steak, Pasta und sogar Käsekuchen herzufallen. Dieses kleine Restaurant mit Bar hat außerdem eine beeindruckend lange Weinliste. Außer sonntags und montags gibt's jeden Abend Livemusik.

Café Keyif (☎ 457 7820; Ziyapaşa Bulvarı 17/A; Mahlzeiten 5 €) Es sieht fast so aus, als wäre die Türkei endlich der EU beigetreten – zumindest wenn man ein, zwei Stunden in diesem holzgetäfelten, „echt" britischen Pub abgehangen hat.

Die Stammkunden mümmeln seelenruhig ihren Chefsalat und trinken dazu friedlich ein Glas Efes-Pils. Die Sitzecken zur Straße raus sind ideal zum Leutegucken.

Unterhaltung

Sports Café (☎ 457 3281; Zipaşa Bulvarı 26/C) Sieht aus wie eine westliche Sportbar, ist aber sauberer, nicht so verräuchert und mit etwas mehr Klasse. Auf fünf Fernsehern über der Bar laufen verschiedene Extremsportarten. Als Snacks sind jede Menge Pizzas und Burger im Angebot.

Cazara (☎ 459 3305; Ziyapaşa Bulvarı 27/B; ⏰ Mo–Sa 11–15 Uhr) Eine Art Club für Fans von 80er-Jahre-Metal-Bands und Alternative Rock. Samstagabends gibt's Jamsessions mit Gitarrenbands; die restliche Woche über sitzen hier fertige Gestalten mit ihrem Efes und bangen zur Musik von Skid Row.

An- & Weiterreise
AUTO
Avis Innenstadt (☎ 453 3045; Ziyapaşa Bulvarı); Flughafen (☎ 453 0476)
Hertz (☎ 458 5062; Ziyapaşa Bulvarı 9)

BUS
Vom großen *otogar* in Adana fahren Direktbusse und Minibusse praktisch überallhin. In der Tabelle unten sind nützliche Verbindungen aufgelistet, die es täglich gibt. Minibusse nach Kadirli (3 €, 1 Std., 75 km) und Kozan (3 €, 1 Std., 72 km) starten beim *otogar* Yüreği, am Westufer vom Seyhan.

VERBINDUNGEN VOM OTOGAR IN ADANA

Fahrt-ziel	Fahr-preis	Dauer	Entfer-nung	Häufigkeit (pro Tag)
Adıyaman	14 €	6 Std.	370 km	7-mal (zum Nemrut Dağı)
Alanya	19,50 €	10 Std.	440 km	8-mal (im Sommer)
Ankara	14 €	10 Std.	490 km	stündl.
Antakya	5,50 €	3½ Std.	190 km	stündl.
Antalya	16,50 €	10 Std.	555 km	2- oder 3-mal
Diyarbakır	19,50 €	10 Std.	550 km	mehrmals
Gaziantep	8 €	4 Std.	220 km	mehrmals
Kayseri	14 €	6½ Std.	335 km	mehrmals
Konya	16,50 €	6½ Std.	350 km	oft
Şanlıurfa	16,50 €	6 Std.	365 km	mehrmals
Silifke	11 €	2 Std.	155 km	14-mal
Van	22 €	18 Std.	950 km	mind. 1-mal

FLUGZEUG
Turkish Airlines (☎ 457 0222; Prof Dr Nusret Fisek Caddesi 22) fliegt täglich nonstop zwischen Adana und Ankara (1 Std.), İzmir (1½ Std.) und İstanbul (1½ Std.). **Onur Air** (☎ 436 6766) fliegt zwischen Adana und İstanbul.

ZUG
Der **Bahnhof** (☎ 453 3172) liegt am Nordende vom Ziyapaşa Bulvarı. Außen ist er mit tollen Kacheln dekoriert. Der *Toros Ekspres* und der *Içanadolu Mavi* fahren beide nach İstanbul (Bahnhof Haydarpaşa, 18 €, 19 Std.), über Konya (8 €, 7 Std.). Los geht's täglich um 14.10 Uhr, dienstags, donnerstags und sonntags um 21.10 Uhr. Jeden Mittwoch, Freitag und Montag fährt der *Toros Ekspres* um 5.05 Uhr nach Gaziantep (5,50 €, 5½ Std.). Außerdem gibt's oft Züge über Taurus nach Mersin.

Unterwegs vor Ort
Ein Taxi vom Flughafen in die Stadt kostet ca. 5 €. Für die Fahrt zum Hauptbusbahnhof wird man rund 7 € los. Unbedingt darauf achten, dass das Taxameter an ist. Für ein Taxi vom Stadtzentrum zum *otogar* Yüreği sind 4 € normal.

RUND UM ADANA
Die Bucht von İskenderun (İskenderun Körfezi) ist das äußerste östliche Ende der türkischen Mittelmeerküste. Hier liegen die Städte İskenderun und Antakya; sie gehören zur Provinz Hatay. Weiter Richtung Landesinneres geht's zu den Ruinen der alten hethitischen Stadt Karatepe (S. 464) und der neueren römischen Stadt Anazarbus (Anavarza; gegenüber). An der Straße stehen immer wieder mittelalterliche Festungen. Südlich von Adana erstreckt sich die Çukurova-Ebene, in der Baumwolle angebaut wird. Sie ist Schauplatz der Geschichten des berühmten türkischen Autors Yaşar Kemal (S. 58). In seinen beeindruckenden Romanen geht's viel um Arbeiter und Menschen vom Land.

Yılankale
Wer mit dem Auto unterwegs ist, sollte nach der Schlangenburg **Yılankale** Ausschau halten. Sie thront 35 km östlich von Adana und 2,5 km südlich von der Autobahn entfernt hoch oben auf einem Berg. Die Burg wurde gebaut, als diese Gegend zum armenischen

VON ADANA NACH ANTAKYA

0 _____ 50 km

tinischen Kaiser bauten sie später wieder auf. Das taten sie später noch einige Male, weil die Gegend immer wieder von Erdbeben heimgesucht wurde.

Die Araber, die hier im 8. Jh. einfielen, verpassten Anazarbus neue Herrscher und einen neuen, arabischen Namen: Ain Zarba. Später übernahmen wieder die Byzantiner das Ruder und für einige Zeit blieb es dabei. Aber Anazarbus war eine wichtige Stadt an einem strategisch günstigen Punkt. Und so schnappten sich immer wieder andere Armeen Anazarbus: die Hamdaniden von Aleppo, die Kreuzfahrer, ein armenischer König aus der Gegend, wieder die Byzantiner, die Türken und die Mamelucken. Die letzten Machthaber kümmerten sich nicht besonders um die Stadt, und ab dem 15. Jh. ging's mit ihr bergab. Heute heißt sie Anavarza.

Nach 5 km kommt man zu einem Abzweig und einem großes **Tor** in den Stadtmauern. Das führte früher in die alte Stadt. Heute sind hier Wiesen und Äcker, auf denen noch ein paar antike Steine rumliegen. Links geht's durch ein Dorf, in dem jeder zweite Zaunpfahl eine römische Säule ist. Nach 650 m Fußweg stößt man auf die Überreste eines **Aquädukts,** von dem noch mehrere Bögen übrig sind.

Im Dorf Anavarza gibt's ein paar einfache Teehäuser und einen Laden, der kalte Getränke verkauft. Aber damit hat sich's auch schon. Wer ein Zelt dabeihat, findet bestimmt ein Plätzchen zum Campen.

AN- & WEITERREISE
Von der D400 geht's auf der Straße nach Kozan und Kadirli in Richtung Norden zum Dorf Ayşehoca. Da ist rechts eine Straße nach Anavarza/Anazarbus ausgeschildert; es liegt 5 km weiter im Osten. Reisende, die mit dem *Dolmuş* oder Bus kommen, können hier aussteigen und morgens ohne große Probleme nach Anavarza trampen. Wer weiter nach Kadirli will, muss die 5 km nach Ayşehoca zurücktrampen und die 817 in nördlicher Richtung nach Naşidiye/Çukurköprü nehmen. Da teilt sich die Straße dann: Links geht's nach Kozan und Feke, rechts nach Kadirli.

Kozan
Der Marktflecken Kozan (früher Sis; s. S. 463) war mal die Hauptstadt des Königreichs Kilikien oder Kleinarmenien. Rundherum thronte eine Reihe von Burgen über der Ebene von

Königreich Kilikien gehörte. Ihren Namen soll sie einer Schlange verdanken, die sich früher um das Wappen über dem Haupteingang schlang. Zum höchsten Punkt der Festung ist es eine ca. zehnminütige Kraxelei den Felsen hoch.

Nach Anazarbus (Anavarza) und Karatepe geht's gleich hinter dem Abzweig nach Yilankale in Richtung Norden und Osten weiter. Ca. 37 km östlich von Adana gibt's eine Kreuzung. Hier führt die Straße links (Richtung Norden) nach Kozan und Kadirli und rechts (Richtung Süden) nach Ceyhan. Die Straße nach Kozan/Kadirli ist die richtige.

Anazarbus (Anavarza)
Als die Römer 19 v. Chr. in diese Gegend kamen, setzten sie diese Festungsstadt auf einen Hügel inmitten der fruchtbaren Ebene. Sie nannten sie Caesarea ad Anazarbum. Später, als Kilikien geteilt wurde, blieb Tarsus die Hauptstadt des Westens und Anazarbus wurde die Hauptstadt des östlichen Teils. Im 3. Jh. n. Chr. legten persische Angreifer die Stadt in Schutt und Asche. Die byzan-

Çukurova. Eine besonders unglaubliche baute Leo II. (regierte 1187–1219): Sie ist 300 m lang und balanciert auf einem schmalen Grat über dem Ort. Den Blick von da oben darf man auf keinen Fall verpassen!

Auf dem Weg zur Burg geht's an zwei Türmen vorbei und dann zum Haupttor. Im Innern findet man einen chaotischen Haufen Ruinen vor. Aber wer auf den schmalen Grat hochklettert (nur für Schwindelfreie!), kann rechts einen Bergfried mit vielen Türmen sehen und links einen dicken Turm, der früher königliche Gemächer beherbergte.

Zwischen den ersten beiden Türmen und dem Haupttor steht eine Kirchenruine. Die Einheimischen nennen sie *manastir* (Kloster). Bis 1921 war es die Kathedrale des Katholikos von Sis. Das war einer der beiden Patriarchen der armenischen Kirche.

In Kozan selbst gibt's ein paar schöne alte Häuser, außerdem mehrere billige Lokale und Teehäuser – insgesamt prima für einen Tagestrip. Zwischen Adana und Kozan sind viele Busse unterwegs (1,80 €, 1 Std.).

OSMANIYE
☎ 0322

Osmaniye liegt an der E90, die Adana mit Gaziantep verbindet. Die Stadt ist wenig berauschend, aber ein guter Ausgangspunkt für Trips nach Hierapolis-Castabala und zum Nationalpark Karatepe-Aslantaş.

Schlafen & Essen

Hotel Kervansaray (☎ 814 1310; Palalı Süleyman Caddesi; EZ/DZ 5/10 €) Diese Unterkunft beschränkt sich aufs Nötigste – wirklich aufs Allernötigste. Aber die Zimmer sind okay. Hin geht's am *otogar* links, dann an der BP-Tankstelle rechts abbiegen. Das Hotel ist dann links hinter der Moschee.

Şahin Otel (☎ 812 4444; Dr. Ahmet Alkan Caddesi 27; EZ/DZ 22/33 €) Dieses neue Hotel gegenüber vom Park an der Hauptstraße ist die Nummer eins im Ort. Die Zimmer sind groß und einladend und bieten alles, was sich von einem Drei-Sterne-Hotel erwarten lässt.

In Osmaniye wird früh gegessen. Das belebte Esslokal **Uğrak Lokantası** (☎ 813 4990; Mahlzeiten ca. 2 €) ist ein paar Schritte vom Şahin Otel entfernt. Hier werden leckere *pilav* (Reis-) Gerichte und herzhafter *şiş* (Grillspieß) für ca. 1,80 € aufgetischt.

An- & Weiterreise

Wer keinen eigenen fahrbaren Untersatz hat und Hierapolis-Castabala und Karatepe an einem Tag abklappern will, organisiert sich am besten ein Taxi. Ein Taxistand ist neben dem *otogar*. Eine Stunde Hierapolis, dann

---

DAS ARMENISCHE KILIKIEN

Im frühen 11. Jh. tobten die seldschukischen Türken von Zentralasien aus durch den Kontinent. Das schwache Byzanz leistete kaum Widerstand. So drangen sie nach Kleinasien und ins armenische Hochland vor. Tausende Armenier flohen nach Süden und versuchten sich ins Taurusgebirge und an die Mittelmeerküste zu retten. 1080 gründeten sie unter dem jungen Prinzen Reuben das Königreich Kilikien (oder Armenia Minor – Kleinarmenien). Ihre Hauptstadt war die Stadt Sis (heute Kozan; S. 462).

Armenia Maior musste sich immer wieder mit Eindringlingen aus dem Ausland rumschlagen und verlor schließlich seine Selbstständigkeit. Da ging es den kilikischen Armeniern schon viel besser: Geografisch war ihre Lage ideal für den Handel. Und westeuropäische Ideen fielen hier auf fruchtbaren Boden, z. B. das Feudalsystem. Kilikien wurde ein Land von Fürsten, Rittern und Leibeigenen. Im Gericht von Sis wurde sogar europäische Kleidung getragen. Nationalsprachen waren Latein und Französisch. Während der Kreuzzugszeit fanden die christlichen Armeen auf ihrem Weg nach Jerusalem Unterschlupf in dem Königreich.

Dieser Abschnitt der armenischen Geschichte ist besonders interessant in puncto Wissenschaft und Kultur. Schulen und Klöster boomten; Theologie, Philosophie, Medizin und Mathematik wurden dort unterrichtet. Und es war das Goldene Zeitalter der christlich-armenischen Buchmalerei – mit üppigen Verzierungen und deutlich vom Westen beeinflusst.

Das Kilikische Königreich schwamm fast 300 Jahre lang auf der Erfolgswelle. Dann rissen es sich die ägyptischen Mamelucken unter den Nagel. Leo IV., der letzte armenische Herrscher, tingelte sein restliches Leben ruhelos durch Europa – auf der Suche nach Unterstützung, um sein Reich zurückzuerobern. 1393 starb er in Paris.

zwei Stunden Karatepe und entweder weiter nach Kadirli oder wieder zurück nach Osmaniye – das sollte zusammen um die 18 € kosten.

Vom Zentrum in Osmaniye ist die Straße 01-08 nach Hierapolis-Castabala im Nordwesten und zum Karatepe-Aslantaş-Museum ausgeschildert. Auf der Straße kommt dann irgendwann rechts ein Schild nach Hierapolis-Castabala. Von da an geht's 6 km über eine holprige Straße. Ca. 10 km hinter Hierapolis-Castabala zeigt links ein Schild zur Straße nach Karatepe (9 km).

Wer Richtung Süden will, kann in einen Dolmuş von Osmaniye nach İskenderun steigen (1,40 €, 1 Std.). Außerdem gibt's oft Verbindungen nach Westen (Adana) und Osten (Gaziantep).

RUND UM OSMANİYE
Nationalpark Karatepe-Aslantaş

Zum **Nationalpark Karatepe-Aslantaş** (Karatepe-Aslantaş Milli Parkı; Eintritt 0,75/1 € pro Pers./Auto) gehört das **Freilichtmuseum Karatepe-Aslantaş.** Fast 4000 Jahre lang war dieser Ort besiedelt. Die Ruinen stammen aus dem 13. Jh. v. Chr. Damals zogen sich die späthethitischen Könige von Kizzuwatna (Kilikien) im Sommer in diese Ecke zurück. Der berühmteste von ihnen hieß Azitawatas.

Der Park liegt auf einer bewaldeten Hügelkuppe, von der aus der **Ceyhansee** (Ceyhan Gölü) zu sehen ist. Der künstliche See dient neben der Stromerzeugung auch der Erholung.

Für den Eintritt zu den **hethitischen Ruinen** (0,65 €; 8–12 & 13–17 Uhr) wird noch mal extra kassiert. Ohne eigenes Auto nach Karatepe zu kommen, ist nicht ganz einfach. Außerdem werden die Öffnungszeiten rigoros eingehalten – das nur als kleine Vorwarnung. Die Aufseher führen bloß Gruppen herum; eventuell muss man also warten, bis genug Besucher da sind. Fotografieren ist verboten.

Diese Ruinen sind auf jeden Fall bedeutend. Aber so was in der Größenordnung von Hattuşa (S. 498) darf hier keiner erwarten. Die Stadt hatte zu ihrer Verteidigung eine 1 km lange **Stadtmauer,** von der es noch Reste gibt. Der **Südeingang** wird von vier Löwen und zwei Sphinxen bewacht. Außerdem gibt's tolle Reliefs zu sehen: Sie zeigen eine Krönungszeremonie oder ein großes Fest mit Opferstier, Musikern und Triumphwagen.

Hierapolis-Castabala

Mitten auf einem Baumwollfeld ca. 19 km südlich von Karatepe und 15 km nördlich von Osmaniye stehen die Ruinen von **Hierapolis-Castabala** (Eintritt 1,25 €; 8–19 Uhr). Und 1 km östlich der Straße thront hoch oben auf einem Felsen über der Ebene eine *kale* (Burg). Beim Kartenverkäufer kann man sich ein Infoblatt auf Englisch leihen. Wer sich alles anschauen will, muss ca. eine Stunde einkalkulieren.

Hinter dem Kartenhäuschen geht die **Säulenallee** los. Hier standen mal 78 Säulenpaare; ein paar von ihnen haben noch ihre edlen korinthischen Kapitele. Dann geht's vorbei an einem stark bröckelnden **Tempel** und einem **Badkomplex** auf der rechten Seite. An einem Felsen vorbei – die Burg bleibt linker Hand – geht's zum Theater, das auch schon sehr verfallen ist. Dahinter sind Richtung Süden die Ruinen einer byzantinischen **Basilika** in den Feldern zu sehen. Auf demselben Pfad geht's weiter zu einer *çeşme* (Quelle). Noch ein Stück weiter kommen ein paar **Felsengräber.**

Wie es nach Hierapolis-Castabala geht, steht gegenüber.

İSKENDERUN
☎ 0326/160 000 Ew.

İskenderun liegt 130 km östlich von Adana. Die Stadt wurde 333 v. Chr. von Alexander dem Großen gegründet. „İskenderun" ist die Übersetzung des ursprünglichen Namens Alexandreia.

1918 besetzten die Engländer İskenderun und übergaben die Stadt mit der Provinz Hatay 1919 an die Franzosen. Die verleibten das Gebiet dem französischen Protektorat Syrien ein und nannten es Sandschak von Alexandretta. 1938 forderte Atatürk die Stadt für die Türkische Republik zurück. In dieser modernen Hafenstadt hält einen nicht wirklich viel. Aber wer einen Zwischenstopp einlegen will, findet ein paar Unterkünfte am Wasser – da ist es auch etwas netter.

Orientierung
& Praktische Informationen

Wer mit dem Bus kommt, geht aus dem *otogar* raus und dann nach Süden an der Minibus-Haltestelle vorbei zur Hauptstraße. Zum Meer geht's über die Hauptstraße rüber und dann rechts in die Şehit Pamir Caddesi. Diese Straße führt nach Norden bis zum Atatürk Bulvarı und zum Meer. Der Hauptplatz oben an der Şehit Pamir Caddesi ist an einem großen Denkmal am Wasser zu erkennen. Die meisten Hotels haben sich bei diesem Denkmal angesiedelt.

Die Leute in der **Touristeninformation** (☎ 614 1620; 49 Atatürk Bulvarı; ☺ Mo–Fr 8–12 & 13.30–17 Uhr) sind hilfsbereit; hier gibt's Karten von der Gegend und Infos über die Region zwischen Adana und Antakya.

Schlafen

Hotel Altındiş (☎ 617 1011; hotelaltindis@mynet.com; Şehir Pamir Caddesi 11; EZ/DZ 19,50/25 €; ⊠) Dieses ansonsten wenig aufregende Hotel hat Kitsch hoch drei zu bieten. Am erträglichsten ist die Lobby im zweiten Stock: Von dort lässt sich klasse beobachten, was weiter unten so alles passiert.

Hotel İmrenay (☎ 613 2117; Fax 613 5984; Şehir Pamir Caddesi 5; EZ/DZ 22/33 €; ⊠) Ein bisschen runtergekommen, aber die Lobby macht was her – sogar Flachbild-TV wird da geboten. Der Besitzer und sein Vater plaudern gern mit den Gästen.

Grand Hotel Ontur (☎ 616 2400; Dr. Muammer Aksoy Caddesi 8; EZ/DZ 76/97 €; ⊠) Die schickste Bleibe von İskenderun hat großzügige, aber langweilig eingerichtete Zimmer. Die Badezimmer sind picobello. Aber so altmodisch, wie alles aussieht, ist ein Preisnachlass angebracht.

Essen

Saray Restaurant (☎ 617 1383; Atatürk Bulvarı 53) Ein paar Häuser weiter von der Touristeninformation kommt man in diesem Restaurant voll auf seine Kosten: Die Karte ist endlos lang und bietet *meze*, Gegrilltes und Vegetarisches.

Hasan Baba (☎ 613 2725; Ulucami Caddesi 35; Mahlzeiten ca. 5 €) Dieses *pide-* und *lahmacun*-Lokal ist nicht so klein und immer voller zufriedener Gäste. Im Hof plätschert ein Brunnen und am Tresen gibt's normalerweise Stadtpläne.

An- & Weiterreise

Es fahren oft Minibusse und Sammeltaxis nach Adana (2,80 €, 2½ Std., 135 km), Antakya (1 €, 1 Std., 58 km) und Osmaniye (1,40 €, 1 Std., 63 km). Minibusse düsen auch regelmäßig die Küste runter nach Uluçınar (Arsuz; 0,80 €, 30 Min., 33 km).

ANTAKYA (HATAY)

☎ 0326/140 700 Ew.

Bis die Provinz Hatay 1939 an die Türkei ging, waren Kultur und Sprache in Antakya arabisch. Bis heute sprechen viele Einheimische noch Arabisch. Und in der Stadt leben Sunniten, Aleviten und orthodoxe Christen.

Das moderne Antakya ist nicht wirklich schön. Aber das Museum hier ist eins der tollsten in der Türkei – hierfür lohnt sich auf alle Fälle ein Abstecher. Antakya kann außerdem von sich behaupten, die „erste Kathedrale der Welt" zu besitzen: nämlich die Höhlenkirche des Apostels Petrus, der die Gemeinde hier besucht hatte. Außerdem sollen hier die Anhänger Jesu zum ersten Mal „Christen" genannt worden sein (Apostelgeschichte 11, 26). Die Stadt ist immer noch der Titularsitz von fünf christlichen Patriarchen: drei katholischen (einem syrisch-katholischen, einem maronitischen und einem griechisch-melchitischen), einem griechisch-orthodoxen und einem syrisch-jakobitischen. Allerdings halten sie sich nicht mehr hier auf.

In seiner langen Geschichte wurde Antakya immer wieder durch heftige Erdbeben in Mitleidenschaft gezogen. Eins der schlimmsten war 526 n. Chr.: Damals starben rund 250 000 Menschen. Kein Wunder also, dass von der antiken Stadt so wenig übrig ist.

Hinter Antakya ragen die Altınözüberge auf; ihr Gipfel Silpius beherrscht die ganze Umgebung.

Geschichte

Antakya ist das antike Antiochia ad Orontem. Seleukos I. Nikator gründete die Stadt 300 v. Chr. Schon bald lebte hier eine halbe Million Menschen. Aus der großen jüdischen Gemeinde ging in römischer Zeit eine christliche Gemeinde hervor. An ihrer Spitze stand eine Zeit lang der Apostel Paulus.

Um Antiochia rangelten sich Perser, Byzantiner, Araber, Armenier und Seldschuken. Auch Kreuzfahrer und Sarazenen waren mit von der Partie. 1268 überfielen ägyptische Mamelucken die Stadt. Schließlich kam sie ans Osmanische Reich, bis 1831 Mohammed Ali von Ägypten sie eroberte. Die Europäer intervenierten, und der rebellische Vasall der Osmanen räumte die Stadt wieder.

Vom Ende des Ersten Weltkriegs bis 1938 gehörte Antakya zum französischen Protektorat Syrien. Danach bildete es kurze Zeit mit der Gegend drum herum die unabhängige Republik Hatay. Aber als der Zweite Weltkrieg drohte, hielt Atatürk es aus Verteidigungsgründen für besser, Hatay der Türkischen Republik anzuschließen. Das Parlament stimmte dafür und am 23. Juli 1939 wurde Hatay tür-

ÖSTLICHES MITTELMEER

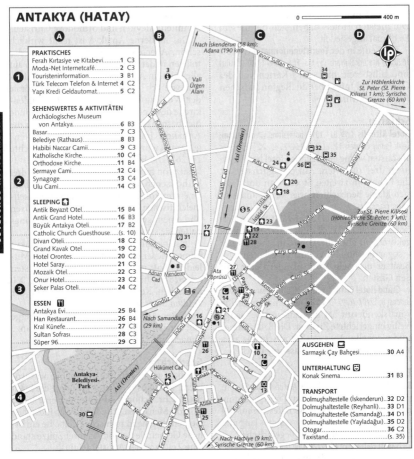

ANTAKYA (HATAY)

0 — 400 m

PRAKTISCHES	
Ferah Kırtasiye ve Kitabevi.........**1** C3	
Moda-Net Internetcafé..............**2** C3	
Touristeninformation.................**3** B1	
Türk Telecom Telefon & Internet **4** C2	
Yapı Kredi Geldautomat............**5** C2	

SEHENSWERTES & AKTIVITÄTEN	
Archäologisches Museum von Antakya....................**6** B3	
Basar...**7** C3	
Belediye (Rathaus)....................**8** B3	
Habibi Naccar Camii..................**9** C3	
Katholische Kirche.....................**10** C4	
Orthodoxe Kirche......................**11** B4	
Sermaye Cami...........................**12** C4	
Synagoge..................................**13** C4	
Ulu Cami...................................**14** C3	

SLEEPING	
Antik Beyazit Otel......................**15** B4	
Antik Grand Hotel.....................**16** B3	
Büyük Antakya Oteli..................**17** B2	
Catholic Church Guesthouse.......(s. 10)	
Divan Oteli................................**18** C2	
Grand Kavak Otel......................**19** C2	
Hotel Orontes...........................**20** C2	
Hotel Saray...............................**21** C3	
Mozaik Otel...............................**22** C2	
Onur Hotel................................**23** C2	
Şeker Palas Oteli.......................**24** C2	

ESSEN	
Antakya Evi...............................**25** B4	
Han Restaurant.........................**26** B4	
Kral Künefe...............................**27** C3	
Sultan Sofrası............................**28** C3	
Süper 96...................................**29** C3	

AUSGEHEN	
Sarmaşık Çay Bahçesi................**30** A4	

UNTERHALTUNG	
Konak Sinema............................**31** B3	

TRANSPORT	
Dolmuşhaltestelle (İskenderun)..**32** D2	
Dolmuşhaltestelle (Reyhanlı)......**33** D1	
Dolmuşhaltestelle (Samandağ)...**34** D1	
Dolmuşhaltestelle (Yayladağı)....**35** D2	
Otogar......................................**36** C2	
Taxistand..................................(s. 35)	

Nach İskenderun (58 km);
Adana (190 km)

Vali Ürgen Alanı

Antakya-Belediyesi-Park

Zur Höhlenkirche St. Peter (St. Pierre Kilisesi 1 km); Syrische Grenze (60 km)

Zur St. Pierre Kilisesi (Höhlenkirche St. Peter; 1 km); Syrische Grenze (60 km)

Nach Samandağ (29 km)

Nach Harbiye (9 km); Syrische Grenze (60 km)

kisch. Die syrische Regierung hat das nie akzeptiert und auf manchen syrischen Karten ist die Stadt immer noch ein Teil Syriens.

Orientierung

Quer durch die Stadt fließt der Fluss Asi (Orontes). Der moderne Teil erstreckt sich am Westufer. Da sind auch die Post, Verwaltungsgebäude und das Museum am Kreisverkehr Cumhuriyet Alanı.

Die ältere osmanische Stadt am Ostufer ist das Shoppingzentrum. Hier gibt's jede Menge Hotels, Restaurants und anderen Sachen, v. a. an der Hürriyet Caddesi. Der otogar ist ein paar Querstraßen nordöstlich vom Zentrum. Weiter im Nordosten fahren in der İstiklal Caddesi die Minibusse nach Samandağ ab.

Praktische Informationen

Die **Touristeninformation** (☎ 216 0610; 8–12 & 13–17 Uhr) wechselt von Zeit zu Zeit immer mal wieder ihren Standort. Zuletzt war die Touristeninformation am Kreisverkehr an der Atatürk Caddesi zu finden. Zu Fuß braucht man gute zehn Minuten von der Innenstadt dorthin.

Beim *otogar* und auf der anderen Seite des Flusses neben dem Büyük Antakya Oteli gibt's eine Reihe Geldautomaten. **Ferah Kırtasiye ve Kitabevi** (Hürriyet Caddesi 17/D) verkauft englischsprachige Zeitungen.

Das Moda-Net Internet C@fé liegt am oberen Ende der Einkaufspassage bei der Hürriyet Caddesi, zwischen Saray Hotel und Ferah Kırtasiye ve Kitabevi.

Sehenswertes
ARCHÄOLOGISCHES MUSEUM VON ANTAKYA

V. a. für das **Museum** (Antakya Arkeoloji Muzesi; ☎ 214 6168; Gündüz Caddesi; Eintritt 3 €; ☿ Di–So 8.30–12 & 13.30–17 Uhr) lohnt es sich, nach Antakya zu kommen. So eine tolle Sammlung von römischen und byzantinischen Mosaiken hat sonst kaum ein Museum in der Welt. Sie stammen aus der Zeit zwischen dem 1. Jh. n. Chr. und dem 5. Jh. Von manchen sind natürlich nur noch Bruchstücke übrig, aber andere sind fast komplett. Fast alle Beschriftungen sind auf Englisch und Türkisch.

In die hohen Räume I bis IV fällt Tageslicht – sie sind also ideal für die Präsentation der Mosaiken. Die sind so fein, dass sie auf den ersten Blick wie Gemälde aussehen. Highlights sind das **Mosaik von Okeanos und Thetis** (2. Jh.) und das **Buffet-Mosaik** (3. Jh.). Außer den üblichen Jagd- und Fischereiszenen sind auf den Mosaiken mythologische Geschichten dargestellt. Teilweise sind die Themen auch recht skurril. Da gibt's einen glücklichen Buckligen, einen schwarzen Fischer oder ein merkwürdiges Bild mit einem Raben, einem Skorpion und einer Mistgabel, die den „bösen Blick" attackieren. Viele Mosaiken stammen aus römischen Landhäusern am Meer oder aus dem Ort Daphne (Harbiye), manche sind aus Tarsus.

BASARBEZIRK

In den Straßen hinter dem *otogar*, der Kemal Paşa Caddesi und der Kurtulus Caddesi gibt's einen großen **Basar**. Rund um die Habibi Naccar Camii stehen die meisten noch erhaltenen **alten Häuser** von Antakya. Sie haben tolle verzierte Türstürze aus Stein und überhängende Holzerker. Es macht einen Riesenspaß, hier herumzustreunen: Wer Glück hat, kann einen Blick in die Innenhöfe werfen. Die italienischen Priester der katholischen Kirche glauben, dass hier zwischen 42 und 48 n. Chr. der Apostel Petrus gelebt hat; damals war es eine jüdische Gegend.

HÖHLENKIRCHE ST. PETER

Die **Höhlenkirche** (St. Pierre Kilisesi; Eintritt 3 €; ☿ Di–So 8.30–12 & 13.30–16.30 Uhr) steht ca. 3 km vom Zentrum am nordöstlichen Stadtrand, am Hang des Staurin-Berges (Kreuzberg). Hier soll der erste Ort gewesen sein, wo sich Christen heimlich trafen und beteten. Der Legende nach gehörte die Höhle dem Evangelisten

Lukas, der aus Antiochia stammte. Er stiftete sie der wachsenden christlichen Gemeinde, damit sie hier ihre Gottesdienste abhalten konnte. Paulus lebte und predigte ein paar Jahre lang in Antiochia. Als 1098 die Kreuzfahrer durch den Ort kamen, bauten sie eine Vorhalle an und die Wand davor.

Rechts vom Altar sind noch schwache Spuren eines Freskos zu sehen. Ein Teil des schlichten Mosaikfußbodens ist auch noch erhalten. In der Ecke tropft Wasser runter – es soll Krankheiten heilen.

Die Kirche ist in einer halben Stunde ohne Probleme zu Fuß zu erreichen: einfach auf der Kurtuluş Caddesi Richtung Nordosten gehen.

GOTTESHÄUSER

Die meisten der rund 1200 Christen in Antakya gehen in die **orthodoxe Kirche** (Hürriyet Caddesi; ☿ Gebete 8.15 & 18 Uhr). Sie wurde im 19. Jh. mit russischer Hilfe wiederaufgebaut. In der Kirche gibt's klasse Ikonen.

Die **katholische Kirche** (Kurtuluş Caddesi, Kutlu Sokak 6; ☿ Messe tgl. 8.30 & So 18 Uhr) verteilt sich auf zwei Altstadthäuser. Die Kapelle ist im früheren Wohnzimmer des einen Hauses. Daneben steht die **Sermaye Cami** mit einem phantastisch verzierten Minarett (auf vielen Antakya-Postern zu sehen). Gleich um die Ecke, in der Kurtuluş 56, ist eine **Synagoge**.

Schlafen
BUDGETUNTERKÜNFTE

Şeker Palas Oteli (☎ 215 1603; İstiklal Caddesi 79; EZ/DZ 10/16,50 €) Wer auf ein Haus in einem besorgniserregenden Zustand stößt, hat es gefunden. Dieses Hotel gegenüber vom *otogar* sieht wirklich unglaublich schäbig aus: Stehklos am Ende des Flurs und über allem hängt ein seltsamer Geruch. Frühstück ist im Preis nicht mit drin. Aber wer sich auf das Rabattangebot des Besitzers einlässt, findet weit und breit praktisch keine billigere Bleibe.

Divan Oteli (☎ 215 1518; İstiklal Caddesi 62; EZ/DZ 11/16,50 €; ⚙) Mit Sicherheit die beste Budgetunterkunft in Antakya. Ein paar Zimmer haben Balkons und kleine Schreibtische. Eine ziemlich komfortable Lobby gibt's auch.

Hotel Saray (☎ 214 9001; Fax 214 9002; Hürriyet Caddesi; EZ/DZ 16,50/25 €; ⚙) Schon ein bisschen runtergekommen und recht muffig. Aber die Zimmer (mit TV) sind ganz ordentlich groß. Manche haben auch einen netten Blick auf die Berge.

ÖSTLICHES MITTELMEER

Wenn einem nicht schon eine Reisegruppe zuvorgekommen ist, kann man in einem der acht Zimmer im **Gästehaus** der katholischen Kirche (domenicobertogli@hotmail.com; Kurtuluş Caddesi; Kutlu Sokak 6; 8 € pro Pers.) übernachten. Allerdings wird von Besuchern erwartet, dass sie jeden Tag an der Messe teilnehmen.

MITTELKLASSEHOTELS

Grand Kavak Otel (☎ 214 3530; www.kavakotel.com; İstiklal Caddesi 16; EZ/DZ 20/31 €; ✴ ▯) Eine phantastische Wahl mit schlichten, aber superbequemen Zimmern mit Satelliten-TV. WLAN und ein Internetterminal können umsonst genutzt werden. Das Hotel kriegt auch Bestnoten für das üppige Frühstück und die extrem hilfsbereiten Mitarbeiter.

Hotel Orontes (☎ 214 5931; Fax 214 5933; İstiklal Caddesi 58; EZ/DZ 25/39 €; ✴) Die Deko in diesem Zwei-Sterne-Hotel nicht weit vom *otogar* ist eher spärlich. Aber die Zimmer sind groß und haben Satelliten-TV.

Onur Hotel (☎ 216 2210; onurhotel@hotmail.com; İstiklal Caddesi 16; EZ/DZ 28/39 €; ✴) Die Zimmer sind ein bisschen schäbig und die Duschen müssten mal gründlich geschrubbt werden. Immerhin gibt's überall TV und Minibar. Und die Besitzer gehen um bis zu 10 € mit dem Preis runter.

Antik Grand Hotel (☎ 215 7575; www.antikgrand. com; Hürriyet Caddesi 18; EZ/DZ 33/50 €; ✴) Dieses neue Hotel gehört zum Antik Grand Restaurant daneben. Die Zimmer sind geschmackvoll im (nachgemachten) Antikstil eingerichtet. TV und Minibar sind Standard. Wer nachfragt, kriegt Rabatt.

SPITZENKLASSEHOTELS

Büyük Antakya Oteli (☎ 213 5858; Fax 213 5869; Atatürk Caddesi 8; EZ/DZ 54,50/78 €; ✴) Durchschnittliches Vier-Sterne-Hotel mit Friseur und Reisebüro im Haus. Manche Zimmer bieten einen schönen Blick auf die Stadt und auf den Fluss. Morgens gibt's üppiges Frühstück. Auf alle Fälle groß und bequem, aber etwas überteuert.

Antik Beyazıt Otel (☎ 216 2900; beyazit@antikbey azitoteli.com; Hükümet Caddesi 4; EZ/DZ 69,50/86 €; ✴) Das französische Kolonialzeithaus ist sehr nett eingerichtet: voll mit alten Möbeln und anderen antiken Sachen. Auf dem Boden liegen türkische Teppiche und an den Wänden hängen europäische Gemälde und Drucke. Auch die Lobby ist mit Vorhängen und Kronleuchter sehr elegant.

Essen & Ausgehen

In der Küche von Antakya macht sich der syrische Einfluss stark bemerkbar. Kebaps werden oft mit Pfefferminzblättern und Zitronenscheiben dekoriert. Hummus, der in der Türkei sonst kaum zu kriegen ist, gibt's hier überall. Über viele Hauptgerichte und Salate wird höllenscharfer Pfeffer gestreut; wer darauf nicht steht, kann *acısız* (ohne scharfen Pfeffer) bestellen.

Eine süße Spezialität aus der Gegend ist *künefe*. Das ist ein Kuchen aus Fadennudeln über einem Klacks Frischkäse. Das Ganze wird mit Zuckersirup übergossen und mit gehackten Walnüssen bestreut im Ofen gebacken. Am leckersten schmeckt er frisch aus dem Ofen. *Künefe* gibt's in den Läden am Nordende der Hürriyet Caddesi zu kaufen. Am beliebtesten ist Kral Künefe in der Nähe von der Ulu Cami; hier hat's Sitzplätze oben und draußen.

Im Antakya-Belediyesi-Park am Fluss, ein paar Querstraßen südwestlich vom Museum, lässt sich's herrlich relaxen. Hier gibt's Teegärten, z. B. den Sarmaşık Çay Bahçesi, und schattige Spazierwege.

Süper 96 (Kutlu Sokak; Mahlzeiten 2–3 €) Auf diesen Fastfood- und *lahmacun*-Laden stehen v. a. Teenies.

Sultan Sofrası (☎ 213 8759; İstiklal Caddesi 20; Mahlzeiten ca. 5 €) Mittags fallen die Einheimischen in diesem billigen Esslokal direkt neben dem Mosaic Hotel ein. *İskender*-Döner und Kebap schmecken lecker, nicht zu vergessen der *sütlaç* (Milchreis).

Han Restaurant (☎ 215 8538; Hürriyet Caddesi 17/1; Mahlzeiten 5–7 €) Eins der nettesten Lokale der Stadt mit traumhaftem İskender-*Döner*, leckerem *künefe* und schon fast übertrieben aufmerksamen Bedienungen. An kühlen Abenden ist die Terrasse draußen absolut super.

Antakya Evi (☎ 214 1350; Silahlı Kuvvetler Caddesi 3; Mahlzeiten 6–9 €) Hier kommt man sich vor wie zu Gast bei Freunden – kein Wunder bei dem Namen (*evi* bedeutet Wohnhaus). Die Einrichtung mit vielen Fotos und alten Möbeln ist geschmackvoll. Serviert werden neben leckeren Kebaps auch die üblichen Grillgerichte.

Unterhaltung

Konak Sinema (Karaoğlanoğlu Caddesi; Eintritt 2,50 €) Hier laufen Blockbuster auf Englisch mit türkischen Untertiteln.

An- & Weiterreise

BUS

Von & nach Syrien

Wer nach Syrien fahren will, braucht ein Visum (s. Kasten S. 724).

Die Jet-Busgesellschaft beim *otogar* von Antakya betreibt täglich um 9 und 12 Uhr Direktbusse nach Aleppo (3 €, 4 Std., 105 km) und täglich einen Bus um 12 Uhr nach Damaskus (5,50 €, 8 Std.). Alle Laster und Busse, die über die Grenze wollen, fahren dieselbe Strecke. Bei Reyhanlı/Bab al-Hawa ist der Grenzübergang. Traveller müssen sich darauf einstellen, hier dann zwei bis vier Stunden lang zu warten. Wer nicht so viel Zeit hat, sollte vor 8 Uhr an der Grenze sein oder mit dem (Sammel- oder Privat-)Taxi fahren. Das kann sich zwischen den wartenden Bussen und Lkws durchschmuggeln. Ein Taxi von Antakya (Türkei) nach Aleppo (Syrien) kostet ca. 25 €.

Wer die Grenze etappenweise in Angriff nehmen will, kann mit dem Bus nach Reyhanlı (1 €, 45 Min.) fahren. Der startet vor der Tankstelle an der Ecke Yavuz Sultan Selim/İstiklal Caddesi. Von Reyhanlı geht's per Dolmuş zum türkischen Grenzposten. Dann müssen noch ein paar Kilometer bis zur syrischen Grenze zu Fuß zurückgelegt werden.

Eine andere Möglichkeit ist es, mit dem Dolmuş Richtung Süden bis Yayladağı zu fahren (los geht's hinter dem Taxistand gegenüber vom *otogar*-Eingang). Dann mit dem Taxi weiterfahren oder die restlichen paar Kilometer zur Grenze trampen. Der Grenzübertritt dauert hier gerade mal 15 Minuten. Auf der anderen Seite sind's dann nur 2 km bis zum syrischen Bergdorf Kassab. Von dort fahren regelmäßig Mikrobusse in 45 Minuten nach Lattakia (25 S£).

In der Türkei

Vom *otogar* aus fahren die Direktbusse in fast alle Städte im Westen und Norden. Nach Ankara, Antalya, İstanbul, İzmir, Kayseri und Konya gibt es Verbindungen. Meistens geht's über Adana (5,50 €, 3½ Std.) und durch die Kilikische Pforte (S. 459). Es gibt auch oft Busse nach Gaziantep (6,50 €, 4 Std.) und Şanlıurfa (11 €, 7 Std., 345 km), entweder direkt oder über Gaziantep. Minibusse und Sammeltaxis nach İskenderun (1,50 €, 1 Std.) warten an einer eigenen Haltestelle gleich nördlich vom *otogar*.

RUND UM ANTAKYA

Harbiye (Daphne)

Der hügelige Vorort Harbiye, 9 km südlich von Antakya, ist das antike Daphne. Der klassischen Mythologie nach bat hier die jungfräuliche Daphne ihren Vater um Hilfe, weil sie den aufdringlichen Gott Apollon loswerden wollte. Und schwupps war sie in einen Lorbeerbaum verwandelt. Lorbeerbäume gibt's hier heute nicht mehr, aber rund um ein großes Wasserbecken stehen Pinien – ein beliebtes Picknickplätzchen. Wer hierhin will, steigt am besten gegenüber vom Hotel Çağlayan aus dem Dolmuş und geht links das bewaldete Tal runter. Meistens wimmelt es hier vor Urlaubern, die es sich in den Teegärten und an den Bächen und Becken gut gehen lassen.

AN- & WEITERREISE

Von Antakya fahren oft Minibusse und Stadtbusse auf der Kurtuluş Caddesi nach Harbiye (0,50 €, 15 Min.). Da stoppen sie kurz, um Fahrgäste einzusammeln.

Kloster des hl. Simeon

Die Reste dieses Klosters aus dem 6. Jh. liegen auf einem Berg, 7 km vom Dorf Karaçay und ca. 18 km von Antakya entfernt (auf dem Weg nach Samandağ). Als wir da waren, gab es keinen Ticketschalter.

In dem kreuzförmig angelegten Kloster befinden sich die Ruinen von drei Kirchen. In der ersten sind Mosaikreste zu sehen, aber am schönsten ist die mittlere Kirche mit prächtigen Steinmetzarbeiten. Die dritte Kirche wirkt strenger und wurde früher wahrscheinlich von den Mönchen genutzt. Das Kloster und die Säule wurden aus dem Berg gehauen. Von der Säule – Simeon war der erste Säulenheilige – ist noch ein Stumpf übrig. Drum herum war früher eine achteckige Fläche. Hier konnten die Pilger zuhören, wie Simeon gegen die Ungerechtigkeiten in Antiochia wetterte. Bei der Säule sind auch noch Reste von so was wie Stufen. Eventuell konnten die Pilger da hochklettern, um persönlich mit dem Heiligen zu sprechen.

AN- & WEITERREISE

Die Abzweigung zum Kloster ist gleich hinter dem Dorf Karaçay. Von Antakya aus geht's mit dem Dolmuş Richtung Samandağ dorthin (0,50 €, 20 Min.). Der Dolmuş-Stand ist an der İstiklal Caddesi (da, wo die Yavuz Sultan Selim Caddesi abgeht).

ÖSTLICHES MITTELMEER

Der Weg zum Kloster kann per Taxi oder zu Fuß zurückgelegt werden (hin und zurück ca. 17 €). Für die Besichtigung muss rund eine Stunde eingeplant werden. Gleich hinter Karaçay zeigt ein Schild, wo es langgeht. Nach 4 km teilt sich die Straße – der rechte Weg ist der richtige. Das Kloster kommt nach ca. 2,5 km.

Vakıflı

Ca. 35 km westlich von Antakya liegt an den Hängen des Berges Musa das letzte Armenierdorf der Türkei: Vakifli. Hier leben rund 130 armenische Türken. Bis 1939 gab es in dieser Ecke sechs armenische Dörfer. Aber als Hatay an die Türkei ging, wurden fast alle Armenier in den Libanon verfrachtet. Die meisten Einwohner von Vakifli sind schon älter. Aber es scheint dem Dorf ganz gut zu gehen. Die Leute hier leben von ihren tollen Obstgärten. Und im Sommer kommen armenische Türken aus İstanbul zu Besuch. Die Dorfkirche ist einen Abstecher wert.

AN- & WEITERREISE

Die Minibusse von Antakya nach Samandağ (0,50 €, 35 Min., 29 km) warten an einem nicht gekennzeichneten Stand an der Yavuz Sultan Selim Caddesi (nicht weit von der İstiklal Caddesi). Von Samandağ fahren täglich ein paar Minibusse nach Vakifli. Aber vielleicht ist Trampen die bessere Lösung.

Çevlik

Wer von Samandağ 6 km weiter westlich ans Meer fährt, kommt nach Çevlik und zu den spärlichen Ruinen von **Seleukia Pieria.** Das war der Hafen des alten Antiochia. Çevlik selbst ist ziemlich deprimierend. Aber der **Titus-Vespasian-Kanal** (Titüs ve Vespasiyanüs Tüneli; Eintritt 1 €) ist ein echter Besuchermagnet. Eine unglaubliche Leistung von römischen Ingenieuren! In seiner Blütezeit war Seleukia ständig in Gefahr, überschwemmt zu werden. Ein Fluss aus den Bergen floss mitten durch die Stadt. Um den in den Griff zu kriegen, ließen die römischen Kaiser Titus und Vespasian ihre Ingenieure einen Ausweichkanal um die Stadt buddeln.

Vom Parkplatz in Çevlik führen Stufen zum Tor rauf. Wenn jemand da ist, wird Eintritt kassiert, und ein Führer begleitet die Besucher bergauf, am Kanal lang und durch eine spektakuläre Schlucht. Es geht über Stock und Stein – also auf jeden Fall feste Schuhe und keine Sandalen anziehen.

Wem das zu viel ist, der kann am Kanal entlangspazieren, bis zu einem Metallbogen rechter Hand. Dann auf dem Pfad hinter dem Bogen weitergehen (also die rechte Abzweigung). Er folgt einem Bewässerungskanal, passiert ein paar Felsunterstände und kommt zum Schluss an einer römischen Brücke über der Schlucht raus. Hier gehen Stufen zum Kanal runter. Eine Taschenlampe ist hier ein guter Tipp, denn der Weg ist nicht besonders gut. Am anderen Kanalende gibt's eine Inschrift mit dem Datum des Tunnelbaus.

Die Hänge oberhalb der römischen Brücke sind ideal für ein Picknick.

AN- & WEITERREISE

Solange es hell ist, fahren zwischen Samandağ und Çevlik (0,50 €) alle 30 Minuten Minibusse.

Zentralanatolien

Zentralanatolien ist das Herzstück der Türkei – geografisch wie kulturell. Stämme, Völker und ganze Reiche haben sich jahrhundertelang um diese staubige Steppen- und Hügellandschaft geprügelt. Vorher unbekannte Städte wurden plötzlich berühmt, reiche Ortschaften stürzten ins Verderben, manchmal wurde Jahrzehnte um ein und dasselbe Stück Land gestritten. Im Tiegel des heißen anatolischen Sommers wurden Zivilisationen geschaffen und vernichtet: Sie alle hinterließen spannende Spuren.

Heute sind die Überbleibsel der abwechslungsreichen Geschichte überall verstreut – wie Beweisstücke, die nur darauf warten, von Besuchern mit detektivischem Spürsinn gedeutet zu werden. Wer den richtigen Spuren folgt, entdeckt neolithische Siedlungen neben hethitischen Städten, den Pomp der Seldschuken Seite an Seite mit dem Glanz der Osmanen. Und alles steht auf der vergessenen Asche vieler anderer gescheiterter Angreifer.

Das Ergebnis des ständigen Wechsels und Wandels ist die moderne türkische Kultur. Die typischsten Beispiele sind die modernen Städten Ankara und Konya: Sie sind sich ihrer Geschichte wohl bewusst, treten aber gleichzeitig aus ihr heraus. Ihre Sehenswürdigkeiten von gestern stehen fest auf dem Fundament eines Wohlstands von morgen. Trendsetter bei allem ist sicher İstanbul. Aber erst hier in Anatolien werden die Trends zur Mode. Ohne ihr Herzstück wäre die Türkei ohne ihren ganz eigenen Pulsschlag.

ZENTRALANATOLIEN

HIGHLIGHTS

- Die jahrtausendealten Schätze in Ankaras **Zitadelle** (S. 477) und dem **Museum für Anatolische Zivilisationen** (S. 475) entdecken

- Auf einem *şedir* (Diwan) in einer osmanischen Villa in **Safranbolu** (S. 489) ein Nickerchen halten

- Die hethitische Kultur und Keilschrift zwischen den Ruinen von **Hattuşa** (S. 498) ergründen

- Die surreale Schönheit am Flussufer von **Amasya** (S. 503) genießen

- Es sich in **Tokat** (S. 508) bei Massagen und den besten Kebaps des Landes gut gehen lassen

- Sich von den imposanten Portalen der Ulu Cami von **Divriği** (S. 517) zu eigenen Schnitzversuchen inspirieren lassen

- Im **Mevlana-Museum** von Konya (S. 519) mit anderen Pilgern eines berühmten Derwischs gedenken

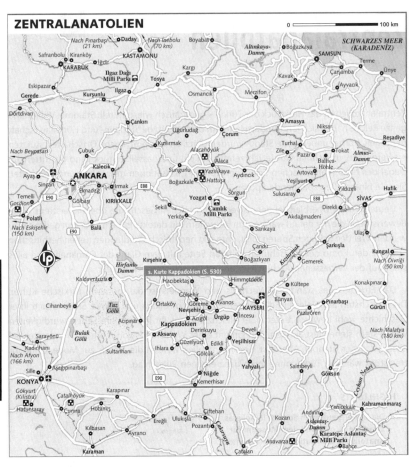

ANKARA

☎ 0312/4,3 Mio. Ew.

Die Quizfrage nach dem Namen der türkischen Hauptstadt kann heute wohl jedes Kind richtig beantworten. Das beweist, wie sehr Ankara inzwischen ins allgemeine Bewusstsein gedrungen ist – im Gegensatz zu früher, wo die scheinbar einzig mögliche Antwort noch „İstanbul" lautete. In den 80 Jahren seit der Unabhängigkeit hat sich die unscheinbare Provinzhauptstadt zur internationalen Metropole rausgemacht – mit allem modernen Schick, der dazugehört. Besonders die Cafészene hat die Stadt verwandelt und ihre breiten, offenen Straßen mit quirligem Leben gefüllt.

Die Stadt dehnt sich ständig aus. Und alles, was irgendwie neu und „in" ist, schießt in einem der Randbezirke aus dem Boden. Das macht es Kurzbesuchern nicht leicht, immer die aktuell angesagten Orte ausfindig zu machen. Wer sich also in der Szene rumtreiben will, sollte immer Tipps von den Einheimischen einholen und sich dann in ein Taxi schmeißen.

Geschichte

In Ankara wurden Reste aus der Hethiterzeit um 1200 v. Chr. gefunden. Aber die eigentlichen Wurzeln der Stadt waren phrygische Siedlungen, die am Knotenpunkt der nordsüdlichen und ostwestlichen Handelsstraßen entstanden. Später wurde die Stadt nacheinander von Alexander dem Großen, den Seleukiden und schließlich den Galatern erobert.

Letztere fielen ca. 250 v. Chr. in Anatolien ein. Unter dem Namen Ankyra verleibte Kaiser Augustus die Stadt 25 v. Chr. dem Römischen Reich ein.

Jahrhundertelang hatten die Byzantiner in Ankara das Sagen, wenn auch immer wieder Perser und Araber einfielen. Nach 1071 drangen seldschukische Türken nach Anatolien vor, eroberten die Stadt, konnten sie aber nur mit Müh und Not halten. Auch die Osmanen hatten ihre Probleme: Ganz in der Nähe wurde Sultan Yıldırım Beyazıt von Timur Lenk aufgegriffen und kam schließlich in Gefangenschaft um. Damit hatte Ankara ihren Ruf weg: Sie galt als vom Unglück verfolgt und mutierte allmählich zum Provinznest. Höchstens wegen ihrer Ziegen wurde sie noch geschätzt.

Natürlich änderte sich das, als Atatürk während des Unabhängigkeitskriegs Angora zur strategischen Basis seiner Operationen machte und 1920 hier seine provisorische Regierung einrichtete. Damals war die Stadt nichts weiter als eine kleine, staubige Siedlung mit ca. 30 000 Einwohnern. Nach seinem Sieg im Unabhängigkeitskrieg erklärte Atatürk Ankara zur neuen türkischen Hauptstadt (Oktober 1923) und machte sich dran, die Stadt auszubauen. Europäische Stadtplaner halfen ihm dabei. Das Ergebnis war eine Großstadt mit langen, breiten Boulevards, einem bewaldeten Park samt künstlichem See und vielen Wohn- und Diplomatenvierteln. Dank seiner zentralen Lage war Ankara geografisch und symbolisch als neue Republikhauptstadt geeigneter als İstanbul. Zwischen 1919 und 1927 setzte Atatürk keinen Fuß nach İstanbul. Stattdessen machte er Ankara auf dem Papier und auch tatsächlich zur tonangebenden Stadt der Türkei.

Orientierung

Ankaras Hauptstraße ist der 5,5 km lange Atatürk Bulvarı, der von Ulus, dem alten Stadtkern im Norden, durch Kızılay und Kavaklıdere bis nach Çankaya im Süden führt.

Ulus' Markenzeichen ist ein großes Reiterstandbild von Atatürk am Ulus Meydanı. Die wichtigsten Museen und Sehenswürdigkeiten sind ganz in der Nähe, ebenso Dutzende Budgetunterkünfte, Mittelklassehotels und Restaurants. Der Bahnhof, nicht weit von der Endstation des Flughafenbusses, liegt 1400 m südwestlich vom Ulus Meydanı am Cumhuriyet Bulvarı.

Die Gegend um die Kreuzung von Atatürk Bulvarı und Gazi Mustafa Kemal Bulvarı/ Ziya Gökalp Caddesi heißt Kızılay und ist das Zentrum des quirligen „neuen" Ankara. Hier gibt's Mittel- und Luxusklassehotels, Bars, Café-Restaurants und Busticketschalter.

Kavaklıdere, 2 km weiter südlich am Atatürk Bulvarı, ist das Nobelviertel mit Botschaften, Niederlassungen von Fluggesellschaften und Autovermietungen, eleganten Geschäften und natürlich dem Hilton und Sheraton.

In den Hügeln südlich von Kavaklıdere liegt Çankaya, eine Wohngegend, in der sich auch der private Wohnsitz des Präsidenten und viele Diplomatenhäuser befinden. Sein Wahrzeichen ist der von überall in der Stadt sichtbare Atakule-Turm mit einem Restaurant, das sich um die eigene Achse dreht.

AŞTİ, Ankaras *otogar* (Busbahnhof), liegt 5,5 km südwestlich von Ulus und 4,5 km westlich von Kızılay.

Praktische Informationen

BUCHLÄDEN

Dost Kitabevi (Karte S. 476; ☎ 418 8327; Konur Sokak 4, Kızılay) hat ein paar fremdsprachige Romane und Bücher zu Ankara im Sortiment.

Turhan Kitabevi (Karte S. 476; ☎ 418 8259; Yüksel Caddesi 8/32, Kızılay) Bildbände, Führer, Karten, Belletristik, außerdem viele Zeitungen und Zeitschriften.

GELD

In Ulus, Kızılay and Kavaklıdere sind überall viele Banken und Geldautomaten.

Sakarya Döviz (Karte S. 476; Sakarya Caddesi 6-A, Kızılay) Hier lässt sich Bargeld schnell und problemlos eintauschen.

INTERNETZUGANG

Die meisten Internetcafés sind in Kızılay, nicht weit von der Konur Sokak. WLAN-Zugang gibt's außerdem in vielen Hotels, Cafés und Bars.

Internet Club (Karte S. 476; Karanfil Sokak 47/A; 1 € pro Std.; 9–1 Uhr) Schnelle Verbindung und sogar ein paar Rechner im Freien!

Makronet (Karte S. 476; Selanik Caddesi 52; 0,70 € pro Std.; 9–1 Uhr) Internet und Zocker-Café mit 100 Rechnern.

MEDIZINISCHE VERSORGUNG

Bayındır Hospital (Karte S. 474; ☎ 428 0808; Atatürk Bulvarı 201, Kavaklıdere) Modernste Privatklinik der Stadt.

City Hospital (Karte S. 474; ☎ 466 3346; Büklüm Sokak 53) Nahe Tunalı Hilmi Caddesi, inklusive modernem Gesundheitscenter für Frauen (Kadın Sağlığı Merkezi).

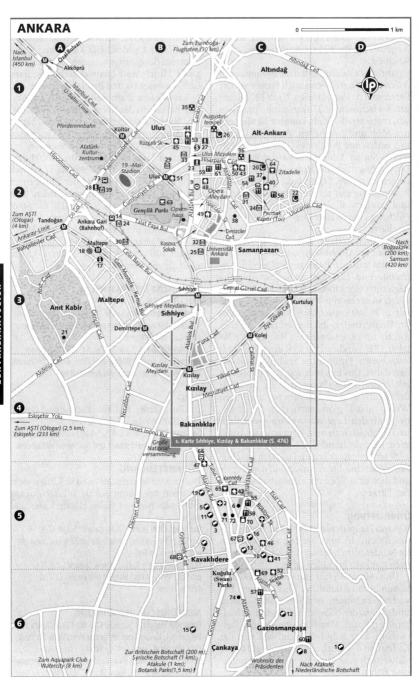

ZENTRALANATOLIEN

POST & TELEKOMMUNIKATION

PTT-Filialen gibt's im Bahnhof, am AŞTİ *otogar* und auf dem Atatürk Bulvarı in Ulus. Öffentliche Telefonzellen stehen in der Nähe jeder Filiale.

Türk Telekom (Karte S. 474; Gazi Mustafa Kemal Bulvarı, Maltepe; 🖳) Bei der Touristeninformation.

REISEBÜROS

Raytur (Karte S. 474; ☎ 311 4200; www.raytur.com. tr; TCDD Gar Binası İçi, Ulus) Am Bahnhof von Ankara, wird von der Türkischen Staatsbahn betrieben. Hier gibt's Bahn- und Flugtickets und man kann Jeep-Safaris oder Stadtrundfahrten und auch Touren ins nahe gelegene Umland buchen.

Saltur (Karte S. 474; ☎ 425 1333; www.saltur.com.tr; Tunus Caddesi 14/3, Kavaklıdere) Reisebüro für Flüge und Reisen ins Ausland.

TOURISTENINFORMATION

Touristeninformation (Karte S. 474; ☎ 231 5572; Gazi Mustafa Kemal Bulvarı 121, Maltepe; ☼ Mo–Fr 9–17 & Sa 10–17 Uhr) Gegenüber der von der Ankaray-Station Maltepe. Hier gibt's die üblichen Hochglanzbroschüren und kostenlose Stadtpläne. Die Mitarbeiter sprechen Englisch und etwas Französisch.

Sehenswertes & Aktivitäten
MUSEUM FÜR ANATOLISCHE ZIVILISATIONEN

Ankaras hervorragendes **Museum für Anatolische Zivilisationen** (Anadolu Medeniyetleri Müzesi; Karte S. 474; ☎ 324 3160; Eintritt 5,60 €; ☼ 8.30–17.15 Uhr) stellt noch immer stolz seine Auszeichnung als „bestes europäisches Museum" von 1997 zur Schau. Es bietet den perfekten Einstieg in den komplexen Flickenteppich der türkischen Frühgeschichte. Die tollen Ausstellungsstücke wurden von fast jeder wichtigen Ausgrabungsstelle Anatoliens zusammengesammelt.

Das Museum befindet sich in einem restaurierten *bedesten* (gedeckten Markt) aus dem 15. Jh. Auf dem zentralen Marktplatz mit zehn Kuppeln sind Reliefs und Statuen zu sehen und in der Halle drumherum Zeugnisse früherer anatolischer Zivilisationen: der Alt-, Jung- und Kupfersteinzeit, der Bronzezeit, der Assyrer, Hethiter, Phrygier, Urartäer und Lyder. Im unteren Geschoss befinden sich altgriechische und altrömische Stücke, außerdem eine Ausstellung zu Ankaras Geschichte.

Vor dem Museum bieten inoffizielle Führer ihre Dienste an. Wer die in Anspruch nehmen will, sollte unbedingt vorab einen Preis vereinbaren – und zwar für die gesamte Gruppe, nicht pro Person! Im Museum gibt's Getränke.

Wenn's nicht zu heiß ist, kann man von Ulus den Hügel zum Museum zu Fuß raufgehen (1 km): Richtung Osten die Hisarparkı Caddesi hinauf, dann rechts durch die Anafartalar Caddesi und links die Çıkrıkçılar Sokak entlang bis zum Museum. Der Preis für ein Taxi von Ulus liegt bei ca. 2 €.

Museumstour
Die Ausstellungsstücke sind spiralförmig angeordnet: Am besten mit der Altsteinzeit

rechts vom Eingang anfangen und sich dann gegen den Uhrzeigersinn vorarbeiten, bis man im zentralen Ausstellungsraum ankommt.

Die meisten Fundstücke aus der Altsteinzeit (von vor 3 Mio. Jahren bis 8000 v. Chr.) stammen aus der Höhle von Karain (S. 431) in der Nähe von Antalya; wahrscheinlich lebten dort nomadische Jäger und Sammler, die Werkzeuge erst aus Stein, später aus Holz herstellten. Daneben gibt es auch jungsteinzeitliche Funde (8000–5500 v. Chr.); damals fingen die Menschen an, sesshaft zu werden, Landwirtschaft und Viehzucht zu betreiben und Gefäße für die Vorratshaltung und zum Kochen herzustellen. Çatalhöyük (S. 526), 50 km südöstlich von Konya, ist eine der weltweit wichtigsten jungsteinzeitlichen

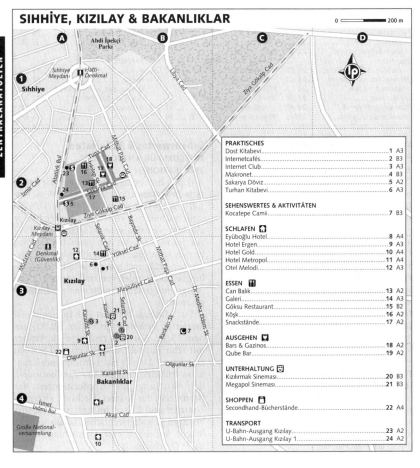

SIHHİYE, KIZILAY & BAKANLIKLAR

0 ⎯⎯ 200 m

PRAKTISCHES	
Dost Kitabevi	1 A3
Internetcafés	2 B3
Internet Club	3 A3
Makronet	4 B3
Sakarya Döviz	5 A2
Turhan Kitabevi	6 A3

SEHENSWERTES & AKTIVITÄTEN	
Kocatepe Camii	7 B3

SCHLAFEN	
Eyüboğlu Hotel	8 A4
Hotel Ergen	9 A3
Hotel Gold	10 A4
Hotel Metropol	11 A4
Otel Melodi	12 A3

ESSEN	
Can Balık	13 A2
Galeri	14 A3
Göksu Restaurant	15 B2
Köşk	16 A2
Snackstände	17 A2

AUSGEHEN	
Bars & Gazinos	18 A2
Qube Bar	19 A2

UNTERHALTUNG	
Kızılırmak Sineması	20 B3
Megapol Sineması	21 B3

SHOPPEN	
Secondhand-Bücherstände	22 A4

TRANSPORT	
U-Bahn-Ausgang Kızılay	23 A2
U-Bahn-Ausgang Kızılay 1	24 A2

Fundstätten. Hier im Museum ist das rekonstruierte Innere einer typischen Behausung zu bewundern. Die Stierköpfe aus Lehm waren Kultgegenstände.

In die Kupfersteinzeit fallen erste Arbeiten aus Kupfer, verfeinerte Keramikarbeiten, Statuen und gemalte Verzierungen. Die hier ausgestellten Stücke stammen v. a. von der wichtigsten kupfersteinzeitlichen Fundstätte der Türkei in Hacılar, in der Nähe von Burdur.

Viele der Artefakte aus der Bronzezeit wurden in der Nähe von Alacahöyük (S. 501) ausgebuddelt und zeugen von ausgefeilter Metallschmiedekunst. Goldschmuck, Götzenbilder und diverse Bronzegegenstände fanden wahrscheinlich bei Kulthandlungen Verwendung und dienten oft als Grabbeigaben.

Zur Ausstellung gehören auch zahlreiche Funde aus Kültepe, einer assyrischen Handelskolonie in der Nähe von Kayseri und einer der ältesten und reichsten Basare der Welt. Viele der gebrannten Tontafeln aus Kültepe sind hier zu sehen.

Eine der phantastischen hethitischen Skulpturen von Stieren und Hirschen im nächsten Ausstellungsraum wird gern als Emblem der Stadt Ankara benutzt. Die Hethiter waren für ihre Reliefs berühmt. Ein paar der gewaltigsten Stücke gehören zu den spektakulärsten Funden des Landes und stammen aus der Gegend um Hattuşa (S. 498). Sie befinden sich im zentralen Ausstellungsraum des Museums.

Die meisten Fundstücke aus der phrygischen Hauptstadt Gordion (S. 487), u. a. Holzmöbel mit unglaublichen Intarsien, erwarten den Besucher in den letzten Museumsräumen.

Die schönsten Schätze des Reichs von Urartu beherbergen Museen in Van und Elazığ. Aber auch Ankara hat eine nicht zu verachtende Sammlung zu dieser weniger bekannten Kultur zu bieten, u. a. bronzene Rüstungen mit figurativen Gravuren, Elfenbeinstatuen und Siegel.

Im Untergeschoss werden schließlich griechisch-römische Artefakte und regionale Fundstücke gezeigt. Sie können mit den vielen Highlights im Obergeschoss nicht mithalten, runden aber das Bild ab, v. a., was die nähere Umgebung von Ankara angeht. Wer weiß schon, dass die Stadt ihren eigenen frühmenschlichen „Missing link" besitzt, nämlich den schlappe 9,8 Mio. Jahre alten *Ankarapithecus?*

ZITADELLE

Wer will, kann nach dem Museumsbesuch gleich auf dem Hügel bleiben und rauf zum tollen **hisar** (Zitadelle oder Ankara Kalesi; Karte S. 474) marschieren. Das gut erhaltene Altstadtviertel mit dicken Mauern und verschlungenen Gassen ist zum Herumflanieren auf jeden Fall die spannendste Gegend in Ankara. Es sieht noch fast genauso aus wie im 9. Jh., als der byzantinische Kaiser Michael II. die äußeren Schutzwälle hochziehen ließ. Die inneren Festungsmauern, die von den örtlichen Behörden nach und nach rekonstruiert werden, stammen aus dem 7. Jh.

Zur Zitadelle geht's hinter dem Museum in die Gözcü Sokak, eine achteckigen Turm vorbei und dann nach links durch das **Parmak Kapısı** (Fingertor), auch Saatli Kapı (Uhrentor) genannt.

Direkt gegenüber dem Tor, im alten *han* Çengel, ist das **Rahmi M Koç Industriemuseum** (Rahmi M Koç Müzesi; www.rmk-museum.org.tr; Eintritt 1,70/0,70 € pro Erw./Kind; ☉ Di–Fr 10–17 & Sa–So 10– 19 Uhr) untergebracht. Es ist perfekt geeignet für Kids und auch Erwachsene, die lieber mal was anfassen, als irgendwelche alten Pötte in Glasvitrinen zu bestaunen. Das Museum hier ist nicht ganz so stark auf das Thema Verkehr zugeschnitten wie sein Stammhaus in İstanbul (S. 129).

Durchs Tor hindurch sieht man links die Moschee der Zitadelle: **Alaettin Camii**. Sie stammt eigentlich aus dem 12. Jh., wurde inzwischen aber ausgiebig rekonstruiert. Rechts führt eine steile Straße, die in eine Treppe übergeht, zum **Şark Kulesi** (Ostturm) hinauf. Er bietet einen tollen Panoramablick auf die Stadt. Der Nordturm **Ak Kale** (weiße Festung) ist schwieriger zu finden, aber auch von hier ist die Aussicht großartig. Wer über die Hisarparkı Caddesi zur Zitadelle hinaufkommt, sieht links auf halber Höhe die Überreste eines **römischen Theaters** aus der Zeit zwischen 200 und 100 v. Chr.

In der Altstadt wohnen die Leute noch immer wie in einem traditionellen türkischen Dorf. Zwischen den unvermeidlichen Teppichläden schlagen und sortieren Frauen Wolle. Überall lassen sind bröckelnde verfallende Säulenstümpfe, Bruchstücke von Marmorstatuen und Stürze mit Inschriften entdecken, die in die mächtigen Mauern eingeschlossen sind.

Innerhalb der Zitadelle gibt's sage und schreibe 14 Restaurants. Die meisten sind im traditionellen osmanischen Stil, weitere Einzelheiten hierzu auf S. 482. Auf den Straßen direkt vor dem Parmak Kapısı laden Antiquitätengeschäfte zum Stöbern ein – s. auch S. 484.

ANIT KABİR

Auch für alle, die sich bis jetzt nicht weiter für den Staatsgründer der modernen Türkei, Mustafa Kemal (Atatürk), interessiert haben, lohnt es sich definitiv, seinem monumentalen Mausoleum **Anıt Kabir** (Grabmonument; Karte S. 474; Eintritt frei; ⌚ April–Sept. 9–17 Uhr, Okt.–März bis 16 Uhr) einen Besuch abzustatten. Schon um ein Gefühl dafür zu kriegen, wie sehr der Mann in „seiner" Republik verehrt wird.

Der Weg zum Grabmal führt an zwei kleinen Türmen vorbei. Im **Hurriyet Kulesi** (Unabhängigkeitsturm) gibt's Informationen zum Bau des Grabmals und Fotos von Atatürks Beerdigung. Der **İstiklal Kulesi** (Freiheitsturm) erläutert die Symbolik des Denkmals.

Gelangweilte Soldaten und steinerne Löwenpaare– hethitische Symbole von Stärke und Macht – bewachen den Weg, der von den Türmen wegführt. Sich auf die Löwen zu setzen ist absolut tabu (und auch auf die Soldaten sollte man sich besser nicht setzen). Die gepflasterte Ehrenstraße führt zu einem riesigen, von Säulenhallen eingefassten Hof, an dessen Südseite das gigantische Grabmal prangt.

In den Säulenhallen befindet sich ein **Museum,** das verschiedene Atatürk-Souvenirs, persönliche Habseligkeiten, Dienstwagen und Katafalk (Gerüst für die Beerdigung) zeigt (wobei all diese Dinge sehr viel weniger über den Mann verraten als seine simple Rudermaschine oder die riesige, mehrsprachige Bibliothek. Im Untergeschoss gibt's noch zahlreiche Exponate zum Unabhängigkeitskrieg und zur Republikgründung zu sehen – von Schlachtgemälden (mit Soundeffekten) bis hin zu übertrieben genauen Erläuterungen zu den einzelnen Reformen nach 1923. Im Museumsshop ist Atatürk auf Postern, Tellern, Krawatten etc. zu haben – lauter Dinge, die man schon immer haben wollte.

Auf beiden Seiten des Eingangs zum Grabmal sind vergoldete Inschriften: Zitate aus Atatürks Rede zur Feier des zehnten Republikjubiläums 1932. Beim Betreten des Mausoleums heißt es, Kopfbedeckung abnehmen und Kopf in den Nacken, um die ganze riesighohe Halle zu erfassen. Sie ist mit Marmor ausgekleidet und sparsam mit Mosaiken dekoriert. Am Nordende steht ein gigantisches **Ehrenmal** aus Marmor, das aus einem einzigen, 40 t schweren Steinblock gehauen wurde. In der Kammer direkt darunter steht der eigentliche Sarg.

Fürs gesamte Monument sollte man ca. anderthalb Stunden einkalkulieren, wenn es nicht zu voll ist. Mitte der Woche fallen hier oft Schulklassen ein, v. a. im Mai, Juni und September.

Das Monument thront auf einem Hügel in einem Park, ca. 2 km westlich von Kızılay. Die nächste Haltestelle der Ankaray-U-Bahnlinie befindet sich 1,2 km nördlich vom Eingang und heißt Tandoğan. Von hier ist der Weg hinauf zum Mausoleum locker zu Fuß zu schaffen (ca. 20 Min.). Alternative ist ein Taxi (1,10 €). Wer mit dem eigenen Auto raufführt, muss den Führerschein am Tor abgeben. Am Eingang werden auch Sicherheitskontrollen durchgeführt und die Taschen durchleuchtet. Waffen, Tiere und Luftballons sind nicht erlaubt.

NOCH MEHR MUSEEN
Ethnografisches Museum

Das **Ethnografische Museum** (Etnografya Müzesi; Karte S. 474; Talat Paşa Bulvarı; Eintritt 1,25 €; ⌚ 8.30–12.30 & 13.30–17.30 Uhr) südlich von Ulus ist eine echte Schatzkammer. Es ist in einem postosmanischen weißen Marmorbau von 1925 untergebracht, in dem früher Atatürks Büroräume waren (daher auch das Reiterstandbild draußen vor dem Eingang). An den Wänden hängen Fotos von Atatürks Beerdigung, die von einer Art von Staatstrauer zeugt, wie sie in westlichen Gesellschaften selten vorkommt.

Im Museum gibt's herrliche Sammlungen von Stickereien, Porzellan (besonders kunstvoll sind die Fliesen aus Iznik) und Holzarbeiten, u. a. ein toller *mihrab* aus dem 13. Jh. (Nische in Richtung Mekka) aus Damsa in der Nähe von Ürgüp. Das automatische Beleuchtungssystem und die fehlende Beschilderung können einen ziemlich wahnsinnig machen. Aber die Tableaus einer Hochzeitsfeier und einer Beschneidungszeremonie sprechen für sich selbst.

Direkt nebenan befindet sich das **Museum für Malerei und Plastik** (Resim ve Heykel Müzesi; Eintritt 1,10 €; ⌚ 9–12 & 13–17 Uhr). Es beherbergt v. a. moderne und zeitgenössische türkische Kunst. Auch das Gebäude selbst ist eindrucksvoll.

Museum des Befreiungskrieges

Dieses **Museum** (Kurtuluş Savaşı Müzesi; Karte S. 474; Cumhuriyet Bulvarı; Eintritt 1,10 €; ☉ Di–So 8.45–12.15 & 13.30–17.15 Uhr) war bis 1925 Tagungsort der Großen Republikanischen Nationalversammlung. Vorher war es der Hauptsitz des Komitees für Einheit und Fortschritt, der „Jungtürkischen Bewegung", die 1909 Sultan Abdül Hamit II. den Garaus machte und versuchte, die Demokratie im Osmanischen Reich einzuführen. Heute sind hier eine ganze Reihe Fotos und Dokumente zu sehen, außerdem jede Menge Soldaten, die was von den Kampagnen damals lernen sollen. Die Räume, in denen die Delegierten zusammentrafen, sind auch zu besichtigen.

Museum der Republik

Hügelabwärts vom Ulus Meydanı steht das **Museum der Republik** (Cumhuriyet Müzesi; Karte S. 474; Cumhuriyet Bulvarı; Eintritt 1,10 €; ☉ Di–So 8.45–12.30 & 13.30–17.30 Uhr). Das Gebäude war der zweite Hauptsitz der Großen Nationalversammlung. Fotos und Schriftstücke dokumentieren seine frühe Geschichte. Die Beschilderung ist auf Türkisch, aber man kriegt auch so ein Gefühl für die bescheidenen Anfänge der Republik. Heute trifft sich das Parlament in einem um einiges pompöseren Bau in Bakanlıklar.

Verkehrsmuseen

Wer sich beim Warten auf dem Bahnhof von Ankara langweilt, kann sich die Zeit bei einem Besuch im **Eisenbahnmuseum** und der dazugehörigen **Kunstgalerie** (Demiryolları Müzesi ve Sanat Galerisi; Karte S. 474; Eintritt frei; ☉ Sept.–Juni 9–12.30 & 13.30–17 Uhr) vertreiben. Das kleine Gebäude auf Bahnsteig 1 war Atatürks Wohnsitz während des Unabhängigkeitskrieges. Direkt daneben steht Atatürks privater Eisenbahnwaggon, das Geschenk eines gewissen Adolf Hitler.

Ein wenig weiter liegt das **Dampflokomotivenmuseum** (Açık Hava Buharlı Lokomotif Müzesi; Celal Bayar Bulvarı; Eintritt frei), ein Freiluftmuseum mit einer Sammlung alter, langsam vor sich hin rostender Dampfloks südwestlich vom Bahnhof. Der Weg dorthin führt durch die Unterführung, erst in Richtung Bahnsteige, dann weiter geradeaus. Direkt vor dem Eingang zur Einkaufspassage Tandoğan Kapalı Çarşı führt links eine Treppe rauf. An deren Ende geht's nach rechts und nach ca. 800 m kommt das Museum.

Gegenüber vom Bahnhof ist das **Türkische Luftfahrtmuseum** (Talat Paşa Bulvarı; Karte S. 474; Eintritt frei), wo man im Schatten eine Sammlung alter Flugzeuge und andere Dinge zum Thema Luftfahrt bestaunen kann.

ATAKULE

Im Süden der Stadt, in Çankaya, steht der **Atakule** (Eintritt 0,85 €; ☉ 9–3 Uhr), eins von Ankaras Wahrzeichen. Die Spitze des Turms krönt ein rotierendes Restaurant mit Panoramablick auf die Stadt. Wer im Voraus reserviert, spart übrigens das Eintrittsgeld. Im gläsernen Aufzug geht's nach oben – nichts für Leute mit schwachen Nerven. Im Atakule gibt's auch ein Kino. Von Ulus oder Kızılay aus fährt jeder Bus in Richtung Çankaya hierher.

MOSCHEEN

Die Silhouette der riesigen **Kocatepe Camii** (Karte S. 476) in Kızılay ist inzwischen das Symbol von Ankara. Sie dürfte eine der größten Moscheen der Welt sein, ist allerdings auch sehr neu. Aber Ankara hat natürlich auch noch ein, zwei ältere Moscheen – und die Relikte im Ethnografischen Museum erinnern daran, dass es in der Stadt noch andere gegeben hat, die längst nicht mehr stehen.

Die am meisten verehrte Moschee Ankaras ist die **Hacı Bayram Camii** (Karte S. 474) in der Nähe des Augustustempels. Hacı Bayram Veli war so etwas wie ein muslimischer Heiliger, der um 1400 den Bayramı-Derwischorden gründete. Ankara war Zentrum dieses Ordens und Hacı Bayram Veli wird noch heute von frommen Muslimen hochgehalten. Auf dem Moscheegelände gibt's kleine Läden, die religiösen Krimskrams verkaufen (u. a. auch Holzzahnbürsten in der Art, wie sie der Prophet Mohammed benutzt haben soll). Wer die Tauben im nahe gelegenen Güvercin Yemleme Alanı füttern will, kriegt hier das entsprechende Futter.

Von der Zitadelle (*hisar*) führt der Weg links runter vorbei an Antiquitätenläden zur **Arslanhane Camii** (Karte S. 474) von 1290. In ihre Mauern wurden Fragmente alter römischer Gebäude eingebaut.

HAMAMS

Wer am Opera Meydanı wohnt und kein so tolles Bad hat, muss sich nicht grämen: In den Straßen östlich vom Platz gibt's diverse Hamams (Badehäuser). Der beste ist der **Şengül Merkez Hamamı** (Karte S. 474; Waschen & Massage 8,50 €; ☉ 17–23 Uhr für Männer, 7–19 Uhr für Frauen).

PARKS

Vom Ulus Meydanı führt der Atatürk Bulvarı Richtung Süden zum Eingang des **Gençlik Parkı** (Jugendpark; Karte S. 474). Hier ließ Atatürk aus einem Sumpf einen künstlichen See machen. Im Luna Park kommen Kids auf ihre Kosten. Außerdem gibt's hier auch ein paar einladende *çay bahçesi* (Teegärten); Frauen, die allein unterwegs sind, sollten sich an die mit dem Wort *aile* (Familie) im Namen halten.

Weitere Oasen in der oft ziemlich stressigen Stadt sind der **Kuğulu Parkı** (Schwanenpark; Karte S. 474) am Südende der Tunalı Hilmi Caddesi und der **Botanik Parkı** (Botanischer Garten) in einem Tal zu Füßen des Atakule in Çankaya.

In Gölbaşı, etwas außerhalb von Ankara, liegt der **Aquapark Club Watercity** (☎ 498 2100; www.clubwatercity.com auf Türkisch; Haymana Yolu 6, Gölbaşı; Eintritt 14/7 € pro Erw./Kind; ⏰ 10–19 Uhr) mit einer Reihe von Pools (drinnen, draußen & extra für Kinder) sowie Sportangeboten, Wasserrutschen, Restaurants. Vom Opera Meydanı gelangt man bequem per Dolmuş hierher.

NOCH MEHR SEHENSWERTES

Direkt auf der Cankırı Caddesi sind ca. 500 m nördlich vom Ulus Meydanı die **Römischen Bäder** (Roma Hamaları; Karte S. 474; Eintritt 1,10 €; ⏰ Di–So 8.30–12.30 & 13.30–17.30 Uhr) zu entdecken – ein größerer Ruinenhaufen aus dem 3. Jh. Der Grundriss der Bäder und das Heizungssystem sind noch deutlich erkennbar. Standardmäßig gehörten im alten Rom zu einem ordentlichen Bad folgende Räume: *Apoditerium* (Umkleideraum), Frigidarium (Kaltbaderaum), *Tepidarium* (milder Abkühlungsraum) und Caldarium (Wärmeraum). Unterhalb der

Bäder wurden Überreste aus phrygischer Zeit gefunden (8. bis 6. Jh. v. Chr.).

Zur **Julianssäule** (Jülyanus Sütunu; Karte S. 474) geht man vom Ulus Meydanı die Cankırı Caddesi Richtung Norden runter und biegt am schönen alten Gebäude der Türkiye İş Bankası rechts ab. Die Säule steht auf einem Platz mit diversen Regierungsgebäuden rundherum. Auf der Spitze sitzt normalerweise ein Storchennest. Der römische Kaiser Julian Apostata (regierte 361–63 v. Chr.) besuchte Ankara einmal während seiner kurzen Herrschaftszeit; aus diesem Anlass wurde die Säule aufgestellt.

Festivals & Events

Normalerweise steigen die wildesten Events in İstanbul. Aber das neue **AnkiRockFest** (www.ankirockfest.com) hat geholfen, das Image von Ankara aufzupolieren: Ende Mai strömen für ein ganzes Wochenende alle möglichen Bands in die Hauptstadt. Tickets fürs komplette Spektakel kosten ca. 35 €.

Schlafen

Hotels gibt's in Ankara viele, aber die meisten sind v. a. zweckmäßig und ansonsten nicht gerade aufregend. Besucher mit knappem Budget kommen am besten in Ulus unter. Von dort sind die wichtigsten Sehenswürdigkeiten bequem erreichbar. Aber die schönste Gegend ist es nicht. Die meisten guten Mittelklassehotels finden sich in Kızılay, die Luxusklassehotels in Kavaklıdere.

ULUS

Ulus ist zwar ziemlich runtergekommen, aber praktisch, wenn man das Museum für Anatolische Zivilisationen besuchen und dann schnell weitergehen will. Mehrere billige Hotels liegen rund um den Opera Meydanı. Nach Einbruch der Dunkelheit ist die Gegend ziemlich unheimlich, sehr ruhig und schlecht beleuchtet. Aber auch tagsüber ist sie relativ zwielichtig. Nördlich von Ulus gibt's viele Zwei- und Drei-Sterne-Hotels, aber die meisten sind unerträglich laut. Allein reisende Frauen und Ruhebedürftige suchen sich besser ein Zimmer in der Gegend der Rüzgarlı Sokak am nördlichen Rand vom Ulus Meydanı.

Otel Pinar (Karte S. 474; ☎ 311 8951; Hisarparkı Caddesi 14; EZ/DZ 15/20 €) Die Gegend Richtung Zitadelle ist für allein Reisende, Frauen und ängstliche Zeitgenossen am geeignetsten. Und das

---

DER TIPP VOM AUTOR

Angora House Hotel (Karte S. 474; ☎ 309 8380; Kalekapısı Sokak 16; EZ/DZ 36/56 €; ⏰ März–Okt.) Gut Ding will Weile haben – so auch Ankaras einziges Boutique-Hotel. Es wird von einem freundlichen türkischen Paar betrieben, das früher Teppiche an Touristen verkaufte und heute für das leibliche Wohl seiner Gäste sorgt. Das restaurierte Haus in attraktiver Lage innerhalb der Zitadelle bietet schöne, individuell ausgestattete Zimmer, tolles Fachwerk und einen ummauerten Hof. Es gibt nur sechs Zimmer, also besser im Voraus reservieren.

Pınar bietet genau die Art von simpler und preiswerter Unterkunft, die man für einen Kurzaufenthalt braucht. Das Frühstück kostet 2,80 €.

Otel Mithat (Karte S. 474; ☎ 311 5410; www.otel mithat.com.tr; Tavus Sokak 2; EZ/DZ/3BZ 14/23/25 €) Siebenstöckiger Hotelblock mit Blick auf den hektischen Handy-Markt auf dem Opera Meydanı. Die Lobby im osmanischen Look sieht ganz gut aus. Aber in den oberen Etagen regiert schäbiges Linoleum. Es gibt ein paar noch billigere Zimmer mit Dusche und Etagenklo. Das Frühstück kostet 2 €. WLAN-Zugang ist vorhanden.

Otel Buhara (Karte S. 474; ☎ 310 7999; Sanayi Caddesi 13; EZ/DZ/3BZ 17/25/34 €) Liegt einen Block hinter dem Atatürk Bulvarı und entgeht so dem schlimmsten Verkehrslärm. Der Komfort ist dem Preis angemessen. Pluspunkt: ein smarter Kebapladen gleich nebenan. Frühstück kostet 2,80 €.

Hotel Spor (Karte S. 474; ☎ 324 2165; www.hotelspor. com; Rüzgarlı Plevne Sokak 6; EZ/DZ/3BZ 31/39/50 €; ⚡) Trotz des lärmigen Wettbüros zwei Häuser weiter gibt sich das „Sporthotel" als Familienhotel aus. Die engen Zimmer sind durch das Holzinterieur ganz okay.

Hitit Oteli (Karte S.474; ☎ 310 8617; Hisarparkı Caddesi 12; EZ/DZ/3BZ 27,50/39/59 €) Am Aufstieg zur Zitadelle liegt dieses kleine, aber im Vergleich zu den anderen Budgethotels qualitativ bessere Hotel. Stil und Geschmack sind aber nicht sein Markenzeichen (selbst die „Gäste" auf der Broschüre sehen aus wie die Trauergesellschaft bei einer Mafia-Beerdigung in den 70ern). Mit etwas Glück lassen die Bäume vor dem Hotel eine kleine Aussicht zu.

Hotel Oğultürk (Karte S. 474; ☎ 309 2900; www.ogul turk.com; Rüzgarlı Eşdost Sokak 6; EZ/DZ/3BZ 31/42/56 €; ⚡) Liegt an der Rüzgarlı Sokak; der Standard ist hier kaum schlechter als in den Budgethotels in Kızılay, der Lärm von der Moschee dafür um so störender. Das Hotel wird professionell geführt und eignet sich auch für allein reisende Frauen.

Radisson Hotel (Karte S. 474; ☎ 310 4848; info.an kara@radissonsas.com; İstiklal Caddesi 20; EZ/DZ ab 72/82 €; ⚡ ⚡ ⚡) Luxus auf internationalem Niveau auf 16 Etagen direkt gegenüber vom Gençlik Parkı.

KIZILAY & BAKANLIKLAR
Weiter südlich, in Kızılay und Bakanlıklar, wohnt es sich dank der Schatten spendenden Bäume schon gleich viel netter als in Ulus und die Verkehrs- und Einkaufslage ist supergünstig. Die meisten Hotels hier haben Klimaanlage, Minibar, IDD-Telefon und Digital-TV zu bieten. Die offiziellen Preise können mal doppelt so hoch sein wie die hier angegebenen, aber zahlen muss man sie de facto selten.

Hotel Metropol (Karte S. 476; ☎ 417 3060; www. hotelmetropol.com.tr; Olgunlar Sokak 5; EZ/DZ ab 31/45 €; ⚡) Das Metropol ist nicht nur preisgünstig: Es wird mit den gelungenen Art-déco-Elementen auch seinem kosmopolitischen Namen gerecht und bietet auf ganzer Linie Qualität und Charakter.

Eyüboğlu Hotel (Karte S. 476; ☎ 417 6400; Karanfil Sokak 73; EZ/DZ 34/45 €) Die wenig einnehmende braune Fassade, wellige Auslegware und langweilige weiße Bettwäsche legen den Verdacht nah, dass Design hier keine Priorität hat. Über Restaurant, Friseur und den Billardsalon im amerikanischen Stil kann man aber nicht meckern. Auch einheimische Gruppen kommen gerne hierhier.

Otel Melodi (Karte S. 476; ☎ 417 6414; www.melo dihotel.com; Karanfil Sokak 10; EZ/DZ 36/48 €; ⚡) Die professionelle Leitung und die Top-Lage an einer Straßenecke im Herzen der Kızılay-Fußgängerzone mit ihren vielen Cafés sind eindeutige Pluspunkte. Das Hotel hat geräumige, in verschiedenen Brauntönen gehaltene Zimmer. Und es scheint einheimische Cartoon-Zeichner zu inspirieren – deren Werke in der Lobby hängen.

Midas Hotel (Karte S. 474; ☎ 424 0110; www.hotel midas.com; Tunus Caddesi 20; EZ/DZ 50/62 €; ⚡ ⚡) Die hier angegebenen Preise für dieses brandneue Vier-Sterne-Luxushotel sind Schnupperpreise und gelten nur in der ruhigeren Saison. Ganz bestimmt schießen sie richtig in die Höhe, wenn erst mal ein solider Kundenstamm besteht. Aber im Moment ist es ein super Schnäppchen. Alle Einrichtungen – vom Wellness-Bereich und Fitnesscenter bis hin zur WLAN-Ausstattung der Zimmer – sind für Gäste des Hauses gratis.

Hotel Gold (Karte S. 476; ☎ 419 4868; www.ankara goldhotel.com; Güfte Sokak 4; EZ/DZ/3BZ 75/92/100 €; ⚡) Die Frage ist, worauf sich der Name „Gold" bezieht – sicher nicht auf die leuchtend orangefarbenen Sonnenblenden in den Zimmern, die roten Teppiche oder den Marmor des Terrassencafés. Aber egal – das Haus hat Klasse und gegen eine Unterkunft, die gratis Getränke zum Katerfrühstück ausschenkt, ist nichts einzuwenden!

KAVAKLIDERE

Gordion Hotel (Karte S. 474; ☎ 427 8080; www.gordion hotel.com; Büklüm Sokak 59; EZ/DZ 94/113 €; ⚑ 🖳 🖵) Wenn man Klasse riechen könnte, würde dieses Hotel bis zum Himmel duften und vielleicht einen Großteil der europäischen Konkurrenz in den Schatten stellen. Das Gordion ist der Inbegriff eines elegante Stadthaus-Hotels: tiefrote Stoffe, silbernes Teegeschirr, Wintergartenrestaurant und ein komplettes Spa. Sogar die Seife ist hier handgemacht. Also: Einatmen und genießen!

mega residence (Karte S. 474; ☎ 468 5400; www. megaresidence.com; EZ/DZ ab 147/167 €, Suite 200 €; ⚑) Das Hotel hat es wohl v. a. auf deutsche Gäste abgesehen. Die alpine Kiefernholzfassade und das Schnitzel-Restaurant sagen schon alles. Drinnen erinnert nur wenig ans Gebirge. Dennoch: Die Zimmer lassen nichts zu wünschen übrig, schon gar nicht die Doppelzimmer mit Whirlpool oder die Suite mit Kitchenette.

Auch noch zu empfehlen:

Ankara Hilton (Karte S. 474; ☎ 455 0000; www.hilton. com; Tahran Caddesi 12; EZ/DZ 297/315 €; ⚑) Gemütliche Zimmer und Suiten auf 16 Etagen; an Wochenenden gibt's Rabatte.

Sheraton Ankara Hotel & Towers (Karte S. 474; ☎ 468 5454; www.sheraton.com/ankara; Noktalı Sokak; EZ/DZ 254/297 €; ⚑) Das zylindrische Luxushochhaus ist nicht zu übersehen. An Wochenenden gibt's Ermäßigungen.

Essen

ULUS

Wie die Unterkünfte sind auch die meisten Lokale in Ulus billig und schlicht. Meist sind es nur Männer, die sich hier mit Bier abfüllen lassen. Selbstversorgen scheint also eine gute Option zu sein. Am besten auf dem bunten Gemüsemarkt Yeni Haller (Karte S. 474) umgucken.

In der Altstadt wurden über ein Dutzend alter Holz-und Steinhäuser in einladende, stimmungsvolle Restaurants umgewandelt, in denen auch Alkohol ausgeschenkt wird. Im Sommer sind diese von ca. 11 Uhr bis Mitternacht geöffnet, schließen aber im Winter oder schränken ihre Öffnungszeiten ein. In den meisten wird abends Livemusik gespielt. Außerhalb der Festungsmauern auf der Can Sokak gibt's zwischen den Antiquitätenläden auch vereinzelte Cafés.

Zenger Paşa Konağı (Karte S. 474; ☎ 311 7070; www. zengerpasa.com; Doyran Sokak 13; Hauptgerichte 2,80–9,50 €; ⚑) Das Haus wurde 1721 für den Gouverneur

Mehmet Fuat Paşa gebaut. Ein Fernsehproduzent mit touristischem Gespür ließ es später restaurieren und machte daraus das erste Restaurant in der Altstadt. Das Essen wird nach wie vor im Originalofen zubereitet und die gesamten Räume sind voll mit osmanischen Krimskrams. Jeden Abend untermalt Livemusik den perfekten Blick auf die Festung.

Boyacızâde Konağı (Karte S. 474; ☎ 310 2525; Berrak Sokak 7/9; Hauptgerichte 3,50–16 €) Nicht weit vom Museum ist das Boyacızâde noch so ein liebevoll restauriertes Stadthaus-Restaurant mit super Aussicht, typisch osmanisch-nostalgischer Deko und einer guten Auswahl an Fischgerichten. Zur Unterhaltung gibt's klassische türkische Musik (*fasıl*).

Kale Washington (Karte S. 474; ☎ 311 4344; Doyran Sokak 5/7; Hauptgerichte 10–20 €; ⊙ ab 9.30 Uhr) Zwei Häuser aus dem 17. Jh. wurden zum heutigen Washington zusammengelegt. Hier haben sich schon echte Promis (Hillary Clinton, heißt es, hat hier auch schon mal gegessen) und solche, die es gerne wären, blicken lassen, um die türkisch-internationale Küche zu genießen. Manchmal ist der Service etwas snobby, aber wer sich betont schlampig rumläuft, wird auch nicht allzu arrogant behandelt.

Hatipoğlu Konağı (Karte S. 474; ☎ 311 3696; Sevinç Sokak 3; Menüs 15–20 €; ⊙ 19–1 Uhr) Die auf Touristen zugeschnittenen Menüs sind ihr Geld wert. Alkoholisches gibt's hier unbegrenzt – aber nachher gut auf die Stufen achten! Außer sonntags spielen täglich Livebands. Von der Zitadelle geht's durch die Parmak Kapısı und dann links ab.

Näher am Atatürk Bulvarı liegen die folgenden zwei Restaurants:

Bosna İşkembe Lokanta ve Kebap Salonu (Karte S. 474; ☎ 310 8701; Çankırı Caddesi 11; Hauptgerichte 2–3,70 €; ⊙ 24 Std.) Dieser Laden ist rund um die Uhr geöffnet, unglaublich beliebt und zum Glück nicht so trostlos wie ein paar seiner Konkurrenten.

Urfalı Hacı Mehmet (Karte S. 474; ☎ 311 2008; Kızılay Sokak 3/A; Hauptgerichte 2,50–3,70 €; ⊙ 9–22 Uhr) Für Familien und Frauen eine willkommene Oase: sauber, hell und perfekt für ein ausgiebiges Fastfood-Menü.

KIZILAY

Für einen Snack zwischendurch ist diese Gegend ideal, v. a. die Fußgängerzone nördlich von der Ziya Gökalp Caddesi. Dort bekommt man in diversen Straßenimbissen alles vom Döner bis zur Ofenkartoffel (*kumpir*).

Kızılay ist auch Ankaras Café-Hochburg. Ihre Terrassen bedecken praktisch jeden Quadratmeter südlich der Ziya Gökalp Caddesi. Schon von Weitem sind die Studenten beim Backgammonspielen nicht zu überhören.

Can Balık (Karte S. 476; ☎ 432 4862; Sakarya Caddesi 8/4; Hauptgerichte 1,70–4,50 €; ⏰ 10–22 Uhr) Beliebte Alternative zu den teureren Fischrestaurants. Das Stilvollste hier ist die Coca-Cola-Werbung, aber auch die Fischkarte ist absolut okay.

Galeri (Karte S.476; ☎ 418 9950; Selanik Caddesi 40/2; Hauptgerichte 1,70–5,50 €; ⏰ 9–23 Uhr) Pärchen sitzen besonders gern in den luftigen Nischen über der Straße. Auf der gemischten Karte steht Leckeres im Brasserie-Stil – von Frühstück bis zu Salaten und Käsekuchen. Und alles ansprechend serviert.

Göksu Restaurant (Karte S. 476; ☎ 431 2219; Bayındır Sokak 22/A; Gerichte 3,10–7,50 €; ⏰ 11–23 Uhr) Hier wird stilvoll diniert; die Bedienung trägt Uniform und die Terrasse ist durch Glas und Weinranken diskret von der Straße abgeschirmt. Anzugträger nehmen hier gerne *mezes* und *rakı* (Traubenschnaps mit Anisgeschmack) zu sich.

Köşk (Karte S. 476; ☎ 432 1300; İnkılap Sokak 2, Kı; Hauptgerichte 4–11 €; ⏰ Mo–Sa 11–23 Uhr) Die Spezialität hier ist Fisch. Und das gepflegte Ambiente passt zum gut situierten, etwas älteren Stammpublikum. Aber auch jüngere Gäste schlagen hier gerne auf. Denn das Bier ist mit 1,40 € sehr erschwinglich.

KAVAKLIDERE
Die Restaurantszene hier ist stylischer und europäischer geprägt. Die Gäste sind hier v. a. Botschaftsmitarbeiter. Also geht auch die Küche übers übliche türkische Repertoire hinaus.

Tapa Tapa Tapas (Karte S. 474; ☎ 428 3562, Tunalı Hilmi Caddesi 87; Gerichte 1,40–8,50 €; ⏰ 8.30–24 Uhr) Mit der Schärfe seines Chilis und dem Alkoholgehalt der Sangria (3,50 €) geht der Chefkoch hier eher auf Nummer sicher. Die für die Türkei ziemlich untypischen *albondigas* und *patatas bravas* sind allerdings ein zuverlässiger Publikumsmagnet. Pasta, Crêpes und Gegrilltes runden das Angebot ab.

Café des Cafés (Karte S. 474; ☎ 428 0176; Tunalı Hilmi Caddesi 83; Hauptgerichte 3,60–11 €; ⏰ 8.30–24 Uhr) Auch das „CdC" macht mit seinen ambitionierten Bistro-Gerichten auf mediterran. Das Angebot reicht von *quesadilla* über Lachs bis hin zu *arugula*.

Mezzaluna (Karte S. 474; ☎ 467 5818; Turan Emeksiz Sokak 1; Gerichte 20–30 €; ⏰ 12–24 Uhr) Schon nach dem ersten Schritt ins wohl schickste italienische Restaurant der türkischen Hauptstadt ist man beeindruckt: Fürs Interieur war Roberto Magris zuständig und der Chefkoch ist ein echter Italiener. Einen Ableger des Mezzaluna gibt's in Bilkent.

Wok (Karte S. 474; ☎ 446 1992; Borusan Bldg, Uğur Mumcu Caddesi 8/2; Gerichte ab 20 €; ⏰ 12–24 Uhr, Sa & So bis 2 Uhr) Trendy bis zur Schmerzgrenze ist dieses orientalische Bar-Restaurant direkt über einem BMW-Showroom. Die Speisekarte ist panasiatisch. Ein paar ausgesuchte europäische Gerichte gibt's auch und dazu elektronische Musik. Wer noch mehr Unterhaltung will, setzt sich an die Tische mit Blick in die Küche.

Ausgehen

Der beste Ort für ein Glas Tee ist der Genclik Parkı auf der gegenüberliegenden Straßenseite vom Opera Meydanı. **Ada Aile Çay Bahçesi** (Karte S. 474) liegt direkt am See und eignet sich ideal dazu, über einen Samowar (1,10 €) hinweg das Treiben rundherum zu beobachten.

Das Nachtleben der Studentenszene von Ankara spielt sich in Kızılay ab. Besonders angesagt ist die Bayındır Sokak zwischen Sakarya Caddesi und Tuna Caddesi. Hier drängeln sich manchmal bis zu drei verschiedene türkische *gazinos* (Nachtclubs) in einem Gebäude! In vielen gibt's türkischen Pop live. Und allein reisende Frauen dürften sich in den meisten Läden wohl fühlen.

And Evi (Karte S. 474; ☎ 312 7978; İçkale Kapısı, Ulus) Café im osmanischen Stil direkt an den Mauern in der Zitadelle. Die Wahl fällt schwer zwischen der Terrasse mit Panoramablick und der opulenten Lounge drinnen.

Qube Bar (Karte S. 476; ☎ 432 3079; Bayındır Sokak 16/B) Diese Bar ist etwas schicker als ihre direkten Nachbarn. Ungewöhnliche Auswahl an Fassbieren, u. a. auch das leicht nach Apfel schmeckende Pera Pilsener aus Tekirdağ.

Locus Solus (Karte S. 474; ☎ 468 6788; Bestekar Sokak 60) Die Terrassen-Lounge in poppigem Orange zieht ein junges, relaxtes Völkchen an, das hier Bier trinkt, Cocktails oder Shakes schlürft und Snacks futtert. Die MP3-Jukebox deckt die ganze Palette elektronischer Musik ab (französischer Ska gefällig, Sir?). Hochkarätige DJs legen regelmäßig auf, manchmal sogar internationale Größen. Auch das Barpersonal meint, dass der Laden „ganz Besonderes" ist.

Unterhaltung

KINO

In ein paar Kinos von Ankara laufen gelegentlich ausländische Filme in Originalfassung. Ein detailliertes Kinoprogramm ist in den *Turkish Daily News* zu finden.

Hier ein paar ausgewählte Kinos:

Kavaklıdere Sineması (Karte S. 476; ☎ 468 7193; Tunalı Hilmi Caddesi 105; Eintritt 3,50–5 €)

Kızılırmak Sineması (Karte S. 476; ☎ 425 5393; Kızılırmak Caddesi 21/B; Eintritt 3,50–5 €)

Megapol Sineması (Karte S. 476; ☎ 419 4492; Konur Sokak 33; Eintritt 3,50–4,50 €)

NACHTCLUBS & LIVEMUSIK

Die meisten Besucher bleiben nicht lang genug in Ankara, um wirklich etwas vom Nachtleben mitzukriegen. Aber es gibt eins, ehrlich! Das Spektrum reicht von Studentenkneipen bis hin zu erlesenen Nachtclubs. Was gerade angesagt ist, erfährt man am sichersten von einheimischen Mittrinkern, vom Barpersonal, aus Flyern oder Szeneprogrammen.

IF Performance Hall (Karte S. 474; ☎ 418 9506; Tunus Caddesi 14/A, Kavaklıdere) Für eine Kellerbar ist der Name zwar ziemlich hoch gegriffen, aber hier läuft eigentlich fast jeden Abend irgendwas und es spielen oft relativ bekannte Bands. Gar nicht so leicht, sich nicht von der Stimmung anstecken zu lassen …

OverAll (Karte S. 474; ☎ 468 5785; www.overall.web.tr; Güvenlik Caddesi 97; ☽ Di–Sa) Noch ein trendiger Club mit bunt gemixtem Musikangebot. Es gibt Hip-Hop-, Dancefloor- und – tja – auch manchmal Karaoke-Nights.

Jazz Time (Karte S. 474; ☎ 463 4348; Bilir Sokak 4/1, Kavaklıdere) Ein relativ unauffälliger Jazzclubs mit Tischen und oft Livemusik von türkischen Pop- oder Volksmusikkünstlern. Die angeschlossene Gitanes Bar hat eine Gartenterrasse.

Shoppen

Am günstigsten shoppt man in Ulus. Aber wer sehen will, wofür die hippen Türken ihr Geld ausgeben, muss sich schon nach Kızılay und Kavaklıdere bemühen. Die Tunalı Hilmi Caddesi ist ideal, um den wohlhabenderen Hauptstädtern beim Einkauf zuzusehen. Hier gibt es sowohl einheimische als auch international bekanntere Läden, z. B. das britische Kaufhaus **Marks & Spencer** (Karte S. 474). Ganz in der Nähe, unterhalb des Sheraton, ist das **Karum** (Karte S. 474; İran Caddesi): eine Shopping-

---

WOHER KOMMT DIE ANGORAWOLLE?

Eine Ziege von einem Kaninchen zu unterscheiden ist gar nicht so einfach – zumindest, wenn man nur die Wolle als Anhaltspunkt hat. Viele denken, Ankaras berühmte Angorawolle stamme von Ziegen – einer robusten Zuchtrasse mit wild lebenden Vorfahren im Himalaja. Aber weit gefehlt: Die korrekte Bezeichnung für das weiche, flauschige Material aus der Wolle dieser Ziegen lautet Mohair. Angorawolle stammt dagegen von Angorakaninchen. Auch diese – übrigens viel niedlicheren – Tierchen gibt's in der Türkei. Ihr Fell wurde früher sogar mit Gold aufgewogen.

---

mall, die es lässig mit seiner westeuropäischen Konkurrenz aufnehmen kann.

Hinter dem Gemüsemarkt von Ulus ist auf der Konya Caddesi das **Vakıf Suluhan Çarşısı** (Karte S. 474), ein restaurierter *han* (Karawanserei) mit Klamottenläden, einem Café, Toiletten und einer kleinen Moschee im Hof.

In der Gegend um den Parmak-Kapısı-Eingang zur Zitadelle wurde früher mit Angorawolle gehandelt. Heute werden von dem Tor Berge von Trockenfrüchten verkauft. Hügelabwärts kann man auf der Gözcü Sokak Teppich- und Antiquitätenläden durchforsten. Schnäppchen zu ergattern ist hier eher unwahrscheinlich, aber es gibt Kupferschmiede und andere Handwerker zu sehen, die wie eh und je ihrem uralten Gewerbe nachgehen.

Schräg gegenüber auf der anderen Seite der Karanfil Sokak säumen Bäume und Cafés die Olgunlar Sokak. In dieser Straße reihen sich Stände mit **Secondhand-Büchern** (Karte S. 476) aneinander.

In der Touristeninformation (S. 475) gibt's qualitativ hochwertiges türkisches Kunsthandwerk zu kaufen.

An- & Weiterreise

BUS

Aus jeder türkischen Stadt von nennenswerter Größe fahren Direktbusse nach Ankara. Der gigantische *otogar* namens AŞTİ (Ankara Şehirlerarası Terminali İşletmesi) befindet sich am westlichen Ende der U-Bahnlinie Ankaray, 4,5 km westlich von Kızılay.

VERBINDUNGEN VON ANKARAS OTOGAR

Reiseziel	Fahrpreis	Dauer	Entfernung	Fahrten (pro Tag)	Schalter
Adana	14 €	10 Std.	490 km	oft	57
Amasya	8,50 €	5 Std.	335 km	oft	31
Antalya	14 €	8 Std.	550 km	oft	32
Bodrum	19,50 €	13 Std.	785 km	12	41
Bursa	11,50 €	6 Std.	400 km	stündl.	71
Denizli (nach Pamukkale)	14 €	7 Std.	480 km	oft	58, 78
Diyarbakır	28 €	13 Std.	945 km	mehrmals	34
Erzurum	22,50 €	13 Std.	925 km	mehrmals	36
Gaziantep	19,50 €	10 Std.	705 km	oft	36, 42
İstanbul	14 €	5–6 Std.	450 km	alle 15 Min.	29
İzmir	8,50 €	8 Std.	600 km	stündl.	25, 35
Kayseri	7,50 €	4½ Std.	330 km	oft	45, 54
Konya	5,60 €	3 Std.	260 km	oft	50, 75
Marmaris	19,50 €	10 Std.	780 km	12	17, 41
Nevşehir (nach Kappadokien)	8,50 €	5 Std.	285 km	oft	50
Samsun	11,50 €	7 Std.	420 km	oft	52
Sivas	14 €	6 Std.	450 km	oft	27, 32
Sungurlu (nach Boğazkale)	5,60 €	3 Std.	177 km	stündl.	30
Trabzon	19,50 €	13 Std.	780 km	mehrmals	31, 52

Von der oberen Ebene des Busbahnhofs fahren Busse ab, unten kommen sie an. Im Bahnhof gibt's Restaurants, eine Erste-Hilfe-Station, Geldautomaten, Telefone und Zeitungskiosks. Die *emanet* (Gepäckaufbewahrung) auf der unteren Ebene kostet pro Gepäckstück 1,10 €. Dazu muss der Ausweis vorgezeigt werden.

Da in Ankara jede Menge Busse in alle erdenklichen Ecken des Landes starten, genügt es oft, direkt am Busbahnhof ein Ticket zu kaufen. Mit etwas Glück ist man schon innerhalb der nächsten Stunde unterwegs und auf der Piste. Aber an Feiertagen sollte man es nicht drauf anlegen und besser schon vorher buchen.

Im AŞTİ gibt's 80 *gişe* (Ticketschalter) und eine zentrale Auskunft, die einem bei der Orientierung hilft. Zu den großen Busunternehmen gehören:

Busunternehmen	Schalter
Kamil Koç	17, 18
Metro	16, 41
Nilüfer	25
Pamukkale	58, 59
Uludağ/Çanakkale Truva	71
Ulusoy	13
Varan	12

Viele Busunternehmen haben außerdem noch Verkaufsstellen in der Nähe von Kızılay in der Ziya Gökalp Caddesi, auf dem Gazi Mustafa Kemal Bulvarı, in der İzmir Caddesi und der Menekşe Sokak. Ein paar spitzenmäßige Top-Busunternehmen, u. a. Varan und Ulusoy, haben ihre eigenen Büros und Schalter in der Nähe des *otogar*. In der Tabelle oben gibt's nähere Infos zu praktischen Busverbindungen, die täglich von Ankara aus starten.

FLUGZEUG
Ankaras Flughafen Esenboğa liegt ungefähr 33 km nördlich vom Stadtzentrum und ist das Drehkreuz für innertürkische Flüge mit Turkish Airlines. Von den Billigfliegern fliegen nur Atlasjet und Pegasus Airlines nach Ankara; eine weitaus größere Auswahl an Flügen gibt's, wenn man über İstanbul fliegt.

Die folgende Tabelle führt *ausschließlich Direktflüge* ab Ankara auf. Die Abflugzeiten sind natürlich ohne jede Gewähr. Für genauere Infos nochmal direkt vor Ort informieren.

Manchmal bieten andere internationale Fluggesellschaften Flüge nach Ankara an bzw. Anschlüsse an Turkish-Airlines-Maschinen ab İstanbul.

ZENTRALANATOLIEN

FLÜGE AB ANKARA

Flugziel	Anzahl (pro Tag)
Adana	2
Antalya	2
Bodrum	4-mal wöchentl.
Cyprus	bis zu 2
Diyarbakır	3
Erzurum	1
İstanbul (IST)	mindestens 14
İstanbul (SAW)	4 oder 5
İzmir	3
Kars	1
Malatya	1
Şanlıurfa	1
Trabzon	2 oder 3
Van	2

Büros der Fluggesellschaften

Air France (Karte S. 474; ☎ 467 4404; Atatürk Bulvarı 231/7, Kavaklıdere)

Atlasjet (Karte S. 476; ☎ 425 4832; Atatürk Bulvarı 109/6, Kızılay)

British Airways (Karte S. 474; ☎ 467 5557; Atatürk Bulvarı 237/2, Kavaklıdere)

KLM (Karte S. 474; ☎ 417 5616; Atatürk Bulvarı 199, Kavaklıdere)

Lufthansa (☎ 442 0580; Cinnah Caddesi 102/5, Çankaya)

Turkish Airlines Kavaklıdere (THY; Karte S. 474; ☎ 428 0200; Atatürk Bulvarı 154), Flughafen (☎ 398 0100)

ZUG

Die Zugverbindungen zwischen İstanbul und Ankara sind die besten im ganzen Land und im Moment wird sogar an einer noch schnelleren Verbindung gearbeitet. Allerdings weckten 2004 ein paar Unfälle Zweifel an dem ganzen Unternehmen. Im **Ankara Garı** (Karte S. 474; ☎ 311 0620) gibt's eine Post, ein Restaurant, Snackshops, Kioske, Geldautomaten, Telefone und eine Gepäckaufbewahrung.

Die Tabelle unten fasst die Haupt-Expressstrecken ab Ankara zusammen; die Züge in umgekehrter Richtung fahren meistens weiter nach İstanbul. Langsamere Züge legen an zahlreichen Orten Stopps ein.

Unterwegs vor Ort

VOM/ZUM FLUGHAFEN

Der Flughafen Esenboğa liegt 33 km nördlich vom Stadtzentrum entfernt. Busse von **Havaş** (Karte S. 474; ☎ 444 0487; Kazım Karabekir Caddesi) fahren täglich zwischen 3.30 und 21.30 Uhr alle halbe Stunde am Havaş-Terminal ab. Zusätzliche Fahrten in der Nacht werden entsprechend den Flugplänen eingerichtet; sie gehen direkt zum Flughafen (5,30 €, 40 Min.). Manchmal fahren sie auch früher ab, wenn der Bus bereits voll ist. Darum sichert man sich seinen Sitzplatz am besten mindestens zwei Stunden vor der Abflugzeit. In beiden Fahrtrichtungen halten die Busse auch am AŞTİ-*otogar*.

Eine Taxifahrt vom Flughafen in die City bzw. umgekehrt kostet ca. 20 €.

VOM/ZUM AŞTİ-OTOGAR

Die bequemste Möglichkeit, in die Stadt zu kommen, ist mit der U-Bahn-Linie Ankaray, die auch direkt am AŞTİ-*otogar* hält. Die Touristeninformation ist an der Station Maltepe, ebenso (10 Min. zu Fuß davon entfernt) der Bahnhof. Die Station Kızılay ist in der Nähe der Mittelklassehotels in Kızılay und Bakanlıklar. Wer zu den Billighotels in Ulus will, steigt in Kızılay in die U-Bahn Richtung Ulus um.

Um per Dolmuş nach Ulus zu kommen (0,85 €), muss man die Hauptstraße vor dem *otogar* überqueren und sich ein Exemplar mit

EXPRESSZÜGE AB ANKARA HAUPTBAHNHOF

Reiseziel	Fahrpreis	über	Fahrten	Dauer
Adana	9 €, Schlafwagen 30 €	Niğde	tgl.	12 Std.
Diyarbakır	12,50 €, Schlafwagen 31–39 €	Kayseri, Sivas, Malatya	4-mal wöchentl.	35 Std.
İstanbul	ab 7 €, Schlafwagen ab 15 €	Eskişehir, İzmit	bis zu 10-mal tgl.	6½–9½ Std.
İzmir	12,50 €, Schlafwagen 27–36 €	Kütahya, Balıkesir	3-mal tgl.	13 Std.
Kars	19,50 €, Schlafwagen 32–40 €	Kayseri, Sivas, Erzurum	2-mal tgl.	28 Std.
Tatvan	18,50 €, Schlafwagen 31–39 €	Kayseri, Sivas, Malatya	2-mal wöchentl.	41 Std.
Zonguldak	6,70 €	Karabük	3-mal wöchentl.	9½ Std.

dem Schild „Ulus–Balgat" oder „Gölbaşı–Opera Meydanı" schnappen.

Ein Taxi zum Bahnhof kostet ca. 4 € bzw. 5 € nach Ulus oder Kızılay.

VOM/ZUM ANKARA GARI (BAHNHOF)

Der Bahnhof (s. S. 486) ist ca. 1,4 km südwestlich vom Ulus Meydanı und 2,5 km nordwestlich von Kızılay. Jeder Bus oder Dolmuş, der Richtung Nordosten den Cumhuriyet Bulvarı entlangfährt, fährt auch nach Ulus. Viele Busse in Richtung Osten fahren über den Talat Paşa Bulvarı nach Kızılay und/oder Kavaklıdere.

Der Bahnhof liegt etwas über 1 km vom Opera Meydanı entfernt; jeder Bus, der in Richtung Osten den Talat Paşa Bulvarı entlangfährt, setzt einen im Umkreis von 100 m dort ab, wenn man darum bittet („Gazi Lisesi").

Wer zu Fuß vom Bahnhof zum AŞTİ-*otogar* will, folgt der Bahnhofsunterführung durch eine schmuddelige Einkaufszone bis zur U-Bahnstation Maltepe (Linie Ankaray). Hier fährt die Linie zum *otogar*.

AUTO

Das Autofahren in Ankara ist chaotisch und die Verkehrsschilder kann man vergessen. Darum besser den eigenen Wagen stehen lassen und auf öffentliche Verkehrsmittel umsteigen.

Wer mit einem Mietwagen aus Ankara rausfahren will, findet neben den großen internationalen Anbietern auch viele kleine lokale Autovermietungen. Die meisten haben ihre Büros an der Tunus Caddesi in Kavaklıdere und/oder am Flughafen Esenboğa. Zu den verlässlichen Autovermietungen gehören:

Avis (Karte S. 474; ☎ 467 2313; Tunus Caddesi 68/2)

Budget (Karte S. 474; ☎ 468 5888; Tunus Caddesi 79/1)

National (Karte S. 474; ☎ 426 4565; Tunus Caddesi 73/1)

BUS

Ankara hat ein gutes Bus-, Dolmuş- und Minibus-Verkehrsnetz. Die Schilder vorne oder seitlich an den Fahrzeugen sind besser zur Orientierung geeignet als die Liniennummern. Busse mit der Aufschrift „Ulus" und „Çankaya" fahren über den ganzen Atatürk Bulvarı. Die mit „Gar"vorne drauf fahren zum Bahnhof, die mit „AŞTİ"zum Busbahnhof (*otogar*).

Innerstädtische Busse (0,70 €) und U-Bahnen haben dasselbe Tarifsystem: Tickets gibt's an Kiosken und zentralen Bushaltestellen oder in Läden bzw. an Automaten mit dem Logo „EGO Bilet". Sammelkarten mit 5/10/20 Fahrten kosten 3,50/7/11 €.

TAXI

Auf Ankaras Straßen scheint jedes zweite Fahrzeug ein Taxi zu sein und alle haben Taxameter. Der Grundpreis beträgt 0,50 €. Tagsüber kostet eine durchschnittlich lange Fahrt um die 3 €. Der Nachttarif liegt um 50 % höher.

U-BAHN

Ankaras U-Bahnnetz hat momentan zwei Linien: Die Ankaray-Linie geht vom AŞTİ-*otogar* im Westen über Kızılay bis nach Dikimevi im Osten (s. S. 486). Die Metro-Linie verläuft von Kızılay in Richtung Nordwesten über Sıhhiye und Ulus nach Batıkent. Die Linien kreuzen sich in Kızılay. Züge fahren täglich zwischen 6.15 und 23.45 Uhr.

Tickets für eine Fahrt kosten fürs gesamte Streckennetz 0,70 €. Manche Stationen haben separate Barrieren für Erwachsenen- und Kinder- bzw. Studentenfahrscheine. Sollten beim Passieren mal Probleme auftreten, kann's sein, dass es das falsche Drehkreuz ist.

RUND UM ANKARA

Gar nicht weit von Ankara gibt's schon ein paar sehenswerte Zeugnisse anatolischer Geschichte zu entdecken. Bei einem Tagestrip sind die allerdings begrenzt. Besser, man plant eine Übernachtung ein. Die phrygischen Ausgrabungsstätten in Gordion und das kleine osmanische Städtchen Beypazarı kommen für Kurztrips noch am ehesten in Frage.

Gordion

Gordion, die Hauptstadt des alten Phrygien, blickt auf gut 3000 Jahre Besiedlungsgeschichte zurück und liegt 106 km westlich von Ankara in dem heutigen Dorf Yassıhöyük.

Die Phrygier besetzten Gordion schon im 9. Jh. v. Chr. und machten es schnell zur Hauptstadt. Nachdem die Kimmerer die Stadt komplett zerstört hatten, wurde sie wieder aufgebaut – um erneut erobert zu werden: erst von den Lydern und dann von den Persern. 333 v. Chr. kam Alexander der Große vorbei, um den berühmten Gordischen Knoten zu zerschlagen. Aber bis 278 v. Chr. hatten die Galater die Stadt endgültig dem Erdboden gleichgemacht.

Die Landschaft um Yassıhöyük ist voller Tumuli (Hügelgräber), unter denen phrygische Könige begraben liegen. Von 100 identifizierten Tumuli wurden erst weniger als die Hälfte ausgegraben. Das größte Grab kann man betreten. Auch die gordische Akropolis lohnt sich. Dort wurden die Reste 18 verschiedener Zivilisationen von der Bronzezeit bis zum Römischen Reich ausgegraben.

MIDAS TÜMÜLÜS & GORDISCHES MUSEUM

1957 entdeckte der österreichische Archäologe Alfred Koerte die Stadt Gordion und das unversehrte **Grab** (Eintritt Grab & Museum 2,80 €; 8.30–17 Uhr) eines phrygischen Königs, der wahrscheinlich zwischen 740 und 718 v. Chr. bestattet wurde. Die Grabstätte ist eine Art Giebelhütte aus Zedernholz, umringt von Wacholderstämmen. Sie war unter einem Tumulus von 53 m Höhe und 300 m Durchmesser verborgen. Es handelt sich um den ältesten Holzbau, der in Anatolien – vielleicht sogar auf der ganzen Welt – jemals gefunden wurde. Der Eingang zum Tunnel und zum Grab ist neueren Datums; er erleichtert Besuchern den Zugang. Das Grab selbst ist abgesperrt, aber Zeichnungen und Fotos zeigen, wie's aussieht.

Archäologen fanden hier die Leiche eines 1,59 m großen und ca. 61 bis 65 Jahre alten Mannes. Dazu jede Menge Grabbeigaben, u. a. Tischchen, Bronzegefäße *(situlas)* und Schalen, wahrscheinlich Bestandteile der Bestattungszeremonie. Der Name des Toten blieb unbekannt. In Frage kommen auf jeden Fall „Gordius" und „Midas" – die meisten phrygischen Könige hießen nämlich so.

Im **Museum** auf der anderen Straßenseite sind Fundstücke von der Bronzezeit bis zu den Phrygiern und alten Griechen zu sehen. Die hellenistischen Dachziegel aus Terrakotta und die vielen bronzenen Fibulae (Broschen) der Phrygier sind besonders eindrucksvoll. Die Highlights der phrygischen Artefakte, u. a. die kunstvollen Intarsien-Tische aus dem Grabesinneren, wurden nach Ankara ins Museum für Anatolische Zivilisationen überführt.

Außerdem gibt's auf dem Gelände mehrere schlichte Mosaiken der Akropolis aus dem 8. Jh. v. Chr. und ein rekonstruiertes Grabmal der Galater zu bestaunen.

AKROPOLIS

Grabungsarbeiten an der Akropolis aus dem 8. Jh. v. Chr. brachten ziemlich viele Informationen über die diversen Kulturen von Gordion ans Licht.

Eine 6 m breite Rampe führte zum hohen Haupttor am westlichen Stadtrand. Innerhalb der Festungsmauern befanden sich vier *megara* (quadratische Räume), in denen der König mit seinen Priestern und Ministern das Reich regierte. In einem dieser Räume – der Zitadelle des Midas – wurden Mosaiken gefunden. Die sind draußen vor dem Museum zu besichtigen.

Heute ist das Gelände abgesperrt. Tatsächlich sind die vielen Fundamente mit Hinweisschildern für den Normaltraveller auch recht unspannend. Es befindet sich 3 km vom Museum entfernt auf der anderen Dorfseite (erreichbar über die Hauptstraße).

AN- & WEITERREISE

Busse von Baysal Turizm fahren alle halbe Stunde (2,80 €, 1 Std.) zwischen Ankaras *otogar* (Schalter 28) und Polatlı. Von Polatlı muss man für die restlichen 18 km nach Gordion (und auch wieder zurück) ein Taxi nehmen. Den Fahrpreis besser vorher aushandeln, denn wenn's nach dem Taxameter geht, kann es bis zu 50 € kosten, die Akropolis eingerechnet.

Beypazarı

☎ 0312/34 500 Ew.

Beypazarı ist ein toller Tagesausflug für alle, die lieber etwas über traditionelle Lebensweisen erfahren, als alte Ruinen anzugucken. Das Städtchen liegt hoch über dem malerischen İnözü Vadisi. Die gewundenen Gässchen und der faszinierende alte Markt sind herrlich zum Herumbummeln. Ganz schnell ist man mitten drin im Gewirr der geschmackvoll restaurierten osmanischen Häusern. Ein paar wurden in Cafés oder Pensionen mit einladenden Höfen umgewandelt, eines sogar in ein **Museum** (Eintritt 0,55 €; Di–So 10–18 Uhr). Der absolute Hit: die authentischen, in Schränken verborgenen Bäder und eine prächtige Karte des östlichen Mittelmeerraums um 1894.

Im Juni sorgt das **Beypazarı-Fest** für einen Ansturm der Händler auf den Markt und Karnevalfeeling. Das etwas skurrile **Erntefest** im Oktober steht ganz im Zeichen der Karotte.

Wenn man schon hier ist, wäre es ausgesprochen unhöflich, nicht die hiesigen Delikatessen zu probieren, z. B. *havuç lokum* (türkischer Honig mit Karottengeschmack), *cevizli sucuğu* (Walnüsse im Traubengeleemantel) und Beypazarıs eigenes Mineralwas-

ser, das vor Ort abgefüllt und im ganzen Land
vertrieben wird.

AN- & WEITERREISE

Nach Beypazarı fährt man besser nicht vom
AŞTİ, sondern von Ankaras Busbahnhof
Etlik. Dorthin geht's per Dolmuş (0,45 €, 15
Min.) ab der Hacı Bayram Camii. Täglich
(aber nur sporadisch) verkehren Minibusse
und bequemere Busse zwischen Ankara und
Beypazarı (1,75 €, 1½ Std.). Am besten die
Abfahrtszeit des letzten Busses zurück nach
Ankara gleich bei der Ankunft checken.

SAFRANBOLU
☎ 0370/32 200 Ew.

Jede türkische Stadt hat ihre alten osmanischen Häuser, aber Safranbolu, die Tal-
stadt Safranbolu ist das Zentrum der neuen
Restaurierungswelle und toppt alle: Praktisch
die gesamte osmanische Altstadt ist erhalten und inzwischen so aufpoliert, dass sie
es auf die Unesco-Liste des Weltkulturerbes
geschafft hat. Hautnaher lässt sich die historische Türkei nicht erleben. Dafür spricht
auch die Beliebtheit der Stadt bei türkischen
Urlaubern.

Auch das Wetter tut, was es kann, damit
ein Besuch hier ein einmaliges Erlebnis wird:
Wie eine schwarze Decke können sich Som-
mergewitter übers Tal legen. Man kann zugucken, wie sich das von Blitzen durchzuckte
Dunkel Stück für Stück voranwälzt, bis es
schließlich stockfinster ist und der Regen
auf die Ziegeldächer niederprasselt. Einfach
magisch!

Geschichte

Im 17. Jh. führte die wichtigste osmanische
Handelsstraße von Gerede zur Schwarzmeerküste durch Safranbolu und brachte der Stadt
gute Geschäfte, Berühmtheit und Geld. Im
18. und 19. Jh. bauten sich die gut betuchten
Einwohner Stadthäuser aus sonnengetrockneten Lehmziegeln, Holz und Stuck. Und
auch die vielen erfolgreichen Kunsthandwerker richteten sich in Häusern ein, die zwar
weniger eindrucksvoll, aber genauso stabil
waren. Safranbolu verdankt seinen Ruhm
den vielen alten Wohnhäusern, die bis heute
erhalten haben.

Die Superreichen leisteten sich sogar zwei
Haushalte. Im Winter bewohnten sie Stadt-
häuser im Çarşı-Viertel, wo sie wegen der
Tallage vor den kalten Winterwinden ge-

schützt waren. Und die wärmeren Monate
verbrachten sie in Sommerhäusern in der
Gartenvorstadt Bağlar (Weinberge). Als sich
1938 Eisen- und Stahlwerke in Karabük niederließen, rückten moderne Fabrikgebäude
Bağlar auf den Leib. Çarşı blieb davon aber
weitgehend verschont.

Im 19. Jh. waren ca. 20 % der Einwohner
von Safranbolu osmanische Griechen. Die
meisten ihrer Nachkommen wanderten im
Zuge des Bevölkerungsaustauschs während
des Ersten Weltkriegs nach Griechenland
ab. Ihre Hauptkirche, die dem hl. Stephanus
geweiht war, wurde zur Ulu Cami (Große
Moschee) von Kıranköy.

Orientierung

Safranbolu hat drei Stadtteile: Kıranköy,
Bağlar und Çarşı. Wer aus Richtung Karabük anreist, kommt als Erstes nach Kıranköy,
dem früheren griechischen Viertel. Mit seinen
vielen Banken, Geschäften und Busunternehmen ist es heute der modernste Stadtteil.
Weiter bergauf (Richtung Nordosten) geht's
über die Sadrı Artuç Caddesi nach Bağlar;
im Zentrum Köyiçi gibt's viele schöne alte
Häuser zu sehen.

Aber das Highlight ist Çarşı (Markt). Aus
Richtung Kıranköy kommend, biegt man
am Kreisverkehr in die Kaya Erdem Caddesi
ein und fährt ca. 1,7 km hügelabwärts und
dann noch über den nächsten Hügel drüber.
Busse verkehren auf dieser Route ca. alle halbe
Stunde.

Praktische Informationen

Batuta Turizm (☎ 725 4533; www.batuta.com.tr;
Hilmi Bayaramgil Caddesi 3) Trekking vor Ort, Touren mit
Schwerpunkt Kultur oder Natur.
Paşa Internet (0,55 € pro Std.; ☼ 10–24 Uhr) In der
Nähe der İzzet Paşa Camii; langsame Verbindung.
Touristeninformation (☎ 712 3863; www.safranbolu.
gov.tr; ☼ 9–12.30 & 13.30–18 Uhr) Am Hauptplatz.
Türkiye İş Bankası (Kapuçioğlu Sokak 12 A) Die einzige
Bank in Çarşı, kein Geldautomat!

Sehenswertes
OSMANISCHE HÄUSER

Beim Bummel durch die Straßen von Çarşı
kommt man aus dem Staunen gar nicht heraus – praktisch jedes Haus hier ist ein Ori-
ginalbau, manche frisch gestrichen, andere
etwas vernachlässigt. Viele der schönsten historischen Häuser sind restauriert und immer
mehr werden vor dem Verfall bewahrt oder

in Hotels, Geschäfte oder Museen umgewandelt.

Zum Zeitpunkt der Recherche waren folgende Häuser öffentlich zugänglich: das **Kaymakamlar Müze Evi,** das mit seinen Tableaus zum Alltagsleben bestimmt das spannendste ist; das **Mümtazlar Konağı** (1888), früher das Haus des obersten Mufti der Medrese von Safranbolu; und das **Kileciler Evi,** erbaut 1884. Die Ausstellungsräume in jedem dieser Häuser sind täglich von 9 Uhr bis Sonnenuntergang geöffnet. Der Eintritt kostet 1,10 €, und im Garten gibt's Tee. Im Winter können die Häuser geschlossen sein.

Ein paar der größten Häuser hatten drinnen Wasserbecken, die so groß waren, dass man darin hätte schwimmen können. Sie dienten aber dafür, die Räume mit fließendem Wasser zu kühlen (was nebenbei für eine angenehme Geräuschkulisse sorgte). Das beste Beispiel in Çarşı ist das **Havuzlu Asmazlar Konağı** (Stadthaus mit Pool), inzwischen ein Hotel (S. 492).

NOCH MEHR HISTORISCHE GEBÄUDE

Der berühmteste und beeindruckendste Bau von Çarşı ist die Karawanserei **Cinci Hanı** (Eintritt 0,55 €) von 1645. Heute beherbergt sie ein relativ schickes Hotel (S. 493). Auf dem Platz dahinter findet samstags ein bunter Markt statt.

Am Kazdağlıoğlu Meydanı, Çarşıs zentralem Platz, befindet sich der **Cinci Hamam** (☎ 712 2103; ☼ 6–24 Uhr für Männer, 9–22 Uhr für Frauen). Er wurde zur selben Zeit gebaut wie

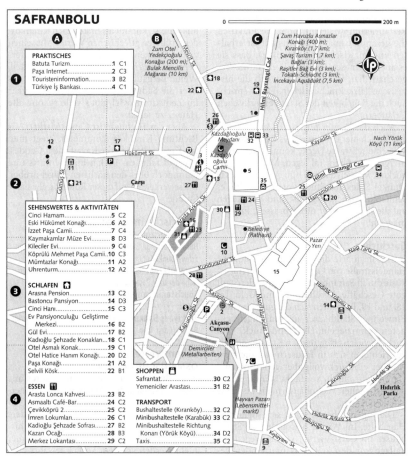

SAFRANBOLU

0   200 m

PRAKTISCHES
Batuta Turizm......................1 C1
Paşa Internet.......................2 C3
Touristeninformation.............3 B2
Türkiye İş Bankası..................4 C1

SEHENSWERTES & AKTIVITÄTEN
Cinci Hamam........................5 C2
Eski Hükümet Konağı.............6 A2
İzzet Paşa Camii....................7 C4
Kaymakamlar Müze Evi..........8 D3
Kileciler Evi..........................9 C4
Köprülü Mehmet Paşa Camii..10 C3
Mümtazlar Konağı................11 A2
Uhrenturm..........................12 A2

SCHLAFEN 🛏
Arasna Pension....................13 C2
Bastoncu Pansiyon...............14 D3
Cinci Hanı..........................15 C3
Ev Pansiyonculuğu Geliştirme
  Merkezi...........................16 B2
Gül Evi..............................17 B2
Kadıoğlu Şehzade Konakları...18 C1
Otel Asmalı Konak...............19 C1
Otel Hatice Hanım Konağı.....20 D2
Paşa Konağı.......................21 A2
Selvili Köşk........................22 B1

ESSEN 🍴
Arasta Lonca Kahvesi............23 B2
Asmaaltı Café-Bar................24 C2
Çevikköprü 2......................25 C2
İmren Lokumları...................26 C1
Kadıoğlu Şehzade Sofrası......27 B2
Kazan Ocağı.......................28 B3
Merkez Lokantası..................29 C2

SHOPPEN 🛍
Safrantat............................30 C2
Yemeniciler Arastası..............31 B2

TRANSPORT
Bushaltestelle (Kıranköy)........32 C2
Minibushaltestelle (Karabük) 33 C2
Minibushaltestelle Richtung
  Konarı (Yörük Köyü).........34 D2
Taxis.................................35 C2

Zum Otel Yedekçioğlu Konağı (200 m);
Bulak Mencilis Mağarası (10 km)

Zum Havuzlu Asmazlar Konağı (400 m);
Kıranköy (1,7 km);
Şavaş Turizm (1,7 km);
Bağlar (3 km);
Raşitler Bağ Evi (3 km);
Tokatlı-Schlucht (3 km);
İncekaya-Aquädukt (7,5 km)

Nach Yörük Köyü (11 km)

Kazdağlıoğlu Meydanı

Kazdağlıoğlu Camii

Hükümet Sk

Çarşı

Belediye (Rathaus)

Pazar Yeri

Akçasu-Canyon

Demirciler (Metallarbeiten)

Hayvan Pazarı (Lebensmittelmarkt)

Hıdırlık Parkı

OSMANISCHER BAUSTIL

Beim Anblick der für die moderne Türkei so typischen Betonstädte fällt es schwer, sich ins 19. Jh. zurückzuversetzen, als schöne Holzhäuser das Bild prägten. Zum Glück hat der wachsende Tourismus für eine Art osmanische Renaissance gesorgt: Inzwischen boomt das Restaurierungsgewerbe. Hervorragende Beispiele hierfür finden sich in Afyon, Amasya und Tokat. Allgemein gilt aber Safranbolu als Ort mit der landesweit eindrucksvollsten Ansammlung einheimischer Architektur aus der Zeit vor der Unabhängigkeit.

Meistens waren osmanische Holzhäuser zwei- oder dreigeschossig. Die oberen Stockwerke ragten, gestützt von verzierten Kragsteinen, über die unteren hinaus. Das Fachwerk wurde mit Lehmziegeln ausgefüllt und dann mit einem Mix aus Schlamm und Stroh verputzt. Manchmal blieben die Häuser auch unverputzt. In den Städten bekamen sie gewöhnlich einen Gipsverputz verpasst oder wurden weiß getüncht und mit prächtigen Ornamenten aus Gips oder Holz verziert. Je reicher der Besitzer, desto üppiger die Verzierung.

Größere Häuser hatten zehn bis zwölf Räume, die in einen *selamlık* (Männerbereich) und einen *haremlik* (Frauenbereich) aufgeteilt waren. Oft gab es in den Räumen eingebaute Nischen, Schränke und schöne Stuckkamine mit *yaşmak* (konischen Hauben). Auch die Decken waren z. T. ziemlich aufwändig verziert. Ein Beispiel sind die Holzschnitzereien im Paşa Odasi des Latifoğlu Konağı in Tokat, die einem Kronleuchter nachempfunden wurden.

In den Häusern von Safranbolu findet man viele interessante Details, z. B. die *hayat* (Hofbereiche, in denen Haustiere lebten und Werkzeuge gelagert wurden) oder ausgeklügelte *dönme dolaplar*. Das sind drehbare Schränke, die es ermöglichten, in einem Raum Essen zuzubereiten und es in einen zweiten hineinzureichen, ohne dabei gesehen zu werden. Außerdem: in Schränken versteckte Bäder und Zentralheizungen, die aus riesigen Kaminen gespeist wurden. *Sedir* (Sitzbänke entlang der Wände) konnten zu Betten ausgeklappt werden. Das Bettzeug wurde in den Toilettenräumen verstaut, die sich tagsüber in praktische Schränke verwandeln ließen. All dies war ohne Frage platzsparend, nur fragt man sich heute, wie die Leute überhaupt etwas wiedergefunden haben!

der Cinci Hanı. Waschen und Massage kostet hier ca. 6 €. Männer- und Frauenbäder sind getrennt.

Die massive **Köprülü Mehmet Paşa Camii** neben der *arasta* (einer Ladenzeile neben einer Moschee) stammt von 1661. Für die Sonnenuhr im Innenhof gab's früher einen eigenen Wächter, dessen Haus heute eine Forschungsstelle und Touristeninformation beherbergt. Die **İzzet Paşa Camii** auf dem Hauptplatz wurde 1796 gebaut.

Vom Kaymakamlar Müze Evi bergauf kommt man zum **Hıdırlık Parkı**, der eine tolle Aussicht bietet. Wer durch die Fenster des verschlossenen Grabes von Ahmet Lütfi späht, sieht einen Haufen Münzen, die Gläubige hiergelassen haben.

Die Burg von Safranbolu auf der anderen Seite der Stadt wurde Anfang des letzten Jahrhunderts eingerissen, um für das attraktive **Eski Hükümet Konağı** (altes Regierungsgebäude) auf dem Hügel in der Nähe des Uhrenturms Platz zu schaffen. Rumlaufen darf man hier schon, aber besser nicht zu lange in der Nähe des Polizeipostens!

FESTIVALS & EVENTS

Der September ist ideal für einen Besuch in Safranbolu, denn in diesem Monat steigen gleich zwei Festivals: das **Dokumentarfilm-Festival Altın Safran** und die **Architektur- und Folklorewoche von Safranbolu.** Am besten schon im Voraus eine Unterkunft reservieren.

Schlafen

An Wochenenden und über Feiertage strömen auch türkische Besucher nach Safranbolu. Da können die Preise ansteigen, deswegen unbedingt vorher buchen.

Ein Stopp in Safranbolu ist im Grunde ein Muss, egal wie groß das Reisebudget ist. Denn vielleicht gibt's nie wieder die Gelegenheit, in so authentisch restaurierten Unterkünften zu schlafen. Das Angebotsspektrum ist breit. Für möglichst viel Originalflair sollte man eher nach restaurierten als bloß sanierten Unterkünften Ausschau halten.

Manch einer mag lieber in einem Privatquartier unterkommen als in einem Hotel. Das **Ev Pansiyonculuğu Geliştirme Merkezi** (Vermittlung für Privatunterkünfte; ☎ 712 7236; Yemeniciler

Arastası 6) auf dem *arasta*-Basargelände nimmt Reservierungen für Übernachtungen in restaurierten Häusern entgegen, die keine regulären Hotels sind. Ein Katalog mit Fotos hilft bei der Auswahl.

BUDGETUNTERKÜNFTE

Bastoncu Pansiyon (☎ 712 3411; a_bastoncu@yahoo.com; Hıdırlık Yokusu Sokak, Bağlar; B 11 €, EZ/DZ/3BZ 17/25/34; 🖳) Das Bastoncu ist bestimmt das beste Billighotel vor Ort. Das ganze Holz und ein paar Toiletten-Schränke sorgen für authentisches Ambiente. Die Betreiber, ein freundliches türkisches Paar, sprechen Englisch und Japanisch und gehen gern auf die Bedürfnisse von Backpackern ein. Wer kann, sollte sich unbedingt in Zimmer 101 einquartieren! Ein zweites Haus v. a. mit Dreibettzimmern dürfte nach Erscheinen dieses Buches eröffnet haben.

Arasna Pension (☎ 712 4170; Arasta Arkası Sokak 5, Bağlar; EZ/DZ 23/36 €) In dieser optisch weniger ansprechenden Pension gegenüber von Hauptmoschee und Touristeninformation gibt's ein Restaurant, in dem oft Livemusik gespielt wird. Gäste mit leichtem Schlaf werden hier kaum glücklich werden. Die meisten Zimmer sind mit alten Kunstgegenständen dekoriert, am schönsten sind Zimmer 5 und 7.

Kadıoğlu Şehzade Konakları (☎ 712 5657; www.kadioglusehzade.com; Mescit Sokak 24, Bağlar; EZ/DZ 20/34/45 €) Diese zentrale Filiale verwaltet sechs umgebaute Häuser mit dem gleichen Namen, die in verschiedenen Ecken von Safranbolu stehen. Ein Blick auf die jeweiligen Fotos erleichtert Unentschlossenen die Qual der Wahl.

Selvili Köşk (☎ 712 8646; www.hotelselvilikosk.com; Mescit Sokak 23, Bağlar; EZ/DZ/3BZ 20/39/56 €) Was Authentizität angeht, ist das Selvili mit seinem besonders schönen Salon und den bildhübschen Zimmern mit Badewanne kaum zu toppen. Auch der Garten ist schön. Die Besitzer betreiben noch zwei weitere Häuser mit gleichem Namen, aber preislich ist das Original am attraktivsten, auch wenn es nur knapp in die Kategorie „Budgetunterkunft" fällt.

MITTELKLASSEHOTELS

Otel Asmalı Konak (☎ 712 7474; Bayramgil Caddesi 13, Çarşı; EZ/DZ 23/42 €) Zwar ist das Hotel nicht einmal in der Nähe von Kappadokien, aber der Hotelbesitzer hat sich wohl erhofft, möglichst viele Gäste anzulocken, indem er sein Haus nach der beliebtesten anatolischen Fernsehsoap nannte. Die frisch renovierten Zimmer haben ein zu modernes Feeling, aber die Decke

in Zimmer 22 ist phantastisch. Auch beim Gesamtambiente gibt's wenig zu meckern.

Otel Hatice Hanım Konağı (☎ 712 7545; www.hotelhaticehanim.com; Hamamönü Sokak 4, Çarşı; EZ/DZ/3BZ 23/45/67 €) Noch ein heißer Tipp in Sachen Atmosphäre. Die Zimmer der ehemaligen Gouverneursresidenz sind mit Marmorwaschbecken, Originalinstallationen und vielen tollen Extras ausgestattet. Auch die Gemeinschaftsbereiche sind nett dekoriert. In der Stadt gibt's vier weitere Ableger, u. a. das mehrgeschossige Hatice Hanım III direkt gegenüber.

Otel Yedekçioğlu Konağı (☎ 712 6597; www.yedekcioglu.com; Mescit Sokak, Çarşı; EZ/DZ 28/42 €) Dass sich das Hotel als das schönste von Safranbolu bezeichnet, mag bei all der nicht zu verachtenden Konkurrenz als dickes Eigenlob erscheinen. Die gefliesten Böden und der große Garten sind aber wirklich bestechend. Das Haus trägt die 200 Jahre, die es auf dem Buckel hat, mit Würde – auch wenn die Ausstattung mit TV, Warmwasser und Terrassenmöbeln eindeutig nach 21. Jh. riecht.

Havuzlu Asmazlar Konağı (☎ 725 2883; www.turing.org.tr; Çelik Gülersoy Caddesi 18, Çarşı; EZ/DZ 42/56 €, Suite 67 €; ☼ April–Okt.) Das HAK liegt auf halber Strecke nach Kiranköy und lohnt sich schon wegen seines tollen Pools, der dem Haus seinen Namen gibt. Messingbetten, *sedirs* und Kelims gehören zur Ausstattung der elf schönen Zimmer. Auch das Restaurant ist empfehlenswert. Dass die Bäder winzig und der Schallschutz minimal sind, ist da verschmerzbar. Die Unterkünfte in den zwei Anbauten sind billiger, aber auch nicht so charmant.

Paşa Konağı (☎ 712 8153; www.safranboluturizm.com.tr; Çarşı Kalealtı; EZ/DZ 47/57 €) Izzet Mehmet Paşa, Premierminister von Sultan Selim III., hätte dieses Hotel wohl der Moschee vorgezogen, die auch nach ihm benannt ist. Große Zimmer und ein abgeschirmter Garten sorgen für nostalgische Romantik. Ein paar Bäder sind in Schränke eingebaut. Die steilen Stufen könnten für den einen oder anderen zum Problem werden.

Raşitler Bağ Evi (☎ 725 1345; Değirmenbaşı 65, Bağlar; EZ 28 €, DZ 50–56 €) Diese ehemalige Sommerresidenz hat fünf schöne Zimmer, nette Sitzecken und eine familiäre Atmosphäre zu bieten. Nicht zu vergessen die charmante Lage hinter den Überresten einer alten Wassermühle.

Gökçuoğlu Konağı (☎ 712 6372; www.safranboluturizm.com.tr; Bağlar; DZ 62 €) Noch ein schönes Haus mit attraktivem Garten ist das Gökçuoğlu. An Kuriositäten hat es vielleicht noch mehr in petto als die meisten anderen Häusern (es lohnt sich z. B. die Frage nach dem „Katzenkorridor"). Die Zimmer variieren im Stil: In einigen schläft man auf osmanische Art auf einem *sedir*, in anderen stehen ganz normale Betten. Das Güneş Odası mit seiner spektakulären hölzernen Zimmerdecke und dem steinernen Kamin ist bestimmt das umwerfendste von allen. Besser vorher buchen, da die Rezeption nicht immer besetzt ist.

Gül Evi (gulevi@canbulat.com.tr; Hükümet Sokak 46, Çarşı) Dieser Neuzugang hat gerade erst seine Tore geöffnet und machte einen tollen Eindruck.

SPITZENKLASSEHOTELS

Cinci Hanı (☎ 712 0680; www.cincihan.com; Bağlar; EZ/DZ/3BZ 50/78/106 €, Suite ab 89 €) Und jetzt mal was ganz anderes: Die alte steinerne Karawanserei von Safranbolu hat locker zwei Jahrhunderte mehr auf dem Buckel als die anderen osmanischen Häuser vor Ort. Und Größe und Deko der Zimmer sind bescheidener als in den Holzhäusern. Ein wahres Kleinod ist die Han-Ağası-Odası-Suite, inklusive Küche, Wohn- und Badezimmer mit steinernem Hamam-Bassin – wenn sich der Preis verkraften lässt.

Essen

Da man in den meisten Hotels essen kann, ist Safranbolu ansonsten nicht sehr mit tollen Restaurants gesegnet. Und zu manchen ist es eine kleine Reise.

RESTAURANTS

Kadıoğlu Şehzade Sofrası (☎ 712 5091; Arasta Sokak 8; Hauptgerichte 2,50–4,50 €; ⏱ 11–24 Uhr) In der Nähe vom *arasta*, direkt hinter der Arasna Pension steht ein jovialer Plastikkoch, der Gäste freundlich in sein Reich lockt. Sollte das Wetter nicht mitspielen, gibt's direkt abgehend vom Innenhof ein Restaurant mit Dach. Die Spezialität des Hauses ist *pide*. Es wird in so vielen verschiedenen Varianten serviert, wie die Zutaten der Küche erlauben. Alternativ gibt's Gegrilltes.

Çevrikköprü 2 (☎ 725 2586; Hamamönü Sokak 1; Hauptgerichte 2,50–5 €; ⏱ 11–22 Uhr) Altmodisches, sehr ordentliches Restaurant mit ellenlanger Speisekarte; nicht weit vom Hauptplatz und mit Blick auf die untere Stadt. Gleich nebenan befindet sich noch ein Ableger. Das Stammhaus ist ein Stück weiter in Richtung Yörük Köyü (S. 494).

Havuzlu Köşk Et Lokantası (☎ 725 2168; Dibekönü Caddesi 32, Bağlar; Hauptgerichte ab 2,80 €; ⏱ 12–23 Uhr) Um einen garantiert zauberhaften Abend zu verbringen, lässt man sich am besten von seinem Fahrer direkt zu diesem Restaurant chauffieren. Die Tische stehen rund um einen Pool im ersten Stock und im lauschigen Garten. Auf der Karte stehen türkische Standards: Kebaps, *köfte* (Fleischbällchen), Salate usw. Alkohol gibt's auch.

CAFÉS

Arasta Lonca Kahvesi (Boncuk Café; Yemeniciler Arastası) Eine der besten Adressen zum Kaffeetrinken. Auch wenn das Café mitten im Gewühl vom *arasta* liegt und man fürs Flair mitbezahlt. Billigeren Kaffee in ruhigerer Atmosphäre gibt's in den kleinen Seitenstraßen.

İmren Lokumları (☎ 712 8281; Kazdağlı Meydanı 2) Die Top-Konfiserie am Ort. Aus dem großen Café im ersten Stock hat man Blick auf den Hauptplatz von Çarşı, dazu plätschert ein Brunnen und Schaufensterpuppen in osmanischem Look leisten einem Gesellschaft. Das *safranlı zerde*, eine Art Wackelpudding mit Safran, ist einen Versuch wert.

AUF DIE SCHNELLE

Kazan Ocağı (Kasaplar Sokak 19; Hauptgerichte 1,10–2,80 €; ⏱ 10–22 Uhr) Das nette Kazan ist ein Familienbetrieb. An zierlichen Tischchen wird hier noch echte Hausmannskost serviert. Besonders charmant: die kleinen osmanischen Serviettenspender.

Merkez Lokantası (☎ 725 1478; Yukarı Çarşı 1; Hauptgerichte 1,10–3 €; ⏱ 10–22 Uhr) In diesem niedlichen, sauberen und freundlichen Laden gegenüber der Köprülü-Mehmet-Paşa-Moschee wird das handfeste Essen noch auf echtem Holzfeuer zubereitet.

Asmaaltı Café-Bar (☎ 712 3405; Hauptgerichte 2,50–3,50 €) Das viele dunkle Holz sorgt für Regenwaldfeeling. Mit der Livemusik rutscht das Essen nochmal so gut – oder andersrum.

Shoppen

Safranbolu ist ideal, um sich mit Kunsthandwerk einzudecken, v. a. Textilien, Schuhe Metall- und Holzarbeiten. Alles wird entweder direkt vor Ort produziert oder von anderswo rangekarrt, um die herumstobernden Bustouristen glücklich zu machen. Als Startpunkt bietet sich der restaurierte Yemeniciler Arastası (Schuhmacher-Basar) an. Wobei die Leute, die hier früher leichte, flache Schuhe machten, schon lange nicht mehr da sind. Je weiter man sich vom *arasta* entfernt, desto eher stößt man auf Läden von echten Sattlern, Filzmachern und anderen Kunsthandwerkern.

Der Name Safranbolu leitet sich ab vom Safran, dem kostbaren Gewürz, das für den speziellen Geschmack des hiesigen *lokum* (türkischer Honig) verantwortlich ist. Noch immer wimmelt es in der Stadt von Süßwarenläden. Lauter Lebkuchen- … äh *lokum*-Häuser. Eine Spezialität der Region ist *yaprak helvası*. Es besteht aus leckeren, weichen Schichten von weißem, mit gemahlenen Walnüssen durchsetztem *helva* (Halva). Das gibt's in allen İmren- oder Safrantat-Läden. Wie *lokum* hergestellt wird, erfährt man bei einem Besuch der Safrantat-Fabrik hinter der Tankstelle in Kıranköy.

An- & Weiterreise

Direkte Busverbindungen nach Safranbolu gibt's nur wenige; meist wird man im nahen Karabük abgesetzt. Von dort fahren Minibusse (0,40 €) die restlichen 8 km nach Kıranköy. Im AŞTİ von Ankara starten die Direktbusse nach Safranbolu am *peron* (Steig) 35 ab.

An der Sadrı Artuc Caddesi in Kıranköy gibt' diverse Ticketschalter, von denen tagsüber regelmäßig Busse nach Ankara (6,70 €, 4 Std.) und İstanbul (11 €, 6½ Std.) starten. **Savaş Turizm** (☎ 712 7480; Kaya Çarşısı) in der Nähe der Sadrı Artuc Caddesi bietet täglich fünf Fahrten nach Bartın (5 €, 1½ Std.) an, wo es Anschluss nach Amasra gibt. Wer den schaffen will, sollte frühmorgens aufbrechen.

Von Karabük gibt's noch viele andere Möglichkeiten, um weiterzukommen, z. B. Busse nach Kastamonu (4,50 €, 2 Std.) und einen Direktzug nach Ankara.

Mit dem Auto fährt man von der Autobahn Ankara–İstanbul bei Gerede ab und folgt dann Richtung Norden den Schildern „Karabük/Safranbolu".

Unterwegs vor Ort

Ca. alle halbe Stunde fahren bis 22 Uhr Linienbusse (0,15 €) vom Hauptplatz von Çarşı über die Hügel, vorbei am Hauptkreisverkehr in Kıranköy bis hinauf zur Haltestelle Köyiçi in Bağlar – und umgekehrt.

Ein Taxi nach Kıranköy kostet 2,50 €, zum *otogar* 4 €. Für ca. 34 € (inkl. Wartezeiten) bieten Taxis auch Touren zu sämtlichen Sehenswürdigkeiten an.

RUND UM SAFRANBOLU
Yörük Köyü

An der Straße von Kastamonu, 11 km östlich von Safranbolu, liegt Yörük Köyü (Nomadendorf), eine malerische Ansammlung verfallender Häuser, in denen früher Bektaşi-Derwische (s. S. 555) wohnten. Anscheinend wollten sie beweisen, dass man von Brot allein gut leben kann. Jedenfalls machten sie gut Kohle mit ihren Backkünsten. Ein paar Häuser sind deshalb enorm groß.

Das **Sipahioğlu Konağı Gezi Evi** (Eintritt 1,10 €; ☼ bei Tageslicht) ist sogar so riesig, dass die Führungen aus zwei Teilen bestehen. Leider sind sie nur auf Türkisch. Aber man sollte unbedingt nach dem uralten Heizungssystem Ausschau halten. Damit wurden fließendes Wasser und hinter Wänden versteckte Heizkörper erhitzt. Auch interessant: die Wandgemälde mit Gruppen von zwölf Nelken, die die Bektaşis symbolisieren, und der tolle Pavillon auf dem Dach, inklusive Fezständer.

Nicht weit, in der Cemil İpekçi Sokağı, befindet sich die alte *çamaşırhane* (Dorfwäscherei) mit überwölbten Feuerstellen, auf denen Wasser in Kesseln erhitzt wurde, und einem riesigen Steintisch, um die Wäsche sauberzuschrubben. Am einen Ende schrubbten die größeren Frauen, am anderen die kleineren. Die zwölf Tischseiten sind ein weiterer Hinweis auf den Bektaşi-Background des Dorfes (wie die heutigen Schiiten verehrten auch die Bektaşis zwölf Imame, deren Letzter verborgen ist). Eventuell muss man nach dem Schlüssel fragen.

SCHLAFEN & ESSEN

Tarihi Yörük Pansiyon (☎ 737 2153; EZ/DZ mit Gemeinschaftsbad 17/34 €) Ein wunderschönes Haus aus Holz und Stein mit einladendem Garten. Die Zimmer sind schlicht, aber bequem. Allerdings gibt's nur ein Plumpsklo, das sich vier Parteien teilen müssen. In einem Zimmer schläft man – echt osmanisch – auf einem *sedir*.

Im **Yörük Sofrası** werden drinnen und draußen *ayran* (Trinkjoghurt), Baklava und *gözleme* serviert. Neben der Moschee gibt's außerdem ein **Kahvehanesi** (Kaffeehaus).

AN- & WEITERREISE

Von Safranbolu nach Yörük Köyü gibt's keinen Direktbus, aber ein Dolmuş startet dreimal täglich im Dorf Konarı (variable Abfahrtzeiten). Auf Nachfrage hält der Fahrer in

Yörük Köyü (0,55 €). Um zurückzukommen, muss man 1 km zur Hauptstraße zurücklaufen und dort den Daumen raushalten.

Weitaus stressfreier ist es, sich in Safranbolu für Hin- und Rückfahrt ein Taxi zu organisieren. Dabei kommt man auf ca. 15 €.

Bulak Mencilis Mağarası

10 km nordwestlich von Safranbolu befindet sich dieses eindrucksvolle Höhlenlabyrinth. Es ist erst seit ein paar Jahren für die Öffentlichkeit zugänglich. Bislang kann man nur 400 m rein, aber das genügt, um ein paar schöne Stalagmiten und Stalaktiten zu erspähen. Zur **Höhle** (Eintritt 1,10 €; ☼ 8 Uhr bis Dämmerung) führen Stufen hinauf. Feste Schuhe sind sinnvoll, denn der metallene Laufsteg drinnen ist glitschig und manchmal nass.

İncekaya-Aquädukt

Etwas über 7 km nördlich von Safranbolu kann man diesen byzantinischen **Aquädukt** (Su Kemeri) besichtigen. In den 1790er-Jahren wurde er in İzzet Mehmet Paşas Auftrag restauriert. Das ist übrigens der Mann, der auch für eine der schönsten Moscheen von Safranbolu verantwortlich ist. Der Aquädukt überspannt die herrliche **Tokatlı-Schlucht.** Schon die Fahrt dorthin führt durch eine absolut malerische Landschaft. Safranbolus Taxifahrer chauffieren Besucher gerne dorthin.

KASTAMONU

☎ 0366/64 700 Ew.

Keine Stadt, deren Schaufenster voller Kettensägen und Melkmaschinen sind, ist auf den ersten Blick besonders anziehend. Aber die fröhlichen Wandmalereien überall sind ein Hinweis auf die positive und gleichzeitig konservative Atmosphäre, die hier herrscht. Als Zwischenstopp zwischen Anatolien und Schwarzem Meer hat Kastamonu jede Menge zu bieten, u. a. verschiedene Museen, eine Burg, mehrere alte Moscheen und viele schöne, alte osmanische Häuser. Wer etwas länger bleibt, kann auch die uralte hölzerne Moschee in Kasaba besichtigen oder die Landschaft rund um Pınarbaşı erkunden.

Geschichte

Wie bei fast allen Städten in der Zentraltürkei ist auch die Geschichte von Kastamonu ziemlich bewegt. Archäologischen Funden zufolge reicht die Besiedlung hier bis 2000 Jahre v. Chr. zurück. Hethiter, Perser, Makedonier und pontische (Schwarzmeer-) Könige hinterließen hier ihre Spuren. Im 11. Jh. wurden die Seldschuken von den Danischmenden verdrängt. Dann, im späten 13. Jh., versuchte der byzantinische Kaiser Johannes Komnenos sich hier einzunisten. Aber schon bald fielen Mongolen und Osmanen ein. Ab 1459 war Kastamonu endgültig in osmanischer Hand.

In Kastamonus moderner Geschichte spielen Kopfbedeckungen eine besondere Rolle: Atatürk startete von hier aus 1925 seine Hut-Reform. Er verbot den Fez wegen seiner religiösen Bedeutung und bestand darauf, dass die Leute ihren Kopf im europäischen Stil bedeckten. Wie hätte der große Staatsmann wohl auf die spätere Hochkonjunktur des Basecaps reagiert?

Orientierung & Praktische Informationen

Der *otogar* von Kastamonu liegt 7 km nördlich vom Stadtzentrum und ist per Dolmuş oder Taxi (6 €) zu erreichen. Wer aus Ankara kommt, lässt sich vom Busfahrer am besten im Zentrum in der Nähe der alten Nasrullah Köprüsü (Nasrullah-Brücke) absetzen.

Das Stadtzentrum bildet der Cumhuriyet Meydanı mit seinem imposanten *valilik* (Regierungsgebäude), einer Atatürk-Statue, der Post (PTT) und der Haltestelle für Nahverkehrsbusse. Trotz der Schilder gibt's hier keie Touristeninformation – am besten ein bisschen herumfragen, ob inzwischen eine neue eröffnet hat.

Direkt nördlich vom Cumhuriyet Meydanı fließt ein Fluss unter der Nasrullah Köprüsü hindurch. Die meisten Hotels stehen rund um diese Brücke.

Sehenswertes
MUSEEN

Ca. 50 m südlich vom Cumhuriyet Meydanı hat sich an der Cumhuriyet Caddesi das **Ethnografische Museum** (Liva Paşa Konağı Etnografya Müzesi; Eintritt 1,10 €; ☼ Di–So 8.30–17 Uhr) im 1870 restaurierten Liva Paşa Konağı einquartiert. Es ist komplett im traditionellen osmanischen Stil eingerichtet und lohnt definitiv einen Besuch.

Ganz in der Nähe liegt das **Museum für Archäologie** (☎ 214 1070; Cumhuriyet Caddesi; Eintritt 1,10 €; ☼ Di–So 8.30–16.30 Uhr) mit v. a. griechischen und römischen Ausgrabungsstücken aus der nahen Umgebung.

NOCH MEHR HISTORISCHE GEBÄUDE

Es kann ein bisschen dauern, bis man die **Burg von Kastamonu** (kale; Eintritt frei; ☺ bei Tageslicht) auf einem hohen Felsen hinter der Stadt entdeckt hat. Aber dann will man auch zu ihr rauf. Teile gehen bis in byzantinische Zeiten zurück, aber was heute zu sehen ist, sind Weiterbauten der Seldschuken und Osmanen. Der 1 km lange Aufstieg führt durch die steilen Gassen der Altstadt.

In der Mitte des Nasrullah Meydanı steht die osmanische **Nasrullah Camii** (1506) mit Doppelbrunnen direkt davor. In der ehemaligen **Munire Medresesi** an der Rückseite drängeln sich heute eine Reihe Kunsthandwerksläden. Westlich vom Nasrullah stehen alte Marktgebäude, u. a. der **Aşirefendi Hanı** und der **İsmail Bey Hanı**, 1466 erbaut und 1972 restauriert. Egal, welche Nebenstraße man hier einschlägt, überall sind alte Hamams, Brunnen oder andere historische Gebäude zu entdecken. Besonders sehenswert: der Torbogen der seldschukischen **Yılanlı Külliye** (1272), eines Moscheenkomplexes, der 1837 einen Brand überlebte.

Schlafen

Otel Selvi (☎ 214 1763; www.selviotel.com; Banka Sokak 10; EZ/DZ 14/25 €) Das Selvi, direkt nördlich vom Nasrullah Meydanı gelegen, bietet eine Reihe einfacher, praktischer Zimmer. Manche haben sogar einen Blick auf die Burg. Außerdem gibt's eine leicht angeschmuddelte Dachterrasse. Das Frühstück kostet 1,10 €. Wer sich mit einem Gemeinschaftsbad begnügt, spart 5,60 € pro Person.

Otel İdrisoğlu (☎ 214 1757; Cumhuriyet Caddesi 21; EZ/DZ ab 20/34 €) Direkt an der Hauptstraße. Die Lobby ganz in Braun ist das Tor zu einer Reihe von Zimmern: Alle sind unterschiedlich und gut für einen Kurzstopp über Nacht geeignet.

Otel Mütevelli (☎ 212 2018; www.mutevelli.com.tr; Cumhuriyet Caddesi 10; EZ/DZ 25/45 €) Auf der gegenüberliegenden Seite des Cumhuriyet Meydanı. Es ist das beste (na ja, auch das einzige) zentral gelegene Businesshotel in Kastamonu. Die Zimmer sind gepflegt und gut ausgestattet, im Restaurant auf dem Dach wird Alkohol ausgeschenkt.

Osmanlı Sarayı (Osmanischer Palast; ☎ 214 8408; www.ottomanpalace.4t.com; Belediye Caddesi 81; EZ/DZ/3BZ 28/50/67 €) Das ehemalige Rathausgebäude (1898) selbst ist schon eine Attraktion. Schön zu sehen, dass es so toll restauriert wurde. Und

noch besser ist es, darin zu wohnen! Die 18 Zimmer haben hohe Holzdecken und Bäder in den originalen (aber neu ausgestatteten) Holzkabinetten. Im Untergeschoss gibt's ein Restaurant, hinterm Haus einen Teegarten.

Toprakçılar Konakları (☎ 212 1812; www.toprakcilar. com; Alemdar Sokak 2; EZ/DZ 45/67 €, Suite 111 €) Zwei alte Stadthäuser gegenüber dem İsfendiyorbey Parkı in alter osmanischer Pracht. Die Inhaber sind so besorgt um den Originalfußboden, dass die Gäste mit Plastikschlappen über den Schuhe herumschlurfen müssen. Im Hofrestaurant gibt's am Wochenende Livemusik. An diesen Tagen sind Geräuschempfindliche eventuell besser im ruhigeren zweiten Gebäude aufgehoben.

Essen

Frenkşah Sultan Sofrası (☎ 212 1905; Nasrullah Meydanı; Hauptgerichte 1,10–2,80 €; ☺ 9–22 Uhr) Das Restaurant im ersten seldschukischen Hamam von Kastamonu (1262) ist im Laufe der Jahre wortwörtlich "abgesunken", bis es schließlich 1965 gesichert und restauriert wurde. Die hausgemachten *gözleme* kann man im Alkoven, umgeben von Kunsthandwerk, genießen oder draußen auf dem Platz.

Ulugöl Kebap ve Pide Salonu (☎ 214 1196; Cumhuriyet Caddesi 19; Hauptgerichte 1,10–2,80 €; ☺ 9–22 Uhr) Einheimische Frauen und Familien scheinen dieses braune, holzverkleidete Eckrestaurant zu lieben. Hier gibt's *pide*, Kebaps und *kiremit* (im Tontopf Gebackenes).

Canoğlu (☎ 213 5583; Cumhuriyet Caddesi 18/F; Hauptgerichte 1,10–3,50 €; ☺ 9–22 Uhr) Ziemlich am östlichen Ende der Hauptstraße befindet sich die Patisserie (*pastane*) Canoğlu, die gleichzeitig auch Restaurant und Schnellimbiss ist. Mit anderen Worten: ein Ort, wo man einfach zuschlagen *muss!*

Ausgehen

In Kastamonu gibt's zwei tolle **çay bahçesi** (Teegärten): der eine, von Kunstgewerbeläden umringt, im Hof der Munire Medresesi, der andere am Hang unterhalb des alten Uhrenturms mit Blick über den Cumhuriyet Meydanı und die Altstadt. Eine Taxifahrt den Hügel rauf kostet um die 1,10 €; der Abstieg lässt sich relaxed zu Fuß bewältigen.

Sevgi Çayevi (Ecke İnebolu Caddesi & Izbeli Sokak) Auf der anderen, den Toprakçılar-Häusern abgewandten Parkseite beherbergt ein perfekt restauriertes Gebäude dieses gemütliche Teehaus.

DIE HETHITER

Auch wenn der Name an Barbaren in Tierfellen denken lässt, waren die Hethiter, wie die Phrygier, eine hochkultivierte Zivilisation. Sie herrschten über ein riesiges Reich im Nahen Osten, eroberten Babylon und forderten vor über 3000 Jahren die ägyptischen Pharaonen heraus. Abgesehen von ein paar wenigen schriftlichen Erwähnungen in der Bibel und in ägyptischen Chroniken gab's früher nur wenige Hinweise auf die Hethiter. Erst 1834 stolperte der französische Reisende Charles Texier in der Nähe von Boğazkale über die Ruinen der hethitischen Hauptstadt Hattuşa.

1905 wurden bedeutende Kunstwerke ausgegraben, von denen die meisten ins Museum für Anatolische Zivilisationen in Ankara gewandert sind. U. a. kam das hethitische Staatsarchiv ans Tageslicht – es besteht aus Tausenden mit Keilschrift beschriebenen Tontafeln. Mit deren Hilfe schafften es Historiker und Archäologen, die Geschichte des Hethiterreichs zu rekonstruieren.

Die ursprünglich indoeuropäischen Hethiter breiteten sich um 2000 v. Chr. in Anatolien aus und eroberten dort die Landschaft Hatti. Der haben sie ihren Namen und ihre Kultur zu verdanken. Sie ließen sich in Hattuşa, der Hauptstadt von Hatti, nieder und vergrößerten und verschönerten sie im Laufe des folgenden Jahrtausends. Von etwa 1375 bis 1200 v. Chr. war Hattuşa Hauptstadt eines Reichs, das zu seinen besten Zeiten sogar Teile des heutigen Syriens einschloss.

In Sachen Religion waren die Hethiter nie kleinlich: Sie huldigten über 1000 verschiedenen Gottheiten. Zu den wichtigsten zählten Teschub, der Sturm- bzw. Wettergott, und Hepatu, die Sonnengöttin. Die Keilschrifttafeln lassen auf eine durchstrukturierte Gesellschaft schließen, die von mehr als 200 Gesetzen geregelt wurde. Auf Kapitalverbrechen stand die Todesstrafe, während Diebe glimpflicher davonkamen, wenn sie ihren Opfern Entschädigung zahlten.

Wahrscheinlich ab ca. 1250 v. Chr. ging's mit dem Hethiterreich bergab – vom Einfall der Phrygier beschleunigt. Nur die syrischen Stadtstaaten überlebten, bis auch sie schließlich von den Assyrern geschluckt wurden.

An- & Weiterreise

Vom Kastamonus *otogar* fahren regelmäßig Busse nach Ankara (11 €, 4 Std.), İstanbul (19,50 €, 9 Std.) und Samsun (17 €, 6 Std.). Nach Sinop (8,50 €) muss man evtentuell in Boyabat (5,60 €, 1½ Std.) umsteigen. Stündlich starten Busse nach Karabük (5,60 €, 2½ Std.), einige fahren weiter nach Safranbolu.

Außerdem starten am *otogar* Minibusse nach İnebolu (4,50 €, 2 Std.).

RUND UM KASTAMONU
Kasaba

Das hübsche Dörfchen Kasaba liegt 17 km Richtung Nordwesten von Kastamonu und ist winzig: Umso überraschender, hier auf eine der prächtigsten Holzmoscheen der Türkei zu stoßen. Die **Mahmud Bey Camii** wurde 1366 gebaut. Von außen fallen nur die schönen Holztüren auf. Hat der Imam sie aber erst mal aufgeschlossen, ist man überwältigt von dem gerade erst restaurierten Innenraum mit vier bemalten Holzsäulen, einer hölzernen Galerie und phantastisch bemalten Dachsparren.

Nach Kasaba fährt der Minibus vom *otogar* in Kastamonu in Richtung Daday. Direkt hinter Subaşı lässt man sich vom Fahrer an der Straße nach Kasaba absetzen (0,55 €).

Von hier sind es noch 5 km zu Fuß bis nach Kasaba. Am besten dort nach dem Imam herumfragen. Mit dem Taxi von Kastamonu kostet die Hin- und Rückfahrt (inkl. Wartezeiten) um die 8,50 €. Außerdem weiß der Taxifahrer bestimmt, wo der Imam wohnt.

Pınarbaşı

Pınarbaşı ist ein kleines, auf einem Hügel gelegenes Städtchen, 73 km von Kastamonu entfernt. Hier befindet sich u. a. der Haupteingang in den neuen **Küre-Dağları-Nationalpark** (Küre Dağları Milli Parkı; ☎ 0366-214 8663), ein 37 000 ha großes Plateau, das im Jahr 2000 offiziell zum Schutzgebiet erklärt wurde. Die regionalen Behörden sind zurzeit eifrig dabei, die „Kure-Berge" als Reiseziel anzupreisen. Tatsächlich gibt's hier jede Menge Sehenswertes für Naturfreaks, die genug Zeit haben, die Gegend auf eigene Faust zu erkunden. Besonders tolle Spots sind der Ilıca-Wasserfall, die Horma-Schlucht und die Höhlen Ilgarini „Inn" und Ilıca „Hamam". Wer zur spektakulären, 20 km langen Ilıca-Schlucht will, wandert durch den Wald 26 km nördlich von Pınarbaşı. Die Schlucht ist ideal fürs Rafting und Trekking. Aber es ist eine gute Idee, einen Ortskundigen mitzunehmen.

BOĞAZKALE, HATTUŞA & YAZILIKAYA

Diese Stätten mitten in der Ebene von Anatolien haben die Entwicklung der ganzen Region beeinflusst. Heute sind sie überaus spannende Zeugnisse der großen Zeit des Hethiterreichs (s. S. 497): Hattuşa, die hethitische Hauptstadt, und das Felsheiligtum von Yazılıkaya mit phantastischen Reliefs. Beide gehören zum Weltkulturerbe der Unesco.

Idealer Ausgangspunkt für eine Besichtigung ist das Bauerndorf Boğazkale, 200 km östlich von Ankara. Die Einrichtungen für Reisende sind hier eher bescheiden. Wer's schicker mag, muss sich in der ansonsten wenig spannende Provinzhauptstadt Çorum einmieten. Frühaufsteher schaffen's aber auch, von Ankara aus beide Orte an einem Tag zu besichtigen.

Boğazkale
☎ 0364/2000 Ew.

Als Ausgangsstation für beide Ausgrabungsstätten ist Boğazkale ideal. Es hat durchaus ländlichen Charme, auch wenn's im Sommer manchmal sehr staubig werden kann. Falls es nicht zu heiß ist, lassen sich die Ruinen von Hattuşa von hier aus gut zu Fuß erreichen. Neben ein paar Schlafquartieren hat Boğazkale nur ein paar kleine Geschäfte, eine Post und eine Bank (ohne Geldautomat) zu bieten.

Links hinter dem Ortseingang ist das kleine **Museum** von Boğazkale (Eintritt 1,10 €; ☾ 8–17 Uhr). Anders als angegeben, ist es montags manchmal zu. Es zeigt wie zu erwarten v. a. Artefakte aus hethitischer Zeit, z. B. Keilschrifttafeln (u. a. ein Staatsvertrag zwischen Königen), Siegel, Pfeil- und Axtspitzen und seltsam geformte Gefäße. Die Texte auf Türkisch und Deutsch verraten, dass die meisten der Stücke Kopien sind. Die Originale wurden nach Ankara verfrachtet.

Hattuşa

Heute ist es ein kahler Hügel, aber früher war **Hattuşa** (Eintritt 2 €; ☾ 8–12 & 13–17 Uhr) eine prächtige und lebendige Stadt mit 6 km langen Stadtmauern. Bei den Ruinen handelt es sich v. a. um wieder aufgebaute Fundamente, Mauern und diverse Felsreliefs. Aber es gibt auch Spektakuläreres: etwa einen Tunnel und tolle Hieroglyphen-Inschriften. Natürlich kommen Reisebusse durch Hattuşa und immer wieder tauchen scheinbar aus dem Nichts wettergegerbte Souvenirverkäufer auf.

Aber oft genug ist man ganz für sich. Dann ist es hier am stimmungsvollsten.

Über Mittag ist die Anlage theoretisch geschlossen, aber man kommt trotzdem immer rein. Der Ticketverkäufer wird einen schon finden. Die Eintrittskarte gilt auch für Yazılıkaya.

BÜYÜK MABET

Die erste antike Stätte gleich hinter dem Ticketkiosk ist der riesige **Büyük Mabet** (Großer Tempel), der im 14. Jh. v. Chr. erbaut und ca. 1200 v. Chr. zerstört wurde. Von allen hethitischen Tempeln ist dieser am besten erhalten. Trotzdem ist viel Phantasie nötig.

Wer über die breite Prozessionsstraße reinkommt, sieht links (im Südwesten) die Verwaltungsbereiche des Tempels und einen verwitterten grünen Felskubus – angeblich eines von weltweit nur zwei Exemplaren und ein Geschenk Ramses II. anlässlich der Unterzeichnung des Friedensvertrags von Kadesch (s. S. 500).

Der Haupttempel rechts war von wahrscheinlich mehrstöckigen Lagerräumen umgeben. Anfang des 20. Jhs. wurden hier riesige Vorratsgefäße aus Ton und Tausende Keilschrifttafeln gefunden. Interessant sind die steinernen Türschwellen mit Zapflöchern für die Türangeln und bogenförmigen Schleifspuren der Türflügel. Der Tempel war wahrscheinlich dem Wettergott Teschub und der Sonnengöttin Hepat geweiht. Der große Steinsockel einer ihrer Statuen ist erhalten.

SARI KALE

Ca. 250 m südlich des Büyük Mabet gabelt sich die Straße. Der rechte Abzweig (nach Westen) schlängelt sich bergauf. Linker Hand sind in der Mitte der alten Stadt ein paar Ruinen zu sehen, die durch einen Zaun von der Straße getrennt sind. Eine davon ist **Sarı Kale** (Gelbe Burg), möglicherweise eine auf hethitischen Grundmauern errichtete phrygische Festung.

FESTUNGSMAUERN & TORE

Bergauf, ca. 750 m hinter der Weggabelung, steht das **Aslanlı Kapı** (Löwentor) mit seinen zwei steinernen Löwen (einer sieht ziemlich mitgenommen aus). Sie sollten die Stadt vor bösen Geistern beschützen. Das Tor ist eines von mindestens sechs Toren in der Schutzmauer dieser Stadt, die sich aber wahrscheinlich nie gegen Eindringlinge wehren musste.

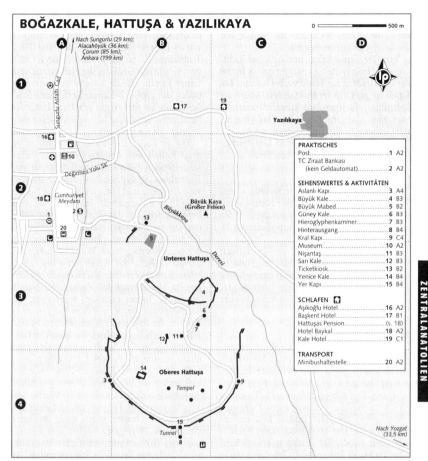

BOĞAZKALE, HATTUŞA & YAZILIKAYA

0   500 m

Nach Sungurlu (29 km);
Alacahöyük (36 km);
Çorum (85 km);
Ankara (199 km)

Yazılıkaya

Değirmen Yolu SK

Cumhuriyet Meydanı

Büyük Kaya
(Großer Felsen)

Büyükkaya

Unteres Hattuşa

Dereşi

Oberes Hattuşa

Tempel

Tunnel

Nach Yozgat
(33,5 km)

PRAKTISCHES
Post..1 A2
TC Ziraat Bankası
(kein Geldautomat).....................2 A2

SEHENSWERTES & AKTIVITÄTEN
Aslanlı Kapı.......................................3 A4
Büyük Kale..4 B3
Büyük Mabed....................................5 B2
Güney Kale..6 B3
Hieroglyphenkammer.......................7 B3
Hinterausgang..................................8 B4
Kral Kapı...9 C4
Museum..10 A2
Nişantaş..11 B3
Sarı Kale...12 B3
Ticketkiosk..13 B2
Yenice Kale.......................................14 B4
Yer Kapı...15 B4

SCHLAFEN
Aşıkoğlu Hotel...................................16 A2
Başkent Hotel....................................17 B1
Hattuşaş Pension.........................(s. 18)
Hotel Baykal.....................................18 A2
Kale Hotel...19 C1

TRANSPORT
Minibushaltestelle.............................20 A2

Die besterhaltenen Teile der Befestigungsanlage sind von hier gut zu sehen. Sie zieht sich südlich den Berghang hoch in Richtung Yer Kapı und östlich in Richtung Kral Kapı. Die fast 4000 Jahre alten Mauern zeugen von der Kunst der hethitischen Ingenieure: Sie konnten sich an die Natur anpassen und sie nach ihren Bedürfnissen verändern. Natürliche Vorsprünge wurden in die Mauern mit einbezogen. Und massive Wälle wurden angelegt, um künstliche Befestigungsanlagen zu schaffen.

Direkt östlich des Aslanlı Kapı liegt die **Yenice Kale.** Hier lässt sich gut erkennen, wie die hethitischen Baumeister eine 30 m hohe Felsspitze in eine ebene, terrassenförmige Festung verwandelten.

Weitere 600 m von Aslanlı Kapı entfernt steht das **Yer Kapı** oder **Sfenksli Kapı** (Erd- oder Sphingentor). Es wurde damals von vier riesigen Sphingen bewacht, die heute selbst bewacht werden: nämlich in den Museen von İstanbul und Berlin. Der Hügel ist künstlich aufgeschüttet und ein 70 m langer **Tunnel** verläuft durch den Wall zu einem **Hinterausgang** auf der Südseite. Da der „echte" Bogen noch längst nicht erfunden war, bauten die Hethiter einen Kragbogen aus zwei gegeneinandergelehnten flachen Steinblöcken. Primitiv oder nicht – der Bogen hat Jahrtausende gehalten und durch den steinernen Tunnel kann man heute noch gehen – wie damals die hethitischen Soldaten. Zurück geht's am besten über eine der **monumentalen Treppen** auf beiden

Seiten des mächtigen Stein-Glacis. Oben hat man einen tollen Blick über die Anlage und die Landschaft drum herum.

Vom Yer Kapı geht's in nordöstlicher Richtung den Hang runter, an einigen der 28 **Tempel** der Oberstadt linker Hand vorbei bis zum **Kral Kapı** (Königstor). Es verdankt seinen Namen der Relieffigur, die irgendwie königlich aussieht, aber ganz klar eine Kopie ist. Das Original steht sicher verwahrt im Museum von Ankara. Übrigens stellt die Figur einen hethitischen Kriegsgott dar, der die Stadt beschützt.

NİŞANTAŞ & GÜNEY KALE

Bergabwärts geht's weiter zum **Nişantaş,** einem Felsen mit einer langen, in den Stein gemeißelten hethitischen Inschrift aus der Zeit des letzten Hethiterkönigs Schuppiluliuma II. (1215–1200 v. Chr.).

Gleich gegenüber führt ein Pfad hoch zur freigelegten **Güney Kale** (Südburg) und zu einem Grab, das wahrscheinlich einem König gehörte. Es hat eine prächtige (abgezäunte) **Hieroglyphenkammer** mit Reliefs menschlicher Figuren.

BÜYÜK KALE

Die Ruinen der **Büyük Kale** (Große Burg) liegen 200 m abwärts vom Nişantaş. Sie wurden großenteils freigelegt. Aber viele alte Schichten mussten wieder zugedeckt werden, um sie zu schützen. Deshalb sind sie heute z. T. schwer zu erkennen. Zu der aufwändigen Anlage gehörten ein Königspalast und die hethitischen Staatsarchive. Die 1906 entdeckten Archive enthielten rund 2500 Stücke, u. a. eine Keilschrifttafel aus Ton mit dem Friedensvertrag von Kadesch. Dieser wurde zwischen dem Hethiterkönig Hattusili III. und dem ägyptischen Pharao Ramses II. geschlossen.

Der Rückweg von der Burg zum Ticketkiosk ist ca. 1 km lang.

Yazılıkaya

Yazılıkaya heißt so viel wie „beschriebener Fels" – und genau den gibt's in diesen Outdoor-Galerien zu sehen. Yazılıkaya, knapp 3 km von Hattuşa entfernt, war lange ein Heiligtum der Hethiter. In der späthethitischen Zeit (13. Jh. v. Chr.) entstanden hier als Vorbauten ein gewaltiger Torbau und eine Tempelanlage. Die Grundmauern sind schon vom Parkplatz aus zu sehen.

Es gibt zwei natürliche **Felsenkammern:** Die größere, linke war das Hauptheiligtum des Reiches. Die schmalere, rechte beherbergt phantastisch erhaltene Felsreliefs. Vermutlich war die kleinere Kammer die Grabstätte König Tudhaliyas IV. (regierte 1250–1220 v. Chr.), dem möglichen Gründer des Heiligtums, und seiner Familie. Beide Kammern zusammen bilden das größte bekannte hethitische Felsheiligtum. Sie sind so gut erhalten, dass jeder Besucher wünscht, er hätte die Reliefs sehen können, als sie neu waren.

Die größere Felsenkammer, Kammer A, zeigt Reliefs von Prozessionen mit vielen schreitenden Göttinnen und Göttern mit Spitzhüten. In typisch hethitischer Manier sind die Köpfe und Füße im Profil, die Körper aber frontal dargestellt. In dieser Kammer befindet sich auch das große, prächtige Relief des auf zwei Bergen stehenden Tudhaliya IV. mit Rundhelm und langem Umhang. An der gegenüberliegenden Wand ist das große, verwitterte Relief des Wettergottes Teschub zu sehen. Er steht ebenfalls auf zwei heiligen Bergen (in Menschengestalt dargestellt). Neben ihm steht (besser erhalten) seine Frau, die Sonnengöttin Hepat, auf dem Rücken eines Panters. Ihr folgen der Sohn Scharruma und wahrscheinlich zwei ihrer Töchter. Die Felsvorsprünge wurden wahrscheinlich als Opferaltäre genutzt, die Becken für Trankopfer.

In der kleineren Kammer B sind die Reliefs besser vor Wind und Wetter geschützt. Angeblich sollen Besucher die Wache, ein Mischwesen mit Flügeln und Löwenkopf, um Erlaubnis fragen, bevor sie in ihr Reich eindringen. Dort gibt's wieder eine Prozession von Göttern mit Sichelschwertern und ein detailliertes Relief des Schwertgottes. Der Schwertgriff besteht aus vier Löwenköpfen (zwei zeigen in Richtung Klinge, einer nach rechts, einer nach links). Die Figur am Kopf des Knaufs zeigt den Gott selbst. In der Nähe gibt's noch ein Relief, auf dem Scharruma seinen Arm schützend um Tudhaliya VI. legt. Auf den Felsvorsprüngen standen vermutlich Urnen mit der Asche Verstorbener.

Schlafen & Essen

Hotel Baykal/Hattuşas Pension (☎ 452 2013; www. hattusha.com; Cumhuriyet Meydanı 22; Pension EZ/DZ/3BZ ab 7/12/18 €, Hotel DZ/3BZ 30/45 €). Pension und Hotel in einem, direkt im Herzen des Dorfes mit Blick auf den Platz. Die Hotelzimmer bieten keine besonderen Extras, sind aber sauber und gemütlich. Die Pension ist etwas legerer (es gibt Gemeinschaftsbäder und überall stehen bäuerliche kunstgewerbliche Gegenstände rum), hat aber viel mehr Charakter. Das Frühstück kostet 2 €. Ahmet, der Inhaber, spricht gut Englisch und weiß bestens über die Gegend Bescheid.

Başkent Hotel (☎ 452 2037; www.baskenthattusa. com; Yazılıkaya Yolu Üzeri 45; Camping pro Zelt 8,50 €, EZ/DZ 10/20 €; ☸ April–Okt.) Das Başkent im modernen Motelstil liegt an der Straße nach Yazılıkaya ein Stück hügelaufwärts. Ein Hingucker ist die lange Veranda. Die Bäder sind mal so, mal so, aber die Zimmer sind alle ganz nett. Auf dem terrassenförmig angelegten Campingplatz ist Platz für bis zu 60 Leute und 50 Wohnwagen.

Kale Hotel (☎ 452 3126; www.bogazkoyhattusa.com; Yazılıkaya Yolu Üzeri; DZ/3BZ 17/28 €; ☸ April–Okt.) Das Kale, in perfekter Lage 400 m weiter an der Straße nach Yazılıkaya, hat große, helle Zimmer mit freundlicher Blumenbettwäsche. Die oberen Zimmer, die nach vorne rausgehen (manche mit kleinem Balkon), bieten einen schönen Ausblick. Der Blick vom grünen **Campingplatz** (pro Platz 5,60 €) ist okay. Und das Restaurant ist v. a. auf Gruppen eingestellt.

Aşıkoğlu Hotel (☎ 452 2004; www.hattusas.com; Zi. ab 20 €, Suite 50 €; ☐) Das Aşıkoğlu etwas außerhalb des Dorfes hat viele verschiedene Zimmertypen zu bieten: Drei-Sterne-Zimmer mit blitzblankem Bad und TV, Zwei-Sterne-Zimmer ohne TV im gelben Pensionsbereich und die große Marilyn-Monroe-Suite. Außerdem gibt's drei einfache **Zeltplätze** (pro Platz 5,60 €). Es wird Englisch und Deutsch gesprochen. Im Sommer nehmen öfter mal Reisegruppen das Hotel in Beschlag.

An- & Weiterreise

Wer mit öffentlichen Verkehrsmitteln nach Boğazkale will, muss über Sungurlu fahren. Busse aus Ankara nach Sungurlu (5,60 €, 3 Std., stündl.) setzen ihre Fahrgäste manchmal direkt an der Schnellstraße ab anstatt am *otogar* von Sungurlu. Dort lauern dann schon Taxifahrer, die beteuern, dass es partout kein Dolmuş nach Boğazkale gibt. Um stressfrei nach Boğazkale zu kommen, nimmt man von Ankara aus am besten Hattusus-Busse (Schalter 37 am *otogar*). Die sorgen für einen reibungslosen *servis* nach Sungurlu und setzen ihre Fahrgäste direkt am Dolmuş-Stand von Boğazkale ab.

Unter der Woche fahren Minibusse von Sungurlu nach Boğazkale, sobald ein Bus voll besetzt ist (1,10 €, 30 Min.). An Wochenenden

ist Trampen eine gute Idee oder man nimmt sich für 8 bis 10 € ein Taxi.

Wer aus Kappadokien kommt, bitte dran denken, dass Minibusse, die direkt von Yozgat nach Boğazkale fahren, spärlich gesät sind. In diesem Fall besser nach Kırıkkale (östlich von Ankara) fahren und dort umsteigen.

Unterwegs vor Ort

Wer ohne eigenen fahrbaren Untersatz unterwegs ist, muss sich rund um Hattuşa und Yazılıkaya zu Fuß fortbewegen oder ein Taxi nehmen. Die Strecke vom Aşıkoğlu Hotel zum Ticketkiosk ist 1 km lang. Am Ticketkiosk fängt ein 5 km langer Rundweg um das Gelände (ohne Yazılıkaya) an. Man läuft mindestens eine Stunde. Dazu kommt noch die Zeit, die man bei den Ruinen verbringt. Das sind insgesamt gut 3 Stunden. Unbedingt viel Wasser mitnehmen und frühmorgens aufbrechen, wenn die Sonne noch nicht so knallt, denn Schatten gibt's kaum.

Mit dem Taxi von Hattuşa kostet die Rundfahrt ca. 12 €. Natürlich lässt sich auch ein Preis für eine Tagestour inklusive Hattuşa, Yazılıkaya und Alacahöyük aushandeln.

Yazılıkaya liegt knappe 3 km von Hattuşa entfernt und genauso weit ist's auch von dort zurück nach Boğazkale.

ALACAHÖYÜK

Das winzige Bauerndorf Alacahöyük liegt 36 km nördlich von Boğazkale und 52 km südlich von Çorum. Die erste Besiedlung geht bis ca. 4000 v. Chr. zurück. Allerdings ist so wenig erhalten, dass sich ein Besuch eigentlich nur für die lohnt, die mit dem eigenen Auto unterwegs sind und nach der Besichtigung von Hattuşa noch ein bisschen Zeit haben. Die meisten beweglichen Funde wurden ins Museum von Ankara geschafft. Trotzdem gibt's auch hier ein kleines Museum und einige verwitterte Sphingen blieben an Ort und Stelle.

Das **Museum** (Eintritt 1,10 €; ☸ 8–12 & 13.30–17.30 Uhr) ist direkt bei den Ruinen und zeigt Impressionen von Künstlern, die die Stätte zu verschiedenen Zeiten besucht haben, außerdem Funde aus der späten Jungsteinzeit und der frühen Bronzezeit. Hinter Glas sind 15 Schichten von Alacahöyük aus der Zeit von 5500 bis 600 v. Chr. zu sehen.

Zwei augenlose Sphingen bewachen das **monumentale Tor** bei den Ruinen. Die detaillierten Reliefs daran (natürlich Kopien) zeigen

Musiker, Akrobaten, Opfertiere und das hethitische Königspaar. Sie nehmen an Festen und Zeremonien zu Ehren von Teschub teil, der als Stier dargestellt ist. Der Rest der Ausgrabungsstätte ist ziemlich weitläufig, aber außer Grundmauern gibt's nicht mehr viel zu sehen. Und die Beschilderung ist türkisch only.

Im kleinen **Café** am Eingang mit Sitzen aus Heubündeln bekommen erschöpfte Ruinenbesucher Drinks und Snacks.

An- & Weiterreise

Zwischen Alacahöyük und Boğazkale gibt's keine öffentlichen Verkehrsmittel. Wer's aber unbegingt darauf anlegt, kann mit Bus oder Dolmuş von Çorum nach Alaca fahren und dann weiter nach Alacahöyük (1 oder 2 Fahrten tgl., außer am Wochenende). Von Boğazkale nach Alacahöyük kommt man per Taxi, das dort eine Stunde wartet und einen dann zurück nach Alaca oder zur Schnellstraße Sungurlu–Çorum chauffiert. Das Ganze kostet ca. 20 €.

ÇORUM

☎ 0364/161 400 Ew.

Çorum liegt in einer Schwemmlandebene an einem Arm des Çorum-Flusses. Es ist eine unscheinbare Provinzhauptstadt, die sich in ihrem bescheidenen Ruhm als türkische Kichererbsen-Hauptstadt sonnt. Hochmut kommt vor der Falafel, könnte man sagen. Der Marktplatz ist gestopft voll mit *leblebiciler* (Kichererbsen-Röster) und Säcken voll von diesen mehligen Hülsenfrüchten. Wie sie sortiert sind, versteht wahrscheinlich nur ein Kichererbsen-Fachmann.

Wer von Boğazkale mit dem Bus in Richtung Norden oder Osten weiterreist, muss eventuell in Çorum umsteigen. Außerdem ist die Stadt gut geeignet als Basislager für Trips zu den hethitischen Ausgrabungsstätten.

Orientierung & Praktische Informationen

Im Zentrum von Çorum steht der Uhrenturm (1894). Post und *belediye* sind direkt daneben. Der *otogar* liegt 1,5 km südwestlich des Uhrenturms an der İnönü Caddesi, der Hauptstraße, wo's auch ein paar Banken mit Geldautomaten gibt.

Museum von Çorum

Nicht weit vom *otogar* ist das **Museum von Çorum** (Eintritt 1,10 €; ☯ Di–So 8–17.30 Uhr) mit einer repräsentativen Sammlung von Fundstücken aus hethitischer, byzantinisch-römischer und osmanischer Zeit. Vom Haupteingang des *otogar* geht es links ab, am Kreisverkehr wieder links und dann ein paar 100 m geradeaus. Es liegt direkt südlich vom Ticaret Meslek Lisesi.

Schlafen & Essen

Die meisten Hotels sind in der İnönü Caddesi, entweder beim *otogar* oder beim Uhrenturm.

Otel Konfor Palas (☎ 224 2744; Kubbeli Camii Karşısı; EZ/DZ/3BZ/4BZ mit Gemeinschaftsbad 9/16/23/30 €, EZ/DZ/3BZ 12,50/19/28 €) Dieses Budgethotel „Komfort-Palast" zu nennen war schon etwas überzogen. Aber darüber sieht man gern hinweg, denn die Zimmer sind hell, billig und günstig an der Fußgängerzone im Zentrum gelegen.

Hotel Sarıgül (☎ 224 2012; Azap Ahmet Sokak 18; EZ/DZ/3BZ 22/34/45 €) Trotz der grausamen Kombination von Grün-, Gelb- und Blasslilatönen ist dieses smarte Hotel hinter der Post für ein, zwei Nächte völlig in Ordnung. Bar, Disko und Livemusik im Restaurant sorgen für Unterhaltung.

Anitta Otel (☎ 213 8515; www.anittahotel.com; İnönü Caddesi 30; EZ/DZ 35/55 €; ☒) Der Drei-Sterne-Terrakottablock gegenüber dem *otogar* findet sich vielleicht etwas zu toll. Aber im Grunde deutet das nur darauf hin, dass die Standards hoch sind. Handeln ist möglich.

Katipler Konağı (☎ 224 9651; Karakeçili Mahallesi, 2 Sokak 20; Hauptgerichte 2–6 €; ☯ 11–22 Uhr) In diesem restaurierten osmanischen Haus auf zwei Etagen gibt's das beste Essen im Umkreis von vielen Kilometern. Highlights sind regionale Spezialitäten wie *çatal asi*-Suppe (Linsen und Gerste) und *keşkek* (Hammel mit grobkörnigem Weizen). Zum Runterspülen gibt's leckeren schwarzen Maulbeersaft. Vom Sarıgül aus geht's nach links, über die Straße und nach rechts. Dann die Gasse hinter der Moschee nehmen und an deren Ende noch mal links abbiegen. Das Restaurant liegt auf der rechten Seite.

An- & Weiterreise

Çorum liegt an der Schnellstraße zwischen Ankara und Samsun. Darum sind die Busverbindungen super. Regelmäßiger Busverkehr besteht nach Alaca (2,50 €, 45 Min.), Amasya (4 €, 2 Std.), Ankara (6,70 €, 4 Std.), Kayseri (9,50 €, 4¾ Std.), Samsun (6,70 €, 3 Std.) und Sungurlu (2,50 €, 1¼ Std.).

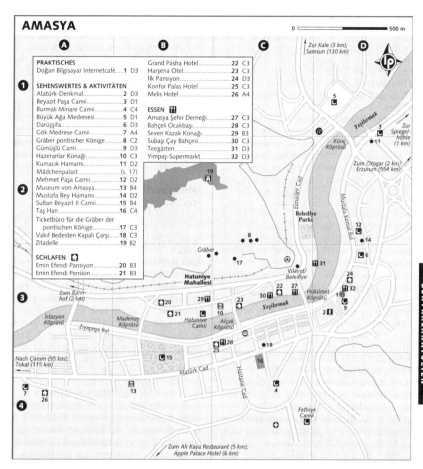

AMASYA

☎ 0358 / 74 400 Ew.

Amasya liegt eingezwängt in einer Schlucht zwischen zwei Bergrücken und wird vom Fluss Yeşilırmak geteilt. Es hat märchenhafte osmanische Häuser. Der Ort und seine bezaubernde Umgebung haben etwas so Ätherisches und Phantastisches an sich, dass man fast glaubt, sie seien nicht real. Aber zum Glück existiert Amasya.

Die Einwohner sind sehr stolz auf ihre Stadt und wollen dieses Gefühl mit allen Travellern teilen, die das Glück haben, hier vorbeizukommen.

Die heutige Hauptstadt der gleichnamigen Provinz war früher die Hauptstadt eines großen Pontischen Königreiches. Zur spektakulären Lage kommt noch, dass es hier jede Menge historische Bauten gibt, v. a. die in den Fels gehauenen Gräber der Könige von Pontus und die wunderbaren alten Moscheen und Medresen. Vor dieser rauen Kulisse wirken die behutsam restaurierten Häuser mit ihren Fachwerkelementen besonders toll – egal, ob sie von der Sonne beschienen werden oder unter einer Schneedecke liegen.

Amasya ist nicht zuletzt berühmt für seine Äpfel. Es lohnt sich also, im Herbst zu kommen. Ein Spaziergang am Fluss reicht völlig, um sich in diesen Ort zu verlieben.

Geschichte

Die Gegend um Amasya, die unter den Hethitern als Hakmış bekannt war, ist seit ca.

5500 v. Chr. besiedelt. Alexander der Große eroberte Amasya im 4. Jh. v. Chr. Später war es die Hauptstadt des Königreichs Pontus, in dem persische Satrapen (Provinzstatthalter) das Sagen hatten. In der Zeit von König Mithridates II. (281 v. Chr.) kam es zur vollen Blüte und beherrschte einen Großteil Anatoliens.

In den späteren Jahren der pontischen Zeit wurde hier Strabon (ca. 63 v. Chr. bis 25 n. Chr.) geboren, der erste Geograf der Welt. Vielleicht fühlte er sich durch die Berge eingeengt – jedenfalls verließ er seine Heimatstadt, um durch Europa, Westasien und Nordafrika zu gondeln. Über seine Reisen verfasste er 47 historische und 17 geografische Bücher. Obwohl die meisten seiner Geschichtswerke verloren gegangen sind, wissen wir doch so einiges über ihren Inhalt. Denn er wurde von vielen anderen klassischen Autoren zitiert.

Amasyas Goldenes Zeitalter war zu Ende, als sich die Römer Anatolien unter den Nagel rissen (47 v. Chr.). Angeblich soll die Eroberung von Amasya Julius Cäsar zu seinem legendären Ausspruch „Veni, vidi, vici" – „Ich kam, sah und siegte" veranlasst haben. Nach den Römern kamen die Byzantiner, die Seldschuken (1075), die Mongolen (Mitte des 13. Jhs.) und die letzten Abbasiden. In osmanischer Zeit war Amasya ein wichtiger Militärstützpunkt und politischer Übungsplatz für die Nachfolger der Sultane. Und es entwickelte sich zu einem Zentrum für islamische Theologie. Bis ins 19. Jh. gab es hier immerhin 18 Medresen und 2000 Studenten.

Nach dem Ersten Weltkrieg setzte sich Mustafa Kemal (Atatürk) aus dem besetzten İstanbul nach Amasya ab. Am 12. Juni 1919 traf er sich hier heimlich mit Freunden und verkündete die Grundsätze des türkischen Befreiungskampfs. Das Denkmal auf dem Hauptplatz erinnert daran und macht die schwierige Lebenssituation der anatolischen Türken vor der Revolution deutlich. Die Stadt feiert das Ereignis jedes Jahr mit einem einwöchigen Kunst- und Kulturfestival.

Orientierung & Praktische Informationen

Der *otogar* liegt am nordöstlichen, der Bahnhof am nordwestlichen Stadtrand. Von beiden sind es 2 km zum Hauptplatz mit dem Atatürk-Denkmal und der Brücke über den Fluss. Die meisten Einrichtungen für den täg-

lichen Bedarf sind am südlichen Flussufer zu finden. Aber das nördliche Ufer mit den pontischen Königsgräbern, den meisten osmanischen Fachwerkhäusern und der Burg ist der schönste Teil der Stadt. *Otogar* und Bahnhof sind gut per Minibus oder Taxi zu erreichen. Alles Weitere lässt sich zu Fuß machen.

Trotz der vielen Hinweisschilder gibt's im Moment keine Touristeninformation. Aber es besteht Hoffnung, dass bald eine aufmacht. Das praktische **Doğan Bilgisayar Internetcafé** (Mustafa Kemal Bulvarı 10) liegt direkt nördlich vom Hauptplatz.

Sehenswertes & Aktivitäten
PONTISCHE GRÄBER

Hoch über dem nördlichen Flussufer erhebt sich eine nackte Felswand mit den auffälligen **Gräbern der pontischen Könige** (Kral Kaya Mezarları; Eintritt 1,10 €; ☉ April–Okt. 8–20 Uhr, Nov.–März 8.30–17.30 Uhr). Die Grabkammern, die im 4. Jh. v. Chr. in den Fels geschlagen wurden, dienten der rituellen Anbetung der als Götter verehrten Herrscher. In den Tälern gibt's insgesamt 18 Gräber – alle leer.

Die Stufen rauf zum Ticketbüro sind gut gekennzeichnet. Direkt hinter dem Ticketschalter gabelt sich der Weg. Der linke Abzweig führt zu zwei Gräbern, die durch einen in den Fels geschlagenen Tunnel erreicht werden. Rechts geht's zu weiteren Gräbern und den Überresten des **Mädchenpalastes** (Kızlar Sarayı). Obwohl es hier tatsächlich Harems voller Mädchen gab, war das Gebäude auf dieser Felsterrasse der Palast der Könige von Pontus und später der osmanischen Statthalter. In den Felsen hinter der Terrasse gibt's noch ein paar Grabkammern. Traveller, die dorthin wollen, müssen durch ein Mauerloch klettern und die in den Fels gehauenen Stufen raufkraxeln. Für die Mühe entschädigt dann der Blick runter auf die Stadt. Wer zwischen den Gräbern rumläuft und sich anguckt, wie sie aus dem Fels gearbeitet wurden, muss in den dunklen Ecken mit Liebespärchen rechnen.

Noch ein pontisches Grab, die **Spiegelhöhle** (Aynalı Mağara), liegt abseits der anderen Gräber an der Straße nach Samsun. Wer Zeit hat, sollte ruhig vorbeischauen. Der 4 km lange Fußweg vom Hauptplatz dorthin ist sehr schön. In nördlicher Richtung geht's immer den Fluss entlang und schließlich über die Yeşilırmak-Brücke. Dann rechts nach dem Wegweiser Ausschau halten.

DIE LEGENDE VON FERHAT & ŞIRIN

Amasya ist der Schauplatz eines der beliebtesten türkischen Volksmärchen: der tragischen Liebesgeschichte von Ferhat und Şirin.

Im Prinzip ist es die orientalische Variante von Romeo und Julia: Der junge Ferhat, seines Zeichens *nakış*-Künstler (Kunstmaler), verliebt sich in Şirin, die Schwester der Sultansgattin Mehmene Banu. Aber die Sultana ist mit der Verbindung gar nicht einverstanden und verlangt, dass der junge Brautwerber einen Kanal durchs Gebirge gräbt, um Wasser in die von Dürre geplagte Stadt zu leiten. Während dieser Herkulesarbeit hört Ferhat, dass seine Geliebte gestorben sei. Aus Kummer nimmt er sich das Leben. Dabei ist Şirin quicklebendig. Aber sie bringt sich um, als sie Ferhats Leichnam findet. Beide werden zusammen begraben. Aus ihren Gräbern strömen Tränen, die der Stadt Amasya endlich das lang ersehnte Wasser bringen.

Natürlich gibt's wie bei allen echten Legenden keine einzig gültige Lesart. Im Laufe der Zeit entstanden verschiedenste Interpretationen der Story – in gedruckter Form, auf der Bühne und als Film. Die Variante des gefeierten Dramatikers Nazım Hikmet ist besonders komplex: Hier ist Ferhats sture Weigerung, sein unheilvolles Projekt aufzugeben, an allem schuld. Der übermenschliche Liebesdienst wird zu einem verheerenden Akt des Stolzes und der Torheit.

Sehr beliebt ist die Karagöz-Puppentheaterversion. Die hat ein Happy End, weil die Liebenden eine böse Hexe töten. In Jale Karabekirs feministischer Bühnenfassung von 2001 taucht Ferhat gar nicht mehr in personam auf; er zeigt sich nur noch in den Ängsten und Wünschen der beiden Schwestern, die im Zentrum der Geschichte stehen.

Egal, welcher Fassung man den Vorzug gibt: Wer sich die bitteren Lehren der Geschichte in authentischer Umgebung auf der Zunge zergehen lassen will, muss einfach nach Amasya! In der Stadt steht am südlichen Flussufer eine Statue der beiden Liebenden. Auch lohnt sich ein Besuch des 6 km langen Ferhat Su Kanalı; der Blick auf diesen Wasserlauf wird die Phantasie beflügeln.

Das Grab wurde in pontischer Zeit erbaut. Wahrscheinlich nutzten es später Byzantiner als Kapelle, die auch die verblassenden Fresken im Inneren malten. Mit einer griechischen Inschrift hoch oben an der Fassade gehört das Grab zu den wenigen, die verziert sind. Faulpelze lassen sich vom Stadtzentrum mit dem Taxi für ca. 5 € hin und zurück kutschieren.

ZITADELLE

Über den Gräbern am Felshang thront die *kale* (Zitadelle), auch Burg von Harşena genannt. Der Blick von hier oben ist umwerfend. Die Überreste der Mauern stammen aus pontischer Zeit, vielleicht aus der Zeit von König Mithridates. Die Festung wurde von den Osmanen und dann noch mal in den späten 1980ern restauriert. Auf einem Vorsprung unterhalb der Zitadelle steht eine alte russische Kanone, die während des Ramazan abgefeuert wird, um das Ende des Fastens zu verkünden.

Wer zur Zitadelle will, überquert die Künç Köprüsü und folgt der Straße nach Samsun ca. 1 km. Dann geht links eine Straße Richtung „Kale" ab. Bis zu einem kleinen Parkplatz geht's jetzt 1,7 km bergauf. Der restliche steile Aufstieg zum Gipfel mit Fahnenmast dauert ca. 15 Minuten. Reisende beiderlei Geschlechts sollten nicht ohne Begleitung hochkraxeln.

MUSEUM VON AMASYA

Das **Museum** (☎ 218 4513; Atatürk Caddesi; Eintritt 1,10 €; ⏱ Di–So 8–11.45 & 13–16.45 Uhr) von Amasya lohnt sich absolut. Zu den bemerkenswerten Ausstellungsstücken zählen: die berühmte Statuette von Amasya, eine Bronzedarstellung des hethitischen Gottes Teschub mit Spitzkappe und riesigen, mandelförmigen Augen; Holztüren der Gök Medrese Camii, die die Entwicklung der Schnitzkunst von seldschukischer bis zu osmanischer Zeit zeigen, und schließlich osmanisches Kunsthandwerk, u. a. aus der Seilmacherei. Die Beschilderung in Englisch ist gut.

Das Highlight ist aber das gefliese seldschukische Grab im Garten. Es enthält eine einzigartige Sammlung schauriger Mumien aus der Il-Khan-Zeit. Die ohne Entnahme der Organe mumifizierten Leichname wurden neben der Burmalı Minare Cami entdeckt. Sie sind nichts für Zartbesaitete und auch nichts für Kinderaugen. V. a. der Anblick eines kleinen Mädchens, dessen Leichnam in drei Teile zerfallen ist, ist ein echter Schocker.

HATUNİYE MAHALLESİ
Unmittelbar nördlich des Flusses liegt Hatuniye Mahallesi, ein wunderschönes Viertel mit restaurierten osmanischen Häusern. Dazwischen stehen hier und da moderne Nachbauten, die mit den alten Häusern gut harmonieren.

Direkt hinter den Stufen zu den pontischen Gräbern steht das **Hazeranlar Konağı** (☎ 218 4018; Eintritt 1,10 €; ☻ Di–So 8.30–11.45 & 13.15–16.45 Uhr), das 1865 erbaut und 1979 restauriert wurde. Die Zimmer sind komplett im Originalstil möbliert. Modelle zeigen, wie sie genutzt wurden. Ob sich die Kunstgalerie im Untergeschoss lohnt, hängt davon, was grade ausgestellt wird (zum Zeitpunkt der Recherche waren es historische Fotos).

HAMAMS
In Amasya sind mehrere altehrwürdige Hamams noch in Benutzung. An der Nordseite des Darüşşifa liegt der osmanische **Mustafa Bey Hamamı** (☻ Männer 6–10 & 16–23 Uhr, Frauen 10–16 Uhr; komplette Waschung 6 €) von 1436. Ganz in der Nähe gibt's noch einen Hamam, den 1495 erbauten **Kumacık Hamamı** (☻ Männer 6–10 & 16–23 Uhr, Frauen 10–16 Uhr; komplette Waschung 6 €).

NOCH MEHR SEHENSWERTES
Mit der Besichtigung der kleineren Sehenswürdigkeiten nördlich und südlich des Flusses lassen sich ein paar schöne Stunden verbringen. Wer am südlichen Ufer entlangläuft, hat den besten Blick auf das Nordufer und kann nachts die angestrahlte Burg und die Felsengräber genießen. Der Großteil der alten religiösen Gebäude liegt auch auf dieser Flussseite.

Südlich des Flusses
Am östlichen Ende des Südufers, in der Nähe der Brücke Künç Köprüsü, liegt die **Beyazıt Paşa Camii**, eine frühe osmanische Moschee (1419) mit zwei Kuppeln. Ihr Stil wurde später auch bei der berühmten Yeşil Cami in Bursa aufgegriffen. Außerhalb der Gebetszeiten ist sie geschlossen, aber die interessantesten Elemente sind sowieso außen.

Wer dem Flussufer Richtung Westen folgt, kommt zu der hübschen **Mehmet Paşa Camii.** Sie stammt von 1486 und wurde von Lala Mehmet Paşa erbaut. Er war der Lehrer von Şehzade Ahmet, dem Sohn Sultan Beyazıts II. Sehenswert ist der schön gearbeitete *mimber* (Kanzel) aus Marmor. Ursprünglich gehörte

zu der Anlage auch die Grabstätte des Bauherrn, ein *imaret* (Suppenküche), ein *tabhane* (Krankenhaus), ein Hamam und ein *handan* (Gasthaus).

Weiter in dieser Richtung steht links das **Darüşşifa** (Mustafa Kemal Bulvarı) oder Bimarhane, das 1309 Ilduş Hatun als psychiatrisches Krankenhaus bauen ließ. Sie war die Frau des Il-Khan-Sultans Olcaytu. Hier wurden wahrscheinlich zum ersten Mal geistige Erkrankungen mit Musik therapiert. Die Il-Khane waren Nachfahren des Mongolen Dschingis Khans, die die anatolischen Seldschuken besiegt hatten. Ihre Architektur enthielt Elemente vieler unterworfener Völker. Dieses Gebäude orientiert sich am Grundriss seldschukischer Medresen. Heute finden hier Ausstellungen, Konzerte und Veranstaltungen statt.

Ein Stück weiter flussabwärts liegt der Hauptplatz von Amasya mit seinem eindrucksvollen Denkmal für den Unabhängigkeitskrieg. An der Ostseite des Platzes steht etwas erhöht die **Gümüşlü Cami** (Silbrige Moschee) aus dem Jahr 1326, die älteste osmanische Moschee der Stadt. Nach einem Erdbeben wurde sie 1491 wieder aufgebaut, ein weiteres Mal 1612 nach einem Brand und noch mal 1688. 1903 kamen Anbauten dazu, und zuletzt wurde der Bau 1988 restauriert.

Wer weiter nach Westen ins Inland spaziert, kommt zum **Vakıf Bedesten Kapalı Çarşı** (gedeckter Markt) von 1483, der bis heute in Betrieb ist. Dann folgt man der Atatürk Caddesi in westlicher Richtung. Auf der linken Seite steht der z. T. verfallene **Taş Han** (1758), eine osmanische Karawanserei. Dahinter ist die **Burmalı Minare Camii** (Moschee mit spiralförmigem Minarett), die zwischen 1237 und 1247 von den Seldschuken erbaut wurde. Das Minarett ist mit eleganten spiralförmigen Reliefs verziert.

Danach geht's weiter westwärts zur reizenden **Sultan Beyazıt II Camii** (1486), Amasyas größter *külliye* (Moscheeanlage) mit Medrese, Springbrunnen, *imaret* und *kütüphane* (Bücherei). Am Schluss dieses Wegs steht die **Gök Medrese Camii** (Moschee der himmelblauen islamischen Hochschule). Sie wurde von 1266 bis 1267 für Seyfettin Torumtay erbaut, den seldschukischen Statthalter von Amasya. Der *eyvan* (gewölbte Nischenhalle), der als Haupttor fungiert, ist in ganz Anatolien einzigartig. Das *kümbet* (Mausoleum) war früher mit himmelblauen (*gök*) Fliesen ausgekleidet – daher der Name.

Nördlich des Flusses

Auf der anderen Seite der Künç Köprüsü auf der nördlichen Flussseite steht die eindrucksvolle achteckige **Büyük Ağa Medresesi.** Sie wurde 1488 von Hüseyin Ağa erbaut, dem weißen Obereunuchen Sultan Beyazıts II. Noch heute dient sie als Schule für Jungen, die zu *hafız* (Leuten, die den gesamten Koran auswendig kennen) ausgebildet werden. Das Gebäude ist für die Öffentlichkeit nicht zugänglich.

Schlafen

BUDGETUNTERKÜNFTE

Ähnlich wie in Safranbolu lohnt es sich auch in Amasya, etwas mehr Geld auszugeben, um dafür dann aber auch in einem echten osmanischen Haus zu wohnen. Trotzdem gibt's mindestens ein Budgethotel, das gar nicht so schrecklich ist.

Konfor Palas Hotel (☎ 218 1260; Ziyapaşa Bulvarı 2/B; EZ/DZ/3BZ 11/20/25 €) Von fleckigen Teppichen und kleineren ästhetischen Verirrungen abgesehen, sind die kleinen Zimmer ganz in Ordnung. Und der Hausmeister hat was Väterliches an sich … In den Zimmern nach hinten und zur Seite raus bleibt einem der Lärm der Straßencafés erspart. Frühstück ist im Preis nicht mit drin.

İlk Pansiyon (☎ 218 1689; Hitit Sokak 1; Zi. 17–50 €) Wer sagt, dass nur der in einem osmanischen Haus wohnen kann, der auch fürstliche Preise zahlt? Dieses restaurierte Stadthaus ist eins der tollsten in der Türkei. Aufgesetzter Luxus ist hier nicht angesagt. Die Zimmer sind authentisch und stilvoll eingerichtet. Die fünf luftigen, geräumigen Salons haben niedrige Betten und schlichte Bäder (eines in einem Kabinett verborgen). Die abgeschiedene Kammer direkt am begrünten Hof ist für Paare ideal.

MITTELKLASSEHOTELS

Emin Efendi Konakları (☎ 212 0852; www.eminefendi.com.tr; Hazeranlar Sokak 73; Pension EZ/DZ 20/31 €, Hotel EZ/DZ 34/50 €; 🔀) Die zwei Häuser des Emin Efendi sind etwas für jeden Geschmack. Das neue Gebäude (Emin Efendi Pension) kombiniert clever Tradition und modernen Komfort. Die ursprüngliche Pension liegt ein Stück die Straße runter (Emin Efendi Pansiyon). Sie hat genau die richtige Portion an Schnickschnack und osmanischen Elementen und einen wunderschönen Hof.

Grand Pasha Hotel (☎ 212 4158; www.grandpashahotel.com; Tevfik Hafız Çıkmazı 5; Zi. 20–67 €) Mit 120

geschichtsträchtigen Jahren auf dem Buckel hat dieses Haus am Fluss mit hohen Decken mehr als genug osmanische Eigenheiten zu bieten, um den Aufenthalt nie langweilig werden zu lassen. Für noch mehr Abwechslung sorgt Livemusik im Hofrestaurant.

Melis Hotel (☎ 212 3650; www.melishotel.net; Torumtay Sokak 135; EZ/DZ 28/42 €; 🔀 🖵) Das hohe, schmale Gästehaus liegt zwar nicht am Fluss, aber in der Nähe des Museums. Es ist von oben bis unten vollgestopft mit rustikaler Handwerkskunst. Die unterschiedlich eingerichteten Zimmer sind farbenfroh und sauber. Sämtliche Böden und Möbel sind aus Holz. Und die Dachterrasse ist ideal, um am Abend richtig zu relaxen.

Harşena Otel (☎ 218 3979; www.harsena.com; PTT Karşısı; EZ/DZ 30/55 €; 🔀) Hier haben Traveller die Qual der Wahl: zwischen dem schicken, aber unspektakulären modernen Gebäude und dem knarrenden, authentischen Amasya-Haus, das über den Fluss ragt. Unentschlossenen sei gesagt: Die alte Seite hat auch noch einen Hof und ein Restaurant mit Café und Bar zu bieten.

SPITZENKLASSEHOTELS

Apple Palace Hotel (☎ 219 0019; www.theapplepalace.com.tr; Vermiş Sokak 7; EZ/DZ 50/80 €; 🔀 🖵 🛢) Amasyas einziges Vier-Sterne-Hotel steht einsam am Hang auf der Südseite des Flusses mit Blick auf die Stadt und die pontischen Gräber. Die Zimmer sind schick und gemütlich. Die Anlagen werden immer besser und die Diskothek bietet das einzige erwähnenswerte Nachtleben in Amasya. Shuttlebusse chauffieren die Gäste in die Stadt und zurück.

Essen & Ausgehen

Neben den oben genannten Hotelrestaurants gibt's mehrere gute Cafés und Restaurants in Hatuniye Mahallesi und ein paar einfachere Lokale über die ganze Stadt verstreut.

Bahçeli Ocakbaşı (☎ 218 5692; Ziyapaşa Bulvarı; Hauptgerichte 1,40–3,50 €; ⏲ 8–22 Uhr) Eins von sechs Cafés, die auf dem belebten Platz vor dem Konfor Palas charmant um Kundschaft werben. Es hat von allen das größte Schild. Na, wenn das nichts heißt …

Yimpaş-Supermarkt (☎ 212 7184; Ziyapaşa Bulvarı 16; Gerichte 3 €; ⏲ 9–20 Uhr) Hier kann man sich nicht nur mit Lebensmitteln versorgen. Im großen neuen Yimpaş gibt's auch ein Café auf der Dachterrasse mit Blick auf die Schlucht, in dem kleine Mahlzeiten serviert werden. Wer will, kann natürlich auch nur zum Einkaufen herkommen.

Seven-Kazak Konağı (Figani Sokak 1; Getränke ab 0,30 €; ⊙ 11–22 Uhr; 🖥) Es liegt nicht am Fluss. Und im Keller, wo die beruhigende Wirkung des Tageslichts fehlt, geht's manchmal ein bisschen krawallig zu. Aber wer einen Blick in den ummauerten Hof geworfen hat, will seinen Tee nie mehr woanders schlürfen.

Ali Kaya Restaurant (☎ 218 1505; Çakallar Mevkii; Hauptgerichte 1,70–4 €; ⊙ 11–22 Uhr) Das einfache Restaurant in der Nähe des Apple Palace schenkt nicht nur Alkohol aus, sondern bietet auch einen umwerfenden Blick auf Amasya, der sich tagsüber oder kurz vor Sonnenuntergang am besten genießen lässt. Gruppen können vorher anrufen und sich gratis abholen lassen. Für 3 € pro Strecke fahren aber auch Taxis hierher.

Amasya Şehir Derneği (☎ 218 1013; Hauptgerichte 2,50–6 €; ⊙ 11–23 Uhr) Dieses dreistöckige Clubhaus mit Blick auf den Fluss liegt neben dem klobigen Uhrenturm an der Hükümet Köprüsü. Es hat die besten Balkons der Stadt. Leider sind sie größtenteils für die „Macher" von Amasya, also männliche Anzugträger, reserviert. Ausländische Traveller kriegen aber einen kostenlosen Mitgliedsausweis und haben so auch das Recht, Grillmenü, Livemusik und Froschkonzert zu genießen.

Subaşı Çay Bahçesi (☎ 212 0852; Tevfik Hafız Çıkmazı), gegenüber dem Grand Pasha Hotel, ist das beliebteste Gartencafé am Nordufer des Flusses. Weitere Teegärten am Fluss gibt's nördlich des Belediye Parkı.

An- & Weiterreise

Amasya liegt nicht weit von der viel befahrenen Strecke zwischen Ankara und Samsun. Deshalb verkehren Busse regelmäßig. Ein paar Busunternehmen haben Ticketschalter am Hauptplatz. Ein Dolmuş zum *otogar* kostet 0,40 €.

Wer nach Safranbolu (17 €, 9 Std.) will, nimmt frühmorgens den Minibus nach Gerede, steigt an der Kreuzung von Karabük aus und signalisiert dem Bus nach Karabük anzuhalten. Von Karabük fährt dann ein anderer Minibus nach Safranbolu – ein langer Tag!

Außerdem fahren täglich Busse nach Adıyaman (Richtung Nemrut Dağı; 25 €, 10 Std.), Ankara (14 €, 5 Std.), Çorum (5,60 €, 2 Std.), İstanbul (20 €, 10 Std.), Kayseri (17 €, 8 Std.), Malatya (17 €, 8 Std.), Nevşehir (20 €, 9 Std.), Samsun (5,60 €, 2 Std.), Sivas (11 €, 3 ½ Std.) und Tokat (5,60 €, 2 Std.).

Am **Bahnhof** (☎ 218 1239) von Amasya hält zweimal täglich der Zug von Samsun (2,80 €, 5 ½ Std.) nach Sivas (3 Std.).

TOKAT
☎ 0356/114 000 Ew.

Wie Amasya ist auch Tokat eine lan gestreckte Stadt vor der Kulisse zerklüfteter grauer Felsen. Allerdings kann es die belebte Hauptstraße niemals mit dem Charme des malerisch am Fluss gelegenen Amasya aufnehmen. Pluspunkte für Tokat sind die über die ganze Stadt verstreuten, verfallenen Ruinen, die oft auch unterirdisch liegen. Es heißt, dass die Stadt zwischen dem 13. und 20. Jh. um bis zu 5 m angehoben wurde, weil Regenfälle und Überschwemmungen jede Menge Schlamm und nach Erdbeben auch Gesteinstrümmer ins Tal spülten.

Die Stadt ist nicht nur wegen ihrer architektonischen Highlights, u. a. der Gök Medrese und des wundervollen Latifoğlu Konağı, sondern auch wegen ihres sensationellen Kebaps einen Abstecher wert. Fans dieses türkischen Klassikers sollten die lokale Variante unbedingt testen.

Geschichte

Wie nicht anders zu erwarten, gaben sich in der Geschichte Tokats die Eroberer Anatoliens sozusagen die Klinke in die Hand: Hethiter und Phrygier, Meder und Perser, Alexander der Große, die pontischen Könige, die Römer, Byzantiner, Danischmenden, Seldschuken und mongolischen Il-Khane – sie alle sind irgendwann hier durchmarschiert.

In der Zeit der anatolischen Seldschukensultane war Tokat die sechstgrößte Stadt Anatoliens und lag an wichtigen Handelsrouten. Die Zufahrtsstraßen sind gut bestückt mit seldschukischen Brücken und Karawansereien, die das bezeugen. Aber gegen Mitte des 13. Jh. setzten die Mongolen und die Il-Khane der Blüte ein Ende und die Stadt versank in Bedeutungslosigkeit.

Erst 1402, als die Osmanen die Gegend einnahmen, lebte Tokat wieder auf. Es wurde zum wichtigen Handelsstützpunkt und Zentrum der Kupferförderung und Landwirtschaft. Im 19. Jh. schaffte es Gazi Osman Paşa, ein Tokater Junge aus armen Verhältnissen, zu einem der größten Generäle des Reiches aufzusteigen. Die Hauptstraße von Tokat ist nach ihm benannt.

Bis zur Katastrophe des Ersten Weltkriegs lag der Handel in Tokat in den Händen von bedeutenden nichtmuslimischen Bewohnern – Armeniern, Griechen, Juden. Bis heute gibt es eine kleine, aber aktive jüdische Gemeinde.

Orientierung

Das Stadtzentrum ist der Cumhuriyet Meydanı, ein großer Platz mit *vilayet* (Sitz der Provinzregierung), *belediye*, Post und dem Tarihi Ali Paşa Hamam. Nicht weit vom Platz gibt's ein Einkaufszentrum.

Die Stadt wird überragt von einem felsigen Vorgebirge mit der obligatorischen alten Festung. Darunter drängen sich der Basar und viele der alten osmanischen Häuser.

Die Hauptstraße Gazi Osman Paşa (GOP abgekürzt) Bulvarı erstreckt sich in nördlicher Richtung vom Hauptplatz an der Gök Medrese vorbei bis zu einem Kreisverkehr. Der *otogar* ist 1,7 km vom Cumhuriyet Meydanı weg. Die örtlichen Minibusse fahren vom Minibus-Terminal İlçe ve Köy ab, zwei Blocks östlich vom GOP Bulvarı.

Praktische Informationen

Sentez Bilisim Internet (GOP Bulvarı 148/B; 0,45 € pro Std.; ⏰ 9–24 Uhr) Oberhalb von Safi Döviz.

Tourismusbüro (☎ 211 8252; Taş Han, GOP Bulvarı 138/l; ⏰ Mo–Fr 9–17 Uhr, Mai–Nov.) Keine Karten, keine Broschüren, kein Englisch!

Sehenswertes & Aktivitäten

GÖK MEDRESE

Der einheimische Fürst Pervane Muhinedin Süleyman ließ 1277, nach dem Untergang der Seldschuken und dem Einfall der Mongolen, die **Gök Medrese** (Himmelblaue Islamische Hochschule; GOP Bulvarı; Eintritt 1,10 €; ⏰ Di–So 8–12 & 13–17 Uhr) bauen. Sie war bis 1811 ein Krankenhaus und beherbergt heute das kleine Museum der Stadt. Ein paar informative Schilder sind in ein relativ verständliches Englisch übersetzt.

Gök ist das alte türkische Wort für Himmelblau und bezieht sich auf die blauen Fliesen des Gebäudes. Nur sehr wenige kleben noch an der Fassade, die inzwischen weit unter das Niveau der Straße abgesackt ist. An den Wänden im Innenhof gibt's aber noch so viele, dass die Besucher eine Vorstellung davon bekommen, wie's hier zu Glanzzeiten ausgesehen haben muss. Zu den Exponaten des Museums gehören Ausgrabungsstücke aus Maşat Höyük aus der Stein- und Bronze-

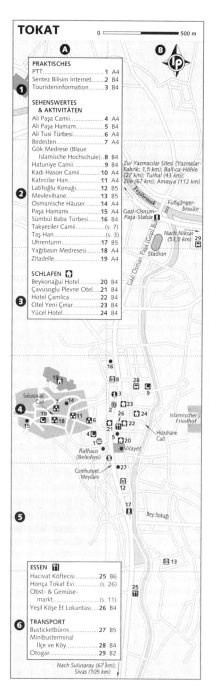

TOKAT

0 _____ 500 m

PRAKTISCHES
PTT..	1 A4
Sentez Bilisim Internet............	2 B4
Touristeninformation...............	3 B4

SEHENSWERTES & AKTIVITÄTEN
Ali Paşa Camii..........................	4 A4
Ali Paşa Hamam.......................	5 B4
Ali Tusi Türbesi........................	6 A4
Bedesten...................................	7 A4
Gök Medrese (Blaue Islamische Hochschule)..	8 B4
Hatuniye Camii..........................	9 A4
Kadı Hason Camii.....................	10 A4
Katırcılar Han............................	11 A4
Latifoğlu Konağı.......................	12 B5
Mevlevihane..............................	13 B5
Osmanische Häuser..................	14 A4
Paşa Hamamı............................	15 A4
Sümbül Baba Türbesi...............	16 B4
Takyeciler Camii.......................	(s. 7)
Taş Han....................................	(s. 3)
Uhrenturm................................	17 B5
Yağıbasın Medresesi................	18 A4
Zitadelle...................................	19 A4

SCHLAFEN
Beykonağı Hotel.......................	20 B4
Çavusoglu Plevne Otel.............	21 B4
Hotel Çamlıca...........................	22 B4
Otel Yeni Çınar.........................	23 B4
Yücel Hotel...............................	24 B4

ESSEN
Hacivat Köftecisi.......................	25 B6
Honça Tokat Evi........................	(s. 26)
Obst- & Gemüse- markt.....................................	(s. 11)
Yeşil Köşe Et Lokantası............	26 B4

TRANSPORT
Busticketbüros..........................	27 B5
Minibusterminal İlçe ve Köy.....	28 B4
Otogar.......................................	29 B2

Zur Yazmacılar Sitesi (Yazmalar-Fabrik; 1,5 km; Ballıca-Höhle (27 km); Turhal (43 km); Zile (67 km); Amasya (112 km)

Nach Niksar (53,5 km);

Nach Sulusaray (67 km); Sivas (105 km)

zeit, Ikonen und Reliquien aus den Kirchen Tokats (unbedingt nach Johannes dem Täufer Ausschau halten, der sein eigenes Haupt auf einem Tablett trägt), Kultgegenstände und Waffen der Derwische (wer kann sich was unter einer „mystischen Ahle" oder „Steinen der Unterwerfung" vorstellen?), Korane und islamische Kalligrafien. In der völkerkundlichen Abteilung mit Kostümen und Textilien wird die lokale Kunst der *yazma*-(Kopftuch-) Herstellung erklärt.

In der Medrese befindet sich auch das **Grab der 40 Jungfrauen** (Kırkkızlar Türbesi). In Wahrheit sind's nur 20 Gräber, wahrscheinlich die der Medresengründer. Trotzdem hält sich der Volksglaube, dass hier 40 Mädchen begraben sind.

TAŞ HAN & UMGEBUNG

Praktisch Wand an Wand mit der Gök Medrese steht der **Taş Han** (1614–30; GOP Bulvarı; ☾ 8–19 Uhr), eine osmanische Karawanserei und Werkstatt. Die Läden zur Straße sind alle belegt. Aber die Räume zum Hof sind leer. Was für eine Verschwendung von 1-a-Grundstücken!

Hinter dem Taş Han säumen alte **osmanische Fachwerkhäuser** die Straßen. Geschäfte bieten Kupferwaren, *yazmalar* (Kopftücher) und vor Ort hergestellte Kelims und Teppiche an. Manche davon haben afghanische Muster. Sie wurden von den vielen Flüchtlingen übernommen, die sich hier während der sowjetischen Besatzung Afghanistans in den 1980ern ansiedelten.

Auf dem Obst- und Gemüsemarkt gegenüber vom Taş Han auf der anderen Seite des GOP Bulvarı steht die **Hatuniye Camii** mit Medrese. Sie stammt von 1485 aus der Regierungszeit Sultan Beyazıts II.

Wer von der Taş Han ein paar 100 m Richtung Norden geht, entdeckt auf derselben Straßenseite das achteckige **Sümbül Baba Türbesi**, ein Grabmal im seldschukischen Stil von 1251. Daneben führt eine Straße ca. 1 km bergauf zur **Zitadelle**, von der – außer der tollen Aussicht – ziemlich wenig übrig ist. Allein reisende Frauen sollten nur in Begleitung dort raufklettern.

ALİ PAŞA HAMAM

Wer sich in den Dampfbädern der zahllosen Hamams der Türkei umhört, wird bald mitkriegen, dass einer von Tokats Exportschlagern seine Masseure sind, die es anscheinend überallhin verschlagen hat. Ein paar werden aber noch in der Stadt geblieben sein. Deshalb unbedingt die Gelegenheit nutzen und sich im wunderschönen **Ali Paşa Hamam** (☎ 214 4453; GOP Bulvarı; ☾ Männer: 5–23 Uhr, Frauen: 9–17 Uhr) abschrubben und durchkneten lassen. Die Bäder haben Kuppeln aus Glas, die das Tageslicht reinlassen. Sie wurden 1572 für Ali Paşa erbaut, einen der Söhne Süleymans des Prächtigen. Die Badebereiche für Männer und Frauen sind getrennt. Das volle Verwöhnprogramm kostet ca. 8 €.

LATİFOĞLU KONAĞI

Noch ein Muss ist das **Latifoğlu Konağı** (☎ 214 3684; GOP Bulvarı; Eintritt 0,55 €; ☾ Di–So 8.30–12 & 13.30–17.30 Uhr) südlich des Cumhuriyet Meydanı. Es ist eins der prächtigsten Häuser aus dem 19. Jh. in der Türkei. Um die großen, eleganten Räume verlaufen niedrige *sedir*s (Sitzbänke, die sich zu Betten aufklappen lassen). Das Bettzeug wurde aus den Schlafzimmern entfernt und tagsüber in Schränken verstaut. Die spektakulärsten Zimmer liegen im Obergeschoss: das Paşa Odası (Paschazimmer) für die Männer des Hauses und das Havuzbaşı für die Frauen. Die helle, luftige Halle im Obergeschoss wurde nur im Sommer genutzt.

SULUSOKAK CADDESİ

Das moderne Tokat hat sich gegenüber früher um 90 Grad gedreht. Seine Hauptachse verläuft jetzt von Norden nach Süden und nicht wie vorher in ost-westlicher Richtung. Eine erfreuliche Folge davon ist, dass viele der alten Gebäude an der Sulusokak Caddesi erhalten – wenn auch verlassen oder verfallen – sind. Die Sulusokak Caddesi war bis zur Erneuerung der Route Samsun–Sivas in den 1960ern die Hauptverkehrsader.

Sie führt von der Nordseite des Cumhuriyet Meydanı in westlicher Richtung an der imposanten **Ali Paşa Camii** von 1566 vorbei. Ein Stück weiter taucht auf der rechten Seite die winzige **Ali Tusi Türbesi** auf, ein seldschukisches Grabmal von 1233 mit schönen blauen Fliesen. Wieder auf der rechten Seite steht der verfallene Holzbau der **Katırcılar Han**. Im Innenhof liegen ein paar gigantische Gefäße rum.

Auf der linken Seite sind die Überbleibsel der **Yağıbasın Medresesi** zu sehen, die aber abgeschlossen ist. Hinter diesem Bau der Danischmenden aus den Jahren 1145 bis 1147 liegen Werkstätten, in die sich heute Antiquitätenhändler einquartiert haben. Auf der gegenüberliegenden Straßenseite liegen die ausgedehnten Reste des alten *bedesten* (gedeckter Markt) und daneben die **Takyeciler Camii** aus dem 16. Jh.

Ein Stück weiter westlich steht die **Kadı Hasan Camii** aus dem 14. Jh. und ganz in der Nähe der **Paşa Hamamı**.

NOCH MEHR SEHENSWERTES

Den **Uhrenturm** aus dem 19. Jh. sollte man nicht verpassen. Er steht südlich des Zentrums und hat noch arabische Zahlen auf dem Zifferblatt. Am Fuß des Turms hat sich (wie könnte es anders sein) ein Uhrmacher niedergelassen.

Direkt gegenüber auf der anderen Straßenseite steht der **Mevlevihane** (Bey Sokak; ☾ Di–So), ein stattliches Gebäude aus dem 19. Jh., in dem Derwische wohnten und ihre Zeremonien abhielten. Nach aufwändigen Renovierungsarbeiten wurde es 2006 als Besucherattraktion wiedereröffnet. Ausgestellt sind ein paar alte Fotos und etwas alberne Derwisch-Figuren, die sich wie Spieluhren zur Musik drehen. Aber das Haus selbst ist der Hammer, v. a. abends, wenn das rötliche Holz der Außenfassade im Dämmerlicht zu glühen scheint.

Schlafen

Hotel Çamlica (☎ 214 1269; GOP Bulvarı 179; EZ/DZ 17/23 €) Wenn's in Tokat überhaupt Budgethotels gibt, dann allenfalls das hier. Aber es lohnt kaum, den Qualitätsunterschied in Kauf zu nehmen, nur um 3 € zu sparen. Es ist zwar einigermaßen clean, aber düster. Und manchmal geht's ein bisschen ruppig zu.

Yücel Hotel (☎ 212 5235; Çekenli Caddesi 20; EZ/DZ 20/25 €; 🖳 🖳) Immer noch billig, aber mit zwei dicken Pluspunkten: einer ruhige Lage und einem Hamam im Keller – alles im Preis mit drin! Die Zimmer sind klein, aber anständig, und in der Marmorlobby gibt's eine Bar mit Digital-TV.

Otel Yeni Çınar (☎ 214 0066; GOP Bulvarı İş Bankası Yanı 2; EZ/DZ/3BZ/4BZ 20/31/39/45 €) Breite Auswahl an Zimmern mit schönen Bädern und Ausblick über die Hügel hinter dem Haus. Die Dreibettzimmer haben sogar eigene Balkons/Terrassen. Das Restaurant im ersten Stock (Hauptgerichte 2,50 bis 5 €) punktet mit seinen Grillgerichten, u. a. natürlich dem berühmte Tokat-Kebap (s. S. 512).

Çavuşoğlu Plevne Otel (☎ 214 2207; GOP Bulvarı 83; EZ/DZ 23/31 €) Alles prima renoviert: Aus einer mittelmäßigen Billigabsteige ist ein schickes und trotzdem bezahlbares Hotel geworden. Pistaziengrüne Bäder, TV, Föhn und Frühstücksbuffet machen die Sache perfekt.

Beykonağı Hotel (☎ 214 3399; www.otelbeykonagi. com; Cumhuriyet Meydanı; EZ/DZ 42/56 €; 🖳) Das Drei-Sterne-Hotel mit 40 Zimmern ist neu. Es überzeugt mit seinen kleinen, aber schicken Zimmern mit Orchideen-Deko in hellen Farben. Bar und Restaurant gibt's natürlich auch. Solange es noch nicht etabliert ist, kommt man gut und gerne mit der Hälfte der angegebenen Preise davon und zahlt für eine Suite sogar nur schlappe 50 €.

Essen

Kebaps und *köfte* sind hier die Hauptnahrungsmittel. Die entsprechenden Läden häufen sich am Obst- und Gemüsemarkt in der Nähe der Hatuniye Camii.

Hacivat Köftecisi (☎ 212 9418; GOP Bulvarı; Hauptgerichte 0,55–2 €; ☾ 9–23 Uhr) Café-Restaurant südlich vom Zentrum mit täglich wechselnden, super Menüs (1,40 €). Samstags um 19 Uhr gibt's eine Portion Kultur gratis dazu. Dann finden hier Vorstellungen des Karagöz-Puppentheaters statt. Mehr zur Karagöz-Tradition auf S. 319.

Yeşil Köşe Et Lokantası (GOP Bulvarı 1; Hauptgerichte 1–4 €; ☾ 9–22 Uhr) Zusammen mit dem Yeni Çinar hat dieses Lokal wahrscheinlich den besten Tokat-Kebap der Stadt zu bieten (4 €). Auch die anderen (vorgekochten) Gerichte schmecken ordentlich.

Honça Tokat Evi (☎ 213 3818; Ali Paşa Hamam Sokak 5; Hauptgerichte 2,50–6 €; ☾ 12–22 Uhr) Authentische osmanische Küche vom Feinsten. Wer genug Türkisch kann, wird merken, dass der Speisekarte eine Art Mini-Führer durch Tokat ist und viele traditionelle Gerichte bietet. Also nichts für den Mainstream-Geschmack. Reicht das Türkisch nicht, einfach in die Küche gehen und sich vom jovialen Chefkoch zeigen lassen, was es so gibt.

Shoppen

Tokat hatte früher das Monopol auf die Herstellung von *yazmalar* – den bedruckten Kopftüchern, die traditionell von vielen Türkinnen getragnen werden. Das ist natürlich inzwischen längst aufgehoben. Aber Tokat ist immer noch prima geeignet, um sich Kopftücher als Souvenirs oder bedruckte Tischdecken zu kaufen. Jahrzehntelang wurden die Tücher in einem riesigen Gebäude in der Nähe der

ZENTRALANATOLIEN

EIN AUBERGINENTRAUM

Der Tokat-Kebap wird aus senkrecht herabhängenden Spießen hergestellt, die mit Lammfleisch und Auberginenscheiben bestückt und im Holzofen gegrillt werden. Tomaten und Paprika brauchen weniger Zeit zum Garen und werden daher an Extra-Spießen zubereitet. Während das Lamm brutzelt, schmort die Aubergine im herabtropfenden Saft des Fleisches. Schließlich wird alles zusammen mit einer großen gegrillten Knoblauchknolle serviert, die für die besonders deftige Note sorgt.

Allein für diese Delikatesse lohnt es sich, nach Tokat zu kommen. Und echte Gourmets haben auch gar keine andere Wahl: Unerklärlicherweise hat es diese Köstlichkeit nämlich nicht über das nahe Sivas oder Amasya hinaus geschafft. Und die normalen Auberginen-Döner, die man überall findet, können dem unglaublich leckeren Original nicht das Wasser reichen.

Gök Medrese produziert. Heute kommen die Materialien aus einer modernen **Fabrik** (Yazmacılar Sitesi; ☎ 232 0500; Rodi Halısaha; ☼ Mo–Sa 9–17 Uhr). Wer will, kann sich dort umschauen. Die Fabrik liegt ca. 4 km nordwestlich des Stadtzentrums. Hin- und Rückfahrt mit dem Taxi kosten ca. 6 € (inkl. Wartezeit, während man die Fabrik besichtigt).

An- & Weiterreise

Der kleine *otogar* von Tokat liegt ca. 1,7 km vom Hauptplatz entfernt. Die besseren Busunternehmen bieten einen *servis* ins bzw. vom Stadtzentrum an. Wer nicht auf die unregelmäßig fahrenden Busse warten will, kann für ca. 2,50 € ein Taxi nehmen.

Am *otogar* ist es vergleichsweise ruhig, v. a. morgens (es gibt viel weniger Busse nach Sivas, als man erwartet). Tickets also am besten im Voraus buchen, v. a. wenn der Abfahrtstag ein Freitag ist. Ein paar Busunternehmen haben Ticketbüros auf dem GOP Bulvarı.

Es gibt regelmäßige Busverbindungen nach Amasya (5,60 €, 2 Std.), Ankara (23 €, 6½ Std.), Erzurum (20 €, 8½ Std.), İstanbul (25 €, 12 Std.), Samsun (11 €, 4 Std.) und Sivas (5,60 €, 1¾ Std.).

Die Minibusse für den Stadtbereich fahren am separaten İlçe ve Köy Terminali ab.

RUND UM TOKAT
Ballıca-Höhle

Für Liebhaber des Untergrunds ist die öffentliche zugängliche **Ballıca-Höhle** (Ballıca Mağarası; ☎ 356-261 4236; Eintritt 0,55 €; ☼ bei Tageslicht) das Optimum. Sie liegt 26 km südwestlich von Tokat. Das riesige Kalksteinlabyrinth erstreckt sich über 680 m, stellenweise ist es bis zu 95 m hoch und voller Stalagmiten, tropfender Stalaktiten und marmorähnlicher Muster an den Wänden. Auch wenn man die Kolonie von Zwergfledermäusen, die sich hier eingenistet hat, nicht zu Gesicht bekommen sollte – hören und riechen wird man sie auf jeden Fall.

Inner- und außerhalb der Höhle gibt's einen Haufen Stufen, aber die vielen älteren türkischen Matronen in *şalwar* und Latschen haben damit kein Problem. Der Blick vom Ballıca Café am Eingang ist atemberaubend.

Auf dem Rückweg lohnt es sich, einen Zwischenstopp in Pazar einzulegen, kurz bevor die Straße nach Tokat abzweigt, und die genialen Überreste eines seldschukischen *han* anzugucken. Leider ist es mit Graffiti beschmiert.

AN- & WEITERREISE

Nach Ballıca fährt der Minibus Richtung Pazar vom Minibus-Terminal İlçe ve Köy in Tokat ab (0,85 €, 40 Min.). In Pazar warten meistens Taxis darauf, Besucher über die kurvenreiche Landstraße zur Höhle rauf zu chauffieren (8 km). Hin- und Rückfahrt kosten mindestens 7 €; inklusive eine Stunde Wartezeit.

SİVAS
☎ 0346/252 000 Ew.

> Hier haben wir den Grundstein unserer Republik gelegt.
>
> *Atatürk*

Große Worte … aber wie Amasya, so hat auch Sivas einen festen Platz in den Herzen der Türken. Es spielte im Vorfeld des Unabhängigkeitskrieges eine wichtige Rolle, als in den Sälen des Kongressgebäudes die Pläne, Strategien und Prinzipien besprochen wurden und Atatürk mit seinen Anhängern über das große Ziel der Befreiung diskutierte.

Jetzt sind diese Zeiten vorbei und Sivas macht den Eindruck, als wisse es nicht so richtig, was es mit sich anfangen solle. Im umtriebigen Stadtzentrum hat die Moderne Einzug gehalten. Dadurch hat Sivas an Energie gewonnen, die die Stadt aber noch nicht recht einzusetzen weiß. Sie hat eine abwechslungsreiche, teils auch tragische Geschichte. Außerdem stehen hier ein paar der schönsten seldschukischen Gebäude überhaupt. Abgesehen davon, gibt's aber nicht viel, was Traveller dazu bewegen könnte, mehr als einen Tag in der Stadt zu bleiben. Kurz: Der Ort ist ein angenehmer, aber unwichtiger Zwischenstopp auf dem Weg in den richtig wilden Osten.

Sivas ist auch idealer Ausgangspunkt für eine Tour zum Moscheenkomplex in Divriği (S. 517).

Geschichte

Der Grabhügel im nahen Maltepe beweist, dass die Gegend schon 2600 v. Chr. besiedelt war. Aber Sivas selbst wurde wahrscheinlich erst ca. 1500 v. Chr. von dem Hethiterkönig Hattusili I. gegründet. Es wurde abwechselnd von den Assyrern, Medern und Persern regiert, bevor es unter die Herrschaft der Könige von Kappadokien und Pontus geriet. Schließlich fiel es an die Römer, die es Megalopolis tauften. Später wurde es in Sebastea umbenannt (wahrscheinlich war jemandem aufgefallen, wie lächerlich Megalopolis klang) und dann von den Türken zu Sivas abgekürzt.

Die byzantinische Herrschaft dauerte von 395 bis 1075 n. Chr. Dann wurde die Stadt von den danischmendischen Emiren erobert. Zwischen 1152 und 1175 prügelten sich Seldschuken und Danischmenden um die Vorherrschaft. Am Ende siegten die Seldschuken, nur um 1243 bei der Invasion der Mongolen wieder verdrängt zu werden. Den Mongolen folgten die Il-Khane, die die Stadt im Jahr 1400 an Timur Lenk abtreten mussten. Der verlor sie seinerseits 1408 an die Osmanen.

In jüngerer Zeit tagte hier der berühmte Kongress von Sivas, der am 4. September 1919 begann. Als Atatürk versuchte, den Widerstand der Türken gegen die alliierte Besatzung und die Teilung des Landes zu bündeln, kam er von Samsun und Amasya aus hierher. Er versammelte Abgesandte aus so vielen Landesteilen wie möglich, um sich die Entscheidungen absegnen zu lassen, die auf dem früheren Kongress von Erzurum getroffen worden waren. Beide Kongresse leiteten den Unabhängigkeitskrieg ein.

Orientierung

Das Stadtzentrum bildet der Hükümet Meydanı (oder Konak Meydanı) unmittelbar vor dem reizvollen *valılık*. Von hier aus sind alle wichtigen Sehenswürdigkeiten, Hotels und Restaurants zu Fuß zu erreichen.

Der Bahnhof Sivas Garı liegt etwa 1,5 km südwestlich des Hükümet Meydanı an der Inönü Bulvarı/İstasyon Caddesi. *Otogar* und Regionalbusstation sind 2 km südlich des Zentrums untergebracht. Busschalter und Banken mit Geldautomat gibt's östlich des Hükümet Meydanı in der Atatürk Caddesi.

Praktische Informationen

Sivas Turizm (☎ 224 4624; www.sivasturizm.com.tr; İstasyon Caddesi 50, Sivas) Autovermietung, Buchung von Touren und Flugtickets.

Tolaman-Internetcafé (İstasyon Caddesi 52; 0,35 € pro Std.; ⌚ 9–24 Uhr)

Tourismusbüro (☎ 221 3135; ⌚ Mo–Fr 9–17 Uhr) Im Erdgeschoss des *valılık*.

Sehenswertes

KALE CAMİİ & BÜRÜCİYE MEDRESESİ

Die meisten seldschukischen Gebäude von Sivas liegen praktischerweise in der Parkanlage südlich des Hükümet Meydanı. Hier steht auch die gedrungene **Kale Camii** (1580), ein osmanischer Bau von Mahmut Paşa, dem Großwesir von Sultan Murat III.

Unmittelbar östlich davon kommt man durch ein monumentales seldschukisches Tor zur **Bürüciye Medresesi**. Sie wurde 1271 von dem iranischen Kaufmann Muzaffer Bürücerdi als Lehrstätte für „positive Wissenschaften" gegründet. Drinnen ist auch sein Grab. Im Innenhof gibt's derzeit ein Teelokal, in dem regelmäßig Ausstellungen stattfinden.

ŞİFAİYE MEDRESESİ

Auf der anderen Seite des Parks, gegenüber der Bürüciye Medresesi, steht die **Şifaiye Medresesi**, eine mittelalterliche medizinische Lehr- und Heilanstalt, die als eines der ältesten Gebäude der Stadt gilt. Sie stammt von 1217 und wurde für den seldschukischen Sultan İzzettin Keykavus I. erbaut. Sein Architekt verwendete als Deko stilisierte Sonne/Löwe- und Mond/Stier-Motive.

Gleich rechts hinter dem Eingang zum Innenhof ist ein Portikus zu sehen, der zur Grabstätte für İzzettin umgebaut wurde, nachdem dieser 1220 an Tuberkulose gestorben war. Unbedingt die schönen blauen Azeri-Fliesen beachten und das ergreifende Gedicht in arabischer Sprache, das der Sultan selbst verfasst hat.

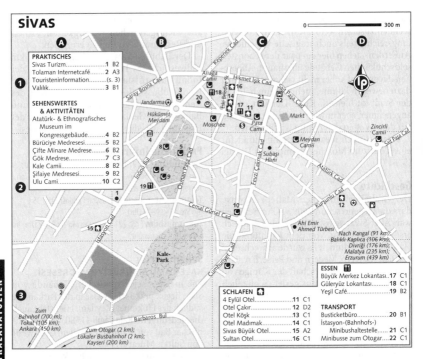

SİVAS

Der zentrale Innenhof hat vier *eyvans*. Auf den beiden Seiten der östlichen Halle sind die Symbole von Sonne und Mond zu erkennen. Eine wahre Pracht und Augenweide ist der entzückende Rosengarten im Innenhof. Er ist von Cafés und Läden umgeben, die Kunsthandwerk von unterschiedlicher Qualität verkaufen.

ÇİFTE MİNARE MEDRESE

Die **Çifte Minare Medrese** (Medrese der Zwillingsminarette; 1271) wurde vom Il-Khan-Wesir Şemsettin Güveyni in Auftrag gegeben, nachdem er die Seldschuken in der Schlacht von Kosedağ besiegt hatte. Sie hat (wer hätte das gedacht?) ein *cifte* (Paar) gewaltiger Minarette. Das ist aber auch schon alles, denn die Medrese hinter dem kunstvollen Portal wurde zerstört, als die Seldschuken die Stadt wieder einnahmen. Die Fassade hat ein paar nachträgliche Veränderungen erlebt. Wer zwischen der Çifte und der Şifaiye Medresi steht, kann sofort den Unterschied erkennen, den ein halbes Jahrhundert in der großartigen seldschukischen Architektur ausmachte.

ULU CAMİ

Die anderen Sehenswürdigkeiten der Stadt stehen südöstlich des Hükümet Meydanı in der Cemal Gürsel und der Cumhuriyet Caddesi. Der Weg dorthin führt vom südlichen Ende des Parks nach links (Osten) zur Cemal Gürsel Caddesi.

Die **Ulu Cami** (Große Moschee; 1197) ist das älteste bedeutende Gebäude von Sivas. Sie wurde während der Herrschaft des Danischmenden-Führers Kubbettin Melik Şah erbaut und besteht aus einem großen, niedrigen Raum mit einem Wald von 50 Säulen. Das schiefe, massige Backsteinminarett wurde 1213 angebaut. Sie ist nicht so beeindruckend wie die imposanteren seldschukischen Gebäude, hat aber einen gewissen alt-anatolischen Charme, der unter modernen Ergänzungen etwas leidet.

GÖK MEDRESE

Von der Ulu Cami geht's rechts (südlich) durch die Cumhuriyet Caddesi zur prächtigen **Gök Medrese** (Himmelblaue islamische Hochschule). Sie wurde 1271 von Sahip Ata, dem Großwesir von Sultan Gıyasettin II. Keyhüsrev, in Auftrag gegeben. Er war es auch, der den großartigen Moscheenkomplex in Konya finanzierte. Die Fassade ist mit Fliesen, Backsteinornamenten und Steinmetzarbeiten verziert. Sie bedecken nicht nur, wie sonst üblich, das Portal, sondern auch die Wände. Die an den Zwillingsminaretten noch sichtbaren blauen Fliesen gaben der Schule ihren Namen.

Während unserer Recherche war das gesamte Areal wegen Restaurierungsarbeiten abgesperrt. Wer es schafft hineinzukommen, sollte sich aber auf jeden Fall umsehen.

ATATÜRK- & ETHNOGRAFISCHES MUSEUM IM KONGRESSGEBÄUDE

Gegenüber der Kale Camii steht das imposante osmanische Schulgebäude, in dem am 4. September 1919 der Sivas-Kongress stattfand. Heute ist es ein Museum: das **Atatürk- & Ethnografisches Museum im Kongressgebäude** (Atatürk Kongre ve Etnografya Müzesi; İnönü Bulvarı; Eintritt 1,10 €; ⊙ Di–So 8.30–12 & 13.30–17.30 Uhr). Der Eingang liegt auf der Rückseite des Gebäudes gegenüber einer Militärbaracke. Deren Bewohner marschieren regelmäßig hier auf, um der Geschichte ihren Respekt zu erweisen.

In der osmanisch-völkerkundlichen Sammlung im Erdgeschoss gibt's eine schöne Auswahl an Kelims und Teppichen, prächtige Stickereien, einen aus dem 12. Jh. stammenden hölzernen *mimber* aus der Kale Camii in Divriği, zwei riesige Deckenrosetten und Reliquien, die aus Derwisch-*tekke* (Klöstern)

nach deren Schließung 1925 zusammengetragen wurden.

Der Kongresssaal im Obergeschoss ist so erhalten worden, wie er zur Zeit des Sivas-Kongresses aussah. Fotos der Delegierten liegen auf alten Schulbänken aus. Die Herren wirken, als warteten sie auf ein neues Zusammentreffen. Besucher können auch Atatürks Schlafzimmer und den Telegrafenraum angucken, der im Verlauf der Ereignisse eine wichtige Rolle spielte. Die Beschilderung der anderen Ausstellungsstücke (v. a. Fotos und Dokumente) ist Türkisch und z. T. Französisch.

Schlafen

Otel Çakır (☎ 222 4526; Kurşunlu Caddesi 20; EZ/DZ 14/23 €) Eine gute Wahl in der Billighotelgegend um die Kurşunlu Caddesi. Das Çakır hat anständige Zimmer; die Poster-Deko wirkt aber ein bisschen zufällig. Verpflegung gibt's hier keine. Aber die Gäste können zwei Häuser weiter in einem kleinen Café frühstücken.

Otel Madımak (☎ 221 8027; Eski Belediye Sokak 2; EZ/DZ/3BZ 25/39/50 €) Bordeauxrot ist die vorherrschende Farbe in den gemütlichen Zimmern dieses einstöckigen Hotels, das wieder aufgebaut wurde. Aber mit seinem Namen verbindet sich eine traurige Geschichte (s. Kasten unten).

Sultan Otel (☎ 221 2986; www.sultanotel.com.tr; Eski Belediye Sokak 18; EZ/DZ/3BZ 36/56/67 €) Das Hotel hat ein perfektes Preis-Leistungs-Verhältnis. Zu den vielen Extras gehören die Bar auf dem

---

MADIMAK-GEDENKSTÄTTE

Das ursprüngliche Madımak Hotel war Schauplatz einer der übelsten gewalttätigen Ausschreitungen der jüngsten türkischen Vergangenheit – auch wenn in den Broschüren davon keine Rede ist: Am 2. Juli 1993 wurden bei einem Anschlag 37 alevitische Intellektuelle und Künstler vom aufgebrachten Mob bei lebendigem Leibe verbrannt. Unter den Opfern, die gerade ein Kulturfest feierten, war auch Aziz Nesin, der türkische Verleger von Salman Rushdies *Satanischen Versen*. Ca. 1000 demonstrierende Islamisten versammelten sich nach dem Gebet vor dem Hotel, um gegen die Buchveröffentlichung zu protestieren. Im anschließenden Chaos wurde das Hotel angezündet und brannte komplett nieder.

Inzwischen hat das Madımak wiedereröffnet (mit einem Kebap-Laden im Foyer!), obwohl viele Menschenrechtsgruppen sich dafür einsetzen, dass es in eine Gedenkstätte umgewandelt wird. Die Regierung hat diesen Plänen schon einmal eine Absage erteilt und so den Verdacht geweckt, dass ein paar Minister entweder direkt in den Vorfall verwickelt waren oder zumindest mit den Brandstiftern sympathisieren.

Abgesehen von der Umwandlung in eine Gedenkstätte fordern Aktivisten, dass die Verfahren gegen die mutmaßlichen Gewalttäter von Madımak noch einmal aufgerollt werden, da diese in den Augen vieler zu glimpflich davongekommen sind. Wie auch immer das Ganze ausgehen wird: Es gibt keine Anzeichen dafür, dass die Wunden der Tragödie schnell verheilen können.

Dach, wo Livemusik gespielt wird, Safes in den TV-Schränken, ein üppiges Frühstücksbuffet und kostenlose heiße Getränke – oh, und die Bäder natürlich, die fast so groß sind wie die Zimmer selbst. Unter der Woche ist das Hotel bei Geschäftsreisenden sehr beliebt.

Otel Köşk (☎ 225 1724; www.koskotel.com; Atatürk Caddesi 7; EZ/DZ/3BZ 45/67/73 €; 🖭) Moderner geht's kaum noch: ein hoher Glaskasten mit orangefarbenen Akzenten, einer minimalistischen Lobby, Laminatböden und coolem Design. Kissenfans werden mit den Teilen richtiggehend überschüttet.

4 Eylül Otel (☎ 222 3799; www.dorteylulotel.com; Atatürk Caddesi 15; EZ/DZ/3BZ 48/78/89 €, Suite 111 €; 🖭) Moment mal, es geht doch noch moderner als im Köşk. Das neueste Hotel von Sivas ist auch ein Glasbau und tatsächlich noch cooler. Aber im Inneren überraschen dunkles Holz, Satinbettwäsche und unaufdringliche traditionelle Stilelemente. Kurz: Es ist wirklich ziemlich klasse.

Sivas Büyük Otel (☎ 225 4767; www.sivasbuyuko tel.com; İstasyon Caddesi; EZ/DZ/3BZ 67/106/125 €; 🖭) Schlichte Korridore und gediegene Zimmer charakterisieren das erste Luxushotel der Stadt. Der siebenstöckige Kasten ist mit Marmorelementen und Mosaiken dekoriert. Platzmangel ist hier ein Fremdwort.

Essen

Von den Hotelrestaurants abgesehen, ist die kulinarische Szene in Sivas nicht besonders aufregend. An Sommerabenden spaziert Gott und die Welt über den İnönü Bulvarı. Hier gibt's Stände, die alles verkaufen von *gözleme* bis Maiskolben.

Güleryüz Lokantası (☎ 224 2061; Hauptgerichte 1,10–4€) Dies ist das winzigste, aber charmanteste Restaurant unter den billigen Läden in dieser Straße; neben der Post. Abbildungen helfen, wenn's Probleme mit der Speisekarte gibt.

Yeşil Café (☎ 222 2638; Belçuklu Sokak; Hauptgerichte 1,70–4 €; 🕘 9–22 Uhr) Das freundliche Café-Restaurant in Apfelgrün sieht eigentlich nach nichts aus, bis man auf einem der kleinen Balkons landet und den genialen Blick auf die angestrahlten Zwillingsminarette genießt. Davon lenkt höchstens noch das Essensangebot ab. Es gibt Pasta, Schnitzel, Gegrilltes und eine super Auswahl an Milchshakes.

Büyük Merkez Lokantası (☎ 223 6434; Atatürk Caddesi 13; Hauptgerichte 1,70–6 €) Fastfood, Fertiggerichte und Kebaps auf drei Etagen.

Die Spezialität, der *sebzeli Sivas kebapı,* ist nichts anderes als ein leckerer Tokat-Kebap (s. S. 508).

An- & Weiterreise

BUS

Da Busse ab Sivas nicht allzu häufig fahren, lohnt es sich, an einem der Ticketbüros in der Stadt im Voraus zu buchen. Immerhin ziemlich regelmäßig verkehren Busse nach Amasya (11 €, 3½ Std.), Ankara (17 €, 6 Std.), Diyarbakır (17 €, 8 Std.), Erzurum (17 €, 7 Std.), İstanbul (28 €, 13 Std.), Kayseri (8,50 €, 3 Std.), Malatya (11 €, 4 Std.), Samsun (14 €, 6 Std.) und Tokat (5,60 €, 1½ Std.).

Minibusse mit dem Schild „Yenişehir–Terminal" (0,30 €) fahren am *otogar* vorbei. Die Endstation ist oberhalb der Paşa Camii, nur fünf Fußminuten vom Hükümet Meydanı oder den Budgethotels auf der Kurşunlu Caddesi entfernt.

ZUG

Der **Bahnhof** (☎ 221 7000) von Sivas ist ein Knotenpunkt der Nordsüd- und Ostwest-Strecken. Der wichtigste Ostwest-Expresszug, der *Doğu Ekspresi,* fährt täglich über Sivas nach Erzurum und Kars (16 Std.) oder in die entgegengesetzte Richtung nach Ankara und İstanbul (22 Std.). Der *Güney Ekspresi* (von İstanbul nach Diyarbakır) und der *Vangölü Ekspresi* (von İstanbul nach Tatvan) verkehren fünfmal pro Woche. Außerdem gibt's Regionalzüge nach Kangal, Divriği und Amasya.

Minibusse mit dem Schild „İstasyon" fahren vom Bahnhof zum Hükümet Meydanı und zur Paşa Camii.

RUND UM SİVAS
Balıklı Kaplıca

Das winzige Städtchen Kangal ist für seine weißen Schäferhunde (s. S. 67) berühmt. Aber es hat noch einen Trumpf im Ärmel: das einzigartige Heilbad von **Balıklı Kaplıca** (Heiße Quellen mit Fischen; ☎ 469 1163; www.balikli.org; Eintritt Besucher/Patient 2,80/17 €, Auto 0,55 €; 🕘 8–12 & 14–18 Uhr). Es liegt 14 km nordöstlich der Stadt und ist für alle, die an Schuppenflechte leiden, die Rettung. Es heißt, dass ein junger Schäfer die heilende Wirkung des warmen, mineralreichen Wassers entdeckt habe. Besonders wirksam soll das Wasser in Kombination mit der „Doktorfisch-Anwendung" sein, bei der die Fische an der schuppigen Haut der Betroffenen herumknabbern. Angeblich lieben die

Fische die Schuppenflechte besonders. Aber sie scheinen an allem gerne zu saugen, was ihnen hingehalten wird!

Zum Komplex gehören mehrere, nach Geschlechtern getrennte Pools unter Bäumen. Angegliedert sind ein effizient organisiertes **Hotel** (Zi. 39–70 €; 💻), ein Restaurant, ein Spielzimmer, ein Teegarten, ein Friseur und ein kleines Geschäft. Die Übernachtungspreise variieren, je nachdem ob sich die Besucher als „normal" oder „krank" einstufen: Patienten mit echtem Leiden sollen drei Wochen lang täglich acht Stunden im Pool verbringen! Wer hier übernachtet, sollte pro Person mit 17 € für Vollpension rechnen.

AN- & WEITERREISE

Minibusse fahren vom Terminal neben dem *otogar* von Sivas nach Kangal (3,50 €, 1 Std.). Von dort kommen Traveller mit dem Taxi zum Bad (12 € hin & zurück). Von Juni bis Ende September fahren die Minibusse sogar die komplette Strecke. Das Bad selbst bietet für Gruppen aus bestimmten Städten (Sivas 98 €, Ankara 470 €) einen Transportservice an.

DİVRİĞİ

☎ 0346/14 500 Ew.

Für ein fast 800 Jahre altes Gebäude ist der beeindruckende Moschee-Medrese-Komplex in Divriği extrem wenig besucht – und das, obwoh er's auf die ruhmreiche Liste des Unesco-Weltkulturerbes geschafft hat. Wie auch immer, des Touristen Leid ist des Travellers Freud. Es lohnt sich, über die 1970 m hohen Berge zu spähen und eins der schönsten religiösen Bauwerke der Türkei zu bestaunen.

Divriği liegt in einem fruchtbaren Tal und lebt nach wie vor von der Landwirtschaft. Die Einwohner sind v. a. Aleviten; ihre Traditionen unterscheiden sich stark von denen der sunnitischen Bevölkerungsmehrheit (s. S. 56). In den schmalen Gassen versteckt sich ein quirliger Markt, außerdem gibt's eine Post, ein Internetcafé, verschiedene einfache Restaurants und ein paar Banken mit Geldautomat.

ULU CAMİ & DARÜŞŞİFA

Vom Stadtkern bergauf geht's zur aufwändig restaurierten **Ulu Cami & Darüşşifa** (Große Moschee & Nervenklinik; Eintritt frei; ⏰ Di–Sa 8–17 Uhr). Die angrenzenden Einrichtungen gründeten 1228 der Provinz-Emir Ahmet Şah und seine Frau Fatma Turan Melik.

Schade, dass man nicht zuerst die Innenräume zu sehen kriegr, denn die sind total enttäuschend. Divriği verdankt seinen festen Platz auf der Reiseroute (und auf der Liste des Kulturerbes) den reich dekorierten Toren an der Nordfassade des Gebäudes. Die Eingänge zur Ulu Cami und auch zur Darüşşifa sind absolut atemberaubend: üppig verzierte Reliefs mit jeder Menge geometrischen Mustern, Sternen, Medaillons und feinsten arabischen Inschriften. Alles ist so unglaublich detailliert ausgearbeitet, dass man sich kaum vorstellen kann, dass der Stein mal eine flache Oberfläche hatte. So etwas konnte sich nur ein Provinz-Emir mit mehr Geld als Verstand ausdenken.

Der Westeingang hat ebenfalls ein paar schöne Dekos, ist aber nicht mit der Vorderfront zu vergleichen. Wer es schafft, den Blick von der Fassade zu lösen, dem ist ein schöner Ausblick ins Tal auf der anderen Seite sicher.

Das Innere der Moschee ist sehr schlicht: 16 Säulen, Teppiche, ein paar Freskenreste und ein schmuckloser *mihrab*. Das benachbarte Krankenhaus mit asymmetrischem Grundriss ist sogar noch schlichter. Es hat komplett schmucklose Steinwände und unregelmäßige Säulen. Das achteckige Wasserbecken im Hof hat einen spiralförmigen Abfluss, der dem in der Karatay Medresesi (s. S. 521) von Konya ähnelt. Das leise Plätschern des Wassers durchbrach die Stille der Räume und beruhigte die Nerven der Patienten. Eine Plattform auf dem Boden war vielleicht für Musiker gedacht, die mit ihrer Musik ebenfalls beruhigen sollten.

So lange einheimische Reisebusse hier Halt machen, ist die Darüşşifa zu den angegebenen Zeiten geöffnet. Geht's ruhiger zu, ist sie manchmal geschlossen. Dann hilft Herumfragen vor Ort. Meistens findet sich jemand, der einen Schlüssel hat. Freitagmittag ist eine gute Zeit: Wenn das Gebet vorbei ist, kann man normalerweise sowohl die Moschee als auch die Medrese besichtigen.

NOCH MEHR SEHENSWERTES

Da Divriği einmal eine wichtige Provinzhauptstadt war, gibt's hier diverse verstreute **Kümbets** (seldschukische Grabmäler). Das Grabmal von Ahmet Şah liegt in der Nähe der Ulu Cami. Wer will, kann ihm dort für sein reichlich verschwenderisches Werk danken.

Am Berg oberhalb der Stadt liegen die Überreste einer ausgedehnten mittelalterlichen **Burganlage.** Auf dem Gipfel steht die massive, aber ähnlich verfallene Ruine der Kale Camii. Auf der Straße, die hinter die Ulu Cami und die Darüşşifa führt, geht's auch zur Burg.

AN- & WEITERREISE

Minibusse von Sivas nach Divriği (5,60 €, 3 Std.) fahren siebenmal täglich an der Minibus-Endhaltestelle ab. Wer gleich den ersten Bus erwischt, hat mehr als genug Zeit, um sich ausgiebig umzusehen und mit dem letzten Bus wieder zurückzufahren.

Der Bahnhof ist ca. 1,5 km nördlich von der Ulu Cami. Hier halten die Züge *Doğu Ekspresi* und *Erzurum Ekspresi*, die zwischen Sivas (2,80 €, 4 Std.) und Erzurum (5,50 €, 7½ Std.) verkehren.

Sowohl Busse als auch Züge fahren nach İstanbul und Ankara, obwohl das für eine Tagestour eine ziemliche Strecke ist!

Autofahrer sollten wissen, dass es keine direkte Straße von Divriği nach Erzincan gibt; man muss deshalb nach Kangal zurückfahren, bevor es in Richtung Osten losgehen kann.

KONYA

☎ 0332/762 000 Ew.

Das konservative Konya balanciert auf einem schmalen Grat zwischen seiner geschichtlichen Bedeutung als Heimat tanzender Derwische und Bastion seldschukischer Kultur und ihrer modernen Rolle als wirtschaftlich aufstrebende Stadt.

Dieser Kontrast zwischen Alt und Neu sorgt dafür, dass die Stadt besonders spannend ist. Historische Moscheen und der labyrinthische, von orientalischen Gerüchen durchwehte Marktbezirk, eifrige Ladenbesitzer und muslimische Pilger sind die eine Seite. Die andere ist das moderne Konya rund um den Alaaddin Tepesi, wo hippe Studenten in den Teegärten offen über Religion und Politik diskutieren.

Viele Reisende lassen Konya einfach links liegen, aber wer hier – z. B. auf dem Weg von der Küste nach Kappadokien – vorbeikommt, sollte daran denken, dass die wundervolle Mevlana-Gedenkstätte eine der schönsten und charakteristischsten Sehenswürdigkeiten des Landes ist. Für Architekturfreaks sind die hiesigen eindrucksvollen seldschukischen Gebäude ein Augenschmaus. Und außerdem kann man in Konya prima essen gehen.

Geschichte

Vor fast 4000 Jahren nannten die Hethiter die Stadt Kuwanna. Bei den Phrygiern hieß sie Kowania, bei den Römern Iconium und bei den Türken dann Konya. Iconium war eine bedeutende Provinzstadt, die mehrmals vom Apostel Paulus und seinem Gefärten Barnabas besucht wurde. Aus frühchristlicher Zeit ist wenig erhalten, aber in Sille (s. S. 527) stehen noch ein paar Kirchenruinen.

Von ca. 1150 bis 1300 war Konya Hauptstadt des Sultanats der anatolischen Seldschuken, einem der Nachfolgestaaten des Großseldschukischen Reichs des 11. Jhs. Das Sultanat umfasste den Großteil Anatoliens. Seine Herrscher bauten in ihrer Hauptstadt Dutzende von phantastischen Gebäuden, deren Baustil zwar klar türkisch geprägt war, aber in Persien und Byzanz seine Wurzeln hatte.

Konya lag im Herzen der wohlhabenden türkischen „Kornkammer". Aber heute ist die Leichtindustrie mindestens genauso wichtig wie die Landwirtschaft. Und auch der Pilgertourismus bringt der Stadt satte Einnahmen.

Orientierung

Das Stadtzentrum befindet sich am Alaaddin Tepesi (Aladin-Hügel), der von einer Ringstraße umgeben ist. Vom Hügel führt links (östlich) die Mevlana Caddesi 700 m zum Hükümet Meydanı (Regierungsplatz) mit Provinz- und Stadtverwaltung, Hauptpost, ein paar Banken mit Geldautomat und einem großen Schmuckmarkt in der Nähe. Weiter östlich geht's zur Touristeninformation und zum Mevlana-Museum.

Der *otogar* liegt 14 km nördlich vom Zentrum, aber es gibt regelmäßige Straßenbahnverbindungen dorthin. Zum Regionalbusterminal (*Eski Garaj*; Karatay Terminal) geht's 1 km in Richtung Süden.

Praktische Informationen

Klistra Tours (☎ 238 1421; www.klistratours.com; Gürağaç Sokak 8) Touren durch Stadt und Umgebung.

Selene Tourismus- & Reisebüro (☎ 353 6745; www.selene.com.tr; Ayanbey Sokak 22B) Organisiert Derwisch-Vorführungen, geführte Touren und Jagdausflüge.

Touristeninformation (☎ 351 1074; Mevlana Caddesi 21; 🕑 Mo–Sa 8.30–17 Uhr)

Truva Internet (Adliye Bulvarı; 0,55 € pro Std.;
🕐 9–24 Uhr)

Sicherheit & Ärgernisse

In Sachen religiöser Konservatismus hat
Konya eine lange Tradition: Hier gibt's mehr
Frauen mit Kopftuch als in vielen anderen
Städten. Auch die Freitagsruhe wird hier so
streng wie sonst kaum eingehalten. Für Tra-
veller hat das normalerweise keine Nachteile,
aber jeder sollte darauf achten, die Gläubigen
nicht zu stören und selbst keinen Anlass zum
Ärger zu geben! Wer Konya während des
Ramazan (s. S. 701) besucht, sollte aus Rück-
sicht gegenüber den Fastenden tagsüber in der
Öffentlichkeit nicht essen oder trinken.

Ironischerweise scheinen nichtmuslimische
Frauen in dieser Bastion des Anstands öfter
Probleme zu haben als in vielen anderen tür-
kischen Städten. Auch die Schwarzhändler
auf der Mevlana Caddesi und am Mevlana-
Museum können ziemlich nerven.

Sehenswertes & Aktivitäten
MEVLANA-MUSEUM

Muslime und Nichtmuslime kommen v. a.
nach Konya, um das **Mevlana-Museum** (☎ 351
1215; Eintritt 2,80 €; 🕐 Di–So 9–18, Mo 10–18 Uhr), das
ehemalige Kloster der tanzenden Derwische,
zu besichtigen. An religiösen Feiertagen hat
das Museum (eigentlich eher eine Gedenkstätte) manchmal länger geöffnet.

Mit Celaleddin Rumi haben die anatolischen Seldschuken einen der größten mystischen (sufistischen) Philosophen der Welt
hervorgebracht. Seine v. a. auf Persisch, der
damaligen Literatursprache, geschriebenen
Gedichte und religiösen Schriften sind die
meistgeliebten und -geschätzten in der islamischen Welt. Seine Anhänger nannten Rumi
später Mevlana (Unser Meister).

Rumi kam 1207 in Balch (Afghanistan) zur
Welt. Seine Familie floh vor der drohenden
Invasion der Mongolen und zog erst mal nach
Mekka und schließlich, im Jahr 1228, nach
Konya. Rumis Vater war ein angesehener Pre-
diger und Rumi selbst ein Spitzenstudent der
islamischen Theologie. Nach dem Tod des
Vaters studierte er in Aleppo und Damaskus;
1240 kehrte er nach Konya zurück, um hier
zu leben.

1244 traf er Mehmet Şemseddin Tebrizi
(Şemsi Tebrizi oder Şems aus Täbris), einen der
Sufi-Schüler seines Vaters, der enormen Ein-
fluss auf Rumi ausübte. Das machte Rumis An-

hänger derart eifersüchtig, dass eine wütende
Truppe Tebrizi 1247 umbrachte. Fassungslos
zog sich Rumi aus der Welt zurück. In dieser
Zeit entstand sein größtes poetisches Werk,
das *Mathnawi* (türkisch *Mesnevi*). Außerdem
schrieb er jede Menge Aphorismen, *ruba'i*- und
Ghasel-Gedichte, die in seinem großen Werk,
dem *Divan-i Kebir*, gesammelt sind.

Seine Lehren sind, frei übersetzt, in diesen
Versen zusammengefasst:

> Komm, wer immer du auch sein
> magst,
> Und seist du auch
> Ein Ungläubiger, ein Heide, ein
> Anbeter des Feuers, komm.
> Die unsere ist keine Bruderschaft der
> Verzweiflung.
> Magst du auch hundertmal
> Dein Bußegelöbnis gebrochen haben,
> komm.

Rumi starb am 17. Dezember 1273. Das
Datum ist heute als seine „Hochzeitsnacht mit
Allah" bekannt. Sein Sohn, Sultan Veled, organisierte seine Anhänger im Mevlevi-Orden,
dem Orden der tanzenden Derwische.

In den Jahrhunderten nach Mevlanas Tod
wurden in den osmanischen Gebieten über
100 Derwisch-Gemeinschaften gegründet. Die
Derwisch-Orden hatten einen starken konservativen Einfluss auf das politische, soziale
und wirtschaftliche Leben des Landes. Auch
viele osmanische Sultane waren Mevlevi-Sufis
(Mystiker). Für Atatürk waren die Derwisch-
Orden ein Hindernis auf dem Weg des türkischen Volkes in die Moderne. So verbot er
sie 1925. Ein paar von ihnen konnten aber
formal als religiöse Bruderschaften überleben.
Die Gemeinschaft in Konya wurde 1957 als
„kulturelle Vereinigung" wiederbelebt, um
eine historische Tradition zu erhalten.

Für Muslime ist dies hier ein sehr heiliger
Ort, der jedes Jahr von mehr als 1,5 Mio. v. a.
türkischen Menschen besucht wird. Man sieht
viele Pilger, die zu Rumi beten und ihn um
Hilfe bitten. Frauen sollten beim Betreten
des Gebäudes Kopf und Schultern bedecken.
Shorts sind komplett verboten.

Wegweiser durchs Museum

Das Kloster ist schon aus einiger Entfernung
zu erkennen; das gerippte Kegeldach mit türkisfarbenen Fliesen gehört zu den typischsten
Sehenswürdigkeiten der Türkei. Zuerst geht's

ZENTRALANATOLIEN

durch den hübschen Innenhof mit Brunnen und mehreren Grabmalen, dann heißt es Schuhe ausziehen, bevor man den Raum mit dem **Grabmal des Mevlana** betritt. Links vom Eingang steht die große bronzene *Nisan tası* (Aprilschale). Darin wurde der Aprilregen aufgefangen. Er war für die Bauern der Region lebenswichtig und heilig. Mevlanas Turbanspitze wurde ins Wasser getaucht und dann Kranken gereicht.

In dem Teil des Raums, der direkt unter dem gerippten Dach liegt, befindet sich Mevlanas Sarkophag (der größte von allen). Die daneben sind von seinem Sohn Sultan Veled und anderen wichtigen Derwischen. Auf allen Sarkophagen liegen goldbestickte Samtdecken. Auf denen von Mevlana und

Veled sitzen außerdem große Turbane als Symbole spiritueller Autorität.

Mevlanas Grabmal stammt aus seldschukischer Zeit. Die Moschee und der *semahane,* in dem die rituellen Tänze stattfanden, wurden später von osmanischen Sultanen angebaut (Mehmet der Eroberer war ein Mevlevi-Anhänger und auch Süleyman der Prächtige bedachte den Orden üppig). Selim I., der Eroberer Ägyptens, spendierte die mamelukischen Kristallleuchter.

In der kleinen Moschee und dem *semahane* links von dem Raum mit den Grabmalen sind Kleidungsstücke von Mevlana und Utensilien der Derwische ausgestellt, u. a. Musikinstrumente, Gebetsteppiche, illustrierte Handschriften und eine Schatulle mit Bart-

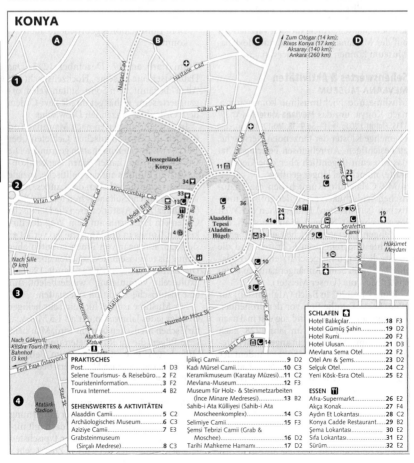

KONYA

Zum Otogar (14 km);
Rixos Konya (17 km);
Aksaray (140 km);
Ankara (260 km)

Messegelände Konya

Alaaddin Tepesi (Aladdin-Hügel)

Mevlana Cad

Serafettin Camii

Hükümet Meydanı

Nach Sille (9 km)

Nach Gökyurt; Kilstra Tours (1 km); Bahnhof (3 km)

Ferit Paşa (İstasyon)

Atatürk Stadion

Atatürk Statue

haaren des Propheten Mohammed. Neben dem *mihrab* liegt ein *seccade* (Gebetsteppich) mit dem Bild der Kaaba von Mekka. Der im Iran aus Wolle und Seide außerordentlich fein geknüpfte Teppich besteht aus ca. drei Mio. Knoten.

Die Räume rund um den Innenhof waren früher Zellen und Verwaltungsräume der Derwische. Ein Raum in der Nähe des Eingangs ist wieder so hergerichtet, wie er zu Mevlanas besten Zeiten ausgesehen hat, Schaufensterpuppen in Derwisch-Outfit inklusive.

Gegenüber dem Museumseingang befindet sich die **Selimiye Camii,** 1567 gestiftet von Sultan Selim II., als er der Statthalter von Konya war.

NOCH MEHR MUSEEN
Keramikmuseum (Karatay Müzesi)
In einer ehemaligen seldschukischen Medrese in der Nähe vom Alaaddin Tepesi ist dieses **Museum** (☎ 351 1914; Alaaddin Meydanı; Eintritt 1,10 €; ⏱ 9–12 & 13.30–17.30 Uhr) untergebracht. Das Gebäude wurde 1251/52 von dem Seldschukenbefehlshaber, Wesir und Staatsmann Emir Celaleddin Karatay gebaut. Er liegt in einem der Eckräume begraben.

Im Museum gibt's eine tolle Sammlung von Keramiken, u. a. interessante achteckige Fliesen des verfallenen Seldschukenpalastes von Kubadabad, der im 13. Jh. von Beyşehir Gölü erbaut wurde. Zum Zeitpunkt der Recherchen war das Museum aber wegen umfassender Renovierungsarbeiten geschlossen.

Museum für Holz- & Steinmetzarbeiten
Westlich der Ringstraße um den Alaaddin Tepesi befindet sich die İnce Minare Medresesi (islamische Hochschule des Schlanken Minaretts), heute das **Museum für Holz- & Steinmetzarbeiten** (Tas ve Ahsap Eserler Müzesi; ☎ 351 3204; Adliye Bulvarı; Eintritt 1,10 €; ⏱ 9–12.30 & 13.30–17 Uhr). Die Medrese wurde 1264 für Sahip Ata erbaut, einen mächtigen seldschukischen Wesir. Der wollte anscheinend versuchen, den Stifter der nur sieben Jahre vorher gebauten Karatay Medresesi zu toppen.

Der wunderbar verzierte Toreingang ist mit arabischen Inschriften umsäumt und sehr viel beeindruckender als das kleine Gebäude, in das er führt. Das achteckige Minarett mit seinem Muster aus Backsteinen und türkisfarbenen Fliesen ist über 600 Jahre alt und gab der Schule ihren Namen. Wenn's ein wenig kurz aussieht, liegt das daran, dass es 1901 von einem Blitz gekappt wurde.

Viele der Holz- und Steinpanele, -türen etc. im Inneren zeigen ähnliche Motive wie Fliesen und Keramiken. Nicht zu übersehen ist, dass sich die Seldschuken herzlich wenig um das traditionelle islamische Verbot von Tier- und Menschendarstellungen scherten: Hier sind viele Vogelmotive (z. B. der doppelköpfige Adler der Seldschuken), außerdem Männer und Frauen, Löwen und Leoparden zu entdecken. V. a. der *eyvan* enthält zwei tolle Reliefs seldschukischer Engel mit erkennbar mongolischen Zügen. Teil der Ahşap Eserler Bölümü (Holzkunstabteilung) sind ein paar aufwändig gearbeitete Türen aus Holz.

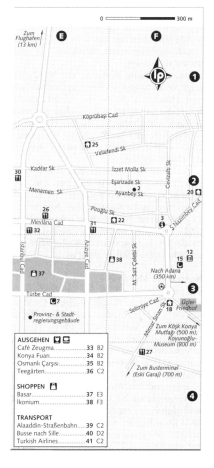

ZENTRALANATOLIEN

Grabsteinmuseum (Sırçalı Medrese)

Noch mehr seldschukische Bauten sind in den schmalen Gassen südlich vom Alaaddin Tepesi versteckt. Der Weg führt an der Kadı Mürsel Camii vorbei und dann weiter in Richtung Süden entlang der Sırçalı Medrese Caddesi. Nach ein paar Gehminuten taucht eine weitere seldschukische Hochschule auf, die Sırçalı Medrese (Glasseminar), benannt nach ihrer Außenfassade mit Fliesendeko. Die vom Seldschuken-Wesir Bedreddin Muhlis gesponserten Bauarbeiten waren 1242 zu Ende. Heute ist in dem Gebäude das kleine **Grabsteinmuseum** (Mezar Anıtlar Müzesi; ☎ 352 8022; Sırçalı Caddesi; Eintritt 1,10 €; ☉ 9–12.30 & 13.30–17 Uhr) mit vielen Grabsteinen untergebracht; viele haben fein gestaltete Inschriften. Der Haupteingang ist imposant, fällt aber im Vergleich zu denen von Konyas anderen Medresen ab. Der *eyvan* am westlichen Rand des Innenhofs war ein Unterrichtsraum; er ist mit herrlichen blauen Fliesen ausgekleidet, am Torbogen gibt's ungewöhnlich fein gearbeitete Fliesen mit Kalligrafien.

Archäologisches Museum

Das kleine, aber durchaus spannende **Archäologische Museum** (☎ 351 3207; Larende Caddesi; Eintritt 1,10 €; ☉ Di–So 9–12.30 & 13.30–17 Uhr) neben der Sahib-i Ata Külliyesi zeigt lokale Funde aus der Eisenzeit, byzantinische Mosaiken aus Sille und Çorum, ein paar skurrile, klobige assyrische Lampen und mehrere beeindruckende intakte Sarkophage mit Reliefschmuck. Die wahren Publikumsmagneten sind aber die Reste aus dem jungsteinzeitlichen Çatalhöyük 50 km südöstlich von Konya (s. S. 526). Gute Informationen über die Ausgrabungsstätte ergänzen die Funde, u. a. Halsketten, Ringe und die Reste eines Wandgemäldes.

Koyunoğlu-Museum

Das **Museum** (Kerimler Caddesi 25; Eintritt frei; ☉ Di–So 8–17 Uhr) im KonTV-Gebäude 800 m vom Mevlana Meydanı lohnt sich ebenfalls.

Der private – und offensichtlich etwas zwanghafte – Sammler, der das Museum gegründet hat, war offensichtlich nicht wählerisch: Hier gibt's alles, quer durch den Garten, von Fossilien, Steinen, Waffen und ausgestopften Vögeln über Sultansporträts und Fotos des alten Konya bis hin zu Kelims, Banknoten und Badehauspantoffeln. Die wenigen Infos sind auf Türkisch. Das wieder errichtete **Koyunoğlu Konya Evi** draußen ist ein

echtes Highlight. Es zeigt, wie betuchte Familien vor einem Jahrhundert in Konya lebten.

Zum Museum geht's am schnellsten über den **Üçler-Friedhof.** Diesen Weg besser nur tagsüber benutzen, wenn auch andere Leute unterwegs sind. Frauen sollten hier nicht allein herumlaufen.

MOSCHEEN

Alaaddin Camii

Abgesehen von der Mevlana-Gedenkstätte ist diese wohl Konyas wichtigste **Moschee** (☉ 9.30–17 Uhr). Sie steht am Alaaddin Tepesi am anderen Ende der Mevlana Caddesi. Die Moschee von Alaaddin Keykubad I., von 1219 bis 1231 Sultan von anatolischen Seldschuken, ist ein großer, weitläufiger Bau. Er wurde von einem Architekten aus Damaskus im arabischen Stil errichtet. 1221 war der Bau abgeschlossen. Im Laufe der Jahrhunderte wurde die Moschee ein ums andere Mal verschönert, renoviert, vernachlässigt und wieder restauriert.

Das imposante Portal an der Nordseite zeigt Verzierungen früherer byzantinischer und römischer Bauwerke. Ursprünglich führte es auf den Hof und zwischen den zwei riesigen seldschukischen *türben* (Gräbern) hindurch in die Moschee. Heute ist das weniger beeindruckende Portal an der Ostseite der Haupteingang.

Während die Moschee von außen eher schlicht wirkt, birgt das Innere einen Wald aus alten Marmorsäulen mit wiederverwendeten römischen und byzantinischen Kapitellen. Es gibt auch einen schönen *mimber* aus Holz und einen alten Marmor-*mihrab,* der von modernen blau-schwarzen Kalligrafien im seldschukischen Stil gerahmt ist.

Noch mehr Moscheen

Ein paar Blocks südlich der Sırçalı Medrese stößt man in der Sırçalı Medrese Caddesi auf die 1285 gegründete **Sahib-i Ata Külliyesi** (Sahib-i-Ata-Moscheenkomplex). Hinter seinem natürlich prachtvollen Portal mit integriertem Minarett steht die Sahib-i Ata Camii. Sie wurde während der Regierungszeit Alaaddin Keykavus' von dem seldschukischen Militär- und Staatsmann Hacı Ebubekirzade Hüseyinoğlu Sahib-i Ata Fahreddin Ali gebaut und nach ihrer Zerstörung durch einen Brand 1871 im selben Stil wieder errichtet. Der *mihrab* ist ein Paradebeispiel für seldschukische hell-dunkelblaue Fliesenkunst. Ein weiterer

Prachteingang an der Moschee führte früher zum Wohnbereich der Derwische.

Über die ganze Stadt sind noch mehr interessante Moscheen verstreut. In der **Şemsi Tebrizi Camii** gibt's das schicke, aus dem 14. Jh. stammende Grab von Rumis geistigem Mentor. Sie steht nordwestlich vom Hükümet Meydanı ganz in der Nähe vom Alaaddin Bulvarı. Die **Aziziye Camii** (1875) auf dem Basargelände wurde nach einem Brand im spätosmanischen Stil wieder aufgebaut. Ihre Zwillingsminarette haben kleine, geschützte Balkons. Ein draußen angebrachtes Schild weist auf ihre wichtigsten Elemente hin.

Die **İplikçi Camii** in der Mevlana Caddesi ist vielleicht Konyas älteste Moschee (1202). Sie wurde für den seldschukischen Wesir Şemseddin Altun-Aba in schlichtem Stil gebaut. Drinnen gibt's einen richtigen Wald aus Säulen, Bögen und Gewölben.

HAMAM

Der **Tarihi Mahkeme Hamamı** (Historischer Hof Hamam; ☎ 353 0093; Waschen, Massage & Sauna 12 €; ☼ 6–24 Uhr für Männer, 9–18 Uhr für Frauen) hinter der Şerafettin Camii dürfte der interessanteste Hamam der Stadt sein.

Feste & Events

Das **Mevlana-Fest** (☎ 353 6745) Anfang Dezember dauert eine Woche lang. Am letzten Abend wird Mevlanas „Hochzeitsnacht" mit Allah gefeiert. Karten (und Unterkunft) besser weit im Voraus buchen; dabei hilft Selene Tourism. 2003 wurde ein neues Gebäude nur für die *semas* (Mevlevi-Zeremonie) gebaut. Sollten alle Tickets ausverkauft sein, ist das kein Grund zur Panik: Auch anderswo in der Stadt treten während des Festes viele Tänzer auf.

Das ganze Jahr über können Traveller im **Kulturzentrum** (☎ 351 1215; Karten 15 €; ☼ April–Nov.) hinter dem Mevlana-Museum tanzenden Derwischen zugucken. Während der Sommersaison finden die einstündigen Abendveranstaltungen normalerweise dreimal pro Woche statt. Karten gibt's in Reisebüros oder Hotels.

Schlafen

Passend zu Konyas Grundcharakter werben viele Hotels eher mit ihrer eigenen *mescit* (kleine Moschee) als mit ihrer Minibar. Unterkünfte gibt's reichlich, aber wegen des ständigen Pilgeransturms können selbst die schäbigsten Absteigen Preise nehmen, die anderswo undenkbar wären.

BUDGETUNTERKÜNFTE

Hotel Ulusan (☎ 351 5004; ulusanhotel@mynet.com; Çarşı PTT Arkası; EZ/DZ 11/17 €; ▢) Hinter der Post versteckt sich dieses toprenovierte Schmuckstück, das auch doppelt so teuren Hotels in nichts nachsteht. Der Enthusiasmus des Inhabers und die allgegenwärtigen Teddybären (!) sorgen für ein spezielles Flair. Ein paar Zimmer teilen sich Bäder, die aber blitzsauber sind. Weitere Pluspunkte: die gemütliche TV-Lounge mit offenem Kamin im Winter und der kostenlose Internetzugang.

Yeni Köşk-Esra Oteli (☎ 352 0671; yenikoskoteli@turk. net; Yeni Aziziye Caddesi, Kadılar Sokak 28; EZ/DZ ab 20/30 €; ▨) Ein seltsamer unterirdischer Tunnel verbindet die beiden Gebäude mit kleinen, aber gut ausgestatteten Zimmern.

Das Hotel ist relativ ruhig und gut für allein reisende Frauen geeignet. Schilder in der Mevlana Caddesi zeigen den Weg dahin.

MITTELKLASSEHOTELS

Hotel Gümüş Şahin (☎ 352 0422; Mevlana Caddesi 39; EZ/DZ/3BZ 25/47/67 €; ▨) Zentral gelegenes, ordentliches Haus mit spektakulärem Eingang, schreiend pinkfarbenen Bädern und Balkons mit Blick auf die Hauptstraße. Das Restaurant unter Bäumen ist da eine gute Ablenkung.

Mevlana Sema Otel (☎ 350 4623; Mevlana Caddesi 59; EZ/DZ/3BZ 35/56/80 €; ▨) Ebenfalls an der Hauptstraße gelegen; in strahlenden Brauntönen und mit neuen Laminatböden ausgestattet. Ungewöhnlich, dass hier das Mitbringen von Haustieren gestattet ist. Dennoch: Einen Hund in ein Hotel voller Muslime einzuschleusen kommt wohl dem Verzehr von Schweinespeck in einer Synagoge gleich.

Otel Anı & Şems (☎ 353 8080; www.hotelani.com; Şems Caddesi 8; EZ/DZ/3BZ 40/60/80 €; ▨) Auch wenn die Lage hinter der Şerafettin Cami nicht gerade vielversprechend ist, hat das Hotel innen durchaus Charme, v. a. die Zimmer im obersten Stock. Es gibt im Haus ein Reisebüro für Tourbuchungen und Verkehrsverbindungen.

Hotel Rumi (☎ 353 1121; www.rumihotel.com; Durakfakih Sokak 5; EZ/DZ 40/70 €; ▨ ▢) Das neu eröffnete Rumi ist nichts Besonderes. Dazu ist es einfach zu glatt. Aber es bietet tadellosen westlichen Drei-Sterne-Standard inklusive Fitnesscenter, Fahrstuhl, alkoholfreien Minibars und einer schicken, modernen Lobby.

Selçuk Otel (☎ 353 2525; www.otelselcuk.com.
tr; Alaaddin Bulvarı 4; EZ/DZ 50/75 €; 🛇) Cremetöne
geben diesem eleganten Hotel, das erst vor
Kurzem renoviert wurde, einen edlen Touch.
Der Traum in Beige funktioniert gut, besonders in der lang gestreckten Lounge. Zur
tollen Deko kommt eine gute Zimmerausstat-
tung (z. B. tolle Duschen).

Hotel Balıkçılar (☎ 350 9470; www.balikcilar.com;
Mevlana Karşısı 1; EZ/DZ 70/90 €; 🛇) Die wohl geni-
alste Rezeption der Stadt ist als osmanische
Pflasterstraße mitsamt Straßenbeleuchtung
gestaltet. Dieser Stil weitet sich nicht auf die
Zimmer aus. Aber immerhin sorgen dort
ein paar Holzelemente für Gemütlichkeit.
Zu den weiteren Annehmlichkeiten gehören
Lobby-Bar, Restaurant, Sauna, Hamam und
gelegentliche *sema*-Vorführungen.

SPITZENKLASSEHOTELS

Rixos Konya (☎ 221 5000; www.rixos.com; İstanbul Yolu,
Selçuklu; DZ & 2BZ ab 120 €; 🛇 🖳 🏊) Das Rixos ist
eins von mehreren Luxushotels am Stadtrand, ca. 13 km vom Flughafen und 15 km
vom Stadtzentrum entfernt. Es bietet viele
und außergewöhnlich Extras – standesgemäß
eben: von der Bowlingbahn bis zum Reiter-
hof. Es gibt oft Rabatte. Aber zu bestimmten
Zeiten können die Preise auch aufs Doppelte
steigen.

Essen

Die Spezialität von Konya ist der *fırın*-Kebap
aus (hoffentlich) zarten, ziemlich fettigen, im
Ofen gegrillten Hammelfleischscheiben, die in
Brot gepackt werden. Die ansässigen Bäcker
machen außerdem tolles, frisches *pide*, das
mit gehacktem Lamm, Käse oder Eiern belegt
wird. Pide heißt in Konya übrigens *etli ekmek*
(Brot mit Fleisch).

RESTAURANTS

Köşk Konya Mutfağı (☎ 352 8547; Mengüç Caddesi 66;
Hauptgerichte 2,80–4,50 €; 🕑 11–22 Uhr) Die bekannte
Kochbuchautorin Nevin Halıcı betreibt
dieses hervorragende traditionelle Restaurant und verleiht Klassikern wie Kebap oder
ayran ihren persönlichen Touch. Frauen mit
Kopftüchern bereiten das Essen im Sommer
in einer Hütte auf dem Rasen zu. Auf der
Karte stehen so ungewöhnliche Gerichte wie
höşmerim, ein üppiges, schweres Dessert aus
Sesamöl, Mehl und Sirup (1,10 €). Das Restaurant liegt im Südosten der Stadt auf dem
Weg zum Koyunoğlu-Museum.

Akça Konak (☎ 350 8108; Mengüç Caddesi 18; Hauptgerichte 2,80–6 €; 🕑 11–22 Uhr) Das nett restaurierte
Haus in der Nähe vom Hotel Balıkçılar mit
Tischen drinnen und draußen bietet Livemusik und zum Verdauen *nargilehs* (Wasserpfeifen). Die Speisekarte bietet ein paar
regionale Spezialitäten, ist aber ansonsten
ziemlich konventionell.

Konya Cadde Restaurant (☎ 351 3060; Adliye
Bulvarı; Hauptgerichte 2,80–11 €; 🕑 Mo–Sa ab 12 Uhr)
Das schummrige Restaurant im ersten Stock
neben der İnce Minare ist zum Essen oder
einfach was Trinken geeignet. An gut be-
suchten Abenden bestimmt – zu Bier und
Livemusik – die eher moderne Bevölkerung
Konyas das Bild.

AUF DIE SCHNELLE

Şifa Lokantası (☎ 352 0519; Mevlana Caddesi 56; Hauptgerichte 1,10–4,50 €) *Tandır kebap* ist im Şifa der
Renner. Zu Stoßzeiten kann es hier ziemlich
hoch hergehen; sehenswert sind in jedem Fall
die Kronleuchter.

Sema Lokantası (☎ 352 3565; İstanbul Caddesi 107;
Hauptgerichte 1,10–4,50 €) In den Seitengassen
nördlich vom Stadtzentrum versteckt sich
dieser freundliche Laden mit ungewöhnlichen
Kebap-Varianten und richtig vielen guten
Desserts. Unbedingt mal probieren: *aşure*
(Arche-Noah-Pudding).

Aydın Et Lokantası (☎ 351 9183; Şeyh Ziya Sokak 5/E;
Hauptgerichte 3–6 €) Neugierige werden wissen
wollen, warum mitten in diesem Grilllokal
ein künstlicher Baum steht. – Besser nicht den
Grips überanstrengen und einfach auf die mit
Tonfiguren verzierten Wände starren oder
sich auf das reichhaltige Angebot von *pide*
und Kebap konzentrieren.

SELBSTVERSORGER

Wie immer ist es am spannendsten, frisches
Obst, Gemüse, Käse usw. auf dem **Basar**
(S. 525) einzukaufen. Eine Alternative ist der
Afra-Supermarkt (Mevlana Caddesi). Schleckermäu-
ler können ihr Verlangen nach Süßem bei
Sürüm (İstanbul Caddesi), einem 1926 gegründeten
Schokoladengeschäft, stillen.

Ausgehen

Was könnte im Sommer entspannender sein,
als in einem der zahllosen **Teegärten** an den
Hängen des Alaaddin Tepesi zu chillen? Wer
will, kann auch abends in die Atmosphäre
des **Konya Fuarı** (Festplatz von Konya) eintauchen
und bei einer Tasse Tee den Einheimischen

beim Tretbootstrampeln auf dem künstlichen See zuschauen.

Osmanlı Çarşısı (☎ 353 3257; İnce Minare Sokak) In diesem Lokal aus dem frühen 20. Jh. wird man mit *çay*, Kaffee und *nargilehs* verwöhnt; draußen steht ein rustikaler Grillwagen. Türkische Studenten schlagen hier mit Vorliebe auf und das Ganze hat mehr Charme als ein „Whirlpool" voller Derwische.

Café Zeugma (☎ 350 9474; Adliye Bulvarı 33) Das eigenwillige Kunst- und Kulturzentrum zieht ebenfalls studentisches Publikum an – v. a. wegen der Livemusik und der „verrückten Partys". Am Wochenende kostet der Eintritt 3,50 €.

Shoppen

Konyas **Basar** erstreckt sich vom modernen Postgebäude praktisch bis zum Mevlana-Museum und verstopft die Straßen mit seinen Ständen, fliegenden Händlern und vereinzelten Pferdewagen. Die Gassen sind nach mittelalterlicher Art aufgeteilt: hier ein Abschnitt für die Seiler, dort einer für die Juweliere und ganz in der Nähe einer für alles rund ums Handy. In der Nähe des Mevlana-Museums häufen sich Läden, die religiöse Gegenstände und kitschige Souvenirs verkaufen.

Ikonium (☎ 350 2895; www.thefeltmaker.com; Bostan Çelebi Sokak 10) In der Türkei stirbt die Kunst der Filzverarbeitung rasch aus. Umso mehr lohnt es sich, hier mal vorbeizugucken und modernen Könnern des alten Handwerks auf die Finger zu schauen.

An- & Weiterreise

BUS

Der *otogar* von Konya befindet sich ca. 14 km nördlich vom Alaaddin Tepesi und ist von der Stadt aus mit der Straßenbahn zu erreichen (s. S. 526). Es bestehen regelmäßige Busverbindungen zu allen größeren Städten, u. a. Afyon (8,50 €, 3¾ Std.), Ankara (5,60 €, 3 Std.), İstanbul (17 €, 10 Std.), Kayseri (8,50 €, 4 Std.) und Sivas (14 €, 7 Std.).

Vom Eski Garaj (alter Bus-Terminal oder Karatay Terminal) 1 km südwestlich vom Mevlana-Museum fahren Busse zu den umliegenden Dörfern.

FLUGZEUG

Turkish Airlines (☎ 351 2000; Mevlana Caddesi 9) verkehrt dreimal täglich zwischen İstanbul und Konya, **Onur Air** (☎ 350 6151) einmal.

Der Flughafen liegt ca. 13 km nordöstlich vom Stadtzentrum. Ein Flughafenbus (2 €)

TANZENDE DERWISCHE

Die Mevlevi-Zeremonie, auch *sema* genannt, ist ein Tanzritual, das die mystische Vereinigung mit Gott zelebriert. Demselben Zweck dient auch das berühmte Kreiseln der Derwische. Das Ritual wurde in der dritten Unesco-Erklärung zum immateriellen Weltkulturerbe erhoben. Eine *sema* mitzuerleben kann eine inspirierende, romantische und unvergessliche Erfahrung sein. Weltweit gibt's eine Menge Derwisch-Orden mit ähnlichen Zeremonien. Die ursprüngliche türkische Variante ist jedoch die eleganteste und reinste gegenüber den wilderen Tänze aus anderen Regionen.

Die Derwische sind in lange weiße Gewänder mit weiten Röcken gehüllt, die Leichentücher darstellen sollen. Die voluminösen schwarzen Umhänge symbolisieren ihre weltlichen Gräber, die konisch zulaufenden Filzhüte ihre Grabsteine.

Die Zeremonie fängt an, wenn der *hafiz* – ein Gelehrter, der den gesamten Koran auswendig kennt – eine Gebet für Mevlana sowie einen Koranvers anstimmt. Dann ertönen Schläge einer Kesselpauke, gefolgt von den klagenden Tönen der *ney* (Rohrflöte). Schließlich verbeugt sich der *şeyh* (Meister) und führt die Derwische im Kreis herum. Nach drei Umrundungen lassen die Tänzer ihre schwarzen Umhänge fallen, um ihre Befreiung von allem Weltlichen zu demonstrieren. Zuletzt kreiseln sie einer nach dem anderen mit vor der Brust verschränkten Armen auf die Tanzfläche, um alles Irdische abzulegen und in mystischer Vereinigung mit Gott wiedergeboren zu werden.

Durch den erhobenen rechten Arm empfangen sie den himmlischen Segen, der durch den gesenkten linken Arm mit der Erde in Verbindung tritt. Dann fangen auch alle um die eigene Achse kreiselnden Körper zusammen an, sich langsam zu drehen. Dabei schreitet der *şeyh* zwischen den einzelnen Tänzern hindurch, um zu schauen, ob jeder Derwisch das Ritual korrekt einhält.

Der Tanz wird unzählige Male wiederholt, bis der *hafiz* nochmals Passagen aus dem Koran rezitiert und damit die mystische Vereinigung mit Gott beschließt.

fährt am nahe gelegenen THY-Büro ab; am besten die Zeiten genau checken.

ZUG
Der **Bahnhof** (☎ 332 3670) liegt ca. 3 km Richtung Südwesten. Konya ist von İstanbul Haydarpaşa (13½ Std.) mit Zügen der Linien Meram Ekspresi, Toros Ekspresi (İstanbul nach Gaziantep/Damaskus, 3 wöchentl.) oder İç Anadolu Mavi (İstanbul bis Adana) erreichbar. Alle Züge fahren über Afyon. Eine neue Direktverbindung mit Hochgeschwindigkeitszügen nach Ankara ist geplant und soll die Fahrtzeit um neuneinviertel Stunden verkürzen!

Unterwegs vor Ort
Wie der Großteil des Stadtzentrums sind auch die meisten Sights gut per pedes zu erreichen. Öffentliche Verkehrsmittel sind nur dann notwendig, wenn's zum *otogar* oder Bahnhof geht. Um vom *otogar* ins Zentrum zu kommen, nimmt man von der Ostseite des *otogar* die Straßenbahn mit dem Schild „Alaadin" bis zum Alaaddin Tepesi (0,40 €, 30 Min.). Ans andere Ende der Stadt fahren zahllose Minibusse, die die Mevlana Caddesi hoch- und runterdüsen. Ein Taxi vom *otogar* kostet ca. 8 €.

Alle halbe Stunde fahren Minibusse vom Bahnhof ins Zentrum (0,40 €). Ein Taxi vom Bahnhof zum Hükümet Meydanı kostet ca. 4 €.

RUND UM KONYA
Çatalhöyük
In **Çatalhöyük** (Eintritt frei; ☯ 8–17 Uhr) hat man zwar keine spektakulären Baudenkmäler und restaurierte Pracht zu erwarten, aber das kahle, hügelige Areal ist nach wie vor eine der weltweit berühmtesten archäologischen Grabungsstätten und eines der ältesten bekannten Siedlungsgebiete. In den Sommermonaten (Juni–Aug.) sind Archäologenteams aus aller Welt damit beschäftigt, die verborgenen Geheimnisse ans Licht zu bringen.

Interessierten zeigt das Personal gerne die Zelte mit den Grabungsfunden und erhaltenen Überresten des ersten intakten Hauses, das hier ausgebuddelt wurde: Gebäude 5. Ein Trinkgeld ist auf jeden Fall angesagt. Etwas entfernt liegt der Abschnitt, an dem James Mellaart von 1961 bis 1965 grub. Er fand unter einem Erdhügel 13 Schichten von Gebäuden aus der Zeit zwischen 6800 und 5700 v. Chr.

Ein anderer Teil, das sogenannte 4040-Areal, soll gegen Ende 2007 ausgegraben und zur Besichtigung freigegeben werden.

Auf dem Gelände, das ursprünglich ein Feuchtgebiet war, gab es vielleicht 150 Lehmziegelhäuser. Die meisten von ihnen waren offenbar über am Dach angebrachte Leitern zugänglich; kaputte Gebäudeteile wurden ersetzt oder ausgebessert. Unter den Fußböden wurden Skelette von Toten gefunden, die dort bestattet wurden. Anscheinend dienten die meisten Wohnhäuser zugleich als Gedenkstätte. Man fand auch viele Schichten von Wandmalereien, Gipsreliefs von Stierköpfen, Figurinen von Muttergöttinnen, Werkzeuge und die ersten bekannten Töpferwaren. Das meiste davon ist heute im Museum für Anatolische Zivilisationen in Ankara (s. S. 475) zu sehen. Das Leben in der zu Spitzenzeiten von bis zu 8000 Menschen bewohnten Siedlung war sehr gut organisiert, aber eindeutige Hinweise auf eine zentrale Regierungsform gibt's nicht.

In der Nähe vom Eingang steht das Experimentierhaus, eine rekonstruierte Lehmziegelhütte, in der verschiedene Theorien über die neolithische Kultur getestet werden. Angeschlossen ist ein kleines **Museum**. Die wenigen Artefakte werden ergänzt durch Informationstafeln auf Englisch. Sie enthalten brauchbare Hinweise zur Grabungsstätte, zu den Häusern und den vielen Fragen, die im Zusammenhang mit den Ausgrabungen aufgetaucht sind – weshalb haben z. B. viele der hier gefundenen Toten keine Köpfe?

Wer sich nicht für Archäologie interessiert, wird kaum Lust haben herzukommen. Die Kommentare im Besucherbuch beweisen aber, dass viele Menschen für die romantische Stimmung des Ortes mit seinen Erinnerungen an den Muttergöttinnen-Kult und unsere eigenen Ursprünge sehr aufgeschlossen sind. Die Arbeiten werden von vielen Schulen und Einzelpersonen aus der Region unterstützt. Und viele der Archäologen sind europäische Freiwillige. So findet sich im Sommer bestimmt die ein oder andere Gesprächsgelegenheit.

AN- & WEITERREISE
Wer mit öffentlichen Verkehrsmitteln hierherkommen will, nimmt den stündlichen Minibus von Konyas Eski Garaj nach Çumra (1,70 €, 45 Min.) und von dort ein Taxi für die restlichen 17 km (14 € hin & zurück). Ein Taxi von Konya (hin & zurück) kostet ca. 25 €.

Gökyurt (Kilistra, Lystra)

Konya liegt deutlich südlich von Zentralkappadokien. Aber trotzdem erinnert die Umgebung von Gökyurt (50 km Richtung Südwesten) an all das, was man in Güzelyurt oder Ihlara geboten bekommt – nur ohne die Menschenmassen: eine Schlucht mit Häusern und mittelalterlichen Kirchen, die aus den Felswänden gehauen sind. Eine besonders eindrucksvolle Kirche ist komplett aus dem Felsgestein herausmodelliert, hat aber keine Fresken. Der Abstecher hierher eignet sich perfekt als Halbtages-Tour. Die umgebende Landschaft ist einfach atemberaubend.

AN- & WEITERREISE

Täglich fahren mehrere Busse vom Eski Garaj in Konya nach Hatunsaray. Von dort kann man für die letzten 18 km (15 € hin & zurück) ein Taxi nehmen. Ein Taxi von/nach Konya kostet ca. 25 €, eine Stunde Wartezeit eingerechnet.

Autofahrer nehmen die Straße nach Antalya und folgen dann den Schildern nach Aköyren. Rechts taucht ein paar Kilometer vor Hatunsaray ein winziges braun-weißes Schild mit der Aufschrift „Kilistra-Gökyurt, 16 km" auf. Fahrradfahrer sollten ein Auge auf umherstreunende Schäferhunde haben.

Sille

☎ 0332/2000 Ew.

Ein toller Tagestrip von Konya ist das hübsche Dorf Sille, ein schmaler Grünstreifen an einem ausgetrockneten Flussbett, umgeben von schroffen, felsigen Hügeln. Gegenüber von den traditionellen Dorfhäusern, die oft vernachlässigt aussehen, gibt's eine Felswand mit Höhlenwohnungen und Kapellen.

Die byzantinische **Kirche der hl. Helena** (Ayaelena Kilisesi; ⏱ 9–17 Uhr) in der Nähe der letzten Bushaltestelle stiftete angeblich Kaiserin Helena, die Mutter Konstantins des Großen. 1833 wurde sie dann komplett restauriert. Die absichtlich zerstörten und schnell verblassenden Fresken stammen aus den 1880er-Jahren. Obwohl die Kirche von den 1920er- bis in die späten 1990er-Jahre als Moschee genutzt wurde, sind ein paar alte Holzarbeiten erhalten geblieben, u. a. die zerbrochene Kanzel und eine Ikonostase mit Ikonen.

In Richtung Norden steht auf einem Hügel eine verfallene Kapelle: die **Küçük Kilese**. Schon allein wegen des Blicks lohnt es sich hinaufzukraxeln.

Der Ausflug nach Sille sollte nicht ohne ein Mittagessen abgehen. Denn der Ort hat ein überraschendes Schmuckstück zu bieten: das in Terrassen angelegte **Sille Konak** (☎ 244 9260; www.sillekonak.com; Hauptgerichte 2–4,50 €), ein restauriertes griechisches Haus im Familienbesitz. Die Inhaber haben es liebevoll dekoriert und servieren tolle Hausmacherkost.

AN- & WEITERREISE

Alle halbe Stunde – oder so ähnlich – fährt der Bus 64 an der Mevlana Caddesi gegenüber der Post in Richtung Sille (0,40 €, 25 Min.) ab.

KARAMAN

☎ 0338

Nach dem Untergang des Seldschukenreichs wurde Zentralanatolien in mehrere Provinzen aufgespalten. Karaman war eine Zeit lang die Hauptstadt. Heute kommen nur wenige Besucher hierher. Dabei hat die Stadt mehrere schöne Gebäude aus dem 13. und 14. Jh. zu bieten und ist eine ideale Basis für Trips nach Binbirkilise (S. 528) und Sultanhanı (S. 528).

Die **Hacıbeyler Camii** von 1358 hat ein prächtiges rechtwinkliges Portal mit Verzierungen, die wie eine barocke Variante der seldschukischen Kunst anmuten. Die **Mader-i Mevlana (Aktepe) Cami** von 1370 ist die Grabstätte der Mutter vom Großen Mevlana. Über ihrem Eingang prangt ein in Stein gehauener Derwisch-Filzhut. Der angrenzende **Hamam** ist in Betrieb.

Das Grab des berühmten türkischen Dichters Yunus Emre (1320) befindet sich neben der **Yunus Emre Camii**. Ein paar seiner Verse sind in die Mauern des Gartens an der Rückseite der Moschee eingraviert.

Das etwas unübersichtliche **Museum von Karaman** (Turgut Özal Bulvarı; Eintritt 1,10 €; ⏱ Di–So 8–12 & 13–17 Uhr) zeigt Fundstücke aus den Höhlen von Taşkale und Canhasan und hat eine gute Völkerkunde-Abteilung. Nebenan steht die prächtige **Hatuniye Medresesi**. Sie wurde 1382 gebaut. Ihr tolles Portal ist eins der schönsten Beispiele der Karamaner Kunst. Heute gibt's hier ein kleines, ziemlich schickes Restaurant.

An- & Weiterreise

Zwischen Karaman und Konya fahren regelmäßig Busse (2,80 €, 2 Std.), auch nach Ereğli (2,80 €, 2 Std.). Busse, die von Ereğli weiter nach Niğde fahren, gibt's aber selten und verkehren nur in großen Abständen.

BİNBİRKİLİSE

Kurz vor dem Ersten Weltkrieg besuchte die große britische Forschungsreisende Gertrude Bell einen Ort 42 km nordwestlich von Karaman. Dort dokumentierte sie die Existenz von byzantinischen Kirchen auf einem einsamen Hang. Diese werden – etwas großspurig – Binbirkilise (Tausendundeine Kirche) genannt. Später kam Irfan Orga auf der Suche nach den letzten Nomaden hier vorbei. Die Reise beschreibt er in seinem Buch *The Caravan Moves On*. Nomaden oder Anhaltspunkte dafür, dass es sich bei den Ruinen um Kirchen handelte, sind hier kaum zu finden. Dafür gibt's aber jede Menge friedlich grasende Ziegen, Schildkröten und neugierige Dorfbewohner, die zwischen den Haufen von losen Steinfundamenten umherschlendern.

Am einfachsten ist es, mit dem eigenen Gefährt hierherzukommen. Von Karaman aus nimmt man die Straße nach Karapınar und folgt den gelben Schildern. Die erste größere Ruine taucht im Dorf Madenşehir auf, danach wird die Strecke immer holpriger. Überall eröffnen sich phantastische Ausblicke auf die Landschaft – und das ist gut so, denn der Rückweg bleibt der gleiche.

Für ein Taxi von Karaman zu den Kirchen und zurück sind ca. 40 € einzurechnen. Der Fahrer kennt den Weg.

SULTANHANI

☎ 0382

Die Straße zwischen Konya und Aksaray durchquert die berühmte anatolische Steppe: flaches Grasland, so weit das Auge reicht. Unterbrochen wird die Monotonie höchstens von Steppenläufern und ein paar Bergen in der Ferne. Unterwegs, 110 km von Konya und 42 km von Aksaray entfernt, dämmert das öde Dorf Sultanhanı vor sich hin. Sein einziger Stolz besteht darin, einer von mehreren seldschukischen *hans* zu sein, die diesen Namen tragen. Der beeindruckende **Sultanhanı** (Eintritt 1,10 €; ☒ 7–19 Uhr) liegt 200 m

---

VON HAN ZU HAN

Die Seldschuken bauten eine Reihe von Karawansereien *(han)* an der Seidenstraße, die im 13. Jahrhundert durch Anatolien führte. Diese Herbergen für Kamelkarawanen wurden im Abstand von Tagesetappen (ca. 15–30 km) angelegt. Die Kosten für Bau und Erhaltung der Unterkünfte übernahm der Sultan; das Geld brachten Steuern herein, die auf dem blühenden Handel erhoben wurden.

Neben dem Sultanhanı zählen der Sarıhan 6 km östlich von Avanos und die Karatay Han 48 km östlich von Kayseri zu den eindrucksvollsten Beispielen. Viele andere liegen in der anatolischen Landschaft verstreut, u. a. der Ağzıkara Hanı 16 km nordwestlich von Aksaray an der Straße von Nevşehir und ein weiterer Sultan Han 45 km nordöstlich von Kayseri an der Straße von Sivas.

---

abseits von der Straße und ist anscheinend der größte seiner Art in ganz Anatolien. Eine halbe Stunde genügt, um ihn gründlich in Augenschein zu nehmen.

Er wurde 1229 unter dem Seldschuken-Sultan Alaaddin Keykubad I. gebaut und 1278 nach einem Brand restauriert (damals wurde er zum größten han der Türkei). Beachtenswert sind der wunderschön verzierte Eingang, die erhabene zentrale *mescit* und der riesige *ahır* (Stall) auf der Rückseite. Andere Räume dienten als Bäder, Schlafzimmer und für die Buchhaltung.

An- & Weiterreise

An die zehn Busse fahren jeden Tag von montags bis freitags zwischen Sultanhanı und dem *otogar* von Aksaray (1,10 €, 45 Min.); an Wochenenden gibt's nur zwei Busse. Auf der Hauptverkehrsstraße per Handzeichen einen Bus nach Konya oder Aksaray anzuhalten ist eine weitere Variante. Wer früh aufsteht, kann schon morgens aus dem Bus springen, den han besichtigen und eine Stunde später wieder unterwegs sein.

Kappadokien

Die Höhlenbewohner wussten damals sicher genau, was sie taten, als sie sich in Kappadokien niederließen. Tief im Herzen des Landes machten sie eine Mondlandschaft zu ihrer Heimat, meißelten Häuser und Kirchen in die schroffen Felshänge und gruben unterirdische Städte. Damit gaben sie ein bis heute gültiges Beispiel dafür, wie Menschen mit der Natur im Einklang leben können, statt sie zu beherrschen.

Die heutigen Höhlenbewohner sind v. a. Traveller, die sich in Höhlenhotels einmieten, um die surreale Landschaft, die vielen antiken Kirchen und die tollen Möglichkeiten für Outdoor-Aktivitäten rundherum zu genießen. Wo sonst kann man frühmorgens im Heißluftballon über Feenkamine hinweggondeln, nachmittags byzantinische Fresken bewundern und dann bei gutem Wein zu Abend essen? Ganz zu schweigen von Wanderungen durch spektakuläre, rosafarben schimmernde Schluchten, Einkaufsbummel durch gedeckte Basare aus osmanischen Zeiten oder Vorführungen tanzender Derwische in atmosphärischen Karawansereien … Der attraktive Mix aus Sehenswürdigkeiten macht Kappadokien zu einem absolut unwiderstehlichen Reiseziel. Hier kommt wirklich jeder auf seine Kosten.

Eins aber ist klar: Der wahre Reiz Kappadokiens liegt nicht in den vielen Boutique-Hotels, atemberaubenden Sonnenuntergängen oder erstklassigen Wanderbedingungen. Das Besondere ist der dörfliche Alltag, der hier nach wie vor zu erleben ist. Und der ist vom Möchtegern-Jetset-Feeling der Touristengebiete an der Mittelmeerküste oder auch vom prallen Leben İstanbuls meilenweit entfernt. Hier ist der richtige Ort, um seinem eigenen Rhythmus zu folgen.

HIGHLIGHTS

- Die leuchtenden Fresken und Höhlenkirchen im **Freiluftmuseum von Göreme** (S. 538) bewundern

- In **Ürgüp** (S. 558) die Boutique-Hotels abklappern und Weine der Region verkosten

- Im grandiosen **Ihlara-Tal** (S. 569) am Fluss langwandern und die alten Kirchen erkunden

- Die unterirdische Wunderwelt der **Höhlenstädte** (S. 568) Derinkuyu und Kaymaklı erforschen

- Die Stromschnellen des Zamantı-Flusses im atemberaubenden **Ala-Dağlar-Nationalpark** (S. 565) meistern

- Mit dem **Heißluftballon über die märchenhaften „Feenkamine"** (S. 550) schweben

- Die alten griechischen Häuser in den Straßen von **Mustafapaşa** (S. 563) anschauen

CAPPADOCIA

Geschichte

Die Hethiter besiedelten Kappadokien zwischen 1800 und 1200 v. Chr. Später hatten hier kleinere Königreiche die Macht. Es folgten die Perser und als Nächstes die Römer, die die Hauptstadt Cäsarea (das heutige Kayseri) gründeten. Während der römischen und byzantinischen Zeit wurde Kappadokien zunächst zum Zufluchtsort der frühen Christen, bis das Christentum zwischen 4. und 11. Jh. richtig aufblühte. Von damals stammen die meisten Kirchen, Klöster und unterirdischen Städte. Auch später, unter seldschukischer und osmanischer Herrschaft, wurde Christen stets Toleranz entgegengebracht.

Mit der Zeit verlor Kappadokien in Anatolien an Bedeutung. Seine reiche Vergangenheit geriet mehr und mehr in Vergessenheit, bis ein französischer Priester 1907 die Felsenkirchen wiederentdeckte. Mit dem Tourismusboom der 1980er-Jahre fing schlagartig ein neues Zeitalter an: Heute ist Kappadokien eins der berühmtesten und beliebtesten Reiseziele in der Türkei.

Sicherheit & Ärgernisse

Vor Bussen, die aus anderen Landesteilen nach Kappadokien fahren, ist zu warnen: Viele Leser haben berichtet, dass sie trotz Bustickets nach Göreme einfach am *otogar* von Nevşehir (Bushaltestelle) abgesetzt wurden. Dann blieb ihnen nichts anderes übrig, als von dort per Taxi zu überzogenen Preisen nach Göreme weiterzufahren. Wir haben sogar von skrupel-

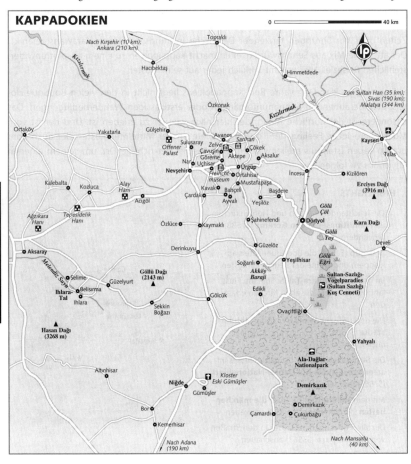

KAPPADOKIEN

0 ——————— 40 km

losen Busunternehmen gehört, die Fahrgäste auf der Landstraße irgendwo vor Avanos rauswarfen. Tatsache ist: Viele Langstreckenbusse beenden ihre Fahrt in Nevşehir. Aber seriöse Unternehmen (u. a. Göreme, Metro, Nevşehir, Öncü oder Kapadokya) sorgen immer dafür, dass ihre Fahrgäste mit einem kostenlosen *servis* (Minibus-Shuttle) von Nevşehir in die umliegenden Dörfer kommen.

Deshalb beim Ticketkauf unbedingt darauf achten, dass Göreme als Ziel genannt ist. Die Angabe „Kappadokien" reicht nicht aus. Nur mit der Angabe „Göreme" hat man Anspruch auf den Gratis-Transfer – auf den man zur Not bestehen muss, indem man sich einfach weigert, den Bus zu verlassen! Außerdem ist es nie verkehrt, sich den Zielort vom Fahrer ausdrücklich bestätigen zu lassen, bevor es losgeht.

Mehr zum Thema Weiterreise vom *otogar* in Nevşehir s. S. 555.

Geführte Touren

In Kappadokien gibt's Reisebüros wie Sand am Meer. Früher gab es zwischen den Anbietern zu Saisonbeginn verlässliche Preisabsprachen; heutzutage ist die Geschäftsmentalität so halsabschneiderisch, dass ein paar Veranstalter die Konkurrenz unterbieten. Preisvergleiche lohnen sich also.

Die meisten Veranstalter bieten folgende Touren an:

Trip in die Ihlara-Schlucht Komplette Tagestour inklusive Wanderung (mit Führer) und Mittagessen. Kostet zwischen 30 und 50 €.

Tagestouren Oft gehört der Besuch einer unterirdischen Stadt dazu, ein Teil der Ihlara-Schlucht und eine Karawanserei. Andere Touren führen auch nach Soğanlı und Mustafapaşa. Die meisten kosten 50 €.

Geführte Tageswanderungen Sie führen in der Regel ins Rosental, Sonnental, Rote Tal oder Taubental. Die Preise liegen je nach Ziel, Schwierigkeitsgrad und Länge des Trips zwischen 20 und 50 €.

Am Saisonanfang und -ende, wenn noch nicht so viele Traveller unterwegs sind, tun sich die örtlichen Tourenveranstalter gern zusammen. Sie wollen schließlich keine Flotte halbleerer Minibusse durch die Gegend touren lassen. Die meisten Pensionen bieten entweder eigene Touren an oder arbeiten mit einem der Reisebüros zusammen. Um Ärger zu vermeiden, am besten vor dem Buchen prüfen, ob Besuche in Teppichgeschäften, Keramik- oder Onyxfabriken zur Tour gehören.

Wir raten dringend davon ab, gleich bei der Ankunft in İstanbul teure Pauschalangebote zu buchen. Wenn die Zeit knapp ist und man eine Tour machen will, wendet man sich besser direkt an einen Anbieter in Kappadokien.

Tourveranstalter sind auf S. 539 (Göreme), S. 558 (Ürgüp), S. 549 (Çavuşin) und S. 552 (Avanos) aufgelistet.

An- & Weiterreise

Für Zentralkappadokien gibt's die Flughäfen von Kayseri und Nevşehir. Näheres zu Flügen von/nach İstanbul und İzmir s. S. 536 bzw. S. 555.

Turkish Airlines und Onur Air haben Transferbusse mit je 14 Plätzen (Tickets 7–8,50 € pro Pers.) für Passagiere, die vormittags oder am frühen Abend in Kayseri ankommen oder abfliegen. Für Passagiere von Sun Express oder Pegasus besteht kein Transferservice. Die Busse holen oder setzen Passagiere in Pensionen an folgenden Reisezielen ab: Göreme, Uçhisar, Ortahisar, Avanos, Nevşehir und Ürgüp. Passagiere von Turkish Airlines, die einen der Zubringerbusse nutzen möchten, müssen (!) im Voraus bei **Argeus Tours** (☎ 0384-341 4688; www.argeus.com.tr, www.cappadociaexclusive.com; İstiklal Caddesi 7; ☼ Nov.–März 8.30–19 Uhr, April–Okt. 8.30–18 Uhr) in Ürgüp buchen. Passagiere von Onur Air buchen bei **Peerless Travel Services** (☎ 0384-341 6970; www.peerlessexcursions.com; İstiklal Caddesi 19A; ☼ tgl. 8.30–20.30 Uhr), ebenfalls in Ürgüp. Alternativ kann man auch Hotel oder Pension in Kappadokien bitten, für einen zu reservieren. Wer nicht im Voraus bucht, muss irgendwie zum *otogar* von Kayseri kommen und von dort mit einem Bus zum Reiseziel fahren (Achtung: abends nicht möglich). Oder er nimmt die teure Taxivariante in Kauf (z. B. 50 € nach Göreme).

Von İstanbul oder Ankara ist es überhaupt kein Problem, mit dem Bus in die Region zu kommen. Kappadokien-Busse von İstanbul aus fahren über Nacht (im Hochsommer evtl. zusätzlich auch tagsüber) bis Nevşehir. Von da müsste es einen *servis* zu den Orten Uçhisar, Göreme, Avanos und Ürgüp geben. Von Ankara aus reist es sich bequemer tagsüber. Von Kappadokien zurück nach İstanbul geht es über Ankara auch tagsüber, da sehr viele Busse zwischen beiden Orten verkehren.

Die nächsten Bahnhöfe befinden sich in Niğde und Kayseri. Näheres zum Zugverkehr s. S. 567 und S. 536.

KAPPADOKIEN

Unterwegs vor Ort

Am besten lässt sich Zentralkappadokien von Göreme, Ürgüp und Avanos aus erkunden. Im Hochsommer fahren Busse und Minibusse in engen Abständen, im Winter allerdings sehr viel seltener. Minibusse von Belediye Bus Corp (von 0,80–1,10 €, je nach Ein- und Ausstieg) pendeln alle zwei Stunden zwischen Ürgüp und Avanos mit Halt in Ortahisar, am Freilichtmuseum von Göreme, in Göreme-Dorf und in Çavuşin. Die Busse fahren von 8 (erste Abfahrt in Ürgüp) bis 18 Uhr. Auf Nachfrage hält der Bus auch in Zelve. Auf der Tour kann man jederzeit ein- und aussteigen. Sonntags fahren die Busse seltener. Es gibt noch einen anderen Bus der *belediye* (Stadtverwaltung), der stündlich zwischen Avanos und Nevşehir verkehrt – über Çavuşin (10 Min.), Göreme (15 Min.) und Uçhisar (30 Min.). Er fährt von 7.10 Uhr bis 18 Uhr und kostet – je nach Ein- und Ausstieg – zwischen 0,40 und 1,10 €.

Eine Tagestour in die Ihlara-Schlucht im westlichen Kappadokien ist von Göreme aus oder mit dem Bus ab Aksaray möglich.

Im Sommer ist das Herumreisen mit öffentlichen Verkehrsmitteln zwischen all den Orten also ziemlich leicht, wobei sonntags viel weniger Busse fahren. Im Winter fahren die Busse generell seltener.

KAYSERİ

☎ 0352/603 700 Ew./Höhe 1067 m

Kayseri steht für eine der Erfolgsgeschichten der modernen Türkei. Die Stadt besitzt eine boomende verarbeitende Industrie und genießt den wirtschaftlichen Wohlstand, der ihr daraus erwächst. Ganz offensichtlich ist sie sich ihres Wertes voll bewusst. Ihre Einwohner sind optimistisch, was die Zukunft angeht, und gleichzeitig mächtig stolz auf ihre Vergangenheit. Nicht zuletzt ist die Stadt ökonomisch von den Launen des internationalen Tourismus unabhängig. Das kann auf Besucher befreiend wirken, sie aber auch ein bisschen frustrieren: Denn Werber, Tourveranstalter und die ganze touristische Infrastruktur, auf die ansonsten in ganz Kappadokien Verlass ist, sind hier eher unterrepräsentiert.

Die meisten Besucher landen in Kayseri und fahren dann mit Shuttlebussen gleich weiter ins zentrale Kappadokien. Trotzdem lohnt es sich absolut, einen Tag in der Stadt zu verbringen, um Sehenswürdigkeiten und Einwohner kennenzulernen.

Geschichte

Kaniş, die erste hethitische Hauptstadt, war die wichtigste Stadt in der kleinasiatischen Region Hatti. Ihre Überreste lassen sich 20 km nordöstlich von Kayseri, abseits der Straße von Sivas, in Kültepe besichtigen. An der Stelle des heutigen Kayseri gab's wahrscheinlich auch eine frühe Siedlung.

Unter dem römischen Kaiser Tiberius (regierte 14–37 n. Chr.) wurde die Stadt in Cäsarea umbenannt. Berühmt wurde sie später als Geburtsort des Kirchenvaters Basilius der Große, der das klösterliche Leben in Kappadokien organisierte. Die frühchristliche Geschichte der Region wurde ab dem 7. Jh. durch einfallende Araber abrupt unterbrochen. 1084 übernahmen die Seldschuken die Macht und beherrschten die Stadt bis zum Einfall der Mongolen 1243. Zwischendrin nahmen die Kreuzfahrer auf ihrem Weg ins Heilige Land die Stadt für kurze Zeit in Beschlag.

Kayseri blieb fast 100 Jahre lang Teil des mongolischen Reiches, bis der mongolische Statthalter sein eigenes Emirat gründete (1335). Das hielt aber nur 45 Jahre und wurde von einem anderen Emirat abgelöst. Als nächstes kamen die Osmanen, dann die Mameluken und 1515 wieder die Osmanen … Und das alles innerhalb von 100 Jahren.

Orientierung & Praktische Informationen

Die von Basaltmauern umgebene Zitadelle im Altstadtzentrum südlich vom riesigen Hauptplatz Cumhuriyet Meydanı ist ein guter Orientierungspunkt, ebenso der Düvenönü Meydanı, 350 m westlich von der Zitadelle an der Park Caddesi.

Der Bahnhof liegt am nördlichen Ende des Atatürk Bulvarı, gute 500 m nördlich vom Düvenönü Meydanı. Der *otogar* von Kayseri befindet sich ca. 700 m nordwestlich vom Düvenönü Meydanı an der Osman Kavuncu Caddesi.

Die hilfreiche **Touristeninformation** (Mo–Fr 8–17 Uhr) ist am Cumhuriyet Meydanı.

Im Zentrum gibt's diverse Banken mit Geldautomaten. E-Mails kann man im ausgezeichneten **Hollywood Internetcafé** (Sivas Caddesi 15; 0,55 € pro Std.; 8–24 Uhr) abrufen.

Sehenswertes

Die monumentalen Mauern der **Zitadelle** (*hisar* oder *kale*) ließ Kaiser Justinian im 6. Jh. aus schwarzem Vulkangestein errichten. Ca. 1224

KAPPADOKIEN

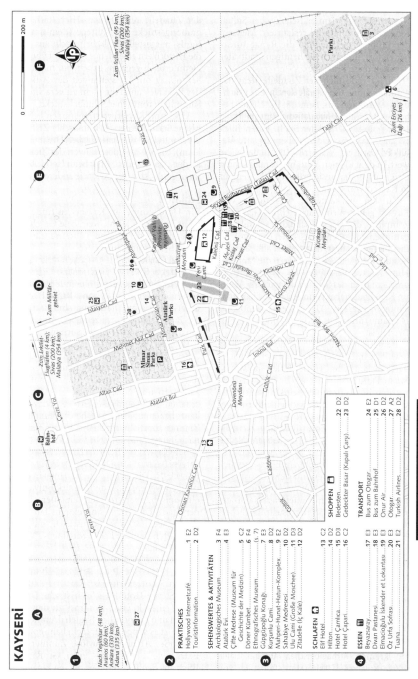

KAYSERİ

Nach Yeşilhisar (48 km);
Avanos (60 km);
Ankara (330 km);
Adana (335 km)

Zum Sultan Han (45 km);
Sivas (200 km);
Malatya (354 km)

Zum Erciyes
Dağı (26 km)

Zum Erkilet-
Flughafen (4 km);
Sivas (200 km);
Malatya (354 km)

Zum Militär-
gebiet

Kayseri Valiliği
(Provinz-
regierung)

wurden sie unter dem seldschukischen Sultan Keykavus I. umfassend restauriert. Mehmet der Eroberer setzte 1486 die Reparaturarbeiten fort, und auch die heutigen Stadtväter behalten diese Praxis bei.

Direkt südöstlich der Zitadelle steht das wunderschöne **Güpgüpoğlu Konağı**, ein prächtiges Steinhaus aus dem 18. Jh. Heute beherbergt es das **Ethnografische Museum** (Eintritt 1,10 €; ☺ Di–So 8–17 Uhr) der Stadt. Einen Blick ist auch das bescheidene, aber elegante **Atatürk Evi** (Eintritt frei; ☺ Mo–Fr 8–17 Uhr) in der Nähe wert. In dem kleinen Haus mit osmanischem Originalmobiliar residierte Atatürk, wenn er in Kayseri vorbeikam.

Zu den markantesten Merkmalen von Kayseri gehören ein paar wichtige Gebäudekomplexe, die von seldschukischen Sultansgattinnen und -töchtern gestiftet wurden, u. a. die strenge **Mahperi Hunat Hatun Külliyesi** östlich der Zitadelle. Dazu gehören die Mahperi Hunat Hatun Camii (1238), die im Auftrag der Gemahlin des Seldschukensultans Alaettin Keykubad gebaut wurde, sowie die Hunat Hatun Medresesi (1237) und ein ordentlicher Hamam (türkisches Bad), der noch heute in Betrieb ist.

Bemerkenswert ist auch die **Çifte Medrese** (Zwillingsmedrese). Diese beiden benachbarten islamischen Hochschulen im Mimar Sinan Parkı nördlich von der Park Caddesi wurden im Auftrag des Seldschukensultans Gıyasettin I. Keyhüsrev und seiner Schwester Gevher Nesibe Sultan (1165–1204) gebaut.

Auf dem Rückweg in Richtung Zitadelle sollte man auf keinen Fall die **Sahabiye Medresesi** von 1267 verpassen, in der heute ein Bücherbasar (untergebracht) ist. Etwas westlich vom Cumhuriyet Meydanı steht die osmanische **Kurşunlu Cami** (Bleikuppel-Moschee), nach ihrem Gründer auch Ahmet Paşa Camii genannt. Sie wurde 1585 fertiggestellt, möglicherweise nach Bauplänen des großen Sinan (der in einem nahe gelegenen Dorf zur Welt kam).

Etwas südlich gibt's eine weitere sehenswerte Moschee: die **Ulu Cami** (Große Moschee). Ihr Bau wurde 1142 von den danischmendischen türkischen Emiren angefangen und 1205 von den Seldschuken beendet. Trotz der vielen „Restaurierungen" über die Jahrhunderte ist sie immer noch ein tolles Beispiel für den frühseldschukischen Baustil.

Wer eine halbe Stunde übrig hat, kann im kleinen **Archäologischen Museum** (Eintritt 1,10 €; ☺ Di–So 8–17 Uhr) 800 m südöstlich von der Zitadelle reinschauen. Hier sind Ausgrabungsstücke aus Kültepe (dem antiken Kaniş) ausgestellt: Keilschrifttafeln aus Ton, die Historikern eine Menge Auskunft über das Hethiterreich gegeben haben, ein mächtiger Sarkophag mit Darstellungen der Arbeiten des Herkules und eine nicht zu verachtende Sammlung römischer Schmuckstücke.

Über ganz Kayseri verstreut finden sich konische **Grabmäler** aus seldschukischer Zeit. Das berühmteste ist das **Döner Kümbet** (Drehmausoleum), ca. 600 m südöstlich von der Zitadelle an der Talas Caddesi. Aber beim Herumbummeln entdeckt man noch viele andere.

Schlafen

Ein Hotelzimmer in Kayseri zu finden ist nicht immer so leicht, weil viele Geschäftsreisende aus der ganzen Türkei regelmäßig in die Stadt kommen.

Hotel Çamlıca (☎ 231 4344; Ecke Bankalar Caddesi, Gürcü Sokak 14; EZ/DZ 14/25 € inkl. Frühstück) Eigentlich ist dieses schäbige, deprimierende Hotel nur erwähnenswert, weil es sonst kaum Budgetunterkünfte gibt. Die Betten sind hart und die Bäder schlicht inakzeptabel. Also wenn möglich, eine andere Bleibe suchen.

Elif Hotel (☎ 336 1826; Fax 336 5478; Osman Kavuncu Caddesi 2; EZ/DZ 19,50/34 € inkl. Frühstück) Das moderne Hotel hat ein konservatives islamisches Management. Daher werden Alkohol auf den Zimmern und andere „unlautere Machenschaften" nicht gern gesehen. Wer sich zügeln kann, bekommt hier ein sauberes, freundliches Zimmer zum Schnäppchenpreis. Die Zimmer nach hinten raus sind sehr viel ruhiger.

Hotel Çapari (☎ 222 5278; Fax 222 5282; Gevher Nesibe Mahellesi Donanma Caddesi 12; EZ/DZ/Suite 28/48/67 € inkl. Frühstück; ⊠) Dieses Drei-Sterne-Hotel in einer ruhigen Nebenstraße des Atatürk Bulvarı ist altmodisch, aber trotzdem eins der besten der Stadt. Die Preise sind extrem fair (was für Kayseri ungewöhnlich ist). Die gut ausgestatteten Zimmer haben Satelliten-TV und eine Minibar.

Hilton (☎ 207 5000; www.hilton.com; Cumhuriyet Meydanı; DZ 115–131 €; P ⊠ ☎) Das Hilton mitten im Stadtzentrum ist Kayseris einziges Fünf-Sterne-Hotel. Das futuristische Design bildet einen krassen Kontrast zu den Moscheen und historischen Bauten drumherum. Innen ist es supper elegant: ein bahnhofshallengroßes Atrium, luxuriöse Zimmer und Extras wie z. B. Fitness-Center. Großartiger Blick aus den Fenstern der oberen Etagen.

Essen

Die Spezialität von Kayseri ist *pastırma* (gepökeltes, luftgetrocknetes Rindfleisch mit *çemen*, einer würzigen Mischung aus Knoblauch, roter Paprika, Petersilie und Wasser). Nur wenige Restaurants in der Stadt schenken Alkohol aus – wer zum Essen also Bier oder Wein will, ist am besten im Hilton aufgehoben.

Tuana (☎ 222 0565; 1. OG, Sivas Caddesi; Hauptgerichte 2,50–5 €) Hinter der Post. Das Tuana bietet lecker zubereitetes Essen und einen traumhaften Blick auf den Erciyes Dağı (Berg Erciyes). Für alle, die knapp bei Kasse sind, ist das offene Büfett (4,50 €) perfekt. Ansonsten stehen *pide, köfte* (Fleischbällchen), Steaks oder Kebaps auf der Speisekarte.

Beyazsaray (☎ 221 0444; Millet Caddesi 8; Hauptgerichte 3–5 €) Gegenüber vom Öz Urfa Sofrası. Dieser unglaublich trubelige Laden macht tolle İskender-Kebaps, die fast so so gut sind wie die im Elmacioğlu İskender et Lokantası. Das Beste: Vorn gibt's eine Takeaway-Theke, an der es u. a. einen extrem leckeren Chicken-Döner auf die Hand gibt – und das für schlappe 0,55 €!

Elmacioğlu İskender et Lokantası (☎ 222 6965; EG & 1. OG, Millet Caddesi 5; Hauptgerichte 3–5 €) Seit Jahrzehnten produziert dieses beliebte Lokal in der Nähe der Zitadelle İskender-Kebaps und andere türkische Klassiker am laufenden Band. Es ist ein bisschen schickimicki, aber die Fleischgerichte sind wirklich absolut lecker. Wer nicht die Spezialität des Hauses (7 €) nimmt, kann auch einen riesigen gemischten Grillteller *karışık ızgara* kriegen, ebenfalls für 7 €. Sogar das Fladenbrot ist hier extra lecker.

Öz Urfa Sofrası (☎ 232 7777; EG, Millet Caddesi 11) Noch ein sicherer Tipp für Kebap-Genuss pur. Dieser lebhafte Laden ist immer voll mit Einheimischen. Im Angebot sind regionale Spezialitäten wie *pide* mit *pastırma* (3 €) und natürlich die üblichen Fleischspieß-Varianten.

Divan Pastanesi (☎ 222 3974; Millet Caddesi) Gegenüber vom Elmacioğlu İskender et Lokantası. Dieser moderne Backshop ist ein absoluter Magnet für Kayseris Schleckermäuler.

Am westlichen Ende der Sivas Caddesi gibt's ein paar Fast-Food-Läden. In denen scheint auch dann noch was los zu sein, wenn alle anderen Lokale in der Stadt schon dicht gemacht haben.

Shoppen

Die Stadt Kayseri liegt an der Kreuzung uralter Handelsstraßen und ist seit Jahrtausenden ein sehr bedeutendes Handelszentrum. Die osmanischen Märkte ganz in der Nähe der Zitadelle sind phantastisch restauriert. Ein Bummel über den kleinen, charmanten *bedesten* (gedeckter Markt) aus dem Jahr 1497 ist also ein absolutes Muss. Ursprünglich war das ein Textilmarkt, und noch immer wird hier mit Teppichen und Kelims gehandelt. Der *kapalı çarşı* (gedeckter Basar) wurde 1859 gebaute und 1988 restauriert. Hier wird heute hauptsächlich Goldschmuck verkauft.

An- & Weiterreise

BUS

Kayseri liegt an der Kreuzung einer wichtigen Nordsüd- und Ostwestroute. Entsprechend fahren hier jede Menge Busse. Wenn's keinen *servis* gibt, geht man einfach vom Vordereingang des *otogar* über die Straße und steigt in irgendeinen Bus mit der Aufschrift „Merkez" (Zentrum). Ein Ticket dorthin kostet 0,55 €. Ein Taxi zur Zitadelle dürfte weniger als 3 € kosten.

Näheres zu ein paar praktischen Busverbindungen ab Kayseris *otogar* enthält die folgende Tabelle.

VERBINDUNGEN VOM OTOGAR IN KAYSERI			
Fahrtziel	**Fahrpreis**	**Dauer**	**Häufigkeit (pro Tag)**
Adana	8,50–11.50 €	5 Std.	häufig morgens
Ankara	8,50 €	5 Std.	häufig
Erzurum	11,50–17 €	10 Std.	2-mal morgens & abends
Gaziantep	10 €	6 Std.	morgens, nachmittags & abends
Göreme	3 €	1½ Std.	stündl. bis 18, 18.30 & 20 Uhr
Kahramanmaraş	8,50 €	5½ Std.	häufig
Malatya	8,50 €	5 Std.	mehrere morgens, nachmittags & abends
Nevşehir via Ürgüp	3,50–4 €	1½ Std.	häufig bis 18, 18.30 & 20 Uhr
Sivas	7,50 €	3 Std.	häufig morgens
Van	17 €	14 Std.	1-mal nachmittags & abends

FLUGZEUG

Turkish Airlines (☎ 222 3858; Tekin Sokak Hukuk Plaza 6C; ⊙ Mo–Fr 8.30–17.30, Sa 8.30–13 Uhr) fliegt dreimal täglich nach/von İstanbul (44–94 €, eine Richtung, 1¼ Std.). Sun Express, eine Tochter von Turkish Airlines, bietet Donnerstag und Sonntag Morgen einen Flug ab İzmir an (39–72 €, eine Richtung).

Für Passagiere von Turkish Airlines und Sun Express gibt's keinen Shuttle-Service in die Stadt.

Onur Air (☎ 231 5551; Ahmetpaşa Caddesi) fliegt zweimal täglich nach/von İstanbul (38–77 €, eine Richtung). Passagiere beider Flüge werden von einem kostenlosen Shuttlebus ins Stadtzentrum gebracht.

Zum Flughafen gibt's einen Zubringerbus, der um 7.30 und 20.30 Uhr in der Nähe von der Sahabiye Medresesi abfährt (2 €). Ansonsten ist ein Taxi die beste Lösung (ca. 8,50 €).

ZUG

Folgende Züge halten in Kayseri: der *Vangölü/ Güney Ekspresi* (zwischen İstanbul und Tatvan oder Diyarbakır, je nach Tag), der *Doğu Ekspresi* (zwischen İstanbul und Kars), der *Erzurum Ekspresi* (zwischen Ankara und Kars) und der *4 Eylül Mavi Train* (zwischen Ankara und Malatya). Züge nach İstanbul (10 €, 18 Std.) fahren täglich um 4 und 4.40 Uhr ab. Züge nach Kars (12 €, 21 Std.) starten jeden Tag um 1.30 und 20.20 Uhr, nach Ankara (10 €, 6½ Std.) täglich um Mitternacht und um 4.19 Uhr, nach Tatvan (13 €, 22 Std.) montags und freitags um 14.48 Uhr, nach Kurtalan (12 €, 20 Std.) dienstags, freitags und sonntags um 14.48 Uhr, nach Diyarbakır (12 €, 20 Std.) donnerstags und nach Malatya (6 €, 8½ Std.) täglich um 2.52 Uhr.

Wer vom Bahnhof ins Zentrum will, verlässt den Bahnhof, überquert die große Straße (Çevre Yol) und steigt in irgendeinen Bus, der den Atatürk Bulvarı entlang zum Düvenönü Meydanı fährt.

RUND UM KAYSERİ
Sultan Han

Das **Sultan Han** (Eintritt 1,50 €; ⊙ 9–13 & 14–18 Uhr) ist eine faszinierende seldschukische Karawanserei aus den 1230er-Jahren. Sie lag an der alten Straße von Kayseri nach Siwas, 45 km nordwestlich von der Stadt. Heute kann man sie von der neuen Fernstraße aus sehen. Sie ist ein eindrucksvolles Beispiel für eine seldschukische Karawanenherberge und nach dem

Sultanhanı in der Nähe von Aksaray auch die älteste in Anatolien. Sie ist hervorragend restauriert.

Manchmal sind auch während der offiziellen Öffnungszeiten die Tore verschlossen. Aber eh man sich's versieht, kommt ein Junge mit Schlüssel und Eintrittskarten angerannt.

GÖREME
☎ 0384/2100 Ew.

Manche Orte sind einfach magisch – einer davon ist Göreme. Das kleine Dorf 70 km westlich von Kayseri liegt zwischen hoch aufragenden Feenkaminen und majestätischen durchlöcherten Tufffelsen vor den atemberaubenden Kulissen des Rosen-, Honig- und Taubentals rundherum. Das normale Reiseführervokabular wird dem Ort einfach nicht gerecht! Alle Elemente zusammen ergeben hier viel mehr als die Summe der Einzelaspekte. Und die sind für sich genommen schon beeindruckend genug! Auch wenn ein paar unentspannte Traveller jammern, dass es „nicht mehr das ist, was es einmal war", gibt's keinen Grund, sich beirren zu lassen: Göreme ist einer der noch weitgehend unberührten Schätze der Türkei. Hier harmonieren Dorfleben und blühende moderne Tourismusindustrie bestens. Besucher werden – wie schon immer – von der freundlichen Dorfgemeinschaft herzlich willkommen geheißen.

Orientierung & Praktische Informationen

Die meisten Geschäfte und Restaurants von Göreme liegen an den Straßen rund um den *otogar*. Das Freilichtmuseum 1 km östlich von der Stadt ist bequem zu Fuß zu erreichen.

GELD

Im Ort gibt's drei Geldautomaten: zwei davon an Schaltern am *otogar* (Vakif Bank und Türkıye Bankası) und einer in der Deniz Bank auf der Müze Caddesi. Auch ein paar Reisebüros vor Ort wechseln Geld, aber die PTT ist wahrscheinlich die bessere Alternative.

INTERNETZUGANG

Mor-tel Telekom Call Shop/Internetcafé (1,50 € pro Std.; ⊙ 9–24 Uhr)
Nese Internetcafé (1,50 € pro Std.; ⊙ 8.30–22 Uhr)

POST

Die **PTT** (direkt an der Bilal Eroğlu Caddesi) hat Telefon, Fax und Wechselstube.

GÖREME

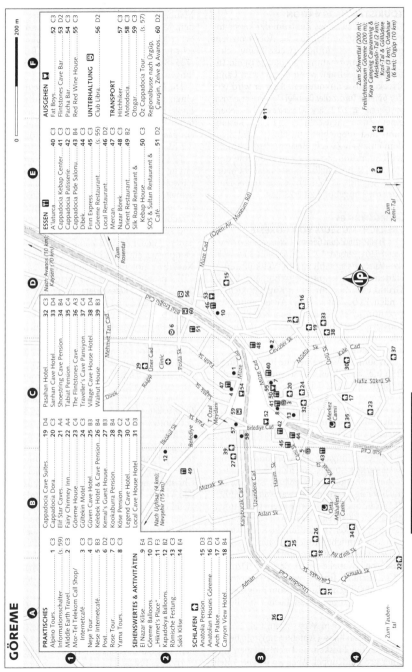

KAPPADOKIEN

TOURISTENINFORMATION

Göreme ist zwar das Zentrum der kappadokischen Tourismusindustrie. Aber trotzdem gibt's hier erstaunlicherweise keine echte Touristeninformation. Am *otogar* ist ein Infoschalter geöffnet, wenn die meisten Langstreckenbusse ankommen. Aber er wird von der **Göreme Turizmciler Derneği** (Tourismusgesellschaft von Göreme; ☎ 271 2558; www.goreme.org) betrieben, einem Zusammenschluss von Hotel-, Restaurant- und Teppichladenbesitzern, und dient dem einzigen Zweck, Besucher zu bestimmten Unterkünften zu locken. Die Leute dort sprechen kaum Englisch und sind nicht in der Lage, irgendwas Wissenswertes übers Dorf oder die Umgebung zu erzählen.

Sehenswertes

FREILICHTMUSEUM VON GÖREME

Das **Freilichtmuseum Göreme** (Göreme Açık Hava Müzesi; Eintritt 5,50 €, Parkplatz 1,25 €; ☼ April–Okt. 8.30–19 Uhr, Nov.–März 8–17 Uhr) zählt zu den Weltkulturerbestätten der Türkei und ist schon aus diesem Grund ein Muss für jeden Kappadokienreisenden. Es besteht aus einer Ansammlung von byzantinischen Felsenkirchen, Kapellen und Klöstern, 1 km oberhalb vom Dorf. Um sie alle abzuklappern, braucht man mindestens zwei Stunden.

Im Sommer ist es eine gute Idee, möglichst früh hier aufzukreuzen. So entgeht man den Reisegruppen, die sich in die kleinen Kirchen hineinquetschen und die Eingänge verstopfen, die oft die einzige Lichtquelle sind. Wochenenden sind keine idealen Besuchstage. Dann überschwemmen nämlich türkische Touris das Gelände.

Hinterm Eingang links befindet sich das **Rahibeler Manastırı** (Nonnenkloster). Von dem früher mehrstöckigen Gebäude ist heute nur noch wenig zu sehen: das, was wahrscheinlich der große Speisesaal war, und ein paar Stufen, die zu einer kleinen Kapelle (mit eher uninteressanten Fresken) hinaufführen. Rechts davon steht das ähnliche Mönchskloster.

Der gepflasterte Weg führt weiter zur **Aziz Basil Şapeli** (Kapelle des hl. Basilius). Drinnen ist es ziemlich finster, weil der Hauptraum nach links abgeht, also weg vom Eingang. Die mit Gittern abgedeckten Löcher im Boden sind alte Gräber.

Wieder auf dem Weg, kommt als Nächstes die **Elmalı Kilise** (Apfelkirche) mit beeindruckenden Fresken und acht kleinen und einer großen Kuppel. Aber wo ist der Apfel?

Manche sagen, der Erzengel Gabriel über dem Mittelschiff halte ihn in der Hand. Die ockerfarbenen Malereien in der Kirche sind sehr typisch für die ikonoklastische Periode (725–842), als Tier- oder Menschendarstellungen verpönt waren.

Die **Azize Barbara Şapeli** (Barbarakapelle) hat einen ähnlichen ikonoklastisch-schlichten Look. Ihre Apsis schmücken ein arg verwittertes Fresko von Christus Pantokrator und ein paar Fresken der hl. Jungfrau Maria und der hl. Barbara.

Die Kuppel der **Yılanlı Kilise** (Schlangenkirche oder Kirche des hl. Onophrios) ist teilweise mit Fresken aus dem 11. Jh. ausgemalt. Auf der linken Wand kämpfen der hl. Georg und der hl. Theodor gegen einen Drachen, während Konstantin der Große und seine Mutter Helena das Kreuz Christi halten. Auf der rechten Wand versteckt der hl. Onophrios, ein ägyptischer Einsiedler, seine Nacktheit hinter einem Palmwedel.

Ein paar Schritte von der Yılanlı Kilise entfernt lohnt das **Refektorium** mit seiner langen Tafel und aus dem Felsen gehauenen Bänken einen Blick. Am Ende der Tafel ist ein Trog in den Boden eingelassen, der wahrscheinlich als Traubenpresse diente. An das Refektorium schließen eine Küche und eine Speisekammer mit ins Mauerwerk eingelassenen Regalen an. Eine andere, namenlose Kirche in der Nähe hat eine aus Felsgestein gehauene Ikonostase.

Die beeindruckende **Karanlık Kilise** (Dunkle Kirche; Eintritt 3 €) mit ihren vielen Fresken ist die berühmteste Kirche des Freilichtmuseums. Sie heißt so, weil sie ursprünglich nur sehr wenige Fenster hatte. Zum Glück, denn durch den Lichtmangel haben sich die lebhaften Farben der Fresken erhalten. Sie zeigen u. a. Christus Pantokrator, Christus am Kreuz und den Verrat des Judas. Die Kirche wurde mit ziemlich viel Geld restauriert, was auch den hohen Eintrittspreis erklärt. Der soll auch die Besucherzahlen in Grenzen halten, um die Fresken zu schonen. Sie sind aber jede Lira wert.

Direkt hinter der Karanlık Kilise steht die **Azize Katarina Şapeli** (Kapelle der hl. Katharina) mit Fresken, die den hl. Georg, die hl. Katharina und eine Deësis zeigen.

Die **Çarıklı Kilise** (Sandalenkirche) wurde nach den Fußabdrücken benannt, die im Boden gegenüber vom Eingang zu sehen sind. Eins ihrer schönsten Fresken (im Bogen oberhalb des Durchgangs zur Linken) zeigt den Verrat des Judas.

WANDERUNGEN RUND UM GÖREME

Das Dorf Göreme liegt mitten im wunderschönen Göreme-Nationalpark. Rund um das Dorf gibt es landschaftlich wunderschöne Täler mit alten Taubenschlägen und noch älteren Höhlenkirchen.

Ein paar Täler lassen sich gut zu Fuß entdecken. Für jedes sollte man ein bis drei Stunden einkalkulieren. Fast alle sind miteinander verbunden, sodass an einem Tag problemlos mehrere Täler kombiniert werden können.

Hier ein paar der interessantesten und am leichtesten erreichbaren Täler:

Bağlıdere (Weißes Tal) Zwischen Uçhisar und Çavuşin.

Ballıdere (Honigtal) Hinter dem Dorf Göreme.

Güllüdere (Rosental) Verbindet Göreme und Çavuşin.

Güvercinlik (Tal der Tauben) Verbindet Göreme und Uçhisar; mit farbenfrohen Taubenschlägen.

Kiliçlar Vadısı (Tal der Schwerter) Geht von der Straße am Freiluftmuseum von Göreme ab.

Kızıl-Tal (Rotes Tal) Tolle Taubenschläge und Kirchen mit Fresken.

Meskendir-Tal Der Wanderweg geht beim Kaya-Campingplatz los; mit Tunneln und Taubenschlägen.

Zemi-Tal (Tal der Liebe) Westlich vom Freiluftmuseum Göreme; mit ein paar besonders atemberaubenden Felsformationen.

Achtung: Es gibt zwar Wegweiser zu den meisten Tälern. Aber in den Tälern selbst fehlen Schilder, die helfen könnten, die schmalen Pfade nicht zu verlieren. Auch sind nicht alle Wege besonders leicht zu laufen, und es gibt keine detaillierten Wanderkarten! Wanderer müssen sich mit primitiven Ausdrucken zufriedengeben. **Mehmet Güngör** (☎ 0532 382 2069) ist einer der Guides vor Ort. Er kennt die Straßen und Schleichwege von Göreme genau. Für 38 € bietet er Führungen für bis zu vier Leute durch alle Täler in dieser Ecke an. Auch die meisten Pensionsbesitzer führen für wenig Geld (oder sogar gratis) gern Wanderer durch die Täler.

Nach dem Museumsrundgang sollte man nicht die **Tokalı Kilise** (Schnallenkirche) auf der anderen Straßenseite verpassen. Sie steht 50 m hügelabwärts in Richtung Göreme auf der rechten Seite. Mit ihren herrlichen Fresken in den zwei Haupträumen und den zwei kleineren Kapellen (eine davon unterirdisch) gehört sie zu den größten und schönsten Kirchen von Göreme. Der Eingang ist an der „alten" Tokalı Kilise aus dem 10. Jh. Ihr Tonnengewölbe ist mit Fresken bedeckt, die das Leben Jesu erzählen. Die „neue" Kirche wurde nicht einmal 100 Jahre später erbaut und hat ebenfalls lebhafte Fresken mit ähnlichen Motiven zu bieten.

NOCH MEHR KIRCHEN

An der Straße zwischen Göreme und dem Freilichtmuseum steht ein Hinweisschild zur **El Nazar Kilise** (Kirche des bösen Blicks; Eintritt 3 €; ☉ April–Okt. 8–17 Uhr, Nov.–März 8–18.30 Uhr). Sie wurde aus einem Feenkamin herausgemeißelt und später restauriert, ist aber nicht wirklich spannend. Der malerische Fußweg von der Hauptstraße dorthin dauert etwa 10 Minuten.

Ein weiteres Schild näher beim Freilichtmuseum verweist auf die **Saklı Kilise** (Verborgene Kirche), die sich hinter dem kleinen Laden „Hikmet's Place" versteckt. Jenen Hik-

met braucht man auch – nicht nur, um den Schlüssel zu bekommen, sondern auch, um die Kirche überhaupt zu finden.

DAS DORF GÖREME

Das Dorf Göreme inmitten von Kegeln und Türmen aus vulkanischem Tuffgestein ist selbst das größte Highlight. In seiner Mitte thront die **Römische Festung** (Roma Kalesi), ein Feenkamin mit einem in den Fels gehauenen römischen Grabmal. An der Fassade sind alte Säulenreste zu sehen. Manche halten Göreme für einen alten Friedhof der Römer von Venasa (heute Avanos).

Geführte Touren

Auf S. 531 gibt's nähere Informationen zu den verschiedenen Touren, die von den unten angeführten Veranstaltern angeboten werden.

Die Liste der folgenden Betreiber beruht auf Leser-Empfehlungen; wir können also nicht für sie bürgen. Und sie ist auf keinen Fall vollständig.

Alpino Tours (☎ 271 2727; www.alpino.com; Müze Caddesi 5)

Heritage Travel (☎ 271 2687; www.goreme.com; Aydinli Mahallesi, Yavuz Sokak 1) Organisiert von Kelebek Hotel & Cave Pension aus sämtliche für die Region typischen Touren, außerdem eine einwöchige kulinarische

Tour (1050 €) und 15-tägige Kelim-Weberei-Touren. Dabei wohnt man in Nomadendörfern und erfährt alles zum Thema Teppichherstellung (1600 €) – tolle Sache!
Middle Earth Travel (☎ 271 2528; www.middle earthtravel.com; Gaferli Mahallesi Cevizler Sokak 20) Nennt sich selbst „Spezialist für Abenteuerreisen" und bietet Aktivitäten wie Abseilen in Ortahisar (40 €), Kletter- und Wandertouren an.
Neşe Tour (☎ 271 2525; www.nesetour.com; Avanos Yolu 54) Bietet alle üblichen Touren an, darüber hinaus Drei-Tages-Trips (mit 2 Übernachtungen) zum Nemrut Dağı (Berg Nemrut; 159 €). Start montags und donnerstags.
Rose Tour (☎ 271 2708; www.rosetour.com; Müze Caddesi 11)
Yama Tours (☎ 271 2508; www.yamatours.com; Müze Caddesi 2) Noch ein Anbieter von Drei-Tages-Touren zum Nemrut Dağı (159 €).

Schlafen

Göreme hat eine Fülle – vielleicht sogar Überfülle – von Unterkünften zu bieten, meistens mit einem guten Preis-Leistungs-Verhältnis.

Traveller, die zwischen Oktober und Mai hierher kommen, sollten unbedingt warme Kleidung mitbringen. Denn nachts wird es empfindlich kalt und Pensionswirte zögern den Anfang der Heizperiode manchmal hinaus. Außerdem checkt man besser vorher telefonisch, ob die jeweilige Unterkunft im Winter auch wirklich geöffnet hat. Manche Pensionen bieten einen Winterrabatt an. Wegen der enormen Heizkosten ist das aber eher die Ausnahme.

BUDGETUNTERKÜNFTE
Camping
Kaya Camping Caravaning (☎ 343 3983; kaya camp ing@www.com; Stellplatz pro Pers./Zelt/Wohnmobil 4,50/1,75/4,50 €; ▢ ▣) Dieser super Zeltplatz liegt 2,5 km vom Ortszentrum entfernt oberhalb des Freilichtmuseums. Es liegt mitten im Weinanbaugebiet, hat relativ viele Bäume, einen tollen Ausblick und erstklassige Einrichtungen. Dazu gehören saubere Waschräume, reichlich heißes Wasser, Restaurant, Supermarkt, Gemeinschaftsküche und Waschmaschinen. Nicht zu vergessen der große Swimmingpool samt Kinderbecken und Sonnenlounges. Einfach das ideale Plätzchen für einen Familienurlaub.

Pensionen & Hotels
Köse Pension (☎ 271 2294; www.kosepension.com; B/Hütte 5/7 € pro Pers., EZ mit Gemeinschaftsbad 6 €; DZ mit Bad 12,50 €; ☒ ▣) Trotz der etwas isolierten Lage in der Nähe der Post ein beliebtes Backpackerquartier. Das liegt nicht zuletzt an der liebevollen Fürsorge der Inhaber Dawn und Mehmet Köse. Oben auf dem Dach gibt's einen enormen, lichtdurchfluteten Schlafraum sowie zwei schlichte Holzhütten (Matratzen auf dem Fußboden, Schlafsack muss mitgebracht werden!). Die meisten anderen – sauberen und netten – Zimmer haben einen eigenen Balkon, eigene Bäder, aber unbequeme Betten. Lonely Planet-Leser lieben diese Pension über alles, v. a. den schönen Pool, die geselligen Gemeinschaftsmahlzeiten (Drei-Gänge-Dinner 7 €) und den tollen Garten. Das Frühstück kostet 2 €. Leute, die woanders wohnen, können den Pool für 4 € nutzen.
Shoestring Cave Pension (☎ 271 2450; www.shoestringcave.com; B 3,30 €, DZ mit/ohne Bad 13,50/10 €; ▢ ▣) Das Shoestring Cave ist zwar eine der alteingesessensten Pensionen in Göreme, ruht sich aber nicht auf seinen Lorbeeren aus: Zum Zeitpunkt der Recherche waren die Besitzer gerade dabei, einen Pool auf der Dachterrasse und vier neue, schöne Doppelzimmer mit Marmorbädern anzulegen. Im Erdgeschoss gibt's etwas stickige, beengte Felsenzimmer und einen Schlafsaal rund um den Hof. Im Restaurant werden leckeres Frühstück (2,20 €) und Snacks wie *gözleme* (leckere Eierkuchen) oder *menemen* (Eier mit grüner Paprika, Tomaten und Käse) serviert.
Rock Valley Pension (☎ 271 2153; www.rockvalley cappadocia.com; Camping 3 €, B inkl. Frühstück 5 €; EZ/DZ inkl. Frühstück 14/16 €; ▣) Am Dorfrand direkt hinter der Hauptmoschee gelegen. Das Rock Valley gibt's schon seit mehreren Jahren. Der neue Eigentümer bringt das Haus zurzeit etappenweise auf Vordermann. Die Zimmer sind hell gestrichen und mit ausgetretenen Teppichen und Vorlegern ausstaffiert. Die meisten haben simple, geflieste Bäder. Die Zimmer oben sind beeindruckend hell, aber im ganzen Haus ist es nicht besonders sauber. Das stimmungsvolle Pavillon-Restaurant im Garten hinterm Haus blickt auf den größten Pluspunkt des Hotels: den echt großen Pool.
Kookaburra Pension (☎ 271 2549; kookagoreme@ hotmail.com; Konak Sokak 10; B 4,50 €, EZ/DZ mit Bad & Frühstück 8,50/16,50 €; ▢) Für die kleine Pension spricht so einiges: Die fünf hellen und luftigen Zimmer im Obergeschoss sind mit polierten Holzböden, Teppichen, freundlichen Überdecken und winzigen, aber sauberen Bädern ausgestattet. Im Erdgeschoss gibt's noch einen etwas verstaubten Schlafsaal in einer früheren

Höhlenküche mit eigenem Bad. Das High-light ist die Dachterrasse mit massenweise Topfpflanzen, einem super Ausblick und Bar/Restaurant mit Satelliten-TV.

Tabiat Pension (☎ 271 2267; tabiatpension@yahoo.com; EZ/DZ mit Gemeinschaftsbad & Frühstück pro Pers. 7/14 €, mit eigenem Bad & Frühstück 8,50/16,50 €; ✗) Die unscheinbare Pension in der Nähe der Hauptmoschee gehört der Familie İbrahim. Sie hat schlichte Zimmer, die um einen winzigen Innenhof angelegt sind. Zuerst die gute Nachricht: Alles hier ist blitzblank sauber. Die schlechte Nachricht: Die Betten sind so unbequem, dass sie der Beginn einer langen Freundschaft mit dem Chiropraktiker sein dürften.

Traveller's Cave Pansiyon (☎ 271 2707; www.travellerscave.com; Aydınkıragı Mevkii 28; B 3,50 €, EZ/DZ mit Gemeinschaftsbad & Frühstück 8,50/12,50 €, EZ/DZ mit eigenem Bad & Frühstück 13,50/16,50 €; ✗ 🖳) Eine der preiswertesten Optionen am Ort. Die kleinen, aber praktischen Höhlenzimmer im Traveller's Cave riechen zum Glück nicht so muffig wie vergleichbare Zimmer in anderen Pensionen. Glücksgriffe sind das Doppelzimmer Nr. 11 und das Dreibettzimmer im Obergeschoss, beide mit eigenen Bädern und Terrassen mit toller Aussicht. Die zwei Schlafsäle (einer gemischt, einer nur für Frauen) teilen sich ein blitzsauberes Bad. Außerdem gibt's ein Lounge-Restaurant auf der Dachterrasse mit erstklassigem Blick und Satelliten-TV.

Anatolia Pension (☎ 271 2221; www.anatoliacave.com; Müze Caddesi; B 3,50 €, Zi. mit Gemeinschaftsbad & Frühstück pro Pers. 8,50 €, EZ/DZ mit Bad & Frühstück 11/19 €; 🖳) Am Anfang der Straße, die zum Freilichtmuseum führt. Diese schlichte Pension vermietet Zimmer (ein paar davon Höhlen) mit potthässlicher Einrichtung und dazu passenden grellen Teppichen, Stalaktitendecken und bizarren Toilettendeckeln. Das gleichen die freundlichen Inhaber, der nette Ausblick und der angenehme Garten aus.

Walnut House (☎ 271 2235; www.cevizliev.com; Zeybek Sokak; EZ/DZ 14/19,50 € inkl. Frühstück; 🖳) Dieses Hotel in einer osmanischen Villa nur wenige Schritte vom *otogar* entfernt gehört zu den billigsten seiner Kategorie vor Ort. Es ist so beliebt, dass die Besitzer jetzt im Garten anbauen, um der Nachfrage gerecht zu werden. Im Obergeschoss des Haupthauses gibt's sechs Zimmer mit den traditionellen Steingewölbedecken, harten Betten und kleinen, aber feinen Bädern. Von der gemütlichen, mit Kelims dekorierten Lobby im Erdgeschoss

blickt man auf den herrlichen Rosengarten vor dem Haus. Wer auf Zigarettenqualm empfindlich reagiert, sollte allerdings besser woanders absteigen.

Cappadocia Dora (☎ 271 2874; www.doramotel.com; EZ/DZ inkl. Frühstück 11/22 €; 🖳) Manchmal lohnt es sich, zu Gunsten von Bequemlichkeit auf Atmosphäre zu verzichten. In Göreme wimmelt es von Pensionen mit Feenkaminzimmern voller Teppiche und anatolischer Textilien. Leider, leider geht das aber oft mit Schmuddelbädern oder unbequemen Betten einher. Anders im Dora: Hier wird auf jeglichen Schnickschnack verzichtet. Das Haus setzt auf funktional statt speziell. Dafür sind die lichtdurchfluteten Zimmer blitzblank und absolut komfortabel. Der Blick von der Dachterrasse ist großartig. Außerdem gibt's eine Höhlen-Lounge mit Satelliten-TV und einer Unmenge an Sitzkissen.

Gültekin Motel (☎ 271 2584; gultekinmotel@hotmail.com; Müdür Sokak 3; B/EZ/DZ 5,50/14/22 €; 🖳) Ein etwas merkwürdiges Quartier. Einerseits wird das Motto „Feenkamin- oder Höhlenzimmer" hier nicht überstrapaziert. Andererseits ist offensichtlich keinem klar, was stattdessen geboten werden soll. Das Gültekin hat drei trostlose Höhlenzimmer und sieben viel freundlichere Zimmer im Obergeschoss. Die sind sehr hell und haben harte Betten und kleine Bäder. Im Obergeschoss gibt's außerdem einen Gemeinschaftsschlafraum mit sechs Betten und eigenem Bad und eine Dachterrasse mit fabelhaftem Ausblick.

Flintstones Cave (☎ 271 2555; www.theflintstonescavehotel.com; Camping 2,50 €, B/EZ/DZ 5,50/11/22 € inkl. Frühstück; 🖳 🐾) In den Feldern am Dorfrand gelegen, aber trotzdem nur einen kurzen Fußweg vom *otogar* entfernt. Im Flintstones Cave steigen v. a. Backpacker gerne ab. Es wurde kürzlich renoviert, was auch bitter nötig war. Die Betten in den vier sauberen Schlafräumen sind sauber und ganz okay, aber leider gibt's nur drei Duschen und zwei Toiletten – für 24 Bewohner. Die sauberen und ordentlichen Einzel- und Doppelzimmer bieten verschiedene Extras: Ein paar haben Sitzecken, andere Balkons, eins sogar einen Whirlpool. Dank dem besten Pool von ganz Göreme, dem Restaurant mit Bar und Billardtisch und dem superfreundlichen Personal ist das Flintstones nur schwer zu toppen.

Sarıhan Cave Hotel (☎ 271 2216; www.sarihancavehotel.com; Gafferli Mahallesi Ünlü Sokak 20; EZ 16,50–19,50 €, DZ 22–33,50 € alle inkl. Frühstück; 🖳) Hotel im Familienbesitz. Die Zimmer sind zwar nichts Besonderes, aber sauber und komfortabel; manche haben Satelliten-TV. Und die Terrassen bieten einen Spitzenblick aufs Dorf. Eine gute Wahl, wenn man auf Nummer sicher gehen will und nichts Außergewöhnliches erwartet.

Kemal's Guest House (☎ 271 2234; www.kemals guesthouse.com; Zeybek Sokak 3; B 5,50 €, EZ/DZ mit Bad & Frühstück 11/25 €) Nur wenige Schritte vom Walnut House entfernt. Diese Pension wird von einem superfreundlichen, gut informierten türkisch-holländischen Paar betrieben und hat eine große Fangemeinde. Der Garten mit seiner Blumenpracht und das Restaurant (Drei-Gänge-Menüs 10 €) sind definitiv Pluspunkte. Die spartanischen Zimmer ohne nennenswerte Aussicht und die belanglose Inneneinrichtung enttäuschen ein bisschen.

Pashahan Hotel (☎ 271 2283; www.pashahan.com; Roma Kalesi Arkası 7; EZ/DZ 14/25 € inkl. Frühstück; ☒ ☐) Ein wahres Juwel! Ein schönes altes Haus abseits der Hauptstraße beherbergt dieses relativ neue Hotel. Die Besitzer haben in der Nähe auch ein Teppichgeschäft, was die vielen Teppiche, Brücken und Stoffe im Hotel erklärt. Eine perfekte Kombination aus Klasse und Atmosphäre. Die Preise sind derart fair, dass wir uns mehrfach vergewissert haben – und es liegt kein Irrtum vor. Alle acht Zimmer haben Dielenböden, bequeme Betten und erstklassige Bäder: echter Drei-Sterne-Standard. Dazu kommt die großartige Dachterrasse samt Restaurant und spektakulärem Blick.

Güven Cave Hotel (☎ 271 2374; www.guvencave hotel.com; Çakmaklı Sokak; B/EZ/DZ inkl. Frühstück 8,50/16,50/27,50 €; ☒ ☐) Die zehn Standardzimmer mit gewölbten Decken, polierten Dielen, viel Licht, tollem Blick und geschmackvoll-moderner Inneneinrichtung sind extrem attraktiv. Daneben gibt's auch drei Gemeinschaftsschlafräume in dunklen Höhlenzimmern. Hätten die Besitzer dem Restaurant und der Dachterrasse so viel Liebe zukommen lassen wie den Zimmern, dann wäre hier das Preis-Leistungs-Verhältnis eins der besten von Göreme. Trotzdem: Auch so eine gute Wahl.

Elif Star Caves (☎ 271 2479; www.elifstar.com; Uzundere Caddesi; EZ 19,50–22 €, DZ 28–33,50 € inkl. Frühstück; ☐) Ein türkisch-englisches Paar führt dieses anheimelnde Hotel, in dem fürs Geld einiges geboten wird. Die sieben Höhlenzimmer sind hübsch und komfortabel. Außerdem verdienen sie ein besonderes Lob für die wohl saubersten Bäder in ganz Kappadokien! Jacky

war schon in Großbritannien Chefköchin und ist hier für ihre Drei-Gänge-Menüs berühmt (8,50 bis 11 €). Die werden nach Gästewunsch und dem jeweiligen Saisonangebot zusammengestellt und entweder unter Bäumen im Garten oder in der Restaurant-Lounge im Erdgeschoss serviert.

Arch Palace (☎ 271 2575; www.archpalace.com; Gaferli Mahallesi Ünlü Sokak 14; EZ/DZ inkl. Frühstück 16,50/33,50 €; ☒ ☐) Dass das Arch Palace so viele Fans hat, liegt v. a. am Inhaber: Mustafa Yelkalan genießt den Ruf eines hilfsbereiten und gut informierten Gastgebers. Außerdem ist hier alles blitzsauber und der Blick vom Restaurant auf die Dachterrasse einfach sensationell. Leider haben die Teppiche ihre beste Zeit schon hinter sich, ein paar Zimmer sind ziemlich vollgestopft, und mit Atmosphäre kann das Haus auch nicht gerade punkten. Wenn die Preise niedriger wären, ließe es sich in weitaus höheren Tönen loben.

Village Cave House Hotel (☎ 271 2182; www. villagecavehouse.com; Gafferli Mahallesi Ünlü Sokak; EZ/DZ 16,50/36,50 €; ☐) Noch ein Hotel, das sich preislich von der Konkurrenz abhebt: Das Village House hat neun blitzsaubere Zimmer im Felsen, alle mit superbequemen Betten und schlichten Bädern (Zimmer 2 & 3 sind besonders schön). Von den Terrassen ist die Sicht sehr eindrucksvoll.

MITTELKLASSEHOTELS

Kelebek Hotel & Cave Pension (☎ 271 2531; www. kelebekhotel.com; Aydinli Mahallesi, Yavuz Sokak 1; Standard-EZ/DZ 25/30 € inkl. Frühstück, Deluxe EZ/DZ 35/40 €, Suite 60–100 €; ☐) Als Ali Yavuz das Kelebek 1993 eröffnete, setzte er einen Trend: Damals war Göreme voller schlichter Backpackerunterkünfte, aber es gab kein einziges Boutique-Hotel. Das wollte Ali ändern. Sein erfolgreiches Konzept wird seitdem von vielen Konkurrenten in ganz Kappadokien kopiert. Es klingt ganz einfach: Man restauriere liebevoll ein traditionelles Haus (wenn's geht mit einem oder zwei Feenkaminen), richte die Zimmer ansprechend im anatolischen Stil ein und achte darauf, dass die Dachterrasse mit tollem Blick nicht fehlt. Aber ganz so einfach ist es in Wirklichkeit nicht. Denn das Kelebek ist nicht nur wegen dieser Äußerlichkeiten das erfolgreichste Hotel in Göreme: Sein Besitzer ist über die Gegend bestens informiert und betreibt sein Hotel mit Professionalität und Elan. Die Zimmer verteilen sich auf zwei benachbarte Gebäude: Es gibt das ansprechende, extra als Hotel gebaute Haus mit herrlichem Garten und plüschigen Suiten und die Pension im ursprünglichen Gebäude. Die hat diverse Zimmervarianten und die beste Dachterrasse im Dorf. Das Personal ist extrem hilfsbereit, die Preise sind echte Schnäppchen.

Local Cave House Hotel (☎ 271 2171; www.localca vehouse.com; Gaferli Mahallesi Cevizler Sokak 11; EZ 25 €, DZ 30–40 € inkl. Frühstück; ✗ 🖳 🕿) Ein weiteres tolles Mittelklassehotel. Das Local hat einen besonderen Trumpf in der Tasche, um den andere es bestimmt beneiden – einen Pool zwischen Feenkaminen. Die zehn Höhlenzimmer sind angenehm geräumig und hübsch mit anatolischen Textilien dekoriert. Die Betten sind bequem, die Bäder sauber und gefliest. Es gibt zwei Terrassen mit traumhafter Aussicht und ein Lounge-Restaurant mit Glasfront, das direkt auf den Pool blickt.

Canyon View Hotel (☎ 271 2333; www.canyonview hotel.com; EZ/DZ/Suite inkl. Frühstück 25/35–45/50 €, Kinder älter/jünger als 6 Jahre halber Preis/frei; ✗ 🖳) Was den Ausblick angeht, kann das Canyon View nicht ganz mit seinen Konkurrenten Kelebek und Fairy Chimneys Inn mithalten. Trotzdem wird diesem relativ neuen Hotel sicher ein langes, erfolgreiches Leben vergönnt sein. Die sieben Zimmer sind in einer umfunktionierten Höhlenkirche aus dem 9. Jh. und byzantinischen Häusern untergebracht und sind toll dekoriert. Die teureren haben Balkon und/oder Whirlpool (die schönsten sind Zimmer 3 & 6). Die Terrassen auf mehreren Ebenen sind ausgesprochen eindrucksvoll.

Legend Cave Hotel (☎ 271 2059; www.legendcaveho tel.com; Aydınkıragı Sokak; EZ/DZ Standard 26/52 € inkl. Frühstück, EZ/DZ Deluxe 38,50/77 € inkl. Frühstück, Zi. mit Terrasse & Frühstück 100 €; 🖳) Die 19 Zimmer dieses extrem gemütlichen Mittelklassehotels sind mit Satelliten-TV, Whirlpool und Einrichtungen zum Tee- bzw. Kaffeekochen gut ausgestattet. Es gibt tolle Familienzimmer (78 €) und ein paar Zimmer mit irrem Ausblick (Nr. 18 liegt ganz oben in einem Feenkamin und hat eine eigene Terrasse).

Fairy Chimney Inn (☎ 271 2655; www.fairychimney. com; Güvercinlik Sokak 3/7; EZ 36,50–55 €, DZ 50–83,50 €, Suite 139 €; ✗ 🖳) Dieser Feenkamin hoch oben auf dem Hügel von Göreme wurde von seinem Besitzer, einem deutschen Anthropologen, in ein komfortables Hotel umgewandelt – mit maximaler Rücksicht auf die Ursprungssubstanz. Zusammen mit seiner türkischen Frau hat er so ein herrlich ruhiges Domizil auf dem höchsten Punkt des Ortes geschaffen und kann

sich mit der besten Aussicht im Dorf brüsten. Die Zimmer sind ziemlich schlicht. Auf den Zementfußböden liegen jede Menge Teppiche, die Bäder sind schön und die Betten mit bunten Überdecken bequem. Weitere Extras: ein voll funktionstüchtiger Hamam in einer Höhle, die Lounge für alle, selbst gekochtes Essen und die herrliche Gartenterrasse.

Göreme House (☎ 271 2060; www.goremehouse.com; Eselli Mahallesi Sokak 47; EZ/DZ Standard 50/60 €, EZ/DZ Deluxe 62/72 €, Suite 95 € inkl. Frühstück; ✗ 🖳) Wir können gar nicht genug von diesem kürzlich eröffneten Hotel schwärmen! Es gehört einem Ehepaar, das jede Menge Erfahrung in diversen Fünf-Sterne-Boutique-Hotels in Europa gesammelt hat. Der Service erreicht deshalb eine Qualität, die vorher in Göreme unbekannt war. Der Komfort, den die hübschen Zimmer bieten, ist himmlisch: tolle Betten, Tee- bzw. Kaffeekochgelegenheit, super ausgestattete Bäder … Ein paar Zimmer haben sogar Satelliten-TV und eine kleine Sitzecke. Nach einem Sightseeing-Tag können die Gäste im Schatten eines großen Maulbeerbaums im Hof oder auf der Dachterrasse ausspannen. Eigentlich ist hier alles eindrucksvoll, aber erst die Extras machen das Hotel unvergleichlich: Zum Frühstück gibt's frisch gepressten O-Saft und *börek* (gefüllte Teigtaschen) frisch aus dem Ofen, jedes Badezimmer hat Olivenöl-Seife, man kriegt kostenlos Wasserflaschen aufs Zimmer, und es wurden kleine Specials wie z. B. ein „Kissen-Menü" eingeführt. Wirklich ein Traum!

SPITZENKLASSEHOTELS

Cappadocia Cave Suites (☎ 271 2800; www.cappadocia cavesuites.com; Gafferli Mahallesi Ünlü Sokak 19; EZ/DZ Deluxe 128/150 € inkl. Frühstück, EZ/DZ Suite 178–212/209–250 € inkl. Frühstück; 🖳) Hoch oben zwischen Feenkaminen bietet das beliebteste Spitzenklassehotel von Göreme jede Menge verschiedene komfortable Zimmertypen. Alle haben Satelliten-TV, große Betten, ansprechende Deko im anatolischen Stil, Gelegenheiten zum Tee- bzw. Kaffeekochen und eine Minibar. Die Eröffnung der nobleren Anatolian Houses in der Nähe hat die Betreiber ganz offensichtlich aufgeschreckt. Deshalb planen sie jetzt aufzurüsten – mit einem Pool, einem Hamam und 15 weiteren Zimmern.

Anatolian Houses Göreme (☎ 271 2463; www.ana tolianhouses.com; Gafferli Mahallesi Ünlü Sokak; Standard-Zi. 170 €, Deluxe-Zi. 270–310 €, Suite 390–700 €, alle inkl. Frühstück; 🖳 🕿) Erst vor Kurzem hat dieses schicke – *sehr* schicke! – Boutique-Hotel eröffnet. Es erstreckt sich über eine Gruppe von Feenkaminen, und sein Bau hat sechs Jahre gedauert. Kein Wunder bei den umwerfenden Extras: ein Wellness-Bereich mit Pool (überdacht und unter freiem Himmel), ein Hamam, eine Sauna und nicht zuletzt ein elegantes Restaurant samt üppigem Weinkeller. Aber nicht nur die öffentlichen Bereiche sind beeindruckend, sondern auch die Zimmer. Alle 19 sind mit diversen Kunstobjekten und handgemachten Textilien sehr geschmackvoll ausgestattet. Luxuriöser lässt's sich in Kappadokien kaum wohnen. Wenn Geld keine Rolle spielt, am besten die osmanische Suite (zu einem saftigen Preis) mieten. Hier wohnt man wie der Sultan höchstpersönlich.

Essen

Cappadocia Kebap Center (☎ 271 2682; Müze Caddesi; Hauptgerichte 2 €) Klein, aber fein und sehr freundlich. Hier gibt's auf die Schnelle für wenig Geld was zu essen, z. B. ein Chicken-Döner-Sandwich für gerade mal 1,50 € oder ein scharfes *acılı* Kebap-Sandwich für 2,50 €. Eine Portion Pommes (2 €) und ein kaltes Bier (2 €) oder ein frisch gepresster O-Saft (2 €) sind die perfekte Ergänzung. Man kann an einem der vier Tische draußen unter der Markise sitzen oder drinnen. Auf jeden Fall zu empfehlen!

Cappadocia Patisserie (Belediye Caddesi; ⏱ 7.30–24 Uhr) Der Laden in der Nähe vom *otogar* lässt aus Nevşehir Kuchen, Gebäck, Baklava und Eis anliefern und serviert dazu einen Cappuccino (2,50 €) oder einen frischen O-Saft (2,50 €).

Nazar Börek (Müze Caddesi; börek 2,50 €, gözleme 2–3 €) Wer für wenig Geld satt werden will, ist hier genau richtig. In diesem einfachen Restaurant gibt's *börek, gözleme* und *sosyete böreği* (gefüllte Teigtaschen mit Joghurt & Tomatensauce, 3 €). Der freundliche Service und die Tische draußen am trockenen Kanal locken Gäste das ganze Jahr über an. Oft wird eine leckere Tagesspezialität angeboten (z. B. ein Chicken Curry mit persischem Reis und großem Salat für 4,50 €). Alkohol ist allerdings Fehlanzeige.

Cappadocia Pide Salonu (☎ 271 2858; Hakkı Paşa Meydanı; pide 2,50–4 €) Wer Einheimische nach dem besten *pide* vor Ort fragt, wird unweigerlich in diesen Laden in der Nähe des Teeshops geschickt (außer ein Verwandter des Befragten hat selber ein Restaurant im Dorf). Auch ein kaltes Bier bekommt man hier (2,50 €).

Fırın Express (☎ 271 2745; Eski Belediye Yanı Sokak; pide 2–3 €, Pizza 4–5,50 €, Gerichte im Tontopf 3–3,50 €) Ein schlichtes Restaurant, etwas abseits von der Hauptstraße, nutzt seinen großen Holzofen perfekt aus. Das *pide* ist spitze und die Gerichte aus dem Tontopf, z. B. *tavuk güveç* (Hühner-Eintopf, 3 €) haben faire Preise. Zwar gibt's keinen Alkohol, aber der Inhaber spendiert normalerweise zum Schluss einen Tee.

Silk Road Restaurant & Kebap House (Müze Caddesi; Gegrilltes 3,50–5 €) Das etwas baufällige Lokal an der Hauptstraße ist für billiges Futter und ein relaxtes Ambiente bekannt. Es gibt ein Menü aus Kebap, Pommes und Bier für 5 € oder ein Chicken-Kebap-Sandwich auf die Hand (1,50 €).

Dibek (☎ 271 2209; Hakkı Paşa Meydanı 1) Ein Restaurant in einem liebevoll restaurierten Haus – das einzige vor Ort, in dem Traveller echte dörfliche Hausmannskost probieren können. Die meisten Restaurants gegenüber vom *otogar* bieten ebenfalls *testi kebap* (Fleisch und Gemüse, zubereitet im verschlossenen Terracotta-Topf, der erst am Tisch geöffnet wird) an, aber nur Dibek muss man fünf Stunden vor dem Essen Bescheid geben. Denn nur so kann das Gericht im Ofen langsam und lange genug garen. Aber keine Panik: Wer es nicht schafft, sich rechtzeitig anzumelden, kann auf andere Dorfspezialitäten ausweichen. Schließlich stehen auf der Karte noch mehr Gerichte, u. a. *kurufasulye* (weiße Bohnen mit luftgetrocknetem Lamm & Tomatensauce, 3 €) oder *saç tava* (Lammwürfel mit Tomaten, Paprika & Knoblauch, 5,50 €). Die Gäste sitzen hier auf Kissen um Messingtische herum und bekommen sogar den hausgemachten Wein zu kosten (3,50 €).

Göreme Restaurant (☎ 271 2183; Müze Caddesi 18; meze 2–2,50 €, Hauptgerichte 4–7 €) Die allabendliche türkische Livemusik schaffte es meistens, die Gäste von ihren gemütlichen Sitzkissen auf die improvisierte Tanzfläche zwischen den Messingtischen zu locken. Das Essen ist unspektakulär, aber preislich okay. Auf der Karte stehen „Gerichte aus aller Welt", z. B. grüner Chicken Curry (5,50 €), gebratene Nudeln mit Gemüse (4 €) und Falafel-Sandwiches (3,50 €). Bier und *rakı* (Anisschnaps) fließen ungehindert. Und beim Service gibt's nichts zu meckern.

Local Restaurant (☎ 271 2629; Müze Caddesi 38; Hauptgerichte 4,50–9 €) Am Anfang der Straße, die zum Freilichtmuseum führt. Das Local wurde vor Kurzem wieder in Schuss gebracht. Jetzt macht es fast dem A'laturca und dem Orient den Rang als bestes Restaurant streitig. Innen gibt's einen eleganten Speiseraum, draußen eine Terrasse mit bequemen Rattanmöbeln. V. a. Vegetarier werden die Speisekarte lieben: Es werden leckere türkische Gerichte angeboten, z. B. Zucchini mit Knoblauchjoghurt (4,50 €) oder asiatische Klassiker wie die Gemüsepfanne (5,50 €). Es werden nur frische Zutaten verwendet, die Preise sind absolut okay und der Service aufmerksam.

A'laturca (☎ 271 2882; Müze Caddesi; Hauptgerichte 5–10 €) In diesem eleganten Restaurant sind Stil und Qualität beisammen. Die Karte wurde mit Liebe und Kreativität zusammengestellt ,und alle Gerichte sind extrem gut zubereitet. Wir haben die klassische *meze*-Auswahl (6,50 €) besonders genossen und auch den saftige Lamm-şiş-Kebap nach Art des Hauses (9,50 €), angerichtet auf einer perfekten Ratatouille. Bei späteren Besuchen haben wir den phantastischen Chicken-şiş-Kebap und das üppige *Kayseri mantısı* (Ravioli mit Knoblauchjoghurt und Gewürzen, 4,50 €) probiert. Das Restaurant hat verschiedene Essbereiche. Die Terrasse im Obergeschoss und der Garten mit seinen leuchtend-bunten Sitzsäcken sind der Renner. Wirklich sehr zu empfehlen!

Orient Restaurant (☎ 271 2346; Adnan Menderes Caddesi; meze 3–7 €; Hauptgerichte 12,50 €) Zu den Top-Restaurants von Göreme gehört auch das Orient mit seiner schönen Terrasse und dem stilvollen Innenambiente. Beide sind supergemütlich und bieten die perfekte Kulisse, um die spitzenmäßigen Fleischgerichte zu probieren. Ein heißer Tipp ist das herrlich zarte Marmor-Steak, das effektvoll auf einem heißen Marmorstein serviert wird. Auch das gekonnt zubereitete Lamm am Spieß ist klasse. Zwar werden Vegetarier bei den Hauptgerichten nicht sehr fündig werden, aber die reichhaltigen Gemüsebeilagen entschädigen dafür. Ist das Geld knapp, hält man sich ans Vier-Gänge-Menü für 8,50 €.

In den meisten Pensionen von Göreme isst man gut, preiswert und bekommt auch Wein oder Bier dazu. Oft schmeckt das Essen genauso gut wie in den meisten Restaurants. Wem es in erster Linie ums Sattwerden und weniger um Qualität geht, ist in den zahlreichen billigeren Restaurants in der Müze Caddesi gegenüber vom *otogar* bestens bedient. Dazu zählen u. a. das **SOS & Sultan Restaurant & Café** (☎ 271 2872; Müze Caddesi; pide 3 €, Hauptgerichte 4,50–7 €) und das **Mercan** (☎ 271 2476; Müze Caddesi; pide 3–3,50 €, Hauptgerichte 4,50–7 €). Hier laufen v. a. Teilnehmer von Bustouren auf. Aber es gibt nette Terrassen, um beim Essen das Treiben in der Stadt zu beobachten.

Ausgehen & Unterhaltung

Die meisten Kneipen und Bars im Dorf haben von mittags bis spät abends geöffnet.

Red Red Wine House (☎ 0532 657 7573; Müze Caddesi; Bier 3 €, Glas Wein 3–5,50 €) Göremes stimmungsvollste Bar ist ein wundervoller Ort, um ein, zwei Stunden in intimem Kerzenscheinambiente zu verbringen. Die niedrige gewölbte Decke, die kuschelige Beleuchtung, der offene Kamin für kühlere Abende und die eindrucksvolle kappadokische Weinkarte machen die Sache perfekt. Wir garantieren, dass sich hier jeder bei Live-Gitarrenklängen, einem Drink und einer *nargileh* wohlfühlt. Die Wasserpfeife gibt's übrigens gratis, wenn man ein paar Getränke bestellt hat, ansonsten für 3,50 €.

Flintstones Cave Bar (Müze Caddesi; Bier 2,50 €) Gleich am Anfang der Straße zum Freilichtmuseum ist diese beliebte Backpacker-Bar. Sie ist richtig in die Felswand reingebaut und geht zur Hauptsaison richtig ab. Auf der Terrasse lässt sich bei einer *nargileh* (3 €) die eindrucksvolle Aussicht genießen – manchmal gibt's auch Livemusik.

Pacha Bar (Müze Caddesi; Bier 2,50 €) In der Bar hinter dem *otogar* gibt's Schummerbeleuchtung, jede Menge dunkle Ecken und die obligatorische Diskokugel. Auch Billardtisch und Mega-Fernsehschirm fehlen nicht.

Fat Boys (☎ 0535 386 4484; Bier 2,50 €; ⏰ 24 Std.) Diese Bar leidet nicht nur unter ihrem schwergewichtigen Namen, sondern auch unter ihrem etwas unglücklichen, scheunenartigen Ambiente. Sie ist gleich um die Ecke vom *otogar* und bestätigt unsere Theorie, dass Schuppen in dieser Lage eher etwas härter sind.

Club Libra (☎ 271 2909; www.librabar.com; Bier 2,50 €; ⏰) Ein stylischer Club mit Tanzflächen und Bars auf drei Etagen, wo v. a. ein türkisches Publikum Party macht. Aber auch Touris (v. a. weibliche) sollen mit freiem Eintritt reingelockt werden. Freitag- und samstagabends ist Bauchtanz angesagt.

An- & Weiterreise

Näheres zu Shuttlebussen zwischen dem Flughafen von Kayseri und Göreme s. S. 531.

Von Göremes *otogar* fahren täglich Langstreckenbusse mit verschiedensten Reisezielen ab. Normalerweise geht's erst mal zum *otogar* von Nevşehir und von dort weiter (was die Fahrtzeit um eine knappe Stunde verlängern kann). Details zu Bussen, die zwischen Göreme und den Dörfern der Umgebung pendeln, s. S. 531.

Die folgende Tabelle führt ein paar nützliche tägliche Langstrecken-Busverbindungen ab Göreme auf. Achtung: Der Bus frühmorgens nach İstanbul fährt über Ankara und braucht daher eine Stunde länger als der Bus abends.

VERBINDUNGEN VOM OTOGAR IN GÖREME

Fahrtziel	Fahrpreis	Dauer	Häufigkeit (pro Tag)
Adana	7 €	5 Std.	mehrere, nur abends
Aksaray	4 €	1½ Std.	häufig, morgens & abends
Ankara	8,50 €	4½ Std.	häufig
Antalya	14–16,50 €	9 Std.	wenige, morgens & abends
Çanakkale	27,50 €	16 Std.	2-mal, nur abends
Denizli (für Pamukkale)	14–19,50 €	11 Std.	wenige, nur abends
Fethiye	19,50–25 €	14 Std.	2-mal, nur abends
İstanbul	17–22 €	11–12 Std.	mehrere, morgens & abends
İzmir & Selçuk	19,50–25 €	11½ Std.	2-mal, nur abends
Kayseri	4 €	1½ Std.	stündl., morgens, nachmittags & abends
Kayseri Flughafen	11 €	1½ Std.	2-mal, später Nachmittag & früher Abend
Konya	8,50 €	3 Std.	mehrere, morgens & abends
Marmaris/ Bodrum	22 €	13 Std.	2-mal, nur abends

Unterwegs vor Ort

Mountainbikes, Mofas, Quads und Autos verleihen mehrere Anbieter, u. a. **Hitchhiker** (☎ 271 2169; www.cappadociahitchhiker.com; T Ozal Meydanı), **Öz Cappadocia Tour** (☎ 271 2159; www.ozcappadocia.com; T Ozal Meydanı) und **Motodocia** (☎ 271 2517). Sie sitzen alle in unmittelbarer Nähe vom *otogar*. Ein Preisvergleich lohnt sich, weil die Gebühren stark schwanken. Als Richtwerte:

Ein Mountainbike kostet für vier Stunden ca. 5 bis 5,50 €; Mopeds und Mofas sollte man für die gleiche Zeit für 14 bis 25 € bekommen. Ein Quad, auch für vier Stunden, kostet 55 € (für dieses alberne Gefährt wird allerdings keine Versicherung angeboten). Ein Renault Clio mit Schaltung kostet bei Öz Cappadocia pro Tag 50 €, ein Ford Fiesta bei Motodocia pro Tag 42 €. Bei Motodocia gibt's auch Automatikwagen (z. B. einen Fiat Palio pro Tag für 47,50 €). Für alle Gefährte ist der Pass als Sicherheit zu hinterlegen.

Da es in Göreme keine Tankstellen gibt und die Autovermietungen für Benzin saftige Preise nehmen, am besten in Nevşehir, Avanos oder Ürgüp volltanken, bevor man das Fahrzeug zurückgibt.

UÇHİSAR
☎ 0384/6350 Ew.

Von Nevşehir aus Richtung Osten entfaltet sich das Panorama Kappadokiens: In der Ferne der sandigen Landschaft tauchen allmählich Feenkamine und wogende Täler mit sanften Hügelhängen aus vulkanischer Asche auf. Am Horizont ragt der gigantische, schneebedeckte Gipfel des vulkanischen **Erciyes Dağı** (Berg Erciyes; 3916 m) aus einer dünnen Wolkenschicht und gibt eine phantastische Kulisse ab.

Nach 8 km kommt man in das kleine Dorf Uçhisar mit seiner mächtigen Felsenburg. Es steht v. a. bei französischen Travellern hoch im Kurs. Sie finden es ruhiger als in Göreme und perfekt geeignet als Basislager für Streifzüge durch Kappadokien.

Auf dem Dorfplatz gibt's einen Geldautomaten der Türkıye Bankası und in der Nähe eine Post.

Sehr beliebt ist es, den Sonnenuntergang über dem Rosen- und dem Taubental von der **Uçhisar Kalesi** (Burg von Uçhisar; Eintritt 1,50 €; 8.30–19 Uhr) aus zu betrachten. Die Burg, ein hoher vulkanischer Felsen voller Tunnelgänge und Fenster, ist kilometerweit zu sehen. Heute ist sie ein touristisches Highlight mit allem Drum und Dran, inklusive kitschigen Souvenirständen am Eingang. Der Panoramablick über die Ebenen und Täler Kappadokiens ist großartig. Aber leider hinterlassen viele Reisegruppen hier ihren Müll, was den Genuss ziemlich beeinträchtigt. Da es keine Absperrungen gibt, ist äußerste Vorsicht angesagt: Erst vor kurzem starb ein Fotograf, als er auf der Jagd nach einem tollen Bild einen Schritt zu weit zurücktrat und die Klippe hinunterstürzte.

Die Umgebung von Uçhisar bietet tolle **Wandergelegenheiten;** mehr im Kasten auf S. 539.

Schlafen

In Uçhisar gibt's drei ausgezeichnete Budgetunterkünfte, mindestens ein sehr gutes Mittelklassehotel und immer mehr anspruchsvolle Boutique-Hotels.

BUDGETUNTERKÜNFTE

Erciyes Pension (☎ 219 2090; www.erciyespension.com; Ürgüp Caddesi 8; EZ/DZ 11/22 € inkl. Frühstück) Ein freundlicher Familienbetrieb direkt bei der Post, der saubere, altmodische Zimmer vermietet; am schönsten sind die Balkonzimmer nach vorne raus. Die Inhaber bauen im großen Garten Obst und Gemüse an und verarbeiten sie zum hausgemachten Abendessen (8 €).

Kilim Pansiyon (☎ 219 2774; www.sisik.com in Turkish; Eski Göreme Yolu; EZ/DZ 12,50/25 € inkl. Frühstück) Von den drei guten Budgetunterkünften am Ort hat diese als Einzige einen schönen Ausblick. Und was für eine! Auf der Dachterrasse zu chillen ist ein absoluter Genuss. Und die Zimmer sind schlicht, aber hübsch eingerichtet. Es lohnt sich, ein Zimmer im oberen Stock zu ergattern. Sie sind heller als die im Erdgeschoss. Der Speiseraum und der weinumrankte Innenhof haben viel Atmosphäre. Tolles Preis-Leistungs-Verhältnis!

La Maison du Rêve (☎ 219 2199; www.lamaisondureve.com; Tekeli Mahallesi 17; EZ/DZ 15–18/25–29 € inkl. Frühstück; 🖵) Das „Traumhaus" steht am Rand eines hohen Felsen und genießt dadurch einen spektakulären Blick. Mit seinen 35 einfachen Zimmern auf drei Etagen erinnert es an einen Termitenbau. Die besten Zimmer sind die obersten mit eigenen Terrassen. Im Restaurant (Hauptgerichte 4,50–5,50 €) geht's entspannt zu. Der Hausherr verleiht Mofas (22 € pro Tag) und Mountainbikes (11 € pro Tag).

Anatolia Pension (☎ 219 2339; www.anatoliapension.com auf Französisch; EZ/DZ 20/30 € inkl. Frühstück; ✗ 🖵) Eine tolle Unterkunft in einem stabilen Steinhaus an der Hauptstraße mit 30 lichtdurchfluteten Zimmern, saubere Betten, sauberer Bettwäsche und blitzblanken Bädern. Das ist Mittelklassestandard zu Budgetpreisen. Auf Wunsch bekommen die Gäste auch Abendessen (10 €).

MITTELKLASSEHOTELS

Les Terrasses d'Uçhisar (☎ 219 2792; www.terrassepension.com; Eski Göreme Yolu; EZ/DZ/Suite inkl. Frühstück 28/32/72 €; 🖵) Die Toplage ist der größte Trumpf dieses Hotels. Die schlichten, aber stilvollen Zimmer haben gewölbte Decken oder sind in Höhlen untergebracht. Der Ausblick vom Obergeschoss ist unschlagbar; abends lässt er sich auch von der Dachterrasse genießen. Das Restaurant hat einen guten Ruf. Und damit nicht genug: Der französische Besitzer bietet jeden Morgen eine kostenlose Wandertour ins Tal an.

Ahbap Konağı (☎ 219 3020; www.ahbapkonagi.com; Karlık Mahallesi; EZ/DZ/Suite 65/90/120 € inkl. Frühstück; ✗ 🖵 🖥) Das Ahbap Konağı gehört einem türkisch-französischen Paar und bietet von allen Unterkünften am Ort den besten Blick auf die Burg. Die Zimmer sind groß und freundlich, aber nicht übertrieben schick. Am besten eins mit Balkon nehmen. Ein weiteres Plus: die Terrassenbar.

SPITZENKLASSEHOTELS

Villa Cappadocia (☎ 219 3133; www.villacappadocia.com; Kayabaşı Sokak 18; EZ/DZ inkl. Frühstück 50/65–75 €; ✗) Das kleine, unglaublich gemütliche Hotel profitiert nicht schlecht von seinem spektakulären Blick übers Taubental. Mit nur zehn Zimmern geht's hier sehr ruhig zu, sodass alle Gäste einen entspannten Aufenthalt genießen können. Das Highlight ist das „Honeymoon"-Zimmer (105 €) mit Whirlpool und eigener Terrasse inklusive genialer Aussicht. Dann gibt's noch ein schickes Restaurant (Hauptgerichte 4,50–8,50 €), einen Garten und zwei herrliche Terrassen – wie geschaffen für den Sundowner.

Museum Hotel (☎ 219 2220; www.museum-hotel.com; Tekeli Mahallesi 1; DZ 94–141 €, Suite 180–705 €, alle inkl. Frühstück; 🖵 🖥) O là là! Das exquisit gestaltete Museum Hotel ist auf jeden Fall eins der Top-Boutique-Hotels in Kappadokien. Es punktet mit 26 luxuriösen Zimmern und genauso eindrucksvollen öffentlichen Bereichen. Sogar die Standardzimmer sind mit Messingbetten, üppigen Teppichen und schönen Stoffen ausgestattet. Aber die opulenten Suiten (ein paar in Höhlen) muss man mit eigenen Augen gesehen haben! Eindrucksvoll sind auch der mosaikverzierte Swimmingpool, das stylische Restaurant (Hauptgerichte 8,50–14 €) und die Dachterrasse mit Panoramablick. Ein durch und durch elegantes Hotel, das für seine Standardzimmer annehmbare Preise nimmt. Gäste, die sich eine Suite leisten können, bekommen Luxus pur geboten.

Karlık Evi (☎ 219 2995; www.karlikevi.com; Karlık Mahallesi; EZ/DZ 100/150 €; 🖥) In dem ehemaligen

KAPPADOKIEN

Krankenhaus werden heute 20 geräumige Zimmer vermietet, ein paar mit eigenem Balkon oder Terrasse. Rustikaler Schick mit unaufdringlicher Eleganz ist hier die Devise. Alle Einrichtungen – Restaurant, Hamam, Garten und Dachterrasse – sind erstklassig. Eine der Suiten ist sogar behindertengerecht. Die Gäste des Hauses können sich massieren lassen oder Meditations-, Yoga- und Kochkurse belegen.

Les Maisons de Cappadoce (☎ 219 2813; www. cappadoce.com; Belediye Meydanı 24; Studios 110–150 €, Villen 180–320 €, alle inkl. Frühstück) Als der französische Architekt Jacques Avizou vor 14 Jahren seine ersten zwei Villen eröffnete, hatte er noch keinen Schimmer, dass daraus ein kleines Imperium entstehen sollte. Inzwischen gehören dazu 14 Villen, und es werden immer mehr. Der Erfolg der Maisons de Cappadoce ist kein Geheimnis: Es sind elegante und hochkomfortable Unterkünfte, die den Gästen ein Maximum an Unabhängigkeit und Privatsphäre bieten und zugleich guten Service (z. B. tgl. Zimmerservice oder Frühstück). Vier davon sind Studios, perfekt geeignet für einen romantischen Kurzurlaub. Die restlichen gut ausgestatteten Häuser können bis zu sieben Personen beherbergen. Die Rezeption befindet sich in einem Büro auf dem Hauptplatz.

Essen

Sakirin Yeri Pide Salonu (☎ 219 2576; pide 2–3 €) Wer schnell und preiswert zu Mittag essen möchte, ist mit diesem Laden an der Hauptstraße direkt vor dem Dorfplatz gut bedient.

House of Memories (☎ 219 2947; Eski Göreme Yolu 41; meze 2 €, Hauptgerichte 4–5 €) Der Name täuscht, denn das Essen hier ist nicht besonders erinnerungswürdig. Sitzen kann man unten im mit Teppichen ausgelegten Restaurant oder oben auf der etwas heruntergekommenen, aber trotzdem einladenden Terrasse mit Ausblick. Auf der Karte steht türkische Standardkost, ein Bier kostet 2,50 €. Sehr freundliche Bedienung.

Le Mouton Rouge (☎ 219 3000; Belediye Meydanı; Hauptgerichte 4–5,50 €) Uçhisar gilt als das „kleine Frankreich“ von Kappadokien. Dazu passt dieses große Hofrestaurant mit Bar am Dorfplatz: Es hat allerhand französische Gerichte auf der Karte und eine lockere Bistro-Atmosphäre.

Center Café & Restaurant (☎ 219 3117; Belediye Meydanı; Hauptgerichte 5,50 €) Noch ein Openair-Restaurant am Dorfplatz. Die Tische stehen verteilt im schattigen, aber etwas ungepflegten Garten. Einheimische essen hier gerne Kebaps und schwören auf den *patlican salatası* (Auberginensalat, 4,50 €). Ein Bier kostet 3 €.

Les Terrasses d'Uçhisar (☎ 219 2792; www.terrassespension.com; Eski Göreme Yolu; Abendessen 9 €) Das gemütliche Bar-Restaurant in der gleichnamigen Unterkunft ist zu Recht wegen des frisch zubereiteten Essens beliebt. Man kann à la Carte essen oder ein viergängiges Menü für faire 9,50 € bestellen. Auf der Karte stehen türkische Spezialitäten wie *saç tava* (5 €) oder klassisch Französisches wie *filet de bœuf avec sauce poivre* (Rinderfilet mit Pfeffersauce, 8 €). Nicht nur Hausgäste sind hier willkommen. Wer woanders wohnt, sollte aber besser im Voraus reservieren.

Elai (☎ 219 3181; www.elairestaurant.com; Eski Göreme Yolu 61; Hauptgerichte 10–12,50 €) Inhaber und Manager dieses stylischen Restaurants ist Özge Bozunoğulları. Er hat über zehn Jahre in Club Med Resorts in der ganzen Welt gearbeitet. Hier setzt er nun alle Erfahrungen und Tricks um, die er über Fünf-Sterne-Service und -Restaurants gelernt hat. Die Gäste können einen Aperitif auf der Terrasse nehmen und dann im schicken Restaurant die liebevoll angerichteten Köstlichkeiten probieren: z. B. knusprige *köfte* im dünnen Teigmantel an Demi-glace (10 €). Die Karte ist international (als Vorspeise gibt's z. B. Thai-Rindfleischsalat), am besten sind aber die türkisch inspirierten Gerichte.

An- & Weiterreise

Informationen zu Shuttlebussen zwischen dem Flughafen von Kayseri und Uçhisar s. S. 531.

Die Kapadokya Bus Company hat eine Geschäftsstelle direkt am Hauptplatz. Meistens wird man erst mal mit einem *servis* nach Göreme gefahren; dort starten dann die Busse zu verschiedensten türkischen Reisezielen. Mehr Infos dazu s. S. 546.

Zwischen Nevşehir, Uçhisar (Hauptstraße), Göreme, Çavuşin und Avanos fahren jede halbe Stunde Busse (0,50 €, im Sommer jede Std. von 7–18 Uhr, im Winter alle zwei Std.). Außerdem gibt's ein Uçhisar *belediye* (Stadtverwaltung) Dolmuş, das zwischen Nevşehir und einer Haltestelle hinter dem Center Café & Restaurant pendelt (0,80 €, Mo–Fr alle halbe Std. von 7.30–18.30 Uhr, an Wochenenden stündl.).

LANGE KERLS

Kappadokien verdankt seinen Ruhm den *peribacalar* (Feenkaminen), die durch Erosion des weichen vulkanischen Tuffgesteins entstanden. Dieser Tuff war von härterem Basalt bedeckt. So kamen freistehende, bis zu 40 m hohe Felskegel aus weichem Gestein zustande, die von härteren Felskappen gekrönt sind. Für die einen sehen sie aus wie gigantische Phalli, für die anderen wie Riesenpilze. Die Dorfbewohner nennen sie schlicht *kalelar* (Burgen).

ÇAVUŞİN

☎ 0384

Auf halber Strecke zwischen Göreme und Avanos schlummert das kleine Örtchen Çavuşin – genau das Richtige für Traveller, die ein authentisches Dorf erleben wollen.

Nicht weit von der Fernstraße steht die **Çavuşin-Kirche** („Taubenschlag-Kirche"; ⊙ 8.30–17 Uhr), zu der eine steile, wacklige Eisentreppe hinaufführt. Hier gibt's ein paar schöne Fresken zu bestaunen. Von hier geht's den Hügel rauf durch den neuen Dorfteil und am Hauptplatz vorbei ins alte Çavuşin (wegen der Souvenirstände nicht zu verfehlen). Ein labyrinthisches Gewirr verlassener, in die steile Felswand hineingegrabener Häuser lädt zu einem Streifzug ein. Nicht weit von der Spitze des Felsens steht eine der ältesten Kirchen Kappadokiens: die **Johanneskirche.**

Çavuşin ist idealer Ausgangspunkt für **Wanderungen** durchs Güllüdere Vadisi (Rosental) und die Kızılçukur (Rote Schlucht) östlich vom Dorf. Man kann sogar bis zum Aussichtspunkt von Zindanönü (6,5 km) wandern, von dort aus zur Straße hinauflaufen, die Ürgüp mit Ortahisar verbindet, und dann per Dolmuş zum Ausgangspunkt zurückkehren.

Im Dorf gibt's weder eine Bank noch einen Geldautomaten, Internetcafés dagegen gleich drei, u. a. das **Cave House Net C@fe** (0,50 € pro Std.; ⊙ 8–24 Uhr) am Hauptplatz.

Geführte Touren

Mephisto Voyage (☎ 532 7070; www.mephistovoyage. com) mit Sitz in der İn-Pension hat einen sehr guten Ruf. Der Veranstalter ist seit mehr als zehn Jahren im Geschäft und hat jede Menge Pauschalangebote parat, u. a. achttägige Touren durch Kappadokien und 14-tägige Touren durch Kappadokien und das Taurus-Gebirge.

Außerdem im Angebot: Spezialtouren für Gehbehinderte mit der Joëlette, einem mobilen Tragesitz mit Rädern.

Schlafen & Essen

Es gibt zwar immer mehr Hotels und Pensionen in Çavuşin, aber keine empfehlenswerten Restaurants. Die Alternativen sind: In der eigenen Pension essen, sich den wenig vertrauenswürdigen Cafés am Hauptplatz ausliefern oder zum Essen nach Göreme fahren.

Panorama Pansion (☎ 532 7002; ozi_rodi@hotmail. com; EZ/DZ 8,50/17 € inkl. Frühstück) Die schlichte, familienbetriebene Unterkunft bietet ordentliche Zimmer mit harten Betten. Zwei Zimmer haben ein eigenes (enges) Bad, die anderen teilen sich ein sauberes Gemeinschaftsbad. Im Garten vor dem Haus gibt's einen *çay bahçesi* (Teegarten).

Green Motel (☎ 532 7050; Mehmet@motelgreen.com; Stellplatz 4,50 €, EZ/DZ inkl. Frühstück 11/22 €) Von allen Unterkünften in Çavuşin ist dieses freundliche, von Äckern umgebene Motel unser eindeutiger Favorit. Die einfachen Zimmer haben weiß getünchte Wände, bequeme Betten, frisches Bettzeug und blitzsaubere Bäder. Dazu gibt's ein Restaurant, einen ausgedehnten Garten, eine große Terrasse und nicht zuletzt eine charmante Lounge mit Steinfußboden, türkischen Sesseln und reichlich Teppichen.

İn Pension (☎ 532 7070; www.pensionincappadocia. com; DZ inkl. Frühstück 15–25 €; 🖳) Eigentlich ist dieses umfunktionierte Dorfhaus direkt am Hauptplatz nichts Besonderes. Aber zu empfehlen ist es allein schon wegen seines Besitzers Ahmet Kılınç. Der Mann ist ein wandelndes Lexikon, was Infos zur Region betrifft. Außerdem ist er einer der angesehensten Wanderführer in Kappadokien. Die Zimmerqualität ist unterschiedlich. Am besten eins der vier Zimmer im oberen Stock nehmen, die haben eigene Bäder. Mahlzeiten kosten 5,50 €.

Village Cave Hotel (☎ 532 7197; www.thevillagecave. com; EZ 40–55 €, DZ 70–120 €, alle inkl. Frühstück) Das einzige Spitzenklassehotel von Çavuşin mit Blick aufs alte Dorf. Es hat eine Spitzenlage, superattraktive Zimmer, von denen ein paar gewölbte Decken haben, andere sind in den Fels gehauen.

An- & Weiterreise

Näheres zu Bussen zwischen Çavuşin und den Umgebungsdörfern s. S. 531.

ZELVE

Auf der Straße zwischen Çavuşin und Avanos kommt man an der Abfahrt zum **Freilichtmuseum Zelve** (Eintritt 3 €; April–Okt. 8.30–19 Uhr, Nov.–März 8.30–17.30 Uhr) vorbei. Dort treffen drei Täler mit verlassenen Häusern und Kirchen zusammen.

Zwischen dem 9. und 13. Jh. war Zelve ein Zufluchtsort für Mönche. Bis 1952 war das Dorf bewohnt. Dann wurde offiziell erklärt, dass es zu gefährlich zum Wohnen sei. Und die Bewohner mussten wohl oder übel ins nur wenige Kilometer entfernte Aktepe umsiedeln, das auch Yeni Zelve (neues Zelve) genannt wird. An das frühere Dorfleben von Zelve erinnern heute nur noch eine kleine, schmucklose **Felsmoschee** und eine alte *değirmen* (Mühle).

KAPPADOKIEN AUS DER LUFT

Wer noch nie mit einem Heißluftballon gefahren ist, kann es in Kappadokien in einer der tollsten Gegenden der Welt ausprobieren. Hier herrschen ideale Bedingungen. Fast jeden Morgen von Anfang April bis Ende November steigen Ballons auf. Für viele Traveller ist eine Ballonfahrt der absolute Höhepunkt ihrer Türkeireise.

Die Flüge starten in der Morgendämmerung. Seriöse Veranstalter halten sich an das ungeschriebene Gesetz, nur eine Fahrt pro Tag anzubieten. Denn am späteren Morgen kann der Wind unberechenbar und gefährlich werden. Der Transport vom Hotel zum Startplatz (hin & zurück) ist im stolzen Preis mit drin, außerdem ein Gläschen Schampus zum Anstoßen.

Es gibt zwar immer mehr Ballonfahrten-Anbieter in Kappadokien. Aber der stärkere Wettbewerb hat den Spaß nicht billiger gemacht. Die Anbieter zahlen nämlich den Hotels und Reisebüros, über die Ballonfahrten gebucht werden können, hohe Provisionen. Und sie wollen ihre Gewinne nicht noch weiter runterschrauben, indem sie auch die direkt verkauften Fahrten billiger machen. Immerhin geben ein paar Anbieter bei Barzahlung 10 € Rabatt und noch mehr bei Online-Buchungen. Aber weiter gehen die seriösen Firmen nicht.

Traveller merken schnell, dass die Anbieter viel heiße Luft darüber verbreiten, wer am erfahrensten ist, wer das beste Equipment hat, wer nicht richtig versichert ist oder nicht die nötigen Genehmigungen hat. Eins steht fest: Eine Fahrt mit dem Heißluftballon ist nie ohne Risiko. Jeder ist selbst dafür verantwortlich, zu checken, ob der gewählte Anbieter seriös ist und ob der Pilot erfahren und geschickt ist. Das kann z. B. bedeuten, dass man sich die Konzession oder das Logbuch vorlegen lässt. Also nicht am falschen Ende sparen, denn das geht oft auf Kosten der Sicherheit (z. B. bei Anbietern, die 2-mal täglich starten).

Ballonfahrten hängen vom Wind ab. Deshalb können Anbieter keine bestimmte Fahrtroute für einen bestimmten Tag voraussagen. Alle versuchen, über die Feenkamine zu gondeln; aber manchmal – allerdings selten – spielt der Wind nicht mit. Hin und wieder, wenn das Wetter schlecht ist, müssen die Piloten die Fahrt aus Sicherheitsgründen komplett abblasen. In diesem Fall können die Fahrgäste am nächsten Tag mitfahren oder kriegen ihr Geld zurück.

Wichtig ist es, einen warmen Pullover oder eine Jacke mit an Bord zu nehmen. Frauen ziehen besser flache Schuhe und Hosen an. Die meisten Veranstalter nehmen weder Kinder unter sieben Jahren noch Erwachsene über 70 mit nach oben.

Ein paar seriöse Anbieter sind:

Göreme Balloons (☎ 0384-341 5662; www.goremeballoons.com; Kayseri Caddesi Altıkapılı Mahallesi 13, Ürgüp) Sitzt in Ürgüp und ist schon lange im Geschäft. Das Unternehmen hat einen erstklassigen Ruf und bietet eine „Deluxe"-Fahrt (230 €, 1 Std., 8–11 Pers.), außerdem eine Standardfahrt (160 €, 1 Std., 16–21 Pers.) an.

Kapadokya Balloons (☎ 0384-271 2442; www.kapadokyaballoons.com; Adnan Menderes Caddesi, Göreme) Wohl die Firma mit dem besten Ruf in der Region. Sie gehört Kaili und Lars, die schon seit über 20 Jahren Heißluftballonfahrten organisieren. Die beiden sprechen Englisch, Französisch, Schwedisch und Deutsch. Ihre Piloten sind spitze. Im Angebot sind der Klassiker (230 €, 1 Std., 10 Pers.) und eine gesponserte Ballonfahrt (160 €, 1 Std., 20 Pers.).

Sultan Balloons (☎ 0533 239 3788; www.sultanballoons.com) Ismail Keremoglu, der frühere Chefpilot von Göreme Balloons, leitet diese neue Firma. Er bietet Standardfahrten (160 €, 1 Std., 12–18 Pers.) an. Wer online bucht, kriegt sie für 135 €. Sultan ist außerdem der einzige Veranstalter, der VIP-Fahrten für zwei Passagiere in einem kleinen Ballon im Angebot hat (600 €, 2 Pers., 1 Std.).

Die beiden interessantesten Kirchen sind leicht zu entdecken, gleich links hinter dem Museumseingang. Die **Balıklı Kilise** (Fischkirche) heißt so nach der Fischdarstellung auf einer ihrer primitiven Malereien. Nebenan steht die eindrucksvollere **Üzümlü Kilise** (Traubenkirche), benannt nach den unübersehbaren Weintrauben. Die Überbleibsel der **Geyikli Kilise** (Kirche mit Rotwild) und der **Yazılılık Kilise** (Kirche mit Inschriften) sind auch einen Besuch wert.

Alles in allem hat das Museum von Zelve nicht so viele eindrucksvoll bemalte Kirchen zu bieten wie das Freilichtmuseum Göreme. Trotzdem lassen sich hier gut ein paar Stunden damit verbringen, die Tunnelgänge und Häuser zu entdecken und die herrliche Aussicht zu genießen. Leider frisst sich die Erosion weiter in die Gebäude des Tales, sodass einige Teile wegen Einsturzgefahr wahrscheinlich geschlossen werden müssen. An anderen werden womöglich Leitern oder entsprechende Kletterkünste notwendig.

Am Parkplatz vor dem Museum gibt's Cafés und *çay bahçesi* (Teegärten).

In **Paşabağı**, auf halber Strecke der Straße nach Zelve, ragt eine Gruppe von Feenkaminen aus einem Weinberg auf; einer von ihnen ist „dreiköpfig". In der Nähe ist eine Ansammlung von Souvenirständen. Das super fotogene Fleckchen ist sehr beliebt, um von dort Sonnenuntergänge zu betrachten.

An- & Weiterreise

Zwischen Ürgüp, Göreme, Çavuşin und Avanos fahren stündlich Busse (s. S. 531) und halten auf Wunsch auch in Zelve. Wenn jemand aus Ürgüp, Göreme oder Çavuşin in Zelve aussteigen möchte, biegt der Fahrer von der Hauptstraße ab, fährt durch Paşabağı und lässt den Fahrgast in Zelve aussteigen. Danach fährt der Bus weiter nach Aktepe und schließlich nach Avanos. Will niemand in Zelve aussteigen, spart sich der Fahrer den Umweg. Von Zelve mit dem Bus wegzukommen ist nicht so leicht. Möglicherweise muss man die 3,5 km vom Freilichtmuseum zur Hauptstraße zurücklaufen, per Handzeichen einen Bus anhalten und mit diesem dann nach Göreme oder Avanos fahren.

DEVRENT-TAL

Von Zelve fährt man die Zufahrtsstraße etwa 200 m zurück bis zu einer Gabelung. Dort nimmt man die rechte Abzweigung, die nach Ürgüp ausgeschildert ist. Nach

ca. 2 km kommt man ins Dorf **Aktepe** (Yeni Zelve). Hier hält man sich rechts und folgt der ansteigenden Straße nach Ürgüp. Nach weniger als 2 km ist das atemberaubende Devrent-Tal erreicht, auch bekannt als „Tal der Feenkamine".

Viele Täler Kappadokiens sind mächtig stolz auf ihre seltsam geformten Vulkangesteinskegel. Hier aber gibt's definitiv die schönsten und engstem Raum. Die meisten der rosafarbenen Felskegel haben dunklere, flache Kappen. Die bestehen aus härterem Gestein, das die Kegel vor Regen schützte, während das Felsgestein rundherum nach und nach weggewaschen wurde.

Oben am Felskamm verläuft wieder die Verbindungsstraße von Avanos (nach links) und Ürgüp (nach rechts).

AVANOS

☎ 0384/13 000 Ew./Höhe 910 m

Der rote Ton, für den Avanos so berühmt ist, stammt aus dem Kızılırmak (Roter Fluss), der mitten durchs Zentrum fließt. Seit Jahrhunderten stellen einheimische Töpfer daraus schlichte Gefäße her, die bis heute von wirtschaftlicher Bedeutung sind. Schon seit den alten Römern kommen Besucher hierher (Avanos war früher das römische Venasa). Aber ehrlich gesagt, fragt man sich heute, was eigentlich so verlockend an diesem Ort sein soll. Im Vergleich zu Ürgüp, Göreme und Uçhisar ist die Umgebung ziemlich unspektakulär. Und Avanos selbst hat – von Töpfereien mal abgesehen – wenig zu bieten. Als Ausgangsbasis für Ausflüge in die Umgebung liegt es allerdings sehr günstig.

Orientierung & Praktische Informationen

Der Großteil des Städtchens mit der Atatürk Caddesi als Hauptstraße liegt nördlich vom Fluss. Der *otogar* ist auf der Südseite des Flusses. Trotzdem halten alle Minibusse vor der Post auf der Atatürk Caddesi gegenüber dem Hauptplatz. Die **Touristeninformation** (☎ 511 4360; Atatürk Caddesi; ☼ April–Okt. 8–17.30 Uhr, Nov.–März 8–17 Uhr) ist an der Hauptstraße zu finden. Die Mitarbeiter dort haben eine einfache Regionalkarte parat, sprechen aber kein Englisch. Mehrere Banken mit Geldautomaten sind am bzw. um den Hauptplatz.

Zum E-Mails-Checken bietet sich das **Hemi Internetcafé** (Uğur Mumcu Caddesi; 1 € pro Std.; ☼ 8–24 Uhr) an.

Eine Warnung: Avanos hat einen der lautesten – und unmelodischsten – Muezzins, den wir je gehört haben! Frühmorgens ist das der reinste Alptraum.

Sehenswertes & Aktivitäten

Reisegruppen, die Keramik einkaufen wollen, landen oft in riesigen Warenhäusern am Stadtrand. Viel schöner (und unendlich billiger) sind die kleineren **Töpferwerkstätten** im Zentrum, wo sich die Töpfer bei der Arbeit über die Schulter schauen lassen. Sie sind in den kleinen Gassen rund um den Hauptplatz und gehäuft auch gegenüber der Post zu finden.

Für Reitsportfans organisieren **Akhal-Teke** (☎ 511 5171; www.akhal-tekehorsecenter.com; Camikebir Mahallesi, Kadı Sokak 1) und Kirkit Voyage (s. rechts) halbtägige Reitausflüge ins Umland. Pro Person kostet der Spaß zwischen 30 € für zwei Stunden und 40 € für einen kompletten Tag.

Avanos ist auch ein Ausgangspunkt für Raftingtouren auf Kappadokiens Flüssen. **Medraft** (☎ 213 3948; www.cappadociarafting.com) bietet diverse ein-, zwei-, drei- oder viertägige Trips auf den Flüssen Kızılırmak und Zamantı (Grade 2–5) an. Die Preise gehen von 65 bis 585 € pro Person inklusive Ausrüstung, Führer, Essen und Zelten.

Geführte Touren

Kirkit Voyage (☎ 511 3259; www.kirkit.com; Atatürk Caddesi 50) hat einen hervorragenden Ruf. Hier kann man neben den üblichen Exkursionen durch Kappadokien auch Wander- und Radtouren, Kanufahrten, Ausritte und Schneeschuhtrips buchen. Außerdem ist Kirkit Voyage offizielles Reisebüro für Flüge mit Onur Air und Pegasus Airlines.

Schlafen

Ada Camping (☎ 511 2429; www.adacampingavanos. com; Jan Zakari Caddesi 20; Camping pro Pers. 5,50 €; Strom; 🌊) Dieser große Campingplatz 1 km westlich vom *otogar* kann mit seiner erstklassigen Lage in Flussnähe punkten. Hier gibt's viel grünes Gras und schattige Plätzchen, außerdem saubere Bäder, ein Restaurant und einen Mega-Pool.

Kirkit Pension (☎ 511 3148; www.kirkit.com; Atatürk Caddesi; EZ/DZ 19/25 € inkl. Frühstück; 💻) Die Pension ist schon lange im Geschäft und in ganz Kap-

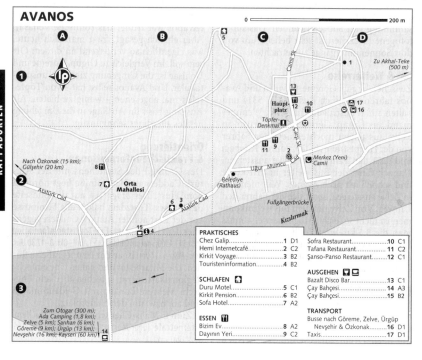

AVANOS

0   200 m

PRAKTISCHES			
Chez Galip	1 D1	Sofra Restaurant	10 C1
Hemi Internetcafé	2 C2	Tafana Restaurant	11 C2
Kirkit Voyage	3 B2	Şanso-Panso Restaurant	12 C1
Touristeninformation	4 B2		
		AUSGEHEN	
SCHLAFEN		Bazalt Disco Bar	13 C1
Duru Motel	5 C1	Çay Bahçesi	14 A3
Kirkit Pension	6 B2	Çay Bahçesi	15 B2
Sofa Hotel	7 A2		
		TRANSPORT	
ESSEN		Busse nach Göreme, Zelve, Ürgüp	
Bizim Ev	8 A2	Nevşehir & Özkonak	16 D1
Dayının Yeri	9 C2	Taxis	17 D1

padokien für ihre freundliche, relaxte Atmosphäre berühmt. Die Gäste werden in alten Steinhäusern untergebracht. Die schlichten Zimmer sind mit Kelims, historischen Fotos der Region und *suzani* (usbekischen Bettdecken) dekoriert. Ein paar sind ziemlich eng, deshalb besser vor dem Einchecken einen Blick in das eine oder andere werfen. Im Restaurant mit gewölbter Decke und im angenehmen Hof wird Hausmannskost (5 € pro Abendessen) serviert. Das Preis-Leistungs-Verhältnis stimmt.

Duru Motel (☎ 511 2402; www.duruhotel.com; Yukarı Mahallesi; EZ/DZ 17/28 € inkl. Frühstück; 🖳) Hoch über der Stadt (ein Höllenaufstieg!) thront diese schlichte kleine Unterkunft mit zwei verschiedenen Zimmertypen. Die Zimmer im neuen Flügel sind hell und komfortabel, aber nicht besonders stimmungsvoll. Die billigere Variante im ursprünglichen (aber modernen) Gebäude zeichnet sich durch zweifelhafte Betten, abgenutzte Teppiche und einfache Bäder aus. Pluspunkte sind die begraste Terrasse und der schöne Blick auf Avanos.

Sofa Hotel (☎ 511 5186; www.sofa-hotel.com; Orta Mahallesi Baklacı Sokak 13; EZ/DZ 25/40 € inkl. Frühstück; ✂) Ein ausgezeichnetes Mittelklassehotel mit 35 Zimmern in 15 Steinhäusern. Die besten sind im neuen, auf alt gestylten Flügel in der Nähe von der Rezeption. In den meisten gibt's große moderne Bäder, Satelliten-TV und Tee- bzw. Kaffeekochgelegenheit. Komfort wird hier groß geschrieben. Seinen Charme verdankt das Hotel aber den Massen von Teppichen, Bildern, Keramiken und anderem Schnickschnack, der in den Zimmern, im Hof und in den Restaurants verteilt ist.

Essen

Şanso-Panso Restaurant (Hauptgerichte 2–4 €) Dieses unscheinbare Restaurant am Hauptplatz ist genial, um bei einem Bier (2 €) die Leute zu beobachten. Bei den ganzen Töpfereien in Avanos verwundert es nicht weiter, dass die hiesige Spezialität *güveç* (im Tontopf gegartes Rindfleisch mit Kartoffeln, Tomaten, Knoblauch, Paprika und Kümmel; 3,50 €) ist. Ein Tee kostet 0,55 € und ein frisch gepresster O-Saft nur 1 €.

Dayının Yeri (☎ 511 6840; Atatürk Caddesi 23; Hauptgerichte 2–5 €) Das glänzende, moderne Dayının Yeri ist eins der besten *ocakbaşı* (Grillrestaurants) in Kappadokien. Das sollte sich keiner, der in Avanos Halt macht, entgehen lassen. Die Kebaps sind sensationell und die

pide ebenfalls. Es wäre ein Frevel, hier nicht auch das frisch zubereitete *künefe* (türkische Fadennudeln auf cremigem, in süßem Sirup gebackenem Frischkäse; 2 €) zu probieren! Alkohol: Fehlanzeige.

Tafana Restaurant (Atatürk Caddesi; Hauptgerichte 2–5 €) Dieses überladene, aber trotzdem ganz hübsche Restaurant an der Hauptstraße ist zwar längst nicht so überzeugend wie das Dayının Yeri. Aber es ist eine ordentliche Alternative, wenn eine gebraucht wird. Die Spezialität des Hauses ist *pide* (3–5,50 €), im Holzofen gebacken. Das Bier ist billig (2 €).

Sofra Restaurant (☎ 511 4324; Hükümet Konağı Karşısı; Gegrilltes 3,50–4,50 €) Das Sofra steht bei den Reisegruppen, die jedes Sommerwochenende in Avanos einfallen, hoch im Kurs. Die Atmosphäre ist einladend, und der freundliche, hintere Raum ist ein netter Ort, um die leckeren Grillgerichte zu kosten. Das Beste: Hier gibt's sogar Bier (2,50 €) zum Kebap!

Bizim Ev (Unser Haus; ☎ 511 5525; Orta Mahallesi Baklacı Sokak 1; *meze* 1,50–5 €, Hauptgerichte 4–6 €) Das herzliche, familienbetriebene Restaurant ist bestimmt die schickste Option in ganz Avanos. Es serviert regionale Spezialitäten wie frische Forellen (4,50 €) und *manti* (türkische Tortellini; 4 €) in einem eleganten, klimatisierten Speisesaal oder auf der Dachterrasse. Bier gibt's für 3 €.

Ausgehen

Wer Lust auf einen gemütlichen Tee und eine *nargileh* hat, sollte den *çay bahçesi* direkt neben der Touristeninformation testen. Frauen sind hier ebenso willkommen wie Männer. Eine Alternative ist der große *çay bahçesi* am Flussufer vor den Töpferwerkstätten, an der Südwestseite der Brücke.

In der Atatürk Caddesi und rund um den Hauptplatz gibt's ein paar vereinzelte Bars, in denen v. a. Einheimische rumhängen. Fremde (und gerade Frauen) fühlen sich hier nicht so wohl. Die einzige Bar, die wir wirklich empfehlen, ist der **Bazalt Disco Bar** (Yukarı Mahallesi; 🌙 Di–So). Hier gibt's Livemusik und eine freundliche Atmosphäre.

Anreise & Unterwegs vor Ort

Näheres zu den Shuttlebussen zwischen Flughafen Kayseri und Avanos s. S. 531.

Von Avanos nach Nevşehir gibt es zwei Busverbindungen: Die direkte fährt jede halbe Stunde, die andere fährt stündlich über Göreme und Çavuşin. Busse beider Linien fahren von 7 bis 19 Uhr, Fahrkarten kosten jeweils 1,50 €. Außerdem fährt stündlich ein *belediye*-Bus von Avanos über Çavuşin (10 Min.), Göreme (15 Min.) und Uçhisar (30 Min.) nach Nevşehir. Er verkehrt von 7.10 bis 18 Uhr. Fahrkarten kosten zwischen 0,40 und 1,10 €, je nachdem, wo man ein- oder aussteigt.

Auf S. 531 gibt's nähere Infos zu den *belediye*-Bussen zwischen Ürgüp und Avanos.

Kirkit Voyage (S. 552) verleiht Mountainbikes für 11 € pro Tag.

RUND UM AVANOS
Sarıhan

Das Sarıhan (Gelbe Karawanserei) 6 km östlich von Avanos hat ein aufwendig gestaltetes Tor mit kleiner Moschee direkt darüber. Es wurde 1249 gebaut ist eine der am besten erhaltenen seldschukischen Karawansereien.

Die Karawanserei wurde in den späten 1980er-Jahren restauriert und dient heute als Kulturzentrum. Hier kann man sich 45-minütige **Derwisch-Tanzvorstellungen (sema)** angucken (☎ 511 3795; Eintritt 20–25 €; ☼ April–Okt. 21.30 Uhr, Nov.–März 20.30 Uhr). Trotz der super stimmungsvollen Kulisse reicht die *sema* (Zeremonie) hier nicht an die im Mevlevi-Kloster in İstanbul ran (s. S. 126). Wer dort schon war, kann ruhig auf die Veranstaltung hier verzichten. Alle anderen sollten im Voraus buchen. Das geht über die meisten Pensionen in Göreme, Ürgüp, Avanos oder Uçhisar. Der Preis kann schwanken, je nachdem, wie viel Provision der Veranstalter oder die Pension einkassiert.

AN- & WEITERREISE

Ohne eigenes Fahrzeug zum Sarıhan zu kommen ist schwierig. Denn es gibt kein Dolmuş und nur wenige andere Fahrzeuge, um zu trampen. Ein Taxi ab Avanos kostet für Hin- und Rückfahrt ca. 11 € – inklusive Wartezeit.

Die unterirdische Stadt Özkonak

Ca. 15 km nördlich von Avanos liegt das Dorf Özkonak. Hier gibt's eine kleinere Variante der Höhlenstädte von Kaymaklı und Derinkuyu (s. Kasten S. 568) zu bestaunen: dieselben Wasserreservoirs, Felstüren etc. Die **unterirdische Stadt Özkonak** (Eintritt 3 €; ☼ Juni–Sept. 8.30–19 Uhr, Okt.–Mai 8.30–17.30 Uhr) ist nicht so spektakulär wie die größeren Stätten. Dafür ist sie nicht so überlaufen.

Am einfachsten kommt man von Avanos per Dolmuş hierher (1 €, 30 Min.), aber am Wochenende fahren die nur selten. Als Fahrtziel gibt man *yeraltı şehri* (unterirdische Stadt) an. Der Bus hält an der Tankstelle. Von dort sind es noch 500 m zu Fuß zum Eingang.

NEVŞEHIR
☎ 0384/77 060 Ew./Höhe 1260 m

Die Provinzhauptstadt Nevşehir ist eine hässliche moderne Stadt, die Travellern keinen Grund bietet, länger als nötig zu bleiben. Sie ist ein praktischer Verkehrsknotenpunkt, sonst nichts.

Orientierung & Praktische Informationen

Der zentrale *otogar* liegt 1,5 km nördlich vom Atatürk Bulvarı, der Hauptstraße der Stadt. Um ihn zu finden, orientiert man sich am besten an der Filiale der TC Ziraat Bankası am Atatürk Bulvarı und geht dort in die Lale Sokak direkt gegenüber. Diese belebte Straße führt zum *otogar* und zur Fernstraße nach Gülşehir. Die Einheimischen meiden den *otogar*, soweit es geht. Wenn sie per Bus oder Dolmuş in Orte der Umgebung fahren wollen, steigen sie an einer zentraleren Haltestelle ein. Sie liegt an einer Kreuzung ein Stückchen nördlich von der Alibey Cami in der Lale Sokak. An der Ampel ein Stück hinter der Moschee geht's nach rechts – dann sieht man schon wartende Menschen draußen vor einer Ladenarkade stehen. Busse nach Göreme, Uçhisar und Avanos halten auch in der Hauptstraße vor dem Museum (auf derselben Straßenseite, ein Stück weiter in Richtung Göreme).

Nevşehirs **Touristeninformation** (☎ 213 3659; Atatürk Bulvarı) befindet sich in einem großen Regierungsgebäude an der Hauptstraße. Außer einem simplen Stadtplan haben die Leute aber kaum was zu bieten. E-Mails lassen sich im **Step Internetcafé** (Atatürk Bulvarı; 0,55 € pro Std.; ☼ 8–24 Uhr) gleich hinter der Touristeninformation abrufen. In derselben Gegend gibt's auch eine Reihe von Banken mit Geldautomaten.

Sehenswertes

Das **Museum von Nevşehir** (☎ 213 1447; Türbe Sokak 1; Eintritt 1,10 €; ☼ Di–So 8–12 & 13–17 Uhr) ist im selten hässlichen Kültür Merkezi (städtisches Kulturzentrum) 1 km weg vom Stadtzentrum an der Straße nach Göreme untergebracht. Es umfasst einen relativ unspannenden archäologischen Raum mit bronzezeitlichen, phrygischen und hethitischen Töpfen und anderen

Utensilien, dazu ein paar römischen, byzantinischen und osmanischen Objekten. Die Völkerkundeabteilung oben ist verstaubt, schlecht aufgemacht und ziemlich langweilig.

Die Statue im kleinen Park vor dem Kulturzentrum stellt Nevşehir'li Damat İbrahim Paşa (1662–1730) dar, den osmanischen Großwesir, der aus der Stadt stammte. Diese lokale Lichtgestalt stiftete den großen Moscheenkomplex, der auf dem Hügel südlich der Atatürk Caddesi zu sehen ist. Moschee, Medrese (heute eine Bibliothek), Hamam und Teehaus sind immer noch in Betrieb.

Sicherheit & Ärgernisse

Die Tourveranstalter und Taxifahrer am *otogar* von Nevşehir sind berüchtigt dafür, dass sie über Reisende, die mit Bussen aus İstanbul oder anderen weiter entfernten Orten ankommen, herfallen. Die bedrängten, arglosen und müden Opfer lassen sich oft überteuerte Touren aufschwatzen oder völlig astronomische Preise für Taxifahrten zu ihren Zielorten (Göreme, Ürgüp, Uçhisar oder jedes andere Dorf der Umgebung) abnehmen. Am besten, man verhandelt gar nicht erst mit irgendwelchen Anbietern. Stattdessen folgt man den Tipps von S. 530 und achtet darauf, dass das gekaufte Busticket einen Shuttlebus von Nevşehir zum Zielort einschließt. Wer sich trotzdem zu einer Taxifahrt vom *otogar* entschließt, sollte sich unbedingt an die Preise halten, die im Abschnitt An- & Weiterreise rechts angegeben sind.

Schlafen & Essen

Auch bei näherer Betrachtung der Hotels von Nevşehir gibt's keinen Grund, hier zu übernachten. Es gibt genau zwei Kategorien: langweilige Vier-und-Fünf-Sterne-Kästen am Stadtrand mit Zielgruppe Pauschalreisende und schäbige Absteigen im Stadtzentrum, vor denen russische Prostituierte auf Kundschaft warten. Das Bettzeug dort dürfte kaum einem prüfenden Blick standhalten. Selbst wer hier mitten in der Nacht strandet, sollte besser gleich ins nahe Göreme weiterfahren. Da sind die Unterkünfte billiger und besser.

Öz Hanedan Restaurant (☎ 213 1179; Gazhane Caddesi 18A; Kebaps 2,50–3 €) Wir finden, dass die İskender-Kebaps in diesem schicken, modernen Restaurant der einzige Grund sind, aus dem sich ein Aufenthalt in Nevşehir lohnen könnte. Das Öz Hanedan liegt in einer Straße ca. 150 m von der Atatürk Caddesi entfernt. Es ist blitzsauber, hat freundliches Personal und serviert superleckere Döner-Variationen. An der Hauptkreuzung (aus Richtung Göreme kommend) geht's hinter der Touristeninformation links ab, dann die erste Straße rechts rein, danach wieder die erste links.

Wer beim Warten auf einen Bus Lust auf Tee und *baklava* kriegt, kann diese in der Karadeniz Pastanesi gleich bei der Atatürk Caddesi in der Straße nach Gülşehir stillen.

An- & Weiterreise

Zur Zeit der Recherche fing **Pegasus Airlines** (www.pegasusairlines.com) gerade an, fünf Flüge

---

HACI BEKTAŞ VELİ & DER BEKTAŞİ-ORDEN

Hacı Bektaş Veli, geboren im 13. Jh. in Nishapur im heutigen Iran, gilt als Gründer einer politisch-religiösen Bewegung, die (sunnitische und schiitische) Elemente des Islam mit dem orthodoxen Christentum verschmolz. Über sein Leben ist bekannt, dass er durch Anatolien reiste und mal in Kayseri, mal in Sivas, mal in Kırşehir wohnte. Schließlich ließ er sich in einem kleinen Dorf nieder, der heutigen Kleinstadt Hacıbektaş.

Viel mehr weiß man über Hacı Bektaş selber nicht. Aber er schrieb ein Buch mit dem Titel *Makalât*. Darin entwirft er eine mystische Lehre, die nicht so streng ist wie der othodoxe Islam. Er beschreibt einen Weg zur Erleuchtung, der über vier Stufen (die vier Tore) führt. Die hohen islamischen Geistlichen hatten für seine Ideen wenig übrig. Trotzdem hatten die Bektaşi-Derwische in osmanischer Zeit politisch und religiös relativ großen Einfluss. Wie alle anderen Derwisch-Orden wurden sie 1925 verboten.

Einmal im Jahr gehen die Bektaşi-Derwische auf Pilgerfahrt – ein enorm wichtiges Event für die moderne alevitische Gemeinschaft. Der erste Tag der Veranstaltung wird meistens von Politikern in Beschlag genommen; aber am zweiten und dritten Tag dreht sich alles um Musik und Tanz.

Im Ort gibt's das **Hacıbektaş-Museum** (Eintritt 1,10 €; ⏰ Di–So 8.30–12 & 13–17.30 Uhr). Es ist um das Grab des großen Gründers herumgebaut. Mehrere Räume sind so eingerichtet wie damals, als hier noch Derwische wohnten.

wöchentlich zwischen İstanbul und Nevşehir anzubieten (42–53 € eine Richtung).

Nevşehir ist der wichtigste Verkehrsknotenpunkt der Region. Von hier aus gibt's jede Menge Verbindungen zu den Städten und Dörfern der Umgebung: entweder vom *otogar* aus oder von der näher am Zentrum gelegenen Dolmuş-Haltestelle (s. S. 553). Fahrtziele sind Göreme (1 €, alle 30 Min. Mo–Fr von 7–20 Uhr im Sommer, Mo–Fr von 7–18.30 Uhr im Winter, an Wochenenden stündl.), Uçhisar (0,80 €, alle 30 Min. Mo–Fr von 7.30–18.30 Uhr, an Wochenenden stündl.), Ürgüp (1 €, alle 15 Min. von 7.30–24 Uhr) und Niğde (3,30 €, alle 30 Min. von 6.30–19 Uhr). Der Bus nach Niğde hält auch in Kaymaklı und Derinkuyu. Zwei Buslinien verbinden Nevşehir mit Avanos: Der erste Bus fährt alle 30 Minuten direkt nach Avanos, der zweite startet stündlich und fährt über Göreme und Çavuşin. Beide Linien verkehren von 7 bis 19 Uhr, das Ticket kostet 1,50 €. Wer nach Ortahisar will (0,55 €, alle 30 Min. Mo–Sa von 7–18.30 Uhr), muss zur Haltestelle an der Kreuzung Atatürk Caddesi/Ürgüp-Straße gehen. Alternativ fährt man per Dolmuş in Richtung Ürgüp und lässt sich auf der Hauptstraße an der Abfahrt Ortahisar absetzen. Von dort ist es noch ein 1 km zu Fuß bis ins Ortszentrum.

Taxifahrten kosten maximal: 10 € nach Göreme, 10 € nach Ortahisar, 15 € nach Ürgüp, 8 € nach Uçhisar und 15 € nach Avanos.

RUND UM NEVŞEHİR

Auf dem Weg nach Ankara lohnt es sich, einen Zwischenstopp in Gülşehir und Hacıbektaş einzulegen. Mit dem eigenen Fahrzeug ist das ein Kinderspiel. Aber auch mit öffentlichen Verkehrsmitteln dürfte es kein Problem sein.

Gülşehir

☎ 0384/9800 Ew.

Die kleine Stadt 19 km nördlich von Nevşehir hat zwei sehenswerte Felsenattraktionen. Ein guter Grund für einen Zwischenstopp.

4 km außerhalb des Zentrums von Gülşehir befindet sich der **Offene Palast** (Açık Saray; Eintritt frei; ☻ 7–19 Uhr), ein schönes Felsenkloster aus dem 6. und 7. Jh. Dazu gehören Kirchen, Refektorien, Schlafsäle und eine Klosterküche – alle in Feenkamine hineingebaut.

2 km näher am Stadtzentrum und nur fünf Minuten zu Fuß auf einer ausgeschilderten

Straße parallel zur Hauptstraße (auf dem Schild steht „Church of St Jean/Karşı Kilise") entfernt steht die prächtige **Johanneskirche** (Eintritt 2,75 €; ☻ 8.30–17 Uhr) aus dem 13. Jh. Sie hat zwei Etagen und wunderbare Fresken, auf denen u. a. Mariä Verkündigung, die Abnahme vom Kreuz, das Abendmahl und der Judasverrat zu erkennen sind. Die Fresken sind ziemlich gut erhalten, weil sie bis zur Restaurierung der Kirche 1995 von einer dicken schwarzen Rußschicht bedeckt waren.

Busse und Minibusse nach Gülşehir (0,55 €, 15 Min.) fahren von einer gemeinsamen Haltestelle im Zentrum von Nevşehir ab (s. S. 553). Am besten direkt am Açık Saray oder an der Karşı Kilise absetzen lassen, um sich den Fußweg zurück von der Stadt zu sparen. Auf dem Rückweg einfach vom Straßenrand aus einen Bus per Handzeichen anhalten. Busse nach Hacıbektaş fahren von Gülşehirs kleinem *otogar* gegenüber von der Kurşunlu Camii ab (0,55 €, 30 Min.).

Hacıbektaş

☎ 0384/6781 Ew.

Das Städtchen Hacıbektaş liegt am Rand von Kappadokien, 46 km von Nevşehir entfernt. Die meiste Zeit des Jahres über versinkt es im Dornröschenschlaf, aber vom 16. bis zum 18. August erwacht es zum Leben: Dann steigt hier das jährliche Fest zum Gedenken an Hacı Bektaş Veli (1248–1337), den Gründer und geistigen Führer des Bektaşi-Derwischordens. Bis zu 100 000 Gläubige pilgern während dieser Tage zu seinem Grab.

Die **Touristeninformation** (☻ Mo–Fr 8.30–12 & 13–17.30 Uhr) ist im Kültür Merkezi neben dem Museum. Sie sprechen dort kein Wort Englisch und haben bis auf ein Hochglanzheftchen über Hacı Bektaş Veli kein gedrucktes Infomaterial zu bieten. Einen Geldautomaten der Vakif Bank gibt's vor der Post an der Hauptstraße.

Hacıbektaş hat nur eine begrenzte Auswahl an Hotels. Das unspektakuläre **Hünkar Otel** (☎ 441 3344; www.hunkarotel.com.tr; EZ/DZ 11/22 €) am *meydanı* (Hauptplatz) zwischen Gedenkstätte und *otogar* bietet kleine, relativ saubere und komfortable Zimmer. Preise sind normalerweise verhandelbar, aber nicht im August, wenn das Haus rappelvoll ist. An Restaurants gibt's nur simple *lokanta*, *pastane* (Patisserien) und *kebapçı* (Kebap-Läden) an der Hauptstraße.

Busse vom Zentrum von Nevşehir nach Hacıbektaş (1,10 €, 45 Min., 9 Fahrten wochentags zwischen 7.45 und 17.45 Uhr, an Wochenenden weniger Verbindungen) fahren am „Has Hacıbektaş"-Busbüro ab. Das liegt in der Nähe von der Alibey Camii an der Straße nach Gülşehir. Der letzte Bus zurück nach Nevşehir startet um 17 Uhr (16.45 Uhr an Wochenenden) vom *otogar* in Hacıbektaş.

ORTAHİSAR
☎ 0384/4800 Ew.

Irgendwie wurde Ortahisar vom Mainstream-Tourismus übersehen. Und so ist es ein schnuckeliges Bauerndorf geblieben, das gut davon lebt, Zitrusfrüchte in seinen Höhlen zu lagern. Trotzdem hält der Ort ein, zwei Überraschungen parat, z. B. charmante Boutique-Hotels an ruhigen und besonders malerischen Fleckchen am Dorfrand. Einen besseren Vorwand, mal für ein paar Tage einfach auszuspannen, gibt's nicht.

Die Mitarbeiter der **Touristeninformation** (☎ 343 3071; Tepebaşı Meydanı; ☷ 8–17 Uhr) in der Nähe von der Burg sind nett, sprechen aber kein Englisch. E-Mails kann man im **Kilim Net C@fe** (Huseyin Galif Efendi Caddesi; 1,10 € pro Std.; ☷ 9–1 Uhr) in der Nähe vom Hotel Gümüş checken. Wer einen Führer durchs Tal von Pancarlık braucht, kann sich an „Crazy Ali" wenden. Der betreibt das Antiquitätengeschäft neben der Touristeninformation und spricht sogar ein paar Worte Englisch.

Sehenswertes
Sehenswürdigkeiten gibt es in Ortahisar keine bis auf die **Burg**, einen 18 m hohen Felsen, den die Byzantiner als Festung nutzten. Sie wird gerade restauriert, was sich endlos hinzuziehen scheint.

Einen Einblick in die Alltagskultur der Region vermittelt das **Völkerkundemuseum** (Kültür Müzesi; Tepebaşı Meydanı; Eintritt 1 €; ☷ 9–21 Uhr) am Hauptplatz in der Nähe der Burg. Bei Reisegruppen sehr beliebt sind die Dioramen und die viersprachigen Schautafeln.

An der Straße zum AlkaBris Hotel liegt der **Manzara ve Kültür Parkı**, ein netter Stadtpark mit Wiesen, Spielgeräten, Brunnen und tollem Blick auf die Burg – zum Picknicken ideal.

Wer will, kann von Ortahisar aus auch zu weniger bekannten Kirchen in der näheren Umgebung, etwa im Pancarlık-Tal, wandern.

2006 bekam Ortahisar eine eher zweifelhafte Touristenattraktion: den „Türkbalon":

Das ist ein alberner, festgezurrter Heißluftballon, der von İstanbul hierhergeschafft wurde. Die Kappadokier waren über die Verschandelung der herrlichen Landschaft um das Devrent-Tal entsetzt. Bleibt nur zu hoffen, dass auch die Reisenden ihrem Ärger Luft machen und diese grauenhafte Geschmacksentgleisung mit Nichtbeachtung strafen.

Schlafen & Essen
Gümüş Hotel (☎ 343 3127; www.gumushotel.com; Huseyin Galif Efendi Caddesi; EZ/DZ inkl. Frühstück 8,50/16,50 €) An der Straße ins Ortszentrum. Ein sauberes und simples Hotel mit anständigen Zimmern (ein paar mit eigenem Balkon) und tollem Dachterrassenblick.

Hisar Evi (☎ 343 3005; www.hisarevi.com; Kale Mahallesi Tahirbey Sokak; EZ/DZ/Suite inkl. Frühstück 39/67/84 €; ⌧) Ein perfektes Plätzchen zum Abtauchen – bekannt für seinen tollen Hausherrn, die extrem komfortablen Zimmer und das geniale Essen (Abendessen 11 €). Der Blick von den vielen Terrassen auf Tal und Burg ist herrlich. Und die Preise sind angesichts der Qualität überraschend fair.

AlkaBris (☎ 343 3433; www.alkabris.com; Cedid Mahallesi, Ali Reis Sokak 23; Zi. 110–139 €, Suite 156 €, alle inkl. Frühstück; ⌨) Das liebevoll restaurierte kappadokische Haus mit fünf geschmackvoll eingerichteten Zimmern ist eine luxuriöse Oase der Ruhe. Drei Zimmer bieten einen schönen Blick auf die Burg, das alte Dorf und den Erciyes Dağı. Außerdem gibt's ein in den Felsen gebautes Restaurant (Abendessen 17 €) und zwei großartige Terrassen, auf die die Gäste bei einem Tee relaxen können. Das Hotel ist im Ortszentrum ausgeschildert; der Weg ist ziemlich steil und ungefähr 1,5 km lang.

Park Restaurant (☎ 343 3361; Tepebaşı Meydanı; *pide* 3–3,50 €, Hauptgerichte 4,50–5,50 €) Hier isst man mit Blick auf den Hauptplatz und die Burg im Hintergrund. Der hübsche Garten lädt ein zum Relaxen bei einer Tasse Tee (0,50 €), Bier (3 €) oder einem Glas „House Viagra" (frisch gepresster O-Saft, 2 €).

Cultural Museum Restaurant (Hauptgerichte 5,50–8 €) Außen hui, innen … Leider können weder Essen noch Service mit dem schicken Äußeren mithalten. Das Restaurant ist auf Reisegruppen zugeschnitten. Die Terrasse und der hübsche Speiseraum sind nett für einen Tee (0,50 €), aber ums Essen sollte man lieber einen verdammt großen Bogen machen.

An- & Weiterreise

Näheres zu Shuttlebussen zwischen dem Flughafen von Kayseri und Ortahisar s. S. 531.

Alle halbe Stunde fahren Minibusse die 5 km lange Strecke zwischen Ürgüp und Ortahisar: montags bis samstags zwischen 8.10 und 16.30 Uhr (0,90 €). Auf S. 556 gibt's nähere Infos zu Busverbindungen zwischen Ortahisar und Nevşehir. Alle Busse halten am Hauptplatz.

ÜRGÜP

☎ 0384/17 050 Ew.

Wer was für noble Hotels und schicke Restaurants übrig hat, muss nicht weiter suchen: In Ürgup ist er genau richtig. Die Boutique-Hotels in den honigfarbenen Steinhäusern (Überbleibsel aus der Zeit vor 1923, als hier noch viele Griechen lebten) vermehren sich pausenlos und kommen bei Urlaubern extrem gut an. Die spektakuläre Landschaft und die tolle Lage mitten im Herzen Kappadokiens macht Ürgüp zu einem der unwiderstehlichsten Ferienorte in der Türkei.

Orientierung & Praktische Informationen

Ürgüp liegt in einem Tal ca. 23 km östlich von Nevşehir und 7 km östlich vom Göreme-Tal. Am meisten ist los rund um den Cumhuriyet Meydanı mit einem modernen Einkaufskomplex in der Mitte. Nicht weit vom Cumhuriyet Meydanı ist der *otogar*.

Am bzw. rund um den Hauptplatz gibt's mehrere Banken mit Geldautomaten. Die Post ist nordöstlich davon.

Die Mitarbeiter der **Touristeninformation** (☎ 0384 213 4260; Kayseri Caddesi 37; ☉ Okt.–April Mo–Fr 8–17 Uhr, Mai–Sept. Mo–Fr 8–17.30 Uhr) sind hilfsbereit und kennen sich gut aus.

E-Mails checken ist im **Club Café Internet** (2. OG, Suat Hayri Caddesi 42; 1,10 € pro Std.; ☉ 9–1 Uhr) oder im **Tera@s Internetcafé** (2. OG, Suat Hayri Cadesi 42; 1 € pro Std.; ☉ 9–1 Uhr) im selben Gebäude möglich. Zu den Internetcafés geht's durch den Arkadeneingang gegenüber vom Platz und neben dem Restaurant Kardeşler; eine schmuddelige Treppe führt in den zweiten Stock rauf.

Sehenswertes & Aktivitäten

Nordwestlich vom Hauptplatz ist der älteste Teil der Stadt mit vielen schönen, **alten Häusern.** Dorthin geht's durch einen Torbogen aus Stein. Es macht Spaß, hier ein bisschen

rumzustreunen. Wer will, kann danach zur Ahmet Refik Caddesi rauflaufen und rechts den **Temenni-Hügel** (Hügel der Wünsche; Eintritt 0,30 €; ☉ 9–23 Uhr) angucken. Hier gibt's ein Heiligengrab, ein Café und einen Panoramablick über die ganze Stadt. Wieder auf der Ahmet Refik Caddesi, kann man die tolle inoffizielle „Höhlenstadt" von Ürgüp besichtigen. Wer sich dafür interessiert, engagiert einfach für ein Trinkgeld einen der Guides, die hier rumhängen.

Direkt am Hauptplatz ist der **Tarihi Şehir Hamamı** (8,50 €; ☉ 7–22 Uhr), der örtliche Hamam. Z. T. ist er in einer früheren kleinen Kirche untergebracht. Hier dürfen Männer und Frauen gemeinsam baden, aber alles ist sehr seriös (die Masseure sind Männer).

Neben der Touristeninformation ist ein nicht übermäßig spannendes **Museum** (Eintritt 1,10 €; ☉ Di–So 8.30–12 & 13–17 Uhr).

WEINGÜTER

Die viele Sonne und der fruchtbare vulkanische Boden Kappadokiens lassen köstlich süße Trauben reifen. Mehrere kleine Winzerbetriebe führen deshalb die osmanisch-griechische Winzertradition fort. Regionale Weine können im großen **Weingut Turasan** (Çimenli Mevkii; ☉ 7.30–19 Uhr) verkostet werden.

Geführte Touren

In Ürgüp gibt's viele Reiseveranstalter, die Touren durch Kappadokien anbieten. Prima Adressen sind:

Argeus Tours (☎ 341 4688; www.argeus.com.tr, www.cappadociaexclusive.com; İstiklal Caddesi 7; ☉ Nov.–März 8.30–19 Uhr, April–Okt. 8.30–18 Uhr) Kann in Sachen Rad- und Wandertouren, Reiterferien, Tagestrips und Flüge weiterhelfen. Ürgüps offizieller Turkish-Airlines-Vertreter.

Peerless Travel Services (☎ 341 6970; www.peerless excursions.com; İstiklal Caddesi 19A; ☉ 8.30–20.30 Uhr) U. a. Ürgüps offizieller Onur-Air-Vertreter.

Schlafen

Ürgüp hat eine große Bandbreite an Boutique-Hotels, einige gute Mittelklassehotels und mehrere interessante Budgetunterkünfte zu bieten. Viele Unterkünfte machen zwischen November und März dicht. Dann ist nämlich das Wetter so, dass Einheimische lieber zu Hause bleiben und Reisende sich anderswo tummeln.

BUDGETHOTELS

Hotel Elvan (☎ 341 4191; hotelelvan@superonline.com; Barbaros Hayrettin Sokak 11; EZ/DZ inkl. Frühstück 17/28 €;

ÜRGÜP

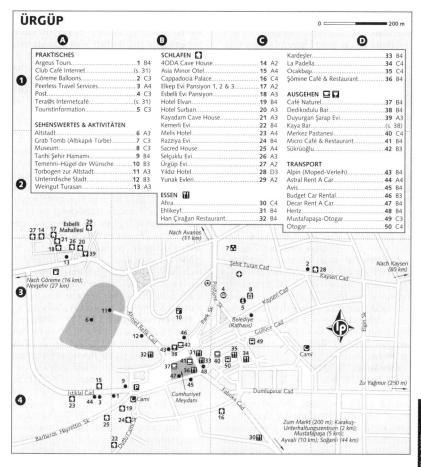

0 _____ 200 m

PRAKTISCHES		
Argeus Tours	1	B4
Club Café Internet	(s. 31)	
Göreme Balloons	2	C3
Peerless Travel Services	3	A4
Post	4	C3
Tera@s Internetcafé	(s. 31)	
Touristinformation	5	C3

SEHENSWERTES & AKTIVITÄTEN		
Altstadt	6	A3
Grab Tomb (Altıkapılı Türbe)	7	C3
Museum	8	C3
Tarihi Şehir Hamamı	9	B4
Temenni-Hügel der Wünsche	10	B3
Torbogen zur Altstadt	11	A3
Unterirdische Stadt	12	B3
Weingut Turasan	13	A3

SCHLAFEN		
4ODA Cave House	14	A2
Asia Minor Otel	15	A4
Cappadocia Palace	16	C4
Elkep Evi Pansiyon 1, 2 & 3	17	A2
Esbelli Evi Pansiyon	18	A3
Hotel Elvan	19	B4
Hotel Surban	20	A3
Kayadam Cave House	21	A3
Kemerli Evi	22	B4
Melis Hotel	23	A4
Razziya Evi	24	B4
Sacred House	25	A4
Selçuklu Evi	26	A3
Ürgüp Evi	27	A2
Yıldız Hotel	28	D3
Yunak Evleri	29	A2

ESSEN		
Ahra	30	C4
Ehlikeyf	31	B4
Han Çirağan Restaurant	32	B4

Kardeşler	33	B4
La Padella	34	C4
Ocakbaşı	35	C4
Şömine Café & Restaurant	36	B4

AUSGEHEN		
Café Naturel	37	B4
Dedikodulu Bar	38	B4
Duyurgan Şarap Evi	39	A3
Kaya Bar	(s. 38)	
Merkez Pastanesi	40	C4
Micro Café & Restaurant	41	B4
Sükrüoğlu	42	B3

TRANSPORT		
Alpin (Moped-Verleih)	43	B4
Astral Rent A Car	44	A4
Avis	45	B4
Budget Car Rental	46	B3
Decar Rent A Car	47	B4
Hertz	48	B4
Mustafapaşa-Otogar	49	C3
Otogar	50	C4

) In diesem unspektakulären, aber einwandfreien Quartier erwartet die Gäste eine herzliche und kuschelige Atmosphäre. Die Zimmer liegen rund um einen kleinen Innenhof und sind alle mit den üblichen Mittelklasse-Extras wie Satelliten-TV und Föhn ausgestattet. Es gibt eine kleine Dachterrasse und ein gemütliches Restaurant. Tolles Preis-Leistungs-Verhältnis!

Yıldız Hotel (☎ 341 4610; www.yildizhotel.com; Kayseri Caddesi; EZ/DZ/Bungalow inkl. Frühstück 14/28/45 €) Mit den anderen hier genannten Budgetunterkünften kann das Yıldız lange nicht mithalten. Die altmodischen Zimmer sind zwar sauber, könnten aber dringend mal einen neuen Anstrich und neue Teppiche vertragen. Die renovierten Bungalows im blühenden Garten sind da schon ansehnlicher – allerdings auch etwas überteuert.

Cappadocia Palace (☎ 341 2510; www.hotel-cappadocia.com; Duayeri Mahallesi Mestan Sokak 2; Standard-EZ/DZ inkl. Frühstück 23/34 €, Suite inkl. Frühstück 45–70 €) Großes, komfortables Hotel in einem umgebauten griechischen Haus nur einen Steinwurf vom Cumhuriyet Meydanı entfernt. Die 14 Zimmer im Motel-Stil haben Satelliten-TV und kleine Bäder. Ansonsten gibt's hier noch vier beeindruckende Höhlensuiten, eine süße Restaurant-Lounge im Gewölbekeller und ein nettes Foyer.

MITTELKLASSEHOTELS

Razziya Evi (☎ 341 5089; www.razziyaevi.com; Cingilli Sokak 24; EZ/DZ inkl. Frühstück 27/38–43 €) Mittelklasse-

KAPPADOKIEN

unterkünfte sind in Ürgüp Mangelware – deshalb muss man für dieses liebevoll restaurierte *evi* (Haus) von ganzem Herzen dankbar sein. Die sieben freundlichen Zimmer (einige in leicht muffigen Höhlen) sind komfortabel und sauber. Von schick kann zwar keine Rede sein, aber in einer Stadt, die vor lauter noblen Boutique-Hotels überquillt, ist das mal erfrischend anders. Es gibt einen Hamam (5 € pro Pers.), einen Salon mit Satelliten-TV, eine hübschen Hof und eine Küche für die Gäste.

Melis Hotel (☎ 341 2495; www.melishotel.com; İstiklal Caddesi 34; B/EZ/DZ inkl. Frühstück 14/25/40 €; 🛋 🖵) Das Melis liegt an einer Hauptstraße direkt neben einer Moschee (Ohrstöpsel nicht vergessen!). Die Zimmer mit gewölbten Decken gruppieren sich rund um einen riesigen, sehr netten Swimmingpool. Im älteren Haupthaus gibt's ein Restaurant, drei atmosphärische Höhlenzimmer und ein tolles Vier-Bett-Zimmer.

Asia Minor Otel (☎ 341 4960; www.cappadociahouse. com; İstiklal Caddesi 38; EZ/DZ inkl. Frühstück 28/42 €; 🖵) Der riesige grüne Garten ist der größte Trumpf dieses freundlichen, aber etwas heruntergekommenen Hotels. Es hat eine Menge unterschiedliche Zimmer zur Auswahl. Die besten sind die mit Gewölbedecke im Erdgeschoss und die hellen, luftigen mit Balkon im oberen Stock.

Hotel Surban (☎ 341 4603; www.hotelsurban.com.tr; Yunak Mahallesi; EZ/DZ HP 35/45 €; ✖ 🖵) Die schlichten Zimmer mit Gewölbedecke sind erfreulich hell und haben kleine, aber blitzsaubere Bäder. Alle haben Satelliten-TV und hübsch bestickte Bettwäsche. Von der Dachterrasse mit großer Restaurant-Lounge hat man einen klasse Blick. Der Preis stimmt, Frühstück und Abendessen sind auch mit drin.

Kemerli Evi (☎ 341 5445; www.kemerliev.com; Dutlu Camii Mahallesi Çıkmaz Sokak 12; EZ/DZ inkl. Frühstück 67/90 €; ✖ 🖵 🛋) Das kleine, stylische Kemerli Evi

bewegt sich preislich irgendwo zwischen Mittel- und Spitzenklasse. Es liegt in einer Nebenstraße südwestlich vom Hauptplatz. Seine zehn nett eingerichteten Zimmer verteilen sich auf zwei restaurierte griechische Gebäude. Einen kleinen Swimmingpool, eine kuschelige Lounge im Obergeschoss und eine unspektakuläre Dachterrasse gibt's auch.

SPITZENKLASSEHOTELS

Fast alle Nobelabsteigen sind am nordwestlichen Rand von Ürgüp zu finden, ganz oben auf dem Esbelli-Hügel.

Kayadam Cave House (☎ 341 6663; www.kayadam. com; Esbelli Mahallesi Sokak 6; EZ/DZ/Suite inkl. Frühstück 52/72/120 €; ✖ 🖵) Die sechs Standardzimmer dieses tollen Boutique-Hotels sind direkt in den Tuffstein reingebaut und gehen auf eine Kaskade von Terrassen raus. Alle haben polierte Holzdielen, bequeme Betten und tolle große, moderne Bäder. Den Besitzern gehört auch die Villa Bacchus gleich um die Ecke. Die bietet zwei Deluxe-Zimmer und eine umwerfende Suite mit eigener Terrasse, voll ausgestatteter Küche und riesigem Wohnbereich.

Elkep Evi Pansiyon 1, 2, 3 & 4 (☎ 341 6000; www. elkepevi.com; Esbelli Mahallesi Sokak; EZ/DZ inkl. Frühstück 55/75 €, Suite inkl. Frühstück 110–170 €; ✖ 🖵) Das Elkep Evi ist das größte Boutique-Hotel auf dem Esbelli-Hügel. Es verteilt sich auf vier Einzelhäuser mitten in einem tollen Garten. Fast alle Zimmer sind Höhlenzimmer. Der neueste Flügel hat außerdem ein gewölbtes Familienzimmer oben auf der Dachterrasse. An Platz mangelt's nicht: Die Zimmer sind alle geräumig (manche sogar riesig und mit eigener Dachterrasse!) und es gibt ein saalartiges Restaurant. Nicht zu vergessen die große Dachterrasse mit sensationellem Blick.

Selçuklu Evi (☎ 341 7460; www.selcukluevi.com; Yunak Mahallesi; Zi. inkl. Frühstück 70–90 €; ✖ 🖵) Dieses

---

DER TIPP VOM AUTOR

Esbelli Evi Pansiyon (☎ 341 3395; www.esbelli.com; Esbelli Mahallesi Sokak 8; EZ/DZ/Suite inkl. Frühstück 80/90/200 €; ✖ 🖸 🖵) Es kommt nicht oft vor, dass wir einem Hotel zehn von zehn Punkten geben – aber das Esbelli Evi hat es wirklich verdient. Es war das erste Boutique-Hotel in Kappadokien und wurde inzwischen mehrfach kopiert. Aber in punkto Komfort, Stil und Atmosphäre kann ihm bis jetzt keines das Wasser reichen. Der Besitzer Süha Ersöz weiß, was Gäste glücklich macht: Die Höhlenzimmer haben bequeme Betten, eine elegante (aber nie aufgemotzte) Deko und erstklassige Bäder. Liebevolle Extras wie Wasser in Flaschen oder Bücher in den Zimmern sind das Sahnehäubchen obendrauf. Dazu kommen noch das klasse Frühstück, der tolle Blick von der Terrasse und der vorbildliche Service. Kurz: Ein Aufenthalt in diesem unglaublich gastfreundlichen Hotel dürfte für jeden Traveller ein Highlight sein.

KAPPADOKIEN

beeindruckende Landhaus ist nicht unbedingt unser Favorit in Ürgüp. Aber es hat eine Menge zu bieten: Die 20 extrem komfortablen Zimmer sind individuell eingerichtet und haben Extras wie Satelliten-TV und Minibar. Im schönen Garten können die Gäste super relaxen (v. a. am Weinbrunnen, aus dem der Rebensaft gratis sprudelt!) Der Haken an dem Ganzen ist, dass die meisten Zimmer im Sommer unerträglich heiß werden und keine Klimaanlage haben.

40DA Cave House (☎ 341 6080; www.4oda.com; Esbelli Mahallesi Sokak 46; EZ/DZ inkl. Frühstück 70/90 €; 🖳) Diese friedliche neue Unterkunft hat zwar nur vier Zimmer, aber Atmosphäre und Komfort ohne Ende. Die ansteckend fröhliche Besitzerin tut alles, damit sich ihre Gäste wie zu Hause fühlen. Nachmittags gibt's Tee und selbst gebackenen Kuchen. Die private Bibliothek und Lounge steht auch allen offen. Die Zimmer sind umwerfend: mit eigenen Terrassen, erstklassigen Betten, antiken *suzani* (usbekische Wandbehänge) und handgemachter Seife. Wirklich absolut empfehlenswert!

Ürgüp Evi (☎ 341 3173; www.urgupevi.com.tr; Esbelli Mahallesi Sokak 54; EZ/DZ inkl. Frühstück 75/100 €, Suite inkl. Frühstück 135–200 €; 🖳) Gehört schon lange zu den beliebtesten Hotels und wurde vor kurzem schick renoviert. Die wunderschöne Steinfassade ist dabei nicht verändert worden. Dafür haben die Höhlenzimmer jetzt superbequeme Betten mit edler Bettwäsche. Andere Pluspunkte sind die Lage ganz oben auf dem Hügel (mit einem genialen Blick), das attraktive Höhlenrestaurant und der Terrassengarten mit lauter bunten Sitzsäcken.

Sacred House (☎ 341 7102; www.sacred-house.com; Karahandere Mahallesi Barbaros Hayrettin Sokak 25; EZ inkl. Frühstück 95–125 €, DZ inkl. Frühstück 105–145 €; ✗ 🖳) Die Konkurrenz in ganz Kappadokien staunte nicht schlecht, als 2006 dieses wohl nobelste Boutique-Hotel der Region eröffnete. In einem alten griechischen Landhaus werden sieben elegant (dunkel) eingerichtete Zimmer mit riesigen, noblen Bädern vermietet. Das ganze Haus ist voll mit Antiquitäten und Kunsthandwerk. Und noch ein Plus: die schicke Dachterrasse mit stylischer Lounge. Die einen fahren voll drauf ab, andere finden es überkandidelt.

Yunak Evleri (☎ 341 6920; www.yunak.com; Yunak Mahallesi; DZ 120–145 €, Suite 180 €; ✗ 🖳) Dieses smarte Hotel hat sechs Höhlenhäuser mit insgesamt 29 Zimmern. Das Haupthaus ist schwer beeindruckend: eine traumhafte alte griechische Villa mit einer ultramodernen DVD- und Musiklounge. Weniger überzeugend ist die exponierte Lage und das spärliche Grün. Aber die Zimmer sind extrem komfortabel und prima ausgestattet.

Essen

Die Auswahl an Restaurants ist in Ürgüp nicht so groß wie in Göreme. Dafür ist der Standard insgesamt höher.

Kardeşler (☎ 341 2376; Suat Hayri Caddesi 5; Hauptgerichte 2,50–4 €) Der Renner in diesem billigen, netten Restaurant ist *tandır* (Eintopf mit Brotkruste, gekocht im Tontopf). Es gibt ihn mit Rindfleisch und weißen Bohnen oder vegetarisch. Das Bier dazu kostet 2 €.

Ocakbaşı (☎ 341 3277; Güllüce Caddesi 44; Hauptgerichte 4–5 €) Ein etabliertes großes Restaurant direkt oberhalb vom *otogar*. Eine etwas kleinere Dachterrasse gehört auch dazu. Die Atmosphäre ist zwar nicht so prickelnd, aber die Grillgerichte sind berühmt. Ein Bier kostet 2,50 €, ein *ayran* (Joghurtgetränk) 1,50 €.

La Padella (☎ 341 2068; Dumlupınar Caddesi 33; Hauptgerichte 4,50–6,50 €) Der Chefkoch und Besitzer war früher in Göremes berühmtem Restaurant A'laturca angestellt – und das merkt man. Es gibt z. T. die gleichen Gerichte wie dort, aber bei weitem billiger. Wir sind sehr einverstanden! Auf der (türkischen & englischen) Speisekarte stehen Hits wie *soğuk salata tabağı* (kalte, gemischte *meze*-Platte, 4 €) und *kapaturco tavuk şiş* (Hühnchen-Kebap mit Aubergine, Tomate, Zwiebel und Paprika, 5 €). Ein Bier kostet nur 2 € und der Service ist superfreundlich. Absolut empfehlenswert!

Ahra (☎ 341 3454; Fabrika Caddesi 66; Hauptgerichte 4–7 €) Das Ahra in einem toll renovierten alten Haus an der Straße nach Mustafapaşa ist auf jeden Fall das atmosphärischste Restaurant im Ort. Es ist alles sehr persönlich und schlicht, aber hübsch eingerichtet. Diese Schlichtheit färbt auch auf die Karte ab: Es wird Hausmannskost wie *sulu köfte* (Eintopf mit Fleischbällchen, 4 €) und *Kayseri mantısı* (4,50 €) geboten. Auf diesen Glückstreffer sollte man mit einer Flasche einheimischem Wein anstoßen (17 €).

Han Çirağan Restaurant (☎ 341 2566; Cumhuriyet Meydanı; Hauptgerichte 5–7 €) Mit seiner attraktiven Lage und den humanen Preisen ist das Han Çirağan ein Dauerbrenner. Im Sommer ist der schattige, weinumrankte Hof ein herrliches Plätzchen zum Essen. Im Winter wird das Essen im gemütlichen Gewölbekeller aufgetischt. Was das Essen angeht, sollte niemand Extravaganzen erwarten: Hier wird waschechte türkische Küche serviert.

Şömine Cafe & Restaurant (☎ 341 8442; Cumhuriyet Meydanı; Salate 2–5 €, Hauptgerichte 4–7 €) Dieses beliebte Restaurant ist auf jeden Fall edler als alle anderen in Ürgüp. Tische stehen draußen auf der Terrasse und im attraktiven Speisesaal, dekoriert mit blütenreinen Servietten, edlem Besteck und Geschirr. Die umfangreiche Speisekarte stellt die Gäste vor die Qual der Wahl. Die meisten bestellen erst einen Salat und machen dann weiter mit *kiremit* (im traditionellen Ofen auf einem Stein zubereitetes Fleisch). Dazu gibt's knuspriges *lavash*-Brot, frisch aus dem Ofen. Das Essen ist gut, hält aber nicht ganz, was das noble Ambiente verspricht.

Ehlikeyf (☎ 341 6110; Cumhuriyet Meydanı; Hauptgerichte 5–8 €) Smartes, modernes Restaurant mit Blick auf den Platz. Das Ehlikeyf steht kurz davor, dem Şömine den Rang als Nummer eins der Restaurantszene abzulaufen. Schon die großen, locker verteilten Tische und die bequemen Ledersessel stimmen auf einen großartigen Abend ein. Hier können sich die Gäste durch die anspruchsvolle Speisekarte schlemmen: U. a. gibt's einen vorzüglichen *Ehlikeyf kebap* (Steak mit frittierten Kartoffelecken, Knoblauchjoghurt und einer Demiglace-Sauce; 9 €). Der Service ist allerdings manchmal quälend langsam.

Ausgehen

Die zwei angesagtesten Bars sind direkt nebeneinander am Cumhuriyet Meydanı: die Kaya Bar und die Dedikodulu Bar. Etwas gediegener geht's im **Duyurgan Şarap Evi** (Esbelli Mahallesi) zu. In dieser Weinstube können die Gäste abends bei Livemusik ein (oder auch drei!) Gläschen kappadokischen Wein goutieren.

Am Hauptplatz gibt's auch eine Reihe Cafés und Konditoreien mit Tischen draußen – perfekt, um bei einem Drink die Welt an sich vorüberziehen zu lassen. Wer Durst auf Kaffee oder Alkoholisches hat, kann das Café Naturel oder das Micro Café & Restaurant ausprobieren. Tee, Kuchen und Eis gibt's im Merkez Pastanesi oder im Şükrüoğlu. Alle sind am Cumhuriyet Meydanı.

An- & Weiterreise

Details zu den Shuttlebussen zwischen dem Flughafen von Kayseri und Ürgüp s. S. 531.

Die meisten Busse starten am Haupt-*otogar*. Zwischen 6.55 und 23.30 Uhr fahren alle 15 Minuten Minibusse nach Nevşehir (1 €). Auf S. 532 stehen Infos zu den Bussen der Belediye Bus Corp; die fahren zwischen Ürgüp und Avanos, über Ortahisar, das Freiluftmuseum von Göreme, Göreme-Dorf und Çavuşin.

Täglich pendeln neun Busse (sonntags nur 3) zwischen Ürgüp und Mustafapaşa von 8.15 bis 18.15 Uhr (0,90 €). Sie starten am *otogar* von Mustafapaşa, östlich vom Haupt-*otogar*.

In der Tabelle unten stehen Details zu Langstreckenbussen, die täglich ab Ürgüp fahren:

VERBINDUNGEN AB OTOGAR IN ÜRGÜP

Fahrtziel	Fahrpreis	Dauer	Häufigkeit (pro Tag)
Adana	11,50 €	5 Std.	3-mal morgens & nachmittags
Aksaray	4 €	1½ Std.	oft, morgens & abends
Ankara	10 €	4½ Std.	mindestens 7-mal (Sommer)
Antalya	17–22 €	10 Std.	2-mal, nur abends
Çanakkale	25–28 €	16 Std.	1-mal, nur nachmittags
İstanbul	20 €	11 Std.	mindestens 3-mal, morgens & abends
İzmir & Selçuk	20–25 €	11½ Std.	1-mal, nur abends
Kayseri	3 €	1¼ Std.	7–18 Uhr stündl.
Konya	8,50 €	3 Std.	häufig
Marmaris/ Bodrum/ Pamukkale	17–25 €	11–15 Std.	1-mal, nur abends

Unterwegs vor Ort

Ürgüp ist ein prima Ort, um ein Auto zu leihen. Fast alle Autovermietungen sind am Hauptplatz. Die Preise schwanken um die 35 bis 40 € pro Tag für einen Kleinwagen mit Schaltung (z. B. einen Fiat Palio). Für einen größeren Automatikwagen ist mit 50 bis 60 € zu rechnen. **Decar Rent A Car** (☎ 341 6760) hat einen prima Service. Auch gut sind **Budget Car Rental** (☎ 341 6541), **Astral Rent A Car** (☎ 341 3344), **Hertz** (☎ 341 4906) und **Avis** (☎ 341 2177). Decar ist die beste Wahl für Traveller, die ihren Leihwagen in einer anderen türkischen

Stadt zurückgeben wollen. Hier werden keine so horrenden Rückgabegebühren verlangt wie bei anderen (z. B. 100 € für die Rückgabe in Antalya).

Es gibt mehrere Motorroller- und Motorradvermietungen in der Stadt. Empfehlenswert sind **Alpin** (☎ 341 8008) am Hauptplatz oder **Astral Rent A Car** (☎ 341 3344). Pro Tag ist mit ca. 25 € zu rechnen.

Der steile Aufstieg vom Stadtzentrum auf den Esbelli Mahallesi ist ziemlich ätzend. Kein Wunder, dass sich viele lieber ein Taxi (am Taxistand neben dem Micro Café & Restaurant am Hauptplatz) leisten (2,50 €).

AYVALI

Wer von Ürgüp in Richtung Süden nach Mustafapaşa fährt, kommt an der Abfahrt nach Ayvalı vorbei. Das ist ein kleines, unverdorbenes kappadokisches Dorf mit einem herrlich ruhig gelegenen Hotel: dem **Gamırasu Hotel** (☎ 0384-341 7485; www.gamirasu.com; DZ 56–104 €, Suite 120–560 €). Es versteckt sich hinter den Mauern eines 1000-jährigen Klosters – kein Wunder also, dass die Standard-Höhlenzimmer ein bisschen beengt ausfallen. Es gibt aber auch Deluxe-Zimmer und Suiten, alle schick und superkomfortabel. Auf dem Gelände sind außerdem ein Restaurant, eine Kirche mit Fresken und ein uraltes Weingut.

MUSTAFAPAŞA

☎ 0384/2500 Ew.

Bis zum Ersten Weltkrieg hieß Mustafapaşa noch Sinasos, und bis 1923 lebten hier nur Griechen. Heute profitiert der Ort von seinem griechischen Erbe: Die wunderschön verzierten Steinhäuser und Felsenkirchen ziehen eine kleine, aber doch ansehnliche Schar ausländischer und türkischer Besucher an. Ein herrlicher Ort, um ein, zwei Tage zu verbringen.

Am Ortseingang von Mustafapaşa ist eine größere Kreuzung, der Sinasos Meydanı. Dort steht eine große Tafel, auf der alle Felsenkirchen in der Umgebung eingezeichnet sind. Die Straße runter Richtung Ortszentrum führt zum Cumhuriyet Meydanı mit der obligatorischen Atatürk-Büste und ein paar Teehäusern.

Im Ort gibt's weder Touristeninformation noch Geldautomaten.

Sehenswertes

Am Sinasos Meydanı steht ein Schild zur 1 km entfernten **Ayios Vasilios Kilise** (Basileioskirche; Ein-

tritt 3 €; ☺ unterschiedlich), die hoch über einer Schlucht thront. Sie stammt aus dem 12. Jh. Die Fresken drinnen sind aber aus dem 20. Jh. und nicht so beeindruckend.

Zwischen Sinasos Meydanı und Cumhuriyet Meydanı steht eine **Medrese** aus dem 19. Jh. mit einem toll verzierten Portal. Die Steinsäulen rechts und links vom Eingang drehen sich angeblich, wenn sich das Fundament bewegt; sie sollen so vor Schäden durch Erdbeben warnen.

Am Cumhuriyet Meydanı steht die beeindruckende **Ayios Kostantinos-Eleni Kilise** (Konstantin-Helena-Kirche; Eintritt 3 €). Sie wurde 1729 gebaut und 1850 restauriert. Um das Portal ranken sich steinerne Weinreben. Innen bröckelt alles schon ziemlich und die Fresken aus 1895 verblassen immer mehr. Normalerweise steht vor der Kirche ein uniformierter städtischer Angestellter, der Eintritt kassiert und den Schlüssel zur Kirche aushändigt. Wenn keiner da ist, einfach im nahe gelegenen *belediye*-Gebäude fragen.

Im **Klostertal** stehen noch mehr Kirchen, u. a. die **Ayios Stephanos Kilise** (Stephanskirche). Im Vergleich zu anderen kappadokischen Kirchen ist sie aber eher enttäuschend. Aber der Spaziergang dorthin ist herrlich.

Schlafen & Essen

Viele Unterkünfte in Mustafapaşa machen zwischen November und März dicht.

Monastery Hotel (☎ 353 5005; www.monasteryhotel.com; Mehmet Şakirpaşa Caddesi; EZ/DZ 10/20 €) Dieses etwas raue Hotel liegt an der Straße zum Klostertal. Es hat ein paar armselige Zimmer im Erdgeschoss, und ein paar weitaus erträglichere befinden sich im Obergeschoss. Dass in der seltsamen Disko-Bar irgendwann mal richtig die Post abgeht, glauben wir eher nicht.

Hotel Pacha (☎ 353 5331; www.pachahotel.com; Sinasos Meydanı; EZ/DZ inkl. Frühstück 15/24 €) Viele Hotels in Kappadokien rühmen sich, Familienbetriebe zu sein und ihre Gäste besonders herzlich und persönlich zu betreuen. In Wirklichkeit stimmt das nicht immer. Aber das Pacha beim Kreisverkehr ist so ein Glücksfall. Wer in den hübschen, weinumrankten Hof des restaurierten osmanisch-griechischen Hauses kommt, ist sofort hin und weg. Die relativ kleinen Zimmer sind hell, modern und picobello sauber. Aber die Zimmergröße spielt keine Rolle, weil sich die Gäste eh fast die ganze Zeit in der tollen Restaurant-Lounge im oberen Stock aufhalten. Von dort gibt's einen netten Blick auf den Hof.

Hotel Cavit (☎ 353 5186; musti_clb@hotmail.com; Baraj Caddesi; EZ/DZ inkl. Frühstück 14/28 €) Das Cavit liegt an der Straße nach Soğanlı und ist auch so ein netter Familienbetrieb. Mit dem Pacha kann es zwar nicht ganz mithalten, aber es hat ebenfalls einen schönen Hof und herrlich helle, luftige Zimmer. Die Besitzer sind reizend, sprechen aber kein Englisch. Das Beste ist der klasse Blick von der gemütlichen Terrassen-Lounge.

Old Greek House (☎ 353 5306; www.oldgreekhouse. com; Şahin Caddesi; EZ/DZ inkl. Frühstück 30/40 €; 🖳) Das große Plus dieses Hotels ist die historische Aura, die das zauberhafte osmanisch-griechische Haus umgibt. In der Mitte ist ein schöner Innenhof mit einem erstklassigen Restaurant. Viele der Fresken und Verzierungen aus dem 19. Jh. sind noch original erhalten. Die 16 geräumigen Zimmer haben Holzdielen, Teppiche, bequeme Betten mit bestickten Tagesdecken und simple, aber saubere Bäder. Die meisten Zimmer gehen zum Innenhof raus – zur Essenszeit kann es also etwas laut werden.

Ukabeyn Pansiyon (☎ 353 5533; www.cappadociapen siyon.com; EZ/DZ 40/55 €; 🖳) Was für eine Überraschung! Dieses Boutique-Hotel, das hoch auf einem Hügel die Stadt überblickt, hat fünf Zimmer mit Gewölbedecken – alle attraktiv und modern eingerichtet. Als Extras gibt's einen Swimmingpool, mehrere Terrassen und ein komplett eingerichtetes Apartment (75 €) – ideal für einen längeren Aufenthalt. Zum Hotel geht's vom Cumhuriyet Meydanı Richtung Klostertal 1 km steil bergauf und dann rechts.

Lamia Pension (☎ 353 5413; www.lamiapension. com.tr; EZ/DZ 28/56 €) Diese gemütliche Pension wird von einem deutsch-türkischen Künstler geführt. Er vermietet fünf große Zimmer, die alle mit einem bunten Mix aus Kunstobjekten, Bildern und Stoffen dekoriert sind. Alles ist zwar unglaublich sauber und komfortabel, aber das Preis-Leistungs-Verhältnis stimmt nicht ganz. Der Weg ist derselbe wie zur Ukabeyn Pansiyon gegenüber.

Sinasos Gül Konaklari (Rose Mansions; ☎ 353 5486; www.rosemansions.com; Sümer Sokak; EZ/DZ inkl. Frühstück & Abendessen 100/150 €; 🖳) Zwei restaurierte griechische Villen mit etwas unpersönlicher Atmosphäre (wahrscheinlich weil es zur Dinlar-Hotelkette gehört). Die Zimmer haben Fünf-Sterne-Standard und sind superkomfor-

tabel, obwohl die Einrichtung vielleicht nicht jedermanns Geschmack ist. Sonst gibt's noch ein nobles Restaurant (Abendessen für Nichtgäste 15 €), eine Lounge in einem Holzpavillon (ein etwas skurriler Mix aus osmanischem Look und Holiday-Inn-Charme) und einen netten Rosengarten.

In den meisten Hotels und Pensionen bekommen die Gäste auch etwas zu essen. Das ist auch gut so, denn die Restaurants im Ort sind nicht besonders prickelnd. Empfehlenswert ist das Old Greek House (s. links), das ein tolles türkisches Menü anbietet (10 € pro Pers.). Auch in Ordnung ist das Hotel Pacha (S. 563); hier kostet ein Menü sogar nur 6 €.

An- & Weiterreise

Zwischen Ürgüp und Mustafapaşa (0,90 €, 20 Min.) sind täglich neun Busse unterwegs (sonntags weniger). Der erste fährt um 7.45 Uhr in Mustafapaşa ab; der letzte startet um 18.15 Uhr in Ürgüp. Ein Taxi für dieselbe Strecke kostet 5,50 €.

SOĞANLI

In den Zwillingstälern von Soğanlı, 36 km südlich von Mustafapaşa, ist bei weitem weniger los als in Göreme oder auch Zelve. In den letzten Jahren sind die Besucherzahlen sogar zurückgegangen. Aber es lohnt sich trotzdem, diese tolle Ecke zu erkunden. Wenn nicht gerade eine Gruppe mit Tagesausflüglern aus Göreme in der Gegend ist, hat man das Tal sogar oft ganz für sich allein.

Wer nach Soğanlı will, muss von der Hauptstraße zwischen Mustafapaşa und Yeşilhisar abbiegen; dann sind es noch 4 km. Eintrittskarten für die Kirchen (Erw./Kind 1,10 €/gratis; ✆ 7–20.30 Uhr) gibt's nicht weit vom **Kapadokya Restaurant** (☎ 0352-653 1045; Menü 4,50 €; ✆ nur Mittag), das im Schatten von Bäumen deftiges, aber gutes Essen auftischt. Am Dorfplatz gibt's Toiletten und das bescheidene **Soğanlı Restaurant** (Hauptgerichte 2–3,50 €; ✆ nur Mittag). Ein paar Frauen verkaufen hier außerdem die Puppen, für die Soğanlı berühmt sein soll. Am Platz liegt auch die einzige Unterkunft des Dorfes: das familienbetriebene **Emek** (☎ /Fax 0352 653 1029; B inkl. HP pro Pers. 17 €). Es bietet saubere Höhlenschlafräume mit fünf bzw. neun Betten. Das Essen kocht die Frau des Besitzers; serviert wird auf einer netten Terrasse im oberen Stock.

Sehenswertes

Die Täler **Aşağı Soğanlı** und **Yukarı Soğanlı** wurden zuerst von den Römern als Nekropolen genutzt. Später bauten hier die Byzantiner Klöster (so ähnliche wie in Göreme und Zelve). Aus dieser Zeit stammen die **Felsenkirchen.**

An der Stelle, wo sich die beiden Täler gabeln, steht eine Übersichtstafel mit allen Kirchen. Die interessanteren sind im rechten Tal (Richtung Norden) und zu Fuß problemlos erreichbar.

Von der Hauptstraße kommend, stehen ca. 800 m vor dem Ticketbüro Wegweiser zur **Tokalı Kilise** (Spangenkirche) und zur **Gök Kilise** (Himmelskirche). Zur ersten geht's rechts über eine steile, ausgetretene Treppe. Die zweite steht auf der anderen Seite der Talsohle links. Die Himmelskirche hat von Säulen getrennte Zwillingsschiffe mit jeweils einer Apsis. Der Doppelfries mit Heiligendarstellungen ist leider ziemlich mitgenommen.

Eine der interessantesten Kirchen ist die **Karabaş-Kirche** (Schwarzkopfkirche), ein Stück weiter rein im Tal. Sie ist mit Wandmalereien bedeckt, die Szenen aus dem Leben Christi, den Erzengel Gabriel und diverse Heilige darstellen. Die Taube auf dem Fresko zeigt, wie wichtig diese Vögel für die Mönche waren. Sie lockten sie in Taubenhäuser in den Felswänden.

Auch im rechten Tal, aber auf der anderen Seite der Talsohle thronen hoch auf dem Hang gegenüber die **Kubbeli** und **Saklı Kilise** (Kuppelkirche und Versteckte Kirche). Das Besondere an der Kubbeli-Kirche ist die aus dem Fels herausgearbeitete Kuppel im östlichen Stil. Die Versteckte Kirche macht ihrem Namen alle Ehre: Sie wird erst beim Näherkommen sichtbar.

Die letzte Kirche im rechten Tal ist die **Yılanlı Kilise** (Schlangenkirche). Ihre Fresken wurden absichtlich mit schwarzer Farbe überpinselt – wahrscheinlich um sie zu schützen. Die Schlange links neben dem Eingang ist aber noch zu sehen.

Im linken Tal stößt man zuerst auf die **Geyikli Kilise.** Das Refektorium der Mönche ist noch gut zu erkennen. 200 m weiter steht die **Tahtalı Kilise** (Hagia Barbara) mit toll erhaltenen byzantinischen und seldschukischen Ornamenten.

An- & Weiterreise

Nach Soğanlı fahren keine öffentlichen Verkehrsmittel. Traveller steigen am besten in Kayseri in ein Taxi nach Yeşilhisar (1,50 €, 7–21 Uhr halbstündl.). Dort muss mit dem Fahrer der Preis für die restliche Strecke ausgehandelt werden. Eine andere Möglichkeit ist, eine geführte Tagestour ab Ürgüp oder Göreme zu machen.

ALA-DAĞLAR-NATIONALPARK

Der Ala-Dağlar-Nationalpark (Ala Dağlar Milli Parkı) erstreckt sich über die schroffe mittlere Bergkette des Taurus-Gebirges zwischen Kayseri, Niğde und Adana. Er ist im ganzen Land für seine einzigartigen Trekking-Routen berühmt, die durch zerklüftete Kalksteinschluchten und an zahlreichen Wasserfällen vorbei führen. Zwischen Mitte Juni und Ende September ist die beste Wanderzeit. Zu anderen Zeiten kann es wegen des Wetters riskant sein, v. a. weil es in den Bergen nur wenige Dörfer oder andere Stützpunkte gibt. Warme Klamotten sind bei dem Klima ein Muss.

Die beliebtesten Routen fangen in den kleinen Dörfern **Çukurbağ** und **Demirkazık** an. Beide liegen unterhalb vom Berg Demirkazık (Demirkazık Dağı, 3756 m), gut 40 km östlich von Niğde.

Eine andere gute Ausgangsbasis für eine Bergtour ist Yahyalı, 70 km südlich von Kayseri. Von da ist es nur eine kurze Autostrecke zu den beeindruckenden **Kapuzbaşı-Wasserfällen** am Fluss Zamantı. **Medraft** (s. S. 552) organisiert Raftingtouren dorthin.

Es gibt zwar eine ganze Reihe von Wanderrouten in den Bergen, aber die meisten Traveller entscheiden sich für die minimale Zweitagestour zu den schönen **Yedigöller** (Sieben Seen, 3100 m). Start und Ziel ist Demirkazık. Eine der leichteren Drei- bis Viertagestouren startet in Çukurbağ, führt durch das bewaldete Emli-Tal und endet in Demirkazık. Manche Wanderer ziehen auf eigene Faust los. Wer nicht erfahren und gut vorbereitet ist, sollte aber lieber einen Guide nehmen oder sich einer geführten Tour anschließen. Ein privater Führer verlangt an die 50 € pro Tag, ein Pferd kostet 30 € extra. Infos zu großen Trekkingtouren (ca. 200 € pro Woche, alles inkl.) gibt's in Unterkünften oder bei diesen Trekking-Veranstaltern in Niğde: **Demavend Travel** (☎ 0388-232 7363; www.demavendtravel.com; Şah Sülrymsn Mahallesi Tacıroğlu Sokak Birlik, Apt. 5)

Dijon Travel (☎ 0388-232 2112; www.dijontravel.ofisi.com; 2. OG. links, Mandacilar Ishanı 5, Ali Paşa Mahallesi, Yeni Çarsi)

Sobek Travel (☎ 0388-232 1507; www.trekkingintur keys.com; Avanoğlu Apt. 70/17, Bor Caddesi)

Schlafen & Essen

Şafak Pension & Camping (☎ 0388-724 7039; www. safaktravel.com; Stellplatz pro Pers. 5,50 €, B inkl. HP pro Pers. 17 €; ⊠ ⌨) Der freundliche, Englisch sprechende Besitzer dieser Unterkunft heißt Hassan. Er arbeitet auch als Guide. Die acht Zimmer sind schlicht, aber tipptopp. Alle bieten so wichtige Dinge wie reichlich heißes Wasser, Heizung und bequeme Betten. Die Terrasse und der Garten bieten einen großartigen Blick auf den Berg Demirkazık. In der Lounge gibt's Satelliten-TV. Neben dem Haus sind Zeltplätze mit Stromanschluss und eigenen Waschgelegenheiten.

Auf der anderen Straßenseite hat die Familie vor kurzem eine ganz ähnliche Pension aufgemacht. Sie heißt Öz Şafak und hat die gleichen Preise. Beide Unterkünfte liegen abseits der Hauptstraße, ca. 1,5 km nach der Brücke und dem Schild „Demirkazık 4, Pınarbaşı 8".

In Çukurbağ gibt's Läden mit den nötigen Basics.

An- & Weiterreise

In Niğde in den Minibus Richtung Çamardı (3 €, 90 Min., 7–17.30 Uhr stündl.) steigen und vom Fahrer bei der Şafak Pension (5 km vor Çamardı) absetzen lassen.

NIĞDE

☎ 0388/93 760 Ew.

Niğde erlebte seine Blütezeit unter den Seldschuken. Es liegt 85 km südlich von Nevşehir, vor dem Panorama der schneebedeckten Ala-Dağla-Gebirgskette und ist heute ein landwirtschaftliches Zentrum mit ein paar tollen alten Gebäuden. Einen echten Grund, sich hier länger aufzuhalten, gibt's eigentlich nicht. Wer trotzdem etwas bleiben will, sollte sich das phantastische Kloster in Eski Gümüşler, 10 km nordöstlich der Stadt, anschauen. Von Niğde sind außerdem die Dörfer gut erreichbar, die sich als Basislager für Trekkingtouren im Ala-Dağlar-Nationalpark (S. 565) eignen.

Die **Touristeninformation** (☎ 232 3393; Belediye Sarayı 38/39; ⊙ Mo–Fr 8–12 & 13–17 Uhr) ist im ersten Stock des überaus hässlichen Kültür-Merkezi-Gebäudes (städtisches Kulturzentrum) in der Bor Caddesi. In einer kleinen Halle in der İstiklal Caddesi haben sich ein

paar Internetcafés niedergelassen, u. a. das **Gökkuşağı Internetcafé** (Bankalar Caddesi; 0,55 € pro Std.; ⊙ 8–23 Uhr). Mehrere Geldautomaten sind in den Straßen Bankalar, İstiklal und Bor Caddesi zu finden.

Sehenswertes

Das **Museum von Niğde** (Niğde Müzesi; Eintritt 1,10 €; ⊙ Di–So 8–12 & 13–17 Uhr) zeigt eine gut präsentierte Auswahl an archäologischen Funden, z. T. aus der assyrischen Stadt Acemhöyük bei Aksaray, z. T. aus hethititscher und phrygischer Zeit. Außerdem gibt's Skulpturen aus der römischen Stadt Tyana (heute Kemerhisar), 23 km südwestlich von Niğde, zu sehen sowie ein paar Mumien, u. a. die einer blonden Nonne aus dem 10. Jh. Sie wurde in den 1960ern in der Yılanlı-Kirche im Ihlara-Tal gefunden.

Die seldschukische **Alaeddin Camii** (1223) ist die größte Moschee der Stadt. Sie steht auf dem Hügel mit der Festung. Interessanter ist aber die **Süngür Bey Camii** auf einer Terrasse am Rande des Marktplatzes. Sie wurde 1335 von einem mongolischen Statthalter errichtet und nach einem Brand im 18. Jh. innen umgebaut. Herausgekommen ist ein merkwürdiger Stilmix.

In der tollen **Ak Medrese** (1409) ist ein Kulturzentrum untergebracht, das hin und wieder sogar geöffnet ist.

Sehenswert sind auch die **Hüdavend Hatun Türbesi** (1312), ein wunderbares seldschukisches Grabmal, und die osmanische **Dış Cami.**

Schlafen & Essen

Niğde hat mehrere langweilige Betonhotels in der Hauptstraße sowie jede Menge billige, nette *lokanta* und *pastane* im Stadtzentrum.

Hotel Nahita (☎ 232 3536; Fax 232 1526; Emin Erişingil Caddesi 19; EZ/DZ 25/34 €) Das Nahita ist an der Hauptstraße, die in die Stadt einführt, und nicht weit vom *otogar*. Wer in Niğde übernachten muss, fährt wohl mit diesem Drei-Sterne-Kasten am besten. Von Charakter kann zwar keine Rede sein, aber immerhin ist es sauber und komfortabel.

Damak Lahmacun (☎ 233 7312; İstiklal Caddesi; Hauptgerichte 1,50–3 €) Dieser geschäftige Laden ist zu Recht für seine köstlichen *pide, lahmacun* (arabische Pizza) und seinen superleckeren *İskender*-Kebap berühmt. Zum Hier-Essen oder Mitnehmen.

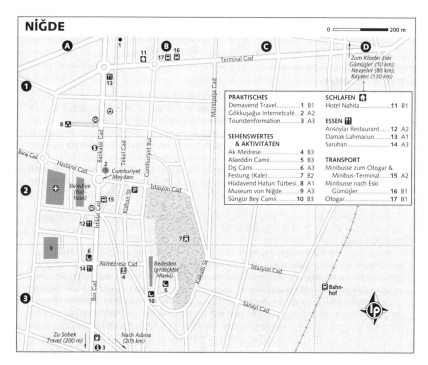

NIĞDE

0 — 200 m

PRAKTISCHES			SCHLAFEN		
Demavend Travel............1	B1		Hotel Nahita................11	B1	
Gökkuşağı Internetcafé...2	A2		ESSEN		
Touristenformation..........3	A3		Arısoylar Restaurant......12	A2	
SEHENSWERTES			Damak Lahmacun.........13	A1	
& AKTIVITÄTEN			Saruhan.....................14	A3	
Ak Medrese..................4	B3		TRANSPORT		
Alaeddin Camii..............5	B3		Minibusse zum Otogar &		
Dış Cami.....................6	A3		Minibus-Terminal......15	A2	
Festung (Kale)................7	B2		Minibusse nach Eski		
Hüdavend Hatun Türbesi..8	A1		Gümüşler.................16	B1	
Museum von Niğde.........9	A3		Otogar....................17	B1	
Süngür Bey Camii..........10	B3				

KAPPADOKIEN

Saruhan (☎ 232 2172; Bor Caddesi 13; Hauptgerichte 2–4 €) Das Saruhan ist in einem restaurierten *han* (Karawanserei) von 1357 untergebracht. Es ist superatmosphärisch und auch, was das Essen angeht, kein Leichtgewicht. Außer einer Reihe leckerer Döner- und *İskender*-Kebaps wird deftige Kost aufgetischt, z. B. *işkembe çorbası* (Kuttelsuppe, 1,10 €). Extrem lecker ist auch der Adana-Kebap (2 €). Aber was einen wirklich umhaut, sind die günstigen Preise. Nur die dreckigen Klos geben dem Ganzen einen Dämpfer. Alkohol gibt's nicht.

Arısoylar Restaurant (☎ 232 5035; Bor Caddesi 8; Hauptgerichte 3,50–4,50 €) In diesem smarten, modernen Restaurant liegt der Schwerpunkt auf Klassikern wie *İskender*-Kebap, *çiğ köfte* (rohe, gewürzte Lammpastetchen, kleine Portion 1,10 €) und *beyti sarma* (Lamm im Teigmantel mit Knoblauch, 4,50 €). Das klimatisierte Restaurant ist eine herrliche Oase, um sich von der Hitze und vom Stadtlärm zu erholen.

An- & Weiterreise

Minibusse vom/zum *otogar* (Terminal; 0,30 €) fahren die Bankalar/İstiklal/Bor Caddesi und die Terminal Caddesi rauf und runter. Andere Busse fahren nach Adana (7,50 €, 3½ Std., 4-mal tgl.), İstanbul (14 €, 11 Std., morgens und abends), Ankara (8,50 €, 5 Std., 5-mal tgl.), Aksaray (3,50 €, 1½ Std.), Kayseri (4 €, 1½ Std., alle 30 Min.) und Konya (8,50 €, 3½ Std., 5-mal tgl.). Busse nach Nevşehir (3,50 €, 1 Std., 85 km) fahren zwischen 7 und 10.30 Uhr alle 30 Minuten, danach stündlich bis 18.30 Uhr.

Niğde liegt direkt an der Bahnstrecke Ankara–Adana. Jeden Tag startet um 4.32 Uhr ein Zug nach Adana (5 €, 3½ Std.) und um 23.32 Uhr fährt einer nach Ankara (12 €, 8½ Std.).

RUND UM NIĞDE
Eski-Gümüş-Kloster

Das uralte, in die Felsen gebaute **Eski-Gümüş-Kloster** (Eintritt 1,10 €; ☉ Juni–Sept. 9–12 & 13–18 Uhr, Okt.–Mai 8–12 & 13–17 Uhr) steht 10 km östlich von Niğde. Hier gibt's ein paar der besterhaltenen Fresken von ganz Kappadokien zu sehen – wirklich einen Besuch wert!

Das Kloster wurde erst im Jahr 1963 wiederentdeckt. Hinein geht's durch einen Felstunnel, der in einen großen Hof führt.

Der Hof ist umgeben von Felsbehausungen, Krypten, einer Küche und einem Refektorium mit eingelassenen Wein- und Ölbehältern. Durch ein kleines Loch im Boden strömt Luft in einen 9 m tiefen geheimnisvollen Schacht.

TIEF IN DER ERDE

Was Mystik und Faszination angeht, sind die unterirdischen Städte in Kappadokien nicht zu toppen. Wer in der Gegend ist, sollte sich unbedingt eine davon anschauen. Bisher wurden schätzungsweise 36 Höhlenstädte ausfindig gemacht (allerdings nicht alle ausgegraben). Auf die Besucher wartet allerdings ein z. T. klaustrophobisches Erlebnis in den oft überlaufenen Höhlen. Also besser nicht am Wochenende kommen, dann fallen nämlich ganze Busladungen von einheimischen Besuchern ein.

Einige Archäologen glauben, dass die frühesten Teile der Städte aus der Hethiterzeit vor 4000 Jahren stammen. Sicher aber waren sie spätestens im 7. Jh. v. Chr. bewohnt. Der griechische Historiker Xenophon erwähnt die unterirdischen Behausungen in Kappadokien in seinem Werk *Anabasis*.

In Friedenszeiten lebten die Leute in dieser Region über der Erde als Bauern. Wenn Angreifer anrückten, zogen sie sich in den „Untergrund" zurück. Da konnten sie bis zu sechs Monate in Sicherheit leben.

Wer in die Städte runtersteigt, kommt sich vor wie in einem gigantischen Schweizer Käse: überall Löcher, „Fenster" zwischen verschiedenen Räumen, kreuz und quer verlaufende Gänge und zahllose Ebenen mit Räumen über und unter einem. Überall sind Spuren der Höhlenbewohner zu finden: Fässer für Öl, Wein und Wasser; Tröge, in denen Trauben gepresst wurden; verrußte Gemeinschaftsküchen; Ställe mit Futterkrippen und unglaublich tiefe Brunnen. Die Höhlenbehausungen dienten auch als Festungen. Das lässt sich noch an den riesigen Türöffnungen erkennen, die mit Felsen verbarrikadiert werden konnten. Viele haben in der Mitte ein Loch, durch das die Feinde attackiert wurden. Auch in den Höhlendecken sind Löcher. Dadurch konnte heißes Öl geschüttet werden.

Auch wer sonst gern auf eigene Faust loszieht, sollte hier besser mit einem Guide gehen. Die Guides können ein viel plastischeres Bild vom Höhlenleben vermitteln, als man es ohne sie bekäme. Für eine 45-minütige Gruppenführung kassieren sie um die 13 €.

In **Kaymaklı**, 19 km südlich von Nevşehir, geht's durch eine unscheinbare Öffnung in einem kleinen Hügel in eine **Höhlenstadt** (yeraltı şehri; Eintritt 6 €; ⏰ 2. Okt.–16. April 8–17 Uhr, 17. April–1. Okt. 8.30–19 Uhr). Das Labyrinth aus Tunneln und Räumen zieht sich über acht Etagen nach unten (aber nur 5 sind begehbar). Diese unterirdische Stadt ist am beliebtesten und am leichtesten zugänglich. Im Juli und August sollten Besucher deshalb früh da sein (am besten gleich morgens um 8.30 Uhr), um vor den Reisegruppen da zu sein. So können sie die Tour wirklich genießen.

Und so geht's zur **Höhlenstadt Özlüce** (Eintritt frei): Wer aus nördlicher Richtung kommt, biegt am Ortseingang von Kaymaklı rechts ab und fährt 7 km weiter bis zum kleinen Dorf Özlüce. Die Höhlenstadt hier ist nicht so spektakulär und gut ausgebaut wie die von Kaymaklı oder Derinkuyu, dafür aber auch nicht so überlaufen.

Die Höhlenstadt Derinkuyu (Tiefer Brunnen; Eintritt 6 €; ⏰ Nov.–April 8–17 Uhr, Mai–Okt. 8.30–18.30 Uhr) liegt 10 km südlich von Kaymaklı. Sie erstreckt sich über sieben Ebenen und hat größere Höhlenräume. Wer ganz unten angekommen ist, kann durch den Belüftungsschacht nach oben schauen und sehen, wie tief er in der Erde ist – nichts für Klaustrophobiker!

Noch mehr Höhlenstädte gibt's in Güzelyurt (S. 572) und Özkonak (S. 554) bei Avanos.

An- & Weiterreise

Von Göreme, Avanos oder Ürgüp werden Tagestrips zu den Höhlenstädten angeboten. Aber es geht natürlich auch auf eigene Faust: einfach in Nevşehir in einen Bus Richtung Kaymaklı, Derinkuyu oder Niğde steigen (die Busse nach Niğde fahren über Kaymaklı und Derinkuyu). Wo die Busse abfahren, steht auf S. 556. Mit den örtlichen Bussen ist es kein Problem, an einem Tag in Eigenregie Kaymaklı und Derinkuyu zu besuchen und dann nach Niğde weiterzufahren.

Wer nach Özlüce will, muss ein Taxi nehmen (von Kaymaklı aus ca. 12 €, inkl. Wartezeit).

KAPPADOKIEN

Die erhöht stehende Hauptkirche ist mit wunderschönen, phantastischen Fresken geschmückt. Sie wurden zwischen dem 7. und 11. Jh. gemalt. In der bezaubernden Krippenszene ist die Geburt von Jesus in einen Felsbau wie diesen versetzt. Links der Apsis ist eine wunderbare Darstellung der Mutter mit dem Kind – Maria lächelt fast wie die Mona Lisa. Es soll die einzige lächelnde Maria sein, die es gibt.

AN- & WEITERREISE

Gümüşler-Belediyesi-Minibusse (0,55 €, 15 Min.) starten zur vollen Stunde an der Minibus-Endstation neben dem *otogar* von Niğde. Nicht wundern, dass der Bus an ein paar Wegweisern zum Kloster vorbeidüst, wenn er in die Stadt reinfährt. Zum Schluss fährt er nämlich direkt zum Kloster. Wer zurück nach Niğde will, muss einfach am Kreisverkehr vor dem Kloster einen Bus herbeiwinken.

IHLARA-TAL (IHLARA VADİSİ)
☎ 0382

Das Dorf Ihlara liegt rund 45 km südöstlich von Aksaray, am Ende des Ihlara-Tals, auch Peristrematal genannt. Byzantinische Mönche zogen sich früher gern hierher zurück. Darum sind noch massenhaft bemalte Höhlenkirchen erhalten. Man kann 16 km am Fluss (Melendiz Suyu) entlangwandern. Der Weg führt aus dem breiten, flachen Tal bei Selime in eine enge Schlucht beim Dorf Ihlara. Üppigstes, von Vögeln belebtes Grün wuchert unten am Flussufer – ein unvergessliches Erlebnis! Viele Leute machen von Göreme aus einen Tagestrip hierher. Sie haben dann gerade mal ein paar Stunden, um den Mittelteil der Schlucht zu erkunden. Wer sich Zeit für die komplette Strecke nimmt, erlebt sicher ein Highlight seiner Türkeireise. Am besten zum Wandern ist es hier im Mai oder September unter der Woche, wenn nicht so viel los ist. Ungefähr in der Mitte des Tals, nicht weit vom Dorf Belisırma, haben sich am Flussufer eine Reihe Restaurants angesiedelt. Man muss also noch nicht mal Proviant mitschleppen!

Geldautomaten gibt's weder im Ihlara-Tal noch in Selime oder Belisırma. Das einzige **Internetcafé** (1 € pro Std.; ☽ 9–23 Uhr) des ganzen Dorfes ist in einem modernen Einkaufsblock gegenüber von der Akar Pansion im Dorf Ihlara.

Wandern im Ihlara-Tal

Es gibt vier Zugänge zum **Ihlara-Tal** (Eintritt 3 €; ☽ April–Okt. 8–19 Uhr, Nov.–März 8.30–17 Uhr; Parken 1,25 € pro Auto). Wer bloß das kurze Stück mit den meisten Kirchen abklappern will, steigt am besten die 360 knieschädigenden Stufen ins Tal runter. Sie fangen bei den **Ihlara Vadisi Turistik Tesisleri** an, die sich ca. 2 km entfernt vom Dorf Ihlara an den Rand der Schlucht klammern. Andere Zugänge sind in der Nähe vom Star Otel im Dorf Ihlara (der Pfad hinter dem Hotel führt ins Tal), in Belisırma und in Selime.

Von den Ihlara Vadisi Turistik Tesisleri nach Belisırma dauert die Wanderung zweieinhalb bis drei Stunden. Für den Weg von Belisırma bis Selime kommen nochmal drei Stunden dazu. Die gesamte Wanderung vom Dorf Ihlara bis Selime dauert also sieben bis acht Stunden, inklusive Mittagspause in Belisırma.

Wer die komplette Strecke gehen will, sollte sich frühmorgens auf die Socken machen. V. a. im Sommer, um nicht von der gnadenlosen Sonne verbrannt zu werden.

Kirchen

Im Tal stehen Wegweiser zu den diversen Kirchen. Wer genug Zeit hat, sollte sie sich ruhig alle anschauen. Hier die Kirchen, die wirklich keiner verpassen sollte:

Kokar (Duftende) Kilise Diese Kirche hat ein paar phantastische Fresken – als Erstes Darstellungen der Geburt Christi und der Kreuzigung – und unterirdische Gräber.

Sümbüllü (Hyazinthen-)Kilise Das Besondere hier sind nicht weniger die Fresken – bzw. das, was von ihnen übrig ist –, als die gut erhaltene, schlichte, aber elegante Fassade.

Yılanlı (Schlangen-)Kilise Hier sind viele Fresken stark ramponiert. Noch gut zu erkennen ist das Fresko mit den Strafen, die Sündern drohen: v. a. eine dreiköpfige Schlange, die mit jedem ihrer Mäuler einen Sünder frisst; und eine Frau, die in die Brustwarzen gezwickt wird (autsch!), weil sie ihre Kinder nicht stillen wollte.

Kırk Dam Altı (Georgs-)Kilise Der Weg hierher ist zwar eine ziemliche Klettertour, aber wer schließlich außer Puste oben steht, kann einen herrlichen Blick übers Tal genießen. Die Fresken sind ziemlich übel mit Kritzeleien beschmiert. Aber oberhalb vom Eingang ist noch der hl. Georg zu erkennen: Auf einem Schimmel sitzend murkst er eine dreiköpfige Schlange ab.

Bahattın'ın Samanlığı Kilise (Bahattins Scheunenkirche) In diese Kirche gibt's ein paar der tollsten Fresken im ganzen Tal. Ihren Namen verdankt sie einem Einheimischen, der hier früher sein Getreide lagerte. Die Fres-

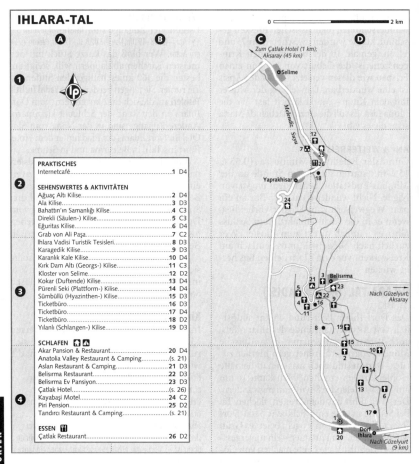

ken stellen Stationen aus dem Leben Christi dar: u. a. die Kreuzigung, den Kindermord zu Bethlehem und die Taufe. **Direkli (Säulen-)Kilise** Diese kreuzförmige Kirche hat sechs Säulen – daher ihr Name. Die große angrenzende Kammer war ursprünglich zweistöckig. Das ist noch an den Resten einer Treppe zu erkennen und an Löchern in den Wänden, in denen mal tragende Balken steckten. Im Boden sind Grabkammern.

Kloster von Selime

Das **Kloster** (☾ Morgen–Abend) von Selime ist ein erstaunlicher Felsbau. Dazu gehören eine riesige Küche mit hohem Schornstein, eine Kirche mit umlaufender Galerie, Ställe mit Felströgen und diverse andere Spuren des mönchischen Lebens. Angeblich ist der Eintrittspreis im Ticket für das Ihlara-Tal mit

drin. Der Eingang ist direkt gegenüber vom Ali-Paşa-Grabmal (1317).

Geführte Touren

Reisebüros in Göreme (S. 538), Avanos (S. 551) und Ürgüp (S. 558) bieten Eintagestrips nach Ihlara an. Kosten: 30 bis 50 € pro Tag, inklusive Mittagessen.

Schlafen & Essen

Wer die komplette Strecke durchs Tal wandert, findet praktischerweise an beiden Enden des Tals (Ihlara und Selime) bescheidene Unterkünfte. Eine andere Möglichkeit ist, den Ausflug auf zwei Etappen zu verteilen und auf dem Campingplatz von Belisırma oder in der einzigen Pension im Ort zu übernachten.

Achtung: Außerhalb der Saison (Dez.–März) sind alle Unterkünfte zu.

DORF IHLARA

Akar Pansion & Restaurant (☎ 453 7018; Fax 453 7511; EZ/DZ 11,50/23 €) Eine der wenigen Unterkünfte im Dorf. Auf zwei Gebäude verteilt gibt's 18 Zimmer im Motel-Stil. Sie sind zwar schlicht, aber völlig okay. Im dazugehörigen Restaurant werden einheimische Forellen serviert (3 €). Und ein kleiner Dorfladen hat alles fürs Picknick. Dem Besitzer gehört außerdem ein Minibus, mit dem er Leute nach Selime (5,50 €) und Belisırma (3 €) kutschiert.

BELİSIRMA

In der Mitte des Tals gibt's gleich beim Dorf Belisırma vier unspektakuläre, aber annehmbare Restaurants mit Schanklizenz. Sie profitieren von ihrer beneidenswerten Lage direkt am Fluss und servieren Handfestes: gegrillte Forelle, *saç tava*, Kebap, Salate und Suppen. Wer in einem der Restaurants isst, kann gratis auf dem dazugehörigen Campingplatz campen. Alle vier bieten einfache sanitäre Einrichtungen.

Anatolia Valley Restaurant & Camping (☎ 457 3040; Hauptgerichte 4–5 €) Prima Anlage mit ein paar weinumrankten, schattigen Pergolas. Zum Übernachten gibt's mehrere baufällige „Baumhäuser" aus Holz (5,50 € pro Pers.). Der Inhaber fährt müde Wanderer gern zurück zum Parkplatz von Ihlara (11,40 € pro Wagenladung).

Aslan Restaurant & Camping (☎ 457 3033; Hauptgerichte 4–5 €) Der wohl beste Campingplatz der Gegend liegt unterhalb von einer Felskante und hat viele Schatten spendende Bäume. Die sanitären Einrichtungen sind allerdings nicht besonders sauber.

Belisırma Restaurant (☎ 457 3057; Hauptgerichte 3,50–4,50 €) Am Flussufer gegenüber ist das netteste der vier erwähnten Restaurants. Dahinter liegt der dazugehörige Campingplatz, der kaum Schattenplätze bietet.

Tandırcı Restaurant & Camping (☎ 457 3110; Hauptgerichte 3,50 €) Zeltplätze mitten zwischen Gemüsebeeten und einem kleinen Obstgarten.

Im alten Dorf oberhalb der vier genannten Restaurants ist noch eine kleine Pension zu finden. Wer dort übernachten will, geht über die Brücke vor dem Aslan Restaurant und fragt dann nach dem Weg zur **Belisırma Ev Pension** (☎ 457 3037; B 5,50 €, Zi. inkl. Frühstück 8,50 € pro Pers.). Hier werden schlichte Zimmer mit tollem Ausblick und harten Betten geboten. Die Gemeinschaftsbäder sind etwas schmuddelig.

SELİME

Am Nordrand der Schlucht gibt's vier anständige Unterkünfte. Die billigste ist die ältere, aber saubere **Piri Pension** (☎ 454 5114; carpet_Mustafa@yahoo.com; EZ/DZ inkl. Frühstück 11,50/23 €). Von der ruhigen, freundlichen Pension aus sind ein paar Feenkamine zu sehen. Günstig ist auch das neu gebaute **Kayabaşi Motel** (☎ 454 5565; EZ/DZ inkl. Frühstück 11,50/23 €), 2 km außerhalb vom Dorf an der Straße nach Belisırma. Es bietet komfortable Zimmer mit klasse Blick. Etwas nobler geht's im beeindruckenden **Çatlak Hotel** (☎ 454 5006; catlakpansion@hotmail.com; Zi. inkl. Frühstück 25 €; ✂ 🖵) zu. Es ist ca. 3 km entfernt vom Ausgangspunkt der Talwanderung und liegt Richtung Aksaray. Die Zimmer sind groß, hell und modern ausgestattet und haben simple Bäder. Den Besitzern gehört auch das gleichnamige Restaurant, das nur ein paar Schritte vom Startpunkt des Wanderwegs entfernt ist. Es gibt einen Shuttleservice zwischen Hotel und Restaurant.

An- & Weiterreise

Zwischen dem Dorf Ihlara und Aksaray fahren täglich vier Minibusse über Selime. Der erste startet um 6.45 Uhr in Ihlara, der letzte um 16 Uhr; sonntags verkehrt nur ein Bus (um 13 Uhr). Die Fahrt kostet 1,50 €.

Busse zwischen Aksaray und Güzelyurt (s. S. 574) machen auch in Selime Halt. Von Selime nach Güzelyurt bzw. von Selime nach Aksaray kostet die Fahrt 1 €.

Belisırma ist mit den Bussen erreichbar, die zwischen Aksaray und Güzelyurt bzw. Ihlara und Aksaray unterwegs sind. Einfach den Fahrer bitten, dass er einen im neuen Ortsteil von Belisırma oben auf dem Plateau absetzt. Von da sind es nur noch hundert Meter zu Fuß ins Tal runter.

Zwischen Ihlara und Güzelyurt fahren nur Taxis (11,50 €).

GÜZELYURT

☎ 0382/3735 Ew./Höhe 1485 m

Güzelyurt liegt ca. 9 km entfernt von Ihlara. Es ist ein verschlafenes kappadokisches Bauerndorf mit Steinhäusern, Felsenkirchen und eigener Höhlenstadt. Im Juli und August können einem hier auch andere Traveller über den Weg laufen. Ansonsten ist das Dorf aber ein erfrischend unberührtes Schmuckstück.

In osmanischer Zeit hieß der Ort Karballa (Gelveri). Hier wohnten früher 1000 osmanisch-griechische und 50 türkisch-mus-

KAPPADOKIEN

limische Familien. Im Zuge des griechisch-türkischen Bevölkerungsaustauschs siedelten 1924 die Griechen in ihre Heimat nach Nea Karvali um. Gleichzeitig zogen türkische Familien aus dem griechischen Kozan und Kastoria hierher. Zur Feier der guten Beziehungen der beiden Länder steigt jedes Jahr im Juli ein **Türkisch-griechisches Freundschaftsfest.**

In Güzelyurt gibt es eine Post, eine Filiale der T. C. Ziraat Bankası (ohne Geldautomat) und diverse Geschäfte. An der Hauptstraße ist die extrem nützliche **Touristeninformation** (☺ 8–17.30 Uhr). Hier gibt's jede Menge Infos über den Ort und das Ihlara-Tal. Das schlecht ausgeschilderte **Arikan Internetcafé** (0,55 € pro Std.; ☺ 8 Uhr–Mitternacht) ist im oberen Stock einer *pastane*, an einem kleinen Platz hinter der Bank.

Sehenswertes

KLOSTERTAL & ALTE STADT

Ab dem Hauptplatz geht's immer den Schildern nach bergab zum Klostertal und zur alten Stadt. Ca. 300 m hinter dem Platz zeigt ein Schild nach links zur kleinen, vor kurzem restaurierten **Höhlenstadt** (yeraltı şehri; Eintritt 3 €; ☺ 8–17.30 Uhr). Eigentlich ist es wohl eher ein Höhlendorf.

Im Tal stehen mehrere Kirchen, u. a. die **Koç** (Widderkirche) und die **Cafarlar Kilise** (Rinnsalkirche) mit interessanten Fresken. Am eindrucksvollsten ist aber die **Aşağı** oder **Büyük Kilise Camii** (Untere oder Große Kirchen-Moschee). Sie wurde 385 als Kirche des hl. Gregor von Nazianz gebaut und 1896 restauriert und modernisiert. Der hl. Gregor (330–90) wuchs in Güzelyurt auf. Er war Theologe, Patriarch von Cäsarea und Konstantinopel und einer der vier östlichen Kirchenväter. Im Garten führt eine unterirdische Treppe runter zu einer *ayazma* (hl. Quelle). Es gibt Pläne, die Kirche zu einem Museum zu machen und die weiße Farbe über den Fresken zu entfernen. Aber das wird wohl nicht mehr zu Lebzeiten dieses Buches geschehen.

Wer mit der Besichtigung fertig ist, kann sich vom Imam den Weg zur nahen **Sivişli Kilise** (Anargyroskirche) zeigen lassen. Diese Felsenkirche wurde deutlich später gebaut. Sie hat eckige Säulen und eine beeindruckende Kuppel mit verblassten Fresken. Dahinter führen Stufen zu einem Aussichtspunkt mit herrlichem Talblick.

Danach geht's weiter durch das **Klostertal** (eine Art Mini-Ihlara). Schon der Spaziergang durch dieses unberührte Tal ist herrlich. Außerdem gibt's hier noch mehr Felsenkirchen und Behausungen zu sehen, u. a. die **Kömürlü Kilise** (Kohlenkirche) mit einem toll verzierten Türsturz. Praktisch gleich daneben ist die **Kalburlu Kilise** (Schirmkirche); sie hat auch einen prächtigen Eingang und innen ein gemeißeltes Malteserkreuz, aber keine Fresken.

YÜKSEK KİLİSE & MANASTIR

Rund 1 km westlich vom Ort steht nicht weit von der Straße nach Ihlara die **Yüksek Kilise & Manastır** (Hohe Kirche & Kloster). Sie thront auf einem Felsen mit Blick auf den See von Güzelyurt. Die schlichte Kirche und das Kloster sind von einer Mauer umgeben. Das Ganze sieht von weitem aber eindrucksvoller aus als von nahem.

KIZIL KİLİSE

Mitten zwischen Äckern und umringt von schroffen Bergen steht die **Kızıl Kilise** (Rote Kirche), 6 km östlich von Güzelyurt, nicht weit von der Straße nach Gölcük und gleich hinter dem Dorf Sivrihisar. Ihren Namen verdankt sie der Farbe ihrer Steine. Zurzeit wird sie generalüberholt. Von Güzelyurt aus geht's nur per Taxi hierher (ca. 10 €, inkl. Wartezeit).

Schlafen & Essen

Halil Pension (☎ 451 2707; www.halilpension.com; Yukarı Mahallesi Amaç Sokak; EZ/DZ HP 19,50/39 €; 🖳) Dieser Familienbetrieb mit fünf Zimmern ist eine klasse Ausgangsbasis, um ein paar Tage lang die Gegend zu erkunden. Außerdem ist die freundliche Hausherrin eine sensationelle Köchin. Die sehr attraktiven Zimmer sind in einem modernen Anbau eines ursprünglich griechischen Hauses. Pluspunkte sind das viele Licht, die kleinen, blitzblanken Bäder und die fröhliche, moderne Deko. Als wir da waren, wurde gerade eine Dachterrasse mit tollem Blick gebaut. Kurz hinter dem Dorfeingang ist die Pension rechts ausgeschildert. Sie ist nur einen Katzensprung vom Dorfkern entfernt.

Hotel Karvalli (☎ 451 2736; www.karvalli.com auf Deutsch; Karvalli Caddesi 4; EZ/DZ inkl. Frühstück 22/40 €; ✗ 🖳) Dieses Hotel steht quasi am äußeren Ortsrand Wache und bietet einen umwerfenden Blick auf den Hasan Dağı. Auf das Karvalli ist Verlass: große, komfortable Zimmer, ein fröhliches Restaurant mit Bar, Billardtisch und Satelliten-TV. Ein begeistertes junges Team sorgt dafür, dass sich die Gäste wohlfühlen.

Hotel Karballa (☎ 451 2104; www.karballahotel. com; EZ/DZ Standard 34/45 €, Deluxe 45/55 €, inkl. Frühstück; 🔯 🖲) Jede Wette, dass die Mönche in diesem griechischen Kloster aus dem 19. Jh. gern gelebt und gearbeitet haben. Inzwischen hat es sich zwar in ein Hotel verwandelt. Aber die meditative Atmosphäre ist immer noch spürbar – ein toller Ort für eine Auszeit. Die Standardzimmer sind schlicht, aber die vier Deluxezimmer mit bunten Wandteppichen und prächtigen usbekischen Tagesdecken wirken hell und ansprechend. Es gibt einen Swimmingpool auf dem Hügel und ein stimmungsvolles Restaurant im früheren Refektorium (Abendessen 7 €). Ausflüge per Pferd oder Mountainbike und Wandertouren sind auch im Angebot. Nicht weit vom Ortszentrum.

Asrav Pansiyon (☎ 451 2501; asravpansiyon@asrav. com.tr; EZ/DZ inkl. Frühstück 25/50 €) Ein Neuling in der überschaubaren Hotelszene von Güzelyurt. Die Pension ist in einem beeindruckenden Gebäude nicht weit vom Hotel Karvalli untergebracht. Die Inhaber haben sich bei der Ausstattung ziemlich ins Zeug gelegt: Alles ist elegant und schlicht. Und auf Qualität wurde genau da geachtet, wo sie am nötigsten ist: z. B. bei den Matratzen oder den Föhnen.

Gelveri Restaurant (☎ 451 2771; Hauptgerichte 3–4 €) Ein einfaches Restaurant an dem kleinen Platz hinter der Bank. Im Angebot sind Gegrilltes, *lahmacun*, Pizza und Fisch. Das Essen soll das beste im ganzen Dorf sein – was nicht allzu viel heißen will: Schließlich gibt es nur ein Konkurrenzrestaurant im Ort (nämlich den Kalvari Döner Kebap und Pide Salonu an der Hauptstraße).

An- & Weiterreise

Ab 6 Uhr fahren alle zwei Stunden Busse ab Aksaray über Selime nach Güzelyurt. Der letzte Bus startet in Güzelyurt um 17.30 Uhr. Sonntags sind weniger Busse unterwegs. Die Fahrt von Güzelyurt nach Aksaray kostet 1,50 €, die Fahrt von Selime nach Güzelyurt 1 €.

Zwischen Ihlara und Güzelyurt fahren nur Taxis (11,50 €).

AKSARAY

☎ 0382/156 900 Ew.

Wie Nevşehir ist auch Aksaray eine hässliche, moderne Stadt mit nur wenigen alten Häusern. Es gibt nicht viel, was Reisende hierherlocken könnte. Auf dem Weg ins Ihlara-Tal kommt man hier eventuell durch. Ansonsten kann man die Stadt ruhig links liegen lassen.

Orientierung & Praktische Informationen

Der große *otogar* von Aksaray ist 3 km außerhalb der Stadt. Ein kostenloser *servis* pendelt zwischen diesem und dem kleineren *eski otogar* (alter *otogar*), von wo es gerade mal 200 m zum *vilayet* (Provinzregierungsgebäude) im Stadtzentrum sind. An der Bankalar Caddesi, einer Hauptverkehrsstraße, die am *vilayet* vorbeiführt, gibt's eine Hand voll Banken mit Geldautomaten. Ein Stück weiter auf dieser Straße kommt die Ulu Cami.

Die **Touristeninformation** (☎ 213 2474; Taşpazar Mahallesi; 🕑 Mo–Fr 8.30–12 & 13.30–17 Uhr) ist in einer schön restaurierten Villa untergebracht. Dorthin geht's den Schildern nach die Ankara Caddesi entlang (die geht in westlicher Richtung nicht weit vom *vilayet* von der Bankalar Caddesi ab), vorbei an der Zafer Okulu (Schule) und dann in die erste Straße links. Die Mitarbeiter sind superhilfsbereit und haben einen Stadtplan parat. Das billige, etwas heruntergekommene Internetcafé **VIP Net** (Ankara Caddesi 7/A; 0,40 € pro Std.; 🕑 8 Uhr–Mitternacht) ist in der Nähe der Kurşunlu Camii, an der Kreuzung Bankalar Caddesi/Ankara Caddesi.

Sehenswertes

Die **Ulu Cami** (Bankalar Caddesi) beim Otel Üçyıldız ist z. T. im postseldschukischen Stil gebaut. Am Portal sind noch Reste des ursprünglichen gelben Steins zu sehen. Das **Museum von Aksaray** (Aksaray Müzesi; Eintritt 1,10 €; 🕑 8.30–17.30 Uhr) ist in der Zinciriye Medresesi untergebracht. Diese wurde 1336 im seldschukischen Stil gebaut. Die Sammlung ist zwar eher enttäuschend. Aber allein wegen des Gebäudes lohnt sich ein Besuch. Von der Ulu Cami geht's quer über die Hauptstraße zur Vehbibey Caddesi (die Pflasterstraße mit der Vakif Bank an der Ecke) und dann noch 300 m bergab in Richtung Fluss.

Im älteren Teil der Stadt ragt an der Nevşehir Caddesi das merkwürdige **Eğri Minare** (Schiefes Minarett) empor. Es wurde 1236 gebaut und neigt sich in einem Winkel von 27°. Die Einheimischen nennen es den „Türkischen Turm von Pisa" – wie sonst?

Schlafen & Essen

Otel Yuvam (☎ 212 0024; Fax 213 2875; Eski Sanayi Caddesi Kavşağı; EZ/DZ 11/22 €) Das beste Budgethotel der Stadt liegt zentral neben der Kurşunlu Cami – der morgendliche Gebetsruf ist ohrenbetäubend. Das Ganze kommt einigermaßen altmodisch daher: Die Zimmer haben Linoleumböden und robuste Holzmöbel. Die Bäder sind spiegelblank und die Betten zwar hart, aber mit knisternd frischer Bettwäsche bezogen. Die freundlichen Besitzer sprechen Türkisch und Deutsch.

Otel Vadim (☎ 212 8200; Fax 212 8232; 818 Vadi Sokak 13; EZ/DZ 19/31 €; 🖳) Dieses prima Mittelklassehotel mit der grün gefliesten Fassade ist in einer Seitenstraße von der Büyük Kergi Caddesi, der südlichen Verlängerung der Bankalar Caddesi. Die Zimmer sind groß und superkomfortabel. Herrlich ruhig.

Otel Üçyıldız (☎ 212 0404; Fax 212 5003; Bankalar Caddesi 6; EZ/DZ 29/38 €; 🐾) Ein modernes Hochhaus mit Glasfront, nicht weit von der Ulu Cami. Die Zimmer haben Satelliten-TV und andere Schikanen. Hier steigen gern Reisegruppen und Geschäftsleute ab. Daran sind wohl nicht zuletzt die bequemen Betten, das Dachrestaurant und der erstklassige Service schuld.

Harman (☎ 212 3311; Bankalar Caddesi 16/A) Wer Einheimische nach dem besten Restaurant in der Stadt fragt, kriegt meistens wie aus der Pistole geschossen „Harman" zu hören. Das attraktive Restaurant ist gegenüber vom *vilayet*. Die Speisekarte bietet eine breite Palette an *ızgara* (Gegrilltes, 3 €), Döner Kebaps (4 €), *pide* (1–2 €) und Suppen (1 €). Wer zum Schluss gern was Süßes nascht, wird vom superleckeren selbst gemachten Baklava (1 €) und *künefe* (2 €) hin und weg sein.

Merkez Lokantası (☎ 212 8825; Ziraat Bankası Karşısı 37) Ein anderer Favorit der Leute hier ist dieses nette Restaurant ein paar Schritte neben dem Harman. Es hat drei Essensbereiche: die luftige Dachterrasse, das schlichte *lokanta* im Erdgeschoss und den Hinterhof mit einem plätschernden Brunnen. Die verschiedenen Tagesspecials (2–2,50 €) kann man sich angucken. Sonst sind aber auch leckere Sachen wie *İskender*-Kebap (3,50 €) im Angebot. Ein Döner zum Mitnehmen kostet 1,10 €.

Aksaray Pastanesi (Bankalar Caddesi 48) Diese beliebte Konditorei gegenüber dem Merkez Lokantası hat im Obergeschoss ein Café. Genau das Richtige, um es sich mit einem Tee und einem Teller voll honigtriefender *fıstıklı* (Pistazienbaklava; 0,30 € pro Stück) gutgehen lassen kann. Nett für ein Nachmittagspäuschen ist auch das Tuna Pastanesi gegenüber.

An- & Weiterreise

Von Aksaray fahren Direktbusse nach Ankara (7,80 €, 3½ Std., 230 km), Konya (5,50 €, 2 Std., 140 km), Nevşehir (3,30 €, 1 Std., 65 km) und Niğde (3,90 bis 4,40 €, 1½ Std., 115 km).

Minibusse starten am alten *otogar* und fahren nach Ihlara (1,40 €, 1 Std., 45 km, 4-mal tgl.), Güzelyurt (1,40 €, 1¼ Std., 54 km, 6-mal tgl.), Sultanhanı (0,83 €, 45 Min., 42 km, 10-mal tgl.) und Selime (1,40 €, 30 Min., 40 km, 6-mal tgl.); sonntags sind nur wenige unterwegs.

RUND UM AKSARAY

Die Straße zwischen Aksaray und Nevşehir folgt einer der ältesten Handelsstraßen der Welt: dem Uzun Yol (Langer Weg). Sie verband die seldschukische Hauptstadt Konya mit anderen wichtigen Städten im Reich (Kayseri, Sivas und Erzurum) und führte bis Persien (Iran).

An dem Langen Weg gab es früher eine Menge Karawansereien (*han*), wo die Kaufleute übernachteten und Handel treiben konnten. Von Aksaray aus bietet sich ein Abstecher zu den Überresten von drei Karawansereien an. Die am besten erhaltene ist das beeindruckende **Ağzıkara Hanı** (Eintritt 1,50 €; 🕒 7.30–19.30 Uhr), 16 km nordöstlich von Aksaray. Es wurde zwischen 1231 und 1239 gebaut. Ein Taxi von Aksaray hin und zurück kostet um die 15 €. Wer lieber mit dem Bus fährt, steigt in irgendeinen, der nach Nevşehir fährt, und lässt sich dann einfach am Ağzıkara Hanı absetzen. In der Karawanserei tummeln sich immer viele Tagesausflügler aus Göreme und Ürgüp.

Ein Stück näher an Nevşehir, 23 km nordöstlich von Aksaray, stehen die bescheidenen Überreste vom **Tepesidelik Hanı**. 10 km weiter kommt das **Alay Hanı** aus dem 12. Jh.

Schwarzmeerküste & Kaçkar-Gebirge

Dass die Türkei eine Küste im Norden hat, wird manchmal vergessen. Sicher – der Zauber des Mittelmeers stellt die schlichteren Freuden am weniger angesagten Schwarzen Meer oft in den Schatten. Wer auf Sonne, Meer und Strand steht, der ist im Süden besser aufgehoben als in dieser Region. Schließlich ist die Badesaison hier ziemlich kurz. Aber zum Glück hat das Karadeniz (Schwarzes Meer) mehr zu bieten als nur Tourismus. Wer die Augen offen hält, kann eine Menge Sehenswürdigkeiten entdecken – abseits der Menschenmassen in den Urlauberhochburgen.

Das Meer prägt natürlich auch diesen Küstenstrich. Aber die Leute vom Schwarzen Meer genießen irgendwie zivilisierter. Sie suchen sich die besten Plätze für ein Abendessen mit frisch gefangenem Fisch. Und genießen ein Tässchen einheimischen Tee zwischen den Ruinen. Die können übrigens mit denen in Zentralanatolien problemlos mithalten. Die Küste ist übersät mit Ruinen von Burgen und Festungen von pontischen Königen, Genuesen und Osmanen (oder wer hier sonst noch das Sagen hatte). Auch in der jüngeren Geschichte hat diese Ecke eine Rolle gespielt: Sie hatte nichts dagegen, dass Atatürk hier seine Revolution startete.

Am östlichsten Ende der Küste – kurz vor Georgien – liegt die zweite Trumpfkarte des Schwarzen Meers: das phantastische Kaçkar-Gebirge. Die Trekkingsaison ist zwar noch kürzer als die Badesaison. Aber immerhin sind es vier Sommermonate, in denen Wanderer abgelegene Bergdörfer erkunden, die herzhafte Bergküche probieren und die fast vergessene Gebirgskultur entdecken können. Und danach wird keiner die Nordküste je wieder vergessen.

HIGHLIGHTS

- Die byzantinischen Fresken und die unglaubliche Steilwandlage vom **Sumela-Kloster** (S. 596) bewundern.

- Im **Kaçkar-Gebirge** (S. 600) die Gipfel stürmen, lokale Spezialitäten schlemmen und die dörfliche Gastfreundschaft genießen.

- In **Çamlıhemşin** (S. 603) auf der ersten Ökotourismuswelle in den Bergen mitschwimmen.

- Durch die tolle Landschaft zwischen dem attraktiven **Amasra** und dem verführerischen **Sinop** (S. 579) kurven.

- Im trubeligen **Trabzon** (S. 589) rumlaufen, stöbern, shoppen, schmecken, probieren und gucken.

SCHWARZMEERKÜSTE & KAÇKAR-GEBIRGE

Geschichte

Im 8. Jh. v. Chr. wurde die Küste von Milesiern und Arkadiern kolonialisiert, die bei Sinop, Samsun und Trabzon Städte gründeten. Später entstand daraus das Königreich Pontos. Der berühmteste pontische König, Mithridates VI. Eupator, kämpfte von 88 bis 84 v. Chr. gegen die Römer. Außer Kappadokien fielen ihm dabei noch andere anatolische Königreiche in die Hände. Ein Friedensvertrag zwang ihn aber dazu, wieder die alten Grenzen zu akzeptieren.

Von 74 bis 64 v. Chr. fing er noch mal an. Diesmal ermunterte er seinen Schwiegersohn Tigranes I. von Armenien, den Römern Kappadokien abzunehmen. Die besetzten daraufhin Pontos. Mithridates musste fliehen und brachte sich später selber um. Die Römer machten aus Pontos eine Miniprovinz am östlichsten Ende der Küste rund um Trapezunt (Trabzon).

Später wurde die Küste von Byzanz aus regiert. Alexios Komnenos, der Sohn Kaiser Manuels I., erklärte sich selbst zum Kaiser von Pontos, nachdem die Kreuzfahrer Konstantinopel geplündert und ihn 1204 aus der Stadt vertrieben hatten. Seine Nachfahren hatten bis 1461 das Sagen in dem Minireich. Dann kamen die Osmanen unter Sultan Mehmet dem Eroberer an die Macht.

Während Alexios in Trabzon auf dem Thron saß, war Samsun unter seldschukischer Herrschaft und die Genuesen genossen Handelsprivilegien. Als die Osmanen kamen, brannten die Genuesen Samsun bis auf die Grundmauern nieder und segelten davon.

Nach dem Ersten Weltkrieg wollten die osmanisch-griechischen Einwohner der Region mit Hilfe der Alliierten einen neuen pontischen Staat gründen. Die von den alliierten Besatzungsmächten entwaffneten Türken wurden von griechischstämmigen Guerillabanden terrorisiert. Die hatten ihre Waffen nicht abgeben müssen. Kein Wunder, dass den Türken nach Revolution zumute war. Durch eine List entwischte Mustafa Kemal (Atatürk) dem Sultan aus İstanbul und kam am 19. Mai 1919 nach Samsun. Kurze Zeit später war er im Landesinneren in Amasya und startete von hier den Kampf für die Unabhängigkeit.

Klima

In keiner Ecke der Türkei regnet es so viel wie an der Schwarzmeerküste. Das feuchte Klima in diesem Streifen Land ist geprägt durch warme, regenreiche Sommer und milde, verregnete, neblige Winter. Frühling und Herbst sind wechselhaft. Im Kaçkar-Gebirge gibt's lange, harte und schneereiche Winter. Weil es so hoch ist, ist immer mit plötzlichen Wetterumschwüngen zu rechnen.

AMASRA

☎ 0378/6400 Ew.

Im Westen ist Amasra der erste wichtige Ort an der Schwarzmeerküste – und einer der hübschesten dazu. Er liegt zwischen zwei Häfen und einem Sandstrand. Über ihm

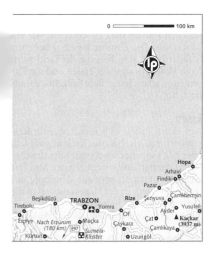

thront eine Zitadelle mit dicken Mauern. Für die Gegend ist es ein verhältnismäßig beliebter Urlaubsort. Aber lange nicht so extrem touristisch wie viele Ecken der Ägäis.

Die Byzantiner konnten Amasra als Teil des Königreichs Pontos halten. Sie vermieteten aber den Hafen von 1270 bis 1460 als Handelsposten an die Genuesen. Dann marschierte Mehmet der Eroberer kampflos ein. Unter osmanischer Herrschaft wurden andere Schwarzmeerhäfen wirtschaftlich wichtiger als Amasra. Heute ist es ein ausgesprochen netter Ort zum Relaxen und zum Baden im Sommer.

Orientierung

Wenn man in den Ort reinfährt, kommt man an einem Museum in einem alten Steinhaus auf der linken Seite und an ein paar Pensionen vorbei. Die meisten Busse halten an einer Kreuzung direkt bei der Post. Richtung Norden zum Küçük Liman (Kleiner Hafen) mit Restaurants, Pensionen und dem *belediye* (Rathaus) geht's immer dem Schild „Şehir Merkezi" nach. Oder einfach geradeaus Richtung Osten, bis zum Sandstrand vom Büyük Liman (Großer Hafen).

Zwischen den Souvenirshops am Küçük Liman versteckt sich der Eingang zur Zitadelle.

Praktische Informationen

Amasra Turizm (☎ 315 1978; www.amasraturizm.com; Cumhuriyet Caddesi 13) Hotelbuchungen, Autovermietung und lokale Serviceangebote für Traveller.

Café S (Özdemirhan Sokak; 0,75 € pro Std.; ☼ 9–24 Uhr) Internet und Telefon.

Touristeninformation (☎ 315 1219; Atatürk Kültür Parkı; ☼ 11–19 Uhr) Unregelmäßige Öffnungszeiten. Englisch wird nicht gesprochen.

Sehenswertes & Aktivitäten

Nördlich der beiden Häfen geht's durch drei gewaltige Tore zur **kale** (Zitadelle), dem auffälligsten Monument von Amasra. Sie steht auf einer Halbinsel, die von den Byzantinern befestigt wurde, als dieser kleine Handelshafen noch Sesamos Amastris hieß.

Der Innenbereich der Zitadelle ist heute größtenteils eine Wohngegend. Fast alle Originalmauern stehen noch und auch ein paar Überreste aus dem 15. Jh. sind erhalten, z. B. die **Kilise Mescidi** (Kleine Kirchenmoschee). In der nordöstlichen Ende ist es sehr nett, um einen Tee zu trinken, den Sonnenuntergang zu genießen und dabei die kreischende Möwenkolonie auf dem vorgelagerten Inselchen zu beobachten.

Das **Museum von Amasra** (Amasra Müzesi; ☎ 315 1006; Dereoğlu Sokak 4; Eintritt 1,10 €; ☼ Di–So 9–17.30 Uhr) guckt auf den Küçük Liman runter. Außer der üblichen Sammlung römischer, byzantinischer und hellenistischer Überbleibsel gibt's ein paar beeindruckende Statuen aus dem 2. Jh. zu sehen.

Amasras Traumlage lässt sich am besten vom Meer aus bewundern. In der Hochsaison bieten mehrere Veranstalter im Büyük Liman **Bootstouren** durch den Hafen und an der Küste entlang an. Kurztrips (45 Min.) kosten um die 3 €, längere Fahrten (6 Std.) ca. 15 €.

Schlafen

An Sommerwochenenden, wenn viel los ist, können die Preise in Amasra um 10 bis 40 % hochklettern. Die unten genannten Preise gelten für unter der Woche. Warnung an alle, die außerhalb der Saison kommen wollen: Die meisten Quartiere sind von Ende Oktober mindestens bis Mai geschlossen.

Amasra hat eine gute Auswahl an *ev pansiyons* (private Pensionen). Bei knappem Budget sind sie eine prima Alternative. Manche stehen direkt am Wasser, eine Hand voll befindet sich innerhalb der Zitadelle. Einfach nach Hinweisschildern oder nach Fensteraushängen mit der Aufschrift „Pansiyon" Ausschau halten.

Kale Pansiyon (☎ 315 1251; Topyanı Sokak; DZ 17 €) Ordentliche Privatpension in der Zitadelle mit *deniz manzaralı* (Meerblick) und schattiger Terrasse. Die Zimmer sind schlicht und haben alle winzige Bäder.

Balkaya Pansiyon (☎ 315 1434; İskele Caddesi 35; EZ/DZ 10/20 €) Die billigste Pension in Ort liegt in einer Seitenstraße zwischen den Häfen. Hier gibt's kleine, einfache Zimmer.

Kuşna Pansiyon (☎ 315 1033; Kurşuna Sokak 36; DZ 24 €) Gehört denselben Leuten wie das Karadeniz Aile Pide Salonu (s. rechts). Die Unterkunft sieht fast aus wie ein kleines Schloss und ist einen Tick netter als die durchschnittlichen *ev pansiyonu*. Sie hat sechs helle, farbenfrohe Zimmer und drum herum einen grünen Garten. Frühstück ist im Preis nicht mit drin.

Şahil Otel (☎ 315 2211; Turgut Işık Caddesi 82; EZ/DZ 17/34 €) Diese kleine, aber schicke und moderne Unterkunft ist gegenüber vom örtlichen Segelclub im Büyük Liman. Die Balkons gehen zum Meer raus und bieten einen klasse Blick auf den Strand.

Timur Otel (☎ 315 2589; oteltimur@ttnet.net.tr; Çekiciler Caddesi 27; EZ/DZ/3BZ 17/34/42 €) Das Timur liegt mitten im Zentrum und bietet helle, hübsch möblierte Zimmer mit Doppelverglasung und keimfreien Bädern. Meerblick wird leider nicht geboten. Ganz im Gegensatz zum Trend fallen hier die Preise am Wochenende.

Camcıoğlu Otel Bedesten (☎ 315 1938; Celal Eyiceoğlu Caddesi 8; EZ/DZ/3BZ 17/34/42 €) Dieses ziemlich bizarre Quartier nimmt die obersten Etagen eines halbleeren Shoppingcenters ein. Die Rezeption teilt es sich mit dem städtischen Busbüro. Aber über die neu eingerichteten Zimmer lässt sich nicht meckern. Ein prima Restaurant gibt's auch. Tipp: Auf einem Fenster mit Blick ins Freie bestehen.

Hotel Türkili (☎ 315 3750; www.turkili.com.tr; Özdemirhan Sokak 6; EZ/DZ 23/36 €) Ein echter Favorit: Hinter gusseisernen Balkons und einer himbeerfarbenen Fassade versteckt sich jede Menge Kuschelkomfort. Es wird gutes Englisch gesprochen und vom Dachgartenrestaurant sind beide Häfen zu sehen. Ein paar große Ecksuiten (67 €) sind auch im Angebot.

Büyük Liman Otel (☎ 315 3900; Turgut Işık Caddesi; EZ/DZ 20/39 €) Diese prima geführte Unterkunft hat eine Toplage an der Hafenstraße. Die attraktiven Zimmer sind größtenteils mit Balkons, die zum Strand rausgehen. An Wochenenden herrscht Hochbetrieb im Hotel und im venezianisch gestylten Café-Restaurant.

Amastris Hotel (☎ 315 3700; www.amastrisotel.com; Cumhuriyet Meydanı; EZ/DZ 36/72 €; 🖭) Nicht die Top-

adresse, für die es sich hält, aber mit dem Pool und den Palmen sieht es schon fast wie ein Resort aus. Die Zimmer haben gehobenen Standard und sind beinahe ihr Geld wert. Vom Hotel aus sind der Hafen und die Kasernen zu sehen. In der Bofe Bar geht's abends hoch her.

Essen

Am Hafen haben sich mehrere nette Restaurants mit Alkoholausschank angesiedelt. Hier gibt's superleckeren *canlı balık* (frischer Fisch), der portionsweise angeboten wird (für Gruppen gibt's oft spezielle Angebote mit drei Portionen). In der Hauptsaison sind die Lokale oft voll mit Reisegruppen.

Karadeniz Aile Pide Salonu (☎ 315 1543; Mustafa Cengiz Caddesi 9; Hauptgerichte 1,10–3 €; ⏰ 9–21 Uhr) Eins von mehreren Straßenrestaurants südlich vom *belediye* am Küçük Liman. Auf *pide* (türkische Pizza) und *çorba* (Suppe) ist Verlass.

Sormagir Café (☎ 315 3404; Küçük Liman Caddesi 24; Hauptgerichte 1,10–3 €; ⏰ 9–21 Uhr) Dieses familienbetriebene Café ist am Burgeingang, gegenüber von Amasras winziger „Kneipenmeile". Im gemütlichen Salon im ersten Stock gibt's die besten *gözleme* (salzige Pfannkuchen) der Stadt.

Hamam Café (☎ 378 3878; Tarihi Sağır Osmanlar Hamamı; Hauptgerichte 1,10–4 €) Wie der Name schon sagt: Dieses Café ist in einem historischen Hamam (Badehaus) vor dem Hafen untergebracht. Auf einer Terrasse und in einer osmanisch gestylten Lounge können die Gäste Drinks, traditionelles Essen und *nargilehs* (Wasserpfeifen) genießen.

Amasra Sofrası (☎ 315 2483; G Mithat Ceylan Caddesi; Hauptgerichte 2–4,50 €; ⏰ 9–22 Uhr) Direkt im Ortskern und auf halber Strecke zwischen den Häfen liegt Amasras Nummer eins in Sachen Grillgerichte, Fastfood und Hühnchen.

Çınar Restaurant (☎ 315 1018; Küçük Liman Caddesi 1; Hauptgerichte 3–6 €; ⏰ 11–23 Uhr) Eins von mehreren Restaurants, die mit ihrem frischen Fisch dabei helfen, Besucher in die Stadt zu locken. Am besten einen Tisch auf der hinteren Terrasse direkt über dem Wasser besetzen. Das Restaurant ist direkt am Küçük Liman, nicht weit vom *belediye*.

Çeşm-i Cihan Restaurant (☎ 315 1062; Büyük Liman; Hauptgerichte 3–8 €; ⏰ 11–23 Uhr) Das Pendant zum *Çınar* am geschäftigeren Büyük Liman. Dieses mehrstöckige Haus im traditionellen Stil toppt in puncto Charme alle anderen. *Levrek* (Barsch) und *istavrit* (Makrele) sind

Stammgäste auf der Speisekarte; dazu gibt's reichlich Salat.

Mustafa Amca'nın Yeri (☎ 315 2606; Küçük Liman Caddesi; Hauptgerichte 4–8,50 €; ☺ 11–23 Uhr) Amasras nobelste Adresse für Fisch und Meeresfrüchte. Den Laden gibt's schon seit 1945. Bei Reisegruppen und Locals ist er gleichermaßen beliebt – trotz der etwas kitschigen maritimen Deko. Wer früh kommt, hat Chancen auf einen Tisch am Wasser.

Ausgehen & Unterhaltung

Amasra Belediyesi Aile Çay Bahçesi (Küçük Liman) Der städtische Teegarten ist ein herrlich schattiger Treffpunkt in Toplage.

Ağlayan Ağaç Çay Bahçesi (Nöbethane Sokak) Durch die Straßen in der *kale* geht's zu diesem tollen Aussichtsplätzchen – perfekt für einen Drink. Ein paar Schilder zeigen den Weg.

Teras Café & Bar (☎ 315 2046; Turgut Işık Caddesi) Direkt am Strand beim Büyük Liman schiebt sich diese Location in den Vordergrund und versperrt den Konkurrenzcafés die Sicht. Wer sein Bier mit Hafenblick genießen will, findet kaum was Besseres.

Han Bar (☎ 315 2775; Küçük Liman Caddesi 17) Die Nummer eins in der kleinen Auswahl an Kneipen hier. Das kleine Holzhaus quetscht sich zwischen die Nachbarhäuser gegenüber den Burgmauern. Abends gibt's fast immer *canlı musik* (Livemusik).

An- & Weiterreise

Wer die Küste weiter ostwärts langfahren will, muss sich früh auf die Socken machen: Je später am Tag, desto seltener die Minibusse.

Die großen Intercity-Busunternehmen fahren Amasra nicht an. Aber ca. alle 40 Minuten fahren Minibusse nach Bartın (0,15 €, 30 Min.); sie starten nicht weit von der Kreuzung bei der Post. Von Bartın gibt's regelmäßig Busse nach Safranbolu (5 €, 2 Std.), Anakara (14 €, 5 Std.) und İstanbul (20 €, 7 Std.).

VON AMASRA NACH SİNOP

Die Straße von Amasra nach Sinop im Osten (312 km) windet sich durch die zerklüfteten Hügel, die direkt an die Schwarzmeerküste grenzen. Diese landschaftlich extrem reizvolle Strecke sollte jeder Traveller im Programm haben – ob als Autofahrer, Radfahrer oder Fahrgast eines öffentlichen Verkehrsmittels. Es geht rauf und runter und jede Kurve bietet atemberaubende Ausblicke. Und weil es keine

---

ABSTECHER NACH BARTIN

Genau genommen liegt der Ort zwar nicht an der Küste. Aber Traveller, die auf dem Weg von/nach Ankara bzw. Safranbolu sind, kommen wahrscheinlich dran vorbei. Dann können sie gleich einen kurzen Stopp in Bartın einlegen, 15 km südwestlich von Amasra, an der Hauptstraße 755. Der supernette Ort liegt inmitten einer hügeligen Landschaft, die sich zwischen die Schwarzmeerküste und die anatolische Ebene schiebt. Im Zentrum sind eine ganze Reihe alte Holzhäuser zu finden. Die meisten sind romantisch verfallen, aber ein paar wurden renoviert. Und bestimmt werden noch mehr auf Vordermann gebracht, denn der osmanische Boom hält an. Und wenn jemand mal auf die Idee kommt, ein Hotel aufzumachen, könnte das Dorf als netter Übernachtungsort und lokales Basislager Amasra in den Schatten stellen …

---

wichtige Verkehrsroute ist, gibt's nicht viel Verkehr. Allerdings geht's auf der schmalen Straße nur langsam voran (Durchschnittsgeschwindigkeit ca. 40–50 km/h, bis Sinop dauert's also 7–8 Std.). Außerdem bröckelt oft der Asphalt, und ab und zu blockiert ein *heyelan* (Erdrutsch) den Weg. Wer mit öffentlichen Verkehrsmitteln fahren will, steigt einfach in einen der Busse, die zwischen den vielen kleinen Orten an der Strecke unterwegs sind. Und frühmorgens starten! Wer Glück hat, erwischt vielleicht einen der seltenen Busse, die täglich aus İstanbul kommen.

Viele Dörfer haben Campingplätze. Reisende mit eigenem Fahrzeug haben's am besten: Sie können einfach anhalten, wo's am schönsten ist. Wer von Westen nach Osten unterwegs ist, kann z. B. am **Strand von Bozköy** baden – das ist westlich von Cakraz – oder in **Kurucaşile**, 45 km östlich von Amasra, den Bootsbauern zuschauen. In beiden Orten gibt's unspektakuläre Hotels und Pensionen.

Das malerische Dorf **Kapısuyu** hat zwei Strände und eignet sich prima für einen Zwischenstopp. Superidyllisch ist auch der Minihafen in der traumhaften Bucht von **Gideros.**

63 km östlich von Amasra führt die Straße runter zu einem breiten Kieselsandstrand. Er erstreckt sich mehrere Kilometer weit bis zu einem Dorf mit dem passenden Namen **Kumluca** (sandig). In östlicher Richtung zieht

er sich noch 8 km weiter bis **Cide.** Dieses Örtchen ist Endstation vieler Minibusse. Wer hier übernachten will, fährt gut mit dem **Yalı Otel** (☎ 0366-866 2087; www.yaliotel.com; Liman Yolu; EZ/DZ 9/18 €). Das Preis-Leistungs-Verhältnis ist okay, und ein Restaurant gehört auch dazu.

Hinter Cide gibt's bei einem Fahnenmast auf dem Berggrat oberhalb vom Ort einen Aussichtspunkt. Nach 12 km kommt **Kuscu Köyü.** Von dem Dörfchen aus geht's in die **Aydos-Schlucht.** Unten in der steilen Schlucht rauscht ein Fluss, der im Landesinnern entspringt.

Weiter östlich, im Dorf **Denizkonak,** steht eine halb verfallene Moschee. Sie ist so stark gekippt, dass es sogar den Schiefen Turm von Pisa gruseln würde.

Doğanyurt, auch ein nettes Hafenörtchen, liegt 31 km vor İnebolu. **Abana,** 9 km weiter östlich, ist ein schnell wachsender Urlaubsort mit einem prima Strand.

Auf halber Strecke nach Sinop liegt **İnebolu** – auch praktisch für einen Zwischenstopp. V. a. weil es ab dem spätem Nachmittag schwierig werden kann, eine Fahrgelegenheit aufzutreiben. Das **Yakamoz Tatıl Köyü** (☎ 0366-811 3100; www.yakamoztatilkoyu.com auf Türkisch; İsmetpaşa Caddesi; Zi. 25–78 €; 🏊) ist ein kleines Resort, 800 m westlich vom Ortskern. Es bietet verschiedene Wohnmöglichkeiten, ein Restaurant (Hauptgerichte 3–9 €), eine Bar, ein Café und einen Kieselstrand. Im Ortskern stehen diverse alte osmanische Häuser verstreut herum. Außerdem gibt's hier ein großes restauriertes Herrenhaus, in dem 1925 mal Atatürk geschlafen hat.

41 km östlich von İnebolu ist bei **Çatalzeytin** ein langer Kieselstrand in einer herrlichen Landschaft. Bei **Ayancık** teilt sich die Straße: Links (Richtung Norden) geht's auf der landschaftlich reizvolleren Straße nach Sinop. Von İnebolu dorthin sind es zweieinhalb Stunden. In der Umgebung gibt's eine Menge Seen und Höhlen.

SİNOP
☎ 0368/101 000 Ew.

Sinop liegt auf einer Landzunge, die ins Schwarze Meer ragt – optimal für einen Naturhafen, und als solcher wird es seit 1000 Jahren genutzt. Heute ist der Ort außerdem ein beliebtes Ferienziel für Urlauber aus İstanbul und Ankara. Und offensichtlich ein Eldorado für Modellbootfans: Die Auswahl an Schiffsmodellen in den Läden erschlägt

---

LIKE A VIRGIN

Sinop verdankt seinen Namen Sinope, der Tochter des griechischen Flussgottes Asopos. Zeus verliebte sich heftig in die Schöne und versprach, ihr jeden Wunsch zu erfüllen. Damit wollte er sie rumkriegen, aber Sinope hatte keine Lust, sich von irgendjemandem verführen zu lassen – weder von einem König noch von einem Gott. Sie wünschte sich darum, ewig Jungfrau zu bleiben. Der ausgetrickste Zeus zeigte sich als guter Verlierer: Sinope durfte den Rest ihres Lebens in glücklicher (und jungfräulicher) Einsamkeit an der Spitze der Halbinsel verbringen.

---

einen fast. An Sehenswertem hat die Stadt nicht viel zu bieten, aber sie ist ein ideales Basislager für Trips ans Schwarze Meer. Die Besucher wissen auch den lässigen Charme und die Möglichkeiten zum Essen und Trinken sehr zu schätzen.

Geschichte
Im 8. Jh. v. Chr. war Sinop eine Kolonie der Stadt Milet. Nach und nach wurde der Handel immer wichtiger. Spätere Herrscher – Kimmerer, Phrygier, Perser, pontische Könige (unter ihnen war Sinop Hauptstadt), Römer und Byzantiner – machten die Stadt zum Handelszentrum.

1214 übernahmen die Seldschuken das Ruder und machten Sinop zum Hafen. Die Osmanen bauten dann aber lieber Samsun weiter aus, weil es besser ans Inland angebunden war.

Am 30. November 1853 wurde Sinop ohne Vorwarnung von russischen Kanonenbooten angegriffen. Sie zerstörten die türkische Flotte, wobei ziemlich viele Leute umkamen. Die Schlacht heizte den gerade ausgebrochenen Krimkrieg an. In diesem Krieg hatten sich die Osmanen mit den Briten und Franzosen verbündet, um den russischen Ambitionen im Nahen Osten einen Dämpfer zu verpassen.

Orientierung
Sinop liegt am schmalen Ende der Halbinsel. Die Straße verläuft weiter in Richtung Osten zu den Stränden und zum Inselende. Der *otogar* (Busbahnhof) ist am westlichen Ortseingang, bei den Befestigungsanlagen. Von hier führt die unansehnliche Hauptstraße

Sakarya Caddesi 800 m in östlicher Richtung durchs Stadtzentrum bis zum *vilayet konağı* (Provinzregierungsgebäude).

Praktische Informationen

Hit Café Internet (Gazi Caddesi; 0,55 € pro Std.; ☯ 10–24 Uhr)

Touristeninformation (☎ 261 5298; Gazi Caddesi; ☯ Mitte Juni–Mitte Sept. 8.30–17 Uhr) Hier arbeiten superfreundliche und hilfsbereite Frauen, die Englisch sprechen. Am *otogar* gibt's noch einen Infoschalter.

Sehenswertes & Aktivitäten

Sinops Hauptattraktion sind die ziemlich gut erhaltenen **Festungsanlagen.** Die Stadt war vom Meer aus leicht anzugreifen und wurde deshalb schon 2000 v. Chr. befestigt. Die Mauern,

die heute noch stehen, sind Ausbauten einer früheren Anlage, die 72 v. Chr. der pontische König Mithridates VI. errichtete. Früher waren die Mauern 3 m dick, über 2 km lang, hatten sieben Tore und 25 m hohe Wachttürme. Wer will, kann über die Wälle bummeln; hier und da bietet sich ein Blick übers Meer oder aufs Gebirge, das in der Entfernung wie eine Fata Morgana wirkt.

Nicht weit vom Strand an der Nordseite vom *otogar* befindet sich eine antike Bastion, **Kumkapı** (Sandtor) genannt. Auf der Südseite ist das **Tarihi Cezaevi** (Altes Gefängnis; Eintritt 0,85 €; ☯ 9–18 Uhr) zu besichtigen. Das ist ein klotziges altes Gefängnis mit z. T. noch gut erhaltenen Außenmauern. Ein anderer quadratischer Turm steht am Hafen in der Nähe.

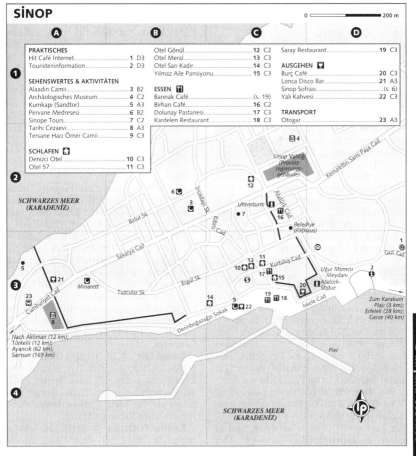

SİNOP

0   200 m

SCHWARZES MEER (KARADENİZ)

Sinop Valiliği (Provinzregierungsgebäude)

Uhrenturm

Belediye (Rathaus)

Gazi Cad

Uğur Mumcu Meydanı

Atatürk-Statue

Zum Karakum Plajı (3 km); Erfelek (28 km); Gerze (40 km)

Minarett

Tuzcular Sk

Derinboğazağzı Sokak

Nach Akliman (12 km); Türkelii (12 km); Ayancık (62 km); Samsun (169 km)

Pier

SCHWARZES MEER (KARADENİZ)

Kemalettin Sami Paşa Cad

İnceday Sk

Kabir Cad

Batur Sk

Sakarya Cad

Ergül Sk

Kurtuluş Cad

İskele Cad

Cumhuriyet Cad

Das **Archäologische Museum** (☎ 261 1975; Okullar Caddesi; Eintritt 1,1 €; ☺ Di–So 8–12 & 13–17 Uhr) von Sinop gehört zu den besseren an der Küste. Welches Museum hat schon eine eigene Ausgrabungsstätte direkt nebenan zu bieten? Hier wird gerade ein Serapistempel ausgebuddelt. Ansonsten gibt's noch Sachen aus der Antike, aus byzantinischer und osmanischer Zeit zu sehen. Im offenen Garten steht ein osmanisches Grabmal.

Im Stadtzentrum befindet sich in der Sakarya Caddesi die **Alaadin Camii** (1267) oder Ulu Cami. Die Moschee ist umgeben von einem großen, eingefassten Hof. Sie wurde für den einflussreichen Seldschuken-Großwesir Muinettin Süleyman Pervane gebaut und hat inzwischen diverse Restaurierungen hinter sich. Der Marmor-*mihrab* (Gebetsnische Richtung Mekka) und der *mimber* (Kanzel) wurden vom hier herrschenden Emir von Candaroğlu ergänzt.

Daneben ist die **Pervane Medresesi** (islamische Hochschule Pervane). Süleyman Pervane ließ sie 1262 als Erinnerung an die zweite Eroberung von Sinop bauen. Heute reihen sich hier Läden mit Kunsthandwerk und Produkten aus der Gegend aneinander.

Neben dem Hafen stehen die **Tersane Hacı Ömer Camii** (1903) und gleich daneben ein erschütterndes Denkmal: der Şehitler Çeşmesi (Märtyrerbrunnen). Es erinnert an die vielen türkischen Soldaten, die beim russischen Überraschungsangriff von 1853 umkamen. Der Brunnen wurde übrigens mit dem Geld gebaut, das in den Taschen der Opfer gefunden wurde.

Sinope Tours (☎ 261 7900; www.sinopetours.com; Kibris Caddesi 3) veranstaltet täglich Stadtführungen und Trips in die Umgebung.

Schlafen

Yılmaz Aile Pansiyonu (☎ 261 5752; Tersane Çarşısı 11; EZ/DZ/3BZ 8,50/17/23 €) Super Preis-Leistungs-Verhältnis für eine Budgetunterkunft: Die Zimmer sind schlicht, aber ordentlich. Es gibt TV und die Duschen haben eigene Boiler. Viele Zimmer bieten einen klasse Blick. Besonders nett ist das Zimmer 47: ein Dreibettzimmer mit Balkon. Das Zimmer 46 gibt's dagegen gar nicht! Frühstück ist im Preis nicht mit drin.

Otel Meral (☎ 261 3100; Kurtuluş Caddesi 19; EZ/DZ/3BZ/4BZ 11/20/22/34 €) Die Herzen auf den Bettdecken sind ja wirklich süß, aber die Bäder … Ein paar sind Gemeinschaftsbäder und in einigen anderen fehlen die Duschköpfe. Aber wer was Billiges sucht, wird damit schon klarkommen.

Otel 57 (☎ 261 5462; otel57@hotmail.com; Kurtuluş Caddesi 29; EZ/DZ 17/22 €) Schon erstaunlich, was es für ein paar Euros mehr gibt: digitales TV, eine hoteleigene Bar, Balkons und bombastische Duschköpfe. Die Rosa-Braun-Kombi, in der das Ganze gestaltet ist, zählt allerdings nicht zu den Pluspunkten.

Otel Gönül (☎ 261 1829; gonulltd@superonline.com.tr; Meydankapı Mahallesi 11; EZ/DZ 17/25 €) Nicht am Wasser, aber dafür beim Museum. Das mehrstöckige Haus wirkt insgesamt ein bisschen schräg: mit Schulhofkritzeleien in den Treppenhäusern, Statuen im Café im ersten Stock und rosa-gelben Zimmern. Nebenan steht eine Moschee.

Otel Sarı Kadır (☎ 260 1544; Derinboğazağzı Sokak 22; EZ/DZ/3BZ 17/25/28 €) Nicht gerade prickelnde, aber geräumige Zimmer mit TV, Sofa und Kühlschrank. Auf jeden Fall ist diese Bleibe am Wasser ihr Geld wert. Von den Balkons auf der Vorderseite ist das Meer zu sehen. Frühstück gibt's auf der Terrasse. Direkt gegenüber ist außerdem ein Teegarten.

Denizci Otel (☎ 260 5934; Kurtuluş Caddesi 13; EZ/DZ/3BZ 20/28/34 €) Das Denizci legt viel Wert auf einen erstklassigen Eindruck. Größtenteils erfüllt sich der auch, v. a. bei der schicken Lounge-Bar. Die Zimmer sind kompakt, aber komfortabel.

Essen

Sinops Restaurantszene hat einiges zu bieten. Am Hafen, direkt bei den Schiffen, gibt's eine ganze Reihe mediterrane Restaurants zum Draußensitzen Alle schenken Alkohol aus.

Dolunay Pastanesi (☎ 261 8688; Kurtuluş Caddesi 14; Desserts ab 1,10 €; ☺ 9–23 Uhr) Freundlich bunte, auf tropisch gestylte Patisserie. Für alle, die nach dem Fischgang noch was Süßes wollen.

Birhan Café (Atatürk Caddesi; Hauptgerichte 1,50–3 €; ☺ 9–22 Uhr) Schickes Bistro-Café mit ein paar modernen Designelementen. Der Laden lockt ein mehr oder weniger trendiges, junges Publikum an. Es gibt Frühstück, Drinks und Gegrilltes.

Barınak Café (☎ 261 7421; İskele Caddesi 9; Hauptgerichte 2–4 €; ☺ 11–23 Uhr) Das einzige Hafenrestaurant, das sich traut, keinen Fisch anzubieten. Hier stehen Pizzen, Burger und Steaks auf der Karte – prima Abwechslung zum üblichen Kebap und Fisch.

Kardelen Restaurant (☎ 260 3032; İskele Caddesi 4; Hauptgerichte 2,50–5 €; ☺ 11–23 Uhr) Gleich um die

Ecke von der Hafenmeile. In dem braun in braun gehaltenen Restaurant geht's relaxt und etwas altmodisch zu. Die Bandbreite der Speisekarte kann aber gut mit den moderneren Konkurrenten mithalten.

Saray Restaurant (☎ 261 1729; İskele Caddesi 18; Fischgerichte 4,50–7 €; ⏲ 11–23 Uhr) Für viele die Nummer eins in Sinop. Die Sommerterrasse ist ein schaukelnder Schwimmsteg direkt neben dem Fischerbooten. Es gibt frischen Fisch – *cinekop* (Blaubarsch), *levrek* oder *barbun* –, gegrillt oder gebraten, mit Salat.

Ausgehen & Unterhaltung

Yalı Kahvesi (☎ 261 3996; Derinboğazağzı Sokak 14) Klasse Location am Wasser, tagsüber prima für Leute, die nichts essen wollen. Auf der Terrasse und dem Bürgersteig stehen ein paar Plastiktische, an denen getrunken und gespielt wird.

Sinop Sofrası (☎ 260 5461; Pervane Medresesi, Batur Sokak) Supersüßer kleiner Teesalon direkt im Tor zur alten Medrese. Hier gibt's jede Menge Produkte aus der Umgebung.

Burç Café (☎ 260 0420; Sinop Kalesi, Tersane Caddesi) An diesem angesagten Ort im Festungsturm tummelt sich ein munteres, junges Publikum. Geboten werden Livemusik, Panoramablick und kaltes Bier.

Lonca Disco Bar (Cumhuriyet Caddesi) Die Nummer eins unter den paar Bars und Diskos von Sinop. Die Lage ist absolut beneidenswert: direkt in den Stadtmauern am alten Lonca-Tor.

An- & Weiterreise

In der Tabelle unten sind nützliche Verbindungen mit Start am kleinen *otogar* aufgelistet. Es gibt keine Direktbusse nach Amasra, das 312 km weiter westlich liegt. Wer dorthin will, kann mit dem Minibus direkt durchfahren oder in İnebolu bzw. Cide umsteigen.

VERBINDUNGEN AB OTOGAR IN SINOP

Fahrt-ziel	Fahr-preis	Dauer	Entfer-nung	Häufigkeit (pro Tag)
Ankara	20 €	9 Std.	443 km	3-mal
İnebolu	7 €	3 Std.	156 km	1-mal um 8 Uhr
İstanbul	25 €	10 Std.	700 km	5-mal
Karabük (nach Safranbolu)	14 €	6 Std.	340 km	5-mal
Samsun	6 €	3 Std.	168 km	ca. stündl.
Trabzon	17 €	9 Std.	533 km	1-mal um 20 Uhr

RUND UM SİNOP

Wer mit dem eigenen Auto unterwegs ist und mal aus Sinop rauskommen will, kann auch ein paar Attraktionen in den Orten und Dörfern rundum entdecken. Einfach bei der Touristeninfo oder im Reisebüro nach Tipps fragen. Beliebte Ziele sind **Erfelek** mit seinen 28 Wasserfällen, das historische Fischerdorf **Gerze** oder die Gegend um **Ayancık** (s. S. 580). Traveller, die sich etwas mehr verausgaben wollen, können wandern oder Kanu fahren.

Wer nur mal eben im Karadeniz (Schwarze Meer) untertauchen will, kann das am schwarzen Sandstrand von **Karakum Plajı** tun. Der liegt 3 km östlich vom Hafen in Sinop. Hier gibt's ein Restaurant, einen Campingplatz und ein paar Privatunterkünfte.

SAMSUN

☎ 0362/364 000 Ew.

Samsun ist die größte Stadt an der Küste, einer der wichtigsten Häfen und Handelszentrum. Die örtliche Tourismusbehörde legt sich mächtig ins Zeug, die Stadt als Kurort zu pushen. Aber die meisten Traveller machen hier nur einen Stopp, um was zu essen oder in den nächsten Bus umzusteigen. Sogar die sonst so unternehmungslustigen Genuesen hielten sich hier im 15. Jh. nur kurz auf – gerade mal so lange, bis sie die Stadt komplett abgefackelt hatten. Immerhin gibt's hier genügend nützliche Einrichtungen, um einen Zwischenstopp einzulegen.

Orientierung & Praktische Informationen

Das Zentrum der Stadt ist der Cumhuriyet Meydanı (Platz der Republik). Er liegt Richtung Landesinneres, westlich vom Atatürk-Park an der Küstenstraße (Atatürk Bulvarı). Das alte *vilayet* ist südöstlich vom Park. Das riesige *valiliği*-Gebäude von Samsun steht auf der anderen Seite vom Atatürk Bulvarı, Richtung Norden. Die Cumhuriyet Caddesi verläuft parallel zur Südseite des Parks.

Zur **Touristeninformation** (☎ 431 1228; Atatürk Bulvarı; ⏲ Juni–Aug. tgl. 8–12 & 13–17 Uhr, Sept.–Mai Mo–Fr) geht's vom Cumhuriyet Meydanı aus über die Küstenstraße rüber. Hier gibt's prima Karten und Broschüren, u. a. eine Liste mit Spas. Außerdem werden organisierte Ausflüge angeboten.

Der Bahnhof liegt 550 m südöstlich vom Atatürk-Park an der Küstenstraße Atatürk

Bulvarı. Der *otogar* ist auch an der Küsten-straße, 1,5 km weiter südöstlich.

Sehenswertes

Wer ein Stündchen Zeit hat, kann sich das **Museum für Archäologie & Ethnografie** (Arkeoloji ve Etnoğrafya Müzesi; ☎ 431 6828; Fuar Caddesi; Eintritt 1,10 €; ☼ Di–So 8.30–12 & 13–17 Uhr) anschauen. Es liegt westlich vom *valiliği*-Gebäude. Das spekta-kulärste Stück ist ein riesiges römisch-byzan-tisches Mosaik. Darauf sind Thetis, Achilles und die vier Jahreszeiten zu sehen; das Teil wurde nicht weit von hier in Karasamsun (Amissos) gefunden. Ein anderes Highlight ist der elegante Goldschmuck. Er wurde 1995 in einem Grab entdeckt und stammt wohl aus der Zeit des legendären Mithridates VI. Eupator (regierte 130–120 v. Chr.). Eine etwas gruselige Abteilung widmet sich antiker Schä-delchirurgie.

Gleich nebenan ist das **Atatürk-Museum** (Ata-türk Müzesi; Fuar Caddesi). Es erinnert an den Befrei-ungskrieg, der am 19. Mai 1919 in Samsun anfing. Zum Zeitpunkt der Recherche war das Museum zu.

Nach diesen intellektuellen Genüssen kann man über die Küstenstraße flüchten und im sich **Akyol-Luna-Freizeitpark** ins Vergnügen stürzen.

Schlafen & Essen

Hotel Necmi (☎ 432 7164; otelnecmi@hotmail.com; Be-destan Sokak 6; EZ/DZ/3BZ mit Gemeinschaftsbad 11/20/20 €) Vielleicht nicht die beste Budgetunterkunft aller Zeiten: Frühstück ist im Preis nicht drin und als wir da waren, roch es ziemlich un-angenehm. Aber es ist das billigste Quartier. Außerdem ist die Lage im Kleiderbasar sehr originell.

Samsun Park Otel (☎ 435 0095; Cumhuriyet Caddesi 38; EZ/DZ/3BZ 25/34/50 €) Gleich südlich vom Stadt-zentrum. Mit einem hieroglyphisch verzierten Aufzug geht's hoch zu einer Handvoll kleiner, aber superkomfortabler Zimmer. Ein Hotel-restaurant gehört auch dazu. Um die Ecke sind außerdem ein paar gute Patisserien.

Vidinli Oteli (☎ 431 6050; Kazımpaşa Caddesi 4; EZ/ DZ 34/50 €; ☒ ▣) Für den Preis kommen die Zimmer etwas zu unspektakulär daher, sogar die mit Meerblick. Aber alles in allem ist der Standard okay. Ein schickes Restaurant mit Bar macht dem digitalen TV Konkurrenz.

North Point Hotel (☎ 435 9595; www.northpoint hotel.com; Atatürk Bulvarı 594; EZ/DZ 44/61 €; ☒ ▣) Zwölf Etagen voller Komfort im neuen Kon-ferenzhotel an der Küstenstraße. Busse und Minibusse halten praktischerweise direkt vor der Tür. Genau gegenüber steht das riesige Büyük Samsun Oteli – wer im North Point absteigt, kann sich ins Fäustchen lachen, wenn er die Preise hier und drüben vergleicht.

Sıla Restaurant (☎ 432 9515; Vilayet Karşısı 36; Haupt-gerichte 1,50–5 €; ☼ 9–21 Uhr) In diesem zentralen, zuverlässigen Lokal warten *şiş, iskender* und andere alte Bekannte unter den Kebaps und *pides* darauf, weggeputzt zu werden.

Demircioğlu Balık Restaurant (☎ 435 7550; Ka-zımpaşa Caddesi 20; Hauptgerichte 3–8 €; ☼ 11–22 Uhr) Samsuns Topadresse für Fisch ist in einem süßen, kleinen Backsteinhaus zwischen lang-weiligen Häuserblocks untergebracht. Die leckeren, frischen Meeresbewohner werden im gemütlichen Speisesaal im ersten Stock aufgetischt.

An- & Weiterreise

AUTO & MOTORRAD

Rund um die Lise Caddesi haben sich ein paar Autovermieter angesiedelt, u. a. **Avis** (☎ 231 6750; Ümraniye Sokak 2) und **Budget** (☎ 231 5300; Lise Caddesi). Dorthin geht's vom Atatürk-Park aus 700 m auf der Cumhuriyet Caddesi Richtung Südosten.

BUS

Praktisch alle großen Busunternehmen haben Büros an der Ecke Cumhuriyet Meydanı/ Cumhuriyet Caddesi. Die wichtigsten Fahrt-ziele sind in der Tabelle unten aufgelistet; zum *otogar* kostet's 0,55 €.

VERBINDUNGEN AB OTOGAR IN SAMSUN

Fahrt-ziel	Fahr-preis	Dauer	Entfer-nung	Häufigkeit (pro Tag)
Amasya	5 €	2 Std.	130 km	oft
Ankara	17 €	7 Std.	420 km	oft
Artvin	14 €	8 Std.	577 km	4-mal
Giresun	8,50 €	3 Std.	220 km	5-mal
İstanbul	25 €	11 Std.	750 km	mehrmals
Kayseri	20 €	9 Std.	530 km	ab und zu
Sinop	5,60 €	3 Std.	168 km	mehrmals
Trabzon	11 €	6 Std.	355 km	mehrmals
Ünye	4 €	1 Std.	95 km	alle 30 Min.

FLUGZEUG

Turkish Airlines (☎ 435 2330; Kazımpaşa Caddesi 18/A) fliegt täglich drei- bis viermal direkt nach İstanbul, **Onur Air** (☎ 431 6665; 19 Mayıs Bulvarı 35/2) einmal täglich. Außerdem gibt's täglich einen Turkish-Airlines-Flug nach Ankara. Beide Fluglinien kutschieren ihre Fluggäste mit einem *servis* (Minibus-Shuttle) von ihren Büros zum Flughafen (3 €).

ZUG

Vom **Hauptbahnhof** in Sansum (☎ 233 5002) gibt's zweimal täglich Züge nach Sivas (8,50 €, 8 Std.) und Amasya (3 €, 3 Std.).

ÜNYE

☎ 0452/70 000 Ew.

Auch wenn das kleine, nette Ferienörtchen in einer Haselnussplantage 95 km östlich von Samsun gar nicht danach aussieht – Ünye gehört zu den ältesten Siedlungen in Anatolien. Die frühesten Spuren menschlicher Behausungen stammen aus der Altsteinzeit. Wegen seiner Lage an der Kreuzung von Seidenstraße und Küstenstraße war der Ort in osmanischer Zeit ein wichtiger Handelshafen. Der große türkische Dichter Yunus Emre, der Anfang des 14. Jhs. seine mystischen Verse schmiedete, soll hier geboren worden sein. In der Nähe lebte auch ein gewisser Nikolaus, der später als Geschenkeverteiler berühmt wurde. Trotz allem ist Ünye für die meisten Traveller nur ein kurzer, netter Zwischenstopp an der Küste.

Die freundliche **Touristeninformation** (☎ 323 2569; ☼ Mo–Fr 8–12 & 13–17 Uhr) ist im rosa *kay-makamliği*-Gebäude am Hauptplatz untergebracht. Hier kann man eine Handvoll Broschüren kriegen, und auf einem Computer läuft eine etwas unscharfe Diashow zu den Highlights der Region.

Sehenswertes & Aktivitäten

7 km Richtung Landesinnere steht die verfallene **Festung von Ünye**. Sie wurde ursprünglich von den Pontiern errichtet und von den Byzantinern wiederaufgebaut. In der Felswand darunter befindet sich ein antikes Grab. Und so geht's dorthin: An der Straße nach Niksar in einen Minibus Richtung Kaleköy oder Akkuş (0,30 €) steigen und sich vom Fahrer an der Kreuzung mit der Straße, die zur Burg führt, rauswerfen lassen. Zum höchsten Punkt sind es dann noch mindestens 30 Minuten zu Fuß.

Ein anderer Miniausflug führt zum **Tozkoparan Kay Mezarı** (Felsengrab von Tozkoparan). Es liegt 5 km vom Ortskern entfernt an der Straße nach Trabzon. Einfach einen Minibus Richtung Osten nehmen und bei der Zementfabrik aussteigen; da geht's dann ab zum Felsengrab.

Direkt im Ort befindet sich gleich östlich vom Hauptplatz das **Ali-Namık Soysal Eski Hamam.** Früher war es mal eine Kirche. Männer dürfen hier ab dem frühen Morgen bis 12 Uhr mittags und sonntags den ganzen Tag über rein.

AUF DEN SPUREN DER AMAZONEN

Im Zusammenhang mit der Region Samsun-Ünye und v. a. mit dem Städtchen Terme denken viele sofort an ein paar taffe Ladys der griechischen Sagenwelt: die Amazonen. Diese wilden Kämpferinnen schnitten sich eine Brust ab, um besser mit dem Bogen schießen zu können. Sie sollen vor den Pontiern an der Küste das Sagen gehabt haben. Sie kämpften gegen alle und jeden – von den Lykiern bis zu den Phrygiern. Schriftsteller wie Homer, Herodot oder der aus Amasya stammende Strabon schriebe so allerlei über sie. Manche Storys sind mehr, andere weniger glaubwürdig. Am liebsten wird über die Fortpflanzungsriten spekuliert: Angeblich sollen sie jährlich mit Männern von Nachbarstämmen geschlafen oder sich eine „Zuchtkolonie" von männlichen Liebessklaven gehalten haben. Frühe Biografen Alexanders des Großen behaupten sogar, diese hätte mit der Amazonenkönigin Thalestris ein Kind gezeugt!

Aus historischer Sicht gibt's wenig handfeste Beweise für Amazonen an der Schwarzmeerküste in der besagten Zeit (1200 v. Chr.). Allerdings wurden in Zentralasien Gräber von Kämpferinnen gefunden. Eine Theorie besagt, dass die Amazonen Hohepriesterinnen eines Muttergöttinnenkults waren. Andere Historiker meinen, dass der Mythos auf Berichten von Reisenden basiert, die bei anatolischen Stämmen das Matriarchat kennengelernt hatten oder einfach nur Formen der Gleichstellung von Männern und Frauen, die mit ihren eigenen Rollenmustern nicht zusammenpassten.

Wie dem auch sei: Diese antike Legende hat die Phantasie der Menschen späterer Jahrhunderte enorm angeregt. Ihr verdankt sogar der größte Fluss der Welt seinen Namen. Wer hätte gedacht, dass die türkische Küste und der brasilianische Regenwald etwas gemeinsam haben?

Frauenbadezeit ist von 12 Uhr bis 16 Uhr. Auch die riesigen **Platanen** im Zentrum sind einen Blick wert: Sie sollen an die 500 Jahre auf dem Buckel haben.

Schlafen

Otel Çınar (☎ 323 1148; Hükümet Caddesi 18; EZ/DZ 8,50/17 €) Diese zentrale Budgetunterkunft ist vor kurzem mit einem neuen Anstrich auf Vordermann gebracht worden. Am guten Preis-Leistungs-Verhältnis hat sich dabei nichts geändert. Ein paar Bäder werden gemeinschaftlich genutzt und Frühstück gibt's nicht.

Otel Lider (☎ 324 9250; Hükümet Caddesi 36; EZ/DZ 11/22 €) Wer knapp bei Kasse ist, fährt auch hiermit gut: praktisch zentral gelegen, anständige Zimmer, funktionale Bäder, digitales TV und eine nette Dachterrasse. Frühstück kostet 2 €.

Hotel Grand Kuşçalı (☎ 324 5200; Devlet Sahilyolu Şehir Merkezi 42; EZ/DZ/3BZ 28/48/59 €; ⌘) Ein Favorit bei Reisegruppen. Zwar nicht wirklich „grand", aber was Ausstattung und modernen Stil angeht, gibt's im Ort nichts Vergleichbares. Pluspunkte sind außerdem die Sauna, der Hamam und ein Restaurant mit Meerblick im sechsten Stock.

Ünye hat ganze acht Campingplätze, außerdem eine Handvoll Strandpensionen. Sie sind v. a. an der Straße nach Samsun, westlich vom Ort, zu finden. Der **Café Gülen Plaj Camping** (☎ 324 7368; Devlet Sahil Yolu; Zeltplatz 6 €, Bungalow 30 €) liegt toll und hat niedliche Holzbungalows. Daneben ist das **Uzunkum Restaurant Plaj & Camping** (☎ 323 2022; Devlet Sahil Yolu; Zeltplatz 6 €) – auch ein nettes Plätzchen am Strand, mit viel Schatten. Vom frühen Morgen bis ca. 23 Uhr pendeln auf der Küstenstraße regelmäßig grün-weiße Minibusse zwischen dem Stadtzentrum und diesen Orten.

Essen

Café Vanilya (☎ 324 4106; Cumhuriyet Meydanı 3; Snacks 1–3 €; ⌚ 10–20 Uhr) Das Café ist in einem edel restaurierten, villenähnlichen Stadthaus untergebracht. Es ist schick, aber unprätentiös. Auf der Terrasse lassen sich junge Möchtegern-Intellektuelle bedienen.

Evim (☎ 324 3341; Hacı Emin Caddesi; Gerichte 1–3 €; ⌚ 8–19 Uhr) Typisch einheimisches Lokal nicht weit vom Hauptplatz. Die Stammgäste schlagen sich hier den Magen mit selbst gemachter Baklava, *börek* (gefüllte Blätterteigpasteten) und *mantı* (türkische Ravioli) voll.

Sofra (☎ 323 4083; Belediye Caddesi 25; Hauptgerichte 1–5 €; ⌚ 9–23 Uhr) Hat nichts mit der Restaurantkette zu tun. Dieses Sofra in einem quadratischen Steingebäude mit Blick aufs Meer bietet jede Menge Kebaps und osmanische Gerichte an. Die Plastikverkleidung der Straßenterrasse hält die Auspuffgase ab – killt aber auch ein bisschen die Atmosphäre.

Çakırtepe (☎ 323 2568; Çakırtepe; Hauptgerichte 2–5 €; ⌚ 11–22 Uhr) Picknickplatz, Teegarten und Café in einem – auf einem Hügel westlich vom Ortskern. Im Sommer essen die Einheimischen hier ausgiebig zu Mittag. Der Blick ist göttlich und *pide* und *güveç* (Eintopf im Tontopf) sind zu Recht die Renner. Von der Westseite des Cumhuriyet Meydanı fahren Minibusse direkt bis vors Restaurant.

Çamlık Restaurant (☎ 323 1175; Çamlık İçi; Hauptgerichte 2–5 €; ⌚ 11–22 Uhr) Noch ein netter Picknick- und Erholungsplatz. Hier ist eine prima Auswahl an Fisch- und Fleischgerichten im Angebot, nicht zu vergessen die köstlichen *meze*. Im Sommer lohnt sich's allein wegen der schattigen Terrasse mit Meerblick, hierherzukommen.

Yunus Emre Çay Bahçesi (☎ 323 3068; Yunus Emre Parkı; Gerichte 2,50-4 €; ⌚ 9–21 Uhr) Ungewöhnlicherweise gibt's in diesem großen, beliebten Teegarten außer den üblichen Getränken auch gehaltvolle *pides* und Eintöpfe. Perfekt für einen Sonnenuntergang mit Nährwert.

Park Restaurant (☎ 323 3053; Devlet Sahil Yolu 6; Hauptgerichte 3–6 €; ⌚ 11–23 Uhr) Hier drängeln sich meistens Familien, Reisegruppen und andere redelustige Platzfreihalter. Mit rosa Außenfassade und gefaktem Klassizismus ist das Ganze offensiv extravagant. Zum Glück gibt's eine umfangreiche Speisekarte und eine hinreißende offene Terrasse. Außerdem fließt der Alkohol in Strömen und die Livemusik sorgt für Stimmung.

An- & Weiterreise

Die Busunternehmen haben ihre Büros an der Küstenstraße. Auf dieser Straße düsen ca. alle 20 Minuten Mini- und Midibusse nach Samsun (4 €, 1½ Std.) und Ordu (4 €, 1¾ Std.), über Fatsa, Bolaman und Perşembe.

RUND UM ÜNYE

5 km östlich von Ünye führt die Straße am *otogar*, an der Zementfabrik und am **Nationalpark Asarkaya** (⌚ Mai–Okt.) vorbei. Dieses bewaldete Erholungsgebiet ist auf Wanderer und Picknicker eingestellt. 14 km weiter die Straße

runter kommt der etwas runtergekommene Ort **Fatsa.** Ab hier ist die Küste größtenteils bewaldet und die kurvige Straße bietet hin und wieder schöne Ausblicke, jedenfalls bis **Bolaman,** einem bis auf ein paar verfallene osmanische Holzhäuser uninteressanten Ort. Als Nächstes kommt man zum **Çaka-Strand,** – einem unerwartet herrlichen weißen Sandstreifen. Wahrscheinlich ist er der schönste Strand am Schwarzen Meer. Wer clever war und Proviant eingepackt hat, kann hier ein Päuschen im Schatten einlegen. 15 km westlich von Ordu liegt **Perşembe** an einem netten Hafen mit zwei Leuchttürmen. Wer hier eine Zwischenstation einlegen will, fährt gut mit dem modernen Zwei-Sterne-Hotel **Dede Evi** (☎ 0452-517 3802; Atatürk Bulvarı; EZ/DZ 18/24 €): Es bietet Meerblick und eine prima Ausstattung, z. B. gusseiserne Balkons, Parkettböden und Zimmer in warmen Gelbtönen.

Alle Orte lassen sich mit den vielen Mini- und Midibussen erreichen, die die Küste hoch- und runterfahren. Meistens muss man nicht lange warten – einfach dem Fahrer signalisieren, dass er halten soll.

ORDU

☎ 0452/113 000 Ew.

Eine alte Stadt mit einem modernen Herz: Ordu liegt 80 km östlich von Ünye und hat ein quirliges, gepflegtes Stadtzentrum an einer netten Uferpromenade. Auf beiden Seiten dehnt sich der Ort wild aus. Aber wer durch die Gassen im Zentrum bummelt, kommt sich trotzdem wie in einem kleinen Urlaubsort vor.

Die **Touristeninformation** (☎ 223 1608; ☼ Mo–Fr 8–17 Uhr, Juni–Aug. Mo–Sa) liegt praktisch auf der meerzugewandten Seite des *belediye,* gleich östlich von der Moschee an der Küstenstraße. Der supernette und gut informierte Herr Gürcan ist hier der Boss; er spricht prima Englisch.

Internetzugang gibt's bei **Ordu Net** (Fidangör Sokak; 0,55 € pro Std.; ☼ 10–24 Uhr).

Sehenswertes

Das **Ethnografische Museum im Paschapalast** (Paşaoğlu Konağı ve Etnoğrafya Müzesi; Taşocak Caddesi; Eintritt 1,10 €; ☼ Di–So 9–12 & 13.30–17 Uhr) ist ein echtes Juwel. Das Gebäude aus dem späten 19. Jh. liegt vom Cumhuriyet Meydanı 500 m bergauf. Schilder mit der Aufschrift „Müze – Museum" führen an dem kleinen Basar für Kunsthandwerk vorbei direkt hierher. Die

Exponate im Erdgeschoss werden um Längen geschlagen von den absolut authentischen osmanischen Zimmern im ersten Stock. Tolle Details sind die Fliesen und Kohlebecken, nicht zu vergessen der Stuhl, auf dem sich Atatürk 1924 ausgeruht haben soll.

Rund um das **Kulturzentrum Tasbaşı** haben noch ein paar Reste von Ordus Altstadt überlebt. Das Zentrum selbst ist in einer alten griechischen Kirche untergebracht, 800 m vom Hauptplatz entfernt. Bald soll hier ein Terrassencafé aufmachen.

Wer noch Zeit hat, kann mit dem Dolmuş den Berg hoch nach **Boztepe** (6,5 km) düsen. Von da gibt's einen genialen Blick über Stadt und Küste. Wer kein Picknick mitgebracht hat, kriegt in den Restaurants dort Snacks.

Schlafen & Essen

In puncto Schlafen und Essen ist Ordu leider eine Enttäuschung. Aber ein paar Ausnahmen gibt's:

Hotel Turist (☎ 225 3140; Atatürk Bulvarı 134; EZ/DZ/3BZ 23/34/45 €; ⌘) Für den Preis nicht gerade umwerfend. In den schlichten, senfgelben Zimmern könnte es z. T. etwas besser riechen. Zum Ausgleich gibt's Balkons mit Meerblick und Frühstück im Wintergarten.

Karlıbel Atlıhan Hotel (☎ 225 0565; www.karlibel hotel.com; Kazım Karabekir Caddesi 7; EZ/DZ/3BZ 28/50/67 €; ⌘) Bei weitem professioneller ist dieses Hotel mit geräumigen Zimmern in dezenten Farben. Jemand scheint hier auf Pferdebilder zu stehen. Demselben Betreiber gehört auch ein sehr ordentliches Hotel in umgebauten osmanischen Häusern direkt vor der Stadt.

Jazz Café (☎ 214 6778; Sımpasa Caddesi 28; Hauptgerichte 2,50–4 €; ☼ 9–22 Uhr) Moderne Location mit Essen und Musik in der Fußgängerzone von Ordu. Von Pizza und Omelette bis zu *gözleme* und *kumpir* (Ofenkartoffeln) wird alles geboten. Leider nicht so richtig cool.

Ayışığı (☎ 223 2870; Atatürk Bulvarı; Hauptgerichte 3–6 €; ☼ ab 11 Uhr) Auf einem komischen, runden Betongebilde steht dieser bunkerähnliche Bau. Es ist eine Mischung aus Terrassencafé, Restaurant und *meyhane* (türkischer Pub). Aber der Mix ist gelungen. Oben drüber ist eine Teeterrasse – nett, um tagsüber mit Blick übers Meer zu träumen.

Grand Mıdı Restaurant (☎ 214 0340; İskele Üstü 55; Hauptgerichte 3–8 €; ☼ 11–23 Uhr) Am Strand, nicht weit von der Touristeninfo. Über einen langen, überdachten Schwimmsteg kommen die Gäste in einen freundlichen, sehr geräumigen

Speisesaal auf Stelzen. Die Wände sind voll mit Schwarz-Weiß-Fotos vom alten Ordu. Wer rausguckt, sieht das Gleiche in Farbe und echt. Die Speisekarte hat sich auf Fisch aus dem See rundum spezialisiert.

Anreise & Rund um Ordu

Hinter dem *belediye* starten Busse im Halbstundentakt nach Giresun (2 €, 1 Std.). Nach Ünye (4 €, 1 Std.) geht's los an der Bushaltestelle 1,5 km östlich vom Zentrum; alternativ mit einem Minibus, der an an der Küstenstraße gestoppt werden muss.

Städtische Minibusse drehen ständig Runden durchs Zentrum. Mit der Linie 2 geht's in einer Richtung vom Stadtzentrum am Karlıbel İkizevler Hotel vorbei und in Gegenrichtung in die Nähe vom *otogar*. Ein Dolmuş nach Boztepe kostet 0,85 €.

GİRESUN

☎ 0454/84 000 Ew.

Giresun liegt 46 km östlich von Ordu und hat an die 3000 Jahre auf dem Buckel. Die Stadt steckt voller Geschichte: Hier sollen Jason und seine Argonauten auf der Fahrt zum mythischen Königreich Kolchis (Georgien) vorbeigeschippert sein. Sie suchten hier an der Ostküste des Schwarzen Meers das Goldene Vlies. Außerdem wurden aus Giresun die ersten Kirschen nach Italien importiert – von da aus verbreiteten sie sich in der restlichen Welt. Der Name Giresun kommt wohl vom griechischen Wort für Kirsche.

Heute wächst der Reichtum von Giresun noch immer auf Bäumen. Allerdings ist jetzt die unscheinbare Haselnuss der größte Umsatzbringer. Die Gegend soll die besten *fındık*-Plantagen der ganzen Türkei haben. In einem Park an einem Hügel nicht weit vom Zentrum kann man prima Nüsse knabbern. Von dort gibt's auch einen tollen Blick über die Stadt und die Bucht.

Orientierung & Praktische Informationen

Das Zentrum von Giresun ist der Atapark an der Küstenstraße. Der *belediye* liegt gleich beim Park in Richtung Landesinneres. Die wichtigste Shoppingmeile ist die Gazi Caddesi. Die verläuft vom *belediye* an steil bergauf.

Im Atapark gibt's eine **Touristeninformation** (☎ 216 4707; Gazi Caddesi 9; ⏰ Mo–Fr 8–17 Uhr) und einen noch nützlicheren **Infokiosk** (⏰ 8–17 Uhr); Englisch spricht allerdings in beiden niemand.

Zur **Post** und zu ein paar Internetcafés geht's vom *belediye* an mehrere 100 m bergauf.

Sehenswertes & Aktivitäten

Wer sich den Bauch mit Haselnüssen, Kirschen, Haselnuss- oder Kirsch-Schokoriegeln vollgeschlagen hat, kann 2 km zum **Kalepark** (Burgpark) wandern und dabei die überschüssigen Kalorien verbrennen. Er liegt hoch über der Stadt an einem steilen Hang. Der herrlich schattige Park bietet einen Panoramablick über Stadt und Meer. Außerdem gibt's dort einen Biergarten fürs Feierabendbier bei Sonnenuntergang, Wäldchen für Liebespaare und Grillplätze. An Wochenenden herrscht Hochbetrieb.

Der Park ist nicht mit öffentlichen Verkehrsmitteln zu erreichen. Zu Fuß geht's vom Atapark auf der Gazi Caddesi bergauf in Richtung Landesinneres; dann links in die Bekirpaşa Caddesi abbiegen und noch mal 200 m weiterlaufen, am Otel Kit-Tur vorbei. Ein Taxi kostet rund 2 €.

Das **Stadtmuseum** (Şehir Müzesi; ☎ 212 1322; Atatürk Bulvarı 62; Eintritt 1,10 €; ⏰ 8–17 Uhr) hat sich in der nicht mehr genutzten Gogora-Kirche aus dem 18. Jh. einquartiert. Es liegt östlich vom Atapark an der Küstenstraße, 1,5 km um die Halbinsel herum. Das Gebäude ist interessanter als das Museum selbst. Es stellt die unspektakulären archäologischen und ethnografischen Exponate locker in den Schatten.

Wer ein bisschen länger bleibt, kann die alten Häuser im Stadtteil **Zeytinlik** erkunden. Die **alpine Hochebene**, 40 km in Richtung Landesinneres, eignet sich super zum Wandern und z. T. zum Wintersport.

Feste & Events

Jedes Jahr am 20. Mai **steigt in Giresun** das **Internationale Aksu-Fest.** Es feiert die Wiedergeburt, Fruchtbarkeit und den Anfang einer neuen Wachstumsperiode. Vier Tage lang gibt's Konzerte, traditionelle Tanzdarbietungen und andere Open-Air-Events.

Schlafen & Essen

Giresun ist keine Touristenhochburg. Die meisten Hotels sind auf türkische Geschäftsleute eingestellt.

Er-Tur Oteli (☎ 216 1757; otelertur@mynet.com; Çapulacılar Sokak 8; EZ/DZ/3BZ 17/25/36 €) Diese Ein-Stern-Unterkunft bietet unspektakuläre, aber völlig akzeptable Zimmer. Das Hotel ist in einer Nebenstraße östlich vom Atapark. Die

Familien-Dreibettzimmer können auf Nachfrage zu Vierbettzimmern erweitert werden.

Otel Ormancılar (☎ 212 4391; otelormancilar@ hotmail.com; Gazi Caddesi 37; EZ/DZ/3BZ 20/28/34 €; ⁑ ▢) Definitiv das beste Mittelklassequartier der Stadt. Die Zimmer in Brauntönen sind mit hübschen Türen aufgepeppt. Es gibt TV, Telefon und sogar einen hoteleigenen Juwelier. Straßenlärm auch, aber um seine Nachtruhe muss keiner fürchten.

Otel Çarıkçı (☎ 216 1026; otelcarikci@yahoo.com; Osmanağa Caddesi 6; EZ/DZ/3BZ 25/35/42 €; ⁑) Noch mal ein prima Preis-Leistungs-Verhältnis in dieser Kategorie: blitzblanke Laminatböden, neu gefliste, glänzende Bäder und WLAN. Ein Stück bergab auf der Straße, die als erste von der Gazi Caddesi abgeht.

Otel Başar (☎ 212 9920; www.hotelbasar.com.tr; Atatürk Bulvarı; EZ/DZ/3BZ 34/56/67 €; ⁑) Direkt am Wasser an der belebten Küstenstraße. Der achtstöckige Schandfleck ist von innen besser erträglich als von außen: Drinnen sieht's überraschend geschmackvoll und gut durchdacht aus. Ein Dachcafé und ein schickes Restaurant gehören auch dazu.

Deniz Lokantası (☎ 216 1158; Alpaslan Caddesi 3; Hauptgerichte 1,10–4 €; ☽ 10–22 Uhr) Diese modernisierte Cafeteria beim *belediye* fährt seit 1953 leckeres Essen auf. Mittags ist der Laden rappelvoll.

Ellez (☎ 216 1491; Fatih Caddesi 9; Hauptgerichte 1,50–4 €; ☽ 10–22 Uhr) Süßes, kleines Lokal einen Häuserblock nördlich vom Atapark. Hier sind Pizza, *pide* und *lahmacun* im Angebot. Der Salon oben hat einen winzigen Balkon, von dem aus sich wuchernde Pflanzen und türkische Flaggen breitmachen.

An- & Weiterreise

Der Busbahnhof liegt 4 km westlich vom Zentrum, aber die Busfahrer lassen die Fahrgäste normalerweise auch beim Atapark raus. Zwischen Giresun und Trabzon (4 €, 2 Std.) bzw. Ordu (2 €, 1 Std.) pendeln oft Minibusse. Nach Trabzon geht's los bei den Büros an der Hauptstraße, einen Häuserblock östlich vom Atapark. Busse in Richtung Ordu halten auf der Hauptstraße gegenüber.

Täglich gibt's mehrere Busse nach Samsun im Westen (S. 584).

VON GİRESUN NACH TRABZON

Von Giresun sind's noch mal 150 km nach Trabzon. Leider versperren großräumige Straßenbauarbeiten direkt an der Küste viele

schöne Ausblicke. Die Straße führt durch mehrere Kleinstädte, u. a. das nette **Tirebolu** mit einem Bezirk, kleinen Hafen und zwei Burgen: Sen Jan Kalesi und Bedrama Kalesi. Die Teefabrik von Çaykur ist nur eine von Dutzenden, die an der Küste dicht an dicht stehen: Willkommen im türkischen Teeland!

Richtung Osten ist der nächste Ort **Görele.** Hier halten die Busse meistens, damit sich die Fahrgäste auf die vielen Bäckereien stürzen können. Sie verkaufen riesige, runde Brotlaibe – eine Spezialität des Ortes. Kurz hinter Görele kommt **Akçakale.** Von hier ist eine kleine Halbinsel mit den Ruinen einer byzantinischen Burg aus dem 13. Jh. zu sehen. Kurz vor Trabzon kommt man durch **Akçaabat.** Das Städtchen ist berühmt für seine *köfte* und hat ein, zwei ganz nette Restaurants, wo diese Spezialität probiert werden kann.

TRABZON
☎ 0462/215 000 Ew.

So ganz kann Trabzon den schmuddeligen Charakter, der Hafenstädten anhängt, nicht abschütteln. Und irgendwie ist die quirlige Stadt viel zu sehr mit sich selbst beschäftigt, als dass sie sich um Besucher scheren würde. Der Haupteindruck, den alle von dieser Stadt haben, ist der hektische Trubel in dem mit Autos, Taxis, Minibussen, Faulenzern, Polizisten, Eltern und Fußgängern vollgestopften Zentrum. Wer genug von kuscheligen, süßen Dörfern hat, ist von diesem Rummel sicher begeistert. Aber wer an der Küste noch nicht richtig relaxt hat, merkt spätestens in Trabzon, dass er reif dafür ist.

Übrigens geht's nicht nur auf den Straßen trubelig zu. Trabzon hat auch den größten Hafen an der Ostküste. Von hier aus werden Waren nach Georgien, Armenien, Aserbeidschan und in den Iran verschifft. Für Umsatz sorgen auch die russischen Urlauber. Sie ersetzen nach und nach die Schwärme von Händlern und „*Nataschas*" (Prostituierten), die nach dem Kollaps der Sowjetunion anlandeten. Russisch ist überall in der Stadt zu hören; ein paar Ladenschilder sind sogar in Kyrillisch.

Die meisten Besucher wollen in Trabzon die mittelalterliche Hagia Sophia angucken, durch die Altstadt bummeln, Atatürks schnuckelige Villa am Stadtrand anschauen und einen Ausflug nach Sumela (S. 596) machen. Dort gibt's ein spektakuläres byzantinisches Kloster, das in eine steile Felswand gehauen wurde. Es gibt prima Verkehrsanbindungen und jede Menge Action – Trabzon ist also ein klasse Zwischenstopp für alle, die nach Westen oder Osten wollen.

Geschichte

Über Trabzons Geschichte ist seit 746 v. Chr. Genaueres bekannt. Damals kamen milesische Kolonialisten aus Sinop hierher. Sie gründeten die Siedlung Trapezus und setzten prompt eine Akropolis auf den *trápeza* (Tischplatte) genannten Burghügel über dem Hafen.

2000 Jahre lang ging's der Stadt v. a. wegen des Hafens ziemlich gut. Während des Vierten Kreuzzugs, als Konstantinopel von christlichen Soldaten aus dem Westen belagert und 1204 geplündert wurde, suchten die Adeligen der Stadt Unterschlupf in Anatolien. Die Herrscherfamilie der Komnenen gründete 1204 an der Schwarzmeerküste ein Reich, das Alexios Komnenos I. von Trapezunt aus regierte.

Die Herrscher von Trapezunt wurden Meister im Schließen von Allianzen mit Seldschuken, Mongolen, Genuesen und anderen. Der Handel mit Ostanatolien und Persien verhalf dem Reich zum Aufschwung. Unter Alexios II. (regierte 1297–1330) erreichte es seinen wirtschaftlichen und kulturellen Höhepunkt. Danach kam es zu internen Rangeleien und das Reich zerfiel. Trotzdem konnte sich das Kaiserreich Trapezunt noch bis zum Einmarsch der Osmanen 1461 halten – acht Jahre länger als Konstantinopel.

Nach dem Ersten Weltkrieg löste sich das Osmanische Reich auf. Griechischstämmige Einwohner von Trabzon versuchten damals, eine unabhängige Republik nach dem Vorbild des alten Komnenenreichs zu gründen. Aber sie konnten sich nicht gegen die Türken durchsetzen. Atatürk höchstpersönlich nannte Trabzon „eine der reichsten, stärksten und sensibelsten Vertrauensquellen für die Türkische Republik".

Orientierung

Das Herz des modernen Trabzon schlägt im Stadtteil Atatürk Alanı rund um den gleichnamigen Park, der auch Meydan Parkı genannt wird. Der Hafen ist gleich östlich von Atatürk Alanı, steil den Berg runter.

Westlich von Atatürk Alanı gibt's in der Uzun Sokak (Lange Straße) und der Kahramanmaraş Caddesi (kurz „Maraş Caddesi") ein paar Cafés und Restaurants. West-

lich vom Stadtzentrum geht's am Basar vorbei zum malerischen alten Stadtviertel Ortahisar, das eine Schlucht überspannt.

Der *otogar* von Trabzon ist 3 km östlich vom Hafen.

Praktische Informationen

Fast alle Banken, Geldautomaten, Wechselstuben und die Post sind in oder rund um die Maraş Caddesi zu finden.

Wäscherei Atlas (Karte S. 592; ☎ 322 4475; Deniz Sokak; 4,50 € pro 5 kg Wäsche)

Touristeninformation (Karte S. 592; ☎ 326 4760; Camii Sokak; ⊙ Juni–Sept. tgl. 8–17 Uhr, Okt.–Mai Mo–Fr 8–17 Uhr) Direkt beim Hotel Nur. Die Mitarbeiter sind superhilfsbereit und wissen, was Traveller so brauchen. Fast alle sprechen Englisch.

Touristenpolizei (Karte S. 592; ☎ 326 3077; Atatürk Alanı)

Ustatour (Karte S. 592; ☎ 326 9545; Usta Park Hotel, İskenderpaşa Mahallesi) Börse für Inlandsflüge.

VIP Internet (Karte S. 592; Gazıpaşa Caddesi 6; 0,55 € pro Std.; ⊙ 9–24 Uhr)

World Internet (Karte S. 592; Atatürk Alanı 28; 0,55 € pro Std.; ⊙ 8–23.30 Uhr)

Sehenswertes & Aktivitäten

MUSEUM VON TRABZON

Gleich südlich der Uzun Sokak steht eine tolle Villa. Ein russischer Kaufmann ließ sie 1912 von einem italienischen Architekten entwerfen und bauen. Auch Atatürk wohnte hier mal kurz. Heute ist in dem Gebäude das **Museum von Trabzon** (Trabzon Müzesi; Karte S. 591; Zeytinlik Caddesi 10; Eintritt 1,10 €; ⊙ Di–So 9–12 & 13–18 Uhr) untergebracht. Im Vergleich zu den phantastischen Innenräumen und Originaleinrichtungen sehen die meisten osmanischen Nachbauten blass aus. In beeindruckenden hohen Wohnräumen sind haufenweise volkskundliche und religiöse Dinge ausgestellt. Größtenteils gibt's Erklärungen auf Englisch. In der archäologischen Abteilung im Keller verbergen sich noch ein paar tolle Exponate: u. a. eine Hermesstatue aus Bronze, die bei Tabakhane ausgegraben wurde, und byzantinische Fundstücke aus der Gegend ums Sumela-Kloster.

HAGIA SOPHIA (AYA SOFYA)

Eins der Highlights in der Stadt ist die **Hagia Sophia (Aya Sofya)** (Aya Sofya Müzesi; ☎ 223 3033; Eintritt 1,10 €; ⊙ April–Okt. Di–So 9–18 Uhr, Nov.–März Di–So 9–17 Uhr). Heute ist die ehemalige Kirche ein Museum. Sie steht 4 km westlich vom Stadtzentrum auf einer Terrasse, auf der davor ein heidnischer Tempel gestanden hatte. Die Kirche wurde von 1238 bis 1263 gebaut, also in spätbyzantinischer Zeit. Der Baustil ist eindeutig georgisch und seldschukisch beeinflusst. Aber für die prächtigen Wandgemälde und Mosaikböden war der damals vorherrschende Stil Konstantinopels tonangebend. Nach der osmanischen Eroberung wurde die Kirche 1461 zur Moschee umfunktioniert. Die Russen machten später ein Waffenlager und Krankenhaus aus ihr. In den 1960ern wurde sie komplett restauriert.

Vom Westeingang kommt man in den gewölbten Narthex. Von hier lassen sich bestens die toll erhaltenen, leuchtend bunten Fresken mit verschiedenen biblischen Themen bewundern. In der Kirche selbst erkennt man sofort den kreuzförmigen Grundriss mit einer einzelnen Kuppel über der Vierung. Das Ganze ist eindeutig georgisch beeinflusst. Im südlichen Portikus zeigt ein Fresko die Vertreibung von Adam und Eva aus dem Paradies. Hier gibt's auch ein Relief mit einem Adler – dem Wappentier der Familie Komnenos, die die Kirche stiftete. Viele Fresken, die mit der Hand erreichbar sind, wurden schon von Vandalen ramponiert. Z. T. haben sie sogar ihre Namen in die Metallschilder mit den Bildunterschriften geritzt! Fotografieren mit Blitz ist verboten, um wenigstens die letzten noch heilen Bildfragmente zu erhalten.

Neben dem Museum gibt's einen quadratischen Glockenturm, einen Teegarten rund um ein wieder aufgebautes Schwarzmeerbau-

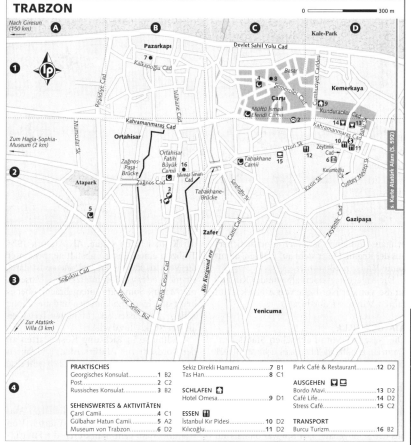

PRAKTISCHES		SCHLAFEN 🏠	
Georgisches Konsulat..............1 B2	Sekiz Direkli Hamami..............7 B1	Hotel Omesa..............9 D1	Park Café & Restaurant..........12 D2
Post..............2 C2	Tas Han..............8 C1		
Russisches Konsulat..............3 B2		ESSEN 🍴	AUSGEHEN 🍷🍸
	SCHLAFEN 🏠	İstanbul Kır Pidesi..............10 D2	Bordo Mavi..............13 D2
SEHENSWERTES & AKTIVITÄTEN		Kılıcoğlu..............11 D2	Café Life..............14 D2
Çarsl Camii..............4 C1			Stress Café..............15 C2
Gülbahar Hatun Camii..............5 A2			
Museum von Trabzon..............6 D2			TRANSPORT
			Burcu Turizm..............16 B2

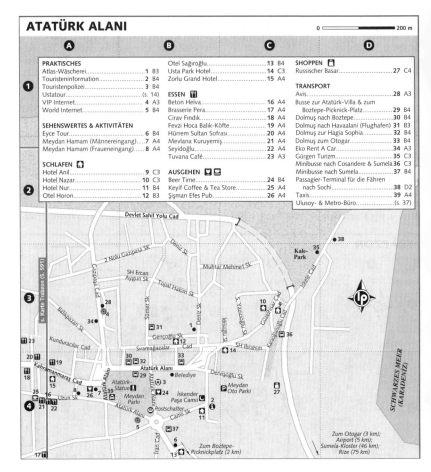

ATATÜRK ALANI

0 — 200 m

PRAKTISCHES
Atlas-Wäscherei.................................1 B3
Touristeninformation.........................2 B4
Touristenpolizei................................3 B4
Ustatour...(s. 14)
VIP Internet......................................4 A3
World Internet..................................5 B4

SEHENSWERTES & AKTIVITÄTEN
Eyce Tour..6 B4
Meydan Hamam (Männereingang).....7 A4
Meydan Hamam (Fraueneingang).......8 A4

SCHLAFEN
Hotel Anil...9 C3
Hotel Nazar.....................................10 C3
Hotel Nur...11 B4
Otel Horon......................................12 B3

Otel Sağıroğlu.................................13 B4
Usta Park Hotel...............................14 C3
Zorlu Grand Hotel...........................15 A4

ESSEN
Beton Helva....................................16 A4
Brasserie Pera.................................17 A4
Cirav Fındık.....................................18 A4
Fevzi Hoca Balık-Köfte....................19 A4
Hürrem Sultan Sofrası.....................20 A4
Mevlana Kuruyemiş.........................21 A4
Seyidoğlu..22 A4
Tuvana Café....................................23 A3

AUSGEHEN
Beer Time.......................................24 B4
Keyif Coffee & Tea Store.................25 A4
Şişman Efes Pub.............................26 A4

SHOPPEN
Russischer Basar.............................27 C4

TRANSPORT
Avis...28 A3
Busse zur Atatürk-Villa & zum
    Boztepe-Picknick-Platz................29 B4
Dolmuş nach Boztepe.....................30 B4
Dolmuş nach Havaalani (Flughafen) 31 B3
Dolmuş zur Hagia Sophia................32 B4
Dolmuş zum Otogar.........................33 B4
Eko Rent A Car................................34 A3
Gürgen Turizm.................................35 C3
Minibusse nach Cosandere & Sumela 36 C3
Minibusse nach Sumela...................37 B4
Passagier-Terminal für die Fähren
    nach Sochi..................................38 D2
Taxis...39 A4
Ulusoy- & Metro-Büro....................(s. 37)

---

ernhaus und einen *serander* (Kornspeicher) aus der Region Of; er steht auf Pfählen, damit keine Mäuse reinkommen.

Die Anlage liegt oberhalb von der Küstenstraße; von der Nordseite von Atatürk Alanı fahren Minibusse dorthin.

ATATÜRK-VILLA

Die Nase voll vom hektischen Stadtleben? Dann auf zur **Atatürk-Villa** (Atatürk Köşkü; ☎ 231 0028; Eintritt 1,10 €; ⏲ Mai–Sept. 8–19 Uhr, Okt.–April 8–17 Uhr)! Die thront 5 km südwestlich von Atatürk Alanı über der Stadt und bietet einen tollen Ausblick. Die dreistöckige weiße Villa mit ihren herrlichen Gärten wurde von 1890 bis 1903 im Schwarzmeerstil für eine reiche Bankerfamilie aus der Stadt gebaut. Der Stil war damals auf der Krim en vogue. Als Atatürk 1924 Trabzon einen Besuch abstattete, bekam er die Villa als kleines Präsent. Heute ist darin ein mehr oder weniger interessantes Museum mit Atatürk-Souvenirs untergebracht. Aber es lohnt sich, hierherzukommen und die schöne Anlage zu genießen oder im netten Teegarten auf der Rückseite zu relaxen.

Stadtbusse in Richtung Köşk starten an der Nordseite von Atatürk Alanı und fahren direkt bis vor die Villa (0,50 €). Los geht's ca. alle halbe Stunde.

BASARVIERTEL

Der trubelige Basar liegt westlich von Atatürk Alanı im Çarşı(Markt)-Viertel. Von Atatürk Alanı geht man durch die Fußgängerzone Kunduracılar Caddesi, die die dicht bevölkerten Straßen des alten Basars kreuzt. Nicht weit von der kürzlich restaurierten **Çarşı Camii** (Marktmoschee; Karte S. 591) befindet sich der überkuppelte **Taş Han** (Vakıf Han; Karte S. 591). Diese Karawanserei wurde um 1647 gebaut und ist also der älteste Markt von Trabzon. Heute gibt's hier haufenweise Werkstätten und Läden.

OSMANISCHE MOSCHEE

Westlich des Zentrums lohnt es sich, auch eine andere Moschee genauer unter die Lupe zu nehmen: die **Gülbahar Hatun Camii** (Karte S. 591). Selim der Gestrenge, der berühmte osmanische Eroberer von Syrien und Ägypten, ließ sie 1514 zu Ehren seiner Mutter Gülbahar Hatun bauen. Im Teegarten im **Atapark** (Karte S. 591) nebenan kann man sich erfrischen. Da steht auch ein rekonstruierter *serander* aus Holz. Er stammt aus einem Dorf, ein Stück weit die Küste runter.

BOZTEPE-PICKNICKPLATZ

2 km südöstlich von Atatürk Alanı liegt an einem Hügel der **Boztepe-Picknickplatz** (Boztepe Piknik Alanı) mit tollem Blick auf Stadt und Meer, Teegärten und Restaurants. In der Antike standen an dieser Stelle Tempel für den persischen Sonnengott Mithra. Später setzten die Byzantiner hier mehrere Kirchen und Klöster hin.

Um dorthin zu kommen, nimmt man in Atatürk Alanı einen der Minibusse nach Boztepe. Sie starten in einer Nebenstraße am Nordende von Atatürk Alanı. Zum Boztepe-Park geht's dann noch 2,2 km bergauf.

HAMAMS

Der **Sekiz Direkli Hamamı** (Karte S. 591; Eintritt 9 €; ☙ Männer Fr–Mi 7–17 Uhr, Frauen Do 8–17 Uhr), 600 m westlich von der Çarşı Camii, ist eins der schönsten türkischen Bäder in der Stadt. Die grob behauenen Säulen sollen aus der Seldschukenzeit stammen; der Rest ist modern.

Der **Meydan Hamam** (Karte S. 592; Maraş Caddesi; Eintritt 7 €; ☙ Männer 6–23 Uhr, Frauen 9–18 Uhr) liegt mitten in der Stadt, ist sauber und gut geführt.

Geführte Touren

Von Juni bis Ende August organisieren ein paar Reisebüros in Trabzon Touren. **Eyce Tours** (Karte S. 592; ☎ 326 7174; www.eycetours.com auf Türkisch; Taksim İşhanı Sokak 11) bietet Tagestrips nach

Sumela (6 €, Start tgl. um 10 Uhr), Uzungöl (8 €, Start tgl. um 9 Uhr) und Ayder (10 €, mindestens 6 Pers.) an, außerdem längere Wander- und Campingtouren. Der hilfsbereite Volkan Kantarcı managt das Büro; er spricht auch Englisch.

Schlafen

BUDGETUNTERKÜNFTE

In der Nordostecke von Atatürk Alanı und an der Küstenstraße finden sich jede Menge Schnäppchenunterkünfte. Allerdings führen viele von ihnen ein Doppelleben als Bordell. Traveller halten sich also besser an die hier aufgelisteten, zuverlässigen Adressen oder bitten die Einheimischen um Tipps.

Hotel Anıl (Karte S. 592; ☎ 326 7282; Güzelhisar Caddesi 12; EZ/DZ 14/20 €) Hier gibt's sogar aus den unteren Zimmern eine tolle Aussicht, denn das Hotel liegt an einem Hügel. In dieser Ecke ist es so ziemlich die einzig akzeptable Budgetoption. In den gelb gestrichenen Zimmern müffelt's ein bisschen. Und der französische Pornokanal ist vielleicht auch nicht jedermanns Geschmack – aber sonst gibt's keine bösen Überraschungen.

Hotel Nur (Karte S. 592; ☎ 323 0445; Camii Sokak 15; EZ/DZ 20/25 €; ✿) Das Nur ist neben der Touristeninformation und schon so was wie eine Institution – bei Travellern oft fast zu beliebt. Die netten Mitarbeiter sprechen Englisch. Die Zimmer sind klein und hell gestrichen. Täglich wird eine Tour nach Sumela angeboten (8,50 €). Kleine Warnung für Leute mit leichtem Schlaf: Auf den morgendlichen Weckruf um 5 Uhr von der Moschee gegenüber ist Verlass.

MITTELKLASSEHOTELS

Hotel Nazar (Karte S. 592; ☎ 323 0081; www.nazarhotel. net; Güzelhisar Caddesi 5; EZ/DZ 28/50 €; ✿) Wer über die offensichtliche Photomontage im Flyer hinwegsieht (Blumenbeete im Zentrum von Trabzon? Keine schlechte Idee!), kann hier ein modernes, schickes Businesshotel entdecken. Der Besitzer spricht Englisch und hat jede Menge Tipps über seine Heimat Kaçkar.

Otel Horon (Karte S. 592; ☎ 326 6455; www.otel horon.com; Sıramağazalar Caddesi 125; EZ/DZ 36/53 €; ✿) Von der langweilig grauen Fassade sollte sich niemand abschrecken lassen: Innen ist es richtig nett, wenn auch etwas altmodisch. Die Zimmer sind unspektakulär, aber mit gut sortierten Minibars ausgerüstet. Von der Bar und vom Restaurant auf dem Dach gibt's freie Sicht nach draußen. An der Rezeption arbeiten Frauen – ein Zeichen dafür, dass es hier anständig zugeht.

Hotel Omesa (Karte S. 591; ☎ 323 0151; hotelomesa @mynet.com; Cumhuriyet Caddesi 22; EZ/DZ/3BZ 39/53/70 €; 🕮 💻) Das Omesa macht auf modernes Businesshotel. Allerdings sind die Zimmer mit den lachsfarbenen Wänden und der goldenen Bettwäsche den saftigen Preis nicht wirklich wert. Aber das Ganze ist „frei von Umweltproblemen", liegt gerade mal fünf Minuten vom Flughafen entfernt und in der Bar gibt's dreimal die Woche Livemusik.

Otel Sağıroğlu (Karte S. 592; ☎ 3323 2899; www.sagiroglu otel.com auf Türkisch; Taksim İşhanı Sokak 1; EZ/DZ/3BZ 56/80/89 €; 🕮) Dieser große, gelbe Kasten bietet jede Menge Annehmlichkeiten. Aber auf die Qualität schaut leider niemand so genau – bei dem Preis sollte man das eigentlich erwarten. Die Betreiber setzen wohl drauf, dass ein paar impressionistische Drucke an den Wänden von den fleckigen Teppichen ablenken.

SPITZENKLASSEHOTELS

Usta Park Hotel (Karte S. 592; ☎ 326 5700; www.ustapark hotel.com; İskenderpaşa Mahallesi 3; EZ/DZ/3BZ 90/115/150 €; 🕮) Diese Bleibe war in ihrem früheren Leben ein zwielichtiges, abschreckendes Loch. Jetzt legt sie es drauf an, ihre Businessklientel zu beeindrucken. Sie protzt mit einer ägyptisch angehauchten Lobby, einem Restaurant, einer Bar, einem Fitnesscenter, einem Reisebüro und einem Hamam. Dazu gibt's unaufdringliche Zimmer und serviceorientiertes Personal.

Zorlu Grand Hotel (Karte S. 592; ☎ 326 8400; www. zorlugrand.com; Maraş Caddesi 9; EZ/DZ 200/250 €, Suite 287–750 €; 🕮 💻 🛎) Understatement ist das Letzte, was in diesem fast übertrieben extravaganten Fünf-Sterne-Schuppen zählt. In der riesenhaften Vorhalle im Zwischengeschoss verschlägt es einem den Atem. Die Luft ist erfüllt von klassischer Musik (wahrscheinlich der einzige Ort in der Türkei, wo Cembaloklänge zu hören sind). Und die Liste mit den Einrichtungen ist so lang wie der Stammbaum eines Sultans: zwei Restaurants, zwei Cafés, ein Pub, ein Hamam – und das ist erst der Anfang. Das Ganze lohnt sich v. a., wenn sich ein ordentlicher *indirim* (Rabatt) rausschlagen lässt.

Essen

Trabzon ist nicht die gastronomische Hauptstadt der Schwarzmeerküste. Aber es kann mit ein paar billigen, netten *lokantas* (Restaurants) punkten, die sich um die Kundschaft reißen. Sie haben sich rund um Atatürk Alanı und an den zwei Hauptstraßen Richtung Westen angesiedelt.

Seyidoğlu (Karte S. 592; Uzun Sokak 15A; Gerichte 0,55–2 €; 🕒 8–21 Uhr) Dieser kleine, gekachelte Imbiss fährt schon seit 38 Jahren üppige, knusprig dünne *lahmacun* (arabische Pizza) und Kebaps auf. Das Stammpublikum schwört drauf.

İstanbul Kır Pidesi (Karte S. 591; ☎ 321 2212; Uzun Sokak 48; Hauptgerichte 1–2 €; 🕒 8–22 Uhr) Genau das Richtige für *pide*- und *Börek*-Junkies und zwar zu jeder Tageszeit.

Tuvana Café (Karte S. 592; ☎ 326 0443; Kunduracılar Caddesi, Sanat Sokak 2; Hauptgerichte 2,50–4,50 €; 🕒 9.30–21.30 Uhr) Dieses zurückhaltend schicke Café-Restaurant versteckt sich im ersten Stock eines restaurierten Hauses. Hier wird durchaus Ehrgeiz beim Kochen und Geschick beim Anrichten bewiesen.

Brasserie Pera (Karte S. 592; ☎ 326 4696; Yavuz Selim Bulvarı 173; Hauptgerichte 2,50–4,50 €; 🕒 8–23 Uhr) Das Pera bringt europäischen Bar-Bistro-Style nach Trabzon: von Pop-Art über Plasmabildschirme bis zu abgefahrener Musik. Die Speisekarte bietet Burger, Salate, Pasta, Huhn, jede Menge bekömmliche Kost vom Grill und eine prima Getränkeauswahl.

Hürrem Sultan Sofrası (Karte S. 592; ☎ 321 8651; Maraş Caddesi 30; Hauptgerichte 2,50–6 €; 🕒 9–22 Uhr) Diese pistaziengrüne Cafeteria liegt über dem Durchschnitt. Das übliche Angebot an Kebaps und Gegrilltem wird durch regionale Spezialitäten wie *muhlama* und *kuymak* (geschmolzener Käse; s. Kasten S. 598) aufgepeppt.

Park Café & Restaurant (Karte S. 591; ☎ 322 2999; İskerdepaşa İlkokul Karşısı, Uzun Sokak; Hauptgerichte 3,50–5 €; 🕒 8–22 Uhr) Hinter einem Hofparkplatz bei der Uzun Sokak versteckt sich dieses Familienrestaurant im ersten Stock. Hier tritt die Welt des Kebaps in eine neue, fast exklusive Dimension. Der große Saal darunter ist beliebt für Hochzeiten und andere große Events.

Fevzi Hoca Balık-Köfte (Karte S. 592; ☎ 326 5444; İpekyolu İş Merkezi, Maraş Caddesi; Gerichte 7–14 €; 🕒 12–21.30 Uhr) Dieses Spezialitätenrestaurant gegenüber vom Zorlu Grand serviert klasse Fischgerichte zu einem super Preis. Salate, eingelegtes Gemüse und sogar Nachtisch sind inklusive. Wer sparen muss oder nicht auf Fisch steht, kann die günstigen *köfte* (1,50 €) bestellen.

Den süßen Versuchungen von **Kılıcoğlu** (Karte S. 591; ☎ 321 4525; Uzun Sokak 42; Gerichte ab 1,10 €; 🕒 9–

22 Uhr) kann so leicht keiner widerstehen, der hier am Schaufenster vorbeikommt. Wer vor Ort was naschen will, kann z. B. Windbeutel mit Eis für 3,50 € bestellen. Noch mehr Süßes bietet **Mevlana Kuruyemiş** (Karte S. 592; ☎ 321 9622; Uzun Sokak 31). Der Laden ist berühmt für sein *kuruyemiş* (Trockenobst), außerdem für Kalorienbomben wie *lokum* (Türkischer Honig), *helva* (traditionelle Süßigkeit aus Sesamsamen), *pestil* (gepresstes Trockenobst in Scheiben) und köstlichen *kestane balı* (Kastanienhonig). Fast daneben ist ein altmodischer Laden mit regionalen Spezialitäten: **Beton Helva** (Karte S. 592; ☎ 321 2550; Uzun Sokak 15/B) verkauft rund um die Uhr *helva* im Pflastersteinformat. Es lohnt sich auch, bei **Fındık** (Karte S. 592; ☎ 322 2050; Ticaret Mektep Sokak 8/C), nicht weit von der Maraş Caddesi, vorbeizuschauen. Hier gibt's jede Menge Haselnusskonfekt und Ähnliches.

Ausgehen

Wenn es dunkel wird, werden in Trabzon die Bürgersteige hochgeklappt. Ein paar Kneipen gibt's zwar, aber um Mitternacht ist Schluss.

Keyif Coffee & Tea Store (Karte S. 592; ☎ 326 8026; Canbakkal İş Merkezi, Uzun Sokak) Mit schweren Ledersesseln und Tapeten im Schottenmuster wirkt diese Laden unglaublich gediegen. Zur Auswahl stehen nicht weniger als 200 heiße Getränke – für Teefans eine absolute Versuchung.

Stress Café (Karte S. 591; ☎ 321 3044; Uzun Sokak) Unpassender kann man ein Lokal nicht taufen! Denn ob die Gäste mit einer *nargileh* auf der Terrasse hinten chillen oder in der Kellerbar bei Livemusik auf Touren kommen – an Stress denkt hier keiner.

Bordo Mavi (Karte S. 591; ☎ 326 2077; Halkevi Caddesi 12) Diese atmosphärische Café-Bar ist das Clubhaus des populären Fußballclubs Trabzonspor. Im Sommer wimmelt's im Sitzbereich im Garten vor lauter jungen Leuten. Und wie es sich für Sportler gehört, ist um 22 Uhr leider Zapfenstreich.

Şişman Efes Pub (Karte S. 592; ☎ 326 6083; Maraş Caddesi 5) Aber das ist ein richtiger Pub: Holztische, Strichlisten führender Barkeeper und Musik, die vom allgemeinen Lärm übertönt wird. Nicht zu vergessen das namensgebende Efes-Bier, auf Wunsch auch in 2,5-l-Krügen (8 €).

Beer Time (Karte S. 592; Atatürk Alanı) Ähnlich wie das Şişman, aber auf zwei Etagen verteilt. Mit Holzböden und schwerpunktmäßig

männlichem Publikum, aber nicht so eine Kaschemme, wie es sich anhört.

Café Life (Karte S. 591; ☎ 321 2955; Halkevi Caddesi 15) Rein ins pralle Leben: In dieser Café-Bar mit Holzböden wird ein klasse Mix aus Fastfood und folkiger Livemusik geboten. Gegenüber vom Bordo Mavi.

Shoppen

Trabzon wird überschwemmt mit billigen Waren und Materialien aus den Ländern der ehemaligen Sowjetunion. Deshalb ist es ein Shoppingparadies für Klamotten und andere Sachen, v. a. im russischen Basar (Karte S. 592) am Hafen. Ein T-Shirt mit Designerlogo kostet z. B. nicht mehr als 3 €.

Aber es ist auch eine Lederwaren-Hochburg: In der Sıramağazalar Caddesi verkauft ein halbes Dutzend Geschäfte Jacken, Taschen und vieles mehr Wer will, kann sich die Sachen hier gleich ändern oder maßschneidern lassen. Als wir da waren, kostete eine Nappalederjacke um die 100 $, also fast halb so viel wie in İstanbul.

An- & Weiterreise

AUTO & MOTORRAD

Trabzon hat mehrere Autovermietungen, z. B. **Avis** (Karte S. 592; ☎ 322 3740; Gazipaşa Caddesi 20) und kleinere Firmen wie **Eko Rent A Car** (Karte S. 592; ☎ 322 2575; Gazipaşa Caddesi 3/53).

BUS

Der *otogar* von Trabzon ist 3 km östlich vom Hafen, auf der landeinwärts liegenden Seite der Küstenstraße Devlet Sahil Yolu Caddesi. Von hier aus fahren Minibusse die Küstenstraße runter und bis Atatürk Alanı.

Nach Ayder gibt's keine Direktbusse; wer dorthin will, kann den Bus nach Hopa nehmen und bei Pazar oder Ardeşen umsteigen. Unten sind ein paar nützliche Verbindungen aufgelistet, fast alle gibt's täglich.

VERBINDUNGEN AB OTOGAR IN TRABZON

Fahrt-ziel	Fahr-preis	Dauer	Entfer-nung	Häufigkeit
Ankara	20 €	12 Std.	780 km	mehrmals tgl.
Artvin	9 €	4 Std.	255 km	oft
Baku (Aserbeidschan)	28 €	30 Std.	-	1-mal wöchentl.
Erzurum	11 €	6 Std.	325 km	mehrmals tgl.
Hopa	7,50 €	3 Std.	165 km	halbstündl.
İstanbul	35 €	24 Std.	1110 km	mehrmals tgl.

Kars	20 €	10 Std.	525 km	1-mal pro Nacht, oder über Erzurum bzw. Artvin
Kayseri	23 €	12 Std.	686 km	mehrmals tgl.
Rize	2,80 €	1 Std.	75 km	halbstündl.
Samsun	11 €	6 Std.	355 km	oft
Sinop	17 €	9 Std.	533 km	1-mal um 20 Uhr
Tiflis (Tbilisi, Georgien)	14 €	20 Std.	-	mehrmals tgl.
Erivan (Armenien über Tiflis)	23 €	25 Std.	-	Fr–So 2-mal tgl.

FLUGZEUG

Trabzon wird von allen großen Fluglinien angeflogen. Im Zentrum gibt es jede Menge Flugbörsen, allerdings nur für Inlandsflüge.

Turkish Airlines (☎ 321 1680; www.thy.com) fliegt zweimal täglich nach Ankara (1 Std.), drei- bis viermal täglich zum Atatürk International Airport in İstanbul (1 Std.), zweimal täglich zum Flughafen Sabiha Gökçen in İstanbul (1 Std.) und viermal in der Woche nach İzmir (2 Std.).

Pegasus Airlines (www.flypgs.com) fliegt zweimal am Tag nach Sabiha Gökçen und einmal nach Ankara. **Atlasjet** (☎ 444 3387; www.atlasjet. com), **Fly Air** (☎ 326 4707; www.flyair.com.tr) und **Onur Air** (☎ 325 6292; www.onurair.com.tr) haben alle täglich zwei Flüge zum Atatürk-Flughafen in İstanbul.

SCHIFF

Fährtickets ins russische Sotschi (42 €, 2-mal wöchentl.) gibt's in zwei Büros: bei **Burcu Turizm** (Karte S. 591; ☎ 321 9588; Mimar Sinan Caddesi), nicht weit vom russischen Konsulat, und bei **Gürgen Turizm** (Karte S. 592; ☎ 321 4439; İskele Caddesi 61), einem von mehreren ähnlichen Reisebüros am Hafen. Burcu Turizm hilft bei der Visabeschaffung (s. Kasten S. 724).

Unterwegs vor Ort

BUS & DOLMUŞ

Wer vom *otogar* nach Atatürk Alanı will, muss vor dem Terminal die Küstenstraße überqueren, links abbiegen und bis zur Bushaltestelle gehen. Hier in einen Bus mit der Aufschrift „Park" oder „Meydan" steigen. Auf den Minibussen steht Atatürk Alanı „Garajlar-Meydan". Das Taxi nach Atatürk Alanı kostet 4 €.

Wer zum *otogar* will, nimmt am besten einen Dolmuş mit der Aufschrift „Garajlar" oder „KTÜ"; die starten an der Nordostseite von Atatürk Alanı.

Minibusse fahren meistens ab Atatürk Alanı, lassen sich aber auch unterwegs anhalten. Egal wo es hingeht, sollte die Fahrt 0,50 € kosten.

VOM/ZUM FLUGHAFEN

Der *havaalanı* (Flughafen) liegt 5,5 km östlich von Atatürk Alanı. Minibusse zum Flughafen (0,55 €) starten in einer Nebenstraße an der Nordseite von Atatürk Alanı. Sie lassen einen auf der anderen Seite der Hauptküstenstraße raus; von da sind's 500 m zum Flughafeneingang. Wer direkt vor der Tür aussteigen will, muss 3 € extra zahlen. Ein Taxi kostet ca. 8 €. Busse, auf denen „Park" oder „Meydan" steht, fahren vom Flughafen nach Atatürk Alanı.

TAXIS

Im Zentrum gibt's mehrere Taxistände, u. a. einen in Atatürk Alanı.

RUND UM TRABZON

Sumela-Kloster

Eins der Highlights an der Schwarzmeerküste ist das griechisch-orthodoxe **Kloster der Jungfrau Maria** (Eintritt 2,80 €; ☉ Juni–Aug. 9–18 Uhr, Sept.–Mai 9–16 Uhr). Es ist in der Nähe von Sumela, 46 km südlich von Trabzon. Das byzantinische Kloster wurde 1923 nach der Gründung der Türkischen Republik aufgegeben. Denn damit hatten sich alle Hoffnungen auf einen griechischen Staat in der Region zerschlagen. Die Lage ist absolut magisch: Das Kloster klebt an einer steilen Felswand hoch über Nadelwäldern und einem wilden Bergbach. Oft wirkt der Ort geheimnisvoll und geradezu gespenstisch, v. a. wenn sich der Nebel bis auf die Baumwipfel senkt und der Gebetsruf von einer unsichtbaren Moschee merkwürdig gedämpft durch den Wald tönt.

Um dorthin zu kommen, nimmt man die Straße nach Erzurum und biegt bei Maçka, 29 km südlich von Trabzon, links ab. Auf den Wegweisern steht „Meryemana" (Jungfrau Maria), denn das Kloster war ihr gewidmet.

Dann schlängelt sich die Straße durch einen dichten Nadelwald, immer an einem rauschenden Bergbach entlang. Zwischendurch gibt's immer wieder künstliche Forellenteiche zur Zucht. Die Häuser in den Dörfern könnten auch in den Alpen stehen. Dazwischen wurden ein paar moderne Ziegelbauten hingebaut.

Wer mit dem Auto unterwegs ist, muss am Eingang zum Altındere Vadısı Milli Parkı (Nationalpark Altındere-Tal) 4 € für den Klosterbesuch zahlen.

Am Ende der Straße kommt man zu einem schattigen Park an einem plätschernden Bach mit Picknickplätzen, einer Post, dem Sumela Restaurant und ein paar Mietbungalows. Campen ist nicht erlaubt.

Der Wanderpfad zum Kloster geht beim Restaurant los. Er ist steil, aber nicht extrem schwierig. Weiter oben im Tal ist noch ein Wanderpfad. Dorthin geht's auf einer betonierten Straße 1 km bergauf, dabei werden zwei Brücken überquert. Dann kommt rechts eine Fußgängerbrücke aus Holz, die über einen Bach führt. Hier steht ein Schild „Manastıra gider" (zum Kloster). Der Pfad führt jetzt quer durch den Wald und kommt an den Grundmauern der Ayavarvara-Kapelle vorbei. Wenn viel Betrieb ist, ist dieser Pfad die ruhige Alternative zum Hauptwanderweg.

Wer die Straße weiter mit dem Auto hochfährt, kommt irgendwann zu einem kleinen Parkplatz. Von hier sind's nur zehn Minuten zu Fuß bis zum Kloster.

Beim Aufstieg durch Wälder und über Bergwiesen lässt sich schon ein Blick auf das Kloster erhaschen. Dabei wird's deutlich kühler – immerhin werden in 30 bis 45 Minuten 250 Höhenmeter überwunden. Im Herbst, kurz vor dem ersten Schnee, sprießen auf den Bergwiesen viele Krokusse – *kar çiçeği* (Schneeblumen).

Hinter dem Kassenhäuschen führt eine steile Treppe hoch in die Felswand und zur Klosteranlage, die sich unter einem mächtigen Felsvorsprung duckt. Die Hauptkapelle ist in den Felsen gehauen und das absolute Highlight hier; innen wie außen ist sie mit bunten Fresken geschmückt. Die frühesten Bilder sind aus dem 9. Jh., die meisten aus dem 19. Jh. Leider haben Hirtenjungen sie aus Langeweile mit ihren Schleudern beschossen. Und ignorante Besucher haben ihre Namen in die Bilder gekratzt – von russischen Urlaubern bis zu Air-Force-Piloten (Jahrgang 1965). Der eindeutige Beweis, dass Blödheit international ist.

In den letzten Jahren wurde das Kloster zum großen Teil wiederaufgebaut. So gibt's jetzt wieder mehrere Kapellen und Gästeräume zu sehen (die alten Klos sind besonders kurios). Die Restaurierungsarbeiten sind wahrscheinlich immer noch nicht abgeschlossen.

SCHLAFEN & ESSEN

Maçkam Hotel (☎ 512 3640; EZ/DZ 28/45 €) Prima Wahl, mitten in Maçka. Die gelben Zimmer haben guten Standard und sind mit bequemen Stühlen ausgestattet.

Hotel Büyük Sümela (☎ 512 3540; www.sumelaotel. com auf Türkisch; EZ/DZ/3BZ 55/70/93 €; ⚿ ⚑) Das BS hat ganz schön was in seinen Vier-Sterne-Pomp investiert und will sich scheinbar ein Monopol in Sumela sichern: Das Maçkam und das Sümela Sosyal Tesisleri gehören nämlich auch dazu. Die Ausstattung in dem achtstöckigen Kasten am Rand von Maçka ist mehr als großzügig. Aber uns gefällt's in den beiden Schwesterhotels besser.

Coşandere Tesisleri Restaurant & Pansiyon (☎ 531 1190; www.cosandere.com auf Türkisch; Sümela Yolu; Zi. ab 17 €) Diese Unterkunft liegt in Coşandere, einem Dörfchen 5 km außerhalb von Maçka mit einem plätschernden Bach. Es gibt drei kiefernholzverkleidete *seranders* mit Schlafplätzen für bis zu sechs Leute. Außerdem ein riesiges neues Haus mit motelähnlichen Zimmern; hier wohnen gern Reisegruppen. Die Besitzer organisieren diverse Ausflüge, Wanderungen, Tagestrips und sogar Paintball-Touren in der Gegend.

Sümela Sosyal Tesisleri (☎ 531 1207; Bungalows ab 45 €) Direkt beim Parkplatz von Sumela stehen eine Reihe Finnhütten. Alle sind super ausgestattet, inklusive Küchenzeile. Über die Straße rüber gibt's ein Restaurant an einem Bach. Das Ganze ist etwas überteuert, aber schließlich wird auch für die tolle Lage gezahlt.

AN- & WEITERREISE

Zwischen Mai und Ende August fahren Busse von den Unternehmen Ulusoy und Metro von Trabzon nach Sumela. Los geht's um 10 Uhr vor ihren Büros in Atatürk Alanı; Rückfahrt ist um 15 Uhr. Hin und zurück kostet's 8,50 €.

Minibusse nach Maçka (0,85 €) und Coşandere Dorf (3 €) starten den ganzen Tag über vom Dolmuş-Stand beim russischen Basar. Bis Sumela kostet's 5,60 €, allerdings geht es erst los, wenn genug Leute da sind.

ESSKULTUR

Das östliche Schwarze Meer hat eine ganz eigene Kultur. Traveller lernen den einzigartigen Charakter dieser Gegend meistens zuerst über den Gaumen kennen. Die regionale Küche hat haufenweise Geschmackserlebnisse zu bieten, die einem sonst wahrscheinlich nirgendwo geboten werden.

Mit der Leidenschaft für Kohl können nur noch die osteuropäischen Länder mithalten. Wer keine *labana sarması* (Kohlrouladen) oder *labana lobia* (Kohl und Bohnen) probiert hat, war nicht wirklich hier. Diese ballaststoffreichen, überraschend leckeren Gerichte gibt's nur an der Küste.

Superbeliebt sind auch *muhlama* (oder *mıhlama*) und *kuymak*: dickflüssiger, geschmolzener Käse, serviert in einer Pfanne – so was wie Fondue, bloß ohne das alberne Eintunken. Aber auch manch einer, der das Zeug mit Brot löffelt, fühlt sich hinterher, als ob er einen Stein im Magen hätte. Am besten probieren Reisende die Spezialität in den Kaçkar-Bergdörfern. Da wird sie mit Ei zubereitet und ist nicht so schwer.

Ob einem diese ausgefallenen Hauptgerichte nun schmecken oder nicht – *laz böreği* wird jeder Türkeireisende lieben. Das ist Blätterteig, gefüllt mit einer Art Bayerischer Creme. Wie die meisten türkischen Desserts macht auch dieses ziemlich schnell süchtig!

Ein paar Reisebüros (s. S. 593) in Trabzon bieten Basic-Touren nach Sumela an.

VON TRABZON NACH ERZURUM

Richtung Süden in die Berge ist es eine lange (325 km), aber landschaftlich reizvolle Fahrt. Auf der Schnellstraße geht's nach **Maçka**, das 29 km hinter Trabzon im Landesinneren liegt. 1,5 km nördlich von Maçka stehen direkt an der Straße Basaltsäulen. Sie sehen ein bisschen so aus wie Devil's Postpile in Kalifornien oder Giant's Causeway in Irland. Von Maçka geht's durch erdrutschgefährdete Zonen langsam bergauf bis zum **Zigana Geçidi** (Zigana-Pass; 2030 m).

Von der schwülen, feuchten Küstenluft ist umso weniger zu spüren, je höher es bergauf geht. An der Südseite des östlichen Schwarzmeergebirges ist sie schließlich ganz leicht und trocken. Auch die Orte und Dörfer sehen anders aus. An der Küste erinnern sie an den Balkan, hier oben eher an Zentralasien. Schnee gibt's fast das ganze Jahr über, außer vielleicht im Juli, August und September.

Gümüşhane, eine kleine Stadt in einem Tal, liegt 145 km südlich von Trabzon. Traveller können sich hier mit dem Nötigsten versorgen. Aber bis auf die herrliche Landschaft gibt es sonst keinen wirklichen Grund, zu bleiben.

Die Provinzhauptstadt **Bayburt** ist 195 km von Trabzon entfernt. Willkommen auf der anatolischen Hochebene mit ihren hügeligen Steppen und niedrigen Bergen! Bayburt ist ein trockener, trister Ort mit einer riesigen mittelalterlichen Festung.

Hinter Bayburt verläuft die Straße durch hügelige, grüne Landwirtschaftsgebiete mit Pappeln und braunen Schafherden. Im Frühsommer ist alles voller Wildblumen.

Nach 33 km kommt der 2370 m hohe **Kop Geçidi** (Kop-Pass). Wer mit dem eigenen Auto unterwegs ist, sollte einen Stopp einlegen und den Ausblick genießen. Nach dem Kop Geçidi geht's auf offener Straße schnell und problemlos nach Erzurum.

UZUNGÖL
☎ 0462/2800 Ew.

Uzungöl war mal ein idyllisches Dörfchen am See inmitten von bewaldeten Bergen. Die idyllische Landschaft ist zwar noch da, nur wird sie durch ein paar geschmacklose Hotels im Osten verschandelt, und der See ist auch nicht mehr ganz sauber. Aber für einen erholsamen Tagestrip oder eine Übernachtung ist es hier immer noch okay. Wanderer können außerdem zu Tagestouren um die Seen bei Demirkapı (Holdizen) in den Soğanlı-Bergen starten.

Das **Ensar Motel & Restaurant** (☎ 656 6321; www.ensarmotel.com auf Türkisch; Fatih Caddesi 18; EZ/DZ 25/35 €) ist ein nettes Resort-Hotel mit überdurchschnittlich guter Ausstattung und sehr hübsch am See gelegen. Die Zimmer haben ein gutes Preis-Leistungs-Verhältnis. Außer dem Dach ist alles holzverkleidet und traditionell dekoriert.

Täglich sind ein paar Minibusse zwischen Trabzon und Uzungöl unterwegs; die Busse von Ulusoy starten im Sommer täglich um 9 Uhr (8,50 € hin & zurück). Wer will, kann alternativ mit dem Dolmuş Richtung Rize bis Of (2 €) fahren und da in ein Dolmuş ins Landesinnere umsteigen. Eyce Tours (S. 593) veranstaltet regelmäßig Tagestrips von Trabzon aus.

RİZE

☎ 0464/78 000 Ew.

Rize liegt 75 km östlich von Trabzon, im Herzen des türkischen Teelands. Die steilen Hänge oberhalb der Stadt sind dicht mit Tee bewachsen. Der wird fermentiert, getrocknet und sortiert und dann ins ganze Land verschickt. Echte Sehenswürdigkeiten gibt's hier nicht. Aber es mangelt nicht an Restaurants und Lokalen, wo sich bei einer Tasse Tee problemlos ein paar Stunden vertrödeln lassen.

Orientierung & Praktische Informationen

Am Hauptplatz Atatürk Anıtı befindet sich eine toll restaurierte Post. Die Şeyh Camii steht 200 m von der Küstenstraße Menderes Bulvarı entfernt Richtung Landesinnere. Hotels haben sich östlich vom Hauptplatz in oder rund um Cumhuriyet Caddesi angesiedelt. Die ist einen Häuserblock weiter landeinwärts und verläuft fast parallel zum Menderes Bulvarı. Der *otogar* ist auch an der Cumhuriyet Caddesi, 1 km nordwestlich vom Hauptplatz.

Die **Touristeninformation** (☎ 213 0408; ⊗ 15. Mai–15. Sept. Mo–Fr 9–17 Uhr) mit freundlichen und hilfsbereiten Mitarbeitern ist am Hauptplatz neben der Post. Das **Matrix Internetcafé** (Kamburoğlu Sokak; 0,55 € pro Std.; ⊗ 10–23 Uhr) ist gleich bei der Atatürk Caddesi.

Sehenswertes

Hinter der Touristeninformation geht's den Berg hoch zum **Museum von Rize** (☎ 214 0235; Ulubatlı Sokak; Eintritt 1,10 €; ⊗ Di–So 9–12 & 13–16 Uhr). Es ist in einem toll restaurierten osmanischen Haus mit einem netten *serander* daneben untergebracht. Die Räume im Obergeschoss sind im traditionellen Stil eingerichtet. Ein paar Gegenstände und ein riesiger Radioapparat erinnern daran, dass die letzten Osmanen schon in modernen Zeiten lebten. Kostümpuppen tragen Trachten der Lasen aus Rize und der Hemşin aus der Gegend um Ayder.

Ein echter Besuchermagnet ist der herrlich gestaltete **Teegarten** mitten in einem duftenden Blumengarten, 900 m oberhalb der Stadt. Dorthin geht's auf einer steilen Straße hinter der Şeyh Camii (immer den Schildern „Ziraat Çay ve Botanik Parkı" nach). Bei einer köstlichen Tasse Tee (0,30 €) lässt sich hier eine umwerfende Aussicht genießen. Ein Taxi von der Moschee hierher kostet 2 €.

Ein anderes Highlight von Rize ist die alte **Burg.** Sie wurde von den Genuesen auf den hohen Hügel hinter der Stadt gesetzt. Dorthin geht's von der Atatürk Caddesi durch die Kale Sokak, immer bergauf den Schildern nach.

Schlafen & Essen

Hotel Milano (☎ 213 0028; milano_hotel@hotmail.com; Cumhuriyet Caddesi 169; EZ/DZ 23/34 €, Suite 61 €; ⊠) Diese Unterkunft östlich vom Zentrum hat zwar nicht mehr mit Mode oder Italien zu tun als ein Döner Kebap. Aber das gefliestе Hotel ist so bequem, dass man den mangelnden professionellen Feinschliff gern vergibt.

LASE ODER NICHT LASE?

Rize ist die letzte Bastion des Volks der Lasen (s. S. 50). Zu dieser verstreut lebenden Gemeinschaft gehören rund 250 000 Menschen. 150 000 von ihnen sprechen noch die kaukasische Sprache Lasisch. Sie sind berühmt für ihre farbenprächtigen Trachten und ihre Musik, die *lazeburi*. Bei allen wichtigen Festen rund um Rize kann man kulturelle Darbietungen von den Lasen erleben.

Wer zu den Lasen gehört, lässt sich gar nicht so einfach sagen. Denn die türkischen Lasen wehren sich mit Händen und Füßen dagegen, mit den georgischen Lasen in einen Topf geworfen zu werden. Auf der anderen Seite verpassen die Türken allen Leuten, die östlich von Samsun leben, das Etikett „Lase". Aber den Lasen ist es wichtig, sich von den anderen Küstenbewohnern zu unterscheiden. Gleichzeitig wollen sie das Stereotyp vom Anchovis futternden Lasen-Fischer loswerden, über das sich viele lustig machen.

Für noch mehr Verwirrung sorgen Gerüchte um eine „Lasische Heimat-Partei" (Lazuri Dobadona Partiya). Angeblich wurde sie 1999 gegründet und kämpft für die Unabhängigkeit. Allerdings gibt's nur im Internet einen Beweis für ihre Existenz. Und weil sich die Lasen eh nicht einigen können, wer überhaupt ein Lase ist, dürfte das mal wieder ein Küstenwitz sein!

Otel Kaçkar (☎ 213 1490; Cumhuriyet Caddesi 101; EZ/DZ/3BZ 23/39/45 €; 🖭) Direkt beim Hauptplatz gelegen – einfach nach der Mosaikfassade Ausschau halten. Dahinter verbergen sich ordentliche, unspektakuläre und völlig zufriedenstellende Zimmer. Hinter dem Hotel ist ein Hamam.

Dergah Pastaneleri (☎ 532 1704; Deniz Caddesi 19; Gerichte 2–3 €; 🕑 9–22 Uhr) Seit 1985 verführt diese beliebte *pastane* (Patisserie) Schleckermäuler und Naschkatzen. Das Eis ist eine Wucht (4 € für ein ganzes Kilo!). Aber auf der Speisekarte stehen auch jede Menge kleinere Snacks: Frühstück, Salate, Pizza, Spaghetti und Sandwiches. In der Atatürk Caddesi 356 gibt's einen kleineren Ableger. Sogar WLAN wird geboten.

Bekiroğlu (☎ 217 1380; Cumhuriyet Caddesi 161; Hauptgerichte 2–4 €; 🕑 9–22 Uhr) In der Fußgängerzone südlich von der Küstenstraße gibt's eine ganze Reihe solcher Familienrestaurants zum Draußensitzen. Aber das **Bekiroğlu** macht keine halben Sachen: Hier gibt's den Tee gleich büschelweise, halbmeterhohe Brotkörbe und Fleischspieße wie Elefantenbeine.

An- & Weiterreise

Rize hat keinen *otogar*. Aber auf der Küstenstraße sind jede Menge Busse und Minibusse unterwegs, die einen unterwegs aussteigen lassen. Dann einfach einen der oft fahrenden Minibusse nach Hopa (4 €, 1 Std.) oder Trabzon (2,80, 1 Std., alle 25 Min.) anhalten. Im Sommer gibt's Direktbusse nach Ayder (5,50 €, 1 Std.); sonst muss man mit dem Minibus Richtung Osten nach Pazar (1,80 €) fahren und da umsteigen.

HOPA

☎ 0466/24 000 Ew.

Hopa liegt 165 km östlich von Trabzon und 30 km südwestlich von der georgischen Grenze. Wie viele Grenzstädte ist es ein irgendwie deprimierender Durchgangsort. An einem schwülen, grauen Tag, nach einer versumpften *rakı*-Nacht ist man hier genau richtig – denn ungefähr dieses Feeling strahlt der Ort aus. Hier bleiben eigentlich nur Leute, die aus Georgien kommen oder dorthin wollen und zu spät dran sind, um weiterzufahren. Es gibt aber alles, was Traveller brauchen: ein paar Banken mit Geldautomaten, Internetcafés, eine Post und natürlich einen *otogar*. Die Wechselstuben haben einen äußerst schlechten Kurs für georgische Lari; sie

wissen, dass diese Währung sonst nirgendwo gewechselt wird.

Schlafen & Essen

Otel Ustabaş (☎ 351 4507; Ortahopa Caddesi; EZ/DZ 11/22 €; 🖭) Die beste zentral gelegene Budgetoption. Die Teppiche sind gruselig und Duschköpfe fehlen. Aber immerhin gibt's einfachen Komfort und unten ein Café.

Otel Cihan (☎ 351 4897; hotelcihan@ttnet.net.tr; Ortahopa Caddesi 36; EZ/DZ 23/28 €) Dieser hohe, gelbe Kasten bietet eine Bar, ein Dachrestaurant und kleine Zimmer. Er ist neben einer Tankstelle, 300 m die Küstenstraße runter.

Peronti Otel (☎ 351 7663; www.peronti-otel.com; Turgay Ciner Caddesi 78; EZ/DZ 46/69 €; 🖭) Mit Abstand die nobelste Bleibe der Stadt – trotz der albernen Statuen vor der Tür und dem nicht ganz durchgehaltenen maritimen Style drinnen. Es gibt eine Diskobar, eine American Bar, einen Friseur, ein Restaurant und Zimmerservice.

Green Garden (☎ 351 4277; Cumhuriyet Caddesi; Hauptgerichte 1,10–4 €; 🕑 9–22 Uhr) Hält, was der Name verspricht: Im kleinen Stadtgarten werden hier auf zwei Terrassen und einem Speisesaal mit Backsteinwänden *pide* und Kebaps serviert.

An- & Weiterreise

Der *otogar* ist auf der Westseite vom Sundura Çayı, an der Straße nach Artvin. Direktbusse von Hopa nach Erzurum (14 €, 6 Std.) fahren morgens los. Außerdem geht's mit einem normalen Bus oder einem Minibus nach Artvin (5,60 €, 1 Std.), Rize (4 €, 1 Std.) und Trabzon (7,50 €, 3 Std.). Nach Kars (17 €, 11 Std.) gibt's bloß einen Direktbus, auch morgens.

Es fahren viele Minibusse nach Sarp (2,80 €) und zur georgischen Grenze. Start ist an der Tankstelle neben dem Otel Cihan; eine andere Haltestelle ist an der Kreuzung beim Sundura Çayı, nördlich vom *otogar*. Busse auf der Strecke Trabzon–Tiflis kommen auch durch Hopa; manche fahren bei Posof über die Grenze (17 €, 10 Std.). Mehr Infos zur Einreise nach Georgien s. S. 724.

KAÇKAR-GEBIRGE

Das Kaçkar-Gebirge (Kaçkar Dağları) ist eine schroff zerklüftete Bergkette. Im Norden wird sie von der Schwarzmeerküste, im Süden vom Fluss Çoruh begrenzt. Sie fängt

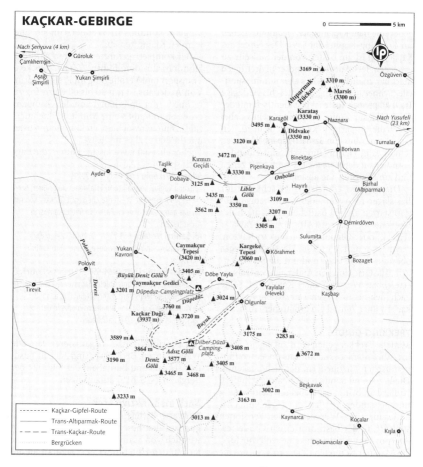

südlich von Rize an und geht bis kurz vor Artvin an ihrem nordöstlichen Ende; das sind über 30 km. Die unteren Täler sind dicht bewaldet. Aber ab 2100 m Höhe gibt's auf den Pässen und Hochebenen nur noch Grasland und in den schroffen Bergen vereinzelte Seen und im Sommer bewohnte *yayla* (Dörfer).

Immer mehr Wanderer zieht es ins Kaçkar-Gebirge. Der höchste Berg ist der **Kaçkar Daği** (3937 m) mit einem Gletscher auf der Nordseite. Er ist bei Trekkern genauso beliebt wie die nordöstlichen Bergzüge rund um den Gipfel **Altıparmak** (3310 m). Das Kaçkar-Gebirge eignet sich für einen Tagestrip. Aber wer sich mindestens drei Tage Zeit nimmt, hat natürlich mehr davon.

AKTIVITÄTEN
Trekking
Die meisten Traveller kommen zum Wandern hierher, schließlich gibt es massenhaft Routen. Mit Hilfe von Einheimischen und Trekking-Guides kann sich jeder sein eigenes Abenteuer zusammenbasteln.

Aber die türkische Trekkingsaison ist kurz. Die höheren Bergzüge lassen sich nur zwischen Mitte Juli und Mitte August erkunden. Dann liegt die Schneegrenze am höchsten. Aber von Mitte Mai bis Mitte September gibt's an den unteren Berghängen noch genügend Wandermöglichkeiten. Die Dutzenden von schönen kleinen Bergdörfern bieten Einblicke ins Leben im Kaçkar-Gebirge.

Zu den beliebtesten Mehrtageswanderungen gehört die **Trans-Kaçkar-Route;** Detailinfos stehen im Trekking-Kapitel auf S. 91. Der Gipfel des **Kaçkar Dağı** ist am besten von der Südseite zu erreichen. Der Aufstieg ist locker in drei Tagen machbar, manchmal geht's aber nur mit spezieller Schneeausrüstung. Die drei- bis viertägige **Trans-Altıparmak-Route** ist fast identisch mit der Trans-Kaçkar-Route. Allerdings geht's dabei durch die Altıparmak-Kette und nicht auf den Gipfel rauf. Wer von **Barhal (Altıparmak)** startet, schafft es in vier bis fünf schweißtreibenden Stunden auf den **Karagöl.** Da kann man zelten und am nächsten Tag absteigen.

Die meisten Gipfelstürmer schlagen ihr Basislager in Ayder oder Çamlıhemşin auf und starten an den östlichen Ausläufern der Bergkette bei Barhal (Altıparmak), Yaylalar (Hevek) oder Olgunlar. Von Yukarı Kavron, Caymakçur und Avusor sind **Tageswanderungen** über die Hänge und rund um die Seen möglich. Alle Orte sind von Ayder aus per Dolmuş erreichbar. Wer in Yukarı Kavron ist, sollte nach Mehmet Ali fragen: Der „König von Kaçkar" ist über 70 und ein erfahrener Guide.

TREKKING-GUIDES

Manche Trekker gehen gern auf eigene Faust los. Aber hier ist es schon ratsam, einen Einheimischen anzuheuern, der sich auskennt. Die Wege sind nämlich selten ausgeschildert. Außerdem bringt oft Nebel die Zeitplanung durcheinander, ganz zu schweigen vom Orientierungssinn. Wer sich in den Pensionen umhört, findet bestimmt einen Guide (ca. 30 € pro Tag). Es ist auch keine schlechte Idee, ein Maultier zu mieten (20 € pro Tag), das die Ausrüstung schleppt.

Wanderer sollten ein gutes Zelt, Kochausrüstung und einen Schlafsack dabeihaben.

Wer bei einer organisierten Trekkingtour mitgeht, kommt mit Wanderschuhen und warmen Klamotten aus.

Bei komplett geführten Touren sind das Honorar für den Führer, Zelte, Decken, Transport und Verpflegung im Preis mit drin. Von Ayder aus ist mit 30 bis 60 € pro Tag zu rechnen – der Preis hängt von der Gruppengröße ab (oft gibt's eine Mindestteilnehmerzahl). Eine einwöchige Trekkingtour kostet um die 300 €, alles inklusive.

Hier ein paar zuverlässige Führer, die Englisch sprechen (Auswahl):

Adnan Pirikoğlu (☎ 0464-657 2021; adnanpirikoglu@hotmail.com) Erfahrener Bergführer, der die Gegend wie seine Westentasche kennt. Trekker können ihn das ganze Jahr über im Pirikoğlu Aile Lokantası in Ayder treffen.

Ali Şahin (☎ 0464-651 7348) Zu kontaktieren über Şahin Pansiyon in Yukarı Kavron, auf einer Alm südlich von Ayder.

Mehmet Demirci (☎ 0464-657 2153) Dieser leutselige, ortsansässige Unternehmer bietet Tagestouren und längere Wanderungen, Jeepsafaris, Fahrradtouren u. a. an. Bei Türkü Tourism (S. 603) in Çamlıhemşin oder in der Fora Pansiyon in Ayder (S. 604) nachfragen.

Die Pensionsbesitzer organisieren fast alle Wanderungen. Bergführer sind auch in Yusufeli, Tekkale und Barhal auf der Südseite der Bergkette (s. S. 615) aufzutreiben.

Noch mehr Aktivitäten

Wildwasser-Rafting ist zwischen Juli und August auf den bescheidenen Stromschnellen westlich von Çamlıhemşin möglich – einfach in den Hotels oder bei Dağuraft an der Hauptstraße nachfragen. Erfahrene Rafter werden allerdings bei Yusufeli (S. 615) mehr gefordert.

DER TIPP VOM AUTOR

ekodanitap (☎ 651 7230; www.ecodanitap.com auf Türkisch) Die neueste Unternehmung von Türkü Tourism ist ein phantastisches selbst gebautes und auf Nachhaltigkeit angelegtes Ökocamp. Es liegt versteckt an einem steilen Berg in der Nähe der Hauptstraße, gleich westlich von Çamlıhemşin. Hier stehen vier Holzhütten mit Solarbetrieb und toller Ausstattung: TV, Kühlschränke, heiße Duschen. Mehmet, der Besitzer, hat Großes vor: Er will das ganze Jahr über Aktivitäten und Ausflüge vor Ort anbieten. Und offenbar packt die Hälfte seiner zahlreichen Verwandtschaft mit an. Zum Zeitpunkt der Recherche ging's gerade erst los damit, deshalb können nur Schätzpreise genannt werden: Es muss wohl mit 30 € pro Person und Nacht gerechnet werden, Essen (und wahrscheinlich eine gesunde Dosis *rakı*) inklusive. Das Ganze liegt 200 m von der Hauptstraße entfernt, in einer perfekt geschützten Lichtung am Ende eines überwucherten Pfads. Auf eigene Faust findet keiner hierher, also vorher bei Türkü Tours oder in der Fora Pansiyon in Ayder fragen.

SCHWARZMEERKÜSTE & KAÇKAR-GEBIRGE

In der Gegend gibt's auch Möglichkeiten für **Wintersport**, z. B. Langlauf. Allerdings sind außerhalb der Trekkingsaison nur wenige Leute vor Ort, deshalb sollten Interessierte so was besser im Vorfeld organisieren.

ÇAMLIHEMŞIN
☎ 0464/2400 Ew.

Auf 300 m Höhe, 20 km von der Küstenstraße entfernt, liegt Çamlıhemşin. Man könnte den Ort als Durchgangsstation oder Startrampe bezeichnen. Am Nebel und Nieselregen ist zu merken, dass hier kein Küstenklima mehr herrscht. Aber so richtig fangen die Kaçkars erst an, wenn man auf der Straße nach Ayder noch ein paar mehr Höhenmeter überwunden hat.

Auf dem Weg durchs Tal in Richtung Dorf geht's vorbei an ein paar uralten **Bogenbrücken** über den Fırtına Çayı (Sturmfluss). Einige wurden zum 75. Geburtstag der Republik Türkei 1998 auf Vordermann gebracht. Auf dem Weg von der Küste hierher gibt's eine Handvoll Campingplätze und einen Rafting-Veranstalter.

Çamlıhemşin ist v. a. praktisch: Hier gibt's den einzigen Geldautomaten in den Kaçkars, Traveller können ihre Vorräte aufstocken und in ein paar Billigrestaurants was essen. **Türkü Tourism Travel Agency** (☎ 651 7230; www.turkutour. com; İnönü Caddesi 47) informiert und organisiert Trekkingtouren; die Agentur teilt sich ein winziges Büro mit Türk Telekom.

So wie in den einfacheren Cafés gibt's auch bei **Yeşilvadi** (☎ 651 7282; İnönü Caddesi; Mahlzeiten ca. 6 €) superleckere frische Forelle, lokale Spezialitäten und *meze*. Das Restaurant ist bei der Ayder-Brücke und hat einen Wintergarten. Direkt vor dem Dorf ist an der Straße nach Şenyuva **Kervan 53** (☎ 418 0646; Mahlzeiten ca. 6 €). Das Lokal ist hell und freundlich eingerichtet: mit Lehmziegeln und Brunnen. Das wird nur noch von der tollen Lage am Fluss getoppt. V. a. Reisegruppen kommen hierher.

Gleich nach Çamlıhemşin teilt sich die Straße. Geradeaus (dem Schild „Zil Kale & Çat" nach) geht's nach Şenyuva, links (dem Schild „Ayder Kaplıcaları" folgen) nach Ayder (17 km).

ŞENYUVA
☎ 0464

Şenyuva ist einfach wunderschön und atmosphärisch. Schon die Anfahrt durch die grünen Täler ist traumhaft. Kreuz und quer

sind Seile über Winden gespannt, mit denen Waren in die entlegenen Berghäuser geschafft werden. Pensionsbesitzer organisieren gerne Wandertouren in der Gegend.

Ein prima Basislager ist das nette **Otel Doğa** (☎ 651 7455; HP pro Pers. 20 €). Es liegt am Fluss, 4 km von Çamlıhemşin entfernt. Das Hotel gehört İdris Duman; er ist schon viel rumgekommen und spricht Französisch und Englisch. Die Zimmer sind einfach, aber anständig. Die meisten haben ein Bad, manche auch Balkon mit Flussblick. Eine geräumige Lounge und Restaurant gibt's auch.

2 km weiter, direkt im Dorf Şenyuva, kommt die **Fırtına Pansiyon** (☎ 653 3111; pansiyon@ firtinavadisi.com; HP pro Pers. 25 €). Sie liegt mitten im Grünen und bietet zwei süße Bungalows am Fluss, außerdem fröhlich bemalte Zimmer in einer früheren Schule. Es gibt Gemeinschaftsbäder und eine einladende Lounge.

Ein paar 100 m nördlich ist die schmale Bogenbrücke **Şenyuva Köprüsü** (Şenyuvabrücke, 1696). Von hier geht's auf der Straße 9 km weiter zur spektakulär gelegenen **Burgruine Zil** (Zil Kale). Das ist ein runder Steinturm auf einem kahlen Felsbrocken, mitten in prächtigen Rhododendronwäldern. Es ist eine super Wanderung dorthin, mit dem Auto dürfte es schwierig sein. 15 km weiter liegt **Çat** (1250 m). Das Bergdörfchen wird als Trekkinglager genutzt: Es gibt einen Laden und ein paar saisonal betriebene Pensionen. Von hier aus geht's über einigermaßen ruppige Straßen ins Herz des Gebirges.

Zwischen Şenyuva und Çamlıhemşin fährt täglich nur ein Minibus. Also ist ein Fußmarsch (6 km) angesagt, alternativ ein Taxi (6 € einfach).

AYDER
☎ 0464

Ayder ist das touristische Zentrum des Kaçkar-Gebirges. Das Dorf auf einer Hochalm in 1300 m Höhe liegt traumhaft in einem herrlichen Tal, umgeben von schneebedeckten Bergen und Wasserfällen. Um den Besucheransturm zu bewältigen, wurden ein paar grauenhafte Betonklötze hochgezogen. Aber sonst herrscht noch der charmante, alpine Chalet-Stil vor. Und alle neuen Häuser müssen im traditionellen Look (also mit Holzverkleidung) gebaut werden.

In Ayder ist eigentlich nur in der Wandersaison von Mitte Mai bis Mitte September was los. Sonst wohnen hier nur ein paar einheimische Familien. Sogar Anfang Mai ist kaum was geöffnet und es fahren keine Busse. Aber im August quillt das Dorf fast über vor einheimischen Urlaubern; v. a. an Wochenenden ist ab nachmittags alles rappelvoll.

Orientierung & Praktische Informationen

4,5 km unterhalb von Ayder ist das Tor zum Kaçkar Dağları Milli Parkı (Nationalpark Kaçkar-Gebirge). In der Hochsaison wird für Fahrzeuge 2 € Eintritt kassiert.

Im Dorfzentrum gibt's ein paar Restaurants, eine Bäckerei, einen Supermarkt, einen *tekel bayii* (Spirituosenladen), zwei Internetcafés, das Minibusbüro, die Bushaltestelle, einen Autovermieter und eine Handvoll Souvenirshops. Die Hotels sind vom Zentrum an über 1 km in beiden Straßenrichtungen verteilt. Geldwechseln ist hier nicht möglich.

Sehenswertes & Aktivitäten

Die meisten Traveller nutzen Ayder als Ausgangspunkt für Bergtouren. Aber auch wer dafür keine Zeit hat, kann hier gut ein, zwei Tage verbringen und in der herrlichen Landschaft neue Kraft tanken. Wer sich für Tiere interessiert: Im Nationalpark leben das seltene Kaukasusbirkhuhn, Salamander und Braunbären. Sie in Dorfnähe zu sichten, wäre allerdings ein Wunder.

In den supersauberen **kaplıca** (heiße Quellen; ☎ 657 2102; Eintritt 4,50 €, eigene Kabine 14 €; ☽ 7–20 Uhr) können Wanderer nach der Bergtour ihren Muskeln Erholung gönnen. Das Wasser ist 56 °C heiß und soll gegen Geschwüre, Hautkrankheiten- und -verletzungen sowie Allergien helfen.

Schlafen

Viele Pensionen liegen etwas höher am Hang, nicht weit von der Straße. V. a. bei Nebel kann der Anweg auf den schmalen, steilen Pfaden ganz schön kniffelig sein.

Zirve Ahşap Pansiyon (☎ 657 2162; EZ/DZ mit Gemeinschaftsbad 8,50/17 €) Die Billigbleibe am Berg hat nicht gerade Spitzenstandard. Aber es gibt eine Gästeküche, die Leute sind nett und sprechen Englisch. Frühstück kostet 2,50 €.

Fora Pansiyon (☎ 657 2153; turku@turkutour.com; EZ/DZ HP 20/40 €) Diese Unterkunft am Berg war früher eine Familienpension von Türkü Tourism. Hier gibt's einen gemütlichen Aufenthaltsraum, einfache, kiefernholzverkleidete Zimmer, Gemeinschaftsbäder, Balkons,

Waschsalon und eine Terrasse mit Ausblick. Wer nachfragt, kriegt Infos zu Wanderungen, Aktivitäten und Ausflügen zu ekodanitap (s. S. 602).

Nehirim Pansiyon (☎ 657 2040; adsiz_masal@hotmail. com; EZ/DZ/3BZ 20/40/60 €) Ein Neuling am Berg – in den nagelneuen Zimmern duftet's noch nach Kiefernholz. Der Besitzer war mal Champion im Rafting und bringt es jetzt anderen bei. Er gibt gern Tipps zu Wildwasser-Trips in der Gegend.

Kuşpuni Pansiyon (☎ 657 2052; ali_the_conqueror@ hotmail.com; EZ/DZ 23/46 €) Noch eine nette familienbetriebene Pension. Sie kann mit einer ofenbeheizten Lounge, einer tollen Aussicht und herzhaftem Essen punkten. Die Unterkunft gehört zu Buklamania Tours, die auf dem einheimischen Markt ein Spezialist für Trekking und Activity-Touren sind – Ausländer dürfen natürlich auch gern bei ihnen buchen.

Yeşil Vadi Otel (☎ 657 2050; www.ayderyesilvadi.com auf Türkisch; EZ/DZ 23/46 €) In diesem praktisch und zentral gelegenen Quartier an der Hauptstraße gibt's mehr Kiefernholz als in einer schwedischen Sauna. Die Zimmer sind rustikal, mit Holzbalken, dicken Daunen, makellosen Bädern und größtenteils hübschem Talblick. Das Restaurant soll klasse sein.

Otel Ayder Haşimoğlu (☎ 657 2037; www. hasimoglutotel.com; EZ/DZ/3BZ 27/54/81 €) Wird von Ayder Turizm betrieben, so wie auch die heißen Quellen. Der große Edelschuppen im Kiefernlook liegt am Fluss, vom Dorfkern 100 m bergab (auf dem Weg an der Moschee vorbei). Ein Favorit bei Reisegruppen mit gutem Preis-Leistungs-Verhältnis. AT vermietet auch „Villen" (HP 85 €) neben den *kaplıca;* da können mindestens vier Leute schlafen.

Essen & Ausgehen

Die meisten Traveller essen in ihren Unterkünften. Aber es gibt auch ein paar Alternativen.

Nazlı Çiçek (☎ 657 2130; Hauptgerichte 3–6 €) Charmantes altes Haus direkt im Dorfkern. Frische Forelle ist hier der Hit. Sonst gibt's das Übliche und Spezialitäten vom Schwarzen Meer, z. B. *muhlama.*

Çise Restaurant (☎ 657 2171; Hauptgerichte 3–6 €) Gleich neben dem Nazlı liegt das Çise, das ziemlich frech die Speisekarte von der Konkurrenz kopiert. Statt traditioneller Deko wird hier allerdings Livemusik geboten.

HEMŞIN-KULTUR

Wer Ayder an einem Sommerwochenende besucht, kriegt mit etwas Glück noch was von den letzten Überbleibseln der Hemşin-Kultur (s. S. 51) mit. In den Wiesen rund ums Dorf treffen sich Gruppen von Hemşin, die hier Urlaub machen, und tanzen *horon*. Das ist eine Mischung aus Conga und *Hokey-Cokey* (ein Mitmach-Gruppentanz). Dazu jault typischerweise ein schrill pfeifender *tulum*, so eine Art Dudelsack aus Ziegenleder. Aber auch wer so ein Fest nicht miterlebt, kann in der Bergregion überall Frauen mit prächtigem Kopfschmuck sehen. Den kombinieren sie gern mit Strickjacken, langen Röcken, Joggingschuhen oder Wollstiefeln, die irgendwie nicht so richtig dazu passen.

Traveller werden Hemşin-Kultur bestimmt auch *hören:* nämlich den merkwürdigen armenischen Dialekt, der noch in Çamlıhemşin und Ayder gesprochen wird. Die Leute aus Ayder sprechen das g weich aus (jel und jit statt gel und git) und sagen ch statt k (Amlachit statt Amlakit).

Horon Bar & Restaurant (☎ 433 5858; Hauptgerichte 2,80–4,50 €) Dieses Restaurant im Tal ist eins der wenigen in Ayder, die Alkohol ausschenken. Das Publikum ist schwerpunktmäßig männlich.

An- & Weiterreise

Von Mitte Juni bis Mitte September sind zwischen Pazar und Ayder (3,50 €, 1 Std.) viele Minibusse unterwegs. Sie fahren an der Küste entlang über Ardeşen und Çamlıhemşin. Manchmal gibt's auch Direktbusse von Rize aus. An Sommersonntagen wird aus den sonst tröpfchenweise fahrenden Minibussen eine Springflut. Sonst sind die Passagiere meistens Dorfbewohner, die einkaufen wollen. Deshalb starten die Minibusse morgens und fahren am frühen Nachmittag von Pazar aus zurück.

In der Hochsaison fahren morgens auch Minibusse von Ayder in andere Bergdörfer, z. B. Galer Düzü, Avusor, Yukarı Kavron und Ceymakcur. Einfach Locals nach den Abfahrtszeiten fragen.

Auch in der Nebensaison gibt's täglich vier Minibusse zwischen Pazar und Çamlıhemşin. Ein Taxi zwischen Ayder und Çamlıhemşin kostet ca. 20 €.

Nordostanatolien

Wer heiß auf Entdeckungen ist, sollte sich zum Hinterausgang der Türkei aufmachen: In den Nordosten Anatoliens verschlägt es Fremde nur selten und selbst für die Türken ist er eine Welt für sich – eine Goldgrube für Abenteurer. Wer will, kann die Reise gründlich vorbereiten und die leichter erreichbaren Sehenswürdigkeiten abklappern. Oder er lässt sich einfach treiben, stößt zufällig auf Dörfer und wandert über die *yaylalar* (Hochlandweiden), ohne einer Menschenseele zu begegnen. Egal wofür man sich entscheidet – das i-Tüpfelchen ist in jedem Fall die Herzlichkeit, die Traveller in diesem Landstrich erfahren. Nicht zuletzt trägt der kaukasische Touch zum Charme der Gegend bei. Armenien und Georgien sind nicht weit.

Wer auf Action à la James Bond steht, findet hier Outdoor-Fun in absolut irrer Umgebung. Rafting-Fans schwören auf die Stromschnellen des Çoruh; sie sollen die aufregendsten der Welt sein. Skifahrer fühlen sich im Urlaubsort Palandöken wie im siebten Himmel, und taffe Wanderer lassen sich sicher den Gipfel des Ararat nicht entgehen. Das ist immerhin der höchste Berg in der Türkei. Aber auch das Kaçkar-Gebirge ist nicht von schlechten Eltern.

Und was ist mit Kultur? Der Norden Anatoliens bietet genug Überraschungen, um selbst übersättigte Geschichtsfans zu begeistern. Wie in einem riesigen Freilichtmuseum stehen in der Steppe jede Menge Paläste, Burgen, Moscheen und Kirchen. Der İshak Paşa Sarayı und die Ruinen von Ani sind ein Muss für alle, die was über die alten türkischen Kulturen wissen wollen. Andere Schätze warten mehr im Verborgenen, u. a. tolle georgische Kirchen in der Nähe von Yusufeli und armenische Monumente bei Kars. Und all das vor der Kulisse gewaltiger Schluchten und Steppen. Also dann – nichts wie los ins Herz von Anatolien!

HIGHLIGHTS

▪ Die geheimnisvolle Vergangenheit der Osttürkei erforschen und alte Kirchen und Burgen wie die **Şeytan Kalesi** (S. 630) oder die **Kathedrale von Öşkvank** (S. 614) angucken.

▪ Allen Mut zusammennehmen und eine Raftingtour durch die **Çoruh-Schlucht** (S. 615) wagen.

▪ Die Ruinen der alten armenischen Hauptstadt **Ani** (S. 625) entdecken.

▪ Beim Pulverschneefahren in **Palandöken** (S. 612) die Kumpels beeindrucken.

▪ Auf dem **Ararat** (S. 633), dem höchsten Berg der Türkei, unter blauem Himmel aufwachen und die Aussicht genießen.

▪ Dem Himmel danken für den Anblick des **İshak-Paşa-Palasts** (S. 631) in Doğubayazıt: wie aus Tausendundeiner Nacht.

▪ Bei Posof den einsamsten Grenzposten der Türkei überqueren, in **Georgien** (S. 629) vollmundigen Wein probieren und am nächsten Tag in die Türkei zurückkehren.

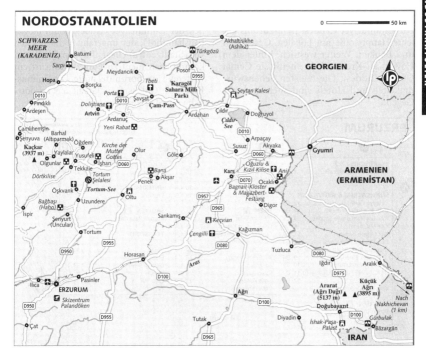

NORDOSTANATOLIEN

0 — 50 km

ERZURUM

☎ 0442/362 000 Ew./Höhe 1853 m

Erzurum hat mit vielen Vorurteilen zu kämpfen: Es gilt als kalt, nüchtern und stockkonservativ. In der Tat ist das Klima den größten Teil des Jahres eher ungemütlich. Und die Stadt wirkt deutlich weniger liberal als ihre Schwestern am Mittelmeer. Aber Erzurum ist dabei, sich zu einer pulsierenden Metropole rauszumachen – und die vielen Studenten sorgen für frischen, modernen Schwung. Die Gegensätze spiegeln sich auch in der Bevölkerung: Hier leben patriotische, konservative Männer und tiefverschleierte oder zumindest Kopftücher tragende Frauen. Aber man sieht genauso junge Pärchen und stramme Soldaten.

Wer in Erzurum ankommt, stellt am besten seinen Kram schnell in die Ecke und macht sich zur Cumhuriyet Caddesi auf, der Hauptschlagader der Stadt. Hier stehen ein paar der tollsten seldschukischen Bauwerke des Landes. Danach geht's rauf auf die Zitadelle, um von oben die Lage zu peilen: Die Aussicht über die Stadt und die phantastische Steppe im Hintergrund ist einfach genial.

Der kurze Sommer (Juni–Sept.) ist eindeutig die beste Zeit, um nach Erzurum zu reisen. Dafür lässt sich hier im Winter super Skilaufen. Und das hat sich rumgesprochen: Aus der ganzen Türkei und dem Ausland reisen die Leute dafür in den nahe gelegenen Urlaubsort Palandöken.

Geschichte

Erzurum lag strategisch sehr günstig: Hier trafen die Wege nach Konstantinopel, Russland und Persien aufeinander. Darum war die Stadt auch ständig heiß umkämpft: Armenier, Perser, Römer, Byzantiner, Araber, Saltuken, Seldschuken, Mongolen und Russen eroberten sie und verloren sie wieder. Bei den Osmanen war es Selim der Gestrenge, der die Stadt 1515 einnahm. Russische Truppen fielen hier 1882 und dann noch mal 1916 ein.

Im Juli 1919 kam Atatürk nach Erzurum und hielt jenen historischen Kongress ab, von dem der Ruf nach türkischer Unabhängigkeit ausging. Auf diesem „Ersten Türkischen Nationalkongress" wurden u. a. die Grenzen der neuen türkischen Republik beschlossen.

Orientierung

Die Cumhuriyet Caddesi ist Erzurums belebte Hauptstraße mit Lokalen, Geschäften und Banken. Weiter westlich, hinter dem Havuzbaşı-Kreisverkehr, heißt sie Cemal Gürsel Caddesi. Die meisten Sehenswürdigkeiten und Hotels sind auch in dieser Gegend.

Der Bahnhof liegt ungefähr 1 km nördlich der Cumhuriyet Caddesi. Zum *otogar* (Busbahnhof), der ungefähr 3 km westlich vom Stadtzentrum liegt, und zum Flughafen kommt man nicht zu Fuß; dorthin ist ein weiteres Transportmittel nötig. Die Dolmuş-Haltestelle Gölbaşı Semt Garajı liegt nordöstlich vom Stadtzentrum.

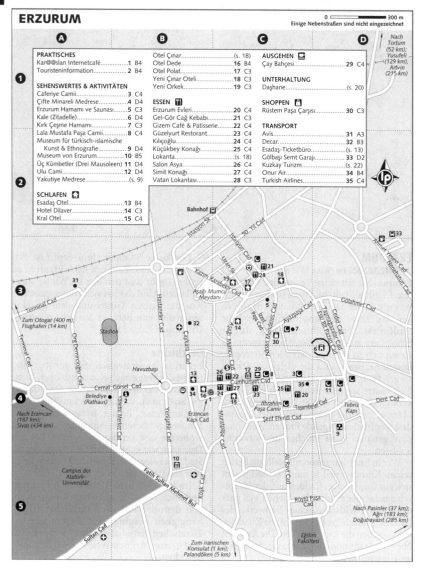

ERZURUM

0 —— 300 m
Einige Nebenstraßen sind nicht eingezeichnet

PRAKTISCHES
Kar@@slan Internetcafé...............1 B4
Touristeninformation...................2 B4

SEHENSWERTES & AKTIVITÄTEN
Caferiye Camii.............................3 C4
Çifte Minareli Medrese.................4 D4
Erzurum Hamamı ve Saunası.......5 C3
Kale (Zitadelle)............................6 D4
Kırk Çeşme Hamamı.....................7 C3
Lala Mustafa Paşa Camii..............8 C4
Museum für türkisch-islamische
    Kunst & Ethnografie................9 D4
Museum von Erzurum.................10 B5
Üç Kümbetler (Drei Mausoleen) 11 D4
Ulu Cami...................................12 D4
Yakutiye Medrese.....................(s. 9)

SCHLAFEN
Esadaş Otel...............................13 B4
Hotel Dilaver............................14 C3
Kral Otel...................................15 C4

Otel Çınar.............................(s. 18)
Otel Dede................................16 B4
Otel Polat...............................17 C3
Yeni Çınar Oteli.....................18 C3
Yeni Orkek............................19 C3

ESSEN
Erzurum Evleri.......................20 C4
Gel-Gör Cağ Kebabı................21 C3
Gizem Café & Patisserie..........22 C4
Güzelyurt Restorant...............23 C4
Kılıçoğlu.................................24 C4
Küçükbey Konağı....................25 C4
Lokanta...............................(s. 18)
Salon Asya.............................26 C4
Simit Konağı..........................27 C4
Vatan Lokantası......................28 C3

AUSGEHEN
Çay Bahçesi..........................29 C4

UNTERHALTUNG
Daşhane..............................(s. 20)

SHOPPEN
Rüstem Paşa Çarşısı..............30 C3

TRANSPORT
Avis.....................................31 A3
Decar...................................32 B3
Esadaş-Ticketbüro.............(s. 13)
Gölbaşı Semt Garajı.............33 D2
Kuzkay Turizm...................(s. 22)
Onur Air..............................34 B4
Turkish Airlines....................35 C4

Nach
Tortum
(52 km);
Yusufeli
(129 km);
Artvin
(215 km)

Bahnhof

Zum Otogar (400 m);
Flughafen (14 km)

Terminal Cad

Org. Demircioğlu Cad

Stadion

Havuzbaşı

Cemal Gürsel Cad

Belediye
(Rathaus)

Nach Erzincan
(187 km);
Sivas (434 km)

Campus der
Atatürk-
Universität

Terminal Cad

Hastaneler Cad

Çaykara Cad

Yenişehir Cad

Fatih Sultan Mehmet Bul

İstasyon Sk.

İstasyon Cad

50.-Yıl Cad

Uran Cad

Kazım Karabekir Cad

Aşağı Mumcu
Meydanı

Muratpaşa Cad

Erzincan
Kapı Cad

Ordu Cad

İnönü Cad

Paşa Cad

Adnan Menderes Cad

Cumhuriyet Cad

İbrahim
Paşa Camii

Şerif Efendi Cad

Ayazpaşa Cad

Tahtacılar Cad

Eski Bit Pazarı Cad

Taşmağaza Cad

Gülahmet Cad

Cedid Cad

Tebriz
Kapı

Dere Cad

Alı Ravi Cad

Rüstü Paşa
Cad

Nach Pasinler (37 km);
Ağrı (183 km);
Doğubayazıt (285 km)

Ahmet Teseri Cad

Nalebattın Cad

Zum iranischen
Konsulat (1 km);
Palandöken (5 km)

Eğitim
Fakültesi

Sultan Cad

Praktische Informationen

Internetcafés gibt's an der Erzincan Kapı Caddesi (Parallelstraße zur Cumhuriyet Caddesi). Die meisten Banken haben Zweigstellen mit Geldautomaten an der Cumhuriyet Caddesi oder zumindest in der Nähe.

Kar@@slan Internetcafé (Erzincan Kapı Caddesi; 0,60 € pro Std.; ☻ 8–24 Uhr)

Touristeninformation (☎ 235 0925; Cemal Gürsel Caddesi; ☻ Mo–Fr 8–17 Uhr) Hier gibt's Broschüren und mit etwas Glück einen Stadtplan.

Sehenswertes & Aktivitäten

Östlich vom Stadtzentrum steht die **Çifte Minareli Medrese** (Medrese mit den zwei Minaretten; Cumhuriyet Caddesi), das einzigartige Wahrzeichen von Erzurum. Sie stammt aus dem 13. Jh. Damals war Erzurum eine reiche seldschukische Stadt – bevor die Mongolen sie 1242 in Schutt und Asche legten. An der Fassade ist zu erkennen, dass die Seldschuken gern Variationen ausprobierten und dabei gleichzeitig nach Symmetrie strebten: Die Paneele auf beiden Seiten des Eingangs sind gleich groß und an gleicher Stelle angebracht, aber die Motive sind unterschiedlich: Das rechte zeigt den seldschukischen Adler, das linke ein anderes, unfertig gebliebenes Motiv.

Das riesige Tuffsteinportal ist ein Mix aus Originalität und Strenge. Die beiden Ziegelminarette sind wunderschön mit kleinen blauen Fliesen verziert. Spitzen haben sie allerdings keine mehr. Die gingen, schon bevor die Osmanen sich Erzurum unter den Nagel rissen im Trubel der kriegerischen Stadtgeschichte verschüttet.

Der Haupthof öffnet sich auf allen vier Seiten zu großen *eyvans* (Gewölbehallen), verbunden durch Arkaden an der Ost- und der Westseite. Am hinteren Ende des Hofes steht die großartige, zwölfeckige Kuppelhalle Hatuniye Türbesi, wo Huand Hatun begraben wurde, die Stifterin der Medrese (islamische Hochschule).

Genauso beeindruckend wie die Çifte Minareli ist die **Ulu Cami** (Große Moschee; Cumhuriyet Caddesi) nebenan. Sie wurde 1179 vom saltuk-türkischen Emir von Erzurum erbaut und ist anders als die kunstvoll verzierte Çifte Minareli schlicht, aber elegant. Sie hat sieben Schiffe in Nord-Süd-Richtung und sechs von West nach Ost – was einen wahren Wald von Säulen ergibt. Man betritt die Moschee von Norden und befindet sich zunächst im Mittelschiff. Über dem dritten Schiff in Ost-West-Richtung wölbt sich eine grandiose Stalaktitenkuppel. Am südlichen Ende des Mittelschiffs sind noch eine interessante hölzerne Kuppel und zwei runde Fenster zu sehen.

Nur einen Katzensprung von der Ulu Cami entfernt steht die kleine osmanische **Caferiye Camii** (Caferiye-Moschee; Cumhuriyet Caddesi) von 1645.

Weiter geht's zwischen der Çifte Minareli Medrese und der Ulu Cami hindurch nach Süden bis zu einer T-Kreuzung. Hier hält man sich links, dann sofort wieder rechts, geht ein Stück bergauf bis zu den **Üç Kümbetler** (Drei Mausoleen) rechter Hand. Besonders toll sind die fast kegelförmigen Dächer und die üppig verzierten Seitenpaneele.

Zurück auf der Cumhuriyet Caddesi, geht's Richtung Westen zur **Yakutiye Medresesi** (Yakutiye-Hochschule; Cumhuriyet Caddesi), einer mongolischen Stiftung von 1310. Die mongolischen Statthalter übernahmen die Basics der seldschukischen Architektur, entwickelten aber auch eigene Varianten – was z. B. am Eingang der Medrese deutlich wird. Von den beiden ursprünglichen Minaretten sind nur noch das Fundament des einen und der untere Teil des anderen übrig. Letzterer ist mit einem wunderschönen Fliesenmosaik verziert, das auch gut nach Zentralasien passen würde. Heute ist in dieser Medrese ein **Museum für türkisch-islamische Kunst & Ethnografie** (Türk-İslam Eserleri ve Etnoğrafya Müzesi; Eintritt 1,25 €; ☻ Di & Do–So 8–12 Uhr & 13–17 Uhr) untergebracht. Im Innern ist die eindrucksvolle zentrale Kuppel mit Stalaktiten überzogen, die das durch die Öffnung einfallende Licht reflektieren, sodass ein tolles Muster entsteht. Das Museum liegt mitten in einem grünen Garten – perfekt für eine Kaffeepause.

Direkt neben der Yakutiye Medresesi steht die klassische **Lala Mustafa Paşa Camii** (1562).

Wer noch Power hat, kann zur **Kale** (Zitadelle; Eintritt 1,25 €; ☻ 8–17 Uhr) raufkraxeln. Kaiser Theodosius ließ sie im 5. Jh. auf einem Berg nördlich der Çifte Minareli anlegen. Von hier bietet sich ein phantastischer Blick über Erzurum und die Steppe.

Archäologiefans werden auf dem schnellsten Wege zum **Museum von Erzurum** (Erzurum Müzesi; Eintritt 1,25 €; ☻ Di–So 8–17 Uhr) wollen. Es ist ein paar Querstraßen südwestlich von der Yakutiye Medresesi. Ausgestellt sind Funde aus Grabungsstätten der Umgebung.

Jetzt Lust auf eine Abreibung? Dann ist der Hamam genau die richtige Adresse: Der

Erzurum Hamamı ve Saunası (Adnan Menderes Caddesi; Ganzkörperwäsche 4 €; ☾ 5–24 Uhr) nur für Männer hat einen guten Ruf. Frauen gehen in den **Kırk Çeşme Hamamı** (Ayazpaşa Caddesi; Ganzkörperwäsche 4 €; ☾ Frauen 8–18 Uhr, Männer 5–24 Uhr) hinter der Moschee.

Schlafen

Obwohl es relativ wenig Traveller nach Erzurum verschlägt, sind die Übernachtungsmöglichkeiten überraschend vielfältig.

BUDGETUNTERKÜNFTE

Yeni Çınar Oteli (☎ 213 6690; Ayazpaşa Caddesi; EZ/DZ 12/16 €) Spitzenmäßige Budgetoption, was Preis, Zimmergröße und Sauberkeit angeht. Die Zimmer sind schlicht, aber gepflegt. Das Haus liegt am Markt, nicht weit von der İstasyon Caddesi. Der einzige Nachteil ist die abends einsame, schlecht beleuchtete Straße. Und es gibt kein Frühstück, aber nebenan ist eine *lokanta*.

Otel Çınar (☎ 213 5249; Ayazpaşa Caddesi; EZ/DZ 12/15 €) Wenn das Yeni Çınar voll ist, ist das Çınar daneben eine gute Alternative. Es ist völlig okay mit seinen grünen, pfiffigen Zimmern und sauberen Bädern. Kein Frühstück.

Otel Dede (☎ 233 1191; Cumhuriyet Caddesi; EZ 9–14 €, DZ 17–20 €) Für eine Übernachtung im Dede sprechen der günstige Preis und die phantastische Lage, direkt im Zentrum. Dagegen sprechen das mickrige Frühstück (2 € extra), die schmucklosen Zimmer und das penetrante Pink überall (zum Kopfschmerzenkriegen!). Für ganz Sparsame gibt's im vierten Stock (passable) Zimmer mit Toilette und Waschbecken auf dem Flur (ohne Dusche).

Yeni Ornek (☎ 233 0053; Kazım Karakebir Caddesi; EZ/DZ 14/20 €) Das Yeni Ornek ist eine gute Wahl, wenn man nicht direkt im hektischen Zentrum nächtigen will. Trotzdem ist alles gut zu Fuß zu erreichen. Die Zimmer sind hübsch pastellgrün dekoriert und die gekachelten Badezimmer sauber. In der Lobby gibt's eine tolle Telefonzentrale.

Otel Polat (☎ 235 0363; Fax 234 4598; Kazım Karabekir Caddesi; EZ/DZ 17/28 €) Mit der beste Deal in Erzurum – auch wenn die Preise nur so gerade noch unter „Budget" laufen können. Nicht vom grauen Äußeren abschrecken lassen: Innen ist das Otel Polat total nett – mit gemütlichen Zimmern, allen möglichen Annehmlichkeiten und einwandfreien Bädern. Vom Frühstückszimmer auf dem Dach hat man freie Sicht auf die Stadt – an einem sonnigen Tag einfach genial!

MITTELKLASSEHOTELS

Erzurum hat mehrere Mittelklassehotels, aber Spitzenklasseunterkünfte sind im Zentrum Mangelware. Wer echten Luxus will, muss im Skiort Palandöken übernachten (S. 612), 5 km südwestlich von Erzurum.

Esadaş Otel (☎ 233 5425; www.erzurumesadas.com.tr auf Türkisch; Cumhuriyet Caddesi; EZ/DZ 23/39 €; Ⓟ 🖳) Das Hotel hat auf dem Papier drei Sterne. Aber außer dass es zentral, effizient geführt, gepflegt und praktisch ist, lässt sich nicht viel Gutes sagen. Ach ja, es gibt Internetzugang.

Kral Otel (☎ 234 6400; Fax 234 6474; Erzincan Kapı Caddesi; EZ/DZ 25/39 €) Das Kral versucht sich bei der Innenausstattung mutig in einem Mix aus Tradition und Moderne. Die Fassade ist etwas abschreckend, aber die Zimmer machen mit ihrer Einrichtung wett, was ihnen an Größe fehlt. Jede Etage hat ein eignes Thema – man hat die Wahl zwischen „Republik", „Seldschuken" und „Palandöken". Das Haus liegt ganz in der Nähe der Cumhuriyet Caddesi, nicht weit von den Sehenswürdigkeiten, Restaurants und Internetcafés im Zentrum.

Hotel Dilaver (☎ 235 0068; www.dilaverhotel.com.tr; Aşağı Mumcu Caddesi; EZ/DZ 25/42 €; 🕸) Sicher, es gibt jede Menge billigere Hotels in Erzurum. Aber dies hier hat eine Toplage, die Mitarbeiter sind superprofessionell und die Betten bequem. Das Frühstück auf dem Dach sollte man auf keinen Fall auslassen: grandioser Blick über die Stadt!

Essen & Ausgehen

Knurrende Mägen werden in Erzurum problemlos zum Schweigen gebracht – rund um die Cumhuriyet Caddesi gibt's jede Menge Restaurants.

Simit Konağı (Cumhuriyet Caddesi; Simits 0,60 €; ☾ 8–23 Uhr) In diesem Laden neben der Bäckerei Kılıçoğlu ist immer was los. Hier gibt's *simits* (O-förmige Brotringe mit Sesamkörnern), die so lecker sind, dass man garantiert wiederkommt!

Gel-Gör Cağ Kebabı (☎ 213 3253; İstasyon Caddesi; Hauptgerichte 2–4 €; ☾ 10–23 Uhr) Wer kennt sie nicht, diese Restaurants mit endlos langer Speisekarte, wo das Aussuchen Stunden dauert … Solche Probleme gibt's in diesem charismatischen Lokal nicht: Es bietet schlicht und einfach *cağ kebap* (Lammfleisch am Spieß). Dazu werden auf kleinen Tellern Salat, Zwiebeln und Joghurt serviert. Das Ganze ist schon seit 1975 Kult – und ein heißer Tipp für alle Fleischliebhaber.

DER TIPP VOM AUTOR

Erzurum Evleri (☎ 213 8372; Cumhuriyet Caddesi, Yüzbaşı Sokak; Hauptgerichte 3–5 €; 🕑 8–23 Uhr) Diese einmalige Institution in Erzurum bekommt zehn von zehn Punkten auf unserer „Charme-Skala" – nicht unbedingt fürs Essen, aber für das Wahnsinnsambiente und die nette Stimmung. Es scheint, dass hier mindestens die Hälfte allen Krimskrams aus sechs osmanischen Jahrhunderten gelandet ist: haufenweise Kelims, Bilder, Waffen und andere Sammlerstücke vom Boden bis zur Decke. Für das echte *paşa*-Feeling einfach in einen der intimen Alkoven mit Kissen und niedrigem Tisch zurückziehen und sich eine Suppe, einen Tee oder eine *nargileh* gönnen. Ein bisschen zu folkloristisch für manche Leute, aber nach so vielen charakterlosen Einrichtungen fanden wir etwas osmanische Exotik erfrischend authentisch. Das Restaurant gehört zum **Daşhane** (☎ 213 7080; 🕑 8–23 Uhr) ganz in der Nähe, wo's freitags und samstags Livemusik gibt.

Salon Asya (☎ 234 9222; Cumhuriyet Caddesi; Hauptgerichte 2–4 €; 🕑 10–22 Uhr) Dieses Restaurant ist schon lange im Geschäft, liegt absolut zentral, hat einen lichtdurchfluteten Speisesaal und eine super Auswahl an türkischen Klassikern. Ein kulinarisches Muss für alle Erzurum-Besucher!

Küçükbey Konağı (☎ 214 0381; Cumhuriyet Caddesi, Erzurum Düğün Salonu Karşısı; Hauptgerichte 2–5 €; 🕑 8–22 Uhr) Wer Erholung vom Trubel an der Cumhuriyet Caddesi sucht, ist in diesem einladenden Zufluchtsort goldrichtig. Er liegt versteckt in einem umgebauten Herrenhaus voller Ecken und Winkel. Das Essen – v. a. *mantı* (türkische Ravioli) und andere schlichte Gerichte – ist okay, aber nicht der Hauptgrund, um hierherzukommen. Der türkische Kaffee erweckt Tote zum Leben.

Vatan Lokantası (☎ 234 8191; İstasyon Caddesi; Hauptgerichte 3–5 €; 🕑 8–22 Uhr) Kulinarische Offenbarungen darf man hier nicht erwarten, bloß die üblichen Verdächtigen, ordentlich zubereitet und von aufmerksamen Kellnern serviert. Der *tavuk şiş* ist ein Labsal für die Seele.

Güzelyurt Restorant (☎ 234 5001; Cumhuriyet Caddesi; Hauptgerichte 4–7 €; 🕑 12–23 Uhr) Wer Geist und Seele mit dem Anblick der Çifte Minareli befriedigt hat, kann auf der Cumhuriyet Caddesi was für seinen Magen tun. Das Restaurant erinnert mit seinen gardinenverhangenen Fenstern zwar irgendwie an einen russischen Mafia-Treff, aber das sollte nicht abschrecken. Drinnen ist es deutlich netter, mit sanfter Beleuchtung und schwarz gekleideten Kellnern. Auf der Karte stehen „Tavuk Şinitzel", „Bof Stroganof" und „Rulo Bif" (kein Tippfehler!) plus viele leckere *meze*. Mit Blick auf die Moschee gegenüber ist es hier schon fast provokant, sich ein *duble* (ein Glas Rakı) zu genehmigen. Richtig lasterhaft in dieser gottesfürchtigen Stadt!

Gizem Café & Patisserie (☎ 235 2200; Cumhuriyet Caddesi; 🕑 7–23 Uhr) Dieses schicke Café ist ein Mekka für Naschkatzen: voll mit verlockenden Torten, Baklava und Eis. Der Salon im Obergeschoss ist ein guter Spot, um Augenkontakt (und nur Augenkontakt) zu türkischen Studenten beiderlei Geschlechts herzustellen. Die genießen hier die Stimmung, klatschen und kichern. Für Traveller mit Laptop gibt's netterweise auch einen kostenlosen Wi-Fi-Zugang.

Kılıçoğlu (☎ 235 3233; Cumhuriyet Caddesi; 🕑 7–23 Uhr) Dieses megatrendige Café punktet mit seinem stylischen Ambiente und einer Riesenauswahl an verführerischem Gebäck mit so poetischen Namen wie *fıstıklı kıvrım, beyaz saray, prenses* oder *dilber dudağı* (ein Blick in die verspielte Bilderbuch-Speisekarte lohnt sich). Mit 27 Sorten Baklava und 23 Eissorten ist das **Kılıçoğlu** ein Eldorado für Süßschnäbel. Herzhafte Snacks gibt's aber auch. Der Laden ist so angesagt, dass es jetzt auf der anderen Straßenseite noch eine Filiale gibt.

Çay Bahçesi (Cumhuriyet Caddesi; 🕑 7–22 Uhr) Wer ein bisschen Ruhe braucht und einen kühlen Ort, um die müden, Sightseeinggestressten Füße hochzulegen, ist in diesem herrlichen Teegarten goldrichtig. Gleich neben dem Museum für türkisch-islamische Kunst & Ethnografie lässt sich hier unterm Blätterdach mit einem (Soft-)Drink das Leben genießen.

Shoppen

Erzurum ist bekannt für die Herstellung von Schmuck und anderen Gegenständen aus *oltutaşı*, dem örtlichen schwarzen Bernstein.

Rüstem Paşa Çarşısı (Adnan Menderes Caddesi) Dieser zweistöckige *han* (Karawanserei) wurde zwischen 1540 und 1550 vom Großwesir Süleymans des Prächtigen erbaut. Er liegt nördlich der Cumhuriyet Caddesi und dient heute als Zentrum für die Herstellung und den Verkauf von *oltutaşı*-Produkten. Wer hier das Souvenir seiner Träume gefunden hat, möge sich bitte melden!

An- & Weiterreise

BUS

Der innerstädtische Verkehr in Erzurum wird größtenteils über den *otogar* abgewickelt. Er liegt 2 km vom Zentrum entfernt an der Straße zum Flughafen.

Wer nach Ankara oder İstanbul will, fährt am besten mit einem Bus von Esadaş. In den Iran (wenn man schon ein Visum hat – s. Kasten S. 724) nimmt man einen Bus nach Doğubayazıt und von da einen Minibus zur iranischen Grenze.

Mehr Infos zu täglichen Verbindungen vom *otogar* in Erzurum stehen in der Tabelle weiter unten.

Von der Gölbaşı Semt Garajı (ca. 1 km nordöstlich von der Adnan Menderes Caddesi durch die Gassen) fahren Minibusse in Städte nördlich und östlich von Erzurum ab, u. a. nach Artvin, Hopa, Rize und Yusufeli. Minibusse nach Yusufeli starten täglich um 9, 13.30 und 16 Uhr (9 €, 3 Std., 129 km); Minibusse nach Artvin (10 €, 4 Std., 215 km), Hopa und Rize um 7.30, 11.30, 14, 16.30 und 18 Uhr. Die Gölbaşı Semt Garajı ist nicht leicht zu finden, wenn man kein Taxi nimmt (ca. 3 €).

VERBINDUNGEN VOM OTOGAR IN ERZURUM

Fahrtziel	Fahr preis	Dauer	Entfer nung	Häufigkeit (pro Tag)
Ankara	23 €	13 Std.	925 km	ca. 10
Diyarbakır	14 €	8 Std.	485 km	5
Doğubayazıt	9 €	4½ Std.	285 km	5
İstanbul	31 €	19 Std.	1275 km	7
Kars	9 €	3 Std.	205 km	häufig
Kayseri	20 €	10 Std.	628 km	mehrere
Trabzon	10 €	6 Std.	325 km	mehrere
Van	12 €	6½ Std.	410 km	ca. 3

FLUGZEUG

Alle Fluglinien bieten ihren Passagieren einen *servis* zum Flughafen (3 €) an.

Kuzkay Turizm (☎ 234 2447; www.sunexpress.com.tr; Cumhuriyet Caddesi; 🕑 8–20 Uhr) Vertritt Sun Express. Zwei Flüge die Woche nach İzmir (ab 44 €, 2 Std.).

Onur Air (☎ 235 0280; www.onurair.com.tr; Cumhuriyet Caddesi; 🕑 8–18.30 Uhr) Ein Flug am Tag nach İstanbul (ab 49 €, 2 Std.).

Turkish Airlines (☎ 213 6717; www.thy.com; Cumhuriyet Caddesi; 🕑 Mo–Fr 9–18 Uhr, Sa 9–14 Uhr) Ein Flug am Tag nach İstanbul (ab 44 €, 1¾ Std.) und einer nach Ankara (ab 44 €, 90 Min.).

ZUG

Der *Doğu Ekspresi* fährt täglich um 12 Uhr nach İstanbul via Sivas, Kayseri und Ankara (20 €); nach Kars ist um 17.20 Uhr (5 €) Abfahrt. Der *Erzurum Ekspresi* fährt nach Ankara via Sivas und Kayseri, und zwar täglich um 13.30 Uhr (17 €; 24 Std.); nach Kars geht's um 11.09 Uhr (5 €; 4½ Std.).

Unterwegs vor Ort

Ein Taxi vom/zum Flughafen (ca. 15 km) kostet um die 17 €, eine Taxifahrt innerhalb der Stadt 2 bis 4 €.

Minibusse wie Stadtbusse fahren über den *otogar* und nehmen Reisende für 0,40 € mit in die Stadt; ein Taxi kostet ca. 4 €.

Leihwagen gibt's bei **Avis** (☎ 233 8088; www.avis.com.tr; Terminal Caddesi, Mavi Site 1 Blok 5; 🕑 8–19 Uhr) und **Decar** (☎ 234 6160; www.decar.com; Milletbahçe Caddesi; 🕑 8–19 Uhr) an der Çaykara Caddesi.

RUND UM ERZURUM
Skizentrum Palandöken
☎ 0442

Vermutlich wissen nicht viele Traveller, dass nur 5 km südlich von Erzurum das Skigebiet Palandöken liegt – das beste der Türkei. Hier gibt's zehn Lifte, darunter eine Kabinenbahn, und 28 km unterschiedlich schwierige Pisten (7 Anfängerpisten, 6 mittelschwere und 2 für Könner). Achtung: An den Wochenenden von Dezember bis April ist es auf den Hängen und an den Liften gerammelt voll! Skiausrüstung kann man in den Hotels leihen (20–25 € pro Tag).

SCHLAFEN

Bis auf die Dedeman Lodge sind die Unterkünfte ganzjährig geöffnet. Alle Hotels haben eigene Restaurants, Bars und Diskos. Die angegebenen Preise gelten für den Winter, außerhalb der Saison gibt's bis zu 20 % Rabatt.

Palan Otel (☎ 317 0707; www.palanotel.com; EZ/DZ 50/75 €; 🅿 ⊠ 🐆) Was dem Palan an Stil fehlt, gleicht es durch guten Service und Einrichtungen aus: z. B. eine Sauna und ein Fitnessstudio.

Ski Lodge Dedeman (☎ 317 0500; www.dedeman.com; EZ/DZ 55/85 €; 🅿 ⊠) Mit Abstand unser Favorit. Diese stilvolle Lodge wurde 2006 eröffnet und hat es irgendwie geschafft, zwanglos charmant zu bleiben und eine super Stimmung zu verbreiten. Alles ist blitzblank, lichtdurchflutet und gut organisiert. Und dann wollen wir auf jeden Fall noch die Federkernmatratzen mit Trampolinqualität erwähnen.

Dedeman (☎ 316 2414; www.dedeman.com; EZ/DZ 84/109 €; ☒) Dieses zweite Dedeman ist älter als die Lodge, liegt aber direkt an den Pisten auf 2450 m.

Polat Renaissance (☎ 232 0010; www.polat renaissance.com; EZ/DZ 84/109 €; P ☒ ☒) Das Renaissance ist mächtig stolz auf seine fünf Sterne. Der massive, pyramidenförmige Bau erinnert irgendwie an George Orwells Wahrheitsministerium. Aber es bietet absolut alles, wovon Reisende träumen.

AN- & WEITERREISE

Theoretisch gibt es während der Skisaison Minibusse südlich vom Erzurumer Zentrum nach Palandöken. Praktisch nimmt man ein Taxi für 8 €.

GEORGISCHE TÄLER

Die Gebirgsregion nördlich von Erzurum in Richtung Artvin bietet den perfekten Mix aus Natur und Kultur. Im Mittelalter gehörte die Gegend zum Georgischen Königreich, wovon etliche Kirchen und Burgen zeugen. Es ist nicht ganz leicht, hierherzukommen, aber es lohnt sich. Und man muss wirklich kein Architekturfreak sein, um die ganzen Bauwerke toll zu finden. Die Berglandschaft ist spektakulär, und die selten besuchten Kirchen (eine Mischung aus armenischem, seldschukischem und persischen Baustil) sind wahre Augenweiden. Wer kann, sollte Mitte Juni kommen: Dann blühen die Kirsch- und Aprikosenbäume in den Obstgärten – ein phantastischer Anblick! Falls es nicht regnet, ist es auch Ende September und Anfang Oktober noch superschön, wenn die Bäume herbstlich leuchten.

Geschichte

Seit dem 4. Jh. zankten sich Perser und Byzantiner um die Region. Im 7. Jh. wurde sie von den Arabern erobert, von den Byzantinern zurückerobert, wieder aufgegeben usw. Im 10. Jh. gehörte die Gegend zum Georgischen Königreich und wurde von der Bagratiden-Dynastie – aus der gleichen Linie wie die armenischen Bagratiden in der Region Kars – regiert. Eine Mischung aus Isolation (bedingt durch die zerklüftete Berglandschaft), Frömmigkeit und byzantinischer Unterstützung sorgte dafür, dass eine blühende Kultur entstand. Die Kirchen, die heute noch stehen, beweisen das.

Dann aber guckte der ehrgeizige König Bagrat III. über die Grenzen der behüteten Täler hinaus und vereinte 1008 die beiden verfeindeten Georgischen Königreiche. Er verlegte die Hauptstadt des neuen Königreiches von Tbilisi (offiziell unter arabischer Kontrolle) nach Kutaissi und zog sich nach und nach aus den südwestlichen Tälern zurück, die seit 1001 stark unter dem Einfluss von Byzanz standen.

Die südwestlichen Provinzen existierten relativ harmonisch zwischen Byzantinern und Georgiern. Aber als die Seldschuken 1064 kamen, war's erst mal vorbei mit der Hoffnung auf dauerhafte Stabilität. König David IV. („Der Erbauer"; 1089–1125) besiegte die Seldschuken 1122 und machte da weiter, wo König Bagrat III. aufgehört hatte: Er vereinte Georgien mit Tbilisi und den südwestlichen Provinzen. Das war der Startschuss zum „Goldenen Zeitalter" der georgischen Kultur, die ihren Höhepunkt unter Königin Tamar (1184–1213) erreichte.

Aber bald war es mit dem Frieden wieder aus: Der mongolische Eroberer Timur Lenk suchte 1386 Georgien heim. Aber seinen herbsten Tiefschlag musste das Königreich einstecken, als die Osmanen 1453 Konstantinopel einnahmen. Damit war nämlich Schluss mit dem byzantinischen Schutz. Mit dem Reich ging es massiv bergab, und die Osmanen rissen sich die georgischen Täler unter den Nagel. Um den Rest kümmerte sich später das zaristische Russland.

Heute haben noch viele Einheimische georgische Wurzeln, aber die meisten sind zum Islam konvertiert, andere haben die Gegend nach den Unruhen am Anfang des 20. Jhs. verlassen.

An- & Weiterreise

Es macht Spaß, die kleinen Bergdörfer in diesen Tälern zu erkunden, aber öffentliche Verkehrsmittel sind hier keine echte Hilfe: Es gibt nur einen einzigen Minibus, der frühmorgens von Erzurum nach Artvin fährt und nachmittags zurück. Zwischen Erzurum und Yusufeli fahren zwar mehr Busse, aber dafür gibt's auf dieser Strecke wenig zu entdecken. Auch wenn's relativ teuer ist: Ein Auto in

Erzurum oder Artvin zu mieten, macht das Leben leichter. Einfach mit ein paar Leuten zusammentun und die Kosten teilen. Ein Taxi ab Yusufeli ist auch eine Option – aber das kostet mindestens 100 €.

Bağbaşı (Haho)

Ca. 16 km südlich des Abzweigs nach Öşkvank geht's an einem weiteren Abzweig nach rechts (Westen) über eine holprige Brücke in ein Dorf, das die Georgier Haho nennen. Ausgeschildert ist es als „Taş Camii, Meryemana Kilisesi". Die z. T. geteerte Straße führt über 7 km durch Obstgärten und Felder bis zum Dorf. Die **Klosteranlage** liegt 800 m dahinter an der Straße. Sie stammt aus dem 10. Jh. und ist gut erhalten. Sehenswert ist Kuppel mit ihren bunten Fliesen und die wunderschönen Reliefs: Auf einem ist z. B. ein steinerner Adler dargestellt, der ein Reh in den Klauen hält. Die abwechselnd verwendeten hellen und dunklen Steine geben dem Gebäude noch zusätzlich Eleganz.

Die Kirche wird inzwischen als Moschee genutzt, darum wurde einiges restauriert.

Öşkvank & Umgebung

Weiter nach Norden kommt man auf der Schnellstraße 950 zur Abzweigung nach Öşkvank; von hier sind es noch 7 km. Die Straße schlängelt sich durchs Tal bis zum Dorf, wo einem sofort die beeindruckende **Kathedrale** ins Auge springt, die Ende des 10. Jhs. erbaut wurde. Es ist die größte der georgischen Kathedralen in der Gegend. Sie hat den Grundriss einer dreischiffigen Basilika (wie die älteren Kirchen von Dörtkilise oder Barhal) und eine Kuppel. Besonders faszinierend sind die Blendarkaden und die Reliefs mit den Erzengeln.

Es gibt ein zentrales Kirchenschiff und zwei abgeteilte Seitenschiffe. Das südwestliche Seitenschiff ist wie der dreibogige Narthex noch relativ gut erhalten. Toll sind die aufwendigen Verzierungen der Kapitele: Die komplizierten geometrischen Figuren sind typisch für georgische Kirchen. Noch mehr schöne Reliefs gibt's an den massiven Kapitellen, die früher die majestätische Kuppel stützten, und entlang der Außenwände. Rechts (nordöstlich) vom Haupteingang sind z. B. die drei Weisen aus dem Morgenland mit Maria und Joseph zu sehen.

Das Dach ist wie die Kuppel größtenteils eingestürzt, aber man kann noch gut Überreste von Fresken entdecken, z. B. in der Halbkuppel der Innenseite des Hauptportals.

Die Schnellstraße 950 verläuft am Westufer des **Tortum Gölü** (Tortumsee) entlang, der vor rund 300 Jahren durch einen Erdrutsch entstand. Zum Essen lohnt sich ein Stopp bei **İskele Alabalık Tesisleri** (☎ 792 2471; Fischgerichte 4 €), wo's lecker zubereiteten Fisch gibt. Die Einrichtung ist nichts Besonderes, aber die Lage ist klasse.

Ein Stück weiter die Straße runter sind die spektakulären **Tortum Şelalesi** (Tortum-Wasserfälle), ca. 35 km von Yusufeli entfernt und ab der Hauptstraße ausgeschildert (700 m).

İşhan

Wo die 950 auf die D060 trifft, geht's rechts nach Olur und Kars (ausgeschildert). Nach 7 km kommt dann links die Abzweigung nach İşhan, die ein Schild mit der Aufschrift „İşhan Kilisesi" markiert. Das Bergdorf liegt absolut spektakulär – 6 km eine steile, in den Hang gegrabene Teerstraße hinauf.

Hinter der modernen weißen Moschee steht die wunderbare **Kirche der Mutter Gottes** (Eintritt 1,50 €). Sie wurde im 8. Jh. erbaut und im 11. vergrößert. In der fast kegelförmigen Kuppel sind Reste von blauen Fresken zu sehen (und sie verschwinden rapide – vor 25 Jahren waren noch ganze Wände damit bedeckt). Außerdem gibt's in der Apsis einen tollen Bogengang mit Hufeisenbögen, die alle unterschiedliche Kapitelle haben. Die vier Säulen sind genauso beeindruckend wie die in Öşkvank (s. links). Leider wurde im Kirchenschiff eine monströse Trennwand gebaut. Denn die Hälfte der Kirche musste als Moschee herhalten, bis 1984 die neue Moschee fertig wurde. Das detaillierteste der vielen schönen Reliefs ist über dem Portal zur kleinen Kapelle nebenan. Es schreibt die Gründung der Kirche König Bagrat III. zu. Ansonsten gibt's noch die Inschriften über dem zugemauerten Portal zum Hauptgebäude zu bestaunen und die Intarsienarbeiten rund um die Fenster. Der Tambour hat ein paar schöne Blendarkaden und elegant verzierte Kolonnaden.

Bana & Penek

Wer weiter auf der D060 in Richtung Kars fährt, wird hinter dem Dorf Kalidibi eine **Burg** auf einem Hügel entdecken. Der Anblick ist irgendwie gruselig, passend zur surrealen Landschaft, die von steinigen Schluchten und roten Felsvorsprüngen dominiert wird. Ca. 400 m weiter steht links eine zweite verfallene **Burg** auf einem Felsen mit Blick über einen pappelgesäumten Fluss.

Nach der Kreuzung mit der Schnellstraße 955 sind es noch 14,5 km auf der D060 in Richtung Kars, bevor man zur Brücke über den Penek Çayı (ausgeschildert) kommt. 100 m hinter der Brücke die linke Abzweigung nehmen und 2 km weit bergauf bis ins Dorf **Penek** fahren. Das durchquert man und biegt 700 m dahinter links ab, um die beeindruckende armenische **Kirche von Bana** zu sehen: Sie steht vor einer herrlichen Bergkulisse auf einer kleinen Anhöhe – ein unvergesslicher Anblick. Architekturfans werden v. a. ihre Rotundenform bemerken. Achtung: Wenn die Straße matschig ist, kann man leicht stecken bleiben!

Oltu

Der friedliche Ort Oltu an der D955 liegt zu Füßen einer grandiosen **Kalesi** (Zitadelle), die 2002 akribisch restauriert wurde. Die Geschichte der Burg ist unklar, aber sie wurde wohl 1000 v. Chr. von Urartäern gebaut. Wahrscheinlich benutzten sie später Genueser Siedler, und auch in römischer und byzantinischer Zeit hatte sie eine gewisse Bedeutung. Dann wurde sie erst von den Seldschuken und im 16. Jh. von den Osmanen erobert.

YUSUFELİ

☎ 0466/6400 Ew./Höhe 560 m

Das Schicksal von Yusufeli ist besiegelt: In den nächsten Jahren wird in der Nähe ein Damm gebaut und dann wird das komplette Tal im Wasser versinken. Die Leute sollen weiter oben in den Bergen neu angesiedelt werden, und offizielle Stellen haben garantiert, dass keine Kirche überschwemmt wird. Wer Yusufeli sehen will, muss sich also beeilen! Und es gibt jede Menge, was man hier machen kann, v. a. für Adrenalinjunkies: Der schäumende Barhal Çayı tost durch Yusufeli, bevor er in der Nähe in den Çoruh mündet. Darum ist Yusufeli ein angesagter Ausgangspunkt für Raftingtouren. Und auch Trekkinggruppen starten gern von hier.

Aber Natur und Outdoor-Aktivitäten sind nicht alles; Yusufeli ist auch eine gute Basis für Kulturliebhaber. Die Kirchen in Barhal und Dörtkilise sind definitiv einen Ausflug wert. Es gibt ab und zu Minibusse in diese Dörfer, aber wer's sich leisten kann, nimmt besser ein Taxi.

Orientierung & Praktische Informationen

Yusufeli ist in einem kurzen Bummel zu erkunden: Halit Paşa Caddesi und İnönü Caddesi bilden die Hauptstraße. Banken mit Geldautomaten und die Post (hinter der Schule) liegen im Ostteil der Stadt. Außerdem gibt's ein paar kleine Hotels und Restaurants. Die **Touristeninformation** (☎ 811 4008; İnönü Caddesi; ۞ 8–18 Uhr) in der Nähe des *otogar* hat 2006 aufgemacht und ist normalerweise mit Studenten besetzt, die Englisch sprechen. Das **Yakamoz Café** (Enver Paşa Caddesi; 0,60 € pro Std.; ۞ 9–23 Uhr) in der kleinen Gasse gegenüber vom Hotel Barhal hat Internetzugang.

Aktivitäten

WILDWASSER-RAFTING

Der Çoruh gilt als einer der besten Raftingflüsse der Welt. Die ganz harten Rafter schwören auf die King-Kong-Stromschnellen in der Yusufelischlucht. Aber den meisten reichen schon die anderen schäumenden Herausforderungen der Stufen vier und fünf. Wer auf seinem Floß den Fluss hinunterschießt, sieht auch was vom traditionellen Leben in den ostanatolischen Dörfern. Und natürlich die tiefen (bzw. hohen!) Felsschluchten. Wir sind gespannt auf Erfahrungsberichte! Die ideale Zeit zum Raften ist im Mai und Anfang Juni; Ende Juli gibt's nicht mehr genug Wasser.

Verschiedene örtliche Anbieter veranstalten Tagestrips von Yusufeli aus: dreieinhalb Stunden Rafting für ca. 25 € pro Person (mindestens 4 Pers.). Einfach im Hotel Barhal, im Otel Barcelona oder auf dem Greenpiece-Campingplatz nachfragen. Ein Guide, den wir empfehlen können und der Englisch spricht, ist **Necmettin Coşkun** (☎ 0505 541 2522; coruhrafting@hotmail.com). Andere Veranstalter haben längere Touren im Programm mit drei Zeltübernachtungen und vier Tagen Rafting; das Highlight am Ende ist die Yusufelischlucht. Preise gehen bei 1000 € für eine Woche los, inklusive Zelten und Essen. Traveller haben das britische Unternehmen **Water by Nature** (☎ in Großbritannien 0148-872 293; www.waterbynature.com) empfohlen. Als wir vor Ort waren, hatte dieser Anbieter seine Basis in Cemil's Pension in Tekkale. **Alternatif Outdoor** (☎ 0252-417 2720; www.alternatifraft.com) ist ein türkischer Veranstalter, der von Marmaris aus operiert.

WAS IST DIE ZUKUNFT DER JUGEND VON YUSUFELI?

Fatih Şahin ist ein beliebter Wanderführer aus Yusufeli und ein vehementer Gegner des Staudamms, der in wenigen Jahren das Çoruh-Tal z. T. überschwemmen wird. „Wir werden nicht nur unser Land und unsere Häuser verlieren, sondern auch unsere Vergangenheit, unsere Erinnerungen, unsere Traditionen. Dies ist das Land unserer Vorfahren, sie liegen hier begraben, all das wird im Wasser versinken. Das können wir nicht hinnehmen. Jede touristische Entwicklung ist schon jetzt zum Scheitern verurteilt und die Angebote für Reisende werden abnehmen. Wenn der Damm fertig ist, wird's keine Raftingtouren mehr geben und sicherlich weniger Wanderwege. Die Straßen zu den Kirchen werden überflutet sein. Die jungen Leute im Tal sind verzweifelt und müssen wegziehen, weil sie hier keine Zukunft haben. Die Regierung hat uns versprochen, dass wir in der Gegend neue Häuser bekommen, aber wir wissen noch immer nicht, wo. Stattdessen setzen die Leute in Ankara alle unter Druck, die gegen den Damm sind."

TREKKING

Ab Yusufeli bringen einen die Führer **Özkan Şahin** (☎ 811 2187, 0532 505 8975; www.way2kacgar. com) und **Fatih Şahin** (☎ 811 2150, 0532-622 9489; www.bukla.com) auf individuell geplanten Strecken rauf ins Kaçkar-Gebirge (s. S. 600). Beide sprechen gut Englisch. Auch die Pensionsinhaber in Barhal (S. 617) und Olgunlar (S. 618) arrangieren Trekkingtouren.

Schlafen

Leider gibt's in Yusufeli kaum gute Unterkünfte, was auch kein Wunder ist – der geplante Staudammbau tut dem Tourismus nicht gut. Die Billighotels im Zentrum meidet man besser: Sie sehen aus, als würden sie gleich in einer Wolke aus Staub zusammenbrechen.

Greenpiece Camping (☎ 811 3620; Stellplatz pro Pers. 3 €, Baumhaus pro Pers. 6–9 €, EZ/DZ 9/14 €; 🖥) Greenpiece ist super gelegen und bietet verschiedene Unterkünfte. Richtige Sparfüchse können das superschlichte Baumhaus im Obstgarten nehmen (eine Sanitäranlage mehr könnte allerdings nicht schaden) oder ihr Zelt auf der Wiese aufschlagen. Mehr Komfort gibt's in einem der drei Zimmer mit Bad. Am Flussufer liegt ein nettes Restaurant (Abendessen ca. 5 €), das sogar Alkohol ausschenkt. Und die Leute organisieren gerne Raftingtrips. Zum Platz geht's über die wackelige Hängebrücke neben dem Hotel & Restaurant Barhal und dann der Beschilderung nach (700 m ab der Brücke).

Hotel Barhal & Restaurant (☎ 811 3151; Enver Paşa Caddesi; EZ/DZ 9/18 €) Das Barhal liegt ideal neben der Hängebrücke und ist die beste Option, wenn man sein Hotelbudget nicht zu sehr strapazieren will. Die Zimmer gewinnen keinen Schönheitspreis, aber sie sind frisch, hell und haben ordentliche Bäder; manche auch Aussicht auf den Fluss. Im Restaurant gibt's gutes Essen und einen netten Blick aufs Wasser – noch näher dran geht's nicht, sonst müssten die Gäste zum Essen schwimmen. Die Besitzer organisieren Trips in die Umgebung, auch Trekking- und Raftingtouren. Frühstück kostet extra.

Hotel River (☎ 824 4345; Bostancı; riverotel@yahoo. com.tr; EZ/DZ mit HP 25/40 €) Diese relativ neue Pension direkt am Fluss Barhal wird von einer supergastfreundlichen Familie geführt. Sie liegt ca. 12 km von Yusufeli entfernt an der Straße nach Barhal, ist aber easy mit dem Minibus von Yusufeli zu erreichen (3 €). Die Zimmer sind blitzblank und gemütlich – mit Holzverkleidung, TV, guten Matratzen, bunter Bettwäsche und eigenem Bad. Die Mahlzeiten werden auf einer luftigen Terrasse serviert, wo der rauschende Fluss für beruhigende Backgroundmusik sorgt. Rafting- und Trekkingausflüge werden organisiert. Absolut zu empfehlen.

Otel Barcelona (☎ 811 2627; www.hotelbarcelonanet. com; Arikli Mahallesi; EZ/DZ 55/70 €; 🅿 🔀 🖥 🛆) So ganz passt das Otel Barcelona (unter türkisch-spanischer Leitung) nicht in diese Backpacker-Gegend: eine Edeloption im Resortstil. Alles in freundlichen, bunten Farben, super Einrichtungen (z. B kostenlosen Wi-Fi-Internetnetzugang & Pool), großzügige Zimmer mit einwandfreien Bädern und ein Spitzenrestaurant. Ein Sprung in den großen Pool ist das Nonplusultra. Ausflüge in die Umgebung werden auch angeboten, u. a. Geländewagentrips, Wanderungen und Raftingtouren.

Essen

Gourmetrestaurants in Yusufeli? Keine Chance! Wer hierherkommt, will Natur und

Abenteuer. Die Hotelrestaurants sind aber gar nicht schlecht (s. S. 616).

Çoruh Pide ve Lahmacun Salonu (☎ 811 2870; Ersis Caddesi; Hauptgerichte 2–3 €; ☻ 10–20 Uhr) Der Name ist Programm: der wohl beste Laden in Yusufeli für türkische und arabische Pizza, frisch aus dem Ofen.

Hacıoğlu Cağ Döner (☎ 811 3009; İnönü Caddesi; Hauptgerichte 2–3 €; ☻ 8–22 Uhr) In der Nähe der Touristeninformation. Wer mal was anderes als Kebap essen will, kann *alabalık* (Forelle) probieren. Die Terrasse am Fluss ist ein extra Plus.

Arzet Lokantasi (☎ 811 2181; İnönü Caddesi; Hauptgerichte 2–4 €) Die richtige Option für wirklich Hungrige: In diesem Lokal gibt's gigantische Kebaps und andere Standardgerichte für wenig Geld.

Aile Çay Bahçesi (İnönü Caddesi; ☻ Sonnenaufgang–Dämmerung) Dieser Laden direkt am Marktplatz ist der perfekte Ort zum Relaxen. Nirgends lässt sich besser mit einem Drink im Schatten sitzen und die Welt für eine Weile vergessen.

An- & Weiterreise

Von Yusufeli fahren morgens mindestens zwei Busse nach Erzurum (9 €, 3 Std.), um 9 Uhr gibt's eine Verbindung nach Trabzon (13 €) und täglich mehrere Minibusse nach Artvin (7 €). Nach Kars muss man ein Taxi zur Tankstelle an der Straße Artvin–Erzurum nehmen und von dort den Bus (ca. 13 Uhr; 8 €).

RUND UM YUSUFELİ
Barhal (Altıparmak)
☎ 0466/1000 Ew./Höhe 1300 m

Himmlisch! Barhal ist Idylle pur: ein Dorf in einem grünen Tal, durch das ein hübsches Bächlein plätschert, und dahinter ein tolles Bergpanorama. 28 km nordwestlich von Yusufeli hat man fast das Gefühl, in der Schweiz zu sein – genau genommen in der Schweiz ohne die vielen Leute. Wenn die erste Euphorie nachlässt und man sich an der phantastischen Landschaft sattgesehen hat, gibt's auch kulturelles Futter. Barhal (offiziell Altıparmak) hat eine **georgische Kirche** aus dem 10. Jh. Und auf einem grasbewachsenen Höhenzug über dem Dorf stehen die Ruinen einer kleinen **Kapelle**. Die halbstündige Wanderung lohnt sich: Die Aussicht auf das Dorf und die Berge im Hintergrund ist phantastisch. Der (nicht markierte) Weg fängt jenseits einer Bretter-

brücke in der Nähe der Pension von Mehmet Karahan an.

Die Pensionsinhaber organisieren auch zwei- bis viertägige Wanderungen durch die Berge nach Çamlıhemşin. Das Gepäck schleppen netterweise Pferde, wobei ein Pferd (30 €) das Gepäck von zwei Wanderern tragen kann. Dazu kommen 40 € pro Tag für den Führer (pauschal). Weitere Kosten sind Verhandlungssache.

SCHLAFEN

Wer nach Barhal kommt, will am liebsten nie wieder weg. Zumal die wenigen Pensionen hier deutlich einladender sind als in die Yusufeli.

Barhal Pansiyon (☎ 826 2031; www.barhalpansiyon. com; HP pro Pers. 16 €) Die erste Pension an der Straße in den Ort. Sehr sympathisch, mit zwölf ordentlichen Zimmern (mit Gemeinschaftsbad). Auf der Terrasse kann man wunderbar Landschaft und Ruhe genießen.

Marsis Village House (☎ 826 2002; www.marsisotel. com; HP pro Pers. 20 €) Ein paar Schritte weiter, nicht weit vom Fluss steht dieses Puppenhaus. Hier gibt's 16 behagliche Zimmer, eine schöne Terrasse und nette Mitarbeiter. Drei Zimmer haben ein eigenes Bad. Wir hatten Zimmer 301, 106 und 107, die zwar klein, aber total gemütlich waren mit viel Holz und Blick auf den Fluss. Das gesunde Abendessen verdient nur Lob.

Karahan Pension (☎ 826 2071; www.karahanpension.com auf Türkisch; HP pro Pers. 17 €) Diese drollige Pension auf dem Hügel neben der Kirche wird von dem supernetten Mehmet Karahan geführt und ist einfach wunderbar. Nichts Pompöses, aber viel freundliches Flair und adrette Zimmer, die gerade erst renoviert worden sind. Die Zimmer mit Bad und Blick übers Tal sind die besten. Ein weiteres Plus ist das Essen: Zum Frühstück gibt's frischen Honig aus dem Dorf und dicken Rahm aufs Brot. Hier gilt: „*Hayat çok güzel!*"

AN- & WEITERREISE

Von Yusufeli fahren zwei Minibusse am Tag nach Barhal (4 €, 2 Std.), meistens um 14 und 16 oder 17 Uhr. Wer mit dem eigenen Auto kommt, sollte wissen, dass nur die ersten 18 km der Strecke asphaltiert sind. Bei trockenem Wetter ist die kurvige, schmale Straße mit einem normalen Auto machbar, aber lieber vor Ort noch mal nach der Situation fragen.

Yaylalar (Hevek) & Olgunlar

☎ 0466/500 Ew.

Die Fahrt nach **Yaylalar**, ca. 22 km hinter Barhal, ist anstrengend, aber Ruhe und Abgeschiedenheit haben eben ihren Preis. Und es gibt keinen besseren Spot, um mal so richtig die Seele baumeln zu lassen. Die Gegend ist genial – felsige Gipfel, murmelnde Bäche, traditionelle Bauernhäuser und die beste Luft, die wir je in der Türkei geatmet haben. Nicht zu vergessen die tollen Wanderungen, die hier auf einen warten. Also: einfach relaxen, gesund essen, die *yaylalar* (Hochlandweiden) in der Umgebung erkunden und das Leben genießen. Und noch ein Tipp: Unbedingt ein Wörterbuch einstecken, denn Fremdsprachen spricht hier keiner.

In Yaylalar gibt's eine ausgezeichnete Unterkunft, die **Çamyuva Pension** (☎ 832 2001; www. kackar3937.com; HP pro Pers. in altem/neuem Zimmer 15/23 €, Bungalow 55 €) mit verschiedenen Optionen: Entweder man bucht sich in den schlichten Zimmern mit Gemeinschaftsbad im Hauptgebäude ein oder – wenn's ein bisschen privater und komfortabler sein soll – in einer der vier angrenzende Hütten, die (leicht übertrieben)

Bungalows heißen (bis zu 4 Pers.). Ein zweites Gebäude mit Almhüttenfeeling wurde 2006 eröffnet und hat 13 makellose Zimmer mit Bad. Das Essen ist frisch, abwechslungsreich und reichlich. Zum Frühstück stehen ganze 15 *çeşit* (Gerichte) zur Auswahl. Die freundlichen Gastgeber İsmail und Naim betreiben auch einen Lebensmittelladen und eine Bäckerei. Und İsmail fährt den Minibus nach Yusufeli – er kann einen nach Olgunlar bringen.

Das Dorf **Olgunlar** liegt ca. 3 km höher in den Bergen. Dort können sich Traveller in der **Denizgölü Pansion** (☎ 832 2105; HP pro Pers. 20 €) mit schönen Zimmern mit Bad und Flussblick einmieten. Die **Kaçkar Pansion** (☎ 832 2047; www.kackar.net; HP pro Pers. 25 €) hat 15 Zimmer – eine weitere friedliche Oase und im Standard vergleichbar mit der Pension Denizgölü.

Beide Dörfer sind eine gute Basis für **Wanderungen** über die Kaçkar-Gebirge (S. 600). Von Olgunlar braucht man ca. zwei bis drei Tage nach Ayder über den Çaymakçur-Pass (ca. 3100 m). Mehr Infos gibt's bei den Pensionsinhabern, die auch Maultiere, Pferde,

---

UNTERWEGS AUF DEN YAYLALAR

Im Sommer ist der Landstrich nordöstlich von Artvin einfach zauberhaft. Die *yaylalar* (Sommerweiden) sind das Herz und die Seele des traditionellen ländlichen Ostanatoliens. Hier herrscht die perfekte Idylle mit Seen, Flüssen, Bergen, üppigen Tälern, Wäldern, Weiden, traditionellen Holzhäusern, Dörfern, grasenden Kühen und Schafen … Die Landschaft ist komplett unberührt und es gibt absolut keinen Verkehr. Und mitten in all der Herrlichkeit stehen verfallene Kirchen und Burgen, die definitiv einen Abstecher wert sind.

Die Gegend lässt sich super auf eigene Faust erkunden – am besten mit dem eigenen Fahrzeug, weil die öffentlichen Verkehrsmittel unzuverlässig sind. Einfach den Reiseführer wegpacken und sich treiben lassen! Alles, was man braucht, ist eine Karte (*Artvin Kent Planı & İl Haritası* gibt's bei der Touristeninformation in Artvin, aber jede gute türkische Landkarte tut's auch) und ein leckeres Picknick. Ach ja, und ein paar Worte Türkisch, um nach dem Weg zu fragen, sind auch nicht schlecht.

Von Artvin geht's auf der D010 Richtung Osten (das ist die Straße nach Kars) zur **Kirche von Dolişhane** aus dem 10. Jh. Das **georgische Kloster und die Kirche von Porta** aus dem 9. Jh. in der Nähe von Pnarlı lohnen ebenfalls einen Stopp. Wer weiter am Çoruh entlang nach Osten fährt, sollte die Abzweigung nach **Meydancık** nicht verpassen; der Ort unweit der georgischen Grenze ist *die yaylalar*-Siedlung schlechthin. Von hier kann man weiter in die alte georgische Stadt **Şavşat** fahren (an der Hauptstraße) und einen kleinen Abstecher zur **Kirche von Tbeti** aus dem 10. Jh. machen. Sie ist verfallen, aber phantastisch gelegen. Weiter östlich lockt der **Karagöl-Sahara-Nationalpark** mit atemberaubender Berglandschaft. Noch weiter Richtung Osten geht's über den **Çam-Pass** (2540 m). Dahinter hören auf dem Weg nach **Ardahan** die grünen, bewaldeten Täler auf.

Eine andere Option von Artvin aus ist die Südroute nach **Ardanuç** (hier gibt's die Reste einer Festung) und zur **Kirche von Yeni Rabat** in der Nähe von Bulanık.

Da können wir nur sagen: *İyi yolculuklar* (gute Reise)!

einen Guide und Campingausrüstung zur Verfügung stellen.

AN- & WEITERREISE

Minibusse nach Barhal fahren in der Regel noch 22 km weiter zum Ende der Strecke in Yaylalar (9 € ab Yusufeli). Nach Olgunlar, ca. 3 km von Yaylalar entfernt, gibt's keine öffentlichen Verkehrsmittel.

Tekkale & Dörtkilise
☎ 0466/2000 Ew.

Der kleine, friedliche Ort Tekkale liegt 7 km südwestlich von Yusufeli und ist eine ideale Ausgangsbasis, um die Dörtkilise (Vier Kirchen) anzugucken: Die verfallene georgische Kirche mit Klosteranlage aus dem 10. Jh. steht ungefähr 6 km flussaufwärts. Sie hat keine Kuppel, sondern ein Giebeldach und ein paar wenige Fresken. Die Kirche ähnelt der in Barhal, ist aber älter und größer und außerdem schneller und einfacher zu erreichen. Die Ruine ist absolut malerisch: Überall wuchern Unkraut und Ranken über moosige Steine.

Auf dem Weg nach Tekkale sind die Ruinen einer **Burg** zu sehen, die fast über der Straße hängt.

Cemil's Pension (☎ 811 2908, 0536-988 5829; Tekkale; Stellplatz/Zi. mit HP pro Pers. 3/17 €) ist eine gut gelaunte Pension im Berghüttenstil mit vielen Ecken und Winkeln und einer gemütlichen Terrasse direkt am Fluss. In einem Becken tummeln sich massig Forellen. Die Gäste können in einem der Zimmer (am besten im neuen Gebäude) nächtigen oder aber auf der Terrasse. Abendessen gibt's auch. Cemil Albayrak, der muntere Besitzer, organisiert Trekkingtouren in die Umgebung plus Raftingtrips. Und abends unterhält er seine Gäste vielleicht mit dem *saz* (Gitarre).

AN- & WEITERREISE

Nach Tekkale geht's mit einem Minibus, der aus Yusufeli von der Südseite der Brücke (auf der Mustafa Kemal Paşa Caddesi) in Richtung Kılıçkaya oder Köprügören fährt; ca. fünfmal am Tag (0,50 €). Ein Taxi kostet um die 10 €. Von Tekkale nach Dörtkilise (6 km) hilft nur trampen. Achtung: die Kirche ist nicht ausgeschildert. Sie liegt auf der linken Seite hoch über der Straße im Grünen versteckt. Mit dem eigenen Auto ist die Straße hinter Tekkale ziemlich holperig zu befahren; bei Regen lieber nicht versuchen!

ARTVİN
☎ 0466/21 000 Ew./Höhe 600 m

Artvins größtes Highlight ist die spektakuläre Gebirgslage – der Ort hockt prekär auf einem steilen Berg über der Straße, die Hopa (an der Schwarzmeerküste) und Kars verbindet.

Leider hat die Gegend in den letzten Jahren einiges einstecken müssen: Überall zerstören Baustellen für einen Damm plus Straße die Landschaft. Abgesehen von ein paar alten Häusern hat die Stadt selbst nicht viel zu bieten. Aber nichtsdestotrotz lassen sich von hier am besten die faszinierenden *yaylalar* (Hochlandweiden) erkunden. Und wer im Sommer kommt, sollte versuchen, das Kafkasör Kültür ve Sanat Festivalı abzupassen – das muss man gesehen haben!

Orientierung & Informationen

Artvin liegt an einer Talwand, hoch über einer Biegung des Çoruh. Der Ort besteht im Wesentlichen aus einer steilen Straße (İnönü Caddesi) und ist leicht zu Fuß zu bewältigen. Nur der *otogar* liegt weiter unten im Tal an einer Haarnadelkurve, ca. 500 m vom Stadtzentrum entfernt.

Internetzugang gibt's im **Özle Internetcafé** (İnönü Caddesi; 0,60 € pro Std.; ⌚ 8–24 Uhr) neben dem Karahan Otel. In der gleichen Straße sind auch die Post und Banken mit Geldautomaten. An ihrem westlichen Ende ist ein Kreisverkehr mit der **Touristeninformation** (☎ 212 3071; İnönü Caddesi; ⌚ Mo–Fr 8–17 Uhr), die ein paar Broschüren und eine nützliche Karte der Umgebung bietet. Die meisten Hotels liegen in unmittelbarer Nähe der Provinzregierung *(valilik)*.

Festivals & Events

Am letzten Juniwochenende steigt auf der Kafkasör Yaylası, einer Weide 7 km südwestlich von Artvin, das alljährliche **Kafkasör Kültür ve Sanat Festivalı** (Kultur- & Kunstfestival des Kaukasus; ☎ 0232-464 0529). Die Hauptattraktion sind *boğa güreşleri* (unblutige Stierkämpfe). Und dafür kommen die Leute aus dem ganzen Kaukasus hierher.

Schlafen

Viele Hotels fungieren gleichzeitig als Bordell, aber die Folgenden sollten okay sein:

Otel Uğrak (☎ 212 6505; PTT Arkası, Hamam Sokak; EZ/DZ mit Gemeinschaftsbad 9/12 €) Budgethotel in einer ruhigen Seitengasse, die von der Hauptstraße abzweigt. Es ist nicht der Hit, aber zentral gelegen und praktisch. Die Gemeinschaftsbäder sind in Ordnung und manche Zimmer nach hinten raus haben einen tollen Blick. Alles in allem okay, wenn man nicht zu anspruchsvoll ist. Frühstück ist nicht im Preis enthalten.

Otel Kaçkar (☎ 212 9009; Hamam Sokak; EZ/DZ 17/28 €) Die Möbel sind ein bisschen wackelig und die Teppiche haben schon bessere Tage gesehen. Aber die Bäder sind gut und die Bettüberwürfe schön bunt. Ab und an riecht es wie im Krankenhaus – ein gutes Zeichen: hier wird gründlich geputzt!

Turistik Otel Genya (☎ 212 3131; Cumhuriyet Meydanı; EZ/DZ 17/28 €; 🖳) Dieses neue Hotel distanziert sich mutig vom üblichen Grau der Fassaden: Es ist quietschgelb gestrichen. Die Ausstattung ist nagelneu und umfasst Klimaanlage, Parkettfußboden, helle Zimmer, saubere Badezimmer und Dachterrasse. Gleich hinter der Moschee gelegen.

Ağasın Otel (☎ 212 3333; Fax 212 8528; İnönü Caddesi; EZ/DZ 20/28 €; 🅿 🖳) Das moderne Hotel ist eine gute Alternative zum Karahan. Die Zimmer sind hübsch und die Bäder blitzblank. Ein paar der Doppelzimmer nach hinten raus haben einen genialen Blick übers Tal. Klar, in der Lounge-Bar hinter der Rezeption läuft einem schon mal eine Prostituierte über den Weg, aber das ist alles harmlos. Allein reisende Frauen sollten allerdings lieber woanders übernachten.

Karahan Otel (☎ 212 1800; Fax 212 2420; İnönü Caddesi; EZ/DZ 25/31 €, mit Klimaanlage 31/37 €; 🅿 🖳) Das Karahan ist von außen so hübsch wie ein Parkhaus und der schäbige Eingang macht die Sache nicht besser. Aber der Lift hebt in schönere Gefilde ab: renovierte, sonnige und großzügige Zimmer, super saubere Bäder und kompetente Mitarbeiter. Das alles macht das Karahan zu einer guten Option. Frühstück gibt's in einem riesigen Raum mit holzvertäfelten Wänden – irgendwie saunamäßig.

Essen & Ausgehen

Wer günstig essen will, schlendert die İnönü Caddesi entlang und sucht sich einen der vielen kleinen *kebapçıs* (Kebap-Lokale) oder *pidecis* (Pizzalokale) aus.

Arses Café-Bar (☎ 212 3484; Hürriyet Caddesi; Snacks 1–3 €; 🕙 10–24 Uhr) Manchmal braucht es nicht viel zum Glück: ein verboten billiges Bier, günstige Snacks, authentischen Charme und ab und zu ein Lächeln von der Bedienung. All das gibt's im Arses – plus Livemusik an fast allen Abenden. Kein Wunder, dass es bei Studenten total angesagt ist.

Köşk Pastanesi (☎ 212 1621; İnönü Caddesi, Tekel Sokak; 🕙 7–21 Uhr) Eine beliebte Kneipe an der Hauptstraße. Wer was essen will, sollte die mittelmäßigen Baklava auslassen und sich lieber an die schlichten Snacks halten. Oder Eis bestellen.

Sedir Pastanesi (☎ 212 5960; İnönü Caddesi; 🕙 7–22 Uhr) In dieser Bäckerei gibt's belebenden *şahlep* (Heißgetränk aus Tapiokawurzelextrakt mit angeblich aphrodisierender Wirkung) und Kuchen. Direkt gegenüber vom Köşk.

Nazar Restoran (☎ 212 1709; İnönü Caddesi; Hauptgerichte 2–5 €; 🕙 8–22 Uhr) An der Hauptstraße gelegen, wo sie eine Kurve macht und ins Tal runterführt. Das Nazar (mit Alkoholausschank) kriegt keinen Gourmetpreis. Aber wer einen Platz am Fenster erwischt, hat einen tollen Talblick (und kann nebenbei den Staudammbau verfolgen …).

Efkar Restaurant (☎ 212 1134; İnönü Caddesi; Hauptgerichte 2–5 €; 8–22 Uhr) Über dem Nazar im gleichen Haus. Der Innenraum ist düster und vollgestellt, aber vom kleinen Balkon gibt's die „Millionen-Dollar-Aussicht" (Eigenwerbung!).

An- & Weiterreise

Täglich fährt morgens ein Bus nach Kars (14 €, 5 Std., 270 km), vier fahren nach Samsun (14 €, 8 Std., 577 km) und nach Trabzon (9 €, 4½ Std., 255 km) gibt's regelmäßige Verbindungen. Nach Erzurum (12 €, 4 Std., 215 km) verkehren jeden Tag mehrere Busse und Minibusse. Manche Busse von Erzurum oder Ardahan auf dem Weg nach Hopa halten nicht am *otogar*, sondern setzen ihre Fahrgäste unten im Tal am Straßenrand ab.

Minibusverbindungen gibt's regelmäßig nach Hopa (7 €, 1½ Std., 70 km), zweimal am Tag nach Ardahan (9 €, 2½ Std., 115 km) und Tortum (9 €, 2½ Std., 91 km) und mindestens sechsmal nach Yusufeli (6 €, 2¼ Std., 75 km). Außerdem fahren regelmäßig Minibusse nach Ardanuç (4 €, 1 Std., 30 km) und Şavşat (6 €, 1½ Std., 70 km).

Artvin Ekspres (İnönü Caddesi), westlich vom *valilik*, bietet einen *servis* zum *otogar*. Außerdem fahren zwischen dem *valilik* und dem *otogar* Köprü-Minibusse (0,50 €). Die Alternative ist ein Taxi für ca. 3 €.

KARS

☎ 0474/76 000 Ew./Höhe 1768 m

Diese Stadt ist Schauplatz von Orhan Pamuks berühmtem Roman *Kar (Schnee)*. Kars ruft deutliche Reaktionen hervor – negative wie positive. Manche Traveller finden den Ort scheußlich („matschig", „lethargisch", „kahl", „traurig"), andere graben tiefer und stellen fest, dass Kars viel Charakter und Atmosphäre hat. Zugegeben, die Stadt ist ein bisschen runtergekommen an den Rändern. Aber wenn die Sonne scheint, sehen die imposanten, pastellfarbenen Steinhäuser fast fröhlich aus und Kars wirkt wie „Klein Russland" in der Türkei. Die vielen unterschiedlichen Einflüsse – aserbaidschanisch, turkmenisch, kurdisch, türkisch und russisch – machen die Stadt noch zusätzlich attraktiv.

Die meisten Leute kommen wegen Ani (S. 625) nach Kars. Aber man sollte auch unbedingt den leckeren einheimischen *bal* (Honig) und *peynir* (Käse) probieren. Das hebt die Stimmung. Wenn die Grenze nach Armenien wieder geöffnet ist, was demnächst der Fall sein soll, wird der Handel mit dem nahen Gyumri florieren.

Geschichte

Kars wird von seiner mittelalterlichen Festung dominiert. Die Stadt war ursprünglich ein armenischer Verteidigungspunkt, dann Hauptstadt des armenischen Bagratidenreichs (vor Ani) und später im 19. Jh. ein Streitobjekt zwischen der Türkei und Russland. Die Russen eroberten Kars 1878, bauten eine Garnison und hielten die Stadt bis 1920. Im türkischen Unabhängigkeitskrieg holten sich die republikanischen Streitkräfte die Stadt zurück. Eine der großen Moscheen in Kars war offensichtlich früher eine russisch-orthodoxe Kirche. Und viele der soliden Steinhäuser entlang der Hauptstraßen stammen aus der russischen Besatzungszeit.

Die Einheimischen sollen von den Karsaken abstammen: einem türkischen Stamm, der im 2. Jh. v. Chr. aus dem Kaukasus kam und der Stadt den Namen gab.

Orientierung

Die Russen hatten offensichtlich große Pläne mit Kars und legten die Stadt nach einem weitläufigen Rasterplan an. Die meisten Banken (mit Geldautomaten), Hotels und Restaurants sind in der Nähe der Hauptstraße Atatürk Caddesi. Der *otogar* liegt zwar 2 km südöstlich vom Zentrum an der Landstraße Artvin–Ardahan, aber sonst ist praktisch alles (außer Bahnhof & Museum) zu Fuß zu erreichen. Minibusse fahren vom Minibusbahnhof gleich östlich vom Stadtzentrum ab.

Praktische Informationen

Die **Touristeninformation** (☎ 212 6817; Lise Caddesi; ☺ Mo–Fr 8–12 Uhr & 13–17 Uhr) westlich vom Zentrum ist nur begrenzt informativ. Aber die Leute können einem ein Taxi nach Ani organisieren. Wer will, kann aber auch **Celil Ersoğlu** (☎ 212 6543, 0532 226 3966; celilani@hotmail.com) kontaktieren, einen privaten Führer, der super Englisch spricht. Er kommt ins Hotel.

Internetzugang gibt's an vielen Orten. Besonders nett ist **Comsis** (Atatürk Caddesi; 0,60 € pro Std.; ☺ 8–23 Uhr) mit Flachbildschirmen und Snacks.

Banken mit Geldautomaten gibt's im Zentrum. Das **aserbaidschanische Konsulat** (☎ 0474-223 6475, 223 1361; Fax 223 8741; Erzurum Caddesi; ☺ Mo–Fr 9.30–12.30 Uhr) befindet sich nordwestlich vom Zentrum (s. Kasten S. 724).

Sehenswertes & Aktivitäten

Die berühmte **Burg von Kars** (Kars Kalesi; Eintritt frei; ☺ 8–17 Uhr) nördlich vom Fluss in der Altstadt ist ein Muss. Der schweißtreibende Anstieg lohnt sich – und sei es nur für die tolle Aussicht über Stadt und Steppe bei gutem Wetter. Historischen Quellen zufolge bauten die Saltuken-Türken hier 1153 eine Festung, die vom mongolischen Eroberer Timur Lenk 1386 in Schutt und Asche gelegt wurde. Für den osmanischen Sultan Murat III. baute sie dann 1579 sein Großwesir Lala Mustafa Paşa wieder auf. Die komplette Anlage wurde 1855 noch mal erneuert. Im Ersten Weltkrieg und danach war die Burg Schauplatz erbitterter Kämpfe. Als die russische Armee sich 1920 zurückzog, blieb Kars in armenischer Hand, bis die republikanischen Streitkräfte die *kalesi* einnahmen.

Auf dem Weg zur Burg gibt's am Flussufer diverse mehr oder weniger verfallene Überreste aus Kars' Vergangenheit zu sehen, u. a. die **Apostelkirche** (Kumbet Camii). Sie wurde zwischen 932 und 937 für den Bagratidenkönig Abas erbaut und 1579 umfassend repariert und in eine Moschee umgewandelt, als die Osmanen einen Großteil der Stadt neu bauten. Die Russen fügten im 19. Jh. die Vorhallen an. Auf den zwölf Tambourreliefs (unterhalb der Kuppel) sind die Apostel zu sehen. In der Nähe der Kirche stehen die Ruinen der **Ulu Cami** und des **Beylerbeyi-Palasts** unterhalb der Burg.

NORDOSTANATOLIEN

KARS

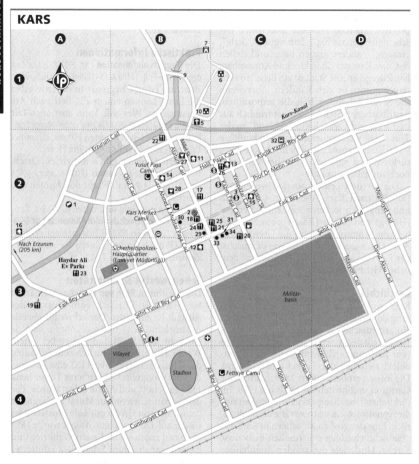

Eins der schönsten – und intakten – Bauwerke in der Gegend ist die **Taş Köprü** (Steinbrücke) aus dem 15. Jh. Sie wurde bei einem Erdbeben zerstört und 1725 wieder aufgebaut.

Das **Museum von Kars** (Kars Müzesi; Cumhuriyet Caddesi; Eintritt 1,25 €; Di–So 8–17 Uhr) liegt ein wenig ungünstig draußen am östlichen Stadtrand. Die Ausstellung zeigt Stücke aus der frühen Bronzezeit und aus den Herrschaftszeiten der Urartäer, Römer, Griechen, Seldschuken und Osmanen. Auf Fotos sind die Ausgrabungen in Ani zu sehen sowie die Ruinen armenischer Kirchen in der Gegend der Provinz Kars.

Das sauberste Badehaus in Kars ist der moderne **Kızılay Hamam** (Faik Bey Caddesi; Frauen Mo–Fr 12–17 Uhr, Männer 5–12 Uhr & 17–24 Uhr). Das volle Programm gibt's für 6 €.

Schlafen

Kent Otel (223 1929; Hapan Mevkii; EZ/DZ 9/15 €) Die Preise sind der Hammer. Und keine Sorge: Das Kent ist gepflegt, zentral und sicher. Klar, die Gemeinschaftsbäder könnten sauberer sein, aber die bunten Zimmer sind mehr als akzeptabel, wenn man nicht so zimperlich ist. Ohne Frühstück.

Güngören Hotel (212 5630; Fax 223 4821; Millet Sokak; EZ/DZ 15/24 €; P) Farbtupfer und moderne Möbel machen die hellen, großen Zimmer sehr charmant. Weitere Pluspunkte sind das luftige Frühstückszimmer *kahvaltı salonu*, ein gutes Restaurant, ein Hamam (nur für

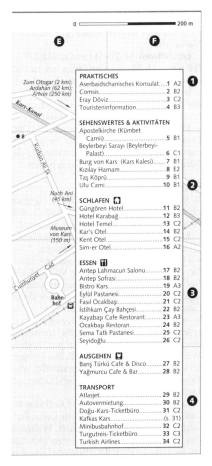

0 ——— 200 m

PRAKTISCHES
Aserbaidschanisches Konsulat....**1** A2
Comsis..**2** B2
Eray Döviz..**3** C2
Touristeninformation....................**4** B3

SEHENSWERTES & AKTIVITÄTEN
Apostelkirche (Kümbet
  Camii)..**5** B1
Beylerbeyi Sarayı (Beylerbeyi-
  Palast)..**6** C1
Burg von Kars (Kars Kalesi).......**7** B1
Kızılay Hamam................................**8** E2
Taş Köprü...**9** B1
Ulu Cami..**10** B1

SCHLAFEN
Güngören Hotel..............................**11** B2
Hotel Karabağ................................**12** B3
Hotel Temel....................................**13** C2
Kar's Otel...**14** B2
Kent Otel...**15** C2
Sim-er Otel......................................**16** A2

ESSEN
Antep Lahmacun Salonu...........**17** B2
Antep Sofrası..................................**18** B2
Bistro Kars.......................................**19** A3
Eylül Pastanesi...............................**20** C2
Fasıl Ocakbaşı.................................**21** C2
İstihkam Çay Bahçesi...................**22** B2
Kayabaşı Cafe Restorant..............**23** A3
Ocakbaşı Restoran........................**24** B2
Sema Tatlı Pastanesi....................**25** C2
Seyidoğlu..**26** C2

AUSGEHEN
Barış Türkü Cafe & Disco..........**27** B2
Yağmurcu Cafe & Bar..............**28** B2

TRANSPORT
Atlasjet...**29** B2
Autovermietung............................**30** B2
Doğu-Kars-Ticketbüro.................**31** C2
Kafkas Kars.................................(s. 31)
Minibusbahnhof.............................**32** C2
Turgutreis-Ticketbüro..................**33** C3
Turkish Airlines.............................**34** C2

Zum Otogar (2 km);
Ardahan (62 km);
Artvin (250 km)

Kars-Kanal

Kütban Alt Sk.

● 8

Nach Ani
(45 km)

Museum
von Kars
(150 m)

Cumhuriyet Cad.

Bahn-
hof

DER TIPP VOM AUTOR

Kar's Otel (☎ 212 1616; www.karsotel.com;
Halit Paşa Caddesi; EZ/DZ 90/130 €; ﹛ ﹜) Diese
prächtige umgebaute alte russische Villa (mit
nur 8 Zimmern) ist teuer, aber zur Not muss
man das nötige Kleingeld eben erbetteln,
leihen und/oder klauen! Manchen ist das
viele Weiß zu steril, aber wir lieben die edle
und trotzdem lockere Atmosphäre und das
nette Ambiente. Zu den Highlights gehören
kostenloser Internetzugang (Wi-Fi), TV mit
Flachbildschirm, ein hübscher Hof, elegante
Möbel und das Restaurant Ani (Hauptgerichte 2–8 €; ﹛ 11–22 Uhr) – bestimmt das
feinste Restaurant in Nordostanatolien. Es
lohnt sich wirklich, die Reisekasse für eine
Übernachtung in diesem Hotel zu plündern;
zumal die Preise verhandelbar sind, wenn's
nicht voll ist.

den Zimmern zur Straße ist es etwas laut
– wer einen leichten Schlaf hat, fragt besser
nach einem Zimmer nach hinten raus. Wenn
nichts los ist, kann man den Preis bis zu 20 %
runterhandeln.

Sim-er Otel (☎ 212 7241; Fax 212 0168; Eski Erzurum
Yolu; EZ/DZ 34/59 €; ﹛P﹜ ﹛ ﹜) Dieser moderne Klotz
ist praktisch, wird professionell geführt und
bietet viele Annehmlichkeiten (u. a. eine
Sauna). Aber nach irgendeiner Art von
Charme sucht man hier vergebens. Das Sim-er
liegt ein bisschen ab vom Schuss auf der anderen Seite vom Fluss und ist bei Reisegruppen
beliebt. Die ausgehängten Preise sind viel zu
hoch – wenn nichts los ist, unbedingt einen
Rabatt aushandeln!

Essen & Ausgehen

Kars ist für seinen großartigen Honig bekannt, der in mehreren Läden an der Kazım
Paşa Caddesi verkauft wird. Hier gibt's auch
kaşar peyniri (milden gelben Käse), *kuruyemiş*
(Trockenfrüchte) und andere Leckereien – die
perfekten Zutaten für ein Picknick in der
Steppe!

Antep Lahmacun Salonu (☎ 223 0741; Atatürk Caddesi; Hauptgerichte 1–2 €; ﹛ 11–21 Uhr) Pide- und
lahmacun-Fans lieben dieses schlichte Lokal.
Hier gibt's leckere türkische Pizza zum Spott-
preis, egal zu welcher Tageszeit.

Seyidoğlu (☎ 223 7668; Kazım Paşa Caddesi; Hauptgerichte 1–3 €; ﹛ 7–23 Uhr) Wer himmlische Baklava
oder herrlich klebriges *dondurma* (Eis) in

Männer; 6 €) und das freundliche Lächeln der
Angestellten. Auch für allein reisende Frauen
eine gute Wahl.

    Hotel Temel (☎ 223 1376; Fax 223 1323; Yenipazar
Caddesi; EZ/DZ 14/25 €) Von außen sieht das Temel
aus wie jedes andere Motel, aber von innen ist
es eine Wucht – vergleichbar dem Güngören.
Die Zimmer sind ordentlich, die Bäder fun-
keln, und die Farbwahl (Blau & Gelb) lässt
alles gleich freundlicher erscheinen. Nur das
Management ist mitunter muffelig.

    Hotel Karabağ (☎ 212 3480; www.hotel-karabag.com;
Faik Bey Caddesi; EZ/DZ 33/50 €; ﹛ ﹜) Drei-Sterne-Hotel
mit etwas unpersönlicher Atmosphäre, aber
es liegt perfekt direkt im Zentrum und die
Zimmer sind okay. Wie im Sim-er (s. rechts)
tummeln sich hier viele Reisegruppen. In

zivilisierter Umgebung genießen will, ist hier goldrichtig. Außerdem gibt's billige Snacks. Oh, süßes Seyidoğlu!

Ocakbaşı Restoran (☎ 212 0056; Atatürk Caddesi; Hauptgerichte 2–4 €; 🕑 11–22 Uhr) Mit die beste Wahl in Kars. Das Ocakbaşı hat zwei aneinander angrenzende Räume, u. a. eine nachgemachte Höhle im Ocakbaşı 2. Hier tobt zu jeder Tageszeit der Bär. Besonders beliebt ist das superleckere *ali nazık* (Auberginenpüree mit Joghurt und Fleisch).

Fasıl Ocakbaşı (☎ 212 1714; Faik Bey Caddesi; Hauptgerichte 3–5 €; 🕑 12–22 Uhr) Dieses Lokal befindet sich in einem hässlichen Betongebäude an einer großen Kreuzung. Aber das Innere ist deutlich netter: Parkettfußboden, dunkle Holzmöbel, Erdfarben und große Fenster. Auf der umfangreichen Speisekarte findet sich für jeden was, aber die Zubereitung lässt mitunter zu wünschen übrig.

Antep Sofrası (☎ 212 9093; Atatürk Caddesi; Hauptgerichte 3–5 €; 🕑 11–23 Uhr) Die pastellfarbenen Wände dieses ziemlich neuen Restaurants sind nur z. T. dafür verantwortlich, dass es so attraktiv ist. V. a. sind es die leckeren Kebaps, *Pide* und anderen traumhaften Gerichte, die die Kasse klingeln lassen.

Kayabaşı Café Restorant (☎ 223 2065; Mesut Yılmaz Parkı; Hauptgerichte 3–5 €; 🕑 10–23 Uhr) Wer eine Runde durch den nahe gelegenen Park gedreht hat, kann sich hier einen Tisch auf der Terrasse sichern und mit Kebap, *Pide* oder *balık* (Fisch) stärken. Dieses Restaurant liegt günstig ca. 500 m westlich vom Zentrum. Von einem kalten Bier zum Essen kann man allerdings leider nur träumen (keine Alkohollizenz).

Bistro Kars (☎ 212 8050; Resul Yıldız Caddesi; Hauptgerichte 3–8 €; 🕑 10–23 Uhr) Das Bistro Kars, 2005 eröffnet, hat nicht lang gebraucht, um die Herzen und Mägen von betuchten Einheimischen und Besuchern zu erobern. Auf der Liste der *meze* stehen *patlıcan* (Auberginen), Joghurt, Salate und zig weitere Delikatessen, die schwer auszusprechen sind – alle unwiderstehlich frisch. Außerdem gibt's bestens zubereitete Fleisch- und Fischgerichte und dazu ein Glas Wein oder Bier (hurra!). Der Speisesaal ist eine sympathische Mischung aus Eleganz und rustikalem Charme, und an einem heißen Sommertag ist die Terrasse ein Traum.

Sema Tatlı Pastanesi (☎ 212 2323; Atatürk Caddesi; 🕑 8–22 Uhr) Die Auswahl an Kuchen, Gebäck und Desserts ist riesig. Zusammen mit dem idyllischen Ambiente und der historischen Umgebung ist dies der ideale Spot für einen Nachtisch.

Eylül Pastanesi (☎ 223 4254; Kazım Paşa Caddesi; 🕑 7–22 Uhr) Wer Heißhunger auf Süßes hat, ist hier richtig. Das Angebot ist gigantisch und lässt sich wunderbar an den kleinen Tischen vor der Tür probieren. Man kann auch mit einem herzhaften *kahvaltı* (2 €) in den Tag starten.

İstihkam Çay Bahçesi (Atatürk Caddesi; 🕑 8–21 Uhr) Diese grüne Oase am Kanal ist *die* Rettung nach der schweißtreibenden Kraxelei auf die Burg – perfekt für einen Tee im Schatten.

Unterhaltung

Wer hat gesagt, dass Kars eine nüchterne Stadt ist? Klar, Dakar ist wilder, aber hier gibt's auch ein paar Locations, wo Party gemacht wird.

Barış Türkü Café & Disco (☎ 212 8281; Atatürk Caddesi; 🕑 10–24 Uhr) Das Barış war total angesagt, als wir in Kars waren, und das aus gutem Grund. Der Laden in einer historischen Villa ist Café, Bar, Disko und Restaurant in einem. Und die supergute Stimmung zieht Studenten beiderlei Geschlechts an wie ein Magnet. Die Leute kommen hierher, um zu flirten, zu tratschen, eine Wasserpfeife zu rauchen, zu tanzen und den Livebands zuzuhören (3-mal pro Woche). Wer Hunger hat oder nach etlichen Gläsern Efes im Keller etwas Grundlage schaffen will, kann ausgezeichnetes *yayla kebap* (Kebap mit Joghurt) bestellen (3–5 €).

Yağmurcu Café & Bar (☎ 212 6199; Küçük Kazım Bey Caddesi; 🕑 6–23 Uhr) Noch eine nette Disko-Bar, in der die trendige Jugend feiert. Während des Semesters kommen Studenten gern auf ein Bier (für 2 €) her. Einfallsreiche Deko aus Holz und Stein.

An- & Weiterreise
AUTO
Autovermietungen gibt's an der Gazı Ahmet Muhtar Paşa Caddesi.

BUS
Der *otogar* für die Überlandbusse ab Kars liegt 2 km südöstlich vom Zentrum, aber es gibt *servises* vom Stadtzentrum aus. Die großen Busgesellschaften **Doğu Kars** (Faik Bey Caddesi) und **Kafkas Kars** (Faik Bey Caddesi) verkaufen Tickets im Zentrum. **Turgutreis** (Ecke Faik Bey & Atatürk Caddesi), nicht weit von Doğu Kars entfernt, hat täglich einen Bus nach Van. In der Tabelle unten stehen die wichtigsten täglichen Verbindungen.

Minibusse in die umliegenden Orte (u. a. Iğdır, Erzurum, Ardahan und Posof) fahren vom **Minibusbahnhof** (Küçük Kazım Bey Caddesi) ab. Nach Doğubayazıt gibt's keine direkte Verbindung, man muss erst einen Minibus nach Iğdır nehmen und dort nach Doğubayazıt umsteigen. Nach Georgien (s. S. 723) steigt man in den Minibus nach Posof. Sollte die Grenze zu Armenien wieder geöffnet werden, fährt ein Minibus nach Akyaka. Wer nach Yusufeli will, nimmt den Bus nach Artvin und lässt sich an der nächstgelegenen Abzweigung auf der Landstraße Artvin–Erzurum absetzen. Die letzten 10 km bis Yusufeli muss man dann trampen.

Infos zu öffentlichen Verkehrsmitteln nach Ani stehen auf S. 629.

VERBINDUNGEN VOM OTOGAR VON KARS

Fahrtziel	Fahr preis	Dauer	Entfernung	Häufigkeit (pro Tag)
Ankara	20 €	16 Std.	1100 km	ein paar
Ardahan	5 €	1 Std.	80 km	häufige Minibusse
Artvin	14 €	6 Std.	270 km	2
Erzurum	9 €	3 Std.	205 km	häufige Minibusse
Iğdır	6 €	3 Std.	132 km	mehrere
Posof	7 €	2 Std.	142 km	ein paar Minibusse
Trabzon	20 €	9–10 Std.	525 km	2 Direktverbindungen, oder in Erzurum oder Artvin umsteigen
Van	17 €	6 Std.	370 km	1-mal morgens

FLUGZEUG

Ein *servis* (2 €) verkehrt von den Agenturen zum Flughafen 6 km außerhalb der Stadt. **Atlasjet** (☎ 444 3387; Atatürk Caddesi; ☺ 8–20 Uhr) Ein Flug am Tag von/nach İstanbul (ab 55 €, 2 Std.). **Turkish Airlines** (☎ 212 4747; Faik Bey Caddesi; ☺ 8–20 Uhr) Ein Flug am Tag von/nach Ankara (ab 50 €, 1¾ Std.) und von/nach İstanbul (ab 45 €).

ZUG

Der *Doğu Ekspresi* fährt täglich um 7.10 Uhr nach İstanbul (20 €) via Erzurum, Kayseri und Ankara. Der *Erzurum Ekspresi* (17 €) fährt täglich um 9 Uhr nach Ankara via Erzurum und Kayseri. Die Züge kann man gut für die

relativ kurze Fahrt nach Erzurum (5 €, ca. 4 Std.) nehmen.

ÖSTLICH VON KARS
Ani

Auch wer kein Architekturfreak ist, muss die Ruinen von Ani, 45 km östlich von Kars, gesehen haben. Sie liegen absolut spektakulär und haben einen gruseligen Touch – einzigartig und unvergesslich!

Ani war früher die prächtige Hauptstadt der Armenier, aber heute sind nur noch Ruinen übrig. Sie liegen verstreut auf einem windigen Plateau mit Blick auf die türkisch-armenische Grenze. Wer ein bisschen Phantasie hat, kann sich vorstellen, wie es hier mal war: das blühende Königreich, das feierliche Zeremoniell der armenischen Liturgie und die Reisenden, Händler und Edelleute, die in diesem Umschlaglager an der Seidenstraße ihre Geschäfte machten. Die mystische Stimmung lässt fast vergessen, dass das alles Vergangenheit ist. Und erzeugt ein gemischtes Gefühl aus Staunen und Melancholie – eingedenk des Schicksals von Ani.

Wegen der Nähe zur Grenze wird die Gegend immer noch hier und da militärisch kontrolliert, aber es geht inzwischen entspannter zu als früher. Besucher brauchen keine Genehmigung mehr und Fotos sind auch okay.

GESCHICHTE

Ani lag an einer wichtigen Handelsroute zwischen Ost und West und war gut zu verteidigen. Der Bagratidenkönig Ashot III. (regierte 952–77) machte darum 961 Ani zur neuen Hauptstadt und gab Kars auf. Auch seine Nachfolger Smbat II. (regierte 977–89) und Gagik I. (regierte 990–1020) herrschten in der florierenden Hauptstadt, aber nach Gagik ging's bergab: interne Fehden und byzantinische Übergriffe schwächten den armenischen Staat.

1064 kamen die Byzantiner die Stadt, 1064 kamen die Seldschuken aus Persien, dann das Königreich Georgien und danach für eine Weile kurdische Emire aus der Gegend. Die Kämpfe um die Stadt gingen weiter, bis die Mongolen 1239 alle anderen verjagten. Die nomadischen Mongolen hatten nichts fürs Stadtleben übrig. Darum kümmerte es sie wenig, als Ani beim großen Erdbeben von 1319 fast komplett zerstört wurde. Als kurz darauf Timur Lenk plündernd einfiel, war

SEHENSWERTES & AKTIVITÄTEN	
Arslan Kapısı	.1 B1
Erlöserkirche	.2 B1
Georgische Kirche	.3 A1
Gregorkirche des Abughamrentz	.4 A1
Gregorkirche des Gagik	.5 A1
Gregorkirche des Tigran Honentz	.6 B2
İç Kale (Zitadelle)	.7 A2
Jungfrauenkloster (Kusanatz)	.8 B2
Kathedrale (Fethiye Camii)	.9 B2
Kaya Kilise (Felsenkirche)	.10 A1
Kervansaray (Apostelkirche)	.11 A1
Kız Kalesi	.12 A3
Menüçer Camii	.13 A2
Seldschukischer Sultanspalast	.14 A1
Ticketbüro	.(s. 1)
Verfallene Brücke	.15 B2
Zoroastrischer Tempel (Feuertempel)	.16 A1

Anis Schicksal besiegelt: Die Handelsrouten wurden verlegt, Ani verlor seine letzten Einnahmequellen und die Stadt verfiel. Aus den vom Erdbeben beschädigten Gebäuden wurde langsam eine Ruinenstadt.

PRAKTISCHE INFORMATIONEN
Heute ist keine Genehmigung mehr nötig, um Ani zu besuchen, und Eintrittskarten gibt's direkt vor Ort. Allerdings kann man noch immer nicht alles sehen, weil einige Bereiche nach wie vor gesperrt sind. Wer die Anlagen besichtigen will, sollte mindestens zweieinhalb Stunden dafür einplanen, besser sind drei oder vier.

Als dieses Buch entstand, gab's keinerlei Serviceeinrichtungen vor Ort.

DIE RUINEN
Zu den Ruinen von **Ani** (Eintritt 3 €; 8.30–17 Uhr) geht's durch das mächtige **Arslanı Kapısı** (oder Aslanı Kapısı). Das Tor heißt vermutlich nach Alp Arslan, dem Seldschuken-Sultan, der Ani 1064 einnahm. Vielleicht geht der Name aber auch auf den *aslan* (Löwen) zurück, der auf der Innenwand zu sehen ist.

Der erste Blick auf Ani ist atemberaubend: Überreste gewaltiger steinerner Gebäude treiben auf einem wogenden Meer aus Gras – eine Geisterstadt, in der mal fast 100 000 Leute gelebt haben. Und die es, was Einfluss und Pracht angeht, mit Konstantinopel aufnehmen konnte.

Der Pfad nach links führt im Uhrzeigersinn an allen Kirchen vorbei.

Erlöserkirche
Als Erstes kommt man zur Erlöserkirche, die einen verblüffenden Anblick bietet: Nur die halbe Ruine ist noch da, die andere hat 1957 ein Blitz vernichtet. Diese Kirche wurde von 1034 bis 1036 gebaut. Wahrscheinlich sollte darin ein Teil des Kreuzes Christi aufbewahrt werden, das von Konstantinopel hierhergebracht wurde. Diese Annahme unterstützen auch armenische Inschriften an der Fassade.

Der Zentralbau mit acht Apsiden ist typisch für die runden armenischen Kirchen aus jener Zeit. Das runde Fenster über dem Portal ist eins der wenigen, das die Kirche noch hat.

Gregorkirche des Tigran Honentz
Hinter der Erlöserkirche ist die Gregorkirche unten bei den Mauern, die Ani von der Schlucht des Arpa Çayı trennen, leicht zu übersehen. Sie ist Gregor dem Erleuchter, dem Apostel der Armenier, gewidmet und heißt auf Türkisch Resimli Kilise – bebilderte Kirche. Gebaut wurde sie von einem frommen Adligen namens Tigran Honentz im Jahre 1215. Das Innere hat unter Witterung und Vandalismus arg gelitten, aber die Kirche ist trotzdem noch besser in Schuss als die meisten Gebäude hier. An den Außenwänden verläuft eine lange armenische Inschrift, außerdem gibt's farbenfrohe und lebendige Fresken zu sehen mit Szenen aus der Bibel und der armenischen Kirchengeschichte. Gut erhalten sind auch verschiedene Reliefs, die Blumen, Vogel und verschlungene geometrische Muster darstellen.

VERBORGENE SCHÄTZE – ARMENISCHE KIRCHEN RUND UM ANİ

Klar ist Ani *das* Highlight, aber es gibt auch noch andere tolle armenische Kirchen und Burgen in der Nähe zu entdecken. Meistens liegen sie spektakulär und allein die Fahrt dorthin ist schon grandios. Touristische Serviceeinrichtungen gibt's allerdings nie – also selber an Verpflegung denken. Öffentliche Verkehrsmittel sind ebenfalls Fehlanzeige – die einzigen Optionen sind das eigene Fahrzeug oder ein Taxi (das für einen Tag nicht mehr als 80 € kosten sollte). Die Gegend wird noch militärisch kontrolliert, aber Traveller lässt man in Ruhe.

Die vier Sehenswürdigkeiten unten sind ganz gut zu erreichen. Als wir dort waren, brauchte man keine Genehmigungen, aber lieber noch mal nachfragen! Gewarnt sei vor den Dorfhunden: Die können wirklich unangenehm werden. Darum die Ortschaften am besten immer in Begleitung eines Einheimischen betreten. Bei Regenwetter sind die Schotterstraßen oft nur mit Allradantrieb befahrbar.

Kirche von Oğuzlu

Von Kars nimmt man die Straße Richtung Ani und nach ca. 27 km in Subatan die Asphaltstraße weiter nach Başgedikler, 11 km nordöstlich. Am Dorfeingang ist eine Kreuzung, an der man sich links hält. Nach 3 km auf der Schotterstraße ist Oğuzlu erreicht. Die monumentale Kirche aus dem 10. Jh. ragt aus der Steppe auf und thront über den umliegenden Häusern. Leider ist sie ziemlich runtergekommen: Ein Erdbeben hat 1936 neben der Kuppel auch andere Teile des Bauwerks zerstört.

Kızıl Kilise (Karmir Vank)

Von Oğuzlu geht's zurück zur Kreuzung in Başgedikler und dort nach links durchs Dorf. Hinter dem Dorf wird die Asphaltstraße zu einem Schotterweg. Ca. 1,6 km nach der Kreuzung passiert man Ayakgedik und ist nach weiteren 3 km in Bayraktar. Von hier sind's noch mal 3,7 km bis nach Yağkesen, wo die Kirche steht. Sie ist schon von Weitem zu sehen und ihr Anblick ist geradezu unheimlich: Sie sitzt auf einer kleinen Erhebung und ist das einzige, was in dieser flachen, baumlosen Gegend aufragt. Kein altes Gebäude in der Gegend ist besser erhalten als diese Kirche, und sie hat tolle Details zu bieten, u. a. ein spitz zulaufendes Dach, V-förmige Nischen an den Außenmauern, schmale Fenster, eine armenische Inschrift über dem Portal und schöne Steinmetzarbeiten.

Kloster Bagnair

Zurück auf der Hauptstraße von Kars nach Ani geht's nach Westen bis zum Dorf Esenkent. Ca. 200 m vor dem Schild „Esenkent" nimmt man die Schotterstraße, die rechts abgeht. Nach 4,5 km kommt eine erste Kreuzung, an der es einfach geradeaus weitergeht. An der zweiten Kreuzung nach 1,8 km geht man rechts ab und erreicht nach 1,5 km das kurdische Dorf Kozluca mit seinen zwei armenischen Monumenten. Die größere Kirche, die im 11. Jh. gebaut worden sein soll, ist ziemlich kaputt, aber die kleinere, 200 m jenseits einer kleinen Schlucht (und problemlos zu Fuß zu erreichen), ist gut erhalten. Sie hat einen schönen, zwölfseitigen Kuppeltambour mit Blendarkaden. Beide Kirchen fungieren heute als Viehstall.

Festung Magazbert

Vom Kloster Bagnair geht's zur Kreuzung zurück, 1,5 km bergab. Dort biegt man nach rechts (Richtung Süden) ab und fährt 3 km weiter bis zur nächsten Kreuzung. Hier geht's nach links. Nach 1,3 km ist das Dorf Üçölük erreicht. Hier fährt man geradeaus durchs Dorf und stoppt bei der *jandarma* (Polizei). Von hier sieht man eine türkische Fahne ca. 1 km weiter südlich auf einem Hügel wehen. Man muss die *jandarma* überreden, dass sie einen bis zu diesem Aussichtspunkt laufen lassen (am besten mit einem Einheimischen). Dort bietet sich ein toller Blick auf die großartige armenisch-byzantinische Festung, die auf einem Felsen oberhalb einer Flussbiegung thront. Sie wurde wahrscheinlich im frühen 11. Jh. erbaut und 1579 von den Osmanen erobert. Als wir dort waren, durfte man leider nicht ins Tal wandern und sich der Festung nähern. Aber selbst aus der Entfernung kann man die drei halbkreisförmigen Bastionen gut erkennen.

Jungfrauenkloster (Kusanatz)

Zurück auf dem Plateau, nimmt man einen der Wege runter in die Schlucht des Arpa Çayı. Dort steht das Jungfrauenkloster. Die Kapelle hat eine eigenwillig gezackte Kuppel und ist von einer Verteidigungsmauer umgeben. Die Anlage liegt spektakulär am Rand der Schlucht. Es kann passieren, dass sie für Besucher gesperrt ist; am besten am Kartenschalter nachfragen. Die spärlichen Überreste einer **Brücke** über den Fluss liegen weiter westlich – in einem Bereich, der definitiv gesperrt ist.

Kathedrale

Oben auf dem Plateau steht die Kathedrale, die die seldschukischen Eroberer in Fethiye Camii (Siegesmoschee) umbenannten. Sie ist das größte und beeindruckendste aller Gebäude in Ani und wurde von König Smbat II. 987 begonnen. Fertig wurde sie dann 1010 unter Gagik I.

Ani war früher Sitz des Armenisch-orthodoxen Patriarchats; die drei Türen dienten als separate Eingänge für den Patriarchen, den König und das Volk. Weil sie das prächtigste religiöse Bauwerk der Stadt war, wurde die Kirche jedesmal in eine Moschee umgewandelt, wenn gerade Muslime in Ani am Ruder waren. Kamen dann wieder Christen an die Macht, war sie – schwup – wieder eine Kirche. Leider ist die große Kuppel, die von vier gewaltigen Säulen gestützt wurde, schon vor Jahrhunderten eingestürzt.

Aus der Entfernung sieht das Gebäude schlicht aus, aber wer genauer hinguckt, dem fallen tolle dekorative Elemente auf: u. a. mehrere runde Fenster, schmale Fenster mit eleganten Holzverkleidungen und mehrere dreieckige Nischen, eine armenische Inschrift in der Nähe vom Haupteingang und eine Blendarkade mit schlanken Säulen rund um das Gebäude.

Auf dem Weg zur Menüçer Camii Richtung Westen kommt man an einem **Ausgrabungsbereich** vorbei. Hier soll früher eine Einkaufsstraße gewesen sein.

Menüçer Camii

Das rechteckige Gebäude mit dem hohen, achteckigen Minarett, die Menüçer Camii, soll die erste Moschee gewesen sein, die die Seldschuken in Anatolien bauten (1072). Sechs Gewölbe sind erhalten, von denen jedes anders aussieht – typisch seldschukisch. Von mehreren anderen Gewölben sind nur noch Trümmer übrig. Die merkwürdige, aber interessante Mischung aus armenischen und seldschukischen Stilelementen hat vermutlich einen einfachen Grund: Die Seldschuken engagierten armenische Architekten, Ingenieure und Steinmetze für den Bau. Eine Besonderheit ist das abwechselnd rote und schwarze Mauerwerk. Auch die Decken sind mit Mustern aus verschiedenfarbigen Steinen dekoriert. Das Bauwerk neben der Moschee war vielleicht eine seldschukische Medrese oder ein Palast.

Auf das Minarett zu steigen ist verboten – die Wendeltreppe ist steil und eng und oben fehlt das Geländer. Viel sicherer ist es, die Aussicht auf die Schlucht, die verfallene Brücke und die Kathedrale von der Hauptempore aus zu genießen.

İç Kale

Südwestlich von der Moschee liegen die Ruinen der monumentalen İç Kale (der Bergfried). Darin versteckt sich eine halb verfallene Kirche. Hinter der Festung steht auf einem Felsen an einer Biegung des Arpa Çayı die kleine Kirche **Kız Kalesi** (Jungfrauenburg). Beide Stätten sind nur von Weitem zu bewundern – Betreten verboten!

Gregorkirche des Abughamrentz

Diese zwölfeckige Kirche mit spitz zulaufendem Dach im Westen der Anlage stammt aus dem späten 10. Jh. Sie wurde für die reiche Pahlavuni-Familie vom gleichen Architekten gebaut wie die Erlöserkirche. An den Außenwänden gibt's mehrere tiefe Nischen mit muschelförmigen Deckenverzierungen. Oben sind die Tambourfenster mit Blendarkaden zu sehen.

Kervansaray (Apostelkirche)

Die Apostelkirche stammt aus dem Jahr 1031. Die Seldschuken verpassten ihr noch ein Eingangstor mit einer schönen Kuppel, als sie Ani 1064 eroberten, und nutzten das Gebäude als Karawanserei (daher der Name).

Aus der Entfernung scheint die Kirche nur noch Ruine sein, aber sie ist eigentlich ziemlich gut in Schuss. Wer genauer hinguckt, findet schöne Steinmetzarbeiten, Bullaugenfenster, sich diagonal kreuzende Bögen im Hauptschiff und Decken, die mit geometrischen Mustern aus bunten Steinen verziert wurden. Außerdem sind verschiedene armenische Inschriften zu entdecken.

LUST AUF GEORGIEN?

Wie wär's mit einem kleinen Trip ins benachbarte Georgien? Das ist ziemlich einfach geworden: Die meisten westlichen Traveller brauchen kein Visum mehr. Aber aufregend ist es trotzdem, die Grenze in Posof zu überqueren, am kleinsten und abgelegensten Grenzübergang der Türkei. Von Kars nimmt man einen Minibus (7 €) und bittet den Fahrer, die 16 km bis zur Grenze weiterzufahren (12 €). Die überquert man (ohne Probleme) und steigt auf der anderen Seite in ein Taxi nach Akhaltsikhe, der nächsten größeren Stadt. Von dort fahren Busse nach Borjomi, wo's Übernachtungsmöglichkeiten und v. a. guten georgischen Wein gibt – perfekt für einen netten Abend! Wer sich am nächsten Morgen vom Kater erholt hat, kann Richtung Westen nach Batumi fahren, einen Blick aufs Schwarze Meer werfen und mit dem Minibus an die türkische Grenze bei Sarpi zurückkehren. Die spannende zweitägige Tour bietet garantiert einen Kulturschock (Frauen in Miniröcken und ohne Kopftuch …) und ständig wechselnde tolle Landschaften.

Dies ist nur ein Routenvorschlag, aber es gibt jede Menge Alternativen. Wir würden z. B. gern was über die Strecke von Akhaltsikhe nach Batumi hören oder von Leuten, die mit dem Fahrrad/Motorrad/Pferd unterwegs waren.

Gregorkirche des Gagik

Mit dem Bau der gigantischen Kirche nordwestlich von der Kervansaray wurde 998 angefangen. Die Pläne dazu stammten vom gleichen Architekt, der auch die Kathedrale von Ani entworfen hatte. Leider stürzte die ehrgeizig große Kuppel kurz nach ihrer Fertigstellung ein. Und heute ist auch der Rest des Gebäudes total verfallen: Übrig sind nur noch die Außenwände und ein Durcheinander von Säulen.

Zoroastrischer Tempel (Feuertempel)

Nördlich von der Apostelkirche stehen die Ruinen eines zoroastrischen Tempels, der wahrscheinlich zwischen dem frühen 1. Jh. und der ersten Hälfte des 4. Jhs. n. Chr. entstand. Damit ist er das älteste Gebäude in Ani. Später wurde er möglicherweise als christliche Kapelle genutzt. Heute sind nur noch vier runde Säulen übrig, von denen keine höher als 1,5 m ist – leicht zu übersehen in der weiten Steppe! Sie liegen zwischen der Apostelkirche und der Georgischen Kirche: einfach von der Apostelkirche aus 100 m direkt nach Norden gehen.

Georgische Kirche

Die einzige noch erhaltene Wand der Georgischen Kirche steht nördlich vom zoroastrischen Tempel. Das ursprünglich riesige Bauwerk wurde vermutlich im 11. Jh. errichtet. Ein Großteil der Südwand stürzte um 1840 ein. Auf zwei der noch erhaltenen drei Arkaden sind Basreliefs zu sehen: eins von der Verkündigung, das andere von der Heimsuchung Mariä.

Seldschukischer Sultanspalast

Der seldschukische Sultanspalast wurde nordwestlich von der Gregorkirche des Gagik in die Verteidigungswälle der Stadt gebaut. Man hat ihn so sorgfältig restauriert, dass er kaum noch ins Gesamtbild passt. In der Nähe steht die z. T. verfallene, in den Fels gehauene **Kaya Kilise**.

AN- & WEITERREISE

Die Verkehrsverbindungen nach Ani waren schon immer ein Problem. Die meisten Leute nehmen einen der Minibusse, die die Touristeninformation in Kars oder Celil Ersoğlu (s. S. 621) organisieren. Die Fahrt kostet ca. 12 € pro Person, wenn mindestens sechs Leute mitkommen. Wenn keine anderen Traveller mitwollen, muss man den vollen Fahrpreis von 39 € hin und zurück plus Wartezeit bezahlen; die Fahrt dauert ca. 50 Minuten. Unbedingt dem Fahrer klarmachen, dass man mindestens zweieinhalb, lieber drei Stunden in Ani bleiben will!

NÖRDLICH VON KARS

Kaum ein Traveller weiß überhaupt, dass es den **Çıldır Gölü** gibt. Der See ca. 60 km nördlich von Kars ist zwar nicht ganz so zauberhaft wie der Vansee, aber ein Abstecher lohnt sich trotzdem – schon allein, weil's hier so wunderbar still und friedlich ist. Außerdem brüten am See verschiedene Vogelarten, die sich am besten auf der **Akçekale-Insel** beobachten lassen. **Doğruyol**, die einzige größere Stadt am Ostufer, hat eine hübsche Kirche auf dem Berg.

Wer sich eine unglaubliche Aussicht gönnen will, fährt vom Ort **Çıldır** am Nordufer

3,5 km bis ins Dorf Yıldırımtepe. Von dort schlängelt sich ein Pfad in die Schlucht und rauf zur **Şeytan Kalesi** (Teufelsburg). Sie wurde auf einem Felsvorsprung über einer Flussbiegung gebaut, und die Kulisse ist so spektakulär, dass selbst abgebrühte Traveller feuchte Augen kriegen.

Zu diesen Orten geht's nur mit dem eigenen Auto oder Fahrrad.

SÜDLICH VON KARS

Als wir hier in der Gegend waren, kritzelten wir in unser Notizbuch: „Çengilli: phantastisch!" Wer in Kars ist, sollte definitiv auch ins kurdische Dorf **Çengilli** fahren. Hier gibt's u. a. ein prächtiges **georgisches Kloster** aus dem 13. Jh. Das ähnelt in vielerlei Hinsicht den armenischen Kirchen bei Ani, aber der Blick auf die Aras-Berge ist absolut unvergesslich. Çengilli liegt ca. 20 km von der D965-04 entfernt (das ist die Straße von Kars nach Kağızman). Die Straße von dort nach Çengilli ist nicht geteert und teilweise supersteil. Darum bei Regenwetter die Strecke besser nicht in Angriff nehmen.

Von Çengilli zurück auf der Hauptstraße, geht's weiter nach Norden (in Richtung Kars) bis zu einer Abzweigung nach links in Richtung Ortaköy. Diese Nebenstraße führt zum Dorf **Keçivan**. Dort thronen hoch oben auf einem Grat die Ruinen einer Burg – noch so ein grandioser Anblick!

Zu all diesen Sehenswürdigkeiten kommt man nur mit dem eigenen Transportmittel: am besten in Kars oder Erzurum ein Auto mieten. Oder sich ein Taxi inklusive nettem Fahrer für einen ganzen Tag suchen. Eine weitere Option ist Celil Ersoğlu in Kars (s. S. 621).

VON KARS NACH DOĞUBAYAZIT

Nach Doğubayazıt und zum Berg Ararat geht's von Kars aus nach Süden über Digor, Tuzluca und Iğdır – eine Strecke von 240 km. Ab Tuzluca verläuft die Straße an der armenischen Grenze entlang. Die Armee patrouilliert in der Gegend, um Schmuggel und illegale Grenzüberquerungen zu verhindern, und nachts ist mit Kontrollpunkten auf der Straße zu rechnen.

Wer unterwegs übernachten will, findet in **Iğdır** gute Quartiere.

Von Iğdır aus gibt's eine Busverbindung nach Osten zur aserbaidschanischen Enklave **Nakhichevan** (6 €, 2½ Std., mindestens 5-mal tgl.) – allerdings nur mit Visum (in Kars gibt's ein aserbaidschanisches Konsulat)! Der Bus fährt an der Hauptstraße beim Otel Aşar ab. Die Enklave ist vom restlichen Aserbaidschan durch Armenien abgeschnitten. Nach Baku geht's nur mit dem Flugzeug (nur ein paar Flüge am Tag).

Minibusse nach Kars (6 €, 3 Std.) starten ebenfalls vom Otel Aşar: die Straße überqueren und Richtung Impaş-Laden gehen.

DOĞUBAYAZIT

☎ 0472/36 000 Ew./Höhe 1950 m

Glückliches Doğubayazıt: Dieser staubige Grenzort voller Soldaten hat selbst wenig zu bieten. Aber er liegt vor einer grandiosen Kulisse: Am Horizont ragt der majestätische **Ararat** (Ağrı Dağı, 5137 m) auf. Der höchste Berg der Türkei erinnert mit seinem schneebedeckten Gipfel ein bisschen an den Kilimandscharo. Ein weiteres Highlight in der Nähe von Doğubayazıt ist der İshak-Paşa-Palast (İshak Paşa Sarayı), eine atemberaubend schöne Anlage 6 km südöstlich vom Ort mit Festung, Palast und Moschee. Außerdem ist Doğubayazıt ein ganz und gar kurdischer Ort, der sehr stolz auf seine Kultur ist.

Doğubayazıt fungiert auch als wichtigster Ausgangspunkt für Überlandreisen durch den Iran (die Grenze ist nur 35 km entfernt). Auf den Straßen begegnen einem Händler aus den Nachbarländern.

Orientierung & Praktische Informationen

Doğubayazıt ist klein und problemlos zu Fuß zu erkunden. Besucherinformationen kriegt man in verschiedenen Reisebüros, u. a. **East Turkey Expeditions** (☎ 536-702 8060; www.eastturkey. com; Dr İsmail Beşikçi Caddesi; ⏱ 8–20 Uhr) und **Tamzara** (☎ 544 555 3582; www.tamzaratur.com; Emniyet Caddesi; ⏱ 8–20 Uhr) im Hotel Urartu. Die Mitarbeiter sprechen in der Regel Englisch und helfen einem auch dabei, ein Visum für den Iran zu bekommen – was aber eine Woche dauern kann! (s. Kasten S. 724).

Die meisten Banken haben Geldautomaten und es gibt mehrere Wechselstuben, u. a. **Nişantaş Döviz** (Dr İsmail Beşikçi Caddesi; ⏱ Mo–Sa 7–19 Uhr, So 7–12 Uhr). Hier ist lang geöffnet und Bargeld wird gern gesehen, auch iranische Rial.

E-Mails checken kann man am besten im freundlichen **Elit Café** (Dr İsmail Beşikçi Caddesi; 0,60 € pro Std.; ⏱ 9–23 Uhr).

Sehenswertes

İSHAK-PAŞA-PALAST

Eine der Hauptattraktionen in der Osttürkei ist der massive und restaurierte **İshak-Paşa-Palast** (İshak Paşa Sarayı; Eintritt 3 €; ☺ April–Okt. Di–So 8.30–17.30 Uhr, Nov.–März 8.30–17 Uhr), der 6 km bergauf südöstlich vom Ort liegt. Mehr *Tausendundeine-Nacht*-Feeling geht nicht! Einen Teil des Zaubers macht die Lage aus: Die Festung thront auf einem kleinen Plateau direkt an einem steilen Klippenabhang – und überblickt eine Ebene, die vom Ararat begrenzt wird.

Der Palast wurde 1685 von Çolak Abdi Paşa angefangen und 1784 von seinem Sohn, einem kurdischen Stammesführer namens İshak (Isaak), fertig gebaut. Architektonisch ist er ein faszinierender Mix aus seldschukischen, osmanischen, georgischen, persischen und armenischen Stilelementen.

Durch den prächtigen Haupteingang des Palastes geht's in den **ersten Hof,** den auch Händler und Gäste betreten durften. Damit sie sich erfrischen konnten, gab's gleich hinter der Tür einen schick verzierten Brunnen.

In den **zweiten Hof** durften dagegen nur besondere Gäste und Familienmitglieder. Hier sieht man die Eingänge zum Haremlik, zum Selamlık, zum Quartier der Wachen, zu den Speichern im Süden und zum Grabmal in der Nordwestecke. Das Grab ist edel dekoriert mit seldschukischen Steinmetzarbeiten (besonders toll sind die facettierten Stalaktiten) und Reliefs im persischen Stil – was an den Blumenmotiven zu sehen ist. Stufen führen zu den Sarkophagen hinunter.

Vom zweiten Hof geht's durch das großartig verzierte Portal des **Haremlik** (Frauenbereich) in die Wohnräume des Palasts. In den Fußböden sind überall Rinnen zu sehen: Überreste eines Systems von Zentralheizung, Abwasser- und Frischwasserleitungen, das im ganzen Palast installiert war – der Luxus schlechthin. Das Highlight im Harem ist ganz klar der phantastische Speisesaal mit einem furiosen Mix aus Dekorationsstilen: Die dreieckigen Steinarbeiten unter der Decke sind seldschukisch, die Blumenreliefs armenisch und die üppig verzierten Säulenkapitelle eindeutig georgisch beeinflusst.

Wer zum **Selamlık** (Männerbereich) will, muss erst zurück in den zweiten Hof. Hier liegt der Eingang an der Nordseite, durch

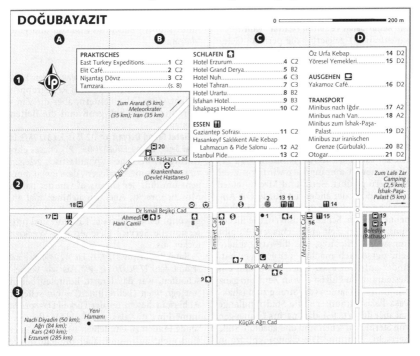

den man in eine imposante Halle kommt. Hier wurden die Gäste begrüßt, bevor sie im Zeremonienhof rechter Hand bewirtet und unterhalten wurden.

Auf der anderen Talseite liegen die verfallenen Fundamente von **Eski Beyazıt** (Alt-Beyazıt), das vermutlich in urartäischer Zeit ca. 800 v. Chr. gegründet wurde. Das moderne Doğubayazıt ist dagegen noch ziemlich jung: seine Bewohner zogen erst 1937 aus den Bergen in die Ebene. Hier gibt's u. a. eine leicht heruntergekommene Moschee, ein Grabmal und die Ruinen einer Festung zu sehen. Letztere stammen vielleicht aus urartäischer Zeit (13.–7. Jh. v. Chr.).

An- & Weiterreise

Minibusse (0,70 €) pendeln knatternd zwischen *otogar* und Palast, aber es gibt keinen Fahrplan – sie starten, wenn sie voll sind. Ein Taxifahrer verlangt für die Fahrt hin und zurück ca. 12 €, inklusive Wartezeit. Wer Lust hat, kann schön vom Palast zurück runter zur Stadt laufen – allerdings ist die Strecke v. a. für Frauen ziemlich einsam.

Festivals & Events

Am letzten Juniwochenende wird in der Stadt das **Kültür Sanat ve Turizm Festival** (Kultur- & Kunstfestival) gefeiert – die perfekte Gelegenheit, um kurdische Kultur in vollen Zügen zu genießen. Es gibt Gesang, Tanz und Theateraufführungen und kurdische Stars wie die Sänger Ferhat Tunç und Aynur Doğan geben Konzerte. Normalerweise spielt sich das Ganze im Stadion ab.

Schlafen

BUDGETUNTERKÜNFTE

Lale Zar Camping (☎ 544 269 1960; Stellplatz 3 €) Dieser neue Campingplatz wird von zwei Männern geführt, Bertil und Mecit – einer ist Holländer, der andere ist Kurde. Die Anlage ist gepflegt, supergrün (allerdings ohne nennenswerten Schatten) und ein friedlicher Spot, um sein Zelt aufzuschlagen. Es gibt nur neun Stellplätze, was die Atmosphäre sehr persönlich macht. Wer Hunger hat, findet auf dem Platz einen Shop und ein Restaurant. Zu Fuß ist es vom Zentrum ganz schön weit zu laufen (die Straße zum İshak-Paşa-Palast hinunter). Die Stadtrandlange hat aber den Vorteil, dass nachts Unmengen von Sternen zu sehen sind und absolute Stille herrscht. Achtung: Die Campingplätze in

der Nähe des İshak-Paşa-Palasts sind nichts für Frauen!

Hotel Erzurum (☎ 312 5080; Dr İsmail Beşikçi Caddesi; EZ/DZ mit Gemeinschaftsbad 4/6 €) Diese Option kriegt keinen Designpreis, aber dafür ist sie superbillig. Die Zimmer sind nicht größer als Schuhkartons, aber okay, die Sauberkeit der Gemeinschaftsbäder ebenfalls. Der Junge Besitzer Metin hilft, eine Wanderung zum Ararat zu organisieren. Kein Frühstück.

Hotel Tahran (☎ 312 0195; Büyük Ağrı Caddesi 124; EZ/DZ 9/14 €; 🖳) Viele Traveller mit kleinem Budget (auch allein reisende Frauen!) stellen ihre staubigen Rucksäcke in diesem friedlichen Hotel ab – und das aus gutem Grund. Die Zimmer sind klein, aber gemütlich und die Betten bequem. Die Bettwäsche ist herrlich frisch und die Badezimmerfußböden sind rot gefliest. Ein zusätzliches Highlight ist die Dachterrasse. Wer weiter in den Iran will, bekommt vom netten Manager Celal alle Infos. Frühstück kostet extra (1,50 €).

İshakpaşa Hotel (☎ 312 7036; Fax 312 7644; Emniyet Caddesi; EZ/DZ 9/14 €) Die abgewetzten Teppiche im Eingangsbereich muss man einfach ignorieren – dafür sind die meisten Zimmer frisch gestrichen. Genau das Richtige für ganz Sparsame: saubere Bäder, TV, Balkon und gute Matratzen.

MITTELKLASSEHOTELS

İsfahan Hotel (☎ 312 4363; Emniyet Caddesi; EZ/DZ 14/23 €; 🅿) Dieses Hotel ist bei Reisegruppen beliebt. Ziemlich nüchtern, aber die Zimmer sind ordentlich groß und die Betten bequem.

Hotel Grand Derya (☎ 312 7531; Fax 312 7833; Dr İsmail Beşikçi Caddesi; EZ/DZ 18/30 €; 🅿) Dieses ehrwürdige Hotel scheint phantastisch gelegen zu sein – bis man realisiert, dass einen morgens um fünf der Gebetsruf von der nahen Moschee weckt. Aber wir nehmen mal an, dass Türkeireisende sich irgendwann daran gewöhnt haben. Und der Komfort und professionelle Service gleichen den Weckruf locker aus.

Hotel Urartu (☎ 312 7295; Fax 312 2450; Dr İsmail Beşikçi Caddesi; EZ/DZ 17/31 €; 🅿) Als wir vorbeischauten, war das Urartu komplett belegt mit *öğretmen* (Lehrerinnen) – ein seltener Anblick in diesem Teil der Türkei! Das spricht immerhin dafür, dass das Hotel für allein reisende Frauen zu empfehlen ist. Die Zimmer sind nicht aufregend, aber brauchbar, die vorhandenen Anlagen gut und das Personal aufmerksam (auf nette Art).

Hotel Nuh (☎ 312 7232; www.hotelnuh.8m.com; Büyük Ağrı Caddesi; EZ/DZ 42/66 €; P) Das Nuh hält sich für ein Spitzenhotel und verlangt gigantische Preise für nette, aber wenig beeindruckende Zimmer. Hier hilft nur Feilschen – mit einem ordentlichen Rabatt (soll heißen: 30 %) stimmt der Preis. Toll ist das Restaurant auf der Dachterrasse mit Blick auf den Ararat.

Essen & Ausgehen

Hasankeyf Saklıkent Aile Kebap Lahmacun & Pide Salonu (☎ 312 8802; Yol Altı Sokak; Hauptgerichte 3–6 €; ⏲ 11–23 Uhr) Wer ordentlich reisen und wandern will, muss ordentlich essen. In diesem lebhaften Lokal östlich der Hauptstraße gibt's genau das Richtige für hungrige Mägen, nämlich *Saklıkent kebap* mit ein bisschen von allem. Die Einrichtung ist ziemlich kitschig: eine Pseudohöhle mit geschmacklosen Wandgemälden. Aber nach so vielen Restaurants mit Neonbeleuchtung ist das fast schon wieder stylisch.

Yöresel Yemekleri (☎ 312 4026; Dr İsmail Beşikçi Caddesi; Hauptgerichte 2–5 €; ⏲ 12–20 Uhr) Es ist tatsächlich möglich: Hier bedienen keine Männer mit Schnauzbärten, sondern ausschließlich Frauen – cool. Diesen Laden schmeißt eine Vereinigung kurdischer Frauen, deren Männer im Gefängnis sitzen. Sie kochen *yöresel* (traditionelle) Gerichte zu supergünstigen Preisen. Alles ist lecker, aber wer eine Empfehlung von uns will, sollte die *abdigör köfte* (riesige Frikadellen mit Reis) probieren. Nur die Inneneinrichtung ist ein bisschen langweilig – etwas mehr weiblicher Touch, bitte!

İstanbul Pide (☎ 312 2324; Dr İsmail Beşikçi Caddesi; Pide 0,50 €; ⏲ 8–22 Uhr) Hier gibt's die besten *pide* und *börek* (Blätterteigtaschen) der Stadt.

Gaziantep Sofrası (☎ 312 0195; Dr İsmail Beşikçi Caddesi; Hauptgerichte 2–5 €; ⏲ 8–23 Uhr) Dieses farbenfrohe Lokal gegenüber vom Erzurum Hotel punktet mit einer genialen Dachterrasse mit schönen Kissen.

Öz Urfa Kebap (☎ 312 2673; Dr İsmail Beşikçi Caddesi; Hauptgerichte 3–5 €; ⏲ 11–22 Uhr) Eine kleine Bude ganz aus Holz mit Alpenfeeling. Das Essen ist abwechslungsreich und lecker. Der *ayran* (Trinkjoghurt) wird mit der Kelle ausgeschenkt. Hat eine kleine, schattige Terrasse.

Yakamoz Café (Dr İsmail Beşikçi Caddesi; ⏲ 8–23 Uhr) Fast schon ein Szenecafé (nach ostanatolischen Maßstäben). Prima zum Relaxen bei einer Tasse Tee.

An- & Weiterreise

Minibusse (2 €) zur iranischen Grenze (Gürbulak) fahren ca. stündlich in der Nähe der Kreuzung von Ağrı und Rıfkı Başkaya Caddesi ab, gleich hinter der Tankstelle *(petrol ofisi)*. Der letzte geht um 17 Uhr (s. auch Kasten S. 724).

Es gibt keine Busse nach Van, nur Minibusse, die täglich ungefähr (!) um 7.30, 9, 12 und 14 Uhr abfahren (6 €, 2½ Std., 185 km). Wer nach Kars will, nimmt den Minibus nach Iğdır (stündl., 2 €, 45 Min., 51 km) und steigt dort um. Von Iğdır nach Kars sollte die Fahrt 6 € kosten.

Weitere Überlandbusse starten vom *otogar*; oft muss man über Erzurum (9 €, 4 Std., 285 km) fahren. Zwei Busse am Tag fahren nach Ankara (23 €, 17 Std., 1210 km).

RUND UM DOĞUBAYAZIT

Die Reisebüros und die meisten Hotels in Doğubayazıt helfen dabei, einen Tagestrip zu den Sehenswürdigkeiten rund um die Stadt zu organisieren. Halbtagesausflüge (ca. 20 € pro Pers.) klappern den İshak-Paşa-Palast, „Noahs Arche" (eine längliche, ovale Steinform, die angeblich Noahs Schiff gewesen sein soll), den überschätzten „Meteorkrater" (höchstwahrscheinlich eine geologische Anomalie) und ein Dorf am Fuß des Ararat ab. Ganztagestouren (20–45 €, je nach Teilnehmerzahl) steuern die gleichen Orte an, plus die heißen Quellen von Diyadin (51 km westlich von Doğubayazıt).

Der Ararat (Ağrı Dağı)

Die Zwillingsgipfel des Ararat sind ein Highlight für alle, die in die Osttürkei reisen. Um den Berg ranken sich seit Anbeginn der Zeit Legenden – v. a. als „Hafen" der Arche Noah kennt ihn jedes Kind. Der linke Gipfel, genannt Büyük Ağrı (Großer Ararat), ist 5137 m hoch, der rechte Küçük Ağrı (Kleiner Ararat) kommt auf 3895 m.

BESTEIGUNG DES ARARAT

Viele Jahre lang war die Besteigung des Ararat aus Sicherheitsgründen nicht erlaubt. Aber jetzt ist dieser phantastische Gipfel wieder für Bergsteiger zugänglich, wenn auch mit Einschränkungen: Man braucht in jedem Fall eine Genehmigung und einen Führer. Als wir dort waren, musste die Genehmigung mindestens 45 Tage im Voraus beantragt werden – das geht bei jedem ordentlichem Reisebüro in der Türkei. Das Büro muss den

Antrag bestätigen; außerdem wird eine Kopie des Reisepasses benötigt und ein Anschreiben, in dem man um Erlaubnis bittet und die gewünschten Klettertage angibt.

Manche Guides und Hotelmitarbeiter in Doğubayazıt behaupten, die Genehmigung in wenigen Tagen besorgen zu können. Bloß nicht darauf reinfallen! Entweder ist Bestechung im Spiel oder, schlimmer noch, Betrug. Die Leute stecken den Reisepass ein und lassen einen glauben, es existiere eine Genehmigung. In Wahrheit bringen sie einen aber illegal auf den Ararat. Der offizielle Weg ist wirklich sicherer, selbst wenn die Mühlen der Bürokratie furchtbar langsam mahlen. Es ist zu hoffen, dass das alles in der Zukunft einfacher wird.

Die schlechte Nachricht ist der Preis. Egal, welches Reisebüro man nimmt – die Wanderung kostet mindestens 350 € pro Person (3 Tage inkl. Führer, Zelten und Essen) ab Doğubayazıt (etwas weniger als Gruppe).

Aber Geld hin oder her: Die Besteigung des Ararat ist ein phantastisches Erlebnis mit überwältigenden Aussichten und atemberaubenden Landschaften. Die besten Monate für den Aufstieg sind Juli, August und September, aber man muss gut vorbereitet kommen. Selbst im Hochsommer gibt's über 4800 m Schnee, und den kann man nur mit Steigeisen begehen.

Üblich ist die Südroute ab Eliköyü, einem verlassenen Dorf in den Vorbergen auf ca. 2500 m. Eine andere Route fängt in Çevirme an. Der erste Campingplatz liegt auf 3200 m Höhe, der zweite auf 4200 m.

Wer will, kann auch Tagestouren rund um den Berg machen. Solange man unter 2500 m bleibt, ist der bürokratische Aufwand geringer, aber man braucht immer noch eine Genehmigung von der örtlichen *jandarma* – am besten bekommt man sie durch ein Reisebüro vor Ort. Kostenpunkt ca. 150 € pro Person.

Südostanatolien

Keine Teppichläden. Keine Reisegruppen. Keine billigen Ferienorte. Südostanatolien ist eine andere Welt. Hinter Gaziantep oder Malatya, den Toren zum Südosten, warten jede Menge entlegene Ecken nur darauf, entdeckt zu werden. Dort fühlt man sich sofort wie am Ende der Welt. Und das Exotik- und Abenteuerfeeling ist überwältigend.

Hier das Angebot: zerklüftete Gipfel, verbrannte Ebenen, erloschene Vulkane, riesige Seen und historische Städte. Wenn man sich nur einen Ort rauspicken dürfte, wäre das sicher Mardin. Es thront auf seinem Hügel zwischen Euphrat und Tigris und ganz Mesopotamien liegt ihm zu Füßen. Den Titel des schönsten Ortes der Region könnte ihm höchstens die heilige Stadt Şanlıurfa streitig machen. Sie hat einen eindeutig nahöstlichen Einschlag. Andere heiße Tipps sind Van, die fortschrittlichste Stadt der Osttürkei, Diyarbakır mit seinen mächtigen Basaltmauern und das traumhaft gelegene Hasankeyf. Auch der Nemrut Dağı (Berg Nemrut) mit seinen imposanten antiken Statuen verfehlt nie seine Wirkung.

Besucher empfinden dieses riesige Gebiet auch deshalb als anders, weil es eine Bastion der kurdischen Identität und Kultur ist. Außer ein paar arabischen Nestern sind die meisten Städte und Dörfer überwiegend kurdisch. Immer liegt eine etwas kratzbürstige Wildheit in der Luft, aber das macht ja einen Teil des Reizes aus. Also ganz locker bleiben. Die missmutige, niedergedrückte Atmosphäre, die noch vor ein paar Jahren überall zu spüren war, ist wie weggeblasen. Und nur noch wenige Gegenden sind wirklich tabu. Die meisten Menschen nehmen einen nicht mehr als Outsider wahr, sondern als *misafir* (Gast). Im Südosten gibt's viele Schätze und wenige Besucher. Wer sich hierher wagt, wird sein Herz verlieren – jede Wette. Also am besten herkommen und alles selbst erleben!

HIGHLIGHTS

- Lecker-klebrige Pistazienbaklavas bei **İmam Çağdaş** (S. 642) in Gaziantep probieren.

- Die großen Emotionen bei den Pilgern in **Şanlıurfa** (Urfa; S. 646) erleben, der hl. Stadt, in der Hiob und Abraham ihre Spuren hinterlassen haben.

- Erst eine frische Forelle in **Halfeti** (S. 645) verspeisen und dann mit dem Boot zur magischen **Rumkale** (S. 645) mit ihren erhabenen Ruinen schippern, die den Euphrat überblicken.

- Schwelgen in der bezaubernden Atmosphäre von **Mardin** (S. 674) mit märchenhaften Blicken über die mesopotamischen Weiten.

- Das *„cennet"* (Paradies) entdecken. – Noch ist **Savur** (S. 678) ein Geheimnis der Region.

- Den Freunden simsen, dass man bei den „Götterthronen" ist – **Nemrut Dağı** (Berg Nemrut; S. 610).

- Durch die dünn besiedelte Berglandschaft von Van nach **Bahçesaray** (S. 691) reisen.

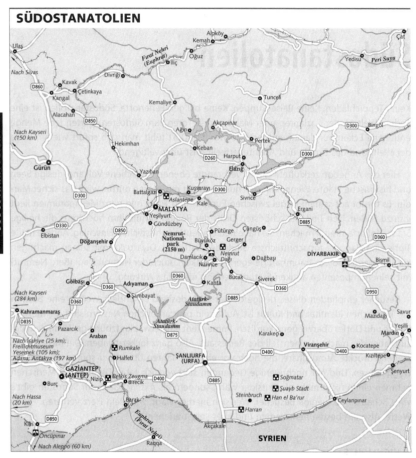

SÜDOSTANATOLIEN

KAHRAMANMARAŞ (MARAŞ)
☎ 0344/543 900 Ew.

Mmmm … leckeres Eis! Auf dem Weg von Kappadokien oder der Mittelmeerküste in diese Ecke ist ein Stopp in Kahramanmaraş für alle Eisliebhaber ein Muss. Dort wird eine irrsinnig gute *dövme dondurma* (geschlagene Eiscreme) gemacht, die zu Recht im ganzen Land geliebt wird. Seine einzigartige Cremigkeit bekommt sie durch *salep*, ein Pulver aus den Knollen wilder Orchideen. Das Eis wird mit so viel klebrigem Bindemittel hergestellt, dass es die sommerliche Gluthitze der Stadt aushält und am Haken hängend ausgestellt werden kann, wie Fleisch. Wem das noch nicht Grund genug ist, hier anzuhalten, der kann sich noch auf eine Handvoll kultureller Highlights freuen, die

mindestens einen Tag in Anspruch nehmen. Und weit und breit kein Tourist! Als erste Kostprobe (im wahrsten Sinne des Wortes) von Südostanatolien ist Kahramanmaraş ideal.

Sehenswertes

Die **Ulu Cami** (Atatürk Bulvarı) wurde 1502 im syrischen Stil gebaut. Ihr hohes und ungewöhnliches Minarett hat schon diverse Verwüstungen durch Erdbeben und Invasoren überlebt. Die **Kale** (Festung) auf dem Hügel zu erklimmen lohnt sich schon wegen der phantastischen Aussicht auf die Stadt.

Auf dem Rückweg zum Kıbrıs Meydanı gerät man in den Straßen linker Hand in den quirligen **Basar.** Beim Schlendern durch dieses uralte Labyrinth kann man beobachten, wie

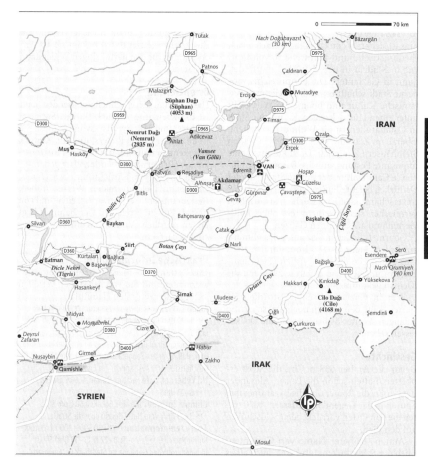

Sättel hergestellt, riesige Kupfergefäße geformt und aus alten Reifen Eimer gemacht werden. Ein paar Leser fanden besonders die Ecken toll, wo's osmanische Lederschuhe und Holzschnitzereien gibt. Wer sucht, der findet!

Das **Museum** (Azerbaycan Bulvarı; Eintritt 1,25 €; ⏰ Di–So 8–12 & 13.30–17 Uhr) ist ganz passabel und liegt 300 m vom *otogar* bergauf. Ausgestellt sind schöne hethitische Stelen mit sehr markanten Reliefs.

Schlafen & Essen

Hotel Belli (☎ 223 4900; Fax 214 8282; Trabzon Caddesi; EZ/DZ 25/38 €; ❄) Es liegt ideal, gleich südöstlich vom Kıbrıs Meydanı, und ist frisch renoviert. Die netten Zimmer und mustergültigen Badezimmer sind absolut ihr Geld wert.

Yaşar Pastanesi (☎ 225 0808; Trabzon Caddesi; ⏰ 8–22 Uhr) Beim Gedanken an die sagenhafte *dondurma* (Eiscreme) im Yaşar läuft jedem das Wasser im Mund zusammen. Kaum auszudenken, wie's denen geht, die sich an die Platte mit den türkischen Süßigkeiten erinnern! Auch die Einrichtung ist klasse: todschicke Lobby und weiter hinten eine gemütliche Lounge mit allerhand Schnickschnack. Nur ein Katzensprung vom Hotel Belli entfernt.

An- & Weiterreise

Vom *otogar* starten stündlich Minibusse nach Gaziantep (3 €, 2 Std., 80 km). Fünfmal am Tag fahren Busse die phantastische Route nach Kayseri (9 €, 5½ Std., 291 km).

GAZİANTEP (ANTEP)
☎ 0342/1 100 000 Ew.

Eins ist sicher: Wenn eines Tages eine *movida* (hedonistische und kulturelle Revolution) wie in Madrid in der Osttürkei stattfindet, dann in Gaziantep. Die temporeiche, moderne Stadt schafft es, traditionelle mesopotamische Kultur und boomende Wirtschaft unter einen Hut zu kriegen. Kaum eine Stadt in Ostanatolien ist als Wohnort so beliebt. Überall im Zentrum sind Gruppen von alten Steinhäusern zu finden. Dazu kommen eine imposante Festung, quirlige Basare, eine blühende Café-Kultur, der größte Stadtpark der Osttürkei, belebte Fußgängerzonen und eine unverschämt köstliche Küche. Alt und Neu vermischen sich zu einem reizvollen, kultivierten und angenehmen Ganzen.

Gourmets finden in Gaziantep den Himmel auf Erden: Mehr als 180 Konditoreien soll's hier geben, die die beste *fıstıklı* (Pistazien)-Baklava machen, die einem je zwischen die Kiemen gekommen ist.

Wer in Gaziantep seine Osttürkeireise startet, sollte beim Essen noch mal so richtig zulangen. Weiter östlich werden die Delikatessen seltener.

Geschichte
Bevor die Araber 638 n. Chr. die Stadt eroberten, hatten schon die Perser, Alexander der Große, die Römer und die Byzantiner ihre Spuren in der Gegend hinterlassen. 1070 traten die von Osten vorrückenden Seldschuken auf den Plan.

Aintab (früherer Name von Gaziantep) blieb der Seldschukenkultur treu, auch als es später von kleinen türkischen Machthabern regiert wurde. 1516 marschierten dann die Osmanen unter Selim dem Gestrengen ein.

In der osmanischen Zeit lebte hier eine ziemlich große Gemeinschaft von Christen, v. a. Armenier. Davon zeugen armenische Kirchen, Gemeinde- und Herrenhäuser, die über den ganzen historischen Stadtkern verstreut sind.

Als 1920 die siegreichen Alliierten anfingen, die osmanischen Territorien aufzuteilen, wurde Aintab von französischen Truppen belagert. Sie waren entschlossen, die türkischen Gebiete ihren Protektoraten in Syrien und Libanon einzuverleiben. Die Nationalisten kämpften erbittert um Aintab, mussten aber am 8. Februar 1921 kapitulieren. Zwei Jahre später wurde Aintab zusammen mit der

gleichnamigen Provinz, jetzt türkisch „Antep" genannt, an die Türkei zurückgegeben. Den Zusatz *Gazi* (Kriegsheld) bekam sie als Anerkennung für den hartnäckigen Widerstand der Stadt.

Orientierung
Das Zentrum dieser schnell wachsenden Stadt ist die Kreuzung Atatürk Bulvarı/Suburcu Caddesi und Hürriyet/İstasyon Caddesi. Sie ist an einer riesigen Reiterstatue von Atatürk zu erkennen und wird nach wie vor *hükümet-konağı* (Regierungsgebäude)-Platz genannt.

Die wichtigsten Einrichtungen wie Hotels, Banken mit Geldautomaten, Wechselstuben, Restaurants und Sehenswürdigkeiten sind von hier zu Fuß zu erreichen. Der Bahnhof liegt 800 m nördlich. Vom Zentrum zum *otogar* sind es ca. 6 km.

Praktische Informationen
Das Postamt, die meisten Banken mit Geldautomaten und die Wechselstuben verteilen sich um den zentralen Hauptplatz.

Arsan (☎ 220 6464; www.arsan.com.tr; Nolu Sokak; ☽ 8–19 Uhr) Das renommierte Reisebüro verkauft für in- und ausländische Unternehmen Tickets und kann verschiedene Touren arrangieren (ab 30 € pro Pers.), inklusive Trips nach Halfeti, Belkıs-Zeugma und Yesemek. Die hilfsbereite Geschäftsführerin Ayşe spricht gut Englisch.

Nil Cybernet Café (Atatürk Bulvarı; 0,60 € pro Std.; ☽ 8–23 Uhr)

Olimpia Internet (Kayacık Sokak; 0,60 € pro Std.; ☽ 8–23 Uhr) Vom Hotel Uğurlu über die Straße.

Touristeninformation (☎ 230 5969; 100 Yıl Atatürk Kültür Parkı İçi; ☽ Mo–Fr 8–12 & 13–17 Uhr) Sie ist in einem rötlichen Gebäude im Stadtpark untergebracht. Das Personal weiß gut Bescheid und spricht Englisch und Deutsch. Prospekte und Karten gibt's in Hülle und Fülle.

Sehenswertes
KALE-VIERTEL
Ein absolutes Muss ist die **Kale** (Zitadelle; Eintritt frei; ☽ Di–So 8.30–16.30 Uhr). Schon um einen Überblick über das riesige Stadtgebiet zu bekommen, lohnt es sich, raufzuklettern. Sie soll von den Römern erbaut worden sein. Im 6. Jh. n. Chr. ließ sie Kaiser Justinian wieder instand setzen, im 12. und 13. Jh. die Seldschuken.

Unterhalb der Festung erstreckt sich ein spannendes Viertel mit Obst- und Gemüsemarkt, alten Steinhäusern, kleinen Moscheen und Werkstätten, in denen Männer aus Kupfer Kaffeekannen und blanke Schüsseln hämmern. Zurück in die Stadt geht's durch den

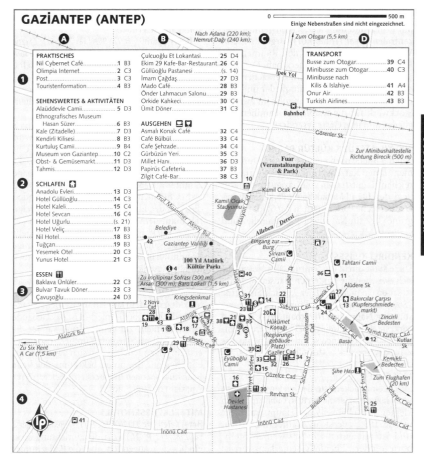

GAZİANTEP (ANTEP)

teils überdachten **Basar,** wo Sattler und andere Handwerker bei der Arbeit sind. Kaffeepause? Die gibt's im **Tahmis** (Buğdaypazarı Sokak), dem wohl stimmungsvollsten *kahvehane* (Kaffeehaus) von Gaziantep. Wir sind gespannt auf die Lesermeinungen!

MUSEUM VON GAZİANTEP

Der Ort, an dem ein paar der großartigsten Mosaiken der Welt zu bestaunen sind, ist das **Museum von Gaziantep** (☎ 324 8809; İstasyon Caddesi; Eintritt 1,25 €; Di–So 8.30–12 & 13–17 Uhr). Es wurde kürzlich auf Vordermann gebracht, erweitert und neu geordnet. Wer für archäologische Museen sonst nur ein müdes Gähnen übrig hat, wird sich wundern. Die Sammlung der Mosaiken, die bei der unerschöpflichen

römischen Ausgrabungsstätte von Belkıs-Zeugma gefunden wurden, haut einfach jeden um. Kurze Zeit nach den Ausgrabungen überflutete der neue Birecik-Damm einen Teil der Stätte für immer. Kaum möglich, sich nicht in das *Zigeunermädchen* aus dem 2. Jh. n. Chr. zu verlieben. Es wird zu Recht als Highlight des Museums gefeiert. Auch die berühmte *Szene von Achilles, der in den Trojanischen Krieg gesandt wird* lohnt einen intensiveren Blick!

ETHNOGRAFISCHES MUSEUM HASAN SÜZER

In einer Seitenstraße der Atatürk Caddesi versteckt sich das **Ethnografische Museum Hasan Süzer** (Eintritt 1,25 €; Hanifioğlu Sokak; Di–So 8.30–17.30 Uhr) in einem restaurierten, 200 Jahre alten Steinhaus. Der Besuch lohnt sich. Ein mit hellen und dunklen Steinen gemusterter zentraler *hayat* (Innenhof) sorgt für Licht. Von dort geht's auch zu den Räumen. Im Erdgeschoss lebte die Dienerschaft. Der erste Stock diente als *selamlık* mit Gemächern für die männlichen Familienmitglieder und ihre Besucher, während der *haremlik* im zweiten Stockwerk für die weiblichen Familienmitglieder und ihre Gäste reserviert war.

100 YIL ATATÜRK KÜLTÜR PARKI

Auf der Suche nach einem Ort zum Durchatmen? Einen Katzensprung von den verkehrsreichen Hauptstraßen von Gaziantep entfernt liegt der **100 Yıl Atatürk Kültür Parkı** (Eintritt frei). Der herrliche Park mitten in der Stadt ist eine grüne Oase für Naturliebhaber, Familien und verliebte Mittzwanziger.

KENDİRLİ KİLİSESİ

Diese **Kirche** direkt im Zentrum (Atatürk Bulvarı), die sich zwischen die modernen Häuser quetscht, ist schon ein merkwürdiger Anblick. Sie wurde 1860 von französischen Priestern mit Unterstützung Napoleons III. erbaut. Von Weitem wirkt sie eher langweilig, aber bei näherem Hinsehen fallen so manch schöne Ornamente, wie z. B. schwarz-weiße Medaillons, ins Auge.

MOSCHEEN

Die beeindruckendste der vielen Moscheen von Gaziantep ist die **Kurtuluş Camii** auf einem kleinen Hügel abseits der Hauptstraße. Sie wurde 1892 zuerst als Kathedrale erbaut und ist mit einer schwarz-weißen Steinborte verziert. Ebenfalls bemerkenswert ist die **Alaüddevle Camii** nicht weit vom Kupferschmiedemarkt.

Schlafen

Gaziantep kann sich vor lauter Unterkünften kaum retten. Viele sind rund um die Suburcu, Hürriyet und Atatürk Caddesi zu finden. Die meisten sind auf Geschäftsleute eingestellt.

BUDGETUNTERKÜNFTE

Yunus Hotel (☎ 221 1722; Fax 221 1796; Kayacık Sokak; EZ/DZ 18/29 €; P ⌘) Yunus streitet sich mit dem Güllüoğlu um die Auszeichnung als bestes Budgethotel der Stadt. Darum wird es gut in Schuss gehalten. Es bietet saubere Zimmer mit schicken Bädern und einen Aufzug, der sogar funktioniert. Einziger Haken: der Frühstücksraum ohne Fenster. Das Yunus liegt in einer ruhigen Seitenstraße und trotzdem nicht weit vom ganzen Trubel.

Hotel Uğurlu (☎ 220 9690; Fax 220 9627; Kayacık Sokak; EZ/DZ 18/29 €; P ⌘) Das Uğurlu ist fast eine Kopie des Yunus nebenan (derselbe Architekt?) und genau das Richtige für alle, die ihre Reisekasse nicht überstrapazieren wollen. Kleine, aber feine Zimmer mit allem Komfort.

Hotel Güllüoğlu (☎ 232 4636; Fax 220 8689; Suburcu Caddesi; EZ/DZ 20/31 €; ⌘) Das Güllüoğlu wird nach einem Lifting als eine der besten Unterkünfte dieser Preisklasse gepriesen. Es liegt mitten im Gewühl und hat supercleane Zimmer mit Doppelfenstern. Die Bäder sind wahrscheinlich die am saubersten duftenden diesseits des Euphrat. Und vom Frühstücksraum auf dem Dach haben Gäste einen genialen Blick auf die Zitadelle. Wer Appetit auf was Süßes hat, findet die gleichnamige Konditorei gleich im Erdgeschoss – ein Glück für alle Naschkatzen!

Hotel Veliç (☎ 221 2212; www.velicotel.com; Atatürk Bulvarı; EZ/DZ 20/31 €; ⌘) Das Design dieses Betonklotzes an der Hauptstraße ist nicht gerade hitverdächtig, aber immerhin ist das Gebäude zweckdienlich, gut gepflegt und sauber. Es gibt größere und kleinere Zimmer. Also lieber erst ein paar angucken und sich dann für eins entscheiden. Bestnoten bekommt der helle Frühstücksbereich im obersten Stock mit irrer Aussicht auf die Stadt.

MITTELKLASSEHOTELS

Hotel Kaleli (☎ 230 9690; Fax 230 1597; Hürriyet Caddesi; EZ/DZ 28/39 €; P ⌘) Na ja, die Einrichtung wirkt ein bisschen abgenutzt, aber die Badezimmer sind gut in Schuss. Also kann sich eigentlich keiner beschweren.

Nil Hotel (☎ 220 9452; www.nilhotel.com auf Türkisch; Atatürk Bulvarı; EZ/DZ 25/40 €; P ⌘) Nach der Komplettrenovierung glänzt das unförmige Hochhaus an der Hauptstraße nun im modernen Look. Es hat gemütliche Zimmer und ist gut ausgestattet mit Satelliten-TV, Klimaanlage, WLAN, Aufzug und modernen Möbeln.

Hotel Sevcan (☎ 220 6686; Fax 220 8237; Eyüboğlu Mahallesi; EZ/DZ 28/42 €; P ⌘) Angesichts der Marshmallow-Fassade, den Wänden in Babyrosa und der Vorhänge und Tagesdecken in Bordellrot drängt sich die Frage auf, ob sich mal ein verkappter Designer hierher verirrt hat. Aber es ist mal was anderes als ewig diese typisch braunen Zimmer der türkischen

Hotels. Der Service ist spitze und passt zum rosigen Gesamteindruck.

Yesemek Otel (☎ 220 8888; İsmail Sokak; EZ/DZ 30/42 €; P ✖) Mitten im Zentrum des Geschehens steht das Yesemek, das zu Recht stolz ist auf seinen erstklassigen Service und Komfort. Die gut ausgestatteten, bequemen Zimmer (z. T. mit Balkon) sind ihr Geld absolut wert. Noch dazu sind die ausgehängten Preise verhandelbar.

SPITZENKLASSEHOTELS

Anadolu Evleri (☎ 220 9525; www.anadoluevleri.com; Köroğlu Sokak; EZ/DZ 60/80 €, Suite für 1/2 Pers. 80/ 100 €; ▣) Wer hier reingeht, will vielleicht nie wieder raus! Dieses Boutique-Hotel ist ein Juwel und liegt nur einen Katzensprung vom Basar entfernt. Das herrliche alte Steinhaus mit hübschem Innenhof hat zehn unglaublich charmante Zimmer: mit ihren Holzbalken- oder bemalten Decken, Mosaikböden, geheimen Korridoren, antiken Möbeln und Kunstgegenständen. Die individuelle Einrichtung der drei umwerfend schönen Suiten lässt keine Wünsche offen. Und nach einem langen Tag gibt's kaum was Schöneres, als sich in der gemütlichen Wein-Lounge einen Drink (Wein oder Rakı) und eine Käseplatte zu gönnen. Wie im siebten Himmel! Um das Ganze noch zu toppen, spricht der Hausherr

Tim Schindel auch noch ausgezeichnet englisch und kennt sich in der Gegend bestens aus.

Tuğçan (☎ 220 4323; Fax 220 3242; Atatürk Bulvarı; EZ/DZ 68/84 €; P ✖ ▢ ▣) Wer einmal dem Anadolu Evleri verfallen ist, kann dem Tuğçan kaum noch was abgewinnen. Im Vergleich mit jenem wirkt es farblos: gigantische Proportionen, aber null Charme. Pluspunkte dieses Ungetüms sind seine tollen Einrichtungen wie Konferenzräume, Bars und Restaurants, ein Pool und eine Lobby, die an eine Bahnhofshalle erinnert.

Essen

Gaziantep ist mit seinen vielen Restaurants und Konditoreien ein Paradies für Gourmets. Für jeden Geschmack und jeden Geldbeutel ist was dabei. Zwischen Banken und Handyläden in der Suburcu Caddesi und auf dem Atatürk Bulvarı drängen sich Geschäfte, die so vollgestopft sind mit türkischen Süßigkeiten, dass einem ganz schwindlig wird. Die folgende Liste der besten Läden ist in keinster Weise vollständig. Am besten macht sich jeder selbst auf die Suche und dann sehen wir, wer die matschigsten Baklavas der Stadt gefunden hat!

Bulvar Tavuk Döner (İstasyon Caddesi; Hauptgerichte 1–2 €; � 11–22 Uhr) Diese Bude liegt sehr

---

DER MAGISCHE ÇAĞDAŞ-TOUCH

Wahnsinn! Mit Burhan Çağdaş über die Eigenschaften einer perfekt zubereiteten Baklava zu sinnieren ist, als würde man sich mit Zinedine Zidane über Fußball unterhalten. Jeden Tag werden mehr als 2 t dieser himmlischen Köstlichkeiten ins ganze Land verschickt – sogar zum Präsidenten!

Burhan Çağdaş gehört die gleichnamige Konditorei mit Restaurant namens İmam Çağdaş in Gaziantep. Die hat echte Chancen auf den Titel des berühmtesten Lokals Südostanatoliens, wenn nicht der ganzen Türkei. Seit 1887 haben fünf Generationen von Çağdaş ihre Gäste verwöhnt. In den 120 Jahren haben die Gründer İmam Çağdaş und seine Nachkommen die Kunst der Baklavaherstellung (Blätterteiggebäck mit Honig und Nüssen) natürlich verfeinert. Die Pistazienbaklava sind schon Kult. Was ist das Geheimnis, Herr Çağdaş?

„Ich verwende nur allerfrischeste Zutaten aus biologischem Anbau. Ich kenne die besten Öl- und Pistazienproduzenten in der Gegend von Gaziantep. Der besondere Boden hier gibt den Pistazien das spezielle Aroma. Alle unsere Köche verwenden alte Techniken, und wir backen mit Holz, nicht mit Strom. Die Öfen sind aus speziellem Stein. Massenproduktion wird es bei uns nie geben. Qualität ist oberstes Gebot."

Woran ist eine frische Baklava zu erkennen?

„Ganz einfach: Im Mund muss es *kschhhh* machen."

Stimmt genau. Dieses typische *kschhh* beim Reinbeißen in diese verflixten kleinen (und superfrischen!) Baklava werden wir nie vergessen. Wer sich schon vor der Reise Appetit machen will, kann auf www.imamcagdas.com gehen – dann wird schnell klar, warum wir für immer süchtig danach sind. Und davor ist keiner sicher!

SÜDOSTANATOLIEN

DER TIPP VOM AUTOR

Papirüs Cafeteria (☎ 220 3279; Noter Sokak) Mit Abstand unser Lieblingscafé. Dieses Juwel in einer historischen Villa in der Nähe der Atatürk Caddesi ist perfekt zum Relaxen nach einer stressigen Sightseeingtour. Es hat Charakter ohne Ende, einen grünen Innenhof und mehrere Räume mit antiken Fresken und alten Möbeln. Sudenten beiderlei Geschlechts kommen auch gern her.

---

zentral, wäre aber in der belebten İstasyon Caddesi nur eine kleine Nummer, gäbe es da nicht diese superleckeren Hähnchensandwichs und die *gözleme* (pikante Pfannkuchen), die wirklich auf der Zunge zergehen. Wenn das Wetter mitspielt, einfach einen Pfannkuchen auf die Hand nehmen und die Straße zum 100 Yıl Kültür Parkı runterbummeln.

Çulcuoğlu Et Lokantasi (☎ 231 0241; Kalender Sokak; Hauptgerichte 2–4 €; ☷ Mo-Sa 11.30–22 Uhr) Wenn's für Döner einen Oscar gäbe, wäre diese Gazianteper Institution ein ernst zu nehmender Anwärter. Seit 1975 werden hier superleckere Fleischgerichte für einen treuen Kundenstamm gezaubert. Das Tempo ist flott und es geht eher hektisch als gemütlich zu. Der Laden versteckt sich in einer schmalen Seitenstraße abseits der İnönü Caddesi (20 m von einer kleinen Moschee entfernt) und ist nicht leicht zu finden. Aber die Suche lohnt sich.

İmam Çağdaş (☎ 231 2678; Kale Civarı Uzun Çarşı; Hauptgerichte 2–5 €; ☷ 8.30–21.30 Uhr) Wir wollen's nicht übertreiben, denn zu viel Lob kann ja auch schaden. Aber Baklava-Kenner schwören, dass dies der beste Ort in der Türkei ist, um mal ein Pistazien-Baklava zu probieren. Dem muss zugestimmt werden. Auch leckere Kebaps gehen am laufenden Band über die Ladentheke. Das Geheimnis? Frische, nur handverlesene Zutaten und der unnachahmliche „Çağdaş-Touch" (s. Kasten S. 641). Mit Warteschlangen und gelegentlichen Touristengruppen muss gerechnet werden (Qualität spricht sich rum). Im schlimmsten Fall macht man eine typische Gaziantep-Erfahrung, im besten Fall gibt's ein Geschmackserlebnis der besonderen Art. 2006 ist das Restaurant in ein neues, größeres Gebäude direkt gegenüber auf die andere Straßenseite gezogen. Ob

es jetzt weniger authentisch geworden ist? Wir würden es gern erfahren.

Çavuşoğlu (☎ 231 3069; Eski Saray Caddesi; Hauptgerichte 2–5 €; ☷ Mo-Sa 11–21 Uhr) In diesem belebten Laden gibt's Gerichte, die satt machen, ohne die Brieftasche zu sehr zu strapazieren. Auf der Speisekarte stehen normale Kebaps und gut gemachte *pide*. Als Nachtisch die köstlichen Baklavas probieren. Lecker.

Ümit Döner (☎ 231 1790; İstasyon Caddesi; Hauptgerichte 3–5 €; ☷ 11–22 Uhr) Wer Appetit auf einen *İskender*-Kebap hat, das Markenzeichen von Ümit, ist hier richtig. Die Portionen sind üppig, das Fleisch perfekt geschnitten und der Salat frisch. Sandwiches und Reis gibt's auch.

Ekim 29 Kafe-Bar-Restaurant (☎ 230 2766; www.ekim29.com auf Türkisch; Gaziler Caddesi; Hauptgerichte 3–5 €; ☷ 9 Uhr bis spätabends) Das entspannte Lokal in einem umgebauten alten Haus scheint Lichtjahre von dem zermürbenden Tempo der Gaziler Caddesi entfernt zu sein. Zwischen den dunklen Holzmöbeln, Kissen und Holzbalken fühlt man sich ins letzte Jahrhundert zurückversetzt. Auf der Speisekarte stehen einfache Gerichte wie Salate, Hähnchengerichte, Vorspeisen und Gegrilltes. Abends gibt's Livemusik. Und Alkohol wird auch ausgeschenkt.

Mado Café (☎ 221 1500; Atatürk Bulvarı; Hauptgerichte 3–5 €; ☷ 8–23 Uhr) Selbst dem standhaftesten Diätkandidaten fällt es schwer, den verführerischen Auslagen dieser Konditorei und Eisdiele zu widerstehen. Auch Snacks und superfruchtige Cocktails werden hier serviert. Das Café liegt westlich des Hauptplatzes in einem noblen Haus mit Parkettboden und hohen Decken.

İncilipinar Sofrası (☎ 231 9816; 100 Yıl Atatürk Kültür Parkı İçi; Hauptgerichte 3–6 €; ☷ 10–22 Uhr) Hmm, darf's *çoban salata* (Salat), *altı ezmeli* (Eintopf mit Tomatensoße im Tontopf) oder *ali nazik* (Auberginenpüree mit Joghurt und Hackfleisch)? Am Rande eines grünen Parks werden in diesem hoch gelobten Laden lauter famos leckere Gerichte aufgetischt. Die Räume sind supergemütlich mit ihren vielen Kissen, niedrigen Tischen und alten Kunstgegenständen. *Nargilehs* (Wasserpfeife) werden einem auch hingestellt. Aber Alkohol gibt's hier keinen, weil ganz in der Nähe eine Moschee steht.

Baro Lokali (☎ 339 4140; 100 Yıl Atatürk Kültür Parkı; Hauptgerichte 3–6 €; ☷ Mo-Sa 10–21 Uhr) Liegt ein bisschen ab vom Schuss, am westlichen Ende des 100 Yıl Kültür Parkı, aber der Weg lohnt sich allemal. Die Außenterrasse unterm Blätterdach ist der perfekte Zufluchtsort an einem schwülheißen Tag in Gaziantep. Aus der Küche kommt das reinste Feuerwerk an Delikatessen – von feinsten Fleischgerichten bis hin zu appetitlichsten Vorspeisen. Genießen ist die Devise! Es gibt Bier, Rakı oder Wein zum Essen und an den meisten Sommerabenden Livemusik. Wir kommen wieder.

Und hier noch ein paar Tipps rund ums Zentrum:

Baklava Ünlüler (☎ 232 2043; Suburcu Caddesi; ⌚ 8–20 Uhr) Noch eine echte Entdeckung für Süßschnäbel mit – wer hätte das gedacht – oberleckeren *fıstıklı*- (Pistazien)-Baklava.

Güllüoğlu Pastanesi (☎ 231 2282; Suburcu Caddesi; ⌚ 8–20.30 Uhr) Echter Dauerbrenner mit der bewährten Dreierkombi: matschige Pistazien-Baklava (wir kriegen einfach nicht genug von diesen kleinen Leckereien!), vorzügliches Eis und guter Tee.

Önder Lahmacun Salonu (☎ 231 6455; Eyuboğlu Caddesi; ⌚ 8–21 Uhr) Nicht weit weg von der Kurtulus Cami. Fladenbrote und *lahmacun* (türkische Pizza) werden vor den Augen der Kunden gesund zubereitet. Pizza war noch nie so gut.

Orkide Kahkeci (☎ 231 2277; Hürriyet Caddesi; ⌚ 8–21 Uhr) Der unwiderstehliche Duft von frisch gebackenem Kuchen und Gebäck dringt durch die Tür und bringt auch abgestumpfte Geschmacksnerven wieder auf Vordermann.

Ausgehen

Cafe Şehzade (☎ 231 0350; Gaziler Caddesi; Snacks 1–2 €; ⌚ 8.30–20 Uhr) Es lohnt sich schon, nur einen Blick auf die Einrichtung zu werfen: Das stimmungsvolle Şehzade ist in einem 800 Jahre alten, umgebauten Hamam (Badehaus) untergebracht. Das Essen, hauptsächlich Snacks, ist so lala. Aber um Studenten zu treffen und Tee zu trinken, ist das Café genau das Richtige. Am späten Nachmittag wird Livemusik gespielt.

Gürbüzün Yeri (Hürriyet Caddesi; Säfte ab 0,70 €; ⌚ 8.30–23 Uhr) Ultrafrische Fruchtsäfte sind in diesem gut besuchten Schuppen die Hit. Den totalen Energieschub bringt ein Glas *atom* (explosiver Mix aus Milch, Honig, Banane, Haselnüssen und Pistazien) oder *şalgam*, ein bitterer, aber erfrischender Drink aus Wurzelgemüse, Knoblauch und Peperoni. *Lezzetli* (köstlich)!

Asmalı Konak Café (☎ 231 4105; Gaziler Caddesi; ⌚ 8–20 Uhr) Entspanntes Lokal in einem umgebauten Haus in einer belebten Fuß-gängerzone. Wer einen Tisch auf dem Balkon erwischt, kann mit einem Glas ayran in der Hand der Menge beim Bummeln zugucken.

Café Bülbül (☎ 221 2616; Gaziler Caddesi; ⌚ 8–20 Uhr) Noch ein ruhiges Plätzchen. Hierher kommen Studenten auf der Suche nach einem Flirt und um bei einem Softdrink zu relaxen.

Zılgıt Café-Bar (☎ 230 0490; Kayacık Sokak; ⌚ 9–23 Uhr) In diesem gemütlichen, verwinkelten Laden voller Teppiche und Kissen wird jeden Abend Livemusik gespielt. Es gibt Softdrinks und Alkohol. Nicht weit weg vom Yunus Hotel.

Millet Hanı (Uzun Çarşı; Snacks 1–3 €; ⌚ 8–22 Uhr) Sehr nettes Lokal. Wo sonst gibt's Tee oder Suppe in einer 500 Jahre alten, umgebauten Karawanserei? Der Gesamteindruck wird nur durch die leider absolut geschmacklosen Sonnenschirme im Hof ein bisschen beeinträchtigt.

An- & Weiterreise

AUTO

Ein paar Attraktionen außerhalb der Stadt sind am besten mit dem Auto zu erreichen, v. a. das Freilichtmuseum Yesemek (S. 644). Bei Arsan (S. 638) oder **Sixt Rent A Car** (☎ 336 7718; Ordu Caddesi), 1,5 km westlich des Zentrums, gibt's Mietwagen.

BUS

Der *otogar* liegt 6 km vom Zentrum entfernt. Aber wer mit dem Minibus ankommt, wird für gewöhnlich erst durch die Innenstadt kutschiert, bevor's zum *otogar* geht. Auch Stadtbusse (0,60 €) zockeln zwischen Zentrum und *otogar* hin und her, z. B. der Bus, der in der Hürriyet Caddesi, nördlich der Gazler Caddesi, abfährt, oder das Dolmuş, das ca. 400 m weiter nördlich in der İstasyon Caddesi hält. Mit dem Taxi kostet es ca. 6 €.

Einen Direktbus nach Syrien gibt's nicht. Vorher am besten nach Kilis fahren und dann mit dem Taxi zur Grenze oder nach Aleppo. Minibusse nach Kilis (3 €, 65 km) fahren alle 15 Minuten von einem extra Minibusterminal in der İnönü Caddesi ab. Von hier gibt's auch Minibusse nach İslahiye (3 €, 95 km). Die nach Birecik (3 €, 46 km) haben ihren eigenen Terminal in der İpek Yolu, östlich des Zentrums.

Die folgende Liste zeigt ein paar tägliche Verbindungen.

VERBINDUNGEN VOM OTOGAR IN GAZİANTEP

Fahrtziel	Fahrpreis	Dauer	Entfernung	Häufigkeit (pro Tag)
Adana	7 €	4 Std.	220 km	regelmäßig Busse
Adıyaman	5 €	3 Std.	162 km	regelmäßig Minibusse
Ankara	20 €	10 Std.	705 km	regelmäßig Busse
Antakya	7 €	4 Std.	200 km	regelmäßig Minibusse
Diyarbakır	12 €	5 Std.	330 km	regelmäßig Busse
İstanbul	21 €	15 Std.	1136 km	mehrmals Busse
Kahramanmaraş	4 €	1½ Std.	80 km	regelmäßig Busse & Minibusse
Mardin	12 €	6 Std.	330 km	mehrmals Busse
Şanlıurfa	5 €	2½ Std.	145 km	regelmäßig Busse
Van	18 €	12 Std.	740 km	mehrmals Busse

FLUGZEUG

Der Gazianteper Flughafen Oğuzeli liegt 20 km vom Zentrum entfernt. An jedem Airline-Büro startet jeweils anderthalb Stunden vor Abflug ein Flughafenbus (3 €).

Cyprus Turkish Airlines (www.kthy.net) Zweimal wöchentlich Flüge nach Ercan (Nordzypern), ab 50 €.

Onur Air (☎ 221 0304; www.onurair.com.tr; Kazaz İş Merkezi; 7–19 Uhr) Zweimal täglich Flüge nach/von İstanbul (ab 50 €; 1¾ Std.).

Pegasus (www.flypgs.com) Tägliche Flugverbindungen nach/von İstanbul (ab 45 €) und nach/von İzmir (ab 45 €).

Sun Express (www.sunexpress.com.tr) Dreimal wöchentlich Flüge nach/von İzmir (ab 45 €, 1¾ Std.).

Turkish Airlines (☎ 230 1563; www.thy.com; Atatürk Bulvarı; Mo–Fr 8.30–17.30 Uhr & Sa 8.30–13 Uhr) Zwei- bis dreimal täglich Flüge nach/von İstanbul (ab 50 €, 1¾ Std.).

In Gaziantep haben diese Fluggesellschaften keine Niederlassungen, aber jedes Reisebüro, einschließlich Arsan (s. S. 638), stellt in ihrem Auftrag Tickets aus.

ZUG

Der komfortable *Toros Ekspresi* fährt dienstags, donnerstags und sonntags um 14.30 Uhr nach İstanbul über Adana und Konya (20 €, 27 Std.). Nach Aleppo und Damaskus fährt zweimal wöchentlich ein Zug ab İslahiye in Richtung Syrien (ca. 5 Std. ab İslahiye, 5 €).

RUND UM GAZİANTEP

Kilis

☎ 0348/70 700 Ew.

Jetzt oder nie! Noch ist es ein Geheimtipp. Kilis ist von Gaziantep aus kinderleicht zu erreichen und lockt Insider mit seiner fröhlichen Atmosphäre und seinen prächtigen historischen Bauwerken rund ums Zentrum an: Mausoleen, Karawansereien, Hamams, Moscheen, Brunnen, *konaks* (alte Häuser) etc. Die meisten alten Gebäude werden gerade restauriert, z. B. das Adliye, der Mevlevi Hane, die Tekye Camii, der Paşa Hamamı, die Cuneyne Camii, die Çalik Camii und die Kadı Camii … Wer durch die engen Gassen abseits der Hauptstraße bummelt, wird satt und viele andere finden.

Am besten den Minibus ab Gaziantep nehmen und mindestens einen Tag in dieser erstaunlichen Stadt verbringen. Wer übernachten will, ist im **Hotel Arca** (☎ 814 08343; Zekerya Korkmaz Bulvarı; EZ/DZ 31/45 €; P ✗ ☎) bestens aufgehoben. Die Badezimmer sind so sauber, dass man vom Boden essen könnte. Und Hungrige finden eine Konditorei und eine Eisdiele gleich im Erdgeschoss.

Zurück nach Gaziantep fahren regelmäßig Minibusse (3 €, 65 km, 1 Std.). Minibusse nach İslahiye starten stündlich (3 €, 82 km, 1½ Std.). Nach Aleppo in Syrien erst mit dem Taxi nach Öncüpınar an der Grenze (6 €, 7 km) fahren. Auf syrischer Seite geht's dann mit dem nächsten Taxi weiter nach Aleppo.

Freilichtmuseum Yesemek

Zu den Highlights in der Umgebung gehört das **Freilichtmuseum Yesemek** (Yesemek Açık Hava Müzesi; Eintritt 1,25 €; morgens–abends). Das ist ein riesiger, mit ungefähr 300 hethitischen Steinen und Statuen übersäter Hang. Ein Besuch lohnt sich auch für alle, die keine Hethiterfans sind. Denn die Lage ist absolut malerisch.

Einzigartig und sehr spannend ist die frühere Funktion dieser Stätte. Von 1375 v. Chr. an war dieser Hang ein hethitischer Steinbruch mit Skulpturenwerkstatt. Mehr als 600 Jahre wurden hier wie am Fließband aus Basaltblöcken von 1,5 bis 8 t Löwen, Sphingen und andere Skulpturen gemeißelt. Diese sind hier in verschiedenen Bearbeitungsstadien zu sehen, so wie sie am Ende der hethitischen Epoche zurückgelassen wurden.

Von Gaziantep nach Yesemek sind es 113 km. Mit öffentlichen Verkehrsmitteln ist das kein Zuckerschlecken. Erst geht's mit den halbstündlich verkehrenden Minibussen von Gaziantep nach İslahiye (3 €, 1½ Std.). Man muss unbedingt pünktlich starten, damit man dort um 13.30 Uhr (immer außer So) den Minibus zum Museum (25 km südöstlich von İslahiye) erreicht. Wer am selben Tag zurück will, muss für den Minibus nach İslahiye zahlen (ca. 15–20 €), weil die Minibusse normalerweise über Nacht im Dorf bleiben.

Einfacher ist es, in Gaziantep ein Auto zu mieten oder ein Taxi zu nehmen (ca. 60 €). Da ist dann auch noch ein Schlenker durch die schöne Landschaft drin mit Abstechern nach Kilis, Yesemek und İslahiye. Von Kilis geht's auf der D410 in Richtung Hassa/Antakya, dann nach rechts in die ausgeschilderte Schotterstraße nach Yesemek.

Belkıs-Zeugma

Belkıs-Zeugma war früher eine bedeutende Stadt. Sie wurde von einem Feldherrn Alexanders des Großen 300 v. Chr. gegründet und erlebte ihr Goldenes Zeitalter unter den Römern. Später war sie ein wichtiges Handelszentrum an der Seidenstraße. Leider hat sie viel von ihrem Reiz verloren, denn ein großer Teil der Stätte ist in den Fluten des Birecik-Damms untergegangen. Trotz der vielen Ausgrabungen sind von der einstigen Pracht nur noch ein Haufen Trümmer und ein paar ramponierte Säulen übrig geblieben. Infotafeln gibt's auch nicht. Die interessantesten Mosaiken und anderen Funde wurden ins Museum von Gaziantep verfrachtet, wo einige auch ausgestellt sind.

Die Stätte liegt 50 km von Gaziantep entfernt und 7 km abseits der Fernstraße nach Şanlıurfa (ausgeschildert). Aber es gibt keinen Minibus dorthin. Ohne eigenen fahrbaren Untersatz lohnt es sich vielleicht gar nicht, weil's so wenig zu gucken gibt.

Birecik

Birecik liegt 46 km östlich von Gaziantep, direkt am Euphrat (Fırat Nehri). Hier gibt's einen der weltweit letzten Nistplätze des Waldrapps (Geronticus eremita), einer vom Aussterben bedrohten Vogelart.

Die Vögel werden markiert, freigelassen und sollten sich eigentlich nur während der Brutzeit (Feb.–Juli) hier aufhalten. Aber ein paar Stubenhocker wollen einfach nicht weg und können das ganze Jahr über beobachtet werden.

Mit dem eigenen Fahrzeug ist es ganz einfach, zur Zuchtstation zu kommen. Dem Flussufer 1 km in nördlicher Richtung folgen und rechts nach dem braun-gelben Schild mit der Aufschrift **Birecik Kelaynak Üretme İstasyonu** (Ibis-Zuchtstation von Birecik; ☻ 7–19 Uhr) Ausschau halten.

Wer's mit dem Federvieh nicht so hat, kann auch die Ruinen der **Festung** auf dem Hügel erkunden.

Wer in Birecik hängen bleibt, wendet sich ans **Mırkelam Otel & Restaurant** (☎ 0414-661 0500; EZ/DZ 17/28 €; P ⛽ ♨) an der Schnellstraße gleich westlich des Euphrat, wo die Busse halten. Die motelänliche Herberge ist vielleicht nicht gerade was für die Flitterwochen, aber sauber, zweckdienlich und gut organisiert.

Der beste Platz zum Essen ist das im **Kıyı Restaurant** (☎ 661 0117; Karşıkaya; Hauptgerichte 3–7 €; ☻ 8–21 Uhr), direkt am Euphrat, ungefähr 500 m vom Mırkelam Otel (ausgeschildert) entfernt. Hier gibt's Genuss pur: Open-Air-Terrasse mit Blick auf den Fluss, eine Spitzenaussicht auf die Festung, jede Menge Schatten, offensichtlich ganz frischen Fisch und ein Glas Bier zum Runterspülen – genau das Richtige nach einem halben Tag Sightseeing.

Jeder Bus zwischen Şanlıurfa und Gaziantep kann einen in Birecik rauslassen. So können Traveller auf der Durchfahrt eine Stippvisite einplanen, ohne übernachten zu müssen (vorausgesetzt sie sind bereit, schon am frühen Nachmittag wieder weiterzufahren). In Birecik an der kale (Festung) am Fluss aussteigen. Dann sind's noch 1,3 km zu Fuß oder per Taxi zur Zuchtstation.

Der kleine otogar liegt nicht weit weg vom Gemüsemarkt am Fluss, unterhalb der Festung. Regelmäßig fahren Minibusse nach Şanlıurfa (3 €, 1½ Std.) und Gaziantep (3 €, 1 Std.). Minibusse nach Halfeti (2 €, 45 km) verkehren an Wochentagen oft, an Wochenenden selten. Eine Taxifahrt nach Halfeti kostet ca. 26 €.

Halfeti & Rumkale

Ruhebedürftig? Dann auf nach Halfeti. Das friedliche Dorf liegt 40 km nördlich von Birecik direkt am Euphratufer. Hier kann man noch so richtig relaxen, bevor die quirligen Städte Şanlıurfa im Osten oder Gaziantep im Westen angepeilt werden. Der Ort könnte schöner nicht sein – mit den süßen

Häusern, die sich vom Fluss aus den Hang hochziehen. Leider wurde durch den Bau des Birecik-Damms die halbe Stadt unter Wasser gesetzt, inklusive mehrerer Ausgrabungsstätten. Und ein Teil der Bevölkerung musste umgesiedelt werden.

An ein paar Plätzen lässt sich die Atmosphäre des Ortes besonders gut genießen. Eine Tasse Tee und frischer Fisch aus dem See werden im **Siyah Gül Restaurant** (☎ 0414-751 5235; Hauptgerichte 3–5 €) serviert, wo die Gäste im Grünen sitzen und auf den See schauen können. Alkohol gibt's auch. Aber der Knüller ist das **Duba Restaurant** (☎ 0414-751 5704; Hauptgerichte 2–6 €), ebenfalls mit Alkoholausschank. Es liegt weiter unten am Ende des Dorfes (einfach der Straße am See folgen). Zum Restaurant gehört ein schattiger Ponton auf dem Wasser. Übernachtungsgäste kommen im freundlichen **Şelaleli Konak** (☎ 0414-751 5500; DZ 10 € pro Pers.) für wenig Geld unter. Allerdings gibt's nur drei Zimmer (eins mit Bad) und Frühstück kostet extra (2 €).

Von Halfeti können ganz leicht Bootsfahrten zur nahen **Rumkale** organisiert werden (ca. 30 € fürs ganze Boot) – sehr zu empfehlen! Der Weg zur Festungsruine, die auf einem Felsen über dem Fluss thront, ist kurz, aber steil. Es gibt eine Moschee, eine Kirche, ein Kloster, einen Brunnen und andere Ruinen, durchweg ziemlich gut erhalten. Und die Aussicht – Mannomann, einfach sensationell.

An Wochentagen ist Halfeti relativ einfach mit öffentlichen Verkehrsmitteln zu erreichen. Dann fahren stündlich Minibusse zwischen Birecik und Halfeti (2 €).

ŞANLIURFA (URFA)

☎ 0414/463 800 Ew./Höhe 518 m

Das mystische und fromme Şanlıurfa (die Prophetenstadt; auch als Urfa bekannt) verzaubert alle, die in diese großartige Pilgerstadt kommen. Sie gehört zu den wichtigsten religiösen und historischen Orten der Türkei – in dieser Hinsicht ist sie Lichtjahre vom nahen Gaziantep entfernt. Ein nahöstliches Flair ist hier eindeutig zu spüren – kein Wunder bei der Nähe zu Syrien. In schwarze Tschadors gehüllte Frauen drängeln sich durch das Gewühl in den duftenden Basargassen. Schnurrbärtige Männer in *şalvars* (traditionelle arabische Pluderhosen) schlürfen Tee und lassen in schattigen Höfen die Backgammonsteine klackern. Pilger füttern die heiligen Karpfen im Schatten der mittelalterlichen Festung …

Wer was für Exotik übrig hat, kommt hier voll auf seine Kosten. Urfa hat natürlich auch ganz weltliche Probleme – der Verkehr auf der Fernstraße ist laut und niemand hält sich an Regeln. Und die Vororte sind durch die allgegenwärtigen Betonklötze verhunzt. Trotzdem ist die Stadt ein Muss für jeden, der im Südosten unterwegs ist.

Geschichte

Die Hethiter herrschten etwa seit 1370 v. Chr. in dem Gebiet. Nach einer Zeit unter assyrischer Herrschaft kam Alexander der Große nach Urfa. Er und seine makedonischen Kumpanen nannten die Stadt Edessa nach einer ehemaligen Hauptstadt von Makedonien. Bis 132 v. Chr. blieb sie die Hauptstadt einer Seleukidenprovinz. Dann errichtete die aramäische Bevölkerung hier ein unabhängiges Königreich und gab der Stadt den Namen Orhai. Schließlich musste sich Orhai den Römern geschlagen geben, wie alles in der Gegend.

Die Stadt blieb aber widerspenstig und trat relativ schnell zum Christentum über (ca. 200 n. Chr.), noch bevor das die offizielle Religion der Eroberer wurde.

Weil es genau zwischen Persischem und Römischem Reich lag, wurde Edessa mal dem einen, mal dem anderen zugeschlagen. Im Jahre 532 unterzeichneten die zwei Imperien einen Waffenstillstand, den sogenannten Ewigen Frieden – der acht Jahre hielt. Römer und Perser hielten an Edessa fest, bis die Araber einfielen und sie 637 alle verjagten. Unter den Arabern hatte die Stadt über 300 Jahre Ruhe und Frieden. Dann ging alles wieder den Bach runter.

Türken, Araber, Armenier und Byzantiner kämpften um die Stadt von 944 bis 1098, dem Jahr, in dem Balduin von Boulogne mit dem Ersten Kreuzzug hier eintraf und die Grafschaft von Edessa gründete. Diesen seltsamen europäischen Feudalstaat gab es bis 1144; dann wurde er von einem seldschukischen Emir erobert.

Auf den Emir folgten Sultan Saladin und dann die Mamelucken. Anfang des 16. Jhs. eroberten die Osmanen unter Selim dem Gestrengen große Teile der Region. Aber zu Urfa wurde Edessa erst 1637, als die Osmanen auch hier endlich die Macht an sich gerissen hatten.

Und was den Beinamen angeht: Seit 1983 darf Urfa sich Şanlıurfa (berühmtes Urfa)

ŞANLIURFA (URFA)

0 —————— 400 m

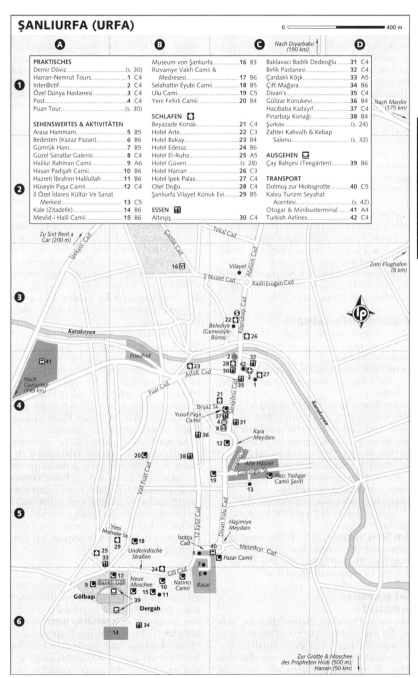

A

PRAKTISCHES
Demir Döviz.................................(s. 30)
Harran-Nemrut Tours....................1 C4
Inter@ctif.....................................2 C4
Özel Dünya Hastanesi..................3 C4
Post..4 C4
Puan Tour.................................(s. 30)

SEHENSWERTES & AKTIVITÄTEN
Arasa Hammam.............................5 B5
Bedesten (Kazaz Pazarı)...............6 B6
Gümrük Hanı.................................7 B5
Güzel Sanatlar Galerisi..................8 C4
Halilur Rahman Camii....................9 A6
Hasan Padişah Camii...................10 B6
Hazreti İbrahim Halilullah...........11 B6
Hüseyin Paşa Camii....................12 C4
İl Özel İdaresi Kültür Ve Sanat
  Merkezi....................................13 C5
Kale (Zitadelle)...........................14 B6
Mevlid-i Halil Camii....................15 B6

B

Museum von Şanlıurfa..................16 B3
Rızvaniye Vakfı Camii &
  Medresesi.................................17 B6
Selahattin Eyubi Camii.................18 B5
Ulu Cami.....................................19 C5
Yeni Fırfırlı Camii........................20 B4

SCHLAFEN
Beyazade Konak..........................21 C4
Hotel Arte...................................22 C3
Hotel Bakay.................................23 B4
Hotel Edessa...............................24 B6
Hotel El-Ruha..............................25 A5
Hotel Güven.............................(s. 28)
Hotel Harran................................26 C3
Hotel İpek Palas...........................27 C4
Otel Doğu....................................28 C4
Şanlıurfa Vilayet Konuk Evi..........29 B5

ESSEN
Altınşiş..30 C4

C

Baklavacı Badıllı Dedeoğlu 31 C4
Birlik Pastanesi.............................32 C4
Çardaklı Köşk..............................33 A5
Çift Mağara.................................34 B6
Divan's...35 C4
Gülizar Konukevi.........................36 B4
Hacıbaba Kadayıf.........................37 C4
Pınarbaşı Konağı..........................38 B4
Şurkav....................................(s. 24)
Zahter Kahvaltı & Kebap
  Salonu...................................(s. 32)

AUSGEHEN
Çay Bahçesi (Teegärten)..........39 B6

TRANSPORT
Dolmuş zur Hiobsgrotte............40 C5
Kalıru Turizm Seyahat
  Acentesi................................(s. 42)
Otogar & Minibusterminal........41 A4
Turkish Airlines..........................42 C4

D

Nach Mardin
(175 km)

SÜDOSTANATOLIEN

nennen. Als das „heldenhafte" Antep (Gaziantep) seinen Beinamen bekam, war das ein herber Schlag für die Bürger von Urfa. Aber jetzt, wo sich ihre Stadt mit dem Zusatz „berühmt" schmücken darf, können die Einwohner den Bürgern des „heldenhaften" Antep wieder auf Augenhöhe begegnen.

Orientierung

Außer im Innern des Basars dürfte es in Urfa mit der Orientierung keine Probleme geben. Wer über die Schnellstraße von Gaziantep kommt, sieht beim Reinfahren in die Stadt auf der rechten Seite die Zitadelle. Der *otogar* liegt 1 km vom Zentrum entfernt. Wer mit dem Taxi ins Zentrum will, lässt sich zum *belediye* (Rathaus) bringen. Da sind die meisten Hotels. Alle, die zu den Moscheen, Wasserbecken und zum Basar wollen, fragen einfach nach dem Balıklı Göl bzw. nach Gölbaşı. Der Balıklı Göl liegt 1,5 km vom *otogar* entfernt.

Auf den verschiedenen Abschnitten heißt die Hauptverkehrsader Atatürk, Köprübaşı, Sarayönü und Divan Yolu Caddesi.

Praktische Informationen

Das Postamt und die meisten Banken mit Geldautomaten verteilen sich rund um die Sarayönü Caddesi.

Demir Döviz (Sarayönü Caddesi; ☽ Mo–Fr 8–18 Uhr & Sa 8–13 Uhr) Private Wechselstube, die länger geöffnet hat als die Banken.

Harran-Nemrut Tours (☎ 215 1575, 0542-761 3065; Köprübaşı; ozcan_aslan_teacher@hotmail.com; ☽ 9–18 Uhr) Gleich hinterm Özel Dünya Hastanesi. Weil's keine anständige Touristeninformation gibt, ist das kleine Reisebüro, das vom ortsansässigen Lehrer Özcan Aslan geführt wird, die verlässlichste Infoquelle. Er spricht gut Englisch, weiß alles über die Gegend und veranstaltet auch Touren zu den Stätten in der Umgebung.

Inter@ctif (Sarayönü Caddesi; 0,60 € pro Std.; ☽ 9–23 Uhr) Über die Straße, die Treppe runter, fast gegenüber vom Özel Dünya Hastanesi.

Özel Dünya Hastanesi (☎ 216 2772; Köprübaşı) Gut ausgestattetes, privates Krankenhaus.

Puan Tour (☎ 216 0295; Sarayönü Caddesi; ☽ Mo–Sa 8–19 Uhr) Vertretung von Atlasjet und Fly Air.

Sehenswertes

ZITADELLE

Das weithin sichtbare Wahrzeichen der Stadt ist die **Kale** (Eintritt 1,25 €; ☽ 8–20 Uhr) auf dem Damlacık-Hügel, von dem Abraham geschleudert worden sein soll – ein absolutes Muss. Je nach Informationsquelle wurde sie

in hellenistischer Zeit, von den Byzantinern, zur Zeit der Kreuzzüge oder von den Türken erbaut. Auf jeden Fall ist sie gewaltig, sieht angestrahlt einfach herrlich aus und kann über eine Treppe oder durch einen Tunnel im Felsen erreicht werden. Ganz oben ziehen zwei Säulen die Aufmerksamkeit auf sich. Nach einer hiesigen Legende werden sie Thron des Nemrut genannt – nach dem biblischen König Nimrod, der Urfa gegründet haben soll. Aber, ehrlich gesagt, kommen die Besucher wegen der spektakulären Aussicht auf die Stadt.

GÖLBAŞI

Der Legende nach soll Abraham (İbrahim), der im Islam als großer Prophet verehrt wird, im alten Urfa heidnische Götzenbilder zertrümmert haben. Dieses impulsive Verhalten nahm ihm der damalige assyrische König Nimrod übel und wollte ihn dafür auf den Scheiterhaufen werfen. Aber Gott verwandelte das Feuer in Wasser und die glühenden Kohlen in Fische. Abraham selbst wurde von dem Hügel, auf dem die Festung steht, in die Luft geschleudert und landete sanft in einem Rosenbeet.

Das malerische Viertel Gölbaşı nimmt diese Legende symbolisch auf. Zwei rechteckige Wasserbecken (Balıklı Göl & Ayn-i Zeliha) sind voller angeblich heiliger Karpfen. Es heißt, wer einen der Karpfen verspeist, erblindet. So kommt es, dass die Fische hier die verwöhntesten und dicksten in der ganzen Türkei sind. Westlich der Hasan Padişah Camii ist ein zauberhafter Rosengarten.

An der Nordseite des Balıklı Göl erhebt sich die elegante **Rızvaniye Vakfı Camii & Medresesi** mit einer fotogenen Arkadenmauer. Am westlichen Ende liegt die **Halilur Rahman Camii** aus dem 13. Jh. Hier stand früher eine byzantinische Kirche, und zwar an der Stelle, wo Abraham zu Boden gefallen sein soll. Die beiden Becken werden von einer Quelle am Fuß des Damlacık-Hügels gespeist, auf dem die Burg thront.

DERGAH

Südöstlich von Becken und Park liegt der Dergah-Komplex mit verschiedenen Moscheen und weiteren Parks. Er ist rund um den mit Säulen umgebenen **Innenhof der Hazreti İbrahim Halilullah** (Geburtsgrotte des Propheten Abraham) angelegt und wurde im Laufe der Jahrhunderte zum Wallfahrtsort ausgebaut und umgestaltet. An seiner Westseite steht die **Mevlid-i Halil Camii,** eine große osmanische Moschee. An der Südseite befindet sich der Eingang zur **Hazreti Ibrahim Halilullah** (Geburtsgrotte des Propheten Abraham; Eintritt 0,40 €), wo der Prophet Abraham zur Welt gekommen und sieben Jahre versteckt gelebt haben soll. König Nimrod war in einem Traum prophezeit worden, dass ein neugeborenes Kind eines Tages seine Krone stehlen würde. Daraufhin ließ er alle Babys töten. Auch heute noch ist dies eine Pilger- und Gebetsstätte mit getrennten Eingängen für Männer und Frauen.

An der Nordseite, zur Göl Caddesi hin, steht die **Hasan Padişah Camii** (1460), die innen nicht so interessant ist. Alle diese Bauten sind auch für Nichtmuslime zugänglich. Weil es bedeutende religiöse Stätten sind, sollten sie aber respektvoll gekleidet sein.

MOSCHEEN

Urfas **Ulu Cami** (Divan Yolu Caddesi) im syrischen Stil stammt aus der Zeit von 1170 bis 1175. Ihre 13 *eyvans* (gewölbte Hallen) öffnen sich zu einem weiträumigen Vorhof mit einem hohen Turm mit einer Uhr mit osmanischen Ziffern.

Am Kara Meydanı, dem Platz auf halbem Wege zwischen *belediye* und Dergah, steht die **Hüseyin Paşa Camii,** ein spätosmanischer Bau von 1849.

An der Vali Fuat Caddesi, die hinter Gölbaşı zum Cevahir Konuk Evi führt, hat die gewaltige, wunderschön restaurierte und mit Reliefs geschmückte **Selahattin Eyubi Camii** ihren Platz. Früher war das die Johanneskirche, was noch am Altar zu erkennen ist. Weiter die Vali Fuat Caddesi in nördlicher Richtung, stößt man auf die **Yeni Fırfırlı Camii,** noch ein herrlich restauriertes Bauwerk, das mal die armenische Kirche der Zwölf Apostel war.

MUSEUM VON ŞANLIURFA

Westlich des *vilayet* (Sitz der Provinzregierung), nicht weit von der Atatürk Caddesi, geht's bergauf zum **Museum** (Şanlıurfa Müzesi; Eintritt 1,25 €; ☉ Di–So 8–17 Uhr). Es catcht der Besucher mit einer Reise durch die archäologische Entwicklung der Osttürkei in seinen Bann.

In den Gärten stehen Skulpturen und beim Vorbau, wo man reinkommt, sind Mosaiken, von denen das interessanteste wilde Tiere zeigt. Drinnen sind viele tolle Artefakte wie jungsteinzeitliche Gebrauchsgegenstände, assyrische, babylonische und hethitische Reliefsteine und andere Objekte aus byzantinischer, seldschukischer und osmanischer Zeit.

BASAR

Über das, was man gerade im Museum gelernt hat, lässt sich am besten bei einem Bummel über den **Basar** (☉ Mo–Sa bei Tageslicht) nachdenken. Er erstreckt sich über das Straßengewirr östlich der Narıncı Camii. Die Gassen sind teils überdacht, teils offen. Verkauft wird alles von Schaffellen und Tauben bis zu Jeans und handgemachten Schuhen. Große Teile des Basars wurden Mitte des 16. Jhs. von Süleyman dem Prächtigen erbaut. Die beste Idee ist es, einfach einzutauchen und sich dann hoffnungslos zu verirren. Frauen sollten sich vor Grabschern in Acht nehmen.

Zu den spannendsten Bereichen gehört der **bedesten** *(kazaz pazarı),* eine antike Karawanserei, in der früher Seidenwaren verkauft wurden. Seidentücher gibt's da immer noch, genauso wie geschmacklose moderne Teppiche und die hübschen blauen und roten Tücher, die die Frauen hier tragen. Gleich am *bedesten* liegt der **Gümrük Hanı** (Zolldepot) mit einem hinreißenden Innenhof. Der ist immer voller schnurrbärtiger Männer, die Tee oder Kaffee schlürfen und Backgammon spielen. Sehr authentisches Flair!

In den Gassen des Basars verstecken sich mehrere antike und sehr billige **Hamams,** z. B. der **Arasa Hamamı.**

ALTE HÄUSER

Wer lange genug in den Seitenstraßen von Urfa rumstromert, findet sicher ein paar der unverwechselbaren Kalksteinhäuser mit ihren vorstehenden Erkern. Viele verfallen einfach und manche sind viel zu groß für die Familien von heute. Aber ein paar sind restauriert worden. Ein besonderes Schmuckstück ist das Haus von Hacı Hafızlar neben der Post, das sich in eine Kunstgalerie verwandelt hat: die **Güzel Sanatlar Galerisi** (☉ Mo–Fr 8–17.30 Uhr, Sa 12–16 Uhr). Die Kunstwerke hauen einen nicht vom Hocker, aber die Innenhöfe und Steinmetzarbeiten – alle Achtung. Die Aufpasser haben nichts gegen Besucher, die ein bisschen rumgucken.

Auch ein Blick ins **Şurkav** (Balıklı Göl Mevkii) lohnt sich. Dabei handelt es sich um ein örtliches Verwaltungsgebäude nicht weit vom Eingang des Hotels Edessa. Der Innenhof ist schön begrünt.

Das **İl Özel İdaresi Kültür Ve Sanat Merkezi** in der Marktgegend ist noch so ein ästhetisches Juwel. Die ehemalige Kirche wurde 2002 restauriert.

SÜDOSTANATOLIEN

GROTTE & MOSCHEE DES PROPHETEN HIOB

Das wird zwar nicht das Highlight der Reise, aber schon wegen der historischen Bedeutung ist die Stätte des Propheten Hiob die Busfahrt wert. Sie liegt 1 km südöstlich von Gölbaşı. Die Legende sagt, dass Eyyüp (Hiob) ein wohlhabender und gläubiger Mann war und darum von İblis (Satan) verachtet wurde. Er nahm Hiob Gesundheit, Reichtum und Familie, um ihn in eine Glaubenskrise zu stürzen. Hiob aber zog sich in diese **Grotte** (Eyyüp Peygamber Makamı) zurück, wo er geduldig und gottergeben wartete. Nach sieben Jahren gab Gott ihm seinen Besitz nebst Gesundheit zurück, Letztere mit Hilfe einer Süßwasserquelle, die entsprang, als Hiob mit dem Fuß aufstampfte. Pilger kommen hierher, um die Geduld Hiobs für sich zu erbitten und mit Hilfe des Quellwassers wieder gesund zu werden. Das Wasser wird in einem **Brunnen** aufgefangen.

Der Eintritt ist frei, aber kleine Spenden werden erwartet. Die nahe gelegene **Moschee** hat kunstvoll geflieste Torbögen.

Regelmäßig fahren Minibusse vor dem Basar von Urfa ab zur Eyyüp Pey und halten direkt am Tor zum Gelände.

Schlafen

BUDGETUNTERKÜNFTE

Von den paar Travellern könnte kaum ein Hotel in Urfa überleben, also stürzen sie sich auf Pilger und Geschäftsleute. Unverheiratete Paare sind nicht so gern gesehen, genau wie allein reisende Frauen. Das Hotel Bakay wird oft als Unterkunft für allein reisende Frauen gelobt, unverheiratete Pärchen fühlen sich im Hotel İpek Palas einigermaßen willkommen. Die Kundenfänger, die am Busbahnhof oder in der Innenstadt Leute in ihre Pensionen locken wollen, am besten ignorieren – über diese Quartiere kursieren ein paar schaurige Geschichten, v. a. von Frauen.

Otel Doğu (☎ 215 1228; Sarayönü Caddesi; EZ/DZ 9/12 €) Das Doğu ist nicht gerade der Geheimtipp für Hochzeitsreisende, aber die Zimmer sind ganz passabel und die Bäder kommen durch den Hygienecheck. Im Umkreis gibt's jede Menge Cafés und Restaurants. Klimaanlage ist Fehlanzeige; darum kann's in Sommernächten ganz schön heiß werden.

Hotel Bakay (☎ 215 8975; Fax 215 1156; Asfalt Yol Caddesi; EZ/DZ 14/22 €; ❖ 💻) Die beste Wahl für Pfennigfuchser. Das Hotel würde vielleicht

keinen Preis für Originalität gewinnen, aber es überzeugt durch gut ausgestattete (wenn auch eher kleine) Zimmer. Alle haben schicke Bäder, manche TV und Balkon. Einige sind heller als andere, also am besten erst ein paar zeigen lassen. Es ist bei türkischen Familien beliebt – ein gutes Zeichen für Frauen. Ach ja, auf dem Telefon stand „If you like to have a make-up call please press 9". WLAN kostenlos.

Hotel İpek Palas (☎ 215 1546; Köprübaşı Dünya Hastanesi Arkası; EZ/DZ 17/25 €; ❖) Die gute Nachricht: Es gibt eine Klimaanlage in diesem erschwinglichen und gepflegten Hotel mit kleinen Zimmern. Die aufgemalten Ziegelmauern in den Fluren sind ein bisschen peinlich, aber was soll's. Liegt versteckt in einer Seitenstraße hinter dem privaten *hastane* (Krankenhaus).

MITTELKLASSEHOTELS

Hotel Güven (☎ 215 1700; www.hotelguven.com; Sarayönü Caddesi; EZ/DZ 17/28 €; 🅿 ❖) Das freundliche Güven wirkt sehr aufgeräumt, aber wie zu Hause ist's hier auch nicht gerade. Die Zimmer duften beruhigend nach Raumspray und die Bäder haben gerade eine Verschönerungskur hinter sich.

Beyzade Konak (☎ 216 3535; www.beyzadekonak.com auf Türkisch; Sarayönü Caddesi, Beyaz Sokak; EZ/DZ 18/30 €; ❖) Noch ein supercharmantes Steinhaus aus dem 19. Jh. mit ruhigem Hof und mehreren gemütlichen Lounges im osmanischen Look. Das Beyzade nennt sich *Urfadaki Eviniz* (Ihr Heim in Urfa), und das zu Recht. Aber Ohrstöpsel nicht vergessen – die *sıra geceleri* (Livemusik-Abende) können laut werden.

Hotel Arte (☎ 314 7060; www.otel-arte.com; Köprübaşı Caddesi; EZ/DZ 28/39 €; ❖ 💻) Super Neuzugang in Urfas Hotelszene – und Balsam für alle, die genug haben von schäbigem Inventar und zusammengewürfelten Möbeln. Hier können sich die Gäste auf schicke Zimmer, Eins-a-Bäder, große Doppelglasfenster mit Blick auf die Hauptstraße, Parkettboden, WLAN und jegliches moderne Drumherum freuen. Ein echter Volltreffer.

Cevahir Konuk Evi (☎ 215 4678; www.cevahirkonuk evi.com; Yeni Mahalle Sokak; EZ/DZ 28/50 €; ❖) Das ehemalige Sanliurfac Vilayet Konuk Evi. Dieses fast Boutique-Hotel in einem zauberhaften Steinhaus aus dem 19. Jh. liegt in einer ruhigen Gegend. Eine schmucke Plätzchen, um sein müdes Haupt niederzulegen – das Personal trägt osmanische Trachten, und in dem zentralen Innenhof mit Brunnen ist ein entzückendes Café-Restaurant. Einziges Minus: die Schlafzimmer mit den mehr oder weniger türkischen Standardhotelmöbeln.

SPITZENKLASSEHOTELS

Hotel Edessa (☎ 215 9911; Fax 215 5030; Balıklı Göl Mevkii; EZ/DZ 34/50 €; **P** 🏊) Die Gäste werden beim Ein- oder Ausschecken nicht gerade mit Liebenswürdigkeit überschüttet – aber das Haus liegt spitzenmäßig mit Blick auf Gölbaşı und wird gut geführt. Ein bisschen anonym, aber die Zimmer haben allen Komfort. Am besten ein Zimmer mit Blick auf Gölbaşı sichern. Bei Reisegruppen sehr beliebt.

Hotel Harran (☎ 313 2860; Fax 313 4918; Köprübaşı Caddesi; EZ/DZ 37/56 €; **P** 🏊 🍴) Wem eine schicke Einrichtung nicht so wichtig ist, aber dafür Hygiene und ein vielfältiges Angebot, der ist im Harran gut aufgehoben. Das Hochhaushotel hat rosige Zimmer mit blitzsauberen Bädern. Zusätzlicher Bonus: Restaurant, Hamam (nur für Männer) und Swimmingpool.

Hotel El-Ruha (☎ 215 4411; www.hotelelruha.com auf Türkisch; Balıklı Göl; EZ/DZ 63/84 €, Suite 125 €; 🍴 🖥) Es ist viel zu gewaltig, um als Boutique-Hotel durchzugehen. Trotzdem ist dieser Fünf-Sterne-Schuppen der schickste im Ort – mit pieksauberen Zimmern und jeder Menge erstklassiger Einrichtungen, inklusive Sauna, Hamam und Fitnesscenter. Alkohol ist auf dem Gelände allerdings tabu.

Essen & Ausgehen

Vorsicht mit dem Essen in Urfa, denn bei der Hitze sind Lebensmittelvergiftungen keine Seltenheit. Also immer darauf achten, dass das Essen heiß und frisch zubereitet ist. Alkohol wird normalerweise nicht serviert. Zu den kulinarischen Spezialitäten von Urfa gehören: Urfa-Kebap (Lammstücke vom Spieß mit Tomaten, Zwiebelscheiben und Peperoni), çiğ köfte (rohes Hammelhackfleisch) und içli köfte (frittierte Fleischbällchen mit Hammelfleischfüllung und Bulgur).

Baklavacı Badıllı Dedeoğlu (☎ 215 3737; Sarayönü Caddesi; 🕐 8–21 Uhr; Gebäck 0,50–1 €) Wenn es in dieser heiligen Stadt ein Paradies gibt, dann hier. Kenner schwören, dass hier die leckersten Baklava der Stadt gezaubert werden.

Birlik Pastanesi (☎ 313 1823; Köprübaşı Caddesi; 🕐 8–22 Uhr; Gebäck 0,50–1 €) Hier kann man bei einer Riesenauswahl von Kuchen und anderen Leckereien neue Kraft schöpfen.

Hacıbaba Kadayıf (Sarayönü Caddesi; 🕐 8–21 Uhr; Gebäck 0,50–1 €) In der Nähe des Yusuf Paşa

Camii. Ideal zum Probieren von *peynirli kadayıf* (mit Käse gefülltes und mit Honig überzoges Gebäck).

Zahter Kahvaltı & Kebap Salonu (Köprübaşı Caddesi; Hauptgerichte 2–3 €) Der niedliche Laden verspricht eine köstliche Erholung vom üblichen türkischen Frühstück. Klebrigen Honig und cremigen Aufstrich aufs Fladenbrot, dazu ein großes Glas çay (Tee) oder *ayran* (Joghurtdrink) – das alles schon für 2 €.

Divan's (☎ 215 8552; Sarayönü Caddesi; Hauptgerichte 2–3 €; 🕐 8–22 Uhr) Dieser Restaurant-Café-Fastfood-Laden liegt abseits der Hauptstraße – ein clever angelegter Komplex, wo's Burger, Pizzen, Fertiggerichte und Kebaps gibt. Der luftige Außenbereich mit Springbrunnen ist nach einem Tag Sightseeing perfekt zum Relaxen. Als Energieschub ist ein frisch gepresster Orangensaft unschlagbar.

Çift Mağara (☎ 215 9757; Çift Kubbe Altı Balıklıgöl; Hauptgerichte 2–5 €; 🕐 10–22 Uhr) Der Speiseraum ist direkt in den felsigen Steilhang gemeißelt, der Gölbaşı überblickt. Übertroffen wird das saalartige Innere nur noch von der herrlichen Außenterrasse (Aussicht!). Das Lokal ist berühmt für seine köstlichen *içli köfte*, die es ab 2 € gibt. So wird man gut satt, auch wenn im Portemonnaie Flaute herrscht. Wenn's dann noch Alkohol gäbe, wäre das Leben einfach perfekt.

Pinarbaşı Konağı (☎ 215 3919; 12 Eylül Caddesi; Hauptgerichte 2–5 €; 🕐 8–22 Uhr) Fast die exakte Kopie des Gülizar Konukevi – stilvoll bis zum Gehtnichtmehr. Es ist in einem reizvollen alten Urfa-Haus untergebracht, wo die Gäste in mehreren um einen Innenhof angelegten Räumen auf Kissen auf dem Boden essen. Abends gibt's Livemusik.

Altınşiş (☎ 215 4646; Sarayönü Caddesi; Hauptgerichte 3–5 €; 🕐 11–22 Uhr) Hier ist Hektik angesagt, wenn die Mittagskundschaft anrauscht, um sich ihre tägliche Mahlzeit abzuholen. Im Angebot sind die üblichen Verdächtigen. Wenn die Portionen immer so groß sind wie beim *sarma beyti* (eine Art Kebap), kann der Magen beim Reingehen ruhig knurren.

Gülizar Konukevi (☎ 215 0505; www.gulizarkonukevi.com; Karameydanı Camii Yanı; Hauptgerichte 4–5 €; 🕐 8–22 Uhr) Gutes Essen und traditionelles Flair. Die Spezialität hier heißt şıllık, das ist eine Art Walnusspfannkuchen – unbedingt kosten. Die gemütliche Atmosphäre ist ein zusätzliches Plus.

Çardaklı Köşk (☎ 217 1080; www.cardaklikosk.com auf Türkisch; Vali Fuat Caddesi, Tünel Çıkışı; Hauptgerichte 4–6 €;

URFAS HEISSE NÄCHTE *Jean-Bernard Carillet*

Nachtleben? In Urfa? In der Stadt der Propheten klingt das wie ein Widerspruch in sich. Aber weit gefehlt – die Abende in Urfa waren die heißesten in ganz Ostanatolien, und fast immer wurde wild getanzt. Was die Stadt in Schwung hält, sind die *sıra geceleri* („traditionelle Nächte") in den exklusiveren Restaurants. Dabei sitzen, essen, singen und tanzen die Gäste in *şark odası* (Lounges). Nach dem Essen spielt eine Liveband alte Hits, nach denen die Feiernden nach Herzenslust abrocken und tanzen. Auch ich geriet einmal in eine dieser Lounges – *„Gel, ge!"* (Komm, komm!) Und die Einladung zum Mittanzen konnte ich nicht ablehnen. Noch nie waren Folkloreabende so lustig. An diesem Abend dankte ich all meinen Glückssternen dafür, dass niemand meine Verrenkungen zur kurdischen Flöte auf der Tanzfläche fotografiert hat. Wer das auch mal erleben will, geht am besten zum Beyzade Konak, Gülizar Konukevi, Pınarbaşı Konağı oder Cevahir Konuk Evi. Wir wollen die Fotos!

9–23 Uhr) Noch ein altes Haus, das aber so heftig restauriert wurde, dass es fast wie neu aussieht. Auch hier liegen die unterschiedlich großen Zimmer rund um einen Innenhof. Aber das Schönste ist der Blick auf Gölbaşı. Wenn Essen und Service nur auch so toll wären …

Cevahir Konuk Evi (☎ 215 9377; www.cevahir konukevi.com; Yeni Mahalle Sokak; Hauptgerichte 4–8 €; 8–22 Uhr) Türkische Urlauber schätzen das Cevahir mit seiner unschlagbaren Kombination aus hübschem Ambiente (gepflegter Garten und eine alte Villa mit mehreren gemütlichen Lounges), Livemusik am Abend und leckerem Essen. Wer meint, dass sein Gaumen dringend Abwechslung braucht, bestellt die *karışık peynir tabağı* (Käseplatte). Das reinste Vergnügen.

Ein Tässchen Tee zum Relaxen im Grünen gibt's in verschiedenen *çay bahçesi* im Gölbaşı-Park – zu jeder Tageszeit ein Erlebnis.

An- & Weiterreise

AUTO

Wer ein Auto mieten will, kann es bei **Kalıru Turizm Seyahat Acentesi** (☎ 215 3344; Fax 216 3245; Sarayönü Caddesi, Köprübaşı; 8.30–18.30 Uhr) versuchen, der Vertretung von Turkish Airlines, oder bei **Sixt Rent A Car** (☎ 315 0440; Fax 315 0307; 8–19 Uhr).

BUS

Am *otogar* an der Autobahn nach Südosten kommen viele Busse an. Für die meisten ist er aber nur ein Zwischenstopp. Also sind oft schon viele Plätze besetzt. Busse vom *otogar* fahren vom Atatürk Bulvarı (0,40 €). Taxis nehmen 4 € für die Kurztour zwischen *otogar* und Hauptstraße. Einige tägliche Verbindungen sind in der Tabelle rechts aufgelistet.

Minibusse nach Akçakale, Harran, Birecik, Kahta und Adıyaman (4 €, 2 Std.) fahren vom Minibusterminal neben dem *otogar* ab. Reisende nach Syrien nehmen einen Minibus nach Akçakale (2 €, 1 Std.) und von da ein Taxi über die Grenze bis nach Raqqa.

VERBINDUNGEN AB OTOGAR IN ŞANLIURFA

Fahrtziel	Fahrpreis	Dauer	Entfernung	Häufigkeit (pro Tag)
Adana	10 €	6 Std.	365 km	regelmäßig
Ankara	22 €	13 Std.	850 km	5–6-mal
Diyarbakır	6 €	3 Std.	190 km	regelmäßig
Erzurum	17 €	12 Std.	665 km	1-mal
Gaziantep	5 €	2½ Std.	145 km	regelmäßig
İstanbul	28 €	20 Std.	1290 km	ab und zu
Malatya	8 €	7 Std.	395 km	1-mal
Mardin	6 €	3 Std.	175 km	ab und zu
Van	18 €	9 Std.	585 km	2-mal

FLUGZEUG

Turkish Airlines (☎ 215 3344; www.thy.com; Kaliru Turizm Seyahat Acentesi, Sarayönü Caddesi; 8.30–18.30 Uhr) hat fünf Flüge pro Woche nach/von Ankara (ab 65 €, 1½ Std.). Vor dem Büro fahren Busse zum Flughafen ab, jeweils anderthalb Stunden vor dem Abflug (2 €).

Atlasjet (www.atlasjet.com) bietet vier Flüge wöchentlich nach/von İstanbul (ab 44 €, 2 Std.).

Fly Air (www.flyair.com.tr) hat drei Flieger pro Woche nach/von İstanbul (ab 43 €).

HARRAN

☎ 0414/6900 Ew.

Harran sollte sich keiner entgehen lassen, denn es ist wahrscheinlich eine der ältesten ununterbrochen bewohnten Siedlungen überhaupt. Schon das 1. Buch Mose der Bibel erwähnt Harran und seinen berühmtesten Einwohner Abraham, der um 1900 v. Chr. ein paar Jahre hier zugebracht haben soll. Die Mauerruinen und die Ulu Cami, die bröckelnde Festung und die bienenkorbartigen Trulli-Häuser haben eine enorme Ausstrahlung und sorgen für ein absolut antikes Feeling. Die Locals haben immer von Ackerbau und Schmuggel gelebt, aber der Atatürk-Staudamm wird das wohl in naher Zukunft ändern: Was früher mal Wüste war, wird dann mit endlosen Baumwollfeldern bedeckt sein. Viele ärmlich aussehende Dorfbewohner leben eigentlich gar nicht so schlecht mit ihren Riesenfernsehern und Gettoblastern in ihren Häusern.

Bei der Ankunft in Harran soll offiziell jeder eine Eintrittskarte kaufen (1,25 €), aber manchmal sitzt kein Kassierer in der Kabine. Wenn in der Burg Geld verlangt wird, einfach aufs offizielle Ticket verweisen.

Einen Fremdenführer anzuheuern, der die um Geld, Süßigkeiten, Zigaretten, Kugelschreiber und „Geschenke" bettelnden Kinderscharen abwehrt und durch die Stätten führt, ist gar keine schlechte Idee. Sie nehmen im Schnitt 5 € für ihre Dienste.

Geschichte

Die Stadt ist nicht nur durch Abrahams Aufenthalt hier berühmt, sondern auch als Kultstätte für den Mondgott Sin. Die Anbetung von Sonne, Mond und Planeten war von 800 v. Chr. bis 830 n. Chr. in Harran und dem benachbarten Soğmatar üblich. Daran konnte auch die Zerstörung des Mondtempels der Stadt durch den byzantinischen Kaiser Theodosius 382 n. Chr. nichts ändern. Die Kämpfe zwischen Arabern und Byzantinern hielten die Stadtbevölkerung auf Trab, bis die Kreuzritter kamen. Die Festung, so heißt es, wurde auf den Ruinen des Tempels gebaut. Als die Kreuzritter im Anmarsch waren, brachte man sie in Schuss. Die Kreuzritter siegten trotzdem und besetzten sie eine Weile, bevor auch sie weiterzogen.

Sehenswertes
BIENENKORBHÄUSER (TRULLI)

Harran ist berühmt für seine Bienenkorbhäuser, auch Trulli genannt. Das Design könnte bis ins 3. Jh. v. Chr. zurückgehen, wobei die heutigen Exemplare aus den letzten 200 Jahren stammen. Ursachen für die originelle Bauweise sollen einerseits fehlendes Holz für die Dächer und andererseits die Ruinen vor Ort gewesen sein, die so viele wieder verwendbare Ziegelsteine hergaben. In der Türkei gibt's solche Häuser nur hier, aber in Nordsyrien sind ähnliche zu finden.

Das **Harran Kültür Evi** ist von der Burg zu Fuß erreichbar. Es dient dazu, Besuchern einen Blick in so ein Haus zu ermöglichen und danach kalte Drinks im ummauerten Hof anzubieten. Das **Harran Evi** ist so ähnlich. Beide stehen auch als Unterkünfte zur Verfügung.

KALE

Auf der anderen (östlichen) Hügelseite steht gleich neben ein paar Bienenkorbhäusern die zerfallende *kale*. Wahrscheinlich gab's hier schon in hethitischer Zeit eine Burg, aber das ,was heute zu sehen ist, entstand hauptsächlich nach 1059, als die Dynastie der Fatimiden die Macht übernommen hatte und sie in Schuss brachte. Früher gab's vier vieleckige Ecktürme, von denen nur noch zwei übrig sind. Auch 150 Räume waren in der Burg untergebracht, aber viele sind eingestürzt oder füllen sich langsam mit Schlamm. Nicht übersehen: das **Osttor** mit Reliefs von angeketteten Hunden, um die Stadt zu schützen.

MAUERN & MOSCHEE

Die bröckelnden **Stadtmauern** aus Stein waren mal 4 km lang, unterbrochen von 187 Türmen und vier Toren. Von denen steht nur noch das zu sehr restaurierte **Aleppo-Tor** in der Nähe des neuen Stadtteils.

Von den Ruinen innerhalb des Dorfes ist neben der *kale* die **Ulu Cami** am interessantesten. Sie wurde im 8. Jh. von Marwan II., dem letzten Umaiyadenkalifen, gebaut. Vermutlich ist sie die älteste Moschee von Anatolien, erkennbar an ihrem hohen quadratischen und sehr untürkischen Minarett. Hier in der Nähe stand auch die erste islamische Universität. Auf dem Hügel oberhalb liegen die niedrigen Ruinen des antiken Harran. Ein paar davon sind unglaubliche 5000 Jahre alt.

Schlafen

Die meisten Besucher kommen nur für einen Tag nach Harran.

Harran Evi (☎ 441 2020; B mit HP 15 €) und **Harran Kültür Evi** (☎ 441 2477; Bett mit HP 15 €) Ein paar Leute haben schon im Schlafsaal des Bienenkorbhauses genächtigt oder auf erhöhten *tahtlar* („Schlafthronen") unter freiem Himmel, um ab und zu eine leichte Brise zu erwischen. Aber hier ist alles ultraschlicht und bei glühender Hitze ist es fast nicht auszuhalten.

Bazda Motel (☎ 441 2001; Fax 441 2145; EZ/DZ/Suite 18/35/40 €; Ⓟ 😺) Zuverlässige Bleibe an der Stadteinfahrt. Das Design sollte die Bienenkorbhäuser nachahmen – ein mutiges Unterfangen, ging aber nach hinten los. Die luftigen Zimmer haben makellose Bäder und Klimaanlage, kosten aber viel zu viel.

An- & Weiterreise

Nach Harran zu kommen ist easy; eine organisierte Tour zu buchen ist nicht nötig. Minibusse (2 €, 1 Std.) starten stündlich vom *otogar* in Urfa und halten im neuen Stadtteil von Harran, in der Nähe von *belediye* und Post – zehn Minuten Fußweg zur Altstadt.

Wer mit dem Auto nach Harran fahren will, nimmt am südöstlichen Stadtrand von Urfa die Straße in Richtung Akçakale und fährt 40 km bis zu einer Abfahrt links (östlich). Von da sind es noch 10 km bis nach Harran.

RUND UM HARRAN

Auf die Orte und Ruinen hinter Harran kann man notfalls verzichten, gerade wenn die Zeit drängt. Aber es wäre schon ein Jammer, die wundersame Verwandlung, die die Landschaft durch das GAP-Projekt durchgemacht hat, zu verpassen (s. Kasten unten): Baumwoll- und Gerstenfelder so weit das Auge reicht, wo früher nur Wüste war.

Es ist praktisch unmöglich, sich ohne eigenes Gefährt zwischen den verschiedenen Orten zu bewegen. Es sei denn, Zeit spielt keine Rolle. Aber auch mit Auto kann's Probleme geben: Die Straßen sind holprig und schlecht beschildert, und man verirrt sich auf den staubigen Pisten leicht. Also sind die organisierten Touren von Harran-Nemrut Tours (S. 648) vielleicht gar keine so schlechte Idess. Für 25 € pro Person bei vier oder mehr Teilnehmern bringen sie einen nach Harran, Han el Ba'rur, Şuayb-Stadt und Soğmatar; vielleicht ist sogar eine Teepause bei freundlichen Dorfbewohnern drin. Das Ganze ist eine Art Taxiservice. Ein bisschen Proviant mitzunehmen wäre praktisch; sonst kann man aber auch in einem Dorf einen Zwischenstopp zum Mittagessen einlegen. Und nicht vergessen, jede Menge Kleingeld für Trinkgeld einzustecken.

Han el Ba'rur

Ca. 10 km östlich von Harran liegt ein tiefer **Steinbruch.** Die Einheimischen werden erzählen, dass von hier die Steine für Harrans Stadtmauern stammen. Weitere 20 km östlich stößt man auf die Überreste des seldschukischen **Han el Ba'rur,** der 1128 für lokale Handelskarawanen gebaut wurde. Obwohl ein bisschen dran herumrestauriert wurde, kommen nicht genug Besucher, um hier Leute einzustellen (oder Eintrittskarten zu verkaufen). Die Steine aus den nahen **Bazda-Höhlen** sollen u. a. zum Bau von Harran gedient haben.

GAP – DAS SÜDOSTANATOLIENPROJEKT

Das Landschaftsbild von Südostanatolien verwandelt sich, je weiter das Südostanatolienprojekt (Güneydoğu Anadolu Projesi), besser bekannt als GAP oder Güneydoğu, voranschreitet. Es bringt Wasser in weite, trockene Regionen und erzeugt dank Wasserkraft Unmengen von Strom, der der Industrie zugute kommt. Ausgedörrte Täler sind zu Seen voller Fische geworden und staubige Dörfer haben sich in boomende Marktstädte und Fabrikstandorte verwandelt.

Das Ausmaß des Projekts ist respekteinflößend. Es betrifft acht Provinzen und zwei riesige Ströme (Tigris & Euphrat). 2006 wurden 17 von 22 geplanten Staudämmen fertig.

Ein so gewaltiges und hoffnungsvolles Projekt kann aber auch massive Probleme mit sich bringen, v. a. ökologischer Natur. Der Wechsel von Trocken- zu Bewässerungslandwirtschaft hat schon jetzt zu einer explosionsartigen Ausbreitung von Krankheiten geführt. Die Malariarate ist um ein Zehnfaches gestiegen, dasselbe wird für die jetzt schon öfter auftretenden Durchfallerkrankungen und für Ruhr befürchtet.

Auch politische Probleme haben sich ergeben: Die stromabwärts gelegenen Länder Syrien und Irak, für die das Wasser von Euphrat und Tigris ebenfalls lebenswichtig ist, beschweren sich vehement darüber, dass die Türkei einen größeren Wasseranteil verbraucht bzw. für sich behält, als ihr zusteht. Außerdem sind unzählige archäologische Stätten in den Stauseen versunken – oder haben das Ganze noch vor sich.

Şuayb

12 km nordöstlich der Karawanserei Han el
Ba'rur sind die weit verstreuten Überreste
der Stadt Şuayb zu sehen: gewaltige Steinmauern und Torsturze über einem Netz-
werk von unterirdischen Räumen. In einem
davon ist eine Moschee. Dort soll Moses
Schwiegervater Jethro gelebt haben. Personal
oder irgendwelche Einrichtungen gibt's hier
nicht; Taschenlampe und feste Schuhe sind
eine gute Idee.

Soğmatar

18 km nördlich von Şuayb schlummert das
isolierte Dorf Soğmatar – ein bisschen unheimlich, aber sehr stimmungsvoll – rundherum nur öde Landschaft mit kahlen
Felsbrocken und -platten. Auf einer davon
stand früher mal ein Tempel des Sonnen-
und des Mondgottes, deren Bildnisse als
Reliefs an den Seiten zu sehen sind. Dieser
Open-Air-Altar war das zentrale Hauptheiligtum. Oben auf dem Felsen finden sich
ein paar uralte assyrische Inschriften. Wie
Harran war auch Soğmatar von etwa 150 bis
200 n. Chr. ein Kultzentrum für den Mondgott Sin.

Vom höchsten Punkt der Anlage sind auch
Überreste anderer Tempel auf den umliegenden Hügeln zu sehen. Insgesamt sollen es
sieben gewesen sein.

Und auch hier kein Personal weit und breit,
aber die Dorfbewohner zeigen den Besuchern
gern die Stätten.

KAHTA

☎ 0416/60 700 Ew.

Es gibt charmantere Ferienziele als das ver-
staubte Kahta, aber es liegt ideal für einen
Trip zum Nemrut Dağı. Jede Menge Touren
werden hier angeboten, und die Auswahl an
Hotels kann sich sehen lassen. Wer es etwas
stimmungsvoller mag, fährt direkt weiter nach
Karadut (S. 661).

Ein guter Zeitpunkt, herzukommen, ist
der 25. Juni. Dann fängt das dreitägige Internationale Kahta-Kommagene-Festival an mit
Musik, Volkstanz und allen möglichen anderen Vergnügungen. Die Hotels platzen
gewöhnlich vor lauter Reisegruppen aus
allen Nähten; also ist rechtzeitige Buchung
das A und O.

E-Mails können im Medy@Bilgisayar Internet
Café (Mustafa Kemal Caddesi; 1 € pro Std.; ⏰ 9–23 Uhr)
gecheckt werden.

Schlafen

Pension Kommagene (☎ 725 9726; Fax 725 5548; Mustafa
Kemal Caddesi; Stellplatz pro Pers. 3 €, EZ/DZ mit Gemeinschaftsbad 6/9 €, EZ/DZ 12/17 €; ⊠) Die schlichten Zimmer
sind zwar nicht zum Aus-dem-Häuchen-Ge-
raten. Trotzdem ist dieses Gästehaus ein guter
Tipp, wenn das Geld knapp ist. Die teureren
Zimmer mit Klimaanlage und Bädern sind
deutlich besser. Selbstversorger dürfen die
Küche nutzen, Camper können ihre Zelte
in dem z. T. schattigen Garten aufschlagen.
Zu den angegebenen Preisen kommen 3 €
fürs Frühstück und 6 € fürs Abendessen. Die
Touren zum Nemrut werden einem hier sehr
intensiv ans Herz gelegt.

Hotel Nemrut (☎ 725 6881; Fax 725 6880; Mustafa Kemal
Caddesi; EZ/DZ 23/39 €; P ⊠) Dieser Riesenkoloss
mit Glasfassade ist bei Reisegruppen beliebt
– eigentlich kein schlechtes Zeichen. Gepflegte
Zimmer mit fragwürdigen Toiletten und gut
gefederten Matratzen sind hier das Übliche.
Hin und wieder ein kleines Lächeln an der
Rezeption würde allen Beteiligten guttun.

Zeus Hotel (☎ 725 5694; www.zeushotel.com.tr; Mustafa Kemal Caddesi; Stellplatz pro Pers. 6 €, EZ/DZ 25/45 €;
P ⊠ ⊠) Bietet alle Vorteile eines Drei-
Sterne-Hotels, inklusive Bar und Restaurant
mit Alkoholausschank. Die Zimmer sind nicht
unbedingt glamourös, aber tipptopp, ziemlich
groß und nett eingerichtet. Lust auf ein Bad?
Der gepflegte Pool sorgt für Abkühlung von
der brütenden Hitze. Camper können ihre
Zelte auf dem Parkplatz aufstellen und haben
eigene Waschräume.

Essen

Leute mit eigenem Auto fahren am besten auf
der Baraj Yolu, der Verlängerung der Mustafa
Kemal Caddesi, bis zu dem gigantischen See,
der durch den Atatürk Barajı entstanden ist.
Da gibt's ein paar Restaurants mit Alkoholausschank (ein Taxi kostet ca. 4 €).

Urfalim Lahmacun Salonu (☎ 725 6305; Mustafa
Kemal Caddesi; Hauptgerichte 2–3 €; ⏰ 8–21 Uhr) Hier
gibt's ofenfrische Pizzen. In dem verführerischen Lokal, 250 m westlich von der großen
Kreuzung, können sich die Gäste zum Spar-
tarif richtig satt essen.

Papatya Restaurant (☎ 726 2989; Mustafa Kemal
Caddesi; Hauptgerichte 2–3 €; ⏰ 8–22 Uhr) Kulinarische
Raffinesse ist in diesem flotten Laden neben
dem Hotel Nemrut nicht zu erwarten. Nur die
üblichen Verdächtigen, ordentlich zubereitet
und zügig serviert. Keine Speisekarte – einfach aufs gewünschte Gericht zeigen.

Kahta Sofrası (☎ 726 2055; Mustafa Kemal Caddesi; Hauptgerichte 2–4 €; ☺ 8–22 Uhr) Nicht weit von der großen Kreuzung: der ideale Ort, um sich den Bauch vollschlagen, ohne arm zu werden. Wer Kebap oder gut gemachtes Fladenbrot bestellt, wird den Laden sicher mit einem Lächeln auf den Lippen verlassen.

Akropalian (☎ 725 5132; Baraj Yolu; Hauptgerichte 3–6 €; ☺ 9–22 Uhr) Wer sich nach kulinarischer Abwechslung sehnt, ist hier goldrichtig. Die Kebaps mal weglassen und bei einer vorzüglich gegrillten *alabalık* (Forelle) richtig reinhauen. Die wird in einem *kiremit* (Tontopf) serviert, zusammen mit einem meterlangen Brot. Das Ganze gibt's in dem grünen Garten mit sensationellem Blick über den See.

Neşetin Yeri (☎ 725 7675; Baraj Yolu; Hauptgerichte 3–6 €; ☺ 9–22 Uhr) Ruhige Lage direkt am Seeufer, mit ähnlichem Standard wie das Akropalian. Das Beste sind auch hier die frischen Fische aus dem See. Essen mit Seeblick und Froschkonzert im Hintergrund; besonders stimmungsvoll kurz vor Sonnenuntergang.

An- & Weiterreise

Der kleine *otogar* von Kahta liegt gleich neben Minibus- und Taxistand im Stadtzentrum. Es gibt regelmäßige Busverbindungen nach Adana (12 €, 6 Std., 532 km), Adıyaman (1 €, 30 Min., 32 km), Ankara (20 €, 12 Std., 807 km), İstanbul (29 €, 20 Std., 1352 km), Kayseri (15 €, 7 Std., 487 km), Malatya (6 €, 3½ Std., 225 km) und Şanlıurfa (4 €, 2½ Std., 106 km).

Ein Dolmuş fährt jeden Tag (außer So) um ca. 14 Uhr von Kahta nach Karadut (2 €); zurück geht's am nächsten Morgen um 7 Uhr.

Die Straße in Richtung Osten nach Diyarbakır wurde von dem See hinter dem Atatürk Barajı überflutet. Die Busse dorthin fahren jetzt nördlich vom See (9 €, 5 Std., 174 km). Interessanter ist die Route in einem der sechs Minibusse pro Tag nach Siverek, die rechtzeitig zu den Fähren über den See ankommen. In Siverek muss man vielleicht eine halbe Stunde warten, bis es nach Diyarbakır weitergeht, aber auf dem Basar vergeht die Zeit schnell.

NATIONALPARK NEMRUT DAĞI

Der Nemrut Dağı Milli Parkı Nemrut-Nationalpark) ist wahrscheinlich die Star-Attraktion der Osttürkei, und das zu Recht. Die rätselhaften Statuen auf dem Gipfel des Nemrut sind zu einem Symbol für die Türkei geworden. Die überwältigende Landschaft,

die historischen Stätten und der Hauch von Mystik und Wahnsinn, der den Ort umweht, machen einen Besuch zum Muss.

Der Gipfel des **Nemrut Dağı** überragt mit seinen 2150 m Höhe die Bergkette des Antitaurus. Er liegt zwischen der Provinzhauptstadt Malatya im Norden und Kahta in der Provinz Adıyaman im Süden und ist nicht zu verwechseln mit dem weniger besuchten Nemrut Dağı (2935 m) in der Nähe des Vansees (s. S. 682).

Bis 1881 wusste kein Mensch etwas über den Nemrut. Bis ein deutscher Ingenieur kam, der im Auftrag der Osmanen Verkehrswege ausarbeiten sollte, und verblüfft die Statuen auf dem abgelegenen Berg entdeckte. Mit Ausgrabungen wurde aber erst 1953 angefangen, als die American School of Oriental Research das Projekt übernahm.

Es war ein größenwahnsinniger lokaler König, der im 1. Jh. v. Chr. auf dem Berg eine 50 m hohe künstliche Spitze mit drei Terrassen aufschütten ließ. Unter den Tonnen von Gestein liegen wahrscheinlich die Gräber dieses Königs und dreier weiblicher Verwandter. Niemand weiß das genau. Auf zwei der Terrassen stehen gewaltige Statuen vom König selbst, seinen angeblichen Ahnen und diversen Göttern.

Bei Erdbeben sind die Köpfe der meisten Statuen runtergepurzelt. Jetzt sitzen die meisten Kolossalfiguren still in einer Reihe da, und ihre 2 m hohen Köpfe gucken vom Boden in die Gegend. Es gibt Pläne, die Köpfe wieder auf die Körper zu bugsieren, aber bis jetzt ist noch nicht viel passiert.

Es ist relativ einfach, mit dem eigenen Gefährt den Gipfel zu erreichen, aber die meisten Besucher schließen sich Gruppentouren an. Die starten in Kahta und Malatya oder, immer öfter, in Şanlıurfa oder Kappadokien (s. Kasten S. 661).

Die beste Reisezeit zum Nemrut ist zwischen Ende Mai und Mitte Oktober, optimal sind Juli und August. In den anderen Monaten kann Schnee die Straße zum Gipfel unpassierbar machen. Oben auf dem Berg ist es selbst im Hochsommer kühl und windig – v. a. morgens. Also egal wann man den Gipfel erklimmt – warme Klamotten sind auf jeden Fall angesagt.

Auf dem Berg gibt's mehrere Übernachtungsmöglichkeiten. Und die lohnen sich, denn die atemberaubende Aussicht und Ruhe lassen den fehlenden Komfort vergessen. Nur darauf achten, dass warme Decken da sind.

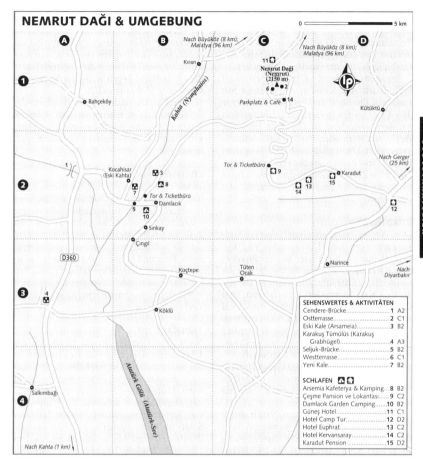

NEMRUT DAĞI & UMGEBUNG

SEHENSWERTES & AKTIVITÄTEN	
Cendere-Brücke..................1	A2
Ostterrasse............................2	C1
Eski Kale (Arsameia)...........3	B2
Karakuş Tümülüs (Karakuş Grabhügel).....................4	A3
Seljuk-Brücke.......................5	B2
Westterrasse.........................6	C1
Yeni Kale...............................7	B2

SCHLAFEN	
Arsemia Kafeterya & Kamping...8	B2
Çeşme Pansion ve Lokantası......9	C2
Damlacık Garden Camping....10	B2
Güneş Hotel........................11	C1
Hotel Camp Tur...................12	D2
Hotel Euphrat.....................13	C2
Hotel Kervansaray..............14	C2
Karadut Pension..................15	D2

Geschichte

Seit 250 v. Chr. war diese Region das Grenzland zwischen dem Seleukidenreich (dem anatolischen Nachfolgestaat des Reiches Alexanders des Großen) und dem Partherreich im Osten. Das kleine, aber strategisch wichtige Gebiet – reich, fruchtbar und voller Wälder – hatte seit König Samos (ca. 163 v. Chr.) immer einen Hang zur Unabhängigkeit.

Unter den Seleukiden erklärte der König von Kommagene sein Reich für unabhängig. 80 v. Chr., als sich die Seleukidendynastie langsam, aber sicher auflöste und die Römer schon bis nach Anatolien vordrangen, setzte sich ein römischer Verbündeter namens Mithradates I. Kallinikos die Krone auf. Seine Hauptstadt richtete er in Arsameia ein, in der Nähe des heutigen Dorfes Eski Kahta. Mithradates konnte seinen Stammbaum bis zu Seleukos I. Nikator, dem Gründer des Seleukidenreiches im Westen, und Dareios dem Großen, König des antiken Persien im Osten, zurückverfolgen. Er war mächtig stolz darauf und fühlte sich als Erbe beider glorreicher Traditionen.

Mithradates starb 64 v. Chr. Sein Nachfolger war Antiochos I. Epiphanes (reg. 64–38 v. Chr.), der sein Königreich sicherte, indem er einen Nichtangriffspakt mit Rom unterzeichnete. Damit wurde das Reich zum römischen Puffer gegen Angriffe der Parther. Seine guten Beziehungen zu beiden Seiten brachten ihm einen unglaublichen Reichtum ein und stiegen ihm wohl auch zu Kopf: Er fühlte sich

SÜDOSTANATOLIEN

den großen Gottkönigen der Vergangenheit durchaus ebenbürtig und verpasste sich den Beinamen *theos* (Gott). Antiochos war es, der den Bau des sagenhaften Heiligtums und Grabhügels auf dem Nemrut anlegen ließ.

Im dritten Jahrzehnt seiner Herrschaft schlug sich Antiochos in einem Streit mit Rom auf die Seite der Parther und wurde 38 v. Chr. von den Römern entthront. Seitdem wurde Kommagene bis 72 n. Chr. entweder direkt von Rom oder von Marionettenkönigen regiert. Dann gliederte Kaiser Vespasian Kommagene in die römische Provinz Asia ein. Die große Zeit von Kommagene beschränkte sich also auf die 26-jährige Herrschaft des Antiochos.

Orientierung

Drei Wege führen zum Gipfel. Von der Südseite geht's durch das Dorf Karadut. Von dort sind es nur noch ein paar knochenbrecherische Kilometer bis zum Parkplatz. Auf die südwestliche Seite führt eine kleine Straße, die an Eski Kale (Arsameia) vorbeikommt und dann 10 km steil bergauf klettert, bis sie auf die Straße von Karadut trifft, 6 km vor dem Gipfelparkplatz. Im Norden geht der Anstieg in Malatya los – das sind zwar endlose 98 km, aber durch eine faszinierende Landschaft. Außerdem ist die Straße bis zum Güneş Hotel in Gipfelnähe asphaltiert. Wer nicht denselben Weg zurückfahren will, kann einen Abstecher machen (s. S. 661).

Der Eintritt in den Nemrut-Nationalpark kostet 3 €. Aus Südwesten kommend, liegt das Eingangstor gleich hinter dem Abzweig nach Eski Kale (Arsameia). Aus südlicher Richtung liegt das Tor gleich hinter der Çeşme Pansion. Von Norden aus ist das Tor am Güneş Hotel.

Am Parkplatz unterhalb vom Gipfel gibt's ein Café und Toiletten. Zu den Ruinen sind es von dort ca. 600 m zu Fuß.

Sehenswertes & Aktivitäten
KARAKUŞ TÜMÜLÜS

Die Fernstraße D360 geht in Kahta neben der Pension Kommagene los; der Nemrut Dağı Milli Parkı (9 km) ist ausgeschildert. Die erste archäologische Stätte, auf die man im Park stößt, ist der **Karakuş Tümülüs** (über eine Straße nach links, 200 m von der Fernstraße). Wie der Nemrut-Grabhügel wurde auch der von Karakuş 36 v. Chr. künstlich aufgeschüttet. Drum herum stehen ein paar Säulen – es

waren mal mehr, aber die Römer brauchten die Kalksteinblöcke zum Bau der Cendere-Brücke. Auf einer Säule am Parkplatz sitzt ein Adler, auf einer anderen ein Löwe und eine dritte hat eine Tafel mit einer Inschrift: Unter dem Grabhügel liegen weibliche Verwandte von König Mithradates II.

Vom Karakuş ist der Nemrut-Gipfel in der Ferne deutlich zu sehen – es ist der höchste Punkt am Horizont im Nordosten. Von hier geht's zurück zur Fernstraße und dann nach links.

CENDERE-BRÜCKE

10 km vom Karakuş Tümülüs entfernt, überquert die Straße eine moderne Brücke über den Fluss Cendere. Auf der linken Seite ist eine wunderbare römische Bogenbrücke aus dem 2. Jh. zu sehen. Lateinische Inschriften sagen, dass sie zu Ehren von Kaiser Septimius Severus nebst Frau und Söhnen gebaut wurde (lange nachdem Kommagene ein Teil der römischen Provinz Asia wurde). Von den ursprünglich vier korinthischen Säulen (zwei an jedem Ende) sind noch drei übrig.

YENİ KALE

Nach 5 km von der Brücke bietet sich ein 1 km langer Abstecher von der Hauptstraße an. Er führt zum Dorf **Eski Kahta**, auch Kocahisar genannt, das von Burgruinen überblickt wird. Früher stand hier mal ein Palast aus derselben Zeit wie Arsameia, der Hauptstadt von Kommagene auf der anderen Seite der Schlucht. Aber was heute zu sehen ist, sind die Ruinen einer Mameluckenburg aus dem 13. Jh.: der **Yeni Kale** (Neue Festung). Über dem Tor sind ein paar arabische Inschriften. Wer will, kann zur Burg hochklettern – aber nur mit geeigneten Schuhen und Konzentration.

Am Anfang des Aufstiegs befindet sich **Kocahisar Halı Kursu,** eine einfache Werkstatt, in der einheimische Frauen Teppichwebtechniken erlernen, um die Tradition am Leben zu erhalten. Verkauft werden die Teppiche hier nicht, aber Neugierige dürfen sich ein bisschen umschauen.

Hinter der Yeni Kale geht's über den Fluss Kahta (Nymphaios). Dort ist die alte Straße noch zu sehen, die den Fluss früher auf einer eleganten **Seldschukenbrücke** überquerte.

ESKİ KALE (ARSAMEIA)

Nach weiteren 1,5 km auf der Hauptstraße geht eine Straße nach links ab zum 2 km entfernten Eski Kale, der antiken Hauptstadt von Kommagene. Sie hieß früher Arsameia, wurde um 80 v. Chr. von Mithradates I. Kallinikos gegründet und von seinem Sohn Antiochos I. ausgebaut. Gleich hinter dem Abzweig ist der **Parkeingang**, wo für den Zugang zu Arsameia und zum Gipfel Eintrittsgeld kassiert wird (3 €).

Bei Eski Kale führt ein Pfad vom Parkplatz nach oben. Gleich links kommt eine große **Stele**, die den Sonnengott Mithras (oder Apollo) mit einem Strahlenkranz zeigt. Weiter vorn sind noch zwei **Stelen.** Übrig sind nur noch die Sockel, aber sie zeigten wohl Mithradates I. Kallinikos und Antiochos I., Letzteren auf der größeren Stele, mit einem Zepter in der Hand. Dahinter liegt der Eingang zu einem unterirdischen Raum. Diese Höhlentempel dienten wahrscheinlich dem Mithraskult.

Weiter geht's bergauf zum bemerkenswerten und so gut wie unversehrten Relief von Mithradates I., der dem Gott Herakles die Hand schüttelt. Der Höhlentempel daneben geht 158 m in den Fels hinein. Die Stufen runterzugehen ist gefährlich, also besser drauf verzichten. Eine lange griechische Inschrift über der Höhle beschreibt die Gründung von Arsameia, der Wassertrog diente vielleicht religiösen Waschungen.

Über dem Relief sind auf dem Plateau ein paar Fundamentreste von Mithradates' Hauptstadt zu sehen. Die Aussicht ist spektakulär und der Platz perfekt für ein Picknick.

VON ARSAMEIA ZUM GIPFEL

Von Arsameia nimmt man entweder die 16 km lange, teilweise asphaltierte Abkürzung zum Gipfel oder fährt zurück auf die voll asphaltierte Hauptstraße. Die ist länger, dafür aber weniger steil. Die Abkürzung fängt am Eingang nach Arsameia an, arbeitet sich 8 km den Berg hoch und trifft 6 km vor dem Gipfelparkplatz wieder auf die Hauptstraße. Sie ist nur tagsüber und bei trockenem Wetter befahrbar und verläuft über steile Haarnadelkurven. Langsames und sehr vorsichtiges Fahren ist also angesagt. Die letzten 2 km vor der Kreuzung sind ungepflastert und können bei Nässe schlammig werden.

Die meisten organisierten Touren kombinieren beide Routen, machen also eine Schleife. Die Sonnenaufgangstouren nehmen die längere Route (über Narince und Karadut) bergauf und die Abkürzung auf dem Rückweg zurück nach Kahta. Die Sonnenuntergangstouren fahren auf dem kurzen Weg hoch und auf dem längeren Route runter nach Kahta.

Wer sich für die längere Route von Arsameia entscheidet, fährt zurück zur Hauptstraße und dann nach links. Nach 3 km kommt das verschlafene Dorf **Damlacık.** Weiter geht's durch mehrere kleine Steinhaussiedlungen bis zum größeren Ort **Narince**, wo links ein Abzweig zum Nemrut ausgeschildert ist. Nördlich von Karadut ist es noch eine halbe Stunde bis zum Gipfel (12 km) – auf einer steilen, holprigen Straße, die größtenteils mit Basaltblöcken gepflastert ist. Die letzten 3 km sind besonders heftig und nur im ersten Gang zu schaffen.

Wandern

Wer in Karadut Quartier bezieht, möchte vielleicht die 12 km zum Gipfel raufwandern. Die Straße ist klar gekennzeichnet und steigt kontinuierlich an.

DER GIPFEL

Am Parkplatz und Café angekommen, hat man die Baumgrenze schon lange hinter sich gelassen. Der **Eingang zum Nemrut-Nationalpark** (3 €; ☼ morgens–abends) liegt 200 m oberhalb der Çeşme Pansion und 2,5 km vor der Kreuzung mit der Abkürzung nach Arsameia.

Hinter dem Gebäude geht's 600 m (ca. 20 Min.) über die bröckelige Steinpyramide zur **Westterrasse**. Antiochos I. Theos ließ dort eine Grabstätte und ein Heiligtum bauen. die Stätte war über eine Prozessionsstraße zu erreichen war. Dazu sollten „Götterthrone" (O-Ton Antiochos) „auf einem unzerstörbaren Fundament" gehören. Er wollte damit seine enge Verbindung mit den Göttern manifestieren. Er ging davon aus, dass sich sein Geist nach seinem Tode mit dem des griechisch-persischen Gottes Zeus-Ahura Mazda im Himmel vereinen würde.

Dieses westliche Heiligtum mit dem kegelförmigen Grabhügel aus faustgroßen Steinen dahinter ist das erste, was man nach Erreichen des Gipfels sieht. Dort thronen feierlich Antiochos und seine vermeintlichen „Mitgötter", wobei ihre Körper z. T. umgefallen sind, genau wie ihre Köpfe.

Von der Westterrasse zur **Ostterrasse** sind es fünf Minuten zu Fuß. Dort sind die Körper größtenteils noch intakt, nur die Köpfe sind runtergefallen. Die sehen allerdings etwas mitgenommener aus als die Köpfe an der

GEFÜHRTE TOUREN ZUM NEMRUT DAĞI (BERG NEMRUT)

Die meisten Touren starten in Kahta und Malatya, ein paar auch in Karadut, Şanlıurfa und Kappadokien.

Von Karadut

Mehrere Pensionen in Karadut bieten Touren zum Gipfel mit einer Stunde Aufenthalt für ca. 28 € (Karadut Pension) bzw. 34–39 € (Hotels Euphrat oder Kervansaray) an.

Von Kahta

Kahta steht schon lange in dem Ruf, eine Abzockerstadt zu sein – also die Angebote genau unter die Lupe nehmen: Was kriegt man außer den Köpfen noch zu sehen und wie lange dauert die Tour? Die meisten Trips von Kahta werden von Hotels und Pensionen organisiert.

Fast alle sind zeitlich so gelegt, dass ein spektakulärer Sonnenauf- oder -untergang mit drin ist. Wer sich den „Sonnenaufgangstrip" ausgesucht hat, fährt gegen 2 Uhr in Kahta los, über Narince und Karadut, und schafft es rechtzeitig zu dem Erlebnis am Nemrut Dağı. Nach ca. einer Stunde geht's wieder runter auf der ausgebesserten Direktstrecke nach Arsameia. Zwischendurch gibt's Stopps in Eski Kahta, an der Yeni Kale, der Cendere-Brücke und dem Karakuş Tümülüs. Gegen 10 Uhr ist man schon wieder in Kahta. Wer die „Sonnenuntergangstour" bucht, fährt dieselbe Schleife, nur in umgekehrter Richtung: Start ist gegen 13.30 Uhr und zuerst kommt die Besichtigung der Stätten von Arsameia. Dann geht's auf den Gipfel und später über Karadut und Narince wieder zurück. Ankunft in Kahta ist gegen 21.30 Uhr.

Eine dritte Möglichkeit bietet die „kleine Tour", die nur um die drei Stunden dauert: von Kahta zum Gipfel und wieder zurück, zwischendrin eine Stunde Sightseeing. Das ist ein bisschen billiger (ein Taxi würde 35 € kosten), bietet aber auch viel weniger. Wenn die Zeit nicht drängt, sollte es schon die lange Tour sein, um ganz auf die Kosten zu kommen.

Obwohl die Hotels und Gästehäuser von Kahta diesen Service als „Touren" anbieten, ist schnell zu merken, dass es sich eigentlich nur um Taxifahrten handelt. Und die Fahrer brillieren mit Kommentaren wie „das ist 'ne alte Brücke". Wer einen englischsprachigen Guide mit Ahnung als Begleiter möchte, wendet sich an **Mehmet Akbaba** (☎ 0416-726 1310, 0535 295 4445; akbabamehmet@ hotmail.com) oder **Nemrut Tours** (☎ 0416-725 6881; Mustafa Kemal Caddesi), mit Sitz im Hotel Nemrut. Die längeren Ausflüge mit Guides kosten dann ca. 100 € pro Gruppe.

Von Malatya

Malatya bietet einen anderen Weg zum Nemrut Dağı an. Aber wer den Nemrut aus nördlicher Richtung angeht, verpasst die faszinierenden Stätten auf der Südseite (über Kahta zu erreichen). Das Beste von beidem kriegen die, die den Berg zu Fuß erklimmen und dann nach Kahta trampen. Mit dem eigenen Auto empfiehlt sich die lange Route über Adıyaman.

Westseite. Auf der Rückseite der östlichen Statuen sind griechische Inschriften.

Beide Terrassen sind fast identisch angelegt. Die sitzenden Mischgottheiten und „Ahnen" des Antiochos sind von links nach rechts: Apollon, der Sonnengott (bzw. Mithras für die Perser und Helios oder Hermes für die Griechen); Fortuna bzw. Tyche; in der Mitte Zeus-Ahura Mazda; dann König Antiochos und ganz rechts Herakles bzw. Ares oder Artagnes genannt. Die sitzenden Gestalten sind mehrere Meter hoch, allein ihre Köpfe messen 2 m.

An den Mauern an den Tempelseiten gab es früher Reliefs mit Prozessionen antiker per-sischer und griechischer Könige (Antiochos' „Vorgänger"). Die Adler verkörperten Zeus.

Schlafen & Essen

An den Straßen zum Gipfel gibt's mehrere Unterkünfte. Das hübsche Dorf Karadut hat ein paar kleine Restaurants zu bieten.

Damlacık Garden Camping (☎ 0416-741 2027; Stellplatz pro Pers. 3 €; ☒) Zeltplatz in Damlacık, ca. 2,5 km von der Kreuzung zum Eingangstor entfernt, mit sehr simplen Einrichtungen. Dafür sind die Betreiber gastfreundlich und die grasbewachsenen Zeltflächen großartig. Im Sommer werden den Campern oft Apriko-

Die Touristeninformation von Malatya organisiert entspannte Minibustouren zum Nemrut Dağı von Anfang Mai bis Ende September oder Mitte Oktober, falls es dann noch warm ist. Sie starten mittags vom Touristeninfostand in dem Teegarten hinterm *vilayet*.

Die Fahrt bietet drei Stunden durch eine grandiose Landschaft auf der durchweg asphaltierten Straße bis zum Gipfel. Nach zwei Stunden Sonnenuntergangszauber geht's dann runter zum Güneş Hotel (S. 662). Da gibt's Abendbrot und ein Bett für die Nacht. Am nächsten Morgen startet der Minibus rechtzeitig zum Sonnenaufgang wieder zum Gipfel. Nach dem Frühstück im Güneş macht er sich gegen 10 Uhr auf den Rückweg nach Malatya.

Die 30 € pro Person (mindestens drei Teilnehmer) sind für Transport, Abendbrot und Übernachtung mit Frühstück. Der Eintritt zum Nationalpark und zur Stätte kommt obendrauf. Theoretisch werden jeden Tag Touren angeboten, aber wer allein aufkreuzt, muss mit größeren Kosten rechnen. Wer zurück lieber über Kahta reisen möchte, wandert über den Gipfel bis zum Parkplatz und Café (30 Min.) und fragt nach einem freien Platz im Minibus. Sonst geht's vielleicht auch per Anhalter runter nach Kahta.

Von Şanlıurfa

Zweitagestouren (60 €, mindestens vier Leute) oder Sonnenaufgangs-/-untergangstouren (40 €, mindestens vier Leute) zum Nemrut sind auch bei Harran-Nemrut Tours (S. 648) in Şanlıurfa buchbar. Unterwegs wird normalerweise am Atatürk-Damm Halt gemacht. Sie sind ziemlich gut für ihr Geld, aber der Fahrer fährt eben nur. Zum Zeitpunkt der Recherche gab's keine anderen Veranstalter solcher Touren in Urfa.

Von Kappadokien

In Kappadokien bieten viele Unternehmen von Mitte April bis Mitte November Minibustouren zum Nemrut an, trotz der Entfernung von über 500 km (eine Strecke). Zweitagestouren kosten ca. 120 €; sie beinhalten viele Stunden halsbrecherischer Fahrt. Wenn Zeit keine Rolle spielt, sind die Dreitagestrips besser (für ca. 140 €), weil die Reise so in erträglichere Etappen eingeteilt werden kann.

Die meisten Dreitagesausflüge nehmen auch den Karatay Han in der Nähe von Kayseri und ein Eis in Kahramanmaraş mit, bevor sie in Kahta ankommen. Am zweiten Tag stehen der Besuch des Nemrut Dağı bei Sonnenaufgang auf dem Plan, danach die Stätten von Arsameia, Cendere und Karakuş und der Atatürk-Staudamm. Dann geht's weiter nach Harran und zum Zwischenstopp mit Übernachtung in Şanlıurfa. Für den letzten Tag ist die Rückfahrt über Birecik, Gaziantep und Adana vorgesehen, bis man nach der Durchquerung des Taurus über Niğde schließlich wieder in Göreme ankommt.

In Göreme bietet Neşe Tour (s. S. ###) zweimal pro Woche Dreitagestouren an. Andere Veranstalter locken mit ähnlichen Paketen, aber die Zwischenstopps sollten genau gecheckt werden.

---

sen und Pflaumen aus dem nahen Obstgarten angeboten. Auf Wunsch wird auch ein Essen gezaubert (4 €).

Arsemia Kafeterya & Kamping (☎ 0505-320 0882; Stellplatz pro Pers. 3 €) Dieser sympathische Platz in Eski Kale, ca. 1 km hinter dem Eingangstor, ist die ideale Basisstation für genügsame Backpacker. Wer sein Zelt auf einer kleinen Anhöhe aufschlägt, wird mit Blicken über die Täler belohnt. Der Haken? Kein Schatten. Darum gibt's nichts Schöneres, als in einer milden Sommernacht unterm Sternenhimmel zu schlafen. Manchmal spielt Orhan für seine Gäste die kurdische Flöte. Essen gibt's für ca. 4 €.

Karadut Pension (☎ 0416-737 2169; www.karadut pansiyon.net; Stellplatz pro Pers. 3 €, DZ pro Pers. 12 €; 🖳) Hier handelt es sich um Pension und Hostel in einem: sechs klitzekleine, aber sehr saubere Zimmerchen, saubere Gemeinschaftsbäder, eine Küche, die von allen benutzt werden kann, und Drei-Gänge-Menüs für 4 €. Ein bisschen eng, aber absolut akzeptabel für Leute, die auf Privatsphäre verzichten können. Camper können ihre Zelte hinten im schönen Garten aufstellen; dort gibt's einen tollen Bergblick und gepflegte sanitäre Anlagen. Zwei Zimmer verfügen über eine Klimaanlage.

Çeşme Pansion ve Lokantası (☎ 0416-737 2032; Stellplatz pro Pers. 3 €, EZ mit HP 12 €) Was sich über diese Pension Gutes sagen lässt: Sie hat langweilige, aber passable Zimmer mit Bad und ist schön gelegen, nur 6 km vorm Gipfel. Der Campingplatz hat gut geschrubbte Sanitäranlagen.

Hotel Camp Tur (☎ 0416-737 2061; Stellplatz 6 €, EZ/DZ mit HP 14/28 €) Dieser Familienbetrieb liegt 15 km vom Gipfel entfernt – wenn man aus Narince kommt, auf der rechten Seite, direkt vor dem Abzweig zum Nemrut. Ein unscheinbares Gebäude mit sechs neuen, modernen Zimmern mit Bad, kahlem Campingplatz und einer Tankstelle, die nach Lust und Laune öffnet. Organisiert Touren zum Gipfel.

Hotel Kervansaray (☎ 0416-737 2190; Fax 737 2085; Stellplatz pro Pers. 4 €, EZ/DZ 23/32 €, mit HP 26/44 €; ℗ ☺) Die gleichen Ziegelmauern, die gleiche Lage und dieselbe Familie – das niedrig gebaute Kervansaray ist die exakte Kopie des Euphrat. Der einzige Unterschied: Es hat nur 14 Zimmer, was die Atmosphäre persönlicher macht. Die Zimmer sind sauber, die Bäder dazu auch. Es gibt ein Restaurant mit kitschig-rustikaler Einrichtung, einen Swimmingpool und einen netten Campingplatz. Die Besitzer bieten auch Fahrten zum Gipfel an (34 € pro Minibus).

Güneş Hotel (HP pro Pers. 23 €) Dieses Hotel liegt 2,5 km von der Ostterrasse entfernt, in dem Tal unterhalb, und wird meistens von Gästen, die aus Malatya kommen, gebucht. Toplage, angenehm ruhig und komfortable Zimmer. Nur das Essen ist ein Reinfall.

Hotel Euphrat (☎ 0416-737 2175; Fax 737 2179; EZ/DZ mit HP 32/44 €; ℗ ☺) Mit seinen 52 Zimmern hält das Euphrat den Rekord in der Gegend und ist in der Hochsaison Favorit von Reisegruppen. Nicht zuletzt wegen des Pools und der Terrasse mit Wahnsinnsblick. Wir fanden die Zimmer allerdings einen Tick unpersönlicher als im Kervansaray. Bis zum Gipfel sind es nur 8 km – die Besitzer fahren ihre Gäste auf Wunsch hin (39 € pro Minibus).

An- & Weiterreise
AUTO
Wer von Kahta aus zum Südhang des Nemrut will, hat folgende Optionen: Er fährt entweder über die Straße über Koçtepe und Narince; nimmt die kürzere Route über Damlacık und Arsameia und von da die 15 km lange Abkürzung; oder er kann den längeren, aber landschaftlich schöneren Weg über Karakuş, Cendere, Eski Kahta und Arsameia wählen. Sprit für mindestens 250 km bei normaler

Fahrweise müsste reichen. Der Weg zum Gipfel und zurück ist zwar höchstens 160 km lang, aber manche Etappen sin nur im ersten Gang zu bewältigen, und das verbraucht bekanntlich mehr. Die holprigen und steilen letzten 3 km bis zum Gipfel haben es in sich.

Von Malatya zum Gipfel sind es 98 km. Die Landschaft ist umwerfend und die Straße bis zum Güneş Hotel asphaltiert. Von dort führt eine 2,5 km lange Holperstraße zur Ostterrasse – völlig okay bei trockenem Wetter in einem normalen Auto. Wer nicht den ganzen Weg nach Malatya zurückfahren will, steuert das Dorf Büyüköz an, 10 km vom Güneş Hotel entfernt. Da können einem die Leute die Straße nach Eski Kahta zeigen; das sind noch mal 21 km, wovon die ersten 8 km nicht asphaltiert sind. Diese Straße ist bei trockenem Wetter in einem normalen Auto machbar, aber lieber vor der Abreise einen Ortskundigen vom Güneş Hotel fragen, wie die Straßenverhältnisse sind.

TAXI & MINIBUS
Von Kahta aus nehmen Taxifahrer um die 35 € zum Gipfel und zurück, wer aber auf eine kleine Gratisführung hofft, wird enttäuscht.

Ein Dolmuş pro Tag fährt in Kahta gegen 14 Uhr (außer So) hoch bis zur Çeşme Pansion (6 km vor dem Gipfel) mit Zwischenstopp in Karadut (2 €). (Zurück nach Kahta geht's gegen 7 Uhr am nächsten Morgen.) Ein ganzer Minibus für die Fahrt zum Gipfel und zurück nach Karadut kostet ab 25 €.

MALATYA
☎ 0422/455 000 Ew./Höhe 964 m

Aprikosen, Aprikosen, Aprikosen – was wäre Malatya ohne seine *kayısı* (Aprikosen)? Nach der Ernte gegen Ende Juni werden Tausende von Tonnen dieser süßen Früchte in alle Welt verschifft. Was die Stadt sonst noch zu bieten hat? Jede Menge grüne Parks und Alleen, eine quirlige Atmosphäre und das komische Gefühl, weit und breit der einzige Traveller zu sein.

Was hier an besonderen Highlights fehlt, gleicht die nahe historische Stätte Battalgazi wieder aus. Und die Landschaft und die Dörfer rundum eigenen sich perfekt, um ein, zwei Tage ganz entspannt herumzuschlendern.

Geschichte
Assyrer und Perser besetzten die Stadt abwechselnd. Später taten die Könige von Kap-

padokien und Pontos das Gleiche. 66 v. Chr. besiegte der römische Feldherr Pompeius König Mithridates von Pontos und übernahm die Stadt, die damals Melatia hieß. Danach kamen Byzantiner, Sassaniden, Araber und Danischmenden-Emire (turkmenische Stammesführer) jeweils für eine Weile, bis 1105 die Seldschuken anrückten. Es folgten die Osmanen (1399), die Krieger Timur Lenks (1401), die Mamelucken, die Dülkadır-Emire und schließlich noch mal die Osmanen (1515).

Als 1839 das Heer des Ägypters Mohammed Ali in Anatolien einmarschierte, machten die osmanischen Streitkräfte Malatya zur Garnisonsstadt. Als sie abzogen, hinterließen sie nichts als Trümmer. Irgendwann trauten sich die Bewohner zurück und bauten eine neue Stadt an einer anderen Stelle. Die Reste des alten Malatya (Eski Malatya), heute Battalgazi genannt, kann man ganz in der Nähe besichtigen.

Orientierung

Malatya erstreckt sich über mehrere Kilometer entlang der Hauptstraße İnönü/Atatürk Caddesi. Hotels, Restaurants, Banken und andere Einrichtungen konzentrieren sich rund um den Hauptplatz mit der massigen İnönü-Statue.

Der *otogar* ist 4 km westlich vom Zentrum, nicht weit von der Hauptverkehrsstraße Turgut Özal Bulvarı. Auch der Bahnhof liegt ein Stück außerhalb, 2 km vom Zentrum entfernt. Zwischen Bahnhof und Zentrum pendeln Stadt- und Minibusse, auf denen „Vilayet" steht.

Praktische Informationen

Die großen Banken mit Geldautomaten sitzen an der Hauptstraße. **Öz Murat Döviz** (Atatürk Caddesi; Mo–Sa 7.30–19 Uhr) ist eine private Wechselstube direkt im Zentrum. Sie hat länger auf als die Banken.

Die hilfreiche **Touristeninformation** (☎ 323 2942; Fax 323 2912; Atatürk Caddesi; Mo–Fr 9–17 Uhr) ist im Erdgeschoss vom *vilayet* untergebracht, also mitten im Stadtzentrum. Hier gibt's einen übersichtlichen Stadtplan und nützliche Broschüren über Malatya und Umgebung. Im Teegarten dahinter ist noch ein privater **Infostand** (☎ 0535-760 5080; Atatürk Caddesi; Mai–Sept. 8–19 Uhr) vom Güneş Hotel (S. 662) – einfach

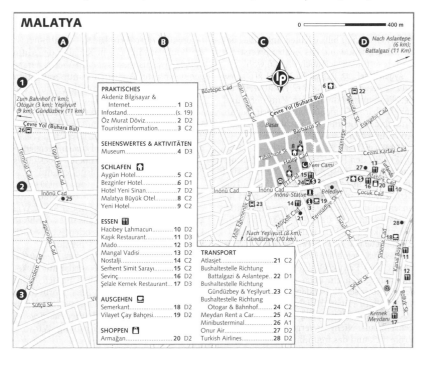

MALATYA

0 — 400 m

Nach Aslantepe (6 km); Battalgazi (11 Km)

Zum Bahnhof (1 km); Otogar (3 km); Yeşilyurt (9 km); Gündüzbey (11 km)

PRAKTISCHES	
Akdeniz Bilgisayar & Internet	1 D3
Infostand	(s. 19)
Öz Murat Döviz	2 D2
Touristeninformation	3 C2

SEHENSWERTES & AKTIVITÄTEN	
Museum	4 D3

SCHLAFEN	
Aygün Hotel	5 C2
Bezginler Hotel	6 D1
Hotel Yeni Sinan	7 C2
Malatya Büyük Otel	8 C2
Yeni Hotel	9 C2

ESSEN	
Hacibey Lahmacun	10 D2
Kaşık Restaurant	11 D3
Mado	12 D3
Mangal Vadisi	13 D2
Nostalji	14 C2
Serhent Simit Sarayı	15 C2
Sevinç	16 C2
Şelale Kernek Restaurant	17 D3

AUSGEHEN	
Semerkant	18 D2
Vilayet Çay Bahçesi	19 D2

SHOPPEN	
Armağan	20 D2

TRANSPORT	
Atlasjet	21 C2
Bushaltestelle Richtung Battalgazi & Aslantepe	22 D1
Bushaltestelle Richtung Gündüzbey & Yeşilyurt	23 C2
Bushaltestelle Richtung Otogar & Bahnhof	24 C2
Meydan Rent a Car	25 A2
Minibusterminal	26 A1
Onur Air	27 D2
Turkish Airlines	28 D2

nach Kemal fragen. Das Beste: In beiden wird Englisch gesprochen.

Internetzugang bieten **Akdeniz Bilgisayar & Internet** (Kanal Boyu; 0,60 € pro Std.; 🕓 9–23 Uhr) und der Infostand im Teegarten.

Sehenswertes & Aktivitäten

Nördlich von der PTT Caddesi und vom Malatya Büyük Otel ist ein superquirliger **Basar.** Wer nicht durchgebummelt ist, hat Malatya nicht gesehen. Er ist perfekt zum Rumstöbern und Sichverlaufen – das tut wohl jeder mindestens einmal. Der große überdachte Teil ist faszinierend, v. a. die Metallwerkstätten: Hier wird gehämmert, gesägt und geschweißt, was das Zeug hält. Wer Glück hat, wird von einem Handwerker auf einen Tee und einen Plausch eingeladen. Wer eine Tüte Aprikosen will, frischt schnell das Türkisch etwas auf und geht zum *kayısı pazarı* bzw. *şire pazarı* (Aprikosenmarkt). Viel Erfolg!

Das **Museum** der Stadt (Fuzuli Caddesi; Eintritt 1,25 €; 🕓 Di–So 8–17 Uhr) liegt 750 m vom Zentrum entfernt. Ausgestellt sind Artefakte, die bei Arslantepe ausgebuddelt wurden.

Von Malatya gibt es Touren auf einer Alternativroute zum Nemrut Dağı (S. 638).

Schlafen

Malatya hat einige billige Unterkünfte, die über das Basargelände und das Zentrum verstreut sind. Hier fühlen sich auch Frauen wohl.

Aygün Hotel (☎ 325 5657; Fax 3260212; PTT Caddesi; EZ/DZ mit Gemeinschaftsbad 12/17 €) Nicht weit von der Post, mit ordentlichen Zimmern und annehmbaren Gemeinschaftsbädern. Nichts Prickelndes, aber für eine Nacht absolut okay. Auf Wunsch gibt's auch Frühstück (2 €).

Hotel Yeni Sinan (☎ 321 2907; Atatürk Caddesi; EZ/DZ 17/28 €) Für den Preis fanden wir die Zimmer ein bisschen zu unspektakulär. Die Flure sind so sexy wie ein Zahnarztwartezimmer und die Betten waren nicht gerade eine Wohltat für unsere müden Gelenke. Aber wenn alle anderen voll sind, tut's das Yeni Sinan auch. Ein Pluspunkt ist die Lage mitten im Zentrum.

Yeni Hotel (☎ 323 1423; www.yenihotel.com auf Türkisch; Yeni Cami Karşısı İş Hanı; EZ/DZ 23/34 €; 😿) Gleich hinter dem Büyük Otel: eine klasse Wahl, die nicht gleich ein Loch in die Reisekasse reißt. Die frisch duftenden, netten Zimmer sind modern eingerichtet, haben blitzsaubere Bäder und knallbunte Tagesdecken als Augenschmaus. Nicht zu vergessen das üppige Frühstück und das freundliche Personal.

Malatya Büyük Otel (☎ 325 2828; Fax 323 2828; Halep Caddesi, Yeni Cami Karşısı; EZ/DZ 17/50 €; 😿) Hier wird jede Menge geboten fürs Geld: helle, ordentliche Zimmer mit TV, picobello Badezimmer, prima Frühstück, professionelles Personal und von den oberen Etagen sogar noch ein schöner Blick. Ein paar Zimmer (v. a. Nr. 302 & 303) haben richtig viel Platz. Das Hotel liegt gegenüber von der Yeni Cami – ein früher Weckruf ist also garantiert.

Bezginan Hotel (☎ 324 1252; Fax 326 2327; Çevre Yolu Adlige Kavşağı; EZ/DZ 40/70 €; P 😿) Vom Zentrum hierher sind's gerade mal zehn Minuten zu Fuß Richtung Norden. Dieses Standard-Vier-Sterne-Hotel versucht, mit seiner Glasfassade und seiner imposanten Marmorlobby Eindruck zu machen. Die Lage ist zwar nicht gerade der Knaller (Blick auf die Ringstraße), aber für Leute mit eigenem Fahrzeug ist es keine schlechte Wahl. Ansonsten wird der typische Komfort einer soliden Mittelunterkunft geboten: Satelliten-TV, Konferenzräume, Restaurant, Bar und Duschen mit Jacuzzi. Wenn nicht so viel los ist, sind kräftige Rabatte drin.

Essen & Ausgehen

In der Atatürk Caddesi wimmelt es von preiswerten Lokalen, aber es gibt woanders flippigere und reizvollere Läden. Kanal Boyu ist ein Boulevard mit einem Kanal in der Mitte und das, was als ehestes als Hip-Viertel durchgehen könnte. An lauen Sommerabenden bummeln gestylte Mittdreißiger über die Flaniermeile.

Sevinç (☎ 321 5188; Atatürk Caddesi; Gebäck 0,50–1 €; 🕓 7–22 Uhr) Diese elegante, moderne Konditorei lockt mit stapelweise köstlichen Leckereien, inklusive Baklava und *kadayıf* (Teigfäden mit Nüssen in Honig). Im oberen Stock gibt's einen *aile salonu* (Familienspeiseraum).

Mado (☎ 323 2346; Kanal Boyu; Eis 0,50–1,25 €; 🕓 9–23 Uhr) Manche halten das Mado für die absolute Nummer eins in der Stadt. Wie auch immer – auf jeden Falls ist es der beste Laden, um ein leckeres Eis oder Gebäckstück in schickem Ambiente zu schlemmen.

Serhent Simit Sarayı (İnönü Caddesi; *simit* 0,60 €; 🕓 7–22 Uhr) Mmmm, diese verdammt leckeren kleinen Kalorienbomben namens *simit* (O-förmige Brotringe mit Sesamkörnern) in der Auslage sehen so verführerisch aus, dass keiner widerstehen kann! Aber die *peynirli* (*simit* mit Käse) sind die Krönung. Wir wollen mehr!

Nostalji (☎ 323 42 08; Müçelli Caddesi; Snacks 1–3 €; ☻ 8–23 Uhr) Egal wie hektisch der Tag war – schon beim ersten Schritt auf den knarrenden Dielen dieser alten Malatya-Villa voller Erinnerungsstücke verdampft der Stress wie Nieselregen auf sommerlichem Asphalt. In der großen hellen Lounge können die Gäste die entspannte Atmosphäre auf sich wirken lassen, der dezenten Musik lauschen und einen türkischen Kaffee schlürfen. Kleine Gerichte gibt's auch. Studenten und sogar Stundentinnen schlagen hier gern auf.

Vilayet Çay Bahçesi (Vilayet-Teegarten; İnönü Caddesi; Snacks 1–4 €; ☻ 7–23 Uhr) Direkt an der lautesten Kreuzung der Stadt ist dies hier eine völlig unerwartete Oase der Ruhe. Wer hier einen Tisch ergattert hat, kann sich an Burgern oder *gözleme* laben. Oder einfach ein bisschen bei einer Tasse Tee entspannen – ein echter Zaubertrank nach der hektischen Sightseeing-Rennerei. Und garantiert kommt der nette Kemal vom Infostand in der Nähe vorbei.

Mangal Vadisi (☎ 326 22 00; Kışla Caddesi; Hauptgerichte 2–5 €; ☻ 11–22 Uhr) Mit seinen großen *mangals* (Kohlegrills) im Erdgeschoss zaubert das Restaurant allen Fleischfans ein Lächeln ins Gesicht. Wie nicht anders zu erwarten, gibt's hier v. a. Grillfleisch (Hähnchen, Lamm, Leber etc.). Der Speiseraum oben mit Neonbeleuchtung ist alledings nicht so der Renner. In einer kleinen Seitenstraße der Atatürk Caddesi.

Hacıbey Lahmacun (☎ 324 9798; Kışla Caddesi; Hauptgerichte 3–4 €; ☻ 11–22 Uhr) Unser Favorit für ein herzhaftes *pide* oder *lahmacun*, runtergespült mit einem erfrischenden *ayran*. Die Speisekarte ist auch auf Englisch und mit Fotos von allen *pide*-Varianten dekoriert. Die Holzfassade verpasst ihm den Look eines Schweizer Landhauses – recht exotisch für Malatya.

Şelale Kernek Restaurant (☎ 323 9313; Kernek Meydanı; Hauptgerichte 3–5 €; ☻ 10–22 Uhr) Das Restaurant kann v. a. mit seiner offenen Dachterrasse punkten. Im Sommer ist der Blick auf die saftig grünen Gärten himmlisch. Ansonsten mangelt's etwas an Seele und Originalität. Es gibt hauptsächlich *pide* und Gegrilltes.

Kaşık Restaurant (☎ 323 6292; Kanal Boyu; Hauptgerichte 3–5 €; ☻ 8–23 Uhr) Pikantes *kiremit* (im Tontopf gekochtes Fleisch) ist der Stolz des Hauses. Ansonsten werden die üblichen Grillspeisen und *pide* serviert. Ein paar Bilder von den angebotenen Gerichten hängen unübersehbar über dem Eingang, also kann gar nichts schiefgehen. Wer richtig zulangen will, bestellt *Kaşık special* – da ist von allem was dabei.

Gute Noten gibt's für die Außenterrasse und die langen Öffnungszeiten.

Semerkant (☎ 325 6031; Kanal Boyu; Hauptgerichte 3–5 €) Ein relaxter Drink, eine *nargileh* oder ein Snack im Freien – es gibt Schlimmeres, als auf der Terrasse dieses Bar-Restaurants zu sitzen. Es versucht auf hip zu machen, die gefakten Steinmauern sind aber eher witzig.

Shopping

Malatyas ganzer Stolz sind die Aprikosen, und alle Abreisenden haben die Taschen voll davon. Ein paar Trockenobstgeschäfte an der Atatürk Caddesi haben sich auf Aprikosenkörbe, Marmeladen und eingelegte Früchte spezialisiert. Im **Armağan** (☎ 325 7005; Atatürk Caddesi; ☻ 8–21 Uhr) ist die Auswahl am größten. Noch mehr Trockenobst gibt es auf dem Basar (s. S. 664)

An- & Weiterreise

AUTO

An der İnönü Caddesi sind gleich westlich von der Tekel-Fabrik ein paar Autovermietungen. Ganz zuverlässig ist **Meydan Rent a Car** (☎ 325 6060; www.meydanoto.com.tr auf Türkisch; İnönü Caddesi, Sıtmapınarı Ziraat Bankası Bitişiği; ☻ 8–19 Uhr).

BUS

Der große *otogar* in Malatya heißt MAŞTİ und liegt 4 km außerhalb am westlichen Stadtrand. Viele Busgesellschaften bieten einen *servis* (Minibus-Shuttle) zwischen *otogar* und Zentrum. Sonst fahren Minibusse vom *otogar* die Turgut Özal Bulvarı/Buhara Bulvarı (auch Çevre Yol) runter. Die dürfen aber nicht ins Zentrum. Am besten an der Turan Temelli Caddesi, Ecke Buhara Caddesi, aussteigen und weiter zu Fuß. Die Busse zum *otogar* fahren nahe des *vilayet* ab. Taxis zum *otogar* kosten ca. 7 €.

Ein paar tägliche Busverbindungen in größere Städte stehen in der Liste unten.

VERBINDUNGEN AB OTOGAR IN MALATYA

Fahrtziel	Fahrpreis	Dauer	Entfernung	Häufigkeit (pro Tag)
Adana	12 €	8 Std.	425 km	ab und zu
Adıyaman	7 €	2½ Std.	144 km	oft
Ankara	20 €	11 Std.	685 km	oft
Diyarbakır	8 €	4 Std.	260 km	ab und zu
Elazığ	4 €	1¾ Std.	101 km	stündl.
Gaziantep	8 €	4 Std.	250 km	ab und zu
İstanbul	25 €	18 Std.	1130 km	ab und zu
Kayseri	12 €	4 Std.	354 km	mehrmals
Sivas	9 €	5 Std.	235 km	mehrmals

FLUGZEUG

Alle Gesellschaften haben einen Flughafenbus (3 €).

Atlasjet (☎ 324 1313; www.atlasjet.com; Müçelli Caddesi; ⏰ 8.30–20 Uhr) Ein Flug täglich nach/von İstanbul (ab 44 €, 1½ Std.).

Onur Air (☎ 326 5050; www.onurair.com.tr; İnönü Caddesi; ⏰ 8–20 Uhr) Ein Flug täglich nach/von İstanbul (ab 48 €).

Turkish Airlines (☎ 324 8001; www.thy.com; Kanal Boyu; ⏰ Mo–Fr 8.30–17.30, Sa 8.30–13.30 Uhr) Zwei Flüge täglich nach/von İstanbul (ab 44 €), ein Flug täglich nach/von Ankara (ab 44 €, 1 Std.).

ZUG

Malatya liegt genau in der Mitte der Türkei und ist deshalb ein Eisenbahnknotenpunkt. Es gibt prima Zugverbindungen Richtung Osten (Elazığ, Tatvan, Diyarbakır), Westen (İstanbul, Ankara, Sivas, Kayseri) und Süden (Adana). Also, warum nicht mal eine Zugfahrt statt der ermüdenden Busfahrten?

Der *Vangölü Ekspresi* fährt dienstags und donnerstags um 18.10 Uhr nach İstanbul über Sivas, Kayseri und Ankara (12 €). Nach Elazığ und Tatvan (6 €) geht's mittwochs und sonntags um 1.35 Uhr.

Der *Güney Ekspresi* startet montags, mittwochs, freitags und sonntags um 18.10 Uhr nach İstanbul über Sivas, Kayseri und Ankara (12 €). Nach Elazığ und Diyarbakır (6 €) fährt er dienstags, donnerstags, samstags und sonntags um 1.35 Uhr.

Mit dem *4 Eylül Ekspresi* geht's täglich um 14.55 Uhr nach Ankara über Sivas und Kayseri (12 €).

Der *Firat Ekspresi* fährt jeden Tag um 10.20 Uhr nach Adana (8 €). Nach Elazığ startet er um 17.40 Uhr (3 €).

Zum Bahnhof von Malatya fahren Minibusse (0,40 €) oder Stadtbusse mit dem Ziel „İstasyon"; sie starten in der Nähe vom *vilayet*.

RUND UM MALATYA
Arslantepe

Die spärlichen Funde dieser Ausgrabungsstätte 6 km vor Malatya sind nicht sooo spannend. Aber wer sich für anatolische Archäologie interessiert, wird **Arslantepe** (⏰ 8–17 Uhr) und seine reizvolle Lage mögen.

Als die Phrygier um 1200 v. Chr. das Hethiterreich in Boğazkale überfielen, flüchteten viele Hethiter über das Taurusgebirge nach Südosten. Sie ließen sich dort nieder und bauten ummauerte Städte. Milidia, heute Arslantepe, war einer dieser späthethitischen Stadtstaaten (mehr über die Hethiter s. Kasten S. 497).

Seit den 1930er-Jahren wurde hier immer mal wieder gegraben. Dabei kamen bis jetzt sieben Schichten von Überresten zutage.

Von Malatya nach Arslantepe fährt ein Bus, auf dem „Orduzu" steht (0,40 €, 15 Min.). Er startet am Südende des Buhara Bulvarı, Ecke Akpınar Caddesi. Man muss dem Fahrer sagen, wo er einen rauslassen soll. Von der Haltestelle sind es noch gemütliche 500 m zu Fuß bis zur Stätte. Für den Rückweg ist eine extra Rückfahrkarte notwendig.

Alt-Malatya (Battalgazi)

Nicht nur Archäologiefans sind von den Ruinen des alten Malatya begeistert, jener ummauerten Stadt bei Arslantepe, ca. 11 km nördlich von Malatya in Battalgazi.

Als Erstes sind die Ruinen der alten **Stadtmauern** mit ihren 95 Türmen zu sehen. Sie stammen aus der Römerzeit und wurden im 6. Jh. fertig. Ihre sämtlichen Blendsteine wurden für andere Bauten geklaut. Und in den früheren Straßenzügen haben sich inzwischen Aprikosenplantagen breitgemacht. Das Dorf Battalgazi entstand zwischen den Ruinen und drum herum.

Die Endstation vom Bus aus Malatya ist am Hauptplatz. Nicht weit von hier, neben der Moschee mit dem Flachdach-Minarett, steht der **Silahtar Mustafa Paşa Hanı.** Die osmanische Karawanserei aus dem 17. Jh. ist zwar restauriert, steht aber praktisch leer.

Von der Karawanserei geht es rechts in die Osman Ateş Caddesi. Dann taucht nach 600 m das bröckelnde Ziegelminarett der ansonsten toll restaurierten **Ulu Cami** aus dem 13. Jh. auf. Sie ist der eigentliche Grund für einen Besuch hier. Diese grandiose, aber leider rapide verfallende Moschee aus seldschukischer Zeit wurde unter Alaettin Keykubad I. gebaut. Beachtenswert sind die noch erhaltenen seldschukischen Fliesen in der Kuppel über dem *mimber* (Kanzel) und die arabischen Inschriften an den Wänden von *eyvan* und Medrese (islamische Hochschule). Ein anderes Highlight ist die **Ak Minare Camii** (Moschee mit weißem Minarett), ca. 50 m weiter, auch aus dem 13. Jh.

Ganz in der Nähe sind noch das komplett aus Ziegeln gebaute **Halfetih-Minarett** aus dem 13. Jh. und die **Nezir-Gazi-Grabstätte.**

AB VOM SCHUSS: DER OBERE EUPHRAT

Wer die ausgetretenen Pfade weit hinter sich lassen will, kann sich in ein Gebiet vorwagen, das noch immer von den Reiseführern übergangen wird (auch von diesem!): das obere Euphrat-Tal zwischen Elazığ und Erzincan. Von Elazığ geht's in nördlicher Richtung nach Petek, dann am Ufer des Keban Barajı entlang. Hier gibt's keine Hauptstraßen, nur kleine Wege, die interessante Städte und Dörfer miteinander verbinden – und durch eine sagenhafte Landschaft führen. Echten Abenteurern ohne Zeitlimit und mit eigenem Gefährt öffnet diese Region einen Einblick in eine faszinierende Welt, die noch nicht viele Abendländer gesehen haben. Touristische Einrichtungen sind hier mit der Lupe zu suchen. Aber wer auf Reisen sowieso lieber Menschen trifft und neue Gegenden erforscht, als in irgendwelchen Luxusherbergen rumzutrödeln, ist hier goldrichtig. Drei Tage wären ein gutes Zeitpensum für diese Tour.

Busse nach Battalgazi (0,40 €, 15 Min.) fahren im Viertelstundentakt von derselben Haltestelle wie die nach Arslantepe.

Yeşilyurt & Gündüzbey

Die friedliche Atmosphäre von Yeşilyurt und Gündüzbey, 9 bzw. 11 km von Malatya entfernt, ist eine echte Wohltat: alte Häuser, viel Grün, hübsche Teegärten, Picknickplätze – super! Der Minibus von der Milli Eğemenlik Caddesi in Malatya (0,40 €) ist in 20 Minuten dort. Und dann gibt es nur noch Stille und Ruhe.

ELAZIĞ

☎ 0424/305 000 Ew./Höhe 1200 m

Wer durch das quirlige Elazığ kommt, sollte sich nicht die urartäischen Schätze im **Museum für Archäologie & Ethnografie** (Arkeoloji ve Etnoğrafya Müzesi; Eintritt 1,25 €; ⏱ Di–Sa 9–17 Uhr) entgehen lassen. Es befindet sich auf dem Campus der Euphrates-Universität am westlichen Stadtrand. Auch **Harput**, 6 km von Elazığ, ist einen Abstecher wert. Die Stadt war ein wichtiger Posten an der Seidenstraße nach bzw. von China und Indien. Dort ist die Hauptattraktion die riesige, aber total verfallene **Burg** auf einem Felsen – sie sieht ein bisschen unheimlich aus. Die Urartäer hatten schon im 8. oder 9. Jh. v. Chr. eine Burg an dieser Stelle gebaut. Was heute hier zu sehen ist, sind aber die Überreste einer osmanischen Festung aus dem 11. Jh. Auf dem Gelände sind noch alle möglichen anderen historischen Bauwerke verstreut, u. a. die **Ulu Cami** mit ihrem schiefen Minarett und diverse Mausoleen. An Wochenenden ist Harput ein beliebtes Picknickplätzchen für Familien.

Von einer kleinen Haltestelle im Zentrum von Elazığ fahren regelmäßig Minibusse (0,40 €) nach Harput.

Schlafen

200 m östlich vom Cumhuriyet Meydanı gibt's eine Ansammlung von Hotels in der Hürriyet Caddesi.

Turistik Otel (☎ 218 1772; Hürriyet Caddesi; EZ/DZ 12/17 €) Vielleicht nicht das Nonplusultra (alte Rohre in den Badezimmern und abgewetzte Vorhänge), aber die Preise sind akzeptabel, die Zimmer vorzeigbar und die Lage erstklassig. Okay für eine Nacht. Frühstück ist leider nicht im Angebot.

Hotel Varan (☎ 233 8824; Hürriyet Caddesi; EZ/DZ 14/23 €; ❄) Nur ein Katzensprung vom Turistik. Als wir reinschneiten, wurde gerade renoviert (der Farbgeruch hing noch in der Luft) – ein gutes Vorzeichen. Es hat helle Zimmer mit rückenfreundlichen Betten und keimfreien Bädern. Frühstück gibt's nicht.

Marathon Hotel (☎ 238 8686; www.themarathonhotel.com.tr; Bosna Hersek Bulvarı; EZ/DZ 28/40 €; P ❄ 💻) Dieses Vier-Sterne-Hotel ist noch eine Klasse besser. Einen kleinen Bummel vom Hauptplatz entfernt, bietet es 60 gemütliche Zimmer mit flauschigem Teppichboden, fünf todschicke Suiten, zwei Bars, *Hamam*, Sauna, Fitnesscenter und ein Panoramarestaurant. Und wem die Beine wehtun, der kann sich im *masaj salonu* (Massagesalon) durchkneten lassen.

Essen

In der Hürriyet Caddesi und ihren Seitenstraßen gibt's jede Menge preiswerte Lokale und Konditoreien.

Hacıoğulları Lahmacun (☎ 212 1996; Hürriyet Caddesi; Hauptgerichte 1–3 €; ⏱ 10–22 Uhr) *Lahmacun* bis zum Abwinken und *pide* sind hier angesagt. Diese Bude an der Hauptstraße zaubert vor den Augen der Gäste leckere türkische und arabische Pizzen, die auf Holztellern serviert werden.

KURDISCH IN WORTEN

Südostanatolien ist fast komplett in kurdischer Hand. Die meisten Kurden sprechen türkisch, aber in abgelegenen Orten sind die beiden kurdischen Dialekte der Türkei (Kurmancı und Zazakı) noch sehr üblich. Lustigerweise verstehen sich die Sprecher der beiden Mundarten nicht einmal untereinander. Sprachlich hat das Kurdische rein gar nichts mit dem Türkischen zu tun, aber beide sind mit dem Persischen und anderen indoeuropäischen Sprachen verwandt. Statt des allgegenwärtigen *teşekkür ederim* („Danke" auf Türkisch) ist hier das viel direktere *spas* in Kurmancı zu hören und statt *merhaba* (hallo) heißt es *rojbas*.

Kilis Kebap Salonu (☎ 236 7572; İşbankası Yanı; Hauptgerichte 2–4 €; ☯ 10–20 Uhr) In diesem Imbiss kann man sich den Bauch vollschlagen, ohne viel Geld loszuwerden. Schon seit 1952 im Geschäft – also eine verlässliche Sache.

An- & Weiterreise
Pro Woche gibt's sechs Turkish-Airlines-Flieger zwischen Elazığ und Ankara (ab 45 €, 1¼ Std.).

Der riesige *otogar* von Elazığ liegt 3 km östlich vom Zentrum. Es gibt ziemlich regelmäßige Verbindungen nach/von Diyarbakır (5 €, 2 Std., 151 km), Erzurum (14 €, 7 Std., 324 km), Malatya (4 €, 1¾ Std., 101 km) und Tatvan (10 €, 6 Std., 329 km).

Wie Malatya hat auch Elazığ gute Zuganbindungen Richtung Osten (Tatvan, Diyarbakır), Westen (İstanbul, Ankara, Sivas, Kayseri, Malatya) und Süden (Adana).

DİYARBAKIR
☎ 0412/665 400 Ew./Höhe 660 m

Um gleich zur Sache zu kommen: Diyarbakır ist v. a. als Zentrum des kurdischen Widerstands seit den 1980ern bekannt. Das sagt schon fast alles: Nirgendwo sonst in der Osttürkei sind die Menschen so stolz auf ihre kurdische Abstammung. Diyarbakır ist nach wie vor *das* Bollwerk kurdischer Identität und Zähigkeit. Zum Glück hat sich die Lage aber relativ entspannt. Wer heute an einem sonnigen Tag durch die Straßen dieser munteren Stadt schlendert, kann sich kaum vorstellen, dass hier offene Schlachten zwischen den Rebellen der Kurdischen Arbeiterpartei (PKK)

und der türkischen Armee tobten. Klar, es ist noch nicht ganz stabil, aber ein Bogen um Diyarbakır muss keiner mehr machen.

Schmale Gassen, jede Menge historische Bauten, arabische Moscheen und ein phantastisches Flair. Wer durch die Altstadt bummelt, fühlt sich an einen anderen Ort und in eine andere Zeit versetzt. Manche Besucher finden, dass die Stadt eine ziemlich raue Schale hat; andere halten sie für verschlossen – eine Stadt, die ihre Seele nicht so leicht öffnet. Auf jeden Fall aber ist Diyarbakır voller Charakter, Seele und Energie; die Stadt sollte bei einer Anatolienreise unbedingt auf dem Plan stehen.

Geschichte
Mesopotamien, das Land zwischen Tigris und Euphrat, hat die ersten großen Weltreiche entstehen sehen. Da überrascht es nicht, dass die Geschichte von Diyarbakır schon um 1500 v. Chr. mit dem hurritischen Königreich Mitanni anfing. Danach kamen die Urartäer (900 v. Chr.), die Assyrer (1356–612 v. Chr.), Perser (600–330 v. Chr.), Alexander der Große und seine Nachfolger, die Seleukiden.

Im Jahr 115 übernahmen die Römer das Ruder. Aber weil die Stadt strategisch so günstig lag, meldeten auch viele andere Interesse an. 639 rissen sie sich dann die Araber unter den Nagel. Der Stamm Beni Bakr ließ sich hier nieder und nannte die Stadt Diyar Bakr (so etwa: Land der Bakr).

In den nächsten Jahrhunderten wurde die Stadt zwischen verschiedenen Stämmen hinund hergereicht. 1497, als die von Schah İsmail begründete Safawidendynastie die Macht im Iran übernahm, zog sie einen Schlussstrich unter die über 100-jährige Turkmenenherrschaft in der Region. 1515 eroberten die Osmanen Diyarbakır, die Stadt fand aber auch dann keinen dauerhaften Frieden. Weil sie auf dem Weg der Armeen aus Anatolien, Persien und Syrien lag, musste sie noch viel über sich ergehen lassen.

Das alte persische Neujahrsfest Nevruz war bis vor ein paar Jahren verboten. Jetzt wird es wieder jedes Jahr am 21. März gefeiert. Es ist eine Spitzengelegenheit, in die kurdische Kultur einzutauchen. Mehr dazu s. S. 702.

Orientierung
Alt-Diyarbakır ist von einer Mauer umgeben, die von ein paar Haupttoren durchbrochen wird. Innerhalb der Stadtmauern breitet sich ein Labyrinth aus engen, gewundenen und

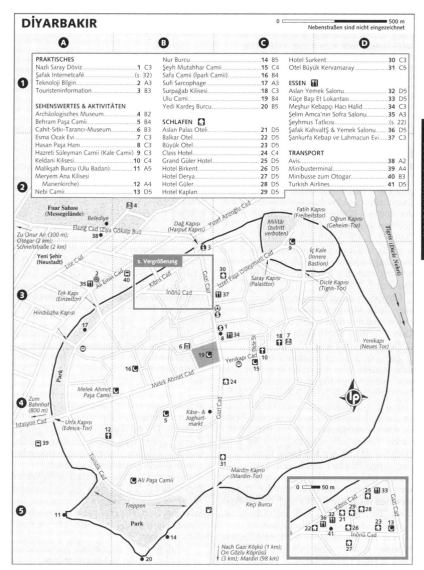

DİYARBAKIR

0 ———— 500 m
Nebenstraßen sind nicht eingezeichnet

PRAKTISCHES		
Nazlı Saray Döviz	1	C3
Şafak Internetcafé	(s. 32)	
Teknoloji Bilgin	2	A3
Touristeninformation	3	B3

SEHENSWERTES & AKTIVITÄTEN		
Archäologisches Museum	4	B2
Behram Paşa Camii	5	B4
Cahit-Sıtkı-Tarancı-Museum	6	B3
Esma Ocak Evi	7	C3
Hasan Paşa Hanı	8	C3
Hazreti Süleyman Camii (Kale Camii)	9	C3
Keldani Kilisesi	10	C4
Malikşah Burcu (Ulu Badan)	11	A5
Meryem Ana Kilisesi Marienkirche)	12	A4
Nebi Camii	13	D5

Nur Burcu	14	B5
Şeyh Mutahhar Camii	15	C4
Safa Camii (İparli Camii)	16	B4
Sufi Sarcophage	17	A3
Surpağah Kilisesi	18	C3
Ulu Cami	19	B4
Yedi Kardeş Burcu	20	B5

SCHLAFEN		
Aslan Palas Oteli	21	D5
Balkar Otel	22	D5
Büyük Otel	23	D5
Class Hotel	24	C4
Grand Güler Hotel	25	D5
Hotel Birkent	26	D5
Hotel Derya	27	D5
Hotel Güler	28	D5
Hotel Kaplan	29	D5

Hotel Surkent	30	C3
Otel Büyük Kervansaray	31	C5

ESSEN		
Aslan Yemek Salonu	32	D5
Küçe Başı Et Lokantası	33	D5
Meşhur Kebapçı Hacı Halid	34	C3
Şelim Amca'nın Sofra Salonu	35	A3
Şeyhmus Tatlıcısı	(s. 22)	
Şafak Kahvaltş & Yemek Salonu	36	D5
Şanlıurfa Kebap ve Lahmacun Evi	37	C3

TRANSPORT		
Avis	38	A2
Minibusterminal	39	A4
Minibusse zum Otogar	40	B3
Turkish Airlines	41	D5

SÜDOSTANATOLIEN

---

meistens namenlosen Gassen aus. Fast alles, was interessant ist, gibt's in Alt-Diyarbakır bzw. rund um die Gazi Caddesi: z. B. Post, Internetcafés und Banken mit Geldautomaten.

Der Bahnhof liegt 1,5 km außerhalb vom Zentrum, am westlichen Ende der İstasyon Caddesi. Zum *otogar* sind es vom Zentrum 3,5 km Richtung Nordwesten.

Neu-Diyarbakır erstreckt sich nordwestlich der Altstadt. Es gibt aber eigentlich keinen wirklich interessanten Grund, dorthin zu gehen.

Praktische Informationen

Bankfilialen mit Geldautomaten sind fast alle in der İnönü Caddesi.

SÜDOSTANATOLIEN

Nazlı Saray Döviz (Gazi Caddesi; ⊗ Mo–Sa 8–19 Uhr) Private Wechselstube, hat länger offen als die Banken.
Şafak Internetcafé (0,60 € pro Std.; ⊗ 8–23 Uhr) Nicht weit von der Kıbrıs Caddesi.
Teknoloji Bilgin (Ali Emiri Caddesi; 0,60 € pro Std.; ⊗ 8–22 Uhr) Internetcafé, direkt vor der Stadtmauer, ein paar Häuser weiter vom Selim Amca'nın Sofra Salonu.
Touristeninformation (☎ 228 1706; Kapısı; ⊗ Mo–Fr 8–17 Uhr) In einem Turm in der Stadtmauer. Hat ein paar Broschüren und kann nur bei simplen Fragen helfen.

Sehenswertes
STADTMAUERN & TORE
Das auffälligste Monument von Diyarbakır ist ganz klar seine außergewöhnliche kreisförmige Basaltmauer. Wahrscheinlich stammt sie aus der Römerzeit. Aber was noch da ist, reicht höchstens in die byzantinische Ära zurück (330–500 n. Chr.). Mit ihren 6 km Länge soll sie nach der Großen Chinesischen Mauer die zweitlängste Mauer der Welt sein. Garantiert ein unglaubliches Erlebnis – von oben und von unten.

Über die riesigen schwarzen Mauern wachen jede Menge Bastionen und Türme. Ursprünglich gab es vier Haupttore: **Harput Kapısı** (Norden), **Mardin Kapısı** (Süden), **Yenikapı** (Osten) und **Urfa Kapısı** (Westen).

Zum Glück ist der am einfachsten zugängliche Mauerabschnitt auch der interessanteste, was Inschriften und Verzierungen angeht. Der beste Startpunkt ist in der Nähe vom Mardin Kapısı. Das ist nicht weit vom Deliller Han. In dieser Steinkarawanserei hat sich heute das Otel Büyük Kervansaray einquartiert. Besucher sollten sich unbedingt den **Nur Burcu** (Lichtturm) und den **Yedi Kardeş Burcu** (Turm der sieben Brüder) anschauen. Der zweite hat ein seldschukisches Flachrelief mit zwei Löwen, die nur von außerhalb der Mauern zu sehen sind. Dann gibt's noch den **Malikşah Burcu** (Turm des Malik Şah, auch Ulu Badan genannt), ebenfalls mit Flachreliefs.

Wer auf die Mauern der **İç Kale** (Innere Bastion) kraxelt, wird mit einem schönen Blick auf den Tigris belohnt. An seinen Ufern reihen sich Gemüseanbaubetriebe aneinander. Der Fluss schlängelt sich 2 bis 3 km in südlicher Richtung dahin und fließt dann unter der **On Gözlu Köprüsü** (Zehnäugige Brücke) aus dem 11. Jh. hindurch.

Innerhalb der Mauern stehen ein paar leuchtend bemalte **Sufi-Sarkophage**. Die dazugehörigen Turbane sind besonders interessant: Ihre Größe symbolisierte die religiöse

Autorität des Toten. Ein paar 100 m östlich vom Urfa Kapısı stehen auch eine ganze Reihe Sarkophage.

Es wurde leider von versuchten Überfällen auf bzw. an der Mauer berichtet – also vorsichtig sein und am besten nur in Gruppen rumlaufen.

MOSCHEEN
Von den vielen Moscheen in Diyarbakır ist die **Ulu Cami** am beeindruckendsten. 1091 wurde sie von dem Seldschukensultan Malik Şah gebaut. Früher stand hier eine byzantinische Kirche, von der ein paar Elemente in den neuen Bau integriert wurden. Nach einem Brand 1155 wurde die Moschee restauriert. Mi ihrem rechteckigen Grundriss ist sie vom Stil her eher arabisch als osmanisch. Am Eingangsportal sind zwei Medaillons zu sehen: eins mit einem Löwen, das andere mit einem Stier. Von dort kommt man in einen riesigen Innenhof. Das ist der eleganteste Bereich des Gebäudes: zweistöckige Arkaden, zwei kegelförmige *şadırvans* (Brunnen für die Waschungen vor dem Gebet), raffinierte Pfeiler und Friese mit Obst und Gemüse drauf – wirklich toll!

Auf der anderen Seite der Gazi Caddesi steht der **Hasan Paşa Hanı**. In dieser Karawanserei aus dem 16. Jh. haben sich Schmuck- und Antiquitätengeschäfte niedergelassen. 2006 wurde sie komplett restauriert.

Typisch für die Moscheen von Diyarbakır sind schwarz-weiße Steinbänder; viele von ihnen stammen aus der Zeit der Akkoyunlu-Dynastie. Die **Nebi Camii** (1530) an der großen Kreuzung von Gazi und İzzet Paşa Caddesi und İnönü Caddesi hat ein einzeln stehendes, schwarz-weiß gemustertes Minarett.

Die größte Moschee der Stadt ist die **Behram Paşa Camii** (1572). Sie steht mitten in einem Wohngebiet, tief im engen Gassengewirr. Die **Safa Camii** (1532) ist eher persisch beeinflusst. Sie hat ein prächtig verziertes Minarett mit blauen Fliesen.

Berühmt für seine spezielle Konstruktion ist das Minarett der **Şeyh Mutahhar Camii** (1512): Es steht auf vier 2 m hohen, schlanken Säulen. Ihnen verdankt es seinen Namen: **Dört Ayaklı Minare** (Minarett auf vier Beinen).

Die **Hazreti Süleyman Camii** neben der İç Kale stammt aus dem 12. Jh. Sie wird v. a. wegen der Gräber von Helden aus früheren islamischen Kriegen verehrt. Jeden Donnerstag pilgern Einheimische hierher, um ihren Respekt zu bezeugen.

Übrigens: Fast alle Moscheen haben mehrere Namen; die anderen stehen in der Legende zum Stadtplan. Wer die Moscheen besuchen will, sollte das 20 bis 25 Minuten nach dem Gebetsruf tun (wenn die Gebete vorbei sind). Die meisten sind nämlich außerhalb der Gebetszeiten zu.

ARCHÄOLOGISCHES MUSEUM

Das **Archäologisches Museum** (Arkeoloji Müzesi; bei der Elazığ Caddesi; Eintritt 1,25 €; Di–So 8–17 Uhr) ist beim Fuar Sahası (Rummelplatz), hinter dem hoch aufragenden Dedeman Hotel zu finden.

Zu der gut präsentierten Sammlung gehören Funde von der neolithischen Ausgrabungsstätte Çayönü (7500–6500 v. Chr.), 65 km nördlich von Diyarbakır. Toll sind auch die urartäischen Stücke und die Relikte der mächtigen Karakoyunlu- und Akkoyunlu-Dynastien. Diese Stämme herrschten zwischen 1378 und 1502 über große Teile Ostanatoliens und Irans. Glücklicherweise gibt's englische Erklärungen.

GAZI KÖŞKÜ

Ca. 1 km südlich vom Mardin Kapısı steht das **Gazi Köşkü** (Eintritt 0,60 €). Es ist ein schönes Beispiel für die Sommerhäuser reicher Bürger. Das Haus stammt aus der Zeit der turkmenischen Akkoyunlu-Dynastie im 15. Jh. Es steht in einem gepflegten Park, in dem an Wochenenden gern Familien picknicken. Wer den Hausmeister ausfindig macht, kann sich das Haus aufschließen lassen. Für ein kleines Trinkgeld führt er die Besucher sogar herum.

Dorthin ist es ein netter, allerdings einsamer Spaziergang bergab. Taxis kassieren unverschämte 12 €, Wartezeit inklusive. Von dieser Seite Diyarbakırs hat man einen herrlichen, freien Blick auf die spektakulären Stadtmauern.

ALTE MUSEUMSHÄUSER

Die alten Häuser von Diyarbakır sind aus schwarzem Basalt und mit mehrfarbigen Steinen verziert. Sie haben Sommer- und Winterbereiche. Zentrum des Sommerbereichs war der *eyvan*: ein überwölbter Raum, der sich zu einem Hof mit einem Brunnen in der Mitte öffnet. Im Sommer schafften die Familien erhöhte Holzplattformen, die *tahtlar* (Throne), in den Hof, um unter freiem Himmel zu schlafen.

Wer einen Blick in so ein altes Steinhaus werfen will, besucht am besten eins der Museumshäuser innerhalb der Stadtmauern. In einem zweistöckigen Haus aus schwarzem Basalt von 1820 wurde der Dichter Cahit Sıtkı Tarancı (1910–56) geboren. Es steht in einer Seitenstraße, 50 m nördlich von der Ulu Cami. Heute ist darin das **Cahit-Sıtkı-Tarancı-Museum** (Ziya Gökalp Sokak; Eintritt frei; Di–So 8–17 Uhr) untergebracht. Es zeigt ein paar persönliche Gegenstände und Möbel von ihm.

Das wunderschöne grau-weiß-gestreifte **Esma Ocak Evi** in der Nähe des Dört Ayaklı Minare wurde 1899 von einem Armenier gebaut. 1996 restaurierte es die Schriftstellerin Esma Ocak. Wer laut an die Tür hämmert, wird vom Hausmeister reingelassen und durch die eleganten Wohnräume geführt. Für den Eintritt wird eine Spende von mindestens 1 € pro Kopf erwartet. Dafür können sich die Besucher gleich noch die armenische Surpağab Kilisesi (S. unten) gegenüber zeigen lassen.

KIRCHEN

Früher wohnten in Diyarbakır viele Christen, v. a. Armenier und Chaldäer. Aber die meisten wurden während der Unruhen Anfang des 20. Jhs. bzw. erst kürzlich von der Hisbollah verjagt oder starben. Nur noch ihre Kirchen erinnern an sie.

Da ist einmal die **Keldani Kilisesi** (Chaldäische Kirche), nicht weit von der Yenikapı Caddesi. Die helle, schnörkellose Kirche wird noch immer von 30 syrisch-katholischen Familien genutzt. Der Kaplan der Meryem Ana Kilisesi hält hier jeden zweiten Sonntag im Monat einen Gottesdienst. Die Kirche ist ganz leicht zu finden: Am freistehenden Minarett der Nebi Camii vorbei geht's die erste Straße nach links (Dicle Sokak), dann die nächste nach rechts (Şeftali Sokak). Der Hausmeister sitzt normalerweise vor der Nebi Camii.

Die armenische **Surpağab Kilisesi** ist auch nicht weit von der Yenikapı Caddesi. Sie ist schon lange mit Gras überwuchert, das das Dach eingestürzt ist. Aber der alte Wärter zeigt den Besuchern die stimmungsvolle Kapelle nebenan. Sie wirkt etwas unheimlich; schließlich hat hier schon seit Jahrzehnten kein Gottesdienst mehr stattgefunden. Unbedingt anschauen!

Die wunderschöne **Meryem Ana Kilisesi** (Marienkirche) wird noch von syrisch-orthodoxen Christen genutzt. Diese gehören zu den monophysitischen Kirchen, die bis heute die

Beschlüsse des Konzils von Chalcedon (451) nicht akzeptiert haben. Dieses hatte festgesetzt, dass es zwei Naturen Christi gebe: eine vollkommen göttliche und eine vollkommen menschliche. Die Monophysiten bestanden aber darauf, dass es nur eine göttliche Natur gibt. Die Kirche ist toll erhalten, obwohl nur noch rund sieben Familien zu den Gottesdiensten kommen. Und auch hier müssen Besucher kräftig an die Tür hämmern, weil der Wächter zwei Höfe weiter wohnt und sonst nichts hört.

Andere Kirchen sind umfunktioniert worden: Eine bei der Dört Ayaklı Camii wird als Post genutzt, eine andere in der İç Kale als Gefängnis.

Schlafen

Fast alle Unterkünfte liegen sehr bequem an der Kıbrıs Caddesi und der İnönü Caddesi um die Ecke. Hier gibt's eine ganze Reihe Hotels in allen Preisklassen und zwischendurch ein paar Restaurants. Im Sommer wird es oft brütend heiß – das sollte man bei der Zimmerwahl im Kopf haben. Allein reisende Frauen fahren am besten mit dem Hotel Birkent, dem Otel Balkar oder den Spitzenklasseunterkünften.

BUDGETUNTERKÜNFTE

Aslan Palas Oteli (☎ 228 9224; Kıbrıs Caddesi; EZ/DZ mit Gemeinschaftsbad 9/14 €, EZ/DZ 12/20 €; ❄) Schon lange ein Favorit bei sparsamen (männlichen) Travellern. Es bietet ein paar sehr unterschiedliche Zimmer – vor dem Buchen besser erst ein paar angucken, denn manche sind heller als andere. Klimaanlage ist Standard. Die Haken: Keine Doppelverglasung, und Frühstück ist im Preis nicht mit drin.

Hotel Surkent (☎ 228 1014; İzzet Paşa Caddesi; EZ/DZ 14/20 €; ❄) Die neueste Unterkunft im Ort hat gerade einen flamingorosa Anstrich gekriegt. Die Renovierung war fast fertig, als wir da waren – ein gutes Omen. Die Fassade aus Aluminiumplatten und orangefarbenen Rahmen ist ganz witzig.

Hotel Güler (☎ /Fax 224 0294; Yoğurtçu Sokak; EZ/DZ 15/20 €; P ❄) Das Zwei-Sterne-Hotel versteckt sich in einer Seitengasse der Kıbrıs Caddesi. Nach einem langen Sightseeing-Tag ist es der perfekte Ort, um die Beine auszustrecken. Ordentliche Zimmer, gut gefederte Matratzen und erstklassige, aber winzige Badezimmer.

Hotel Kaplan (☎ 229 3300; Fax 224 0187; Kıbrıs Caddesi, Yoğurtçu Sokak; EZ/DZ 15/23 €; P ❄) Vom Güler ist

es nur ein Katzensprung zum überraschend netten Kaplan. Es bietet geräumige, komfortable, aber etwas unpersönliche Zimmer. Am besten ein helleres Zimmer weiter oben ergattern.

Hotel Birkent (☎ 228 7131; Fax 228 7145; İnönü Caddesi; EZ/DZ 16/25 €; P ❄) Wer drauf wettet, dass es im Birkent Klimaanlage, massive Betten und schicke Zimmer gibt, hat gewonnen! Eine der verlässlichsten Adressen der Stadt, mit lauter zufriedenen Gästen. Aufzug, Doppelverglasung und eine Spitzenlage.

MITTELKLASSEHOTELS

Balkar Otel (☎ 228 1233; Fax 224 6936; Kıbrıs Caddesi 38; EZ/DZ 19/25 €; P ❄) Typisches Drei-Sterne-Hotel mit farbenfrohen, gut ausgestatteten Zimmern inklusive TV und Minibar. In den Minibädern der Einzelzimmer ist der Bewegungsspielraum ziemlich begrenzt. Aber dafür gibt's einen Aufzug, ein üppiges Frühstück und eine Dachterrasse mit einem grandiosen Blick über die Stadtmauer.

Grand Güler Hotel (☎ 229 2221; Fax 224 4509; Kıbrıs Caddesi; EZ/DZ 21/31 €; P ❄) „Grand" ist wohl etwas dick aufgetragen. Aber die Zimmer sind schön eingerichtet und die Bäder lupenrein sauber. Die Zimmer nach vorn raus haben Doppelverglasung; es dürfte also nicht zu laut sein.

Büyük Otel (☎ 228 1295; Fax 221 2444; İnönü Caddesi; EZ/DZ 24/34 €; P ❄) Der Hauptkonkurrent vom Balkar: Das zuverlässige Hotel kann mit blitzsauberen Zimmern und Superkomfort punkten. Und die Bäder sind zum Benutzen fast zu schön. Eine gute Wahl für weibliche Reisende.

Hotel Derya (☎ 224 2555; Fax 221 9735; İnönü Caddesi; EZ/DZ 25/34 €; P ❄) Auch nicht schlecht, dieses Quartier mit der eleganten blauen Mosaikfassade. Es hat ein Dachrestaurant und prima Einrichtungen. Auf kleine Menschen wirken die Zimmer vielleicht kuschelig; andere finden „klaustrophobisch" wahrscheinlich passender.

SPITZENKLASSEHOTELS

Otel Büyük Kervansaray (☎ /Fax 228 9606; Gazi Caddesi; EZ/DZ/Suite 50/80/100 €; P ❄ ☎) Wer sich nach einer ermüdenden Tour was gönnen will, ist an diesem historischen Ort gerade recht. Die umgebaute Karawanserei Deliller Han aus dem 16. Jh. hat Charme ohne Ende. Nicht der Gipfel des Luxus, aber eine super Anlage mit Restaurant, Bar, *Hamam* und einem schickem Pool. Die Standardzimmer sind arg klein. Aber wer will schon im Zimmer rumhängen, wenn so ein schnuckeliger Innenhof lockt?

Class Hotel (☎ 229 5000; www.diyarbakirclasshotel.com auf Türkisch; Gazi Caddesi; EZ/DZ 90/115 €; P X ⊑ ≋) Eckiger Klotz im Herzen der Altstadt. Dieser Lokalmatador mit fünf Sternen ist nichts für Minimalisten. Er bietet alle denkbaren Extras, die mit der Platinkarte zu bezahlen sind: Pool, Sauna, Nachtclub, Konferenzraum – und natürlich ein Fitnesscenter, in dem es den Kilos von der Überdosis Baklava an den Kragen geht. Auch nicht zu verachten: ein Tässchen Tee im herrlichen Çizmeci-Pavillon von 1317, der heute eine gemütliche Lounge abgibt.

Essen & Ausgehen

Wer über die Kıbrıs Caddesi schlendert, kann jede Menge lässige Lokale entdecken. Nichts Besonderes, aber authentische Küche für wenig Geld.

Selim Amca'nın Sofra Salonu (☎ 224 4447; Ali Emiri Caddesi; Hauptgerichte 4–7 €, Tagesmenü 9 €; ⏱ Mittag–21.30 Uhr) In dem etwas exklusiveren Restaurant vor den Stadtmauern dreht sich alles um eine berühmte Spezialität: *kaburga dolması* (mit Reis und Mandeln gefülltes Lamm oder Hähnchen). Als Dessert gibt's verteufelt leckeres, klebriges *İrmik helvası* und zum Runterspülen einen Softdrink (Alkohol – schön wär's …). Die Prasserei ist ihr Geld absolut wert.

Küçe Başı Et Lokantası (☎ 229 5661; Kıbrıs Caddesi; Hauptgerichte 4–7 €; ⏱ 8–22 Uhr) Nur ein paar Häuser weiter von den meisten Hotels bietet diese Location eine beeindruckende Speisekarte und originelles Ambiente: Das rustikale Hinterzimmer erinnert an eine Scheune. Hier gibt's die Chance, mal was anderes (sprich: keinen Kebap) zu probieren: z. B. *kiremit* oder *saç tava* (frittiertes Fleisch aus einer flachen Pfanne). Die Speisekarte hat Bilder, was die Auswahl erleichtert.

Şanlıurfa Kebap ve Lahmacun Evi (☎ 228 2312; İzzet Paşa Caddesi; Hauptgerichte 3–5 €; ⏱ Mo–Sa 7–20 Uhr) Hier können sich die Gäste den Bauch mit sättigenden Kebaps und leckeren *pide* vollschlagen – für wenig Geld in schickem Ambiente.

Şafak Kahvaltı & Yemek Salonu (Kıbrıs Caddesi; Hauptgerichte 1–2 €; ⏱ 7–23 Uhr) Frisch zubereitete Fleischgerichte und spitzenmäßige *pide*. Das lebhafte Lokal liegt ideal an der Kıbrıs Caddesi. Morgens gibt's ein kräftigendes *kahvaltı* (Frühstück).

Otel Büyük Kervansaray (☎ 228 9606; Gazi Caddesi; Hauptgerichte 3–6 €; ⏱ 8–23 Uhr) Auch wer nicht in diesem historischen Hotel wohnt, kann in dem hübschen Innenhof ein Tässchen Tee schlürfen oder im Restaurant essen. Früher war es mal ein Kamelstall. Fast jeden Abend Livemusik.

Hier noch ein paar Tipps:

Aslan Yemek Salonu (Kıbrıs Caddesi; Hauptgerichte 2–5 €; ⏱ 8–22 Uhr) Preiswertes Lokal mit einer großen Auswahl an Fleischgerichten.

Meşhur Kebapçı Hacı Halid (Borsahan Sokak; Hauptgerichte 2–4 €; ⏱ Mo–Sa 11–21 Uhr) Idealer Zwischenstopp, wenn das Geld knapp ist. Es gibt leckere Kebaps und Vorgekochtes in hellem Ambiente. Das Ganze ist in einer kleinen verkehrsberuhigten Seitenstraße von der Gazi Caddesi.

Şeyhmus Tatlıcısı (Kıbrıs Caddesi; ⏱ 7–20 Uhr) Das Richtige, um bei köstlichem Baklava oder klebrigem *kadayıf* wieder zu Kräften zu kommen.

An- & Weiterreise

AUTO

Avis (☎ 236 1324, 229 0275; www.avis.com.tr; Elazığ Caddesi; ⏱ 8–19 Uhr) Hat zwei Filialen: gegenüber vom *belediye* und am Flughafen.

BUS

Viele Busgesellschaften haben Ticketschalter in der İnönü Caddesi und in der Gazi Caddesi, nicht weit vom Dağ Kapısı. Zum *otogar* gibt's einen kostenlosen *servis*.

Am gesonderten Minibusterminal (İlçeler Minibüs Terminalı) vor dem Urfa Kapısı starten Minibusse nach Batman (3 €, 1½ Std.), Elazığ (6 €, 2 Std.), Hasankeyf (2 €), Mardin (4 €, 1¼ Std.), Malatya (9 €, 5 Std.), Midyat (3 €) und Siverek (wer will, kann von da weiter nach Kahta fahren, ohne den ganzen See via Adıyaman zu umrunden).

In der Liste unten stehen ein paar tägliche Verbindungen auf den Hauptstrecken.

VERBINDUNGEN AB OTOGAR IN DİYARBAKIR

Fahrtziel	Fahr-preis	Dauer	Entfer-nung	Häufigkeit (pro Tag)
Adana	17 €	8 Std.	550 km	mehrmals
Ankara	27 €	13 Std.	945 km	mehrmals
Batman	3 €	1½ Std.	85 km	oft (Minibusse)
Erzurum	12 €	8 Std.	485 km	mehrmals
Malatya	8 €	5 Std.	260 km	oft
Mardin	3 €	1½ Std.	95 km	stündl.
Şanlıurfa	6 €	3 Std.	190 km	oft
Sivas	13 €	10 Std.	500 km	mehrmals
Tatvan	8 €	4 Std.	264 km	mehrmals
Van	13 €	7 Std.	410 km	mehrmals

SÜDOSTANATOLIEN

SÜDOSTANATOLIEN

FLUGZEUG

Einen Flughafen-Shuttlebus gibt's nicht. Das Taxi vom Zentrum zum Flughafen kostet ca. 8 €.

Onur Air (☎ 223 5312; www.onurair.com.tr; Gevran Caddesi, Rızvan Ağa Sokak; ☺ 8–19 Uhr) Zwei Flüge pro Tag nach/von İstanbul (ab 50 €, 1¾ Std.).

Sun Express (www.sunexpress.com.tr) Wird von Turkish Airlines vertreten. Drei Flüge pro Woche nach İzmir (ab 60 €, zwei Std.).

Turkish Airlines (☎ 228 8401; www.thy.com; İnönü Caddesi; ☺ 8–19 Uhr) Drei Flüge pro Tag nach/von İstanbul (ab 55 €) und zwei Flüge pro Tag nach/von Ankara (ab 44 €, 1½ Std.).

ZUG

Der *Güney Ekspresi* fährt montags, mittwochs, freitags und sonntags um 11.36 Uhr nach İstanbul über Malatya, Sivas und Kayseri (18 €).

MARDİN

☎ 0482/55 000 Ew./Höhe 1325 m

Alle lieben Mardin und das ist kein Wunder: Die antike Stadt, gekrönt von einer Burg, thront über der endlosen, verbrannten Weite Mesopotamiens, die bis nach Syrien reicht. Und durch die honigfarbenen Steinhäuser, die sich an den Hang klammern, hat die Stadt eine Atmosphäre wie das alte Jerusalem. Zu jeder Jahreszeit ist das Zusammenspiel von Licht und Steinen supermalerisch. Dazu kommt das bunte Völkergemisch. Große Ansiedlungen von Jesiden, Christen, Syrern u. a. tragen dazu bei und geben der Region ein erfrischendes Multikulti-Flair.

Während der Unruhen in den 1980er- und 90er-Jahren hatte sie es besonders schwer. Erst seit ein paar Jahren öffnet sie sich wieder langsam für den Tourismus. Heute ist es hier absolut sicher, und langsam wird Mardin auch bei türkischen Urlaubern beliebt. Also nichts wie hin, bevor es alle anderen tun.

Geschichte

Wie um Diyarbakır schlugen sich auch um Mardin jahrtausendelang rivalisierende Armeen. In jüngerer Zeit fanden die einzig erwähnenswerten Kämpfe zwischen PKK und Regierung statt. Seit Urzeiten steht auf dem Hügel eine Burg, und die türkische Armee findet sie auch heute noch nützlich.

Im 5. Jh. ließen sich hier assyrische Christen nieder. Von 640 bis 1104 besetzten dann die Araber Mardin. Es folgten Seldschuken,

Kurden, mongolische und persische Heere. 1517 übernahmen die Osmanen unter Sultan Selim dem Gestrengen das Ruder. Während der Unruhen in den frühen 20. Jh. wurden viele assyrische Christen vertrieben oder starben. Viele andere sind in den letzten Jahrzehnten ausgewandert. Heute nutzen nur noch schätztungsweise 600 Christen die elf Kirchen.

Orientierung

Aus Richtung Diyarbakır kommend geht's zuerst durch den neuen Stadtteil von Mardin, wo das Otel Bilen (Hotel Bilen) steht. Von da führt die Hauptstraße einen Berg hoch bis zu einem Kreisverkehr. Dort teilt sich die Straße. Weiter bergauf geht's zur Hauptverkehrsader, der Cumhuriyet Caddesi (manche benutzen noch ihren früheren Namen Birinci Caddesi). Sie führt zu den Hotels und zum Cumhuriyet Meydanı. Das ist der Hauptplatz mit einer Atatürk-Statue. Die vom Kreisverkehr rechts abgehende Straße heißt Yeni Yol. Sie macht weiter unten einen Bogen um den Berg und stößt dann wieder auf die Cumhuriyet Caddesi, nördlich von den Büros der Busgesellschaften.

Alles Wichtige konzentriert sich rund um die Cumhuriyet Caddesi, eine Einbahnstraße mit regem Dolmuşverkehr. Wer mit dem eigenen Auto unterwegs ist, kann am Cumhuriyet Meydanı parken.

Praktische Informationen

Alle großen Banken mit Geldautomaten haben Filialen an der Cumhuriyet Caddesi. Das **Oscar Internetcafé** (Cumhuriyet Caddesi; 0,60 € pro Std.; ☺ 9–23 Uhr) ist gegenüber von der **Akbank** (Cumhuriyet Caddesi). Im neuen Teil von Mardin gibt's noch das **Can Internetcafé** (Yenişehir; 0,60 € pro Std.; ☺ 9–23 Uhr), nicht weit vom Otel Bilen.

Sehenswertes

Die Hauptattraktion von Mardin ist ganz klar der riesige **Basar**. Er erstreckt sich parallel zur Cumhuriyet Caddesi, einen Block bergab. Das wichtigste Transportmittel sind hier immer noch Esel. Sie sind prächtig ausstaffiert mit all den hübschen Dingen, die oft in den Teppichläden verkauft werden. Bemerkenswert sind die Sattelflicker. Sie scheinen auch aus den schäbigsten Sätteln noch was machen zu können.

Beim Bummel über den Basar lohnt sich die Suche nach der abgelegenen **Ulu Cami.**

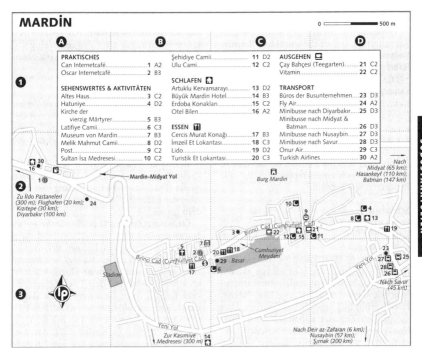

MARDİN

0 ——— 500 m

PRAKTISCHES	Şehidiye Camii..................... 11 D2
Can Internetcafé......................1 A2	Ulu Cami............................. 12 C2
Oscar Internetcafé....................2 B3	
	SCHLAFEN
SEHENSWERTES & AKTIVITÄTEN	Artuklu Kervansarayı............ 13 D2
Altes Haus...............................3 C2	Büyük Mardin Hotel............14 B3
Hatuniye.................................4 D2	Erdoba Konakları.................15 C2
Kirche der	Otel Bilen............................16 A2
vierzig Märtyrer...................5 B3	
Latifiye Camii.........................6 C3	**ESSEN**
Museum von Mardin................7 B3	Cercis Murat Konağı.............17 B3
Melik Mahmut Camii................8 D2	İmzeil Et Lokantası..............18 C3
Post..9 D2	Lido.....................................19 D2
Sultan İsa Medresesi.............10 C2	Turistik Et Lokantası............20 C3

AUSGEHEN	
Çay Bahçesi (Teegarten)........21 C2	
Vitamin...............................22 C2	
TRANSPORT	
Büros der Busunternehmen....23 D3	
Fly Air.................................24 A2	
Minibusse nach Diyarbakır.....25 D3	
Minibusse nach Midyat &	
Batman................................26 D3	
Minibusse nach Nusaybin......27 D3	
Minibusse nach Savur............28 D3	
Onur Air...............................29 C3	
Turkish Airlines....................30 A2	

Nach
Midyat (65 km);
Hasankeyf (110 km);
Batman (147 km)

Burg Mardin

Mardin-Midyat Yol

Zu Ildo Pastaneleri
(300 m); Flughafen (20 km);
Kızıtepe (30 km);
Diyarbakır (100 km)

Birinci Cad (Cumhuriyet Cad)

Cumhuriyet
Meydanı

Basar

Stadion

Birinci Cad (Cumhuriyet Cad)

Yeni Yol

Yeni Yol

Zur Kasımiye
Medresesi (300 m)

Nach Deir az-Zafaran (6 km);
Nusaybin (57 km);
Şırnak (200 km)

Nach Savur
(45 km)

Dieses irakisch-seldschukischs Bauwerk aus dem 12. Jh. hat bei den Kurdenunruhen von 1832 ganz schön was abgekriegt. Innen ist es schlicht, aber die feinen Reliefs am Minarett sind sehr hübsch.

Das **Museum** von Mardin (Mardin Müzesi; Cumhuriyet Caddesi; 1,25 €; 8–17 Uhr) an der Hauptstraße ist nicht zu übersehen. Allein schon wegen des Gebäudes aus dem späten 19. Jh. lohnt sich der Besuch. Es ist eine prächtige restaurierte Villa mit verzierten Säulen und eleganten Arkaden im Obergeschoss. Innen gibt's eine kleine, aber feine Sammlung der unterschiedlichsten Artefakte: von einer fein gearbeiteten assyrischen Vase aus dem 7. Jh. v. Chr. bis zu Funden aus Girnavaz, einer Stätte aus der Bronzezeit, 4 km nördlich von Nusaybin. Danach geht's auf der Cumhuriyet Caddesi in östlicher Richtung weiter. Hier steht links ein kunstvoll verziertes **Haus** mit einer Drei-Bogen-Fassade, das sehr typisch für die Architektur von Mardin ist.

Weiter östlich führen links (Richtung Norden) ein paar Stufen zur **Sultan İsa Medresesi** (bei Tageslicht) von 1385. Sie ist das architektonische Highlight der Stadt. Am beeindruckendsten ist das zurückgesetzte Eingangsportal. Aber auch die malerischen und vom Hausmeister liebevoll gepflegten Höfe lohnen einen Rundgang. Vom Dach bietet sich eine faszinierende Aussicht auf die Stadt.

Noch weiter östlich taucht das wohl prächtigste **Postamt** der ganzen Türkei auf. Es ist in einer Karawanserei aus dem 17. Jh. untergebracht. Die Fenster sind verziert, und an den Mauern tropfen Steintränen herab. Auf die plumpe neue Treppe könnte man allerdings gut verzichten! Auf der anderen Straßenseite sticht das elegante, schlanke Minarett der **Şehidiye Camii** aus dem 14. Jh. ins Auge. Es ist wunderbar schön, hat zwei begehbare Plattformen und obendrauf drei kleine Zwiebeln. Der Sockel ist mit ein paar Säulen verschönert.

Auch sehr schön ist die **Latifiye Camii** aus dem 14. Jh., hinter der Akbank. Ihr schattiger Innenhof hat einen şadırvan in der Mitte. Westlich davon steht die **Kirche der vierzig Märtyrer** (Kırklar Kilisesi; Sağlık Sokak) aus dem 15. Jh. Die Märtyrer sind über dem Kircheneingang zu sehen. Wenn die Kirche zu ist, einfach laut klopfen, um den Wärter zu wecken. Sonntags ist Gottesdienst. Nicht weit von der Artuklu Kervansarayı stehen die attraktive **Hatuniye Medresesi** und die frisch renovierte **Melik Mahmut Camii.**

Die nächste Sehenswürdigkeit ist die **Kasımiye Medresesi** von 1469. Sie steht 800 m südlich der Yeni Yol. Hier befinden sich die überkuppelten Gräber von Kasım Paşa und seiner Schwester. Aber die Highlights sind der grandiose Innenhof mit den Bogengängen und das wunderschön verzierte Portal. Eine Treppe rauf sind die Zimmer der Schüler zu sehen und noch eine Treppe rauf das tolle Panorama von Mardin.

Schlafen

Wer knapp bei Kasse ist, muss die Zähne zusammenbeißen: Billige Hotels sind in Mardi Mangelware.

Otel Bilen (☎ 213 0315; www.bilemhotel.com; EZ/DZ 25/45 €; **P** **⚡**) Im neuen Stadtteil von Mardin (Yenişehir), 2 km nordwestlich vom Cumhuriyet Meydanı. Das nüchterne Drei-Sterne-Hotel sprüht nicht gerade vor Charme. Aber die großen Zimmer haben TV und blitzblanke, geflieste Bäder. Etwas überteuert, aber in ruhigen Zeiten kann gehandelt werden. Zum Zentrum einfach die Straße queren und ein Dolmuş anhalten.

Erdoba Konakları (☎ 212 7677; Fax 212 8821; www.erdoba.com.tr; Cumhuriyet Caddesi; EZ/DZ 48/72 €; **⚡**) Warum nicht mal im Luxus schwelgen? Z. B. in diesem stilvollen „Boutique-Hotel" – dem ersten von Mardin – im Herzen der Altstadt. Es besteht aus zwei liebevoll restaurierten, historischen Villen mit freundlichen Zimmern, außerdem mehreren Terrassen mit schönem Blick über die mesopotamische Ebene. Allerdings sind nur fünf Zimmer mit Aussicht. Das Restaurant hat eine Gewölbedecke.

Artuklu Kervansarayı (☎ 213 7353; www.artuklu.com auf Türkisch; Cumhuriyet Caddesi; EZ/DZ 45/73 €; **P** **⚡** **⚏**) Das nagelneue Hotel hat jede Menge Annehmlichkeiten zu bieten, kriegt aber für die Aussicht null Punkte. Alles ist mit Borten und Volants dekoriert. Und die Zimmer sind überdurchschnittlich: dunkle Möbel, Parkett und Ziegelmauern.

Büyük Mardin Hotel (☎ 213 10 47; Fax 213 1447; Yeni Yol Caddesi; EZ/DZ 67/84 €; **P** **⚡** **⚏**) Der massive Bau gewinnt keinen Preis für Harmonie und Proportion. Aber er bietet ausreichend Komfort, inklusive Sauna und Hamam. Und

der Blick über die Altstadt und die mesopotamische Ebene ist sensationell. Hier steigen v. a. gern Gruppen ab – also rechtzeitig buchen, denn oft ist das Hotel voll bis obenhin.

Essen & Ausgehen

İmzeil Et Lokantası (☎ 212 1062; Cumhuriyet Meydanı; Hauptgerichte 2–4 €; ☻ 10–19 Uhr) Kleiner, freundlicher Laden, wo es mal wieder eine Ladung Proteine gibt, ohne dass die Reisekasse geplündert werden muss.

Turistik Et Lokantası (☎ 212 1647; Cumhuriyet Meydanı; Hauptgerichte 3–6 €; ☻ 9–22 Uhr) Das Essen ist das Übliche und die Einrichtung eher fade. Aber der Laden hat lange offen. Gleich neben dem İmzeil.

Cercis Murat Konağı (☎ 213 6841; Cumhuriyet Caddesi; Hauptgerichte 4–7 €; ☻ 11–23 Uhr) In diesem innovativen Restaurant können sich die Geschmacksnerven auf ein wahres Fest freuen: Hier kommt authentische Dorfküche mit kreativem Touch auf den Tisch (garantiert kein Kebap). Wer *közlenmiş peynir* (Grillkäse) oder *ayvalı kavurma* (Lammfleisch mit Quitten) bestellt, wird den Kultstatus schnell verstehen (s. Kasten 677). Alle Gerichte werden von Frauen aus Mardin nach alten Rezepten gekocht. Die Gäste können ihnen über Monitor zugucken. Das Cercis ist in einem traditionellen syrisch-christlichen Haus mit zwei geschmackvoll eingerichteten Räumen untergebracht. Der Blick von der Terrasse ist phänomenal. Die respektable Weinliste und der klasse Service runden das perfekte Bild ab. *Afiyet olsun* (guten Appetit)!

Lido (Cumhuriyet Caddesi; Gebäck 0,40–1 €; ☻ 8–20 Uhr) Kleine Konditorei beim Artuklu, mit sündhaft guten Leckereien und herrlicher Terrasse.

İldo Pastaneleri (☎ 213 7288; Hükümet Konağı Arkası; Gebäck 0,50–1 €; ☻ 8–23 Uhr) Der Ort für Genießer: Hier gibt's Gebäck und Eis in schickem Ambiente. Das *fıstıklı dondurma* (Pistazieneis) verdient einen Oscar.

Vitamin (Cumhuriyet Caddesi; ☻ 8–19 Uhr) Die Hütte hat die Größe einer Briefmarke. Aber die frisch gepressten Fruchtsäfte (ab 0,50 €) sind umwerfend.

Çay bahçesi (Cumhuriyet Caddesi) Der beste Teegarten der Stadt, gleich gegenüber der Post. Einfach die Atmosphäre genießen und sich von dem sensationellen Blick über die Altstadt und die verbrannte Ebene hypnotisieren lassen.

EINE ERFOLGSSTORY

Ebru Baydemir ist ein echtes Original. Sie ist die 30 Jahre junge und dynamische Besitzerin des Cercis Murat Konağı in Mardin (s. S. 676) und die Chefin des städtischen Tourismusverbandes. Als seltenes Beispiel einer weiblichen Unternehmerin in Ostanatolien hat sie entgegen allen Erwartungen etwas geschafft: Sie hat viele Frauen in Mardin zu einer neuen Denkweise angeregt und der sich wandelnden Frauenrolle in dieser überwiegend männlich orientierten Gesellschaft ein wenig den Weg geebnet. „Als ich 2001 mein Restaurant eröffnete, wollte ich Frauen Jobs anbieten. Aber das war schwierig wegen der vorherrschenden Meinung, dass Frauen ins Haus gehörten. Ich fing mit ein paar Köchinnen an, die nach alten Rezepten kochten. Es mussten Trennwände aufgestellt werden, damit sie in der Küche nicht zu sehen waren. Nach und nach gewann ich dann das Vertrauen ihrer Ehemänner. Und heute arbeiten 15 Frauen bei mir, die sich nicht mehr verstecken müssen. In Mardin wird endlich akzeptiert, dass Frauen zur Arbeit gehen können." Sonst noch irgendwelche Erfolge, Frau Ebru? „Cercis ist das erste Restaurant in Südostanatolien mit Alkoholausschank" – der ewige Dank der Traveller ist ihr gewiss.

Der Renner sind die Kochkurse für Touristen. Die Köchinnen sind bereit, etwas von ihren Geheimnissen preiszugeben – eine herrlich authentische Erfahrung. Genaueres dazu bei www. cercismurat.com.

An- & Weiterreise
BUS

Die meisten Busse starten vor den Ticketbüros der Busunternehmen östlich vom Zentrum. Ab 16 Uhr fahren weniger Busse, also besser vorher starten. Minibusse fahren etwa alle Stunde nach Diyarbakır (4 €, 1¼ Std.) und Midyat (3 €, 1¼ Std.) bzw. Nusaybin (syrische Grenze; 2 €). Täglich gibt's vier bis fünf Minibusse nach Savur (2 €, 45 Min.). Zwischen Mardin und Urfa (6 €, 3 Std.) sind mehrere Busse unterwegs. Allerdings sind sie in westlicher Richtung oft schon voll, wenn sie in Mardin eintrudeln; also besser gleich nach der Ankunft eine Fahrkarte kaufen. Andere für Traveller interessante Verbindungen sind Busse nach Cizre (4 €, 3 Std.), dem Hauptknotenpunkt nach Nordirak (s. Kasten S. 679), nach Şirnak (8 €, 3½ Std.) und nach Batman (4 €).

FLUGZEUG

Der Flughafen von Mardin liegt 20 km südlich von der Stadt. Es gibt keinen Shuttlebus dorthin, aber alle Minibusse nach Kızıltepe lassen einen am Eingang raus (0,70 €).

Fly Air (☎ 444 4359; www.flyair.com.tr; Yenişehir; Mo–Sa 8.30–19 Uhr) Drei Flüge pro Woche nach/von İstanbul (ab 43 €, 2 Std.).

Onur Air (☎ 212 4141; www.onurair.com.tr; Cumhuriyet Meydanı; 8–20 Uhr) Sechs Flüge pro Woche nach/von İstanbul (ab 48 €).

Turkish Airlines (Bilem Turizm ve Seyahat Acentası; ☎ 213 3773; www.thy.com; Karayolları Karşısı Yenişehir; 8–18 Uhr) Nicht weit vom Otel Bilen. Drei Flüge pro Woche nach/von Ankara (ab 44 €).

RUND UM MARDİN
Deir az-Zafaran

Zum herrlichen **Kloster Deir az-Zafaran (Mar Hananias)** (9–11.30 & 13–15.30 Uhr) geht's über eine 6 km lange, gute und schmale Straße durch die felsige Hügellandschaft östlich von Mardin. Früher war das dem Ananias geweihte Kloster Sitz des syrisch-orthodoxen Patriarchats. Dieses wurde später nach Damaskus verlegt, und die Anlage beherbergt heute ein Internat.

495 entstand das erste Kloster an einem Ort, an dem früher die Sonne angebetet wurde. 607 wurde es von den Persern in Schutt und Asche gelegt und danach wieder aufgebaut. Sechs Jahrhunderte später plünderte es Timur Lenk.

In die ummauerte Anlage führt ein Portal mit einer aramäischen Inschrift. Die Internatsschüler bieten Besuchern gern ihre Dienste als Guide an. Zuerst zeigen sie das **Originalheiligtum:** eine etwas unheimliche unterirdische Kammer mit einer Decke aus riesigen Steinen, die wie von Zauberhand (jedenfalls ohne Mörtel) zusammengehalten werden. Dieser Raum soll von den Sonnenanbetern genutzt worden sein. Durch ein Fenster sahen sie ihrem Gott zu, wie er an der Ostseite aufging. Eine Nische an der Südwand soll als Opferstelle gedient haben.

Als Nächstes geht's durch zwei 300 Jahre alte Türen zu den **Gräbern** der Patriarchen und Metropoliten, die hier ihren Sitz hatten.

Auf dem **Patriarchenthron** in der Kapelle links neben dem Altar stehen die Namen aller Patriarchen, die dem Kloster seit seiner Wiedereröffnung 792 vorstanden. Rechts vom Altar ist der **Metropolitenthron.** Der heutige **Steinaltar** ist Ersatz für einen Altar aus Holz, der vor ca. 50 Jahren verbrannte. Die Mauern sind mit wunderschönen Gemälden und Wandbehängen geschmückt. In den Gottesdiensten wird Aramäisch gesprochen.

In den nächsten Räumen sind **Sänften** der Würdenträger sowie ein **Taufbecken** zu sehen. In einem kleinen Nebenraum steht ein 300 Jahre alter **Holzthron.** Das **Mosaik** auf dem Boden ist ganze 1500 Jahre alt.

Über eine Treppe geht's zu sehr schlichten Gästezimmern für Reisende und Gottesdienstbesucher. Das kleine, einfache Schlafzimmer des Patriarchen und sein Salon sind auch hier oben.

Öffentliche Verkehrsmittel verirren sich nicht hierher, es geht nur per Taxi oder zu Fuß. Vor den Büros der Busgesellschaften in Mardin lungern Fahrer rum. Für 14 € fahren sie hin und zurück und warten draußen.

Savur

Ach ja, Savur … Wer an einem klaren Tag herkommt, wird sich sofort in dieses Juwel von einer Stadt verlieben – uns ging es jedenfalls so. Mit dem Minibus von Mardin dauert's eine Stunde bis Savur. Wer Einsamkeit und Stille sucht, findet hier den perfekten Ort zum Chillen. Die Atmosphäre ist herrlich träge und die Umgebung einfach zauberhaft: Unter der Zitadelle drängen sich honigfarbene alte Häuser aneinander, überall wächst Grünzeug und im Tal rauscht ein Fluss. Und dazu noch diese herzliche Gastfreundschaft!

Wer sich beeilt, kann diesen Hafen der Ruhe noch erleben. Denn wenn es sich rumspricht, wird aus Savur ein zweites Mardin, das alle Welt im Reiseprogramm hat.

Traveller, die über Nacht bleiben wollen, können im wunderschönen Hacı Abdullah Bey Konağü (s. Kasten unten) unterkommen. Es ist allein schon Grund für einen Besuch. Und wer Hunger hat: Das **Perili Bahçe – Alabalık Tesisi** (☎ 0482-571 2832; Gazi Mahallesi; Hauptgerichte 3–4 €; ⏲ 8–21 Uhr), nicht weit von der Straße nach Mardin, ist der Knaller. Der große Außenbereich blickt über den rauschenden Fluss und bietet Schatten in Hülle und Fülle. Der Koch sagt *„herşey natural"* (hier ist alles natürlich) – und das stimmt. Es gibt frische Forelle, Salate, Kartoffeln oder *içli köfte* und zum Runterspülen ein Glas *kıllıt* (Wein aus der Gegend) oder *rakı*. Besser geht's nicht!

Nach Savur fahren öffentliche Verkehrsmittel. In Mardin starten regelmäßig Minibusse (2 €, 1 Std.).

MİDYAT
☎ 0482/61 600 Ew.

Ca. 65 km östlich von Mardin liegt der weitläufige Ort Midyat. Sein trostloser neuer Stadtteil Estel wird durch die 3 km lange, mit Schlaglöchern übersäte Hükümet Caddesi mit der netten Altstadt verbunden. Es hat jede Menge Potenzial, lockt aber nicht so viele Besucher an wie Mardin. Vielleicht weil es nicht so malerisch liegt. Es ist aber trotzdem einen Abstecher wert.

Das Zentrum der Altstadt ist ein Kreisverkehr. Nicht weit davon verstecken sich **honigfarbene Häuser** hinter einer Reihe von Juweliergeschäften. Sie haben ganz nüchterne Eingänge. Aber dahinter tun sich riesige Innenhöfe mit kunstvoll verzierten Mauern, Fenstern und Nischen auf. In den Straßen sieht man viele gewölbte *fırın* (Backöfen), die sich die Familien teilen.

Wie in Mardin hatten es auch die Christen in Midyat Anfang des 20. Jhs. und in den letzten Jahrzehnten ziemlich schwer. Viele sind ausgewandert. Neun syrisch-orthodoxe **Kirchen** sind noch in Gebrauch. Allerdings

---

DER TIPP VOM AUTOR

Hacı Abdullah Bey Konağü (☎ 0482-571 2127, 0533 239 7807; Zi. mit Gemeinschaftsbad und HP pro Pers. 34 €) Wer dieses kokonartigen *konak* (Villa) auf der Spitze des Hügels betritt, will vielleicht nie wieder hinaus. Das märchenhafte Hotel wird in ganz Südostanatolien nicht getoppt. Die sieben Zimmer sind makellos und die Gemeinschaftsbereiche hübsch mit klug positionierten Artefakten gestaltet. Überall gibt's Ecken und Winkel, kein Zimmer ist wie das andere. Die hausgemachten Speisen werden hoch gelobt und können auf der Dachterrasse serviert werden. Die sensationellen Blicke auf Savur gibt's inklusive. Dazu noch der herzliche Empfang durch die Familie Öztürk – der absolute Hauptgewinn. Wie im *cennet* (Paradies)!

finden nur in vieren regelmäßig Gottesdienste statt. In dem Straßengewirr sind sie gar nicht so leicht zu finden. Nur von Weitem sind die Kirchturmspitzen gut sichtbar. Also am besten einen der Führer engagieren, die einem sowieso an den Fersen kleben.

Die Minibusse aus Mardin halten zuerst in der Neustadt. Dort gibt's ein paar Hotels und das moderne, preisgünstige **Saray Lokantası** (☎ 462 3436; Mardin Caddesi; Hauptgerichte 2–3 €; 🕑 10–22 Uhr). Ganz in der Nähe ist das **Hotel Demirdağ** (☎ 462 2000; Fax 462 1482; Mardin Caddesi; EZ/DZ 15/23 €; ☒). Es vermietet bunte Zimmer zu fairen Preisen und ist die beste Wahl im Ort.

Wer keine Lust zum Laufen hat, kann in einen der klapprigen Minibusse springen, die regelmäßig auf der holprigen Route zwischen Saray Lokantası und Altstadt pendeln. Die meisten starten in Alt-Midyat, 100 m nördlich vom Kreisverkehr an der Straße nach Batman. Von hier fahren mindestens stündlich Minibusse nach Hasankeyf und Batman (3 €, 1½ Std., 82 km) bzw. Mardin (3 €, 1¼ Std.). Die nach Cizre starten südlich vom Kreisverkehr an der Straße nach Cizre.

Die Minibusse aus Mardin fahren durch die Neustadt und lassen einen am Kreisverkehr in der Altstadt aussteigen. Also warum nicht in Midyat das Basislager aufschlagen und von hier aus Tagestrips nach Mardin oder Hasankeyf machen?

RUND UM MİDYAT
Mar Gabriel

18 km östlich von Midyat steht das **Kloster Mar Gabriel (Deir al-Umur)** (🕑 9–11.30 & 13–16.30 Uhr). Es wirkt wie eine Fata Morgana in der wüstenartigen Landschaft. In der restaurierten Anlage aus dem Jahr 397 liegt der hl. Gabriel, der Namensgeber des Klosters, begraben. Der Sand neben seinem Grab soll Krankheiten heilen. Zu sehen gibt's hier mehrere Fresken; einen riesigen Kuppelbau, den die byzantinische Kaiserin Theodora gestiftet haben soll, und einen moderneren Glockenturm.

Mar Gabriel ist der Sitz des Metropoliten der Region Tur Abdin (Berg der Gottesknechte). Heute hat er nur noch über eine geschrumpfte Gemeinde von ca. 80 Leuten, v. a. Studenten, das Sagen. Nach den letzten Unruhen geht's jetzt zum Glück für die Bewohner wieder bergauf. Einem Besuch hier dürfte nichts im Wege stehen.

Wer noch andere Kirchen in der Gegend sehen möchte, kann hier fragen. Z. B. gibt's noch die Meryem Ana Kilisesi in Anıttepe (Hah).

Von Midyat zum Kloster fährt ein Minibus (2 €) auf der Straße nach Cizre. Reisende müssen den Fahrer bitten, dass er sie an der beschilderten Kreuzung rauslässt. Von dort sind es bis zum Tor noch 2,5 km zu Fuß bergauf. Frühmorgens ist die beste Startzeit, denn im Lauf des Tages fahren immer weniger Minibusse. Wer nicht laufen will, nimmt

---

WILLKOMMEN IM IRAK *Tony Wheeler*

Am Grenzposten Habur rannten wir über eine Stunde im strömenden Regen von Amt zu Amt. In einem davon mogelte mein Taxifahrer widerwillig einen Geldschein zwischen die Seiten meines Passes, bevor er ihn am Schalter übergab. Es schien zu klappen – Minuten später kam der Pass mit einem Stempel drin zurück. Endlich konnte ich die Türkei verlassen. Wir fuhren über die Brücke und hielten auf dem Parkplatz gleich hinter dem Schild: „Willkommen im Irak".

Durchgeknallt? Lebensmüde? Nein. Der Großteil des Irak mag eine Todeszone sein, aber die nördlichen Gebiete, in denen die Kurden den autonomen Staat Kurdistan zu gründen hoffen, ist schon seit einer ganzen Weile relativ sicher. Und der Grenzübertritt bei Habur, südlich von Cizre und Silopi, ist eigentlich ganz einfach. Nur das Wort „Kurdistan" sollte im Beisein von Türken nicht fallen. Im türkischen Grenzgebiet spricht man bestenfalls über „Irak" – das ist die diplomatisch sicherste Variante.

Im Irak brachte mich ein Taxi weiter nach Zakho und dann nach Dohuk zum Übernachten. Von dort ging's in nördlicher Richtung weiter in die Gebirgsstadt Amadiya. Anschließend fuhr ich in östlicher Richtung weiter nach Arbil (auch Erbil oder Hawler), das sich rund um eine wunderbare Zitadelle erstreckt. Bis nach Sulaymaniyah, die andere große Stadt der Region, kam ich noch, aber die antiken Zentren des Irak wie z. B. Ninive, Nimrud oder Ur, weiter südlich, ließ ich doch lieber bleiben.

So verrückt bin ich dann auch wieder nicht.

einen Minibus für ca. 20 € (hin & zurück, Wartezeit inklusive).

Hasankeyf

☎ 0488/5500 Ew.

Das zauberhafte honigfarbene Dorf Hasankeyf klammert sich an die Felsen einer Schlucht am Tigris: eine Art Mini-Kappadokien, wo manche Bewohner noch immer in Höhlen leben. Ein definitives Must-see!

SEHENSWERTES

Wer aus Batman nach Hasankeyf reinkommt, sieht rechts von der Straße die kegelförmige **Zeynel Bey Türbesi**. Sie steht einsam auf einer Ebene am Fluss. Das Grab mit türkisen Fliesen wurde Mitte des 15. Jhs. für Zeynel, den Sohn eines Akkoyunlu-Stammesführers, gebaut. Es ist eins der seltenen Zeugnisse aus dieser Epoche.

Heute wird der Tigris von einer modernen Brücke überspannt. Wenn man dort drüberfährt, sieht man rechter Hand die eingestürzten Bögen und Träger der **Eski Köprüsü** (Alte Brücke). Ihre Größe vermittelt einen Eindruck von der Bedeutung, die Hasankeyf in vorosmanischer Zeit hatte.

Am anderen Ufer weist ein Schild zur **Kale** (Festung) und zu den **Mağaralar** (Höhlen). Beim Spaziergang entlang der Straße taucht irgendwann die **El-Rizk Cami** (1409) auf. Ihr wunderschönes, schlankes Minarett ähnelt dem in Mardin. Obendrauf sitzt ein Storchennest. Hinter der Moschee teilt sich die Straße. Die rechte Abzweigung führt runter zum Flussufer, wo links eine riesige Felswand in die Höhe ragt. Die linke Abzweigung geht in einen felsigen Hohlweg über, dessen Felswände von Höhlen zerfurcht sind. Die rutschigen Steinstufen führen hoch zur Burg.

Als Erstes kommt das toll verzierte Haupttor der Burg in Sicht. An diesem strategisch günstigen Ort gab es seit byzantinischer Zeit immer Befestigungsanlagen. Was heute hier zu sehen ist, stammt aus der Zeit der Ayyubiden im 14. Jh. Die Höhlen hinter dem Tor werden von den jugendlichen Guides als Läden und Häuser bezeichnet. Ganz oben auf dem Felsen thronten die Ruinen des **Küçük Saray** (Kleiner Palast) aus dem 14. Jh. In die Decken und Wände wurden Gefäße zur Schallisolierung eingebaut. Von hier bietet sich ein phantastischer Blick über den Fluss.

Als Nächstes wird man zu einer kleinen **Moschee** geführt, die angeblich mal eine byzantinische Kirche war, dann zum **Büyük Saray** (Großer Palast) mit einem gruseligen Kerker. Gleich daneben steht ein Turm gefährlich nah am Abgrund, wahrscheinlich ein früherer Wachturm. Die **Ulu Cami** aus dem 14. Jh. steht an einer Stelle, wo früher eine Kirche war.

SCHLAFEN & ESSEN

Hasankeyf hat genau eine Unterkunft zu bieten. Wenn die voll ist, ist ein Trip nach Batman angesagt. Diese reizlose, moderne Stadt liegt 35 km weiter nördlich.

Hasankeyf Motel (☎ 381 2005; Dicle Sokak; EZ/DZ 9/17 €) Das sachlich-nüchterne Motel an der Tigris-Brücke vermietet einfache Zimmer mit Gemeinschaftsbädern. Manche haben Flussblick. Handtücher und Frühstück gibt's nicht. Es sind nur sieben Zimmer zu vergeben, also rechtzeitig da sein.

Was kann schöner sein, als in einem der *çardaks* unterm Blätterdach am Flussufer zu Mittag zu essen? Die Tische stehen im Fluss – so können die Gäste beim leckeren Fischmahl die Füße ins eisig-klare Tigris-Wasser

---

HASANKEYF IN GEFAHR

Hasankeyf ist ein echtes Schmuckstück, aber über ihm schwebt die bedrohliche Wolke eines technischen Riesenprojekts. Trotz ihrer Schönheit und Geschichte ist die Stadt dem Untergang geweiht – in den Wassermassen des İlisu-Staudamms, im Rahmen des GAP-Projekts (s. Kasten S. 654). Der geplante Damm wird die ganze Region zwischen Batman und Midyat unter Wasser setzen, diese und ein paar andere historische Stätten und archäologische Schätze überfluten und mehr als 37 Dörfer verschwinden lassen. 2002 stiegen mitten in den Debatten über diesen Damm mehrere ausländische Investoren aus. Aber jetzt scheint es, als würden die Arbeiten nicht mehr auf unbestimmte Zeit verschoben. So werden die Bauarbeiten früher oder später anfangen, trotz des zunehmenden Widerstands aus der Bevölkerung. Der Bürgermeister von Hasankeyf kämpft um internationale Hilfe zum Schutz der Stätten und würde gern vor Gericht gehen, aber die Schlacht ist so gut wie verloren. Also schnell noch nach Hasankeyf. Am besten jetzt!

stecken. Ein Grillteller mit Salat und kaltem Getränk kostet höchstens 4 €. Hier noch ein paar Tipps:

Yolgeçen Hanı (☎ 381 2287; Dicle Kıyısı; Hauptgerichte 2–5 €; ☯ 8–22 Uhr) Eins der atmosphärischsten Restaurants mit mehreren in den Felsen gehauenen Speiseräumen mit tollem Flussblick. Man sitzt auf unförmigen Kissen, futtert Kebap oder gegrillten Fisch und trinkt dazu ein Glas *rakı* (ja, es gibt Alkohol!). Am Ende ist man zufrieden und leicht angesäuselt.

Hasankeyf Fırınlı Et Lokantası (☎ 381 2270; Hauptgerichte 1–3 €; ☯ 8–22 Uhr) Nicht weit vom Hasankeyf Motel tischt dieser bescheidene, freundliche Laden frisches *pide* auf.

Has Bahçe (☎ 381 2609; Dicle Sokak; Hauptgerichte 2–4 €; ☯ 8–22 Uhr) Flusslokal in einem schattigen Garten (allerdings ohne besonderen Blick). Es werden frischer Fisch, Hähnchen und Lamm serviert.

AN- & WEITERREISE

Minibusse sind regelmäßig zwischen Batman und Midyat unterwegs (2 €, 40 Min., 37 km). Sie halten in Hasankeyf. Einmal täglich geht's nach Van (12 €, 310 km).

ŞIRNAK

Şirnak liegt phantastisch – vor der Kulisse dramatisch gezackter Berge. Viel ist in dem Ort nicht los, aber als Zwischenstopp auf der Reise in den tiefsten Südosten ist er perfekt. Von hier bietet sich der lange, aber landschaftlich unschlagbare Trip mit dem täglichen Minibus nach Hakkari an (9 €, 181 km, 5–6 Std., je nach Aufenthaltsdauer an den Kontrollpunkten). Die Landschaft ist einfach grandios mit ihrem Mix aus Tälern, Pässen, Schluchten und Bergen. Ab und zu führt die Straße an der irakischen Grenze entlang.

Die Hotelszene bringt einen nicht wirklich zum Schwärmen, aber irgendeine Unterkunft findet sich immer. Das **Hotel Menekşe** (☎ 0486-216 1902; Uludere Caddesi; EZ/DZ 20/30 €) ist eine annehmbare Lösung, auch wenn es von außen grau aussieht, die Farbe abblättert und die Teppiche ramponiert sind. Immerhin gibt's saubere Bettwäsche und nach hinten raus einen schönen Blick. Wenn es voll ist, geht auch das **Otel Murat** (☎ 0486-216 2857; Uludere Caddesi; Zi. mit/ohne Bad 17/8 €) ganz in der Nähe. Winzige Zimmer und hängemattenartige Matratzen – aber bei dem Preis braucht keiner zu

meckern. Im trostlosen **Hotel Ilkar** (☎ 0486-216 6464; Uludere Caddesi; EZ/DZ 14/25 €) gehen Prostituierte ein und aus – besser einen Bogen darum machen.

Wer seinen knurrenden Magen füllen will, ohne ein Vermögen loszuwerden, fährt gut mit dem **Diyarbakır Faysal Ustanin Evi** (Cumhuriyet Caddesi; Hauptgerichte 2–3 €; ☯ 8–22 Uhr). Das ist gegenüber vom Ilkar. Es fährt üppige Portionen Fleisch und *meze* auf. Im hinteren Bereich gibt's eine gemütliche türkische Ecke. Mitten im Zentrum begrüßt der **Aile Çay Bahçesi** (Aile-Teegarten; Cumhuriyet Caddesi; ☯ morgens–abends) seine Gäste. Super zum Relaxen bei einer Tasse Tee und einer wunderschönen Aussicht auf die Berge!

Von Şirnak im Westen fahren täglich mindestens zwei Minibusse nach Siirt (5 €, 2 Std., 96 km) und zwei Busse nach Diyarbakır (9 €, 5 Std., 340 km). In Siirt gibt's auch Unterkünfte, aber die Stadt ist nicht gerade prickelnd. Das **Otel Erdef** (☎ 0484-223 1081; Cumhuriyet Caddesi; EZ/DZ 25/42 €) ist ganz brauchbar, aber überteuert.

BİTLİS

☎ 0434/220 400 Ew.

Bitlis hat einen ambivalenten Charme. Das Zentrum ist ein aussichtsreicher Anwärter auf den Preis für die dreckigsten Gehwege der Van-Region. Aber ansonsten ist die Stadt ganz verführerisch mit ihren vielen Monumenten, die von einer reichen antiken Vergangenheit zeugen. Der Kontrast zur modernen Nachbarstadt Tatvan könnte nicht größer sein. Tatvan hat ein ganz ordentliches Straßennetz. Bitlis dagegen ist eine chaotische alte Stadt, die sich in das enge Tal eines Baches quetscht. Allein reisende Frauen, aufgepasst: Die Stadt wirkt ziemlich männerdominiert.

Das Stadtbild wird von einer **Burg** beherrscht. Und über den Fluss spannen sich zwei antike Brücken. Besucher fangen am besten mit der **Ulu Cami** von 1126 an. Die **Şerefiye Camii** stammt aus dem 16. Jh. Ein anderes Muss ist die **İhlasiye Medrese** (islamische Hochschule), das wichtigste Gebäude von Bitlis. Toll ist auch die **Gökmeydan Camii** mit ihrem einzeln stehenden Minarett.

Das Hauptproblem in Bitlis ist, dass es keine für Traveller notwendigen Einrichtungen gibt. Tatvan ist also das bessere Basislager. Von da fahren regelmäßig Minibusse nach Bitlis (2 €, 30 Min.).

SÜDOSTANATOLIEN

SÜDOSTANATOLIEN

TATVAN
☎ 0434/54 000 Ew.

Tatvan haut einen nicht vom Hocker. Aber es liegt ideal für einen Trip zum spektakulären Nemrut Dağı (Berg Nemrut; gegenüber) – nicht zu verwechseln mit dem höheren, symbolträchtigen und (inaktiven) Vulkan Nemrut Dağı südlich von Malatya, Ahlat (S. 681) und Bitlis (S. 681). Die Stadt zieht sich mehrere Kilometer in die Länge, ist aber nicht sehr breit. Zu bieten hat sie nicht viel. Nur ihre Lage am Ufer des Vansees (vor den kahlen beschneiten Bergen) ist klasse. Sie ist außerdem der Westhafen für die Vansee-Dampfer.

Praktische Informationen
Alles, was Traveller so brauchen (Hotels, Restaurants, Banken, Post und Busunternehmen), konzentriert sich günstig im Stadtzentrum.

Schlafen & Essen
Tatvan hat eine Hand vollHotels, die nicht über mangelnde Gäste klagen können.

Öz Gaziantep Baklavacısı (☎ 827 7077; Cumhuriyet Caddesi; Gebäck 0,50–1 €; ☿ 8–20 Uhr) Gleich neben dem Şelale und perfekt für ein knuspriges Baklavadreieck zum Nachtisch.

Hotel Üstün (☎ 827 9014; Hal Caddesi; EZ/DZ 7/14 €) Das familienbetriebene Üstün wirkt ein bisschen abgenutzt (muffig-braune Teppiche, trostlose Fassade, Matratzen wie Kartoffelbrei). Dafür ist es sauber und sicher, die Bettwäsche ist makellos und die Duschen in den Zimmern funktionieren (allerdings gibt's Gemeinschaftsklos). In einer Seitenstraße bei der Post.

Hotel Dilek (☎ 827 1516; Yeni Çarşı; EZ/DZ 14/23 €) Das Dilek punktet mit adretten, farbenfrohen (allerdings etwas engen) Zimmern mit gefliesten Badezimmern. Auf dem Dach ist ein schicker Frühstücksraum. Leider fällt das Frühstück etwas mager aus. In einer Parallelstraße zur Hauptverkehrsader.

Tatvan Kardelen (☎ 825 9500; Belediye Yanı; EZ/DZ 25/45 €) Bei Reisegruppen beliebt – das ist eigentlich Werbung genug für den Betonkoloss neben dem *belediye*. Die Zimmer sind geräumig und peinlich sauber. Nur die Flure sind eine Beleidigung fürs Auge und könnten eine Verschönerung vertragen!

Şelale Izgara Salonu (☎ 827 9767; Cumhuriyet Caddesi; Hauptgerichte 2–3 €; ☿ 11–22 Uhr) Das beliebte Restaurant zeigt nur verhaltenes Interesse an stilvollem Ambiente: Die gelblichen Wände wurden mit allerlei Schnickschnack aufgepeppt. Wer sich an Kebaps und vorgekochten Gerichten gütlich getan hat, kann nur noch raus*rollen*.

Kaşı Beyaz Ocakbaşı (☎ 827 6996; PTT Yanı; Hauptgerichte 3–5 €; ☿ 10–22 Uhr) Fleischfans gehen am besten schnurstracks in dieses muntere Lokal, nicht weit vom Hotel Dilek. Das Grillfleisch wird auf dem großen *ocak* (Grill) im Erdgeschoss perfekt zubereitet. Wer genug davon hat, weicht auf *pide* aus.

Şimşek Lokantası (☎ 827 1513; Cumhuriyet Caddesi; Hauptgerichte 3–5 €; ☿ 10–22 Uhr) Die Holzverkleidung wirkt gemütlich und das Essen wird keinen enttäuschen. Neumodische Kreationen kommen hier allerdings nicht auf den Tisch – stattdessen der üblich Kebap.

An- & Weiterreise
Wer nach Van will, kann zweimal täglich mit der Fähre über den See schippern (3 € pro Pers., ca. 4 Std.). Einen festen Fahrplan gibt's nicht. Busse nach Van fahren am südlichen Seeufer entlang (6 €, 2½ Std., 156 km).

Minibusse nach Ahlat (2 €, 30 Min.) und Adilcevaz (3,50 €, 1 Std.) starten ca. stündlich an der PTT Caddesi, neben der Türk Telekom und der Post. Der Minibusstand nach Bitlis (2 €, 30 Min.) ist ein Stück weiter die Straße hoch.

VANSEE (VAN GÖLÜ)
☎ 0432

Die Perle von Ostanatolien ist der Vansee (Van Gölü), eine riesige Wasserfläche mit schneebedeckten Bergen rundherum. Nach dem rauen Zentralanatolien glaubt man, jetzt ein Wassersport- und Badeparadies erreicht zu haben. Leider Fehlanzeige! Der See hat ein gewaltiges Potenzial, was Aktivitäten angeht. Aber bis heute hat sich in der Richtung nichts getan und von Infrastruktur keine Spur. Wassersport? Seebäder? Schön wärs's! Aber immerhin ist die Landschaft phantastisch und absolut unberührt. Wer den See umrundet, kann sich auf jede Menge Überraschungen gefasst machen.

Auf einer Karte der Südosttürkei sticht der 3750 km^2 große See sofort ins Auge. Er entstand, als ein Vulkan (Nemrut Dağı – nicht zu verwechseln mit dem Berg mit den Kolossalfiguren), nördlich von Tatvan gelegen, den natürlichen Abfluss des Sees blockierte.

Nordufer

Schöner als eine Fahrt entlang der Südküste ist eine Tour am nördlichen Ufer von Tatvan nach Van. Erst kommt man am Nemrut Dağı (Berg Nemrut), dann am Süphan Dağı (Berg Süphan) vorbei.

Die großen Busunternehmen nehmen von Tatvan nach Van die kürzere Route am Südufer. Wer an der Nordseite entlangfahren will, muss umsteigen. Minibusse in Richtung Ahlat (2 €, 30 Min.) und Adilcevaz (3 €) starten regelmäßig neben der Türk Telekom und der Post in Tatvan. Von Adilcevaz gibt's fünf Direktbusse nach Van (6 €, 2½ Std.), aber der letzte geht schon um 14.30 Uhr – also früh aufstehen.

NEMRUT DAĞI (BERG NEMRUT)

Dieser Nemrut Dağı (2935 m) erhebt sich nördlich von Tatvan. Er ist ein inaktiver Vulkan mit fünf Kraterseen auf seinem Gipfel und ist nicht zu verwechseln mit dem berühmteren Nemrut Dağı (der mit den Riesenköpfen drauf) bei Kahta.

Eine Tour auf diesen Nemrut Dağı ist auf jeden Fall ein unvergessliches Erlebnis, allein schon wegen des sensationellen Blicks über den Vansee. Auf dem Gipfel ist die Landschaft fast noch jungfräulich. Im Frühling und Frühsommer versinken die niedrigeren Berghänge in einem duftenden Wildblumenmeer. Unter der Woche tummeln sich hier höchstens ein paar Hirten mit ihren Herden (und Hunden), aber auch Wiedehopfe, Kleiber, Feldlerchen und andere Vögel. Tipp: Der Schotterstraße zum See folgen und einen schönen Picknickplatz suchen. Einmalig!

Wer den Nemrut erklimmen will, kann das nur von Mitte Mai bis Ende Oktober tun. In der anderen Jahreshälfte türmt sich der Schnee auf dem Gipfel meterhoch.

Als wir dort waren, wurden an den Außenhängen gerade mehrere Skilifte installiert. Der Nemrut Dağı könnte also bald zum neuen Skiparadies Ostanatoliens werden. Das sollte man im Auge behalten!

Zum Nemrut zu kommen, ist allerdings nicht ganz einfach. Es gibt nämlich keine regelmäßigen Verbindungen von Tatvan aus. In der Hochsaison geht's vielleicht per Anhalter. Aber besser im Hotel in Tatvan nachfragen oder ein Taxi nehmen. Hin und zurück kostet das ca. 40 €.

Wer mit dem eigenen Fahrzeug unterwegs ist, fährt auf der Uferstraße aus Tatvan raus

und dann nach links in Richtung Bitlis. Ca. 300 m weiter zeigt ein Schild mit der Aufschrift „Nemrut 13 km" nach rechts. Die Straße ist holprig, aber mit einem normalen Auto machbar, außer bei Nässe. Vom Gipfel führt eine kurvige unbefestigte Straße in den Krater zum Seeufer runter – noch mal 6 km.

AHLAT

Nach 42 km Uferstraße taucht die Kleinstadt Ahlat auf. Sie ist für ihre großartigen Seldschukengräber und den Friedhof bekannt. Diese Stätte wird zu Unrecht oft links liegen gelassen. Aber man sollte ruhig eine Stunde oder mehr in diesen Abstecher investieren.

Ahlat wurde zur Zeit des Kalifen Omar (581–644) gegründet. In den 60er-Jahren des 11. Jhs. entwickelte es sich dann zur Seldschukenhochburg. Von hier zog Sultan Alp Arslan aus, um sich mit dem byzantinischen Kaiser Romanos IV. Diogenes auf dem Schlachtfeld von Manzikert zu balgen.

Später erlebte Ahlat eine für anatolische Verhältnisse extrem wechselvolle Geschichte – in der Abfolge: Emir besiegt Prinz und König vertreibt Emir. Vielleicht ist es deswegen so berühmt für seine Friedhöfe.

Gleich westlich von Ahlat ist das überwucherte vieleckige Grab **Usta Şağırt Kümbeti** (Ulu Kümbeti) aus dem 13. Jh. zu sehen. Es steht 300 m von der Fernstraße entfernt, mitten auf einem Feld, nicht weit von ein paar Häusern und einer neuen Moschee. Es ist das größte Seldschukengrab weit und breit.

Ein Stück die Fernstraße weiter kommt links ein kleines Museum. Dahinter ist ein phänomenaler, riesiger **Seldschukenfriedhof** (Selçuk Mezarlığı). Stelenartige Grabsteine aus grauem und rotem vulkanischem Tuffstein, überwuchert mit Flechten, sind mit komplizierten Mustern und kufischen Schriftzeichen bedeckt. Die Steinmetze von Ahlat sollen auch bei anderen großen Projekten mitgemischt haben: z. B. bei der Verzierung der großen Moschee in Divriği bei Sivas.

Im Laufe der Jahrhunderte haben Erdbeben, Wind und Wasser den Steinen ganz schön zugesetzt. Heute sehen sie ein bisschen aus wie abgebrochene Zähne – ein umwerfender Anblick vor der Kulisse des Nemrut Dağı. Auf fast allen Steinen sitzt eine Krähe als Wachposten, und durch die Ruinen schleichen Schildkröten.

An der Nordostseite des Friedhofs steht das wunderschöne, ungewöhnliche **Bayındır Küm-**

beti ve Camii (Grabstätte & Moschee Bayındır) von 1477. Es hat einen Säulenvorbau und einen eigenen *mihrab* (Gebetsnische in Richtung Mekka).

Das kleine **Museum** (Eintritt 1,25 €; ☯ 8–mittags & 13–17 Uhr) besitzt eine ganz ordentliche Sammlung, u. a. urartäische Bronzegürtel und Nadeln sowie ein paar byzantinische Glasperlenketten.

Wenn die Zeit reicht, gibt's in Ahlat noch ein paar andere Dinge zu sehen. Z. B. die **Çifte Kümbet** (Zwillingsgräber), die 2 km vom Museum in Richtung Zentrum liegen. Sehenswert ist auch die **Ahlat Sahil Kalesi** (Ahlat-Uferfestung), südlich der Çifte Kümbet. Sie entstand unter Süleyman dem Prächtigen. In den Pappeln wimmelt es von Krähennestern.

Von Tatvan aus ist ein Halbtagestrip nach Ahlat ein Kinderspiel. Neben Türk Telekom und Postamt fahren Minibusse nach Ahlat (2 €, 30 Min.) ab. Fahrgäste bitten am besten den Fahrer, dass er sie beim Museum am Westrand von Ahlat rauslässt – so bleibt ihnen der Fußmarsch vom Zentrum erspart.

ADİLCEVAZ

25 km östlich von Ahlat liegt Adilcevaz. Ursprünglich war die Stadt urartäisch. Heute wird sie von der gewaltigen Seldschukenfestung **Kef Kalesi** beherrscht. Nicht weit von hier ragt der noch gewaltigere Berg **Süphan Dağı** (Berg Süphan, 4434 m) auf. Wer mit dem Auto unterwegs ist, sollte hier einen Stopp einlegen.

Das Schmelzwasser von den ewigen Schneefeldern auf dem Süphan fließt runter nach Adilcevaz und macht die Landschaft saftig grün und fruchtbar. Wer auf der Uferfernstraße in die Stadt kommt, wird von der hübschen, kleinen **Ulu Cami** aus dem 13. Jh. begrüßt. Bis heute vollziehen hier die Gläubigen ihre täglichen Gebete. Seit das Leben im Südosten allmählich wieder in normalen Bahnen verläuft, können Gipfelstürmer im Sommer auf den Süphan klettern.

Wer in Adilcevaz hängen bleibt, hat ein, zwei Unterkünfte zur Wahl, u. a. das **Otel Park** (☎ 311 4150; EZ/DZ 23/39 €) am Ufer, nicht weit vom *otogar*. Das Gebäude wirkt etwas grimmig, aber die Zimmer sind bunt und ordentlich.

Südufer

Die Reise südlich um den See von Tatvan nach Van führt durch eine herrliche Landschaft. Aber interessante Stopps gibt's wenige. Nur Akdamar, 5 km westlich von Gevaş, ist ein Muss: Hier steht eine prächtige Heiligkreuzkirche aus dem 10. Jh.

EDREMİT

15 km westlich von Van kommt man durch Edremit. Die kleine Ufersiedlung hat einen Hauch Seebadflair: überall Luftmatratzen, Wasserbälle und Eisverkäufer.

GEVAŞ

Wie Ahlat am Nordufer hat auch Gevaş einen Friedhof voller Grabsteine aus dem 14. bis 17. Jh. Highlight ist die vieleckige **Halime Hatun Türbesi** von 1358. Sie wurde für eine Frau aus der Karakoyunlu-Dynastie gebaut.

AKDAMAR

Eins der armenischen Architekturwunder ist die **Akdamar Kilisesi** (Heiligkreuzkirche). Sie thront auf einer Insel, 3 km draußen im See. Besucher werden mit Motorbooten hin- und hergeschippert. Leider waren die Restaurierungsarbeiten in vollem Gange, als wir da waren. Und mit den Baugerüsten kam sie natürlich nicht so richtig zur Geltung.

921 baute Gagik Artzruni, der König von Vaspurkan, einen Palast mit Kirche und Kloster auf die Insel. Von Palast und Kloster ist nicht mehr viel übrig, aber die Kirche ist in einem klasse Zustand. Die wunderschönen Reliefs gehören zu den Meisterwerken armenischer Kunst. Wer biblisch bewandert ist, erkennt sofort Adam und Eva; Jona und den Wal (mit einem Hundekopf); David und Goliath; Abraham, der gerade Isaak opfern will; Daniel in der Löwengrube; Samson und viele andere. In der Kirche sind auch noch Fresken.

Die Insel ist übrigens ein perfekter Picknickplatz.

Nördlich von Akdamar gibt's eine noch einsamere und noch vergessenere armenische Kirche aus dem 11. Jh. Sie steht auf der Insel **Çarpanak,** die auch bei Vogelfans populär ist.

ALTINSAÇ KILISESI

Keine Frage, die berühmte und leicht zugängliche Akdamar Kilisesi stellt alle anderen Highlights an der Südküste in den Schatten. Die Altınsaç Kilisesi, eine gut erhaltene armenische Kirche auf einem Hügel mit Seeblick, ist da keine Ausnahme. Wer mit dem eigenen Fahrzeug unterwegs ist, sollte sich diese Perle nicht entgehen lassen. Sie ist noch nicht so bekannt, deshalb trampeln sich die Besucher hier nicht auf den Füßen rum.

Von Akdamar geht's erst 11 km in Richtung Tatvan bis zu einer Kreuzung. Dann nach rechts auf die Straße nach Altınsaç abbiegen. Nach 3 km endet die Asphaltstraße und wird zur Schotterstraße. Die führt dann noch mal 14 km am Ufer entlang, bis das Dorf Altınsaç auftaucht. An klaren Tagen ist die Fahrt landschaftlich umwerfend, mit atemberaubenden Blicken über die flimmernde Wasserfläche und die gewellte, hügelige Steppenlandschaft. Vom Dorf sind es noch 2 km bis zur Kirche, die schon eine Weile vorher zu sehen ist – ein toller Anblick.

SCHLAFEN & ESSEN

In Edremit gibt's eine Reihe einfache Campingplätze. Der beste ist **Akdamar Camping ve Restaurant** (☎ 216 1505; Stellplatz pro Pers. 1 €; Hauptgerichte 2–5 €; ⏱ April–Sept.), direkt gegenüber vom Anleger der Fähre zur Insel Akdamar. Er liegt erhöht und bietet einen klasse Blick auf den See. Das Restaurant hat eine Terrasse mit Seeblick und einen Innenbereich für schlechtes Wetter. Der Fisch ist fangfrisch. Eine andere Spezialität ist *kürt tavası* (Fleisch, Tomaten & Paprika im Tontopf).

Gleich östlich von Edremit an der Hauptstraße gibt's Mittelklassehotels am Wasser, u. a. das reizlose, aber gut ausgestattete **Merit Şahmaran** (☎ 214 3479; Fax 612 2420; EZ/DZ 43/60 €; ⛲), 12 km von Van.

AN- & WEITERREISE

In der Hauptsaison können Traveller für 1 € mit einem Minibus die 44 km vom Beş Yol in Van zum Hafen nach Akdamar zurücklegen. Ansonsten startet stündlich ein Minibus nach Gevaş (1 €). Wer am Bootssteg 5 km weiter aussteigen will, muss mit dem Fahrer einen Preis aushandeln (ca. 6 €). Eine Alternative ist, den Minibus nach Tatvan zu nehmen und den Fahrer zu bitten, dass er einen am Hafen nach Akdamar rauslässt. Aber bis spätestens 16 Uhr sollte man an der Straße einen Bus nach Van erwischen. Danach flaut der Verkehr ab und die Busse sind oft voll.

Boote tuckern zur Insel, wenn es sich lohnt (mindestens 10 Passagiere). Wenn genug Leute da sind, kostet eine 20-minütige Fahrt hin und zurück plus Eintritt zur Insel 3 €. Nach Çarpanak zu kommen, ist nicht so leicht. Da werden schnell mal 160 € verlangt,

damit sich der Käpt'n überhaupt auf die zweieinhalbstündige Reise macht.

VAN

☎ 0432/391 000 Ew./Höhe 1727 m

Mal wieder Lust auf ein bisschen Kultur? Dann herzlich willkommen! Immer wieder fallen Besucher aus allen Wolken, wenn sie entdecken, dass Van die mit Abstand bezauberndste und liberalste Stadt Ostanatoliens ist. Sie ist einfach anders als andere urbane Zentren im Osten, u. a. wegen ihres hohen Studentenanteils. Aber man sollte nicht gleich zu viel erwarten: Von Hedonismus kann keine Rede sein (schließlich ist das nicht Marmaris). Aber die Stadt ist voller Dynamik, Energie und echter *joie de vivre*. Davon zeugt die tägliche *passeggiata* (Spaziergang). Wie in Italien promeniert die ganze Stadt die Cumhuriyet Caddesi hoch und runter, bummelt an Schaufenstern vorbei, trifft Freunde, tauscht Neuigkeiten aus und lässt es sich einfach gut gehen. Junge Paare schlendern Hand in Hand die Flaniermeile entlang oder flirten in den Konditoreien. Wer so was erleben will, hat hier die Chance. Es ist eine willkommene Abwechslung, v. a. für die, die gerade aus den strengen Orten Şanlıurfa oder Hakkari kommen.

Van liegt sehr hübsch an dem See gleichen Namens, macht aber nur wenig aus dieser Toplage. Also nicht auf Aktivitäten rund um den See hoffen, sondern sich lieber den großartigen Monumenten zuwenden, z. B. der Van Kalesi (Burg von Van oder Van-Felsen), einem echten Highlight.

Außerdem ist Van ein idealer Ausgangspunkt für Touren um den See oder für die Erkundung der antiken urartäischen Stadt bei Çavuştepe, der markanten Bergfestung von Hoşap und des abgelegenen Dorfes Bahçesaray.

Geschichte

Das Königreich Urartu, das biblische Ararat, hatte seine Blütezeit vom 13. bis 7. Jh. v. Chr. Seine Hauptstadt lag am Rande des heutigen Van. Die Urartäer entlehnten viel von ihrer Kultur, z. B. auch die Keilschrift, von den benachbarten Assyrern, mit denen sie mehr oder weniger ständig auf Kriegsfuß standen. Die mächtigen Assyrer konnten die Urartäer nie unterwerfen, aber als nach und nach die Kimmerer, Skythen und Meder nach Urartu kamen und sich an den Kämpfen beteiligten, konnte das Königreich dem Untergang nicht mehr entgehen.

Später wurde die Region von einem Volk besiedelt, das die Perser „Armenier" nannten. Im 6. Jh. v. Chr. wurde es von persischen und medischen Statthaltern regiert.

Im 8. Jh. drangen arabische Armeen vom Süden her ein und zwangen den armenischen Prinzen, auf die Insel Akdamar zu flüchten. Da er die Araber nicht abwehren konnte, stimmte er den Tributzahlungen an den Kalifen zu. Als die Araber sich zurückzogen, traten die Byzantiner und Perser an ihre Stelle und wechselten sich mit der Herrschaft über Armenien ab – je nachdem, wer gerade militärisch Oberwasser hatte.

Nachdem die Seldschuken die Byzantiner 1071 bei Manzikert, nördlich vom Vansee, besiegt hatten, marschierten sie weiter. Mit einem Pulk turkmenischer Nomaden im Schlepptau gründeten sie ein anatolisches Sultanat mit Sitz in Konya. Später übernahmen türkische Emire die Vorherrschaft in Ostanatolien, bis 1468 die Osmanen eintrudelten.

Während des Ersten Weltkriegs kollaborierten armenische Guerillakämpfer mit den Russen, um die osmanischen Streitkräfte im Osten der Türkei zu besiegen. Sie waren fest entschlossen, einen unabhängigen armenischen Staat zu gründen. Das gelang nicht. Und von da an wurden die Armenier von den Türken nur noch als Verräter verachtet. Die erbitterten Kämpfe zwischen den türkischen und kurdischen Armeen auf der einen Seite und den armenischen und russischen Streitkräften auf der anderen brachten der ganzen Region nur Zerstörung. Mehr über diese schwierige Zeit s. Kasten S. 40.

Die Osmanen verwüsteten die Altstadt von Van (in der Nähe der Van Kalesi), bevor es die Russen 1915 besetzten. Die osmanischen Kräfte wehrten sich, konnten die Invasoren aber nicht verjagen, sodass Van bis zum Waffenstillstand 1917 unter russischer Herrschaft blieb. Nach Gründung der Türkischen Republik wurde 4 km östlich von der alten Stelle die neu geplante Stadt Van erbaut.

Orientierung

Alles Nötige (Hotels, Restaurants, Banken, Büros der Busgesellschaften, Post & Internetcafés) befindet sich rund um die Hauptgeschäftsstraße Cumhuriyet Caddesi.

Der *otogar* wurde an den nordwestlichen Stadtrand verbannt, aber die meisten Busunternehmen betreiben einen *servis* vom Zentrum dorthin. Der Hauptbahnhof ist auch im Nordwesten, in der Nähe des Busbahnhofs, zu finden. Ein weiterer Bahnhof namens İskele İstasyonu liegt mehrere Kilometer nordwestlich am Seeufer.

Touren ins Umland organisiert das Büyük Asur Oteli (s. S. 688).

Praktische Informationen

Banken mit Geldautomaten und Internetcafés liegen an der Cumhuriyet Caddesi.

Artınet (Cumhuriyet Caddesi; 0,60 € pro Std.; ☿ 8–23 Uhr) Moderner Laden mit Flachbildschirmen. Gegenüber vom *belediye*.

Touristeninformation (☎ 216 2530; Cumhuriyet Caddesi; ☿ Mo–Fr 8.30–Mittag & 13–17.30 Uhr) Verteilt Broschüren zu Van und Umgebung.

Tutku Döviz (☎ 214 1847; Cumhuriyet Caddesi; ☿ Mo–Sa 8–18.30 Uhr) Wechselstube.

Sehenswertes

BURG VAN (VAN KALESİ)

Wohl das Beeindruckendste in Van ist die **Burg Van** (Van Kalesi, Van-Felsen; Eintritt 1,25 €, Parken 1 €; ☿ 9–abends), die das Stadtbild dominiert. 3 km westlich vom Zentrum bietet sie einen Spitzenplatz für ein Picknick.

Die Minibusse spucken die Besucher an der Nordseite des Felsens aus. Ein Stück weiter stehen eine moderne Moschee und das **Grab** des muslimischen Heiligen Abdurrahman Gazi. Dorthin kommen viele Pilger und unfruchtbare Frauen, die auf Hilfe hoffen. Noch ein Stück weiter, an der nordwestlichen Ecke, ist erst der Ticketschalter und dann der Parkplatz mit Toiletten und einem Teegarten.

Vom Parkplatz führt eine Treppe auf den Felsen. Oben auf dem Gipfel liegt einem die Altstadt zu Füßen. Geradezu an der südlichen Felswand versperrt ein eisernes Tor den Zugang zu einer langen **Keilinschrift.** Sie berichtet von den Sternstunden der Herrschaft von König Argišti I. (786–764 v. Chr.). Außerdem gibt's mehrere in den Felsen geschlagene **Grabkammern**, z. B. die von König Argišti.

Es geht noch ein bisschen höher zur Spitze des Felsens, wo man die Befestigungsanlagen sehen kann. Dazu gehört auch der **Sardur Burcu** (Sardur-Turm, 840 bis 830 v. Chr.) mit mehreren Keilinschriften in assyrischer Sprache, die den urartäischen König Sardur I. preisen.

Südlich, am Fuß des Berges, ist eine ebene Fläche zu erkennen, auf der die grasbewachsenen Fundamente zahlreicher Gebäude ver-

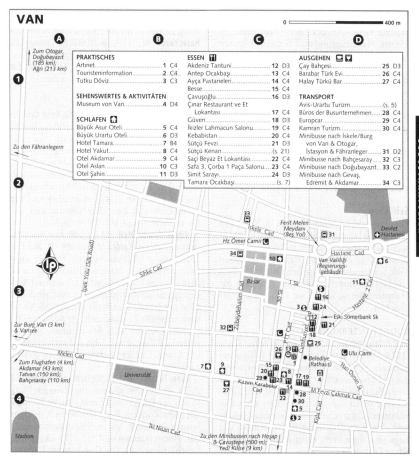

VAN

0 — 400 m

SÜDOSTANATOLIEN

streut liegen. An dieser Stelle befand sich einst das alte Tuschpa, eine urartäische Stadt, die ihre Blütezeit vor fast 3000 Jahren erlebte. Die Fundamente gehören allerdings zur **alten Stadt** Van, die den Wirren des Ersten Weltkriegs zum Opfer fiel. Es lohnt sich, nach dem Abstieg diese Ruinen zu inspizieren. Dabei ist ein Guide zur Sicherheit und um nervige Kids zu vertreiben sehr nützlich. Von der seldschukischen **Ulu Cami** ist nur noch ein eingestürztes Minarett übrig, aber die **Hüsrev Paşa Külliyesi** von 1567 ist restauriert worden. Wer es schafft reinzukommen, kann einen Blick auf die schöne Ziegelkuppel und die bruchstückhaften Wandgemälde werfen. Wer nicht, kann immer noch das dazugehörige *kümbet* (Grab) angucken. Die nahe gelegene

Kaya Çelebi Camii (1662) hat ein ähnlich gestreiftes Minarett, ist aber noch in Gebrauch und außerhalb der Gebetszeiten wahrscheinlich zugesperrt.

Zur Van Kalesi fährt der Minibus mit der Aufschrift „Kale" vom Beş Yol (Ferit Melen Meydanı; 0,40 €) bis zum Ostrand des Felsens. Von dort geht's rechts um den Fuß der Van Kalesi bis zum Eingang am nordwestlichen Ende. Frauen sollten nicht allein kommen – sonst riskieren sie es, auf dem Weg zum Eingang bedrängt zu werden.

MUSEUM VON VAN

Das kleine **Museum** (Van Müzesi; Kışla Caddesi; Eintritt 1,30 €; Di–So 8 Uhr–mittags & 13–17 Uhr) zeigt eine außergewöhnliche Sammlung urartäischer

Artefakte. Eindeutiges Highlight ist der urartäische Goldschmuck, aber Bronzegürtel, Helme, Pferderüstung und Terrakottafiguren sind auch nicht schlecht.

Zu den völkerkundlichen Ausstellungsstücken oben gehören kurdische und turkmenische Kelims und ein mit Teppichen ausgelegter Sitzbereich, wie er in den Dorfhäusern üblich ist. Die Abteilung über Völkermord bietet einseitige Propaganda und stellt den Grabinhalt von den Massakern an Türken und Kurden durch die Armenier in Çavuşoğlu und Zeve zur Schau.

In dem tollen Museumsbuchladen stehen viele ausländische Titel zur Region.

Schlafen

Die Auswahl an Unterkünften in Van kann sich sehen lassen, ist aber nicht wirklich inspirierend (bitte – kann nicht jemand ein Boutique-Hotel aufmachen?). Es ist einen Tick teurer als sonst in der Osttürkei. Fast alle Hotels konzentrieren sich rund um die Hauptstraße; so lassen sie sich prima vergleichen.

BUDGETUNTERKÜNFTE

Otel Aslan (☎ 216 2469; Özel İdare İş Merkezi Karşısı; EZ/DZ 6–9/9–12 €) Der Anführer der Billigquartierszene von Van. Dieses Hotel/Hostel vermietet bunte, schuhkartongroße Zimmer mit Doppelglasfenstern. Die Böden sind gefliest – keine bräunlich-muffigen Teppiche! Die billigeren Zimmer haben Gemeinschaftsbäder und -duschen. Das nervt zwar, aber bei der Lage und dem Preis kann keiner meckern. Ohne Frühstück.

Büyük Asur Oteli (☎ 216 8792; Fax 216 9461; Cumhuriyet Caddesi, Turizm Sokak; EZ/DZ 20/34 €; (P)) Das Hotel ist vielleicht nicht das billigste der Stadt, aber für Traveller bestimmt das zuverlässigste. Die sowjetisch anmutende Fassade einfach ignorieren – die Zimmer sind frisch gestrichen und haben duftende Bettwäsche, rückenfreundliche Betten, TV und makellose Bäder. Zusätzliche Pluspunkte sind die Spitzenlage und die gemütliche Lobby mit Kissen auf dem Boden – einfach toll, nach dem Sightseeing mit einem Bier in der Hand darin zu versinken. Der Hotelmanager Remzi Bozbay spricht sehr gut Englisch und weiß alles über die Gegend. Das Hotel organisiert auch Touren nach Doğubayazıt, zur Insel Akdamar, zur Burg Hoşap und zu anderen Attraktionen.

Wer im Aslan oder Büyük kein Zimmer kriegt, kann es im alternden, aber zentralen **Hotel Yakut** (☎ 214 2832; Fax 216 6351; PTT Caddesi; EZ/DZ 17/23 €; (P)) oder dem langweiligen, aber ganz passablen **Otel Şahin** (☎ 216 3062; Fax 216 3064; İrfan Baştuğ Caddesi; EZ/DZ 14/25 €; (P)) versuchen.

MITTELKLASSEHOTELS

Otel Akdamar (☎ 214 9923; Fax 212 0868; Kazım Karabekir Caddesi; EZ/DZ 29/38 €; (P) (💻)) Mittelklassehotels sind dünn gesät, also muss es im Akdamar einfach klappen. Was Einrichtung und Ausstattung angeht, ist es ein bisschen beliebig, wird aber gut geführt und liegt sehr zentral, mit allen Restaurants und Konditoreien um die Ecke. Der Komfort ist okay und die Bäder duften sauber. Hier übernachten v. a. Geschäftsreisende. WLAN verfügbar.

Büyük Urartu Oteli (☎ 212 0660; www.buyukurartuotel.com; Hastane 2 Caddesi; EZ/DZ 37/50 €; (P) (🛝)) Ein Hotel ohne Überraschungen (weder gute noch schlechte). Hauptsächlich steigen in dem riesigen Urartu Geschäftsleute und Reisegruppen ab. Sämtliche Zimmer sind mit allen modernen Standards versorgt; dafür ist die monströse Fassade nicht gerade ein Hingucker. Aber die ist ja von drinnen nicht zu sehen und die ganze Palette an Einrichtungen wie Sauna, Dachrestaurant und Pool gleicht das allemal wieder aus.

Hotel Tamara (☎ 214 3295; Yüzbaşıoğlu Sokak; EZ/DZ 37/62 €; (P) (💻)) Das allerneueste Haus am Platz strotzt vor Ehrgeiz und bietet schicke Zimmer mit allem Komfort. Nirgends ist ein Körnchen Schmutz zu sehen. Mit zwei Restaurants, einer Bar, einem *Hamam* und WLAN lockt es v. a. Geschäftsleute an. Die Cumhuriyet Caddesi ist ein Stück entfernt.

Essen

Simit Sarayı (Cumhuriyet Caddesi; Simits 0,60 €; 🕓 8–20 Uhr) *Simit, simit, simit,* her mit unserer Dosis *simit!* Wer diesen belebten *simit*-Laden auf der Hauptstraße nicht findet, hat entweder sein Augenlicht oder seinen Geruchssinn verloren.

Safa 3, Çorba 1 Paça Salonu (☎ 215 8121; Kazım Karabekir Caddesi; Suppen 1 €; 🕓 rund um die Uhr) Wem das Saçi Beyaz zu schickimicki ist, geht die Kazım Karabekir Caddesi runter zu diesem schrulligen kleinen Restaurant. Hier werden Suppen und andere Sachen 24 Stunden am Tag serviert. Wer Eindruck schinden will (auch bei den Einheimischen), versucht den angeblich leckeren *kelle* (Hammelkopf) – guten Appetit!

Die Linsensuppe ist vielleicht ein bisschen scharf für Neulinge, gibt aber einen Einblick in die traditionellere Küche.

Ayça Pastaneleri (☎ 216 0081; Kazım Karabekir Caddesi; Snacks 1–2 €; ☒ 8–23 Uhr) Sehen und gesehen werden – das ist die Hauptsache in diesem überaus trendigen Laden mit Glasfassade im ersten Stock. Aber bei der lockeren Atmosphäre, den jungfräulich weißen Wänden und eleganten Möbeln wurde wenigstens nicht das Wesentliche vergessen – die köstlichen Baklava und leckeren Snacks. Der erste Stock ist auch bei flirtenden Studenten beliebt. Wirklich süß.

İkizler Lahmacun Salonu (☎ 214 9568; M Fevzi Çakmak Caddesi; Hauptgerichte 1–3 €; ☒ 11–23 Uhr) Die kleine Bude abseits der Hauptstraße ist nicht schlecht. Sie versorgt hungrige Einheimische seit 1962 mit *pide* und *lahmacun*, kennt sich also mit dem Nationalgericht aus.

Akdeniz Tantuni (☎ 216 9010; Cumhuriyet Caddesi; Hauptgerichte 2 €; ☒ 11–22 Uhr) Gut für einen schnellen Imbiss. Das lebendige Lokal an der Hauptstraße überrascht sogar noch mit seinem schönen Ambiente, die Hähnchensandwichs schmecken an den niedrigen Holztischen.

Kebabistan (☎ 214 2273; Sinemalar Sokak; Hauptgerichte 2–4 €; ☒ 10–22 Uhr) Noch eine Bastion exzellenter türkischer Kost. Kebabistan ist bekannt für seine perfekten Kebaps. Die Portionen sind großzügig und der Service schnell. Die zweite Filiale auf der anderen Straßenseite ist auf *pide* spezialisiert.

Tamara Ocakbaşı (☎ 214 3295; Yüzbaşıoğlu Sokak; Hauptgerichte 2–6 €; ☒ 10–23 Uhr) Beeindruckend! In diesem Lokal im Hotel Tamara gibt's tatsächlich 40 *ocak* – jeder Tisch hat seinen eigenen Grill. Die Einrichtung ist eher übertrieben als ausgefallen, aber eine willkommene Abwechslung zu den üblichen anatolischen Lokalen. Fleisch- und Fischgerichte sind vom

Feinsten, also kann der Gürtel ein Loch weiter gestellt werden.

Antep Ocakbaşı (☎ 215 9101; Cumhuriyet Caddesi; Hauptgerichte 3–5 €; ☒ 8–22 Uhr) Zu diesem Lokal in einem unscheinbaren Block geht's ein paar Stufen rauf. Bei der Speisekarte kann der Magen sich auf was gefasst machen: all die üblichen Verdächtigen wie *meze*, *pide*, Gegrilltes und Kebaps. Die Kundschaft reicht von schwatzenden Familien über kichernden Studenten bis zu brummigen alten Männern – ein netter bunter Mix.

Saçi Beyaz Et Lokantası (☎ 214 4016; Kazım Karabekir Caddesi; Hauptgerichte 3–6 €; ☒ 11–22 Uhr) Hauptkonkurrent vom Besse. Der strahlende Laden verleiht der Restaurantszene von Van ein bisschen Glanz (was sie ja auch nötig hat). Das Essen ist gut, wird hübsch serviert und der Service passt. Trotzdem wird man das Gefühl nicht los, mehr für das elegante Ambiente zu zahlen als fürs Essen. Die Konditorei im Erdgeschoss hat einen separaten Eingang und eine hübsche Terrasse – wie geschaffen zum Relaxen bei einem Tee oder köstlichen *dondurma*.

Çınar Restaurant ve Et Lokantası (☎ 214 6606; Cumhuriyet Caddesi; Hauptgerichte 3–6 €; ☒ 11–22 Uhr) Fast wie im Kebabistan. Die bunt gemischte Speisekarte ist auf *pide*, Kebaps, Gegrilltes und Eintöpfe spezialisiert. Der Chefkoch empfiehlt *kaburga dolması*.

Besse (☎ 215 0050; Sanat Sokak; Hauptgerichte 4–7 €; ☒ 11–21.30 Uhr) Wer nach etwas Kultiviertheit sucht, kommt um das Besse nicht herum. Es ist in beruhigenden Gelbtönen gehalten, hat Parkett und Schummerlicht. Aus der Küche kommen feinste Delikatessen, v. a. Gegrilltes, Salate und Eintöpfe – unbedingt das vorzügliche *ali nazik* kosten, eine Spezialität des Hauses. Das Lokal liegt mitten im Zentrum, im ersten Stock eines unscheinbaren Hauses. Schade, dass es keinen Alkohol gibt!

SÜDOSTANATOLIEN

DIE LECKERSTE FRÜHSTÜCKSMEILE DER OSTTÜRKEI

Van ist berühmt für sein köstliches *kahvaltı* (Frühstück). Also einfach mal aufs fade Hotelfrühstück verzichten und in die Eski Sümerbank Sokak, auch „Kahvaltı Sokak" (Frühstücksstraße) genannt, gehen. Diese Fußgängerzone verläuft parallel zur Cumhuriyet Caddesi. Hier reihen sich lauter Lokale mit komplettem türkischem Frühstück aneinander. Hier heißt es zugreifen: *otlu peynir* (Käse mit kräftigen Kräutern, die Spezialität von Van), *beyaz peynir* (milder gelber Käse), Hochlandhonig (lecker!), Oliven, *kayma* (klumpiger Rahm), Butter, Tomaten, Gurken und *yumurta* (Eier). Das **Sütçü Fevzi** (☎ 216 6618; Eski Sümerbank Sokak; ☒ 7 Uhr–Mittag) und das **Sütçü Kenan** (☎ 216 8499; Eski Sümerbank Sokak; ☒ 7 Uhr–Mittag) haben auch ein paar Tische draußen. Ein typisches Erlebnis in Van.

Andere Verlockungen im Zentrum:

Çavuşoğlu (☎ 214 2669; Cumhuriyet Caddesi; 🕑 8–22 Uhr) Kräftiger türkischer Kaffee und köstliches Gebäck.

Güven (☎ 214 0300; Cumhuriyet Caddesi; 🕑 8–23 Uhr) Noch ein Muss für Leckermäulchen, an der Hauptdurchfahrtsstraße.

Ausgehen

Zwar ist Van eine relativ liberale Stadt mit vielen Studenten, aber wer auf Ibiza-Feeling hofft, wird bitter enttäuscht. Trotzdem gibt's ein paar tolle lebhafte Bars.

Barabar Türk Evi (☎ 214 9866; Sanat Sokak) In Van kommt das Barabar einer Kneipe am nächsten, was in der Osttürkei wirklich selten ist. Es befindet sich im ersten Stock eines eher reizlosen Gebäudes, aber wenn die ganzen Studentinnen und Studenten ihre frisch gezapften Biere runterkippen (ca. 3 €), kommt Stimmung auf. Ja, BIER! An Wochenenden ist hier die Hölle los, wenn eine Liveband kurdischen Sound hämmert. Ab auf die Tanzfläche … wer sich traut!

Çay Bahçesi (Cumhuriyet Caddesi; 🕑 8–20 Uhr) Eindeutig der gesellschaftliche Mittelpunkt von Van mit jeder Menge Schatten und Grün. Der Teegarten ist perfekt, wenn man in die Innenstadtatmosphäre eintauchen will. Zu Recht ist er den ganzen Tag voll besetzt mit Gästen jeglicher Couleur. Ein Tässchen Tee auf einem schattigen Plätzchen im Grünen– herrlich!

Halay Türkü Bar (☎ 214 8233; Kazım Karabekir Caddesi) Fast eine Kopie des Barabar. Der Laden gibt alles und ist wirklich klasse, kann aber noch nicht mit dem coolen Barabar mithalten.

Beide sind extrem beliebt bei Studenten beiderlei Geschlechts und eine tolle Erfahrung. Viel Spaß!

An- & Weiterreise

AUTO

Mit dem Mietauto um den Vansee zu fahren ist eine gute Idee. Bei **Europcar** (☎ 215 8990; Kazım Karabekir Caddesi) versuchen oder bei **Avis - Urartu Turizm** (☎ 214 2020; Cumhuriyet Caddesi), neben dem Büyük Urartu Oteli.

BUS

Viele der Busgesellschaften haben ihre Ticketbüros an der Kreuzung Cumhuriyet Caddesi/Kazım Karabekir Caddesi. Normalerweise betreiben sie einen *servis* zum und vom *otogar*.

Minibusse nach Doğubayazıt starten an einem kleinen Busstand an der İskele Caddesi, ein paar Blocks westlich vom Beş Minibusse nach Bahçesaray (6 €, 3 Std.) fahren in der Nähe eines Teehauses namens Bahçesaray Çay Evi ab, südöstlich des Basars. Minibusse nach Hoşap und Çavuştepe (3 €, 30–45 Min.) starten an der Cumhuriyet Caddesi. Minibusse nach Gevaş und Akdamar (1 €, ca. 45 Min.) fahren von einem kleinen Terminal in einer Seitenstraße der Zübeydehanım Caddesi ab, nicht weit vom Otel Aslan.

Nach Iran fährt der Direktbus nach Orumiyeh (Iran) oder ein Bus nach Yüksekova (6 €, 3 Std.), danach geht's im Minibus weiter nach Orumiyeh (6 €).

Genaueres zu einigen Verbindungen steht in der Tabelle rechts.

VERBINUNGEN VOM OTOGAR IN VAN

Fahrtziel	Fahr- preis	Dauer	Entfer- nung	Häufigkeit (pro Tag)
Ağrı	8 €	3 Std.	213 km	regelmäßige Busse
Ankara	30 €	22 Std.	1250 km	regelmäßige Busse
Diyarbakır	13 €	7 Std.	410 km	regelmäßige Busse
Doğubayazıt (über Çaldıran)	6 €	2½ Std.	185 km	mehrere Minibusse morgens
Erciş	3 €	1¼ Std.	95 km	mehrere Busse
Erzurum	13 €	6 Std.	410 km	mehrere Busse
Hakkari	6 €	4 Std.	205 km	einige Busse
Malatya	15 €	9–10 Std.	500 km	regelmäßige Busse
Orumiyeh (Iran)	12 €	6 Std.	311 km	mindestens 1 Bus
Şanlıurfa	18 €	9 Std.	585 km	einige Busse
Tatvan	6 €	2½ Std.	156 km	regelmäßige Busse
Trabzon	14 €	12 Std.	733 km	einige Direktbusse, meistens über Erzurum

FÄHRE

Eine Fähre überquert zweimal täglich den Vansee zwischen Tatvan und Van. Einen festen Fahrplan gibt's nicht. Die Fahrt kostet 3 € pro Passagier (6 € pro Auto) und dauert ca. zwei Stunden. „İskele"-Minibusse fahren von der İskele Caddesi (0,40 €) zum Hafen.

FLUGZEUG

Vor dem Büro von Kamran Turizm fährt ein Busservice zum Flughafen ab, anderthalb Stunden vor dem Abflug (2 €).

Atlasjet (www.atlasjet.com) Ein Flug pro Tag nach/von İstanbul (ab 44 €, 2 Std.).

Kamran Turizm (☎ 216 7031; Cumhuriyet Caddesi; ⏰ 8–20 Uhr) Vertretung für Atlasjet, Pegasus, Sun Express und Turkish Airlines.

Pegasus Airlines (www.flypgs.com) Ein Flug pro Tag nach/von Ankara (ab 44 €, 1¾ Std.) und İstanbul (ab 60 €).

Sun Express (www.sunexpress.com.tr) Zwei Flüge pro Woche nach/von İzmir (55 €, 2 Std.).

Turkish Airlines (www.thy.com) Ein Flug pro Tag nach/von İstanbul (ab 44 €) und Ankara (auch ab 44 €).

ZUG

Der zweimal wöchentlich verkehrende *Vangölü Ekspresi* von İstanbul und Ankara endet in Tatvan; von Tatvan bringt die Fähre die Passagiere zum Anlegeplatz in Van. Der wöchentliche *Trans Asya Ekspresi* verbindet İstanbul mit Teheran, mit Zwischenstopp in Van. Nach Teheran (17 €) fährt er freitags 18.49 Uhr; nach İstanbul (30 €) um 16.53 Uhr.

Zum Bahnhof İstasyon fährt ein Dolmuş in der Nähe des Beş Yol ab (0,40 €).

Unterwegs vor Ort

Minibusse zur Van Kalesi und zum Fährhafen (*iskele*) starten am Minibusterminal in der Nähe des Beş Yol am nördlichen Ende der Cumhuriyet Caddesi.

RUND UM VAN
Yedi Kilise

Die ergreifende, verfallende Yedi Kilise (Sieben Kirchen) liegt 9 km südöstlich von Van in einem typisch kurdischen Dorf. Früher war sie mal ein großes Kloster. Am Bogenportal sind kunstvolle Steinreliefs und darüber mehrere armenische Inschriften angebracht. Innen gibt's ein paar gut erhaltene Fresken. Eintrittsgeld wird nicht verlangt, aber kleine Spenden werden gern genommen. Wer Souvenirs kaufen will, findet in der Nähe Frauen, die selbstgestrickte Handschuhe und Socken verkaufen. Sie führen ihre Handarbeiten mit Vergnügen vor. Nach Besichtigung der Kirche laden die lehmigen Dorfstraßen zum Bummel ein.

Es gibt keine zuverlässigen öffentlichen Verkehrsmittel zur Yedi Kilise. Am praktischsten geht's per Taxi (ca. 13 € inkl. Wartezeit). Alternativ zu Fuß durch die schöne Landschaft zurück nach Van marschieren.

Bahçesaray

Wow! Da gehen einem die Superlative aus. Die 110 km lange Fahrt von Van in diese Stadt mitten im Nirgendwo, hoch in den Bergen, ist atemberaubend und eine perfekte Abrundung einer Reise um den Vansee. Berühmt ist Bahçesaray v. a. wegen seiner Abgeschiedenheit: Der Schnee schneidet es mindestens sechs Monate im Jahr komplett von der Welt ab. „Die Hälfte des Jahres gehören wir Gott", sagen die Bewohner. Von Van führt die landschaftlich umwerfende Strecke erst durch die Steppe, um dann allmählich bis zum Karabel Geçiti in 2985 m Höhe anzusteigen – schwindelerregend. Unterwegs sind hier und da die *zoma* (Lager) der kurdischen Schäfer, ihre Herden und ihre verdammten Hunde (Vorsicht!) zu entdecken. An klaren Tagen ist die Landschaft faszinierend: Die Luft ist rein und die umliegenden Berge geben die perfekte Kulisse ab. Am Frühlingsende ist der Anblick der wilden Weite des Hochlands in seinen leuchtenden Farben einfach unvergesslich.

In Bahçesaray gibt's genug zum Gucken für ein bis zwei Tage. Warum nicht einen Blick auf die umliegenden Monumente wie die armenischen Kirchen und die antike Brücke werfen? Oder mit den Einheimischen Schach spielen? Sie sollen ja angeblich die besten Spieler Ostanatoliens sein. Wer v. a. Kraft tanken will, darf den köstlichen lokalen *bal* (Honig) nicht auslassen. Mit 13 € pro Kilo ist man dabei.

Zu den Highlights dieses Trips gehört eine Übernachtung in einem Privathaus, weil es keine offiziellen Unterkünfte gibt. Das sollte aber kein Problem sein, denn Gastfreundschaft wird hier ganz groß geschrieben und Fremde werden ausnahmslos herzlich als *misafir* (Gäste) empfangen.

Im Sommer reicht ein normales Fahrzeug für den Weg nach Bahçesaray aus, aber die Straße ist nur bis Yukarı Narlıca geteert und verschlechtert sich zusehends in Richtung Pass – dann sollte es schon ein Allradfahrzeug oder eins mit hoher Bodenfreiheit sein. Bei Nässe ist dieser Teil der Route mit einem normalen Fahrzeug nicht zu machen. In Yukarı Narlıca gibt's einen *jandarma* (Polizei)-Kontrollpunkt.

Ein oder zwei Minibusse fahren täglich außer sonntags von einem kleinen Minibusstand in Van ab (nach Bahçesaray Çay Evi fragen, abseits der Zubeydehanım Caddesi). Die holprige Fahrt dauert ca. drei Stunden und kostet 6 €.

Hoşap & Çavuştepe

Ein Tagestrip von Van Richtung Südosten auf der Straße nach Başkale und Hakkari bringt einen zur urartäischen Ausgrabungsstätte in Çavuştepe (25 km von Van) und der spektakulären kurdischen Burg in Hoşap (Güzelsu; 33 km weiter). Beides lohnt sich.

Die **Burg Hoşap** (Eintritt 1,25 €) sitzt äußerst fotogen auf einem steilen Felsen in der Nähe von Güzelsu, einem kleinen Truck-Stop-Kaff. Zum Eingang geht's erst über die Brücke und dann den Schildern nach zur anderen Bergseite.

Sie wurde 1643 von dem hiesigen Kurdenoberhaupt Mahmudi Süleyman erbaut und hat ein beeindruckendes Eingangsportal in einem Rundturm. Der Aufpasser wird einen schnell entdecken und angeschossen kommen, um eine Eintrittskarte zu verkaufen. Dann geht's durch einen Felsengang in die Festung rein. Viele der unzähligen Räume sind noch gut erkennbar und die Aussicht ist sensationell.

Der schmale Felsrücken auf der linken Seite der Fernstraße nach Çavuştepe war früher von dem Festungspalast **Sarduri-Hinili** (Eintritt 1,25 €) gekrönt, in dem die Könige von Urartu lebten. Zwischen 764 und 735 v. Chr. wurde er von König Sardur II., Sohn von Argišti, gebaut. Von allen urartäischen Palästen sind das hier die am besten erhaltenen Fundamente.

Vom Parkplatz aus liegt die **obere Burg** links und die gewaltige **untere Burg** rechts. Von der oberen Burg ist außer einer Plattform, die wohl für religiöse Riten genutzt wurde, und der Ruinen eines Haldi-Tempels nicht mehr viel übrig. Aber von hier ist die Anlage der unteren Burg gut zu sehen.

Eine kleine Klettertour bringt einen zu den Tempelruinen der unteren Burg. Sie ist an einem Tor aus schwarzem, auf Hochglanz poliertem Basalt zu erkennen. Ein paar Blöcke auf der linken Seite tragen Keilinschriften. Beim Herumschlendern sind noch mehr Beispiele der genialen urartäischen Baukunst zu bewundern: die Zisternen unter den Wegen, die Lagergefäße und das königlich-urartäische

Klo am anderen Ende, wo mal der Palast stand. Es soll die älteste dieser Art von „Hocktoiletten" sein, die jemals ausgegraben wurde. Unten in den Ebenen nach Süden hin sind Kanäle zu sehen, die ebenfalls den Urartäern zu verdanken sind.

An den Stätten von Hoşap und Çavuştepe halten die Minibusse (von der Cumhuriyet Caddesi in Van) nach Başkale. Der Fahrer muss nur wissen, dass er in Hoşap (3 €) halten soll. Nach der Burgbesichtigung einfach einen Bus zurück nach Çavuştepe anhalten, 500 m abseits der Fernstraße. Von da bringt einen dann ein dritter Bus zurück nach Van. Die Tour funktioniert gut auf eigene Faust, weil auf der Strecke viele Minibusse und Busse unterwegs sind.

HAKKARI

☎ 0438/236 000 Ew./Höhe 1720 m

Wer seinen Freunden in İstanbul erzählt, dass er nach Hakkari fährt, wird wohl nur ungläubiges Entsetzen ernten, bestenfalls ein „Du willst *wohin?*" oder eine Warnung: „Da draußen kann's brenzlig werden!" Na ja, Hakkari kommt schon etwas grob rüber. Aber das gehört sich auch so für eine Stadt, die das Zentrum der Kurdenunruhen der 1980er- und 90er-Jahre war. Außerdem liegt sie fernab aller größeren Städte in der hintersten Südostecke der Türkei, 1700 m hoch.

Aber oho! – die Dinge haben sich geändert. Hakkari steigt wie Phönix aus der Asche, und langsam finden sich auch Besucher ein. Sie werden angelockt durch die grandiose Lage – die Stadt ist umgeben vom zerklüfteten Cilo-Dağı-Gebirge – und jede Menge Entdeckungsmöglichkeiten. Das Cilo ist wieder zugänglich und es wird nicht mehr lange dauern, bis hier die ersten Trekkingtouren organisiert werden. Mit dem Minibus lässt sich auch der malerische Nachbarort **Çukurca** gut erkunden. Körper und Geist regenerieren sich auf den Hochlandweiden von **Kırıkdağ**. Pioniere gefragt!

Sicherheit & Ärgernisse

Weibliche Traveller müssen sich darauf einstellen, im Mittelpunkt der Aufmerksamkeit zu stehen. Die Gegend hier ist erdrückend männlich ausgerichtet, und Frauen könnte das Gefühl beschleichen, nicht willkommen zu sein. Auf jeden Fall ist zurückhaltende Kleidung angesagt. Und der beste Unterschlupf ist das Hotel Şenler.

IM TIEFEN SÜDOSTEN DER TÜRKEI

Die Südostecke der Türkei hat noch immer einen beklemmenden Ruf unter Travellern und Türken aus Westanatolien (die meistens überhaupt nichts über die Region wissen). Okay, es war das Zentrum der Kurdenunruhen in den 1980er- und 90er-Jahren und lange Zeit für Reisende tabu. Aber obwohl die Kurdische Arbeiterpartei (PKK/Kongra-Gel) den Waffenstillstand im Juni 2004 aussetzte, hat sich die Lage weitgehend entspannt. Das ganze Gebiet steht unter scharfer militärischer Kontrolle. Es gibt Checkpoints, aber keine nennenswerten Schikanen – einfach den Pass bereithalten und nicht von den Hauptstraßen abkommen.

Das klingt für Erstbesucher vielleicht etwas bedrohlich, gerade für allein reisende Frauen, aber alle Schauergeschichten muss man auch nicht glauben. Schließlich wird in den Nachrichten immer mehr über das Töten als über das Leben berichtet. Ein paar Ecken der Region sind nach wie vor heikel, aber der Großteil empfängt seine Gäste genau so herzlich wie überall in der Türkei. Wild und weitgehend unbeachtet, aber nie langweilig. Zum Zeitpunkt der Recherche kamen wir ohne Probleme (sogar mit öffentlichen Verkehrsmitteln) von Mardin nach Şirnak (221 km), von Şirnak nach Hakkari (181 km) und dann von Hakkari nach Van (203 km). Zwischen Mardin und Şirnak gab's nur einen Kontrollpunkt, zwischen Şirnak und Hakkari drei.

Tief im Südosten wurde uns von allen Seiten versichert, dass das Reisen in dem Gebiet total sicher wäre. Es reicht also, ein bisschen wachsamer zu sein und vor der Abfahrt den Rat der Einheimischen zu suchen. Und wenn es wirklich mal Ärger gibt, wird das Militär schon dafür sorgen, dass keine Traveller in die Nähe kommen. Die sind hier eh Mangelware.

Also die Lage checken und wenn alles ruhig scheint, einfach losziehen. Enttäuschung ausgeschlossen.

Schlafen & Essen

Hotel Ümit (☎ 0438-211 2469; Altay Caddesi; EZ/DZ 14/17 €) Wir finden das Hotel Şenler besser, aber dieses hier kann als Plan B dienen. Nicht von der düsteren Rezeption abschrecken lassen. Schöne zentrale Lage.

Hotel Şenler (☎ 0438-211 5512; Bulvar Caddesi; EZ/DZ 25/45 €) Mit Abstand das preiswerteste und vertrauenerweckendste Hotel in Hakkari. Das Personal ist professionell und sehr hilfsbereit (nach Turan Şimşek fragen). Die Bäder sind bestens in Schuss und in den geräumigen Zimmern muss keiner über seine Klamotten stolpern. Liegt auch sehr zentral. Ein Spitzendeal.

Hacıbaba Kebap Salonu (☎ 211 3003; Cumhuriyet Caddesi; Hauptgerichte 2–4 €; ⏰ 8–22 Uhr) Das Hacıbaba wird als bestes Restaurant der Stadt angepriesen. Nach einem zufriedenstellenden *tavuk şiş* (Kebap mit Brathähnchen) samt Salat und frischem Brot sagen wir nichts Gegenteiliges. Der Riesengrill im hinteren Bereich ist imposant. Gleich am Hauptplatz.

An- & Weiterreise

Von Van nach Hakkari fahren regelmäßig Busse (6 €, 4 Std.). Es gibt auch mehrere Minibusse pro Tag nach Yüksekova (3 €, 78 km), von wo es bei Esendere-Seró über die Grenze und weiter in den Iran geht. Täglich starten auch Minibusse nach Çukurca (3 €) und Kırıkdağ (1,50 €). In Richtung Westen macht sich ein Minibus pro Tag auf die lange, aber landschaftlich einmalige Reise nach Şirnak (9 €, 5–6 Std., je nach Wartezeit an den Kontrollpunkten).

NÖRDLICH VON VAN

Wer von Van nach Doğubayazıt unterwegs ist, kann sich die Route aussuchen. Manche Busse nehmen noch die lange Runde über Erciş, Patnos und Ağrı, aber die Minibusse fahren alle über Muradiye, Çaldıran und Ortadirek. Das sind viel kürzere 185 km durch eine zauberhafte, ländliche Idylle. Empfehlenswert ist ein Stopp am spektakulären **Muradiye-Wasserfall.** Und für die Armeekontrollpunkte immer schön den Pass bereithalten.

Allgemeine Informationen

AKTIVITÄTEN

Das Reiseziel Türkei spricht sich langsam unter Outdoor-Fans herum. Für Wasserbegeisterte gibt's Wildwasserrafting in Yusufeli, Paddeln über versunkenen Ruinen in der Nähe von Kaş oder entspanntes Nichtstun auf dem Sonnendeck einer Holzyacht *(gület)*. Hoch in der Luft lässt sich beim Paragliding über Ölüdeniz nach dem besten Platz fürs Strandtuch Ausschau halten, im Heißluftballon über Kappadokien hinweggondeln oder im berühmten Alaçatı mit den Winden kämpfen. Für Trekkingfans führen zwei markierte Fernwanderwege durch die türkischen Berge (s. S. 83). Und hier gibt's auch Gelegenheit zum Klettern, Skilaufen und Bergsteigen.

Wer will, kann diese Aktivitäten alle auf eigene Faust organisieren. Alternativ nimmt man den Hotelservice in Anspruch oder hält sich an die Anbieter geführter Touren (s. S. 727). Agenturen mit Outdoor-Angeboten stehen in den Kapiteln zu den einzelnen Reisezielen. Spezielle Trekking-Anbieter findet man auf S. 93.

Bergsteigen

Der höchste Berg in der Türkei ist gleichzeitig auch der berühmteste: der Ararat (Ağrı Dağı; 5137 m). Bergsteiger können sich ihm von Doğubayazıt aus nähern. Allerdings geht's nicht ohne reichlich Bargeld, gute Organisation und viel Geduld: die Mühlen der Bürokratie mahlen langsam. Mehr Informationen dazu gibt's auf S. 633. Unkomplizierter (und billiger) ist es, den Süphan Dağı (Süphan; 4434 m) am nördlichen Rand des Vansees zu erklimmen (s. S. 684).

Zwei relativ leicht zu besteigende Berge sind der Hasan Dağı (Hasan; 3268 m) und der Erciyes Dağı (Erciyes; 3916 m) in Kappadokien. Diese Touren lassen sich problemlos selbst organisieren; man kann sich aber auch an Middle Earth Travel in Göreme (S. 540) wenden.

Bootsausflüge

Ein Bootsausflug entlang der Ägäis- oder Mittelmeerküste steht bei vielen Urlaubern ganz oben auf der Liste – wenn möglich auf einer schicken *gület* (Holzyacht). Tagestrips starten in Kuşadası, Bodrum, Marmaris, Fethiye, Antalya und sämtlichen Häfen dazwischen. Aber es ist auch möglich, eine ganze Woche lang auf einer gecharterten *gület* an der Küste entlangschippern. Große Yachthäfen gibt's in Marmaris, Göcek und Alanya; die Boote sind in der Regel von Mai bis Oktober auf dem Wasser.

Die angesagteste Variante ist vermutlich ein Viertagestrip mit drei Nächten an Bord einer Yacht von Kale (bei Olympos) nach Fethiye (oder andersrum). Weitere Details dazu stehen auf S. 382. Wie das Chartern einer *gület* abläuft, wird auf S. 361 erklärt und Tipps, worauf man dabei achten sollte, stehen auf S. 383.

PRAKTISCH & KONKRET

- In der Türkei gilt das gleiche metrische System für Gewichte und Maße wie in Westeuropa.

- Die elektrische Spannung beträgt 220 V AC, 50 Hz. In die Steckdosen passen die auch in Deutschland und Österreich üblichen runden, zweipoligen Stecker. Für die dreipoligen Stecker der Schweiz braucht man einen Adapter! Da Stromausfälle nie auszuschließen sind, lohnt es sich, einen Überspannungsschutz zu kaufen.

- In allen Tourismuszentren gibt's deutschsprachige Tageszeitungen (wenn auch 1 Tag später), Magazine und Illustrierte. Englischsprachige Zeitungen sind die *Turkish Daily News* und der *New Anatolian*. Das monatlich erscheinende Hochglanz-Magazin *Skylife von* Turkish Airlines und auch *Cornucopia* (erscheint 3-mal im Jahr) bringen tolle Artikel über türkisches Leben und Kultur.

- Samstags sendet der Radiosender TRT3 um 22.15 Uhr Nachrichten in deutscher Sprache, und zwar auf den Frequenzen 88,2 MHz in Istanbul, 91,6 MHz in Antalya und 92,8 MHz in Van. An der Südküste der Türkei kann man BBC World Service auf 1323 KHz empfangen. Programme der Deutschen Welle werden über Kurzwelle v. a. nachmittags und abends gesendet. Für die aktuellen Programme und Sendezeiten am besten direkt bei der Deutschen Welle erkundigen (www.dw-world.de).

- Digiturk strahlt über 300 verschiedene TV-Kanäle aus (u. a. CNN, Euro News, BBC Prime, BBC World, ZDF und Pro Sieben).

Heißluftballonfahrten

Wer noch nie mit einem Heißluftballon durch die Luft gegondelt ist, sollte sich die Gelegenheit in Kappadokien nicht entgehen lassen! Mehrere Veranstalter konkurrieren hier um Kundschaft. Das Ganze ist zwar nicht billig, aber der Blick hinunter auf eine der faszinierendsten Landschaften der Welt ist garantiert ein Highlight jeder Türkeireise. Weitere Einzelheiten dazu gibt's in der Infobox auf S. 550.

Kanufahren & Klettern

Die atemberaubende 18 km lange Schlucht von Saklıkent in der Nähe von Fethiye verspricht Nervenkitzel für alle Wildwasserfans. Und das eiskalte Wasser dürfte selbst Hartgesottenen den Atem rauben. Zur Auswahl stehen bis zu sechsstündige Touren und Trips mit Übernachtung (s. S. 391). Zum Klettern und Abseilen geht's nach Kappadokien, der tollsten Felslandschaft in der Türkei. Die Details hat **Middle Earth Travel** (☎ 271 2528; www. middleearthtravel.com) in Göreme (S. 536).

Paragliding

Ölüdeniz (S. 385) ist die türkische Hochburg des Paragliding. Jedes Jahr im Oktober finden hier für Profis die International Air Games statt. Unerfahrene Luftakrobaten können bei einem der vielen Veranstalter am Ort Tandemflüge buchen.

Radfahren

Die nettesten Routen für Radfahrer finden sich entlang der Küste, v. a. am westlichen Mittelmeer zwischen Marmaris und Antalya. Nette Abstecher zu den nahe gelegenen Sehenswürdigkeiten inklusive! Auf der Küstenstraße zwischen Amasra und Sinop am Schwarzen Meer geht's durch ein paar herrlich malerische Landstriche (s. S. 579). Für Mountainbiker ist Kappadokien ideal und ordentliche Räder lassen sich fast überall mieten. Fans von langen Touren radeln Richtung Osten – es gibt Leute, die bis in den Iran, nach Indien oder sogar noch weiter ostwärts wollen.

Praktische Tipps zum Radfahren in der Türkei stehen auf S. 732.

Rafting

Die schäumend-weißen Fluten der Çoruh-Schlucht bei Yusufeli (S. 615) sind noch so etwas wie ein Geheimtipp. Eingeweihte schwören aber, dass diese Stromschnellen zu den besten der Welt gehören. Weniger heftige Floßfahrten kann man in der Nähe von Çamlıhemşin (S. 603), in der Köprülü Schlucht unweit von Antalya (S. 433) und auf den Flüssen Kızılırmak und Zamantı bei Avanos (S. 551) machen. Auch die Schlucht von Saklıkent unweit von Fethiye ist grandios (s. S. 391).

Reiten

Egal, ob Kappadokien nun „Land der schönen Pferde" heißt (wie Einheimische gerne behaupten) oder nicht: Die Gegend lässt sich auf jeden Fall perfekt auf dem Rücken eines Pferdes erkunden. Ein paar Veranstalter in Avanos (S. 551) organisieren Touren von unterschiedlicher Länge. Auch durch den bergigen Dilek-Nationalpark an der südlichen Ägäisküste kann man reiten (s. S. 282).

Schwimmen & Wassersport

Von Mitte Mai bis September sind die phantastischen Küsten und Strände der Türkei ein Traum für alle möglichen Wassersportarten. Egal, ob Wasserskifahren, Schnorcheln, Kajakfahren, Tauchen oder natürlich Baden – Ägais und Mittelmeer laden zu allem ein. Anders als das ziemliche kalte Schwarze Meer!

Tolle Badestrände gibt's auf Bozcaada (S. 219), im Dilek-Nationalpark (S. 282), zwischen Behramkale und Edremit (S. 227), auf der Halbinsel von Bodrum (S. 291), am Strand von Iztuzu in der Nähe von Dalyan (S. 377) sowie bei Altınkum (S. 283) nahe Çeşme. Einer der schönsten Strände ist Patara (S. 393). Beim Schwarzen Meer ist Vorsicht geboten: v. a. in der Nähe von İstanbul kann's für Schwimmer gefährlich werden.

Ein Muss ist eine Kajaktour über der im Meer versunkenen Stadt von Üçağız (Kekova) in der Nähe von Kaş (s. S. 404). An Flüssen bietet sich (S. 400) der Patara-Fluss bei Kas zum Kanufahren an.

Tauchen

Wer in der Türkei tauchen möchte, fährt am besten nach Marmaris, Bodrum oder Kaş. Bodrum ist der richtige Spot für einen PADI-Open-Water-Kurs. Aber die tolle Meeresfauna und die vielen Korallen begeistern auch noch erfahrene Taucher. Außerdem gibt's in Bodrum viele Wracks am Meeresgrund und die Chancen stehen nicht schlecht, dass ein paar davon für abenteuerlustige Taucher zugänglich sind (s. S. 296). Die Taucherszene in Marmaris (S. 359) ist größer und etablierter – dank der traditionellen Schwammtaucher (s. S. 362). Auch vor der Küste von Kaş lohnen sich Tauchgänge (S. 401). Zumal es das schönere Plätzchen ist, um sein Lager aufzuschlagen.

Immer angesagter wird das Tauchen vor der Halbinsel von Gallipoli (Gelibolu), wo's Schiffswracks aus dem 1. Weltkrieg zu bestaunen gibt (mehr Infos auf S. 202). Ayvalık (S. 227) mit seinen berühmten roten Korallen ist ebenfalls ein guter Spot.

Scubaturk.net (www.scubaturk.net), ein Veranstalter aus Instanbul, hat Informationen zu Tauchschulen im ganzen Land. Außerdem lohnt sich ein Blick auf die Fotogalerie der Webseite – das macht Lust auf mehr!

Trekking

Die Türkei ist ein Trekking-Paradies – für Anfänger wie für Profis. Es gibt zwei markierte Fernwanderwege: den Lykischen Wanderweg (s. S. 83) und den Paulusweg (S. 87).

Das Kaçkar-Gebirge gehört zum Besten, was die Türkei Trekkingfans zu bieten hat – egal, ob man an der östlichen Schwarzmeerküste bei Ayder (S. 91) startet oder in Yusufeli (S. 616) am Südrand des Gebirges. Die schneefreie Saison ist aber extrem kurz. Weitere Informationen zu Wanderwegen in der Türkei gibt's auf S. 93.

Vogelbeobachtung

Durch die Türkei führt eine wichtige Nordsüdroute für Zugvögel. Vogelliebhaber reisen am besten im Frühjahr oder Herbst ins Land, um die durchziehenden Tiere zu beobachten. Über die komplette Türkei verstreut liegen mehrere Vogelreservate (*kuş cennetler*, Vogelparadiese). Leider sind diese Gebiete oft auch bei lärmenden einheimischen Picknickgruppen angesagt, die die Vögel verscheuchen. Mehr zum Thema Vögel und Naturschutz findet sich auf S. 68.

Östlich von Gaziantep findet man bei Birecik (S. 645) eine der letzten Brutstätten des europäischen Ibis (oder Waldrapp).

Wellness

Die Türken brauchen absolut keinen Nachhilfeunterricht in Sachen Wellness und Verwöhnprogramme. Ein Nachmittag im Hamam (türkisches Bad) ist der beste Beweis (s. S. 697). Deshalb konnte die Wellnessindustrie in der Türkei ganz schnell Fuß fassen: Im ganzen Land sprießen Erholungszentren aller Art wie Pilze aus dem Boden. Yoga-Fans sollten also auf keinen Fall vergessen, ihre Matte einzupacken. Auf dem Lands gibt's unzählige perfekte Spots für Asanas und viele Städten kann man ein paar Stunden Unterricht nehmen, z. B. in Antalya (S. 424). Hier sind auch Meditationskurse im Programm.

TÜRKISCHE BADEFREUDEN

Nach einem anstrengenden, erlebnisreichen Urlaubstag gibt's nichts Besseres als einen Besuch im nächsten Hamam (türkisches Bad).

Dampfbäder waren schon im alten Rom eine Institution, die erst die Byzantiner und dann die Türken übernahmen. Früher fieberten v. a. die Frauen dem wöchentlichen Besuch im Hamam entgegen: Nirgends konnten sie besser mit Freundinnen tratschen, sich pflegen und dem Körper was Gutes tun. Und Mütter nahmen hier potenzielle Bräute für ihre Söhne unter die Lupe. Moderne Badezimmer haben den Bedarf an öffentlichen Badehäusern schrumpfen lassen, aber in etwas eingeschränktem Maß lebt die Tradition des türkischen Bades fort. Leider haben einige der schönsten alten Bäder ihre Preise für Besucher aus dem Ausland angehoben und sind damit für viele Einheimische kaum noch erschwinglich. Gleichzeitig ging's mit der Qualität des Service bergab – in der Annahme, dass die Fremden eh nicht wissen, was sie im Hamam erwartet, und sowieso nur einmal kommen. Jammerschade!

Vor dem ersten Hamam-Besuch sind die meisten etwas unsicher. Was also hat man zu erwarten, wenn man ein türkisches Bad betritt? Zuerst entscheidet man sich am Eingang für die gewünschten Anwendungen und bezahlt entsprechend. Dann geht's in den *camekan* zum Umziehen. Hier kann man seine Klamotten und Wertsachen einschließen und sich ins *peştimal* (Badetuch) hüllen, das parat liegt. Außerdem gibt's ein Paar *nalın* (Holzclogs), die praktisch sind, um nicht auf den Marmorböden auszurutschen. Ein Aufseher führt einen dann durch den *soğukluk* (Kaltraum, der in der Regel aber warm ist) in den *hararet* (Dampfraum). Dort setzt man sich erst mal eine Weile zum Schwitzen hin.

Am billigsten ist es, Seife, Shampoo und Handtuch mitzubringen und sich selbst zu waschen. Im Dampfraum gibt es einzelne Bassins *(kurna)*, die mit Wasser aus den darüber angebrachten Hähnen gefüllt werden. Mit einer Plastikkelle gießt man sich dann Wasser über Kopf und Körper, wobei man aufpassen sollte, dass keine Seife ins Wasser des Bassins kommt. Und bloß nicht den Nachbarn vollspritzen – v. a. nicht an einem Freitag. Dann muss nämlich ein Muslim, der gerade seine rituelle Waschung hinter sich hat, noch mal von vorne anfangen, weil ein Nichtmuslim ihn nass gemacht hat.

Wer sich selber wäscht, lässt sich allerdings das Beste entgehen. Viel netter ist es, wenn ein Bademeister einen mit warmem Wasser übergießt und mit einem *kese* (einem rauen Waschhandschuh) abschrubbt, bis auch die letzte Pore blitzsauber ist. Anschließend wird man mit einem Schwamm eingeseift und noch mal abgespült, bevor die Haare dran sind.

Nach dieser Prozedur kommt die Massage – eine Erfahrung, die man sich mindestens einmal während seiner Reise gönnen sollte. Manche Massagen werden auf dem Boden oder einem Tisch gemacht, aber in der Regel wird auf einem großen Marmorblock, dem *göbektaşı* (Bauchstein), unter der zentralen Deckenkuppel massiert. In touristischeren Gegenden kann die Massage ziemlich oberflächlich ausfallen und eine Enttäuschung sein – es sei denn, man investiert in eine zusätzliche „Ölmassage". Aber überall sonst weckt eine türkische Massage sämtliche Lebensgeister und ist ein unvergessliches Erlebnis.

Für Männer gilt im Bad die Regel, das *peştimal* zu keinem Zeitpunkt abzulegen. Im Frauenbereich schwankt das Maß an erwarteter Keuschheit ziemlich: In einigen Bädern ist es völlig okay, splitternackt zu sein. Anderswo wäre dagegen das Ausziehen des Slips ein ziemlicher Fauxpas. Deshalb auf Nummer sicher gehen, den Slip unter dem *peştamal* anbehalten und erstmal im Dampfraum die Lage peilen. Beine oder Achseln rasieren geht nur im *camekan* und nicht im Bad selbst.

Traditionelle Hamams haben getrennte Bereiche für Männer und Frauen oder sogar nach Geschlechtern getrennte Öffnungszeiten. Wobei aber die Zeiten für Frauen fast immer kürzer sind. In Tourismuszentren gibt's allerdings Bäder, die ausländische Männer und Frauen – gegen einen Preisaufschlag – nur allzu gerne gemeinsam baden lassen. In traditionellen Hamams werden Frauen ausschließlich von Frauen gewaschen und massiert. Keine Türkin würde einen männlichen Masseur in ihrer Nähe dulden. Wer sich als Frau von einem Mann massieren lässt, sollte dies immer in Sichtweite ihrer Bekannten tun und beim ersten Anzeichen von Belästigung lautstark protestieren.

ALLGEMEINE
INFORMATIONEN

Kabak (S. 389) ist eine einsame Strand-Community, die sich komplett dem Thema Wellness verschrieben hat. Wer nette Unterkünfte, Yogakurse oder einen Quellwasser-Swimmingpool sucht, ist hier goldrichtig.

An der westlichen Mittelmeerküste laden die heißen Quellen und Moorbäder von Sultaniye (S. 377) bei Dalyan zum Planschen ein. Die Moorpackungen mit Mineralsalzen sollen bei Hautproblemen und Rheuma wahre Wunder wirken. Ein ähnlicher Spa mit Pool unter freiem Himmel ist Kurşunlu Banyo in Termal (S. 308). Für Asthmatiker sind die beiden Höhlen in der Nähe von Alanya (S. 442) ein guter Tipp. Anscheinend macht das bloße Einatmen der Höhlenluft schon gesund!

Eine Behandlung der etwas anderen Art gibt's in Balıklı Kaplıca (S. 516): Hier knabbern winzige „Doktorfische" an den Zehen der Besucher – angeblich, um die Haut von Schuppenflechte zu heilen.

Windsurfen

Echte Surfer kennen Alaçatı (S. 257) bei Çeşme sowieso. Allen anderen sei erklärt: Alaçatı ist *der* Hotspot für Windsurfer in Europa – na ja, fast in Europa. Für Anfänger gibt's gute Kurse und Profis können es mal mit Kitesurfen probieren. Die Location ist in jedem Fall einen Abstecher wert!

Wintersport

Für europäische Verhältnisse sind die Angebote für Skifahrer in der Türkei eher bescheiden. Dafür sind sie aber auch 1000-mal billiger und weniger schickimicki. Außerdem kann man super Après-Ski mit den Einheimischen machen. In der Regel sind die Schneeverhältnisse bis weit ins Frühjahr hinein gut, v. a. im Wintersportgebiet von Palandöken (S. 612) nicht weit von Erzurum. Hier gibt's die besten Pisten des Landes. Gut Ski fahren lässt es sich auch in Uludağ (S. 324) bei Bursa und auf dem Davraz Dağı (S. 340) in der Nähe von Eğirdir. Als wir durch die Türkei gereist sind, wurden außerdem gerade Skilifte an den Hängen des Nemrut Dağı (bei Van, S. 656) gebaut. Wenn dieser Band erscheint, dürfte es also ein weiteres Skigebiet im östlichen Anatolien geben.

Statt auf Skiern kann man auch mit speziellen Schneeschuhen über den Schnee laufen. Der Veranstalter Kirkit Voyage in Avanos (S. 551) organisiert Schneeschuh-Touren durch die phantastische Landschaft von Kappadokien – allerdings nur, wenn's ordentlich Schnee gibt.

ALLEINREISENDE

Die Türkei ist ein super Land, um allein unterwegs zu sein. Die meisten Hotels und Pensionen berechnen ihre Preise pro Person oder gewähren Rabatte für Alleinreisende. Den vollen Preis für ein Doppelzimmer muss man eigentlich nur in Luxusherbergen (z. B. Hilton oder Sheraton) zahlen. Wer allein reist, braucht nur ein dickes Fell – denn den meisten Türken ist es total unbegreiflich, wie man solo irgendwohin fahren kann (außer vielleicht geschäftlich). Wohin man auch kommt, checken die Leute, ob man auch wirklich allein ist, und verlangen eine Rechtfertigung fürs Singledasein.

Alle, die das Alleinsein auch nicht so toll finden, können in den vielen kleinen türkischen Pensionen leicht Reisegefährten treffen. Das Gleiche gilt für die Hostels in İstanbul.

Alleinreisende Frauen haben es ohne Frage schwerer. Die Probleme sind aber selten größer als ein gelegentliches Klopfen an der Zimmertür mitten in der Nacht. Nähere Informationen dazu gibt's auf S. 702.

ARBEITEN IN DER TÜRKEI

Es gibt Traveller, die kommen für eine Woche in die Türkei und bleiben mehrere Monate oder gar ihr ganzes Leben lang. Allerdings sind Jobs eher knapp (die Arbeitslosenquote in der Türkei ist hoch) und den meisten Ausländern bleibt am Ende nichts anderes übrig, als Sprachunterricht zu geben. Es gibt aber natürlich auch andere Optionen. Arbeitssuchende können ihr Glück bei der *Turkish Daily News* oder den für Ausländer konzipierten Websites www.mymerhaba.com, www.expatinturkey.com und http://İstanbul.craigslist.org versuchen.

Au-pair

Einer der lukrativsten Jobs für Ausländer ohne spezielle Qualifikation sind Au-pair-Stellen in wohlhabenden Großstadtfamilien (zwischen 550 und 850 € pro Woche); oft werden nur Frauen mit Englischkenntnissen genommen und es gilt, lange Arbeitszeiten plus anspruchsvolle Arbeitgeber auszuhalten. Bei Interesse hilft **Anglo Nannies** weiter (☎ 0212-287 6898; www.anglonannies.com; Bebek Yolu Sokak, Ebru Apt No 25/2 Etiler, İstanbul, 80630), die größte Agentur für die Vermittlung solcher Stellen. Aus Deutschland vermittelt **O-Pair** (☎ 089 - 540 30 940; www.o-pair.de; Bavariastr. 16 d, 80336 München) in die Türkei.

Ehrenamtliche Arbeit

Langsam gibt's in der Türkei immer mehr Möglichkeiten, als Volunteer zu arbeiten: sei es in der ökologischen Landwirtschaft oder bei archäologischen Ausgrabungen. **Volunteer Abroad** (www.volunteerabroad.com) mit Sitz in Großbritannien vermittelt Kontakt zu internationalen Organisationen, die in der Türkei operieren. Anbieter vor Ort sind u. a.:

Alternative Camp (www.alternativecamp.org) wird nur von Freiwilligen betrieben und organisiert landesweit Camps für behinderte Menschen.

Genctur (www.genctur.com) ist ein Portal für diverse Volunteer-Programme landesweit. Gut, um sich einen ersten Überblick über mögliche Tätigkeitsfelder in der Türkei zu verschaffen.

Ta Tu Ta (www.bugday.org/tatuta) vermittelt Arbeit auf über 60 Biobauernhöfen landesweit, wo man gratis bzw. gegen einen kleinen Unkostenbeitrag unterkommen kann.

Sprachunterricht

Auch mit Englischunterricht (und eingeschränkt mit Deutschunterricht) kann man seinen Lebensunterhalt ganz gut bestreiten – entweder privat, an einer Universität, einer privaten *dershane* (Schule) oder einer der vielen privaten Sprachschulen im ganzen Land.

Sogar ohne irgendeine Lehrerausbildung bekommt man Jobs, dann allerdings als Privatlehrer (17–30 € pro Std.) oder bei einer privaten Sprachschule (ca. 11 € pro Std.). Wer Lehramt studiert hat (wenigstens einen Bachelor bzw. Englisch/Deutsch-Zwischenprüfung), sollte noch das TEFL- oder DaF-Zertifikat (z. B. vom Goethe-Institut) erwerben. Damit gibt's die besten Jobs. Weder Universitäten noch die meisten *dershanes* stellen Leute ohne Ausbildung ein. Und die besten privaten Sprachenschulen erwarten zumindest die TEFL/DaF-Qualifikation. Das monatliche Gehalt liegt zwischen 750 und 1400 €; dazu kommen oft noch Unterkunft, Freiflüge in die Heimat sowie Arbeitserlaubnis. Am leichtesten findet man einen Job gegen Ende der Schulferien im Sommer, also Mitte bis Ende August. Dann suchen Schulen nämlich oft händeringend nach Lehrkräften, um jene zu ersetzen, die während der Ferien beschlossen haben, einfach für immer im Urlaub zu bleiben.

Neben den Websites mit Stellenanzeigen S. 698 lohnt es sich auch, die Internetadressen www.eslcafe.com and www.tefl.com auszuchecken.

Tourismus

Viele Leute finden auch schwarz Jobs (gegen Kost & Logis) in Pensionen, Bars und Teppichgeschäften. Sie verlassen dann alle drei Monate das Land, um neue Visa zu bekommen. Solche Jobs haben den Vorteil, dass man jederzeit wieder aufhören kann. Aber Achtung: Die Behörden sehen es nicht gerne, wenn Ausländer den Einheimischen ihre Jobs „klauen". Ab und zu gibt's Kontrollen, bei denen allen illegal Beschäftigen mit Strafverfolgung gedroht wird (wozu es aber nur sehr selten kommt).

BOTSCHAFTEN & KONSULATE
Türkische Botschaften im Ausland

Die Türkei unterhält in allen drei deutschsprachigen Ländern diplomatische Vertretungen:

Deutschland (☎ 030-275 850; www.tcberlinbe.de; Runge Str. 9, 10179 Berlin)

Österreich (☎ 01 50573380; tuerkische-botschaft @chello.at.; Prinz-Eugen-Straße 40, 1010 Wien)

Schweiz (☎ 031 359 7070; www.tr-botschaft.ch; Lombachweg 33, 3006 Bern)

Botschaften & Konsulate in der Türkei

Die meisten Botschaften und Konsulate in der Türkei sind montags bis freitags von 8 bis 12 Uhr geöffnet (Achtung, die Schweizer sind eine halbe Stunde früher dran!). Beantragte Visa können aber häufig auch nachmittags abgeholt werden. Um sich nach dem Weg zu einer bestimmten Botschaft zu erkundigen, fragt man: „[Name des Landes] *başkonsolosluğu nerede?"*

Wie man ein Visum für die Nachbarstaaten der Türkei bekommt, steht auf S. 718.

Deutschland (☽ Mo–Fr 9–12 Uhr) Botschaft in Ankara (Karte S. 474; ☎ 0312-455 51 00; Fax 427 8926; Atatürk Bulvarı 114, Kavaklıdere); İstanbul (☎ 0212-334 61 00; Fax 249 9920; İnönü Caddesi 16, Taksim)

Österreich (☽ Mo–Fr 9–12 Uhr) Botschaft in Ankara (☎ 0312-419 04 31; Fax 418 94 54; Atatürk Bulvarı 189, Kavaklıdere); İstanbul (☎ 0212-262 49 84; Fax 262 26 22; Köybaşı Caddesi 46, Yeniköy)

Schweiz (☽ Mo–Fr 8.30–11.30 Uhr) Botschaft in Ankara (☎ 0312-467 55 55/56; Fax 467 11 99; Atatürk Bulvarı 247, Kavaklıdere); İstanbul (☎ 0212-259 11 16; Fax 259 11 18; Hüsrev Gerede Daddesi 75/3, Teşvikiye)

ERMÄSSIGUNGEN

Im Moment gibt's echte Ermäßigungen nur mit dem Internationalen Studentenausweis (ISIC). Um ihn zu bekommen, muss eine Studienbescheinigung der Uni vorgelegt werden! Mit dem ISIC-Ausweis sollte es in den meisten Museen (aber längst nicht in allen) mindestens 50 % Rabatt geben. Nationale und internationale Bahntickets werden um 20 % ermäßigt.

ESSEN

Was sich so alles auf türkischen Speisekarten findet, steht auf S. 78.

Überall, wo's in diesem Reiseführer ums Essen geht, wird zwischen Restaurants, günstigen Imbissen und Snackbars sowie Cafés unterschieden. Wer Wert auf Tischdecken und alkoholische Getränke legt, kommt am ehesten in Restaurants auf seine Kosten. In den meisten türkischen Orten gibt's eine Mahlzeit für 15 bis 30 € (ohne Getränke). İstanbul ist generell etwas teurer, Richtung Osten wird's immer billiger.

Die vielen *lokantas* sind perfekt für einen schnellen Imbiss: Hier werden Suppen, Eintöpfe und Grillgerichte serviert, Alkohol gibt's allerdings meistens keinen. Selbst in den großen Städten kostet ein Essen in der Regel nicht mehr als 4 bis 10 €.

Cafés liegen preislich irgendwo zwischen den oben genannten Kategorien. Sie sind schicker als *lokantas,* aber es geht weniger förmlich zu als in Restaurants. In den meisten Cafés gibt's diverse Nudelgerichte, Sandwiches und Salate und man zahlt zwischen 7 und 15 €. Auch auf alkoholische Getränke darf man hier hoffen – und auf abendliche Livemusik.

FEIERTAGE

Bei der Reiseplanung zahlt es sich aus, die Daten der türkischen Feiertage im Kopf zu haben. Wer an oder um einen Feiertag herum reisen will, sollte Unterkunft und Fahrt möglichst im Voraus buchen. Zu Kurban Bayramı, dem wichtigsten islamischen Feiertag, machen sich die Leute im ganzen Land auf die Socken. Besonders wer in den großen Städten arbeitet, hat oft nur an diesem Feiertag die Chance, zu seiner Familie zu fahren.

An gesetzlichen Feiertagen haben sämtliche Banken, Firmen sowie die meisten Geschäfte geschlossen. Ein Großteil der Restaurants, Lebensmittelgeschäfte, Supermärkte und touristischen Einrichtungen bleibt aber geöffnet. Direkt vor bzw. nach einem Feiertag herrscht auf Banken meist extremer Andrang und den Geldautomaten geht während der Feiertage schon mal das Geld aus. Also Vorsorge treffen, damit man nicht in der Not zu überzogenen Wechselkursen tauschen muss.

Gesetzliche Feiertage

Neujahr (Yılbaşı; 1. Januar)

Unabhängigkeitstag & Tag der Kinder (Ulusal Egemenlik ve Çocuk Günü; 23. April) Zum Gedenken an die erste Sitzung der türkischen Nationalversammlung im Jahr 1920.

Tag der Jugend & des Sports (Gençlik ve Spor Günü; 19. Mai) Dieser Feiertag ist Atatürk und der Jugend der Republik gewidmet.

Nationalfeiertag (Zafer Bayramı; 30. August) Im Gedenken an den Sieg der republikanischen Armee über die einfallenden griechischen Truppen bei Dumlupınar während des Unabhängigkeitskrieges.

Tag der Republik (Cumhuriyet Bayramı; 29. Oktober) Erinnert an die Ausrufung der Republik durch Atatürk im Jahre 1923.

Islamische Feiertage

Wie in Europa gilt in der Türkei offiziell der gregorianische Kalender. Religiöse Feiertage und Feste werden jedoch nach dem islamischen Mondkalender begangen. Die unten aufgelisteten Daten der islamischen Feiertage sind deshalb nur Annäherungen. Das

---

WICHTIGE ISLAMISCHE FEIERTAGE

Islamisches Jahr	Neujahr	Geburtstag des Propheten	Anfang des Ramazan	Şeker Bayramı	Kurban Bayramı
1428	20. Jan. 07	31. März 07	13. Sept. 07	12. Okt. 07	20. Dez. 07
1429	10. Jan. 08	20. März 08	2. Sept. 08	1. Okt. 08	8. Dez. 08
1430	29. Dez. 09	9. März 09	22. Aug. 09	21. Sept. 09	28. Nov. 09

jeweilige tatsächliche Datum steht erst dann fest, wenn der Mond gesichtet wurde.

In der Türkei werden alle islamischen Feste und Feiertage gefeiert. Die wichtigsten sind der einmonatige Ramadan und (zwei Monate später) Kurban Bayramı. Beide richten sich wie gesagt nach dem muslimischen Mondkalender und finden darum jedes Jahr jeweils ca. elf Tage früher statt.

Vor den wichtigen gesetzlichen und religiösen Feiertagen/Festen gibt's einen inoffiziellen halbtägigen Feiertag zur Vorbereitung: Die Geschäfte und Büros machen schon gegen Mittag zu, bevor dann die eigentliche Festzeit mit Sonnenuntergang beginnt. Von den religiösen Festen gelten nur Şeker Bayramı und Kurban Bayramı als gesetzliche Feiertage.

RAMAZAN

Der hl. Monat (in anderen muslimischen Ländern „Ramadan") hat ein bisschen Ähnlichkeit mit der christlichen Fastenzeit. Das Fasten während des Ramadan ist eine der fünf Säulen des Islam. Fromme Muslime nehmen 30 Tage lang bei Tageslicht nichts zu sich – keine Mahlzeit, kein Getränk, keine Zigarette, nicht mal ein Aspirin. Schwangere oder stillende Frauen, Kleinkinder, Alte und Gebrechliche sowie Reisende sind aber nicht zum Fasten verpflichtet.

Vor Sonnenuntergang wecken Trommler die Gläubigen, damit diese vor dem folgenden Sonnenaufgang essen können. Traditionell signalisiert ein Kanonenschuss zum Sonnenuntergang das Ende der Fastenzeit, woraufhin sich alle zum *iftar* (das Mahl zum Fastenbrechen) begeben.

Während des Ramadan sind manche Restaurants von Sonnenaufgang bis zum Einbruch der Nacht geschlossen; die meisten Restaurants, die auch Touristen bewirten, bleiben aber geöffnet. Nichtmuslime können zu jeder Tages- und Nachtzeit essen und trinken – und in den größeren Städten trifft man überall Muslime, die selber nicht fasten. Aber Zurückhaltung in der Öffentlichkeit ist angesagt, v. a. in konservativen Gegenden.

Der Ramazan ist kein offizielles, gesetzliches Fest, aber in vielen Geschäften wird nur halbherzig gearbeitet – oft wird später geöffnet und früher geschlossen. Es überrascht nicht, dass während des Ramazan die Nerven der Fastenden schon mal blank liegen und im Straßenverkehr noch mehr Chaos herrscht.

ŞEKER BAYRAMI

Mit Şeker Bayramı (Zuckerfest; Ramazan Bayramı) wird drei Tage lang das Ende des Ramazan gefeiert. Das Fest heißt so, weil die Kinder von Haus zu Haus ziehen und um Süßigkeiten bitten. Derweil machen die Eltern Besuche und alle trinken nach der langen Fastenzeit viel Tee am helllichten Tage. Banken und Büros machen zu und Hotels, Busse, Bahnen und Flüge sind komplett ausgebucht.

KURBAN BAYRAMI

Das Opferfest Kurban Bayramı ist das wichtigste religiöse und säkulare Fest des Jahres und bedeutet den Muslimen soviel wie Weihnachten den Christen. Es erinnert daran, dass Ibrahim auf dem Berg Moria fast Ismael geopfert hätte (Koran, Sure 37) – das entspricht der biblischen Geschichte von Abraham and Isaak (1. Mose 22).

Jedes Jahr werden 4 Mio. Schafe und Kühe zu Kurban Bayramı geopfert. Jeder Haushalt, der es sich leisten kann, kauft ein Opfertier, dem am ersten Festtag direkt nach dem Morgengebet die Kehle durchgeschnitten wird. Nach dem Schächten wird es gehäutet, zerteilt und Familienangehörige und Freunde kochen ein riesiges Festmahl. Ein Teil des Fleisches wird den Armen gespendet und die Tierhaut geht an einen wohltätigen Verein, der sie an die Leder verarbeitende Industrie verkauft. In den Großstädten bekommt man das Schächten heutzutage nicht mehr zu Gesicht; aber auf dem Land ist es gang und gäbe.

Kurban Bayramı dauert vier bis fünf Tage und die Banken schließen in der Regel für eine komplette Woche. Die öffentlichen Verkehrsmittel platzen während dieser Zeit aus allen Nähten; Hotelzimmer sind (v. a. entlang der Küsten) teuer und schwer zu kriegen.

Welche Rolle das Essen bei diesen Festen spielt, steht auf S. 75.

Schulferien

Wer seine Reise plant, sollte die türkischen Schulferien berücksichtigen. Mit dem wachsenden Wohlstand in der Türkei nimmt auch der einheimische Tourismus zu. Die Hauptreisezeit dauert von Mitte Juni bis Mitte September. Dann tobt in vielen Küstenstädten der Bär – v. a. entlang der nördlichen Ägäisküste zwischen İstanbul und İzmir. Zu dieser Zeit sind auch alle Transportmittel überfüllt.

FESTE & EVENTS

In der Türkei gibt's jede Menge Feste und Festivals – in İstanbul scheint fast jede Woche irgendetwas gefeiert zu werden. (Mehr Infos zu einigen dieser Feste finden sich auf S. 144.) Im Folgenden eine Auflistung der wichtigsten nationalen Feiertage und Feste:

Januar

Neujahrstag Eine Art Ersatz-Weihnachten am 1. Januar mitsamt der üblichen Deko, Bescherung mit Geschenken und Grußkarten.

Kamelkampf Am letzten Sonntag im Januar unbedingt nach Selçuk fahren, um bei dem Kamelkampf des Jahres dabei zu sein. Wer bestens für das Spektakel gerüstet sein will, findet alles Wissenswerte auf S. 266.

März

Newroz Am 21. März feiern Kurden und Aleviten das traditionelle Frühlingsfest des Nahen Ostens mit Sprüngen übers Lagerfeuer und viel guter Laune. Bis vor ein paar Jahren war Newroz verboten. Aber jetzt ist der Tag offizieller Feiertag mit großen Partys (v. a. in Diyarbakır), die bis in den Morgen gehen.

April

Tag der Kinder Alljährlich wird am 23. April ein internationales Kinderfest veranstaltet; überall im Land gibt's Events für die Kids.

Anzac-Gedenktag Am 25. April wird in Gallipoli mit Abendandachten an die schrecklichen Kämpfe um die Dardanellen im Ersten Weltkrieg erinnert.

Juni & Juli

Opern- & Ballettfestspiele in Aspendos Von Mitte Juni bis Anfang Juli ist dieses Festival ein guter Grund, eine Vorstellung in einem der weltweit prächtigsten römischen Theater zu sehen (S. 433).

Internationale Festspiele von İzmir Von Mitte Juni bis Mitte Juli finden in İzmir, Çeşme und Ephesus Opernaufführungen, klassische Konzerte und Tanzveranstaltungen statt. (S. 256).

Kafkasör Kültür ve Sanat Festivalı Am letzten Juniwochenende kann man sich bei den Stierkämpfen in Artvin ins Getümmel stürzen (S. 619).

Kırkpınar Ölringkampf-Turnier In Edirne kämpfen jedes Jahr im Juni die besten Ölringer der Türkei um die Meisterschaft (S. 190).

Kültür Sanat ve Turizm-Festival Am letzten Juliwochenende gibt's in Doğubayazıt ein Kunst- und Kulturfest, das kurdische Musik, Tanz und Theater bietet (S. 632).

August

Hacı Bektaş Veli-Festspiele Vom 16. bis zum 18. August erwacht das verschlafene kleine Hacıbektaş zum

Leben, wenn die Anhänger des Bektaşi-Derwisch-Ordens zum Feiern kommen (S. 555).

Internationales Ballettfestival Einen stimmungsvolleren Ort als das Kreuzritterkastell St. Peter in Bodrum kann man sich für dieses jährlich stattfindende Festival kaum vorstellen. Näheres hierzu auf S. 297.

Dezember

Mevlâna-Fest Dieses Festival zu Ehren des großen Dichters und Mystikers Celaleddin Rumi – Gründer des Mevlevi-Ordens der tanzenden Derwische – findet in Konya statt und dauert in der Regel vom 10. bis 17. Dezember (s. S. 523).

FRAUEN UNTERWEGS

Frauen werden eine tolle und unkomplizierte Türkeireise erleben, wenn sie ein paar simple Regeln beachten: Auftreten und Kleidung sollten immer der Umgebung angemessen sein. Also einfach gucken, was die einheimischen Frauen tragen. Auf den Straßen von Beyoğlu in İstanbul gehören knappe Oberteile und enge Jeans durchaus zum Stadtbild, tiefe Ausschnitte oder Miniröcke ohne Leggings drunter sind aber immer eher unpassend. Ein Geplänkel mit Männern in Restaurants oder Geschäften kann in der westlichen Türkei Spaß machen – zumal die meisten sich nichts dabei denken werden. Im Osten des Landes sieht das ganz anders aus. Da begegnen einem auf der Ortstraße unter Umständen nur eine Handvoll Frauen. Und die tragen Kopftücher und lange Mäntel. Das Leben der Frauen ist hier weitestgehend auf den häuslichen Bereich beschränkt. Urlauberinnen sollten darum nicht endlos mit dem einheimischen *kebapci* plaudern und ihr neu gelerntes Türkisch (oder Kurdisch) „an den Mann" bringen. Das wird diesen ziemlich sicher auf falsche Gedanken bringen. Im Umgang mit Männern gilt hier die Devise: immer sachlich und höflich-distanziert bleiben. Es ist absolut nicht nötig, ein Kopftuch zu tragen, aber lange Ärmel und weite, lange Hosen sollten es schon sein.

Auf längeren Busfahrten sitzen Männer und Frauen, die sich nicht kennen, nicht nebeneinander. Und allein reisende Frauen werden oft vorne in der Nähe des Fahrers platziert. Bekommt man keinen Platz zugewiesen, sollte man als Frau vermeiden, hinten im Bus zu sitzen, denn da scheinen manche Männer gleich an die dunklen Hinterbänke im Kino zu denken ... Uns sind auch Berichte zu Ohren gekommen, dass *yardımcıs* (Fahrer) in Nachtbussen manchmal ihre weiblichen Fahrgäste belästigen. Sollte dies passieren, ist lautstarkes Protestieren angezeigt, damit die übrigen Fahrgäste aufmerksam werden. Auch am Zielort nochmals beschweren – jeder Fahrgast hat ein Recht auf respektvolle Behandlung! Im Taxi sollten Frauen nicht vorne neben dem Fahrer einsteigen.

Bei der Hotelsuche ist es logisch, dass die billigsten Absteigen für alleinreisende Frauen ungeeignet sind. Besser sind familienorientierte Mittelklassehotels. 2001 wurde eine Urlauberin aus Taiwan in einem Hotel in Urfa ermordet. Zweifellos ein entsetzlicher Einzelfall, aber trotzdem: Wenn die Unterhaltung plötzlich verstummt und sich ungemütliches Schweigen breitmacht, sobald man die Hotellobby betritt, ist die Unterkunft für alleinreisende Frauen eher nicht das Richtige. Auf nächtliches Klopfen an der Zimmertür niemals reagieren, dafür aber am nächsten Morgen beim Hotelmanager beschweren!

Allein reisenden Camperinnen raten wir, immer offizielle Plätze zu benutzen und nur dort das Zelt aufzuschlagen, wo viele Leute sind – v. a. im Osten des Landes. Mitte 2006 wurde eine Frau vergewaltigt, die mit ihrem männlichen Begleiter an einem Wasserfall bei Van campte. Auch wenn so etwas sehr selten passiert: Das Risiko sollte immerhin bedacht werden. Wir wollen auch die Geschichte von zwei Urlauberinnen erwähnen, denen anscheinend in einem Camp bei Olympos Drogen in ihre Drinks gemischt wurden. Näheres dazu auf S. 417.

Restaurants, die ihrer weiblichen Kundschaft entgegenkommen wollen, haben in der Regel einen separaten Raum (oder Bereich) für Familien reserviert. Nach Schildern mit der Aufschrift *aile salonu* (Familienspeiseraum) Ausschau halten!

GEFAHREN & ÄRGERNISSE

Die Türkei ist auf keinen Fall ein gefährliches Reiseland, aber ein bisschen Vorsicht schadet trotzdem nichts, v. a. wenn man allein unterwegs ist. In Bussen, auf Märkten und an anderen belebten Orten gibt's meistens Taschendiebe. Auch wenn jemand in der Nähe von Geldautomaten herumlungert, ist Wachsamkeit angesagt.

Das Thema Sicherheit hat in der Türkei keine Priorität. Schlaglöcher werden selten repariert, geschweige denn nachts beleuchtet; abschüssige Gräben sind nicht gesichert.

Sicherheitsgurte werden nur gerade so lange angelegt, wie es dauert, an einem Polizisten vorbeizufahren; Rettungsschwimmer an Stränden glänzen meistens durch Abwesenheit. Darüber, wie sicher ein Dolmuş-Fahrer eine Kurve nehmen kann, während er noch das Wechselgeld rausgibt, denkt man besser gar nicht nach. Zwar ändern sich die Verhältnisse langsam, doch v. a. Eltern von Kleinkindern passen besser rund um die Uhr gut auf.

Zur Zeit der Recherche für dieses Buch konnte der Südosten des Landes ohne Probleme bereist werden. Die Unruhen waren mehr oder weniger abgeebbt. Aber die Kurdenproblematik ist alles andere als gelöst; deshalb in jedem Fall die aktuelle Lage checken, bevor es losgeht.

Abzocke & unfreiwilliger Drogenkonsum

Die Türkei ist eines der gastfreundlichsten Länder auf diesem Planeten, aber schwarze Schafe gibt's leider überall. Es gibt keinen Grund, wegen möglicher Abzockerei die Pferde scheu zu machen, aber Vorsicht ist besser als Nachsicht, v. a. in İstanbul.

Eine der beliebtesten Methoden, allein reisende Männer übers Ohr zu hauen, ist die Abzocke in Nachtclubs, bevorzugt in İstanbul. Die Story geht wie folgt: Man schlendert nichts ahnend durch Sultanahmet und wird plötzlich von einem netten jungen Typen angesprochen. Nach anfänglichem Misstrauen wird schnell klar, dass er zu keinem Teppichladen gehört, also lässt man sich auf ein Gespräch ein. Er sagt, dass er auf dem Weg ist, um Freunde auf ein paar Drinks in Beyoğlu zu treffen – in Sultanahmet ist ja nichts mehr los. Ob man nicht mitkommen wolle? Klar – warum auch nicht? Dann geht's ab in eine Bar und im Handumdrehen ist man von ein paar Ladys umlagert. Dann ist es längst zu spät, sich aus der Affäre zu ziehen. Eh man sich's versieht, stehen sämtliche – schwindelerregend teuren – Drinks der Mädchen auf der eigenen Rechnung. Die Ausrede, kein Bargeld zu haben, hilft nichts: Die ganze Gesellschaft eskortiert einen zum nächsten Geldautomaten und bittet einen eindringlich zur Kasse. So einen Vorfall unbedingt der Polizei melden: Einige Opfer, die mit einem Polizisten zur Bar zurückkamen, haben nämlich zumindest einen Teil ihres Geldes, wenn nicht sogar alles, zurückbekommen.

Das heimliche Verabreichen von Drogen ist kein häufiges Problem, sollte aber trotzdem wenigstens erwähnt werden. Folgendes Szenario ist typisch: Ein allein reisender Mann wird von zwei, drei „Kumpels" angesprochen, die oft behaupten, aus Ägypten, dem Libanon oder Rumänien zu kommen. Meistens ist noch ein weiblicher Lockvogel mit von der Partie. Wer ihnen auf den Leim geht, läuft Gefahr, seinen Drink mit etwas versetzt zu bekommen – um dann später an einem komplett unbekannten Ort aufzuwachen. Und zwar abgezockt bis aufs letzte Hemd, oder schlimmer. Als 2005 ein koreanischer Urlauber als vermisst gemeldet wurde, wussten die meisten Einheimischen, was dem Armen widerfahren war. Einen Monat später tauchte seine Leiche irgendwo am Stadtrand von İstanbul auf. Er war höchstwahrscheinlich Opfer eines übel ausgegangenen unfreiwilligen Drogenkonsums geworden. Die Moral dieser Geschichten? Allein reisende Männer sollten in größeren Städten keine Einladungen von Unbekannten annehmen, ohne die Lage im Vorfeld genau zu checken. Oder einfach die neu gewonnenen Freunde in eine Bar eigener Wahl einladen: Sträuben sich die Typen, handelt es sich wahrscheinlich um zwielichtige Halunken.

Wir haben auch die Geschichte von zwei Frauen gehört, denen in einem Camp in Olympos heimlich Drogen verabreicht wurden. Weitere Informationen dazu auf S. 417.

Fliegen & Mücken

Im Hochsommer können Mücken den Aufenthalt an den Küsten zum Alptraum werden lassen. Einige Hotelzimmer sind mit Moskitonetzen und/oder „elektrischen Mückenfallen" ausgerüstet. Trotzdem ist es nie verkehrt, eigene Anti-Mückenkerzen mitzubringen. Bei Anbruch der Dunkelheit unbedingt Arme und Beine bedeckt halten oder zumindest mit Insektenspray einsprühen!

In einigen Städten der Türkei probieren die Behörden, das generelle Insektenproblem dadurch zu lösen, indem Fahrzeuge Insektizide in die Luft pusten – mit Vorliebe abends, wenn man sich gerade zum Essen auf der Terrasse niedergelassen hat. Manchem Traveller dürften diese dubiosen Giftwolken nicht weniger Sorgen bereiten als die Plagegeister selbst, die durch sie ausgemerzt werden sollen.

Rauchen

Die Türken rauchen immer und überall. Unser schönstes Beispiel war ein Autofahrer, der mit der linken Hand ein Neugeborenes hielt und mit der rechten eine Zigarette, den Schaltknüppel und das Lenkrad! Antirauchergesetze sind zwar im Gespräch, doch bis sie Wirklichkeit werden, gehört der Qualm in Restaurants, Cafés, Bars und Hotelfoyers wohl oder übel zum Alltag. In öffentlichen Verkehrsmitteln wird in der Regel nicht geraucht und auch Taxifahrer machen die Kippe meistens aus, wenn sie darum gebeten werden.

Verkehr

Was die Sicherheit im Straßenverkehr angeht, hat die Türkei einen extrem schlechten Ruf. Darum immer defensiv fahren! Besonders unklug ist es, im Dunkeln auf Landstraßen unterwegs zu sein, wo Traktoren mit Anhängern ohne Licht fahren. Näheres zu diesem Problem s. S. 728. Bei längeren Strecken empfiehlt es sich, ein etwas teureres Busunternehmen zu nehmen, das seine Fahrer ordnungsgemäß auswechselt. Ansonsten ist das Risiko groß, einen Fahrer zu erwischen, der 18 Stunden am Stück hinterm Steuer sitzt.

Fußgänger sollten sich im Klaren darüber sein, dass ein grünes Männchen an der Ampel noch lange nicht bedeutet, dass die Straße frei ist: Autos und LKWs immer den Vortritt lassen, selbst wenn dafür ein Hechtsprung nötig ist!

Verunglimpfung des Türkentums

In der Türkei werden die Gesetze gegen Beleidigung, Diffamierung oder Verhöhnung von Atatürk, der türkischen Nationalflagge, des türkischen Volkes, der Republik etc. äußerst ernst genommen. Hier ist Vorsicht geboten, Es ist schon passiert, dass Türken behaupte-

---

REISEINFORMATIONEN

Aktuellste Reiseauskünfte und Infos gibt's auf den folgenden Webseiten:

www.auswaertiges-amt.de/diplo/de/ LaenderReiseinformationen.jsp Deutsches Auswärtiges Amt

www.bmaa.gv.at Österreichisches Außenministerium

www.eda.admin.ch/eda/de/home/ travad.html Eidgenössisches Department für auswärtige Angelegenheiten, Schweiz ten, im Laufe eines Streits seien solche Beleidigungen gefallen, selbst wenn man sie nie geäußert hat. Und das genügt meistens, einen beteiligten Ausländer ins nächste Gefängnis zu verfrachten.

GELD

Die türkische Währung heißt offiziell Yeni Türk Lirası (Neue türkische Lira; YTL). Münzen gibt's im Wert von 1, 5, 10, 25 und 50 kuruş sowie 1 Lira; Scheine im Wert von 5, 10, 20, 50 und 100 Lira.

Die Preise in diesem Buch sind in der stabileren Euro-Währung aufgeführt. Generelles zum Thema Preise in der Türkei findet sich auf S. 20. Umtauschtabellen stehen in der Rubrik „Auf einen Blick" auf der Umschlaginnenseite.

Nach Jahrzehnten schwindelnd hoher Inflationsraten von bis zu 70 % hat sich die türkische Lira seit 2003 stabilisiert; 2004 lag die Inflationsrate nur noch bei 12 %. Die Yeni Türk Lirası wurde im Januar 2005 eingeführt. Es ist aber immer noch klug, sein Geld erst vor Ort umzutauschen, denn in der Türkei gibt's die besseren Wechselkurse. Außerhalb des Landes ist die türkische Lira praktisch wertlos. Also möglichst alles Geld vor der Abreise ausgeben!

In Restaurants und Geschäften sind große Geldscheine oft Mangelware. Deshalb sollte man genug Kleingeld dabeihaben, um kleinere Summen zu bezahlen.

Bargeld

Euros und US-Dollar sind die Währungen, die sich am leichtesten umtauschen lassen, bei Schweizer Franken kann es schon etwas schwieriger werden.

Geldautomaten

Neue türkische Lira bekommt man mit Visa-, Cirrus-, Maestro- und MasterCard an Geldautomaten, die es in den meisten Städten gibt. Praktisch alle Geldautomaten haben eine deutsche Menüführung. Es ist kein Problem, sich während der ganzen Türkeireise nur auf Geldautomaten zu verlassen, wenn man sich in den Städten mit genügend Bargeld eindeckt, um auch in den Dörfern ohne Automaten über die Runden zu kommen. Reserven empfehlen sich auch für eventuelle Feiertage oder den unvermeidlichen Tag, wenn der einzige Automat weit und breit kaputt ist. Normalerweise lassen sich pro Tag bis zu 350 € abheben.

Falls ein einsam rumstehender Geldautomat die Karte verschluckt, kann's schwierig werden, Ersatz zu bekommen. V. a., wenn's schnell gehen soll, weil solche Automaten oft von Lizenznehmern und nicht von der Bank selbst betrieben werden.

Geldwechsel

Euros lassen sich problemlos in Wechselstuben (dövis bürosu), einigen Postämtern (PTT), Geschäften und Hotels umtauschen. Banken tendieren dagegen dazu, Schwierigkeiten zu machen. Dort, wo keine Gebühr verlangt wird, ist der Wechselkurs meistens ungünstiger.

Auch wenn es in der Türkei keinen Schwarzgeldmarkt gibt, werden Euros in Geschäften, Hotels und Restaurants vieler Touristenorte gerne genommen.

Die Wechselkurse für Euro und Schweizer Franken stehen auf der Umschlaginnenseite.

Kreditkarten

In Touristenorten und den großen Städten akzeptieren Hotels, Geschäfte, Bars und Restaurants fast immer Visa- und Mastercard-Kreditkarten. Anders ist das in etwas abgelegeneren Pensionen und Restaurants. Gegen Vorlage dieser Kreditkarten kann auch Bargeld abgehoben werden. American - Express-Karten werden nur selten angenommen.

Reiseschecks

Unser Rat lautet: Keine Reiseschecks mitbringen! Banken, Geschäfte und Hotels reagieren in der Regel genervt, wenn man damit ankommt. Sie schicken einen entweder woandershin oder berechnen eine saftige Bearbeitungsgebühr.

Trinkgeld

In billigen Restaurants lassen Einheimische einfach ein paar Münzen auf dem Tisch liegen. Ansonsten sind 10 bis 15 % Trinkgeld üblich. In einigen teureren Restaurants werden automatisch 10 oder 15 % als Servicegebühr (servis ücreti) auf die Rechnung draufgeschlagen. Allerdings ist nicht garantiert, dass dieses Geld auch beim Personal ankommt. Deshalb der Bedienung gegebenenfalls auch noch persönlich ein Trinkgeld geben.

In billigeren Unterkünften wird in der Regel kein Trinkgeld erwartet. In gehobeneren Hotels trägt ein Portier das Gepäck aufs Zimmer. Für diesen Service (und dafür, dass einem gezeigt wird, wie man Licht und Fernseher anmacht) sind 3 % des Zimmerpreises üblich.

In Taxis mit Taxameter sollte der Fahrpreis auf den nächsthöheren durch 50 *kuruş* teilbaren Betrag aufgerundet werden, z. B. 4,70 YTL auf 5 YTL. Dolmuşfahrer erwarten generell kein Trinkgeld.

In türkischen Bädern bekommen Masseure ein Trinkgeld von 10 bis 20 %. In den touristischeren Hamams lässt einen der hohe Festpreis vermuten, dass das Trinkgeld schon inklusive ist. Dem ist aber nicht so und Trinkgeld wird auch hier gern gesehen.

Wer das Glück hat, eine Sehenswürdigkeit gezeigt zu bekommen, die sonst nicht der Öffentlichkeit zugänglich ist, oder von einem Museumsaufseher herumgeführt zu werden, sollte in jedem Fall ein Trinkgeld springen lassen. Ein paar YTL für ca. zehn Minuten Aufwand sind total ausreichend.

INTERNETZUGANG
Internetcafés
Die Türken haben das Internet mit offenen Armen empfangen. Egal wo man gerade ist – das nächste Internetcafé ist um die Ecke und fast überall gibt's DSL-Verbindungen. Auch die meisten Hotels, Pensionen, Reisebüros und Teppichgeschäfte sind ans Netz angeschlossen. Die Gebühren liegen bei ca. 2 € pro Stunde. Internetcafés haben in der Regel von 9 Uhr morgens bis spät in die Nacht geöffnet – oder so lange, bis der letzte Kunde offline geht.

Die besten Internetcafés haben englische Tastaturen; bei einheimischen Keyboards gilt es zu beachten, dass es im Türkischen zwei „i"s gibt: Das herkömmliche und das türkische ohne Punkt. Leider hat das punktlose „ı" die Taste von unserem „i" mit Punkt. V. a. beim Tippen von E-Mail-Adressen ist es verdammt wichtig, dass man das „i" mit Punkt erwischt!

Die Tastenkombination für das „@"-Symbol ist auf einer türkischen Tastatur „q" plus ALT-Taste.

Laptops
Traveller, die auf ihr Notebook nicht verzichten wollen, sollten bedenken, dass das türkische Stromnetz seine Tücken hat. Damit der Laptop nicht darunter leider muss, am besten einen Universal-Wechselstromadapter mitnehmen! Weitere Infos dazu gibt's auf der Website www.kropla.com.

In Vier- bzw. Fünf-Sterne-Hotels kann man oft über die Telefonbuchsen ins Internet gehen (Standard RJ11-Stecker); oft gibt's auch WLAN. In billigeren oder älteren Hotels wird für Telefonanschlüsse oft ein größerer Stecker verwendet (weiß oder beigefarben und dreipolig). In dem Fall hilft nur, ein Elektrogeschäft zu suchen, das Verbindungskabel mit einem türkischen Stecker am einen und dem RJ11-Stecker am anderen Ende verkauft.

Viele Flughäfen, Cafés und Spitzenklassehotels bieten Wi-Fi-Netze. Auf www.winet. turktelekom.com.tr steht, wo's Hotspots gibt.

KARTEN
Stadtpläne
Die türkischen Touristeninformationen haben ordentliche Stadtpläne von Adana, Ankara, Antalya, İstanbul und İzmir. Der beste Privatverlag für Straßenkarten ist Map Medya – er bietet gute Pläne von vielen westtürkischen Orten (3 €). Zu kaufen gibt's sie in İstanbul bei **Azim Dağıtım** (Karte S. 102/103; ☎ 0212-638 1313; Klodfarer Caddesi 6, Sultanahmet; ⌚ Mo–Sa 9–19 Uhr) oder in gut sortierten Buchhandlungen entlang der Istiklal Caddesi.

Landkarten
Die bei türkischen Touristeninformation erhältlichen Landkarten (1:850 000) sind zwar umsonst, aber in der Regel veraltet. Die beste Türkeikarte gibt's von Map Medya (*Türkiye Karayolları Haritası*; 1:1 000 000; 3 €). Sie wird zweimal jährlich aktualisiert.

Für Touren abseits der Hauptstraßen ist der Atlas *Köy Köy Türkiye* (Die *Türkei von Dorf zu Dorf*; 1:400 000; 17 €) am besten geeignet. Der *Oto Atlas Türkiye (Autoatlas Türkei)* im Maßstab 1:600 000 ist ebenfalls gut, genau wie die regionalen Karten von Map Medya. Zu kaufen gibt's sie in İstanbul.

KINDER
Praktisch & konkret
Die Türkei mag zwar kein besonders kindgerechtes Reiseland sein, aber *cocuklar* (Kinder) sind der heißgeliebte Mittelpunkt des Familienlebens und deshalb überall gern gesehen. Auf der Straße werden also auch ausländische Babys oder Kleinkinder ständig mit dem Ausruf *maşallah* (Ehre sei Gott) bedacht oder in herzliche Arme geschlossen – manchmal auch gegen ihren Willen. Es lohnt sich, die türkischen Wörter für Alter und Geschlecht zu kennen: *ay* (Monat), *yil*

(Jahr), *erkek* (Junge) und *kız* (Mädchen). Auch höfliches Nachfragen nach den Kindern des türkischen Gegenübers kommt gut an, egal ob die Kleinen nun anwesend sind oder nicht: *Kaç tane çocuklarınız varmı?* (Wie viele Kinder haben Sie?).

H-Milch gibt's überall in Kartons, aber frische Milch ist schwerer zu bekommen. Auch Babynahrung ist nicht leicht zu finden und das, was aufzutreiben ist, wird das eigene Baby (verständlicherweise) verschmähen. Manchmal handelt es sich schlicht um Bananenbrei, den man auch leicht selber zubereiten kann. Es empfiehlt sich deshalb, Babynahrung von zu Hause mitzubringen. Die Supermarktkette Migros hat die landesweit beste Babynahrung im Angebot. Alternativ kann man sich vom Restaurant- oder Hotelpersonal speziell kindgerechte Gerichte zubereiten lassen. Die meisten türkischen Frauen stillen ihre Babys öffentlich (aber diskret!) und so wird sich kaum jemand daran stören, wenn ausländische Mütter dasselbe tun. Milchpulver und mit Vitaminen angereicherte Reisflocken gibt's in allen Supermärkten. Kinderstühle in Restaurants sind eher die Ausnahme als die Regel.

Bebek bezi (Einwegwindeln) gibt's ebenfalls überall. Die meisten Marken sind Prima und Huggies; sie werden in Drogerien und Supermärkten verkauft. Die billigeren einheimischen Windeln sind nicht zu empfehlen. Ach ja: Und sollte jemand irgendwo in der Türkei eine öffentliche Einrichtung zum Windelwechseln entdecken, bitte unbedingt die Redaktion informieren!

Die meisten Hotels können auf Nachfrage die eine oder andere Form des Babysittens organisieren; aber Kinderclubs sind dünn gesät. Und Agenturen nicht existent. In vielen Küstenstädten gibt's Kinderspielgeräte, aber ansonsten ist das Angebot – İstanbul eingeschlossen – erschreckend dürftig. Unbedingt die Sicherheit solcher Geräte prüfen, bevor das Kind damit spielt!

Unterwegs gilt es zu bedenken, dass Busfahrten sehr lang sein können und die Busse keine Bordtoiletten haben. Zug, Flugzeug oder Auto sind deshalb unter Umständen die besseren Verkehrsmittel. Die meisten Autovermietungen stellen gegen einen kleinen Aufpreis Kindersitze zur Verfügung. Ein Gang mit dem Kinderwagen kann in der Türkei wegen des verrückten Verkehrs und holpriger Straßen in Extremsport ausarten.

Es ist wichtig, die Tauglichkeit von Medikamenten, die man in der Türkei für seine Kinder verschrieben bekommt, zu prüfen. Nähere Informationen hierzu gibt's auf S. 741.

Im Lonely Planet *Travel with Children* von Cathy Lanigan gibt's praktische Informationen und Tipps für Traveller mit Kids. Für einen möglichst stressfreien Urlaub!

Sehenswertes & Aktivitäten

Die Türkei hat – von den Stränden mal abgesehen – für Kids nur wenig zu bieten, was Sehenswürdigkeiten angeht. Außer im Rahmi M Koç Museum (S. 131) in İstanbul dürften sich Kinder in den türkischen Museen zu Tode langweilen. Und es gibt auch keine Zoos oder gut erreichbare bzw. nennenswerte Freizeitparks. Einige Vorschläge, wie man seine Sprösslinge in İstanbul bei Laune halten kann, sind auf S. 131 aufgelistet.

Bei Outdoor-Aktivitäten sieht's schon besser aus: Boots- und Ballonfahrten bieten sich genauso an wie Reiten, Schnorcheln und Rafting (natürlich immer abhängig vom Alter der Kleinen).

Mal von den Küsten abgesehen ist Kappadokien mit seinen unterirdischen Städten, Höhlenbehausungen und bizarren Landschaften wohl am ehesten die Gegend, wo etwas ältere Kinder Spaß haben.

Sicherheitsvorkehrungen

Eltern sollten immer im Hinterkopf behalten, dass sich die Vorstellung von Sicherheit in der Türkei nur selten mit dem deckt, was in Deutschland oder anderen westlichen Ländern darunter verstanden wird. V. a. der Verkehr ist ein ständiger Anlass zur Sorge; heruntergekommene Spielplätze und dürftig hergestelltes Spielzeug haben wir schon erwähnt. Ungeschützte Steckdosen in Hotels, fahrlässig bloßliegende Stromkabel und ungesicherte offene Treppenhäuser sind ebenfalls ständige Gefahrenquellen. Zum türkischen Alltagsleben gehören auch katastrophale Schlaglöcher, offene Abwasserkanäle und schlecht gesicherte Baustellen.

Zum Thema Kinderbetreuung in der Türkei hat **Child Wise** (www.childwise.net/choose-with-care.php) ein paar gute Tipps.

KLIMA

Für Klimafachleute hat die Türkei sieben verschiedene Klimazonen. Aber für den Durchschnittsreisenden dürfte es reichen,

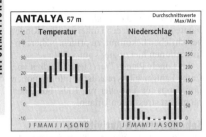

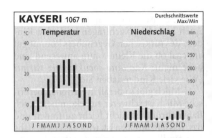

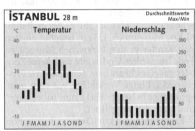

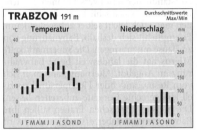

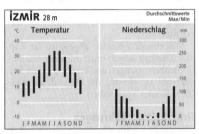

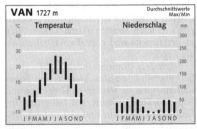

zwischen den Küstenregionen (gemäßigte Winter & feucht-heiße Sommer) und dem Landesinneren (extrem kalte Winter & brütend heiße Sommer) zu unterscheiden. Je weiter die Reise nach Osten geht, desto spürbarer werden die klimatischen Extreme: Von Dezember bis in den April hinein sind weite Teile der Osttürkei unter Tonnen von Schnee begraben und überhaupt nicht passierbar. Dann sinken die Temperaturen auch schon mal bis auf −12 °C. In den Monaten Juli und August klettert das Thermometer dagegen leicht auf über 45 °C. Das alles macht das Reisen im Osten leider ziemlich unbequem.

An der Schwarzmeerküste fällt zwei- bis dreimal so viel Regen wie im restlichen Land und es herrschen moderatere Temperaturen. Das lässt einen klimatisch an Mitteleuropa denken, allerdings netterweise wärmer. Mehr zum Klima findet sich unter der Rubrik „Reisezeit" im Kapitel „Bevor es losgeht" (S. 19).

KURSE
Bauchtanz

Im **Gökpinar Retreat** (☎ 0252-313 3888; www.caravanturkey.com) in der Nähe von Bodrum gibt's von April bis November einwöchige Bauchtanzkurse ab 490 €; Mahlzeiten, An- und Abreise sowie zwölf Unterrichtsstunden inklusive. Alternativ kann man auch bei **Les Arts Turcs** (S. 143) in İstanbul die Hüften kreisen lassen, und das bei freier Wahl der Anzahl der Unterrichtsstunden.

Kochkurse

Cercis Murat Konağı (☎ 0482-213 6841; www.cercismurat.com, zur Zeit der Recherche nur auf Türkisch) bietet Kochkurse im herrlichen Mardin im südöstlichen Anatolien an. Dass hier die Restaurantbesitzerin Ebru Baydemir und weitere Köchinnen unterrichten, ist für türkische Verhältnisse eine totale Seltenheit, und für den Osten des Landes allemal! Weitere Informationen auf S. 676.

Im **Gökpinar Retreat** (☎ 0252-313 3888; www.cara vanturkey.com) des Veranstalters Caravan Travel gibt's für 500 € ein einwöchiges Kochseminar mit Vollpension in einem kleinen Dorf außerhalb von Bodrum. Manchmal werden hier auch andere Kurse parallel angeboten, z. B. in Teppichweben oder Bauchtanz. Ein bisschen die Hüften zu schwingen dürfte nach einem Tag voller kulinarischer Verführungen der perfekte Kalorienkiller sein.

Heritage Travel (☎ 0384-271 2687; www.goreme. com) mit Sitz in Göreme (Kappadokien) bietet ebenfalls einwöchige kulinarische Kurse an (1050 €).

İstanbul Food Workshop (☎ 0212-534 4788; www. İstanbulfoodworkshop.com; Yıldırım Caddesi 111, Fener, İstanbul) organisiert Workshops für kleine Gruppen in einer gemütlichen, halbprofessionellen Küche. Die zwei- bis 20-stündigen Kurse (20–170 €) sind für echte Leckermäuler genau das Richtige. Wer hier eine der Lektionen zur osmanischen Palastküchenkultur im 15. und 16. Jh., mitnimmt, wird bei seiner nächsten Dinnerparty garantiert Eindruck machen. Das australisch-türkische Team bietet seit Kurzem auch Feinschmecker-Touren durch İstanbul an.

Eine eher bodenständige Einführung in die Zubereitung ein paar leckerer türkischen Spezialitäten gibt's bei den Kursen im **Sarnıç Hotel** (☎ 0212-518 2323; www.sarnichotel.com; Küçük Ayasofya Caddesi 26, Sultanahmet, İstanbul). Eine vierstündige Einführung in die türkische Kochkunst, abgehalten in Englisch, Französisch oder Niederländisch, kostet 40 €. Nach dem Unterricht geht's zum Probieren der Ergebnisse auf die Dachterrasse. Die maximale Teilnehmerzahl liegt bei zehn Leuten; man hat aber mehr davon, wenn die Gruppen kleiner sind.

Kunsthandwerk

Wer Interesse am Töpfern hat, sollte ins kappadokische Städtchen Avanos fahren, das für seine Keramikkunst berühmt ist. Hier gibt's so viele Werkstätten, die zwanglose, kurze Kurse anbieten (z. B. **Chez Galip**; www.chez-galip. com), dass man sich am besten einfach vor Ort umschaut und spontan entscheidet, was für einen infrage kommt.

Chez Galip vermittelt auch Kurse fürs Teppichweben, genauso wie **Gökpinar Retreat** (☎ 0252-313 3888; www.caravanturkey.com). **Musa Başaran** (☎ 0212-517 0099; musabasaran@ihlas.net.tr) bietet zehnstündige Einführungskurse (80 €) für kleine Gruppen in seiner privaten Werkstatt in İstanbul an. **Heritage Travel** (☎ 0384-271 2687; www. goreme.com) in Göreme veranstaltet zehn- bis 15-tägige Kelim-Webkurse. Gewohnt wird in einem Nomadendorf und man lernt alles rund ums Teppichweben (1600 €).

Sprache

Türkisch lernt man am besten in İstanbul, aber es gibt auch Kurse in Ankara, İzmir und in ein paar anderen Orten. Tömer und Taksim Dilmer (s. unten) sind die beliebtesten Sprachschulen, auch wenn beide neben Fans auch Kritiker haben. Wer Enttäuschungen vorbeugen will, sollte vor dem Buchen eines Kurses eine Probestunde nehmen. Denn der eigene Lernerfolg hängt sehr vom jeweiligen Lehrer und von den Mitschülern ab. Die Kurse mit 80 Unterrichtsstunden gehen vier Wochen lang und kosten ab 280 €.

Einzelunterricht gibt's ab 25 € pro Stunde. Viele Sprachlehrer inserieren in der *Turkish Daily News* oder auf der Website www.mymerhaba.com. Das bei Weitem beste Lehrbuch für Autodidakten ist *Teach Yourself Turkish* von David und Asuman Çelen Pollard. Wer lieber mit einem deutschen Lehrwerk arbeitet, ist mit Langenscheidt gut beraten (*Türkisch. Praktischer Sprachlehrgang mit 2 CDs* von Tefkik Turkan).

Sprachschulen, an denen Türkisch gelehrt wird, sind:

EF Language School (☎ 0212-282 9064; www.turkish lesson.com; Aydin Sokak S Blok 12, 1 Levent, İstanbul)

Spoken Turkish (☎ 0212-244 9000; www.spoken englishtr.com; İstiklal Caddesi 212/7, Beyoğlu, İstanbul) Diese Schule ist noch relativ neu in der Branche und bietet weniger Intensivkurse an als die Konkurrenz. Erfahrungsberichte liegen daher noch kaum vor.

Taksim Dilmer (☎ 0212-292 9696; www.dilmer.com; İnönü Caddesi, Prof Dr Tarık Zafer Tunaya Sokak 18, Taksim, İstanbul)

Tömer (☎ 0212-230 7083; www.tomer.com.tr; Abide-i Hürriyet Sokak 43, Şişli, İstanbul) arbeitet mit der Universität von Ankara zusammen und hat viele Filialen im gesamten Land.

ÖFFNUNGSZEITEN

Ämter, Büros und Banken öffnen in der Regel montags bis freitags von 8.30 bis 12 Uhr und von 13.30 bis 17 Uhr. Geschäfte haben montags bis samstags von 9 bis 19 Uhr geöffnet. In den Sommermonaten beginnt der Arbeitstag in einigen Städten und auch in den Regionen an Ägäis und Mittelmeer um 7 oder 8 Uhr und endet um 14 Uhr. Während des Ramazan ist der Arbeitstag generell schon um 14 oder 15 Uhr zu Ende.

In den Urlaubsgebieten haben Lebensmittel- und Souvenir- bzw. Teppichgeschäfte von 8 bis 23 Uhr geöffnet – und bei großem Kundenandrang auch noch länger. Überall sonst sind Lebensmittelgeschäfte in der Regel täglich von 7 bis 19 oder 20 Uhr offen. Alle anderen Läden sind sonntags normalerweise geschlossen. Der Freitag – der islamische Ruhetag – ist in der Türkei ein regulärer Werktag.

Viele Museen schließen ihre Pforten am Montag, das gilt insbesondere für İstanbul. Von April bis Oktober öffnen Museen normalerweise eine halbe Stunde früher und schließen anderthalb bis zwei Stunden später. Internetcafés machen meist gegen 9 Uhr auf und schließen erst am späten Abend bzw. wenn der letzte Kunde gegangen ist.

POST

Postkarten nach Europa kosten 0,55 €, in alle anderen Länder 0,65 €. Für Briefe nach Europa zahlt man 0,65 €, in alle anderen Länder 0,80 €. Eingeworfen wird die Post auf den Postämtern (oder man gibt sie im Hotel ab): Der Schlitz mit der Aufschrift *yurtdışı* ist für Post ins Ausland, der mit der Aufschrift *yurtiçi* für Post in andere türkische Städte; Post innerhalb der Region kommt in den Schlitz mit der Aufschrift *şehiriçi*. Auf der Website www.ptt.gov.tr gibt's Informationen zu Postämtern und Tarifen.

Türkische *postanes* (Postämter) erkennt man an den gelben Schildern mit der schwarzen Aufschrift „PTT". Hauptpostämter in den großen Städten sind täglich von 8 bis 20 Uhr geöffnet. Kleinere Postämter haben kürzere Öffnungszeiten (8.30–12.30 Uhr & 13.30–17.30 Uhr) und sind eventuell am Samstagnachmittag und den ganzen Sonntag über zu.

In Feriengebieten haben die meisten Postämter auch einen Service für postlagernde Sendungen – in der Regel von 8.30 bis 12.00 Uhr und von 13.30 bis 16.00 Uhr. Die Post kann gegen Vorlage des Reisepasses auf dem *merkez postane* (Hauptpostamt) abgeholt werden. Briefe sollten wie folgt adressiert werden: Name, Distrikt, Postleitzahl, Stadt, Provinz, Türkei. Dafür, dass die Post auch wirklich ankommt, gibt's natürlich keine Garantie. Darum lieber keine Wertsachen schicken lassen.

Briefe brauchen manchmal mehrere Wochen (Pakete sogar noch länger). Das sollte man immer mit einplanen.

Päckchen

Wer vorhat, etwas von der Türkei aus gen Heimat zu schicken, sollte das Päckchen nicht zumachen, bevor ein Zollbeamter es kontrolliert hat. Also Packpapier und Klebeband zur Post mitnehmen! Pakete nach Europa kosten auf dem Landweg um die 14 € für das erste Kilo; für jedes weitere Kilo zahlt man 2 €.

Mehr Sicherheit bieten internationale Kurierdienste. DHL verlangt z. B. 85 € für ein 2 kg schweres Paket nach Europa.

Es gibt Storys von Travellern, die einen schönen Kelim kauften und ihn sich vom Händler verschicken ließen. Zu Hause war dann allerdings nur irgendein Ramschteppich im Paket. Dieses Risiko besteht aber nur bei zwielichtigen Verkäufern. Händler, die schon lange im Geschäft sind, haben kein Interesse daran, ihre Kundschaft über den Tisch zu ziehen, und sind es gewohnt, Sendungen weltweit zu verschicken.

RECHTSFRAGEN

Nicht vergessen: In der Türkei gilt das türkische Gesetz und nicht etwa die heimische Gesetzgebung! Verstößt man dagegen, kann die eigene Botschaft nichts weiter tun, als die türkischen Behörden um eine faire Behandlung zu bitten.

Die meisten Traveller kommen wahrscheinlich höchstens beim Autofahren mit dem türkischen Gesetz in Konflikt. In diesem Falle stoppt einen ein blau uniformierter *trafik polis*. Für Geschwindigkeitsüberschreitungen wird oft an Ort und Stelle kassiert. Wer aber sicher ist, nichts Verbotenes getan zu haben, sollte sich dumm stellen, wenn Polizisten Geld verlangen. Ist der Beamte stur, bleibt einem allerdings letztendlich nichts übrig, als zu löhnen.

Bei einem Autounfall nicht den Wagen vom Unfallort entfernen, bevor man einen Polizisten ausfindig gemacht hat, der einen *kaza raporu* (Unfallbericht) schreibt. Eventuell muss man einen Alkoholtest machen und ins Röhrchen blasen. Innerhalb von 48 Stunden die Autovermietung kontaktieren!

Weitere Möglichkeiten, Probleme mit dem Gesetz zu kriegen, sind die Verunglimpfung des Türkentums (s. S. 704), Antiquitätenschmuggel oder illegaler Drogenkonsum. Es versteht sich von selbst, dass kein Traveller ein türkisches Gefängnis von innen kennenlernen will!

REISEN MIT BEHINDERUNG

Die Türkei ist eine ziemliche Herausforderung für Reisende mit Handicap (*engelli* oder *özürlü*). Rampen, breite Eingänge und behindertengerechte Toiletten sind Mangelware; Informationen in Blindenschrift oder per Kopfhörer bei Sehenswürdigkeiten gibt's nicht. Besonders heikel ist es, Straßen zu überqueren – da ist jeder komplett auf sich gestellt.

Fluglinien und Luxushotels bzw. -ferienanlagen sind teilweise rollstuhlgerecht eingerichtet. Auch sonst tauchen hier und dort erste Rampen auf, aber ziemlich schleppend. Das Hotel Rolli (S. 447) in Anamur ist die große Ausnahme: Es ist völlig auf Urlauber im Rollstuhl eingestellt. **Mephisto Voyage** (s. S. 549) in Kappadokien bietet extra Touren für gehbehinderte Reisende an, und zwar mit Hilfe von Joelette-Rollstühlen.

Zunehmend gibt's – v. a. in der westlichen Türkei – auch abgesenkte Bordsteinkanten. In den Städten Edirne, Bursa und İzmir scheinen sie mit klugem Konzept angelegt worden zu sein. Selçuk, Bodrum und Fethiye sind angenehme Städte für Gehbehinderte, weil da die Bürgersteige und Straßen relativ eben sind. In einigen kleineren Städten – und sogar an einigen Tankstellen – gibt's inzwischen behindertengerechte Toiletten. Aber das ist eher die Ausnahme als die Regel!

Auf der Website www.everybody.co.uk stehen Informationen zu behindertengerechten Einrichtungen von diversen Fluglinien. Bei Turkish Airlines gibt's für Traveller mit Behinderung 40 % Rabatt; Tickets für Züge und einige Museen sind ebenfalls ermäßigt. In İstanbul sind Busfahrten für Behinderte gratis. Allerdings muss man dafür unter Umständen ein ärztliches Attest vorlegen, was die eigene Behinderung „beweist" – auch wenn sie noch so offensichtlich ist. In die Straßenbahnen kommt man ebenfalls mit dem Rollstuhl.

Organisationen

Informations- und Anlaufstellen für Behinderte sind u. a.:

Access-Able (www.access-able.com) stellt u. a. eine Liste mit Veranstaltern von Touren und Personentransport innerhalb der Türkei zur Verfügung.

BKS-Reise-Service (☎ 06294 - 42 81 50; www.bks-ev.de; Postfach 20, 74236 Krautheim/Jagst)

Mobility International Schweiz (062 - 206 88 35; www.mis-infothek.ch; Frohbergstr. 4, 4600 Olten)

Verband aller Körperbehinderten Österreichs (☎ 01-911 32 25 u. 914 55 62; Lützowgasse 24-28, 1014 Wien)

Der **Verein zur Unterstützung Körperbehinderter** (Bedensel Engellilerle Dayanışma Derneği; www.bedd.org.tr nur auf Türkisch) bietet nützliche Informationen für Türkeiurlauber, aber leider nur auf Türkisch. Es ist aber den Versuch wert, eine E-Mail zu schreiben und auf jemanden mit Englisch- oder sogar Deutschkenntnissen zu hoffen.

ALS ROLLI AUF REISEN *Curtis Palmer (Neuseeland)*

Ich bin querschnittsgelähmt und reise für mein Leben gern. Wo ich als Rollstuhlfahrer auf Hindernisse stoße, hilft mir meine Partnerin. Unsere sechswöchige Reise durch die Türkei war absolut phantastisch. Natürlich gab's hier und dort Probleme, aber nicht mehr als anderswo in Europa.

Es sind v. a. die Einheimischen, die die Türkei zu einem so tollen Reiseland machen. Die Türken sind super locker und extrem hilfsbereit. Jedes Mal, wenn wir in eine knifflige Lage kamen, waren sofort genug Helfer da.

Zugegeben: Oft war es ziemlich kompliziert, als Rollifahrer irgendwo reinzukommen. Komplett allein zu reisen wäre deshalb extrem anstrengend. Was Unterkünfte betrifft, hatten wir uns für Hostels und Pensionen entschieden, und meine Partnerin musste mich zahlreiche Treppen rauf- und runterhieven. Aber es hat sich gelohnt, auf Luxushotels zu verzichten, weil die Leute immer freundlich und hilfsbereit waren. Meistens musste ich eine Stufe bewältigen, um ins jeweilige Badezimmer zu kommen. Die Bäder waren klein und hatten abnehmbare Duschköpfe. Behindertengerechte Toiletten gab's nur selten und die meisten Toiletten waren Plumpsklos. Fortbewegt haben wir uns per Dolmuş und Reisebus. Das heißt, dass mein Rolli jedes Mal die Stufen raufgeschleppt werden musste, immer unter den erstaunten Blicken von Neugierigen.

Viele Sehenswürdigkeiten waren schwer zu meisternde Hindernisse. Aber der freie Eintritt hat mich dafür entschädigt, dass ich nicht alles besichtigen konnte.

SCHWULE & LESBEN

Homosexualität ist in der Türkei legal und die Einstellung im Land ändert sich langsam – dank der beharrlichen Öffentlichkeitsarbeit von Gruppen wie **Kaos GL** (www.kaosgl.com). Trotzdem gibt's nach wie vor krasse Vorurteile und sporadisch wird von Gewalt gegen Schwule und Lesben berichtet. Die Devise lautet daher: Diskretion. İstanbul hat – genau wie Ankara – eine lebendige Schwulenszene (s. S. 157). Andernorts gibt's meist nur ein oder zwei Bars.

Nähere Informationen bieten die türkische Schwulen- und Lesben-Organisation **Lambda İstanbul** (www.lambdaistanbul.org) und Kaos GL mit Sitz in Ankara. Kaos GL gibt außerdem die einzige türkische schwul-lesbische Zeitschrift heraus (nur auf Türkisch).

Zu den Reiseveranstaltern, die ausdrücklich schwulen- und lesbenfreundlich sind, gehören **Sunset Gay & Lesbian Travel** (www.turkey-gay-travel.com) und **Absolute Sultans** (www.absolutesultans.com).

SHOPPEN

Die Bandbreite und Qualität türkischer Produkte überrascht und begeistert eigentlich alle Traveller. Natürlich gibt's auch Nippes, aber das meiste, was man aus der Türkei mitbringt, wird nicht schon nach einer Woche als Staubfänger in der Ecke landen. Im Gegenteil: Türkische Waren werden zunehmend an Designerläden in der ganzen Welt geliefert.

Was es mit den allgegenwärtigen „Augen" aus blauem Glas auf sich hat, steht auf S. 246.

Außer in echten Touristenhochburgen bleiben die meisten Geschäfte sonntags geschlossen.

Intarsien

Überall in der Türkei gibt's Intarsienarbeiten aus verschiedenfarbigen Hölzern, Silber oder Perlmutt. Angeboten werden Zigarettenkästchen, *tavla-* (Backgammon) und Schachbretter und 1000 weitere Schmuckgegenstände. Beim Kauf darauf achten, dass es wirklich Intarsien sind: Die Imitationen sind heutzutage erschreckend gut. Gemogelt wird auch gern beim Silber, das sich als Aluminium oder Zinn entpuppt.

Keramiken

Auf einer Top-10-Liste der angesagtesten Souvenirs kämen gleich nach den Teppichen und Kelims die wunderschönen Keramiken.

Viele Fliesen, die man in den Geschäften sieht, wurden im Seidensiebdruckverfahren bedruckt und sind deshalb so billig. Etwas edler sind die allgegenwärtigen handbemalten Schalen, Teller etc. Hier werden Schablonen aus Kohlepapier auf den rohen Ton gepresst, die schwarzen Umrisse nachgezogen und die entstehenden Hohlräume mit Farbe ausgefüllt. Die teuersten Keramiken sind handbemalte Stücke von echten Meistern, die ohne Schablonen arbeiten.

Viele Keramikgegenstände sind mit einer bleihaltigen Glasur überzogen – darum der Gesundheit zuliebe besser nur zu Dekorationszwecken benutzen!

Kupferwaren

Jeder Souvenirshop funkelt vom Glanz diverser Kupfergefäße. Manche sind alt, die meisten schön und ein paar noch immer extrem praktisch. Neue Kupferware ist tendenziell etwas leichter und dünnwandiger, aber trotzdem handgemacht.

Kupfergefäße sollte man nicht zum Kochen oder als Geschirr verwenden. Es sei denn, sie wurden von innen verzinnt – d. h., das giftige Kupfer wurde mit einem Zinnschmelz versiegelt. Wer die Gefäße als Geschirr benutzen will, sollte checken, ob die Zinnschicht keine Macken hat. Ansonsten kann man den Händler um *kalaylı* (Verzinnung) bitten – aber erst nach dem Preis dafür fragen, denn *teneke* (Zinn) ist teuer!

Lederwaren

An jedem Kurban Bayramı (Opferfest) werden in der Türkei mehr als 2,5 Mio. Schafe vom Leben zum Tod befördert. Hinzu kommt der tägliche Bedarf einer Landesküche, die auf Hammel- und Lammfleisch basiert. Da verwundert es kaum, dass es jede Menge Rohmaterial für Leder gibt und die türkische Lederindustrie floriert.

Zu den beliebtesten Lederwaren gehören Jacken. Wer einen guten Kauf machen will, sollte das begehrte Stück genauestens unter die Lupe nehmen. Beim Anprobieren darauf achten, dass die Ärmelweite stimmt, die Knopflöcher richtig sitzen und der Kragen nicht scheuert.

Meerschaum

Pfeifenraucher werden wissen, was Meerschaum *(lületaşı)* ist: ein weiches, weißes Gestein (hydratisiertes Magnesiumsilikat), das porös, aber hitzeresistent ist. Die weltweit größten und besten Vorkommen lagern in der Nähe von Eskişehir (S. 326). Aus dem Gestein entstehen v. a. kunstvoll geschnitzte Pfeifen – mit Pfeifenköpfen in allen möglichen Formen: vom Pascha mit Turban bis hin zu mythologischen Fabelwesen.

Teppiche & Kelims

Die Türkei ist berühmt für ihre prächtigen Teppiche und Kelims (flachgewebte Teppiche oder Wandbehänge). Die meisten Geschäfte haben eine Auswahl an Teppichen der verschiedensten Techniken. Neben den traditionellen Florteppichen gibt's meistens auch beidseitig flachgewebte Teppiche, eben Kelims – mit tollen traditionellen Mustern und Webtechniken; viele haben aber auch Patchwork-Stil oder modernes Design.

Viele Geschäfte verkaufen neben türkischen Teppichen auch Stücke aus anderen Ländern, v. a. aus dem Iran, Pakistan, Afghanistan und den ehemaligen Sowjetrepubliken Aserbaid-schan, Turkmenistan und Usbekistan. Wer unbedingt einen türkischen Teppich kaufen will, kann sich an den Knoten orientieren: Im Iran werden einfache Knoten gemacht und in der Türkei doppelte. Außerdem haben türkische Teppiche im Vergleich zu iranischen meist einen dickeren Flor, lebendigere Muster und vielfältigere Farben.

Im Geschäft mit Teppichen steckt viel Geld; deshalb sind die Verkaufstaktiken einiger Händler ziemlich aggressiv – was die Branche in Verruf bringt und potenzielle Kunden vergrault. Wer einen guten Deal machen will, sollte mehrere Läden auschecken und sich beim Vergleichen von Preisen und Qualität Zeit lassen. Außerdem lohnt es sich, vor der Abreise schon mal daheim in Teppichgeschäften zu stöbern. So bekommt man ein Bild davon, was es zu welchem Preis genauso gut zu Hause gibt. Wenn's dann um die Entscheidung für einen bestimmten Teppich geht, helfen folgende Tipps:

DIE KUNST DES FEILSCHENS

Traditionell gibt's in türkischen Geschäften für Kunden, die eine größere Anschaffung tätigen wollen, ein gemütliches Plätzchen zum Hinsetzen und etwas zu trinken (*çay* – Tee, Kaffee oder ein Erfrischungsgetränk). Erst wird etwas Smalltalk gemacht, dann das allgemeine Warenangebot des Ladens erläutert und schließlich werden Geschmack, besondere Vorlieben und Vorstellungen des Kunden erörtert. Am Ende breitet der Händler verschiedene Waren vor seinen Augen aus.

Der Kunde fragt nach dem Preis; der Händler nennt ihn; der Kunde setzt eine skeptische Miene auf und macht ein Gegenangebot, das zwischen 25 und 50 % unter dem Ausgangspreis liegt. Dieses Spiel geht nun einige Male hin und her, bevor ein für beide Seiten akzeptabler Preis ausgehandelt ist. Es gilt als sehr schlechtes Benehmen, wenn der Interessent bis zu einer Einigung handelt und die Ware dann doch nicht kauft!

Wird man sich nicht über den Preis einig, ist es völlig okay, sich zu verabschieden und den Laden zu verlassen. Zu gehen ist auch die beste Strategie, um das angeblich „letzte" Angebot des Händlers zu testen: Wenn er weiß, dass es das Produkt anderswo billiger gibt, wird er jetzt ziemlich sicher ausrufen: „Na gut, Sie bekommen es zu Ihrem Preis." Aber selbst wenn man nicht aufgehalten wird, kann man jederzeit zurückkommen und die Ware zu dem vom Verkäufer zuletzt genannten Preis kaufen.

Wer erfolgreich handeln will, muss Zeit mitbringen, sollte einigermaßen über den betreffenden Artikel Bescheid wissen und in jedem Fall dessen Marktwert kennen. Dazu am besten in verschiedenen Läden ähnliche Produkte angucken und unverbindlich nach dem Preis fragen (ohne ein Gegenangebot zu machen). Beim Feilschen stets gut gelaunt und höflich bleiben – der Ladenbesitzer wird einem ebenso begegnen. Nicht selten gibt es Rabatt, wenn man gleich mehrere Sachen auf einmal kauft oder anbietet, in einer starken Währung bzw. bar zu bezahlen.

Wenn zum ausgiebigen Feilschen keine Zeit ist, hat sich folgende Strategie bewährt: kaufen, wenn der Preis für einen akzeptabel ist, und sich daran erfreuen. Und keinen Gedanken daran verschwenden, ob man nun ein Schnäppchen gemacht hat oder nicht.

In Lebensmittelgeschäften oder bei Fahrpreisen ist Feilschen nicht angebracht. Abseits der Tourismuszentren kann es vorkommen, dass Hotels den Zimmerpreis „verhandeln" wollen. In Urlaubsgegenden machen die Pensionsbesitzer meist klare Ansagen, was Preise angeht. Wer aber im Winter kommt oder länger bleiben will, sollte durchaus nach *indirim* (Rabatt) fragen.

Ein hochwertiger Kelim, der lange hält, sollte aus 100 % Wolle sein (*yüz de yüz yün*). Ist die Wolle fein und glänzend und spürt man das natürliche Öl? Recycelte oder billige Wolle fühlt sich kratzig an und glänzt nicht; für die billigsten Teppiche wird sogar merzerisierte Baumwolle verwendet. Das Material lässt sich auch prüfen, indem man den Teppich umdreht und nach den für Wolle typischen feinen, gekräuselten Fasern sucht. Aber: Nur weil ein Teppich oder Kelim aus Wolle ist, ist er noch nicht unbedingt qualitativ hochwertig. Wenn Farben und Design hässlich sind, kann auch ein Teppich aus 100 % Wolle ein totaler Fehlkauf sein.

■ Um die Webdichte zu überprüfen, den Teppich oder Kelim umdrehen und die Unterseite inspizieren. Hier gilt die Faustregel: Je dichter gewebt wurde und je kleiner die Knoten, desto hochwertiger und langlebiger das Produkt.

■ Vorsicht bei Händlern, die behaupten, ihre Ware sei komplett mit Naturfarben gefärbt! Seit 50 Jahren hat sich das chemische Färben überall in der Türkei durchgesetzt. An chemischer Färbung ist auch nichts auszusetzen – aber natürlich gefärbte Teppiche sind tendenziell mehr gefragt und bringen deshalb höhere Preise ein. Hier hilft ein Blick auf den Grund des Flors, indem man die Fasern mit den Fingern auseinanderdrückt: Sowohl Natur- als auch Chemiefarben bleichen aus (auch wenn der Händler etwas anderes behauptet). Sind die Farben an der Oberfläche blasser als am Fasergrund, ist das oft ein Hinweis darauf, dass die Oberfläche in der Sonne ausgeblichen ist. Aber ein antikes Stück ist der Teppich deshalb noch lange nicht!

■ Wer nicht gerade Experte für die – generell teureren – antiken Teppiche und Kelims ist, sollte sich an neue Ware halten. Neue Teppiche können auf alt getrimmt sein, beschädigte oder abgenutzte Teppiche auf der anderen Seite neu gewebt (gute Arbeit, allerdings auch teuer), geflickt oder sogar bemalt sein. Es ist total in Ordnung, wenn ein Händler einen geflickten oder neu bemalten Teppich anbietet – wenn er die Mängel erwähnt und entsprechend mit dem Preis runtergeht.

Schmuck

Die Türkei ist ein Paradies für alle, die Schmuck kaufen wollen, egal ob antik oder neu. In den Juweliergassen der Basare gibt's ohne Ende glitzernde Schaufenster mit Goldschmuck für angehende Bräute. Wer ernsthaft Goldschmuck kaufen will, sollte in der Tagespresse die täglichen Karatpreise für Rohgold checken. Dann beim Juwelier gut aufpassen, wenn das Schmuckstück gewogen wird, und ein bisschen Kopfrechnen; wie viel vom Preis für das Gold und wie viel für die Arbeit veranschlagt wird.

Mit Silber ist es so eine Sache: Es gibt zwar definitiv Schmuck aus Sterling-Silber (auf den Prägestempel achten!), aber vieles ist aus Neusilber oder Zinnimitaten. Wie beim Gold richtet sich der Preis nach Gewicht und Arbeitsaufwand.

TELEFON

Türk Telekom (www.telekom.gov.tr) hält das Monopol auf dem Telefonmarkt. Der Service ist effizient – und teuer. Telefonieren ist per Direktwahl innerhalb der Türkei und auch ins Ausland kein Problem. Für Telefonate aus dem Ausland in die Türkei gilt die Vorwahl ☎ 90; die 0 der jeweiligen regionalen Vorwahl fällt weg. Für Anrufe aus der Türkei ins Ausland lautet die Vorwahl ☎ 00.

Handys

Die Türken lieben ihre Handys (*cep, Tasche*) und der Empfang ist fast im ganzen Land gut. Die Nummern der Mobiltelefone beginnen mit einem vierziffrigen Code, der mit ☎ 05 anfängt.

Wer sein eigenes Handy benutzen will, sollte wissen, dass in der Türkei das Standardnetz GSM (Global System for Mobile Communications) mit 900 MHz oder 1800 MHz gilt. Da die meisten Handys über GSM funktionieren, dürfte das keine Probleme machen. Alle Standardnetze in Deutschland und auch Swisscom Mobile haben Roamingpartner in der Türkei und es gibt Verbindung in die Netze **Turkcell** (www.turkcell.com.tr), **Telsim** (www.telsim.com.tr) und **Avea** (www.avea.com.tr).

Beim Kauf einer SIM-Karte sollte man sich an die großen Netze Turkcell, Avea oder MyCep (Telsim) halten. Das garantiert Empfang in fast allen Landesteilen und man profitiert vom Wettbewerb der Anbieter. Eine SIM-Karte von Turkcell kostet ca. 17 €, meistens mit ein paar gratis *kontör* (Einheiten).

Man muss den Reisepass vorzeigen und sollte darauf achten, dass der Verkäufer die persönlichen Daten an Turkcell weiterleitet, damit das Benutzerkonto aktiviert werden kann. Prepaid-Karten gibt's überall in der Türkei an den kleinen Straßenkiosks. 120/300 *kontör* bei Turkcell kosten ca. 7/14 €, MyCep oder Avea sind etwas teurer. Letztlich kommt es aber immer auf die jeweils aktuellen Sonderangebote an.

Kontörlü Telefon

Wer nur einmal telefonieren will, sucht sich am besten eine Zelle mit dem Schild *kontörlü telefon* (Telefon mit Zähler); nach dem Telefonat liest der Besitzer den Zähler ab und kassiert den entsprechenden Betrag. Der Preis für ein Ortsgespräch hängt vom verlangten Preis pro Einheit (*kontör*) ab. In Urlaubsgebieten gibt's Gespräche nach Europa schon ab 0,25 € pro Minute. Das ist aber immer noch doppelt so teuer wie Anrufe mit einer internationalen Telefonkarte (siehe unten). Aber für einen schnellen Gruß nach Hause ist es keine schlechte Option.

Öffentliche Telefone & Telefonkarten

Telefone von Türk Telekom gibt's in den meisten öffentlichen Gebäuden und Einrichtungen, an öffentlichen Plätzen und an (Bus-)Bahnhöfen. Von allen Apparaten aus lässt sich ins Ausland telefonieren – mit einer Telefonkarte, die man in Telefonshops oder – etwas teurer – auch in anderen Läden kaufen kann. Es gibt zwei Systeme: Karten mit Magnetstreifen und Karten mit integriertem Chip (Smart Cards).

In der Regel kosten beide Kartentypen dasselbe. Eine Karte mit 30 Einheiten (1,50 €) reicht für Ortsgespräche völlig aus; 50 Einheiten (2,75 €) genügen für kurze Ferngespräche innerhalb der Türkei. Für längere Inlandsgespräche oder kurze internationale Anrufe dürfte man eine Karte mit 100 Einheiten (4,75 €) brauchen. Neuere Telefone akzeptieren auch die gängigen Kreditkarten.

INTERNATIONALE TELEFONKARTEN

Am billigsten sind Auslandsgespräche mit Telefonkarten, die bei Festnetztelefonen (z. B. im Hotelzimmer) oder auch anderen öffentlichen Telefonen benutzt werden können. Man ruft die gebührenfreie Nummer für das Land seiner Wahl an, gibt die PIN-Nummer der Karte ein und los geht's. Die Anbieter IPC und Bigalo bieten die besten Tarife (Achtung, das sind *nicht* die Karten mit dem Logo von Türk Telecom!). Mit einer 300-*kontör*-Karte von IPC kann man ca. 26/6 Minuten lang mit einem Festnetzanschluss-/Handy-Teilnehmer in Europa plaudern. IPC-Karten gibt's mit 300 (3 €), 1000 (8,50 €) und 1500 (17 €) *kontör*. Es ist klug, Karten von seriösen Anbietern wie IPC oder Bigalo zu kaufen. Bei der billigen Konkurrenz verschwindet schon mal das Guthaben von der Karte oder die Verbindung kommt nicht zustande. IPC- oder Bigalo-Karten gibt's in den touristischen Gegenden von İstanbul und Ankara an jedem Straßenkiosk, andernorts sind sie aber z. T. schwer zu finden. Mit dem Handy kann man sie übrigens nicht benutzen.

TOILETTEN

Die meisten Hotels und öffentlichen Einrichtungen haben Toilettensitze, aber das Modell „Stehklo" gibt's in der Türkei durchaus auch. Hier ist Klopapier nicht vorgesehen und man wäscht sich nach Landessitte mit der linken Hand mit Wasser aus einem Krug bzw. aus einem kleinen Kupferhahn. Zum Abtrocknen wird das eigene Handtuch mitgebracht. In den meisten modernen oder schickeren Toiletten (mit Klopapier) darf das Papier direkt im Klo runtergespült werden. Aber an vielen Orten riskiert man damit verstopfte Leitungen und eine Überschwemmung. Im Zweifelsfall deshalb lieber auf Nummer sicher gehen und das Papier in den bereitstehenden Behälter werfen.

Einigermaßen saubere Toiletten gibt's meist bei Sehenswürdigkeiten oder an Bahnhöfen. In super dringenden Fällen ist es gut zu wissen, dass jede Moschee eine schlichte Toilette hat.

Die Benutzung der meisten öffentlichen Toiletten – auch in Restaurants oder Kinos – kostet ca. 0,30 €.

TOURISTENINFORMATIONEN

Jede etwas größere Stadt in der Türkei hat eine Touristeninformation, die vom Tourismusministerium betrieben wird. Normalerweise sind die Büros montags bis freitags von 8.30 bis 12 Uhr und von 12.30 bis 17.30 geöffnet; in beliebten Urlaubsorten im Sommer und an Wochenenden sogar noch länger. Leider arbeiten hier nur selten Leute, die auch wirklich was über die jeweilige Gegend wissen oder eine Fremdsprache sprechen. Informationen, die nicht schon in diesem Buch stehen, gibt's darum leider kaum in den Touristeninformationen. Die beste Strategie ist, vor Ort einen netten Tourveranstalter oder Pensionsinhaber aufzutreiben.

Touristeninformationen außerhalb der Türkei erreicht man unter folgenden Anschriften:

Deutschland Berlin (☎ 030-214 3752; www.tuerkei-kultur-info.de; Tauentzienstr. 9–12, 10789); Frankfurt (☎ 069-23 3081; www.reiseland-tuerkei-info.de; Baseler Str. 35–37, 60329 Frankfurt)
Österreich (☎ 01 5 12 21 28/29; www.turkinfo.at; Singerstr. 2/8, 1010 Wien)
Schweiz (☎ 01 2 21 08 10 12; www.tuerkei-info.ch; Talstr. 82, 8001 Zürich)

UNTERKUNFT

In der Türkei gibt's Unterkünfte für jeden Geldbeutel. Gute und günstige Pensionen und Hotels finden sich überall dort, wo Individualreisende am liebsten Halt machen: z. B. in İstanbul, Çanakkale, Selçuk, Fethiye und Göreme. Die in diesem Buch aufgeführten Preise gelten für die Hauptsaison (Mai–Sept.) und sind inklusive Mehrwertsteuer (KDV). Während der Nebensaison (Okt.–April, aber nicht über Weihnachten oder an wichtigen islamischen Feiertagen; s. S. 700) können die Zimmerpreise bis zu 20 % günstiger sein.

An Orten, die von İstanbul und Ankara aus leicht zu erreichen sind (z. B. Safranbolu), steigen die Preise im Sommer an den Wochenenden gerne mal.

Unterkünfte, die unter der Rubrik „Budgethotels" aufgeführt sind, kosten in der Regel weniger (manchmal viel weniger) als 25 € pro Person; in Mittelklassehotels bewegen sich die Preise zwischen 25 und 55 €; Spitzenklassehotels gibt's ab 55 €. İstanbul ist deutlich teurer als der Rest des Landes: Für ein Doppelzimmer muss man hier pro Person mindestens 10 € mehr investieren. Im Osten der Türkei kosten Übernachtungen generell weniger. Normalerweise ist das Frühstück bei allen Unterkünften im Preis inbegriffen.

Wer länger als eine Woche in einem der Ferienorte an der Küste bleiben will, sollte vor der Abreise Pauschalangebote auschecken. Viele Reiseveranstalter bieten Flug plus Unterkunft für Ferienziele wie Kuşadası, Bodrum, Marmaris, Dalyan, Fethiye, Antalya, Side oder Alanya an. Und das ist oft viel billiger, als wenn man die Reise auf eigene Faust bucht.

Heutzutage haben die meisten Unterkünfte ihre eigenen Websites für Vorabreservierungen. Wer eine Weile unterwegs ist, wird schnell merken, dass viele Pensionen in einem lockeren Verbund stehen und sich gegenseitig empfehlen. War eine Unterkunft okay, dann wird vermutlich auch die Empfehlung des jeweiligen Betreibers in Ordnung sein. Aber man sollte auf jeden Fall auf sein Recht pochen, nicht die Katze im Sack zu kaufen bzw. zu buchen.

Es ist wichtig zu wissen, dass die meisten Hotels, Pensionen und Campingplätze an der Ägäis, am Mittelmeer und am Schwarzen Meers sowie in einigen Orten in Kappadokien von Mitte Oktober bis Ende April geschlossen sind. Allerdings können die genauen Zeiträume variieren. Weitere Informationen hierzu finden sich auf S. 20.

Apartments

Ferienwohnungen sind in der Regel eher spärlich gesät. Wo immer es welche gibt, haben wir sie in diesem Band aufgelistet. Ansonsten dürfte man auf den Websites www.ownersdirect.co.uk oder www.holidaylettings.co.uk noch am meisten Erfolg haben. Deutschsprachige Vermittlung gibt's z. B. auf den Websites www.ferienhausmiete.de oder www.ferienprivat.de. Wer sich für Apartments an der Küste (z. B. in Kaş, Antalya oder Bodrum) interessiert, setzt sich am besten vor Ort mit Grundstücksmaklern *(emlakci)* in Verbindung. Diese haben Listen mit erschwinglichen Angeboten und sind den Umgang mit ausländischen Interessenten gewohnt.

Baumhäuser

Olympos (S. 415) liegt an der westlichen Mittelmeerküste bei Antalya und ist für seine „Baumhäuser" berühmt – schlichte, primitive Unterkünfte mit minimalem Komfort in strandnahen Waldgebieten. Einige sind echte Baumhäuser, viele aber nichts weiter als Schlafplätze unter Zeltdächern – nette Backpackerherbergen mit Bars, gemeinschaftlichen Essplätzen und Internetanschluss. Die Kehrseite: Sicherheit wird hier kaum geboten und vereinzelt wurden Gäste nach dem Genuss bestimmter Speisen und Getränke krank. Auch die Abwasserbeseitigung scheint immer noch ein ungelöstes Problem zu sein. Also unbedingt ein einiger Entfernung von den Camps schwimmen und sich auf die eigene Nase verlassen, bevor man sich zum Bleiben entschließt. Wir haben auch von Einzelfällen gehört, in denen heimlich Drogen in Getränke gemischt wurden. Mehr dazu auf S. 417.

Weil Olympos so viel Erfolg hat, schießen jetzt auch anderswo in der Türkei (z. B. bei Saklıkent, unweit von Fethiye) Anlagen mit Baumhäusern wie Pilze aus dem Boden.

Camping

Die meisten Campingplätze liegen entlang der Küsten und sind normalerweise in privater Hand. Im Landesinneren gibt's dagegen kaum Plätze und wenn, dann fast immer auf staatlichem Forstwirtschaftsland (*Orman Dinlenme Yeri*). Dorthin kommt man in der Regel nur mit dem eigenen Fahrzeug. Andere Optionen zum Campen im Landesinneren beschränken sich weitgehend auf knochentrockene und überfüllte Plätze an den Stadträndern.

Wenn kein Campingplatz ausgeschildert ist, am besten in Hotels oder Pensionen nachfragen: Oft darf man sein Zelt auf dem hoteleigenen Grundstück aufschlagen und Bad und WC gegen eine kleine Gebühr (3–6 € pro Pers.) mitbenutzen. Abseits der offiziellen Campingplätze macht das Campen meist mehr Stress als Spaß. Nicht nur, dass die Polizei gerne mal nach dem Rechten sieht oder einen vertreibt – im Osten können Wölfe oder türkische Hirtenhunde (Kangal) wirklich gefährlich werden. Allein reisenden Frauen empfehlen wir, sich immer an offizielle Campingplätze zu halten und nur dort die Zelte aufzuschlagen, wo viele andere Leute sind. Das gilt besonders für den Osten!

Hostels

Da die Pensionen so billig sind, gibt es in der Türkei keinen offiziellen Jugendherbergsverband. Trotzdem behaupten einige Unterkünfte, Mitglied der International Youth Hostelling Association (IYHA) zu sein. Wie dem auch sei, in allen Tourismuszentren gibt's jede Menge Hostels. Ein Bett im Schlafsaal kostet in der Regel pro Nacht zwischen 7 und 11 €.

Hotels

An Hotels gibt's alles von der spottbilligen Absteige bis zum Boutique-Hotel. Die billigsten Bleiben (ca. 10 €/DZ) werden v. a. von türkischen Arbeitern genutzt, die beruflich unterwegs sind – keine Empfehlung für allein reisende Frauen. Wir wollen niemanden bevormunden, aber wer als Frau an der Rezeption mit Schweigen und starren Blicken empfangen wird, sollte sich lieber woanders nach einer Bleibe umsehen.

Etwas weiter oben auf der Preisskala kostet ein Doppelzimmer mit Dusche im Ein- oder Zwei-Sterne-Hotel dann um die 15 bis 35 €. Hier ist die Atmosphäre nicht mehr so total männerdominiert, selbst wenn die Gäste v. a. männlich sind. Drei-Sterne-Hotels sind in der Regel auf die Bedürfnisse von allein reisenden Frauen eingestellt.

Egal wie sauber und komfortabel Hotels in traditionelleren türkischen Orten auch sein mögen – sie bieten normalerweise ausschließlich türkisches Fernsehen, türkisches Frühstück und keine der „Extras", die es sonst in Pensionen gibt.

Normalerweise werden die Zimmerpreise von den örtlichen Behörden festgelegt und sollten an der Rezeption aushängen. Niemals mehr als diese offiziellen Preise zahlen – oft lässt sich der Betrag sogar noch (deutlich) herunterhandeln.

Unverheiratete nichttürkische Paare bekommen in der Regel ohne Probleme ein gemeinsames Zimmer. In der Osttürkei gibt's allerdings oft ein Zimmer mit separaten Betten, obwohl man ein Doppelbett wollte. Wenn einer der Partner türkischer Herkunft ist, dann kann es in manchen Hotels immer noch passieren, dass man abgewiesen wird. Je billiger die Unterkunft und je abgelegener der Ort, desto konservativer die Hotelleitung.

Es dürfte nicht überraschen, dass gute und gleichzeitig billige Unterkünfte am schwierigsten in İstanbul, Ankara, İzmir und in Pauschaltourismuszentren wie Alanya zu finden sind. In den meisten anderen Städten und Ferienorten gibt's aber jede Menge ordentliche und günstige Optionen.

BOUTIQUE-HOTELS

Immer mehr alte osmanische Villen, Karawansereien und andere historische Gebäude werden renoviert oder komplett als Hotels neugebaut und mit allen modernen Annehmlichkeiten stilvoll ausgestattet. Die meisten dieser Unterkünfte sind Mittel- bis Luxusklassehotels. Einige werden in diesem Buch beschrieben, viele weitere stehen in Sevan und Müjde Nişanyans hervorragendem *Little Hotel Book,* das es in Buchläden in İstanbul oder über die Website www. nisanyan.net gibt.

Pensionen & Gästehäuser

Alle angesagten Reiseziele bieten ein breites Spektrum an familiengeführten Pensionen und Gästehäusern, die auf ihre Weise einzigartig sind. Hier gibt's ein anständiges, sauberes Einzel-/Doppelzimmer für etwa 20/30 €. Viele Pensionen haben auch Schlafsäle und manchmal Familienzimmer. Es wird auch eigentlich immer eine Auswahl an einfachen Gerichten serviert; außerdem gibt's Waschmaschinen, internationales Fernsehen und Möglichkeiten zum Bücher Tauschen. Und das unterscheidet die Pensionen vom durchschnittlichen kleinen Billighotel. Meistens sprechen die Angestellten auch mindestens eine Fremdsprache.

An ein paar Orten gibt's auch noch eine Handvoll *ev pansiyonu* (Hauspensionen) im alten Stil: Das sind Zimmer in Privathäusern, die zu Stoßzeiten an Gäste vermietet werden. Extraleistungen wie in den Pensionen kann man hier in der Regel nicht erwarten, geschweige denn Leute, die Englisch sprechen. Es wird auch keine Reklame für diese Unterkünfte gemacht – am besten Einheimische fragen oder Ausschau nach Fenstern mit dem Schild *kiralık oda* (Zimmer zu vermieten) halten.

In kleineren Touristenstädtchen wie Fethiye, Pamukkale oder Selçuk werden Reisende schon mal von Lockvögeln einzelner Pensionen angesprochen, sobald sie aus dem Bus steigen. Dann gibt's eine tolle Story über die Pension, in die man eigentlich wollte (sie sei abgebrannt, durch ein Erdbeben zerstört worden, der Besitzer sei verstorben) und man solle doch stattdessen mit in dieses oder jenes Hotel kommen – wo der Lockvogel dann Provision kassiert. Auch Taxifahrer spielen dieses Spielchen ganz gerne. Die meisten Leute werden solche „Angebote" höflich ablehnen und in ihrer ursprünglich ausgewählten Pension übernachten. Aber v. a. für alle, die knapp bei Kasse sind, kann es sich durchaus lohnen, solchen Typen zu folgen: Die Lockvögel arbeiten nämlich oft für Pensionen, die gerade neu aufgemacht haben und günstige Preise bieten. Allerdings sollte man klarstellen, dass man sich die Unterkunft erst mal anschauen will und sich nicht verpflichtet zu bleiben.

VERSICHERUNG

Eine Reiseversicherung abzuschließen, die Diebstahl, Verlust und Arztkosten abdeckt, ist immer eine gute Idee. Das Angebot an Policen ist unendlich – also immer das Kleingedruckte lesen.

Einige Versicherungen schließen ausdrücklich „gefährliche Aktivitäten" aus. Dazu können Tauchen, Motorradfahren und sogar Trekking gehören. Andere erkennen außerdem keine Motorrad-Führerscheine an, die vor Ort gemacht wurden.

Bei bestimmten Policen werden anfallende Arztkosten direkt erstattet; andere kommen erst im Nachhinein für die Kosten auf. Näheres zum Thema Krankenversicherung gibt's auf S. 737.

Wichtig zu wissen ist auch, dass einige Versicherungen nicht haften, wenn man in Gegenden reist, für die von der eigenen Regierung eine Reisewarnung ausgesprochen wurde. Gleiches gilt auch, wenn man auf Anraten offizieller Stellen beschließt, die Reise abzubrechen.

Auf S. 730 gibt's weitere Informationen zu Fahrzeug- bzw. Krankenversicherungen.

VISA

Urlauber aus Deutschland und der Schweiz brauchen für Türkeibesuche von bis zu drei Monaten (90 Tage!) kein Visum. Österreicher müssen ein Visum haben, aber das gibt's bei Ankunft am Flughafen oder an der Landesgrenze und muss nicht vorher bei der Botschaft besorgt werden. (Wichtig: am Flughafen zuerst in die Schlange für die Visa anstellen und dann bei der Einreiseschlange!). Die Kosten für ein Visum (im Grunde nur eine Tourismussteuer) schwanken; als dieser Band in Druck ging, mussten Österreicher 15 € löhnen. Fotos sind nicht nötig und die Abfertigung geht ruck, zuck.

Das Standardvisum gilt für drei Monate und berechtigt zu mehrfachem Einreisen. Auf der Website des türkischen Außenministeriums (www.mfa.gov.tr, nur in englischer Sprache) gibt's die aktuellsten Informationen.

Arbeitsvisa

Ein *çalışma vizesi* (Arbeitsvisum) besorgt man sich am besten vor der Abreise bei der türkischen Botschaft oder dem türkischen Generalkonsulat. Und zwar mindestes zwei Monate vorher! Man muss persönlich den komplett ausgefüllten Antrag, Reisepass, ein Passfoto, eine Arbeitsbestätigung (Vertrag oder Bescheinigung vom Arbeitgeber) sowie die Gebühr (je nach Staatsbürgerschaft zwischen 140 und 200 €) einreichen. Nach ca. drei

Wochen (*İnşallah,* So Gott will) gibt's dann den Pass mit Visum retour.

Wer mit einer Arbeitserlaubnis in der Türkei ankommt, braucht von der *emniyet müdürlüğü* (Sicherheitspolizei) ein „rosa Heft", eine Kombination aus Arbeitserlaubnis und Aufenthaltserlaubnis. Falls sich nicht der Arbeitgeber darum kümmert, bewirbt man sich auf eigene Faust mit Reisepass, fünf Passfotos sowie einer Bearbeitungsgebühr (momentan 320 € pro Jahr; aber die Gebühr wird ständig erhöht). Das rosa Heft sollte nach drei bis vier Werktagen fertig sein und ersetzt dann das Visum im Reisepass. So lange man eine Arbeit nachweisen kann, lässt sich das kleine Heftchen jedes Jahr verlängern.

Die meisten Leute, die illegal in der Türkei arbeiten (z. B. als private Sprachlehrer), überqueren alle drei Monate die Grenze nach Griechenland, Nordzypern oder Bulgarien und sparen sich so den Stress und die Kosten einer Visumsverlängerung oder Aufenthaltsgenehmigung. Theoretisch könnte ein Grenzbeamter bei einem Reisepass voller neuer türkischer Visumsstempel ungemütlich werden. Unserer Erfahrung nach wird aber bei dieser Art von Durchmogeln gerne ein Auge zugedrückt.

Die Visumsbestimmungen ändern sich ständig. Deshalb auf der Website www.ekonsolosluk.net oder bei der heimischen türkischen Botschaft bzw. dem Konsulat über die aktuelle Lage schlaumachen.

Aufenthaltserlaubnis

Wer länger als drei Monate in der Türkei bleiben will, kann eine *ikamet tezkeresi* (Aufenthaltserlaubnis) beantragen, die normalerweise ein bis zwei Jahre gültig ist. Dazu muss man sich an die örtliche *emniyet müdürlüğü* (Sicherheitspolizei) wenden und nachweisen, dass man finanziell auf eigenen Füßen steht, d. h. Ersparnisse, ein regelmäßiges Einkommen außerhalb der Türkei oder eine legale Arbeit in der Türkei hat. Die Aufenthaltserlaubnis kostet pro Jahr saftige 320 € und deshalb überqueren viele Ausländer lieber alle drei Monate mal kurz die Grenze.

Visaverlängerung

Theoretisch lässt sich ein türkisches Visum einmalig nach drei Monaten verlängern, und zwar bei der nächsten Stelle der *emniyet müdürlüğü* (Sicherheitspolizei). Die Kosten und der bürokratische Aufwand sind aber gigantisch. Viel unkomplizierter ist es, auszureisen (auf irgendeine griechische Insel) und dann bei der Wiedereinreise ein nagelneues Visum zu erwerben. Für alle, die nicht Türkisch sprechen, sind Verhandlungen mit der *emniyet müdürlüğü* keine Freude!

ZEIT

Die Türkei ist der MEZ-Zeitzone eine Stunde voraus. Die Sommerzeit fängt am letzten Sonntag im März um 3 Uhr morgens an und dauert bis um 4 Uhr früh am letzten Sonntag im Oktober. Wenn's in İstanbul 12 Uhr mittags ist, ist es also in Berlin, Wien und Zürich erst 11 Uhr.

ZOLL

Eine Stange (200) Zigaretten, 1,5 kg Kaffee, 10 Zigarren und zwei Flaschen Wein dürfen zollfrei eingeführt werden. Es gibt keine Einfuhrbeschränkungen für neue türkische Lira oder ausländische Währungen.

Waren im Wert von über 15 000 US-$ müssen deklariert werden und werden unter Umständen im Reisepass vermerkt, um sicherzustellen, dass man die Waren beim Verlassen des Landes auch wieder mitnimmt. Das Ausführen von Antiquitäten ist verboten.

Verkehrsmittel & -wege

AN- & WEITERREISE

EINREISE

Mit dem Flieger in die Türkei einzureisen ist gar kein Problem. Für Deutsche und Schweizer genügt der Pass oder Personalausweis zur Einreise. Österreicher brauchen ein „Visum", was eigentlich nur ein Stempel ist, der am Einreiseschalter in den Pass gedrückt wird. Also *erst* anstellen, um für den Stempel zu zahlen, und dann in die nächste Schlange zum Einreiseschalter. Mehr dazu s. S. 718. Gepäckkontrollen am Flughafenzoll sind die Ausnahme.

Auf dem Landweg einzureisen, ist nicht immer so locker. Natürlich wird auch hier gegebenenfalls ein „Visum" gebraucht, nur werden dafür manchmal ausschließlich Euros oder US-Dollars akzeptiert. Allerdings gibt es an vielen Grenzposten weder Wechselschalter noch Geldautomaten. Also muss genug Geld fürs Visum in der Reisekasse sein. Am besten vor der Grenze auch ein paar Neue Türkische Lira (Yeni Türk Lirası – YTL) besorgen.

Streng sind die Sicherheitsvorkehrungen v. a. an den Grenzen zu den östlichen Nachbarn (Georgien, Iran, Irak und Syrien). Also nicht erschrecken, wenn die Zollbeamten das

> **DIE DINGE ÄNDERN SICH**
>
> Viele Details, die in diesem Kapitel stehen, ändern sich oft. Deshalb besser immer noch mal alles mit der Fluggesellschaft oder dem Reisebüro besprechen. Reiserouten, Tickets und Sicherheitsbestimmungen im internationalen Reiseverkehr sollten vor Reiseantritt vollkommen klar sein. Und Augen auf beim Ticketkauf! Die Infos an dieser Stelle sind nur als Hinweise aufzufassen; sie können die eigene sorgfältige Recherche niemals ersetzen.

Gepäck sehen wollen. Wer mit dem Zug oder Bus einreist, muss an der Grenze mit Wartezeiten von zwei bis drei Stunden rechnen. Natürlich nur, wenn bei allen anderen Passagieren auch alles in Ordnung ist.

Reisepass

Achtung – der Pass oder Personalausweis muss bei der Einreise in die Türkei noch drei Monate gültig sein.

FLUGZEUG
Flughäfen & Fluglinien

Der meistfrequentierte internationale Flughafen der Türkei ist der **Atatürk International Airport** (Flughafencode IST; ☎ 0212-465 3000; www. dhmiata.gov.tr) in İstanbul, 23 km westlich von Sultanahmet (dem Herzen von Alt-İstanbul). Die Terminals für internationale Flüge (*dış hatlar*) und Inlandsflüge (*iç hatlar*) liegen direkt nebeneinander. Der kleinere İstanbuler Flughafen heißt **Sabiha Gökçen International Airport** (SAW; ☎ 0216-585 5000; www.sgairport.com) und liegt ca. 50 km östlich von Sultanahmet und Taksimplatz entfernt im asiatischen Stadtteil. Am Sabiha Gökçen werden hauptsächlich Billigflüge aus Europa (v. a. Deutschland) und ein paar Inlandsrouten abgefertigt.

Das ganze Jahr über, aber v. a. während der Sommermonate, fliegen internationale Fluggesellschaften auch nach/von **Antalya** (AYT; ☎ 0242-330 3221; www.aytport.com), **Bodrum** (BJV; ☎ 0252-523 0101), **Dalaman** (DLM; ☎ 0252-692 5899) und zum/vom immer größer werdenden

Flughafen **İzmir** (ADB; ☎ 0232-274 2424). Die anderen Flughäfen, inklusive Ankara, sind fast nur über İstanbul zu erreichen.

Die nationale Fluggesellschaft der Türkei heißt Turkish Airlines. Sie bietet Direktflüge von İstanbul in fast alle Hauptstädte rund um den Globus an. Ihre Unfallstatistik sieht gut aus und der Service ist auch ziemlich gut.

FLUGGESELLSCHAFTEN MIT VERBINDUNGEN IN DIE TÜRKEI

Kontaktdaten der meisten Airlines in İstanbul s. S. 166.

Aeroflot (AFL; www.aeroflot.com)
Air Berlin (AB; www.airberlin.com)
Air France (AF; www.airfrance.com)
Alitalia (AZ; www.alitalia.com)
American Airlines (AA; www.aa.com)
Austrian Airlines (OS; www.aua.com)
Azerbaijan Airlines (AHY; www.azal.az)
British Airways (BA; www.britishairways.com)
Condor (DE; www.condor.de)
Corendon Airlines (CAI; www.corendon.com)
Cyprus Turkish Airlines (KTHY; www.kthy.net)
EasyJet (EZY; www.easyjet.com)
Emirates Airlines (EK; www.emirates.com)
Fly Air (FLM; www.flyair.com.tr)

German Wings (GWI; www25.germanwings.com)
Hapag Lloyd (HF; www.tuifly.com)
Iberia (IB; www.iberia.com)
Iran Air (IR; www.iranair.com)
Japan Airlines (JL; www.jal.co.jp/en)
KLM-Royal Dutch Airlines (KL; www.klm.com)
Lauda Air (OS; www.laudaair.com)
LTU (LT; www.ltu.de)
Lufthansa (LH; www.lufthansa.com)
Olympic Airways (OA; www.olympicairlines.com)
Onur Air (OHY; www.onurair.com.tr/eng/)
Pegasus Airlines (PGT; www.flypgs.com)
Singapore Airlines (SIA; www.singaporeair.com)
Swiss (LX; www.swiss.com)
Turkish Airlines (Türk Hava Yolları, THY; www.thy.com)

Tickets

Wer auf Billigflüge aus ist, findet die besten Schnäppchen zwischen Europa und der Türkei in Deutschland. Außerdem fliegt EasyJet von der Schweiz (Basel) und von London (Luton) aus İstanbul an. Manchmal bieten auch weniger bekannte Fluglinien wie Cyprus Turkish Airlines oder Azerbaijan Airlines super Angebote. Hier und da gibt's Studententarife. Ansonsten ist die Türkei nicht das optimale Ziel für spezielle Billigangebote.

VERKEHRSMITTEL & -WEGE

KLIMAWANDEL & REISEN

Der Klimawandel ist eine ernsthafte Bedrohung für die Ökosysteme dieser Welt. Die Zunahme der Flugreisen trägt dazu bei. Lonely Planet betrachtet Reisen allgemein als Bereicherung, ist aber auch der Ansicht, dass wir alle eine Verantwortung haben. Ihren persönlichen Anteil an der globalen Erwärmung sollten Traveller so gering wie möglich halten.

Fliegen & Klimawandel

Bei fast jeder Form des motorisierten Reisens wird CO_2 freigesetzt (die Hauptursache des vom Menschen verursachten Klimawandels)). Aber Flugzeuge sind bei Weitem die schlimmsten Übeltäter – nicht nur wegen der großen Entfernungen, die sie meistens überwinden, sondern auch weil sie hoch oben in der Atmosphäre Treibhausgase ausstoßen. Die Statistiken sind erschreckend: Zwei Leute, die von Europa aus in die USA und zurück fliegen, tragen damit genauso viel zum Klimawandel bei wie ein durchschnittlicher Haushalt mit seinem Jahresverbrauch an Gas und Strom.

CO_2-Ausgleich

Climatecare.org, www.atmosfair.de und andere Websites bieten Online-Emissionsrechner an. Mit ihrer Hilfe können Traveller die Menge der bei ihren Flügen freigesetzten Treibhausgase durch finanzielle Unterstützung von Klimaschutzprojekten u. a. in Indien, Honduras, Kasachstan und Uganda ausgleichen.

Zusammen mit Rough Guides und anderen Partnern in der Tourismusbranche unterstützt Lonely Planet das CO_2-Ausgleichsprogramm von climatecare.org und gleicht sämtliche Reisen seiner Angestellten und Autoren aus.

Weitere Infos auf unserer Website: www.lonelyplanet.com.

Wenn die Reise zwischen Anfang April und Ende August geplant ist, ist rechtzeitiges Buchen (mindestens zwei Monate vorher) sehr sinnvoll.

Deutschland

Die größte türkische Gemeinschaft außerhalb der Türkei lebt in Deutschland; darum haben beide Länder ein paar richtig gute Deals ausgehandelt. Lufthansa bietet Direktflüge von Frankfurt nach İstanbul und von München nach Ankara und İzmir ab 130 €. Dazu gibt's jede Menge Charterflüge zwischen mehreren deutschen Städten und İstanbul, Antalya, Bodrum, Dalaman und İzmir. Unter den Anbietern sind Air Berlin, Condor, German Wings, Hapag Lloyd und LTU (Kontaktdaten, s. S. 166).

Österreich

Laudaair fliegt von Graz, Innsbruck, Linz, Salzburg und Wien direkt nach Antalya und von Wien nach Dalaman. Air Berlin bietet Direktflüge von Linz, Salzburg und Wien nach Antalya. Eine direkte Verbindung von Wien nach Ankara bieten auch Austrian Airlines.

Schweiz

Die Swiss fliegt regelmäßig von Zürich nach İstanbul. Außerdem gibt's eine Verbindung von Basel nach İstanbul mit EasyJet.

AUF DEM LANDWEG

Wer auf dem Landweg in die Türkei einreisen will, hat die große Auswahl – es gibt acht Nachbarländer. Dumm nur, dass die Beziehungen zu den meisten alles andere als entspannt sind. Dadurch wird die Sache mit den Visa und Einreiseformalitäten an den Grenzen nicht gerade einfacher. Also bevor es losgeht, immer bei den jeweiligen Botschaften die aktuelle Lage checken (s. S. 699).

Grenzübergänge

Mit Bus und Bahn über die Landesgrenzen zu kommen ist eigentlich ganz unkompliziert. Allerdings sollten ein bis drei Stunden Wartezeit einkalkuliert werden. Meistens müssen alle aussteigen und warten, bis auch die letzten Papiere und Gepäckstücke kontrolliert sind – und das auf beiden Seiten der Grenze. Mit dem Bus ist das ja noch auszuhalten, aber wenn es um einen ganzen Zug geht … Trotzdem sollte man die Idee von der Zugreise nicht gleich begraben, denn auf der Straße kann es noch länger dauern, wenn die Schlange der Trucks und Autos kein Ende nimmt – v. a. am Übergang Reyhanlı–Bab al-Hawa zwischen der Türkei und Syrien.

Auch mit dem eigenen Fahrzeug dürfte es keine Probleme geben. Sechs Monate darf ein Auto ohne spezielle Papiere ins Land. Aber bevor die abgelaufen sind, muss es unbedingt wieder raus. Wer die Zeit überschreitet, riskiert eine Zollgebühr, die so hoch ist wie der Wert des kompletten Autos! Wenn der Wagen in der Türkei bleiben und später abgeholt werden soll, muss er eine Zollplombe kriegen, was sich sehr lange hinziehen kann.

In den folgenden Absätzen steht mehr über die Grenzbestimmungen der einzelnen Länder.

Armenien

Zur Zeit der Recherche war die türkisch-armenische Grenze für Reisende geschlossen. Das kann sich aber jederzeit ändern, also lohnt sich immer eine genauere Nachfrage (die russische Botschaft vertritt Armenien in der Türkei diplomatisch).

Wer von der Türkei nach Armenien (oder umgekehrt) reisen will, kann fliegen oder mit dem Bus über Georgien fahren. Mindestens dreimal pro Woche starten Busse am Busbahnhof in Trabzon nach Jerewan (s. S. 595).

Aserbaidschan (Nachitschewan)

Vom Busbahnhof in Trabzon starten jeden Tag mindestens zwei Busse nach Tbilissi (Tiflis), von wo Busse nach Baku weiterfahren – s. S. 595.

Der abgelegene Grenzübergang Borualan-Sadarak östlich von Iğdır (s. S. 625) ist die Verbindungsstelle zwischen der Türkei und der aserbaidschanischen Enklave Nachitschewan. Wer von da ins übrige Aserbaidschan oder nach Baku will, muss ein Flugzeug nehmen, um das armenisch besetzte Nagorno-Karabach zu überqueren.

Bulgarien & Osteuropa

Jede Menge Direktzüge und -busse aus allen möglichen Ecken Europas fahren über Bulgarien nach İstanbul. Drei Grenzübergänge verbinden Bulgarien mit der Türkei. Der größte und meistgenutzte ist Kapitan-Andreevo/Kapıkule, 18 km westlich von Edirne an der E 5. Die nächste bulgarische Stadt ist Svilengrad, rund 10 km vor der Grenze entfernt.

Die griechisch-türkischen Grenzübergänge kann man nicht zu Fuß passieren – da hilft nur trampen oder ein Taxi nehmen. Der Übergang ist rund um die Uhr offen und es gibt Benzin, Wechselstuben, Restaurants und Unterkünfte. Mehr dazu s. S. 191. Gerade hat ein neuer Übergang bei Lesovo–Hamzabeyli eröffnet, ungefähr 25 km nördlich von Edirne. Da geht's in den belebten Sommermonaten ruhiger zu. Dafür fährt kein öffentliches Verkehrsmittel hin und der Weg ist sogar noch länger. Der dritte Grenzübergang liegt bei Malko Târnovo–Kırıkkale, ca. 70 km nordöstlich von Edirne und 92 km südlich von Burgas.

BUS

Mindestens sechs Busunternehmen bieten täglich Verbindungen vom Busbahnhof in İstanbul nach Sofia und in die Küstenstädte Varna und Burgas in Bulgarien an. Außerdem fahren jeden Tag Busse nach Skopje, Tetovo und Gostivar in Mazedonien sowie nach Constanta und Bukarest in Rumänien. Diese Gesellschaften starten am İstanbuler *otogar*:

Drina Trans (☎ 0212-658 1851; Ticketschalter 88) Tägliche Verbindungen nach Skopje in Mazedonien (30 €; 14 Std.)

Metro Turizm (☎ 0212-658 3232; www.metroturizm. com.tr; Ticketschalter 107) Tägliche Verbindungen nach Sofia (20 €; 9 Std.), Varna und Burgas in Bulgarien.

Öz Batu (☎ 0212-658 0255; Ticketschalter 149) Tägliche Verbindungen nach Sofia in Bulgarien (17 €; 9 Std.) und Skopje in Mazedonien (32 €; 14 Std.).

Özlem (☎ 0212-658 1344; Ticketschalter 97) Tägliche Verbindungen nach Constanta (35 €; 8 Std.) und Bukarest (35 €; 8 Std.) in Rumänien.

ZUG

Der *Bosporus Express* fährt jeden Tag von İstanbul nach Bukarest; von dort gibt es Anschlusszüge nach Chişinău (Kischinew) in Moldawien und nach Budapest in Ungarn. Sogar in Dimitrovgrad in Bulgarien kommt der *Bosporus Express* vorbei, von wo es Verbindungen nach Sofia in Bulgarien und Belgrad in Serbien gibt.

Der *Bosporus Express*, der in İstanbul startet, hat extra Waggons für Passagiere, die nach Budapest, nach Sofia und Belgrad und nach Chişinău wollen. In Bukarest oder Dimitrovgrad werden sie entsprechend dem Reiseziel an lokale Züge gehängt. Verwirrt? Keine Panik – gebucht wird einfach ein Ticket für die Strecke von A nach B. Das Rangieren der Waggons braucht halt nur seine Zeit.

Für Verpflegung an Bord muss jeder selbst sorgen. Speisewagen gibt's in diesen Zügen nicht. Beim Grenzübertritt von der Türkei nach Bulgarien in den frühen Morgenstunden müssen alle Passagiere raus und ihre Pässe stempeln lassen – das Ganze dauert so zwei Stunden. Hin und wieder sollen Leute an der Grenze belästigt worden sein, v. a. allein reisende Frauen. Die sollten besser eine andere Verbindung auswählen. Am sichersten und gemütlichsten ist es im Schlafwagen.

Georgien

Der größte Grenzübergang ist Sarp an der Schwarzmeerküste; er liegt zwischen Hopa (Türkei) und Batumi (Georgien) und ist rund um die Uhr geöffnet. Ein anderer Übergang im Landesinneren ist Türkgözü bei Posof. Das ist nördlich von Kars (Türkei) und südwestlich von Achaltsiche (Georgien). Hier werden Grenzgänger von 8 bis 20 Uhr abgefertigt, wobei das im Winter nicht so sicher ist. Also lieber noch mal checken.

Göktaş Ardahan (☎ in İstanbul 0212-658 3476; Ticketschalter 10) ist ein Busunternehmen, das direkte Busverbindungen zwischen Tbilissi und dem *otogar* in İstanbul für 43 € anbietet. Die Fahrt dauert ca. 26 Stunden. Außerdem starten mindestens zwei Busse täglich vom Busbahnhof in Trabzon nach Tbilissi (s. S. 595).

Wer von türkischer Seite aus zum Grenzübergang Türkgözü will, fährt ganz bequem von Kars (S. 629) aus: erst nach Posof, dann mit Taxi oder Minibus weiter zur Grenze (16 km, 20 €). Hinter der Grenze nimmt man ein Taxi in die georgische Stadt Achaltsiche (15 €; 2 Std.), von wo regelmäßig Busse nach Tbilissi fahren (die nicht selten 7 Std. brauchen).

Griechenland & Westeuropa

Wer von Griechenland auf dem Landweg in die Türkei reisen will, startet am besten in Alexandroupolis. Beide Grenzübergänge liegen nordöstlich davon: Kipi–İpsala 43 km und Kastanies–Pazarkule 139 km (in der Nähe der türkischen Stadt Edirne). Sie sind rund um die Uhr offen.

Zum Übergang Kipi–İpsala fährt ein Bus von Alexandroupolis nach Kipi; von dort trampt man am besten. Hinter der Grenze geht's mit dem Taxi (8,50 €) zum Busbahnhof von İpsala und weiter per Bus nach İstanbul.

Der umgekehrte Weg aus der Türkei nach Griechenland ist was für Frühaufsteher, denn

VERKEHRSMITTEL & -WEGE

VISA FÜR NACHBARLÄNDER

Armenien
Leute fast aller Nationalitäten kriegen bei der Ankunft an der Grenze (und am Flughafen) Visa für 30 $ (21 Tage gültig) oder Transitvisa für 18 $ (3 Tage gültig). Normalerweise können diese Visa an der Grenze auf 35 Tage verlängert werden. Wer länger bleiben will, braucht eine schriftliche Einladung.

Aserbaidschan
Wie aus den syrischen wird auch aus den aserbaidschanischen Visabestimmungen keiner so richtig schlau. Offiziell müssen fast alle Ausländer vor der Einreise ein zweimonatiges Visum für 63 € kaufen und eine schriftliche Einladung vorlegen. Wer mit dem Flieger kommt, kriegt sein Visum am Flughafen für 31 € (3 Monate gültig) – unglaublich, oder? Wir haben auch von Europäern gehört, die im Konsulat in Kars ein Visum beantragt haben und nur 31 € zahlen mussten (15 Tage gültig). Zwei Fotos – und das Visum war in drei Tagen fertig. Wenn jemand noch mehr skurrile aserbaidschanische Visageschichten auf Lager hat – immer her damit.

Bulgarien
Zurzeit können Staatsbürger aus Australien, Großbritannien, Irland, Israel, Japan, Kanada, Neuseeland und den USA an jeder bulgarischen Grenze ein kostenloses Touristenvisum für 30 Tage bekommen. Bürger anderer EU-Staaten kriegen sogar eins für 90 Tage.

Georgien
Die meisten Ausländer (z. B. Australier, Israelis, Japaner, Kanadier, Schweizer, EU-Bürger und US-Amerikaner) kriegen an jeder georgischen Grenze ein Touristenvisum für 90 Tage. Visa zur einmaligen Einreise für einen Monat kosten 8 €. Aktuelles unter www.mfa.gov.ge.

Griechenland
Bürger aus Australien, allen EU-Staaten, Kanada, Neuseeland und den USA können bis zu drei Monate ohne Visum nach Griechenland einreisen.

Iran
Wer den Iran besuchen will, muss rechtzeitig ein Visum besorgen. In Ankara gibt's eine Botschaft und in İstanbul und Erzurum Konsulate. Zwei Fotos und Kopien der wichtigsten Seiten im Pass sind vorzulegen. Erst wird eine Antragsgebühr von 40 € fällig, die nicht zurückgezahlt wird. Und

---

die paar Busse und Züge von Kastanies ins südlichere Alexandroupolis sind kurz nach 9 Uhr alle weg. Dort sind die Anbindungen dann besser. Ansonsten fährt auch ein Bus von Edirne nach Keşan, weiter nach İpsala und dann über die Grenze nach Kipi.

AUTO & MOTORRAD
Die Europastraße E 80 führt durch den Balkan über Edirne und İstanbul bis nach Ankara. Mit den Autofähren von Italien und Griechenland lässt sich eine Menge Zeit sparen, aber die Preise sind gepfeffert (s. S. 727).

Von Alexandroupolis in Griechenland geht's über die Schnellstraße zum bequemsten Grenzübergang (Kipi–İpsala), dann nach

Keşan und in östlicher Richtung nach İstanbul oder in südlicher nach Gallipoli, Çanakkale und zur Ägäis.

BUS
Busverbindungen nach İstanbul gibt's nur von Deutschland, Österreich, Italien und Griechenland aus. Wer also aus anderen europäischen Städten kommt, muss umsteigen. Zwei der besten türkischen Busunternehmen – **Ulusoy** (☎ 0212-444 1888 in der Türkei; www.ulusoy.com. tr) und **Varan Turizm** (☎ 0212-658 0270 in der Türkei; www.varan.com.tr) – betreiben große Mercedesbusse auf diesen Strecken. Hier ein paar Preise für die einfache Fahrt nach İstanbul: Frankfurt 130 € (45 Std.), München 110 €

nach ca. zehn Tagen kommt der Bescheid, ob der Antrag genehmigt wurde oder nicht. Manchmal dauert es auch nur einen Tag, manchmal mehrere Wochen. US-Amerikaner bekommen meistens eine Ablehnung und die Briten stehen auf der Beliebtheitsskala auch nicht gerade oben. Holländer dagegen kriegen das Visum oft im Handumdrehen. Wer sich vor der Ankunft in Doğubayazıt noch kein Visum besorgt hat, kann sich noch eins im Konsulat von Erzurum organisieren. Zwar lässt sich dafür eine Reise zurück nach Erzurum nicht umgehen, aber das Visum kann innerhalb einer Stunde ausgestellt werden, sodass die Rückfahrt nach Doğubayazıt am selben Tag noch drin ist. Manchmal wird ein Visum für das Land verlangt, das nach dem Iran als Nächstes bereist werden soll. Frauen müssen einen *hijab* tragen, der den Körper komplett bedeckt. Allerdings lockern sich die Regeln heute schon etwas. Der Pony darf zu sehen sein, Make-up und Schmuck sind erlaubt. Und wer mutig ist, nimmt eine andere Farbe als Schwarz (nur niemals Rot!).

Nordzypern

Visa für die Türkische Republik Nordzypern (TRNZ) bekommen Einreisende bei der Ankunft. Wer später auch nach Griechenland oder auf die griechischen Inseln reisen will, muss wissen, dass die Beziehungen zwischen der griechisch-zypriotisch verwalteten Republik Zypern (im Süden) und der TRNZ noch immer frostig sind. D. h., jemand, der in der TRNZ war und einen entsprechenden Stempel im Pass hat, wird vielleicht später nicht nach Griechenland reingelassen. Die Griechen verweigern die Einreise aber wirklich nur bei einem Stempel aus der TRNZ, *nicht* aus der „richtigen" Türkei. Am besten gibt man den türkisch-zypriotischen Beamten einfach ein extra Blatt Papier und nicht den Pass zum Abstempeln. Die machen das, weil sie das Problem ja schon kennen.

Russland

Das russische Konsulat in Trabzon schickt die Leute zu Burcu Turizm nebenan. Ein Foto und 95 € – und das Visum ist noch am selben Tag fertig.

Syrien

Mit dem Visum für Syrien ist es schwierig, weil sich die Regeln ständig ändern. Zum Zeitpunkt der Recherche brauchten alle Ausländer ein Visum für die Einreise nach Syrien und die meisten mussten es im Voraus beschaffen. Ein paar Traveller hatten an der Grenze Glück und bekamen eins, aber viele wurden abgewiesen. Wer sichergehen will, beantragt es zu Hause; sonst gibt es die Visa auch in Ankara und İstanbul. Die Kosten sind je nach Nationalität sehr unterschiedlich. Die meisten Ausländer brauchen zusätzlich noch ein Empfehlungsschreiben ihrer Botschaft. Schlechte Karten haben Leute mit einem israelischen Stempel im Pass.

(42 Std.), Wien 105 € (36 Std.) und Athen 68 € (20 Std.).

ZUG

Aus westeuropäischen Städten (außer Griechenland) geht die Fahrt immer über Osteuropa, s. S. 722.

Zugreisende zwischen Griechenland und der Türkei sind am besten mit dem *Filia-Dostluk Express* beraten, einem Nachtzug zwischen Thessaloniki und İstanbul. Der ist 12 bis 14 Stunden unterwegs (inkl. 1–2 Std. an der Grenze) und die klimatisierten Schlafwagen sind sehr gemütlich. 48 € sind ein guter Preis für eine einfache Fahrt in der 2. Klasse zwischen İstanbul und Thessaloniki; 68 € kostet es in der 2. Klasse, wenn man einen griechischen Intercity von oder nach Athen nimmt.

Fahrkarten gibt's nur an den Bahnhöfen, nicht online. Genaueres dazu steht auf den Websites der **Türkischen Staatsbahn** (TCDD; www.tcdd.gov.tr) und der griechischen Bahngesellschaft **Hellenic Railways Organisation** (www.ose.gr).

Iran

Zwischen Iran und der Türkei gibt's zwei Grenzübergänge. Der Übergang Gürbulak–Bazargan, nicht weit von Doğubayazıt (Türkei) und Şahabat (Iran), ist rund um die Uhr geöffnet und ein bisschen belebter. Der Übergang Esendere–Sero, südöstlich von

Van (Türkei), ist von 8 bis 24 Uhr geöffnet. Im Winter sollte man aber lieber noch mal nachfragen, sonst ist er vielleicht nicht besetzt. Immer mehr Leute nehmen diesen zweiten Grenzübergang wegen der tollen Strecke durch die sensationelle Landschaft Südostanatoliens. Und was zusätzlich dafür spricht, ist die direkte Busverbindung zwischen Van (Türkei) und Orumiyeh (Iran); Abfahrtszeiten s. S. 690.

BUS

Von İstanbul und Ankara fahren regelmäßig Busse nach Tabriz (Täbris) und Teheran. Die Busse von **Best Van Tur** (☎ 0212-444 0065; Ticketschalter 147) starten täglich am *otogar* in İstanbul (55 €, 35 Std.). In Ankara geht's am AŞTİ-Busterminal los.

Eine andere Möglichkeit ist es, mit einem Dolmuş von Doğubayazıt 35 km nach Osten zum Grenzort Gürbulak zu fahren (ca. 2 €) und dann zu Fuß die Grenze zu überqueren. Das dauert ca. eine Stunde. Von Bazargan gibt's Anschlussbusse nach Tabriz, von Sero welche nach Orumiyeh. Auch von Van fahren Busse in den Iran.

ZUG

Der *Trans-Asya Ekspresi* verkehrt zwischen Teheran und İstanbul über Tabriz, Van und Tatvan. Die türkischen und iranischen Anschlusszüge sind komfortabel. Eine Fähre schippert über den Vansee. Duschen gibt's leider nicht. Mehr dazu auf der Site der iranischen Bahn, **RAJA Passenger Train Co** (www. rajatrains.com).

Einmal pro Woche verkehrt ein Zug zwischen Teheran (Iran) und Damaskus über die türkischen Städte Van und Malatya. Mehr Infos unter www.tcdd.gov.tr.

Irak

Wir raten natürlich keinem zu einer Reise tiefer in den Irak. Aber ein paar hartgesottene Traveller haben sich über den Grenzposten Habur–Ibrahim al-Khalil in den Nordirak vorgewagt. Das ist in der Nähe von Cizre und Silopi auf der türkischen und Zakho auf irakischer Seite. Der Grenzübergang liegt in keiner Ortschaft und er kann nicht zu Fuß überquert werden. Ein Taxi von Silopi nach Zakho kostet ca. 20 €, von Cizre nach Zakho ungefähr das gleiche.

Die Traveller erzählten, dass sie auf türkischer Seite eine Kopie des Reisepasses hinterlegen mussten. Auf der irakischen Seite kriegten sie einen Einreisestempel für eine Woche (kein Visum) und mussten eine Gesundheitsbescheinigung kaufen (nicht teuer). Bei der Einreise in die Türkei wird oft das Gepäck durchsucht – also keine Sachen mitnehmen, die patriotisch-kurdisch wirken. Einen kurzen Einblick gibt Tony Wheelers Irak-Abenteuer (s. S. 679). Unbedingt die Lage vor Ort checken, bevor es nach Irak gehen soll!

Syrien

Zwischen Syrien und der Türkei gibt es acht Grenzübergänge. Der bequemste und darum auch vollste ist ohne Frage der bei Reyhanlı–Bab al-Hawa. Täglich fahren Busse aus dem türkischen Antakya in die syrischen Städte Aleppo (Halab; 3 €, 4 Std., 105 km) und Damaskus (Şam; 5,50 €, 8 Std., 465 km). Auch nicht weit von Antakya liegt der Grenzposten Yayladağı. Mehr dazu s. S. 469. Andere beliebte Übergänge nach Syrien sind die bei Kilis, 65 km südlich von Gaziantep (S. 644), bei Akçakale, 54 km südlich von Şanlıurfa (S. 652) und bei Nusaybin–Qamishle, 75 km östlich von Mardin (S. 677).

In İstanbul ist es möglich, Bustickets für Direktverbindungen nach Aleppo oder Damaskus zu kaufen. Busse von **Hatay Pan Turizm** (☎ 0212-658 3911; Ticketschalter 23) starten täglich um 6 Uhr am İstanbuler *otogar* nach Damaskus (27 €), wo sie um 3 Uhr am nächsten Morgen eintrudeln. Außerdem macht sich täglich um 13.30 Uhr ein Bus von **Urfa Seyahat** (☎ 0212-444 6363; Ticketschalter 10) auf den Weg nach Aleppo.

Der sehr komfortable Zug *Toros Express* rauscht von İstanbul nach Aleppo (und *nicht* weiter nach Damaskus, wie auf den Fahrplänen behauptet) – Genaueres dazu steht auf S. 167. Hier ist Selbstversorgung angesagt, denn Speisewagen fehlen. Auch andere komfortable Züge verkehren täglich zwischen Aleppo und Damaskus.

Es gibt eine Zugverbindung pro Woche zwischen Teheran (Iran) und Damaskus über die Städte Van und Malatya. Mehr unter www.tcdd.gov.tr.

ÜBERS MEER

Zwischen italienischen und griechischen Häfen und mehreren türkischen Häfen (außer İstanbul) verkehren Autofähren. Auf dem Schwarzen Meer sind auch ein paar Fähren unterwegs. Bei **Ferrylines** (www.ferrylines.com) gibt's viele Infos zum Fährverkehr in der Region.

FÄHREN ZWISCHEN DER TÜRKEI & GRIECHENLAND

Route	Häufigkeit	Preis (einfache Fahrt/ hin & zurück)	Weitere Infos
Ayvalık–Lesbos	tgl. Juni–Sept.; 2-mal wöchentl. Okt–Mai	40/50 €	(S. 232)
Bodrum–Kos	tgl. Mai–Okt.; 3-mal wöchentl. Nov.–April	(Tragflächenboot) 60 € offene Rückfahrkarte, 30/35 € am selben Tag 30/35 € am selben Tag (Fähre) 25/25 € am selben Tag, 50 € offene Rückfahrkarte	(S. 301)
Bodrum–Rhodos	tgl. Juni–Sept.	50/60 € am selben Tag, 100 € offene Rückfahrkarte	(S. 301)
Çeşme–Chios	5-mal wöchentl. Juni–Sept.; 2-mal wöchentl. im Winter	25/40 € am selben Tag, 50 € offene Rückfahrkarte	(S. 256)
Datça–Rhodos & Simi	Sa Mai–Sept. und *gület* bei Bedarf	(Tragflächenboot) 35/70 € (*gület*) 50 €	(S. 369)
Kaş–Kastellorizo (Meis)	tgl.	35 € hin & zurück	(S. 403)

VERKEHRSMITTEL & -WEGE

Griechenland

Private Fähren verbinden die türkische Ägäisküste mit den griechischen Inseln, wo es meist Flug- oder Fährverbindungen nach Athen gibt. Im Sommer fahren sie jeden Tag, im Frühling und Herbst ein paar Mal und im Winter höchstens einmal pro Woche. Einen Überblick über die Verbindungen gibt's auf oben.

Italien

Fähren von **Marmara Lines** (www.marmaralines.com) fahren von Brindisi und Ancona in Italien nach Çeşme. Auch zwei Fähren von **Turkish Maritime Lines** (www.tdi.com.tr auf Türkisch) verkehren jede Woche zwischen Brindisi und Çeşme. Genaueres zu diesen Verbindungen s. S. 256.

Nordzypern

Der Hauptgrenzübergang zwischen Nordzypern und der Türkei ist zwischen Taşucu (nahe Silifke) und Girne an der Nordküste von Nordzypern. Hier verkehren Schiffe von **Akgünler Denizcilik** (www.akgunler.com.tr), s. S. 449. Zwischen Alanya und Girne pendeln Fähren von **Fergün Denizcilik** (www.fergun.net), s. S. 444. Die dritte Möglichkeit sind Fähren von **Turkish Maritime Lines** (☎ 231 2688, 237 0726 in Mersin), die zwischen Mersin und Gazimağusa (Famagusta) an der Ostküste von Nordzypern fahren, s. S. 456.

Russland

Dreimal pro Woche gibt es Fähren zwischen Trabzon und Sotschi; mehr dazu s. S. 596.

Ukraine

Jede Woche ist eine komfortable Fähre der Gesellschaft **UKR Ferry** (www.ukrferry.com) auf dem Schwarzen Meer zwischen Odessa und İstanbul unterwegs. Eine Tour dauert ca. 36 Stunden und kostet mindestens 105 € pro Person.

Eine andere wöchentliche Verbindung besteht zwischen Sewastopol und İstanbul. In Sewastopol geht's am Sonntag um 6 Uhr los (Ankunft in İstanbul Dienstag um 8 Uhr) für 120 € pro Person in der Dreibettkabine oder 400 € pro Person in der kuscheligen Luxuskabine. Abfahrt von İstanbul ist am Donnerstag, 22 Uhr; Ankunft am Samstag, 8 Uhr. Zwischen İstanbul und Jalta gibt's auch Fähren. Telefonische Auskunft bei ☎ 0654-323 064 (Ukraine) oder per E-Mail unter www.aroundcrimea.com.

GEFÜHRTE TOUREN

Diese internationalen Reiseveranstalter haben sich in puncto Türkeireisen einen guten Namen gemacht.

Backroads (☎ 1800 462 2848; www.backroads.com) Ein US-amerikanisches Unternehmen, das kombinierte Fahrrad- und Segeltouren in der Westtürkei anbietet.

Cultural Folk Tours of Turkey (☎ 1800 935 8875; www.boraozkok.com) Anbieter in den USA für Individual- und Gruppenreisen mit Schwerpunkt Kultur und Geschichte.

Exodus (☎ 870-240 5550; www.exodus.co.uk) Veranstalter von Abenteuerreisen aus Großbritannien mit verschiedensten Reisen im Angebot, u. a. Bootstouren in Lykien und Kajak-Touren.

Imaginative Traveller (☎ 0800 316 2717; www.
imaginative-traveller.com) Britischer Veranstalter, der
Reisen zum Anzac-Gedenktag und Abenteuerreisen in der
ganzen Türkei im Programm hat.
Kizkalesi (☎ +49 (0) 7422-5 47 99; www.kizkalesi.
de) Reisespezialist für die Türkei mit Hauptsitz in Mersin
(Türkei) und Filiale in Deutschland.
Overcross Deutschland (☎ +49 (0) 7071-77 00 60;
www.overcross.de) Organisiert Geländewagentouren im
Taurusgebirge.
Pasha Tours (☎ 800 722 4288; www.pachatours.com)
US-amerikanischer Anbieter von ganz normalen Trips,
üblichen und Spezialtouren wie z. B. einer kulinarische
Reise, einer Tour zum „jüdischen Erbe", einer Reise zu den
„sieben Kirchen von Kleinasien" etc.
Sigl Reisevermittlung (☎ +49 (0) 8342-91 93 37;
www.erlebnisreisen-weltweit.de) Bietet Erlebnisreisetou-
ren, u. a. Wanderkreuzfahrten, in der Türkei an.
Sindbad-Reisen (☎ +41 (0) 44-734 00 00; www.
sindbad-reisen.ch) Internet-Reisebüro mit Sitz in der
Schweiz und ein Spezialist für Türkei-Rundreisen.
Studiosus Reisen (☎ +49 (0) 89-50 06 00; www.
studiosus.com) hat jede Menge Studienreisen in die Ost-
und Westtürkei, Städtereisen und Wanderstudienreisen
im Angebot.
Team Hinterreiter (☎ +43 (0) 664-3 40 06 03; www.
hinterreiter.com) Österreichischer Veranstalter von Erlebnis-
reisen in der Türkei.

Mehr zu Reiseveranstaltern in der Türkei
s. S. 733.

UNTERWEGS VOR ORT

Viele Länder könnten sich von der Türkei
eine Scheibe abschneiden, was effektive und
erschwingliche Personenbeförderung angeht:
Das Intercity-Busnetz ist so gut wie alle anderen. Die modernen Busse fahren zu jeder
Tages- und Nachtzeit – und das zu fairen
Preisen. Auch das Eisenbahnnetz ist auf ein
paar Hauptstrecken sehr brauchbar. Und
je moderner die Züge werden, desto mehr
Leute steigen ein. Und schließlich sind die
Inlandsflüge in einem so großen Land eine
Spitzenalternative. Der harte Wettbewerb
sorgt für niedrige Preise.

AUTO & MOTORRAD

Wer mit dem eigenen Fahrzeug durch die
Türkei reist, kann sich so viel Zeit nehmen, wie
er will, um die phantastischen Landschaften
im Landesinneren und an der Küste zu genießen. Er kann an jedem noch so winzigen

Straßenstand halten und lokale Leckereien
probieren, an kleinen Nebenstrecken versteckte Dörfer entdecken und bei jeder Gelegenheit ein Picknick machen, genau wie die
Einheimischen. Straßenbelag und Beschilderung sind auf den großen Straßen ganz okay
– auf der beliebtesten Touristenroute entlang
der ägäischen Küste und der Mittelmeerküste
könnten die Straßenverhältnisse gar nicht besser sein. Und an den Ausflug mit dem Motorroller auf die zerklüftete Halbinsel Hisarönü
(S. 366) an der westtürkischen Mittelmeerküste werden Traveller noch lange zurückden-
ken – wenn die halsbrecherischen Kurven erst
mal überstanden und vergessen sind.

Die Kehrseite: Die Türkei gehört zu den
Ländern mit den meisten Motorrad- und
Autounfällen weltweit. Türkische Fahrer sind
ja nicht direkt unhöflich, nur eben ungedul-
dig und echte Draufgänger. Sie fahren gern
schnell und haben den unbändigen Drang
zu überholen. Wer die Straßen der Türkei
überleben will, muss vorsichtig und sehr defensiv fahren und darf sich *niemals* von seinen
Gefühlen leiten lassen. Und am besten nicht
nachts fahren, weil dann die Schlaglöcher, die
Tiere auf der Straße und die Fahrzeuge ohne
Licht nicht zu sehen sind!

Die Türkei ist ein Riesenland und bei langen
Strecken im Auto würde jede Menge Reisezeit
draufgehen. Also längere Distanzen lieber mit
Flugzeug, Bus und Bahn zurücklegen und am
Ziel ein Auto mieten für kleinere Touren.

Automobilclubs

Der größte Automobilclub der Türkei heißt
Türkiye Turing ve Otomobil Kurumu (Türkischer Reise- &
Automobilclub; ☎ 0212-282 8140; www.turing.org.tr; Oto
Sanayi Sitesi Yanı, Seyrantepe 4 Levent, İstanbul).

Motorradfahrer sollten sich bei den **One More
Mile Riders İstanbul** (www.ommriders.com) informieren. Dort finden sie wichtige Infos zum
Motorradfahren in der Türkei. Weitere Tipps
gibt's bei **Horizons Unlimited** (www.horizonsunlimited.
com/country/turkey/).

Benzin & Ersatzteile

In der Türkei gibt's fast keinen Preisunter-
schied zwischen *süper benzin* (Normalben-
zin) und *kurşunsuz* (bleifrei); beide kosten
ca.1,60 € pro Liter. Kreditkarten werden in
fast allen Tankstellen akzeptiert.

Tankstellen gibt's an jeder Ecke, zumindest
im Westen der Türkei. Und viele gehören zu
riesigen Unternehmen. Wenn's durch die

unendlichen Weiten von Zentral- und Ostanatolien gehen soll, ist es aber nicht verkehrt, morgens vollzutanken.

Yedek parçaları (Ersatzteile) sind in den großen Städten ohne Weiteres zu bekommen, v. a. für europäische Modelle wie Renault, Fiat und Mercedes-Benz. Und US-Modelle aller Art kriegen die begnadeten türkischen Bastler auch irgendwie zum Laufen. Reparaturen werden meistens im Handumdrehen und für wenig Geld erledigt. Werkstätten an der Straße sind für guten und schnellen Service bekannt, allerdings müssen sie (oder die Kunden) nicht selten die Teile irgendwo anders besorgen. Für Reifenreparaturen wendet man sich an den *oto lastikçi* (Reifenservice). In den *sanayi bölgesi* (Industriegebieten) außerhalb der Städte gibt's auch immer eine Werkstatt.

Wer vor der Reparatur einen Kostenvoranschlag verlangt, erlebt später keine Überraschungen. Sonntags sind die meisten Werkstätten geschlossen.

Mit dem eigenen Motorrad durch die Türkei zu brettern macht sehr viel Spaß. Weil Ersatzteile außerhalb der großen Städte schwer zu kriegen sind, sollte man alles Nötige selbst mitbringen oder sich auf den grenzenlosen Einfallsreichtum der türkischen Mechaniker verlassen, die das Teil entweder finden, ein anderes umbauen oder selbst machen. Wer nur wegen eines Ersatzteils nicht weiterkommt, kann bei einer großen Werkstatt in İstanbul oder Ankara anrufen und sich das Teil mit dem nächsten Bus liefern lassen. Eine Werkstattliste von İstanbul gibt's bei **Horizons Unlimited** (www.horizonsunlimited.com/country/turkey/).

Das eigene Fahrzeug mitbringen

Reisende können mit dem eigenen Fahrzeug sechs Monate kostenfrei durch die Türkei fahren. Aber es wird im Pass eingetragen, dass man im eigenen Wagen eingereist ist. So soll sichergestellt werden, dass das Auto das Land auch wieder verlässt. Es dort zu verkaufen ist keine gute Idee. Und wer die sechs Monate überschreitet, kriegt eine saftige Geldstrafe verpasst. Autozulassung und Versicherungspapiere nicht vergessen. Wer keine Versicherung hat, muss an der Grenze eine Versicherungspolice kaufen.

Führerschein

Autofahrer brauchen einen gültigen Führerschein. Der normale Führerschein reicht aus.

Ein internationaler Führerschein ist praktisch, aber nicht nötig.

Mieten

Autos mieten kann jeder ab 21, der seit mindestens einem Jahr den Führerschein hat. Wer nicht mit einer der bekannten Kreditkarten bezahlt, muss ca. 500 € bar hinterlegen. Die meisten Mietwagen haben ein Standardgetriebe (Schaltung); Automatik kostet extra. Fast alle namhaften Autovermietungen nehmen 100 bis 140 € Rückholgebühr (wenn der Wagen z. B. in Antalya gemietet und in Dalaman zurückgegeben wird).

Die großen internationalen Autovermietungen (Avis, Budget, Europcar, Hertz und National) haben Niederlassungen in allen großen Städten und an fast allen Flughäfen. Die meisten Filialen hat **Avis** (www.avis.com.tr/english). **Europcar** (www.europcar.com) bietet dafür das beste Preis-Leistungs-Verhältnis und verlangt keine Rückholgebühr. Den besten Ruf unter den einheimischen Unternehmen genießen **Decar** (www.decar.com.tr), ebenfalls ohne Rückholgebühr, **Car Rental İstanbul** (☎ 0533-467 0724; www.carrentalturkey.info) und **Green Car** (www.greenautorent.com), der größte Anbieter in der Ägäisregion. **Turkey Car Hire Express** (http://turkey.carhireexpress.co.uk) kann bei der Suche nach einem Mietwagen hilfreich sein.

Wenn das Auto durch einen Unfall Schaden nimmt (egal, ob fremd- oder selbstverschuldet), muss man an Ort und Stelle bleiben, bis ein Polizist kommt und einen *kaza raporu* (Unfallbericht) macht. Möglicherweise verlangt er auch einen Alkoholtest. Der Schaden muss der Autovermietung innerhalb von 48 Stunden gemeldet werden. Es ist gut möglich, dass die Versicherung nicht zahlt, wenn rauskommt, dass der Fahrer unter Einfluss von Alkohol oder anderen Drogen stand, gerast ist oder den geforderten Unfallbericht nicht innerhalb von 48 Stunden eingereicht hat.

Alles in allem kostet ein Standardmietwagen in den Sommermonaten (1 Woche mit unbegrenzter Kilometerzahl, inklusive Steuer & Versicherung) etwa 400 bis 500 €, für einen Tag ca. 40 bis 70 €, je nach Fahrzeugtyp, -größe und Ort der Anmietung. Vor Ort zu mieten ist meistens günstiger als Vorausbuchung, allerdings besteht das Risiko, dass keine Autos mehr da sind. Kindersitze kosten ca. 5,50 € pro Tag.

Parken

Parkplätze finden sich eigentlich überall, sogar in den größten Städten wie İstanbul, Ankara, İzmir, Antalya etc. Man muss höchstens mal ein paar Schritte laufen bis zur Unterkunft.

Die Gäste von Spitzenklasse- und einigen Mittelklassehotels können sich über Tiefgaragenparkplätze freuen. Die meisten Mittelklasse- und Billigunterkünfte haben immerhin einen oder zwei Parkplätze vor der Tür. Wenn nicht, wird das Auto eben in der Nähe auf einem bewachten Parkplatz oder an der Straße geparkt, wo's entweder gar nichts kostet oder ein Gebühreneintreiber pro Stunde einen bestimmten Betrag kassiert. Am besten vorher in der Unterkunft anrufen und bei der Ankunft nach der nächsten und/oder billigsten Parkmöglichkeit fragen.

„Krallen" für Falschparker gehören genauso zum türkischen Alltag wie Abschleppwagen. Kurz gesagt – wer falsch parkt, muss mit hohen Kosten und viel Ärger rechnen.

Straßenverhältnisse

Es gibt gute *otoyols* (Autobahnen) von der bulgarischen Grenze in der Nähe von Edirne nach İstanbul und Ankara und von İzmir die ganze Küste entlang bis nach Antalya. Auch andere Straßen werden immer besser ausgebaut, wobei die im Osten noch nicht ganz mithalten können. Strenge Winter sind Gift für den Straßenbelag und das Straßenbauamt kommt mit den Ausbesserungen kaum hinterher.

Vorsicht auf den vereisten Straßen im Winter. Wenn es hart kommt, sind Schneeketten fast überall angesagt, außer an Ägäis- und Mittelmeerküste. In einsameren Gegenden kontrolliert die Polizei, ob das Auto für Notfälle ausgestattet ist.

Wer von İstanbul nach Ankara unterwegs ist, muss sich rund um Bolu auf einen fiesen Nebelgürtel gefasst machen, der sogar im Sommer die Sicht extrem behindern kann.

Verkehrsregeln

Theoretisch gilt in der Türkei Rechtsverkehr. Und wer von rechts kommt, hat Vorfahrt. Aber die Praxis sieht anders aus: Gefahren wird in der Mitte und nur das eigene Auto hat Vorfahrt. Nicht wundern, wenn in schlecht einsehbaren Kurven überholt wird. Wenn wirklich ein Auto entgegenkommt, treten alle drei Fahrer voll in die Bremsen und beten.

Internationale Straßenschilder gibt es zwar, aber kaum einer beachtet sie. Die Höchstgeschwindigkeiten betragen, wenn nicht anders ausgeschildert, 50 km/h in Ortschaften, 90 km/h außerhalb von Ortschaften und höchstens 130 km/h (mindestens 40 km/h) auf *otoyols*.

Es gibt nur wenige geteilte Autobahnen und viele zweispurige Straßen sind Serpentinen. Also bleibt manchmal nichts anderes übrig, als stundenlang hinter einem langsamen und bedrohlich überladenen Truck herzuzuckeln. Achtung: Wer nachts fährt, muss darauf gefasst sein, dass manche Autos keine Lichter haben oder ohne Licht fahren, andere mitten auf der Straße stehen und wieder andere das Licht nur kurz aufleuchten lassen, damit alle wissen, dass da jemand kommt.

Versicherung

Ein absolutes Muss ist eine für das ganze Land (nicht nur für Thrakien bzw. den europäischen Teil der Türkei) gültige Haftpflichtversicherung oder eine türkische Versicherungspolice, die es an der Grenze zu kaufen gibt.

Wer ein Auto mietet, zahlt automatisch für zwei gesetzlich vorgeschriebene Versicherungen: die Haftungsbeschränkung bei Schäden am Miet- oder einem anderen Fahrzeug und die Diebstahlversicherung. Eine persönliche Unfallversicherung ist selten Pflicht. Sie abzuschließen lohnt sich v. a. dann nicht, wenn die eigene Reiseversicherung auch Unfallkosten abdeckt.

BUS

Busse sind in der Türkei die verbreitetsten und beliebtesten Transportmittel. Praktisch jeder Traveller, der zum ersten Mal ins Land kommt, schwärmt von dem spitzenmäßigen Busnetz, das viel besser ist als zu Hause. Nicht nur, dass die Busse bestens in Schuss und sehr bequem sind, die Passagiere werden unterwegs auch noch mit Snacks und Tee verwöhnt – sowie ein paar ordentlichen Spritzern von dem hierzulande höchst beliebten *kolonya* (Kölnischwasser mit Zitronenduft).

Fast alle türkischen Städte haben einen zentralen Busbahnhof, den *otogar* bzw. *garaj* oder *terminal*. Hier fahren nicht nur Intercitybusse, sondern oft auch Sammeltaxis bzw. Minibusse (auf Türkisch Dolmuş) ab. Sie verkehren auf festgelegten Routen und fahren auch in entlegene Gebiete oder Dörfer. Fast überall gibt's eine *emanetçi* (Gepäckaufbewahrung), die wenig kostet.

Hier ein paar der besten Unternehmen mit ausgedehnten Streckennetzen:

Boss Turizm (☎ 444 0880; www.bossturizm.com auf Türkisch) Spezialisiert auf Super-Luxus-Reisen zwischen İstanbul und Ankara.

Kamil Koç (☎ 444 0562; www.kamilkoc.com.tr auf Türkisch)

Ulusoy (☎ 444 1888; www.ulusoy.com.tr)

Varan (☎ 444 8999, 0212-551 5000; www.varan.com.tr)

Preise

Die Preise sind dank des knallharten Konkurrenzkampfes zwischen den Busgesellschaften niedrig. Wer ein bisschen jammert von wegen wenig Geld, armer Student usw., schafft es manchmal, die Tickets noch runterzuhandeln. Das klappt aber nicht immer. Die Preise richten sich auch nach dem Markt, sodass die Kosten für ein Ticket aus der reichen Stadt A ins arme Dorf B nicht immer dieselben sind wie für die umgekehrte Strecke.

Ein paar Beispiele für Fahrpreise der Buslinien, die von den großen türkischen Busbahnhöfen abfahren, stehen in den jeweiligen Kapiteln unter An- & Weiterreise. Über den Daumen gepeilt kostet ein Busfahrschein von İstanbul nach Çanakkale 9 €, nach Ankara ca. 22 € und nach Göreme (Kappadokien) 17 bis 22 €.

Reservierung

Natürlich kann jeder einfach in einen *otogar* gehen und ein Ticket für den nächsten Bus kaufen. Aber manchmal ist es schlauer, ein bisschen vorauszuplanen, v. a. an Feiertagen, Wochenenden und in den Schulferien von Mitte Juni bis Anfang September. Bei den meisten Busgesellschaften von (s. links) gibt's Fahrscheine online.

Wer einen *otogar* betritt, muss sich darauf gefasst machen, dass sich eine wilde Meute von Kundenfängern auf ihn stürzen wird, die ihm alle eine Busfahrt zum gewünschten Reiseziel aufdrängen wollen. Welche ist jetzt die richtige? Am besten setzt man auf die seriösen und bekannten Unternehmen (s. links). Die kosten vielleicht eine Kleinigkeit mehr, aber wenigstens sind die Busse gut gewartet, fahren planmäßig und auf richtig langen Strecken ist ein zweiter Fahrer dabei. Bei Kurztrips lieber eine Busgesellschaft aussuchen, die in der jeweiligen Gegend gut vertreten ist. Truva ist z. B. im Gebiet von Çanakkale der größte Anbieter und Uludağ deckt die Gegend rund um Bursa ab.

Wer erst mal ein Ticket gekauft hat, kriegt das Geld nur schwer wieder zurück. Ein Umtausch in ein anderes Ticket derselben Busgesellschaft ist einfacher.

Alle Plätze können reserviert werden und die Tickets haben Platznummern. Bei den Fahrscheinverkäufern liegen Sitzpläne, auf denen sie die verkauften Plätze ausstreichen. So hat jeder die Wahl. Nicht so toll sind die Plätze ganz hinten im Bus (wo es ziemlich stickig werden kann) und über den Rädern (hier ruckelt es wie verrückt). Auf Nachtfahrten sollte man sich nicht direkt hinter den Fahrer setzen – da gibt's keine Beinfreiheit. Außerdem muss man da eventuell den Zigarettenqualm des Fahrers und das stundenlange Gequatsche von Fahrer und Schaffner aushalten. Die Sitze direkt vor und hinter der mittleren Tür sind genauso ungünstig: Die

VERKEHRSMITTEL & -WEGE

FEZ-BUS

Ein- und aussteigen, wo es einem gefällt – der **Fez-Bus** (Karte S. 102/103; ☎ 0212-516 9024; www. feztravel.com; Akbıyık Caddesi 15, Sultanahmet, İstanbul) verbindet die großen Touristenzentren der Ägäis- und Mittelmeerregion mit İstanbul und Kappadokien. Von dort fährt er eine Schleife in östlicher Richtung nach Şanlıurfa und zum Berg Nemrut Dağı. Mit dem Buspass „Turkish Delight" für 230 € (Stud. 205 €) geht's von İstanbul über Çanakkale, Selçuk, Köyceğiz, Fethiye, Olympos und Kappadokien wieder zurück nach İstanbul. Dazu gibt's auf Wunsch eine *gület*-Kreuzfahrt, eine zusätzliche Runde mit dem „Eastern Explorer" und/oder einen Trip nach Safranbolu. Zeit spielt bei dieser Rundreise keine Rolle.

Bequemer geht's nicht. Hier wird keinem eine Unterkunft aufgedrückt. Aber wer die von Fez Travel nimmt, wird direkt vor die Tür chauffiert. So lernt man auch schnell andere Traveller kennen und kann sich mit ihnen zusammentun, weil sich die Routen ähneln und vielleicht auch der Zeitrahmen. Der Haken an der Sache: Wer so reist, verbringt viel mehr Zeit mit anderen Ausländern als mit Türken. Außerdem kostet die gleiche Tour mit Linienbussen wahrscheinlich weniger.

davor lassen sich nicht nach hinten stellen und die dahinter lassen den Reisenden keinen Platz für die Beine.

Servis

Stadtplanerisch macht es natürlich Sinn, die *otogars* aus den Stadtzentren zu verbannen. Aber dadurch verlängern sich die realen Fahrzeiten. Die in diesem Buch angegebenen Zeiten gelten immer von Busbahnhof zu Busbahnhof. Man sollte also jeweils eine Stunde mehr einplanen für die Strecken zum *otogar* und von dort wieder weg. Weil die *otogars* so weit draußen liegen, bieten die meisten Busunternehmen einen *servis* (Minibus-Shuttle) an, um ihre Fahrgäste ins Zentrum bzw. aus dem Zentrum zum *otogar* zu bringen. Es ist eine gute Idee, schon beim Ticketkauf nach dem *servis* und dessen Abfahrtszeit fragen – und sich bei der Ankunft auch gleich nach dem *servis* in Richtung Stadt zu informieren (*„Servis var mı?"*). Nur in wenigen Städten gibt es keine Minibus-Shuttles, u. a. Bursa, Konya und Safranbolu.

Servis-Fahrer nehmen sich gern jede Menge Zeit auf der Fahrt zum *otogar*. Das bedeutet, dass sich z. B. Fahrgäste von Göreme nach Nevşehir gute 45 Minuten vor Abfahrt des Busses an der Haltestelle einfinden müssen – auch wenn die Fahrt eigentlich nur 15 Minuten dauert.

Dieser Service kostet zwar nichts, hat aber eine Menge Haken. Es kann passieren, dass der Fahrer unendlich lange auf eine andere Busladung Passagiere wartet oder einfach nicht losfährt, weil er sich partout nicht vom Fernseher trennen kann. Und wenn er dann endlich auftaucht, dauert's oft furchtbar lange, weil er unbedingt jeden direkt vor seiner Haustür absetzen will (jedenfalls fast). Wer Zeit sparen will und das Geld übrig hat, nimmt lieber ein Taxi.

Achtung: Manche Pensionsbesitzer gaukeln einem vor, dass der private Minibus ihrer Pension der *servis* der Busgesellschaft sei. Das passiert am *otogar* von Nevşehir und wer weiß wo sonst noch.

DOLMUŞ & MIDIBUS

Früher war ein Dolmuş ein einfaches Sammeltaxi, das für wenig Geld auf festgelegten Routen hin- und herfuhr. Heute kann ein Dolmuş eigentlich auch Intercity-Minibus genannt werden. (Er ist auch im Stadtverkehr unterwegs, s. S. 733) Manche starten erst, wenn auch der

letzte Platz besetzt ist, andere haben feste Fahrpläne. Sie sind das ideale Beförderungsmittel zwischen kleinen Städten und Dörfern.

Wer aussteigen will, ruft einfach *„inecek var"* (da will jemand aussteigen).

Midibusse sind so eine Art Zwischending auf Strecken, die für ein Dolmuş zu lang sind und für die großen Busse uninteressant. Sie haben oft enge Sitze mit steifen, kerzengeraden Lehnen und sind alles andere als bequem auf langen Strecken. Die Midibusse auf der langen, kurvigen Straße von Bodrum und Marmaris über Fethiye nach Antalya sind ein Alptraum.

FAHRRAD

Mit dem Fahrrad durch ein Land zu touren ist ja immer ein Erlebnis, so auch in der Türkei. Es bietet jede Menge Überraschungen, Herausforderungen und viel Strampelei. Highlights sind die sensationelle Landschaft, der leichte Zugang zu archäologischen Stätten, wo manchmal weit und breit kein Mensch ist, und die Neugier und Gastfreundlichkeit der Einwohner, v. a. im tiefsten Osten. Von Verkehrsrowdys und – weiter östlich – Steine werfenden Kindern, Wölfen und wilden Kangal-Schäferhunden sollte man sich nicht abhalten lassen. Kaputte Straßenränder sind nicht gerade die Ausnahme. Aber wer einen großen Bogen um die Hauptstraßen macht, wird die Tour sicher überstehen und viel Spaß haben.

In İstanbul und Ankara sind hervorragende Ersatzteile zu kriegen, anderswo sollte man vorsorgen. Die Spitzenfahrradmarke der Türkei heißt Bisan. Die Modelle sind ganz ordentlich und kosten ab 150 €. Fahrradläden in İstanbul wie das **Pedal Sportif** (☎ 0212-511 0654; www.pedalbisiklet.com auf Türkisch; Mimar Kemalettin Caddesi 29, Sirkeci) oder in Ankara wie das **Delta Bisiklet** (☎ 0212-259 2279; www.deltabisiklet.com; Bosna Hersek Caddesi 21, Emek) verkaufen auch die großen internationalen Marken. Die Mitarbeiter in beiden Läden sprechen Englisch. Sie warten auch Räder und schicken Ersatzteile in alle Ecken des Landes.

Die beste Fahrradwanderkarte heißt *Köy Köy Türkiye Yol Atlası* (19 €) und ist in den İstanbuler Buchläden zu finden; andere Kartentipps s. S. 706. Normalerweise nehmen Flugzeuge, Busse, Züge und Fähren Räder kostenlos mit. Höchstens Mini- und Midibusse verlangen Geld für den Stauraum. Für kürzere Touren können in den Touristenorten an der Küste und in Kappadokien Fahrräder gemietet werden.

FLUGZEUG
Fluglinien in der Türkei
Die Inlandsfluggesellschaften bedienen ca. 30 türkische Städte. Viele Flüge, z. B. von Dalaman nach Van, gehen über die Knotenpunkte İstanbul oder Ankara. Atlasjet gehört zu den wenigen Airlines, die Direktflüge zwischen der Westküste und Reisezielen in der Mitte und im Osten des Landes anbieten.

Bei den meisten Airlines sind Online-Buchungen möglich. Wer einen billigen Flug mit einer günstigen Abflugzeit ergattern will, sollte lieber ein paar Monate im Voraus buchen.

Inlandsflüge sind bei folgenden Airlines zu haben:

Atlasjet (☎ 0216-444 3387; www.atlasjet.com) Immer größer werdendes Netz mit Flügen von İzmir, Bodrum, Dalaman und Antalya in viele Städte des Landes.

Fly Air (☎ 0212-444 4359; www.flyair.com.tr) Weniger Strecken, fast nur Flüge nach/von İstanbul, aber die niedrigsten Preise.

Onur Air (Karte S. 100/101; ☎ 0212-662 9797; www.onurair.com.tr) Gut ausgebautes Netz; Preise von 40 bis 80 €.

Pegasus Airlines (www.pegasusairlines.com) Fliegt zwischen İstanbul und Nevşehir.

Sun Express Airlines (www.sunexpress.com.tr) Tochter von Turkish Airlines.

Turkish Airlines (Karte S. 100/101; Türk Hava Yollari, THY; ☎ 0212-444 0849; www.thy.com) Die staatliche Gesellschaft Turkish Airlines hat das größte Inlandsnetz und bietet Online-Buchung und -Zahlung an. Oneway-Tickets ab 38 €.

GEFÜHRTE TOUREN
Jahr für Jahr beschweren sich bei uns Traveller, die sich von Reiseveranstaltern vor Ort über den Tisch gezogen fühlen, v. a. rund um Sultanahmet in İstanbul. Hier muss gesagt werden, dass es neben den Abzockern auch jede Menge sehr guter Agenturen gibt. Also nicht verzweifeln, sondern in aller Ruhe eine Summe festlegen, die laut diesem Buch zusammenkommen würde, wenn man die Tour auf eigene Faust unternehmen würde. Dann ein bisschen umhören und zugreifen.

Eine Liste guter Tourveranstalter in İstanbul steht auf S. 143. Andere sind in den Kapiteln zu den jeweiligen Reisezielen zu finden. Und hier noch ein paar türkische Adressen, die wir für zuverlässig halten.

Amber Travel (☎ 0242-836 1630; www.ambertravel.com) Spezialist für Abenteuerreisen mit Sitz in Kaş, s. S. 400.

Bougainville Travel (☎ 0242-836 3737; www.bougainville-turkey.com) Spezialist für Abenteuerreisen mit Sitz in Kaş, s. S. 400.

Fez Travel (Karte S. 102/103; ☎ 0212-516 9024; www.feztravel.com; Akbıyık Caddesi 15, Sultanahmet, İstanbul) Backpackertouren in der ganzen Türkei inklusive Gallipoli. Betreibt auch den Fez-Bus, s. Kasten S. 371.

Kirkit Voyage (Karte S. 102/103; ☎ 0212-518 2282; www.kirkit.com) Speziell zugeschnittene Touren in der Türkei (Kappadokien-Spezialist) inklusive Stadtrundfahrten in İstanbul und nach Gallipoli, s. S. 143. Sprechen auch Französisch.

Olympica (☎ 0242-836 2049; www.olympicatravel.com) Ist spezialisiert auf selbst zusammengestellte Aktivpakete, sitzt in Kaş, s. S. 400.

NAHVERKEHR
Bus
Für die meisten Stadtbusse kauft man das *bilet* (Ticket) im Voraus an einem speziellen Schalter, entweder auf einem großen Busbahnhof oder an einer Umsteigestelle. Auch ein paar Läden in der Nähe der Haltestellen verkaufen Fahrscheine, die ca. 65 Cent kosten.

In manchen Städten, v. a. in İstanbul, fahren auch private Busunternehmen auf den Stadtbuslinien. Ihre Busse sind oft älter. Und sie nehmen nicht nur Fahrscheine, sondern auch Bargeld an.

Stadt-Dolmuş
Ein Dolmuş ist ein Minibus, der auf festgelegten Routen durch die Stadt fährt. Er kommt oft schneller vorwärts, ist bequemer und kaum teurer als der Bus. Die Städte, in denen heute noch altmodische Sammeltaxis unterwegs sind (Bursa, Trabzon und İzmir gehören dazu), können an einer Hand abgezählt werden.

Wenn einem ein paar Routen vertraut sind, fühlt man sich sicher genug, am Straßenrand ein Dolmuş anzuhalten. In den größeren Städten sind die Haltestellen durch blau-weiße Schilder mit einem schwarzen D und der Aufschrift *Dolmuş İndirme Bindirme Yeri* (etwa: Dolmuş-Ein-und-Aussteigestelle) gekennzeichnet. Normalerweise sind sie an großen Plätzen, (Bus-)Bahnhöfen und Kreuzungen zu finden, aber lieber noch mal den Fahrer fragen: „[Fahrziel] *dolmuş var mı?*"

Metro
Inzwischen haben einige Städte (z. B. İstanbul, İzmir, Bursa und Ankara) U-Bahnen oder Metros, die teilweise unter der Erde fahren. Sie sind schnell und einfach zu nutzen. Aller-

dings müssen Fahrgäste oft erst mal durch die Ticketschranke, bevor sie einen Blick auf den U-Bahn-Plan werfen können. In den meisten Metros gibt's *jetons* (Fahrmünzen) für ca. 65 Cent, die an der Schranke eingesteckt werden müssen.

Taxi

Kaum ein Taxi in der Türkei hat kein Taxameter und die meisten Fahrer schalten es auch routinemäßig ein. Wenn dem nicht so ist, hilft ein promptes „*Saatiniz*" („Ihr Taxameter!"). Die Grundgebühr ist so teuer wie ein Busfahrschein (ca. 65 Cent). Dann muss gecheckt werden, ob der Fahrer den richtigen Tarif nimmt: tagsüber *gündüz* und nachts *gece* (der ist 50 % teurer).

Manchmal (v. a. in İstanbul) versuchen Taxifahrer, Ausländer zu einer Pauschale zu überreden. Sie machen einen guten Preis, stecken das Geld in die eigene Tasche und der Taxibesitzer sieht nichts davon. Meistens verlangen sie aber Wucherpreise, schimpfen wie verrückt und schalten das Taxameter partout nicht ein. Dann sollte man ein anderes Taxi nehmen und sich gegebenenfalls bei der Polizei beschweren. Eine Pauschale lohnt sich nur bei privaten Taxifahrten mit Wartezeiten (z. B. an einer Ausgrabungsstätte) – aber den Preis immer vorher aushandeln, damit es später keinen Ärger gibt.

Straßenbahn

In mehreren Städten gibt's auch *tramvays* (Straßenbahnen), die schnell und effizient sind. Eine Fahrkarte kostet auch hier ca. 65 Cent.

SCHIFF

Fähren auf dem Marmarameer

İstanbul Fast Ferries (İstanbul Deniz Otobüsleri, İDO; ☎ 0212-444 4436; www.ido.com.tr) betreibt Highspeed-Autofähren, die das Marmarameer überqueren. Sie fahren von İstanbul (Yenikapı Terminal) nach Yalova (mit Anbindung nach Bursa), s. S. 308; Bandırma (mit Anbindung nach İzmir), s. S. 215; und Mudanya (nach Bursa).

TRAMPEN

Trampen ist in keinem Land der Welt wirklich sicher. Und wir raten keinem dazu. Wer es sich trotzdem in den Kopf gesetzt hat, weiß hoffentlich, dass das eine ziemlich riskante Angelegenheit ist.

Wer per Anhalter (*otostop*) fahren muss, kann sich ja ein bisschen an den Benzinkosten

beteiligen. Obwohl die meisten Autofahrer ausländische Tramper schon aus reiner Neugier mitnehmen. So viele Privatautos wie in Europa sind hier nicht unterwegs; also kann das Trampen an manchen Strecken zur echten Geduldsprobe werden.

In dem riesigen Land mit den wenigen Autos ist das Trampen auf kurzen Strecken aber gar nicht so unüblich. Wer von einer Schnellstraße zu einer Ausgrabungsstätte will, kann ja mal versuchen, ein Gefährt anzuhalten, sei es ein Traktor, ein Lkw oder ein Privatauto.

Übrigens, nicht einfach nur den Daumen in die Luft halten, sondern mit dem Gesicht zum anrauschenden Verkehr den Arm in Richtung Straße halten und auf- und abschwenken – so, als würde man beim Basketball dribbeln.

ZUG

Züge der **Türkischen Staatsbahn** (Türkiye Cumhuriyeti Devlet Demiryolları, TCDD; ☎ 0216-337 8724; www.tcdd.gov.tr) fahren durchs ganze Land. Weil die Schienen noch aus spätosmanischer Zeit stammen, verlaufen sie selten auf der kürzesten Strecke. Gut, dass seitdem ein paar neuere und direktere Strecken gebaut wurden, auf denen die besten Expresszüge für kürzere Fahrzeiten sorgen. Spätestens seit den drei üblen Zugunglücken innerhalb weniger Wochen im Jahr 2004 (u. a. auf der frisch eröffneten Hochgeschwindigkeitsstrecke İstanbul–Ankara) fordern manche Leute, das Schienennetz komplett zu überholen. Natürlich steckt die Regierung Geld in den Ausbau und träumt von einem Schnellbahnnetz übers ganze Land. Und so sind Hochgeschwindigkeitsverbindungen zwischen İstanbul und Ankara (eine neue Strecke), Ankara und Konya, Sivas und Kars sowie Edirne und Kars auch schon im Bau oder mitten in der Planung.

Das Streckennetz deckt fast das gesamte Zentralanatolien und den Osten der Türkei ab. Nur die Küstenlinien sind irgendwie vergessen worden, bis auf ein kurzes Stück zwischen İzmir und Selçuk. Zur Ägäis- und Mittelmeerküste muss man per Zug nach İzmir oder Konya und von da weiter mit Bussen.

Was erwartet einen nun? Zugreisen durch die Türkei werden immer beliebter bei Leuten, die das entspannte Reisen entdeckt haben. Phantastische Landschaften ziehen an den Panoramafenstern vorbei, das rhythmische Geklapper der Räder auf den Gleisen lässt einen gemütlich einschlummern und man

DER MANN AUF PLATZ 61

Ein alter türkischer Witz sagt, dass die Deutschen nach Kilometern bezahlt wurden, als sie große Teile des Schienennetzes anlegten. Darum haben sie nie eine gerade Strecke gebaut, sondern lieber viele Kurven! Das glaubt jeder Traveller sofort, wenn seine Bahn sich durch das Land schlängelt und um tiefe Täler und kahle Berge herumzuckelt. Zugfahren in der Türkei ist unglaublich billig, obwohl die besten Züge klimatisiert sind und locker mit vielen in Westeuropa mithalten können. Und die Landschaft ist oft die schönere! Außerdem geht nichts über ein entspanntes Essen und ein Bier im Speisewagen des İstanbul-Ankara-Express nach einer Hardcore-Sightseeingtour durch İstanbul. Romantik pur bieten die Nachtzüge von İstanbul nach Denizli (bei Pamukkale) oder Konya und noch dazu spart man Zeit. Natürlich sind auch langsamere und ältere Züge unterwegs. Dann einfach die Beine hochlegen, eine Flasche Wein aufmachen und die Landschaft vorbeiziehen lassen!

Vielen Dank an Mark Smith, alias der „Mann auf Platz 61", dem Experten für weltweite Zugreisen und Gründer der informativen Website www.seat61.com. Wer sich für ein Zugreise interessiert, findet keine bessere Site.

lernt nette Einheimische kennen. Was machen da schon die gelegentlichen Verspätungen und am Ende einer langen Fahrt widerlich verdreckten Zugtoiletten! Und wer die Nacht im Zug verbringt, spart Übernachtungskosten.

Wer eine lange Strecke in der Türkei mit dem Zug zurücklegen will, sollte ein paar Zwischenstopps einplanen und genau checken, wie lange die Reise dauern wird. Die 1900 km lange Fahrt im *Vangölü Ekspresi* von İstanbul zum Vansee (Tatvan) dauert z. B. über 40 Stunden – und so was nennt sich Express! Der Bus braucht weniger als 24 Stunden, ein Flugzeug weniger als zwei. Beliebt sind Zugreisen von İstanbul nach Ankara und in den Nachtzügen zwischen İstanbul und Konya, İstanbul und Teheran (Iran) sowie İstanbul und Aleppo (Syrien). Die Abfahrtszeiten sollten immer doppelt und dreifach gecheckt werden (s. Tabelle S. 167, mit Fahrplan und Preisen nach/von İstanbul).

Wichtig ist, dass auf den Fahrplänen oft nur die Bahnhöfe stehen und nicht die Städtenamen. Also heißt es Haydarpaşa und Sirkeci statt İstanbul und Basmane und Alsancak (die beiden großen Bahnhöfe) statt İzmir.

Klassen & Preise

In türkischen Zügen gibt's verschiedene Sitz- und Schlafplatzvarianten. Die meisten Züge haben komfortable Pullmanwagen mit einzeln verstellbaren Sitzen. Manchmal gibt's auch Abteile mit sechs Plätzen, aufgeteilt in 1. und 2. Klasse. Teils können Plätze reserviert werden, aber oft gilt „wer zuerst kommt, sitzt zuerst".

Drei Arten von Schlafwagen stehen zur Auswahl. Im *küşetli* (Liegewagen) teilen sich vier oder manchmal sechs Passagiere ein Abteil, in dem sich die Sitze zu Liegeflächen umklappen lassen. Bettzeug ist nicht dabei, außer es handelt sich um einen *örtülü küşetli*, einen Liegewagen mit Decken. Ein *yataklı* hat kleinere Schlafabteile im europäischen Stil mit Waschbecken und Bettzeug. Hier passen ein bis drei Leute rein – empfehlenswert für Frauen, die nachts allein reisen.

Normalerweise gibt's in jedem Zug verschiedene Wagenarten. Der *Doğu Express* von İstanbul nach Kars hat z. B. zwei Pullmanwagen, zwei Liegewagen mit Decken, zwei Abteilwagen mit Sitzplätzen ohne Reservierung und einen Schlafwagen.

Zugtickets kosten etwa halb so viel wie Bustickets. Kinder, Studenten, Senioren und Behinderte bekommen 20 % Ermäßigung. Auch Rückfahrkarten sind um 20 % billiger.

Interrail-Ticket, Balkan Flexipass und Eurodomino-Pass gelten auch auf dem türkischen Eisenbahnnetz; der Eurail-Pass nicht.

Reservierung

In den besten Zügen müssen die meisten Sitzplätze und alle Schlafplätze reserviert werden. Ein Plätzchen in den beliebten *yataklı* (Schlafwagen) sollte man sich so früh wie möglich sichern, v. a. wenn ein religiöser oder anderer Feiertag ansteht (s. S. 700). Am vollsten sind die Züge an den Wochenenden.

Tickets können online gebucht und gezahlt werden unter www.tcdd.gov.tr.

VERKEHRSMITTEL & ·WEGE

Gesundheit Dr. Caroline Evans

GESUNDHEIT

Prävention ist das Schlüsselwort: Wer gesund durch die Türkei reisen will, beugt vor. Infektionskrankheiten kommen vor, aber sie hängen normalerweise mit schlechten Lebensbedingungen und Armut zusammen. Durch richtige Vorsorge lassen sie sich vermeiden. Am häufigsten brauchen Traveller nach Unfällen medizinische Hilfe – kein Wunder bei den oft miserabel gewarteten Autos und schlecht beleuchteten Straßen voller Schlaglöcher. Die medizinische Betreuung kann in den großen Städten ausgezeichnet sein, in abgelegeneren Landesteilen aber auch sehr bescheiden.

VOR DER REISE

Gerade wenn schon vor der Reise eine Erkrankung vorliegt, ist ein bisschen Planung Gold wert. Wer länger unterwegs sein will, geht am besten vorher noch mal zum Zahnarzt. Dann noch an Ersatzkontaktlinsen und an die Ersatzbrille (samt Brillenpass) denken und ein Erste-Hilfe-Set einpacken.

Auf keinen Fall sollte man mit allem bis zur letzten Sekunde warten. Viele Impfstoffe wirken erst zwei Wochen nach Verabreichung. Also besser schon vier bis acht Wochen vor der Abreise zum Arzt gehen. Der stellt auch einen Internationalen Impfpass aus (das gelbe Büchlein), in dem alle verabreichten Impfungen stehen. Pflicht ist der Pass nur in den Ländern, die bei der Einreise eine Gelbfieberimpfung verlangen. Aber auch sonst kann es nicht schaden, ihn dabeizuhaben.

Reisende können sich bei der **International Association for Medical Advice to Travellers** (IMAT; www.iamat.org) registrieren lassen. Die Website hilft bei Bedarf, einen Arzt mit anerkanntem Abschluss zu finden.

Medikamente sollten am besten in der deutlich gekennzeichneten Originalverpackung mitgenommen werden. Es ist auch keine schlechte Idee, einen Brief vom Arzt

---

REISEAPOTHEKE

Hier eine Liste der Dinge, die in die Reiseapotheke gehören.

- Antibiotika (bei Reisen in entlegene Ecken)
- Durchfallmedikamente (z. B. Loperamid)
- Paracetamol oder Aspirin
- entzündungshemmende Mittel (z. B. Ibuprofen)
- Antihistaminika (bei Heuschnupfen und allergischen Reaktionen)
- antibakterielle Salbe (z. B. Betaisodona) für Wunden und Abschürfungen
- steroidhaltige Creme oder Kortison (bei allergischem Ausschlag)
- Bandagen, Mullbinden
- Heftpflaster oder Klebestreifen
- Schere, Sicherheitsnadeln, Pinzette
- Fieberthermometer
- Taschenmesser
- Insektenspray auf DEET-Basis für die Haut
- Permethrinhaltiges Insektenspray für Kleidung, Zelte und Moskitonetze
- Sunblocker (astronomisch teuer in der Türkei)
- Rehydrationssalze zum Einnehmen
- Jodtabletten (zur Wasserreinigung)
- Spritzen und sterile Kanülen (bei Reisen in abgelegene Gegenden)

mitzunehmen mit Datum, Unterschrift und genauen Angaben über Erkrankung und Medikation (inklusive generischer Bezeichnung). Wer Spritzen oder Kanülen dabeihat, braucht unbedingt eine ärztliche Bescheinigung über ihre medizinische Notwendigkeit.

VERSICHERUNG

Man sollte auf jeden Fall vor der Reise checken, ob im Versicherungspaket direkte Zahlungen an den behandelnden Arzt oder eine spätere Rückerstattung der Gesundheitsausgaben im Ausland vorgesehen sind. (In der Türkei wollen die Ärzte für gewöhnlich Cash sehen.) Wer gleich an Ort und Stelle zahlen muss, hebt am besten alle Belege gut auf. Manche Versicherungen erwarten im Schadensfall einen Anruf bei der Hotline im Heimatland (R-Gespräch), um sich selbst ein Bild zu machen. Optimal ist es, wenn eine Reiseversicherung einen Krankentransport nach Hause oder an einen Ort mit besserer medizinischer Versorgung enthält. Nicht alle decken einen Flug ins Heimatland oder den Transport in ein Krankenhaus einer größeren Stadt ab. Bei einem schweren Notfall kann das aber die einzige Möglichkeit sein, ärztlich behandelt zu werden.

Normalerweise ist in der Reiseversicherung nur eine zahnärztliche Notversorgung drin.

EMPFOHLENE IMPFUNGEN

Die Weltgesundheitsorganisation (WHO) empfiehlt allen Reisenden Impfungen gegen Diphtherie, Tetanus, Masern, Mumps, Röteln, Kinderlähmung (Polio) und Hepatitis B, egal wohin es geht. Also bei den Reisevorbereitungen noch mal vergewissern, ob der Basisimpfschutz komplett ist. All diese Krankheiten kommen im Nahen Osten vor und können schlimme Folgen haben. Auch Tollwut gibt es in der Türkei. Wer in abgelegene Ecken will, lässt sich vielleicht lieber dagegen impfen.

INFOS IM INTERNET

Reisegesundheitsratgeber gibt es im Internet wie Sand am Meer. Wer sich schlaumachen will, kann auf der Website von Lonely Planet (www.lonelyplanet.com) schon mal anfangen. Die **Weltgesundheitsorganisation** (www.who.int/ith/en) gibt ein gutes Buch mit dem Titel *International Travel and Health* heraus. Es wird jedes Jahr überarbeitet und steht kostenlos online zur Verfügung. Eine andere Site heißt MD Travel Health (www.mdtravelhealth.com)

> **WEBSITES ZUR REISEGESUNDHEIT**
>
> Folgende Websites zur Reisegesundheit sind hilfreich:
> www.crm.de
> www.fit-for-travel.de
> www.gesundes-reisen.de
> www.travelmed.de

und liefert gratis Gesundheitstipps für jedes Land. Sie werden täglich aktualisiert. Auch **Travelmed** (www.travelmed.de) bietet eine breite Palette an Gesundheitsratschlägen für Reisen in alle Länder.

NOCH MEHR LEKTÜRE

Im Buch *Travel With Children* aus der Lonely Planet Reihe stehen jede Menge Infos zu Themen wie Reiseplanung, medizinische Soforthilfe, Immunisierung, Krankheiten und zum Verhalten bei Erkrankungen unterwegs. Auch nicht schlecht sind *Travellers' Health* von Dr. Richard Dawood und *International Travel Health Guide* von Stuart R. Rose MD. Der *GU Kompaß Gesund reisen. Mit Homöopathie und Schulmedizin* und das Buch *Gesund reisen, gesund heimkommen!* von Britta Hermle-Geibel sind außerdem nützlich. *The Travellers' Good Health Guide* von Ted Lankester ist ein besonders hilfreicher Gesundheitsratgeber für Entwicklungshelfer und Leute, die längerfristig im Nahen Osten arbeiten.

IN DER TÜRKEI

MEDIZINISCHE VERSORGUNG & KOSTEN

Das Niveau der medizinischen Versorgung in der Türkei kann sehr unterschiedlich sein. Die Weltklassestandards der besten Privatkliniken von İstanbul und Ankara sind nicht gerade zum Nulltarif zu haben. Und anderswo sind nicht mal die Privatkliniken besonders gut ausgestattet, geschweige denn ihre staatlichen Pendants. Manche Patienten fangen sich sogar im Krankenhaus eine Hepatitis ein.

Bei Prellungen, Schnitt- oder Stichwunden reicht eine Grundversorgung in einem örtlichen *sağulık ocağıı* (Gesundheitszentrum) aus. Dort wird allerdings nur Türkisch gesprochen. Vielleicht kann die Reiseservice-Hotline der Versicherung helfen, den nächsten Arzt zu finden. Sonst einfach im Hotel fragen. Bei echten Notfällen lieber gleich an die Botschaft oder das Konsulat wenden.

Medikamente und sogar sterile Verbände oder Infusionen müssen womöglich in der örtlichen Apotheke gekauft werden. Und die Krankenpflege ist ziemlich dürftig, weil angenommen wird, dass sich Familie und Freunde um die Patienten kümmern.

Auch die zahnärztliche Versorgung ist nicht überall gleich gut. Es besteht das Risiko, sich mit Hepatitis B oder HIV anzustecken, weil die Instrumente schlecht desinfiziert werden – also ganz genau hinschauen! Die Reiseversicherung zahlt bestenfalls für eine Notversorgung.

Bei leichteren Beschwerden wie Durchfall können Apotheker helfen. Viele Medikamente gibt's rezeptfrei, auch solche, die zu Hause rezeptpflichtig sind. Apotheker wissen auch, wann ärztliche Hilfe angebracht ist.

INFEKTIONEN
Diphtherie
Diphtherie wird durch engen Atemkontakt übertragen. Man bekommt hohes Fieber und starke Halsschmerzen. Manchmal legt sich eine Art Membran über den Rachen. Dann hilft gegen das Ersticken nur noch ein Luftröhrenschnitt. Die Impfung wird allen empfohlen, die voraussichtlich mit der Bevölkerung von betroffenen Gebieten in engen Kontakt kommen werden. Der Impfstoff wird gespritzt, bei Bedarf auch in Kombination mit der Tetanusimpfung. Er ist zehn Jahre wirksam.

Gelbfieber
Eine Gelbfieberimpfung wird nirgendwo im Nahen Osten verlangt. Nur wer aus Gelbfiebergebieten einreist, muss einen Impfnachweis vorlegen – d. h. wer direkt aus einem Risikoland kommt oder in den vorausgegangenen zehn Tagen dort gewesen ist.

Die Gelbfieberimpfung muss in einer anerkannten Klinik erfolgen und schützt zehn Jahre. Da es ein Lebendimpfstoff ist, dürfen weder Schwangere noch Leute mit Immunstörungen geimpft werden.

Hepatitis A
Hepatitis A wird über verunreinigte Lebensmittel (v. a. Schalentiere) und Wasser übertragen und verursacht Gelbsucht. Sie ist selten tödlich, kann aber zu anhaltender Lethargie führen und klingt nur sehr langsam

---

> **VOGELGRIPPE**
>
> Das Vogelgrippevirus H5N1 ist gegen Ende 2005 in der Türkei bestätigt worden. Es gab vier Todesopfer, das letzte Anfang 2006. Alle Todesfälle passierten nach anhaltendem und engem Kontakt mit den Vögeln. Das Risiko einer Erkrankung wird bei Menschen als sehr gering eingeschätzt, es sei denn, das Virus entwickelt die Fähigkeit, sich nachhaltig und effizient von Mensch zu Mensch auszubreiten. Die aktuellsten Meldungen zu Krankheitsfällen und allgemeine Infos gibt's bei der **Weltgesundheitsorganisation** (www.who.int).

---

ab. Symptome sind dunkler Urin, Fieber und Bauchschmerzen. Das Weiße in den Augen färbt sich gelb. Der Hepatitis-A-Impfstoff (Avaxim, VAQTA, Havrix) wird gespritzt. Eine einmalige Gabe schützt bis zu einem Jahr, eine Auffrischungsimpfung nach zwölf Monaten reicht für die nächsten zehn Jahre. Impfungen gegen Hepatitis A und Typhus können auch kombiniert werden (Hepatyrix oder Viatim).

Hepatitis B
Hepatitis B kann über infiziertes Blut, verschmutzte Kanülen und beim Sex übertragen werden. Auch sie führt zu Gelbsucht. Sie schädigt die Leber bis hin zu Leberversagen. Alle Türkeireisende sollten die Hepatitis-B-Impfung in ihren Basisimpfschutz aufnehmen – die Krankheit ist dort nicht selten. (In vielen Ländern gehört sie inzwischen zum Routineimpfprogramm für Kinder.) Der Impfstoff wird einzeln oder zusammen mit dem gegen Hepatitis A (Hepatyrix) gespritzt. Er schützt mindestens fünf Jahre und kann über vier Wochen oder sechs Monate verabreicht werden.

HIV
HIV wird über infiziertes Blut, Blutprodukte, beim Geschlechtsverkehr mit einem infizierten Partner oder von einer infizierten Mutter auf ihr Neugeborenes übertragen. Es kann durch direkten Blutkontakt verbreitet werden, z. B. durch verunreinigte Instrumente bei medizinischen und zahnärztlichen Behandlungen, Akupunktur und Piercing oder auch bei der Benutzung von gebrauchten intravenösen Spritzen.

Leishmaniose

Sie wird durch die Stiche infizierter Sandmücken übertragen. Es kann sich eine langsam wachsende Beule in der Haut oder ein Geschwür bilden. Daraus entwickelt sich in manchen Fällen ein ernstes, lebensbedrohliches Fieber. Meistens geht es mit Anämie und Gewichtsverlust einher. Auch Hunde können die Erreger in sich tragen. Von Sandmücken also möglichst nicht stechen lassen!

Leptospirose

Leptospirose wird durch die Ausscheidungen infizierter Nagetiere, v. a. Ratten, verbreitet. Sie kann zu Hepatitis, Nierenversagen und auch zum Tod führen. Für gewöhnlich stecken sich Traveller nicht an, wenn sie nicht gerade in schlechten hygienischen Verhältnissen leben. Die Folgen sind Fieber und Gelbsucht.

Malaria

Die größte Malariagefahr besteht im Südosten der Türkei. In den meisten Städten ist das Risiko minimal. Wer aber in ländliche Gebiete will, sollte das mit einem Arzt besprechen. Bei erhöhtem Risiko sind unbedingt Antimalariatabletten angezeigt. Aktuelle Infos zur Ansteckungsgefahr in bestimmten Ländern gibt's beim Centrum für Reisemedizin (CRM), beim Gesundheitsdienst des Auswärtigen Amtes und beim örtlichen Tropeninstitut.

Wer in die Südosttürkei fahren möchte, sollte sich mit den Symptomen von Malaria auskennen. Ein einziger Stich von einer infizierten Mücke reicht schon aus, um sich anzustecken. Malaria fängt fast immer mit Schüttelfrost, Fieber und starkem Schwitzen an. Erbrechen, Muskel- und Kopfschmerzen kommen oft dazu. Die Symptome treten manchmal schon nach ein paar Tagen, manchmal aber auch erst drei Wochen nach dem Stich auf. Die Krankheit kann sogar trotz Prophylaxetabletten ausbrechen, wenn diese noch nicht voll wirksam sind. Auch selbst wenn die Prophylaxe abgeschlossen ist, ist man nicht hundertprozentig sicher.

Poliomyelitis (Kinderlähmung)

Im Allgemeinen wird Kinderlähmung durch verunreinigte Lebensmittel und Wasser übertragen. Die erste Impfung bekommt man schon als Kind. Sie sollte alle zehn Jahre aufgefrischt werden, und zwar entweder oral (ein Tropfen auf die Zunge) oder als Injektion. Polio kann ohne Symptome verlaufen, aber auch mit vorübergehendem Fieber. In seltenen Fällen führt sie zu permanenter Muskelschwäche oder Lähmung.

Tollwut

Infizierte Tiere können Tollwut durch Beißen oder Lecken an verletzten Hautpartien übertragen. Die Krankheit ist tödlich. Leute, die viel mit Tieren in Kontakt kommen, lassen sich besser impfen. Das Gleiche gilt für Reisende, die in abgelegene Gebiete fahren, wo sich innerhalb von 24 Stunden nach dem Biss kein Impfstoff auftreiben lässt. Im Zeitraum von einem Monat sind drei Injektionen nötig. Wer nicht geimpft ist, braucht nach einem Biss fünf Spritzen. Die erste davon ist innerhalb von 24 Stunden bzw. so schnell wie möglich nach der Verletzung fällig. Diese Impfung sorgt noch nicht für Immunität, aber man gewinnt damit etwas Zeit, um die richtige medizinische Hilfe zu finden.

Tuberkulose

Tuberkulose (TB) wird durch engen Atemkontakt und manchmal auch durch infizierte Milch oder Milchprodukte übertragen. Der Impfstoff BCG wird allen empfohlen, die sich unter die einheimische Bevölkerung mischen wollen. Besonders wichtig ist sie für Leute, die Privatbesuche machen, längere Zeit bleiben oder als Lehrer bzw. im Gesundheitswesen arbeiten wollen. TB kann ohne Symptome ablaufen, aber auch Husten, Gewichtsabnahme oder Fieber mit sich bringen. Das macht sich manchmal erst Monate oder sogar Jahre nach der Ansteckung bemerkbar. Durch Röntgen lässt sich feststellen, ob jemand der Krankheit hat. BCG schützt eingeschränkt vor TB. Bei der Impfung – die es eigentlich nur in Spezialkliniken gibt – entsteht eine kleine dauerhafte Narbe an der Einstichstelle. Der Lebendimpfstoff BCG ist für Schwangere und Leute mit Immunstörungen nicht geeignet. BCG ist nicht in allen Ländern zu kriegen.

Typhus

Typhus wird über Wasser oder Lebensmittel übertragen, die mit infizierten menschlichen Fäkalien verunreinigt sind. Erste Anzeichen sind meistens Fieber oder ein rosa Ausschlag am Bauch. Auch eine Sepsis (Blutvergiftung) kann dazukommen. Der Typhusimpfstoff (Typhim Vi, Typherix) schützt drei Jahre lang. In manchen Ländern gibt's auch die Schluckimpfung Vivotif.

GESUNDHEIT

DURCHFALLERKRANKUNGEN

Wer keine Lust auf Durchfall hat, sollte das Leitungswasser vor dem Trinken abkochen, filtern oder chemisch desinfizieren (mit Jodtabletten). Frisches Obst und Gemüse am besten nur gekocht essen oder selbst schälen. Und auf Milchprodukte verzichten, die nicht pasteurisierte Milch enthalten können. Das Essen vom Büfett ist auch mit Vorsicht zu genießen, weil es vielleicht nicht heiß genug gehalten wird. In gut besuchten Restaurants, wo die Gerichte direkt vor den Gästen zubereitet werden, ist das Risiko gering.

Wer trotzdem Durchfall kriegt, der braucht jede Menge Flüssigkeit. Sehr gut ist eine orale Rehydrationslösung mit viel Salz und Zucker. Wer ein paarmal einen weichen Stuhlgang hatte, muss nicht gleich behandelt werden. Erst wenn das öfter als vier- oder fünfmal am Tag vorkommt, sind Antibiotika (z. B. ein Chinolon-Präparat) und Durchfallmittel (z. B. Loperamid) angebracht. Bei blutigem Durchfall, der länger als 72 Stunden anhält und von Fieber, Schüttelfrost oder starken Bauchschmerzen begleitet wird, muss ein Arzt her.

GESUNDHEITSRISIKEN

Hitzeschäden

Wer stark schwitzt und übermäßig viel Flüssigkeit verliert, riskiert eine Hitzeerschöpfung, v. a. wenn die verlorenen Flüssigkeiten und Salze nicht wieder zugeführt werden. Das passiert besonders oft, wenn sich Leute in großer Hitze zu sehr anstrengen, ohne sich vorher akklimatisiert zu haben. Symptome sind Kopfschmerzen, Schwindel und Müdigkeit. Erstes Anzeichen für eine Dehydrierung ist Durst – also immer genug Wasser trinken, sodass der Urin hell und stark verdünnt ist. Bei Hitzeerschöpfung heißt es trinken, trinken, trinken – Wasser, Fruchtsaft oder Saftschorle – und mit kaltem Wasser oder durch Luftzufächeln abkühlen. Der Salzverlust ist mit salzigen Flüssigkeiten wie Suppe oder Brühe und ein bisschen mehr Salz im Essen als sonst schnell wieder ausgeglichen.

Ein Hitzschlag ist weit gefährlicher. Wenn die körpereigene Wärmeregulierung zusammenbricht, ist es so weit. Die Körpertemperatur steigt so stark an, dass der Organismus nicht mehr schwitzen kann. Es kann zu irrationalem und hyperaktivem Verhalten und schließlich zur Bewusstlosigkeit und zum Tod kommen. Hier ist schnelle Abkühlung

angesagt – am besten den Körper mit Wasser bespritzen und Luft zufächeln. Im Notfall werden Flüssigkeiten und Elektrolyte intravenös am Tropf verabreicht.

Insektenbisse & -stiche

Mückenstiche verursachen nicht immer gleich Malaria, aber Hautreizungen und Infektionen können sie allemal hervorrufen. Insektensprays auf DEET-Basis halten die Biester fern. Mücken verbreiten übrigens auch das Denguefieber.

Bienen sind an Ägäis- und Mittelmeerküste nichts Ungewöhnliches. Gefährlich sind Bienen- und Wespenstiche nur für Leute mit schwerer Allergie (Anaphylaxie). Betroffene sollten immer eine Adrenalinspritze o. Ä. dabeihaben. Besonders hoch ist das Risiko in der Gegend von Marmaris im Südwesten der Türkei.

Sandmücken tummeln sich v. a. an den Mittelmeerstränden. Meist hinterlassen sie nur unerträglich juckende Stiche, aber es besteht das Risiko einer seltenen Hautreizung, der Hautleishmaniose (S. 739). Insektensprays auf DEET-Basis helfen, Stiche zu vermeiden.

Skorpione lieben trockenes Klima. Die Stiche der kleinen weißen Skorpione in der Türkei können bis zu 24 Stunden wehtun, bringen aber keinen um.

Schlangenbisse

Niemals barfuß gehen oder die Hände in irgendwelche Löcher oder Spalten stecken. Beißt trotzdem eine Schlange zu, keine Panik! Die Hälfte der Gebissenen bekommt das Gift gar nicht eingespritzt, wird also nicht vergiftet. Der betroffene Körperteil wird mit einer Schiene (z. B. einem Stock) ruhig gestellt und verbunden. Dabei schön fest wickeln – so wie bei einer Verstauchung. Ein Druckverband ist allerdings nicht geeignet. Der Biss darf auch nicht herausgeschnitten oder ausgesaugt werden. Das Opfer muss schleunigst zum Arzt, der bei Bedarf ein Schlangenserum geben kann.

Wasser

Wer nur einen kurzen Türkeitrip unternimmt, sollte auf türkisches Leitungswasser ganz verzichten. Am besten Wasser aus Flaschen trinken oder das Leitungswasser mindestens zehn Minuten kochen bzw. filtern oder mit Reinigungstabletten behandeln. Um das Wasser aus Flüssen und Seen lieber einen großen Bogen

GESUNDHEIT

machen, denn hier lauern Bakterien und Viren, die Durchfall oder Erbrechen verursachen.

MIT KINDERN REISEN

Wer mit Kindern unterwegs ist, wird sich mit kleineren Wehwehchen auskennen und wissen, wann ein Arzt ran muss. Der Routineimpfschutz der Kinder muss komplett sein. Rechtzeitig vor der Reise sollte geklärt sein, welche Reiseimpfungen infrage kommen. Nicht alle Impfstoffe eignen sich für Kinder unter einem Jahr. Sollten sie noch nicht geimpft sein, ist es eine gute Idee, die Kinder mit dem BCG-Impfstoff gegen Tuberkulose (TB) impfen zu lassen – mehr Infos s. S. 739.

In feuchtheißem Klima können sich Wunden und Hautverletzungen schnell infizieren. Die Stelle muss gereinigt und dann trocken und sauber gehalten werden. Hände weg von verunreinigten Lebensmitteln und Wasser. Bei Erbrechen oder Durchfall müssen die verlorenen Flüssigkeiten und Salze wieder zugeführt werden. Gut sind Rehydrationspulver zum Auflösen in gekochtem Wasser – der Arzt kennt sich damit aus.

Kinder müssen wissen, dass sie wegen der Tollwutgefahr und sonstiger Krankheiten Hunden und anderen Säugetieren aus dem Weg gehen sollen. Jeder Biss, Kratzer oder auch nur der Speichel von behaarten Warmblütern muss sofort gründlich gereinigt bzw. beseitigt werden. Schon beim kleinsten Tollwutverdacht ab zum Arzt!

Es lohnt sich immer, die von türkischen Ärzten oder Apothekern verordneten Medikamente und ihre Dosierung genau zu prüfen, weil sie für Kinder vielleicht nicht die beste Wahl sind. Genaueres zur Eignung und empfohlenen Dosierung gibt's auf den Websites der Liste von S. 737.

FRAUEN & GESUNDHEIT

Emotionaler Stress, Erschöpfung und Reisen durch verschiedene Zeitzonen können den Menstruationszyklus durcheinanderbringen. Frauen, die die Pille nehmen, müssen dran denken, dass manche Antibiotika, Durchfall und Erbrechen sie unwirksam machen können. Um trotzdem keine Schwangerschaft zu riskieren, gehören für alle Fälle Kondome ins Gepäck. Die müssen kühl und trocken gelagert werden, damit sie nicht reißen oder spröde werden.

Die „Pille danach" ist innerhalb von 24 Stunden nach ungeschütztem Sex am wirksamsten; in der Apotheke nach *ertesi gün hapı* fragen. Die **International Planned Parent Federation** (www.ippf.org) kann Tipps zur Verfügbarkeit von Verhütungsmitteln in der Türkei und anderen Ländern geben. Damenbinden gibt's fast überall im Land. Tampons sind teuer und außerhalb größerer Städte schwer zu kriegen – am besten welche von zu Hause mitbringen.

Reisen während der Schwangerschaft ist grundsätzlich möglich, aber nicht auf die leichte Schulter zu nehmen. Vor der Reise ist eine ärztliche Untersuchung ratsam. Besonders riskant ist es in den ersten zwölf Schwangerschaftswochen, wenn eine Fehlgeburt am wahrscheinlichsten ist. Vorsicht ist auch nach der 30. Woche angesagt, wenn Komplikationen wie hoher Blutdruck oder eine Frühgeburt drohen. Die meisten Fluggesellschaften nehmen Schwangere ab der 28. bis 32. Woche gar nicht mehr mit. Und Langstreckenflüge können bei einer fortgeschrittenen Schwangerschaft sehr ungemütlich sein. Die Schwangerenversorgung ist innerhalb der Türkei sehr unterschiedlich – darum gut überlegen, ob es unbedingt in die hintersten Ecken gehen muss. Auch daran denken, dass es Kultur- und Sprachbarrieren gibt und eine z. T. unzureichende medizinische Versorgung. Mutterpass und genaue Angaben zur Blutgruppe sind nützlich, wenn unterwegs mal ärztliche Hilfe gebraucht wird. (In der Türkei muss für Bluttransfusionen gezahlt werden, es sei denn, ein Freund spendet das Blut.) Und unbedingt in der Versicherungspolice nachschauen, ob Geburt und Nachsorge abgedeckt sind. Aber selbst wenn, ist die Versicherung immer nur so gut wie die medizinische Versorgung vor Ort.

Schwangere und stillende Mütter sollten die von türkischen Ärzten oder Apothekern verordneten Medikamente und ihre Dosierung immer genau checken. Manchmal übersehen die, dass bestimmte Mittel für schwangere oder stillende Frauen nicht geeignet sind, oder sie geben die falsche Dosis an. Auf den oben genannten Websites (S. 737) können die Medikamente unter ihrer generischen Bezeichnung und die empfohlene Dosierung abgefragt werden.

GESUNDHEIT

Sprache

Die türkische Sprache ist die wichtigste der Turksprachen, zu denen auch Aserbaidschanisch, Kirgisisch und Kasachisch gehören, die kaum einer kennt. Obwohl sie entfernt mit Finnisch und Ungarisch verwandt sind, werden die Turksprachen heute als eigenständige Sprachfamilie angesehen. Türkisch wird – in welcher Form auch immer – von Belgrad bis nach Xinjiang in China gesprochen.

1928 schaffte Atatürk die arabische Schrift ab und führte das lateinische Alphabet ein, das leichter zu lernen war und die Sprache lautlich genau wiedergab. Seine Sprachreform sollte das Türkische von arabischen und persischen Lehnworten befreien und zu ihren wahren Wurzeln zurückführen. Heraus kam eine logische, systematische und ausdrucksstarke Sprache mit nur einem unregelmäßigen Substantiv, *su* (Wasser), und einem unregelmäßigen Verb, *olmek* (sein). Auch ein grammatisches Genus (Geschlecht) gibt es nicht mehr. Die Sprache ist sogar so logisch, dass ihre Grammatik als Grundlage für die Entwicklung der unseligen künstlichen Weltsprache Esperanto herhalten musste.

Satzstellung und Verbenbildung funktionieren im Türkischen nach einem komplett anderen System als in den indoeuropäischen Sprachen wie Deutsch. Wörter werden durch Agglutination gebildet. Das heißt, es werden Affixe an die Wurzel „angeklebt" – hier nur

ein beängstigendes Beispiel: *Avustralyalılaş tıramadıklarımızdanmısınız?* Das bedeutet „Sind Sie einer von denen, die wir nicht zum Australier machen konnten?" Anfangs ist es ein bisschen schwierig zu lernen, aber die Logik ist wirklich bestechend.

In größeren Städten und Touristengebieten findet sich eigentlich immer einer, der Deutsch oder Englisch spricht. Aber ein paar Tipps, die beim Verstehen von Schildern, Fahrplänen und Speisekarten helfen, können ja nicht schaden. Infos zu Sprachkursen gibt's auf S. 709. Wer noch mehr lernen will, ist mit den Websites www.tuerkisch-lernen-online.de oder www.turkisch-trainer.de bestens beraten.

AUSSPRACHE

Die türkische Aussprache ist für deutsche Muttersprachler gar nicht so schwer, weil die Laute fast durchweg ähnlich wie die eigenen sind. Innerhalb der Türkei gibt es natürlich kleinere Unterschiede in der Aussprache. Aber dieses Kapitel basiert auf der Standardaussprache, wie sie überall verstanden wird.

Vokale

Die meisten türkischen Selbstlaute gibt es im Deutschen auch. Doppelte Vokale wie in *saat* (Stunde) werden wie zwei Silben gesprochen. Aufgepasst bei den Zeichen ı und i – das ı hat in Groß- und Kleinschreibung keinen Punkt (wie in Iğrıdır), das i hat in beiden Fällen einen (wie in İzmir). Man ist versucht, beide als „i" auszusprechen, aber das kann zu Missverständnissen führen. So heißt *sık* z. B: „dicht", „eng" oder „oft", *sik* dagegen ist die türkische Übersetzung für das schlimme Wort mit „f" – alles klar?

TÜRKISCHE AUSSPRACHEREGELN

a	a	wie in „Vater"
ay	ei	wie in „Ei"
e	e	wie in „Bett"
ey	ey	wie im engl. „hey"
ı	e	wie das „e" in Blume
i	ie	wie in „Biene"
o	o	wie in „oben"
ö	ö	wie in „fördern"
u	u	wie in „Glut"
ü	ü	wie „über"
```
```

Konsonanten

Die meisten der türkischen Konsonanten klingen wie ihre deutschen Pendants, bis auf ein paar wenige Ausnahmen. Das türkische **c** wird wie ein stimmhaftes „dsch" ausgesprochen, **ç** wie ein stimmloses „tsch" und **ş** wie das deutsche „sch". Das **h** ist nie stumm und muss immer wie in „Haus" ausgesprochen werden. Das **ğ** wird nicht gesprochen, es verlängert nur den vorhergehenden Vokal, kann aber auch einen fließenden Übergang von einem Vokal zum nächsten bewirken. Der Buchstabe **r** wird immer gerollt, und das **v** ist ein bisschen weicher als das stimmhafte deutsche „w".

TÜRKISCHE AUSSPRACHEREGELN

b	b	wie in „Bett"
c	weiches dsch	wie in „Job"
ç	tsch	wie in „Tscheche"
d	d	in wie „das"
f	f	wie in „Falke"
g	g	wie in „gehen"
h	h	wie in „Haus"
j	weiches sch	wie in „Garage"
k	k	wie in „Kilo"
l	l	wie in „laut"
m	m	wie in „Mann"
n	n	wie in „nein"
p	p	wie in „Pause"
r	r	stark gerolltes „r"
s	ß	wie in „Maß"
ş	sch	wie in „schön"
t	t	wie in „toll"
v	w	wie in „Wiege", nur weicher
y	j	wie in „jede"
z	s	wie in „Reise"

Wortbetonung

Die Wortbetonung ist in der türkischen Sprache nicht sehr stark und sie fällt im Allgemeinen auf die letzte Silbe. Die meisten zweisilbigen Ortsnamen (z. B. Kıbrıs) werden auf der ersten Silbe betont, in dreisilbigen Namen liegt die Betonung meistens auf der zweiten Silbe, also in der Mitte (z. B. İstanbul).

FRAGEWÖRTER

Wer?	*Kim?*	kiem
Was?	*Ne?*	ne
Wann?	*Ne zaman?*	ne sa·man
Wo?	*Nerede?*	ne·re·de
Welche(r, s)?	*Hangi?*	han·gie
Wie?	*Nasıl?*	na·ßiel

GESUNDHEIT

Ich bin krank.
Hastayım. — haß·ta·jim
Es tut hier weh.
Burası ağrıyor. — bu·ra·ßi a·ri·jor
Antiseptikum
antiseptik — an·tie·ßep·tiek
Durchfall
ishali — ies·ha·lie
Kondom
kondom — kon·dom
Medikament
ilaç — ie·latsch
Sonnencreme
güneş kremi — gü·nesch kre·mie
Tampons
tampon — tam·pon
Übelkeit
mide bulantum — mie·de bu·lan·tum
Verhütungsmittel
doğum kontrol ilaçları — do·um kon·trol ie·latsch·la·ri

Ich habe ...
... var — ... war
Asthma
Astımım — as·ti·mim
Diabetes
Şeker hastalığı — sche·ker haß·ta·li·im

Ich bin allergisch gegen ...
... alerjim var — ... a·ler·shiem var
Antibiotika
Antibiyotiklere — an·tie·bie·jo·tiek·le·re
Aspirin
Aspirine — aß·pie·rie·ne
Penicillin
Penisiline — pe·nie·ßie·lie·ne
Bienen
Arılara — a·ri·la·ra
Nüsse
Çerezlere — tsche·res·le·re
Erdnüsse
Fıstığa — fiß·ti·a

KONVERSATION & NÜTZLICHES

Hallo.
Merhaba. — mer·ha·ba
Tschüss.
Hoşçakal. — hosch·tscha·kal (sagt der, der geht)
Güle güle. — gü·le gü·le (sagt der, der bleibt)
Ja.
Evet. — e·vet
Nein.
Hayır. — ha·yir

Bitte.
Lütfen. *lüt*·fen
Danke.
Teşekkür ederim. te·schek·*kür* e·*de*·riem
Gern geschehen.
Birşey değil. bier·*schaj* de·*iel*
Entschuldigung (vor dem Ansprechen).
Bakar mısınız. ba·*kar* mi·ßi·*nis*
Entschuldigung (tut mir leid).
Özür dilerim. ö·*sür* die·*le*·riem
Wie heißen Sie?
Adınız nedir? a·di·*nis* ne·dier
Ich heiße …
Benim adım … be·*niem* a·dim …
Woher kommen Sie?
Nerelisiniz? ne·re·lie·*Bie*·nis
Ich komme aus …
Ben … ben …
Ich mag …
… seviyorum. … ße·*vie*·jo·rum
Ich mag … nicht
… sevmiyorum. … *ßev*·mie·jo·rum

MIT KINDERN REISEN

Haben Sie ein/e/n … ?
… var mı? … war mi
Autokindersitz
Bebek koltuğuna be·*bek* kol·tu·u·*na*
Babywickelraum
Alt değiştirme odası alt de·iesch·tier·*me* o·da·*ßi*
Buggy (Kinderwagen)
Pusete/Bebek arabası pu·ße·*te/be*·bek a·ra·ba·*ßi*
Hochstuhl
Mama sandalyesine ma·*ma* ßan·dal·je·*ßie*·ne
Kinderbetreuung
Çocuk bakım hizmeti tscho·*dshuk* ba·*kim* hies·me·tie
Kindermenü
Çocuk menüsü tscho·*dshuk* me·nü·*ßü*
Töpfchen
Oturağa o·tu·ra·*a*
Wegwerfwindeln
Bebek bezi be·*bek* be·*sie*

Wo ist hier das nächste Spielzeuggeschäft zu finden?
En yakın oyuncakçı nerede?
en ja·*kin* o·jun·dschak·*tschi* ne·re·de
Stört es, wenn ich hier stille?
Burada çocuk emzirmemin bir sakıncası var mı?
bu·ra·*da* tscho·*dshuk* em·sier·me·*mien* bier ßa·kin·dscha·*ßi* war mi
Sind Kinder erlaubt?
Çocuklar girebilir mi?
tscho·dshuk·*lar* gie·*re*·bie·lier mie

NOTFÄLLE

Hilfe!
İmdat! iem·dat
Es gab einen Unfall!
Bir kaza oldu. bier ka·*sa* ol·du
Ich habe mich verirrt.
Kayboldum. kaj·bol·*dum*
Geh weg!
Git başımdan! giet ba·schim·*dan*
Rufen Sie …!
… çağırın! … tscha·*i*·rin
 einen Arzt
 Doktor dok·*tor*
 die Polizei
 Polis po·*ließ*
 einen Krankenwagen
 Ambulans am·bu·*lans*

PAPIERKRAM

Name	*ad*	ad
Nationalität	*uyrukluk*	uj·ruk·*luk*
Geburtsdatum	*doğum günü*	do·*um* gü·*nü*
Geburtsort	*doğum yeri*	do·*um* je·rie
Geschlecht	*cinsiyet*	dschien·*Bie*·*jet*
Reisepass	*pasaport*	pa·*Ba*·*port*
Familienname	*soyad*	soj·ad
Visum	*vize*	vie·se

SHOPPEN & SERVICE

Ich möchte … kaufen.
… almak istiyorum. al·*mak* ieß·*tie*·jo·rum
Was kostet das?
Ne kadar? ne ka·*dar*
Darf ich es anschauen?
Bakabilir miyim? ba·*ka*·bie·lier mie·jiem
Ich sehe mich nur um.
Sadece bakıyorum. ßa·de·*dshe* ba·*ki*·jo·rum
Das ist keine gute Qualität.
Kalitesi iyi değil. ka·lie·te·*Bie* ie·*jie* de·*iel*
Es ist zu teuer.
Bu çok pahalı. bu tschok pa·ha·*li*
Ich nehme es.
Tutuyorum. tu·*tu*·jo·rum

Akzeptieren Sie …?
… kabul ediyor musunuz? … ka·*bul* e·die·jor mu·ßu·*nus*
 Kreditkarten
 Kredi kartı kre·die kar·*ti*
 Reiseschecks
 Seyahat çeki ße·ja·*hat* tsche·kie
mehr *daha fazla* da·*ha* fas·la

weniger	*daha az*	da·*ha* as
kleiner	*küçük*	kü·*tschük*
größer	*büyük*	bü·*jük*

Wo ist	*... nerede?*	... *ne*·re·de
eine/die Bank	*Banka*	*ban*·ka
die ... Botschaft	*... elçilik*	... el·tschie·*liek*
ein Kranken-	*Hastane*	haß·ta·*ne*
haus		
der Markt	*Pazar yeri*	pa·*sar* je·rie
eine öffent-	*Umumi tuvalet*	u·mu·*mie* tu·wa·*let*·
liche Toilette		
ein öffent-	*Telefon kulübesi*	te·le·*fon* ku·lü·be
liches Telefon		*Bie*·
die Polizei	*Polis*	po·*ließ*
das Postamt	*Postane*	poß·*ta*·ne

UHRZEIT & DATUM

Wann?	*Ne zaman?*	ne za·*man*
Wie spät ist es?	*Saat kaç?*	sa·*at* katsch
Es ist (10) Uhr.	*Saat (on).*	sa·*at* (on)
vormittags	*öğleden evvel*	ö·le·*den* ew·vel
nachmittags	*öğleden sonra*	ö·le·*den* ßon·ra
Woche	*hafta*	haf·*ta*
Jahr	*yıl*	jil
heute	*bugün*	bu·*gün*
morgen	*yarın*	ja·*rin*
gestern	*dün*	dün

Montag	*Pazartesi*	pa·*sar*·te·ßie
Dienstag	*Salı*	ßa·*li*
Mittwoch	*Çarşamba*	tschar·scham·*ba*
Donnerstag	*Perşembe*	per·schem·*be*
Freitag	*Cuma*	dschu·*ma*
Samstag	*Cumartesi*	dschu·*mar*·te·ßie
Sonntag	*Pazar*	pa·*sar*

Januar	*Ocak*	o·*dshak*
Februar	*Şubat*	schu·*bat*
März	*Mart*	mart
April	*Nisan*	nie·*ßan*
Mai	*Mayıs*	ma·*jiß*
Juni	*Haziran*	ha·*sie*·ran
Juli	*Temmuz*	tem·*mus*
August	*Ağustos*	a·uß·*toß*
September	*Eylül*	ey·*lül*
Oktober	*Ekim*	e·*kiem*
November	*Kasım*	ka·*ßim*
Dezember	*Aralık*	a·ra·lik

UNTERKUNFT

Wo kann ich ... finden?
Nerede ... bulabilirim? ne·re·de ... bu·*la*·bie·lie·riem
  Campingplatz
    kamp yeri kamp je·*rle*

Gästehaus		
misafirhane		mie·ßa·fier·ha·ne
Hotel		
otel		o·*tel*
Jugendherberge		
gençlik hosteli		gentsch·*liek* hoß·te·*lie*
Pension		
pansiyon		pan·ßie·*jon*
Pension (im Privathaus)		
ev pansiyonu		ew pan·ßie·jo·*nu*

RESERVIERUNG VORNEHMEN

(schriftliche und telefonische Anfragen)

für ...	*Alıcı ...*	a·li·*shi* ...
von ...	*Gönderen ...*	gön·de·*ren* ...
Datum	*Tarih*	ta·*rieh*
auf den Namen	*... adına*	... a·di·*na*
...		
Kreditkarte	*kredi kartı*	kre·die *kar*·ti
Nummer	*numara*	nu·ma·*ra*
gültig bis		
	son kullanma tarihi	
	ßon kul·lan·*ma* ta·rie·*hie*

Ich möchte gerne ... reservieren
  ... ayırtmak istiyorum lütfen.
  ... a·jirt·*mak* ieß·*tie*·jo·rum *lüt*·fen

Vom (2. Juli) bis zum (6. Juli)
  (2 Temmuz'dan) (6 Temmuz'a) kadar
  (ie·*kie* tem·mus·*dan*) (al·ti tem·mu·sa) ka·*dar*

Bitte bestätigen Sie Verfügbarkeit und Preis.
  Lütfen fiyatı ve mal mevcudiyetini teyit eder misiniz?
  lüt·fen fie·ja·*ti* we mal mew·schu·die·je·tie·*nie*
  te·jiet e·*der* mie·ßie·*nies*

Können Sie etwas Billiges empfehlen?
  Ucuz bir yer tavsiye edebilir misiniz?
  u·*dshus* bier jer taw·ßie·*je* e·de·bie·lier mie·ßie·*nies*
Wie ist die Adresse?
  Adresi nedir?
  ad·re·*ßie* ne·dier
Können Sie das bitte aufschreiben?
  Lütfen yazar mısınız?
  lüt·fen ja·*sar* mi·ßi·*nis*

Haben Sie ein Zimmer?
  ... odanız var mı? ... o·da·*nis* war mi
  Einzelzimmer
    Tek kişilik tek kie·schie·*liek*
  Doppelzimmer
    İki kişilik ie·*kie* kie·schie·*liek*
  Zweibettzimmer
    Çift yataklı tschieft ja·tak·*li*

Schlafsaal
Yatakhane   ja·tak·*ha*·ne
Was kostet es pro Nacht/Person?
Geceliği/Kişi başına ne kadar?
ge·dsche·lie·*ie*/kie·*schie* ba·schi·*na* ne ka·*dar*
Darf ich es sehen?
Görebilir miyim?   gö·*re*·bie·lier mie·jiem
Wo ist das Bad/die Toilette?
Banyo/Tuvalet nerede?   ban·jo/tu·wa·*let* ne·re·de
Ich gehe jetzt.
Şimdi ayrılıyorum.   schiem·die aj·ri·*li*·jo·rum

VERKEHRSMITTEL & -WEGE
Öffentliche Verkehrsmittel
Wann fährt/kommt der/das ... ab/an?
... ne zaman kalkacak/varır?
... ne sa·man kal·ka·*dshak*/wa·rir

Bus	*Otobüs*	o·to·*büß*
Flugzeug	*Uçak*	u·*tschak*
Schiff	*Vapur*	wa·*pur*
Zug	*Tren*	tren

Einen Fahrschein ... bitte.
... bir bilet lütfen   .... bier bie·*let* lüt·fen
  einfache Fahrt
  Gidiş   gie·*diesch*
  hin & zurück
  Gidiş-dönüş   gie·diesch·dö·*nüsch*
  1. Klasse
  Birinci mevki   bie·rien·*dshie* mew·*kie*
  2. Klasse
  İkinci mevki   ie·kien·*dshie* mew·*kie*

STRASSENSCHILDER

Dur	Stopp
Girilmez	Durchfahrt verboten
Park Etmek Yasaktir	Parkverbot
Yol Ver	Vorfahrt beachten
Ücret Ödenir	Maut
Tehlikeli	Gefahr
Yavaş	Langsamer fahren
Çıkışı	Ausfahrt
Giriş	Einfahrt
Otoyol	Autobahn
Park Yeri	Parkhaus
Tek Yön	Einbahnstraße

---

verspätet	*ertelendi*	er·te·len·*die*
gestrichen	*iptal edildi*	iep·*tal* e·diel·*die*
der/die		
erste/letzte	*ilk/son*	ielk/*ßon*
Bahnsteig	*peron*	pe·*ron*

Fahrkarten-	*bilet gişesi*	bie·*let* gie·sche·*ßie*
schalter		
Fahrplan	*tarife*	ta·rie·*fe*
Bahnhof	*istasyon*	ieß·taß·*jon*

Selbstfahrer
Ich möchte ein ... mieten
Bir ... kiralamak istiyorum.
Bier ... kie·ra·la·*mak* ieß·*tie*·jo·rum

Auto	*araba*	a·ra·*ba*
Allradfahrzeug	*dört çeker*	dört tsche·*ker*
Motorrad	*motosiklet*	mo·to·*ßiek*·*let*
Fahrrad	*bisiklet*	bie·*ßiek*·*let*

Ist das die Straße nach ...?
... giden yol bu mu?   ... gie·*den* jol bu mu
Wo ist eine Tankstelle?
Benzin istasyonu nerede? ben·*sien* ieß·taß·jo·*nu* ne·re·de
Bitte volltanken.
Lütfen depoyu doldurun. lüt·fen de·po·ju dol·*du*·run
Ich möchte ... Liter.
... litre istiyorum.   ... *liet*·re ieß·*tie*·jo·rum

Diesel	*dizel*	die·*sel*
verbleites Benzin	*kurşunlu*	kur·schun·*lu*
bleifreies Benzin	*kurşunsuz*	kur·schun·*ßus*

(Wie lange) Darf ich hier parken?
Buraya (ne kadar süre) park edebilirim?
bu·ra·ja (ne ka·*dar* ßü·re) park e·de·bie·*lie*·riem
Ist der Parkplatz gebührenpflichtig?
Park ücreti ödemem gerekli mi?
park üsch·re·tie ö·*de*·mem ge·rek·*lie* mie
Ich brauche einen Mechaniker.
Tamirciye ihtiyacım var.
ta·mier·*dschie*·*je* ieh·tie·ja·*dshim* war
Das Auto/Motorrad hatte eine Panne in ...
Arabam/motosikletim ... de bozuldu.
a·ra·*bam*/mo·to·siek·le·tiem ... ·de bo·sul·*du*
Ich habe einen Platten.
Lastiğim patladı.
laß·tie·*iem* pat·la·*di*
Mir ist das Benzin ausgegangen.
Benzinim bitti.   ben·sie·*niem* biet·*tie*
Ich hatte einen Unfall.
Kaza yaptım.   ka·*sa* jap·*tim*

VERSTÄNDIGUNG
Sprechen Sie Deutsch (Englisch)?
Almanca (İngilzce) konuşuyor musunuz?
Al·man·dscha (ien·gie·*lies*·dsche) ko·nu·*schu*·jor mu·
ßu·nus
Spricht hier jemand Deutsch (Englisch)?
Almanca(İngilzce) bilen var mı?
Al·man·dscha (ien·gie·*lies*·dsche) bie·*len* war mi

SCHILDER

Ada	Insel
Belediye	Rathaus
Cami	Moschee
Deniz	Meer
Göl	See
Harabeler	Ruinen
Havaalanı	Flughafen
Kale	Burg/Festung
Kilise	Kirche
Köprü	Brücke
Liman	Hafen
Meydan	Platz
Müze	Museum
Otogar	Busbahnhof
Plaj	Strand
Şehir Merkez	Stadtzentrum
Giriş	Eingang
Çıkışı	Ausgang
Açık	Geöffnet
Kapalı	Geschlossen
Yasak	Verboten
Sigara Içilmez	Rauchen verboten
Boş Oda	Zimmer frei
Boş Yer Yok	Belegt (keine Zimmer frei)
Tuvaletler	Toiletten
Bay	Herren
Bayan	Damen

Wie sagt man …?
… nasıl söylüyorsuhn? … na·ßiel ßöj·lü·jor·ßuhn
Können Sie das bitte aufschreiben?
Lütfen yazar mısınız? lüt·fen ja·sar mi·ßi·nis
Ich verstehe.
Anlıyorum. an·lí·jo·rum
Ich verstehe nicht.
Anlamıyorum. an·la·mi·jo·rum

WEGWEISER
Kannst Du mir … (auf der Karte) zeigen?
Bana (haritada) gösterebilir misin?
ba·na (ha·rie·ta·da) göß·te·re·bie·lier mie·ßien

Wo ist …?
… nerede? … ne·re·de

Geradeaus.
Tam karşıda. tam kar·schi·da

Links abbiegen.
Sola dön. ßo·la dön
Rechts abbiegen.
Sağa dön. sa·a dön
an der Ecke
köşeden kö·sche·den
an der Ampel
trafik ışıklarından tra·fiek i·schik·la·rin·dan

hinter	*arkasında*	ar·ka·ßin·da
vor	*önünde*	ö·nün·de
weit (von)	*uzak*	u·sak
nahe (bei)	*yakınında*	ja·ki·nin·da
gegenüber	*karşısında*	kar·schi·sin·da

ZAHLEN

0	*sıfır*	si·fir
1	*bir*	bier
2	*iki*	ie·kie
3	*üç*	ütsch
4	*dört*	dört
5	*beş*	besch
6	*altı*	al·ti
7	*yedi*	je·die
8	*sekiz*	ße·kies
9	*dokuz*	do·kus
10	*on*	on
11	*on bir*	on bier
12	*on iki*	on ie·kie
13	*on üç*	on ütsch
14	*on dört*	on dört
15	*on beş*	on besch
16	*on altı*	on al·ti
17	*on yedi*	on je·die
18	*on sekiz*	on ße·kies
19	*on dokuz*	on do·kus
20	*yirmi*	jier·mie
21	*yirmi bir*	yier·mie bier
22	*yirmi iki*	yier·mie ie·kie
30	*otuz*	o·tus
40	*kırk*	kirk
50	*elli*	el·lie
60	*altmış*	alt·misch
70	*yetmiş*	jet·miesch
80	*seksen*	ßek·ßen
90	*doksan*	dok·ßan
100	*yüz*	jüs
200	*ikiyüz*	ie·kie·jüs
1000	*bin*	bien
1 000 000	*bin milyon*	bien miel·jon

SPRACHE

Glossar

Nützliche Begriffe und Redewendungen rund
ums Thema Essen stehen im Kapitel Essen &
Trinken, s. S. 79. Mehr Allgemeines im Kapitel
Sprache (S. 742).

ada(sı) – Insel
Agora – Markt- und Versammlungsplatz in einer griechisch-römischen Stadt
aile salonu – Familienspeiseraum: für Paare, Familien und einzelne Frauen in einem türkischen Restaurant
Akropolis – auf einer Erhebung gelegene Festung und Tempel in einer griechischen Stadt der Antike
Anatolien – asiatischer Teil der Türkei; auch Kleinasien genannt
arabesk – türkische Musik im arabischen Stil
arasta – Ladenreihe an einer Moschee, deren Miete der Moschee zugute kommt

bahçe(si) – Garten
banliyö treni –Nahverkehrszug
baraj – Damm
bedesten – gewölbte, brandsichere Marktanlage, wo kostbare Waren gelagert werden
belediye (sarayı) – Stadtverwaltung, Rathaus
Bey – höfliche Anrede für einen Mann; wird hinter den Namen gestellt
birahane – Bierkneipe
bouleuterion – Versammlungsraum des Stadtrates in einer griechischen Stadt der Antike
büfe – Imbiss
bulvar(ı) – Boulevard oder Allee; oft als „bul" abgekürzt

cadde(si) – Straße; oft als „cad" abgekürzt
cami(i) – Moschee
çarşı(sı) – Markt, Basar; manchmal auch Stadtzentrum
çay bahçesi – Teegarten
çayhane – Teehaus/Teestube
çay – 1. Bach; 2. Tee
çeşme – Brunnen, Springbrunnen
cicim – Wandbehang/Teppich mit Stickereien

dağ(ı) – Berg
damsız girilmez – Schild: „Kein Eintritt ohne weibliche Begleitung"
deniz – Meer
deniz otobüsü – wörtlich übersetzt „Meerbus"; Tragflächenboot oder Katamaran
dere(si) – Bach
Derwisch – Mitglied einer muslimischen Sufibruderschaft
Dolmuş – Sammeltaxi (Minibus oder Limousine)

döviz (bürosu) – Geldwechsel(-stelle)

emanet(çi) – Gepäckaufbewahrung (auch: Gepäckkontrolle)
Emir – türkisches Stammesoberhaupt
eski – alt (für Sachen, nicht für Personen)
ev pansiyonu – Privathaus, in dem Zimmer an Reisende vermietet werden
eyvan – gewölbte, zu einem Innenhof geöffnete Halle in einer Medrese oder Moschee
ezan – muslimischer Gebetsruf

fasıl – osmanische klassische Musik, meist von Zigeunern gespielt
feribot – Fähre

GAP – Südostanatolien-Projekt, Mammutprojekt zur Bewässerung und Stromerzeugung mit Wasserkraft
gazino – türkischer Nachtclub, keine Spielhölle
geçit (-di) – (Berg-)Pass
gişe – Ticketschalter
göl(ü) – See
gület – traditionelle türkische Holzyacht

hamam(ı) – türkisches Bad
han(ı) – Karawanserei
hanım – höfliche Form der Anrede für eine Frau
haremlik – Frauen-/Familiengemächer im Wohnhaus; s. auch *selamlık*
Hethiter – Volk, das im 2. Jh. v. Chr. in Anatolien lebte
heykel – Statue
hisar(ı) – Festung oder Zitadelle
hükümet konağı – Regierungsgebäude, Sitz der Provinzregierung

ilkokul – Grundschule
Imam – Vorbeter, muslimischer Geistlicher
imaret(i) – Suppenküche für die Armen, meist einer *medrese* angeschlossen
işhanı – Bürogebäude
iskele(si) – Pier, Kai

jandarma(lar) – Gendarm(erie), paramilitärische/r Polizeitruppe/-beamter
jeton – Fahrmünze

kahvaltı salonu – Frühstücksraum
kale(si) – Festung, Zitadelle
kapı(sı) – Tür, Tor
kaplıca – Thermalquelle oder -bad

Karagöz – Schattenpuppentheater
Karawanserei – große, befestigte Herberge für (Handels-) Karawanen
kaya – Höhle
kazı – archäologische Ausgrabung
KDV – katma değer vergisi, türkische Mehrwertsteuer
kebapçı – Kebapverkäufer
kervansaray(ı) – Türkisch für Karawanserei
keyif – Wohlbefinden/Vergnügen, auch positive Lebenseinstellung; in der Türkei zur Kunst kultiviert
Kilikische Pforte – Pass im Taurusgebirge im Süden der Türkei
kilim – Wandteppich
kilise(si) – Kirche
Kleinasien – siehe Anatolien
köfteci – Hersteller oder Verkäufer von *köfte*
konak(-ğı) – Residenz, Regierungsgebäude
köprü(sü) – Brücke
köşk(ü) – Pavillon, Villa
köy(ü) – Dorf
kule(si) – Turm
külliye(si) – Moscheenkomplex mit theologischer Schule, Krankenhaus und Suppenküche
kümbet – Gewölbe, Kuppel; Kuppelgrab
kuşet(li) – Liegewagen mit Zugabteil für sechs Personen

liman(ı) – Hafen
lise – Gymnasium
lokanta(si) – Restaurant

mağara(sı) – Höhle
mahalle(si) – Nachbarschaft, Stadtviertel
Medrese – islamische (Hoch-)Schule für Theologie, gehört zu einer Moschee
mescit(-di) – Gebetsraum, kleine Moschee
Mevlana – auch als Celaleddin Rumi bekannt, großer Mystiker und Poet (1207–73), Gründer des Mevlevi-Ordens der tanzenden Derwische
meydan(ı) – öffentlicher Platz, offenes Gelände
meyhane – Kneipe, mit Weinausschank
mihrab – Nische in einer Moschee, die die Richtung nach Mekka anzeigt
milli parkı – Nationalpark
mimber – Kanzel in einer Moschee
minare(si) – Minarett; Turm, von dem Muslime zum Gebet aufgerufen werden
Muezzin – Ausrufer, der mit dem *ezan* zum Gebet aufruft
müze(si) – Museum

nargileh – traditionelle Wasserpfeife (zum Rauchen)
Nekropolis – Totenstadt

oda(sı) – Zimmer
Odeon – kleines klassisches Theater für musikalische Darbietungen

örenyeri – Ruinen
ortaokul – Mittelschule
Osmane/osmanisch – Angehöriger des Osmanischen Reiches, das vom Ende des 13. Jhs. bis zum Ende des Ersten Weltkrieges bestand/dazugehöriges Adjektiv
otobüs – Bus
otogar – Busbahnhof
otoyol – Autobahn (geteilt, mit Zufahrtsbeschränkung)

pansiyon – Pension, Bed & Breakfast, Gästehaus
pastane – Bäckerei (Konditorei); auch *pastahane*
pazar(ı) – Wochenmarkt, Basar
peribacalar – Feenkamine
peron – Gate (am Busbahnhof); Bahnsteig (am Bahnhof)
peştimal – Lendentuch im Hamam
petrol ofisi – Tankstelle
pideci – Hersteller oder Verkäufer von Fladenbrot
PTT – Posta, Telefon, Telegraf; Post (Telefon- und Telegrafenamt)

Ramazan – Ramadan, islamischer heiliger Fastenmonat

saat kulesi – Uhrenturm
şadırvan – Brunnen, wo Muslime rituelle Waschungen vornehmen
samovar – Teekessel
saray(ı) – Palast
Sarkophag – Sarg oder Grab aus Stein oder Marmor, besonders mit Inschrift
sebil – öffentlicher Brunnen
sedir – osmanische Polsterbank, auch zum Bett ausklappbar
şehir – Stadt; Gemeinde
şehir merkezi – Stadtzentrum
selamlık – Herren-/Empfangsräume im Wohnhaus (s. auch *haremlik*)
Seldschuken/seldschukisch – Turkvolk, das vom 11. bis zum 13. Jh. Anatolien regierte/dazugehöriges Adjektiv
sema – Derwisch-Zeremonie
serander – Kornspeicher
servis – Minibus-Shuttle zum und vom Busbahnhof
sinema – Kino
sokak(-ğı) – Straße oder Gasse; oft als „sk" abgekürzt
Sufi – muslimischer Mystiker, Mitglied eines mystischen (Derwisch-)Ordens

tabiat parkı – Naturpark
tavla – Backgammon
T.C. – Türkiye Cumhuriyeti (Republik Türkei); weist auf eine Regierungsbehörde oder -organisation hin
TCDD – Staatliche türkische Eisenbahngesellschaft
Tekel – staatliche Alkohol- und Tabakmonopolgesellschaft
tekke(si) –Derwischkloster

TEM – Trans-European Motorway, Europastraße
tersane – Schiffswerft
THY – Türk Hava Yolları, türkische Luftfahrtgesellschaft
(Turkish Airlines)
TML – Turkish Maritime Lines
tramvay – Straßenbahn
TRT – Türkiye Radyo ve Televizyon, staatliche türkische
Rundfunk- und Fernsehgesellschaft
tuff, tufa – weicher Tuffstein, der als vulkanische Asche
niedergegangen ist
tuğra – Monogramm/Namenszug eines Sultans
türbe(si) – Gruft, Grab, Mausoleum

valide sultan – Mutter des herrschenden Sultans
vilayet, valilik(-ği) – Sitz der Provinzverwaltung

Wesir – Minister der osmanischen Regierung

yalı – 1. Strand; 2. Prachtvilla am Wasser
yarım pansiyon – Halbpension, d. h. mit Frühstück und
Abendessen
yayla – Hochlandweiden
yeni – neu
yol(u) – Straße, Weg
yüzyıl – Jahrhundert

Hinter den Kulissen

ÜBER DIESES BUCH

Dies ist die 1. deutsche Auflage von *Türkei,* basierend auf der mittlerweile 10. englischen Auflage von *Turkey* von Lonely Planet. Der Band wurde recherchiert und geschrieben von Verity Campbell (Hauptautorin), Jean-Bernard Carillet, Dan Eldridge, Frances Linzee Gordon, Virginia Maxwell und Tom Parkinson. Will Gourlay lieferte das Geschichtskapitel, Kate Clow das Trekking-Kapitel. Das Kapitel Gesundheit beruht auf Forschungen von Dr. Caroline Evans. Tom Brosnahan brachte nach gründlichen Recherchen die ersten fünf Auflagen des LP *Turkey* zu Papier. Pat Yale half ihm bei der 6. und Richard Plunkett gesellte sich zu Pat und Tom bei der 7. Auflage. Pat Yale, Richard Plunkett und Verity Campbell verfassten dann zusammen die 8. Auflage, und die 9. Ausgabe war schließlich das Werk von Pat Yale, Jean-Bernard Carillet, Virginia Maxwell und Miriam Raphael.

Dieses Reisehandbuch wurde vom Londoner Lonely Planet Büro in Auftrag gegeben und in Melbourne produziert von:

Verantwortliche Redakteurin Stefanie Di Trocchio
Leitender Redakteur Evan Jones
Leitender Kartograf Daniel Fennesey
Leitende Layoutdesignerin Margaret Jung
Kartografie Shahara Ahmed
Redaktionsassistenz Janice Bird, Peter Cruttenden, Michael Day, Trent Holden, Cathryn Game, Simone Egger, Margedd Heliosz
Layout-Assistenz Wibowo Rusli

Kartografieassistenz Erin McManus, Katie Cason, Joanne Luke, Anneka Imkamp, Sally Gerdan, Tony Fankhauser, Karina Vitiritti, Darwun Chau
Umschlagdesignerin Rebecca Dandens
Farbdesignerin Katie Thuy Bui
Projektmanagerin Sarah Sloane
Redaktion Sprachführer Quentin Freyne
Dank an David Burnett, Avril Robertson, Andrew Tudor, Sin Choo, Sally Darmody, Celia Wood, Jacqui Saunders, Brigitte Ellemor, Barbara Delissen, Geoff Howard, Jennifer Garrett, Katie Lynch, Kerryn Burgess, Piers Pickard, David Connolly, Piotr Czajkowski, Emma McNicol, Simon Tillema, Hunor Csutoros und Amanda Sierp

DANK DER AUTOREN
Verity Campbell

In İstanbul geht als erstes ein Dankeschön an die Brüder Murat, Mehmet und Metin Coşkun für ihre beständige Freundschaft und unablässige Unterstützung. Besonderer Dank auch an Erdoğan, dessen Liebe zu Sultanahmet das Viertel mitgestaltet, und an Mark Smith, der eine Menge Zeit und Kraft investiert hat. Riesendank auch an Sharon Croxford, die ihren Kennerblick auf das Kapitel Essen & Trinken geworfen hat. Dank an Kate für ihre Tipps zum Reisen mit Kindern, und an Leyla, Kylie, Lou, Esma, Solmaz und Mehmet, die mich bei Vernunft gehalten haben. Vielen Dank auch an Janet und vor allem Kay für ihre Großzügigkeit, als wir in die Stadt kamen. Auch die vielen Verwandten und Freunde haben für ihre Tipps und Recherchierhilfen

---

DIE LONELY PLANET STORY

Die Geschichte begann mit einem klassischen Reiseabenteuer: Tony und Maureen Wheeler tourten 1972 durch Europa und Asien nach Australien. Damals gab es für die Reise über Land keine wirklich hilfreichen Informationen, also veröffentlichten Tony und Maureen ihren ersten Lonely-Planet-Führer, der dem ständig wachsenden Bedarf nach solchen Informationen entsprach.

Am Küchentisch fing alles an – heute ist Lonely Planet der weltweit größte, unabhängige Verlag für Reiseliteratur mit Büros in Melbourne (Australien), Oakland (USA) und London. Lonely Planet deckt den ganzen Globus ab, und die Liste der veröffentlichten Bücher und der Infos in verschiedenen Medien wird immer länger. Manche Dinge haben sich bis heute nicht verändert: Das Hauptziel ist nach wie vor, abenteuerlustigen Reisenden das an die Hand zu geben, was sie brauchen, um die Welt zu entdecken und besser zu verstehen.

Wir von Lonely Planet glauben, dass Traveller die Länder, die sie besuchen, bereichern können – sofern sie sich als Gäste respektvoll benehmen und ihr Geld klug ausgeben. Jedes Jahr spenden wir 5 % des Firmengewinns an karitative Einrichtungen rund um den Globus.

zu Bars, Restaurants und Kneipen Dank verdient. Ein besonderes Dankeschön geht an Jan für ihre Hilfe und moralische Unterstützung, als Michael in Bali war.

Ich möchte mich auch bei den Mitautoren Frances, Virginia, Jean-Bernard, Tom, Dan, Will und Kate für ihre Unterstützung, ihren Enthusiasmus, ihre Informationen und die Sessions auf unserem İstanbuler Balkon bedanken. Es hat viel Spaß gemacht, mit der verantwortlichen Redakteurin Stefanie Di Trocchio und der Kartografin Shahara Ahmed zu arbeiten.

Und nicht zuletzt, Michael und Jacob, wir haben es geschafft. Durch euch habe ich meine Lieblingsstadt mit ganz anderen Augen gesehen.

Jean-Bernard Carillet

Ein Riesendankeschön an alle, die mir geholfen und diese Reise zu einer wahren Erleuchtung gemacht haben: Remzi, Celil, Özcan, Tim, Ebru, Zafer, Sadettin und Ayşe sowie die Familie Diler, inklusive meiner Schutzengel Ahmet, Tovi und Osman. Danke auch an Musa, İhlan und Mehmet für die schöne Zeit in İstanbul und an Pat für die Aufmunterung und das Gespräch über den Sinn des Autorendaseins sowie natürlich an all die ungeheuer gastfreundlichen und großzügigen Türken und Kurden, die unterwegs eine große Hilfe waren.

Verity, die leitende Autorin der Sonderklasse, verdient ein extra Dankeschön für ihre harte Arbeit, genau wie Shahara Ahmed und alle Leute hinter den Kulissen von Lonely Planet. Ich bin auch Stefanie für ihr endloses Vertrauen und ihren Ansporn dankbar.

Zu Hause geht ein dicker Kuss an meine Tochter Eva, die meinem sonst sehr zigeunerhaften Leben eine Bedeutung und eine Richtung gibt. Und auch meiner Mum werde ich die wohlmeinende Fürsorge nie vergessen.

Dan Eldridge

Zuallererst geht mein aufrichtiger Dank an die verantwortliche Redakteurin Stefanie Di Trocchio, die mir diese unvergessliche Chance gab und so lieb um meinen vollen Terminkalender herum arbeitete. Ein Riesendankeschön und eine liebe Umarmung an meine Lonely Planet Autorenkollegin Alex Leviton; ohne ihre Güte würde ich das hier wohl gar nicht schreiben. Danke und liebe Grüße an Carrie Ann, deren selbstlose Hilfe bei diesem Projekt weit über die Pflicht hinausging und die ich niemals vergessen werde. In İstanbul bedanke ich mich bei Roni Askey-Doran für meine ersten Erlebnisse mit dem türkischen Journalismus.

In der Türkei danke ich Sedat, Ali und Teresa für ihre Liebenswürdigkeit und Freundschaft. Dank an Tayfun Eser für seine mitreißende Energie und seine Hilfe. In Adana, danke Ethem ‚Jack' Kaya für die City Tour und den şalgam: Ich hoffe, du lenkst Deine beeindruckende Intelligenz in die richtigen Bahnen. In Kozan geht ein Riesendankeschön an Ayhan Yavuz und seine reizende Familie, und an İbrahim Tenik. Tut mir leid, dass ich nicht zum Abendessen bleiben konnte!

Und zum Schluss noch ein çok teşekkür ederim an all die unglaublich freundlichen Türken und Kurden, die sich die Zeit nahmen und mir bei der Hotel- und Straßensuche halfen, wenn ich mal wieder komplett verloren war.

Frances Linzee Gordon

Leider ist es aussichtslos, den unzähligen Helfern von unterwegs danken zu wollen, die mir Tag für Tag die berühmte Gastfreundlichkeit des türkischen Volkes demonstrierten.

Teşekkürler trotzdem an die Folgenden: H. Yasemin Güngör, Referent für Öffentlichkeitsarbeit in Ayvalık; Songül Parmaksızoğlu von Jale Tour, Ayvalık; Yasemin Demircan und Halil Bölge vom Tourismusbüro in Selçuk; Oğuzhan Kocakulak in Selçuk; Mustafa Askın; Gamze Gümüs in Bozcaada; Alper Taşkıranlar von der Anker Travel Agency; Şehnaz Duran vom Tourismusbüro in Bergama; Salın Galişaner & İsmail Bigol aus Bergama; Talat Cengiz und Zeliha Kolaş; Murat Azmi Maytere und Samir Büyükkaya vom Tourismusbüro in Foça; Kaan Erge vom Tourismusbüro in İzmir; Toygan Üstüntaş, Ercan Zümbüz, Rasim Şener und Osman Bölük vom Busbahnhof in İzmir; Gökhan Alp von Meander Travel in Kuşadası; Harika Selçuk von Turkish Airlines in Bodrum; Metin Önder von der Bodrum Ferryboat Association; Ayjan Golak und Giydem Devrim vom Tourismusbüro in Güllük; Sinan Korkmaz vom Hotel Dalyan; Ayten Aydin von der Touristeninformation in Dalyan; Nizam Yıldırım von Ocean Turizm & Travel Agency; Mutlu Ulutaş in Saklikent; Bünyamin Şanli, Deniz Bal, Sandra Kayton, Oruç Özkan & Halit Adar in Marmaris; Hasan Cıplak von Knidos Yachting; Serkan Yılmaz vom Fisherman House; Tolunay Bükülmez von Yeşilmarmaris Turizm; Cemal Gül; Zekiye Anioğlu; und Mustafa Güglü.

Besonderer Dank geht an: Mustafa Demircan vom Antik Radvan Otel, die mich spätabends noch einließen; Clinton Vickers in Behramkale, der ein paar Abschnitte zur Geschichte und Archäologie im Nordägäiskapitel gecheckt hat; Diana Elmacioğlu für ihre Hilfe bei den Recherchen und die Einblicke in Behramkale; Mustafa Kemal Gobi in Bergama, der mir auf einer City-Tour die schönsten Ecken der

Stadt zeigte; Hasan Değirmenci (alias Mr. Happy) für seine Tour durch die besten Bars und Clubs von Kuşadası; Osman Bölük für seine Hilfe bei der Beschaffung von Reiseinfos am Busbahnhof von İzmir sowie seine Gastfreundschaft und die seiner Familie in Selçuk; Yaşar Yildiz, Direktor des Bodrum Underwater Archaeological Museum für das lange Interview und den Sonderzutritt zu Ausstellungsstücken; Bahadir Berkaya vom Bodrum Archaeological Museum für viele Informationen übers Museum und das faszinierende Interview; Erol Uysal in Bodrum, der nach Bodrum zurückeilte, um ein ähnlich faszinierendes Interview über Schwammtaucher zu geben; Ferit Paycı, Erman Günay & Chriss Aigner in Kaş, die meine komplizierten Reisevorhaben koordinierten; und Metin vom Chez Evy Restaurant für die Tour durch die besten Bars von Kaş; Elizabeth Maxwell, die mich großzügig mit Empfehlungen zu den Highlights von Kaş versorgte; Lisa Lay, die sich die Zeit nahm, um mir unbezahlbare Einblicke in Bozcaada zu geben, und die super Tipps (und eine Tasse Tee vom Feinsten) für mich hatte, sowie Nuri Genol, Hikmet Palak, Adem Goban und Sedet Ergün von der *Jandarmarlar* in Kaş für ihre Hilfe bei einem kleinen Problem.

Danke auch an Shaharah Ahmed und ihr zuverlässiges Kartografieteam, Stefanie di Trocchio, die verantwortliche Redakteurin, mit der die Zusammenarbeit so viel Spaß machte, und an Verity Cambell, die ihre Aufgabe als leitende Autorin mit Bravour erledigte.

Meinen bescheidenen Beitrag zu diesem Buch widme ich Philip Linzee Gordon, einem wundervollen Bruder und Traveller, der die Türkei mindestens genau so liebt wie ich.

Virginia Maxwell

In Kappadokien möchte ich Mustafa Turgut, Ali Yavuz und allen Mitarbeitern des Kelebek, Dawn Köse, Süha Ersöz und Ismail Keremoglu danken. Allergrößten Dank an Pat Yale, die schon wieder ihr umfangreiches Wissen und ihre Liebe zur Türkei mit mir geteilt hat.

In Kaş danke ich Elizabeth Maxwell und Matthew Clarke für die unvergleichliche Gastfreundschaft. Vielen Dank auch an Jill und Robert Hollingworth, tolle Freunde und Reisebegleiter, die die Türkei jetzt ebenso lieben wie Peter, Max und ich.

In İstanbul danke ich Haydar Sarigul und Ann Uysal.

Es war herrlich, mit den alten Freunden und Mitautoren an diesem Buch zu arbeiten – Verity Campbell und Frances Linzee Gordon, der verantwortlichen Redakteurin Stefanie Di Trocchio, der Kartografieexpertin Shahara Ahmed, dem leiten-

den Redakteur Evan Jones und dem Kartografen Daniel Fennesy.

Wie immer geht mein größtes Dankeschön an Max und Peter, die denkbar besten Reisegefährten.

Tom Parkinson

Teşekkür ederim abe zuallererst an Süleyman, der mich ungefähr 4000 km über den anatolischen Asphalt (und Schotter) chauffierte – 12 Tage ohne ein Wort Englisch, das war sicher nicht leicht ... Und wie immer *teşekkürler* und *şerefinize* an alle, die mir halfen, mich auf der Reise begleiteten, über Fußball fachsimpelten und mich einfach nur mit der berühmten türkischen Gastfreundschaft verwöhnten: ‚Tom' in Gelibolu; Christian und İbo in Çanakkale; die alten Ziegenhirten in Binbirkilise; Gulay in Sütçüler; Lehrer und Schüler von Ayazini; İbrahim und Karen in Pamukkale; Fatih in Sivas; Mustafa und das Personal vom Honça in Tokat; İbby, Yusuf und Cağri, meine treuen Staatsbürger von Abchasien, in Amasya; Çif, Mehmet und andere nette Leute in Trabzon; M. Gürcan in Ordu (danke für die Übersetzungsarbeit!); Mehmet und Familie, Mama Demirci und die Altays in Ayder; Carlo, Andrea und Aleko in Tbilissi; mein Schaffner im Nachtzug nach Batumi; und die

WIR FREUEN UNS ÜBER EIN FEEDBACK

Post von Travellern zu bekommen ist für uns ungemein hilfreich – Kritik und Anregungen halten uns auf dem Laufenden und helfen, unsere Bücher zu verbessern. Unser reiseerfahrenes Team liest alle Zuschriften genau durch, um zu erfahren, was an unseren Reiseführern gut und was schlecht ist. Wir können solche Post zwar nicht individuell beantworten, aber jedes Feedback wird garantiert schnurstracks an die jeweiligen Autoren weitergeleitet, rechtzeitig vor der nächsten Nachauflage. Wer uns schreiben will, schickt einfach eine Mail an lonely planet@mairdumont.com.

Hinweis: Da wir Beiträge möglicherweise in Lonely-Planet-Produkten (Reiseführern, Websites, digitalen Medien) veröffentlichen, ggf. auch in gekürzter Form, bitten wir um Mitteilung, falls ein Kommentar nicht veröffentlicht oder ein Name nicht genannt werden soll. Wer Näheres über unsere Datenschutzpolitik wissen will, erfährt das unter www.lonelyplanet.com/privacy.

Jungs, die mich rund um die bulgarische Grenze per Anhalter mitgenommen haben.

Danke auch an Verity, Michael und Virginia für die Drinks in İstanbul, Stef für ihre super Arbeit im Büro, und Mark ‚Danielle' Elliott für die Tipps zu Georgien.

UNSERE LESER

Vielen Dank den Travellern, die mit der letzten – englischen – Ausgabe unterwegs waren und uns hilfreiche Hinweise, gute Ratschläge und interessante Anekdoten schickten:

A Jane Achermann, Kirsty Agnew, Abid Ahmad, Hass & Leanne Aksu, Sercan Akyildiz, Mick Alexander, Robyn Alexander, Levent Alver, Phil & Hilary André, Talin Ankaraliyan, K Aslan, Armagan Aydedeger, Ibrahim Aydemir, Ibrahim Aydemir **B** Suleyman Babaoğlu, Bruce Bachman, Peter Baker, Beverly Ball, Emma Bamford, Elizabeth Bardsley, William Bardsley, Matt Barker, Bron Barnacle, Tracey Barrett, Steve Bassion, Evelyn Bate, Jane Battye, Cloovis Beagle, Laura Beales, Graeme Beardsmore, Nathalie Beauval, Mary Beebe, David Benz, Marjolein Berghuis, Dimitar Berov, L'Vannah Bielsker, Defne Bilge, Susan Blick, Anthony Blount, Diana Bodger, Michael Bodlaender, Marco Bona, David Borella, Matthew Bores, Cliff Bott, Willemijn Bouman, Sara Boys, Derik Bracke, Catherine Bradley, Heather Braiden, Bronwen Brauteseth, Lennart Bredahl, Marianne Britton, Rianne Brouwers, Doris Brown, Ian Brownlie, Jessie Burke, Mary & Andrew Burns, Robert Burns **C** Roderick Campbell, Danielle Carbonneau, John Carroll, David Carter, Owen Carter, Stanislas Casiez, Eli Cesaletti, Filip Ceulemans, Padmaja Chandrasekhar, Robia Charles, Pascale Chausse, John Chiles, Antoine Christiaens, Patricia Cires, Anne Clavreul, Ofir Cochavi, Francien Coenen, Lisa Cohen, Martinez Collazos, Kara & Sky Colley, Alice Conibear, Daniel Cook, Theresa Costigan, Ben Cotsford, Sarah Cox, Michelle Crabb, Matthias Csajka, Armand Cucciniello **D** Carol Dean, Lieve Decaluwé, Allan Dee, Carol Delaney, Teji Dhaliwal, Silvio di Giuseppe, Ainslie Divers, Colin Doyle, Gary Druce, Jan Dörner, Gill Dugmore **E** Dan Edholm, Elena Eilmes, Steven Eitner, Larry Ellis, Chris Emerson, Senol Erdogan, Birol Erdogmus, Ayhan Eren, Ted & Joyce Eve **F** Andrea Fabbri, Steven Fabian, Nickei Falconer, Suzanne Falconi, Steve Faragher, Simone Fatai, Simone Fausti, Giuliano Federici, Rose Firth, Petra Fleck, Enid Flint, Alexandra Foe, Mark Foley, Polly Foster, Susan Freed, Rich Fromer, Patrick Fry, Mechthild Fuchs **G** Elisenda Galobardes, Richard Gault, Joan Gifford, Val Gijsbers, Bill Glanvill, Ofir Glezer, Janine Gliener, Pili Gonzales, Ayla Gottschlich, Phillip Gray, Stacy Greco, Philip Gregg, Nergiz Gün **H** Chris Hall, Mike Hall, Ole Hansen, Katherine Hargrave, Teresa Harmer, Monica Harrower, Rowan Harvey, Crystal Haynes, K Heath, Rick Held, Ashish Hemrajani, Jolene Henry, Carlos Hernando, Murat Hertzberg, Robin Hethey, Nicola Hirschhorn, Brendan Hoffman, Petra Holc, Rod Holesgrove, Lisa Holliday, Eelko Hooijmaaijers, Jennifer Hosek, Winona Hubbard **I** Trygve & Karen Inda, Nisya Isman **J** Jussi Jaaskelainen, Jordan Jacquard, Bob Jones, Randall Jones, Wilfried Joris, Mirjana Jovanovska

K Dieter Kamm, Viktor Kaposi, Fulya Kardaslar, Lisa Katavich, Joyce Kawahata, Jeff Kazarian, Anthony Keane, Ann Kelley, Ann Kennefick, Ihsan Khan, Moira Kiggins, Martha Kirmaz, Matthew Klinger, Gerard Kohl, Daniel Koning, Kopal Kopal, Türkcan Korkmaz, Lilian Kranenburg, Steve Kreiter **L** Tim Lane, Randy Langford, Aaron Langolf, David Latchford, Kimarina Leach, Debbie Lee, Geoff & Robyn Lewis, Ingrid Liboriussen, Chwen Lin, Erik Lindemann, Erwan Lissillour, Paul Lithander, Annemarie Löppenthin, Melissa Lowe, Niki Lunter, James & Kris Luxon, Dyanne Lynne, Annemarie Löppenthin, Mary Lynch **M** Naoise MacSweeney, Erwin Mah, Michael Manser, Hollie Marett, Erin Marine, Panagiotis Markolefas, Don Marquardt, Fab Marsani, Nicole Mathews, Janez Matos, John Mazuroski, Andy & Sue McCabe, Andrew McCarthy, Melinda McCarthy, Judith McCormick, Kathryn McGregor, Stephen McPhail, Dave McKillop, Jules McNally, Barbara McWilliam, Anthony Melov, Sadie Melov, Kimberly Merris, Gail Michener, Cynthia Miller, Graeme Miller, Tim Mills, Haim Mizrahi, Daniel Montes de Oca, Anita Montvajszki, Lucy Morel, Kirsten Morgan, Marianne Morin, Shannon Murray **N** Serhat Narsap, Steve Neely, Abhijit Neogy, Kris Nesbitt, Judith Nester, Bao Nguyen, Joris Nicolai, Wolfgang Niebel, Naresh Nirav, Casey Nolan **O** Joe O'Dwyer, Sehsuvar Ongun, Charles Osborne, Raymond Ostelo, Aysin Ozturk **P** Giovanna Pandini, Carla Park, Chris Patrick, Ingeborg Pay, Sehsuvar Peace, Laura Peatling, Line Pedersen, Kendall Peet, Ide Peter, Ron Peterson, Purobi Phillips, Huseyin Piroglu, Tara Pitt, Anne Poepjes, Julie Polzerova, Bradley Posselt, Maja Potocnik, Trish Price, Campbell Price, Anna Ptaszynska **Q** GE Quinan **R** Rebecca Rashbrook, Christ Reiched, Karen & John Reilly, Matthew Richards, Patricia Richter, Isabel Rigolet, Freder: Rijkels, Steve Rock, Kylie Rudge, Jenna Ryan, Greg Ryan, Tim Ryan **S** Fia Salesa, Ken & Marian Scarlett, Paul Schmiede, Jeff Schwartz, Károly Schöll, Adrian Scott, Chin Kwang Seah, Tracey Seslen, Yuval Setsemsky, Phil Shacklady, Brody Shappell, Janet Shepherd, Keith & Teresa Simpson, Shirley Smith, Dawn Snider, Jake Soifer, Angelique Solis, Frances Spangler, Tim Spencer, Matthew Spragg, Graham Stagg, Yiannis Staikopoulos, Catherine Stanley, Jennifer Steers, Angus Stewart, Carol Stewart, Elizabeth Stokes, David Stone, Alex Stone, Richard Strange, Pablo Strubell, Nitin Sud, Jrc Sykes **T** Florence Man-Ting Tai, Alison Tanik, Marta Tanrikulu, Andy & Caroline Taylor, Ineke Teijmant, Gonzalez Tejedo, Lisa Teoh, Hugh Thomas, Richard Thompson, Helen Thorne, Penny Tilby, David Tranter, Nerissa Treloar, Emily Troemel, Mitchell Tsai, Denise Turcinov, John Turner **U** Zeynep Uraz **V** Salvador Valencia, Patrick & Sophie van Bree, Jan van Butselaar, Joeri van Holsteijn, Allan Vasconcellos, Alessandro Vernet, Viviana Vestrucci, Ana Vidmar, Saša Vidmar, Kaposi Viktor, Jennifer Vincent, Kate Vogt, Rebecca Vollmer, Michael von Kuelmer **W** Rolf Wahlstrom, Tilmann Waldthaler, Harald Waldvogel, EM Walker, Anne-Maree Walker, Jeffrey Walter, Sarah Ward, Gregor Watson, Beverley Watson, Jeff Wells, Anya Whiteside, Rashy Wilburg, Tim Williams, Donna Williams, Martin Williams, Phoebe Wilson, Glebe Wolfgang, Jason Wright, Eric Wright **X** Debbie Xenophou **Y** Mustafa Yildirim **Z** Marcela Zamora, Sanne Zewald, Lisette Ziere, Volker Zink, John Zubrzycki

Çeşme Peninsula *in* Paliklicra : *im* Garipni
sehr gut Fisch gegessen, Yedri
wunderschön am Meer, ebenso
TeaGardens Welcman, BYO Breakfg

Register

REGISTER

REGISTER

000 Verweise auf Karten
000 Verweise auf Fotos

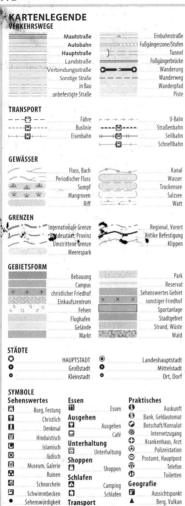

KARTENLEGENDE

VERKEHRSWEGE

Mautstraße
Autobahn
Hauptstraße
Landstraße
Verbindungsstraße
Sonstige Straße
in Bau
unbefestigte Straße

Einbahnstraße
Fußgängerzone/Stufen
Tunnel
Fußgängerbrücke
Wanderung
Wanderweg
Wanderpfad
Piste

TRANSPORT

Fähre
Buslinie
Eisenbahn

U-Bahn
Straßenbahn
Seilbahn
Schnellbahn

GEWÄSSER

Fluss, Bach
Periodischer Fluss
Sumpf
Mangroven
Riff

Kanal
Wasser
Trockensee
Salzsee
Watt

GRENZEN

Internationale Grenze
Bundesstaat, Provinz
Umstrittene Grenze
Meerespark

Regional, Vorort
Antike Befestigung
Klippen

GEBIETSFORM

Bebauung
Campus
christlicher Friedhof
Einkaufszentrum
Felsen
Flughafen
Gelände
Markt

Park
Reservat
Sehenswertes Gebiet
sonstiger Friedhof
Sportanlage
Stadtgebiet
Strand, Wüste
Wald

STÄDTE

⊙ HAUPTSTADT
● Großstadt
○ Kleinstadt

◉ Landeshauptstadt
⊙ Mittelstadt
○ Ort, Dorf

SYMBOLE

Sehenswertes
Burg, Festung
Christlich
Denkmal
Hinduistisch
Islamisch
Jüdisch
Museum, Galerie
Ruinen
Schnorcheln
Schwimmbecken
Sehenswürdigkeit
Skifahren
Strand
Surfen, Surfstrand
Tauchen
Wanderweg
Weingut, Weinberg
Zoo, Vogelschutzgebiet

Essen
Essen
Ausgehen
Ausgehen
Café
Unterhaltung
Unterhaltung
Shoppen
Shoppen
Schlafen
Camping
Schlafen
Transport
Busbahnhof
Flughafen, Flugplatz
Grenzübergang
Öffentlicher Verkehr
Parkplatz
Tankstelle
Taxistand

Praktisches
Auskunft
Bank, Geldautomat
Botschaft/Konsulat
Internetzugang
Krankenhaus, Arzt
Polizeistation
Postamt, Hauptpost
Telefon
Toiletten
Geografie
Aussichtspunkt
Berg, Vulkan
Fließrichtung
Höhenangabe
Leuchtturm
Nationalpark
Pass, Schlucht
Raststelle
Schutz, Hütte
Wasserfall

Lonely Planet Publications,
Locked Bag 1, Footscray, Melbourne, Victoria 3011, Australia

Verlag der deutschen Ausgabe:
MAIRDUMONT, Marco-Polo-Str. 1, 73760 Ostfildern,
www.mairdumont.com, lonelyplanet@mairdumont.com

Chefredakteurin deutsche Ausgabe: Birgit Borowski
Übersetzung: Ulrike Bischoff, Meike Grow, Gabriele Gugetzer,
Birgit Herbst, Ute Mareik, Birgit Irgang, Marc Staudacher
Redaktion: Delius Producing Berlin/Juliane v. Laffert (Leitung),
Eva Hauck, Claudia Huboi, Eva Junghänel, Claudia Lüdtke
Satz: Delius Producing Berlin/Frauke Dobek, Thorsten Falke,
Sven-Oliver Kiesow

Türkei
1. deutsche Auflage September 2007,
übersetzt von *Turkey 10th edition*, April 2007
Lonely Planet Publications Pty

Deutsche Ausgabe © Lonely Planet Publications Pty,
September 2007

Fotos © wie angegeben

Printed in China

Titelfoto: Weibliche tanzende Derwische in İstanbul, © Murat Duzyol/
Images&Stories. Die meisten Fotos in diesem Reiseführer können bei
Lonely Planet Images, www.lonelyplanetimages.com auch lizenziert
werden.